Glanegger/Güroff
Gewerbesteuergesetz

Gewerbesteuergesetz

Erläutert von

Georg Güroff
Vors. Richter am Finanzgericht Nürnberg

Dr. Johannes Selder
Richter am Bundesfinanzhof

Dr. Ludwig Wagner
Richter am Finanzgericht Nürnberg

7., völlig neubearbeitete Auflage

Verlag C. H. Beck München 2009

Es haben bearbeitet:
Georg Güroff
§§ 1–3, 6, 8–11, 16–34
Dr. Johannes Selder
§§ 4, 5, 7, 14–15, 35 a, 36
Dr. Ludwig Wagner
§ 7 Anhang (Umwandlungsvorgänge)

Zitiervorschlag: [Autor] in Glanegger/Güroff, GewStG, § … Anm …

Verlag C. H. Beck im Internet:
beck.de

ISBN 978 3 406 58126 7

Wilhelmstraße 9, 80801 München
Satz und Druck: Druckerei C. H. Beck Nördlingen
(Adresse wie Verlag)

Gedruckt auf säurefreiem, alterungsbeständigem Papier
(hergestellt aus chlorfrei gebleichtem Zellstoff)

Vorwort zur 7. Auflage

In einer Pressenotiz war vor einiger Zeit folgendes Diktum (sinngemäß) zum Zustand und zu den Entwicklungsmöglichkeiten des deutschen Steuerrechts zu lesen: Das Steuerrecht wird komplizierter, weil die Lebensverhältnisse komplizierter werden, ein einfaches Steuerrecht kann es nicht geben.

Dem geschätzten Leser allerdings wird es ein Leichtes sein, einen solchen Satz dahin zu rücken, wo er hingehört, nämlich in die Nähe dessen, was weiland, insbesondere seit den Zeiten der Scholastik unter dem Titel „Gottesbeweise" interessierte Gemüter beschäftigt hat – bis Immanuel Kant sie unter der schönen Bezeichnung „Paralogismus" als das entlarvt hat, was sie sind: *erschlichene Urteile*. Das will besagen, sie erscheinen bloß ihrem äußeren Gewande nach als logische Urteile, sind aber keine, weil ihnen kein Erfahrungswert zugrunde liegt bzw. zugrunde liegen kann. Denn auch für das Steuerrecht gilt: Die Kunst des Gesetzgebers besteht eben darin, eine Materie nach bestimmten Ordnungsgesichtspunkten klar und einfach so zu regeln, dass auch komplexe Lebenssachverhalte durch eine Regelung erfasst werden können. Eine solche Kunst ist Teil von Rechtskultur, die wiederum Teil unserer Kultur ist – oder müssen wir schon sagen: sein sollte. Wenn allerdings Fiskalismus, Lobbyismus, Aktionismus und eine nicht geringe Portion von Sendungsbewusstsein an die Stelle der Kunst treten, gilt für unseren Gegenstand bald – also schon lange – die Umkehrung des o. a. Diktums, nämlich: Das Leben wird (auch) komplizierter, weil das Steuerrecht (immer) komplizierter wird.

Eher einem Gottesurteil als einem Gottesbeweis ähnelt das Verfahren, von dem in derselben Pressenotiz zu lesen war: Man hatte eine erlesene Schar von Steuerfachleuten geladen und ihr eine Vorschlagsliste zur Abschaffung von steuerlichen Begünstigungsvorschriften vorgelegt. Und – wer hätte das gedacht? – zu jedem Vorschlag fanden sich Gegenstimmen. Konklusio: Steuervereinfachung ist nicht möglich ... Wenn auch für die Gewerbesteuer nicht so erheblich zeigt dieses Verfahren doch eindrucksvoll die „Denke" auf, die für die Qualität unseres Steuerrechts mitbestimmend ist.

Der **Gesetzgeber** jedenfalls hat auch in den vergangenen drei Jahren die steuerrechtliche Vielfalt weiter angereichert:

- durch das sog. SEStEG vom 7. 12. 2006 (BGBl I 2006, 2782) erfuhr das UmwStG eine weitgehende Neugestaltung selbstredend mit baldigen Änderungen durch UntStRefG 2008, JStG 2008 und JStG 2009; zudem wurden bei den Gewerbebetrieben kraft Rechtsform nach § 2 Abs 2 GewStG die Europäische Gesellschaft und die Europäische Genossenschaft eingeführt;
- mit dem JStG 2007 vom 13. 12. 2006 (BGBl I 2006, 2878) wurden §§ 9 Nr 2a, Nr 7 und Nr 8 dahin ergänzt, dass die jeweilige Kürzung vom GewErtrag nur mit dem Nettobetrag erfolgen darf (GewStR Abschn 61 Abs. 2 Satz 12 und Abschn 65 Abs 1 Satz 4 gegen BFH v 25. 1. 2006 I R

104/04, BStBl II 2006, 844); § 10a GewStG wurde dahin ergänzt, dass die Zuweisung von Fehlbeträgen an Mitunternehmer strikt nach dem Gewinnverteilungsschlüssel zu erfolgen hat (partiell gegen BFH, zB v 16. 2. 1994 IX R 50/88, BStBl II 1994, 364); § 35b Abs 2 GewStG wurde ergänzt durch eine Regelung zum Ablauf der Frist zur Verlustfeststellung (Verhinderung des Fristablaufs wie im Fall von BFH v 12. 6. 2002 IX R 26/01, BStBl II 2002, 681 zu § 10d Abs 4 EStG);

- die gravierendste Änderung erfolgte durch das UntStRefG 2008 vom 14. 8. 2007 (BGBl I 2007, 1912) mit der völligen Neufassung des § 8 Nr 1 GewStG aF (bisher: „Dauerschuldentgelte"): Nunmehr fasst die Nr 1 sechs bisher zT in den Nummern 1, 2, 3 und 7 aF geregelte Tatbestände zusammen, wobei die bisherigen „Dauerschuldentgelte" durch „Entgelte für Schulden" (Nr 1a nF) ersetzt wurden und dieser Begriff fiktiv um den Aufwand aus bestimmten Skonti u. ä. Beträgen erweitert wurde (§ 19 GewStDV wurde entsprechend angepasst); die Hinzurechnung von Renten und dauernden Lasten (bisher § 8 Nr 2 GewStG) erfolgt nunmehr – ohne Bezug auf die Betriebsgründung oder -erweiterung – nach § 8 Nr 1b nF, jedoch ohne Pensionszahlungen aus Direktzusagen an Arbeitnehmer; die Hinzurechnung der Gewinnanteile des stillen Gesellschafters (bisher § 8 Nr 3 aF) ist nunmehr nach § 8 Nr 1c nF unabhängig von der Behandlung beim Empfänger; die Hinzurechnung von Miet- und Pachtzinsen (bisher § 8 Nr 7 aF) erfolgt differenziert mit 1/5 (bei beweglichen Wirtschaftsgütern), 13/20 bei unbeweglichen Wirtschaftsgütern und 1/4 bei Überlassung von Rechten nach § 8 Nr 1d-f nF, und zwar ebenfalls unabhängig von der Behandlung beim Empfänger; neu ist die Begrenzung der Hinzurechnung auf 1/4 der Summe der vorgenannten Beträge, soweit diese 100 000 € übersteigen;
  § 8 Nr 5 GewStG ist um den Verweis auf den neu geschaffenen § 8b Abs 10 KStG (Abzugsverbot und Entgeltfiktion bei Anteilsüberlassungen) ergänzt worden;
  eine Ergänzung des § 9 Nr 1 Satz 1 GewStG stellt sicher, dass nur der nicht von der GrundSt befreite Grundbesitz begünstigt wird; bei den Kürzungsvorschriften des § 9 Nr 2a und 7 muss die Beteiligung nunmehr statt 1/10 mindestens 15% betragen; Entsprechendes gilt für § 9 Nr 8 GewStG nF, wobei nunmehr eine niedrigere Mindestbeteiligung nach einem DBA maßgebend ist; die Kürzungsvorschrift des § 9 Nr 4 GewStG aF ist im Gegenzug zur Veränderung beim bisherigen § 8 Nr 7 GewStG aufgehoben worden; beim Verlustabzug ist nach dem neuen § 10a Satz 8 (inzwischen Satz 10) GewStG der neu eingefügte § 8c KStG anstelle des aufgehobenen § 8 Abs 4 KStG entsprechend anzuwenden, womit die verschärfende Normierung eines für den Verlustausgleich schädlichen Beteiligungserwerbs bei der GewSt zu beachten ist; nach der Anwendungsvorschrift des § 36 Abs 9 GewStG kann es jedoch zur parallelen Geltung von § 8 Abs 4 KStG aF und § 8c KStG nF kommen;
  nach § 11 Abs 2 GewStG nF beträgt die Steuermesszahl einheitlich 3,5% (anstelle des bisherigen Staffeltarifs);
  die Berücksichtigung von Änderungen durch dieses G bei der Festsetzung des Messbetrages für die GewSt Vorauszahlungen regelt § 19 Abs 3 Satz 5 GewStG nF;

- mit dem G zur weiteren Stärkung des bürgerschaftlichen Engagements vom 10. 10. 2007 (BGBl I 2007, 2332) erfolgte nicht nur eine Neufassung des Katalogs der gemeinnützigen Zwecke in § 52 Abs 2 AO, sondern auch eine Neufassung des Spendenrechts einschl. der Kürzungsvorschrift des § 9 Nr 5 GewStG mit Bezugnahme auf die steuerbegünstigten Zwecke der §§ 52 bis 54 AO sowie einer Beschränkung der Zuwendungen im Hinblick auf den Empfängerkreis und auf die Höhe der abziehbaren Beträge;
- das JStG 2008 vom 20. 12. 2007 (BGBl I 2007, 3150) brachte die Erweiterung des Inlandsbegriffs nach § 2 Abs 7 Nr 1 GewStG auf den Festlandssockel, soweit dieser der Energieerzeugung unter Nutzung erneuerbarer Energien dient; die Änderung des erst durch das UntStRefG 2008 eingeführten § 8 Nr 1 e GewStG von 3/4 auf 13/20 der Miet- und Pachtzinsen (hierzu *Strahl* DStR 2008, 9: „eilige Selbstberichtigung"); eine Neufassung des § 9 Nr 7 Satz 4 Halbsatz 2 GewStG sowie eine Ergänzung des § 10 Satz 7 GewStG nF durch Bestimmung des Begriffs der vortragsfähigen Fehlbeträge;
- durch das MoRaKG vom 12. 8. 2008 (BGBl I 2008, 1672) ist dem § 8 c KStG ein Abs 2 mit einer Ausnahmevorschrift zugunsten von Wagniskapitalbeteiligungsgesellschaften angefügt worden;
- das JStG 2009 vom 19. 12. 2008 (BGBl I 2008, 2794) bescherte eine abermalige Änderung und Erweiterung des § 10 a GewStG; angeordnet worden ist in Satz 9 eine – gesetzestechnisch fragwürdige – entsprechende Anwendung des neu geschaffenen § 8 Abs 8 und 9 Satz 5 bis 7 KStG nF (Verlustabzug von zusammengefassten Betrieben gewerblicher Art sowie bei Kapitalgesellschaften in der Hand von juristischen Personen des öffentlichen Rechts); zudem ist in einem neuen Satz 10 Halbsatz 2 die entsprechende Anwendung der Regeln über den schädlichen Beteiligungserwerb nach § 8 c KStG nF auch für die Fälle angeordnet worden, dass der Fehlbetrag einer Mitunternehmerschaft einer Körperschaft unmittelbar oder einer Mitunternehmerschaft, soweit an dieser eine Körperschaft unmittelbar oder mittelbar über eine oder mehrere Personen beteiligt ist, zuzurechnen ist – womit sich der Gesetzgeber im Rahmen des § 10 a GewStG immer konsequenter von dem Konzept der Unternehmens- und Unternehmeridentität verabschiedet; § 9 Nr 5 GewStG erhält einen neuen Satz 8 zur vorrangigen Inanspruchnahme im Falle der Veranlasserhaftung; § 16 Abs 4 erhält einen neuen Satz 4 zur entsprechenden Anwendung der §§ 28 ff GewStG im Falle der Änderung von Gemeindegebieten; § 29 Abs 1 erhält mit einer Nr 2 eine Neuregelung zum Zerlegungsmaßstab bei Windkraftanlagen; zudem ist § 19 GewStDV im Zusammenhang mit der Aufnahme von Finanzdienstleistungsinstituten als begünstigte Unternehmen (§ 19 Abs 3 Nr 4 GewStDV) neu gefasst worden;
- Steuerbürokratieabbaugesetz vom 20. 12. 2008 (BGBl I 2008, 2850): § 14 a erhält zur Steuererklärungspflicht ab EZ 2011 eine Regelung zur Übermittlung durch Datenfernübertragung;
- Drittes Mittelstandsentlastungsgesetz vom 17. 3. 2009 (BGBl I 2009, 550): Anhebung des Freibetrages für bestimmte Unternehmen in § 11 Abs 1 Nr 2 GewStG auf 5 000 € mit Folgeänderungen in § 25 Abs 1 Nr 3 bis 5 GewStDV.

Vorwort

Unermüdlich war wie immer die Schaffenskraft des **BMF**. Hier eine kleine Auswahl:

- Anwendungserlass zur AO BStBl I 2008, 26 mit umgehender Änderung im Hinblick auf das Gemeinnützigkeitsrecht in BStBl I 2008, 582;
- Schreiben zu den steuerbegünstigten Zwecken nach dem G vom 10. 10. 2007 (BStBl I 2008, 565);
- Schreiben zum Besteuerungszeitraum bei der Gewerbesteuer im Falle der Liquidation von Körperschaften (BStBl I 2008, 542);
- Gemeinsamer Erlass zur Verlustbeschränkung nach § 8c KStG nF (BStBl I 2008, 736);
- Schreiben zu Anwendungsfragen zur Hinzurechnung von Finanzierungsanteilen nach § 8 Nr 1 GewStG nF (BStBl I 2008, 730);
- Schreiben zum körperschaftsteuerlichen Verlustabzug nach § 8 Abs 4 KStG aF zu BFH BStBl II 2008, 986 u 988 (BStBl I 2008, 1033);
- Schreiben zur gemeinnützigkeitsrechtlichen Behandlung von Rettungsdiensten und Krankentransporten gegen BFH BStBl II 2009, 126 (BStBl I 2009, 339).

Natürlich hat auch der **BFH** mit seiner – meist – segensreichen Tätigkeit unser Steuerrecht bereichert. Auf eine Wiedergabe der wichtigsten Entscheidungen verzichten wir an dieser Stelle im Interesse der Übersichtlichkeit dieses Vorworts, versichern aber, dass wir uns bemüht haben, die für unser Gebiet einschlägigen Entscheidungen lückenlos zu erfassen und zu kommentieren.

Fast unübersehbar angeschwollen ist die Flut der Veröffentlichungen in der Fachliteratur, natürlich insbesondere im Zusammenhang mit den gravierendsten Gesetzesänderungen. Auch hier haben wir uns bemüht, das Schrifttum möglichst vollständig zu erfassen.

In **eigener Sache** teilen wir mit, dass Dr. Ludwig Wagner den noch vom Mitbegründer des Kommentars Dr. Peter Glanegger bearbeiteten Anhang zu § 7 GewStG, also die Kommentierung des UmwStG, übernommen hat. Herr Dr. Wagner ist langjähriger geschätzter Richterkollege am Finanzgericht Nürnberg.

Ihnen, verehrte Leser, danken wir wie immer für Ihr Interesse an diesem Kommentar und an der persönlichen Erörterung. Natürlich würden wir uns sehr freuen, wenn Sie sich weiterhin mit Anregungen an uns wenden.

Schließlich und endlich danken wir den Mitarbeitern des Verlags, insbesondere Herrn Theismann, für ihre unermüdliche, kompetente und immer freundliche Unterstützung beim Zustandekommen dieser Auflage, das – da sind wir uns sicher – auch ihnen eine Menge abverlangt hat.

München, im April 2009 Die Verfasser

Vorwort zur 1. Auflage

Ihre Verwegenheit, dem geneigten Publikum einen neuen Kommentar anzubieten, sei rational kaum zu erklären, so die Verfasser des von L. Schmidt herausgegebenen Kommentars zum EStG vor sechs Jahren, wiewohl ihnen auf zukunftssicherem Terrain ein großer Wurf gelungen war. Aberwitzige Kühnheit, so scheint es, muß dann wohl im Spiele sein, wagt sich in diesen Tagen jemand noch an die Neukommentierung des GewStG heran. Denn von der Parteien Gunst und Haß gebeutelt blickt die Gewerbesteuer ungewiß nur in die Zukunft (vgl. die neueren Meldungen in der Süddeutschen Zeitung: Bangemann kündigt Abschaffung der Gewerbesteuer nach 1990 an [4. 2. 1988]; Späth kritisiert dies als nicht ungefährlichen Schnellschuß [5. 2. 1988]; Apel kritisiert die Ankündigung als Konjunkturhindernis; Schmalstieg nennt sie ungeheuerlich [8. 2. 1988]; Kohl erneuert vorläufige Gewerbesteuer-Garantie [12. 2. 1988]; Strauß hält Bangemanns Äußerungen für völlig verfehlt [25. 2. 1988]; DGB will Gewerbesteuer erhalten [26. 2. 1988] ...). Wenn wir uns dennoch in ein solches Unterfangen verstiegen haben, so gründet dies auf dem vorsichtigen Optimismus, dass der Gewerbesteuer noch einige Jahre beschieden sein werden, und auf der festen Überzeugung, dass im gegenwärtigen System der öffentlichen Finanzen und Finanzverfassung auf die Gewerbesteuer – wenn auch in veränderter Gestalt – letztlich nicht verzichtet werden kann.

Vor diesem Hintergrund war es unser Anliegen, eine Handkommentierung zum GewStG zu erstellen, die in übersichtlicher Form seine Probleme und die Möglichkeiten ihrer Lösungen so knapp wie möglich und so ausführlich wie zum Verständnis nicht nur des Fachmannes nötig aufzeigt. Hierbei haben wir uns bemüht, die Rechtsprechung insbesondere des Bundesfinanzhofs und die einschlägige Literatur möglichst erschöpfend zu erfassen und darzustellen. Dabei wird allerdings auch mit kritischen Anmerkungen nicht völlig hinterm Berg gehalten.

Gewisse Schwerpunkte bei der Bearbeitung und damit verbunden umfangreichere Darstellungen waren wegen der Bedeutung einzelner Vorschriften oder wegen der ihnen immanenten Probleme unumgänglich. Sie liegen insbesondere bei den Vorschriften über die Gewerbesteuerpflicht von Gewerbebetrieben, über die Freistellung von der Gewerbesteuer vor allem der gemeinnützigen Vereinigungen sowie der Pensions- und Unterstützungskassen sowie über die Ermittlung des Gewerbeertrags und hier insbesondere über die Hinzurechnung von Dauerschulden und Dauerschuldzinsen sowie von Miet- und Pachtzinsen. Um dem Benutzer die Arbeit mit dem Kommentar zu erleichtern, werden eine Reihe von Erläuterungen in ABC-Form dargestellt, z. B. für Abgrenzungsfragen der gewerblichen Tätigkeit, des Betriebs gewerblicher Art, der Gemeinnützigkeit, der Dauerschulden, der Miet- und Pachtzinsen etc.

Die Abschnitte bei § 7 über die Grundzüge des Umwandlungssteuergesetzes und der Mitunternehmerschaft sowie Hinweise zur Unternehmensform und zur Vertragsgestaltung sind nicht nur wegen ihrer gewerbesteuer-

Vorwort

rechtlichen Bezüge, sondern auch zu dem Zweck eingefügt worden, dem Berater bei Vertragsabschlüssen eine Hilfe zu sein.

In einem eigenen Anhang werden die Änderungen des GewStG, die der kürzlich veröffentlichte Entwurf des Steuerreformgesetzes 1990 vorsieht, kurz dargestellt.

Nie völlig zu vermeidende Schwachstellen bitten wir mit Nachsicht zu bedenken. Für Anregungen und Hinweise zur Vervollkommnung des Konzepts und seiner Ausführung sind wir jederzeit dankbar.

Dankbar sind wir dem Verleger, der die Kommentierung ermöglicht hat, sowie den Mitarbeitern des Verlags für ihre tatkräftige Unterstützung, insbesondere Herrn Theismann. Nicht vergessen wollen wir mit unserem Dank unsere Ehefrauen, die an der Last der Gewerbesteuer mitgetragen haben.

München, im März 1988 — Die Verfasser

Inhaltsverzeichnis

Vorwort zur 7. Auflage V
Vorwort zur 1. Auflage IX
Abkürzungsverzeichnis XIII

Erläuterungen zum Gewerbesteuergesetz (GewStG)

Detaillierte Übersichten zu Beginn jedes Paragraphen

Abschnitt I. Allgemeines

§ 1 Steuerberechtigte 1
§ 2 Steuergegenstand 35
§ 2 a Arbeitsgemeinschaften 267
§ 3 Befreiungen 270
§ 4 Hebeberechtigte Gemeinde 442
§ 5 Steuerschuldner 447
§ 6 Besteuerungsgrundlagen 461

Abschnitt II. Bemessung der Gewerbesteuer

§ 7 Gewerbeertrag 464
Anhang § 7: Vorgänge nach dem UmwG und dem UmwStG 567
§ 8 Hinzurechnungen 700
§ 8 a Hinzurechnung des Gewerbeertrags bei niedriger Gewerbesteuerbelastung 821
§ 9 Kürzungen 824
§ 10 Maßgebender Gewerbeertrag 905
§ 10 a Gewerbeverlust 909
§ 11 Steuermesszahl und Steuermessbetrag 975

Abschnitt III. Gewerbesteuer nach dem Gewerbekapital

§§ 12, 13 (weggefallen)

Abschnitt IV. Steuermessbetrag

§ 14 Festsetzung des Steuermessbetrags 988
§ 14 a Steuererklärungspflicht 991
§ 14 b Verspätungszuschlag 995
§ 15 Pauschfestsetzung 996

Abschnitt V. Entstehung, Festsetzung und Erhebung der Steuer

§ 16 Hebesatz 999
§ 17 (weggefallen)
§ 18 Entstehung der Steuer 1006
§ 19 Vorauszahlungen 1007

§ 20 Abrechnung über die Vorauszahlungen 1014
§ 21 Entstehung der Vorauszahlungen 1016
§§ 22–27 (*weggefallen*)

Abschnitt VI. Zerlegung

§ 28 Allgemeines 1018
§ 29 Zerlegungsmaßstab 1026
§ 30 Zerlegung bei mehrgemeindlichen Betriebsstätten 1031
§ 31 Begriff der Arbeitslöhne für die Zerlegung 1036
§ 32 *(weggefallen)*
§ 33 Zerlegung in besonderen Fällen 1041
§ 34 Kleinbeträge 1046
§ 35 *(weggefallen)*

Abschnitt VII. Gewerbesteuer der Reisegewerbebetriebe

§ 35 a 1048

Abschnitt VIII. Änderung des Gewerbesteuermessbescheids von Amts wegen

§ 35 b 1052

Abschnitt IX. Durchführung

§ 35 c Ermächtigung 1061
§ 35 d *(aufgehoben)*

Abschnitt X. Schlussvorschriften

§ 36 Zeitlicher Anwendungsbereich 1063

Sachregister 1071

Abkürzungsverzeichnis

Verzeichnis der Abkürzungen und der abgekürzt zitierten Literatur

A	Abschnitt
aA (AA)	anderer Ansicht
aaO	am angegebenen Ort
ABl	Amtsblatt
abl	ablehnend
ABlKR	Amtsblatt des Kontrollrats in Deutschland
Abs	Absatz
Abschn	Abschnitt
abw	abweichend
AdV	Aussetzung der Vollziehung
aE	am Ende
AEAO	Anwendungserlass zur AO zuletzt idF vom 2. 1. 2008 (BStBl I 2008, 26) mit nachfolgenden Änderungen
aF	alte Fassung
AfA	Absetzung für Abnutzung
AFG	Arbeitsförderungsgesetz
AG	Aktiengesellschaft, auch Zeitschrift "Die Aktiengesellschaft"; mit Ortsbezeichnung: Amtsgericht; mit anderen Gesetzesabkürzungen: Ausführungsgesetz
ähnl	ähnlich
AIG	Auslandsinvestitionsgesetz
AK	Anschaffungskosten
AktG	Aktiengesetz
ALG	Gesetz über die Alterssicherung der Landwirte
Allg (allg)	Allgemein(es)
allg M	allgemeine Meinung
aM	anderer Meinung
AmtlSlg	Amtliche Sammlung der Entscheidungen des RFH
Anl	Anlage
Anm	Anmerkung
AO	Abgabenordnung
Arch	Archiv
arg	argumentum (Argument)
Art	Artikel
AStG	Außensteuergesetz
ATG	Altersteilzeitgesetz
Aufl	Auflage
ausl	ausländisch

AuslInvG	Auslandinvestmentgesetz
AV	Anlagevermögen
AVG	Angestelltenversicherungsgesetz
AWG	Außenwirtschaftsgesetz
Az	Aktenzeichen
BAG	Bundesarbeitsgericht
BAnz	Bundesanzeiger
BauGB	Baugesetzbuch
Ba-Wü	Baden-Württemberg
Bay, bay	Bayern, bayerisch
BayLfSt	Bayerisches Landesamt für Steuern
BayObLG	Bayerisches Oberstes Landesgericht
BB	Betriebs-Berater (Zeitschrift)
BBG	Bundesbeamtengesetz
Bbg	Brandenburg
Bd	Band
BdF	siehe BMF
BEG	Bundesentschädigungsgesetz
Begr	Begründung
BerlinFG	Berlinförderungsgesetz
Bespr	Besprechung
betr	betrifft, betreffend
BetrAVG	Gesetz zur Verbesserung der betrieblichen Altersversorgung
BewG	Bewertungsgesetz
BewDV	Durchführungsverordnung zum Bewertungsgesetz
BFH	Bundesfinanzhof
BFHE	Sammlung der Entscheidungen des Bundesfinanzhofs
BFHEntlG	Gesetz zur Entlastung des Bundesfinanzhofs
BFH/NV	Sammlung amtlich nicht veröffentlichter Entscheidungen des BFH (Zeitschrift)
BGB	Bürgerliches Gesetzbuch
BGBl I/II	Bundesgesetzblatt Teil I/Teil II
BGBl III	Bereinigte Sammlung des Bundesrechts, abgeschlossen am 28. 12. 1968 (in Nachweisform fortgeführt durch FNA)
BGH	Bundesgerichtshof
BGHZ	Sammlung von Entscheidungen des Bundesgerichtshofs in Zivilsachen
BKGG	Bundeskindergeldgesetz
Blümich/(Bearbeiter)	Kommentar zu EStG, KStG, GewStG und Nebengesetzen (Loseblatt) – Zitate ohne Gesetzesbezeichnung = Kommentierung des GewStG
BMF	Bundesminister(ium) der Finanzen
Bp	Betriebsprüfung
BpO	Betriebsprüfungsordnung vom 15. 3. 2000 (BStBl I 2000, 368) mit nachfolgenden Änderungen
Bra	siehe Bbg

Abkürzungen

BRAGO	Bundesrechtsanwaltsgebührenordnung
BRDrs	Bundesratsdrucksache
BRD	Bundesrepublik Deutschland
BReg	Bundesregierung
BRH	Bundesrechnungshof
BSHG	Bundessozialhilfegesetz
Bsp	Beispiel
BSt	Betriebsstätte
BStBl I/II/III	Bundessteuerblatt Teil I/Teil II/Teil III (bis 1967)
BTDrs	Bundestagsdrucksache
BTProt	Bundestagsprotokoll
Buchst	Buchstabe
BV	Betriebsvermögen
BVerfG	Bundesverfassungsgericht
BVerfGE	Sammlung von Entscheidungen des Bundesverfassungsgerichts
BVerwG	Bundesverwaltungsgericht
BVG	Bundesversorgungsgesetz
bzgl	bezüglich
bzw	beziehungsweise
DB	Der Betrieb (Zeitschrift)
DBA	Abkommen zur Vermeidung der Doppelbesteuerung (Doppelbesteuerungsabkommen)
DDR	Deutsche Demokratische Republik
DDR-IG	DDR-Investitionsgesetz
dgl	dergleichen
DGStZ	Deutsche Gemeindesteuer-Zeitung
dh	das heißt
DIHK	Deutscher Industrie- und Handelskammertag
DJZ	Deutsche Juristenzeitung
DM	Deutsche Mark
DNotZ	Deutsche Notar-Zeitschrift
DÖV	Die Öffentliche Verwaltung (Zeitschrift)
DR	Deutsches Recht (Zeitschrift)
Drs	Drucksache
DStBl	Deutsches Steuerblatt
DStBTag	Deutscher Steuerberatertag (Protokolle)
DStJG	Jahrbuch der Deutschen Steuerjuristischen Gesellschaft eV
DStR	Deutsches Steuerrecht (Zeitschrift)
DStRE	Deutsches Steuerrecht – Entscheidungsdienst (Zeitschrift)
DStZ	Deutsche Steuerzeitung
DStZ/A	Deutsche Steuerzeitung Ausgabe A
DStZ/E	Deutsche Steuerzeitung/Eildienst
dt	deutsch
DV, DVO	Durchführungsverordnung
DVR	Deutsche Verkehrsteuer-Rundschau

EFG	Entscheidungen der Finanzgerichte (Zeitschrift)
EFH	Einfamilienhaus
eG	eingetragene Genossenschaft
EG	Europäische Gemeinschaft(en)
EGAO	Einführungsgesetz zur AO
EGBGB	Einführungsgesetz zum Bürgerlichen Gesetzbuch
EGV	Vertrag zur Gründung der Europäischen Gemeinschaft
Einl	Einleitung
Einf	Einführung
EinfErlAO	Einführungserlass zur AO vom 1. 10. 1976 (BStBl I 1976, 576) – siehe jetzt AEAO
einschr	einschränkend
EK	Eigenkapital
ENeuOG	Eisenbahnneuordnungsgesetz
Entw	Entwurf
EntwLStG	Entwicklungsländer-Steuergesetz (früher: EntwHStG – Entwicklungshilfe-Steuergesetz)
ErbStG	Erbschaftsteuer- und Schenkungsteuergesetz
ErfVO	Erfinderverordnung
Erl	Erlass
ERP	European Recovery Program
ESt	Einkommensteuer
EStB	Der Einkommensteuerberater (Zeitschrift)
EStDV	Einkommensteuer-Durchführungsverordnung
EStG	Einkommensteuergesetz
EStH	Amtliche Einkommensteuer-Hinweise
EStR	Einkommensteuer-Richtlinien
etc	et cetera (und so weiter)
ETW	Eigentumswohnung
EU	Europäische Union
EURLUmsG	EU-Richtlinien-Umsetzungsgesetz
eV	eingetragener Verein
evtl	eventuell
EW	Einheitswert
EWBV	Einheitswert des Betriebsvermögens
EWG	Europäische Wirtschaftsgemeinschaft
EWIV	Europäische wirtschaftliche Interessenvereinigung
EZ	Erhebungszeitraum
f, ff	(fort)folgend(e)
FA (FÄ)	Finanzamt (Finanzämter)
FAG	Finanzausgleichsgesetz
Ffm	Frankfurt am Main
FG	Finanzgericht
FGO	Finanzgerichtsordnung
FinA	Finanzausschuss
FinVerw	Finanzverwaltung
FKPG	Gesetz zur Umsetzung des Föderalen Konsolidierungsprogramms

Flick/Wassermeyer/ Becker	Kommentar zum Außensteuerrecht (Loseblatt)
FM	Finanzministerium, Finanzminister
Fn	Fußnote
FNA	Bundesgesetzblatt Teil I, Fundstellennachweis A (Bundesrecht ohne völkerrechtliche Vereinbarungen)
FR	Finanz-Rundschau (Zeitschrift)
frz	französisch
FS	Festschrift
FSen	Finanzsenator (Senatsverwaltung für Finanzen)
FSt	(Institut) Finanzen und Steuern
FusRL	Fusions-Richtlinie
FVG	Finanzverwaltungsgesetz
G	Gesetz
GAL	Gesetz über eine Altershilfe für Landwirte; siehe jetzt ALG
GAV	Gewinnabführungsvertrag
GBl	Gesetzblatt
GbR	Gesellschaft des bürgerlichen Rechts
gem	gemäß
GemFinRefG	Gemeindefinanzreformgesetz
GemVO	Gemeinnützigkeitsverordnung
GenG	Genossenschaftsgesetz
GesSt	Gesellschaftsteuer
GewErtrSt	Gewerbeertragsteuer
GewSt	Gewerbesteuer
GewStÄndG	Gesetz zur Änderung des Gewerbesteuerrechts vom 27. 2. 1951 (BGBl I 1952, 2)
GewStDV	Gewerbesteuer-Durchführungsverordnung
GewStG	Gewerbesteuergesetz
GewSt-Hdb	Handbuch zur Gewerbesteuerveranlagung (jährlich, Beck-Verlag, München)
GewStR	Gewerbesteuer-Richtlinien
GG	Grundgesetz
ggf	gegebenenfalls
ggü	gegenüber
GGW	Gesamtverband Gemeinnütziger Wohnungsunternehmen eV
glA	gleicher Ansicht
GmbH	Gesellschaft mit beschränkter Haftung
GmbHG	Gesetz betreffend die GmbH (GmbH-Gesetz)
GmbHR	GmbH-Rundschau
GmbH-StB	Der GmbH-Steuer-Berater (Zeitschrift)
GO	Gemeindeordnung
grds	grundsätzlich
GrESt	Grunderwerbsteuer
GrEStG	Grunderwerbsteuergesetz
GrS	Großer Senat

GrundSt	Grundsteuer
GrundStG	Grundsteuergesetz
GuV-Rechnung	Gewinn- und Verlustrechnung
GStB	Gestaltende Steuerberatung (Zeitschrift)
GVBl, GVOBl	Gesetz- und Verordnungsblatt
GWB	Gesetz gegen Wettbewerbsbeschränkungen
GWG	geringwertige Wirtschaftsgüter
H	Hinweis (der Einkommensteuer-, Körperschaftsteuer-, Lohnsteuer-, Erbschaftsteuer-Hinweise)
ha	Hektar
Hann	Hannover
HAG	Heimarbeitsgesetz
HB	Handelsbilanz
HBeglG	Haushaltsbegleitgesetz
HBNB	Hartmann/Böttcher/Nissen/Bordewin, Kommentar zum Einkommensteuergesetz (Loseblatt)
Hdb	Handbuch
Hess, hess	Hessen, hessisch
HFR	Höchstrichterliche Finanzrechtsprechung (Zeitschrift)
HGA	Hypothekengewinnabgabe
HGB	Handelsgesetzbuch
HGB-Großkomm	Großkommentar zum Handelsgesetzbuch
HHR	Herrmann/Heuer/Raupach, Kommentar zum Einkommen- und Körperschaftsteuergesetz (Loseblatt)
HHSp	Hübschmann/Hepp/Spitaler, Kommentar zur Abgabenordnung und Finanzgerichtsordnung (Loseblatt)
hL	herrschende Lehre
hM	herrschende Meinung
HR	Handelsregister
HRG	Hochschulrechtsrahmengesetz
HRR	Höchstrichterliche Rechtsprechung (Zeitschrift)
Hrsg, hrsg	Herausgeber, herausgegeben
Hs	Halbsatz
idF	in der Fassung
idR	in der Regel
idS	in diesem Sinne
IdW	Institut der Wirtschaftsprüfer
iE	im Ergebnis
ieS	im engeren Sinne
Inf	Die Information über Steuer und Wirtschaft; seit 2003: Die Information für Steuerberater und Wirtschaftsprüfer (Zeitschrift)
insb	insbesondere
InsO	Insolvenzordnung
InstFSt	Institut Finanzen und Steuern
InvZulG	Investitionszulagengesetz
iRd	im Rahmen des

iSd(v)	im Sinne des (von)
iÜ	im Übrigen
iV(m)	in Verbindung (mit)
IWB	Internationale Wirtschaftsbriefe (Zeitschrift)
iwS	im weiteren Sinne
iZm	im Zusammenhang mit
JbFfSt	Jahrbuch der Fachanwälte für Steuerrecht
JbDStJG	Jahrbuch der Deutschen Steuerjuristischen Gesellschaft eV
Jg(e)	Jahrgang (Jahrgänge)
JR	Juristische Rundschau
JStErgG	Jahressteuer-Ergänzungsgesetz
JStG	Jahressteuergesetz
JuS	Juristische Schulung (Zeitschrift)
JW	Juristische Wochenschrift
JWG	Gesetz über Jugendwohlfahrt
JZ	Juristenzeitung
KAG	Kommunalabgabengesetz
KAGG	Gesetz über Kapitalanlagegesellschaften
Kap	Kapitel
KapGes	Kapitalgesellschaft
KBV	Kleinbetragsverordnung
KG	Kammergericht; Kommanditgesellschaft
KGaA	Kommanditgesellschaft auf Aktien
KHEntgG	Krankenhausentgeltgesetz
KHG	Krankenhausfinanzierungsgesetz
KiSt	Kirchensteuer
Klein/(Bearbeiter)	Kommentar zur Abgabenordnung (9. Aufl 2006)
KleinUntFG	Kleinunternehmerförderungsgesetz
Knobbe-Keuk	Bilanz- und Unternehmenssteuerrecht (9. Aufl 1993)
Koch/Scholtz	Kommentar zur Abgabenordnung (5. Aufl 1996)
Kölner Handbuch	Kölner Trainingstagungen zur Betriebsaufspaltung, Protokoll 14
KO	Konkursordnung
KÖSDI	Kölner Steuerdialog (Zeitschrift)
Komm	Kommentar
KRG	Kontrollratsgesetz
krit	kritisch
KrW/AbfG	Kreislaufwirtschafts- und Abfallgesetz
KSt	Körperschaftsteuer
KStDV	Körperschaftsteuer-Durchführungsverordnung
KStG	Körperschaftsteuergesetz
KStH	Körperschaftsteuer-Hinweise
KStR	Körperschaftsteuer-Richtlinien
KStZ	Kommunale Steuer-Zeitschrift
KTS	Konkurs-, Treuhand- und Schiedsgerichtswesen (Zeitschrift)

KVSt	Kapitalverkehrsteuer
KVStG	Kapitalverkehrsteuergesetz
KWG	Gesetz über das Kreditwesen
Lademann	Kommentar zum Einkommensteuergesetz (Loseblatt)
LAG	Lastenausgleichsgesetz
Leingärtner	Besteuerung der Landwirte (Loseblatt)
Lenski/Steinberg	Kommentar zum Gewerbesteuergesetz (Loseblatt)
L/B/P	Littmann/Bitz/Pust, Das Einkommensteuerrecht. Kommentar (Loseblatt)
Lfg	Lieferung
LG	Landgericht
LM	Lindenmaier/Möhring, Nachschlagewerk des BGH
LPartG	Gesetz über die Eingetragene Lebenspartnerschaft
LPG	Landwirtschaftliche Produktionsgenossenschaft
L/S	siehe Lenski/Steinberg
Ls	Leitsatz
LSt	Lohnsteuer
LStH	Lohnsteuer-Hinweise
LStJA	Lohnsteuer-Jahresausgleich
LStR	Lohnsteuer-Richtlinien
LSW	Lexikon des Steuer- und Wirtschaftsrechts
lt	laut
LuF	Land- und Forstwirtschaft
LwAnpG	Landwirtschafts-Anpassungsgesetz
M	Mark der DDR
Maunz/Dürig	Maunz/Dürig/Herzog, Kommentar zum Grundgesetz (Loseblatt)
maW	mit anderen Worten
mE (ME)	meines Erachtens
Meyer-Scharenberg/ Popp/Woring	Gewerbesteuer-Kommentar (4. Aufl 2001)
MinBl	Ministerialblatt
mögl	möglich
MU	Mitunternehmer
MünchKomm	Münchener Kommentar zum BGB (4. bzw 5. Aufl 2000 ff bzw 2006 ff)
Müthling/Fock	Kommentar zum Gewerbesteuergesetz (Loseblatt)
M-V (Meckl-V)	Mecklenburg-Vorpommern
mwN	mit weiteren Nachweisen
MwSt	Mehrwertsteuer
mWv	mit Wirkung vom
NAnwErl	Nichtanwendungserlass
Nds, nds	Niedersachsen, niedersächsisch
nF	neue(r) Fassung, neue(r) Folge
NJW	Neue Juristische Wochenschrift
Nr(n)	Nummer(n)

nrkr	nicht rechtskräftig
NRW, NW	Nordrhein-Westfalen
NSt	Neues Steuerrecht von A bis Z
nv	nicht (im Druck) veröffentlicht
NWB	Neue Wirtschaftsbriefe (Zeitschrift)
NZB	Nichtzulassungsbeschwerde
oa	oben angeführt
oä	oder ähnlich
obj	objektiv
öff	öffentlich
OFD	Oberfinanzdirektion
OFH	Oberster Finanzgerichtshof
OG	Organgesellschaft
OHG	Offene Handelsgesellschaft
OLG	Oberlandesgericht
OLGZ	Entscheidungen der Oberlandesgerichte in Zivilsachen
OT	Organträger
oV	ohne (benannten) Verfasser
OVG	Oberverwaltungsgericht
OWiG	Ordnungswidrigkeitengesetz
Palandt/(Bearbeiter)	Kommentar zum BGB (67. Aufl 2008)
PersGes	Personengesellschaft
Petzold	Gewerbesteuer (5. Aufl 1997)
preuß	preußisch
PrOVG	Preußisches Oberverwaltungsgericht
PV	Privatvermögen
qm	Quadratmeter
R	Recht; Einzelrichtlinie der Einkommensteuer-, Körperschaftsteuer-, Lohnsteuer-, Erbschaftsteuer-Richtlinien
RA	Rechtsanwalt(-anwälte)
RAO	Reichsabgabenordnung
RBerG	Rechtsberatungsgesetz
RdErl	Runderlass
RdF	Reichsminister der Finanzen
RdVfg	Rundverfügung
RegE	Regierungsentwurf
Rev	Revision (eingelegt)
RFH	Reichsfinanzhof
RFHE	Sammlung der Entscheidungen des Reichsfinanzhofs
RG	Reichsgericht
RGBl	Reichsgesetzblatt
RGZ	Amtliche Sammlung von Entscheidungen des Reichsgerichts in Zivilsachen
Rh-Pf	Rheinland-Pfalz

RIW	Recht der internationalen Wirtschaft (Zeitschrift)
Rössler/Troll	Kommentar zum Bewertungsgesetz (Loseblatt)
Rn	Randnummer
rkr	rechtskräftig
Rspr	Rechtsprechung
RStBl	Reichssteuerblatt
RVO	Reichsversicherungsordnung
RVOrgG	Gesetz zur Organisationsreform in der Rentenversicherung
Rz	Randziffer
S, s	Seite; siehe
Saarl	Saarland
S-Anh	Sachsen-Anhalt
sc	scilicet (= nämlich)
SCE	Societas Cooperativa Europaea (Europäische Genossenschaft)
Schl-H	Schleswig-Holstein
Schmidt (Schmidt/. . .)	Kommentar zum Einkommensteuergesetz (27. Aufl 2008)
SE	Societas Europaea (Europäische (Aktien-)Gesellschaft)
SEEG	Gesetz zur Einführung der Europäischen (Aktien-) Gesellschaft
SEStEG	Gesetz über steuerliche Begleitmaßnahmen zur Einführung der Europäischen (Aktien-)Gesellschaft
SGB III	Sozialgesetzbuch, Drittes Buch, Arbeitsförderung
SGB V	Sozialgesetzbuch, Fünftes Buch, Gesetzliche Krankenversicherung
SGB VI	Sozialgesetzbuch, Sechstes Buch, Gesetzliche Rentenversicherung
SGB VIII	Sozialgesetzbuch, Achtes Buch, Kinder- und Jugendhilfe
SGB IX	Sozialgesetzbuch, Neuntes Buch, Rehabilitation und Teilhabe behinderter Menschen
SGB X	Sozialgesetzbuch, Zehntes Buch, Sozialverwaltungsverfahren und Sozialdatenschutz
SGB XI	Sozialgesetzbuch, Elftes Buch, Soziale Pflegeversicherung
SGB XII	Sozialgesetzbuch, Zwölftes Buch, Sozialhilfe
Soergel	Soergel/Siebert, Kommentar zum Bürgerlichen Gesetzbuch (13. Aufl 1999 ff)
sog	sogenannt(e)
Sp	Spalte
SparPG	Sparprämiengesetz
St	Steuer
StÄndG	Steueränderungsgesetz
StandOG	Standortsicherungsgesetz

StAnpG	Steueranpassungsgesetz
StatJb	Statistisches Jahrbuch, hrsg vom Statistischen Landesamt
Staudinger	Kommentar zum Bürgerlichen Gesetzbuch (12. Aufl 1978 ff/13. Aufl 1993 ff)
StB	Steuerbilanz
StBerG	Steuerberatungsgesetz
StBereinG	Steuerbereinigungsgesetz
Stbg	Die Steuerberatung (Zeitschrift)
StbJb	Steuerberater-Jahrbuch
StbKRep	Steuerberaterkongress-Report
StBp	Die steuerliche Betriebsprüfung (Zeitschrift)
StEd	Steuereildienst
StC	SteuerConsultant (Zeitschrift)
StEK	Steuererlasse in Karteiform, hrsg von Felix † und Carlé
StEntlG	Steuerentlastungsgesetz
StMBG	Missbrauchsbekämpfungs- und Steuerbereinigungsgesetz
StPfl, Stpfl, stpfl	Steuerpflicht(iger), steuerpflichtig
StQ	Quintessenz des Steuerrechts (Zeitschrift)
str	strittig
StRefG	Steuerreformgesetz
StRK	Steuerrechtsprechung in Karteiform, hrsg von Weiß
StRKAnm	Anmerkungen zur Steuerrechtsprechung in Karteiform
st Rspr	ständige Rechtsprechung
StStud	Steuer und Studium (Zeitschrift)
StuW	Steuer und Wirtschaft (Zeitschrift)
StVergAbG	Steuervergünstigungsabbaugesetz
StWa	Steuerwarte (Zeitschrift)
StZBl	Steuer- und Zollblatt
subj	subjektiv(e)
teilw	teilweise
T	Tausend
Th	Thüringen
Tipke/Kruse	Kommentar zur Abgabenordnung und Finanzgerichtsordnung (Loseblatt)
Tipke/Lang	Steuerrecht (17. Aufl 2002)
TVG	Tarifvertragsgesetz
Tz	Textziffer
u	und
ua	unter anderem
uä	und ähnlich
uE	unseres Erachtens
Ubg	Die Unternehmensbesteuerung (Zeitschrift)
UBGG	Gesetz über Unternehmensbeteiligungsgesellschaften

UmwBerG	Gesetz zur Bereinigung des Umwandlungsrechts
UmwG	Umwandlungsgesetz
UmwStErl	Umwandlungssteuererlass vom 25. 3. 1998 (BStBl I 1998, 268 (mit späteren Änderungen)
UmwStG	Umwandlungssteuergesetz
UntStFG	Unternehmenssteuerfortentwicklungsgesetz
UntStRefG	Gesetz zur Fortsetzung der Unternehmenssteuerreform
Urt	Urteil
USt	Umsatzsteuer
UStDB	Umsatzsteuer-Durchführungsbestimmungen
UStDV	Umsatzsteuer-Durchführungsverordnung
UStG	Umsatzsteuergesetz
UStR	Umsatzsteuer-Richtlinien
usw	und so weiter
uU	unter Umständen
UV	Umlaufvermögen
UWG	Gesetz gegen den unlauteren Wettbewerb
VA	Verwaltungsakt
VAG	Versicherungsaufsichtsgesetz
VEB	Volkseigener Betrieb
VerfGH	Verfassungsgerichtshof
VerglO	Vergleichsordnung
VerkFlBerG	Verkehrsflächenbereinigungsgesetz
VermBG	Vermögensbildungsgesetz
VerschG	Verschollenheitsgesetz
Vfg	Verfügung
VG	Verwaltungsgericht
vGA	verdeckte Gewinnausschüttung
VGH	Verwaltungsgerichtshof
vgl	vergleiche
vH	vom Hundert
VO	Verordnung
Vorb	Vorbemerkung
VSt	Vermögensteuer
VStG	Vermögensteuergesetz
VStR	Vermögensteuer-Richtlinien
vT	vom Tausend
VVG	Gesetz über den Versicherungsvertrag
VwZG	Verwaltungszustellungsgesetz
VZ	Veranlagungszeitraum
WEG	Wohnungseigentumsgesetz
WG	Wirtschaftsgut
WGG	Wohnungsgemeinnützigkeitsgesetz
WGGDV	Durchführungsverordnung zum WGG
WiGBl	Gesetzblatt der Verwaltung des Vereinigten Wirtschaftsgebiets

Wihtol/Bittner	Kommentar zum Gewerbesteuergesetz (Loseblatt)
Wj	Wirtschaftsjahr
WM	Wertpapiermitteilungen (Zeitschrift)
wN	weitere Nachweise
WoBauG	II. Wohnungsbaugesetz
WoP	Wohnungsbauprämie
WoPG	Wohnungsbauprämiengesetz
WpHG	Wertpapierhandelsgesetz
WPg	Die Wirtschaftsprüfung (Zeitschrift)
WRV	Weimarer Reichsverfassung
zB	zum Beispiel
ZFH	Zweifamilienhaus
ZGB	Zivilgesetzbuch (der DDR)
ZGR	Zeitschrift für Unternehmens- und Gesellschaftsrecht
Ziff	Ziffer
ZIP	Zeitschrift für Wirtschaftsrecht
zit	zitiert
Zitzelsberger	Grundlagen der Gewerbesteuer (1990)
ZivilR	Zivilrecht
ZKF	Zeitschrift für Kommunalfinanzen
ZPO	Zivilprozessordnung
zT	zum Teil
zust	zustimmend
zutr	zutreffend
zZ (zZt)	zur Zeit
zzgl	zuzüglich

Gewerbesteuergesetz (GewStG)

In der Fassung der Bekanntmachung vom 15. Oktober 2002
(BGBl I, 4167)

Geändert durch Art 4 Steuervergünstigungsabbaugesetz vom 16. 5. 2003 (BGBl I, 660), Art 3 Kleinunternehmerförderungsgesetz vom 31. 7. 2003 (BGBl I, 1550), Art 7 Förderbankenneustrukturierungsgesetz vom 15. 8. 2003 (BGBl I, 1657), Art 4 Steueränderungsgesetz vom 15. 12. 2003 (BGBl I, 2645), Art 4 Gesetz zur Umsetzung der Protokollerklärung der Bundesregierung zur Vermittlungsempfehlung zum Steuervergünstigungsabbaugesetz vom 22. 12. 2003 (BGBl I, 2840), Art 2 Gesetz zur Änderung des Gewerbesteuergesetzes und anderer Gesetze vom 23. 12. 2003 (BGBl I, 2922), Art 50 Gesetz zur Einordnung des Sozialhilferechts in das Sozialbuch vom 27. 12. 2003 (BGBl I, 3022), Art 12 Haushaltsbegleitgesetz 2004 vom 29. 12. 2003 (BGBl I, 3076), Art 32 Gesetz zur Organisationsreform in der gesetzlichen Rentenversicherung vom 9. 12. 2004 (BGBl I, 3242), Art 4 Richtlinien-Umsetzungsgesetz vom 9. 12. 2004 (BGBl I, 3310), Art 4 Gesetz zum Dritten Zusatzprotokoll zum DBA Deutschland – Niederlande vom 15. 12. 2004 (BGBl II, 1653), Art 4 SEStEG vom 7. 12. 2006 (BGBl I, 2782, ber I 2007, 68), Art 18 Jahressteuergesetz 2007 vom 13. 12. 2006 (BGBl I, 2878), Art 3 Unternehmensteuerreformgesetz 2008 vom 14. 8. 2007 (BGBl I, 1912), Art 4 Gesetz zur weiteren Stärkung des bürgerschaftlichen Engagements vom 10. 10. 2007 (BGBl I, 2332), Art 5 Jahressteuergesetz 2008 vom 20. 12. 2007 (BGBl I, 3150), Art 5 Gesetz zur Modernisierung der Rahmenbedingungen für Kapitalbeteiligungen vom 12. 8. 2008 (BGBl I, 1672), Art 4 Jahressteuergesetz 2009 vom 19. 12. 2008 (BGBl I, 2794), Art 7 Steuerbürokratieabbaugesetz vom 20. 12. 2008 (BGBl I, 2850) und Art 6 a Drittes Mittelstandsentlastungsgesetz vom 17. 3. 2009 (BGBl I, 550)

BGBl. III/FNA 611–5

Abschnitt I. Allgemeines

§ 1 Steuerberechtigte

Die Gemeinden erheben eine Gewerbesteuer als Gemeindesteuer.

Gewerbesteuer-Richtlinien 1998: Abschnitte 1–10.

Bearbeiter: Güroff

Übersicht

1.–22. Gewerbesteuer als Gemeindesteuer

1.–4. Entstehungsgeschichte
5.–10. Begriff der Gemeinde
11., 12. Zweck der GewSt
13. GewSt als Steuer ieS
14. GewSt als Objektsteuer

15. GewSt als Kostensteuer
16., 17. Pflicht zur Steuererhebung
18.–22 a. Verfassungsmäßigkeit der GewSt/Europarecht

23.–44. Besteuerungsverfahren und Verwaltung der GewSt
23. Durchführung
24. Anmeldung des Betriebes
25. Zweiteilung des Besteuerungsverfahrens
26.–33. Das GewStMessbetragsverfahren
34., 34 a. Die Steuerfestsetzung
35. Erhebung und Verwaltung der GewSt
36.–40. Rechtsschutz
41.–44. (frei)

45.–49. Finanzwirtschaftliche Bedeutung der GewSt
45. Grundsätzliches
46. Gemeindefinanzreform/Gemeindeumlage
47.–49. (frei)

50.–53. Diskussion, Ausblick und neuere Entwicklungen

Literatur: (s auch Nachweise vor Anm 50) *Klein,* Die Realsteuergarantie der Gemeinden im Grundgesetz, Schriftenreihe der Verwaltungsakademie Ostwestfalen/Lippe, 1959, Teil I; *Haller,* Die Bedeutung des Äquivalenzprinzips für die öffentliche Finanzwirtschaft, 1961; *Ossenbühl,* Die gerechte Steuerlast; *Oswald,* Wie sichern die Gemeinden ihr Aufkommen an Realsteuern, KStZ 1963, 173; *Grass,* Unruhige Gewerbesteuer – Theorie und Praxis eines unzeitgemäßen Steuergesetzes, StbKRep 1965, 116; *InstFSt* Brief 208, Vorschläge zur weiteren Strukturverbesserung der GewSt; *Karrenberg,* Die Bedeutung der GewSt für die Städte 1985; *Clemens/Held/Burg,* GewStReform im Spannungsfeld von Unternehmenssteuerbelastung und kommunaler Finanzautonomie, Schriften zur Mittelstandsforschung Nr 13 NF, 1986; *Schnädter,* Ist die Beschränkung der Gewerbesteuerpflicht auf die Gewerbetreibenden verfassungsgemäß?, KStZ 1986, 141; *Wendt,* Zur Vereinbarkeit der Gewerbesteuer mit dem Gleichheitsgrundsatz und dem Prinzip der Besteuerung nach der Leistungsfähigkeit, BB 1987, 1257; *Knobbe-Keuk,* Möglichkeiten und Grenzen einer Unternehmenssteuerreform, DB 1989, 1303; *Zitzelsberger,* Grundlagen der Gewerbesteuer, 1990 (zugleich Habilitation Regensburg 1989); *Fuchsen,* Verfahrensfragen zur Festsetzung von Hinterziehungszinsen auf hinterzogene Gewerbesteuer, DStR 1992, 1307; *Zimmermann,* Versuch zur Klassifizierung der unternehmensbezogenen Steuern in finanzwissenschaftlicher Sicht, StuW 1993, 231; *Gerl,* Steueroptimale Dotierung der Gewerbesteuerrückstellung ab 1993, DStR 1993, 141 u 736; *Bachem,* dito, DStR 1993, 736; *Stüttgen,* Die Berechnung der Gewerbesteuer ab 1. 1. 1993, DB 1993, 950; *Dasch,* Die Berechnung der vorläufigen Gewerbeertragsteuer für die Gewerbesteuerrückstellung, DB 1993, 343; *Binz/Vogel,* Gewerbeertragsteuerberechnung bei Personengesellschaften ab 1993, BB 1993, 1710; *Theile,* Gewerbeertragsteuerberechnung bei Personengesellschaften ab 1993, BB 1993, 2351; *Beck,* Die Berechnung der Gewerbesteuerschuld einschließlich der Gewerbesteuerrückstellung ab dem Erhebungszeitraum 1991, StWa 1995, 44; *Gosch,* Einige aktuelle und zugleich grundsätzliche Bemerkungen zur Gewerbesteuer, DStZ 1998, 327; *Jachmann,* Ansätze zu einer gleichheitsgerechten Ersetzung der Gewerbesteuer, BB 2000, 1432; *InstFSt,* Entwicklung wesentlicher Daten der öffentlichen Finanzwirtschaft in der BRD von 1992–2002, InstFSt-Schrift Nr 408; *BMF-Sekretariat* der Arbeitsgruppe Kommunalsteuern, Bericht ... von der Kommission zur Reform der Gemeindefinanzen (Berlin 20. 6. 2003); *Schnittker/Welling,* 7. Berliner Steuergespräch: „Reform der Gemeindefinanzen – die Gewerbesteuer auf dem Prüfstand" FR 2003, 990; *Mattern/Schnitger,* Die neue Hinzurechnungsbesteuerung des Gewerbesteuergesetzes, DStR 2003, 1371; *Walz/Süß,* Verfassungswidrigkeit der gewerbesteuerlichen Änderungen durch das Steuervergünstigungsabbaugesetz?, DStR 2003, 1637; *Gröning/Siegmund,* Aushöhlung des Objektsteuerprinzip der Gewerbesteuer: Dauerschuldzinsaufwendungen für Streubesitzbeteiligungen, DStR 2003, 617; *Hey,* Gewerbesteuer zwischen Bundesverfassungsgericht und Gesetzgeber, FR 2004, 876; *Otting,* Verfassungsrechtliche Grenzen der Bestimmung des Gewerbesteuerhebesatzes durch Bundesgesetz, DB 2004, 1222; *Hidien,* Staatliche Gewerbesteuerpflicht und gemeindliches Gewerbesteuerertragsrecht, ZKF 2004, 29; *Schmidt,* Auswirkungen des GewStÄG auf Unternehmen und die GewSt-Hebesätze der Gemeinden, StuB 2004, 49; *Jochum,* Das Bundesverfassungsgericht als Hüter der Gewerbesteuer?, StuB 2005, 254; *Kasper,* Haftung für Gemeindesteuern, DStZ 2006, 509; *InstFSt,* Entwicklung der Realsteuerhebesätze der Gemeinden mit 50 000 und mehr Einwohnern im Jahr 2007 gegenüber 2006, InstFSt-Brief Nr 446; *Hartmann,* Bestandsschutz für die Gewerbesteuer, BB 2008, 2490.

1.–22. Gewerbesteuer als Gemeindesteuer

Entstehung. Früheste Ansätze einer GewSt finden sich bereits in einigen mittelalterlichen Stadtgemeinden, wo gewisse SonderGewSt zu Grundvermögen-Ertragsteuern hinzutreten und sich von diesen abspalten. Entsprechendes findet sich in einigen Territorialstaaten des 17./18. Jahrh. in Form der Übertragung des für die GrundSt eingeführten Katastralverfahrens auf solche GewSt. Erst zu Beginn des 19. Jahrh. hält in den dt Staaten eine allg GewSt nach dem Vorbild der frz Revolutionsgesetzgebung als Staatssteuer Einzug. Die heutige GewSt beruht auf preußischem Vorbild. Nach dem 1. GewStEdikt (1810) erfasste sie jede selbständige auf Einnahmeerzielung gerichtete Tätigkeit einschließlich der Selbständigen (ausgenommen durch GewStG von 1820), jedoch ohne LuF, nach zunächst 6 Steuerklassen (ab 1820 Klassen A–L). Allerdings wies die GewSt noch Merkmale einer Gebühr auf, da mit der Zahlung die Berechtigung zur Erlangung eines Gew-Scheins verbunden war. Erst ab 1820 hatte sie den deutlichen Charakter einer Steuer verbunden mit einer enumerativen Aufzählung der Steuergegenstände. Als Merkmalgrößen für die Besteuerung wurden herangezogen das fixe Kapital, der Rohstoffeinsatz, der Ausstoß an Fertigprodukten, der Umsatz und die AN-Zahl. Nach der Miquel'schen Reform 1891 wurden alle stehenden GewBetriebe (ohne Selbständige und LuF) unter Berücksichtigung von Freigrenzen erfasst. Die Merkmalbesteuerung wich der Besteuerung nach Ertrag und Betriebskapital in 4 Steuerklassen. Durch KommunalabgabenG v 14. 7. 1893 trat die GewSt als Staatssteuer zum 1. 4. 1895 außer Hebung und wurde den Gemeinden überlassen. Bayern ist bis zum 1. Weltkrieg bedeutsam, weil es das Ertragsteuerkonzept am nachhaltigsten ausgestaltet hatte. Hier findet sich die Besonderheit der sog RepartitionsSt; dh Verteilung eines staatl Steuerkon- 1 tingents durch örtl Steuergemeinschaften (vgl zu allem *Zitzelsberger,* Grundlagen S. 9 ff). Insgesamt bestanden im Vergleich der Länder uneinheitliche Regelungen in Bezug auf die Steuergläubigerschaft, den Steuergegenstand, die Bemessungsgrundlage, die Steuerbefreiungen und den Tarif. Eine weitere Änderung ergab sich durch das LandessteuerG vom 30. 3. 1920. Zwar war die GewSt als GemeindeSt grundsätzlich anerkannt. Doch stand die Anerkennung unter dem Vorbehalt einer reichsgesetzlichen Regelung und einer Konkurrenzklausel zugunsten der Länder, denen die Ertragsteuern vom Gewerbe praktisch zustanden. Daran änderte sich durch das Reichsfinanzausgleichsgesetz v 27. 4. 1926 (RGBl I 1926, 203) grundsätzlich nichts. Die Länder waren aber berechtigt, von der Erhebung der GewSt abzusehen und sie ganz oder zum Teil den Gemeinden zu überlassen. Die landesrechtlichen Bestimmungen zur GewSt wichen zum Teil stark voneinander ab, insbesondere zur Frage, wem die Steuer zufließen sollte (Steuerberechtigung). In Hamburg, Lübeck und Bremen war die GewSt eine reine Landessteuer, in Preußen reine Gemeindesteuer; in Baden, Bayern und Württemberg war sie als Landessteuer ausgestaltet, zu der die Gemeinden Zuschläge erhoben (vgl Anlage 1 zur Begründung zum GewStG v 1. 12. 1936, RStBl 1937, 699).

2 Praktisch reine **Gemeindesteuer** wurde die GewSt durch die Realsteuerreform 1936 (§§ 1 und 27 EinfRealStG v 1. 12. 1936, RGBl I 1936, 961 und GewStG v 1. 12. 1936, RGBl I 1936, 979). Zwar ging bereits durch GewSt-VereinfVO v 31. 3. 1943 (RGBl I 1943, 237) die gesamte Verwaltung der GewSt einschließlich Festsetzung und Erhebung auf das Reich über. Dieses war auch Steuergläubiger. Doch floß das gesamte Aufkommen der GewSt nach dem Gewerbeertrag und Gewerbekapital den Gemeinden nach ihrem Anteil am Aufkommen zu. Nur die GewSt nach der Lohnsumme blieb als Gemeindesteuer erhalten. Durch Art 106 GG in seiner ursprünglichen Fassung veränderte sich diese Lage insoweit, als das Aufkommen an den Realsteuern grundsätzlich den Ländern zustand. Doch überließen die Länder die GewSt übereinstimmend den Gemeinden. Im Jahr 1951 nahm der Bund sein **konkurrierendes Gesetzgebungsrecht** (Art 105 Abs 2 Nr 3 GG aF iVm Art 72 Abs 2 GG aF) in Anspruch und erließ das Gesetz zur Änderung des GewStRechts v 27. 12. 1951 (BGBl I 1951, 996). Auf Grund dessen wurde das GewStG 1950 (v 30. 4. 1952, BGBl I 1952, 270) bekanntgemacht. In § 1 desselben ist – wie im GewStG 1936 – ausdrücklich festgelegt, dass die GewSt eine Gemeindesteuer ist. Seine **jetzige Fassung** erhielt § 1 durch Art 2 Nr 1 GewStÄndG v 23. 12. 2002 (BGBl I 2003, 2922): ab EZ 2004 sind die Gemeinden **verpflichtet,** GewSt nach dem GewStG zu erheben (hierzu Anm 16).

3 Eine **verfassungsrechtliche Garantie** der Gewerbesteuer bestand für die Gemeinden zunächst durch die am 1. 4. 1957 in Kraft getretene Fassung des Art 106 Abs 6 Satz 1 GG (Gesetz v 24. 12. 1956, BGBl I 1956, 1077), die das Aufkommen der Realsteuern (hierzu Anm 14) den Ländern und nach Maßgabe der LandesG den Gemeinden zuwies. Umstritten war insofern zunächst, ob damit jeder Gemeinde ihr örtliches Realsteueraufkommen garantiert ist oder lediglich den Gemeinden überhaupt das Real-

steueraufkommen insgesamt (vgl hierzu *Sattler* aaO, S 12; *Klein* aaO, S 25). Das BVerfG stellte hierzu klar, dass die Gemeinden kein verfassungsmäßiges Recht auf Realsteueraufkommen nach den realsteuerlichen Vorschriften bei Inkrafttreten des Art 106 Abs 6 GG hatten (BVerfGE 26, 172, 180). Art 28 Abs 3 GG verpflichte den Bund lediglich zur Sorge um eine dem Selbstverwaltungsrecht der Gemeinden nach Art 28 Abs 2 GG entsprechende verfassungsmäßige Ordnung. Die unterschiedlichen Auswirkungen des GewStSystems auf die Einnahmen der Gemeinden zeige, dass der Gesetzgeber in der Lage sein müsse, das System der GewSt zu ändern und die eigenen Einnahmequellen der Gemeinden anders zu verteilen. Eine Senkung der GewSt beeinträchtige das Selbstverwaltungsrecht der Gemeinden dann nicht, wenn die Einbußen der einzelnen Gemeinden auf andere Weise ausgeglichen würden.

Nach Abschaffung der GewKapitalSt ab EZ 1998 sind die alleinverbliebene GewErtragSt und das Hebesatzrecht der Gemeinden durch ausdrückliche Nennung in Art 106 Abs 6 Sätze 1 u 2 GG idF des G v 20. 10. 1997 (BGBl I 1997, 2470) sowie Art 28 Abs 2 Satz 3 GG (Finanzhoheit) abgesichert. Die verfassungsrechtliche Problematik, ob die GewSt in ihrer jeweiligen Gestalt noch dem Typus der Realsteuer entspricht, stellt sich mE nicht mehr (vgl auch Beschlussempfehlung und Bericht des Rechtsausschusses BTDrs 13/8488, 6).

Eine **andere Verteilung** mit Ausgleich des Steueraufkommens wurde 4
ab 1. 1. 1970 durch die weitere Neufassung des Art 106 Abs 5 und 6 GG (Finanzreformgesetz v 12. 5. 1969, BGBl I 1969, 359) ermöglicht. Danach ist vorgesehen, dass die Gemeinden am Aufkommen der Einkommensteuer beteiligt werden und Bund und Länder am GewStAufkommen beteiligt werden können. Dies ist durch § 6 Gemeindefinanzreformgesetz v 8. 9. 1969 (BGBl I 1969, 1587) in Form der **Gemeindeumlage** geschehen (vgl im Einzelnen Anm 48). Grund hierfür war der Umstand, dass das GewSt-Aufkommen von jeher ungleichmäßig verteilt war. Der GewStErtrag ist in Zahl und Größe von den in einer Gemeinde ansässigen GewBetrieben abhängig. Da die größeren Betriebe vielfach standortgebunden sind, ergeben sich hierdurch stets Benachteiligungen der Gemeinden, in deren Gebiet keine oder nur wenige kleine Wirtschaftsunternehmen arbeiten (*Kommission für die Finanzreform,* Gutachten über die Finanzreform in der BRD 1966, 27). Die GewSt ist danach keine *ausschließliche* Gemeindesteuer mehr (BVerfG BStBl II 1978, 125; *Blümich/Hofmeister* § 1 GewStG Anm 3; *Lenski/Steinberg* § 1 Anm 28). Gleichwohl ist grundsätzlich der Charakter der GewSt als Gemeindesteuer im Wesentlichen nicht verändert worden. Denn nach Art 106 Abs 6 GG haben die Gemeinden das verfassungsmäßig garantierte Recht, die Höhe der GewSt durch Festsetzung und Anwendung der Hebesätze „im Rahmen der Gesetze" zu bestimmen. Der Gesetzesvorbehalt bedeutet jedoch, dass eine gesetzliche Begrenzung der Hebesätze zum Zwecke einer allgemeinen Steuersenkung nicht ausgeschlossen ist (vgl *InstFSt* Brief 206, 14 ff).

Begriff der Gemeinde. Gemeinden sind die kleinsten öffentlich- 5
rechtlichen mit Gebietshoheit ausgestatteten Gebietskörperschaften innerhalb des Organisationsaufbaus verfasster öffentlicher Verwaltung, bei de-

nen sich die Zugehörigkeit aus dem Wohnsitz in ihrem Gebiet ergibt (vgl BVerfGE 52, 95, 117). Die Gemeindeordnungen der Länder definieren den Begriff redaktionell unterschiedlich. Sie sprechen von Gebietskörperschaften, ursprünglichen Gebietskörperschaften, öffentlichen Gebietskörperschaften und öffentlich-rechtlichen Körperschaften, ohne dass sich hieraus Wesensunterschiede ableiten ließen. Auch der in Art 1 der BayGO verwendete Begriff der „ursprünglichen" Gebietskörperschaft dient im Wesentlichen allein der Beschreibung einer soziologischen Tatsache (offen gelassen in BayVGH GVBl 1958, 13, 18) und der in Art 1 Satz 2 BayGO zum Ausdruck kommenden programmatischen Idee, dass die Gemeinden die Grundlagen des Staates und des demokratischen Lebens bilden. Im Übrigen hat er rechtshistorische Bedeutung. Er soll insb das Verhältnis zu den jüngeren Gebilden der Landkreise und Bezirke sowie des Staates selbst hervorheben. Unmittelbar positivrechtliche Folgen, etwa im Sinne der Unantastbarkeit des Gemeindebestandes, lassen sich hieraus nicht ableiten (*Masson/Samper,* Bayerische Kommunalgesetze Art 1 GO Rn 1 c mwN).

6 Das **Wesen der Gebietskörperschaft** besteht darin, dass ein mit Rechtspersönlichkeit ausgestattetes Gemeinwesen in einem ihm zugewiesenen Bereich des Staatsgebietes auf der dinglichen Grundlage des Gemeindebezirks Aufgaben auf dem Gebiet des öffentlichen Rechts eigenverantwortlich wahrnimmt und regelt. Hierbei handelt es sich um Aufgaben der „örtlichen Gemeinschaft". Allerdings sind auch dies letztlich staatliche Aufgaben, die den Gemeinden übertragen sind und im Hinblick auf deren Erledigung die Gemeinden der Staatsaufsicht unterworfen sind. Der heute gültige Begriff der Gemeinde geht wohl auf die Deutsche Gemeindeordnung v 30. 1. 1935 (RGBl I 1935, 49) zurück. Allerdings hatten die Gemeindeordnungen der Länder den Begriff der Gemeinde bereits als Körperschaft des öffentl Rechts mit dem Recht der Selbstverwaltung definiert (vgl Bay Gemeindeordnung, Bezirksordnung und Landkreisordnung von 1927).

7 Welche **örtliche Gemeinschaft** im Einzelfall als Gemeinde anzusehen ist, bestimmte sich ursprünglich nach historischen Gegebenheiten. In Bayern etwa geht die derzeit maßgebende Gemeindeeinteilung in ihren Grundzügen zurück auf das Edikt v 28. 7. 1808 über die Bildung der Gemeinden und auf das Gemeindeedikt von 1818. Nachfolgend war der unveränderte Fortbestand anzunehmen, sofern nicht eine Änderung mit Genehmigung des Staatsministeriums des Innern (§ 5 des Gemeindeedikts v 1818, Art 4 GO 1869, Art 5 GO 1927) oder nach Maßgabe der §§ 13, 15 Deutsche GO, der Art 11 bis 14 BayGO oder der VO der Staatsregierung v 27. 12. 1971 (GVBl S 495) eintrat. Eine Vermutung für das Bestehen einer Gemeinde gab es nicht. Die Existenz war im Streitfall nachzuweisen durch den Nachweis des Vorhandenseins eines bestimmten abgegrenzten Gemeindegebiets (BayVGHE 4, 554; 14, 148). Nach den Gemeindereformen von 1972 und 1978 hat sich der Gemeindebestand jedoch erheblich verändert (vgl Bek über das Verzeichnis der Gemeinden und Verwaltungsgemeinschaften in Bayern nach dem Stand v 1. 1. 1986, v 21. 10. 1985 MABl S 569). Änderungen erfolgen durch rechtgestaltenden

Verwaltungsakt der zuständigen Behörde (vgl Art. 12 BayGO; hierzu BayVGHE nF 14, 92).

Keine Gemeinden sind Gemeindeverbände (BVerfGE 52, 95, 110) und Gemeindebezirke (BVerfGE 83, 60).

Das gültige **verfassungsrechtliche Fundament** der Gemeinden ist in Art 28 GG angelegt: „In den … Gemeinden muss das Volk eine Vertretung haben, die aus allgemeinen, unmittelbaren, freien, gleichen und geheimen Wahlen hervorgegangen ist" (Art 28 Abs 1 Satz 2 GG). Außerdem „muss das Recht gewährleistet sein, alle Angelegenheiten der örtlichen Gemeinschaft im Rahmen der Gesetze in eigener Verantwortung zu regeln" (Art 28 Abs 2 Satz 1 GG). Diese Garantie der Selbstverwaltung der Gemeinden ist eine **institutionelle Garantie.** Sie erhält keine individuelle Garantie. Daher verstoßen Gemeindeauflösungen, Umgemeindungen oder sonstige Gebietsveränderungen nicht gegen Art 28 GG (vgl *Maunz/Dürig* Art 28 Rn 45). 8

Die institutionelle Garantie schließt die Garantie der **Finanzhoheit** ein. Der Begriff der Finanzhoheit bezeichnet die Möglichkeit, eine eigenständige Einnahmen- und Ausgabenwirtschaft zu betreiben. Das ist nunmehr ausdrücklich geregelt in Art 28 Abs 2 Satz 3 GG, der durch G v 20. 10. 1997 (BGBl I 1997, 2470) durch einen zweiten Halbsatz ergänzt worden ist, wonach zu den Grundlagen der finanziellen Eigenverantwortung der Gemeinden eine diesen mit Hebesatzrecht zustehende wirtschaftskraftbezogene Steuerquelle gehört; zum Zeitpunkt der Änderung traf dies allein auf die GewSt zu. Hierbei müssen die Gemeinden allerdings die Möglichkeiten des Finanzausgleichs (s unten Anm 42) beachten (BVerfGE 23, 271; 26, 244). Nach Art 28 Abs 3 GG gewährleistet der Bund, dass die verfassungsmäßigen Ordnungen der Länder das Selbstverwaltungsrecht und die Finanzhoheit der Gemeinden beachten. Ein unmittelbarer Durchgriff auf die Gemeinden ist dem Bund wegen der landesstaatlichen Ordnung nicht gestattet (BVerfGE 26, 181). Gleichwohl ist der Gesetzgeber befugt, Rechte und Pflichten auch der Gemeinden iZm der GewSt zu bestimmen (s auch Anm 16 f). 9

Keine Gemeinden sind die **Gemeindeverbände,** wie sich aus der gesonderten Erwähnung in Art 28 Abs 2 Satz 2 GG ergibt. Sie sind also nicht zur Erhebung von GewSt berechtigt. 10

Für Betriebsstätten in **gemeindefreien Gebieten** gilt ab 1. 1. 1974 (G v 17. 4. 1974, BGBl I 1974, 949) § 4 Abs 2. Danach bestimmt die Landesregierung durch VO, wer dort die Befugnisse nach dem Gesetz ausübt.

Zweck der Gewerbesteuer. Nach der Begründung zum GewStG 1936 (RStBl. 1937, 699) besteht der Grund für die den Gemeinden eingeräumte Möglichkeit, eine GewSt zu erheben, darin, dass die GewBetriebe nach dem sog **Äquivalenzprinzip** zu den Lasten beitragen sollen, die den Gemeinden insbesondere durch ihre Existenz entstehen, etwa für den Bau und die Unterhaltung von Straßen und Wegen, der Kanalisation, der öffentlichen Verkehrsmittel, von Schulen, Krankenhäusern usw. Dies sind Aufgaben, die mit der Niederlassung von GewBetrieben und dem damit 11 verbundenen Anstieg der Einwohnerzahlen verbunden sind (vgl auch BVerfGE 21, 54, 61; 26, 1). Allerdings bedeutet das Äquivalenzprinzip nicht Belastungs(Kosten)-Nutzen-Äquivalenz (so aber *Haller* S 248; *Ossenbühl* S 24), sondern ist in einer weiteren Fassung dahin zu verstehen, dass das Interesse der Besteuerten insb an der gemeindlichen Infrastruktur die Steuer begründet und die Gemeinde als Partner der örtlichen Produktionsprozesse erscheint (*Zitzelsberger* S 150, 155). Als unmittelbare Grundlegung für die Gewerbebesteuerung nach dem Ertrag und (bis EZ 1997) dem Kapital ist es sicher ungeeignet, weil diese Faktoren wenig über die von dem Betrieb ausgehende Belastung aussagen (*InstFSt* Brief 208, S 28 ff). Da die durch den Betrieb verursachten Lasten nicht feststellbar sind, kann von einem individuellen Lastenausgleich keine Rede sein (*Milbradt* aaO). Zudem ist die GewSt durch Festsetzung von Freibeträgen beim GewErtrag und (bis 31. 12. 1997:) GewKapital sowie Freigrenzen beim GewErtrag weitgehend denaturiert. Nur etwa 35% aller GewBetriebe unterliegen der GewSt. Das Äquivalenzprinzip stellt demnach nur eine pauschale Rechtfertigung für die GewSt dar (BVerfGE 46, 224, BStBl II 1978, 125). Es lässt den Umstand unberührt, dass die GewSt eine allgemeine Geldquelle für die Gemeinden darstellt, die nicht nur der Abdeckung der durch die GewBetriebe verursachten Kosten dient. Häufig wird daher angeführt, die GewSt basiere auf dem sog fundierten Einkommen, also dem als besonders sicher und ertragreich angesehenen Einkommen, das durch Nutzung des Betriebskapitals erwirtschaftet wird (**Fundustheorie,** vgl BVerfGE 13, 331, 348; 40, 109; *Grass* StbKRep 1965, 116). Diese Theorie ist unhaltbar, zumal sie nicht erklärt, warum nur die gewerblich „fundierten" Einkünfte zur GewSt herangezogen werden. Finanzwissenschaftlich ist die GewSt Unternehmenssteuer (*Zimmermann* StuW 1993, 231) in Gestalt einer Ertragsteuer (*Zitzelsberger* S 99). Am Einkommen setzt die GewSt weder beim GewErtrag (s § 8) noch (bis EZ 1997) beim GewKapital an. Was sie berührt, ist der Einkommensentstehungsprozess (*Zitzelsberger* S 164 f). Die Rechtfertigung der GewSt, insb auf der Grundlage des Äquivalenzprinzips, ist nach allem umstritten (vgl *Wendt* BB 1987, 1257; *Jochum* 2005, 254). Auch dieser Umstand trägt die jahrzehntelange Diskussion um die Reform der GewSt (vgl Anm 50 ff).

12 ME ist die **Kritik am Äquivalenzprinzip** als Rechtfertigung für die GewSt in der heutigen Gestalt nicht von der Hand zu weisen (s auch *Blümich/Hofmeister* § 1 Rn 9). Insbesondere scheint in weiten Bereichen eine Unterscheidung zwischen GewBetrieben, Freiberuflern und sonstigen Selbstständigen nicht mehr gerechtfertigt. Betriebsgrößen von Freiberuflern erreichen nicht selten ein Mehrfaches derjenigen von (Klein-)Gewerbetreibenden. Auch ist die Wirkung freiberuflicher Betriebe auf die Einwohnerzahl der Gemeinden und die dadurch ausgelösten Anforderungen an die Gemeinde-Infrastruktur – zumal in ihrer Vielzahl – nicht anders zu beurteilen als diejenigen kleinerer GewBetriebe, insbesondere derjenigen, die sich in zahllosen Verfahren immer wieder darum bemühen, als ähnlicher Beruf iSd § 18 Abs 1 EStG anerkannt zu werden. Auch ist die GewSt durch die besondere Ausgestaltung längst zu einer Sondersteuer für mittlere und Großbetriebe geworden. Gleichwohl ist mE der Grundgedanke einer

auf dem Äquivalenzprinzip beruhenden Gemeindesteuer nach wie vor der richtige. Worum es geht, ist jedoch, ihn „reiner", insbesondere durch einen umfassenderen Kosten- und Interessenausgleich unter Beteiligung von Freiberuflern und sonstigen Selbständigen sowie Land- und Forstwirten durchzuführen (iE ähnlich *Gosch* DStZ 1998, 327). Das gilt umso mehr, als die GewSt mit der Abschaffung der GewKapitalSt eine Wandlung hin zur reinen ErtragSt erfahren hat. Es ist sicher nicht damit getan, lediglich – wie geschehen – die GewSt zu senken, die GewKapitalSt abzuschaffen und die GewSt pauschaliert bei der ESt anzurechnen (§ 35 EStG), ohne dass solche Maßnahmen Teil einer immer noch ausstehenden Gemeindesteuerreform sind (vgl *InstFSt* Brief 208, S 47 ff).

Die **GewSt ist Steuer ieS.** Sie ist eine Geldleistung, die nicht Gegenleistung für eine besondere Leistung darstellt und von öffentlich-rechtlichen Gemeinwesen zur Erzielung von Einnahmen auferlegt wird (§ 3 Abs 1 AO). Zwar wird in der Literatur immer wieder darauf hingewiesen, dass der in Anm 11 dargestellte finanzpolitische Zweck der GewSt ihr den Charakter eines Beitrages verleihe. Diese Auffassung ist indes abzulehnen. Von einem Beitrag wird gesprochen, wenn er erbracht wird für Gegenleistungen und wirtschaftliche Vorteile, die dem Leistenden unmittelbar zugute kommen. Das ist bei der GewSt nicht der Fall. Sie wird nicht für die Gewährung eines Vorteils erhoben, sondern weil der Betrieb in besonderem Maße für das Entstehen von Aufgaben und Kosten einzustehen hat. Auch die nicht reine Durchführung des Äquivalenzprinzips (Anm 11) spricht gegen den Beitragsgedanken. 13

Die GewSt ist **Objektsteuer.** Das bedeutet, dass Anknüpfungspunkt für ihre Erhebung ein Gegenstand oder Inbegriff von Gegenständen ist. Man findet auch den Begriff der Sach- oder **Realsteuer** (zur Problematik dieses Begriffes *Zitzelsberger* S 101 ff). Im Gegensatz hierzu stehen Steuern, die an die Existenz oder wirtschaftliche Leistungsfähigkeit einer Rechtsperson oder an einen rechtlichen oder tatsächlichen Vorgang anknüpfen. § 3 Abs 2 AO zählt mit der GrundSt und der GewSt die derzeit erhobenen Realsteuern lediglich auf, ohne eine nähere Begriffsbestimmung zu geben. § 2 GewStG kennzeichnet als Gegenstand der GewSt den GewBetrieb. Das sind gewerbliche Unternehmen iSd Einkommensteuerrechts (§ 2 Abs 1) und die rechtsformabhängigen Unternehmen des § 2 Abs 2 u 3. Sachlich steuerpflichtig ist demnach nicht der Gewerbetreibende, sondern der GewBetrieb. Nach Abschaffung der GewKapitalSt und der Wandlung der GewSt zur reinen ErtragSt betrifft diese Aussage jedoch nicht (mehr) den Besteuerungsgrund, sondern die Besteuerungsmaßstäbe (*Gosch* DStZ 1998, 327). Schließlich ist der Inhaber des GewBetriebs Steuerschuldner (§ 5 Abs 1). Der Objektsteuercharakter der GewSt gebietet es an sich, Gewerbeertrag (und Gewerbekapital) ohne Rücksicht auf die persönlichen Verhältnisse und Beziehungen des Inhabers zum Gegenstand der Besteuerung zu erfassen (BVerfG BStBl II 1969, 424; BFHE 163, 42, BStBl II 1991, 358). Ua hierauf basieren die Hinzurechnungs- und Kürzungsvorschriften der §§ 8, 9 und 12 aF sowie der beim Verlustabzug des § 10 a bedeutsame Grundsatz der Unternehmensgleichheit (vgl BFHE 143, 276, BStBl II 1985, 403). Allerdings hindert der Objektsteu- 14 ercharakter der GewSt nicht eine Einbeziehung personaler Elemente. Nach hM ist etwa für den Verlustabzug nach § 10a die sog Unternehmeridentität Voraussetzung (vgl § 10a Anm 12ff). Andererseits ist der Gesetzgeber nicht gehalten, bei Personenunternehmen eine Kürzung des GewErtrags um einen kalkulatorischen Unternehmerlohn vorzusehen (BVerfGE 46, 224, BStBl II 1978, 125).

15 **Gewerbesteuer als Kostensteuer.** Die GewSt wird als auf dem GewBetrieb lastende Steuer durch diesen veranlasst. Sie ist **Betriebsausgabe** iSd § 4 Abs 4 EStG und führte systemgerecht **bis EZ 2007** (Wj in diesem endend) daher zu einer Verminderung der GewSt selbst (§ 7; BFHE 110, 50, BStBl II 1973, 739; zum Zeitpunkt der Bildung der GewStRückstellung vgl BFHE 165, 197, BStBl II 1992, 94). Für die Berechnung der GewStRückstellung nach der Vereinfachungsregelung des R 4.9 Abs 2 Satz 2 EStR bestand auf deren Anwendung nach dem Grundsatz der Selbstbindung der Verwaltung ein Rechtsanspruch (BFHE 164, 222, BStBl II 1991, 752; so schon bisher für geringfügige Differenzen BFHE 141, 45, BStBl II 1984, 554; vgl auch BFHE 164, 422, BStBl II 1992, 752 und die Kritik von *Bachem* BB 1992, 460, DStR 1993, 736). Zur Problematik der Berechnung bei Anwendung der **ab 1. 1. 1993** (bis einschl EZ 2007) gestaffelten GewStMesszahlen vgl *Pauka* DB 1992, 1837 u 1993, 952; *Binz/Vogel* BB 1993, 1710; *Theile* BB 1993, 2351; *Stüttgen* DB 1993, 950; *Mielke* DB 1993, 2446; *Pasch* DB 1994, 343; *Beck* StWa 1995, 44. Besteht ein abweichendes Wirtschaftsjahr, dann darf die GewSt für den Erhebungszeitraum, der am Ende des Wirtschaftsjahres noch läuft, in voller Höhe zu Lasten des Gewinns dieses abweichenden Wirtschaftsjahres berücksichtigt werden. **Ab EZ 2008** darf die GewSt zzgl Nebenleistungen systemwidrig den Gewinn nicht mindern (§ 4 Abs 5b EStG); ein Ausgleich erfolgt über die Anhebung des Anrechnungsfaktors nach § 35 EStG auf 3,8 (hierzu Anm 53).

Betriebswirtschaftlich ist die GewSt Kostenbestandteil, wobei jedoch unterschiedliche Auffassungen über die Zuordnung ihrer Bestandteile bestehen (vgl *Spanakakis* aaO [vor Anm 50] S 99f unter Hinweis auf *Mellerowicz,* Kosten und Kostenrechnung, I. S 91f und *Wöhe,* Betriebswirtschaftliche Steuerlehre, II. 2. Halbband, S 54f). Die GewSt ist anteilig den Fertigungsgemeinkosten und den Verwaltungsgemeinkosten zuzuordnen. Nach BFHE 67, 306, BStBl III 1958, 392 hat der Stpfl ein Wahlrecht, ob er die GewErtragsteuer den Herstellungskosten zurechnen will (**aA** *Blümich/Hofmeister* § 1 Rn. 5).

16 **Pflicht zur Erhebung der GewSt.** Nach der Vorschrift hatten die Gemeinden bis einschließlich EZ 2003 lediglich das **Recht,** nicht die Pflicht, GewSt zu erheben. Der Gesetzgeber ging davon aus, es liege im Wesen ihrer verfassungsrechtlich garantierten Finanzhoheit, keinen Gebrauch von der ihnen eröffneten Möglichkeit zu machen. Allerdings waren in den letzten Jahren nur wenige Fälle bekannt, in denen kleinere Gemeinden (zB Norderfriedrichskoog, Kreuzbruch) tatsächlich auf die Erhebung von GewSt verzichtet hatten. Die vielfältigen und kostenintensiven Aufgaben der Gemeinden bedeuten grds ebenso einen faktischen Zwang zur Erhebung der GewSt wie die nach § 16 Abs 5 GewStG zuläs-

sigen Länderregelungen zur Koppelung der Hebesätze bei der Grund- und GewSt.

Ab **EZ 2004** besteht die gesetzliche **Verpflichtung** für alle Gemeinden, die GewSt zu erheben. Diese Regelung dient dem Ziel, die (wenigen) GewSt-Oasen auszutrocknen, die sich (s oben) gebildet hatten und nach Auffassung des Gesetzgebers zu einem nicht akzeptablen Steuerwettbewerb zu Lasten der anderen Gemeinden geführt hatten (BTDrs 15/1517, 17). Diesem gesetzgeberischen Ziel dient die Einführung eines **Mindesthebesatzes** nach § 16 Abs 4 Satz 2 von 200% ebenfalls ab EZ 2004 sowie die rückwirkend schon für den EZ 2003 wirkende Änderung des § 28, wonach Gemeinden mit einem Hebesatz unter 200% bei der Zerlegung ganz oder zum Teil nicht berücksichtigt werden. Diese Regelungen dürften wohl trotz des mit ihnen verbundenen Eingriffs in das Wesen der durch Art 106 Abs 6 Satz 2 GG garantierten Finanzhoheit der Gemeinden (s o) noch verfassungsgemäß sein. Das ergibt mE aber erst eine Güterabwägung zwischen der Garantie des Art 106 Abs 6 Satz 2 GG und dem Interesse der Allgemeinheit, tiefgreifende Nachteile einer wettbewerbsverzerrenden Steuerkonkurrenz zu vermeiden (iE ebenso *Blümich/Hofmeister* § 1 Rn 16; *Lenski/Steinberg* § 1 Anm 120; *Mattern/Schnitger* DStR 2003, 1377, 1381; **aA** *Walz/Süß* DStR 2003, 1637; *Otting* DB 2004, 1222; *Schmidt* StuB 2004, 249; *Jochum* StB 2005, 254). Im Ergebnis ebenso BFHE 2006, 453, BStBl II 2005, 143. Eine *Verfassungsbeschwerde* (2 BvR 2189/04) der Gemeinde Beiersdorf-Freudenberg ist anhängig; einen Antrag auf Erlass einer einstw Anordnung hat das BVerfG (BVerfGE 112, 217) abgelehnt.

Bindung an das Gesetz. Bei der Erhebung sind die Gemeinden an die 17
Vorschriften des Gesetzes gebunden (vgl Art 28 Abs 2 GG). Dieses enthält eine abschließende Regelung der Rechte und Pflichten der Gewerbetreibenden. Auf keinen Fall können die Gemeinden eigene GewStOrdnungen erlassen, in eigener Zuständigkeit die gewstpfl von nicht gewstpfl Betrieben abgrenzen oder anstelle bzw neben der Gewerbebesteuerung nach diesem Gesetz eine eigene Art von GewSt erheben. Auch durch **Vereinbarung** können keine im Gesetz nicht enthaltenen Steuertatbestände geschaffen werden (vgl BVerfGE 8, 329; BFHE 74, 651, BStBl III 1962, 241). Ebenso wenig dürfen die Gemeinden im Wege des Privatrechts besondere Pflichten der GewStpfl begründen, die über solche des Gesetzes hinausgehen, insbesondere den Steuertatbestand erst herbeiführen sollen. Auflagen und vertragliche Vereinbarungen über das Bestehen bleiben des Betriebes oder der betrieblichen Verhältnisse in der Gemeinde zur Sicherung des GewSt-Aufkommens sind daher unwirksam (BGH BB 1976, 783). Unzulässig ist auch die Umkehrung solcher Vereinbarungen, nämlich eine Beschränkung der Stpfl mit privatrechtlichen Mitteln (RGZ 82, 326). Der Stpfl ist auch nicht schadensersatzpflichtig, wenn er eine Betriebsstätte in der Gemeinde eröffnet hat, ohne diese anzumelden, und die Gemeinde bei der Zerlegung keinen Anteil an der GewSt erhalten hat (BGH BB 1968, 943).

Nach Art. 108 Abs 5 Satz 2 GG ist der Bund als Gesetzgeber befugt, Verfahrensvorschriften zur Verwaltung der GewSt zu erlassen. Auch solche Vorschriften sind für die Gemeinden verbindlich. Ob Gleiches in vollem Umfang auch für die GewStR gilt, darf bezweifelt werden. Nach Art 108

Abs 7 GG bedürfen allgemeine Verwaltungsvorschriften der Zustimmung des BR.

18.–22 a. Verfassungsmäßigkeit der GewSt/Europarecht

18 Nach st Rspr des BVerfG verletzt die GewSt als Ganzes kein Verfassungsrecht. Die ausdrückliche Erwähnung in Art 106 GG bedeutet, dass der Verfassungsgeber die Steuer in ihrer üblichen Ausgestaltung und historisch gewachsenen Bedeutung billigt und als zulässige Form des Steuereingriffs anerkennt (vgl. BVerfGE 13, 331, 348; 26, 1, 8; 46, 224, 236; BFHE 203, 263, BStBl II 2004, 17; BFH/NV 2004, 141; 2005, 2195; zust *Kirchhof* StuW 1996, 3, 7; *Wieland* KStZ 2003, 81 f; **aA** *Tipke* BB 1994, 437, FR 1999, 532; *Jachmann* BB 2000, 1432, DStJG 25 (2002), 195, 212; *Wendt* BB 1987, 1677; *Gosch* DStZ 1998, 1022; *Keß* FR 2000, 695; *Seer* FR 1998, 1022; *Hey* StuW 2002, 314; *Jochum* StB 2005, 254). Im Übrigen gilt:

Der **Gleichheitssatz** des Art 3 GG sei nicht verletzt, obwohl nur Gewerbetreibende, nicht auch Land- und Forstwirte, Freiberufler und sonstige Selbständige herangezogen werden (BVerfGE 13, 331, 345; 13, 290, 297; 21, 54, 69; 42, 374, 384; 46, 224; krit. *Orth* StuW 1979, 77). Der Gesetzgeber dürfe die Sachverhalte auswählen, an die er die Rechtsfolge Steuer knüpfen wolle, wenn nur die gewählten Differenzierungen auf sachgerechten Erwägungen beruhten. Die Kombination der Produktionsfaktoren Boden, Arbeit und Kapital sei aber bei Landwirtschaft, freien Berufen und Gewerbetreibenden grundlegend verschieden. ME befriedigt diese Begründung nicht (aA *Schnädter* KStZ 1986, 14; *Zitzelsberger* S 176, 183 f). Ob zu differenzierten Rechtsfolgen führende Erwägungen des Gesetzgebers sachgerecht sind, bestimmt sich mE allein nach dem Zweck des Gesetzes. Dieser aber besteht in dem Ausgleich von Kosten, die sich durch Anforderungen an und Auswirkungen auf die gemeindliche Infrastruktur ergeben (vgl oben Anm 11). Insofern bestehen keine begrifflichen oder typischen Unterschiede zwischen den genannten Gruppen. Die einen tragen zur Notwendigkeit, Straßen und Wege, Kanalisation, Schulen und Krankenhäuser usw zu bauen und zu unterhalten, ebenso bei wie die anderen. Nicht schlüssig daher *Zitzelsberger* S 185 f, der meint, die Äquivalenzbeziehung zwischen Gemeinde und ortsansässigem Gewerbe liefere, weil es an einer konkreten Gegenleistungsrelation fehle, keinen verfassungsrechtlich verwertbaren Anhaltspunkt für die Außenabgrenzung der GewSt. Gerade anders herum ist die besondere Kombination von Boden, Arbeit und Kapital insoweit nicht aussagekräftig. Auch die Behauptung des BVerfG (BVerfGE 21, 54, 69), die Kombination der Produktionsfaktoren Boden, Arbeit und Kapital sei bei Landwirtschaft, freien Berufen und Gewerbe grundverschieden, ist in dieser Allgemeinheit sicher nicht richtig. Sie trifft keine typischerweise vorliegenden Verhältnisse. Das BVerfG übersieht, dass ein Großteil der GewBetriebe aus kleinen Dienstleistungsbetrieben besteht, die insoweit den freien Berufen vergleichbar sind (vgl zum Handelsvertreter BFHE 121, 21, BStBl II 1977, 203), und dass freiberufliche „Betriebe" auch in Ansehung von Arbeit und Kapital häufig erheblich größer sind als kleine Gewerbebetriebe (Stichworte „Kanzleifabrik", Apparatemedizin; vgl *Knobbe-Keuk* DB 1989, 1303). In diesem Zusammenhang ist bereits die

Typisierung sachfremd, weil sie nicht auf dem Boden von Rechtstatsachen steht (kritisch zB auch *Gosch* DStZ 1998, 327; *Jachmann* BB 2000, 1432).

Mehrere Vorstöße des Nds FG (zB EFG 1997, 1456; 2004, 1065; 2005, 690) hat das BVerfG als unzulässig verworfen (zB BStBl II 1999, 509; krit *Tipke* FR 1999, 532) bzw nicht zur Entscheidung angenommen und die GewStFreiheit von Selbständigen und Landwirten für verfassungsgemäß erklärt (DStRE 2008, 1003; krit *Hartmann* BB 2008, 2490).

Die Schwäche der gängigen Argumentation tritt mE deutlich zutage im Beschluss BVerfGE 46, 224, mit dem die Heranziehung **selbständiger Handelsvertreter** zur GewSt für verfassungsgemäß erklärt wurde. Das BVerfG handelt zwar alle einschlägigen Rechtsgrundsätze ab, die entscheidende Frage aber, inwiefern die Heranziehung kleiner GewBetriebe bei Schonung von Freiberuflern und Landwirten sachgerecht ist, bleibt letztlich offen. Diese Frage aber stellt sich umso dringender, als der Handelsvertreter typischerweise allein arbeitet (s oben), nach der Rechtsprechung des BFH aber Selbständige mit einer größeren Anzahl von Angestellten immer noch Freiberufler sein können. In Anbetracht der Tatsache, dass seit Inkrafttreten des Gesetzes die nach der Vorstellung des Gesetzgebers vorhandenen typischen Gegebenheiten (hier eigene Arbeitsleistung, dort Kapital und fremde Arbeitskraft) und die tatsächlichen Verhältnisse sich deutlich auseinander entwickelt haben, erscheinen typisierende Betrachtungen, wie sie das BVerfG immer wieder anstellt, nicht gerechtfertigt. Man sollte mE anerkennen, dass es in Wahrheit um die Schonung von freien Berufen und Landwirten geht. Vor dem Hintergrund des Gesetzeszwecks (Äquivalenzprinzip) ist sie jedoch nicht sachgerecht. 19

Auch die Grundrechte der **freien Berufswahl** und **-ausübung** (Art 12 GG) und des **Eigentums** (Art 14 GG) sind nicht verletzt. Beide hindern den Gesetzgeber nicht, an die Tätigkeit und an dessen betriebliches Substrat Steuerfolgen zu knüpfen, weil (und soweit) nur der daraus fließende Gewinn gemindert wird. Ein Verstoß gegen Art 14 GG kommt nur dann in Betracht, wenn Geldleistungspflichten den Pflichtigen übermäßig belasten und seine Vermögensverhältnisse grundlegend beeinträchtigen (vgl BFHE 110, 50, BStBl II 1973, 739; BFHE 112, 546, BStBl II 1974, 572; BVerfGE 29, 402, 413; 30, 250, 271 und BVerfG StEd 1991, 278; zu den rechtstheoretischen Problemen s *Zitzelsberger* S 198 ff). Für die Berufsausübung gelten ähnliche Erwägungen, die mit dem Begriff der „Erdrosselungssteuer" (BVerfGE 38, 61) gekennzeichnet werden können (hierzu *Maunz/Dürig,* Art 12 Rn 415, 416). Eine eigene Problematik ergibt sich insoweit aus dem Beschluss des BVerfG zum „Halbteilungsgrundsatz" (BVerfGE 93, 121, BStBl II 1995, 655). Überträgt man diesen zur Vermögensteuer ergangenen Grundsatz auf die Einkommen- und Gewerbesteuer, so liegt der Gedanke nahe, eine Belastung mit Einkommen- und Gewerbesteuer von mehr als 50% als verfassungswidrig anzusehen. Dem ist der BFH (BFHE 189, 413, BStBl II 1999, 771; BFHE 203, 263 BStBl II 2004, 17; BStBl II 2005, 647; zust *Rößler* DStZ 2000, 307; *Fischer* FR 1999, 1292; krit *List* BB 1999, 981; *Seer* FR 1999, 1280, 1296) und auch des BVerfG (BVerfGE 115, 97) nicht gefolgt: Aus Art 14 Abs 2 GG („zugleich") ist eine Höchstbelastungsgrenze bei einer ca 50%igen Teilung des Gewinns bzw Einkommens zwischen 20

Bürger und öffentl Hand nicht herzuleiten (Anm *Kanzler* FR 2006, 635). Durch die Anrechnung von Gewerbesteuer (§ 35 EStG) wird sich die Problematik mE jedoch weitgehend entschärfen.

21 Auch das **Sozialstaatsprinzip** ist insbesondere bei Inanspruchnahme sozial schwächerer Gewerbetreibender (Handelsvertreter!) nicht verletzt. Der Gesetzgeber kann der sozialen Schutzbedürftigkeit des jeweils in Rede stehenden Berufsstandes durch je verschiedene gesetzliche Regelungen Rechnung tragen (BVerfGE 46, 224, BStBl II 1978, 125).

22 Art 105 Abs 2 Nr 3 und Art 106 Abs 6 GG sind durch die Fassungen des GewStG bis einschließlich 1997 nicht verletzt. Die GewSt gehört zwar zu den dort genannten Realsteuern. Sie ist auch als Realsteuer (Objektsteuer) nicht rein durchgeführt (vgl oben Anm 14). Doch verpflichtet das GG den Gesetzgeber nicht zu einer „reinen Durchführung des **Objektsteuerprinzips**" (BVerfGE 13, 331, 345; 25, 28, 38; s auch Anm 14 aE). Das hat mE Bedeutung für die Gestaltung der GewSt nach Abschaffung der GewKapitalSt ebenso wie für eine weitere Aushöhlung des Objektsteuerprinzips durch Einzelvorschriften (zu § 8 Nr 5 vgl *Gröning/Siegmund* DStR 2003, 617).

22a Die GewSt als Ganzes verstößt auch nicht gegen **Europarecht,** insb nicht gegen den Grundsatz des freien Warenverkehrs bzw der Niederlassungs- oder der Dienstleistungsfreiheit (vgl BFHE 203, 263, BStBl II 2004, 17; Anm *Keß* FR 2004, 82; *Kolusa* HFR 2004, 144). Im Feuer stehen lediglich Einzelvorschriften, insbesondere Hinzurechnungs- oder Kürzungsvorschriften (§§ 8, 9), soweit sie den Steuerinländer günstiger stellen als den Steuerausländer (im Einzelnen hierzu *Stapperfend* FR 2003, 165).

23.–44. Besteuerungsverfahren und Verwaltung der GewSt

Literatur: *Jäger,* Billigkeitsmaßnahmen bei der GewSt, FR 1956, 7; *Ehlers,* in Münsterische Beiträge zur Rechtswissenschaft (Bd 18): Der gerichtliche Rechtsschutz der Gemeinden gegenüber Verwaltungsakten des Finanzamts im Gewerbesteuerverfahren; *Dürschke,* Die Rechtsmittelbefugnis der Gemeinden im GewStMeßbetragsverfahren, FR 1963, 546; *Runge,* Das Städtebauförderungsgesetz in seinen steuerlichen Bestimmungen, BB 1971, 1046; *Loberg,* Erlaß der GewSt nach dem Städtebauförderungsgesetz, BB 1973, 464; *Moll,* Zur Teilnahmebefugnis der Gemeinden nach § 21 Abs 3 FVG, KStZ 1979, 81; *Hatopp,* Das Recht der Gemeinden zur Teilnahme an Außenprüfungen nach § 21 Abs 3 FVG, DGStZ 1979, 150; *Deparieux,* Dürfen die Gemeinden Satzungen über Hebesätze erlassen?, BB 1983, 436; *Langel,* Rechtswidrige Übergriffe der Gemeinden zu Lasten der Steuerpflichtigen bei der Anpassung der GewStVorauszahlungen, DB 1983, 1944; *Langel,* Herabsetzung von GewSt-Vorauszahlungen während des laufenden EZ für bereits verstrichene Vorauszahlungstermine, DB 1987, 196; *Söhn,* Klagerecht der Gemeinden im Steuermeßverfahren, StuW 1993, 354.

23 Das **Besteuerungsverfahren** wird von den FÄ und den Gemeinden durchgeführt. Die Gemeinden sind nur zur Erhebung der GewSt berechtigt. Erhebung ist an sich nur die Einziehung des Steuerbetrags und nach BFHE 156, 88, BStBl II 1989, 537 (unzutreffend, da die Tragweite des § 85 Abs 1 AO verkannt wird) auch die Beitreibung, nicht jedoch die Fest-

setzung (*Blümich/Hofmeister* § 1 Anm 17). Das ergibt sich aus § 16 Abs 1, wo in Übereinstimmung mit § 85 Abs 1 AO zwischen Festsetzung und Erhebung unterschieden wird. Die Befugnis der Gemeinden auch zur Festsetzung der GewSt beruht auf den wiederum auf Art 108 Abs 4 Satz 2 GG beruhenden Landesgesetzen, mit denen die Länder die Verwaltung der RealSt zum Teil den Gemeinden übertragen haben (vgl Art 18 bay KAG idF der Bek v 4. 4. 1993, GVBl 1993, 264). Krit zur Übertragung *Lenski/Steinberg* § 1 Anm. 124 f.

Anmeldung des Betriebes. Das Verfahren beginnt in der Regel mit der Anmeldung eines GewBetriebes/einer Betriebsstätte bei der zuständigen Gemeindebehörde, in dessen Bezirk der Betrieb oder die Betriebsstätte eröffnet wird (§ 14 GewO, § 138 AO). Zur Anmeldung ist der Inhaber des GewBetriebes verpflichtet, bei einem Strohmannverhältnis auch der Scheininhaber (OLG Köln BB 1988, 1993). Die Fortführung durch den Rechtsnachfolger und Erwerber gilt als Eröffnung. Das gilt auch für eine Religionsgemeinschaft, die sich wirtschaftlich betätigt (BVerwG NJW 1998, 3279). Auch die Betriebsaufgabe ist anzuzeigen. Finanzämter und Gemeinden unterrichten sich gegenseitig über die bei ihnen eingegangenen Anzeigen. Anmeldung und Ummeldung können vom Finanzamt nach § 328 AO und von den Gemeindebehörden nach Landesrecht erzwungen werden. Ein Schadensersatzanspruch der Gemeinde gegen den Stpfl, der die Eröffnung einer Betriebsstätte in der Gemeinde nicht angezeigt hat, wegen des Ausfalls an GewSt ist allerdings nicht gegeben (BGH BB 1968, 943). 24

Zweiteilung des Besteuerungsverfahrens. Das Besteuerungsverfahren selbst zerfällt in die Ermittlung und Festsetzung der Besteuerungsgrundlagen durch einen sog GewStMessbescheid durch das Finanzamt und der hierauf beruhenden Festsetzung der GewSt selbst durch die Gemeinde. Im Einzelnen sind folgende Verfahrensabschnitte zu unterscheiden: 25
- das GewStMessbetragsverfahren (§ 14; s auch Anm 26);
- das Zerlegungs-, ggf auch Zuteilungsverfahren (§§ 28 ff; s auch Anm 31);
- das GewStFestsetzungsverfahren (§ 16; s auch Anm 33 f);
- das GewStErhebungsverfahren (§ 16; s auch Anm 35);
- das GewStVorauszahlungsverfahren (§ 19; s auch Anm 34 a).

Die Festsetzung von **Hinterziehungszinsen** erfolgt nicht im zweigeteilten Verfahren, da es einen Hinterziehungs-Messbetrag nicht gibt (aA *Fuchsen* DStR 1992, 1307).

Das **GewStMessbetragsverfahren.** Mit dem GewStMessbescheid setzt das Finanzamt den **GewStMessbetrag** fest. Besteuerungsgrundlage für die GewSt ist der GewErtrag (§ 6). Das ist der nach den Vorschriften des EStG oder des KStG zu ermittelnde Gewinn aus dem GewBetrieb, vermehrt oder vermindert um die in den §§ 8 und 9 bezeichneten (Hinzurechnungs- oder Kürzungs-)Beträge (§ 7 Satz 1), s im Einzelnen § 7. Der Messbetrag ergibt sich durch Anwendung eines Prozentsatzes (Steuermesszahl) auf den abgerundeten und bei natürlichen Personen/Personengesellschaften sowie bestimmten Unternehmen um einen Freibetrag geminderten GewErtrag (§ 11 Abs 1). 26

27 Die **Ermittlung des GewErtrags** ist nach § 7 nach den Vorschriften des EStG oder KStG durchzuführen. Das Verfahren ist jedoch unabhängig vom ESt- oder KSt-Verfahren bzw vom Verfahren der Gewinnfeststellung, dh der dort ermittelte Gewinn bindet trotz Anwendung derselben Ermittlungsgrundsätze bei der Ermittlung des GewErtrags nicht (BFHE 80, 166, BStBl III 1964, 534; BFHE 158, 520, BStBl II 1990, 195; BFHE 166, 367, BStBl II 1992, 351; BFH/NV 1996, 449; 2001, 1527; 2008, 1361). Die Ergebnisse können in der Praxis voneinander abweichen. Der Stpfl kann sich in den jeweiligen Verfahren auf unterschiedliche Einwendungen berufen, und zwar auch dann, wenn der ESt- oder KSt-Bescheid rechtskräftig ist (BFHE 62, 9, BStBl III 1956, 4; BFHE 64, 275, BStBl III 1957, 105). Im Extremfall können Einkünfte, die bei der ESt oder KSt einer anderen Einkunftsart zugeordnet worden sind, bei der Festsetzung des GewErtrags als solche aus GewBetrieb angesehen werden (BFHE 73, 34, BStBl III 1961, 281).

28 Eine **beschränkte Bindung** bewirkt § 35 b. Hiernach ist ein GewSt-Messbescheid **von Amts wegen aufzuheben oder zu ändern,** wenn der ESt-, KSt- oder ein Feststellungsbescheid aufgehoben oder geändert worden ist und hierdurch die Höhe des Gewinns oder (bis 31. 12. 1997) des EWBV berührt wird (hierzu BFHE 80, 296, BStBl III 1964, 581; BFHE 81, 635, BStBl III 1965, 228). § 35 b enthält eine selbständige Rechtsgrundlage zur Aufhebung oder Änderung von GewStMessbescheiden und Verlustfeststellungsbescheiden. Sie greift jedoch nicht beim erstmaligen Erlass eines solchen Bescheides (BFHE 162, 433, BStBl II 1991, 244). § 35 b ist eine Vereinfachungsvorschrift, die es dem Stpfl erspart, bei einem Angriff gegen einen ESt-, KSt- oder Feststellungsbescheid auch den GewStMessbescheid anzufechten. Aber auch verfahrensrechtlich hat die Vereinfachungswirkung Grenzen, wenn das FG rechtskräftig über den GewStMessbescheid entschieden hat und der Stpfl nur noch seine Klage gegen den ESt-Bescheid weiterverfolgt (BFHE 129, 11, BStBl II 1980, 104). Eine absolute Bindung des GewStMessbescheids durch den ESt-, KSt- oder Feststellungsbescheid ergibt sich also nicht (BFHE 73, 34, BStBl III 1961, 281). Insbesondere wenn das FA einen ESt-, Gewinnfeststellungs- oder KSt-Bescheid aus rein verfahrensrechtlichen Gründen aufgehoben hat, erzeugt dies keine Bindungswirkung für den GewStMessbescheid (BFHE 166, 367, BStBl II 1992, 351). Vielmehr setzt die Änderung gemäß § 35 b eine Änderung der Höhe des Gewinns aus Gewerbebetrieb voraus (BFHE 188, 409, BStBl II 1999, 475). Hierfür genügt, wenn die vorausgegangene Änderung oder Aufhebung des EStBescheides darauf beruht, dass die Tätigkeit des StPfl nicht mehr wie bisher als gewerbliche qualifiziert, sondern einer anderen Einkunftsart zugeordnet wird (BFHE 206, 449, BStBl II 2004, 901) und umgekehrt, oder ein bisher als Veräußerungsgewinn aus Gewerbetrieb nunmehr als laufender Gewinn behandelt wird (BFHE 208, 283, BStBl II 2005, 184; zu beiden Fällen *OFD Hannover* DB 2005, 137); nicht jedoch, wenn lediglich einzelne Gewinnanteile ohne Änderung der (des) Gewinnfeststellung(sbescheides) umqualifiziert werden (BFH/NV 2004, 226). Zu den Tücken der Vorschrift *Streck/Mack/Schwedhelm* Stbg 1991, 457; 1994, 379.

Der **GewStMessbescheid ist Steuerbescheid** iSd Vorschriften der AO (§ 184 Abs 1 Satz 3 iVm § 155 Abs 1 AO). Damit gelten für ihn die Vorschriften der AO, insbesondere über den Inhalt und die Bestimmtheit, die **Bekanntgabe** und Bestandskraft von Steuerbescheiden. Ein GewStMessbescheid kann nach Eröffnung des Konkurs-/Insolvenzverfahrens bis zum Prüfungstermin nicht mehr ergehen (BFHE 183, 365, BStBl II 1998, 428; Änderungen von BFHE 144, 198, BStBl II 1985, 650; BFH/NV 1987, 564); wird die GewStForderung im Prüfungstermin bestritten, ist ein GewStMessbescheid gegen den Konkurs-/Insolvenzverwalter zu erlassen (BFHE 183, 365, BStBl II 1998, 428). Im Liquidationsstadium hat die Bekanntgabe an den Liquidator zu erfolgen (vgl FG Bremen EFG 1994, 862 rkr). Bei Adressierung des GewStMessbescheids an eine Personengesellschaft, deren Gesellschafter teilweise nicht als Mitunternehmer behandelt werden, ist der Bescheid unwirksam (BFHE 150, 390, BStBl II 1987, 768). Ein an beide Ehegatten gerichteter GewStMessbescheid ist unwirksam, wenn nur ein Ehegatte eine gewerbliche Tätigkeit entfaltet (BFH/NV 1988, 216). Zur Adressierung bei einer atypischen stillen Gesellschaft vgl BFHE 173, 184, BStBl II 1994, 327; BFH/NV 1990, 591; FG Ba-Wü EFG 1993, 335 rkr. Der GewStMessbescheid ist Grundlagenbescheid für den GewStBescheid der Gemeinde (§ 184 Abs 1 Satz 4 iVm § 182 Abs 1 AO; vgl Anm 36). Die durch jenen bewirkte Bindung bedeutet, dass der Stpfl bei Einwendungen gegen den Messbetrag auch dann (nur) den GewStMessbescheid anfechten muss, wenn das FA GewStMessbescheid und GewStBescheid erlassen hat (BFHE 150, 441, BStBl II 1987, 816; BVerwG NJW 1993, 2453). 29

Nach § 184 Abs 3 AO ergeht eine **Mitteilung des GewStMessbetrags** 30 durch das FA an die Gemeinde, der die StFestsetzung obliegt (§ 184 Abs 3 AO). In der Praxis bedienen sich die FÄ der Gemeinden in der Weise, dass sie diesen den Messbescheid übersenden und diese die Bekanntgabe an den Stpfl vornehmen. Hierfür fehlt auf jeden Fall dann die Rechtsgrundlage, wenn die Gemeinden sogar an der Herstellung der Messbescheide mitwirken und nicht die Länder – wie etwa Ba-Wü (§ 6 Abs 2 KAG, GVBl 1982, 57) oder NRW (§ 2 RealStG, GVBl 1981, 732) – die entsprechende Befugnis gesetzlich delegieren (BFHE 147, 125, BStBl II 1986, 880; BFHE 162, 433, BStBl II 1991, 244; BFH/NV 1987, 146; HHSp § 184 AO Anm 36). Entsprechendes gilt mE, wenn die Gemeinde, ohne an der Herstellung des Bescheides mitzuwirken, dessen Bekanntgabe besorgt (*Tipke/Kruse* § 184 AO Anm 4 a; aA *Lenski/Steinberg* § 1 Anm 9, § 14 Anm 4; hier *(Selder)* § 14 Anm 3; *Blümich/Hofmeister* § 14 Anm 3 c; FG Ba-Wü EFG 1986, 306; 1989, 327: Amtshilfe). Auf jeden Fall ist aber Heilung anzunehmen, wenn die Einspruchsentscheidung durch das FA fehlerfrei zugestellt wird (BFHE 170, 106, BStBl II 1993, 263). Im Übrigen können die obersten Landesfinanzbehörden anordnen, dass der GewStMessbescheid dem Stpfl unmittelbar vom FA zugestellt wird.

Wenn ein GewStMessbetrag nicht festzusetzen ist, dann erhalten die Beteiligten einen **Freistellungsbescheid** (hierbei besteht keine Bindung an eine Freistellung von der ESt, BFHE 73, 34, BStBl III 1961, 281). Dieser wird dem Stpfl nur bekanntgegeben, wenn er es beantragt oder Vorauszahlungen geleistet hat.

Ist der GewStMessbetrag zu **zerlegen** (s Anm 31), dann wird der Bescheid nur dem Stpfl zusammen mit dem Zerlegungsbescheid bekanntgegeben. Die Gemeinden erhalten in diesem Falle nur eine Ausfertigung des Zerlegungsbescheides (§ 185 iVm § 184 Abs 3 AO). Doch können die obersten Landesfinanzbehörden anordnen, dass der GewStMessbescheid auch der Gemeinde bekanntzugeben ist, in deren Bezirk sich die Geschäftsleitung des Unternehmens befindet.

31 **Zerlegung.** Sind in einem EZ Betriebsstätten zur Ausübung des Gewerbes in mehreren Gemeinden unterhalten worden, so ist der einheitliche GewStMessbetrag in die auf die einzelnen Gemeinden entfallenden Anteile **(Zerlegungsanteile)** zu zerlegen. Das gilt auch in den Fällen, in denen eine Betriebsstätte sich über mehrere Gemeinden erstreckt hat oder eine Betriebsstätte innerhalb eines Erhebungszeitraums von einer Gemeinde in eine andere Gemeinde verlegt worden ist (§ 28 Abs 1). Über die Zerlegung ergeht ein schriftlicher **Zerlegungsbescheid** (§ 188 Abs 1 AO). Besteht jedoch Streit darüber, wem der Steuermessbetrag in voller Höhe zusteht, dann entscheidet das FA durch **Zuteilungsbescheid** (§ 190 AO). Die Vorschriften über die Steuerbescheide sind anzuwenden (§ 185 AO).

32 **Verwirkung/Verjährung.** Wenn nach allem die Festsetzung des einheitlichen GewStMessbetrags durch das FA nur ein gesonderter Teil des Besteuerungsverfahrens ist, so unterliegt dennoch der Anspruch des FA auf Erlass eines GewStMessbescheids der Verwirkung (BFHE 141, 451, BStBl II 1984, 780); mE zutreffend, weil die Gemeinde im GewStMessverfahren nicht Beteiligte und somit auch nicht beschwert ist. Verwirkung setzt allerdings die Schaffung eines Vertrauenstatbestandes durch das FA dahin voraus, es werde künftig nicht von einem Gewerbebetrieb und damit der GewStPfl ausgehen. Durch einen unter Nachprüfungsvorbehalt stehenden EStBescheid wird ein solcher Vertrauenstatbestand jedoch nicht begründet (BFH/NV 2002, 1612). Es genügt nach BFHE 100, 1, BStBl II 1970, 793; BFHE 103, 77, BStBl II 1971, 749 auch nicht, wenn das FA die Einkünfte in dem dem EZ entsprechenden Veranlagungszeitraum und dem nachfolgenden Veranlagungszeitraum als nichtgewerblich behandelt hat (BFH/NV 1996, 449; ebenso *Pump* StBp 1995, 39; die **aA** des FG Saarl EFG 1994, 900 rkr ist überholt, vgl BFH/NV 2001, 1527). Etwas anderes kann jedoch gelten, wenn die Einkunftsart streitig gewesen ist, die GewSt nach Prüfung der Frage auf 0 DM herabgesetzt und aus späteren ESt-Veranlagungen deutlich ist, dass das FA die Tätigkeit als freiberuflich beurteilt, insb wenn für das Folgejahr ebenfalls ein EStBescheid mit als solchen aus freiberuflicher Tätigkeit qualifizierten Einkünften ergangen ist (BFH/NV 2003, 505, Ls).

Auch unterliegt nicht nur die Festsetzung der GewSt selbst, sondern auch des GewStMessbetrages der (Festsetzungs-)Verjährung (§§ 169 ff AO). Für den Beginn des Laufs der grundsätzlich vierjährigen Verjährungsfrist kommt es nicht darauf an, ob der StPfl annehmen durfte, zur Abgabe einer Steuererklärung nicht verpflichtet zu sein (BFH/NV 1996, 449; 2005, 504). Der Ablauf der Verjährungsfrist wird nicht durch Abgabe der GewStErklärung (etwa im Sinne eines Antrags auf Steuerfestsetzung nach § 171 Abs 3 AO) gehemmt (BFHE 165, 445, BStBl II 1992, 124).

Sachlich zuständig für die Festsetzung des einheitlichen GewStMessbetrags und die Zerlegung ist das FA (§ 155 Abs 1 Satz 1 AO). **Örtlich zuständig** ist das BetriebsFA, dh das FA, in dessen Bezirk sich die Geschäftsleitung befindet (§ 18 Abs 1 Nr 2 AO). Fehlt es an einer Geschäftsleitung im Inland, so ist das FA zuständig, in dessen Bezirk sich die Betriebsstätte oder – wenn das Unternehmen mehrere Betriebsstätten hat – die wirtschaftlich bedeutendste Betriebsstätte befindet (§ 18 Abs 1 Nr 2 AO). Der Erlass eines GewStMessbescheids durch das örtlich unzuständige FA führt nach § 127 AO nicht zu dessen Unwirksamkeit, wenn keine andere Entscheidung in der Sache hätte getroffen werden können (FG München EFG 1988, 381; vgl hierzu aber BFHE 142, 544, BStBl II 1985, 607). 33

Die **Gemeinden haben** jedoch auch in den vorbezeichneten Verfahrensabschnitten gewisse **Mitwirkungsrechte.** Nach § 21 Abs 2 FVG haben sie das Recht, sich über die für die Realsteuern erheblichen Vorgänge bei den zuständigen Landesfinanzbehörden zu informieren. Hierzu gehört das Recht auf Akteneinsicht sowie auf mündliche und schriftliche Auskunft. Außerdem sind die Gemeinden nach § 21 Abs 3 FVG berechtigt, durch Gemeindebedienstete an Betriebsprüfungen teilzunehmen, wenn der Stpfl in der Gemeinde eine Betriebsstätte oder Grundbesitz hat und die Betriebsprüfung im Gemeindebezirk erfolgt. Der Gemeindebedienstete hat jedoch nur ein Anwesenheits- und Informationsrecht, seine Teilnahme an der Prüfung darf weder durch VA angeordnet werden noch darf er selbst als Prüfer auftreten (zum Verfahren im Einzelnen BVerwG BStBl II 1995, 522; A 3 Abs 3 GewStR; *Klos* Inf 1996, 138).

Die Steuerfestsetzung. Nach Art 108 Abs 2 Satz 1 GG steht die Verwaltung der GewSt an sich den **Landesfinanzbehörden** zu. Sie kann nach Art 108 Abs 4 Satz 2 GG jedoch den Gemeinden (Gemeindeverbänden) überlassen werden. Hierfür ist ein Landesgesetz erforderlich (BVerwG BStBl II 1984, 236). Sämtliche Bundesländer, mit Ausnahme der Stadtstaaten, haben hiervon Gebrauch gemacht. Bei ihnen sind die FÄ für das gesamte Verfahren zuständig. 34

Die Steuer wird von der **Gemeinde** festgesetzt und erhoben, indem sie auf den GewStMessbetrag einen sog **Hebesatz** (Prozentsatz) anwendet (§ 16 Abs 1). Der jeweilige Hebesatz wird von der hebeberechtigten Gemeinde (§§ 4, 35 a) bestimmt, und zwar grundsätzlich durch Gemeindesatzung. In der Bestimmung der Höhe des Hebesatzes sind die Gemeinden im Wesentlichen frei. Gewisse faktische Beschränkungen bestehen jedoch im Hinblick auf § 16 Abs 5, wonach es landesrechtlichen Regelungen vorbehalten ist zu bestimmen, in welchem Verhältnis die Hebesätze für die GrundSt und für die GewSt zueinander stehen müssen, welche Höchstsätze nicht überschritten werden dürfen und inwieweit mit Genehmigung der Gemeindeaufsichtsbehörde Ausnahmen zugelassen werden können. Zur Frage, ob allgemein gesetzliche Beschränkungen der Hebeberechtigung erforderlich sind, vgl *InstFSt* Brief 206, 42 ff und Brief 208, 47, 50. Nach den Erhebungen des *InstFSt* (Brief 452) haben sich die GewSt-Hebesätze der Gemeinden mit mehr als 50 000 Einwohnern in den Jahren 2008 und 2007 wie folgt entwickelt:

Übersicht 1: Streuung nach GewStHebesatzgruppen

Hebesatz von … bis unter … – in % –	Gemeinden			
	2007		2008	
	Anzahl	%	Anzahl	%
(1)	(2)	(3)	(4)	(5)
320–350	1	0,5	1	0,5
350–370	22	11,7	23	11,7
370–390	19	10,1	19	9,6
390–410	36	19,1	34	18,6
410–430	28	14,9	28	16,5
430–450	33	17,6	34	17,6
450–470	36	19,1	36	18,6
470–490	11	5,9	11	5,3
490–510	2	1,1	2	1,1
Insgesamt	188	100	188	100

Übersicht 2: Durchschnittliche GewStHebesatzanspannung für Gemeinden mit mehr als 50 000 Einwohnern nach Ländern

Rangsfolge (nach Hebesatz 2008)	Bundesland	Hebesätze in %		Veränderung in %-Punkten
		2007	2006	
(1)	(2)	(3)	(4)	(5)
1.	Baden-Württemberg	391	391	0
2.	Brandenburg	394	401	–7
3.	Thüringen	396	396	0
4.	Rheinland-Pfalz	399	399	0
5.	Berlin	410	410	0
6.	Schleswig-Holstein	413	413	0
7.	Niedersachsen	416	415	1
8.	Mecklenburg-Vorpommern	417	411	6
9.	Saarland	428	428	0
10.	Bremen	432	432	0
	Bundesdurchschnitt	*432*	*432*	0
11.	Hessen	433	433	0
12.	Nordrhein-Westfalen	447	447	0
13.	Bayern	447	448	–1
14.	Sachsen-Anhalt	450	450	0
15.	Sachsen	452	452	0
16.	Hamburg	470	470	0

Übersicht 3: GewStHebesätze in Großstädten mit 500 000 und mehr Einwohnern

Stadt (nach Hebesatz 2008)	Einwohner (31. 12. 2006)	Hebesatz 2008 %	Veränderung gegen Vorjahr in %-Punkten
(1)	(2)	(3)	(4)
Berlin	3 404 037	410	0
Stuttgart	593 923	420	0
Bremen	547 934	440	0
Düsseldorf	577 505	445	0
Nürnberg	500 855	447	0
Dortmund	587 624	450	0
Dresden	504 795	450	0
Köln	989 766	450	0
Frankfurt/M	652 610	460	0
Hannover	516 343	460	0
Leipzig	506 578	460	0
Duisburg	499 111	470	0
Essen	583 198	470	0
Hamburg	1 754 182	470	0
München	1 294 608	490	0

Die Festsetzung der GewSt auf Grund des gemeindlichen Hebesatzes erfolgt ebenfalls durch Steuerbescheid (§ 155 Abs 1 AO). GewStMessbescheid und GewStBescheid stehen im Verhältnis von Grundlagen- und Folgebescheid zueinander (s Anm 30 u 36). Entscheidungen im GewSt-Messbescheid sind daher im Hinblick auf den einheitlichen GewStMessbetrag, der sachlichen und persönlichen Steuerpflicht und der Hebeberechtigung der Gemeinde bindend (FG Rh-Pf EFG 1981, 640; s auch Anm 30). Ergeht der GewStBescheid aber ausnahmsweise ohne GewSt-Messbescheid, dann liegt in der Abgabe der (Lohnsummen-)Steuererklärung und der vorbehaltenen Annahme durch die Gemeinde ein formloser Steuerbescheid (BVerwGE 19, 68).

Auf die festzusetzende GewSt hat der Steuerschuldner (§ 5) an 4 Terminen **Vorauszahlungen** zu entrichten (vgl §§ 19–21). 34a

Alle weiteren Maßnahmen der **Erhebung und Verwaltung der GewSt** obliegen nach Art 108 Abs 2 GG an sich den Landesfinanzbehörden. Die Länder sind aber nach Art 108 Abs 2 GG berechtigt, die Verwaltung ganz oder zum Teil den Gemeinden bzw Gemeindeverbänden, und zwar durch LandesG (BVerwG BStBl II 1984, 238) zu übertragen. Da die meisten Länder von dieser Befugnis Gebrauch gemacht haben, fallen diese Maßnahmen grundsätzlich in den Zuständigkeitsbereich der Gemeinden. Hierher gehören insbesondere die Fälligkeitsbestimmung, die Abrechnung mit Vorauszahlungen, die Stundung, die Beitreibung und die Niederschlagung (vgl jedoch § 16 Anm 2, 6). Durch Vorauszahlungen überzahlte Beträge sind unverzüglich zu erstatten; sie werden mit der Bekanntgabe des 35

GewSt-Bescheides fällig (§ 20 Abs 3; hierzu *Sächs FM* v 3. 4. 1996, BB 1996, 1208).

Umstritten war die Rechtslage im Hinblick auf den **Erlass** von GewSt (vgl im Einzelnen § 16 Anm 3). Grundsätzlich zuständig hierfür sind die Gemeinden (Art 108 Abs 4 Satz 2 GG; BVerfG BStBl II 1984, 249). Die Landesfinanzbehörden waren nach BFHE 74, 641, BStBl III 1962, 238 nicht befugt, einzelne steuererhöhende Besteuerungsgrundlagen nicht anzusetzen, wenn die Festsetzung und Erhebung der GewSt den Gemeinden übertragen ist. Dem ist zuzustimmen. Erlass bedeutet Erlöschen der Steuerschuld und somit Verfügung über den Steueranspruch. Hierzu kann grundsätzlich nur der Steuergläubiger befugt sein. Eine Ausnahme gilt demnach nur dann, wenn die Gemeinden sich mit der Nichtberücksichtigung einzelner Besteuerungsgrundlagen im Billigkeitswege einverstanden erklärt haben (BFHE 76, 390, BStBl III 1963, 143; BFHE 108, 39, BStBl II 1973, 233).

Diese Rechtslage dürfte auch nach § 163 AO bestehen, weil die Verwaltungshoheit über die GewSt sich nicht verändert hat. Nach A 6 GewStR sind die FÄ nicht befugt, einzelne Besteuerungsgrundlagen nach § 163 Abs 1 Satz 1 AO außer Betracht zu lassen, es sei denn, die Gemeinde hat der Maßnahme zugestimmt.

Allerdings sind die FÄ nach § 184 Abs 2 AO befugt, ohne Beteiligung der Gemeinden bei der Festsetzung des einheitlichen GewStMessbetrags Billigkeitsmaßnahmen nach § 163 Abs 1 Satz 1 AO zu treffen, wenn in einer allgemeinen Verwaltungsvorschrift die Bundesregierung oder die obersten Landesfinanzbehörden Richtlinien hierfür gegeben haben. Solche Maßnahmen sind nach § 184 Abs 3 AO den Gemeinden mit dem GewStMessbetrag mitzuteilen. Zum Verfahren bei **Sanierungsgewinnen** vgl *BayLfSt* FR 2006, 900; *OFD Magdeburg* DStZ 2006, 169.

Zur Frage der **Haftung** für GemeindeSt vgl *Kasper* DStZ 2006, 509.

36.–40. Rechtsschutz

36 Gegen Entscheidungen im **GewStMessbescheid** ist der **Einspruch** gegen eben diesen zum FA gegeben (§ 347 Abs 1 Nr 1 AO). Der GewStBescheid der Gemeinde als Folgebescheid (s oben Anm 34) kann also mit Einwendungen gegen Entscheidungen im GewStMessbescheid nicht angefochten werden (BVerwG HFR 1981, 225; BFHE 150, 441, BStBl II 1987, 816). Ebenso wenig kann der GewStMessbescheid mit Einwendungen gegen den Einheitswertbescheid angefochten werden. Das FA kann **Aussetzung der Vollziehung** (§ 361 AO) auf Antrag gewähren, und zwar auch dann, wenn der auf Grund des GewStMessbescheids erlassene Steuerbescheid rechtskräftig ist (BFHE 71, 385, BStBl III 1960, 393) oder wenn die Steuer schon bezahlt ist (BFHE 123, 112, BStBl II 1977, 838). Eine Aussetzung der Vollziehung des bestandskräftigen GewStMessbescheids kommt sogar in Betracht, wenn die Vollziehung des EStBescheids wegen Streits um die Einkünfte aus GewBetrieb ausgesetzt wird (BFHE 86, 749, BStBl III 1966, 651; BFHE 91, 341, BStBl II 1968, 350). Aussetzung der Vollziehung eines bestandskräftigen GewStMessbescheids wegen ernsthafter Zweifel an seiner Rechtmäßigkeit setzt voraus, dass die Aussetzung der Vollziehung des EStBescheids gewährt wird oder nur deshalb nicht möglich ist, weil die EStSchuld bezahlt ist (BFHE 106, 416, BStBl II 1972, 955; vgl hierzu BFHE 121, 289, BStBl II 1977, 367). Ein AdV-Antrag ist dann nicht statthaft, wenn das FG in der GewStMessbetragssache rechtskräftig entschieden hat und der Stpfl nur die ESt-Sache weiter verfolgt (BFHE 129, 11, BStBl II 1980, 104). Auch aus § 35 b ergibt sich nichts anderes (vgl BFHE 113, 8, BStBl II 1974, 639). Der AdV-Antrag ist aber dann zulässig, wenn er mit Zweifeln an der Rechtmäßigkeit eines Feststellungsbescheides begründet wird, dessen Änderung nach § 35 b zu einer Änderung des GewStMessbescheides führen würde (BFHE 173, 158, BStBl II 1994, 300). Bis EZ 1997 Aussetzung des bestandskräftigen GewStMessbescheides auch, wenn der maßgebliche EW-Bescheid von der Vollziehung ausgesetzt wird.

Im Rahmen der Entscheidung über den AdV-Antrag hat das FA die Kompetenz, auf die Anordnung einer Sicherheitsleistung durch die Gemeinde Einfluss zu nehmen; jedoch darf es die Anordnung nicht selbst treffen (§ 361 Abs. 3 Satz 3 AO; hierzu *Knackstedt* DStR 1996, 953).

Nach erfolglosem Einspruch ist die **Anfechtungsklage** im Finanzrechtsweg (vor den Finanzgerichten) statthaft (§ 33 Abs 1 Nr 1 FGO). Nach dem Tode des Unternehmers kann ein GewStProzess nicht allein von dem Miterben, der Unternehmensnachfolger geworden ist, sondern nur von allen Erben fortgeführt werden (BFH/NV 1990, 303). Ein atypischer stiller Gesellschafter kann nicht Beteiligter an einem GewStProzess sein (BFHE 155, 32, BStBl II 1989, 145).

Den **Gemeinden als Steuergläubiger** steht im **GewStMessverfahren** idR kein förmlicher Rechtsbehelf (Einspruch oder Klage) zu (BVerwG BStBl II 1995, 522). Sie sind nicht unmittelbar in ihren rechtlich geschützten Interessen beschwert (§ 40 Abs 2 FGO), sondern nur mittelbar wirtschaftlich betroffen (BFHE 62, 115, BStBl III 1956, 44; vgl zur Grundsteuer BFHE 118, 285, BStBl II 1976, 426 mwN). Auch Art 19 Abs 4 GG hilft nicht weiter, weil die Gemeinden dem FA auch nicht dadurch gewaltunterworfen sind, dass sie bei der Erhebung der GewSt an den GewStMessbescheid gebunden sind. Nur ausnahmsweise in **Willkürfällen** bei einer ins Gewicht fallenden Interessenkollision konnte die Gemeinde wie ein Gewaltunterworfener den Rechtsweg zu den FG beschreiten (vgl zur GrundSt BFHE 74, 385, BStBl III 1962, 145; s auch BFHE 58, 138, BStBl III 1953, 344). Willkür in diesem Sinne lag vor, wenn die Entscheidung des FA ohne Begründung oder mit offenbar falschen oder unsachlichen Gründen zum Nachteil der Gemeinde erging. Das allerdings war nicht schon dann der Fall, wenn der Bescheid auf einer gesetzlichen Grundlage beruhte, aber Streit über die Auslegung (und die zutreffende Anwendung) derselben bestehen konnte (BFHE 74, 385, BStBl III 1962, 145). Dagegen wurde eine Rechtsbehelfsbefugnis der Gemeinden anerkannt, wenn bei Erlass des GewStMessbescheids politische Erwägungen eine Rolle gespielt hatten (BFHE 76, 594, BStBl III 1963, 216). Kein Fall von Willkür mit Interessenkollision lag bei einer Billigkeitsentscheidung des FA nach § 163 Abs 1 Satz 1 AO vor (oben Anm 35). Die Gemeinde hatte zwar unabhängig von der Rechtskraft des GewStMessbescheids einen Anspruch auf Ersetzung des GewStMessbescheids. Diesen 37 konnte sie jedoch nicht vor den FG durchsetzen (BFHE 75, 632, BStBl III 1962, 497). Allerdings ist nach BFHE 100, 295, BStBl II 1971, 30 die Rechtsprechung, die eine Rechtsbehelfsbefugnis bei Vorliegen von Willkür anerkannte, überholt. ME zutreffend; im Verhältnis zu den Landesfinanzbehörden besteht ein rechtlich geschützter Bereich der ertragsberechtigten Gemeinden im Hinblick auf die sachliche Richtigkeit der im Einzelfall getroffenen Maßnahmen der Landesfinanzbehörden nicht. Eine Klagebefugnis nach § 40 Abs 3 FGO ergibt sich nicht, weil weder der Bund noch das Land die GewSt schulden würde, vgl. BFH BStBl II 2002, 91. Aus Vorstehendem ergibt sich auch, dass die Gemeinde eine Feststellungsklage nach § 41 Abs 1 FGO nicht erheben kann, weil sie ein berechtigtes Interesse an einer baldigen Feststellung nicht hat (BFHE 100, 295, BStBl II 1971, 30; **aA** *Lenski/Steinberg* § 1 Anm 9; *Söhn* StuW 1993, 354). Der Gemeinde bleibt bei Willkürakten also nur der Weg, den Amtsträger wegen Amts- oder Dienstpflichtverletzung **zivilrechtlich** in Anspruch zu nehmen. Hierfür besteht jedoch nach § 32 AO eine Haftungsbeschränkung auf Pflichtverletzungen, die mit einer Strafe bedroht sind. Im Übrigen haftet das mit der Festsetzung des GewStMessbetrags befasste FA nicht gegenüber der Gemeinde (BGH HFR 2004, 265).

Für einen Antrag auf Aussetzung der Vollziehung fehlt der Gemeinde idR ebenfalls das Rechtsschutzbedürfnis (BFHE 181, 265, BStBl II 1997, 136).

38 Im **Zerlegungsverfahren** hingegen sind die Gemeinden als Steuergläubiger selbst Beteiligte (§ 186 AO). Sie können unmittelbar in ihrem Recht auf Zuteilung des GewStMessbetrages beschwert sein. Daher stehen ihnen Einspruch und Klage zu (vgl BFHE 188, 536, BStBl II 1999, 542, zur Akteneinsicht BFH/NV 2000, 346). Die am Zerlegungsverfahren ebenfalls beteiligten und durch eine andere Zerlegung betroffenen Gemeinden sind im Einspruchsverfahren nach § 360 Abs 3 AO hinzuzuziehen und im Klageverfahren nach § 60 Abs 3 FGO beizuladen (BFHE 116, 382, BStBl II 1975, 828).

Für den Sonderfall einer **Organschaft** hat die Gemeinde jedoch kein Klagerecht mit dem Vorbringen, das FA habe zu Unrecht eine Organschaft nicht berücksichtigt (FG Münster EFG 1998, 226 rkr).

39 Gegen den **gemeindlichen GewStBescheid** ist nach § 40 Abs 1 VwGO, § 33 Abs 1 Nr 4 FGO der **Verwaltungsrechtsweg** gegeben (BFHE 103, 52, BStBl II 1971, 738), dh anstelle des Einspruchs ist **Widerspruch** (§ 44 VwGO) und nach Erfolglosigkeit **Anfechtungsklage** (§ 42 Abs 1 VwGO) vor den Verwaltungsgerichten statthaft und geboten. Zu den möglichen Einwendungen vgl Anm 36.

Entsprechendes gilt für die **Aussetzung der Vollziehung** des GewSt-Bescheides. Sie wird nach § 80 Abs 4 VwGO durch die Widerspruchsbehörde gewährt und kann im Übrigen nach § 80 Abs 5 Satz 3 VwGO nur vor den Verwaltungsgerichten beantragt werden. Die Einleitung eines Zwangsvollstreckungsverfahrens hindert die Aussetzung der Vollziehung nicht. Zur Anordnung einer **Sicherheitsleistung** ist nur die Gemeinde bzw Widerspruchsbehörde befugt (§ 361 Abs 3 Satz 3 AO; hierzu *Knackstedt* DStR 1996, 953).

Wird **Stundung oder Erlass** der GewSt von der Gemeinde versagt, so ist ebenfalls der **Verwaltungsrechtsweg** zu den Verwaltungsgerichten eröffnet (§ 40 VwGO). Die erstrebte Billigkeitsmaßnahme lässt die Festsetzung des GewStMessbetrages grundsätzlich unberührt. Der Finanzrechtsweg ist nur eröffnet, wenn und soweit die Abgaben durch Bundes- oder Landesbehörden verwaltet werden (§ 33 Abs 1 Nr 1 FGO). Auch wenn das FA nach § 163 Abs 1 Nr 1 AO mit Zustimmung der Gemeinden einzelne Besteuerungsgrundlagen aus Billigkeitsgründen unberücksichtigt lassen soll, so ist die Zustimmung der Gemeinden nur auf dem Verwaltungsrechtsweg erzwingbar. 40

Etwas anderes gilt nur dann, wenn die Länder nach Art III § 5 Abs 2 des Gesetzes zur Änderung des GewStRechts vom 27. 12. 1951 (BGBl I 1951, 996) die Festsetzung und Erhebung der GewSt auf die FÄ übertragen haben, sowie in den Fällen des § 184 Abs 2 AO, wenn die FÄ also ohne die Gemeinden berechtigt sind, bei der Festsetzung des GewStMessbetrags Billigkeitsmaßnahmen nach § 163 Abs 1 Satz 1 AO zu treffen. In diesen Fällen ist bei Ablehnung des Antrags **Einspruch** nach § 347 Abs 1 Nr 1 AO und bei Ablehnung **Verpflichtungsklage** auf dem Finanzrechtsweg nach § 40 Abs 1 FGO geboten. Denn insoweit wird die Steuer von Landesbehörden verwaltet (§ 33 Abs 1 Nr 1 FGO).

Zu den Voraussetzungen für Billigkeitsmaßnahmen vgl die §§ 222 und 227 AO sowie die einschlägige Kommentarliteratur.

(frei) 41–44

45.–49. Finanzwirtschaftliche Bedeutung der GewSt

Literatur: *Elsner/Schüler,* Das Gemeindefinanzreformgesetz, Hannover 1970; *Schmidt,* Gemeindefinanzreformgesetz, Köln 1970.

Grundsätzliches. Die GewSt ist die bedeutendste der den Gemeinden unmittelbar zufließenden Steuern. Die Einnahmen der Gemeinden haben sich nach dem Finanzbericht 2009 (hrsg v *BMF*) Tabellen 11 u 12 seit 2005 wie folgt entwickelt (2008 u 2009 geschätzt): 45

lfd. Nr.	Steuerart	2005 Mio DM	2006 Mio €	2007 Mio €	2008 Mio €	2009 Mio €
1	Grundsteuer	10248	10398	10713	10655	10885
2	Gewerbesteuer	32129	38369	40116	36200	37750
3	Gewerbesteuer abzgl Umlage	(25911)	(31356)	(33141)	(30597)	(31710)
4	Gemeindeanteil an Einkommensteuer	20142	21943	24861	27279	27845
5	Gemeindeanteil an Umsatzsteuer	2901	3045	3402	3518	3617
6	Sonstige Gemeinde-Steuern	10813	10949	11284	11227	11457
	Steuereinnahmen der Gemeinden	59765	67294	72689	72621	74628

Der Anteil der GewSt am Aufkommen an Realsteuern betrug demnach in 2005 etwa 75%, bezogen auf die Gesamtsteuereinnahmen von umgerechnet 59765 Mio. € etwa 53,8%, in 2009 wird er 77% des Realsteueraufkommens und 50,6% des Gesamtsteueraufkommens betragen; zu den Einzelheiten s auch Anm 46.

46 **Die Gemeindefinanzreform/Gemeindeumlage.** Nach § 6 GemFinRefG idF v 10. 3. 2009 (BGBl I 2009, 502), zuvor zuletzt geändert durch G v 31. 7. 2008 (BGBl I 2008, 1626), haben die Gemeinden eine **Umlage** aus ihrem Aufkommen an GewSt an Bund und Länder abzuführen. Im Austausch werden sie mit 15% an der LohnSt und der veranlagten ESt auf der Grundlage eines plafondierten örtlichen Aufkommens sowie mit 12% des Aufkommens aus dem Zinsabschlag (ab 1. 1. 2009: an Kapitalertragsteuer nach § 43 Abs 1 Satz 1 Nr 6, 7 und 8–12 sowie Satz 2 EStG) beteiligt (§ 1 GemFinRefG). Zudem sind die Gemeinden mit 2,2% am USt-Aufkommen beteiligt (§ 1 Abs 1 Satz 3 FAG idF des G v 20. 12. 2001, BGBl I 2001, 3955).

Die Umlage ist entsprechend dem Verhältnis von Bundes- und Landesvervielfältiger auf den Bund und das Land aufzuteilen (§ 6 Abs 1 GemFinRefG). Die GewSt steht einem einzelnen Land zu, soweit sie in diesem vereinnahmt worden ist (§ 3 FAG ab 1. 1. 2005).

Die Umlage wird nach § 6 Abs 2 GemFinRefG in der Weise ermittelt, dass das Istaufkommen der Gewerbesteuer im Erhebungsjahr durch den von der Gemeinde für dieses Jahr festgesetzten Hebesatz der Steuer geteilt und mit dem Vervielfältiger nach Abs 3 multipliziert wird. Das Istaufkommen entspricht den Isteinnahmen nach der Jahresrechnung gemäß § 3 Abs. 2 Nr 1 des Finanz- und Personalstatistikgesetzes.

Der Vervielfältiger ist die Summe eines Bundes- und Landesvervielfältigers für das jeweilige Land. Der Bundesvervielfältiger beträgt im Jahr 2008 12%, im Jahr 2009 13% und ab dem Jahr 2010 14,5%. Der Landesvervielfältiger für die Länder Brandenburg, Mecklenburg-Vorpommern, Sachsen, Sachsen-Anhalt und Thüringen beträgt im Jahr 2008 18%, im Jahr 2009 19% und ab dem Jahr 2010 20,5%. Der Landesvervielfältiger für die übrigen Länder beträgt im Jahr 2008 47%, im Jahr 2009 48% und ab dem Jahr 2010 49,5%.

Das sich bei den übrigen Ländern aus der höheren Gewerbesteuerumlage – in Relation zum Vervielfältiger der Länder Brandenburg, Mecklenburg-Vorpommern, Sachsen, Sachsen-Anhalt und Thüringen – auf Grund der unterschiedlichen Landesvervielfältiger ergebende Mehraufkommen bleibt bei der Ermittlung der Steuereinnahmen der Länder und Gemeinden iSd §§ 7 und 8 FAG unberücksichtigt (§ 6 Abs 4 GemFinRefG).

Zur Mitfinanzierung der Belastungen, die den Ländern im Zusammenhang mit der Neuregelung der Finanzierung des Fonds „Deutsche Einheit" verbleiben, wird der Landesvervielfältiger nach Abs 3 Satz 4 bis einschließlich dem Jahr 2019 um eine Erhöhungszahl angehoben ... Das BMF wird ermächtigt, durch Rechtsverordnung mit Zustimmung des Bundesrates die Erhöhungszahl jährlich so festzusetzen, dass das Mehraufkommen der Umlage 50% der Finanzierungsbeteiligung der Gemeinden iHv bundesdurchschnittlich rund 40% des Betrages von 2582024000 € entspricht... Das auf der Anhebung des Vervielfältigers beruhende Mehraufkommen an Gewerbesteuerumlage steht den Ländern zu und bleibt bei der Ermittlung der Steuereinnahmen der Länder und Gemeinden iSd §§ 7 und 8 FAG unberücksichtigt (§ 6 Abs 5 GemFinRefG).

Übersteigen in einer Gemeinde die Erstattungen an Gewerbesteuer in einem Jahr die Einnahmen aus dieser Steuer, so erstattet das Finanzamt der Gemeinde einen Betrag, der sich durch Anwendung der Bemessungsgrundlage des Abs 2 auf den Unterschiedsbetrag ergibt (§ 6 Abs 6 GemFinRefG).

Die Umlage ist bis zum 1. Februar des auf den EZ folgenden Jahres an das FA abzuführen. Zum 1. Mai, August und November des EZ sind Abschlagszahlungen für das vorhergehende Kalendervierteljahr zu leisten (§ 6 Abs 7 GemFinRefG).

(frei) 47–49

50.–53. Diskussion, Ausblick und neuere Entwicklungen

Literatur: *Klaus-Dieter Arndt-Stiftung,* Zur Revitalisierung der GewSt, Grundlegung eines Modells; *Karl-Bräuer-Institut,* Abbau und Ersatz der GewSt – Darstellung, Kritik, Vorschläge – Heft 57; *Karl-Bräuer-Institut,* Kommunale Steuerautonomie und Gewerbesteuerabbau, Heft 94; *InstFSt* Brief 211, Modell für die Ablösung der GewSt durch einen Gemeindeanteil an der Umsatzsteuer; *InstFSt* Brief 206 u 208; *L-v-Stein-Institut für Verwaltungswissenschaften,* Arbeitspapier Nr 11, GewSt-Reform; *Wissenschaftl Beirat beim BMF,* Gutachten zur Reform der Gemeindesteuern, Heft 31 der Schriftenreihe des BMF, 1982; *Krause,* Reform bzw Aufhebung der GewSt und deren Auswirkung auf die Wirtschaft, BB 1982, 2038; *Beichelt* (FDP-Kommission Föderalismus und Finanzverfassung), Wie lange leisten wir uns noch die GewSt?, DStZ/A 1983, 375; *Ritter,* Abbau der GewSt, BB 1983, 389; *Engels,* Strittige Fragen bei der GewSt-Reform, Wpg 1983, 665; *Kremer,* Zur stufenweisen Ablösung der GewSt, StuW 1983, 55; *Spitzenverbände der Deutschen Wirtschaft,* Kommunale Wertschöpfungssteuer der falsche Weg, Köln 1984; *Strauß* (Finanzwiss Forschungsinstitut an der Universität Köln), Probleme und Möglichkeiten einer Substituierung der GewSt, in: Forschungsberichte des Landes NRW, Nr 3175, 1984; *Scheumel,* Abbau und Ersatz der GewSt, Der Steuerzahler 1985, 217; *Zitzelsberger,* Neuerliche Entwicklungstendenzen der GewSt und Reformvorschläge, 1985; *R-v-Benningsen-Stiftung* (Hrsg), Die Diskussion um die GewSt, 1986; *Bund der Steuerzahler,* Wie lange noch GewSt?, 1986 *(Scheumel)*; *Klatt,* Die Kfz-Steuer als Gemeindesteuer, DStZ 1986, 224; *Mösbauer,* Zur aktuellen Diskussion einer Reform der Unternehmensbesteuerung, FR 1987, 49; *Dziadkowski,* Zur Umgestaltung der GewSt, BB 1987, 342; *Dziadkowski,* Zur aktuellen Diskussion einer Reform der Unternehmensbesteuerung, FR 1987, 306; *Wendt,* Abschaffung und Ersetzung der GewSt aus verfassungsrechtlicher und verfassungspolitischer Sicht, BB 1987, 1677; *Fuest/Willemsen* (Inst d dt Wirtschaft), Alte Steuer – gute Steuer? 1988; *Scholz,* Das GewSt-Teilanrechnungsmodell – ein Beitrag zur Reform der kommunalen Steuern? BB Beilage 11/1988; *Schult,* Ausdehnung der GewSt (Wertschöpfungssteuer) auch auf die Freiberufler?, DB 1988, 769; *Scheumel,* Wann kommt der Gewerbesteuer-Abbau, Der Steuerzahler 1988, 61; *Lang,* Reform der Unternehmensbesteuerung, StuW 1989, 3; *Barth,* Die Höhe der deutschen Unternehmensbesteuerung im politischen Meinungsstreit, DB 1989, 1237;

Schneider, Reform der Unternehmensbesteuerung aus betriebswirtschaftlicher Sicht, StuW 1989, 328; *Gattermann,* Perspektiven der Steuerpolitik, BB 1989, 917; *Feldhoff,* Cash-Flow-Besteuerung und ihre Problematik, StuW 1989, 53; *Knobbe-Keuk,* Möglichkeiten und Grenzen einer Unternehmenssteuerreform, DB 1989, 1303; *Gobrecht/Ammann/Fuhrmann,* Anstöße zur Neuordnung ... 1990; *DStV,* Zehn Thesen des DStV zur Unternehmenssteuerreform, Stgb 1990, 9; *Buchloh,* Reform der Unternehmensbesteuerung – insbesondere der Gewerbesteuer, BB 1990, 33; *Esser,* Unternehmensbesteuerung im internationalen Vergleich, BB 1990, 463; *Richter/Wiegand,* Cash-Flow-Steuern: Ersatz für die Gewerbesteuer, StuW 1990, 40; *Cansier,* Ersatz der Gewerbesteuer durch die Cash-Flow-Steuer?, BB 1990, 253; *InstFSt,* Verfassungsrechtliche Vorgaben für eine Reform der Gewerbesteuer, Brief 299, 1990; *Wissenschaftlicher Beirat beim BMF,* Gutachten zur Reform der Unternehmensbesteuerung, BMF-Schriftenreihe Heft 43, 1990; *Klein,* Die nationale Besteuerung als Faktor des internationalen Wettbewerbs, StuW 1990, 390; *Pfaffernoschke,* Die Diskussion um die GewSt, 1990; *Kommission zur Verbesserung der steuerlichen Bedingungen für Investitionen und Arbeitsplätze,* Gutachten, BMF-Schriftenreihe Heft 45, 1991; *Schneider,* Zwei Gutachten zur Reform der Unternehmensbesteuerung, StuW 1991, 354; *Gobrecht,* Thesen zur Reform der Unternehmensbesteuerung, Stbg 1991, 453; *Jansen,* Totalreform des Steuersystems? DStZ 1991, 593; *Wendt,* Reform der Unternehmensbesteuerung aus europäischer Sicht, StuW 1992, 66; *Wittmann,* Besteuerung des Markteinkommens – Grundlinien einer freiheitsschonenden Besteuerung, StuW 1993, 35; *Ritter,* Steuerrechtliche Rahmenbedingungen für den Wirtschaftsstandort Deutschland, BB 1993, 297; *Tipke,* Vom Konglomerat herkömmlicher Steuern zum System gerechter Steuern, BB 1994, 437; *Reiss/Schneider,* Die Reform der GewSt, BB 1995, 1265; *Dziadkowski,* Reformüberlegungen zur GewSt, FR 1995, 425; *Kirchhof,* Die Steuerrechtsordnung als Wertordnung, StuW 1996, 3; *Escher/Escher-Weingart,* Die Gewerbesteuerreform – Anlaß zur Aufgabe des Sonderbetriebsvermögens? BB 1996, 349; *Wosnitza,* Konsequenzen der BVerfG-Beschlüsse v 22. 6. 1995 für die Diskussion um die Reform der Gewerbeertragsteuer, BB 1996, 1465; *Homburg,* Eine kommunale Unternehmenssteuer für Deutschland, Wirtschaftsdienst 1996, 491; *Bonk,* Verfassungsrechtliche Aspekte der GewSt im Rahmen der Unternehmenssteuerreform, FR 1999, 443; *Reiß,* Diskussionsbeitrag: Kritische Anmerkung zu den Brühler Empfehlungen zur Reform der Unternehmensbesteuerung, DStR 1999, 2011; *Hey,* Die Brühler Empfehlungen ..., BB 1999, 1192; *Schulze zur Wiesche,* Überlegungen zur Unternehmenssteuer, DB 1999, 350; *Schulze zur Wiesche,* Kritische Anmerkungen zu den Brühler Empfehlungen ..., FR 1999, 698; *Hidien,* Steuerreform 2000 – Anmerkungen zum gewerbesteuerlichen Anrechnungsmodell, BB 2000, 485; *Herzig/Lochmann,* Die Steuerermäßigung für gewerbliche Einkünfte bei der ESt nach dem Entwurf zum Steuersenkungsgesetz, DB 2000, 1192; *Jachmann,* Ansätze zu einer gleichheitsgerechten Ersetzung der GewSt, BB 2000, 1432; *Kollruss,* Anrechnung der GewSt auf die Einkommensteuer bei Personenunternehmen gem § 35 EStG 2001, StbG 2000, 559; *Neu,* Unternehmenssteuerreform 2001: Die pauschalierte Gewerbesteueranrechnung nach § 35 EStG, DStR 2000, 1933; *Schön,* Zum Entwurf eines Steuersenkungsgesetzes, StuW 2000, 151; *Sigloch,* Unternehmenssteuerreform 2001 – Darstellung und ökonomische Analyse, StuW 2000, 160; *Söffing,* Die Mängel im Entwurf zu § 35 EStG, DB 2000, 688; *Stuhrmann,* Unternehmenssteuerreform: Einkommensteuerminderung durch Berücksichtigung der Gewerbesteuerbelastung als Basismodell, FR 2000, 550; *Wendt,* StSenkG: Pauschale Gewerbesteueranrechnung bei Einzelunternehmen, Mitunternehmerschaft und Organschaft, FR 2000, 1173; *Korezkij,* Anrechnung der GewSt nach § 35 EStG, BB 2001, 333 und 389; *Broer,* Ersatz der Gewerbesteuer durch ein harmonisches Zuschlagsrecht zur Einkommen- und Körperschaftsteuer, DStZ 2001, 622; *Keß,* Unternehmenssteuerreform: Ohne Reform der GewSt?, FR 2000, 695; *Bundesverband der Deutschen Industrie eV/Verband der Chemischen Industrie eV,* Verfassungskonforme Reform der GewSt ..., Köln 2001 (BDJ/VCJ); *Hey,* Von der Verlegenheitslösung des § 35 EStG zur Reform der GewSt, FR 2001, 870; *Hey,* Kommunale Einkommen- und Körperschaftsteuer, StuW 2002, 314; *Fuest/Huber,* Neue Wege bei der Finanzierung der Kommunen ..., Wirtschaftsdienst 2002, 260; *Scherf,* Ersatz der GewSt durch eine anrechenbare Wertschöpfungsteuer, Wirtschaftsdienst 2002, 603; *Fromme,* Nachfolgeregelung für die GewSt, ZRP 2003, 198; *Wiese/Klass,* Der Gesetzentwurf zur Ablösung der GewSt durch die neue Gemeindewirtschaftsteuer, GmbHR 2003, 1101; *oV,* Entwurf eines Gesetzes zur Reform der GewSt, Inf 2003, 682; *Djanami/Brähler/Lösel,* Die Anrechnung der Gewerbeertragsteuer auf die Einkommensteuer, BB 2003, 1254; *Broer,* Der Kabinettsentwurf zur Gemeindewirtschaftsteuer, BB 2003, 1930; *Keß,* Entwicklungen und Kritik der geplanten Gemeindewirtschaftsteuer, FR 2003, 959; *Fromme,* Von der GewSt zur „Gemeindewirtschaftsteuer", Der Gemeindehaushalt 2003, 178; *Jarass/Obermair,* Von der GewSt zur kommunalen Betriebssteuer, Wirtschaftsdienst 2003, 157; *Bertelsmann-Stiftung,* Reform der Gemeindefinanzen ..., Gütersloh 2003; *Henckel,* Ein Konsensvorschlag zur Reform der kommunalen Wirtschaftsbesteuerung und zur Substitution der GewSt, DStZ 2004, 570; *Homburg,* BB-Forum: Die Steuerreformvorschläge der Stiftung Marktwirtschaft, BB 2005, 2382; *Jachmann,* Eine neue Qualität der kommunalen Steuerfinanzierung: Das Vier-Säulen-Modell der Kommission Steuergesetzbuch, StuW 2006, 115; *Otten,* Die Grundmodelle der Alternativen zur Gewerbesteuer: Vereinbarkeit mit dem Grundgesetz und Europarecht, 2005; *Heilmann,* Wechselwirkungen eines Zuschlagsmodells mit dem kommunalen Finanzausgleich, FiFo-Berichte Nr 6; *Kollruss,* Beim Schlussgesellschafter ist Schluss: Keine Anrechnung nach § 35 EStG bei Beteiligungen von Organgesellschaft an Personengesellschaft, DStR 2007, 378; *Korezkij,* BMF-Schreiben vom 19. 9. 2007 zu § 35 EStG ..., DStR 2007, 2103; *Herzig/Lochmann,* Unternehmensteuerreform 2008, DB 2007, 1037; *Förster,* Anrechnung der Gewerbesteuer auf die Einkommensteuer nach der Unternehmensteuerreform 2008, DB 2007, 760; *Strahl,* Eilige Selbstberichtigungen und andere Änderungen des Unternehmensteuerreformgesetzes 2008 durch das Jahressteuergesetz 2008, DStR 2008, 9; *Blaufus/Hechtner/Hundsdoerfer,* Die Gewerbesteuerkompensation nach § 35 EStG im Jahressteuergesetz 2008, BB 2008, 80.

Die **ständige Kritik** an der GewSt bezieht sich auf ihre Existenz über- 50
haupt wie auf ihre gegenwärtige Ausgestaltung. „Fremdkörper im Steuersystem der BRD" (*InstFSt* Briefe 211, 306), „wirtschaftstheoretisches Denken, das im Mittelalter vertreten wurde" (*Schneider,* Grundzüge, S 169) oder „gesamtwirtschaftliches Unding" (*Küffner* aaO) sind nur wenige der zugkräftigen Schlagwörter. Sachlich geht es iw um Eingriffe in die Unternehmenssubstanz, Wettbewerbsverzerrungen im nationalen und internationalen Vergleich, prozyklische Effekte sowie allokative Verwerfungen, die mit der geltenden GewSt einhergehen (vgl *L-v-Stein-Institut,* aaO; *Knobbe-Keuk* DB 1989, 1303; hierzu auch *Esser* BB 1990, 463; *Wendt* StuW 1992, 66; *Pfaffernoschke* S. 87 f), wobei es allerdings unter wirtschaftswissenschaftlichem Aspekt kaum ausreichen dürfte, internatio-

nale Vergleiche nur durch Gegenüberstellung der Steuersätze ohne Berücksichtigung des materiellen Steuerrechts anzustellen (so jedoch *Barth* DB 1989, 1237).

51 **Reformmodelle** befassen sich mit der Ersetzung der GewSt durch andere Geldquellen sowie mit Strukturverbesserungen. Folgende, zT nicht mehr aktuelle Modelle, wurden bzw werden erörtert:

- Aufhebung der GewErtragSt, Aufkommenssicherung durch GewKapitalSt (70%) und LohnsummenSt (30%), Aufkommenssenkung, Beteiligung der Gemeinde an ESt und USt, USt-Erhöhung, Wegfall der GewStUmlage (*Steuerreformkommission 1971* aaO; hierzu *Spanakakis* aaO);
- Beseitigung der GewSt, Erhöhung der USt um 3%, Zuweisung von 16% des USt-Aufkommens an die Gemeinden (*InstFSt* Brief 211, ähnlich Brief 299; *Niedersächsischer Landtag* Drs 11/460; *Karl-Bräuer-Institut* Heft 57); variiert wurde dieser Vorschlag neuerdings durch eine erhöhte Beteiligung der Gemeinden an der USt und Einführung eines Hebesatzrechts der Gemeinden am Gemeindeanteil der ESt und KSt (*Karl-Bräuer-Institut,* Heft 94);
- Anrechnung der GewSt auf die USt ohne Abzug bei der ESt/KSt sowie Erhöhung der USt um 2% (*DIHT* Broschüre Nr 201);
- Beseitigung gewinnunabhängiger Elemente und der GewSt-Umlage, Beteiligung der Gemeinden an der USt, Erhöhung der USt um 2% und Senkung der Hebesätze (*Ritter* aaO);
- stufenweise Ablösung der GewSt durch Zuweisung von USt-Erhöhungen (2%) an die Gemeinden und Einführung einer GewErtragSt (*Kremer* aaO);
- Teilanrechnung bis zu einem Hebesatz von 200% auf die ESt/KSt oder USt, insoweit Fortfall des GewSt-Abzugs, Staffelung der Messzahlen, Wegfall der GewSt-Umlage und der GewKapitalSt (*Landtag Rh-Pf* Drs 10/2185; *Scholz* BB Beilage 11/1988);
- Ersetzung der GewSt durch eine „WertschöpfungsSt" für GewTreibende sowie Freiberufler und andere Selbständige (zu den Auswirkungen *Schult* DB 1988, 769); hierbei wird als Wertschöpfung der Beitrag einer Wirtschaftseinheit zur Herstellung von Gütern und Dienstleistungen verstanden; ihre Größe ergibt sich aus der Addition von Löhnen, Mieten, Pachten, Zinsen und Gewinnen (*Wissenschaftl Beirat beim BMF* 1982 u 1990); variiert wird dieser Vorschlag durch die „anrechenbare Wertschöpfungssteuer", bei der die Wertschöpfungssteuer auf die – angehobene – USt angerechnet werden kann (*Scherf* aaO); weitere Varianten bestehen darin, dass die Kapitalverzinsung (*Homburg* aaO) bzw die Arbeitslöhne (*Jarass/Obermair* aaO) von der Besteuerung ausgenommen werden; schließlich taucht das Konzept der Wertschöpfungssteuer als weitere Form einer „Gemeindewirtschaftsteuer" (hierzu unten) auf (*HessFM,* Vorschlag zur Neuordnung der Gemeindesteuern von Staatsminister *Karlheinz Weimer,* Wiesbaden 2002); auch eine „kommunale Wirtschaftsteuer" knüpft an das Konzept der Wertschöpfung an, ergänzt durch Abschaffung der Grundsteuer A, Veränderungen bei der Grundsteuer B sowie Einführung einer Bürgersteuer (*Bertelsmann-Stiftung* aaO);

- Ersetzung der GewSt durch eine GemeindeSt, die aus durch einheitl Hebesätze verknüpften BetriebsSt, EinwohnerSt und GrundSt besteht (*Kronberger Kreis* aaO; *Sachverständigenrat zur Begutachtung der gesamtwirtschaftlichen Entwicklung* 1989/1990, Zif 342 ff);
- „Revitalisierung" der GewSt durch Ausweitung auf alle Unternehmen iSv § 2 UStG mit eng begrenzten Befreiungen, Ansatz von Schuld-, Miet- und Pachtzinsen sowie der Löhne; Fortfall der GewKapitalSt bzw Erhaltung nur als MindestSt (*Dt Städtetag* aaO; *Klaus-Dieter-Arndt-Stiftung* aaO); in modifizierter Form tauchte dieser Vorschlag wieder als „Kommunalmodell" in der Diskussion auf (*Bundesvereinigung der kommunalen Spitzenverbände,* Mitteilung v 28. 2. 2003);
- Ersetzung der GewSt durch Überweisung der Kfz-Steuer an die Gemeinden (*Klatt* DStZ 1986, 224);
- Ersetzung der GewSt durch eine Gemeinde-EinkommenSt als ggf mit einem Hebesatz versehene AnnexSt (*Wendt* BB 1987, 1677 u StuW 1992, 66, 79; *Buchloh* aaO; *Schneider* StuW 1991, 354; ähnlich *Fuest/Huber* aaO);
- Ersetzung der GewSt durch ein kommunales Zuschlagsrecht zur Einkommen- und Körperschaftsteuer (*Broer* DStZ 2001, 622; *Hey* StuW 2002, 314; ähnlich *BDJ/VCJ* aaO); dieser Vorschlag wird bei der sog „Kommunalsteuer" ergänzt durch die Streichung des Gemeindeanteils an der ESt und Erhöhung der USt (so *Kommission Liberale Gemeindefinanzreform,* www.andreaspinkwart.de);
- Ersetzung der GewSt durch eine Cash-Flow-St, die iw auf die Differenz von Einnahmen aus Umsätzen und Ausgaben für Vorleistungen, Bruttoinvestitionen und Löhne zu erheben ist (*Richter/Wiegand* aaO; *Cansier* aaO); zu ihren verschiedenen Varianten und Problemen vgl *Feldhoff* aaO;
- Beseitigung des Objektsteuercharakters der GewSt durch Aufhebung der Hinzurechnungs- und Kürzungsvorschriften, Erhöhung der Freibeträge, Senkung der GewSt sowie Koppelung der Hebesätze an die GrundSt (*DStV* aaO);
- Abschaffung der GewKapitalSt, Erweiterung der Besteuerungsgrundlagen für die GewErtragSt durch Hinzurechnung aller Zinsaufwendungen sowie Halbierung der StMesszahlen; Ausgleich durch Abschaffung der GewStUmlage sowie Anhebung der GrundSt durch Neubewertung von Immobilien (*Kommission zur Verbesserung der steuerlichen Bedingungen* usw 1991, aaO);
- Ersetzung der GewSt durch eine allgemeine BetriebsSt für GewBetriebe, finanzstarke Freiberufler und land- u forstwirtschaftliche Großbetriebe, Herabsetzung u Begrenzung der StMesszahlen und Hebesätze; 50%ige Anrechnung auf ESt bzw KSt (*Gobrecht/Ammann/Fuhrmann* aaO; *Gobrecht* Stbg 1991, 453);
- Abschaffung sämtlicher Steuern ausgenommen USt und Erhöhung des USt-Satzes auf bis zu 65% (*Jansen* DStZ 1991, 593);
- Abschaffung der GewKapitalSt und Beteiligung der Gemeinden an der USt (*Reiss/Schneider* BB 1995, 1265; *Dziadkowski* FR 1995, 425);
- Ersetzung der KSt und GewSt durch eine, nur am Einkommen (Gewinn ohne Hinzurechnungen und Abrechnungen) orientierte **einheitliche Unternehmenssteuer** (*Tipke,* Die Steuerrechtsordnung, Bd 13, 1028 f,

1546, hierzu BB 1994, 437; *Kirchhof* StuW 1996, 3; ähnlich *Wosnitza* BB 1996, 1465; *Jachmann* BB 2000, 1432); zu den Folgen der Abschaffung der GewSt für § 15 Abs 1 Nr 2 Satz 1 EStG *Escher/Escher-Weingart* BB 1996, 349); auch als „integrierte Unternehmenssteuer" – mit Hebesatzrecht ausgestatteter Gemeindezuschlag zur Unternehmenssteuer – gedacht (hierzu *Henckel* DStZ 2004, 570);

– Ersetzung der GewSt durch eine **„Gemeindewirtschaftsteuer"**, die auf die wirtschaftlichen Aktivitäten und daher auf die Besteuerungsgrundlagen der KSt und ESt setzt (*Fromme* aaO). Davon zu unterscheiden ist die politisch diskutierte „Gemeindewirtschaftsteuer", die sich weitgehend an der Struktur der GewSt orientierte. Sie betraf Gewerbebetriebe *und* Selbständige nach § 18 EStG. Entfallen sollten die Hinzurechnung von Dauerschuldentgelten, Renten und dauernden Lasten, Mieten und Pachten sowie Gewinnanteilen bei Streubesitz; eingeführt werden sollte eine Hinzurechnung von Schuldzinsen an den Gesellschafter einer Kapitalgesellschaft oder nahe stehende Personen. Entfallen sollte die Kürzung des Ertrags bei zum Betriebsvermögen rechnenden Grundbesitz, von Miet- und Pachtzinsen sowie Zinsen für Gesellschafterfremdkapital. Die Gemeinden hatten einen Mindesthebesatz von 200% zu bestimmen. Ein entsprechender Gesetzentwurf wurde von der BReg im Jahr 2003 auf den Gesetzgebungsweg gebracht, wurde letztendlich jedoch nicht Gesetz (zu Einzelheiten und zur Kritik *oV* Inf 2003, 682; *Broer* BB 2003, 1930; *Keß* FR 2003, 959; *Wiese/Klass* GmbHR 2003, 1101; *Henckel* DStZ 2004, 570);
– Ersetzung der GewSt durch ein **„Konsensmodell"**, in dem sich objektive und subjektive Steuerpflicht nach dem Erfolg (Gewinn/Einkommen), die Steuerverteilung (Zerlegung) hingegen nach der Wertschöpfung richtet (*Henckel* DStZ 2004, 570);
– Ersetzung der GewSt durch ein **„Vier-Säulen-Modell"**, in dem die Kommunalfinanzen durch eine reformierte GrundSt, eine BürgerSt (mit Hebesatzrecht versehener ESt-Anteil der Gemeinden), eine kommunale UnternehmensSt (Hebesatz auf den einbehaltenen Gewinn) und einen Anteil an der LSt gespeist werden (Kommission „Steuergesetzbuch" der Stiftung Marktwirtschaft [Frankfurter Institut], vgl *Homburg* BB 2005, 2382).

52 Sicher darf sein, dass das Problem GewSt allein im Rahmen einer **grundlegenden Neugestaltung** der Steuererhebung durch Bund, Länder und Gemeinden und der Finanzbeziehungen zwischen ihnen gelöst werden kann. Denn es geht um ein Konzept für eine **Gemeindesteuerreform,** das von allen Beteiligten gemeinsam erarbeitet und getragen wird (vgl BReg in BTDrs 10/952). Sein Ziel ist, einerseits die Belastung der Betriebe durch ertragsunabhängige Steuern zu mindern, andererseits den Vorstellungen der Gemeinden zur Sicherung der Finanzautonomie gerecht zu werden. Vor diesem Hintergrund erscheint es wenig sinnvoll, ohne ein tragendes Gesamtkonzept allein die GewKapitalSt – wie mit Wirkung ab EZ 1998 geschehen – abzuschaffen oder die GewErtrSt durch Erhöhung von Freibeträgen und Senkung der StMesszahlen einschließlich Staffeltarif stückweise auszublenden und dann wieder – wie durch G v 14. 8. 2007

(BGBl. I 2007, 1912) geschehen – die Hinzurechnungstatbestände (§ 8 Nr 1) auszuweiten und einen einheitlichen Tarif an Stelle des Staffeltarifs einzuführen. Konzepte sehen anders aus.

Entgegen der Vorauflage ist auch dem Vorschlag der *Klaus-Dieter-Arndt-Stiftung* (aaO) nicht uneingeschränkt zuzustimmen. Ihr auf der idealtypischen Vorstellung der Wertschöpfung basierendes Modell der „Revitalisierung" der GewSt unter Einbeziehung der freien Berufe sowie der Anstalten, Stiftungen und Körperschaften des öffentlichen Rechts berücksichtigt zwar die Grundforderungen nach Erhaltung der Finanzautonomie der Gemeinden, Gleichmäßigkeit der Aufkommensstreuung, Stetigkeit der Aufkommensentwicklung, guter Überwälzbarkeit und Wettbewerbsneutralität. Finanzpolitisches Fundament ist die Abschaffung der Gemeindeumlage. Problematisch erscheint jedoch der ungeschmälerte Ansatz von Schuld-, Miet- und Pachtzinsen sowie die Tatsache, dass sie noch ertragsunabhängige Elemente aufweist wie die GewKapitalSt als MindestSt und eine (dann jedoch nicht nur fakultative) LohnsummenSt. Nachteilig bleiben freilich die durch Abschaffung der Gemeindeumlage ausgelösten allokativen Verwerfungen (vgl *Richter/Wiegand* StuW 1990, 40), Wettbewerbsverzerrungen und prozyklische Effekte (vgl *Lang* StuW 1990, 3).

Entsprechendes gilt wohl für die „WertschöpfungsSt" (vgl *L-v-Stein-Institut* aaO). Gleichwohl wurde sie vom *Sachverständigenrat* zur Begutachtung der wirtschaftlichen Lage befürwortet (Jahresgutachten 1986/87 Tz 285–291; ähnlich *Klaus-Dieter-Arndt-Stiftung* aaO). Abgelehnt wird sie dagegen insbesondere von Wirtschaftskreisen (vgl *Karl-Bräuer-Institut* aaO; *Ritter* BB 1983, 389; Gemeinsame Stellungnahme der *Spitzenverbände der Wirtschaft* aaO). Zudem dürfte sie als umsatzsteuerähnliche Abgabe nach Art 33 der 6. EG-Richtlinie/USt (jetzt Art 401 MwStSystRL) bedenklich sein (*Knobbe-Keuk* DB 1989, 1303; *Wendt* StuW 1992, 66, 79). Indes gibt es wohl kein Modell, das nicht unerwünschte Begleiterscheinungen zeitigen würde. Das gilt insbesondere für die Beteiligung am Umsatzsteueraufkommen (vgl *Richter/Wiegand* StuW 1990, 40; *Zitzelsberger* s Literatur vor Anm 1, S 292 ff), aber auch für eine Cash-Flow-Steuer (*Feldhoff* StuW 1989, 53). Eine Gemeinde-Einkommensteuer schließlich würde den Anreiz zur Ansiedlung von Industriebetrieben nehmen (*Woring* s vor Anm 1 § 1 Anm 25) und birgt die Gefahr einer Überbesteuerung (*Blümich/Hofmeister* § 1 Anm 25). Bedenkenswert ist das „Vier-Säulen-Modell", zumal es eine Senkung der Unternehmensbelastungs auf 25–30% verspricht (*Jachmann* StuW 2006, 115). Allerdings erscheint fraglich, ob es trotz seiner Komplexität im Ergebnis größere Vorteile bringt als der hier vertretene, der sich mE durch eine revitalisierte GewSt unter Einbeziehung der Selbständigen sowie land- u forstwirtschaftlicher Großbetriebe am ehesten verwirklichen lässt. Denn nach dem doppelten „Aktivtausch" Gemeindeanteil an der ESt bzw LSt (Anm 46) gegen die Bürgersteuer und des Gemeindeanteils an der USt gegen die Beteiligung am örtlichen LSt-Aufkommen verbleibt eine der hier vorgeschlagenen reformierten GewSt vergleichbare Unternehmenssteuer. Sein Vorteil – Bindung des Bürgers an die Gemeinde qua Bürgersteuer – wird in Frage gestellt durch die Gefahr einer Überbesteuerung. Berücksichtigt man das auch aus der Sicht des internationalen Wettbewerbs dringende Hauptanliegen, die Grenzbelastung der Gewinne zu senken (vgl *Klein* StuW 1990, 390; *Wendt* StuW 1992, 66; *Schneider* StuW 1991, 354), so drängt sich mE geradezu der Gedanke auf, eine Revitalisierung zu verbinden mit einer durchgreifenden ESt(KSt-)Reform, die auf der Grundlage der Abschaffung einer unsystematischen Häufung von Steuerbegünstigungen Raum böte für eine gleichzeitige Senkung des Spitzensteuersatzes (vgl hierzu noch *Wittmann* StuW 1993, 35; *Ritter* BB 1993, 297). Die politischen und gesetzgeberischen Aktivitäten aber verweisen solche idealtypischen, gleichwohl aber nicht unrealistischen Vorstellungen immer wieder in das Reich der Steuerrechtswunschträume.

53 **Neuere Entwicklungen.** Auch in jüngster Zeit hat sich die Regierungspolitik nur zu Teilschritten nach dem Muster der Springprozession entschlossen, deren steuersystematischer Sinn dahinsteht, die zur weiteren Komplizierung des Rechts beitragen und verfassungsrechtlichen Bedenken begegnen.

Ein Schritt war die **Abschaffung der GewKapitalSt** ab EZ 1998 durch G v 29. 10. 1997 (BGBl I 1997, 2590). Zum Ausgleich werden die Gemeinden ab EZ 1998 am Aufkommen der Umsatzsteuer beteiligt (Art 106 Abs 1 u 5 a GG), und zwar zunächst mit 2,2% (§ 1 Abs 1 FAG v 20. 12. 2001, BGBl I 2001, 3955, zuletzt geändert durch G v 22. 12. 2006, BGBl I 2006, 3376), s auch Anm 46.

Bereits durch G v 13. 9. 1993 (BGBl I 1993, 1569) wurde mit § 32 c EStG eine **Tarifbegrenzung für gewerbliche Einkünfte** bei der ESt auf 47% eingeführt, und zwar mWv VZ 1994 an. Zwar lässt dieser Schritt die Wertung zu, der Gesetzgeber habe damit den Blick vom Einzelsteuergesetz geweitet zur Sicht auf das Gesamtsteuerrecht und er habe damit die Wende zu einem bürgerlichen Steuerstaat eingeleitet (so *Sarrazin* in *L/S* § 1 Rz 18). Doch ist durch G v 23. 10. 2000 (BGBl I 2000, 1433) diese verfassungskonforme Vorschrift (BVerfGE 116, 164) wieder aufgehoben worden (letztmalige Anwendung für gewerbliche Einkünfte aus Wirtschaftsjahren, die vor dem 1. 1. 2001 begannen, § 52 Abs 44 EStG).

Statt dessen hat der Gesetzgeber durch letztgenanntes G – geändert durch G v. 14. 8. 2007, BGBl I 2007, 1912, und v 20. 12. 2007, BGBl I 2007, 3150 – mit **§ 35 EStG** den sog „Brühler Empfehlungen" folgend (BB 1999, 1188) das System der **Anrechnung von GewSt** als Steuerermäßigung bei den Einkünften aus Gewerbebetrieb (zunächst um das 1,8fache, ab EZ 2008 um das 3,8fache des GewStMessbetrages in dem dem VZ entsprechenden EZ) eingeführt (hierzu *BMF* BStBl I 2007, 701). Doch auch diesbezüglich bestehen die schon zu § 32 c EStG bestehenden steuersystematischen (Aufweichung des Objektsteuercharakters) und finanzverfassungsrechtlichen (Verlagerung des Steueraufkommens entgegen Art 106 GG) Bedenken fort (ebenso *Reiß* DStR 1999, 2011; *Hey* BB 1999, 1188, FR 2001, 870; *Söffing,* DB 2000, 688; *Schön* StuW 2000, 151; *Hidien* BB 2000, 485; *Wendt* FR 2000, 1173). Hinzu kommt, dass das Ziel des § 35 EStG „Entlastung von der GewSt durch Ermäßigung der ESt" (so Begr BTDrs 14/2683; BRDrs 220/07, 105) auch nach der Anhebung des Anrechnungsfaktors auf das 3,8fache nur bei Hebesätzen bis 400% erreicht wird. Liegen sie darüber oder bestehen Anrechnungsüberhänge (bei negativen anderen Einkünften; hierzu BFHE 215, 176, BStBl II 2007, 694), kommt es zur Unterkompensation (vgl hierzu *Förster* DB 2007, 760; *Herzig/Lochmann* DB 2007, 1039; *Knief/Nienaber* BB 2007, 1309; *Strahl* DStR 2008, 9; *Blaufus/Hechtner/Hundsdoerfer* BB 2008, 80); ebenso bei Beteiligung einer OG an einer Personengesellschaft (*Kollruss* DStR 2007, 378). Bis dato mögliche Fälle einer Überkompensation sind durch die Beschränkung der Anrechnung auf die tatsächlich gezahlte GewSt mE nicht mehr denkbar (zu den Wirkungen *Kossow* DB 2008, 1227).

Eine verschärfende **„Revitalisierung"** brachte das G v 14. 8. 2008 (BGBl I 2007, 1912) mit der Erweiterung der Hinzurechnungstatbestände nach § 8 Nr 1 (ua anstelle der schon einmal geplanten Abschaffung der Hinzurechnung von Miet- und Pachtzinsen), der Begrenzung des Schachtelprivilegs nach § 9 Nr 2a, 7u 8 und der Abschaffung des Staffeltarifs nach § 11 Abs 2, dies neben der Regelung der Nichtabziehbarkeit der GewSt mit Ausgleich durch Anhebung des Anrechnungsfaktors (s oben). Das alles hat – wie ausgeführt – mit Konzept nichts zu tun, und zwar weder im Ganzen noch im Detail. Umso dringlicher wird die Forderung nach einer systemkonformen, gleichmäßig belastenden und unkomplizierten Gemeindesteuer (hierzu *Bonk* FR 1999, 443; *Jachmann* BB 2000, 1432; *Fromme* ZRP 2003, 198; *Djanani/Brähler/Lösel* BB 2003, 1254). Zur Beinahe-Einführung einer **„Gemeindewirtschaftsteuer"** s Anm 51 aE).

§ 2 Steuergegenstand

(1) [1]**Der Gewerbesteuer unterliegt jeder stehende Gewerbebetrieb, soweit er im Inland betrieben wird.** [2]**Unter Gewerbebetrieb ist ein gewerbliches Unternehmen im Sinne des Einkommensteuergesetzes zu verstehen.** [3]**Im Inland betrieben wird ein Gewerbebetrieb, soweit für ihn im Inland oder auf einem in einem inländischen Schiffsregister eingetragenen Kauffahrteischiff eine Betriebsstätte unterhalten wird.**

(2) [1]**Als Gewerbebetrieb gilt stets und in vollem Umfang die Tätigkeit der Kapitalgesellschaften (insbesondere Europäische Gesellschaften, Aktiengesellschaften, Kommanditgesellschaften auf Aktien, Gesellschaften mit beschränkter Haftung), Genossenschaften einschließlich Europäischer Genossenschaften sowie der Versicherungs- und Pensionsfondsvereine auf Gegenseitigkeit.** [2]**Ist eine Kapitalgesellschaft Organgesellschaft im Sinne der §§ 14, 17 oder 18 des Körperschaftsteuergesetzes, so gilt sie als Betriebsstätte des Organträgers.**

(3) **Als Gewerbebetrieb gilt auch die Tätigkeit der sonstigen juristischen Personen des privaten Rechts und der nichtrechtsfähigen Vereine, soweit sie einen wirtschaftlichen Geschäftsbetrieb (ausgenommen Land- und Forstwirtschaft) unterhalten.**

(4) Vorübergehende Unterbrechungen im Betrieb eines Gewerbes, die durch die Art des Betriebs veranlasst sind, heben die Steuerpflicht für die Zeit bis zur Wiederaufnahme des Betriebs nicht auf.

(5) [1]Geht ein Gewerbebetrieb im Ganzen auf einen anderen Unternehmer über, so gilt der Gewerbebetrieb als durch den bisherigen Unternehmer eingestellt. [2]Der Gewerbebetrieb gilt als durch den anderen Unternehmer neu gegründet, wenn er nicht mit einem bereits bestehenden Gewerbebetrieb vereinigt wird.

(6) Inländische Betriebsstätten von Unternehmen, deren Geschäftsleitung sich in einem ausländischen Staat befindet, mit dem kein Abkommen zur Vermeidung der Doppelbesteuerung besteht, unterliegen nicht der Gewerbesteuer, wenn und soweit

1. **die Einkünfte aus diesen Betriebsstätten im Rahmen der beschränkten Einkommensteuerpflicht steuerfrei sind und**
2. **der ausländische Staat Unternehmen, deren Geschäftsleitung sich im Inland befindet, eine entsprechende Befreiung von den der Gewerbesteuer ähnlichen oder ihr entsprechenden Steuern gewährt, oder in dem ausländischen Staat keine der Gewerbesteuer ähnlichen oder ihr entsprechenden Steuern bestehen.**

(7) Zum Inland im Sinne dieses Gesetzes gehört auch

1. **der der Bundesrepublik Deutschland zustehende Anteil am Festlandsockel, soweit dort Naturschätze des Meeresgrundes und des Meeresuntergrundes erforscht oder ausgebeutet werden oder dieser der Energieerzeugung unter Nutzung erneuerbarer Energien dient, und**
2. **der nicht zur Bundesrepublik Deutschland gehörende Teil eines grenzüberschreitenden Gewerbegebiets, das nach den Vorschriften eines Abkommens zur Vermeidung der Doppelbesteuerung als solches bestimmt ist.**

Gewerbesteuerdurchführungsverordnung

In der Fassung der Bekanntmachung vom 15. Oktober 2002 (BGBl I, 4180)

Geändert durch Steuervergünstigungsabbaugesetz vom 16. 5. 2003 (BGBl I, 660), Kleinunternehmerförderungsgesetz vom 31. 7. 2003 (BGBl I, 1550), SEStEG vom 7. 12. 2006 (BGBl I, 2782, ber I 2007, 68), JStG 2007 vom 13. 12. 2006 (BGBl I, 2878), Unternehmensteuerreformgesetz 2008 vom 14. 8. 2007 (BGBl I, 1912), JStG 2008 vom 20. 12. 2007 (BGBl I, 3150), JStG 2009 vom 20. 12. 2008 (BGBl I, 2850) und 3. Mittelstandsentlastungsgesetz vom 17. 3. 2009 (BGBl I, 550)

§ 1 GewStDV Stehender Gewerbebetrieb

Stehender Gewerbebetrieb ist jeder Gewerbebetrieb, der kein Reisegewerbebetrieb im Sinne des § 35a Abs. 2 des Gesetzes ist.

§ 2 GewStDV Betriebe der öffentlichen Hand

(1) [1]Unternehmen von juristischen Personen des öffentlichen Rechts sind gewerbesteuerpflichtig, wenn sie als stehende Gewerbebetriebe anzusehen sind; für den Umfang des Unternehmens ist § 4 Abs. 6 Satz 1 des Körperschaftsteuergesetzes entsprechend anzuwenden. [2]Das gilt auch für Unternehmen, die der Versorgung der Bevölkerung mit Wasser, Gas, Elektrizität oder Wärme, dem öffentlichen Verkehr oder dem Hafenbetrieb dienen.

(2) [1]Unternehmen von juristischen Personen des öffentlichen Rechts, die überwiegend der Ausübung der öffentlichen Gewalt dienen (Hoheitsbetriebe), gehören unbeschadet der Vorschrift des Absatzes 1 Satz 2 nicht zu den Gewerbebetrieben. [2]Für die Annahme eines Hoheitsbetriebs reichen Zwangs- oder Monopolrechte nicht aus.

***§ 3 GewStDV** (weggefallen)*

§ 4 GewStDV Aufgabe, Auflösung und Insolvenz

(1) Ein Gewerbebetrieb, der aufgegeben oder aufgelöst wird, bleibt Steuergegenstand bis zur Beendigung der Aufgabe oder Abwicklung.

(2) Die Gewerbesteuerpflicht wird durch die Eröffnung des Insolvenzverfahrens über das Vermögen des Unternehmers nicht berührt.

§ 5 GewStDV Betriebsstätten auf Schiffen

Ein Gewerbebetrieb wird gewerbesteuerlich insoweit nicht im Inland betrieben, als für ihn eine Betriebsstätte auf einem Kauffahrteischiff unterhalten wird, das im sogenannten regelmäßigen Liniendienst ausschließlich zwischen ausländischen Häfen verkehrt, auch wenn es in einem inländischen Schiffsregister eingetragen ist.

§ 6 GewStDV Binnen- und Küstenschifffahrtsbetriebe

Bei Binnen- und Küstenschifffahrtsbetrieben, die feste örtliche Anlagen oder Einrichtungen zur Ausübung des Gewerbes nicht unterhalten, gilt eine Betriebsstätte in dem Ort als vorhanden, der als Heimathafen (Heimatort) im Schiffsregister eingetragen ist.

***§ 7 GewStDV** (weggefallen)*

§ 8 GewStDV Zusammenfassung mehrerer wirtschaftlicher Geschäftsbetriebe

Werden von einer sonstigen juristischen Person des privaten Rechts oder einem nichtrechtsfähigen Verein (§ 2 Abs. 3 des Gesetzes) mehrere wirtschaftliche Geschäftsbetriebe unterhalten, so gelten sie als ein einheitlicher Gewerbebetrieb.

***§ 9 GewStDV** (weggefallen)*

Gewerbesteuer-Richtlinien 1998: Abschnitte 11–22.

Bearbeiter: Güroff

Übersicht

1.–4. Steuergegenstand/Objektsteuercharakter

1. Gewerbesteuer als Objektsteuer
2. Daraus folgender Betriebsbegriff
3., 4. Daraus folgende Besteuerungsgrundsätze

5.–9. Gesetzesaufbau

5. Stehender Gewerbebetrieb/Reisegewerbe
6. Rechtsformunabhängiger/rechtsformabhängiger Gewerbebetrieb
7. Inlandsbetrieb
8. Ausnahmeregelungen
9. (frei)

10.–39. Zusammentreffen mehrerer Gewerbebetriebe/sachliche Selbständigkeit des Gewerbebetriebs
10. Allgemeines
11.–17. Einzelunternehmen
11., 12. Sachliche Selbständigkeit und Betriebsbegriff
13. Merkmale sachlicher Selbständigkeit bei Einzelunternehmen
14.–16. Die Merkmale sachlicher Selbständigkeit
17. Beispiele aus der Rechtsprechung
18.–29. Mehrere Betriebe in der Hand von Mitunternehmerschaften/sachliche Selbständigkeit des Gewerbebetriebs
18. Allgemeines
19. Personenhandelsgesellschaften
20. BGB-Gesellschaften, Partenreedereien, Korrespondentreeder
21. Atypische stille Gesellschaften
12. Innengesellschaften, Unterbeteiligungsverhältnisse, Arbeitsgemeinschaften, Interessengemeinschaften
23. Erbengemeinschaften
24. Ehegatten
25. Eheähnliche Lebensgemeinschaften
26. Eingetragene Lebenspartnerschaften
27. Faktische Mitunternehmerschaften
28., 29. (frei)
30.–39. Sachliche Selbständigkeit des Gewerbebetriebs in sonstigen Fällen
30. Sachliche Selbständigkeit bei Gesellschaftsanteilen in einem Betriebsvermögen
31. Betriebsaufspaltung
32. Einheitlicher Betrieb bei Kapitalgesellschaften
33. Mehrere wirtschaftliche Geschäftsbetriebe
34. Mehrere Betriebe bei Unternehmen der öffentlichen Hand
35. Zusammentreffen von stehendem Gewerbebetrieb und Reisegewerbe
36. Objektbezogener Steuerbescheid
37.–39. (frei)

40.–289. Rechtsformunabhängiges gewerbliches Unternehmen im Sinne des Einkommensteuerrechts (§ 2 Abs 1 Satz 2)
40.–42. Rechtsgrundlagen
43., 44. Selbständige Tätigkeit (§ 15 Abs 2 EStG)
45. Rechtsprechungsbeispiele zur Frage der Nichtselbständigkeit
46.–49. Nachhaltige Betätigung (§ 15 Abs 2 EStG)
50.–52. Beteiligung am allgemeinen wirtschaftlichen Verkehr (§ 15 Abs 2 EStG)
53.–63. Gewinnerzielungsabsicht (§ 15 Abs 2 EStG)
64.–134. Abgrenzung Gewerbebetrieb/Vermögensverwaltung
64. Allgemeines
65. Gemischte Tätigkeiten
66.–70. Typische Vermögensverwaltung
71., 72. Brancheneinschlägige Haupttätigkeit
72.–74. (frei)
75.–89. ABC Vermögensverwaltung/Gewerbebetrieb
90.–134. Gewerblicher Grundstückshandel

135.–159. *Abgrenzung land- und forstwirtschaftliche/gewerbliche Einkünfte*
135. Allgemeines
136. Bodenbewirtschaftung
137.–141. Tierzucht und Tierhaltung
142. Einkünfte aus Binnenfischerei, Teichwirtschaft, Fischzucht für Binnenfischerei und Teichwirtschaft, Imkerei und Wanderschäferei
143. Einkünfte aus Jagd
144. Betriebsmindestgröße
145.–152. Betriebseinheit/-vielheit/Nebenbetriebe
153. Strukturwandel
154.–159. (frei)
160.–199. *Abgrenzung selbständige Arbeit/Gewerbebetrieb*
160. Allgemeines
161., 162. Freier Beruf
163.–166. Eigenverantwortliche Tätigkeit
167., 168. Tätigwerden Berufsfremder
169.–177. Ähnliche Berufe
178. Einnehmer staatlicher Lotterien
179.–181. Sonstige selbständige Arbeit
182.–184. Gewinnvorzug (carried interest)
185. ABC der Einzelfälle
186.–188. Mischtatbestände
189.–193. Freiberuflich tätige Personengesellschaften
194. Interprofessionelle Zusammenschlüsse
195. Kostengemeinschaften
196. Feststellungslast
197.–199. (frei)
200.–269. *Gewerbebetrieb durch Betriebsaufspaltung/Unternehmensverbund*
200.–204. Begriff
205., 206. Rechtsentwicklung
207. Erscheinungsformen
208.–211. Sachlicher Umfang der Betriebsaufspaltung
212., 213. Betriebsaufspalterische und eigengewerbliche Tätigkeit des Besitzunternehmens
214. Abgrenzung zur Mitunternehmerschaft
215. Verhältnis zur Betriebsverpachtung
216. Unentgeltliche Betriebsaufspaltung
217. Vor- und Nachteile der Betriebsaufspaltung
218.–223. Sachliche Voraussetzungen der Betriebsaufspaltung/sonstiges Anlagevermögen
224. Beteiligungsidentität
225., 226. Beherrschungsidentität
227., 228. Interessengegensätze
229.–231. Rechtsmissbrauch
232.–235. Einheitlicher geschäftlicher Betätigungswille bei Ehegatten und Kindern
236.–241. Faktische Beherrschung/Beherrschung ohne Anteilsbesitz
242. Beherrschung durch mittelbare Beteiligung
243.–246. Erscheinungsformen der Betriebsaufspaltung
247. Gründung durch Aufspaltung
248. Gewinnermittlung, verdeckte Gewinnausschüttung

249.–254. Einheits- und isolierende Betrachtung der verbundenen Unternehmen
255.–260. Beendigung der Betriebsaufspaltung
261.–263. Gewerbesteuerrechtliche Folgen der Betriebsaufspaltung
264. Betriebsaufspaltung über die Grenze
265. Investitionszulage
266. Beginn und Ende der sachlichen Steuerpflicht
267.–269. (frei)

270.–289. Unternehmen der öffentlichen Hand
270. Allgemeines
271. Hoheitliches Tätigwerden (Begriff)
272.–275. Hoheitsbetriebe
276., 277. Gewerbliches Tätigwerden
278. ABC der Einzelfälle
279. Unternehmenszurechnung
280.–282. Gewinnermittlung
283. Buchführungspflicht
284. Einheitliche oder getrennte Betriebe der öffentlichen Hand (s Anm 30)
285.–289. (frei)

290.–419. Die rechtsformabhängigen Steuergegenstände

290.–309. Personengesellschaften
290., 291. Allgemeines
292.–303. Gesellschaftstypus
304. Europäische wirtschaftliche Interessenvereinigung
305.–307. Mischtatbestände
308., 309. (frei)

310.–329. Gewerblich geprägte Personengesellschaften
310.–314. Allgemeines
315.–320. Persönliche Gesellschafterhaftung
321. Rechtsformen
322.–325. Rechtsfolgen
326. Zeitlicher Geltungsbereich (§ 52 Abs 18 a EStG aF)
327. Beteiligung von Kapitalgesellschaften an nicht gewerblich tätigen Personengesellschaften
328., 329. (frei)

330.–354. Die Tätigkeit der Kapitalgesellschaften, der Erwerbs- und Wirtschaftsgenossenschaften und der Versicherungsvereine auf Gegenseitigkeit
330. Grundsatz
331.–340. Rechtsformen
341.–344. Rechtsfolgen
345.–352. Einzelfragen, Veräußerung/Liquidation
353., 354. (frei)

355.–399. Unternehmensverbund Organschaft
355. Begriff
356., 357. Rechtsentwicklung
358. Betriebsstättenfiktion
359. Gesetzliche Voraussetzungen
360.–363. Organträger
364.–367. Organgesellschaft

368.–370. Finanzielle Eingliederung
371. Organisatorische und wirtschaftliche Eingliederung
372. Betriebsaufspalterisches Besitzunternehmen
373.–378. Gewinnabführungsvertrag
379. Mehrmütterorganschaft
380.–384. Gewinnermittlung im Organkreis
385. Gewerbeertragsermittlung im Organkreis
386.–391. Korrekturen
392., 393. Beginn und Ende der Organschaft
394. Verfahren
395. Haftung
396.–399. (frei)

400.–419. Wirtschaftlicher Geschäftsbetrieb, § 2 Abs 3
400.–405. Persönlicher Anwendungsbereich
406. Rechtsformabhängigkeit
407.–410. Wirtschaftlicher Geschäftsbetrieb/Begriff
411. Bestimmte Unternehmensformen
412. Wirtschaftlicher Geschäftsbetrieb/Einzelfälle
413., 414. Gewinnermittlung
415. Beginn und Ende des Steuergegenstands
416.–419. (frei)

420.–439. Beginn und Ende der sachlichen Steuerpflicht
420., 421. Einkommensteuer/Gewerbesteuer
422.–431. Natürliche Personen und Personengesellschaften mit originärer gewerblicher Tätigkeit; Betriebsunterbrechungen
432., 433. Gewerblich geprägte Personengesellschaft
434. Kapitalgesellschaften
435. Organschaft
436. Wirtschaftlicher Geschäftsbetrieb
437.–439. (frei)

440.–454. Unternehmerwechsel (§ 2 Abs 5)
440. Gesetzeszweck
441. Betriebsübergang im Ganzen
442. Betriebsverpachtung
443. Umwandlung
444. Personengesellschaften
445. Materiell-rechtliche Folgen
446.–449. Steuerschuldnerschaft und Unternehmerwechsel
450. Vereinigung mit bereits bestehendem Gewerbebetrieb
451.–454. (frei)

455.–475. Betriebsstätte (§ 2 Abs 1)
455. Bedeutung/Rechtsgrundlagen
456. Geschäftseinrichtung
457. Feste Geschäftseinrichtung oder Anlage
458.–460. Verfügungsmacht
461.–464. Tätigkeit des Unternehmens
465., 466. Ständiger Vertreter
467.–473. Einzelfälle

474. Mehrgemeindliche Betriebsstätten
475. Betriebsstätte des Mitunternehmers

476., 477. Inlandsbesteuerung
476. Inlandsbegriff
477. Nicht-DBA-Länder

1.–4. Steuergegenstand/Objektsteuercharakter

1 Der **Objektsteuercharakter** der Gewerbesteuer verlangt zwar prinzipiell, dass der Gewerbebetrieb ohne Rücksicht auf die persönlichen Verhältnisse der Beteiligten und ihre persönliche Beziehung zum Besteuerungsgegenstand erfasst werden soll (BVerfG BStBl II 1969, 424; kritisch *Braun* BB 1993, 1122, 1124). Die Hinzurechnungsvorschriften des § 8 und des § 12 Abs 2 aF verdeutlichen dies. Gleichwohl enthält das GewStG nach hM mehrere Einbrüche in dieses Prinzip, so die Beurteilung des Übergangs eines GewBetriebs auf einen anderen Unternehmer (BFHE 66, 548, BStBl III 1958, 210) oder eines Mitunternehmeranteils als partielle Betriebsbeendigung (BFHE 180, 455, BStBl II 1997, 179; BFHE 194, 217, BStBl II 2001, 114; hierzu BFHE 205, 307, BStBl II 2004, 754). ME wahren solche Qualifikationen jedoch das Objektsteuerprinzip. Denn nach der für die GewSt maßgeblichen Legaldefinition des § 15 Abs 2 EStG (vgl. Anm 35) ist GewBetrieb die qualifizierte Tätigkeit; die aber wechselt mit dem Unternehmer ganz oder teilweise. Die Beschränkung des gewstlichen Verlustabzugs (§ 10a) auf die Unternehmergleichheit ist insofern konsequent.

2 Objektbesteuerung verlangt zudem ein Anknüpfen an einen **wirtschaftlichen** und nicht formaljuristischen **Betriebsbegriff.** Danach bestimmt sich die Unternehmensgleichheit und der damit zusammenhängende Beginn und das Ende der sachlichen Steuerpflicht vor allem bei natürlichen Personen und Personengesellschaften (anschaulich BFHE 182, 369, BStBl II 1997, 573). Auch für den gewerbesteuerrechtlichen Verlustabzug (§ 10a) ist die wirtschaftliche Unternehmensgleichheit ebenso von Gewicht (BFH/NV 1991, 804) wie die Tatsache, dass bei verschiedenartigen Tätigkeiten eine gewerbliche Tätigkeit eine sonstige (auch: Liebhaber-)Tätigkeit nicht „infiziert" (vgl BFHE 181, 133, BStBl II 1997, 202; BFH/NV 2001, 204).

3 Das Objektsteuerprinzip bedingt, dass grundsätzlich nur das Ergebnis der Ertragskraft des werbenden Betriebs, also der **laufende Gewinn** der GewSt unterliegt (BFHE 174, 372, BStBl II 1994, 709), nicht jedoch das Ergebnis der Aufdeckung stiller Reserven anlässlich seiner Beendigung (st Rspr, vgl BFHE 205, 307, BStBl II 2004, 754; BFHE 216, 233, BStBl II 2007, 777, jeweils mwN). Zum laufenden Gewinn gehört der Gewinn aus der Veräußerung einer 100%igen Beteiligung an einer Kapitalgesellschaft (vgl BFHE 169, 224, BStBl II 1993, 131; BFHE 194, 421, BFH/NV 2001, 1195; 2002, 811), nicht jedoch der Gewinn aus der Veräußerung oder Aufgabe eines Teilbetriebs, Gewerbebetriebs oder (bis EZ 2001:) eines Mitunternehmeranteils (vgl. BFHE 205, 307, BStBl II 2004, 754 mwN; zu Unrecht und unnötig nimmt der BFH Bezug auf § 7, zB BFH/NV 1997, 277), ebenso

bei Entnahme von Sonderbetriebsvermögen durch den Rechtsnachfolger in einen Anteil (BFHE 191, 385, BStBl II 2000, 316), und zwar auch wenn es sich um sog einbringungsgeborene Anteile handelte (BFHE 181, 499, BStBl II 1997, 224). Dagegen konnte auch bisher die Veräußerung eines Teilbetriebs oder eines Anteils an einem Mitunternehmeranteil zur GewStPflicht führen, wenn wesentliche Betriebsgrundlagen nicht mitveräußert wurden (BFHE 192, 534, BStBl II 2005, 173; BFH/NV 2000, 1534; hierzu *OFD Düsseldorf* FR 2001, 215, DB 2001, 671; zum umgekehrten Fall der gewstpfl Entnahme eines Grundstücks ohne Veräußerung eines Mitunternehmeranteils vgl BFH/NV 2002, 373) oder wenn auf der Seite des Veräußerers und des Erwerbers dieselben Personen stehen (BFHE 205, 307, BStBl II 2004, 754). Zweifel an der durch den Objektsteuercharakter bedingten Unterscheidung von laufendem Gewinn und Veräußerungsgewinn äußern BFHE 75, 467, BStBl III 1962, 438; BFH/NV 2001, 1195; 2002, 535. Durch G v 20. 12. 2001 (BStBl I 2001, 3858) ist jedoch insofern eine Rechtsänderung **ab EZ 2002** eingetreten, als nach § 7 Satz 2 zum Gewerbeertrag auch der Gewinn aus der Veräußerung oder Aufgabe (1) des (Teil-)Betriebs einer Mitunternehmerschaft, (2) des Mitunternehmeranteils (hierzu *Füger/Rieger* DStR 2002, 933; *Neyer* BB 2005, 577) und (3) des Anteils des persönlich haftenden Gesellschafers einer KGaA gehört, soweit er nicht auf eine natürliche Person als unmittelbar beteiligter Mitunternehmer entfällt; betroffen ist somit die juristische Person, insb Kapitalgesellschaft als Mitunternehmer (vgl Anm 345, § 7 Anm 70 b).

Die erforderliche **Abgrenzung** vom laufenden Ertrag erfolgt nach dem Charakter des Vorfalls. So hängt der Handelsvertreteranspruch nach § 89 b HGB mit dem laufenden Betrieb zusammen; er unterfällt der GewSt selbst dann, wenn die Beendigung des Vertragsverhältnisses mit der Betriebsveräußerung oder -aufgabe zusammenfällt (BFHE 162, 38, BStBl II 1991, 218; BFH/NV 1996, 169; 1997, 377). Gleiches gilt etwa für die Veräußerung des letzten zum Umlaufvermögen gehörenden Grundstücks beim Grundstückshandel (vgl Anm 116). Anders ist zu entscheiden bei einer sog Provisionsrente (BFHE 182, 369, BStBl II 1997, 573) sowie Abfindungen und Entschädigungen (BFH/NV 1998, 1354). Auch der Gewinn aus der Liquidation eines Betriebes unterfällt bereits nach § 2 Abs 1 nicht der GewSt (BFHE 131, 70, BStBl II 1980, 658). Zur Behandlung von **Übernahmegewinnen** und **-verlusten** nach § 18 Abs 2 UmwStG vgl BFHE 191, 571, BStBl II 2001, 35; klargestellt durch die Neufassung der Vorschrift durch G v 24. 3. 1999 (BGBl I, 402). Zur **Nachversteuerung** nach § 18 Abs 4 UmwStG vgl *Patt* FR 2000, 1115. 4

5.–9. Gesetzesaufbau

Der **stehende Gewerbebetrieb** in § 2 Abs 1 Satz 1 bildet den Gegensatz zum sog **Reisegewerbe** (§ 1 GewStDV). Der Reisegewerbetreibende hat idR keine Betriebsstätte (s Anm 235 f). Es fehlt deshalb idR das herkömmliche Merkmal für die Gewerbesteuerberechtigung der Gemeinde und für eine Zerlegung nach § 29 Abs 1 und die sachliche Steuerpflicht im Inland (§ 2 Abs 7). Aus diesem Grunde finden sich die Sonderregelungen für das Reisegewerbe in § 35 a des Gesetzes und § 35 GewStDV. 5

Die in § 1 GewStDV gewählte negative Abgrenzung des stehenden Gewerbebetriebs (Fehlen einer Reisegewerbekarte nach § 55 GewO oder – bis 13. 9. 2007 – Fehlen des Blindenwarenvertriebsausweises nach § 55a Abs 1 Nr 4 GewO aF; vgl auch BFHE 76, 405, BStBl III 1963, 148) führt zu dem Ergebnis, dass der Reisegewerbetreibende im Einzelfall eine allerdings gewerbesteuerrechtlich nicht bedeutsame Betriebsstätte haben kann (vgl § 55 Abs 1 1. Alternative GewO). Lediglich theoretischer Natur dürfte die Frage sein, ob das Merkmal „stehend" notwendig eine Betriebsstätte voraussetzt, wie dies die wohl hL bejaht (vgl *Petzold* Tz 2.7.1; A 22 GewStR). Denn die GewStPfl knüpft beim stehenden Gewerbebetrieb an das Vorhandensein einer (inländischen) Betriebsstätte an (§ 2 Abs 1 Satz 3).

6 **Rechtsform.** § 2 unterscheidet die rechtsformunabhängigen von den rechtsformabhängigen Gewerbebetrieben.

a) Für die **rechtsformunabhängigen Gewerbebetriebe** gilt nach § 2 Abs 1 Satz 2 die Legaldefinition des § 15 Abs 2 EStG (Anm 40f). Mit Ausnahme der Betriebsverpachtung und des Beginns und der Beendigung des gewerbesteuerrechtlichen Objekts Gewerbebetrieb bestehen einkommen- und gewerbesteuerrechtlich inhaltsgleiche Grundsätze. Verfahrensrechtlich ist allerdings getrennt darüber zu befinden (§ 7).

b) Hinsichtlich der **rechtsformabhängigen Gewerbebetriebe** typisiert der Gesetzgeber. Die Regelungen werden deshalb kritisch gesehen (vgl *Seer* StuW 1993, 114). Am weitesten gehen sie für die **Kapitalgesellschaft,** deren Tätigkeit unabhängig von der Art stets und in vollem Umfang als GewBetrieb gilt, u zwar auch dann, wenn sie keine Einkunftsart iSv § 2 Abs 1 EStG verwirklicht (BFHE 162, 439, BStBl II 1991, 250).

c) Für die **Personengesellschaft,** bei der die Gesellschafter als Mitunternehmer anzusehen sind, gilt dieser Grundsatz nur eingeschränkt (s § 15 Abs 3 EStG iVm § 2 Abs 1 Satz 2 GewStG). Bei ihr findet sich gegenüber dem Einzelunternehmer lediglich die Besonderheit, dass einkommensteuerrechtlich und gewerbesteuerrechtlich nicht innerhalb der Betätigung der Personengesellschaft differenziert wird (Anm 18ff.). Dass der Gesetzgeber damit für die Kapitalgesellschaft in vollem Umfang und für die Personenhandelsgesellschaft in beschränktem Maße der Ordnungsstruktur des Handelsrechts folgt und insbesondere bei der Kapitalgesellschaft den Gewerbebetrieb an die gesellschaftsrechtliche Organisation knüpft (vgl § 6 HGB), ist verfassungsrechtlich unbedenklich (BFHE 136, 547, BStBl II 1983, 77). Eine besondere gesetzliche Regelung (§ 15 Abs 3 Nr 2 EStG) hat die **gewerblich geprägte Personengesellschaft** gefunden (Anm 310ff).

d) Mit der Behandlung einer als **Organgesellschaft** tätigen Kapitalgesellschaft als Betriebsstätte in § 2 Abs 2 Satz 2 berücksichtigt der Gesetzgeber dagegen nicht zivilrechtliche Vorgaben, sondern räumt gerade einem die Gesellschaftstypen überschreitenden wirtschaftlichen Unternehmensverbund im Sinne eines einheitlichen wirtschaftlichen Organismus den Vorzug ein.

e) Für die sonstigen **juristischen Personen des privaten Rechts** und die **nichtrechtsfähigen Vereine** genügt für die Annahme eines Gewerbebetriebs ein wirtschaftlicher Geschäftsbetrieb (ausgenommen bei Land- und

Forstwirtschaft). Gewinnerzielungsabsicht und eine Teilnahme am allgemeinen wirtschaftlichen Verkehr sind nicht erforderlich.

f) Juristische Personen des öffentlichen Rechts sind nach § 2 Abs 1 GewStDV gewerbesteuerpflichtig, wenn sie einen stehenden Gewerbebetrieb iSd § 2 Abs 1 iVm § 15 Abs 2 EStG unterhalten. Hoheitsbetriebe begründen dagegen keine gewerbliche Tätigkeit (§ 2 Abs 2 GewStDV).

Im Inland betrieben wird nach der Legaldefinition des § 2 Abs 1 Satz 3 ein Gewerbebetrieb, soweit für ihn im Inland (oder auf einem in einem inländischen Schiffsregister eingetragenen Kauffahrteischiff) eine Betriebsstätte unterhalten wird. Wegen der Verwendung des Wortes „soweit" besteht mE gewerbesteuerrechtlich eine beschränkte Steuerpflicht. Besteht eine inländische Betriebsstätte, so unterliegt das Unternehmen nur mit dem auf die inländische Betriebsstätte entfallenden Teil des Gewerbeertrags (BFHE 170, 224, BStBl II 1993, 577, 580), der Gewerbesteuer, jedoch nicht auch mit dem Teil des GewErtrages, der im Rahmen der Gesamtbetätigung durch die ausländische Betriebsstätte erzielt worden und ihr zuzurechnen ist (BFHE 102, 524, BStBl II 1971, 743). Ein Teil des vom Unternehmen erzielten GewErtrags muss regelmäßig der Betriebsstätte der Geschäftsleitung zugerechnet werden (BFH/NV 2004, 83). Kürzungen treten daher nach § 9 Nr 3 bei ausländischen Betriebsstätten ein, soweit ein Teil des Gewerbeertrags in diesem Sinne auf sie entfällt (evtl aA BFHE 143, 284, BStBl II 1985, 405; BFHE 153, 101, BStBl II 1988, 663/5; s aber *Meyer-Scharenberg/Popp/Woring* § 2 Rz 803). Die Besteuerung knüpft also an einen Gewerbebetriebsbegriff an, dessen Merkmale auch im Ausland verwirklichet werden können (keine isolierende Betrachtungsweise); eine ausländische Gesellschaft, die einer inländischen Kapitalgesellschaft entspricht, begründet einen Gewerbebetrieb iSd § 2 Abs 2 GewStG und ist bei einer inländischen Betriebsstätte im Inland gewerbesteuerpflichtig (BFHE 136, 547, BStBl II 1983, 77). Die Vorschriften der §§ 8, 9 (Ausnahmen § 9 Nr 7 u 8, § 8 Nr 8) beziehen sich auf die danach der inländischen Besteuerung unterliegenden Gewinne (BFHE 113, 242, BStBl II 1974, 752; s auch Anm 477). Zum Strukturvergleich ausländischer Rechtsgebilde s BFHE 153, 14, BStBl II 1988, 588. Zum Betriebsstättenbegriff s Anm 455 ff. 7

Ausnahmen von dem Vorgesagten bringt der Absatz 6 für Nicht-DBA-Länder (siehe dazu Anm 477). 8

(frei) 9

10.–39. Zusammentreffen mehrerer Gewerbebetriebe/sachliche Selbständigkeit des Gewerbebetriebs

Allgemeines. Die sachliche Selbständigkeit hat **Bedeutung** für die Besteuerung als solche, weil jeder selbständige Gewerbebetrieb auch in einer Hand ein eigener Steuergegenstand ist (BFH HFR 1965, 224; zu den Konsequenzen vgl Anm 32); im weiteren für den Verlustausgleich zwischen den einzelnen Bereichen, den Verlustabzug nach § 10 a oder die Freibeträge nach § 11 Abs 1, aber auch hinsichtlich aller Vorschriften, die an den Betrieb als Einheit anknüpfen. Eine Trennung eigenständiger Betriebe ist nach hM auch dann erforderlich, wenn sie einem Unternehmer zuzuordnen sind 10 (aA *Schuhmacher* StuW 1987, 111; *Braun* BB 1993, 1122, 1125). § 2 enthält keine Aussage darüber, wie mehrere Gewerbebetriebe in der Hand desselben Unternehmers voneinander abzugrenzen sind, wenn es sich um rechtsformunabhängige Gewerbebetriebe handelt. Eindeutig ist die Beurteilung dagegen bei Kapitalgesellschaften, deren gesamte Tätigkeit als Gewerbebetrieb gilt (§ 2 Abs 2) und bei Gewerbebetrieben kraft wirtschaftlichen Geschäftsbetriebs (§ 2 Abs 3), bei denen § 8 GewStDV eine Zusammenfassung vorsieht. Bei Personengesellschaften und sonstigen Formen der Mitunternehmerschaft ist zweifelhaft, inwieweit die gesellschaftsrechtliche Organisation den wirtschaftlich aufzufassenden Betriebsbegriff im Sinne eines sachlich selbständigen Besteuerungsgegenstandes bestimmt oder umgekehrt dieser den Umfang der Mitunternehmerschaft (vgl dazu Anm 18f).

11.–17. Einzelunternehmen

11 **Sachliche Selbständigkeit und Betriebsbegriff.** § 2 Abs 1 Satz 2 spricht von einem gewerblichen Unternehmen iSd Einkommensteuerrechts und bezieht sich damit ua auf § 15 Abs 1, 2 und 3 EStG. Das Einkommensteuerrecht kennt einen im Grundsatz einheitlich für alle Gewinnermittlungseinkünfte geltenden Betriebsbegriff (zu Ausnahmen vgl Anm 99, 173b, aa). Dies ergeben schon die Vorschriften § 2 Abs 2 GewStG, §§ 4, 5 EStG. So sieht dies auch die Rechtsprechung. In BFHE 103, 440, BStBl II 1972, 63 wird der Oberbegriff **wirtschaftlicher Geschäftsbetrieb** dem Unterbegriff Gewerbebetrieb gegenübergestellt. Tatsächlich findet sich diese Unterscheidung bei der Abgrenzung zur privaten Vermögensverwaltung wieder, für die ein bestimmtes Maß an betrieblicher Organisation atypisch ist. Der Beschluss des Großen Senats BFHE 141, 405, BStBl II 1984, 751, C III 3b, aa, spricht von einem Unternehmen im funktionellen Sinn, das BFH-Urteil in BFHE 141, 567, BStBl II 1984, 804 von einer wirtschaftlichen Einheit im Sinne eines betriebswirtschaftlichen Organismus. Einkommensteuerrechtlich findet sich auch die Auffassung von einem nur **tätigkeitsbezogenen Gewerbebetriebsbegriff** (vgl BFHE 142, 433, BStBl II 1985, 245), der mE auch für die Gewerbesteuer zutrifft (vgl den Wortlaut des § 15 Abs 2 EStG; vgl BFHE 180, 51, BStBl II 1996, 503; *Braun* BB 1993, 1122). Nach der gewerbesteuerrechtlichen Rechtsprechung des BFH sind mit dem Begriff des „gewerblichen Unternehmens" nicht nur die sachlichen Grundlagen des Betriebes und die mit ihnen ausgeübte Tätigkeit, sondern auch deren Beziehung zu dem/der Unternehmer/in des Betriebes angesprochen (BFHE 171, 246, BStBl II 1993, 616; BFHE 174, 233, BStBl II 1994, 764). Bei den gewerblich geprägten Personengesellschaften (Anm 310ff) und Kapitalgesellschaften (Anm 330ff) berücksichtigt die Besteuerung zwar ebenfalls die wirtschaftliche Einheit Betrieb (zB § 10a GewStG, § 16 EStG), knüpft aber auch an das Tätigwerden überhaupt an (vgl BFHE 162, 107, BStBl II 1990, 1073; A 18 Abs 2 Satz 6f GewStR).

Damit bestimmt sich die sachliche Selbständigkeit danach, ob die fraglichen Betätigungen **wirtschaftliche Eigenständigkeit** besitzen. Sie kennzeichnet den ertragsteuerrechtlichen Betriebsbegriff. Mit Ausnahme der Besonderheiten für den Beginn und das Ende der werbenden Tätigkeit als

Objekt der Gewerbebesteuerung können nach herrschender Ansicht bei der ESt und GewSt keine wesentlichen Unterschiede gelten (vgl BFHE 130, 403, BStBl II 1980, 465; BFHE 182, 369, BStBl II 1997, 573).

Daraus folgt, dass auch bei der Einkommensteuer nicht einem alle gewerblichen Tätigkeiten des Einzelunternehmers zusammenfassenden weiten Betriebsbegriff, sondern einem **engen Betriebsbegriff** zu folgen ist (vgl BFHE 102, 49, BStBl II 1971, 485; § 141 Abs 1 Satz 1 AO; BFHE 154, 442, BStBl II 1989, 7). Bestehen aber diese Bindungen an die einkommensteuerrechtliche Sicht, wie es die hM annimmt, dann können für die sachliche Selbständigkeit auch Kriterien aus den Grundsätzen gewonnen werden, die die Rechtsprechung für den Teilbetriebsbegriff entwickelt hat. Der **Teilbetrieb** ist ein organisch geschlossener Teil im Sinne einer Untereinheit, die auch als selbständiges Unternehmen geführt werden könnte, tatsächlich aber noch gewisse Bindungen zum Hauptbetrieb aufweist. Die Teilbetriebseigenschaft setzt also eine gewisse Selbständigkeit voraus, die nach dem Gesamtbild der Verhältnisse anhand einer räumlichen Trennung vom Hauptbetrieb, einer gesonderten Buchführung, eigenen Personals, einer selbständigen Organisation, eigenen Anlagevermögens, einer Ungleichartigkeit der Tätigkeiten und eines eigenen Kundenstammes zu beurteilen ist (vgl BFHE 189, 465, BStBl II 2000, 123; BFHE 203, 47, BStBl II 2003, 838; *Menner/Broer* BB 2003, 229; vgl im Übrigen § 8 Nr 1 Anm 11). Danach ist auch ein selbständiger Gesamtbetrieb gekennzeichnet durch eine eigenständige wirtschaftliche Organisation interner und externer Beziehungen, insb einer Mehrheit von miteinander funktional in Zusammenhang stehenden materiellen und immateriellen Wirtschaftsgütern. Der Teilbetrieb kann als Untereinheit des Betriebes mit gewstrechtlichen Folgen verpachtet, aufgegeben oder veräußert werden (vgl zum Internet-Dienst FG Düsseldorf EFG 2007, 868, Rev). 12

Merkmale sachlicher Selbstständigkeit beim Einzelunternehmer. 13
Maßgebend ist das Gesamtbild der Verhältnisse. Bestimmend sind allein objektive Merkmale. Dagegen bleiben solche Umstände, die lediglich durch die besondere Beziehung des Inhabers zum Betrieb begründet sind, wegen des Objektsteuercharakters der GewSt außer Betracht (BFH HFR 1965, 224). Kriterium ist, ob die Betriebe sachlich, insbesondere organisatorisch, wirtschaftlich und finanziell getrennt geführt werden. Merkmale hierfür sind die räumliche Trennung bzw Verbindung, die Art – insbesondere die Gleichartigkeit – der gewerblichen Betätigung, der Kunden- und Lieferantenkreis, die Geschäftsleitung, die Arbeitnehmerschaft, die Betriebsstätte(n) sowie die Zusammensetzung und Finanzierung des Aktivvermögens (BFHE 138, 90, BStBl II 1983, 425; BFHE 158, 80, BStBl II 1989, 901; BFHE 182, 369, BStBl II 1997, 573; BFH/NV 1990, 261; 1997, 229; 2001, 816; 2005, 1134). Ob hiernach ein einheitlicher Gewerbebetrieb oder mehrere selbständige Gewerbebetriebe vorliegen, ist auf Grund der Gesamtwürdigung dieser Merkmale zu entscheiden. Die Gewichtung der einzelnen Merkmale kann je nach Sachlage unterschiedlich sein. Eine allgemeine Feststellung der Bedeutung des einzelnen Merkmals im Rahmen der Gesamtwürdigung ist nicht möglich (vgl BFH/NV 1999, 1455 mwN). Zu den einzelnen Merkmalen:

14 **a) Der organisatorische Zusammenhang** besteht etwa, wenn die Unternehmensbereiche in demselben Geschäftslokal untergebracht sind, dieselben Arbeitnehmer eingesetzt werden und die Waren bzw. Betriebsmittel gemeinsam angeschafft und bezahlt werden (BFHE 182, 369, BStBl II 1997, 573). Zur Indizwirkung der räumlichen Nähe vgl auch A 16 Abs 2 Satz 2 und 5 GewStR.

b) Der wirtschaftliche Zusammenhang besteht etwa, wenn zwei oder mehrere Unternehmensbereiche sich gegenseitig stützen und ergänzen und nur miteinander betrieben werden können (BFHE 182, 369, BStBl II 1997, 573). Hier ist die Gleichartigkeit bzw. Ungleichartigkeit der Betätigung zu berücksichtigen. „Gleichartigkeit" wird nicht nur dann angenommen, wenn die Tätigkeiten demselben Gewerbezweig zuzurechnen sind, sondern auch, wenn sie sich wirtschaftlich ergänzen (BFHE 158, 80, BStBl II 1989, 901). Der BFH behandelt mE unnötig das Moment des Ergänzens insb bei ungleichartigen Tätigkeiten jedoch wie ein eigenständiges Kriterium neben der wirtschaftlichen Verflechtung (vgl BFH/NV 2006, 1152).

c) Der finanzielle Zusammenhang besteht etwa, wenn gemeinsame Aufzeichnungen geführt oder gemeinsame Bankkonten unterhalten oder gemeinsame Kassenabrechnungen vorgenommen oder gemeinsame Gewinn- und Verlustrechnungen sowie Bilanzen erstellt werden (BFHE 182, 369, BStBl II 1997, 573).

d) Organisatorische und finanzielle Betriebsverbindungen dürfen nicht gewertet werden, soweit sie auf der Identität des Unternehmers beruhen (vgl BFHE 83, 438, BStBl 1965, 656; BFH HFR 1965, 224). Es kann aber nicht zweifelhaft sein, dass dem Unternehmer bei der Herstellung von wirtschaftlichen Zusammenhängen ein beträchtlicher Gestaltungsspielraum eröffnet ist.

15 Lässt sich ein organisatorischer, wirtschaftlicher und finanzieller Zusammenhang *nicht* feststellen, dann liegen **mehrere Betriebe** vor, die jeder für sich gewerbesteuerlich zu erfassen sind (BFHE 182, 369, BStBl II 1997, 573). Das bedeutet:

Räumlich voneinander **getrennte** und **ungleichartige Tätigkeiten** werden idR getrennte Gewerbebetriebe ergeben (BFHE 158, 80, BStBl II 1989, 901). Die Ungleichartigkeit der Betätigung indiziert – Sonderfälle einer wesentlichen wirtschaftlichen Ergänzung ausgenommen – selbständige Betriebe (BFHE 83, 438, BStBl III 1965, 656). Umgekehrt indiziert die Gleichartigkeit der Tätigkeit die wirtschaftliche Identität (BFH/NV 1997, 377). Insbesondere folgt aus der gezielten Auffächerung **gleichartiger Leistungen** (zB Edeka-Lebensmittelmärkte) in ein und derselben Gemeinde idR die – widerlegbare – Vermutung des wirtschaftlichen, finanziellen oder organisatorischen Zusammenhangs der Betriebsteile, wenngleich nach dem Gesamtbild auch bei gleichartiger Tätigkeit in derselben Gemeinde eine sachliche Selbständigkeit gegeben sein kann (BFH/NV 1990, 261).

Der persönliche Einsatz des Unternehmers, dh die Unternehmeridentität bei mehrfacher branchengleicher Betätigung, wird nur dann funktionale Bedeutung haben, wenn dem **Arbeitseinsatz des Geschäftsinhabers,** wie zB bei einem Handelsvertreter, besonderes Gewicht im Rahmen der betrieblichen Organisation zukommt.

Bei einer **Betätigung innerhalb derselben Gemeinde** kann vor allem ein **einheitlicher Kundenstamm** bedeutsam sein. Dies muss aber nicht so sein (vgl FG Hamburg EFG 1985, 135, von BFH nv bestätigt).

Ob die Zusammenhänge **nach außen erkennbar** sind, ist nicht entscheidend: ein einheitlicher Betrieb besteht nicht schon bei einheitlicher Firmierung und einheitlichen Angebots- und Rechnungsformularen (vgl BFH HFR 1965, 224); anders dagegen, wenn sich daraus ein einheitlicher Kundenstamm als wesentliche Verknüpfung der Betriebsteile ergibt (zB **Kaufhaus**).

Ferner setzt ein weiterer sachlich selbständiger Gewerbebetrieb – Reisegewerbe ausgenommen – stets auch gewerbesteuerrechtlich eine **Betriebsstätte** voraus.

Die vorstehenden Abgrenzungsmerkmale haben Bedeutung sowohl für ein zeitliches **Nebeneinander** wie für ein zeitliches **Nacheinander** von Betrieben (BFHE 182, 369, BStBl II 1997, 573; BFH/NV 1997, 377). 16

Beispiele aus der Rechtsprechung (ABC): 17

Zwei **Bäckereibetriebe** in verschiedenen Vororten, deren Nebeneinanderbestehen nur auf kurze Zeit angelegt war, wurden als getrennte Betriebe behandelt (BFH StRK § 2 GewStG Abs 1 R 142).

Bahnhofswirtschaft und Hotel: Einheitlichkeit bejaht bei wirtschaftlicher Abhängigkeit beider Unternehmen (RFH RStBl 1939, 372).

Baugeschäft und Kunststeinwerk, selbständige Betriebe wegen Ungleichartigkeit, wirtschaftliche Unabhängigkeit trotz teilweise einheitlicher Kundenkreise und gewisser Lieferbeziehungen zwischen beiden Unternehmen bejaht (FG Karlsruhe EFG 1962, 156 rkr).

Beratungstätigkeit, einheitlicher Betrieb, auch wenn die eigene GmbH teilweise Leistungsempfänger ist (BFHE 156, 218, BStBl II 1989, 572).

Bohr-, Bergbau- und Tiefbauunternehmen und **Anlagenbau für Wasseraufbereitung:** zwei selbständige Betriebe wegen der Ungleichartigkeit der Betätigung, obwohl gewisse Zusammenhänge organisatorischer und finanzieller Art bestanden hatten (BFHE 83, 438, BStBl III 1965, 656).

Campingplatz und darauf betriebener **Kiosk** als einheitlicher Betrieb, weil sich beides ergänzte (Nds FG EFG 1982, 360 rkr).

Edeka-Lebensmittelgeschäfte in derselben Gemeinde, einheitlicher Betrieb angenommen (BFHE 158, 80, BStBl II 1989, 901).

Einzelhandel mit Lebensmitteln und ein **Versandhaus** mit anderen Waren: zwei Betriebe wegen Unterschiede vor allem in der Vertriebsart. Der innere Zusammenhang beider Unternehmen durch die Unternehmeridentität und Mitarbeit der Ehefrau wurde als unmaßgeblich erachtet (BFH HFR 1965, 224).

Einzelhandel mit Lebensmitteln, Haushalt und Küchengeräten und Installationsgeschäft als einheitlichen Gewerbebetrieb wegen einheitlicher Bilanzierung und finanzieller Verflechtung durch einheitliche Kassen- und Buchführung, m E bedenklich, FG Karlsruhe EFG 1957, 56 rkr. Die in A 19 Abs 1 der GewStR zitierten Beispiele wie Metzgerei und Speisewirtschaft reflektieren die Verkehrsauffassung.

Einzelhandel mit Zeitschriften und Tabakwaren und eine **Toto-Lotto-Annahmestelle:** Einheitlichkeit bejaht bei Verkauf idR anderen Gew-Betriebs (BStBl II 1986, 719, BFH/NV 1986, 363; FG Köln EFG 1993, 594 rkr; *Eppler* DStR 1987, 84; A 16 Abs 1 S 7 GewStR). Ebenso für die Kombination mit Textileinzelhandel, FG Berlin EFG 1982, 91 (s dazu allerdings Anm 98 Stichwort Lotterieeinnehmer).

Flugzeugmotorenentwicklung s „Waschsalon".

Foto-Fachgeschäft und in demselben Geschäftsraum betriebene **Lotto-Toto-Annahmestelle:** als selbständige Gewerbebetriebe, weil ungleichartige Betätigung mit unterschiedlichen Kundenkreisen (FG Münster EFG 1981, 191 rkr).

Friseurmeister mit **zwei Geschäften:** sie wurden trotz seiner Mitarbeit in beiden Geschäften als selbständig beurteilt (FG Düsseldorf EFG 1963, 259 rkr).

Franchisebetrieb. Einheitlichkeit der Geschäftsidee und deren technische und organisatorische Durchführung deuten auf einheitlichen Betrieb hin (BFH/NV 2005, 1134); anders BFHE 215, 273, BStBl II 2007, 723.

Gaststättenbetriebe, auch bei räumlicher Nähe der Betriebsstätten nicht als einheitlicher Gewerbebetrieb behandelt, weil keine organisatorischen, finanziellen und wirtschaftlichen Zusammenhänge bestanden hatten und kein Personalaustausch stattfand (FG Hamburg EFG 1981, 32 rkr). BFH/NV 1990, 102 verneint einheitlichen Betrieb für Brauerei und Gaststätte.

Großhandel mit Zeitungen und Zeitschriften und Briefmarkeneinzelhandel kein einheitlicher Gewerbebetrieb (FG Nürnberg EFG 1955, 42 rkr).

Handel mit Farben und Tapeten in verschiedenen Gemeinden als einheitlicher Gewerbebetrieb (RFH RStBl 1938, 1117).

Handels- und Produktionsbetriebe können bei erheblichem Zukauf getrennte Unternehmen sein (FG München EFG 1987, 367 rkr).

Handelsvertretung für bestimmte Lebensmittel und **Fabrikation** für Zucker- und Backwaren: wegen ungleichartiger Betätigung zwei selbständige Betriebe, obwohl beide Betriebe von einer Stelle aus geleitet wurden, einheitliches Büropersonal hatten und der eine der beiden Betriebe den anderen finanziell stützen musste (FG Karlsruhe EFG 1961, 496 rkr).

Kosmetikinstitut und Apotheke als einheitlicher Gewerbebetrieb (BFH DStR 1983, 211).

Maklertätigkeit und Spirituosengeschäft keine Unternehmensgleichheit (BFHE 72, 173, BStBl III 1961, 65).

Medizinische Fußpflege und Handel mit Fußpflegemitteln, orthopädischen Schuhen etc, der im selben Geschäftslokal, wenn auch in gesonderten Räumen, betrieben wird, als einheitlicher Gewerbebetrieb und zwar mit Rücksicht auf den sachlichen und wirtschaftlichen Zusammenhang zwischen beiden Tätigkeiten (FG Bremen EFG 1984, 133 rkr).

Metzgerei/Gaststätte, von in Gütergemeinschaft lebenden Ehegatten nebeneinander betrieben, ist einheitlicher GewBetrieb trotz getrennter

Buchführung und Abschlüsse (FG Saarl EFG 2004, 1472 rkr; s im Übrigen A 16 Abs 1 Satz 5 GewStR).

Reisebüro, sachliche Selbständigkeit zweier Reisebüros bei getrenntem Auftreten nach außen und fehlenden finanziellen Verflechtungen bejaht (Schl-H FG EFG 1973, 395 rkr).

Reisegewerbe s § 35 a Abs 2 Satz 2.

Rohproduktenhandel und Automatengeschäft als ungleichartig und deshalb trotz einheitlicher Buchführung als zwei selbständige Betriebe behandelt: Nds FG EFG 1963, 313 rkr.

Rohrbiegerei s „Waschsalon".

Spielhallen und Automatenaufstellung: Einheitlichkeit wegen gleichartiger Unternehmen bejaht, obwohl diese wirtschaftlich, finanziell und organisatorisch getrennt geführt wurden (FG Berlin EFG 1980, 245 rkr).

Zwei **Tankstellen** in derselben Gemeinde als zwei Gewerbebetriebe, FG Hamburg EFG 1985, 135, bestätigt durch BFH/NV 1990, 261; s auch BFHE 158, 48, BStBl II 1989, 973.

Vermietung von **Grundstücken** und **Fluggeräten** sind verschiedenartige Tätigkeiten (in den entschiedenen Streitfällen war die Vermietung von Fluggeräten mangels Sonderleistungen jedoch nicht gewerblich (BFHE 181, 133, BStBl II 1997, 202; BFH/NV 2001, 204).

Versicherungsdirektor übt nach seinem Ausscheiden aus der Versicherungsgesellschaft, Aufgabe des Geschäftslokals sowie Entlassung der Arbeitnehmer mit der gelegentlichen Vermittlung von Versicherungen eine andere Tätigkeit aus als zuvor (BFHE 182, 369, BStBl II 1997, 573).

Waschsalon. Betreiben mehrerer Münzwaschsalons, einer Rohrbiegerei und der Entwicklung von Flugzeugmotoren sind verschiedene Gew-Betriebe (BFH/NV 2006, 1152).

18.–29. Mehrere Betriebe in der Hand von Mitunternehmerschaften/sachliche Selbständigkeit des Gewerbebetriebs

Allgemeines. Nach **§ 15 Abs 3 Nr 1 EStG** iVm § 2 Abs 1 Satz 2 GewStG gilt auch für die Gewerbebesteuerung als Gewerbebetrieb in vollem Umfang die mit der Einkünfteerzielungsabsicht unternommene Tätigkeit einer Personengesellschaft, wenn die Gesellschaft auch iSd § 15 Abs 1 Nr 1 EStG gewerblich tätig wird. Auch eine gewerblich geprägte Personengesellschaft (§ 15 Abs 3 Nr 2 EStG, s Anm 15) unterhält nur **einen** Gewerbebetrieb. 18

§ 15 Abs 3 Nr 1 EStG betrifft neben **OHG u KG** andere Personengesellschaften, also auch die BGB-Gesellschaft und Innengesellschaften (BFHE 175, 357, BStBl II 1995, 171) nicht jedoch sonstige Formen der Mitunternehmerschaften, wie zB Erbengemeinschaften (BFHE 148, 65, BStBl II 1987, 120, auch soweit mitunternehmerschaftlich überlagert, BFHE 141, 405, BStBl II 1984, 751, 768) und eheliche Gütergemeinschaften, soweit sie sich gewerblich betätigen (ähnlich A 11 Abs 4 u 16 Abs 3 GewStR). Auch die **BGB-Außengesellschaft** fällt in den Anwendungsbereich der Regelung des § 15 Abs 3 Nr 1 EStG ebenso wie eine **ausländische (Außen-)Personengesellschaft** oder ein entsprechendes Gebilde, wenn sie im Inland steuerpflichtig wird (A 13 Abs 2 GewStR, RFH RStBl 1930, 444). Die gesetzlich geregelte Einheitsbeurteilung knüpft an die Rechtsform von Personengesellschaften und damit an deren nach außen wirkende Organisation an und nicht an das Bestehen eines einheitlichen wirtschaftlichen Organismus. Vielfach werden bei mehreren voneinander verschiedenen und daher bei einem Einzelunternehmer getrennt zu sehenden Betrieben auch unterschiedliche Innengesellschaften anzunehmen sein (Ähnliches gilt für atypische stille Gesellschaften, vgl Anm 20, 21). Im Einzelnen gilt Folgendes:

19 Für die **Personenhandelsgesellschaft** (Trägerin von Rechten und Pflichten; einheitlicher Gesellschaftszweck, § 105 Abs 1 HGB) ist ein einheitlicher GewBetrieb anzunehmen (BFHE 181, 133) BStBl II 1997, 202), auch wenn nicht unbedingt von einem einheitlichen wirtschaftlichen Organismus gesprochen werden kann, zumal wenn sich die Handelsgesellschaft auf unterschiedlichen Feldern betätigt. Das erscheint sinnvoll, weil sich die Rechtszuständigkeit der Personenhandelsgesellschaft auf den gesamten von ihr unterhaltenen Bereich erstreckt. Umgekehrt können auch **gesellschafteridentische Personengesellschaften** nicht zu einer Einheit zusammengefasst werden **(Aufgabe der** Theorie von der sog **Unternehmenseinheit,** BFHE 130, 403, BStBl II 1980, 465; vgl BFHE 201, 507, BStBl II 2003, 700). Verschiedene Gewerbebetriebe sind dann anzunehmen, wenn der Rechtsfolgewille der Gesellschafter auf die Begründung von verschiedenen Gesellschaften gerichtet war, worauf insb verschiedene Bezeichnungen (jedoch nicht notwendig, BFH/NV 1998, 847), getrennte Gesellschaftsvermögen und getrennte Ergebnisermittlungen hinweisen können (BFHE 140, 44, BStBl II 1984, 152; BFHE 157, 155, BStBl II 1989, 797; BFHE 177, 367, BStBl II 1995, 589; BFH/NV 1993, 684, 687). Die zweite Gesellschaft muss nach außen erkennbar geworden sein (BFHE 186, 37, BStBl II 1998, 60; BFH/NV 1998, 847; 2002, 1554). Der Gewerbebetrieb als Steuergegenstand ist das in dieser Rechtsform betriebene Unternehmen (BFHE 165, 398, BStBl II 1992, 375; BFHE 173, 420, BStBl II 1994, 398). An sich gemischte Tätigkeiten sind dementsprechend bei Fehlen eines abweichenden Rechtsfolgewillens einheitlich als gewerblich zu behandeln (BFHE 181, 133, BStBl II 1997, 202).

20 Auch bei der **BGB-Gesellschaft** nimmt die Rechtsprechung (BFHE 157, 155, BStBl II 1989, 797) idR einen einheitlichen GewBetrieb an. Entscheidend ist der Gesellschaftszweck (§ 705 BGB) nach dem Rechtsfolgewillen der Gesellschafter (BFHE 181, 133, BStBl II 1997, 202). Der Zweck bestimmt die Beitragsverpflichtung und damit das Betriebsvermögen der BGB-Gesellschaft. Ähnlich wie bei der Personenhandelsgesellschaft können Mitunternehmer bei anderen Zusammenschlüssen derselben Personengruppe bei entsprechendem Rechtsfolgewillen mehrere Zwecke verfolgen. In diesem Fall setzt die Annahme verschiedener Mitunternehmerschaften derselben Personengruppe voraus, dass die zweite Gesellschaft nach außen erkennbar geworden ist (BFH/NV 1998, 847). Weitere Beweisanzeichen (zB getrennte Kassen und Konten sowie Buchführungen, eigene Rechnungsvordrucke) müssen die Ausübung abgrenzbarer Tätigkeiten ergeben (BFH BStBl II 1998, 603). Auch auf den Gesellschaftsvertrag

kann es ankommen (s auch BFHE 140, 44, BStBl II 1984, 152; BFH/NV 1993, 684; sowie BFHE 133, 180, BStBl II 1981, 602).

Allerdings kann trotz der **formalen Aufgliederung** eines wirtschaftlichen Organismus durch die Gründung mehrerer BGB-Gesellschaften derselben natürlichen Personen von einem einheitlichen Unternehmen und einem einheitlichen Gesellschaftszweck auszugehen sein (zur Innengesellschaft BFH/NV 1999, 355).

Partenreedereien (§ 489 HGB, zur Rechtsnatur vgl BFHE 131, 324, BStBl II 1981, 90) haben gesetzlich festgelegt den Betrieb eines Schiffes zum Gegenstand (BFHE 166, 448, BStBl II 1992, 380). Sie sind „andere Gesellschaft" iSv § 15 Abs 1 Nr 2 EStG und daher der OHG/KG weitgehend gleichgestellt (BFHE 145, 58, BStBl II 1986, 53; BFHE 166, 448, BStBl II 1992, 380; Anm 298). Der Gewerbebetrieb beginnt bei einem Ein-Schiff-Unternehmen erst mit Indienststellung des Schiffes (BFHE 146, 457, BStBl II 1986, 527).

Der **Korrespondentreeder** kann Mitunternehmer sein, aber auch einen eigenständigen GewBetrieb führen (BFHE 149, 473, BStBl II 1987, 564).

Bei der **atypischen stillen Gesellschaft** (Anm 299) bezieht sich die 21
Mitunternehmerschaft auf den jeweiligen Betrieb, ggf mehrere Betriebe oder einen Betriebszweig des Geschäftsinhabers (BFHE 175, 357, BStBl II 1995, 171; *Kempermann* FR 1995, 27; *Ruban* DStR 1995, 637). Allerdings können mehrere Betriebs auch dann nicht ohne Weiteres zusammengefasst werden, wenn an allen Betrieben derselbe/dieselben Geschäftspartner atypisch still beteiligt sind. Die Beteiligung mehrerer Personen(gruppen) kann ein einziger Gewerbebetrieb sein, wenn der Zweck aller Beteiligungen in der gemeinsamen Ausübung der gesamten gewerblichen Tätigkeit des Geschäftsinhabers besteht (BFHE 177, 332, BStBl II 1995, 764; BFHE 187, 250, BStBl II 1999, 286; BFH/NV 2002, 355; 2002, 1447; **aA** *Lindwurm* DStR 2000, 53); mehrere Gewerbebetriebe können anzunehmen sein, wenn die jeweiligen Beteiligungen an getrennten Geschäftsbeziehungen nicht identisch sind (BFHE 179, 427, BStBl II 1998, 685; FG Köln EFG 2006, 526).

Entsprechendes gilt für **andere Innengesellschaften/Unterbetei-** 22
ligungsverhältnisse (s auch Anm 299). Gewerbesteuerrechtlich stehen sie der atypischen stillen Gesellschaft nahe (Anm 21; vgl auch BFHE 145, 408, BStBl II 1986, 311; BFHE 178, 180, BStBl II 1996, 269). Bei ihnen bezieht sich Mitunternehmerschaft auf den vom Hauptgesellschafter gehaltenen Gesellschaftsanteil; insoweit stellen sie eigenständige Mitunternehmerschaften dar (vgl BStBl II 1990, 168; BFHE 177, 198, BStBl II 1995, 531; *Glanegger* FR 1990, 469). Gleichwohl kann nur ein Gewerbebetrieb selbst dann vorliegen, wenn der nach außen tätige Gesellschafter mehrere Gesellschaftsverträge zur Realisierung des Projekts abgeschlossen hat (BFH/NV 1999, 355).

Für **Arbeitsgemeinschaften** gilt § 2 a GewStG. Nach dessen Grundsätzen sollte mE bei **Meta-Gesellschaften** und **Konsortien** verfahren werden, wenn sie Mitunternehmerschaften sind (bei Meta-Gesellschaft zweifelhaft, s § 7 Anm 115).

Die an einer **Interessengemeinschaft** Beteiligten bleiben jeweils selbständige Gewerbesteuerpflichtige; die Interessengemeinschaft wird idR nicht als solche gewerblich tätig (RStBl 1934, 658).

23 **Erbengemeinschaften.** Die ungeteilte Erbengemeinschaft unterhält, soweit gewerblich tätig, einen Gewerbebetrieb. Die Erben sind Mitunternehmer (BFHE 161, 332, BStBl II 1990, 837; BFHE 163, 137, BStBl II 1991, 350); anders jedoch, wenn ein durch Vermächtnis Begünstiger schon vor Erfüllung des Vermächtnisses als Inhaber des Gewerbebetriebes anzusehen ist (BFHE 166, 124, BStBl II 1992, 330). Die Erbengemeinschaft ist jedoch keine Personengesellschaft iS des § 15 Abs 3 Nr 1 EStG. Die Gesamtrechtsnachfolge lässt die sachliche Selbständigkeit mehrerer vom Erblasser gehaltener Gewerbebetriebe unberührt. Wird der Betrieb von den mitunternehmerischen Erben fortgeführt (möglicherweise durch Zeitablauf, vgl BFHE 110, 509, BStBl II 1974, 84), dann ist die Selbständigkeit wirtschaftlich nicht zusammenhängender Betriebe ebenso zu beachten (BFHE 148, 65, BStBl II 1987, 120), anders bei der OHG (Anm 305).

24 **Ehegatten.** Die **Gütergemeinschaft** führt, wenn ein Ehegatte einen zum Gesamtgut gehörenden GewBetrieb hält, angesichts der Teilhabe an den Erträgen, der dinglichen Mitberechtigung und der Haftung des anderen Ehegatten idR zu einer **Mitunternehmerschaft** der Ehegatten, auch wenn der andere nicht in Erscheinung tritt und nur geringfügige Kontrollrechte hat (vgl BFHE 141, 405, BStBl II 1984, 751, 768; BFHE 211, 155, BStBl II 2006, 165; FG Saarl EFG 2004, 1449 rkr). Das ist jedoch anders, wenn im Betrieb die persönliche Arbeitsleistung des Ersteren entscheidend in den Vordergrund tritt und kein nennenswertes Kapital eingesetzt wird (BFHE 185, 153, BStBl II 1999, 384). Für diese mitunternehmerischen Gemeinschaften gilt § 15 Abs 3 Nr 1 EStG nicht (vgl zur Erbengemeinschaft BFHE 148, 65, BStBl II 1987, 120).

Ehegattenpersonengesellschaften. IdR werden eigenständige wirtschaftliche Organismen wegen der unterschiedlichen Zwecke des jeweiligen Zusammenschlusses zu mehreren Mitunternehmerschaften (Gesellschaften) zwischen den Ehegatten führen, wenn die Regeln über die Klarheit und Eindeutigkeit von Vereinbarungen und deren tatsächlicher Durchführung beachtet werden (vgl BFHE 138, 561, BStBl II 1983, 636). Der konkludente Abschluss einer Vereinbarung soll ausreichen (BFH/NV 2006, 1839), der aber nicht vorliegt, wenn die Ehefrau auf ihren Namen das Gewerbe sowie Firmenkonten an- und ummeldet und vorträgt, nur „pro forma" für ihren Ehemann aufgetreten zu sein (BFH/NV 2004, 27). Einen unternehmerischen Zusammenschluss hält die Rechtsprechung zB auch bei Ehegatten für möglich, die teilweise getrennt und teilweise gemeinsam Grundstücksgeschäfte betreiben (vgl BFHE 112, 135, BStBl II 1977, 552). Auf die gemeinsamen Geschäfte kann jedoch nicht verzichtet werden, weil gleichartige Gewerbebetriebe in der Hand von Ehegatten nicht ohne Weiteres zusammenzufassen sind (vgl zum Gesamtgut bei Errungenschaftsgemeinschaft BFHE 121, 21, BStBl II 1977, 201).

25 Für **eheähnliche Lebensgemeinschaften** gelten mE die allgemeinen Grundsätze. Die zu Verträgen zwischen nahen Angehörigen geltenden Grundsätze sind nicht anzuwenden (BFHE 153, 224, BStBl II 1988, 670).

Für **eingetragene Lebenspartnerschaften** gelten je nach Erklärung über den Vermögensstand (§ 1 Abs 1 Satz 4, § 6 Abs 2 LPartG) die Grundsätze zu Ehegatten: bei „Vermögensgemeinschaften" zur Gütergemeinschaft und bei „Ausgleichsgemeinschaft" und „Vermögenstrennung" zu sonstigen Ehegatten-Personengesellschaften (Beachtung der Verträge zwischen nahen Angehörigen, vgl *Kanzler* FR 2000, 859, 965). 26

Für „faktische Mitunternehmerschaften" (im untechnischen Sinne, vgl Anm 301) oder besser BGB-Innengesellschaften, die aus Bruchteilsgemeinschaften und bestimmten regelmäßig auf eine bestimmte Dauer angelegten Rechtsverhältnissen abgeleitet werden (vgl § 7; BFHE 136, 252, BStBl II 1982, 700; Anm 89), gelten die Grundsätze zu Anm 15ff. 27

(frei) 28, 29

30.–39. Sachliche Selbständigkeit des Gewerbebetriebs in sonstigen Fällen

Sachliche Selbständigkeit von Personengesellschaften, deren Gesellschaftsanteile in einem Betriebsvermögen gehalten werden. 30
Verbundene Gesellschaften. Die Betätigung einer Personenhandelsgesellschaft I bildet regelmäßig auch dann einen eigenen Gewerbebetrieb, wenn an ihr eine andere Personenhandelsgesellschaft II beteiligt ist. Zum Konkurrenzverhältnis s auch *Glanegger* FR 1990, 469. Dies gilt selbst dann, wenn Komplementärin der Gesellschaft I eine GmbH ist, die von den Gesellschaftern der Gesellschaft II beherrscht wird (vgl BFHE 140, 93, BStBl II 1984, 150). Einen Sonderfall bei **Schwestergesellschaften** behandelt BFH/NV 2004, 81: Verkauf des Betriebsgrundstücks durch Gesellschaft I an einen Dritten und des beweglichen Anlagevermögens an die Gesellschaft II, die – selbst produzierend – die Produktion von I übernimmt, führt zur Unternehmensidentität; mE schon deswegen zweifelhaft, weil der BFH sich über die Eigenständigkeit von Rechtspersonen hinweggesetzt und im Streitfall nur Teile der Betriebsmittel übernommen wurden, nicht aber das Unternehmen als solches.

Für **BGB-Gesellschaften** oder andere mitunternehmerische Gemeinschaften besteht Priorität des § 15 Abs 1 Nr 2 EStG zugunsten der gewerblich tätigen Personengesellschaft, wenn die an ihr beteiligte Gesellschaft II keine eigenständigen gewerblichen Einkünfte erzielt (vgl dazu BFHE 144, 20, BStBl II 1985, 622). Die BGB-Gesellschaft kann an einer Gesamthand beteiligt sein (BFHE 163, 1, BStBl II 1991, 691). Einigkeit besteht in Literatur und Rechtsprechung, dass die Beteiligungsergebnisse den Gesellschafter einer Personengesellschaft auch dann unmittelbar über das einheitliche Gewinnfeststellungsverfahren (§ 180 AO) treffen, wenn die Beteiligung in einem **Betriebsvermögen** gehalten wird (BFHE 145, 206, BStBl II 1986, 182; BFHE 204, 223, BStBl II 2004, 353; *Schmidt/Wacker* § 15 Anm 620). Ggf sind die Kürzungs- und Hinzurechnungsvorschriften der § 9 Nr 2 und § 8 Nr 8 GewStG zu beachten. Sie sollen gewährleisten, dass die Gewinn- bzw Verlustanteile nur bei der Beteiligungspersonengesellschaft erfasst werden. Deren Tätigkeit gilt stets und in vollem Umfang als eigenständiger Gewerbebetrieb (vgl BFHE 138, 94, BStBl II 1983, 427).

Für Zwecke der Gewerbesteuer unbeachtet bleibt dagegen die einheitliche Gewinnfeststellung für eine **vermögensverwaltende BGB-Gesell-**

schaft. Ist an ihr eine gewerblich tätige Personenhandelsgesellschaft beteiligt, so erzielt diese gewerbliche Gewinne auch aus ihrer Beteiligung. Für die Gewerbesteuer ist dann der Gewerbeertrag der Personenhandelsgesellschaft in der Weise eigenständig zu ermitteln, dass ihr die Anteile an den Wirtschaftsgütern der BGB-Gesellschaft nach § 39 AO zuzurechnen sind (vgl § 7 Anm 97).

31 **Sachliche Selbständigkeit des Gewerbebetriebs in sonstigen Fällen.** Bei der Betriebsaufspaltung bestehen hinsichtlich der Bestimmung des Gewerbebetriebs besondere Grundsätze. Betriebs- und Besitzunternehmen werden formal als eigenständige Gewerbebetriebe behandelt (vgl im Einzelnen Anm 201).

32 Mehrere sachlich selbständige Betriebe in der Hand einer **Kapitalgesellschaft** gibt es nicht. Diese gilt stets und in vollem Umfang als ein Gewerbebetrieb. Die Gründe dafür sind im Wesentlichen dieselben, die bei einer Personenhandelsgesellschaft für einen sachlich einheitlichen Gewerbebetrieb sprechen. Im Gegensatz zu den Personengesellschaften erzielt die Kapitalgesellschaft *stets* gewerbliche Einkünfte. Diese Typisierung des Gesetzgebers ist mit dem Grundgesetz vereinbar, obgleich sie die Kapitalgesellschaften insoweit wesentlich schlechter stellt als natürliche Personen (BFHE 122, 318, BStBl II 1977, 668; vgl iE Anm 341).

33 Mehrere **wirtschaftliche Geschäftsbetriebe,** die von sonstigen juristischen Personen oder nichtrechtsfähigen Vereinen unterhalten werden, gelten als einheitlicher Gewerbebetrieb (§ 8 GewStDV).

34 **Unternehmen der öffentlichen Hand** (Anm 270 ff) sind gewerbesteuerpflichtig, soweit sie die Merkmale des allgemeinen Gewerbebetriebs nach § 2 Abs 1 Satz 2 erfüllen).

Körperschaften des öffentlichen Rechts können wie natürliche Personen mehrere sachlich selbständige Gewerbebetriebe führen. Es besteht Ähnlichkeit mit körperschaftsteuerlich bedeutsamen Betrieben gewerblicher Art (BFHE 112, 61, BStBl II 1974, 391) mit der Abweichung, dass der gewerbesteuerrechtliche Betrieb Gewinnerzielungsabsicht und Beteiligung am allgemeinen wirtschaftlichen Verkehr voraussetzt, der Betrieb gewerblicher Art lediglich Einnahmeerzielungsabsicht (§ 4 Abs 1, § 8 Abs 1 Satz 2 nF KStG).

Die Zusammenfassung von Betrieben gewerblicher Art und **Ausübung öffentlicher Gewalt** ist auch nach der Neufassung des § 4 Abs 6 Satz 2 KStG für Besteuerungszwecke unzulässig (zur bisherigen Rechtslage R 7 KStR; BFHE 75, 498, BStBl II 1962, 448). Tatsächlich nicht trennbare Vorgänge werden bei überwiegender Ausübung öffentlicher Gewalt als Hoheitsbetriebe eingestuft (§ 2 Abs 2 GewStDV). Nach R 7 Abs 2 KStR ist die Zusammenfassung von Betrieben gewerblicher Art in Kapitalgesellschaften grundsätzlich (Ausnahme Missbrauch) zulässig.

Mehrere **Betriebe gewerblicher Art** kann die öffentliche Hand zu einem **einheitlichen Betrieb** zusammenfassen, wenn sie (1) gleichartig sind oder (2) zwischen ihnen nach dem Gesamtbild der tatsächlichen Verhältnisse objektiv eine enge wechselseitige technisch-wirtschaftliche Verflechtung von einigem Gewicht besteht oder (3), wenn es sich um Versorgungsbetriebe (§ 4 Abs 3 KStG) handelt. Diese Regelung in § 4 Abs 6 Satz 1 KStG nF entspricht im Wesentlichen der bisherigen Rechtslage (BFHE 75, 502,

BStBl III 1962, 450; BFHE 89, 416, BStBl III 1967, 679; BFH/NV 2003, 511). Gleichartig sind die Betriebe, wenn sie im gleichen GewZweig betrieben werden oder sich – auch auf unterschiedlichen Produktions- u Vertriebsstufen – gegenseitig ergänzen (BFHE 158, 80, BStBl II 1989, 901; BFH/NV 1997, 625). Ein notwendiger Funktionszusammenhang muss nicht vorliegen (BFHE 88, 3, BStBl III 1967, 240). Gemeinsame Betriebsmittel und funktional aufeinander abgestimmte Betriebsvorgänge (zB Doppelfunktion eines Wasserturms) sowie Personalaustausch können solche Verflechtungen bewirken (BFHE 89, 25, BStBl III 1967, 510). Die Verknüpfung mit der Abnehmerseite reicht nicht aus. Dagegen genügte stets ein einheitlicher Versorgungszweck (BFHE 88, 3, BStBl III 1967, 240), insb wenn ein einheitlicher Kundenstamm existiert. Er wurde angenommen bei verschiedenen Versorgungsbetrieben, Bäderbetrieb einerseits und Strom-/Wasserversorgung andererseits (BFHE 75, 498, BStBl III 1962, 448; BFHE 85, 213, BStBl III 1966, 287; BFHE 159, 52, BStBl II 1990, 242; BFHE 166, 342, BStBl II 1992, 432; H 7 KStH „Zusammenfassung …"). Zum einheitlichen Wirtschaftsgut Leitungsnetz s BFH/NV 1987, 269. Steuerrechtlich anerkannt werden kann die Zusammenfassung aber erst ab dem Zeitpunkt, ab dem die Verflechtung tatsächlich besteht (BFHE 166, 342, BStBl II 1992, 432).

Betätigt sich die öffentliche Hand in der Rechtsform einer **Handels-, BGB- oder Kapitalgesellschaft,** so gelten die für diese Zusammenschlüsse entwickelten Grundsätze.

Zusammentreffen von stehendem Gewerbebetrieb und Reisegewerbe. Wird im Rahmen eines einheitlichen Gewerbebetriebs sowohl ein stehendes als auch ein Reisegewerbe betrieben, so ist der Betrieb in vollem Umfang als stehendes Gewerbe zu behandeln (§ 35 a Abs 2 Satz 2). Die Voraussetzungen eines einheitlichen Betriebs bestimmen sich nach den vorstehenden Erläuterungen (vgl insb Anm 11). Es kommt also auch hier auf die organisatorischen, wirtschaftlichen und finanziellen Beziehungen zwischen beiden Betätigungen an. 35

Objektbezogener Steuerbescheid. Verfahrensrechtlich ist bedeutsam, dass das FG die für jeden Betrieb ergangenen Gewerbesteuermessbescheide nicht abzuändern, sondern aufzuheben hat, wenn es im Gegensatz zu der Auffassung des Finanzamts die Einheitlichkeit des Gewerbebetriebs bejaht. Der Grund liegt darin, dass sich Bescheide auf einen unzutreffenden Steuergegenstand beziehen (BFHE 137, 200, BStBl II 1983, 278). Entsprechendes gilt, wenn das FA zu Unrecht selbständige Betriebe zusammengefasst hat (vgl BFHE 182, 369, BStBl II 1997, 573). 36

(frei) 37–39

40.–289. Rechtsformunabhängiges gewerbliches Unternehmen im Sinne des Einkommensteuerrechts (§ 2 Abs 1 Satz 2)

Mit Ausnahme der gewerbesteuerrechtlichen Besonderheiten betreffend den Beginn und das Ende eines gewerblichen Betriebs bedeutet nach herrschender Auffassung **Gewerbebetrieb** in gewerbesteuerrechtlicher Hinsicht nichts anderes als in einkommensteuerrechtlicher (BFHE 130, 40

403, BStBl II 1980, 465; ähnlich BFHE 158, 520, BStBl II 1990, 195). Dies verdeutlicht auch die Streichung des § 2 Abs 2 Nr 1 GewStG und die Neufassung des § 15 Abs 3 EStG durch das Steuerbereinigungsgesetz 1986.

Rechtsgrundlagen. § 15 Abs 2 EStG idF des Steuerentlastungsgesetzes 1984 v 22. 12. 1983 (BGBl I 1983, 1583) übernahm die früher nur in § 1 GewStDV gegebene **Definition des Gewerbebetriebs** aus Gründen der Rechtsklarheit in das Einkommensteuergesetz. Nach der Einfügung von Abs 1 Satz 3 durch G v 24. 3. 1999 (BGBl I 1999, 402) lautet **§ 15 Abs 1 mit 3 EStG** nunmehr:

§ 15 EStG Einkünfte aus Gewerbebetrieb

(1) [1] **Einkünfte aus Gewerbebetrieb sind**

1. **Einkünfte aus gewerblichen Unternehmen. [2] Dazu gehören auch Einkünfte aus gewerblicher Bodenbewirtschaftung, z. B. aus Bergbauunternehmen und aus Betrieben zur Gewinnung von Torf, Steinen und Erden, soweit sie nicht land- oder forstwirtschaftliche Nebenbetriebe sind;**
2. **die Gewinnanteile der Gesellschafter einer Offenen Handelsgesellschaft, einer Kommanditgesellschaft und einer anderen Gesellschaft, bei der der Gesellschafter als Unternehmer (Mitunternehmer) des Betriebs anzusehen ist, und die Vergütungen, die der Gesellschafter von der Gesellschaft für seine Tätigkeit im Dienst der Gesellschaft oder für die Hingabe von Darlehen oder für die Überlassung von Wirtschaftsgütern bezogen hat. [2] Der mittelbar über eine oder mehrere Personengesellschaften beteiligte Gesellschafter steht dem unmittelbar beteiligten Gesellschafter gleich; er ist als Mitunternehmer des Betriebs der Gesellschaft anzusehen, an der er mittelbar beteiligt ist, wenn er und die Personengesellschaften, die seine Beteiligung vermitteln, jeweils als Mitunternehmer der Betriebe der Personengesellschaften anzusehen sind, an denen sie unmittelbar beteiligt sind;**
3. **die Gewinnanteile der persönlich haftenden Gesellschafter einer Kommanditgesellschaft auf Aktien, soweit sie nicht auf Anteile am Grundkapital entfallen, und die Vergütungen, die der persönlich haftende Gesellschafter von der Gesellschaft für seine Tätigkeit im Dienst der Gesellschaft oder für die Hingabe von Darlehen oder für die Überlassung von Wirtschaftsgütern bezogen hat.**

[2] Satz 1 Nr. 2 und 3 gilt auch für Vergütungen, die als nachträgliche Einkünfte (§ 24 Nr. 2) bezogen werden. [3] § 13 Abs. 5 gilt entsprechend, sofern das Grundstück im Veranlagungszeitraum 1986 zu einem gewerblichen Betriebsvermögen gehört hat.

(1 a) **[1] In den Fällen des § 4 Abs. 1 Satz 4 ist der Gewinn aus einer späteren Veräußerung der Anteile ungeachtet der Bestimmungen eines Abkommens zur Vermeidung der Doppelbesteuerung in der gleichen Art und Weise zu besteuern, wie die Veräußerung dieser Anteile an der Europäischen Gesellschaft oder Europäischen**

Genossenschaft zu besteuern gewesen wäre, wenn keine Sitzverlegung stattgefunden hätte. [2]Dies gilt auch, wenn später die Anteile verdeckt in eine Kapitalgesellschaft eingelegt werden, die Europäische Gesellschaft oder Europäische Genossenschaft aufgelöst wird oder wenn ihr Kapital herabgesetzt und zurückgezahlt wird oder wenn Beträge aus dem steuerlichen Einlagenkonto im Sinne des § 27 des Körperschaftsteuergesetzes ausgeschüttet oder zurückgezahlt werden.

(2) [1]**Eine selbständige nachhaltige Betätigung, die mit der Absicht, Gewinn zu erzielen, unternommen wird und sich als Beteiligung am allgemeinen wirtschaftlichen Verkehr darstellt, ist Gewerbebetrieb, wenn die Betätigung weder als Ausübung von Land- und Forstwirtschaft noch als Ausübung eines freien Berufs noch als eine andere selbständige Arbeit anzusehen ist. [2]Eine durch die Betätigung verursachte Minderung der Steuern vom Einkommen ist kein Gewinn im Sinne des Satzes 1. [3]Ein Gewerbebetrieb liegt, wenn seine Voraussetzungen im Übrigen gegeben sind, auch dann vor, wenn die Gewinnerzielungsabsicht nur ein Nebenzweck ist.**

(3) **Als Gewerbebetrieb gilt in vollem Umfang die mit Einkünfteerzielungsabsicht unternommene Tätigkeit**

1. **einer Offenen Handelsgesellschaft, einer Kommanditgesellschaft oder einer anderen Personengesellschaft, wenn die Gesellschaft auch eine Tätigkeit im Sinne des Absatzes 1 Satz 1 Nr. 1 ausübt, oder gewerbliche Einkünfte im Sinne des Absatzes 1 Satz 1 Nr. 2 bezieht,**
2. **einer Personengesellschaft, die keine Tätigkeit im Sinne des Absatzes 1 Satz 1 Nr. 1 ausübt und bei der ausschließlich eine oder mehrere Kapitalgesellschaften persönlich haftende Gesellschafter sind und nur diese oder Personen, die nicht Gesellschafter sind, zur Geschäftsführung befugt sind (gewerblich geprägte Personengesellschaft). [2]Ist eine gewerblich geprägte Personengesellschaft als persönlich haftender Gesellschafter an einer anderen Personengesellschaft beteiligt, so steht für die Beurteilung, ob die Tätigkeit dieser Personengesellschaft als Gewerbebetrieb gilt, die gewerblich geprägte Personengesellschaft einer Kapitalgesellschaft gleich.**

Wegen der verschiedenartigen Normzwecke sind die Begriffe **Gewerbebetrieb** iSd **Einkommensteuerrechts** und des **HGB** oder auch der **GewO** nicht inhaltsgleich (VGH Ba-Wü BB 1995, 1262). Die Besteuerung folgt selbständigen Prinzipien, die dem Handelsrecht fremd sind, etwa dem Postulat der wettbewerbsneutralen Besteuerung (vgl dazu allg *Kirchhof* StuW 1984, 297, 305). Der Eigenständigkeit des steuerrechtlichen Gewerbebetriebsbegriffes steht die trotz der verschiedenartigen Interessenlage bestehende gewisse Ähnlichkeit der Begriffsmerkmale nicht entgegen).

Unterschiede bestehen aber vor allem bei der Land- und Forstwirtschaft und der Vermögensverwaltung, die zwar steuerrechtlich nicht, wohl aber handelsrechtlich (§§ 2, 3 HGB) als Gewerbe, zB in der Form einer

OHG, betrieben werden kann (§ 7 Anm 118; *Schmidt/Weber-Grellet* § 15 Anm 9). Umgekehrt rechnet das Besitzunternehmen einer Betriebsaufspaltung nur steuerrechtlich (Anm 200, 203), nicht aber handelsrechtlich zum Gewerbe (vgl zur nicht gewerblich tätigen Personengesellschaft *Groh* JbFfSt 1979/1980, 209, 215; DB 1984, 2373). Allerdings tendiert ein Teil der handelsrechtlichen Lehre dahin, das Handelsrecht auch auf solche Besitzunternehmen anzuwenden, die das am Markt tätige Betriebsunternehmen beherrschen (*Hopt* ZGR 1987, 145/76, 78; **aA** *K. Schmidt* DB 1988, 897).

41 Der **steuerrechtliche Begriff** des rechtsformunabhängigen Gewerbebetriebs ist ein **offener Typusbegriff** (zB BFHE 188, 101, BStBl II 1999, 534, 538). Das besagt, dass sich der Begriff des Gewerbebetriebs und die Subsumtion im Einzelfall nicht anhand festumrissener Merkmale abschließend bestimmen lässt. Vielmehr ist auf die Gesamtverhältnisse abzustellen (BFHE 199, 551, BStBl II 2002, 811; BFH/NV 2005, 1058) und in Zweifelsfällen auf die – angeblich – gerichtsbekannte und nicht beweisbedürftige Auffassung darüber, ob die Tätigkeit dem Bild entspricht, das nach der Verkehrsanschauung einen Gewerbebetrieb ausmacht (BFHE 197, 241, BStBl II 2002, 291; BFHE 200, 293, BStBl II 2003, 238; BFHE 204, 419, BStBl II 2004, 408). Am Deutlichsten wird die **begriffliche Offenheit** an der judikativen Einführung des negativen Tatbestandsmerkmals „Überschreiten der privaten Vermögensverwaltung" (Anm 64 ff) sowie an der Methode, für die Abgrenzung im Einzelfall auf das Erscheinungsbild „typischer" Gewerbetreibender (Produzent, Dienstleister, Händler) zurückzugreifen (zB BFHE 180, 51, BStBl II 1996, 303; BFHE 184, 355, BStBl II 1998, 332; BFHE 195, 402, BStBl II 2001, 809; BFHE 199, 261, BStBl II 2002, 565; BFHE 201, 264, BStBl II 2003, 464; BFHE 201, 525, BStBl II 2003, 520) oder – wie BFHE 207, 213, BStBl II 2005, 35, blumig formuliert – das „Bild des Gewerbebetriebs" durch Orientierung an unmittelbar der Lebenswirklichkeit entlehnten Berufsbildern „zu konturieren". Das ist naturgemäß nicht für alle Wirtschaftsgüter (Tätigkeiten) nach einheitlichen Maßstäben durchführbar; vielmehr sind artspezifische Besonderheiten zu beachten (BFHE 201, 264, BStBl II 2003, 464; BFHE 204, 419, BStBl II 2004, 419; *Wendt* FR 2002, 34): die Gewerblichkeit bestimmt sich etwa beim Grundstückshandel anders als beim Wertpapierhandel.

Gleichwohl unterliegt die Vorstellung des offenen Typus als zu rationaler Rechtsanwendung untauglich **wachsender Kritik** (*Weber-Grellet* FS Beisse 1997, 551, FR 1998, 313; *Koblenzer* BB 1999, 718; *Fischer* DStZ 2000, 885, FR 2002, 597, 600; *Mössner* FS Kruse 2001, 161; *Kempermann* StbJb 2002/03, 419, 436; *Groh* DB 2001, 2569; *Kratzsch* Inf 2005, 378; wie hier: *Zugmaier* FR 1999, 997) – **mE zu Unrecht:** denn dem Problem liegt lediglich die strukturell bedingte Unschärfe zugrunde, die sich notwendig einstellt, wenn ontische Mannigfaltigkeit auf den Begriff gebracht werden soll und dies nur durch – unausgesprochene – Bezugnahme auf ein typisches Erscheinungsbild (einen Typus) erfolgen kann, wie offensichtlich auch mit der Beschreibung des Gewerbebetriebs durch den Gesetzgeber in § 15 Abs 2 EStG geschehen. Gerade die juristische Normsetzung, -interpretation und -anwendung ist (notwendig) durch eine solche strukturelle Offenheit gekennzeichnet. Das ist keine Besonderheit des Typusbegtriffs. Die Rechtsstaatlichkeit steht mE so lange nicht in Frage, als Normsetzung, -interpretation und -anwendung zu rational nachvollziehbaren Ergebnissen führen – und sei es durch Typenvergleich (ähnlich iE BFHE 201, 525, BStBl II 2003, 520; BFHE 207, 213, BStBl II 2005, 35). Die Schlagworte von der Unterscheidung des „Real-Typus" vom „virtuellen Typus" mit der „gesetzesersetzenden" Wirkung *(Schmidt/Weber-Grellet* § 15 Anm 1) oder der „kyptischen Wesenschau" (*Tiedtke/Wälzholz* MittBayNot 2004, 5) sind also fehl am Platz, umso mehr als ihre Urheber die von ihnen kritisierte Begrifflichkeit selbst anwenden, zB bei der Bejahung des „ungesetzlichen" Tatbestandsmerkmals „Überschreiten der Vermögensverwaltung" (§ 14 Satz 3 AO ist nicht einschlägig) und dessen Abgrenzung (*Schmidt/Weber-Grellet* § 15 Anm 46).

Zurechnungssubjekt gewerblicher Tätigkeit ist der Urheber des Inbegriffs derjenigen Tätigkeiten (Handel, Produktion, Dienstleistungen), die Gegenstand des als rechtliche und/oder organisatorische Wirkungseinheit verfassten Betriebs sind. Das gilt auch bei mittelbarer Tatbestandsverwirklichung, nämlich wenn der Unternehmer eine in seinem Betrieb erwirtschaftete Erwerbschance aus privaten Gründen einem anderen überlässt (zB ein Grundstück zur Veräußerung, BFHE 209, 320, BStBl II 2005, 817; *Fischer* FR 2005, 949; aA *G. Söffing* BB 2005, 2101; *Hornig* DStR 2005, 1719), nicht jedoch bei Einschaltung einer GmbH. 42

Selbständige Tätigkeit (§ 15 Abs 2 EStG). Es wird zwischen persönlicher und sachlicher Selbständigkeit unterschieden. Die **sachliche Selbständigkeit** ist vor allem für die Gewerbesteuer iSd Eigenständigkeit des Betriebs als Objekt der Gewerbebesteuerung von Bedeutung (vgl BFHE 133, 180, BStBl II 1981, 602, s im Einzelnen Anm 11 f). Für die Einkommensteuer interessiert sie nur insofern, als die nach der Verkehrsauffassung zu beurteilende Selbständigkeit des Betriebs und seine Unterscheidbarkeit von anderen auch darüber entscheidet, für welche betriebliche Einheit(en) der Unternehmer seine Gewinnermittlung vorzunehmen hat. Nach dem hier abgelehnten (vgl oben Anm 11) weiten und deshalb alle Gewerbebetriebe zusammenfassenden Betriebsbegriff spielt die sachliche Selbständigkeit keine Rolle. Besonderheiten bestehen insoweit bei Personengesellschaften wegen der in der Rechtsprechung vorherrschenden Ansicht, § 15 Abs 1 Nr 2 EStG als Zuordnungsnorm bzw als Norm zur Bestimmung der Einkunftsart aufzufassen (vgl § 7 Anm 109, 110). 43

Die **persönliche Selbständigkeit** folgt im ESt-, USt- und GewSt-Recht denselben Kriterien (BFHE 177, 154, BStBl II 1995, 559). Die arbeits- und sozialversicherungsrechtliche Beurteilung muss sich nicht mit dem **steuerrechtlichen Arbeitnehmerbegriff** decken (vgl auch BFHE 126, 311, BStBl II 1979, 188; BFHE 129, 565, BStBl II 1980, 303 zum Vorstandsmitglied einer AG; BFHE 221, 157, BStBl II 2008, 868 zur arbeitsrechtlichen Fiktion; zur Scheinselbständigkeit *Laber* DStR 2000, 114). Die persönliche Selbständigkeit bedeutet ein Handeln auf eigene Rechnung und Gefahr (BFHE 129, 177, BStBl II 1980, 106; BFH/NV 1996, 325; FG Bbg EFG 2002, 1548 rkr) und unabhängig von (arbeitsrechtlichen) Weisungen (BFHE 164, 556, BStBl II 1991, 802). Das damit verbundene **Unternehmerrisiko** und die **Unternehmerinitiative** sind we- 44 sentliches Merkmal (BFHE 152, 345, BStBl II 1988, 497). Die Bestimmung der persönlichen Selbständigkeit entspricht der Abgrenzung zu Arbeitnehmereinkünften nach § 19 EStG (s auch § 1 LStDV; R 15.1 EStR; *BMF* BStBl I 1990, 638).

Für **Nichtselbständigkeit** (zur Abgrenzung nach der Rspr *Demme* BB 2008, 1540) spricht idR die organisatorische Eingliederung in den Betrieb eines Unternehmers, gekennzeichnet durch die **Weisungsgebundenheit** nach Zeit, Ort und Inhalt der Tätigkeit (BFHE 188, 101, BStBl II 1999, 534; BFHE 221, 157, BStBl II 2008, 868). Entscheidend ist das **Gesamtbild der Verhältnisse,** insbesondere das äußere Erscheinungsbild (BFHE 221, 182, BStBl II 2008, 933; BFHE 218, 233, BFH NV 2007, 1977). Bei der Entscheidung sind die Umstände, die jeweils für bzw gegen die Selbständigkeit sprechen, im Rahmen einer **Gesamtwürdigung** zu gewichten und abzuwägen (BFH/NV 2003, 1615; 2004, 42 mwN). Bei zeitlich nur kurzer Berührung mit dem Betrieb des Auftraggebers lässt sich nach BFH aus einem technisch notwendigen Eingliedern noch nicht die Arbeitnehmereigenschaft folgern (vgl zum Synchronsprecher BFHE 133, 357, BStBl II 1981, 706; mE jedoch fraglich, vielmehr ist umgekehrt die Arbeitnehmereigenschaft nicht von der Dauer der Eingliederung abhängig). Anspruch auf bezahlten Urlaub und Lohnfortzahlung kann das Fehlen eines typischen Unternehmerrisikos und damit Arbeitnehmereigenschaft anzeigen. Auch kann trotz Vereinbarung von „freier Mitarbeit" Nichtselbständigkeit vorliegen (BFHE 169, 154, BStBl II 1993, 155), insb wenn nicht der Arbeitserfolg, sondern die Arbeitskraft geschuldet wird. Keine ausschlaggebende Bedeutung kommt der Abführung von LSt sowie von Sozialversicherungsbeiträgen zu (BFHE 89, 235 BStBl III 1967, 598; FG Saarl EFG 1994, 751 rkr). Siehe zur Übersicht geeigneter Indizien BFHE 144, 225, BStBl II 1985, 661; zur Überlassung von Kräften BFHE 163, 365, BStBl II 1991, 409.

Für **Selbständigkeit** spricht insb das Fehlen von Umständen der oa Art. Im Einzelfall kann gleichwohl trotz Vorliegens solcher Merkmale Selbständigkeit bejaht werden (vgl BFHE 142, 268, BStBl II 1985, 51: Selbständigkeit, obwohl Lohnfortzahlung im Krankheitsfall vereinbart war), zumal wenn nicht die Arbeitsleistung als solche, sondern der Arbeitserfolg im Vordergrund steht (BFHE 175, 276, BStBl II 1994, 944; BFHE 178, 364, BStBl II 1995, 888). Selbständigkeit aber bei Abhängigkeit des wirtschaftlichen Erfolges, von der eigenen Tätigkeit (BFHE 126, 311 BStBl II 1979, 188) sowie der Möglichkeit, Arbeit zu delegieren (BFHE 177, 154, BStBl II 1995, 559). Nicht entscheidend ist die Art der Tätigkeit (BFHE 144, 225, BStBl II 1985, 661 Werbedamen), wenngleich eine einfache Tätigkeit *eher* für Unselbständigkeit spricht (BFHE 169, 154, BStBl II 1993, 155).

Besteht – insb bei **Nebenpflichten** ein sachlicher und wirtschaftlicher Zusammenhang der Einzeltätigkeit zum Beschäftigungsverhältnis, liegt auch insoweit Unselbständigkeit vor (BFHE 186, 259, BStBl II 1998, 619; BFHE 194, 212, BStBl II 2001, 496). Jedoch kann der Dienstleistende auch im Verhältnis zum selben Auftraggeber **zum Teil** selbständig, zum Teil nichtselbständig sein (BFHE 164, 556, BStBl II 1991, 802). Werden **Angestellte** nur **zum Teil** auf eigene Rechnung tätig, dann sind sie nur insoweit selbständig (BFHE 164, 53, BStBl II 1991, 631).

Auch bei einer **GbR,** sogar als **beliehener Unternehmer,** kann Unselbständigkeit vorliegen, weil ihre Einheit dem Durchgriff auf ihre Gesellschafter nicht entgegensteht (BFH/NV 1996, 325 mwN). Auch eine sog **„Ich-AG“** kann mE nach allgemeinen Grundsätzen selbständig oder nichtselbständig sein (vgl *Greiner* DB 2003, 1058, 1063).

Rechtsprechungsbeispiele zur Frage der Nichtselbständigkeit (ABC): 45

Abonnentenwerbung idR wegen des Erfolgsrisikos selbständig, jedoch kommt auch Nichtselbständigkeit in Betracht (vgl BFHE 181, 488, BStBl II 1997, 154).

Agent, auch Generalagent, je nach Einzelfall gewerblich oder nichtselbständig (BFHE 73, 827, BStBl III 1961, 567; BFHE 88, 333, BStBl III 1967, 398; BFHE 105, 469, BStBl II 1972, 624; BFHE 123, 507, BStBl II 1978, 137).

Amateursportler kann Arbeitnehmer sein, wenn die Vergütung des Vereins nicht nur unwesentlich den eigenen Aufwand des Sportlers übersteigt (BFHE 170, 48, BStBl II 1993, 303). Bei der Werbung kommt es auf das Maß der Eingliederung in den Vereinsbetrieb bzw die Vermarktungsgesellschaft an (BFHE 146, 115, BStBl II 1986, 424; *BMF* DB 1995, 1935; BB 1995, 2252; FR 1995, 756).

Anzeigenvertreter können bei Übernahme von Unternehmerrisiko selbständig sein (BFH DB 1977, 2170).

Arbeitnehmerähnliche Person idR selbständig (s 15.1 Abs 3 EStR).

Artist ist bei längerem Engagement idR nichtselbständig, ansonsten gewerblich tätig (BFHE 55, 255, BStBl III 1951, 97; BFHE 60, 257, BStBl III 1955, 100).

Arzt. Als *Krankenhausarzt* nichtselbständig auch hinsichtlich wahlärztlicher Leistungen (BFHE 211, 249, BStBl II 2006, 94). Darf er *ambulant* mit eigenem Liquidationsrecht behandeln, ist er insoweit selbständig (zur Abgrenzung BMF BStBl I 2006, 1041). Bei *Gutachten* ist entscheidend, ob dieses als Leistung des Krankenhauses erscheint (nichtselbständig) oder nicht (dann selbständig; BFHE 62, 501, BStBl III 1956, 187). Der Oberarzt als Vertreter des Chefarztes bei dessen Privatpatienten, ist dessen Arbeitnehmer (BFHE 103, 567, BStBl II 1972, 213; BFHE 143, 21, BStBl II 1985, 286; **aA** FG Ba-Wü EFG 1978, 462 rkr).

Ärztepropagandist (BFHE 73, 129, BStBl II 1961, 315).

Assistent von BT- oder EU-Abgeordneten sind Arbeitnehmer (FinVerw DB 1985, 215).

ASta-Mitglieder sind Arbeitnehmer der Studentenschaft (BFH BStBl II 2008, 981, BFH/NV 2008, 1929).

Aufsichtsratsmitglied idR selbständig nach § 18 Abs 1 Nr 3 (BFHE 106, 389, BStBl II 1972, 810; BFHE 131, 506, BStBl II 1981, 29).

Au-pair-Mädchen idR nicht auf Grund eines entgeltlichen Arbeitsverhältnisses tätig (FG Hamburg EFG 1983, 21, rkr).

Aushilfstätigkeit. Bindung an Zeit und Ort sowie Einfachheit, der Leistung sprechen für Eingliederung (zB BFHE 69, 243, BStBl III 1959, 354, Erntehelfer; BFHE 74, 97, BStBl II 1962, 37, Kohlenhandlung; BFHE 111, 326, BStBl II 1974, 301, Verladearbeiten); anders, jedoch unsystematisch, in Einzelfällen (BFHE 74, 180, BStBl III 1962, 69, Hopfentreter; BFH StRK EStG § 19 Abs 1 Nr 1 R 136, Ausschachtungsarbeiten).

Beratung des Arbeitgebers durch den Arbeitnehmer beim Verkauf des Betriebs gehört noch zur nichtselbständigen Tätigkeit (BFHE 194, 212, BStBl II 2001, 496).

Berufssportler, wiederholte Mitwirkung bei industriellen Werbeveranstaltungen ist gewerbliche Tätigkeit (BFHE 137, 183, BStBl II 1983, 182). Es kommt auf das Maß der Eingliederung in Vereinsbetrieb bzw. Vermarktungsgesellschaft an (vgl „Amateursportler"). Berufsringer sind bei Turnieren nicht selbständig tätig (BFHE 126, 457, BStBl II 1979, 182); ebenso Radrennfahrer (BFHE 60, 257, BStBl III 1955, 100; BFHE 78, 543, BStBl III 1964, 207).

Buchführungshelfer, je nach dem Maße der Eingliederung (vgl *Traxel* DStZ 1996, 364).

Buchhalter, entsprechend.

Buchmacher, gewerblich, BFHE 136, 27, BStBl II 1982, 650.

Dienstmann trotz bestimmter Verpflichtungen gegenüber Bahnverwaltung gewerblich (RFH RStBl 1942, 572).

Erziehungshelfer, es kommt Selbständigkeit und Unselbständigkeit in Betracht (FinVerw DB 2000, 1735).

Fernsehfahnder wie Rundfunkermittler *(s dort).*

Filmautoren, -komponisten, -regisseure, im Allgemeinen selbständig (*BMF* BStBl I 1990, 638), nach allgemeinen Grundsätzen im Einzelfall selbständig (BFH/NV 2008, 1485).

Filmschauspieler, idR Arbeitnehmer, BFHE 103, 421, BStBl II 1972, 88; BFHE 126, 271, BStBl II 1972, 131.

Fotomodell, gewerblich, BFHE 89, 219, BStBl III 1967, 618, auch wenn kurzfristig eingesetzt (FG München EFG 2006, 409 Rev).

Frachtführer ist nichtselbständig, wenn auf Fahrzeugen des Auftraggebers eingesetzt (FG München EFG 1999, 1046 rkr); ansonsten, wenn auf eigene Rechnung tätig, mE selbständig (ebenso *Linnenkohl* BB 2002, 622).

Franchisenehmer ist selbständig (BFHE 167, 332, BStBl II 1993, 89).

Fremdenführer idR gewerblich (BFHE 147, 245, BStBl II 1986, 851); unselbständig jedoch bei Burg- u Museumsführungen (FG Rh-Pf EFG 1991, 321).

GEMA-Beauftragter ist idR Arbeitnehmer (*OFD Hannover* DStZ 2000, 426, DB 2000, 549).

Gepäckträger bei eigenem Risiko selbständig; jedoch nach FG Münster EFG 1971, 596 rkr, nicht auf Bahnhöfen der Bahn.

Gesellschafter einer Kapitalgesellschaft kann je nach Gestaltung als Arbeitnehmer (zB Geschäftsführer) tätig sein (vgl BFHE 106, 537, BStBl II 1972, 949; BFH/NV 2006, 544; BMF DB 1998, 2040); s zum gesetzlichen Vertreter BFHE 182, 384, BStBl II 1997, 255, zum ehrenamtlich tätigen, ehemaligen Geschäftsführer FG Rh-Pf EFG 1995, 29 rkr. Doch kommt auch eine selbständige Tätigkeit in Betracht (FG Berlin EFG 2006, 1425 rkr; *Titgemeyer* BB 2007, 189).

Gutachter in Gutachterausschüssen sind mE regelmäßig selbständig tätig; anders bei entsandten Beamten (FinVerw DB 1987, 2285).

Handelsvertreter. Je nach Gestaltung und Arbeitszeit selbständig oder nichtselbständig (vgl § 84 Abs 1 Satz 5 HGB; BFHE 113, 525, BStBl II 1975, 115). Entlohnung auf Provisionsbasis muss nicht gegen Nichtselbständigkeit sprechen (BFHE 74, 396, BStBl III 1962, 149). Die vertragliche Bezeichnung als Handelsvertreter hat kein ausschlaggebendes Gewicht (BFHE 104, 196, BStBl II 1972, 214). Von Bedeutung sind Unternehmerrisiko und Unternehmerinitiative. Vorhandensein eines selbständigen wirtschaftlichen Organismus, Beschäftigung eigener Arbeitskräfte, erhebliche eigene Bürokosten, provisionsabhängige Bezüge (BFHE 73, 827, BStBl III 1961, 567). Fixum und Spesenersatz können Unternehmerwagnis einschränken und Nichtselbständigkeit annehmen lassen (BFHE 98, 302, BStBl II 1970, 474; *Abramczik* DStR 1996, 184; *Hopf* DB 1998, 863).

Hausgehilfe/-gehilfin idR Arbeitnehmer, jedoch bei entsprechender Gestaltung im Einzelfall selbständig (vgl BFHE 127, 175, BStBl II 1979, 326; FG Th EFG 1999, 235 rkr); mE nicht bei **Reinigungsarbeiten** (s FG Ba-Wu EFG 1979, 238 rkr).

Hausgewerbetreibende/Heimarbeiter:

Hausgewerbetreibende (§ 2 Abs 2 HAG, hierzu § 11 Anm 5f; BFHE 141, 58 BStBl II 1984, 534; BFHE 150, 361, BStBl II 1987, 719) sind idR selbständig und unterliegen der Gewerbesteuer (BFHE 104, 454, BStBl II 1972, 385; BFHE 136, 407, BStBl II 1980, 303; zur Abgrenzung FG Ba-Wü 1991, 38). Im Gegensatz dazu erzielen **Heimarbeiter** Einkünfte aus nichtselbständiger Tätigkeit (BFH aaO; zur Abgrenzung R 15.1 EStR). Selbständigkeit und Nichtselbständigkeit bestimmt sich auch bei diesem Personenkreis nach allgemeinen steuerrechtlichen Kriterien. Gleichwohl bieten die im Heimarbeitsgesetz (HAG, vom 14. 3. 1951, BGBl I, 191, zuletzt geändert durch VO vom 31. 10. 2006, BGBl I 2407) vorgesehenen Begriffsbestimmungen wichtige Hinweise für die Beurteilung als Gewerbetreibender oder Lohnempfänger. Den **Heimarbeitern gleichgestellt** werden nach § 1 Abs 2 Buchst a HAG solche Personen, „die idR allein oder mit ihren Familienangehörigen in eigener Wohnung oder selbst gewählter Betriebsstätte eine sich in regelmäßigen Arbeitsvorgängen wiederholende Arbeit im Auftrag eines anderen gegen Entgelt ausüben, ohne dass ihre Tätigkeit als gewerblich anzusehen oder dass der Auftraggeber ein Gewerbetreibender oder Zwischenmeister ist". **Selbständige Gewerbetreibende** sind dagegen idR die den Hausgewerbetreibenden nach § 1 Abs 2 Buchst b bis d gleichgestellten Personen. Über ihre Gleichstellung entscheiden die Heimarbeitsausschüsse bei den Arbeitsbehörden. **Zwischenmeister** ist nach § 2 Abs 3 HAG, „wer, ohne Arbeitnehmer zu sein, die ihm vom Gewerbetreibenden übertragene Arbeit an Heimarbeiter oder Hausgewerbetreibende weitergibt".

Hausmeister/Hausverwalter je nach Gestaltung Arbeitnehmer oder selbständig (FinVerw DB 1999, 1298).

Herbergsvater mE nichtselbständig, nicht jedoch in Bezug auf den Getränkeverkauf in eigener Regie.

Hopfentreter, gewerblich (BFHE 74, 180, BStBl III 1962, 69).

Kassierer von Vereinen (BFHE 66, 38, BStBl III 1958, 15), Gewerkschaften (BFHE 59, 427, BStBl III 1954, 374), Ersatzkassen (BFHE 74, 327,

BStBl III 1962, 125) nach BFH mangels Eingliederung nicht Arbeitnehmer; mE sehr fraglich.

Kettenhonorarverträge können zB bei einem Redakteur einer Rundfunkanstalt zu einer nichtselbständigen Tätigkeit führen, FG Rh-Pf EFG 1989, 22.

Künstler. Für die Frage der Eingliederung in den Betrieb (Theater, Oper, Filmproduktion, Konzertveranstaltung usw) stellt der BFH auf die Verfügbarkeit (Einbringung) nicht in das künstlerische Umfeld (zB Ensemble/Opernaufführung), sondern in den davon angeblich abweichenden Gesamtbetrieb (zB Theater, Gaststätte) ab (BFHE 109, 357, BStBl II 1973, 636; vgl. *BMF* BStBl I 1990, 638; DStR 1991, 1625). Deswegen sei der Künstler je nach Zeitdauer oder Häufigkeit des Engagements selbständig oder nichtselbständig (zust *Wolf* FR 2002, 202; krit *Güroff* in *L/B/P* § 18 Anm 60 a). Diese Unterscheidung ist gekünstelt: Produktion von Kunst ist betrieblicher Zweck des Theaters, Konzertveranstalters usw, nicht anders als die Produktion von Autos bei einem Autohersteller; weder bei dem einen noch bei dem anderen hat die betriebliche Organisation einen Selbstzweck (auch bei einem Gaststättenbetrieb oä steht etwa eine Musikgruppe eindeutig im Dienst des Betriebszwecks). Darüber hinaus ist die Rspr widersprüchlich. Denn wenn es nicht auf die Verfügbarkeit im künstlerischen Umfeld ankommt, ändern auch längere Dauer oder größere Häufigkeit von Engagements nichts an der fehlenden Eingliederung in den abweichend verstandenen Betrieb. ME sind Schauspieler u Musiker daher idR nichtselbständig tätig.

Mannequin, bei freier beruflicher Gestaltung gewerblich (BFHE 94, 17, BStBl II 1969, 71).

Masseuse im Massagesalon idR Arbeitnehmer (FG Düsseldorf EFG 1979, 239 rkr).

Museumsführer idR Arbeitnehmer (FG Rh-Pf EFG 1991, 321 rkr).

Musiker, s zunächst bei „Künstler"; bei nebenberuflichen Auftritten (Ausnahmen: nur gelegentlich) wird idR Nichtselbständigkeit angenommen (BFHE 120, 465, BStBl II 1977, 178; FinVerw DStR 1996, 1407), eine Ebenenverwechslung, denn die Eingliederung besteht unabhängig von der Haupt- bzw Nebenberuflichkeit der Tätigkeit; gleichwohl mag das Ergebnis zutreffen. Wegen der Eingliederung ist die Aushilfe in einem Sinfonieorchester mE nichtselbständig (**aA** FG Köln EFG 1982, 345 rkr); ist dagegen Selbständigkeit anzunehmen, so stellt sich die Frage nach der künstlerischen Tätigkeit (§ 18 EStG; hierzu Anm 185).

Opernsänger, s zunächst bei „Künster"; im Einzelfall selbständig (BFHE 109, 357, BStBl II 1973, 636).

Prostituierte in Bar/Bordell sind Arbeitnehmer (vgl BFH/NV 2000, 552); s auch BFH/NV 2008, 949).

Redakteur, je nach dem, ob Produktion auf eigenes Risiko, selbständig (Hess FG EFG 1990, 310 rkr) oder unselbständig (FG Rh-Pf EFG 1989, 22 rkr).

Reinigungsarbeiter idR nichtselbständig tätig (*FinVerw* FR 1995, 717).

Reiseleiter idR selbständig (FG Hamburg EFG 1988, 120 rkr).

Rettungswache im entschiedenen Fall BFH/NV 1996, 325 selbständig.

Rundfunkermittler, selbständig und daher gewerblich (BFHE 126, 40, BStBl II 1979, 53; BFHE 126, 311, BStBl II 1979, 188; BFHE 188, 101, BStBl II 1999, 534; BFHE 200, 130, BStBl II 2003, 217).

Rundfunksprecher kann bei freier Gestaltung gewerblich sein (BFHE 75, 325, BStBl III 1962, 385; BFHE 77, 736, BStBl III 1963, 589), aber auch bei dauernder „freier Mitarbeit" Arbeitnehmer (BFHE 120, 301, BStBl II 1977, 50; BFHE 214, 373, BStBl II 2006, 917).

Schauspieler, s bei „Künstler".

Schwarzarbeiter. Entscheidend ist das Gesamtbild der Verhältnisse, insb die Frage der Eingliederung (BFHE 115, 46, BStBl II 1975, 513).

Sportler. Bei längerfristigem Engagement, insb Fehlen des Unternehmerrisikos wird Nichtselbständigkeit angenommen (BFHE 55, 255, BStBl III 1951, 97, Ringer; BFHE 60, 257, BStBl III 1955, 100; BFHE 71, 341, BStBl III 1960, 376; BFHE 78, 543, BStBl III 1964, 207, Boxer; BFHE 126, 457, BStBl II 1979, 182, Catcher; BFH StRK EStG § 15 R 120 Sechstagefahrer; FG Düsseldorf EFG 1991, 192, Werks-Motocross-Fahrer), nicht dagegen wenn er selbst eine Veranstaltung organisiert (FG Köln EFG 2003, 80 rkr); vgl zu allem *Enneking/Denk* DStR 1996, 450; *Lutz* DStZ 1998, 279. Bei **Werbetätigkeit** hängt die Entscheidung vom Maß der Eingliederung ab (BFHE 137, 183, BStBl II 1983, 182; BFHE 146, 115, BStBl II 1986, 424; FG Hess EFG 2001, 683 rkr; BMF DStR 1995, 1508; 1996, 1378, 1567).

Stromableser kann Arbeitnehmer sein, auch wenn „freie Mitarbeit" vereinbart und Vertretung in Ausnahmefällen zulässig ist (BFHE 169, 154, BStBl II 1993, 155; FG München EFG 2004, 1050 rkr; aA FG Bbg EFG 2004, 34 rkr).

Subunternehmer. Zur Abgrenzung BFHE 163, 365, BStBl II 1991, 409; FG Hamburg EFG 1991, 279 rkr; FG Nds EFG 2005, 20 rkr.

Synchronsprecher, idR selbständig, BFHE 126, 271, BStBl II 1979, 131; BFHE 133, 357, BStBl II 1981, 706.

Telearbeit am eigenen Arbeitsplatz, insb mittels Internetverbindung kann mE immer noch nichtselbständig sein, wenn nach Einzelweisung und ohne Unternehmerrisiko gearbeitet wird.

Trainer ist regelmäßig Arbeitnehmer des Vereins (FG Hess EFG 1994, 396 rkr).

Treuhänder kann auch dann selbständig sein, wenn er iÜ Angestellter des betreuten Unternehmens ist (BFHE 65, 515, BStBl III 1957, 430).

Überlassungsverträge („Arbeitnehmer-Überlassung") können je nach Gestaltung zur Annahme von Arbeitnehmer- oder aber (Sub-)Unternehmereigenschaft führen (BFHE 163, 365, BStBl II 1991, 409).

Urlaubsvertreter, zB bei Apotheken, auch dann Arbeitnehmer, wenn es sich um einen Selbständigen mit weitgehender fachlicher Entscheidungsfreiheit handelt (BFHE 103, 567, BStBl II 1972, 213; BFHE 127, 201, BStBl II 1979, 414).

Vermittlungen. Die Einordnung hängt davon ab, ob der Auftraggeber in das Geschäft eingeschaltet ist, dann nichtselbständig (BFHE 75, 612, BStBl III 1962, 490; FG Rh-Pf EFG 1972, 584; FG Nbg EFG 478, 591; *FinVerw* DStR 1999, 1318); wenn nicht, dann selbständig (FG Düsseldorf EFG 2002, 96; *FinVerw* FR 2001, 505).

Versicherungsvertreter, je nach Gestaltung von Tätigkeit und Arbeitszeit selbständig oder nichtselbständig (zB FG Nds EFG 1999, 130 rkr; FG Düsseldorf EFG 2002, 96 rkr).

Werbedamen können gewerblich tätig sein (BFHE 144, 225, BStBl II 1985, 661).

Werbefilme. Hier eingesetztes Model nach FG München EFG 2006, 409 (Rev) idR selbständig; mE fraglich (s Künstler).

Werbeprospektverteiler können je nach Umfang und Organisation ihrer Tätigkeit Arbeitnehmer oder Gewerbetreibende sein (BFH/NV 2004, 42).

Werks-Motocross-Fahrer, s „Sportler".

Zeitungsverkäufer ist regelmäßig Arbeitnehmer (FG Nds EFG 1999, 101 rkr; FinVerw FR 2000, 303), kann jedoch je nach Gestaltung der Umstände selbständig sein (BFHE 94, 189, BStBl II 1969, 103; BFH/NV 2004, 42; 2005, 347).

Zwangsverpflichteter (Wehrpflichtiger, Strafgefangener, Asylbewerber) sind regelmäßig Arbeitnehmer (vgl FG Rh-Pf EFG 1998, 1313 rkr; *FinVerw* DStR 1999, 852; zT aA *H/H/R* § 19 Anm 26, 40 „Bundeswehr"); FG Düsseldorf EFG 1979, 75 rkr; Bay FM StEK § 19 Nr 79). Zahlungen an ehemalige Zwangsarbeiter ergehen nicht in einer Einkunftsart (*FinVerw* DB 2000, 398).

46 **Nachhaltige Betätigung (§ 15 Abs 2 EStG).** Dieses Begriffsmerkmal dient dem Zweck, einerseits eine nur gelegentliche Tätigkeit auszuschließen, andererseits aber auch anfängliche Tätigkeiten einzubeziehen. Es bezieht sich im Wesentlichen auf die **Veräußerungsseite,** so dass es auf die Betätigung auf der Beschaffungsseite grundsätzlich nicht ankommt (BFHE 165, 498, BStBl II 1992, 143, 146; BFHE 179, 353, BStBl II 1996, 232, 238; BFH/NV 1993, 728) und bei nur einem Beschaffungsvorgang Nachhaltigkeit gegeben sein kann (BFHE 160, 494, BStBl II 1990, 1057; BFH/NV 1992, 464; *BMF* BStBl I 1990, 884).

Nachhaltig ist die Tätigkeit, wenn sie auf Wiederholung angelegt ist, also mit einer Wiederholungsabsicht ausgeübt wird (vgl BFHE 137, 183, BStBl II 1983, 182; BFHE 180, 121, BStBl II 1996, 369; BFHE 187, 526, BStBl II 1999, 390). Fragwürdig ist der Zusatz in einigen BFH-Entscheidungen (zB BFHE 207, 162, BStBl II 2004, 950) „wenn sie sich – idR durch Wiederholung – als gewerblich darstellt"; denn die Nachhaltigkeit ist Definitionsmerkmal der Gewerblichkeit, nicht umgekehrt. Unscharf ist die Formulierung, für die Annahme der Wiederholungsabsicht hätten die „tatsächlichen Umstände" besondere Bedeutung; denn auch die Absicht ist eine Tatsache – gemeint sind offenbar äußerlich erkennbare (objektive) Tatachen (vgl BFHE 165, 498, BStBl II 1992, 143).

47 Die **tatsächliche Wiederholung** von Geschäften über einen bestimmten Zeitraum ist, sofern Wiederholungsabsicht gegeben ist, ebenso wenig erforderlich (BFHE 151, 399, BStBl II 1988, 293; BFHE 179, 353, BStBl II 1996, 232, 238; BFH/NV 2005, 517; *Kempermann* DStR 2006, 265; krit *Hornig* DStR 2005, 1719; *Moritz* DStR 2005, 2010; *Söffing* BB 2005, 2101) wie eine bestimmte Zeitdauer (BFHE 145, 33, BStBl II 1986, 88), zeitliche Kontinuität (BFHE 162, 236, BStBl II 1991, 66) oder wirt-

schaftliche Intensität (BFH/NV 1992, 238; aA BFHE 165, 116, BStBl II 1991, 776s unten). Die tatsächliche Wiederholung bietet immerhin Beweisanzeichen (BFHE 151, 399, BStBl II 1988, 293). Sie ist aber für die Einstufung der ersten Geschäfte nicht unwiderlegbare Vermutung (vgl BFHE 141, 513, BStBl II 1984, 798). Doch erfordert der Begriff der Nachhaltigkeit einen gewissen zeitlichen Zusammenhang zwischen den einzelnen Maßnahmen. Er ist beim **Grundstückshandel** gegeben, wenn innerhalb von 5 Jahren mindestens 4 Objekte verkauft werden. Die sog 3-Objekt-Grenze stellt aber keine Mindestgrenze für die Nachhaltigkeit dar (vgl BFHE 207, 213, BStBl II 2004, 950; BFHE 207, 162, BStBl II 2005, 35 mwN; *Kempermann* StbJb 2002/03, 419, 433); zwei Verkäufe können genügen (BFHE 197, 240, BStBl II 2002, 291; BFHE 200, 293, BStBl II 2003, 238; BFH/NV 2003, 455, 1291); auch nach Ablauf von 5 Jahren veräußerte Objekte können zu berücksichtigen sein (BFHE 161, 543, BStBl II 1990, 1660; BFHE 165, 521, BStBl II 1992, 135). Der Annahme von Nachhaltigkeit steht in solchen Fällen nicht entgegen, dass alle verkauften Objekte durch ein einziges Kaufgeschäft angeschafft worden sind (BFHE 160, 494, BStBl II 1990, 1057; BFH/NV 1992, 464). Unter der Voraussetzung, dass weitere Grundstücksgeschäfte zumindest geplant sind, gilt entsprechendes auch für ein einziges Verkaufsgeschäft (BFH/NV 1994, 20; 1998, 853). **Nachhaltigkeit** ist aber auch gegeben, wenn die Tätigkeit auf einem **einmaligen Entschluss** bzw **Vertrag** (mit nur einer Person) beruht, zur Durchführung aber mehrere Handlungen erforderlich sind (BFHE 209, 320, BStBl II 2005, 817; BFHE 212, 106, BStBl II 2006, 259), insb wenn sie die Einnahmen bzw den Verkaufspreis erhöhen sollen (BFHE 108, 190, BStBl II 1973, 260; BFHE 145, 33, BStBl II 1986, 88; BFHE 201, 180, BStBl II 2003, 294; BFHE 206, 90, BStBl II 2004, 868; BFH/NV 2005, 164; FG Bbg EFG 2006, 983 Rev) oder (beim Grundstückshandel) bei der Veräußerung mehrerer Parzellen (BFHE 110, 348, BStBl II 1974, 6) bzw Miteigentumsanteile in verschiedenen Verträgen (BFHE 180, 42, BStBl II 1996, 367; BFHE 207, 162, BStBl II 2004, 950; BFH/NV 2007, 234) oder wenn der Verkäufer eines noch unbebauten Grundstücks sich verpflichtet, auf diesem ein Wohnhaus zu errichten, oder im Hinblick auf Nutzungsvorstellungen des Käufers eine Vielzahl von Aktivitäten entfaltet (BFHE 201, 180, BStBl II 2003, 294); hierbei sollen nach BFHE 206, 90, BStBl II 2004, 868, in Vermietungsabsicht getätigte Maßnahmen unberücksichtigt bleiben (fraglich, weil Vermengung von Begriffselementen). Bedingen sich **Aktivitäten selbständiger Rechtssubjekte** gegenseitig und sind sie im Interesse desselben Ziels miteinander verflochten, können die Handlungen des einen dem anderen zugerechnet werden (BFHE 218, 331, BStBl II 2007, 885). Auch können Aktivitäten nach Veräußerung zu beachten sein (zB bei Rückkaufsrecht zur Verhinderung des Bedingungseintritts, BFH aaO). Auf jeden Fall können zehn von einer einheitlichen Wiederholungsabsicht getragene Wertpapiergeschäfte ausreichen (BFHE 162, 236, BStBl II 1991, 66); ebenso der Verkauf eines Warenlagers innerhalb eines Monats (Nds FG EFG 1993, 722).

Bei **mehreren Einzelhandlungen** ist nicht erforderlich, dass hinsichtlich jeder einzelnen Gewinnerzielungsabsicht vorliegt (BFH/NV 1995, 787). Nachhaltigkeit kann auch nicht mit dem Hinweis verneint werden, es habe sich um Gefälligkeiten gehandelt (BFHE 178, 490, BStBl II 1996, 109).

48 **Keine nachhaltige Tätigkeit** ist gegeben, wenn es sich nur um ein gelegentliches Geschäft handelt, bei dem keine Wiederholungs- oder Verkaufsabsicht besteht (BFHE 171, 500, BStBl II 1994, 96; BFH/NV 1989, 101; 1989, 102) bzw die Wiederholung nicht mit Sicherheit vorgesehen ist (BFHE 122, 462, BStBl II 1977, 728; BFH/NV 1993, 728). Das gilt beim Grundstückshandel auch dann, wenn mehrere Objekte durch einen einzigen Vertrag an denselben Erwerber veräußert werden (BFHE 207, 162, BStBl II 2004, 950; offen gelassen in BFHE 207, 213, BStBl II 2005, 35; BFHE 208, 147, BStBl II 2005, 164), es sei denn, besondere weitere Umstände (zB Bemühen um Einzelverkäufe; Branchennähe, Verhältnisse der Gesellschaft; Errichtung nach Veräußerung) lassen auf Wiederholungsabsicht schließen (zB BFHE 165, 498; BStBl II 1992, 143; BFHE 201, 180, BStBl II 2003, 294; BFHE 206, 90, BStBl II 2004, 868; BFHE 209, 372, BStBl II 2005, 606; BFH/NV 2006, 676; FG Düsseldorf EFG 2006, 734 NZB; krit *G. Söffing* BB 2005, 2101). Bei einem nicht jährlich stattfindenden Verkauf von Jahreswagen liegt mangels wirtschaftlicher Intensität keine Nachhaltigkeit vor (BFHE 165, 116, BStBl II 1991, 776). Man wird in diesen Fällen auch keine betriebliche Organisation in der Form von bestimmten, einer regelmäßigen Tätigkeit gewidmeten Wirtschaftsgütern vorfinden.

49 Die oa Rechtsprechung ist **verfassungsrechtlich** unbedenklich (BVerfG HFR 2006, 395). Die **Feststellungslast** für die einen Gewerbebetrieb begründende nachhaltige Betätigung hat das Finanzamt (BFHE 145, 33, BStBl II 1986, 88).

50 **Beteiligung am allgemeinen wirtschaftlichen Verkehr (§ 15 Abs 2 EStG).** Dieses Merkmal bezweckt die Abgrenzung des Markteinkommens von sonstigen Vermögensmehrungen (*Schön* FS Vogel 2000, 661), soll also solche Tätigkeiten ausklammern, die zwar von Gewinnabsicht getragen, aber nicht auf einen Leistungs- u Güteraustausch gerichtet sind (BFHE 147, 245, BStBl II 1986, 851; BFHE 180, 42, BStBl II 1996, 367; BFHE 180, 121, BStBl II 1996, 369; BFHE 187, 287, BStBl II 1999, 448; BFHE 188, 101, BStBl II 1999, 534: typusbezogene Auslegung; **aA** *Weber-Grellet* DStR 1999, 716; *Schmidt/Weber-Grellet* § 15 Anm 20). Es liegt vor, wenn sich der Steuerpflichtige an den Markt wendet und erkennbar Leistungen gegen Entgelt der Allgemeinheit anbietet (BFHE 108, 190, BStBl II 1973, 260; BFHE 147, 245, BStBl II 1986, 851; BFHE 154, 332, BStBl II 1989, 24; BFHE 181, 508, BStBl II 1997, 295; BFHE 187, 526, BStBl II 1999, 390; BFHE 207, 162, BStBl II 2004, 950). Ein „grauer Markt" genügt (BFHE 102, 261, BStBl II 1971, 620; BFHE 164, 53, BStBl II 1991, 631). Auch ein Handeln über einen Strohmann (Beauftragten) reicht aus (BFHE 102, 236, BStBl II 1991, 66). Allgemeine Erkennbarkeit für das Publikum (zB Werbung) ist nicht erforderlich (BFHE 156, 476, BStBl II 1989, 621), ebenso wenig Teilnahme am allgemeinen Wettbewerb (BFHE 78, 352, BStBl II 1964, 137; BFHE 81, 40, BStBl II 1965, 261). Es genügt die Erkennbarkeit für die beteiligten Kreise (RStBl 1939, 578, 579; BFHE 102, 261, BStBl II 1971, 620; BFHE 137, 183, BStBl II

1983, 182), ebenso die Einschaltung von am allgemeinen wirtschaftlichen Verkehr Beteiligten (zB Banken, BFHE 167, 236, BStBl II 1991, 66). Einschränkend äußert sich dagegen die Entscheidung in BFHE 139, 386, BStBl II 1984, 137: Es genügt, ohne dass es darauf ankäme, wenn der Verkäufer seine Verkaufsabsicht in der Weise bekanntgibt, dass er damit rechnet, seine Verkaufsabsicht werde sich bei einem unabgeschlossenen Personenkreis herumsprechen (BFHE 151, 399, BStBl II 1988, 293; BFHE 165, 498, BStBl II 1992, 143; BFHE 173, 313, BStBl II 1994, 463; BFH/NV 1996, 606; 1997, 477; 1998, 1083). Daher kann auch eine verschleierte (kriminelle) Tätigkeit ausreichen (BFHE 164, 556, BStBl II 1991, 802, Untreue eines Bankangestellten; FG Köln EFG 1986, 350 rkr, Rauschgifthandel). Geschäftsbeziehungen mit mehreren, womöglich wechselnden Kunden sprechen zwar im Allgemeinen für das Teilhaben am Marktgeschehen, sind aber kein unerlässliches Erfordernis (BFHE 179, 353, BStBl II 1996, 232; BFHE 180, 42, BStBl II 1996, 367; BFH/NV 1990, 798).

Auch Leistungen **nur an einen Abnehmer** können Teilnahme am Wirtschaftsverkehr sein, wenn die zu berücksichtigende Tätigkeit nach Art und Umfang dem Bild einer unternehmerischen Marktteilnahme entspricht (BFHE 191, 45, BStBl II 2000, 404; BFHE 199, 261, BStBl II 2002, 565; BFHE 201, 204, BStBl II 2003, 464; BFH/NV 2006, 505). Insb beim Grundstücksverkauf ist nicht erforderlich, dass jedes einzelne Grundstück einer Mehrzahl von Personen angeboten wird (BFHE 173, 313, BStBl II 1994, 463; vgl auch BFH/NV 1998, 1084). Ein Tätigwerden für nur einen Geschäftspartner schließt eine Beteiligung am allgemeinen wirtschaftlichen Verkehr nicht aus, insb dann nicht, wenn der StPfl bereit gewesen ist, bei Scheitern dieses Geschäfts auch an einen anderen zu verkaufen (BFHE 141, 282, BStBl II 1984, 722; BFHE 150, 148, BStBl II 1988, 277; BFHE 165, 498, BStBl II 1992, 143; BFHE 180, 121, BStBl II 1996, 369; BFH/NV 1990, 798); ebenso wenig wenn sich der StPfl eines Maklers/Vermittlers bedient (BFHE 164, 39, BStBl II 1991, 844; BFHE 180, 42, BStBl II 1996, 367; BFH/NV 1987, 646; 2000, 185, verdeckte Stellvertretung) oder nur ein einziges Geschäft mit einem Dritten abschließt, sich dieser aber nach außen erkennbar nach Bestimmung des StPfl an den allgemeinen Markt wendet (BFHE 179, 353, BStBl II 1996, 232, 237 ff), bzw der Erwerber bereits bekannt war (BFH/NV 2002, 1559). Das Merkmal ist ebenfalls erfüllt beim Verkauf im Rahmen eines Grundstückshandels bzw bei sonstiger Leistungen nur an Mieter und/oder Angehörige (BFHE 196, 84, BStBl II 2002, 338; BFH/NV 2000, 1329; *BMF* BStBl I 2004, 434 Tz 4). Entsprechendes gilt, wenn der StPfl vertraglich an Geschäftsbeziehungen zu weiteren Personen gehindert ist, sofern sich seine Tätigkeit (nur seinem Kunden gegenüber) nach Art und Umfang als unternehmerische Tätigkeit darstellt (BFHE 191, 45, BStBl II 2000, 404; vgl auch BFHE 187, 287, BStBl II 1999, 1067) oder wenn er nur an bestimmte Personen auf deren Wunsch veräußert (BFHE 201, 515, BStBl II 2003, 510). Dritten Geschäftspartnern des Auftraggebers muss nicht deutlich sein, dass die zu beurteilende Tätigkeit selbständig oder nichtselbständig erbracht wird (BFHE 199, 261, BStBl II 2002, 565). 51

52 **Keine Beteiligung** am allgemeinen wirtschaftlichen Verkehr ist gegeben, wenn Leistungen nicht angeboten, sondern nur angenommen werden (BFHE 100, 199, BStBl II 1970, 865, Glücksspiele; BFHE 162, 107, BStBl II 1990, 1073, Verwaltung v Stammkapital) und wenn der Stpfl für Geschäfte mit anderen nicht offen ist (vgl BFHE 165, 498, BStBl II 1992, 143 unter 1 d; vgl auch BFH/NV 1998, 1467: wirtschaftliche Rückabwicklung des Erwerbs an den Veräußerer; BFHE 101, 9, BStBl II 1971, 173: Vermietung von PKW an Angestellte; BFH/NV 2006, 1837: Bürgschaftsübernahme durch Gesellschafter) sowie bei einem **hoheitlichen Tätigwerden** (BFHE 153, 33, BStBl II 1988, 615: Präsident einer Berufskammer). Dies schließt indessen nicht einen Gewerbebetrieb bei einer Person aus, der öffentlich rechtliche Aufgaben übertragen wurden (vgl BFHE 126, 311, BStBl II 1979, 188; BFHE 188, 101, BStBl II 1999, 534, Rundfunkermittler; BFHE 181, 508, BStBl II 1997, 295, Kaminkehrer), auch dann nicht, wenn diese Person als sog beliehener Unternehmer öffentliche Befugnisse ausübt (siehe zur Kapellenvermittlung BFHE 84, 97, BStBl III 1966, 36; sowie BFHE 99, 31, BStBl II 1970, 517). Die Beteiligung am allgemeinen wirtschaftlichen Verkehr ist auch gegeben bei einem leistungsabhängigen **Entgelt** (BFH/NV 1994, 622), bei Zahlung durch einen Dritten (BFHE 123, 507, BStBl II 1978, 137), nicht jedoch, wenn eine Tätigkeit **nicht auf** einen **Leistungsaustausch,** sondern nur auf die Differenz zwischen Ankaufs- und Verkaufskurs **gerichtet** ist und den Teilnehmern somit zu Spieleinnahmen verholfen wird (BFHE 154, 532, BStBl II 1989, 39; H 15.4 c EStH); Entsprechendes gilt bei „privatem" An- und Verkauf von Wertpapieren und Briefmarken (BFHE 187, 287, BStBl II 1999, 448).

Im Übrigen lässt sich die Rechtsprechung bzgl des Merkmals der Beteiligung am allgemeinen wirtschaftlichen Verkehr weniger von allgemeinen Aussagen als vom **Fallvergleich** leiten: Das Einsammeln von leeren Coca-Cola-Flaschen wurde als nicht typisch iS einer gewerblichen Tätigkeit angesehen (vgl BFHE 110, 22, BStBl II 1973, 727); dagegen die Entscheidung in BFHE 140, 82, BStBl II 1984, 132; BFH/NV 1994, 80: Börsentermingeschäfte als gewerbliche Tätigkeit denkbar, ebenso zum Berufsspieler BFH/NV 1998, 854.

53 **Gewinnerzielungsabsicht** (Überblick und Kritik bei *Theisen* StuW 1999, 255 ff; *Weber-Grellet* DB 2002, 2568; *Hiller* StW 2002, 259; *Fuhrmann* KÖSDI 2003, 13 994; *Korn/Fuhrmann* DStZ 2004, 394; *Ritzrow* StWa 2001, 266; *Westerfelhaus* DStZ 2005, 585; *Kanzler* DStZ 2005, 766; *Kruse* FS Raupach 2006, 143; *Drüen* AG 2006, 707).

Die Gewinnerzielungsabsicht ist **subjektives Tatbestandselement,** dessen Bestimmung durch objektive Kriterien und Würdigungen zu erfolgen hat (BFHE 141, 405, BStBl II 1984, 751, 767; BFHE 180, 121, BStBl II 1997, 369; BFHE 200, 254, BStBl II 2003, 282; BFHE 207, 183, BStBl II 2004, 1063; zum Meinungsstreit über die Bedeutung subjektiver und objektiver Merkmale vgl *Vinzenz* DStR 1993, 550; *Weber-Grellet* DStR 1992, 561; 1993, 980; in *Schmidt* § 15 Anm 24; *Berz* DStR 1997, 358; *Braun* BB 2000, 283). Fehlt sie, liegt ein est- u gewstrechtlich irrelevanter Betrieb vor. Sie genügt als Nebenzweck (§ 15 Abs 2 Satz 3 EStG;

BFHE 205, 110, BStBl II 2004, 355; BFH/NV 1992, 310). Die Ungewissheit des finanziellen Erfolges ist unbeachtlich (BFHE 143, 355, BStBl II 1985, 424; BFHE 161, 144, BStBl II 1991, 333); eine nur theoretische, glücksspielartige Gewinnchance reicht jedoch nicht aus (BFHE 179, 335, BStBl II 1996, 219). Hat sich der StPfl noch nicht entschlossen, fehlt die Gewinnerzielungsabsicht ebenfalls (BFH/NV 2003, 1315).

Für das nicht nur die gewerblichen Einkünfte kennzeichnende Merkmal Gewinnerzielungsabsicht ist der Gewinn nicht als (durchschnittlicher) Periodengewinn (§ 4 Abs 1, § 5 Abs 1 EStG), sondern als sog **Totalgewinn** anzusehen (BFHE 157, 98, BStBl II 1989, 718) iS einer voraussichtlichen Betriebsvermögensvermehrung von der Gründung bis zur Aufgabe oder Liquidation (BFHE 141, 405, BStBl II 1984, 751, 765 ff; BFHE 148, 119, BStBl II 1987, 89; BFHE 207, 183, BStBl II 2004, 1063; hierzu *Weber-Grellet* DStR 1992, 561; 1998, 873; *Drosdzol* DStR 1992, 199; *Pferdmenges* StuW 1990, 240; *Fleischmann* DStR 1998, 364). Es entscheidet das Urteil aus der Sicht des an objektiven Gegebenheiten orientierten StPfl im jeweiligen Besteuerungszeitraum (BFHE 145, 375, BStBl II 1986, 289; *Groh* DB 1984, 2424) auf Grund einer in die Zukunft gerichteten **langfristigen Prognose,** für die die Verhältnisse eines abgelaufenen Zeitraums wichtige Anhaltspunkte bieten (BFHE 179, 335, BStBl II 1996, 219; BFHE 186, 347, BStBl II 1998, 727; BFH/NV 2005, 854). Eine retrospektive Beurteilung ist insb dann angezeigt, wenn sie die im VZ objektiv bestehenden Anhaltspunkte besser beleuchtet (BFHE 159, 128, BStBl II 1990, 278; BFHE 181, 133, BStBl II 1997, 202, 205; BFH/NV 1992, 108; *Leingärtner* DStR 1985, 131, 134). Eine Mindestverzinsung des eingesetzten Kapitals ist nicht erforderlich; es muss jedoch ein ins Gewicht fallender Betrag verbleiben (BFHE 144, 67, BStBl II 1985, 549; zur Ermittlung *Groh* DStR 1992, 561, 602; *Lüdicke* FR 1994, 110). Nicht ausreichend ist die Prognose lediglich bescheidener Gewinne in der Zukunft, wenn ein Ausgleich der bisherigen Verluste damit nicht möglich ist (BFH/NV 2001, 1381). Ebensowenig reicht eine nur theoretische Gewinnchance (BFHE 191, 119, BStBl II 2000, 227). Entsprechendes gilt für die Deckung von **Selbstkosten;** hierzu gehört neben der Erwirtschaftung der laufenden Kosten auch die Erhaltung des Vermögens (BFHE 178, 69, BStBl II 1995, 718). Keine Deckung nur der Selbstkosten liegt vor, wenn (zusätzliches) Eigenkapital zB für Erweiterungsinvestitionen, Schuldentilgung uä erwirtschaftet werden soll, es sei denn, dies soll später durch Kostenunterdeckung wieder aufgezehrt werden (BFHE 288, 17, BStBl II 1999, 366; BFH/NV 1999, 1250). Die **Motive** des Gewinnstrebens sind unbeachtlich (BFHE 129, 177, BStBl II 1980, 106; BFHE 164, 347, BStBl II 1991, 844). 54

Die Frage der Gewinnerzielungsabsicht ist nach **steuerrechtlichen Gesichtspunkten** zu entscheiden (vgl BFHE 186, 347, BStBl II 1998, 727; BFH/NV 2009, 18; *Drüen* FR 1999, 1097; AG 2006, 707; *Fuhrmann* KÖSDI 2003, 13994; krit *Theisen* StuW 1999, 255, 260: betriebswirtschaftliche Beurteilungsgröße); auch für beschränkt StPfl (BFHE 297, 287, BStBl II 2002, 861; *Gosch/Lüdicke* DStR 2002, 671). Das bedeutet: 55

Nur **tatsächliche Erträge u Aufwendungen,** nicht kalkulatorische Größen sind maßgebend (*Groh* DB 1984, 2424; DStR 1992, 561, 602). Eine nur durch Geldentwertung eingetretene Vermögensmehrung genügt nicht (BFH/NV 1989, 771; *Weber-Grellet* DStR 1992, 561), wohl aber vorhersehbare Wechselkursschwankungen (BFH/NV 1997, 478), direkte stpfl u stfreie Subventionen (BMF StEK § 15 EStG Nr 272; FR 1999, 827; *Pferdmenges* FR 1990, 700), nicht jedoch eine Minderung der Steuern vom Einkommen (§ 15 Abs 2 Satz 2 EStG; hierzu *Kulosa* HFR 2005, 26). Steuerpflichtige Veräußerungsgewinne und ähnliche Vorgänge sind einzubeziehen (BFHE 153, 374, BStBl II 1988, 778). Steuerfreie Veräußerungsgewinne bleiben außer Betracht (vgl BFH/NV 1993, 8). Auch reine Buchgewinne, bei denen – handelsrechtlich bedingt – lediglich der Veräußerungsgewinn in Höhe des negativen Kapitalkontos eintritt, stellen keine echte Betriebsvermögensmehrung dar.

Nicht abziehbare Betriebsausgaben sind nicht zu berücksichtigen (BFHE 141, 405, BStBl II 1984, 751; BFHE 153, 374, BStBl II 1988, 778; BFH/NV 1993, 8; 1996, 891). Doch kann zu berücksichtigen sein, ob die für die Tätigkeit verwendeten Gegenstände erneuert werden müssen (BFH/NV 1998, 843). § 6b Abs 2 EStG ist zu berücksichtigen (BFH/NV 2007, 231), nicht aber Sonderabschreibungen (BFHE 197, 151, BStBl II 2002, 726; *Stuhrmann* StB 2003, 82; **aA** *BMF* BStBl I 1998, 1444; *Stein* DStZ 2000, 780). Bei Verlustzuweisungsgesellschaften ist zu vermuten (widerlegbare tatsächliche Vermutung wie bei einem Anscheins- oder Indizienbeweis, BFH/NV 1995, 221), dass sie zunächst keine Gewinnerzielungsabsicht haben, sondern lediglich die Möglichkeit einer späteren Gewinnerzielung in Kauf nehmen (BFHE 163, 524, BStBl II 1991, 564; BFHE 165, 406, BStBl II 1992, 328; BFHE 175, 416, BStBl II 1995, 118; BFHE 179, 335, BStBl II 1996, 219; BFHE 193, 460, BStBl II 2001, 789; *Spindler* DB 1995, 894; zum Verfahren *BMF* BStBl I 1992, 404; BStBl I 1994, 420; kritisch *Pezzer* DStR 1995, 1853; *Uhländer* FR 1996, 301; *Kohlhaas* DStR 1996, 209, 945; 1999, 504 zu § 2b EStG; FR 2003, 598; *Lüdicke/Pannen* DStR 2000, 2109; *Lang* FR 1997, 201; zur Prognose *Ross* DStZ 1998, 717; *Drüen* FR 1999, 1097).

Zur **einkunftsübergreifenden** Realisierung von Totalgewinn BFHE 145, 335, BStBl II 1986, 596 (Berücksichtigung einer Einkunft nach § 17 EStG iRd § 20 EStG) sowie BFHE 202, 124, BStBl II 2003, 602 (teils selbständig, teils nichtselbständig). Für die Bestimmung der Gewinnerzielungsabsicht und umgekehrt der Liebhaberei auf Grund des Veranlassungsprinzips *Schuck* DStR 1993, 975; *Littwein* BB 1996, 243; *Schuhmann* StBp 2000, 357; ähnlich *Westerfelhaus* DStZ 2005, 585: § 12 EStG erfasse den „zugrundeliegenden Sachverhalt per se"; mE zu Unrecht, denn § 12 EStG setzt eine Qualität voraus, die mit der Erörterung der Gewinnerzielungsabsicht erst bestimmt werden soll.

56 Eine **negative Prognose** allein reicht nicht für die Annahme fehlender Gewinnerzielungsabsicht (BFHE 208, 522, BStBl II 2005, 336), ebenso wenig langjährige Verluste (BFH/NV 1993, 475; 1996, 812). Bei länger aufrechterhaltenen Verlustbetrieben muss zu den über die betriebsspezifischen **Anlaufzeiten** (hierzu auch Anm 57, 59) hinausreichenden Verlustperioden als weiteres Beweisanzeichen die Feststellung möglich sein, dass der Steuerpflichtige die verlustbringende Tätigkeit nur aus im Bereich sei-

ner **Lebensführung** liegenden Gründen oder **Neigungen** ausübt (BFHE 153, 374, BStBl II 1988, 778; *Weber-Grellet* DStR 1998, 873; *Kupfer* KÖSDI 2000, 12514). Das gilt nach der höchstrichterlichen Rspr insb für Tätigkeiten, die nicht typischerweise dazu bestimmt und geeignet sind, der Befriedigung persönlicher Neigungen oder Erlangung wirtschaftlicher Vorteile außerhalb der Einkunftssphäre zu dienen (BFHE 200, 284, BStBl II 2003, 85; BFHE 205, 243; BStBl II 2004, 455), eine auf **Richterrecht** beruhende Einschränkung, die das G nicht hergibt und wohl auf einer Vermischung mit den Grundsätzen zu § 12 EStG beruht. Nach der Rspr jedoch gilt: Ist die Tätigkeit typischerweise zur Befriedigung persönlicher Neigungen usw geeignet und/oder bestimmt, bedarf es ausnahmsweise der oa Feststellung nicht (BFHE 195, 382, BStBl II 2002, 276; BFHE 202, 184, BStBl II 2003, 602; BFH/NV 2004, 1396) Die Neigung kann sich natürlich auch auf den Beruf selbst beziehen (BFHE 200, 284, BStBl II 2003, 85; BFH/NV 2003, 896). Ist dies der Fall, muss der StPfl zu Beginn seiner Tätigkeit ein schlüssiges, die Möglichkeit eines Totalgewinns ergebendes Betriebskonzept erstellt haben (BFHE 218, 163, BStBl II 2007, 874; Anm *Kanzler* FR 2008, 85). **Freizeitvergnügen** im Zusammenhang mit der Tätigkeit ist für das Fehlen von Gewinnerzielungsabsicht nicht erforderlich (BFH/NV 1997, 571 mwN; *Weber-Grellet* DStR 1992, 561); es genügt jedes einkommensteuerrechtlich **unbeachtliche Motiv,** also auch das Vorhaben, Gehaltszahlungen an nahe Angehörige (BFHE 205, 243, BStBl II 2004, 455; BFH/NV 2001, 160) geltend zu machen oder erhöhte Werbeaufwendungen abzusetzen (BFHE 199, 217), einen unrentablen Betrieb bis zur Übernahme durch den Sohn fortzuführen (BFHE 195, 382, BStBl II 2002, 276), Steuern zu sparen, soweit es darum geht, Kosten der privaten Lebensführung in den steuerlich relevanten Bereich zu verlagern (BFHE 205, 243, BStBl II 2004, 455; BFH/NV 2000, 23; 2002, 1428 mwN). Das gilt trotz StMinderung nicht für die Verrechnung „echter Verluste" (BFHE 202, 553, BStBl II 2003, 814; BFHE 207, 183, BStBl II 2004, 1063), was mE aber nur solche sein können, bei denen Feststellungen der vorgenannten Art (insb Tätigkeit aus Neigung; Verlagerung der Kosten in den steuerlich relevanten Bereich) nicht möglich sind. Letztlich ist „persönliche Neigung" jede die Gewinnerzielung betreffende indifferente Haltung (ebenso *Schmidt/Weber-Grellet* § 15 Anm 32), weswegen BFHE 186, 206, BStBl II 1998, 663 (zum Rechtsanwalt) trotz deutlicher auf Indifferenz beruhender Dauerverluste völlig zu Unrecht die Gewinnerzielungsabsicht bejaht hat (neuerdings jedoch BFHE 208, 557, BStBl II 2005, 392). Fehlt es bei langjährigen Verlusten an geeigneten Maßnahmen zur Gesundung des Betriebs, sind persönliche Gründe und Neigungen indiziert (BFHE 188, 27, BStBl II 1999, 638; BFH/NV 2000, 1333; BFHE 207, 183, BStBl II 2004, 1063; BFHE 208, 572, BStBl II 2005, 336: keine hohen Anforderungen an die Feststellung der Motive; aA BFHE 200, 284, BStBl II 2003, 85; ebenfalls anders in dem Fall BFH/NV 2002, 1025: Vercharterung von 6 Yachten; zu den offenen Fragen *Paus* DStZ 2005, 668).

Das **Fehlen** der Gewinnerzielungsabsicht wird jedoch **indiziert,** wenn 57
nach dem Urteil eines Sachkundigen der Betrieb nach Wesensart und/oder Bewirtschaftung objektiv ungeeignet ist für die Erzielung eines Totalge-

winns (BFHE 208, 522, BStBl II 2005, 336; BFH/NV 1998, 947). In diesem Zusammenhang ist zu prüfen, ob der StPfl bei Dauerverlusten durch geeignete **Umstruktierungsmaßnahmen** korrigierend zur Herstellung der Rentabilität eingegriffen hat (BFHE 159, 128, BStBl II 1990, 278; BFHE 163, 524, BStBl II 1991, 564; BFHE 178, 160, BStBl II 1995, 722; BFHE 207, 183, BStBl II 2004, 1063; BFHE 208, 522, BStBl II 2005, 336; BFH/NV 2007, 1492). Ist dies der Fall, ist dieses ein gewichtiges Indiz für die Gewinnerzielungsabsicht. Ungeeignete Maßnahmen genügen also nicht (FG Hamburg EFG 2003, 994 rkr). Geeignete Maßnahmen sind solche, die nach dem zu ihrer Zeit gegebenen Erkenntnishorizont aus der Sicht des wirtschaftlich vernünftig denkenden Betriebsinhabers eine hinreichende Wahrscheinlichkeit boten, innerhalb eines überschaubaren Zeitraums (der abhängig ist von Gegenstand und Art des Betriebs) in die Gewinnzone zu führen. Nach BFHE 207, 183, BStBl II 2004, 1063, reicht hierfür die reine **Kostensenkung** aus, wenn sie ohne die Zinsen aus früheren Fehlmaßnahmen zu künftig positiven Ergebnissen führt – was mE einen Verstoß gegen den Totalgewinngrundsatz (Anm 41) sowie fundamentale Erfordernisse betriebswirtschaftlichen Denkens darstellt; zudem eröffnet eine solche Rechtsbehauptung „erfreuliche" Gestaltungsmöglichkeiten. **Anfangsverluste** sprechen freilich nicht stets gegen Gewinnerzielungsabsicht (BFH/NV 1999, 1081; 2006, 1477), zumal dann, wenn sie einen angemessenen zeitlichen Rahmen nicht überschreiten; dieser lässt sich zwar nicht allgemein festlegen, liegt aber nur in Ausnahmefällen unter fünf Jahren (BFHE 218, 163, BStBl II 2007, 874). Die Bemessung hat „berufsspezifisch" zu erfolgen; denkbar sind auch 14 Jahre (vgl *H/H/R* § 2 EStG Anm 411 b). Daher sprechen Anfangsverluste nur dann gegen Gewinnerzielungsabsicht, wenn feststeht, dass der Betrieb so, wie er geführt wird, von vornherein nicht in der Lage war, nachhaltige Gewinne (einen Totalgewinn) zu erzielen (BFHE 181, 133, BStBl II 1997, 202, 206).

58 **Anscheinsbeweisgrundsätze** sind anwendbar (vgl BFHE 141, 405, BStBl II 1984, 751, 767; krit *Weber-Grellet* DStR 1993, 980; DB 2002, 2568; FR 2003, 142; *Littwin* BB 1996, 243; *Gosch* StBp 2003, 60; *Schmidt-Liebig* FR 2003, 273: eine Rechtsanwendung und Subsumtion; jedoch zu Unrecht, denn hierin liegt die bipolare Natur von Beweisanzeichen, *Heuermann* DStZ 2004, 9). Der Anscheinsbeweis kann durch einzelne objektive Umstände geführt, aber durch die ernsthafte Möglichkeit des Gegenteils entkräftet werden (BFHE 129, 53, BStBl II 1989, 69; BFHE 141, 405, BStBl II 1984, 751, 767; BFHE 145, 375, BStBl II 1986, 289). Ist der zulässige Gegen- oder Erschütterungsbeweis geführt, darf die (fehlende) Gewinnerzielungsabsicht nicht mehr vermutet werden; es kommt auf die objektive Beweislast (Anm 44) an (BFHE 145, 375, BStBl II 1986, 289; BFHE 179, 335, BStBl II 1996, 221; BFHE 181, 133, BStBl II 1997, 202, 205). Bei **neu gegründeten Betrieben** des Handels und der Fertigung spricht der Beweis des ersten Anscheins für das Vorliegen von Gewinnerzielungsabsicht (BFHE 145, 375, BStBl II 1986, 289; BFH/NV 1996, 206), insb bei einem größeren Unternehmen (zur Druckerei BFH/NV 1991, 364); es sei denn die Art des Betriebes bzw seine Bewirtschaftung oder die Marktverhältnisse sprechen nach der Lebenserfahrung dagegen,

dass der Betrieb geeignet oder bestimmt ist, dauerhaft mit Gewinn zu arbeiten (BFHE 163, 524, BStBl II 1991, 564; BFH/NV 1995, 866; 1996, 812; 1999, 1204; 2001, 1381). Zur **Entkräftung** des Anscheinsbeweises reichen (s o) dauerhafte Verluste allein nicht aus (BFHE 145, 375, BStBl II 1986, 289). Einen Beweis des ersten Anscheins dahin, dass jedwedes neu gegründete Unternehmen mit Gewinnerzielungsabsicht betrieben wird, besteht aber nicht (BFH/NV 1995, 1062). Ist der Betrieb die alleinige **Existenzgrundlage,** scheidet also die Möglichkeit der steuerwirksamen Verlustverrechnung aus, ist idR keine Liebhaberei anzunehmen (BFH/NV 1998, 845). Zu berücksichtigen ist auch, ob etwa eine Krankheit (BFHE 118, 447, BStBl II 1975, 485; BFH/NV 2003, 1303) oder vom StPfl nicht zu vertretende widrige Marktverhältnisse für die Verluste ursächlich waren (BFH/NV 2003, 625), er also nicht sehenden Auges am Markt vorbei produziert hat. **Tatsächliche Gewinne** in erheblichem Umfang über Jahre hinweg sind ein kaum zu widerlegendes Anzeichen für das Vorliegen von Gewinnerzielungsabsicht (BFHE 142, 152, BStBl II 1985, 61; BFHE 161, 144, BStBl II 1991, 333; BFH/NV 1986, 278; 1985, 15; 1998, 947, 950), auch bei intermittierenden Verlusten aus einzelnen Geschäften (BFH/NV 1996, 372). Zur Entkräftung müssen gewichtige außergewöhnliche Umstände des Einzelfalles dargelegt und ggf bewiesen werden, nach denen die Gewinnerzielung nach objektiven Kriterien unvorhersehbar war (BFH/NV 2000, 1090; vgl. auch BFH/NV 2004, 355).

Der **zeitliche Rahmen** der erforderlichen Prüfung lässt sich jedoch 59
nicht allgemein festlegen (vgl BFHE 143, 355, BStBl II 1985, 424; BFH/NV 1992, 108). Das gilt auch für die Anlaufperiode selbst (BFH/NV 2000, 1094; 2001, 1381; krit *Hartmann* StBp 2000, 27; s aber BFHE 218, 163, BStBl II 2007, 874: idR nicht unter fünf Jahren). Insbesondere sind **berufstypische Besonderheiten** zu berücksichtigen (BFHE 143, 58, BStBl II 1985, 455, Gästehaus; BFHE 151, 42, BStBl II 1988, 10, Erfinder; BFHE 181, 133, BStBl II 1997, 202, 206, Vercharterung; BFH/NV 1995, 866). Eine **Begrenzung** erfährt der Prognosezeitraum dadurch, dass der StPfl sich vertraglich bindet oder sich die Möglichkeit verschafft, den Gegenstand der Einkunftserzielung innerhalb einer bestimmten Frist zu verkaufen (BFHE 192, 559, BStBl II 2000, 667). Besteht eine Verpflichtung zur entgeltlichen Übertragung eines Verlustbetriebs zu einem bestimmten Zeitpunkt, bis zu dem der Totalgewinn nicht möglich ist, dann fehlt (zumindest) ab dem Zeitpunkt der Verpflichtung die Gewinnerzielungsabsicht (BFHE 200, 504, BStBl II 2003, 262; Anm *Kanzler* FR 2003, 358; *FinVerw* DStR 2005, 379). Ist ein großzügiger zeitlicher Rahmen für die Anerkennung von Anlaufverlusten angezeigt (zB bei der Erfindertätigkeit), kann trotzdem vor Zeitablauf auf Grund einzelner Umstände (zB Marktverhältnisse) auf das Fehlen von Gewinnerzielungsabsicht geschlossen werden (BFH/NV 1994, 243).

Bei Umstellung der Betriebsführung am **Ende der Berufstätigkeit** umfasst die Prüfung des Totalgewinns nur die verbleibenden Jahre. In der Vergangenheit erzielte Gewinne sind dann ohne Bedeutung (BFHE 205, 243, BStBl II 2004, 455; zu Unrecht krit *Schmidt/Weber-Grellet* § 15 Anm 30).

Für einen sog **Generationenbetrieb** gelten hinsichtlich der Anforderungen an den Aufweis der Gewinnerzielungsabsicht keine Besonderheiten. Gewinnerzielungsabsicht kann auch unter Einbeziehung der Rechtsnachfolge zu begründen sein; das erfordert jedoch Unentgeltlichkeit der Rechtsnachfolge (BFHE 197, 151, BStBl II 2002, 726; BFHE 200, 504, BStBl II 2003, 282; *Credo* DStZ 2005, 74; zT **aA** *Valentin* DStR 2001, 545). Handelt der Rechtsnachfolger in einem (bisherigen) Liebhabereibetrieb wieder mit Gewinnerzielungsabsicht, so sind die von ihm erzielten Verluste als Anfangsverluste in einem neu errichteten Gewerbebetrieb anzuerkennen (BFHE 192, 542, BStBl II 2000, 674).

60 Bei **verschiedenartigen Aktivitäten** sind getrennte Prüfungen aufgrund einer **Segmentierung** durchzuführen, insb bei Zweigbetrieben. Gewinne der gewinnbringenden Teile dürfen dann nicht durch die Liebhaberei neutralisiert werden (BFHE 145, 226, BStBl II 1986, 293; BFHE 163, 418, BStBl II 1991, 452 bei LuF; BFHE 159, 475, BStBl II 1991, 625, Fleischfabrik und Rinderzucht jedoch einheitlich; BFHE 178, 69, BStBl II 1995, 718, Tanzschule und Getränkeverkauf; BFHE 182, 133, BStBl II 1997, 202, Betriebsaufspaltung; BFH/NV 1999, 1081, Vermietung; BFH/NV 2005, 1033; 2006, 2059; zust *Berz* DStR 1997, 358).

61 Eine steuerrechtlich relevante Tätigkeit kann zu einem anderen Zeitpunkt **beginnen oder wegfallen** als dem des tatsächlichen Betriebsbeginns oder -endes (BFHE 141, 405, BStBl II 1984, 751, 767; BFHE 163, 524, BStBl II 1991, 564). Führt eine Prognose anhand der Erkenntnismöglichkeiten zum Zeitpunkt des Beginns der Tätigkeit zur Annahme von Gewinnerzielungsabsicht, dann sind spätere unvorhersehbare negative Einflüsse unschädlich (vgl *Meyer-Scharenberg* DStR 2000, 670). Reagiert der StPfl hierauf nicht angemessen, kann dies ein Zeichen dafür sein, dass die Gewinnerzielungsabsicht entfallen ist (vgl BFHE 188, 27, BStBl II 1999, 638; BFH/NV 2000, 1333). Das gilt insb für die Fortsetzung der verlustbringenden Tätigkeit über die Anlaufzeit hinaus (BFHE 145, 375, BStBl II 1986, 289; BFHE 208, 522, BStBl II 2005, 336). Bei einer **qualitativen Veränderung** der Arbeitsweise soll aber nach FG Nds 2004, 111 rkr eine neue Anlaufphase beginnen (was mE nur zutreffend ist bei einer entsprechenden Totalgewinnprognose); bei einer Einbringung des Verlustbetriebs gilt dies jedoch nicht (BFH/NV 2003, 1298). Zieht der Steuerpflichtige aus der Verlustträchtigkeit seines Unternehmens die Konsequenzen und versucht, den Betrieb zu veräußern oder mangels Veräußerungsmöglichkeit vorübergehend zu verpachten, so handelt es sich um steuerrechtlich anzuerkennende Abwicklungsverluste bzw erfolglose Aufwendungen (vgl dazu allg BFHE 141, 405, BStBl II 1984, 751; BFHE 142, 464, BStBl II 1985, 205). Eine von Anfang an gegebene Gewinnerzielungsabsicht wirkt fort (BFHE 178, 160, BStBl II 1995, 722).

Die **Beweislast** für das Vorliegen von Gewinnerzielungsabsicht trägt derjenige, der sich zu seinen Gunsten auf sie beruft (BFHE 163, 524, BStBl II 1991, 564; BFHE 179, 335, BStBl II 1996, 219; BFHE 181, 133, BStBl II 1997, 202, 206; BFH/NV 1993, 475; 1996 813; 2001, 12). Die Beweislast wirkt sich jedoch erst dann aus, wenn eine weitere Aufklärung ergebnislos ist (hierzu BFHE 145, 375, BStBl II 1986, 289; BFHE 145, 226, BStBl II 1986, 293).

Rechtsprechungsbeispiele *(bejahend: +; verneinend: –)*: 62

Amway-Fälle s FG Me-Vo DStRE 2003, 725 rkr (+); Hess FG EFG 2006, 268 rkr (–); *FinVerw* DB 1999, 1678.

Anlaufverluste allein begründen nicht den Beweis des ersten Anscheins für das Fehlen von Gewinnerzielungsabsicht (BFHE 141, 405, BStBl II 1984, 751). Sind sie nach Sachlage nicht ausgleichbar, ist Liebhaberei indiziert (vgl BFHE 143, 361, BStBl II 1985, 399; BFHE 208, 522, BStBl II 2005, 336); zur Nichtberücksichtigung von (unschädlichen) Anlaufverlusten s Anm 43 d.

Automatenaufsteller, BFH/NV 1993, 475 (–).

Devisentermingeschäfte, BFHE 188, 358, BStBl II 1999, 466 (+), FG Rh-Pf EFG 2005, 1333, Rev.

Druckerei, BFH/NV 1991, 364 (+).

Ehegatten-Arbeitsverhältnis im Rahmen eines Nebenberufes, das fortlaufend Verluste verursacht, ist Liebhaberei (FG Ba-Wü EFG 1992, 458 rkr).

Erfindertätigkeit auch bei längeren Verlustphasen, BFHE 143, 355, BStBl II 1985, 424; BFHE 151, 42,, BStBl. II 1988, 10 (+), auch bei längeren Verlustperioden; das Fehlen der Gewinnabsicht kann aber aus anderen Umständen (zB den Marktverhältnissen) erschlossen werden (BFH/NV 1994, 243; BFH/NV 2005, 1566).

Ferienhausvermietung, BFH/NV 2007, 1492 (–)

Frachtschiffbetrieb, BFH/NV 1994, 293 (–).

Fußballtrainer, BFH/NV 1994, 93 (+).

Gaststätte aus Gründen der Familientradition verlustträchtig geführt, Nds FG EFG 1992, 329 (–).

Gästehaus, BFHE 143, 58, BStBl II 1985, 455 (+; zust *Müller* Stbg 1996, 381).

Gebrauchtwagenhandel, der nach der Art der Bewirtschaftung nicht nachhaltig Gewinn erbringen kann, BFH/NV 1999, 1204 (–).

Getränkegroßhandel ebenso, BFHE 145, 375, BStBl II 1986, 289 (–).

Grundstückshandel ebenso, BFHE 205, 110, BStBl II 2004, 355 (–).

Handelsgeschäfte mit jahrelangen Verlusten, BFHE 145, 375, BStBl II 1986, 289; FG Ba-Wü EFG 1995, 713; Hess FG EFG 1987, 303 (–); abgrenzend FG Düsseldorf EFG 1995, 618.

Kosmetikbetrieb, FG Düsseldorf EFG 1995, 166 rkr (+).

Kleintierzucht (Wellensittiche), BFH/NV 1992, 108 (+).

Kraftwerksbetrieb, BFH/NV 1997, 571 (–).

Kunsthandel s BFH/NV 2000, 1458, FG Düsseldorf EFG 1992, 522; 1995, 23; 1996, 751; FG Köln DStRE 1999, 723, rkr); nicht anerkannt für **künstlerische** Betätigung im Nebenberuf (FG Ba-Wü 1993, 514).

Laborgemeinschaften fehlt bei entsprechender vertraglicher Gestaltung die Gewinnerzielungsabsicht (OFD Ffm BB 1996, 1703, DStR 1996, 1484).

Mietkaufmodell s BFH/NV 1994, 240, 1994, 3011.

Minibarvermietung, BFH/NV 1991, 432 (+).

Möbeleinzelhandel, BFHE 208, 522, BStBl II 2005, 336 (–).
Modellbaubetrieb, BFH/NV 2001, 1381.
Motorboot, Verpachtung nicht gewerblich (BFH/NV 1999, 1081).
Motorsportler, BFH/NV 2004, 445.
Musikproduzent, FG Ba-Wü EFG 2002, 17 rkr (–).
Pferdehandel s ua BFHE 161, 144, BStBl II 1991, 333; BFH/NV 2000, 190 (Trabrennstall).
Pferdezucht s BFH/NV 2003, 896.
Porzellanmanufaktur, FG Münster EFG 2001, 564, rkr.
Rallye„sport", zur Teilnahme s FG Nds EFG 1992, 67.
Reitschule, BFHE 142, 464, BStBl II 1985, 205 (+).
Restaurant, FG Berlin EFG 1994, 127.
Schriftstellertätigkeit als Liebhaberei bei Verlusten über die Dauer von zehn Jahren (BFHE 143, 361, BStBl II 1985, 515; BFH/NV 2000, 1200), anders wenn die Vermarktung des Konzepts aus unvorhersehbaren Gründen scheitert (BFH/NV 2003, 623).
Skilehrer, FG München EFG 1991, 320 (–).
Strukturvertrieb, FG Me-Vo EFG 2003, 532 (–).
Tennishallenrestaurant, BFH/NV 1995, 866 (+).
Trabergestüt, BFH/NV 1989, 692 (+).
Trachyon-Produkte-Vertrieb, BFH/NV 2006, 742 (–).
Vercharterung bzw **Vermietung** insb von Yachten, Wohnmobilen und Fluggerät s BFHE 151, 42, BStBl II 1988, 10; BFHE 181, 133, BStBl II 1997, 202; BFH/NV 1990, 768; 1999, 771; 1999, 1081; 2000, 1333; s aber BFH/NV 2002, 625; FG Nds EFG 2002, 534 rkr (+); nach neuerer Auffassung kommen bei gelegentlicher Vermietung von einem oder wenigen Objekten Einkünfte nach § 22 Nr 3 EStG in Betracht (BFH/NV 2000, 1081; *Hoffmann* Inf 1997, 362; *Ritzrow* StWu 2006, 232).
Verlagstätigkeit, BFH BStBl II 2007, 874, (+).
Verlustzuweisungsgesellschaften s BFHE 141, 405, BStBl II 1984, 751, 767; BFHE 163, 524, BStBl II 1991, 564; BFH/NV 1988, 627; 1991, 564.
Versicherungsagentur nebenberuflich, FG Rh-Pf EFG 1998, 364 (–).
Wasserverband, BFHE 159, 331, BStBl II 1990, 452 (+).

63 Bei **Personengesellschaften** ist für die Anerkennung einer steuerrechtlich relevanten Tätigkeit, insbesondere eines Gewerbebetriebs, die Gewinnerzielungsabsicht **zweistufig** auf der Ebene der Gesellschafter (Mitunternehmer) **und** auf der Ebene der Gesellschaft zu prüfen (BFH/NV 2001, 895; 2004, 1372). Das bedeutet, auch die Beteiligten als gesellschaftlich Verbundene müssen in Gewinnerzielungsabsicht handeln (BFHE 178, 69, BStBl II 1999, 718; BFH/NV 1999, 1336). Die Absicht muss auf eine Mehrung des Betriebsvermögens einschließlich des Sonderbetriebsvermögens der Gesellschafter gerichtet sein (BFHE 163, 524, BStBl II 1991, 564; BFH/NV 1995, 866; 1997, 408; *FinVerw* FR 1999, 827). Das gilt auch für eine GmbH & atypisch Still (BFH/NV 1999, 169; 2001, 895; FG Hamburg EFG 2002, 391). Fehlt es bei einzelnen Gesellschaftern hieran, sind sie keine Mitunternehmer (BFHE 170, 487, BStBl II 1993, 538, 541; aA Nds FG EFG 2005, 770, nrkr).

Da bei einer Personengesellschaft grundsätzlich von einem einheitlichen Gewerbetrieb auszugehen ist, sind an sich **gemischte Tätigkeiten** zunächst insgesamt als gewerblich zu behandeln. Erst nach dieser vorrangigen „Färbung" ist für die jeweils verschiedenen selbständigen Tätigkeitsbereiche (Anm 42 aE) das Vorliegen der Gewinnerzielungsabsicht zu prüfen; hierdurch ergeben sich andere Bezugsgrößen. Ertrag und Aufwand einer privat veranlassten Tätigkeit sind nicht in die steuerrechtliche Gewinnermittlung einzubeziehen (BFHE 178, 69, BStBl II 1995, 718; BFHE 181, 133, BStBl II 1997, 202 mit ausführlichen Hinweisen zum Meinungsstreit; s auch *Weber-Grellet* DStR 1998, 873). Abzugrenzen ist nach dem Förderungs- u Sachzusammenhang, in dem die zu beurteilende Tätigkeit mit der betrieblichen Haupttätigkeit steht. Hierdurch wird zugleich eine weitreichende **Segmentierung** (hierzu Anm 60) von isoliert betrachtet verlustbringenden Tätigkeiten **vermieden.**

64.–134. Abgrenzung Gewerbebetrieb / Vermögensverwaltung

Allgemeines. Die Erkenntnis, dass private Vermögensverwaltung auch dann noch vorliegen kann, wenn ein Steuerpflichtiger sich selbständig, nachhaltig und mit Gewinnabsicht am allgemeinen wirtschaftlichen Verkehr beteiligt (vgl BFHE 108, 190, BStBl II 1973, 260), hat dazu geführt, dass der Gewerbebetriebsbegriff als negatives Tatbestandsmerkmal das Fehlen privater Vermögensverwaltung voraussetzt (BFHE 141, 405, 427, BStBl II 1984, 751, 762; BFHE 178, 86, BStBl II 1995, 617; BFHE 180, 51, BStBl II 1996, 303; BFHE 201, 278, BStBl II 2003, 467; BFHE 207, 213, BStBl II 2005, 35). Die Abgrenzung lässt sich nicht für alle Tätigkeiten nach einheitlichen Merkmalen vornehmen (BFHE 187, 287, BStBl II 1999, 448; BFHE 207, 213, BStBl II 2005, 35; krit *Hartrott* FR 2008, 1095). Für sie ist aber bedeutsam, dass der Gesetzgeber bestimmte Tätigkeiten **(verzinsliche Kapitalanlagen; Grundstücksvermietung)** jedenfalls in ihren typischen Erscheinungsformen als Vermögensverwaltung (§ 14 AO) beurteilt. Es müssten deshalb in diesen Fällen besondere Umstände gegeben sein, damit zB ein Vermieterrisiko zu einem typischen Unternehmerrisiko wird. Vergleichbares ist für die Erzielung von Einkünften aus **Kapitalvermögen und Spekulationsgeschäften** (§§ 20, 23 EStG) anzunehmen. 64

Gemischte Tätigkeiten, also originär gewerblicher **und** vermögensverwaltender Natur, sind einheitlich gewerblich, wenn sie eng verflochten sind und nach der Verkehrsanschauung als Einheit erscheinen (BFHE 204, 471, BStBl II 2004, 464; BFH/NV 2002, 1559; FG Hamburg EFG 2004, 333 rkr). 65

Abgrenzung. Nach st Rspr wird die Grenze zur privaten Vermögensverwaltung überschritten, wenn die Ausnutzung substantieller Vermögenswerte durch Umschichtung gegenüber der Nutzung von Vermögen iS einer Fruchtziehung aus zu erhaltenden Substanzwerten entscheidend in den Vordergrund tritt (zB BFHE 201, 515, BStBl II 2003, 510; BFHE 207, 162, BStBl II 2004, 950; BFHE 207, 213, BStBl II 2005, 35; krit *Fischer* FR 2002, 597). Bei der Entscheidung sind alle Umstände des Einzelfalles nicht nur des jeweiligen Gewinnermittlungszeitraums, sondern der gesamten Dauer eines überschaubaren Mehrjahreszeitraums zu berücksichtigen 66

(GrS BFHE 197, 240, BStBl II 2002, 291; BFHE 209, 320, BStBl II 2005, 817; BFH/NV 1997, 170). In Zweifelsfällen ist darauf abzustellen, ob die Tätigkeit dem Bild entspricht, das nach der Verkehrsauffassung einen Gewerbebetrieb ausmacht (hierzu Anm 41), oder ob lediglich aus vorhandenem Vermögen höhere Erträge erzielt werden sollen (BFHE 139, 386, BStBl II 1984, 137; zum Quellengedanken als Abgrenzungsmerkmal insb beim Grundstückshandel *Beater* StuW 1991, 33; *Schmidt-Liebig* BB 1993, 904; zur Wertschöpfung als Abgrenzungsmerkmal *Schnorr* NJW 2004, 3214). Notwendig ist mE auch die Einbeziehung subjektiver Elemente (Absicht, Planungen, Zwecke), weil letztlich sie – allgemein, so auch hier – die Qualität von menschlichem Handeln bestimmen.

Überholt ist die ältere Rechtsprechung, die gelegentlich für das Überschreiten der Vermögensverwaltung eine besondere **betriebliche Organisation** gefordert hatte (zB BFHE 140, 82, BStBl II 1984, 132; BFHE 121, 60, BStBl II 1977, 244). Eine solche mag ein Indiz von mehreren (u a auch der beruflichen Erfahrung) für das Vorliegen eines GewBetriebs sein; mehr aber nicht; Entsprechendes gilt für eine Gewerbeanmeldung (hierzu FG Hamburg EFG 2006, 1753 Rev).

Die Würdigung betrifft eine Frage revisibler Rechtsanwendung (BFHE 179, 353, BStBl II 1996, 232).

67 Das Verhalten **wie ein Händler,** zB bei An- u Verkauf von Hausrat, kennzeichnet ebenso gewerbliche Tätigkeit (BFH/NV 1991, 685) wie bei einem Handel (Sammlung und Veräußerung) von Oldtimer-Fahrzeugen (FG Schl-H EFG 1997, 1018 rkr) oder beim Verkauf von Rechten aus einer nachhaltigen Erfindertätigkeit (BFHE 186, 351, BStBl II 1998, 567; **aA** *Jakob* DStZ 2000, 317). Diese Fallgruppen sind gekennzeichnet durch ein Tätigwerden auf der Grundlage einer auf Güterumschlag gerichteten Absicht (vgl BFHE 195, 402, BStBl II 2001, 809 und die dort unter II 1 d aufgeführten Nachweise). Ebenso ist zu entscheiden, wenn der Güterumschlag mit Vermietungsleistungen verklammert ist (BFHE 201, 264, BStBl II 2003, 464).

68 **Die Vermietung von Grundstücken** zu anderen als beherbergungsähnlichen (s dazu Anm 81) Zwecken ist grundsätzlich private Vermögensverwaltung (BFHE 192, 84, BStBl II 2000, 467). Dies gilt selbst bei umfangreichem Grundvermögen, dessen Vermietung einen erheblichen Einsatz an Arbeitskraft oder Personal mit sich bringt. Für eine gewerbliche Vermietung bedarf es daher besonderer Zusatzleistungen, die das Risiko des Vermieters verändern und die Tätigkeit nach der Verkehrsauffassung dem das GewBetriebs angleichen (BFH/NV 2004, 945; 2005, 1040; FG Ba-Wü DStRE 2006, 1183, Rev). Dies gilt zB für Campingplatzinhaber, die Dauercampern Reinigung, Stromversorgung, Überwachung etc als Zusatzleistungen bieten. Obgleich die Entscheidung in BFHE 136, 497, BStBl II 1983, 80 auf die Vergleichbarkeit mit Pensionen hinweist, liegt jedenfalls bei **Dauermietern** das Gewicht allein auf den Zusatzleistungen. Lediglich indiziell von Bedeutung ist mE die vom Steuerpflichtigen bereitgehaltene **Organisation.** Diese darf sich aber nicht nur aus dem Umfang des vermieteten Grundbesitzes ergeben. Sie muss vielmehr durch die erwähnten zusätzlichen Leistungen bedingt sein (BFHE 72, 637, BStBl III 1961, 233;

BFHE 79, 366, BStBl III 1964, 364; BFHE 109, 194, BStBl II 1973, 561; BFH/NV 1997, 762). Danach kann auch die Vermietung im Rahmen von **Asylbewerber-** und **Aussiedlerbeherbergung** gewerblich sein (BFH/NV 2003, 152; 2004, 330). Die Vermietung von **Parkplätzen** an Kurzparker bringt idR Nebenleistungen mit sich, wie zB die Bewachung, und ist dann im Gegensatz zur Stellplatzvermietung an Dauermieter gewerblicher Natur (BFHE 201, 525, BStBl II 2003, 520). Entsprechendes gilt für die Vermietung von **Tennisplätzen** (BFHE 154, 536, BStBl II 1989, 291), **Campingplätzen** (BFHE 136, 497, BStBl II 1983, 80), **Messeständen** (vgl R 15.7 Abs 2 EStR), **Vermietung von Ständen** (BFHE 79, 373, BStBl III 1964, 367). **Liegeplätzen** für Sportboote (FG Berlin EFG 1999, 1185) sowie **Unterbringung von Aussiedlern** (FG München EFG 2000, 127). Die Vermietung von Zimmern an **Prostituierte** ist gewerblich, wenn der Vermieter den Kontakt mit Prostituierten durch organisatorische Maßnahmen erleichtert oder fördert BFH/NV 1989, 44; Hess FG EFG 1995, 711).

Die Vermietung von **möblierten Zimmern** an Dauermieter führt auch bei üblichen Zusatzleistungen (Frühstück, Reinigung) nicht zur Gewerblichkeit (BFHE 156, 417, BStBl II 1989, 922; H 15.7 Abs 2 EStH); auch bei **Ferienzimmern** in Privathäusern (BFHE 141, 330, BStBl II 1985, 211); mE nicht zutreffend, wenn eine **bestimmte Anzahl** überschritten wird, denn anders liegt der Verstoß gegen den Gleichbehandlungsgrundsatz auf der Hand. In jedem Fall führen Sonderleistungen zu einem (ggf getrennt zu erfassenden) GewBetrieb (BFHE 121, 60, BStBl II 1977, 244). Zur **Ferienwohnung** s Anm 81.

Die **Vermietung** einzelner beweglicher Gegenstände geht idR nicht 69
über Vermögensverwaltung hinaus, es sei denn, dass **Zusatzleistungen** der Gesamttätigkeit das Gepräge geben (BFHE 145, 129, BStBl II 1986, 359: Autovermietung gewerblich; BFHE 188, 490, BStBl II 1999, 619, zur Segelyacht, nicht gewerblich; BFH/NV 1999, 1510; 2000, 1186, 1333). Auch die Veräußerung vor Ablauf der betriebsgewöhnlichen Nutzungsdauer überschreitet die Vermögensverwaltung nur bei Hinzutreten besonderer Umstände, wie Notwendigkeit des Verkaufs zur Erreichung eines Totalgewinns oder große Anzahl der Verkäufe (BFHE 218, 183, BStBl II 2007, 768). Zur Vermietung von **Booten** s BFH/NV 1999, 1077. Mit der Verpachtung von **know-how und Patenten** betätigt sich ein Steuerpflichtiger ausnahmsweise dann gewerblich, wenn er die „Pachtgegenstände" (bei know-how zweifelhaft) vertragsgemäß ständig auf dem neuesten Stand halten muss (BFHE 89, 464, BStBl III 1967, 674). Die **Vermietung von Flugzeugen** führt bei Eintragung in die Luftfahrtrolle und Fehlen von Sonderleistungen zu Einkünften nach § 21 EStG (BFHE 192, 84, BStBl II 2000, 467; Anm *Rößler* BB 2001, 240), bei kurzfristigen Vermietungen ggf zur Gewerblichkeit (BFH/NV 2002, 1559). Die Vermietung von sonstigen Fluggeräten ohne Übernahme weiterer Leistungspflichten ist vermögensverwaltende Tätigkeit und nach § 22 Nr 3 EStG zu besteuern (vgl BFHE 192, 84, BStBl II 2000, 467; BFH/NV 2001, 204; *Höhmann* DStR 1997, 601). Gewerblichkeit jedoch, wenn die Vermietung aufgrund des Geschäftskonzepts mit dem An- u Verkauf (Totalgewinn erst hierdurch) verklammert ist (BFHE 217, 150,

BFH/NV 2007, 2004; Anm *MK* DStR 2007, 1574; *Lüdicke/Rode* BB 2008, 2552). Auf die 3-Objekt-Grenze kommt es nicht an. Zur **Verwertung von Urheberrechten** vgl BFH/NV 1993, 97.

70 Auch die Gebrauchsüberlassung auf der Grundlage von Leasingverträgen ist mE wegen der damit verbundenen Zusatzleistungen gewerbliche Tätigkeit. Zwar gehen die damit verbundenen Nebenpflichten, wie zB Wartung, Instandhaltung und Erneuerung, nicht über typische Vermieterleistungen hinaus. Doch beschreibt die Vielfalt der Vertragsangebote bei einem Leasinggeber einschließlich der Regelung von Finanzierungsfragen ein typisches Unternehmerrisiko. S dazu auch BFHE 145, 129, BStBl II 1986, 362.

71 Eine **brancheneinschlägige/branchentypische** (Neben-)Tätigkeit wird idR der Haupttätigkeit zugerechnet (BFHE 116, 537, BStBl II 1975, 850; BFHE 121, 199, BStBl II 1977, 287). Zwar kann trotz der §§ 343 Abs 1, 344 HGB ein Gewerbetreibender sich in „seiner Branche" privat betätigen. Ein privates Geschäft wird nicht allein deswegen gewerblich, weil der Stpfl berufliche Kenntnisse und Erfahrungen einsetzt (vgl BFHE 93, 281, BStBl. II 1968, 755, Börsenmakler; BFHE 164, 53, BStBl II 1991, 631). Doch bedarf die steuerliche Zuordnung eines solchen Geschäfts zur Privatsphäre einer auch durch den Stpfl durchgeführten klaren und eindeutigen Abgrenzung von der betrieblichen Sphäre (BFHE 200, 388, BStBl II 2003, 297; BFH/NV 2005, 1532; FG Düsseldorf EFG 2006, 1511 rkr; *Weber-Grellet* BB 2004, 35; zum Grundstückshandel Anm 95).

72–74 *(frei)*

75.–89. ABC Vermögensverwaltung/Gewerbebetrieb

75 **Beteiligungshandel** Der Handel mit GmbH-Geschäftsanteilen ist gewerblicher Natur (BFHE 195, 402, BStBl II 2001, 809; Anm *Wendt* FR 2002, 31; *Fischer* FR 2002, 597; *Wiese* GmbHR 2002, 293; krit *Groh* DB 2001, 2569; *Blumers/Witt* DB 2002, 60; *Hey* BB 2002, 870). Zu „Venture Capital Fonds" und „Private Equity Fonds" vgl Anm 65 aE.

76 **Briefmarkensammler,** bei Überschreiten der üblichen Sammleraktivitäten gewerblich, FG Düsseldorf EFG 1983, 20.

77 **Campingplatzinhaber** sind gewerbesteuerpflichtig entweder auf Grund häufiger Mieterwechsel oder bei zur Verfügung gestellten sanitären Anlagen, ihrer Reinigung, Stromversorgung, Instandhaltung, Pflege und Überwachung des Platzes sowie Müllbeseitigung, soweit dafür ein Personal- und Sachaufwand erforderlich ist, der einen Vergleich mit einer Fremdenpension oder einem Hotelbetrieb zulässt (BFHE 136, 497, BStBl II 1983, 80). Dies gilt auch bei der Vermietung von Standplätzen an Dauercamper (BFHE 138, 93, BStBl II 1983, 426).

78 **Devisengeschäfte** können je nach Umfang (200 Geschäfte im Umfang von mehreren Mio US-Dollar) gewerblich sein, wenn eine Bank für Rechnung des StPfl am allgemeinen Devisenmarkt tätig wird; nicht jedoch, wenn es sich lediglich um sog „Leergeschäfte" handelt (BFH/NV 2000, 185).

Differenzgeschäfte über Devisen oder Edelmetalle führen schon mangels Teilnahme am Wirtschaftverkehr idR nicht zu einer gewerblichen Tätigkeit (BFHE 154, 532, BStBl II 1989, 39; BFHE 182, 567, BStBl II 1997, 399; offen geblieben in BFHE 194, 198, BStBl II 2001, 706). 79

Erbbaurechtsveräußerungen können nach den für Grundstücksgeschäfte geltenden Grundsätzen (Anm 57 ff) eine gewerbliche Betätigung darstellen (*Schmidt-Liebig* FR 1998, 177). 80

Ferienwohnungen. Die Rechtsprechung unterscheidet zwischen einem hotelmäßigen Angebot und der hotelmäßigen Nutzung (zum Problem *Becker/Urbahns* DStZ 1998, 863; Inf 1999, 673; StBp 2000, 177, 180; *Schmitz/Hildesheim* DStZ 2001, 413). **a)** Beim **hotelmäßigen Angebot** mit häufigem Mieterwechsel und einem dadurch verursachten, einem Hotel vergleichbaren, sachlichen und personellen Aufwand liegt auch bei einer geringen Anzahl von vermieteten Objekten Gewerblichkeit vor (BFH/NV 2003, 152). Auch die Vermietung nur einer Wohnung ist gewerblich, wenn etwa die Wohnung in einem Feriengebiet im Verbund mit einer Vielzahl gleichartig an laufend wechselnde Kunden vermieteter Wohnungen liegt, mehrere Wohnungseigentümer sich zusammengeschlossen und die organisatorischen Aufgaben einem Dritten **(Feriendienstorganisation)** übertragen haben (BFHE 119, 336, BStBl II 1976, 728; BFHE 151, 199, BStBl II 1990, 383; BFHE 182, 79, BStBl II 1997, 247; BFH/NV 2001, 752; R 15.7 Abs 3 EStR). Die Rechtsprechung nimmt außerhalb der Vermietung durch Feriendienstorganisationen bei drei zur Vermietung bereitgehaltenen Ferienwohnungen noch kein hotelmäßiges Angebot an. **b)** Gleichwohl kann sich aus der Überlassung der Wohnung zur **hotelmäßigen Nutzung** ebenfalls eine gewerbliche Tätigkeit ergeben, wenn der Vermieter Zusatzleistungen erbringt, das erzielte Entgelt (Unternehmerrisiko) einer Fremdenpension vergleichbar von diesen Zusatzleistungen abhängt (vgl zB Gewährung von Verpflegung, Wäschedienst etc), die Zusatzleistungen für den Mieter ins Gewicht fallen und nicht nur im Haushalt mitzuerledigen sind. Das gilt auch, wenn sie vom Vermieter in eigener Person, dh ohne die Beschäftigung von Angestellten erbracht werden (vgl BFHE 141, 330, BStBl II 1985, 211; BFHE 141, 282, BStBl II 1984, 722; BFHE 182, 79, BStBl II 1997, 247; BFH/NV 2003, 152, 1425; 2004, 945, 1640). Zur Unschädlichkeit bestimmter Zusatzleistungen BFH/NV 1990, 36; 2001, 752. Die Einschaltung eines Vermittlers führt nicht dazu, dass dessen Gewerblichkeit dem Vermieter zugerechnet wird; das ist nur dann der Fall, wenn der Vermittler Zusatzleistungen für den Vermieter erbringt (BFHE 119, 326, BStBl II 1976, 778; BFHE 188, 490, BStBl II 1999, 619; BFH/NV 2004, 1640). Zu Einzelheiten s OFD Nürnberg DStR 1996, 649. **c)** Die nachrangige Nutzung der Wohnung für private Zwecke, zB außerhalb der Saison, steht der Gewerblichkeit nicht entgegen (BFHE 151, 199, BStBl II 1990, 383). 81

Geschlossene **Fonds** (Container-, Schiffs-, Lebensversicherungsfonds) können je nach Konzept nach den Grundsätzen von BFHE 218, 183, BStBl II 2007, 768 u BFHE 217, 150, BFH/NV 2007, 2004 (s Anm 126) gewerblich oder vermögensverwaltend tätig sein (*Hensell/Reibis* DStR 2008, 87). 82

83 **„Gaststättenhandel".** Die häufige Verpachtung und Veräußerung von (Teil-)Betrieben (Gaststätten) begründet nicht ohne Weiteres einen Gewerbebetrieb „Gaststättenhandel" (BFHE 186, 356, BStBl II 1998, 735).

84–89 *(frei)*

90.–134. Gewerblicher Grundstückshandel

90 **Gewerblicher Grundstückshandel. Überblick** über die Problematik mit Prüfungsschema insb bei *BMF* BStBl I 2004, 434; *Kempermann* DStR 2002, 785; *G. Söffing* DB 2002, 964; BB 2005, 2101; FR 2006, 485; *Bloehs* BB 2002, 1968; *Paus* EStB 2002, 279; DStZ 2002, 715; *Schmidt-Liebig* BB 2002, 2577; Inf 2002, 673, 709; FR 2003, 273; *Schubert* DStR 2003, 573; *Jacobsen/Tietjen* FR 2003, 907; *Carlé* DStZ 2003, 483; *Vogelgesang* DB 2003, 844; BB 2004, 183; Stbg 2005, 116; FS Korn 2005, 187; *Lüdicke/Naujok* DB 2004, 1796; *M. Söffing* DStR 2004, 793; *Drüen/Krumm* FR 2004, 685; *Lammersen* DStZ 2004, 549, 595; *Kratzsch* Inf 2004, 575, 618; *Paus* FR 2004, 1268, StW 2005, 10; *Moritz* DStR 2005, 2010; *Hornig* DStR 2005, 1719; *Fischer* FR 2005, 991; *Apitz* StBp 2006, 371).

Allgemeines. Veräußerungen können im Rahmen eines bestehenden GewBetriebs (BFH/NV 2004, 622), der Vermögensverwaltung, aber auch eines eigenständigen gewerblichen Grundstückshandels erfolgen. Ist Ersterer nicht gegeben, ist für die **Einordnung von Grundstücksgeschäften** maßgebend, ob die Veräußerung noch (letzter) Teil der auf Fruchtziehung aus zu erhaltender Substanz gerichteten Tätigkeit ist (dann noch Vermögensverwaltung) oder ob die Substanzverwertung durch Umschichtung in den Vordergrund tritt (dann keine Vermögensverwaltung mehr, st Rspr; vgl BFHE 206, 141, BStBl II 2004, 738; BFHE 287, 213, BStBl 2005, 35; BFHE 207, 263, BStBl II 2005, 41). Zu fragen ist demnach, ob Verwaltung und Nutzung als Haupttätigkeit vorliegt, auf die sich das Grundstücksgeschäft wie ein Nebengeschäft günstig auswirkt (BFHE 101, 520, BStBl II 1971, 465; BFHE 101, 396, BStBl II 1971, 338), etwa als Finanzierungsinstrument (*Wihtol* Anm zu StRK GewStG § 9 R 62), auch zur Abwendung einer drohenden Enteignung (*Birkholz* FR 1971, 344). Bei der Beurteilung sind alle Aktivitäten des StPfl auf dem Grundstücksmarkt bis zum verbindlichen Abschluss der zu prüfenden Veräußerungsverträge einzubeziehen (BFHE 199, 246, BStBl II 2002, 571), wobei die Identität des Betriebes ebenso wenig von Bedeutung ist wie die der Nutzungsart des Grundstücks (BFH/NV 1997, 229). Die Qualifikation als GewBetrieb erfolgt nur bei Gewinnerzielungsabsicht (FG Berlin EFG 2005, 529 Rev), was mE nur die Betätigung insgesamt betreffen kann (s die Rspr zum mit Verlust veräußerten Objekt, Anm 61). Die Rspr zum Problem hat infolge der zahlreichen Nuancierungen der zu beurteilenden Sachverhalte einen kaum mehr zu überblickenden Umfang angenommen (BFHE 151, 74, BStBl II 1988, 65). Nicht von ungefähr bemüht sich die Literatur beständig um Systematisierung (vgl oben sowie die in der 5. Aufl an dieser Stelle angegebene Literatur).

Mit der Verlängerung der **Spekulationsfrist** nach § 23 EStG auf 10 Jahre hat die Besteuerung des gewerblichen Grundstückshandels bei wachsender Komplexität an Bedeutung verloren (hierzu *Korezkij* BB 1999,

1638: Belastungsvergleich; *Altfelder* FR 2000, 349). Liegen die Voraussetzungen sowohl des gewerblichen Grundstückshandels als auch von Spekulationsgewinnen vor, hat mE ersterer den Vorrang, weil es sich bei letzterem um einen Auffangtatbestand handelt (aA *Bitz* DStR 1999, 792).

Die **Zurechnung** des Handelns erfolgt nach allgemeinen Grundsätzen (Anm 35 aE); dh ein Grundstücksverkauf kann – auch ohne Rückgriff auf § 42 AO (Anm 59 a) – dem StPfl zuzurechnen sein, wenn er die bereits ausgehandelte Geschäftschance einem nahen Angehörigen überlässt, der sie ohne weitere Betätigung unternehmerischer Art nutzt (BFHE 209, 320, BStBl II 2005, 817; aA *G. Söffing* BB 2005, 2101; *Hornig* DStR 2005, 1719). Zur Gewerblichkeit ohne Verkauf FG Ba-Wü EFG 2005, 1191, NZB.

Folgende **Fallgruppen** lassen sich unterscheiden: **Langjährige Vermietung oder Selbstnutzung** führt unabhängig von der Zahl der nachfolgenden Verkaufsfälle ohne weitere die Gewerblichkeit anzeigenden Maßnahmen nicht über den Rahmen der Vermögensverwaltung hinaus (BFHE 139, 386, BStBl II 1984, 137; BFHE 160, 494, BStBl II, 1990, 1057). Langjährigkeit in diesem Sinne ist noch nicht gegeben bei einer etwas mehr als dreijährigen Vermietung (BFHE 151, 399, BStBl II 1988, 293), wohl aber ab 5 Jahren (BFHE 151, 74, BStBl II 1988, 65). Eine nicht langjährige Selbstnutzung oder Vermietung steht der Annahme von Gewerblichkeit nicht entgegen (BFHE 156, 476, BStBl II 1989, 621; BFHE 161, 543, BStBl II 1990, 1060; BFHE 165, 498, BStBl II 1992, 143; BFHE 165, 521, BStBl II 1992, 135; BFHE 180, 51, BStBl II 1996, 303; BFH/NV 1989, 784; 1998, 1475); gleichwohl kann bei nachweisbaren außerbetrieblichen Gründen für die Anschaffung und kurze Vermietung Privatvermögen anzunehmen sein (BFHE 163, 382, BStBl II 1991, 519). Zu den Besonderheiten bei der LuF vgl *v. Schönberg* DStZ 2005, 61) 91

Erwirbt/bebaut und veräußert der Steuerpflichtige Grundstücke im engen zeitlichen Zusammenhang, qualifiziert die Rspr nach objektiven Maßstäben die Tätigkeit (mE zu Unrecht) selbst dann als gewerblichen Grundstückshandel, wenn der Steuerpflichtige ursprünglich in der Absicht gehandelt hat, das Gebäude durch Vermietungstätigkeit zu nutzen (BFHE 185, 242, BStBl II 1998, 346; BFHE 207, 213, BStBl II 2005, 35; BFHE 207, 263, BStBl II 2005, 41, BFH/NV 2005, 1806, jeweils mwN). **Erwerb u Bebauung markieren** für die Frage des zeitlichen Zusammenhangs einen je **gleichwertigen Ausgangspunkt** (BFHE 197, 240, BStBl II 2002, 291; BFHE 214, 31, BStBl II 2007, 375). Die Gewerblichkeit ist nach dieser Rspr aber nur dann indiziert, wenn diese Maßnahmen schon von einer – wenn auch nur bedingten – **Verkaufsabsicht** getragen sind oder jedenfalls damit und nicht mit einer privaten Vermögensverwaltung wirtschaftlich zusammenhängen (BFHE 178, 385, BStBl II 1995, 839; BFHE 179, 353, BStBl II 1996, 232, 237; BFHE, 200, 388, BStBl II 2003, 297; BFHE 207, 162, BStBl II 2004, 950; *Kempermann* StbJb 2002/03, 419; *Carlé* KÖSDI 2003, 13653). Das subjektive Tatbestandsmerkmal der nach BFHE 197, 240, BStBl II 2002, 291 an sich stets gegebenen (bedingten) Verkaufsabsicht ist nur anhand objektiver Merkmale zu bestimmen. Nach BFHE 197, 240, BStBl II 2002, 291; BFHE 200, 388; 92

BStBl II 2003, 297, soll es auf äußere Indizien nicht ankommen, wenn sich aus „ganz besonderen Umständen" zweifelsfrei eine von Anfang an bestehende oder fehlende Veräußerungsabsicht ergibt – das ist nicht recht logisch, denn diese besonderen Umstände sind nichts anderes als äußere Indizien (zur grundsätzlichen Begriffsverwirrung durch den BFH in Sachen Indizien vgl *Schmidt-Liebig* Inf 2002, 673, 709; FR 2003, 273). Beweisanträge in diesem Zusammenhang müssen sich also auf objektive Gegebenheiten beziehen. „Kenntnisse" subjektiver Natur genügen nicht (BFH/NV 1996, 302, 897).

Am Erfordernis der bedingten Veräußerungsabsicht wird in der Literatur **Kritik** geübt („obsolet"); es gehe „zumeist" nicht um Tatsachenfeststellung, sondern Rechtsanwendung (vgl *Weber-Grellet* FR 2000, 826; DStR 2002, 492; *Schmidt/Weber-Grellet* § 15 Anm 53; *Bloehs* BB 2002, 1068; *Fischer* FR 2002, 597; *Gosch* StBp 2003, 124; *Schmidt-Liebig* Grundstücksgeschäfte Anm 582; *Söffing/Seitz* DStR 2007, 1841). Diese Kritik ist mE unbegründet. Rechtsanwendung geschieht notwendig auf der Grundlage von (festzustellenden) Tatsachen. Das subjektive Element wiederum ist (auch) der Abgrenzung der Vermögensverwaltung (Anm 66) immanent.

Erwerb nach diesen Grundsätzen ist nicht die (vorweggenommene) **Erbschaft** oder eine sonstige **unentgeltliche Übertragung** (BFHE 214, 31, BStBl II 2007, 375; *BMF* BStBl II 2004, 434 Tz 9) sowie die **Realteilung** einer Bruchteils- oder Gesamthandsgemeinschaft (BFHE 181, 19, BStBl II 1996, 599), wohl aber der Erwerb des anderen Teils durch **Teilungs-** oder **Zwangsversteigerung** (BFHE 207, 263, BStBl II 2005, 41) oder der Erwerb im Rahmen eines Bauherrenmodells (BFHE 178, 385, BStBl II 1995, 839).

Veräußerung ist jeder nicht-selbstlose Eigentumsübergang. Abzustellen ist auf das obligatorische Geschäft (BFHE 201, 169, BStBl II 2003, 291). Ein Veräußerungsversuch indiziert auch dann eine (bedingte) Veräußerungsabsicht, auch wenn er letztlich scheitert (BFH/NV 2007, 232). Veräußerung ist auch die **Einbringung** in eine Kapitalgesellschaft (BFHE 201, 19, BStBl II 2003, 394; BMF BStBl I 2004, 434 Tz 7). Keine Veräußerung in diesem Sinne sind die **Realteilung** (Anm 104), Schenkung (Anm 96), ggf die teilentgeltliche Übertragung (Anm 96), Übertragung im Umlegungsverfahren (Anm 96). Die schlichte Bestellung eines **Erbbaurechts** ist keine Veräußerung (BFHE 186, 210, BStBl II 1998, 665; BFHE 218, 331, BStBl II 2007, 885; *Tiedtke/Wälzholz* DB 2002, 652; *Kanzler* FR 2008, 127); das gilt mE auch für die Bestellung eines **Dauerwohnrechts;** anders ist dies jedoch bei Verbindung mit einem Ankaufsrecht (BFH/NV 1989, 580); doch kann das bestellte Erbbaurecht bei Veräußerung Objekt sein (Anm 97). Bei **Aufhebung** des schuldrechtlichen Vertrags noch vor dem dinglichen Vollzug liegt keine Veräußerung im oa Sinne vor (Nds FG EFG 2005, 424 rkr).

Die neuere Rechtsprechung nimmt die Abgrenzung zunächst wie folgt vor:

93 **Anzahl der Objekte.** Werden innerhalb eines überschaubaren Zeitraums (s unten) nicht mehr als **3 Objekte** veräußert, dann nimmt die Rspr aus Gründen einer so nicht gegebenen Vereinfachung (s unten „zeitlicher

Zusammenhang", ebenso *Paus* DStZ 2002, 715; *Lüdicke/Naujok* DB 2004, 1796; zum Problem auch *Lammersen* DStZ 2004, 549) grundsätzlich Vermögensverwaltung an (BFHE 179, 353, BStBl II 1996, 232; BFHE 197, 240, BStBl II 2002, 291; BFHE 207, 213, BStBl II 2005, 35; BFHE 207, 263, BStBl II 2005, 41; BFH/NV 2004, 781; 2008, 960; zust *Flies* StBp 1999, 18; krit *Gast-de Haan* DStZ 1992, 289; *Prinz* DStR 1996, 1145; *Fischer* FR 1995, 803; *Schuhmann* StBp 1997, 34; *Schmidt-Liebig* BB 1998, 563; *Wangler* DStR 1999, 184). Jedoch löst die 3-Objekt-Theorie die Probleme bei der Abgrenzung nicht, sondern wirft neue Fragen auf (s zB Anm 98; vgl die Hinweise bei *Söffing* DStZ 1996, 458; aA *Jung* DStR 1993, 1581; gegen die 3-Objekt-Theorie *Paus* DStZ 1991, 740; *Schmidt-Liebig* BB 1993, 904). Die Objektgrenze gilt auch für Angehörige der Branche (vgl BFH/NV 1990, 440; BFHE 158, 214, BStBl II 1990, 1053; BStBl II 1990, 1060). Verkäufe von Grundstücken im Alleineigentum von **Ehegatten** werden nicht zusammengerechnet (BFHE 122, 135, BStBl II 1977, 582; BFHE 147, 256, BStBl II 1986, 913; BFH/NV 1987, 767; *BMF* BStBl I 2004, 434 Tz 12), es sei denn, sie haben im Hinblick auf diese eine Mitunternehmerschaft (Innengesellschaft) gegründet (BFH/NV 1993, 538). Mitgezählt werden auch solche Objekte, die nach dem schuldrechtlichen Vertrag zusammengelegt werden (BFHE 199, 246, BStBl. II 2002, 571; zum erfolglosen Verkaufsversuch BFH/NV 2007, 232; FG Köln EFG 2007, 920 rkr). Die 3-Objekt-Grenze ist **keine 3-Erwerbe-Grenze** (BFHE 197, 240, BStBl II 2002, 291; BFH/NV 2004, 781 mwN); Nachhaltigkeit beginnt nicht erst bei Verkäufen an mehrere Erwerber (Anm 39).

Die **Abgrenzungsfunktion** der 3-Objekt-Grenze wird in der Rspr verstärkt vom Tatbestandsmerkmal der Nachhaltigkeit (Anm 39) übernommen (*Fischer* FR 2005, 991). Gleichwohl der 3-Objekt-Grenze kommt in beiden Richtungen nur **indizielle Bedeutung** zu, dh mit ihrem Nicht-/Überschreiten muss die Entscheidung, ob gewerblich oder nicht, noch nicht feststehen (BFHE 214, 31, BStBl II 2007, 375). Die 3-Objekt-Grenze ist also **keine Freigrenze** (BFH/NV 2003, 1419, 1423).

Wird die „magische" Zahl von 3 nicht überschritten, dann kommt es auf 94
die **Größe** des Objekts grds nicht an (BFHE 148, 484, BStBl II 1988, 44; s aber Anm 98). Teilt der StPfl das Gebäude selbst in ETW auf, dann stellen die Verkäufe trotz eines einheitlichen Plans mehrere Objekte dar (BFH/NV 1987, 646; s Anm 97). Bei der Beurteilung der Objektgrenze im konkreten Fall kommt eine isolierte Betrachtung von räumlich und zeitlich nah beieinanderliegenden Objekten nicht in Betracht (BFH/NV 1991, 524; 1993, 24). Gleichwohl sind nur die Verkäufe einzubeziehen, die in einem **sachlichen und zeitlichen Zusammenhang** mit den übrigen Grundstücksgeschäften stehen (BFHE 165, 521, BStBl II 1992, 135; BFHE 200, 380, BStBl II 2003, 245; BFHE 201, 595, BStBl II 2003, 510). Auch das mit **Verlust** verkaufte Objekt ist einzubeziehen (BFHE 180, BStBl II 1996, 369; BFHE 200, 304, BStBl II 2003, 133; BFH/NV 2000, 557; 2003, 457, 1166), ebenso ein durchgehandeltes und erschlossenes Objekt (BFHE 214, 31 BStBl II 2007, 375). Errichtet eine GbR 5 Mehrfamilienhäuser und veräußert sie im zeitlichen Zusammenhang nur 3 Objekte, so liegt kein Gewerbebetrieb vor (BFH/NV 2002, 1445).

95 Zudem ist dem StPfl der Nachweis nicht verwehrt, bestimmte Objekte seien **Privatvermögen** (BFHE 178, 86, BStBl II 1995, 617; BFH/NV 1994, 627; 1997, 229) bzw es habe von Anfang an eine (bedingte) Verkaufsabsicht gefehlt (BFHE 197, 240, BStBl II 2002, 291). Das gilt für Angehörige einschlägiger Berufsgruppen (zB BFHE 117, 360, BStBl II 1976, 152, Architekt; BFHE 161, 543, BStBl II 1990, 1060, Bauunternehmer) wie für einen (gelegentlichen) Grundstückshändler (BFH/NV 2005, 1802). Die unterschiedlichen Vermögenszugehörigkeiten müssen unabhängig vom Anlass für die Veräußerung auf Grund von objektiven Tatsachen klar erkennbar sein; es müssen plausible Gegebenheiten von solchem Gewicht erkennbar sein, die der an sich stets vorhandenen bedingten Veräußerungsabsicht keine Bedeutung mehr zukommen lassen (BFHE 197, 240, BStBl II 2002, 291) und das Grundstück der privaten Sphäre zuweisen, weil das Grundstück aus außerbetrieblichen Gründen veräußert worden ist (BFH/NV 2005, 1802), und zwar aus offenkundigen Sachzwängen (BFH/NV 2005, 1535, 1806). Das wird von den FG nicht immer beachtet: so wird zB geglaubt und als beachtlich angesehen, die Ehefrau habe plötzlich und unvorhersehbar (??) etwas gegen die Teilnutzung eines Großobjekts (als Spielhalle) gehabt. Erheblich ist auf jeden Fall die nachweisbare Bestimmung des Objekts zur **dauerhaften Selbstnutzung** (BFHE 200, 304, BStBl II 2003, 133; BFHE 200, 380, BStBl II 2003, 245; BFHE 200, 388, BStBl II 2003, 297; BFH/NV 2004, 1629), ggf nur zur Hälfte (BFH/NV 2005, 1535), was auch für einen Grundstückshändler gilt (BFH/NV 2003, 479). Entsprechendes gilt bei langfristiger Vermietung (mehr als 5 Jahre) von Wohnobjekten (BFHE 200, 388, BStBl II 2003, 297; BFHE 201, 565, BStBl II 2003, 510; BFHE 206, 141, BStBl II 2004, 738; *Jacobsen/Tietjen* FR 2003, 907; s jedoch BFH/NV 2005, 197, 698: langjährig feste Vermietung uU unerheblich!), nicht jedoch von Gewerbeobjekten (BFHE 180, 51, BStBl II 1996, 503; BFH/NV 2005, 1060, 1532). Wenn angesichts solcher Voraussetzungen die Veräußerung auf nicht vorhersehbaren Umständen beruht (zB beruflich bedingte örtliche Veränderung, Familenzuwachs, Umzug zum Arbeitsplatz, Trennung der Eheleute), ist dies dem StPfl nicht anzulasten (BFH/NV 2002, 1392, 1394; 2005, 1535). Sind solche Umstände nicht vorhanden, dann spricht die Veräußerung nach kurzfristiger Eigennutzung oder Vermietung trotz anderweitiger Buchung für Veräußerungsabsicht (BFH/NV 1996, 393; 1997, 170; 2000, 946; 2003, 161), umso mehr, wenn dem Mieter ein unbedingtes Ankaufsrecht eingeräumt wird (BFH/NV 2005, 698) oder der Veräußerer in die Mietverträge eingetreten ist (BFH/NV 2005, 1267). Das bedeutet, bei Überschreiten der Objektgrenze ist das Objekt bzw der betriebliche Vorgang im betrieblichen Bereich zu erfassen (BFHE 136, 76, BStBl II 1982, 587; BFHE 163, 382, BStBl II 1991, 519; BFH/NV 1991, 525).

96 Bei Verkauf von mehr als 3 Objekten ist grds **Gewerblichkeit** anzunehmen, wobei **nicht schematisch** zu verfahren ist, sondern die Gesamtumstände zu würdigen sind (zB BFHE 197, 240, BStBl II 2002, 291; BFHE 201, 595, BStBl II 2003, 510; BFHE 206, 90, BStBl II 2004, 868; BFHE 207, 213, BStBl II 2005, 35; BFH/NV 2007, 1657).

Die **Motive** für die Veräußerung (Finanzierungsschwierigkeiten, Wegzug, Scheidung, Entwicklung am Wohnungsmarkt, Trennung von Objekten, Notsituation) sind – wenn von einer zumindest bedingten Veräußerungsabsicht auszugehen ist – unbeachtlich (st Rspr, zB BFHE 200, 304, BStBl II 2003, 133; BFHE 201, 595, BStBl II 2003, 510; BFHE 207, 162, BStBl II 2004, 950; BFHE 214, 31, BStBl II 2007, 375; *BMF* BStBl I 2004, 434 Tz 21, 30; FG Köln EFG 2007, 185 Rev); gewerblich auch bei Finanzierung eigengenutzter Wohnungen (BFHE 160, 249, BStBl II 1990, 637), bei unvorhergesehenem Finanzbedarf (BFH/NV 2001, 1545; verfassungsgemäß BVerfG DStRE 2005, 698), bei schlechter Vermietbarkeit der veräußerten Wohnung (BFH/NV 1599, 1320 mwN), bei Beschaffung von Ersatzwohnraum (BFHE 205, 110, BStBl II 2004, 355), bei Krankheit des Veräußerers und Verlusten aus dem betreffenden Geschäft (Verkauf unter Preis, BFH/NV 1999, 766; 2005, 1033). Das kann mE nicht gelten, wenn erst das Vorliegen der (bedingten) Veräußerungsabsicht zu erschließen ist.

Auch solche Grundstücke sind zu berücksichtigen, die von vornherein zum Verkauf an konkrete Personen bestimmt waren (BFHE 173, 313, BStBl II 1994, 463), zB an Mieter oder Angehörige (BFHE 160, 494, BStBl II 1990, 1057; BFH/NV 1989, 726; 2000, 1329), wenn der StPfl bei Erwerb die bedingte Veräußerungsabsicht auch im Hinblick auf diese Objekte hatte (BFHE 200, 293, BStBl II 2003, 238); nicht aber, wenn sie gemäß einer schon bei Erwerb bestehenden Absicht **ohne Gewinn veräußert** werden (BFHE 158, 214, BStBl II 1990, 1053; BFHE 181, 19, BStBl II 1996, 599; BFHE 1999, 551, BStBl II 2002, 811; *BMF* BStBl I 2004, 434 Tz 9). Das bedeutet mE jedoch, dass es sich um eine in jeder Hinsicht selbstlose Übertragung handeln muss; tritt ein Gewinn im mittelbaren Zusammenhang mit der Übertragung ein (der Übernehmer beauftragt eine GmbH, an der der Übertragende beteilit ist, mit der Bebauung), dann ist das Objekt mitzuzählen. Das gilt insb für **Schenkungen;** wobei allerdings bei einem vom Schenker beherrschten Verkauf durch den Begünstigten Missbrauch gemäß § 42 AO angenommen werden kann mit der Folge der steuerlichen Erfassung beim Schenker im Jahr der Veräußerung (BFH/NV 1999, 302; 2002, 1571; 2003, 162; 2005, 1561, ua mit Bezugnahme auf die in BFHE 185, 242, BStBl II 1998, 346; BFHE 186, 288, BStBl II 1998, 667; BFH/NV 1996, 746; 2001, 138, entschiedenen Sachverhalte). Auch bei Verstoß gegen die Grundsätze zu Verträgen zwischen nahen Angehörigen, Scheingeschäften und Strohmanngeschäften ist die Schenkung nicht anzuerkennen mit der Folge der Zählung dieses Objekts (vgl BFHE 200, 293, BStBl II 2003, 238 mwN). **Teilentgeltliche** Übertragungen (Veräußerung unter Preis) sind nicht zu berücksichtigen, wenn das Entgelt die Selbstkosten nicht übersteigt (BFHE 209, 320, BStBl II 2005, 817; BFH/NV 2002, 1572); verbleibt ein Gewinn oder ein sonstiger (auch mitelbarer) Vorteil, ist das Objekt mitzuzählen (BFH/NV 2003, 165; 2005, 1033).

Grundstücke, die nach dem VerkFlBerG **zwangsweise** an die öffentliche Hand veräußert werden, sind nicht mitzuzählen (*OFD Hannover* DStZ 2004, 693; vgl FG Münster EFG 2004, 1116 rkr, zum Umlegungsverfahren). Auch ist ein gewerblicher Grundstückshandel nicht schon deswegen anzunehmen, wenn der StPfl Grundstücke zur Erstellung von Straßen an die Gemeinde abtritt (BFH/NV 2000, 557).

97 **Der Begriff des Objekts** bezeichnet jedes Immobilienstück, das selbständig veräußert **und** genutzt werden kann, und zwar unabhängig von Größe, Wert und anderen Umständen, wie zB die Nutzungsart (BFHE 197, 240, BStBl II 2002, 291; BFHE 199, 246, BStBl II 2002, 571; BFHE 2004, 93, BStBl II 2004, 227; BFHE 206, 90, BStBl II 2004, 868; BFHE 206, 90, BStBl II 2004, 950; *BMF* BStBl I 2004, 434 Tz 16). Hierbei folgt die selbständige Veräußerbarkeit grundsätzlich dem Sachenrecht (BFHE 207, 213, BStBl II 2005, 35); doch können auch sachenrechtlich selbständige Grundstücke in ihrer Zusammenfassung als wirtschaftliche Einheit iSd Bewertungsrechts ein einziges Objekt darstellen (BFHE 187, 526, BStBl II 1999, 390); die Grenze bestimmt die Verkehrsauffassung, regional geprägte Usancen sind unbeachtlich (BFHE 207, 213, BStBl II 2005, 35). Objekte sind demnach Einfamilienhaus, Zweifamilienhaus, Eigentumswohnung – ETW – (BFHE 164, 347, BStBl II 1991, 844; BFHE 158, 214, BStBl II 1990, 1053; BFHE 159, 167, BStBl II 1990, 1054; BFHE 205, 390, BStBl II 2004, 699; BFH/NV 1990, 640; 1994, 20, 94; 1996, 676; 1999, 1320; 2000, 330), ebenso die einzelne Parzelle eines aufgeteilten unbebauten Grundstücks (BFHE 180, 42, BStBl II 1996, 367; BFH/NV 1992, 238; 1996, 608; 2007, 221), ein Erbbaurecht (BFH/NV 2002, 1559) sowie der Miteigentumsanteil an solchen Objekten (BFHE 214, 31, BStBl II 2007, 375; BFH/NV 2002, 330). Mehrere zusammenhängende Parzellen können eine wirtschaftliche Einheit (1 Objekt) darstellen (BFHE 206, 90, BStBl II 2004, 868). Auch bei **ETW** ist zwar grundsätzlich jedes Wohnungseigentum als selbständiges Objekt anzusehen (§ 93 Abs 1 BewG). Doch können mehrere Wohnungen, die auf Grund eines eigenständigen Wohnungseigentumsrechts errichtet werden, selbständige wirtschaftliche Einheiten bilden (BFHE 162, 372, BStBl II 1991, 503 mwN); umgekehrt kann eine Wohnung, die unter Inanspruchnahme von mehreren Wohnungseigentumsrechten entstanden ist, wenn sie durch Anordnung neben- oder übereinander einen einheitlichen Raumkörper ergeben, eine wirtschaftliche Einheit bilden (BFHE 164, 551, BStBl II 1991, 872; BFHE 199, 246, BStBl II 2002, 571; BFH/NV 2005, 1274), ohne dass es auf die zeitliche Reihenfolge von Übertragung der Rechte und Fertigstellung ankäme (BFHE 167, 401, BStBl II 1992, 1007). Erforderlich ist jedoch, dass der StPfl sich schon mit Abschluss der Kaufverträge zur (Errichtung und) Übertragung einer mehrere Wohnungseigentumsrechte umfassenden Wohnung verpflichtet; nach Abschluss geäußerte und berücksichtigte Wünsche nach Zusammenlegung wirken nicht zurück (dann mehrere Objekte, BFHE 199, 246, BStBl II 2002, 571). Werden zwei Mehrfamilienhäuser in ETW aufgeteilt und diese veräußert, so liegen so viele Objekte vor wie ETW (BFHE 207, 162, BStBl II 2004, 950), auch wenn sie mit einem einzigen Vertrag an nur einen Erwerber veräußert werden und keine Modernisierung erfolgt war (BFHE 201, 169, BStBl II 2003, 291; BFHE 207, 263, BStBl II 2005, 41; BFH/NV 1996, 747; 2005, 1267). Es handelt sich um rechtlich und wirtschaftlich selbständige Verkäufe (BFHE 199, 246, BStBl II 2002, 571, 574). Die Anzahl der Verkaufsakte berührt das Tatbestandsmerkmal der Nachhaltigkeit (BFHE 203, 147, BStBl II 2005, 164). Liegen eine wirtschaftliche

Einheit begründende Umstände nicht vor, wird die Selbständigkeit von Grundstücken auch nicht durch die unmittelbare räumliche Nähe aufgehoben (BFHE 207, 213, BStBl II 2005, 35, zu angrenzenden Mehrfamilienhäusern; krit *G. Söffing* DStR 2005, 1930), und zwar auch dann nicht, wenn sie grundbuchrechtlich zu einer Einheit zusammengefasst sind. Garagen(-grundstücke) sind, selbst wenn sie isoliert verkauft werden, keine eigenständigen Objekte (BFHE 184, 355, BStBl II 1998, 332; BFHE 200, 295, BStBl II 2003, 238; krit *Kempermann* FR 2003, 247; StBJb 2002/03, 419).

Die Grundstücksgeschäfte müssen nach Art und Durchführung nicht vergleichbar sein (BFH/NV 1993, 657); die einzelnen Objekte können unterschiedlichen Nutzungsarten zuzuordnen sein (BFHE 171, 31, BStBl II 1993, 668; BFH/NV 1997, 229). Die verkauften Objekte werden einzeln gezählt, und zwar auch dann, wenn sie in einem Vertrag an denselben Käufer abgesetzt werden (BFHE 201, 169, BStBl II 2003, 291; BFHE 207, 213, BStBl II 2005, 35; zum Erfordernis der Nachhaltigkeit s Anm 39). Die oa Grundsätze gelten auch, wenn ein StPfl Wohneinheiten im Rahmen eines Bauherrenmodells erwirbt und veräußert (BFHE 178, 385, BStBl II 1995, 839). Auch ein Anteil von einer Grundstücksgesellschaft kann 1 Objekt sein (BFH/NV 2002, 1559).

Großobjekte. Der **GrS des BFH** (BFHE 197, 240, BStBl II 2002, 98
291) hat entschieden, dass die Errichtung von **Wohnobjekten,** deren Aufteilung in (10) ETW sowie deren Veräußerung nicht unabhängig von der 3-Objekt-Grenze etwa wegen der Ähnlichkeit mit dem Typus des Bauunternehmers/Bauträgers eine gewerbliche Betätigung darstellt. Immerhin lässt der GrS weiterhin die Möglichkeit zu, dass weitere Umstände (Verkauf vor Bebauung; Errichtung nach Wünschen oder auf Rechnung des Erwerbers; keine Abrechnung zwischen StPfl und Bauunternehmer wie zwischen Fremden üblich; vgl Anm 109f; Übergangsregelung durch *BMF* BStBl I 2003, 171), trotz Nichtüberschreitens der 3-Objekt-Grenze zur Gewerblichkeit führen (hierzu *Kempermann* FR 2002, 455; DStR 2002, 785; *Söffing* DB 2002, 964; *Vogelgesang* DB 2003, 844; BB 2004, 183 mit Gestaltungshinweisen; krit u a *Paus* DStZ 2002, 715; *Schmidt/Liebig* Inf 2002, 673, 709: die falsche Begründung der falschen Antwort auf die falsche Frage im falschen Fall; *Carlé* DStZ 2003, 483 für eine nutzwertorientierte Gesamtbetrachtung *Bloehs* BB 2002, 1068; dagegen *Schmidt/Liebig* BB 2002, 2577).

Das bedeutet zum einen, dass sog. **Großobjekte** nur **1 Objekt** iSd Objektrechtsprechung darstellen können (vgl BFH/NV 2003, 1291). Das betrifft nicht nur Mehrfamilienhäuser, sofern nicht in ETW aufgeteilt (BFHE 207, 162, BStBl II 2002, 950), u Doppelhaushälften auf ungeteiltem Grundstück (BFHE 188, 561, BStBl II 2000, 28; BFHE 191, 360, BStBl II 2001, 530; BFHE 204, 93, BStBl II 2004, 277; BFH/NV 2003, 1062; 2006, 1465), sondern auch gewerblich genutzte Objekte.

Zum anderen kommt bei ihnen eher als bei einfachen Objekten (zumal Wohnobjekten) die Möglichkeit in Betracht, ihre Errichtung und Veräußerung **unabhängig von der Anzahl der Objekte** nach den unter Anm 109f aufgezeigten Kriterien als gewerblich einzuordnen (vgl. BFH/NV 2003, 742, 1052; aA *M. Söffing* DStR 2004, 793; FR 2006, 485). Das setzt jedoch in unmittelbarem zeitlichen Zusammenhang mit der Errichtung feststellbare Indizien für eine von Anfang an bestehende **unbedingte Verkaufsabsicht** voraus (BFHE 200, 512, 286; BFHE 212, 106, BStBl II 2006, 259; BFH/NV 2007, 412; DB 2008, 1664, Supermarkt; BFH/NV 2008, 68, Einkaufszentrum), eine stets vorhandene bedingte Verkaufsabsicht genügt nicht (BFHE 197, 240, BStBl II 2002, 291; BFH/NV 2003, 1315). Zum Problem *BMF* BStBl I 2004, 434 Rn 29.

Grundstücke im **Ausland** sind in jedem Fall zu berücksichtigen (*FinVerw* DStR 1993, 1481; DB 1993, 1647, FR 1993, 587; krit *Prinz* DStR 1996, 1145; *Bornheim* DStR 1998, 1773).

99 Der **zeitliche Zusammenhang** spielt eine erhebliche Rolle bei der Beurteilung der Frage, ob der Erwerb des Grundstücks/Bau des Gebäudes **von vornherein in (bedingter) Verkaufsabsicht** getätigt worden ist oder statt dessen zunächst der auf Dauer angelegten Fruchtziehung durch Vermietung gedient hat (vgl BFHE 197, 240, BStBl II 2002, 291; BFHE 201, 515, BStBl II 2003, 510; BFHE 207, 213, BStBl II 2005, 35; BFH/NV 1994, 20; 1994, 94; 1996, 202). Je kürzer der Zeitraum zwischen Erwerb bzw. Bebauung und Veräußerung, desto unwahrscheinlicher ist die ursprüngliche Absicht der Vermietung oder Eigennutzung (BFHE 207, 162, BStBl II 2004, 950; BFH/NV 2005, 197). Der zu beurteilende Zeitraum beginnt bei Veräußerung unbebauter Grundstücke mit dem Erwerb, bei der Veräußerung bebauter Grundstücke mit dem Erwerb bzw mit der Bebauung (vgl BFHE 151, 399, BStBl II 1988, 293; BFHE 160, 249, BStBl II 1990, 637), auch wenn das Grundstück vor der Bebauung längere Zeit im Eigentum des StPfl gestanden hatte (BFHE 151, 74, BStBl II 1988, 65); bei Verkauf nach Sanierungs- bzw Modernisierungsarbeiten mit deren Abschluss (BFHE 173, 313, BStBl II 1994, 463; BFHE 201, 169, BStBl II 2003, 291; FG Köln EFG 2005, 451; *BMF* BStBl I 2004, 434 Rn 24). Auf den zeitlichen Zusammenhang mit dem Erwerb des Grundstücks kommt es dann nicht an (BFHE 160, 249, BStBl II 1990, 637), auch wenn das Grundstück vorübergehend selbstgenutzt war (BFHE 163, 382, BStBl II 1991, 519; BFH/NV 1991, 519; 1992, 809; 1993, 656). Bei der Entnahme eines unbebauten land- und forstwirtschaftlichen Grundstücks ist der Zeitraum, in dem es sich im Betriebsvermögen befunden hat, einzubeziehen (*OFD Ffm* DStR 1999, 1946).

Besteht der zeitliche Zusammenhang von Kauf/Errichtung und Veräußerung von mindestens 4 Objekten, dann ist regelmäßig der Rahmen der privaten Vermögensverwaltung überschritten. Erforderlich ist jedoch nicht nur ein zeitlicher Zusammenhang zwischen Erwerb/Bebauung und Veräußerung bei dem je einzelnen Objekt, sondern auch zwischen den Veräußerungen (BFHE 200, 80, BStBl II 2003, 245; BFHE 201, 515, BStBl II 2003, 510; BFH/NV 2004, 1399). Er wird angenommen, wenn die Zeitspanne bis zu den ersten Veräußerungen nicht mehr als **5 Jahre** beträgt (zB BFHE 167, 401, BStBl II 1992, 1007; BFHE 165, 498, BStBl II 1992, 143; BFHE 165, 521, BStBl II 1992, 135). Hierbei kommt es auf den Abschluss des (obligatorischen) Geschäfts, nicht auf die Realisierung des Gewinns an (BFHE 201, 169, BStBl II 2003, 291; BFH/NV 2005, 2195; BFHE 214, 31, BStBl II 2007, 375). In diesem Fall wird mangels gegenteiliger Anhaltspunkte nach der „Lebenserfahrung" angenommen, dass bei Kauf/Bebauung zumindest eine bedingte Verkaufsabsicht bestanden hat (BFHE 201, 515, BStBl II 2003, 510; BFH/NV 2003, 1291). Unerheblich ist, ob eine feste, „planmäßige" Verkaufsabsicht bestanden hat oder ob die Absicht auf eine anderweitige Nutzung gerichtet war (BFHE 160, 494, BStBl II 1990, 1057; BFHE 161, 543, BStBl II 1990, 1060; BFHE 164, 347, BStBl II 1991, 844; BFH/NV 1992, 464); es genügt, wenn die Umschichtungsabsicht beim ersten bedeutsamen Veräußerungsvorgang nachweisbar ist (BFH/NV 1993, 474); auch eine zwischenzeitliche Eigennutzung schließt Gewerblichkeit nicht aus (BFHE 156, 476, BStBl II 1989, 621).

Doch ist der zeitliche Zusammenhang **nur** ein **Beweisanzeichen**, das 100
durch eindeutige Anhaltspunkte, die gegen eine von Anfang an bestehende Verkaufsabsicht sprechen, jedoch objektiver Natur sein müssen, erschüttert werden kann (BFHE 165, 498, BStBl II 1992, 143, BFHE 207, 263, BStBl II 2005, 41; BFH/NV 2003, 129). Jedoch sind umso strengere Anforderungen zu stellen, je enger der zeitliche Zusammenhang ist (BFHE 180, 51, BStBl II 1996, 303). Erforderlich ist eine Gesamtwürdigung der in Betracht kommenden Umstände (BFHE 197, 240, BStBl II 2002, 291; BFHE 196, 59, BStBl II 2002, 537). Von Bedeutung kann etwa sein, dass der StPfl bei Umwandlung von 4 Eigentumswohnungen nach langjähriger Vermietung oder Eigennutzung nicht der Branche angehört (BFHE 151, 74, BStBl II 1988, 65; BFH/NV 1989, 101 u 102; 1997, 170), wobei entsprechend der Voraussetzung für den zeitlichen Zusammenhang Langjährigkeit erst ab einem Zeitraum von 5 Jahren angenommen wird (BFHE 151, 399, BStBl II 1988, 293; BFHE 156, 476, BStBl II 1989, 621; BFHE 165, 521, BStBl II 1992, 135; BFHE 171, 31, BStBl II 1983, 668; BFH/NV 1991, 466; 1999, 1209); ähnlich wenn der StPfl das Haus vor Abriss und Neugestaltung zu einem Haus mit mehreren Eigentumswohnungen noch zum Zwecke der Eigennutzung renoviert hat (BFH/NV 1996, 302). Auch die Langfristigkeit der Finanzierung kann (zugunsten des StPfl) zu berücksichtigen sein (BFHE 200, 388, BStBl II 2003, 297; BFH/NV 2004, 1089). An die Widerlegung der Vermutung sind aber strenge Anforderungen zu stellen (BFHE 129, 177, BStBl II 1980, 106; BFHE 180, 121, BStBl II 1996, 369, 373). Gewerblichkeit ist anzunehmen bei Aufteilung eines MFH in ETW und Verkauf an nur einen Erwerber, wenn der Stpfl schon zuvor ein Gebäude veräußert hat (BFH/NV 2005, 1267). Auch genügt nicht die Zwischenvermietung an gewerblichen Zwischenmieter (BFH/NV 1992, 809), der Verkauf eines Grundstücks aus einer Notlage heraus (BFH/NV 2000, 1340) oder gar die einfache Behauptung der Vermietungsabsicht (BFHE 165, 498, BStBl II 1992, 143; BFHE 207, 162, BStBl II 2004, 950). Letzteres schließt eine Beweisführung durch Vernehmung von Zeugen, die ihre „Kenntnisse" nur aus Gesprächen mit dem StPfl haben können, aus (BFHE 207, 162, BStBl II 2004, 950; BFH/NV 1996, 847). Gleichwohl hat BFHE 151, 71, BStBl II 1988, 65 bei (Vereinbarung der) Vermietung auf eine feste Dauer von 5–10 Jahren durch einen Branchenfremden und gleichwohl nach 2 Jahren seit Errichtung erfolgter Aufteilung in Eigentumswohnungen noch eine private Vermögensverwaltung angenommen (zust BFHE 161, 543, BStBl II 1990, 1060; BFHE 201,

515, BStBl II 2003, 510; BFH/NV 1994, 94) – was sehr fraglich ist, weil (wie der Fall zeigt) auch ein langfristiger Mietvertrag die Veräußerungsabsicht nicht ausschließt. Auch die Begründung, wegen der langfristigen Vermietung sei ein Wohn-Grundstück nur eingeschränkt verwertbar, ist nicht tragfähig. Im Übrigen gilt diese Begründung nicht bei Gewerbeobjekten (BFHE 180, 51, BStBl II 1996, 303). Ebenso genügen auf unbestimmte Zeit geschlossene Mietverträge nicht (BFH/NV 1997, 170) sowie das Vorhaben, durch Erwerb von Renditeobjekten die Altersversorgung zu sichern (BFHE 200, 304, BStBl II 2003, 133; BFHE 207, 162, BStBl II 2004, 950; BFH/NV 1996, 747).

101 Der 5-Jahreszeitraum ist jedoch **keine starre zeitliche Grenze** iS eines Tatbestandsmerkmals. Eine geringfügige Überschreitung kann unerheblich sein, wenn andere Umstände auf eine bedingte Veräußerungsabsicht hinweisen BFHE 101, 520, BStBl II 1971, 456; BFHE 139, 386, BStBl II 1984, 137; BFHE 151, 399, BStBl II 1988, 293; BFHE 207, 162, BStBl II 2004, 950. Auch wenn **innerhalb von 5 Jahren weniger** als 4 Objekte, jedoch danach in kürzerer Zeit weitere Objekte verkauft werden, ist der enge zeitliche Zusammenhang mit den letzten Verkäufen noch gewahrt (BFHE 200, 380, BStBl II 2003, 245; BFHE 206, 141, BStBl II 2004, 739; BFHE 207, 263, BStBl II 2005, 41; BFH/NV 2002, 245; 2003, 455, 742, 911, 1291). In einem solchen Fall sind auch nach Ablauf des Fünfjahreszeitraums erfolgende Verkäufe in die Beurteilung einzubeziehen (BFH/NV 1991, 584; 2005, 197, 1541). So wenn der StPfl in 6 Jahren 5 Objekte oder in $7^1/_2$ Jahren 7 Objekte anschafft und veräußert (BFH/NV 2003, 890; 2004, 1399). **Beurteilungskriterien** sind – wie vor – hohe Verkaufszahlen, Branchennähe bzw Insiderwissen (BFH/NV 2002, 1453; 2003, 457, 890; 2004, 1399), die Art der Finanzierung, zusätzliche Aktivitäten wie Modernisierung u Erschließung, Aufteilung in ETW bei Erwerb, die Dauer der Vermietung (BFH/NV 2005, 1060: nicht bei Langfristigkeit bei Wohnraum). Krit hierzu *Bloeks* BB 2002, 1068; *Schmidt-Liebig* BB 2002, 257.

Unter Einschluss der Frage der Nachhaltigkeit (Anm 46 ff.) kann sich die Notwendigkeit ergeben, die Verhältnisse in einem **10-Jahreszeitraum** zu prüfen (BFHE 165, 521, BStBl II 1992, 135; BFH/NV 1992, 235). Je länger der Zeitraum, desto geringer ist jedoch die Indizwirkung für den Erwerb in (bedingter) Verkaufsabsicht; sie muss ggf durch weitere Anhaltspunkte ergänzt werden (zB höhere Anzahl von Verkäufen; Branchennähe, BFHE 206, 141, BStBl II 2004, 739; BFH/NV 1996, 466; 2003, 911; 2004, 1189; 2009, 152; *BMF* BStBl I 2004, 434). Es lässt sich gleichwohl nur schwer ein Indiz auf eine von vornherein bestehende Veräußerungsabsicht gewinnen (vgl auch BFHE 161, 543, BStBl II 1990, 1060, wo bei 12 Objekten in insgesamt 9 Jahren GewBetrieb angenommen wird). Beträgt der Zeitraum **mehr als 10 Jahre,** dann liegt grundsätzlich Vermögensverwaltung vor (BFHE 109, 431, BStBl II 1973, 661). Gleichwohl bleiben nicht alle Grundstücke, die der StPfl mehr als 10 Jahre in Eigentum hatte, unberücksichtigt. Auch die 10-Jahres-Grenze ist nicht starr zu handhaben (BFH/NV 1994, 84 für den Fall eines laufenden Verkaufs unbebauter Grundstücke). Befand sich das Grundstück aber 20 Jahre im Eigentum des

StPfl, dann ist die nachfolgende Veräußerung außer Betracht zu lassen (BFH/NV 1997, 396).

Bei **Rechtsnachfolge,** insb im Falle der (vorweggenommenen) **Erbschaft,** sind die Vorbesitzzeiten beim Erblasser grds nicht zu berücksichtigen (BFHE 191, 360, BStBl II 2001, 530; *Schmidt-Liebig* Inf 1998, 97). Ererbte Grundstücke sind ohnehin nur dann Objekt, wenn sie im zeitlichen Zusammenhang mit anderen veräußert werden (*BMF* BStBl I 2004, 434 Rn 9; krit *Söffing* DStR 2004, 793) oder der StPfl im Hinblick auf sie zusätzliche Aktivitäten entfaltet (BFHE 214, 31, BStBl 2007, 375). Das hat mE auch für andere unentgeltliche Erwerbsvorgänge (zB Schenkung) zu gelten (ebenso *M. Söffing/Klümper-Neusel* DStR 2000, 1753). Zur Rückübertragung ehemals enteigneter Grundstücke im Beitrittsgebiet *Kaiser* DStR 1993, 270).

Planmäßiger Zusammenhang. Die 5-Jahres-Zeiträume sind also 102
maßgeblich für den Erwerb/die Errichtung und Veräußerung des einzelnen Objekts sowie für den Zeitraum zwischen Erwerb/Errichtung des ersten und Veräußerung des vierten Objekts (BFHE 200, 80, BStBl II 2003, 245; BFH/NV 1991, 381; 1994, 84; 2004, 1399; *Weber-Grellet* DStZ 1991, 23). Werden die jeweiligen 5-Jahres-Zeiträume nicht eingehalten, kann es ausreichen, wenn die An- und Verkäufe, die in einem planmäßigen Zusammenhang stehen, nur zum Teil im auf die gesamte Betätigung bezogenen 5-Jahres-Zeitraum getätigt werden; es entscheidet das Gesamtbild der Verhältnisse (BFHE 196, 59, BStBl II 2002, 537; BFH/NV 2003, 588, 1291). Ist dies nicht der Fall, so wird die Veräußerung nicht dadurch (etwa gar nachträglich) gewerblich, dass der StPfl in einem anderen Zusammenhang planmäßig einen Grundstückhandel beginnt (BFH/NV 1997, 396). Auch ist geklärt, dass eine längerfristige Unterbrechung der Verkaufstätigkeit, eine inaktive Phase, den Fortbestand des gewerblichen Grundstückshandels unberührt lässt (BFHE 179, 75, BStBl II 1996, 276; BFHE 214, 31, BStBl II 2007, 375; BFH/NV 2000, 1451; 2003, 911). Denn ein Gesamtplan ist andererseits nicht erforderlich (BFHE 214, 31, BStBl II 2007, 375; BFH/NV 2007, 234); es genügt ein einheitlicher Betätigungswille (BFH/NV 2000, 557).

Ein sachlicher Zusammenhang wird nicht dadurch berührt, dass ein Teil der Objekte bereits Umlaufvermögen eines anderen Gewerbebetriebs war (BFH/NV 2005, 1532).

Bei **Personenmehrheiten** (Personengesellschaften, Gemeinschaften, 103
Güter-, Erbengemeinschaften) sind auf der **Ebene der Gesellschaft/Gemeinschaft** die oa Grundsätze anzuwenden, wenn und soweit die Gesellschafter in ihrer gesamthänderischen Verbundenheit im Grundstückshandel tätig werden (BFHE 141, 405, BStBl II 1984, 751, 762; BFHE 199, 551, BStBl II 2002, 811; BFH/NV 1996, 678); das gilt entsprechend für Bruchteilsgemeinschaften (BFHE 178, 86, BStBl II 1995, 617; BFH/NV 2007, 2095). Hierbei sind auch solche Grundstücke in die Objekt- und Zeitberechnung einzubeziehen, die zum Sonderbetriebsvermögen des StPfl gehören (BFHE 122, 135, BStBl II 1977, 522; BFH/NV 1993, 539, 1996, 292; BFHE 206, 388, BStBl 2004, 914), innerhalb der Personenmehrheit oder an eine Schwestergesellschaft veräußert werden (BFH/NV 2005, 1033;

2008, 1134), nicht dagegen solche, die im Wege der Realteilung übertragen werden (BFHE 181, 19, BStBl II 1996, 599; *Vogelgesang* DB 2003, 844). Es erfolgt auch keine **„Infektion"** durch die Tätigkeit des Gesellschafters (BFHE 206, 388, BStBl II 2004, 914); dh auf der Ebene der Gesellschaft werden deren Verkäufe nicht mit denen der Gesellschafter zusammengerechnet (BFHE 149, 233, BStBl II 1987, 810; BFHE 173, 313, BStBl II 1994, 463; BFHE 178, 86, BStBl II 1995, 617; 1996, 676; BMF BStBl I 2004, 434 Rn 14).

Doch können ausnahmsweise verschiedene *beteiligungsidentische* Personenmehrheiten nur einen GewBetrieb darstellen (BFH/NV 1993, 538; 2002, 1559; 2007, 221; zur Abgrenzung BFH/NV 2009, 478). Werden nicht mehr als 3 Objekte veräußert und sprechen auch sonstige erhebliche Gründe nicht für Gewerblichkeit, dann schadet auch die *Branchennähe* der Gesellschafter nicht (BFH/NV 2002, 1571). Das gilt auch für sog Großobjekte (vgl Anm 98), es sei denn, sonstige Aktivitäten weisen die Geschäfte als gewerbliche aus (Anm 108 ff). Beschränkt sich die Gesellschaft auf die Vermögensverwaltung, **entsteht** die **GewSt** (nur) beim Gesellschafter (BFH/NV 1999, 1067; FG München EFG 2002, 420).

104 **Auf der Ebene der Gesellschafter** besteht grundsätzlich keine Abschirmwirkung, dh die Aktivitäten der Gesellschaft/Gemeinschaft werden den Geschäften des Gesellschafters hinzugezählt (BFHE 178, 86, BStBl II 1995, 617). Erforderlich ist jedoch ein Sachzusammenhang zwischen beiden Bereichen (BFHE 208, 147, BStBl II 2005, 164; BFH/NV 2002, 1559; 2003, 1082), der bei einer vermögensverwaltenden Gesellschaft idR anzunehmen ist. Bei einer originär gewerblich tätigen Gesellschaft findet eine Zusammenrechnung mit den Geschäften der Gesellschaft idR mangels Sachzusammenhang nicht statt (BFHE 178, 86, BStBl II 1995, 617).

Grundstücke, die im Wege der **Realteilung** übertragen werden, sind dann einzubeziehen, wenn der StPfl sie alsbald, insb in zeitlichem Zusammenhang mit anderen Grundstücksverkäufen veräußert, (BFH/NV 2003, 890).

BMF BStBl I 2004, 434 Tz 14 rechnet die Grundstücksgeschäfte nur der Personengesellschaften zu, an denen der Gesellschafter mit mindestens **10% beteiligt** ist, bzw wenn der Verkehrswert des Gesellschaftsanteils oder Anteils am veräußerten Grundstück mehr als 250 000 € beträgt. Der Große Senat des BFH hat dies bestätigt (BFHE 178, 86, BStBl II 1995, 617, vgl BFH/NV 1996, 606; hierzu *Fabry* DStZ 1996, 26; *Kohlhaas* DStR 1997, 93; *Weber-Grellet* DStR 1996, 1342; *Spindler* DStZ 1997, 10; *Meyer-Scharenberg/Fleischmann* DStR 1995, 1409; *G. Söffing* DB 1995, 2138; *Schmalhofer/Streicher* DB 1995, 2445; *Schmidt-Liebig* Inf 1996, 65; BB 1996, 1799; DB 1997, 346; *Paus* DStZ 1996, 172; *Schuhmann* StBp 1997, 34; *Vogelgesang* DB 2003, 844; *Lüdicke/Naujok* DB 2004, 1796). Auch bei einer geringeren Beteiligung kann eine Zurechnung dann erfolgen, wenn der Gesellschafter über eine Generalvollmacht oder aus anderen Gründen die Geschäfte der Gesellschaft maßgebend bestimmt (BFHE 218, 331, BStBl II 2007, 885).

Überschreiten die Verkäufe in beiden Bereichen zusammen also die 3-Objekt-Marke (zB GbR 4, Gesellschafter 0), dann liegt auch auf der Ebene des Gesellschafters ein (weiterer) gewerblicher Grundstückshandel vor

(BFHE 309, 399, BStBl II 2005, 679; BFH/NV 2003, 457; 2006, 1247; 2007, 42; BMF BStBl I 2004, 434 Rn 17); die **Einkünftequalifikation** bei einer *Zebra-Gesellschaft* erfolgt für den Gesellschafter durch sein WohnsitzFA (BFHE 309, 399, BStBl II 2005, 679). Ist der Gesellschafter an mehreren Gesellschaften beteiligt, sind ihm alle durch diese getätigten Verkäufe zuzurechnen, mit der Folge eines gewerblichen Grundstückshandels auch dann, wenn sich nur durch die Zusammenrechnung auf seiner Ebene mehr als 3 Verkäufe ergeben (BMF BStBl I 2004, 434 Rn 18).

Im Übrigen gelten die oa Grundsätze für Erbengemeinschaften (BFHE 160, 249, BStBl II 1990, 637) und für Bruchteilsgemeinschaften (BFHE 165, 188, BStBl II 1992, 283; BFHE 178, 86, BStBl II 1995, 617; BFH/NV 1996, 478; *BMF* BStBl I 2004, 434; krit *Reiß* FR 1992, 364).

Auch der Verkauf von Anteilen an (einer) **Immobilien-Personengesellschaft(en)** kann zu gewerblichem Grundstückshandel führen, weil er 105
die Übertragung ideeller Anteile an den einzelnen gesamthänderisch gebundenen Wirtschaftsgütern des Gesellschaftsvermögens darstellt (vgl BFHE 171, 31, BStBl II, 1993, 68; BFHE 180, 121, BStBl II 1996, 369; BFHE 183, 1, BStBl II 1997, 678; BFHE 187, 526, BStBl II 1999, 390; BFHE 201, 133, BStBl II 2003, 250; BFH/NV 1999, 1067; ebenso bei Anteil über 10% *BMF* BStBl I 2004, 434 Rn 18; **aA** *Bitz* FR 1991, 438; *Zacharias/Rinnewitz/Jung* DStR 1991, 861; *Fleischmann/Meyer-Scharenberg* BB 1991, 995; zum Problem iÜ: *Paus* DStZ 1991, 740; *Gast-de Haan* DStZ 1992, 285, 293; *Hofer* DStR 2000, 1635; *Prinz* DStR 1996, 1145, 1150; *Kempermann* DStR 1996, 1158; *Schmidt-Liebig* Inf 1996, 107, FR 1997, 325, 331; BB 1998, 563, 566; *Weber-Grellet* DStR 1995, 1341; *Penne/Holz* WPg 1995, 753; *Bitz* DStR 1998, 433, *Kobor* FR 1999, 1155; *Altfelder* FR 2000, 349, 370). Abzustellen ist mE zunächst auf die Dauer der Beteiligung und sodann (wenn diese 5 Jahre überschritten hat) auf die der Zugehörigkeit der Grundstücke zum Betriebsvermögen (*Penne/Holz* WPg 1995, 753; aA *Götz* FR 2005, 137: nur Beteiligungsdauer). Bei Verkauf von 4 Beteiligungen in 5 Jahren entsteht also ein gewstpfl gewerblicher Grundstückshandel beim Gesellschafter (BFHE 187, 826, BStBl II 1999, 390; BFHE 216, 233, BStBl II 2007, 777; zum Verkauf von Anteilen an gewerblich geprägter GbR BFHE 222, 95, DStR 2008, 1729; **aA** *Fratz/Löhr* DStR 2005, 1044). Die Veräußerung allerdings einer 50%igen Beteiligung bedeutet anteilige Übertragung so vieler Objekte, wie sich im Gesamthandseigentum befinden (BFHE 201, 133, BStBl II 2003, 250). ME gelten diese Grundsätze auch für **nach dem EZ 2001** verwirklichte Fälle; angesichts des Eigenlebens des (auch über Mitunternehmerschaften gestalteten) Gewerbebetriebs besteht mE für diesen ein **Vorrang vor § 7 Satz 2 Nr 2**, nicht umgekehrt (zweifelnd *Behrens/Schmitt* BB 2008, 2332).

Die **Zwischenschaltung einer** nur zum Zweck des Kaufs und Wei- 106
terverkaufs dem StPfl gehörender Wohnungen gegründeten und nur aus nahe stehenden Personen gebildeten **Personengesellschaft** kann **rechtsmissbräuchlich** (§ 42 AO) sein (BFHE 165, 498, BStBl II 1992, 143; BFH/NV 1993, 738). Das gilt insbesondere, wenn sie an den StPfl einen so hohen Kaufpreis zahlt, dass sie keinen (namhaften) Gewinn erwarten kann oder wenn die Mittel zum Ankauf der Wohnungen vom StPfl selbst stam-

men oder erst nach Weiterverkauf der Kaufpreis aus dem Erlös zu zahlen ist (BFH/NV 2001, 138; einschränkend FG Münster EFG 2004, 1830 rkr trotz Auseinandersetzung der Gesamthand noch am Tag der Veräußerung. Zum Problem *Kempermann* StbJB 2002/03, 419, 432; *Vogelgesang* BB 2004, 183).

107 Ob Verkäufe durch **Kapitalgesellschaften** den Gesellschaftern zuzurechnen sind, ist umstritten (**abl** BFHE 205, 470, BStBl II 2004, 787; BFH/NV 1996, 678; FG Münster EFG 2006, 1693 Rev; FG Ba-Wü EFG 2006, 1330 Rev; *FinVerw* DStR 1997, 1208; DB 1997, 1440; *Meyer-Scharenberg/Fleischmann* DStR 1995, 1409; *Fischer* FR 1996, 377; *BeSt* DStR 1998, 433; *Paus* DStZ 1996, 172; *Tiedtke/Wälzholz* DB 2002, 652; *Carlé* DStZ 2003, 413, KÖSDI 2003, 13653; BeSt 2005, 38; *M. Söffing* DStR 2004, 793; *G. Söffing* BB 2005, 2101; *Moritz* DStR 2005, 201; **zust** BFHE 179, 353, BStBl II 1996, 232; BFH/NV 1996, 746; 2007, 412; 2008, 68; FG Münster EFG 2005, 953; *Weber-Grellet* DStR 1995, 1341, FR 1998, 955; *Gosch* StBp 1996, 135; 1998, 276, 2003, 124; *Altfelder* FR 2000, 349; *Valentin* EFG 2003, 100). ME ist die Frage zu verneinen, weil der Kapitalgesellschafter nicht Mitunternehmer der Kapitalgesellschaft ist und diese ihre eigene Rechtspersönlichkeit hat. Mit einer Betriebsaufspaltung ist die Inhaberschaft von Kapitalanteilen nicht zu vergleichen. ME kommt eine „mittelbare Tatbestandsverwirklichung" nur in Betracht, wenn die Voraussetzungen einer Betriebsaufspaltung vorliegen **und** Verkäufe durch die Kapitalgesellschaft in sachlichem Zusammenhang stehen mit Grundstücksgeschäften des Anteilsinhabers; der Durchgriff auf eine Kapitalgesellschaft kann nicht stärker sein als bei einer Personengesellschaft (Anm 106). Doch kann die **Zwischenschaltung** einer Kapitalgesellschaft **rechtsmissbräuchlich** sein (BFH/NV 1996, 746; BFHE 186, 288, BStBl II 1998, 667; BFHE 186, 236, BStBl II 1998, 721; BFHE 205, 470, BStBl II 2004, 787) – das gilt insb, wenn der an den Anteilseigner zu entrichtende Kaufpreis erst aus den Erlösen aus der Weiterveräußerung zu entrichten ist (BFHE 205, 470, BStBl II 2004, 787; BFH/NV 2001, 138) – oder zur Annahme von Branchennähe führen (*FinVerw* DStR 1997, 1208; DB 1997, 1440). Zu Gestaltungsmöglichkeiten und Steuerwirkungen *Salomon/Werdich* DB 1995, 1481; *Olbrich* DB 1996, 2049).

108 **In anderen Fällen,** in denen nicht schon die 3-Objekt-Theorie zum Tragen kommt, kann sich die Gewerblichkeit des Grundstückshandels auch aus anderen Merkmalen ergeben (BFH/NV 2002, 192). In Betracht kommt hier nach Ergehen von BFHE 197, 240, BStBl II 2002, 291 (Anm 98) mE **weniger** der **Umfang der Wertsteigerungs- u Verwertungsmaßnahmen** (so noch BFHE 136, 252, BStBl II 1982, 700; BFHE 180, 42, BStBl II 1996, 367; BFHE 180, 51, BStBl II 1996, 303; BFHE 185, 242, BStBl II 1998, 346; BFH/NV 1995, 974; 1996, 535; *G. Söffing* DStZ 1996, 455) als vielmehr deren **Art und Weise** (vgl. *Schubert* DStR 2003, 573).

109 Es genügt insb nicht mehr (Ausnahme: unbedingte Verkaufsabsicht, Anm 110), wenn durch die Maßnahmen (zB Sanierung) im eigenen Interesse ein **„Objekt anderer Marktgängigkeit"** geschaffen wird (BFHE 206, 90, BStBl II 2004, 868), also weder die Herbeiführung der Baureife (so noch BFHE 136, 252, BStBl II 1982, 700; BFHE 179, 353, BStBl II 1996, 232, 237; BFH/NV 1993, 728) noch die Bebauung mit *einem* Wohnhaus und dessen Aufteilung in Eigentumswohnungen (so noch BFHE 185, 242, BStBl II 1998, 346; BFH/NV 1998, 317), noch der Erwerb eines Grundstücks sowie dessen Bebauung mit einem Mehrfamilienhaus und Veräußerung innerhalb von 5 Jahren (so noch BFH/NV 1998, 917). Entsprechendes gilt wohl für erhebliche Modernisierungsmaßnahmen und den anschließenden Verkauf (so noch BFHE 139, 386, BStBl II 1984, 317; BFH/NV 2002, 775). Die Parzellierung/Umwandlung in Eigentumswohnungen allein ohne vorherigen Ankauf in zeitlichem Zusammenhang war schon nach der bisherigen Rechtsauffassung kein Indiz für Gewerblichkeit (vgl BFHE 109, 308, BStBl II 1973, 642; BFH/NV 1989, 102); umso mehr gilt dies nach neuerer Auffassung (vgl BFHE 191, 360, BStBl II 2001, 530; BFHE 207, 263, BStBl II 2005, 41). Ob sie – wie bisher – schädlich sein kann im Rahmen einer planmäßigen, auf Dauer angelegten Maßnahme (so BFHE 113, 463, BStBl II 1975, 44; BFHE 117, 360, BStBl II 1976, 152; BFH/NV 1986, 279; 1996, 747), hängt vom Gewicht der übrigen Aktivitäten ab. Auch die Einflussnahme auf den Bebauungsplan und die Bauweise wird ohne zusätzliche Indizien nicht auf Gewerblichkeit hinweisen (so aber zB BFHE 146, 244, BStBl II 1986, 666; BFHE 164, 347, BStBl II 1991, 844).

Doch können auch die vorbezeichneten Maßnahmen dann für Gewerblichkeit sprechen, wenn die äußeren Umstände gegen einen Vorrang der Fruchtziehung sprechen, aber Grundstücke wie von einem Generalübernehmer oder Baubetreuer errichtet und veräußert werden. Das gilt insb, wenn der Veräußerer (eine Vielzahl von) Aktivitäten zur Erhöhung des Grundstückswerts – zB Erschließung, Bebauung – zu einem Zeitpunkt entfaltet, in dem zweifelsfrei erwiesen ist (zB durch Verkauf bzw Verkaufsbemühungen vor Bebauung), dass das Grundstück aus seinem Vermögen ausscheiden soll (BFHE 197, 240, BStBl II 2002, 291; BFHE 201, 180, BStBl II 2003, 294; BFH/NV 2003, 1423; FG Düsseldorf EFG 2006, 734, NZB; die genannten Beispiele sind nicht abschließend, BFH/NV 2004, 1629). Dann genügt auch Erwerb/Veräußerung von 3 unbebauten Grundstücken (BFHE 209, 320, BStBl II 2005, 817; BFH/NV 2006, 2063), die Erschließung nach Art eines Unternehmers (*BMF* BStBl I 2004, 434 Rn 3) oder der Erwerb eines Grundstücks, die Errichtung eines Gebäudes mit 3 ETW und deren Veräußerung im zeitlichen Zusammenhang (BFH/NV 2005, 1344); Veräußerung an nur einen Erwerber genügt, wenn bereits zuvor ein Gebäude veräußert worden war (BFH/NV 2005, 1267).

Erforderlich ist also eine **unbedingte Verkaufsabsicht,** gekennzeich- **110**
net durch „das typusprägende Händlerbild, das das Gesamtspektrum des Grundstücksumschlags (Erwerb und Veräußerung) umfasst", auch bei der maßgebenden Maßnahme (Erwerb, Erschließung, Bebauung; BFHE 197, 240, BStBl II 2002, 291; BFHE 216, 233, BStBl II 2007, 777; BFHE 218, 331, BStBl II 2007, 885). Dann markieren die jeweiligen Aktivitäten den Zeitpunkt, in dem das Grundstück gewerblich geworden ist. In solchen Fällen genügen Aktivitäten auch in Bezug auf nur **1 Objekt** (BFHE 209, 734, BStBl II 2005, 606; BFHE 212, 106, BStBl II 2006, 259; BFHE 216,

233, BStBl II 2007, 777; BFHE 218, 331, BStBl II 2007, 885; BFH/NV 2003, 742; 2007; 30; krit *Weber-Grellet* DB 2002, 2568; *Kratzsch* Inf 2 004, 618; *Vogelgesang* BB 2004, 183; FS Korn 2005, 187, 208; *Hoffmann* EFG 2006, 430; *Kempermann* DStR 2005, 265: „Nichtaufgriffsgrenze" 2,5 Mio €). Für die Feststellung der unbedingten Veräußerungsabsicht hat etwa ein Gesellschaftsvertrag nur die Bedeutung eines Indizes, zu dem weitere hinzukommen müssen (BFHE 204, 471, BStBl II 2004, 464; BFH/NV 2003, 1166; vgl schon BFHE 123, 470, BStBl II 1978, 54; BFH/NV 1988, 154). Einer letztlich stets vorhandenen **bedingten** Veräußerungsabsicht kommt in diesem Zusammenhang keine Bedeutung zu (BFHE 197, 240, BStBl II 2002, 291). Das Gleiche gilt für den Anlass der Veräußerung (BFHE 214, 31, BStBl II 2006, 375). In Betracht kommen **Aktivitäten** auch nach nur einer Veräußerung im Hinblick auf die Nutzungsvorstellungen des Käufers (BFHE 201, 180, BStBl II 2003, 294; Anm *Kempermann* FR 2003, 457), dessen maßgeblicher Einfluss auf die Bauplanung und Finanzierung (BFH/NV 2003, 742), Gewerbeanmeldung des Veräußerers (FG Hamburg EFG 2006, 1753 Rev); Erbringung von Zusatzleistungen (Vermittlung, Garantie, FG Schl-H EFG 2002, 456 rkr; FG Thür EFG 2006, 1062 Rev), Bebauung des Grundstücks nach Veräußerung (BFHE 197, 240, BStBl II 2002, 291; BFHE 199, 551, BStBl II 2002, 811; BFH/NV 2004, 1629; 2005, 698, 890, 1344; zT aA FG Düsseldorf EFG 2007, 686) Maßnahmen zur Veräußerung (Zeitungsanzeigen), Einschaltung eines Maklers in der Bauphase: (BFHE 200, 293, BStBl II 2003, 238; FG Münster EFG 2004, 407 Rev; FG Rh-Pf DStRE 2005, 635), erst recht die Bebauung von fremdem Grund und Boden (BFH/NV 2002, 1586; 2003, 1555), planungsgemäße Bebauung und Veräußerung von nur 2 Objekten unmittelbar nach dem Ankauf (BFHE 200, 512, BStBl II 2003, 286; krit *Weber-Grellet* FR 2003, 301; s aber BFH StEd 2009, 68), Bebauung nach Wünschen und auf Rechnung des Erwerbers (FG München EFG 2005, 526 rkr), Abrechnung von Leistungen nicht wie unter fremden Dritten (*BMF* BStBl I 2003, 171; 2004, 434) und – nach wie vor – Bau und Veräußerung von einem Supermarkt/Einkaufszentrum (Anm 98). Auch der Antrag auf Abgeschlossenheitsbescheinigung alsbald nach Erwerb spricht für Veräußerungsabsicht (BFHE 165, 498, BStBl II 1992, 143). Diese Grundsätze gelten auch, wenn ein StPfl ein schadstoffbelastetes Grundstück erwirbt und Sanierungsmaßnahmen durchführt (BFHE 206, 90, BStBl II 2004, 868). **Ausnahmen** bestehen für unvorhergehene, die beabsichtigte Vermietung vereitelnde Ereignisse zwischen Beauftragung der Handwerker und Beginn der Bauarbeiten (BFHE 209, 734, BStBl II 2005, 606, hierzu *Hornig* DStR 2005, 1719). Auf die **Branchennähe** des Verkäufers kommt es im Übrigen nicht an (BFH/NV 2002, 1586; 2005, 890); sie kann aber nach wie vor Anzeichen für Gewerblichkeit auch bei weniger als 3 Objekten sein (BFH/NV 2003, 1291; **aA** *Carlé* KÖSDI 2003, 13 653). Gewerblich ist mE nach wie vor laufender An- u Verkauf auch nach mehr als 10 Jahren in verschiedenen Baugebieten (BFH/NV 1994, 84). Zu **städtebaulichen Plänen** und **Verträgen** s *OFD München* FR 1997, 427, DStR 2000, 554 sowie *Graf/Weber* DStR 2001, 1463; zur Problematik, die sich ergibt, wenn die Mieter ihr **Vorkaufsrecht** nach § 577 nF (§ 570 b aF) BGB geltend machen, *Sauren* DStR 1994, 930.

Weitere Beispiele für die Annahme von Gewerblichkeit, die mE nach wie vor von Bedeutung sind: Kauf u Verwaltung in Veräußerungsabsicht (BFHE 89, 215, BStBl II 1967, 616); Bau und Verkauf von 82 Bungalows (BFHE 89, 351, BStBl III 1967, 677); Vermietung u Veräußerung von Kaufeigenheimen im sog Baupatenverfahren (BFHE 106, 84, BStBl II 1972, 700); Erschließung von unbebauten Parzellen (BFHE 110, 348, BStBl II 1974, 6; *BMF* BStBl I 2004, 434 Rn 3); Erstellenlassen eines Bebauungsplans (BFHE 97, 120, BStBl II 1970, 61); Übernahme der Erschließung bei der Gemeinde (BFHE 109, 308, BStBl II 1973, 642); Einbringung in eine Erschließungsgesellschaft (BFHE 146, 244, BStBl II 1986, 666; hierzu *Jäksche* DStR 2006, 1349); Errichtung einer Wohnanlage mit 41 bzw 42 ETW in Veräußerungsabsicht (BFHE 88, 207, BStBl III 1967, 337; BFHE 104, 321, BStBl II 1972, 360) bzw von 34 ETW nach Aufgabe der Vermietungsabsicht (BFHE 104, 77, BStBl II 1972, 279) und sogar bei 4 ETW (BFHE 104, 178, BStBl II 1972, 291; BFHE 129, 177, BStBl II 1980, 106); Bau und Verkauf von 4 Reihenhäusern und 8 ETW (BFHE 108, 190, BStBl II 1973, 260); Verkauf von 4 zT bebauten, zT unbebauten Grundstücken innerhalb von 5 Jahren (BFHE 109, 431, BStBl II 1973, 661); Erschließung und Veräußerung von 12 unbebauten und 4 bebauten Grundstücken (BFHE 109, 427, BStBl II 1973, 682). Dagegen **genügt nicht** die Parzellierung und Bauvoranfrage (BFHE 101, 520, BStBl II 1971, 456). 111

Veräußert ein **Landwirt** bisher luf genutzte Grundstücke als Bauland, so ist nach vorstehenden Grundsätzen zu entscheiden, ob ein gewerblicher Grundstückshandel oder ein luf Hilfsgeschäft vorliegt (BFHE 146, 244, BStBl II 1986, 666; BFHE 211, 195, BStBl II 2006, 166; *BMF* BStBl I 2004, 434 Rn 27; H 15.5 EStH; *v Schönberg* DStZ 2005, 61): GewBetrieb bei nachhaltiger Veräußerung (BFHE 141, 513, BStBl II 1984, 798) und bei auf Schaffung eines Objekts anderer Marktgängigkeit gerichteten Aktivitäten (BFHE 219, 306, BStBl II 2008, 231: optimierender Hinzukauf/-tausch und Bauantrag; vgl auch *Schönberg* DStZ 2005, 61). 112

Einzelfragen zum gewerblichen Grundstückshandel 113

a) Einlagezeitpunkt/Beginn der Gewerbesteuerpflicht/Beurteilungszeitraum. In ein Betriebsvermögen eingelegt (als Umlaufvermögen vgl BFHE 196, 59, BStBl II 2002, 537; zugleich zur Umqualifizierung als Anlagevermögen im Falle einer Betriebsaufspaltung; sowie BFHE 200, 304, BStBl II 2003, 133, zugleich zur möglichen Buchwertfortführung; zur Zuordnung BFH/NV 2008, 113) werden die zur Veräußerung bestimmten Objekte dann, wenn der Steuerpflichtige mit Tätigkeiten beginnt, die objektiv erkennbar auf die Vorbereitung der Grundstücksgeschäfte gerichtet sind (BFHE 138, 63, BStBl II 1983, 451), in der Regel der Kauf der unbebauten Grundstücke bzw die Errichtung der Wohnungen usw in zumindest bedingter Veräußerungsabsicht (BFHE 151, 399, BStBl II 1988, 293; BFHE 173, 313, BStBl II 1994, 463; BFHE 196, 59, BStBl II 2002, 537). Dies bedeutet indessen nicht den Beginn der Gewerbesteuerpflicht; er erfordert den Beginn der werbenden Tätigkeit (Anm 216; vgl A 18 Abs 1 GewStR; *Freudenberg* Inf 1991, 289; **aA** wohl BFH/NV 1996, 202). Das kann zu unterschiedlichen Teilwertansätzen führen (*Glanegger* FR 1990, 469; *Schmidt/Weber-Grellet* § 15 Anm 130).

Die Beurteilung stellt notwendig auf einen Mehrjahreszeitraum ab (BFHE 205, 451, BStBl II 2004, 722). Der Verkauf eines 4. Objekts stellt **kein rückwirkendes Ereignis** iSv § 175 Abs 1 Satz 1 Nr 2 AO dar, weil hierdurch der bisherige Sachverhalt nicht rückwirkend gestaltet, sondern nur abweichend gewürdigt wird (BFHE 189, 302, BStBl II 2000, 306). ME ist aber § 173 Abs 1 Nr 1 AO wegen **nachträglichen Bekanntwerdens** einer neuen (Hilfs-)Tatsache zu prüfen, denn sie sind Indizien für die innere Tatsache „bedingte Verkaufsabsicht" (ebenso BFH/NV 2003, 588; *BMF* BStBl I 2004, 434 Rn 33; *Apitz* StBp 2000, 146; *Vogelgesang* DB 2004, 183; **aA** *G. Söffing* DStR 2000, 916). Das vierte Objekt ist auf jeden Fall zu erfassen (BFH 214, 31, BStBl II 2007, 375).

114 **b) Umfang des Betriebsvermögens** bestimmt sich bei weiteren Objekten nach dem sachlichen und zeitlichen Zusammenhang mit den den Gewerbebetrieb begründenden Geschäften (BFHE 200, 388, BStBl II 2003, 297; BFHE 206, 141, BStBl II 2004, 738; BFHE 207, 162, BStBl II 2004, 950; vgl *Paus* FR 2004, 1268; *Kratzsch* Inf 2005, 898). Aber auch nicht im zeitlichen Zusammenhang hiermit/bei Überschreiten der 5-Jahresfrist veräußerte Objekte gehören zum Betriebsvermögen, wenn sie von vornherein zur Veräußerung bestimmt waren (BFHE 206, 141, BStBl II 2004, 750; BFH/NV 2005, 1794). Steht die Absicht nicht fest, sind die Objekte einzubeziehen, bei denen der zeitliche Zusammenhang zwischen Anschaffung/Errichtung und Veräußerung die Veräußerungsabsicht indiziert und die Veräußerungen von einem einheitlichen Betätigungswillen (indiziert durch den zeitlichen Zusammenhang zwischen den Veräußerungen) umfasst werden (BFHE 200, 380, BStBl II 2003, 245; BFHE 201, 515, BStBl II 2003, 510). Auch insofern ist der 5-Jahres-Zeitraum keine starre Grenze, sondern kann je nach Gewicht der die Gewerblichkeit indizierenden Umstände verlängert werden (Anm 59c; BFHE 206, 141, BStBl II 2004, 738; BFH/NV 2004, 194). Nicht zum Betriebsvermögen gehören die nachweisbar zur Privatnutzung/Vermögensanlage erworbenen Objekte (BFHE 200, 388, BStBl II 2003, 297; BFH/NV 2004, 486; *BMF* BStBl I 2004, 434 Rn 32). Übt aber eine Gesellschaft mit dem Grundstückshandel eine gewerbliche Tätigkeit aus, werden auch lediglich vermietete Grundstücke notwendiges Betriebsvermögen (BFHE 206, 141, BStBl II 2004, 738; BFH/NV 2003, 911; 2005, 1033), und zwar als Anlagevermögen (BFHE 180, 121, BStBl II 1996, 369). Nach FG Düsseldorf EFG 2006, 519 Rev sind durch eine Betriebsaufspaltung verstrickte Objekte nicht einzubeziehen.

Gehört das Grundstück zum AV eines anderen Betriebes (Gewerbe, LuF), dann gehört es erst dann zum UV eines gewerblichen Grundstückshandels, wenn der Stpfl es zum Zwecke der Veräußerung (unbedingte Veräußerungsabsicht) zu einem Objekt anderer Marktgängigkeit gemacht hat (BFHE 211, 195, BStBl II 2006, 166; BFHE 216, 233, BStBl II 2007, 777; hierzu *Kempermann* DStR 2006, 265).

115 **c) Gewinnverwirklichung** liegt bei der Veräußerung schlüsselfertiger Wohnungen regelmäßig erst im Zeitpunkt des Übergangs der bezugsfertigen Wohnungen vor (BFHE 130, 34, BStBl II 1980, 318). Die **Gewinnermittlungsart** dürfte in den typischen Problemfällen die Einnahmen-

Überschussrechnung nach § 4 Abs 3 EStG sein, da der Händler idR kein Vollkaufmann nach § 1 HGB ist (hierzu *Kohlhaas* DStR 2000, 1249; *Carlé* KÖSDI 2003, 13653; *Vogelgesang* BB 2004, 183; *Drüen/Krumm* FR 2004, 685; **aA** BFH/NV 2005, 1033; *Apitz* StBp 2001, 344); im Übrigen – bei Erfordernis eines in kaufmännischer Weise eingerichteten Gewerbebetriebs – Bestandsvergleich nach § 4 Abs 1, § 5 Abs 1 EStG (*BMF* BStBl I 2004, 434 Rn 33).

d) Ende der Gewerbesteuerpflicht/Betriebsaufgabe. Das Ende der 116
GewStPflicht tritt bei ausschließlichem Grundstückshandel von natürlichen Personen und Personengesellschaften wohl zusammen mit der einkommensteuerrechtlichen Betriebsaufgabe durch Beendigung des Grundstückshandels ein (BFH/NV 2005, 1033), die durch den letzten Verkauf gekennzeichnet ist. Dieser gehört jedoch idR noch zum laufenden Geschäftsverkehr (*BMF* BStBl I 2004, 434 Rn 35; differenzierend jedoch *Fleischmann/Meyer-Scharenberg* BB 1991, 955). Da der Betrieb auf die Veräußerung von Grundstücken (Umlaufvermögen) gerichtet ist, kann nach der Rechtsprechung der Gewinn aus dem Verkauf der letzten Grundstücke nicht zu einem einkommensteuerbegünstigten und gewerbesteuerfreien Betriebsaufgabegewinn führen (BFHE 104, 178, BStBl II 1972, 291; BFHE 172, 344, BStBl II 1994, 105; BFHE 180, 42, BStBl II 1997, 367; BFH/NV 1988, 28; 1996, 299; s dazu auch § 7 Anm 51). Das gilt auch dann, wenn der gesamte Grundstücksbestand an ein oder zwei (auch gewerbliche) Erwerber veräußert wird (BFHE 176, 426, BStBl II 1995, 388; BFH/NV 2002, 783) und auch bei Aufgabe der Bebauungsabsicht im Zusammenhang mit der Betriebsaufgabe (BFHE 211, 100, BStBl II 2006, 160); anders – begünstigt – bei Übernahme ins Privatvermögen (BFH/NV 1989, 590) sowie bei Ausbleiben geplanter Aktivitäten zwischen Erwerb und Verkauf des einzigen Grundstücks (BFH/NV 1990, 625).

Der **Verkauf eines Anteils** an einer Immbilien-Personengesellschaft durch eine natürliche Person führt zu einem stpfl GewErtrag jedenfalls dann, wenn das BV (fast) ausschließlich aus zum Umlaufvermögen zählenden Grundstücken besteht (BFHE 216, 233, BStBl II 2007, 777 mwN; BFH/NV 2007, 692; Anm *Wendt* FR 2007, 98; aA *Fratz/Löhr* DStR 2005, 1044).

Keine Betriebsaufgabe, sondern lediglich Betriebsunterbrechung liegt vor, wenn das Grundstückshandelsunternehmen nur noch Grundstücksvermietung betreibt (BFHE 179, 75, BStBl II 1996, 276; BFHE 206, 141, BStBl II 2004, 738; BFH/NV 2003, 911). Sie ist unschädlich für den Fortbestand des gewerblichen Grundstückshandels. Nach der Weiterführung werden die zum Anlagevermögen gehörenden Grundstücke Umlaufvermögen (BFH/NV 2000, 1451).

e) Dauerschulden und Dauerschuldzinsen. Werden Bauvorhaben 117
über Kontokorrent- bzw Überziehungskredite finanziert, so wird sich in der Regel aus dem Mindestbetrag der Schuld über einen Zeitraum von mehr als (vgl A 45 Abs 5 GewStR) einem Jahr eine Dauerschuld iSv § 8 Nr 1 aF ergeben mit der Folge der Hinzurechnung der Dauerschuldzinsen beim GewErtrag. Ausnahmsweise können im Grundsatz anders zu beurteilende Teilkredite vorliegen, wenn die Schuld ihre Selbständigkeit und da-

mit den wirtschaftlichen Bezug zur einzelnen Baumaßnahme auch im Rahmen des Kontokorrentkredits behält (BFHE 119, 168, BStBl II 1976, 551; BFHE 162, 117, BStBl II 1991, 23; aA *Mahlow* DB 1991, 1189; zu den Einzelheiten vgl § 8 Nr 1 Anm 58).

118 **f) Rücklagen nach § 6b EStG/AfA.** Während für Veräußerungszwecke in ein Grundstücksverwertungsunternehmen eingelegte Grundstücke zweifelsfrei zum Umlaufvermögen gehören und deshalb eine Rücklage nach § 6b EStG/AfA nach § 7 Abs 4 EStG nicht in Betracht kommt, bestehen Zweifel für die Fälle, in denen zB ein Wohnungsbauunternehmen oder ein Landwirt vorhandenes betriebliches Anlagevermögen parzelliert und bei seiner Veräußerung eine Rücklage bilden will. Der BFH (BFHE 114, 354, BStBl II 1975, 352) hat Umlaufvermögen angenommen und die Möglichkeit einer Rücklage verneint. Die Finanzverwaltung ist dem allerdings nicht gefolgt (vgl *BMF* BB 1979, 1588; vgl dazu auch *Bordewin* BB 1979, 1597; s aber Nds FG EFG 1987, 109 rkr). Bei Umqualifizierung von Umlauf- in Anlagevermögen des Besitzunternehmens im Rahmen einer Betriebsaufspaltung sind Afa (und Rücklagen) zu gewähren (BFHE 196, 59, BStBl II 2002, 537).

119 **g)** Zum **Verlustrücktrag** vgl BFH/NV 1999, 766.

120 Die **Komplementärtätigkeit** für mehrere Kommanditgesellschaften ist nicht gewerblich (BFHE 150, 441, BStBl II 1987, 816).

121 **Kreditgewährung** kann, wenn wiederholt an verschiedene Kreditnehmer, bankähnlich und damit gewerblich werden (BFHE 130, 457, BStBl II 1980, 571; FG Köln EFG 1995, 1019 rkr).

122 Der Ankauf von gewerblichen **Kundenforderungen** ist idR gewerblich (BFH/NV 2003, 470).

123 **Leasingunternehmen** werden regelmäßig gewerblich tätig, weil das damit verbundene Risiko in Zusammenhang mit Zusatzleistungen mit dem üblichen Vermieterrisiko nichts mehr gemein hat (vgl BFHE 145, 129, BStBl II 1986, 359, 362; zur Abspaltung von Dienstleistungsgesellschaften *Bay FM* v 9. 3. 1981, GewSt-Hdb 2007, Anlage zu A 60 GewStR).

124 **Lebensversicherungen.** (Erwerb u) Verwertung gebrauchter Lebensversicherungen ist nach *FinVerw* DStR 2004, 1386; 2006, 1458 gewerblich (hierzu *Meyer-Scharenberg* DStR 2006, 1437; **aA** *Biagosch/Greiner* DStR 2004, 1365; *Lohr* DB 2004, 2334; *Fleischer/Karsten* BB 2004, 1143).

125 **Termingeschäfte** sind nur bei Vorliegen besonderer Umstände – wie dem Unterhalten einer Büroorganisation, dem regelmäßigen Besuch der Börse, Ausnutzung eines bestimmten Markts unter Einsatz beruflicher Erfahrung – gewerblicher Natur (BFHE 140, 82, BStBl II 1984, 132; s auch *Differenzgeschäfte*; vgl zur buchmäßigen Behandlung von Goldtermingeschäften BFHE 133, 379, BStBl II 1981, 658; zur Abgrenzung von privaten Wertpapierdepots und Termingeschäften *Weber* DStZ 1991, 353).

126 **Wertpapierhandel kann gewerblich sein,** wenn er nach Art (Büroorganisation; jedoch geringe Indizwirkung, BFHE 194, 198, BStBl II 2001, 706; BFHE 204, 419, BStBl II 2004, 408) und Umfang der Tätigkeit einem

gewerblichen Unternehmen entspricht (vgl BFHE 187, 287, BStBl II 1999, 448; BFH/NV 1988, 230) bzw wenn der StPfl sich wie ein Händler verhält (BFHE 194, 198, BStBl II 2001, 706; BFH/NV 2001, 1015). Daher ist Gewerblichkeit anzunehmen, wenn er nicht nur auf eigene, sondern untrennbar damit verbunden auch auf fremde Rechnung handelt (BFHE 130, 157, BStBl II 1980, 389), insbesondere bei fortgesetztem An- u Verkauf durch den Betreiber einer Privatbank (BFHE 85, 171, BStBl III 1966, 274); ebenso bei entsprechendem Umfang von An- u Verkauf (98 Mio DM) in wenigen Wochen (BFHE 162, 236, BStBl II 1991, 66; FG München EFG 1990, 583), und wenn lediglich unter Einsatz von Fremdkapital Kursdifferenzen aus An- u Verkäufen realisiert werden (BFH/NV 1994, 80). Auch bei branchenüblichen Wertpapiergeschäften **eines Bankiers** kann Betriebszugehörigkeit beim Hauptbetrieb (BFHE 121, 199, BStBl II 1977, 287) oder eigenständiger Gewerbebetrieb angenommen werden. An- und Verkäufe von Wertpapieren können gewerblich sein, wenn diese zur Schaffung einer Dauerkapitalanlage bei bestimmendem Einfluss auf die Geschäftsführung einer Kapitalgesellschaft vorgenommen werden (BFHE 122, 516, BStBl II 1977, 726). Bankgeschäfte eines **Bankangestellten** unter Ausnutzung seiner Vertrauensstellung zu Lasten der Bank sind gewerblich (BFHE 164, 556, BStBl II 1991, 802; vgl aber BFHE 182, 567, BStBl II 1997, 399). Auch ein **Rentenhändler,** der unter Ausschaltung des Kursrisikos taggleich „durchhandelt", erzielt Einkünfte aus Gewerbebetrieb (BFHE 164, 53, BStBl II 1991, 631); Entsprechendes gilt für einen Kursmaklerstellvertreter, dessen Geschäfte und Gewinne auf seinen besonderen Marktkenntnissen beruhen (Hess FG EFG 1992, 456; bestätigt durch BFH/NV 1994, 850). Die Teilnahme an einem „grauen Markt" genügt (BFHE 102, 261, BStBl II 1971, 620).

Neuerdings verlangt BFHE 204, 414, BStBl II 2004, 408 (vgl BFH/NV 2004, 1184; 2006, 1461), für Gewerblichkeit, dass die Tätigkeit dem Bild (Anm 41) eines **„Wertpapier-Handelsunternehmens"** iSv § 1 Abs 3 d Satz 2 KWG oder eines **„Finanzunternehmens"** iSv § 1 Abs 3 KWG vergleichbar ist. Allerdings ist in dieser Entscheidung der Schritt von den (breiten) allgemeinen Ausführungen hin zum Erfordernis der Vergleichbarkeit gerade mit diesen „konkurrierenden" Bildern nicht nachvollziehbar; geht es dem Stpfl nur oder überwiegend um Kursgewinne, liegt auch ohne die Vergleichbarkeit mit den oa Unternehmensformen keine Fruchtziehung aus zu erhaltenden Substanzwerten vor (krit auch *Weber-Grellet* FR 2004, 596; *Schuhmann* StBp 2004, 331).

Dagegen ist ein Wertpapierhandel **ohne Hinzutreten weiterer Umstände** (Büroorganisation, fremde Rechnung, Verhalten wie ein Händler uä) **nicht gewerblich** (BFHE 78, 352, BStBl III 1964, 137; BFHE 187, 287, BStBl II 1999, 448; BFHE 195, 402, BStBl II 2001, 809; BFH/NV 2008, 774; zust *Milatz/Ehlers* DB 2002, 2291). Auch bei der privaten Vermögensverwaltung gehört die Veränderung des Bestands zur Natur der Sache (BFHE 93, 281, BStBl II 1968, 775; BFHE 102, 261, BStBl II 1971, 620; BFHE 108, 190, BStBl II 1973, 260; BFH/NV 1997, 235; 1998, 703). Das gilt auch für einen Gewerbetreibenden (BFHE 130, 157, BStBl II 1980, 389, BFHE 136, 76, BStBl II 1982, 587). Der An- und Verkauf von Optionskontrakten uä iHv ca 520 000 DM allein reicht daher nicht (BFHE 194, 198, BStBl II 2001, 706; zust *Weyde/Frey* FR 2002, 190); ebenso wenig der fremdfinanzierte Kauf von Aktien im Wert von 8 Mio DM (BFHE 187, 287, BStBl II 1999, 448). Auch der (hohe) **Finanzierungsgrad** steht der Annahme von Vermögensverwaltung nicht entgegen (BFHE 204, 419, BStBl II 2004, 408 mwN). Einschlägige **Erfahrungen** sprechen nur dann dagegen, wenn sie im Hauptberuf gewonnen worden sind (BFHE 204, 419, BStBl II 2004, 408). Kritisch zur bisherigen Rechtsprechung *Sorgenfrei* FR 1999, 6; *Wangen* DStR 1999, 184; *Schuhmann* StBp 2002, 46; *Fischer* FR 2002, 597, die die oa Kriterien angesichts der technischen Entwicklung für überholt halten. Vgl auch die Rechtsprechungsübersichten bei *Ritzrow* StW 2001, 97.

127 Die oa Grundsätze gelten auch für **Investmentclubs** (idR nicht gewerblich, *OFD Hannover* FR 2002, 1097). Sog **„Venture Capital Fonds"** bzw **„Private Equity Fonds"** können je nach Organisationsstruktur, Einsatz von Bankkrediten, Angeboten gegenüber der breiten Öffentlichkeit, Dauer der Beteiligungen, Reinvestitionen und unternehmerischen Tätigwerden in Portfolio-Gesellschaften gewerblich oder vermögensverwaltend tätig werden (Einzelheiten: *BMF* BStBl 2004, 40; s auch DStR 2006, 1505, DB 2007, 135; *OFD Magdeburg* DStZ 2006, 421; hierzu zT krit *Bärenz/Veith* BB 2004, 251; *Veith/Bärenz* DB 2004, 103; *Rodin/Veith/Bärenz* DStR 2004, 103; *Wiese/Klass* FR 2004, 324; *Bauer/Gemmeke* DStR 2004, 580; *Milatz/Ehlers* DB 2002, 2291, *Schuhmann* StB, 2005, 144; *Friedrichs/Köhler* DB 2006, 1396). Die „Abfärbe"-Rspr (Anm 192) ist mE für die Abgrenzung insofern bedeutsam, als der Rahmen der Vermögensverwaltung nicht überschritten wird, wenn sich der Fonds an einer gewerblich tätigen oder geprägten Gesellschaft beteiligt (ebenso *Plewka/Schienke* DB 2005, 1076; *Ernst* BB 2005, 2213; *Figna/Goldacker/Mayta* DB 2005, 966). Zu den möglichen Gefahren durch die (engeren) Grundsätze von BFHE 217, 150, BFH/NV 2007, 2004 und BFHE 218, 183, BStBl II 2007, 768 vgl *Hensell/Reibis* DStR 2008, 87. Zum WagniskapitalbeteiligungsG *Helios/Wiesbrok* DStR 2007, 1793; *Möller* BB 2006, 971; zur Attraktivität für den Mittelstand *Breuninger/Ernst* FR 2008, 659.

128 Die Vermietung von nur einem **Wohnmobil** stellt keine gewerbliche Tätigkeit dar, sondern führt zu Einkünften nach § 22 Nr 3 EStG (BFHE 186, 344, BStBl II 1998, 774; BFH/NV 1998, 831).

129–134 *(frei)*

135.–159. Abgrenzung land- und forstwirtschaftliche/gewerbliche Einkünfte

135 **Allgemeines.** Die Einkünfte aus Land- und Forstwirtschaft sind geregelt in **§ 13 EStG,** dieser zuletzt geändert durch G v 7. 12. 2006 (BGBl I 2006, 2782).

§ 13 EStG Einkünfte aus Land- und Forstwirtschaft

(1) **Einkünfte aus Land- und Forstwirtschaft sind**

1. **Einkünfte aus dem Betrieb von Landwirtschaft, Forstwirtschaft, Weinbau, Gartenbau und aus allen Betrieben, die Pflanzen und Pflanzenteile mit Hilfe der Naturkräfte gewinnen. [2] Zu diesen**

Einkünften gehören auch die Einkünfte aus der Tierzucht und Tierhaltung, wenn im Wirtschaftsjahr
für die ersten 20 Hektar nicht mehr als 10 Vieheinheiten,
für die nächsten 10 Hektar nicht mehr als 7 Vieheinheiten,
für die nächsten 20 Hektar nicht mehr als 6 Vieheinheiten,
für die nächsten 50 Hektar nicht mehr als 3 Vieheinheiten
und für die weitere Fläche nicht mehr als 1,5 Vieheinheiten
je Hektar der vom Inhaber des Betriebs regelmäßig landwirtschaftlich genutzten Flächen erzeugt oder gehalten werden. [3]Die Tierbestände sind nach dem Futterbedarf in Vieheinheiten umzurechnen. [4]§ 51 Abs. 2 bis 5 des Bewertungsgesetzes ist anzuwenden. [5]Die Einkünfte aus Tierzucht und Tierhaltung einer Gesellschaft, bei der die Gesellschafter als Unternehmer (Mitunternehmer) anzusehen sind, gehören zu den Einkünften im Sinne des Satzes 1, wenn die Voraussetzungen des § 51 a des Bewertungsgesetzes erfüllt sind und andere Einkünfte der Gesellschafter aus dieser Gesellschaft zu den Einkünften aus Land- und Forstwirtschaft gehören;
2. **Einkünfte aus sonstiger land- und forstwirtschaftlicher Nutzung (§ 62 des Bewertungsgesetzes);**
3. **Einkünfte aus Jagd, wenn diese mit dem Betrieb einer Landwirtschaft oder einer Forstwirtschaft im Zusammenhang steht;**
4. **Einkünfte von Hauberg-, Wald-, Forst- und Laubgenossenschaften und ähnlichen Realgemeinden im Sinne des § 3 Abs. 2 des Körperschaftsteuergesetzes.**

(2) **Zu den Einkünften im Sinne des Absatzes 1 gehören auch**
1. **Einkünfte aus einem land- und forstwirtschaftlichen Nebenbetrieb. [2]Als Nebenbetrieb gilt ein Betrieb, der dem land- und forstwirtschaftlichen Hauptbetrieb zu dienen bestimmt ist;**
2. **der Nutzungswert der Wohnung des Steuerpflichtigen, wenn die Wohnung die bei Betrieben gleicher Art übliche Größe nicht überschreitet und das Gebäude oder der Gebäudeteil nach den jeweiligen landesrechtlichen Vorschriften ein Baudenkmal ist;**
3. **die Produktionsaufgaberente nach dem Gesetz zur Förderung der Einstellung der landwirtschaftlichen Erwerbstätigkeit.**

(3) **[1]Die Einkünfte aus Land- und Forstwirtschaft werden bei der Ermittlung des Gesamtbetrags der Einkünfte nur berücksichtigt, soweit sie den Betrag von 670 Euro übersteigen. [2]Satz 1 ist nur anzuwenden, wenn die Summe der Einkünfte 30 700 Euro nicht übersteigt. [3]Im Fall der Zusammenveranlagung von Ehegatten verdoppeln sich die Beträge der Sätze 1 und 2.**

(4) **[1]Absatz 2 Nr. 2 findet nur Anwendung, sofern im Veranlagungszeitraum 1986 bei einem Steuerpflichtigen für die von ihm zu eigenen Wohnzwecken oder zu Wohnzwecken des Altenteilers genutzte Wohnung die Voraussetzungen für die Anwendung des § 13 Abs. 2 Nr. 2 des Einkommensteuergesetzes in der Fassung der Bekanntmachung vom 16. April 1997 (BGBl. I S. 821) vorlagen. [2]Der Steuerpflichtige kann für einen Veranlagungszeitraum**

nach dem Veranlagungszeitraum 1998 unwiderruflich beantragen, dass Absatz 2 Nr. 2 ab diesem Veranlagungszeitraum nicht mehr angewendet wird. [3] § 52 Abs. 21 Satz 4 und 6 des Einkommensteuergesetzes in der Fassung der Bekanntmachung vom 16. April 1997 (BGBl. I S. 821) ist entsprechend anzuwenden. [4] Im Fall des Satzes 2 gelten die Wohnung des Steuerpflichtigen und die Altenteilerwohnung sowie der dazugehörende Grund und Boden zu dem Zeitpunkt als entnommen, bis zu dem Absatz 2 Nr. 2 letztmals angewendet wird. [5] Der Entnahmegewinn bleibt außer Ansatz. [6] Werden

1. **die Wohnung und der dazugehörende Grund und Boden entnommen oder veräußert, bevor sie nach Satz 4 als entnommen gelten, oder**
2. **eine vor dem 1. Januar 1987 einem Dritten entgeltlich zur Nutzung überlassene Wohnung und der dazugehörende Grund und Boden für eigene Wohnzwecke oder für Wohnzwecke eines Altenteilers entnommen,**

bleibt der Entnahme- oder Veräußerungsgewinn ebenfalls außer Ansatz; Nummer 2 ist nur anzuwenden, soweit nicht Wohnungen vorhanden sind, die Wohnzwecken des Eigentümers des Betriebs oder Wohnzwecken eines Altenteilers dienen und die unter Satz 4 oder unter Nummer 1 fallen.

(5) **Wird Grund und Boden dadurch entnommen, dass auf diesem Grund und Boden die Wohnung des Steuerpflichtigen oder eine Altenteilerwohnung errichtet wird, bleibt der Entnahmegewinn außer Ansatz; der Steuerpflichtige kann die Regelung nur für eine zu eigenen Wohnzwecken genutzte Wohnung und für eine Altenteilerwohnung in Anspruch nehmen.**

(6) [1] **Werden einzelne Wirtschaftsgüter eines land- und forstwirtschaftlichen Betriebs auf einen der gemeinschaftlichen Tierhaltung dienenden Betrieb im Sinne des § 34 Abs. 6 a des Bewertungsgesetzes einer Erwerbs- und Wirtschaftsgenossenschaft oder eines Vereins gegen Gewährung von Mitgliedsrechten übertragen, so ist die auf den dabei entstehenden Gewinn entfallende Einkommensteuer auf Antrag in jährlichen Teilbeträgen zu entrichten. [2] Der einzelne Teilbetrag muss mindestens ein Fünftel dieser Steuer betragen.**

(7) **§ 15 Abs. 1 Satz 1 Nr. 2 Abs. 1 a, Abs. 2 Satz 2 und 3, §§ 15 a und 15 b sind entsprechend anzuwenden.**

Die Erzielung von land- und forstwirtschaftlichen Einkünften bedeutet im **Grundsatz** originäre Fruchtziehung mit Hilfe der Naturkräfte sowie Beteiligung am allgemeinen wirtschaftlichen Verkehr (BFH BStBl II 2002, 80; BFHE 205, 162, BStBl II 2004, 512; BFH/NV 2001, 1248), jedoch unter der Voraussetzung, dass der Bewirtschaftende Eigentümer der Früchte wird (BFHE 156, 163, BStBl II 1989, 504). In **Abgrenzung** hierzu liegt ein **Gewerbebetrieb** vor, wenn der Land-/Forstwirt eine an sich luf Betätigung ohne Beziehung zum eigenen Betrieb ausübt (BFHE 216, 241, BStBl II

2007, 516; BFHE 219, 567, BStBl II 2008, 356). Das ist nicht nur der Fall, wenn nachhaltig fremde Erzeugnisse über den betriebsnotwendigen Umfang hinaus zugekauft werden, sondern auch, wenn die Fruchtziehung (Urproduktion) aufgrund, eines mit einem anderen Landwirt geschlossenen Dienstvertrages erfolgt (BFHE 197, 400, BStBl II 2002, 221; zur Abgrenzung vgl auch R 15.5 EStR; zur Infektionsgefahr durch Eintreten einer mitunternehmerischen Betriebsaufspaltung *Gurn* Inf 2005, 670.) **Zweifelsfragen** auf Grund von R 15.5 EStR erläutert *OFD Köln* FR 1997, 649.

Bodenbewirtschaftung. Beträgt der dauernde und nachhaltige **Zukauf** fremder Erzeugnisse einschließlich Nebenkosten bis zu 30% des Umsatzes, so nimmt die Finanzverwaltung (vgl R 15.5 Abs 2 EStR) und wohl auch die Rechtsprechung (BFHE 113, 522, BStBl II 1975, 118) noch einen land- und forstwirtschaftlichen Betrieb an. Der Einkaufswert-Umsatz-Vergleich versagt jedoch, wenn zu den Einkaufswerten erhebliche andere Kosten treten (BFHE 155, 298, BStBl II 1989, 284). 136

Die **Umstrukturierung** einer bestehenden Land- und Forstwirtschaft zu einem Gewerbebetrieb kann sich für einen Zeitpunkt ergeben, zu dem der Steuerpflichtige größere Investitionen und Vertragsabschlüsse mit entsprechenden Verpflichtungen für seinen künftigen Handelsbetrieb tätigt, die dem Bild des land- und forstwirtschaftlichen Betriebes nicht mehr entsprechen. Fehlt es daran, so kommt es idR auf den nachhaltigen Zukauf von mehr als 30 vH, gemessen am Umsatz, und ähnliche Maßnahmen (s im Folgenden) an. Nachhaltigkeit wird angenommen bei einem schädlichen Zukauf über einen Zeitraum von mehr als drei Jahren (vgl R 15.5 Abs 5 EStR). Nach drei Jahren wird also ein Gewerbebetrieb angenommen. Der Zeitraum ist **objektbezogen** (R 15.5 Abs 2 EStR). **Naturalpacht** aus den Pachtgrundstücken wird zutreffend nicht als schädlicher Zukauf angesehen (für Weingut FG Rh-Pf EFG 1983, 567; s *Kanzler* FR 1988, 596 im Anschluss an BFH/NV 1988, 85).

Steuerschädliche fremde Erzeugnisse bedeuten nicht **Saatgut** und andere zur weiteren Kultivierung bestimmte Güter, sondern Endprodukte (vgl BFHE 113, 522; siehe dazu *Ostermeier* Inf 1983, 42; *Görtz* Inf 1983, 569).

Für **Betriebsgründungen** gilt dasselbe wie bei Umstrukturierungen.

Tierzucht und Tierhaltung führen trotz des offenen Wortlauts des § 13 Abs 1 Nr 1 Satz 2 EStG nur dann zu LuF, wenn der Tierbestand nach der Verkehrsauffassung **typisch** für (traditionelle) LuF sind: Schwein, Rindvieh, Schaf, Ziege, Pferd, Geflügel, Damwild R 13.2 EStR. Zucht u Haltung von anderen Tieren ist gewerblich (BFHE 208, 269, BStBl II 2005, 347). 137

Einzelfälle: 138

Brieftauben, Zucht u Haltung gehören nicht zur typischen Landwirtschaft, daher gewerblich (BFHE 168, 478, BStBl II 1993, 200).

Fischzucht in Stahlbehältern ist keine Teichwirtschaft (Nds FG EFG 1995, 232).

Hundezucht u -haltung ist keine typische landwirtschaftliche Tätigkeit und daher gewerblich (BFHE 132, 89, BStBl II 1981, 210).

Kleintierzucht ist ungeachtet einer vorhandenen Futtergrundlage gewerblich (BFHE 208, 269, BStBl II 2005, 347).

Kükenbrüterei ist unabhängig von vorhandenen landwirtschaftlichen Nutzflächen gewerblich, allerdings keine gewerbliche Tierzucht iSv § 15 Abs 2 EStG (BFHE 158, 353, BStBl II 1990, 152); zur Putenbrüterei BFH/NV 2008, 1474. Abgrenzend bei Erzeugung von Bruteiern im eigenen Betrieb und Verkauf von Küken Nds FG EFG 1995, 910.

Pelztiere gehören nur dann zur landwirtschaftlichen Tierhaltung, wenn das erforderliche Futter überwiegend von den vom Betriebsinhaber landwirtschaftlich genutzten Flächen gewonnen wird (§ 51 Abs 5 BewG; s BFHE 408, BStBl II 1988, 264 für Nerzzucht).

Pferdezucht u -haltung gehört bei ausreichender Futtergrundlage zur Land- und Forstwirtschaft. Das gilt auch für die Ausbildung von Pferden zu Renn- u Turnierpferden, die nicht nur kurzfristig im Betrieb verbleiben und nach der Ausbildung an Dritte veräußert werden (BFHE 206, 42, BStBl II 2004, 742; NdsFG DStRE 2006, 1463 Rev; aA *FinVerw* DStR 1989, 861).

Vogelzucht (Singvögel, Brieftauben) ist gewerblich (BFHE 132, 29, BStBl II 1981, 210; BFHE 169, 478, BStBl II 1993, 200; BFH/NV 1992, 108).

139 Die Qualifikation als LuF setzt voraus, dass die in § 13 Abs 1 EStG erwähnten Tierbestände nicht überschritten werden und deshalb iS dieser Vorschriften ausreichende landwirtschaftlichen Nutzflächen als **Futtergrundlage** zur Verfügung stehen (vgl hierzu BFHE 158, 353, BStBl II 1990, 152; BFHE 166, 319, BStBl II 1992, 378). Dies gilt auch für die Aufbauphase, wenn vorhandene wesentliche Grundlagen bei Verfolgung des Aufbauplans einen selbständigen lebensfähigen Organismus erwarten lassen (BFHE 165, 518, BStBl II 1992, 134; BFHE 171, 481, BStBl II 1993, 752). Eine ohne ausreichende Fläche betriebene Tierzucht oder Tierhaltung ist jedoch gewerblich iSv § 15 Abs 4 EStG (BFHE 179, 66, BStBl II 1996, 85). Einen landwirtschaftlichen Betrieb führt auch der Erwerber von totem und lebendem Inventar eines Gestüts, wenn eine beabsichtigte Zusammenarbeit mit dem formal Nutzungsberechtigten der landwirtschaftlich genutzten Flächen scheitert, der Erwerber aber Pachtzahlungen für diese Flächen leistet, die auch tatsächlich die Futtergrundlage für die erworbenen Tiere bildet (BFHE 199, 529, BStBl II 2003, 13).

Die Tierbestände werden nach dem Futterbedarf in **Vieheinheiten** umgerechnet (vgl R 13.2 Abs 2 EStR, hierzu BFHE 158, 157, BStBl II 1989, 1036; BFHE 166, 319, BStBl II 1992, 378). Die dazu ins Verhältnis zu setzende Fläche ist die regelmäßig landwirtschaftlich genutzte Fläche (§ 51 Abs 1 a BewG) mit zugepachteten Flächen. Ein angefangener Hektar rechnet nicht voll (BFHE 158, 157, BStBl II 1989, 1036). Nicht dazu zählen forstwirtschaftliche und Sonderkulturflächen etc (vgl Einzelheiten R 13.2 EStR). Der Umrechnungsschlüssel verstößt nicht gegen Verfassungsrecht (BFHE 173, 86, BStBl II 1994, 152). Nicht erforderlich ist die tatsächliche Ernährung der Tiere mit Futter aus dem Betrieb (BFHE 154, 184, BStBl II 1988, 922; BFHE 158, 157, BStBl II 1989, 1036, auch zur Umrechnung bei Zucht- und Masthaltung); anders jedoch, wenn Tierhaltung und sonstiger Betrieb keine Berührungspunkte haben (FG Schl-H EFG 1987, 117; Nds FG EFG 1994, 83: Entfernung 80 km).

Der über den gesetzlichen Höchstsatz hinausgehende Bestand ist **gewerbliche Tierzucht und Tierhaltung.** Damit wird zwar nicht der gesamte Tätigkeitsbereich zum Gewerbebetrieb, betroffen und gewerblich ist aber der Zweig, bei dem die Überbestände vorliegen, zB Masthühner. Als besondere Zweige gelten bei jeder Tierart jeweils Zugvieh, Zuchtvieh, Mastvieh und das übrige Nutzvieh (H 13.2 EStH). Davon unabhängig kann die Tierhaltung uU gewerblichen Charakter annehmen (BFHE 156, 121, BStBl II 1989, 416), zB wenn zusätzlich wesentliche weitere Leistungen gegenüber Dritten angeboten werden (BFHE 126, 220, BStBl II 1979, 246, Reitunterricht) – was jedoch bei Verkauf (Verwertung) der Produkte noch nicht der Fall ist (BFHE 133, 421, BStBl II 1981, 672) – oder wenn die Tierhaltung nur der Vorbereitung einer anderweitigen gewerblichen Tätigkeit dient (BFHE 161, 444, BStBl II 1991, 333; Teilnahme an Pferderennen); ebenso bei kurzfristigem Verbleiben der Tiere im Betrieb (= Handel; BFHE 206, 42, BStBl II 2004, 742).

Für die Frage, ab wann landwirtschaftliche Tierzucht und Tierhaltung sich zur gewerblichen gewandelt hat bzw in welchen Fällen von Beginn an eine gewerbliche Tätigkeit vorliegt, gelten ähnliche Grundsätze wie bei der Bodenbewirtschaftung (vgl R 13.2 Abs 2 Satz 7 EStR; BFHE 118, 205, BStBl II 1976, 423).

Gemeinschaftliche Tierhaltung und Tierzucht. Die Einkünfte aus 140
Tierzucht und Tierhaltung einer Gesellschaft, bei der die Gesellschafter als Unternehmer (Mitunternehmer) anzusehen sind, gehören zu den landwirtschaftlichen Einkünften, wenn die Voraussetzungen des § 51 a BewG erfüllt sind und andere Einkünfte der Gesellschafter aus dieser Gesellschaft zu den Einkünften aus Land- und Forstwirtschaft gehören (§ 13 Abs 1 Satz 5 EStG). Zur sachlichen Steuerbefreiung vgl auch § 3 Anm 149 f.

Danach kann eine aus Landwirten bestehende Mitunternehmerschaft auch dann landwirtschaftliche Tierhaltung oder -zucht betreiben, wenn die Gesellschaft (gilt auch für Genossenschaften oder Vereine) selbst nicht über landwirtschaftliche Flächen verfügt (§ 51 a Abs 2 BewG; s zu den Einzelheiten BFHE 160, 348, BStBl II 1990, 802).

Erzielen die Mitunternehmer aus ihrer Beteiligung gewerbliche Einkünfte, zB weil die von ihnen gebildete OHG einheitlich gewerbliche Einkünfte hat, so kann es gleichwohl von Bedeutung sein, ob für die von der OHG unterhaltene Tierzucht bzw -haltung ausreichende selbstbewirtschaftete landwirtschaftliche Flächen im Sinne von § 13 Abs 1 EStG als Futtergrundlage zur Verfügung stehen. Ist dies zu bejahen, so gehören zwar die Erträgnisse aus der Tierhaltung und Tierzucht ebenfalls zum einheitlichen Gewerbebetrieb. Es handelt sich bei den daraus erzielten Verlusten aber nicht um solche Verluste aus gewerblicher Tierhaltung oder -zucht, für die das Ausgleichsverbot nach § 15 Abs 4 EStG gilt (BFHE 142, 272, BStBl II 1985, 133, im Wege der teleologischen Interpretation). Auch bei gewerblicher Prägung iSv § 15 Abs 3 Nr 2 EStG liegt Gewerblichkeit der Tierhaltung vor (BFHE 159, 475, BStBl II 1991, 625).

Die **Pensionstierhaltung,** dh das Unterstellen und Füttern fremder 141
Tiere gegen Entgelt stellt land- und forstwirtschaftliche Betätigung dar,

wenn der in § 13 Abs 1 EStG vorgesehene Flächenschlüssel eingehalten wird (vgl BFH/NV 1992, 655). Ob es sich beim Aufzüchter um fremde oder eigene Tiere handelt, spielt dabei keine Rolle (BFHE 126, 220, BStBl II 1979, 246). Nach BFHE 154, 364, BStBl II 1989, 111 rechnet die **Pensionsreitpferdehaltung** auch dann zur landwirtschaftlichen Tierhaltung, wenn den Pferdeeinstellern Reitanlagen zur Verfügung gestellt werden. Die gewerbliche **Vermietung von Reitpferden** an Feriengäste ist bei vorhandener flächenmäßiger Futtergrundlage landwirtschaftliche Tätigkeit, wenn keine gewichtigen Zusatzleistungen außerhalb der Landwirtschaft erbracht werden (BFHE 156, 121, BStBl II 1989, 416; BFH/NV 1992, 845).

Die Züchtung und Abgabe von **Haustieren** (Hunde, Katzen oder Singvögel) ist keine landwirtschaftliche Betätigung, sondern eine gewerbliche (BFHE 132, 29, BStBl II 1981, 210). Auf vorhandene Nutzflächen kommt es demzufolge nicht an.

142 Einkünfte aus **Binnenfischerei, Teichwirtschaft, Fischzucht für Binnenfischerei und Teichwirtschaft, Imkerei und Wanderschäferei** sind landwirtschaftlich. Der Katalog ist abschließend. Es rechnen also nicht dazu Hochseefischerei, Fischzucht für andere Zwecke (zB Zierfische, vgl das amtlich nicht veröffentlichte BFH-Urteil v 28. 10. 1976 IV R 50/73; aA *Lenski/Steinberg* § 2 Anm 34). Aufzucht von Zierfischen in Teichen bedeutet keine Teichwirtschaft (zum Begriff vgl BFHE 149, 288, BStBl II 1987, 467).

143 Einkünfte aus einer **Jagd** sind dann landwirtschaftlich, wenn sie mit dem Betrieb einer Landwirtschaft oder einer Forstwirtschaft im Zusammenhang stehen. Dieser Zusammenhang muss mE wirtschaftlicher Art sein. Besteht er, so wird die Jagd mE auch dann berücksichtigt, wenn sie vorübergehend Verluste aufweist (zur Frage der Abgrenzung zur Liebhaberei vgl Anm 41, 42 aE). Die Haltung eines **Wildparks** zählt mE nicht zur Land- und Forstwirtschaft. **Schlossbesichtigung** gegen Entgelt ist gewerbliche Tätigkeit (BFHE 130, 539, BStBl II 1980, 633).

144 Für die **Mindestgröße** eines land- oder forstwirtschaftlichen Betriebs lassen sich keine allgemeingültigen Aussagen machen. Immerhin hat aber die Rechtsprechung gewisse Kriterien dazu entwickelt, die wesentlich mit der Möglichkeit eines nachhaltig erzielbaren Ertrags zusammenhängen. Aus bewertungsrechtlicher Sicht wurde für eine landwirtschaftliche Nebenerwerbsstelle ein angemessener jährlicher Rohertrag von 3000 DM vorausgesetzt (BFHE 108, 445, BStBl II 1973, 282). Nach der Entscheidung in BFHE 144, 67, BStBl II 1985, 549 ist es zweifelhaft, ob bei einem zu erwartenden Jahresgewinn von unter 1000 DM (jetzt wohl 500 €) noch von einem Forstbetrieb gesprochen werden kann. Das Unterschreiten solcher Mindestgrößen wird im Allgemeinen weniger für die Abgrenzung zu gewerblichen Einkünften, sondern eher für die Frage einer privat motivierten Liebhaberei eine Rolle spielen. Ausnahmsweise kann es bei einem wirtschaftlichen Zusammenhang mit einem Gewerbebetrieb dafür sprechen, dass man es mit einer einheitlichen gewerblichen Betätigung zu tun hat.

145.–152. Betriebseinheit/-vielheit/Nebenbetriebe

Verschiedene Betätigungen des Land- u Forstwirts können zu unterschiedlichen Folgen führen: zwei selbständige Betriebe (LuF u Gewerbebetrieb, BFHE 163, 418, BStBl II 1991, 452), ein gewerblicher Haupt- und ein luf Nebenbetrieb oder ein luf Hauptbetrieb und ein gewerblicher Nebenbetrieb. **Vorrangig** ist jedoch die **Prüfung,** ob es sich bei der fraglichen Tätigkeit um ein luf **Hilfsgeschäft** handelt, wie etwa bei der (einfachen) Parzellierung und Veräußerung von Grundstücken (BFHE 211, 195, BStBl II 2006, 166). Maßgebend ist, ob die Betätigung ihr **Gepräge** durch den luf Betrieb erhält; wenn nicht, erfolgt eine **getrennte Beurteilung** (BFHE 219, 567, BStBl II 2008, 356 mwN). 145

Zum land- und forstwirtschaftlichen Hauptbetrieb gehören auch die **Nebenbetriebe,** die dem Hauptbetrieb zu dienen bestimmt sind (vgl § 13 Abs 2 Nr 1 EStG; BFHE 182, 155, BStBl II 1997, 427; BFH DStRE 1998, 288). Dabei sind Substanzbetriebe und Be- oder Verarbeitungsbetriebe zu unterscheiden.

Als **Substanzbetriebe** kommen **Steinbrüche,** Ziegeleien, Torfstechereien, Kiesvorkommen etc in Betracht. Bodenschätze sind erst dann als WG greifbar, wenn sie etwa als landwirtschaftlicher Nebenbetrieb für landwirtschaftliche Zwecke (zB Forststraßenbau, Baumaterial für Betriebsgebäude, vgl BFHE 137, 32, BStBl II 1983, 106) oder außerhalb dieses Bereichs für einen gewerblichen Abbau nachhaltig eingesetzt werden. **Ausbeuteverträge** mit Dritten führen regelmäßig zu privaten Vermietungseinkünften (vgl BFHE 137, 255, BStBl II 1983, 203). Kippgebühren für die Ablagerung von Bodenaushub sind land- und forstwirtschaftliche Einnahmen, wenn sie nicht zu den Erträgen zB eines gewerblichen Kiesausbeuteunternehmens gehören. Die Auffüllung des Geländes für die weitere landwirtschaftliche Nutzung bedeutet auch nicht den Betrieb einer gewerblichen Mülldeponie (BFH v 23. 5. 1985 IV R 27/82, nv). Zur Einlagefähigkeit von Bodenschätzen BFHE 150, 534, BStBl II 1987, 865; BFHE 173, 115, BStBl II 1994, 293; BFHE 175, 90, BStBl II 1994, 346. Zur **Entsorgung/Verwertung** organischer Abfälle s R 15.5 Abs 4 EStR; zur **Biogaserzeugung** s *BMF* BStBl I 2006, 248, 417; *Wiegand* Inf 2006, 497. 146

Ein **Be- oder Verarbeitungsbetrieb** ist nach R 15.5 EStR als land- und forstwirtschaftlicher Nebenbetrieb anzusehen, wenn 147

- überwiegend im eigenen Hauptbetrieb erzeugte Rohstoffe be- u verarbeitet werden und die dabei gewonnenen Erzeugnisse überwiegend für den Verkauf bestimmt sind oder
- Umsätze aus der Übernahme von Rohstoffen (zB organische Abfälle) erzielt, diese be- u verarbeitet und die dabei gewonnenen Erzeugnisse nahezu ausschließlich im eigenen Betrieb der Land- u Forstwirtschaft verwendet und

die Erzeugnisse im Rahmen der ersten Stufe der **Be- u Verarbeitung,** die noch dem land- u forstwirtschaftlichen Bereich zuzuordnen ist, hergestellt werden. Aus Vereinfachungsgründen werden auch Ver- u Bearbeitungen der **2. Stufe** als Nebenbetrieb behandelt, wenn diese zur Angebotsabrundung direkt vermarktet werden und der Umsatz hieraus 10 300 € im Wirtschaftsjahr nicht übersteigt. Der Absatz von Eigenerzeugnissen über einen eigenständigen Betrieb, die Ausführungen von Dienstleistungen und von besonderen Leistungen sind kein Nebenbetrieb.

BFHE 182, 155, BStBl II 1997, 427 stellt in Abweichung hiervon und von BFHE 140, 44, BStBl II 1984, 152 dagegen auf den Umfang der Veränderung ab. Geringfügige Bearbeitung, wie Haltbarmachung von Milch, Verarbeitung zu Quark und Käse, ist Nebenbetrieb. Wertschöpfung, die sich traditionell außerhalb der Land- u Forstwirtschaft vollzieht, wie zB Herstellung von Wurst und Schinken, führt zu eigenständigem Gewerbebetrieb (zust *Zugmaier* Inf 1997, 579; *Schild* DStR 1997, 642; dagegen NAnwErl *BMF* BStBl I 1997, 629). Je weiter sich die Verarbeitung (Produktionsstufe) von der luf Urerzeugung entfernt, umso eher ist ein luf Nebenbetrieb zu verneinen und ist/sind je nach dem Maß der Verflechtung (Anm 13) nur ein GewBetrieb oder mehrere GewBetriebe anzunehmen.

148 Ein einheitl **luf Betrieb** wurde angenommen:
- Winzer mit Trauben aus Fremdproduktion (BFH/NV 1988, 85);
- Brutbetrieb (BFHE 158, 353, BStBl II 1990, 152);
- Brennerei u LuF (BFHE 185, 75, BStBl II 1998, 359); ggf GewBetrieb (BFHE 101, 261, BStBl II 1971, 287);
- Pilzzucht (*FM Nds* DB 1988, 1727).

Als **GewBetrieb** wurde angenommen:
- Verarbeitung von Schnittholz (BFHE 75, 83, BStBl III 1962, 298);
- Metzgerei/Gastwirtschaft mit LuF (BFHE 84, 510, BStBl III 1966, 193);
- Weinbau mit Einkauf (BFHE 155, 298, BStBl II 1989, 284);
- Rinderzucht u Wurstfabrik (BFHE 159, 475, BStBl II 1991, 625);
- Pferdezucht mit Trabrennstall (BFHE 161, 144, BStBl II 1991, 333);
- Direktvermarktung von Wurst (BFHE 182, 155, BStBl II 1997, 427);
- Klärschlammtransporte (BFHE 219, 567, BStBl II 2008, 356).

149 **Absatz** der Eigenerzeugnisse dient dem Hauptbetrieb der Landwirtschaft, wenn sich der Erzeuger im Groß- und Einzelhandel ohne Bearbeitung auf den Verkauf eigener Produkte beschränkt (BFHE 71, 561, BStBl III 1960, 460; BFHE 81, 248, BStBl III 1965, 90; zur Auslagerung *Bolin* Inf 2001, 305). Von einem **einheitlichen Betrieb** ist idR dann auszugehen, wenn regelmäßig und nachhaltig im Handelsbetrieb mehr als 40% der Eigenerzeugnisse abgesetzt werden oder der Anteil mehr als 30% der gesamten Absatzmenge des **Handelsgeschäfts** ausmacht (R 15.5 Abs 6 EStR). In der Regel wird ein einheitlicher land- u forstwirtschaftlicher Betrieb angenommen, wenn der Zukauf fremder Erzeugnisse, die nicht dem Erzeugungsprozess im eigenen Betrieb dienen, gemessen an deren Einkaufswert (vgl *FM M-V* DB 1998, 2500, FR 1999, 44), 30% des Umsatzes nicht übersteigt (BFHE 155, 298, BStBl II 1989, 284; R 15.5 Abs 6 iVm Abs 5 EStR). Ein Handelsgeschäft ist nach R 15.5 Abs 6 EStR ein selbständiger Gewerbebetrieb, wenn (1) die eigenen Erzeugnisse des Betriebes der Land- u Forstwirtschaft zu nicht mehr als 40% über das Handelsgeschäft abgesetzt werden, der Wert des betriebstypischen Zukaufs (zum Begriff *OFD Köln* FR 1997, 649) fremder Erzeugnisse (Anm 136) aber 30% des Umsatzes des Handelsgeschäfts nicht übersteigt oder (2) die eigenen Erzeugnisse des Betriebes der Land- u Forstwirtschaft zu mehr als 40%

über das Handelsgeschäft abgesetzt werden, diese jedoch im Verhältnis zur gesamten Absatzmenge des Handelsgeschäftes nur von untergeordneter Bedeutung sind; zudem müssen die Betriebsführung des Erzeugerbetriebs und des Handelsbetriebs unabhängig voneinander sein und beide Betriebe nach der Verkehrsauffassung als selbständiger Betrieb auftreten (hierzu *Schild* Inf 1997, 421; DStR 1997, 642). Ein **Hofladen** kann gewerblich sein, wenn der mit der selbst erzeugten Handelsware erzielte Umsatz im Durchschnitt mehrerer Jahre 10% des Umsatzes des Hofladens übersteigt und zwischen 33 000 DM und 53 000 DM erreichte (Nds FG 2007, 210 Rev).

Entscheidend ist die wirtschaftliche Eigenständigkeit der jeweiligen Unternehmen. So hat die Rechtsprechung bei einer **Kombination landwirtschaftlicher Erzeugerbetrieb** (zB Schäferei) **und Verarbeitungsbetrieb** Großschlächterei) in dem Umfang der zwischen beiden Betrieben bestehenden Lieferbeziehungen keinen ausreichenden Anhalt für ein einheitliches Unternehmen gesehen (BFHE 103, 320, BStBl II 1972, 8). Der Verkehrsauffassung kommt für die Frage der Betriebsvielheit nur insoweit Gewicht zu, als das einheitliche Auftreten zweier Betriebszweige nach außen möglicherweise über einen einheitlichen Kundenstamm und andere Geschäftsbeziehungen wirtschaftlich zum Tragen kommt. Regelmäßig wird die planmäßige wirtschaftliche Verbindung zwischen den Unternehmensteilen entscheiden, deren Wegfall von beträchtlicher Wirkung auf die Struktur des Gesamtbetriebs ist (siehe für Landwirtschaft und Gasthof/Metzgerei BFHE 84, 510, BStBl III 1966, 193). 150

Auch bei getrennt zu sehenden Betrieben kann zweifelhaft sein, ob in umsatzsteuerrechtlicher Hinsicht selbsterzeugtes Vieh im Rahmen des neben einer Landwirtschaft bestehenden Gewerbebetriebs veräußert wird und die Umsätze deshalb der Regelbesteuerung unterliegen (vgl Urteile Nds FG EFG 1982, 213, 214).

Baumschulen sind selbsterzeugende landwirtschaftliche Betriebe, und zwar auch dann, wenn sie auf der Grundlage von sog Kostverträgen Sämlinge bei anderen Unternehmen zur Aufzucht geben (BFHE 121, 102, BStBl II 1977, 272). Im Allgemeinen wird das zur Aufzucht gebende Unternehmen auch in solchen Fällen das typisch landwirtschaftliche Risiko der Selbsterzeugung tragen. Die Erzeugnisse stellen aber keine Grundstücksfrüchte dar. Das hälftige Grundeigentum von Ehegatten gibt deshalb keinen Grund für eine Mitunternehmerschaft ab (BFHE 147, 449, BStBl II 1987, 23). 151

Dienst- bzw Werkvertragsleistung. Ein eigenständiger GewBetrieb liegt vor, wenn der StPfl eine an sich luf Betätigung ohne Beziehung zum eigenen luf Betrieb für andere Land- u Forstwirte ausübt (BFHE 197, 400, BStBl II 2002, 221; BFHE 205, 162, BStBl II 2004, 512; BFHE 216, 241, BStBl II 2007, 516). **Zusatzleistungen** (zB Grabpflege, Gartengestaltung) kennzeichnen grundsätzlich einen eigenständigen Gewerbebetrieb. Bei Einsatz selbsterzeugter Produkte ist jedoch aus Vereinfachungsgründen ein einheitlicher land- u forstwirtschaftlicher Betrieb anzunehmen, wenn die verwendeten Produkte 50% des Gesamtumsatzes des Betriebes nicht übersteigen. Im Einzelnen: Eine **Friedhofsgärtnerei** mit eigenem Gartenbau 152 erzielt einheitlich gewerbliche Umsätze, wenn die Einnahmen aus der Grabpflege 50% des Gesamtumsatzes übersteigen (BFHE 81, 411, BStBl III 1965, 147; R 15.5 Abs 7 EStR). Keine Betriebsmehrheit, sondern ein einheitlicher Gewerbebetrieb Friedhofsgärtnerei ist anzunehmen, wenn sie regelmäßig wegen der Grabpflegedienste von Kunden aufgesucht wird. Dies gilt selbst dann, wenn der Umsatz aus dem Absatz der selbsterzeugten Pflanzen höher ist als der Anteil für Leistungen und andere Lieferungen als selbstgezogene Pflanzen (BFHE 118, 568, BStBl II 1976, 492). **Gartenbauunternehmen** sind einheitliche Gewerbebetriebe, wenn die Umsätze aus Landwirtschaftsgärtnerei 50% der Gesamtumsätze übersteigen und im Umsatz die Vergütung für Leistungen und für nicht in selbstgezogenen Pflanzen bestehende Lieferungen überwiegen (BFHE 87, 13, BStBl III 1966, 678; BFHE 156, 281, BStBl II 1989, 432; *Bracke* Inf 1997, 389). Unter die **Vereinfachungsregelung** in R 15.5 Abs 3 Satz 2 EStR fallen auch landschaftspflegerische Tätigkeiten eines LuF für Nichtlandwirte, wenn die Betriebseinnahmen unter 10 300 € liegen; hierzu gehört auch die Entsorgung von Gartenabfällen und Verwertung als Humuszusatz auf eigenen Feldern (*OFD Ffm* DStR 1992, 395). Eine gewerbliche Tätigkeit müssen die FÄ dann nicht prüfen. Zur Einheitlichkeit des Betriebs bei **Pferdepension,** Pferdeverleih und land- und forstwirtschaftlicher Betätigung s BFHE 142, 464, BStBl II 1985, 205; BFHE 151, 204, BStBl II 1988, 83. Für getrennte Beurteilung von Pensionstierhaltung bzw Pferdevermietung als landwirtschaftliche Einkünfte vgl BFHE 126, 220, BStBl II 1979, 246; zur Gewerblichkeit bei im Vordergrund stehenden Zusatzleistungen (Unterricht) BFHE 156, 121, BStBl II 1989, 416; BFHE 161, 144, BStBl II 1991, 333. Bei **Verwendung von Wirtschaftsgütern** außerhalb des luf Betriebes liegt ein Gewerbebetrieb vor, wenn jene eigens dafür angeschafft sind und im luf Betrieb nicht benötigt werden (BFHE 216, 241, BStBl II 2007, 516). Aus Vereinfachungsgründen ist sie jedoch unbeachtlich, wenn die Überlassung nur für andere luf Betriebe erfolgt und der Umsatz hieraus nicht mehr als 51 500 € und ein Drittel des Gesamtumsatzes sowie in anderen Fällen (außer Beherbergung) nicht mehr als 10 300 € beträgt (R 15.5 Abs 9, 10 EStR. **Fuhrleistungen** können noch Teil des luf Betriebes, aber auch GewBetriebs sein (BFHE 205, 162, BStBl II 2004, 512); bei Unterschreiten dieser Grenzen nur, wenn der Einsatz für eigenbetriebliche Zwecke nachhaltig (drei Jahre) 10% unterschreitet (BFH aaO). Das gilt auch für die **Landschaftspflege** (BFHE 156, 281, BStBl II 1989, 432). **Holzrücktätigkeit** unter Einsatz eigens dazu angeschaffter Anlagegüter (Forstspezialschlepper) bildet trotz eingehaltener 50%-Grenze einen eigenständigen Gewerbebetrieb (BFHE 167, 355, BStBl II 1992, 651). Zum **Absatz von selbsterzeugten Getränken** in Zusammenhang mit besonderen Leistungen, zB in einer Besen- u Straußwirtschaft, vgl R 15.5 Abs 8 EStR. **Energieerzeugung** ist idR keine Land- u Forstwirtschaft, da keine planmäßige Nutzung des Bodens zur Aufzucht; daher auch kein Nebenbetrieb (R 15.5 Abs 11 EStR). **Beherbergung** von Fremden ist idR gewerblich; aus Vereinfachungsgründen jedoch nicht, wenn weniger als 4 Zimmer und 6 Betten bzw außer dem Frühstück keine Hauptmahlzeiten angeboten werden (R 15.5 Abs 12 EStR).

Vermietung/Verpachtung. Die Vermietung von Parkplätzen, Liftanlagen, Campingplätzen, Golfplätzen uä ist idR GewBetrieb (BFHE 201, 525, BStBl II 2003, 520). Ein mit einem Pachtvertrag gekoppelter Bewirtschaftungsvertrag führt zu gewerblichen Einkünften, wenn die Umstände nicht auf einen verdeckten Kaufvertrag schließen lassen (BFH BStBl II 2002, 221).

Zur Abgrenzung zwischen landwirtschaftlichem Hilfsgeschäft und gewerblichem **Grundstückshandel** s Anm 112.

Der **Strukturwandel** vom Gewerbebetrieb **zur Landwirtschaft** stellt weder eine Entnahme noch eine einkommensteuerrechtliche Betriebsaufgabe iS einer Totalentnahme (vgl BFHE 114, 189, BStBl II 1975, 168) dar. Er bedeutet allerdings ein Erlöschen der Gewerbesteuerpflicht und erfordert wie die Betriebsverpachtung, dass der Steuerpflichtige zum Betriebsvermögensvergleich übergeht (vgl dazu A 15 Satz 9 GewStR). Im **umgekehrten Fall** eines Wechsels vom landwirtschaftlichen Betrieb zu einem gewerblichen Unternehmen müssten bei einer Entnahme oder Veräußerung des Wirtschaftsguts während bestehender Gewerbesteuerpflicht auch die stillen Reserven gewerbesteuerwirksam aufgelöst werden, die auf die Zeit vor dem Strukturwandel entfallen (R 4.3 Abs 2 EStR). 153

(frei) 154–159

160.–199. Abgrenzung selbständige Arbeit/Gewerbebetrieb

Allgemeines. Die Einkünfte aus selbständiger Arbeit sind geregelt in **§ 18 EStG,** der zuletzt durch G v 7. 12. 2006 (BGBl I 2006, 2782) geändert wurde. 160

§ 18 EStG Selbständige Arbeit

(1) **Einkünfte aus selbständiger Arbeit sind**

1. **Einkünfte aus freiberuflicher Tätigkeit. [2] Zu der freiberuflichen Tätigkeit gehören die selbständig ausgeübte wissenschaftliche, künstlerische, schriftstellerische, unterrichtende oder erzieherische Tätigkeit, die selbständige Berufstätigkeit der Ärzte, Zahnärzte, Tierärzte, Rechtsanwälte, Notare, Patentanwälte, Vermessungsingenieure, Ingenieure, Architekten, Handelschemiker, Wirtschaftsprüfer, Steuerberater, beratenden Volks- und Betriebswirte, vereidigten Buchprüfer, Steuerbevollmächtigten, Heilpraktiker, Dentisten, Krankengymnasten, Journalisten, Bildberichterstatter, Dolmetscher, Übersetzer, Lotsen und ähnlicher Berufe. [3] Ein Angehöriger eines freien Berufs im Sinne der Sätze 1 und 2 ist auch dann freiberuflich tätig, wenn er sich der Mithilfe fachlich vorgebildeter Arbeitskräfte bedient; Voraussetzung ist, dass er auf Grund eigener Fachkenntnisse leitend und eigenverantwortlich tätig wird. [4] Eine Vertretung im Fall vorübergehender Verhinderung steht der Annahme einer leitenden und eigenverantwortlichen Tätigkeit nicht entgegen;**
2. **Einkünfte der Einnehmer einer staatlichen Lotterie, wenn sie nicht Einkünfte aus Gewerbebetrieb sind;**

3. Einkünfte aus sonstiger selbständiger Arbeit, z. B. Vergütungen für die Vollstreckung von Testamenten, für Vermögensverwaltung und für die Tätigkeit als Aufsichtsratsmitglied;

4. Einkünfte, die ein Beteiligter an einer vermögensverwaltenden Gesellschaft oder Gemeinschaft, deren Zweck im Erwerb, Halten und in der Veräußerung von Anteilen an Kapitalgesellschaften besteht, als Vergütung für Leistungen zur Förderung des Gesellschafts- oder Gemeinschaftszwecks erzielt, wenn der Anspruch auf die Vergütung unter der Voraussetzung eingeräumt worden ist, dass die Gesellschafter oder Gemeinschafter ihr eingezahltes Kapital vollständig zurückerhalten haben; § 15 Abs. 3 ist nicht anzuwenden.

(2) **Einkünfte nach Absatz 1 sind auch dann steuerpflichtig, wenn es sich nur um eine vorübergehende Tätigkeit handelt.**

(3) [1] **Zu den Einkünften aus selbständiger Arbeit gehört auch der Gewinn, der bei der Veräußerung des Vermögens oder eines selbständigen Teils des Vermögens oder eines Anteils am Vermögen erzielt wird, das der selbständigen Arbeit dient.** [2] **§ 16 Abs. 1 Satz 1 Nr. 1 und 2 und Abs 1 Satz 2 sowie Abs. 2 bis 4 gilt entsprechend.**

(4) [1] **§ 13 Abs. 5 gilt entsprechend, sofern das Grundstück im Veranlagungszeitraum 1986 zu einem der selbständigen Arbeit dienenden Betriebsvermögen gehört hat.** [2] **§ 15 Abs. 1 Satz 1 Nr. 2, Abs. 1 a Abs. 2 Satz 2 und 3, §§ 15 a und 15 b sind entsprechend anzuwenden.**

161 **Freier Beruf.** Das Steuerrecht kennt keinen einheitlichen Begriff der freien Berufe (vgl BVerfG BStBl II 1978, 125 unter B II 3) – eine Tatsache, die der BFH dadurch verschärft, dass er bei der Anerkennung eines „ähnlichen Berufs" für unterschiedliche Berufsgruppen (zB Heilberufe) höchst unterschiedliche abstrakte Maßstäbe anlegt. Hinzu kommen weitere (unsachliche) Unterschiede auf der Ebene der Rechtsanwendung (Subsumtion), insb zur Frage der Eigenverantwortlichkeit (Anm 163). Die Folge ist eine über die berufsspezifischen Eigenarten hinausgehende Zersplitterung des Bildes der freien Berufe. Nimmt man die in § 1 Anm 11 angeführten Bedenken sowie die Tatsache der Entwicklung neuer Berufsbilder hinzu, so ergibt sich der unerfreuliche Befund, dass häufig genug die Frage der GewStFreiheit im Einzelfall nicht mehr nach den Sachgesichtspunkten beantwortet wird, die der Privilegierung der freien Berufe ursprünglich zugrunde gelegen haben. Vorbei sind die Zeiten, in denen sich ihre Sonderstellung mit bestimmten idealtypischen Besonderheiten des Berufs begründen ließ (unmittelbarer, persönlicher individueller Einsatz; nur eingeschränkter Kapital- u Personaleinsatz; eingeschränktes Gewinnstreben uä; hierzu noch BFHE 117, 247, BStBl II 1976, 155). Das gilt umso mehr als sich auch im nichtsteuerlichen Bereich unablässig Veränderungen bei überlieferten Berufsbildern, insb im Standesrecht (zB Lockerung bzw Aufhebung von Werbe- u Gewerbeverboten bei rechtsberatenden Berufen), tun. Man muss an all dem fest vorbei sehen, um die Privilegierung der freien

Berufe in der gegenwärtig praktizierten Form für unbedenklich zu halten (so neuerdings wieder BVerfG DStRE 2008, 1003).

Statt einer Begriffsbestimmung des freien Berufs enthält das G also einen **Katalog** der verschiedene Tätigkeitsarten („wissenschaftlich" usw) und Berufe („Ärzte ..., Rechtsanwälte" usw sowie „ähnliche") aufzählt. Dieser Katalog wird für **verfassungsrechtlich** unbedenklich gehalten (vgl BFHE 170, 88, BStBl II 1993, 235). Dem Gesetzgeber stehe es frei, Berufsbilder festzulegen (BVerfGE 25, 236, 247 mwN), ein Satz, der – unbeabsichtigt – die Tatsache hervorhebt, dass der Katalog eine willkürliche Aufzählung von begünstigten Berufen enthält. Bei der Auslegung des § 18 EStG können diese zugrunde gelegt werden (BVerfGE 46, 224, 239, BStBl II 1978, 125).

Für die **Abgrenzung** von der gewerblichen Tätigkeit (vgl die Darstel- 162
lung der neueren Rspr bei *Brandt* Inf 2003, 57; *Jahn* DB 2005, 692) kommt es **nicht allein** auf die **Zugehörigkeit** zu bzw **Ähnlichkeit** mit einem Katalogberuf an, sondern auch auf eine **entsprechende Tätigkeit,** die das Bild des jeweiligen Katalogberufs bestimmt und sich als unmittelbare, persönliche und individuelle Arbeitsleistung gegenüber dem Auftraggeber am einzelnen Werk darstellen muss (BFHE 151, 107, BStBl II 1988, 17; BFHE 157, 106, BStBl II 1989, 727, BFHE 159, 535, BStBl II 1990, 507, BFHE 177, 377, BStBl II 1995, 732; BFHE 187, 500, BStBl II 1999, 167; BFHE 203, 152, BStBl II 2003, 919), das gilt auch für **Personengesellschaften** (BFHE 215, 210, BStBl II 2007, 266). Die **Vermittlung** von Geschäftsabschlüssen zur Absatzförderung ist auch bei einem Angehörigen eines Katalogberufs gewerblich (BFHE 142, 148, BStBl II 1985, 15; BFH/NV 1996, 135; 2001, 1400); ebenso Produktion u Absatz wie durch GewTreibenden (BFHE 216, 518 BStBl II 2008, 54: Errichtung schlüsselfertiger Gebäude durch Ingenieur/Architekt).

Eigenverantwortliche Tätigkeit. Nach § 18 Abs 1 Nr 1 Satz 3 EStG 163
steht der freiberuflichen Tätigkeit nicht entgegen, wenn der Angehörige des freien Berufs fachlich vorgebildete Arbeitskräfte beschäftigt. Die sog **Vervielfältigungstheorie** ist mit dem StÄG 1960 (BGBl I 1960, 616) aufgehoben. **Fachlich vorgebildete Arbeitskräfte** sind ua Mitarbeiter, die die fachliche Qualifikation des Betriebsinhabers aufweisen bzw dessen Tätigkeit ausüben (BFHE 159, 535, BStBl II 1990, 507; BFHE 177, 377, BStBl II 1995, 732; BFHE 178, 147, BStBl II 1995, 776; BFHE 183, 424, BStBl II 1997, 681; BFH/NV 2000, 837), aber auch Subunternehmer (BFHE 194, 206, BStBl II 2002, 478, mE fraglich) und solche Mitarbeiter, die nicht die fachliche Qualifikation des Berufsträgers haben, deren Tätigkeit jedoch die seine in Teilbereichen ersetzt und nicht von untergeordneter Bedeutung ist (zB BFHE 183, 424, BStBl II 1997, 681; BFHE 194, 206, BStBl II 2002, 478). Unschädlich ist die Beschäftigung von Arbeitskräften ohne fachliche Vorbildung mit Aufgaben, die ihren Vorkenntnissen entsprechen (BFHE 153, 414, BStBl II 1988, 782). Voraussetzung ist allerdings, dass der Freiberufler dann auf Grund eigener Fachkenntnisse **leitend und eigenverantwortlich** tätig wird. Diese Tatbestandsmerkmale stehen selbständig nebeneinander (BFHE 117, 247, BStBl II 1976, 155), müssen also beide erfüllt sein. Seine eigene Arbeit am Werk bzw für den Auftrag-

geber muss es ihm ermöglichen, uneingeschränkt die **fachliche Verantwortung** auch für die von seinen Mitarbeitern erbrachten Leistungen zu übernehmen (BFHE 77, 750, BStBl II 1963, 595; BFHE 117, 247, BStBl II 1976, 155; BFHE 159, 535, BStBl II 1990, 507; Ausnahme BFH BStBl II 2009, 143: ggf Aufteilung). Hierfür genügt nicht die Übernahme der Verantwortung nach außen. Vielmehr muss die Ausführung jedes einzelnen Auftrags ihm selbst, nicht jedoch den qualifizierten Mitarbeitern, den Hilfskräften, den technischen Hilfsmitteln oder dem Unternehmen im Ganzen zuzurechnen sein (BFHE 117, 247, BStBl II 1976, 155; BFHE 177, 377, BStBl II 1995, 732; Ausnahme BFH BStBl II 2009, 143: ggf Aufteilung) – eine Anforderung, die mE idR schon bei einer von wenigen Mitarbeitern „vervielfältigten" Tätigkeit nicht zu erfüllen ist. Eine noch so intensive leitende Tätigkeit (Organisation des Sach- u Personalbereichs, Arbeitsplanung, Arbeitsverteilung, Aufsicht über Mitarbeiter und deren Anleitung, stichprobenweise Prüfung der Ergebnisse) genügt dem nicht (BFHE 151, 147, BStBl II 1988, 17; BFHE 117, 247, BStBl II 1976, 155; BFHE 183, 424 BStBl II 1997, 681; BFHE 194, 206, BStBl 2002, 478; *Brandt* Inf 2003, 57); ebenso wenig die eigenverantwortliche Leitung einer Zweigstelle durch einen Angestellten (BFH/NV 1996, 464).

Prägung jeder einzelnen Mitarbeiterleistung durch die Eigenpersönlichkeit des Freiberuflers und seine fachliche Verantwortung für die von seinen Angestellten geleistete Arbeit spielt eine wesentliche Rolle (vgl BFHE 159, 535, BStBl II 1990, 507; BFHE 194, 206, BStBl II 2002, 478). Die Leistung des Mitarbeiters muss den „Stempel der Persönlichkeit" des StPfl tragen (vgl. BFHE 205, 151, BStBl II 2004, 509). Das kann bei unterschiedlichen Berufsgruppen einen unterschiedlichen Inhalt haben (BFHE 83, 154, BStBl III 1965, 557; BFH/NV 2006, 55). Unzureichend ist, wenn der Steuerpflichtige nur auf einen Teil seiner betrieblichen Leistung an Dritte persönlichen gestalterischen Einfluss hat (vgl BFHE 94, 344, BStBl II 1969, 165).

164 Eine **generelle, abstrakte Grenzziehung** zwischen Prägung und Nichtprägung im Hinblick auf die **Zahlen der Mitarbeiter** und Aufträge ist nach der Rspr auch für den einzelnen Beruf nicht möglich (BFHE 198, 316, BStBl II 2002, 581). Sie ist jedoch überschritten bei:

- **Steuerbevollmächtigten** mit 20 fachlich vorgebildeten Mitarbeitern (FG Düsseldorf EFG 1993, 512 rkr); anders bei 25 Mitarbeitern (BFH StRK EStG § 18 R 258; **Steuerberater** in Buchstelle mit 53 Mitarbeitern (BFHE 83, 154, BStBl III 1965, 557);
- **Laborärzten,** wenn täglich etwa 692 bis 862 Untersuchungen bei täglich zwischen 277 und 345 Aufträgen erledigt werden (BFHE 159, 535, BStBl II 1990, 507); noch krasser im Fall BFHE 177, 377, BStBl II 1995, 738);
- 3 angestellten **Ärzten** und 63 sonstigen Mitarbeitern (BFHE 117, 247, BStBl II 1976, 155; BFHE 151, 147, BStBl II 1988, 17); zur **Laborgemeinschaft** s BMF BStBl I 2003, 170; zur **pathologischen Praxis** FG Münster EFG 2006, 1913 rkr: 74 sek pro Untersuchung genügen!??
- **Krankenpfleger,** der wegen des Umfangs der zu erbringenden Leistungen diese weitgehend auf Mitarbeiter überträgt (BFHE 183, 424, BStBl II 1997, 681);

- einem **Masseur** mit zwei Betriebsstätten (BFH/NV 1996, 464);
- einem **Kinderheim** mit mehreren Wohngruppen (Nds FG EFG 2006, 1772 NZB);
- einem **Krankengymnast** mit mehreren Angestellten, denen er Anamnese und Behandlung weitgehend überlässt (BFH/NV 2006, 48);
- einem **Vermessungsingenieur** mit mehreren Angestellten (BFH/NV 2006, 55);
- einer **Fahrschule** mit 14 Fahrlehrern (FG Bremen EFG 1985, 498 rkr; vgl BFH/NV 1991, 848);
- einer **Privatschule** mit 30 Lehrkräften und 750 Wochen-Unterrichtsstunden (BFHE 94, 344, BStBl II 1969, 165; s auch BFHE 97, 508, BStBl II 1970, 214);
- einem **Ingenieur** mit 12 Fachkräften und 63 sonstigen Mitarbeitern (BFHE 93, 468, BStBl II 1968, 820);

anders bei einem **Sportlehrer** mit 3 Lehrkräften (BFHE 136, 86, BStBl II 1982, 589; s auch BFH/NV 1996, 464).

Eine **Vertretung** des Freiberuflers im Fall vorübergehender Verhinde- 165
rung (zB Urlaub, Krankheit) steht der Annahme einer leitenden und eigenverantwortlichen Tätigkeit nicht entgegen (§ 18 Abs 1 Satz 4 EStG), ebenso wenig der geringe eigene Einsatz aus besonderen Gründen im einzelnen Jahr (BFH/NV 1995, 1048). Anders jedoch, wenn die Leitung und fachliche Verantwortung auf Dauer auf einen Vertreter übertragen wird (BFH/NV 1996, 464).

Bei **Nutzung technischer Hilfsmittel** mit (ständig verbesserten) Fä- 166
higkeiten auf dem den Freiberuf bestimmenden Sachgebiet (insb Computer-Programme) muss die einzelne Leistung in gleicher Weise von der individuellen Tätigkeit des Stpfl geprägt sein, darf sich also nicht in der Anwendung technischer Vorgaben (zB StErklärung nach Programm) erschöpfen (vgl BFHE 157, 106, BStBl II 1989, 727; BFHE 178, 147, BStBl II 1995, 776; BFH/NV 2000, 837).

Das Erfordernis des eigenverantwortlichen Tätigwerdens schließt **berufs-** 167
fremde Personen als Unternehmer oder Mitunternehmer von einer freiberuflichen Tätigkeit iSd § 18 EStG aus. Wird die Praxis eines Freiberuflers zB von einem berufsfremden **Erben** fortgeführt, so bezieht dieser Einkünfte aus Gewerbebetrieb (BFHE 122, 35, BStBl II 1977, 539; BFHE 174, 503, BStBl II 1994, 922). Das gilt nicht, wenn der Erbe nur Gewinne zu versteuern hat, die noch in der Tätigkeit des Erblassers begründet sind, etwa weil zum Nachlass eines Kunstmalers gehörende Bilder veräußert werden (BFHE 171, 385, BStBl II 1993, 716; mE fraglich). Entsprechendes gilt, wenn der Erbe den freiberuflichen Betrieb nur abwickelt und Forderungen einzieht (BFHE 156, 204, BStBl II 1989, 559; BFHE 133, 396, BStBl II 1981, 665). Dagegen ist eine **Körperschaft des öffentlichen Rechts** dann gewerblich tätig, wenn sie nach Erbschaft einer Steuerberatungskanzlei Forderungen einzieht, aber auch in geringem Umfang eigene Leistungen erbringt und die Kanzlei nach 6 Monaten veräußert (BFHE 159, 162, BStBl II 1990, 246).

Bei **Personengesellschaften** genügt es, wenn der jeweilige Freiberuf- 168
Gesellschafter auf seinem Tätigkeitsgebiet – auftragsbezogen oder generell –

aufgrund eigener Fachkenntnisse eigenverantwortlich tätig ist (BFHE 157, 106, BStBl II 1989, 727. Das gilt auch für **interprofessionelle** Gesellschaften. (BFHE 193, 482, BStBl II 2001, 241; *Kempermann* FR 2007, 577); auch bei nicht tätigkeitsbezogener Vergütung (FG Düsseldorf EFG 2005, 1350 rkr; differenzierend *FinVerw* DB 2006, 73; DStR 2007, 1628). Bei einer **Ausgliederung** von Tätigkeiten sind diese Grundsätze für alle Gesellschaften zu beachten (BFH/NV 1991, 319; 2007, 1315). Dem ist nicht genügt, wenn die Gesellschafter in der Liefergesellschaft nicht eigenverantwortlich tätig sind und die Lieferung Teil der Gesamtleistung ist (BFHE 186, 37, BStBl II 1998, 603; *BMF* BStBl I 2003, 170).

169 Zu den freiberuflichen Einkünften zählen auch die Tätigkeiten, die einem **Katalogberuf ähnlich sind** (§ 18 Abs 1 Nr 1 S 2 EStG).

Die Rechtsprechung verneint allgemein die Existenz eines alle Katalogberufe umfassenden und den freien Beruf schlechthin kennzeichnenden Merkmals (**„Gruppenähnlichkeit“**, vgl BHE 200, 236, BStBl II 2003, 27; BFHE 183, 450, BStBl II 1996, 687; BFH/NV 2000, 1460; 2005, 1289; *Brandt* DStZ 2002, 267). Die gesetzlich geforderte **Eigenverantwortlichkeit** sei zwar ein tätigkeitsbezogenes Merkmal und deshalb einer der Gründe für die Besserstellung der selbständigen Arbeit im Verhältnis zum Gewerbebetrieb. Sie sei aber ungeeignet, den ähnlichen Beruf allgemein zu bestimmen. Die Rspr geht von einer **Ähnlichkeit** aus, wenn das typische Bild des Katalogberufs mit allen Einzelheiten oder zumindest mit den wesentlichen Merkmalen (BFHE 141, 405, BStBl II 1984, 823) dem Gesamtbild der zu beurteilenden Tätigkeit vergleichbar ist (BFHE 132, 16, BStBl II 1981, 118; s *Wolff-Diepenbrock* DStZ 1981, 333). Honorarordnungen werden zur Bestimmung des Leistungsbildes nur als ergänzendes Indiz herangezogen (BFHE 158, 413, BStBl II 1990, 64; BFH/NV 2002, 1026).

170 **Ähnlichkeit** mit einer **künstlerischen, wissenschaftlichen, erzieherischen** oder unterrichtenden Tätigkeit ist im Gesetz nicht vorgesehen (BFHE 132, 16, BStBl II 1981, 118). Ein Beruf ist einem Katalogberuf ähnlich, wenn er in wesentlichen Punkten mit diesem verglichen werden kann. Dazu gehört die Vergleichbarkeit der Ausbildung, der Kenntnisse, der Qualifikation und der Tätigkeit (vgl zur neueren Rspr BFHE 189, 427, BStBl II 2000, 31; BFHE 199, 261, BStBl II 2002, 265; BFHE 200, 317, BStBl II 2003, 21; BFHE 202, 70, BStBl II 2003, 721; BFHE 205, 151, BStBl II, 2004, 509).

171 Die **Tätigkeiten** (Aufgaben) müssen einen dem Katalogberuf vergleichbaren Schwierigkeitsgrad aufweisen und mit dieser Qualität den Schwerpunkt der Tätigkeit des StPfl ausmachen, dh die Tätigkeit prägen (BFHE 180, 316, BStBl II 1996, 518; BFHE 184, 456, BStBl II 1998, 139; BFHE 203, 152, BStBl II 2003, 919; BFH/NV 2000, 424). Spezialisierungen auf einen Hauptbereich (zB der Betriebswirtschft) sind aber unschädlich (BFHE 200, 326, BStBl II 2003, 27; BFHE 203, 152, BStBl II 2003, 919). Es genügt nicht, wenn die im Einzelfall zu beurteilende Tätigkeit die gleichen charakteristischen Merkmale aufweist, die für den Katalogberuf typisch sind (BFHE 101, 367, BStBl II 1971, 319). Honorarordnungen werden zur Bestimmung des Leistungsbildes nur ergänzend herangezogen (BFHE 158, 413, BStBl II 1990, 64; BFH/NV 2002, 1026). Nur wenn durch die praktische Arbeit die vergleichbaren Kenntnisse nach Tiefe und Breite nachgewiesen sind, darf sich die Tätigkeit auf Teilbereiche des Katalogberufs beschränken (BFH/NV 2000, 705). Auch die Einheitlichkeit einer untrennbar gemischten Tätigkeit – Anm 99 – ist schädlich (BFHE 191, 568, BStBl II 2000, 625).

Berührt ein Beruf **mehrere Berufsbilder** nach Katalog, ohne einem einzigen ähnlich zu sein, dann ist keine Freiberuflichkeit anzunehmen (BFHE 200, 236, BStBl II 2003, 27; BFHE 202, 336, BStBl II 2003, 761); eine Ausnahme gilt, wenn der zu beurteilende Beruf eine Kombination zweier Katalogberufe darstellt, wie beim Dipl-Wirtschaftsingenieur (BFHE 203, 152, BStBl II 2003, 919; BFHE 215, 124, BStBl II 2007, 118).

Setzt der Katalogberuf eine qualifizierende **Ausbildung** voraus, dann 172
muss der StPfl, der einen ähnlichen Beruf für sich reklamiert, eine vergleichbare Ausbildung, zumindest aber die entsprechenden – ggf wissenschaftlichen – Kenntnisse nachweisen (BFHE 158, 409, BStBl II 1990, 73; BFH/NV 2000, 424; zT aA Nds FG EFG 2006, 573 Rev; FG Hamburg EFG 2006, 1324 Rev; FG Köln EFG 2006, 663 Rev).

Der Kenntniserwerb muss bei einer für den Katalogberuf erforderlichen **Hochschulausbildung** aber nicht an den gleichen Lehranstalten, sondern kann auch durch **Fernkurse** und die Berufstätigkeit selbst oder in sonstiger Weise autodidaktisch geschehen (BFHE 132, 20, BStBl II 1981, 121; BFHE 155, 109, BStBl II 1989, 198; BFHE 158, 409, BStBl II 1990, 73). Ein Autodidakt verfügt über die entsprechenden Kenntnisse, wenn es eine Hochschule, Fachhochschule, Berufsakademie oder (bei Betriebswirten) Fachschule gibt, mit deren Prüfungsanforderungen sich das Wissen des StPfl vergleichen lässt (BFHE 203, 152, BStBl II 2003, 919; zur Kombination von Katalogberufen s o). Genügen die Kenntnisse in nur einem Teilbereich dem Kenntnisstand, der für eine Abschlussprüfung im Vergleichsberuf verlangt wird, nicht, dann ist dies unschädlich, wenn der StPfl mit den Kenntnissen in den übrigen Teilbereichen die Abschlussprüfung bestehen würde (BFHE 200, 236, BStBl II 2003, 27). Vertiefte Kenntnisse in nur einem Teilbereich des Fachstudiums reichen jedoch nicht (BFHE 218, 65, BStBl II 2007, 781).

Der **Nachweis** kann anhand der **praktischen Arbeit** geführt werden und muss den Schluss rechtfertigen, dass die Kenntnisse in ihrer Tiefe und Breite denen entsprechen, die ein Berufsangehöriger während seiner Ausbildung erwirbt, insb wenn die berufliche Tätigkeit so geartet ist, dass sie ohne die entsprechenden Kenntnisse nicht ausgeübt werden kann (BFH/NV 2000, 705; 2001, 893; 2008, 940; *FinVerw* DStZ 2008, 194). In diesem Fall muss diese besonders anspruchsvoll sein und nach Tiefe und Breite zumindest das Wissen eines Kernbereichs eines Fachstudiums erfordern (BFHE 165, 221, BStBl II 1991, 878; BFHE 169, 402, BStBl II 1993, 100; BFHE 166, 443, BStBl II 1993, 324). Kenntnisse auf dem Hauptbereich, in dem der Stpfl tätig ist, reichen jedoch nicht (BFHE 164, 408, BStBl II 1991, 769); ebenso wenig Erfahrungen unter Einsatz von Formelsammlungen (BFHE 165, 221, BStBl II 1991, 878). Nach BFHE 169, 402, BStBl 1993, 100 muss die praktische Tätigkeit die fachliche Breite des Katalogberufs (hier: Ingenieur) abdecken (Abgrenzung zu BFHE 132, 20,

BStBl II 1981, 121), wenngleich eine Spezialisierung nicht schadet (BFHE 158, 413, BStBl II 1990, 64). Auch Tätigkeiten in früheren Jahren können für den Nachweis der Kenntnisse herangezogen werden (BFHE 158, 413, BStBl II 1990, 64; BFH/NV 1992, 821). Eine dem absolvierten Studium fremde Tätigkeit wird nicht allein aufgrund des Studienabschlusses freiberuflich (BFH/NV 2006, 1270). Im Übrigen müssen die Kenntnisse entweder durch Zeugnisse, Zertifikate u ä eines erfolgreich abgeschlossenen Selbststudiums nachgewiesen werden (BFHE 152, 345, BStBl II 1988, 497; BFHE 148, 140, BStBl II 1987, 116; BFHE 155, 109, BStBl II 1989, 198; BFHE 199, 176, BStBl II 2002, 475). Ein abgebrochenes Studium reicht idR als Nachweis nicht (BFHE 192, 439, BStBl II 2000, 616; Anm *Kempermann* FR 2000, 1225).

In der Regel wird – wenn der Kenntnisstand nicht schon wegen des Sachvortrags und der Zeugennachweise zur Überzeugung des FG feststeht – ein **Sachverständigengutachten** in Betracht kommen (hierzu BFHE 199, 176, BStBl II 2002, 475 und insb BFH/NV 1995, 420). Auch kann sich der StPfl einer Wissensprüfung durch den Sachverständigen unterziehen (nur ergänzendes Beweismittel, BFHE 199, 367, BStBl II 2002, 768; BFH/NV 2006, 505; das seitens des StPfl nicht an die Bedingung geknüpft werden darf, dass der fachkundige Prozessbevollmächtigte jederzeit Zwischenfragen stellen darf, BFH/NV 2005, 1289). Das FG ist zu einer solchen Beweiserhebung nur verpflichtet, wenn sich aus dem Sachvortrag ergibt, dass der StPfl über die entsprechenden Kenntnisse verfügen könnte, ein Nachweis anhand der praktischen Arbeiten aber nicht geführt werden kann und der StPfl die Wissensprüfung beantragt (BFHE 199, 367, BStBl II 2002, 768; BFH/NV 2002, 464; 2004, 56; hierzu *Krömke* EStB 2002, 314). Insgesamt darf aber das FG die Beurteilung der Sach- und Rechtslage nicht allein dem Sachverständigen überlassen (BFH/NV 1995, 217; 2002, 1026). Zur Ermittlung der Berufsmerkmale FinVerw DB 2002, 1026 mit „BERUFEnet".

173 **Stellungnahme:** Die **Auslegung** durch die Rechtsprechung **des BFH** ist **nicht schlüssig,** geschweige denn zwingend. Der Begriff „ähnlich" hat eine andere Bedeutung als „vergleichbar" oder „entsprechend", worauf der BFH tatsächlich abstellt. Auch die bunte Mischung der Katalogberufe zeigt auf, dass es weder auf ein bestimmtes Tätigkeitsbild noch auf einen bestimmten Schwierigkeitsgrad bei Ausbildung und Tätigkeit ankommt. Zudem weisen die Katalogberufe – mit Ausnahme des persönlichen Einsatzes – keinerlei strukturelle Ähnlichkeiten zueinander auf. Bei einzelnen Berufsgruppen, zB bei den Heilberufen, hat der BFH – wenn auch verbal verdeckt – Ähnlichkeiten nach der hier vertretenen Auffassung begründet, obwohl Ähnlichkeiten iSd Rspr-Grundsätze (und des Gebrauchs der deutschen Sprache) nicht vorhanden waren/sind: entstanden ist eine SGB-V-ingroup.

Der **Katalog** ist also **tendenziell offen** im Hinblick auf eine Erweiterung zu Berufen, die sich durch einen persönlichen Arbeitseinsatz des StPfl bei der Erfüllung des Auftrags auszeichnen (aA *Bauhaus*, S 166 ff). Schließlich sollte nicht außer Betracht gelassen werden, dass § 18 EStG keine Norm darstellt, die als Sozialzwecknorm lediglich der Förderung der bestehenden freien Berufe dienen soll wegen allgemeiner nichttätigkeitsbezogener Kennzeichen, wie etwa der für diesen Personenkreis typischen längeren Ausbildung (angedeutet im Beschluss des BVerfG in BStBl II 1978, 125). Die Vorschrift dient vielmehr als Finanzzwecknorm einer an der Leistungsfähigkeit gemessenen Besteuerung. Dies bedeutet, dass berufsbeschreibende Merkmale, wie etwa Regelungen über die Berufszulassung und Ausbildung, nur dann Maßstäbe für den ähnlichen Beruf bieten, wenn sie das wirtschaftliche Tätigkeitsbild des Katalogberufs bestimmen und deshalb auch für den vergleichbaren Beruf Entsprechendes gefordert werden muss. Insofern ist der an der restriktiven Rechtsprechung geübten Kritik (vgl Anm 89) zuzustimmen. Insbesondere bei der Behandlung eines EDV-Berates mit Hochschulabschluss als gewerblich (BFHE 166, 44, BStBl II 1993, 324; BFHE 178, 364, BStBl II 1995, 888; s jetzt aber BFHE 206, 233, BStBl II 2004, 989, Anm 98 Stichwort Datenverarbeitung) wird deutlich, dass der Katalog und die Anerkennung als „ähnlicher Beruf" längst auf Willkür, also Sach- und Systemfremdheit, beruhen.

Berufszulassungsvorschriften, deren Erfüllung regelmäßig schon ei- 174
nen Katalogberuf, wie zB den des Ingenieurs, annehmen lässt, können für die Ähnlichkeit naturgemäß keine eigenständige Bedeutung haben (BFHE 132, 16, BStBl II 1981, 118). Gleichwohl können sie und die damit verbundene staatliche Überwachung wesenstypisch für das Tätigkeitsbild sein, das auch den ähnlichen Beruf betreffen muss (glA BFH/NV 1990, 438). Setzt die Ausübung des Katalogberufs eine **Erlaubnis** voraus, dann kann die als ähnlich reklamierte Tätigkeit, die ohne Erlaubnis ausgeübt wird, auch wenn diese nicht erforderlich ist, keine ähnliche Tätigkeit iSd Vorschrift sein (BFHE 183, 424, BStBl II 1997, 681; BFHE 197, 228, BStBl II 2002, 149; BFH/NV 1997, 751; FG Köln EFG 2006, 511). Denn aus der Existenz von Zulassungs- und Überwachungsvorschriften kann idR geschlossen werden, dass der Gesetzgeber den Zugang zu einem Tätigkeitsfeld wie dem der **Heilberufe** oder **Rechtsberater** einheitlich unter staatliche Aufsicht gestellt hat (vgl BFHE 122, 181, BStBl II 1977, 579; bestätigt BVerfG HFR 1979, 204; vgl auch BFHE 158, 372, BStBl II 1990, 153; BFHE 161, 196, BStBl II 1990, 804; BFHE 202, 70, BStBl II 2003, 721). Dies bedeutet, dass auch für den steuerberatenden Beruf (BFHE 148, 42, BStBl II, 1987, 124; vgl auch BFHE 152, 120, BStBl II 1988, 273 zum Beratungsstellenleiter eines LSt-Hilfevereins), die rechtsberatenden Berufe (BFHE 158, 372, BStBl II 1990, 153; BFH/NV 1997, 151), die sogenannten Heilhilfsberufe grds staatliche Erlaubnis und Überwachung mitentscheidend sind (vgl zum medizinischen Fußpfleger BFHE 119, 274, BStBl II 1976, 621; BFHE 200, 317, BStBl II 2003, 21 zum Fußreflexzonenmasseur).

Neuerdings gilt nach BFHE 203, 429, BStBl II 2004, 954; BFHE 205, 175
151, BStBl II 2004, 509 (aA zunächst *BMF* BStBl I 2003, 183) folgende Alternative: die **Ähnlichkeit eines Heilhilfsberufs** ohne staatliche Regelung mit dem Katalogberuf des Krankengymnasten scheitert nicht am Fehlen der staatlichen Erlaubnis zur Führung der Berufsbezeichnung; es reicht aus, wenn der StPfl über die Erlaubnis seiner Berufsorganisation (!) verfügt, die wiederum Kenntnisse bescheinigt (!), die den Anforderungen einer

staatlichen Prüfung für die Ausübung des Heilhilfsberufs vergleichbar sind(!); und: die **Zulassung** des jeweiligen StPfl bzw die regelmäßige Zulassung einer Berufsgruppe nach § 124 Abs 2 SGB V durch die gesetzlichen Krankenkassen stellt ein ausreichendes (??) Indiz (??) für das Vorliegen einer dem Katalogberuf des Krankengymnasten ähnlichen Ausbildung, Erlaubnis und Tätigkeit dar (Leistungen nach § 36 SGB XI genügen nicht). Aber es kommt noch ärger: fehlt es an einer solchen Zulassung, haben (!) die FÄ und ggf FG festzustellen, ob die Ausbildung, die Erlaubnis und die Tätigkeit des StPfl mit den Erfordernissen des § 124 Abs 2 Satz 1 Nr 1–3 SGB V vergleichbar (!) sind. Diese Rspr ist höchst **bedenklich:** es mag noch angehen, die Zulassung nach § 124 Abs 2 SGB V als ähnlichkeitsbegründend mit einer staatlichen Zulassung oder der Verleihung einer gesetzlich geschützten Berufsbezeichnung anzusehen (wenngleich der Begriff der Ähnlichkeit schon damit überstrapaziert wird); die Zulassung aber als ausreichendes Indiz für eine entsprechende Ausbildung bzw entsprechende Kenntnisse und eine vergleichbare Tätigkeit anzusehen, hat mit Ähnlichkeit bzw Analogie nichts zu tun. Diese Rspr gründet auf formallogischen und methodologischen Mängeln mit der entsprechenden Folge: einander nicht ähnliche Berufe werden als einander ähnlich behandelt. Entsprechendes gilt für die Berücksichtigung einer Erlaubnis und Bescheinigung durch die Berufsorganisation. Noch ärger wird es jedoch bei Fehlen der Zulassung: denn Ähnlichkeiten von Heilhilfsberufen lassen sich – auf der Ebene der Elemente „staatliche Erlaubnis" – noch mit der Zulassung nach § 124 Abs 2 SGB V begründen, nicht jedoch können die Voraussetzungen dieser Vorschrift Vergleichsmaßstab für Ausbildung, Kenntnisse und Tätigkeit eines nicht zugelassenen Berufs sein. Die oa Rspr ist nicht Subsumtion und Deduktion, sondern Dekret, mit dem in Teilbereichen des § 18 Abs 1 Nr 1 EStG der Grundsatz der Einzelähnlichkeit zugunsten einer Teilgruppen-Ähnlichkeit aufgegeben wird – und das ausgerechnet bei Heil(hilfs-)berufen!

176 Eine **unerlaubte Ausübung** eines zulassungspflichtigen Berufs begründet mE keine freiberufliche Tätigkeit iSd § 18 EStG. Denn die Beachtung vorhandener Standesrichtlinien oder gesetzlicher Bestimmungen des Berufsrechts wird bei Angehörigen der Katalogberufe gemeinhin unterstellt und ist mit ein – wenn sich auch zunehmend verflüchtigender (Anm 161) – Grund für die Befreiung von der GewSt (vgl BFHE 183, 424, BStBl II 1997, 681; FG Köln EFG 2006, 511).

Verstöße gegen das **Standesrecht** können nach der Rspr für Gewerblichkeit auch des Angehörigen eines Katalogberufs sprechen (BFHE 142, 148, BStBl II 1985, 15; BFHE 157, 596, BStBl II 1989, 965). Das muss zwar nicht ausnahmslos so sein (BFHE 94, 210, BStBl II 1969, 138; BFHE 135, 175, BStBl II 1982, 340; BFH/NV 1992, 811); auch macht dieser Zusammenhang – ohnehin aus § 18 Abs 1 Nr 1 EStG nicht begründbar – zunehmend keinen Sinn. Allerdings kann standswidriges Verhalten als gewichtiges Indiz dafür zu werten sein, dass die Tätigkeit auf Absatzförderung ausgerichtet ist (BFH/NV 1992, 664; 1996, 135, 882; 2001, 1400).

177 *(frei)*

178 Zum Begriff des **Einnehmers staatlicher Lotterien** (§ 18 Abs 1 Nr 2 EStG) s Anm 185 Stichwort Lotterieeinnehmer.

Sonstige selbständige Arbeit. Das Gesetz bestimmt den Begriff nicht; es nennt den Testamentsvollstrecker, den Vermögensverwalter (siehe Anm 185 Stichwörter Hausverwalter, Zwangsverwalter, Konkurs- bzw Insolvenzverwalter) und das Aufsichtsratsmitglied (vgl Stichwort). Der nur beispielhaften und nicht abschließenden Aufzählung ist zu entnehmen, dass es noch andere unter § 18 Abs 1 Nr 3 EStG fallende Berufe gibt. Die Rechtsprechung will darunter ein gelegentliches und nur ausnahmsweise nachhaltig ausgeübtes Tätigwerden verstehen (BFHE 73, 100, BStBl II 1961, 306; BFHE 203, 438, BStBl II 2004, 112). Nicht in § 18 Abs 1 Nr 3 EStG genannte Tätigkeiten sollen nur unter die Vorschrift fallen, wenn sie einem der genannten Berufe („ganz") ähnlich sind (BFHE 110, 40, BStBl II 1973, 730; BFHE 123, 507, BStBl II 1978, 137; BFHE 157, 155, BStBl II 1989, 797). Aus den aufgezählten Tätigkeiten folgt jedoch, dass es sich um vermögensverwaltende Tätigkeiten handeln muss (BFHE 154, 372, BStBl 1989, 24; BFHE 196, 84, BStBl II 2002, 338; BFHE 208, 280, BStBl II 2005, 288). Voraussetzung ist die **unmittelbare** Berechtigung und Verpflichtung des tätigen StPfl; ein **Subunternehmer** erfüllt sie nicht (BFHE 209, 369, BStBl II 2005, 611). Das Erbringen einer höchstpersönlichen Arbeitsleistung anstelle des Einsatzes von Kapital ist zwar kein geeignetes Abgrenzungskriterium (BFHE 203, 438, BStBl II 2004, 112). Jedoch sprengt die Betreuung einer hohen Zahl von Auftraggebern den Rahmen der Verwaltungstätigkeit (BFHE 215, 210, BStBl II 2007, 266). S im Übrigen Anm 185 ABC Stichwörter Treuhänder, Zwangsverwalter. Auch ein Oberbürgermeister in NRW bezieht Einkünfte nach § 18 Abs 1 Nr 3 EStG (BFHE 151, 446, BStBl II 1988, 266). 179

§ 18 Abs 1 Nr 3 EStG wurde nicht wie § 18 Abs 1 Nr 1 EStG hinsichtlich des Vervielfältigungsverbots abgemildert (vgl BFHE 101, 215, BStBl II 1971, 239). Das **Vervielfältigungsverbot** kann deshalb auch historisch gesehen nach der neuen Rechtslage weitergelten (H 15.6 EStH „Sonstige selbständige Arbeit"). Nach der Rechtsprechung wird als wesentlich angesehen, dass die selbständige Arbeit im Kernbereich auf der persönlichen Arbeitskraft des Berufsträgers beruht. Die Beschäftigung mehrerer Angestellter mit nicht nur untergeordneten Aufgaben oder die Einschaltung von Subunternehmern (Verwaltungsgesellschaft), im Einzelfall auch von Hilfskräften mit untergeordneter Tätigkeit, können deshalb auch im Rahmen der sonstigen selbständigen Arbeit zur Gewerblichkeit führen (vgl BFHE 141, 505, BStBl II 1984, 823; BFHE 101, 215, BStBl II 1971, 239; BFHE 175, 284, BStBl II 1994, 936; BStBl II 2002, 202; BFHE 209, 369, BStBl II 2005, 611; hierzu *OFD Koblenz* BB 2003, 140; Anm *Strahl* BB 2002, 603; *Grashoff* DStR 2002, 353; *Stahlschmidt* BB 2002, 1727; *Gosch* StBp 2002, 86; *Frystazki* EStB 2005, 308; *Feiter* DStR 2006, 484). 180

(frei) 181

Gewinnvorzug (carried interest). Einkünfte, die ein Beteiligter an einer vermögensverwaltenden Gesellschaft oder Gemeinschaft, deren Zweck im Erwerb, Halten und in der Veräußerung von Anteilen an Kapitalgesellschaften besteht, als Vergütungen für Leistungen zur Förderung des Gesellschaftszwecks erzielt, zählen nach **§ 18 Abs 1 Nr 4 EStG** zu den Einkünften aus nichtselbständiger Arbeit, wenn der Anspruch auf Vergü- 182 tung unter der Voraussetzung eingeräumt worden ist, dass die Gesellschafter oder Gemeinschafter ihr eingezahltes Kapital vollständig zurückerhalten haben; § 15 Abs 3 EStG ist nicht anzuwenden.

Die Vorschrift ist durch G v 30. 7. 2004, BGBl I 2004, 2013 eingefügt worden und ist – was die Qualifikation der Einkünfte betrifft – nach § 52 Abs 1 EStG durchgängig **ab EZ 2004** anzuwenden.

Voraussetzungen. Beteiligung an einer Gesellschaft, bei der es sich auch um eine Kapitalgesellschaft handeln kann (*Watrin/Struffert* BB 2004, 1888, jedoch str). Es muss sich wohl um eine kapitalmäßige Beteiligung handeln (aA *Behrens* FR 2004, 1211). Auf eine Mindestquote kommt es nicht an (*Schmidt/Wacker* § 18 Anm 286). Auch kommt es nicht auf die Bezeichnung als „Wagniskapital-Gesellschaft“, „Venture Capital Fonds“ oder „Private Equity Fonds“ an (zu Begriff und Durchführung der Geschäftstätigkeit vgl *BMF* BStBl I 2004, 40).

Vermögensverwaltend bedeutet Beachtung der Grundsätze in Anm 65 (vgl den Kriterienkatalog nach *BMF* aaO). Es kommt auf die Art der Tätigkeit, nicht auf die Organisationsstruktur an; arg: § 15 Abs 3 EStG, insb die Regeln über die Infektion bzw Abfärbung sind nicht anwendbar; Letzteres schon deswegen, wiel angesichts der häufigen Organisation der Fonds als GmbH & Co KG der Zweck der Vorschrift weitgehend verfehlt würde (*BMF* aaO; *Handzik* in *L/B/P* § 3 Anm 1521 a; *Behrens* FR 2004, 1211; aA *Schmidt/Wacker* § 15 Anm 286). Auch eine Beteiligung an einer gewerblich tätigen oder geprägten Personengesellschaft dürfte unschädlich sein (*Ernst* BB 2005, 2213; s auch *Figna/Goldacker/Mayta* DB 2005, 966; *Plewka/Schienke* DB 2005, 966; *Friederichs/Köhler* DB 2006, 1396).

Gesellschaftszweck wie oa; es muss sich mE nach dem Wortlaut der Vorschrift um den alleinigen Zweck handeln (*Schmidt/Wacker* aaO; *Geerling/Ismer* DStR 2005, 1596: **aA** *Handzik* aaO; *Friederichs/Köhler* DB 2004, 1638; *Behrens* FR 2004, 1211). Unschädlich daher nur Hilfsgeschäfte der Beteiligungsverwaltung.

Die **Vergütungen** sind kapitaldisproportional und werden zur Förderung des Fondszwecks, nicht der Portfoliogesellschaft gezahlt. **Zahlung** darf erst nach vollständiger Kapitalrückzahlung erfolgen. Abschläge vor Rückzahlung sind mE schädlich (aA *Behrens* FR 2004, 1211). Auch soll unerheblich sein, aus welchen Mitteln die Vergütung gezahlt wird (BTDrs 15/3336; *Bauer/Gemmeke* DStR 2004, 1470; *Handzik* aaO). Das kann mE jedoch nur gelten, so lange die Zeitfolge nach der Kapitalrückzahlung nachvollziehbar bleibt. § 15 Abs 3 EStG ist nach § 18 Abs 1 Nr 4 Satz 2 EStG nicht anwendbar; was sich mE auf die Initiatoren-Personengesellschaft bezieht, nicht hingegen mit den Betrieb des Initiators (ebenso *Schmidt/Wacker* § 18 Anm 286; **aA** *Friedrichs/Köhler* DB 2004, 1638).

Rechtsfolge. Qualifizierung der Vergütungen für die Förderung des Gesellschaftszwecks als Einkünfte aus selbständiger Arbeit, und zwar im Hinblick auf alle Quellen der Vergütung innerhalb des Fonds. Daher (insofern) keine GewSt auch bei gewerblichen/gewerblich geprägten Initiatoren, mE nicht jedoch bei Kapitalgesellschaften (vgl § 8 Abs 2 KStG, der mE dem § 8 Abs 1 KStG insofern vorgeht; **aA** *Watrin/Struffert* BB 2004, 1888; *Friedrichs/Köhler* DB 2004, 1638; *Bauer/Gemmeke* DStR 2004, 1470; *Schmidt/Wacker* § 18 Anm 287 unter Hinweis auf R 32 Abs 1 Nr 1 KStR). Werden die Voraussetzungen des § 18 Abs 1 Nr 4 EStG nicht erfüllt, unterfällt der Gewinnvorzug mE der GewSt (*BMF* BStBl I 2004, 40; **aA** *Friedrichs/Köhler* DB 2006, 1396); keine Anwendung des Halbeinkünfteverfahrens (*BayLfSt* v 29. 8. 2008 – S 2241 – 17 St 32/St 33). Die übrigen Anleger erzielen Einkünfte nach § 17, 20 Abs 1 Nr 1, 23 EStG, ggf nach § 8 b KStG (Einzelheiten *OFD Ffm* DB 2007, 22). Zu **ausländischen** Carry-Holdern *Geerling/Kost* IStR 2005, 757.

(frei) **183, 184**

ABC der Einzelfälle (vgl H 15.6. EStH; BERUFEnet, *OFD Münster* DB 2002, 1026). **185**

Abfallwirtschaftsberater kann freiberuflich, weil ingenieurähnlich, tätig sein (BFH/NV 2006, 1270).

Abgeordnete (Kreistag, Stadt, Gemeinderat), § 18 Abs 1 Nr 3 EStG (BFHE 151, 466, BStBl II 1988, 266; BFHE 180, 275, BStBl II 1996, 431); anders Parlamentsabgeordnete (BFHE 152, 245, BStBl II 1988, 435).

Akquisition für Anzeigen, gewerblich (BFH DB 1960, 1012; DB 1977, 2170; FG Saarl EFG 1987, 630 rkr); Parteispenden: § 22 Nr 3 EStG, EFG 1987, 564 rkr; zweifelhaft.

Altenpfleger kann ein einem Heil(hilfs)beruf ähnlicher Beruf sein, nach BFHE 205, 151, BStBl II 2004, 509 jedoch nur, wenn die Ausbildung der des Krankengymnasten ähnlich ist. Werden hauswirtschaftliche Dienste geleistet, dann müssen sie getrennt abgerechnet werden (sonst insgesamt gewerblich, *BMF* BStBl I 2004, 1030). Die Mithilfe qualifizierten Personals schadet nicht, wenn der StPfl selbst einen wesentlichen Teil der Pflegeleistungen übernimmt, dh durch regelmäßige und eingehende Kontrolle maßgeblich auf die Pflegetätigkeit der Mitarbeit bei jedem einzelnen Patienten Einfluss nimmt („Stempel der Persönlichkeit", vgl. BFHE 205, 151, BStBl II 2004, 509).

Anlageberater, gewerblich (BFHE 130, 58, BStBl II 1980, 336; BFHE 154, 332, BStBl II 1989, 24; *Melcher* BB 1981, 2101; **aA** *List* BB 1993, 1488); vgl auch Finanzanalyst.

Anlagenvermittlung, gewerblich (BFHE 139, 380, BStBl II 1984, 129; BFH/NV 1991, 435).

Apothekeninventurbüro, gewerblich (BFHE 83, 151, BStBl II 1965, 556).

Apothekenrezeptabrechner, gewerblich (BFHE 112, 176, BStBl II 1974, 515).

Apotheker ist kein Katalogberuf und auch kein dem Heilberuf ähnlicher Beruf; daher gewerblich (vgl BFHE 127, 201, BStBl II 1979, 414; BFH/NV 1998, 706, zugleich zur Rspr des BVerfG; *BMF* BStBl I 2004, 1030; hierzu *Balke* BB 1998, 779).

Arbeiterwohnheim, gewerblich (BFHE 109, 194, BStBl II 1973, 561).

Architekt. Zu seinen Berufsaufgaben gehören die künstlerische, auf wirtschaftlichen und technischen Grundlagen beruhende Planung und Gestaltung von Bauwerken und Räumen, Garten-, Landes- und Regionalplanung (BFH/NV 1992, 811), die Bearbeitung von Leitplänen, die Überwachung von Bauausführungen, die Vertretung des Bauherrn gegenüber Behörden und Handwerkern (BFHE 83, 237, BStBl III 1965, 586; BFHE 215, 124, BStBl II 2007, 118). Eine Spezialisierung ist unschädlich (BFHE 158, 413, BStBl II 1990, 64). Übernimmt der Architekt/Ingenieur auch die Bauausführung, dann ist er insoweit gewerblich tätig (BFHE 216, 518, BStBl II 2008, 54, best FG Münster EFG 2006, 585); ebenso bei Vermittlungstätigkeiten (FG Ba-Wü EFG 1992, 71) und sonstigen Tätigkeiten zur Absatzförderung (BFHE 142, 148, BStBl II 1985, 15; BFH/NV 1998, 132); ein Erfolgshonorar kann hierfür Indiz sein (BFH/NV 2001, 1400). Eine dem Architekten **ähnliche** Tätigkeit setzt nicht die befugte Führung dieser Berufsbezeichnungen voraus (BFHE 115, 42, BStBl II 1975, 558). Vgl zu Einzelheiten der architektenähnlichen Tätigkeit BFHE 132, 20, BStBl II 1981, 121; BFHE 132, 22, BStBl II 1981, 121; BFHE 135, 421, BStBl II 1982, 492 (Handwerksmeister als Entwurfsverfasser); BFHE 152, 345, BStBl II 1988, 497. Die qualifizierenden Merkmale müssen Schwerpunkt der Tätigkeit sein, quantitativ überwiegen und das Gepräge geben (BFHE 158, 409, BStBl II 1990, 73), zudem Kenntnisse der gesamten Breite, nicht nur eines Ausschnitts des Berufs erfordern (vgl BFHE 189, 422, BStBl II 2001, 31). Für den Nachweis der Kenntnisse kann auch auf Tätigkeiten in früheren Jahren abgestellt werden (BFHE 158, 413, BStBl II 1990, 64; BFH/NV 1992, 821).

Das Berufsbild des Architekten erfasst nicht die Tätigkeit des sog Advokatenplaners zur Durchführung der Bürgerbeteiligung an städtischen Bausanierungsmaßnahmen (wissenschaftliche Tätigkeit angenommen, BFH v 8. 12. 1983 IV R 177/82, nv). Zur **ähnlichen Tätigkeit** s „Stichwort Bauleitung".

Artist, gewerblich (BFHE 60, 257, BStBl III 1995, 100; ebenso **Artistenvermittler** (BFHE 84, 97, BStBl III 1966, 36).

Arzt. Der Arztberuf ist Heilberuf; das Berufsbild wird bestimmt durch Tätigkeiten zur Vermeidung, Heilung und Linderung von Erkrankungen; dazu gehören auch Impfungen, Diagnose u Maßnahmen zur Prophylaxe (*FinVerw* DB 1999, 1981, DStR 2000, 730) sowie die laufende Erstellung von Gutachten (BFHE 120, 204, BStBl II 1977, 31; BFHE 134, 557, BStBl II 1982, 253; BFHE 191, 463, BStBl II 2000, 554; BFHE 214, 458, BStBl II 2007, 412), auch bei Spezialisierung auf besondere Bereiche wie etwa Blutgruppen-, Gewebeuntersuchungen und dergleichen (BFHE 143, 82, BStBl II 1985, 293; vgl jedoch „Laboratoriumsmedizin"). Etwas anders gilt mE für Gutachten ohne therapeutischen Zusammenhang (ggf wissenschaftlich, hierzu BFHE 120, 204, BStBl II 1977, 31; *kk* KÖSDI 2001, 12 800). Die Ausübung der Tätigkeit ist auch als Nebenberuf Freiberuf (BFHE 120, 204, BStBl II 1977, 31).

Die Medikamentenabgabe ist gewerbliche Tätigkeit, wenn sie nicht zwangsläufig mit der Behandlung verbunden ist (zB Praxisbedarf, Notfälle etc, s BFHE 123, 199, BStBl II 1977, 879; BFHE 128, 67, BStBl II 1979, 574). Entsprechendes ist zu beachten für die Abgabe von Impfstoffen (*BMF* DB 2000, 648) sowie für den planmäßigen Verkauf von anderen Produkten, wie etwa den Absatz von Kontaktlinsen und Pflegemitteln bei Augenärzten (*BMF* BStBl I 1997, 566 empfiehlt bei Gemeinschaftspraxen die Gründung verschiedener Gesellschaften; ebenso für Tierärzte *OFD Magdeburg* FR 1993, 485). Zur Abfärbung hierbei *BayLfSt* DStZ 2007, 400.

Nicht zur freiberuflichen Tätigkeit gehört die wirtschaftliche Krankenhausberatung (BFH/NV 2000, 424) und die Arbeitssicherheit (BFH/NV 2005, 1544). ME gilt Entsprechendes für die **Medikamentenerprobung** für Pharma-Hersteller (s „Gutachtertätigkeit"); denn der Arzt wird nicht zur Heilung/Linderung tätig (zur Wissenschaftlichkeit fehlt die Kenntnis des Gesamtzusammenhangs).

Zum Krankenhaus als ärztlichem Hilfsmittel s Stichwort Krankenhaus und Kindererholungsheim. S im Übrigen auch Stichwort Heilberufe.

Ärztepropagandist, bei Selbständigkeit gewerblich (BFHE 73, 129, BStBl III 1961, 315); Absatzförderung, vgl BFHE 142, 168, BStBl II 1985, 15.

Arztvertretung idR freiberuflich mangels Weisungsgebundenheit (BFHE 57, 361, BStBl III 1953, 142).

Astrologe, gewerblich (FG Düsseldorf EFG 1967, 522; 2005, 824).

Audio-Psycho-Phonologe, angeblich einem Krankengymnasten ähnlich (BFHE 203, 429, BSBl II 2004, 954; hierzu Anm 175).

Auditor, gewerblich (Hess FG DStRE 2005, 943 rkr).

Aufsichtsratsmitglied, § 18 Abs 1 Nr 3 EStG, wenn er nicht mit Aufgaben der Geschäftsführung, sondern mit deren Überwachung betreut ist (BFHE 203, 438, BStBl II 2004, 112) und nicht nur Repräsentationsaufgaben wahrnimmt (BFHE 124, 345, BStBl II 1978, 352). Nicht zu den Vergütungen nach § 18 Abs 1 Nr 3 EStG gehören Zahlungen für sonstige Leistungen (BFHE 203, 438, BStBl II 2004, 112). Zum Umfang *FinVerw* DB 1968, 594; FR 2003, 48.

Augenhersteller von künstlichen Menschenaugen ist gewerblich tätig (BFHE 93, 6, BStBl II 1968, 662).

Auktionator, gewerblich tätig einschließlich der weder künstlerischen noch wissenschaftlichen Tätigkeit als Sachverständiger für Möbel (BFHE 57, 448, BStBl III 1953, 175; BFHE 64, 279, BStBl III 1957, 106).

Bademeister (medizinischer), gewerblich, es sei denn, die Bäder sind Hilfsmaßnahmen einer im Übrigen freien Berufstätigkeit (BFHE 101, 115, BStBl II 1971, 249. Nach *BMF* BStBl I 2004, 1030 freiberuflich, „soweit" (also wohl gesonderte Abrechnung erforderlich) der Bademeister zur Feststellung des Krankheitsbildes oder iR einer Heilbehandlung tätig wird.

Baubetreuer, nur wirtschaftliche Baubetreuung ist keine Architektentätigkeit, sondern gewerblich (BFHE 109, 368, BStBl II 1973, 668; BFHE 111, 464, BStBl II 1974, 447; BFHE 180, 51, BStBl II 1996, 403).

Bauleitung eines Technikers idR gewerblich (BFHE 135, 421, BStBl II 1982, 492; BFHE 152, 345, BStBl II 1988, 497; zum Bauführer FG Berlin EFG 1972, 535), kann aber bei einem Hochbautechniker mit langjähriger praktischer Tätigkeit auf dem Gebiet der Bauplanung eine architektenähnliche Tätigkeit sein (BFHE 158, 413, BStBl II 1990, 64).

Bausachverständiger mit architektenähnlicher Vorbildung ist freiberuflich tätig (BFHE 58, 618, BStBl III 1954, 147; BFHE 69, 16, BStBl III 1959, 267; BFHE 147, 328, BStBl II 1986, 843). Anders wenn nur Wertgutachten erstellt werden (BFHE 112, 425, BStBl II 1974, 528; BFH/NV 1986, 81).

Bausparkassenaktionsleiter, gewerblich (BFHE 157, 546, BStBl II 1989, 965; FG Düsseldorf DStRE 2002, 420 rkr).

Baustatiker, freiberuflich, da arschitektenähnlich (BFHE 118, 353, BStBl II, 1976, 380; BFHE 126, 298, BStBl II 1979, 109).

Bauzeichner, im Einzelfall architektenähnlich (FG Bremen EFG 1991, 389).

Belastingadviseur-NL ist gewerblich tätig, weil er weder in den Niederlanden noch in Deutschland einer Zulassung bedarf (vgl BFHE 201, 483, BStBl II 2003, 422; BVerfG StEd 2005, 655; *BMF* DStR 1998, 1054; *Kempermann* StbJb 2003/04, 387, 396; krit *Sauren* DStR 1999, 1100; *Korn* § 18 EStG Anm 39).

Beleuchtungskörper. Ihre Einzelanfertigung kann künstlerisch sein (BFHE 94, 12, BStBl II 1969, 70).

Belieferungsrechte. Ihre Überlassung ist idR gewerblicher Natur (BFH/NV 1996, 133).

Beratender Betriebswirt, s BFHE 144, 413, BStBl II 1986, 15. Der **ähnliche** Beruf setzt eine nach Tiefe und Breite vergleichbare Vorbildung in jedem Hauptbereich der Betriebswirtschaft (Unternehmensführung, Leistungserstellung [Fertigung von Gütern, Bereitstellung von Dienstleistungen], Materialwirtschaft, Finanzierung, Vertrieb, Verwaltungs- u Rechnungswesen, Personalwesen) sowie die entsprechende Tätigkeit voraus (BFHE 200, 49, BStBl II 2003, 25; BFHE 200, 236, BStBl II 2003, 27; BFHE 202, 336, BStBl II 2003, 761; BFHE 203, 438, BStBl II 2004, 112; BFH/NV 2000, 1460; 2002, 644; 2003, 1413). Ausnahmsweise Kombination zweier Katalogberufe beim (Dipl)Wirtschafts-Ingenieur anzuerkennen (BFHE 203, 152, BStBl II 2003, 919; BFHE 215, 124, BStBl II 2007, 118, zum Studium in der ehem DDR). Die auf bestimmte Fachbereiche beschränkte Beratungstätigkeit reicht als Qualifikationsnachweis nicht aus (BFHE 164, 408, BStBl II 1991, 769), ebenso wenig ein abgebrochenes Studium (BFHE 192, 439, BStBl II 2000, 616; Anm *Kempermann* FR 2000, 1225), wohl aber ein Selbststudium sowie eine die entsprechenden Kenntnisse erfordernde Tätigkeit (BFH/NV 2000, 705). Es genügen Kenntnisse auf dem Niveau der Fachschule (BFHE 200, 236, BStBl II 2003, 27), aber auf allen („klassischen“) Hauptgebieten der Betriebswirtschaftslehre (BFH/NV 2003, 1413). Ein Dipl-Bankbetriebswirt – Bankakademie – übt mangels Vorkenntnisse keinen ähnlichen Beruf aus (FG Münster EFG 2007, 1172). Zur Schädlichkeit/Unschädlichkeit der Beschränkung der Beratungstätigkeit BFHE 200, 236, BStBl II 2003, 27; BFHE 203, 152, BStBl II 2003, 919; BFH/NV 2000, 705, 1460: Beratungstätigkeit in einem Hauptbereich der Betriebswirtschaftslehre genügt. Beratungstätigkeit auf dem Gebiet des **Marketing** (= Hauptbereich) kann ein ähnlicher Beruf sein. Werden daneben noch andere – isoliert betrachtet, gewerbliche – Leistungen erbracht, dann muss die Beratung den Schwerpunkt der Gesamttätigkeit bilden. Eine völlige Spezialisierung auf nur einen Fachbereich markiert Gewerblichkeit (BFHE 111, 316, BStBl II 1974, 293; BFHE 120, 253, BStBl II 1977, 34; BFHE 125, 369, BStBl II 1978,

565). Zum Problem *Voss* FR 1992, 68; *Hartmann* StWa 1995, 188; zur Kritik *List* BB 1993, 1488. S auch Stichwörter Datenverarbeitung, Unternehmensberater.

Beratungstellenleiter eines LSt-Hilfevereins, wenn nicht unselbständig, dann gewerblich (vgl BFHE 152, 120, BStBl II 1988, 273; zur Mitunternehmerschaft FG Rh-Pf EFG 1995, 21).

Bergführer kann freiberuflich tätig sein, wenn unterrichtend (ebenso *März* DStR 1994, 1177; **aA** *HHR* § 18 Anm 600).

Berufsbetreuer iSv §§ 1896 ff BGB angesichts seines Aufgabenkreises keine sonstige selbständige Tätigkeit, sondern gewerblich (BFHE 208, 280, BStBl II 2005, 288; FG M-V EFG 1999, 1080; FG Münster EFG 2004, 1459 rkr; Nds FG EFG 2006, 1923 rkr; *OFD Koblenz* DStR 2002, 306); zum Vertrauensschutz *FinVerw* DStR 2007, 72.

Berufssportler, gewerbliche Tätigkeit, soweit nicht nichtselbständig (BFHE 137, 183, BStBl II 1983, 182; hierzu *Dziadkowski* BB 1995, 1062); auch bei Sportartikelwerbung (BFHE 146, 115, BStBl II 1986, 424). Es kommt letztlich auf das Maß der Eingliederung in den Betrieb des Vereins bzw der Vermarktungsgesellschaft an (*BMF* DStR 1995, 1508; DB 1995, 1935; BB 1995, 2252; FR 1995, 745). Ein international tätiger **Berater** von Berufsfußballern ist gewerblich tätig (BFHE 187, 500, BStBl II 1999, 167).

Besamungstechniker, gewerblich (BFHE 86, 773, BStBl III 1966, 677).

Bezirkskaminkehrermeister ist trotz Wahrnehmung hoheitlicher Aufgaben als beliehener Unternehmer gewerblich tätig (BFHE 70, 561, BStBl II 1960, 209; BFHE 78, 250, BStBl II 1994, 99; BFHE 181, 508, BStBl II 1997, 295, **aA** Nds FG EFG 1995, 900, aufgeh; *Habscheidt* BB 1994, 482).

Bilanzbuchhalter, gewerblich (BFH HFR 1983, 368).

Bildberichterstatter ist freiberuflich tätig, wenn er an der Gestaltung des geistigen Inhalts publizistischer Medien insofern mitwirkt, als er über Zustände und Ereignisse politischer, wirtschaftlicher, gesellschaftlicher oder kultureller Art berichtet (BFHE 101, 211, BStBl II 1971, 267; BFHE 185, 400, BStBl II 1998, 441; BFH/NV 2008, 1472). Auch eine GbR bestehend aus Kameramann und Tontechniker, die mit Originalton unterlegtes Bildmaterial über aktuelle Ereignisse herstellt, ist freiberuflich tätig. Gibt sie Aufträge an Dritte weiter, ohne auf die Gestaltung des Materials Einfluss zu nehmen, dann ist die GbR insgesamt (Anm 100) gewerblich tätig (BFHE 194, 206, BStBl II 2002, 478).

Bildhauer, kann auch dann freiberuflich tätig sein, wenn er Modelle für Serienprodukte entwirft (BFH StRK UStG § 4 Nr 17 R 9).

Bildjournalist, ehedem gewerblich (BFHE 83, 151, BStBl III 1965, 556; BFHE 81, 315, BStBl III 1965, 114); allein bei gestalterischem Schwerpunkt im Bild kam freiberufliche Tätigkeit in Frage (BFHE 83, 237, BStBl III 1965, 586; BFHE 101, 211, BStBl II 1971, 267); vgl jetzt „Bildberichterstatter".

Biologe, kann auch mit reinen Bestandsaufnahmen wissenschaftlich tätig sein (BFH/NV 1993, 360).

Blutgruppengutachter, dem Arzt ähnlich und daher freiberuflich (BFH/NV 1987, 367).

„Body-Builder“ s Fitness-Studio.
Börsenmakler s FG München DStR 2007, 743.
Bordell (Zimmervermietung), gewerblich (BFHE 73, 692, BStBl III 1961, 518).
Buchhalter ohne Qualifikation als Wirtschaftsprüfer oder Steuerberater ist gewerblich tätig (BFHE 140, 347, BStBl II 1984, 336; BFH/NV 2008, 785).
Buchmacher, gewerblich (BFHE 136, 270, BStBl II 1982, 650).
Bühnenvermittler, gewerblich (BFHE 99, 31, BStBl II 1970, 517; ebenso Künstlerbetreuer FG Hamburg EFG 1988, 429).
Büttenredner, keine künstlerische Tätigkeit (BFHE 149, 231, BStBl II 1987, 376; die im Bezugsurteil genannten Anforderungen an die Darlegung eigener Sachkunde sind zT durch BFHE 214, 168, BStBl II 2006, 709 überholt; im Übrigen **aA** FG Düsseldorf EFG 2004, 1628 rkr).
Chemiker, arztähnliche Tätigkeit verneint BFHE 122, 181, BStBl II 1977, 579; bei einem Sachverständigen für chemische Bodenanalysen ebenfalls Freiberuf verneint von FG Düsseldorf EFG 1992, 744; freiberuflich jedoch der **klinische Chemiker** (*BMF* BStBl I 1980, 768).
Chiromant, Chirologe (Handleser), mE gewerblich.
Choreograph, freiberuflich, weil künstlerisch tätig (*BMF* BStBl I 1990, 638).
Consultant als einem Aufsichtsratsmitglied ähnliche Berater ist selbständig tätig, wenn er nur mit der Überwachung der Geschäftsführung einer Gesellschaft beauftragt ist; nimmt er selbst wesentlich Geschäftsführungsaufgaben wahr, ist er gewerblich tätig (BFHE 203, 438, BStBl II 2004, 112).
Datenschutzbeauftragter übt weder den Beruf des Ingenieurs noch des beratenden Betriebswirts noch eine ähnliche Tätigkeit aus (BFHE 202, 336, BStBl II 2003, 761; BFH/NV 2003, 1557).
Datenverarbeitung. Systemsoftware-Entwicklung kann zu einer ingenieurähnlichen Tätigkeit führen (BFHE 166, 443, BStBl II 1993, 324; BFH/NV 2003, 170); neuerdings auch die **Systemanalyse** und Entwicklung von **Anwendersoftware** (Änderung der Rspr BFHE 206, 233, BStBl II 2004, 989; ebenso *Graf* Inf 1990, 457; *Graf/Bisle* DStR 2003, 1823; *Hackenberg* DB 2004, 459) mit Ausnahme von „Trivialsoftware“ (hierzu *FinVerw* DStR 2005, 68; R 5.5 Abs 1 EStR; Nds FG EFG 2004, 206 rkr; FG München DStRE 2006, 792 rkr; *Graf* Inf 2005, 298). Allerdings gibt der BFH nicht an, worin hierbei definitionsgemäß die Herstellung von technischen Werken besteht. Die Tätigkeit als Netzwerk- u Systemadministrator genügt nicht (FG Bbg EFG 2007, 1884 Rev). Die ältere Rspr, die zum Teil nur auf die Ausbildung abstellte (zB noch BFHE 166, 443, BStBl II 1993, 324), ist damit überholt. Demgegenüber werden sog **Berater für Datenverarbeitung** regelmäßig als gewerblich Tätige beurteilt; eine einem beratenden Betriebswirt ähnliche Tätigkeit liegt nicht vor (BFHE 134, 565, BStBl II 1982, 267; zur Absatzförderung BFH/NV 2007, 1854), ebenso wenig eine ingenieurähnliche Tätigkeit (FG München EFG 2006, 421); vgl zum Organisationsberater für Datenverarbeitung BFHE 120, 253, BStBl II 1977, 34; BFHE 146, 121, BStBl II 1986, 484; für Software-Programme BFHE 146, 115, BStBl II 1986, 520; für Software-Betreuer BFHE 178, 364, BStBl II

1995, 888; vgl auch BFH/NV 1993, 292, 515; 1997, 399, 751; 2001, 893); selbst dann nicht, wenn der EDV-Berater über einen Hochschulabschluss verfügt (BFHE 166, 44, BStBl II 1993, 324; BFHE 178, 364, BStBl II 1995, 888) und/oder das System von Großbetrieben betreut. Umso mehr gilt dies, wenn die entsprechende Ausbildung bzw Kenntnis nicht nachgewiesen werden kann (BFHE 218, 65, BStBl II 2007, 781 zum Systemberater, gegen FG Hamburg EFG 2006, 1324). In Betracht kommt aber eine ingenieurähnliche Tätigkeit, wenn der StPfl wie ein Dipl-Informatiker tätig ist und die entsprechenden Kenntnisse aufweist (BFH/NV 2003, 170). Die Entwicklung und Anfertigung mathematischer Modelle zur Lösung betriebswirtschaftlicher Fragestellungen für den Einsatz von Datenverarbeitung ist bei einem Diplom-Mathematiker eine ingenieurähnliche Tätigkeit (BFHE 144, 413, BStBl II 1986, 15), ebenso bei einem Dipl-Informatiker (BFHE 155, 171, BStBl II 1990, 337). Da die entsprechenden Berufsbilder in der Entwicklung begriffen sind, kann die bisherige Beurteilung des EDV-Beraters durch die Rechtsprechung als dem beratenden Betriebswirt (nicht) ähnlich (zB BFHE 178, 364, BStBl II 1995, 888; aA *List* BB 1993, 1488) noch nicht als endgültig gelten (Überblick bei *FinVerw* DStR 2004, 1561).

Ein **EDV-Schuler** kann als Unterrichtender freiberuflich tätig sein (*Förster* DStR 1998, 635). Zum Verfassen eines Softwarelernprogramms s „Schriftsteller".

Dekorateur, gewerblich wie Werbefachleute (BFHE 64, 158, BStBl III 1957, 60).

Designer, auch Fotodesigner und Industrie-Designer, kann bei entsprechender künstlerischer Gestaltungshöhe freiberuflich tätig sein (BFHE 121, 410, BStBl II 1977, 474; BFHE 162, 28, BStBl II 1991, 20).

Desinfektor, gewerblich (RFH RStBl 1938, 280).

Detektiv, gewerblich (RFH RStBl 1942, 989).

Diätassistenten sind, wenn nach dem DiätassistentenG ausgebildet, dem Krankengymnasten ähnlich (!?) und daher freiberuflich tätig (*BMF* BStBl I 2004, 1030; *OFD Hannover* FR 2000, 282).

Dispacheur ist gewerblich, da nicht wissenschaftlich tätig und nicht einem Katalogberuf (zB Wirtschaftsprüfer) ähnlich (BFHE 170, 88, BStBl II 1993, 235; vom BVerfG nicht zur Entscheidung angenommen (vgl FR 2000, 367; HFR 2001, 496).

Dokumentar (auch Dipl-) ist idR nicht freiberuflich tätig; anders nur baei fachwissenschaftlicher Dokumentation (BFHE 143, 482, BStBl II 2001, 241).

EDV-Berater s „Datenverarbeitung".

Ehevermittler, gewerblich (BFHE 97, 257, BStBl II 1969, 145).

Eichaufnehmer, nach Änderung der Rspr zum Ingenieur (hierzu BFHE 180, 316, BStBl II 1996, 518, 522) nicht mehr freiberuflich tätig (ebenso *Schmidt/Wacker* § 18 Anm 155; **aA** *HHR* § 18 Anm 600).

Elektrotechniker, bei Einstellung und Anpassung von Messmaschinen nach FG Saarl (EFG 1991, 475) ingenieurähnlich; mE angesichts des eingeschränkten Tätigkeitsbereichs in mehrfacher Hinsicht (Nachweis der Ausbildung; vergleichbare Tätigkeit) fraglich (vgl. BFHE 132, 20, BStBl II 1981, 121; Nds FG EFG 1999, 975 rkr).

Energieberater, ggf freiberuflich, weil bei entsprechender Ausbildung und Tätigkeit ingenieurähnlich; nicht jedoch bei erfolgsabhängiger Beratung (BFH/NV 2001, 1400).

Entbindungspfleger s BFHE 86, 773, BStBl III 1966, 677.

Erben beziehen, sofern nicht lediglich Entgelte für im Rahmen der freiberuflichen Tätigkeit des Erblassers erbrachte Leistungen bezogen werden (BFHE 171, 335, BStBl II 1993, 716), keine Einkünfte aus einer ehemaligen Tätigkeit des Erblassers iSv § 24 Nr 2 EStG, sondern verwirklichen einen eigenständigen, durch ihre Qualifikation und Tätigkeit gekennzeichneten Einkünftetatbestand (BFHE 161, 332, BStBl II 1990, 837, 842 f). Die Fortführung eines/einer freiberuflichen Büros/Praxis durch eine teilweise aus Berufsfremden bestehende Erbengemeinschaft führt zu einem Gewerbebetrieb, es sei denn, der Betrieb wird nur abgewickelt (BFHE 174, 503, BStBl II 1994, 922; *BMF* BStBl I 2006, 253 Rn 5). Die Erbengemeinschaft wird erst beendet, wenn sich die Miterben hinsichtlich des gemeinsamen Vermögens nach den für Personengesellschaften geltenden Grundsätzen auseinandergesetzt haben (BFHE 161, 332, BStBl II 1990, 837).

Erbensucher, gewerblich (BFHE 82, 46, BStBl III 1965, 263).

Erfindertätigkeit, meistens selbständige Arbeit (wissenschaftlich oder einem bereits ausgeübten Katalogberuf zugehörig; vgl BFHE 159, 314, BStBl II 1990, 377 mwN), idR auch vom gleichzeitig ausgeübten **Gewerbebetrieb** trennbar (Ausnahme einheitlich geschuldeter Erfolg, Patententwicklung von vornherein zum Einsatz im Betrieb bestimmt, vgl BFHE 119, 410, BStBl II 1976, 666; BFHE 98, 176, BStBl II 1970, 317; BFHE 178, 147, BStBl II 1995, 776; BFH/NV 1988, 737 Ursprung oder Verwendung im Betrieb). Gewerbliche Tätigkeit auch dann, wenn Patente wesentliche Grundlage einer Betriebsgesellschaft im Rahmen einer **Betriebsaufspaltung** (vgl dazu Anm 223) sind. Freiberufliche Einkünfte aus Lizenzvertrag selbst dann, wenn daneben die Erfindung im eigenen Gewerbebetrieb genutzt, weiterhin aber Betriebsvermögen nach § 18 EStG bleibt (BFHE 195, 290, BStBl II 2001, 798). Das gilt auch für die Nutzung im Rahmen eines Betriebs, den der Erfinder zusammen mit anderen in der Form einer Personengesellschaft oder einer GmbH betreibt. Die Lizenzvergabe stellt ein im freiberuflichen Betriebsvermögen verbliebenes Recht dar.

Bei einer sog **Zufallserfindung** fehlt es idR am Merkmal der Nachhaltigkeit, wenn der StPfl seine Idee lediglich in einer Skizze niedergelegt hat. Auch in der Anmeldung zum Patent liegt noch keine Nachhaltigkeit (BFHE 186, 351, BStBl II 1998, 567; BFHE 203, 448, BStBl II 2004, 218). Nachhaltigkeit aber, wenn bei einer „Blitzidee" weitere Tätigkeiten erforderlich sind, um die Erfindung der Verwertungsreife zuzuführen (BFH/NV 2003, 1406). Allerdings steht der BFH der Vorstellung von der „Blitzidee" etwas skeptischer gegenüber als die jeweiligen FG und einige der Kommentatoren (insb *List* DB 1999, 1085; 2004, 1172; 2006, 1291; *Jakob* DStZ 2000, 317; *Zugmaier* FR 1998, 946; wie BFH auch *Güroff* in *L/B/P* § 18 Rn 90). S auch FG Hamburg EFG 2006, 661 (zust *List* DB 2006, 1291), das die Anfertigung einer Handskizze allein zutreffend nicht als nachhaltig wertet, jedoch unzutreffend eine Vielzahl von Arbeiten durch einen Dritten zur Umsetzung der Idee dem StpFl nicht zurechnete, obwohl erst diese zur Erteilung des Schutzrechts führten.

Ergotherapeut nach *BMF* BStBl I 2004, 1030 unter den in Anm 92 genannten Bedingungen freiberuflich.

Ernährungsberater, s Oecotrophologe.

Erzieherische Tätigkeit (§ 18 Abs 1 Nr 1 Satz 2 EStG) kann als freiberufliche auch ohne Ablegen einer fachlichen Prüfung, zB auf Grund eigener praktischer Erfahrung, ausgeübt werden (BFHE 112, 474, BStBl II 1974, 642). Erziehung ist die planmäßige Tätigkeit zur körperlichen, geistigen und sittlichen Formung junger Menschen – und zwar grundsätzlich der ganzen Persönlichkeit – zu tüchtigen und mündigen Menschen; dabei wird unter Mündigkeit die Fähigkeit verstanden, selbständig und verantwortlich die Aufgaben des Lebens zu bewältigen (BFHE 115, 64, BStBl II 1975, 389; BFHE 161, 361, BStBl II 1990, 1018). Die (Management-) Beratung in Teilbereichen der zwischenmenschlichen Beziehungen gehört nicht dazu (BFHE, 183, 450, BStBl II 1997, 687), dagegen durchaus die Betreuung jüngerer Menschen, wenn die Erziehung ihr das Gepräge gibt (BFHE 183, 488, BStBl II 1997, 652; BFHE 203, 459, BStBl II 2004, 129). Die Aufnahme von Pflegekindern im Rahmen der sog **Familienpflege** nach dem SGB VIII (früher Jugendwohlfahrtsgesetz) begründet möglicherweise Einkünfte nach § 18 Abs 1 Nr 1 oder Nr 3 EStG oder sonstige Einkünfte iSd § 22 Abs 1 EStG. Zur **Familienhelferin** (nicht den Heilberufen ähnlich, BFH/NV 2001, 651) vgl *FinVerw* DB 2005, 536. Die von allen Jugendämtern gezahlten Bezüge zur Förderung der Erziehung sind nach § 3 Nr 11 EStG steuerfrei (BFHE 141, 154, BStBl II 1984, 571); s auch unter „Schulen".

Erzprobennehmer, gewerblich, wenn die wissenschaftliche Analyse nicht von den übrigen Tätigkeiten trennbar ist, wie bei einer Personengesellschaft (vgl BFHE 108, 26, BStBl II 1973, 183; BFH/NV 1987, 156; FG Düsseldorf EFG 1992, 744).

Fahrschule s Schulen.

Fakir, gewerblich (BFH/NV 1993, 716).

Fernsehen, Überlassung einer im Ausland ausgearbeiteten und einstudierten **Show** an inländische Unternehmer ist gewerblich (BFHE 107, 288, BStBl II 1973, 134).

Fernsehsprecher, der eigene Texte einbringt, kann künstlerisch tätig sein, nicht jedoch der Sprecher von Werbesendungen (vgl auch FG Berlin EFT 1967, 432).

Filmemacher. Der Hersteller eines Films ist nur dann Künstler (§ 18 Abs 1 Nr 1 Satz 2 EStG), wenn er an allen Tätigkeiten, die für die Gestaltung des einzelnen Films bestimmend sind, selbst mitwirkt (BFHE 132, 77, BStBl II 1981, 170). Zum **Cutter** vgl FG Hamburg EFG 2005, 697 rkr.

Finanzanalyst, gewerblich auch bei entsprechender wissenschaftlicher Ausbildung als Dipl-Kfm (BFHE 154, 332, BStBl II 1989, 24); hierzu *List* BB 1993, 1488.

Finanz- u Kreditberater üben eine gewerbl Tätigkeit aus (BFHE 153, 222, BStBl II 1988, 666; BFHE 156, 218, BStBl II 1989, 572).

Fitness-Studio. Abzustellen ist auf das Gesamtbild der Verhältnisse (BFH/NV 1995, 676); gewerblich, wenn die unterrichtende Tätigkeit (s „Unterricht") den Kurs nur in der Anfangsphase prägt und im Übrigen dem Kunden die Sportgeräte zur freien Verfügung stehen (BFHE 173, 331, BStBl II 1994, 362; BFHE 180, 568, BStBl II 1996, 573; FG Rh-Pf EFG 1994, 836) bzw wenn diese mit Nebenleistungen wie Sauna, Geräte- und Raumbenutzung untrennbar verbunden ist (FG Nürnberg EFG 1989, 543 rkr). Die Rechtslage ist insoweit geklärt (BFH/NV 1995, 676).

Fleischbeschauer kann als tierarztähnlich zu beurteilen sein (RFH RStBl 1938, 429, mit beschränktem Bild vom Tierarzt; s daher BFH StRK EStG § 18 R 400).

Fotograf, keine künstlerische Tätigkeit bei der Fertigung von Fotografien auftragsgebundener Objekte, eigenschöpferische Tätigkeit als Künstler wurde verneint (BFHE 76, 592, BStBl III 1963, 216; BFHE 104, 314, BStBl II 1972, 335; BFHE 101, 211, BStBl II 1971, 267; BFHE 121, 410, BStBl II 1977, 474). **Modefotograf/Fotodesigner** kann künstlerische Tätigkeit ausüben, die Herstellung für Gebrauchszwecke soll keine Rolle spielen, serienmäßige Vervielfältigung aber für Gewerblichkeit sprechen (BFHE 121, 410, BStBl II 1977, 474); wegen des Verwendungszwecks künstlerische Tätigkeit bei Mode-Werbefotograf verneinend BFHE 76, 592, BStBl III 1963, 216. Wer für Zeitschriften **Objekte** auswählt und zum Zweck der Ablichtung **arrangiert,** um die von einem Fotografen dann hergestellten Aufnahmen zu veröffentlichen, ist gewerblich tätig (BFHE 185, 400, BStBl II 1998, 441); ebenso wenn auf fotografierte Produkte lediglich „gestalterisch Einfluss" genommen wird (BFH/NV 1999, 456).

Fotomodelle für Werbeaufnahmen erzielen regelmäßig Einkünfte aus Gewerbebetrieb (BFHE 89, 219, BStBl II 1967, 618; FG Hamburg EFG 1992, 332).

Fotoreporter (Bildberichterstatter) können eine journalistische Tätigkeit ausüben (siehe „Journalist"), nicht jedoch beim Tätigwerden für eine Pressestelle eines gewerblichen Unternehmens, das die Fotos für Werbezwecke verwendet (BFHE 81, 315, BStBl III 1965, 114).

Frachtenprüfer, nach FG Berlin EFG 1970, 343 rkr als rechtsanwaltsähnlich (wie das?) angeblich freiberuflich.

Franchise-Verkauf, gewerbliche Tätigkeit (Hess FG EFG 1989, 572, rkr).

Frauenbeauftragte einer Gemeinde nach *OFD Hannover* StEK EStG § 18 Nr 211 selbständig tätig iSv § 18 Abs 1 Nr 3 EStG; mE jedoch fraglich, weil ihre Aufgaben weniger die Vermögensverwaltung als die Personenbetreuung betreffen.

Fremdenführer, idR gewerblich (BFHE 147, 245, BStBl II 1986, 851); anders für Burgbesichtigungen/Museumsführungen FG Rh-Pf EFG 1991, 321 (unterrichtend!, jedoch fraglich).

Friedhofsgärtner, gewerblich, wenn nicht im Rahmen von LuF tätig (BFHE 118, 586, BStBl II 1976, 492).

Fußpfleger. Zur Rechtslage vor 2002/03 s 5. Aufl, vgl *BMF* BStBl I 2002, 962 u BFHE 2002, 228, BStBl II 2002, 149. Inzwischen gilt allgemein das G v 4. 12. 2001, BGBl I 2001, 3320 – Podologe –. Bei Erfüllen der dort bezeichneten Voraussetzungen ist der Fußpfleger mE freiberuflich tätig (vgl *BMF* BStBl I 2004, 1030). Zudem ist mE die neue Rspr zur Ähnlichkeit mit dem Beruf des Krankengymnasten (Anm 175) auch hier einschlägig.

Fußreflexzonenmasseur, mangels gesetzlicher Berufsregelung nicht freiberuflich (BFHE 200, 317, BStBl II 2003, 21; mE nicht überholt durch BFHE 203, 429, BStBl II 2004, 954; *BMF* BStBl I 2004, 1030).

Gartenarchitekt, jedenfalls dann gewerblich, wenn gleichzeitig auch die Ausführung der Gartenplanung übernommen wird (BFHE 75, 89, BStBl III 1962, 302; BFHE 77, 594, BStBl III 1963, 537).

Generalbevollmächtigter eines Testamentsvollstreckers angesichts eines erfolgsabhängigen Honorars gewerblich (BFH/NV 1990, 372).

Geschäftsführer ohne Anstellungsvertrag ist einem beratenden Betriebswirt nicht ähnlich (FG Saarl EFG 1992, 70 rkr).

Glücksspiele. Die Veranstaltung ist gewerblich (BFHE 93, 161, BStBl II 1968, 718; BFH/NV 1996, 750; 1998, 854).

Graphiker, freiberuflich, wenn künstlerische Tätigkeit (BFHE 131, 365, BStBl II 1981, 21), und zwar auch der Gebrauchsgraphiker (BFHE 71, 549, BStBl III 1960, 453); sonst gewerblich (BFHE 121, 410, BStBl II 1977, 474; BFH/NV 1990, 232; *BMF* DStR 1990, 118; zum **Perspektivgraphiker** FG Nürnberg EFG 1978, 33 rkr). Auflagen bis 20 Exemplaren stehen der Annnahme von Kunst nicht entgegen (BFHE 165, 216, BStBl II 1991, 889). Zum **Graphik-Designer** BFHE 149, 231, BStBl II 2006, 709; FG Bremen EFG 1994, 928 (abgelehnt wegen Zerlegung des Rechnungsausweises in eine Vielzahl weiterer Einzelleistungen; vgl BFH/NV 1996, 806); desgleichen mangels künstlerischer Qualität BFHE 214, 968, BStBl II 2006, 709. S auch „Retuscheur".

Gutachtertätigkeit. Eine einem Katalogberuf ähnliche Tätigkeit setzt vergleichbare Kenntnisse sowie die entsprechende Tätigkeit auf ihrer Grundlage voraus (vgl BFHE 58, 618, BStBl III 1954, 147; BFHE 132, 16, BStBl II 1981, 118; BFH/NV 1998, 456). Eine ingenieurähnl Tätigkeit kann bei Unfallursachenforschung auf Grundlage mathematischer Kenntnisse vorliegen (BFHE 155, 109, BStBl II 1989, 198); erforderlich ist aber, dass die praktische Tätigkeit die volle Breite des Ingenieurberufs abdeckt und ihr das Gepräge gibt (BFHE 169, 402, BStBl II 1993, 100; BFH/NV 1991, 359; 1993, 238). Die erforderlichen theoretischen Kenntnisse dürfen auch auf der praktischen Arbeit beruhen (BFHE 155, 109, BStBl II 1989, 198); die Anwendung von Formelsammlungen oder Berechnungsvordrucken genügt nicht (BFHE 165, 221, BStBl II 1991, 878). Die Bestellung zum Kfz-Sachverständigen (Schadensgutachter) durch die IHK allein genügt nicht (BFH/NV 1993, 224; 1994, 629; FG Köln EFG 1990, 21; FG Düsseldorf EFG 1993, 357). S im Übrigen auch BFH/NV 1987, 508; HFR 1962, 340. Darüber hinaus kann Gutachtertätigkeit als selbständige Arbeit gelten, wenn sie als wissenschaftlich oder künstlerisch anzusehen ist; verneint bei Schätzung von Kunst- u Einrichtungsgegenständen, auch wenn vereinzelt aufgrund von vertiefter Sachkenntnis (BFHE 64, 279, BStBl III 1957, 106; BFHE 103, 77, BStBl II 1971, 749). Zur Medikamentenerprobung der pharmazeutischen Industrie vgl FG Rh-Pf EFG 1975, 69 u FG Bremen EFG 1977, 18; zur erbbiologischen Grundlagenforschung FG Ba-Wü BB 1976, 634.

Handaufleger mangels entsprechender Ausbildung u Kenntnisse mE gewerblich.

Handelsvertreter, soweit selbständig, gewerbliche Tätigkeit (BFHE 142, 148, BStBl II 1985, 15; BFH/NV 1992, 664; 1996, 135; 1997, 802; nach BVerfGE 46, 224, BStBl II 1978, 125 ist dies verfassungsgemäß; vgl hierzu § 1 Anm 19).

Hausgewerbetreibende vgl Anm 45.

Hausverwalter (§ 18 Abs 1 Nr 3 EStG), sonstige selbständige Tätigkeit, wenn sie nicht über die reine Vermögensverwaltung hinaus geht und keine qualifizierten Arbeiten auf Angestellte oder Subunternehmer übertragen werden (BFH/NV 1999, 1456, zugleich zur getrennten Beurteilung). Sie ist dagegen gewerblich, wenn der Umfang der zu bewältigenden Verwaltungsarbeit die ständige Beschäftigung von Angestellten und sonstigen Hilfskräften erfordert (BFHE 62, 120, BStBl III 1956, 45; BFHE 86, 305; BFHE 101, 215, BStBl II 1971, 239). Gewerblichkeit wurde angenommen bei der Verwaltung von 280 Wohneinheiten (BFHE 174, 41, BStBl II 1994, 449; FG Bremen EFG 1983, 357; krit *Sauren* Inf 2000, 268).

Havariesachverständiger, gewerblich (BFHE 83, 256, BStBl III 1965, 593).

Hebamme, Entbindungshilfen sind unter den in Anm 175 bezeichneten Voraussetzungen freiberuflich (*BMF* BStBl I 2004, 1030).

Heilberufe/Heilhilfsberufe. Es handelt sich um Berufsgruppen, in der sich neue Berufe entwickeln, ohne dass sogleich staatliche Regelungen vorhanden sind. Deswegen ist BFHE 203, 429, BStBl II 2004, 954 bei der Beurteilung der **Ähnlichkeit** entsprechend großzügig (vgl Anm 92) – mE völlig zu Unrecht, zumal Rechtspolitik in Form von Dekreten nicht Aufgabe der Rspr ist. Zur Abgrenzung allgemein *BMF* BStBl I 2004, 1030. **Heilmasseur** ist dem Krankengymnasten (§ 18 Abs 1 Nr 1 Satz 2 EStG) ähnlich, soweit heilberuflich tätig; auch insoweit, als er Fangopackungen ohne Massage verabreicht (BFHE 143, 75, BStBl II 1985, 676). Dies gilt nicht für überwiegend kosmetische und **Schönheitsmassagen** (BFHE 101, 115, BStBl II 1971, 249). Zum **Fußpfleger** s dort. Heilmittelverkauf ist gewerblich, wenn nicht zwangsläufig mit der Heilbehandlung verbunden (BFHE 123, 199, BStBl II 1977, 879; BFHE 128, 67, BStBl II 1979, 574).

Heileurhythmist ist mangels staatlicher Berufserlaubnis und -aufsicht Gewerbetreibender (*BMF* BStBl I 2004, 1030; mE zutr, weil heileurhythmische Heilbehandlungen nach SGB V weder als Regel- noch als Satzungsleistungen erstattet werden (zur USt: BFHE 208, 65, BStBl II 2005, 316).

Heilpraktiker sind ausdrücklich in § 18 Abs 1 Satz 2 EStG erwähnt. Ähnlichkeit setzt staatliche Erlaubnis voraus (BFHE 119, 274, BStBl II 1976, 621; BFHE 203, 429, BStBl II 2004, 954).

Hellseherin, gewerbliche Tätigkeit (BFHE 118, 473, BStBl II 1976, 464; FG Düsseldorf EFG 2005, 824 rkr).

Hochbautechniker, freiberuflich, wenn er die entsprechenden Kenntnisse erworben hat und nicht nur als Bauleiter tätig ist (BFHE 158, 413, BStBl II 1990, 64; BFHE 169, 402, BStBl II 1993, 100; einschr jedoch BFHE 189, 422, BStBl 2000, 31).

Holzschnitzer kann Künstler, also freiberuflich tätig sein (BFHE 165, 216, BStBl II 1991, 889).

Hypnotherapeut, der keine dem Arzt vergleichbare wissenschaftliche Ausbildung hat, übt eine gewerbliche Tätigkeit aus (BFH/NV 2000, 839); mE ist dies anders bei einem psychologischen Psychotherapeuten (s Stichwort „Psychotherapeuten").

Illustration zB in medizinischen Fachbüchern durch Zeichnen und Malen von Organen usw kann künstlerische Tätigkeit sein (FG Hamburg EFG 1991, 124).

Informationsdienst, juristischer, keine freiberufliche Tätigkeit, wenn sich Unternehmer nicht eigenverantwortlich betätigt (BFHE 119, 253, BStBl II 1976, 641).

Ingenieur, ist grundsätzlich freiberuflich tätig, wenn er in (einem der) Kernbereiche(n) tätig ist; das sind: Forschung, Lehre, Versuchs- und Prüfungswesen, Projektierung, Berechnung, Konstruktion, Gestattung, Fertigung und Betrieb, Montage, Instandhaltung, Kundendienst, technische Verwaltung und Betriebsführung (BFHE 144, 62, BStBl II 1985, 584; BFH/NV 2001, 1547). Im Übrigen ist kennzeichnend für seine Tätigkeit die Planung, Konstruktion und Überwachung der Fertigung von technischen Werken auf der Grundlage von natur- und technikwissenschaftlichen Erkenntnissen (vgl BFHE 202, 336, BStBl II 2003, 761; BFHE 206, 233, BStBl II 2004, 989). Es genügt jedoch die Beratung, ein konstruierendes Element ist nicht erforderlich (BFH/NV 2006, 1270). Die Tätigkeit als Netzwerk- u Systemadministrator ist gewerblich (FG Bbg EFG 2007, 1884 Rev). Als Ingenieur kann nur angesehen werden, wer nach den Ingenieurgesetzen der Länder diese Bezeichnung führen darf (BFHE 132, 16, BStBl II 1981, 118). Dafür genügt aber ohne nähere Prüfung der Tätigkeit nicht, dass der Steuerpflichtige die Berufsbezeichnung auf Grund einer Übergangsregelung weiterführt (BFHE 148, 140, BStBl II 1987, 116; BFH/NV 1991, 359). Ein beratender Ingenieur oder Architekt wird (als Handelsvertreter) gewerblich tätig, wenn er an der Vermittlung von Geschäftsabschlüssen auch nur mittelbar beteiligt ist oder bei Absatzwerbung tätig wird (RFH RStBl 1940, 14; BFHE 142, 148, BStBl II 1985, 15; BFH/NV 1992, 664). Ein Ingenieur, der schlüsselfertige Gebäude errichten lässt, erzielt (insoweit) gewerbliche Einkünfte (BFHE 216, 518, BStBl II 2008, 54). Zur **ingenieurähnlichen** Tätigkeit vgl BFHE 158, 409, BStBl II 1990, 73; BFHE 165, 221, BStBl II 1991, 878; BFH/NV 2005, 1284; sie erfordert vergleichbare Kenntnisse und Einsatz derselben in Hauptbereichen des Ingenieurberufs (BFHE 155, 109, BStBl II 1989, 198; BFHE 169, 402, BStBl II 1993, 100); insb bei der Planung, Konstruktion und Überwachung von technischen Werken (BFHE 206, 233, BStBl II 2004, 989); zum Nachweis s Anm 172.

Inkassobüro, gewerblich (BFH/NV 1995, 501; FG Rh-Pf EFG 1995, 222).

Innenarchitekt ist freiberuflich tätig (RFH BStBl 1939, 159); schädlich ist jedoch die Absatzförderung zB von Mobiliar (BFHE 142, 148, BStBl II 1985, 15). **Ähnlich** sein kann bei großzügigster Bewertung ein Innenraumgestalter (FG Hannover EFG 1977, 15 rkr) oder ein Planer von Großküchen (FG Hamburg EFG 1981, 154 rkr).

Insolvenzverwalter ist nur dann freiberuflich (wie ein Wirtschaftsprüfer oder Steuerberater) tätig, wenn die Tätigkeit isoliert die Voraussetzungen erfüllt, die an eine sonstige selbständige Tätigkeit gestellt werden (Beachtung der Vervielfältigungstheorie: BFH BStBl II 2002, 202, Anm *Stahl* BB 2002, 603; *Grashoff* DStR 2002, 353; Durchführung von Abwicklungs- statt von Sanierungstätigkeit: BFHE 175, 284, BStBl II 1994, 836; hierzu *Depping* DStR 1995, 1337; *Kempermann* StbJb 2003/04, 379, 389).

Instrumentenbauer, gewerblich (BFH HFR 1964, 104; zum **Geigenbauer** FG Ba-Wü EFG 2005, 870 rkr).

Internat s „Schulen".

Interviewer, bei gelegentlicher Tätigkeit oa (Anm 179) Grundsätzen widersprechend § 18 Abs 1 Nr 3 EStG angenommen, *OFD Köln* BB 1986, 17; zum Erhebungsbeauftragten StRK EStG § 3 Nr 66.

Inventurbüro, gewerblich (BFHE 94, 195, BStBl II 1969, 164; BFHE 112, 176, BStBl II 1974, 515).

Journalist, zum Berufsbild des Journalisten (§ 18 Abs 1 Nr 1 EStG) gehört die Befassung mit gegenwartsbezogenen Geschehnissen (BFHE 129, 269, BStBl II 1980, 152) auf zB politischem, gesellschaftlichem, wirtschaftlichem oder kulturellem Gebiet (BFHE 121, 429, BStBl II 1977, 459). Eingeschränkt als Schlussredakteur Tätiger ist Journalist (FG Ba-Wü EFG 1989, 226 rkr). Zur Verwertung von Urheberrechten Hess FG EFG 1990, 310 rkr.

Kameramann, Tätigkeit kann im Einzelfall künstlerischer Art sein (BFHE 111, 522, BStBl II 1974, 383); erforderlich ist die eigenverantwortliche Erstellung des Bildmaterials (BFHE 194, 206, BStBl II 2002, 478); s auch „Bildberichterstatter".

Kartenspieler (beruflich) ist gewerblich tätig (zur USt: FG Berlin EFG 1991, 319 und BFHE 172, 227, BStBl II 1994, 54; BFH/NV 1994, 623).

Kartograph, ungelernter, ist gewerblich tätig, insb wenn er auch den Vertrieb übernimmt: FG Hamburg EFG 1971, 39; FG Schl-H EFG 1981, 628; Hess FG 1992, 333. Der gelernte Kartograph, der Schummerungskarten auf Vorrat unter Mithilfe von Personal erstellt, ist freiberuflich tätig, BFHE 178, 147, BStBl II 1995, 776, unter Aufhebung von Hess FG 1993, 680.

Kfz-Sachverständiger, s „Gutachter".

Kindererholungsheim ist ein Gewerbebetrieb, wenn der Unterbringung, Verköstigung und allgemeinen Betreuung der Kinder nicht nur die Bedeutung eines Hilfsmittels bei der erzieherischen Tätigkeit zukommt (BFHE 112, 499, BStBl II 1974, 553; BFHE 114, 95, BStBl II 1975, 147; BFH/NV 1986, 358).

Kinderheim ist nur dann kein Gewerbebetrieb, wenn die Kinder von der entsendenden Stelle in erster Linie nach erzieherischen Gesichtspunkten ausgewählt werden und die Heimunterbringung geeignet ist, die Erziehung der Kinder wesentlich zu fördern (BFHE 115, 379, BStBl II 1975, 610). Der Leiter ist nicht freiberuflich tätig, wenn er sich im Wesentlichen auf Verwaltungsaufgaben beschränkt (BFH/NV 1985, 70) oder die erzieherische Tätigkeit nicht eigenverantwortlich (Familienwohngruppen) ausübt (Nds FG EFG 2006, 1772 rkr).

Klavierstimmer, nicht künstlerisch tätig, und zwar auch dann, wenn er nur für namhafte Künstler arbeitet (BFHE 160, 253, BStBl II 1990, 643).

Kommunalberater kann einem beratendem Betriebswirt ähnlich tätig sein (FG Nbg EFG 1982, 379 rkr).

Kommunikationstechnik. Berater ist gewerblich tätig (Nds FG EFG 2003, 1800 rkr).

Komparse kann künstlerisch tätig sein (BFHE 218, 61, BStBl II 2007, 702, allerdings zu § 3 Nr 26 EStG).

Kompasskompensierer, dem Ingenieur ähnlich freiberuflich tätig (BFHE 66, 4, BStBl III 1958, 3).

Konkurs- oder Vergleichsverwalter, sonstige selbständige Tätigkeit (§ 18 Abs 1 Nr 3 EStG), s BFHE 110, 40, BStBl II 1973, 730; zur Abgrenzung s BFHE 157, 148, BStBl II 1989, 729; BFHE 175, 284, BStBl II 1994, 936 anders (§ 18 Abs 1 Nr 1) bei Rechtsanwalt als Verwalter (FG Saarland EFG 1981, 156; ähnlich BFHE 132, 136, BStBl II 1981, 193); s aber „Insolvenzverwalter". Zu Aufgaben und Haftungsfragen *Bange/Weßling* Inf 1997, 373.

Konstrukteur, der überwiegend Bewehrungspläne fertigt, ist gewerblich tätig (BFHE 158, 404, BStBl II 1990, 73); ebenso der Bauzeichner (FG Ba-Wü EFG 1988, 306 rkr).

Konzertdirektion, die im Ausland ihren Sitz hat und im Inland Künstler überlässt, übt schon nach den im Inland gegebenen Besteuerungsmerkmalen eine gewerbliche Tätigkeit aus (BFHE 142, 35, BStBl II 1984, 828).

Kosmetikerin, gewerblich (FG Düsseldorf EFG 1965, 567 rkr).

Krankengymnast freiberuflich (§ 18 Abs 1 EStG) nur, wenn der Berufsträger die Qualifikation und Berechtigung zur Berufsausübung hat (*BMF* BStBl I 2004, 1030). Ein medizinisches Gerätetraining genügt nicht (*FinVerw* DStR 2004, 1963), ggf aber eine *Hippotherapie* (zu USt: BFHE 221, 339 BStBl II 2008, 647). Überlässt der Krankengymnast den fachlich vorgebildeten Mitarbeitern die Anamnese u den Großteil der Behandlung, ist er nicht freiberuflich tätig (BFH/NV 2006, 48). Zur Ähnlichkeit vgl Anm 175.

Krankenhausberater ohne vergleichbare qualifizierte Ausbildung bzw Tätigkeit (zB einem Betriebswirt ähnlich) ist gewerblich tätig (zum Arzt: BFH/NV 2000, 424; zum klinischen Monitor: FG München EFG 2005, 382).

Krankenhausbetrieb führt bei einem Arzt zur Gewerbesteuerpflicht, wenn das Krankenhaus nicht ein notwendiges Hilfsmittel für die ärztliche Tätigkeit darstellt bzw aus Beherbergung u Beköstigung ein besonderer Gewinn erzielt wird (RStBl 1939, 853; BFHE 81, 248, BStBl III 1965, 90). Bei getrennter Abrechnung lassen sich jedoch Beherbergung/Beköstigung vom freiberuflichen Bereich trennen (BFHE 196, 511, BStBl II 2002, 152; BFHE 204, 80, BStBl II 2004, 363).

Krankenpfleger ist einem Heilberuf ähnlich freiberuflich tätig (BFHE 57, 704, BStBl II 1953, 269), es sei denn die Pflegeleistungen werden weitgehend von den Mitarbeitern erbracht (BFHE (183, 424, BStBl II 1997, 681). Eine leitende und eigenverantwortliche Tätigkeit setzt voraus, dass der StPfl aufgrund seiner Fachkenntnisse durch regelmäßige und eingehende Kontrollen maßgeblich auf die Pflegeleistungen seiner Mitarbeiter bei jedem einzelnen Patienten Einfluss nimmt. Es muss eine persönliche Beziehung zur weitaus überwiegenden Zahl der Patienten bestehen. Ein Erstgespräch allein genügt nicht (BFH/NV 2005, 1865). Die Quantität der Patienten und Mitarbeiter lässt diesbezügliche Schlüsse zu (BFH/NV 2003, 1414; 2004, 783). Eine **hauswirtschaftliche Versorgung** schadet, wenn und soweit eine einheitliche Abrechnung erfolgt (BFHE 191, 568, BStBl II 2000, 625; BFHE 205, 151, BStBl II 2004, 509; *BMF* BStBl I 2004, 1030. Erfolgt sie getrennt, ist trotz überwiegenden hauswirtschaftlichen Tätigkeiten nicht der gesamte Dienst gewerblich, sondern ist auch eine Trennung der Einnahmen zu prüfen (BFH/NV 2005, 1805); Einzelheiten: *OFD Koblenz* DStR 2004, 1339). Die **Krankenhaushygieneberatung** durch Fachpfleger ist – angeblich – freiberuflich (BFHE 215, 124, BStBl II 2007, 177; BFH/NV 2007, 321); die Erstellung von Pflegeversicherungsgutachten ist gewerblich (BFHE 191, 463, BStBl II 2000, 554). Der **Krankenpflegehelfer** ist ebenfalls gewerblich tätig (BFHE 172, 223, BStBl II 1993, 887; BFHE 205, 151, BStBl II 2004, 509).

Kreditberater s „Finanzberater".

Kükensortierer ist gewerblich tätig (BFHE 61, 254, BStBl III 1955, 295).

Künstleragent ist gewerblich (BFHE 105, 469, BStBl II 1972, 624).

Künstlerische Tätigkeit. Auch wenn es nach der Rspr keinen allgemeinen Kunstbegriff gibt (BFHE 136, 474, BStBl II 1983, 7), lässt sich das Wesen von Kunst doch bestimmen als eigenschöpferische Tätigkeit mit einer gewissen Gestaltungshöhe (BFHE 71, 549, BStBl III 1960, 453), dh eine Leistung, in der die individuelle Anschauungsweise und die besondere Gestaltungskraft des Schöpfers durch das Medium einer bestimmten Formensprache zum Ausdruck kommt (vgl BVerfGE 30, 173, 189; 67, 213, 216; BFHE 134, 135, BStBl II 1982, 82; BFHE 162, 68, BStBl II 1991, 20; BFHE 165, 216, BStBl II 1991, 889; BFHE 165, 362, BStBl II 1992, 353; BFHE 166, 36, BStBl II 1992, 413; BFHE 175, 40, BStBl II 1994, 864; BFH/NV 1999, 465, jeweils mwN); kritisch *Heuer* DStR 1983, 638; *Kirchhof* NJW 1985, 225, 228; *Kempermann* FR 1992, 250; *Maaßen,* Kunst oder Gewerbe? 1991; *Schneider* DStZ 1993, 165; *Birtel/Richter* DStR 1993, Beihefter zu Heft 27). Allerdings ist die künstlerische Arbeit nicht nach ihrem künstlerischen Niveau zu bewerten; dem stünde Art 5 Abs 3 Satz 1 GG entgegen (FG Bremen EFG 1994, 928). Auch eine reproduzierende Tätigkeit kann diesen Begriff erfüllen, zB Tanz- u Unterhaltungsorchester (BFHE 136, 474, BStBl II 1983, 7) oder ein Statist (FG Sachsen EFG 2006, 1036). S auch die einzelnen Stichworte: Büttenredner, Graphiker, Fotograf, Holzschnitzer, Illustration, Kameramann, Maler, Musiker, Modeschöpfer, Werbung. In Betracht kommen nicht nur Herstellung eines Werkes, sondern auch andere Tätigkeiten, zB Musikunterricht (BFHE 141, 42, BStBl II 1984, 491), beratende Tätigkeit beim Modeschöpfer (s dort). Von Bedeutung kann auch die Verkehrsauffassung sein (BFH/NV 1993, 717, Fakir). Es gilt die Dreiteilung Kunst, Kunstgewerbe und Kunsthandwerk (BFHE 134, 135, BStBl II 1982, 22); sie können nebeneinander vorliegen (BFHE 165, 316, BStBl II 1991, 889). Die Verwaltung eines künstlerischen Nachlasses führt zu Einkünften aus künstlerischer Tatigkeit (BFHE 171, 385, BStBl II 1993, 716).

Für die **Eigenverantwortlichkeit** ist erforderlich, dass der Künstler an allen relevanten Tätigkeiten mitwirkt und entscheidenden Einfluss auf die Gestaltung ausübt (BFHE 132, 77, BStBl II 1981, 170). Diese Grundsätze gelten auch für die **Gebrauchskunst** (BFHE 131, 365, BStBl II 1981, 21). Bei ihr besteht die bes Voraussetzung, dass der Kunstwert den Gebrauchswert übersteigen muss (BFHE 94, 12, BStBl II 1969, 70, Beleuchtungskörper; BFHE 94, 210, BStBl II 1969, 138, Modellkleider; zu Anforderungen an die Gestaltungshöhe BFHE 214, 168, BStBl II 2006, 709; FG Düsseldorf EFG 2007, 197 rkr).

Ob eine Tätigkeit **insgesamt** als künstlerisch anzusehen ist, hängt von den Umständen des jeweiligen Falles ab (BFH/NV 1996, 806). Ist der künstlerische Bestandteil integriert in eine Vielzahl von nichtkünstlerischen Einzelhandlungen (von der Konzeption bis zur Terminüberwachung) und insbesondere nicht gesondert in Rechnung gestellt, so ist die Tätigkeit insgesamt nicht als künstlerisch anzusehen (BFHE 126, 461, BStBl II 1979, 236; BFHE 166, 36, BStBl II 1992, 413). Zu beurteilen ist nicht das einzelne Werk, sondern das Gesamtschaffen (BFHE 111, 522, BStBl II 1974, 383); entscheidend ist also die Tätigkeit im EZ (BFHE 66, 471, BStBl II 1958, 182). Zum **Nachweis** durch Gutachterausschüsse vgl BFHE 121, 410, BStBl II 1977, 474; *FinVerw* DStR 1999, 1989; durch Parteigutachten *FinVerw* DStR 2002, 544; DB 2002, 454; durch sonstige Sachverständige BFH/NV 2000, 446; zur Überzeugungsbildung durch das FG vgl BFHE 165, 216, BStBl II 1991, 889; BFHE 214, 168, BStBl II 2006, 709.

Künstlermanager ist kein Freiberufler (BFH/NV 1992, 372).

Kurheim, gewerblich, auch wenn von einem Arzt betrieben; die Einnahmen aus ärztlichen Leistungen sind insoweit Einkünfte aus Gewerbebetrieb (BFH HFR 1963, 293; BFHE 81, 248, BStBl III 1965, 90).

Kurpackerin, wenn selbständig, dann gewerblich tätig (FG München EFG 1988, 330 rkr).

Kursmakler/Kursmaklerstellvertreter, gewerblich (BFHE 61, 329, BStBl III 1955, 325; BFHE 210, 365, BStBl II 2005, 864; BFH/NV 1994, 850).

Laboratoriumsmedizin. Auch in diesem Bereich muss der Arzt nicht nur die organisatorische, sondern auch die personelle, rechtliche und ethische Verantwortung tragen (BFHE 151, 147, BStBl II 1988, 17). Er muss jeden einzelnen Auftrag zur Kenntnis nehmen, die Untersuchungsmethoden bestimmen, Personal auswählen und das Untersuchungsergebnis (Befunderhebung und -auswertung) kontrollieren (BFHE 117, 247, BStBl II 1976, 155). Das ist bei 277 Aufträgen (692 Untersuchungen) pro Tag nicht mehr möglich; daher in diesem Fall gewerbliche Tätigkeit (BFHE 159, 535, BStBl II 1990, 507); noch krasser in den Fällen BFHE 177, 377, BStBl II 1995, 732 und BFH/NV 1996, 463; vgl auch BFH/NV 1996, 1048). Die Gewerblichkeit ergibt sich auch dann, wenn die überwiegende Zahl der Leistungen von Mitarbeiten selbständig erbracht wird (BFH/NV 1996, 463). Die Kürze der Zeit, die der Laborarzt selbst auf die einzelne Untersuchung verwendet, sowie die hohe

Zahl fachlich vorgebildeter Angestellter begründen eine widerlegliche Vermutung dahin, dass die Tätigkeit nicht eigenverantwortlich ausgeübt wird (BFH/NV 2000, 837, zugleich zur Entkräftung dieser Vermutung durch Sachverständigengutachten). Jedoch bestehen keine absoluten Grenzen (BFHE 198, 316, BStBl II, 2002, 581). Zum Problem *Römermann* BB 1996, 613; 2000, 2394; *Korn* DStR 1995, 1249). Vgl auch „Zytologielabor". Lediglich kostendeckend arbeitenden **Laborgemeinschaften** fehlt idR die Gewinnerzielungsabsicht (BFH/NV 2005, 352). Im Übrigen gelten mE die oa Grundsätze (Einzelheiten bei *BMF* DB 2003, 366).

Layouter kann künstlerisch tätig sein (FG Hamburg EFG 1993, 315).

Leichenfrau/-mann, gewerblich (FG Nürnberg EFG 1959, 54; v 12. 10. 1993 I 49/93 nv).

Lexikograph übt einen dem Übersetzer ähnlichen Beruf aus (FG Rh-Pf EFG 1972, 435 rkr).

Logopäde s „Sprechtherapeut".

Lohnsteuer-Hilfeverein, Ortsstellenleiter, gewerblich (BFH/NV 1989, 498).

Lotterieeinnehmer für staatliche Lotterien haben freiberufliche Einkünfte, wenn diese nicht Einkünfte aus GewBetrieb sind (§ 18 Abs 1 Nr 2 EStG). Das ist der Fall, wenn die Lotterieeinnahme unselbständiger Teil eines einheitlichen Gewerbebetriebs ist oder für den Verkauf ein einheitlicher GewBetrieb unterhalten wird (BFH BStBl II 1986, 719; BFH/NV 1986, 363). Jedoch greift insoweit die Befreiungsvorschrift des § 13 GewStDV ein. Die Vorschrift ist zu beachten (BFHE 142, 500, BStBl II 1985, 223), und zwar trotz des Wegfalls reichsrechtlicher Ermächtigung (vgl zur Rechtsentwicklung *Eppler* DStR 1987, 84). Sowohl § 18 EStG als auch § 13 GewStDV setzen voraus, dass es sich um einen Einnehmer für eine **staatliche Lotterie** handelt (vgl dazu *Leingärtner* FR 1957, 487; BStBl II 1986, 719). Dazu muss der Staat selbst und nicht eine von ihm gehaltene Kapitalgesellschaft das Lotterieunternehmen betreiben (BFHE 78, 496, BStBl III 1964, 190). Die **Deutsche Klassenlotterie Berlin** erfüllt als Anstalt des öffentlichen Rechts diese Voraussetzungen (BFHE 142, 500, BStBl II 1985, 223; ebenso für Staatslotterie in Hessen *OFD Frankfurt* BB 1987, 955), nicht die Lotto Hamburg GmbH (ab 1. 1. 2008, *FinBeh Hbg* v 7. 1. 2009). Zur steuerbefreiten Tätigkeit des Lotterieeinnehmers kann es auch gehören, dass der Lotterieeinnehmer **Lagerlose** vorrätig hält und hierdurch selbst an den einzelnen Losziehungen der Lotterie teilnimmt (BFHE 119, 76, BStBl II 1976, 576). Der **Bezirksstellenleiter** einer staatlichen Lotterie, der keine Lotteriegeschäfte mit Kunden abschließt, ist kein von der Gewerbesteuer befreiter Lotterieeinnehmer iSd § 13 GewStDV (BFHE 93, 161, BStBl II 1968, 718; BFHE 106, 336, BStBl II 1972, 801; A 32 Abs 3 GewStR mwN).

Makler, gewerblich tätig (BFHE 61, 329, BStBl III 1955, 325; BFHE 99, 31, BStBl II 1970, 517; BFHE 119, 265, BStBl II 1976, 643).

Maler, selbständige Arbeit, eine gewisse künstlerische Gestaltungshöhe muss nicht festgestellt werden, wenn die Produkte im Kunsthandel wie die Produkte anerkannter Künstler gehandelt werden (BFHE 131, 365, BStBl II 1981, 21).

Managementtrainer, auch mit Ausbildung als Industriekaufmann einem beratenden Betriebswirt nicht ähnlich (BFH/NV 1997, 559).

Manager eines Künstlers gewerblich (BFH/NV 1992, 372).

Mannequin idR nicht freiberuflich (BFH BStBl II 1969, 71; **aA** für ein sog Starmannequin [??] FG Düsseldorf EFG 1964, 555 rkr).

Marketingberater kann einem beratenden Betriebswirt (s dort) ähnlich sein (BFH/NV 1997, 559; 2000, 705; FG Münster EFG 2000, 744, rkr).

Markscheider, freiberuflich (BFHE 114, 331, BStBl II 1975, 290; BFH/NV 1996, 550).

Marktforscher/Marktforschungsberater, keine dem beratenden Betriebswirt ähnl Tätigkeit (BFHE 154, 327, BStBl II 1989, 212; BFHE 168, 59, BStBl II 1992, 826; BFH/NV 1994, 89; kritisch im Hinblick auf den Marktforscher *List* BB 1993, 1488).

Maschinenbautechniker, handwerklich und daher gewerblich tätig (Hess FG EFG 1989, 346 rkr).

Masseur, unter der Voraussetzung der entsprechenden Qualifikation und Berechtigung zur Führung der Berufsbezeichnung freiberuflich, da dem Beruf des Krankengymnasten ähnlich (BFHE 101, 115, BStBl II 1971, 249; hierzu *BMF* BStBl I 2004, 1030), jedoch gewerblich, wenn er überwiegend kosmetische oder Schönheitsmassagen durchführt (BFHE 101, 115, BStBl II 1971, 249; *BMF* aaO) oder wenn er eine zweite Betriebsstätte betreibt, die ein Angestellter eigenverantwortlich führt (BFH/NV 1996, 464).

Mediator ist vergleichbar mE mit einem Rechtsbeistand (s Stichwort) nur dann freiberuflich tätig, wenn er Kenntnisse des Rechtsanwalts hat und die Tätigkeit nicht nur auf bestimmte Aspekte beschränkt ist. Zur EU-Mediationsrichtlinie *Eidenmüller/Pause* NJW 2008, 2737.

Medikamentenerprobung soll nach BFHE 134, 291, BStBl II 1982, 118 zur ärztlichen Tätigkeit gehören (was sie mE nicht tut; hierzu *Güroff* in *L/B/P* § 18 Anm 151 a) bzw nach FG RhPf EFG 1975, 69 rkr wissenschaftlicher Natur sein (was mE mangels methodischen Vorgehens ebenfalls nicht der Fall ist, wenn etwa der Arzt nur seinen Patienten die zu erprobenden Medikamente verabreicht).

Medizinisch-technische(r) Assistent(in), freiberuflich nach *BMF* BStBl I 2004, 1030; ebenso der **medizinisch-diagnostische Assistent** (BFHE 57, 704, BStBl III 1953, 269).

Mitgliederwerber auf Provisionsbasis idR gewerblich (*Felix* DStR 1993, 1550).

Mitunternehmerschaft. Wird eine an sich als selbständige Arbeit zu bewertende Leistung an eine Gesellschaft erbracht, an der der Leistende beteiligt ist, und handelt es sich im weitesten Sinne um einen gesellschaftsrechtlich veranlassten Vorgang, so findet eine Umqualifizierung in gewerbliche Einkünfte statt (BFHE 128, 213, BStBl II 1979, 757; vgl § 7 Anm 110).

Modefotograf/Fotodesigner kann künstlerische Tätigkeit ausüben, die Herstellung für Gebrauchszwecke soll keine Rolle spielen, serienmäßige Vervielfältigung aber für Gewerblichkeit sprechen (BFHE 121, 410, BStBl II 1977, 474); unter Berücksichtigung des Verwendungszwecks künstlerische Tätigkeit bei Mode-Werbefotograf verneinend BFHE 76, 592, BStBl III 1963, 216.

Modellbauer. Bau von Architektenmodellen ist im Allgemeinen gewerbliche Tätigkeit (BFHE 77, 758, BStBl III 1963, 598; vgl auch BFHE 165, 221, BStBl II 1991, 878; BFH/NV 1994, 470).

Modeschöpfer, künstlerische Tätigkeit, bejahend sogar für beratende Tätigkeit, wenn sich die gedankliche Leistung in der Gestaltung der Erzeugnisse niederschlägt (BFHE 94, 210, BStBl II 1969, 138).

Modewerbeberater, -zeichner, gewerblich (BFHE 88, 245, BStBl III 1967, 371).

Motopädagoge wie Krankengymnast freiberuflich (FG Ba-Wü EFG 2006, 773, Rev).

Musiker, auch an Marktbedürfnissen orientierte Tanz- und Unterhaltungsmusik ist künstlerisch, wenn sie einen bestimmten Qualitätsstandard erreicht (BFHE 136, 474, BStBl II 1983, 7). Die Aushilfe in einem Orchester ohne feste Anstellung soll freiberuflich sein (FG Köln EFG 1982, 345); mE verfehlt, weil dennoch eine Eingliederung vorliegt (unselbständig!) und es an der Möglichkeit der gestalterischen Einflussnahme fehlt. Zur Einkünftequalifikation *Wolf* FR 2002, 202.

Musikinstrumentenbauer, gewerblich (BFH HFR 1964, 104; FG Münster EFG 1993, 679).

Musiktherapeut. Nach BFH/NV 1999, 528 keinem Heilhilfsberuf ähnlich; ggf nach Änderung der Rspr durch Kassenzulassung (Anm 175) freiberuflich.

Nachlassabwickler, gewerblich (FG Berlin EFG 1987, 119, rkr).

Nachlassverwalter ggf Einkünfte nach § 18 Abs 1 Nr 3 EStG (BFHE 141, 505, BStBl II 1984, 823; BFHE 197, 442, BStBl II 2002, 202).

Netzplantechniker, wurde als ingenieurähnlicher Beruf gewertet (FG Düsseldorf EFG 1987, 368).

Notenschreiber gewerblich (FG Hamburg EFG 1967, 613 rkr).

Oecotrophologe (Dipl): da weder eine berufsrechtliche Regelung besteht noch eine Kassenzulassung nach § 124 SGB V vorgesehen ist, dürfte es an der Vergleichbarkeit mit einem Heilberuf nach Katalog fehlen; daher gewerblich (*BMF* DB 2000, 1001); vgl zur USt-Befreiung (Ernährungsberatung im Rahmen medizinischer Behandlung) A 90 Abs 2 UStR.

Organisationsberater für Datenverarbeitung, gewerblich (BFHE 120, 253, BStBl II 1977, 34).

Orthoptist unter den in Anm 175 bezeichneten Voraussetzungen freiberuflich nach *BMF* BStBl I 2004, 1030.

Outplacementberater gewerblich (*FinVerw* DB 2004, 2073).

Patentberichterstatter, gewerblich, soweit reine Ermittlungstätigkeit ohne Auswertung (BFHE 62, 240, BStBl III 1956, 89; BFHE 101, 66, BStBl II 1971, 233).

Personalberater übt – auch mit der Ausbildung zum Dipl-Kfm – keine dem beratenden Betriebswirt ähnliche und damit keine freiberufliche Tätigkeit aus (BFHE 200, 49, BStBl II 2003, 25; BFH/NV 2004, 168). Beratungstätigkeit zur Lösung zwischenmenschlicher Beziehungen ist weder erzieherischer, unterrichtender noch wissenschaftlicher Natur (BFHE 183, 450, BStBl II 1997, 687).

Personalsachbearbeiter, zB bei Insolvenzverfahren, ist gewerblich tätig (BFHE 157, 148, BStBl II 1989, 729).

Personalvermittler, weder dem Ingenieur noch dem beratenden Betriebswirt ähnlich, also gewerblich (BFH/NV 2004, 168).

Pharmaberater, gewerblich (FG Düsseldorf EFG 1996, 989 rkr).

Physiotherapeut bedarf nach dem G v 26. 4. 1994 (BGBl I 1994, 1084) der Zulassung (hierzu *FinVerw* FR 2000, 284) und ist danach freiberuflich tätig (vgl *BMF* BStBl II 2004, 1030).

Pilot, nicht dem Ingenieur oder dem Lotsen ähnlich und daher gewerblich (BFHE 199, 261, BStBl II 2002, 565).

Planungsberater ohne wirtschaftswissenschaftliche Ausbildung ist kein beratender Betriebswirt (BFHE 192, 439, BStBl II 2000, 616).

Podologe s „Fußpfleger".

Pornographie, Herstellung von Filmen und Bildern gewerblich (Hess FG EFG 1984, 396 rkr).

PR-Berater/Werbeberater sind, soweit nicht Werbekünstler, gewerblich tätig (BFHE 111, 316, BStBl II 1974, 293; BFHE 125, 369, BStBl II 1978, 565). Das gilt ebenso für eine auch organisatorisch tätige Agentur für Presse- und Öffentlichkeitsarbeit (BFH/NV 1999, 602).

Pressezeichner, der statistische, grafische Darstellungen, Schaubilder oä herstellt, ist gewerblich tätig (BFH HFR 1965, 37).

Projektmanager, gewerblich (NdsFG EFG 2001, 1146 rkr; FG Hamburg EFG 2005, 1927 Rev).

Promotionsvermittler, -berater gewerblich (BFH BStBl II 2009, 238).

Prostituierte werden abweichend von der früheren Rechtsauffassung (§ 22 Nr 3 EStG; hierzu BFHE 99, 200, BStBl II 1970, 620) als gewerblich behandelt (vgl *OFD Düsseldorf* DB 2004, 1702). Auch die Zimmervermietung an Prostituierte ist Gewerbebetrieb (BFH/NV 1999, 44; FG Saarl EFG 1993, 332; Hess FG EFG 1995, 711). Zur „mangelhaften Besteuerung" *Kemper* DStR 2005, 543.

Prozessleittechniker ohne vertiefte mathemat-naturwissenschaftliche Kenntnisse ist gewerblich tätig (FG Saarl v 14. 10. 1993 1 K 97/93).

Psychologe, bei entsprechender wissenschaftlicher Ausbildung und Betätigung (Heilbehandlung) freiberuflich (*BMF* BStBl I 2000, 42), im Übrigen gewerblich tätig (FG Münster EFG 1979, 548, Gerichtsgutachten; BFH/NV 2000, 1460; 2006, 1831 Unternehmensberatung).

Psychotherapeuten bedürfen zur Aufnahme ihrer Tätigkeit nach dem G v 16. 6. 1998 (BGBl I 1998, 1311; PsychotherapeutenG) der staatlichen Erlaubnis (Approbation). Das gilt auch für psychologische Psychotherapeuten, die somit eine dem Arzt vergleichbare Tätigkeit ausüben und daher freiberuflich tätig sind, sowie Kinder- und Jugendlichenpsychotherapeuten (*BMF* BStBl I 2004, 1030). In Ausbildung befindliche StPfl haben keine eigene Abrechungsmöglichkeit und sind nicht eigenverantwortlich tätig (*OFD Koblenz* DStZ 2004, 582).

Puppenhersteller s „Sammlerpuppen".

Rechtsanwalt. Die Tätigkeit als Rechtsanwalt setzt seine Berufszulassung als Anwalt voraus (§§ 4, 6ff BRAO), sein zentraler Aufgabenbereich ist die Beratung in Rechtsangelegenheiten (Vertragsgestaltung, Rechtsverfolgung) und Vertretung vor Gericht, wohl auch Tätigkeiten nach § 18

Abs 1 Nr 3 EStG (Testamentsvollstrecker, BFHE 110, 34, BstBl II 1973, 729; BFHE 161, 552, BStBl II 1990, 1028; Aufsichtsrat, RFH RStBl 1932, 731), die Anfertigung von Rechtsgutachten (BFHE 100, 499, BStBl II 1971, 132) sowie die Tätigkeit als Schiedsrichter (BFHE 72, 161, BStBl III 1961, 60; BFHE 112, 466, BStBl II 1974, 568, mE zweifelhaft, da Rechtsanwalt grundsätzlich Parteivertreter ist). Als Verwalter im Konkurs-, Zwangs- u Vergleichsverfahren sowie im Gesamtvollstreckungsverfahren, ebenso im **Insolvenzverfahren,** erzielt der Rechtsanwalt Einkünfte nach § 18 Abs 1 Nr 3 EStG und bei entsprechender Sachverhaltsgestaltung unter Anwendung der Vervielfältigungstheorie (Anm 179) Einkünfte aus Gewerbebetrieb (BFHE 197, 442, BStBl II 2002, 202; hierzu *OFD Koblenz* BB 2003, 140). Dem ist zuzustimmen, weil die oa Verfahren nicht typischerweise Rechtsvertretung darstellen, sondern wirtschaftliches Handeln (mit Lösung impliziter Rechtsfragen) erfordert; daher zu Unrecht krit *Gosch* StBp 2002, 86; *Grashoff* DStR 2002, 353; *Stahlschmidt* BB 2002, 1727; *Stahl* BB 2002, 603; *Korn* KÖSDI 2003, 13605; *Brandt* Inf 2003, 57. Die **treuhänderische** Tätigkeit eines Rechtsanwalts für Bauherrengemeinschaften ist weder als sonstige selbständige Arbeit noch als freiberufliche Anwaltstätigkeit, sondern als gewerblich zu werten (BFHE 157, 155, BStBl II 1989, 797; BFHE 160, 21, BStBl II 1990, 534); s a „Treuhänder". Ein Hochschullehrer des Rechts, der in einem Verfassungsrechtsstreit vor Gericht auftritt, übt eine einem Rechtsanwalt ähnliche Tätigkeit aus (BFHE 102, 367, BStBl II 1971, 684).

Bestimmte **Geld-Geschäfte,** wie zB Darlehensgeschäfte, Bürgschaftsübernahmen, Vermittlung von Vermögensanlagen uä sind idR nicht zum Betrieb zu rechnen (BFHE 195, 386, BStBl II 2001, 828; BFH/NV 1991, 435; 2003, 1576; Ausnahmefall BFHE 130, 454, BStBl II 1980, 571, Rettung einer Forderung; BFHE 158, 254, BStBl II 1990, 17, Rettung eines Mandats). Die Vereinbarung eines standeswidrigen Erfolgshonorars lässt Freiberuflichkeit nicht ohne Weiteres entfallen (vgl BFHE 133, 168, BStBl II 1981, 564; BFHE 135, 175, BStBl II 1982, 340).

Die Tätigkeit des Rechtsreferendars kann eine **ähnliche** sein (BFHE 105, 370, BStBl II 1972, 615).

Rechtsbeistand, vor allem wegen der nur für bestimmtes Aktenstudium zugelassenen Tätigkeit Ähnlichkeit mit Rechtsanwaltsberuf verneint BFHE 98, 497, BStBl II 1970, 455; ähnlich für ausschließliche Forderungseintreibung BFH/NV 2006, 2076; im Übrigen kommt freiberufliche Tätigkeit in Betracht (zB BFHE 126, 209, BStBl II 1979, 64; BFHE 184, 456, BStBl II 1998, 139).

Rechtsberatung ohne Anwaltszulassung ist gewerblich (FG Köln EFG 2006, 511 rkr).

Reiseleiter nach FG Hamburg DStRE 2005, 1442 freiberuflich (mE fragwürdig; zu Recht aA FG Nürnberg EFG 1963, 63).

Rennveranstaltungen (Teilnahme an), gewerblich, da Erwerbschance (BFHE 161, 144, BStBl II 1991, 333).

Restaurator, künstlerisch tätig bei entsprechender Gestaltungsfreiheit (FG Nürnberg EFG 1993, 677, 678; bestätigt BFHE 175, 40, BStBl II 1994,

864, BFH BStBl II 2005, 362; BFH/NV 2006, 2238; hierzu *Kempermann* FR 2005, 497).

Rettungsassistent unter den in Anm 175 genannten Voraussetzungen freiberuflich nach *BMF* BStBl I 2004, 1030.

Rettungsschwimmer (DLRG) ist weder nichtselbständig noch gewerblich tätig, sondern erzielt Einkünfte nach § 22 Nr 3 EStG (*OFD Ffm* DB 2000, 1202).

Rettungswache, gewerblich, da keinem Heilberuf ähnlich (BFH/NV 1996, 325, 327).

Retuscheur, gewerbliche Einkünfte (BFH/NV 1990, 232; FG Düsseldorf EFG 2007, 197).

Rezeptabrechner, gewerblich (BFHE 112, 176, BStBl II 1974, 515).

Rundfunkermittler, gewerblich (BFHE 126, 40, BStBl II 1979, 53; BFHE 126, 311, BStBl II 1979, 188; BFHE 188, 101, BStBl II 1999, 554); vom BVerfG nicht zur Entscheidung angenommen (vgl FR 2001, 367).

Rundfunksprecher gewerblich tätig, wenn er Programme ansagt oder Nachrichten uä verliest; journalistisch tätig, wenn er zB Gesprächsrunden leitet; und künstlerisch, wenn er Hörspielrollen spricht (BFHE 121, 429, BStBl II 1977, 459).

Rutengänger, gewerblich (FG München EFG 2006, 1920).

Sammlerpuppen, Herstellung und Vertrieb ist keine künstlerische Tätigkeit (FG Berlin EFG 1992, 332).

Saucen-Designer ist weder künstlerisch noch ähnlich einem Handelschemiker tätig, daher gewerblich (BFH/NV 1998, 956).

Sauna ist idR gewerblich, es sei denn sie dient der Vor- u Nachbehandlung einer Massage (FG Rh-Pf EFG 1996, 52).

Schadensgutachter bzw -regulierer, gewerblich (BFHE 73, 656, BStBl III 1961, 505; BFHE 155, 109, BStBl II 1989, 198, BFHE 180, 316, BStBl II 1996, 518; BFH/NV 1993, 238).

Schiffssachverständiger ist gewerblich tätig, wenn er überwiegend reine Schadengutachten erstellt (BFHE 180, 316, BStBl II 1996, 518).

Schlossbesichtigung, gewerblich (BFHE 130, 539, BStBl II 1980, 633).

Schneeballsystem. Die leitende Teilnahme hieran erfüllt mE die Voraussetzungen für die Annahme eines Gewerbebetriebs (nach BFH/NV 1996, 750 zweifelhaft).

Schönheitskönigin, die ihren Titel durch entgeltliche Auftritte verwertet, ist gewerblich tätig (FG Rh-Pf EFG 1996, 52).

Schriftsteller, (§ 18 Abs 1 Nr 1 EStG), zum Begriff: „schriftlicher Ausdruck eigener Gedanken mit Mitteln der Sprache" (vgl BFHE 117, 456, BStBl II 1976, 192; BFHE 134, 135, BStBl II 1982, 22). Verlegerische Betreuung eigener Werke ist gewerbliche Tätigkeit (BFHE 81, 414, BStBl II 1965, 148; BFHE 119, 253, BStBl II 1976, 641). Abgrenzung zum Übersetzer (vor allem wegen § 34 Abs 4 EStG aF, BFHE 117, 456, BStBl II 1976, 192). Das Verfassen von **Anleitungen** zu technischen Geräten (BFHE 199, 176, BStBl II 2002, 475) oder zu einem **Softwarelernprogramm** kann schriftstellerische Tätigkeit sein (BFHE 187, 31, BStBl II 1999, 215; vgl auch BFH/NV 1999, 462; *Wendt* FR 1999, 128; *Trachte/Helios* BB 2001, 909), ebenso die Tätigkeit als **Drehbuchautor**

(FG Hbg EFG 2001, 907 rkr), oder Rätselhersteller (FG Düsseldorf EFG 1971, 229 rkr), ggf auch das Aufstellen eines **Vorschriftensuchregisters** bei Nachschlagewerken (vgl BFHE 74, 344, BStBl III 1962, 131; BFHE 119, 253, BStBl II 1976, 641) sowie ein **analytischer Parlamentsstenograph** (NdsFG EFG 2004, 567 rkr) und ein **Werbetexter** (FG Rh-Pf EFG 1998, 1584 rkr; FG Nürnberg EFG 1980, 599 rkr).

Schulen. Unternehmer muss auf Grund eigener Fachkenntnisse und eigenverantwortlich tätig sein (vgl dazu allg BFHE 111, 105, BStBl II 1974, 213). Voraussetzung ist die charakteristische persönliche Beziehung zum Schüler (BFH/NV 1991, 848). Dies wurde bei 33 bzw 54 beschäftigten Lehrern verneint (BFHE 97, 508, BStBl II 1970, 214). Sind Unterrichtsanstalten mit einem **Internat** verbunden, besteht schon dann Gewerbesteuerpflicht, wenn der Betrieb sein wirtschaftliches Gepräge durch das Internat erhält und das Internat nicht Hilfsmittel für die Erziehung ist (BFHE 80, 436, BStBl III 1964, 630; siehe auch Kinderheim). **Fahrschule,** Freiberuflichkeit setzt Eigenverantwortlichkeit und daher Unterrichtsmitwirkung voraus (BFHE 86, 802, BStBl III 1966, 685; BFHE 203, 47, BStBl II 2003, 838; BFH/NV 1991, 848). Die Einnahmen aus **Werbeflächen** auf Fahrzeugen führen zu einer eigenständigen gewerblichen Tätigkeit. Bei einer Personengesellschaft soll dagegen für Fahrlehrertätigkeit und Werbetätigkeit einheitlich gewerbliche Tätigkeit vorliegen (*OFD Düsseldorf* DStR 1989, 81). **Sportschule,** zum Erfordernis der Eigenverantwortlichkeit, Beschäftigung von drei fremden Lehrkräften unschädlich bei wesentlicher Teilhabe des Inhabers an der Art und Weise des Unterrichts (BFHE 136, 86, BStBl II 1982, 589). **Reitunterricht** ist gewerblich, wenn der Inhaber nicht oder nur in Ausnahmefällen unterrichtet und auf unterrichtende Angestellte keinen Einfluss nimmt (BFHE 126, 220, BStBl II 1979, 246; BFHE 97, 508, BStBl II 1970, 214). Zur teilweisen Gewerbesteuerbefreiung nach § 3 Nr 13 und zur Aufteilung der Gewerbesteuermessbeträge s BFHE 113, 557, BStBl II 1981, 746). Auch eine **Yogaschule** kann mE unter den oa Voraussetzungen freiberuflich sein.

Sicherheitsberater kann freiberuflich (unterrichtend) tätig sein, wenn er Wachmannschaften zusammenstellt und schult (FG Rh-Pf EFG 1996, 712).

Spielerberater/-vermittler ist gewerblich (BFHE 187, 500, BStBl II 1999, 167, Berufsfußballer).

Sprechtherapeut mit der Berufsbezeichnung **Logopäde** ist freiberuflich tätig, wenn die Tätigkeit auf einer Erlaubnis nach dem LogopädenG (BGBl I 1980, 529) beruht (BFH/NV 1989, 201; *BMF* BStBl I 2004, 1030); nicht dagegen Atem-, Sprech- u Stimmlehrer ohne staatliche Erlaubnis (BVerfG BStBl II 1988, 975). In Nds gibt es hierzu staatliche Regelungen (G v 2. 3. 1998, Nds GVBl 1998, 126). Vor deren Erlass war ein **Sprachheilpädagoge** nicht freiberuflich tätig; keine Rückwirkung; ggf kam unterrichtende Tätigkeit in Betracht (BFHE 202, 70, BStBl II 2003, 721). Inzwischen dürfte die Problematik durch die geänderte Rspr zu Heilshilfsberufen (Anm 175) überholt sein (FG Düsseldorf EFG 2005, 958; *MK* DStR 2003, 1433; zur USt: BFHE 917, 323, BStBl II 2008, 37).

Steuerberater/Steuerbevollmächtigter ist, wer nach §§ 40ff bzw § 42 StBerG als solcher bestellt worden ist. Zentraler Aufgabenbereich ist die Hilfeleistung in Steuersachen. Die Vermittlung von Vermögensanlagen (BFH/NV 1991, 435) und von Verträgen zB für Baubetreuungsfirmen und Interessenten für den Erwerb von Eigentumswohnungen ist getrennt von der freiberuflichen Tätigkeiten zu beurteilende gewerbliche Tätigkeiten (BFHE 139, 380, BStBl II 1984, 129). Die **Treuhänderschaft** für eine Bauherrengemeinschaft ist gewerblich (BFHE 175, 357, BStBl II 1995, 171), ausgenommen die abgrenzbare freiberufliche (Beratungs)-Leistung (BFHE 174, 347, BStBl II 1994, 650). Zur Eigenverantwortlichkeit s Anm 163f. Die Aufgabe des sog **Buchführungsprivilegs** durch das BVerfG hat bewirkt, dass zwar die laufende Buchführung (einschließlich Kontieren, ohne Abschluss) und auch die Erstellung von Lohnsteuervoranmeldungen nicht mehr den steuerberatenden Berufen vorbehalten ist, gleichwohl aber Hilfeleistung in Steuersachen bleibt (BVerfG-Beschlüsse, BStBl II 1980, 706 sowie BStBl II 1982, 281, s dazu auch *FinVerw* BStBl I 1982, 586). Dies führt indessen nicht dazu, dass die Ausübung dieser Tätigkeiten nun als eine dem Steuerberaterberuf **ähnliche** aufzufassen ist. Es handelt sich mE um eine schädliche Spezialisierung; auch liegen die Voraussetzungen des § 18 Abs 1 Nr 3 EStG nicht vor (BFHE 196, 84, BStBl II 2002, 338). Die Fertigung von Umsatzsteuervoranmeldungen bleibt den Steuerberatern vorbehalten (BFHE 138, 129, BStBl II 1983, 318). Zum **Beratungsstellenleiter** s dort; zum „Asesor-Fiscal" FG Rh-Pf DStR 207, 691 rkr.

Stromableser, gewerblich (FG Bbg EG 2004, 34 rkr).

Stundenbuchhalter, wenn selbständig, dann gewerblich (BFHE 196, 84, BStBl II 2002, 338).

Stuntman/Stuntkoordinator idR gewerblich (FG München EFG 2004, 333, rkr).

Synchronsprecher übt idR eine künstlerische Tätigkeit aus (BFHE 126, 271, BStBl II 1979, 131; BStBl II 1981, 706).

Systemanalytiker idR gewerblich (BFH/NV 2002, 634; FG Bremen EFG 1979, 185; vgl FG Saarl EFG 1991, 475).

Tagesmütter fallen unter § 18 Abs. 1 Nr 3 EStG (*BMF* BStBl I 1977, 134, zu Einzelheiten *BMF* BStBl I 1988, 329; *BMF* DStZ 2003, 279).

Talkshow. Honorare für die Teilnahme (zB von Künstlern) führen zu Einkünften nach § 22 Nr 3 EStG (BFHE 188, 372, BStBl II 2000, 225).

Tanzschule an sich freiberuflich, da unterrichtende Tätigkeit; auch dann, wenn Kurse teilweise an Mitarbeiter vergeben, diese aber überwacht werden (FG Düsseldorf EFG 2007, 689 rkr); mit Gewinnerzielungsabsicht betriebener Getränkeverkauf einer GbR qualifiziert die gesamte Tätigkeit als gewerblich (BFHE 178, 69, BStBl II 1995, 718; BFH/NV 1986, 79).

Techniker, keine dem Ingenieur ähnliche Tätigkeit, wenn nicht umfangreiche mathematisch-technische Kenntnisse erforderlich sind (Hess FG EFG 1989, 346 rkr; Nds FG EFG 1999, 975; zum Refa-Techniker vgl Nds FG EFG 1991, 388). S a „Tontechniker".

Telefonsex unter den Voraussetzungen des § 15 Abs 2 EStG gewerblich (BFHE 191, 498, BStBl II 2000, 610; Anm *W.-G.* FR 2000, 980; *Fischer* DStR 2000, 1341).

Telekommunikationsberater, gewerblich (BFH/NV 1994, 460; Nds FG EFG 2003, 1800, rkr).

Testamentsvollstrecker s Anm 179. Freiberuflich evtl die nach BRAGO/RVG abrechenbaren Tätigkeiten (BFH/NV 1991, 126); aA BFHE 149, 313, BStBl II 1987, 524 (grundsätzlich nicht freiberuflich). Nicht freiberuflich ist der Generalbevollmächtigte des Testamentsvollstreckers tätig, der Grundstücksverkäufe vermittelt (BFH/NV 1990, 372). Nachhaltigkeit ist nicht deswegen zu verneinen, weil keine Verwertung, sondern eine Auseinandersetzungstestamentsvollstreckung durchgeführt wird (zur USt: BFH/NV 1996, 938). Abgrenzung zum Vermächtnis u zur umsatzsteuerlichen Problematik bei Handeln im eigenen Namen BFHE 162, 497, BStBl II 1991, 191.

Textildesigner kann bei entsprechender Gestaltungshöhe freiberuflich tätig sein (im Einzelfall abgelehnt durch BFHE 78, 112, BStBl III 1964, 45; bejaht durch FG Düsseldorf EFG 1967, 287).

Tontechniker, der Klangbilder aus musikalischen Darbietungen erstellt, kann künstlerisch tätig sein (FG Berlin EFG 1987, 244).

Tourneeleiter, der nicht nur für die künstlerische Betreuung zuständig ist, ist insgesamt gewerblich tätig (FG Rh-Pf EFG 1995, 25).

Trabertrainer, Trabrennfahrer, idR gewerblich (BFHE 97, 69, BStBl II 1970, 41).

Trainer ist überwiegend unterrichtend tätig und daher idR freiberuflich (BFH/NV 1994, 93; s aber Hess FG EFG 1994, 396: selbständig); zum Trainer für Rennpferde s BFHE 98, 494, BStBl II 1970, 411.

Trauerredner, gewerblich und nicht künstlerisch, wenn mit Redeschablonen gearbeitet wird (BFHE 134, 135, BStBl II 1982, 22; NdsFG EFG 2004, 1314 rkr).

Treuhänder, s **„Rechtsanwalt"** u **„Steuerberater";** idR gewerblich tätig (BFHE 157, 155, BStBl II 1989, 797). Das gilt auch für einen Rechtsanwalt, soweit dieser als Treuhänder für Bauherrengemeinschaften tätig wird; eine enge Verflechtung mit seiner Tätigkeit als Anwalt, die eine einheitliche Beurteilung geböte, besteht nicht (BFHE 160, 21, BStBl II 1990, 534; vgl BFHE 175, 357, BStBl II 1995, 171; BFH DStR 2007, 190); ebenso beim Steuerberater BFH, BStBl II 1994, 650). Eine KG aus **Wirtschaftsprüfern** und **Steuerberatern,** die auch die Treuhandtätigkeit ausübt, ist in vollem Umfang gewerblich; der Treugeber kann Mitunternehmer sein (BFHE 141, 405, BStBl II 1984, 751, 768). Entsprechendes gilt für eine **Wirtschaftsprüfer-GbR** (BFHE 215, 210, BStBl II 2007, 266). In Betracht kommt auch eine Tätigkeit nach § 18 Abs 1 Nr 3 EStG (BFH/NV 2004, 183).

Tutor erzielt Einkünfte nach § 22 Nr 1 Satz 3 EStG BFHE 124, 528, BStBl II 1978, 387; *Rössler* DStZ 1979, 78; aA *Weber-Grellet* DStZ 1978, 453.

Übersetzer, Tätigkeitsbild beinhaltet nicht nur wortgetreue, sondern auch sinnbetonte Textwiedergabe, auch mit schriftstellerischen Elementen

(BFH v 13. 9. 1984 IV R 38/83 nv, sowie BFHE 117, 456, BStBl II 1976, 192).

Übersetzungsbüro, gewerblich, wenn der Inhaber nicht selbst sämtliche Sprachen beherrscht, in die oder aus denen Übersetzungen gefertigt werden (BFH/NV 1994, 168; 1997, 25).

Umweltauditor kann einem Handelschemiker ähnlich freiberuflich tätig sein (BFHE 216, 334, BStBl II 2007, 519; Vorinstanz FG Köln EFG 2006, 663: ingenieurähnlich).

Umweltberater, nur dann freiberuflich, wenn bei entsprechender Vorbildung der Schwerpunkt der Tätigkeit mit zumindest einem Hauptbereich der Betriebswirtschaft liegt (BFHE 200, 326, BStBl 2003, 27; BFH/NV 2006, 505); weitergehend FG Rh-Pf EFG 2004, 1835 rkr zum Umweltmanagement; FG Köln EFG 2006, 663, Rev zum Umweltgutachter.

Unternehmensberater, in BFHE 130, 58, BStBl II 1980, 336 wurden Zweifel geäußert, aber offengelassen, ob Unternehmensberater freiberuflich tätig ist. S auch *Grube* StuW 1981, 34, 43; *Wotschofsky/Hüsing* Stbg 1999, 326. Das Berufsbild des sog Unternehmensberaters ist vielschichtig. Es wird im Einzelfall geprüft werden müssen, ob es sich um eine EDV-orientierte Arbeitsweise handelt und deshalb die dafür geltenden Grundsätze anwendbar sind (s „Datenverarbeitung") oder eine Ähnlichkeit mit einem beratenden Betriebswirt in Betracht kommt (*List* BB 1993, 1488). Dies setzt aber wesentliche Vergleichbarkeit auch für die Berufsausbildung bzw den Kenntnisstand voraus (vgl BFHE 199, 367, BStBl II 2002, 768; BFHE 200, 49, BStBl II 2003, 25; BFH/NV 2000, 1470; 2003, 1413).

Auch ein in der Unternehmensberatung tätiger Diplom-Psychologe muss, um freiberuflich tätig zu sein, die einem beratenden Betriebswirt (s dort) vergleichbare Vorbildung haben und Tätigkeit ausüben (BFH/NV 2000, 1460).

Unterricht ist die auf einem schulmäßigen Programm beruhende Vermittlung von Wissen, Fähigkeiten, Fertigkeiten, Handlungsweisen und Einstellungen durch Lehrer an Schulen in organisierter und institutionalisierter Form (BFHE 180, 568, BStBl II 1996, 573; BFHE 183, 450, BStBl II 1997, 687). Der Unterricht muss von Dauer sein; nur kurzfristige Anleitungen genügen nicht (BFHE 173, 331, BStBl II 1994, 362; BFHE 180, 568, BStBl II 1996, 573). Er setzt einen persönlichen Kontakt zu jedem Schüler voraus (s „Schulen"); nach FG Düsseldorf EFG 2007, 689 rkr genügt, wenn der Lehrer nur einen Teil der Kurse selbst hält, im Übrigen berät und überwacht (mE fraglich). Steuerlich wird jede Art von unterrichtenden Tätigkeiten zu den freien Berufen gerechnet (BFHE 173, 331, BStBl II 1994, 362). Der Gegenstand ist nicht von Bedeutung (BFHE 136, 86, BStBl II 1982, 589; BFH/NV 1994, 23). Er muss grundsätzlich auf einem „schulmäßigen" Programm beruhen und darf auch individuell erfolgen (BFHE 183, 450, BStBl II 1997, 687). Eine auf spezielle Bedürfnisse eines Einzelnen zugeschnitte Beratung ist aber keine unterrichtende Tätigkeit (BFHE 180, 568, BStBl II 1996, 573; BFHE 183, 450, BStBl II 1997, 687); Problematisch daher der Sprachheilpädagoge (BFHE 202, 70, BStBl II 2003, 721); zum EDV-Schüler s *Förster* DStR 1998, 635. Werden im Zusammenhang hiermit andere Leistungen angeboten, so kann nach den in Anm 186 aufgezeigten Grundsätzen je nach Art und Umfang eine gewerbliche Tätigkeit vorliegen (BFHE 126, 220, BStBl II 1984, 246; BFHE 187, 546, BStBl II 1989, 965).

Urlaubsvertreter, der selbst (als Arzt oder Rechtsanwalt) eine Praxis hat, ist idR selbständig (freiberuflich) tätig (vgl BFHE 67, 290, BStBl III 1958, 384). Anders bei Abschluss eines Anstellungsvertrages; nach BFHE 127, 201, BStBl II 1974, 414 schon bei Fehlen von Unternehmerrisiko (fraglich, weil deswegen noch keine Nichtselbständigkeit vorliegt).

Verbands-/Vereinsgeschäftsführer bzw -vorstand kann selbständig tätig sein (RFH RStBl 1935, 1036; FG Köln EFG 1982, 494).

Vergleichsverwalter, erzielte Einkünfte aus sonstiger selbständiger Tätigkeit (BFHE 110, 40, BStBl II 1973, 730).

Verkaufstrainer, bei einer einem Betriebswirt vergleichbaren Ausbildung und Beschäftigung mit betrieblichem Hauptbereich, freiberufliche Tätigkeit bejaht (*Märkle* DB 1980, 706) mE aber sehr zweifelhaft.

Versicherungsberater übt keinen einem Katalogberuf iSv § 18 Abs 1 Nr 1 EStG (Rechtsanwalt, Patentanwalt, Wirtschaftsprüfer, Betriebswirt) ähnlichen Beruf aus (BFHE 184, 456, BStBl II 1998, 139).

Versicherungsmathematiker übt wissenschaftliche, nicht einem Katalogberuf ähnliche Tätigkeit aus (BFH HFR 1965, 265).

Versicherungsvertreter, gewerbliche Tätigkeit, auch wenn nur für ein einziges Unternehmen tätig (BFHE 88, 333, BStBl III 1967, 398; BFHE 123, 507, BStBl II 1978, 137).

Video-Cutter/-Editor idR gewerblich (FG Hamburg EFG 2005, 697 rkr).

Viehkastrierer, gewerblich (BFHE 62, 243, BStBl III 1956, 90).

Viehklauenpfleger, gewerblich (BFHE 90, 328, BStBl II 1968, 77).

Visagist kann nach FG Hamburg EFG 1993, 766 rkr eine künstlerische Tätigkeit ausüben.

Vortragswerber, gewerblich (BFHE 63, 152, BStBl III 1956, 255).

Weinlabor, gewerblich (FG Rh-Pf EFG 1992, 89).

Werbeanzeigen. Der entgeltliche Abdruck in Festschriften, Broschüren usw stellt eine gewerbliche Tätigkeit dar (vgl BFHE 172, 544, BStBl II 1994, 274). Bei gemeinnützigen Körperschaften liegt idR ein wirtschaftlicher Geschäftsbetrieb, kein Zweckbetrieb vor (§ 3 Anm 82 ff).

Werbeberater, idR gewerblich, wenn nicht eine qualifizierende wissenschaftliche, künstlerische oder schriftstellerische (BFHE 61, 484, BStBl III 1955, 386; BFHE 66, 471, BStBl III 1958, 182; BFHE 111, 316, BStBl II 1974, 293) bzw einem Betriebswirt ähnliche Tätigkeit vorliegt (BFHE 125, 369, BStBl II 1978, 565). Besteht aufgrund von Vorgaben keine Möglichkeit, einen Werbetext individuell zu gestalten, ist die Bearbeitung von Werbetexten gewerblicher Natur (FG Ba-Wü EFG 2003, 770). Entsprechendes gilt bei Wahrnehmung journalistischer und organisatorischer Aufgaben (BFH/NV 1999, 602).

Werbung durch Künstler kann bei einer selbständigen künstlerischen Leistung freiberuflich sein; nicht jedoch, wenn lediglich die Rolle des Produktbenutzers gesprochen oder das Produkt angepriesen wird (vgl FG München DStRE 2004, 754, rkr). Letzteres gilt auch bei Verwertung von Fotografien der eigenen Person (BFHE 165, 362, BStBl II 1992, 353; BFHE 166, 36, BStBl II 1992, 413), und zwar auch dann, wenn der Schauspieler die Gestaltung der Fotografie beeinflussen konnte (BFH/NV 1999, 465; 1999, 1380; zur Mitwirkung eines Friseurs vgl BFH/NV 1999, 460). Keine Kunst liegt vor, wenn nur die Bekanntheit oder Beliebtheit des Künstlers ausgenutzt wird (vgl FG Hamburg EFG 1991, 217, aufgeh). Bei der Bewertung der künstlerischen Qualität ist der Verwendungszweck ebenso unbeachtlich wie das Motiv des Auftraggebers (BFHE 131, 365, BStBl II 1981, 21; BFHE 121, 410, BStBl II 1977, 474; zum Problem *Schneider* DStZ 1993, 301). Zur Werbung durch Sportler s „Berufssportler".

Wirtschaftsberater, der nach einer Ingenieurausbildung in der Personalberatung tätig ist, ist idR Gewerbetreibender (BFH/NV 1999, 1327).

Wirtschaftsingenieur kann als beratender Betriebswirt freiberuflich tätig sein (BFHE 203, 152, BStBl II 2003, 919; BFHE 215, 124, BStBl II 2007, 118).

Wirtschaftsprüfer, zum Berufsbild vgl BFHE 132, 129, BStBl II 1981, 189. Zur **Treuhandtätigkeit** s dort.

Wissenschaftliche Tätigkeit ist nicht nur schöpferische oder forschende Arbeit (zB Grundlagenforschung), sondern auch Anwendung wissenschaftlicher Erkenntnisse auf konkrete Vorgänge (angewandte Wissenschaft). In jedem Fall ist erforderlich, dass grundsätzliche Fragen oder konkrete Vorgänge methodisch nach streng objektiven Gesichtspunkten hinsichtlich ihrer Ursachen erforscht, begründet und in einen Verständniszusammenhang gebracht werden (BFHE 118, 473, BStBl II 1976, 464; BFHE 170, 88, BStBl II 1993, 235). Sie ist im besonderen Maße mit den an den Universitäten gelehrten Disziplinen verbunden (BFH/NV 1993, 360). Eine solche Tätigkeit wird regelmäßig auch eine Ausbildung voraussetzen, die ihrerseits wissenschaftliches Grundwissen vermittelt (BFHE 193, 482, BStBl II 2001, 241; BFH/NV 1998, 956). Die wissenschaftliche Tätigkeit setzt gewisse Mindestanforderungen nach Inhalt und Form voraus, die den Nachvollzug des Vorgehens ermöglichen (BFH/NV 1994, 89). In welcher Form die Anforderungen zu erfüllen sind, hängt von dem jeweiligen Fachgebiet ab; bei Rechtsfragen (nur?) das Abwägen des Für und Wider der Argumente (BFHE 168, 59, BStBl II 1992, 826); zur biologischen Bestandsaufnahme vgl BFH/NV 1993, 360. Schwierig zu beurteilen bei erst im wissenschaftlichen Aufbau begriffenen Disziplinen (zB aus dem Bereich der Datenverarbeitung). Das Arbeiten auf wissenschaftlicher Grundlage, also die bloße Anwendung wissenschaftlicher Grundsätze und Methoden auf konkrete Verhältnisse, wird bei vielen Katalogberufen vorausgesetzt. Gleichwohl handelt es sich dann um die laufende Ausübung des Katalogberufs und nicht um eine gesonderte wissenschaftliche Betätigung (BFHE 120, 204, BStBl II 1977, 31; BFHE 170, 88, BStBl II 1993, 235; BFHE 175, 40, BStBl II 1994, 864; BFH/NV 2000, 1460). Auch die laufende Erstellung von Sachverständigengutachten wird meistens Ausübung eines Katalogberufs oder jedenfalls eine dem ähnliche, aber keine wissenschaftliche Tätigkeit sein (vgl „Arzt"). Unterrichtserteilung kann wissenschaftliche Tätigkeit sein (BFHE 131, 38, BStBl II 1980, 636). Keine wissenschaftliche Tätigkeit liegt vor, wenn vermittels der auf wissenschaftlicher Grundlage erworbenen Kenntnisse und Erfahrungen lediglich Fragen der ökonomischen Zweckmäßigkeit und Notwendigkeit nach wirtschaftlichen Erfahrungswerten begutachtet werden oder wenn Gutachten auf Marktkenntnissen oder gewerblichen und handwerklichen Erfahrungen beruhen (BFHE 58, 618, BStBl III 1954, 147; BFHE 64, 279, BStBl III 1957, 106; BFHE 103, 77, BStBl II 1971, 749). Zur wissenschaftlichen Tätigkeit von wissenschaftlich nicht Vorgebildeten (zB Managementberatung, Personalbeurteilung) vgl BFHE 183, 450, BStBl II 1997, 687. Ein Diplom-Dokumentar ist idR nicht wissenschaftlich tätig (BFHE 193, 482, BStBl II 2001, 241).

Wohnheim für Arbeiter, Asylanten, Schüler uä Personenkreise ist gewerblich (BFH/NV 1987, 441; Hess FG EFG 1994, 485 rkr).

Zahnpraktiker, unter den in Anm 175 bezeichneten Voraussetzungen freiberuflich nach *BMF* BStBl I 2004, 1030.

Zahntechniker, nur für Zahnärzte tätig, ist idR gewerblich tätig (BFHE 93, 6, BStBl II 1968, 662; vgl. BFHE 134, 434, BStBl II 1982, 189; BFH/NV 2005, 352).

Zauberei ist keine Kunst (vgl BFH/NV 1990, 146 für das Gemeinnützigkeitsrecht); die Einkünfte eines Zauberers sind daher gewerbliche (**aA** FG Rh-Pf EFG 1985, 128: bei entsprechender Gestaltungshöhe Kunst).

Zollberater ist gewerblich tätig, weil er weder einem beratenden Betriebswirt oder Volkswirt noch (ohne die entsprechende Zulassung) dem Steuerberater/Rechtsanwalt ähnlich tätig ist (BFH/NV 1997, 751).

Zolldeklarant ist gewerblich tätig, weil weder dem Rechtsanwalt noch dem Steuerberater ähnlich (BFHE 158, 372, BStBl II 1990, 153).

Zwangsverwalter iSd §§ 146 ff ZVG, idR sonstige selbständige Arbeit iSd § 18 Abs 1 Nr 3 EStG (BFHE 141, 505, BStBl II 1984, 823; BFHE 101, 215, BStBl II 1971, 239). Gewerblichkeit angenommen wegen der ständigen Beschäftigung qualifizierter Mitarbeiter: FG Berlin EFG 1982, 146 rkr.

Zytologielabor, angesichts eingeschränkter Kompetenzen der MTA Freiberuflichkeit bejaht von HessFG (BB 1998, 1518 unter Hinweis auf BFHE 153, 414, BStBl II 1988, 782; zust *Römermann* BB 1998, 1520; s jedoch *Kempermann* FR 1996, 514). Angesichts der Tatsachenfeststellung (97% der Präparate bleiben ohne ärztlichen Befund) eine bedenkliche Entscheidung.

186 **Mischtatbestände.** Weist die Tätigkeit des Stpfl neben freiberuflichen auch gewerbliche Elemente auf, gebieten es die Tatbestandsmäßigkeit und Gleichmäßigkeit der Besteuerung, Einkünfte aus unterschiedlichen Einkunftsarten jeweils für sich zu besteuern. Das gilt auch bei sachlichen und wirtschaftlichen Zusammenhängen (BFHE 111, 222, BStBl II 1974, 383; BFHE 117, 247, BStBl II 1976, 155; BFHE 166, 36, BStBl II 1992, 413). Die Verflechtung kann aber im Einzelfall so eng sein, dass eine Trennung gegen die Verkehrsauffassung verstoßen würde (BFHE 125, 369, BStBl II 1978, 565; BFHE 126, 461, BStBl II 1979, 236; BFHE 166, 443, BStBl II 1993, 324; BFH/NV 2001, 204). Das ist der Fall, wenn die Tätigkeiten sich gegenseitig unauflösbar bedingen (vgl BFHE 209, 116, BStBl II 2005,

362). Dann erfolgt **keine Trennung.** Das gilt zB für: Schriftsteller als Selbstverleger (BFHE 126, 461, BStBl II 1979, 236), Herstellung von Filmen mit Originalton (BFHE 194, 206, BStBl II 2002, 478), Schauspieler als Produzent sendefertiger Bänder (vgl BFH/NV 2005, 1280), Ingenieur als Bauunternehmer (BFHE 216, 518, BStBl II 2008, 54), Restaurator und GmbH „Kirchenmalerei" (BFHE 175, 40, BStBl II 1994, 864), Marketingberater mit Schreiben von Fachartikeln (BFHE 200, 236, BStBl II 2003, 27), Vertrieb von Hard- u Software (BFHE 183, 150, BStBl II 1997, 567). Bei der Frage der Trennbarkeit sind weniger die Dauer oder das Erfordernis einer betrieblichen Organisation als tätigkeitsbeschreibende Merkmale bestimmend (BFHE 102, 367, BStBl II 1971, 684; BFHE 145, 206, BStBl II 1986, 183). Die **Trennung** ist möglich bei einem Steuerberater, der die Vermittlung von Baubetreuung bzw Anlagen betreibt (BFHE 139, 380, BStBl II 1984, 129; BFH/NV 2002, 909); ebenso bei einem Rechtsanwalt/Steuerberater als Treuhänder für Bauherrengemeinschaften (BFHE 160, 21, BStBl II 1990, 534; BFHE 174, 347, BStBl II 1994, 650; vgl auch BFHE 175, 284, BStBl II 1994, 836; BFHE 175, 357, BStBl II 1995, 171; *Schwendy* Inf 1995, 75). Das gilt auch dann, wenn die Kontakte zu den freiberufsfremden Geschäften der freiberuflichen Tätigkeit entspringen: zB Softwareentwicklung durch Freiberufler (BFHE 166, 443, BStBl II 1993, 324; BFH/NV 1999, 1328); Personalvermittlung durch Betriebswirt (BFHE 200, 49, BStBl II 2003, 25); Vermittlung von Steuersparanlagen durch Steuerberater (Hess FG EFG 2001, 1211 rkr); Publikation durch Hochschullehrer (FG Düsseldorf EFG 2002, 1227 rkr); externe Wohngruppen und Kinderheim (Nds FG EFG 2002, 1772 rkr). Die **anderen Geschäfte** sind als gewerbliche zu behandeln. Erforderlichenfalls hat eine Trennung der gewerblichen Einnahmen und Ausgaben im Schätzungswege zu erfolgen (vgl die oa Rechtsprechung).

Ist auf Grund der Verflechtung der Tätigkeiten eine Trennung nicht möglich, so richtet sich die **Qualifizierung** danach, welche Elemente der Gesamttätigkeit das Gepräge geben (vgl BFHE 166, 36, BStBl II 1992, 316; BFHE 166, 443, BStBl II 1993, 324; BFHE 175, 40, BStBl II 1994, 864; BFHE 200, 326, BStBl II 2003, 27). Zur Abgrenzung rechts- u wirtschaftsberatender Berufe von der Verwaltungstätigkeit vgl BFHE 175, 284, BStBl II 1994, 836.

Die getrennte Qualifikation erfordert von Seiten des Freiberuflers ein 187
Leistungsangebot, das wirtschaftlich eigenständige Bedeutung und regelmäßig auch eine **eigene vertragliche Grundlage** hat (BFHE 177, 50, BStBl II 1990, 534; s zur Architektenleistung neben gesondert vereinbarten Grundstücksverkäufen: BFHE 117, 360, BStBl II 1976, 152). Bei einem Arzt, der eine Privatklinik betreibt und stationäre Leistungen erbringt, kann eine Trennung erfolgen, wenn die Leistungen gesondert abgerechnet werden (BFHE 204, 80, BStBl II 2004, 363); anders in dem Fall eines ganzheitlichen Heilverfahrens (Kneipp-Senatorium, BFHE 81, 246, BStBl III 1965, 90). Bestimmt ein **einheitliches Vertragswerk** in der Weise wirtschaftlich verflochtene Leistungen, dass der StPfl einen einheitlichen Erfolg schuldet (BFHE 177, 50, BStBl II 1990, 534), so ist die Gesamttätigkeit nach den oben bezeichneten Grundsätzen als einheitliche zu bewerten.

188 Ggf ist in dem Kontext zu prüfen, ob eine bestimmte an sich gewerbliche Tätigkeit als **Hilfsmittel** der freiberuflichen Tätigkeit anzusehen ist (BFHE 81, 246, BStBl II 1965, 90 zum Sanatorium; BFHE 204, 80, BStBl II 2004, 363 zur Privatklinik; vgl Anm 185 Stichworte: Krankenhaus, Kinderheim, Schulen). Ist dies nicht der Fall, dann liegt eine eigenständige gewerbliche Tätigkeit vor (vgl BFHE 123, 199, BStBl II 1977, 879; BFHE 128, 67, BStBl II 1979, 574; sa zur Abgabe von Heilmitteln *BMF* DStR 1999, 1814; 2000, 730; BStBl I 1997, 566).

Im Übrigen kann sich bei bestimmten Tätigkeiten das Erfordernis der **Umqualifizierung** ergeben, wenn die **Verwertung** des Ergebnisses der an sich freiberuflichen Tätigkeit nicht vom StPfl unmittelbar (an seinen Auftraggeber), sondern durch einen von ihm unterhaltenen Gewerbebetrieb (Schriftsteller betreibt Verlag; Ingenieur betreibt Baugeschäft) erfolgt (BFHE 98, 144, BStBl II 1970, 317; BFHE 119, 253, BStBl II 1976, 641; BFHE 126, 461, BStBl II 1979, 236). Das wiederum ist nicht der Fall, wenn der Freiberufler auf Vorrat produziert und hieraus einzeln wie an einen Auftraggeber (Einzelinteressenten) veräußert (BFHE 171, 385, BStBl II 1993, 716; BFHE 178, 147, BStBl II 1995, 776).

189 **Mischtatbestände bei Personengesellschaften** (s allg Anm 305 sowie Überblick bei *Schoor* StBp 2000, 225 ff; *Stapperfend* StuW 2006, 303).

Die Freiberuflichkeit einer Personengesellschaft setzt auch bei Angehörigen eines Katalogberufs eine **entsprechende Tätigkeit** (BFHE 215, 210, BStBl II 2007, 266) sowie die **Qualifikation aller Gesellschafter** als freiberuflich voraus (§ 18 Abs 4 Satz 2 iVm § 15 Abs 1 Nr 2 EStG; BFHE 141, 405, BStBl II 1984, 751 unter C II 3 c, III 3 a/5 a; BFHE 166, 443, BStBl II 1993, 324). Das gilt für die **GbR** (ggf konkludenter Abschluss eines Gesellschaftsvertrages, zB BFHE 193, 482, BStBl II 2001, 241; BFH/NV 2001, 154; Nutzungsüberlassung jedoch nicht ausreichend, BFHE 185, 183, BStBl II 1999, 384); **Partnerschaften** nach § 7 Abs 2 PartGG (BFHE 187, 153, BStBl II 1998, 692: Zugehörigkeit zu Freiberuf nach § 1 Abs 2 Satz 1 und 2 PartGG, Katalog präjudiziert nicht Freiberuflichkeit nach § 18 Abs 1 Nr 1 EStG; BFH/NV 1998, 1206); zur Anerkennung von Steuerberatungsgesellschaften s §§ 3 Nr 2, 50 StBerG, hierzu *FinVerw* DStZ 2003, 278; zur freiberuflichen Partnerschaft *K. Schmidt* NJW 1995, 1; *U. Müller* FR 1995, 402; *Sommer* GmbHR 1995, 279; **OHG/KG:** lediglich widerlegbare Vermutung der Gewerblichkeit durch Eintragung (BFHE 166, 443, BStBl II 1993, 324; H 5.1 EStH); s auch BFHE 191, 544, BStBl II 2000, 498 (Wirtschaftsprüfer/Steuerberater); BFHE 184, 512, BStBl II 1998, 254 (Betreibsaufspaltung); BFHE 166, 443, BStBl II 1993, 324 (IngenieurKG); BFHE 101, 115, BStBl II 1971, 249 (MassageKG).

Bei **internationalen Partnerschaften** kommt es auf die Erlaubnis bzw Überwachung durch die ausländischen Behörden/Berufsorganisationen an (vgl BFH/NV 2006, 394; s *Kempermann* StbJb 2003/4, 379).

190 **Abgrenzung.** Bei o a Gesellschaften ist nach der Rspr (BFHE 128, 67, BStBl II 1979, 574; BFHE 157, 155, BStBl II 1989, 797) nicht nach den Grundsätzen (Anm 186) zu verfahren. Nach § 15 Abs 3 EStG gilt die Tätigkeit der Gesellschaft in vollem Umfang als Gewerbebetrieb, wenn die

Gesellschaft auch Einkünfte nach § 15 Abs 1 Nr 1 oder 2 EStG bezieht (Theorie von der Personengesellschaft als **Gewinnermittlungs- und Einkunftsbestimmungssubjekt,** BFHE 141, 405, BStBl II 1984, 751, 761 f). Hierauf hatte die Änderung der Rspr zur vermögensverwaltenden Gesellschaft wegen der Betrieblichkeit der freiberuflichen Einkünfte keinen Einfluss (Klarstellung durch § 15 Abs 3 Nr 1 idF des G v 13. 12. 2006, BGBl I 2006, 2878; Rückwirkung § 52 Abs 32 a EStG).

Daher ist bei Gesellschaften die **Trennung** zwischen gewerblichen und freiberuflichen Einkünften nicht ebenso durchzuführen wie bei natürlichen Personen: eine freiberufliche Tätigkeit der Gesellschaft liegt nach der Rspr grundsätzlich nur vor, wenn die Tätigkeit der Gesellschaft nicht auch gewerbliche Leistungen umfasst **und** alle Gesellschafter die qualifizierenden Elemente des Freiberufs aufweisen (BFHE 175, 357, BStBl II 1995, 171), auch wenn sie unterschiedlichen freien Berufen angehören (BFHE 193, 482, BStBl II 2001, 241). **Berufsfremde** als Mitunternehmer bedeuten daher Gewerblichkeit der Gesamtbetätigung (BFHE 148, 42, BStBl II 1987, 124; BFHE 166, 443, BStBl II 1993, 324; BFHE 193, 482, BStBl II 2001, 241; BFHE 197, 442, BStBl II 2002, 202; BFH BStBl II 2008, 681; BFH/NV 1997, 751; 2008, 53; *FinVerw* DB 2006, 73; krit *Müller* FR 1995, 402; *Lüdemann/Wildfeuer* BB 2000, 589; *Demuth* DStZ 2005, 112; *Hild* DB 2005, 1875). Ob der jeweilige Gesellschafter aber überhaupt Mitunternehmer ist, bestimmt sich nach allgemeinen Grundsätzen (vgl BFHE 210, 241, BStBl II 2005, 752; zum „Außensozius", nicht Mitunternehmer FG Ba-Wü EFG 2005, 1539 rkr; im Einzelnen Anm 294 f). Entsprechendes gilt für die **Beteiligung einer Kapitalgesellschaft** (BFHE 204, 290, BStBl II 2004, 303; BVerfG StEd 2004, 323; *Best/Schmidt/Gröger* Inf 2003, 673).

Liegt auf der **Ebene des Gesellschafters** ein **Mischtatbestand** vor, ist **191**
bei ihm nach den Grundsätzen in Anm 186 zu verfahren (BFHE 166, 443, BStBl II 1993, 324; BFHE 183, 150, BStBl II 1997, 567). Allerdings sind gewerbliche Einkünfte im **Sonderbereich** des Gesellschafters unschädlich (BFHE 214, 302, BStBl II 2007, 378; *Demuth* KÖSDI 2005, 14491, 14498; *Schulze zur Wiesche* BB 2006, 75; *Söffing* DB 2006, 2479; **aA** zB *Schoor* Inf 1997, 269).

Ist hiernach die Tätigkeit des Gesellschafters auch gewerblicher Natur, **192**
dann ist nach der **Abfärbetheorie** die gesamte Tätigkeit der Gesellschaft als gewerblich zu qualifizieren. Entsprechendes gilt, wenn die Gesellschaft eine Leistung schuldet, der gewerbliche Elemente das Gepräge geben (BFHE 178, 69, BStBl II 1995, 718; BFHE 197, 442, BStBl II 2002, 202; BFHE 197, 400, BStBl II 2002, 221). Auf das Verhältnis der originär nicht gewerblichen zur gewerblichen Tätigkeit kommt es grds nicht an: nach der Rspr reicht grds eine noch so **geringfügige** gewerbliche Tätigkeit für die Abfärbewirkung aus, auch eine Beteiligung an einer Kapitalgesellschaft oder an einer gewerblich tätigen/geprägten Personengesellschaft (BFHE 176, 555, BStBl II 1996, 264; BFHE 192, 100 BStBl II 2001, 359, 364; krit *Niehues* FR 2002, 977) sowie gewerbliche Einkünfte durch Betriebsaufspaltung (BFHE 175, 357, BStBl II 1995, 171; BFHE 184, 512, BStBl II 1998, 254; krit *Korn* DStR 1995, 1249, 1253; *Neu* DStR 1995,

1893; *Habscheidt* BB 1998, 1184). Eine **abweichende Auffassung** vertritt BFHE 189, 418, BStBl II 2000, 229, wonach ein gewerblicher Anteil von 1,25% an der Gesamttätigkeit für eine Abfärbewirkung nicht ausreicht. Eine **Grenze** für die Schädlichkeit der gewerblichen Betätigung gibt der BFH jedoch nicht an, was Unsicherheit in die Anwendung der Abfärbetheorie bringt (hierzu und zu den verschiedenen Lösungsvorschlägen *Neu* DStR 1999, 2109; *Wendt* FR 1999, 1182, 1184; *Paus* DStZ 2000, 308; *Priebe* StBp 2001, 19; *Drüen* FR 2000, 177; *Rose* DB 2000, 993; *Seer/Drüen* BB 2000, 2176; *Kempermann* DStR 2002, 664; *Wehrheim/Brodthage* DStR 2003, 485; *Heuermann* DB 2004, 2548). Ist die gewerbliche Tätigkeit **von der GewSt befreit,** erstreckt sich die Befreiung auch auf die als gewerblich umqualifizierte freiberufliche Tätigkeit (BFH BStBl II 2002, 152). Zur Gefahr der Abfärbung für Arztpraxen in den Fällen der integrierten Versorgung *BMF* DB 2006, 1763.

193 Bei einer **Beteiligung** an einer gewerblich tätigen/geprägten Personengesellschaft tritt die Abfärbewirkung dann nicht ein, wenn der Gesellschafter persönlich beteiligt ist, ohne dass die Beteiligung Sonderbetriebsvermögen bei der Gesellschaft darstellt (ebenso *BMF* BStBl I 1996, 621; aA *Wendt* FR 1996, 265; *Hiller* Inf 1995, 388). Das Gleiche gilt bei einer **Auslagerung** der gewerblichen Leistungen auf eine andere, auch eine personenidentische Personengesellschaft (BFHE 176, 555, BStBl II 1996, 264; BFHE 181, 133, BStBl II 1997, 2002; BFHE 184, 512, BStBl II 1998, 254; BFHE 186, 37, BStBl II 1998, 603; BFH/NV 2002, 1554; *BMF* BStBl I 1996, 621; 1997, 566; *Schild* DStR 2000, 576; zugleich zu den hiermit verbundenen Schwierigkeiten: *Priebe* StBp 2001, 19). Schon deswegen ist die Abfärbetheorie **nicht verfassungswidrig** (BFHE 175, 357, BStBl II 1995, 171, BFHE 184, 512, BStBl II 1998, 254; hierzu *Moog* DB 1997, 325; *Neu* DStR 1996, 1757; *Schwendy* Inf 1995, 75; *Seer/Drüen* BB 2000, 2176; zu den Gestaltungsmöglichkeiten und Gefahren *Schoor* Inf 1997, 269; *Kloßmann* Inf 1997, 587); Nichtannahmebeschluss BVerfG FR 2005, 139). Im Übrigen **gilt** die Abfärbetheorie **auch bei Innengesellschaften,** insb atypischen stillen Gesellschaften (BFHE 175, 357, BStBl II 1995, 171; BFHE 184, 512, BStBl II 1998, 254; zust *Kempermann* FR 1995, 12; diff *Gosch* StBp 1995, 43; *Schmidt/Wacker* § 18 Anm 44). Zu den Steuerwirkungen *Höck* FR 2001, 683.

Bei nur zeitweiser Abfärbung im Wirtschaftsjahr/EZ ist das Jahresergebnis ggf aufzuteilen (BFHE 194, 206, BStBl II 2002, 478).

194 **Interprofessionelle Zusammenschlüsse.** Besteht die Gesellschaft aus Angehörigen aus **verschiedenen freien Berufen,** dann ist diese nicht allein deswegen gewerblich, vorausgesetzt jeder Gesellschafter betätigt sich allein auf seinem Fachgebiet; dann auch, wenn die einzelnen Arbeitsergebnisse (zB in einem Gutachten) zusammengefasst werden (BFHE 193, 482, BStBl II 2001, 241; *Schulze zur Wiesche* DStR 2001, 1589: auch bei Standeswidrigkeit). Das gilt auch für **Partnergesellschaften,** vorausgesetzt dass alle Gesellschafter leitend und eigenverantwortlich auf Grund eigener Fachkenntnisse tätig werden. Auch Kommanditisten dürfen nicht nur kapitalmäßig beteiligt sein oder Tätigkeiten ausüben, die nicht als freiberufliche zu werten sind (BFHE 101, 115, BStBl II 1971, 249; *FinVerw* DStR 2007,

1628). Ein bloß standeswidriger Zusammenschluss ist unschädlich (FG Düsseldorf EFG 2005, 1530 rkr; *FinVerw* DStR 2007, 1628; *Schulze zur Wiesche* DStR 2001, 1589; *Kempermann* StbJb 2003/04, 379, 394). Problematisch ist die Frage der **Tätigkeitsvergütung:** die *FinVerw* (DB 2006, 73) vertrat zunächst unter Hinweis auf BFHE 193, 482, BStBl II 2001, 241 die Auffassung, die Teilhabe des Berufsfremden am Erfolg einer ihm nicht erlaubten Tätigkeit widerspreche dem Grundsatz der „Höchstpersönlichkeit der Einkunftserzielung"; FG Düsseldorf aaO ist dem nicht gefolgt (Anm *Trossen* EFG 2005, 1353); auch die *FinVerw* (DStR 2007, 1628) fordert dem folgend nurmehr eine angemessene Gewinnverteilung, bei der auch die Einbringung eines Einzelunternehmens oder eines Kundenstamms berücksichtigt werden darf. Eine an der Personengesellschaft als Mitunternehmerin beteiligte **GmbH** ist mit der Folge der Gewerbesteuerpflicht der Personengesellschaft auch dann berufsfremde Person, wenn sämtliche Gesellschafter der GmbH und ihre Geschäftsführer ihrerseits Angehörige eines freien Berufs sind (BFHE 130, 58, BStBl II 1980, 336; BFH BStBl II 2008, 681). Auch eine Wirtschaftsprüfungs- und Steuerberatungsgesellschaft, die in der Rechtsform einer **Kapitalgesellschaft** betrieben wird, gilt stets und in vollem Umfang als Gewerbebetrieb (BFHE 122, 318, BStBl II 1977, 668).

Sog **Kostengemeinschaften (Bürogemeinschaften),** die lediglich **195**
kostendeckende Leistungen für beteiligte Freiberufler erbringen, sind mangels Gewinnerzielungsabsicht keine selbständigen Gewinnermittlungssubjekte (BFHE 141, 405, BStBl II 1984, 751) und auch nicht Besteuerungsgegenstand für die Gewerbesteuer (vgl BFHE 146, 244, BStBl II 1986, 666; BFHE 210, 241, BStBl II 2005, 752); anders, wenn sie in der Form eines **Vereins** betrieben werden (BFHE 140, 463, BStBl II 1984, 451). Dies hindert nicht, verfahrensrechtlich die Kostengemeinschaft nach § 180 Abs 2 AO zu einer gesonderten Feststellung der Kosten zusammenzufassen (vgl *BMF* zur VO nach § 180 Abs 2 AO BStBl I 1990, 764; sowie *BMF* BStBl I 2003, 170; ähnl BFHE 150, 345, BStBl II 1988, 342; BFHE 188, 548, BStBl II 1999, 545). Die Gewinne aus der Veräußerung des gemeinsamen Vermögens sind jedoch zu erfassen, weil es sich bei den einzelnen Mitgliedern um Betriebsvermögen handelt.

Entsprechendes gilt für Labor- u Apparategemeinschaften (BFH/NV 2005, 352; *FinVerw* FR 1998, 79).

Die **Feststellungslast** für das Vorliegen eines freien Berufs trägt der **196**
StPfl, sowohl im Hinblick auf die qualifizierenden Merkmale seiner Tätigkeit als auch auf deren Überwiegen bei Mischtatbeständen (BFHE 165, 216, BStBl II 1991, 889; BFHE 175, 40 BStBl II 1994, 864; BFH/NV 1993, 238).

(frei) **197–199**

200.–269. Gewerbebetrieb durch Betriebsaufspaltung/Unternehmensverbund

Begriff. Organisatorisch gesehen bedeutet Betriebsaufspaltung die **200**
Aufteilung eines einheitlichen Organismus auf verschiedene für sich zu betrachtende Unternehmensträger (grundlegend BFHE 103, 440, BStBl II 1972, 63). Dies berührt eine **Vielzahl von Rechtsvorschriften,** angefan-

gen von den Gründungsvorgängen bei der GmbH (§§ 2 ff GmbHG) über die Pachtvorschriften des BGB, des Gewerbebegriffs des HGB (*Schön* DB 1998, 1169; *K. Schmidt* DB 1998, 61), ggf Vorschriften des UmwG (§§ 123 Abs 3, 124 Abs 1, 152) zB bei partieller Gesamtrechtsnachfolge (hierzu *Patt* DStR 1994, 1383; *Kallmeyer* ZIP 1994, 1746), bis hin zur Funktionsnachfolge in Arbeitsverhältnissen (§ 613 a BGB; s auch *Moog* DStR 1997, 457) sowie zur Haftung des GmbH-Geschäftsführers (*Gosch* StBp 2002, 392; *Hinze* BB 2002, 1011; *Drygala* GmbHR 2003, 729; *Benecke* BB 2003, 1190). Auch für die Anwendbarkeit des Mitbestimmungsrechts und der Lohnfortzahlungsvorschriften kann die Aufspaltung Bedeutung haben (vgl dazu *Kaligin,* Die Betriebsaufspaltung, S 17; Hinweise zur Vertragsgestaltung in *Brandmüller* FR 1980, 83, 85). Auch für staatliche Konzessionen kommt nach der Aufspaltung das Betriebsunternehmen in Betracht. Vgl im Übrigen die Gesamtdarstellung von *Carlé,* Die Betriebsaufspaltung, Köln 2003; *G. Söffing,* Die Betriebsaufspaltung, 3. Aufl 2005; *Märkle* DStR 2002, 1109, 1153.

201 **Spezifisch ertragsteuerlich** ist Betriebsaufspaltung die Verpachtung einer wesentlichen Betriebsgrundlage durch ein sog Besitzunternehmen an ein Betriebsunternehmen (sachliche Verflechtung, Anm 218 ff) mit der Besonderheit der engen personellen Verflechtung (Anm 224 ff) beider Unternehmen (BFHE 103, 440, BStBl II 1972, 63; BFHE 169, 389, BStBl II 1993, 233; BFHE 181, 284, BStBl II 1997, 44; vgl zu den Grundzügen die Darstellungen von *Patt/Rasche* StWa 1994, 181; *Schulze zur Wiesche* GmbHR 1994, 98; *Schäfer* StBp 1997, 94). Zusammen mit der sachlichen Beziehung als **Instrument der Beherrschung** (vgl BFHE 197, 254, BStBl II 2002, 363; BFH/NV 2004, 180) rechtfertigt die einen **einheitlichen Betätigungswillen** tragende personelle Verflechtung nach der st Rspr des BFH (neuerdings BFHE 211, 305, BStBl II 2006, 173), die Vermietungs- und Verpachtungstätigkeit des Besitzunternehmens ebenfalls als gewerblich anzusehen. Dabei geht die Rspr nicht nur zivilrechtlich, sondern auch steuerrechtlich von **zwei gewerblichen Unternehmen** aus, gleichviel ob sich die Anteile am Betriebsunternehmen im BV der Gesellschafter oder der Personengesellschaft befinden (BFHE 129, 57, BStBl II 1980, 77; BFHE 130, 173, BStBl II 1980, 356). Sie nimmt auch dann gewerbliche Besitzunternehmen an, wenn das Gesamtunternehmen Einkünfte aus freiberuflicher Tätigkeit hatte (BFHE 131, 388, BStBl II 1981, 39; BFHE 145, 401, BStBl II 1986, 296; BFHE 156, 138, BStBl II 1989, 455; BFHE 198, 137, BStBl II 2002, 662; BFH/NV 1990, 91).

202 Der häufigste Fall der Betriebsaufspaltung ist, dass es sich beim **Besitzunternehmen** um ein Einzelunternehmen, eine Bruchteilsgemeinschaft (BFHE 155, 528, BStBl II 1989, 363; BFHE 186, 442, BStBl II 1999, 279; BFHE 210, 415, BStBl II 2005, 830; BFH/NV 2002, 185; *Stahl* KÖSDI 2003, 13 830; *Weber* FR 2006, 572), eine GbR (BFHE 211, 305, BStBl II 2006, 173) oder – bei entsprechender Gebrauchsregelung (§ 15 WEG) – eine Wohnungseigentumsgemeinschaft (BFHE 183, 127, BStBl II 1997, 569; teilrechtsfähig, BGH DStR 2005, 1283) handelt und die **Betriebsgesellschaft** GmbH ist (zB BFHE 198, 137, BStBl II 2000, 622; „klassische" Betriebsaufspaltung, *Kessler/Teufel* BB 2001, 17, bzw „eigentliche" Be-

triebsaufspaltung, *Kroschel/Wellisch* DStZ 1999, 167). Es kommt aber auch eine Personenhandelsgesellschaft sowie eine Erben- (BFHE 148, 65, BStBl II 1987, 120; BFH/NV 2005, 1974; *Centr Gutachtendienst* GmbHR 2004, 300) oder Gütergemeinschaft (BFHE 169, 231, BStBl II 1993, 134; BFH/NV 1992, 333; BFHE 215, 268, BFH/NV 2007, 149), ein eingetragener (auch gemeinnütziger) Verein (BFH/NV 1997, 825) sowie eine Körperschaft des öffentlichen Rechts in Betracht. Ein Einzelunternehmen kann nicht Betriebsunternehmen einer Betriebsaufspaltung sein.

Die Betriebsaufspaltung ist auch **mit mehreren** Besitzpersonengesellschaften möglich (BFHE 210, 415, BStBl II 2005, 830; hierzu *Fichtelmann* GmbHR 1996, 580; *Schallmoser* DStR 1997, 49). **Verfassungsrechtlich** sind die Grundsätze zur Betriebsaufspaltung nicht zu beanstanden (BVerfG BStBl II 1985, 475; vgl auch BFH/NV 2001, 1560).

Handelsrechtlich ist das Besitzunternehmen nicht unbedingt Istkaufmann iSv § 1 Abs 2 HGB (keine formwechselnde Umwandlung, BFHE 144, 20, BStBl II 1985, 622; *Groh* JbFfSt 1979/80, 209, 215; *Tillmann* StbKRep 1980, 265, 268; *K. Schmidt* DB 1988, 88; aA OLG München DB 1988, 902); allerdings ist neuerdings § 105 Abs 2 HGB zu beachten; hierzu *K. Schmidt* DB 1998, 61; *Schön* DB 1998, 1169). Das Fortbestehen einer stillen Gesellschaft am Besitzunternehmen (§ 355 HGB) setzt bei dieser ein Handelsgewerbe voraus. Eine Besitzgesellschaft kann auch zivilrechtlich ein verbundenes Unternehmen für die Frage sein, ob kapitalersetzende Darlehen der BetriebsGmbH (§ 30 GmbHG) vorliegen (BGH BB 1987, 80). 203

Von einer **echten Betriebsaufspaltung** wird dann gesprochen, wenn ein bereits bestehendes gewerbliches Unternehmen durch Übertragung eines Teils des BV und Nutzungsüberlassung einer wesentlichen Betriebsgrundlage in ein Betriebs- und ein Besitzunternehmen aufgespalten wird. Die Aufspaltung durch den Erblasser kann auch für die Erbengemeinschaft einen gewerblichen Betrieb ergeben (BFHE 148, 65, BStBl II 1987, 120; BFHE 184, 512, BStBl II 1998, 254). 204

Eine **unechte Betriebsaufspaltung** liegt vor, wenn von vornherein getrennte Unternehmen bestanden haben oder gegründet wurden und zwischen diesen eine sachliche und personelle Verflechtung besteht (BFHE 199, 124, BStBl II 2002, 527). Die **Gewerblichkeit** des Besitzunternehmens beginnt **einkommensteuerrechtlich** in dem Zeitpunkt, in dem der spätere Besitzunternehmer mit Tätigkeiten beginnt, die eindeutig auf die Vorbereitung der endgültigen Überlassung von wesentlichen Betriebsgrundlagen an die Betriebsgesellschaft gerichtet sind (BFHE 165, 125, BStBl II 1991, 773). **Gewerbesteuerrechtlich** ist mE in Anlehnung an die in Anm 420 dargestellten Grundsätze die tatsächliche Nutzungsüberlassung erforderlich, aber auch hinreichend.

Da die Steuerrechtsprechung entgeltliche Einräumung von dinglichen Nutzungsrechten (wie **Erbbaurecht** oder Nießbrauch) wie Miete und Pacht, dh als schwebende Vertragsverhältnisse, behandelt, kann mE eine steuerliche Betriebsaufspaltung nicht durch den Austausch von Pacht und Miete gegen entgeltliche Nießbrauchsrechte oder Erbbaurechte vermieden werden (vgl *L. Schmidt* DStR 1979, 699, 700; aA zB *Kölner Handbuch* Rz 258).

205 **Rechtsentwicklung.** Ursprünglich war die Figur der Betriebsaufspaltung als Missbrauchsabwehr (vgl dazu *Groh* BB 1984, 304; *Knobbe-Keuk* StbJb 1980/81, 335, 349) gedacht, wenngleich die Aufspaltung eines Betriebes ursprünglich in erster Linie der Haftungsminderung und der Unternehmensführung diente (*Eismann,* Der Fachanwalt für Steuerrecht im Rechtswesen, 1999, S. 253, 260; *Weilbach* BB 1990, 829). Gleichwohl hat sich der Gedanke der gewerblichen Betätigung kraft abgeleiteter Beteiligung am allgemeinen wirtschaftlichen Verkehr mit der typisierenden Einbeziehung der unechten Betriebsaufspaltung weitgehend verselbständigt (krit *Groh* DB 1989, 748; *Eikmeier,* Die Rechtsprechung zur Betriebsaufspaltung unter dem Blickwinkel des § 42 AO 1977, S 16ff). In früheren Entscheidungen wird daher (mE zutreffend) deutlich auf die bei **formal selbständigen Betrieben** materiell-rechtlich bedeutsame Verbundenheit beider Unternehmen zu einem einheitlichen Organismus abgehoben (zB BFHE 108, 551, BStBl II 1973, 438; BFHE 112, 391, BStBl II 1974, 613; BFHE 116, 160, BStBl II 1975, 700).

206 Die **Kritik** an diesen Grundsätzen (zB *Knobbe-Keuk* § 22 X 2; *Janssen* BB 1995, 25; *Söffing* DStR 1996, 1225; *Felix* StB 1997, 145; *Mössner* Stbg 1997, 1; *Haritz/Wisniewski* GmbHR 2000, 795; *Kessler/Teufel* BB 2001, 17), die Rechtsprechung sei über die Grenzen der richterlichen Rechtsfortbildung hinausgegangen, ist mE unberechtigt. Zumindest bei der echten Betriebsaufspaltung (Anm 204) kann die Tätigkeit der Besitzperson(engruppe) im Wege der Auslegung des Begriffs Gewerbebetrieb (§ 15 Abs 1 Nr 1, Abs 2 EStG) und der Subsumtion (Würdigung) als gewerbliche Betätigung verstanden werden (BFHE 165, 369, BStBl II 1992, 246; BFHE 198, 137, BStBl II 2002, 662; ähnlich *Felix* StB 1997, 145, unter III; *Hitz* FR 1996, 850; *Weber-Grellet* FR 1998, 955; *Drüen* GmbHR 2005, 69). Bei der unechten Betriebsaufspaltung (Anm 204) führt die identische Struktur objektiver und subjektiver Gegebenheiten zu demselben Ergebnis (**aA** *Eikmeier* S 139, nach dem eine unechte überhaupt keine Betriebsaufspaltung ist). ME handelt es sich mithin nicht um ein *„Rechtsinstitut"* (so BFHE 187, 297, BStBl II 1999, 483; **aA** zu Recht *Felix* StB 1997, 145), sondern um einen Typus der gewerblichen Teilhabe am allgemeinen Wirtschaftsverkehr. Auch der Vorwurf, die Grundsätze zur Betriebsaufspaltung enthielten in sich widersprüchlich Elemente der Einheits- und der Trennungstheorie (was an sich zutrifft; hierzu *Schallmoser* DStR 1997, 49), greift deswegen nicht, weil diese Elemente verschiedene Ebenen betreffen (Einkünftequalifikation; Gewinnermittlung). Der Vorwurf, die Grundsätze zur Betriebsaufspaltung widersprächen dem Beschluss des Großen Senats in BFHE 141, 405, BStBl II 1984, 751 (zB *Söffing* BB 2006, 1529), greift nicht, weil auch in der Besitzpersonengruppe das Handeln in gesamthänderischer Verbundenheit in Rede steht. Die Unsicherheit im Hinblick auf die Verwirklichung von Tatbestandsmerkmalen (*Miesch/Wengert* DB 1995, 111) ist charakteristisch für jede Rechtsanwendung, speziell für den offenen Typusbegriff (vgl Anm 41) und – wie etwa beim Begriff des Gewerbebetriebs selbst – hinzunehmen. Es handelt sich um ein „bewegliches System" (*Petersen,* Unternehmenssteuerrecht und bewegliches System ... 1999, 39ff, 53ff). Eine Umqualifizierung lediglich auf der Ebene des „Sowohl-als-

auch-Gesellschafters“ (*Söffing* BB 2006, 1529) würde mE gegen § 15 Abs 3 Nr 1 EStG verstoßen.

Erscheinungsformen. (1) **Klassische Betriebsaufspaltung,** Anm 202; (2) **Kapitalistische Betriebsaufspaltung:** Kapitalgesellschaft ist Besitzunternehmen (Anm. 244); (3) **Mitunternehmerische Betriebsaufspaltung,** Anm 214; (4) **Umgekehrte Betriebsaufspaltung:** Besitz-Kapitalgesellschaft wird von Betriebsunternehmen beherrscht (Anm 245; BFHE 176, 98, BStBl II 1995, 75; *Kessler/Teufel* DStR 2001, 869; (5) **Qualifizierte Betriebsaufspaltung:** Nutzungsüberlassung von *ausschließlich* wesentlichen Betriebsgrundlagen (BFHE 199, 124, BStBl II 2002, 527); (6) **Überlagerte Betriebsaufspaltung:** Besitzunternehmen übt *originäre* gewerbliche Tätigkeit aus (hierzu *Thiel/Rödder,* FR 1998, 401); (7) **Einheitliche Betriebsaufspaltung:** Besitzunternehmen ist selbst unmittelbar am Betriebsunternehmen beteiligt (BFHE 214, 256, BStBl II 2006, 874). 207

Sachlicher Umfang der Betriebsaufspaltung. Der sachliche Umfang der Betriebsaufspaltung kann mE nicht gleich bleibend durch den **historischen Vorgang** der Aufspaltung selbst bestimmt werden. Entscheidend ist, dass die Rechtsbeziehungen zwischen Besitz- und Betriebsunternehmen ihre Grundlage in dem einheitlichen geschäftlichen Betätigungswillen haben (vgl BFHE 112, 391, BStBl II 1974, 613) und der betriebliche **Zweck der Besitzgesellschaft** ein von der Betriebsgesellschaft abgeleiteter ist. 208

Erforderlich ist daher nicht, dass schon *vor* der Betriebsaufspaltung ein GewBetrieb vorhanden war. Auch muss das Betriebsunternehmen nicht originär gewerblich tätig sein; es genügt ein GewBetrieb kraft Rechtsform, zB bei der „gewerblich geprägten Betriebsaufspaltung“ (§ 15 Abs 3 Nr 2 EStG) oder einer freiberuflich (BFHE 131, 388, BStBl II 1981, 39; BFHE 145, 401, BStBl II 1986, 296; BFH/NV 1990, 99) oder vermögensverwaltend tätigen Kapitalgesellschaft (§ 8 Abs 2 KStG; hierzu BFHE 166, 206, BStBl II 1992, 415: Lizenzvergabe; BFHE 184, 512, BStBl II 1998, 254: Labor-GmbH; BFHE 192, 474, BStBl II 2000, 621: Ingenieurbüro; BFHE 202, 535, BStBl II 2003, 757: Steuerberatung; BFH/NV 2005, 1624: Vermietung; **aA** *Meyer-Arndt* BB 1987, 942; *Felix* StB 1997, 145). 209

Ausschlaggebend zur Bestimmung des sachlichen Umfangs sind die **Vermietung oder Verpachtung** einer wesentlichen Betriebsgrundlage an die Betriebsgesellschaft und die damit **wirtschaftlich zusammenhängenden** Vorgänge. Regelmäßig werden die zwischen der Besitz- und der Betriebsgesellschaft **bestehenden Rechtsbeziehungen** in die Betriebsaufspaltung einbezogen. Anderes gilt, wenn die Leistungen mangels wirtschaftlichen Zusammenhangs nicht spezifisch auf der Betriebsaufspaltung beruhen (zB unmittelbar mit der Betriebskapitalgesellschaft geschlossene Lizenzverträge, BFHE 130, 174, BStBl II 1980, 356; oder an sie im Rahmen selbständiger oder nichtselbständiger Arbeit erbrachte Leistungen, vgl BFHE 99, 533, BStBl II 1970, 722). 210

Daher können von der Betriebsaufspaltung **auch sonstige Rechtsbeziehungen** (zB Darlehen, Bürgschaften, Lizenzen; s Anm 223) zur Betriebsgesellschaft erfasst werden, sofern diese ihre Grundlage in dem einheitlichen geschäftlichen Betätigungswillen haben (BFHE 130, 173, BStBl II 1980, 356). Ihr sachlicher Umfang wird danach bestimmt, ob die anderen Vorgänge bei der Besitzgesellschaft die Belange der Betriebsgesellschaft fördern, insb dazu dienen, die Vermögens- und Ertragslage der Betriebsgesellschaft zu verbessern (BFHE 169, 389, BStBl II 1993, 233; BFHE 187, 36, BStBl II 1998, 284, letzteres zu Lizenzeinnahmen).

Das ist etwa nicht der Fall bei einer selbständigen Vermietungstätigkeit der Gesellschafter (vgl BFHE 186, 422, BStBl II 1999, 279; zu den Gestaltungsmöglichkeiten *Fichtelmann* Inf 1999, 76).

211 Die **Eigenständigkeit des Gesellschaftszwecks** des Besitzunternehmens iSd bereits abgeschlossenen Vorgangs der Betriebsaufspaltung bedeutet bei einer vom Besitzgesellschafter persönlich im späteren Verlauf dem Betriebsunternehmen zur Verfügung gestellten wesentlichen Betriebsgrundlage (zB Erfindung) ein getrennt zu beurteilendes **neues Besitzunternehmen** (BFHE 130, 173, BStBl II 1980, 356; vgl hierzu auch BFHE 116, 277, BStBl II 1975, 781), sofern dieser Gesellschafter in der Lage ist, das Betriebsunternehmen zu beherrschen. Im erstgenannten Urteil konnte eine Erfindung sinnvoll auch ohne die übrigen vom Besitzunternehmen an das Betriebsunternehmen verpachteten Wirtschaftsgüter verpachtet werden (kein Sonderbetriebsvermögen); im letztgenannten Urteil war dies nicht der Fall (Sonderbetriebsvermögen). Liegt nach diesen Grundsätzen kein Sonderbetriebsvermögen vor, kann sich gleichwohl die Überlassung als eigenständiger Gewerbebetrieb darstellen (BFHE 125, 280, BStBl II 1978, 545). Davon abgesehen besteht die Möglichkeit der Überlagerung mehrerer Bruchteilsgemeinschaften durch eine GbR als Besitzunternehmen (BFHE 147, 256, BStBl II 1986, 913); zum Vorliegen mehrerer Besitzpersonengesellschaften s *Fichtelmann* GmbHR 1996, 580; *Schallmoser* GmbHR 1997, 49.

212 **Betriebsaufspalterische und eigengewerbliche Tätigkeit** des Besitzunternehmens: Für das von einer **natürlichen Person** betriebene Besitzunternehmen bestimmt sich die betriebsaufspalterische gewerbliche Tätigkeit und das Vorliegen von Betriebsvermögen nach dem sachlichen Umfang der Betriebsaufspaltung (Anm 208).

213 Auch für **Besitz-Personengesellschaften** (oder Bruchteilsgemeinschaften) bedeutet Betriebsaufspaltung **in vollem Umfang** gewerbliche Einkünfte (BFHE 140, 44, BStBl II 1984, 152; § 15 Abs 3 Nr 1 aF/nF EStG), sofern die Besitzgesellschaft Subjekt für die Bestimmung der Einkunftsart (BFHE 141, 405, BStBl II 1984, 751, 761) ist. Die gewerbliche Tätigkeit der Betriebsgesellschaft bestimmt die Qualifikation der Verpachtungstätigkeit durch die sachliche und personelle Verflechtung (BFHE 152, 539, BStBl II 1988, 537 mwN). Daher werden auch gewerbliche Einkünfte der **Nurbesitzgesellschafter** begründet, soweit der Tatbestand der Besitzgesellschaft reicht (BFHE 184, 152, BStBl II 1998, 254; BFHE 187, 297, BStBl II 1999, 483; zweifelnd *Felix* BB 1985, 1970; mit Gestaltungsvorschlägen: StB 1997, 145, 147; *Schulze zur Wiesche* BB 1987, 1301). Auch für die Bruchteilsgemeinschaft tritt diese Rechtsfolge wegen des Wortlauts des § 15 Abs 3 Nr 1 EStG ein (BFHE 145, 401, BStBl II 1986, 296). Bei einer betriebsaufspalterisch, aber auch originär gewerblichen Personenhandelsgesellschaft dürfte ein einheitlicher Gewerbebetrieb iSv § 15 Abs 3 Nr 1 EStG vorliegen, bei GbRs im Falle unterschiedlicher Gesellschaftszwecke idR mehrere Gesellschaften (Anm 20).

Abgrenzung zur Mitunternehmerschaft. Die Überschneidung des Tatbestands nach § 15 Abs 1 Nr 2 Hs 2 EStG mit der **mitunternehmerischen Betriebsaufspaltung** (Betriebspersonengesellschaft) wird von der Rspr des BFH (BFHE 210, 415, BStBl II 2005, 830) wie folgt gelöst: **(1)** Ist derjenige (natürl Person, Personengesellschaft, Kapitalgesellschaft), der der Betriebspersonengesellschaft wesentliche Betriebsgrundlagen zur Nutzung überlässt, **selbst** an dieser beherrschend **beteiligt** (als Mitunternehmer), dann hat § 15 Abs 1 Nr 2 Hs 2 EStG Vorrang vor der **Betriebsaufspaltung,** dh die BV-Eigenschaft der überlassenen WG hat Vorrang vor der SonderBV-Eigenschaft bei der Betriebs-KG (BFHE 188, 315, BStBl II 2000, 399; BFHE 194, 294, BStBl II 2001, 316; BFHE 202, 181, BStBl II 2003, 613). Das gilt auch, wenn die natürliche Person „ihrer" GmbH, an der sie still beteiligt ist, wesentliche Betriebsgrundlagen vermietet (BFHE 174, 372, BStBl II 1994, 709). Ebenso bei Vermietung durch eine weder gewerblich tätige noch geprägte Personengesellschaft unentgeltlich/teilentgeltlich ohne Gewinnabsicht an von ihren Gesellschaftern beherrschte Schwestergesellschaft (*BMF* BStBl I 1998, 583; 2005, 458; jedoch str, s unten). Nach Beendigung der Betriebsaufspaltung mangels personeller Verflechtung lebt die SonderBV-Eigenschaft wieder auf (BFHE 218, 564, BStBl II 2008, 129). 214

(2) Überlässt eine Personengesellschaft wesentliche Betriebsgrundlagen an die Betriebspersonengesellschaft und ist nicht sie selbst, sondern ist/sind nur ihr(e) beherrschende(r) Gesellschaft(er) an dieser beherrschend beteiligt, dann hat die **Betriebsaufspaltung Vorrang** vor § 15 Abs 1 Nr. 2 Hs 2 EStG (BFHE 281, 1, BS5Bl II 1998, 325; BFHE 187, 297, BStBl II 1999, 483; BFH/NV 1999, 771; *BMF* BStBl I 1998, 583; 2005, 458 Nrn 2–4). Es handelt sich mE um eine konsequente Fortentwicklung der zu originär gewerblich tätigen Personengesellschaften ergangenen Urteile in BFHE 175, 109, BStBl II 1996, 82; BFHE 177, 28, BStBl II 1996, 93 und BFHE 180, 293, BStBl II 1996, 428. Sie ist entgegen der Kritik gerechtfertigt, weil es für eine Differenzierung von Personengesellschaften mit originär gewerblichen Einkünften (zur Entwicklung der Rechtsprechung *Patt/Rasche* DStR 1995, 46; zust *Neufang* Inf 1996, 743; *Neu* DStR 1997, 1757; *Berz/Müller* DStR 1996, 1019; *Schulze zur Wiesche* BB 1997, 1229; *Kiesel* DStR 2001, 560; *Kloster* BB 2001, 1449; *Paus* FR 1997, 90; *G. Söffing* BB 1997, 337; FR 1998, 358; BB 1998, 1973; DStR 2001, 158; *Patt/Rasche* GmbHR 1997, 487, DStZ 1999, 127; *Meyer/Ball* FR 1998, 1075) und solchen mit „abgeleiteten" gewerblichen Einkünften keinen tragenden Grund gibt. Die Änderung der Rechtsprechung bedeutet ua, dass der Nurbesitzgesellschafter nicht privat vermietet. Nach der Abfärbetheorie des BFH (Anm 100) ist er Mitunternehmer einer Personengesellschaft mit insgesamt (abgeleitet) gewerblichen Einkünften (BFHE 184, 512, BStBl II 1998, 254). Entsprechendes gilt wohl bei einer vermietenden **Bruchteilsgemeinschaft** (*FinVerw* DB 1999, 1878; *Poll* DStR 1999, 477; **aA** *Stahl* KÖSDI 1998, 11533; *Meyer/Ball* FR 1998, 1075; hierzu *Brandenberg* DB 1998, 2488; *Neu* Inf 1999, 492; *Weber* FR 2006, 572) – ggf konkludente Begründung einer GbR (BFH/NV 2002, 185) – sowie bei einer **mittelbaren Beteiligung** an der Betriebspersonengesellschaft (BFHE 136, 287, BStBl II 1982, 662) und der Beherrschung der Betriebspersonengesellschaft über eine Komplementär-GmbH (BFHE 137, 67, BStBl II 1983, 136; **aA** *Kroschel/Wellisch* DStZ 1999, 167).

Voraussetzung einer mitunternehmerischen Betriebsaufspaltung ist **Gewinnerzielungsabsicht,** die – anders als bei der klassischen – bei unentgeltlicher oder teilentgeltlicher Nutzungsüberlassung fehlen mag (*BMF* BStBl I 1998, 583; 2005, 458 Nr 1; *Wendt* FR 2006, 25). Eine nicht-gewerbliche Tätigkeit der Betriebsgesellschaft hindert eine mitunternehmerische Betriebsaufspaltung ebenfalls (BFHE 211, 305, BStBl II 2006, 173).

215 **Verhältnis zur Betriebsverpachtung.** Die Betriebsverpachtung (§ 7 Anm 62) ist dadurch gekennzeichnet, dass dazu *alle* wesentlichen Betriebsgrundlagen verpachtet werden müssen und bei Beendigung des Pachtverhältnisses der Betrieb in bisheriger Weise fortgesetzt werden kann (BFHE 155, 536, BStBl II 1989, 363). Bei der Betriebsaufspaltung genügt dagegen *eine* der Grundlagen. Werden im Rahmen einer „qualifizierten Betriebsaufspaltung" *alle* wesentlichen Betriebsgrundlagen insgesamt an die Betriebsgesellschaft verpachtet (BFHE 199, 124, BStBl II 2002, 527), entfällt das dem Verpachtenden steuerrechtlich sonst eingeräumte Wahlrecht, bei Beginn der Verpachtung die Betriebsaufgabe zu erklären oder gewerbesteuerfrei den Betrieb als verpachteten fortzuführen (Nachrang der Betriebsverpachtungsgrundsätze, vgl BFHE 174, 503, BStBl II 1994, 922; BFH/NV 2000, 1135; *BMF* BStBl I 1994, 771). Zur Fortsetzung einer aufgegebenen Betriebsaufspaltung als Verpachtungsbetrieb s Anm 257.

216 **Unentgeltliche Betriebsaufspaltung.** Auch eine **unentgeltliche** schuldrechtliche Nutzungsüberlassung genügt (BFHE 164, 385, BStBl II 1991, 713; BFHE 184, 512, BStBl II 1998, 254; BFH/NV 2000, 1278). Der BFH hat trotz Unentgeltlichkeit wegen der Austauschbarkeit von (höheren) Ausschüttungen zzgl Wertsteigerungen des Anteils und der Nutzungsentgelte Gewinnerzielungsabsicht des Besitzunternehmens angenommen; das gilt auch bei Anwendung des Halbeinkünfteverfahrens (*Märkle* DStR 2002, 1153; **aA** die Gewinnerzielungsabsicht bei den in Betracht kommenden verschiedenen Gestaltungen in Frage stellend *Fichtelmann* FR 1992, 442; EStB 2003, 223; ähnlich *Dörner* Inf 1996, 587). Zur mitunternehmerischen Betriebsaufspaltung s jedoch Anm 214.

Besteht die unentgeltliche Betriebsaufspaltung mit **mehreren Besitzpersonengesellschaften,** dann ist Gewinnerzielungsabsicht nur bei der die Betriebsaufspaltung zuerst begründenden Gesellschaft anzunehmen; besteht diesbezüglich Gleichzeitigkeit bei mehreren Gesellschaften, besteht wohl ein Wahlrecht der beteiligten Gesellschafter (ebenso *Schallmoser* DStR 1997, 49).

217 **Vor- und Nachteile der Betriebsaufspaltung.** Das vom Besitzunternehmen an die Betriebsgesellschaft verpachtete Vermögen ist grundsätzlich zivilrechtlich von der **Haftung** für Verbindlichkeiten der GmbH ausgenommen. Das kann bei einer unzureichend mit Kapital ausgestatteten GmbH zweifelhaft sein: ggf Einbeziehung der verpachteten Betriebsgrundlagen in das Aktivvermögen der GmbH auf Grund von § 32a Abs 3 GmbHG (vgl *Fichtelmann,* Betriebsaufspaltung im Steuerrecht, 10. Aufl 1999, Rz 62ff; s aber BGH GmbHR 1980, 28). Gehaftet wird aber idR für Altverbindlichkeiten (zur Begrenzung der Haftung nach § 26 HGB s

Renaud/Markert BB 1988, 1060). Auch eine Haftung nach § 74 AO ist möglich (*Jestädt* DStR 1989, 243). Möglichkeiten der Fremdfinanzierung bei *Dörner* Inf 2005, 867.

Die Möglichkeit der Betriebsaufspaltung auch bei fehlender Personenidentität (Beteiligungsidentität) lässt im Besitzunternehmen die vermögensmäßige Teilhabe insbesondere von Angehörigen zu, die andererseits von maßgeblichen Entscheidungen für das Betriebsunternehmen ausgeschlossen bleiben sollen. Siehe zu den Vor- und Nachteilen auch *Rose* DStBTag 1982, 95; *Märkle* BB 1994, 831, *Buchheister* BB 1996, 1867; *Randenborgh* DStR 1998, 22; *Kiesel* DStR 1998, 962; *Neufang* Inf 1999, 13; *Weilbach* BB 1990, 829.

In **steuerlicher Hinsicht** (vgl zum Belastungsvergleich GmbH/Betriebsaufspaltung nach der Unternehmenssteuerreform *Kessler/Teufel* BB 2001, 17, DStR 2001, 689) kommt insb in Betracht: Abzugsfähigkeit der Geschäftsführervergütung einschließlich Pensionsrückstellung; Halbeinkünfteverfahren; günstiger KSt-Satz, ggf KSt-Freistellung; Einsparung der KiSt bei der GmbH; Ausgleich der gewstpfl Pachteinnehmen über § 35 EStG. Die betriebaufspalterische Besitzgesellschaft genießt auch die Steuersubventionen, die an ein gewerbliches Unternehmen anknüpfen (vgl zur Investitionszulage Anm 265). Zu den Gestaltungsmöglichkeiten bei der steuerrechtlichen Betriebsaufspaltung s auch *Schneeloch* DStR 1986, Beihefter zu Heft 10 sowie *Dörner* Inf 1996, 587; *Thiel/Rödder* FR 1998, 401. **Nachteilig** ist die Besteuerung von realisierten Wertsteigerungen beim BV des Besitzunternehmers, das ohne Betriebsaufspaltung PV wäre; ein gewisser Ausgleich besteht nach §§ 13 a, 19 a ErbStG für das BV (*Kroschel/Wellisch* DB 1998, 1632; *Vorwold* BB 1999, 1300). Soweit die Betriebs-GmbH selbst **Verluste** erzielt, können diese **nicht** mit den Einkünften der am Besitzunternehmen beteiligten Personen **saldiert** werden, auch nicht wie im Organkreis mit solchen aus dem Besitzunternehmen. **Gewerbesteuerrechtliche Doppelerfassungen** sind möglich (vgl Anm 262). Die **Steuerhaftung** besteht nach § 74 AO auch bei der Betriebsaufspaltung (hierzu *Jestädt* DStR 1989, 243).

Schließlich kann das Besitzunternehmen als Personengesellschaft anders als die GmbH den Freibetrag nach § 11 Abs 1 GewStG in Anspruch nehmen; bei der mitunternehmerischen Betriebsaufspaltung zweimal. Nach *Fichtelmann* (GmbHR 1996, 580; **aA** *Felix* StB 1997, 145) soll der Freibetrag nach § 11 Abs 1 mehrfach in Anspruch genommen werden können, wenn die Eigner der Grundstücke mehrere Mietverträge mit der Kapitalgesellschaft abschließen. Fraglich ist jedoch, ob jedes Mietverhältnis aufseiten der Eigentümer einen eigenständigen Gewerbebetrieb begründet.

Schon vor der Unternehmenssteuerreform (durch Wegfall der Vermögensteuer) und erst recht nach der Reform – ab EZ 2001 – haben sich die Aspekte insb durch die Wirkungen des § 35 EStG erheblich verändert. Die klassische Betriebsaufspaltung – s Anm 202, 207 – hat im Belastungsvergleich ihre „Spitzenposition" gegenüber dem Einzelunternehmen und der GmbH verloren. Daran dürfte sich durch die Neuregelung der Hinzurechnung von Nutzungsentgelten (§ 8 Nr 1 d–f) nichts geändert haben. Dagegen gewinnt die sog „umgekehrte Betriebsaufspaltung" an Attraktivität (vgl zu allem *Kessler/Teufel* BB 2001, 17; DStR 2001, 869; *Haritz/Wisniewski*

GmbHR 2000, 789, 793; *Salzmann* DStR 2000, 1329, 1333). Zum **UntStRefG** 2008 *Wehrheim/Rupp* BB 2008, 920.

218 **Sachliche Voraussetzungen der Betriebsaufspaltung** (vgl H 15.7 Abs 5 EStH; Übersicht bei *Ritzrow* StW 2003, 95). **Nutzungsüberlassung** von wesentlichen Betriebsgrundlagen in Gestalt von materiellen und immateriellen WG (vgl BFHE 210, 345, BStBl II 2006, 457; Anm 223), sei es auf schuldrechtlicher, sei es auf dinglicher Grundlage (BFHE 198, 137, BStBl II 2002, 662). Wesentliche Betriebsgrundlagen müssen **nicht notwendig im Eigentum** des Besitzunternehmens stehen (BFHE 86, 621, BStBl III 1966, 601; BFHE 158, 245, BStBl II 1989, 1014; BFHE 154, 387, BStBl II 1989, 54; BFH/NV 1993, 95; 2002, 781). Davon abgesehen kann auch eine **mittelbare Nutzungsüberlassung** (A vermietet an B zum Zwecke der Weitervermietung an das von A beherrschte Betriebsunternehmen) eine Betriebsaufspaltung begründen (BFHE 197, 254, BStBl II 2002, 363); anders jedoch, wenn die Nutzungsüberlassung nicht zu diesem Zweck erfolgt (BFH/NV 2007, 2175; hierzu *Söffing* DB 2006, 2479; *Wendt* FR 2007, 83). Auch eine nur **vorübergehende** sachliche Verflechtung (zB bei Vermietung für eine zu überbrückende Zeit) ist geeignet, eine Betriebsaufspaltung zu begründen, weil sie bis dahin als unternehmerisches Instrument der Beherrschung fungiert (BFH/NV 2004, 180) und die – alsbaldige – Beendigung nicht auf die Begründung zurückwirkt (aA *Fichtelmann* Inf 1997, 460).

Was als **wesentliche Betriebsgrundlage** – die Verpachtung einer von mehreren genügt (BFHE 112, 391, BStBl II 1974, 613; BFH/NV 2000, 1135) – beurteilt werden muss, hängt vom Einzelfall ab.

Anders als bei der Betriebsveräußerung ist für die Wesentlichkeit die **funktionale Bedeutung** eines Wirtschaftsguts und weniger das Ausmaß seiner stillen Reserven maßgebend (vgl § 7 Anm 61; BFH 158, 245, BStBl II 1989, 1014; BFHE 184, 425, BStBl II 1998, 104; BFHE 202, 535, BStBl II 2003, 757; *Hörger* DStR 1998, 233; krit *Wendt* FR 1999, 29; H 15.7 Abs 5 EStH). Daher sind **funktional zusammenhängende** WG auch zusammen zu gewichten (BFHE 166, 82, BStBl II 1992, 334). Überholt ist mE die Rechtsprechung, die nur noch solche **Gebäude und Grundstücke** als wesentliche Betriebsgrundlage angesehen hat, die von der Besitzgesellschaft für die Zwecke der Betriebsgesellschaft **hergerichtet** worden sind (BFHE 154, 539, FR 1988, 18; BFHE 145, 396, BStBl II 1986, 299; BFHE 145, 401, BStBl II 1986, 296).

219 Die **neuere Rechtsprechung** stellt wieder verstärkt darauf ab, ob das Grundstück unabhängig von der besonderen Gestaltung für die Betriebsgesellschaft für die Erreichung des Betriebszwecks erforderlich ist (BFHE 165, 125, BStBl II 1991, 773) und besonderes Gewicht hat (BFHE 182, 216, BStBl II 1997, 437, 439; BFHE 183, 127, BStBl II 1997, 569; BFHE 192, 474, BStBl II 2000, 621; BFH/NV 1999, 758; 2000, 1084). Maßgebend ist die **innere Struktur des Betriebsunternehmens** (BFH/NV 2003, 41; 910; 2004, 180); hierfür sind nicht einzelne Teile, sondern ist das Grundstück im Ganzen zu beurteilen (BFH/NV 1991, 90, 91; 1992, 247). Für die Frage des Gewichts können verschiedene Gesichtspunkte von Bedeutung sein, ua die individuelle (BFHE 145, 396, BStBl II 1986, 299; BFHE

145, 401, 407, BStBl II 1986, 296; BFHE 154, 539) oder branchenübliche (BFH/NV 1991, 93; BStBl II 1991, 336) Gestaltung, seine Anpassung an den Betriebsablauf; BFHE 183, 100, BStBl II 1997, 565; BFH/NV 1993, 160), seine auf den Betrieb bezogene Gliederung und Bauart (BFHE 158, 245, BStBl II 1989, 1011; BFH/NV 1992, 312), seine auf den Betrieb zugeschnittene Lage (BFHE 167, 499, BStBl II 1992, 723; BFH/NV 1993, 167) und Größe (BFHE 145, 396, BStBl II 1986, 299; BFHE 192, 474, BStBl II 2000, 621). Hierbei kann sich die besondere Gestaltung aus der räumlichen Zusammenfassung von Betriebsteilen (BFHE 166, 82, BStBl II 1992, 334; BFHE 169, 389, BStBl II 1993, 233), aber auch aus dem zeitlichen Zusammenhang zwischen Errichtung des Betriebsgebäudes, der Vermietung und der Aufnahme des Betriebes in diesem Gebäude ergeben (BFH/NV 1993, 95; 1993, 169; 1993, 528; vgl im Übrigen BFHE 163, 460, BStBl II 1991, 405).

Zum Teil wird darauf abgestellt, ob das Grundstück – wie das Geschäfts- **220**
lokal im Einzelhandel – die **örtliche** (BFHE 158, 245, BStBl II 1989, 1014) **und sachliche Grundlage der betrieblichen Organisation** bildet, also die Eigenart des Betriebes bestimmt und ob die Ausübung des Gewerbes ohne ein entsprechendes (nicht dieses!) Objekt nicht möglich ist (BFHE 167, 499, BStBl II 1993, 723; BFH/NV 1994, 265; 1999, 39). Das ist sicher dann der Fall, wenn sich auf dem Grundstück sämtliche für den Betriebsablauf erforderlichen Räume befinden (BFH/NV 1994, 15).

Keine wesentliche Betriebsgrundlage liegt vor, wenn das Grundstück für die Betriebsgesellschaft **qualitativ** (Betriebsablauf) oder **quantitativ** (Größe) von **geringem Gewicht** ist (BFHE 183, 100, BStBl II 1997, 565; BFH/NV 1999, 39; 758); das ist jedoch bei einem Anteil von 22% am gesamten Grundbesitz nicht der Fall (BFHE 169, 452, BStBl II 1993, 245; BFH/NV 1992, 312; 2006, 1455). Str ist die **relative Grenze** (*Weber-Grellet* DStR 1993, 271: 20%; *Kempermann* FR 1993, 593; 10%); nach BFH/NV 2006, 1453 ist ein Raum von 18,5 qm ≙ 7,45% keine wesentliche Betriebsgrundlage. Ggf kann die **absolute** Größe zu beachten sein (offen in BFHE 214, 343, BStBl II 2006, 804; vgl FG Köln EFG 2006, 832 nrkr). Die Frage nach dem **Gewicht** stellt sich nicht, wenn das gesamte Anlagevermögen des Besitzunternehmens verpachtet wird (qualifizierte Betriebsaufspaltung, BFH/NV 1994, 162; 2000, 1135). Ebenso wenig wenn das WG (Räumlichkeiten) funktional wesentlich ist (BFHE 216, 559, BStBl II 2007, 524).

Ebenfalls keine wesentliche Betriebsgrundlage liegt vor, wenn der Stpfl jederzeit am Markt ein gleichwertiges Grundstück erwerben kann (BFH BStBl II 1991, 336; BFHE 166, 82, BStBl II 1992, 334). Gleichwohl steht die **Austauschbarkeit** der Annahme einer wesentlichen Betriebsgrundlage nicht entgegen; erforderlich ist problemlose Austauschbarkeit ohne irgendwelche Nachteile für die Betriebsführung (vgl BFHE 168, 96, BStBl II 1992, 830; BFH/NV 1993, 95; Anm *Söffing* FR 1992, 592; *Hoffmann* BB 1993, 118). Das **Kriterium der Austauschbarkeit** hat der BFH neuerdings aufgegeben und auf die Erforderlichkeit aus innerbetrieblichen Gründen abgestellt (BFHE 168, 96, BStBl II 1992, 834; BFHE 171, 476, BStBl II 1993, 718; BFH/NV 1994, 15; 2003, 910; ebenso *Kempermann*

FR 1993, 593), wofür bereits die Anmietung des Grundstücks spricht (BFHE 191, 505; BFH/NV 2000, 1278; 2004, 1253), bzw darauf, dass der Betrieb aus örtlichen oder sonstigen, innerbetrieblichen Gründen ohne das Grundstück nicht fortgeführt werden kann (BFHE 183, 100, BStBl II 1997, 565; BFHE 192, 474, BStBl II 2000, 621; BFH/NV 2003, 41; 1321). Die Austauschbarkeit ist demnach lediglich ein Indiz von mehreren (BFH/NV 1994, 228, 265). In der Regel dürfte es sogar so sein, dass ein Grundstück nicht ohne weiteres problemlos ausgetauscht werden kann (BFH/NV 1994, 65). Auch ein „Allerweltsgebäude" kann wesentliche Betriebsgrundlage sein (*Patt* EStB 2006, 454).

221 **Bejaht** wurde eine wesentliche Betriebsgrundlage zB für eine **Fabrikationshalle,** auch wenn nur teilweise genutzt (BFH/NV 1994, 303), **Fabrikgebäude** bzw **-grundstücke** (BFHE 166, 82, BStBl II 1992, 334; BFHE 166, 55, BStBl II 1992, 347; BFHE 165, 420, BStBl II 1992, 349; BFHE 168, 96, BStBl II 1992, 830 jeweils mwN) sowie für **andere Gebäude,** die Lager-, Betriebs- und Verwaltungsräume umfassen (BFH/NV 2000, 1084), **Allzweckhalle** eines Bäckereibetriebes (BFH/NV 1993, 523), Ausstellungs- bzw Lagerhalle im Möbeleinzelhandel (BFH BStBl II 1991, 336; BFHE 163, 460, BStBl II 1991, 405; BFH/NV 1994, 65; 1995, 597), **Lagerhalle** eines Großhandelsbetriebs (BFHE 172, 200, 208, BStBl II 1994, 15; BFHE 179, 379, BStBl II 1995, 890; BFH/NV 2001, 1252; so inzwischen auch *OFD Cottbus* FR 1995, 331) ebenso eines Fertigungsbetriebes (BFHE 181, 284, BStBl II 1997, 44; BFH/NV 2005, 197), die Werkhalle eines Bauhofs (BFHE 182, 216, BStBl II 1997, 437, 439), Werkstattgebäude (BFH/NV 2004, 180), **Hotelgrundstück** (BFHE 112, 391, BStBl II 1974, 613), Gemeinschaftseinrichtungen und Appartements eines Hotels (BFHE 183, 127, BStBl II 1997, 569), Hotelgebäude (BFHE 158, 245, BStBl II 1989, 1014; BFHE 169, 231, BStBl II 1993, 134), **Bürogebäude und -räume** (BFHE 110, 368, BStBl II 1973, 869; BFHE 183, 100, BStBl II 1997, 565; BFH/NV 2001, 1252; 2003, 1321, wenn für betriebliche Zwecke hergerichtet; zust *Wehrheim* DStR 1999, 1803; *differenzierend* BFHE 100, 411, BStBl II 1971, 61; BFHE 192, 474, BStBl II 2000, 621; BFHE 202, 535, BStBl II 2003, 757; BFHE 211, 312, BStBl II 2006, 176; BFHE 214, 343, BStBl II 2006, 804; BFH/NV 1998, 1091; 1999, 1001; BFH/NV 2006, 1455, wenn unabhängig vom Gegenstand des Unternehmens räumliche und funktionale Grundlage der Geschäftstätigkeit der Betriebsgesellschaft, BFH/NV 2001, 438; 894; 1252; 2002, 1130; Billigkeitsregelung durch *BMF* BStBl I 2001, 634; 2002, 88, 647; zum Problem *Kempermann* FR 1993, 593, 596, DStR 1997, 1441; *Fischer* FR 2001, 33; zweifelnd *Binz* DStR 1996, 565; *Märkle* BB 2000, Beih 7, S. 10; DStR 2002, 1109; *Stahl* KÖSDI 2003, 13796); das gilt nicht für SonderBV (BFH BStBl II 2008, 863); **Verbrauchermarktgrundstück** (BFHE 134, 126, BStBl II 1982, 60; zum Betrieb gewerblicher Art *FinVerw* DStR 2004, 727), **Warenhausgrundstück** (BFHE 127, 214, BStBl II 1979, 366), **Ladenlokal** eines Einzelhandelsbetriebes (BFHE 167, 449, BStBl II 1992, 723, Anm *Kanzler* FR 1992, 590; BFHE 169, 452, BStBl II 1993, 245).

Unbebaute Grundstücke können bei entsprechendem Funktionszusammenhang bzw Betriebsnotwendigkeit wesentliche Betriebsgrundlage sein (BFHE 185, 500, BStBl II 1998, 478), was sich durch bedarfsentsprechende Gestaltung (BFHE 198, 137, BStBl II 2002, 662) oder einen sonstigen Bezug (Abstellfläche vor Betriebsgebäude) dokumentieren kann (BFHE 210, 415, BStBl II 2005, 830).

Auch die Begründung und Überlassung eines **Erbbaurechts** zur betrieblichen Nutzung kann wesentliche Betriebsgrundlage sein (BFHE 198, 137, BStBl II 2002, 662), jedoch nur wenn und solange das Grundstück selbst oder ein Nießbrauchsrecht hieran beim Erbbaurechtsbesteller (beherrschender Gesellschafter der Betriebsgesellschaft) verbleibt (Einzelheiten hierzu bei *Meyer/Ball* DB 2003, 1597).

Verneint wurde eine wesentliche Betriebsgrundlage zB bei nicht be- 222
triebsnotwendigen fremdvermieteten (BFHE 133, 176, BStBl II 1981, 566; BFHE 123, 464, BStBl II 1978, 67), nur zu Vorratszwecken angeschafften Grundstücken bzw bei nur vorübergehender Nutzung oder nur kurzzeitigem Eigentum des Gesellschafters (BFHE 100, 411, BStBl II 1971, 61) oder ihrer Art nach nicht für gewerbliche Zwecke bestimmte Gebäude (ehemalige Schule, BFHE 154, 539, FR 1988, 18). Bei Vermietung nur von **Gebäudeteilen** sollte nach FG Th EFG 2001, 687 keine sachliche Verflechtung bestehen, aufgeh von BFH/NV 2003, 1321: sachl Verflechtung wegen räumlicher u funktionaler Grundlage für die Betriebsgesellschaft.

Sonstiges Anlagevermögen kann wesentliche Betriebsgrundlage sein, 223
wenn es dem Betrieb das Gepräge gibt bzw für die Betriebsführung wirtschaftliches Gewicht besitzt (BFHE 123, 464, BStBl II 1978, 67). Dies gilt zB für **Maschinen** u andere Produktionsanlagen, jedoch abhängig von Branche und Eigenart des Betriebes (**bejaht:** BFHE 156, 158, BStBl II 1989, 458 – Torfabbaumaschine; BFHE 158, 245, BSBl II 1989, 1014 – Autowerkstatt; BFHE 180, 436, BStBl II 1996, 527 – Fabrikation; BFH/NV 1995, 385 – Dreschmaschine für Lohndrescherei; FG Düsseldorf EFG 2004, 41 rkr; 2006, 264 rkr; **verneint:** BFHE 127, 21, BStBl II 1979, 300 – Metzgerei; BFHE 129, 325, BStBl II 1980, 181 – Bäckerei, Hotel; BFHE 171, 468, BStBl II 1993, 710; BFHE 208, 215, BStBl II 2005, 340 – kurzfristig wiederbeschaffbare **einzelne** Maschinen in Fabrikation; BFH/NV 2004, 1262 entsprechend in Montage- bzw. Reparaturbetrieb). Bei **immateriellen WG** ist die Rspr uneinheitlich: **bejaht** für: gewerbliche Schutzrechte (BFHE 110, 368, BStBl II 1973, 869), Erfindungen (BFHE 125, 280, BStBl II 1978, 545; BFHE 166, 206, BStBl II 1992, 415; BFHE 187, 36, BStBl II 1999, 281; BFHE 210, 345, BStBl II 2006, 457) BFH/NV 1990, 522; Abgrenzung zum Patentkauf (BFHE 152, 539, BStBl II 1988, 537); Firmenwert bzw Kundenstamm (BFH/NV 2006, 1453), Werberechte (BFH/NV 1997, 825); **verneint** für nichtpatentfähige Erfindungen (BFHE 154, 539, DB 1989, 26; mE aber zu bejahen für ein ungeschütztes Erfinderrecht, vgl BFHE 172, 341, BStBl II 1994, 168). Maßgebend ist der für das Betriebsunternehmen erwirtschaftete Umsatz (BFH/NV 1990, 99). Zum Patent als wesentlicher Betriebsgrundlage bei Umsatzbeteiligung als Entgelt s FG Saarl EFG 1987, 131 rkr. Dabei genügt es, wenn das betreffende Anlagevermögen wesentliche Grundlage für einen

von **mehreren Funktionsbereichen** des Betriebsunternehmens ist (BFHE 127, 214, BStBl II 1979, 366). Ein **Darlehen allein** ist idR keine wesentliche Betriebsgrundlage (BFHE 156, 138, BStBl II 1989, 455; **aA** *Fichtelmann* GmbHR 2006, 345).

Auch **Umlaufvermögen** im Rahmen eines gewerblichen Grundstückshandels kann zur wesentlichen Betriebsgrundlage (Anlagevermögen) einer unechten Betriebsaufspaltung werden (BFH/NV 2001, 1641).

224 **Personelle Voraussetzungen** (H 15.7 Abs 6 bis 8 EStH; Übersicht bei *Ritzrow* StW 2004, 161). Eine oder mehrere Personen zusammen (Personengruppe) sind in der Lage, sowohl das Besitzunternehmen als auch das Betriebsunternehmen in dem Sinne zu beherrschen, dass sie in beiden Unternehmen einen einheitlichen geschäftlichen Betätigungswillen durchsetzen können (grundsätzlich BFHE 103, 440, BStBl II 1972, 63; vgl auch BFHE 145, 401, BStBl II 1986, 296; BFHE 169, 389, BStBl II 1993, 233; BFHE 191, 390, BStBl II 2002, 774). Es kommt also auf die **Möglichkeit der Durchsetzung,** nicht auf die tatsächliche Durchsetzung an (BFHE 112, 391, BStBl II 1974, 613). Daher sind auch vorübergehende Verhältnisse – so lange sie währen – zu berücksichtigen (zum Erbfall BFH v 21. 4. 2005, GmbHR 2005, 1505; aA *Fichtelmann* Inf 1997, 460). Eine Personenidentät bzw **Beteiligungsidentität** der Organe bzw der an der Besitz- und Betriebsgesellschaft beteiligten Personen ist nicht erforderlich; es genügt **Beherrschungsidentität** (BFH/NV 1997, 825).

Die Personengruppe darf nicht nur zufällig, sondern muss zweckgerichtet in Verfolgung wirtschaftlich **gleichgerichteter Interessen** zusammengekommen sein (BFHE 106, 325, BStBl II 1972, 796; BFHE 191, 295, BStBl II 2000, 417; BFH/NV 1994, 15; 2000, 1084). Insofern wird von der *„Theorie der bewusst geplanten Doppelgesellschaft"* gesprochen (*MK* DStR 2000, 818; *Märkle* DStR 2002, 1109; krit *Gosch* StBp 2000, 185). Erwerb der Beteiligungen durch Erbgang steht dem nicht entgegen (BFH/NV 1993, 528). Der Beherrschungswille muss sich auf jeden Fall auf das Nutzungsverhältnis hinsichtlich der wesentlichen Betriebsgrundlagen beziehen. Dieses darf nicht gegen den Willen der das Besitzunternehmen beherrschenden Personen(gruppe) aufgelöst werden können (BFHE 169, 231, BStBl II 1993, 134). Der Doppelgesellschafter fördert kraft seiner Mehrheitsbeteiligungen über die Betriebsgesellschaft seine verpachtende Tätigkeit (BFHE 158, 245, BStBl II 1989, 1014; BFHE 181, 284, BStBl II 1997, 447). Eine Betriebsaufspaltung liegt in Abweichung von der Fallgestaltung in BFHE 181, 284, BStBl II 1997, 44 (vgl Anm 228) nicht vor, wenn nur einer der beiden Gesellschafter oder Geschäftsführer der BesitzGbR an der BetriebsGmbH beteiligt ist (BFHE 191, 390, BStBl II 2002, 774) und die Beschlüsse in der GbR einstimmig gefasst werden müssen (BFHE 1987, 570; 1988, 397).

Die Möglichkeit der personellen Verflechtung ist nicht davon abhängig, dass die an die Betriebsgesellschaft überlassenen Wirtschaftsgüter im Eigentum des Besitzunternehmens stehen (BFHE 86, 621, BStBl II 1966, 601; BFHE 158, 245, BStBl II 1989, 1014; BFH/NV 1993, 95). Der Idealfall des für eine Betriebsaufspaltung vorausgesetzten einheitlichen geschäftlichen Betätigungswillens ist die **Beteiligungsidentität** bei Besitz- und Betriebsunternehmen.

Beispiel 1: A und B sind zu je Gesellschafter einer BGB-Gesellschaft und einer GmbH. Die GmbH nutzt entgeltlich ein Werksgelände, das sich im Gesamthandsvermögen der BGB-Gesellschaft befindet. Die Voraussetzungen einer Betriebsaufspaltung sind erfüllt (BFHE 108, 492, BStBl II 1973, 447; BFHE 166, 55, BStBl II 1992, 347, BStBl II 1992, 349).

Beispiel 2: A ist Alleininhaber des Besitzunternehmens und beherrscht gleichzeitig die Betriebs-GmbH (ähnlich BFHE 105, 495, BStBl II 1972, 634).

Personelle Verflechtung besteht nach der **Personengruppentheorie** 225
aber auch dann, wenn der Gesellschafterbestand an Besitz- und Betriebsunternehmen nur teilweise identisch ist und eine Gruppe beherrschend tätig wird oder wenn die Mitglieder der (herrschenden) Gruppe an beiden Gesellschaften in unterschiedlicher Höhe beteiligt sind (BFHE 191, 295, BStBl II 2000, 417; BFH/NV 2000, 1084; 2001, 1561; 2002, 185; verfassungsgemäß, BVerfG DStZ 2004, 458). Die **Beherrschungsidentität** ergibt sich aus dem einheitlichen geschäftlichen Betätigungswillen.

Ausnahmen gelten nur bei extrem **entgegengesetzten Beteiligungs-** 226
verhältnissen am Besitzunternehmen und am Betriebsunternehmen (BFHE 154, 566, BStBl II 1989, 152), etwa beispielsweise wenn bei Beteiligungsidentität A am Besitzunternehmen mit 10% und am Betriebsunternehmen mit 90% beteiligt ist und B umgekehrt. Extrem unterschiedliche Beteiligungsverhältnisse werden noch nicht angenommen bei 10% zu 90% in der Betriebs-GmbH und 50% zu 50% in der Besitzgemeinschaft (BFHE 150, 356, BStBl II 1987, 858), bei 50% zu 50% in der Personengesellschaft und 98% zu 2% in der Betriebsgesellschaft (BFHE 174, 80, BStBl II 1994, 466) sowie bei 60:40 in der BesitzGbR und 40:60 in der BetriebsGmbH (BFHE 191, 295, BStBl II 2000, 417). Der einheitliche geschäftliche Betätigungswille ergibt sich aus der **bewussten Doppelkonstruktion,** die die Gesellschafter ungeachtet der entgegengesetzten Mehrheitsverhältnisse in beiden Unternehmen dazu zwingt, insgesamt zu gemeinsamen Entscheidungen zu gelangen (BFH/NV 2000, 1084; 2001, 1561; 2002, 185; *Märkle* DStR 2002, 1109; **krit** *Gosch* StBp 2000, 185). Auf keinen Fall genügt es aber, wenn die Personen, die das Betriebsunternehmen beherrschen, das Besitzunternehmen nur mittelbar über eine GmbH beherrschen (sog Durchgriffsverbot, vgl BFHE 169, 231, BStBl II 1993, 134 mwN). Zur mittelbaren Beherrschung der Betriebsgesellschaft vgl Anm 242.

Trotz geeigneter Mehrheitsverhältnisse ist allerdings keine Betriebsauf- 227
spaltung anzunehmen, wenn **ständige**, durch konkrete Tatsachen belegte **Interessengegensätze** bestehen (BFHE 116, 277, BStBl II 1975, 781; BFH/NV 1997, 528). Das einfache Behaupten solcher Gegensätze reicht jedoch ebenso wenig (BFHE 136, 287, BStBl II 1982, 662) wie das Bestehen unterschiedlicher Motive der Gesellschafter oder gelegentliche Meinungsverschiedenheiten; vielmehr müssen sich die an der Betriebsgesellschaft beteiligten Gesellschafter bei der Willensbildung im Besitzunternehmen erkennbar blockieren (BFHE 183, 127, BStBl II 1997, 569), so dass der Wille, die geschäftliche Betätigung durch die „Doppelkonstruktion" (Anm 224) zu verwirklichen, ausgeschlossen werden kann (BFH/NV 2001, 1561). Hieran kann im Einzelfall eine im Übrigen rechnerisch mög-

liche Betriebsaufspaltung mit mehreren Besitzpersonengesellschaften scheitern (*Fichtelmann* GmbHR 1996, 580).

228 **Beherrschung** geschieht grundsätzlich (Ausnahme Anm 131) mit den **Mitteln des Gesellschaftsrechts,** also mit der durch die Anteile gegebenen Mehrheit der Stimmen (BFHE 171, 496, BStBl II 1993, 876; BFHE 174, 80, BStBl II 1994, 466; BFHE 182, 216, BStBl II 1997, 437). Es genügt einfache Mehrheit; das Erfordernis einer 75%igen Mehrheit wurde aufgegeben (BFHE 129, 279, BStBl II 1980, 162). Ausschlaggebend ist die aus den Mehrheitsverhältnissen abzuleitende **Möglichkeit** der **tatsächlichen Beherrschung** beider Unternehmen (vgl BFHE 106, 325, BStBl II 1972, 796; BFHE 110, 368, BStBl II 1973, 869; BFHE 114, 433, BStBl II 1975, 266). Maßgebend ist der **Gesellschaftsvertrag;** (Stimmrechts)Vereinbarungen sind beachtlich (BFHE 151, 457, BStBl II 1989, 96; *Natschke* StBp 2000, 133). Gegen ein generelles Abstellen auf die rein tatsächliche Beherrschung BFHE 186, 397; 187, 570 (gegen *Beisse* FS L. Schmidt, 1993, 455). Auch BFH/NV 1990, 562; BFHE 159, 480, BStBl II 1990, 500; BFHE 169, 231, BStBl II 1993, 134; BFHE 183, 127, BStBl II 1997, 569, 572 stellen grundsätzlich auf die **Mehrheitsverhältnisse** ab, sofern kraft Gesetz (§ 745 BGB) oder Vertrag (§ 709 BGB) wenigstens für Geschäfte des täglichen Lebens das Mehrheitsprinzip maßgeblich ist und der Gesellschaftsvertrag hierfür nicht eine qualifizierte Mehrheit vorsieht (vgl BFH BStBl II 1993, 876; BFH/NV 1991, 439; 1991, 454; 1992, 551; 1998, 852). Ist dem so, dann ist trotz des Erfordernisses von Einstimmigkeit oder qualifizierter Mehrheit in besonderen Fällen Beherrschung gegeben (BFHE 181, 284, BStBl II 1997, 44; FG Nürnberg DStRE 2006, 671 NZB; *BMF* BStBl I 2002, 1028; *Kempermann* GmbHR 2005, 317). Hierbei stellt die Entscheidung über die Verpachtung der (wesentlichen) Wirtschaftsgüter keine des gewöhnlichen Betriebs des Handelsgewerbes dar (vgl FG München EFG 1991, 416; krit *Söffing* BB 1998, 397; Die Betriebsaufspaltung 3. Aufl S 86; *Gschwendtner* DStR 2000, 1137; *Rätke* StuB 2000, 464). Überlässt eine Bruchteilsgemeinschaft einem Miteigentümer eine Teilfläche, die dieser über eine GmbH gewerblich nutzt, ist Beherrschung gegeben, wenn er hinsichtlich dieses Teils über Geschäfte des täglichen Lebens bestimmen kann (Nds FG EFG 2007, 1595 Rev). Das Handeln durch einen Fremdgeschäftsführer steht der personellen Verflechtung nicht entgegen (BFHE 135, 330, BStBl II 1982, 479).

Der BFH geht in nunmehr st Rspr (vgl BFHE 187, 570, BStBl II 2002, 771) davon aus, dass bei **vorgeschriebener Einstimmigkeit** in der **Besitzgesellschaft** (§ 709 Abs 1 und 2 BGB, §§ 119, 161 Abs 2 HGB; vgl zur Bruchteilsgemeinschaft § 745 BGB) die Besitz- oder Betriebsgesellschaft bei Teilidentität nicht beherrscht werden kann (vgl auch BFHE 135, 325, BStBl II 1982, 476; BFH/NV 1998, 852). Das gilt jedenfalls dann, wenn das Einstimmigkeitsprinzip auch die laufende Verwaltung der vermieteten WG, die sog „Geschäfte des täglichen Lebens" einschließt, wie regelmäßig bei der GbR (BFHE 188, 397, BStBl II 2002, 722; BFHE 187, 550, BStBl II 2002, 771; hierzu *BMF* BStBl I 2002, 1018; *Schoor* StBp 2003, 42; *Neufang* DB 2004, 730; *Wendt* FR 2000, 819; *Kempermann* GmbHR 2005, 317; krit *Neumann* DB 2003, 2356). Die personelle Verflechtung ist also nicht gegeben, wenn der Besitzgesellschaft Nur-Besitzgesellschafter angehören und vertraglich einstimmige Beschlüsse vorgeschrieben sind (vgl. BFHE 188, 570, BStBl II 2002, 772; BFHE 191, 390, BStBl II 2002, 774; s auch BFHE 210, 210, BStBl 2006, 158). Entsprechende Grundsätze gelten bei Vereinbarung des Erfordernisses einer **qualifizierten Mehrheit** für den Fall, dass die Doppelgesellschafter diese nicht erreichen.

Nach BFHE 202, 535, BStBl II 2003, 757 ist Beherrschung trotz Einstimmigkeitserfordernis möglich, wenn im Gesellschaftsvertrag einem Gesellschafter die Führung der Geschäfte überlassen wird (hierzu *Kempermann* FR 2003, 965; **krit.** *G. Söffing* BB 2004, 1303; *Gosch* StBp 2003, 309; *Kölpin* StuB 2003, 980). Das Fehlen der Befreiung des beherrschenden Besitzgesellschafters vom Verbot des Selbstkontrahierens (§ 181 BGB) hindert die personelle Verflechtung nicht, wenn jener aufgrund seiner Stellung in der Betriebsgesellschaft nicht selbst für diese auftreten muss (BFHE 215, 107, BStBl II 2007, 165).

Rechtsmissbrauch, der auch im Hinblick auf die Gestaltung von Stimmrechtsverhältnissen in Betracht kommt, wird nicht angenommen, wenn das gesetzliche Einstimmigkeitserfordernis nicht abbedungen wird (BFH/NV 2000, 601). 229

Nach BFHE 140, 90, BStBl II 1984, 212; BFHE 145, 401, BStBl II 1986, 296 soll entscheiden, ob die Grundstücksgemeinschafter tatsächlich einen zivilrechtlich zweifelhaften (s BGH DB 1989, 1715, BB 1990, 367; vgl aber BFH/NV 1998, 852) **Stimmrechtsausschluss** im Hinblick auf die Beziehung zur Betriebsgesellschaft praktizieren oder abbedungen haben (zu den Varianten *Groh* DB 1989, 752; offen gelassen in BFH/NV 1990, 563). Wird er aber tatsächlich nicht praktiziert, steht dies der Annahme der Beherrschung nicht entgegen (vgl BFHE 181, 284, BStBl II 1997, 44; BFHE 156, 138, BStBl II 1989, 455, Vetorecht). Im Übrigen gelten die Grundsätze zur „Personengruppentheorie" (Anm 225) auch für die Ausgestaltung von Stimmrechten (BFH/NV 2001, 1561).

Für die **Betriebsgesellschaft** hat das Einstimmigkeitserfordernis nicht dieselbe Bedeutung wie in der Besitzgesellschaft. Können die das Besitzunternehmen als Eigentümerin beherrschenden Mehrheitsgesellschafter und Geschäftsführer der Betriebsgesellschaft die das Nutzungsverhältnis betreffenden Geschäfte in der Betriebsgesellschaft ohne Zustimmung der Gesellschafterversammlung durchführen, ist auch in der Betriebsgesellschaft Beherrschung durch sie gegeben, wenn sie nicht gegen ihren Willen abgesetzt werden können (zB BFHE 181, 24, BStBl II 1997, 44; BFHE 212, 100, BStBl II 2006, 415; BFH/NV 2005, 545; zu langfristigen Pachtverträgen FG Nürnberg DStRE 2006, 671 nrkr; krit *Söffing* BB 2006, 1529). Entsprechendes gilt für das Erfordernis qualifizierter Mehrheiten (BFH/NV 1991, 454). Bei einer **GmbH** genügt es, wenn die Doppelgesellschafter über die einfache Mehrheit der Anteile und damit der Stimmen verfügen (§ 47 Abs 1 GmbHG; BFHE 171, 490, BStBl II 1993, 876; FG München EFG 2003, 1535 rkr). Abzustellen ist auf die Geschäfte des täglichen Lebens (s o Anm 229; BFHE 181, 284, BStBl II 1997, 44), weswegen ein Stimmrechtsausschluss (§ 47 Abs 4 GmbHR) für Geschäfte mit dem Be- 230 sitzunternehmen unerheblich sind. Insofern kann zumindest durch die Bestellung/Abberufung von Geschäftsführern der Beherrschungswille durchgesetzt werden, was für die personelle Verflechtung ausreicht (BFHE 156, 138, BStBl II 1989, 455). Die fehlende Mehrheit kann durch **Stimmrechtsvollmacht** hergestellt werden (BFHE 182, 216, BStBl II 1997, 437; *Fichtelmann* GmbHR 2006, 345 für **Stimmrechtsbindungsvertrag**). Umgekehrt besteht bei Stimmrechtsbindung zugunsten eines Nur-Besitzgesellschafters trotz einer an sich vorhandenen Stimmenmehrheit keine Beherrschung in der Betriebsgesellschaft (BFH/NV 1998, 852; *Röschmann/Frey* GmbHR 1997, 155). Zur Bestellung von **Beiräten** vgl FG Nürnberg DStRE 2006, 671 nrkr. Ist Betriebsgesellschaft eine **Personengesellschaft,** genügt für die Beherrschung grds die Mehrheit der Anteile, wenn das Mehrheitsprinzip zumindest für die Geschäfte des täglichen Lebens gilt. Keine Beherrschung bei Einstimmigkeitsprinzip auch diesbezüglich oder Bestehen eines Vetorechts des Nur-Betriebsgesellschafters im Hinblick auf das Nutzungsverhältnis bei den wesentlichen Betriebsgrundlagen (BFHE 169, 231, BStBl II 1993, 134). Für die (mitbestimmte) **AG** gelten die Grundsätze zur GmbH entsprechend (BFHE 135, 330, BStBl II 1982, 479).

231 Handelt eine **Partei kraft Amtes** (zB Testamentsvollstrecker/Insolvenz- oder Zwangsverwalter) an Stelle einer Person(engruppe), die das Betriebsunternehmen beherrscht, dann fehlt es an einem für die **Begründung** einer Betriebsaufspaltung erforderlichen einheitlichen Betätigungswillen (BFHE 143, 138, BStBl II 1985, 657). Doch kann deren *Eintreten* eine **bestehende** Betriebsaufspaltung nicht beenden (BFH BStBl II 2008, 858). Eine Zwangsbetriebsaufgabe (Anm 255 ff) tritt nicht ein.

232 **Einheitlicher geschäftlicher Betätigungswille bei Ehegatten.** Nach der Rspr des BVerfG verbietet der Grundrehtsschutz des Art 3 u 6 GG die Zusammenfassung der Beteiligungen von Eheleuten, wenn der eine *nur* in dem einen Unternehmen und der andere nur in dem anderen Unternehmen beteiligt ist oder wenn das andere Unternehmen nur zusammen mit dem Ehegatten beherrscht werden kann. Etwas anderes gilt nur, wenn sich anhand sonstiger Beweisanzeichen eine sich nicht nur durch die eheliche Lebensgemeinschaft ergebende wirtschaftliche Interessengleichrichtung feststellen lässt (BVerfGE 69, 188, BStBl II 1985, 475). Der BFH ist dem gefolgt (BFHE 147, 256, BStBl II 1986, 913; bestätigt BVerfG DStR 1988, 288). Die Rechtsprechung des BVerfG berührt also die **Personengruppentheorie** (Anm 225 ff) auch dann nicht, wenn Ehegatten bzw andere Familienangehörige beteiligt sind; denn hier beruht der vermutete Interessengleichklang auf dem zielgerichteten Zusammenschluss derselben Personen in beiden Unternehmen (BFHE 164, 543, BStBl II 1991, 801; BFHE 174, 80, BStBl II 1994, 446).

233 Daher ist eine personelle Verflechtung anzunehmen, wenn das Betriebsgrundstück und die Mehrheit der Anteile an der Betriebs-GmbH zum Gesamtgut einer ehelichen **Gütergemeinschaft** gehört (BFHE 171, 490, BStBl II 1993, 876; BFHE 215, 268, BFH/NV 2007, 149) oder wenn Ehegatten ein Grundstück zu Bruchteilen erwerben, um es an eine GmbH zu vermieten, an der sie im umgekehrten Verhältnis beteiligt sind (BFH/NV 2002, 185). Formal ist damit Gleichbehandlung von Ehegatten und

Dritten erreicht, wenngleich die bei Ehegatten gegebene Wirtschaftsgemeinschaft steuerliche Gestaltungen erleichtert (*L. Schmidt* DStR 1979, 699, 702).

Zusätzliche Beweisanzeichen (s auch H 15.7 Abs 5, 6 EStH) sind etwa unübliche Vertragsgestaltungen zwischen Besitz- und Betriebsunternehmen (vgl auch *BMF* BStBl I 1986, 537; *Heidner* DB 1990, 73), ein Stimmrechtsbindungsvertrag oder eine unwiderrufliche Stimmrechtsvollmacht (BFH/NV 1990, 99), die planmäßige gemeinsame Gestaltung mehrerer Unternehmen (überlagernde Innengesellschaft BFHE 147, 256, BStBl II 1986, 913; kritisch *Barth* DStR 1987, 211; *Lothmann* BB 1987, 1014; *Kuhfus* GmbHR 1990, 401). Solche **besonderen Umstände werden nicht darin gesehen,** dass einer der Ehegatten dem anderen einen Anteil an der Besitzgemeinschaft überträgt und gleichzeitig dessen Anteil an der Besitzgesellschaft erwirbt (BFHE 150, 356, BStBl II 1987, 858; mE ist das jedoch planmäßige Gestaltung). Ferner reichen dafür nicht aus: jahrelanges konfliktfreies Zusammenwirken der Eheleute in der Gesellschaft, Herkunft der Mittel für die Beteiligung der Ehefrau vom Ehemann, Erbeinsetzung der Ehefrau als Alleinerbin, Beteiligung zur Alterssicherung, gemeinsame nicht gleichlaufende geschäftliche Interessen (BFHE 145, 221, BStBl II 1986, 362; BFHE 145, 392, BStBl II 1986, 364; BFHE 146, 266, BStBl II 1986, 611), Prägung der Betriebsgesellschaft durch den Ehemann, Schenkung der Mittel für GmbH-Beteiligung (BFHE 159, 480, BStBl II 1990, 500).

Beim sog **Wiesbadener Modell** hält ein Ehegatte die Anteile an der **234**
Betriebsgesellschaft, während der andere Alleineigentümer einer wesentlichen Betriebsgrundlage (zB Grundstück) ist. Hier bilden die Ehegatten in keinem Unternehmen eine Personengruppe. Eine Betriebsaufspaltung ist deshalb nicht anzunehmen (BFHE 145, 129, BStBl II 1986, 359; BFHE 147, 463, BStBl II 1987, 28; BFHE 154, 566, BStBl II 1989, 152, 155; *Schoor* StBp 2003, 42). Eine Scheidungs- oder Widerrufsklausel kann aber wirtschaftliches Eigentum des Ehegatten, der die wesentliche Betriebsgrundlage oder den GmbH-Anteil geschenkt hat, an diesem WG annehmen lassen (vgl BFHE 157, 508, BStBl II 1989, 877).

Auch bei der Beteiligung **minderjähriger** Kinder (vgl hierzu das frühe- **235**
re Urteil BFHE 137, 67, BStBl II 1983, 136) ergeben sich Konsequenzen aus der BVerfG-Entscheidung (BStBl II 1985, 471, 418). Eine Zusammenrechnung ohne besondere Beweisanzeichen kann mE nur erfolgen, wenn beide Eltern an beiden Unternehmen und an einem Unternehmen das Kind (hier mit den Eltern mehrheitlich) beteiligt sind, vorausgesetzt beide Eltern sind sorgeberechtigt (R 15.7 Abs 8 Satz 1 EStR). In anderen Fällen (zB am Besitzunternehmen ein Elternteil ohne Kind mehrheitlich, am Betriebsunternehmen dieser zu 50%, das Kind zu 10%) müssen zusätzliche Beweisanzeichen für eine Interessengleichrichtung sprechen. Zu volljährigen Kindern vgl BFHE 145, 392, BStBl II 1986, 364 (grundsätzlich keine Zusammenrechnung, BFHE 141, 536, BStBl II 1984, 714; BFHE 174, 503, BStBl II 1994, 922; BFH/NV 1985, 49).

Faktische Beherrschung/Beherrschung ohne geeigneten An- 236
teilsbesitz. Ausnahmsweise kann sich die Fähigkeit, den geschäftlichen

Betätigungswillen in der **Betriebsgesellschaft** durchzusetzen, auch aus rein tatsächlichen Gegebenheiten (tatsächliche Machtstellung) herleiten lassen (BFHE 191, 390, BStBl II 2002, 774), zB Vermietung einer unverzichtbaren Betriebsgrundlage (*BMF* BStBl I 2002, 1028; *Kempermann* FR 2005, 317), auch über eine zwischengeschaltete GmbH (BFHE 197, 254, BStBl II 2002, 363). Diese müssen bewirken, dass der Beherrschende faktisch auf die zur Beherrschung führenden Stimmrechte Einfluss nehmen (BFH/NV 2002, 185), dh mindestens ein Beteiligter von seinen gesellschaftsrechtlichen Einwirkungsmöglichkeiten keinen Gebrauch machen kann (krit *Pannen* DB 1994, 1252).

237 Das ist **bejaht** worden: Verpachtung der wesentlichen Betriebsgrundlage durch den fachkundigen Ehegatten an eine Gesellschaft, an der (nur) der fachkundige Ehegatte (beherrschend) beteiligt ist (BFHE 119, 467, BstBl II 1976, 750); Beherrschung über eine Stiftung (BFHE 136, 287, BStBl II 1982, 662); Besitzgesellschafter führt Betriebsgesellschaft und kann aufgrund von Option/Vollmacht jederzeit die Mehrheit an ihr erwerben (BFHE 182, 216, BStBl II 1997, 437; BFH/NV 2002, 345).

238 **Verneint** worden ist auch bei Ehegatten: Betriebsverpachtung an GmbH mit Ehefrau als „fachunkundige" Alleingesellschafterin (BFHE 154, 566, BStBl II 1989, 152; auch bei jahrelanger konfliktfreier Zusammenarbeit); Verpachtung an GmbH, der der Verpächter das „Gepräge" gibt und dessen Alleingesellschafterin dessen Ehefrau ist (BFHE 155, 117, BStBl II 1989, 155), der eine Ehegatte die GmbH-Anteile dem Ehegatten geschenkt hatte, den Pachtvertrag kündigen konnte, Gläubiger der GmbH war und mit Ehegatten und Kindern Gesellschafter der GmbH war (BFHE 159, 480, BStBl II 1990, 500, 502; s auch BFH/NV 2000, 601); ein einfacher Vorteil auf Grund von beruflicher Vorbildung oder Erfahrung genügt auch dann nicht, wenn der Ehegatte die Besitzgesellschaft beherrscht, bei der GmbH angestellt ist und den Geschäftsanteil des anderen einziehen kann (BFHE 187, 26, BStBl II 1999, 445), bzw die Eheleute zu je 50% an der GmbH beteiligt sind (BFH/NV 1991, 454); bei Einstimmigkeitsprinzip in Besitzgesellschaft trotz Mehrheit an beiden Gesellschaften und Anmietung des Grundstücks durch einen Ehegatten (BFHE 191, 390, BStBl II 2002, 774); bei nicht vereinbarungsgemäßer Vertragsdurchführung (Hess FG EFG 1992, 25); Vereinnahmung der Miete allein durch Alleingesellschafter der Betriebsgesellschaft (FG Münster EFG 2004, 329 rkr); bei Begrenzung der Geschäftsführungsbefugnis in der BetriebsGmbH (FG Düsseldorf EFG 2004, 1632 rkr); Geschäftsführung der GmbH durch den nicht an ihr, aber am Besitzunternehmen beherrschend beteiligten Eigentümer des Betriebsgrundstücks (BFHE 141, 536, BStBl II 1984, 714). Für Treuhänder gelten dieselben Grundsätze (BFHE 150, 356, BStBl II 1987, 858).

239 Auch ein **Großgläubiger,** der die Geschäftsführung des Schuldner-Betriebsunternehmens vollständig an sich zieht, kann iSd Betriebsaufspaltung tatsächlich beherrschen (BFHE 147, 463, BStBl II 1987, 28; BFHE 169, 231, BStBl II 1993, 134). Das ist nicht der Fall, wenn ein weiterer (kompetenter) Geschäftsführer vorhanden ist. Auch die Möglichkeit, bestimmte Darlehen zurückzufordern, allein reicht nicht (BFHE 159, 480, BStBl II 1990, 500, 502).

Beherrschenden Einfluss kann auch die **rechtliche Möglichkeit** vermitteln, jederzeit die für **die Stimmenmehrheit** erforderlichen Anteile zu erwerben (BFHE 137, 357, BStBl II 1983, 299; BFHE 187, 570; 191, 390; BFH/NV 1998, 852; 2002, 345; anders jedoch FG Münster EFG 2001, 1035 und BFH/NV 2002, 777), auch wenn sie auf einer jederzeit widerruflichen Vollmacht beruht (BFHE 182, 216, BStBl II 1997, 437), ebenso die Übertragung der Stimmrechtsmehrheit; nicht jedoch bei einer einfachen Scheidungsklausel (BFHE 187, 26, BStBl II 1999, 445). 240

Die faktische Beherrschung der **BesitzGbR** durch den Geschäftsführer setzt voraus, dass die anderen Gesellschafter-Geschäftsführer bei der Beschlussfassung über Angelegenheiten der Gesellschaft keinen eigenen geschäftlichen Willen entfalten können. Ein auf schuldrechtlicher Basis bestehender wirtschaftlicher Druck genügt hierfür nicht (BFHE 191, 390; BFH/NV 2000, 1304), ebensowenig der Umstand, dass de facto jahrelang alle Entscheidungen iS einer Personengruppe ausgefallen sind (BFH/NV 2002, 777; *Wendt* FR 2000, 819). Dagegen liegt trotz Einstimmigkeitserfordernis Beherrschung vor, wenn im Gesellschaftsvertrag *einem* Gesellschafter die Führung der Geschäfte überlassen wird (BFHE 202, 535, BStBl II 2003, 757; Anm *Kempermann* FR 2003, 965; *G. Söffing* BB 2004, 1303). 241

Beherrschung durch mittelbare Beteiligung. Mittelbar kann ein **Betriebsunternehmen** auch über eine **zwischengeschaltete GmbH** beherrscht werden, die Anteile an dem Betriebsunternehmen hält (BFHE 114, 98, BStBl II 1975, 112; BFHE 137, 67, BStBl II 1983, 136; BFHE 152, 539, BStBl II 1988, 537; BFH/NV 1994, 265; 2002, 631). 242

Beispiel: A vermietet der B-GmbH ein Grundstück, an der die ihm zu 100% gehörende C-GmbH mehrheitlich beteiligt ist.

Dies gilt auch dann, wenn sich die Zwischengesellschaft im **Ausland** befindet (BFHE 114, 98, BStBl II 1975, 112; BFHE 134, 126, BStBl II 1982, 60; BFHE 210, 345, BStBl II 2006, 457). Entsprechendes gilt auch für eine zwischengeschaltete **rechtsfähige Stiftung** (BFHE 136, 287, BStBl II 1982, 662). Ist Betriebsgesellschaft eine GmbH & Co KG, bei der die Kommanditisten über die Mehrheit des Kapitals und der Stimmen verfügen, dann übt der Alleingesellschafter der Komplementär-GmbH nicht ohne weiteres die Herrschaft in der KG aus, weil die Auflösung des die sachliche Verflechtung begründenden Pachtverhältnisses über den gewöhnlichen Geschäftsbetrieb (§ 164 HGB) hinausgeht (BFHE 169, 231, BStBl II 1993, 134). **Umgekehrt** genügt es nicht, wenn derjenige, der seinen Willen in der Betriebsgesellschaft (evtl auch durch mittelbaren Anteilsbesitz) durchsetzen kann, nur **mittelbar am Besitzunternehmen** (über eine Kapitalgesellschaft) beteiligt ist (Durchgriffsverbot, BFHE 169, 231, BStBl II 1993, 134; vgl zu § 9 Nr 1 BFHE 188, 412, BStBl II 1999, 532). Der in der Person des Anteilseigners gegebene Tatbestand (Beherrschung des Betriebsunternehmens) kann hiernach nicht der Besitzkapitalgesellschaft zugerechnet werden. Entsprechendes gilt, wenn die Betriebsgesellschaft an der Besitzgesellschaft nur über Kapitalgesellschaften beteiligt ist. Zwischen Schwesterkapitalgesellschaften kann es nach dieser Rspr nicht zu einer Betriebsaufspaltung kommen (*Salzmann* DStR 2000, 1329; **aA** *Klein/Wienands* GmbHR 1995, 499). Ist der die Betriebsgesellschaft beherrschende Gesellschafter auch unmittelbar an der Personengesellschaft beteiligt, genügt es, wenn deren Beherrschung über die Komplementär-GmbH vermittelt wird (BFHE 169, 231, BStBl II 1993, 134).

243 Die **Einordnung** dieser Rspr ist im Schrifttum kontrovers: zum Teil wird sie so gedeutet, dass sowohl im Hinblick auf die Besitzpersonengesellschaft als auch auf die Betriebskapitalgesellschaft eine nur mittelbare Beteiligung nicht ausreicht (*Salzmann* DStR 2000, 1229); zum Teil wird Beherrschung auch bei mittelbarer Beteiligung auch an der Besitzpersonengesellschaft angenommen (zB *Schmidt/Wacker* § 15 Anm 835; dem mE zuzustimmen ist); zumindest also wird die unterschiedliche Behandlung bei Besitzpersonengesellschaft und Betriebskapitalgesellschaft abgelehnt (*Kroschel/Wellisch* DStR 1999, 167; *Söffing* FR 2002, 335).

244 Durch die höchstrichterliche Rechtsprechung anerkannt ist die sog **kapitalistische Betriebsaufspaltung,** bei der die Besitzgesellschaft eine Kapitalgesellschaft oder eine andere Körperschaft und an der Betriebskapitalgesellschaft beherrschend (über 50%) beteiligt ist (BFHE 176, 98, BStBl II 1995, 75; BFHE 148, 272 BStBl II 1987, 117; s BFH/NV 1986, 433; 1997, 826; *BMF* BStBl I 1985, 683; *OFD Hamburg* DStR 1996, 427; FG Köln EFG 1986, 351, rkr; zum Begriff *Fichtelmann* Inf 1981, 433). Die Frage ist nicht nur theoretischer Natur: Zwar erzielt auch das Besitzunternehmen in der Form einer Kapitalgesellschaft kraft Gesetzes Einkünfte aus Gewerbebetrieb. Auch wenn die **Betriebs-GmbH** lediglich kraft Gesetzes Einkünfte aus Gewerbebetrieb erzielt, weil sie eine **vermögensverwaltende Tätigkeit** ausübt (§ 2 Abs 2 GewStB; § 8 Abs 2 KStG), kann im Verhältnis zu ihr eine Betriebsaufspaltung begründet werden (FG Münster EFG 1988, 527 rkr). Zu den Gefahren *Bitz* DStR 2002, 752. Gleichwohl kann die Frage der Betriebsaufspaltung für die GewStBefreiung (Anm 262) und die Investitionszulage von Bedeutung sein. Eine Betriebsaufspaltung zwischen **Schwester-Kapitalgesellschaften** hat der BFH abgelehnt und die Gewinnkürzungsvorschrift des **§ 9 Nr 1 Satz 2 GewStG** angewendet, die allein wegen ihrer Rechtsform gewerbesteuerpflichtige Kapitalgesellschaften entlasten soll (BFHE 129, 57, BStBl II 1980, 77; BFHE 171, 164, BStBl II 1993, 723; BFHE 176, 98, 104, BStBl II 1995, 75, 78; aA *Wienands* DStZ 1994, 623; *Klein/Wienands* GmbHR 1995, 499).

Auch ein **eingetragener Verein** kann ein Besitzunternehmen abgeben (BFH/NV 1997, 825), nicht dagegen, wenn nur die Vereinsmitglieder an der Betriebs-GmbH beteiligt sind (FG Saarl EFG 1988, 526, rkr). Ist der beteiligte Verein **gemeinnützig,** dann stellt die Überlassung wesentlicher Betriebsgrundlagen an das Betriebsunternehmen einen wirtschaftlichen Geschäftsbetrieb (§ 14 AO) dar (BFH/NV 1986, 432; 1997, 825).

245 Die **„umgekehrte" Betriebsaufspaltung** wird dadurch gekennzeichnet, dass durch eine Besitzgesellschaft (Kapitalgesellschaft) wesentliche Betriebsgrundlagen an das **beherrschende Betriebsunternehmen** vermietet oder verpachtet werden (vgl BFHE 171, 164, BStBl II 1993, 723; *BMF* BStBl I 1985, 683). Das Betriebsunternehmen kann Personengesellschaft

(Anteile der Gesellschafter an der Kapitalgesellschaft als SonderBV!), Eigentümergemeinschaft oder Kapitalgesellschaft (s oben) sein.

Ein Besitzunternehmen (zB Bruchteilsgemeinschaft) kann im Verhältnis zu **mehreren Betriebsgesellschaften** in Betriebsaufspaltung stehen (BFHE 132, 466, BStBl II 1981, 376; BFHE 137, 357, BStBl II 1983, 299; BFHE 172, 191, BStBl II 1994, 23; BFHE 173, 547, BStBl II 1994, 477): unter Umständen Teilbetriebe der Besitzgesellschaft (BFH/NV 1998, 690). Zur Möglichkeit mehrerer Besitzunternehmen im Verhältnis zu einer Betriebsgesellschaft s Anm 210 f. 246

Gründungsphase. Ab EZ 1999 gilt Folgendes: Die **Übertragung einzelner Wirtschaftsgüter** auf eine Betriebs**kapital**gesellschaft zu Buchwerten scheitert an § 6 Abs 6 Satz 2 EStG, trotz der wirtschaftlichen Einheit der beiden Unternehmen (BTDrs 14/23; hierzu *Kulemann/Harle* GmbHR 2000, 972): idR Gewinnrealisierung durch Erhöhung der AK um den Teilwert bzw Einlagenwert (§ 6 Abs 1 Nr 5 Satz 1 a EStG). Gestaltungsmöglichkeiten zur Verhinderung der Aufdeckung der stillen Reserven bietet trotz gewisser Risiken bei der echten Betriebsaufspaltung die Betriebsverpachtung (*Wien* DStZ 2001, 196; *Hörger/Mentel/Schulz* DStR 1999, 565, 572; *Hoffmann* GmbHR 1999, 452; *Naufang* DB 1999, 64; *Strahl* FR 1999, 628) evtl iVm dem sog „Schrumpfungsmodell" (*Hörger* DStR 1999, 565; *Hörger/Förster* DStR 2000, 401, 407; *Hörger/Pauli* GmbHR 2001, 1139; **aA** *Frystanzki* EStB 1999, 94). Erörtert werden iÜ die Einbringung eines Teilbetriebs nach § 20 UmwStG aF/nF (*Lederle* GmbHR 2004, 985, 989); die Aufteilung einer GmbH & Co KG durch Ausscheiden der KomplementärGmbH, die nunmehr als Betriebsgesellschaft fungiert (zB *L/B/P* § 15 Anm 158 b); und ggf die Nutzung des § 6 b EStG ab 1. 1. 2001 durch die Gesellschafter (*Stahl* KÖSDI 2003, 13 796). 247

Bei **Übertragung einzelner Wirtschaftsgüter** auf eine Betriebs**personen**gesellschaft **nach dem 31. 12. 1998** und **vor dem 1. 1. 2001** war nach § 6 Abs 5 Satz 3 EStG der Teilwert anzusetzen. Nach dem 31. 12. 2000 sind nach § 6 Abs 5 EStG (auch idF des G v 20. 12. 2001, BGBl I 2001, 3858, hierzu *Mitsch* Inf 2002, 77) die Buchwerte fortzuführen, sofern die (spätere) Besteuerung der stillen Reserven gesichert ist (Ausnahme: Beteiligung eines Nur-Betriebsgesellschafters oder Verkauf zu marktüblichen Bedingungen).

Stellungnahme: Auf der Grundlage der wirtschaftlichen Einheit beider Unternehmen sollte § 6 Abs 6 Satz 2 EStG teleologisch dahin reduziert werden, dass eine Buchwertfortführung möglich bleibt, zumal eine unterschiedliche Behandlung einer Betriebsaufspaltung mit Betriebskapitalgesellschaft und Betriebspersonengesellschaft nicht zu rechtfertigen ist. Zur Entstehung einer mitunternehmerischen Betriebsaufspaltung *BMF* DStR 2006, 2314.

Der **Geschäftswert** verbleibt grundsätzlich beim Besitzunternehmen, kann aber auf die Betriebsgesellschaft, zB bei langfristiger Verpachtung aller wesentlichen Betriebsgrundlagen übertragen (BFHE 195, 536, BStBl II 2001, 771; FG Köln EFG 2005, 1273 nrkr; *Märkle* DStR 2002, 1153; *Schulze zur Wiesche* WPg 2003, 90; *Schießl* GmbHR 2006, 459; krit *Fichtelmann* Inf 2002, 46) oder ihr zur Nutzung überlassen werden (FG Düsseldorf EFG 2004, 41 rkr). Auch geht er bei Übertragung sämtlicher Aktiva und Passiva einschließlich der Firma und Überlassung der zurückbehaltenen Betriebsgrundstücke zur Nutzung grundsätzlich auf die Betriebsgesellschaft über (BFHE 207, 120, BStBl II 2005, 378). Zur Übertragung von wirtschaftlichem Eigentum und verdeckten Einlagen in die BetriebsGmbH BFHE 220, 107, BStBl II 2008, 579.

Die **Begründung** einer Betriebsaufspaltung schließt die **vorherige steuerbegünstigte Aufgabe** eines luf Betriebs nicht aus (BFHE 212, 563, BStBl II 2006, 652).

248 **Gewinnermittlung, verdeckte Gewinnausschüttung.** Die Festlegung des **Wirtschaftsjahres** durch die Besitzgesellschaft abweichend von dem der Betriebsgesellschaft ohne außersteuerliche Gründe mit der Wirkung einer Steuerpause für das Besitzunternehmen stellt einen Missbrauch iSv § 42 AO dar (BFH/NV 2004, 936), nicht jedoch, wenn die Entstehung eines Rumpfwirtschaftsjahres vermieden wird (BFHE 216, BFH/NV 2007, 1002). Für die eigenständigen Subjekte der Einkünfteerzielung erfolgt die Gewinnermittlung unabhängig; es gibt keinen Grundsatz der durchgängigen **Korrespondenz** (BFHE 165, 369, BStBl II 1992, 246; BFHE 198, 137, BStBl II 2002, 662). Allerdings hat bei der Frage einer **Teilwertabschreibung** der Anteile sowie von eigenkapitalersetzenden Darlehen eine **Gesamtbetrachtung** beider Unternehmen zu erfolgen (BFHE 204, 438, BStBl II 2004, 416) ebenso für einen qualifizierten Rangrücktritt BFHE 211, 294, BStBl II 2006, 618 (krit *Wassermeyer* DB 2006, 296). Die vom Betriebsunternehmen entrichteten **Pachtzinsen** müssen angemessen sein, damit sie nicht zu einer verdeckten Gewinnausschüttung der Betriebs-GmbH führen (vgl BFHE 122, 279, BStBl II 1977, 679; hierzu *Schulze zur Wiesche* DStR 1991, 137, 141; zu den Gestaltungsmöglichkeiten *Fichtelmann* Inf 1994, 366, 396; *Kessler/Teufel* BB 2001, 17, 21). Sind sie zu niedrig, kann mE nach BFHE 151, 523, BStBl II 1988, 348 keine verdeckte Einlage mehr angenommen werden; anders bei Verzicht auf eine werthaltige Pachtzinsforderung (vgl BFHE 183, 187, BStBl II 1998, 307; BFHE 184, 63, BStBl II 1998, 652). In der Rückgabe des Geschäftswerts nach Beendigung der Betriebsaufspaltung liegt keine verdeckte Gewinnausschüttung (BFHE 102, 73, BStBl II 1971, 536; zur entgeltlichen **Rückgängigmachung einer Betriebsaufspaltung** vgl auch BFHE 113, 553, BStBl II 1975, 204). Dabei ist von einem verpachteten Geschäftswert auszugehen, der auch für die Pachthöhe zu berücksichtigen ist. Der Geschäftswert kann nun auch Gegenstand einer verdeckten Einlage (Ausschüttung) sein, zB bei Teilbetriebsübertragung (vgl BFHE 149, 25, BStBl II 1987, 455; BFHE 149, 542, BStBl II 1987, 705).

249 Die allgemeinen **Buchführungsgrundsätze** gelten für die Rechtsbeziehungen zwischen dem Besitzunternehmen und dem Betriebsunternehmen nur eingeschränkt, zB das Imparitätsprinzip (vgl zur korrespondierenden Bilanzierung der Warenrückgabe- und Pachterneuerungsverpflichtung bei Besitz- und Betriebsunternehmen (BFHE 116, 160, BStBl II 1975, 700). Die Rechtsprechung lässt sich aber zunehmend von der **Selbständigkeit** des Besitz- und Betriebsunternehmens auch für materiell-rechtl Fragen leiten (BFHE 198, 137, BStBl II 2002, 662; BFHE 204, 438,

BStBl II 2004, 416). Die **phasengleiche Aktivierung** der Gewinnansprüche aus der Beteiligung an der Betriebsgesellschaft ist nicht schon wegen des Bestehens der Betriebsaufspaltung zulässig, wenn zum Bilanzierungsstichtag noch kein Beschluss über die Gewinnverwendung bei der BetriebsGmbH gefasst ist oder wenn in der Satzung der Betriebsgesellschaft bei Stimmengleichheit Gewinnthesaurierung vorgesehen ist und ihr Jahresabschluss nach dem der Besitzgesellschaft festgestellt worden ist (BFHE 187, 492, BStBl II 1999, 547). „Äußerst seltene Ausnahmefälle": **(1)** am Bilanzstichtag besteht bereits eine Verpflichtung zu einer bestimmten Gewinnausschüttung oder **(2)** die Meinungsbildung der Gesellschafter über die Höhe der späteren Ausschüttung ist am Bilanzstichtag abgeschlossen (BFHE 193, 532, BStBl II 2001, 185; BFH/NV 2001, 447; in Anwendung von BFHE 192, 339, BStBl II 2000, 632).

Für die Anwendung des **§ 7 g EStG** ist der Betriebsvermögenswert des Besitzunternehmens dem des Betriebsunternehmens nicht hinzuzurechnen (BFHE 165, 369, BStBl II 1992, 246 m weiteren Beispielen).

Bei Zahlung von **Erfindervergütungen** wird keine Verwertung im eigenen Betrieb angenommen, wenn ein freier Erfinder die Verwertung seiner Erfindung einer von ihm beherrschten Kapitalgesellschaft überlässt (BFHE 121, 465, BStBl II 1977, 821; BFHE 130, 173, BStBl II 1980, 356). Andererseits können Lizenzeinnahmen als Ergebnis einer Betriebsaufspaltung gewerbliche Einkünfte darstellen (BFHE 125, 280, BStBl II 1978, 545; BFH/NV 1990, 99). **250**

Betriebsvermögen des Besitzunternehmens (Einzelunternehmen) sind die **Anteile an der Betriebs-GmbH** (BFHE 190, 315, BStBl II 2000, 255) oder an einer **Zwischengesellschaft** (BFHE 210, 345, BStBl II 2006, 457), die ggf mittelbar – der Durchsetzung des einheitlichen geschäftlichen Betätigungswillens in der Betriebsgesellschaft dienen. Eine Beteiligung ohne beherrschenden Einfluss auf eine als Kommanditistin an der Betriebspersonengesellschaft beteiligte GmbH erfüllt diese Voraussetzungen nicht (BFHE 134, 126, BStBl II 1982, 60). Besteht eine Betriebsaufspaltung mit mehreren Besitzpersonengesellschaften, sind die Gesellschaftsanteile an der Betriebs-GmbH mE bei der zuerst gegründeten Besitzpersonengesellschaft Sonderbetriebsvermögen (ebenso *Schallmoser* DStR 1997, 49). **251**

Nicht nur die die sachliche Verflechtung begründenden wesentlichen Betriebsgrundlagen, sondern auch **andere Wirtschaftsgüter** gehören zum gewillkürten oder notwendigen Betriebsvermögen der Besitzgesellschaft, wenn sie in einem unmittelbaren Zusammenhang mit der Betriebsaufspaltung stehen (BFHE 123, 464, BStBl II 1978, 67; BFHE 163, 460, BStBl II 1991, 405; BFHE 169, 389, BStBl II 1993, 233; BFH/NV 2005, 1774). Betriebsvermögen ist auch die – ggf mittelbare – Beteiligung an einer anderen Kapitalgesellschaft mit intensiven Geschäftsbeziehungen zur Betriebsgesellschaft (BFHE 210, 29, BStBl II 2005, 694; BFHE 210, 478, BStBl II 2005, 833). Das kann jedoch bei einem Anteil an dem der BetriebsGmbH überlassenen Grundstück angesichts der Umstände des Einzelfalles anders sein (BFHE 208, 215, BStBl II 2005, 340; s auch FG Düsseldorf EFG 2006, 264). Auch **Darlehensforderungen** gegen die Betriebskapitalgesellschaft zählen bei betrieblicher Veranlassung zum notwendigen Betriebsvermögen der Besitzgesellschaft (BFHE 193, 354, BStBl II 2001, 355; BFHE 211, 294, BStBl II 2006, 618). Auf die wirtschaftliche Verknüpfung des Darlehens mit der GmbH-Beteiligung kommt es nicht an (BFHE 124, 533, BStBl II 1978, 378). Entsprechendes gilt für Darlehen an Geschäftspartner der Betriebsgesellschaft (BFHE 208, 207, BStBl II 2005, 354). **Lizenzeinnahmen** aus der Überlassung von Patenten (BFHE 187, 36, BStBl II 1999, 281) sind ebenso BV des Besitzunternehmens wie Verbindlichkeiten aus **Bürgschaften** für die Betriebsgesellschaft (BFH/NV 2002, 163), nicht jedoch die **GmbH-Geschäftsführervergütung** des Besitzunternehmers (BFHE 99, 533, BStBl II 1970, 722).

252 Ist das Besitzunternehmen eine **Personengesellschaft,** sind BV alle WG des Gesamthandsvermögens ohne Rücksicht auf deren Überlassung an die Betriebsgesellschaft (zB BFHE 187, 297, BStBl II 1999, 483).

Sonderbetriebsvermögen I der Gesellschafter sind ua die der Besitzgesellschaft zur Überlassung an die Betriebsgesellschaft unterlassenen WG (BFHE 210, 415, BStBl II 2005, 830). In Betracht als **Sonderbetriebsvermögen II** kommen zB an die Betriebsgesellschaft im betrieblichen Interesse des Besitzunternehmens überlassene WG (betriebliche Veranlassung; vgl BFHE 116, 277, BStBl II 1975, 781; BFHE 117, 164, BStBl II 1976, 188; BFH/NV 2003, 1309). Das gilt auch für Anteile an der Betriebskapitalgesellschaft (BFHE 127, 214, BStBl II 1979, 366; BFHE 164, 385, BStBl II 1991, 713; BFHE 164, 513, BStBl II 1991, 832; BFHE 168, 322, BStBl II 1993, 328; BFHE 189, 117, 1999 715), wie für Beteiligungen, die nur einen mittelbaren Einfluss auf die Betriebsgesellschaft ermöglichen (BFHE 134, 126, BStBl II 1982, 60), für Anteile an einer Kapitalgesellschaft mit intensiven Geschäftskontakten zur Betriebsgesellschaft (BFHE 200, 207, BStBl II 2005, 354), für Darlehen und Bürgschaften zu marktunüblichen Konditionen (BFHE 193, 354, BStBl II 2001, 355; BFHE 197, 83, BStBl II 2002, 783; BFH/NV 2003, 900). Vermieten Gesellschafter einer BesitzGbR als Bruchteilseigentümer ein Grundstück zu fremdüblichen Konditionen an die Betriebsgesellschaft (keine betriebliche Veranlassung), so begründet dies kein SonderBV II (BFHE 182, 327, BStBl II 1997, 530), ebenso die Vermietung von Wohnungen an fremde Nutzer. Allerdings kommt ein Ausweis als **gewillkürtes Betriebsvermögen** in Betracht (BFHE 148, 65, BStBl II 1987, 120; vgl BFHE 187, 425, BStBl II 1999, 357). Entsprechendes gilt für **gewillkürtes SonderBV** (BFHE 186, 422, BStBl II 1999, 279).

253 **Abspaltung von (Sonder-)Betriebsvermögen.** Überträgt ein Gesellschafter der Besitzgesellschaft einen Teil seines Anteils an der Betriebskapitalgesellschaft (Sonderbetriebsvermögen) gegen Leistung einer Einlage, die niedriger ist als der Wert des übertragenen Anteils, dann liegt hierin eine **Entnahme** in Höhe der Wertdifferenz (BFHE 164, 513, BStBl II 1991, 832; FG Köln EFG 2004, 880 rkr; *BMF* BStBl I 1985, 97). Entsprechendes gilt für die Kapitalerhöhung in der Betriebsgesellschaft (BFHE 212, 72, BStBl II 2006, 287; hierzu *Söffing* BB 2006, 1529; *Mitsch* Inf 2006, 749).

254 Bei einem zu einer **verdeckten Einlage** führenden Barzuschuss durch den Besitzgesellschafter, in deren Genuss auch der Nur-Besitzgesellschafter

kommt (unentgeltliche Zuwendung), erhöhen sich die Anschaffungskosten des Ersteren entsprechend seiner Beteiligungsquote (BFHE 207, 120, BStBl II 2005, 378; *Thiel* FS Haas 1996, 353, 359).

Beendigung der Betriebsaufspaltung. Beim Entfallen der sachlichen und/oder persönlichen Voraussetzungen einer Betriebsaufspaltung nimmt die Rechtsprechung eine Betriebsaufgabe des Besitzunternehmens mit der Folge an, dass die im Betriebsvermögen des Besitzunternehmens enthaltenen stillen Reserven aufzulösen sind (BFHE 140, 526, BStBl II 1984, 474; BFHE 155, 538, BStBl II 1989, 363; BFHE 171, 476, BStBl II 1993, 718; BFHE 172, 91, BStBl II 1994, 23; BFHE 182, 137, BStBl 1997, 287; BFHE 215, 107, BStBl II 2007, 165; BFH/NV 2000, 559; hierzu *Wendt* FR 1997, 486; FR 1998, 264; *Brandmüller* DStZ 1998, 4; *Patt* DStR 1997, 807; *Schaumberger* StB 2003, 124). 255

Die Beendigung der Betriebsaufspaltung durch **Verschmelzung** der BetriebsGmbH auf eine AG oder die Einbringung des Betriebsunternehmens in die AG kann nur dann gewinneutral gestaltet werden, wenn das Besitzunternehmen nicht nur wegen der Betriebsaufspaltung gewerblich tätig war; andernfalls führt die Verschmelzung zur Aufgabe des Gewerbebetriebs mit der Folge, dass dieser nicht zu Buchwerten in die AG eingebracht werden kann (BFHE 193, 367, BStBl II 2001, 321; hierzu *Haritz* BB 2001, 861; *Serotzki* StuB 2001, 552; zur Gestaltung *Dörner* Inf 2001, 397). Zur Einbringung der Besitzgesellschaft in die Betriebsgesellschaft (§§ 20 ff bzw § 24 UmwStG), bzw Verschmelzung der BetriebsGmbH auf die Besitzpersonengesellschaft (§§ 3 ff UmwStG *BMF* BStBl I 1998, 583 Tz 5 (hierzu *Wien* DStZ 2001, 196; *Märkle* DStR 2002, 1153; *Honert* EStB 2003, 310). 256

Zweifelhaft ist die Annahme eines Entnahmevorgangs und die Beendigung der Betriebsaufspaltung durch einen **Realakt** (zB Vernichtung der verpachteten wesentlichen Betriebsgrundlagen durch Einwirkung Dritter und ähnliche Vorgänge), weil es an Entnahmehandlungen fehlt (zu Billigkeitsmaßnahmen s *Neufang* StBp 1989, 227). Die **Erbfolge** durch einen nicht am Besitzunternehmen beteiligten Erben soll nach BFHE 140, 526, BStBl II 1984, 479 li Sp, wohl zu einer Entnahme führen (zu den Lösungsmöglichkeiten *Fichtelmann* GmbHR 1994, 583). Umgekehrt kann durch den Erbfall eine Betriebsaufspaltung entstehen (zum Zeitpunkt *Gosch* BB 1995, 49). Zur **Schenkung des Besitzunternehmens** s BFHE 154, 525, BStBl II 1989, 229, wobei allerdings auch die GmbH-Anteile mit übertragen wurden und eine Betriebsaufgabe nicht angenommen werden konnte. Keine Betriebsaufgabe liegt vor, wenn die Eigentümer das an das Besitzunternehmen vermietete Grundstück unter Nießbrauchsvorbehalt an ihre Kinder verschenken (BFH/NV 2002, 781). Im Falle einer Teilbetriebsaufgabe müssen alle wesentlichen Betriebsgrundlagen veräußert oder in das Privatvermögen überführt werden (BFH/NV 1998, 690). Umso mehr, wenn auch die GmbH-Anteile übertragen werden (Nds FG 2007, 1584 Rev). Zur Fortsetzung der Besitzgesellschaft als **Verpachtungsbetrieb** BFHE 212, 541, BStBl II 2006, 591; R 16 Abs 2 EStR. Nach BFHE 183, 85, BStBl II 1997, 460; BFHE 181, 1, BStBl II 1998, 325; BFH/NV 2006, 1451 erfolgt keine Betriebsaufgabe und Aufdeckung stiller Reserven, wenn eine **qualifizierte Betriebsaufspaltung** (Verpachtung des Betrie- 257 bes) vorlag (hierzu *Kaligin* BB 1996, 2017; *Höhmann* DStR 1998, 61); das gilt für die echte (BFHE 198, 537, BStBl II 2002, 519) wie für die unechte Betriebsaufspaltung (BFHE 199, 124, BStBl II 2002, 527); keine Aufdeckung stiller Reserven, soweit SonderBV-Eigenschaft nach Beendigung einer mitunternehmerischen Betriebsaufspaltung wieder auflebt (BFHE 218, 564, BStBl II 2008, 129) im Einzelfall verneint BFHE 155, 538, BStBl II 1989, 363. Der **Strukturwandel** hin zu einem freiberuflichen Unternehmen, zB durch Erlöschen des Patentschutzes (hierzu kontrovers *Paus* DStZ 1990, 193; *Fichtelmann* GmbHR 2006, 345) löst gewstrechtlich bei einem Einzelunternehmen einer Personengesellschaft eine Betriebsaufgabe aus (zur ESt evtl anders: BFH/NV 2006, 1266). Anders jedoch, wenn das Besitzunternehmen iÜ gewerblich tätig/geprägt war/ist.

258 Die Eröffnung des **Insolvenzverfahrens** über das Vermögen der Betriebsgesellschaft führt regelmäßig zur Beendigung der personellen Verflechtung und damit der Betriebsaufspaltung sowie Betriebsaufgabe der Besitzgesellschaft, es sei denn das Insolvenzverfahren wird mit anschließender Fortführung der Betriebsgesellschaft aufgehoben oder eingestellt (zum Konkursverfahren: BFHE 183, 85, BStBl II 1997, 460; BFH/NV 1994, 631; *Fichtelmann* DStZ 1991, 257). Zur Beendigung einer Betriebsaufspaltung durch Änderung der Rechtsprechung vgl *Tiedtke/Heckel* DStZ 1999, 725 (Aufschub der Versteuerung der stillen Reserven analog § 8 VO zu § 180 Abs 2 AO).

259 Die **vorübergehende Beendigung** der Betriebsaufspaltung ist estrechtlich als Betriebsunterbrechung zu qualifizieren mit der Folge, dass auch die Aufdeckung der stillen Reserven unterbleibt (BFHE 183, 85; BStBl II 1997, 460, 466; BFHE 212, 541, BStBl II 2006, 591; FG Düsseldorf EFG 2006, 826; *Fichtelmann* Inf 1997, 464; 2000, 4; vgl auch *Schäfer* StBp 1997, 94). Ob gewstrechtlich der Steuergegenstand erhalten bleibt, richtet sich nach § 2 Abs 4 (hierzu Anm 427). Bei einer **„missglückten Betriebsaufspaltung"** (keine personelle Verflechtung) soll nach BFHE 188, 397, BStBl II 2002, 722 nur eine Betriebsunterbrechung vorliegen (*HG* DStR 1999, 1186); mE ist jedoch danach zu differenzieren, welchen Verlauf die Betriebsgestaltung im Folgenden nimmt (zu Recht krit *Natschke* StBp 2000, 133.

260 Ein steuerlich optimierter **Weg aus der** klassischen **Betriebsaufspaltung** in ein Einheitsunternehmen ist nicht generell darstellbar, da eine Vielzahl variabler Aspekte zu einzelfallabhängigen Lösungen zwingt (hierzu *Mitsch* Inf 2004, 907).

261 **Gewerbesteuerrechtliche Folgen der Betriebsaufspaltung.** Das Besitzunternehmen unterliegt als solches ebenso wie das Betriebsunternehmen der GewSt (BFHE 185, 500, BStBl II 1998, 478; *Gosch* StBp 1998, 221), und zwar sobald die sachliche und personelle Verflechtung vorliegen (BFHE 198, 137, BStBl II 2002, 662). Das gilt auch für eine *freiberufliche* Betriebsaufspaltung (BFHE 166, 206, BStBl II 1992, 415; BFHE 184, 512, BStBl II 1998, 254; BFHE 202, 535, BStBl II 2003, 757); ebenso wenn Betriebskapitalgesellschaft iÜ nur **kraft Rechtsform** (zB § 2 Abs 2 GewStG, § 8 Abs 2 KStG) GewBetrieb ist. Es handelt sich um zwei rechtlich u wirtschaftlich **selbständige,** sachliche GewStPfl begründende Un-

ternehmen (BFHE 185, 500, BStBl II 1998, 478; BFH/NV 1994, 617; 2003, 869). Die Eigenständigkeit bedeutet, dass im Falle einer Besitz-Personengesellschaft diese vollumfänglich einen GewBetrieb führt; hierin sind die Nur-Besitzgesellschafter eingeschlossen (BFHE 184, 162, BStBl 1998, 254; BFHE 187, 297, BStBl II 1999, 483). Das galt mE auch vor Ergänzung des § 15 Abs 3 Nr 1 EStG nF trotz des zur vermögensverwaltenden Obergesellschaft ergangenen Urteils BFHE 207, 120, BStBl II 2005, 378, 383 (*Kratzsch* Inf 2005, 378). Zur Bruchteilsgemeinschaft vgl BFHE 145, 401, BStBl II 1986, 296 und BFHE 183, 127, BStBl II 1997, 569. Zum GewErtrag des Besitzunternehmens gehören die Erträgnisse, die sachlich mit der Betriebsaufspaltung zusammenhängen, insb **Mieten und Pachten,** Erträgnisse aus originär gewerblicher Tätigkeit sowie Gewinnausschüttungen auf Anteile an der Kapitalgesellschaft (BFHE 190, 315, BStBl II 2000, 255). Mit der Betriebsaufspaltung zusammenhängende Erträge sind insbesondere die **Mieten oder Pachtentgelte,** die von der Betriebsgesellschaft gezahlt werden.

Die Behandlung beider Unternehmen als eigenständige Objekte kann zu einer **Doppelbelastung** mit Gewerbesteuer führen. Dies gilt zwar wegen des Schachtelprivilegs (§ 9 Nr 2a, A 61 Abs 1 GewStR) idR nicht für die **Gewinnausschüttungen** der Betriebs-GmbH an das Besitzunternehmen. Deshalb unterliegen ausschüttungsbedingte **Teilwertabschreibungen** auch der Hinzurechnung nach § 8 Nr 10. Wohl können aber die bei der Betriebsgesellschaft kraft ausdrücklicher Vorschrift wieder hinzuzurechnenden **(Dauer)Schuldentgelte** gegenüber dem Besitzunternehmen (§ 8 Nr 1 aF, Nr 1a nF) zu einer Doppelbelastung führen (vgl BFHE 207, 340, BStBl II 2005, 102); eine Saldierung wechselseitiger Darlehen findet nicht statt (BFH/NV 2006, 606). Als Mittel zur Vermeidung der Doppelerfassung wird in der Literatur empfohlen: Geldausstattung der Betriebs-GmbH durch Kontokorrentbeziehungen zur Besitzgesellschaft unter Ausnutzung der großzügig typisierenden Verwaltungsanweisung in A 45 Abs 7 GewStR oder die Ersetzung von Darlehen durch eine in einem Betriebsvermögen des Stillen gehaltene typische stille Beteiligung (§ 8 Nr 3). Zur Anwendbarkeit von § 8 Nr 7 aF u § 9 Nr 4 aF s BFH/NV 1998, 742 (hierzu *Gabriel* StuB 2002, 945; *Kessler/Teufel* BB 2001, 17, DStR 2001, 869); § 9 Nr 1 S 2 GewStG ist für die Besitzgesellschaft nicht anwendbar (BFHE 109, 456, BStBl II 1973, 686; BFHE 109, 459, BStBl II 1973, 688; BFH/NV 2005, 1624; zT anders *Stahl* KÖSDI 2003, 13802). **Zum Verlustvortrag** s § 10a Anm 8. 262

Die getrennte Gewerbebesteuerung von Besitz- und Betriebsunternehmen wird jedoch nicht mit der letzten Konsequenz durchgeführt. Die Rechtsprechung gewährt in Übereinstimmung mit der hM in der Literatur (*L. Schmidt* FR 1984, 128; *Söffing* BB 1998, 2289; 2006, 1529; *Wehrheim* BB 2001, 913; *Bitz* GmbHR 2002, 597; 2004, 1026; 2006, 778; *Gosch* StBp 2002, 216; *Seer* BB 2002, 1833; *Söffing/Seer* DB 2003, 2457; *Drüen* GmbHR 2005, 69; *Bitz* GmbHR 2006, 778; *Söffing* BB 2006, 1529; **aA** *Gschwendtner* DStR 2002, 896; *L/S* § 3 Anm 1; *Blümich/von Twickel* § 3 Anm 13) die **Gewerbesteuerfreiheit** für das Besitzunternehmen, wenn diese nur für die eigentlichen betrieblichen Aktivitäten der Betriebsgesellschaft vorgesehen ist (BFHE 213, 50, BStBl II 2006, 661; BFHE 215, 268, BFH/NV 2007, 149; **überholt** sind BFHE 139, 406, BStBl II 1984, 115; BFH/NV 1992, 333; BFHE 165, 369, BStBl II 1992, 246; BFHE 198, 137, BStBl II 2002, 662). Insoweit besteht mE Übereinstimmung mit der Behandlung bei der Investitionszulage (Anm 265), bei der der BFH den Einheitsgedanken entscheidend in den Vordergrund stellt.

Ein **Teilbetrieb** auf der Ebene der Betriebsgesellschaft hat diese Qualität nicht ohne weiteres auf der Ebene der Besitzgesellschaft. Jedoch sind auch diese Teilbetriebe möglich, zB nach Rückübertragung eines Teil des operativen Betriebs auf sie (vgl BFHE 209, 95, BStBl II 2005, 395).

263 **Gewerbesteuerrechtliche Organschaften. Ab EZ 2002** stellt § 2 Abs 2 Satz 2 auf die körperschaftsteuerlichen Voraussetzungen für das Bestehen einer Organschaft ab; § 14 KStG fordert eine wirtschaftliche Eingliederung nicht mehr. Damit dürfte auch das Erfordernis einer originären gewerblichen Tätigkeit des Organträgers entfallen sein. Da aber mit Abschluss des nunmehr erforderlichen Gewinnabführungsvertrages der Vorteil der Haftungsbeschränkung wegfällt, dürfte eine Organschaft im Rahmen einer Betriebsaufspaltung kaum attraktiv sein. Zu Gestaltungsfragen (körperschaft- und gewerbesteuerliche Organschaft) nach der Unternehmenssteuerreform vgl *Rieke* Inf 2000, 269; *Seifried* DStR 2001, 245.

264 **Betriebsaufspaltung über die Grenze.** Hat der Eigentümer der an die Betriebsgesellschaft verpachteten Grundstücke Wohnsitz (§ 8 AO) bzw Geschäftsleitung (§ 10 AO) im Ausland, liegt eine Betriebsaufspaltung über die Grenze nicht vor, mit der Folge, dass **keine GewStPfl** besteht (aA für § 49 Abs 1 Nr 2 EStG *Becker/Günkel* FS Schmidt 1993, 483; zu § 49 Abs 1 Nr 6 EStG *Ruf* IStR 2006, 232). Dabei ist von Bedeutung, dass die Besitzgesellschaft in dem an die Betriebsgesellschaft verpachteten Betrieb oder Teilen davon regelmäßig weder eine Betriebsstätte hat noch die Betriebskapitalgesellschaft ohne weiteres als ständiger Vertreter der Besitzgesellschaft anzusehen ist (BFHE 86, 590, BStBl III 1966, 598). In jedem Falle zutreffend ist die Ansicht, dass **Gewerbesteuer** nur bei Bestehen einer inländischen Betriebsstätte anfällt. Dafür reicht wegen § 12 AO 1977 ein ständiger Vertreter nicht mehr aus (aA FG Ba-Wü EFG 2004, 1384 rkr; krit *Piltz* IStR 2005, 173).

Ist eine inländische Betriebsstätte der Besitzgesellschaft vorhanden, so ist gewerbesteuerrechtlich ein Gewerbebetrieb anzunehmen, auch wenn die einzelnen Merkmale dafür im Ausland verwirklicht werden (gewerbesteuerrechtlich keine isolierende Betrachtungsweise, s BFHE 136, 547, BStBl II 1983, 77; Anm 6). Befindet sich aber das **Betriebsunternehmen** mit seiner Betriebsstätte im Ausland, dann besteht mE ebenfalls keine Betriebsaufspaltung über die Grenze (*Söffing,* Die Betriebsaufspaltung, 3. Aufl S 201; *Ruf* IStR 2006, 232). Zu den (ungewissen) steuerlichen Vorteilen einer Betreibsaufspaltung über die Grenze *Haverkamp* IStR 2008, 165.

Unabhängig von Betriebsaufspaltungskriterien sind nach § 42 AO die Sachverhalte zu beurteilen, bei denen eine ausländische Besitzgesellschaft lediglich als **Domizilgesellschaft** ohne weitergehende Funktion eingeschaltet ist (s *Tipke/Kruse* § 42 AO Anm 32).

Investitionszulage. Bei der Investitionszulage behandelt die Rechtsprechung Besitz- und Betriebsunternehmen durch **Merkmalübertragung** wie einen einheitlichen Betrieb. Tatbestandsvoraussetzungen des InvZulG gelten daher auch dann als erfüllt, wenn das investierende Besitzunternehmen das Wirtschaftsgut dem Betriebsunternehmen zur Nutzung überlässt, allerdings nur unter der Voraussetzung, dass beide Unternehmen für die Dauer der (Verbleibens)Fristen des InvZulG auch betriebsvermögensmäßig miteinander verbunden sind (BFHE 171, 64, BStBl II 1993, 723; BFHE 176, 98, BStBl II 1995, 75; BFHE 180, 293, BStBl II 1996, 428; BFHE 188, 194, BStBl II 1999, 610; BFHE 112, 169, BStBl II 2000, 700; krit *Kanzler* FR 1999, 707). Verpachtet die unmittelbar an der Betriebspersonengesellschaft beteiligte Besitzpersonengesellschaft eine Hotelanlage an jene, so ist ausschließlich die Betriebspersonengesellschaft für die bei ihr als Sonderbetriebsvermögen zu aktivierenden Wirtschaftsgüter anspruchsberechtigt (BFHE 194, 294, BStBl II 2001, 316). Die Verwaltung wendet diese Grundsätze allgemein an (*BMF* BStBl I 2006, 119 Rn 42). **265**

Das Besitzunternehmen muss selbst keine Betriebsstätte im Fördergebiet haben (BFHE 188, 176, BStBl II 1999, 607, *Tiedtke/Wälzholz* DStR 1996, 1551).

Beginn und Ende der sachlichen Steuerpflicht. Für die Betriebsgesellschaft gelten die allgemeinen Grundsätze (s Anm 341 f für Kapitalgesellschaften, Anm 422 ff für Personengesellschaften). Die Besitzgesellschaft (das Besitzunternehmen) kann mE jedenfalls nicht zeitlich vor der Betriebsgesellschaft ihre sachliche Steuerpflicht begründen, weil ihr die Betriebsgesellschaft die Beteiligung am allgemeinen wirtschaftlichen Verkehr vermittelt. Im Übrigen beginnt die sachliche GewStPfl des Besitzunternehmens, wenn die Voraussetzungen für die Annahme einer Betriebsaufspaltung (Anm 218 ff, 224 ff) erstmals vorliegen (BFHE 185, 500, BStBl II 1998, 478). Entsprechendes gilt für das Betriebsende (vgl BFHE 172, 91, BStBl II 1994, 23). **266**

(frei) **267–269**

270.–289. Unternehmen der öffentlichen Hand

Allgemeines. Der Gewerbebetrieb der öffentlichen Hand wird nach allgemeinen Grundsätzen danach bestimmt, dass die Voraussetzungen des § 15 Abs 2 EStG vorliegen. Es gilt daher der **rechtsformunabhängige Gewerbebetriebsbegriff** (st Rspr, s BFHE 142, 152, BStBl II 1985, 61). Auch § 2 Abs 1 GewStDV geht davon aus. **270**

Betroffen sind aus Gründen der wettbewerbsneutralen Besteuerung die **Fiskalbetriebe,** mit deren Leistungen die öffentliche Hand sich, ohne eine hoheitliche Aufgabe zu erfüllen, an den allgemeinen Markt wendet (zB staatliche Brauerei, *Stuber* BB 1989, 716). Die **Abgrenzung** zum **Hoheitsbetrieb** (Anm 272) sollte gegen § 2 Abs 2 GewStDV (nur „überwiegend") teleologisch nach dem systemtragenden Grundsatz der Wettbewerbsneutralität erfolgen (*Seer/Wendt* DStR 2001, 825).

Sie wird insb erforderlich, wenn die öffentliche Hand ihre rein fiskalische Betätigung nicht in Gesellschaftsformen des Privatrechts, vor allem **Kapitalgesellschaften** vornimmt (zu den verschiedenen Möglichkeiten BFHE

142, 500, BStBl II 1985, 223), also unmittelbar gewerblich tätig wird. Die Körperschaftsteuer bedient sich dafür der Rechtsfigur des **Betriebs gewerblicher Art** (§ 4 KStG; hierzu *Kußmaul/Blasius* Inf 2003, 21). Das **Gewerbesteuerrecht** knüpft für den sachlichen Umfang und die sachliche Selbständigkeit des Gewerbebetriebsbegriffs an diese Rechtsfigur an, hat aber § 15 Abs 2 EStG zu beachten (s A 17 Abs 1 GewStR; zum Verhältnis der beiden Vorschriften BFHE 141, 252, BStBl II 1984, 726). Dadurch ergeben sich dem Grunde nach einige Abweichungen (kein Gewerbebetrieb durch schlichte Betriebsverpachtung, anders § 4 Abs 4 KStG; Notwendigkeit der Gewinnerzielungsabsicht und Beteiligung am allgemeinen wirtschaftlichen Verkehr, anders § 4 Abs 1 Satz 2, § 8 Abs 1 Satz 2 nF KStG).

271 Im **Gegensatz** zu dem Fiskalbetrieb steht – funktional bzw zweckorientiert betrachtet – das **hoheitliche Tätigwerden**. Gleichwohl kann die im **öffentlichen Recht** begrifflich festgelegte Grenze zwischen hoheitlichem und fiskalischem Bereich nicht den Ausschlag geben zur Bestimmung von Gewerbebetrieben juristischer Personen des öffentlichen Rechts. Denn zur Hoheitsverwaltung in diesem „erweiterten" Sinn zählt das öffentliche Recht auch die sog Daseinsvorsorge, bei der sich eine eigenständige, mit Gewinnerzielungsabsicht betriebene Teilnahme am allgemeinen Wirtschaftsverkehr ergeben kann (vgl BFHE 115, 118, BStBl II 1975, 563). Daher rechnen Versorgungsbetriebe nach § 2 Abs 1 S 2 GewStDV dann zu Gewerbebetrieben, wenn die allgemeinen Voraussetzungen des § 15 Abs 2 EStG vorliegen. Hoheitliche Tätigkeiten, die gleichzeitig Versorgungsbetriebe sind, werden in den Bereich möglicher Gewerbebetriebe einbezogen (BFHE 115, 391, BStBl II 1975, 549; BFHE 120, 53, BStBl II 1976, 793).

§ 4 Abs 3 KStG und § 2 Abs 1 GewStDV sind also für den Versorgungsbetrieb nicht konstitutiv (zur Entstehungsgeschichte BFHE 115, 391, BStBl II 1975, 549). ME ist daher für die Einordnung/Abgrenzung im Einzelfall nicht entscheidend, ob die Betätigung im Wege des einseitigen Verwaltungshandelns (zB **Leistungsbescheid, Gebührenbescheid**) oder des sog Verwaltungsprivatrechts bzw schlichter Hoheitstätigkeit (zB Gebührenrechnung, öffentliches Beförderungsentgelt auf **vertraglicher Grundlage**) erfolgt (BFHE 170, 277, BStBl II 1993, 380). Allenfalls **indiziell** spricht für einen Hoheitsbetrieb, dass ein **Anschlusszwang** besteht, ebenso die gesetzliche Statuierung bestimmter **öffentlicher Aufgaben und Anstalten** (BFHE 120, 53, BStBl II 1976, 793). Dies gilt vor allem für die in § 2 Abs 1 GewStDV nunmehr ausdrücklich aufgezählten Versorgungseinrichtungen (vgl § 2 Abs 2 GewStDV). Zu vermeiden sind wettbewerbsverzerrende und verfassungswidrige Ergebnisse (*Wolf* DB 2003, 849).

272 **Hoheitsbetriebe** sind nach der Definition des § 2 Abs 2 GewStDV (vgl § 4 Abs 5 KStG) Betriebe, die *überwiegend* der Ausübung der öffentlichen Gewalt dienen. Die Vorschriften sind unscharf gefasst („überwiegend") und lassen der öffentlichen Hand Spielraum für eine steuerfreie Wirtschaftstätigkeit (*Wolf* DB 2003, 849); sie sind daher nicht unbedenklich.

Die Verbindung der Begriffe **Unternehmen** und **Ausübung öffentlicher Gewalt** kann mE nur dann Sinn geben, wenn sie die Einrichtungen erfassen, die möglicherweise der Allgemeinheit Leistungen erbringen, aber gleichzeitig und *untrennbar* überwiegend der Ausübung öffentlicher Gewalt dienen. Letzteres bezeichnet Sachbereiche, die der juristischen Person als Träger öffentlicher Gewalt vorbehalten und eigentümlich sind (BFHE 138, 260, BStBl II 1983, 491; BFHE 209, 195, BStBl II 2005, 501; hierzu *Damas* DStZ 2005, 145). Das sind solche, bei denen nicht die auch einem privaten Anbieter mögliche Versorgungsleistung, sondern das im weitesten Sinne polizeirechtliche (ähnlich BFHE 64, 391, BStBl III 1957, 146) oder vergleichbar auf staatlichen Hoheitsakt angelegte Handlungsbedürfnis bestimmend für die staatliche Verwaltung ist (vgl BFHE 158, 177, BStBl II 1990, 95; BFHE 161, 46, BStBl II 1990, 866; BFHE 181, 322, BStBl II 1997, 139; BFH/NV 1991, 628; 2003, 511; 2005, 1135).

Unter Zwangsrecht iSv § 2 Abs 2 GewStDV (§ 4 Abs 5 S 2 KStG) ist nicht Eingriffsverwaltung schlechthin, sondern der **Annahmezwang** zu verstehen (vgl *HHR* § 4 KStG Anm 62). Da Annahmezwang auch bei der gesetzlichen Daseinsvorsorge häufig ist, lassen die Vorschriften keinen Schluss darauf zu, dass die öffentliche Aufgabe der Körperschaft den Begriff der öffentlichen Gewalt ausmacht (s Anm 271; aA *Koch* KStZ 1984, 187, 188). Zu weit in der Begründung mE BVerfG (BStBl II 1971, 567) betreffend Rundfunkanstalten: Erfüllung öffentlicher Aufgaben und steuerrechtlich gewerbliche Tätigkeit als Gegensätze. 273

Erfüllt eine Einrichtung auch den o a Begriff der Ausübung öffentlicher Gewalt, wird die Tätigkeit aber vorrangig ausgeübt, um Einnahmen zu erzielen, und dienen die Zwangs- oder Monopolrechte vorrangig dem **Schutz vor Konkurrenz,** dient die Tätigkeit nicht mehr überwiegend der Ausübung öffentlichen Gewalt und kennzeichnet keinen Hoheitsbetrieb (BFHE 181, 322, BStBl II 1997, 139). 274

Von **Mischtatbeständen,** die wegen eines überwiegenden hoheitlichen Anteils nicht als Gewerbebetrieb behandelt werden, kann auch noch gesprochen werden, wenn ein Betrieb lediglich als **Hilfsmittel** zur Erfüllung des öffentlichen Zwecks beurteilt wird. Dies trifft beispielsweise zu auf Arbeitsbetriebe der Strafvollzugsanstalt und bei gleicher Beschäftigung auch der Untersuchungsgefängnisse (BFHE 81, 262, BStBl III 1965, 95). Problematisch ist die entsprechende Einordnung für **Schülerheime** (R 10 Abs 2 KStR) und Veranstaltungen einer **freiwilligen Feuerwehr** (FG Düsseldorf EFG 1991, 752), für **Arbeitsbetriebe** solcher Anstalten, die der Fürsorgetätigkeit dienen, sowie für die fürsorgende Unterbringung in **Behinderten-, Altenheimen** und ähnlichen Einrichtungen (vgl A 17 Abs 3 GewStR iVm R 9, 10 KStR). Es handelt sich bei diesen Beispielen um eine lediglich **betriebswirtschaftlich** orientierte Einheitsbetrachtung, die allein zu keiner steuerrechtlichen Zusammenfassung führen darf und dem Gebot der weitestgehenden Trennung und Ausgliederung gewerblicher Tätigkeiten (s für **gewerbliche Grabpflege und Friedhofsverwaltung** BFHE 123, 70, BStBl II 1977, 813; zur „Aufteilung" bei **Schulschwimmhalle** mit allgemeinem Badebetrieb BFHE 127, 83, BStBl II 1979, 746) widerspricht. 275

Wie Hilfsmittel werden auch **Hilfsgeschäfte** dem hoheitlichen Bereich zugeordnet (R 9 Abs 2 KStR). Schließen sich mehrere Körperschaften des öffentlichen Rechts mit ihren Hoheitsbetrieben zu einer **BGB-Gesellschaft** zusammen, so liegt mE gleichwohl noch ein Hoheitsbetrieb vor.

Zum „hoheitlichen Bereich" bei **öffentlich-rechtlichen Religionsgemeinschaften** vgl *FinVerw* DStZ 2004, 350.

276 **Gewerbliches Tätigwerden** der juristischen Personen des öffentlichen Rechts (Begriff s R 6 Abs 1 KStR) setzt neben den allgemeinen Merkmalen des § 15 Abs 2 EStG **Gewinnerzielungsabsicht** (BFHE 159, 331, BStBl II 1990, 452; BFH/NV 1989, 388; 2002, 1341; 2005, 1135; Anm 55 ff) und Beteiligung am **allgemeinen wirtschaftlichen Verkehr** die **sachliche Selbständigkeit** in dem Sinne voraus, dass es sich innerhalb der Gesamtbetätigung der juristischen Person wirtschaftlich heraushebt (vgl A 17 Abs 1 GewStR unter Verweis auf § 4 KStG). Das erfordert ein Mindestmaß an betrieblicher Organisation. Sie muss das äußere **Bild eines GewBetriebs** bieten (BFHE 120, 53, BStBl II 1975, 513). Gleichwohl und hiermit nicht übereinstimmend hat BFH BStBl II 1990, 868, BFH/NV 1990, 533 darauf abgestellt, ob zumindest die theoretische Möglichkeit einer **Konkurrenzlage** besteht; was mE schon begrifflich verfehlt ist und die Möglichkeit von Veränderungen im gewerblichen Tätigkeitsfeld (zB Wetterwarte, RFHE 23, 224) vernachlässigt. Eine **fehlende Konkurrenzlage** ist ohnehin nur in Ausnahmefällen anzunehmen (glA BFHE 154, 192, BStBl II 1988, 910; zu einer Musikschule der öffentlichen Hand: BFHE 102, 431, BStBl II 1971, 645).

277 **Absolute Umsatz- oder Gewinnzahlen** zur Bestimmung eines Gewerbebetriebs sind nach der Rspr **nicht** heranzuziehen (BFHE 127, 83, BStBl II 1979, 746; für den Maßstab einer bescheidenen Existenz einer Privatperson: BFHE 64, 391, BStBl III 1957, 146). Die *FinVerw* will **absolute Maßstäbe** entscheiden lassen: ab 127 825 € Jahresumsatz regelmäßig wirtschaftliche Selbständigkeit, bis 30 678 € nur bei besonderen Gründen (Wettbewerb mit Privaten), das Überschreiten der 30 678 €-Grenze soll ein wichtiger Anhaltspunkt für eine wirtschaftliche Eigenständigkeit sein (*BMF* BStBl I 1979, 684; A 17 Abs 1 GewStR iVm R 6 Abs 5 KStR). Zu Recht wird dabei jedenfalls das Verhältnis der Einnahmen aus der wirtschaftlichen Tätigkeit und dem Gesamthaushalt der juristischen Person des öffentlichen Rechts nicht als bestimmend erachtet (R 6 Abs 5 KStR).

278 **ABC der Einzelfälle** (s auch A 17 GewStR, R 6 ff KStR).

Abfallentsorgung s Müllbeseitigung.

Altenheime, Altenwohnheime sind Betriebe gewerblicher Art, unter den Voraussetzungen des § 3 Nr 20 allerdings von der Gewerbesteuer befreit.

Anschlagstellen. Die Überlassung des Rechts, Anschlagsäulen auf öffentlichen Wegen und Plätzen zu errichten und zu nutzen, ist nur körperschaftsteuerrechtliche Betriebsverpachtung (§ 4 Abs 4 KStG; BFHE 138, 66, BStBl II 1983, 386). Für die Gewerbesteuer gelten hinsichtlich der Verpachtung ohnehin besondere Grundsätze (Stichwort Betriebsverpachtung). Ein Hoheitsbetrieb kommt in jedem Fall nicht in Betracht (BFH aaO).

Bäderbetriebe (Hallenbad, Freibad) sind Betriebe gewerblicher Art (vgl BFHE 166, 342, BStBl II 1992, 432).

Banken, Betriebe gewerblicher Art, s auch die partiellen Gewerbesteuerbefreiungen in § 3 Nr 2.

Beliehener Unternehmer. Die Tatsache, dass ein Privater mit der Ausübung öffentlicher Gewalt beliehen wird, steht der Beurteilung seiner Tätigkeit als gewerblich nicht entgegen (BFHE 84, 97, BStBl III 1966, 36). Daran ändert auch das bestehende öffentliche Gewaltverhältnis eigener Art nichts (BFHE 99, 31, BStBl II 1970, 517). Bei der Eingriffsverwaltung kann das Gewaltverhältnis zu einer persönlichen und sachlichen Eingliederung des Privaten führen und auch eine Beteiligung am allgemeinen wirtschaftlichen Verkehr fehlen (vgl RFH RStBl 1940, 643; RStBl 1938, 429).

Berufsorganisationen können insbesondere bei Freiberuflern durch Gesetz die Ausübung hoheitlicher Befugnisse übertragen sein. Im Rahmen der ihnen zustehenden Ordnungsgewalt werden sie als Körperschaften des öffentlichen Rechts nicht gewerblich tätig (s zur **Kassenärztlichen Vereinigung** und **Ärztekammer** *HHR* § 4 KStG Anm 65 und zur **Landwirtschaftskammer** Anm 66; BFHE 154, 192, BStBl II 1988, 910). Es können sich daraus aber auch Betriebe gewerblicher Art ergeben. Dies gilt zB für **Versorgungseinrichtungen des öffentlichen Rechts** von bestimmten freien Berufsgruppen (BFHE 118, 31, BStBl II 1976, 355; BFHE 112, 481, BStBl II 1974, 631). S auch die Befreiungsvorschrift des § 3 Nr 11.

Beteiligung. Eine juristische Person des öffentlichen Rechts kann auch an einer Personengesellschaft mitunternehmerisch beteiligt sein. Für die Gewerbesteuer wird sie dann bei dem Objekt Gewerbebetrieb der Personengesellschaft erfasst (BFHE 109, 266, BStBl II 1973, 616). KSt-rechtlich besteht auch dann ein Betrieb gewerblicher Art (BFHE 141, 252, BStBl II 1984, 726), wenn die Tätigkeit, falls von der juristischen Person allein ausgeübt, als hoheitlich zu beurteilen wäre *(OFD Ffm* DStZ 2002, 270). Die Beteiligung an einer Kapitalgesellschaft stellt mE einen GewBetrieb dar, wenn die Trägerkörperschaft entscheidenden Einfluss auf die Geschäftsführung der Gesellschaft nimmt (vgl zum wirtschaftlichen Geschäftsbetrieb § 3 Nr 6 Anm 83); bei Beteiligung an einer gemeinnützigen Tochtergesellschaft liegt mE jedoch Vermögensverwaltung vor (*Strahl* FR 2002, 916).

Betriebsaufspaltung. Einen Gewerbebetrieb kraft Betriebsaufspaltung gibt es im Bereich ein und derselben juristischen Person des öffentlichen Rechts nicht. Die Rspr lehnt es ab, in der Vermietung oder Verpachtung wesentlicher Betriebsgrundlagen an den Betrieb gewerblicher Art bei seiner Trägerkörperschaft einen weiteren Gewerbebetrieb nach Betriebsaufspaltungsgrundsätzen zu sehen (BFHE 140, 560, BStBl II 1984, 496).

Betriebsverpachtung. Gewerbesteuerrechtlich liegt wie bei einem Privaten in der Verpachtung eines Gewerbebetriebs eine Betriebseinstellung (s Anm 429), es sei denn, sie stellt sich selbst als werbender Betrieb dar (R 15.7 Abs 1, R 16 Abs 5 EStR). Unter den Voraussetzungen des § 4 Abs 4 KStG ist auch gewerbesteuerrechtlich kein Raum für ein Wahlrecht, die Betriebsaufgabe zu erklären. Das verpachtete Betriebsvermögen bleibt steuerrechtliches Betriebsvermögen bis zur tatsächlichen Aufgabe des Betriebs (BFHE 128, 387, BStBl II 1979, 716).

Blutalkoholuntersuchung stellt keine Ausübung hoheitlicher Gewalt dar (BFHE 158, 177, BStBl II 1990, 95; BFHE 161, 46, BStBl II 1990, 866).

Bundeseisenbahnvermögen. Es unterhält zwar einen Versorgungsbetrieb, ist aber im Rahmen seiner Zweckbestimmung von der Gewerbesteuer freigestellt (§ 3 Nr 1).

Campingplatz. Die Verpachtung eines Campingplatzes wird als Betrieb gewerblicher Art iSd Körperschaftsteuerrechts angesehen, wenn die dafür wesentlichen Einrichtungen von der verpachtenden Körperschaft zur Verfügung gestellt werden. Gewerbesteuerrechtlich gelten hinsichtlich der Verpachtung eigenständige Grundsätze (s „Betriebsverpachtung"). Der Betrieb eines Campingplatzes durch die Gemeinde selbst ist regelmäßig Gewerbebetrieb (s Anm 69).

Drittmittelforschung der Hochschulen. Zur Problematik vgl *Lang/Seer* StuW 1993, 47; *BMF* DB 1989, 857; *OFD Münster* BB 1990, 1334. Vgl auch § 3 Anm 106a u EuGH v 20. 6. 2002 C-287/00, DStR 2002, 1172 m Anm *FK*.

Erbschaft s „Steuerberaterkanzlei".

Faschingsbälle, die von einer Universität veranstaltet werden, können nach FG München EFG 1997, 707 (rkr) Betrieb gewerblicher Art sein (zweifelnd *Olbertz* UVR 1997, 1).

Forschungsanstalten können als Hoheitsbetriebe anzusehen sein. Treten Universitätsinstitute durch die Erstellung wissenschaftlicher Einzelgutachten, zB über Stoffbeschaffenheit, in eine Konkurrenzlage zu Privatunternehmen, so liegt keine hoheitliche Tätigkeit mehr vor (BFHE 73, 84, BStBl III 1961, 298). Handelt es sich um eine gemeinnützige Körperschaft, so ist § 68 Nr 9 AO (Drittmittelforschung als Zweckbetrieb, vgl § 3 Anm 106a) zu prüfen. Besteht bei der Körperschaft kein gewerbliches Unternehmen (Hilfsmittel oder keine Konkurrenzlage), so kann sie unabhängig hiervon einen unschädlichen Zweckbetrieb (§ 65 AO) haben. S zur Zusammenarbeit mit erwerbswirtschaftlichen Unternehmen *Wegehenkel* BB 1985, 116, 395, 792.

Freiwillige Feuerwehren sind mit den Überschüssen aus Festveranstaltungen zur Selbstdarstellung und Mitgliederwerbung nicht gewerbesteuerpflichtig, wenn die Überschüsse für den hoheitlichen Zweck verwendet werden (FG Düsseldorf EFG 1991, 752).

Friedhofsverwaltung ist hoheitliche Tätigkeit (s auch zur Abgrenzung von wirtschaftlich damit verbundenen gewerblichen Unternehmen: BFHE 123, 70, BStBl II 1977, 813; BFHE 138, 260, BStBl II 1983, 491; H 10 KStH).

Fürsorgetätigkeit zählt mE nicht zu den Betrieben gewerblicher Art.

Garagenablösung. Verlangen Gemeinden Ablösungsbeträge für die Befreiung von der Pflicht zum Bau von Garagen, so liegt mE auch bei entsprechenden organisatorischen Vorkehrungen kein Betrieb gewerblicher Art, sondern die Ausübung öffentlicher Gewalt vor. ME handeln die Gemeinden wie bei den sog Baudispens- und Nachfolgelastenverträgen auch bei der vertraglichen Garagenablösung hoheitlich im Bereich der Eingriffsverwaltung. Das Verwaltungsverfahrensgesetz bestätigt in seinen §§ 54, 56 die Existenz solcher subordinationsrechtlicher Verträge.

Gaststätte. Das Unterhalten einer Gaststätte ist ein Betrieb gewerblicher Art (BFHE 69, 205, BStBl III 1959, 339).

Gefangenenarbeitsbetriebe sind Hoheitsbetriebe (BFHE 81, 262, BStBl III 1965, 95).

Gemeindewerke sind Betriebe gewerblicher Art (BFHE 181, 277, BStBl II 1997, 230).

Gutachterausschüsse nach § 192 BauGB sind Betriebe gewerblicher Art (vgl *FM Thüringen* DStR 1999, 322; R 10 Abs 9 KStR).

Industriegleisanlagen, Betrieb gewerblicher Art (BFH/NV 2000, 894).

Kaminkehrer sind trotz der ihnen übertragenen feuerpolizeilichen Befugnisse gewerblich tätig (s auch „Beliehener Unternehmer").

Kanalbetrieb wird ebenso wie Abwasser- und Abfallbeseitigung als Hoheitsbetrieb angesehen (BFHE 75, 498, BStBl III 1962, 448).

Kantinen. Bei Kantinen, die nur für die Belegschaft eines Betriebs eingerichtet sind, soll es an einer Beteiligung am allgemeinen wirtschaftlichen Verkehr und damit an der Gewerbesteuerpflicht fehlen (A 17 Abs 2 GewStR; s aber für die Körperschaftsteuer H 9 KStH „Hoheitsbetrieb" mit der Annahme eines Betriebs gewerblicher Art.

Kommunale Datenverarbeitungszentralen üben mE weder in der Rechtsform einer BGB-Gesellschaft noch beim unmittelbaren Tätigwerden der öffentlichen Hand öffentliche Gewalt aus, sondern sind bei bestehender Gewinnerzielungsabsicht gewerbesteuerpflichtig (aA mit Rücksicht auf die öffentlich-rechtliche Aufgabe *Koch* KStZ 1984, 184).

Krankenanstalten sind zwar Betriebe gewerblicher Art (BFHE 142, 386, BStBl II 1985, 162), aber unter den in § 3 Nr 20 genannten Voraussetzungen von der Gewerbesteuer befreit (s § 3 Anm 176 ff). Die Überlassung medizinischer Großgeräte an Gemeinschaftspraxis ist wirtschaftlicher Geschäftsbetrieb (BFHE 209, 345, BStBl II 2005, 545).

Krematorium nebst Urnenversand ist Betrieb gewerblicher Art (BFH/NV 2005, 1135).

Kulturwissenschaftler, je nach Tätigkeitsbild freiberuflich – wissenschaftlich, unterrichtend – tätig; ggf aber auch gewerblich, zB genealogische Recherchen (*BMF* DB 2006, 1348).

Kurverwaltung einer Gemeinde stellt einen Betrieb gewerblicher Art dar (BFHE 75, 757, BStBl III 1962, 542); eine Zuordnung von dem öffentlichen Verkehr gewidmeten Straßen hierzu ist nicht zulässig (BFHE 161, 182, BStBl II 1990, 799).

Landwirtschaftliche Unternehmen begründen auch für juristische Personen des öffentlichen Rechts keine gewerblichen Einkünfte.

Leihanstalten sind keine Hoheits-, sondern Gewerbebetriebe (RStBl 1940, 655).

Märkte, die von Gemeinden auf öffentlichen Straßen und Plätzen abgehalten werden, begründen regelmäßig Betriebe gewerblicher Art (BFHE 72, 179, BStBl III 1961, 67).

Müllbeseitigung (§ 15 KrW/AbfG) stellt keinen Betrieb gewerblicher Art dar, sondern einen Hoheitsbetrieb (BFHE 181, 322, BStBl II 1997, 139 zum Müllsackverkauf; *FM Ba-Wü* BB 1987, 668). Abgabe der Abfälle oder der aus diesen gewonnenen Stoffe oder Energie ist idR Hilfsgeschäft, kann aber bei Gewinnerzielungsabsicht Gewerbesteuerpflicht begründen. Hilfsgeschäfte liegen mE dann nicht vor, wenn die Müllbeseitigung im Dienst des Versorgungsunternehmens steht (s aber H 9 KStH sowie *BMF* FR 1982, 435). Bei Wärmelieferung Betrieb gewerblicher Art verneint, FG Münster EFG 1986, 619 rkr. Auf privatrechtlichen Vereinbarungen mit dem Dualen System beruhende Tätigkeiten sind immer wirtschaftliche Tätigkeit (s im Einzelnen R 10 Abs 6 KStR).

Parkhaus ist idR Betrieb gewerblicher Art, und zwar auch dann, wenn die Benutzung durch öffentlich-rechtliche Satzung geregelt ist (BFHE 170, 277, BStBl II 1993, 380; R 10 Abs 4 KStR).

Parkplatz. Gebührenpflichtige Parkplätze, die Gemeinden auf eigenem oder gepachtetem Grund unterhalten, sind Betriebe gewerblicher Art (BFHE 120, 53, BStBl II 1976, 793). Dagegen zählt der Betrieb von Parkuhren und Parkscheinautomaten zur Ausübung öffentlicher Gewalt (R 10 Abs 4 KStR).

Pflegeheime sind Betriebe gewerblicher Art, aber unter den Voraussetzungen des § 3 Nr 20 steuerbefreit.

Rundfunksendeanlagen und Rundfunksendungen. Nach der Entscheidung des BVerfG in BStBl II 1971, 567 ist der Betrieb von Rundfunkanstalten keine Betätigung gewerblicher Art. Das gilt nicht für Werbesendungen. S jetzt § 8 Abs 1 Satz 2 KStG iVm § 7 Abs 1 Satz 3 GewStG.

Schlachthöfe stellen Hoheitsbetriebe dar (R 9 Abs 1 KStR).

Schulen rechnen zum Hoheitsbereich (BFHE 127, 83, BStBl II 1979, 746). Für den **Hochschulbereich** gilt mit Rücksicht auf das Staatsprüfungsmonopol nichts anderes. Dies hindert nicht die Annahme von Betrieben gewerblicher Art bei entgeltlicher Gutachtertätigkeit von Instituten (BFHE 73, 84, BStBl III 1961, 298). Zweifelhaft mE wegen möglicher Konkurrenzlage die Beurteilung einer allgemeinen Musikschule als Hoheitsbetrieb (siehe BFHE 102, 431, BStBl II 1971, 645).

Schwimmbad. Betrieb gewerblicher Art, soweit außerhalb schulischer Zwecke eingesetzt (BFHE 127, 83, BStBl II 1979, 746). Zur Verpachtung von Leerräumen zum Betrieb einer Gaststätte vgl *OFD Ffm* DB 2000, 1050.

Skilift, Betrieb gewerblicher Art (FG Nürnberg EFG 1984, 416).

Sparkassen üben keine hoheitliche Tätigkeit aus, sondern stellen Betriebe gewerblicher Art dar (BFHE 103, 165, BStBl II 1971, 818).

Sportstätten. Maßgebend für die Abgrenzung von der Vermögensverwaltung sind Zusatzleistungen sowie ein Jahresumsatz von mehr als 30 678 € (*OFD Münster* DStRE 2007, 295).

Steuerberaterkanzlei, auch wenn im **Erbgang** von juristischer Person des öff R erworben und zur Veräußerung bestimmt, ist ein Betrieb gewerblicher Art (BFHE 159, 162, BStBl II 1990, 246).

Straßenreinigung wird als hoheitliche Tätigkeit angesehen (R 9 Abs 1 KStR).

Tiefgarage, Betrieb gewerblicher Art (BFHE 159, 52, BStBl II 1990, 242; R 10 Abs 4 KStR).

Vermietung von Einrichtungen ist Betrieb gewerblicher Art (BFHE 167, 207, BStBl II 1992, 569, Mehrzweckhalle).

Verpachtung einer Gaststätte ist Betrieb gewerblicher Art (BFH BStBl II 1990, 868), s auch „Betriebsverpachtung".

Versicherungsanstalten der öffentlichen Hand können einen Gewerbebetrieb bilden, soweit das Unternehmen nicht dem Staat eigentümliche Aufgaben erfüllt. Entscheidend ist nicht die Form, sondern der Inhalt der Tätigkeit, also die Rechte und Pflichten aus dem öffentlich-rechtlichen Versicherungsverhältnis (BFHE 99, 42, BStBl II 1970, 519; BFH/NV 1996, 366). Die Betriebe der öffentlichen Träger der **Sozialversicherung** gelten nur dann als Hoheitsbetriebe, wenn in ihnen überwiegend (95%) ihre Mitglieder behandelt werden (R 10 Abs 1 KStR; mE aber typischer GewBetrieb).

Versorgungsbetriebe werden größtenteils in Erfüllung einer öffentlichen Aufgabe eingerichtet. Das sind nach § 2 Abs 1 GewStDV die Unternehmen, die der Versorgung der Bevölkerung mit Wasser (hierzu BFHE 159, 331, BStBl II 1990, 452; BFHE 160, 221, BStBl II 1990, 679), Gas, Elektrizität (BFHE 177, 61, BStBl II 1995, 742) oder Wärme, dem öffentlichen Verkehr oder dem Hafenbetrieb dienen (vgl auch BFHE 195, 572, BStBl II 2001, 773). Es kommen aber nicht nur die dort aufgezählten Unternehmen als Versorgungsbetriebe in Frage (vgl zB für Badebetriebe BFHE 88, 3, BStBl III 1967, 240; Tiefgarage BFHE 159, 52, BStBl II 1990, 242).

Wasserversorgungsbetriebe und -verbände unterhalten, soweit sie mit Gewinnerzielungsabsicht betrieben werden, Gewerbebetriebe (BFHE 159, 331, BStBl II 1990, 452, 679; BFH/BStBl II 1997, 230; vgl aber BFHE 105, 27, BStBl II 1972, 500; BFHE 121, 78, BStBl II 1977, 250). Zur **Gewinnerzielungsabsicht** eines gemeindlichen Wasserwerks s BFH/NV 1989, 388. Vielfach sind die Versorgungsunternehmen Subventionsbetriebe (s Anm 281). Als Versorgungsbetriebe werden ferner behandelt: Wasserwerk (BFHE 121, 74, BStBl II 1977, 251), Verkehrsbetriebe, Straßenbeleuchtung, Elektrizitäts- und Gasversorgung (BFHE 115, 118, BStBl III 1975, 563).

Wertstoffverwertung, Betrieb gewerblicher Art (BFH/NV 2003, 511; R 10 Abs 6 KStR), s auch „Müllbeseitigung".

Unternehmenszurechnung. Der Betrieb gewerblicher Art ist für die Gewerbebesteuerung ebenso wenig Besteuerungssubjekt und damit Steuerschuldner wie bei der Körperschaftsteuer. Betroffen wird vielmehr die jeweilige juristische Person des öffentlichen Rechts (BFHE 142, 386, BStBl II 1985, 162 mwN), auf deren Rechnung der Betrieb unterhalten wird (BFHE 151, 175, BStBl II 1988, 70), zum Begriff s R 6 Abs 1 KStR. Der Betrieb als organisatorische Einheit spielt jedoch eine Rolle für die Gewinnermittlung (Anm 280). Hinsichtlich der **Betriebsstätte** besteht für die Zerlegung bei Versorgungsunternehmen eine Sonderregelung in § 28 Abs 2 (s dort). 279

Gewinnermittlung. Obwohl der Betrieb gewerblicher Art kein Rechtssubjekt ist, wird er für die Zwecke der Gewinnermittlung im Verhältnis zur Trägerkörperschaft wie ein solches behandelt, und zwar grds jeder einzelne Betrieb (BFH/NV 1997, 625; 2003, 511; Ausnahme Anm 34). Dieser Umstand bedingt auch Besonderheiten bei der Bestim- 280 mung und Abgrenzung des **Betriebsvermögens** (hierzu BFH/NV 2002, 1260; *FM Nds* DStZ 2003, 320; *Gastl* DStZ 2004, 323: Vergleich mit Betriebsaufspaltung; ähnlich *Wallenhorst* DStZ 2002, 703). Die Beziehungen werden denen zwischen Kapitalgesellschaft und Gesellschaftern gleichgesetzt mit der Folge möglicher **verdeckter Gewinnausschüttungen** (BFHE 158, 510, BStBl II 1990, 237; BFHE 170, 257, BStBl II 1993, 459; BFHE 181, 277, BStBl II 1997, 230; BFHE 205, 181, DStRE 2004, 520; BFHE 207, 142, DStR 2004, 2052). Dies führt zu Vereinbarungen zwischen Trägerkörperschaft und Betrieb gewerblicher Art. Zur Abgrenzung s BFHE 156, 150, BStBl II 1989, 473. Für die Besteuerung als **Betriebsvermögen** angesehen werden vor allem die wesentlichen Grundlagen des Betriebs. Miet- und Pachtverträge zwischen Trägerkörperschaften und Betrieb gewerblicher Art können wieder anerkannt werden (BFHE 219, 545, BStBl II 2009, 246, aA noch BFHE 140, 560, BStBl II 1984, 496). Zum gewillkürten Betriebsvermögen eines Betriebs gewerblicher Art Schwimmbad s *BMF* DB 1988, 2602; zur Einlage von Wirtschaftsgütern mit dem Teilwert s BFHE 150, 534, BStBl II 1987, 865; zur Bildung von Rückstellungen für Pensionsverpflichtungen für im BgA eingesetzte Beamte vgl BFHE 213, 326, BStBl II 2006, 688; zu gewillkürtem Betriebsvermögen s *FM Ba-Wü BB* 1989, 544.

Wegen der Gleichbehandlung mit Gesellschaftern einer Kapitalgesellschaft werden bei der Trägerkörperschaft Zinsen für dem Betrieb gewährte **Darlehen** als verdeckte Gewinnausschüttungen behandelt, soweit der Betrieb, gemessen an der Kapitalstruktur gleichartiger Unternehmen, unzureichend mit Kapital ausgestattet ist (BFHE 137, 9, BStBl II 1983, 147).

281 Die nach allgemeinen Grundsätzen erforderliche **Gewinnerzielungsabsicht** (Anm 276) kann allein unter Einbeziehung von verdeckten Gewinnausschüttungen gegeben sein (BFH/NV 2002, 1341), ebenso unter Einbeziehung von Kapitalerträgen aus von der Trägerkörperschaft eingelegten Aktien (BFH/NV 2002, 1341). Jedoch genügt nicht die beabsichtigte **Selbstkostendeckung** (BFHE 164, 385, BStBl II 1991, 713). Die liegt auch dann noch vor, wenn ein Gewinn nur zu dem Zweck erwirtschaftet wird, bereits eingetretene oder ernsthaft zu erwartende Vermögensverluste auszugleichen (BFHE 142, 52, BStBl II 1985, 61; s auch BFHE 121, 78, BStBl II 1977, 250; FG Ba-Wü EFG 1981, 515). Auch **Verlustausgleichung** und Vermögenserhaltung gehört noch zur unschädlichen Kostendeckung (BFH/NV 1989, 388). Bei kommunalen Verkehrsbetrieben – auch in Form einer Betriebsaufspaltung – liegt idR keine Gewinnerzielungsabsicht vor (vgl *FM NRW* FR 1993, 278; hierzu *Meier* FR 1993, 564). Erwirtschaftet ein Betrieb **Dauerverluste,** so sind deswegen die Rechtsfolgen einer verdeckten Gewinnausschüttung nicht zu ziehen (§ 8 Abs 7 Nr 1 KStG nF; vgl BFHE 209, 199, BStBl II 2006, 190; hierzu *Pinkos* DB 2006, 692; *Kolwarowskyi/Pinkos* DB 2006, 1809). Bei dauerdefizitären Eigenbetrieben in Form von Kapitalgesellschaften nimmt BFHE 218, 523, BStBl II 2007, 961 (Anm *Hoffmann* DStR 2007, 1957) bei Fehlen eines Verlustausgleichs verdeckte Gewinnausschüttungen an (hierzu § 8 Abs 7 Nr 2 KStG nF). Zum *Regiebetrieb* vgl BFHE 220, 357, BStBl II 2008, 573.

282 Zur Abziehbarkeit der **Konzessionsabgaben** bei Versorgungsbetrieben in den Fällen des Verbands oder der Organschaft s *BMF* BStBl I 1986, 13.

Zur Frage der mE grundsätzlich bestehenden **Buchführungspflicht** (nicht bei Betrieben mit Dauerverlusten) vgl *Stapelfeld/Heyer* DB 2003, 1818; *OFD Rostock* DB 2003, 1301. 283

Einheitliche oder getrennte Betriebe der öffentlichen Hand s Anm 34. 284

(frei) 285–289

290.–419. Die rechtsformabhängigen Steuergegenstände

290.–309. Personengesellschaften

Allgemeines. Zu den rechtsformabhängigen Steuergegenständen gehören auch die von **Personengesellschaften unterhaltenen Gewerbebetriebe.** § 2 Abs 1 Satz 2 GewStG bestimmt durch Bezugnahme auf das EStG (§ 15 Abs 1 Nr 1 EStG) für Personengesellschaften die allgemeinen Merkmale des Gewerbebetriebs und die gewerbliche Natur von Tätigkeiten (§ 15 Abs 2 EStG) wie bei einem Einzelunternehmer. Im EStRecht knüpft hieran die These von der *Gleichstellung* an, wenn auch die *Einheit der Mitunternehmerschaft* dort zurücktreten muss, wo das Subjekt der ESt (der Gesellschafter), nicht der Einkünfteerzielung, Gewinnermittlung und Einkünftequalifikation in Rede steht (vgl BFHE 163, 1, BStBl II 1991, 691; BFHE 201, 180, BStBl II 2003, 294; BFHE 201, 507, BStBl II 2003, 700; *Kratzsch* Inf 2005, 578; *Pinkernell,* Einkünfteerzielung bei Personengesellschaften, S 182 ff; krit *Bodden* FR 2002, 559; DStZ 2002, 391). 290

Gleichwohl ist es richtig, die Personengesellschaft in die rechtsformabhängigen Steuergegenstände einzureihen. Denn nach § 15 Abs 3 Nr 1 EStG gilt als Gewerbebetrieb *in vollem Umfang* die mit Einkünfteerzielungsabsicht unternommene Tätigkeit einer offenen Handelsgesellschaft, einer Kommanditgesellschaft oder einer anderen Personengesellschaft, wenn die Gesellschaft *auch* eine Tätigkeit iSd § 15 Abs 1 Nr 1 EStG ausübt (gewerbliches Unternehmen) oder gewerbliche Einkünfte iSv § 15 Abs 1 Nr 2 EStG bezieht. Als gewerbesteuerlicher **Unternehmer** (§ 5 Abs 1 Satz 2) wird gleichwohl nicht die Gesellschaft selbst (auch wenn sie nach § 5 Abs 1 Satz 3 GewStG Steuerschuldner ist), sondern (in Übereinstimmung mit dem EStRecht, BFHE 178, 86, BStBl II 1995, 617; BFHE 214, 486, BStBl II 2006, 903) der einzelne Gesellschafter angesehen (vgl BFHE 159, 528, BStBl II 1990, 436; BFHE 171, 246, BStBl II 1993, 616; BFHE 180, 450, BStBl II 1997, 82; hiergegen ua *Braun* BB 1993, 1055; *List* BB 2004, 1473), mit Folgen für die Frage der Unternehmeridentität beim Verlustausgleich nach § 10 a EStG. Das bedeutet indes nur, dass die Gesellschafter als (Mit-)Unternehmer eines einheitlichen Betriebs anzusehen sind; der einheitliche Betrieb ist mit seinen Beziehungen zu den einzelnen (Mit-)Unternehmern der Gewerbebetrieb iSv § 2 Abs 1 (BFHE 174, 550, BStBl II 1994, 809; BFHE 180, 450, BStBl II 1997, 82, 85).

Liebhabereibetriebe sind nicht einzubeziehen („Einkünfteerzielungsabsicht"; hierzu BFHE 141, 405, BStBl II 1984, 751, V. 3; s hierzu Anm 53 ff). Die Gewinnerzielungsabsicht ist *zweistufig,* auf der Ebene der Gesellschaft und des Gesellschafters zu prüfen (zB BFHE 193, 480, BStBl II 291

2001, 789; BFH/NV 2004, 1372). Ebenfalls nicht einzubeziehen ist die **vermögensverwaltende Personengesellschaft,** auch wenn sie als OHG oder KG eingetragen ist (BFHE 2009, 399, BStBl II 2005, 679; *Bitz* DStR 1998, 1742; *Nöcker/Solfrian* StuB 2002, 428; krit *Niehues* DStR 2004, 143, 152); jedoch widerlegbare Vermutung für Handelsgewerbe (BFHE 166, 443, BStBl II 1993, 324). Beteiligt sich eine vermögensverwaltende Personengesellschaft an einer gewerblich tätigen Personengesellschaft, so erzielt Erstere in vollem Umfang Einkünfte aus Gewerbebetrieb, was mE schon aus BFHE 163, 1, BStBl II 1991, 691; BFHE 171, 246, BStBl II 1993, 616, 621 folgte (*Felix* u *Söffing* KÖSDI 1991, 691; aA *Döllerer* DStR 1991, 1275). Unsicherheit entstand insoweit kurzfristig durch BFHE 207, 466, BStBl II 2005, 383; BFHE 207, 462, BStBl II 2005, 376, wonach Beteiligungseinkünfte der vermögensverwaltenden Obergesellschaft unmittelbar dem Obergesellschafter zuzurechnen seien (zust *Heuermann* DB 2004, 2548; *Kratzsch* Inf 2005, 378; *Ernst* BB 2005, 2213; *Groh* DB 2005, 2430; *Stapperfend* StuW 2006, 303; krit *Wacker* StbJB 2005/06, 67, 92; *Fischer* FR 2005, 143; *Blumers/Goerg* DStR 2005, 397). Nach einem NAnwErl (BStBl I 2005, 698) ist durch JStG 2007 **§ 15 Abs 3 Nr 1 EStG** idS **ergänzt** worden, dass auch der Bezug gewerblicher Einkünfte nach § 15 Abs 1 Nr 2 EStG abfärbt (zur Rückwirkung § 52 Abs 32 a EStG).

Zur Frage der **Betriebseinheit** s Anm 18 f. Zu **Mischtatbeständen** s Anm 305.

292 **Gesellschaftstypus** (s auch Anm 18). **§ 15 Abs 3 Nr 1 EStG** (Einheitlichkeit des Betriebs und der gewerblichen Einkunftsart) erfasst **Personengesellschaften.** Für **Arbeitsgemeinschaften** gilt § 2 a. **KGaA** werden als Kapitalgesellschaften behandelt.

Mitunternehmerschaften (zum Begriff s § 7 Anm 88 ff) sind neben den **Personenhandelsgesellschaften** OHG und KG auch **BGB-Gesellschaften** (BFHE 171, 246, BStBl II 1993, 616; BFH/NV 1993, 684), jeweils unter Beteiligung von Treugebern möglich (BFHE 153, 545, BStBl II 1989, 722; BFHE 170, 487, BStBl II 1993, 538).

293 Problematisch ist in diesem Zusammenhang, ob das in der Literatur diskutierte **„Treuhandmodell"** auch dann zum rechtsformabhängigen StGegenstand Mitunternehmerschaft führt, wenn de facto nur die Muttergesellschaft Alleinunternehmerin ist: verneinend zB *Hönle* DB 1981, 1007; *Krämer* DStR 2000, 2157; *Stegemann* Inf 2003, 629; *Berg/Trompeter* FR 2003, 903; *Wild/Reinfeld* DB 2005, 69; *Rödder* DStR 2005, 955; *Suchanek* FR 2005, 559; *Hönle* DB 2005, 1007; *Wild/Reinfeld* DB 2005, 69; bejahend FG Düsseldorf EFG 2007, 1097 (Rev); u *FinVerw,* zB *OFD Münster* DStR 2005, 744; *OFD Magdeburg* DStR 2005, 867. Letztere stellen mE zutreffend auf die Zivilrechtslage und darauf ab, dass eine besondere gewstrechtliche Zurechnungsnorm wie bei der Organschaft fehlt.

294 Nach st Rspr kann **Mitunternehmer** nur sein, wer zivilrechtlich Gesellschafter einer Personengesellschaft ist oder eine diesem vergleichbare Stellung einnimmt (BFHE 141, 405, BStBl II 1984, 751; BFHE 173, 28, BStBl II 1994, 282; zur Mitunternehmerschaft von Ehegatten bei Vereinbarung einer Gütergemeinschaft BFHE 170, 36, BStBl II 1993, 574; zur Ausnahme der verdeckten Mitunternehmerschaft s unten), auch der „wirtschaftliche Eigentümer" eines Anteils (hierzu BFHE 157, 508, BStBl II 1989, 877; BFHE 161, 472, BStBl II 1994, 645, BFH/NV 1991, 223; 1996, 314). Erforderlich sind **Mitunternehmerinitiative** und **-risiko** (BFHE 141, 405, BStBl II 1984, 751; aA *Kratzsch* Inf 2005, 378: Mitunternehmerinitiative unerheblich; für einen eigenständigen Begriff bei Freiberufen – Mitberuflerrisiko und -initiative – *Demuth* DStZ 2005, 112). Die Merkmale können unterschiedlich stark ausgeprägt sein; bei stark ausgeprägter Initiative genügt ein schwach ausgeprägtes Risiko; Beteiligung am Verlust sowie an den stillen Reserven ist dann nicht erforderlich (BFHE 170, 345, BStBl II 1994, 702; BFHE 179, 62, BStBl II 1996, 66; BFH/NV 1997, 840; 2004, 1080; *Schulze zur Wiesche* DB 1997, 244; zur Mitunternehmerschaft einer GmbH trotz eingeschränkter Gesellschafterstellung BFHE 181, 408, BStBl II 1997, 170 mwN; zur Mitunternehmerschaft von minderjährigen Kindern BFHE 174, 219, BStBl II 1994, 635; BFHE 193, 542, BStBl II 2001, 186; zur atypischen stillen Gesellschaft mit dem beherrschenden Gesellschafter-Geschäftsführer einer GmbH BFHE 170, 345, BStBl II 1994, 712, zur fehlerhaften Gesellschaft BFH/NV 1998, 1339).

Auch im Hinblick auf das Mitunternehmerrisiko selbst kann den **einzelnen Merkmalen ein je unterschiedliches Gewicht** zuzumessen sein **295** (BFHE 181, 423, BStBl II 1997, 272): die neben der Beteiligung am Gewinn und Verlust regelmäßig zu fordernde Vermögensteilhabe (BFHE 171, 510, BStBl II 1994, 700; BFH/NV 2006, 1839) muss nicht vorliegen, wenn die Gesellschaft besonders risikoträchtige Geschäfte verfolgt (BFHE 134, 421, BStBl II 1982, 186). Ist der *persönlich haftende Gesellschafter* vereinbarungsgemäß durch die anderen Gesellschafter von der Außenhaftung freizustellen, dann hat er bei Beteiligung am Gewinn gleichwohl Mitunternehmerrisiko (BFHE 213, 358, BStBl II 2006, 595; BFH/NV 1999, 1196; *Kempermann* FR 2006, 825). Bei einer *stillen Gesellschaft* ist der *Inhaber des Betriebs* schon wegen seiner unbeschränkten Außenhaftung Mitunternehmer (BFHE 218, 152, BStBl II 2007, 927). Ein *Kommanditist* ist Mitunternehmer, wenn seine Rechte und Pflichten dem Regelstatus der KG nach HGB wenigstens nahekommen (BFHE 141, 405, BStBl II 1984, 751 unter V. 3. c. cc; BFHE 193, 542, BStBl II 2001, 186; *Bodden* FR 2002, 559, 563). Ist er nicht am Gewinn beteiligt, ist er auch kein Mitunternehmer, sondern ggf Darlehensgeber oder stiller Gesellschafter (BFHE 190, 204, BStBl II 2000, 183). Sind diese Voraussetzungen gegeben, so ändert eine Testamentsvollstreckung oder die Belastung eines Anteils mit einem (Unter-)Vermächtnis hieran nichts (BFHE 178, 52, BStBl II 1995, 714; BFH/NV 1997, 343). Fremdnützige Treuhänder sind nicht Mitunternehmer (BFH/NV 2000, 427). Dagegen können die Treugeber auch dann Mitunternehmer sein, wenn der Treuhänder die Wirtschaftsweise bestimmt (BFH/NV 1999, 754).

Bei der **doppelstöckigen Personengesellschaft** ist unter den genannten **296** Voraussetzungen Mitunternehmer die beteiligte Personengesellschaft (BFHE 163, 1, BStBl II 1993, 616) und unter den weiteren Voraussetzungen des § 15 Abs 1 Nr 2 Satz 2 EStG auch der an dieser beteiligte Gesellschafter. Die genannte Vorschrift strahlt zwar grundsätzlich auch auf die GewSt aus (*Bordewin* DStR 1996, 1595). Indes ist ihre Wirkung auf den

Sonderbetriebsbereich des mittelbar Beteiligten beschränkt (vgl BFHE 193, 151, BStBl II 2001, 731), was Auswirkungen insb für den Verlustabzug nach § 10a hat (BFH BStBl II 1999, 794).

297 Mitunternehmerschaft ist auch eine **Partnerschaftsgesellschaft** nach dem PartGG (BGBl I 1994, 1744). Sie ist wie eine OHG namens-, grundbuch- u parteifähig (vgl § 8 PartGG iVm §§ 129f HGB). Die Vorschriften der BGB-Gesellschaft (§§ 705ff BGB) finden nur Anwendung, soweit im PartGG nichts anderes bestimmt ist (§ 1 Abs 4 PartGG).

298 Im Übrigen sind Mitunternehmerschaften die den genannten Gesellschaften wirtschaftlich ähnlichen oder wegen der Mitunternehmermerkmale schlechthin gleichzusetzenden (BFHE 141, 405, BStBl II 1984, 751 unter C V 3; BFHE 178, 86, BStBl II 1995, 617) anderen **Gemeinschaftsverhältnisse,** wie die mitunternehmerische **Erbengemeinschaft** (BFHE 161, 332, BStBl II 1990, 837), die sich durch die Besonderheit auch der Nachfolge in die Einkunftsart des Erblassers bis zur Erbauseinandersetzung ausziechnet (Anm 23); **Gütergemeinschaft** (BFHE 185, 153, BStBl II 1999, 384 zur persönlichen Arbeitsleistung; BFHE 211, 155, BStBl II 2006, 165); mE auch **Vermögensgemeinschaft** nach § 6 Abs 2 LPartG (Anm 19) **und Bruchteilsgemeinschaft** (vgl BFHE 172, 134, BStBl II 1993, 729; BFHE 179, 353, BStBl II 1996, 232, 237; BFH/NV 1993, 538 jeweils mwN) sowie – bei Bestehen einer entsprechenden Gebrauchsregelung (§ 15 WEG) – **Wohnungseigentümergemeinschaft** (BFHE 183, 127, BStBl II 1997, 569). Auf die letztgenannten Gemeinschaften ist § 15 Abs 3 Nr 1 EStG nicht anwendbar, weil sie keine Personengesellschaften sind (vgl BFHE 148, 65, BStBl II 1987, 120). Auch eine **Partenreederei** ist Mitunternehmerschaft iSv § 15 Abs 1 Nr 2 EStG sowie Personengeselllschaft iSv § 15 Abs 3 Nr 1 EStG, da einer OHG/KG weitgehend gleichgestellt (BFHE 173, 374, BStBl II 1994, 364). Sie bezieht sich nach § 489 Abs 1 HGB nur auf *ein* Schiff. Dessen Verkauf bedeutet idR Betriebsveräußerung; betreibt dieselbe Personengruppe mehrere Schiffe, so bestehen mehrere Mitunternehmerschaften (BFHE 145, 58, BStBl II 1986, 53; BFHE 166, 448, BStBl II 1992, 380). Zum Korrespondentreeder s BFHE 149, 473, BStBl II 1987, 564. Keine Mitunternehmerschaften sind **Büro-** bzw **Praxisgemeinschaften,** die lediglich den Zweck haben, bestimmte Kosten gemeinsam zu tragen und umzulegen. Gemeinsames Auftreten nach außen genügt für die Qualifizierung als Mitunternehmerschaft nicht (BFHE 210, 241, BStBl II 2005, 752).

299 Nach der vorherrschenden Auffassung werden von der Einheitlichkeit des Betriebs und der Einkunftsart auch **Innengesellschaften** erfasst, sofern der Inhaber des Handelsgewerbes in Gewinnerzielunsabsicht handelt. (BFHE 178, 448, BStBl II 1995, 794; BFHE 181, 423, BStBl II 1997, 272; BFH/NV 1999, 169, 355) – Gleichbehandlung wirtschaftlich gleichwertiger Außen- u Innengesellschaften (BFHE 175, 357, BStBl II 1995, 171). Das gilt insb für die **atypische stille Gesellschaft** (BFHE 140, 275, BStBl II 1984, 373; BFHE 139, 291, BStBl II 1984, 63). Dem folgt der BFH inzwischen geschlossen (vgl BFHE 170, 345, BStBl II 1994, 702; BFHE 172, 507; BFHE 173, 184, BStBl II 1994, 327, BFHE 174, 372, BStBl II 1994, 705; BFHE 182, 101, BStBl II 1998, 328; BFHE 198, 101,

BStBl II 2002, 464; BFH/NV 1994, 89; 1996, 504, 798, 801; 2008, 194). Das anderslautende Urteil BFHE 145, 408, BStBl II 1986, 311 ist durch den Beschluss des Großen Senats in BFHE 171, 246, BStBl II 1993, 616 überholt (vgl BFHE 179, 427; zust *Glenk* Inf 1995, 401; *Ruban* DStZ 1995, 637; *Schulze zur Wiesche* FR 1997, 405; *Gerdey* StBp 1999, 95). Ob im Einzelfall eine stille Gesellschaft vorliegt, hängt vom wirtschaftlich Gewollten ab; den Formulierungen der Vertragsparteien kommt indizielle Bedeutung zu (BFHE 221, 25, BStBl II 2008, 852). Abzugrenzen ist das **partiarische Darlehen** bzw ein ähnliches Rechtsverhältnis (BFHE 211, 524, BStBl II 2006, 334).

Der **Inhaber des Handelsgewerbes** kann eine natürliche Person, OHG, KG auch GmbH & Co KG (BFHE 172, 416, BStBl II 1994, 243) oder eine Kapitalgesellschaft sein (BFH/NV 1998, 1339; zur Ltd & Still *Kessler/Eicke* DStR 2005, 2101, 2106). Ist diese nicht originär gewerblich tätig, hat die atypische stille Gesellschaft unabhängig von § 15 Abs 3 Nr 2 EStG keinen GewBetrieb (BFH/NV 1999, 169; *Bodden* FR 2002, 559; *Suchanek* FR 2004, 1149, 1153; **aA** *FinVerw* FR 2003, 1299).

Der **Beteiligte** trägt **Mitunternehmerrisiko,** wenn er am Gewinn und Verlust beteiligt ist und für den Fall der Auflösung der stillen Gesellschaft einen Anspruch auf Abfindung seiner Beteiligung (BFH/NV 2000, 554) sowie Zuwachs der stillen Reserven (bei wirtschaftl Bedeutung) einschließlich des Zuwachses am Geschäftswert hat; eine nur vorübergehende oder nur durch außerordentliche Glücksfälle eintretende Teilhabe am Geschäftswert genügt nicht (BFHE 171, 510, BStBl II 1994, 700; BFH/NV 2003, 36; 2003, 601; *FinVerw* FR 2003, 1299). Auch Verzinsung der Einlage (BFHE 171, 510, BStBl II 1994, 700), Umsatzbeteiligung (BFHE 161, 472, BStBl II 1994, 645) genügt nicht, es sei denn Letztere kommt Gewinnbeteiligung gleich (BFHE 151, 163, BStBl II 1988, 62). Bei fehlender Vermögensteilhabe genügt ein besonders risikoträchtiges Geschäft (BFHE 134, 421, BStBl II 1982, 186) oder eine besonders ausgeprägte Mitunternehmerinitiative (BFH/NV 2001, 1550; 2003, 601; FG Düsseldorf EFG 2007, 704 Rev). Mitunternehmer ist auch, wer mit einer hohen Vermögenseinlage am Gewinn beteiligt ist und wie ein Komplementär auf das Schicksal des Unternehmens Einfluss nehmen kann (BFH/NV 2003, 1308). **Mitunternehmerinitiative** setzt Rechte u Pflichten wie nach dem Regelstatus der §§ 164, 166 HGB voraus (BFHE 187, 250, BStBl II 1999, 286). **Steuerschuldner und Adressat** des GewSt-Messbescheids bei der atypischen stillen Gesellschaft ist der „tätige" Gesellschafter als Inhaber des Handelsgeschäfts (BFHE 179, 427, BStBl II 1998, 685; BFHE 185, 190, BStBl II 1998, 480, 484; BFH/NV 2000, 420). Auch bei sonstigen Innengesellschaften ist dies der Fall (BFH/NV 1999, 355).

Auch im Falle einer **atypischen Unterbeteiligung** kann eine von der Hauptgesellschaft getrennt zu erfassende Mitunternehmerschaft entstehen (*Hohaus* GmbHR 2002, 883), wenn der Unterbeteiligte diesbezüglich Mitunternehmerinitiative hat und Mitunternehmerrisiko trägt (BFHE 166, 431, BStBl II 1992, 512; BFHE 184, 418, BStBl II 1998, 137). Ggf ist der Unterbeteiligte Mitunternehmer bei der Hauptgesellschaft (hierzu BFHE 178, 180, BStBl II 1996, 269; BFHE 184, 418, BStBl II 1998, 137; krit **300**

Bodden FR 2002, 559). Die oa Grundsätze gelten nicht für die Unterbeteiligung an einem GmbH-Anteil (BFHE 210, 247, BStBl II 2005, 857; BFHE 211, 277, BStBl II 2006, 253; *Martens* BB 2005, 1668; *Wacker* HFR 2006, 42; *Schulze zur Wiesche/Custodio* GmbHR 2006, 630, 910) sowie an einem Anteil an einer gewerblich geprägten Miterunternehmerschaft (*Groh* DB 1987, 1006; ggf Einkünfte nach §§ 17, 20 Abs 1 Nr 1 EStG).

301 Die von der früheren Rechtsprechung zugelassene **faktische Mitunternehmerschaft** wird seit BFHE 141, 405, BStBl II 1984, 705 nicht mehr anerkannt (vgl BFHE 181, 423, BStBl II 1997, 272; hierzu *Fischer* FR 1998, 813, 821; *Bodden* FR 2002, 559). Abzugrenzen hiervon ist die sog **verdeckte Mitunternehmerschaft,** die regelmäßig ein durch Mitunternehmerinitiative und -risiko gekennzeichnetes gemeinsames Handeln zu einem gemeinsamen Zweck voraussetzt. Die Beurteilung erfolgt unabhängig von der formalen Rechtsbeziehung bzw der vertraglichen Eigenqualifikation der Beteiligten zueinander nach den mit Bindungswillen „wirklich gewollten" Rechtswirkungen (BFHE 179, 62, BStBl II 1996, 66; *Priester* FS Schmidt S 331, 338; krit *Fichtelmann* Inf 1996, 257; *Fischer* FR 1998, 813), die jedoch nicht bloß unterstellt werden dürfen, zB auf Grund bloßer tatsächlicher Einflussmöglichkeiten (vgl auch BFH/NV 2003, 1564). **Erforderlich** ist zumindest eine zivilrechtlich als Innengesellschaft zu bewertende Rechtsbeziehung (zB BFHE 171, 510, BStBl II 1994, 700; BFH/NV 1998, 1339; *Zimmermann* GmbHR 2006, 231); also Beteiligung am Gewinn aufgrund eines (Innen)Gesellschaftsverhältnisses; eine Bündelung von Risiken aus Austauschverträgen (Dienst-, Pacht-) genügt nicht (BFHE 173, 28, BStBl II 1994, 282). Allerdings können auch Austauschverträge eine Gewinnbeteiligung vermitteln (BFH/NV 1999, 295). **Indizien** für ein Gesellschaftsverhältnis sind unübliche/unangemessene Gegenleistungen (Entgelte), die sich durch Sachleistungen nicht erklären lassen; Unwirksamkeit/Nichtdurchführung des Austauschvertrages; tatsächliches Verhalten wie Gesellschafter (zB Entnahmen); ggf Eigenart und Entstehung des Unternehmens (BFHE 181, 123, BStBl II 1977, 272; BFHE 185, 190, BStBl II 1998, 480). Fehlt jedoch eine Gewinnbeteiligung, dann ist selbst bei hohem Kapitalverlustrisiko keine verdeckte Mitunternehmerschaft gegeben (BFH/NV 1999, 167). Diese Grundsätze gelten auch bei Verträgen mit „Typenvermischung" (zur Automatenaufstellung BFHE 192, 100, BStBl II 2001, 359). Bei **nahen Angehörigen** sind für die Annahme einer verdeckten Mitunternehmerschaft die Grundsätze zum Fremdvergleich nicht anzuwenden (BFHE 179, 100, BStBl II 1996, 133).

302 **Verdeckte Mitunternehmerschaft** wurde zB **bejaht:** Gesellschafter-Geschäftsführer einer FamilienKG führt Austauschvertrag nicht durch, erhält gewinnabhängige Bezüge und tätigt Entnahmen u Einlagen (BFHE 185, 190, BStBl II 1998, 480); Neugründung eines Betriebes durch Ehefrau, Anstellung des Ehemannes gegen hohe Provision (BFHE 144, 432, BStBl II 1986, 10); Übertragung des Betriebs auf FamilienKG mit faktischer Beherrschung, insb Gewinnentnahmen durch den Übertragenden (BFHE 147, 146, BStBl II 1986, 802); Betriebsverpachtung gegen unübliche Konditionen an FamilienKG (BFHE 147, 139, BStBl II 1986, 798); FamilienKG, Ehemann Gesellschafter-Geschäftsführer der Komplementär-

GmbH mit überhöhten gewinnabhängigen Bezügen, Ehefrau einzige Kommanditistin (BFHE 179, 62, BStBl II 1996, 66); Medienfonds mit unternehmerischem Einfluss sowie Beteiligung am Einspielergebnissen für nicht beteiligte Personen (*BMF* BStBl I 2001, 175, Rn 27). In Betracht kommt mE auch ein sog *Joint-Venture,* wenn nicht nur eine Arbeitsgemeinschaft nach § 2a GewStG vorliegt, etwa wenn ein Partner für Rechnung aller Beteiligten handelt oder diese gemeinsam handeln (im Einzelfall verneint FG Ba-Wü EFG 1993, 225 rkr).

Verdeckte Mitunternehmerschaft wurde **verneint:** Betriebsverpachtung durch Ehemann an FamilienKG, Geschäftsführung durch ihn über Komplementär-GmbH, Ehefrau als einzige Kommanditistin (in Varianten: BFHE 143, 247, BStBl II 1985, 363; BFHE 146, 375, BStBl II 1986, 599; BFHE 150, 331, BStBl II 1987, 766; BFHE 161, 472, BStBl II 1994, 645); Übertragung des Betriebs durch Ehemann auf von ihm geführte GmbH der Ehefrau, Verpachtung des Betriebsgrundstücks durch ihn gegen umsatzabhängige Pacht (BFHE 151, 162, BStBl II 1988, 62); ähnlich für GmbH & Co KG trotz ungesicherter Darlehen u Bürgschaft (BFHE 156, 93, BStBl II 1989, 705; BFH/NV 1993, 14); Betriebsübertragung unter Vorbehalt der lebenslangen Verwaltungs- und Verfügungsbefugnis (BFHE 154, 525, BStBl II 1989, 414); Betriebsverpachtung durch Ehemann an GmbH der Ehefrau, deren Geschäftsführer der Ehemann ist (BFHE 159, 480, BStBl II 1990, 500); Verkauf des Betriebs durch Ehemann an von Ehefrau beherrschte GmbH & Co KG trotz unüblicher Austauschverträge (BFHE 173, 28, BStBl II 1994, 282). 303

Die **Europäische wirtschaftliche Interessenvereinigung** (EWIV) ist eine Gesellschaftsform des europäischen Binnenmarkts (Art 308 EGV; VO Nr 2137/85; EWIV-AusfG, BGBl I 1988, 514). Sie darf nur Hilfstätigkeiten ausführen, muss mindestens zwei Gesellschafter aus verschiedenen EU-Mitgliedstaaten haben (zur Mitgliedschaft einer BGB-Gesellschaft *Bach* BB 1990, 1432; *Authenrieth* BB 1989, 305; *Müller-Gugenberger* NJW 1989, 1449) und dient der grenzüberschreitenden Kooperation von Freiberuflern und kleinen bis mittleren Unternehmen. Sie gilt für das Steuerrecht und Handelsrecht als OHG. Erforderlich ist Totalgewinnabsicht (Art 40 VO; vgl *Weimer/Delp* WPg 1989, 89, 96) und eine gewerbliche Tätigkeit nach allgemeinen Regeln, ggf eine gewerbliche Prägung. Sie hat aber im **Regelfall** nicht den Zweck, Gewinne für sich selbst zu erzielen, und unterhält mE deshalb regelmäßig keine Tätigkeit iSd § 15 Abs 3 EStG. Sie ist mit Kostengemeinschaften (Anm 195, 298) zu vergleichen und **keine Mitunternehmerschaft** (aA *Busl* DStZ 1992, 773). Zu Einzelheiten der Feststellung nach der VO zu § 180 AO *BMF* DB 1989, 354. 304

Mischtatbestände. Angesprochen sind solche Fallgestaltungen, in denen die Mitunternehmerschaft teils nicht gewerbliche, teils gewerbliche Tätigkeiten entfaltet bzw in denen eine nicht gewerblich tätige Gesellschaft an einer gewerblich tätigen Gesellschaft beteiligt ist. Nicht angesprochen sind solche Fälle, in denen an einer nicht gewerblich tätigen Gesellschaft ein Gesellschafter beteiligt ist, für den auf Grund persönlicher Qualifikationsmerkmale die Einkünfte aus der Gesellschaft ganz oder teilweise gewerblicher Art sind (sog **Zebragesellschaft**). In diesen Fällen ist die Ge- 305 sellschaft zB nur vermögensverwaltend tätig und daher nicht gewstpfl (vgl BFHE 209, 399, BStBl II 2005, 679; BFH/NV 2006, 230; 2006, 235; *Söffing* DB 1998, 896; *Schlagheck* StBp 2000, 115; **aA** *Niehues* DStR 2004, 143; zum Verfahren nunmehr BFHE 209, 399, BStBl II 2005, 679; BFH/NV 2006, 1247; *BMF* BStBl I 1994, 282; 1996, 1521; *Kempermann* FR 2005, 1030; *Dürrschmidt* DStR 2005, 1515; *Lüdicke* DB 2005, 1813).

Grundsatz. Wegen der Formulierung in § 15 Abs 3 Nr 1 EStG „in vollem Umfang" geht die Rechtsprechung (zB BFHE 140, 44, BStBl II 1984, 152; BFHE 183, 150, BStBl II 1997, 567; BFH/NV 1997, 89) davon aus, dass **Personengesellschaften** einheitlich gewerbliche Einkünfte haben, wenn sie auch eine gewerbliche Tätigkeit ausüben (*Kempermann* DStR 2002, 664; *Groh* DB 2005, 2430; krit *Stapperfend* StuW 2006, 303; zur freiberuflichen Tätigkeit s Anm 189). **Nicht betroffen** sind andere Rechtsgebilde zB in Form einer **Gemeinschaft,** die zwar Mitunternehmerschaft iSv § 15 Abs 1 Nr 2 EStG sein können, aber eben nicht die Qualität einer (ggf verdeckten) Personengesellschaft aufweisen (vgl BFHE 148, 65, BStBl II 1987, 120; BFHE 175, 357, BStBl II 1995, 171).

Die angegebene **Rechtsfolge** tritt bereits dann ein, wenn **nur einer der Gesellschafter** eine gewerbliche Tätigkeit ausübt (BFHE 166, 443, BStBl II 1993, 324; vgl BFHE 176, 555, BStBl II 1996, 264). Zunächst ist aber zu prüfen **(1)** ob überhaupt ein einheitlicher Betrieb vorliegt (Anm 18 f); wenn ja **(2)** ob nach den Grundsätzen in Anm 189 die Tätigkeit wegen **untrennbarer Verflechtung** insgesamt als nichtgewerblich zu qualifizieren ist, wenn ja, findet keine Abfärbung statt (BFHE 183, 150, BStBl II 1997, 567; BFHE 214, 302, BStBl II 2007, 378; vgl *Demuth* KÖSDI 2005, 14491). Entsprechendes gilt auf der Ebene des Gesellschafters.

Es empfiehlt sich deshalb die **Gründung mehrerer Gesellschaften,** wenn auch Einkünfte anfallen, die für sich gesehen einer anderen Einkunftsart angehören (BFHE 184, 512, BStBl II 1998, 254; BStBl II 1998, 603; *Moog* DB 1997, 298; *Neu* DStR 1996, 1757; *Schmidt* FS Haas 321, 325; *Hiller* Inf 1996, 463; *Schoor* Inf 1997, 269). Das erfordert unterschiedliche Bezeichnungen, getrennte Gesellschaftsvermögen und getrennte Einkünfteermittlung (vgl BFHE 140, 44, BStBl II 1984, 152; BFH/NV 1991, 319 sowie zu Tierärzten *OFD Magdeburg* FR 1993, 485, mE fraglich). Eine Beteiligung der nicht gewerblichen Gesellschaft an der gewerblichen ist schädlich (nicht jedoch die Beteiligung des Gesellschafters persönlich (*BMF* BStBl I 1996, 621; aA *Wendt* FR 1996, 265; *Hiller* Inf 1995, 388).

306 Eine **Ausnahme** von der „Infektion" besteht jedoch, wenn die Personengesellschaft nur im ganz geringen Umfang gewerblich tätig ist (Anm 192). Entschieden hat dies BFHE 189, 418, BStBl II 2000, 229 für 1,25% Anteil an der Gesamttätigkeit (zust *Drüen* FR 2000, 177; **aA** *Groh* DB 2005, 2430); Zweifel hat BFH/NV 2004, 954 bei 2,81%. BFHE 203, 373 hält 10% als Grenzanteil für anwendbar; hingegen hält BFHE 175, 357, BStBl II 1995, 171 einen Anteil von 6,27% für schädlich. Die Frage harrt einer entgültigen Lösung (vgl *Gosch* StBp 2000, 57; *Kempermann* StbJb 2003/04, 379).

Nach BFHE 207, 466, BStBl II 2005, 383; BFHE 207, 462, BStBl II 2005, 376, kommt es nicht zur Abfärbung, wenn sich eine **vermögensverwaltende Personengesellschaft** (Obergesellschaft) an einer gewerblich tätigen Personengesellschaft beteiligt, aus der sie Einkünfte nach § 15 Abs. 1 Nr 2 EStG bezieht (ähnlich FG Köln EFG 2005, 1714 rkr; hierzu *Heuermann* DB 2004, 2548; *Hallerbach* FR 2005, 792; *Kratzsch* Inf 2005, 378; *Blumers/Goerg* DStR 2005, 397; *Ernst* BB 2005, 2213; *Stapperfend* StuW 2006, 343). Die *FinVerw* ist dem nicht gefolgt (NAnwErl BStBl I 2005, 698; hierzu krit *Müller/Funk/Müller* BB 2005, 2271; *Groh* DB 2005, 2430). Die **Neufassung** des § 15 Abs 3 Nr 1 EStG hat dieser Rspr den Boden entzogen, und zwar rückwirkend (§ 52 Abs 32a EStG), was mE angesichts der vom BFH geschaffenen Unklarheit der Rechtslage verfassungsrechtlich nicht zu beanstanden ist (ebenso *Schmidt/Wacker* § 15 Anm 189).

Die **Abfärbungstheorie gilt** damit **(1)** für gewerbliche Betätigungen 307
und Beteiligungen einer freiberuflichen Personengesellschaft (BFHE 175, 357, BStBl II 1996, 171; A 16 Abs 3 GewStR); allerdings tritt diese Wirkung nicht ein, wenn ein einzelner Gesellschafter auf eigene Rechnung gewerbliche Sonderbetriebseinnahmen hat (BFHE 214, 302, BStBl II 2007, 378; *Seer/Drüen* 2000, 2176; *Demuth* KÖSDI 2005, 14491; *Wendt* FR 2007, 83; **aA** mE zutreffend *Gosch* StBp 1995, 43); **(2)** für luf tätige Personengesellschaften (BFHE 159, 475, BStBl II 1991, 625; BFHE 176, 555, BStBl II 1996, 264; vgl BFHE 180, 450, BStBl II 1997, 82, 84; ebenso *Schulze zur Wiesche* DB 1988, 252; *Felix* KÖSDJ 7/1991, 8571; *Mitsche* DB 1992, 1267; *Söffing* FR 1994, 808; 1995, 381; aA *Binger* DB 1992, 855; *Döllerer* DStR 1991, 1275; *Groh* Jb FfSt 1979/80, 209; *Gosch* Stbg 1995, 165; *Hiller* Inf 1995, 388; *Breuninger/Prinz* DStR 1995, 1664); **(3)** für gewerbliche Betätigungen und Beteiligungen von vermögensverwaltenden Personengesellschaften. Das bedeutet ua: anders als der Einzelunternehmer unterliegt deshalb eine Personenhandelsgesellschaft immer und eine BGB-Gesellschaft idR mit einer **Teilbetriebsverpachtung** der Gewerbesteuer.

Nicht von der Abfärbewirkung des § 15 Abs 3 Nr 1 EStG **betroffen** ist eine Personengesellschaft, die in der Kombination freiberuflich, vermögensverwaltend und/oder luf tätig ist (vgl BFHE 214, 302, BStBl II 2007, 378).

Zur **Differenzierung nach der Gesellschaftsform** für die Frage der Einheitlichkeit des Betriebs im Kombinationsbereich Gewerbebetrieb/Land- und Forstwirtschaft bzw Vermögensverwaltung (Maßgeblichkeit des Gesellschaftszwecks bzw mehrerer Gesellschaftszwecke) vgl Anm 18ff.

(frei) 308, 309

310.–329. Gewerblich geprägte Personengesellschaften

Allgemeines. Als **Gewerbebetrieb** gilt **in vollem Umfang** die mit 310
Einkünfteerzielungsabsicht unternommene Tätigkeit einer Personengesellschaft, die keine Tätigkeit iSd § 15 Abs 1 Nr 1 EStG ausübt (gewerbliche Unternehmen) und bei der ausschließlich eine oder mehrere Kapitalgesellschaften persönlich haftende Gesellschafter sind und nur diese oder Personen, die nicht Gesellschafter sind, zur Geschäftsführung befugt sind. Ist eine gewerblich geprägte Personengesellschaft als persönlich haftender Gesellschafter an einer anderen Personengesellschaft beteiligt, so steht für die Beurteilung, ob die Tätigkeit dieser Personengesellschaft als Gewerbebe-

trieb gilt, die gewerblich geprägte Personengesellschaft einer Kapitalgesellschaft gleich **(§ 15 Abs 3 Nr 2 EStG).** Nach einhelliger Auffassung in Rspr u Schrifttum ist der so umschriebene fiktive Gewerbebetrieb der gewerblich geprägten Personengesellschaft auch Gewerbebetrieb iSv § 2 Abs 1 (BFHE 178, 572, BStBl II 1996, 76; BFHE 192, 100, BStBl II 2001, 359). Gegen Verfassungsrecht wird nicht verstoßen (BFHE 204, 471, BStBl II 2004, 464; BVerfG DStZ 2004, 458).

Die Einkünfte der **vermögensverwaltenden** Personengesellschaft sind im Wege der einheitlichen und gesonderten Gewinnfeststellung in gewerbliche umzuqualifizieren (BFHE 193, 311, BFH/NV 2001, 254). Zu Vor- u Nachteilen sowie Fallstricken bei der **Steuerplanung** *Pauli* DB 2005, 1021.

311 Die Vorschrift korrigiert die **Aufgabe der Geprägerechtsprechung** (BFHE 141, 405, BStBl II 1984, 751; s BRDrs 165/85 S 6).

Seinem *Wortlaut* nach erfasst § 15 Abs 3 Nr 2 **alle Arten von Personengesellschaften:** OHG, KG, BGB-Gesellschaft, auch Innengesellschaft, und stille Gesellschaft, ebenso die Schein-OHG und Schein-KG (BFHE 175, 189, BStBl II 1996, 82). Die Gesetzesauslegung kann sich an der (aufgegebenen) Gepräge-Rechtsprechung orientieren (BFHE 149, 149, BStBl II 1987, 553; BFH/NV 1995, 360; *Felix* NJW 1997, 1040). Gleichwohl wird neben der **Außengesellschaft** (vgl BFHE 182, 101) auch die **Innengesellschaft** (trotz Fehlens von Gesellschaftsschulden) erfasst (vgl BFHE 182, 101, BStBl II 1998, 328; BFHE 187, 250, BStBl II 1999, 286; BFH/NV 1999, 169; *Stadie* FR 1989, 93; *Gschwendtner* DStZ 1998, 335, 343; *Schmidt/Wacker* § 15 Rz 215, 228). Das G stellt weder auf das Auftreten einer betrieblichen Organisation nach außen noch auf damit vorhandene Wirkungen (zB Gesellschaftsschulden), sondern – gemäß der GewBetriebsdefinition – auf die *Tätigkeit* ab. Weiter wird für die gewerblich geprägte Personengesellschaft vorausgesetzt, dass die Gesellschaft keine Tätigkeit iSd § 15 Abs 3 Nr 1 EStG, dh **keine originär gewerbliche Tätigkeit ausübt.** Wird die eigentliche Unternehmenstätigkeit von der unbeschränkt haftenden und allein geschäftsführenden Kapitalgesellschaft ausgeübt, wird die Personengesellschaft von ihr gewerblich geprägt, so dass die Gewerblichkeit der Kapitalgesellschaft auf sie durchschlägt (BFHE 177, 28, BStBl II 1996, 93).

312 Da das Gesetz – wenn auch fiktiv – von einem Gewerbebetrieb der Gesellschaft ausgeht, bedarf es für die Zurechnung der Einkünfte der Rechtsfigur der **Mitunternehmerschaft** (vgl Begründung des RegE BR-Drs 165/85 S 8; aA zB *Groh* DB 1987, 1006, 1008). Dass die prägende Kapitalgesellschaft idR Mitunternehmerin ist, ergibt sich mE aus dem mit in der Außenhaftung verbundenen Mitunternehmerrisiko (*Autenrieth/Haug* DStZ 1987, 279). Die **GmbH & Still** fällt deshalb (anders als noch in der 6. Aufl vertreten) durchaus unter diese Regelung. Zur Begründung einer Gepräge-OHG durch **mehrere GmbH** & Still *Felix* NJW 1997, 1040.

313 Da § 15 Abs 3 EStG auch für die gewerblich geprägte Personengesellschaft eine mit **Einkünfteerzielungsabsicht** unternommene Tätigkeit voraussetzt, scheiden steuerrechtlich irrelevante, insbesondere **Liebhabereitätigkeiten** aus (Begründung des RegE BRDrs 165/85 S 8; BFH/

NV 1999, 169). Für die **Einkünfteerzielungsabsicht** (Anm 53ff) kommt es zur **Zeit** auf die Verhältnisse **der Prägung** an (BFH/NV 1994, 240; 2009, 482) *Henkel/Jakobs* FR 1995, 145; *Henkel* DStR 1995, 1573; *Kreidl/Kächele* DStR 1995, 625; *Felix* NJW 1997, 1040; **aA** vor Prägung: *Leuthe,* Die gewerblich geprägte Gesellschaft bürgerlichen Recht, s 194; *Bitz* in *L/B/P* § 15 Rz 175; *Herzig/Kessler* DStR 1986, 951; *Christoffel/Dankmeyer* DB 1986, 347; *Eisgruber* DStR 1995, 1569; vor und nach Prägung: *Lüdemann* BB 1996, 2650). Auch bei der Segmentierung von gefärbten Personengesellschaften stellt der BFH auf die Verhältnisse nach der Färbung ab (BFHE 181, 133, BStBl II 1997, 202).

Die schlichte **Beteiligung einer Kapitalgesellschaft** genügt nicht; **314**
vielmehr müssen ausschließlich eine oder mehrere Kapitalgesellschaften **persönlich haftende Gesellschafter** sein. Für anders geartete Beteiligungen einer Kapitalgesellschaft an vermögensverwaltenden Personengesellschaften (BFHE 118, 559, BStBl II 1976, 480) stellt sich daher das Problem der Umqualifizierung bzw Umrechnung der Einkünfte (s § 7 Anm 97).

Nach dem geltenden Recht führt schon das Vorhandensein einer **natürlichen Person** als persönlich haftender Gesellschafter zum Wegfall der gewerblichen Prägung. Bei der Einmann-GmbH & Co KG kann davon nicht gesprochen werden. Sie ist wie die mehrgliedrige gewerblich (zB *Herzig/Kessler* DStR 1986, 643). Die **ausschließliche Beteiligung von Kapitalgesellschaften** erfüllt dagegen wie bisher die Voraussetzungen (auch bei einer GbR, vgl BFHE 149, 149, BStBl II 1987, 553; BFHE 177, 28, BStBl II 1996, 93; *Felix* NJW 1997, 1040). Es ist nicht erforderlich, dass jede Kapitalgesellschaft unbeschränkt haftet.

Der **Begriff der Kapitalgesellschaft** ist deckungsgleich mit § 1 Abs 1 KStG, § 2 Abs 2 GewStG (Europäische Gesellschaft, AG, GmbH, KGaA); hierzu zählen bei späterer Eintragung ins HR auch die Vorgesellschaft (vgl BFHE 208, 378, BStBl II 2005, 405), nicht jedoch die Stiftungen (ebenso *Götz* Inf 2004, 669; *Wehrheim u a* StuW 2005, 234), Versicherungsvereine auf Gegenseitigkeit, Genossenschaften u sonstige juristische Personen. Zum Problem der analogen Anwendung auf Versicherungsvereine auf Gegenseitigkeit BFH/NV 1996, 360. Eine **GmbH & CO KG** ist, obwohl keine Kapitalgesellschaft, bei **doppelstöckigen Gesellschaften** nach § 15 Abs 3 Nr 2 Satz 2 EStG der Kapitalgesellschaft für Zwecke der gewerblichen Prägung der Untergesellschaft gleichgestellt. Das gilt in Erweiterung des Wortlauts der Vorschrift auch für eine originär gewerblich tätige GmbH & Co KG (BFHE 193, 85, BStBl II 2001, 162; **aA** *Felix* NJW 1997, 1040; *Söffing* DB 2003, 905).

Auch die Beteiligung einer **ausländischen Kapitalgesellschaft** führt zur gewerblichen Prägung (BFHE 185, 216, BStBl II 1998, 296; BFHE 217, 438, BStBl II 2007, 924 mwN; s auch *Schmidt/Wacker* § 15 Anm 215f; *Wachter* GmbHR 2005, 1181; *Kessler u a* DStR 2005, 2101; *Stoschek/Schmitzger* DStR 2006, 1395; verneinend zB Nds FG EFG 2005, 1035, aufgeh). ME steht dem weder der Wortlaut noch die Systematik und Entstehungsgeschichte des § 15 Abs 3 Nr 2 EStG entgegen.

§ 15 Abs 3 Nr 2 EStG spricht hinsichtlich der **persönlichen Gesell-** **315**
schafterhaftung, für die nur Kapitalgesellschaften in Betracht kommen,

das **Außenverhältnis** an (§ 161 Abs 1 § 128 HGB; Maßgeblichkeit des Regelstatuts. Ein nur im Innenverhältnis haftender Gesellschafter ist ebenso wenig persönlich haftender Gesellschafter wie der Kommanditist, auch bei Haftung durch Bürgschaft (vgl *Groh* DB 1987, 1006) oder auf Grund von Krediten (BFH/NV 2005, 1564). Umgekehrt bewirkt eine nur interne Haftungsfreistellung nicht, dass der Komplementär nicht persönlich haftender Gesellschafter wäre (ebenso *Felix* NJW 1997, 1040; *Herzig/Kessler* DStR 1996, 455).

Bei einer **GbR** kann entgegen früherer Auffassungen (*Felix* NJW 1997, 1040; *Jestädt* DStR 1992, 349; *Neufang/Heinrich* Inf 1995, 107; *Bordewin* FR 1987, 1; *Kögel* DB 1995, 2301; *Saller* DStR 1995, 183; *Heermann* BB 1994, 2421; zweifelnd *Groh* DB 1987, 1009; **aA** *Jakobs* FS Felix S 128 ff; *Bitz* in *L/B/P* § 15 Rz 177) die Haftung der Gesellschafter nicht durch einen allgemeinen Hinweis beschränkt werden. Eine GmbH & Co GbR, bei der früher eine allgemeine Haftungsbeschränkung angenommen wurde, ist daher keine gewerblich geprägte Personengesellschaft (hierzu *Gronau/Konold* DStR 1999, 1465; DStR 2000, 1860; *Daubner-Lieb* DStR 1999, 1992; *Nagel* DStR 2000, 2091; *Petersen/Rothenfußer* GmbHR 2000, 801). Anders ist das jedoch, wenn sich diese Gesellschaft (als Kommanditgesellschaft) nach §§ 2, 105 Abs 2, 161 Abs 2 in das Handelsregister eintragen lässt (zum Vertrauensschutz *BMF* BStBl I 2000, 1198; *BayFM* GmbHR 2001, 123; *Limmer* DStR 2000, 1230; zu den steuerlichen Auswirkungen *BMF* BStBl I 2001, 614).

316 Zur **Geschäftsführung** der gewerblich geprägten Personengesellschaften dürfen nur die persönlich haftenden Kapitalgesellschaften oder Personen befugt sein, die nicht Gesellschafter sind (FG Münster EFG 1993, 719 rkr). Ob und inwieweit die zweite Alternative der Vorschrift zum Tragen kommen kann, erscheint ungewiss, weil der Ausschluss sämtlicher persönlich haftender Gesellschafter von der Geschäftsführung wohl nicht zulässig ist (str, *Felix* DStR 1987, 231; *Breithecker/Zisowski* BB 1998, 508); s jedoch BGH NJW 1982, 877 zur ausschließlichen Geschäftsführung durch Dritte (abgeleitete Befugnis). Sind natürliche Personen (zB Kommanditisten) auch zur Geschäftsführung berufen, entfällt die gewerblich geprägte Personengesellschaft (sog verfremdete GmbH & Co KG; vgl BFHE 180, 369, BStBl II 1996, 523; *Crezelius* NJW 1996, 2361; *Felix* NJW 1997, 1040; **aA** *Stadie* FR 1987, 485; *Binzler/Buchbinder* DB 1987, 503, die nur auf die Vertretungsbefugnis abstellen). Die Vorschrift ist angesichts ihres Ausnahmecharakters und ihres Wortlauts teleologisch nicht auslegbar (*Groh* DB 1987, 1006; *Meyer-Scharenberg/Popp/Woring* § 2 Rz 520). Im Einzelnen:

317 **(1)** Maßgeblich ist die **gesetzliche oder gesellschaftsvertragliche** (organschaftliche), nicht jedoch dienstvertragliche Befugnis im Innenverhältnis der Gesellschafter zueinander zu einer auf Verwirklichung des Gesellschaftszwecks gerichteten Tätigkeit iSv §§ 114 bis 117, 164 HGB, §§ 709 bis 713 BGB; auf die Vertretungsmacht (zB iSv §§ 125 ff HGB) kommt es nicht an (BFHE 177, 28, BStBl II 1996, 93; BFHE 180, 396, BStBl II 1996, 523; *Felix* NJW 1997, 1040). Die Prägung tritt durch die Geschäftsführung und persönliche Haftung durch eine Kapitalgesellschaft ein (vgl schon BFHE 84, 471, BStBl III 1966, 171). Geschäftsführungsbe-

fugnisse sind als dem Innenverhältnis zugehörend vertraglich gestaltbar (§ 114 Abs 2 HGB; § 710 BGB; vgl BGHZ 51, 198). Daraus ergibt sich weiter, dass es auf die aktuellen Geschäftsführungsbefugnisse ankommt. Unschädlich ist es, wenn mehrere Kapitalgesellschaften lediglich zur Gesamtgeschäftsführung befugt sind (BFHE 177, 28, BStBl II 1996, 93; *Felix* NJW 1997, 1040). Nach dem Wortlaut des § 15 Abs 3 Nr 2 EStG müssen nicht alle persönlich haftenden Gesellschafter zur Geschäftsführung befugt sein. Wird einer als Kommanditistin beteiligten Kapitalgesellschaft allein die Geschäftsführung übertragen, so ist nach seinem eindeutigen Wortlaut § 15 Abs 3 Nr 2 EStG nicht erfüllt (R 15.8 Abs 6 Satz 1, 2 EStG; *Groh* DB 1987, 1006, 1010; *Hörger/Kemper* DB 1987, 758; *Felix* NJW 1997, 1040; **aA** *Schmidt/Wacker* § 15 Rz 222)..

(2) Der Kommanditist als Geschäftsführer der Komplementär-GmbH – insbesondere bei der **Einmann-GmbH & Co KG** – handelt für die GmbH und beeinträchtigt deren Geschäftsführungsbefugnisse und die Gewerblichkeit nicht (BFHE 180, 369, BStBl II 1996, 523; FG Hamburg EFG 1992, 666 rkr; *Schmidt/Wacker* § 15 Rz 223). Das ist jedoch anders, wenn der Geschäftsführer nach dem Gesellschaftsvertrag der KG zur Geschäftsführung befugt ist (FG Bbg EFG 2002, 265 rkr; *Christoffel/Denkmeyer* BB 1986, 352; *Herzig/Kessler* DStR 1986, 643; *Rodewald* GmbHR 1996, 914; **aA** *Felix* NJW 1997, 1040). 318

(3) Die Tätigkeit des Kommanditisten als **Prokurist** oder **Generalbevollmächtigter** steht der Prägung nicht entgegen, weil sich hiermit zwar die Vertretungs-, nicht jedoch die Geschäftsführungsbefugnis im organschaftlichen Sinne verbindet (vgl BFHE 180, 369, BStBl II 1996, 523, 526; *Groh* DB 1987, 1011; *Felix* NJW 1997, 1040; zweifelnd *Kessler* DStR 1986, 451). Eine Tätigkeitsbefugnis, die sich allein aus einem **Dienst- oder Arbeitsvertrag** ergibt, ist keine Geschäftsführungsbefugnis iSd § 15 Abs 3 Nr 2 EStG (BFHE 180, 369, BStBl II 1996, 523; *Felix* NJW 1997, 1040). Auch schadet es nicht, wenn der Kommanditist Mitglied eines KG-Beirats mit Kontroll- u Einwirkungsmöglichkeiten ist (*Groh* DB 1987, 1010). 319

(4) Ob **tatsächliches Verhalten** des Kommanditisten im Sinne der Geschäftsführung geprägeschädlich ist (so *Groh* DB 1987, 1010; **aA** *Felix* NJW 1997, 1040), hängt mE davon ab, ob es als Hinweis für eine in schlüssiger Weise erteilte Geschäftsführungsbefugnis im organschaftlichen Sinne zu werten ist. Auch wenn der an der KG still beteiligte Kommanditist **„als Stiller"** geschäftsführungsbefugt ist, ist das geprägeschädlich (**aA** *Felix* NJW 1997, 1040), weil § 15 Abs 3 Nr 2 EStG personenbezogen – nicht organschaftsbezogen – darauf abstellt, dass die andere zur Geschäftsführung berufene Person nicht Gesellschafter ist. 320

Rechtsformen. Die Vorschrift erfasst **jede Form** der Personengesellschaft. Ob dies auch für *ausländische Gesellschaften* gilt, ist str (**zust** *Groh* DB 1987, 1006; *Weßling u a* Stbg 2004, 501; **aA** *Lüdicke* DStR 2002, 672), mE auf jeden Fall für Gesellschaftsformen der EU zu bejahen. DBA-Normen haben jedoch Vorrang (BFH/NV 1998, 296). 321

Die Gepräge-KG ist Leitbild der Geprägegesellschaft (vgl BFHE 204, 471, BStBl II 2004, 464). Sie setzt voraus, dass keine Person, die nicht Kapitalgesellschaft ist, Komplementär ist. Ebenso wenig darf eine solche Person an der Geschäftsführung (Anm 316) beteiligt sein. Umgekehrt liegt eine Gepräge-KG auch vor, wenn auch Kapitalgesellschaften Kommanditisten sind. Die Vorschrift setzt nicht voraus, dass jede beteiligte Kapitalgesellschaft unbeschränkt haftet (ebenso *Felix* NJW 1997, 1040).

Auch die **Schein-KG** fällt nunmehr unter die gewerblich geprägte Personengesellschaft (BFHE 149, 149, BStBl II 1987, 553; BFHE 175, 109, BStBl II 1996, 82; *Ehlers/König* DB 1986, 1352; *Bordewin* FR 87, 1; *Felix* NJW 1997, 1040; aA *Söffing* FR 1986, 521). Maßgeblich sind die Beteiligungs-, Haftungs- und Geschäftsführungsverhältnisse. Eine BGB-Gesellschaft in der Form der **Soll-KG** kann von § 15 Abs 3 Nr 2 EStG betroffen sein, wenn sie vor Eintragung ins Handelsregister auftritt (*Groh* DB 1987, 1006, 1008).

Eine **Gepräge-OHG** setzt voraus, dass alle Gesellschafter Kapitalgesellschaften und geschäftsführungsbefugt sind (BFHE 108, 208, BStBl II 1973, 405; BFHE 143, 280, BStBl II 1985, 372; BFHE 177, 28, BStBl II 1996, 93; BFHE 198, 120, BStBl II 2002, 873). Werden einer oder mehrere Gesellschafter von der Geschäftsführung ausgeschlossen, entfällt die gewerbliche Prägung mE nicht (aA zur Bruchteilsgemeinschaft *Felix* NJW 1997, 1040). Das G verlangt nicht, dass alle persönlich haftenden Kapitalgesellschaften geschäftsführungsbefugt sein müssen. Eine OHG (oder GbR) aus Kapitalgesellschaften und natürlichen Personen ist mE nicht gewerblich geprägt.

Die Anerkennung der **Gepräge-GbR** (auch Partenreederei) ist damit vorgezeichnet (*Bordewin* FR 1987, 1; *Felix* NJW 1997, 1040), wenn eine oder mehrere Kapitalgesellschaften mit persönlicher Haftung ohne Beschränkung auf ihr Gesellschaftsvermögen beteiligt und geschäftsführungsbefugt sind (vgl BFHE 108, 208, BStBl II 1973, 405). Entsprechendes gilt für die Innengesellschaft, insb die stille Gesellschaft (s o).

322 Die **Rechtsfolgen** des § 15 Abs 3 Nr 2 EStG machen die Rechtsform der GmbH & Co KG überwiegend attraktiv (zu den Vorteilen *Hennerkes/Binz* BB 1995, 2161; *Knobbe-Keuk* S 344). Da die gewerblich geprägte Personengesellschaft ihre gewerblichen Einkünfte nur und unwiderlegbar aus ihrer zivilrechtlichen Form ableitet, hängt von ihr auch das Bestehen dieser Einkünfte ab (*BMF* BStBl I 1996, 86, NAnwErl gegen aA BFHE 177, 28, BStBl II 1996, 93). Sie gewährleistet, dass die von ihr erzielten Einkünfte immer als gewerbliche gelten (BFHE 177, 28, BStBl II 1996, 93; vgl auch BFH/NV 1996, 21; *Fick* StBp 1995, 18, 88; *Felix* NJW 1997, 1040). Der Wechsel der Tätigkeiten kann mE jedenfalls dann nicht zu einer gewinnrealisierenden **Betriebsaufgabe** führen, wenn sich die Gesellschaft immer nur vermögensverwaltend betätigt.

Auch bei der GmbH & Co KG, die einen *eigenen originären Gewerbebetrieb* unterhält und deshalb nicht unter § 15 Abs 3 Nr 2 EStG, sondern unter Nr 1 fällt, bedeutet Zerstörung oder Aufgabe der wirtschaftlichen Identität des Betriebs (Teilbetriebs) bei der gewerblich geprägten Personengesellschaft nicht ohne weiteres Betriebs(Teilbetriebs-)aufgabe (Veräußerung).

Der **Wegfall der Einkunftserzielungsabsicht** bedeutet für sich gesehen nach BFHE 134, 339, BStBl II 1982, 381 noch nicht eine gewinnrealisierende Betriebsaufgabe. Das erscheint zweifelhaft, zumal eine von Anfang estrechtlich irrelevant tätige Personengesellschaft keine gewerblich geprägte Personengesellschaft ist (s Anm 313).

Betriebsaufgabe durch Rechtshandlungen (die mE vom Steuerpflichtigen ausgehen müssen, s BFHE 140, 526, BStBl II 1984, 474) ist mE anzunehmen bei Wegfall der gesetzlichen Voraussetzungen (Haftungs- und Geschäftsführungsverhältnisse). Trotz dieser Einschränkungen bietet die gewerblich geprägte Personengesellschaft ein weites Feld für **„gewillkürte" gewerbliche Einkünfte,** und als Instrument zur Vermeidung ungewollter Betriebsaufgaben in Verpachtungsfällen und bei der Betriebsaufspaltung. Zudem eröffnet sie Möglichkeiten der Buchwertfortführung bei der Einbringung von Wirtschaftsgütern, Teilbetrieben oder Betrieben aus anderen Betriebsvermögen (s § 7 Anm 102, 103). Auch kommt die gewerblich geprägte Personengesellschaft in den Genuss der an gewerbliche Einkünfte gebundenen Sonderabschreibungen und sonstigen Steuervergünstigungen (siehe zu den Vor- und Nachteilen *Hennerkes/Binz* BB 1985, 2161; BB 1986, 235). 323

Es besteht **GewStPflicht** auf Grund Rechtsform (*Fick* StBp 1995, 18, 88), und zwar ab EZ 1986 (Anm 326). Eine gegenteilige Aussage ist auch BFHE 176, 138, BStBl II 1995, 900 nicht zu entnehmen (*OFD Köln* FR 1997, 430; GmbHR 1997, 672, zugleich zum NAnwErl *BMF* BStBl I 1995, 819). Sie **beginnt,** wenn alle Tatbestandsmerkmale des § 15 Abs 2 EStG vorliegen, also mit Aufnahme einer von Einkünfteabsicht getragenen „werbenden" Tätigkeit unter Beteiligung am allgemeinen Wirtschaftsverkehr (BFHE 176, 138, BStBl II 1995, 900; BFHE 186, 142, BStBl II 1998, 745; BFHE 204, 471, BStBl II 2004, 464; A 18 Abs 1 Satz 5, 6 GewStR). Vorbereitungshandlungen genügen nicht (vgl A 18 Abs 1 Satz 5, 6 GewStR; *OFD Kiel* BB 1999, 1539, DStR 1999, 1358; zust *Westerwald* StW 2000, 105, 110). Sie **endet** erst mit Einstellung jeglicher solcher Tätigkeiten (*Fick* StBp 1995, 88). Auch eine **Betriebsverpachtung** führt anders als bei Einzelunternehmen und sonstigen Personengesellschaften (vgl Anm 442) weiterhin zur GewStPfl (BFH/NV 1996, 213). 324

Die **Gewerbesteuerbelastung** der gewerblich geprägten Personengesellschaft fällt vielfach nicht ins Gewicht. Sieht man sie als ein Gebilde an, das nur wegen seiner Rechtsform gewerbesteuerpflichtig ist, so steht ihr die erweiterte Kürzung des § 9 Nr 1 Satz 2 zu (BFHE 109, 459, BStBl II 1973, 688; BFHE 122, 534, BStBl II 1977, 778; ebenso BFH/NV 1996, 213). Umgekehrt entfällt das Kürzungsprivileg, wenn eine Grundstückverwaltungsgemeinschaft eine Beteiligung an einer grundstücksverwaltenden Geprägegesellschaft erwirbt (BFHE 167, 144, BStBl II 1992, 628). Ist sie als Unternehmenstochter vermögensverwaltend tätig, so sollen der Unternehmensmutter hinsichtlich der auf die Tochter ausgegliederten Vermögensteile die Korrekturen nach § 8 Nr 8, § 9 Nr 2, der Tochter die Kürzungsvorschrift des § 9 Nr 1 Satz 2 zukommen (*Hennerkes/Binz* BB 1985, 2161, 2164). Bei gleichzeitiger Betriebsaufspaltung (umgekehrte Betriebsaufspaltung) ist die Anwendung des § 9 Nr 1 Satz 2 dagegen zweifelhaft. 325

Zeitlicher Geltungsbereich (§ 52 Abs 18 a EStG aF). Für die **Einkommensteuer** ist nach § 52 Abs 18 a EStG aF der neu gefasste § 15 Abs 3 EStG auch für Veranlagungszeiträume vor 1986 anzuwenden. Zu 326 den Folgen BFHE 149, 149, BStBl II 1987, 553; *BMF* BStBl I 1986, 929. Die Rückwirkung ist mit den gleichzeitig berücksichtigten Vertrauensschutztatbeständen **von Verfassungs wegen** unbedenklich (BFHE 147, 63, BStBl II 1986, 811; BFHE/NV 2002, 333).

Gewerbesteuerrechtlich regelte hinsichtlich der **zeitlichen Anwendung** § 36 idF des StBereinG 1986, dass gewerblich geprägte Personengesellschaften für die Erhebungszeiträume vor 1986 nicht der Gewerbesteuer unterliegen, soweit die Bescheide noch nicht bestandskräftig sind oder unter dem Vorbehalt der Nachprüfung stehen (hierzu BFHE 176, 138, BStBl II 1995, 900 sowie NAnwErl *BMF* BStBl I 1995, 819 und dessen neuerliche Interpretation durch *OFD Köln* FR 1997, 430). Ein Verlustvortrag aus vor 1986 liegenden Erhebungszeiträumen wird (allerdings nach Verrechnung positiver Ergebnisse dieser Vorjahre) für möglich gehalten (*FM Ba-Wü* BB 1987, 393; *Pauka* DB 1987, 655, 659). Zu Einzelheiten s 6. Aufl.

327 **Beteiligung von Kapitalgesellschaften an nicht gewerblich tätigen Personengesellschaften.** Die nach Aufgabe der Geprägerechtsprechung ergangenen Entscheidungen des BFH haben nunmehr für die Fälle Bedeutung, in denen trotz Beteiligung einer Kapitalgesellschaft die Personengesellschaft nicht als gewerblich geprägt anzusehen ist, zB weil die Kapitalgesellschaft nicht persönlich Haftende ist oder neben ihr noch eine natürliche Person persönlich haftender oder (und) geschäftsführungsbefugter Gesellschafter ist. Unterhält eine solche Gesellschaft keinen Gewerbebetrieb, sondern eine Vermögensverwaltung oder ein anderes nicht gewerbliches Unternehmen, so fehlt es auch gewerbesteuerrechtlich an einem Gewerbebetrieb (BFHE 143, 371, BStBl II 1985, 434). Für die beteiligte Kapitalgesellschaft sind die anteiligen Einkünfte umzuqualifizieren und umzurechnen (str, s § 7 Anm 97). Die für die vermögensverwaltende Gesellschaft einheitlich und gesondert festgestellten Erträge und Verluste sind bei der beteiligten Kapitalgesellschaft zu berücksichtigen. Im Übrigen ist aber von einer anteiligen Zugehörigkeit der Wirtschaftsgüter bei der Kapitalgesellschaft auszugehen. Die Kürzungs- und Hinzurechnungsvorschriften des § 9 Nr 2 und des § 8 Nr 8 sind unanwendbar, weil sie eine Beteiligung an einer gewerblich tätigen Personengesellschaft des § 15 EStG voraussetzen (BFHE 143, 280, BStBl II 1985, 372; BFHE 147, 67, BStBl II 1987, 64).

Bei der Beteiligung von Kapitalgesellschaften an Zusammenschlüssen von Freiberuflern ist die Personenvereinigung nach herrschender Auffassung gewerbesteuerpflichtig (Anm 194). Bei einer Kapitalgesellschaft als Teilhaberin an einer ausschließlich land- und forstwirtschaftlich tätigen Personengesellschaft ist dagegen wie bei der vermögensverwaltenden Personengesellschaft umzurechnen und umzuqualifizieren (BFHE 143, 68, BStBl II 1985, 291).

328, 329 *(frei)*

330.–354. Die Tätigkeit der Kapitalgesellschaften, der Erwerbs- und Wirtschaftsgenossenschaften und der Versicherungsvereine auf Gegenseitigkeit

330 **Grundsatz.** Nach § 2 Abs 2 Satz 1 GewStG gilt stets und in vollem Umfang die Tätigkeit der Kapitalgesellschaften, Genossenschaften sowie der

Versicherungs- u Pensionsfondvereine auf Gegenseitigkeit. Als **Kapitalgesellschaften** nennt § 2 Abs 2 „insbesondere" Europäische Gesellschaften, Aktiengesellschaften, Kommanditgesellschaften auf Aktien (s auch § 7 Anm 124; zur Rechtsformwahl *Kallmeyer* DStR 1994, 977; zur gewstlichen Optimierung bei der GmbH & Co KGaA *Kollruss* Inf 2003, 347) und Gesellschaften mit beschränkter Haftung. Eine Kapitalgesellschaft ist auch dann eine juristische Person des privaten Rechts, wenn an ihr nur öffentlich-rechtliche Körperschaften beteiligt sind, kein Betrieb gewerblicher Art (BFH v 5. 10. 1983 I R 107–108/79, nv).

Die **Europäische Gesellschaft** (Societas Europaea – **SE** –) hat ihre **331** Grundlage in der EG-VO Nr 2157/2001 v 8. 10. 2001 (ABl EU Nr L 294) – SEVO – (in Kraft seit 8. 10. 2004), der RL 2001/86/EG v 8. 10. 2001 (ABl EU Nr L 294, 22), dem SEAG v 29. 12. 2004 (BGBl I 2004, 3675) und dem SEBG v 29. 12. 2004 (BGBl I 2004, 3686). Eingereiht in die rechtsformabhängigen Steuergegenstände des § 2 Abs 2 Satz 1 GewStG wurde sie durch SEStEG v 7. 12. 2006 (BGBl I 2006, 2782). Die **Gründung** einer SE erfolgt *ausschließlich* durch Kapitalgesellschaften (Verschmelzung, Gründung einer Tochtergesellschaft oder Holding, formwechselnde Umwandlung), von denen mindestens zwei aus verschiedenen Mitgliedstaaten stammen oder seit mindestens zwei Jahren eine Tochtergesellschaft oder Zweigniederlassung in einem anderen Mitgliedstaat haben; auch eine SE kann eine TochterSE gründen. Das Mindestkapital beträgt 120 000 €. Sitz u Hauptverwaltung müssen sich in demselben Mitgliedstaat, bei inländischen SE an demselben Ort befinden. Rechtspersönlichkeit erlangt eine SE im Inland mit Eintragung ins HR (§ 3 SEAG). Zu den Vorteilen auch für den Mittelstand *Manz/Mayer* Inf 2006, 833.

Die **Aktiengesellschaft** – **AG** – hat ihre normative Grundlage im **332** AktG. Ihr Grundkapital beträgt mindestens 50 000 €. Sie kann durch eine einzelne Person gegründet werden und erlangt Rechtspersönlichkeit durch Eintragung ins HR.

Die **Kommanditgesellschaft auf Aktien** – **KGaA** – hat ihre Rechts- **333** grundlage in §§ 278 ff AktG. Ihre Besonderheit besteht darin, dass ein Gesellschafter (Komplementär), der auch eine GmbH sein kann (BGH DStR 1997, 1012; fraglich für eine Stiftung *Wehrheim/Gehrke* StuW 2005, 234), unbeschränkt haftet und die übrigen – nicht haftenden – Gesellschafter durch Erwerb von Aktien am Grundkapital beteiligt sind. Sie erlangt ebenfalls durch Eintragung ins HR Rechtspersönlichkeit. Gewstrechtlich (wie auch kst- u estrechtlich) unterliegt sie einer kombinierten Besteuerung: Sie ist Gegenstand der GewSt; der Gewinnanteil des Komplementärs wird bei der Ermittlung des Einkommens abgezogen (§ 9 Abs 1 Nr 1 KStG) und bei der Ermittlung des GewErtrages wieder hinzugerechnet (§ 8 Nr 4 GewStG).

Die **Gesellschaft mit beschränkter Haftung** – **GmbH** – hat ihre **334** Rechtsgrundlage im GmbHG. Ihr Stammkapital beträgt mindestens 25 000 €. Sie kann ebenfalls durch eine einzelne Person gegründet werden und erlangt Rechtspersönlichkeit mit Eintragung ins HR. Die **GmbH & Co KG** ist keine Kapitalgesellschaft (BFHE 140, 93, BStBl II 1984, 150), sondern eine originär gewerbliche oder gewerblich geprägte Personengesellschaft; sie steht lediglich für die Beurteilung der gewerblichen Prägung einer anderen (Unter)Gesellschaft nach § 15 Abs 3 Nr 2 Satz 2 EStG einer Kapitalgesellschaft gleich (Anm 314).

335 **Genossenschaften** sind Vereinigungen mit nicht geschlossener Mitgliederzahl, die die Förderung des Erwerbs oder der Wirtschaft ihrer Mitglieder durch gemeinschaftlichen Geschäftsbetrieb oder deren sozialer oder kultureller Belange bezwecken (§ 1 Abs 1 GenG idF vom 14. 8. 2006), zB Produktions- u Absatzgenossenschaften, Kredit- u Konsumvereine. Ein Mindestkapital *kann* vorgesehen werden. Die Mindestzahl der Genossen ist 3. Rechtspersönlichkeit erlangt die Genossenschaft durch *Eintragung* ins Genossenschaftsregister. Nicht eingetragene Genossenschaften, die durch Verleihung den Status einer juristischen Person erlangt haben (Art 163 ff EGBGB), sind den eingetragenen gleich zu behandeln.

Nichtrechtsfähige Vereinigungen, die die Voraussetzungen des GenG erfüllen, sind mE insoweit nach § 2 Abs 3 GewStG gewstpfl, als sie einen wirtschaftlichen Geschäftsbetrieb unterhalten (zB Molkerei-, Keltergenossenschaft; zur Abgrenzung *Glenk*, Die eingetragene Genossenschaft, 1996 Rn 25 ff). **Öffentlich-rechtliche** Genossenschaften (zB Berufsgenossenschaften, Deich-, Fischereigenossenschaften) sind nicht Genossenschaften iSv § 2 Abs 2 GewStG. Entsprechendes gilt für die von alters her bestehenden nichtrechtsfähigen Hauberg-, Wald-, Forst- und Laubgenossenschaften und ähnliche **Realgemeinden** (RStBl 1934, 1060); sie sind nach § 3 Nr 5 nur mit einem Gewerbebetrieb steuerpflichtig, der über den Rahmen eines Nebenbetriebs hinausgeht.

336 Eine **Europäische Genossenschaft** (Societas Corporativa Europaea – **SCE**) dient dem Zweck der Bedarfsdeckung bzw der Förderung der wirtschaftlichen und/oder sozialen Tätigkeit der Mitglieder. Rechtsgrundlage ist die EG-VO Nr 1435/2003 v 22. 7. 2003 (ABl EU Nr L 207, 1) – SCE-VO –, die RL 2003/72/EG v 22. 7. 2003 (ABl EU Nr L 207, 25), das SCEAG v 14. 8. 2006 (BGBl I 2006, 1911) und das SCEBG v 14. 8. 2006 (BGBl I 2006, 1917). Sie kann durch fünf natürl oder jur Personen, Verschmelzung oder Formwechsel von nationalen Genossenschaften gegründet werden; es müssen Rechtsbeziehungen zu zwei Mitgliedstaaten bestehen. Das Mindestkapital beträgt 30 000 €. Rechtspersönlichkeit erlangt die SCE im Inland mit ihrer Eintragung ins Genossenschaftsregister (§ 3 SCEAG).

337 **Versicherungsvereine auf Gegenseitigkeit** (s § 15 Versicherungsaufsichtsgesetz –VAG –) werden von § 2 Abs 2 erfasst. Für kleinere Vereine iSd § 53 VAG besteht im Rahmen des § 12 a GewStDV Steuerbefreiung.

338 Die in Ausnahme von § 1 GWB gestatteten **Kartelle** sind ebenso wie die **Syndikate** nach der ihnen eigenen Rechtsform zu besteuern.

Eine generelle Besteuerung als Kapitalgesellschaft findet nach der Verwerfung der *Kartellsteuer* v 20. 12. 1941 (RStBl 1941, 953) durch BFHE 113, 105, BStBl II 1974, 695 nicht statt. Entsprechendes gilt für **Konsortien** (jur Person oder Mitunternehmerschaft).

339 **Sondervermögen** von **Kapitalanlagegesellschaften** (Geldmarkt-, Wertpapier-, Beteiligungs-, Investmentfondsanteil-, Grundstücks- und Altersvorsorge-Sondervermögen) sind nach §§ 37 n bis 50 d des Gesetzes

über Kapitalanlagegesellschaften idF v 9. 9. 1998 (BGBl I 1998, 2726) von der Gewerbesteuer befreit, ab 1. 1. 2004 s. **Investmentsteuergesetz** (InvStG) v 15. 12. 2003 (BGBl I 2003, 2676/2724), wonach bestimmte ausländische Sondervermögen als Zweckvermögen iSd § 1 Abs 1 Nr 5 KStG von der KSt und der GewSt befreit sind (§ 11 Abs. 1 InvStG).

Gesetzlich anerkannte **Unternehmensbeteiligungsgesellschaften** iSd Gesetzes über Unternehmensbeteiligungsgesellschaften idF v 9. 9. 1998 (BGBl I 1998, 2765) sind nach § 3 Nr 23 von der Gewerbesteuer befreit. Zu den Einzelheiten s § 3 Anm 187 ff.

§ 2 Abs 2 erfasst auch **ausländische Rechtsgebilde.** Voraussetzung ist, 340
dass sie bei Gesamtwürdigung der maßgeblichen ausländischen Bestimmungen rechtlich und wirtschaftlich einer inländischen Kapitalgesellschaft entsprechen (BFHE 136, 547, BStBl II 1983, 77; BFHE 132, 93, BStBl II 1981, 220). Ihre Gewerbesteuerpflicht setzt bisher eine inländische Betriebsstätte voraus oder jedenfalls die Beteiligung an einer Personengesellschaft mit inländischer Betriebsstätte. Nach Ergehen ua der „Überseering"-Entscheidung des EuGH (NJW 2002, 3614: Verstoß gegen Art 43 u 48 EGV) ist auch eine doppelt ansässige Gesellschaft allein mit Sitz der Geschäftsleitung im Inland gewstpflichtig (hierzu *BMF* BStBl I 2005, 727: Anwendung – wenn zum Nachteil des Stpfl – erst ab EZ 2004).

Rechtsfolgen. Nach § 2 Abs 2 gelten die dort aufgezählten Kapitalge- 341
sellschaften, Genossenschaften und Versicherungs- u Pensionsfondvereine **stets und in vollem Umfang** (anders § 15 Abs 3 EStG) als **Gewerbebetrieb** (A 13 GewStR mwN). Verfassungsrechtlich wird dies als unbedenklich angesehen (BFHE 136, 547, BStBl II 1983, 77).

Danach haben nach hM Kapitalgesellschaften einen **einheitlichen Gewerbebetrieb,** der nicht nur vermögensverwaltende in originär gewerbliche Tätigkeiten einbezieht, sondern auch wegen der Organisationsform Kapitalgesellschaft an sich nichtgewerbliche Einkünfte zu gewerblichen umqualifiziert (BFHE 122, 318, BStBl II 1977, 668; BFHE 143, 246, BStBl II 1985, 403; BFHE 160, 551, BStBl II 1990, 920); und zwar auch solche, die nicht unter die sieben Einkunftsarten des § 2 Abs 1 EStG fallen (BFHE 162, 439, BStBl II 1992, 250; kritisch *Gosch* StuW 1992, 350). Das bedeutet: die Kapitalgesellschaft hat auch unter der Geltung des Halbeinkünfteverfahrens keine außerbetriebliche Sphäre (BFHE 218, 523, BStBl II 2007, 961, mwN auch zur Kritik). Auch die „kleine Freiberufler-GmbH" ist hiervon betroffen; Verfassungsrecht (insb Art 3 Abs 1 GG) wird hierdurch nicht verletzt (FG München EFG 2003, 1722, Rev I R 76/03 ausgesetzt wegen BVerfG 1 BvL 2/04; aA *Keß* FR 2004, 1308). **Gegenstand der GewSt** ist demnach auch hier nicht der Betrieb als wirtschaftliche Einheit, sondern die in der bestimmten **Rechtsform** ausgeübte Aktivität.

Der Steuergegenstand Kapitalgesellschaft **entsteht** im Allgemeinen mit 342
Eintragung der Gesellschaft. Tritt allerdings eine **Gründungsgesellschaft** (Vorgesellschaft) schon vor diesem Zeitpunkt nach außen auf, so bildet sie mit der später eingetragenen Gesellschaft einen einheitlichen Steuergegenstand (BFHE 122, 130, BStBl II 1977, 561; BFHE 109, 190, BStBl II 1973, 568; BFHE 137, 265, BStBl II 1983, 247; BFHE 158, 540, BStBl II 1990, 91). Das gilt auch bei einem Wechsel der Gesellschafter der Vorge-

sellschaft, wenn der ausgeschiedene Gesellschafter an der den Wechsel betreffenden Änderung des Gesellschaftsvertrages mitgewirkt hat (BFHE 169, 343, BStBl II 1993, 352). Die bloße Verwaltung des Stammkapitals durch die Vorgesellschaft ist kein Auftreten nach außen und löst daher die Steuerpflicht noch nicht aus (BFHE 162, 107, BStBl II 1990, 1073). Eine **Gründungsgesellschaft** setzt bei der GmbH einen Vertrag bzw bei der Einmann-GmbH die Abgabe einer notariellen Erklärung voraus (BFHE 56, 446, BStBl III 1952, 172; BGH WM 1984, 929).

Bei einer **Vorgründungsgesellschaft,** die die Gründungsgesellschaft erst entstehen lassen soll, besteht jedoch keine Identität mit den nachfolgenden Gesellschaften (vgl BGH DStR 2001, 310). Sie sind nach ihrer Rechtsform, idR als **BGB-Gesellschaften,** zu behandeln, treten aber regelmäßig gewerbesteuerrechtlich mangels werbender Tätigkeit nicht in Erscheinung. Betreiben sie ein Handelsgewerbe, ist idR jeweils eine OHG anzunehmen (vgl FG Bremen EFG 1990, 273). Es gelten die Grundsätze des § 2 Abs 5.

343 Für die **Genossenschaften** (insb Erwerbs- u Wirtschaftsgenossenschaften) sowie die Versicherungs- und Pensionsfondvereine auf Gegenseitigkeit gelten dieselben Grundsätze: Es kommt für den Beginn als frühester Zeitpunkt in Betracht die Errichtung des Status (Vorgenossenschaft, s *Meyer/Meulenbergh/Beuthien,* Genossenschaftsgesetz, 12. Aufl, § 13 Anm 3) bzw der Satzung (Vorverein, *Reichert/Dannecker/Kühr,* Handbuch des Vereins- und Verbandsrechts, 3. Aufl, Tz 7, vereinsrechtl str, aA: Vertrag). Hinzu kommen muss der Beginn irgendeiner Tätigkeit.

344 Seine **Beendigung** findet der Steuergegenstand Kapitalgesellschaft mit der Einstellung jeglicher Tätigkeit. Dass es sich um eine werbende Tätigkeit handelt, unterstellt das Gesetz. Deshalb unterliegt die Kapitalgesellschaft auch während der Liquidationsphase der Gewerbesteuer (BFHE 131, 70, BStBl II 1980, 658; BFH/NV 2001, 816; A 19 Abs 3 GewStR).

Die Liquidation findet grundsätzlich mit der Verteilung des Vermögens an die Gesellschafter ihr Ende (RFH RStBl 1940, 435). Siehe aber zum Prozessrecht BFHE 130, 477, BStBl II 1980, 587; BFH/NV 2004, 670. Zur Liquidation und Neugründung derselben Kapitalgesellschaft s BFHE 143, 246, BStBl II 1985, 403.

345 **Einzelfragen, Veräußerung/Liquidation.** Kapitalgesellschaften, Genossenschaften sowie Versicherungs- und Pensionsfondvereine auf Gegenseitigkeit sind gegenüber den natürlichen Personen und Personengesellschaften insoweit benachteiligt, als bei ihnen auch **Gewinne aus der Veräußerung von Betrieben, Teilbetrieben** oder von **betrieblichen Beteiligungen** zum **Gewerbeertrag** rechnen (so die hM; BFHE 101, 112, BStBl II 1971, 182; BFHE 160, 262, BStBl II 1990, 699; BFHE 196, 293, BStBl II 2002, 155; BFHE 205, 140, BStBl II 2004, 515; BFH/NV 1996, 366; 2002, 535; Anm *Wendt* FR 2002, 39; A 40 Abs 2 GewStR). Diese Auffassung wird zutreffend damit begründet, dass § 2 Abs 2 die GewStPfl von Kapitalgesellschaften allein an die Rechtsform anknüpft (BFH/NV 1996, 366; vgl auch BFHE 181, 499, BStBl II 1997, 224).

ME ist diese Beurteilung (anders als noch die Vorauflagen) zutreffend (**aA** *Roser/Tetsch* FR 1998, 183; *Blümich/Obermeier* § 2 Rz 668). Bei den

Steuergegenständen des § 2 Abs 2 wird für die Dauer ihres wie immer auch gearteten Tätigwerdens eine werbende Tätigkeit ausnahmslos fingiert und daher auch für die Zeit der Abwicklung angenommen (§ 16 Abs 1 GewStDV; § 7 Anm 36). Davon abgesehen haben § 2 Abs 2 GewStG (für Kapitalgesellschaften) und § 15 Abs 3 Nr 1 EStG (für Personengesellschaften) insofern keinen identischen Wortlaut als bei Ersterem die Fiktion „stets" angeordnet ist, bei Letzterem nicht. Das bedeutet, dass bei jenen die Ergebnisse – auch in zeitlicher Hinsicht – aus *allen* Tätigkeiten der Besteuerung unterliegen, was bei diesen auch im Hinblick auf den Objektsteuercharakter der GewSt anders bewertet werden muss. Daran ändert auch der Hinweis auf die Teilbetriebsveräußerung nichts, weil insofern ein Ertrag aus *dessen* werbender Tätigkeit nicht in Rede steht. Das ist Grund genug, dass derartige Vorgänge nicht von denen des § 16 Abs 1 GewStDV bzw § 11 KStG unterschieden und nach § 16 EStG iVm § 7 GewStG gewerbesteuerfrei behandelt werden können (offengelassen in BFHE 181, 499, BStBl II 1997, 224).

Im Falle der **Abwicklung** ist der GewErtrag auf die Jahre des Abwicklungszeitraums zu verteilen (§ 16 Abs 1 GewStDV). Eine „Zwischenveranlagung" mit Wirkung auch für die GewSt (§ 14 GewStG) ist jedoch zulässig (BFHE 213, 301; BFHE 219, 61, BStBl II 2008, 319). Zur Auswirkung auf die GewSt *BMF* FR 2008, 531.

Zur **Veräußerung von Anteilen** an Kapitalgesellschaften und Perso- 346
nengesellschaften s § 7 Anm 15.

Ein **Reisegewerbe** kann nur von natürlichen Personen und deshalb 348
nicht von den Körperschaften des § 2 Abs 2 ausgeübt werden (BFHE 76, 405, BStBl III 1963, 148).

Bei **Beteiligung einer Kapitalgesellschaft** (oder einer anderen Kör- 349
perschaft iSd Abs 2) an gewerblich tätigen Personengesellschaften kommen die Korrekturvorschriften des § 8 Nr 8 und § 9 Nr 2 zur Anwendung (zu nicht gewerblich tätigen Personengesellschaften s Anm 327). Nicht als Personengesellschaft in diesem Sinne gilt die **KG auf Aktien** (BFHE 145, 76, BStBl II 1986, 72).

Die **Besteuerung kleiner Körperschaften** kann nach § 156 Abs 2 350
AO unterbleiben, wenn feststeht, dass die Kosten der Einziehung einschließlich der Festsetzung außer Verhältnis zu dem festzusetzenden Betrag stehen. Ein solches Missverhältnis wird angenommen, wenn der Gewinn im Einzelfall offensichtlich 500 € (bisher: 1000 DM) nicht übersteigt (A 43 GewStR).

Nach § 17 Abs 2 GenG gelten **Genossenschaften** grundsätzlich als 351
Kaufleute iSd HGB. Sie sind deshalb bereits nach Handelsrecht buchführungspflichtig.

Die Gewinne aus Nichtmitgliedergeschäften bei im Übrigen steuerbefreiten Erwerbs- und Wirtschaftsgenossenschaften können im Wege der Schätzung ermittelt werden (vgl A 27 Abs 2 GewStR; R 20 Abs 8 Satz 8 KStR). Zur Behandlung der genossenschaftlichen Rückvergütung bei der Ermittlung des Gewinns der Genossenschaft s § 22 KStG, R 70 KStR und A 42 GewStR.

352 Für die im **Kreditwesen** tätigen Unternehmen ist die Sonderregelung des § 19 GewStDV hinsichtlich der Dauerschulden anzuwenden.

353, 354 *(frei)*

355.–399. Unternehmensverbund Organschaft

355 **Begriff.** Unter **Organschaft** wird eine Verschmelzung wirtschaftlicher Interessen verschiedener rechtlich selbständiger Unternehmen zu einer wirtschaftlichen Unternehmenseinheit verstanden (*Tipke/Lang,* Steuerrecht, 16. Aufl, § 11 Rz 110). Unter Berücksichtigung der inzwischen gesetzlich geregelten Voraussetzungen für die steuerrechtliche Anerkennung einer Organschaft handelt es sich dem Sachverhalt nach um die Beziehung (Organverhältnis) zwischen einer juristischen Person (Organgesellschaft – OG –) und einer natürlichen Person, einer nicht steuerbefreiten Körperschaft, Personenvereinigung oder Vermögensmasse (Organträger – OT –), die nach dem **bis EZ 2001** geltenden Recht durch die finanzielle, wirtschaftliche und organisatorische Eingliederung der OG in den OT gekennzeichnet war. **Ab EZ 2002** (Verweis auf §§ 14, 17 oder 18 KStG) bedarf es der wirtschaftlichen und organisatorischen Eingliederung nicht mehr (hierzu die nachfolgenden Anm). Ihre Vorteile bestehen in der Besteuerung des Organkreises als Einheit (zB Verlustausgleich innerhalb des Organkreises; s allg A 41 GewStR sowie *Urbahns* Inf 2001, 582). Als **Alternative** bietet sich nach *Kessler/Reitsam* DStR 2003, 269, 315 nach wie vor die typische stille Beteiligung an; mE jedoch nur, soweit der Verlust auf eine natürliche Person als Beteiligter entfällt (§ 15 Abs 4 Sätze 6–8 EStG nF. Zur Nutzbarmachung der Organschaft bei der GmbH & Co KG aA *Kollruss* Inf 2003, 347). Zudem wird als Alternative das sog „Treuhandmodell" diskutiert (Muttergesellschaft ist über eine zu 100% ihr gehaltene GmbH als Komplementärin mit 99% an einer Tochter-GmbH & CoKG beteiligt, während eine ebenfalls zu 100% von ihr gehaltene weitere GmbH mit 1% treuhänderisch für die Mutter an der Tochter beteiligt ist; hierzu *Rödder* DStR 2005, 955). Die *FinVerw* (vgl *OFD Münster* DStR 2005, 744; *OFD Magdeburg* DStR 2005, 867) erkennt dieses Modell jedoch gewstrechtlich mit der Folge nicht an, dass die Tochtergesellschaft selbst GewStSubjekt ist.

Zum **neueren Diskussionsstand** vgl *Dierichs/Seifried* DStR 2002, 2068; *Krebühl* DStR 2002, 1241; *Rödder/Schuhmacher* DStR 2002, 1969; *Harle/Bank* BB 2002, 1341; *Haun/Reiser* BB 2002, 2257; *Prinz/Otto* FR 2003, 53; *Mitsch* Inf 2003, 424, 467; *Kohlhaas* GmbHR 2003, 957; *Ortmann-Babel/Renn* BB 2003, 237; *Schroer-Starke* GmbHR 2003, 153; *Wehrheim/Adrian* DB 2003, 737; *Ott* Inf 2003, 376; *Raupach/Burwitz* DStR 2003, 1901; *Träger* DStR 2003, 1755; *Ley/Strahl* DStR 2003, 2145; *Löwenstein/Maier/Lohrmann* DStR 2003, Beih. 4, 5; *Blumers/Goerg* DStR 2003, 2203; *Haase* DB 2004, 1580; *Herlinghaus* FR 2004, 974; *Gassner* DB 2004, 841; *Walter* GmbHR 2005, 456; *Sauter/Heurüng/Klübenspies* BB 2005, 1304; *Jochum* FR 2005, 577; *Bregenhorn-Kuhs/Rathmann* Inf 2005, 340; *Blumers/Goerg* DStR 2005, 397; *Schmidt/Hageböke* DStR 2005, 761; *Orth* DB 2005, 741; *Berger* DB 2005, 903; *Danelsing* DStR 2005, 1372; *Plewka/Schienke* DB 2005, 1703; *Rautenstock/Adrian* DB 2005, 1018; *Wagner* StBp 2005,

190; *Gradel* Stbg 2005, 322; *Heinz/Wessinger* GmbHR 2005, 1390; *Orth* DStR 2005, 1629.

Rechtsentwicklung. Während die Organschaft für Zwecke der Körperschaftsteuer erst mit dem G v 15. 8. 1969 (BGBl I 1969, 1182) eine ausdrückliche Regelung fand, bestanden für die Gewerbesteuer und die Umsatzsteuer schon seit längerer Zeit entsprechende Vorschriften (§ 2 Abs 2 Ziff 2 GewStG v 1. 12. 1936, RGBl I 1936, 979, sowie § 2 Abs 2 Ziff 2 UStG v 16. 10. 1934, RStBl 1934, 1166; vgl zur rechtlichen Entwicklung auch *Holtmeier,* Die Organtheorie, S 57, 115, sowie BFHE 82, 233, BStBl III 1965, 329). Die gesetzlichen Regelungen gehen teilweise zurück auf die von der Rechtsprechung und Lehre entwickelte Organtheorie (Organlehre). Sie wurde als steuerrechtliche Lehre von der wirtschaftlichen Einheit mehrerer rechtlich selbständiger Unternehmen bezeichnet (BFHE 56, 604, BStBl III 1952, 234), hat aber in einer Vielzahl von Betrachtungsweisen spezifische Prägung erhalten (Einheitstheorie, Filialtheorie, Angestelltentheorie, Zurechnungstheorie, Bilanzierungstheorie; vgl dazu im Einzelnen BFHE 87, 253, BStBl III 1967, 118; *Jurkat,* Die Organschaft, Rz 3). Die gewerbesteuerliche Organschaft hat ihren Ursprung in der Rechtsprechung des PrOVG zur Frage der Gewerbesteuerpflicht von Unternehmen, die im Erhebungsgebiet durch einen Mittelsmann (natürliche oder juristische Person) als Organ vertreten wurden (vgl *Holtmeier* aaO S 115). 356

Als Alternative werden in verstärktem Maße Modelle der **Gruppenbesteuerung** diskutiert. S hierzu insb *Gassner* DB 2004, 841; *Danelsing* DStR 2005, 1342; *Jochum* FR 2005, 577, *Gradel* Stbg 2005, 322; *Herzig/Wagner* DB 2005, 2374; zu Dänemark *Kessler/Daller* IStR 2005, Länderbericht Heft 15, 2; zu Österreich *Kessler/Daller* IStR 2006, 289.

Durch die Neuregelung der körperschaftsteuerlichen Organschaft durch G v 23. 10. 2000 (BGBl I 2000, 1433), der die Regelungen der gewerbesteuerlichen – dieses nur zunächst – (und umsatzsteuerlichen) Organschaft nicht gefolgt sind, zersplitterte das Organschaftsrecht zunächst weiter (hierzu *Prinz* FR 2000, 1255, 1262; *Kollruss* StBp 2001, 132).

Durch G v 20. 12. 2001 (BGBl I 2001, 3858) ist die gewerbesteuerliche Organschaft nach Gegenstand und Voraussetzungen an die körperschaftsteuerliche Organschaft angeglichen worden (jedoch nicht die umsatzsteuerliche Organschaft; § 2 Abs 2 Nr 2 UStG). Das bedeutet, dass **ab EZ 2002** eine **Zwangsverknüpfung** der gewerbesteuerlichen mit der körperschaftsteuerlichen Organschaft besteht. Das kann für eine Vielzahl von Unternehmen bedeuten, dass sie von der Gestaltung einer gewerbesteuerlichen Organschaft ausgeschlossen sind, mit nicht zu unterschätzenden Auswirkungen auf Höhe und Verteilung des GewStAufkommens (*Prinz* FR 2002, 66, 68; *Dierichs/Seifried* DStR 2002, 2068, mit Überlegungen zur Vermeidung einer doppelten Gewinnberücksichtigung bei Beendigung der gewstlichen Organschaft). Weitere tiefe Eingriffe in das auch gewstrechtliche Organschaftsrecht erfolgten durch das StVergAbG (hierzu *BMF* BStBl I 2005, 1038; *Dötsch* DB 2005, 2541), wenngleich der ursprüngliche Plan, die gewstliche Organschaft überhaupt abzuschaffen (hierzu *Rödder/Schumacher* DStR 2002, 1969; *Prinz/Otto* FR 2003, 53), nicht 357

Gesetz geworden ist (vgl zur Rechtsentwicklung auch *Wehrheim/Adrian* DB 2003, 737; *Ott* Inf 2003, 376). Zu Vor- u Nachteilen der Organschaft im Zusammenhang mit dem Halbeinkünfteverfahren vgl *Heinz/Wessinger* GmbHR 2005, 1390.

358 **Betriebsstättenfiktion.** Nach § 2 Abs 2 gilt die OG als **Betriebsstätte** des OT. Das hat zur Folge, dass die persönliche – nicht jedoch die sachliche – StPfl der OG für die Dauer des Bestehens der Organschaft erlischt und der OT Steuerschuldner (§ 5) der auf den GewErträgen des Organkreises beruhenden GewSt ist (BFHE 181, 504, BStBl II 1997, 181; BStBl 194, 217, BStBl II 2001, 114). Nur gegen ihn wird der GewStMessbetrag festgesetzt und ergeht folglich der GewStMessbescheid (BFHE 161, 157; BStBl II 1990, 916). Das gilt auch für das Verhältnis von Konzernmutter und Einzelgesellschaft. Damit sollen die am Aufkommen der Gewerbesteuer beteiligten Gemeinden vor willkürlichen Gewinnverlagerungen geschützt, aber auch die zweimalige Erfassung des wirtschaftlich gleichen Ertrags durch die gleiche Steuerart vermieden werden (BFHE 114, 242, BStBl II 1975, 179; BFHE 161, 157, BStBl II 1990, 916). Die Betriebsstättenfiktion ist Grundlage für die Zurechnung des Gewerbeertrags der OG beim OT (BFHE 173, 426, BStBl II 1994, 768; BFHE 178, 448, BStBl II 1995, 794). Trotz dieser Fiktion bilden OT und OG kein einheitliches Unternehmen. Sie bleiben selbständige Gewerbebetriebe, die getrennt für sich bilanzieren und deren GewErträge getrennt zu ermitteln sind (sog „gebrochene Einheitstheorie"; vgl Anm 380). Gegen die Ermittlung eines für die OG zu ermittelnden GewErtrags *Wassermeyer* DStR 2004, 214 (für sie sei nur ein Betriebsstättengewinn – § 7 – zu ermitteln; hierzu auch *von Groll* DStR 2004, 1193). Er erörtert jedoch nicht die Vorgabe des § 6 und seine Folgen für die nach § 2 Abs 2 Satz 2 zur Vermeidung der Verlagerung von GewErträgen erforderliche Zusammenrechnung: Zurechnungsgröße ist demnach nicht ein Gewinn, sondern iS einer systemkonformen Teleologie der GewErtrag.

359 **Gesetzliche Voraussetzungen der Organschaft.** Bis **einschließlich EZ 2001** nahm § 2 Abs 2 Satz 1 GewStG auf § 14 Nr 1 u 2 KStG aF (bis EZ 1998) bzw auf § 14 Nr 1 bis 3 KStG idF v 22. 4. 1999 und damit auf das Erfordernis der finanziellen, wirtschaftlichen und organisatorischen **Eingliederung** Bezug. Ein Gewinnabführungsvertrag musste im Gegensatz zur körperschaftsteuerlichen Regelung nicht vorhanden sein. Daraus ergaben sich Besonderheiten für die Korrektur der zusammenzufassenden Gewerbeerträge (Anm 385). Nach der Angleichung der gewerbesteuerlichen an die körperschaftsteuerliche Organschaft (G v 20. 12. 2001, BGBl I 2001, 3858) kommt es **ab EZ 2002** auf eine wirtschaftliche und organisatorische Eingliederung nicht mehr an; dafür ist künftig ein **Gewinnabführungsvertrag – GAV –** erforderlich (zu den aktuellen Entwicklungen *Kollruss* StBp 2001, 132; *Rödder/Schumacher* DStR 2002, 105; *Prinz* FR 2002, 66; zur Durchführung im Hinblick auf einen vorvertraglichen Verlustvortrag des Organs *Berger*, DB 2005, 403).

360 **Organträger** kann eine natürliche Person, eine juristische Person, Personengesellschaft oder ein anderes rechtliches Gebilde sein, das die Voraussetzungen des § 14 Nr 1 KStG erfüllen kann (vgl BFHE 187, 321, BStBl II

1999, 306; zu den Vorteilen eines personalistischen Organschaft *Moog* DStR 1996, 161). Eine **Personengesellschaft** (zur atypischen stillen Gesellschaft s Anm 370) kann ab EZ 2003 jedoch nach § 14 Abs 1 Nr 2 Satz 2 KStG nur noch dann OT sein, wenn sie eine Tätigkeit nach § 15 Abs 1 Nr 1 EStG ausübt; eine **gewerbliche Prägung** nach § 15 Abs 3 Nr 2 EStG reicht demnach nicht mehr (zB *Blumers/Goerg* BB 2003, 2203; DStR 2005, 397; *Haase* DB 2004, 1580). Nicht nach dem insoweit uneindeutigen Wortlaut, jedoch nach dem Sinn und Zweck der Vorschrift muss mE die oa Voraussetzung während des ganzen Wirtschaftsjahres bestehen (*BMF* BStBl I 2005, 1038; *Füger* BB 2003, 1755; *Stollenwerk* GmbH-StB 2003, 199; *Haase* DB 2004, 1580; **aA** unterjährige Begründung reicht: *Dötsch/Pung* DB 2003, 1470; *Ley/Strahl* DStR 2003, 2145); eine Ausnahme ist aus verfassungsrechtlichen Gründen denkbar für das erste Wirtschaftsjahr (ggf 2002/2003) bzw den ersten EZ (2003) der Anwendung der Vorschrift. Als Alternative zur Begründung einer bisher nicht vorhandenen gewerblichen Betätigung kommen in Betracht: Formwechsel in eine Kapitalgesellschaft, Beginn oder Einbeziehung einer gewerblichen Betätigung (wofür Dienstleistungen für andere Gruppenunternehmen ausreichen sollen, *BMF* BStBl I 2005, 1038; **aA** *Löwenstein/Maier/Lohrmann* DStR 2003, Beih 4, 5; **zust** *Rödder/Schuhmacher* DStR 2003, 805, 808; wohl aber das „cashpooling" als Verwaltung fremden Vermögens, *Ley/Strahl* DStR 2003, 2145; *Löwenstein/Maier/Lohrmann,* DStR 2003, Beih 4, 5) und die Tätigkeit als Besitzgesellschaft (die Einschränkungen, die sich für die „wirtschaftliche Eingliederung" ergeben, Anm 197, sind mE hier nicht einschlägig!) bzw als geschäftsleitende Holding (wofür das Halten einer Beteiligung an einer gewerblich tätigen Personengesellschaft wohl nicht ausreicht; anders ggf bei zwei Beteiligungen *Dötsch/Pung* DB 2003, 1470; *Löwenstein/Maier/Lohrmann* DStR 2003, Beih 4, 5; *Ley/Strahl* DStR 2003, 2145; *Orth* DB 2005, 741; *Bregenhorn-Kuhs/Rathmann* Inf 2005, 340; *Sauter/Heurung/Klübenspies* DB 2005, 1304; **aA** *BMF* BStBl I 2005, 1038; *Neu/Lühn* DStR 2003, 63; *Förster* DB 2003, 403; *Haase* DB 2004, 1580). Auch eine nur ganz geringfügige gewerbliche Tätigkeit (Anwendung der „Infektionsrechtsprechung", Anm 173 aE) reicht nicht aus, da die Vorschrift Missbrauchsgestaltungen nach Abschaffung der Mehrmütterorganschaft verhindern will (*BMF* BStBl I 2005, 1038; *Fatouros* DStZ 2003, 179; *Neu/Lühn,* aaO; *Förster* aaO; **aA** *Füger* aaO; *Löwenstein/Maier/Lohrmann* aaO; *Ley/Strahl* aaO; *Haase* DB 2004, 1580, *Rautenstrauch/Adrian* DB 2005, 1018). Ggf wird die Kündigung des Ergebnisabführungsvertrages erwogen werden müssen (*Ley/Strahl* aaO; *Dötsch/Pung* aaO; *Neu/Lühn* aaO; *Füger* aaO).

Zum **Inlandsbezug** des OT in Wirtschafsjahren **bis einschließlich EZ 2001** vgl die 5. Aufl.

Ab EZ 2002 muss der OT entweder eine unbeschränkt stpfl Person oder eine nicht steuerbefreite Körperschaft, Personenvereinigung oder Vermögensmasse iSd § 1 KStG mit (lediglich der) Geschäftsleitung im Inland sein. Damit ist der **doppelte Inlandsbezug** für diese Unternehmensformen **entfallen,** weil es auf den statuarischen Sitz (zur Unterscheidung vom Verwaltungssitz *Schmidt/Sedemund* DStR 1999, 2057) nicht mehr ankommt (hierzu *Prinz* FR 2002, 66, 72). Für ältere Fälle hat BFHE 201, **361**

463, BStBl II 2004, 1043 aus der „Überseering"-Entscheidung des EuGH GmbHR 2002, 1137 (Verstoß gegen Diskriminierungsverbot nach Art 43 u 48 EGV; hierzu *BMF* BStBl I 2005, 727) sowie aus Art 24 Abs 4 DBA-USA 1989 ohnehin gefolgert, dass die Sitztheorie auch für die Organträgerschaft – zumindest in Zuzugsfällen – keine Bedeutung mehr haben kann (hierzu *Sedemund* BB 2003, 1362; *Wagner* GmbHR 2003, 684 insb auch zu Wegzugsfällen; *Dubovizkaja* GmbHR 2003, 694). Bei Personengesellschaften müssen sämtliche Gesellschafter mit dem ihnen zuzurechnenden Teil des Einkommens der inländischen ESt oder KSt unterliegen (zu Defiziten der Neuregelung *Meilicke* DB 2002, 911).

362 **Ausländische** gewerbliche Unternehmen können nach § 18 KStG unter der Voraussetzung des Unterhaltens einer im Inland ins HR eingetragenen Zweigniederlassung sowie des Abschlusses eines GAV unter der Firma der Zweigniederlassung und der finanziellen Eingliederung (Beteiligung im BV der Zweigniederlassung) OT sein. Im Übrigen – Geschäftsleitung im Ausland und sogar Sitz im Inland – können sie nicht OT sein, was im Hinblick auf Art 43 EGV (Niederlassungsfreiheit) problematisch ist.

363 **Lebens- und Krankenversicherungsunternehmen** können nicht mehr OT sein (§ 14 Abs 2 KStG idF d G v 16. 5. 2003, BGBl I 2003, 660; hierzu *Prinz* FR 2002, 66, 69; zur Verfassungsmäßigkeit *Hey* FR 2001, 1279; *Krebühl* DStR 2002, 1241, 1248; *Stadler/Elsner* in *Linklaters/Oppenhoff* u *Rädler* DB 2002, Beil 1, 48; *Schnittker/Hartmann* BB 2002, 277; *Harle/Bank* BB 2002, 1341; *Krühl* BB 2002, 1018, 1023; sowie zur **Spartentrennung:** *Wolff* DStZ 2003, 195; *Bürkle* DB 2003, 1701).

364 **Organgesellschaft** muss eine Kapitalgesellschaft sein (Europäische Gesellschaft – SE –, Aktiengesellschaft, Kommanditgesellschaft auf Aktien, GmbH; vgl § 14 Abs 1 u § 17 KStG). Einzelunternehmen und Personengesellschaften scheiden aus (kritisch *Hönle* DB 1986, 1246; *Roser* FR 2001, 628: Organfähigkeit der Personengesellschaft de lege ferenda). Diese Einschränkung gilt selbst für die gewerblich geprägte Personengesellschaft des § 15 Abs 3 Nr 2 EStG (BFHE 140, 93, BStBl II 1984, 150 mwN; vgl auch BFHE 144, 357, BStBl II 1987, 33). Sie ist auch dann keine OG, wenn ihre Komplementär-GmbH OG eines anderen Unternehmens ist. Letzteres ist grundsätzlich möglich (vgl BFH/NV 1996, 504). Liegen aber die Voraussetzungen für eine steuerrechtliche Mitunternehmerschaft vor, hat die Besteuerung der Mitunternehmerschaft Vorrang vor der Organschaft (BFHE 178, 448, BStBl II 1995, 794). Für eine solche mitunternehmerische GmbH sind dann die Hinzurechnungs- und Kürzungsvorschriften (§ 9 Nr 2 und § 8 Nr 8) zu beachten. Auch die **atypische stille Gesellschaft** (BFHE 178, 448, BStBl II 1995, 794; BFH/NV 1996, 504; *Sarrazin* FR 1989, 11), insb die GmbH & atypisch Still, kann nicht OG sein (A 14 Abs 5 Satz 7 GewStR; zu ihrer OT-Eigenschaft s Anm 360). Dagegen kann auch eine **Besitz-GmbH,** die nur kraft Gesetzes gewerbliche Einkünfte erzielt, OG sein (BFHE 121, 352, BStBl II 1977, 357).

365 Nach den älteren Fassungen des § 2 Abs 2 konnte auch eine **ausländische Kapitalgesellschaft** mit Betriebsstätte im Inland OG sein (BFHE

127, 420, BStBl II 1979, 447). Nach der Neufassung des § 14 Abs 1 Satz 1 KStG durch G v 20. 12. 2001 (BGBl I 2001, 3858) ist **ab EZ 2002** für die OG der **doppelte Inlandsbezug,** dh Sitz *und* Geschäftsleitung im Inland, Voraussetzung (*BMF* BStBl I 2003, 437). Zur europarechtlichen Problematik insb im Hinblick auf EuGH DStR 2005, 2168 „Marks & Spencer" vgl etwa *Danelsing* DStR 2005, 1342; *Wagner* StBp 2005, 190).

Für eine Kapitalgesellschaft im **Gründungsstadium** gelten Besonderheiten: Es ist zu unterscheiden zwischen der **Vorgründungsgesellschaft** und der **Vorgesellschaft.** Bei der erstgenannten handelt es sich um eine vor Abschluss des notariellen Gesellschaftsvertrages bestehende, mit der Vorgesellschaft und der Kapitalgesellschaft nicht identische Gesellschaft bürgerlichen Rechts (BFHE 158, 540, BStBl II 1990, 91). Als solches kommt sie mE nicht als OG in Betracht (aA *Blümich/Obermeier* § 2 Rn 682), zumal auch ihre Rechte und Verbindlichkeiten nicht automatisch auf die Vorgesellschaft bzw die Kapitalgesellschaft übergehen. Die Vorgesellschaft hingegen bezieht sich auf die Zeit zwischen Abschluss des notariellen Gesellschaftsvertrages und Eintragung (BFHE 158, 540, BStBl II 1990, 91). Sie ist mit der eingetragenen Kapitalgesellschaft identisch (BFHE 169, 343, BStBl II 1993, 352) und bildet mit dieser einen einheitlichen Steuergegenstand. Unter der Voraussetzung der späteren Eintragung kommt sie mE als OG in Betracht (aA *Blümich/Obermeier* § 2 Rn 682: Einzelübertragung von Rechten und Pflichten). 366

Ab EZ 2002 können **Lebens- und Krankenversicherungsunternehmen** nicht mehr OG sein (vgl § 14 Abs 2 KStG idF des G v 16. 5. 2003, BGBl I 2003, 660; zum Schrifttum Anm 363 aE). 367

Finanzielle Eingliederung liegt vor, wenn vom Beginn des Wirtschaftsjahrs der OG an der OT an der OG in einem solchen Maße beteiligt ist, dass ihm die Mehrheit der Stimmrechte aus Anteilen an der OG zusteht (§ 14 Nr 1 KStG iVm § 2 Abs 2 GewStG). Ehegattenanteile werden nicht zusammengerechnet (*OFD Koblenz* BB 1987, 463). Liegt die finanzielle Eingliederung erst im Laufe des Wirtschaftsjahres der OG vor, dann ist eine **Rückbeziehung** der Eingliederung auf den Beginn des Wirtschaftsjahres nicht zulässig (vgl A 14 Abs 3 GewStR; *BMF* BStBl I 2003, 437); das gilt auch für Organschaften und Kapitalgesellschaften in den neuen Bundesländern (*OFD Hannover* DStR 1993, 990). Die rückwirkende Begründung der Organschaft ist nach BFHE 203, 329, BStBl II 2004, 534 (ebenso *Haun/Reiser* BB 2002, 2257) jedoch bei formwechselnder Umwandlung von einer GmbH & Co KG in eine GmbH wegen der Rückwirkungsfiktion des § 25 iVm § 20 Abs 7 u 8 UmwStG aF möglich (aA *BMF* BStBl I 2003, 437, 438; BStBl I 2004, 549, NAnwErl; hierzu krit *Herlinghaus* FR 2004, 974; *Plewka/Schienke* DB 2005, 1703; rückwirkende Ausgliederung eines Teilbetriebs auf Tochtergesellschaft). Entsprechendes gilt nach BFHE 213, 1, BStBl II 2006, 469 für die Rückwirkungsfiktion des § 2 Abs 1 UmwStG. Eine **mittelbare Beteiligung genügt,** wenn die Beteiligung an jeder vermittelnden Gesellschaft die Mehrheit der Stimmrechte – gemeint ist offensichtlich: an der zwischengeschalteten Gesellschaft – gewährt (§ 14 Abs 1 Nr 1 Satz 2 KStG; BFH/NV 1999, 1135 zur USt). Wirtschaftliches Eigentum an der Beteiligung reicht 368 aus, wenn sie mit einer Stimmrechtsübertragung verbunden ist (FG Hamburg EFG 1986, 415 rkr). Diese Voraussetzung liegt vor im Fall einer „Organkette" (Mutter – Tochter – Enkel), wenn die jeweilige Mutter an der nachgeschalteten Gesellschaft mehr als 50% der Stimmrechte innehat (vgl *Dötsch/Eversberg/Jost/Pung/Witt* § 14 Anm 50), nach *BMF* BStBl I 2003, 437 unter IV auch in folgendem

Beispiel: Die Gesellschaft A ist über je eine 100%ige Beteiligung an den beiden Töchtern B und C zu je 50% an der Gesellschaft D beteiligt. Nach BMF besteht die finanzielle Eingliederung unmittelbar von B u C, aber auch – wenn auch nur mittelbar – von D, weil zwar nicht jede der Beteiligungen, auf denen die mittelbare Beteiligung beruht, die Mehrheit der Stimmrechte gewährt, jedoch die Zusammenrechnung der mittelbaren Beteiligungen die Mehrheit der Stimmrechte an der D ergibt.

369 **Zwischengeschaltete natürliche Personen** können keine mittelbare Eingliederung bewirken (*Schwend/Hall* DStR 1984, 99 mwN), wohl aber zwischengeschaltete **Personengesellschaften.** Es kommt nach dem Wortlaut der Vorschrift nur auf die Mehrheit des Stimmrechte an der vermittelnden Gesellschaft an, nicht darauf, ob diese selbst OG sein kann (BFHE 123, 513, BStBl II 1978, 74). Das sog **Additionsverbot** hat mE nur noch die Bedeutung, dass solche mittelbaren Beteiligungen nicht berücksichtigt werden dürfen, die dem OT nicht die Mehrheit der Stimmrechte an der vermittelnden Gesellschaft gewähren (vgl R 57 Satz 4 KStR).

Bei **Personengesellschaften** (zu den Verhältnissen bis einschließlich EZ 2002 vgl 5. Aufl) muss ab EZ 2003 die finanzielle Eingliederung der OG im Verhältnis zur Personengesellschaft selbst bestehen. Das Halten von Anteilen durch die Gesellschafter auch im Sonderbetriebsvermögen der Personengesellschaft reicht nicht. Erforderlich ist ggf die Übertragung von (nur) so vielen Anteilen in das Gesamthandsvermögen, dass die Personengesellschaft selbst die Mehrheit der Stimmrechte hält. Hierzu und den möglichen steuerlichen Folgen *Ley/Strahl* DStR 2003, 2145).

370 **Verschiedenartige Mitunternehmerschaften. BGB-Innengesellschaften** können als OT in Betracht kommen (str, s aber *Lenski/Steinberg* § 2 Anm 122b). Es kommt ab EZ 2003 lediglich darauf an, dass die eine Stimmrechtsmehrheit vermittelnden Anteile an der OG der Mitunternehmerschaft „selbst" zustehen. Auch gewerblich tätige **BGB-Gesellschaften** können deshalb OT sein.

Handelt es sich um eine **atypische stille Gesellschaft,** bei der das Handelsgeschäft des Inhabers den Betrieb ausmacht, so kann allerdings die finanzielle Eingliederung an sich nur im Verhältnis zum Geschäftsinhaber gegeben sein; auch schließt allein er den GAV ab, aus dem allein er berechtigt und verpflichtet wird (§ 230 Abs 2 HGB). Dies hindert an sich die Möglichkeit einer Organschaft im Verhältnis zu einer atypischen stillen Gesellschaft als OT (*Döllerer* DStR 1985, 295, 301). Indes ist anerkannt, dass die stille Gesellschaft auch ohne eigenes Gesellschaftsvermögen, dem jedoch das BV des Inhabers entspricht, Mitunternehmerschaft sein kann (BFHE 141, 498, BStBl II 1984, 820), mE somit auch gewerbliches Unternehmen iSv § 14 Abs 1 KStR. Deswegen ist mE auch die Eingliederung der stillen Gesellschaft zuzuordnen (*Schmidt/Hageböke* DStR 2005, 761;

Hageböke/Heinz DB 2006, 473; *Suchanek* DStR 2006, 836; *Ernst & Young* § 14 Anm 175; *Gosch* FS Raupach S 461, 473 ff).

Die **organisatorische Eingliederung** war von Bedeutung nur **bis einschließlich EZ 2001;** vgl hierzu die 5. Aufl. Ihr stand im Übrigen nicht entgegen, wenn die maßgeblichen Entscheidungen nicht bei ihr, sondern bei der ausländischen Muttergesellschaft des OT getroffen wurden (BFH/NV 2003, 345). 371

Auch die **wirtschaftliche Eingliederung** war von Bedeutung nur **bis einschließlich EZ 2001;** vgl hierzu die 5. Aufl. Die Frage der wirtschaftlichen Eingliederung durch Förderung der Tätigkeit des OT war nach dem Gesamtbild der tatsächlichen Verhältnisse während mehrerer Jahre vorrangig durch Umsatzverlgeich (vgl BFH/NV 2004, 1671; BFH/NV 2008, 1848), aber auch nach anderen Gesichtspunkten, wie Gewinne oder die absolute Größenordnung des beherrschenden Unternehmens zu prüfen (BFH/NV 2003, 345). Veräußerte die OG wesentliche Betriebsgrundlagen oder seinen Betrieb und ging er sodann keiner eigenen gewerblichen Tätigkeit mehr nach, fehlte es idR an der wirtschaftlichen Eingliederung (BFHE 204, 283, BStBl II 2004, 751; BFH/NV 2000, 896).

Ein **betriebsaufspalterisches Besitzunternehmen** kann zwar **Organgesellschaft** sein (BFHE 121, 352, BStBl II 1977, 357; zust *Karsten* DStR 1991, 893), regelmäßig fehlen ihm aber für eine **Organträgerfunktion** der Abschluss eines Gewinnabführungsvertrages (*Walter* GmbHR 2005, 456) und die notwendige Eingliederung des Betriebsunternehmens, weil es an einer eigengewerblichen Tätigkeit des Besitzunternehmens mangeln wird (vgl BFHE 157, 127, BStBl II 1989, 668; BFHE 158, 346, BStBl II 1990, 24; jedoch erfolgt nach *BMF* BStBl I 2005, 1038 Rn 16 eine Merkmalszurechnung). Ausnahmen sind in zweifacher Hinsicht denkbar: Es kann sich bei dem Besitzunternehmen um eine geschäftsleitende Holding handeln (s A 14 Abs 7 Satz 7 GewStR). Das Besitzunternehmen kann neben der Verpachtungstätigkeit eine originäre gewerbliche Tätigkeit ausüben, die in besonderen Fällen einen einheitlichen wirtschaftlichen Betrieb des Besitzunternehmens abgibt (BFHE 113, 467, BStBl II 1975, 46; *Mösbauer* FR 1989, 473; BFHE 152, 352, BStBl II 1988, 456; zur USt vgl BFH/NV 1998, 1268, 1272; 1999, 684). 372

Gewinnabführungsvertrag. § 2 Abs 2 Satz 2 (idF des G v 20. 12. 2001, BGBl I 2001, 3858) fordert **ab EZ 2002** den Abschluss eines Gewinnabführungsvertrages iSd § 291 Abs 1 Aktg (was auch ein unentgeltlicher Geschäftsführungsvertrag sein kann, § 291 Abs 1 Satz 2 AktG; *Ernst & Young* § 14 Anm 536). 373

Der GAV ist **seiner Art nach** ein satzungsähnlicher gesellschaftsrechtlicher Organisationsakt (*Hüffer* AktG § 291 Anm 23 f), daher korporativer Rechtsnatur (BFHE 220, 51, DStRE 2008, 878). Problematisch ist, ob eine **SE** angesichts der normativen Zuweisung der Geschäftsführungsfunktion auf das Leitungsorgan (Art 39 SEVO) handelsrechtlich einen GAV abschließen kann (*Hommelhoff* AG 2003, 179). Andererseits lässt Art 9 Abs 1 c SEVO nach seiner offenen Fassung zugunsten von Rechtsvorschriften des 374

Mitgliedstaates wohl hinreichend Spielraum für den Abschluss eines GAV durch die SE (*Albert* Inst FSt Nr 426, 27 ff).

Bei **anderen Kapitalgesellschaften** genügt eine wirksame Verpflichtung zur Gewinnabführung mit der Begrenzung des § 301 AktG (hierzu *BMF* DB 2005, 2781; *Fatouros* FR 2006, 163).

375 **Formelle Vorgaben.** Der GAV muss bis zum Ende des Wirtschaftsjahres der Organgesellschaft, für die erstmals eine gewerbesteuerliche Organschaft nach neuem Recht begründet werden soll, für fünf Jahre (*Zeitjahre* ab erstmaligem Eintritt seiner Rechtswirkung, R 60 Abs 2 Satz 2 KStR; *BMF* BStBl I 2005, 1038) abgeschlossen und während seiner gesamten Geltungsdauer durchgeführt werden (§ 14 Abs 1 Nr 3 KStG idF v 2002; zu den Erfordernissen BFHE 196, 485, BStBl II 2003, 923; zur Kritik *Krebs* BB 2001, 2029; vgl auch *Dötsch/Pung* DB 2003, 1970; zur Vertragsauslegung BFHE 220, 51, DStRE 2008, 878). Diese Reglung gilt jedoch nur, wenn der Vertrag nicht nach dem 20. 11. 2002 abgeschlossen worden ist. In diesem Fall genügen für eine gewerbesteuerliche Organschaft also Abschluss im EZ 2002 und Eintragung im EZ 2003 (*Prinz* FR 2002, 66, 68). Ist der GAV nach dem 20. 11. 2002 abgeschlossen worden, sind die ab EZ 2003 geltenden Voraussetzungen auch für 2002 anzuwenden (§ 34 Abs 9 Nr 3 KStG). Zur Frage der **Rückwirkung** vgl FG Hamburg DStRE 2004, 1417.

376 **Ab EZ 2003** muss der Vertrag bis Ende des ersten Wirtschaftsjahres der Organgesellschaft, für das eine Organschaft begründet werden soll, **wirksam werden** (§ 14 Abs 1 Satz 2 KStG idF des G v 16. 5. 2003, BGBl I 2005, 660), also im Handelsregister eingetragen sein (§ 294 Abs 1 AktG); nach *BMF* BStBl I 2005, 1038 muss der Vertrag *vor* Beginn des Wirtschaftsjahres, das in dem ersten Kalenderjahr endet, wirksam geworden sein (hierzu *Sauter/Heurung/Klübenspies* BB 2005, 1304). Kann die zeitgerechte Eintragung nicht sichergestellt werden, wird die Vereinbarung einer 6-jährigen Laufzeit empfohlen, was jedoch zum Auseinanderfallen einer handelsrechtlichen und körperschaft-/gewerbesteuerlichen Organschaft führen kann (*Rödder/Schuhmacher* DStR 2003, 805; *Fatouros* DStZ 2003, 179). Ggf sollte daher bereits im Vertrag der Beginn der Laufzeit auf den Beginn der Eintragung festgelegt werden (*Füger* BB 2003, 1755; *Ley/Strahl* DStR 2003, 2145). Für die erstmalige Geltung der neuen Regelung kommt es bei abweichendem Wirtschaftsjahr auf die Verhältnisse zum Ende des Wirtschaftsjahres 2001/2002 (Abschluss) bzw 2002/2003 (Eintragung) an (*OFD Ffm* FR 2003, 3171). Soll eine gewerbesteuerliche Organschaft jedoch vermieden werden, kommt lediglich eine Kündigung des bestehenden Gewinnabführungsvertrages in Betracht. Ob diese jedoch körperschaftsteuerunschädlich (§ 14 Abs 1 Nr 3 KStG) aus wichtigem Grund erfolgen kann, erscheint zweifelhaft (*Prinz* FR 2002, 66, 68). Ein Recht zur Kündigung aus wichtigem Grund (zB wegen Anteilsveräußerung) sollte bei der Begründung der Organschaft vereinbart werden (*Fenzl/Antoszkiewicz* FR 2003, 1061).

Bereits nach bisherigem Recht **bestehende** gewstliche Organschaften endeten mit Ablauf des EZ 2001, wenn nicht mit Wirkung ab EZ 2002 ein Gewinnabführungsvertrag geschlossen wurde (*BMF* BStBl I 2003, 437, 438).

Ein Gewinnabführungsvertrag kann mE infolge **Umwandlung durch Anwachsung** auf einen allein verbliebenen Gesellschafter einer (bisherigen) Organträger-Personengesellschaft **übergehen**, zumal dies einen Fall der Gesamtrechtsnachfolge iSv § 45 AO u § 738 Abs 1 BGB (hierzu AEAO Nr. 1 zu § 45) darstellt (ebenso *Orth* DStR 2005, 1629).

Materielle Vorgaben. Abführung des *ganzen* Gewinns (ohne Abwicklungs„gewinn", BFHE 90, 370, BStBl II 1968, 105; BFHE 101, 509, BStBl II 1971, 411); Vereinbarungen über dessen Berechnung sind zulässig (zB zu Rücklagen, aber in den Grenzen des § 14 Abs 1 Nr 4 KStG). Jedoch ist *Höchstbetrag* der *Jahresüberschuss* (ohne Gewinnvortrag, § 275 HGB) abzgl Verlustvortrag und gesetzliche Rücklagen (§ 300 f AktG) und ohne Auflösung von Kapitalrücklagen (BFHE, 196, 485, BStBl II 2003, 923; **aA** *Dötsch/Pinkos* DB 2005, 125) sowie vorvertragliche Gewinnrücklage (R 60 Abs 4, 55 Abs 4 Satz 1 KStR). Aufgelöste stille Reserven sowie stfreie Rücklagen (§ 247 Abs 3 HGB) auch aus vorvertraglicher Zeit sind nicht nach § 301 AktG ausgeschlossen (zB *Gosch* § 14 Anm 317). Dagegen sind es Beträge aus vorvertraglichen Rücklagen (*HHR* § 14 Anm 235). Zur Ausschüttung aufgelöster freier vorvertraglicher Rücklagen vgl R 60 Abs 4 Satz 4 KStR. Auch **freie Rücklagen** dürfen nur bei wirtschaftlicher Begründetheit nach vernünftiger kfm Beurteilung gebildet werden (vgl § 14 Abs 1 Nr 4 KStG), wobei die Verhältnisse des OT einbezogen werden dürfen (vgl R 60 Abs 5 Nr 3 Satz 3 KStG), zB bei besonderen Risiken (BFHE 132, 230, BStBl II 1981, 336), Kapazitätserweiterung, Werkserneuerung, Unternehmenserwerb uä (vgl *Ernst & Young* § 14 Anm 662); auch stille Rücklagen sind innerhalb der handelsrechtlichen Bilanzierungs- u Bewertungsvorschriften unbeschränkt zulässig (*Ernst & Young* aaO); Entsprechendes gilt nach R 60 Abs 5 Nr 3 Satz 4 KStR für Rücklagen nach § 6 b EStG (Übertragung stiller Reserven) und R 35 EStR (Ersatzbeschaffung). 377

Die **Verlustübernahme** (§ 302 Abs 1 AktG) muss im GAV nicht geregelt werden. Allerdings ist der Vorstand der OG frei in seiner Entscheidung, ob und inwieweit der Jahresfehlbetrag durch Auflösung etwa von Gewinnrücklagen gemindert wird (*Blümich/Danelsing* § 14 KStG Anm 147). Zur **Verzinsung** BMF BStBl I 2007, 765.

Durchführung des GAV bedeutet tatsächlichen Vollzug der Vereinbarung (Einzelheiten bei *Suchanek/Herbst* FR 2005, 665). Zur Verpflichtung zur „nachträglichen" Verlustübernahme BFHE 177, 429, DStR 1995, 1109; zu Mehrgewinnen nach einer Außenprüfung *Dötsch/Pinkos* DB 2005, 125; zu Gewinnabführungen nach Ende des GAV R 61 Abs 7 KStR; zur Heilung einer „vergessenen" Verlustausgleichsverpflichtung *Kreitl* BB 2006, 1880; zur – nicht generell – unzulässigen Aufrechnung (BGH BB 2006, 1759) gegen einen Verlustausgleichsanspruch (zB Anrechnung von Geld- u Sachmitteln) vgl *Neyer/Schlepper* BB 2007, 413; zur Frage des nicht in Geld geleisteten Verlustausgleichs *Priester* BB 2005, 2483. Die unterlassene Verzinsung des Verlustausgleichsanspruchs (§§ 352 f HGB) steht der Anerkennung der tatsächlichen Durchführung des GAV nicht entgegen (BMF BStBl I 2007, 765). Zur Deutung struktureller Dauerdefizite eines kommunalen Eigenbetriebs ohne Verlustausgleich durch die Trägerkörper- 378 schaft als vGA BFHE 218, 523, BStBl II 2007, 961 mwN; *BMF* BStBl I 2007, 905 (Anm *Hoffmann* DStR 2007, 1957).

Zur **eingegliederten OG** vgl §§ 319 ff AktG.

379 **Mehrmütterorganschaft.** Die Möglichkeit einer Mehrmütterorganschaft ist durch Aufhebung des § 2 Abs 2 Satz 3 GewStG ebenso wie des § 14 Abs 2 KStG aF ab EZ 2003 (§ 36 Abs 2) nicht mehr gegeben. Ihre **rückwirkende Regelung** durch das UntStFG war verfassungskonform (BFHE 213, 29, BStBl II 2006, 546; BFHE 213, 38, BStBl II 2006, 549). Zu den diesbezüglichen Rechtsgrundsätzen vgl daher die 5. Aufl. Zu den steuerlichen Folgen für die Minderheitsgesellschafter bei Umstrukturierung der bisherigen Mehrmütterorganschaft *Ortmann-Babel/Renn* BB 2003, 237; zu Gestaltungs- u Handlungsalternativen *Schroer/Starke* GmbHR 2003, 153; zur KGaA als Gestaltungsalternative *Winkemann* BB 2003, 1649; *Raupach/Burwitz* DStR 2003, 1961). Übergangsregelung in *BMF* BStBl I 2005, 1038; hierzu ua *Walter* GmbHR 2005, 496; *Rautenstock/Adrian* DB 2005, 1018). Hinweis auf den AdV-Beschluss FG Berlin EFG 2004, 1115, wonach die über § 36 Abs 3 rückwirkende Änderung des § 14 Abs. 2 KStG (Willensbildungs GbR als Organträger) mangels Unklarheit der bis dahin geltenden Rechtslage verfassungswidrig war.

380 **Gewinnermittlung im Organkreis.** Zu Zweifelsfragen ab EZ 2002 vgl *Orth* DB 2002, 811. Die **Organgesellschaft** bleibt **selbständiges Subjekt** der Gewinnermittlung (sog „gebrochene Einheitstheorie"; zB BFHE 105, 383, BStBl II 1972, 582; BFHE 203, 171, BStBl II 2004, 244; BFHE 138, 94, BStBl II 1983, 427; BFHE 173, 426, BStBl II 1994, 768; BFHE 178, 448, BStBl II 1995, 794; BFHE 181, 504, BStBl II 1997, 181; BFHE 186, 442, BStBl II 1998, 748; BFHE 205, 140, BStBl II 2004, 515; BFH/NV 2000, 745, 896). Das ergibt sich bereits aus dem Wortlaut des von § 7 GewStG auch in Bezug genommenen § 14 KStG „... Gewinn ... abzuführen", „... Einkommen der Organgesellschaft dem Träger des Unternehmens (Organträger) zuzurechnen ...". Aus diesen Vorschriften folgt für die Gewerbesteuer zudem die einheitliche Besteuerung des Organkreises durch **Zurechnung** der auf die OG entfallenden Gewerbeerträge beim **Organträger** (BFHE 178, 448, BStBl II 1995, 794; BFHE 181, 504, BStBl II 1997, 181). Das darf aber nicht dazu führen, dass das von der OG erzielte Einkommen beim OT doppelt besteuert wird (BFHE 205, 140, BStBl II 2005, 49 mwN). Notwendige Korrekturen dienen der **Vermeidung einer Doppelbesteuerung** der nur einmaligen Erfassung von Einnahme- u Abzugsbeträgen (vgl zur Veräußerung von Anteilen an der OG mit versteuerter Rücklage BFHE 181, 53, BStBl II 1996, 614 – Ausgleichsposten nur in Höhe des Teils der Rücklage, der den Anteil des OG an der OG entspricht; hierzu *Krebs* FR 1996, 857). Ansonsten werden die am Organkreis beteiligten Unternehmen für sich gesehen. Es gibt keine Konzern- oder Einheitsbilanz (BFHE 145, 78, BStBl II 1986, 73; BFHE 178, 448, BStBl II 1995, 794; BFHE 181, 504, BStBl II 1997, 181).

381 Die **Eigenständigkeit** der Organunternehmen für die Gewinnermittlung zeigt sich mehrfach:

Der an eine Personengesellschaft als OT **abgeführte Gewinn** ist bei dieser außerhalb der Bilanz zu kürzen und das im selben Veranlagungszeitraum für die OG ermittelte Einkommen als eigenständige einheitlich und gesondert festzustellende Besteuerungsgrundlage im Gewinnfeststellungsbescheid auszuweisen (*FM NRW* BB 1976, 495). **Vororganschaftlich verursachte Mehrabführungen** stellen **bis EZ 2003** keine Gewinnausschüttung nach § 8 Abs 3, § 27 KStG, sondern Gewinnabführungen nach § 14 KStG dar (BFHE 201, 221, BStBl II 2005, 49; hierzu *BMF* BStBl I 2005, 65; Anm *Then* FR 2003, 460; *Romani/Maier* DB 2003, 630; *Heckner/Suchanek* Inf 2003, 420). **Ab EZ 2004** gelten oa Mehrabführungen nach § 14 Abs 3 KStG als Gewinnausschüttungen der OG an den OT (zu den durch die Vorschrift ausgelösten Zweifelsfragen *Rödder* DStR 2005, 217; *Suchanek* Inf 2005, 21; zum Begriff und zur Behandlung im Umwandlungsfall *Grube/Behrendt/Heeg* GmbHR 2006, 1026).

Für in organschaftlicher Zeit verursachte Mehr- bzw Minderabführungen sind nach § 14 Abs 4 KStG idF des JStG 2008 Ausgleichsposten zu bilden (zur Problematik des in § 34 Abs 9 Nr 5 KStG angeordneten Rückwirkung *Suchanek/Herbst* FR 2008, 112).

Hinzurechnungsbeträge nach § 7 f AStG werden gegenüber der OG 382
nach § 18 AStG festgestellt, wenn diese die gesetzlichen Voraussetzungen hierfür erfüllt (BFHE 142, 376, BStBl II 1985, 119; s auch zum Zurechnungsempfänger bei nachgeschalteten ausländischen Zwischengesellschaften BFHE 143, 340, BStBl II 1985, 410). Eigenständigkeit besitzt die OG auch für die **verdeckte Gewinnausschüttung** (BFHE 149, 25, BStBl II 1987, 104; zur Vorteilsausgleichung BFHE 142, 123, BStBl II 1985, 18). Sie darf wie eine Gewinnabführung zu keiner Doppelerfassung beim OT führen (R 61 Abs 4 KStR; zur Gefahr einer doppelten Begünstigung R 62 Abs 2 KStR; *Wassermeyer* DB 2006, 296; *Thiel* DB 2006, 633). Gewinnabführung bei **fehlgeschlagener Organschaft** erzeugt eine verdeckte Gewinnausschüttung (BFHE 158, 346, BStBl II 1990, 24), die Verlustübernahme nachträgliche Anschaffungskosten auf die Beteiligung (BFHE 160, 554, BStBl II 1990, 797 gegen FG Düsseldorf EFG 1989, 478 rkr; kritisch *Sturm* DB 1991, 2055). Die Eigenschaft einer Kapitalgesellschaft als OG lässt ihre **Mitunternehmerstellung** als Beteiligte einer Personengesellschaft unberührt (BFHE 140, 93, BStBl II 1984, 150). Für den **Lieferungs- und Leistungsverkehr** zwischen OG und OT gelten allgemeine Grundsätze. **Veräußerungsgewinne** der OG iSd § 8b Abs 2 bzw Abs 6 KStG sind nach § 15 Satz 1 Nr 2 KStG nF bei der Ermittlung des Einkommens des OT zu erfassen und unterliegen dort, wenn es sich um Kapitalgesellschaften handelt, der Befreiung. Bei natürlichen Personen(gesellschaften) ist der Gewinn der OG aus der Veräußerung eines Teilbetriebs nicht dem ermäßigten Steuersatz des § 34 EStG zu unterwerfen (BFHE 205, 140, BStBl II 2004, 515); nach § 15 Satz 1 Nr 2 KStG sind die Bezüge und Aufwendungen nach dem Halbeinkünfteverfahren zu besteuern (§§ 3 Nr 40 und 3c EStG; zu Einzelheiten *OFD Koblenz* DStZ 2003, 857). Zur Auflösung einer **Kapitalrücklage** BFHE 196, 485, BStBl II 2003, 923 (Ausschüttung, nicht Gewinnabführung) sowie *BMF* BStBl I 2003, 647. Bei der Berechnung des Höchstbetrages der beim OT **abziehbaren Spenden** bleibt das ihm zuzurechnende Einkommen der OG außer Ansatz (BFHE 198, 99, BStBl II 2003, 9; Anm *Wendt* FR 2002, 786).

383 **Gewerbesteuerumlagen** sind zu berücksichtigen, wenn an der einmal gewählten Berechnungsmethode festgehalten wird und die Umlage – betriebswirtschaftlich vertretbar – so bemessen wird, dass im Durchschnitt mehrerer Jahre nur die tatsächlich gezahlten Steuerbeträge umgelegt werden (*FM NRW* DB 1964, 314; 1965, 13), nicht jedoch wenn beim OT wegen eigener Verluste keine GewSt entsteht und sich ein zivilrechtlicher Anspruch desselben auf Ausgleich der ersparten GewSt nicht feststellen lässt (BFHE 208, 288, BStBl II 2005, 490). Als Berechnungsmethoden haben sich in der Praxis die Berechnung nach einem bestimmten Schlüssel (Gewinn, Lohnsumme uä: „Verteilungsmethode") und die „Belastungs-" oder „stand alone"-Methode herausgebildet. Die letztbezeichnete Methode, bei der die Umlage so erhoben wird, als wäre die OG selbständig gewstpfl, hat der BGH (DB 1999, 951, DStR 1999, 724) zwar verworfen (zur Kritik *Krebs* BB 2001, 2029; zur Frage der steuerlichen Folgen vgl *Oepen* FR 2000, 378; *Simon* DStR 2000, 431, 537; *Kast/Peter* DStZ 2003, 271), sie führt aber für das Jahr 1985 nicht zu einer verdeckten Gewinnausschüttung (BFHE 197, 161, BStBl II 2002, 369; zust u zu den Konsequenzen *BMF* DStR 2002, 1716, DB 2002, 2571; krit *Pezzer* FR 2002, 513; *Berg/Schmiek* FR 2003, 11); ab EZ 2002 dürfte dies mangels isolierter gewsteuerlicher Organschaft kein Problem mehr sein (*Rödder/Simon* DB 2002, 496).

384 Zur Auflösung der **Bilanzierungskonkurrenz,** wenn die Beteiligung des OT an der OG gleichzeitig die Voraussetzungen von **Sonderbetriebsvermögen II** bei einer Untergesellschaft erfüllt, vgl BFHE 209, 262, BStBl II 2006, 361.

385 **Gewerbeertragsermittlung im Organkreis.** Die zur Ermittlung des GewErtrags erforderlichen Korrekturen nach §§ 8 u 9 werden für jedes der organschaftlich verbundenen Unternehmen selbständig durchgeführt (vgl BFHE 167, 158, BStBl II 1992, 630). Das gilt auch für die Abführung von vororganschaftlichen Gewinnen (Anm 381). Erst auf der **zweiten Stufe** werden die GewErtäge zusammengefasst und beim OT der GewSt unterworfen. Besteht neben dem Organschaftsverhältnis jedoch eine Mitunternehmerschaft, an der die OG beteiligt ist, dann ist der Gewerbeertrag nur bei dieser anzusetzen; eine Zusammenrechnung mit dem Ergebnis der an dieser Gesellschaft beteiligten Kapitalgesellschaft als OG unterbleibt (BFHE 178, 448, BStBl II 1995, 794; BFHE 181, 504, BStBl II 1997, 181). **Steuerschuldner** (§ 5) für die im Organkreis zusammengerechneten und bereinigten Besteuerungsgrundlagen und für die daraus folgende Gewerbesteuer ist der OT (BFHE 122, 127, BStBl II 1977, 560; BFHE 181, 504, BStBl II 1997, 181). An ihn ist auch der Gewerbesteuermessbescheid zu richten (vgl BFHE 161, 157, BStBl II 1990, 916). Über das Vorliegen einer Organschaft ist in diesem Bescheid und nicht im Zerlegungsverfahren zu entscheiden (BFHE 152, 352, BStBl II 1988, 456). **Sachlich steuerpflichtig** bleibt aber die OG. Ändert sich die Organträgerschaft, dann wechselt lediglich die Person des Steuerschuldners (§ 5), nicht aber der Unternehmer iSd § 2 Abs 5 (Organgesellschaft) (BFHE 122, 127, BStBl II 1977, 560).

Auch für den **Verlustabzug** nach § 10a ist die OG gesondert zu beurteilen. Einzelheiten bei § 10a Anm 22.

Aus der Selbständigkeit der im Organkreis verbundenen Unternehmen ergibt sich ferner, dass auch die gesetzlichen **Vergünstigungen** nicht dem Organkreis schlechthin, sondern nur dem Organunternehmen eingeräumt werden, bei dem sie vorliegen (BFHE 93, 289, BStBl II 1968, 807 hinsichtlich § 19 GewStDV, A 47 Abs 5 GewStR; s zu § 9 Nr 1 Satz 2 BFHE 96, 362, BStBl II 1969, 629; *Jonas/Müller* DStR 1988, 623/5; *Herlinghaus* EFG 2002, 216; BFHE 203, 171, BStBl II 2004, 244 zu § 3 Nr 20).

Da mit der Zusammenrechnung keine gewerbesteuerlichen **Doppelerfassungen,** aber auch keine Steuerausfälle verbunden sein dürfen, werden **Korrekturen** erforderlich, die im Einzelfall schon bei jedem einzelnen zu ermittelnden Gewerbeertrag oder bei der Zusammenrechnung für den OT erfolgen können (BFHE 145, 78, BStBl II 1986, 73, 75; BFHE 173, 426, BStBl II 1994, 768). Rechtsgrundlage der Korrekturen ist § 2 Abs 2 Satz 2 (BFHE 181, 504, BStBl II 1997, 181). Eine Bindungswirkung tritt erst mit dem bestandskräftigen Messbescheid des OT ein. 386

Einzelfälle: 387

Die **Hinzurechnung** nach § 8 Nr 1 aF **für Dauerschuldentgelte** zwischen den im Organkreis verbundenen Unternehmen hat zu unterbleiben, auch im Verhältnis mehrerer OG desselben OT (BFHE 113, 467, BStBl II 1975, 46). Handelt es sich bei dem OT um eine **Personengesellschaft,** so sind die Korrekturen allerdings nur für die Dauerschulden gegenüber der Personengesellschaft angebracht, nicht gegenüber den Gesellschaftern der OT-Personengesellschaft. Für die **Neufassung** des § 8 Nr 1 a gilt dieser Grundsatz mE fort. Zu Forderungen eines Gesamthandsvermögens, die nicht der Personengesellschaft, sondern der Beteiligung an der Organgesellschaft dienen, BFHE 142, 42, BStBl II 1985, 6.

Die **Hinzurechnung** sowie **Kürzung von Miet- u Pachtzinsen** nach § 8 Nr 7 aF u § 9 Nr 4 aF hatte jedoch nicht zu unterbleiben, weil eine doppelte Erfassung wegen § 9 Nr 4 aF ausgeschlossen war (BFHE 167, 158, BStBl II 1992, 630), und zwar auch dann, wenn sich wegen der Kürzung bei der OG ein negativer Gewerbeertrag ergibt und deswegen ein vororganschaftlicher Verlust nicht nach § 10 a abgesetzt werden konnte. Für die **Neufassung** der Hinzurechnung von **Miet- u Pachtzinsen** (§ 8 Nr 1 d–f GewStG aF) dürfte das nicht mehr gelten, weil eine der Entlastungsvorschrift des § 9 Nr 4 aF entsprechende Vorschrift nicht mehr besteht.

Besteht ein **GAV** (**ab EZ 2002** erforderlich, Anm 373), so sind die an den OT abgeführten oder bei Rücklagenbildung später an ihn ausgeschütteten Beträge bei der Ermittlung seines Gewerbeertrags wieder zu streichen, weil sie schon beim Gewerbeertrag der OG erfasst wurden (BFHE 104, 361, BStBl II 1972, 358; vgl BFHE 173, 426, BStBl II 1994, 768). Hierbei handelt es sich **nicht um** eine **Kürzung nach** der Vorschrift des **§ 9 Nr 2 a.** Sie ist auf Fälle der vorliegenden Art nicht anzuwenden, da die Kürzung nicht im Rahmen der 1. Stufe, sondern der 2. Stufe erfolgt. Auf der ersten Stufe aber ist § 2 Abs 2 Satz 2 als lex specialis vor § 9 Nr 2 a Rechtsgrundlage (ebenso *Schnädter* BB 1988, 313; *Herzig/Kessler* DStR 1994, 261; *Blumers* BB 1994, 841; *Stimpel* DStR 1994, 164; *Meyer-Scharenberg/Popp/Woring* § 7 Rz 41; *Schmidt/Müller/Stöcker,* Die Organschaft, 388

4. Aufl, Rz 991; *Blümich/von Twickel* § 7 Rz 120; **aA** *Paus* BB 1994, 2457; *Wendt* DStZ 1996, 698; *Lenski/Steinberg* § 2 Anm 1085; *Blümich/Gosch* § 9 Rz 137). Zuzahlungen iSd § 272 Abs 2 Nr 4 HGB, die innerhalb der vertragl Zeit zugeführt worden sind, können steuerunschädlich an den OT abgeführt werden (*BMF* DB 1990, 2142). Auch im Fall der **Veräußerung von Anteilen** an der OG durch den OT können schon gewerbebesteuerte Gewinne entstehen, soweit der Veräußerungsgewinn auf Rücklagen der OG beruht, die während der Organschaft gebildet worden sind (BFHE 145, 78, BStBl II 1986, 73; A 41 Abs 1 Satz 7 GewStR). Für EZ vor 2002 unterblieb auch die Doppelerfassung der stillen Reserven in den Anteilen des OT an der OG, soweit sie auf thesaurierten Gewinnen von OG ohne Ergebnisabführungsverträgen beruhen (BFHE 167, 158, BStBl II 1992, 630). Besteht ein GAV, so kann dies im Falle von vorangegangenen Verlusten des Organs anders sein, weil der OT durch die Verlustübernahme eine zusätzliche Investition erbracht hat (*Fey/Neyer* DB 2001, 2009). Zu **Umwandlungs-,** aber auch Veräußerungsgewinnen der beherrschenden Unternehmen und den dabei gebotenen Korrekturen s BFHE 104, 361, BStBl II 1972, 358 (Umwandlung der OG auf gespeicherten Gewinnen); BFHE 105, 383, BStBl II 1972, 582 (Umwandlung der OG auf den OT).

389 **Verlustbedingte Teilwertabschreibung.** Umgekehrt können negative Ergebnisse der OG, die bei deren Gewerbeertrag berücksichtigt worden sind, gleichzeitig zu einer Teilwertabschreibung auf die vom OT gehaltene Beteiligung führen (zur körperschaftsteuerlichen Problematik *Dötsch/Buyer* DB 1991, 10). Für den Gewerbeertrag des OT sind diese Verluste wieder hinzuzurechnen (BFHE 105, 383, BStBl II 1972, 582; BFHE 145, 78, BStBl II 1986, 73; BFHE 167, 158, BStBl II 1992, 630, rechnerischer Abgleich A 42 Abs 1 Satz 8–12 GewStR). Letzteres gilt nach BFHE 186, 443, BStBl II 1998, 748) nicht, wenn die Teilwertabschreibung nicht auf den Verlust, sondern auf die mit der mangelnden Rentabilität einhergehende Wertminderung reagiert (differenzierend je nach dem Vorliegen eines Ergebnisabführungsvertrages: *Grammer* BB 1998, 720).

390 **Ausschüttungs-/abführungsbedingte Teilwertabschreibung.** In Satz 11 des A 42 Abs 1 GewStR will die *FinVerw* auch eine Teilwertabschreibung des OT rückgängig machen, die auf einer Gewinnausschüttung oder Gewinnabführung beruht. Auf § 8 Nr 10 kann dies nicht gestützt werden, weil die Vorschrift für die Ergebnisse der Organschaft nicht anzuwenden ist (glA *Pauka* DB 1988, 2224; *Pöllath/Wenzel* DB 1989, 797 mwN; *Goutier* DB 1989, 244; *Schnädter* FR 1989, 576; *Kausemann* DB 1989, 2450; *Lange* BB 1990, 1039; *Herzig* DB 1990, 133; *Breidenbach* DB 1991, 2157; einschränkend *FM NRW* DStR 1989, 293, str), mE auch nicht auf das Urteil in BFHE 145, 78, BStBl II 1986, 73 (aA *Altehoefer* NWB F 5 S 1122), weil es um keine Doppelberücksichtigung (von Verlusten) geht. Die Hinzurechnung der Teilwertabschreibung kann jedoch damit begründet werden, dass die Gewinnabführung die Gewinnermittlung des Gewerbeertrages des Organkreises beeinflusst und deswegen die auf ihr beruhenden bilanziellen Vermögensminderungen den Gewerbeertrag des Organkreises ebenfalls nicht beeinflussen darf (BFHE 173, 426, BStBl II

1994, 768; vgl auch BFHE 205, 140, BStBl II 2004, 515; BFH/NV 2000, 745, 896; krit *Blumers* DStR 1994, 15, DB 1994, 1110; *Kramer* FR 1994, 1; *Hofmeister* DStZ 1994, 389; *Ros* DB 1997, 1844; *Kohlhaas* DStR 1998, 5; GmbHR 2000, 508, 511). Nach FG Rh-Pf EFG 1993, 333 (bestätigt) darf auf jeden Fall eine gewinnabführungsbedingte Teilwertabschreibung dann nicht berücksichtigt werden, wenn der Gewinnabführung eine Aufdeckung von stillen Reserven durch den Verkauf von Anlagevermögen innerhalb des Organkreises zugrunde gelegen und dies zu einer Erhöhung des Abschreibungsvolumens geführt hat (aA *Blumers/Kramer* BB 1993, 2149; *Bogenschütz/Zimmermann* DStR 1993, 1577). Nach BFH/NV 2000, 896 gelten die Grundsätze von BFHE 173, 426, BStBl II 1994, 768 auch für den Fall der ausschüttungsbedingten Teilwertabschreibung; jedoch dann nicht, wenn es sich um die Ausschüttung von Gewinnen aus vororganschaftlicher Zeit handelt. Mangels Doppelerfassung bleiben vororganschaftliche Gewinne nicht nach § 2 Abs 2 Satz 2, sondern nach § 9 Nr 2a außer Ansatz (BFHE 198, 128, BStBl II 2003, 354). Zur Abwendung einer Doppelbegünstigung (durch Ansatz einer Teilwertabschreibung) kann bei entsprechendem zeitlichen Zusammenhang § 8 Nr 10 eingreifen (hierzu *Kohlhaas* GmbHR 2002, 957).

Ohne Rücksicht auf einen bestehenden GAV werden beim OT die Gewerbeerträge derjenigen **Wirtschaftsjahre** des OT und der OG zusammengerechnet, die im selben Erhebungszeitraum enden (A 41 Abs 4 GewStR). Die Vorschriften des § 10 gelten jeweils gesondert für die im Organkreis verbundenen Unternehmen. Bei Beginn der Organschaft darf die OG mit Zustimmung ihr **Wirtschaftsjahr** zweimal **umstellen,** und zwar einmal auf den Zeitpunkt, an dem das Organverhältnis beginnt und anschließend auf den im Organkreis üblichen Abschlusstag (*FinVerw* FR 1990, 130; R 59 Abs 3 KStR). Bei Satzungsänderung ist der – nicht rückwirkende – Handelsregistereintrag zu beachten (BFH/NV 1990, 326). 391

Beginn und Ende der Organschaft hängen vom Zustandekommen bzw dem Wegfall ihrer gesetzlichen Voraussetzungen ab. 392

Nach § 14 Abs 1 Satz 2 KStG ist die **Organschaft begründet** in dem Kj (EZ), in dem das Wj der OG endet, in dem der GAV wirksam geworden ist (hierzu *BMF* BStBl I 2005, 1038). Mit diesem EZ beginnt die Steuerschuldnerschaft des OT als solcher; die davon zu unterscheidende **sachliche Steuerpflicht** der OG bleibt unberührt (A 14 Abs 2 GewStR). Aus dem Wesen der Gewerbesteuer als Objektsteuer folgt, dass der **Gewerbeertrag** der OG zeitanteilig auf sie und den OT entfällt.

Die Organschaft **endet** mit dem Wegfall der sie begründenden Umstände, insb bei Aufhebung (Beendigung) oder auch Nichtdurchführung des GAV oder Unterschreiten der erforderlichen Beteiligungsquote. Durch die **Insolvenz** der OG entfällt mit der Änderung der Beherrschungsmöglichkeit mE auch die finanzielle Eingliederung der OG. Mit der Organschaft fehlen dann auch die Voraussetzungen für eine Zusammenrechnung der Gewerbeerträge der im Organkreis verbundenen Unternehmen. Die OG ist für die Folgezeit wieder selbst **Steuerschuldner.** Anders liegen die Verhältnisse mE jedoch bei Insolvenz des OT, weil das Insolvenzverfahren nicht ohne weiteres zu dessen Abwicklung führt. Veräußert der OT seine 393

Alleinbeteiligung an der OG, die gemäß § 2 Abs 1 UmwStG rückwirkend auf den Erwerber verschmolzen wird, endet das Organschaftsverhältnis mit dem steuerlichen Übertragungsstichtag mit der ggf eintretenden Folge, dass bei der OG ein RumpfWj zu bilden ist, dessen GewErtrag dem OT zuzurechnen ist (BFHE 213, 1, BStBl II 2006, 469). Zum Wiederaufleben der Beteiligung an der OG als SonderBV II vgl BFHE 209, 262, BStBl II 2006, 361.

394 Zum **Verfahren.** Die Berücksichtigung der Organschaft erfolgt im Rahmen der Steuerfestsetzung (Festsetzung des GewStMessbetrags). Hat das FA bei der Festsetzung gegenüber der OG das Organschaftsverhältnis bestandskräftig nicht anerkannt, kann der OT sich nicht mehr auf das Bestehen der Organschaft berufen (FG Düsseldorf EFG 2007, 1104 Rev).

395 **Haftung.** Nach § 73 AO haftet die OG für solche Steuern des OT, für welche die Organschaft zwischen ihnen steuerlich von Bedeutung ist (s dazu *Mösbauer* FR 1989, 473). Die Haftung betrifft mE auch die entfernten Glieder einer „Organschaftskette"; dh die Enkelgesellschaft haftet für die Steuern, für die die Konzernmutter als letzte OT Steuerschuldnerin ist (ebenso *Nöcker* Inf 2001, 648). Im Übrigen wird die rechtliche Selbständigkeit der in Organschaft verbundenen Unternehmen nicht berührt. Der OT haftet nicht für LSt-Schulden der Arbeitnehmer seiner Tochtergesellschaft (BFHE 146, 253, BStBl II 1986, 768), was mE auch umgekehrt gilt.

396–399 *(frei)*

400.–419. Wirtschaftlicher Geschäftsbetrieb, § 2 Abs 3

400 **Persönlicher Anwendungsbereich.** Die Vorschrift ergänzt die Bestimmungen zum GewBetrieb kraft Rechtsform in § 2 Abs 2 GewStG; sie betrifft die nichtrechtsfähigen Vereine und sonstigen juristischen Personen des Privatrechts, also die rechtsfähigen Vereine (§§ 21, 22 BGB) und die rechtsfähigen Stiftungen. Nicht betroffen von § 2 Abs 3 sind nichtrechtsfähige Stiftungen und Zweckvermögen (A 15 Abs 4 GewStR) sowie andere nichtrechtsfähige Personenmehrheiten, u a die nicht als öffentlich-rechtlich anerkannten **Religionsgemeinschaften;** als solche sind sie schlichte rechtsfähige oder nichtrechtsfähige Vereine. Letzteres gilt auch für nicht anerkannte **Ordensgemeinschaften.**

401 Auch **Berufsverbände** ohne öffentlich-rechtlichen Charakter sind regelmäßig in Vereinsform organisiert, zB **Arbeitgeberverbände** u **Gewerkschaften** (zum Begriff des Berufsverbandes BFHE 154, 462, BStBl II 1989, 97). Kein Berufsverband ist ein Mieterverein, ein Warenzeichenverband oder eine Interessengemeinschaft von Lohnsteuerzahlern (BFHE 110, 405, BStBl II 1974, 60). Die Unterscheidung hat vor allem für die KSt-Befreiung nach § 5 Abs 1 Nr 5 KStG Bedeutung. Mit ihrem wirtschaftlichen Geschäftsbetrieb unterliegen sie der GewSt u KSt. Zur GewStBefreiung von Körperschaften oder Personenvereinigungen, deren Hauptzweck die Verwaltung des Vermögens für einen nichtrechtsfähigen Berufsverband iSd § 5 Abs 1 Nr 5 KStG ist, s § 3 Nr 10 GewStG.

Berufsorganisationen können auch **öffentlich-rechtlichen Charakter** haben, zB Kammer, Innung, Verband. Für sie gilt dann nicht § 2 Abs 3, sondern § 2 Abs 2.

Eine Sonderstellung nehmen auch Vereine ein, deren Tätigkeit sich auf den Betrieb der **Land- und Forstwirtschaft** beschränkt, wenn die weiteren in § 3 Nr 14 GewStG vorgesehenen Merkmale erfüllt sind. Unter den in § 5 Nr 14 KStG aufgezählten Voraussetzungen sind auch bestimmte landwirtschaftliche Vereine gewerbesteuerbefreit, wie zB **Winzervereine** (s zur Abgrenzung auch BFHE 122, 313, BStBl II 1977, 670), **Züchtervereine, Maschinenringe** u dgl (§ 3 Nr 8 GewStG). 402

Politische Parteien sind Vereine, die die besonderen Voraussetzungen des § 2 des ParteienG erfüllen, dh Vereinigungen, die dauernd oder für längere Zeit bundes- oder landesweit auf die politische Willensbildung Einfluss nehmen oder an der Vertretung des Volkes im Deutschen Bundestag oder in einem Landtag mitwirken wollen. Sie sind nach § 5 Abs 1 Nr 7 KStG von der KSt befreit (ausgenommen der wirtschaftliche Geschäftsbetrieb); der GewSt unterliegen sie mit ihrem wirtschaftlichen Geschäftsbetrieb, zB Zeitungsvertrieb auch an Nichtmitglieder. 403

Auch **ausländische Rechtsgebilde** (Sitz im Ausland) fallen unter § 2 Abs 3, wenn eine Gesamtwürdigung der maßgebenden ausländischen Bestimmungen ergibt, dass sie rechtlich und wirtschaftlich einer sonstigen juristischen Person oder einem nichtrechtsfähigen Verein entsprechen (vgl zB liechtensteinische Anstalt als sonstige juristische Person des Privatrechts BFHE 132, 93, BStBl II 1981, 220; vgl auch BFHE 168, 285, BStBl II 1992, 972). 404

Für **kleinere Vereine** und kleinere sonstige juristische Personen kann nach § 156 Abs 2 AO die Steuerfestsetzung unterbleiben, wenn der Gewinn im Einzelfall 500 € (1000 DM) nicht übersteigt (A 43 GewStR). 405

Rechtsformabhängig ist der Steuergegenstand des § 2 Abs 3 insoweit, als er die betrieblichen Tätigkeiten (wirtschaftlicher Geschäftsbetrieb) allein durch Anknüpfung an bestimmte Rechtsgebilde ohne Rücksicht auf die Merkmale des § 2 Abs 1 GewStG iVm § 15 Abs 2 EStG als Gewerbebetrieb wertet. 406

Die Gewerbesteuerpflicht allein von einem wirtschaftlichen Geschäftsbetrieb abzuleiten, soll eine **wettbewerbsneutrale Besteuerung** gewährleisten. Bei Vereinen und Stiftungen lässt sich die Rechtsstellung der Mitglieder oder Bezugsberechtigten nicht mit denen von Kapitalgesellschaftern vergleichen. Das Vereinsmitglied steht dem Verein nicht einem Gesellschafter vergleichbar gegenüber. Deshalb kann sich der Verein in Konkurrenzlage zu anderen Unternehmen auch durch einen nachhaltigen und entgeltlichen Leistungsaustausch gegenüber seinen Mitgliedern – **Binnenmarkt des Vereins** – betätigen (BFHE 140, 463, BStBl II 1984, 451).

Mehrere an sich sachlich selbständige wirtschaftliche **Geschäftsbetriebe** des nichtrechtsfähigen Vereins oder der sonstigen juristischen Person des Privatrechts gelten als ein **einheitlicher Gewerbebetrieb** (§ 8 GewStDV).

Wirtschaftlicher Geschäftsbetrieb ist eine selbständige nachhaltige Tätigkeit, durch die Einnahmen oder andere wirtschaftliche Vorteile erzielt 407 werden und die über den Rahmen einer Vermögensverwaltung hinausgeht. Die Absicht, Gewinn zu erzielen, ist nicht erforderlich (§ 14 AO).

Begrifflich ist ein Gewerbebetrieb iSd § 15 Abs 2 EStG ein wirtschaftlicher Geschäftsbetrieb iSd § 14 AO (BFHE 103, 440, BStBl II 1972, 63). Es handelt sich mE gerade wegen der Abgrenzung zur Vermögensverwaltung um einen offenen Typusbegriff (Anm 41; aA *T/K* § 14 AO Anm 2).

408 **a)** Der gesetzlichen Zielsetzung der wettbewerbsneutralen Besteuerung entsprechend ist eine **weite Auslegung** angezeigt. Wegen der **Unwesentlichkeit der Gewinnerzielungsabsicht** für einen wirtschaftlichen Geschäftsbetrieb liegen gewerbesteuerrechtlich Gewerbebetriebe vor, auch wenn einkommensteuer- und körperschaftsteuerrechtlich noch sonstige Einkünfte (BFHE 86, 639, BStBl III 1966, 632) anzunehmen sind. **Ausgenommen** ist davon allerdings die **Land- und Forstwirtschaft** (§ 2 Abs 3, § 3 Nr 6, Nr 14; s zur Abgrenzung Anm 135 ff). Zu Einzelheiten s § 3 Nr 6 Anm 111 f. Nicht wirtschaftlicher Geschäftsbetrieb ist die **Vermögensverwaltung;** zu Begriff und Abgrenzung s Anm 64 ff u § 3 Nr 6 Anm 114. Anders als bei § 2 Abs 2 können die von Abs 3 betroffenen Gebilde außerhalb ihres Gewerbesteuergegenstands auch noch Einkünfte aus **Vermögensverwaltung** (Vermietung und Verpachtung) haben. Die Vermögensverwaltung muss sich gegenüber dem gleichzeitig unterhaltenen wirtschaftlichen Geschäftsbetrieb wirtschaftlich abgrenzen lassen. Letzterer muss sachliche Selbständigkeit iS eines **eigenen wirtschaftlichen Organismus** aufweisen (s auch BFHE 140, 463, BStBl II 1984, 451). Dass Vermögensverwaltung und wirtschaftlicher Geschäftsbetrieb gemeinsam einem einheitlichen Satzungszweck dienen, macht sie noch nicht zu einem einheitlichen Gewerbebetrieb (A 15 Abs 2 GewStR). Allerdings ist wegen der Fiktion des § 2 Abs 3 GewStG die **Fortführung** eines wirtschaftlichen Geschäftsbetriebs **als Verpachtungsbetrieb** (weiterhin) gewstpflichtig (BFHE 217, 113, BStBl II 2007, 725). **Gemeinnützige Organisationen** sind auch mit ihren **Zweckbetrieben,** die von den wirtschaftlichen Geschäftsbetrieben zu unterscheiden sind (vgl etwa BFHE 177, 339, BStBl II 1995, 767), nach § 3 Nr 6 steuerbefreit (hierzu § 3 Anm 120 ff).

409 **b) Gewinnerzielungsabsicht** ist **nicht erforderlich.** Es genügt, wenn durch die Tätigkeit Einnahmen oder andere wirtschaftliche Vorteile erzielt werden.

Beiträge stellen an sich keine steuerlichen **Einnahmen** des Vereins dar, soweit sie auf Grund von Satzungen von den Mitgliedern lediglich in ihrer Eigenschaft als Mitglieder erhoben werden (§ 8 Abs 5 KStG). Vereinseinnahmen sind jedoch nur dann echte Mitgliederbeträge, soweit sie für die Wahrnehmung allgemeiner ideeller oder wirtschaftlicher Interessen der Mitglieder und nicht für die Wahrnehmung ihrer besonderen geschäftlichen Interessen gezahlt werden (s zur Interessengemeinschaft von Lohnsteuerzahlern BFHE 110, 405, BStBl II 1974, 60; Reise- und Darlehensvermittlung BFHE 157, 416, BStBl II 1990, 550).

Dazu besteht eine umfangreiche Kasuistik: Siehe R 43 KStR für den Haus- und Grundeigentümer- sowie den Mieterverein (20% der Beiträge als Einnahmen), R 44 KStR für die Obst- und Gartenbauvereine (20%), Kleingärtner- und Siedlungsvereine (0%).

Unterhalten Vereine wegen einer mit gewerblichen Konkurrenzunternehmen vergleichbaren Tätigkeit wirtschaftliche Geschäftsbetriebe, so können die Beiträge bis zu 100% als Einnahmen anzusehen sein (s R 44 Abs 5 KStR u H 44 KStH hier interessierend für Fremdenverkehrsvereine und Lohnsteuerhilfevereine). S auch zur Tätigkeit eines wirtschaftlichen Vereins, der seinen Mitgliedern (Ärzten) Laborleistungen erbringt, BFHE 140, 463, BStBl II 1984, 451. Sind die Beiträge, die auch Pauschalen sein können, zu 100% als Leistungsentgelte der Vereinsmitglieder anzusehen, so liegt umgekehrt die Annahme eines wirtschaftlichen Geschäftsbetriebs nahe. Körperschaftsteuerrechtlich ist meistens lediglich im Zusammenhang mit Steuerbefreiungen darüber zu befinden: organisierte Rabattgewährung BFHE 91, 45, BStBl II 1968, 236; Gemeinschaftswerbung für ein von den Vereinsmitgliedern hergestelltes Produkt BFHE 86, 656, BStBl II 1966, 638; Warenzeichenverband BFHE 86, 639, BStBl III 1966, 632.

Einnahmen eines wirtschaftlichen Geschäftsbetriebs können aber auch Geld- oder Sachleistungen sein, die der Verein an seine Mitglieder weitergibt (s zu den Werbeeinnahmen eines Sportverbands BFHE 136, 455, BStBl II 1983, 27). Auch die Erzielung anderer wirtschaftlicher Vorteile reicht aus, wie etwa die Zurverfügungstellung eines Labors für die Vereinsmitglieder (BFHE 140, 463, BStBl II 1984, 451).

Besonderheiten ergeben sich für den **ohne Gewinnerzielungsabsicht** 410 unterhaltenen wirtschaftlichen Geschäftsbetrieb. Er führt körperschaftsteuerrechtlich für die Rechtsgebilde des § 2 Abs 3 GewStG zu sonstigen Einkünften nach § 22 EStG (BFHE 86, 639, BStBl III 1966, 632). Für die Gewerbebesteuerung ist aber wegen der Fiktion des § 2 Abs 3 GewStG von einem Gewinn aus Gewerbebetrieb auszugehen (§ 7). Dies bedeutet ein Umqualifizieren und möglicherweise (§ 4 Abs 3 EStG nur wahlweise) ein Umrechnen der Einkünfte.

Bestimmte Unternehmensformen als wirtschaftlicher Geschäftsbe- 411 trieb. **Beteiligen** sich Stiftungen oder rechtsfähige Vereine an gewerblich tätigen oder geprägten **Personengesellschaften,** so liegen wirtschaftliche Geschäftsbetriebe vor (vgl § 3 Nr 6 Anm 112). Zu berücksichtigen ist allerdings, dass auch eine gewerblich tätige Personengesellschaft einen eigenen Gewerbesteuergegenstand bildet und deshalb für den wirtschaftlichen Geschäftsbetrieb die Korrekturvorschriften § 9 Nr 2 und § 8 Nr 8 GewStG zum Tragen kommen.

Die **Beteiligung an einer Kapitalgesellschaft** stellt dann einen wirtschaftlichen Geschäftsbetrieb dar, wenn der Verein über die Kapitalgesellschaft am allgemeinen wirtschaftlichen Geschäftsverkehr teilnimmt, weil er entscheidenden Einfluss auf die Geschäftsführung des Unternehmens ausübt (BFHE 103, 56, BStBl II 1971, 753; § 3 Nr 6 Anm 112).

Auch die **Betriebsaufspaltungsgrundsätze** (Anm 200 ff, 244) können zu einem wirtschaftlichen Geschäftsbetrieb führen, und zwar für gewerbesteuerrechtliche Zwecke und für das Gemeinnützigkeitsrecht (BFH/NV 1986, 433; 1979, 825; *Nds FM* BB 1982, 296; § 3 Nr 6 Anm 112). Die für Körperschaften des öffentlichen Rechts bestehende Ablehnung der Betriebsaufspaltung beim Betrieb gewerblicher Art (BFHE 140, 560, BStBl II 1984, 496) lässt sich nicht auf die Fälle des § 2 Abs 3 übertragen. Die beherrschende Person ist mE der rechtsfähige Verein, nicht seine Mitglieder. Das gilt wegen der wirtschaftlichen Gleichwertigkeit von rechtsfähigem und nichtrechtsfähigem Verein mE auch bei nichtrechtsfähigen Vereinen.

Auch **Organschaften** sind mE im Verhältnis zu einem bereits bestehenden Betrieb gewerblicher Art möglich (s dazu *Wegehenkel* BB 1985, 796).

Der Grundsatz der **gewerbesteuerfreien Betriebsverpachtung** außerhalb einer Betriebsaufspaltung gilt mE auch für den wirtschaftlichen Geschäftsbetrieb.

412 **Wirtschaftlicher Geschäftsbetrieb/Einzelfälle.** Vgl hierzu § 3 Anm 113. **Keinen wirtschaftlichen Geschäftsbetrieb** soll die Betätigung von Unterstützungskassen bilden, die den Leistungsempfängern keinen Rechtsanspruch gewähren (A 15 Abs 3 GewStR).

Wirtschaftliche Geschäftsbetriebe unterhalten auch solche Vereine, bei denen eine Konkurrenzlage zu anderen betrieblichen Unternehmen dadurch eintritt, dass sie im Verhältnis zu ihren Mitgliedern Leistungen erbringen, denen als Gegenleistungen die Mitgliederbeiträge gegenüberstehen (sog **Binnenmarkt,** s Anm 406), zB bei preisgünstiger Reise- oder Darlehensvermittlung an Mitglieder (BFHE 157, 416, BStBl II 1990, 550) oder Bezug von Zeitschriften (BFH/NV 2003, 1025).

413 **Gewinnermittlung.** Ebenso wie andere Gewerbebetriebe hat der wirtschaftliche Geschäftsbetrieb Betriebsausgaben und Betriebseinnahmen. Das für seine Zwecke vom Trägerunternehmen eingesetzte Vermögen stellt Betriebsvermögen dar. Auch gewillkürtes **Betriebsvermögen** ist möglich. Die Gewinnermittlung durch Betriebsvermögensvergleich oder durch Überschussrechnung richtet sich nach den allgemeinen Vorschriften der §§ 4, 5 EStG. Ein in das Handelsregister eingetragener Verein, der ein Handelsgewerbe betreibt, kann auch nach Handelsrecht zur Buchführung verpflichtet sein (§§ 2, 238 HGB), auch vollkaufmännische Handelsgewerbe (§ 1 Abs 2 HGB) sind bei einem Verein denkbar.

Betriebseinnahmen können auch verdeckt in Form von Mitgliedsbeiträgen zufließen (s Anm 209).

Betriebsausgaben müssen mit dem wirtschaftlichen Geschäftsbetrieb und nicht mit dem sonstigen Bereich des Vereins zusammenhängen. Das Aufteilungsverbot des § 12 EStG gilt zwar nicht, weil der Verein keine private, wohl aber eine gewinn- bzw einnahmenneutrale Sphäre hat. Ein Abzugsverbot besteht aber, wenn Aufwendungen, die weder mit dem Vereinszweck als solchem noch mit einem wirtschaftlichen Geschäftsbetrieb zu tun haben, im Interesse der Mitglieder vom Verein getragen werden (zu Einzelheiten s § 3 Nr 6 Anm 113).

Da zwischen dem Verein und seinen Mitgliedern ein steuerwirksamer Leistungsaustausch möglich ist, können auch Arbeitslöhne an Mitglieder anfallen, wenn die Arbeiten mit dem wirtschaftlichen Geschäftsbetrieb zusammenhängen (zB Arbeitsleistungen in Vereinsheimen etc). Dazu bedarf es aber eindeutiger Abmachungen. Fiktive Lohnkosten können nicht angesetzt werden (BFHE 145, 33, BStBl II 1986, 88, 91; zu Wertabgaben in Form einer PKW-Nutzung ohne Erstattungsanspruch s BFHE 159, 327, BStBl II 1990, 570). Unentgeltliche Arbeitsleistungen können nicht als **Sachspenden** behandelt werden.

Da der Verein Betriebsvermögen haben kann, sind auch **stille Reserven** möglich, die bei einer Betriebsaufgabe aufzulösen sind. Der Betriebsaufgabegewinn ist allerdings nach allgemeinen Grundsätzen gewerbesteuerfrei. Deshalb spielt es auch keine wesentliche Rolle, ob ein körperschaftsteuerlich sonstige Einkünfte erzielender Verein (Anm 410) für die Gewerbesteuer seinen Gewinn nach den §§ 4, 5 EStG zu ermitteln hat und keinen Überschuss der Einnahmen über die Werbungskosten hat. ME ist dies zu bejahen (vgl § 7: „Gewinn"). **Zur verdeckten Gewinnausschüttung** s BFHE 149, 217, BStBl II 1987, 643, verneinend, mE überholt durch BFHE 158, 510, BStBl II 1990, 237.

Wie andere Steuerpflichtige können die sonstigen juristischen Personen des Privatrechts und nichtrechtsfähigen Vereine körperschaftsteuerrechtlich nach § 6 Abs 3 EStG (früher: § 7 EStDV) unter Verzicht auf die Auflösung stiller Reserven ihren **Betrieb unentgeltlich auf Dritte übertragen.** Auch die Möglichkeiten des § 24 UmwStG und die daran anknüpfenden Rechtsprechungsgrundsätze können bei ihnen die Auflösung von stillen Reserven entbehrlich machen. Die Einkünfte nach § 22 EStG erzielenden Vereine oder Stiftungen besitzen körperschaftsteuerrechtlich kein Betriebsvermögen und daher keine stillen Reserven. 414

Hinsichtlich der Vermögensverwaltung, insb Einkünfte aus Kapitalvermögen und Vermietung und Verpachtung sind die sonstigen juristischen Personen des Privatrechts und nichtrechtsfähigen Vereine den natürlichen Personen weitgehend gleichgestellt. Allerdings hat ein Verein, der ihm gehörende Räume in Erfüllung seines satzungsmäßigen Zweckes zur Abhaltung von Versammlungen gebraucht, den Nutzungswert der Räume nicht nach § 21 Abs 2 EStG zu versteuern (BFHE 143, 348, BStBl II 1985, 407).

Beginn und Ende des Steuergegenstands wirtschaftlicher Geschäftsbetrieb. Der wirtschaftliche Geschäftsbetrieb entsteht ähnlich wie bei natürlichen Personen und Personengesellschaften mit der tatsächlichen Aufnahme einer Tätigkeit, die als wirtschaftlicher Geschäftsbetrieb zu verstehen ist. Dies bedeutet, dass vorbereitende und abwickelnde Tätigkeiten abzugrenzen sind. Auch beim wirtschaftlichen Geschäftsbetrieb kann es die Einstellung einer werbenden Tätigkeit geben. Der wirtschaftliche Geschäftsbetrieb kann aber auch durch das Entfallen seiner anderen Merkmale beendigt werden, zB dadurch, dass er zum nach § 3 Nr 6 steuerfreien Zweckbetrieb wird. 415

(frei) 416–419

420.–439. Beginn und Ende der sachlichen Steuerpflicht

Einkommensteuer/Gewerbesteuer. Im Unterschied zum estrechtlichen Betriebsbeginn (objektiv erkennbare Vorbereitungshandlungen: zB BFHE 138, 63, BStBl II 1983, 451; insgesamt krit *Braun* BB 1993, 1122) ist bei der GewSt als auf den **tätigen** Betrieb bezogener Sachsteuer/Objektsteuer (Stichwort Äquivalenzprinzip) der Zeitpunkt maßgebend, zu dem die Voraussetzungen für die Beteiligung am allgemeinen wirtschaftlichen Verkehr gegeben sind (BFHE 176, 138, BStBl II 1995, 900; BFH/NV 420

1993, 264 jeweils mwN; A 18 Abs 1 GewStR). Für den rechtsformunabhängigen Gewerbebetrieb nach dem GewStG (Anm 40) kommt es auf den **Beginn der werbenden Tätigkeit** an (BFHE 185, 500, BStBl II 1998, 478; BFHE 186, 142, BStBl II 1998, 745). Vorbereitungstätigkeiten lassen den Steuergegenstand noch nicht entstehen (BFHE 131, 70, BStBl II 1980, 658). Die Unterscheidung entzieht sich einer weitergehenden generellen Definition; sie ist im Einzelfall anhand der Verkehrsauffassung zu treffen (BFHE 176, 138, BStBl II 1995, 900; Maßnahmen einer Ein-Schiff-Reederei vor Indienststellung des Schiffes sind noch nicht Gewerbebetrieb: BFHE 146, 457, BStBl II 1986, 527). Auch die Eintragung ins HR allein markiert noch nicht den Beginn der GewStPfl. Verluste aus der Zeit vor dem Entstehen des Steuergegenstands nehmen auch nicht am **Verlustabzug** nach § 10 a teil (BFHE 123, 352, BStBl II 1978, 23).

421 Einkommensteuerrechtlich bedeutet die Veränderung der wirtschaftlichen Identität des Betriebs funktional **Betriebsaufgabe.** Das Ende des Steuergegenstands nach dem GewStG hängt dagegen vom Wegfall seiner sämtlichen Voraussetzungen ab. Das führt bei den unterschiedlichen Rechtsformen zu unterschiedlichen Zeitpunkten des Erlöschens der GewStPfl. Die wirtschaftliche Identität des Betriebs spielt hierfür eine zweitrangige Rolle, auch wenn einer funktionalen Betriebsaufgabe meistens die Einstellung der werbenden Tätigkeit vorangehen wird (BFHE 141, 325, BStBl II 1984, 711) und nach § 2 Abs 5 der Übergang des GewBetriebs im Ganzen auf einen anderen Unternehmer Betriebseinstellung durch den bisherigen Unternehmer bedeutet. Wesentlich ist die wirtschaftliche Identität des Betriebs allerdings für den Verlustabzug nach § 10 a GewStG (s dort Anm 6 zur Unternehmensidentität).

Die **Einstellung der werbenden Tätigkeit** führt jedoch nicht notwendig zu einer Betriebsaufgabe; es kann auch eine Betriebsunterbrechung (Anm 427) vorliegen (BFHE 179, 75, BStBl II 1996, 276). Erforderlich ist die als endgültig angelegte tatsächliche Einstellung jeder werbenden Tätigkeit (Einzelunternehmen, Personengesellschaft; A 19 Abs 1 Satz 5 GewStR) bzw jeglicher Tätigkeit nach Verteilung des BV (Kapitalgesellschaft; A 19 Abs 3 GewStR). Zutreffend stellt A 19 Abs 2 GewStDV auch auf **innere Umstände** ab; missverständlich sind jedoch die dortigen Erläuterungen; denn weder sind Entlassung der Betriebsangehörigen und Einstellung des Einkaufs hinreichende und auf die Betriebseinstellung hinweisende *äußere Merkmale* (Produktion u Verkauf können weitergehen) noch kann ein sich weiterhin betätigendes Unternehmen bei einer „äußerlichen Betrachtung als eingestellt" erscheinen.

Anzeigepflichten. Nach § 138 Abs 1 und 3 AO sowie § 14 GewO ist die Betriebs- (auch Inhaberwechsel) oder Betriebsstätteneröffnung sowie Betriebsbeendigung der Belegenheitsgemeinde (Gewerbeamt) mitzuteilen (vgl A 10 GewStR), zur Bemessung der Vorauszahlungen siehe § 19 Abs 4.

422 **Natürliche Personen und Personengesellschaften mit originärer gewerblicher Tätigkeit. Der Steuergegenstand beginnt** nach oa (Anm 216) Grundsätzen, wenn die nach § 2 Abs 1 Satz 2 auch für die Gewerbesteuer relevanten Voraussetzungen des § 15 Abs 2 EStG erfüllt sind *und* der Betrieb seine werbende Tätigkeit bereits aufgenommen hat (BFHE

176, 138, BStBl II 1995, 900; BFHE 186, 142, BStBl II 1998, 745). Es findet keine rückblickende Beurteilung (wie bei der Einkommensteuer) statt. Zum Beginn der GewStPfl einer Vorgründungsgesellschaft bei ausschließlicher Verwaltung des Stammkapitals vgl BFHE 162, 107, BStBl II 1990, 1073.

Die **Aufnahme der werbenden Tätigkeit** ist vielfach in der Eröffnung des Geschäftslokals zu sehen (BFHE 123, 352, BStBl II 1978, 23). Bei Gewerbebetrieben, die sich nicht über ein Geschäftslokal am allgemeinen wirtschaftlichen Verkehr beteiligen, entscheidet der Zeitpunkt des anderweitigen Beginns, zB Werbung, Kundenbesuche etc, dh Aufnahme der geschäftsüblichen Leistungen (s auch im Umkehrschluss RFH, RStBl 1935, 911). Bloße Vorbereitungshandlungen, die die Gewerbesteuerpflicht noch nicht auslösen, sind beispielsweise das Anmieten eines Geschäftslokals, die Errichtung eines Fabrikgebäudes oder der Bau eines Hotels (BFHE 65, 559, BStBl III 1957, 448; BFHE 123, 352, BStBl II 1978, 23; A 18 Abs 1 GewStR), ebenso der Auftrag für einen Schiffsbau (FG Hamburg EFG 1984, 598 rkr, Kommanditistenwerbung kein Beginn).

Die **gewerbesteuerrechtliche Betriebseinstellung** kann mit dem **423** einkommensteuerrechtlichen Beginn der Betriebsaufgabe zeitlich zusammenfallen, sie muss es aber nach hM nicht (s dazu BFHE 141, 325, BStBl II 1984, 711; BFH/NV 1993, 358). Gewerbesteuerrechtlich ist die Bestimmung des Beginns und der Beendigung des Steuergegenstands unter dem Blickwinkel des **Äquivalenzprinzips** (Belastung der Gemeinden durch einen aktiven Betrieb) zu sehen (BFHE 123, 352, BStBl II 1978, 23). Der Betrieb endet, wenn jede werbende Tätigkeit aufgegeben wird (BFHE 131, 70, BStBl II 1980, 658). Der Zeitpunkt der Einstellung ist unter Berücksichtigung der Gesamtumstände des Einzelfalles nach der Verkehrsanschauung zu beurteilen (BFHE 182, 369, BStBl II 1997, 573; BFH/NV 1990, 799).

Wann ein Betrieb in diesem Sinn seine Tätigkeit einstellt, kann für verschiedene Betriebsarten unterschiedlich beurteilt werden (vgl hierzu BFHE 146, 457, BStBl II 1986, 527; BFH/NV 1990, 799). Ein in einem Ladengeschäft ausgeübter Handelsbetrieb wird nicht bereits dadurch eingestellt, dass kein **Warenzukauf** mehr erfolgt, sondern uU erst, nachdem das vorhandene Warenlager – wie geplant – nach und nach, also nicht in der Form eines angemeldeten Ausverkaufs, veräußert wird (BFHE 73, 689, BStBl III 1961, 517; s auch FG Hamburg EFG 1981, 31 rkr, Gewerbesteuerpflicht für die Abwicklung bereits abgeschlossener Kaufverträge).

Entsprechendes gilt bei einer **Strukturveränderung,** wenn der geänderte Betrieb nach der Verkehrsauffassung mit dem bisherigen Betrieb identisch ist (Hotelbetrieb zu Ferienwohnungen, vgl BFH/NV 2004, 1231). *Anders* ist dies bei einem Wandel zur Vermögensverwaltung (Anm 64 ff) oder Liebhaberei (Anm 53 ff), bzw zum Freiberuf (Anm 161 ff). Auch der **Eintritt eines Steuerbefreiungsgrundes** bedeutet ein Erlöschen des Steuergegenstands, ebenso in bestimmter Hinsicht der Übergang des Gewerbebetriebs im ganzen auf einen anderen Unternehmer (Ende der sachlichen Steuerpflicht des Unternehmens nach § 2 Abs 5 s dazu Anm 440 ff).

IdR werden aber nach außen erkennbare, auf die Liquidation des Betriebs abzielende Maßnahmen nach der Verkehrsauffassung die Betriebseinstellung bedeuten, wie etwa die **Einstellung der geschäftsüblichen Warenabgabe** bzw Leistung (*Glanegger* FR 1990, 469, mwN; § 7 Anm 37, 51). Als Indiz gilt auch die **Übertragung des Kundenstammes, Aufgabe des Geschäftslokals und Veräußerung der Einrichtung** (BFHE 182, 369, BStBl II 1997, 357), die **Entlassung von Verkaufspersonal, Einstellung der Verkaufstätigkeit** (FG Hamburg EFG 1985, 459 rkr), Erklärung, den Betrieb aufzugeben, und Abwicklung (BFHE 161, 375, BStBl II 1990, 992).

424 Nach **Veräußerung von Anlagevermögen** eines Handwerks- oder Fabrikationsunternehmens besteht bei eingestellter Auftragsabwicklung kein aktiver Betrieb mehr. Der Gewinn aus der Veräußerung oder Aufgabe des Betriebes unterliegt schon nach § 2 Abs 1 nicht der GewSt (BFHE 174, 372, BStBl II 1994, 709; BFHE 180, 346, BStBl II 1996, 527 zugleich zu den Voraussetzungen der Betriebsveräußerung; BFH/NV 1990, 801; 1998, 1354; BFH/NV 1997, 37).

425 Die **Liquidation,** dh die Einziehung rückständiger Forderungen und die Versilberung vorhandener Betriebsgegenstände, ist keine Fortsetzung einer schon eingestellten betrieblichen Tätigkeit (so schon RFH RStBl 1938, 910, 911; 1939, 5). Zutreffend geht die jüngere Rechtsprechung des BFH davon aus, dass die Liquidation eines Unternehmens bei eingestellter werbender Tätigkeit schon nach § 2 Abs 1 nicht mehr der Gewerbesteuer unterliegt, und zwar unbeschadet möglicher Aufgabeerträge, die nicht unter § 7 fallen (BFHE 131, 70, BStBl II 1980, 658).

426 Die **Eröffnung des Insolvenzverfahrens** allein berührt die Gewerbesteuerpflicht des Unternehmens nicht. Das wird in den §§ 4, 16 Abs 2 GewStDV lediglich klargestellt. Der GewBetrieb besteht mE als Steuergegenstand fort, wenn die Handlungen des Insolvenzverwalters – der Zielsetzung der InsO entsprechend – seiner Erhaltung dienen. Auch wenn das nicht der Fall ist, können die Handlungen des Insolvenzverwalters als Fortsetzung des Betriebs in der Liquidationsphase verstanden werden. Ist der Betrieb danach nicht eingestellt, so ist der Gewerbeertrag auf den Abwicklungszeitraum zu verteilen (§ 16 Abs 2 GewStDV, A 44 Abs 2 GewStR). Zur Einstellung durch das **Konkursverfahren:** BFHE 78, 172, BStBl III 1964, 70; BFHE 144, 533, BStBl II 1986, 136.

427 **Betriebsunterbrechungen,** die vorübergehend und in der Art des Betriebs begründet sind, heben die Steuerpflicht für die Zeit bis zur Wiederaufnahme des Betriebs nicht auf (§ 2 Abs 4; hierzu *Wendt* FR 1998, 264, 278). Bei sonstigen Unterbrechungen geht das G mE vom Fortfall der GewStPfl aus. Mit der Vorschrift sind vor allem **Saisonbetriebe** gemeint, insbesondere Kurort-, Wintersportbetriebe, aber auch Zuckerfabriken, Bauhandwerk und Bauindustrie (A 19 GewStR). Entsprechendes gilt auch für die gewerbliche Vermietung von Ferienwohnungen (zur Unterbrechung durch geänderte Vermietungsbedingungen s BFHE 151, 199, BStBl II 1990, 383) und ähnliche Gewerbezweige. Wesentlich ist, dass das Gesetz die **Nachhaltigkeit** einer Tätigkeit (§ 15 Abs 2 EStG) auch bei einer unterbrochenen Tätigkeit nicht in Zweifel zieht. Auch andere erkennbar nur

vorübergehend geplante Betriebsstilllegungen bedeuten keine Betriebseinstellung, wenn sich der Unternehmer in der erkennbaren Absicht weiterbetätigt, nachhaltig Erträge zu erzielen (RFH RStBl 1941, 386; RStBl 1943, 605). Die Rspr stellt für die Annahme einer unschädlichen vorübergehenden Betriebsunterbrechung auf die Absicht der Betriebsfortführung und aus Nachweisgründen auf das Vorhandensein und -bleiben von wesentlichen Betriebsgrundlagen ab (BFHE 183, 65, BStBl II 1997, 561; BFH/NV 2001, 1383 jeweils mwN). Das gilt auch bei einer **Betriebsaufspaltung** für das Besitzunternehmen, wenn das Betriebsunternehmen die werbende Tätigkeit eingestellt hat (BFHE 212, 541, BStBl II 2006, 591). Für die **GewSt** kann das aus Gründen des § 2 Abs 4 GewStG jedoch nicht ohne Weiteres gelten. Geht ein Grundstückshandelsunternehmen zur Vermögensverwaltung über, so soll hierin einkommensteuerrechtlich wegen des Vorhandenseins von BV mit der Möglichkeit der Betriebsfortführung keine Betriebsaufgabe, sondern eine Betriebsunterbrechung liegen (BFHE 179, 75, BStBl II 1996, 276; BFH/NV 1997, 561; 2006, 1287). Dem ist mE nur zu folgen, sofern der Strukturwandel nicht als endgültiger geplant ist; die Tätigkeit qualifiziert das BV, nicht das BV die Tätigkeit. Eine absolute **zeitliche Grenze** für die (beabsichtigte) Wiederaufnahme der werbenden Tätigkeit besteht nicht; es kommt auf die Verhältnisse des Einzelfalles an. Keine Betriebsunterbrechung liegt vor, wenn eine gewerblich qualifizierende „Abfärbung" (Anm 190f) aus nicht betriebsbedingten Gründen zeitweise entfällt (BFHE 186, 356, BStBl II 1998, 735).

ME sind danach auch die sog **Betriebsverlegungen** zu beurteilen. Anhaltspunkt für das Fortbestehen des Betriebs kann es sein, wenn der Unternehmer vor Ablauf eines Jahres nach Räumungs- oder Ausverkauf einen gleichartigen Betrieb wieder eröffnet (s die Sperrfristen nach § 8 UWG). Die Absicht des Unternehmens, die Tätigkeit nach einem längeren Zeitraum *möglicherweise* wieder aufzunehmen, macht die Einstellung der gewerblichen Tätigkeit allerdings nicht zu einer vorübergehenden Unterbrechung (BFHE 75, 349, BStBl III 1962, 394; s dazu auch BFHE 144, 533, BStBl II 1986, 136). Dagegen soll nach FG Köln DStRE 2005, 831 nrkr (zu § 10a) eine Betriebsunterbrechung vorliegen, wenn eine Personengesellschaft ihren Betrieb einstellt und die Gesellschafter nach Gründung einer *weiteren* Personengesellschaft einen Betrieb mit demselben Unternehmensgegenstand eröffnen; das verstößt mE gegen die in Anm 18 dargestellten Grundsätze. 428

Auch die **Betriebsverpachtung** folgt gewerbesteuerrechtlich anderen Regeln als bei der Einkommensteuer (zur Verpachtung nach Erbfall s BFHE 168, 405, BStBl II 1993, 36). Für die Gewerbesteuer bedeutet sie Erlöschen des Steuergegenstands, weil nicht absehbar ist, wann und ob der Unternehmer seine werbende Tätigkeit wieder aufnimmt und deshalb wieder sachlich steuerpflichtig wird (BFHE 78, 315, BStBl III 1964, 124; BFHE 143, 436, BStBl II 1985, 456; BFHE 186, 356, BStBl II 1998, 735; BFHE 217, 113, BStBl II 2007, 725). Etwas anderes gilt nur, wenn die Verpachtung des Betriebs selbst nicht bloße Vermögensverwaltung ist (s zur Abgrenzung Anm 64ff, R 16 Abs 5 EStR; BFHE 89, 464, BStBl III 1967, 674). 429

430 Gewerbesteuerpflichtig ist die Verpachtung eines Betriebs jedoch dann, wenn sie **betriebsaufspalterisch** erfolgt (BFH/NV 2000, 1135; Anm 200 ff), es sei denn, es handelt sich um eine fehlgeschlagene Betriebsaufspaltung (BFH/NV 1999, 1422; hierzu *Fichtelmann* Inf 2000, 4; zum Beginn und Ende der sachl Steuerpflicht s Anm 266), oder gegenüber einer Personengesellschaft, an der der Verpachtende beteiligt ist (Sonderbetriebsvermögen, Gewerbesteuerpflicht bei der Gesellschaft; § 7 Anm 109).

431 Auch die **Teilbetriebsverpachtung** ist gewerbesteuerfrei, wenn sie nicht im Rahmen eines Hauptbetriebs erfolgt (BFHE 120, 257, BStBl II 1977, 42). Für Personengesellschaften gilt dies allerdings nicht (BFHE 123, 505, BStBl II 1978, 73; s o Anm 305 f).

432 **Gewerblich geprägte Personengesellschaft.** Bei ihr kommt es für die Gewerbesteuer zwar auf die Aufnahme und Beendigung zB der vermögensverwaltenden Tätigkeit an, und zwar unabhängig von einer Teilanhme am allgemeinen Wirtschaftsverkehr (BFHE 204, 471, BStBl II 2004, 464). Doch bedeuten auch feststellbare Vorbereitungsmaßnahmen keinen Beginn und Abwicklungen des Mietrechtsverhältnisses keine Fortsetzung des „aktiven Gewerbebetriebs", es sei denn, die Gesellschaft setzt die Vermögensverwaltung in anderer Weise fort (BFHE 204, 471, BStBl II 2004, 464; **aA** wohl *Kohlmeyer* DB 1991, 946). Wegen der Formulierung in § 15 Abs 3 Nr 2 EStG (in vollem Umfang) ist hinsichtlich der Dauer der gewerblichen Tätigkeiten eine Gleichbehandlung mit Kapitalgesellschaften nicht gerechtfertigt (offengelassen in BFHE 143, 368, BStBl II 1985, 433).

Die GewStPflicht erlischt, wenn die rechtlichen Voraussetzungen einer gewerblich geprägten Personengesellschaft (s dazu Anm 310 ff) entfallen und die Gesellschaft nur noch vermögensverwaltende Einkünfte erzielt (Nds FG EFG 1982, 577 rkr). Wegen der geänderten Geschäftsführungsbefugnisse gilt dies auch für die Liquidationsgesellschaft (glA *Groh* DB 1987, 1006, 1012).

433 Bei der **GmbH & Co KG,** die eine originäre gewerbliche Tätigkeit iSd § 2 Abs 1 Satz 2 GewStG iVm § 15 Abs 1 Nr 1 EStG ausübt, beantwortet sich auch die Frage nach dem Beginn und Ende des Steuergegenstands nach den allgemeinen Grundsätzen der Anm 420 ff (s zum Beginn BFHE 176, 138, BStBl II 1995, 900; BFHE 186, 142, BStBl II 1998, 745; zur Beendigung BFHE 131, 70, BStBl II 1980, 658). Die unmittelbar anschließende Vermögensverwaltung führt zur gewerblich geprägten Gesellschaft und zur Fortdauer der Gewerbesteuerpflicht (zum alten Recht FG Hamburg EFG 1981, 305, aufgeh BFHE 143, 371, BStBl II 1985, 434).

434 Bei **Kapitalgesellschaften** entsteht der Steuergegenstand mit der Eintragung ins HR, auch wenn sie zum Zwecke der Übernahme eines Betriebs gegründet werden (BFHE 122, 130, BStBl II 1977, 561). Zur Beurteilung der Gründungsgesellschaft s Anm 342. Seine Beendigung findet der GewBetrieb mit der Einstellung jeglicher Tätigkeit (s Anm 343). Bei **Genossenschaften SCE** entscheidet die Eintragung im Genossenschaftsregister (Anm 336), bei **Versicherungsvereinen** auf Gegenseitigkeit die aufsichtsbehördliche Erlaubnis (A 18 Abs 2 GewStR) über den Beginn. Ende

bedeutet auch hier Einstellung jedweder Tätigkeit (A 19 Abs 2 GewStR). Wie bei den übrigen Steuergegenständen lässt ein objektbezogener **Steuerbefreiungsgrund** den Steuergegenstand erlöschen.

Bei der **Organschaft** ist der Organträger Steuerschuldner, die sachliche Steuerpflicht der Organgesellschaft bleibt dagegen unberührt. Beginn und Wegfall der Organschaft verändern deshalb nur die Steuerschuldnerschaft, nicht die sachliche Steuerpflicht der Organgesellschaft (s Anm 393). 435

Wirtschaftlicher Geschäftsbetrieb. Bei den **sonstigen juristischen Personen** des Privatrechts und den nichtrechtsfähigen Vereinen beginnt die Steuerpflicht mit der Aufnahme der tatsächlichen Tätigkeit und erlischt mit ihrer Einstellung. Auch der Eintritt eines objektbezogenen Steuerbefreiungsgrundes führt zum Erlöschen des Steuergegenstands (Anm 415). Das bedeutet jedoch nicht den Fortfall des Geschäftsbetriebs: bleibt das Subjekt als solches bestehen, dann ist bei einem nachfolgenden Neubeginn der GewStPfl die Unternehmens- und Unternehmereinheit gesichert (BFHE 189, 183, BStBl II 1999, 733). 436

(frei) 437–439

440.–454. Unternehmerwechsel (§ 2 Abs 5)

Gesetzeszweck. Geht ein Gewerbebetrieb im Ganzen auf einen anderen Unternehmer über, so gilt der Gewerbebetrieb als durch den bisherigen Unternehmer eingestellt. Der Gewerbebetrieb gilt als durch den anderen Unternehmer neu gegründet, wenn er nicht mit einem bereits bestehenden Gewerbebetrieb vereinigt wird. Die **gesetzliche Fiktion** trägt dem Gedanken der sachlichen Steuerpflicht des Unternehmers Rechnung, die sich nicht in allen Fällen mit der subjektiven Steuerschuldnerschaft des § 5 deckt (Anm 446). 440

Nach dem GewStG 1936 wurde die Steuerpflicht des Gewerbebetriebs durch einen Unternehmerwechsel nicht berührt; lediglich ein Wechsel in der Steuerschuldnerschaft war damit verbunden. Eine Änderung der Rechtslage trat erst durch die 2. GewStVV v 16. 11. 1943 (RGBl I, 684) und später durch die Neufassung des § 5 Abs 2 (jetzt § 2 Abs 5) ein (s dazu BFHE 66, 548, BStBl III 1958, 210).

Die Bestimmung der sachlichen Steuerpflicht des Unternehmers nach § 2 Abs 5 steht in engem Zusammenhang mit der Festsetzung des GewStMessbetrags (§§ 10 u 14) und dem **Verlustabzug** des § 10 a, die die sachliche Steuerpflicht reflektieren (vgl BFHE 86, 548, BStBl III 1958, 210; BFHE 106, 225, BStBl II 1972, 775; BFHE 171, 246, BStBl II 1993, 616; BFHE 180, 455, BStBl II 1997, 179; *Glanegger* FR 1990, 469). Dieser setzt dafür sowohl Unternehmensidentität als auch Unternehmeridentität voraus (s § 10 a Anm 6 ff, 12 ff). Die Zuordnung des Betriebsergebnisses beim Unternehmer oder Mitunternehmer ist der innere Grund für den Verlustabzug. Sie entfällt anteilig, soweit ein anderer (Mit-)Unternehmer den Betrieb fortsetzt und fehlt völlig, wenn das Unternehmen auf einen anderen Unternehmer übergeht (§ 10 a Satz 7; s dort Anm 12). Der Betrieb gilt im letzteren Fall deshalb als durch den Vorgänger eingestellt (§ 2 Abs 5).

441 **Betriebsübergang im Ganzen** bedeutet mE nicht nur die Übertragung der bisher bestehenden wirtschaftlichen Einheit in Gestalt der funktional wesentlichen Betriebsgrundlagen; erforderlich ist mE auch – zumindest bei Einzelunternehmen u Personengesellschaften – der Übergang der identischen Tätigkeit gegenüber dem identischen Kundenkreis. Insofern können mE die Grundsätze zu Anm 10 ff u § 10 a Anm 6 ff herangezogen werden.

Wird lediglich ein **Teilbetrieb** abgegeben, so kommt dies keiner Betriebseinstellung gleich (vgl BFHE 159, 37, BStBl II 1990, 373; BFH/NV 1991, 291). Es ist dem aber für die Anpassung der Gewerbesteuervorauszahlungen Rechnung zu tragen. Für den Teilbetriebserwerber ergibt sich eine entsprechende Erhöhung (bei Betriebsvereinigung) oder eine erstmalige Festsetzung von Vorauszahlungen (A 20 Abs 3 GewStR).

442 **Betriebsverpachtung** bedeutet schon Betriebseinstellung nach allgemeinen Grundsätzen (Anm 429).

Der Übergang des Betriebs kann im Zusammenhang mit einem Veräußerungs- oder mit einem **unentgeltlichen Geschäft** stehen. Auch die testamentarische oder gesetzliche Nachfolge durch den **Erbfall** ist ein Unternehmerwechsel (BFHE 73, 247, BStBl III 1961, 357). Dass den oder dem Erben dadurch ein Abzug der vom Erblasser erzielten Verluste nach § 10 a versagt ist, entspricht der Systematik des § 2 Abs 5 (BFHE 81, 318, BStBl III 1965, 115). Ein Unternehmerwechsel vollzieht sich deshalb auch im Verhältnis zu solchen Miterben, deren Anteilsveräußerung im Rahmen einer Erbauseinandersetzung nach der älteren Rechtsprechung nicht der Einkommensteuer unterlag. Denn auch diese Miterben erzielen laufende gewerbliche Einkünfte (BFHE 124, 436, BStBl II 1978, 333).

443 **Umwandlung.** Das Handelsrecht unterscheidet zwischen formwechselnder Umwandlung, bei der die juristische Person in einer anderen Form fortbesteht, und der übertragenden Umwandlung. Als Rechtsnachfolge werden auch gewisse Verschmelzungs- und sonstige Vermögensübertragungsfälle nach dem UmwG behandelt (s die Übersicht im Umwandlungssteuererlass des *BMF* BStBl I 1998, 268). Diese Unterscheidung ist auch für den **Unternehmerwechsel** von Gewicht. Er ist zu **verneinen** bei den **formwechselnden Umwandlungen** nach den §§ 190 ff UmwG 1995 (s zu § 365 AktG aF: BFHE 67, 509, BStBl III 1958, 468 sowie zu § 65 UmwG aF: BFHE 79, 203, BStBl III 1964, 306). Unternehmerwechsel ist danach der Vermögensübergang bei einer **übertragenden Umwandlung,** zB einer Kapitalgesellschaft auf eine Personengesellschaft oder eine natürliche Person (s auch RStBl 1942, 1024), auch in der Form einer Rechtsnachfolge. Dasselbe gilt für die Umwandlung oder Vermögensübertragung einer Kapitalgesellschaft auf eine andere. Dem entsprechen auch die gewerbesteuerrechtlich bedeutsamen Vorschriften der §§ 18, 19 UmwStG. Der **Wechsel der Gesellschafter** einer Kapitalgesellschaft ist kein Unternehmerwechsel (Fälle des § 42 AO ausgenommen). Es stellt sich aber für § 10 a die Frage der Unternehmensgleichheit (s dazu § 10 a Anm 6 ff).

Die **Bescheidzustellung** bei **Gesamtrechtsnachfolge** kraft Umwandlung muss gegenüber dem Rechtsnachfolger vorgenommen werden (BFHE 145, 110, BStBl II 1986, 230). Die **Betriebseinbringung** in eine Kapitalgesellschaft (Sacheinlage nach § 20 UmwStG) ist als Unternehmerwechsel aufzufassen. Denn das Unternehmen betreibt dann die Kapitalgesellschaft. Ob es wegen Buchwertfortführung einkommensteuerrechtlich zu einer Gewinnrealisierung kommt, ist für die Belange des § 2 Abs 5 ohne Bedeutung (zweifelhaft deshalb BStBl III 1954, 243). Entsprechendes gilt für die Wertung der Einbringung als handelsrechtliche Veräußerung oder Gesamtrechtsnachfolge (s Anh § 7 Rz 293 ff).

Bei **Personengesellschaften** bedeuten **formwechselnde Umwandlungen** (OHG in KG) ebenfalls keinen Unternehmer- und keinen Steuerschuldnerwechsel. Nach herrschender Auffassung führen aber auch **Änderungen im Gesellschafterbestand** solange zu **keinem Unternehmerwechsel im Ganzen,** als mindestens ein bisheriger Unternehmer den Betrieb fortführt (A 20 Abs 2 GewStR), mit der Folge eines anteiligen Verlustvortrags für die oder den verbleibenden Gesellschafter (BFHE 171, 246, BStBl II 1993, 616; BFHE 173, 547, BStBl II 1994, 477; BFHE 174, 233, BStBl II 1994, 764; BFHE 180, 455, BStBl II 1997, 179; BFH/NV 1996, 576). Es kommt nicht darauf an, ob er ihn allein oder zusammen mit anderen Unternehmern weiterbetreibt und auf welche Weise (Übertragung, Gesamtrechtsnachfolge oder Anwachsung) die Eigentumsanteile der Ausscheidenden auf den verbleibenden oder die neu hinzutretenden Unternehmer übergehen (BFHE 106, 225, BStBl II 1972, 775; BFH/NV 1989, 319, 320; s zur Anwachsung BFHE 143, 246, BStBl II 1985, 403; BFHE 159, 528, BStBl II 1990, 436; *Lenski/Steinberg* § 2 Anm 1517, 1635; A 20 GewStR). 444

Wird ein Einzelunternehmen in eine Personengesellschaft **eingebracht,** besteht die sachliche Steuerpflicht des Einzelunternehmens fort, auch wenn die persönliche Steuerpflicht endet (BFHE 156, 502, BStBl II 1986, 664; BFH/NV 2001, 1447). Entsprechendes gilt für den umgekehrten Vorgang des **Übergangs** des Unternehmens von der **Personengesellschaft auf einen Gesellschafter** (BFHE 211, 472, BStBl II 2006, 404; BFH/NV 1989, 319; 1989, 20; 1994, 263). Folgt man der herrschenden Auffassung, so ergeben sich für den Unternehmerwechsel auch bei anderen mitunternehmerischen Zusammenschlüssen keine Abweichungen (s für die eheliche Gütergemeinschaft BFHE 106, 225, BStBl II 1972, 775; ferner zur atypischen stillen Gesellschaft BFHE 145, 408, BStBl II 1986, 311).

Der Wechsel der Gesellschafter der **Komplementär-GmbH** beeinflusst ihre Gesellschafter- und Mitunternehmerstellung bei der KG nicht (BFH/NV 1996, 576 Ls).

Materiell-rechtliche Folgen des Unternehmerwechsels (§ 10 a Anm 11 f). Nach einem Unternehmerwechsel **entfällt** für die Betriebsergebnisse der Vergangenheit die für den Verlustabzug nach § 10 a notwendige **Unternehmergleichheit.** Für den Gesellschafter einer Personengesellschaft besteht die Unternehmergleichheit trotz Ausscheidens anderer, sogar im Falle der Geschäftsübernahme durch den letzten Gesellschafter (Anwachsung und Gesamtrechtsnachfolge) fort. Ihm steht der Verlustabzug nach § 10 a anteilig zu (BFHE 143, 246, BStBl II 1985, 403). Entsprechendes gilt für die Einbringung eines Einzelunternehmens in eine Personengesellschaft (BFHE 124, 348, BStBl II 1978, 348). Die Entscheidung in 445

BFHE 108, 39, BStBl II 1973, 233 (Einbringung als estrechtliche Betriebsaufgabe), widerspricht dem nicht (aA A 20 Abs 2 Satz 5 GewStR).

Ferner führt der Unternehmerwechsel zu dem **abgekürzten Erhebungszeitraum** des § 14 Satz 3. Die Vorschrift bezieht das Merkmal GewStpflicht auf den GewStGegenstand. Zur Anwendung auf die subjektive Steuerschuld s Anm 446ff.

446 **Steuerschuldnerschaft und Unternehmerwechsel.** Die Steuerschuldnerschaft interessiert für die Bescheidadressierung. Für die Fälle des § 2 Abs 5 sieht § 5 Abs 2 den Wechsel des Steuerschuldners vor. Es ergehen zwei Bescheide für einen Erhebungszeitraum (zB BFHE 111, 425, BStBl II 1974, 388; BFHE 211, 387, BStBl II 2006, 404).

Probleme bereiten dagegen die **Umwandlungen von oder in Personengesellschaften,** die keine Beendigung der sachlichen Steuerpflicht nach § 2 Abs 5 bewirken (Anm 444). Zur zeitlichen Zuordnung solcher Ereignisse vgl BFH/NV 1991, 804. In A 35 Abs 1 GewStR hat sich die *FinVerw* der in der Rspr (BFHE 156, 502, BStBl II 1989, 664) vertretenen Auffassung angeschlossen, dass in diesen Fällen der Steuerschuldnerwechsel und damit berücksichtigt werden muss, dass an die Stelle des einbringenden Einzelunternehmers die Personengesellschaft tritt und umgekehrt.

447 **a)** Findet dieser **Wechsel zum Jahresende** statt, so ergeben sich für die jeweiligen Steuerschuldner ohnehin getrennte Erhebungszeiträume (§ 14).

b) Findet der **Wechsel während des Jahres** statt, so ist jedem Steuerschuldner nur der Teil des für den Erhebungszeitraum ermittelten Steuermessbetrags zuzurechnen und getrennt festzusetzen, der auf die Dauer seiner persönlichen Steuerpflicht entfällt (BFHE 211, 387, BStBl II 2006, 404; zur Verlustvorrechnung bei Identität von Gesellschafter u Unternehmen BFHE 174, 233, BStBl II 1994, 764).

c) Die **Aufteilung des Gewerbeertrags** ist wie folgt vorzunehmen:

aa) Wird mit dem Steuerschuldnerwechsel auf ein **abweichendes Wirtschaftsjahr** umgestellt, so ergibt sich die mit dem Steuerschuldnerwechsel übereinstimmende Gewerbeertragszuordnung aus § 10.

Beispiel: Der Gewerbebetrieb wird von einem Mitunternehmer ab 1. 3. 01 allein fortgeführt. Er stellt sein Wirtschaftsjahr auf den Zeitraum vom 1. 3. bis 28. 2. eines jeden Jahres um. Für den Erhebungszeitraum des Jahres 01 wird von dem Gewerbeertrag des Rumpfwirtschaftsjahrs ausgegangen, der noch die bis zum 1. 3. 01 bestehende Gesellschaft betrifft (§ 10 Abs 1 u 2).

bb) In **anderen Fällen** bestimmt sich der vom jeweiligen Steuerschuldner erzielte Gewerbeertrag (§ 7, A 69 Abs 2 Satz 3 GewStR) mE wie folgt: Sowohl bei der Einbringung eines Einzelunternehmens als auch bei der Übernahme des von der Gesellschaft unterhaltenen Unternehmens durch den letzten verbleibenden Gesellschafter ist jeweils einkommensteuerrechtlich und deshalb auch mit Wirkung für den Gewerbeertrag des § 7 GewStG eine Schluss- und Eröffnungsbilanz erforderlich (BFHE 156, 315, BStBl II 1989, 513), nach der sich der den verschiedenen Steuerschuldnern zuzuordnende Gewerbeertrag bemisst (BFHE 211, 387, BStBl II 2006, 404; *Glanegger* FR 1990, 469 mwN).

d) Die **Korrekturen des Gewerbeertrags** nach den §§ 8, 9 sind, soweit dem periodischer Aufwand zugrunde liegt (zB Dauerschuldzinsen, § 8 Nr 1 aF, aber auch Hinzurechnungen nach § 8 Nr 1 nF), für den Ermittlungszeitraum vorzunehmen, in dem sie anfallen. Andere Korrekturen, wie etwa die Kürzungen nach § 9 Nr 1 aF/nF sind zeitanteilig zu berücksichtigen. Dies gilt auch für den **Freibetrag** nach § 11 Abs 1 Nr 1 (für jeden angefangenen Monat 2042 €, bis 31. 12. 2001: 4000 DM, A 69 Abs 2 Satz 5 GewStR).

e) Verfahrensrechtlich ist beim Steuerschuldnerwechsel für jeden Steuerschuldner ein Bescheid zu erteilen. Dies gilt aus Gründen der Bestimmtheit mE auch für den als Gesamtrechtsnachfolge behandelten Fall der Übernahme des Geschäfts durch den letzten verbleibenden Gesellschafter.

f) Abgrenzung: Lediglich **formwechselnde Umwandlungen** lassen die Steuerschuldneridentität unberührt (Anm 443 f). Dazu rechnet A 35 Abs 3 GewStR zutreffend auch den Beginn und die Beendigung einer **atypischen stillen Gesellschaft**, weil die Person des Steuerschuldners (Geschäftsinhabers) nicht wechselt. Die Umwandlung einer BGB-Gesellschaft in eine atypische stille Gesellschaft betrachtet die Rspr nicht als Betriebsaufgabe (BFHE 159, 410, BStBl II 1990, 561). Gleichwohl wechselt der Steuerschuldner. In diesem Ausnahmefall ist der Gewerbeertrag des Erhebungszeitraums mE dann ebenfalls zeitanteilig aufzuteilen. Außerdem können sich noch folgende andere Gestaltungen ergeben:

Es findet ein **Wechsel sämtlicher Gesellschafter** einer Personengesell- 448
schaft statt. Dies ist ein Unternehmerwechsel iSd § 2 Abs 5, zusätzlich tritt die Rechtsfolge des § 5 Abs 2 ein. Für das betreffende Jahr ergehen zwei Gewerbesteuermessbescheide (ähnlich BFHE 111, 425, BStBl II 1974, 388).

Scheidet aus einer Personengesellschaft einer von mehreren aus, so bleibt die Gesellschaft Steuerschuldnerin und Bescheidadressatin, der ausgeschiedene Gesellschafter soll daneben nur noch über die Haftungsnorm des § 191 Abs 4 AO herangezogen werden können (BFHE 145, 408, BStBl II 1986, 311).

Wird eine Personengesellschaft ohne Geschäftsübernahme, dh durch 449
vollendete **Liquidation** aufgelöst, liegt kein Fall des § 5 Abs 2, sondern schlichtes Erlöschen des Steuergegenstands vor (zum Gewerbeertrag s § 7 Anm 4). Ein Gewerbesteuerbescheid könnte einer solchen Gesellschaft aber nach der Auffassung bekannt gegeben werden, dass einer vollendeten Liquidation ein schwebender Steuerrechtsstreit der Gesellschaft entgegensteht (vergleichbar zur Umsatzsteuer BFHE 132, 348, BStBl II 1981, 293; offengelassen in BFHE 136, 252, BStBl II 1982, 700). Andernfalls müssen die Gesellschafter als Gesamtschuldner im Wege der Haftung herangezogen werden. Dies gilt auch für BGB-Gesellschafter (BFHE 145, 13, BStBl II 1986, 156).

Vereinigung mit bereits bestehendem Gewerbebetrieb. Ist ein Un- 450
ternehmerwechsel nach § 2 Abs 5 gegeben und wird der übertragene Betrieb mit einem beim Übernehmer schon vorhandenen Betrieb vereinigt, so treten für den Übergeber die materiellen Rechtsfolgen des Unternehmerwechsels ein. Für den Übernehmer beginnt die sachliche Steuerpflicht

nicht ab dem Zeitpunkt der Betriebsvereinigung. Vielmehr ist der Gewerbeertrag des übernommenen Betriebs, der auf den Zeitraum nach Betriebsvereinigung entfällt (keine doppelte Erfassung), dem Gewerbeertrag des bereits bestehenden Betriebs zuzuschlagen.

451–454 *(frei)*

455.–475. Betriebsstätte (§ 2 Abs 1)

455 **Bedeutung/Rechtsgrundlagen.** Die Betriebsstätte ist ein zentraler Anknüpfungspunkt für die Gewerbebesteuerung im Inland: Nach § 2 Abs 1 Satz 3 wird ein Gewerbebetrieb im Inland betrieben, soweit für ihn im Inland oder auf einem in einem inländischen Schiffsregister eingetragenen Kauffahrteischiff eine Betriebsstätte unterhalten wird. Die Betriebsstäte ist nicht lediglich ein formaler Ansatz für die Bestimmung der Ertragshoheit. Sie ist im Gegensatz zum Teilbetrieb eine unselbständige Untereinheit des Betriebs, dem auch wirtschaftlich Ertragsteile (auch Verluste, BFHE 113, 242, BStBl II 1974, 752) zugewiesen werden (§ 9 Nr 3; BFHE 143, 284, BStBl II 1985, 405; BFHE 162, 345, BStBl II 1991, 94). Die Betriebsstätte dient ferner der Aufteilung der Gewerbesteuer unter den betroffenen Gemeinden (§§ 4, 28). Sie hat deshalb vor allem wegen der unterschiedlichen Hebesätze der Gemeinden für die Betriebsgestaltung wirtschaftliches Gewicht; hier gewinnt die Betriebsstättenfunktion der Organgesellschaft nach § 2 Abs 2 GewStG ihre Bedeutung. Beim Reisegewerbe entscheidet an ihrer Stelle der Mittelpunkt der gewerblichen Tätigkeit (§ 35 a Abs 3).

Rechtsgrundlagen. Maßgebend ist **§ 12 AO.** Er lautet:

§ 12 AO Betriebsstätte

[1]Betriebsstätte ist jede feste Geschäftseinrichtung oder Anlage, die der Tätigkeit eines Unternehmens dient. [2]Als Betriebsstätten sind insbesondere anzusehen:

1. die Stätte der Geschäftsleitung,
2. Zweigniederlassungen,
3. Geschäftsstellen,
4. Fabrikations- oder Werkstätten,
5. Warenlager,
6. Ein- oder Verkaufsstellen,
7. Bergwerke, Steinbrüche oder andere stehende, örtlich fortschreitende oder schwimmende Stätten der Gewinnung von Bodenschätzen,
8. Bauausführungen oder Montagen, auch örtlich fortschreitende oder schwimmende, wenn
a) die einzelne Bauausführung oder Montage oder
b) eine von mehreren zeitlich nebeneinander bestehenden Bauausführungen oder Montagen oder
c) mehrere ohne Unterbrechung aufeinander folgende Bauausführungen oder Montagen länger als sechs Monate dauern.

456 Die **Geschäftseinrichtung** muss dem Gewerbebetrieb des Unternehmers, nicht dem seines ständigen Vertreters dienen (BFHE 136, 547,

BStBl II 1983, 77). Satz 1 stellt auch nicht allein auf den Gewerbebetrieb ab, sondern auf das Unternehmen. Damit sollen in Anlehnung an die neuere Abkommenspraxis auch land- und forstwirtschaftliche und freiberufliche Betriebe einbezogen werden (s Regierungsbegründung zur AO 1977, *Mittelsteiner/Schaumburg,* Materialien zur AO 1977).

Durch das Merkmal **„feste Geschäftseinrichtung"** anstelle von „feste örtliche Anlage oder Einrichtung" (§ 16 Abs 3 StAnpG) werden ausdrücklich auch bewegliche Geschäftseinrichtungen mit einem vorübergehenden festen Standort erfasst (s AEAO). Die in § 12 Nr 7 und Nr 8 AO erwähnten schwimmenden oder örtlich **fortschreitenden Einrichtungen** sind deshalb zu Recht erwähnt. Zudem nennt § 12 Nr 8 AO abweichend von § 16 Abs 2 Nr 3 StAnpG erstmals neben Bauausführungen auch Montagen (s Anm 473). Ob der **Katalog** des § 12 AO nur Beispielsfälle nennt („insbesondere") oder rechtsbegründend wirkt, ist nicht geklärt.

Zum Begriff der Betriebsstätte nach § 12 Abs 1 AO und nach dem Katalog des § 12 Abs 2 AO vgl auch Betriebsstättenerlass *BMF* BStBl I 1999, 1078 (hierzu *Kumpf/Roth* DB 2000, 741; FR 2000, 500; *Kumpf* FR 2001, 449). Zu den aktuellen Entwicklungen *Buciek* DStZ 2003, 139.

Der Begriff der Betriebsstätte in § 12 Abs 1 Abs 1 AO ist **nicht identisch** mit dem in verschiedenen Einzelsteuergesetzen verwendeten Begriff (vgl BFHE 194, 222, BStBl II 2001, 734; BFH/NV 2004, 951, jeweils mwN).

Feste Geschäftseinrichtung oder Anlage. Die Einrichtung oder Anlage kann in einem oder mehreren Gegenständen bestehen. Erforderlich ist eine feste Beziehung zur Erdoberfläche (auch wenn die Betriebsstätte unter ihr liegt), die von einer gewissen Dauer ist; zudem muss der Unternehmer zumindest eine gewisse nicht nur vorübergehende Verfügungsgewalt darüber haben (BFHE 170, 263, BStBl II 1993, 462; BFHE 181, 356, BStBl II 1997, 12; hierzu Anm 458). Bei mobilen Einrichtungen gilt dies auch für die nötige Stellfläche (BFHE 158, 499, BStBl II 1990, 166). Außerdem müssen sie den Zwecken des Unternehmens selbst dienen (zB BFHE 127, 517, BStBl II 1979, 527), also nicht etwa nur den Zwecken des Stellvertreters (Anm 461). Die 6-Monatsfrist für Montagen und Bauausführungen soll auch für die zeitliche Komponente der festen Geschäftseinrichtung oder Anlage einen Anhalt bieten (FG München EFG 1986, 259 rkr; FG Köln EFG 2002, 485, in Rev-Urteil BFHE 203, 400, BStBl II 2004, 396 insoweit offengelassen – Verkaufsstand auf Weihnachtsmarkt). 457

Als **Geschäftseinrichtung** wird jeder körperliche Gegenstand bzw jede Zusammenfassung körperlicher Gegenstände bezeichnet, der/die geeignet ist/sind, Grundlage einer Unternehmenstätigkeit zu sein (BFHE 170, 263, BStBl II 1993, 462). Es kommt auch die **Wohnung** in Frage, wenn der Gewerbetreibende idR nur dort telefonisch erreichbar ist, dort abrechnet und/oder von dort seiner Tätigkeit nachgeht (BFHE 76, 102, BStBl III 1963, 28 für Taxiunternehmen ohne festen Standplatz; BFHE 73, 134, BStBl III 1961, 317; BFH/NV 1988, 119 für ambulante Händler u Vertreter; FG Hamburg EFG 1992, 332 für Fotomodell) oder eine Ferienwohnung ggf neben dem Wohnsitz (A 23 Abs 1 Satz 15 f GewStR), ggf Räume der Betriebsgesellschaft bei einer Betriebsaufspaltung (BFHE 138, 548,

BStBl II 1983, 771). Angestellte **Korrespondenten,** die im Inland ansässig sind oder ein Büro zur Verfügung haben, begründen für ausländische Korrespondenten eine Betriebsstätte (*OFD München,* DB 2000, 1203). Nur gelegentliche Geschäftskontakte in der Wohnung begründen dort aber noch keine Betriebsstätte (BFHE 86, 514, BStBl III 1966, 548). Auch nur **zur Verfügung gestellte Räume** in einem abgegrenzten Areal (Kaserne) kommen als Betriebsstätte in Betracht (BFH/NV 2005, 154); ebenso eine **Rohrleitung** (Pipeline) (BFHE 181, 356, BStBl II 1997, 12; die aA BFHE 123, 500, BStBl II 1970, 111 ist überholt).

Fest ist die Einrichtung oder Anlage durch eine feste Verbindung zum Erdboden (Fixierung) oder durch eine einfache Belegenheit von gewisser Dauer an derselben Stelle (BFHE 114, 47, BStBl II 1975, 203; BFHE 170, 263, BStBl II 1993, 462; BFHE 181, 356, BStBl II 1997, 12; BFH/NV 1987, 735).

Die **Definitionsmerkmale** des § 12 Satz 1 AO gelten auch für die Aufzählung des § 12 Satz 2 AO, sofern dort nicht eine Definitionserweiterung oder -beschränkung enthalten ist (vgl BFHE 203, 400, BStBl II 2004, 396). Umgekehrt bietet die 6-Monatsfrist des § 12 Satz 2 Nr 8 einen Anhaltspunkt für die der Betriebsstättenqualität einer im Zusammenhang mit Arbeiten, die nicht Bauausführung/Montage sind, errichteten Einrichtung (BFHE 58, 705, BStBl III 1954, 179).

458 Eine nicht nur vorübergehende **Verfügungsmacht** setzt nicht notwendigerweise ein Mieten oder eine Pacht der betreffenden Gegenstände oder Räume voraus. Der unentgeltlich Nutzende muss aber eine Rechtsposition besitzen, die ihm ohne seine Mitwirkung nicht ohne Weiteres entzogen und die hinsichtlich der Bestimmtheit der überlassenen Räume nicht ohne weiteres verändert werden kann (BFHE 136, 120, BStBl II 1982, 624; BFHE 158, 499, BStBl II 1990, 166; BFHE 181, 356, BStBl II 1997, 12). Es genügt eine allgemein-rechtliche Absicherung, wenn aus tatsächlichen Gründen anzunehmen ist, dass zumindest ein Raum, auch ein Hotelzimmer, zur ständigen Nutzung zur Verfügung steht (BFHE 170, 263, BStBl II 1993, 462). Dies kommt in Betracht bei Standplätzen (Wochenmarkthändler, Taxistandorte, Obststände; BFHE 203, 400, BStBl II 2004, 396), die den Betreffenden zustehen (BFHE 127, 517, BStBl II 1979, 527; vgl BFHE 165, 411, BStBl II 1992, 90) oder deren Benutzung jedenfalls vom Verkehr geduldet wird (vgl A 22 Abs 1 Satz 14 GewStR). Eine ausdrücklich vereinbarte oder auf einen bestimmten Arbeitsplatz bezogene Rechtsposition ist jedoch nicht erforderlich (BFH/NV 2005, 154). Zugewiesene Bezirke, Straßenzüge, zB bei Milchversorgern oder Kaminkehrern (zum Kehrbezirk BFHE 194, 222, BStBl II 2001, 734) sind keine bestimmten Flächen und deshalb keine Betriebsstätten (RStBl 1942, 469). Sonderregelungen bestehen für **Schiffe:** Im Inland betrieben wird ein Gewerbebetrieb, soweit für ihn auf einem in einem inländischen Schiffsregister eingetragenen Kauffahrteischiff eine Betriebsstätte unterhalten wird (§ 2 Abs 1 Satz 3; BFHE 184, 185, BStBl II 1998, 86). Das gilt auch für GewBetriebe, die auf solchen Schiffen unterhalten werden (zB Restauration, BFHE 111, 430, BStBl II 1974, 361). Eine Ausnahme gilt für Betriebsstätten auf solchen Kauffahrteischiffen, die im sog regelmäßigen Liniendienst ausschließlich

zwischen ausländischen Häfen verkehren (§ 5 GewStDV). Bei Binnen-Küstenschifffahrtsbetrieben, die feste örtliche Anlagen oder Einrichtungen zur Ausübung des Gewerbes nicht unterhalten, gilt eine Betriebsstätte in dem Ort als vorhanden, der als Heimathafen (Heimatort) im Schiffsregister eingetragen ist (§ 6 GewStDV). Hochseefischer werden Küstenschiffern gleichgesetzt (RFH BStBl 26, 333; *Tipke/Kruse* § 12 AO Tz 7). Die Wohnung des Schifffahrtunternehmers genügt regelmäßig nicht den Anforderungen einer Betriebsstätte (BFHE 86, 514, BStBl III 1966, 548; A 22 Abs 2 GewStR), wohl aber ein Schiffsanleger (BFHE 151, 452, BStBl II 1988, 201).

Keine geeignete Verfügungsmacht besteht an Räumen von Kunden bzw Vertragspartnern, in denen betriebliche Tätigkeiten stattfinden (BFHE 73, 134, BStBl III 1961, 317; BFHE 222, 14, BStBl II 2008, 922), oder an vom Hauseigentümer gewählten Mülltonnenplätzen (keine Betriebsstätte des Müllabfuhrunternehmens BFH/NV 1988, 735), an Wohnräumen des **Arbeitnehmers,** wenn das jederzeitige Verfügungsrecht des Arbeitgebers nicht unbestritten ist (BFH/NV 1999, 665), an einer Tankstelle für das überlassende Mineralölunternehmen (BFHE 210, 538, BStBl II 2006, 78; BFHE 210, 553, BStBl II 2006, 84; BFHE 214, 78, BStBl II 2007, 94). In der Regel nur vorübergehende Verfügungsmacht hat der Benutzer eines Hotelzimmers, auch wenn er dort geschäftliche Handlungen vornimmt (BFHE 73, 134, BStBl III 61, 317); doch kann sich im Einzelfall aufgrund ausdrücklicher oder konkludenter Vereinbarung eine (auf Dauer) gesicherte Rechtsposition ergeben (BFHE 170, 263, BStBl II 1993, 462). Auch die einmaligen Auftritte von **Berufssportlern** und kurze Gastspiele von **Musikern** führen zu keiner Betriebsstätte (BFHE 60, 275, BStBl II 1955, 100; *Tipke/Kruse* aaO Tz 10). Aus den reisekostenrechtlichen Ausführungen in BFHE 114, 63, BStBl II 1975, 407, kann nicht entnommen werden, dass ein als Berufssportler tätiger Skifahrer oder der freiberufliche Skilehrer am Skihang eine Betriebsstätte hat (ähnl BFHE 146, 115, BStBl II 1986, 424). 459

Bei **Reisegewerbetreibenden** tritt an die Stelle der Betriebsstätte der Mittelpunkt der gewerblichen Tätigkeit (§ 35 a Abs 3 u 4 GewStG; A 22 Abs 7 iVm A 82 GewStR). 460

Der **Tätigkeit des Unternehmens** muss die Geschäftseinrichtung oder Anlage **unmittelbar dienen** (BFHE 126, 102, BStBl II 1979, 18). Das ist der Fall, wenn der Unternehmer sie für eine gewisse Dauer zu unternehmerischen Zwecken nutzt, dh mit ihr unternehmensbezogen tätig wird (BFHE 148, 194, BStBl II 1988, 735; BFHE 181, 356, BStBl II 1997, 12); zum ständigen Vertreter s Anm 465. Hygienische Einrichtungen und Umkleideräume für Arbeitnehmer stellen keine Betriebsstätte dar (BFHE 69, 228, BStBl III 1959, 349). Ebenso wenig sind dies den Wohnzwecken oder sozialen Belangen dienende Einrichtungen (Genesungsheime, Sportgelände, BFHE 72, 139, BStBl III 1961, 52; A 22 Abs 4 GewStR). 461

Die **Verpachtung** von Räumen als solche begründet an diesem Ort noch keine Betriebsstätte (BFHE 135, 574, BStBl II 1982, 562). Etwas anderes gilt für eine originär gewerbliche Verpachtung oder Vermietung von Betriebsanlagen (BFHE 82, 217, BStBl III 1965, 324). Entsprechendes gilt mE bei als gewerblich einzustufenden **Beteiligungen** an mehreren 462

Immobilien- (Personen)Gesellschaften, weil erst die Anzahl der Beteiligungen zur Gewerblichkeit führt.

463 Die dem Unternehmen dienende Tätigkeit muss nicht notwendig vom Unternehmer selbst ausgeübt werden. Es genügt, wenn sich in den Einrichtungen oder Anlagen **Hilfs- oder Nebenhandlungen** vollziehen. Der **Einsatz von Personal** in oder an der Geschäftseinrichtung ist nicht erforderlich (BFHE 181, 356, BStBl II 1997, 12). Auch mechanische Anlagen werden als Betriebsstätten gewertet (Verkaufsautomaten), und zwar auch dann, wenn die Bedienung durch automatische Steuerungseinrichtungen bzw Fernsteuerungen (auch im Ausland) erfolgt (BFHE 124, 65, BStBl II 1978, 160, 162). Gleisanlagen uä können mE dem nicht gleichgesetzt werden (str, s Anm 242). Auch Anschlagstellen werden als Betriebsstätten beurteilt (BFHE 67, 275, BStBl III 1958, 379). Nach diesen Grundsätzen ist wohl auch ein Verkaufsserver im **Internet** als Betriebsstätte anzusehen (zum Betriebsstättenbegriff des OECD-Musterabkommens *Holler/Heerspink* BB 1998, 771; *Strunk* BB 1998, 1824; *Pinkernell/Ditz* FR 2001, 1193, 1271).

464 **Kapitalgesellschaften** und gewerblich **geprägte Personengesellschaften** unterhalten Betriebsstätten auch in Gemeinden, in denen sie eine Landwirtschaft betreiben (BFHE 72, 139, BStBl III 1961, 52). Für Einkünfte aus Vermögensverwaltung kommen regelmäßig die Orte der Verwaltung als Betriebsstätten in Betracht. Der bloße Besitz von Grundvermögen, insb das Halten von Vorratsgrundstücken allein kann keine Betriebsstätte abgeben (RFH RStBl 1941, 393; BFHE 66, 679, BStBl III 1958, 261). Jedoch ist ein Grundstück auch dann Teil einer (mehrgemeindlichen) Betriebsstätte, wenn dieser Teil der Betriebsstätte vorübergehend nicht genutzt wird (BFHE 55, 322, BStBl III 1951, 124; BFHE 66, 679, BStBl III 1958, 261).

465 **Ständiger Vertreter.** Die Tätigkeit, der die Betriebsstätte dient, kann auch von einem ständigen Vertreter ausgeübt werden. Er ist nach der **Definition** des § 13 AO eine Person, die nachhaltig Geschäfte des Unternehmens besorgt und dabei dessen Sachweisungen unterliegt, insb für ein Unternehmen nachhaltig (1) Verträge abschließt oder vermittelt oder Aufträge einholt oder (2) einen Bestand von Waren und Gütern unterhält und davon Auslieferungen vornimmt (hierzu BFHE 106, 206, BStBl II 1972, 785). Die hierin angesprochene Weisungsabhängigkeit ist bei einem Arbeitnehmer gegeben, kann aber auch auf einem Auftrags- oder Geschäftsbesorgungsverhältnis (§§ 662, 675 BGB) beruhen. Möglich ist die Vertretung auch im Rahmen eines GewBetriebs, zB bei einem Handelsvertreter nach § 84 HGB (vgl RFH RStBl 1941, 355), auch durch eine Kapitalgesellschaft (RFH RStBl 1940, 25). Bei einer Betriebsaufspaltung ist das Betriebsunternehmen nicht ständiger Vertreter des Besitzunternehmens (BFHE 86, 590, BStBl III 1966, 598).

466 Die erforderliche **Verfügungsmacht** des Unternehmens an Einrichtungen des Vertreters (s hierzu RFH RStBl 1939, 1227; 1940, 25, 26; 1942, 801) ist nur dann gegeben, wenn diesem die Einrichtungen in der Weise überlassen sind, dass bei Beendigung seiner Tätigkeit für den Unternehmer das Gebrauchsrecht des Vertreters an ihnen erlischt (s dazu A 22 Abs 6

GewStR, BFHE 103, 195, BStBl II 1971, 776). Das ist nicht der Fall, wenn der ständige Vertreter Eigentümer, Mieter oder Pächter der Einrichtung ist, es sei denn, er stellt die Räume dem Unternehmen zur Verfügung (BFHE 111, 197, BStBl II 1974, 327). Demgemäß ist keine Betriebsstätte des Unternehmens der Geschäftsraum des selbständigen Handelsvertreters; das Werbelokal, das eine Bausparkasse ihrem Vertreter zur Verfügung stellt (BFHE 83, 526, BStBl III 1965, 690); das Geschäftslokal des Versicherungsvertreters, auch bei Betretungsrecht des Unternehmens zu Kontrollzwecken (BFHE 74, 614, BStBl III 1962, 227); die von einem Mineralölunternehmen an den Tankwart verpachteten Einrichtungen (BFHE 75, 573, BStBl III 1962, 477; vgl BFHE 210, 538, BStBl II 2006, 78; BFHE 210, 553, BStBl II 2006, 84; BFHE 214, 78, BStBl II 2007, 94); die Wohnung des selbständigen Handlungsgehilfen.

Ein **ausländisches** Unternehmen hat eine BSt auch in Räumen, die sein leitender Angestellter angemietet und ihm zur Verfügung gestellt hat (BFHE 111, 197, BStBl II 1974, 327). Zur Nutzung eines Hotelzimmers s Anm 458f.

Einzelfälle. Stätte der Geschäftsleitung (§ 12 Nr 1 AO) ist der Ort, **467** an dem sich der Mittelpunkt der geschäftlichen Oberleitung befindet (§ 10 AO, s dazu FG Hamburg EFG 1987, 413, rkr), also der Ort, an dem der für die Geschäftsführung maßgebliche Wille gebildet wird (RFH RStBl 1938, 949; BFH/NV 2004, 83). Das ist bei einer GmbH idR der Ort, an dem sich das Büro, ersatzweise die Wohnung des Geschäftsführers befindet (BFHE 164, 164, BStBl II 1991, 554). Maßgeblich sind die Umstände des Einzelfalles, die eine Gewichtung der (aufgeteilten) Aufgaben erfordern (BFHE 184, 185, BStBl II 1998, 86). Bei einer Kapitalgesellschaft ist unter geschäftlicher Oberleitung die Geschäftsführung im engeren Sinne, also die laufende Geschäftsführung, zu verstehen. Das sind die tatsächlichen und rechtsgeschäftlichen Handlungen, die der gewöhnliche Betrieb der Gesellschaft mit sich bringt, und solche organisatorischen Maßnahmen, die zur gewöhnlichen Verwaltung der Gesellschaft gehören („Tagesgeschäfte"; BFHE 176, 253, BStBl II 1995, 175; vgl BFH/NV 1998, 434). Daher kann sich die geschäftliche Oberleitung in der Wohnung des Geschäftsführers oder in einem Baucontainer befinden (BFHE 188, 251, BStBl II 1999, 437; vgl auch BFH/NV 1999, 372). Gelegentliche Mitwirkungen von Gesellschaftern an einzelnen Entscheidungen genügen nicht (BFHE 99, 553, BStBl II 1970, 759). Auch eine Organgesellschaft hat grundsätzlich ihren eigenen Ort der Geschäftsleitung, der mit dem des Organträgers zusammenfallen kann, aber nicht muss (BFHE 176, 253, BStBl II 1995, 175). Bei einem Schifffahrtsunternehmen kann sich der Mittelpunkt der geschäftlichen Oberleitung in den Geschäftsräumen eines ausländischen Managers oder Korrespondentenreeders befinden (BFHE 184, 185, BStBl II 1998, 86; BFH/NV 2000, 300; hierzu *Kreutziger* DStR 1998, 1122).

Ist eine **Zweigniederlassung** (§ 12 Nr 2 AO) im Handelsregister einge- **468** tragen, so besteht die Vermutung, dass dort eine Betriebsstätte tatsächlich unterhalten wird (BFHE 133, 217, BStBl II 1981, 560).

Geschäftsstellen (§ 12 Nr 3 AO) sind Filialen, Zweigstellen, Kontakt- **469** büros und ähnliche Büros (BFH/NV 1999, 753).

470 **Fabrikations- oder Werkstätten** (§ 12 Nr 4 AO) können auch der Herstellung von Produkten dienen, die zur weiteren Veredelung oder Herstellung bestimmt sind.

471 **Warenlager** (§ 12 Nr 5 AO), bei denen Waren nicht nur gelagert und ausgeliefert, sondern im größeren Umfang auch verkauft werden, sind mE unter die **Verkaufsstellen** (§ 12 Nr 6 AO) einzureihen. Eine Verkaufsstelle ist nur dann eine Betriebsstätte, wenn sie eine feste Anlage oder Geschäftseinrichtung iSv § 12 Satz 1 AO ist. Ein Verkaufsstand, der nur einmal für 4 Wochen pro Jahr genutzt wird, ist keine Betriebsstätte (Weihnachtsmarkt, BFHE 203, 400, BStBl II 2004, 396). Wird er mehrfach im Jahr an derselben Stelle genutzt, kann dies anders sein (BFHE 114, 47, BStBl II 1975, 403; BFHE 194, 222, BStBl II 2001, 734). Keine Betriebsstätte des Mineralölunternehmens ist die dem Betreiber überlassene Tankstelle (BFHE 210, 553; BStBl II 2006, 84; BFHE 210, 538, BStBl II 2006, 78; BFHE 214, 178, BStBl II 2007, 94).

472 In § 12 Nr 7 AO sind neben **Bergwerken, Steinbrüchen** oder anderen stehenden auch örtlich **fortschreitende** oder **schwimmende Stätten der Gewinnung von Bodenschätzen** genannt. Sie weisen – wenn auch nur vorübergehend – einen festen Bezug zu einem bestimmten Punkt der Erdoberfläche auf. Aus Gründen der Gleichbehandlung sollten hierunter nicht nur Bohrinseln, sondern auch für die Kiesgewinnung eingesetzte Baggerschiffe fallen. Dagegen werden nicht erfasst die Schiffe zur Ausbaggerung der Fahrrinne. Denn es fehlt an der Gewinnung von Bodenschätzen. Sie können aber wie Straßenbaumaßnahmen oder Kanalisationsarbeiten als fortschreitende Bauausführungen iSd § 12 Nr 8 AO angesehen werden.

473 **Bauausführungen/Montagen** (§ 12 Nr 8 AO). **Bauausführungen** sind Arbeiten aller Art, die zur Errichtung von Hoch- und Tiefbauten im weitesten Sinn (Häuser, Bahn-, Brücken-, Straßen-, Kanalisationsbau) ausgeführt werden (RFH RStBl 1942, 66; zum Einsatz gepachteter Wirtschaftsgüter vgl BFHE 164, 445, BStBl II 1991, 771), also auch vorbreitende Abbrucharbeiten. Auch Montagearbeiten gehören zu den Bauausführungen, wenn sie mit der Herstellung von Hoch- und Tiefbauten im weitesten Sinn zusammenhängen (s zum Einsetzen von Fenstern und Türen BFHE 134, 562, BStBl II 1982, 241; Gerüstbau BFHE 123, 356, BStBl II 1978, 140). Davon ging bereits die Rechtsprechung des RFH aus. Sie behandelte derartige Montagen als Bauausführungen und grenzte sie von der Maschinenmontage in fertigen Gebäuden ab, die mit der Errichtung oder Fertigstellung von Gebäuden nicht zusammenhängen (RStBl 1942, 66). Die ausdrückliche Erwähnung der **Montagen** im Gesetz soll nach BFHE 161, 358, BStBl II 1990, 983 mit Rücksicht auf die OECD erfolgt sein; zudem soll Montage nicht als Unterfall der Bauausführung zu verstehen sein. Weitere Kriterien liefert das Urteil nicht, weil Reparaturen keine Montage und keine Bauausführung sind (BFHE 58, 705, BStBl III 1954, 179; BFHE 189, 292, BStBl II 1999, 694, 696; BFH/NV 2004, 83). Die Bauausführungen (Baustellen) können fest oder fortschreitend (Straßenbau) oder schwimmend sein. Zu den Montagen gehören auch Arbeiten zur unmittelbaren Vorbereitung der eigentlichen Montagearbeiten; sie begin-

nen mit dem Eintreffen des ersten Personals (BFHE 189, 292, BStBl II 1999, 694). In Zusammenhang mit der Bauausführung durch Montage begründete Einrichtungen, wie Baubuden uä, begründen eine Betriebsstätte nur bei entsprechender Dauer (RFH RStBl 1941, 90; A 22 Abs 3 Satz 16 GewStR).

Dauer. Um als Betriebsstätte behandelt zu werden, müssen die einzelne Bauausführung oder Montage oder eine von mehreren zeitlich nebeneinander bestehenden Bauausführungen oder Montagen oder mehrere ohne Unterbrechung aufeinander folgende Bauausführungen oder Montagen länger als sechs Monate dauern. Dasselbe gilt, wenn mehrere Bauausführungen oder Montagen sich zeitlich überschneidend länger als 6 Monate dauern (BFHE 188, 113, BStBl II 1999, 365; BFH/NV 2004, 83). Arbeiten an verschiedenen Orten sind nur dann im Hinblick auf ihre Dauer zusammenzurechnen, wenn zwischen ihnen ein technischer und organisatorischer Zusammenhang besteht (vgl BFHE 195, 335, BStBl II 2002, 846; zT **aA** A 22 Abs 3 Satz 6 GewStR; *BMF* BStBl I 1999, 1076; BStBl I 2002, 1385). Sachlich und/oder zeitlich getrennte Montagen, insbesondere in anderen Ländern, bilden keine einheitliche „Welt"-Betriebsstätte (FG Düsseldorf EFG 1991, 290). Die **Sechsmonatsfrist** muss nicht in einem Erhebungszeitraum vollendet sein. Witterungs- oder bautechnisch, durch Streik oder Materialmangel bedingte Unterbrechungen hemmen die Frist nur, wenn sie über zwei Wochen hinausgehen (BFHE 127, 414, BStBl II 1979, 479). Wird die Montage aus Gründen des Betriebsablaufs unterbrochen, dann wird der Lauf der Frist nicht berührt; erfolgt die Unterbrechung aus anderen Gründen, tritt eine Fristenhemmung ein, wenn die Unterbrechung nicht kurzfristig ist und das Personal vom Montageort abgezogen wird (BFHE 189, 292, BStBl II 1999, 694). Wird während der Unterbrechungszeit eine weitere Montage begonnen, so sind für Zwecke der Fristenberechnung beide Montagen entsprechend § 12 Satz 2 Nr 8c AO zusammenzurechnen (BFHE 189, 292, BStBl II 1999, 694). Dass ein Bauherr mehrere Aufträge für Einbauarbeiten erteilt, steht der Einheitlichkeit der Bauausführung nicht entgegen (BFHE 134, 562, BStBl II 1982, 241). In Abweichung von § 16 Abs 2 Nr 3 StAnpG wird in § 12 Nr 8b AO die sachliche Einheit mehrerer Bauausführungen oder Montagen ohnehin berücksichtigt. Der vom Unternehmer überwachte Einsatz von Subunternehmern als Erfüllungsgehilfen unterbricht die Sechsmonatsfrist nicht (BFHE 76, 201, BStBl III 1963, 71).

Stätten der Erkundung oder Versuchsbohrungen sind unter den Voraussetzungen des § 12 Nr 8 AO als Betriebsstätten anzusehen (A 22 Abs 3 Satz 20 GewStR). Die ursprünglich für die Nr 7 beabsichtigte Erwähnung der Erkundungsstätten wurde als Erweiterung des Betriebsstättenbegriffs angesehen und unterlassen (*Mittelsteiner/Schaumburg,* Materialien zur AO 1977).

Mehrgemeindliche Betriebsstätten können durch den räumlichen Zusammenhang mehrerer Anlagen entstehen. Dazu ist allerdings erforderlich, dass sie sich wirtschaftlich, technisch und organisatorisch als einheitliches Ganzes darstellen. Zu den Einzelheiten s § 30 Anm 2. **474**

475 Eine rechtliche **Betriebsstätte des Mitunternehmers** lässt sich insoweit feststellen, als auch Sonderbetriebsvermögen des Gesellschafters der Betriebsstätte zuzuordnen ist (BFHE 138, 548, BStBl II 1983, 771; BFHE 141, 12, BStBl II 1984, 605). Dies gilt vor allem für Auslandsbeziehungen (vgl zur Personengesellschaft als Betriebsstätte *Haas* BB 1985, 541). Auch Sonderbetriebsvermögen II (hierzu BFHE 164, 20, BStBl II 1991, 510; *Schulze zur Wiesche* FR 1993, 37; *Schön* DStR 1993, 185), das im Zusammenhang nur mit der Beteiligung des Mitunternehmers steht, ist in die Gewerbebesteuerung der Personengesellschaft einzubeziehen (vgl BFHE 168, 52, BStBl II 1992, 937 zu Gewinnanteilen des Kommanditisten aus der Komplementär-GmbH).

Auch die atypische stille Gesellschaft hat mit der Betriebsstätte des Geschäftsinhabers ihre Betriebsstätte, dh das Sonderbetriebsvermögen des Stillen ist dort einzubeziehen.

476., 477. Inlandsbesteuerung

476 **Inlandsbegriff.** Zum Inland gehört auch

(1) der an die Bundesrepublik grenzende deutsche Festlandsockel, soweit es dort um die Ausbeutung und Erforschung der Naturschätze des Meeresgrundes und des Meeresuntergrundes oder um Energieerzeugung unter Nutzung erneuerbarer Energien geht **(§ 2 Abs 7 Nr 1),**

(2) der nicht zur Bundesrepublik gehörende Teil eines grenzüberschreitenden Gewerbegebietes, das nach den Vorschriften eines DBA als solches bestimmt wird **(§ 2 Abs 7 Nr 2).** Zum DBA Niederlande vgl. Drittes Zusatzprotokoll v 4. 6. 2004 zum DBA v 16. 6. 1959 (BGBl II 2004, 1666) sowie 1. VO v 25. 7. 2007 (BGBl II 2007, 1664) und 2. VO v 7. 1. 2008 (BGBl II 2008, 30) zur Vereinbarung über grenzüberschreitende GewGebiete.

Die Abgrenzung des Festlandsockels in der Nordsee im Verhältnis zu den Niederlanden, England und Dänemark ist gesetzlich geregelt (BGBl II 1972, 881 und 1616).

477 **Nicht-DBA-Länder.** Inländische Betriebsstätten von Unternehmen, deren Geschäftsleitung sich in einem ausländischen Staat befindet, mit dem kein DBA besteht, unterliegen nicht der Gewerbesteuer, wenn und soweit die Einkünfte aus diesen Betriebsstätten im Rahmen der beschränkten Einkommensteuerpflicht steuerfrei sind und der ausländische Staat Unternehmen mit Geschäftsleitung im Inland eine entsprechende Befreiung von den der Gewerbesteuer ähnlichen oder ihr entsprechenden Steuer gewährt oder in dem Staat keine der Gewerbesteuer ähnlichen oder ihr entsprechenden Steuern bestehen **(§ 2 Abs 6).** Die Vorschrift beschränkt die Steuerpflicht der Betriebsstätte nur bedingt auf die nach § 49 EStG der Betriebsstätte oder dem ständigen Vertreter zuzuordnenden Besteuerungsgrundlagen. Dies zeigt, dass die allgemeine Regelung des § 2 Abs 1 grundsätzlich nicht nur Betriebsstättenergebnisse erfasst (s Anm 6). Zum Problem der steuerfreien Einnahmen nach § 3 Nr 63 EStG aF vgl BFH/NV 1993, 560.

§ 2a Arbeitsgemeinschaften

[1] Als Gewerbebetrieb gilt nicht die Tätigkeit der Arbeitsgemeinschaften, deren alleiniger Zweck in der Erfüllung eines einzigen Werkvertrags oder Werklieferungsvertrags besteht. [2] Die Betriebsstätten der Arbeitsgemeinschaften gelten insoweit anteilig als Betriebsstätten der Beteiligten.

Gewerbesteuer-Richtlinien 1998: Abschnitt 23.

Bearbeiter: Güroff

Übersicht

1. Rechtsentwicklung
2. Begriff der Arbeitsgemeinschaft
3. Zweck der Arbeitsgemeinschaft des § 2a
4. Drei-Jahresfrist
5. Rechtsfolgen

1 **Rechtsentwicklung.** § 2a wurde durch das StÄndG 1965 (BGBl I 1965, 377) – mWv 1. Januar 1965 – eingeführt. Er soll sicherstellen, dass Arbeitsgemeinschaften bei nur kurzer Dauer nicht als solche der Gewerbesteuer unterliegen. Dies war nach der Rechtsprechung möglich. Denn der Bundesfinanzhof hatte die einschränkende Beurteilung des RFH (RStBl 1942, 1044) nicht übernommen und mitunternehmerische Arbeitsgemeinschaften schlechthin als für sich zu beurteilende Gewerbesteuergegenstände angesehen (BFHE 72, 533, BStBl III 1961, 194). Durch das StÄndG 1979 (BGBl I 1978, 1849) wurde die Wendung „für die Gewerbesteuer nach dem Gewerbeertrag und dem Gewerbekapital" gestrichen. Sie war wegen der Abschaffung der Lohnsummensteuer bedeutungslos geworden. Infolge des weggefallenen § 2 Abs 2 Nr 1 wurde auf Grund des StBereinG 1986 (BGBl I 1985, 2436) auch § 2a redaktionell geändert: „Als Gewerbebetrieb gilt nicht die Tätigkeit der Arbeitsgemeinschaften". Durch das StMBG v 21. 12. 1993 (BGBl I 1993, 2310) ist in Satz 1 die 3-Jahres-Frist gestrichen worden; diese Änderung gilt ab EZ 1995. Entsprechend sind auch § 98 BewG und § 180 Abs 4 AO geändert worden.

2 **Begriff der Arbeitsgemeinschaft.** Im Bauwesen werden verschiedene Arten von Arbeitsgemeinschaften (ARGE) unterschieden, und zwar
- die **echte ARGE,** die als Außengesellschaft zur gemeinsamen Durchführung eines bestimmten Bauvorhabens mit gemeinschaftlichem Vermögen und gemeinsamer Vertretung auftritt;
- die **Beteiligungsgemeinschaft,** bei der sich die Partner lediglich wechselseitig an den sachlich zusammenhängenden Aufträgen beteiligen;
- die **Los ARGE,** wenn ein von den Beteiligten übernommener einheitlicher Auftrag in sog Teillose zerlegt wird;
- die **Sonder-ARGE,** die eine Untereinheit einer ARGE betrifft. S zu den einzelnen Arten *Knigge* DB-Beilage 4/82 und zur gewerbesteuerlichen Gestaltung *Depping* Inf 1995, 551.

Zivilrechtlich wird es sich bei der Arbeitsgemeinschaft idR um eine BGB-Gesellschaft handeln, die nur auf Grund der Sonderregelungen (vgl auch § 180 Abs 4 AO, § 98 BewG) von der steuerrechtlichen Behandlung als Personengesellschaft ausgenommen ist (BFHE 170, 224, BStBl II 1993, 577; BFH/NV 1999, 463). Dies gilt vor allem für die in § 2a erwähnten Arbeitsgemeinschaften von kurzer Dauer. Denn sie stellen einen losen Zusammenschluss dar, dessen Ende die Zweckerreichung bildet (§ 726 BGB). Deswegen ist nur von theoretischer Bedeutung, ob auch eine Personenhandelsgesellschaft unter den Voraussetzungen der §§ 2a GewStG, 180 Abs 4 AO – wie eine BGB-Gesellschaft – die Eigenschaft als Gewinnermittlungssubjekt verlöre. Dies wäre mE zu bejahen. Lediglich eine Kapitalgesellschaft könnte nicht von § 2a erfasst werden. Dies ergibt auch die frühere Fassung der Vorschrift mit der Bezugnahme auf § 2 Abs 2 Nr 1, der nur Mitunternehmerschaften betroffen hatte. Der Wortlaut der ab EZ 1986 gültigen Gesetzesfassung „Tätigkeit der Arbeitsgemeinschaften" macht dies indessen nicht mehr deutlich. Dass auch Innengesellschaften als Arbeitsgemeinschaften iSd § 2a in Betracht kommen, ist in der Rechtsprechung geklärt (BFHE 113, 242, BStBl II 1974, 752).

Ob und unter welchen Voraussetzungen die vorstehend erwähnten Beteiligungsgemeinschaften als Beteiligungen am Gewerbebetrieb eines Dritten aufgefasst werden müssen und deshalb auch ohne § 2a nicht als selbständige Gewerbegegenstände gelten, hat nur dann praktisches Gewicht, wenn der Tatbestand des § 2a nicht erfüllt ist. ME sind dann die Grundsätze der stillen Gesellschaft mit der Folge mehrerer Unterbeteiligungen entsprechend anzuwenden (s für die atypische stille Gesellschaft § 2 Anm 17).

3 Der **Zweck der Arbeitsgemeinschaft** des § 2a muss sich auf die Erfüllung eines *einzigen* Werkvertrages oder Werklieferungsvertrages beschränken. Wird die Arbeitsgemeinschaft für mehrere solcher Verträge gegründet, so ist sie ein sachlich selbständiger Gewerbebetrieb (Mitunternehmerschaft, vgl BFHE 72, 533, BStBl II 1961, 194; FG Düsseldorf EFG 1997, 207, nv bestätigt). Entsprechendes gilt, wenn der Zweck des Zusammenschlusses nicht nur die Erfüllung eines Werk- oder Werklieferungsvertrages, sondern auch die Vermarktung des Produktes ist (BFH/NV 1999, 355, 357). Hinsichtlich der Merkmale des Werk- oder Werklieferungsvertrages gilt § 631 bzw § 651 BGB. Ob der Zweck der Arbeitsgemeinschaft die Erfüllung eines einzigen solchen Vertrages ist, ist eine Frage der auf tatsächlichem Gebiet liegenden **Vertragsauslegung;** dh der BFH ist, wenn keine begründeten Revisionsrügen erhoben werden, an die Auslegung durch das FG gebunden (BFHE 170, 224, BStBl II 1993, 577).

Das Zivilrecht stellt der gemeinschaftlichen Übernahme (Gesamtschuld) von Vertragspflichten durch Arbeitsgemeinschaften das Zusammenwirken von verschiedenen Unternehmern gegenüber auf der Grundlage von gegenständlich begrenzten Teilschulden (zB *MünchKomm/Soergel* § 631 Rz 110). Ein durch solche Teilschulden entstandener Interessenverbund, zB zwischen einem Architekten und einem Bauunternehmer oder dem Bauunternehmer und dem Grundstücksverkäufer, bildet mE auch keine Arbeitsgemeinschaft, auf die § 2a Anwendung finden könnte, weil es an einem gemeinsamen Zweck fehlt. Dies muss auch dann gelten, wenn der

Auftraggeber die beiden Verträge als einheitliches Vertragswerk iSd § 139 BGB auffassen darf (s dazu BFHE 136, 427, BStBl II 1982, 741). Es wird daher in solchen Fällen ohne Rücksicht auf Zeitdauer und Auftrag an einem eigenständigen Steuergegenstand fehlen. Anders ist dies, wenn die in der Arbeitsgemeinschaft zusammengeschlossenen Unternehmer nach außen als Gesamtschuldner den Auftrag übernommen haben oder bei Innengesellschaften sich so stellen, als seien sie dem Auftraggeber gesamtschuldnerisch verpflichtet. Ist dies gewährleistet, so ist eine weitere Aufteilung in Unter-Arbeitsgemeinschaften (Los) unschädlich. Es gäbe keinen Sinn, die Haupt-Gesellschaft als losen Zusammenschluss unter den übrigen Voraussetzungen des § 2a von der eigenen sachlichen Steuerpflicht auszunehmen, die unterbeteiligten Los-Arbeitsgemeinschaften dagegen als eigene Gewerbebetriebe zu behandeln. Dass die unterbeteiligten Gesellschaften mit der Hauptgesellschaft mehrere Verträge abschließen, kann dem nicht entgegenstehen.

Bei einer atypischen stillen Beteiligung von zwei GmbH an einer dritten GmbH zur Realisierung eines 26 Ferienwohnungen umfassenden Bauträgerprojekts samt Vermarktung liegt mangels Beschränkung auf nur einen Werkvertrag keine Arbeitsgemeinschaft iSd Vorschrift vor (FG München EFG 1996, 877).

Der gesetzlich geforderten Erfüllung nur eines Werk- oder Werklieferungsvertrages wird auch dann genügt, wenn die Arbeitsgemeinschaft für diesen Zweck **Hilfsgeschäfte** in größerem Umfang tätigen und die dazu nötigen Verträge abschließen muss. Personal- und Sachbeschaffungsverträge etc hindern die Anwendung des § 2a daher nicht.

Tätigt die Arbeitsgemeinschaft dagegen **weitere Geschäfte,** die nicht in Zusammenhang mit dem einen Werk(lieferungs)vertrag stehen, dürfte das darauf hindeuten, dass der Zweck der Arbeitsgemeinschaft über die Erfüllung dieses einen Vertrages hinausgeht. Sie ist dann sachlich selbständiger Gewerbebetrieb (aA *Lenski/Steinberg* § 2a Rz 27: GewStPfl nur mit diesen weiteren Tätigkeiten).

Drei-Jahresfrist (Satz 1 aF). Satz 1 aF lautete: *„Als Gewerbebetrieb gilt nicht die Tätigkeit der Arbeitsgemeinschaften, deren alleiniger Zweck sich auf die Erfüllung eines einzigen Werkvertrags oder Werklieferungsvertrags beschränkt, es sei denn, dass bei Abschluss des Vertrags anzunehmen ist, dass er nicht innerhalb von drei Jahren erfüllt wird."* 4

Bei **Abschluss des Vertrages** muss anzunehmen sein, dass der Vertrag nicht innerhalb von drei Jahren erfüllt sein wird. Gemeint sind drei Kalenderjahre. Unterbrechungen zählen also mit. Es kommt nicht auf die zusammengerechneten Zeiten der Bautätigkeit selbst an (s auch *Bichel* StB 1975, 279). Maßgebend ist die Prognose anhand der Verhältnisse zum Zeitpunkt des Abschlusses des Werk- oder Werklieferungsvertrags. Dafür können vielfältige Beweisanzeichen herangezogen werden. Maßgebend ist der normale, ungestörte Ablauf des Geschäfts; außergewöhnliche Umstände sind – weil idR nicht vorhersehbar – nicht zu berücksichtigen. § 2a verlagert nur die Ergebnisse der mitunternehmerischen Arbeitsgemeinschaft auf die gewerblichen Unternehmen der Beteiligten. Hinsichtlich des bei der Arbeitsgemeinschaft entfallenden Freibetrags nach § 11 Abs 1 bedeutet dies eine Schlechterstellung. Zum Wegfall der 3-Jahres-Frist ab EZ 1995 vgl

Anm 1 aE. Die Dauer der Vertragserfüllung ist ab EZ 1995 also nicht mehr von Bedeutung. Nach BayFM FR 1995, 245 kann es mit Ablauf des 31. 12. 1994 zu einer Zwangsauflösung des ARGE-Gewerbebetriebes kommen. In diesem Fall ist ein zum 31. 12. 1994 festgestellter GewVerlust auf die beteiligten Unternehmen aufzuteilen und dort nach § 10a zu verrechnen.

5 **Rechtsfolgen.** Für die befristeten Arbeitsgemeinschaften, die nach § 2a keinen eigenen Gewerbebetrieb bilden, unterbleibt eine einheitliche und gesonderte Gewinnfeststellung (§ 180 Abs 4 AO). Die gewerbesteuerlichen Folgen setzen unmittelbar bei den Mitgliedern der ARGE an (BFHE 170, 224, BStBl II 1993, 577; BFH/NV 1999, 355, 357; 463). Die Gewinnermittlung richtet sich nach den allgemein für Mitunternehmerschaften geltenden Vorschriften (BFH/NV 1999, 463).

Nach § 98 BewG wird für die Arbeitsgemeinschaft auch kein (Einheits-) Wert festgestellt. Die Wirtschaftsgüter der Arbeitsgemeinschaft werden vielmehr anteilig den Betrieben der Beteiligten zugerechnet (zur handelsrechtlichen Beurteilung vgl *Dill* DB 1987, 752). Ebenso ist ertragsteuerlich zu verfahren. Wegen § 180 Abs 4 AO wird die Arbeitsgemeinschaft, auch wenn sie eine Mitunternehmerschaft darstellt, nicht als Gewinnermittlungssubjekt behandelt (vgl BFH/NV 1999, 463). Die von der nach außen auftretenden Arbeitsgemeinschaft erworbenen Ansprüche und sonstigen Wirtschaftsgüter sind nach § 39 Abs 2 Nr 2 AO den an ihr beteiligten Gewerbetreibenden zuzurechnen. Eine zusätzliche Umrechnung ist nötig, wenn diese ihren Gewinn durch Überschussrechnung ermitteln. Deshalb wird die Arbeitsgemeinschaft auf einen Jahresabschluss kaum verzichten können (s dazu auch *Bichel* StB 1975, 133).

Die Betriebsstätten der befristeten Arbeitsgemeinschaften des § 2a werden anteilig als Betriebsstätten der Beteiligten angesehen (§ 2a Satz 2). Haben diese mehrere Betriebsstätten, so wird eine Zerlegung nach §§ 28, 29 erforderlich. Arbeitsgemeinschaften, die den Voraussetzungen des § 2a nicht genügen, also mehrere Werkverträge zu erfüllen haben oder (bis einschließlich EZ 1994) solche von längerer Dauer als drei Jahre (hierzu Anm 1 aE), sind als eigenständige Steuergegenstände (Mitunternehmerschaften) zu beurteilen. Ab EZ 1995 kommt es auf die Dauer des Vorhabens nicht mehr an (vgl Anm 1 aE).

§ 3 Befreiungen

Von der Gewerbesteuer sind befreit

1. **das Bundeseisenbahnvermögen, die Monopolverwaltungen des Bundes, die staatlichen Lotterieunternehmen, die zugelassenen öffentlichen Spielbanken mit ihren der Spielbankabgabe unterliegenden Tätigkeiten und der Erdölbevorratungsverband nach § 2 Abs. 1 des Erdölbevorratungsgesetzes in der Fassung der Bekanntmachung vom 8. Dezember 1987 (BGBl. I S. 2509);**
2. **die Deutsche Bundesbank, die Kreditanstalt für Wiederaufbau, die Landwirtschaftliche Rentenbank, die Bayerische Landesanstalt für Aufbaufinanzierung, die InvestitionsBank Hessen, die Niedersächsische Gesellschaft für öffentliche Finanzierun-**

gen mit beschränkter Haftung, die Bremer Aufbau-Bank GmbH, die Landeskreditbank Baden-Württemberg – Förderbank, die Bayerische Landesbodenkreditanstalt, die Investitionsbank Berlin, die Hamburgische Wohnungsbaukreditanstalt, die NRW.Bank, die Wohnungsbauförderungsanstalt Nordrhein-Westfalen – Anstalt der NRW.Bank –, die Investitions- und Förderbank Niedersachsen, die Saarländische Investitionskreditbank Aktiengesellschaft, die Investitionsbank Schleswig-Holstein, die Investitionsbank des Landes Brandenburg, die Sächsische Aufbaubank – Förderbank –, die Thüringer Aufbaubank, die Investitionsbank Sachsen-Anhalt – Anstalt der Norddeutschen Landesbank – Girozentrale –, die Investitions- und Strukturbank Rheinland-Pfalz, das Landesförderinstitut Mecklenburg-Vorpommern – Geschäftsbereich der Norddeutschen Landesbank Girozentrale –, die Landestreuhandstelle Hessen – Bank für Infrastruktur – rechtlich unselbständige Anstalt in der Landesbank Hessen-Thüringen Girozentrale und die Liquiditäts-Konsortialbank Gesellschaft mit beschränkter Haftung;

3. die Bundesanstalt für vereinigungsbedingte Sonderaufgaben;
4. *(weggefallen)*
5. Hauberg-, Wald-, Forst- und Laubgenossenschaften und ähnliche Realgemeinden. [2]Unterhalten sie einen Gewerbebetrieb, der über den Rahmen eines Nebenbetriebs hinausgeht, so sind sie insoweit steuerpflichtig;
6. Körperschaften, Personenvereinigungen und Vermögensmassen, die nach der Satzung, dem Stiftungsgeschäft oder der sonstigen Verfassung und nach der tatsächlichen Geschäftsführung ausschließlich und unmittelbar gemeinnützigen, mildtätigen oder kirchlichen Zwecken dienen (§§ 51 bis 68 der Abgabenordnung). [2]Wird ein wirtschaftlicher Geschäftsbetrieb – ausgenommen Land- und Forstwirtschaft – unterhalten, ist die Steuerfreiheit insoweit ausgeschlossen;
7. Hochsee- und Küstenfischerei, wenn sie mit weniger als sieben im Jahresdurchschnitt beschäftigten Arbeitnehmern oder mit Schiffen betrieben wird, die eine eigene Triebkraft von weniger als 100 Pferdekräften haben;
8. Erwerbs- und Wirtschaftsgenossenschaften sowie Vereine im Sinne des § 5 Abs. 1 Nr. 14 des Körperschaftsteuergesetzes, soweit sie von der Körperschaftsteuer befreit sind;
9. rechtsfähige Pensions-, Sterbe-, Kranken- und Unterstützungskassen im Sinne des § 5 Abs. 1 Nr. 3 des Körperschaftsteuergesetzes, soweit sie die für eine Befreiung von der Körperschaftsteuer erforderlichen Voraussetzungen erfüllen;
10. Körperschaften oder Personenvereinigungen, deren Hauptzweck die Verwaltung des Vermögens für einen nichtrechtsfähigen Berufsverband im Sinne des § 5 Abs. 1 Nr. 5 des Körperschaftsteuergesetzes ist, wenn ihre Erträge im Wesentlichen aus dieser Vermögensverwaltung herrühren und ausschließlich dem Berufsverband zufließen;

11. öffentlich-rechtliche Versicherungs- und Versorgungseinrichtungen von Berufsgruppen, deren Angehörige auf Grund einer durch Gesetz angeordneten oder auf Gesetz beruhenden Verpflichtung Mitglieder dieser Einrichtungen sind, wenn die Satzung der Einrichtung die Zahlung keiner höheren jährlichen Beiträge zulässt als das Zwölffache der Beiträge, die sich bei einer Beitragsbemessungsgrundlage in Höhe der doppelten monatlichen Beitragsbemessungsgrenze in der allgemeinen Rentenversicherung ergeben würden. [2] Sind nach der Satzung der Einrichtung nur Pflichtmitgliedschaften sowie freiwillige Mitgliedschaften, die unmittelbar an eine Pflichtmitgliedschaft anschließen, möglich, so steht dies der Steuerbefreiung nicht entgegen, wenn die Satzung die Zahlung keiner höheren jährlichen Beiträge zulässt als das Fünfzehnfache der Beiträge, die sich bei einer Beitragsbemessungsgrundlage in Höhe der doppelten monatlichen Beitragsbemessungsgrenze in der allgemeinen Rentenversicherung ergeben würden;
12. Gesellschaften, bei denen die Gesellschafter als Unternehmer (Mitunternehmer) anzusehen sind, sowie Erwerbs- und Wirtschaftsgenossenschaften, soweit die Gesellschaften und die Erwerbs- und Wirtschaftsgenossenschaften eine gemeinschaftliche Tierhaltung im Sinne des § 51a des Bewertungsgesetzes betreiben;
13. private Schulen und andere allgemeinbildende oder berufsbildende Einrichtungen, soweit ihre Leistungen nach § 4 Nr. 21 des Umsatzsteuergesetzes von der Umsatzsteuer befreit sind;
14. Erwerbs- und Wirtschaftsgenossenschaften sowie Vereine, deren Tätigkeit sich auf den Betrieb der Land- und Forstwirtschaft beschränkt, wenn die Mitglieder der Genossenschaft oder dem Verein Flächen zur Nutzung oder für die Bewirtschaftung der Flächen erforderliche Gebäude überlassen und
    a) bei Genossenschaften das Verhältnis der Summe der Werte der Geschäftsanteile des einzelnen Mitglieds zu der Summe der Werte aller Geschäftsanteile,
    b) bei Vereinen das Verhältnis des Werts des Anteils an dem Vereinsvermögen, der im Fall der Auflösung des Vereins an das einzelne Mitglied fallen würde, zu dem Wert des Vereinsvermögens

    nicht wesentlich von dem Verhältnis abweicht, in dem der Wert der von dem einzelnen Mitglied zur Nutzung überlassenen Flächen und Gebäude zu dem Wert der insgesamt zur Nutzung überlassenen Flächen und Gebäude steht;
15. Erwerbs- und Wirtschaftsgenossenschaften sowie Vereine im Sinne des § 5 Abs. 1 Nr. 10 des Körperschaftsteuergesetzes, soweit sie von der Körperschaftsteuer befreit sind;
16. *(weggefallen)*
17. die von den zuständigen Landesbehörden begründeten oder anerkannten gemeinnützigen Siedlungsunternehmen im Sinne des Reichssiedlungsgesetzes in der jeweils aktuellen Fassung

oder entsprechender Landesgesetze, soweit diese Landesgesetze nicht wesentlich von den Bestimmungen des Reichssiedlungsgesetzes abweichen, und im Sinne der Bodenreformgesetze der Länder, soweit die Unternehmen im ländlichen Raum Siedlungs-, Agrarstrukturverbesserungs- und Landentwicklungsmaßnahmen mit Ausnahme des Wohnungsbaus durchführen. [2] Die Steuerbefreiung ist ausgeschlossen, wenn die Einnahmen des Unternehmens aus den in Satz 1 nicht bezeichneten Tätigkeiten die Einnahmen aus den in Satz 1 bezeichneten Tätigkeiten übersteigen;

18. *(weggefallen)*
19. der Pensions-Sicherungs-Verein Versicherungsverein auf Gegenseitigkeit, wenn er die für eine Befreiung von der Körperschaftsteuer erforderlichen Voraussetzungen erfüllt;
20. Krankenhäuser, Altenheime, Altenwohnheime, Pflegeheime, Einrichtungen zur vorübergehenden Aufnahme pflegebedürftiger Personen und Einrichtungen zur ambulanten Pflege kranker und pflegebedürftiger Personen, wenn
    a) diese Einrichtungen von juristischen Personen des öffentlichen Rechts betrieben werden oder
    b) bei Krankenhäusern im Erhebungszeitraum die in § 67 Abs. 1 oder 2 der Abgabenordnung bezeichneten Voraussetzungen erfüllt worden sind oder
    c) bei Altenheimen, Altenwohnheimen und Pflegeheimen im Erhebungszeitraum mindestens 40 Prozent der Leistungen den in § 61 Abs. 1 des Zwölften Buches Sozialgesetzbuch oder den in § 53 Nr. 2 der Abgabenordnung genannten Personen zugute gekommen sind oder
    d) bei Einrichtungen zur vorübergehenden Aufnahme pflegebedürftiger Personen und bei Einrichtungen zur ambulanten Pflege kranker und pflegebedürftiger Personen im Erhebungszeitraum die Pflegekosten in mindestens 40 Prozent der Fälle von den gesetzlichen Trägern der Sozialversicherung oder Sozialhilfe ganz oder zum überwiegenden Teil getragen worden sind;
21. Entschädigungs- und Sicherungseinrichtungen im Sinne des § 5 Abs. 1 Nr. 16 des Körperschaftsteuergesetzes, soweit sie von der Körperschaftsteuer befreit sind;
22. Bürgschaftsbanken (Kreditgarantiegemeinschaften), wenn sie von der Körperschaftsteuer befreit sind;
23. Unternehmensbeteiligungsgesellschaften, die nach dem Gesetz über Unternehmensbeteiligungsgesellschaften anerkannt sind. [2] Für Unternehmensbeteiligungsgesellschaften im Sinne des § 25 Abs. 1 des Gesetzes über Unternehmensbeteiligungsgesellschaften haben der Widerruf der Anerkennung und der Verzicht auf die Anerkennung Wirkung für die Vergangenheit, wenn nicht Aktien der Unternehmensbeteiligungsgesellschaft öffentlich angeboten worden sind; Entsprechendes gilt, wenn eine solche Gesellschaft nach § 25 Abs. 3 des Gesetzes über Unternehmens-

beteiligungsgesellschaften die Anerkennung als Unternehmensbeteiligungsgesellschaft verliert. [3]Für offene Unternehmensbeteiligungsgesellschaften im Sinne des § 1 a Abs. 2 Satz 1 des Gesetzes über Unternehmensbeteiligungsgesellschaften haben der Widerruf der Anerkennung und der Verzicht auf die Anerkennung innerhalb der in § 7 Abs. 1 Satz 1 des Gesetzes über Unternehmensbeteiligungsgesellschaften genannten Frist Wirkung für die Vergangenheit. [4]Bescheide über die Anerkennung, die Rücknahme oder den Widerruf der Anerkennung und über die Feststellung, ob Aktien der Unternehmensbeteiligungsgesellschaft im Sinne des § 25 Abs. 1 des Gesetzes über Unternehmensbeteiligungsgesellschaften öffentlich angeboten worden sind, sind Grundlagenbescheide im Sinne der Abgabenordnung; die Bekanntmachung der Aberkennung der Eigenschaft als Unternehmensbeteiligungsgesellschaft nach § 25 Abs. 3 des Gesetzes über Unternehmensbeteiligungsgesellschaften steht einem Grundlagenbescheid gleich;

24. **die folgenden Kapitalbeteiligungsgesellschaften für die mittelständische Wirtschaft, soweit sich deren Geschäftsbetrieb darauf beschränkt, im öffentlichen Interesse mit Eigenmitteln oder mit staatlicher Hilfe Beteiligungen zu erwerben, wenn der von ihnen erzielte Gewinn ausschließlich und unmittelbar für die satzungsmäßigen Zwecke der Beteiligungsfinanzierung verwendet wird: Mittelständische Beteiligungsgesellschaft Baden-Württemberg GmbH, Kapitalbeteiligungsgesellschaft für die mittelständische Wirtschaft Bayerns mbH, MBG Mittelständische Beteiligungsgesellschaft Hessen GmbH, Mittelständische Beteiligungsgesellschaft Niedersachsen (MBG) mbH, Kapitalbeteiligungsgesellschaft für die mittelständische Wirtschaft in Nordrhein-Westfalen mbH, MBG Mittelständische Beteiligungsgesellschaft Rheinland-Pfalz mbH, Wagnisfinanzierungsgesellschaft für Technologieförderung in Rheinland-Pfalz mbH (WFT), Saarländische Kapitalbeteiligungsgesellschaft mbH, Gesellschaft für Wagniskapital Mittelständische Beteiligungsgesellschaft Schleswig-Holstein Gesellschaft mit beschränkter Haftung – MBG, Technologie-Beteiligungs-Gesellschaft mbH der Deutschen Ausgleichsbank, bgb Beteiligungsgesellschaft Berlin mbH für kleine und mittlere Betriebe, Mittelständische Beteiligungsgesellschaft Berlin-Brandenburg mbH, Mittelständische Beteiligungsgesellschaft Mecklenburg-Vorpommern mbH, Mittelständische Beteiligungsgesellschaft Sachsen mbH, Mittelständische Beteiligungsgesellschaft Sachsen-Anhalt mbH, Wagnisbeteiligungsgesellschaft Sachsen-Anhalt mbH, IBG Beteiligungsgesellschaft Sachsen-Anhalt mbH, Mittelständische Beteiligungsgesellschaft Thüringen (MBG) mbH;**
25. **Wirtschaftsförderungsgesellschaften, wenn sie von der Körperschaftsteuer befreit sind;**
26. **Gesamthafenbetriebe im Sinne des § 1 des Gesetzes über die Schaffung eines besonderen Arbeitgebers für Hafenarbeiter**

vom 3. August 1950 (BGBl. S. 352), soweit sie von der Körperschaftsteuer befreit sind;

27. Zusammenschlüsse im Sinne des § 5 Abs. 1 Nr. 20 des Körperschaftsteuergesetzes, soweit sie von der Körperschaftsteuer befreit sind;

28. die Arbeitsgemeinschaften Medizinischer Dienst der Krankenversicherung im Sinne des § 278 des Fünften Buches Sozialgesetzbuch und der Medizinische Dienst der Spitzenverbände der Krankenkassen im Sinne des § 282 des Fünften Buches Sozialgesetzbuch, soweit sie von der Körperschaftsteuer befreit sind;

29. gemeinsame Einrichtungen im Sinne des § 5 Abs. 1 Nr. 22 des Körperschaftsteuergesetzes, soweit sie von der Körperschaftsteuer befreit sind;

30. die Auftragsforschung im Sinne des § 5 Abs. 1 Nr. 23 des Körperschaftsteuergesetzes, soweit sie von der Körperschaftsteuer befreit ist.

Gewerbesteuerdurchführungsverordnung

§§ 10 bis 12 GewStDV

(weggefallen)

§ 12a GewStDV Kleinere Versicherungsvereine

Kleinere Versicherungsvereine auf Gegenseitigkeit im Sinne des § 53 des Versicherungsaufsichtsgesetzes sind von der Gewerbesteuer befreit, wenn sie nach § 5 Abs. 1 Nr. 4 des Körperschaftsteuergesetzes von der Körperschaftsteuer befreit sind.

§ 13 GewStDV Einnehmer einer staatlichen Lotterie

Die Tätigkeit der Einnehmer einer staatlichen Lotterie unterliegt auch dann nicht der Gewerbesteuer, wenn sie im Rahmen eines Gewerbebetriebs ausgeübt wird.

Gewerbesteuer-Richtlinien 1998: Abschnitte 24–33.

Bearbeiter: Güroff

Übersicht

1.–4. **Allgemeines**

5.–7. **Befreiung staatl Unternehmen mit monopolartigem Charakter (Nr 1)**

8., 9. **Befreiung bestimmter Banken (Nr 2)**

9a. **Staatl Unternehmen im Gebiet der ehem DDR (Nr 3)**

10., 11. **Befreiung von Realgemeinden (Nr 5)**

12.–146. **Unternehmen, die gemeinnützigen, mildtätigen oder kirchlichen Zwecken dienen (Nr 6)**

12.–13a. Allgemeines
14.–49. Gemeinnützige Zwecke

50.–59. Mildtätige Zwecke
60.–63. Kirchliche Zwecke
64.–72. Selbstlosigkeit
73.–75. Ausschließlichkeit
76.–78. Unmittelbarkeit
79.–93. Ausnahmen vom Grundsatz der Selbstlosigkeit, Ausschließlichkeit und Unmittelbarkeit
94.–109. Satzungsmäßigkeit
110.–119. Wirtschaftlicher Geschäftsbetrieb/Betriebsaufspaltung
120.–144. Zweckbetriebe
145. Verfahrensfragen
146. Beeinträchtigung von Rechten Dritter

147.–149. Hochsee- und Küstenfischerei (Nr 7)

150.–160. Erwerbs- und Wirtschaftsgenossenschaften, Vereine (Nr 8)

161.–182. Pensions-, Sterbe-, Kranken- und Unterstützungskassen (Nr 9)

161. Kassenarten
162. Kreis der Leistungsempfänger
163.–168. Soziale Einrichtung
169. Vermögenssicherung
170.–174. Überdotierung bei Pensions-, Sterbe- und Krankenkassen
175. Vermögensgrenzen bei Unterstützungskassen
176. Verlust der Steuerfreiheit
177.–179. Partielle Steuerpflicht bei Pensions-, Sterbe- und Krankenkassen
180., 181. Partielle Steuerpflicht bei Unterstützungskassen
182. Sachlicher Umfang der partiellen Steuerpflicht

183.–186. Vermögensverwaltungsgesellschaften (Nr 10)

187., 188. Berufsständische Versicherungs- und Versorgungseinrichtungen (Nr 11)

189.–191. Gemeinschaftliche Tierhaltung (Nr 12)

192.–194. Schulen und andere bildende Einrichtungen (Nr 13)

195., 196. Landwirtschaftliche Nutzungs- und Bewirtschaftungsgenossenschaften und -vereine (Nr 14)

197.–199. Erwerbs- u Wirtschaftsgenossenschaften, Vereine (Nr 15)

200.–203. Gemeinnützige Siedlungsunternehmen (Nr 17)

204., 205. Pensionssicherungsvereine (Nr 19)

206.–211. Krankenhäuser, Alten-, Altenwohn- u Pflegeheime (Nr 20)

212.–215. Sicherungseinrichtungen eines Verbandes der Kreditinstitute (Nr 21)

216., 217. Bürgschaftsbanken (Kreditgarantiegemeinschaften) (Nr 22)

218.–223. Unternehmensbeteiligungsgesellschaften (Nr 23)

224., 225. Kapitalbeteiligungsgesellschaften (Nr 24)

226., 227. Wirtschaftsförderungsgesellschaften (Nr 25)

228., 229. Gesamthafenbetriebe (Nr 26)

230., 231. Versorgungszusammenschlüsse (Nr 27)

232., 233. Medizinische Dienste (Nr 28)

234., 235. Gemeinsame Einrichtungen iSv § 5 Abs 1 Nr 22 KStG (Nr 29)

236., 237. Auftragsforschung (Nr 30)

238., 239. (frei)

240.–247. Weitere Befreiungen außerhalb des GewStG

240. Einnehmer einer staatlichen Lotterie (§ 13 GewStDV)
241. Wasserkraftwerke (§ 6 WasserkraftwerksVO)
242. Kleinere Körperschaften (A 45 GewStR)
243. Kleinere Versicherungsvereine auf Gegenseitigkeit (§ 12a GewStDV)
244. Kapitalanlagegesellschaften nach KAGG
245. European Transonic Windtunnel GmbH
246. Absatz- und Holzabsatzfonds
247. Unterstützungskassen

1.–4. Allgemeines

Inhalt der Vorschrift. Die Vorschrift enthält **persönliche und sachliche Steuerbefreiungen.** Die Unterscheidung wird nicht systematisch sichtbar. Die Art der Befreiung ist im Einzelnen dem Regelungsgehalt der jeweiligen Vorschrift zu entnehmen. Eine persönliche Befreiung bezieht sich auf das Unternehmen als solches. Das Gesetz verfährt so, dass es entweder das Unternehmen selbst persönlich benennt (zB Bundeseisenbahnvermögen) oder seine Stellung im öffentlichen Wirtschaftssystem kennzeichnet (zB Staatliche Lotterie/Monopolverwaltung) oder die Voraussetzungen eines bestimmten Begünstigungstatbestandes beschreibt (zB gemeinnützige Körperschaften; ebenso nunmehr BFHE 200, 191, BFH/NV 2003, 277). Man unterscheidet uneingeschränkt persönliche Befreiungen, die sich auf alle Tätigkeiten ohne Ansehung des eigentlichen Aufgabenbereichs erstrecken (zB Bundeseisenbahnvermögen), und eingeschränkt persönliche Befreiungen, bei denen das an sich befreite Unternehmen nur mit bestimmten Teilen des Ertrages oder (bis 31. 12. 1997) Kapitals der GewSt unterworfen ist (zB der wirtschaftliche Geschäftsbetrieb der gemeinnützigen Körperschaft iSd §§ 65–68 AO). Die sachliche Befreiung betrifft nur bestimmte Teile des Ertrages oder Kapitals des Unternehmens (zB die gemeinschaftliche Tierhaltung der Nr 12). 1

Die Vorschrift enthält keine dem § 5 Abs 2 Nr 2 KStG (Nichtgeltung der Befreiung für beschränkt StPfl) entsprechende Bestimmung. Daher kommen mE diesbezügliche Kollisionen mit **Europarecht** wie im KStG (vgl. BFHE 206, 350, BStBl II 2005, 721; hierzu *Helios* BB 2002, 1895; *Jachmann* BB 2003, 990; *Helios/Müller* BB 2004, 2332; *Hegen* FR 2004, 1154; *Wachter* FR 2004, 1220) bei der GewSt-Befreiung nicht in Betracht.

Persönlicher Geltungsbereich. Befreit ist nach BFH allein das Unternehmen, das den Begünstigungstatbestand erfüllt. Die Befreiung erstreckt 2 sich nicht auch auf **andere Unternehmen,** die von ihm beherrscht oder mit diesen eng verbunden sind (zB die Staatl Lotterie in bürgerlichrechtlicher Rechtsform, BFHE 72, 581, BStBl III 1961, 212; BFHE 103, 440, BStBl II 1972, 63; oder bei Organschaft, BFHE 203, 171, BStBl II 2004, 244). Anderes gilt neuerdings entgegen BFHE 139, 406, BStBl II 1984, 115; BFHE 165, 369, BStBl II 1992, 246; BFHE 198, 137, BStBl II 2002, 662; BFH/NV 1986, 362; 1992, 333; 1998, 743) nach der Vorlage des X. Senats an den GrS des BFH (BFHE 206, 179, BStBl II 2004, 607) für die Betriebsaufspaltung (BFHE 213, 50, BStBl II 2006, 661; BFH/NV 2007, 149: Merkmalübertragung ist geboten, vgl dazu § 2 Anm 262). Die Rspr-Änderung gilt mE für die Befreiungstatbestände des § 3 GewStG, wobei dies praktische Bedeutung vorwiegend für die Befreiungen nach § 3 Nr 6 GewStG hat (ebenso *Jost* DB 2007, 1664).

Unabhängig hiervon erstreckt sich die Gewerbesteuerbefreiung einer an sich gewerblichen Tätigkeit im Falle einer Abfärbung (§ 2 Anm 192) auch auf die Tätigkeit, die ohne die Abfärbung freiberuflich wäre, dh die infizierte Tätigkeit ist nicht gewstpfl (BFHE 196, 511, BStBl II 2002, 152). Die Überlassung von Grundbesitz an ein gewstbefreites Unternehmen hindert die erweiterte Kürzung nach § 9 Nr 1 Satz 2 u 5 nicht (BFHE 219, 173, BStBl II 2007, 893).

Der **Wegfall** einer Steuerbefreiung bedingt die GewStPfl nur insoweit, als ein Gewerbebetrieb (auch kraft Rechtsform, § 2 Abs 2 Satz 1) unterhalten wird (vgl BFHE 151, 27, BStBl II 1988, 75).

3 **Zeitlicher Geltungsbereich.** Der maßgebliche Zeitpunkt oder Zeitraum, in dem die Voraussetzungen für die Begünstigung erfüllt sein müssen, bestimmt sich unterschiedlich nach dem jeweiligen Befreiungstatbestand:

- Die Körperschaften der Nrn 1, 2, 5, 15–18 sind befreit, wenn und solange sie vorhanden sind;
- die Körperschaften der Nrn 6, 7, 8, 10, 11, 13, 14, 19–21 sind befreit, wenn die Voraussetzungen während des ganzen (bei Neugründungen: verbliebenen) EZ vorgelegen haben;
- bei Körperschaften der Nr 9 kommt es je nach den Voraussetzungen auf den gesamten EZ oder den Schluss des versicherungsrechtlich maßgebenden Wirtschaftsjahres an (hierzu unten Anm 176);
- die Gesellschaften und Genossenschaften der Nr 12 sind befreit, wenn und solange die Tierhaltung betrieben wird.

4 **Begünstigungsvoraussetzungen nach anderen Vorschriften.** Die Befreiungen des GewStG stimmen inhaltlich weitgehend mit denen des KStG und des früheren VStG überein. Eine rechtliche Abhängigkeit der GewSt-Befreiung von tatsächlichen Befreiungen nach Tatbeständen in diesen Gesetzen besteht grundsätzlich nicht, wenn auch in der Praxis die Entscheidungen über die Befreiung in den verschiedenen Steuerarten gleich lautend sein werden. Etwas anderes gilt nur, wenn das Gesetz für die GewSt-Befreiung die tatsächliche Befreiung von einer anderen Steuer voraussetzt, wie etwa Nr 13 für Schulen und Bildungseinrichtungen oder Nr 8 in der ab EZ 1990 geltenden Fassung für Erwerbs- und Wirtschaftsgenossenschaften uä. Etwas anders gilt auch dann nicht, wenn das Gesetz die

Befreiung abhängig macht nur vom Vorliegen der Voraussetzungen für die Befreiung nach anderen Gesetzen, etwa Nr 9 und Nr 19 (BFHE 133, 557, BStBl II 1981, 846; zust *Blümich/v. Twickel* § 3 Rz 22; *Lenski/Steinberg* § 3 Rn 3). Der Wortlaut der genannten Bestimmungen lässt die Annahme einer Bindungswirkung der in den anderen Besteuerungsverfahren ergehenden Entscheidungen nicht zu. Dem Stpfl ist daher auch in diesen Fällen der Einwand nicht abgeschnitten, entgegen dem (unzutreffenden) KSt-Bescheid lägen die Voraussetzungen für eine Befreiung an sich vor.

5.–7. Befreiung staatlicher Unternehmen mit monopolartigem Charakter (Nr 1)

Allgemeines. Nr 1 betrifft bestimmte Unternehmen des Bundes und der Länder, die Monopole sind oder monopolartigen Charakter haben, also das Bundeseisenbahnvermögen, die Monopolverwaltungen des Bundes, die staatlichen Lotterieunternehmen und den Erdölbevorratungsverband. Die Vorschrift beinhaltet ihrem Wortlaut nach eine uneingeschränkte persönliche Befreiung. Sie umfasst daher – de lege lata – den gesamten Tätigkeitsbereich des Unternehmens. Die Verpachtung einer eingerichteten Gastwirtschaft durch die Deutsche Bundesbahn fiel daher nach BFHE 67, 409, BStBl III 1958, 429 unter den Befreiungstatbestand der Vorschrift. Aus den Gründen dieser Entscheidung ergibt sich allerdings, dass die Befreiung nur für solche Tätigkeiten gilt, die sich aus den Zweckbestimmungen des Unternehmens ergeben. Bei der Deutschen Bundesbahn war Zweckbestimmung der allgemeine Verkehrsbetrieb und die nach der Verkehrsentwicklung ihr obliegende Betreuung der Reisenden. Zweifelhaft war demnach, ob noch solche typisch gewerblichen Betätigungen befreit waren, mit denen die Deutsche Bundesbahn zu Privatunternehmen in Konkurrenz trat (zB Pauschal-Reisearrangements). Durch die Steuerpflicht der nunmehr als AG firmierenden Deutschen Bahn ist das Problem gelöst. 5

Persönlicher Umfang der Befreiung. Allerdings ist – de lege lata – nur das genannte Unternehmen selbst begünstigt. Nicht befreit sind Unternehmen, die von dem Begünstigten in einer besonderen Rechtsform betrieben werden: Lotterieunternehmen in Form einer Kapitalgesellschaft sind gewerbesteuerpflichtig auch dann, wenn sich die gesamten Anteile in der Hand des Staates befinden (BFHE 72, 581, BStBl III 1961, 212; BFHE 78, 496, BStBl III 1964, 190; s jedoch Anm 7). Dasselbe galt für die Deutsche Schlafwagengesellschaft der Deutschen Bundesbahn. Umsomehr gilt dies für sonstige Privatunternehmen, die einen GewBetrieb auf dem Gebiet eines begünstigten Unternehmens unterhalten (etwa früher die von der Deutschen Bundesbahn verpachteten Verkaufsstände, Bahnhofswirtschaften usw). Allerdings sind Gewinnausschüttungen der beherrschten Gesellschaft an das begünstigte Unternehmen hier wegen der Begünstigung steuerfrei. 6

Die begünstigten Unternehmen. 7

Das Bundeseisenbahnvermögen ist keine Rechtsperson, sondern ein Wirtschaftsbetrieb des Bundes. Die Rechtsgrundlagen sind Art 73, 87 e GG und das BundesbahnG v 13. 12. 1951 (BGBl I 1951, 955) sowie ab EZ 1994 das ENeuOG v 27. 12. 1993 (BGBl I 1993, 2378 – Ausgliederung der Deutschen Bahn AG).

Die **Monopolverwaltungen** dienen der Erhebung öffentlicher Abgaben und sind daher gewstbefreit. Zurzeit besteht nur noch die Branntweinmonopolverwaltung nach dem Gesetz über die Errichtung der Bundesmonopolverwaltung für Branntwein v 8. 8. 1951 (BGBl I 1951, 491).

Die **Staatlichen Lotterieunternehmen** sind solche, die unmittelbar als sog Regiebetriebe von den Ländern betrieben werden (zum Umfang der Tätigkeit s BFHE 119, 76, BStBl II 1976, 576). Von dem Grundsatz der Unmittelbarkeit (vgl oben Anm 6) besteht allerdings insoweit eine Ausnahme, als der Staat die Lotterie über eine Anstalt des öffentlichen Rechts betreibt. Sie wird wegen der durch die Staatsaufsicht bewirkten Eingliederung in den Staat und die Unterordnung unter die Staatsgewalt als staatlich angesehen (BFHE 142, 500, BStBl II 1985, 223). Zu den Staatlichen Lotterieunternehmen zählen auch Staatliche Fußballtoto- und Zahlenlotto-Unternehmen (BFHE 60, 196, BStBl III 1955, 75; BFHE 78, 496, BStBl III 1964, 190). Lotterieähnliche Veranstaltungen wie das Prämiensparen von Sparkassen sind nicht befreit (*Lenski/Steinberg* § 3 Rn 8). Befreit sind allerdings auch die Staatlichen Lotterieeinnehmer (§ 13 GewStDV, vgl Anm 240).

Die Befreiung von **Spielbanken** durch das JStErgG 1996 dient der Klarstellung. Sie wurden schon bisher gewstfrei betrieben (VO v 27. 7. 1938, RStBl 1938, 955). Zur Vereinbarkeit mit Verfassungs- bzw Europarecht BFH/NV 2001, 1294. Die Befreiung ist beschränkt auf Tätigkeiten, die der Spielbankenabgabe – als Äquivalent für die Befreiung von der GewSt – unterliegen. Andere Tätigkeiten – wie zB ein Restaurantbetrieb – sind nicht befreit (vgl BFHE 58, 556, BStBl III 1954, 122).

Der **Erdölbevorratungsverband** nach § 2 Abs 1 des ErdölbevorratungsG idF v 6. 4. 1998 (BGBl I 1998, 677, 680) ist bundesunmittelbare Körperschaft des öffentlichen Rechts. Seine Aufgabe besteht in der Erdölbevorratung nach § 3 Abs 1 des genannten Gesetzes. Nach § 9 Abs 1 dieses Gesetzes ist Mitglied des Verbandes, wer gewerbsmäßig oder im Rahmen einer wirtschaftlichen Unternehmung der Bevorratungspflicht unterliegende Erzeugnisse einführt oder für eigene Rechnung im Geltungsbereich des Gesetzes herstellt oder herstellen lässt. Der Bevorratungspflicht unterliegen Motorenbenzin, Flugbenzin, Flugturbinenkraftstoff auf Benzinbasis, Dieselkraftstoff, leichtes Heizöl, Leuchtöl, Flugturbinenkraftstoff auf Petroleumbasis und mittelschweres sowie schweres Heizöl. Der Bevorratungsverband hat von den Erzeugnissen der genannten Art ständig soviel Vorräte zu halten, wie in den letzten drei Kalenderjahren durchschnittlich innerhalb von 90 Tagen pro Jahr eingeführt oder im Geltungsbereich des Gesetzes hergestellt worden sind. Der Verband erfüllt die Verpflichtung nach § 5 ErdölbevorratungsG durch Erwerb oder Verpflichtung von Mitgliedern des Verbandes oder von Dritten zur Vorratshaltung. Die Steuerbefreiung beruht somit auf volkswirtschaftlichen und sicherheitspolitischen Gründen.

8., 9. Befreiung bestimmter Banken (Nr 2)

8 **Allgemeines.** Die Vorschrift hat ihre letzte Änderung durch das JahressteuerG 2007 v 13. 12. 2006 (BGBl I 2006, 2878) erhalten. Sie berück-

sichtigt Forderungen der sog Bankenenquete, wonach im Kreditgewerbe steuerliche Vergünstigungen zu versagen sind, wenn sich infolge der Überschneidungen von Geschäftsbereichen begünstigter Unternehmen mit denen von privatwirtschaftlichen Kreditinstituten Wettbewerbsstörungen ergeben würden. Für den persönlichen Umfang dieser Steuerbefreiungen gelten die Ausführungen in Anm 6 entsprechend.

Die begünstigten Unternehmen: 9

Die **Deutsche Bundesbank** (Gesetz v 26. 7. 1957, BGBl I 1957, 745);
die **Kreditanstalt für Wiederaufbau** (Gesetz v 5. 11. 1948 WiGBl 1948, 123, idF v 23. 6. 1969, BGBl I 1969, 573);
die **Deutsche Ausgleichsbank** (Gesetz v 20. 2. 1986, BGBl I 1986, 297) war bis EZ 2002 von der GewSt befreit. Die Befreiung ist durch G v 15. 8. 2003 (BGBl I 2003, 1657) ab EZ 2003 aufgehoben worden, weil die Ausgleichsbank in der Kreditanstalt für Wiederaufbau aufgegangen ist;
die **Landwirtschaftliche Rentenbank** (Gesetz v 14. 9. 1953, BGBl I 1953, 1330). Ab EZ 1961 ist sie unbefristet und unbegrenzt von der Gewerbesteuer befreit;
die **Bayerische Landesanstalt für Aufbaufinanzierung.** Bis EZ 1972 als Staatsbank nach der durch Gesetz v 17. 4. 1974 (BGBl I 1974, 949) gestrichenen Nr 3 befreit. Die jetzige Befreiung ist durch bezeichnetes Gesetz in die Nr 2 eingefügt worden, weil nach den Feststellungen der Bankenenquete im Grundsatz die gleichen Voraussetzungen vorliegen wie bei den übrigen in Nr 2 aufgeführten Kreditanstalten;
die **InvestitionsBank Hessen AG** erfüllt wie die bis EZ 1999 befreite **Hessische Landesentwicklungs- und Treuhandsgesellschaft mbH** (G v 17. 4. 1974, BGBl I 1974, 949), aus der sie im Wege einer formwechselnden Umwandlung hervorgegangen ist, die Forderungen der Bankenenquête; Befreiung ab EZ 2000;
die **Niedersächsische Gesellschaft für öffentliche Finanzierungen mbH.** Befreit ab EZ 1976 durch Gesetz v 18. 12. 1975 (BGBl I 1975, 3091). Auch bei ihr ergeben sich keine Überschneidungen mit den Geschäftsbereichen der privaten Kreditinstitute;
die **Bremer Aufbau-Bank GmbH** ist ab EZ 2001 wie zuvor die **Hanseatische Gesellschaft für öffentliche Finanzierungen mbH Bremen** (befreit ab EZ 1984 durch G v 14. 12. 1984, BGBl I 1984, 1493), aus der sie im Wege der Umfirmierung hervorgegangen ist, durch G v 20. 12. 2001 (BGBl I 2001, 3794) befreit worden;
die **Landeskreditbank Baden-Württemberg-Förderbank.** Sie hat die Geschäftsbereiche der zuvor ebenfalls von der GewSt befreiten Landeskreditbank Baden-Würtemberg-Förderungsanstalt und der Sächsischen Aufbaubank übernommen (vgl BTDrs 14/1520, 4f). Befreiung durch G v 22. 12. 1999 (BGBl I 1999, 2601) ab EZ 1998;
die **Bayerische Landesbodenkreditanstalt,** bisher als Organ der staatlichen Wohnungspolitik nach § 3 Nr 16 befreit. Da diese Befreiung entfallen ist (Art 21 § 1 Nr 1 StRefG v 25. 7. 1988, BGBl I 1988, 1093), die Anstalt auf Grund von Satzungsbestimmungen aber weiterhin Beschränkungen in ihrer wirtschaftlichen Betätigung unterworfen ist, verblieb es bei der Befreiung, jedoch durch ausdrückliche Benennung, durch oa Gesetz;

die **Investitionsbank Berlin** ist anstelle der Investititionsbank Berlin – Anstalt der Landesbank Berlin-Girozentrale (G v 13. 9. 1993, BGBl I 1993, 1569) durch G v 13. 12. 2006 (BGBl I 2006, 2878) in den Befreiungskatalog aufgenommen worden;
die **Hamburgische Wohnungsbaukreditanstalt,** befreit durch G v 25. 7. 1988 (BGBl I 1988, 1093);
die **Niedersächsische Landestreuhandstelle** – Norddeutsche Landesbank-Girozentrale – anstelle der Niedersächsischen Landestreuhandstelle für Wohnungs- und Städtebau (G v 25. 7. 1988, BGBl I 1988, 1093) durch G v 13. 12. 2006 (BGBl I 2006, 2878), letztmals für EZ 2007 (JStG 2009, BGBl I 2008, 2794);
die **NRW.Bank** ist Gesamtrechtsnachfolgerin der Westdeutschen Landesbank Girozentrale;
die **Wohnungsbauförderungsanstalt Nordrhein-Westfalen,** jetzt unter der Bezeichnung **Anstalt der NRW.Bank,** ist abgespalten worden; die ursprüngliche Befreiung der Wohnungsbauförderungsanstalt Nordrhein-Westfalen – Anstalt der Westdeutschen Landesbank Girozentrale – gilt weiter wie bisher;
die **Investitions- und Förderbank Niedersachsen** als GmbH ist durch G v 15. 12. 2003 (BGBl I 2003, 2645) ab EZ 2003 befreit, ab EZ 2008 in neuer Form (JStG 2009, BGBl II 2008, 2794);
die **Saarländische Investitionskreditbank AG,** wie vor;
die **Investitionsbank Schleswig-Holstein** ist Gesamtrechtsnachfolgerin der **Investitionsbank Schleswig-Holstein – Zentralbereich der Landesbank Schleswig-Holstein-Girozentrale.** Letztere war befreit ab EZ 1991. Sie ist von der Landesbank abgespalten und unter der Bezeichnung Investitionsbank Schleswig-Holstein neu errichtet worden. Die ursprüngliche Befreiung gilt für sie fort; die Befreiung des Zentralbereichs endete mit dem EZ 2002;
die **Investitionsbank des Landes Brandenburg.** Befreit ab EZ 1991 durch G v 25. 2. 1992 (BGBl I 1992, 297). Sie übernimmt öffentliche Förderaufgaben des Landes Brandenburg und steht ebenfalls in keinem schädlichen Wettbewerbsverhältnis;
die **Sächsische Aufbaubank – Förderbank –,** entstanden durch formwechselnde Umwandlung aus der **Sächsischen Aufbaubank GmbH** als selbständige Anstalt des öffentlichen Rechts. Letztere war befreit ab EZ 1996 durch 3. FinanzmarktförderungsG v 24. 3. 1998 (BGBl I 1998, 529); diese Befreiung wirkt fort;
die **Thüringer Aufbaubank,** befreit ab EZ 1991 durch G v 13. 9. 1993 (BGBl I 1993, 1569);
die **Investitionsbank Sachsen-Anhalt – Anstalt der Norddeutschen Landesbank – Girozentrale;** Neugründung und Rechtsnachfolge für das **Landesförderinstitut Sachsen-Anhalt – Geschäftsbereich der Norddeutschen Landesbank Girozentrale Mitteldeutsche Landesbank,** befreit ab EZ 1993 durch G v 21. 12. 1993 (BGBl I 1993, 2310); es handelte sich um einen rechtlich unselbständigen, in seiner Aufgabenstellung jedoch selbständigen Teil der Landesbank Sachsen-Anhalt, der bestimmte Maßnahmen der Wirtschaftsförderung wettbewerbsneutral übernahm (BTDrs 12/6078, 129);

die **Investitions- und Strukturbank Rheinland-Pfalz** ist eine Vereinigung von bisher getrennt geführten Instrumenten der Wirtschaftsförderung; sie handelt wettbewerbsneutral (BTDrs 12/6078, 129) und ist befreit ab EZ 1993 durch G v 21. 12. 1993 (BGBl I 1993, 2310);
das **Landesförderinstitut Mecklenburg-Vorpommern – Geschäftsbereich der Norddeutschen Landesbank Girozentrale,** mit Wirkung ab 1. 1. 1995 durch das Land Mecklenburg-Vorpommern und der Norddeutschen Landesbank Girozentrale errichtet, hat als rechtlich unselbständiger, nach Aufgabenstellung jedoch selbständiger, betriebswirtschaftlich, organisatorisch und personell getrennter Geschäftsbereich der Norddeutschen Landesbank Girozentrale hoheitliche Aufgaben wahrzunehmen, insb die wettbewerbsneutrale Wohnungs- und Städtebauförderung des Landes Mecklenburg-Vorpommern; befreit durch G v 18. 12. 1995 (BGBl I 1995, 1959) ab EZ 1995;
die **Landestreuhandstelle Hessen** – Bank für Infrastruktur – rechtlich unselbständige Anstalt in der **Landesbank Hessen-Thüringen Girozentrale** erstmals für EZ 2007 (JStG 2009, BGBl I 2008, 2794);
die **Liquiditäts-Konsortialbank GmbH.** Befreit ab EZ 1974 durch EGAO 1977 v 14. 12. 1976 (BGBl I 1976, 3341). Gegenstand des Unternehmens ist ausschließlich die Verminderung von Störungen des Liquiditätsausgleichs im Kreditgewerbe (BTDrs 7/5458). Hierdurch tritt eine Überschneidung mit Geschäftsbereichen der übrigen Kreditinstitute nicht ein.

9 a. Staatl Unternehmen im Gebiet der ehem DDR (Nr 3)

Literatur: *Hommelhoff,* Treuhandunternehmen im Umbruch, 1991; *Weimar,* Nachprivatisierungsprobleme, 1992; *Spoerr,* Treuhandanstalt und Treuhandunternehmen zwischen Verfassungs-, Verwaltungs- und Gesellschaftsrecht, 1993.

Die Befreiung der **Dt Reichsbahn** (ab **EZ 1994** im Bundeseisenbahn- 9a
vermögen, Anm 5 ff) und der **Staatsbank Berlin** setzte die Befreiung nach dem seinerzeitigen GewStRecht der ehemaligen DDR fort, die ua für staatliche Einrichtungen und volkseigene Betriebe galt. Der sachliche Grund bestand in der gewstrechtlichen Gleichstellung mit den entsprechenden Betrieben der (alten) Bundesrepublik Deutschland. Die Befreiung der **Treuhandanstalt** beruhte auf ihrer Rechts- u Aufgabenstellung. Sie war rechtsfähige bundesunmittelbare Anstalt des öffentlichen Rechts; ihr Auftrag bestand darin, gemäß den Bestimmungen des TreuhandG v 17. 6. 1990 (GBl Nr 33 S 300) die früheren volkseigenen Betriebe wettbewerblich zu strukturieren und zu privatisieren. Erlöse waren zugunsten von Maßnahmen, auch zur Entschuldung im Rahmen der Strukturanpassung der Landwirtschaft, zu verwenden (vgl Art 25 des Einigungsvertrags v 31. 8. 1990, BGBl II 1990, 889, 897). Die Treuhandanstalt war somit nicht gewerblich tätig, sondern erfüllte unmittebar öffentliche Aufgaben. Zu den hieraus erwachsenden Problemen vgl die oa Literatur.

Mit Wirkung ab 1. 1. 1995 wurde die Treuhandanstalt im Rahmen der Neuorganisation in **Bundesanstalt für vereinigungsbedingte Sonderaufgaben** umbenannt (VO v 20. 12. 1994, BGBl I 1994, 3913). Die Neufassung des § 3 Nr 3 durch das JStG 1997 trägt dem Rechnung.

10., 11. Befreiung von Realgemeinden (Nr 5)

10 **Begriff.** Realgemeinden sind aus dem Almendebesitz der Dorfgenossen fortentwickelte Personenzusammenschlüsse des älteren agrarwirtschaftlichen Genossenschaftsrechts, bei dem mit der Mitgliedschaft das Recht auf gemeinsame land- und forstwirtschaftliche Nutzung des Grund und Bodens im Wege der Selbstbewirtschaftung verbunden ist (RFH RStBl 1938, 736; vgl zur Rechtsentwicklung RFH RStBl 1934, 1060). Realgemeinden können Körperschaften des öffentlichen oder privaten Rechts sein (RFH RStBl 1939, 1058). Für die Mitgliedschaft ist je nach dem zu Grunde liegenden Gewohnheitsrecht der Besitz von Grund und Boden oder auch nur der Wohnsitz in der jeweiligen Gemeinde Voraussetzung. Für die Befreiung ist nicht entscheidend, ob die land- und forstwirtschaftliche Nutzung den Mitgliedern in allen Teilen selbst möglich ist oder ob an deren Stelle teilweise eine Nutzung im Wege der Verpachtung getreten ist. Tritt dagegen die land- und forstwirtschaftliche Nutzung zurück, dann liegt keine Realgemeinde vor; so etwa wenn die Gemeinde ihren Mitgliedern vorschreibt, die Geldgrundstücke zu verpachten und den Ertrag der Wiesen auf dem Stock zu versteigern (RFH RStBl 1938, 736), wenn Wirtschaftsgebäude und eine Dampferanlegestelle errichtet werden (RFH RStBl 1934, 1060) oder wenn Grund und Boden als Mietwohngrundstücke genutzt werden und die Mitglieder zum großen Teil keine Landwirte sind (RFH RStBl 1940, 811). Auch eine sog Dornengemeinschaft, die auf Grund von Einzelerlaubnissen der Waldbesitzer Dornen aushackt und veräußert, ist mangels land- u forstwirtschaftlicher Betätigung keine Realgemeinde (FG Nürnberg, Urt v 19. 4. 1988 I 263/86 nv). Dagegen schadet es nicht schon, wenn einem gewerblichen Unternehmer Mineralgewinnung auf dem Grund und Boden gestattet wird (RFH RStBl 1939, 1058).

11 **Umfang der Befreiung.** Die persönliche Befreiung ist eingeschränkt, wenn und soweit ein Gewerbebetrieb unterhalten wird, der über den Rahmen eines Nebenbetriebes hinausgeht. Ein Nebenbetrieb setzt einen Hauptbetrieb voraus, muss in einem inneren sachlichen Zusammenhang mit diesem stehen und dessen Zwecken zu dienen und dessen Ertrag zu fördern und zu erhöhen bestimmt sein. Nebenbetrieb ist etwa ein Sägewerk einer realgemeindlichen Waldgenossenschaft, wenn in ihm nur eigenes Holz verarbeitet wird. Erheblicher Zukauf von Holz schadet. Ebenso wenn das geschlagene Holz durch eine eigene Zellstoff- oder Papierfabrik verarbeitet wird (*Lenski/Steinberg* § 3 Rn 20). Ein Salinenbetrieb ist nicht Nebenbetrieb eines Forstwirts, wenn dort nur geringe Holzmengen Verwendung finden (RFHE 31, 206). Ein Betrieb der Land- und Forstwirtschaft schadet nicht. Vgl im Übrigen zum Begriff des Nebenbetriebes § 2 Anm 75 ff. Zur Behandlung kirchlicher Waldgenossenschaften vgl *OFD Magdeburg* DB 1993, 1010.

12.–146. Befreiung von Unternehmen, die gemeinnützigen, mildtätigen oder kirchlichen Zwecken dienen (Nr 6)

Literatur: Gutachten *der Unabhängigen Sachverständigenkommission zur Prüfung des Gemeinnützigkeits- und Spendenrechts,* BMF-Schriftenreihe, Heft 40, Bonn 1988; Gutachten des *Wissenschaftlichen Beirats* beim BMF zur abgabenrechtlichen

Privilegierung gemeinnütziger Zwecke, Bonn 2006; *Enquête-Kommission* „Zukunft des Bürgerschaftlichen Engagements" …, BTDrs 14/8900, 279; *Tipke/Kruse* §§ 51–68 AO; *Scholtz* in *Koch* §§ 51–68 AO; *Klein/Orlopp,* Kommentar zur Abgabenordnung, zu §§ 51–68 AO; *HHSp* §§ 51–68 AO; *Wallenhorst/Halaczinsky,* Die Besteuerung gemeinnütziger Vereine, Stiftungen und der juristischen Personen des öffentlichen Rechts, 6. Aufl 2009; *Hey,* Die Steuerbegünstigung für gemeinnützige Tätigkeiten der öffentlichen Hand, StuW 2000, 467; *Thieme/Dorenkamp,* Auswirkungen des Gemeinnützigkeitsrechts auf die öffentliche Hand im Hinblick auf das Subjekt der Gemeinnützigkeit und die Zulässigkeit des Ergebnisausgleichs, FR 2003, 693; *Kirchhof,* Gemeinnützigkeit – Erfüllung staatsähnlicher Aufgaben durch selbstlose Einkommensverwendung, DStJG Bd 26 (2003), 1; *Seer,* Gemeinwohlzwecke und steuerliche Entlastung, DStJG Bd 26 (2003), 11; *Isensee,* Gemeinnützigkeit und Europäisches Gemeinschaftsrecht, DStJG Bd 26 (2003), 93; *Becker/Meining,* Auswirkung des Scheiterns einer Körperschaft auf deren gemeinnützigkeitsrechtlichen Status, FR 2006, 686; *Dehesselles,* Gemeinnützige Körperschaften in der Insolvenz, DStR 2008, 2050.

Allgemeines. Die Vorschrift hatte bereits eine Entsprechung im GewStG 1936. Sie hat ihre neuere Fassung durch EGAO 1977 (BGBl I 1976, 3341) mit der Verweisung auf die §§ 51–68 AO erhalten. Die persönliche Befreiung (nach BFHE 127, 327, BStBl II 1979, 481 sachliche Befreiung) ist demnach abhängig von einer Vielzahl von Voraussetzungen nach §§ 51–63 AO und eingeschränkt bei Unterhaltung eines wirtschaftlichen Geschäftsbetriebes, soweit nicht ein Zweckbetrieb gegeben ist (§§ 64–68 AO). Das Fehlen der Voraussetzungen für die Befreiung hat nicht automatisch die StPfl aller Tätigkeiten der Vereinigung zur Folge, sondern nur dann, wenn sie die Voraussetzungen einer Einkunftsart nach § 2 Abs 1 EStG erfüllen (BFHE 151, 27, BStBl II 1988, 75; Anm *L. Schmidt* FR 1987, 598). 12

Kreis der Begünstigten. In den Genuss der Begünstigung können kommen Körperschaften (zB GmbH: BFHE 181, 57, BStBl II 1996, 583, zur Problematik insb in Zusammenhang mit § 55 AO – Anm 64ff – vgl *Theißen/Daub* Inf 1994, 277; *Grabau* DStR 1994, 1032; *Thiel* GmbHR 1997, 10). Personenvereinigungen, Vermögensmassen, also auch rechtsfähige und nichtrechtsfähige Vereine (zur Abgrenzung von BGB-Gesellschaften vgl *Kießling/Buchna* aaO [Lit vor Anm 14] Rn 20), sowie rechtsfähige Stiftungen (hierzu *Schauhoff* DB 1996, 1693; *Götz* Inf 1997, 141, 652; zur Spendensammel- und Anhangstiftung *OFD Ffm* DB 2004, 1016), aber auch juristische Personen des öffentlichen Rechts für ihre Betriebe gewerblicher Art (vgl BFHE 142, 386, BStBl II 1985, 162; BFH/NV 1997, 625; zum Satzungserfordernis *OFD Ffm* DB 2004, 1176), Anstalten und Stiftungen des öffentlichen Rechts, die jedoch eine entsprechende Satzung benötigen (BFHE 142, 386, BStBl II 1985, 162), bei mehreren Betrieben: jeder (AEAO Nr 2 zu § 59 AO). Zwar lässt sich die Auffassung vertreten, nach der gesetzlichen Konzeption (§ 1 Abs 1 Nr 6 KStG) sei Besteuerungssubjekt nicht die juristische Person des öffentlichen Rechts (so etwa *Hey* StuW 2000, 467 unter Hinweis auf BTDrs 7/4292). Doch hat der BFH (seit BFHE 112, 61, BStBl II 1974, 391; vgl auch BFHE 142, 386, BStBl II 1985, 162; BFH/NV 1997, 625) entschieden, dass mangels Rechts- und Handlungsfähigkeit des Betriebs gewerblicher Art Steuersubjekt die juristi- 13 sche Person des öffentlichen Rechts ist. *Insofern* ist diese auch Subjekt der Gemeinnützigkeit (vgl. BFHE 154, 161, BStBl II 1988, 908; ebenso *Fichtelmann* DStR 1993, 1514; AEAO Nr 1 zu § 51 AO; uneindeutig BFHE 142, 386, BStBl II 1985, 162; BFH/NV 1997, 625; *Thieme/Dorenkamp* FR 2003, 693; **aA** *Hey* StuW 2000, 467; *Regierer/Becker* DStZ 2007, 597). Praktische Auswirkungen können sich bei Einzelfragen ergeben, wie etwa bei der Drittmittelforschung nach § 68 Nr 9 AO (Anm 141).

Eine Kapitalgesellschaft, die **öffentlich-rechtliche Pflichtaufgaben** ihrer Gesellschafter wahrnimmt, handelt nicht gemeinnützig, dh selbstlos u unmittelbar (vgl hierzu BFHE 217, 413, BStBl II 2007, 628; **aA** *Regierer/Becker* DStZ 2007, 597).

Es muss sich um an sich **kstpfl Körperschaften** handeln (BFHE 115, 524, BStBl II 1975, 595). Begünstigungsfähig sind auch Gründungsgesellschaften (BFHE 109, 190, BStBl II 1973, 568), nicht jedoch Vorgesellschaften. Nicht begünstigt sind die Körperschaften des öffentlichen Rechts selbst sowie natürliche Personen und Personengesellschaften (hierzu *Kröger* DStZ 1986, 419), ebenso wenig **funktionale Untergliederungen** (Abteilungen) von Körperschaften (§ 51 Satz 3 AO; hierzu *Jansen* DStR 1990, 61). Eine Befreiung der Letzteren nach anderen Vorschriften des GewStG bleibt hiervon jedoch unberührt. Zu **regionalen Untergliederungen** von Großvereinen s AEAO Nr 2 zu § 51 (vgl *Thiel/Eversberg* DB 1990, 395; *Märkle/Alber* BB-Beil 2/90; *Lang* FR 1990, 353). Hiernach liegt eine unselbständige Untergliederung nicht vor, wenn sie durch rechtswirksamen Gründungsakt verselbständigt ist und über eine eigene, gemeinnützigkeitsrechtlichen Anforderungen entsprechende Satzung verfügt, die auf sie zugeschnitten ist; die Übernahme der Satzung des Hauptvereins dürfte idR nicht genügen (hierzu *Luger* StWa 1995, 161); nur Zweck, Aufgaben und Organisation der Untergliederungen können sich aus der Satzung des Hauptvereins ergeben. Die gesetzliche Fiktion des § 51 Satz 3 AO bewirkt, dass im Hinblick auf das Recht der gemeinnützigen, mildtätigen und kirchlichen Zwecke sämtliche Rechtsfolgen der von der funktionalen Untergliederung verwirklichten Steuertatbestände die Hauptkörperschaft treffen, insb die Ergebnisse eines wirtschaftlichen Geschäftsbetriebes, Verlust der Gemeinnützigkeit bei Verletzung von Erfordernissen, Steuerschuldnerschaft usw. Eine entsprechende Vorschrift enthält § 64 Abs 4 (Anm 117). **Dachverbände** können ebenfalls in den Genuss der Vergünstigung kommen, wenn sie nur Mitgliedskörperschaften aufnehmen, die selbst als gemeinnützig anerkannt sind, und selbst die begünstigten Zwecke unmittelbar verfolgen (§ 57 Abs 2 AO; Anm 78).

13a Handlungen zur **Vorbereitung** der stbegünstigten Zwecke reichen aus (BFHE 203, 251, BStBl II 2003, 930). Allerdings ist die *Vermögensverwaltung,* auch wenn für die Begünstigung unschädlich (Anm 114 a), selbst kein steuerbegünstigter Zweck (BFHE 217, 381, BStBl II 2007, 808). **Mehrere Zwecke,** die nebeneinander verfolgt werden (und sei es mit denselben sachlichen und persönlichen Mitteln), schließen die Steuerbefreiung nicht aus (vgl BFHE 181, 57, BStBl II 1996, 583).

13b Die GewStBefreiung **endet** mit der Einstellung der begünstigten Tätigkeit und Eröffnung des Insolvenzverfahrens (BFHE 217, 381, BStBl II

2007, 808; AEAO Nr 6 zu § 51 AO; hierzu *Becker/Meining* FR 2006, 686; *Dehesselles* DStR 2008, 2050). Zur Frage einer Abwicklungsphase *Becker/Meining* FR 2006, 686. Zum Problem der Wirkung des europäischen Beihilfeverbots auf das Gemeinnützigkeitsrecht vgl EuGH EuZW 2006, 306, Slg I 2006, 325 (hierzu *Hüttemann* DB 2006, 914).

14.–49. Gemeinnützige Zwecke

Literatur: (Zur älteren Literatur s 5. Aufl). *Tipke,* Die deklassierte Gemeinnützigkeit, StuW 1989, 165; *Kießling/Buchna,* Gemeinnützigkeit im Steuerrecht, 8. Aufl 2003; *Franz,* Grundlagen der Besteuerung gemeinnütziger Körperschaften bei wirtschaftlicher Betätigung, 1991; *Hüttemann,* Wirtschaftliche Betätigung und steuerliche Gemeinnützigkeit, 1991; *Schauhoff* (Hrsg), Handbuch der Gemeinnützigkeit, 2. Aufl. 2005; *Hammer,* Die Gemeinnützigkeitsregelungen des Steuerrechts im Spiegel der deutschen Staats- und Verfassungsentwicklung, StuW 2001, 19; *Ball/Dieckmann,* Share-Sponsoring – ein innovatives Finanzierungskonzept für steuerbegünstigte Körperschaften aus steuerlicher Sicht, DStR 2002, 1602; *Jansen,* Verlust der Gemeinnützigkeit bei Verstoß gegen die Rechtsordnung, insbesondere bei Steuerverkürzungen?, FR 2002, 996; *Hüttemann,* Der neue Anwendungserlass zum Gemeinnützigkeitsrecht (§§ 51 bis 68 AO), FR 2002, 1337; *Jansen/Gröning,* Nutzt die steuerliche Förderung gemeinnütziger Stiftungen der Allgemeinheit ohne die Erben zu benachteiligen?, StuW 2003, 140; *Schiffer,* Aktuelles Beratungs-Know-how Gemeinnützigkeits- und Stiftungsrecht, DStR 2003, 14; 2004, 1031; *Apitz,* Betriebsprüfungen bei gemeinnützigen Körperschaften, StBp 2004, 89, 125, 153; *Bink,* Steuerrechtsprechung zu Themen der Gemeinnützigkeit StW 2004, 255; *A. Söffing/Thoma,* BB-Forum: Steuerliche Konsequenzen der Einsetzung einer gemeinnützigen Stiftung als Vorerbin, BB 2004, 855; *Thömmes/Nakhai,* Gemeinnützigkeitsrecht – Förderung der Allgemeinheit und Satzungsbestimmungen zur Ausschließlichkeit und Unmittelbarkeit, DB 2005, 2259; *Schult/Meining,* Betätigung deutscher gemeinnütziger Körperschaften im Ausland, FR 2005, 977; *Fischer,* Grundfragen der Bewahrung und einer Reform des Gemeinnützigkeitsrechts, FR 2006, 1001; *Jachmann,* Gemeinnützigkeit in Europa: Steuer- und europarechtliche Rahmenbedingungen, BB 2006, 1823; *Jachmann,* Die Entscheidung des EuGH im Fall Stauffer – Nationale Gemeinnützigkeit in Europa, BB 2006, 2607; *Hüttemann,* Steuervergünstigungen wegen Gemeinnützigkeit und europäisches Beihilfenverbot, DB 2006, 914; *Hüttemann,* Gemeinnützige Zweckverfolgung im Ausland nach der „Stauffer-"Entscheidung des EuGH, DB 2006, 2481; *Hüttemann,* Gesetz zur weiteren Stärkung des bürgerschaftlichen Engagements und seine Auswirkung auf das Gemeinnützigkeits- und Spendenrecht, DB 2007, 2053; *Fischer,* Unorthodoxe Überlegungen zur Verfassungsarchitektur am Beispiel des Falls „Stauffer", FR 2007, 361; *Tiedtke/Möllmann,* Spenden und Stiften soll attraktiver werden, DStR 2007, 509; *Schauhoff/Kirchhain,* Das Gesetz zur weiteren Stärkung des bürgerschaftlichen Engagements, DStR 2007, 1985; *v. Proff,* Gemeinnützigkeit nach den „Stauffer"-Urteilen des EuGH und des BFH, IStR 2007, 269; *Ebling,* Stiftung zur Förderung der Kunst – Ein Modell mit Zukunft?, FR 2007, 565; *Drüen/Liedtke,* Die Reform des Gemeinnützigkeitsrechts und seine europarechtliche Flanke, FR 2008, 1; *Tiedtke/Möllmann,* Gemeinnützigkeit und europäische Grundfreiheiten, DStZ 2008, 69; *Winheller,* Aktuelle Entwicklungen im Gemeinnützigkeitsrecht 2007, DStZ 2008, 377; *Schauhoff/Kirchhain,* Gemeinnützigkeit im Umbruch DStR 2008, 1713; *Heintzen,* Steuerliche Anreize für gemeinwohlorientiertes Engagement Privater,

FR 2008, 737; *Neumann,* Steuerliche Verbesserungen für das bürgerschaftliche Engagement und die Folgen aus der *Stauffer*-Entscheidung ..., FR 2008, 745; *Fischer,* Überlegungen zur Fortentwicklung des steuerlichen Gemeinnützigkeitsrechts, FR 2008, 752; *Hüttemann,* Die steuerliche Förderung gemeinnütziger Tätigkeiten im Ausland – eine Frage des „Ansehens"? DB 2008, 1061.

14 **Begünstigungsvoraussetzungen** (s zur Rspr und zu den neuen Entwicklungen *Winkeller* aaO). **Gemeinnützige Zwecke** verfolgt eine Körperschaft nach **§ 52 Abs 1 AO,** wenn ihre Tätigkeit darauf gerichtet ist, die Allgemeinheit auf materiellem, geistigem oder sittlichem Gebiet selbstlos zu fördern.

Diese Vorschrift und nicht der Katalog des § 52 Abs 2 AO (Anm 21 ff) enthält den gültigen Begriff der Gemeinnützigkeit (ebenso *Bauer* FR 1989, 61). Das gilt mE auch nach der Änderung des § 52 Abs 2 AO durch G v 10. 10. 2007 (BGBl I 2007, 2332). Zwar wird in Abs 1 der Versuch unternommen, einen unbestimmten Rechtsbegriff durch eine Kombination von ihrerseits unbestimmten und interpretationsbedürftigen Rechtsbegriffen zu interpretieren (*HHSp* § 52 Anm 17). Gleichwohl enthält sie den Maßstab für die beantragte Anerkennung. Das bedeutet, dass die Förderung der Allgemeinheit auf einem der bezeichneten Gebiete feststellbar sein muss. Der in § 52 Abs 1 AO angesprochene Begriff der Gemeinnützigkeit ist enger als der des gemeinen Wohls oder Nutzens (BFHE 107, 49, BStBl II 1972, 911; BFHE 120, 553, BStBl II 1977, 213). Zudem ist die nur privatnützige Freizeitgestaltung (Anm 47) von der altruistischen Gemeinwohltätigkeit abzugrenzen (*Lang* StuW 1987, 221, 223). **Ursprünglich** hatte Gemeinnützigkeit die enge Bedeutung, den Menschen „zu läutern für das Wahre, Schöne und Gute" (*Tipke* StuW 1989, 165). Der Staat fördert (an sich) gemeinnützige Betätigung, weil und soweit Privatinitiative ihn von Aufgaben entbindet, die er als eigene (Pflicht)Aufgabe erkannt hat (vgl *Hey* StuW 2000, 467; *Hammer* StuW 2001, 19; *Kirchhof* DStJG Bd 26 (2003), 1; *Seer* DStJG Bd 26 (2003), 11; *Jachmann* BB 2006, 1823; 2006, 2607; *BMF* BStBl I 2005, 902; zweifelnd *Tiedtke/Möllmannn* DStZ 2008, 72). Hiervon ist der Gesetzgeber immer weiter abgerückt, und mit ihm ein Teil des Schrifttums. S hierzu insb *Fischer* FR 2006, 1001 (gegen den wissenschaftl Beirat beim BMF), dessen Rekurs auf die vorstaatlich existierende Zivilgesellschaft und das Angewiesensein des Staates auf von ihm nicht geschaffene und verfügbare geistige und sittliche Grundlagen das Problem des „ob" und „inwieweit" der staatlichen Förderung nicht nur nicht löst, sondern – einhergehend mit den politischen und den judikativen Entscheidungen (insb des BFH) der letzten Jahrzehnte – das rein voluntative Element der Grundentscheidung und der Auswahl unterstreicht.

14a Einen **Rechtsanspruch auf Anerkennung** kann § 52 Abs 2 AO mE nicht geben, und zwar insbesondere dann nicht, wenn die dort benannte Aktivität tatsächlich einen Nutzen auf materiellem, geistigem und sittlichem Gebiet nicht erkennen lässt, statt dessen gar (gemein-)gefährlich oder schädlich ist oder wenn sie nicht dem Ausschließlichkeitsgebot genügt, wie etwa der **Motor„sport"** (FG Nürnberg EFG 1986, 621; zust *Arndt/Immel* BB 1987, 1153; *Gmach* FR 1992, 313; **aA** jedoch der **BFH** BFHE 184, 226, BStBl II 1998, 9). Die Praxis verfährt in der Regel umgekehrt nach dem Grundsatz: „Wenn Tätigkeit nach Katalog, dann gemeinnützig." Nur in Ausnahmefällen wird der Maßstab des § 52 Abs 1 AO trotz Katalogtätigkeit herangezogen, insbesondere wenn die Beachtung der **verfassungsmäßigen Ordnung** bzw der **Rechtsordnung** in Rede steht (Anm 16). Fehlt es hieran, dann wird die Vereinigung zu Recht nicht als gemeinnützig anerkannt.

Nicht nur aus steuerpolitischen, sondern auch aus den oa steuersystematischen und rechtsmethodischen Gründen ist der Begriff der Gemeinnützigkeit an sich **eng auszulegen** (vgl *Lang* StuW 1987, 221 u DStZ 1988, 18; ebenso Gutachten der *Unabhängigen Sachverständigenkommission* aaO; Gutachten des *Beirats beim BMF,* aaO). Die Politik des Gesetzgebers verfolgt ua mit der Erweiterung des Katalogs des § 52 Abs 2 AO andere Ziele, wie die Nobilitierung von Kleintierzucht, Modellflug, Karneval uä aufzeigt: vgl die Begründung des Gesetzentwurfs (BTDrs 11/4176, S 8), wonach wegen der *Unüberschaubarkeit* des Gemeinnützigkeitsrechts die „dem Sport … vergleichbaren sinnvollen Freizeitbetätigungen in die Gemeinnützigkeit einbezogen werden". Hierbei gerät sie allerdings in einen offenzutage liegenden Widerspruch mit der dem § 52 Abs 1 AO immanenten Schranke, dass eine einfache, wenn auch sinnvolle Freizeitgestaltung nicht ausreicht (vgl Anm 29). Hieran hat sich durch die Neufassung des § 52 Abs 2 AO (Erweiterung des Katalogs durch G v 10. 10. 2007, BGBl I 2007, 2332) nichts geändert. **14b**

Freilich unterliegen auch die Vorstellungen dazu, was gemeinnützig sei, der **Veränderung des „Zeitgeistes"** (hierzu *Hammer* StuW 2001, 19), der auch Ungeist sein kann. Es kann sich also ergeben, dass etwa die Förderung von Religion nicht nur dann als gemeinnützig anerkannt wird, wenn deren Vorstellungen dem abendländischen Kulturkreis entsprechen, worin eine Erweiterung und Vertiefung aufgeklärten Verfassungsdenkens zum Ausdruck kommt. Um solche Entwicklungen aber geht es bei der Entwertung des Gemeinnützigkeitsrechts in den letzten Jahren nicht, sondern um blanken und vordergründigen Lobbyismus. Oder will jemand ernsthaft behaupten, die Förderung der Karnickelzucht sei eine obligate Aufgabe des aufgeklärten Verfassungsstaats!? Oder das Minicarfahren Förderung auf geistigem Gebiet? **14c**

Die **Verwässerung** der Gemeinnützigkeitsidee – seit Jahren durchaus unter tätiger Mithilfe von Finanzverwaltung und -rechtsprechung im Gange – schreitet ständig fort. *Tipke* (StuW 1989, 165) nennt das die „deklassierte Gemeinnützigkeit"; *Birk* (StuW 1989, 212, 218) spricht im Hinblick auf die Verweigerung realistischer Kinderfreibeträge gar von „Perversion der Gerechtigkeitsidee"; *L. Schmidt* bezeichnet das Vereinsförderungsgesetz als Gesetz „zur Förderung der Karnickelzucht und anderer staatstragender Zwecke". Hinzu kommt, dass „Gemeinnützigkeit" zu einem Feld – um nicht zu sagen: Vorwand – allgemeinen Wirtschaftens mit dem angenehmen Effekt des Steuersparens geworden ist, wie das anflutende Schrifttum mit „Gestaltungsideen" (insb zu Stiftungen; vgl *Jansen/Gröning* StuW 2003, 140; *A. Söffing/Thoma* BB 2004, 855; *Ebling,* FR 2007, 565; zum „Share-Sponsoring" *Ball/Dieckmann* DStR 2002, 1602; zur Betriebsaufspaltung *Jost* DB 2007, 1664; zu medizinischen Versorgungszentren *Bartmuß* DB 2007, **14d**

706; zu Mitarbeiterbeteiligungen *Leuner* BB 2006, 1993; zur Ausgliederung ua *Schießl* DStZ 2007, 494; zu Verlustbeteiligungen *Becker/Meining* DStZ 2006, 765, uä) aufzeigt. Im Gegenzug gerät die „gemeinnützige" Betätigung verstärkt in das Blickfeld der steuerlichen Betriebsprüfung (hierzu *Apitz* StBp 2004, 89, 125, 153).

14e Zur **Auslegung** des § 52 Abs 1 AO und die Subsumtion im Einzelfall wird sich nach der oa Erweiterung des Katalogs in § 52 Abs 2 AO weitgehend an diesem orientieren (zustimmend zur bisherigen Rechtspraxis *Hüttemann/Helios* DB 2006, 2481; *Hüttemann* DB 2007, 2053). Denn nach dessen Einleitung „sind" als Förderung die nachfolgend aufgezählten Zwecke anzuerkennen. Gleichzeitig wird die Auffassung vertreten, es handele sich insoweit um eine abschließende Aufzählung (zB BT-Drucks 16/5200, 20; *Jachmann* in *Beermann/Gosch* § 52 AO Anm 43; *Schauhoff/Kirchhain* DStR 2007, 1985). Das ergibt sich zwar nicht unmittelbar aus dem Gesetzeswortlaut, mE auch nicht aus der Streichung des Wortes „insbesondere", lässt sich aber aus der Öffnungsklausel des § 52 Abs 2 S 2 AO (hierzu Anm 16) ableiten, die bei einem offenen Katalog nicht erforderlich gewesen wäre. Gleichwohl darf mE nicht nach dem Motto „wenn Tätigkeit nach Katalog, dann Förderung der Allgemeinheit" kurzgeschlossen werden. Das umso mehr, als es solche Tätigkeiten gibt, die gleichwohl keinen Nutzen oder mehr Schaden als Nutzen entfalten (s Anm 16). Die Prüfung *aller* Voraussetzungen des § 52 Abs 1 AO bleibt mE daher weiterhin angezeigt. Die Berufung auf den Gesetzgeber zur Lösung solcher „Zielkonflikte", die häufig genug keine sind, wenn man Wortlaut und Ratio der Vorschrift voranstellt, ist methodisch verfehlt.

15 Der **Begriff der Allgemeinheit** bezeichnet naturgemäß nicht alle Menschen. Es genügt ein weitgezogener Personenkreis, der sich zur Gesamtheit verhalten muss wie ein Kreisausschnitt zum Ganzen (BFHE 108, 451, BStBl II 1973, 430; BFHE 127, 330, BStBl II 1979, 482; BFHE 183, 471, BStBl II 1997, 794). Das bedeutet jedoch nicht, dass der **Adressatenkreis** der Förderungsmaßnahme tatsächlich die Allgemeinheit vertritt (BFHE 62, 57, BStBl I 1956, 22). Er darf nicht durch ein enges Band, wie die Zugehörigkeit zu einer Familie oder Belegschaft, abgeschlossen (§ 52 Abs 1 Satz 2 AO) oder infolge seiner Abgrenzung nach räumlichen oder beruflichen Merkmalen dauernd nur klein sein (§ 52 Abs 1 Satz 3 AO). Das sind mE nur gesetzlich normierte Beispielsfälle für Sachverhaltsgestaltungen, bei denen die Förderung der Allgemeinheit auf keinen Fall gegeben ist. Hiervon unabhängig fehlt sie mE, wenn bestimmte Kreise/Schichten der Bevölkerung auf Dauer ausgeschlossen sind, wie etwa durchschnittlich bis gering verdienende Menschen durch die Höhe von Beiträgen, Aufnahmegebühren, „Spenden" uÄ (hierzu unten). Ein Verein zur Unterstützung eines einzelnen Dissidenten erfüllt den Begriff nicht, wenn er seine Aktivitäten nur zugunsten des einen und nicht auch aller anderen Dissidenten entfaltet (aA *Lang* StuW 1987, 221, 233). Entsprechendes gilt für eine zahlenmäßig starke Belegschaft eines Unternehmens (RFH RStBl 1941, 275), sowie für Vereine mit geschlossenen Mitgliederzahlen, Anstalten, Studentenverbindungen, Altherrenverbänden mit bestimmten Religionszugehörigkeiten, wenn der Verein in erster Linie die Interessen der

Mitglieder fördern will. Auch Zahlungen für „Spitzensportler" zum Einsatz bei Ligakämpfen (Handgelder, Transferleistungen, „Ausbildungskosten"), die über Unkostenersatz des Sportlers hinausgehen, haben mit Förderung der Allgemeinheit nichts zu tun. „Nationale Interessen" in diesem Zusammenhang – was immer damit bezeichnet sein soll – sind nicht deckungsgleich mit Förderung der Allgemeinheit; elitäre Förderung von Spitzensportlern ist daher nicht gemeinnützig (aA *Lang* StuW 1987, 221, 233).

Anders ist es, wenn der Kreis der Geförderten wegen der Natur der Sache oder der Nutzungsmöglichkeiten der Anlage nur klein sein kann (BFHE 127, 330, BStBl II 1979, 482; zweifelnd *Thömmes/Nakhai* IStR 2006, 166), so auch bei allgemein zugänglichen Schulen (RFH RStBl 1940, 626). Nicht erforderlich ist mE, dass die (Sport-)Anlage auch Nichtmitgliedern zur Verfügung steht, wenn nur der Zugang zur Körperschaft ohne außerhalb der Natur der Anlagen liegende Hürden möglich ist (BFHE 183, 471, BStBl II 1997, 794; aA *Lang* StuW 1987, 221, DStZ 1988, 18; *Neufang* Inf 1988, 253; *Arndt/Immel* BB 1987, 1153, die bei Vermietung an Fremde gleichwohl keinen Zweckbetrieb annehmen). Die Beschränkung der Förderungstätigkeit auf eine Stadt von 125 000 Einwohnern bzw „jungen Schweizern" ist nach BFH/NV 2007, 805 nicht schädlich. Was höchst fraglich ist, denn wieder einmal argumentiert der BFH frei von der Begriffsbestimmung der „Allgemeinheit" (s o), die sich im Streitfall im Übrigen auf die EU beziehen müsste – ganz davon abgesehen, dass es sich um eine diskriminierende Satzungsbestimmung handelt.

Die **Beschränkung** der Förderungstätigkeit **auf das Ausland** und dort **15a**
im Wesentlichen auf eine Stadt genügt dem Erfordernis der Förderung der Allgemeinheit mE nicht (zutreffend *BMF* BStBl I 2005, 902; **aA** BFHE 206, 350, BStBl II 2005, 721, Vorlage zum EuGH, die offenbar völlig unnötig war, vgl die Zurückverweisung BFHE 216, 269, BFH/NV 2007, 805; krit *Thömmes/Nakhai* DB 2005, 2259; *Schult/Meining* FR 2005, 977). **Ausnahmen** sind mE nur angezeigt in den Fällen, in denen das Tätigwerden auch staatlichem Interesse bzw staatlicher Verantwortung entspricht, wie zB Kampf gegen den Hunger in der Welt, Entwicklungshilfe, Verbesserung der Ausbildungsmöglichkeiten uä. Im Übrigen haben es die Generalanwältin beim **EuGH** und dieser selbst (Rs C-386/04 „Stauffer", DStR 2006, 1736) dem Gesetzgeber und **europarechtlich** unbenommen belassen, die Förderung als gemeinnützig an einen entsprechenden Inlandsbezug zu knüpfen (*Kube* IStR 2005, 474; *Jachmann/Meier-Behringer* BB 2006, 1823; *Jachmann* 2006, 2607; *Hüttemann/Helios* DB 2006, 2481; *Fischer* FR 2007, 361; *v Proff* IStR 2007, 269; *Drüen/Liedtke* FR 2008, 1; *Tiedtke/Möllmann* DStZ 2008, 69; *Heintzen* FR 2008, 737). Hieran knüpft der Gesetzgeber mit der Änderung des § 5 Abs 2 Nr 2 KStG durch G v 19. 12. 2008 (BGBl I 2008, 2794), jedoch nur insoweit an, als beschränkt stpfl Körperschaften im EU-/EWR-Raum betroffen sind (hierzu krit *Hüttemann* DB 2008, 1061; *Neumann* FR 2008, 745; *Fischer* FR 2008, 752).

Im Hinblick auf das Problem des **Ausschlusses bestimmter Bevölke-** **15b**
rungskreise aus einem Verein durch die Höhe der Beiträge greift der BFH – ergebnisorientiert – zu einem kleinen semantischen Dreh: nicht schon dieser Ausschluss ist keine Förderung der Allgemeinheit, sondern erst ein

„gewisses Maß an Exklusivität". Das sei nicht der Fall bei einem Jahresbeitrag von 1000 DM sowie Refinanzierungskosten für ein Darlehen (6500 DM) von 360 DM jährlich (BFHE 181, 396, BStBl II 1998, 711). Nicht schädlich sein soll nach BFHE 127, 342, BStBl II 1979, 488, wenn ein Verein mit geschlossener Mitgliederzahl insbesondere einkommensschwache Personen durch die Anforderung hoher **„Spenden"** (3500 DM für Alleinstehende und 5000 DM für Ehepaare; zur Qualifizierung einer „Spende" als ggf schädliche Sonderzahlung AEAO Nr 1.3.1.7 zu § 52 AO) von der Bewerbung um die Mitgliedschaft abschreckt (in BFHE 203, 305; BStBl II 2005, 443: zwischen 2113 DM und 2669 DM beitrittsbedingten Belastungen und laufenden Belastungen zwischen 1334 DM und 1543 DM sowie Wahl zwischen „Eintrittspende" oder Kommanditeinlage; Letztere sei als Vermögenswert nicht einzubeziehen; jetzt „mit Ausnahme des Agio" AEAO Nr 1.3.1.6 zu § 52 AO. Wegen fehlender Unmittelbarkeit verliert der Sportverein aber die Gemeinnützigkeit, wenn die Sportanlagen nur bei Erwerb einer Nutzungsberechtigung von einer neben dem Verein bestehenden Gesellschaft benutzt werden dürfen. Begründet wird dies damit, dass sich angesichts der wirtschaftlichen und sozialen Verhältnisse in der BRD weite Kreise der Bevölkerung hohe Ausgaben für Luxusgegenstände und Hobbys erlauben können.

Die **Entscheidung** ist aus nahe liegenden Gründen der Logik und Methodik **nicht haltbar.** Sie beschreibt Verhältnisse „weiter Kreise". Diese haben mit dem repräsentativen Ausschnitt, der nach BFHE 127, 330, BStBl II 1979, 482 erforderlich ist, nichts zu tun. Sie weisen Ausgabenmöglichkeiten und Verhalten der Allgemeinheit nicht auf. Es ist eben *nicht* ein repräsentativer Ausschnitt aus der Gesamtheit der Bevölkerung, der sich die vom BFH angeführten Luxusausgaben leisten kann. Zudem vergleicht der BFH Umstände, die miteinander nichts zu tun haben. Es macht wegen der Unterschiede in der Leistungsfähigkeit für weiteste Teile der Bevölkerung einen Unterschied, ob die Ausgabe für einen unmittelbaren Gegenwert getätigt wird oder ob sie ein verlorener Zuschuss ist. Den Letzteren erbringt nur und kann nur erbringen, wem der Geldbeutel entsprechend locker sitzt. Das gilt natürlich auch für die „Vermögensumschichtung durch Erwerb eines Kommanditanteils"; der BFH (BStBl II 2005, 443) und – ihm nachfolgend – das *BMF* (BStBl I 2005, 786) „argumentieren" am Kern des Problems vorbei. Dabei kommt es nicht einmal darauf an, ob die Vereine sich durch hohe Eintrittsgelder, Spenden, Beiträge und Umlagen Exklusivität sichern *wollen;* entscheidend ist (was auch BFHE 135, 197, BStBl II 1982, 336 und BFHE 181, 396, BStBl II 1998, 711 übersieht), dass der Sport, der „nicht billig zu haben" ist (*Wallenhorst* DStR 1997, 479), diese Wirkung hat (ebenso *Lang* StuW 1987, 221, 233). Daher besteht nach Wortlaut sowie Sinn und Zweck des § 52 Abs 1 Satz 1 AO kein Anlass für eine steuerliche Förderung.

AEAO Nr 1.1 zu § 52 AO hat die unschädlichen Mitgliedsbeiträge und -umlagen auf durchschnittlich 1023 € und die Aufnahmegebühren auf 1534 € pro Jahr und Mitglied angesetzt. AEAO Nr 1.2 zu § 52 AO (s auch *Wallenhorst* DStR 1997, 479; *Prugger* DB 1996, 496) hat „Investitionsumlagen" iHv 5113 € innerhalb von 10 Jahren zugelassen (zur Durchschnittsberechnung s Nr 1.3 zu § 52 AO). Der BFH (BFHE 183, 371, BStBl II 1997,

794) hat ein Eintrittsgeld von 1500 DM zuzüglich Spende von 1500 DM sowie Jahresbeitrag von 900 DM pro Person und Jahr für 1987–1990 nicht als gemeinnützigkeitsschädlich angesehen; angeblich habe das FG (Schl-H EFG 1996, 604) in bindender tatsächlicher Hinsicht festgestellt, dass sich **„jedermann"** bei Hintanstellung anderer Freizeitausgaben die Beiträge **„zumindest ratenweise"** leisten könne (ähnlich BFHE 203, 305, BStBl II 2005, 443 über FG Münster EFG 2001, 613; zust *Schiffer* DStR 2004, 1031). Allerdings enthält schon diese Behauptung einen schweren Verstoß gegen die Denkgesetze und wohl auch einen Verstoß gegen den Akteninhalt; denn das FG hat nicht auf die Verhältnisse von „jedermann", sondern des „Haushaltstyps 2" lt statistischem Jahrbuch abgestellt. Der Ansatz des FG Schl-H (EFG 1996, 604; ebenso *Wallenhorst* DStR 1997, 479) verstößt aber selbst schon deswegen gegen Denkgesetze, weil es die Allgemeinheit mit dem Durchschnittsbürger verwechselt und demzufolge bei seiner Wertung – nicht Feststellung – von den Einkommensverhältnissen des Haushaltstyps 2 lt statistischem Jahrbuch ausgeht, durch den der deutsche „Durchschnittsbürger" repräsentiert sei. Der „Durchschnittsbürger" aber repräsentiert nur *eine* Schicht aus dem Kreisausschnitt und schon nicht mehr die Bürger, die über ein geringeres Einkommen verfügen als der Durchschnitt (und das sind nicht erst Sozialhilfeempfänger – wie das FG wohl suggerieren will). Die Allgemeinheit fördert nach der oa Formel, wer wenigstens im Wesentlichen *alle* Schichten fördert. Der zweite Denkfehler besteht in einem offenen Prämissenmangel: FG und BFH haben versäumt, die Ausgabemöglichkeiten des „repräsentativen" Haushalts für Freizeitgüter zu ermitteln und in ein Verhältnis zu Beiträgen, Beitritten, Spenden und Umlagen zu setzen (in dem vom FG zitierten statistischen Jahrbuch 1991 S 539 betrugen die Ausgaben *pro Haushalt* und Monat 1990 637 DM, also 7744 DM im Jahr). Sport, der nur teuer „zu haben" ist (*Wallenhorst* DStR 1997, 479; *Hüttemann* FR 2002, 1337), fördert eben nicht die Allgemeinheit. Welcher Geist in einer solchen Rechtspraxis obwaltet, zeigt ein Seitenblick auf die Anerkennung von **Ergänzungsschulen** als gemeinnützig: „Förderung der Allgemeinheit" darf nach AEAO angenommen werden, wenn (nach der Satzung!) bei **nur 25%** der Schüler eine Sonderung nach den „Besitzverhältnissen" der Eltern nicht erfolgt, also der Zugang der Allgemeinheit bewusst gedrosselt wird.

Ebenfalls nicht allgemein sein will man in einer Loge, die die Mitglieder selektiv auswählt, nur diese in ihre Lehren einweiht und sie verpflichtet, das Erfahrene vertraulich zu behandeln. Sie ist zutreffend nach BFHE 127, 352, BStBl II 1979, 492, nicht gemeinnützig. Das BVerfG hat die hiergegen gerichtete Verfassungsbeschwerde mit fraglicher Begründung (s Anm 21) zurückgewiesen (BStBl II 1980, 53).

Förderung. Förderung heißt „Hinwirken zum allgemeinen Besten" (so schon RFH StuW 1926, Sp 369, Nr 92), indem die Erreichung des verfolgten Zieles erleichtert oder erst möglich wird (vgl *Tipke/Kruse* § 52 AO Anm 3). Anders ausgedrückt bedeutet Fördern, Nutzen für die Allgemeinheit stiften wollen (*Tipke/Kruse* § 52 AO Anm 5), indem etwas vorangebracht, vervollkommnet oder verbessert wird (BFHE 155, 461, BStBl II 1989, 391). Hierbei genügt ebensowenig die Auffassung einer mehr oder **16**

minder uninformierten Mehrheit der Bevölkerung (so aber noch BFHE 104, 88, BStBl II 1972, 197; ebenso *Scholtz* in *Koch* § 52 AO Tz 7) wie die subjektive Einstellung allein (so inzwischen BFHE 127, 330, BStBl II 1979, 482; BFHE 142, 51, BStBl II 1984, 844). Abzustellen ist auf verfassungswertorientierte Gemeinwohlgründe (*Lang* StuW 1987, 221, 245 ff und DStZ 1988, 18, 26 ff). Die Tätigkeit muss objektiv geeignet sein zu fördern (BFHE 127, 330, BStBl II 1979, 482; *von Wallis/Steinhardt,* Steuerbegünstigte Zwecke nach der AO 1977, 5. Aufl, Tz 25). Förderung kann trotz § 57 AO (Anm 76) mittelbar geschehen (BFHE 127, 330, BStBl II 1979, 482). Nur verwirklichen, dh tätig werden, muss die Körperschaft unmittelbar. Eine Vielzahl von Aktivitäten kann sowohl fördern als auch schaden. Liegt in diesem Sinne ein **Zielkonflikt** vor, dann hat mE eine Abwägung stattzufinden. Hierbei ist zu beachten, dass den Förderungszwecken des § 52 Abs 2 AO (Anm 21 ff) eine Rangfolge immanent ist, die sich daraus ergibt, dass dort die Förderung von Rechtsgütern unterschiedlichen Ranges angesprochen ist (ebenso *Gmach* FR 1997, 793; aA BFHE 184, 226, BStBl II 1998, 9; *Bauer* FR 1989, 61, 70; vgl zur verfassungswertorientierten Interpretation *Lang* aaO; *Mack* DStR 1984, 187). Zudem sind die Wertungen der verfassungsmäßigen Ordnung zu beachten (vgl BFHE 142, 243, BStBl II 1985, 106 mwN). Daher kann mE die Abwägung nur dann zur Anerkennung als gemeinnützig führen, wenn sie ergibt, dass der benennbare Nutzen für die Allgemeinheit bei weitem überwiegt und dass wegen des Nutzens der Schaden vernachlässigt werden kann (zB bei sozialen Hilfsdiensten, die sich eines Kfz bedienen; nicht jedoch beim Motor-„Sport", s Anm 42). Nur so wird man mE dem Ausnahmecharakter der Norm und ihrem inneren, insbes durch die Elemente „geistig" und „sittlich" gekennzeichneten Zusammenhang gerecht.

Gegen die **immanente Lösung** von Zielkonflikten auch *Hofmeister* DStR 1999, 545, dessen Bedenken jedoch zur Rabulistik neigen, etwa wenn er die Entwicklungshilfe gegen die Förderung der Kultur in Dritte-Welt-Ländern ausspielt (als müssten sich diese Ziele widersprechen oder als sei die flächendeckende Armut in diesen Ländern Teil ihrer Kultur); das von ihm ins Feld geführte Fehlen gesetzlicher Vorgaben steht einer Abwägung im Gemeinnützigkeitsrecht ebenso wenig entgegen wie bei Rechts- oder Interessenkollisionen in anderen Rechtsgebieten (zB Persönlichkeitsrecht versus Meinungsfreiheit); die Veränderung von Verhältnissen (Zeitgeist?) steht aus ähnlichen Gründen einer immanenten Lösung nicht entgegen, zumal das, was heute überwiegend schädlich bzw gefährlich oder sonst unsinnig ist (zB der **Motor„sport"**), diese Eigenschaften auch in Zukunft behalten dürfte; die immanente Lösung mit „Ideologisierung" in Verbindung zu bringen stellt aber die Verhältnisse auf den Kopf: Nachdenken über Sinn und Zweck des Gemeinnützigkeitsdenkens stört offenbar die Orientierung am Wunschergebnis und darf nicht sein. Nebenbei: immanente Abwägungen sind in der Gemeinnützigkeitspraxis nicht unüblich (sofern Wunschdenken dem nicht entgegensteht), so etwa bei der Nichtanerkennung von Gotcha bzw Paintball (s Anm 49).

Der Begriff „Förderung der Allgemeinheit" wird wesentlich geprägt durch die **objektive Wertordnung,** die im Grundrechtskatalog der Art 1–9 GG zum Ausdruck kommt. Eine Tätigkeit, die ihr nicht entspricht, ist nicht gemeinnützig (BFH/NV 2005, 1741). Auch sonstige Verstöße gegen die **verfassungsmäßige Ordnung** bzw die **Rechtsordnung** sind schädlich (BFHE 127, 330, BStBl II 1979, 482; BFHE 142, 243, BStBl II 1985, 106; BFHE 175, 484, BStBl II 1995, 134; BFHE 184, 226, BStBl II 1998, 9; BFH/NV 1992, 505; 2000, 301; 2005, 1741). Das kann schon eine der Körperschaft zuzurechnende LSt-Verkürzung sein (BFHE 197, 314, BStBl II 2002, 169; **aA** *Jansen* FR 2002, 996). Gewaltfreier Widerstand gegen Planungen des Staates verstößt grundsätzlich nicht gegen die verfassungsmäßige Ordnung (BVerfG NJW 1995, 1141; hierzu AEAO Nr 16 zu § 52 AO).

Zweckgerichtetheit. Auf die Förderung der Allgemeinheit iSv Hin- 17
wirken zum allgemeinen Besten muss die Tätigkeit der Körperschaft nur gerichtet sein. Gemeinnützigkeit setzt also nicht voraus, dass das Förderungsziel auch erreicht wird (BFHE 127, 330, BStBl II 1979, 482). Die tätigkeitsbezogenen Voraussetzungen der Steuerbefreiung liegen auch vor, wenn die Verwirklichung der Satzungszwecke nur vorbereitet wird (zB Aufbau der Vereinsorganisation, Sammlung der notwendigen Mittel); unbestimmte Absichten reichen indes nicht (BFHE 203, 251, BStBl II 2003, 930). Bei Errichtung einer Stiftung von Todes wegen wirkt die Erteilung der Stiftungsurkunde auch im Hinblick auf die Existenz als Steuerrechtssubjekt auf den Todestag zurück; das gilt jedoch nicht für die Voraussetzungen für die Steuerbefreiung, die selbständig zu prüfen sind (BFHE 204, 72, BStBl II 2005, 149; zust *Schäffer* DStR 2004, 1031).

Förderung auf materiellem Gebiet. Die allgemeine Fassung dieser 18
Voraussetzung lässt an sich die Deutung zu, dass jede Förderung materieller Interessen den Tatbestand erfüllt, also auch die Förderung bestimmter Wirtschaftsbereiche, sowie Zuwendungen an Personen, die es „nicht nötig" haben. Dem ist jedoch nicht so (RFH RStBl 1938, 36). Das Bestehen des Begünstigungstatbestandes als solches zeigt auf, dass nur Zwecke und Maßnahmen begünstigt sein sollen, die in den Aufgabenbereich des Staates als Normgeber fallen. Auch der innere Zusammenhang der Norm (Förderung auf geistigem oder sittlichem Gebiet) ergibt, dass nur solche Förderungen materieller Interessen begünstigt sein sollen, die auch einen unmittelbaren sittlichen Stellenwert haben. Daher sind mE nur solche Maßnahmen betroffen, die eine gesundheitliche oder soziale Komponente haben oder die den Lebensraum und die Lebensmöglichkeiten von Mensch, Tier und Pflanze überhaupt betreffen. Es hat somit nur deklaratorischen Charakter, dient aber auch als Auslegungshilfe für den Begriff des Materiellen, wenn der Gesetzgeber in § 52 Abs 2 AO etwa die Entwicklungshilfe, den Umwelt- und Landschaftsgedanken, Jugend- und Altenhilfe, das öffentliche Gesundheits- und Wohlfahrtswesen, aber auch (hier jedoch nur bedingt, vgl Anm 42) den Sport ausdrücklich erwähnt.

Förderung auf geistigem Gebiet. Das geistige Leben betrifft im Wei- 19
testen das Denken der Menschen, ihr Trachten nach Erkenntnissen aller Art und nach gestaltetem und gestalterischem Ausdruck des Gedachten, Erlebten und Empfundenen sowie die Ausbildung hierzu. Daher gehören auch ohne ausdrückliche Nennung in § 52 Abs 2 AO die Förderung von Wissenschaft und Forschung, Bildung und Erziehung, Kunst und Kultur, Reli-

gion und des demokratischen Staatswesens hierher. Überschneidungen mit Anliegen der Sittlichkeit sind gegeben. Darüber hinaus bedingt der innere Zusammenhang der Norm (Förderung auf sittlichem Gebiet) auch hier, dass nicht jede Geistestätigkeit um ihrer selbst willen förderungs- und begünstigungsfähig ist. So wird etwa bei der Entwicklung der Genforschung und -technologie von Fall zu Fall zu entscheiden sein, ob ihre Förderung gemeinnützig ist. Eine Grenze setzt mE auf jeden Fall das Gesetz zur Regelung von Fragen der Gentechnik v 16. 12. 1993 (BGBl I 1993, 2066).

Eine völlig andere Konzeption vom „Geistigen" hat das FG Ba-Wü (EFG 1995, 337). Danach fördere das Minicarfahren die Allgemeinheit auf geistigem Gebiet (zum „Zeitgeist" Anm 14 c).

20 **Förderung auf sittlichem Gebiet.** Die Sittlichkeit betrifft die besonderen Eigenschaften, die dem menschlichen Handeln und Wollen zukommen, insofern es für sich selbst zu begründen und daher allgemeinverbindlich ist; sie kennzeichnet die Prinzipien zur Begründung des menschlichen Handelns und Wollens, sofern mit der Begründung der Anspruch allgemeiner Verbindlichkeit erhoben wird, weist die Ursachen für die Verbindlichkeit bestimmter Handlungsweisen (der „Sitten und Gebräuche") auf und normiert das Ideal begründeten Handelns (vgl *Meyers Enzyklopädisches Lexikon,* Band 21, Stichwort „Sittlichkeit"). Förderung auf sittlichem Gebiet bedeutet daher mE Hinwirken auf eine positive Einstellung (Hinwendung) zu sich selbst begründenden Normen des menschlichen und zwischenmenschlichen Verhaltens, die auf sinnvolles und/oder friedliches Aufbauen, Bewahren, Anerkennen, Erhalten und Fördern einschließlich Beachtung der Menschenwürde im Gegensatz zu allen sinnlosen und/oder unfriedlichen Verhaltensweisen wie Zerstören, Vernichten, Streitigmachen, Töten usw ausgerichtet sind. Hierbei ist es nicht von Bedeutung, ob die Hinwendung ihre Kraft aus religiöser Überzeugung, aufgeklärtem Denken von der Würde des Menschen und seiner Vernunft oder dem spontanen Empfinden, etwa dem Mitleiden, entspringt. Bei Eingriffen in den „Schöpfungsplan" bzw die „Evolution" durch die Entwicklung der Genforschung und -technologie stellt sich ebenfalls die Frage nach ihrem sittlichen Stellenwert (Anm 19 aE). Sie muss trotz Erwähnung von Wissenschaft und Forschung in § 52 Abs 2 AO (Anm 22) nicht unbedingt gemeinnützig sein.

21 **Der Förderungskatalog des § 52 Abs 2 AO.** Die letztbezeichnete Vorschrift lautet nunmehr: „Unter den Voraussetzungen des Absatzes 1 sind als Förderung der Allgemeinheit anzuerkennen" im Einzelnen aufgezählte Zwecke. Nach allgemeinen Auslegungsprinzipien bedeutet dieser Wortlaut: Die Zuordnung einer bestimmten Tätigkeit zu einem dieser Zwecke ergibt noch keinen Anspruch auf Anerkennung als gemeinnützig. Vielmehr macht er deutlich, dass die Voraussetzungen des Absatzes 1 zuerst zu prüfen sind (FG Nürnberg EFG 1986, 621; zust *Arndt/Immel* BB 1987, 1153; *Bauer* FR 1989, 61; *Gmach* FR 1992, 313; zur **aA** einer idR ergebnisorientierten Praxis s u). Fast alle der genannten Tätigkeiten können im Tatsächlichen so betrieben werden, dass sie eine Störung, Beeinträchtigung, ja Schädigung der Allgemeinheit bedeuten. § 52 Abs 2 AO war ursprünglich als Auslegungshilfe für die unbestimmten Rechtsbegriffe des § 52 Abs 1 AO gedacht (vgl BFHE 176, 229, BStBl II 1995, 499; BFH/NV 2000, 1071).

Diese Funktion konnte der Katalog jedoch insbesondere nach der Einfügung der jetzigen Nr 23 kaum oder nicht mehr erfüllen, weil die dort bezeichneten Aktivitäten jedenfalls zT die Voraussetzungen des Abs 1 ganz offensichtlich nicht aufweisen (s auch Anm 14). Das bedeutete, dass eine Körperschaft auch dann gemeinnützig sein konnte, wenn ihre Tätigkeit in dem Katalog nicht enthalten war. Unzulänglichkeiten der Gesetzesfassung (aber nicht nur diese) haben letztlich dazu geführt, dass die Frage, ob eine Vereinigung einen gemeinnützigen Zweck verfolgt, allein nach dem Katalog des § 52 Abs 2 AO sowie des § 48 Abs 2 EStDV ohne Rückgriff auf Grundgedanken und -voraussetzung des § 52 Abs 1 Satz 1 AO beantwortet wird (vgl BFHE 176, 229, BStBl II 1995, 499; BFHE 177, 339, BStBl II 1995, 767; BFHE 184, 226, BStBl II 1998, 9; BFH/NV 1995, 1045).

Vor dem Hintergrund der durch die Fassung des § 52 Abs 2 AO idF d G v 10. 12. 1989, BGBl I 1489, 2212) eingetretenen **Begriffsverwirrung** (vgl nur BFHE 176, 229, BStBl II 1995, 499: einerseits sei der seinerzeitige Katalog nicht abschließend, andererseits müssten *andere Zwecke* mit einem der Zwecke nach Katalog *identisch* sein – ein schlimmer Denkfehler) war die Neufassung des § 52 Abs 2 AO und des Katalogs wohl ein Gebot der Gesetz- und Tatbestandsmäßigkeit der Besteuerung.

Der Katalog des Abs 2 selbst ist zunächst durch oa Gesetz und neuerdings durch G v. 10. 10. 2007 (BGBl I 2007, 2332) – Übernahme im Wesentlichen des § 48 Abs 2 EStDV – erheblich erweitert worden, ohne dass seine innere Widersprüchlichkeit beseitigt worden wäre (Nr 23!).

Die **Aufzählung** wird als grundsätzlich **abschließend** aufgefasst. Wäre dem so, dann wäre mE die **Öffnungsklausel** des § 52 Abs 2 Sätze 2 u 3 **verfassungswidrig.** Sie verstieße (auf jeden Fall) dann gegen das Gebot der Gesetz- u Tatbestandsmäßigkeit der Besteuerung, ganz abgesehen davon, dass die ermächtigte Finanzbehörde als (Ersatz-)Gesetzgeber fungierte, ohne dass die Voraussetzungen des Art 80 GG vorliegen (zweifelnd auch *Schauhoff/Kirchhain* DStR 2007, 1985; *Hüttemann* DB 2007, 2053). Im Übrigen kann vor diesem Hintergrund die Öffnungsklausel keine **Ermessensnorm** sein (aA *Jachmann* aaO, Anm 44); es handelt sich mE um eine **Ermächtigungs-** bzw **Befugnisnorm,** auch einen anderen als einen Katalogzweck unter den Voraussetzungen des § 52 Abs 1 Satz 1 AO als gemeinnützig anzuerkennen, wobei allerdings die in BTDrs 16/5200, 20 geforderte *Identität* mit einem Katalogzweck den bereits angesprochenen logischen, methodologischen bzw semantischen Fehler enthält.

Im Einzelnen nennt das Gesetz die Förderung von folgenden Zwecken:

Wissenschaft und Forschung (Nr 1). Zum Begriff der Wissenschaft vgl § 2 Anm 185; zur Forschung FG Schl-H EFG 1996, 940; *Felix* JZ 1995, 290. Begünstigt ist die Förderung zB in Universitäten und wissenschaftlichen Gesellschaften, nicht jedoch die Förderung industrieller Vorhaben (zu den Problemen, die sich aus der Zusammenarbeit von an sich gemeinnützigen Gesellschaften mit der Industrie ergeben, s *Wegehenkel* BB 1985, 116, 395, 792 und *Viehbeck* BB 1985, 2038). Auftragsforschung für einzelne Unternehmen dient nicht der Allgemeinheit (BFHE 179, 447, BStBl II 1997, 189; BFHE 217, 1, BStBl II 2007, 631; *Tipke/Kruse* § 52 AO Rn 12), ebensowenig die Tätigkeit für die Gesellschafter (BFHE 217, 22

413, BStBl II 2007, 628). Den sich ergebenden Problemen hat der Gesetzgeber durch Einfügen eines § 68 Nr 9 AO (im Wesentlichen ab EZ 1997) – Anerkennung als Zweckbetrieb – abgeholfen (vgl Anm 141; hierzu *Thiel* DB 1996, 1944).

23 **Religion (Nr 2).** Herstellung und Erfahrung der Einbindung des eigenen wie des menschlichen Daseins überhaupt in einen absoluten Seins- und Sinngrund, der sich als göttliches Wesen, aber auch als kosmisches Prinzip darstellen kann, insofern dieses als das Heilige schlechthin erfahren wird, sowie die sich hieraus entwickelnde Vorstellung von dem Menschen vorgegebenen Normen sittlichen Handelns (vgl BFHE 190, 278, BStBl II 2000, 533; Anm *Fischer* FR 2000, 566). In Bezug auf Bezeugung, Bekenntnis und Lebensgestaltung besteht keine klare Trennlinie zur **Weltanschauung.** Zum Begriff der „religiösen Zwecke" (zu § 48 EStDV aF) hat der BFH (aaO) entschieden, dass dieser die Weltanschauungen – säkulare wie antireligiöse – mit umfasst (aus Art 4 GG u Art 137 Abs 7 WRV). Für § 52 AO sollte schon aus verfassungsrechtlichen Gründen nichts anderes gelten. Das hat BFHE 127, 352, BStBl II 1979, 492 (unter 4 e) indes abgelehnt. Zutreffend ist mE insoweit, dass rein politische Weltanschauungen (Ideologien) den Begriff nicht erfüllen.

Nach BFHE 55, 376, BStBl III 1951, 148 müssen die Auffassungen der Religionsgesellschaft den Vorstellungen des abendländischen Kulturkreises entsprechen. Dies dürfte im Hinblick auf BVerfGE 12, 1, 4 (Schutz der Religion im Rahmen der Wertordnung des GG) fraglich sein. Es sollte jedoch gefordert werden, dass die geförderte Religion bzw Weltanschauung die menschlichen Grundfreiheiten iSd Grundrechtskatalogs achtet; ähnlich BFH/NV 2005, 1741, der auf die Wertordnung des GG abstellt). Eine Religion, die von ihr als Feinde ausgemachte Menschen (wozu auch der wirklich oder vermeintlich vom Glauben Abgefallene, der Apostat, zählt) mit dem Tode bedroht, Zwangsscheidungen anordnet, die Gleichwertigkeit von Mann und Frau betont ablehnt uä, entspricht dem sicher nicht. Dasselbe gilt, wenn sich Religion und politische Ideologie mischen (Stichwort „Gottesstaat"). Ein Verein, der sich zur art- und wesensmäßigen Ungleichheit von Menschen bekennt und dessen Mitglieder sich im Lebenskampf mit anderen „Arten" sehen, steht im Widerspruch zum Wertesystem des GG und ist nicht gemeinnützig (BFH/NV 2005, 1741).

Hiervon abgesehen muss sich das tatsächliche Wirken der Religionsgemeinschaft im Rahmen der verfassungsmäßigen Ordnung halten (BFH/NV 2000, 301 mwN). Eine besondere Loyalität zum Staate selbst ist jedoch nicht zu fordern (BVerfG NJW 2001, 429). Nach HessFG (EFG 1983, 196, jedoch nv aufgeht) sind „Jugendreligions"-Vereine nicht begünstigt.

24 **Öffentliches Gesundheitswesen ua (Nr 3).** Das öffentliche **Gesundheitswesen** betrifft Förderung der Gesundheit der Bürger, Krankheiten und Seuchenschutz, Bekämpfung des Drogenmissbrauchs, Tierseuchenschutz uä (vgl *Gemeinnützigkeitskommission* aaO S 110). In Betracht kommen Erholungs- und Genesungsheime, Heilanstalten, öffentliche Krankenanstalten und Kliniken; erforderlich ist, dass sie mit der Preisgestaltung und mit ihrem gesamten Geschäftsbetrieb der gesundheitlichen Förderung bedürftiger oder minderbemittelter Personen zu niedrigsten Preisen dienen

(BFHE 72, 292, BStBl III 1961, 109), die „einfache“ gesundheitsfördernde Erholung genügte nach früherer VerwAuffassung nicht (AEAO Nr 14 aF zu § 52 AO), was dem Gemeinnützigkeitsgedanken mE widerspricht. Der AEAO nF enthält hierzu keine Aussage. Zu Vereinen, die zum Schutz vor Geschlechtskrankheiten und AIDS Kondome und Einwegspritzen verkaufen, vgl (differenzierend) *OFD Frankfurt* DB 1998, 2300. Die Entwicklung eines durchgängigen, leistungsorientierten und pauschalierenden Vergütungssystems für Krankenhausleistungen ist keine unmittelbare Förderung des öffentlichen Gesundheitswesens (BFHE 217, 413, BStBl II 2007, 628). Die öffentliche **Gesundheitspflege** deckt sich im Wesentlichen mit dem öffentlichen Gesundheitswesen. Die Formulierung dient der Sicherheit, dass anerkannte Tätigkeiten nicht unbeabsichtigt ihre Anerkennung verlieren.

Jugend- und Altenhilfe (Nr 4). Jugendhilfe (s auch das SGB VIII) ist 25
Förderung von Jugendlichen durch Ausbildung, Bildung und Erziehung, aber auch durch mildtätige Maßnahmen. In Betracht kommen Bildungsstätten, Kinderheime, Jugendherbergen, Blindenanstalten; nach BFHE 181, 57, BStBl II 1996, 583 liegt Jugendhilfe auch vor, wenn einer Vielzahl von sozialen Randgruppen günstiger Wohnraum angeboten werden soll, entsprechend Wortlaut, Sinn und System des § 52 Abs 1 AO, wonach die Förderung sozial Schwacher – auch wenn im Katalog des § 52 Abs 2 AO nicht genannt – gemeinnützig ist.

Altenhilfe (s auch § 71 SGB XII) ist Hilfe bei der Verhütung, Überwindung oder Milderung altersbedingter, insb gesundheitlicher, aber auch finanzieller und sozialer Schwierigkeiten. In Betracht kommen Altenwohn- und Pflegeheime, sowie Blindenheime; zur Förderung sozialer Randgruppen s Stichwort „Jugendhilfe“. Zu beiden Hilfsformen können auch Nachbarschaftshilfe und Tauschringe gehören, nicht jedoch die Förderung alternativer Wohnformen (*OFD Ffm* DStR 2007, 2329).

Kunst und Kultur (Nr 5). Wenn es auch einen allgemeingültigen 26
Kunstbegriff nicht gibt (BFHE 136, 474, BStBl II 1983, 7), so wird er doch umschrieben als die freie, schöpferische Gestaltung, in der Eindrücke, Erfahrungen und Erlebnisse des Künstlers durch das Medium einer bestimmten Formensprache zu unmittelbarer Anschauung gebracht werden (BVerfGE 30, 173, 189; NJW 1971, 1645). Eine künstlerische Tätigkeit ist das Vollbringen einer eigenschöpferischen Leistung, in der individuelle Anschauungsweisen und Gestaltungskraft zum Ausdruck kommen und die eine über die hinreichende Beherrschung der Technik hinausgehende Gestaltungshöhe erreicht (BFHE 121, 410, BStBl II 1977, 474; BFHE 132, 77, BStBl II 1981, 170; vgl auch § 2 Anm 185). Problematisch ist und bleibt schon wegen Art 5 Abs 3 GG die Abgrenzung zur Nicht-Kunst; dies umsomehr, als idR weder Sachverständigen-Gutachten noch Kunstkritik nachvollziehbar das ihnen zugrundeliegende Kunstverständnis zu vermitteln vermögen. Wer von dem Werk oder Wirken nicht „ergriffen“ ist, wird – zumal bei der Moderne – eher zu dem Urteil „das ist keine Kunst“ neigen. Hier besteht die Situation, dass ein objektiver Begriff nicht besteht und doch die Subjektivität des Einzelnen kaum Entscheidungsgrundlage sein darf. Jedenfalls sind der Kunst keine Grenzen gesetzt. Nicht zu teilen

ist die Auffassung von *Bauer* (FR 1989, 61), wonach in § 52 Abs 2 AO ein eigener, engerer Kunstbegriff verwendet wird. Jede Form von Kunst, auch wenn sie nicht „der Gemeinschaft dienlich" ist (wohl weil sie dem Laienverstand nicht schmeckt?), fördert auf geistig-sittlichem Gebiet. Irgendeine Form (Ausnahme: anstößige oder gewaltverherrlichende) auszuschließen, bewirkt Gegenteiliges. Begünstigt wird daher die Förderung von Architektur, Bildhauerei, Film- und Fotokunst (wegen des Erfordernisses der Ausschließlichkeit ist jedoch Vorsicht geboten im Hinblick auf Vermittlung von technischen Kenntnissen bzw die einfache Souvenirfotografie), Literatur, Malerei, Musik, Musikunterricht (BFHE 141, 42, BStBl II 1984, 491), Tanz usw, sowie die Volks- und Gebrauchskunst (vgl BFHE 131, 365, BStBl II 1981, 21; BFHE 134, 135, BStBl II 1982, 22); s im Übrigen beim ABC.

Kultur bezeichnet das von Menschen zu bestimmten Zeiten in abgrenzbaren Regionen auf Grund der ihnen vorgegebenen Fähigkeit in Auseinandersetzung mit der Umwelt und ihrer Gestaltung in ihrem Handeln in Theorie und Praxis Hervorgebrachte (Sprache, Religion einschließlich Mythos, Ethik, Institutionen, Staat, Politik, Recht, Handwerk, Technik, Kunst, Philosophie und Wissenschaft; vgl *Meyers Enzyklopädisches Lexikon,* Bd 14, Stichwort „Kultur"). Bei der Frage der Begünstigung werden insbesondere die zwei gängigen Einschränkungen dieses allgemeinen Kulturbegriffs zu beachten sein: Es muss sich um eine (1) am Maßstab der Vernünftigkeit und des ethisch und ästhetisch Vertretbaren gemessene und positiv bewertete Kulturleistung handeln, die sich (2) von nur zivilisatorischen, dh materiell-technischen Lebensgestaltungen unterscheidet; auch diesbezüglich zeigt sich, dass eine Einordnung als (nicht) gemeinnützig nicht ohne Rückgriff auf die Legaldefinition des § 52 Abs 1 Satz 1 AO möglich ist.

27 **Denkmalschutz und Denkmalpflege (Nr 6)** betrifft den Schutz (Erhaltung u Wiederherstellung) von Bau- u Kulturdenkmälern (einschließlich technischer Denkmäler) sowie Boden- u Naturdenkmälern. Dieser Zweck war seit altersher als gemeinnützig anerkannt (RFH RStBl 1938, 613) und auch im Vorgängerkatalog enthalten.

28 **Erziehung, Volks- und Berufsbildung mit Studentenhilfe (Nr 7).** Die Nennung entspricht der bisherigen Bildung u Erziehung, ohne dass Änderungen gewollt sind (BTDrs 16/5200, 20). **Bildung** zielt auf geistige Prägung, die einen Gemeinwohlwert darstellt. **Erziehung** ist Bemühen um geistig sittliche Prägung, zur Bereitschaft, sich den von der sozialen Umwelt anerkannten Normen entsprechend zu verhalten (vgl *Gemeinnützigkeitskommission,* aaO S 113). Gefördert werden können alle Einrichtungen der Allgemein- und Berufsausbildung (BFHE 154, 81, BStBl II 1988, 890), also etwa Waisenhäuser, Vereine zur Förderung von Ausstellungen, Stipendienstiftungen, Musikschulen (zum Begriff auch § 2 Rz 185) usw auch bei satzungsmäßiger „Förderung der Kameradschaft", ebenso die **Volksbildung,** die auch die politische Bildung umfasst (vgl BFHE 190, 338, BStBl II 2000, 200) nicht dagegen einseitige parteipolitische Propaganda (AEAO Nr 8 zu § 52 AO; *Tipke/Kruse* § 52 AO Rn 13). Zu **Freiwilligenagenturen** s *BMF* BStBl I 2003, 446. Zu einzelnen Einrichtungen, insb Schulen, s ABC.

29 **Natur- und Umweltschutz (Nr 8). Naturschutz** ist im Wesentlichen Erhaltung von Natur (§ 1 BNatSchG), also von Flora und Fauna. Ein Teilaspekt ist die Landschaftspflege. Er betrifft Maßnahmen zur Erhaltung von Naturflächen, ihrer Bewachsung und ihrer Tierpopulation (vgl BFHE 127, 330, BStBl II 1979, 482) einschließlich der Gewässer.

Umweltschutz bezeichnet Maßnahmen zur Erhaltung oder Wiederherstellung der natürlichen Lebensgrundlagen von Pflanze, Tier und Mensch. Er umfasst alle Formen des Immissionsschutzes (Gewässer-, Natur-, Landschafts-, Lärm- und Strahlenschutz, Luftreinhaltung), der Abfallvermeidung und -beseitigung wie die Entwicklung von Umweltbewusstsein (FG BaWü EFG 1978, 189; BFHE 127, 330, BStBl II 1979, 482). Dass die Maßnahmen sich gegen Planungen staatlicher Stellen richten, tut der Begünstigung keinen Abbruch (BFHE 127, 330, BStBl II 1979, 482; BFHE 142, 51, BStBl II 1985, 844). Sie müssen sich aber im Rahmen der verfassungsmäßigen Ordnung halten (BFHE 142, 243, BStBl II 1985, 106; BFHE 127, 330, BStBl II 1979, 482, 487).

30 **Wohlfahrtswesen ua (Nr 9)** betrifft die planmäßige zum Wohl der Allgemeinheit und nicht des Erwerbes wegen ausgeübte Sorge für notleidende oder gefährdete Mitmenschen (vgl. § 66 Abs 2 AO). Sie kann sich auf das gesundheitliche, sittliche, erzieherische oder wirtschaftliche Wohl erstrecken und Vorbeugung oder Abhilfe bezwecken (BFHE 97, 573, BStBl II 1970, 190; BFHE 103, 247, BStBl II 1972, 70). Der Begriff ist weiter als der der (mildtätigen, s dort) „Wohlfahrtspflege". Er umfasst ihn, so dass die Spitzenverbände der freien Wohlfahrtspflege auch dann begünstigt sind, wenn sie nicht nur mildtätig wirken. Erfasst sind im Wesentlichen Maßnahmen der Sozialhilfe nach SGB XII. Zur Wohlfahrtspflege gehört insb die Familienhilfe, die Kranken- und Behindertenhilfe, Gefährdeten- und Suchtkrankenhilfe, Asylantenhilfe, nicht jedoch die Ehevermittlung (BFHE 94, 257, BStBl II 1969, 145) oder die allgemeine Erholung der arbeitenden Bevölkerung (BFHE 108, 96, BStBl II 1973, 251).

31 **Flüchtlingshilfe ua (Nr 10).** Die Zwecke sind neu im Katalog des § 52 Abs 2 AO, waren jedoch schon nach § 48 Abs 2 EStDV Anlage 1 begünstigt. Bei der Hilfe für die genannten benachteiligten Personengruppen geht es vorrangig um **immaterielle Hilfe.** Für die Förderung in Betracht kommen Verbände von Kriegsopfern u Zivilbeschädigten, Vertriebenenverbände, sofern frei von rückwärts gewandten politischen Zielen, Suchdienste (zB des DRK), die Betreuung von Flüchtlingen, Asylsuchenden, Opfern von Straftaten uä.

Zur **Förderung des Andenkens** an Verfolgte, Kriegs- und Katastrophenopfer gehört auch die Errichtung von Ehrenmälern und Gedenkstätten (BTDrs 16/5200, 20).

32 **Rettung aus Lebensgefahr (Nr 11).** Angesprochen sind Maßnahmen zur Rettung aus konkreter Gefahr (Bergnot, Ertrinken, Schiffbruch, Feuersbrunst) sowie vorbereitende Maßnahmen. Für die Förderung in Betracht kommen mE daher Lebensrettungsgesellschaften, Wasserwacht, Bergwacht uä. Bisher gefördert nach § 48 Abs 2 EStDV Anlage 1.

33 **Katastrophen-, Zivil- und Feuerschutz, Unfallverhütung ua (Nr 12).** Neu im Katalog des § 52 Abs 2 AO und aus § 48 Abs 2 EStDV

Anlage 1 übernommen. **Zivilschutz** bedeutet nach § 1 Abs 1 ZSG Schutz der Bevölkerung, ihrer Wohnungen und Arbeitsstätten, lebens- und verteidigungswichtiger Dienststellen, Betriebe, Einrichtungen und Anlagen sowie des Kulturgutes vor Kriegseinwirkungen und Beseitigung sowie Milderung der Folgen mit militärischen Mitteln; auch der **Katastrophenschutz** ist Teil des Zivilschutzes, ebenso wie der **Selbstschutz,** die Warnung der Bevölkerung, der Schutzbau uä. **Feuerschutz** meint Brandbekämpfung und -verhütung; **Arbeitsschutz** die Gesundheitsvor- und -fürsorge des arbeitenden Menschen. **Unfallverhütung** schließlich erfasst darüberhinausgehend sämtliche Lebensbereiche, so zB auch die **Verkehrserziehung** (AEAO Nr 2 Satz 5 zu § 52 AO). Anders als in Nr 11 (Anm 32) geht es also nicht nur um konkrete Gefahren.

34 **Internationale Gesinnung, Toleranz, Völkerverständigung (Nr 13).** Mit Ausnahme der Völkerverständigung neu im Katalog des § 52 Abs 2 AO; mit Ausnahmen (mit Verfassung unvereinbare sowie touristische Aktivitäten) aber schon nach § 48 Abs 2 EStDV Anlage 1 begünstigt. Die internationale Gesinnung hängt eng mit der Völkerverständigung zusammen (Nds FG EFG 2003, 1654 rkr), mE in der Weise, dass sie diese als mentales Element trägt und stützt bzw vorbereitet. Die **Völkerverständigung** bedeutet Förderung von Begegnung und Toleranz im zwischenstaatlichen Bereich außerhalb touristischer Veranstaltungen. Sie dient der Entwicklung und Stärkung freundschaftlicher Beziehungen zwischen den Völkern und damit der Friedenssicherung. Völkerverständigung heißt Förderung der zwischenmenschlichen Begegnung der Angehörigen verschiedener Völker und Staaten sowie des Wissens über andere Völker und des friedlichen Zusammenlebens. Wesentlicher Bestandteil ist die **Förderung des Friedens,** auch mit (mE einschlägigen) Äußerungen zu tagespolitischen Themen (BFHE 155, 461, BStBl II 1989, 391). Begünstigt ist mE auch eine Tätigkeit im oder für das Ausland, insbesondere die auswärtige Kulturpolitik (vgl zu allem *Gemeinnützigkeitskommission* aaO S 124f). Die **Toleranz auf allen Gebieten der Kultur** ist sehr weit gefasst. Gemeint ist mE der bewusst respektvolle Umgang mit allem, was andere, fremde Lebensweisen und Kulturkreise hervorgebracht haben: Kunst, Religion, Lebensgewohnheiten, Denken uä.

35 **Tierschutz (Nr 14).** Neu im Katalog des § 52 Abs 2 AO, bisher begünstigt nach § 48 Abs 2 EStDV Anlage 1. Nach § 1 TierSchG ist das Ziel, aus der Verantwortung des Menschen für das Tier als Mitgeschöpf dessen Leben und Wohlbefinden zu schützen und zu verhindern, dass dem Tier *„ohne vernünftigen Grund"* Schmerzen, Leiden oder Schäden zugefügt werden. Ob zoologische Gärten dem nachkommen, kann angesichts der Haltung von Tieren, die ihres Freiraums beraubt werden, sehr zweifelhaft sein. Tierzucht, die nicht der Arterhaltung, sondern der Hervorbringung besonderer Erscheinungsbilder dient, ist nicht Tierschutz (BFH/NV 1992, 90).

36 **Entwicklungszusammenarbeit (Nr 15).** Bisher als *„Entwicklungshilfe"* bereits im Katalog des § 52 Abs 2 AO enthalten. Die Umbenennung beinhaltet keine sachliche Änderung. Es geht um die Förderung der wirtschaftlichen Entwicklung der Entwicklungsländer einschließlich der Bildung und

Ausbildung dort lebender Menschen mit den Mitteln von Geldzuwendungen, zinsgünstigen Krediten, technischer Hilfe, Sachzuwendungen, Beratungs- und Dienstleistungen. Entwicklungsländer sind die in der Anlage zu § 5 KStDV aufgeführten Länder.

Verbraucherberatung und Verbraucherschutz (Nr 16). Neu im Katalog des § 52 Abs 2 AO; unverändert aus § 48 Abs 2 EStDV Anlage 1 übernommen. Ihr Gegenstand ist der Schutz des Verbrauchers vor wirtschaftlicher Benachteiligung sowie vor unseriöser oder gar krimineller Benachteiligung im Geschäftsleben. Für die Förderung in Betracht kommen insb Verbraucherzentralen und -vereine. Fraglich ist dies jedoch für Abmahnvereine, zumal bei ihnen die Selbstlosigkeit in Frage steht. **37**

Fürsorge für Strafgefangene (Nr 17). Aus § 48 Abs 2 EStDV Anlage 1 in den Katalog des § 52 Abs 2 EStDV übernommen, dient der Förderung der **Resozialisierung.** **38**

Gleichberechtigung von Frauen und Männern (Nr 18). Aus § 48 Abs 2 EStDV Anlage 1 neu in den Katalog des § 52 Abs 2 AO übernommen. Gegenstand der Förderung sind alle Maßnahmen, die die Angleichung der Lebensverhältnisse von Frauen und Männern in Beruf, Familie, Gesellschaft und Politik bezwecken. Das betrifft mE die Aufstiegschancen und Bezahlung im Beruf ebenso wie die Akzeptanz der Arbeit für Haus, Familie und Kindererziehung. **39**

Schutz von Ehe und Familie (Nr 19). Aus § 48 Abs 2 EStDV Anlage 1 neu in den Katalog des § 52 Abs 2 AO übernommen; dient die Förderung allen Bestrebungen, den Stellenwert von Ehe und Familie iSv Art 6 Abs 1 GG als „Keimzelle" der Gesellschaft aufzuzeigen, im Bewusstsein der Menschen zu verankern sowie Hemmnissen durch Gesetzgebung, Verwaltung und durch das Arbeitsleben entgegenzuwirken. **40**

Kriminalprävention (Nr 20). Ebenfalls neu aus § 48 Abs 2 EStDV Anlage 1 in den Katalog des § 52 Abs 2 AO übernommen. Es handelt sich als Aspekt der inneren Sicherheit um eine staatliche Pflichtaufgabe. Sie umfasst alle Maßnahmen, die geeignet sind, Straftaten zu verhindern, und zwar sowohl als gesamtgesellschaftliches Phänomen (Verbesserung des sozialen Klimas) als auch als individuelles Geschehen (konkrete Vorbeugung oder Abwehr). Voraussetzung ist selbstredend, dass die Maßnahmen sich ihrerseits im Rahmen der gesetzlichen Ordnung halten. **41**

Sport (Nr 21). Der Begriff ist unklar (*Arndt/Immel* BB 1987, 1153). Er ist weiter als der der Leibesübungen. Er umfasst die verschiedensten Formen von an spielerischer Selbstentfaltung und am Leistungsstreben orientierter menschlicher Betätigung, die der körperlichen und geistigen Beweglichkeit dient (vgl *Brockhaus,* Enzyklopädie in 25 Bänden, unter „Sport"; Herkunft von lat. disportare = sich zerstreuen, vergnügen; altfrz. desport = Erholung, Zerstreuung; vgl FG Nürnberg EFG 1986, 621). Lt Bericht des Finanzausschusses (BTDrs 7/4292, S 20 zu § 52 AO) soll Einigkeit darüber bestehen, dass die körperliche Ertüchtigung weiterhin wesentliches Element des Sports sei (vgl BFHE 127, 342, BStBl II 1979, 488; BFH/NV 1987, 705; AEAO Nr 6 zu § 52 AO). Was hiermit gemeint sein soll, bleibt allerdings offen. Denn auch „Motorsport in allen seinen Erscheinungsfor- **42**

men“ soll nach Finanzausschuss Sport sein. Dass hierin allerdings die körperliche Ertüchtigung praktisch keine Rolle spielt, dürfte außer Frage stehen. ME ist der gedankliche Ansatz selbst zutreffend und sollte die körperliche Ertüchtigung auch das wesentliche Merkmal der jeweiligen Aktivität sein.

Die neuere Rechtsprechung des **BFH** definiert Sport als „körperliche“, über das ansonsten übliche Maß hinausgehende Aktivität, die durch äußerlich zu beobachtende Anstrengungen oder durch die einem persönlichen Können zurechenbare Kunstbewegung gekennzeichnet ist. Zwar ist auch hiernach körperliche Ertüchtigung wesentliches Merkmal des Sportbegriffs; doch muss sie im Einzelfall nicht augenfällig sein (BFHE 184, 226, BStBl II 1998, 9; BFH/NV 2000, 1071). Die Ausführung eines Spiels in Form von Wettkämpfen unter einer besonderen Organisation machen dies noch nicht zum Sport (BFH/NV 1987, 705).

In Fortführung der methodisch verfehlten Urteile BFHE 176, 229, BStBl II 1995, 499; BFH/NV 1995, 1045 wird daher auch der **Motor„sport“** als gemeinnützig anerkannt: Motor„sport“ sei Sport iSd § 52 Abs 2 AO (Eignung zur körperlichen Ertüchtigung); Förderung des Sports sei nur bei Vorliegen besonderer Umstände nicht gemeinnützig; die Voraussetzungen des § 52 Abs 1 AO (insb die Förderung hin zum Besten auf geistigem, sittlichem und materiellem Gebiet) seien nicht mehr zu prüfen; die Gemeinschädlichkeit von **Motor„sport“**veranstaltungen (gesteigerte Gefährdung von Leib und Leben auch Unbeteiligter; Umweltzerstörung) sei hinzunehmen, weil die Tätigkeit erlaubt sei und Unfälle auch bei anderen Sportarten vorkommen (BFHE 184, 226, BStBl II 1998, 9; zust *Rößler* DStZ 1998, 595). Damit zementiert der BFH eine Entwicklung, die das System des Gemeinnützigkeitsrechts auf den Kopf stellt (Anm 14, 21). Die Subsumtion unter das Erfordernis der körperlichen Ertüchtigung bleibt – mE ergebnisorientiert – fragwürdig, soweit die „Feinmotorik“ angesprochen ist, und undifferenziert, weil nicht nach den konkreten Veranstaltungen unterschieden wird. Ungeprüft bleibt die Frage, inwieweit die körperliche Ertüchtigung wesentliches Ziel des Motor„sports“ zumal bei Veranstaltungen ist, die sich vom üblichen Straßenverkehr nicht bzw kaum unterscheiden (zB Orientierungsfahrten, Familiensternfahrten). Ungeprüft bleibt ferner das Gebot der „Ausschließlichkeit“ (Anm 73), das auf jeden Fall der Gemeinnützigkeit von Motor„sport“ entgegensteht. Denn im Vordergrund dieser Aktivität steht der Einsatz der Technik und der Beitrag zur Entwicklung immer leistungsfähigerer Maschinen (krit auch *Wien* DStZ 1998, 572). Diese je nach Betätigungsart ergebnisorientierte Handhabung des Ausschließlichkeitsgebots ist leider seit eh und je Teil des voluntaristisch gehandhabten Gemeinnützigkeits„systems“, wie sich am augenfälligsten an den unterschiedlichen Einordnungen von Hundesport (BFHE 127, 356, BStBl II 1979, 495) und Pferdesport (zB BFHE 93, 522, BStBl II 1969, 43; FG Saarl EFG 1987, 374) zeigen lässt: das Training kleiner Tiere verstieß gegen das Ausschließlichkeitsgebot, das größerer Tiere hingegen nicht. Nur noch bedauerlich zu nennen aber ist das juristische Achselzucken, mit dem der BFH nicht nur die Umweltunverträglichkeit, sondern auch die (Gemein-)Gefährlichkeit des Motor„sports“ abtut. Der Umstand, dass die Betätigung polizeirechtlich erlaubt ist, ändert nichts daran, dass sie in Widerspruch zu höherrangigen Gemeinnützigkeitszielen steht. Der Umstand, dass auch bei anderen Sportarten – im Sinne eines Restrisikos – Unfälle geschehen können, hat die Qualität einer Leerformel angesichts des Umstands, dass beim Motor„sport" die Gefährlichkeit konstitutives Element ist und nicht nur – wie beim Drachenflug – den Ausübenden, sondern auch Unbeteiligte betrifft. Einen weiteren kennzeichnenden Akzent setzt das FG Ba-Wü (EFG 1995, 337), das den Minicar-„sport" als Förderung auf geistigem Gebiet ansieht. Kann man es noch deutlicher machen, auf welchem **Tiefpunkt** das Gemeinnützigkeitsrecht angekommen ist?

Nicht angesprochen hat der BFH in BFHE 184, 226, BStBl II 1998, 9 die Frage, ob dem Sportbegriff eine **„planvolle"** Betätigung – was immer das sei – immanent ist, wie das BFHE 127, 356, BStBl II 1979, 495 für den Ausschluss des Hundesports postuliert, oder gar der Wettkampf, wie dies BFHE 134, 507, BStBl II 1982, 148 für den Ausschluss der Freikörperkultur suggeriert. ME ist das nicht der Fall, da der Sportbegriff die spielerische – unverkrampfte – Selbstentfaltung umfasst.

Nicht zu übersehen ist, dass die oa Definition des BFH das Instrumentarium bietet, jede irgendwie geartete Tätigkeit, die körperliche Geschicklichkeit und/oder ein gutes Auge und Fingerfertigkeit voraussetzt, als Sport anzuerkennen, wie etwa Tischfußball, Flippern, Dart (s Stichwort Anm 49), aber auch Handarbeiten (wenn es schon einen Modellbau-„sport" gibt, wie dies BFHE 176, 229, BStBl II 1995, 499; BFH/NV 1995, 1045 groteskerweise annehmen, warum dann nicht auch Häkel- oder Klöppel„sport"?) oder nicht anzuerkennen (wie – aberwitzig genug – den Drachenflug, s Stichwort Anm 49).

Ebenso wenig gemeinnützig sind Sportvereine, die etwa mit dem Mittel der „Preisgestaltung" die **Allgemeinheit außen vor** halten (vgl Anm 15 b). Nur die unreflektierte Formel „wenn schon Sport, dann schon" ergibt „gemeinnützig" (ihr folgt neben dem BFH aaO auch *Müller-Gatermann* FR 1995, 261, wenn er sich auch an der Aufnahme des Hundesports, nicht jedoch des Pferde- u Motor„sports" in den Katalog stört).

Gut ins Bild passt die ehedem langjährige **Diskussion um** die Gemeinnützigkeit des **Schach,** das jetzt als Sport „gilt". Davon abgesehen, dass so mancher anerkannte Sitz-„Sport" kaum mehr körperliche Ertüchtigung bietet und auch keine positiven geistig-sittlichen Qualitäten aufweist – wie etwa die „Fahrsport"-Arten –, müsste gerade das Schachspiel auch ohne die Nennung im Katalog des § 52 Abs 2 AO bereits nach der Generalklausel des Absatzes 1 dieser Vorschrift als gemeinnützig anerkannt werden, weil es zweifelsohne eine Förderung auf geistigem Gebiet beinhaltet: Abstraktions- und Kombinationsvermögen, Kreativität, Blick für formallogische Zusammenhänge und nicht zuletzt Gefühl für die Ästhetik eines Denkvorganges sind gefragt und werden gefördert. Insofern erscheint zwar eine Bevorzugung des Schachspiels vor anderen Denkspielen – Kartenspielen uä – sachlich gerechtfertigt (aA *Gothe* DB 1979, 475; *Schad/Eversberg* DB 1980, 1234; *Arndt/Immel* BB 1987, 1153). Gleichwohl machte erst der „Sport" die Anerkennung möglich.

Dem Sport **„nahestehende"** Betätigungen sollten nach der Vorstellung der Bundesregierung ebenfalls uneingeschränkt als gemeinnützig anerkannt werden (BTDrs 11/4176). Genannt wurden insb Skat, Go, Bridge, Modellflug, Hundesport, Tischfußball. Durchgesetzt haben sich jedoch durch besondere Nennung im Förderungskatalog nur der Modellflug und der Hundesport, nunmehr in Abs 2 Nr 23 (hierzu *Thiel/Eversberg* DB 1990, 240). Es bedarf sicher keiner Erörterung, dass die genannten, dem Sport „nahestehenden" Betätigungen dem Sport nicht nahe stehen (Ausnahme evtl Hundesport).

Bezahlter Sport ist mE dann, wenn er ausschließlicher oder überwiegender Zweck einer Körperschaft ist, mangels Förderung der Allgemeinheit nicht gemeinnützig (vgl Anm 90, 130; AEAO Nr 12 zu § 52 AO).

Zu **Verfassungsfragen** des Sports und der Sportförderung vgl *Steiner* NJW 1991, 2729.

43 **Heimatpflege und Heimatkunde (Nr 22).** Tritt an die Stelle des bisher schon im Katalog des § 52 Abs 2 AO enthaltenen *Heimatgedankens,* ohne dass sachliche Änderungen gewollt sind (BTDrs 16/5200, 21). Es geht um die Pflege der Verbundenheit mit der Heimat als durch Tradition und Lebensform geprägten Raum der sozialen Zugehörigkeit. Förderungswürdig ist die historische Landesforschung, die Pflege der Landes-, Volks- und Heimatkunde, der Mundarten, des Trachtenwesens und des Brauchtums, die Unterstützung von Heimatmuseen usw Abzugrenzen sind zweckfremde zB politische Aktivitäten, die sich immer wieder im Gewand des Heimatgedankens verstecken, einerseits, aber auch wirtschaftliche Betätigungen (zB Bewirtung), die nicht selten mit Veranstaltungen einhergehen, andererseits (vgl BFHE 145, 40, BStBl II 1986, 92; AEAO Nr 6 Satz 6 zu § 52).

44 **An sich nicht gemeinnützige Aktivitäten (Nr 23).** An dieser Stelle hat die Politik als Gesetzgeber wie schon in der bisherigen Nr 4 – bunt zusammengewürfelt – Freizeitaktivitäten als gemeinnützig nobilitiert, was mE angesichts des Fehlens einer sachlichen Rechtfertigung und der Willkürlichkeit der Privilegierung gerade dieser Aktivitäten offenkundig gegen Art 3 Abs 1 GG verstößt (ebenso *Jachmann* in *Beermann/Gosch* § 52 Anm 113). Das gilt umso mehr, als Rspr u Verwaltung schon bisher die Nennung der angegebenen Aktivitäten nicht für analogiefähig halten; nicht genannte Aktivitäten müssen mit den genannten „identisch" sein (BFHE 176, 229, BStBl II 1995, 499; BFH/NV 1995, 1045; AEAO Nr 9 Sätze 1 u 2 zu § 52), was ein semantisches und logisches Unding ist (ebenso *Gmach* FR 1996, 308; 1997, 393).

Im Einzelnen:

Tierzucht/Pflanzenzucht: Im Hinblick auf Kleintierzucht und Pflanzenzucht ging es nach einem SPD-Antrag (BRDrs 11/1334, 4) um die Arterhaltung angesichts einer belasteten Umwelt. Motive dieser Art dürften für die Aufnahme im Katalog des § 52 Abs 2 Nr 4 AO aF ausschlaggebend gewesen sein. Ob im Einzelfall tatsächlich solche Zwecke gefördert werden sollen und ob dies insb durch Amateure überhaupt möglich ist, sollten FA und FG konkret prüfen; anerkannt sind Obst- und Gartenbau, Aquarien- u Terrarienkunde sowie Bonsaikunst (AEAO Nr 10 zu § 52 AO);

Kleingärtnerei: war bisher schon anerkannt, vgl ABC Anm 49;

Brauchtum: Der Begriff bezeichnet herkömmliche, traditionelle und landsmannschaftliche Gebräuche und Verhaltensweisen (Trachten, Lieder,

Gedichte, Märchen, Volksfeste, Volkstanz, Riten – vgl BFH/NV 2000, 1071), nach AEAO Nr 11 zu § 52 AO auch historische Schützenbruderschaften, Freizeitwinzervereine, Junggesellen- und Burschenvereine, wenn traditionelles Brauchtum (zB Aufstellen von Maibäumen) gefördert wird; zur besonderen Prüfung von Selbstlosigkeit und Ausschließlichkeit Nr 12 zu § 52 AO. Sofern tatsächlich Brauchtum gepflegt wird (Trachtenvereine, Volkstanz uä), ist die Benennung nicht konstitutiv, da insofern bereits der Gesichtspunkt der Kultur angesprochen ist. Zum Brauchtum gehört nunmehr auch das sog Schützenbrauchtum (AEAO Nr 6 in § 52 AO, der dies bei den Sportarten erwähnt; dort jedoch zu Unrecht, denn insofern läge ein eindeutiger Verstoß gegen das Ausschließlichkeitsgebot vor; hierzu Anm 73). Nicht hierher gehören studentische Verbindungen, Landjugendvereine, Country- und Westernvereine sowie Vereine zur Veranstaltung von Volksfesten (AEAO Nr 11 zu § 52 AO).

Karneval, Fastnacht, Fasching bezeichnen trotz der Nennung idR keine gemeinnützigen Zwecke, sofern nicht Brauchtum im oa Sinn angesprochen ist, wie etwa bei den alemannischen Narrenzünften; im Übrigen handelt es sich um gesellige Betätigungen mit den immer gleichen Mätzchen, die die „Voraussetzungen des Absatzes 1" nicht erfüllen. Die Aufnahme solcher Vereine in den Katalog ist auch angesichts einer gewissen Symbiose von Karnevalistik und Politik bedenklich; vgl etwa die „Ordensverleihungen". Auch ist die tatsächliche Geschäftsführung (Anm 103) kaum überprüfbar (vgl etwa den Bericht der „Süddeutschen Zeitung" Nr 25 v 31. 1. 1990 „Den Reps auf den Leim gegangen": Wahlkampfwerbung in der Festschrift eines Faschings- und Freizeitclubs). Zur Behandlung von geselligen Veranstaltungen bei Karnevalsvereinen vgl *Thiel/Eversberg* DB 1990, 344, 350;

Soldaten- und Reservistenbetreuung ist nur unter engen Voraussetzungen der Personen(für)sorge gemeinnützig (AEAO Nr 13 zu § 52 AO); im Übrigen fehlt es an der Verfolgung gemeinnütziger Zwecke wie an der Förderung der Allgemeinheit (vgl BFHE 78, 54, BStBl III 1964, 20); zu Kameradschaft als Satzungszweck s ABC Anm 49 „Kameradschaftsvereine";

Amateurfunken ist reine nicht-gemeinnützige Freizeitgestaltung ohne Verfolgung der Zwecke des „Absatzes 1", aber wohl als gemeinnützig zu behandeln; Entsprechendes soll wegen angeblicher Identität (Anm 21) mit dem Amateurfunken (die jedoch nicht gegeben ist) auch für das CB-Funken gelten (*BayFM* DB 1996, 2415; *Saarl FM* DStR 1996, 1973; *FM NRW* FR 1997, 241);

Modellflug: ebenfalls eine reine, jedoch willkürlich privilegierte Freizeitveranstaltung; zum Bauen und Bedienen von Modellautos und -schiffen BFHE 176, 229, BStBl II 1995, 449; BFH/NV 1995, 1045: „Die Förderung des Modellflugs ist idR darauf gerichtet, detailgetreue und möglichst flugfähige Modelle von Fluggeräten herzustellen, die technisch oder historisch von Interesse sind. Der Bau derartiger Modelle setzt technisches Können, Sorgfalt und Ausdauer voraus. Die Förderung des Modellflugs trägt somit dazu bei, Kenntnisse und Fähigkeiten zu erlangen und zu bewahren, die für die technische Entwicklung der Bundesrepublik Deutschland von erheblicher Bedeutung sind ..." (aaO); eine groteske Äußerung, die (hoffentlich) nur damit zu erklären ist, dass Worte zur „Begründung" eines feststehenden Ergebnisses her mussten.

Hundesport kann in Teilbereichen mE gemeinnützige Aspekte haben; im Übrigen handelt es sich wohl um reinen Freizeitvertreib (wie beim Hunderennen);

45 **Demokratisches Staatswesen (Nr 24).** Angesprochen ist mE das demokratische Prinzip iSv Art 20 Abs 1 GG. Die Begünstigung setzt daher eine Förderung des demokratischen Staatswesens nach der Werteordnung des GG voraus (vgl AEAO Nr 8 zu § 52 AO; *Tipke/Kruse* § 52 AO Rn 22). Die Demokratie des GG ist eine „offene" Demokratie im Gegensatz zur totalitären Demokratie. Ihre Politik vollzieht sich nach dem Muster von „Versuch und Irrtum". Daher sind ihr die Prinzipien der Gedanken-, Meinungs-, Pressefreiheit, der öffentlichen Kritik und insbesondere der parlamentarischen Opposition begriffsimmanent (*Maunz/Dürig,* Art 20 GG I Rn 40). Die Demokratie des GG ist freiheitliche Demokratie. Ihr zuzuordnen sind Prinzipien der Gewaltenteilung, der Verfassungsbindung aller staatlichen Gewalt und der freien, gleichen und geheimen Wahl (*Maunz/Dürig,* Art 20 GG I Rn 41). Sie ist getragen von der Idee der Menschenwürde (Art 1 GG) und der Gleichheit aller Menschen (*Maunz/Dürig* Art 20 GG I Rn 17 und II Rn 6 ff). Sie ist aber auch „streitbare" Demokratie, die die aktive Verteidigung ihrer Grundordnung zur Pflicht erhebt (*Maunz/Dürig,* Art 20 II Rn 29 ff). Hieraus ergeben sich mE im Wesentlichen die Bestrebungen, die als Förderung des demokratischen Staatswesens begünstigungsfähig sind. Bestrebungen, die den genannten Prinzipien widerstreiten, sind nicht gemeinnützig (vgl auch *Felix/Streck* DStZ 1984, 79). Ebensowenig sind gemeinnützig Bestrebungen, die nur bestimmte Einzelinteressen staatsbürgerlicher Art verfolgen oder die auf den kommunalen Bereich beschränkt sind (§ 52 Abs 2 Nr **24** Hs 2 AO). Damit ist klargestellt, dass Parteien und Vereine zur Förderung bestimmter Parteien nicht gemeinnützig sind (vgl auch § 55 Abs 1 Nr 1 AO, unten Anm 68 f; zur Abgrenzung *FM Th* DStR 1993, 1296). Aber auch die Förderung der kommunalen Demokratie ist ausgeschlossen, weil dort die Gefahr der Vermengung mit persönlichen Interessen zu groß ist (*Felix* FR 1981, 83; *v. Wallis* DStZ 1983, 135; *Lang* JbFfSt 1983/1984, 217 ff).

Zur Frage, ob § 52 Abs 2 Nr 24 AO konstitutiven oder nur deklaratorischen Charakter hat, vgl *Felix/Streck* DStZ 1984, 79 (konstitutiv) und *Tipke/Kruse* § 52 AO Rn 22 und *Lang* JbFfSt 1983/84, 215 f (deklaratorisch; mE zutreffend).

46 **Förderung des bürgerschaftlichen Engagements (Nr 25).** Ein eigentümlicher Begünstigungstatbestand, der eine Vereinigung voraussetzt, die ihre Aktivität darin erschöpft, andere für gemeinnütziges Engagement zu erwärmen; ansonsten ist sie sinn- u funktionslos (*Jachmann* in *Beermann/Gosch* § 52 AO Anm 122). Nach BTDrs 16/5200, 9 soll sie lediglich die Bedeutung des Ehrenamts für die Gesellschaft hervorheben. Nach einer **aA** soll die Nachbarschaftshilfe (Hausputz, Kinderbetreuung uä) unter diese Rubrik fallen (*Hüttemann* DB 2007, 2053; *Schauhoff/Kirchhain* DStR 2007, 1985). Doch kann mE die Nachbarschaftshilfe mit nach anderen Gesichts-

punkten gemeinnützig sein; ist sie dies nicht, dann gelingt auch nicht der Umweg über die Nr 25. S im Übrigen ABC Anm 49.

Die einfache **Freizeitgestaltung** ist nicht gemeinnützig (vgl RFH RStBl 1932; 105, BFHE 134, 507, BStBl II 1982, 148). Indes erscheint diese Aussage in ihrer allgemeinen Form höchst problematisch. Selbstredend gibt es Formen der Freizeitgestaltung, die die Allgemeinheit auf materiellem, geistigem oder sittlichem Gebiet fördern (zust *Arndt/Immel* BB 1987, 1153, 1156; **aA** BFHE 104, 534, BStBl II 1972, 440; BFHE 127, 356, BStBl II 1979, 495; BFHE 134, 507, BStBl II 1982, 148). Die Prüfung des Einzelfalles hat sich immer an der Grundaussage des § 52 Abs 1 Satz 1 AO auszurichten. Hierbei hat entgegen BFHE 134, 507, BStBl II 1982, 148 außer Betracht zu bleiben, ob auch das gesellige Beisammensein, die Erholung, die Unterhaltung usw eine Rolle spielen (so für die Veranstaltung von Dart wohl *OFD Hannover* DStR 1994, 1578). Eine negative Voraussetzung dieser Art steht nicht im Gesetz und ist auch durch sonstige Auslegungsmethoden nicht aus ihm herauszuholen. Wollte man eine solche Forderung dennoch aufstellen, dann dürfte kein Sportverein, insbesondere kein Schützenverein, als gemeinnützig anerkannt werden. Überhaupt geht BFHE 134, 507, BStBl II 1982, 148 (keine Gemeinnützigkeit eines Vereins für Freikörperkultur) recht unmethodisch vor. Nicht der Wortlaut sowie Sinn und Zweck des Gesetzes (Förderung auf geistigem, sittlichem oder materiellen Gebiet), sondern die Frage nach der „Freizeitgestaltung" steht im Vordergrund. Auch die zur Erreichung des Ergebnisses notwendigen Zwischenschritte sind methodisch fragwürdig. Da wird das (nicht gemeinnützige) Baden gegen das (gemeinnützige) planmäßige Wettkampfschwimmen ausgespielt (hierzu *Arndt/Immel* BB 1987, 1153). Und es erscheint die Behauptung, eine schwerpunktmäßig auf die „bloße Erholung" (!) gerichtete Freizeitgestaltung diene nicht dem allgemeinen Besten auf materiellen, geistigem oder sittlichem Gebiet und sei in erster Linie Angelegenheit der arbeitenden Menschen selbst (als wäre das bei einem Großteil gemeinnütziger Aktivitäten, zB beim Sport, anders). Bedenkt man dagegen, dass (um auf den Motor„sport" zurückzukommen) nach der Vorstellung des Finanzausschusses (BTDrs 7/4292, S 20 zu § 52 AO) die motorisierte Gefährdung, Verletzung und Tötung von Menschen Sache der Allgemeinheit ist, dann wird unabhängig von den Beispielen des § 52 Abs 2 Nr 23 AO (Anm 44, vgl auch Anm 14 u 21) die innere Systemlosigkeit und Widersprüchlichkeit des praktizierten Gemeinnützigkeitsrechts offenbar. Im Übrigen hat der Gesetzgeber die Zielsetzung, einfache Freizeitgestaltung nicht zu fördern, durch Aufnahme der **Nr 23 in § 52 Abs 2 AO** (vgl Anm 14 und 28) selbst verwässert. Zwar ist aus grundsätzlichen Erwägungen daran festzuhalten, dass privatnützige Freizeitgestaltung nicht förderungswürdig ist (Anm 14). Es fehlt nur jede methodische Grundlage, privatnützigen und geselligen Zusammenschlüssen wie den Sportvereinen und sogar Motor-„sport"vereinen (BFHE 145, 33, BStBl II 1986, 88) Gemeinwohlcharakter zuzusprechen (vgl *Lang* StuW 1987, 221, 234, 244) und dies bei anderen ebenso nützlichen und geselligen Vereinigungen abzulehnen. 47

(frei) 48

49 **ABC der gemeinnützigen Zwecke**

Abmahnvereine sind mE idR nicht gemeinnützig, da und soweit Mitgliederförderung betrieben wird (vgl FG M-V v 28. 9. 1999 2 K 363/97 nv) und idR auch eine eigenwirtschaftliche Betätigung nicht in den Hintergrund tritt (differenzierend *OFD Rostock* v 10. 5. 2001 – S 0171–03/01 St 242/24 a).

Akupunktur (Forschung u Lehre), bejaht, *OFD Köln* StEK AO § 52 R 10.

Alkoholische Enthaltsamkeit, als Teil des Gesundheitswesen (Anm 24) mE gemeinnützig; vgl BFHE 55, 376, BStBl III 1951, 148.

Alternative Wohnformen nach *OFD Ffm* DStR 2007, 232 a nicht gemeinnützig bzw mildtätig.

Andenken an Verfolgte, Kriegs- u Katastrophenopfer, nach § 52 Abs 2 Nr 10 AO (Anm 31) gemeinnützig.

Angeln zu verneinen, auch wenn mit der Vokabel „Sport" versehen; anerkannt jedoch unter verengender und euphemisierender Sicht der Vereinszwecke (Hege und Pflege; Gewässerreinhaltung) durch *BMF* DB 1991, 2518, DStR 1991, 1456 – Ausnahme Wettfischen.

Arbeitnehmerüberlassungsgesellschaften: Es gilt das zu Beschäftigungsgesellschaften Ausgeführte entsprechend.

Arbeitslosenhilfe, bejaht, Nds FG EFG 1984, 45.

Arbeitsschutz (Unfallverhütung) nach § 52 Abs 2 Nr 12 AO (Anm 33) anzuerkennen, vgl AEAO Nr 2 zu § 52 AO.

Astrologische Lehren, nicht gemeinnützig (FG Schl-H EFG 1996, 940).

Ballonfahren ist angeblich Sport iSv „körperlicher Ertüchtigung" und daher als gemeinnützig anerkannt (AEAO Nr 6 zu § 52 AO)

Beschäftigungsgesellschaften sind nur dann (mE jetzt nach § 52 Abs 2 Nr 9 AO, Anm 30) gemeinnützig, wenn der Schwerpunkt ihrer Tätigkeit auf der beruflichen Qualifikation und sozialen Betreuung liegt (zu arbeitstherapeutischen Beschäftigungsgesellschaften BFHE 177, 339, BStBl II 1995, 767); nicht wenn sie vorrangig selbst produzieren und vertreiben bzw Leistungen an Dritte erbringen (*BMF* BStBl I 1993, 214; *OFD Ffm* DB 1997, 2055). Die Durchführung von Lohnaufträgen uä kann bei anerkannten Gesellschaften ein Zweckbetrieb sein (Anm 85 ff); zu den steuerlichen Folgen *Sproß* DStZ 1993, 545).

Bierbrauen, nicht gemeinnützig (*OFD Erfurt* DStR 1997, 116).

Billard, bejaht, *OFD Ffm* u *Düsseldorf* StEK § 52 Nr 17; mE unzutreffend

Biologisch-dynamische Landwirtschaft bejaht (vgl BFHE 165, 484, BStBl II 1992, 62); mE jetzt nach § 52 Abs 2 Nr 8 AO (Anm 29).

Brettspiele sind nach *OFD Erfurt* DStR 1997, 116 selbst dann nicht gemeinnützig, wenn die Kunst des abstrakten Denkens erheblich gefördert wird (zB GO; AEAO Nr 6 zu § 52 AO).

Buchkunst, Förderung des guten Buches, bejaht, BFHE 62, 462, BStBl III 1956, 171; jetzt § 52 Abs 2 Nr 5 AO (Anm 26).

Campingverein, verneint, FG München EFG 1970, 584; vgl auch BFHE 104, 85, BStBl II 1972, 204.

Darlehen, die Vergabe ist kein gemeinnütziger Zweck, kann aber Mittel zur Zweckerreichung sein (*BMF* BStBl I 1995, 40 Tz 5), zur Selbstlosigkeit s Anm 67, 86b.

Dart ist Sport iSd Definition (Anm 42), nach *OFD Hannover* (DStR 1994, 1578) jedoch nur, wenn nach den Regeln des Deutschen Dartverbandes betrieben. Diese Einschränkung besagt mE über die Sporteigenschaft nichts.

Denkmal- u. Heimatpflege, bejaht, RFH RStBl 1938, 613; jetzt § 52 Abs 2 Nr 22 AO (Anm 43).

Dialyseverein bejaht (vgl *OFD Ffm* DB 1993, 1116; *FM Ba-Wü* DStR 1993, 915; *OFD Magdeburg* FR 1994, 618).

Drachenflug ist nicht Modellflug (s dort) und angeblich auch nicht Sport (*OFD Ffm* DB 1995, 1370); fraglich angesichts dessen, dass das sitzende Fliegen in all seinen Erscheinungsformen als Sport anerkannt ist (s Flug„sport"), Rettung gibt es aber für Drachenflug „mit Modellen" wegen angeblicher Identität (Anm 21) mit Modellbau (*Hess FM* DStR 1996, 2015).

Drogenmissbrauchsbekämpfung, mE gemeinnützig.

Ehe und Familie (Schutz von), anzuerkennen; jetzt § 52 Abs 2 Nr 19 AO (Anm 40).

Eheanbahnung, verneint, BFHE 94, 257, BStBl II 1969, 145.

Erholungsheim, Erholungsverein, verneint, BFHE 72, 292, BStBl III 1961, 109; BFHE 108, 96, BStBl II 1973, 251, es sei denn, besondere weitere Zwecke (zB Alten-, Jugendhilfe) werden verfolgt oder die Erholung wird in einer besonderen Weise (zB Sport) verfolgt (AEAO Nr 14 zu § 52 AO). Die Förderung der Gesundheit allein zählt also nicht!!

Familienstiftung, verneint, RFH RStBl 1941, 316.

Feuerbestattung, Friedhofskultur, bejaht, BFHE 127, 348, BStBl II 1979, 491, entgegen RFH RStBl 1935, 1403; für einen Feuerbestattungsverein, zu dessen Satzungszwecken der Betrieb eines Krematoriums gehört, wegen fehlender Selbstlosigkeit (Anm 64 ff) verneint von BFH/NV 2005, 1213; *OFD Ffm* DB 1997, 205.

Feuerschutz, anzuerkennen, jetzt § 52 Abs 2 Nr 12 AO (Anm 33).

Film- u Fotoclub, verneint, *OFD Köln/Münster* StEK AO § 52 Nr 22; mE kommt im Einzelfall Förderung von Kunst in Betracht (ebenso *OFD Erfurt* DStR 1997, 116).

Flüchtlingshilfe, anzuerkennen; jetzt § 52 Abs 2 Nr 10 AO (Anm 31).

Flughafenbetrieb, Regionalflughafen, verneint BFHE 56, 280, BStBl III 1952, 112; BFHE 114, 100, BStBl II 1975, 121.

Flug„sport", mE nicht gemeinnützig (**aA** BFHE 145, 33, BStBl II 1986, 88).

Forschungseinrichtungen, die aus Zuwendungen der öffentlichen Hand oder Dritter finanziert werden sind grundsätzlich gemeinnützig; zur Zweckbetriebseigenschaft vgl § 68 Nr 9 AO (Anm 141) und *OFD Düsseldorf* DB 1996, 1377, DStR 1996, 1246

Freikörperkultur, verneint, RFH RStBl 1932, 105; BFHE 104, 88, BStBl II 1972, 197; BFHE 134, 507, BStBl II 1982, 148; vgl aber *FinVerw Länder* FR 1980, 322 und FG Berlin EFG 1986, 419.

Freimaurerloge, verneint, RFH BStBl 1930, 539; BFHE 108, 451, BStBl II 1973, 430.
Fremdenverkehrsbetriebe sind mangels Förderung der Allgemeinheit und mangels Selbstlosigkeit (Anm 64 ff) nicht gemeinnützig (*OFD Erfurt* DStR 1996, 1246, 1997, 116).
Friedensförderung, bejaht, BFHE 155, 461, BStBl II 1989, 391; s auch § 52 Abs 2 Nr 13 AO (Anm 13).
Funken (Amateur-), s § 52 Abs 2 Nr 23 (Anm 44).
Fürsorgeerziehung, bejaht, RFH RStBl 1939, 92.
Fußballverein, bejaht trotz Vertragsspieler, BFHE 60, 32, BStBl III 1955, 12; mE abzulehnen.
Gartenschauen, gemeinnützig, auch bei Vermögensübertragung auf eine Kommune (kein Verstoß gegen § 55 Abs 1 Nr 4 AO, *OFD Nürnberg* DB 2002, 2136).
Gefolgschaftsvereine, verneint, RFH RStBl 1941, 275.
Geselligkeitsvereine, nicht gemeinnützig, da lediglich die einfache Freizeitgestaltung fördernd (*OFD Erfurt* DStR 1997, 116).
Gesetz und Recht (Eintreten für), mE gemeinnützig; s auch § 52 Abs 2 Nr 24 AO (Anm 45).
Gesundheitsfürsorge, s Anm 24 „Öffentliches Gesundheitswesen".
Getreidebörse, verneint, wenn wirtschaftliche Vorteile für Mitglieder, BFHE 60, 32, BStBl III 1955, 12.
Gleichberechtigung von Männern und Frauen, anzuerkennen; jetzt § 52 Abs 2 Nr 18 AO (Anm 30).
Golf, bejaht, BFHE 127, 432, BStBl II 1979, 488; s oben Anm 15.
Gotcha, s „Paintball".
Haus- u. Grundbesitzerverein, mE zu verneinen.
Heimatverein, bejaht, BFHE 145, 40, BStBl II 1986, 92; s auch § 52 Abs 2 Nr 22 AO (Anm 43).
Heime für Hilflose, Kranke u Minderbemittelte, bejaht RFH 1938, 828; RFH BStBl 1941, 796.
Homosexuellenverein, bejaht, FG Berlin EFG 1985, 146.
Hundesport, verneint, BFHE 127, 356, BStBl II 1979, 495; jetzt aber § 52 Abs 2 Nr 23 (Anm 44; s auch Anm 42).
Internetvereine, nach AEAO Nr 3 zu § 52 AO gemeinnützig, wenn sie ausschließlich die Volksbildung (im Umgang mit den elektronischen Medien durch Schulung usw) verfolgen.
Jugendsekten uä insbesondere mit Totalitätsanspruch sind nicht gemeinnützig (vgl BFH/NV 1992, 695); zur Problematik der staatlichen Förderung eines Vereins zur Bekämpfung solcher Sekten vgl BVerwG NJW 1992, 2496.
Jugendverband kann Jugendhilfe betreiben, ist aber dennoch nicht (ausschließlich) gemeinnützig, wenn sich aus dem Vereinszweck eine überwiegende politische Zielsetzung ergibt (BFH/NV 1991, 485 mwN).
Jugendweihe, sofern ohne parteipolitische Beeinflussung als Förderung der Jugendhilfe anerkannt (*OFD Ffm* DB 1999, 460).
Junggesellen- und Burschenvereine s Anm 44 „Brauchtum".
Kameradschaftsverein, verneint, BFHE 78, 54, BStBl III 1964, 20; auch nicht durch § 52 Abs 2 Nr 23 AO begünstigt (Anm 44). Ist Kamerad-

schaft ein eigenständiger Satzungszweck neben anderen begünstigten Zwecken, dann ist nach BFHE 176, 229, BStBl II 1995, 499 und BFHE 188, 124, BStBl II 1999, 331 entgegen FG Köln EFG 1997, 186 (aufgeh) die Gemeinnützigkeit nicht wegen Verstoßes gegen das Ausschließlichkeitsgebot zu verneinen (sa AEAO Nr 13 zu § 52 AO; unkritisch *Hüttemann* FR 2002, 1337). Das ist mE zu bezweifeln, weil es sich um die Förderung der Geselligkeit handelt.

Karnevalsverein, s § 52 Abs 2 Nr 23 AO (Anm 44).

Kartenspiele, nicht gemeinnützig (für Bridge BFH v 16. 12. 1987 I B 68/87 nv; AEAO Nr 6 zu § 52 AO; allgemein *OFD Erfurt* DStR 1997, 116).

Katastrophenschutz, anzuerkennen; jetzt § 52 Abs 2 Nr 12 AO (Anm 33).

Kleingartenverein, bejaht, FG München EFG 1969, 330; jetzt § 52 Abs 2 Nr 23 AO (Anm 44).

Kleintierzucht, s „Tierzucht".

Kochen ist nicht gemeinnützig (*OFD Erfurt* DStR 1997, 116).

Kommunale Kinos vgl *FM M-V* DB 1993, 1060.

Kosmetikvereine, nicht gemeinnützig (*OFD Erfurt* DStR 1997, 116).

Krankenhauswäscherei (Zentralwäscherei) verneint (BFHE 179, 19, BStBl II 1996, 28, insofern unter Bestätigung von FG Düsseldorf EFG 1994, 708; vgl FG Düsseldorf EFG 1992, 99).

Kriegsopfer-, -hinterbliebenen, -beschädigten-, -gefangenenhilfe, mE anzuerkennen; vgl § 52 Abs 2 Nr 10 AO.

Kriminalprävention, anzuerkennen (AEAO Nr 2 zu § 52 AO).

Künstlerförderung, zu bejahen, jedoch verneint für den Fall, dass bemittelte Künstler gefördert werden, RFH RStBl 1938, 36.

Küstenschutz, mE anzuerkennen; vgl § 52 Abs 2 Nr 8 AO.

Kurheim, verneint, BFHE 66, 438, BStBl III 1958, 170.

Lebensrettungseinrichtungen, mE gemeinnützig; vgl § 52 Abs 2 Nr 11 AO.

Logen, verneint bei selektiver Auswahl der Mitglieder, BFHE 127, 352, BStBl II 1979, 492.

Luftschutzzeitung, verneint, RFH RStBl 1942, 748.

Lungenheilanstalt, für Minderbemittelte, bejaht, RFH BStBl 1937, 1159.

Mensaverein, dessen einziger Zweck die Grundversorgung von Schülern ist, anerkannt (vgl *OFD Ffm* DB 2000, 2350; die **aA** von *OFD Kiel* DB 2000, 1305 ist mE überholt).

Mietverein, mE mangels Selbstlosigkeit gemeinnützig.

Milchversorgungsgesellschaft, verneint wegen geschäftlicher Förderung der Mitglieder, RFH BStBl 1933, 1117.

Modellbau, wie Modellflug(zeugbau), vgl BFHE 176, 229, BStBl II 1995, 499; BFH/NV 1995, 1045.

Modellflug(zeugbau), jetzt nach § 52 Abs 2 Nr 23 AO (Anm 44) gemeinnützig (zu den einzelnen Varianten der gemeinnützigen Bastelei vgl BFHE 176, 229, BStBl II 1995, 499; *FinSen Bremen* DStR 1995, 1917 sowie *OFD Erfurt* DStR 1997, 116: auch das Basteln von und Spielen mit elektrischen Eisenbahnen).

Motorflug, bejaht wenn mit der Vokabel „Sport" versehen, BFHE 145, 33, BStBl II 1986, 88; BFHE 96, 108, BStBl II 1970, 67 dürfte überholt sein, da dort auf „körperliche Ertüchtigung" abgestellt wurde.

Motor„sport", in der Praxis bejaht (BFHE 184, 226, BStBl II 1998, 9; AEAO Nr 6 zu § 52 AO) und nur bei Verklammerung mit dem ADAC verneint, *BMF* StEK AO § 52 Nr 8 (vgl *FM M-V* DStR 1992, 181, zugleich mit Angabe einfacher Umgehungsmöglichkeiten, sowie *OFD Münster* DB 1993, 2363); verneint jedoch von FG Nürnberg, EFG 1986, 621; zweifelnd BFHE 169, 3, BStBl II 1992, 1048; s oben Anm 42.

Müll- u Abwässerbeseitigungs-GmbH einer Körperschaft des öffentl Rechts, verneint *FM NRW* u *Schl-H* StEK AO § 52 Nr 36; dagegen grds bejaht von FG Bremen EFG 1991, 26 (zust *Gmach* FR 1992, 313), im konkreten Einzelfall aber wegen fehlender Selbstlosigkeit verneint.

Musikinstrumentenbau (Förderung der Ausbildung hierzu) ist gemeinnützig (BFHE 206, 350, BStBl II 2005, 721).

Musikschule, bejaht, *OFD Köln/Düsseldorf* StEK AO § 52 Nr 3 und *FM Länder* StEK AO § 52 Nr 16.

Nachbarschaftshilfe uä ist nur gemeinnützig, wenn sie sich darauf beschränkt, alte und hilfsbedürftige Menschen in den täglichen Verrichtungen zu unterstützen (Altenhilfe, Anm 25; AEAO Nr 5 zu § 52 AO).

Nachhilfe ggf als Jugendhilfe (Anm 25) anzuerkennen (AEAO Nr 5 zu § 52 AO).

Notfallpraxis, Verein ist gemeinnützig, *OFD Ffm* KSt-Kartei § 5 KStG Karte H 196.

„Oldtimer"-Vereine sind dann gemeinnützig, wenn sie sich die „Förderung der technischen Kultur" unterlegen können (*OFD Erfurt* DStR 1997, 116).

Opfer von Straftaten, Hilfe für Opfer mE gemeinnützig; vgl § 52 Abs 2 Nr 10.

Paintball, nicht gemeinnützig, da Tötung von Menschen imitierendes Kriegsspiel (AEAO Nr 6 zu § 52 AO).

Parteipolitische Zielsetzungen sind nicht gemeinnützig (BFH/NV 1991, 485 mwN; zur Abgrenzung von der Förderung des demokratischen Staatswesens *FM Th* DStR 1993, 1296; zur Unschädlichkeit als Nebenzweck BFHE 142, 51, BStBl II 1984, 844; BFHE 155, 461, BStBl II 1989, 391; AEAO Nr 15 zu § 52 AO).

Pferdesport, bejaht, BFHE 93, 522, BStBl II 1969, 43; mE fragwürdig, vgl oben Anm 42.

Pferdezucht, s Tierzucht.

Pflanzenzucht mE nicht gemeinnützig, aber anerkannt durch § 52 Abs 2 Nr 23 AO (Anm 44).

Präventionsräte zur Vorbeugung insb der Jugendkriminalität sind gemeinnützig (*OFD Hannover* FR 1998, 81; DB 1997, 2407).

Preis- u Lieferkonventionsverein, verneint, RFH RStBl 1942, 315.

Preisverbilligung, bejaht nur, wenn ausschließlich für Minderbemittelte, RFH RStBl 1933, 1037.

Rassetierzucht bis 31. 12. 1989 nicht gemeinnützig (BFH/NV 1992, 90); ggf jetzt nach § 52 Abs 2 Nr 23 (Anm 44).

Rechtsordnung. Eine Vereinigung, die ihren Förderungszweck nach ihrer Satzung oder ihrer tatsächlichen Geschäftsführung durch einen Gesetzesverstoß oder unter Umgehung eines gesetzlichen Verbots zu erreichen trachtet, ist nicht gemeinnützig (BFHE 175, 484, BStBl II 1995, 134).

Reiki nach Bay LfSt DStZ 1996, 817, jetzt AEAO Nr 5 zu § 52 nicht gemeinnützig.

Reiten, s Pferdesport.

Religionsförderung, gemeinnützig, wenn die Lehren abendländischen Vorstellungen entsprechen, BFHE 55, 376, BStBl III 1951, 148; vgl auch BFHE 127, 352, BStBl II 1979, 492; „Jugendreligionsvereine" sind nicht gemeinnützig, Hess FG EFG 1983, 196. Entsprechendes gilt für Scientology (FG Münster EFG 1994, 810).

Rundfunkvereine, s *OFD Köln* DB 1988, 1296.

Sammeltätigkeiten (Briefmarken, Münzen usw) sind nicht gemeinnützig (*OFD Erfurt* DStR 1997, 116).

Sauna nicht gemeinnützig, obwohl gesundheitsfördernd (*OFD Erfurt OFD Erfurt* DStR 1997, 116).

Schießen, Schützenvereine, bejaht RFH RStBl 1932, 572; AEAO Nr 6 zu § 52 AO; mE abzulehnen. Zum Schützenbrauchtum s Anm 44.

Schulen, bejaht, wenn allgemein zugänglich, RFH RStBl 1940, 626. **Privatschulen** dürfen nur genehmigt werden, wenn eine Sonderung der Schüler nach den „Besitzverhältnissen" der Eltern nicht erfolgt (Art 7 Abs 4 Satz 3 GG). Bei **Ergänzungsschulen** darf eine Förderung der Allgemeinheit angenommen werden, wenn bei 25% der Schüler keine Sonderung nach den „Besitzverhältnissen" der Eltern erfolgt (AEAO Nr 4 zu § 52 AO), was selbstredend mit Förderung der Allgemeinheit nichts zu tun hat (unkritisch *Hüttemann* FR 2002, 1337).

Segelfliegen, in der Praxis als „Sport" anerkannt; mE abzulehnen.

Segelsport, bejaht, RFH RStBl 1931, 553; BFHE 135, 197, BStBl II 1982, 336.

Selbsthilfegruppen (auch „Netzwerke") alleinstehender Menschen praktizieren – wenn auch mit den Mitteln der Freizeitgestaltung – unmittelbar Nächstenliebe und Dienst am Nächsten gegen die Vereinsamung des Menschen und sind mE daher fraglos gemeinnützig; nicht so jedoch für die *OFD Münster* (DStR 1994, 1233).

Skatspiel nicht gemeinnützig (BFH/NV 2000, 1071).

Soldatenbetreuung, s § 52 Abs 2 Nr 23 (Anm 44).

Sozial Schwache. Ihre Förderung zB durch Gewährung günstigen Wohnraums ist mE unabhängig von § 53 AO (Anm 50 ff) gemeinnützig, da Förderung auf materiellem Gebiet. Der BFH muss zur Anerkennung auf „Jugendhilfe", „Altenhilfe" und Mildtätigkeit ausweichen (BFHE 181, 57, BStBl II 1996, 583). Voraussetzung ist aber eine genaue Konkretisierung des Satzungszwecks (vgl Nds FG 1998, 596). Vgl im übrigen „Arbeitnehmerüberlassungsgesellschaften" und „Beschäftigungsgesellschaften".

Sparsinnförderung, verneint, RFH RStBl 1936, 1206.

Sport, s Anm 42 und unter einzelnen Stichworten; idR ist Sport gemeinnützig; wesentliches Element sei die „körperliche Ertüchtigung", die jedoch bei bestimmten „Sport"arten (Motor„sport", Ballonfahren, AEAO Nr 6 zu § 52 AO; Schach, s dort) nicht verlangt wird.

Sporthilfefördervereine können gemeinnützig sein, wenn sie ihre Leistungen nach strengen Maßstäben vergeben (vgl *FM Thüringen* DStR 1996, 921; OFD Saarbrücken DStR 1997, 1726).

Städtebauförderung (Sanierungsträger), bejaht, FG Berlin EFG 1985, 628.

Stiftungen, bejaht je nach Zweck; verneint jedoch, wenn Zweck in absehbarer Zeit nicht erreichbar, RFH RStBl 1943, 258; ebenso bei Rentenzahlungen an Stiftungsfremde, RFH RStBl 1937, 1104.

Strafgefangenenbetreuung, auch Betreuung ehemaliger Strafgefangener, anzuerkennen nach § 52 Abs 2 Nr 17 AO.

Tanzsport, gemeinnützig; verneint bei Gesellschaftstanz, Hess FG EFG 1969, 39; mE auch insoweit gemeinnützig.

Tierparks können wegen Förderung von Tier- u Naturschutz gemeinnützig sein (*FM Thüringen* DStR 1994, 1691, zugleich zur Besteuerung).

Tierschutz, gemeinnützig, vgl § 52 Abs 2 Nr 14 AO.

Tierzucht, verneint, RFH RStBl 1941, 35 (Pferdezucht), RFH RStBl 1941, 818 (Rinderzucht), RFH RStBl 1941, 507 (Schweinezucht); anerkannt durch § 52 Abs 2 Nr 23 AO (Anm 44).

Tischfußball, bejaht FG Berlin EFG 1982, 372; verneint FG Berlin EFG 1986, 419; Letzterem ist zuzustimmen (ebenso BFH/NV 1987, 705).

„Transzendentale Meditation" an sich bejaht, verneint aber wegen fehlender Abgrenzung zu Jugendsekten uä (BFH/NV 1992, 695; verneint auch von FG Düsseldorf EFG 1990, 2).

Umweltschutz, bejaht BFHE 127, 330, BStBl II 1979, 482; BFHE 142, 51, BStBl II 1984, 844; verneint nur bei Missachtung der verfassungsmäßigen Ordnung, BFHE 142, 243, BStBl II 1985, 106.

Unfallverhütung, anzuerkennen, vgl § 52 Abs 2 Nr 12 AO (Anm 33).

Ungeborenes Leben (Schutz des), mE nach § 52 Abs 2 Nr 3 AO anzuerkennen; vgl *Gemeinnützigkeitskommission* aaO S 110.

Unterbringung von Aus- u Übersiedlern, Asylbewerbern, Obdachlosen und Bürgerkriegsflüchtlingen, vgl *BMF* BStBl I 1991, 744; 1993, 166; 1997, 112.

Verbraucherberatung, -schutz, anzuerkennen, vgl § 52 Abs 2 Nr 16 AO (Anm 37).

Vereinigungsphilosophie mangels klar umrissener Ziele nicht gemeinnützig (BFH/NV 1994, 768).

Verfassungsmäßige Ordnung: Verstöße führen zur Versagung der Gemeinnützigkeit (BFHE 127, 330, BStBl II 1979, 482; BFHE 142, 243, BStBl II 1985, 106).

Verfassungsrechte und -ziele (Eintreten für), mE nach § 52 Abs 2 Nr 24 AO gemeinnützig; vgl *Gemeinnützigkeitskommission* aaO S 120 ff.

Verfolgte, Hilfe für politisch, rassisch oder religiös Verfolgte, nach § 52 Abs 2 Nr 10 AO (Anm 31) anzuerkennen.

Verkehrssicherheit. Vereine, die sie fördern, sind mE selbstredend nach § 52 Abs 1 Satz 1 AO sowie § 52 Abs 2 Nr 10 AO gemeinnützig (AEAO Nr 2 zu § 52 AO).

Verkehrsverein, verneint, RFH RStBl 1942, 745.

Versorgung Minderbemittelter, bejaht, RFH RStBl 1937, 1104.

Vertriebenenhilfe, s Flüchtlingshilfe.
Vertriebenenverbände, die in Widerspruch zu völkerrechtlich verbindlichen Verträgen die Wiedervereinigung mit bzw Wiedereingliederung von Vertreibungsgebieten verfolgen, sind nicht gemeinnützig (*FM Nds* FR 1996, 76).
Wettfischen, nicht gemeinnützig (*BMF* DStR 1991, 1456).
Wirtschaftsberatung für Landwirtschaftsbetriebe, verneint, RFH RStBl 1937, 1165.
Wirtschaftsförderung ist idR nicht gemeinnützig, da idR auf die Förderung von gewerblichen Unternehmen gerichtet (BFH/NV 1997, 904 mwN; *Oppermann* DB 1994, 1489).
Yoga-Meditation, anerkannt (BFHE 104, 534, BStBl II 1972, 440), nicht dagegen „Yoga-Psychologie" (BFH/NV 1987, 632).
Zauberei, bejaht Nds FG EFG 1986, 256; mE abzulehnen, s auch BFH/NV 1990, 146; Verfassungsbeschwerde nicht angenommen, BVerfG HFR 1990, 518; ebenso *OFD Erfurt* DStR 1997, 116.
Zelt- und Wohnwagenwesen, nicht anerkannt (BFHE 104, 85, BStBl II 1972, 204).
Zeugen Jehovas haben durch OVG Berlin NVwZ 2005, 1450 den Status einer KödöR erhalten; NZB ohne Erfolg (BVerw NJW 2006, 3156).
Zivilschutz sowie THW-Helfervereine mE anzuerkennen, vgl § 52 Abs 2 Nr 12 AO (Anm 33).

50.–59. Mildtätige Zwecke

Mildtätige Zwecke verfolgt eine Körperschaft nach **§ 53 AO,** wenn ihre Tätigkeit darauf gerichtet ist, Personen selbstlos zu unterstützen, **50**
1. die infolge ihres körperlichen, geistigen oder seelischen Zustandes auf die Hilfe anderer angewiesen sind oder
2. deren Bezüge nicht höher sind als das Vierfache des Regelsatzes der Sozialhilfe iSd § 28 des SGB XII; beim Alleinstehenden oder Haushaltsvorstand tritt an die Stelle des Vierfachen das Fünffache des Regelsatzes. Dies gilt nicht für Personen, deren Vermögen zur nachhaltigen Verbesserung ihres Unterhalts ausreicht und denen zugemutet werden kann, es dafür zu verwenden. Bei Personen, deren wirtschaftliche Lage aus besonderen Gründen zu einer Notlage geworden ist, dürfen die Bezüge oder das Vermögen die genannten Grenzen übersteigen. Bezüge iSd Vorschrift sind
   a) Einkünfte iSd § 2 Abs 1 EStG und
   b) andere zur Bestreitung des Unterhalts bestimmte oder geeignete Bezüge,

   die der Alleinstehende oder der Haushaltsvorstand und die sonstigen Haushaltsangehörigen haben. Zu den Bezügen zählen nicht Leistungen der Sozialhilfe, Leistungen zur Sicherung des Lebensunterhalts nach dem SGB II und bis zur Höhe der Leistung der Sozialhilfe Unterhaltsleistungen an Personen, die ohne die Unterhaltsleistungen sozialhilfeberechtigt wären oder Anspruch auf Leistungen zur Sicherung des Lebensunterhalts nach dem SGB II hätten. Unterhaltsansprüche sind zu berücksichtigen.

Literatur: *Kröger,* Steuerrecht und Nächstenliebe, DStZ 1986, 419; *ders,* Vereinsförderungsgesetz und karitative Zwecke, DStZ 1990, 79; *Schiffer,* Aktuelles Beratungs-Know-how Gemeinnützigkeits- und Stiftungsrecht.

Die Verfolgung mildtätiger Zwecke zur Unterstützung hilfsbedürftiger Personen muss nicht zugleich eine Förderung der Allgemeinheit iSd § 52 AO sein (aA wohl *Tipke/Kruse* § 53 AO Rn 1). Dies bedeutet indes nicht, dass der durch die Maßnahme **begünstigte Personenkreis** beliebig **beschränkt** werden kann. Die Grenze wird durch das Erfordernis der Selbstlosigkeit (Anm 64 ff) gezogen: Eine Familienstiftung ist mE ebensowenig selbstlos (aA *Lenski/Steinberg* § 3 Rn 25; zweifelnd *Hüttemann* FR 2002, 1337), insb wenn Satzungszweck die Unterstützung von hilfsbedürftigen „Verwandten" der Mitglieder, Gesellschafter, Genossen oder Stifter ist (vgl AEAO Nr 3 zu § 53; an sich zu Recht gegen die untechnische Formulierung *Schiffer* DStR 2003, 14; vermutlich ist sie aber der Praxis nachgebildet). Ebenso wenig selbstlos ist eine Vereinigung von Belegschaftsmitgliedern für diese Belegschaftsmitglieder. Dagegen handelt eine Stiftung für die Belegschaftsmitglieder, die nicht von ihnen getragen wird, ebenso selbstlos wie eine Stiftung, die – lediglich – auch Angehörige des Stifters unterstützt (AEAO Nr 3 zu § 53 AO). Für die Selbstlosigkeit ist nicht schädlich, wenn für die Unterstützung ein Entgelt zu zahlen ist. Allerdings darf die Unterstützung nicht ausschließlich wegen des Entgelts gewährt werden (vgl § 55 Abs 1 Satz 1 AO, Anm 44; s auch AEAO Nr 2 zu § 53 AO). ME darf der begünstigte Personenkreis auch nicht beliebig **erweitert** werden; **aA** ist jedoch der BFH, der es zulässt, dass die Leistungen den in § 53 Nr 1 oder 2 AO genannten Personen nur „in besonderem Maße" zukommen sollen und zwar auch dann, wenn dies tatsächlich nicht der Fall ist (BFHE 181, 57, BStBl II 1996, 583). Zur Abgrenzung der Mildtätigkeit bei Vorliegen weiterer (begünstigter) Zwecke *Kröger* DStZ 1990, 79.

51 Bei der **Hilfsbedürftigkeit** aus **körperlichen, geistigen oder seelischen Gründen** kommt es auf die Dauer nicht an, ebensowenig auf die wirtschaftliche Lage des Bedürftigen (BFHE 62, 57, BStBl III 1956, 22; AEAO Nr 4 zu § 53 AO). Überschreiten dessen Bezüge oder Vermögen jedoch die Grenze des § 53 Nr 2 AO, dann sind Geldleistungen an ihn nicht mildtätig, es sei denn, die Krankheit ist der besondere Grund, der die wirtschaftliche Lage zur Notlage macht. Das Gesetz will nur die Leistungen begünstigen, auf die der Empfänger wirklich angewiesen ist (ebenso *Tipke/Kruse* § 53 AO Rn 2). Das ist bei Personen über 75 Jahren stets der Fall (AEAO Nr 4 zu § 53 AO). In jedem Fall stehen andere Leistungen, etwa die Gestellung einer Hilfskraft, der Annahme der Mildtätigkeit nicht entgegen.

Die **Telefonseelsorge** bietet Hilfe bei Hilfsbedürftigkeit aus seelischen Gründen (AEAO Nr 1 zu § 53 AO).

52 Die Grenzen für die **wirtschaftliche Unterstützungsbedürftigkeit** sind durch das Gesetz v 26. 11. 1979 (BGBl I 1979, 1953) auf das genannte Vielfache der Regelsätze angehoben worden. Grund hierfür war die Kostenentwicklung in der Wohlfahrtspflege, die die zuvor geltenden Grenzen nicht mehr als ausreichend erscheinen ließ (BTDrs 8/2827, S 79). Die Regelsätze sind nach § 28 Abs 1 SGB XII dazu bestimmt, den gesamten

Bedarf des notwendigen Lebensunterhalts mit Ausnahme von Leistungen für Unterkunft und Heizung und von Sonderbedarf nach §§ 30–34 SGB XII zu decken. Die Regelsätze sind nicht einheitlich und werden nach § 28 Abs 2 SGB XII durch RechtsVO der Landesregierungen zum 1. Juli eines jeden Jahres festgesetzt (regionale Abweichungen sind zulässig). Die Regelsatzbemessung berücksichtigt Stand und Entwicklung von Nettoeinkommen, Verbraucherverhalten und Lebenshaltungskosten auf Grund statistischer Erhebungen (§ 28 Abs 3 SGB XII). Sie gewährleistet, dass bei Haushaltsgemeinschaften von Ehepaaren mit 3 Kindern die Regelsätze zusammen mit Durchschnittsbeträgen von Leistungen nach den §§ 29–31 SGB XII und unter Berücksichtigung eines durchschnittlich abzusetzenden Betrages nach § 82 Abs 3 SGB XII unter den erzielten monatlichen Nettoarbeitsentgelten unterer Lohn- und Gehaltsgruppen einschließlich anteiliger einmaliger Zahlungen zuzüglich Kindergeld und Wohngeld in einer entsprechenden Haushaltsgemeinschaft mit einer alleinverdienenden vollzeitbeschäftigten Person bleiben (§ 28 Abs 4 SGB XII).

Bei der Prüfung der Bedürftigkeit der geförderten Personen ist nach dem ausdrücklichen Wortlaut der Vorschrift **allein auf die Regelsätze** abzustellen. Sie umfassen idR die laufenden Leistungen für Ernährung, Kochfeuerung, Beschaffung von Wäsche von geringem Anschaffungswert, Instandhaltung von Kleidung, Wäsche und Schuhen in kleinerem Umfang, Körperpflege, Beschaffung von Hausrat, Beleuchtung, Betrieb elektrischer Geräte, Reinigung und persönliche Bedürfnisse des täglichen Lebens. Mehrbedarfszuschläge für Erwerbsunfähige, werdende Mütter und Personen über 65 Jahre bzw Blinde und Behinderte sind nicht zu berücksichtigen (AEAO Nr 5 zu § 53 AO). Auch Leistungen für Unterkunft und Heizung werden nicht gesondert angesetzt. Sie sind bereits durch die Festsetzung des Vervielfältigers (§ 53 AO) berücksichtigt (BTDrs 7/4292 zu § 53 AO).

Der Nachweis der Bedürftigkeit kann durch Erklärung der Einkünfte und des Vermögens auf einem Fragebogen erfolgen (*OFD Chemnitz* DB 2007, 257).

Bezüge der unterstützten Person sind 53

a) Einkünfte iSd § 2 Abs 1 EStG und
b) andere zur Bestreitung des Unterhalts bestimmte und geeignete Bezüge (vgl AEAO Nr 5 zu § 53 AO).

Demnach gehören hierzu auch nichtsteuerbare und für steuerfrei erklärte Einnahmen (BFHE 114, 37, BStBl II 1975, 139; AEAO Nr 6 zu § 53 AO). Das sind nach § 3 und § 3b EStG steuerfreie Einnahmen, der nach § 19 Abs 1 EStG steuerfreie Teil der Versorgungsbezüge, der Sparer-Freibetrag nach § 20 Abs 4 EStG, bei Leibrenten auch der über den Ertragsanteil hinausgehende Teil (AEAO Nr 7 zu § 53 AO), die Arbeitnehmer-Sparzulage nach § 13 des 5. VermBG, Kindergeld nach §§ 62ff EStG bzw nach BKGG, Wohngeld, einmalige Vermögensmehrungen, Zulagen und Prämien. Auch Unterhaltsansprüche sind stets zu berücksichtigen (vgl § 53 AO aE; zu minderjährigen Schwangeren oder Müttern s jedoch BMF BStBl I 2004, 1060). Zum Nachweis AEAO Nr 9 zu § 53 AO. Nach *Lenski/Steinberg* (§ 3 Anm 25 c) soll dies jedoch nicht gelten, wenn die Ansprüche nicht verwirklicht werden können. Diese Auffassung ist nur so weit zu teilen, als für die Unterhaltsansprüche nicht der Übergang nach § 33 SGB II, § 93 SGB XII auf den Träger der Sozialhilfe bewirkt werden darf.

54 Nicht zu den Bezügen gehören nach der ab EZ 1980 geltenden Fassung (Gesetz v 26. 11. 1979, BGBl I 1979, 1953) des § 53 Satz 5 AO **Leistungen der Sozialhilfe,** Leistungen zur Sicherung des Lebensunterhalts und bis zur Höhe der Leistungen der Sozialhilfe Unterhaltsleistungen an Personen, die ohne die Unterhaltsleistungen sozialhilfeberechtigt wären oder Anspruch auf Leistungen zur Sicherung des Lebensunterhalts nach SGB II hätten. Mit dieser Vorschrift wird bezweckt, Personen, deren Pflegekosten ganz oder zum Teil von der Sozialhilfe getragen werden, stets als hilfsbedürftig zu behandeln. ME verfassungsrechtlich bedenklich (*Tipke/Kruse* § 53 AO Rn 3; aA *Scholtz* in *Koch,* AO § 53 Rn 20 a; *Lenski/Steinberg* § 3 Rn 25 c). Die Vorschrift unterscheidet willkürlich zwischen Heimbewohnern, die die Pflegekosten gerade eben aus eigener Tasche zahlen können (und denen nach Abzug dieser Kosten kaum etwas verbleibt) und solchen, für die die Sozialhilfe einspringt (*Scholtz* in *Koch,* AO, § 53 Rn 20 a; *Lenski/Steinberg* § 3 Rn 25 c; *Tipke/Kruse* § 53 AO Rn 3). Eine „notwendige Typisierung" schließt nicht aus, das Prinzip der Bedürftigkeit konsequent und gleichmäßig durchzuführen.

55 Die Summe der Bezüge ist um die im wirtschaftlichen Zusammenhang mit ihnen stehenden **Aufwendungen** zu kürzen. Hierfür können nach AEAO Nr 8 zu § 53 AO aus Vereinfachungsgründen 180 € angesetzt werden, wenn nicht höhere Aufwendungen nachgewiesen oder glaubhaft gemacht werden.

56 Grundsätzlich ist eine Person als hilfsbedürftig anzusehen, deren Bezüge nach allem das bezeichnete Vielfache der Regelsätze nicht übersteigen. Dies gilt nach § 53 Abs 2 AO nicht, wenn das **Vermögen** der Person zur nachhaltigen Verbesserung des Unterhalts ausreicht und es ihr zugemutet werden kann, es dafür einzusetzen. Die Vorschrift ist unbestimmt und wirkt, zumal im Hinblick auf die Frage der Zumutbarkeit, wie eine Ermessensvorschrift. Damit verbunden sind Unsicherheiten besonders auf der Seite des Mildtätigen, der Gefahr läuft, seine Steuerbefreiung bei anderer Beurteilung durch die Finanzbehörde zu verlieren. Es wäre besser gewesen, die Zumutbarkeitsgrenze betragsmäßig im Gesetz zu fixieren. *Tipke/Kruse* (§ 53 AO Rn 6) halten den Betrag nach R 33 a.1 Abs 2 EStR (15 500 €) noch für geringfügig. Die Verwendung des Vermögens zur Verbesserung des Unterhalts ist unzumutbar, wenn es sich um bescheidenes Wohneigentum, Gegenstände des Hausrats oder von persönlichem Erinnerungswert handelt, wenn die Veräußerung eine Verschleuderung des Vermögens bedeuten würde, oder bei ähnlichen Gründen.

57 Sind **besondere Gründe für die Notlage** ursächlich, dann dürfen die Bezüge oder das Vermögen die genannten Grenzen übersteigen. Besondere Gründe iSd Vorschrift sind solche, in denen rasche Hilfe ohne Ansehung der Bezüge oder des Vermögens angezeigt ist, insbesondere in Katastrophenfällen. Hier sollen mildtätige Körperschaften ohne Gefährdung der Steuerfreiheit helfen können.

Die **Hilfe** bei Bedürftigkeit **in anderen Fällen** ist nicht mildtätig iSd Vorschrift. Sie kann uU gemeinnützig sein. 58

Das Erfordernis des **ausschließlich** (Anm 73 ff) mildtätigen Handelns bedingt den Verlust der Steuerfreiheit, wenn die Körperschaft auch nur in einem einzigen Fall nicht mildtätig handelt (RFH RStBl 1938, 322). Bei Kindern, die ihren Unterhalt von den Eltern beziehen, kommt es auf die Einkommens- und Vermögensverhältnisse der Eltern an (RFH RStBl 1938, 597). 59

Der **BFH** sieht das Erfordernis der Ausschließlichkeit – ohne sich mit diesem Grundsatz auseinanderzusetzen – für eine kirchliche Einrichtung freilich lockerer: es genüge, wenn schon nach der Satzung nur „in besonderem Maße" bzw „vorrangig" Personengruppen iSd Vorschrift in den Genuss der Leistungen kommen sollen (BFHE 181, 57, BStBl II 1996, 583). Die Tätigkeit bleibe gleichwohl auf deren Förderung „gerichtet" (hierzu Anm 17 entsprechend) – eine Auffassung, die die Begriffe „gerichtet" und „ausschließlich" nicht auseinander hält.

60.–63. Kirchliche Zwecke

Kirchliche Zwecke verfolgt eine Körperschaft nach **§ 54 Abs 1 AO,** wenn ihre Tätigkeit darauf gerichtet ist, eine Religionsgemeinschaft, die Körperschaft des öffentlichen Rechts ist, selbstlos zu fördern. 60

Die Vorschrift ist einerseits weiter, andererseits enger als § 52 Abs 2 Nr 1 AO (Förderung der Religion), da sie nicht die Förderung der (ausgeübten) Religion selbst, sondern der verfassten Körperschaft begünstigt. Die Förderung von Religionsgemeinschaften des privaten Rechts ist nicht begünstigt, sofern nicht die Förderung der Religion selbst betroffen ist (RFH RStBl 1931, 25; 1933, 702, BFHE 55, 311, BStBl III 1951, 120; BFHE 55, 376, BStBl III 1951, 148). Hieraus ergeben sich verfassungsrechtliche Bedenken im Hinblick auf die Verletzung des Gleichheitssatzes (Art 3 GG). Es besteht mE keine Rechtfertigung für eine Ungleichbehandlung von Körperschaften des öffentlichen und des privaten Rechts, um so mehr als der Staat von Verfassungs wegen zu religiöser und kirchlich-konfessioneller Neutralität verpflichtet ist (*Tipke/Kruse* § 54 AO Rn 1; aA *Scholtz* in *Koch* AO § 54 Rn 5; *Spanner* in *HHSp* § 54 AO Rn 7).

Zum **Kreis der förderbaren Religionsgemeinschaften** gehören Körperschaften des öffentlichen Rechts iSv Art 140 GG iVm Art 137 Abs 5 WRV (OFH StuW 1947 Nr 7). Es muss sich nicht um eine christliche Religionsgemeinschaft handeln. Ihr Glaube muss sich aber bei den heutigen Kulturvölkern auf dem Boden gewisser übereinstimmender Grundanschauungen im Laufe der Geschichte heraus gebildet haben (BFHE 55, 311, BStBl III 1951, 120); mE zweifelhaft. Es kommt allein darauf an, dass sie Religion innerhalb der Werteordnung des GG ausübt (BVerfGE 12, 1, 4). 61

Die **begünstigten Zwecke** müssen nicht zugleich gemeinnützige Zwecke sein (BFHE 110, 112, BStBl II 1973, 850). Nach **§ 54 Abs 2 AO** sind dies „insbesondere" die Errichtung, Ausschmückung und Unterhaltung von Gotteshäusern und kirchlichen Gemeindehäusern, die Abhaltung von 62

Gottesdiensten, die Ausbildung von Geistlichen, die Erteilung von Religionsunterricht, die Beerdigung und die Pflege des Andenkens der Toten, ferner die Verwaltung des Kirchenvermögens (hierzu BFHE 181, 57, BStBl II 1996, 583), die Besoldung der Geistlichen, Kirchenbeamten und Kirchendiener, die Alters- und Behindertenversorgung für diese Personen und die Versorgung ihrer Witwen und Waisen. Die Aufzählung ist nicht abschließend, erfasst aber die typischen Fälle. Begünstigt sind auch solche Tätigkeiten, die sich im Ausland auswirken (*Lenski/Steinberg* § 3 Anm 26, S. 29).

Beispielsfälle:

- **Ausbildung** von Geistlichen, anerkannt (RFH RStBl 1941, 892)
- **Besichtigung** des Domschatzes, nicht anerkannt (RFH RStBl 1939, 910)
- **Heidenmission,** wohl anzuerkennen (entgegen RFH RStBl 1940, 490)
- **Kirchturmbesteigungen,** nicht anerkannt (RFH RStBl 1938, 1189)
- **Messwein:** anzuerkennen der Ankauf durch Pfarrämter, nicht aber der Verkauf durch eine „Messweinstiftung" (OFH StRK KStG § 1 R 4)
- **Religionsunterricht,** anerkannt (BFHE 68, 208, BStBl III 1959, 81)
- **Sklavenbefreiung,** nicht anerkannt (RFH RStBl 1938, 1164; mE aber gemeinnützig)
- **Versorgung** von Witwen und Waisen der Geistlichen, Kirchenbeamten und -diener durch Stiftungen, anerkannt (RFH RStBl 1941, 317); nicht hingegen, wenn sie höhere Zahlungen leisten, als für Witwen und Waisen von vergleichbaren Staatsbeamten vorgeschrieben (RFH RStBl 1942, 983; RFH RStBl 1943, 267).
- **Verwaltung** von Kirchenvermögen vgl BFHE 181, 57, BStBl II 1996, 583.

63 Die **Anerkennung** als Körperschaft des öffentlichen Rechts wird durch die Länder ausgesprochen (BFHE 55, 376, BStBl III 1951, 148). Bisher haben den Status ua erworben: Die evangelischen Landeskirchen, die katholische Kirche, die altkatholische Kirche, zahlreiche Synagogengemeinden sowie in einigen Ländern die neu-apostolischen Kirchen, die methodistischen Kirchen, der Bund der Baptistengemeinden und neuerdings (Anm 49) die Zeugen Jehovas. Die geförderten öffentlich-rechtlichen Religionsgemeinschaften sind selbst nicht nach § 54 Abs 1 AO gemeinnützig. Sie sind nach § 1 KStG idR kein Steuersubjekt. Körperschaft- und gewerbesteuerrechtliche Konsequenzen ergeben sich nur, soweit sie Betriebe gewerblicher Art unterhalten. Ungenau daher BVerfG StRK AO 1977 § 52 R 6.

64.–72. Selbstlosigkeit

64 Die **Selbstlosigkeit** ist gemeinsame Grundvoraussetzung für die Steuerbefreiung wegen Verfolgung gemeinnütziger, mildtätiger oder kirchlicher Zwecke. Nach **§ 55 Abs 1 AO** geschieht eine Förderung oder Unterstützung selbstlos, wenn dadurch nicht in erster Linie eigenwirtschaftliche Zwecke – zB gewerbliche Zwecke oder sonstige Erwerbszwecke – verfolgt werden und wenn die folgenden Voraussetzungen gegeben sind:

(Nr 1) Mittel der Körperschaft dürfen nur für die satzungsmäßigen Zwecke verwendet werden. Die Mitglieder oder Gesellschafter (Mitglieder im Sinne dieser Vorschriften) dürfen keine Gewinnanteile und in ihrer Eigenschaft als Mitglieder auch keine sonstigen Zuwendungen aus Mitteln der Körperschaft erhalten. Die Körperschaft darf ihre Mittel weder für die unmittelbare noch für die mittelbare Unterstützung oder Förderung politischer Parteien verwenden.

(Nr 2) Die Mitglieder dürfen bei ihrem Ausscheiden oder bei Auflösung oder Aufhebung der Körperschaft nicht mehr als ihre eingezahlten Kapitalanteile und den gemeinen Wert ihrer geleisteten Sacheinlage zurückerhalten.

(Nr 3) Die Körperschaft darf keine Person durch Ausgaben, die dem Zweck der Körperschaft fremd sind, oder durch unverhältnismäßig hohe Vergütungen begünstigen.

(Nr 4) Bei Auflösung oder Aufhebung der Körperschaft oder bei Wegfall ihres bisherigen Zwecks darf das Vermögen der Körperschaft, soweit es die eingezahlten Kapitalanteile der Mitglieder und den gemeinen Wert der von den Mitgliedern geleisteten Sacheinlagen übersteigt, nur für steuerbegünstigte Zwecke verwendet werden (Grundsatz der Vermögensbindung). Diese Voraussetzung ist auch erfüllt, wenn das Vermögen einer anderen steuerbegünstigten Körperschaft oder einer Körperschaft des öffentlichen Rechts für steuerbegünstigte Zwecke übertragen werden soll.

(Nr 5) Die Körperschaft muss ihre Mittel grundsätzlich zeitnah für ihre steuerbegünstigten satzungsmäßigen Zwecke verwenden. Verwendung in diesem Sinne ist auch die Verwendung der Mittel für die Anschaffung oder Herstellung von Vermögensgegenständen, die satzungsmäßigen Zwecken dienen. Eine zeitnahe Mittelverwendung ist gegeben, wenn die Mittel spätestens in dem auf den Zufluss folgenden Kalender- oder Wirtschaftsjahr für die steuerbegünstigten satzungsmäßigen Zwecke verwendet werden.

Nach **§ 55 Abs 2 AO** kommt es bei der **Ermittlung des gemeinen Werts** (Abs 1 Nr 2 und Nr 4) auf die Verhältnisse zu dem Zeitpunkt an, in dem die Sacheinlagen geleistet worden sind.

Nach **§ 55 Abs 3 AO** gelten die Vorschriften, die die Mitglieder der Körperschaft betreffen (Abs 1 Nr 1, 2 und 4), bei **Stiftungen** für die Stifter und ihre Erben, bei **Betrieben gewerblicher Art** von Körperschaften des öffentlichen Rechts für die Körperschaft sinngemäß, jedoch mit der Maßgabe, dass bei Wirtschaftsgütern, die nach § 6 Abs 1 Nr 4 Sätze 2 und 3 EStG aus einem Betriebsvermögen zum Buchwert entnommen worden sind, an die Stelle des gemeinen Werts der Buchwert der Entnahme tritt.

Literatur: *Herbert,* Die Mittel- und Vermögensbindung gemeinnütziger Körperschaften BB 1991, 178; *Reiffs,* Vermögensbildung der gemeinnützigen Vereine, DB 1991, 1247; *Thiel,* Die zeitnahe Mittelverwendung – Aufgabe und Bürde gemeinnütziger Körperschaften, DB 1992, 1900; *Gmach,* Neuere Rechtsprechung zum Recht der steuerbegünstigten Zwecke, FR 1992, 317; *Luger,* Die gemeinnützige GmbH, StWa 1993, 231; *Orth,* Gemeinnützigkeit und Wirtschaftstätigkeit, FR 1995, 253; *Stobbe,* Die Ausgliederung von Tätigkeiten aus dem ideellen Bereich steuerbegünstigter Körperschaften, DStZ 1996, 298; *Wien,* Steuerbefreiung und Steuerermäßigung gemeinnütziger Körperschaften und die neuen Buchführungspflichten für Pflegeeinrichtungen, FR 1997, 366;

Tönnes/Wewel, Ausgliederung wirtschaftlicher Geschäftsbetriebe durch steuerbefreite Einrichtungen, DStR 1998, 274; *Schauhoff,* Verlust der Gemeinnützigkeit durch Verluste?, DStR 1998, 701; *Ley,* Mittelverwendungsrechnung gemeinnütziger Institutionen, KÖSDI 1998, 11 686; *Schulz,* Aktuelle BFH-Rechtsprechung und Verwaltungsauffassung zum Gemeinnützigkeits- und Vereinsrecht, DStR 1999, 354; *Dißars/Berssenbrügge,* Ausgleich von Verlusten aus einem wirtschaftlichen Geschäftsbetrieb und bei Vermögensanlagen gemeinnütziger Vereine, BB 1999, 1411; *Bopp,* Das Merkmal der Selbstlosigkeit bei Verfolgung gemeinnütziger Zwecke iSd §§ 51 ff AO 1977, DStZ 1999, 123; *Hofmeister,* Tendenzen der aktuellen BFH-Rechtsprechung zum Gemeinnützigkeitsrecht, DStR 1999, 545; *Hüttemann,* Das Gesetz zur weiteren steuerlichen Förderung von Stiftungen, DB 2000, 1584; *Kümpel,* Anforderungen an die tatsächliche Geschäftsführung bei steuerbegünstigten (gemeinnützigen) Körperschaften, DStR 2001, 152; *Geserich,* Angemessenheit der Aufwendungen gemeinnütziger Körperschaften für Verwaltung und Spendenwerbung, DStR 2001, 604; *Schäfer/Walz,* Stiftungssteuerreform, Unternehmensteuerreform und Reformperspektiven im Gemeinnützigkeitsrecht, FR 2002, 499; *Hüttemann,* Der neue Anwendungserlass zum Gemeinnützigkeitsrecht (§§ 51 bis 68 AO), FR 2002, 1337; *Stahlschmidt,* Die Rücklagenbildung einer gemeinnützigen Körperschaft, FR 2002, 1109; *Strahl,* Steuerliche Chancen und Risiken bei Beteiligung einer Körperschaft des öffentlichen Rechts an Tochtergesellschaften, FR 2002, 916; *Schauhoff,* Gemeinnützigkeitsrecht: Zum zulässigen Aufwand beim Spendensammeln, DStR 2002, 1694; *Schiffer,* Aktuelles Beratungs-know-how Gemeinnützigkeits- und Stiftungsrecht, DStR 2002, 1206; *A. Söffing/Thoma,* Ausgewählte Beratungsaspekte im Gemeinnützigkeits- und Stiftungsrecht, BB 2003, 1091; *Apitz,* Betriebsprüfungen bei gemeinnützigen Körperschaften, StBp 2004, 153; *A. Söffing/Thoma,* BB-Forum: Steuerliche Konsequenzen der Einsetzung einer gemeinnützigen Stiftung als Vorerbin, BB 2004, 855; *Wallenhorst,* Dauerverlustbetriebe gemeinnütziger und öffentlich-rechtlicher Körperschaften, DStZ 2004, 711; *Schult/Meining,* Betätigung deutscher gemeinnütziger Körperschaften im Ausland, FR 2005, 977; *Becker/Meining,* Verlustbeteiligungen von gemeinnützigen Körperschaften, DStZ 2006, 765; *Leuner/Dumser,* Gemeinnützigkeit: Steueroptimale Gestaltung von Mitarbeiterbeteiligungen, BB 2006, 1993; *Knoop,* Gewinnausschüttungen im gemeinnützigen Konzern, DStR 2006, 1263; *Thiel/Eversberg,* Zur Reichweite des Gebots der zeitnahen Mittelverwendung im Gemeinnützigkeitsrecht, DB 2007, 191; *Rösch/Weitschell/Thiel/Eversberg,* Erwiderung und Replik hierzu, DB 2007, 1434; *Jost,* Betriebsaufspaltung im steuerfreien Bereich gemeinnütziger Körperschaften ..., DB 2007, 1164; *Döring/Fischer,* Steuer und gemeinnützigkeitsrechtliche Behandlung von Gewinnausschüttungen ... gemeinnütziger Körperschaften am Beispiel eines Krankenhauskonzerns, DB 2007, 1831; *Schießl,* Ausgliederung von Abteilungen aus Idealvereinen auf Kapitalgesellschaften ..., DStZ 2007, 494; *Dehesselles,* Gemeinnützige Körperschaften in der Insolvenz, DStR 2008, 2050; *Schiffer/Sommer,* Mittelbeschaffung bei gemeinnützigen Körperschaften ..., BB 2008, 2432; *Schröder,* Die steuerpflichtige und gemeinnützige GmbH im Steuerrecht, DStR 2008, 1069; *Schick,* Die Betriebsaufspaltung unter Beteiligung steuerbegünstigter Körperschaften ..., DB 2008, 893; *Fischer,* Überlegungen zur Fortentwicklung des steuerlichen Gemeinnützigkeitsrechts, FR 2008, 752).

65 Der **Grundsatz der Selbstlosigkeit** bezieht sich – wie sich aus § 52 Abs 1 Satz 1 AO (Anm 14) und aus § 55 Abs 1 AO eindeutig ergibt – auf das Handeln der Körperschaft selbst, nicht jedoch lediglich auf eigenwirt-

schaftliche Zwecke der Mitglieder (so ohne Anlehnung an den Gesetzestext jedoch *Hüttemann* FR 2002, 1337 mwN). Der Grundsatz selbst bezeichnet Opferwilligkeit zu Gunsten Anderer. Er dient der Wettbewerbsneutralität. Daher darf die Opferwilligkeit nicht in den Hintergrund gedrängt werden, zB wegen Eigennutz und insb eigenwirtschaftlichen Interessen (BFHE 157, 132, BStBl II 1989, 670). Eigenwirtschaftliche Zwecke verfolgt eine Körperschaft, wenn ihre Tätigkeit darauf gerichtet ist, ihr Vermögen und ihre Einkünfte bzw ihrer Mitglieder zu erhöhen (BFHE 157, 132, BStBl II 1989, 670; BFHE 165, 484, BStBl II 1992, 62; vgl auch BFHE 181, 396, BStBl II 1998, 711; BFHE 185, 54, BStBl II 1998, 758; AEAO Nr 1 zu § 55 Nr 1 AO). Daraus folgt das Gebot, alle nicht zulässigerweise durch Rücklagen und wirtschaftliche Betätigungen gebundenen Mittel, nicht nur Mittelzugänge, zeitnah (Anm 72) dem Satzungszweck zuzuführen (zum Nachweis *Thiel* DB 1992, 1900; *Herbert* BB 1991, 178; zum Begriff der Mittel vgl Anm 68). Ausnahmen gelten mE für Ausstattungskapital, gebundene Rücklagen, erforderliche Rücklagen (§ 58 Nr 6 AO, Anm 86 ff) und freie Rücklagen (§ 58 Nr 7 AO, Anm 87), für das Vermögen, auch soweit durch Umschichtung entstanden (*BMF* BStBl I 1995, 40), für Zuwendungen mit der Zweckbestimmung der Vermögensmehrung (§ 58 Nr 11 b AO); sowie für Sachzuwendungen, die ihrer Art nach nicht durch Verwertung, sondern durch Fruchtziehung von Vorteil sind (§ 58 Nr 11 d), für Zuwendungen von Todes wegen, wenn der Erblasser eine Verwendung nicht vorgeschrieben hat (§ 58 Nr 11 a AO), für Zuwendungen aufgrund eines Spendenaufrufs, aus dem ersichtlich ist, dass Beträge zur Aufstockung des Vermögens erbeten werden (§ 58 Nr 11 c AO) sowie für Mittel, die den zulässigen Abschreibungen entsprechen (vgl BFHE 157, 132, BStBl II 1989, 670; *Thiel* DB 1992, 1900). Auch für Altrücklagen aus der Zeit vor 1. 1. 1977 soll eine Ausnahme gelten (*Reiffs* DB 1991, 1247 mwN), was mE angesichts der geänderten Rechtslage nicht zutrifft.

Dagegen kann es einen **Verstoß** gegen den o a Grundsatz darstellen, **65a**
wenn die Körperschaft die hiernach freien Mittel nicht ihrem Satzungszweck zuführt, sondern überwiegend für **Verwaltungskosten** (wozu auch die Ausgaben für einen Geschäftsführer gehören, AEAO Nr 20 zu § 55 Abs 1 Nr 1 AO) sowie **Öffentlichkeitsarbeit** (zB Spendenaufrufe) verwendet. Gleichwohl hält es der BFH für unschädlich, wenn die Ausgaben für den steuerbegünstigten Zweck gerade $^1/_4$ der Gesamtausgaben ausmachen (BFHE 186, 433, BStBl II 2000, 320; BFH/NV 1999, 105, 107; zust *Schulz* DStR 1999, 354). Auch BFH/NV 1999, 1055 u 1059; 2003, 1025 fordern eine „wirtschaftlich sinnvolle" Spendenwerbung, die zwar in der Aufbauphase umfangreicher ausfallen kann (hierzu AEAO Nr 18 zu § 55 Abs 1 Nr 1 AO; *Schulz* DStR 1999, 354; *Hofmeister* DStZ 1999, 545, 547), aber dazu beitragen muss, dass ein „möglichst hoher Anteil der Mittel" unmittelbar und effektiv dem begünstigten Satzungszweck zugute kommt. Schließlich überrascht BFH/NV 1999, 105 mit „Auflagen", die er im Hinblick auf die Verwendung von Mitteln für Spendenwerbung und Verwaltungskosten in den Folgejahren erteilt (Gewaltenteilung!?).

Eine **allgemeine Grenze** für das Verhältnis aller Einnahmen zu Verwaltungs- u Werbekosten besteht nicht (BFH/NV 2003, 1025 mwN); schon weniger als 50% können schädlich sein; 10% für Mitgliederwerbung sind unschädlich (AEAO Nr 22 zu § 55 Abs 1 Nr 1 AO; gegen eine „Diskriminierung" beitragsfinanzierter Einrichtungen *Hüttemann* FR 2002, 1337); in der Aufbauphase (höchstens 4 Jahre) dürfen mehr als 50% verwendet werden (AEAO Nr 19 zu § 55 Abs 1 AO; dazu *Geserich* DStR 2001, 604; *Apitz* StBp 2004, 153). Auch BFH/NV 2003, 1025 (zust *Schauhoff* DStR 2002, 1694) hält es in flagrantem Widerspruch zur oa Forderung („möglichst hoher Anteil") für grundsätzlich unschädlich, dass sich die einer „Werbeagentur" gezahlten Anteile am Beitragsaufkommen in zwei Jahren von 29% auf 42% zuzüglich der Aufnahmegebühren steigerten – nebenbei ein hübsches Modell für „Spezlwirtschaft"!

65b Für **Erlöse aus Vermögensumschichtungen** ist der Charakter des Erlöses entscheidend; eine generelle Einschränkung des oa Gebotes für solche Erlöse besteht mit Ausnahme des Ausstattungskapitals in Höhe dessen Nennwerts nicht (*Reiffs* DB 1991, 1247; aA *Brandmüller* BB 1978, 542; *Schad/Eversberg* DB 1986, 2149; *Lex* DB 1987 Beil 10; *Thiel* DB 1992, 1900; *Scholtz* in *Koch* § 55 Anm 7). Dagegen lassen sich Ausnahmen bei einem sog „Verwendungsüberhang" denken (*Thiel* DB 1992, 1900). Bei einem „Verwendungsrückstand" gilt § 63 Abs 4 AO (Anm 106); zur Prüfung *Bucha/Koopmann* StBp 1998, 225, 253). Die Verwaltung (AEAO Nr 27 zu § 55 Abs 1 Nr 1) sieht das Gebot auch insoweit nicht tangiert, als ein den Buchwert übersteigender Erlös eintritt.

65c Der oa Grundsatz gilt jedoch nicht ohne Weiteres für Tätigkeiten im Rahmen eines **wirtschaftlichen Geschäftsbetriebes** (§ 64 AO), und zwar selbst dann, wenn die unternehmerischen die gemeinnützigen Aktivitäten deutlich übersteigen (BFH/NV 1999, 245). Die Vermietung von Wohnungen an unterstützungsbedürftige Personen ist daher auch dann noch selbstlos, wenn die Miete nach den tatsächlichen Aufwendungen einschließlich der regulären AfA höher als die nach den einschlägigen gesetzlichen Vorschriften zu berechnende Kostenmiete ist (BFHE 181, 57, BStBl II 1996, 588). Selbstloses Handeln ist aber nicht anzunehmen, wenn die ihm eigene Opferwilligkeit zu Gunsten Anderer wegfällt oder in den Hintergrund gedrängt wird und an deren Stelle in erster Linie Eigennutz tritt (BFHE 127, 330, BStBl II 1979, 482; **aA** BFHE 186, 546, BFH/NV 1999, 244). Entsprechendes gilt, wenn die Körperschaft ausschließlich im wirtschaftlichen Interesse ihrer Mitglieder tätig wird (BFHE 157, 416, BStBl II 1990, 416). Die Vereinnahmung von Entgelten allein ist unschädlich (aA *Gmach* FR 1992, 313). Gewinnabsicht im Rahmen der eigentlichen, begünstigten Tätigkeit schadet (*Lenski/Steinberg* § 3 Anm 27, S 30), und zwar auch dann, wenn die Gewinne dem Ausbau der gemeinnützigen Einrichtungen dienen sollen. Selbstlosigkeit steht auch in Frage, wenn die Körperschaft nicht nur für sich, sondern zu Gunsten ihrer Mitglieder eigenwirtschaftlich tätig wird (BFHE 127, 330, BStBl II 1979, 482; BFHE 157, 416, BStBl II 1990, 550); zB durch entgeltliche oder unentgeltliche Gestellung von Sicherheiten (Risikogeschäft!, **aA** *S. Söffing/Thoma* BB 2003, 1091). Das gilt mE auch, wenn die Körperschaft Aufgaben wahrnimmt, die ihren Mitgliedern als hoheitliche Pflichtaufgaben obliegen (ebenso beiläufig RFH RStBl 1935, 857; 1937, 1105; *BMF* v. 27. 12.

1990, UR 1991, 57; *Franz* S 93f; *Hüttemann* S 71; offen gelassen: BFHE 173, 254, BStBl II 1994, 314). Zum Problem der Erstellung eines Vergütungssystems für Krankenhausleistungen für die Mitglieder der Körperschaft vgl BFHE 217, 413, BStBl II 2007, 628: abgelehnt wegen fehlender Unmittelbarkeit. Ohnehin ist problematisch, ob der Staat und die von ihm getragenen Körperschaften Steuervergünstigungen für gemeinnützige Tätigkeiten in Anspruch nehmen können (*Isensee/Knobbe-Keuk,* Sondervotum zum Gutachten der Unabhängigen Sachverständigenkommission S 404; offen gelassen ebenfalls in BFHE 173, 254, BStBl II 1994, 314).

Im Übrigen liegt eine eigenwirtschaftliche Zwecksetzung zu Gunsten von Mitgliedern nicht schon dann vor, wenn diese als **Angestellte** der Körperschaft **Vergütungen** erhalten, die nicht unverhältnismäßig hoch sind (*OFD Köln* StEK AO 1977, § 55 Nr 1). Dagegen ist mE anders zu entscheiden, wenn über reine Aufwandsentschädigungen hinausgehende Vergütungen für Betätigungen, die den eigentlichen Inhalt der Zwecksetzung ausmachen, im Interesse der Körperschaft gezahlt werden. Zahlt etwa ein Amateur-Sportverein seinen „Amateur"-Sportlern für ihren Einsatz in Ligakämpfen Entgelte, dann handelt er mE unabhängig von der Verletzung des Gebots der satzungsmäßigen Mittelverwendung (§ 55 Abs 1 Nr 1 AO) nicht selbstlos (zu beachten ist jedoch seit 1. 1. 1990 § 58 Nr 9 AO, Anm 90), ebenso wenn die Tätigkeit der Körperschaft in erster Linie auf Mehrung ihres eigenen Vermögens gerichtet ist (BFHE 157, 132, BStBl II 1989, 670). Sind die Mitglieder der Körperschaft Personenvereinigungen, dann dürfen auch die wirtschaftlichen Interessen von deren Mitgliedern nicht verfolgt werden (BFHE 56, 705, BStBl II 1952, 270). **65d**

Eigenwirtschaftliche Zwecke dürfen nicht **„in erster Linie"** verfolgt werden. Die unscharfe Formulierung wird nicht eindeutiger dadurch, wenn man darauf abstellt, dass der nichtprofitable Zweck ausschließlich oder in erster Linie verfolgt werden oder beherrschend sein muss (so aber *Tipke/Kruse* § 55 AO Rn 2) oder dass der profitable Zweck nur Nebenzweck sein darf (*Arndt/Immel* BB 1987, 1153, 1156). Auch das Begriffspaar „vorrangig" und „nicht nur nebenbei" (BFHE 165, 484, BStBl II 1992, 62; BFHE 217, 1, BStBl II 2007, 631) führt nicht viel weiter. ME darf die wirtschaftliche Betätigung nicht, auch nicht nur zum Teil, Selbstzweck sein, sondern muss unmittelbar im Dienste der gemeinnützigen, mildtätigen oder kirchlichen Tätigkeit stehen (ähnlich *Lang* StuW 1987, 221, 235ff, und DStZ 1988, 18, 24 unter Hinweis auf BFHE 127, 360, BStBl II 1979, 496). Das ist mE nicht der Fall, wenn durch ein und dieselbe Handlung steuerbegünstigte und eigenwirtschaftliche Zwecke verfolgt werden (ebenso *Bopp* DStZ 1999, 123). Betätigungen im Rahmen eines wirtschaftlichen Geschäftsbetriebs und von Vermögensverwaltung dürfen mE zudem nicht mehr als 50% der ideellen Tätigkeit – bezogen auf den Personaleinsatz und die Einnahmen – ausmachen. Dagegen hat der **BFH** (BFHE 186, 546, BStBl II 2002, 162) folgende mit Wortlaut und Zweck der Vorschrift **nicht zu vereinbarende Grundsätze** aufgestellt: **66**

– eine Körperschaft verfolgt nicht deswegen in erster Linie eigenwirtschaftliche Zwecke, weil ihre unternehmerischen Aktivitäten in ihrem wirtschaftlichen Geschäftsbetrieb die gemeinnützigen übersteigen (bei Ge-

winnen zwischen 4,8 und 8,1 Mio DM, Anwachsen des Vermögens von 9,2 auf 28,7 Mio DM sowie Spenden zwischen 15 000 und 546 000 DM und Rücklagen im ideellen Bereich von jährlich 2 Mio DM);
- dem Gebot der zeitnahen Mittelverwendung unterliegen auch die Gewinne aus dem wirtschaftlichen Geschäftsbetrieb, nicht jedoch die Gewinne, die bei „vernünftiger kaufmännischer Beurteilung" zur Sicherung des wirtschaftlichen Erfolgs des wirtschaftlichen Geschäftsbetriebs benötigt werden (das sind für den BFH auch Gewinnthesaurierungen von mehreren Mio DM/Jahr); die Nachweispflicht – die entsprechend großzügig gehandhabt wird – trifft die Körperschaft;
- dem Gebot stehen notwendige Planungsphasen nicht entgegen (zust *Hofmeister* DStZ 1999, 545, 548; *Bopp* DStZ 1999, 123; *Schulz* DStR 1999, 354; *Stahlschmidt* FR 2002, 1109; *Schiffer* DStR 2002, 1206; teilw **aA** AEAO Nr 3 zu § 55 Abs 1 Nr 1, zugleich zur Einschränkung bei Vermögensverwaltung).

Nach AEAO Nr 2 zu § 55 Abs 1 Nr 1 ist zwischen der steuerbegünstigten Tätigkeit – wozu auch der Zweckbetrieb (Anm 120 ff) gehört – und der wirtschaftlichen Tätigkeit danach zu gewichten, welche der Körperschaft das **Gepräge** gibt (krit *Schäffer/Sommer* BB 2008, 2432). Hierbei sind nicht nur die Einnahmen, sondern auch der Zeit- und Personalaufwand einzubeziehen, so dass auch eine Körperschaft, die ihre Einnahmen im Wesentlichen aus Wirtschaftstätigkeit bezieht, gemeinnützig sein kann (was jedoch nicht für reine Fördervereine iSd § 58 Nr 1 AO – Anm 81 – gelten soll; *OFD Ffm* DB 2003, 1932, gegen diese „Geprägetheorie" ua *Hüttemann* FR 2002, 1337). Wächst die Wirtschaftstätigkeit über diesen Rahmen hinaus an, sollte über eine Auslagerung nachgedacht werden (*Wegehenkel* DB 1986, 2514; *Stobbe* DStZ 1996, 298; *Tönnes/Wewel* DStR 1998, 274; *Wien* FR 1997, 366).

Nach BFHE 157, 132, BStBl II 1989, 670 ist es schädlich, wenn die Körperschaft ausschließlich durch **Darlehen der Mitglieder** finanziert ist und ihre gesamte Tätigkeit auf Verzinsung und Tilgung zur Verbesserung der eigenen Vermögenslage ausrichten muss (ebenso AEAO Nr 1 zu § 55 Abs 1). Entsprechendes gilt, wenn die Tätigkeit der Gesellschaft im oa Sinn darauf gerichtet ist, eigenes Vermögen zu mehren (BFHE 169, 3, BStBl II 1992, 1048). Die Vorschriften des § 58 Nr 6 u 7 a AO (Anm 86 ff) setzen die Voraussetzung des selbstlosen Handelns insofern nicht außer Kraft, sondern bestimmen den Rahmen der zulässigen Vermögensbildung (BFHE 185, 333, BStBl II 1990, 28; hierzu *Gmach* FR 1992, 313, 318; *Wien* FR 1997, 366).

67 Weitere Rechtsprechungsbeispiele für **eigenwirtschaftliche Zwecke:**
- **Altlasten.** Befreit ein Verein Grundstücke von Mitgliedern ohne unmittelbaren und ausschließlichen Vorteil der Allgemeinheit, dann handelt er nicht selbstlos (*BMF* BStBl I 1993, 214)
- **Börsenverein,** vgl BFHE 60, 32, BStBl III 1955, 12
- **Butterauktionen** durch Meiereiverbände (RFH RStBl 1933, 17)
- Vergabe von **Darlehen** ua für die Mitglieder des Verbandes (RFH RStBl 31, 185; 33, 697), insb zum Zwecke der Vermögensbildung (FG München EFG 1996, 938); nach AEAO Nr 16 zu § 55 Abs 1 Nr 1

AO unschädlich, wenn Mittel nicht dem Gebot der zeitnahen Mittelverwendung unterliegen, also aus vorhandenem Vermögen einschließlich zulässiger Rücklagen stammen. Eine Ausnahme kann nur gelten, soweit die Vergabe günstiger Darlehen unmittelbar dem gemeinnützigen Förderungszweck dient oder im Rahmen des § 58 Nr 1 oder 2 AO (Anm 81 f) vorgenommen wird (zB als Stipendium oder als Hilfe zur Finanzierung eines Musikinstruments, AEAO Nr 15 zu § 55 Abs 1 Nr 1 AO). Maßnahmen, für die Rücklagen nach § 58 Nr 6 AO gebildet worden sind, dürfen sich durch die Gewährung von Darlehen nicht verzögern (AEAO Nr 16 zu § 55 Abs 1 Nr 1 AO). Zur formellen Satzungsmäßigkeit AEAO Nr 17 zu § 55 Abs 1 Nr 1 AO
- **Fachbuchhandel** einer bestimmten Branche (RFH RStBl 1938, 999)
- **Feuerbestattung** mit Betrieb eines Krematoriums (BFH/NV 2005, 1213; *OFD Ffm* DB 1997, 205)
- **Fremdenverkehrsverein,** vgl RFH RStBl 1941, 506
- **Müllverbrennungsanlage** wegen Kostenersatz durch den Hauptgesellschafter (Stadt) (FG Bremen EFG 1992, 26; hierzu BFHE 174, 97, BStBl II 1994, 575: kein Zweckbetrieb)
- **Omnibusgesellschaft** von Kaufleuten (RFH RStBl 1933, 76)
- **Pflegeanstalt** für bemittelte Personen (RFH RStBl 1942, 746)
- **Schiffsklassifizierung** durch und für Reeder (RFH RStBl 1929, 493)
- **Schlachthof** einer Metzgerinnung (RFH RStBl 1931, 502)
- **Verkehrsflughafen** ortsansässiger Unternehmen (BFHE 56, 280, BStBl III 1952, 112)
- **Vermittlung** von preisgünstigen Reisen und zinsgünstigen Darlehen an Mitglieder (BFHE 157, 416, BStBl II 1990, 550)
- **Versicherung** für Mitglieder eines Haus- und Grundbesitzervereins (RFH RStBl 1930, 145)
- **Wareneinkauf** zum Verkauf zu ermäßigten Preisen an Vereinsmitglieder (RFH RStBl 1930, 702)
- **Wasserwerks-GmbH** durch und für Industriebetriebe (RFH RStBl 1932, 391; 1938, 359)
- **Wohnungsvermietungen** an Nichtbedürftige (RFH RStBl 1942, 1100)
- **Züchterausstellungen** eines Zuchtverbandes (BFHE 56, 705, BStBl III 1952, 270).

Das Gebot der **satzungsmäßigen Mittelverwendung** nach **§ 55** 68
Abs 1 Nr 1 AO betrifft auch gemeinnützige, mildtätige oder kirchliche Förderungen, die nicht in der eigenen Satzung vorgesehen sind. **Mittel** iSd Vorschrift sind nicht nur Spenden, Beiträge und Erträge des Vermögens der Körperschaft und die den Zweckbetrieben zur Verfügung stehenden Geldbeträge, sondern sämtliche Vermögenswerte der Körperschaft (BFHE 165, 484, BStBl II 1992, 62; BFHE 186, 546, BStBl II 2002, 162), jedoch ohne das Grundstockvermögen einer Stiftung (*A. Söffing/Thoma* BB 2003, 1091; 2004, 855) und die zur Schuldentilgung oä benötigten Beträge (*Thiel* DB 1992, 1900). Verwendung bedeutet Einsatz der Geld- u Sachmittel für bestimmte (hier: steuerbegünstigte) Zwecke (BFHE 168, 35, BStBl II 1992, 748). Das Gebot gilt ebenso für Gewinne aus wirtschaftlichen Geschäftsbetrieben, Zweckbetrieben und Vermögensverwaltung (*BMF* BStBl I

1990, 818, 819). „Satzungsmäßige Zwecke" bedeutet mE jedoch, dass die Satzung auch im Hinblick auf die Mittelverwendung mit § 55 Abs 1 AO in Einklang stehen muss; eine Auflage, nach der Einnahmen aus einem wirtschaftlichen Geschäftsbetrieb (Zweckbetrieb) für (Züchter-)Prämien zu verwenden sind, verstößt daher mE gegen das Gebot (so auch *BMF* BStBl I 2005, 608 gegen BFHE 202, 323, BFH/NV 2003, 104).

68a Für die **Ausgliederung** von Abteilungen zu wirtschaftlichen Zwecken **aus einem Idealverein** kommen als Gründungskapital mE nur freie Rücklagen nach § 58 Nr 7a AO (Anm 87) in Betracht (ähnlich *Schießl* DStZ 2007, 494; bei einem *Zweckbetrieb* dürfte diese Beschränkung nicht bestehen (*Thiel/Eversberg* DB 2007, 191; *Schick* DB 2008, 893; *Schröder* DStR 2008, 1069; **aA** *OFD Ffm* DStR 2005, 600). Liegt bereits ein **wirtschaftlicher Geschäftsbetrieb** vor, kommen ggf zweckbestimmte Zuwendungen und Rücklagen nach den Grundsätzen von BFHE 186, 546, BStBl II 2002, 162 (Anm 113) in Betracht.

68b Auch der **Ausgleich von Verlusten** aus einem wirtschaftlichen Geschäftsbetrieb mit Mitteln aus Zweckbetrieben oder aus dem ideellen Bereich ist grds schädlich (BFHE 93, 522, BStBl II 1969, 43; *Neufang* Inf 1992, 73; *Tipke/Kruse* § 55 Rn 3; *HHSp* § 55 Rn 125; *Herbert* aaO S 21; krit *Schauhoff* DStR 1998, 701; *Koch/Scholtz* § 55 Rn 5; *Klein/Gersch* § 55 Rn 6; *Schwarz/Frotscher* § 55 Rn 7; *Hüttemann,* aaO 85f). BFHE 181, 396, BStBl II 1998, 711 hält den Ausgleich nicht für schädlich, wenn der Verlust auf einer Fehlkalkulation beruht und die Körperschaft dem ideellen Bereich die ihm entzogenen Mittel bis zum Ende des auf die Verlustentstehung folgenden Wirtschaftsjahrs wieder zuführt, wobei diese Mittel weder aus einem Zweckbetrieb noch aus der Vermögensverwaltung noch aus Beiträgen und sonstigen Zuwendungen zur Förderung der steuerbegünstigten Zwecke stammen dürfen (hierzu AEAO Nr 6 zu § 55 Abs 1 Nr 1 AO). Dem ist zuzustimmen, zumal es unter diesen Bedingungen im Wesentlichen nicht zu Wettbewerbsverzerrungen kommen wird (hierzu *Schauhoff* DStR 1998, 701; *Schulz* DStR 1999, 354, 357; *Dißars/Berssenbrügge* BB 1999, 1411). Nicht zuzustimmen ist AEAO Nr 8 zu § 55 Abs 1 Nr 1 AO, wonach eine Fehlkalkulation in diesem Sinne bei längerfristig bestehenden Betrieben unterstellt werden kann und auch vorhersehbare Verluste in der Aufbauphase unschädlich sind (Pflicht zur Rückführung der verwendeten Mittel innerhalb von 3 Jahren). AEAO Nr 4 zu § 55 Abs 1 Nr 1 AO hält im Übrigen einen Verlustausgleich nicht für gegeben, soweit die dem ideellen Bereich entzogenen Mittel die aus dem wirtschaftlichen Geschäftsbetrieb in den vorhergehenden 6 Jahren zugewendeten Gewinne nicht übersteigen (krit *Schäfer/Walz* FR 2002, 499; zust *Wallenhorst* DStR 1998, 1915; für eine noch großzügigere Lösung *Hüttemann* FR 2003, 1337). Das hat mE mit Beachtung des Gesetzesbefehls kaum zu tun. Zu weiteren Voraussetzungen für die Unschädlichkeit von Verlusten vgl AEAO Nr 5 zu § 55 Abs 1 Nr 1 AO und zur „entsprechenden Anwendung" seiner oa Grundsätze auf den Bereich der Vermögensverwaltung AEAO Nr 9 zu § 55 Abs 1 Nr 1 AO (hiergegen und für die Anwendung von „Liebhaberei"-Grundsätzen bei Dauerverlusten *Hüttemann* FR 2002, 1337; ebenfalls zweifelnd *Wallenhorst* DStR 2004, 711; *Becker/Meining* DStZ 2006, 765). Nach der Darstellung des BRH ist der nicht zulässige Ausgleich bei einigen Fußball-Bundesligavereinen immer wieder Praxis, ohne dass die FÄ die Gemeinnützigkeit aberkennen (BTDrs 12/1150, 63; zur nicht überzeugenden „Richtigstellung des Sachverhalts" *Jansen* DStR 1992, 133; hierzu *Orth* FR 1995, 253). Verluste der Kapitalgesellschaft, an der sich die Körperschaft beteiligt hat, führen nach allgemeiner Auffassung nicht unmittelbar zur Mittelfehlverwendung, sondern frühestens bei einer erforderlichen Teilwertabschreibung auf die Beteiligung oder bei einer Realisierung des Beteiligungsverlustes – und dies auch nur, wenn Risiken erkennbar waren (vgl *Hüttemann* FR 2002, 1337; *Schauhoff* DStR 1998, 701). Großzügig in diesem Zusammenhang AEAO Nr 7 zu § 55 Abs 1 Nr 1 AO zur Unschädlichkeit der Finanzierung des Verlustausgleichs durch Darlehen sowie der Belastung von Vermögen des ideellen Bereichs zur Sicherung eines betrieblichen Darlehens. Zur satzungsmäßigen Mittelverwendung gehört nicht mehr die Tilgung von Verbindlichkeiten nach *Einstellung der begünstigten Tätigkeit in der Insolvenz* (BFHE 207, 381, BStBl II 2007, 808; krit *Becker/Meining* DStZ 2006, 765; *Dehesselles* DStR 2008, 2050). **Ausnahmen** vom Gebot der Selbstlosigkeit im Übrigen enthält § 58 AO (vgl Anm 79 ff).

Das Verbot von **Gewinnausschüttungen** betrifft offene und verdeckte Gewinnausschüttungen (vgl unten Anm 70). Indes ist die Vorschrift einschränkend dahin auszulegen, dass die Ausschüttung analog § 58 Nr 2 AO (Anm 82) unschädlich ist (AEAO Nr 2 zu § 58 AO: nur „teilweise" Gewinnausschüttung; zum Problem *Knoop* DStR 2006, 1263; *Döring/Fischer* DB 2007, 1831). **68c**

Das Verbot von **Zuwendungen an Mitglieder** gilt für alle Bereiche der Körperschaft: ideeller Bereich, Zweckbetrieb, Vermögensverwaltung und wirtschaftlicher Geschäftsbetrieb (vgl BFH/NV 2005, 160). Es betrifft wirtschaftliche Vorteile, die die Körperschaft bewusst unentgeltlich oder gegen zu geringes Entgelt einem Dritten zukommen lässt. Die Zuwendungen werden aus Mitteln (s oben) der Körperschaft geleistet, wenn deren Vermögenswerte eingesetzt werden, um dem Dritten den Vorteil zukommen zu lassen (BFHE 165, 484, BStBl II 1992, 62). Das Verbot ist umfassend, soweit die Stellung als Mitglied betroffen ist (BFHE 165, 484, BStBl II 1992, 62; zur Entlohnung für ehrenamtliche Tätigkeit BFH/NV 2001, 1536). Allerdings darf diese Vorschrift bei zweckentsprechender Auslegung nicht überspannt werden. Aufmerksamkeiten und Annehmlichkeiten sind ebenso unschädlich (AEAO Nr 10 zu § 55 Abs 1 Nr 1 AO) wie geringfügige Zuwendungen, durch die die satzungsmäßigen Zwecke gefördert werden (BFHE 62, 462, BStBl III 1956, 171); zB der Ersatz von Auslagen, die durch Einsatz für die Körperschaft und ihre Zwecke entstanden sind. Dasselbe gilt für Vergütungen von Leistungen für die Körperschaft, soweit sie angemessen sind (vgl § 55 Abs 1 Nr 3 AO sowie AEAO Nr 11 zu § 55 Abs 1 Nr 1 AO; zur Zahlung von Aushilfslöhnen durch Vereine *Neufang* StBp 1991, 167). Eine ähnliche Problematik stellt sich, wenn ein Sportverein verbilligte Eintrittskarten an seine Mitglieder abgibt. Die Karten stellen einen Vermögenswert dar; die Verbilligung ist Zuwendung eines Vorteils. Dagegen helfen auch allgemein gehaltene Einwendungen zur Werbewirksamkeit der Maßnahme uä ebensowenig wie der **68d** (nicht angebrachte) Vergleich mit verdeckten Gewinnausschüttungen (aA *Jansen* DStR 1992, 133). Auch der Vorschlag, lohnsteuerliche Richtsätze für die Begrenzung von Aufmerksamkeiten (35 € bzw 60 DM pro Jahr) anzuwenden (*Kümpel* DStR 2001, 152), geht mE zu weit. Der lohnsteuerliche Begriff steht in einem anderen Zusammenhang. Zu Recht hat daher der BRH die Praxis der Finanzverwaltung beanstandet, die Verbilligung hinzunehmen, wenn sie im Kalenderjahr den Mitgliedsbeitrag nicht übersteigt. Unangemessen niedrige Pachtzinsen (20 DM statt 300 DM) verletzen ebenfalls das Verbot (vgl BFHE 165, 484, BStBl II 1992, 62; *Hildesheim* StBp 1989, 229), ebenso Preisgelder (s aber Anm 127, 130 und Zuschüsse des Vereins anlässlich von Vereinsausflügen (aA *Neufang* Inf 1988, 253). Die Erfüllung von Ansprüchen aus einem belastet zugewendeten Vermögen ist keine schädliche Zuwendung (AEAO Nr 12, 13 zu § 55 Abs 1 Nr 1 AO; zur Problematik bei Stiftungen AEAO Nr 14 zu § 55 Abs 1 Nr 1 AO).

68e Problematisch erscheint, ob die Nr 1 bei **stillen Beteiligungen** (zu unterscheiden von Beteiligungen an der Körperschaft selbst) betroffen ist und insofern auch Mitarbeiterbeteiligungen in Betracht kommen (hierzu *Leuner/Dumser* BB 2006, 1993); mE werden durch solche Beteiligungen die Verbote der Nrn 1 u 3 tangiert. Für gesellschaftsrechtliche Kapitalbeteiligungen und Stockoptions erscheint Letzteres eindeutig (ebenso *Leuner/Dumser* BB 2006, 1993).

68f Das Verbot von **Zuwendungen an politische Parteien** erstreckt sich auf unmittelbare und mittelbare Unterstützungen. Die Gewährung von Parteispenden nimmt der Körperschaft wegen Verstoßes gegen das Gebot der Selbstlosigkeit die Gemeinnützigkeit (BFH/NV 1999, 145; Anm *Brenner* DStZ 1999, 186). Vgl zum Problem der Umwegfinanzierungen *Danzer* AG 1982, 57; *Frick* BB 1983, 1336.

69 Die Beschränkung der **Vermögensverwendung** nach **§ 55 Abs 1 Nr 2 AO** gilt nur für Kapitalgesellschaften (Sacheinlagen sind solche des Handelsrechts, für die Gesellschaftsrechte eingeräumt werden, AEAO Nr 23 zu § 55 Abs 1 Nr 2 zu 4 AO). Maßgebend ist bei Bareinlagen der Nennwert und bei Sacheinlagen der gemeine Wert im Zeitpunkt der Einlage (§ 55 Abs 2 AO). Die Mitglieder dürfen also in keiner Weise an den Wertsteigerungen des Vermögens teilhaben. Bei Rückgabe der Sacheinlage in natura besteht Ausgleichspflicht des Mitglieds (AEAO Nr 20 zu § 55 Abs 2 AO; zur GmbH vgl *Luger* StWa 1993, 231). Dies gilt nicht bei bloß unentgeltlich zur Verfügung gestellten Sachen (vgl AEAO Nr 23 zu § 55 Abs 1 Nr 2 u 4 AO). Die Beschränkung der Vermögensverwendung gilt auch bei Kapitalerhöhungen aus Gesellschaftsmitteln, weil die Vorschrift die Rückzahlung auf den eingezahlten Kapitalanteil beschränkt (hierzu *Gronemann* DB 1981, 1589).

70 Das Verbot **zweckfremder Ausgaben** und **unverhältnismäßig hoher Vergütungen** nach **§ 55 Abs 1 Nr 3 AO** betrifft ebenfalls sämtliche aus Mitteln der Körperschaft zu zahlende Vergütungen im Idealbereich, in der Vermögensverwaltung, im Zweckbetrieb und wirtschaftlichen Geschäftsbetrieb (BFH/NV 2005, 160) und ist weiter als das Verbot verdeckter Gewinnausschüttungen (oben Anm 68 c). Gleichwohl ist auch dieses Verbot verletzt, wenn an Mitglieder oder Gesellschafter zweckfremde Ausgaben oder unverhältnismäßig hohe Vergütungen geleistet werden, weil es sich insofern um Gewinnanteile handelt. Auch kann auf die Grundsätze zu verdeckten Gewinnausschüttungen zurückgegriffen werden (BFHE 165, 484, BStBl II 1992, 62), zumal wenn die Angemessenheit von Leistung und Gegenleistung in Rede steht. Nach der Rechtsprechung ist danach zu unterscheiden, ob das Mitglied in seiner **Eigenschaft als Mitglied** begünstigt wird (BFH/NV 1996, 383). Diese Auffassung findet eine Stütze weder im Wortlaut noch im Sinn und Zweck des Gesetzes – Verhinderung unsachgemäßer Aufwendungen – eine Stütze. **Zweckfremde Ausgaben** können auch in der (teil)unentgeltlichen Überlassung von Wohnraum bestehen. Wird dieser (auch) für satzungsfremde Zwecke genutzt, dann ist § 55 Abs 1 Nr 1 u 3 AO verletzt (BFH/NV 1996, 383). Entsprechendes gilt, wenn eine Körperschaft sich (fast) ausschließlich durch Fremdkapital finanziert (BFHE 157, 132, BStBl II 1989, 670) oder wenn ein Vereinsvorstand dem Verein ohne wirtschaftlichen Grund (für den Verein) ein verzinsliches Darlehen aufdrängt (BFH/NV 2005, 1233). Problematisch können aus dieser Sicht **Mitarbeiterbeteiligungen** in Form von verzinslichen Guthaben und Mitarbeiterdarlehen, aber auch von Genussrechten sein (*Leuner/Dumser* BB 2006, 1993).

Ob **unverhältnismäßig hohe Vergütungen** (zB Geschäftsführergehalt, AEAO Nr 20 zu § 55 Abs 1 Nr 1 AO) vorliegen, ist mE im Wege eines Fremdvergleichs zu ermitteln. Ersatz nachgewiesener angemessener Aufwendungen (zB Fahrtkosten) des Mitglieds im Interesse der Körperschaft berührt die Selbstlosigkeit nicht (BFHE 182, 258, BStBl II 1997, 474). Bei Amateurfußballern ist das Amateurstatut zu beachten (BFHE 59, 294, BStBl III 1954, 324). Zahlt ein Sportverein für die Übernahme eines Sportlers (Spielers) Ablösegelder an einen anderen Verein, so sind sie nach *BMF* BStBl I 1990, 818, 824 (Ausnahme: Einsatz des Sportlers im wirtschaftl Geschäftsbetrieb, Anm 110 ff) angemessen, wenn dem anderen Verein lediglich die Ausbildungskosten ersetzt werden. Nach *Trzaskalik* (StuW 1986, 228) darf auch der Marktwert ersetzt werden. Noch weiter geht *OFD Ffm* DStR 1991, 648, die nur noch im Hinblick auf die Anwendung/Nichtanwendung des § 67 a Abs 1 AO (Anm 127 ff) differenziert, jedoch die Gemeinnützigkeit überhaupt nicht mehr in Frage stellt. Die vorstehenden Auffassungen sind schon im Ansatz verfehlt. Die Ausbildung eines Sportlers gehört zu den gemeinnützigen Aufgaben des Sportvereins. Der „Handel" mit Sportlern gegen Zahlung der Kosten, gar in Höhe des „Marktwerts", zeigt mE, dass die Zwecke des Vereins eine Pervertierung weg von der Förderung der Allgemeinheit hin zum Wirtschaften mit einer „Elite" erfahren haben. Zahlungen der genannten Art sind daher dem „Zweck der Körperschaft" fremd. Ohnehin haben Zahlungen für oder an Spieler, die lediglich in Ligakämpfen eingesetzt werden sollen, mit Förderung der Allgemeinheit nichts zu tun (vgl oben Anm 15). Ausgaben der genannten Art nehmen dem Verein die Gemeinnützigkeit. **70a**

Die **Mittelfehlverwendung** muss der Körperschaft **zugerechnet** werden können, und zwar als Handlung eines Organs, Repräsentanten oder Inhabers einer Vollmacht (auch Anscheins- oder Duldungsvollmacht); vgl **70b** hierzu auch Anm 104. Die Aberkennung der Gemeinnützigkeit sollte aber erst erfolgen, wenn die Organe ihre Kontrollrechte verletzt und/oder keinen Regressanspruch gegen die handelnden Personen geltend machen (ebenso *Kümpel* DStR 2001, 152).

71 Der Grundsatz der **Vermögensbindung (§ 55 Abs 1 Nr 4 AO)** will die Verwendung des durch die Begünstigung gebildeten Vermögens für nicht begünstigte Zwecke verhindern. Dem Gebot der Vermögensbindung unterliegen *sämtliche Mittel* der Körperschaft (Anm 68) und trotz des oa Zwecks der Vorschrift auch das vor der Anerkennung als gemeinnützig gebildete Vermögen (*FM Bbg* FR 1993, 758; zweifelnd BFH/NV 2002, 309). Denn es ist dem begünstigten Zweck gewidmet und nimmt an der Begünstigung teil (*Gmach* FR 1995, 90; 1997, 793, 799; aA *Tipke/Kruse* § 55 AO Rn 13). Die Vermögensbindung muss grundsätzlich in der Satzung zum Ausdruck kommen (§§ 61, 62 AO; vgl unten Anm 98 ff). Allerdings kann der bezeichnete steuerbegünstigte Zweck ein anderer sein als der von der Körperschaft selbst verfolgte (allg Meinung). Im Fall der satzungsgemäßen Übertragung des Vermögens auf eine andere Körperschaft muss es sich um eine **inländische** steuerbegünstigte Körperschaft oder Körperschaft des öffentlichen Rechts handeln (vgl BFHE 87, 304, BStBl III 1967, 116; AEAO Nr 25 zu § 55 Abs 1 Nr 4 AO; *Schult/Meining* FR 2005, 977). Zudem muss diese selbst das Gebot der satzungsmäßigen Vermögensbindung beachten. Das ist nicht der Fall, wenn bei ihrer Auflösung das Vermögen an die Mitglieder zurückfließen soll (Nds FG EFG 1998, 596). Ebenso wenig genügt die Satzungsbestimmung über die Übertragung zur „treuhänderischen Verwaltung" (zB *OFD Chemnitz* DB 2005, 1998). Zur Zusammenlegung von Schulen *FM Saarl* v 11. 7. 2005 B/2–5-131/2005 – S 0177.

Bei einer **Ausgliederung** einer Abteilung aus einem Idealverein, insb Zweckbetrieb, kann nach allgemeiner Auffassung die Vermögensbindung durch die Gewährung der Anteile an der Kapitalgesellschaft gewahrt werden (*Strahl* KÖSDI 2000, 12527; *Schießl* DStZ 2007, 494; *Schröder* DStR 2008, 1069; *Thiel/Eversberg* DB 2007, 191; **aA** *OFD Ffm* DStR 2005, 600).

71a Die für **Stifter** und deren Erben sowie Körperschaften des öffentlichen Rechts geltende Beschränkung auf den **Buchwert** bei zu Buchwerten entnommenen Wirtschaftsgütern bezweckt, die steuerfreie Realisierung stiller Reserven zu verhindern mit der Folge, dass solche weiterhin dem begünstigten Zweck gewidmet bleiben. Wird ein Wirtschaftsgut in natura zurückgegeben, dann hat der Empfänger die Wertdifferenz auszugleichen (AEAO Nr 31 zu § 55 Abs 2 AO). Im Übrigen darf das eingebrachte Stiftungskapital von der Vermögensbindung durch Satzung angenommen werden (AEAO Nr 30 zu § 55 AO Abs 2 AO; ähnlich *A. Söffing/Thoma* BB 2004, 855; **aA** *Bay FM* ZEV 2004, 65 zur ErbSt).

72 Der **Grundsatz der zeitnahen Mittelverwendung** ist **ab EZ 2000** in **§ 55 Abs 1 Nr 5 AO** niedergelegt. Er wurde zuvor aus dem Zusammenwirken von § 55 Abs 1 Nr 1 und § 58 Nr 6 u 7 AO abgeleitet (vgl *Kümpel* DStR 2001, 152; krit zum Grundsatz *Fischer* FR 2008, 752). Eine zeitnahe Mittelverwendung ist nach AEAO Nr 27 zu § 55 Abs 1 Nr 1 AO gegeben,

wenn die Mittel spätestens in dem auf den Zufluss folgenden Kalender- oder Wirtschaftsjahr für die steuerbegünstigten satzungsmäßigen Zwecke verwendet werden. Am Ende des Kalender- oder Wirtschaftsjahres noch vorhandene Mittel müssen nach AEAO Nr 27 zu § 55 Abs 1 Nr 1 AO in der Bilanz oder Vermögensaufstellung der Körperschaft zulässigerweise dem Vermögen oder einer zulässigen Rücklage zugeordnet oder als im zurückliegenden Jahr zugeflossene Mittel, die im folgenden Jahr für die steuerbegünstigten Zwecke zu verwenden sind, ausgewiesen sein. Soweit Mittel nicht schon im Jahr des Zuflusses für die steuerbegünstigten Zwecke verwendet oder zulässigerweise dem Vermögen zugeführt werden, muss ihre zeitnahe Verwendung durch eine Nebenrechnung nachgewiesen werden (Mittelverwendungsrechnung). Nicht dem Gebot unterliegt nach AEAO Nr 28 zu § 55 Abs 1 Nr 5 AO das sog zulässige Vermögen. Das sind insb die in § 58 Nr 11 (Anm 92) und § 58 Nr 12 (Anm 93) bezeichneten Positionen. Für die Verwendung von unzulässigerweise thesaurierten Mitteln kann das Finanzamt nach § 63 Abs 4 Satz 1 AO eine Frist setzen (vgl Anm 106). Da die Vorschrift wörtlich mit den Formulierungen im AEAO übereinstimmt, ist davon auszugehen, dass der Gesetzgeber nur die bisher praktizierten Ausnahmen vom Gebot der zeitnahen Mittelverwendung zulassen wollte. Zugleich ist mE durch den Begriff des Zuflusses geklärt, dass es bei bilanzierenden Körperschaften nicht auf den Gewinn nach Bilanz, sondern auf die zugeflossenen Mittel (abzüglich der Ausgaben) ankommt (vgl *Hüttemann* DB 2000, 1584).

Eine Verwendung von Mitteln iSd Vorschrift ist auch gegeben, wenn die Körperschaft sie für die **Anschaffung** oder Herstellung von **Vermögensgegenständen** einsetzt, die ihrerseits den satzungsmäßigen Zwecken dienen (zB Bau eines Altenheims, Beschaffung von Sportgeräten usw; AEAO Nr 26 zu § 55 Abs 1 Nr 5 AO).

Für den Einsatz von Mitteln für eine **Beteiligung** an einer **Kapitalgesellschaft** gilt: zeitnah zu verwendende Mittel für eine gemeinnützige Gesellschaft zulässig, für eine stpfl Gesellschaft schädlich; nicht zeitnah zu verwendende Mittel für eine gemeinnützige Gesellschaft oder eine Gesellschaft, auf deren Geschäftsführung kein Einfluss genommen wird, als Vermögensverwaltung zulässig, für eine nicht gemeinnützige Gesellschaft, auf deren Geschäftsführung Einfluss genommen wird, Begründung eines wirtschaftlichen Geschäftsbetriebs (vgl *Strahl* FR 2002, 916; AEAO Nr 26 zu § 55 Abs 1 Nr 5; sowie zur Ausstattung von Kapitalgesellschaften und Stiftungen *FM Bbg* DStR 2005, 290; zur Ausgliederung *OFD Hannover* DStR 2002, 2036; *Milatz/Schäfers* DB 2005, 1761 zur Ausgliederung auf eine Organschaft). Zur Überlassung von Räumlichkeiten an eine von der steuerbegünstigten Körperschaft beherrschte GmbH *OFD Ffm* DStR 2005, 600.

73.–75. Ausschließlichkeit

Die **Ausschließlichkeit** ist weitere gemeinsame Grundvoraussetzung für **73**
die Steuerbefreiung im Dienste des Wettbewerbsschutzes. Sie liegt nach **§ 56 AO** vor, wenn die Körperschaft nur ihre steuerbegünstigten satzungsmäßigen Zwecke verfolgt.

Die **gesamte** Tätigkeit muss sich hierauf beschränken. Ein einziges Abweichen hat den Verlust der Steuerfreiheit zur Folge; Entsprechendes gilt, wenn für einen von mehreren satzungsmäßigen Zwecken die Voraussetzungen der Gemeinnützigkeit fehlen (BFHE 127, 360, BStBl II 1979, 496; BFH/NV 1992, 90). Ebensowenig wie ein wirtschaftlicher Geschäftsbetrieb (§ 64 AO, Anm 111 ff) verstößt jedoch eine vermögensverwaltende Tätigkeit (zB Verpachtung) gegen das Gebot der Ausschließlichkeit (BFHE 165, 484, BStBl II 1992, 62; BFHE 181, 57, BStBl II 1996, 583; *Neufang* Inf 1992, 222). Eine völlig wertneutrale Tätigkeit ist ebenfalls nicht zu verlangen. Im Rahmen der Verfolgung der satzungsmäßigen Zwecke darf die Körperschaft Stellung zu besonders wichtigen Gegenständen der allgemeinen Politik beziehen (BFHE 142, 51, BStBl II 1984, 844; BFHE 155, 461, BStBl II 1989, 391). Dagegen verliert etwa eine mildtätige Stiftung für Minderbemittelte ihre Steuerbefreiung, wenn sie nur einen nicht Bedürftigen beherbergt (RFH RStBl 1938, 322). Bei Hundesportvereinen galt das Gebot der Ausschließlichkeit als verletzt, weil der Verein auch die körperliche Ertüchtigung von Hund und Hundeführer zu seinen satzungsmäßigen Zwecken zählt (BFHE 127, 356, BStBl II 1979, 495). Die Entscheidung ist nicht haltbar (vgl oben Anm 42). Sie enthält im Übrigen das Instrumentarium, jeder Form des „Pferdesports" (Reitsport, insbesondere Dressurreiterei und vor allen Dingen der Traberei) auch unter diesem Aspekt die Gemeinnützigkeit abzusprechen, was der BFH freilich nicht getan hat (BFHE 93, 522, BStBl II 1969, 43). Die Steuerbefreiung wird im Übrigen nicht deswegen ausgeschlossen, weil sich die Körperschaft außerhalb des Begünstigungszwecks betätigt, die Betätigung aber für die Zweckerreichung erforderlich ist. Im Übrigen verliert die Körperschaft bereits bei nur einem Verstoß gegen das Gebot die Gemeinnützigkeit, sei es dass sich dieser aus der satzungsmäßigen Zwecksetzung oder der tatsächlichen Geschäftführung ergibt. Eine Aufteilung in einen steuerfreien und einen stpfl Teil ist nicht zulässig (BFHE 127, 360, BStBl II 1979, 496).

Ausnahmen vom Grundsatz der Ausschließlichkeit sind in § 58 AO geregelt (vgl unten Anm 79 ff).

74 Selbstverständlich kann die Körperschaft auch **mehrere begünstigte Zwecke** verschiedener Richtungen verfolgen (BFHE 127, 360, BStBl II 1979, 496; AEAO Nr 32 zu § 56 AO). Dies ergibt sich ohne Weiteres aus der Fassung des Gesetzes. Erforderlich ist allein die Niederlegung in der Satzung. Ebenso selbstverständlich ist mE, dass eine einheitliche satzungsgemäße Betätigung unter verschiedenen nach § 52 AO in Betracht kommenden Gesichtspunkten gemeinnützig sein kann. Dies hätte den BFH in BFHE 127, 356, BStBl II 1979, 495 veranlassen müssen zu prüfen, ob nicht die Abrichtung von Hunden eine Förderung auf materiellem oder geistigem Gebiet darstellt.

75 **Einzelfälle zum Gebot der Ausschließlichkeit:**

– **Altersheime** sind in ihren Betätigungen nicht ohne Weiteres ein wirtschaftlicher Geschäftsbetrieb (RFH RStBl 1937, 1160)
– **Auflagen** außerhalb des Stiftungszwecks sind unschädlich (RFH RStBl 1933, 193)

- **Fußballvereine** trotz Aufnahme von Vertragsspielern gemeinnützig (BFHE 59, 294, BStBl III 1954, 324), mE höchst fraglich (vgl Anm 15, 50)
- Förderung der **Gefolgschaft** eines Unternehmens dient nicht ausschließlich der Allgemeinheit (RFH RStBl 1941, 275)
- **Kameradenhilfe** und Kameradschaftspflege unter ehemaligen Angehörigen eines Wehrmachtstruppenteils nicht ausschließlich gemeinnützig (BFHE 78, 54, BStBl III 1964, 20)
- **Kindergärten** (s RFH RStBl 1937, 1160)
- **Lungenheilstätten** sind ausschließlich gemeinnützig, wenn sie in besonderem Maße (?) der minderbemittelten Bevölkerung dienen (RFH RStBl 1937, 1159)
- **Messeveranstaltungen** (Nds FG BB 1992, 1544)
- Versorgung **Minderbemittelter** nicht ausschließlich gemeinnützig oder mildtätig, wenn die geförderten Personen sich selbst ausreichend verpflegen können (RFH RStBl 1937, 1104)
- **Pflegeheime** sind nicht ausschließlich mildtätig, wenn sie auch bemittelte Personen aufnehmen (RFH RStBl 1942, 746)
- **Satzungsfremde Vermögensverwendung** widerspricht dem Gebot der Ausschließlichkeit (RFH RStBl 1929, 493)
- **Spendenwaschanlagen** verstoßen gegen das Gebot der Ausschließlichkeit (vgl BFHE 163, 329, BStBl II 1991, 325; BFHE 164, 14, BStBl II 1991, 547)
- **Waisenhäuser,** wie Altersheime (RFH RStBl 1937, 1160).

76.–78. Unmittelbarkeit

Die **Unmittelbarkeit** ist weitere gemeinsame Grundvoraussetzung. Sie ist nach **§ 57 Abs 1 AO** erfüllt, wenn die Körperschaft selbst ihre steuerbegünstigten satzungsmäßigen Zwecke verwirklicht. Das kann auch durch Hilfspersonen geschehen, wenn nach den Umständen des Falles, insbesondere nach den rechtlichen und tatsächlichen Beziehungen, die zwischen der Körperschaft und der Hilfsperson bestehen, das Wirken der Hilfsperson wie eigenes Werken der Körperschaft anzusehen ist. Nach § 57 Abs 2 AO wird eine Körperschaft, in der steuerbegünstigte Körperschaften zusammengefasst sind, einer Körperschaft, die unmittelbar steuerbegünstigte Zwecke verfolgt, gleichgestellt. 76

Literatur: *Fricke,* ist das Erfordernis der „unmittelbaren" Zweckverwirklichung im steuerlichen Gemeinnützigkeitsrecht noch aufrechtzuerhalten?, Göttinger Dissertation 1967; *Gruß,* Die unmittelbare Verwirklichung gemeinnütziger Zwecke bei der Stiftung, DStZ 1966, 284; *Kirchhartz,* Kommunale Wirtschaftsförderung – steuerlich gemeinnützig?, DB 1982, 2158; *Hildesheim,* Einzelprobleme der Gemeinnützigkeit am Beispiel der Landverpachtung eines ökologischen Vereins an seine Mitglieder, StBp 1989, 229; *Luger,* Die steuerlichen Besonderheiten der Dachverbände und Untergliederungen gemeinnütziger Vereine, StWa 1995, 161; *Hüttemann,* Der neue Anwendungserlass zum Gemeinnützigkeitsrecht (§§ 51–68 AO), FR 2002, 1337; *Scherff,* Gemeinnützigkeitsrechtliche Aspekte in Holding-Strukturen, DStR 2003, 727; *Schiffer,* Aktuelles Beratungs-Know-how Gemeinnützigkeit- und Stiftungsrecht, DStR

2003, 1015; *Hüttemann,* Steuerfragen bei gemeinnützigen nichtrechtsfähigen Stiftungen, DB 2004, 2001; *Hüttemann/Schauhoff,* Die „unmittelbare Gemeinnützigkeit" – eine unmittelbare Gefahr für gemeinnützige Körperschaften, FR 2007, 1133.

Die Vorschrift gilt auch für die Zweckverfolgung nach § 52 Abs 2 Nr 25 AO (Anm 46; *OFD Ffm* DStR 2008, 2267). Die Formulierung „selbst... verwirklicht" bedeutet, dass die Körperschaft ihre Zwecke durch **Organe oder Hilfspersonen** verfolgt; Handeln durch Mitglieder genügt (BFHE 165, 484, BStBl II 1992, 62). Zweckerreichung ist nicht erforderlich (vgl Anm 17). Das Handeln der Organe oder der Hilfspersonen muss der Körperschaft wie eigenes Wirken zugerechnet werden können (BFHE 162, 502, BStBl II 1991, 157; FG Düsseldorf EFG 1992, 99; Nds FG BB 1992, 1544; offen jedoch in BFHE 186, 546, BStBl II 2002, 162). Hilfspersonen können ausschließlich eingesetzt werden (*OFD Nürnberg* BB 2002, 2488). Sie müssen in ihrem Handeln aber gebunden sein (ebenso *Tipke/Kruse* § 57 AO Rn 2), also einen konkreten Auftrag ausführen (AEAO Nr 2 zu § 57 AO ua zum Nachweis *OFD Ffm* DStZ 2003, 320, zugleich zur Beweissicherung; **aA** *Hüttemann* FR 2002, 1337: Parallele zum Erfüllungsgehilfen nach § 278 BGB). Die Körperschaft muss also jederzeit in der Lage sein, auf die Hilfsperson einzuwirken (zB durch Auflagen einerseits und Rechenschaftsberichte andererseits; *Schiffer* DStR 2003, 1015). Das ist auch dann der Fall, wenn eine arbeitstherapeutische Gesellschaft Hilfe nicht nur eigenen fachkundigen Personals in Anspruch nimmt; ebenso wenn ein Gesellschafter eigenes Personal an die Gesellschaft ausleiht (BFHE 177, 339, BStBl II 1995, 767); nicht dagegen bei Verpachtung von Grundstücken an Mitglieder zum Zwecke ökologischen Anbaus ohne Einwirkungsmöglichkeiten des Vereins (vgl BFHE 165, 484, BStBl II 1992, 62; *Hildesheim* StBp 1989, 229; *Neufang* Inf 1992, 222). Die Voraussetzungen der Vorschrift sind nicht erfüllt bei einer nur **mittelbaren** Verwirklichung der Zwecke. Sie ist gegeben, wenn die Körperschaft ihre Erträge einem Land, einer Gemeinde usw zur Zweckerfüllung zuwendet (Ausnahme Anm 79 ff, 82) oder auf einem anderen als dem begünstigten Gebiet tätig wird, um etwa dort die Mittel für die Förderung aufzubringen. Wird die Körperschaft unmittelbar auf dem begünstigten Gebiet tätig, dann ist es unschädlich, wenn die Förderungswirkung nur mittelbar eintreten kann (vgl BFHE 127, 330, BStBl II 1979, 482), etwa weil die Körperschaft ihre Leistungen einer ihrerseits gemeinnützig tätigen Körperschaft überlässt (BFHE 103, 247, BStBl II 1972, 70, 74). Anreize durch Preisverleihungen reichen aus (*OFD Ffm* DB 2001, 1751). Unmittelbares Wirken ist nicht gegeben, wenn die Körperschaft nur die Förderung ihres eng umrissenen Mitgliederkreises bezweckt und von diesem positive Einflüsse auf die Allgemeinheit ausgehen können (BFHE 127, 352, BStBl II 1979, 492) oder einzelne Personen fördert, die ihrerseits gemeinnützig tätig sind (BFHE 205, 342, BStBl II 2004, 798). Das gilt auch für die Entwicklung eines Krankenhausfinanzierungsystems (BFHE 217, 413, BStBl II 2007, 628). Ist die Unmittelbarkeit der steuerbegünstigten Tätigkeit der Körperschaft nicht gegeben, so ist die Körperschaft **im Ganzen steuerpflichtig** (RFH RStBl 1939, 920). Auf die übrigen Probleme, etwa das Überschreiten einer Vermögensverwaltung

(§ 14 AO) oder des Zweckbetriebes (§ 65 AO), kommt es dann nicht mehr an. Die rechtspolitische Berechtigung der Vorschrift ist bestritten worden (ua von *Fricke* aaO; *Gruß* DStZ 1966, 284); mE zu Unrecht. Die Kritik verkennt die Auswirkungen der Streichung der Vorschriften auf die Wettbewerbslage (vgl § 65 Nr 3 AO). Die Tätigkeit als Hilfsperson allein begründet keine Steuerbegünstigung (BFHE 217, 413, BStBl II 2007, 628; **aA** *Hüttemann* FR 2002, 1337, der jedoch eine Öffnung des Gesetzes hin zur Ermöglichung von Holdinggestaltungen für erforderlich hält; zu den Problemen für Holding-Strukturen *Scherff* DStR 2003, 727; vgl iÜ *Holland* DB 2005, 1487; *Hüttemann/Schauhoff* FR 2007, 1133). Sie muss also selbst alle Voraussetzungen für die Anerkennung als gemeinnützig erfüllen. Entgeltliche Hilfeleistung begründet dann ggf einen wirtschaftlichen Geschäftsbetrieb (vgl zur nicht rechtsfähigen Stiftung *Hüttemann* DB 2004, 1001) mit der Notwendigkeit der Prüfung, welche Aktivitäten die Gesamttätigkeit der Körperschaft prägen (*Schiffer* DStR 2003, 1015; im Einzelnen Anm 66); Unentgeltlichkeit dürfte iH der der auftraggebenden Korperschaft ersparten Aufwendungen für eine Mittelzuwendung nach § 58 Nr 2 AO (Anm 62 62) vorliegen. **Ausnahmen** vom Gebot der Unmittelbarkeit enthält § 58 AO (Anm 79 ff).

Einzelfälle zum Grundsatz der Unmittelbarkeit: 77

Die Unmittelbarkeit wurde **verneint** bei

- **Bewirtung** und **Unterbringung** von Tagungsteilnehmern einer gemeinnützigen Forschungsgesellschaft (FG Ba-Wü EFG 1973, 133)
- **Dozentenbeihilfen** (RFH RStBl 1938, 811)
- **Festschriften** eines Vereins, wenn durch Werbeanzeigen finanziert (BFHE 118, 346, BStBl II 1976, 472)
- **Freimaurerloge,** wenn die Lehrbriefe nur den Mitgliedern zukommen (BFHE 108, 451, BStBl II 1973, 430; BFHE 127, 352, BStBl II 1979, 492)
- Aufbringung der **Förderungsmittel** durch Gewerbebetrieb (RFH RStBl 1938, 1070; RFH RStBl 1935, 1094; RFH RStBl 1935, 855)
- **Klosterbrauereien** (RFH RStBl 1925, 573)
- **Krankenhauswäscherei** (Zentralwäscherei) in der Rechtsform einer GmbH (FG Düsseldorf EFG 1992, 99)
- Zurverfügungstellung von **Lotseneinrichtungen** (RFH RStBl 1939, 921)
- Betrieb eines **Regionalflughafens** durch GmbH (BFHE 114, 100, BStBl II 1975, 121)
- Betrieb einer **Stadthalle,** wenn nicht nur kulturelle Veranstaltungen stattfinden (BFHE 113, 23, BStBl II 1974, 664)
- **Totobetrieb** eines gemeinnützigen (?) Rennvereins (BFHE 57, 277, BStBl III 1953, 109)
- **Überlassung** der Erträge an eine Körperschaft des öffentlichen Rechts (ebenso *Lenski/Steinberg* § 3 Anm 29; vgl aber Anm 79 ff, 82)
- Tätigkeit durch **Untergruppierungen** vgl Nds FG BB 1992, 1544
- Zusammenschluss von **Zelt- u Wohnwagenwandervereinen** zur Interessenvertretung gegenüber Behörden (BFHE 104, 85, BStBl II 1972, 204)

– kommunale **Wirtschaftsförderung** (Nds FG EFG 1981, 202; FG Saarl EFG 1982, 214; vom BFH bestätigt, vgl HFR 1982, 339; hierzu *Kirchhartz* DB 1982, 2158).

Die Unmittelbarkeit wurde **bejaht** bei

– **Personalleihe** durch einen Gesellschafter an die Gesellschaft (BFHE 177, 339, BStBl II 1995, 767)

78 Die Vorschrift des § 57 Abs 2 AO ist zugeschnitten auf **Dachorganisationen,** die in erster Linie durch ihre Unterverbände tätig werden. Voraussetzung für ihre Anwendung ist, dass alle Unterverbände die Voraussetzungen der §§ 52ff AO erfüllen (AEAO Nr 3 zu § 57 AO). Verfolgt der Dachverband selbst unmittelbar gemeinnützige Zwecke, dann bedarf es der Vorschrift nicht (vgl *OFD Köln* StEK AO 1977 § 57 Nr 1). Fördert er aber eine nicht gemeinnützige Mitgliedskörperschaft, dann verliert er wegen Verstoßes gegen das Gebot der Ausschließlichkeit (Anm 73ff) die Steuervergünstigung (vgl AEAO Nr 3 zu § 57 AO; *Kießling/Buchna* aaO [Anm 14] Rn 160); *Luger* StWa 1995, 161).

79.–93. Ausnahmen vom Grundsatz der Selbstlosigkeit, Ausschließlichkeit und Unmittelbarkeit

79 **Ausnahmen von den Grundvoraussetzungen der Selbstlosigkeit, Ausschließlichkeit und Unmittelbarkeit** enthält **§ 58 AO.** Danach wird die Steuervergünstigung nicht dadurch ausgeschlossen, dass

(Nr 1) eine Körperschaft Mittel für die Verwirklichung der steuerbegünstigten Zwecke einer anderen Körperschaft oder für die Verwirklichung steuerbegünstigter Zwecke durch eine Körperschaft des öffentlichen Rechts beschafft; die Beschaffung von Mitteln für eine unbeschränkt steuerpflichtige Körperschaft des privaten Rechts setzt voraus, dass diese selbst steuerbegünstigt ist,

(Nr 2) eine Körperschaft ihre Mittel teilweise einer anderen, ebenfalls steuerbegünstigten Körperschaft oder einer Körperschaft des öffentlichen Rechts zur Verwendung zu steuerbegünstigten Zwecken zuwendet,

(Nr 3) eine Körperschaft ihre Arbeitskräfte anderen Personen, Unternehmen, Einrichtungen oder einer Körperschaft des öffentlichen Rechts für steuerbegünstigte Zwecke zur Verfügung stellt,

(Nr 4) eine Körperschaft ihr gehörende Räume einer anderen ebenfalls steuerbegünstigten Körperschaft oder einer Körperschaft des öffentlichen Rechts zur Nutzung zu steuerbegünstigten Zwecken überlässt,

(Nr 5) eine Stiftung einen Teil, jedoch höchstens ein Drittel ihres Einkommens dafür verwendet, um in angemessener Weise den Stifter und seine nächsten Angehörigen zu unterhalten, ihre Gräber zu pflegen und ihr Andenken zu ehren,

(Nr 6) eine Körperschaft ihre Mittel ganz oder teilweise einer Rücklage zuführt, soweit dies erforderlich ist, ihre steuerbegünstigten satzungsmäßigen Zwecke nachhaltig erfüllen zu können,

(Nr 7 a) eine Körperschaft höchstens ein Drittel des Überschusses der Einnahmen über die Unkosten aus Vermögensverwaltung und darüber hinaus höchstens 10% ihrer sonstigen nach § 55 Abs 1 Nr 5 AO zeitnah zu verwendenden Mittel einer freien Rücklage zuführt,

(Nr 7 b) eine Körperschaft Mittel zum Erwerb von Gesellschaftsrechten zur Erhaltung der prozentualen Beteiligung an Kapitalgesellschaften ansammelt oder im Jahr des Zuflusses verwendet; diese Beträge sind auf die nach (7 a) in demselben Jahr oder künftig zulässigen Rücklagen anzurechnen,

(Nr 8) eine Körperschaft gesellige Zusammenkünfte veranstaltet, die im Vergleich zu ihrer steuerbegünstigten Tätigkeit von untergeordneter Bedeutung sind,

(Nr 9) ein Sportverein neben dem unbezahlten auch den bezahlten Sport fördert,

(Nr 10) eine von einer Gebietskörperschaft errichtete Stiftung zur Erfüllung ihrer steuerbegünstigten Zwecke Zuschüsse an Wirtschaftsunternehmen vergibt,

(Nr 11) eine Körperschaft folgende Mittel ihrem Vermögen zuführt:

a) Zuwendungen von Todes wegen, wenn der Erblasser keine Verwendung für den laufenden Aufwand der Körperschaft vorgeschrieben hat,

b) Zuwendungen, bei denen der Zuwendende ausdrücklich erklärt, dass sie zur Ausstattung der Körperschaft mit Vermögen oder zur Erhöhung des Vermögens bestimmt sind,

c) Zuwendungen auf Grund eines Spendenaufrufs der Körperschaft, wenn aus dem Spendenaufruf ersichtlich ist, dass Beträge zur Aufstockung des Vermögens erbeten werden,

d) Sachzuwendungen, die ihrer Natur nach zum Vermögen gehören,

(Nr 12) eine Stiftung im Jahr ihrer Errichtung und in den zwei folgenden Kalenderjahren, Überschüsse aus der Vermögensverwaltung und die Gewinne aus wirtschaftlichen Geschäftsbetrieben (§ 14) ganz oder teilweise ihrem Vermögen zuführt.

Literatur: *Leibrecht,* Mittelverwendungen an eine andere steuerbegünstigte Körperschaft, BB 1978, 399; *Brandmüller,* Steuerliche Hemmnisse bei der Eigenkapitalbildung gemeinnütziger Körperschaften, BB 1978, 542; *Handorp,* Rücklagen gemeinnütziger Körperschaften, BB 1985, 566; *Jost,* Bildung freier Rücklagen durch gemeinnützige, mildtätige und kirchliche Körperschaften zur Erhaltung ihrer Leistungskraft, DB 1986, 1593; *Schad/Eversberg,* Bildung freier Rücklagen nach § 58 Nr 7 AO, DB 1986, 2149; *Herbert,* Die Mittel- und Vermögensbindung gemeinnütziger Körperschaften, BB 1991, 178; *Reiffs,* Die Vermögensbildung der gemeinnützigen Vereine, DB 1991, 1247; *Thiel,* Die zeitnahe Mittelverwendung – Aufgabe und Bürde gemeinnütziger Körperschaften, DB 1992, 1900; *Schneider,* Der Förderverein, StWa 1995, 170; *Schauhoff,* Gemeinnützige Stiftung und Versorgung des Stifters, DB 1996, 1693; *Schulz,* Aktuelle BFH-Rechtsprechung und Verwaltungsauffassung zum Gemeinnützigkeits- und Vereinsrecht, DStR 1999, 354; *Ley,* Rücklagenbildung aus zeitnah zu verwendenden Mitteln gemeinnütziger Körperschaften, BB 1999, 626; *Hüttemann,* Das Gesetz zur weiteren steuerlichen Förderung von Stiftungen, DB 2000, 1584; *Müller/Schubert,* Die Stifterfamilie und die Sicherstellung ihrer Versorgung im Rahmen einer gemeinnützigen Stiftung, DStR 2000, 1289; *Schindler,* Auswirkungen des Gesetzes zur weiteren steuerlichen Förderung von Stiftungen, BB 2000, 2077; *Westphal,* Die rechtsfähige Stiftung, StWa 2000, 241; *Herfurth/Dehesselles,* Reform des steuerlichen Gemeinnützigkeitsrechts, Inf 2000, 553; *Reis,* Steuerliche Risken bei Fördervereinen, Inf

2001, 196; *Orth,* Stiftungen und Unternehmenssteuerreform, DStR 2001, 325; *Schmidt/Fritz,* Änderungen des Gemeinnützigkeitsrechts zu Fördervereinen, ... DB 2001, 2062; *Hüttemann,* Der neue Anwendungserlass zum Gemeinnützigkeitsrecht (§§ 51 bis 68 AO), FR 2002, 1337; *Fleischmann,* Rechtliche und steuerliche Anmerkungen zur Errichtung einer Stiftung, Inf 2002, 419; *Stahlschmidt,* Die Rücklagenbildung einer gemeinnützigen Körperschaft, FR 2002, 1109; *Schiffer,* Aktuelles Beratungs-Know-how Gemeinnützigkeits- und Stiftungsrecht, DStR 2003, 14; *Jansen/Gröning,* Nützt die steuerliche Förderung gemeinnütziger Stiftungen der Allgemeinheit, ohne die Erben zu benachteiligen?, StuW 2003, 140; *Schneider,* Die Rücklagenbildung gemeinnütziger Vereine unter Berücksichtigung der Änderung des Anwendungserlasses zur AO, StW 2003, 46; *Dehesselles,* Stiftung, Unternehmen und Beschäftigungsförderung, DB 2005, 72; *Holland,* Neue Verwaltungsauffassung zur Unmittelbarkeit – Gefahren für die Gemeinnützigkeit?, DB 2005, 1487; *Leisner,* Die mildtätige Familienstiftung, DB 2005, 2434; *Kirchhain,* Ist die ertragsteuerfinanzierte Versorgung der Stifterfamilie durch eine gemeinnützige Stiftung über die Ein-Drittel-Grenze der § 58 Nr 5 AO hinaus schädlich?, ZEW 2006, 534; *Döring/Fischer,* Steuer- und gemeinnützigkeitsrechtliche Behandlung von Gewinnausschüttungen ... gemeinnütziger Körperschaften am Beispiel eines Krankenhauskonzerns, DB 2007, 1831; *Schiffer/Sommer,* Mittelbeschaffung bei gemeinnützigen Körperschaften ..., BB 2008, 2432); *Lehmann,* Bilanzielle Behandlung von Zuwendungen (Spenden) an gemeinnützige Einrichtungen, DB 2006, 1281; *Lehmann,* Aktuelle Aspekte der bilanziellen Behandlungen von Zuwendungen (Spenden) an gemeinnützige Organisationen, DB 2007, 641.

80 Die Ausnahmen sind den genannten Grundvoraussetzungen **nicht systematisch zugeordnet;** sie setzen zum Teil gleich mehrere außer Kraft. Problematisch ist, ob und inwieweit auch diese **Ausnahmen in der Satzung** festzuschreiben sind (vgl § 59 AO, s unten Anm 94 ff). Großzügig AEAO Nr 23 zu § 58 AO: bei den Nrn 2 bis 9, 11 u 12 keine Satzungsbestimmung erforderlich (krit *Hüttemann* FR 2002, 1337: zumindest bei Rücklagen – Nr 6 u 7 – erforderlich) Die systematische Stellung der Vorschriften zueinander spricht für das Erfordernis einer Festschreibung. Zuzustimmen ist aber *Tipke/Kruse* (§ 58 AO Rn 1), dass eine Differenzierung geboten ist. Die Ausnahmen betreffen zum Teil unvorhergesehene Betätigungen und Nebenbetätigungen, enthalten mE aber auch nur deklaratorische Hinweise (etwa zur Rücklagenzuführung, vgl oben Anm 68). In diesen Fällen (mE die Nrn 2, 3, 4, 6, 7 a, 7 b, und 8) ist eine satzungsmäßige Verankerung nicht erforderlich (zu Nr 4: BFHE 181, 57, BStBl II 1996, 583). Anders bei den Nrn 1, 5, und 9; sie betreffen die Beschreibung der Haupttätigkeit oder die vorhersehbare Mittelverwendung und haben mithin grundlegende Bedeutung für die Anerkennung der Steuerbegünstigung. Dem § 59 AO ist zu entnehmen, dass der Gesetzgeber solche Fragen umfassend in der Satzung geregelt wissen will.

Ein Überschreiten der Ausnahmetatbestände nach Satzung (Anm 94 ff) oder tatsächlicher Geschäftsführung (Anm 103 ff) ist schädlich (vgl BFHE 181, 57, BStBl II 1996, 583).

§ 58 Nr 3 u 4 AO sind in der oa Fassung rückwirkend ab 1. 1. 2007 anzuwenden (Art 97 § 1 d EGAO).

Im Einzelnen gilt: 81
(Nr 1) Mittelbeschaffung. Ausnahme vom Grundsatz der Unmittelbarkeit. Feststehen muss von vornherein, dass die (gesamten) Mittel für eine andere Körperschaft bestimmt sind; diese muss zwar satzungsmäßig bestimmt sein (FG Köln EFG 1984, 83; **aA** AEAO Nr 1 zu § 58 Nr 1 AO), brauchte aber bis einschließlich EZ 2000 selbst nicht gemeinnützig zu sein, weil es insofern allein auf die Verwendung der Mittel für die steuerbegünstigten Zwecke ankam; sie musste aber steuerbegünstigte Ziele verfolgen (*Tipke/Kruse* § 58 AO Rn 2; AEAO zu § 58 AO; vgl BFHE 158, 333, BStBl II 1990, 28). **Ab EZ 2001** setzt die Förderung einer unbeschränkt steuerpflichtigen Körperschaft des privaten Rechts voraus, dass diese selbst steuerbegünstigt ist (hierzu *BMF* BStBl I 2002, 491; 2004, 462; *Schmidt/Fritz* DB 2001, 2062). Es muss sich bei ihr um eine inländische Körperschaft handeln (aA *Schult/Meining* FR 2005, 977). Bei Körperschaften des öffentlichen Rechts ist durch G v 21. 7. 2004 (BGBl I 2004, 1753) ab EZ 2001 (Art 97 § 1a Abs 1 EGAO) der ursprüngliche Rechtszustand wieder hergestellt worden; eine Satzung für deren steuerbegünstigte Betriebe gewerblicher Art ist nicht erforderlich (*OFD Magdeburg* DStR 2005, 1732). Die Vorschrift betrifft vor allem Förder- und Spendensammelvereine (im Einzelnen *Leibrecht* BB 1978, 399; *Schneider* StWa 1995, 170); auch für diese ist § 58 Nr 6 u 7 a AO (Anm 86 ff) zu beachten (BFHE 158, 333, BStBl II 1990, 28). Die begünstigte Körperschaft des privaten Rechts darf mehrere Satzungszwecke haben, von denen sie einen oder mehrere über einen gewissen Zeitraum nicht fördert; so lange sie diese nicht endgültig aufgibt, ist keine Satzungsänderung erforderlich. Auch die Mittelbeschaffung iSd Vorschrift kann ein begünstigter Satzungszweck sein (*OFD Magdeburg* DStR 2005, 1732). Die geförderte Körperschaft muss in der Satzung der fördernden Körperschaft nicht namentlich bezeichnet werden (Angabe des geförderten Zwecks genügt); ist sie angegeben, dann bedarf die Förderung einer anderen Körperschaft der Satzungsänderung (*OFD Magdeburg* aaO). Der zulässigen Mittelbeschaffung dienen auch Darlehen, wenn der Empfänger das Gebot der zeitnahen Mittelverwendung beachtet (*BMF* BStBl I 1995, 40). Dagegen ist das Überwiegen eines wirtschaftlichen Geschäftsbetriebs schädlich (*OFD Koblenz* DB 2003, 1585). Zu den steuerlichen Risiken der Fördervereine durch „Zellteilung" *Reis* Inf 2001, 196.

(Nr 2) Mittelzuwendung. Ausnahme vom Grundsatz der Unmittelbarkeit. Die Körperschaft muss im Übrigen selbst unmittelbar steuerbegünstigte Zwecke verfolgen – nicht notwendig in demselben EZ – und nur daneben Mittel an andere begünstigte Körperschaften hingeben (RFH RStBl 1943, 497). Diesen Grundsatz hat BFH/NV 1999, 244 dahin weiter modifiziert, dass es unschädlich ist, wenn die Körperschaft in einzelnen Jahren sich darauf beschränkt, anderen steuerbegünstigten Körperschaften Mittel zuzuwenden, und in anderen Jahren die steuerbegünstigten Zwecke selbst verfolgt. Unklar ist, wie **„teilweise"** zu verstehen ist. Nach AEAO Nr 2 zu § 58 AO müssen Mittel zur unmittelbaren Verfolgung gemeinnütziger Zwecke verbleiben, daher sei die Vergabe von mehr als 50% der Mittel schädlich (aA *Pahlke/König* § 58 AO Anm 9; *Döring/Fischer* DB 2007, 82

1831; *Klein/Gersch* § 58 Anm 3 AO: 90%). Uneindeutig BFHE 181, 396, BStBl II 1998, der auf mehrere Jahre abstellt und einen Beurteilungsspielraum belässt. Die empfangenden Körperschaften müssen die Mittel ihrerseits steuerbegünstigt verwenden. Identität der Zwecke ist nicht erforderlich, ebenso wenig eine satzungsmäßige Festlegung (*OFD Magdeburg* DStR 2005, 1732). Die Zuwendung ist nicht beschränkt auf die im jeweiligen EZ zufließenden Mittel; sämtliche Vermögenswerte sind einzubeziehen (*OFD Magdeburg* aaO). Auch Ausschüttungen und sonstige Zuwendungen sind unschädlich, wenn die Gesellschafter oder Mitglieder als Empfänger selbst gemeinnützige Körperschaften (AEAO Nr 2 zu § 58 Nr 2 AO) oder Körperschaften des öffentlichen Rechts sind (*OFD Koblenz* DB 2006, 187). Auch Darlehen sind zulässig, wenn der Empfänger das Gebot der zeitnahen Mittelverwendung beachtet (*BMF* BStBl I 1995, 40). Bei der empfangenden Körperschaft muss es sich mE um eine inländische Körperschaft handeln (vgl. Anm 15a; **aA** *Schult/Meining* FR 2005, 977; *Söffing/Thoma* ErbStB 2005, 184).

83 **(Nr 3) Überlassung von Arbeitskräften.** Ausnahme vom Gebot der Unmittelbarkeit im Interesse einer größeren Elastizität und Effektivität. Eingeschlossen ist die Zurverfügungstellung von Arbeitsmitteln (*Tipke/Kruse* § 58 AO Rn 4; AEAO Nr 3 zu § 58 Nr 3 AO). Der Empfänger muss nicht eine ebenfalls steuerbefreite Körperschaft sein. Die Vorschrift stellt allein auf den Zweck ab. Die Überlassung darf nicht zu einer Förderung von stpfl Unternehmen führen. Die Erwähnung von Körperschaften des öffentlichen Rechts hat eher klarstellenden Charakter; Änderungen sind hiermit nicht verbunden (s BTDrs 16/5200, 21; *Fritz* DB 2007, 694).

84 **(Nr 4) Überlassung von Räumen.** Ausnahme vom Gebot der Unmittelbarkeit. Sie ist erforderlich, weil sonst selbst die Überlassung an steuerbefreite Körperschaften zu begünstigten Zwecken schädlich wäre. Dies wäre ein sinnwidriges Ergebnis. Daher wohl extensive Auslegung des Begriffes „Räume" für Sportplätze, Freibäder usw geboten (*Tipke/Kruse* § 58 AO Anm 5; AEAO Nr 4 zu § 58 Nr 4 AO). Zu den sog Hallenbauvereinen vgl *OFD Münster* DStR 1989, 429. Streitig ist ob es in extensiver Auslegung der Vorschrift als ausreichend anzusehen ist, wenn eine Körperschaft ausschließlich einer anderen steuerbegünstigten Körperschaft für deren steuerbegünstigte Zwecke (selbstlos) Räume zur Verfügung stellt (hierzu *Klein/Gersch* § 58 Rn 2; *Fischer* in *HHSp* § 58 Rn 26; *OFD München* DStR 1989, 429; *FM NRW* StK AO § 52 Nr 59; offen geblieben in BFH/NV 1996, 583; 1999, 481). ME ist das zu verneinen, weil die Vorschrift lediglich eine Ausnahme zum Ausschließlichkeitsgebot enthält. Daraus folgt, dass die Körperschaft selbst und unmittelbar steuerbegünstigte Zwecke verfolgen muss (so FG Ba-Wü EFG 1997, 1341). Die Erwähnung der Körperschaften des öffentlichen Rechts führt zu einer sachlichen Erweiterung der Möglichkeiten der überlassenden Vereinigung (s BTDrs 16/5200, 21; *Fritz* BB 2007, 694).

85 **(Nr 5) Stiftungen.** Ausnahme vom Gebot der Ausschließlichkeit und Selbstlosigkeit. Sie trägt dem Umstand Rechnung, dass es ohne den Stifter die Stiftung nicht gegeben hätte. Bedenklich ist aber, dass in Zusammen-

hang mit § 58 Nr 7a AO der Stifter einen überwiegenden Teil des Einkommens den gemeinnützigen Zwecken entziehen kann (*Müller/Schubert* DStR 2000, 1289). Zur Geschichte der Vorschrift *Schauhoff* DB 1996, 1693. Da die Vorschrift keinen eigenständigen Gemeinnützigkeitszweck begründet, ist ein Satzungszweck, der die Unterstützung von hilfsbedürftigen Verwandten des Stifters zum Gegenstand hat, schädlich (AEAO Nr 8 zu § 58 Nr 5 AO). Das gilt jedoch nicht für mE erforderliche Satzungsbestimmungen, nach denen die Unterhaltsgewährung zulässig ist (*Schauhoff* DB 1996, 1693). Nach *BMF* BStBl I 1996, 74 ist die Vorschrift nur anzuwenden, wenn die Stiftung Leistungen erbringt, die gegen § 55 Abs 1 Nr 1 AO verstoßen (also freiwillige Zuwendungen erbringt) oder für die Erfüllung von Ansprüchen aus der Übertragung von Vermögen nicht das belastete Vermögen einsetzt, sondern Erträge. Nach BFHE 185, 54, BStBl II 1998, 758 (zust *Schulz* DStR 1999, 354; *Müller/Schubert* DStR 2000, 1289; *Kirchhain* ZEV 2006, 539), ist für die Anwendung der Vorschrift kein Raum, wenn Renten- und andere Unterhaltszahlungen in Erfüllung des Stiftungsgeschäfts erfolgen, weil der entsprechende Teil des Stiftungsvermögens dem Satzungszweck von vornherein nicht zur Verfügung steht. Hiernach reduziert sich der Anwendungsbereich des § 58 Nr 5 AO auf nach dem Stiftungsgeschäft freiwillig übernommene Verpflichtungen. Dem ist mE nicht zuzustimmen, weil die Vorschrift eine Ausnahme vom Gebot der Selbstlosigkeit enthält und daher eng auszulegen ist (vgl auch NAnwErl *BMF* BStBl I 1998, 1446). Sie lässt nach ihrem klaren Wortlaut den Einsatz von nur $^1/_3$; ihres Gesamteinkommens für Unterhaltszwecke zu. Gestaltungen, die – wie der BFH meint – für die Anwendung der Vorschrift keinen Raum bieten, stellen mE die gemeinnützigen Zwecke der Stiftung in Frage.

Der Begriff der **nächsten Angehörigen** ist enger als der Begriff der Angehörigen iSv § 15 AO. Nach AEAO Nr 6 zu § 58 Nr 5 AO umfasst er Ehegatten, Eltern, Großeltern, Kinder, Enkel (auch durch Adoption), Geschwister, Pflegeeltern und Pflegekinder. Die Auslegung des Begriffs dürfte zutreffend sein (entgegen *Tipke/Kruse* § 58 AO Rn 6). Die Ausdehnung auf alle Verwandten und Verschwägerten in gerader Linie mag zwar den Vorstellungen des Stifters entgegenkommen, entspricht aber nicht dem Wortlaut der Vorschrift. Zudem sollen nur solche Angehörige noch begünstigt sein, denen durch die Stiftung eine Anwartschaft (im Erbwege) auf existenzsicherndes Vermögen entzogen worden ist (ebenso *Müller/Schubert* DStR 2000, 1289 mwN; für eine Ausdehnung auf entferntere Verwandte, wenn „nächste Angehörige" nicht vorhanden sind, *Schauhoff* DB 1996, 1693; *Müller/Schubert* DStR 2000, 1289; *Jansen/Gröning* StuW 2003, 140). Daher verfolgt mE eine Familienstiftung keine begünstigten Zwecke (*OFD Düsseldorf/Köln,* StEK AO 1977, § 58 Nr 2; *Fleischmann* Inf 2002, 419). Diesem Gedanken trägt der AEAO ebenso Rechnung wie dem Interesse daran, Anreize für Stiftungen zu geben. **85a**

Problematisch ist auch, nach wessen Verhältnissen die **angemessene Weise** zu beurteilen ist. Nach AEAO Nr 7 zu § 58 Nr 5 AO geht es um einen „angemessenen Rahmen" und ist für die Angemessenheit des Unterhalts der Lebensstandard des Zuwendungsempfängers maßgebend. Nach **85b**

Tipke/Kruse § 58 AO Rn 6 u *Lenski/Steinberg* § 3 Anm 29 a ist maßgebend der Lebensstandard des Stifters zum Zeitpunkt der Stiftung (ebenso *Müller/Schubert* DStR 2000, 1289). Der Wortlaut der Vorschrift spricht mE für die erstgenannte Auffassung. Zu Recht weist *Schiffer* DStR 2003, 14 jedoch darauf hin, dass „in angemessener Weise" nicht „angemessener Unterhalt" bedeutet (so jedoch AEAO § 58 Nr 7).

85c **Einkommen** iSd Vorschrift ist die Summe der Einkünfte aus den einzelnen Einkunftsarten iSd § 2 Abs 1 EStG von Vermögensverwaltung, Zweckbetrieb und wirtschaftliche Geschäftsbetrieb (vgl AEAO Nr 5 zu § 58 Nr 5 AO) im jeweiligen EZ (*BMF* BStBl I 1996, 74), nicht jedoch Spenden (vgl FG München EFG 1995, 650, aufgeh durch BFHE 185, 54, BStBl II 1998, 758). Bei der ggf erforderlichen Saldierung sind Verlustverrechnungsbeschränkungen zu beachten. Die Drittelgrenze bezieht sich auf den EZ und umfasst die gesamten Zahlungen, nicht nur die über den Rentenbarwert etwa vorhandener Rentenansprüche hinausgehenden Zahlungen (AEAO). Eine Prüfung des Bedarfs durch das FA sieht das Gesetz nicht vor (*Thiel/Eversberg* DB 1990, 395 f). Reicht das Einkommen eines EZ für die Erfüllung von Unterhaltsansprüchen nicht aus, können Ertragsüberschüsse in späteren Jahren nicht zur Nachholung verwendet werden (*Müller/Schubert* DStR 2000, 1289).

Die Ausnahmeregelung besteht neben der Möglichkeit nach § 58 Nr 7 a AO (Anm 87). Der Unterhalt mindert nach AEAO Nr 12 zu § 58 Nr 7 nicht die Bemessungsgrundlage für die freie Rücklage nach Nr 7 a (zust *Müller/Schubert* DStR 2000, 1289). Das ist wohl zutreffend, weil die Vorschriften des § 58 AO nicht die Einkommenserzielung, sondern -verwendung betreffen. Nicht zu dem Einkommen der Stiftung gehören Erträge aus einem Vermögensgegenstand, an dem der Zuwendende sich ein Nutzungsrecht vorbehalten hat (*Schauhoff* DB 1996, 1693; *Götz* Inf 1997, 141). Zu Möglichkeiten und Gefahren einer „unternehmensverbundenen" Stiftung *Götz* Inf 1997, 652; zur ungeschmälerten Erhaltung des Stiftungsvermögens *Carstensen* WPg 1996, 781; zu Möglichkeiten individueller Nachfolgegestaltung *Turner/Doppstädt* DStR 1996, 1448; zu den Möglichkeiten einer auflösenden Bedingung vgl *Müller/Schubert* DStR 2000, 1289; zu Gewinnermittlungsgrundsätzen *Orth* DStR 2001, 325.

86 **(Nr 6) Erforderliche Rücklagen.**

Grundsätzliches. Die Vorschrift ist eine **Konkretisierung** des Gebots der **Selbstlosigkeit** und **Unmittelbarkeit,** das nur für begünstigte Mittel, nach BFH nicht auch für einen wirtschaftlichen Geschäftsbetrieb gilt (BFH/NV 1999, 244).

Neben den in § 58 Nr 6 u 7 AO (Anm 86–88) bezeichneten Arten von Rücklagen sind mE noch zulässig gebundene Rücklagen, Rücklagen für Vermögensverwaltung und Rücklagen im wirtschaftlichen Geschäftsbetrieb (*Ley* BB 1999, 626; vgl Anm 66). Sie können aus Mitteln des jeweiligen Bereichs dotiert werden (im Einzelnen *Ley* aaO), eine Verwendungsquote besteht nicht (*Stahlschmidt* FR 2002, 1109). Die Vorschriften des § 58 Nr 6 u 7 AO normieren lediglich die Unschädlichkeit der Rücklagenbildung aus zeitnah zu verwendenden Mitteln, nicht jedoch die Beschränkung der Rücklagenbildung aus diesen Mitteln. Bei der Bildung der Rücklage nach Nr 6 kommt es auf die Herkunft der verwendeten Mittel nicht an (AEAO Nr 9 zu § 58 Nr 6 AO); Mittel aus einem wirtschaftlichen Geschäftsbetrieb können jedoch erst nach der Versteuerung verwendet werden (AEAO Nr 11 zu § 58 Nr 6 AO). Die Dotierung hat mE auf Grund einer Einnahmen-Überschuss-Rechnung, nicht einer Bilanz zu erfolgen, weil das Gebot der zeitnahen Mittelverwendung die der Körperschaft tatsächlich zur Verfügung stehenden Mittel betrifft (**aA** *Thiel* DB 1992, 1900; *Ley* BB 1999, 626). Im Hinblick auf ihre Verwendung bestehen die gesetzlichen Ausnahmen für die Rücklagenbildung und deren Beschränkung. Die Dotierung der Rücklagen bei der Vermögensverwaltung und dem wirtschaftlichen Geschäftsbetrieb aus diesen Mitteln verstößt gegen die gesetzlichen Ausnahmeregelungen (**aA** *Ley* BB 1999, 626, 628). Die Rücklagen sind grundsätzlich unabhängig voneinander zu bilden (Ausnahme: Rücklagen nach Nr 7a u Nr 7b, Anm 87u 88). Auch an eine bestimmte Reihenfolge ist die Körperschaft nicht gebunden. Sie hat jedoch alle Rücklagen (§ 58 Nr 6u 7 AO) in ihrer Rechnungslegung gesondert auszuweisen damit eine Kontrolle jederzeit und leicht möglich ist (BFHE 127, 360, BStBl II 1979, 496; AEAO Nr 18 zu § 58 Nr 6u 7 AO; *Lehmann* DB 2006, 1281, 2007, 641). Eine allgemeine Kapitalansammlung, etwa in der Form von Wertpapiervermögen genügt dem nicht (BFHE 127, 360, BStBl II 1979, 496); ebenso wenig eine Rücklage für den Erwerb eines für die ideellen Zwecke nicht erforderlichen Hotels (kein Zweckbetrieb) durch einen Verein zur Förderung der Gesundheitspflege (BFH/NV 1999, 1089).

Erforderlichkeit der Rücklagenbildung (BFHE 203, 251, BStBl II 2003, 930) bedeutet, dass das zu finanzierende Vorhaben bereits bestimmt ist und Zeitvorstellungen im Hinblick auf die Durchführung bestehen (AEAO Nr 10 zu § 58 Nr 6 AO; s auch *BMF* BStBl I 2005, 831; zur Höhe der Rücklage vgl *Herbert* BB 1991, 187; zur Notwendigkeit der Abzinsung *Thiel* DB 1992, 1900). Die Rücklage kann nicht damit begründet werden, dass die Überlegungen zur Verwendung der Mittel noch nicht abgeschlossen seien (AEAO Nr 10 zu § 58 Nr 6 AO). Es muss ein nachweisbarer Zusammenhang zwischen Rücklagenbildung und steuerbegünstigtem Zweck bestehen; auch bei **Spendensammel- und Fördervereinen** (BFHE 158, 333, BStBl II 1990, 28; AEAO Nr 11 zu § 58 Nr 6 AO, krit *Reiffs* DB 1991, 1247; zust *Gmach* FR 1992, 313). Ein Beschluss von Hauptversammlung oder Vorstand über die Durchführung der geplanten Maßnahme ist hinreichender Beleg (*Reiffs* aaO). In Betracht kommen eine Investitionsrücklage, Wiederbeschaffungsrücklage, Förderrücklage, Betriebsmittelrücklage und Instandhaltungsrücklage. Die Wiederbeschaffungsrücklage ist aus der Auflösung der gebundenen Rücklage für das vorhandene Wirtschaftsgut entsprechend den hierauf entfallenden Abschreibungen aufzubauen (*Ley* BB 1999, 626). Investitions- und Wiederbeschaffungsrücklage sind bei Beschaffung auf die gebundenen Rücklagen umzubuchen. Unterbleibt die Investition oder Wiederbeschaffung, ist die Rücklage aufzulösen. Entsprechendes gilt bei einer Instandhaltungsrücklage. Die Förderrücklage ist aufzulösen, wenn die Körperschaft die Mittel für das Projekt verwendet oder nicht mehr benötigt; die Mittel müssen dann dem gemeinnützigen Zweck zugeführt werden und unterliegen dem Gebot der zeitnahen Mittelver- 86a wendung (Anm 72; *Stahlschmidt* FR 2002, 1109). Die Betriebsmittelrücklage ist für periodisch wiederkehrende Verpflichtungen (Löhne, Gehälter, ggf Steuern außerhalb des wirtschaftlichen Geschäftsbetriebs uä) für „eine angemessene Zeitperiode" – mE abhängig vom Anfall der Kosten – zulässig (vgl AEAO Nr 10 zu § 58 Nr 6 AO), jedoch nur wenn die Zahlung laufender Betriebskosten nicht durch laufende Einnahmen gesichert ist (*Stahlschmidt* FR 2002, 1109); ihre Auflösung erfolgt bei Zahlung (*Ley* BB 1999, 626).

Zulässig ist auch die Rücklagenbildung für den Fall, dass wegen Nichtanerkennung der Gemeinnützigkeit **Steuernachzahlungen** fällig werden (BFH/NV 1998, 1960, 1462). Das Ende der Rücklagenbildung muss absehbar sein (**aA** RFH RStBl 1937, 542; 1941, 437; 1943, 258; *Tipke/Kruse* § 58 AO Rn 7; *Brandmüller* BB 1978, 543). Zwar ist § 58 Nr 6 AO nicht als Hemmnis gedacht. Das Erfordernis von Ziel- und Zeitvorstellungen ergibt sich aber aus der Formulierung der Vorschrift „soweit dies erforderlich ist". Dem genügt allein das Bestreben, die allgemeine Leistungsfähigkeit der Körperschaft zu steigern und zu erhalten, sicher nicht. Zutreffend dürfte allerdings sein, dass ein verhältnismäßig naher Zeitpunkt für die Auflösung der Rücklage nicht verlangt werden kann, da bei Fortfall des Projekts eine Verschleuderung der angesparten Mittel zu vermeiden ist. Das durchschnittliche Ausgabenvolumen wird hier eine Orientierungshilfe bieten. Satzungsbestimmungen über die Rücklagenbildung sind nicht erforderlich, aber dennoch zu empfehlen (*Schad/Eversberg* DB 1986, 2149). Es besteht aber eine Offenlegungspflicht im Hinblick auf die Beträge und Gründe der Rücklage; ein Verstoß hiergegen hat den Entzug der Steuervergünstigung zur Folge (BFHE 127, 360, BStBl 1979, 496). Hat die Körperschaft unberechtigterweise Mittel angesammelt, dann kann das FA ihr eine Frist für die Verwendung setzen (§ 63 Abs 4; Anm 81 a). Zu weiteren Einzelheiten s AEAO zu § 58 Nr 6 AO; *BMF* BStBl I 1990, 818, 820 und *OFD Ffm* DStR 1993, 1144. Zur Dotierung und Umschichtung von freien und gebundenen Rücklagen *Thiel* DB 1992, 1900; *Ley* BB 1999, 626; zur Prüfung *Buchna/Koopmann* StBp 1998, 225, 253); Rechenbeispiele bei *Schneider* StW 2003, 46.

86b **Darlehen** aus einer zulässigen Rücklage einschließlich der zulässigen Zuführungen darf die Körperschaft nach *BMF* BStBl I 1995, 40 unter den marktüblichen Bedingungen vergeben (Zinsvergünstigung nur, wenn mit dem Satzungszweck vereinbar). ME verstößt diese Auffassung gegen § 55 Abs 1 Nr 1 AO (Anm 68 ff) und § 58 Nr 6 AO. Darlehensvergabe ist ein Risikogeschäft und verträgt sich – grundsätzlich – nicht mit dem Satzungzweck (Ausnahmen sind mE dann denkbar, wenn die Darlehensvergabe unmittelbar – § 58 Nr 1 u 2 AO – dem Satzungszweck dient).

87 **(Nr 7 a) Freie Rücklagen.** Ausnahme vom Gebot der Unmittelbarkeit und Ausschließlichkeit. Aus dem Wortlaut („freie Rücklagen") ergibt sich, dass die Rücklage nicht – wie in Nr 6 – erforderlich sein muss zur nachhaltigen Erfüllung der steuerbegünstigten Zwecke. Die Vorschrift dient der größeren Elastizität und Flexibilität begünstigter Körperschaften, insbesondere im Hinblick auf die Planung und Durchführung größerer Projekte,

deren Verwirklichung nicht ohne weiteres absehbar ist (vgl BTDrs 10/3295, S 1). Die Bildung der Rücklage ist an keine formale Voraussetzung gebunden; insb ist eine Satzungsbestimmung nicht erforderlich (*Ley* BB 1999, 626, 631). Gleichwohl wird eine solche allgemein empfohlen (zB *Schad/Eversberg,* DB 1986, 2149, 2152).

Betroffen sind auf der ersten Bemessungsstufe nur **Überschüsse aus Vermögensverwaltung,** nicht aus wirtschaftlichen Geschäftsbetrieben (einschließlich Zweckbetrieben), Mitgliedsbeiträgen, Spenden, Zuschüssen und anderen Mitteln. Der Begriff der Vermögensverwaltung ist der des § 14 Abs 3 AO (Anm 114). Zur Vermögensverwaltung gehören auch die Erträge, die durch die Verwaltung des im Zusammenhang mit einer Rücklage gebildeten Vermögens entstehen (*Schad/Eversberg* DB 1986, 2149; *Ley* BB 1999, 626). Die nicht kurzfristige Überlassung von Räumen an eine andere steuerbefreite Körperschaft ist – wenn entgeltlich – Vermögensverwaltung (nicht zum ideellen Bereich gehörend). Gewinne aus der Veräußerung von verwalteten Vermögen sind (entsprechend der Behandlung bei §§ 20 u 21 EStG) nicht einzubeziehen (*Schad/Eversberg,* aaO; *Ley* aaO). Unkosten sind dem Grunde nach Werbungskosten (AEAO Nr 13 zu § 58 Nr 7). Die Ergebnisse mehrerer Bereiche der Vermögensverwaltung sind jedoch zusammenzurechnen. Verluste aus den Vorjahren sind mE vorzutragen (*Schad/Eversberg* aaO; *Ley* aaO). Die Nachholung ausgelassener Rücklagen ist nicht zulässig (AEAO Nr 15 zu § 58 Nr 7 AO). Es wird aber die Auflösung einer Rücklage nach Nr 6 zur Auffüllung einer Rücklage nach Nr 7 a für zulässig gehalten (*Thiel* DB 1992, 1900), was mE nach dem Wortlaut der Vorschrift nicht zutrifft. Verluste aus wirtschaftlichen Geschäftsbetrieben (auch Zweckbetrieben) mindern die Bemessungsgrundlage für die Rücklagenbildung nicht. Das gilt auch für die Ergebnisse der Überlassung von Wirtschaftsgütern im Rahmen einer Betriebsaufspaltung und für die Erträge (einschließlich Veräußerungsgewinne) einer Beteiligung an einer Kapitalgesellschaft, wenn diese Beteiligung einem wirtschaftlichen Geschäftsbetrieb zugeordnet wird (*Schad/Eversberg* aaO; *Ley* BB 1999, 626). **87a**

Die Vorschrift ist **neben Nr 6 selbständig** anwendbar; dh die Bildung einer freien Rücklage hat keinen Einfluss auf die Bewertung, ob die nach Nr 6 zulässige Rücklage (noch) erforderlich ist. **87b**

Liegen die Mittel aus der Vermögensverwaltung nicht mehr vor, dann darf mE die freie Rücklage nicht aus einer Rücklage nach Nr 6 dotiert werden, weil hierdurch offen gelegt würde, dass diese Rücklage nicht erforderlich war und die entsprechenden Mittel zeitnah zu verwenden wären (**aA** *Thiel* DB 1992, 1900; *Ley* BB 1999, 626).

Die freie Rücklage **braucht** während des Bestehens der Körperschaft **nicht aufgelöst** zu werden (AEAO Nr 15 zu § 58 Nr 7 AO). Hat die Körperschaft unberechtigterweise Mittel angesammelt, dann kann das FA ihr eine Frist für die Verwendung setzen (§ 63 Abs 4 AO; Anm 106). Auch die in der freien Rücklage gebundenen Mittel dürfen mE nur für den ideellen Bereich der Körperschaft verwendet werden, da sie ansonsten der zeitnahen Mittelverwendung unterfallen würden (**aA** *Ley* BB 1999, 626; *Orth* DStR 2001, 325). Zum Zusammenhang mit der Verwendung von **87c**

Mitteln für Gesellschaftsrechte vgl Anm 68. Zur Umschichtung von freien und gebundenen Rücklagen *Thiel* DB 1992, 1900; zur Prüfung *Buchna/Koopmann* StBp 1998, 225, 253).

87d Für die **zusätzliche** („und darüber hinaus") **Rechengrundlage** für eine freie Rücklage „10% der zeitnah zu verwendeten Mittel" kommt es nicht allein auf die Einnahmen an (trotz der Verwendung des Begriffes „Zufluss" in § 55 Abs 1 Nr 5 Satz 3 AO), sondern auf die **Nettogröße,** weil ansonsten die Verpflichtung zur zeitnahen Mittelverwendung weitgehend obsolet wäre (ebenso *Hüttemann,* DB 2000, 1534). Das gilt mE für *alle* Bereiche der Körperschaft, ausgenommen die Vermögensverwaltung (ebenso *Herfurth/Dehesselles* Inf 2000, 553). In die Bemessungsgrundlage der 10% sind die Überschüsse aus Vermögensverwaltung nicht einzubeziehen (AEAO Nr 14 Nr 14 zu § 58 Nr 7 AO). Das G behandelt die zweite Möglichkeit offensichtlich als **neben** dem $1/3$ aus der Vermögensverwaltung bestehende Größe; zudem würde eine Einbeziehung des Überschusses aus Vermögensverwaltung eine zweifache Begünstigung desselben bedeuten (*Stahlschmidt* FR 2002, 1109). Gleichwohl: eine größere textliche Klarheit wäre wünschenswert! Rechenbeispiele bei *Schneider* StW 2003, 46. Verluste aus Zweckbetrieben sind mit Überschüssen zu verrechnen, nicht jedoch Verluste aus Vermögensverwaltung und sonstige Verluste (AEAO Nr 14 zu § 58 Nr 7 AO). Bei Anwendung des § 64 Abs 5 u 6 AO (Anm 118f können nach AEAO Nr 14 zu § 58 Nr 7 AO statt der geschätzten bzw pauschalierten Gewinne auch die tatsächlichen Gewinne angesetzt werden; dem ist mE nicht zu folgen, denn der Rückgriff auf die zeitnah zu verwendenden Mittel nach § 55 Abs 1 Nr 5 AO (Anm 72) zeigt auf, dass die Gewinnermittlung zum Zwecke der Besteuerung und der Rücklagenbildung einheitlich zu erfolgen hat. Noch weniger besteht ein zusätzliches Wahlrecht nach dem „Rosinenprinzip" bei der zeitnahen Mittelverwendung (so jedoch *Hüttemann* FR 2002, 1337).

88 **(Nr 7 b) Mittel für Gesellschaftsrechte.** Ausnahme vom Gebot der Unmittelbarkeit und Ausschließlichkeit. Die Vorschrift ist ebenfalls neben Nr 6 anzuwenden. Wesentlich ist, dass der Erwerb von Gesellschaftsrechten nur der Erhaltung der **prozentualen Beteiligung** dienen darf. Rücklagen für erstmalige Anschaffungen und Aufstockungen sind ebenso wenig zulässig wie Rücklagen für Beteiligungen an einer Personengesellschaft (*Stahlschmidt* FR 2002, 1109). Sie dürfen aber nach AEAO Nr 16 zu § 58 Nr 7 AO (zust *Ley* BB 1999, 626) aus freien Rücklagen (Anm 67) erfolgen. Aus welchen Mitteln die Körperschaft die Gesellschaftsrechte erwirbt, ist unerheblich (AEAO Nr 16 zu § 58 Nr 7 AO). Es können Spenden, Beiträge, Erlöse aus Zweckbetrieben oder aus Vermögensverwaltung verwendet werden. Auch dürfen die Mittel über mehrere Jahre angesammelt worden sein. Auf die Beteiligungshöhe kommt es nicht an. Es darf sich aber nicht um eine Beteiligung handeln, die infolge des Einflusses der Körperschaft auf die Geschäftsführung der Gesellschaft einem wirtschaftlichen Geschäftsbetrieb zuzuordnen ist. Auch muss sich auf Dauer ein Überschuss aus der Beteiligung ergeben. Die Höhe der Rücklage selbst hängt vom Bedarf ab, der sich daraus ergibt, dass eine Kapitalerhöhung aus Mitteln der Gesellschafter ansteht; im Übrigen ist sie unbegrenzt (*Stahlschmidt* FR 2002,

1109). Die Mittel dürfen aus allen Tätigkeitsbereichen der Körperschaft stammen (*Ley* BB 1999, 626).

Die verwendeten Mittel **mindern die nach Nr 7 a** zulässigen Rücklagen; übersteigen sie diese, dann sind erneute freie Rücklagen erst dann wieder zulässig, wenn die hierfür verwendbaren Mittel insgesamt die für die Beteiligungsquote verwendeten Mittel übersteigen (AEAO Nr 17 zu § 58 Nr 7 AO). Angesprochen ist mE der Gesamtbetrag der Rücklage, nicht nur der in dem jeweiligen Jahr zusätzlich zuzuführende Betrag, was sich aus dem Kontext der Vorschriften der Nr 7 ergibt (**aA** *Ley* BB 1999, 626). **88a**

In Höhe der eingesetzten Mittel ist mE die Rücklage nach Nr 7 b **aufzulösen** und sind die gebundenen Rücklagen zu erhöhen (**aA** *Ley* BB 1999, 626). Insofern sind mE die Grundsätze zur Bildung einer Rücklage nach Nr 6 entsprechend anzuwenden (Anm 66). Ist die Rücklage höher als der Bedarf, so ist sie in Höhe des Differenzbetrages zu Gunsten der zeitnah zu verwendenden Mittel, ggf einer anderen zulässigen Rücklage, aufzulösen. Vgl im Einzelnen *Jost* DB 1986, 1593; *Schad/Eversberg* DB 1986, 2149. **88b**

Zur Vergabe von **Darlehen** vgl Anm 86 b.

(Nr 8) Gesellige Zusammenkünfte. Ausnahme vom Gebot der Ausschließlichkeit und Selbstlosigkeit. Die Vorschrift ist nicht nur unbestimmt, sondern gemessen am Begünstigungszweck auch falsch formuliert. Von **untergeordneter Bedeutung** ist, was weniger als die Hälfte der Aktivität ausmacht. Das Gesetz meint jedoch sicher, dass die geselligen Zusammenkünfte nicht oder kaum messbar ins Gewicht fallen (AEAO Nr 19 zu § 58 Nr 8 AO wiederholt Gesetzeswortlaut). Vereine, bei denen der „Sport" häufig nur noch Mittel zum geselligen Zweck ist (wie etwa bei manchem Schützenverein; hierzu *OFD Hannover* DStR 1999, 1856), können daher schon aus diesem Grunde nicht gemeinnützig sein; ebenso Vereine, die gesellige Veranstaltungen als Vereinszweck in die Satzung aufnehmen (FG Berlin EFG 1985, 146). **Einnahmen** anlässlich von geselligen Veranstaltungen begründen mE einen wirtschaftlichen Geschäftsbetrieb, vgl unten Anm 110 ff. **89**

(Nr 9) Teilweise Förderung des bezahlten Sports. Ausnahme vom Gebot der Selbstlosigkeit. Sportliche Veranstaltungen sind nach § 67 a AO (Anm 127) ab 1. 1. 1990 als Zweckbetrieb anzusehen, wenn die Einnahmen pro Jahr 35 000 € (bis 31. 12. 2006 30 678 €) nicht übersteigen. Da hierbei auch Sportler bezahlt werden können, soll mit der Vorschrift verhindert werden, dass wegen des hierin liegenden Verstoßes gegen den Grundsatz der Selbstlosigkeit (Anm 64 ff) die Gemeinnützigkeit verloren geht (BTDrs 11/4176, 10). Dieser Sachzusammenhang bedingt mE aber, dass Zahlungen an Sportler, die die Einnahmen aus Veranstaltungen insgesamt übersteigen, zum Verlust der Steuerbefreiung führen (Ausnahmen Anm 130 f; aA wohl *BMF* BStBl I 1990, 818, 823); ebenso Zahlungen außerhalb von Veranstaltungen. *Bis 31. 12. 1989: Dem Sport nahe stehende Tätigkeiten.* Ausnahme vom Gebot der Ausschließlichkeit. Es ist kaum zu glauben, aber die Vorschrift beruhte tatsächlich auf einer Initiative, Modellbau und Modellflug auch als „Sport" gelten zu lassen. Obwohl damit die **90**

Grundsätze des Gemeinnützigkeitsrechts auf den Kopf gestellt worden wären (keine Förderung einfacher Freizeitgestaltung!), mochte sich der Gesetzgeber der Initiative nicht ganz verschließen, mied aber in Anbetracht ihrer offenen Unhaltbarkeit eine rein kasuistische Regelung und versteckte die **Durchbrechung des Gemeinnützigkeitsgedankens** an dieser Stelle (BTDrs 8/3243; dazu *Scholtz* DStZ 1980, 403, 405). Die Vorschrift war also in jeder Hinsicht überflüssig. Sie ist auch wegen ihrer Beschränkung auf Sportvereine **verfassungsrechtlich** bedenklich (Art 3 GG; ebenso *Arndt/Immel* BB 1987, 1153, 1156). Es gibt keine sachliche Begründung dafür, etwa bei einem die Kunst fördernden Verein ähnliche Einschränkungen des Gebotes der Ausschließlichkeit nicht vorzunehmen. Warum soll es bei Segelfliegern – deren mE nicht gegebene Gemeinnützigkeit unterstellt – unschädlich sein, wenn sie die Grundlage für ihren „Sport" durch Zusammenbasteln der Modelle erst schaffen, bei Künstlern (zB Malerei, Fotokunst) dagegen schädlich, wenn dort zB erst die Grundlagen für die Annäherung an die Kunst durch Vermittlung von Fertigkeiten geschaffen werden? Für die Auslegung des Begriffs **untergeordnete Bedeutung** vgl oben Anm 89.

Seit 1. 1. 1990 genießt der Modellflug das Privileg, zunächst nach § 52 Abs 2 Nr 4, ab 1. 1. 2007 nach Nr 23 AO als Förderung der Allgemeinheit in Betracht zu kommen (Anm 14). Dem „Sport nahe stehende" Aktivitäten scheinen – von Ausnahmen abgesehen – endgültig nicht in den Genuss von Begünstigungen kommen zu sollen (Anm 42).

91 **(Nr 10) Zuschüsse von Stiftungen zur Erfüllung steuerbegünstigter Zwecke.** Ausnahme vom Gebot der Unmittelbarkeit. Hiermit soll es von **Gebietskörperschaften** gegründeten Stiftungen (zB Deutsche Bundesstiftung Umwelt, BTDrs 12/5630, 97) ermöglicht werden, Zuschüsse an Wirtschaftsunternehmen für Projekte zur Erfüllung der steuerbegünstigten Zwecke der Stiftung zu geben. Ohne diese Gesetzesänderung durch das StMBG v 21. 12. 1993 (BGBl I 1993, 2310), die ab 1. 1. 1993 anzuwenden ist, müssten die durch Zuschüsse geförderten Wirtschaftsunternehmen Hilfspersonen gem § 57 Abs 1 Satz 1 AO sein, was diese „sehr einengen und die Zuschüsse dadurch vielfach uninteressant machen" und „auch für die Stiftungen Risiken insb haftungsrechtlicher Art begründen" würde (BTDrs aaO). An den übrigen Gemeinnützigkeitsvoraussetzungen, zB Forschungsergebnisse für die Allgemeinheit zugänglich zu machen, soll sich hierdurch nichts ändern. Die Beschränkung auf von Gebietskörperschaften gegründete Stiftungen wird mit dem Ziel, Missbrauch zu vermeiden, begründet, denn diese würden „regelmäßig besonderen Kontrollen durch die Gründungskörperschaften und den Bundesrechnungshof oder einen Landesrechnungshof" unterliegen (BTDrs 12/5630, 98). Einer erweiternden Auslegung, etwa zu Gunsten von Wirtschaftsförderungsgesellschaften, ist die Vorschrift nicht zugänglich (BFH/NV 1997, 904; für eine analoge Anwendung auf privatrechtliche Stiftungen *Dehesselles* DB 2005, 72). Die Verwendung der Mittel muss nachgewiesen werden (AEAO Nr 20 zu § 58 Nr 10 AO).

92 **(Nr 11) Vermögenszuwendungen.** Ausnahme vom Gebot der Selbstlosigkeit, konkret: der zeitnahen Mittelverwendung. Sie ist durch G v

19. 7. 2000 (BGBl I 2000, 1034) eingefügt worden und ist ab EZ 2000 anzuwenden. Sachzuwendungen, die „ihrer Natur nach" zum Vermögen gehören, sind wohl solche, die auf Grund ihrer Beschaffenheit selbst nur im Vermögensbereich Verwendung finden können; hierbei kann es sich um alle vier Sphären einer gemeinnützigen Körperschft handeln (AEAO Nr 21 zu § 58 Nr 11 AO). Problematisch ist, ob es sich bei den Tatbeständen der Nr 11 um einen abgeschlossenen Katalog handelt, wofür der Charakter als Ausnahmevorschrift spricht (so AEAO Nr 21 zu § 58 Nr 11 AO). Es lässt sich aber die Auffassung vertreten, die Nr 11 sei Ausdruck eines allgemeinen Grundsatzes, wonach der Wille der Zuwendenden (auch konkludent erkennbar) darüber entscheidet, wie die Sachzuwendung einzusetzen sei (so *Hüttemann* DB 2000, 1584; FR 2002, 1337).

Unabhängig hiervon gehören die Erträge je nach ihrer Art zu den Einkünften aus Vermögensverwaltung bzw aus einem wirtschaftlichen Geschäftsbetrieb (ebenso *Schindler* BB 2000, 2078). Sie unterliegen dem Gebot der zeitnahen Mittelverwendung (*Koch/Uterhark* § 58 Rn 33).

(Nr 12) Sonderrücklagen von Stiftungen. Ausnahme vom Gebot der Selbstlosigkeit, konkret: der zeitnahen Mittelverwendung. Sie ist durch G v 14. 7. 2000 (BGBl I 2000, 1034) eingefügt worden und ist ab EZ 2000 anzuwenden. Die sachliche Bevorzugung von Stiftungen gegenüber anderen Körperschaften ist mE verfassungsrechtlich nicht zu rechtfertigen, zumal den Stiftungen bereits durch die Nr 5 ein Sonderstatus eingeräumt worden ist (ebenso *Koch/Uterhark* § 58 Rn 35). Hiervon unabhängig bedarf die Rücklage der Nr 12 keines Satzungsvorbehalts; auch ist sie mE vom ausdrücklich oder konkludent geäußerten Stifterwillen unabhängig (**aA** *Hüttemann* DB 2000, 1584, 1586). 93

Thesaurierungsfähig sind Überschüsse bzw Gewinne aus der Vermögensverwaltung und dem wirtschaftlichen Geschäftsbetrieb; Letzterer umfasst jedoch auf Grund der Bezugnahme auf § 14 AO auch einen steuerbegünstigten Zweckbetrieb (AEAO Nr 22 zu § 58 Nr 12 AO; *Hüttemann* DB 2000, 1584, 1586). Spenden und sonstige Vermögenszuwendungen dürfen nicht verwendet werden, die Erträge aus den Vermögenszuwendungen (auch die der Nr 11) dagegen schon.

Für die Begriffe Überschuss bzw Gewinn gelten die allgemeinen Ermittlungsgrundsätze des EStG (§ 2 Abs 2 iVm §§ 4 ff bzw §§ 8 ff). Positive und negative Ergebnisse sind zu saldieren (AEAO Nr 22 zu § 58 Nr 12 AO).

94.–109. Satzungsmäßigkeit

Die **satzungsmäßige Sicherung des steuerbegünstigten Zweckes** ist weitere Grundvoraussetzung. Nach **§ 59 AO** wird die Steuerbegünstigung gewährt, wenn sich aus der Satzung, dem Stiftungsgeschäft oder der sonstigen Verfassung (Satzung im Sinne dieser Vorschrift) ergibt, welchen Zweck die Körperschaft verfolgt, dass dieser Zweck den Anforderungen der §§ 52–55 AO entspricht und dass er ausschließlich und unmittelbar verfolgt wird; die tatsächliche Geschäftsführung muss diesen Satzungsbestimmungen entsprechen. Die Vorschrift enthält also formelle und materielle Anforderungen. 94

Literatur: *Kümpel,* Anforderungen an die tatsächliche Geschäftsführung bei steuerbegünstigten (gemeinnützigen) Körperschaften, DStR 2001, 152; *Osterkorn,* Zur Fassung des Satzungszwecks steuerbegünstigter Körperschaften, DStR 2002, 16; *Hüttemann,* Der neue Anwendungserlass zum Gemeinnützigkeitsrecht (§§ 51–68 AO), FR 2002, 1337; *Schiffer,* Aktuelles Beratungs-Know-How Gemeinnützigkeits- und Stiftungsrecht, DStR 2003, 1015.

95 Das Gebot der **formellen** satzungsmäßigen **Sicherung** betrifft die **Grundordnung** der betreffenden Institution. Es wird präzisiert durch § 60 AO (vgl unten Anm 97). Es muss von Anfang an erfüllt sein (vgl Nds FG EFG 1991, 362). Verstöße führen zum Verlust der Gemeinnützigkeit (was aber nicht automatisch die Steuerpflicht aller Tätigkeiten zur Folge hat, sondern nur dann, wenn diese die Voraussetzungen einer Einkunftsart nach § 2 Abs 1 EStG erfüllen, BFHE 151, 27, BStBl II 1988, 75). Änderungen mit rückwirkender Kraft sind nicht zulässig (RFH RStBl 1942, 746). Es ist auch dann unverzichtbar, wenn einwandfrei erkennbar ist, dass die Tätigkeit allein auf den anerkannten Zweck ausgerichtet ist (RFH RStBl 1938, 879). Bei Kapitalgesellschaften ist der Gesellschaftsvertrag maßgebend, bei Vereinen die Satzung, bei einem Betrieb gewerblicher Art einer Körperschaft des öffentlichen Rechts die Sitzungsniederschrift über seine Einrichtung. Ein Landkreis genügt dem Erfordernis nicht, wenn er lediglich die Haushaltsplanansätze für die Krankenhäuser unter dem Einzelposten Gesundheit aufführt (BFHE 142, 386, BStBl II 1985, 162). Führt eine Körperschaft des öffentlichen Rechts mehrere Betriebe gewerblicher Art, dann ist für jeden eine eigene Satzung erforderlich (vgl AEAO Nr 2 zu § 59 AO). Gleichwohl ist sie steuerrechtlich Subjekt für jeden dieser Betriebe (BFHE 112, 61, BStBl II 1974, 391). **Inhaltlich** bedeutet die formelle Sicherung, dass Mittel und Wege, die der Zweckerreichung dienen, in der Satzung so genau umschrieben sein müssen, dass eine Prüfung möglich ist, ob die begünstigten Zwecke verfolgt werden und ob die übrigen genannten Voraussetzungen vorliegen (BFHE 127, 330, BStBl II 1979, 482; BFHE 169, 3, BStBl II 1992, 1048; BFH/NV 1987, 632; 2000, 996; zum Problem *Osterkorn* DStR 2002, 16). Es genügt weder eine bloße Bezugnahme auf den Wortlaut des Gesetzes (RFH RStBl 1933, 1033; 1938, 828; FG Rh-Pf EFG 1994, 594 rkr) noch auf andere Regelungen oder Satzungen Dritter (BFHE 156, 381, BStBl II 1989, 595; BFH/NV 1992, 695), noch die Absicht, sich im Rahmen der Satzungen anderer Organisationen zu betätigen (BFHE 169, 3, BStBl II 1992, 1048). Die Voraussetzungen für die Mitgliedschaft und deren Beendigung müssen sich aus der Satzung selbst ergeben (BFHE 169, 3, BStBl II 1992, 1048). Auch die Rechte und Pflichten der Mitglieder und Nichtmitglieder müssen dargestellt sein und dürfen nicht zu einer Privilegierung der Mitglieder führen (OFH StuW 1947, Nr 23). **AA** ist der I. Senat des **BFH,** der Satzungsklauseln über die Voraussetzungen für die Aufnahme nicht für erforderlich hält; unbedenklich sei auch, dass Aufnahmegesuche von bestimmten Bewerbern befürwortet, also auch abgelehnt werden können; sie dienten der Gewährleistung eines geordneten Vereinslebens (BFHE 127, 342, BStBl II 1979, 488; BFHE 183, 371, BStBl II 1997, 794; zust *Gast-de Haan* DStR 1996, 405; *Gmach* FR 1997, 793, 801). Es bleibe Aufgabe des FA, im Rahmen der laufenden

Überprüfung festzustellen, ob die tatsächliche Handhabung zu einem Ausschluss der Allgemeinheit geführt habe (BFHE 183, 371, BStBl II 1997, 794). Diese Auffassung steht mE im offenen Widerspruch zum Wortlaut des § 59 AO (s Anm 94). In der Praxis gerät sie zu einem wohlfeilen Instrument des Vereinsvorstandes, die Aufnahme von Mitgliedern nach satzungsfremden Gesichtspunkten zu steuern, zumal die ohnehin überforderten FÄ im Massenverfahren kaum in der Lage sein werden, satzungsfremde Praktiken aufzuspüren.

Allerdings genügt es, wenn sich die satzungsmäßigen Voraussetzungen durch **Auslegung** aller Satzungsbestimmungen ergeben (BFHE 127, 330, BStBl II 1979, 482; BFHE 142, 51 BStBl II 1984, 844; BFHE 183, 371, BStBl II 1997, 794; BFH/NV 1992, 695; 1998, 146). Insbesondere die Verwendung der Katalogbegriffe der § 52 Abs 2 AO (Anm 21 ff) kann genügen, weil hierdurch wohl feststehende Vorstellungen angesprochen werden (vgl BFHE 142, 51, BStBl II 1984, 844). Erforderlich ist aber auch hier – wie immer – die Darstellung, auf welche Weise der Satzungszweck konkret verwirklicht werden soll (*Bauer* FR 1989, 61). Der Wortlaut des § 59 AO verlangt eindeutig, dass in der Satzung die Worte „ausschließlich" und „unmittelbar" verwendet werden (**aA** zu Unrecht BFHE 206, 350, BStBl II 2005, 721; konsequent daher der NAnwE *BMF* BStBl I 2005, 902). Für die Bestimmtheit iSd Vorschrift genügt nicht Bestimmbarkeit durch Unterlagen außerhalb der Satzung (*Gmach* FR 1992, 313), Einzelheiten in Anm 97. **95a**

Nicht erforderlich ist nach hM, dass in der Satzung auch eine für die Steuerbefreiung unschädliche Betätigung geregelt wird (BFHE 181, 57, BStBl II 1996, 583; *Tipke/Kruse* § 58 AO Rz 1; *Koch/Scholz* § 59 Rz 5/1; AEAO Nr 23 zu § 58 AO; **aA** *Hüttemann* FR 2002, 1337). Das gilt insb für bestimmte Tätigkeiten nach § 58 AO (hierzu Anm 80) sowie für wirtschaftliche Geschäftsbetriebe (Anm 110 ff). Es ist allerdings auch nicht schädlich, wenn die Satzung das Unterhalten eines Nichtzweckbetriebes ausdrücklich erlaubt, weil hierin nicht eine Erweiterung der Satzungszwecke liegt, sondern eine Beschreibung der Modalitäten der Zweckverfolgung (BFHE 201, 395, BStBl II 2003, 384, enger AEAO Nr 1 zu § 59 AO). Entsprechendes gilt für die Aufnahme der Regelung in § 57 Abs 1 Satz 2 AO in die Satzung (BFH aaO) sowie für die Vergabe von Darlehen (AEAO Nr 17 zu § 55 Abs 1 AO).

Bei der Auslegung ist zu berücksichtigen, dass die Satzung nicht nur der Erlangung der steuerlichen Vorteile, sondern auch der Organisation des Vereins sowie der Festlegung der Befugnisse seiner Organe dient (BFHE 201, 395, BStBl II 2003, 384; BFHE 206, 350, BStBl II 2005, 721; *Schiffer* DStR 2003, 1015).

Das Gebot der **materiellen** Entsprechung von Satzungsbestimmung und tatsächlicher Geschäftsführung wird präzisiert durch § 63 AO (unten Anm 103 ff). Es bedeutet ua, dass eine tatsächliche Zweckänderung immer auch eine Satzungsänderung erfordert. Die tatsächliche Geschäftsführung kann aber auch dann noch auf den begünstigten Zweck gerichtet sein, wenn die Zweckerreichung längere Zeit durch von der Körperschaft nicht zu beeinflussende Umstände verhindert wird (BFHE 114, 495, BStBl II 1975, 458). **96**

97 Die **Anforderungen an die Satzung** sind in **§ 60 Abs 1 AO** niedergelegt. Danach müssen die Satzungszwecke und die Art ihrer Verwirklichung so genau bestimmt sein, dass auf Grund der Satzung geprüft werden kann, ob die satzungsmäßigen Voraussetzungen für die Steuervergünstigungen gegeben sind. Nach **§ 60 Abs 2 AO** muss die Satzung den vorgeschriebenen Erfordernissen bei der KSt und bei der GewSt während des ganzen Veranlagungs- oder Bemessungszeitraums, bei den anderen Steuern im Zeitpunkt der Entstehung der Steuer entsprechen.

Die satzungsmäßige Sicherung hat die **Funktion** eines Buchnachweises (BFHE 183, 371, BStBl II 1993, 794; BFH/NV 1999, 739; 2000, 297, 301; *Tipke/Kruse* § 60 AO Rn 1). Die Vorschrift besagt im Klartext, dass die Körperschaft nicht „nebeln", also nicht mit vagen dem Gesetz oder der Rechtsprechung entnommenen Formulierungen etwas vormachen darf (vgl Anm 95). Je weniger der verfolgte Zweck hinsichtlich seines gedanklichen Konzepts fassbar ist, desto höher sind die Anforderungen an die Pflicht, Zweck und Mittel der Verwirklichung genau zu bestimmen (BFH/NV 1992, 695). Daher genügt weder die Verwendung des Wortes „gemeinnützig" (RFH RStBl 1932, 856; FG Hamburg EFG 1985, 525; 1989, 32) noch die Angabe „zu Selbstkosten für jedermann", um auf die Gemeinnützigkeit des Zwecks der Körperschaft schließen zu können (BFH/NV 1989, 479). Entsprechendes gilt für Formulierungen, wie „insbesondere" (FG Münster EFG 1993, 188 rkr), „etwa", „ua" (*Gmach* FR 1995, 85). Bei einer kirchlichen Gesellschaft hat es BFHE 181, 57, BStBl II 1996, 583 jedoch ausreichen lassen, dass neben anderen Zwecken Wohnungen „vorrangig" an den Personenkreis des § 53 AO vermietet werden sollten – mE ein Verstoß gegen § 60 Abs 1 AO. Bei den verschiedenen „Sport"-Arten ist mE anzugeben, wie die sportliche Ertüchtigung aussehen soll. Andererseits ist eine erschöpfende Einzeldarstellung nicht erforderlich (vgl BFHE 165, 484, BStBl II 1992, 62). Ist die Prüfung möglich, so darf die Steuervergünstigung nicht an irgendeinem Formalismus scheitern. Der Satzungszweck und dessen Verwirklichung sind jedoch soweit wie möglich zu konkretisieren (BFHE 142, 386, BStBl II 1985, 162). Aber auch hiervon rückt der BFH in neuerer Zeit deutlich ab: obwohl in der Satzung der „Stauffer"-Entscheidung (BFH/NV 2007, 805) offen bleibt, wie die Stiftung ihre Zwecke verwirklichen will („mittels Unterstützung" bestimmter Zielsetzungen), also Unmittelbarkeit und Ausschließlichkeit in Rede stehen, hält der BFH diese Satzung insofern (anderes wäre „kleinliche Wortklauberei") für ausreichend.

97a Es genügt jedoch, wenn die begünstigten Zwecke durch **Auslegung** der Gesamtheit der Satzungsbestimmungen erkennbar sind (BFHE 127, 330, BStBl II 1979, 482; BFHE 142, 51, BStBl II 1984, 844; BFHE 183, 371, BStBl II 1997, 794; BFHE 188, 124, BStBl II 1999, 331; BFH/NV 1992, 695, 1998, 146; 2000, 297). Außerhalb der Satzung getroffene Vereinbarungen (zB Willensäußerungen bei Mitgliederversammlungen) genügen jedoch nicht (BFHE 186, 381, BStBl II 1989, 595; BFH/NV 1999, 789; 2000, 297; 301). Nach FG Saarl EFG 1997, 38 rkr umfasst etwa der „Betrieb eines Altenheimes" auch den Betrieb eines „Altenwohnheimes". Der mit „soziale Zwecke" bezeichnete Satzungszweck ist jedoch zu unscharf (vgl Nds FG EFG 1998, 596, nv bestätigt); ebenso der satzungsmäßige Zweck, soziale Einrichtungen zu bauen und zu erweitern (BFH/NV 1999, 739). Keinesfalls erforderlich ist es mE, dass die Körperschaft sich in der Satzung negativ abgrenzen muss von nicht gemeinnützigen Aktivitäten, die in der „Öffentlichkeit" mehr oder weniger unzutreffend mit der an sich gemeinnützigen Tätigkeit in Zusammenhang gebracht werden (so jedoch BFH/NV 1992, 695 zur Transzendentalen Meditation wegen Nichtabgrenzung zu „Jugendsekten" mit Totalitätsanspruch). In der Praxis liefert dieses „einerseits – andererseits" ein wohlfeiles Instrumentarium für die Nichtanerkennung von Zwecken, die dem Rechtsanwender innerlich fremd sind und umgekehrt. Bei „Transzendentaler Meditation" (FG Düsseldorf EFG 1990, 2) oder „Yoga-Psychologie" (BFH/NV 1987, 632) ist die Rspr kleinlicher als bei Aktivitäten nach dem Katalog des § 52 Abs 2 AO (vgl zu Umweltschutz uä BFHE 142, 51, BStBl II 1984, 844). Auch BFH/NV 1992, 695 ist insofern ein ungutes Beispiel. Denn auch bei grds anerkannten Zwecken lassen sich nicht anerkannte, ja schädliche Zwecke denken; gleichwohl hat die Rechtsprechung solche Anforderungen bei „eingängigen" Zwecken nicht gestellt. Davon abgesehen dürfte es zumal im religiösen Bereich kaum zu schaffen sein, mit wenigen Strichen in der Satzung das Wesen der Religion so zu skizzieren, dass der Außenstehende sich konkrete Vorstellungen machen kann (ich denke, auch die etablierten Hochreligionen hätten bei einem Beginn in unserer Zeit die Hürde, die der BFH aufstellt, kaum genommen), es bedarf immer einer gewissen Bereitschaft und Fähigkeit der Einfühlung in ungewohntes Gedankengut, eine Zumutung, die auch BFH/NV 1987, 632 u 2000, 301 ablehnen: verfolge die Körperschaft einen Zweck, dem kein jedermann bekanntes (!) begrifflich fest umrissenes Konzept zu Grunde liegt, so muss es folglich in der Satzung niedergelegt werden. **Weitere Beispiele** für eine nicht anerkannte Satzung: FG Münster EFG 1994, 810 (Scientology; teilw vom BFH nv bestätigt); FG München EFG 1996, 938 (religiöses Leben der Vervollkommnung im Sinne des Werkes der Hl. Engel in der römisch-katholischen Kirche, rkr); FG Nürnberg EFG 2000, 1351 (Universale Kirche, rkr); hierzu *OFD Magdeburg* DStZ 2002, 194. Hilfreich ist die Heranziehung der **Mustersatzungen** (zB in Anlage 1 AEAO zu § 60 AO). Bei diesen handelt es sich jedoch nicht um Rechtsnormen. Die (Nicht-)Ausrichtung der Satzung der gemeinnützigen Vereinigung an ihnen hat keinen Einfluss auf die Anerkennung; es kommt allein auf die Beachtung der Vorschriften der AO (insb §§ 59 ff) an (BFH/NV 1997, 732). Ob bei sprachlichem Nachvollzug einer Mustersatzung die Satzung unklar ist, ist ernsthaft zweifelhaft (BFH/NV 2000, 996). **Satzungsänderungen** im Laufe des Kalenderjahres sind steuerschädlich. Sie bewirken den Wegfall der Vergünstigung für das ganze Jahr bei der KSt und bei der GewSt. Ein **Verstoß** gegen die Anforderung an die Satzung bewirkt den Verlust der Steuervergünstigung. Hat die Körperschaft diesen nicht zu vertreten, dann kann mE auch mit einer Billigkeitsentscheidung nicht weiter geholfen werden.

Die **satzungsmäßige Vermögensbindung** ist weitere gemeinsame 98
Grundvoraussetzung (Ausnahme § 62 AO, Anm 102). Nach **§ 61 Abs 1 AO** liegt eine steuerlich ausreichende Vermögensbindung (§ 55 Abs 1 Nr 4

AO) vor, wenn der Zweck, für den das Vermögen bei Auflösung oder Aufhebung der Körperschaft oder bei Wegfall ihres bisherigen Zwecks verwendet werden soll, in der Satzung so genau bestimmt ist, dass auf Grund der Satzung geprüft werden kann, ob der Verwendungszweck steuerbegünstigt ist (Anm 99). Das gilt auch für das vor der Anerkennung als gemeinnützig angesammelte Vermögen (*FM Hessen* DStR 1993, 1296; zweifelnd BFH/NV 2002, 309; s auch Anm 71). Die Nennung eines (gemeinnützigen) Gesellschafters genügt nicht (BFH/NV 1998, 146); ebenso wenig die Bezugnahme auf die Satzung des Destinatärs („an X-Verein zur Verwendung für satzungsmäßige Zwecke", BFH/NV 2000, 297). Zur Übertragung des Vermögens auf eine andere Körperschaft vgl Anm 51.

Konnte aus zwingenden Gründen der künftige Verwendungszweck des Vermögens bei der Aufstellung der Satzung noch nicht genau angegeben werden, so genügte es nach **§ 61 Abs 2 AO,** wenn in der Satzung bestimmt wurde, dass das Vermögen bei Auflösung oder Aufhebung der Körperschaft oder bei Wegfall ihres bisherigen Zweckes zu steuerbegünstigten Zwecken zu verwenden ist und dass der künftige Beschluss der Körperschaft über die Verwendung erst nach Einwilligung des Finanzamts ausgeführt werden darf. Das Finanzamt hatte die Einwilligung zu erteilen, wenn der beschlossene Verwendungszweck steuerbegünstigt war (Anm 100). Die Körperschaft musste jedoch die zwingenden Gründe – soweit sie sich nicht aus der Satzung ergeben – substantiiert vortragen und trug für das Bestehen der Gründe bei Aufstellung der Satzung die Feststellungslast. Ob ein Grund „zwingend" war, hing – naturgemäß – von den Umständen des Einzelfalles ab (BFHE 209, 5, BStBl II 2005, 514). Die Formulierung „zur treuhänderischen Verwaltung" ist unzureichend (*OFD Chemnitz* DB 2005, 1998). Die Vorschrift ist jedoch durch G v 10. 10. 2007 (BGBl I 2007, 2332) mWv 1. 1. 2007 (Art 97 § 1 d EGAO) aufgehoben worden.

Wird die Bestimmung über die Vermögensbindung nachträglich so geändert, dass sie den Anforderungen des § 55 Abs 1 Nr 4 AO nicht mehr entspricht, so gilt sie nach **§ 61 Abs 3 AO** von Anfang an als steuerlich nicht ausreichend. § 175 Abs 1 Satz 1 Nr 2 AO ist mit der Maßgabe anzuwenden, dass Steuerbescheide erlassen, aufgehoben oder geändert werden können, soweit sie Steuern betreffen, die innerhalb der letzten 10 Kalenderjahre vor der Änderung der Bestimmung über die Vermögensbindung entstanden sind (Anm 101).

Diese Vorschriften bedeuten im Einzelnen:

99 Eine **Satzungsbestimmung** ist **immer erforderlich,** und zwar auch dann, wenn das Vermögen kraft Gesetzes (etwa §§ 87, 88, 46 BGB) an den Staat fällt (RFH RStBl 1937, 273). Die Satzungsbestimmungen müssen so eindeutig sein, dass eine nichtbegünstigte Verwendung des nach Rückzahlungen an die Mitglieder (§ 55 Abs 1 Nr 2 und 4 AO) verbleibenden Restvermögens ausgeschlossen ist (RFH RStBl 1936, 626). Dies erfordert die Nennung der Körperschaft, die das Vermögen erhalten soll oder die Angabe eines konkreten Verwendungszwecks. Die Nennung der Körperschaft ist nicht in jedem Fall erforderlich (so jedoch die Mustersatzung, AEAO zu § 60 AO). Das Gesetz verlangt nur die Angabe des Zwecks. Dem ist jedoch nicht genügt, wenn nach der Satzung im Fall der Auflösung der Körperschaft oder Wegfall ihres Zwecks das Vermögen ganz allgemein zu gemeinnützigen, mildtätigen oder kirchlichen Zwecken verwendet werden soll. In jedem Fall kann aber der bezeichnete begünstigte Zweck ein anderer sein als der bisher begünstigte.

Als **zwingender Grund** für die Ausnahme nach **§ 61 Abs 2 AO** kam 100
mE in Betracht, dass der befreiten Körperschaft daran lag, das Vermögen im Sinne ihres konkreten eigenen Zwecks zu verteilen, eine entsprechende Zweckverfolgung durch andere Personen jedoch noch nicht bekannt war. In einem solchen Fall musste es der Körperschaft offen bleiben, ihr Vermögen durch gesonderten Beschluss mit Einwilligung des FA zu verteilen. Aber auch in einem solchen Fall durfte die Körperschaft nicht nur bestimmen, das Vermögen solle mit Zustimmung des FA verteilt werden (BFHE 90, 177, BStBl II 1968, 24). Das FA hatte bei der Einwilligung kein Ermessen. Es musste sie erteilen, wenn durch den gesonderten Beschluss nach § 61 Abs 2 AO Verhältnisse geschaffen wurden, die den Voraussetzungen des § 61 Abs 1 AO entsprachen. Die **Aufhebung** der Vorschrift erfolgte vor dem Hintergrund zahlreicher Streitigkeiten zwischen Stpfl u FÄ (BTDrs 16/5200, 22) sowie einer engen Handhabung durch den BFH (vgl BFHE 209, 5, BStBl II 2005, 514). Geprüfte Satzungen genießen Vertrauensschutz (vgl *BMF* BStBl I 2004, 1059) bis zur nächsten Satzungsänderung (BTDrs aaO).

Die Vorschrift des **§ 61 Abs 3 AO** sieht die Aberkennung der Gemein- 101
nützigkeit und **Nachversteuerung** für 10 Jahre bei schädlichen Satzungsänderungen vor. Sie ist sehr weitreichend und greift auch dann ein, wenn die Vermögensbindung erst nach dem Verlust der Steuerbegünstigung geändert wird. Darüber hinaus erfasst sie Zeiträume, in denen die Satzung dem § 51 Abs 1 Nr 4 AO entsprochen hat. Auch ist keine Heilungsmöglichkeit, etwa durch umgehende Berichtigung, vorgesehen. Ich kann mich jedoch der Auffassung von *Tipke/Kruse* (§ 61 AO Rn 3), die Vorschrift verstoße gegen das **Übermaßverbot,** nur insoweit anschließen, als eine Heilungsmöglichkeit fehlt. Wird eine geänderte Satzung noch vor der Verteilung zu nicht begünstigten Zwecken iSd § 61 Abs 1 AO erneut geändert und diese Änderung auch beachtet, dann besteht kein Anlass für die Nachversteuerung. Dagegen besteht bei einer schädlichen Satzungsänderung ein solcher Anlass sehr wohl auch im Hinblick auf die Jahre, in denen die Satzung den Bestimmungen des § 55 Abs 1 Nr 4 AO entsprochen hat. Denn in dieser Zeit wurde steuerbegünstigtes Vermögen angesammelt, das nunmehr zu nicht begünstigten Zwecken verteilt wird. Nach BFH/NV 2002, 309 ist zweifelhaft, ob die Aberkennung der Gemeinnützigkeit auch für die Jahre erfolgen muss, in denen aus dem betreffenden Vermögen kein steuerlicher Vorteil gezogen wurde. Im Übrigen ist das Vorliegen einer Steuerhinterziehung für die 10-Jahres-Frist nicht erforderlich.

Ausnahmen von der satzungsmäßigen Vermögensbindung ent- 102
hält **§ 62 AO.** Danach braucht bei Betrieben gewerblicher Art von Körperschaften des öffentlichen Rechts, bei bis zum 19. 12. 2006 gegründeten staatlich beaufsichtigten Stiftungen (vgl Art 97 § 1 f EGAO), bei den von einer Körperschaft des öffentlichen Rechts verwalteten unselbständigen Stiftungen und bei geistlichen Genossenschaften (Orden, Kongregationen)

die Vermögensbindung in der Satzung nach § 62 AO nicht festgelegt zu werden. In diesen Fällen hielt es der Gesetzgeber für sichergestellt, dass das Restvermögen für begünstigte Zwecke verwendet wird. Folglich ist es unschädlich, wenn bei einer Stiftung, die die Voraussetzungen des § 62 AO (insb die staatliche Aufsicht) erfüllt, eine in der Satzung enthaltene Regelung zur Vermögensbindung die Vorgaben des § 61 AO nicht vollständig erfüllt (BFHE 204, 72, BStBl II 2005, 149). Diese Grundsätze gelten auch für eine **ausländische** staatliche Aufsicht, selbst wenn das ausländische Stiftungsrecht den Anforderungen des § 61 Abs 1 AO nicht genügt (BFHE 206, 350; BStBl II 2005, 721; BFH/NV 2007, 805; das ist nach Sinn u Zweck der Vorschrift höchst **zweifelhaft,** zumal auch bei inländischen Stiftungen die im entschiedenen Fall lediglich gegebene Anerkennung nicht gleichzusetzen ist mit Aufsicht; vgl AEAO Nr 2 zu § 62 AO). Da nach Untersuchungen der *FinVerw Länder* die Stiftungsaufsicht auch im Inland im Hinblick auf § 55 Abs 1 Nr 4 AO ungenügend war, hat der Gesetzgeber die genannten Stiftungen aus dem Anwendungsbereich der Vorschrift herausgenommen (BTDrs 16/2712, 78 f). Unabhängig davon ist auch hier die **tatsächliche Verwendung** für begünstigte Zwecke Voraussetzung dafür, dass eine Nachversteuerung nicht durchgeführt wird.

103 Die **Anforderungen an die tatsächliche Geschäftsführung** sind in **§ 63 AO** niedergelegt. Nach **§ 63 Abs 1 AO** muss die tatsächliche Geschäftsführung der Körperschaft auf die ausschließliche und unmittelbare Erfüllung der steuerbegünstigten Zwecke gerichtet sein und den Bestimmungen entsprechen, die die Satzung über die Voraussetzungen für Steuervergünstigungen enthält. Nach **§ 63 Abs 2 AO** gilt für die tatsächliche Geschäftsführung sinngemäß § 60 Abs 2 AO (Anm 97) und für eine Verletzung der Vorschrift über die Vermögensbindung § 61 Abs 3 AO (Anm 101). Die tatsächliche Geschäftsführung ist in jedem EZ selbständig zu prüfen. Zu beachten sind aber die Vorschriften über steuerlich unschädliche Nebenbetätigungen (§ 58 AO, Anm 80 ff), allerdings differenzierend danach, ob eine Festschreibung der Nebenbetätigung in der Satzung erforderlich ist.

104 Die Vorschrift bezeichnet die Anforderungen an die **materielle Satzungsmäßigkeit.** Zur tatsächlichen Geschäftsführung in diesem Sinn gehören alle der Körperschaft zuzurechnenden Handlungen; daher auch die Entscheidungen und Tätigkeiten, die die Verwirklichung der Satzungszwecke bloß vorbereiten (BFHE 203, 251, BStBl II 2003, 930). Die Körperschaft darf sich nicht anderweitig, insb nicht iS einer nichtbegünstigten Aktivität betätigen; vielmehr muss die tatsächliche Geschäftführung auf die zeitnahe Erfüllung der satzungsmäßigen Zeile gerichtet sein (ebenso *Kümpel* DStR 2001, 152). Eine Ausnahme besteht nach BFHE 114, 495, BStBl II 1975, 458, wenn die Körperschaft an der Ausführung der satzungsgemäßen Tätigkeit durch außergewöhnliche, von ihr nicht zu beeinflussende Umstände gehindert wird. Auch genügen konkrete Vorbereitungshandlungen (Aufbau der Vereinsorganisation, Sammlung von Mitteln); nicht jedoch unbestimmte Absichten (BFHE 203, 251, BStBl II 2003, 930 mwN). Ein gemeinnütziger Verein hat bei seinem Verhalten die verfassungsmäßige Ordnung bzw die Rechtsordnung zu beachten (BFHE 127, 330, BStBl II

1979, 482; BFHE 184, 226, BStBl II 1998, 9; BFHE 197, 314, BStBl II 2002, 169; AEAO Nr 3 zu § 63 AO). Sie dient dem Schutz des Einzelnen ebenso wie der Allgemeinheit (BFHE 142, 243 BStBl II 1985, 106). Die Körperschaft darf daher nicht unter Umgehung eines gesetzlichen Verbots oder durch einen Gesetzesverstoß ihren Förderungszweck erreichen wollen (BFHE 175, 484, BStBl II 1995, 134); ebenso wenig durch Spendenbescheinigungen oder in sonstiger Weise ihren Mitgliedern zu einem unberechtigten Spendenabzug verhelfen wollen (BFHE 182, 258, BStBl II 1997, 474; AEAO Nr 2 zu § 63 AO); Entsprechendes gilt bei einer rechtkräftigen Verurteilung wegen Untreue auf Grund von satzungswidriger Verwendung von Spendenmitteln (FG Rh-Pf EFG 1996, 937 rkr) oder bei einer Verletzung der Steuererklärungspflicht (FG Berlin EFG 1997, 1006 rkr). Es kommt allerdings entscheidend darauf an, dass das fragliche Verhalten dem Verein (durch Handlungen autorisierter Personen) zugerechnet werden kann (BFHE 142, 243, BStBl II 1985, 106). „Ausreißer" einzelner, nicht kontrollierbarer Teilnehmer an öffentlichen Veranstaltungen stellen mE die Gemeinnützigkeit nicht in Frage. Hat die Körperschaft mehrere Vorsitzende (Geschäftsführer), so bestimmt sich die tatsächliche Geschäftsführung nach den Handlungen aller Vorsitzenden (Geschäftsführer) in Gemeinschaft oder eines Vorsitzenden (Geschäftsführers) in Zustimmung der anderen (BFH StRK KStG § 4 Abs 1 Nr 6 R 13). Entgegen *Tipke/Kruse* (§ 63 AO Anm 1) hat auch alleiniges **eigenmächtiges Handeln** eines Einzelnen den Verlust der Gemeinnützigkeit zur Folge. Sein Verhalten muss dem Verein **zugerechnet** werden. Hierfür reicht im Zivilrecht und mE auch im Steuerrecht, dass die handelnde Person durch Funktionszuweisung den Verein repräsentiert (BGHZ 49, 21; NJW 1972, 334; 1998, 1854), wenn sie sich nicht von ihrem Aufgabengebiet entfernt (BGHZ 98, 152; NJW 1980, 115); ebenso genügt eine Anscheins- oder Duldungsvollmacht (*Kümpel* DStR 2001, 152). Nach BFHE 197, 314, BStBl II 2002, 169 Zurechnung auch bei grober Vernachlässigung der dem Vertretungsorgan obliegenden Kontrollpflicht. Nach BFH/NV 2000, 906 ist jedoch zweifelhaft, ob Handlungen eines Spielerobmannes bei der Vermittlung inoffizieller Zahlungen von Sponsoren an Spieler dem Vorstand/der Körperschaft zugerechnet werden können. ME ist die Zurechnung angezeigt, weil die sich aus der Vertreterstellung ergebenden Pflichten (vgl § 34 AO) nicht mit steuerlicher Wirkung delegiert oder abbedungen werden können (vgl zur Haftung bei mehreren Vorständen eines Vereins BFHE 186, 132, BStBl II 1998, 761).

Tatsächliche Verstöße gegen die Vorschriften über die **Vermögensbindung** führen zur Nachversteuerung nach Maßgabe des § 175 Abs 1 Satz 1 Nr 2 AO. Zur Problematik s oben Anm 101. Eine de lege ferenda einzuführende Heilungsmöglichkeit könnte in der Rückerstattung der zu nichtsteuerbegünstigten Zwecken verteilten Mittel bestehen. Hierfür hätte das FA eine Frist (mit Ablaufhemmung bei der Festsetzungsverjährung) zu setzen.

Die Körperschaft hat nach **§ 63 Abs 3 AO** den **Nachweis,** dass ihre **105**
tatsächliche Geschäftsführung den Erfordernissen des § 63 Abs 1 AO entspricht, durch ordnungsmäßige Aufzeichnungen über ihre Einnahmen

und Ausgaben zu führen. Eine bestimmte Art der Aufzeichnungen ist grundsätzlich nicht vorgeschrieben. Nach § 63 Abs 1 AO erforderliche Nachweise kann die Körperschaft durch **Unterlagen jeglicher Art** (Geschäfts- u Tätigkeitsberichte, Protokolle, Schriftverkehr, Notizen uä) führen (BFHE 203, 251, BStBl II 2003, 930; AEAO Nr 1 zu § 63 AO). In jedem Fall sind die Vorschriften der §§ 140 ff AO zu beachten („Buchnachweis", vgl BFH/NV 2000, 297, 301); handelsrechtliche Buchführungsvorschriften jedoch nur, sofern sich dies aus der Rechtsform der Körperschaft ergibt (allg M, AEAO Nr 1 zu § 63 AO; *Tipke/Kruse* § 63 AO Rn 3; *Lenski/Steinberg* § 3 Anm 31 a; *Scholtz* in *Koch,* AO § 63 Anm 8). Das bedeutet, die Aufzeichnungen müssen einem sachverständigen Dritten in angemessener Zeit einen Überblick über die Geschäftsvorfälle und die Vermögenslage ermöglichen (BFHE 59, 294, RStBl III 1954, 324). Das beinhaltet mE gesonderte Aufzeichnungen für den ideellen Tätigkeitsbereich, die Vermögensverwaltung, die Zweckbetriebe und wirtschaftlichen Geschäftsbetriebe (ebenso *Kümpel* DStR 2001, 152; *Karsten* BB 2006, 1830). Die Buchungen müssen vollständig, richtig, zeitgerecht und geordnet sein. Kasseneinnahmen und -ausgaben sollen täglich festgehalten werden. Unzulässig sind insbesondere Aufrechnungen von Einnahmen und Ausgaben, Nichtangabe von Bareinnahmen, Nichtaufzeichnung von Geschenken an Angehörige des Vereins. Die Nichterfüllung der Aufzeichnungspflichten führt zum Verlust der Steuerbefreiung, ohne dass die Körperschaft sich auf Nachweispflichten des FA berufen könnte (BFHE 59, 294, BStBl III 1954, 324). Anders nur bei geringfügigen Mängeln, für die das FA die nachträgliche Beseitigung zulassen kann (*Lenski/Steinberg,* aaO).

Zum Problem der Nachweisbeschaffung aus dem **EU-Ausland** EuGH C-386/04, „Stauffer" (DStR 2006, 1736) – Hinweis auf die Amtshilferichtlinie RL 77/799/EWG – und krit hierzu zB *Fischer* FR 2007, 361; *Jachmann* BB 2006, 2607; *Jachmann/Behringer* BB 2006, 1823; *Tiedtke/Möllmann* DStZ 2008, 69, 79: „verfassungsrechtliches Dilemma".

106 Hat die Körperschaft **Mittel angesammelt,** ohne dass die Voraussetzungen des § 58 Nr 6 u 7 (Anm 86 ff) vorliegen, kann das Finanzamt ihr **nach § 63 Abs 4 AO** eine Frist für die Verwendung der Mittel setzen, die nach den Umständen des Einzelfalles zu bemessen ist. Bei der Setzung und Bemessung der Frist („ob" und „wie") handelt es sich um eine Ermessensentscheidung. Hat die Körperschaft wider besseres Wissen planmäßig Mittel gesammelt oder ist sie in der Vergangenheit über ihre diesbezüglichen Pflichten informiert worden, dann muss das FA keine Nachfrist mehr setzen (ebenso *Kümpel* DStR 2001, 152). Die Frist selbst sollte so bemessen sein, dass die Körperschaft ihr Vermögen nicht verschleudern muss. Gleichwohl sollte sie mE nicht über der Frist für die zeitnahe Mittelverwendung (ca 1 Jahr, Anm 72) liegen, darf nach *OFD Ffm* DStR 1993, 1144 jedoch 2–3 Jahre betragen (mE bedenklich). Die tatsächliche Geschäftsführung gilt als ordnungsgemäß iSd § 63 Abs 1 AO (Anm 103), wenn die Körperschaft die Mittel innerhalb der Frist für die steuerbegünstigten Zwecke verwendet. Tut sie dies nicht, entfällt die Steuerbefreiung rückwirkend (§ 175 Abs 1 Satz 1 Nr 2 AO) für die EZ von der Zuführung zur Rücklage bis zu deren Auflösung (*Thiel/Eversberg* DB 1991, 118, 126; einschränkend *Reiffs* DB 1991, 1247).

(frei) 107–109

110.–119. Wirtschaftlicher Geschäftsbetrieb/Betriebsaufspaltung

Umfang der Steuervergünstigung, partielle Steuerpflicht des wirtschaftlichen Geschäftsbetriebs 110

Literatur: *Rader,* Was ist ein Zweckbetrieb iSv § 65 der Abgabenordnung, BB 1979, 1192; *Wegehenkel,* Die Auslagerung eines wirtschaftlichen Geschäftsbetriebs einer gemeinnützigen Körperschaft durch Einbringung in eine Kapitalgesellschaft und die steuerlichen Folgen, DB 1986, 2514; *Herbert,* Der wirtschaftliche Geschäftsbetrieb des gemeinnützigen Vereins, Köln 1988; *Gutachten der Unabhängigen Sachverständigenkommission,* vgl vor Anm 12; *Hüttemann,* Wirtschaftliche Betätigung und steuerliche Gemeinnützigkeit, 1991; *Thiel,* Betriebsausgaben im wirtschaftlichen Geschäftsbetrieb gemeinnütziger Körperschaften, DB 1993, 1208; *Lang/Seer,* Der Betriebsausgabenabzug im Rahmen eines wirtschaftlichen Geschäftsbetriebs gemeinnütziger Körperschaften, FR 1994, 521; *Theißen/Daub,* Die gemeinnützige GmbH, Inf 1994, 277; *Grabau,* Die gemeinnützige GmbH im Steuerrecht, DStR 1994, 1032; *Müller-Gatermann,* Gemeinnützigkeit und Sport, FR 1995, 261; *Inst FSt,* Teilhabe gemeinnütziger Körperschaften an unternehmerischer Tätigkeit, Brief 330; *Inst FSt,* Steuerentstrickung für gemeinnützige Zwecke – § 13 Abs 4 u 5 KStG, Brief 332; *Orth,* Gemeinnützigkeit und Wirtschaftstätigkeit, FR 1995, 253; *Ansorge,* Die steuerliche Behandlung des Sozio-Sponsoring im gemeinnützigen Verein, BB 1995, 2505; *Schauhoff,* Die Bedeutung des § 13 KStG für gemeinnützige Körperschaften, DStR 1996, 366; *Stobbe,* Die Zuordnung von Einnahmen und Ausgaben steuerbegünstigter Körperschaften, DStZ 1996, 757; *Götz,* Die gemeinnützige Stiftung, Inf 1997, 141, 652; *Lex,* Die Mehrheitsbeteiligung einer steuerbegünstigten Körperschaft an einer Kapitalgesellschaft: Vermögensverwaltung oder wirtschaftlicher Geschäftsbetrieb?, DB 1997, 349; *Thiel,* Die gemeinnützige GmbH ... GmbHR 1997, 10; *Tönnes/Wewel,* Ausgliederung wirtschaftlicher Geschäftsbetriebe durch steuerbefreite Einrichtungen, DStR 1998, 274; *Dißars/Berssenbrügge,* Ausgleich von Verlusten aus einem wirtschaftlichen Geschäftsbetrieb und Vermögensanlagen gemeinnütziger Vereine, BB 1999, 1411; *Ley,* Rücklagenbildung aus zeitnah zu verwendenden Mitteln gemeinnütziger Körperschaften, BB 1999, 626; *Kümpel,* Die Besteuerung steuerpflichtiger wirtschaftlicher Geschäftsbetriebe, DStR 1999, 1505; *Hey,* Die Steuerbegünstigung der gemeinnützigen Tätigkeit der öffentlichen Hand, StuW 2000, 467; *Strahl,* Ausgliederung von wirtschaftlichen Geschäftsbetrieben gemeinnütziger Körperschaften, KÖSDI 2000, 12527; *Strahl,* Steuerliche Konsequenzen der Verwertung von Forschungs- und Entwicklungsergebnissen durch Hochschulen und gemeinnützige Forschungseinrichtungen, DStR 2000, 2163; *Reis,* Steuerliche Risiken bei Fördervereinen, Inf 2001, 196; *Schröder,* Ausgliederungen aus gemeinnützigen Organisationen auf gemeinnützige und steuerpflichtige Kapitalgesellschaften, DStR 2001, 1415; *Schmidt/Fritz,* Änderungen im Gemeinnützigkeitsrecht zu Fördervereinen, Werbebetrieben, Totalisatoren, Blutspendediensten und Lotterien, DB 2001, 2062; *Hüttemann,* Der neue Anwendungserlass zum Gemeinnützigkeitsrecht (§§ 51–68 AO) FR 2002, 1337; *Ball/Dieckmann,* Share-Sponsoring – ein innovatives Finanzierungskonzept für steuerbegünstigte Körperschaften aus steuerlicher Sicht, DStR 2002, 1602; *Schmidt/Fritz,* Besteuerung stiller Reserven bei wirtschaftlichen Geschäftsbetrieben gemeinnütziger Körperschaften?, DB 2002, 2509; *Kießling/Buchna,* Gemeinnützigkeit im Steuerrecht, 8. Aufl 2003; *A. Söffing/Thoma,* Ausgewählte Beratungsaspekte im Gemeinnützigkeits- und Stiftungsrecht, BB 2003, 1091; *Schiffer,* Aktuelles Beratungs-Know-How Gemeinnützigkeits- und Stiftungsrecht, DStR 2003, 1015; *Wachter,* Steuerpflichtige Veräußerungsgewinne bei gemeinnützigen Stiftungen, DStZ 2003, 63; *Thieme/Dorenkamp,* Auswirkungen des Gemeinnützigkeitsrechts auf die öffentliche Hand im Hinblick auf das Subjekt der Gemeinnützigkeit und die Zulässigkeit eines Ergebnisausgleichs, FR 2003, 693; *Apitz,* Betriebsprüfungen bei gemeinnützigen Körperschaften, StBp 2004, 89, 125; *Schauhoff,* Handbuch der Gemeinnützigkeit, 2. Aufl 2005; *Arnold,* Gemeinnützigkeit von Vereinen und Beteiligung an Gesellschaften, DStR 2005, 581; *Kasper,* Sponsoring im Steuerrecht, DStZ 2005, 397; *Maier,* Hybride Finanzierungen für gemeinnützige Körperschaften – ..., DB 2005, 1708; *Milatz/Schäfers,* Ausgliederung im Gemeinnützigkeitssektor am Beispiel von Krankenhäusern – ..., DB 2005, 1761; *Knoop,* Gewinnausschüttungen im gemeinnützigen Konzern, DStR 2006, 1263; *Kratzsch,* Abgrenzungs- und Gestaltungsfragen bei der Besteuerung gemeinnütziger Körperschaften am Beispiel eines Reitvereins, Inf 2006, 546; *Thiel/Eversberg,* Zur Reichweite des Gebots der zeitnahen Mittelverwendung im Gemeinnützigkeitsrecht, DB 2007, 191; *Rösch/Weitschell/Thiel/Eversberg,* Erwiderung und Replik hierzu, DB 2007, 1434; *Jost,* Betriebsaufspaltung im steuerfreien Bereich gemeinnütziger Körperschaften ...; DB 2007, 1664; *Schießl,* Die Ausgliederung von Abteilungen aus Idealvereinen auf Kapitalgesellschaften ..., DStZ 2007, 494; *Jost,* Betriebsaufspaltung im steuerfreien Bereich gemeinnütziger Körperschaften ..., DB 2007, 1664; *Wallenhorst/Halaczinsky,* Die Besteuerung gemeinnütziger Vereine, Stiftungen und der juristischen Personen des öffentlichen Rechts, 6. Aufl. 2008; *Schauhoff/Kirchhain,* Gemeinnützigkeit im Umbruch, DStR 2008, 1713; *Scholz/Garthoff,* Sponsoring von Sportvereinen jetzt steuerpflichtig?, BB 2008, 1148; *Schröder,* Die steuerpflichtige und steuerbegünstigte GmbH im Steuerrecht, DStR 2008, 1069; *Schick,* Die Betriebsaufspaltung unter Beteiligung steuerbegünstigter Körperschaften ..., DB 2008, 893.

Grundsatz. Nach **§ 64 Abs 1 AO** iVm § 3 Nr 6 Satz 2 GewStG verliert eine Körperschaft, soweit ein wirtschaftlicher Geschäftsbetrieb (§ 14 AO) unterhalten wird, für die dem Geschäftsbetrieb zuzuordnenden Besteuerungsgrundlagen (Einkünfte, Umsätze, Vermögen) die Steuervergünstigung, soweit nicht ein Zweckbetrieb (§§ 65–68 AO; Anm 120 ff) gegeben ist (zu den Ergänzungen und Ausnahmen in § 64 Abs 2–6 AO vgl Anm 115–119). Wirtschaftliche Geschäftsbetriebe führen also nur zu einer **partiellen Steuerpflicht.** Aber auch diese tritt nicht in jedem Fall ein, so insbesondere nicht bei Land- und Forstwirtschaft (vgl § 3 Nr 6 Satz 2 GewStG) und bei Zweckbetrieben (§§ 65–68 AO; Anm 120 ff). Die partielle Steuerpflicht bedeutet, dass die Körperschaft Gewinne aus dem wirtschaftlichen Geschäftsbetrieb nicht mit Verlusten aus Zweckbetrieben saldieren darf (BFH/NV 1993, 341); steht jedoch der wirtschaftliche Geschäftsbetrieb im Vordergrund der Betätigung, so geht die Steuervergünstigung insgesamt verloren. Denn nach § 55 Abs 1 AO dürfen nicht in erster Linie eigenwirtschaftliche Zwecke verfolgt werden (vgl oben Anm 65 ff); dh die Opferwilligkeit zu Gunsten Anderer darf nicht durch die wirtschaftliche Betätigung wegfallen oder in den Hintergrund gedrängt werden (BFHE 127, 330, BStBl II 1979, 482; BFHE 157, 132, BStBl II 1989, 670). Diese Zusammenhänge haben Bedeutung für die Zuordnung von Ausgaben, die durch den wirtschaftlichen Geschäftsbetrieb und die steuerbegünstigte Tätigkeit entstanden sein können (BFHE 164, 508, BStBl II 1992, 103). Evtl empfiehlt es sich, den wirtschaftlichen Geschäftsbetrieb durch Einbringung in eine Kapitalgesellschaft **auszulagern** (*Wegehenkel* DB 1986, 2514; *Schröder* DStR 2001, 1405; *Milatz/Schäfers* DB 2005, 1761; zur Gestaltung durch „hybride" Finanzierungen *Maier* DB 2005, 1708).

Die partielle Steuerpflicht wird nicht dadurch ausgeschlossen, dass der wirtschaftliche Geschäftsbetrieb den steuerbegünstigten Zwecken dient (vgl BFHE 136, 455, BStBl II 1983, 27; BFHE 164, 57, BStBl II 1992, 101). Im Gegenteil ist Voraussetzung für die Steuerfreiheit der Körperschaft, dass die Erträge des wirtschaftlichen Geschäftsbetriebs für die steuerbegünstigten Zwecke verwendet werden (§ 55 AO; ebenso *Tipke/Kruse* § 64 AO Rn 7). Eine steuerbefreite Körperschaft konnte bis EZ 1989 **mehrere** wirtschaftliche Geschäftsbetriebe haben (BFHE 164, 508, BStBl II 1992, 103). Das gilt auch dann, wenn die Tätigkeiten wirtschaftlich eng miteinander verflochten sind und sich gegenseitig bedingen (BFHE 74, 192, BStBl III 1962, 73; BFHE 88, 240, BStBl III 1967, 273; BFHE 118, 346, BStBl II 1976, 472). Doch mussten die Tätigkeiten sich voneinander unterscheiden (BFHE 161, 277, BStBl II 1990, 1012; BFHE 164, 57, BStBl II 1992, 101). Einnahmen und Ausgaben waren entsprechend zuzuordnen (BFHE 164, 508, BStBl II 1992, 103; BFH/NV 1992, 412). Zur Rechtslage ab EZ 1990s Anm 115. Wird ein wirtschaftlicher Geschäftsbetrieb gemeinsam von mehreren Körperschaften betrieben, dann ist eine **einheitliche und gesonderte Feststellung** der Einkünfte (§§ 179u 180 AO) geboten. Eine Darstellung der Problematik und Gestaltungsmöglichkeiten bei *Orth* FR 1995, 253, für Sportvereine bei *Müller-Gatermann* FR 1995, 261, für Reitvereine bei *Kratzsch* Inf 2006, 546.

Gewisse Besonderheiten bestehen bei der **gemeinnützigen GmbH:** sie hat nur eine betriebliche Sphäre und ist prinzipiell insgesamt persönlich steuerpflichtig; erst durch die Verfolgung gemeinnütziger Zwecke wird sie partiell sachlich von der Steuerpflicht befreit (ebenso und zu den Folgerungen hieraus *Thiel* GmbHR 1997, 10; *Schröder* DStR 2008, 1069).

Begriff. Nach **§ 14 AO** ist ein **wirtschaftlicher Geschäftsbetrieb** 111
eine nachhaltige Tätigkeit, durch die Einnahmen oder andere wirtschaftliche Vorteile erzielt werden und die über den Rahmen einer **Vermögensverwaltung** hinausgeht. Die Absicht, Gewinn zu erzielen, ist nicht erforderlich. Der Begriff des wirtschaftlichen Geschäftsbetriebs ist der **Oberbegriff** zum Begriff des Gewerbebetriebs (BFHE 103, 440, BStBl II 1972, 63; BFH/NV 1997, 825). Das Merkmal der **Selbständigkeit** bedeutet in persönlicher Hinsicht, dass der Tätige unabhängig ist in der Bestimmung von Art, Ort und Zeit seiner Tätigkeit, dass er auf eigene Rechnung und Gefahr tätig wird, also Unternehmerrisiko trägt und Unternehmerinitiative entfalten kann (§ 2 Anm 43f). In sachlicher Hinsicht ist erforderlich, dass die Tätigkeit vom sonstigen Wirkungskreis abgrenzbar ist (BFHE 140, 463, BStBl II 1984, 451; BFHE 167, 147,

BStBl II 1992, 693). Für die Zwecke des § 64 bedeutet dies mE, dass die Körperschaft eine von den begünstigten Zwecken losgelöste Tätigkeit zur Erzielung von Einnahmen entfaltet und hierfür eine eigenständig strukturierte und von der Körperschaft unterscheidbare sachlich-persönliche Organisation entwickelt; auch durch Erfüllungshilfen möglich (FG Ba-Wü EFG 1988, 88). *Lang* (StuW 1987, 221, 235 ff) stellt darauf ab, ob der ertragsteuerliche Betriebsbegriff erfüllt ist. Das Merkmal der **Nachhaltigkeit** bedeutet, dass die Tätigkeit auf Wiederholung angelegt ist, dh dass sie – ohne Rücksicht auf die Motive – vom Entschluss getragen ist, sie zu wiederholen und daraus eine Erwerbsquelle zu machen. Jede Schaffung eines Dauerverhältnisses ist nachhaltig (BFHE 127, 495, BStBl II 1979, 530). Auch eine einmalige Tätigkeit kann nachhaltig sein, wenn sie mit dem Willen ausgeübt wird, sie bei entsprechender Gelegenheit zu wiederholen, oder wenn sie sich auf andere Weise, etwa durch eine Vielzahl erforderlicher Einzelhandlungen, als nachhaltig darstellt, wie etwa bei einem Vereinsfest mit Bewirtungsleistungen (vgl zu allem BFHE 95, 21, BStBl II 1969, 282; BFHE 145, 33, BStBl II 1986, 88; BFH/NV 1992, 839 mwN; AEAO Nr 2 zu § 64 AO). Das gilt auch dann, wenn diese Einzelhandlungen eingebettet sind in ein Maßnahmenbündel, das – ohne diese Einzelhandlungen – Merkmale eines Zweckbetriebes trägt, wie zB die Anzeigenwerbungen in einer Vereinszeitung (BFHE 74, 192, BStBl II 1962, 73; zu Unrecht krit *Orth* FR 1995, 253).

112 **Einzelfälle.** Ein Sportverein, der sich gegen Entgelt verpflichtet, die Sportler nur in Kleidung eines bestimmten Herstellers auftreten zu lassen, unterhält auch dann einen wirtschaftlichen Geschäftsbetrieb, wenn er die Zuwendungen für die satzungsmäßigen Zwecke verwendet (BFHE 136, 455, BStBl II 1983, 27). Ein wirtschaftlicher Geschäftsbetrieb liegt auch vor beim Verkauf von Getränken und Esswaren bei besonderen Gelegenheiten (BFHE 145, 33, BStBl II 1986, 88; BFHE 145, 40, BStBl II 1986, 92), zB bei einem Schützenfest (vgl *OFD Hannover* DStR 1999, 1856) oder einem Festzeltbetrieb (BFH/NV 1989, 342; 2000, 85; jetzt auch § 67 a Abs 1 Satz 2 AO; Anm 127 ff), bei Herausgabe einer durch Werbeanzeigen finanzierten Festschrift (BFHE 118, 346, BStBl II 1976, 472), bei Sponsoring gegen Werbeanzeigen in Vereinszeitschrift (BFH/NV 2008, 638; hierzu *BMF* BStBl I 1998, 212; *Scholz/Garthoff* BB 2008, 1148), bei Abhalten von Straßenfesten, Flohmärkten, Auftragsforschungen gemeinnütziger Forschungsinstitute (vgl hierzu Anm 141), bei Übernahme von Werbetätigkeit (BFHE 200, 101, BStBl II 2003, 438, Freiballon mit Firmenaufschrift), bei Werbung am Mann durch Sportverein (BFHE 136, 455, BStBl II 1983, 27), bei Überlassung von Werbeflächen an mehrere Werbeunternehmer zum Zwecke der Bandenwerbung durch einen Sportverein (BFHE 164, 57, BStBl II 1992, 101), bei Weiterleitung von Einnahmen aus der Bandenwerbung durch eine Stadt an einen gemeinnützigen Verein (FG Köln EFG 1991, 698, Hauptsacheerledigung im Revisionsverfahren), nach *FM Ba-Wü* DStR 1992, 291 (zu AEAO § 67 a AO Nr 9) auch bei Überlassung von Werbeflächen an nur einen Werbeunternehmer (aA FG München EFG 1996, 1180, nv bestätigt; zum Problem *Jansen* DStR 1992, 133; FR 1991, 431), bei Betrieb einer Abfallbeseitigungsanlage (BFHE 173, 254, BStBl II

1994, 314), eines Müllheizkraftwerks (BFHE 174, 97, BStBl II 1994, 573), einer Müllverbrennungsanlage (vgl BFH/NV 1995, 1012), einer Krankenhauswäscherei (BFHE 184, 222, BStBl II 1996, 28), bei Gewährung von Versicherungsschutz gegen Bezahlung sowie Abschluss eines Versicherungsvertrages zu Gunsten der Mitglieder gegen Überschussbeteiligung (BFH 184, 222, BStBl II 1998, 175; krit *Fidorra* DB 1999, 559) uä auf die nachhaltige Erzielung von Einnahmen gerichteten Tätigkeiten, zB die Vermietung von Schlittschuhen in Zusammenhang mit der Gestattung der entgeltlichen Nutzung einer Eisbahn durch einen Eislaufverein (BFHE 191, 434, BStBl II 2000, 705) oder die Auftragsforschung gegen Entgelt (BFHE 179, 447, BStBl II 1997, 189; FG Ba-Wü EFG 2003, 22 rkr; s jedoch § 68 Nr 9 AO Anm 106 a).

Auch die **Beteiligung** einer gemeinnützigen Körperschaft **an einer** gewerblich tätigen oder geprägten **Personengesellschaft** als Kommanditistin begründet einen stpfl wirtschaftlichen Geschäftsbetrieb (Entsprechendes gilt für eine Stiftung; BFHE 195, 239, BStBl II 2001, 449, Anm *Pezzer* FR 2001, 837; vgl auch *Götz* Inf 1997, 652; **aA** jedoch *InstFSt* Brief 330; *Arnold* DStR 2005, 581); eine bindende Feststellung hierüber erfolgt im Gewinnfeststellungsverfahren (BFHE 154, 500, BStBl II 1989, 134). Anders bei rein vermögensverwaltender Tätigkeit der Gesellschaft (vgl BFHE 141, 405, BStBl II 1984, 751). Kein wirtschaftlicher Geschäftsbetrieb liegt vor, wenn die Körperschaft für Zuwendungen zur Unterstützung ihrer Tätigkeit („Sponsoring") nur die Nutzung ihres Namens duldet oder sich darauf beschränkt, auf Plakaten, in Veranstaltungsbekanntmachungen oder Katalogen ohne besondere Hervorhebungen auf die Unterstützung durch einen Unternehmer hinzuweisen (auch keine Vermögensverwaltung: AEAO Nr 9 zu § 64 AO; s auch *OFD Ffm* DStR 2003, 1206; *Kasper* DStZ 2005, 397; zum „Share Sponsoring"-Modell *Ball/Dieckmann* DStR 2002, 1602); anders jedoch bei (aktiven) Gegenleistungen (Besteuerung nach § 64 Abs 6 AO – Anm 119 –, vgl AEAO Nr 29 zu § 64 Abs 6 AO); ebenso – wenn nicht schon nach § 55 Abs 1 Nr 1 AO (Anm 64 f) schädlich – bei entgeltlicher Gestellung von Sicherheiten (**aA** *Söffing/Thoma* BB 2003, 1091). **112a**

Die **Beteiligung an einer Kapitalgesellschaft** stellt einen wirtschaftlichen Geschäftsbetrieb dann dar, wenn die Körperschaft entscheidenden Einfluss auf die Geschäftsführung der Kapitalgesellschaft nimmt (vgl BFHE 103, 56, BStBl II 1971, 753; *FM Bbg* FR 1996, 503, DB 1996, 1161; vgl auch *InstFSt* Brief 330), insb bei Vorliegen der Voraussetzungen für eine **Betriebsaufspaltung** (BFH/NV 1997, 825; *Arnold* DStR 2005, 581; **aA** *Hüttemann* S. 159; *Herbert* S 95 ff; *Tipke/Kruse* § 14 AO Rz 9) oder einer Organschaft (*Milatz/Schäfers* DB 2005, 1761); nach AEAO zu § 64 Abs 3 AO jedoch nicht, wenn die Kapitalgesellschaft nur Vermögensverwaltung betreibt oder selbst steuerbegünstigt ist (s hierzu Anm 114; zu Vermeidungsstrategien *Schießl* DStZ 2007, 494). Nach *OFD München-Nürnberg* (DStR 1993, 1595) kann eine Stiftung durch Einbringung von Mitunternehmeranteilen in eine GmbH gegen Gewährung von Gesellschaftsrechten einen wirtschaftlichen Geschäftsbetrieb vermeiden. **Gewinnausschüttungen** an rechtlich selbständige Mitgliedsverbände führen bei diesen mangels **112b** eines Leistungs-/Gegenleistungsverhältnisses nicht zu einem wirtschaftlichen Geschäftsbetrieb; hiermit zusammenhängende Ausgaben des Mitglieds sind nicht zu berücksichtigen. Ein **Veräußerungsgewinn** iSv § 21 UmwStG ist ein wirtschaftliches Geschäftsbetrieb, weil die Befreiung des § 3 Nr 6 eine persönliche Befreiung ist (§ 21 Abs 3 Nr 2 UmwStG; BFHE 200, 191, BFH/NV 2003, 277; zust *Schiffer* DStR 2003, 1015; zum Problem bei Stiftungen *Wachter* DStZ 2003, 63).

113 **Gewinnermittlung.** S zunächst § 2 Anm 413. **Ausgaben** sind dem wirtschaftlichen Geschäftsbetrieb zuzurechnen, wenn sie durch ihn **veranlasst** sind (BFHE 164, 508, BStBl II 1992, 103; vgl auch BFHE 164, 508, BStBl II 1992, 508; BFH/NV 2000, 85; AEAO Nr 4 zu § 64 AO). Es muss also ein wirtschaftlicher Zusammenhang mit ihm bestehen. Hiervon geht auch BFHE 202, 323, BStBl II 2005, 305 aus, lässt jedoch eigenartigerweise Aufwendungen des ideellen Bereichs (Züchterprämien) bei den Betriebsausgaben des wirtschaftlichen Geschäftsbetriebs (Totalisator) eines Pferderenn- und Zuchtvereins zu (NAnwErl *BMF* BStBl I 2005, 608). Nach der Rechtsprechung des BFH können mehrere Anlässe durch steuerrechtlich unterschiedlich zu beurteilende Tätigkeiten gegeben sein (zB durch eine Sportveranstaltung und durch die hierbei durchgeführte Bandenwerbung). Dann ist nach BFH eine Gewichtung danach vorzunehmen, welche Tätigkeit die Ausgabe **primär veranlasst** hat (BFHE 164, 508, BStBl II 1992, 103; BFH/NV 1996, 268; AEAO Nr 5 zu § 64 AO; **krit** *Lang/Seer* FR 1994, 521; *Thiel* DB 1993, 1208; *Hüttemann* FR 2002, 1337), wobei grundsätzlich davon auszugehen ist, dass primärer Anlass die nicht erwerbswirtschaftliche, steuerbefreite Tätigkeit ist. Allerdings ist bei der Gewichtung nicht entscheidend, dass der wirtschaftliche Geschäftsbetrieb durch die steuerbefreite Tätigkeit veranlasst ist; auch sind Aufwendungen aus Anlass der steuerbegünstigten Tätigkeit nicht deswegen – ganz oder teilweise – dem wirtschaftlichen Geschäftsbetrieb zuzuordnen, weil sie dessen Einnahmen erhöhen (BFH/NV 2000, 85). Nur wenn die erwerbswirtschaftliche Tätigkeit sich auf die Höhe der Ausgaben ausgewirkt hat, ist nach objektiven Merkmalen zuzuordnen (vgl auch BFH/NV 1996, 268). ME beruht diese Auffassung – wenn sie auch idR zu zutreffenden Ergebnissen führen dürfte – auf einer Verkennung des Veranlassungsbegriffs: wenn bei Gelegenheit einer begünstigten Veranstaltung (zB Sportveranstaltung) ein wirtschaftlicher Betrieb (zB Bandenwerbung) stattfindet, haben gleichwohl Ausgaben zur Durchführung der Veranstaltung nur einen Anlass, nämlich diese (Hess FG EFG 1996, 250 rkr; vgl *BMF* BStBl I 1996, 74). Der bei dieser Gelegenheit stattfindende Geschäftsbetrieb ist so wenig Anlass der Aufwendungen wie er Anlass der gesamten Veranstaltung ist (zu Recht kritisch daher auch *Autenrieth* DStZ 1992, 178; *Stobbe* DStZ 1996, 757; *Olbertz* DStZ 1996, 757; *Orth* FR 1995, 253). Anderes gilt freilich für die Aufwendungen, die abgrenzbar ohne den Geschäftsbetrieb nicht entstanden wären und nach AEAO Nr 6 zu § 64 AO auch, wenn ein „objektiver Maßstab" für eine Aufteilung der Kosten besteht; so bei Aufwendungen für Material eines Musikvereins oder beim Greenfee eines Golfvereins (Aufteilung nach Stunden), was fragwürdig ist, weil Ausgaben für Noten uä sowie für die Pflege des Golfplatzes zunächst durch den ideellen Bereich

veranlasst sind, auch wenn das Material bzw Personal in der Folge auch im wirtschaftlichen Geschäftsbetrieb eingesetzt wird.

Ausgaben eines wirtschaftlichen Geschäftsbetriebes entstehen nicht, wenn Vereinsmitglieder auf die ihnen zustehenden Löhne verzichten (BFHE 163, 87, BStBl II 1991, 308; zu den Möglichkeiten, die Rechtsfolgen durch Spenden der Mitglieder zu vermeiden, vgl *BMF* DB 1992, 2417) oder wenn die Mittel aus steuerbefreiten Bereichen der Körperschaft stammen (BFHE 164, 252, BStBl II 1991, 645 zu Spenden) bzw durch diesen veranlasst sind (vgl BFHE 164, 508, BStBl II 1992, 103; BFH/NV 1992, 409; BFH/NV 1992, 412), anders jedoch, wenn eine Glaubensgemeinschaft an die zu ihr in einem familienähnlichen Verhältnis stehenden Mitglieder Unterhaltsbedarf leistet (BFHE 185, 220, BStBl II 1998, 357 unter Aufhebung von FG Rh-Pf EFG 1997, 522).

Rücklagen sind zulässig, wenn bei vernünftiger kaufmännischer Betrachtung begründbar (BFHE 186, 546, BStBl II 2002, 162; *BMF* BStBl I 2002, 287; *Ley* BB 1999, 626). Sie sind aus versteuerten Mitteln zu dotieren. Eine zu hohe Rücklage ist um den Differenzbetrag aufzulösen und führt insoweit zu einer Erhöhung der zeitnah zu verwendenden Mittel. Eine zu niedrige Rücklage ist aus Mitteln des wirtschaftlichen Geschäftsbetriebs aufzustocken.

Stille Reserven sind bei Beginn und Ende der (auch partiellen) Steuerbefreiung der gemeinnützigen Körperschaft nicht aufzudecken bzw steuerfrei (§ 13 Abs 4 u 5 KStG). ME ist gleichwohl der Erlös aus der Veräußerung des Wirtschaftsguts auch dann zu erfassen, wenn er für die steuerbegünstigten Zwecke verwendet wird (**aA** *Inst FSt* Brief 332); bei Beendigung des wirtschaftlichen Geschäftsbetriebes kommt nach *BMF* DB 2002, 350 ebenfalls § 13 Abs 4, 5 KStG und nicht § 16 Abs 3 EStG zur Anwendung (zust *Schauhoff* DStR 1996, 366; *Thiel* GmbHR 1997, 10; *Kümpel* DStR 1999, 1505; *Schmidt/Fritz* DB 2002, 2509).

Aus dem Verbot unangemessener Zuwendungen (§ 55 Abs 1 Satz 1 u 3 AO, Anm 70) folgt, dass die Körperschaft auch im wirtschaftlichen Geschäftsbetrieb **angemessene Entgelte** für ihre Leistungen, sowohl von ihren Mitgliedern als auch von Dritten verlangen muss (BFHE 165, 484, BStBl II 1992, 62). Zum **Verlustausgleich** vgl *BMF* BStBl I 1998, 1423; hierzu *Wallenhorst* DStR 1998, 1915.

Verpachtet die Körperschaft ihren wirtschaftlichen Geschäftsbetrieb, wird dieser fortgeführt bis zur Erklärung der Betriebsaufgabe (BFHE 217, 113, BStBl II 2007, 725); zu beachten ist jedoch auch hier die Besteuerungsgrenze des § 64 Abs 3 AO (Anm 116).

Das Vorliegen von **Vermögensverwaltung** bestimmt sich nach § 14 Abs 3 AO und §§ 20 u 21 EStG (ebenso *Dißars/Berssenbrügge* BB 1999, 1411). Sie liegt idR vor, wenn Vermögen genutzt wird, zB Kapital verzinslich angelegt wird, sogar bei einer Vermögensmehrung durch Spekulation innerhalb der Frist des § 23 Abs 1 EStG (Nds FG EFG 1989, 253), oder wenn unbewegliches Vermögen vermietet oder verpachtet wird (vgl zum Begriff *Lorenz/Steer* DB 1983, 2657). Das gilt auch dann, wenn die Verwaltung (Vermietung) nach denselben Grundsätzen und unter Einsatz derselben Mittel und desselben Personals erfolgt wie ein daneben betriebener **114** wirtschaftlicher Geschäftsbetrieb (BFHE 181, 57, BStBl II 1996, 583). Auch die Verpachtung eines wirtschaftlichen Geschäftsbetriebs ist Vermögensverwaltung, zumal eine § 4 Abs 4 KStG entsprechende Vorschrift fehlt (BFHE 217, 113, BStBl II 2007, 725; BFH/NV 2008, 638). Der Bereich der Vermögensverwaltung wird überschritten, wenn die Ausnutzung substanzieller Vermögenswerte durch Umschichtung gegenüber der Nutzung im Sinne von Fruchtziehung aus den zu erhaltenden Vermögenswerten in den Vordergrund tritt (BFHE 151, 74, BStBl II 1988, 65; BFHE 167, 147, BStBl II 1992, 693; BFH/NV 1992, 839; vgl zur Abgrenzung auch § 2 Anm 64 ff). Die Vermietung von unbeweglichem Vermögen ist nur dann Vermögensverwaltung, wenn sie längerfristig erfolgt (vgl zur Verpachtung eines Gasthauses durch einen Verein für Heimatpflege, BFHE 95, 389, BStBl II 1969, 441). Die oft wechselnde Vermietung stellt idR einen wirtschaftlichen Geschäftsbetrieb dar, es sei denn, es besteht für sie keine Organisation nach Art eines Geschäftsbetriebes und sie wirft keine hohen Erträge ab (BFHE 66, 247, BStBl III 1958, 96); vgl auch für die Vermietung von Sportstätten an Nichtmitglieder *BMF* BStBl I 1980, 202 sowie *Lorenz/Steer* DB 1983, 2657 (Teilnahme am wirtschaftlichen Verkehr). Ebenfalls keine Vermögensverwaltung liegt vor, wenn ein Sportverein mehreren Werbeinteressenten Bandenwerbung gegen Entgelt ermöglicht (BFHE 164, 57, BStBl II 1992, 101). Anders dürfte zu entscheiden sein, wenn die Werbeflächen an einen einzigen Vertragspartner auf Dauer überlassen werden (*BMF* BStBl I 1990, 818; *Jansen* DStR 1992, 133). Ebenso ist noch Vermögensverwaltung die Überlassung von Verlagsrechten an der Vereinszeitung an einen Verlag (BFHE 88, 240, BStBl III 1967, 373; AEAO Nr 9 zu § 67 a AO), die Verpachtung eines Gewerbebetriebes (Sportgaststätte; Verkaufsstände; Garderoben) sowie von Werbeflächen an den Räumlichkeiten der Körperschaft (*Mack* DStR 1984, 187; Saarl FG EFG 1988, 135, allerdings problematisch, weil dort an verschiedene Unternehmer vermietet wurde; vgl *FM NRW* DB 1983, 2392; aA *Trzaskalik* StuW 1986, 226), die Überlassung des Rechts auf Marketing-Maßnahmen im Rahmen des sog Sozio-Sponsoring (*Ansorge* BB 1995, 2505 mwN), die Überlassung von Lizenzen ohne Zusatzleistungen durch Forschungseinrichtungen (ebenso *Strahl* DStR 2000, 2163) sowie Werbeaufschriften mit einem Kfz der Körperschaft (*OFD Ffm* FR 1998, 586), nicht jedoch bei Mitwirkungshandlungen des Vereins (vgl BFHE 167, 147, BStBl II 1992, 693); ebenso wenig die Werbung durch Sportler (BFHE 136, 455, BStBl II 1983, 27), die Verpachtung eines Campingplatzes (BFHE 95, 393, BStBl II 1969, 443) oder die persönliche und sachliche Verflechtung mit einem Betriebsunternehmen (BFHE 97, 125, BStBl II 1970, 17). Zur Besteuerung von Grundstückshandel, Wertpapier- und Beteiligungshandel sowie der „private equity" *Fischer* FR 2002, 597). Vgl im Übrigen die Darstellung von *Madl* BB 1997, 1126.

114a Eine **Vermögensverwaltung** ist **unschädlich,** wenn die Körperschaft die Erträge für die steuerbegünstigten Zwecke verwendet oder nach § 58 Nr 7 a AO (Anm 87) einer freien **Rücklage** zuführt (BFHE 165, 484, BStBl II 1992, 62), und zwar auch dann, wenn es sich um das an sich steuerbegünstigten Zwecken gewidmete Vermögen handelt (BFHE 181, 57,

BStBl II 1996, 583). Auch eine Rücklage für Instandhaltung dürfte zulässig sein, wenn es um in angemessener Zeit durchzuführende Reparaturen geht (AEAO Nr 2 zu § 55 Abs 1 Nr 1). Die Rücklage ist aus Mitteln der Vermögensverwaltung zu dotieren. Zeitnah zu verwendende Mittel dürfen mE auch nicht im „Vorgriff" auf eine spätere Verrechnung verwendet werden (aA *Ley* BB 1999, 626, 632).

Die Grundsätze der **Betriebsaufspaltung** finden Anwendung. Die als **114b** Vermögensverwaltung erscheinende Tätigkeit ist steuerpflichtig, wenn die eigentliche wirtschaftliche Betätigung im Wege der Betriebsaufspaltung auf eine Kapitalgesellschaft ausgegliedert worden ist. Das gilt jedoch nicht, wenn die Betriebskapitalgesellschaft den **Zweckbetrieb** führt (AEAO Nr 3 Sätze 3 u 7 zu § 64 AO; *Schröder* DStR 2008, 1069: keine Betriebsaufspaltung). Es findet ein **Sphärenwechsel** der vermieteten WG aus dem ideellen in den Bereich der Vermögensverwaltung statt (*Jost* DB 2007, 1664; AEAO aaO; **aA** *Schick* DB 1999, 1187, *Thiel/Eversberg* DB 2007, 191; 1436). Zu den Anforderungen vgl im Einzelnen *OFD Hannover* DStR 1998, 911; *OFD Ffm* DStR 1999, 1111.

Bei Auslagerung einer **Hilfstätigkeit** im Wege der Betriebsaufspaltung soll nach *OFD Koblenz* DB 2003, 2413 gemeinnützigkeitsrechtlich zwar Vermögensverwaltung, für die Besteuerung jedoch ein stpfl wirtschaftlicher Geschäftsbetrieb vorliegen (ähnlich, zT aber enger *OFD Ffm* DStR 2005, 600), mE eine gekünstelte und nicht gerechtfertigte Differenzierung (s *Thiel/Eversberg* DB 2007, 191, 1436; *Jost* DB 2007, 1664).

Auch bei der **Aufspaltung** des Bereichs der **Vermögensverwaltung** kann noch Vermögensverwaltung angenommen werden (vgl AEAO Nr 3 Sätze 3 u 7 zu § 64). Auch bei der Betriebsaufspaltung zwischen der begünstigen Körperschaft und einer steuerbegünstigten Tochter-GmbH nimmt die *FinVerw* Vermögensverwaltung an mit der Folge, dass keine zeitnah zu verwendenden Mittel eingesetzt werden dürfen (AEAO Nr 9 zu § 55 AO; aA *Schick* DB 2008, 893; Zweckbetrieb).

Zur Frage der Anwendung von BFHE 213, 50, BStBl II 2006, 661 auf die genannten Bereiche, ggf (bei Hilfstätigkeiten) in umgekehrter Richtung *Jost* DB 2007, 1664.

Mehrere wirtschaftliche Geschäftsbetriebe einer Körperschaft, die **115** keine Zweckbetriebe (§§ 65–68 AO; Anm 120 ff) sind, werden **ab EZ 1990** als **ein** wirtschaftlicher Geschäftsbetrieb behandelt **(§ 64 Abs 2 AO).** Es handelt sich um eine Vorschrift des materiellen Steuerrechts. Das bedeutet, dass sie auf Zeiträume vor 1990, auch für nicht bestandkräftige Steuerfestsetzungen, nicht anwendbar ist (BFH/NV 1995, 180). Gewinne und Verluste sind miteinander zu verrechnen (AEAO Nr 13 zu § 64 Abs 2 AO), auch wenn die Einkünfte an sich unterschiedlichen Einkunftsarten zuzurechnen wären (*OFD Ffm* DB 1998, 651); nicht aber mit denen aus Zweckbetrieben (BFHE 118, 346, BStBl II 1976, 472) oder aus der begünstigten Tätigkeit des Vereins (BFHE 164, 508, BStBl II 1992, 103); die häufig komplizierte Zuordnung von Kosten kann unterbleiben. § 55 Abs 1 Nr 1 Satz 2 und Nr 3 AO gelten auch bei Verlusten aus wirtschaftlichen Geschäftsbetrieben (AEAO Nr 12 zu § 64 Abs 2 AO). Die Besteuerungsgrenze des § 64 Abs 3 AO (Anm 116) kann insgesamt *nur einmal* in Anspruch genommen werden. Auch durch funktionale Untergliederung lässt sich ein anderes Ergebnis nicht erreichen (§ 51 Abs 3 AO, Anm 13); ebenso wenig durch eine sonstige Aufteilung der Körperschaft zum Zwecke mehrfacher Inanspruchnahme der Freigrenze des § 64 Abs 3 AO (vgl § 64 Abs 4, Anm 117). Die Neuregelung bedeutet, dass nicht jeder einzelne Betrieb kostendeckend arbeiten muss, damit die Gemeinnützigkeit nicht gefährdet ist (BTDrs 11/4176 S. 10, 11 zu Nr 3). Unter der Voraussetzung von Gesamtgewinnen sind auch Dauerverluste einzelner Betriebe hinzunehmen (vgl *BMF* BStBl I 1990, 818, 820). Die Vorschrift gilt nach dem eindeutigen Zusammenhang mit den Vorschriften über (Körperschaft)Steuerpflicht und -befreiung nicht für **Betriebe gewerblicher Art** von gemeinnützigen Körperschaften; auch eine planwidrige Lücke im Gesetz oder ein Verstoß gegen Art 3 GG besteht insoweit nicht (BFH/NV 1997, 625; **aA** *Fichtelmann* DStR 1993, 1514; *Hey* StuW 2000, 467; *Thieme/Dorenkamp* FR 2003, 693).

116 **Besteuerungsgrenze.** Übersteigen die Einnahmen einschließlich USt aus wirtschaftlichen Geschäftsbetrieben, die keine Zweckbetriebe sind, insgesamt nicht 35 000 € (bis 31. 12. 2006 30 678 €) im Jahr, so unterliegen nach **§ 64 Abs 3 AO** die diesen Geschäftsbetrieben zuzuordnenden Besteuerungsgrundlagen nicht der KSt und GewSt. Diese Vorschrift stellt einen von der *Gemeinnützigkeitskommission* (aaO S 199 ff) vorgeschlagenen Kompromiss zwischen den Interessen der gemeinnützigen Körperschaften an Befreiung von bürokratischen Pflichten einerseits und des Wettbewerbs andererseits dar (kritisch *Bauer* FR 1989, 61, 71 sowie *Kommissionsminderheit* aaO S 495 ff). Bei Nichtüberschreiten der Besteuerungsgrenze wandelt sich nicht der Charakter des Betriebs, etwa hin zum Zweckbetrieb (BFHE 217, 113, BStBl II 2007, 725). Zwischen der Besteuerungsgrenze und der gleich hohen Zweckbetriebsgrenze nach § 67 a AO (Anm 127) besteht bei Sportvereinen eine echte Wechselwirkung (hierzu *Madl* BB 1997, 1126). Die Vorschrift bedeutet, dass zwar die Einnahmen auf jeden Fall aufzuzeichnen sind (§ 63 Abs 3 AO, Anm 104), nicht jedoch der Gewinn, wenn jene den Betrag von 35 000 € (bis 31. 12. 2006 30 678 €) nicht überschreiten. Auch eine Zuordnung der Einnahmen auf die an sich steuerfreien und stpfl Bereiche kann entfallen.

Ermittlungszeitraum ist das Jahr, also das Kalender- oder abweichende Wirtschaftsjahr (vgl *BMF* BB 1994, 1180, AEAO Nr 15 zu § 64 AO, *FM NRW* DB 1994, 2318). Der Wortlaut lässt es nicht zu, auf den Durchschnitt mehrerer Jahre abzustellen (*Thiel/Eversberg* DB 1990, 344; *Jansen* DStR 1990, 61).

Die **Einnahmen** verstehen sich als Bruttoeinnahmen (BFHE 195, 239, BStBl II 2001, 449) einschließlich USt und sind für sämtliche Geschäftsbetriebe ohne Zweckbetriebe zusammenzurechnen, also ab EZ 1990 einschließlich der geselligen Veranstaltungen (zur Behandlung der Umsatzsteuer vgl *OFD Hannover* DStR 1991, 1387). Bei einer Beteiligung an einer Mitunternehmerschaft sind die anteiligen Einnahmen aus der Beteiligung, nicht nur der Gewinnanteil maßgeblich (BFHE 195, 239, BStBl II 2001, 449). Nach AEAO Nr 16 a zu § 64 Abs 3 AO gehören zu den Einnahmen iSd Vorschrift nur leistungsbezogene Einnahmen aus dem laufenden Geschäft und daher ua nicht Erlöse aus der Veräußerung von Wirtschaftsgütern, erstattete Betriebsausgaben sowie Versicherungsleistungen (*Apitz* StBp 2004, 89); für diese Auffassung fehlt mE die Rechtsgrundlage.

Die Grenze von 35 000 € (bis 31. 12. 2006 30 678 €) im Kalenderjahr, ggf aber Wj (AEAO Nr 21 zu § 64 Abs 3 AO), ist eine Freigrenze; bei ihrem Überschreiten besteht volle StPfl, jedoch unter Beachtung eines Freibetrages von 3900 €, ab EZ 2009 5000 € § 11 Abs 1 Satz 3 Nr 2. Überschreiten die Einnahmen im einzelnen Jahr die Freigrenze nicht, so wird der Geschäftsbetrieb nicht zum Zweckbetrieb. Für die Ermittlung der Einnahmen sind die angewandten steuerlichen Gewinnermittlungsvorschriften maßgebend (AEAO Nr 14 zu § 64 Abs 3 AO). Zu weiteren Einzelheiten s AEAO Nr 15 ff zu § 64 Abs 3 AO).

Verluste können nicht nach § 10 a abgezogen werden (BFHE 217, 113, BStBl II 2007, 725; FG Rh-Pf EFG 1997, 306; AEAO Nr 23 zu § 64 AO). Der Vereinfachungszweck der Vorschrift steht dem entgegen; zudem kommt es für die Wirkungen des § 64 Abs 3 AO auf die Verhältnisse im einzelnen Jahr an (*Thiel/Eversberg* DB 1990, 344; *Lang* FR 1990, 353). Im Übrigen steht bei Verlusten ohnehin die Gemeinnützigkeit der Körperschaft auf dem Spiel, wenn sie diese mit gemeinnützigkeitsrechtlich gebundenen Mitteln ausgleicht (Anm 46). Nach *BMF* BStBl 1998, 1423 sind Verluste insoweit unschädlich, als sie durch anteiligen Ansatz der AfA auf gemischt genutzte Wirtschaftsgüter entstehen (Abweichung von BFHE 164, 508, BStBl II 1992, 103).

Bei **Ausschüttungen** von Dividenden durch eine Kapitalgesellschaft ist Einnahme die die Kapitalertragsteuer enthaltende Dividende zuzüglich der darauf entfallenden anzurechnenden KSt (zum Verfahren vgl *BMF* BStBl I 2005, 1029; 2006, 101; hierzu *Knoop* DStR 2006, 1263). Zu **Beteiligungen** an einer Personengesellschaft vgl oben. **Stille Reserven** sind in dem Jahr als Einnahme zu erfassen, in dem sie aufgedeckt werden.

Die **Aufteilung** einer Körperschaft in mehrere selbständige Körper- **117**
schaften zum Zwecke der mehrfachen Inanspruchnahme der Steuervergünstigung nach § 64 Abs 3 AO (Anm 116) gilt nach **§ 64 Abs 4 AO** als Missbrauch von rechtlichen Gestaltungsmöglichkeiten iSv § 42 AO. Trotz ihres Verweises auf § 42 AO (der rechtstechnisch verfehlt ist, vgl *Thiel/Eversberg* DB 1990, 395) soll die Vorschrift wohl zum Ausdruck bringen, dass die Besteuerungsgrenze des § 64 Abs 3 AO nicht mehrfach durch „Zellteilung" in Anspruch genommen werden darf. Ob sie ihren Zweck erfüllen kann, ist zweifelhaft, weil im Hinblick auf den Zweck der mehrfachen Inanspruchnahme erhebliche Nachweisschwierigkeiten bestehen werden. Auch ist unklar, was unter „Aufteilung" zu verstehen ist. Versteht man darunter die Aufspaltung eines Ganzen in mehrere Teile, wäre die Vorschrift leicht zu umgehen, wenn sich die in einer Unterabteilung tätigen Mitglieder einem kurz zuvor aus Nichtmitgliedern gegründeten Verein anschließen (*Jansen* DStR 1990, 61; zum Problem bei Fördervereinen vgl *Reis* Inf 2001, 196). ME kann aber der Gesetzeszweck schon durch § 51 Abs 3 AO (Anm 13) erreicht werden, weil der Austritt von Vereinsmitgliedern nebst Gründung eines neuen Vereins dann unter den Begriff der funktionalen Untergliederung zu subsumieren ist, wenn die für eine solche

typischen Innenbeziehungen bestehen. Ob die Missbrauchsannahme dadurch vermieden werden kann, dass die bürgerlich-rechtlichen Vorschriften eingehalten werden und der abgeteilte Verein nach außen auftritt (vgl *Reis* Inf 2001, 196), erscheint zweifelhaft; denn der Missbrauch ist ua durch Einhaltung der bürgerlich-rechtlichen Vorschriften gekennzeichnet. Nach AEAO Nr 24 zu § 64 Abs 4 AO gilt die Vorschrift nicht für regionale Untergliederungen steuerbegünstigter Körperschaften.

118 **Überschüsse aus der Verwertung** unentgeltlich erworbenen **Altmaterials** außerhalb einer ständig dafür vorgehaltenen Verkaufsstelle, die der KSt und der GewSt unterliegen, können nach **§ 64 Abs 5 AO** in Höhe des branchenüblichen Reingewinns geschätzt werden. Die Vorschrift erfasst nur die Verwertung zur Mittelbeschaffung (Geschäftsbetrieb), nicht dagegen die Sammlung und Vorhaltung (etwa von Altkleidern) zum unmittelbaren Einsatz in Notfällen bei gelegentlichen Veräußerungen (Zweckbetrieb, Anm 120 ff). Die Besteuerungsgrenze des § 64 Abs 3 AO (Anm 116) muss überschritten sein. Es darf keine ständige Verkaufsstelle unterhalten werden). Auch darf es sich nicht um Einzelverkauf bei ähnlichen Verkaufsveranstaltungen (Basare, Flohmärkte) handeln (AEAO Nr 25 zu § 65 Abs 5 AO; **aA** *Märkle/Alber* BB-Beil 2/90; *Lang* FR 1990, 353). Die Gewinnschätzung (nach Erfahrungen der FA mit Altmaterialhändlern) **kann** (auf Antrag; AEAO Nr 26 zu § 64 Abs 5 AO), muss aber nicht erfolgen (zB bei hohen Betriebsausgaben) – mit 5% bei Altpapier und 20% bei anderem Altmaterial (AEAO Nr 27 zu § 64 Abs 5 AO). Das bisher übliche Verfahren, eine „Einlage" aus dem ideellen Bereich zu konstruieren, dürfte der Wortlaut der Vorschrift verbieten (*Märkle/Alber* BB-Beil 2/90; aA *Neufang* Inf 1990, 19).

Die Vorschrift ist auch anwendbar, wenn die Sammlungen von einer BGB-Gesellschaft durchgeführt werden, an der die gemeinnützige Körperschaft beteiligt ist (und zwar nur für diese), auch dann, wenn an der Gesellschaft nicht nur gemeinnützige Körperschaften beteiligt sind (*FM Ba-Wü* DStR 1993, 915).

119 Nach **§ 64 Abs 6 AO** kann (ab EZ 2000) bei folgenden wirtschaftlichen Geschäftsbetrieben

– Werbung für Unternehmen, die im Zusammenhang mit der steuerbegünstigten Tätigkeit einschließlich Zweckbetrieben stattfindet,
– Totalisatorbetriebe,
– zweite Fraktionierungsstufe der Blutspendedienste

bei der Besteuerung ein **Gewinn von 15% der Einnahmen** zugrunde gelegt werden.

Die Vorschrift ist eingefügt worden durch G v 20. 12. 2000 (BGBl I 2000, 1850) und ist anwendbar ab EZ 2000. Sie dient der Vermeidung einer nach den Grundsätzen des BFH-Urteils in BFHE 164, 508, BStBl II 1992, 103 zutreffenden Besteuerung von bestimmten wirtschaftlichen Geschäftsbetrieben (zust jedoch *Schmidt/Fritz* DB 2001, 2062). Hat ein Verein Aufwendungen durch eine Veranstaltung im ideellen Bereich und nutzt er die Gelegenheit zur wirtschaftlichen Betätigung (zB Trikotwerbung, AEAO Nr 29 zu § 64 Abs 6 AO), sind nach allgemeinen Besteuerungsgrundsätzen diese Aufwendungen durch den ideellen Bereich veranlasst; sie mindern nicht den Gewinn des Geschäftsbetriebs. Dieses Ergebnis versteht der Gesetzgeber (zust *Koch/Uterhark* § 64 Rn 36ff) als Überbesteuerung im Vergleich zu gewerblichen Unternehmen, was schlicht falsch ist. Was bewirkt wird, ist eine weitere systemfremde Förderung von Wirtschaftstätigkeit bei Gelegenheit von steuerbegünstigten Tätigkeiten, was auch in der Höhe des Pauschsatzes zum Ausdruck kommt. Bei anderen Werbemaßnahmen kommt die Vorschrift nicht zur Anwendung (AEAO Nr 30 zu § 64 Abs 6 AO). Die Vorschrift begründet eine Wahlmöglichkeit („können") zwischen Pauschalierung (15% der Einnahmen) und der Regelbesteuerung nach den Grundsätzen des oa Urteils. Wird davon Gebrauch gemacht, sind Ausgaben selbstredend abgegolten und dürfen nicht zusätzlich abgezogen werden; Einnahmen und Ausgaben sind aufzuzeichnen (AEAO Nr 33f zu § 64 Abs 5 u 6 AO). Zu Einzelfragen *Schmidt/Fritz* DB 2001, 2062.

Zur **Werbung** iSd Vorschrift gehört auch das „aktive Sponsoring" (vgl AEAO Nr 29 zu § 64 Abs 6 AO). Bei der Werbung wird zT darauf abgestellt, dass diese im *unmittelbaren* Zusammenhang mit der Tätigkeit stehen müsse (*Koch/Uterhark* § 64 Rn 40). Der Wortlaut der Vorschrift gibt mE für diese Auffassung nichts her. Nach allgemeinen Besteuerungsgrundsätzen wird *jeder wirtschaftliche* Zusammenhang genügen. Liegt ein solcher bei einem einheitlichen Vertrag zT nicht vor, ist ein einheitliches Entgelt zum Zwecke der Pauschalierung aufzuteilen.

Die Begünstigung der **Totalisatorbetriebe** als Einzelfallregelung verdeutlicht mE den rein lobbyistischen Charakter der Vorschrift, zumal sich hier ohnehin die Frage stellt, ob nicht die Pferdezucht „im Interesse der Allgemeinheit" nur noch Mittel für den Totalisatorbetrieb ist (vgl *Koch/Uterhark* § 64 Rn 41 sowie den Sachverhalt von BFHE 202, 353, BFH/NV 2003, 104). Völlig system- und logikfremd versteht AEAO Nr 31 zu § 64 Abs 6 AO beim Totalisatorbetrieb den Begriff der Einnahmen abzüglich Rennwettsteuer und Auszahlung an Wetter).

Die Begünstigung der **zweiten Fraktionierungsstufe** im Blutspendedienst entzieht sich ebenfalls jeder steuersystematischen Ordnung und stellt sich als willkürliches Steuergeschenk dar.

Auf **EZe vor 2000** ist die Vorschrift auch insoweit nicht anzuwenden, als Fälle noch offen sind. Das gilt mE auch für Billigkeitsmaßnahmen.

120.–144. Zweckbetriebe

Keine partielle Steuerpflicht bei Zweckbetrieben. 120

Literatur: *Rabenschlag,* Zweckbetriebe als Konkurrenten gewerblicher Anbieter, DStZ 1997, 717; *Kümpel* Die steuerliche Behandlung von Zweckbetrieben, DStR 1999, 93; vgl auch die Nachweise zu Anm 110.

Ein Zweckbetrieb ist nach **§ 65 AO** gegeben, wenn
(1) der wirtschaftliche Geschäftsbetrieb in seiner Gesamtrichtung dazu dient, die steuerbegünstigten satzungsmäßigen Zwecke der Körperschaft zu verwirklichen,
(2) die Zwecke nur durch einen solchen Geschäftsbetrieb erreicht werden können und

(3) der wirtschaftliche Geschäftsbetrieb zu nichtbegünstigten Betrieben derselben oder ähnlicher Art nicht in größerem Umfang in Wettbewerb tritt, als es bei Erfüllung der steuerbegünstigten Zwecke unvermeidbar ist.

Die AO anerkennt mit der Vorschrift den Umstand, dass eine Körperschaft häufig ihre gemeinnützigen oder mildtätigen Zwecke nur durch Unterhaltung eines wirtschaftlichen Geschäftsbetriebes erreichen kann. Steht sie mit einem solchen in einer lediglich zweckangemessenen Wettbewerbssituation, dann unterliegt sie mit den hierzu gehörenden Werten (Vermögen, Einkünfte, Umsätze) nicht der partiellen Steuerpflicht nach § 64 AO. Die Vorschrift ist sehr allgemein gefasst, besonders im Hinblick auf die Wettbewerbsklausel. Als Auslegungshilfe können daher die §§ 66–68 AO dienen. Dabei ist jedoch zu beachten, dass besonders in § 68 AO Zweckbetriebe durchaus auch konstitutiv aufgezählt werden mit der Folge, dass bei ihnen die Voraussetzungen des § 65 AO nicht vorliegen müssen. Zum Begriff und zur steuerlichen Behandlung im Einzelnen vgl ua *Lang* StuW 1987, 221; *Clausnitz* DStR 1987, 416; *Hüttemann* aaO, S 165ff; *Kümpel* DStR 1999, 93.

Die oa Voraussetzungen zu (1)–(3) müssen **kumulativ** vorliegen (BFHE 149, 319, BStBl II 1987, 659; BFHE 200, 101, BStBl II 2003, 438).

121 **Der Begriff des Zweckbetriebes im Einzelnen.**

– Ein **mittelbares „Dienen"** durch Verwendung der Erträge zu begünstigten Zwecken dürfte in Anbetracht des Gesamtbegriffes einschließlich des unvermeidbaren Wettbewerbs nicht ausreichen (BTDrs 7/4292, S 21 zu § 65 AO). Allerdings muss nicht jede einzelne Tätigkeit des Betriebes, sondern dessen Gesamtausrichtung dem steuerbegünstigten Zweck unmittelbar dienen (vgl BFHE 60, 464, BStBl III 1955, 177; FG Nürnberg, EFG 1974, 287). Die Tatbestandsvoraussetzung „in seiner Gesamtrichtung ... dient" enthält mE gleichwohl ein qualitatives, nicht ein quantitatives Element. Eine abgrenzbare Einzelhandlung, die dem Förderungszweck qualitativ nicht dient, ist damit auch dann wirtschaftlicher Geschäftsbetrieb, wenn sie 10% der Gesamtleistung nicht übersteigt (**aA** BFHE 167, 470, BStBl II 1992, 684; BFHE 177, 174, BStBl II 1995, 449).

– Das **„Nur-erreichen-können"** bedeutet, die Erfüllung des Zwecks darf nicht ohne den wirtschaftlichen Geschäftsbetrieb denkbar sein (RFH RStBl 1938, 913; BFHE 60, 464, BStBl III 1955, 177; BFHE 77, 578, BStBl III 1963, 532; BFHE 93, 522, BStBl II 1969, 43; FG Köln EFG 1991, 574), bzw der wirtschaftliche Geschäftsbetrieb darf sich von der Zweckverfolgung nicht trennen lassen (BFHE 200, 101, BStBl II 2003, 438; BFHE 202, 323, BStBl II 2005, 305; BFHE 209, 345, BStBl II 2005, 545). Ist die Erfüllung des steuerbegünstigten Zweckes auch ohne den Geschäftsbetrieb denkbar, dann ist dieser kein Zweckbetrieb; der Betrieb muss ein „unentbehrlicher Hilfsbetrieb" sein (BFH/NV 1999, 1055; 1999, 1089; 2000, 1506; 2003, 1025). Überholt sein dürfte BFHE 57, 277, BStBl III 1953, 109, wonach es ausreicht, wenn der Betrieb den steuerbegünstigten Zwecken nur förderlich ist und die Einnahmen für die begünstigten Zwecke eingesetzt werden (BFHE 145, 33, BStBl II

1986, 88; BFHE 145, 40, BStBl II 1986, 92; BFHE 167, 147, BStBl II 1992, 693; BFH/NV 1992, 839; AEAO Nr 2 zu § 65 AO). Die Nrn 1 und 2 des § 65 AO beschreiben die Voraussetzung, dass sich steuerbegünstigter Zweck und wirtschaftlicher Geschäftsbetrieb nicht voneinander trennen lassen dürfen und gleichsam eine Einheit bilden (RFH RStBl 1938, 913; BFHE 147, 299, BStBl II 1986, 831). Der steuerbegünstigte Zweck muss sich mit der Unterhaltung des wirtschaftlichen Geschäftsbetriebes decken (BFHE 60, 464, BStBl III 1955, 177; EFG Nürnberg EFG 1974, 287). Das ist der Fall bei der Durchführung von Lohnaufträgen durch eine arbeitstherapeutische Beschäftigungsgesellschaft (BFHE 177, 339, BStBl II 1995, 767); nicht jedoch bei Vermietung von Vereinsanlagen an Vereinsfremde (BFHE 149, 319, BStBl II 1987, 659). Entsprechendes gilt mE für Vermietungen an Mitglieder, weil sie dem Idealbereich (*Troll* DB 1979, 418) fremd ist. Auch Vereinsausflüge sind idR kein Zweckbetrieb, wenn es sich nicht gerade um die Wanderung eines Wandervereins handelt (aA *Neufang* Inf 1988, 253).

– Der vom Zweckbetrieb ausgehende **Wettbewerb** muss auf das unvermeidbare Maß begrenzt sein (vgl jüngst BFHE 219, 184, BStBl II 2009, 126). Maßstab ist die Erforderlichkeit des Betriebes zur Erfüllung des begünstigten Zweckes (§ 65 Nr 2 AO). Der Grundsatz der Wettbewerbsneutralität ist „streng zu handhaben" (BFHE 60, 464, BStBl III 1955, 177). Durch die steuerliche Begünstigung sollen weder Wettbewerber verdrängt noch Marktzutrittschancen eröffnet werden. Hierbei kommt es nicht auf eine konkrete Wettbewerbslage an, sondern darauf, ob abstrakt ein Wettbewerb bestehen kann (BFHE 72, 288, BStBl III 1961, 109; vgl BFHE 145, 40, BStBl II 1986, 92; BFHE 147, 299, BStBl II 1986, 831; BFHE 173, 254, BStBl II 1994, 314; BFHE 174, 97, BStBl II 1994, 573; BFHE 179, 19, BStBl II 1996, 28; ebenso AEAO Nr 4 zu § 65 AO; *Rader* BB 1979, 1192; *Hüttemann* S 180; hierzu mE zu Unrecht krit *Brengel* KStZ 1982, 1; *Mack* DStR 1984, 187; *Clausnitzer* DStR 1987, 416 und *Rabenschlag* DStZ 1997, 717). So abstrakt gestellt, wird sich die Frage wohl fast immer mit ja beantworten lassen; wegen des Tatbestandsmerkmals „unvermeidbar" ist auch der potenzielle Wettbewerb zu schützen. Hiervon abweichend stellt BFHE 191, 434, BStBl II 2000, 705, 708 auf eine *konkrete* Wettbewerbslage und auf den Einzugsbereich der Körperschaft ab, was angesichts der oa Grundsätze unzutreffend ist (zu Recht daher der NAnwErl *BMF* BStBl I 2000, 1548 und AEAO Nr 4 zu § 65 AO; hiergegen *Hüttemann* FR 2002, 1337). Davon abgesehen können nicht nur vereinsinterne Aktivitäten verlangt werden (so BFHE 155, 461, BStBl II 1989, 391 zu Druckschriften, die sich an die Allgemeinheit richten). Auf das Merkmal der Kostendeckung kommt es für die Unvermeidbarkeit nicht an (vgl BFHE 72, 292, BStBl III 1961, 109; BFHE 93, 522, BStBl II 1969, 43; BFHE 173, 254, BStBl II 1994, 314; BFHE 174, 97, BStBl II 1994, 573; *Lang* DStZ 1988, 18, 25; *Rader* BB 1979, 1192; aA FG Münster EFG 1974, 593), ebenso wenig darauf, dass der Verein seine Leistungen auf seine Mitglieder beschränkt (BFHE 93, 522, BStBl II 1969, 43). Problematisch ist, ob die §§ 64 ff AO die Grundsätze der bestehenden Wirtschaftsverfassung beachten (*Tipke/Kruse* § 65 AO Rn 4). Sie bedeuten Eingriffe in die vor dem Hintergrund des

Art 3 GG gebotene staatliche Wettbewerbsneutralität, die verfassungsrechtlich dann zulässig sind, wenn sie durch übergeordnete Interessen des Gemeinwohls gerechtfertigt erscheinen und die gewählten Mittel zur Erreichung des verfolgten Zwecks geeignet und erforderlich sind (BVerfGE 7, 377; 9, 39; 46, 120, 145; ähnlich BFHE 147, 299, BStBl II 1986, 831; hierzu *Lang* StuW 1987, 221, 241 ff und DStZ 1988, 18, 25). Es ist also abzuwägen zwischen dem Interesse der Allgemeinheit an einem intakten Wettbewerb und an der steuerlichen Förderung gemeinnütziger Tätigkeiten. Erweist sich, dass der steuerbegünstigte Zweck auch ohne die in Frage stehende Wirtschaftstätigkeit zu erreichen ist, dann ist das Interesse an der Wahrung der Wettbewerbsneutralität vorrangig und aus der Sicht der Gemeinnützigkeit vermeidbar (BFHE 173, 254, BStBl II 1994, 314; BFHE 174, 97, BStBl II 1994, 573; BFHE 177, 339, BStBl II 1995, 767). Sozio-Sponsoring-Maßnahmen im Rahmen eines Zweckbetriebes sind mE daher nicht zulässig (**aA** *Ansorge* BB 1995, 2505).

122 **Einzelfälle zum Begriff des Zweckbetriebes.**

Als Zweckbetrieb **anerkannt** wurden:

- **Altkleidersammlungen** zum Zwecke des unmittelbaren Einsatzes zu Notfällen uä (*FM Nds* StEK AO § 14 Nr 4); im Übrigen bei Kleiderspenden und als Vermögensumschichtung angesehenem Verkauf (FG Düsseldorf EFG 1991, 150, zweifelhaft)
- **Angelkarten** für Mitglieder eines Angelvereins (*BMF* DStR 1991, 576)
- **Bauschuttdeponie** eines Trabrennvereins (FG Saarl EFG 1987, 374)
- Zu **Beschäftigungsgesellschaften** vgl *BMF* BStBl I 1993, 214
- **Dialysevereine** (*OFD Ffm* DB 1993, 1116; *OFD Magdeburg* FR 1994, 618)
- **Druckschriften** eines Vereins zur Förderung des Friedens, der Demokratie usw, die sich an die Allgemeinheit richten (BFHE 155, 461, BStBl II 1989, 391); nach BFH/NV 2003, 1025 denkbar auch bei einer Vereinszeitschrift
- **Einmalspritzen** im Automatenverkauf an Risikogruppen (*OFD Ffm* DB 1998, 2300)
- **Fitness-Studio** s *BayLfSt* § 5 Abs 1 Nr 9 KStG, Karte 13.1
- **Grundversorgung** von Schülern an Ganztagsschulen (vgl *OFD Ffm* DB 2000, 2350; die aA von *OFD Kiel* DB 2000, 1305 ist wohl überholt)
- **Handwerks- und Landwirtschaftsbetriebe** von Fürsorgeanstalten (RFH RStBl 1939, 92)
- **Kiosk** eines Vereins zur Eingliederung psychisch Kranker, wenn im Kiosk vorwiegend die betreuten Personen beschäftigt werden (Nds FG EFG 1998, 407)
- Verkauf von Erzeugnissen **Kriegsblinder** durch Kriegsblindenverein (RFH RStBl 1939, 545, jetzt § 68 Nr 3 und 4 AO)
- **Lohnaufträge** bei arbeitstherapeuthischen Beschäftigungsstellen, wenn die Leistungen ausschließlich Ergebnis der Arbeitstherapie und somit notwendige Folge der Erfüllung des gemeinnützigen Zwecks sind (BFHE 177, 339, BStBl II 1995, 767)

- Krankenanstalt für **Minderbemittelte** (RFH RStBl 1937, 1103)
- Ledigenheim für **Minderbemittelte** (RFH RStBl 1938, 828)
- Verpflegung **Minderbemittelter** (RFH RStBl 1937, 1104)
- **Notfallpraxis** angeblich Zweckbetrieb nach § 66 AO (Anm 123; OFD Ffm KSt-Kartei § 5 KStG H 196)
- **Pflegeheim** s § 65 Nr 1 a AO (Anm 134)
- **Pflegeleistungen** im häuslichen Bereich können sich bei entsprechend gemeinnützigen Körperschaften (zB Altenhilfe) als Zweckbetriebe darstellen (*FM Bbg* DStR 1995, 1917; *FM S-Anh* DB 1996, 1703)
- Zu **Pilgerreisen** vgl *FM Saarl* DStR 1993, 360
- **Sanitäts- u Rettungsdienstleistungen** (*OFD Rheinland* FR 2006, 794; **aA** BFHE 219, 184, BStBl II 2009, 126; hierzu *BMF* BStBl I 2009, 339).
- **Schauauftritte** eines Vereins für Formationstanzsport (FG Düsseldorf EFG 1990, 81; vgl jedoch die Aufhebung durch BFHE 175, 1, BStBl II 1994, 886)
- **Schülerfirmen,** wenn unter dem Dach einer Schule oder eines Schulfördervereins zu pädagogischen Zwecken aktiv, wenn die Einnahmen einschließlich USt 35 000 € im Jahr nicht übersteigen (*OFD Koblenz* DB 2003, 2572)
- **Schwimmbäder,** vgl im Einzelnen *OFD Münster* DB 2004, 2723
- **Solaranlage,** nur wenn zu Lehr- u Demonstrationszwecken betrieben (*OFD Chemnitz* DB 2006, 2605)
- Entgeltliche Überlassung von Vereinseinrichtungen durch einen **Sportverein** (FG Ba-Wü EFG 1984, 627; vgl auch *BMF* BStBl I 1998, 630, 673); fraglich
- Verkauf von Prüfmarken für Sportgeräte durch einen **Sportverein** (FG Münster EFG 1967, 476); fraglich
- Betreiben eines Skilifts durch einen **Sportverein** (FG Münster EFG 1974, 593); fraglich, vgl *Lang* DStZ 1988, 18, 25
- **Tierheime,** soweit nicht Tiere wegen vorübergehender Abwesenheit des Halters gegen Entgelt aufgenommen werden *OFD Magdeburg* DB 2005, 1251
- **Trabrennen** eines Traberzuchtvereins (FG Düsseldorf EFG 2007, 740 nrkr; hierzu BFHE 220, 25, BFH/NV 2008, 635; *Schauhoff/Kirchhain* DStR 2008, 1713)
- **Vermietung von Sportgerät** durch einen Sportverein sowie Überlassung an Mitglieder (vgl *OFD Ffm* BB 2000, 1103; sehr weit: BFHE 191, 434, BStBl II 2000, 705); zu Sportanlagen s *BMF* BStBl I 1990, 818, 823
- **Wasserversorgung** eines Kleingartenvereins (*FM Bbg* 1993, 960)
- Verkaufsstellen von **Werkstätten geistig Behinderter:** werden auch zugekaufte Waren unverändert weiter verkauft, dann liegt insoweit ein wirtschaftlicher Geschäftsbetrieb vor (*FM Länder* DStR 1998, 648; FR 1998, 586; DB 1998, 905).
- Verkauf von **Wohlfahrtsbriefmarken** durch Wohlfahrtsverbände (*FM Schl-H* DB 1991, 2059).

Vergleiche im Übrigen die §§ 66–68 AO (Anm 123 ff) sowie die Einzelanweisungen der Mittel- und Oberbehörden der Länder in StEK AO 1977, StEK KStG und StEK UStG 1980.

Nicht anerkannt wurden:
- **Abfallbeseitigung** s Müllbeseitigung
- **Altkleidersammlungen** zum Zwecke der Veräußerung und Mittelbeschaffung (BFHE 167, 147, BStBl II 1992, 693; BFH/NV 1992, 839; vgl auch FG Düsseldorf EFG 1982, 203; *BMF* BStBl I 1995, 630; *OFD Ffm* DB 2002, 331; kritisch *Thoma* DStR 1984, 641). Die Rechtsfrage ist insoweit geklärt (BFH/NV 1995, 568, 930). Zur Besonderheit beim Zusammenwirken mit gewerblichen Altmaterialhändlern vgl *OFD Düsseldorf* DStR 1992, 1364 und *OFD Ffm* DB 1995, 2449, gleichzeitig zur Schätzung nach § 64 Abs 5 AO (Anm 118)
- **Angelkarten** für Nichtmitglieder (*BMF* DStR 1991, 576)
- **Auftragsforschung** durch gemeinnützige Forschungseinrichtung (FG Köln EFG 1991, 574); bestätigt durch BFHE 179, 447, BStBl II 1997, 189; vgl BFHE 217, 1, BStBl II 2007, 631; jetzt jedoch nach § 68 Nr 9 AO (Anm 106 a) begünstigt. Zu Hochschulen vgl aber EuGH Slg I 2002, 5811, DStR 2002, 1172 m Anm *FK*
- **Bandenwerbung** durch Sportverein (BFHE 164, 57, BStBl II 1992, 101)
- **Beschaffungsstellen,** die für nachgeordnete Untergliederungen die dort benötigten Gegenstände zentral einkaufen und ihnen diese mit einem Aufschlag, der Gewinn nicht entstehen lässt, verkauft; es liegen die Voraussetzungen des § 64 AO (Anm 110 ff) vor und fehlen die Voraussetzungen des § 65 Abs 3 AO (Anm 121); BFH/NV 1998, 150; *OFD Münster* FR 1998, 291)
- **Bewirtungen** gegen Entgelt (BFHE 145, 33, BStBl II 1986, 88; BFHE 145, 40, BStBl II 1986, 92; vgl BFHE 160, 510, BStBl II 1990, 724)
- **Bierzeltbetrieb** nicht nur für Vereinsmitglieder (BFH/NV 1989, 342)
- **Cafeteria** im Rahmen der Jugendhilfe (BFHE 160, 510, BStBl II 1990, 724; *FM Bbg* DStR 1993, 1408) sowie eines Seniorenzentrums (BFHE 159, 467, BStBl II 1990, 470)
- **Erholungsheime** auf christlicher Grundlage (BFHE 72, 288, BStBl III 1961, 109)
- **Fahrdienst** für den ärztlichen Notfalldienst (*OFD Ffm* FR 1995, 486)
- Herstellung von **Fernsehfilmen** durch kirchliche Institutionen (BFHE 147, 299, BStBl II 1986, 831)
- **Festschrift** mit Anzeigenteil (BFHE 118, 346, BStBl II 1976, 472)
- **Forschungseinrichtungen:** Ergebnisverwertung ist nach *BMF* BStBl I 1999, 944 weder nach § 68 Nr 9 noch nach § 65 AO Zweckbetrieb (diff *Strahl* DStR 2000, 2163)
- **Gemeindeschwimmbad** (RFH RStBl 1941, 668)
- **Geräteüberlassung** durch ein Krankenhaus (BFHE 209, 345, BStBl II 2005, 545)
- **Gesangbuchverlag** (RFH RStBl 1941, 158)
- **Gesellige Veranstaltungen** sind ab EZ 1990 nach Aufhebung von § 68 Nr 7 AO kein Zweckbetrieb mehr
- **Gruppenversicherungen,** die die Körperschaft vermittelt und wofür sie die den Mitgliedern zustehende Gewinnbeteiligung erhält, ist grundsätzlich wirtschaftlicher Geschäftsbetrieb (BFHE 184, 222, BStBl II 1998,

175; krit *Fidorra* DB 1999, 559). Nach *OFD Ffm* DB 2000, 449 kann die Steuerpflicht angeblich vermieden werden, wenn das Mitglied mit der Körperschaft eine einen eigenen wirtschaftlichen Geschäftsbetrieb begründende Verwaltung der Überschussbeteiligung für das Mitglied begründet
- Entgeltliche **Fahrten-, Unterkunfts-, und Kartenvermittlung** durch Fremdenverkehrsverband (RFH RStBl 1941, 506; 42, 743)
- Druckwerke (Kalenderjahrbuch, Clubzeitung) mit **Inseratenwerbung** (BFHE 60, 464, BStBl III 1955, 177; BFHE 74, 192, BStBl III 1962, 73)
- **Kirmesveranstaltung** eines Schützenvereins (FG Düsseldorf EFG 1974, 43)
- **Krankenhauswäscherei** (BFHE 179, 19, BStBl II 1996, 28; ebenso FG Düsseldorf EFG 1992, 99)
- **Krankentransporte** (BFHE 219, 184, BStBl II 219, 184; krit *Schauhoff/Kirchhain* DStR 2008, 1713)
- **Krematorium** (BFH/NV 2005, 1213; *OFD Ffm* DB 1997, 2005)
- Verkauf von Bildern durch **Künstlerverein** (RFHE 42, 299); hierzu *Orth* DStR 1987, 319
- **Lehrerhaus** (BFHE 112, 86, BStBl II 1974, 410)
- **Müllbeseitigung** auch „im Dienste des öffentlichen Gesundheitswesens und der Förderung des Umweltschutzes". Eine Begünstigung würde zu Wettbewerbsverzerrungen gegenüber auch in diesem Bereich tätigen gewerblichen Anbietern führen (BFHE 173, 254, BStBl II 1994, 314). Entsprechendes gilt für Sonderabfalldeponien (*FM Ba-Wü* DStR 1995, 1271)
- **Müllheizkraftwerk** ebenfalls aus Wettbewerbsgründen (BFHE 174, 97, BStBl II 1994, 573)
- **Müllverbrennung** unter Hinweis auf BFHE 173, 254, BStBl II 1994, 314 u BFHE 174, 97 BStBl II 1994, 573; BFH/NV 1995, 1012
- **Pensionspferdehaltung** durch Reit- u. Fahrverein (*OFD Düsseldorf/Münster,* Kurzinf USt Nr 8/2005
- **Projektträgerschaft** durch gemeinnützige Forschungseinrichtung für öffentliche Hand bei Abwicklung von Fördermaßnahmen (FG Köln EFG 1991, 574; bestätigt durch BFHE 179, 447, BStBl II 1997, 189; vgl jetzt § 68 Nr 9 AO (Anm 141)
- **Reitunterricht** durch Reitverein (BFHE 93, 522, BStBl II 1969, 43; FG Nürnberg EFG 1974, 287; aA *OFD Köln* StEK AO 1977 § 68 Nr 1, 2)
- **Rettungsdienst** s „Krankentransporte"
- Bewirtschaftung eines **Ritterguts** durch Stiftung (BFHE 77, 578, BStBl III 1963, 532)
- **Sonntagsblatt** mit Anzeigengeschäft (RFHE 38, 35; 42, 403)
- **Speisen- u Getränkeverkauf** (FG Saarl EFG 1991, 5)
- **Tagesgaststätten** in Kongress- und Konzerthalle (BFHE 113, 23, BStBl II 1974, 664)
- **Totalisatorbetrieb** und Gastwirtschaft eines steuerbegünstigten (?) Rennvereins (RFH RStBl 1938, 913; BFHE 57, 277, BStBl III 1953, 109; BFHE 202, 323, BStBl II 2005, 305)

– **Trikotwerbung** (BFHE 136, 455, BStBl II 1983, 27)
– **Unterkunft und Verpflegung** durch Heimvolkshochschule (FG Nürnberg EFG 1978, 572)
– **Veräußerung** von (von Todes wegen) zugewendeten Gegenständen, sofern nachhaltig, und zwar auch dann, wenn die Erlöse dem Förderungszweck zugute kommen (vgl BFHE 172, 234, BStBl II 1994, 57)
– **Vermietung von Sportanlagen** an Vereinsfremde (BFHE 149, 319, BStBl II 1987, 659), „greenfee"; hierzu zu Unrecht kritisch *Prugger* Stbg 1990, 85); aA bei Vermietung an Mietglieder *BMF* BStBl I 1990, 818, 823; Vermietung von Sportgerät an Vereinsfremde (*OFD Ffm* DB 2000, 1103)
– **Vermittlung religiöser Inhalte** in geschäftsmäßiger Form (FG Hamburg EFG 1985, 525, nv bestätigt)
– **Wehrforschungsbetrieb** (FG Köln EFG 1997, 706 Rev)
– **Werbeanzeigen** auch eines Sponsors in Vereinszeitung (BFHE 219, 558, BStBl II 2008, 949)
– **Werbefahrten** mit Freiballon (BFHE 200, 101, BStBl II 2003, 438)
– **Zeitschriftenverlag,** wenn die Zeitschrift nicht nur durch den gemeinnützigen Zweck bestimmt ist und über bezahlte Anzeigen nicht nur unerheblich am allgemeinen Wettbewerb teilnimmt (RFH RStBl 1938, 35; 1938, 542; 1938, 913; 1938, 1070)

Vergleiche im Übrigen die Anweisungen der Mittel- und Oberbehör-den der Länder in StEK AO 1977, StEK KStG 1977 und StEK UStG 1980.

123 **Einzelne Zweckbetriebe**

Literatur: *Bartmuß,* Wann sind medizinische Versorgungszentren gemeinnützig?, DB 2007, 706.

Nach **§ 66 Abs 1 AO** ist eine **Einrichtung der Wohlfahrtspflege** ein Zweckbetrieb, wenn sie in besonderem Maße den in § 53 AO genannten Personen dient. Nach **§ 66 Abs 2 AO** ist Wohlfahrtspflege die planmäßige, zum Wohle der Allgemeinheit und nicht des Erwerbes wegen ausgeübte Sorge für Notleidende oder gefährdete Menschen. Damit ist keine Einschränkung der Voraussetzungen der Selbstlosigkeit nach § 55 AO bestimmt (AEAO Nr 2 zu § 66 AO). Die Sorge kann sich auf das gesundheitliche, sittliche, erzieherische oder wirtschaftliche Wohl erstrecken und Vorbeugung oder Abhilfe bezwecken. Nach **§ 66 Abs 3 AO** dient eine Einrichtung der Wohlfahrtspflege im besonderen Maße den in § 53 AO genannten Personen, wenn diesen zumindest $^2/_3$ ihrer Leistungen zugutekommen (zur Förderung von Langzeitarbeitslosen vgl FG Ba-Wü EFG 1993, 462).

Es kommt also nicht darauf an, dass $^2/_3$ der von der Körperschaft Betreuten dem bezeichneten Personenkreis angehören; vielmehr zählt allein der Umfang der Leistungen (BFHE 177, 339, BStBl II 1995, 767; AEAO Nr 3 zu § 66 AO). Anerkannt (für die USt) wurden ua häusliche Pflegeleistungen iRd SGB VII oder SGB XI (AEAO Nr 4 zu § 66 AO), die Cafeteria eines dem Deutschen Paritätischen Wohlfahrtsverband angeschlossenen Studentenwerks (BFHE 154, 161, BStBl II 1988, 908; vgl für Mensa- u Cafeteria-Betriebe sonstiger Studentenwerke AEAO Nr 5 zu

§ 66 AO), der Krankentransport von während der Fahrt zu Betreuenden (AEAO Nr 6 zu § 66 AO; zum Problem BFH/NV 2008, 490), ggf gesellige Veranstaltungen zur Betreuung behinderter Personen (AEAO Nr 7 zu § 66 AO) sowie eine Krankenhausapotheke, wenn der Träger einem anerkannten Spitzenverband der freien Wohlfahrtspflege angeschlossen ist (FG Münster EFG 1990, 139), nicht jedoch eine zentrale Krankenhausapotheke (BFHE 162, 510, BStBl II 1991, 268). Für eine Anwendung auch auf medizinische Versorgungszentren *Bartmuß* DB 2007, 706. Für Krankenhäuser gilt **§ 67 AO.**

Die Vorschrift geht dem § 65 und den §§ 67, 68 AO vor; dh die Grundvoraussetzungen für das Vorliegen eines Zweckbetriebes müssen nicht mehr geprüft werden. **Wohl der Allgemeinheit** bedeutet nicht, dass – wie im § 52 Abs 1 Satz 2 AO – auf einen unbeschränkten Personenkreis abgestellt wird. § 66 Abs 1 AO lässt erkennen, dass Wohlfahrtspflege ein Unterfall der Mildtätigkeit (§ 53 AO) ist. **Nicht des Erwerbs wegen** bedeutet an sich Ausschluss der Erwerbsabsicht, dh es darf überhaupt kein Erwerb angestrebt werden. Eine auf Gewinnerzielung gerichtete Tätigkeit wird nicht schon deswegen zum Wohle der Allgemeinheit erbracht, weil sie von Wohlfahrtsverbänden durchgeführt wird und diese den Überschuss für steuerbegünstigte Zwecke einsetzen (BFH/NV 2008, 490; aA *Bartmuß* DB 2007, 706). Daher ist mE auch in diesem Bereich ein Sozio-Sponsoring nicht zulässig (**aA** *Ansorge* BB 1995, 2505). Für eine mildernde, an § 55 AO orientierte Auslegung iSv „nicht in erster Linie des Erwerbs wegen" jedoch AEAO Nr 2 Satz 2 zu § 66 AO (ebenso *Tipke/Kruse* § 66 AO Rn 2). Man wird in bestimmten Fällen, in denen die Wohlfahrtstätigkeit nicht ohne Erwerbshandlungen denkbar ist, zB bei der Heranführung von Langzeitarbeitslosen an ein sinnvolles Arbeitsleben, nicht an dieser mildernden Auslegung vorbeikommen (vgl FG Ba-Wü EFG 1993, 462).

Die Feststellungslast dafür, dass mindestens $^2/_3$ der Leistungen den in § 53 AO genannten Personen zugutekommen, trifft die Körperschaft (BFHE 63, 161, BStBl III 1956, 258; BFHE 72, 288, BStBl III 1961, 109). Die Mitgliedschaft einer Körperschaft (Unterverband) in einem Spitzenverband der freien Wohlfahrtspflege bedeutet nicht schon, dass sie ohne weiteres mildtätige Zwecke verfolgt (BFHE 94, 257, BStBl II 1969, 145; vgl FG Ba-Wü EFG 1993, 462). Auch für das Mitglied müssen die Voraussetzungen der §§ 53 und 66 AO gesondert festgestellt werden.

Nach § 23 UStDV sind bisher amtlich anerkannt:

– Diakonisches Werk der Evangelischen Kirche in Deutschland eV
– Deutscher Caritasverband eV
– Deutscher Paritätischer Wohlfahrtsverband-Gesamtverband eV
– Deutsches Rotes Kreuz eV
– Arbeiterwohlfahrt Bundesverband eV
– Zentralwohlfahrtsstelle der Juden in Deutschland eV
– Deutscher Blinden- mit Sehbehindertenverband eV
– Bund der Kriegsblinden Deutschlands eV
– Verband deutscher Wohltätigkeitsstiftungen eV
– Bundesarbeitsgemeinschaft Selbsthilfe von Menschen mit Behinderung und chronischer Erkrankung und ihren Angehörigen eV
– Sozialverband VdK Deutschland eV.

Die **mittelbare Mitgliedschaft** in einem amtlich anerkannten Wohlfahrtsverband reicht für die USt-Befreiung nach § 4 Nr 18 UStG aus (*FM Bbg* DB 1993, 562). ME ist auch für die GewSt so zu entscheiden.

Literatur: *Bühring,* Zur Steuerbegünstigung privater Krankenanstalten, DStZ 1964, 49; *Böhme,* Grundlagen und Grenzen der Steuervergünstigungen für Krankenhäuser, DStZ 1987, 522; *Gunter,* Gewerbesteuerpflicht von Kurkrankenhäusern, Rehabilitations- und Vorsorgeeinrichtungen? BB 1994, 1903; *Boehmer/Petereit,* Umsatzsteuerliche und gemeinnützigkeitsrechtliche Behandlung von Schönheitsoperationen und den damit im Zusammenhang stehenden Leistungen, DStR 2003, 2058; *Klähn,* Gemeinnützigkeitsrechtliche Behandlung der Arzneimittelabgabe von Krankenhausapotheken, StBp 2006, 197.

124 Nach **§ 67 Abs 1 AO** ist ein **Krankenhaus,** das in den Anwendungsbereich des Krankenhausentgeltgesetzes oder der BundespflegesatzVO fällt, ein Zweckbetrieb, wenn mindestens 40% der jährlichen Belegungstage oder Berechnungstage auf Patienten entfallen, bei denen nur Entgelte für allgemeine Krankenhausleistungen (§ 7 des Krankenhausentgeltgesetzes, § 10 der BundespflegesatzVO) berechnet werden. Nach **§ 67 Abs 2 AO** ist ein Krankenhaus, das nicht in den Anwendungsbereich des Krankenhausentgeltgesetzes oder der BundespflegesatzVO fällt, ein Zweckbetrieb, wenn mindestens 40% der jährlichen Belegungstage oder Berechnungstage auf Patienten entfallen, bei denen für die Krankenhausleistungen kein höheres Entgelt als nach § 67 Abs 1 AO berechnet wird. Die Vorschrift ist durch G 13. 12. 2006 (BGBl I 2006, 2878) neu gefasst worden und ist ab EZ 2003 anzuwenden (Art 97 § 1 c Abs 3 EGAO). Es handelt sich um notwendige Folgeänderungen aufgrund des FallpauschalenG v 23. 4. 2002, BGBl I 2002, 1412, wonach voll- u teilstationäre Leistungen seit 24. 4. 2002 nach § 7 KHEntgG berechnet werden; lediglich Einrichtungen der Psychiatrie, Psychosomatik und psychotherapeutischen Medizin berechnen sich weiterhin nach § 10 BundespflegesatzVO.

Der **Zweck** der Vorschrift ist die Begünstigung der Sozialversicherungsträger als Kostenträger für ihre Versicherten und – typisierend – der selbst zahlenden Privatpatienten (BFHE 162, 502, BStBl II 1991, 157; BFHE 173, 242, BStBl II 1994, 212). Nicht erfasst werden mE **Krankenhausapotheken** (hierzu *Klähn* StBp 2006, 197).

125 Der **Begriff des Krankenhauses** ist in § 2 Nr 1 des KrankenhausfinanzierungsG idF v 10. 4. 1991 – KHG – (BGBl I 1991, 886, zuletzt geänd durch G v 26. 3. 2007 (BGBl I 2007, 378) sowie in § 107 Abs 1 SGB V geregelt, die erläuternd heranzuziehen sind (BFHE 204, 278, BStBl II 2004, 300; BFHE 204, 80, BStBl II 2004, 363; BFHE 209, 345, BStBl II 2005, 545). Die Vorschriften kollidieren zT miteinander, da sie jeweils in bestimmten Punkten weiter, in anderen Punkten enger gefasst sind als die jeweils andere. Insbesondere grenzt § 107 SGB V Vorsorge- und Rehabilitationseinrichtungen von Krankenhäusern ab (hierzu FG München EFG 1994, 177; *Günter* BB 1994, 1903). Nach dem insoweit weiteren § 2 Nr 1 KHG sind Krankenhäuser „Einrichtungen, in denen durch ärztliche und pflegerische Hilfeleistung Krankheiten, Leiden und Körperschäden festgestellt, geheilt oder gelindert werden sollen oder Geburtshilfe geleistet wird und in denen die zu versorgenden Personen untergebracht werden und

verpflegt werden können". Hierunter fallen allgemeine Krankenhäuser, Spezialkliniken, Belegkrankenhäuser (hierzu Anm 126), Heilstätten, Diagnosekliniken, Diabeteskliniken (BFHE 162, 502, BStBl II 1991, 157), Sanatorien (BFH 70, 598, BStBl III 1960, 222), Kurheime (Hess FG EFG 1961, 312; aA FG München EFG 1994, 177, 179; hiergegen mE zu Recht *Gunter* BB 1994, 1903), Krankenheime und Entbindungsheime (vgl im übrigen BFHE 105, 183, BStBl II 1972, 555). Eine Konzession ist nicht erforderlich. Kein Krankenhaus liegt vor, wenn der Patient von einem Arzt außerhalb der Anstalt behandelt werden kann (Hess FG EFG 1961, 312). Auch rein ambulante Einrichtungen (zB Rehabilitationszentrum) sind nicht Krankenhäuser iSd Vorschrift (BFHE 204, 278, BStBl II 2004, 300); erforderlich ist die Vollverpflegung sowie Unterbringung für einige Dauer. Entscheidend ist aber nicht, ob der Kranke tatsächlich in der Anstalt untergebracht ist. Nur ambulante Leistungen genügen jedoch nicht; ein wesentlicher Teil der Leistungen muss auf den stationären Bereich entfallen (vgl BFHE 156, 183, BStBl II 1989, 506; BFHE 162, 502, BStBl II 1991, 157; BFHE 177, 126, BStBl II 1995, 418 – Dialysestation – gleichzeitig zur Abrechnung von teilstationären Leistungen). Im Übrigen kommt es allein auf die Ausstattung an. Daher fallen unter den Begriff auch Einrichtungen zur Erbringung teilstationärer Leistungen, zB Tages-, Nacht- und Wochenendkliniken. Vgl im Einzelnen R 82 Abs 1–4 EStR 1999 (R 7f EStR) sowie *Böhme* DStZ 1987, 522.

Erbringt eine **Kurklinik** auch **andere Leistungen** (zB Beherbergung von Urlaubsgästen), kann die Zweckbetriebseigenschaft nur dann und insoweit erhalten bleiben, als die Krankenhausleistungen in einem funktional und räumlich abgegrenzten Gebäudetrakt erbracht werden; eine rein buchmäßige Abgrenzung, die nach § 63 Abs 3 AO (Anm 105) ohnehin erforderlich ist, genügt nicht (*OFD Hannover* FR 1998, 709; *OFD Cottbus* BB 1999, 407). Im Übrigen liegt ein wirtschaftlicher Geschäftsbetrieb vor; ebenso bei entgeltlicher Überlassung von medizinischen Geräten (BFHE 209, 345, BStBl II 2005, 545), Telefonen und Fernsehern sowie bei Gestellung von Personal und Sachmitteln an andere Ärzte und medizinische Einrichtungen, nicht jedoch an den Chefarzt, aber nur soweit er Wahlleistungen an Krankenhauspatienten erbringt (was den Begriffen „wirtschaftlicher Geschäftsbetrieb" und „Zweckbetrieb" klar widerspricht; s jedoch *FM Länder* DB 2005, 582).

Nicht in den Anwendungsbereich der BundespflegesatzVO 126
(BPflV) v 26. 9. 1994 (BGBl I 1994, 2750, zuletzt geändert durch G v 20. 4. 2007, BGBl I 2007, 554) fallen folgende Krankenhäuser:
- Krankenhäuser, deren Träger der Bund ist; Krankenhäuser im Straf- und Maßregelungsvollzug, Polizeikrankenhäuser und Krankenhäuser der Träger der gesetzlichen Rentenversicherung der Arbeiter oder der Angestellten oder der gesetzlichen Unfallversicherung und ihrer Vereinigungen (§ 3 Satz 1 Nrn 1–4 KHG) sowie die nicht förderungsfähigen Einrichtungen nach § 5 Abs 1 Nrn 2, 4 oder 7 KHG;
- reine Belegkrankenhäuser (BFHE 173, 242, BStBl II 1994, 212).

Diese Häuser können aber Zweckbetriebe nach § 67 Abs 2 AO sein, wenn ebenfalls die 40%-Grenze nicht unterschritten wird (für reine Belegkrankenhäuser ergibt sich dies entsprechend im Wege der Lückenfüllung, BFH aaO). Dies setzt voraus, dass auch diese Häuser ihre Pflegesätze auf der Grundlage der Selbstkosten ermitteln (BFHE 204, 80, BStBl II 2004, 363). Hierzu gehören nach § 8 BPflV Abschreibungen auf Anlagegüter, Rücklagen zur Anpassung an die diagnostisch-therapeutische Entwicklung und Zinsen für Fremdkapital. Bei der 40%-Grenze sind nur die in den §§ 11, 13 und 26 BPflV genannten Kosten anzusetzen. Für reine Belegkrankenhäuser bedeutet das, dass der Belegarzt höchstens 60% der jährlichen Pflegetage gegenüber Patienten nach der GOÄ abrechnen darf und mindestens 40% der Pflegetage auf Patienten entfallen müssen, deren ärztliche Behandlung der Belegarzt über Krankenschein oder entsprechend den für Kassenabrechnungen geltenden Vergütungssätzen abrechnet (BFHE 173, 242, BStBl II 1994, 212). Handelt es sich nicht um ein reines Belegkrankenhaus, dann vermindert sich dieses Erfordernis mE in dem Maße, wie das Krankenhaus im Übrigen die Voraussetzungen des § 67 Abs 1 oder 2 AO erfüllt. Nehmen die Patienten ausschließlich auch ärztliche Wahlleistungen (§ 7 BPflV) in Anspruch, dann ist das Krankenhaus nicht nach § 67 AO befreit (BFHE 204, 80, BStBl II 2004, 363). Werden Schönheitsoperationen vorgenommen, liegen keine Leistungen nach § 2 Nr 1 KHG, § 107 Abs 1 SGB V vor. Dann liegt, wenn die Voraussetzungen der § 67 AO im Übrigen erfüllt werden, ein wirtschaftlicher Geschäftsbetrieb vor (*Boehmer/Petereit* DStR 2003, 2058). Sind die Pflegesätze eines unter § 67 Abs 2 AO fallenden Krankenhauses mit Sozialleistungsträgern vereinbart worden, dann liegen idR die Voraussetzungen des § 67 Abs 1 vor, weil nach §§ 17 Abs 5, 20 KHG von den Sozialleistungsträgern keine höheren Pflegesätze verlangt werden dürfen.

127 Nach **§ 67 a Abs 1 AO** sind **sportliche Veranstaltungen eines Sportvereins** ein Zweckbetrieb, wenn die Einnahmen einschließlich Umsatzsteuer insgesamt 35 000 € (bis 31. 12. 2006 30 678 €) im Jahr nicht übersteigen. Der Verkauf von Speisen und Getränken sowie die Werbung gehören nicht zu den sportlichen Veranstaltungen.

Nach **§ 67 a Abs 2 AO** kann der Sportverein dem FA bis zur Unanfechtbarkeit des Körperschaftsteuerbescheides erklären, dass er auf die Anwendung des Abs 1 Satz 1 verzichtet. Die Erklärung bindet den Sportverein für mindestens fünf Veranlagungszeiträume.

Wird auf die Anwendung des Abs 1 Satz 1 verzichtet, sind nach **§ 67 a Abs 3 AO** sportliche Veranstaltungen eines Sportvereins ein Zweckbetrieb, wenn

(Nr 1) kein Sportler des Vereins teilnimmt, der für seine sportliche Betätigung oder für die Benutzung seiner Person, seines Namens, seines Bildes oder seiner sportlichen Betätigung zu Werbezwecken von dem Verein oder einem Dritten über eine Aufwandsentschädigung hinaus Vergütungen oder andere Vorteile erhält und

(Nr 2) kein anderer Sportler teilnimmt, der für die Teilnahme an der Veranstaltung von dem Verein oder einem Dritten im Zusammenwirken mit dem Verein über eine Aufwandsentschädigung hinaus Vergütungen oder andere Vorteile erhält.

Andere sportliche Veranstaltungen sind ein steuerpflichtiger wirtschaftlicher Geschäftsbetrieb. Dieser schließt die Steuervergünstigung nicht aus, wenn die Vergütungen oder anderen Vorteile ausschließlich aus diesem wirtschaftlichen Geschäftsbetrieb oder von Dritten geleistet werden.

Literatur: *Trzaskalik,* Die steuerliche Förderung des Sports, StuW 1986, 219; *Kaiser,* Der neue § 67 a AO – ein Danaergeschenk oder ein Segen für die Sportvereine?, DB 1986, 1298; *Schneider-Vontz,* Zur Besteuerung der Sportbetriebe nach dem neuen § 67 a AO, DB 1986, 1950; *Kaiser,* Erwiderung zu Schneider-Vontz, DB 1986, 1950; *Domann,* Steuerbereinigungsgesetz 1986: Änderungen der Abgabenordnung (Teil I), DB 1986, 611; *J. Schneider,* Die Besteuerung der Vereine ab 1990, StWa 1990, 182; *Neufang,* Steuerliche Behandlung von Sportveranstaltungen, Inf 1992, 73; *Jansen,* Neue Verwaltungsanweisungen zum Gemeinnützigkeitsrecht, DStR 1991, 737; *Buchna,* Gefährden Reitsportvereine ihre Gemeinnützigkeit, wenn sie bei Reitturnieren Preisgelder zahlen? DStZ 1993, 274; *Madl,* Die Sonderstellung der Sportvereine im Steuerrecht, BB 1997, 1126; *Bischoff;* Ist jede sportliche Betätigung auch eine „sportliche Veranstaltung"?, Stbg 1998, 112; *Wien,* Sportliche Veranstaltungen und Gemeinnützigkeit, DStZ 1998, 572; *Apitz,* Betriebsprüfungen bei gemeinnützigen Körperschaften, StBp 2004, 125.

Die Vorschrift folgt dem **Grundsatz,** dass Sportvereinen (iSv § 52 Abs 2 Nr 2 AO, AEAO Nr 2 zu § 67 a AO) die Gemeinnützigkeit erhalten bleibt, wenn sie Einnahmen durch sportliche Veranstaltungen erzielen, und dass diese Einnahmen unter bestimmten Voraussetzungen steuerfrei bleiben sollen. Nicht mehr völlig verhindern will die Vorschrift, dass – wie es weithin bereits der Fall war und ist – Mittel, die an sich für den Begünstigungszweck gebunden sein sollten, für die Bereicherung von bezahlten Sportlern verwendet werden. Zwar sind hierdurch die Grundsätze der Förderung der Allgemeinheit und der Selbstlosigkeit nicht mehr gewahrt. Doch erlaubt § 58 Nr 9 AO (Anm 90) die teilweise Förderung des bezahlten Sports, nämlich insb im Fall des § 67 a Abs 1 AO (sportliche Veranstaltung als Zweckbetrieb). Im Übrigen gestattet es **§ 67 a Abs 3 AO,** wenn bei sportlichen Veranstaltungen bezahlte Spieler oder Sportler teilnehmen und die Vergütungen oder Vorteile ausschließlich aus den bei dieser Veranstaltung erwirtschafteten Mitteln oder von einem Dritten gezahlt werden (wirtschaftlicher Geschäftsbetrieb). Die Vorschrift ist verfassungsrechtlich bedenklich (Art 3 GG), weil sie eine sachlich nicht gerechtfertigte Bevorzugung von Sportvereinen vor anderen gemeinnützigen Körperschaften bedeutet. Sie ist im Übrigen in sich unstimmig (hierzu *Arndt/Immel* DB 1987, 1153, 1157; *Trzaskalik* StuW 1986, 224). *Kaiser* (DB 1986, 1298) versteht § 67 a Abs 3 AO in dem Sinne, dass bei den dort genannten Voraussetzungen lediglich die Folgen des wirtschaftlichen Geschäftsbetriebes nicht eintreten sollen. Dem ist nur im Hinblick auf § 67 a Abs 3 Nr 2 AO zuzustimmen. Denn die Verwendung von für den Förderungszweck gebundenen Mitteln zur Bezahlung eines vereinsangehörigen Sportlers verstößt gegen § 55 AO (Anm 64 ff) und nimmt dem Verein bereits den gemeinnützigen Charakter. Die Zweckbetriebsfolgen der Vorschrift treten unabhängig davon ein, ob die Voraussetzungen des § 65 AO vorliegen; § 67 a AO hat insoweit Vorrang (BFHE 181, 222, BStBl II 1997, 154). Zur Bedeutung der Vorschrift bei der Steuergestaltung vgl insb *Wien* DStZ **128**

1998, 572). Zu Einzelheiten der Steuerfreistellung vgl *Apitz* StBp 2004, 125.

129 Der **Begriff** der **sportlichen Veranstaltungen** bezeichnet jede organisatorische Maßnahme eines Sportvereins, die es aktiven Sportlern (Mitgliedern und Nichtmitgliedern) ermöglicht, Sport zu treiben. Eine bestimmte Organisationsform oder die Anwesenheit von Publikum ist nicht vorausgesetzt (BFHE 181, 222, BStBl II 1997, 154), in Betracht kommen Wettkämpfe, Kurse, Trainingslager, auch Unterrichte für Nichtmitglieder uä Veranstaltungen, und zwar auch solche, die im Rahmen einer anderen Veranstaltung stattfinden (evtl Schauauftritte eines Tanzsportclubs, vgl BFHE 175, 1, BStBl II 1994, 886), auch wenn diese von einem anderen Verein organisiert wird und nicht steuerbegünstigt ist (BFHE 175, 1, BStBl II 1994, 886; AEAO Nr 3 zu § 67 a AO); Entsprechendes gilt für die Maßnahmen, die unmittelbar der Vorbereitung und Durchführung dienen (Reisen, Unterbringung; vgl BFHE 181, 222, BStBl II 1997, 154; nicht Touristikreisen, AEAO Nr 4 zu § 67 a AO); ebenso Sportkurse und -lehrgänge (Konkurrenzlage unbeachtlich, AEAO Nr 5 zu § 67 a AO). Keine sportliche Veranstaltung liegt vor bei der Vermietung von Sportgerät (Schlittschuhen) in Zusammenhang mit der Gestattung der unentgeltlichen Nutzung von Sportanlagen (Eisbahn) durch einen Sportverein (BFHE 191, 434, BStBl II 2000, 705; **aA** AEAO Nr 13 zu § 67 a AO: Hilfsgeschäft), wenn sich die organisatorische Maßnahme auf Sonderleistungen für einzelne Personen beschränkt: bloße Nutzungsüberlassung von Sportgegenständen und -anlagen, bloße Dienstleistung, wie zB die Beförderung zum Ort der Sportausübung oder das spezielle Training für einzelne Sportler (vgl BFHE 149, 319, BStBl II 1987, 659; BFHE 161, 277, BStBl II 1990, 1012; BFHE 181, 222, BStBl II 1997, 154; hierzu *Bischoff* Stbg 1998, 112); auch nicht der Verkauf von Speisen und Getränken (§ 67 a Abs 1 Satz 2 AO; hierzu FG Saarl EFG 1991, 5; AEAO Nr 6 zu § 67 a AO), Werbeleistungen iZm mit sportlichen Veranstaltungen (Werbeaufschrift auf Freiballon, BFHE 200, 101, BStBl II 2003, 438), die Unterhaltung von Clubhäusern, Kantinen uä (AEAO Nr 10 zu § 67 a AO), ebenso wenig die Einnahme aus dem Verkauf von Spielern. Trotz der Nennung der Werbung ist diesbezüglich wohl zu differenzieren je nachdem, ob es sich um eine nur bei Gelegenheit der jeweiligen Veranstaltung angebrachte Werbung, Trikotwerbung uä handelt (dann wirtschaftlicher Geschäftsbetrieb, vgl BFHE 164, 57, BStBl II 1992, 62; BFHE 164, 57, BStBl II 1992, 101 sowie Anm 110 ff; die auf Kostendeckung abstellende aA von *Lang* StuW 1987, 221, 235 f dürfte überholt sein) oder ob eine langfristige Überlassung von Werbeflächen vorliegt (dann evtl Vermögensverwaltung, vgl Anm 114). Vermietung von Sportstätten kann sein: Vermögensverwaltung, wenn auf längere Dauer; Zweckbetrieb, wenn auf kürzere Dauer zu Sportzwecken, wirtschaftlicher Geschäftsbetrieb, wenn auf kürzere Dauer an Nichtmitglieder zu anderen Zwecken (vgl AEAO Nr 12 zu 67 a AO). Die Vorschriften heben auf sämtliche Veranstaltungen eines Jahres (Kalenderjahr, Wirtschaftsjahr) ab (*Kaiser* DB 1986, 1298; *Domann* DB 1986, 611; *Lang* FR 1990, 353; aA für Mannschaftssportarten *Jansen* DStR 1991, 737; *Neufang* Inf 1992, 73: jede einzelne Veranstaltung; *Buchna:* bei Verzicht nach § 67 a Abs 2 AO jede

einzelne Veranstaltung). Das gilt auch für die Fälle, in denen auf die Anwendung des Abs 1 verzichtet wird, und die „anderen" sportlichen Veranstaltungen des Abs 3. Der Wortlaut (*ein* Zweckbetrieb, *ein* Geschäftsbetrieb) lässt keine andere Deutung zu (aA noch 1. Aufl). Das bedeutet konsequenterweise, dass bei Verzicht auf die Anwendung des § 67 a Abs 1 AO durch die Teilnahme eines bezahlten vereinsfremden Sportlers an einer einzelnen Veranstaltung sämtliche Veranstaltungen als ein wirtschaftlicher Geschäftsbetrieb (Anm 127 ff) anzusehen sind (§ 67 a Abs 3 Satz 2 AO)

Sportliche Veranstaltungen von Vereinen, die Fußballveranstaltungen unter Einsatz ihrer Lizenzspieler nach dem Bundesligastatut des Deutschen Fußballbundes durchführen, unterliegen ab EZ 1990 ebenfalls der Neuregelung des § 67 a AO (AEAO Nr 2 zu § 67 a AO). Zu Einzelheiten s *Jansen* DStR 1991, 737.

Nach AEAO Nr 17 u 18 zu § 67 a Abs 1 AO ist die Bezahlung von Sportlern und die Zahlung von Ablösesummen uneingeschränkt zulässig (s auch AEAO Nr 38 zu § 67 a Abs 3 AO); mE verstößt aber die Zahlung von Ablösesummen gegen das Gebot der Selbstlosigkeit nach § 55 Abs 1 Nr 3 2. Alt. AO, bei der Bezahlung von Sportlern ist ggf § 55 Abs 1 Nr 1 Satz 2 AO tangiert.

Die **Zweckbetriebsgrenze** von 35 000 € (bis 31. 12. 2006 30 678 €) 130
betrifft alle Einnahmen aus sportlichen Veranstaltungen (AEAO Nr 16 zu § 67 a AO), nicht jedoch solche aus der Werbung oder den Verkauf von Speisen und Getränken.

Wird sie nicht überschritten, dann liegt insgesamt ein Zweckbetrieb vor. In diesem Fall dürfen bezahlte Sportler eingesetzt werden (§ 58 Nr 9 AO Anm 90), jedoch dürfen die Zahlungen die Einnahmen insgesamt nicht übersteigen und schon gar nicht zu Dauerverlusten führen (aA *Thiel/Eversberg* DB 1990, 344, 348). Die Tatsache, dass bei Unterschreiten der oa Grenze ein Zweckbetrieb vorliegt, verdrängt nicht die allgemeinen Erfordernisse, insb nicht das der Selbstlosigkeit (§ 55 AO, Anm 64 ff). Dauerverluste aus bezahltem Sport – der nicht alleiniger Zweck einer gemeinnützigen Körperschaft sein kann – sind Zweckentfremdungen der für die Förderung der Allgemeinheit bestimmten Mittel. Der zusammen mit der Neuregelung eingeführte § 58 Nr 9 AO (Anm 90) unterstreicht diesen Gedanken. Übersteigen die Einnahmen den Betrag von 35 000 € (bis 31. 12. 2006 30 678 €) einschließlich empfangener Ablösezahlungen (*OFD Ffm* DStR 1991, 648), dann sind *alle* sportlichen Veranstaltungen im Jahr (Kalenderjahr/Wirtschaftsjahr) als *ein* wirtschaftlicher Geschäftsbetrieb zu behandeln (AEAO Nr 1 zu § 67 a AO). Wegen § 64 Abs 3 AO (Anm 116) bedeutet dies idR, dass die Erträge der Besteuerung zu unterwerfen sind, wobei Gewinne und Verluste mit den Ergebnissen anderer Betriebe zu verrechnen sind. Verluste aus der Bezahlung von Sportlern bei diesen Veranstaltungen dürfen nicht entstehen; anders nur, wenn sie aus den Ergebnissen anderer wirtschaftlicher Geschäftsbetriebe gedeckt werden können. Übersteigen die Einnahmen den Betrag von 35 000 € (bis 31. 12. 2006 30 678 €) dann sind nicht automatisch alle Ausgaben in Zusammenhang mit irgendwelchen sportlichen Veranstaltungen Betriebsausgaben, sondern nur diejenigen für Veranstaltungen mit Einnahmen (§ 14 AO). Einnahmeerzielung liegt aber grundsätzlich nicht vor bei Auswärtsspielen, wenn die Eintrittsgelder dem gastgebenden Verein verbleiben (aA *Jansen* DStR 1990, 61). Im Übrigen sind Aufwendungen für den Spielbetrieb (Schiedsrichter, Trainer usw) auch nicht teilweise als Betriebsausgaben etwa des Geschäftsbetriebes „Bandenwerbung", „Trikotwerbung" oä abzuziehen; entscheidend ist die primäre Veranlassung, hier also die Tatsache, dass die bezeichneten Aufwendungen unabhängig von dem Geschäftsbetrieb Werbung entstehen (BFHE 164, 508, BStBl II 1992, 103; BFH/NV 1992, 412; auch zur Aufteilung bei mehrfacher Veranlassung; BFH/NV 1992, 409; 1993, 341).

Die **aA** (FG Ba-Wü EFG 1989, 424; *BMF* BStBl I 1990, 818, 822: Kostenpauschale von 25%) verwechselt die Begriffe Verursachung und Veranlassung. Die Werbung ist nicht Zweckursache des Spielbetriebes. Auch fehlt es an einer derartigen Verflechtung von Spielbetrieb und Werbung, dass die gesamte Veranstaltung als ein Betrieb anzusehen wäre (hierzu BFHE 139, 389, BStBl II 1984, 129). Anders ist es wohl dann, wenn der Geschäftsbetrieb ebenfalls Sportbetrieb ist, wie etwa bei der Vermietung von Anlagen (hierzu *Prugger* Stbg 1990, 85). Problematisch ist, ob § 55 Abs 1 Nr 4 AO (Anm 71) eingreift, wenn Veranstaltungen, die bisher Zweckbetrieb waren, in einem Folgejahr wegen Überschreitens der Grenze wirtschaftlicher Geschäftsbetrieb werden. Hierbei wird es wohl darauf ankommen, ob der Verein noch durch andere Betätigungen steuerbegünstigte Zwecke verfolgt. Umgekehrt fragt sich, ob stille Reserven aufzudecken sind, wenn Veranstaltungen nicht mehr wie bisher wirtschaftlicher Geschäftsbetrieb, sondern Zweckbetrieb sind. Aus praktischen Erwägungen sollte man dies wohl erst annehmen, wenn feststeht, dass die WG *endgültig* aus dem Betrieb ausgeschieden sind (zu allem *Jansen* DStR 1990, 61).

131 **Wahlrecht, Besteuerung nach bisherigem Recht.** Die oben skizzierten Grundzüge können Nachteile mit sich bringen, wenn
- keine Sportler bezahlt werden,
- die Einnahmen die Zweckbetriebsgrenze überschreiten,
- Verluste aus sportlichen Veranstaltungen erzielt werden und
- die Verluste nicht (nach aA auf Dauer nicht) mit Überschüssen aus anderen wirtschaftlichen Geschäftsbetrieben oder mit betriebsbezogenen Zuschüssen Dritter ausgeglichen werden können.

Daher gestattet **§ 67 a Abs 2 AO** einen **Verzicht** auf die Besteuerung nach Abs 1 (Anm 130), auch wenn die Zweckbetriebsgrenze nicht überschritten ist (AEAO Nr 1 zu § 67 a AO, Nr 20 zu § 67 a Abs 2 AO). Dieser bindet den Verein für mindestens fünf Jahre, was für diesen jedoch zu nicht vorhersehbaren Problemen führen kann (zu Einzelfragen *Schneider* StWa 1990, 182; *Neufang* Inf 1992, 73). Im Verzichtsfalle erfolgt die Besteuerung nach **§ 67 a Abs 3 AO,** das für die Zweckbetriebseigenschaft der Veranstaltungen allein darauf abstellt, ob Sportler bezahlt werden oder nicht. Der Verzicht kann bis zur Unanfechtbarkeit des KSt-Bescheides des ersten EZ, in dem er wirken soll, erklärt werden (AEAO Nr 21 zu § 67 a Abs 2 AO). Damit ist die formelle Bestandskraft des KSt-Bescheides bezeichnet. Ergeben sich also etwa die Gründe für einen Verzicht erst bei einer Betriebsprüfung nach Bestandskraft eines KSt- oder auch Freistellungsbescheids, dann geht der Verzicht ins Leere (*Thiel/Eversberg* DB 1990, 344, 349). Ob der Antrag noch im Revisionsverfahren gestellt werden kann (verneinend BFHE 64, 604, BStBl III 1957, 227) ist zweifelhaft; ebenso ob der Verein durch Bestandskraft eines Bescheids unter Nachprüfungsvorbehalt ausgeschlossen ist (*Jansen* DStR 1990, 61).

Im Einzelnen gilt:

(1) es darf kein Sportler *des Vereins* teilnehmen, der für seine sportliche Betätigung *überhaupt* oder für die Benutzung von Person, Namen, Bild oder seiner sportlichen Betätigung zu Werbezwecken von *irgendjemandem* geldwerte Vorteile über eine Aufwandsentschädigung hinaus erhält;

(2) außerdem darf kein anderer Sportler teilnehmen, der für *die Teilnahme* an der Veranstaltung durch *Zutun des Vereins* (eigene Zahlung; Zusammenwirken mit Dritten) geldwerte Vorteile über eine Aufwandsentschädigung hinaus erhält.

In beiden Fallgruppen kommt es auf die Höhe der Einnahmen oder Überschüsse nicht an (AEAO Nr 22 zu § 67a Abs 3 AO). Für die Zahlung kommt es auf den einzelnen Sportler an; es genügt also keine pauschale Aufwandszusammenstellung; das macht in der Praxis jedoch keine Schwierigkeiten für den Verein, so lange sich Zahlungen – selbst wenn es sich um erfolgsabhängige Preisgelder (!) handelt – so darstellen lassen, dass damit höchstens ein nicht belegter, aber „nachvollziehbarer" Aufwand abgegolten wird (vgl das instruktive Urteil in BFH/NV 2002, 1012).

Unter Veranstaltung ist grundsätzlich der einzelne Wettbewerb anzusehen, zB auch bei einer Meisterschaftsrunde; bei einem Turnier kann dies ggf anders zu beurteilen sein (AEAO Nr 23 zu § 67a Abs 3 AO).

Andere sportliche Veranstaltungen, also mit bezahlten Sportlern, **131a**
sind ein wirtschaftlicher Geschäftsbetrieb. Das bedeutet zunächst zweierlei: der Verein kann seine Veranstaltungen aufteilen je nach dem, ob bezahlte Sportler teilnehmen (wirtschaftlicher Geschäftsbetrieb) oder nicht (Zweckbetrieb). Außerdem dürfte in der Praxis die Teilnahme von Dritten bezahlter fremder Sportler an der Einordnung der Veranstaltung beim Zweckbetrieb idR nicht entgegenstehen, weil ein Zusammenwirken mit dem Verein kaum nachweisbar sein wird. Als Aufwandsentschädigung erkennt die Verwaltung für den eigenen Sportler ohne Einzelnachweis monatlich bis 358 € an; höhere eigene Aufwendungen der Sportler sowie Aufwendungen des fremden Sportlers sind nachzuweisen (AEAO Nr 31 zu § 67a Abs 3 AO). Zahlungen Dritter an den Verein für Leistungen eines Sportlers sind als Zahlungen an den Sportler anzusehen. Bezahlung des Sportlers sind auch Preisgelder (AEAO Nr 34 zu § 67a Abs 3 AO). Das soll nicht gelten für Preisgelder bei Reitturnieren, die für den Eigentümer des Pferdes bestimmt sind, selbst dann wenn der Reiter der Eigentümer ist (*BMF* v 22. 7. 1987, zitiert nach *Buchna* DStZ 1993, 274). Übersehen wird hierbei, dass die Zahlung dann einen Verstoß gegen das Gebot der zweckentsprechenden Mittelverwendung darstellt. Denn die Bezahlung des Eigentümers ist noch keine Förderung der Tierzucht; außerdem bezahlt jener wohl auch den Reiter (*Buchna* aaO).

Die Teilnahme von bezahlten Sportlern (andere Veranstaltung = wirtschaftlicher Geschäftsbetrieb) schließt die Steuervergünstigung, d. h. die

Anerkennung der Gemeinnützigkeit nicht aus, wenn die Zahlung ausschließlich aus wirtschaftlichen Geschäftsbetrieben, die nicht Zweckbetriebe sind, oder von Dritten erfolgt. Es können also auch Einnahmen aus anderen Geschäftsbetrieben herangezogen werden. Eine Aufteilung einer einheitlichen Vergütung auf einen Zweckbetrieb und einen wirtschaftlichen Geschäftsbetrieb ist nicht zulässig (AEAO Nr 26 zu § 67 a Abs 3 AO; zur Behandlung aus „Vereinfachungsgründen" Nr 27 zu § 67 a Abs 3 AO). Zu weiteren Einzelheiten vgl *Thiel/Eversberg* DB 1990, 344, 348 f; *Märkle/Alber* BB-Beil 2/90; *Jansen* DStR 1990, 61; 1991, 737; alle zT überholt durch AEAO Nr 22–39 zu § 67 a Abs 3 AO.

132 Nach **§ 68 AO** sind **Zweckbetriebe** auch:

(Nr 1 a) Alten-, Altenwohn- und Pflegeheime, Erholungsheime, Mahlzeitendienste, wenn sie in besonderem Maße den in § 53 AO genannten Personen dienen (§§ 66 Abs 3 AO),

(Nr 1 b) Kindergärten, Kinder-, Jugend- und Studentenheime, Schullandheime und Jugendherbergen,

(Nr 2 a) Landwirtschaftliche Betriebe und Gärtnereien, die der Selbstversorgung von Körperschaften dienen und dadurch die sachgemäße Ernährung und ausreichende Versorgung von Anstaltsangehörigen sichern,

(Nr 2 b) andere Einrichtungen, die für die Selbstversorgung von Körperschaften erforderlich sind, wie Tischlereien, Schlossereien,

wenn die Lieferungen und sonstigen Leistungen dieser Einrichtungen an Außenstehende dem Wert nach 20% der gesamten Lieferungen und sonstigen Leistungen dieses Betriebes – einschließlich der an die Körperschaft selbst bewirkten – nicht übersteigen,

(Nr 3 a) Werkstätten für behinderte Menschen, die nach den Vorschriften des SGB III förderungsfähig sind und Personen Arbeitsplätze bieten, die wegen ihrer Behinderung nicht auf dem allgemeinen Arbeitsmarkt tätig sein können,

(Nr 3 b) Einrichtungen für Beschäftigungs- und Arbeitstherapie, in denen behinderte Menschen auf Grund ärztlicher Indikationen außerhalb eines Beschäftigungsverhältnisses zum Träger der Therapieeinrichtung mit dem Ziel behandelt werden, körperliche oder psychische Grundfunktionen zum Zwecke der Wiedereingliederung in das Alltagsleben wiederherzustellen oder die besonderen Fähigkeiten und Fertigkeiten auszubilden, zu fördern und zu trainieren, die für eine Teilnahme am Arbeitsleben erforderlich sind, und

(Nr 3 c) Integrationsprojekte iSd § 132 Abs 1 SGB IX, wenn mindestens 40% der Beschäftigten besonders betroffene schwerbehinderte Menschen iSd § 132 Abs 1 SGB IX sind,

(Nr 4) Einrichtungen, die zur Durchführung der Blindenfürsorge und zur Durchführung der Fürsorge für Körperbehinderte unterhalten werden,

(Nr 5) Einrichtungen der Fürsorgeerziehung und der freiwilligen Erziehungshilfe,

(Nr 6) von den zuständigen Behörden genehmigte Lotterien und Ausspielungen, wenn der Reinertrag unmittelbar und ausschließlich zur Förderung mildtätiger, kirchlicher oder gemeinnütziger Zwecke verwendet wird.

(Nr 7) Kulturelle Einrichtungen wie Museen, Theater und kulturelle Veranstaltungen wie Konzerte, Kunstausstellungen; dazu gehört nicht der Verkauf von Speisen und Getränken,

(Nr 8) Volkshochschulen und andere Einrichtungen, soweit sie selbst Vorträge, Kurse und andere Veranstaltungen wissenschaftlicher oder belehrender Art durchführen; dies gilt auch, soweit die Einrichtungen den Teilnehmern dieser Veranstaltungen selbst Beherbergung und Beköstigung gewähren,

(Nr 9) Wissenschafts- und Forschungseinrichtungen, deren Träger sich überwiegend aus Zuwendungen der öffentlichen Hand oder Dritter oder aus der Vermögensverwaltung finanziert. Der Wissenschaft und Forschung dient auch die Auftragsforschung. Nicht zum Zweckbetrieb gehören Tätigkeiten, die sich auf die Anwendung gesicherter wissenschaftlicher Erkenntnisse beschränken, die Übernahme von Projektträgerschaften sowie wirtschaftliche Tätigkeiten ohne Forschungsbezug.

Literatur: Allgemein: *Dehesselles,* Legal definierter Zweckbetrieb oder steuerpflichtiger wirtschaftlicher Geschäftsbetrieb? – Zum Verhältnis von § 68 zu § 65 AO, DStR 2003, 537; **zu Nr 1:** *Kühl,* Die Besteuerung von Altersheimen, DB 1977, 1477; *Wiemhoff,* Erholungsheime als steuerbegünstigte Zweckbetriebe; *Staehle,* Gewerbesteuerbefreiung von Altenheimen, Altenwohnheimen und Altenpflegeheimen, BB 1978, 93; **zu Nr 2:** *Baumann/Penné-Goebel,* Die Tätigkeit steuerbegünstigter Körperschaften im Rahmen von Selbstversorgungseinrichtungen iSv § 68 Nr 2 AO, DB 2005, 695; **zu Nr 3 c:** *Leisner,* Die Umsatzbesteuerung von gemeinnützigen Integrationsprojekten gem § 68 Nr 3 c AO durch das Jahressteuergesetz 2007, DB 2007, 1047; **zu Nr 7:** *Troll:* Wann werden sportliche, kulturelle und gesellige Veranstaltungen eines gemeinnützigen Vereins steuerpflichtig?, DB 1979, 418; *Weber/Endlich,* Die neue alte Vereinsbesteuerung, DB 1981, 1330; *Märkle/Kröller,* Die neue Rücklage für Zweckbetriebe iSd § 68 Nr 7 AO nach dem sog Vereinsbesteuerungsgesetz, DB 1981, 1302; *Jost,* Rücklagenbildung nach § 68 Nr 7 Satz 3 AO bei kulturellen, sportlichen und geselligen Veranstaltungen sowie bei kulturellen Einrichtungen steuerbegünstigter Körperschaften, DB 1982, 1843 und DB 1982, 1900; *Thiel/Eversberg* aaO (vor Anm 12); *Lang* aaO (vor Anm 12); **zu Nr 9:** *Thiel* Die Besteuerung öffentlich geförderter Forschungseinrichtungen, DB 1996, 1944, *Olbertz,* Die Rettung der Gemeinnützigkeit der Auftragsforschung durch den Entwurf eines Jahressteuergesetzes (JStG) 1997, DStZ 1996, 531; *Strahl,* Steuerliche Konsequenzen der Verwertung von Forschungs- und Entwicklungsergebnissen durch Hochschulen und gemeinnützige Forschungseinrichtungen, DStR 2000, 2143; *Strahl,* Rechtliche Verselbständigung wirtschaftlicher Aktivitäten von gemeinnützigen Forschungsinstituten, FR 2005, 1241; *Strahl,* Gemeinnützigkeit im Forschungsbereich – Chance und Korsett, FR 2006, 1012; *Kaufmann/Schmitz-Herscheidt,* Steuerbefreiung von Forschungseinrichtungen, BB 2007, 2039; *Becker/Volkmann,* Auftragsforschung als Zweckbetrieb nach § 68 Nr 9 AO unter besonderer Berücksichtigung staatlicher Hochschulen, DStZ 2007, 529; *Strahl,* Steuerliche Begünstigung von Forschungseinrichtungen, DStR 2007, 1468.

Allgemeines. Die Vorschrift ist eine Spezialvorschrift zu § 65 AO. Die **133**
Neufassung der Einleitung der Vorschrift bedeutet, dass die Voraussetzungen

des § 65 AO (Anm 120 ff) nicht mehr geprüft werden müssen (s BTDrs 11/4176, 12; BFHE 175, 1, BStBl II 1994, 866; BFHE 177, 147, BStBl II 1995, 446; BFHE 181, 222, BStBl II 1997, 154; *Dehesselles* DStR 2003, 537; s jedoch Anm 136). Das gilt auch für die Wettbewerbsklausel des § 65 Nr 3 AO (Anm 121; BFHE 202, 391, BStBl II 2004, 660; s aber zu Nr 3 Anm 136). Bis einschließlich EZ 1989 war dies nicht eindeutig. Vielmehr deutete der Wortlaut („kommen … insbesondere in Betracht") darauf hin, dass die Aufzählung weder abschließend war noch im Einzelfall zwingend zur Anerkennung als Zweckbetrieb führen musste (vgl *Lang* FR 1990, 353). Der Charakter der Vorschrift als Spezialvorschrift bedeutet jedoch nicht, dass eine ähnliche Einrichtung, die keinen ihrer Tatbestände erfüllt, insgesamt einen steuerpflichtigen wirtschaftlichen Geschäftsbetrieb darstellt (so jedoch *BMF* BStBl I 1999, 944 zu § 68 Nr 9 AO, s Anm 141). § 65 AO wird durch § 68 AO nur dann ausgeschlossen, wenn die Einrichtung konkret in den Regelungsbereich des § 68 AO fällt und es lediglich an bestimmten Tatbestandsvoraussetzungen fehlt (ebenso *Strahl* DStR 2000, 2163, 2167).

Im Einzelnen gilt:

134 **(Nr 1 a) Heime** sind in § 1 des HeimG idF v 5. 11. 2001 (BGBl I 2001, 2970) als Einrichtungen umschrieben, die **alte, pflegebedürftige** und **behinderte Menschen** auf Dauer aufnehmen und neben der Unterkunft Verpflegung und Betreuung gewähren oder vorhalten. Nach dem Wortlaut der Vorschrift ist es unschädlich, wenn eine nicht von § 53 AO erfasste Person aufgenommen wird. Die Heime müssen nur „in besonderem Maß" den in § 53 AO genannten Personen dienen. Der Hinweis auf § 66 Abs 3 AO spricht dafür, dass hierfür $^2/_3$ der Gesamtleistungen ausreichen (hierzu *FM Ba-Wü* DStR 1995, 1917; *FM S-Anh* DB 1996, 1703). Häusliche Pflege fällt unter § 66 AO (AEAO Nr 2 zu § 68 Nr 1).

(Nr 1 b) Die Leistungen an **Kindergärten, Schulland-, Studentenheime** sowie **Jugendherbergen** müssen nicht auf die Personen iSv § 53 AO beschränkt sein (AEAO Nr 3 zu § 68 Nr 1 AO). Bei der Beherbergung von alleinreisenden Erwachsenen durch eine Jugendherberge ist wie folgt zu unterscheiden: ist sie nach den tatsächlichen Verhältnissen (Art der Reservierung, Beherbergungsentgelt, Größe und Ausstattung der Zimmer, Verpflegung, Service, Beteiligung des Gastes an der Gemeinschaftsarbeit) unterscheidbar von den übrigen Leistungen, dann liegt ein eigenständiger wirtschaftlicher Geschäftsbetrieb vor; ist das nicht der Fall, dann liegt einheitlich entweder ein wirtschaftlicher Geschäftsbetrieb oder ein Zweckbetrieb vor, Letzteres wenn die Beherbergung alleinreisender Erwachsener nicht mehr als 10% der Gesamtleistungen beträgt (BFHE 177, 174, BStBl II 1995, 446; im Anschluss an BFHE 167, 470, BStBl II 1992, 684). Die Entscheidungen sind mE verfehlt. Sie missverstehen das Tatbestandselement des § 65 Nr 1 AO „in seiner Gesamtrichtung … dient", das ein qualitatives Element enthält, als quantitatives Element. Jugendherbergen sind im Übrigen Zweckbetrieb im Rahmen des gemeinnützigen Zwecks Jugend- u Familienförderung, dem die Beherbergung alleinreisender Erwachsener eben nicht dient.

135 **(Nrn 2 a, b) Selbstversorgungseinrichtungen und -betriebe** müssen Teil der steuerbegünstigten Körperschaft sein (BFHE 179, 19, BStBl II

1996, 28). Es genügt also nicht, wenn die Einrichtung rechtlich verselbständigt ist und ihre Leistungen an ihre Gesellschafter als an Außenstehende erbringt (BFHE 179, 19, BStBl II 1996, 28). Es muss sich um Handwerksbetriebe wie Tischlereien oder Schlossereien handeln. Die Rechtsprechung verlangt zT, dass sie wiederum einem Handwerksbetrieb dienen (BFHE 162, 510, BStBl II 1991, 268; aA BFHE 162, 502, BStBl II 1991, 157). ME gibt der Wortlaut des Gesetzes hierfür nichts her. In Betracht kommt daher – bei Vorliegen der oa Voraussetzung – eine Krankenhauswäscherei. Mit ihren Innenumsätzen sind die Selbstversorgungseinrichtungen Zweckbetriebe; dasselbe gilt für die Außenumsätze, wenn sie dem Wert nach 20% der Gesamtlieferungen/-leistungen nicht übersteigen (AEAO Nr 4 zu § 68 Nr 2 AO).

Der Begriff der Lieferungen und sonstigen Leistungen ist dem § 3 Abs 1 und 9 UStG entlehnt. Die Grenze von 20% ist mE eine der Wettbewerbsklausel (§ 65 Abs 3 AO) vorgehende und diese konkretisierende Spezialregelung und wirkt insofern konstitutiv. Die Vorschrift schweigt sich allerdings darüber aus, wie das Wertverhältnis zu ermitteln ist. Das ist problematisch deswegen, weil mit Außenstehenden ein Entgelt vereinbart wird, mit der Anstalt idR nicht. Auf keinen Fall dürfte es angehen, Leistungen nach außen entsprechend § 10 Abs 1 UStG nach dem vereinbarten Entgelt, Leistungen an die Anstalt dagegen wie eine unentgeltliche Wertabgabe entsprechend § 10 Abs 4 Nr 2 UStG mit den Selbstkosten zu bemessen, zumal bei Leistungen des Zweckbetriebs an die Anstalt keine unternehmensfremden Zwecke vorliegen. Im Übrigen würde die Anwendung unterschiedlicher Methoden dem Sinn des Gesetzes zuwiderlaufen. Die Ermittlung des Wertverhältnisses hat daher einheitlich zu erfolgen: entweder (fiktives) Entgelt auch bei Leistungen an die Anstalt oder (nur) Selbstkosten auch bei Leistungen nach außen (ebenso *Baumann/Penné-Goebel* BB 2005, 695); in Betracht kommen auch Mengenverhältnisse (zB der gewaschenen Wäsche bei einer Anstaltswäscherei) als einheitlicher Maßstab (BFHE 162, 502, BStBl II 1991, 157).

Außenstehende sind andere Personen als die Trägerkörperschaft, deren Angehörige und die begünstigten Benutzer (BFHE 162, 502, BStBl II 1991, 157). Das gilt folglich auch für andere Einrichtungen desselben Trägers und Einrichtungen anderer gemeinnütziger Träger (AEAO Nr 4 zu § 68 Nr 2 AO), nicht jedoch für die Angestellten der Körperschaft (ebenso *Baumann/Penné-Goebel* DB 2005, 695).

(Nr 3) Die Neufassung der Vorschrift ist grundsätzlich ab 1. 1. 2003 anzuwenden; für Projekte nach § 68 Nr 3 c AO ggf auch für frühere Zeiträume (*OFD Düsseldorf* DB 2004, 1397). **136**

(Nr 3 a) Der Begriff der **Werkstätten für behinderte Menschen** ergibt sich aus § 136 SGB IX (BGBl I 2001, 1046, 1085), früher § 54 SchwerbehindertenG (im Einzelnen AEAO Nr 5 zu § 68 Nr 3 AO). Die Vorschrift ist jedoch auf Behinderte iSd SGB III beschränkt. Die Wettbewerbsklausel ist zumindest ab 1. 1. 1990 nicht mehr zu beachten (vgl Anm 133). Gleichwohl setzt die Begünstigung voraus, dass die Einrichtung sich in ihrer Gesamtrichtung als Zweckbetrieb darstellt, also erkennbar darauf abzielt, die satzungsmäßigen Zwecke zu verwirklichen, ihnen dient; vermieden werden soll hierdurch ein Wettbewerbsvorteil gegenüber nicht begünstigten Wettbewerber bei Beschäftigung von nur wenigen Betreuten unter Mitwirkung von sonstigen Beschäftigten (BFHE 202, 391, BStBl II 2004, 660, jedoch mit dem bemerkenswerten Hinweis, im Streitfall werde der Satzungszweck „unabhängig" von der Anzahl der übrigen Beschäftigen erfüllt; krit zum Ansatz des BFH *Dehesselles* DStR 2003, 537; *Leisner* DB 2007, 1047). Auch die bei den Werkstätten betriebenen Kantinen gehören zum Zweckbetrieb (AEAO Nr 2 zu § 68 Nr 3 AO).

(Nr 3 b) § 68 Nr 3 b hat die bereits in AEAO Nr 7 zu § 68 Nr 3 AO enthaltene Definition der **arbeitstherapeutischen Einrichtung** übernommen.

(Nr 3 c) Integrationsprojekte iSd § 132 Abs 1 SGB IX können rechtlich und wirtschaftlich selbständig sein oder unternehmensintern oder von öffentlichen Arbeitgebern (§ 73 Abs 3 SGB IX) geführt werden (Integrationsbetrieb bzw -abteilung). Sie dienen der Beschäftigung schwerbehinderter Menschen, deren Beschäftigung am allgemeinen Arbeitsmarkt voraussichtlich auf Schwierigkeiten stößt. Begünstigungsvoraussetzungen: Behinderung der Beschäftigten von mindestens 50% oder gleichgestellte behinderte Menschen (zwischen 30% und 50% Grad der Behinderung) oder behinderte Jugendliche und junge Erwachsene (auch unter 30%); zudem arbeitsbegleitende Betreuung; Beschäftigungsquote – anders als in § 132 SGB IX – mindestens 40%, pro Person mindestens 18 Wochenstunden (vgl *OFD Düsseldorf* DB 2004, 1397). Der gemeinnützige Zweck muss dem Betrieb das Gepräge geben (zur USt: *BMF* BStBl I 2006, 242; DB 2007, 370; krit *Leisner* DB 2007, 1047).

(Nr 4) Zu Einrichtungen der **Blinden- und Behindertenfürsorge** gehört insbesondere der Vertrieb von Erzeugnissen, die von Blinden und sonstigen behinderten Menschen gefertigt sind (vgl RFH RStBl 1939, 545). Die Wettbewerbsklausel des § 65 Abs 3 AO ist zumindest ab 1. 1. 1990 nicht mehr zu beachten (vgl Anm 133).

137 **(Nr 5) Fürsorgeerziehung und freiwillige Erziehungshilfe.** Diese historischen Begriffe des Jugendwohlfahrtgesetzes sind durch die Neukodifizierung der Kinder- und Jugendhilfe im SGB VIII v 3. 5. 1993 (BGBl I 1993, 637) überholt; vgl nun „Hilfe zur Erziehung" in ihren verschiedenen Formen sowie „intensive sozialpädagogische Einzelbetreuung" nach den §§ 28–35 SGB VIII. Auch hier gilt die Wettbewerbsklausel des § 65 Abs 3 AO nicht mehr (vgl Anm 133).

138 **(Nr 6) Lotterien** und Ausspielungen, deren Reinertrag unmittelbar und ausschließlich zur Förderung mildtätiger, kirchlicher oder gemeinnütziger Zwecke verwendet wird. Die frühere Beschränkung von zwei Lotterien pro Jahr ist ab 1. 1. 2000 entfallen. Auch eine umfangreiche Lotterietätigkeit ist so lange unschädlich, als die durch das G gezogenen Grenzen nicht überschritten werden und die Körperschaft ihr Gepräge als begünstigte Einrichtung nicht verliert (AEAO Nr 9 zu § 68 Nr 6 AO). § 65 Abs 1 u 2 AO sind ab 1. 1. 1990 nicht mehr zu prüfen (aA *Tipke/Kruse* § 68 AO Rn 7). Sonstige nicht genehmigungspflichtige Veranstaltungen (zB Tombola) begründen wirtschaftliche Geschäftsbetriebe. Zur Ermittlung des Reinertrages

dürfen nur die mit der Veranstaltung unmittelbar zusammenhängenden Ausgaben abgezogen werden (AEAO Nr 10 zu § 68 Nr 6 AO). Zu Einzelfragen s *Schmidt/Fritz* DB 2001, 2062.

(Nr 7 a) Der Begriff der **kulturellen Einrichtung** ist nur beispielhaft umschrieben (AEAO Nr 11 zu § 68 Nr 7 AO). Er erfasst solche, deren Zwecke durch § 52 Abs 2 Nr 5 AO (s Anm 26) begünstigt sind. Erforderlich ist nach AEAO Nr 12 zu § 68 Nr 7 AO, dass die Förderung der Kultur Satzungszweck ist; das ist mE nicht zwingend. Zu den kulturellen Einrichtungen zählen auch Kultur- und Naturdenkmäler (ebenso *Tipke/Kruse* § 68 AO Rn 8) und wohl auch Kunstausstellungen mit Verkauf der ausgestellten Werke (*Orth* DStR 1987, 319), ebenso Volksmusik-, Gesangs-, Volkstanz- uä Darbietungen; nicht jedoch der hiermit verbundene Restaurationsbetrieb (BFHE 145, 40, BStBl II 1986, 92). Der Begriff der kulturellen Veranstaltung ist nach AEAO Nr 12 zu § 68 Nr 7 AO ähnlich zu handhaben wie der der sportlichen Veranstaltung nach BFHE 175, 1, BStBl II 1994, 886; dh er umfasst auch Darbietungen im Rahmen einer anderen und/oder von einem anderen Verein durchgeführten Veranstaltung; mE auch die unmittelbar der Vorbereitung dienenden und im Zusammenhang mit der eigentlichen Veranstaltung stehenden Maßnahmen wie Reise und Unterbringung. Für den Zeitraum **ab 1. 1. 1990** wird klargestellt, dass der Verkauf von Speisen und Getränken nicht zu den kulturellen Einrichtungen zählt; maßgebend hierfür waren wettbewerbspolitische Gründe. Dafür entfallen die Vorschriften über die Höchstgrenze und die Rücklagenbildung. Ein ggf einheitliches Entgelt ist aufzuteilen (AEAO Nr 13 zu § 68 Nr 7 AO). 139

(Nr 8) Die Nennung von **Volkshochschulen** ua Einrichtungen hat nur klarstellenden Charakter; § 65 AO war wohl ausreichend. Im Hinblick auf Beherbergung und Beköstigung ist die Vorschrift konstitutiv (*Scholtz* in *Koch,* § 68 AO Rn 20). Da aber auch insoweit ein Zweckbetrieb nur „in Betracht" kam, war § 65 AO bis 31. 12. 1989 zu beachten. Eine unnötige Konkurrenz zu Beherbergungsbetrieben nahm der Einrichtung den Charakter eines Zweckbetriebes (vgl auch *Lenski/Steinberg* § 3 Anm 33 a; *Scholtz* in *Koch* § 68 AO Rn 20). Ab 1. 1. 1990 gilt Anm 133. 140

Gewährt die Einrichtung nicht nur den Veranstaltungsteilnehmern Beherbergung und Beköstigung, dann ist die Annahme eines Zweckbetriebes ausgeschlossen (BFHE 160, 510, BStBl II 1990, 724).

Auf die Grundversorgung von Schülern an Ganztagsschulen ist die Vorschrift (auch) nicht (entsprechend) anwendbar (*OFD Kiel* DB 2000, 1305; vgl jedoch Anm 133).

(Nr 9) Die Befreiung von **Wissenschafts- u Forschungseinrichtungen** gilt grundsätzlich ab EZ 1997, jedoch auch für Fälle, die bei Inkrafttreten noch nicht bestandskräftig veranlagt waren (vgl hierzu *BMF* BStBl I 1999, 944; vgl aber auch EuGH Slg I 2002, 5811, DStR 2002, 1172 m Anm *FK*). Die Vorschrift dient der **Sicherstellung** der Gemeinnützigkeit von Forschungseinrichtungen, die neben der von der öffentlichen Hand geförderten Forschung auch Auftragsforschung gegen Entgelt betreiben **(Drittmittelforschung).** Der BFH hatte die Auffassung der Finanzverwaltung bestätigt, dass es sich bei letzterer um einen wirtschaftlichen Ge- 141 schäftsbetrieb handelt. Zudem hat er die **Trennbarkeit** von Eigenforschung und Auftragsforschung in Frage gestellt (BFHE 179, 447, BStBl II 1997, 189). Damit geriet für solche Forschungseinrichtungen die Gemeinnützigkeit in Gefahr. Dem gegenzusteuern ist Sinn und Zweck der Anerkennung der Auftragsforschung gegen Entgelt als Zweckbetrieb (vgl Begr. BRDrs 390/96).

Die Befreiung gilt für alle **gemeinnützigen Forschungseinrichtungen** in den Rechtsformen des § 1 KStG einschließlich gemeinnütziger Betriebe gewerblicher Art von juristischen Personen des öffentlichen Rechts (§ 1 Abs 1 Nr 6 iVm § 4 KStG); daher auch für Forschungseinrichtungen von staatlichen Hochschulen, wenn sie eine eigene (Zweckbetriebs)Satzung haben. Wissenschafts- und Forschungseinrichtungen sind also gleichgestellt. Auf die Art der Forschung (Natur- oder Geisteswissenschaft) kommt es nicht an. Die gemeinnützige Forschung muss also weiter im Vordergrund stehen. Keine Wissenschafts- oder Forschungseinrichtung ist eine Krankenanstalt, die zwar Forschung (im Auftrag) betreibt, bei der dies jedoch kein Satzungszweck ist (FG Ba-Wü EFG 2003, 22 rkr). **Träger** ist zumindest bei privat-rechtlich organisierter Tätigkeit die Körperschaft, die die Einrichtung betreibt (*BMF* BStBl I 1999, 944); bei öffentlich-rechtlich organisierter Tätigkeit ist dies streitig: Körperschaft (zB *Becker/Volkmann* DStZ 2007, 529) oder der BgA (zB *Buchna,* aaO S 298). ME ist diesbezüglich auf den BgA abzustellen, weil der systematische Zusammenhang als Träger des Zweckbetriebs eine gemeinnützige Organisation verlangt. Die subjektive StPfl des öffentlich-rechtlichen Trägers eines gemeinnützig tätigen BgA ist in diesem Zusammenhang ohne Bedeutung. Die in der Vorschrift angesprochenen **Zuwendungen** sind nur die Mittel, die der *Körperschaft* zufließen; wie sich die Mitglieder finanzieren, ist nicht von Bedeutung. Die Zuwendungen Dritter dürfen nur unentgeltliche Leistungen sein (Ausnahme: Einnahmen aus dem Zweckbetrieb einer anderen gemeinnützigen Tätigkeit) und dürfen sich daher nicht als Gegenleistungen für konkrete Forschungsleistungen darstellen (vgl FG Ba-Wü aaO; zu den Problemen *Olbertz* DStZ 1996, 531). Nicht hierher gehören Entgelte im Rahmen der Auftrags- oder Ressortforschung, die aufgrund gegenseitigen Vertrags gezahlt werden (BFHE 217, 1, BStBl II 2007, 631). Betragen die Einnahmen hieraus mehr als 50% der gesamten Einnahmen, geht die StBefreiung nur verloren, wenn die Auftragsforschung als eigenständiger Zweck verfolgt wird (BFH aaO). Das ist nicht nach der Herkunft der Einnahmen, sondern dem Zeit- und Personalaufwand zu entscheiden. Im Übrigen liegt ein wirtschaftlicher Geschäftsbetrieb vor (hierzu *Kaufmann/Schmitz-Herscheidt* BB 2007, 2039; *Strahl* DStZ 2007, 1468). Nach *BMF* BStBl I 1999, 944 ist für die Prüfung des Gewichts der Zuwendungen auf den EZ und die beiden vorangegangenen abzustellen. **Nicht** in den **Zweckbetrieb** einbezogen werden entgeltliche Tätigkeiten, die den gemeinnützigen Zweck nicht unmittelbar fördern, sondern der Mittelbeschaffung dienen, wie zB Kantinen, Projektträgerschaften (BFHE 179, 447, BStBl II 1997, 189), Materialprüfung, Blutalkoholuntersuchungen für die Strafverfolgungsbehörden (BFHE 158, 177, BStBl II 1990, 95; BFHE 161, 46, BStBl II 1990, 866) oder Verwaltungstätigkeiten für andere Forschungseinrichtungen (vgl auch *Thiel* DB 1996, 1944); ebenso Tätigkeiten, die sich auf die Anwendung von Erkenntnissen beschränken (zB Routineeinsatz von Ergebnissen bzw Fertigung marktfähiger Produkte, *BMF* BStBl I 1999, 944); hierzu und zur Ausgliederung einer Forschungstätigkeit auf eine GmbH *Bay FM* DB 2000, 954. Ist die Ergebnisverwertung untrennbarer Bestandteile der Auftragsforschung, wird dem Auftraggeber also das Verwertungsrecht eingeräumt, kann dies noch zum Zweckbetrieb gehören; anders lediglich bei besonderen und eigenständig entgoltenen Nebenleistungen (*Strahl* DStR 2000, 2165). Zur Ratsamkeit, Teile der Auftragsforschung auszugliedern, *Strahl* FR 2005, 1241; 2006, 1012.

Ist die Forschungseinrichtung ein Zweckbetrieb, stellt *BMF* BStBl I 1999, 944 die unwiderlegliche Vermutung auf, dass das Schwergewicht der Tätigkeit im begünstigten Bereich liegt. Erfüllt sie die Voraussetzungen der Vorschrift nicht, sei hiernach davon auszugehen, dass die Einrichtung in erster Linie eigenwirtschaftliche Zwecke verfolge (krit *Becker/Volkmann* DStZ 2007, 529). Zur Abgrenzung der Forschungseinrichtung von einzelnen nicht begünstigten Tätigkeiten *BMF* aaO sowie *OFD Ffm* DStR 2005, 578.

(frei) 142–144

Verfahrensfragen. Ein **besonderes Verfahren** zur Anerkennung der Gemeinnützigkeit usw besteht nicht (BFHE 188, 124, BStBl II 1999, 331). 145
Die Entscheidung ist im Veranlagungsverfahren durch **Steuerbescheid** oder **Freistellungsbescheid** von Amts wegen zu treffen (BFHE 146, 392, BStBl II 1986, 677; BFHE 156, 381, BStBl II 1989, 595; BFH/NV 1992, 90; AEAO Nr 3 zu § 59 AO). Dies kann für jeden Erhebungszeitraum neu geschehen (BFHE 94, 257, BStBl II 1969, 145; BFHE 104, 534, BStBl II 1972, 440; BFHE 127, 327, BStBl II 1979, 481; AEAO Nr 2 zu § 51 AO). Ist die Anerkennung in einem Steuer- oder Freistellungsbescheid erfolgt, so kann sie nicht außerhalb eines solchen Bescheides durch besonderen Verwaltungsakt widerrufen werden (BFHE 127, 327, BStBl II 1979, 481). Allenfalls kann hierin eine Änderung des Steuerbescheides (Freistellungsbescheides) zu sehen sein. Eine solche ist – ua nach § 173 Abs 1 Nr 1 AO – grundsätzlich zulässig (BFHE 181, 396, BStBl II 1998, 711). Eine Bindung an die Entscheidung bei der KSt-Veranlagung beseht für die USt nicht und umgekehrt (vgl BFHE 188, 124, BStBl II 1999, 331).

Nach AEAO Nr 4 ff zu § 59 AO ist – jedoch erst nach Eingang und Prüfung der Satzung, ohne Ansehung der tatsächlichen Geschäftsführung (!) – eine befristete, widerrufliche Zusage in Form einer **vorläufigen Bescheinigung** der Steuerbegünstigung für Körperschaften möglich, und zwar unter bestimmten Voraussetzungen (BFHE 186, 433, BStBl II 2000, 320) selbst dann, wenn die Körperschaft nach Auffassung des FA nicht gemeinnützig ist (AEAO Nr 6 zu § 59 AO; hierzu *Apitz* StBp 2004, 89); höchst fraglich, weil es sich angesichts ihres Regelungsgehalts letztlich doch um einen (unzulässigen) Verwaltungsakt handelt (*Reiffs* DB 1992, 243; *Gast-de Haan* FR 1993, 708; aA *Mack* DStR 1984, 187; BFHE 186, 433, BStBl II 2000, 320; BFH/NV 1992, 90; 1993, 150; AEAO Nr 5 zu § 59 AO: unverbindliche Rechtsauskunft). Eine Zusage liegt nicht in der Aussetzung eines Bescheides, mit dem die Anerkennung versagt wurde (BFHE 146, 392, BStBl II 1986, 677). Aus der vorläufigen Bescheinigung der Gemeinnützigkeit kann ein Anspruch auf Freistellung im Veranlagungsverfahren auch dann nicht hergeleitet werden, wenn das FA das Fehlen der Voraussetzungen für die Anerkennung hätte erkennen können (BFHE 143, 163, BStBl II 1985, 374; BFHE 156, 381, BStBl II 1989, 595; BFH/NV 1993, 150). Einen schutzwürdigen Vertrauenstatbestand nach den Grundsätzen von Treu und Glauben schafft das FA auch durch längeres Schweigen nach Erteilung der vorläufigen Bescheinigung nicht (BFHE 127, 327, BStBl II 1979, 481; BFHE 156, 381, BStBl II 1989, 595), doch dürfen nach *BMF* BStBl I 2004, 1059 aus Mängeln einer vor Erteilung der vorläufigen Bescheinigung geprüften Satzung aus Vertrauensschutzgründen keine nachteiligen Folgerungen für die Vergangenheit gezogen werden.

Nach BFHE 186, 433, BStBl II 2000, 320; BFH/NV 1999, 105 (zust *Schulz* DStR 1999, 354, *Hofmeister* DStZ 1999, 545, 550) kann das FA durch **einstweilige Anordnung** zur vorläufigen Anerkennung verpflichtet werden, wenn die Körperschaft zur Erfüllung ihrer satzungsmäßigen und ihrer Art nach gemeinnützigen Zwecke auf (steuerbegünstigte) Spenden angewiesen ist und ihre wirtschaftliche Existenz ohne die Anordnung bedroht ist. Das ist schon deswegen unzutreffend, weil zwar nicht formell, aber faktisch die Entscheidung der Hauptsache vorweggenommen wird (hierzu BFHE 146, 392, BStBl II 1986, 677). Die Tatsache, dass der Gesetzgeber nur Fehlleistungen von Spenden mit Haftung sanktioniert hat und der gute Glaube des Spenders geschützt ist, spricht nicht gegen, sondern für die Annahme der Vorwegnahme. Zur Darlegungslast BFH/NV 2001, 1223. Der **Widerruf** auf Grund eines Widerrufsvorbehalts ist nur für die Zukunft möglich (vgl zur NV-Bescheinigung BFH/NV 1997, 904). Zur Durchführung des Anerkennungs- und Besteuerungsverfahrens vgl *FM Ba-Wü* DStR 1991, 1050. Die Feststellungslast für das Vorliegen der Begünstigungsvoraussetzungen trägt die Körperschaft (BFHE 203, 251, BStBl II 2003, 930; BFH/NV 2005, 160).

146 **Beeinträchtigung von Rechten Dritter.** Durch eine steuerrechtlich unzutreffende Behandlung einer als gemeinnützig anerkannten Körperschaft können Rechte Dritter beeinträchtigt werden, wenn die jeweiligen Normen nicht nur dem Interesse der Allgemeinheit, sondern auch dem Schutz einzelner am betreffenden Steuerschuldverhältnis nicht beteiligter Dritter dient (sog **„drittschützende Norm"**). Der BFH (BFHE 184, 212, BStBl II 1998, 63) hat entschieden, dass die §§ 51–63 AO (Anm 14ff) keine drittschützenden Normen darstellen, wohl aber die §§ 64–68 AO (Anm 110), jeweils iVm § 5 Abs 1 Nr 9 Satz 2 KStG, § 3 Nr 6 Satz 2 GewStG (s auch BFHE 219, 184, BStBl II 2009, 126; BFH/NV 2007, 305; EuGH DStR 2006, 1082). Sie geben dem Dritten einen **Anspruch** auf zutreffende und wettbewerbsneutrale Besteuerung der Körperschaft. Verstöße können erforderlichenfalls mit der **Konkurrentenklage** gerügt werden. Deren Zulässigkeit setzt voraus, dass der Dritte substantiiert geltend macht, die rechtswidrige Besteuerung der Körperschaft beeinträchtige sein Recht auf Teilnahme an einem steuerrechtlich nicht zu seinem Nachteil verfälschten Wettbewerb. Diese Auffassung ist im Ansatz mE zutreffend, in der konkreten Anwendung jedoch fragwürdig. Denn in den Gründen

(BFHE 184, 212, BStBl II 1998, 63, 68 unter 5.) verlangt der BFH deutlich mehr, nämlich die Darlegung von Nachteilen eines Verdrängungswettbewerbs, bzw eine Unmöglichkeit, nämlich die Darlegung, dass ein von vornherein wettbewerbsrelevanter Zweck (Dialysestation) zu mehr als einem unvermeidbaren Wettbewerb geführt habe. Das Recht auf Teilnahme am unverzerrten Wettbewerb ist mE aber schon dann beeinträchtigt, wenn der steuerbefreite Wettbewerber eine ansonsten mögliche Ausweitung der Geschäftstätigkeit des Dritten beeinträchtigt. S im Einzelnen *Krömker* EStB 2008, 97, 203; *Schauhoff* DStR 2008, 1713; *Heger* DStR 2008, 807.

147.–149. Befreiung der Hochsee- und Küstenfischerei (Nr 7)

Allgemeines. Es handelt sich um eine sachliche Steuerbefreiung. Sie ist nicht deswegen zu versagen, weil der Unternehmer neben der Hochsee- und Küstenfischerei noch andere Nebentätigkeiten ausübt (BFHE 126, 47, BStBl II 1979, 49). Es genügt, dass eine der beiden Voraussetzungen gegeben ist; das Vorliegen der anderen Voraussetzung ist dann ohne Bedeutung (RFH RStBl 1938, 428). Der Betrieb muss die Hochsee- und Küstenfischerei allerdings unmittelbar zum Gegenstand haben. Verpachtet der Eigentümer das Schiff lediglich an einen Betrieb der Hochsee- und Küstenfischerei, dann sind die Pachtzinseinnahmen, wenn sie in einem GewBetrieb anfallen, gewstpflichtig (*Lenski/Steinberg* § 3 Anm 34). Der Pächter ist mE dagegen – bei Vorliegen der übrigen Voraussetzung – von der GewSt befreit. Verbirgt sich allerdings hinter einem Miet-, Pacht-, Charter- oder Kaufvertrag in Wirklichkeit allein die Überlassung von Fangerlaubnissen, dann ist der „Mieter" bzw „Käufer" nicht befreit (Nds FG EFG 1996, 1045 rkr). 147

Einzelnes. Begrifflich findet Hochseefischerei in Gewässern außerhalb und Küstenfischerei in Gewässern innerhalb der 3-Meilen-Zone statt. Zur Küstenfischerei gehört die Fischerei auf dem Unterlauf der Weser und Elbe sowie die Hafffischerei (A 26 GewStR; mE zutr). Davon abzugrenzen ist die Binnenfischerei. Sie ist grundsätzlich Landwirtschaft und daher ohnehin nicht gewstpfl. Wird sie durch eine Kapitalgesellschaft betrieben, dann ist sie kraft Rechtsform gewstpfl. 148

Steuerfreiheit wegen der Triebkraft der Schiffe kann nur gewährt werden, wenn sämtliche Schiffe weniger als 100 PS haben. Hat ein Schiff mehr als 100 PS, dann ist die Befreiung insgesamt zu versagen. Eine teilweise Befreiung ist nicht zulässig (RFH RStBl 1938, 428). 149

Die Beschäftigung von weniger als 7 Arbeitnehmern bezieht sich auf den Jahresdurchschnitt. Eine vorübergehende Erhöhung der Beschäftigten schadet nicht. Jahresdurchschnitt bedeutet jedoch auch, dass Zeiten mit mehr als 7 Beschäftigten solche gegenüberstehen müssen, in denen weniger Arbeitnehmer beschäftigt sind. Die Gesamtbeschäftigungszeit der Arbeitnehmer muss also weniger als 84 Arbeitsmonate pro Jahr betragen.

150.–160. Befreiung von Erwerbs- und Wirtschaftsgenossenschaften sowie Vereinen iSd § 5 Abs 1 Nr 14 KStG (Nr 8)

Literatur: *Schmitz,* Besteuerung der Landwirtschaftlichen Produktionsgenossenschaften (LPG) und deren Nachfolgegesellschaften, StBp 1993, 169.

150 **Allgemeines.** Es handelt sich um eine persönliche Steuerbefreiung. Die Voraussetzungen für die Befreiung waren bis einschließlich EZ 1989 dieselben wie in § 5 Abs 1 Nr 14 KStG. Ab EZ 1990 ist die Befreiung von der GewSt abhängig von der Befreiung von der KSt. Der Kreis der Begünstigten ist beschränkt auf Genossenschaften und Vereine; Kapitalgesellschaften sind nicht begünstigt, selbst wenn ihre Tätigkeit mit der von Erwerbs- und Wirtschaftsgenossenschaften übereinstimmt. Die Tätigkeit hatte bis EZ 1989 ausschließlich im Bereich der Land- und Forstwirtschaft zu liegen (zur Abgrenzung BFHE 151, 204, BStBl II 1988, 83). Die Befreiung entfiel daher in vollem Umfang, wenn die Erzeugnisse oder ein Teil nicht mehr als Land- und Forstwirtschaft anzusehen sind oder wenn Steuer- bzw Rechtsberatung betrieben wird. Ab **EZ 1990** tritt die volle StPfl erst ein, wenn die Einnahmen aus nichtbegünstigten Tätigkeiten 10% der gesamten Einnahmen übersteigen (vgl *BMF* DStZ 1993, 319). Bei Beschränkung auf Milchqualitäts- und -leistungsprüfungen sowie Tierbesamungen bleiben Zweckgeschäfte mit Mitgliedern außer Ansatz. Gemeinschaftliche Tierhaltung steht der Befreiung indes nicht entgegen. Sie gehört nach § 51 a BewG zur landwirtschaftlichen Nutzung. Zur Befreiung der LPG bzw Nachfolgegesellschaften *Schmitz* StBp 1993, 169.

Kreis der Begünstigten. Nach **§ 5 Abs 1 Nr 14 KStG** sind begünstigt Genossenschaften und Vereine, die beschränkt sind auf:

151 **(Nr 14 a)** die gemeinschaftliche Benutzung von land- und forstwirtschaftlichen Betriebseinrichtungen und Betriebsgrundstücken (landwirtschaftliche **Nutzungsgenossenschaften und Vereine**). Die Begünstigung setzt voraus, dass Betriebseinrichtungen durch die Mitglieder **gemeinschaftlich** genutzt werden. Der Betrieb durch die Genossenschaft oder den Verein selbst genügt nicht (RFH RStBl 1943, 412). Die Nutzungen müssen sich ausschließlich im land- und forstwirtschaftlichen Bereich vollziehen. Nicht begünstigte Tätigkeiten sind schädlich und machen in vollem Umfang gewstpfl (RFH RStBl 1941, 221). Das Gleiche gilt bei Nutzungsüberlassungen an Nichtlandwirte (RFH RStBl 1942, 780). Ebenso, wenn die Nutzungen nicht ausschließlich in den Betrieben der Genossenschaft oder des Vereins verwendet werden (BFHE 69, 296, BStBl III 1959, 372).

152 **(Nr 14 b)** Leistungen im Rahmen von Dienst- und Werkverträgen für die Produktion land- und forstwirtschaftlicher Erzeugnisse für die Betriebe der Mitglieder (landwirtschaftliche **Leistungsgenossenschaften und -vereine**). Die Begünstigung setzt voraus, dass Leistungen durch die Mitglieder erbracht werden, die der Produktion von land- und forstwirtschaftlichen Erzeugnissen für Betriebe der Mitglieder dienen. Dazu gehören auch Leistungen zur Erstellung und Unterhaltung von Betriebsvorrichtungen, Wirtschaftswegen und Bodenverbesserungen. Diese müssen sich ausschließlich im land- und forstwirtschaftlichen Bereich vollziehen.

(Nr 14 c) die Bearbeitung oder Verwertung der von den Mitgliedern selbst gewonnenen land- und forstwirtschaftlichen Erzeugnisse (landwirtschaftliche **Bearbeitungs- und Verwertungsgenossenschaften und -vereine**). Die Begünstigung setzt voraus, dass von den Mitgliedern selbst gewonnene Erzeugnisse bearbeitet oder verwertet werden. Sie sind demnach Produktionsgenossenschaften (zB Molkereien) und Verkaufs- bzw Absatzgenossenschaften (zB Winzervereine). Auch ihre Tätigkeit muss sich ausschließlich im land- und forstwirtschaftlichen Bereich vollziehen. Ob die letztgenannte Voraussetzung vorliegt, ist nach der Verkehrsauffassung der betroffenen Kreise zu entscheiden (RFH RStBl 1941, 765; RStBl 1944, 173). Dies gilt sowohl für die Herstellung als auch für die Bearbeitung und die Verwertung. Gewerbliche Tätigkeit ist die Weiterverarbeitung von bereits verarbeiteten Erzeugnissen (Käseschmelze aus Käse, RFH RStBl 1941, 220). Nicht schädlich hingegen ist die Fortsetzung lediglich begonnener Verarbeitung (Käse aus Frischkäse, RFH RStBl 1941, 962). 153

Schädlich ist es bereits, wenn nur ein Teil der Tätigkeit außerhalb des land- und forstwirtschaftlichen Bereichs liegt (RFH RStBl 1941, 180); daher ist bereits der Wareneinkauf für Mitglieder schädlich. Ebenso wenn die Verwertung der Form nach in typisch gewerblicher Weise erfolgt (zB Weinausschank in Tanzlokal oder Speisewirtschaft (BFHE 58, 732, BStBl III 1954, 191). Dagegen gehört die Branntweinerzeugung wohl (noch) zum Bereich der Land- und Forstwirtschaft, und zwar von Winzergenossenschaften (*BMF* BB 1983, 2339) als auch von anderen Wirtschaftsgenossenschaften (R 24 Nr 2 KStR). Ebenfalls unschädlich ist die Zwischenschaltung von Anschluss- oder Lieferungsgenossenschaften zwischen Mitgliedern und Verwertungsgenossenschaften (*Lenski/Steinberg* § 3 Anm 38, S 38). Allerdings dürfen auch sie nur Produkte der Mitglieder an die Verwertungsgenossenschaften weitergeben (vgl R 20 Abs 10 KStR). Nicht von Bedeutung ist auch der Umfang des personellen oder kapitalmäßigen Aufwands sowie die Art der technischen Ausstattung (BFHE 58, 329, BStBl III 1954, 38). Nach der letztbezeichneten BFH-Entscheidung konnte ein Missbrauch rechtlicher Gestaltungsmöglichkeiten vorliegen, wenn eine Genossenschaft ihre Überschüsse in erheblichem Umfang zur Erweiterung ihrer betrieblichen Anlagen verwendet, statt sie in Form von Warenrückvergütungen oder Gewinnausschüttungen den Genossen zuzuführen. Dem ist BFHE 186, 17, BStBl II 1998, 576 nicht gefolgt (hierzu *FM Nds* FR 1999, 1260). Ebenfalls unschädlich ist die Vermittlung von Verträgen im Bereich der Land- und Forstwirtschaft, zB von Mietverträgen für Maschinenringe (A 27 Abs 1 Satz 3 GewStR, vgl im Einzelnen R 21–24 KStR).

Bei Verwertungsgenossenschaften darf die Ermittlung der Einnahmen aus begünstigten und nicht begünstigten Tätigkeiten durch unmittelbare Zuordnung (getrennte Aufzeichnung) oder durch mittelbare Zuordnung (Verhältnis der Ausgaben für bezogene Waren von Mitgliedern und Nichtmitgliedern) erfolgen; hierbei eintretende Verschiebungen wegen Verkaufs in einem späteren Wirtschaftsjahr können hingenommen werden (*BMF* DStZ 1993, 319).

(Nr 14 d) die Beratung für die Produktion oder Verwertung land- und forstwirtschaftlicher Erzeugnisse der Betriebe der Mitglieder (landwirt- 154 schaftliche **Beratungsgenossenschaften und -vereine**). Die Begünstigung setzt voraus, dass sich die Beratung ausschließlich auf den Bereich der Land- und Forstwirtschaft beschränkt. Daher keine Steuer- und Rechtsberatung durch die Genossenschaft.

155 Begünstigt sind auch **Zentralen** solcher Genossenschaften, wenn sie selbst genossenschaftlich organisiert sind und alle Mitglieder die Voraussetzungen der Vorschriften erfüllen (BFHE 55, 65, BStBl III 1951, 26).

156 Die **geschäftliche Tätigkeit** darf sich idR nur erstrecken auf:
Zweckgeschäfte. Dies sind Geschäfte, die der Erfüllung des satzungsmäßigen Gegenstandes des Unternehmens der Genossenschaft dienen und die Förderung des Erwerbs oder der Wirtschaft der Mitglieder bezwecken (vgl BFHE 153, 234, BStBl II 1988, 753). Der Zweck selbst ergibt sich aus der Satzung. So ist der Ankauf von Wein durch Winzergenossenschaften ein Zweckgeschäft. Es kann sich um Mitglieder- und Nichtmitgliedergeschäfte handeln. Hierbei gilt als Mitglied schon der Genosse, dessen Eintragung durch das Registergericht beantragt ist (RFH RStBl 1937, 341). Mitglied ist nur, wer der Genossenschaft unmittelbar angehört. Ist dies wiederum eine landwirtschaftliche Verwertungsgenossenschaft, so dürfen Geschäfte nur mit dieser, nicht mit ihren Mitgliedern abgeschlossen werden. Eine Ausnahme besteht nach R 20 Abs 10 KStR bei Anschluss- oder Lieferungsgenossenschaften. Einnahmen (einschließlich USt) aus Zweckgeschäften mit Nichtmitgliedern und aus Nebengeschäften sind den Einnahmen aus nicht begünstigten Tätigkeiten zuzurechnen.

157 **Gegengeschäfte.** Dies sind Geschäfte, die zur Durchführung der Zweckgeschäfte erforderlich sind, zB bei Bezugsgenossenschaften der Einkauf der Waren, bei Nutzungsgenossenschaften der Ankauf einer Dreschmaschine sowie bei einer Verwertungs- bzw Absatzgenossenschaft der Verkauf der von den Mitgliedern angekauften Produkte an Nichtmitglieder.

158 **Hilfsgeschäfte.** Dies sind sonstige Geschäfte, die mit dem Betrieb in engem Zusammenhang stehen. Sie dienen der Abwicklung der Zweck- und Gegengeschäfte sowie dem Geschäftsbetrieb der Genossenschaft. Hierzu gehört etwa der Kauf und Verkauf von Büromaterial, Inventar, Verpackungsmaterial, Bedarfsartikeln; aber auch von Anlagevermögen, insb dann, wenn der Erlös zur Finanzierung von neuem Anlagevermögen verwendet wird (BFHE 100, 375, BStBl II 1971, 116) oder wenn der Verkauf im Rahmen einer Rationalisierungsmaßnahme (Verschmelzung, Betriebsumstellung, Einstellung eines Betriebszweigs, Bedarfsanpassung) erfolgt (R 20 Abs 6 KStR). Hilfsgeschäfte dürfen auch mit Nichtmitgliedern abgeschlossen werden.

159 **Nebengeschäfte** sind alle sonstigen Geschäfte, etwa auch die Vermietung oder Verpachtung eines Betriebs oder von Betriebsteilen (vg. BFHE 153, 38, BStBl II 1988, 592; R 20 Abs 6 KStR). Erträge hieraus sind – wie die Hilfgeschäfte mit Nichtmitgliedern (Anm 156) – den nichtbegünstigten Geschäften zuzurechnen (vgl BFHE 153, 234, BStBl II 1988, 753). Zur Abgrenzung der begünstigten von den nicht begünstigten Einnahmen bei

Verwertungsgenossenschaften nach dem Verhältnis der Ausgaben für bezogene Waren vgl R 20 Abs 8 Satz 3 ff KStR.

Die **Beteiligung an Gesellschaften** hat nach § 5 Abs 1 Nr 14 KStG **bis einschließlich EZ 1989** unterschiedliche Auswirkungen: Eine Beteiligung an einer steuerbefreiten Personenvereinigung oder steuerbefreiten Kapitalgesellschaft schließt die Steuerbefreiung der Genossenschaft bzw des Vereins nicht aus. Dagegen entfällt die Steuerbefreiung bei einer Beteiligung an einer Personenvereinigung, die einen GewBetrieb unterhält. Das Gleiche gilt bei einer mehr als nur geringfügigen Beteiligung an einer Kapitalgesellschaft. Die Beteiligung ist geringfügig, wenn das Stimmrecht 4% der Stimmrechte und der Anteil an den Geschäftsguthaben oder an dem Nennkapital oder an dem Vermögen, das im Fall der Auflösung an das einzelne Mitglied fallen würde, 10% nicht übersteigen (vgl zum alten Recht BFHE 65, 47, BStBl III 1957, 251; BFHE 66, 244, BStBl III 1958, 95). Die Befreiung ist auch ausgeschlossen, wenn die stpfl Kapitalgesellschaft die Erzeugnisse der Mitglieder der Genossenschaft vertreibt. Ebenfalls steuerschädlich ist die Beteiligung an einer Personengesellschaft, deren Mitunternehmer zum Teil nicht unter die Vorschrift fallen (BFHE 58, 496, BStBl III 1954, 101; BFHE 58, 501, BStBl III 1954, 102). **Ab EZ 1990** schränkt die Beteiligung an einer Personengesellschaft sowie an einer nicht steuerbefreiten Kapitalgesellschaft oder Erwerbs- bzw Wirtschaftsgenossenschaft nicht mehr ein (vgl § 5 Abs 1 Nr 14 KStG ab 1990). Wegen der Einführung der 10%-Grenze (Anm 150) ist die Beschränkung im Hinblick auf Beteiligungen entbehrlich geworden. 160

161.–182. Befreiung von Pensions-, Sterbe-, Kranken- und Unterstützungskassen (Nr 9)

Literatur: Kommentare und Handbücher: *Ahrend/Förster/Rößler,* Betriebliche Unterstützungskassen, 5. Aufl 1983; *Ahrend/Förster/Rößler,* Steuerrecht der betrieblichen Altersversorgung, 4. Aufl 1995; *Blomeyer/Otto,* Gesetz zur Verbesserung der betrieblichen Altersversorgung, 2. Aufl 1997; *Heubeck/Höhne/Paulsdorff/Rau/Weinert,* Kommentar zum Betriebsrentengesetz Bd II. Steuerrechtliche Vorschriften und Übergangs- und Schlussvorschriften, 1978; *Höfer,* Gesetz zur Verbesserung der betrieblichen Altersversorgung, Komm, Bd II. Steuerrechtlicher Teil, Loseblatt; *Buttler,* Steuerliche Behandlung von Unterstützungskassen, 2. Aufl 1996; – Weitere Literatur: *Schanz,* Die kongruent rückgedeckte Unterstützungskasse und alternative Durchführungswege der betrieblichen Altersversorgung im betriebswirtschaftlichen Vergleich, DB 1993, 1149; *Langohr-Plato,* Die rückgedeckte Unterstützungskasse als soziale Einrichtung, Stbg 1994, 321; *Ahrend/Heger,* Neustrukturierung der (betrieblichen) Altersversorgung – aus der Sicht des Unternehmens –, DStZ 1995, 95; *Beye,* Jahressteuergesetz 1996: Zuwendungen an Unterstützungskassen – Neufassung von § 4 d EStG, DB 1995, 2033; *Doetsch,* Zuwendungen an Unterstützungkassen unter Berücksichtigung der Änderungen durch das Jahressteuergesetz 1996, BB 1995, 2553; *Gratz/Bühl,* Beseitigung der partiellen Steuerpflicht einer Unterstützungskasse – ein Irrweg? DB 1996, 1995; *Hoffmeister,* Darlehensgewährung einer rückgedeckten Unterstützungskasse an sein Trägerunternehmen, DStR 1997, 567, *Buttler,* Steuerliche Zweifelsfragen zur rückgedeckten Unterstützungskasse, BB 1997, 1661; *Walter/Hoffmann,* Die Unterstützungskasse – immer noch ein Versorgungsmodell mit

Zukunft? Stbg 1997, 391; *Baier/Buttler,* Steuerliche Fallstricke bei der rückgedeckten Unterstützungskasse, BB 2000, 96, 1931, 2070; *Förster/Rühmann/Recktenwald,* Auswirkungen des Altersvermögensgesetzes auf die betriebliche Altersversorgung, BB 2001, 1406; *Harle/Weingarten,* Die Unterstützungskasse, BB 2001, 2502; *Wellisch/Maik,* Betriebliche Altersvorsorge – steuerliche und sozialversicherungsrechtliche Behandlung und Gestaltungsansätze, BB 2002, 1393.

161 **Allgemeines.** Es handelt sich um eine persönliche Steuerbefreiung mit sachlichen Einschränkungen, die sich aus der Verweisung auf das KStG ergeben. Die Kassen sind insoweit gewstpfl, als sie „überdotiert" sind, dh am Jahresende über mehr Vermögen verfügen, als sie zur Erbringung ihrer Leistungen benötigen (§ 4a KStG 1975, § 6 KStG 1977 [1999]). Das Gesetz erwähnt zwar 4 verschiedene Arten von Kassen. Diese lassen sich jedoch in zwei Gruppen unterteilen:

Die **Pensions-, Sterbe- und Krankenkassen** sind Versorgungseinrichtungen, die einen Rechtsanspruch auf ihre Leistungen gewähren (vgl § 1 Abs 3 des Gesetzes über die betriebliche Altersversorgung – BetrAVG – und § 5 Abs 1 Nr 3 KStG; vgl hierzu jedoch BAG BB 1973, 1308, BB 1977, 1202 und BB 1978, 762). Pensionskassen iSd Gesetzes sind rechtlich unselbständige Zusatzversorgungseinrichtungen des öffentlichen Dienstes (§ 18 BetrAVG) sowie die Witwen- und Waisenkassen (*Wrede* DStZ 1975, 104).

Unterstützungskassen sind rechtsfähige Versorgungseinrichtungen (zum Verein BFH/NV 2001, 1300), die nach ihrer Satzung, dem zur Gründung führenden Tarifvertrag uä auf ihre Leistungen keinen Rechtsanspruch gewähren (vgl § 1 Abs 4 BetrAVG, § 5 Abs 1 Nr 3 KStG; zur historischen Entwicklung der Unterscheidung von Pensionskassen vgl BVerfGE 74, 129). Das gilt auch dann, wenn Rechtsansprüche auf die Leistungen unter dem Gesichtspunkt der Geschäftsbesorgung für das Trägerunternehmen unmittelbar gegen die Unterstützungskasse bestehen (BFHE 169, 369, BStBl II 1993, 185) oder freiwillige Leistungen auf vom Trägerunternehmen zugesagte Leistungen angerechnet werden (BFH/NV 2001, 1300). Solche unmittelbaren Ansprüche bestehen im Falle von Alters-, Invaliditäts- und Hinterbliebenenversorgung (BAG BB 1973, 1308; BB 1977, 1202, BB 1978, 762 und BB 1979, 1605). Die Definition des Begriffs „Unterstützungskasse" in § 1 Abs 4 Satz 1 BetrAVG schränkt Art und Anlass der von der Kasse zu erbringenden Leistungen nicht ein (BFHE 169, 369, BStBl II 1993, 185 mwN). Die Leistungsempfänger dürfen zu laufenden Beiträgen oder zu sonstigen Zuschüssen nicht verpflichtet sein (§ 3 Nr 1 KStDV). Den Leistungsempfängern oder den Arbeitnehmervertretungen des Betriebes muss satzungsgemäß und tatsächlich das Recht zustehen, an der Verwaltung sämtlicher Beträge, die der Kasse zufließen, beratend mitzuwirken (§ 3 Nr 2 KStDV). Die Vorschrift steht selbständig neben § 87 Abs 1 Nr 8 des Betriebsverfassungsgesetzes (BFHE 90, 177, BStBl II 1968, 24). Das Mitwirkungsrecht kann in der Weise eingeräumt werden, dass satzungsmäßig und tatsächlich ein Beirat aus Arbeitnehmern gebildet wird, der die Betriebszugehörigen repräsentiert, also von ihnen gewählt wird (BFHE 133, 535, BStBl II 1981, 749). Diese Voraussetzung ist nicht erfüllt, wenn die Beiratsmitglieder letztlich von der Geschäftsleitung bestimmt werden (BFHE 150, 529, BStBl II 1988, 27). Die Steuerbefreiung wird nicht gewährt, wenn zwar nach der Satzung ein Mitwirkungsrecht vorgesehen ist, jedoch auf Grund schuldhaften Verhaltens der Kassenorgane tatsächlich nicht stattfindet (BFH/NV 1993, 329). Sie wird auch nicht gewährt, wenn die Unterstützungskasse finanziell, wirtschaftlich und organisatorisch derartig in das Trägerunternehmen eingegliedert ist, dass sie als Organgesellschaft iSv § 2 Abs 2 Sätze 2 u 3 anzusehen ist (BFHE 114, 242, BStBl II 1975, 179).

Die **Abziehbarkeit von Zuwendungen** der Trägerunternehmen als Betriebsausgaben bestimmt sich bei Pensionskassen nach § 4 c EStG und bei Unterstützungskassen nach § 4 d EStG (hierzu *Beul* DB 1987, 2603; *Beye* DB 1995, 2033; *Doetsch* BB 1995, 2553). Zum Abzug von Zuwendungen an eine in der Rechtsform der GmbH betriebene Unterstützungskasse und zu deren Umwandlung auf das Trägerunternehmen vgl BFHE 166, 465, BStBl II 1992, 744. Zum Abzug von Zuwendungen bei rückgedeckten Unterstützungskassen vgl *BMF* BStBl I 1996, 1435; FR 1998, 78; hierzu *Buttler* BB 1997, 1661; und bei sinkenden Zuwendungen *BMF* DStZ 2007, 681. Zur Zuwendung an mehrere Kassen nach § 4 d Abs 1 Nr 2 Satz 3 EStG vgl BFHE 159, 44, BStBl II 1990, 210. Zum betriebswirtschaftlichen Vergleich der Altersversorgung durch eine rückgedeckte Unterstützungskasse mit alternativen Möglichkeiten vgl *Schanz* DB 1993, 1149; zu steuerlichen und betriebswirtschaftlichen Aspekten *Harle/Weingarten* BB 2001, 2502. Zu Überversorgungsgrundsätzen BFH BStBl II 2007, 930.

Nicht genannt ist der sog **Pensionsfond** (§ 1 Abs 1 u § 1 b Abs 2–4 BetrAVG). Bei ihm ergibt sich jedoch eine weitgehende „faktische" GewSt-Befreiung, weil auf Fondsebene Dividendeneinnahmen (mit Ausnahme solcher aus Streubesitz, § 8 Nr 5) und Gewinne aus der Veräußerung von Aktien nach § 8 b KStG steuerbefreit sind (hierzu *Förster/Rühmann/Recktenwald* BB 2001, 1406; *Wellisch/Maik* BB 2002, 1393).

Voraussetzungen der Steuerfreiheit, Kreis der Leistungsempfänger. Nach § 5 Abs 1 Nr 3 a KStG muss sich die Kasse **beschränken** auf 162

(aa) Zugehörige oder frühere Zugehörige **einzelner oder mehrerer wirtschaftlicher Geschäftsbetriebe.** Ein Inlandsbezug wird nicht vorausgesetzt (*OFD Hannover* DB 2005, 2103). Der Begriff des Zugehörigen ist weiter als der des Arbeitnehmers. Er umfasst zwar auch diesen. Daher kann auch der Gesellschafter einer Personen- oder Kapitalgesellschaft Zugehöriger sein, wenn er gleichzeitig Arbeitnehmer der Gesellschaft ist (*Heißmann,* Betriebliche Unterstützungskassen, S 78). Gegen die Einschränkung auf Arbeitnehmer-Gesellschafter *Rau* (Betriebsrentengesetz II § 20 Rn 30) unter Hinweis auf § 1 Nr 1 KStDV, der diese Einschränkung nicht enthält. Letzterem ist nicht zu folgen. § 1 Nr 1 KStDV gibt für diese Frage nichts her; schließlich könnte jeder Aktionär Leistungen aus der Kasse erhalten, was zweckwidrig wäre (ebenso *Lenski/Steinberg* § 3 Anm 44 d, S 42). Auf jeden Fall sollten auch Personen in arbeitnehmerähnlicher Stellung begünstigt sein, also Heimarbeiter, Hausgewerbetreibende, Zwischenmeister und selbständige Handelsvertreter (R 12 Abs 1 Sätze 2–5 KStR). Dies gilt auch für Freiberufler und Handwerker, die überwiegend für das Unternehmen tätig sind. Gegen die Beschränkung auf arbeitnehmerähnliche Personen *Heubeck* (BB 1978, 490) unter Hinweis auf § 17 Abs 1 Satz 2

BetrAVG (Versorgungsleistungen „aus Anlass ihrer Tätigkeit für das Unternehmen"). Der Kritik ist nicht zuzustimmen (aA *Lenski/Steinberg* § 3 Anm 44d S 41f). „Zugehöriger" iSd Vorschrift kann ein wie auch immer Tätiger nicht durch eine einmalige oder kurzfristige oder eine im Wesentlichen unabhängige Tätigkeit für das Unternehmen werden. Jedenfalls dürfen Leistungsempfänger auch Arbeitnehmer sein, die an ausländische Tochtergesellschaften oder Betriebsstätten des Unternehmens abgeordnet sind. Dasselbe gilt für Arbeitnehmer ausländischer Tochtergesellschaften oder Betriebsstätten eines inländischen Unternehmens, falls für diese Arbeitnehmer Beiträge an die Kasse des inländischen Unternehmens entrichtet worden sind (R 12 Abs 3 KStR). Die Kasse muss nicht schon zurzeit der Beschäftigung des Zugehörigen bestanden haben. Zu den Zugehörigen rechnen auch deren Angehörige;

(bb) Zugehörige oder frühere Zugehörige **der Spitzenverbände der freien Wohlfahrtspflege** (vgl Anm 123) einschließlich ihrer Untergliederungen, Einrichtungen und sonstigen gemeinnützigen Wohlfahrtsverbänden; zum Begriff des Zugehörigen vgl (aa);

(cc) Arbeitnehmer sonstiger Körperschaften, Personenvereinigungen oder Vermögensmassen iSd §§ 1 und 2 KStG; den Arbeitnehmern stehen Personen, die sich in einer ähnlichen Stellung befinden gleich, also etwa Heimarbeiter, Hausgewerbetreibende und gleichgestellte Personen. Durch die Beschränkung auf Arbeitnehmer oder Personen in ähnlicher Stellung sollte bei dieser Gruppe eine nicht gerechtfertigte Ausweitung des Kreises der Leistungsempfänger, etwa auf Angehörige freier Berufe oder Gewerbetreibende verhindert werden (BTDrs 7/1281, S 43). Zu den Arbeitnehmern rechnen auch deren Angehörige.

163.–168. Soziale Einrichtung

163 **Soziale Einrichtung.** Nach § 5 Abs 1 Nr 3b KStG muss der Betrieb der Kasse nach dem Geschäftsplan und nach Art und Höhe der Leistungen eine **soziale Einrichtung** sein (hierzu *Langohr-Plato* Stbg 1994, 321). Bei Unterstützungskassen genügt jede Regelung, die nach Zielsetzung, Bindungswirkung und Überprüfbarkeit dem Geschäftsplan eines Versicherungsunternehmens entspricht, zB Satzung oder Leistungsplan (BFHE 161, 379, BStBl II 1990, 1088; BFH/NV 2001, 1300).

Diese Vorschrift bedeutet, dass die Kasse selbst Trägerin der Kassenleistungen (soziale Einrichtung!) sein muss. Sie selbst muss Ansprüche gewähren bzw den Kreis der Leistungsempfänger bestimmen und die Leistungen selbst erbringen. Daher keine Befreiung, wenn die Kasse nur den Abschluss von Versicherungsverträgen vermittelt oder der Rückdeckung des selbst Leistungen gewährenden Unternehmens dient (ebenso *Lenski/Steinberg* § 3 Anm 44c–44d). Unschädlich für den Begriff der sozialen Einrichtung ist die Koppelung der Leistungsanwartschaft mit einer bestimmten Dauer der Betriebszugehörigkeit. Nach § 1 Abs 1 BetrAVG idF bis 31. 12. 2000 (gilt für Altzusagen weiter, vgl § 30f idF des G v 26. 6. 2001, BGBl I 2001, 1310, 1331) gelten weitere Beschränkungen: bei Auflösung des Arbeitsverhältnisses ist die Anwartschaft nur unverfallbar, wenn der Arbeitnehmer mindestens 35 Jahre alt ist und entweder die Versorgungszusage mindestens

10 Jahre bestanden hat oder der Beginn der Betriebszugehörigkeit mindestens 12 Jahre zurückliegt und die Versorgungszusage mindestens 3 Jahre bestanden hat.

Unschädlich soll auch die Beschränkung der Versorgungsleistungen auf bestimmte Gruppen von Arbeitnehmern sein (*Lenski/Steinberg* § 3 Anm 45c, S 42e). ME ist dies fraglich. Dem Begriff der sozialen Einrichtung ist mE immanent, dass innerhalb einer Belegschaft allein nach dem Gesichtspunkt der sozialen Bedürftigkeit entschieden wird. Sonstige Merkmale, mit Ausnahme der Dauer der Betriebszugehörigkeit und des Alters, privilegieren hier, diskriminieren dort, sind also sachfremd. Der Vergleich mit unabhängigen Versicherungsunternehmen und sonstigen Versorgungseinrichtungen geht insoweit fehl.

Im Übrigen ist nach **§ 1 KStDV** eine soziale Einrichtung nur anzunehmen bei Erfüllung folgender Voraussetzungen:

(Nr 1) Die **Leistungsempfänger** dürfen sich in der Mehrzahl nicht aus dem **Unternehmer** oder dessen Angehörigen oder bei Gesellschaften nicht aus den Gesellschaftern oder deren Angehörigen zusammensetzen (zur Behandlung von nicht ehelichen Lebensgefährt/inn/en *BMF* BStBl I 2003, 93u 2002, 706). Nach BFHE 98, 432, BStBl II 1970, 473 ist es auch schädlich, wenn Leistungen an diesen Personenkreis gegenüber den Leistungen an Arbeitnehmer des Trägerunternehmens unverhältnismäßig hoch sind. ME ist diese Entscheidung trotz der Neufassung des § 1 Nr 1 KStDV nicht überholt (aA *Lenski/Steinberg* § 3 Anm 45a). Die Bestimmung lässt sich mE nur so verstehen, dass sie bestimmte Merkmale hervorhebt, bei deren Beachtung eine Anerkennung allenfalls in Betracht kommt. Das ergibt sich auch aus dem Wortlaut der Ermächtigungsvorschrift des § 33 Abs 1 Nr 1a KStG: „Vorschriften ..., nach denen die Steuerbefreiung nur eintritt, wenn ...". Eine andere Auslegung verstieße gegen die Befreiungs- und die Ermächtigungsvorschrift. Außerdem ist dem Begriff der sozialen Einrichtung immanent, dass die Einrichtung vorrangig der Versorgung der Arbeitnehmer uä und nicht einer unverhältnismäßig hohen Versorgung des Eigentümers (des Gesellschafters) des Trägerunternehmens dient. Nach *Rau* (aaO II § 20 Rn 48ff) müsste in diesen Fällen die Versicherungsaufsicht eingreifen. 164

(Nr 2) Bei Auflösung der Kasse darf ihr Vermögen vorbehaltlich der Regelung in § 6 KStG satzungsgemäß nur den Leistungsempfängern oder deren Angehörigen zugutekommen oder für ausschließlich gemeinnützige oder mildtätige Zwecke verwendet werden **(Vermögensbindung).** Auch dieser Grundsatz ergibt sich unmittelbar aus dem Begriff der sozialen Einrichtung. Die Regelung beruht auf der Ermächtigung des § 33 Abs 1 Nr 1a cc KStG. Ihr Zweck ist, von unten bezeichneten Ausnahmefällen abgesehen, einen Rückfluss des Kassenvermögens an das Trägerunternehmen zu verhindern und damit Vermögensverlagerungen zu Lasten der sozialen Kasse einerseits und der Besteuerung andererseits auszuschließen. Für die satzungsmäßige Bestimmung der ausschließlich gemeinnützigen oder mildtätigen Zwecke gilt § 61 AO sinngemäß (vgl oben Anm 98). Bei sozialen Kassen in der Rechtsform einer GmbH dürfen die eingezahlten Stammeinlagen nicht an das Trägerunternehmen zurück gewährt werden 165

(BFHE 107, 296, BStBl II 1973, 79). Der Vorbehalt des § 6 KStG bezieht sich auf die partielle Steuerpflicht des „überdotierten" Kassenvermögens und auf die hiermit verbundene Verfügungsfreiheit dieses Vermögens nach § 6 Abs 6 KStG. Das bedeutet, dass im Hinblick auf das „überdotierte" Vermögen keine Vermögensbindung für den Fall der Auflösung besteht. Die Rechtfertigung hierfür besteht darin, dass das „überdotierte" Vermögen partiell der Steuer unterworfen ist. Die **Vermögensbindung** entfällt **bei Unterstützungskassen,** wenn diese bei ihrer Auflösung ihr gesamtes Vermögen auf das Trägerunternehmen übertragen und dieses die Leistungen übernimmt oder solche nicht mehr zu erbringen sind. Denn dann ist das gesamte Vermögen überdotiert (*Rau* aaO II Rn 184 ff zu § 4 a KStG und BB, Beilage 1/1975). Dies gilt auch im Fall der Übertragung des gesamten unterdotierten Vermögens und Übernahme der Leistungen durch das Trägerunternehmen. Zwar ist § 6 Abs 6 KStG auf solche Fälle nicht unmittelbar anwendbar; doch bleibt sein Zweck beachtet, dass die Übertragung steuerfrei angesammelten Vermögens auf das Trägerunternehmen nur dann steuerschädlich ist, wenn ihr keine Gegenleistung des Trägerunternehmens gegenüberstehen (ebenso *Lenski/Steinberg* § 3 Anm 46 c, S 44 a; vgl zur Behandlung von Zuwendungen zwischen Trägerunternehmen und Unterstützungskasse sowie von Umwandlungen *OFD Düsseldorf* DB 1987, 2613, BB 1988, 119).

166 **(Nr 3)** Die Rechtsansprüche der Leistungsempfänger (bei Pensions- und Sterbekassen, § 2 KStDV) sowie die laufenden Leistungen und das Sterbegeld (bei Unterstützungskassen, § 3 Nr 3 KStDV) dürfen die in § 2 KStDV festgesetzten **Höchstbeträge** nicht übersteigen.
Dies sind ab 1. 1. 2002

als Pension	25 769 €	jährlich
als Witwengeld	17 179 €	jährlich
als Waisengeld	5 154 €	jährlich für jede Halbwaise
	10 308 €	jährlich für jede Vollwaise
als Sterbegeld	7 669 €	als Gesamtleistung.

Gewinnzuschläge, auf die die Berechtigten einen Rechtsanspruch haben, dürfen die vorgenannten Leistungen erhöhen (BFHE 97, 518, BStBl II 1970, 227). Solche Rechtsansprüche, mit Ausnahme des Sterbegeldes, dürfen in nicht mehr als 12% aller Fälle auf höhere Beträge als angegeben gerichtet sein. Es kommt nicht auf die Leistungen, sondern auf die Ansprüche an (BFHE 97, 518, BStBl II 1970, 227). In nicht mehr als 4% gilt die Ausnahme uneingeschränkt. Im Übrigen dürfen die Rechtsansprüche folgende Beträge nicht übersteigen:
ab 1. 1. 2002

als Pension	38 654 €	jährlich
als Witwengeld	25 769 €	jährlich
als Waisengeld	7 731 €	jährlich für jede Halbwaise
	15 461 €	jährlich für jede Vollwaise.

Eine Erhöhung für Ansprüche auf Sterbegeld besteht nicht.

Trotz dieser Höchstbeträge dürfte es grundsätzlich unschädlich sein, wenn das Trägerunternehmen höhere Versorgungsleistungen durch Abschluss von Direktversicherungen oder durch Pensionszusagen ermöglicht

(*Lenski/Steinberg* § 3 Anm 45 c, S 42 d). Allerdings stellt sich die Frage des Missbrauchs (BFHE 115, 107, BStBl II 1975, 553). An Stelle einer laufenden Rente darf auch eine Kapitalabfindung gezahlt werden. Voraussetzung ist, dass durch die Kapitalisierung die vorgenannten Höchstbeträge nicht überschritten werden und der Leistungsempfänger nicht bessergestellt wird als durch die laufende Rente. Die Kapitalisierung ist daher mit einem auf Dauer gesehen durchschnittlichen Zinssatz von 5,5% anzusetzen (R 14 Abs 3 Satz 4 KStR). Dieser Ansatz ist fraglich. Versicherungsbehörden genehmigen nach zwingendem Versicherungsrecht einen Zins von nur 3,5%. Dieser Satz muss auch für steuerrechtlich anzuerkennende Kapitalabfindungen gelten (*Heubeck* BB 1978, 490); dies umsomehr, als das Gesetz auch im Übrigen auf versicherungsmathematische Grundsätze abstellt (§ 5 Abs 1 Nr 3 d KStG). Steuerliche, dh fiskalische, Gesichtspunkte sind demnach nicht angezeigt (so jedoch *Lenski/Steinberg* § 3 Anm 45 c, S 42 e).

Die Beschränkung von **Unterstützungskassen mit Leistungen von Fall zu Fall** auf Fälle von Not und Arbeitslosigkeit gilt nicht für alle Unterstützungskassen, sondern nur für solche, die nach ihrer Satzung Leistungen von Fall zu Fall vorsehen (ebenso *Lenski/Steinberg* § 3 Anm 42 e, S 44 c; aA *Wrede* DStZ 1975, 104). Der Wortlaut des Gesetzes und die Begründung (BTDrs 7/1281, S 42) lassen eine andere Deutung nicht zu. Den Betriebsangehörigen dürfen nicht ohne Rücksicht auf ihre soziale Lage Zuwendungen gemacht werden. Schädlich ist daher die Übernahme von sozialen Leistungen, die dem Betrieb ungeachtet der sozialen Verhältnisse obliegen (RFH RStBl 1944, 443), wie etwa Zuwendungen bei Betriebsveranstaltungen, Jubiläums- oder Gelegenheitszuwendungen. Der Begriff „Not" bezieht sich auf natürliche Personen; daher keine Zuwendungen an gemeinnützige Einrichtungen des Betriebes mit Ausnahme von mildtätigen Einrichtungen, wie etwa Kranken- oder Erholungsheime (*Rau* aaO II, § 20 Rn 69 ff). Im Fall von Entlassungen dürfen nur dann Leistungen vorgesehen sein, wenn die Entlassung zu Arbeitslosigkeit oder Not geführt hat (*OFD Ffm* FR 1996, 800). 167

Hat eine Kasse noch **andere als soziale** Zwecke, so steht dies der Steuerbefreiung entgegen, nach RFH RStBl 1941, 35, jedoch nur, wenn die anderen Tätigkeiten nicht nur unbeträchtlich sind. 168

Einkünfte- und Vermögenssicherung. Nach § 5 Abs 1 Nr 3 c KStG muss die ausschließliche und unmittelbare **Verwendung des Vermögens und der Einkünfte** der Kasse nach der Satzung und der tatsächlichen Geschäftsführung für die Zwecke der Kasse gesichert sein. Das wirtschaftliche Handeln darf über eine Vermögensverwaltung nicht hinausgehen. Die Dienstbarmachung des Vermögens und der Einkünfte für andere als die sozialen Zwecke ist schädlich, so etwa, wenn die Kasse durch regen An- und Verkauf von Wertpapieren, zum Teil mit Kredit, nach außen (gewerblich) in Erscheinung tritt (BFHE 95, 4, BStBl II 1969, 269). Ebenso wenn die Kasse Kommanditist (Mitunternehmer) eines Gewerbebetriebes (KG) ist (BFHE 129, 331, BStBl II 1980, 225). Der Mitunternehmer trägt Unternehmerrisiken; er ist im Insolvenzfall ungünstiger gestellt als der Darlehensgläubiger oder der typische stille Gesellschafter. Dagegen ist mit FG Ba-Wü (EFG 1984, 189) die Unterbeteiligung am Kommanditanteil einer 169 vermögensverwaltenden GmbH & Co KG unschädlich. Ebenso dürfte die Hingabe eines partiarischen Darlehens oder der Erwerb einer typischen stillen Beteiligung unter Ausschluss einer Verlustbeteiligung (§ 231 Abs 2 HGB) noch als Vermögensverwaltung anzusehen sein (offen gelassen in BFHE 129, 331, BStBl II 1980, 225). Mit beiden Anlagenformen sind unternehmerische Risiken nicht verbunden und Einkünfte aus Kapitalvermögen gegeben (ebenso *Lenski/Steinberg* § 3 Anm 44 b, S 40). Eine Unterstützungskasse darf ihr Vermögen in Form eines Darlehens (auch eines Policendarlehens, hierzu *Hoffmeister* DStR 1997, 567; **aA** *Baier/Buttler* BB 2000, 2070) im Betrieb des Trägerunternehmens arbeiten lassen, wenn eine angemessene **Verzinsung** erfolgt und die wirtschaftliche Leistungsfähigkeit des Trägerunternehmens für die Sicherheit der Mittel bürgt (BFHE 109, 350, BStBl II 1973, 632). Was eine angemessene Verzinsung ist, ist höchstrichterlich nicht entschieden (vgl BFHE 121, 325, BStBl II 1977, 442; hierzu *HHR,* § 5 KStG Anm 95). Genannt werden der gesetzliche Zins von 4 bzw 5% (*Heißmann,* Betriebliche Unterstützungskassen, S 191), 1 bzw 2% über dem Bundesbank-Diskontsatz (*Ahrend/Förster/Rößler* Rn 311), 2% unter dem Zinssatz für Geldanleger ohne Kursrisiko (*Blomeyer/Otto* S 1355), der Spareckzins (FG Düsseldorf EFG 1986, 254) sowie die Übereinstimmung mit irgendeinem gesetzlichen oder marktüblichen Zins (*Hill/Klein* DB 1989, 1942). Nach BFHE 161, 79, BStBl II 1990, 1000 kommt es auf die Umstände der Darlehensgewährung und einen Vergleich mit den jeweiligen Bedingungen am Kapitalmarkt an. Der Spareckzins ist nicht in jedem Fall unterste Grenze. Wurde die Darlehensforderung der Kasse zugewendet, kommt es auf die Durchsetzbarkeit eines höheren Zinses an. Unschädlich ist die Einräumung eines **Pfandrechts** an der Versicherungsleistung zugunsten des Versorgungsberechtigten (*BMF* DStR 1998, 1554) ebenso wie die **Ablösung** von Verpflichtungen durch eine Unterstützungskasse an einen vorzeitig ausgeschiedenen Arbeitnehmer bei Eintritt des Versorgungsfalles (§ 2 Abs 4 BetrAVG), weil die Ablösung nur die Erfüllung einer Rechtspflicht darstellt (vgl § 3 Abs 1 und § 4 Abs 2 BetrAVG).

Die Vermögensbindung entfällt jedoch, soweit das zulässige Vermögen um mehr als 25% überstiegen ist. Das überdotierte Vermögen kann auf das Trägerunternehmen zurückübertragen werden, was die Überdotierung in zulässiger Weise beseitigt (*Baier/Buttler* BB 2000, 2070).

Die aufgrund der **Portabilität** (§ 4 Abs 2 Nr 2 BetrAVG) erfolgende Übertragung des Werts der unverfallbaren Anwartschaft auf den neuen Arbeitgeber verstößt nicht gegen den Grundsatz der Zweckbindung (*FM Nds* v 4. 1. 2006; *OFD Hannover* DB 2006, 644).

170.–176. Überdotierung

170 **Vermögensgrenzen bei Pensionskassen.** Nach § 5 Abs 1 Nr 3 d KStG darf bei Pensions-, Sterbe- und Krankenkassen am Schluss des Wirtschaftsjahres, zu dem der Wert der Deckungsrückstellung versicherungsmathematisch zu berechnen ist, das nach den handelsrechtlichen Grundsätzen ordnungsgemäßer Buchführung unter Berücksichtigung des von der Versicherungsaufsichtsbehörde genehmigten Geschäftsplans auszuweisende Ver-

mögen nicht höher sein, als bei einem Versicherungsverein auf Gegenseitigkeit die Verlustrücklage und bei einer Kasse anderer Rechtsform der dieser Rücklage entsprechende Teil des Vermögens. Bei der Ermittlung des Vermögens ist eine Rückstellung für Beitragsrückerstattungen nur insoweit abziehbar, als den Leistungsempfängern ein Anspruch auf die Überschussbeteiligung zusteht. Übersteigt das Vermögen der Kasse den bezeichneten Betrag, so ist die Kasse nach der Maßgabe des § 6 Abs 1 bis 4 KStG steuerpflichtig. Es kommt auf das Endes des Wirtschaftsjahres an, das in dem maßgeblichen EZ endet (BFH/NV 2003, 1037).

Das übersteigende Vermögen, das **„überdotierte"** Vermögen ist bei einem Versicherungsverein auf Gegenseitigkeit der Betrag, um den das Vermögen der Pensionskasse die Verlustrücklagen übersteigt. Was die Verlustrücklage ist, wird im Gesetz (§ 37 VAG) nicht bestimmt. Maßgeblich ist hiernach die Satzung des Vereins. Das Bundesamt für Versicherungswesen verlangt hierfür im Allgemeinen einen Sollbetrag in Höhe von 5% der Versicherungswerte oder der Deckungsrückstellungen. Von diesen ist auch bei der Ermittlung des überdotierten Vermögens auszugehen (*Rau* aaO II, § 20 Rn 80; *Heubeck* BB 1978, 490). Ist die Pensionskasse von der Bildung einer Verlustrücklage befreit, dann führt jedes Eigenkapital zur Überdotierung (Rau aaO II, § 20 Rn 88). **171**

Bei Kassen anderer Rechtsform kommt es auf den „dieser Rücklage entsprechenden Teil des Vermögens" an. Damit ist der Teil des Vermögens bezeichnet, der zur Deckung eines Verlustes dient. Dies ist bei Aktiengesellschaften (§ 7 VAG) die gesetzliche Rücklage. Bei öffentlich-rechtlichen Versicherungsunternehmen führt jedes Eigenkapital zur Überdotierung, wenn nicht nach der Satzung eine (Verlust-)Rücklage vorgesehen ist. Denn bei ihnen besteht kein gesetzlicher Zwang zur Ansammlung von Vermögen, das der Deckung von Verlusten dient (*Wrede* DStZ 1975, 104). **172**

Die Beschränkung der Rückstellung für Beitragsrückerstattung auf tatsächlich bestehende Ansprüche auf **Überschussbeteiligungen** bedeutet nicht, dass die Rückerstattungen noch in dem Jahr der Bildung der Rückstellung oder alsbald danach zu leisten sind. Es genügt, dass die Satzung eine Rückerstattung verbindlich vorschreibt und dass sie dem Grunde und der Höhe nach noch vor dem Bilanzstichtag verbindlich festgelegt worden ist (§ 21 Abs 2 Nr 2 KStG) und der Personenkreis und Zahlungszeitpunkt bestimmt sind. Hierfür ist die Beschlussfassung durch das zuständige Organ und Bekanntmachung in der üblichen Weise erforderlich. In welcher Form die Rückerstattung durchzuführen ist, ist ohne Bedeutung. **173**

Diese Voraussetzungen müssen **nicht in jedem Jahr** gegeben sein. Erheblich sind die Verhältnisse des Wirtschaftsjahres, zu dem der **Wert der Deckungsrückstellung** versicherungsmathematisch zu berechnen ist. Das ist nach den Vorschriften für das Bundesamt für Versicherungswesen in der Regel jedes dritte Jahr. Die Berechnung erfolgt nach dem sog „Anwartschaftsdeckungsverfahren". Dies gilt auch für Zusatzversorgungseinrichtungen des öffentlichen Dienstes, wenngleich diese die Finanzierung nach einem modifizierten Umlageverfahren mit der Auflage einer 10-jährigen Bedarfsdeckung durchführen. Dabei sind die satzungsgemäßen Leistungen der Kasse des öffentlichen Dienstes, auf die ein Rechtsanspruch besteht, **174** nicht nur für den 10-jährigen Deckungsabschnitt, sondern mit dem Barwert unter Berücksichtigung eines Zinses von 3,5% anzusetzen (vgl *Lenski/Steinberg* § 3 Anm 45f, S 43).

175 **Vermögensgrenzen bei Unterstützungskassen.** Bei Unterstützungskassen darf nach § 5 Abs 1 Nr 3e KStG das Vermögen ohne Berücksichtigung künftiger Kassenleistungen nicht höher sein als das um 25% erhöhte zulässige Kassenvermögen iSd § 4d EStG. Ab **EZ 1992** gilt noch: noch nicht fällige Ansprüche aus einer Versicherung sind mit dem Wert des geschäftsplanmäßigen Deckungskapitals zuzüglich des Guthabens aus Beitragsrückerstattung am Schluss des Wirtschaftsjahres anzusetzen, das übrige Vermögen ist mit dem gemeinen Wert am Schluss des Wirtschaftsjahres anzusetzen. Übersteigt das Vermögen der Kasse den bezeichneten Betrag, so ist die Kasse nach der Maßgabe des § 6 Abs 5 KStG stpfl. Nach § 4d Abs 1 Nr 1 Satz 4 EStG ist **zulässiges Kassenvermögen** die Summe aus dem Deckungskapital für alle am Schluss des Wirtschaftsjahres laufenden Leistungen nach der dem Gesetz als Anlage 1 beigefügten Tabelle für Leistungsempfänger iSv § 4d Abs 1 Nr 1b EStG (ehemalige Arbeitnehmer des Trägerunternehmens sowie sonstige Empfänger von Leistungszusagen bzw deren Hinterbliebene) und dem achtfachen der für jeden Leistungsanwärter nach § 4d Abs 1 Nr 1b EStG (zum Begriff *BMF* BStBl 1996, 1435 sowie FR 1998, 78) abzugsfähigen Zuwendungen (hierzu BFHE 161, 379, BStBl II 1990, 1088; *OFD München* FR 1993, 445). Gewährt eine Unterstützungskasse aus der von ihr zugesagten Altersversorgung iSv § 1 Abs 1 Satz 1 Betr AVG idF bis 31. 12. 2000 einmalige Kapitalleistungen unter 12000 DM (im Entscheidungsfall 6000 DM), so sind diese bei der Ermittlung des zulässigen Kassenvermögens nach Maßgabe des § 4d Abs 1 Nr 1 Satz 7 EStG als lebenslänglich laufende Leistung zu behandeln; die abweichende Regelung des A 27a Abs 2 Satz 4 EStR aF, die diese Rechtsfolge erst bei Beträgen ab 12000 DM vorsah, hat im G keine Grundlage (BFHE 175, 130, BStBl II 1995, 21). Zur Dotierung bei fallenden Anwartschaften *BMF* DB 1993, 2261. Soweit sich die Kasse die Mittel für ihre Leistungen durch Abschluss einer Versicherung verschafft (sog **rückgedeckte Unterstützungskasse;** zum Begriff *BMF* DB 1996, 2364), ist zulässiges Kassenvermögen der Wert des geschäftsplanmäßigen Deckungskapitals aus der Versicherung am Schluss des Wirtschaftsjahrs; in diesem Fall ist das zulässige Kassenvermögen nach vorstehenden Grundsätzen in dem Verhältnis zu mindern, in dem die Leistungen der Kasse durch die Versicherung gedeckt sind (zu Gestaltungsmöglichkeiten *Buttler* DB 1997, 1661; *Beye* DB 1995, 2033). Auch für nicht lebenslänglich laufende Leistungen ist ein zulässiges Kassenvermögen zu bilden (*Baier/Buttler* BB 2000, 2070). Da der Wert des Deckungskapitals Guthaben aus der Überschussbeteiligung nicht einschließt, das tatsächliche Vermögen solche also umfasst, kann es leicht zu einer Überdotierung der Kasse kommen. Sie lässt sich durch Investition der Überschüsse in ein Bonussystem oder Verrechnung mit den zu zahlenden Beiträgen vermeiden. Über die Verwendung des Überschusses muss spätestens am Ende des Bezugsjahres entschieden werden (*BMF* BB 1996, 2679). Daher kann dem Trägerunternehmen für den Fall der Überdotierung ein Rechtsanspruch auf Rückübertragung eingeräumt werden. Allerdings kann

die partielle Steuerpflicht bei Überdotierung günstiger ausfallen als die Rückübertragung (*Gratz/Bühl* DB 1996, 1995).

Soweit die Berechnung des Deckungskapitals nicht zum Geschäftsplan gehört, tritt an die Stelle des geschäftsplanmäßigen Deckungskapitals der nach § 176 Abs 3 VVG berechnete Zeitwert ohne Berücksichtigung des Guthabens aus Beitragsrückerstattung (§ 4 d Abs 1 Nr 1 Sätze 4–6 EStG). Die Änderung der Gesetzeslage hat praktisch den Zwang zur Folge, Gewinnguthaben unmittelbar zu verwenden (*Beye* DB 1995, 2033; *Doetsch* BB 1995, 2553; *Buttler* 1997, 1661; kritisch zur Gesetzesänderung auch *Walter/Hoffmann* Stbg 1997, 391). Gewährt eine Unterstützungskasse an Stelle von lebenslänglich laufenden Leistungen eine einmalige Kapitalleistung, so gelten 10% der Kapitalleistung als Jahresbetrag einer lebenslänglich laufenden Leistung (zu Zweifelsfragen *BMF* BStBl I 1996, 1435). Bei der Ermittlung des Kassenvermögens nach § 4 d Abs 1 Satz 3 EStG ist Grundbesitz mit 200% der Einheitswerte anzusetzen, die zu dem Feststellungszeitpunkt maßgebend sind, der auf den Schluss des Wirtschaftsjahres folgt; das übrige Vermögen ist mit dem gemeinen Wert am Schluss des Wirtschaftsjahres zu bewerten (zu Ausnahmen bei Ermittlung des zulässigen Kassenvermögens *BMF* BStBl I 1994, 18). Maßgebend sind also die Verhältnisse am Ende des Wirtschaftsjahres, das im maßgeblichen EZ endet (BFH/NV 2003, 1037). Zur Bewertung des Kassenvermögens vgl *Höfer* BB 1987, 1143.

Die **Portabilität** von Anwartschaften führt je nach Gestaltung der Übernahme der Verpflichtung durch den neuen Arbeitgeber, (1) Zahlung des übertragenen Vermögenswerts als Einmalbetrag, (2) Übernahme der kongruenten Rückdeckungsversicherung, zu unterschiedlichen Folgen: (1) wie für die nicht rückgedeckte, (2) wie für die rückgedeckte Unterstützungskasse (*OFD Hannover* DB 2006, 644).

Verlust der Steuerfreiheit tritt bei Fortfall der Voraussetzungen für die 176
Steuerbefreiung ein. Diese Wirkung tritt idR **nur für das Kalenderjahr** ein, in dem die Voraussetzung fehlt, etwa bei einem Verstoß gegen die Beschränkung auf Zugehörige oder Arbeitnehmer nach § 5 Nr 3 a KStG (*Heißmann,* Steuerfragen, S 258; *Lenski/Steinberg* § 3 Anm 46 k). Ein rückwirkender Wegfall der Steuerfreiheit für zurückliegende EZ, soweit nicht verjährt, tritt ein bei Verstößen gegen das Gebot der Vermögensbindung (oben Anm 165), etwa bei Auflösung der Kasse (BFHE 90, 177, BStBl II 1968, 24; BFHE 121, 322, BStBl II 1977, 490). Argument ist hierbei das Gebot der dauernden Sicherung des Kassenvermögens für die Zwecke der Kasse. Hierzu gehört nach BFH aaO offenbar auch die Vermögensbindung bei Auflösung der Kasse. Dem ist mE zuzustimmen. Beide Gebote sind zwar in verschiedenen Vorschriften niedergelegt (§ 5 Abs 1 Nr 3 c KStG; § 1 Nr 2 KStDV). Doch sind sie letztlich Ausprägungen desselben Anliegens. Aus den oa Grundsätzen folgt mE auch, dass bei ähnlich schwerwiegenden Verstößen gegen die laufende Sicherung des Kassenvermögens die Steuerbefreiung rückwirkend entfällt. „Dauernd" beschreibt ein Zeitelement im Sinne eines zusammenhängenden Zeitabschnitts. Das bedeutet, dass die Kasse nur begünstigt ist, *wenn* und nicht nur soweit die „dauernd" erforderlichen Voraussetzungen tatsächlich in jedem Augenblick des Bestehens der Kasse gegeben sind. Da sie aus dieser Sicht in jedem einzelnen EZ

auch späterhin gegeben sein müssen, wirkt ein Verstoß auf jeden (noch nicht verjährten) EZ iSd § 175 Abs 2 AO zurück (aA jedoch *Lenski/Steinberg* § 3 Anm 46k).

177.–182. Partielle Steuerpflicht der überdotierten Kassen

177 **Pensions-, Sterbe- und Krankenkassen; Grundsatz.** Übersteigt am Schluss des Wirtschaftsjahres, zu dem der Wert der Deckungsrückstellung versicherungsmathematisch zu berechnen ist, das Vermögen der Kassen den in § 5 Abs 1 Nr 3d KStG (Anm 170ff) bezeichneten Betrag, so ist die Kasse nach § 6 Abs 1 KStG stpfl, soweit ihr Einkommen **anteilig** auf das übersteigende Vermögen entfällt (Umfang der Steuerpflicht). Die StPfl tritt ein in dem EZ, in dem das Wirtschaftsjahr endet (§ 14 Abs 2), an dessen Ende die Überdotierung vorliegt (BFH/NV 2003, 1037). Es ist das Verhältnis des übersteigenden Vermögens zum Vermögen der Kasse auf das Einkommen der Kasse anzuwenden.

Beispiel:

Auszuweisendes Kassenvermögen	2 000 000 €
Verlustrücklage nach § 37 VAG	2 500 000 €
übersteigendes Kassenvermögen	1 500 000 €

Dieses beträgt $^3/_4$ des auszuweisenden Kassenvermögens. Das Einkommen (der Gewerbeertrag) ist mit einem Anteil von $^3/_4$ gewstpfl.

Diese Grundsätze sind auch dann anzuwenden, wenn die Kasse ganz oder teilweise Einkünfte aus Kapitalvermögen erzielt. Es besteht kein Anlass für die Annahme, dass die Kapitalerträge ausschließlich oder überwiegend mit dem zulässigen Kassenvermögen erwirtschaftet worden sind (FG Hamburg EFG 1989, 251; bestätigt durch BFHE 165, 387, BStBl II 1992, 98; hierzu *Gosch* FR 1989, 413).

Bei der im Übrigen nach steuerrechtlichen Grundsätzen erfolgenden **Ermittlung des Einkommens** besteht keine Bindung an Entscheidungen der Versicherungsaufsicht (*OFD Berlin* DStR 1989, 257). Im Einzelnen sind nach § 6 Abs 4 KStG Beitragsrückerstattungen oder sonstige Vermögensübertragungen an das Trägerunternehmen nicht abziehbar, es sei denn, es handelt sich um einen nach § 6 Abs 2 KStG zulässigen Abbau des überdotierten Kassenvermögens durch Verwendung beim Trägerunternehmen (s oben Anm 165). Ebenfalls nicht abziehbar sind nach § 6 Abs 4 KStG Zuführungen zu einer Rückstellung für Beitragsrückerstattungen, soweit den Leistungsempfängern ein Anspruch auf die Überschussbeteiligung nicht zusteht. Besteht ein Anspruch, dann sind die für Lebensversicherungsunternehmen geltenden Verwendungsfristen zu beachten (R 28 Abs 3 Satz 6 KStR). Bei der Frage einer Verlustrücklage ist allein auf die Sollrücklage abzustellen (R 28 Abs 2 Satz 3 KStR). Für den überdotierten Teil des Kapitalvermögens besteht das Gebot der dauerhaften Sicherung des Kassenvermögens und der Vermögensbindung nach § 5 Abs 1 Nr 3c KStG nicht (vgl. § 6 Abs 6 KStG und oben Anm 165); dh die Kasse kann ihn für andere als Kassenzwecke verwenden oder auf das Trägerunternehmen zurück übertragen, ohne im Übrigen die Steuerbefreiung zu verlieren.

Dauer der Steuerpflicht. Nach § 6 Abs 3 KStG erstreckt sich die Steuerpflicht im Grundsatz auch auf die folgenden Kalenderjahre, für die der Wert der Deckungsrückstellung nicht versicherungsmathematisch zu berücksichtigen ist. IdR bedeutet dies Stpfl für drei Jahre, weil bei Pensionskassen in der Mehrzahl der Wert der Deckungsrückstellung mit Zustimmung der Versicherungsbehörden nur alle 3 Jahre neu berechnet wird. Freiwillig vorzeitige Berechnungen zur Abkürzung der Stpfl sind unerheblich. Entscheidend sind nach dem Wortlaut des Gesetzes die Verhältnisse zu dem Zeitpunkt, zu dem der Wert der Deckungsrückstellung zu berechnen ist (ebenso *Rau,* aaO II, § 4a KStG 1975 Anm 15; aA *Lenski/Steinberg* § 3 Anm 47b). **178**

Rückwirkender Fortfall der Steuerpflicht. Die partielle Stpfl nach § 6 Abs 1 KStG ist **auflösend bedingt.** Die Pensionskasse kann sie durch Abbau des überdotierten Kassenvermögens beseitigen, und zwar durch Verwendung zur Leistungserhöhung, Auszahlung an das Trägerunternehmen, Verrechnungen mit Zuwendungen des Trägerunternehmens zur gleichmäßigen Herabsetzung künftiger Leistungen des Trägerunternehmens oder zur Verminderung der Beiträge der Leistungsempfänger. Die Mittel müssen verwendet sein, dh es müssen Auszahlungen oder Gutschriften erfolgt sein. Rückstellungen genügen nicht. Dies gilt auch für Beitragsrückerstattungen (aA *Lenski/Steinberg* § 3 Anm 47c). Das Gesetz unterscheidet im Hinblick auf die Durchführung der Verwendung nicht nach Leistungsempfängern oder Trägerunternehmen. **179**

Unterstützungskassen; Grundsatz. Übersteigt am Schluss des Wirtschaftsjahres das Vermögen dieser Kasse den in § 5 Abs 1 Nr 3e KStG (Anm 165) bezeichneten Betrag, so ist die Kasse nach § 6 Abs 5 KStG **steuerpflichtig,** soweit ihr Einkommen anteilig auf das übersteigende Vermögen entfällt (zur Übergangsregelung zu einer durch das StÄndG eingetretenen bzw erhöhten Überdotierung vgl *BMF* DB 1993, 860, DStR 1993, 566). Das gilt jedoch nicht, soweit die Überdotierung durch einen Erbfall eintritt und bis Ende des EZ in zulässiger Weise abgebaut worden ist (FG München DB 1993, 1011). Bei der Ermittlung des Einkommens (Gewerbeertrags) sind Vermögensübertragungen an das Trägerunternehmen nicht abzugsfähig. Die Vorschrift kennzeichnet Unterschiede gegenüber den Pensionskassen: Die Verhältnisse sind am Ende eines Wirtschaftsjahres zu prüfen. Damit wird über die Stpfl für jedes Jahr neu entschieden. Eine versicherungsmathematische Berechnung ist nicht erforderlich. Es kommt auf die Höhe des Deckungskapitals nach Anlage 1 zu § 4d EStG zuzüglich des achtfachen der nach § 4d Abs 1 Nr 1b EStG abzugsfähigen Zuwendungen an. Das Vermögen der Unterstützungskassen darf diese Beträge um 25% übersteigen. Zur Überdotierung durch das StÄndG 1992 *OFD München* FR 1993, 445. **180**

Voraussetzung der GewStPflicht ist jedoch, dass die Unterstützungskasse einen Gewerbebetrieb unterhält. Liegt eine Rechtsform des § 2 Abs 2 vor, ist dies nicht fraglich. Problematisch ist dies nur, wenn sie in einer anderen Rechtsform, insb – wie häufig – als eingetragener Verein geführt wird. ME geht die Tätigkeit der Unterstützungskasse allerdings – als Gewährung von Versicherungsschutz – über eine reine Vermögensverwaltung hinaus (ebenso *Jost* in *D/E/J/W* § 5 Rz 38g, § 16 Rz 16, 19 unter Hinweis auf BFHE 166, 465, BStBl II 1992, 744; **aA** A 15 Abs 3 Satz 2 GewStR; *Gratz/Bühl* DB 1996, 1995; *Lenski/Steinberg* § 3 Rz 47 d).

181 **Dauer und Fortfall der StPfl.** Die partielle Stpfl der Unterstützungskassen ist **nicht auflösend bedingt;** sie kann durch bestimmte Verwendungen des überdotierten Teils nicht beseitigt werden (kein Fortfall der partiellen Steuerpflicht). Allerdings ist es zulässig und wohl auch kein Verstoß gegen das Gebot der dauernden Sicherung des Vermögens, wenn die Kasse eine im Laufe des Wirtschaftsjahres entstandene Überdotierung bis zu dessen Ende abbaut, und sei es durch Rückübertragung auf das Trägerunternehmen (zu den Vor- u Nachteilen *Gratz/Bühl* DB 1996, 1995). Dafür genügt es, wenn die Kasse dem Trägerunternehmen einen Rechtsanspruch auf das überdotierte Vermögen einräumt und diesen am Bilanzstichtag passiviert (*Heubeck* BB 1978, 490; *Lenski/Steinberg* § 3 Anm 47 d). Zur Frage, inwieweit Unterstützungskassen in der Rechtsform des eingetragenen Vereins gewstpfl sein können, vgl *Römer* BB 1976, 921.

182 **Sachlicher Umfang der partiellen Steuerpflicht.** Die partielle Stpfl betrifft den Gewerbeertrag ebenso wie (bis EZ 1997) das Gewerbekapital. Der stpfl Gewerbeertrag bestimmt sich danach, inwieweit er rechnerisch („anteilig") dem Anteil des überdotierten Vermögens am Gesamtvermögen entspricht; auf eine wirtschaftliche Zuordnung des Einkommens kommt es nicht an (BFHE 165, 387, BStBl II 1992, 98). Beim Gewerbekapital war vom Einheitswert des letzten Feststellungszeitpunkts vor Ende des EZ auszugehen. Für die Aufteilung in einen stpfl und einen steuerfreien Teil war auch beim GewKapital das Verhältnis der Überdotierung am Ende des letzten EZ maßgebend (vgl DB 1978, 1154).

183.–186. Befreiung von Vermögensverwaltungsgesellschaften (Nr 10)

183 **Allgemeines.** Die Vorschrift enthält eine persönliche Steuerbefreiung. Ihre Voraussetzungen müssen im Einzelnen sämtlich nebeneinander vorliegen. Begünstigte Vereinigungen sind Körperschaften und Personenvereinigungen, also auch Vereine, Stiftungen und Personengesellschaften.

184 **Vermögensverwaltung als Hauptzweck.** Vermögensverwaltung besteht nach § 14 AO idR, wenn Vermögen genutzt, zB Kapitalvermögen verzinslich angelegt oder unbewegliches Vermögen vermietet oder verpachtet wird. Die **Abgrenzung zum Gewerbebetrieb** bzw Betrieb gewerblicher Art hat mE nach den Grundsätzen des Einkommensteuerrechts, insb zum Problemkreis Erwerb, Verwaltung und Veräußerung von Grundstücken, an erfolgen. Die Veräußerung von Grundstücken ist nur dann gewerblicher Grundstückshandel, wenn sie über die zur Nutzung und Verwaltung vorhandenen Vermögens übliche Tätigkeit einschließlich gelegentlicher sinnvoller Vermögensumschichtungen hinausgeht und damit nicht mehr Nutzung iS einer Fruchtziehung aus zu erhaltenden Substanzwerten darstellt (BFHE 108, 190, BStBl II 1973, 260). Allerdings gehen bloß verkaufsfördernde Aktivitäten noch nicht über eine Vermögensverwaltung hinaus (FG Bremen EFG 1989, 329; BFHE 101, 520, BStBl II 1981, 456).

Der kurzfristige Umschlag von erheblichen Sachwerten durch laufenden Erwerb und laufende Veräußerung ist keine Vermögensverwaltung, sondern typische gewerbliche Betätigung (BFHE 117, 360, BStBl II 1976, 152); so bei wiederholter Veräußerung von in Veräußerungsabsicht erworbenen Grundstücken innerhalb eines Zeitraums von fünf Jahren. Das gilt insb, wenn der Eigentümer wie ein Unternehmer an der Aufbereitung oder Erschließung mitwirkt (BFHE 95, 488, BStBl II 1969, 483; BFHE 110, 348, BStBl II 1974, 6; BFHE 141, 513, BStBl II 1984, 778) oder sonst planmäßige Handlungen (zB Sanierungen) vornimmt, um die Grundstücke alsbald zu veräußern (BFHE 133, 44, BStBl II 1981, 522). Diese Grundsätze gelten gleichermaßen für die Errichtung und Veräußerung von Eigentumswohnungen und Eigenheimen, wobei schon bei der Veräußerung von nur vier Objekten ein gewerbliches Unternehmen angenommen wurde (BFHE 129, 177, BStBl II 1980, 106). Dagegen ist die übliche Vermietung oder Verpachtung, insb Dauervermietung von unbeweglichem Vermögen, Vermögensverwaltung (BFHE 66, 685, BStBl III 1958, 263; BFHE 133, 44, BStBl II 1981, 522), nicht dagegen von einzelnen beweglichen Sachen. Vgl im Einzelnen § 2 Anm 64 ff.

Vermögensverwaltung für einen nichtrechtfähigen Berufsverband iSd **§ 5 Abs 1 Nr 5 KStG.** Das ist ein Berufsverband ohne öffentlich-rechtlichen Charakter, dessen Zweck nicht auf einen wirtschaftlichen Geschäftsbetrieb gerichtet ist. § 5 Abs 1 Nr 5 KStG enthält keine Definition des Berufsverbands, gibt aber in Satz 3 allgemeine Tätigkeitsmerkmale wieder. Aus ihnen folgt: ein Berufsverband ist eine Vereinigung, die allgemein aus der beruflichen Tätigkeit erwachsene ideelle und wirtschaftliche Interessen des Berufsstandes oder Wirtschaftszweiges wahrnimmt (vgl BFHE 56, 591, BStBl III 1952, 228; BFHE 86, 324, BStBl III 1966, 525; BFHE 86, 656, BStBl II 1966, 638; BFHE 91, 45, BStBl II 1968, 236; BFHE 110, 405, BStBl II 1974, 60; BFHE 116, 12, BStBl II 1975, 722; BFHE 157, 416, BStBl II 1990, 550). Erforderlich ist daher idR, dass nur Angehörige desselben Berufs sowie nahe verwandter Berufe Mitglieder sind. Es genügt aber, wenn die Mitglieder verschiedenartigen Zweigen der gewerblichen Wirtschaft angehören oder wenn das Tätigkeitsgebiet der Vereinigung räumlich eng begrenzt ist (BFHE 56, 572, BStBl III 1952, 221; BFHE 58, 766, BStBl III 1954, 204; BFHE 60, 32, BStBl III 1955, 12; BFHE 61, 190, BStBl III 1955, 271). Die Vertretung von Individualinteressen genügt nicht, wohl die Vertretung in einem eng begrenzten Bereich der bei der unternehmerischen Tätigkeit bestehenden gemeinsamen Interessen (BFHE 203, 43, BStBl II 2003, 891; BFH/NV 2002, 1617). Berufsverbände sind insbesondere Arbeitgeberverbände, Arbeitnehmerverbände (Gewerkschaften), Wirtschaftsverbände wie Bauernverbände oder Hausbesitzervereine, nicht jedoch Lohnsteuerhilfevereine (BFHE 110, 405, BStBl II 1974, 60). Parteien oder Sonderorganisationen von Parteien können nicht Berufsverband sein, wohl aber Nebenorganisationen von Parteien, so auch der „Wirtschaftsrat der CDU e. V." (BFHE 154, 462, BStBl II 1989, 97); hierzu krit *Höfling* NJW 1989, 2518. Ein Club (Marketing-Club), dessen Satzung nur unbestimmte Angaben über seine Zielsetzung der Förderung des Marketing enthält, allen möglichen interessierten Perso- 185 nen offen steht und zum erheblichen Teil Vorträge allgemein-interessierenden Inhalts veranstaltet, ist ein Berufsverband (BFH v 27. 4. 1990 VI R 35/86). Jedoch genügt eine Beschränkung auf die besonderen wirtschaftlichen Belange Einzelner dem Begriff nicht. Wohl aber dürfen die allgemeinen Interessen sich als Summe der Einzelinteressen darstellen, wenn die Ergebnisse der Interessenvertretung dem Berufsstand oder Wirtschaftszweig als solchem, also unabhängig von der Mitgliedschaft, zugute kommen (vgl *Lenski/Steinberg* § 3 Anm 44c). Auch ein Zusammenschluss von Berufsverbänden ist seinerseits Berufsverband. Die Vereinigung darf noch **andere Zwecke** haben, die jedoch im Verhältnis zur Vermögensverwaltung von nebensächlicher Bedeutung sein müssen. Es darf ein wirtschaftlicher Geschäftsbetrieb unterhalten werden (*OFD Ffm* FR 1999, 45); und in der Satzung Erwähnung finden (*OFD Hannover* DStZ 2002, 656; *OFD Ffm* DStZ 2006, 170; vgl zur Gemeinnützigkeit BFHE 201, 395, BStBl II 2003, 384). Zudem darf die Verbandstätigkeit nicht so weit hinter der wirtschaftlichen Tätigkeit zurücktreten, dass der wirtschaftliche Geschäftsbetrieb dem Verband das Gepräge gibt (R 16 Abs 1 Satz 6 KStR). Wann dies angenommen werden kann, deutet die Vorschrift nicht an. ME sollte abgestellt werden auf das Verhältnis des Sach- und Personalaufwandes. Entfällt dieser mit über 50% auf die Vermögensverwaltung, dann stellt diese den Hauptzweck dar.

186 Die **Erträge** müssen **im Wesentlichen** aus der Vermögensverwaltung herrühren. Auch insoweit schweigt die Vorschrift sich über das Gemeinte aus. „Im Wesentlichen" bedeutet sprachlich nicht nur – wie bei den Zwecken – hauptsächlich oder überwiegend, sondern „beinahe völlig" oder zumindest „weitaus überwiegend". Daher müssen die Erträge mE mit mindestens 90% aus der Vermögensverwaltung stammen. Darüber hinaus müssen die Erträge **ausschließlich** dem Berufsverband zufließen. Dies gilt auch für Erträge aus Nebentätigkeiten. Eine Verwendung für sonstige steuerbegünstigte Zwecke genügt nicht. Ebensowenig genügt ein nur „mittelbares Zufließen". Bei Dazwischenschalten eines Geldempfängers lässt sich nicht feststellen, dass die Erträge dem Berufsverband zufließen. Anders selbstverständlich bei Treuhandverhältnissen (§ 39 AO).

187., 188. Befreiung von berufsständischen Versicherungs- und Versorgungseinrichtungen (Nr 11)

187 **Allgemeines.** Die Begünstigung hat ihren Grund darin, dass die berufsständischen Versicherungs- und Versorgungseinrichtungen Aufgaben wahrnehmen, die denen der Sozialversicherungsträger entsprechen. Diese aber sind ebenfalls von der GewStpfl befreit. Von der Begünstigung betroffen sind etwa die auf landesrechtlichen Vorschriften beruhenden Versorgungseinrichtungen der Ärzte und Apotheker.

188 **Voraussetzungen der Befreiung.** Die Angehörigen der Berufsgruppe sind auf Grund gesetzlicher Verpflichtung Mitglieder der Versicherungs- oder Versorgungseinrichtungen. Allerdings ist die Einrichtung nicht auf solche Pflichtmitgliedschaften beschränkt (arg: Satz 2).

Die Satzung der Einrichtung lässt nur die Zahlung von Beiträgen zu, die das Zwölffache der Beiträge, die sich bei einer Beitragsbemessungsgrundlage in Höhe der doppelten monatlichen Beitragsbemessungsgrenze in der Rentenversicherung der Arbeiter und Angestellten ergeben würden (§§ 152–154 SGB VI), nicht übersteigen. Diese Vorschrift gilt für den Fall, dass die Satzung freiwillige Mitgliedschaften zulässt, die nicht an eine Pflichtmitgliedschaft anschließen. Sind nach der Satzung nur Pflichtmitgliedschaften möglich oder freiwillige Mitgliedschaften, die unmittelbar an eine Pflichtmitgliedschaft anschließen, so darf die Satzung die Zahlung von Beiträgen zulassen, die das 15fache der oa Beiträge nicht übersteigen. Die Zulässigkeit oder Annahme höherer Beiträge schließt die Steuerbefreiung aus. Jedoch ist es nach *BMF* BStBl I 2003, 558 unschädlich, wenn aus einer Entlassungsentschädigung wegen Altersteilzeit neben den oa Höchstbeträgen zur Reduzierung des versicherungsmathematischen Abschlags beim vorgezogenen Altersruhegeld Leistungen in die Versorgungseinrichtung erbracht werden.

189.–191. Befreiung gemeinschaftlicher Tierhaltung (Nr 12)

Literatur: *Wolter,* Steuerrechtliche Sonderregelung für landwirtschaftliche Tierhaltungskooperationen, DStZ 1971, 326; *Felsmann,* Kooperationsmöglichkeiten bei landwirtschaftlicher Tierzucht, Inf 1972, Gr 1, S 801; *Josten,* Steuererleichterungen für Zusammenschlüsse der Land- und Forstwirtschaft in der Rechtsform einer Genossenschaft oder eines Vereins, Inf 1976, 241.

Allgemeines. Die Vorschrift enthält eine sachliche Steuerbefreiung. Sie ist durch G v 27. 7. 1971 (BGBl I 1971, 1157) eingeführt worden und bezweckt die Förderung landwirtschaftlicher Tierhaltung gegen den Verdrängungswettbewerb der gewerblichen Tierhaltung. Die Beschränkung der Vergünstigung auf den Bereich der gemeinschaftlichen Tierhaltung ergibt sich aus der Verwendung des Wörtchens „soweit" in der Vorschrift. Das bedeutet auch, dass die Gesellschaft oder Genossenschaft nicht ausschließlich Tierhaltung oder sonstige gewstbefreite Tätigkeiten zum Gegenstand haben muss. Der Kreis der Begünstigten besteht aus Personengesellschaften sowie Erwerbs- oder Wirtschaftsgenossenschaften. Vereine mit gemeinschaftlicher Tierhaltung sind bereits nach § 2 Abs 3 GewStG von der GewSt befreit, weil insoweit schon nach § 34 Abs 6 a BewG ein land- und forstwirtschaftlicher Betrieb vorliegt. Kapitalgesellschaften sind von der Begünstigung ausgeschlossen. 189

Persönliche Voraussetzungen. Nach **§ 51 a Abs 1 Nr 1 BewG** müssen alle Gesellschafter oder Mitglieder 190

(Nr 1 a) Inhaber eines Betriebes der Land- und Forstwirtschaft mit selbstbewirtschafteten regelmäßig landwirtschaftlich genutzten Flächen sein,

(Nr 1 b) nach dem Gesamtbild der Verhältnisse hauptberuflich Land- und Forstwirte sein,

(Nr 1 c) Landwirte iSd § 1 Abs 2 des Gesetzes über die Alterssicherung der Landwirte (– ALG – v 29. 7. 1994, BGBl I 1994, 1890, zuletzt geändert durch G v 21. 12. 2008, BGBl I 2008, 2940) sein und dies durch eine Bescheinigung der zuständigen Alterskasse nachweisen und

(Nr 1 d) die sich nach § 51 Abs 1 a BewG für sie ergebende Möglichkeit zur landwirtschaftlichen Tiererzeugung oder Tierhaltung in Vieheinheiten ganz oder teilweise auf die Genossenschaft, die Gesellschaft oder den Verein übertragen haben.

Als Mitglieder kommen demnach nur natürliche Personen in Betracht, die den land- und forstwirtschaftlichen Betrieb selbst bewirtschaften; also auch Pächter, nicht jedoch Verpächter. Ausgeschlossen sind Personen, die den Betrieb nur nebenher bewirtschaften. Das Gleiche gilt für Inhaber von sog Nebenerwerbsstellen, denn nach § 1 Abs 2 ALG muss der Betrieb unabhängig von dem Unternehmer eine auf der Bodennutzung beruhende Existenzgrundlage bilden. Der Nachweis hierüber ist dem FA durch Bescheinigung der zuständigen Alterskasse zu erbringen. Zulässig ist die Mitgliedschaft in mehreren Tierhaltungskooperationen, vorausgesetzt, dass der Landwirt nur die nicht selbst ausgeschöpften Vieheinheiten überträgt. Das Nichtvorliegen oder der Wegfall der persönlichen Voraussetzungen einzelner Mitglieder schadet der GewStBefreiung der Kooperation insgesamt.

191 **Sachliche Voraussetzungen.** Nach **§ 51 a Abs 1 Nr 2 BewG** dürfen die von der Tierhaltungskooperation gehaltenen oder erzeugten **Vieheinheiten** nachhaltig nicht größer sein als die Summe der ihr von den Gesellschaftern oder Mitgliedern innerhalb der Grenzen des **§ 51 Abs 1 a BewG** übertragenen Vieheinheiten und die Summe der Vieheinheiten, die sich auf der Grundlage der Summe der von den Gesellschaftern oder Mitgliedern regelmäßig landwirtschaftlich genutzten Flächen ergibt. Dies sind für Feststellungszeitpunkte **ab 1. 1. 1999** im Wirtschaftsjahr

für die ersten	20 ha	nicht mehr als	10 Vieheinheiten
für die nächsten	10 ha	nicht mehr als	7 Vieheinheiten
für die nächsten	20 ha	nicht mehr als	6 Vieheinheiten
für die nächsten	20 ha	nicht mehr als	3 Vieheinheiten
und für die weitere Fläche nicht mehr als			1,5 Vieheinheiten.

Durch G v 29. 6. 1998 (BGBl I 1998, 1692) ist in dem neuen Abs 1 a für Feststellungszeitpunkte ab 1. 1. 1999 die Vieheinheitenstaffel für größere Betriebe bis 100 ha angehoben worden, um diesen die steuerlichen Vergünstigungen für landwirtschaftliche Betriebe zu erhalten (und die Umwandlung in eine agrar- und umweltpolitisch unerwünschte „Agrarfabrik" mit Massentierhaltung zu verhindern (!), vgl BTDrs 13/10 315).

Außerdem dürfen nach **§ 51 a Abs 1 Nr 3 BewG** die Betriebe der Mitglieder oder Gesellschafter nicht mehr als **40 km** von der Produktionsstätte der Tierhaltungskooperation entfernt liegen. Diese Voraussetzungen dienen der Wettbewerbsgleichheit im Interesse der Einzelbetriebe und dem Ausgleich von Wettbewerbsverzerrungen gegenüber der gewerblichen Tierhaltung.

192.–194. Befreiung von Schulen und anderen bildenden Einrichtungen (Nr 13)

192 **Allgemeines.** Die Vorschrift enthält eine persönliche Steuerbefreiung mit sachlichen Einschränkungen. Sie ist durch G v 27. 8. 1971 (BGBl I 1971, 1425) eingeführt worden und erstmals für 1971 anzuwenden. Ihre Neufassung erhielt die Vorschrift durch das StMBG; sie enthält eine Klarstellung iSd Auslegung durch die Entscheidung BFHE 171, 309, BStBl II 1993, 764 (BTDrs 12/5940, 14).

Persönlicher Geltungsbereich. Die Befreiung betrifft nach **§ 4 Nr 21 Buchst a UStG** private Schulen und andere allgemein- oder berufsbildende Einrichtungen, 193
- die als Ersatzschulen gem Art 7 Abs 4 GG staatlich genehmigt oder landesrechtlich erlaubt sind oder
- denen die zuständige Landesbehörde bescheinigt, dass sie auf einen Beruf oder eine vor einer juristischen Person des öffentlichen Rechts abzulegende Prüfung ordnungsgemäß vorbereiten;

nach **Nr 21 Buchst b** sind befreit die unmittelbar dem Schul- und Bildungszweck dienenden Unterrichtsleistungen selbständiger Lehrer
- an Hochschulen iSd §§ 1 und 70 HRG und öffentlichen allgemeinbildenden oder berufsbildenden Schulen oder
- an privaten Schulen und anderen allgemeinbildenden oder berufsbildenden Einrichtungen, soweit diese die Voraussetzungen des Buchst a erfüllen;

Die Befreiung kann auch ein Schulträger in Anspruch nehmen, der neben der (genehmigten Ersatz-)Schule bzw Bildungseinrichtung noch andere gewerbliche Zwecke verfolgt (BFHE 180, 444, BStBl II 1997, 449). Die Einrichtung muss organisatorisch und/oder wirtschaftlich vom Trägerunternehmer verselbstständigt sein (BFHE 180, 444, BStBl II 1997, 449; *FM M-V* DStR 1997, 618, FR 1997, 241).

Sachliche Voraussetzungen. Die Befreiung wird gewährt, *soweit* der Gewerbebetrieb unmittelbar dem Schul- oder Bildungszweck dient, also soweit keine weiteren Leistungen zur Erfüllung des begünstigten Zwecks erforderlich sind (BFHE 133, 557, BStBl II 1981, 746). Im Übrigen muss die Schule oder Einrichtung nicht mit allen Leistungen im schulischen Bereich von der Umsatzsteuer befreit sein (BFHE 171, 309, BStBl II 1993, 764; bestätigt durch StMBG, Anm 192). Die Neufassung der Vorschrift bedeutet mE, dass eine selbständige Prüfung der Voraussetzungen für die GewStBefreiung nicht mehr angezeigt ist und Bindung an die Behandlung bei der USt besteht (aA bisher BFHE 133, 557, BStBl II 1981, 746). Auch unterliegt die Genehmigung (Bescheinigung) der zuständigen Landesbehörde nicht der Nachprüfung durch das FA oder FG (BFHE 157, 458, BStBl II 1989, 815). Zu prüfen ist aber die Wirksamkeit der Genehmigung insb im Hinblick auf Bedingungen (BFHE 180, 444, BStBl II 1997, 449) Liegt die (wirksame) Genehmigung (Bescheinigung) vor, dann ist der GewBetrieb mit allen unmittelbar dem von der Genehmigung abgedeckten Schul- und Bildungszweck dienenden Leistungen steuerbefreit (BFHE 157, 458, BStBl II 1989, 815). Von der Genehmigung nicht abgedeckte Unterrichtstätigkeiten sind nicht von der GewSt befreit (BFHE 180, 444, BStBl II 1997, 449; *FM M-V* DStR 1997, 618, FR 1997, 241). Im schulischen Bereich ist eine Aufteilung in steuerfreie und steuerpflichtige Leistungen nicht erforderlich oder möglich. Jedoch darf die Einrichtung über Betriebsteile verfügen, die nicht unmittelbar dem Schul- oder Bildungszweck dienen, sondern etwa der Unterkunft und Verpflegung. Solche Leistungen dienen dem Schulzweck nur mittelbar. Sie unterliegen der GewSt (BFHE 133, 557, BStBl II 1981, 746; BFHE 180, 444, BStBl II 1997, 449). Die Steuerfreiheit der Leistungen im (unmittelbar) schulischen Be- 194 reich geht deswegen jedoch nicht verloren. Gewerbebetriebe, die lediglich daneben Lehrveranstaltungen durchführen, fallen nicht unter die Befreiungsvorschrift (*OFD Ffm* DB 1987, 1376/DB 1987, 1663; *Pauka* DB 1987, 603; aA *Lenski/Steinberg* § 3 Anm 55). Problematisch ist die Handhabung bei der **Betriebsaufspaltung.** Nach FG Münster (EFG 1983, 300) dient das Besitzunternehmen, das Grundstücke und Gebäude an das Betriebsunternehmen mit Schulen und Internat verpachtet, dem Schul- und Bildungszweck nicht unmittelbar. Die (partielle) Steuerbefreiung kann nach der Rspr-Änderung (BFHE 213, 50, BStBl II 2006, 661) nunmehr auch das Betriebsunternehmen in Anspruch nehmen (ebenso *Jost* DB 2007, 1664). Zutreffend ist zwar, dass bei Betriebsaufspaltung keine Unternehmenseinheit vorliegt (BFHE 116, 277, BStBl II 1975, 781). Das gilt indes auch für die Frage der Teilnahme des Besitzunternehmens am wirtschaftlichen Verkehr und somit seiner GewStpfl. Ist hier trotz des Bestehens zweier Unternehmen ein „Durchgriff" durch das Betriebsunternehmen im Sinne einer einheitlichen Betätigung möglich, so muss sich die Frage des unmittelbaren Dienens ebenso beantworten lassen. Wenn das Besitzunternehmen über das Betriebsunternehmen durch (weitgehende) Unternehmeridentität und den einheitlichen Betätigungswillen am wirtschaftlichen Verkehr teilnimmt, dann mE nur in der gleichen Weise wie dieses (vgl oben Anm 2).

195., 196. Befreiung von landwirtschaftlichen Nutzungs- und Bewirtschaftungsgenossenschaften und -vereinen (Nr 14)

Literatur: *Josten,* Steuererleichterungen für Zusammenschlüsse der Land- und Forstwirtschaft in der Rechtsform einer Genossenschaft oder eines Vereins, Inf 1976, 241.

195 **Allgemeines.** Die Vorschrift enthält eine persönliche Befreiung. Sie ist durch G v 17. 4. 1974 (BGBl I 1974, 949) eingefügt worden und gilt erstmals ab EZ 1974. Sie dient der Förderung von Zusammenschlüssen von Land- und Forstwirten zum Zwecke der gemeinsamen Produktion, jedoch unter Ausschluss rein kapitalmäßiger Beteiligungen. Sie wird ergänzt durch Begünstigungen bei der KSt (§ 25 KStG).

196 **Voraussetzungen.** Erforderlich ist auf jeden Fall die Überlassung von Grundstücken und Gebäuden zur Nutzung oder Bewirtschaftung durch die Mitglieder. Umfang und Form der Überlassung sind nicht vorgeschrieben und können frei vereinbart werden. Es kann auch der gesamte Betrieb eines Mitglieds überlassen werden, weil nicht erforderlich ist, dass auch das einzelne Mitglied noch land- u forstwirtschaftlich tätig ist (*Josten* Inf 1976, 241). Allerdings darf das Verhältnis des Werts der Geschäftsanteile bzw der Anteile am Vereinsvermögen der einzelnen Mitglieder zum Wert der gesamten Geschäftsanteile bzw des gesamten Vereinsvermögens nicht wesentlich vom Verhältnis des Werts der von den Mitgliedern überlassenen Flächen und Gebäude zum Wert aller überlassenen Flächen und Gebäude abweichen. Diese Voraussetzung dient dem Ausschluss rein oder wesentlich kapitalmäßiger Beteiligungen. Freilich besteht ein gewisser Spielraum dadurch, dass die Vorschrift unwesentliche Abweichungen als unschädlich hinnimmt. „Nicht wesentlich" sind mE Abweichungen, die 10% nicht übersteigen (ebenso *Blümich/von Twickel* § 3 Rz 76). Die Hinzupachtung oder der Erwerb von Flächen von Nichtmitgliedern steht der Befreiung nicht entgegen, ebenso wenig die Beteiligung an anderen land- und forstwirtschaftlichen Unternehmen (*Josten* Inf 1976, 241).

197.–199. Befreiung von Erwerbs- und Wirtschaftsgenossenschaften sowie Vereinen iSv § 5 Abs 1 Nr 10 KStG (Nr 15)

Allgemeines. Anstelle der bis EZ 1990 als gemeinnützig anerkannten 197 Wohnungsunternehmen sind nunmehr Erwerbs- u Wirtschaftsgenossenschaften sowie Vereine befreit, deren Tätigkeit im Wesentlichen in der Vermietung oder Nutzungsüberlassung von Wohnungen an Mitglieder besteht. Als Grund für die Aufhebung der Wohnungsgemeinnützigkeit wird angegeben, ihr Ziel der Schaffung preisgünstigen Wohnraums und die Beruhigung des Mietenanstiegs sei weitgehend erreicht (BTDrs 11/2157, 169, 209), was freilich fraglich bleibt. Für die Unternehmen, die die Steuerbefreiung nach Nr 15 verlieren, stellt sich nunmehr die Frage der erweiterten Kürzung nach § 9 Nr 1 Sätze 2–4 (hierzu *Jonas/Müller* DStR 1988, 623; *OFD Kiel* DStZ 2001, 215).

Voraussetzungen der Begünstigung. Es muss sich um Genossen- 198 schaften und Vereine iSv **§ 5 Abs 1 Nr 10 KStG** handeln. Das sind solche, die

a) Wohnungen herstellen oder erwerben und sie den Mitgliedern auf Grund eines Mietvertrags oder auf Grund eines genossenschaftlichen Nutzungsvertrags zum Gebrauch überlassen; den Wohnungen stehen Räume in Wohnheimen iSd § 15 II. WoBauG gleich;

b) im Zusammenhang mit einer Tätigkeit iSv Buchst a Gemeinschaftsanlagen oder Folgeeinrichtungen herstellen oder erwerben und sie betreiben, wenn sie überwiegend für Mitglieder bestimmt sind und der Betrieb durch die Genossenschaft oder den Verein notwendig ist.

Die Steuerbefreiung ist ausgeschlossen, wenn die Einnahmen des Unternehmens aus den in Satz 1 bezeichneten Tätigkeiten 10% der gesamten Einnahmen übersteigen. Diese Vorschriften bedeuten, dass die Genossenschaften/Vereine nur insoweit (partiell oder ganz) befreit sind, als sie die oa Tätigkeiten vornehmen. Für andere Tätigkeiten bis 10% der Einnahmen besteht **partielle StPfl,** bei höheren Einnahmen sogar volle StPfl. Vgl zur Abgrenzung der begünstigten von den nicht begünstigten Einnahmen *BMF* BStBl I 1991, 1014. *BMF* DB 1993, 2210 gibt zur Anpassung im Beitrittsgebiet eine Übergangsregelung. Nicht befreit sind Unternehmen in anderen Rechtsformen als der des Vereins oder der Genossenschaft. Die Leistungen müssen auf die Mitglieder beschränkt sein.

Einzelheiten. Die Genossenschaft/der Verein konnte bis zum 31. 12. 199 1991 bzw 1992 (im Beitrittsgebiet bis 31. 12. 1993) durch schriftliche Erklärung auf die Steuerbefreiung (von der KSt) **verzichten.** Der Verzicht wirkt auch für die GewSt. An ihn ist die Körperschaft für mindestens fünf aufeinander folgende Kalenderjahre gebunden. Die Erklärung kann nur mit Wirkung von Beginn eines Kalenderjahres widerrufen werden. Der Widerruf ist spätestens bis zur Unanfechtbarkeit der Steuerfestsetzung des Kalenderjahres zu erklären, für das er gelten soll (§ 34 Abs 5 KStG). Die Befreiung ist neben der **Kürzung** nach § 9 Nr 1 Sätze 2–4 anzuwenden (*Pauka* DB 1988, 2224), zB bei partieller StPfl (*Lenski/Steinberg* § 3 Anm 57 e). Vgl zu den Einzelheiten im Übrigen *BMF* BStBl I 1991, 1014.

200.–203. Befreiung von gemeinnützigen Siedlungsunternehmen (Nr 17)

200 **Allgemeines.** Die Vorschrift enthält eine persönliche Steuerbefreiung. Sie ist durch G v 17. 4. 1974 (BGBl I 1974, 949) an Stelle von § 12 Nr 3 GewStDV eingefügt worden und ist **in dieser Fassung letztmals für den EZ 1989,** bei entsprechendem Antrag nach § 34 Abs 3 KStG letztmals **für EZ 1990** anzuwenden. Die Verlängerung setzt voraus, dass die Körperschaft nur Geschäfte betreibt, die nach den bis 31. 12. 1989 geltenden Vorschriften zulässig waren. Die **Neufassung** ist durch StRefG v 25. 7. 1988 (BGBl I 1988, 1093) eingefügt worden. Sie ist grundsätzlich ab EZ 1990 anzuwenden, bei entsprechendem Antrag nach § 34 Abs 3 KStG erst ab EZ 1991.

201 **Voraussetzungen.** Es muss sich um Siedlungsunternehmen iSd ReichssiedlungsG oder der BodenreformG der Länder handeln. Das ReichssiedlungsG v 11. 8. 1919 (BGBl 1919, 1429) idF d GrundstücksverkehrsG v 28. 7. 1961 (BGBl I 1961, 1091) verpflichtet die Länder, gemeinnützige Siedlungsunternehmen zu begründen, neue Ansiedlungen zu schaffen und bestehende Kleinbetriebe bis zur Größe einer selbständigen Ackernahrung zu erweitern. Das hierzu erforderliche Land erlangen die Siedlungsunternehmen durch Erwerb von Staatsdomänen, Enteignung von Moor- und Ödland sowie durch Ausübung eines gesetzlichen Vorkaufsrechts an landwirtschaftlichen Grundstücken ab 2 ha. Seit Inkrafttreten des Gesetzes über die Gemeinschaftsaufgabe „Verbesserung der Agrarstruktur und des Küstenschutzes" v 3. 9. 1969 (BGBl I 1969, 1573) hat das ReichssiedlungsG geringe Bedeutung. Die Bodenreformgesetze der Länder zogen Grundstücke über 100 ha (in der amerikanischen Zone) und 150 ha (in der britischen Zone) zur Landabgabe gegen Entschädigung heran. Die Bodenreform wurde nur in mäßigem Umfang durchgeführt. Die Gesetze sind zT aufgehoben (vgl Ba-Wü, Gesetz v 12. 2. 1980).

202 Die Siedlungsunternehmen müssen sich nach dem 2. Halbsatz der Vorschrift beschränken auf:

Siedlungsmaßnahmen. Erfolgen sie nach dem ReichssiedlungsG, dann müssen sie sich auf die bäuerliche Siedlung und die Kleinsiedlung beziehen (RMF Erl v 11. 12. 1940, RStBl 1941, 102). Zum Begriff der Kleinsiedlung vgl § 10 II. WoBauG (BGBl I 1994, 2137 aF) und VO v 23. 12. 1931 (RGBl I 1931, 790; s auch *Fickert/Fieseler* BNutzVO, § 2 Anm 5).

Maßnahmen zur Agrarstrukturverbesserung. Dies sind Maßnahmen zur Förderung der Ansiedlung, Aufstockung, Flurbereinigung, des Wegebaus, der Wasserwirtschaft und der Aufforstung (vgl GrundstückverkehrsG v 28. 7. 1961, BGBl I 1961, 1091).

Landentwicklungsmaßnahmen. Dies sind Maßnahmen im öffentlichen Interesse, die wegen des sich vollziehenden Strukturwandels zur Un-

terstützung und Ergänzung der Siedlungs- und Agrarstrukturverbesserung im ländlichen Raum erforderlich sind, und zwar im Wesentlichen:
– die Planung und Durchführung von Maßnahmen der Ortssanierung, Ortsentwicklung, Bodenordnung und Agrarstrukturverbesserung,
– die Durchführung von Umsiedlungen und Landtauschen aus Anlass der Inanspruchnahme von Land für öffentliche und städtebauliche Zwecke.

Die Durchführung soll alle Tätigkeiten gemeinnütziger Siedlungsunternehmen umfassen, die der Verwirklichung dieser Maßnahmen dienen, insbesondere die erforderliche Landbeschaffung (*FM NRW* v 14. 6. 1977, FR 1977, 355).

Gesetzlich zugewiesene Aufgaben sind: Tätigkeit als Beauftragter der Gemeinde bei der Vorbereitung oder Durchführung einer Sanierungs- oder Entwicklungsmaßnahme, insb als Sanierungsträger oder als Entwicklungsträger sowie als Betreuer von Eigentümern bei der Durchführung von Sanierungsmaßnahmen iSd §§ 146 ff BauGB; § 1 a ReichssiedlungsG.

Unterhalten die Siedlungsunternehmen **wirtschaftliche Geschäftsbetriebe** (ausgenommen Land- und Forstwirtschaft) mit hiervon abweichender (siedlungsfremder) Tätigkeit, dann sind sie insoweit stpfl.

Die **Neufassung** schränkt die Steuerfreiheit ein. Die Körperschaft muss sich auf den Aufgabenbereich Siedlungs-, Agrarstrukturverbesserungs- und Landesentwicklungsmaßnahmen beschränken (s hierzu Anm 202). Durch andere Tätigkeiten, zB Wohnungsbau, Baubetreuung ua, wird die Körperschaft **partiell** stpfl. Sie wird nach Satz 2 insgesamt **stpfl,** wenn die Einnahmen aus den nichtbegünstigten Tätigkeiten überwiegen, wobei eine Ausnahme für Einnahmen aus LuF nicht mehr besteht. Die Regelung der StPfl hat Wettbewerbsgründe. 203

204., 205. Befreiung von Pensionssicherungsvereinen (Nr 19)

Allgemeines. Die Vorschrift enthält eine persönliche Steuerbefreiung. Sie ist durch G v 19. 12. 1974 (BGBl I 1974, 3610) eingefügt worden und gilt erstmals ab EZ 1975. 204

Voraussetzung für die Befreiung ist, dass der Verein die für die Befreiung von der KSt erforderlichen Voraussetzungen erfüllt. Das ist nach **§ 5 Abs 1 Nr 15 KStG** der Fall, wenn 205
(1) er mit Erlaubnis der Versicherungsaufsichtsbehörde ausschließlich die Aufgabe des Trägers der Insolvenzsicherung wahrnimmt, die sich aus dem BetrAVG (BGBl I 1974, 3610) ergeben, und
(2) seine Leistungen nach dem Kreis der Empfänger sowie nach der Art und Höhe den in §§ 7–9, 17 und 30 BetrAVG bezeichneten Rahmen nicht überschreiten.

Der Pensionssicherungsverein ist nach § 14 BetrAVG **Träger der Insolvenzsicherung.** Können Ansprüche von Versorgungsempfängern aus einer unmittelbaren Versorgungszusage des Arbeitgebers wegen Eröffnung des Konkurs-/Insolvenzverfahrens über das Vermögen oder den Nachlass des Arbeitgebers nicht erfüllt werden, dann haben jene nach § 7 BetrAVG gegen den Pensionssicherungsverein einen Anspruch in Höhe der Leistung, die der Arbeitgeber auf Grund der Versorgungszusage zu erbringen hätte. Grundlage ist eine Versicherung, die der Arbeitgeber als Versicherungsnehmer zugunsten der Versorgungsberechtigten mit dem Pensionssicherungsverein abschließt (hierzu BFHE 166, 222, BStBl II 1992, 336). Die Steuerbefreiung ist gerechtfertigt, weil der Pensionssicherungsverein als Träger der Insolvenzsicherung wegen seiner monopolartigen Stellung nicht zu etwa vergleichbaren stpfl Unternehmen in Wettbewerb tritt (vgl BTDrs 7/2843 S 17).

Rückstellungen für künftige Beiträge an den Pensionssicherungsverein können nicht gebildet werden (BFHE 166, 222, BStBl II 1992, 336).

206.–211. Befreiung von Krankenhäusern, Altenheimen, Altenwohnheimen und Pflegeheimen (Nr 20)

Literatur: *Bühring,* Zur Steuerbegünstigung privater Krankenanstalten, DStZ 1964, 49; *Staehle,* Gewerbesteuerbefreiung von Altenheimen, Altenwohnheimen und Altenpflegeheimen, BB 1978, 93; *Böhme,* Grundlagen und Grenzen der Steuervergünstigungen für Krankenhäuser, DStZ 1987, 522; *Wien* Häusliche Pflege, Kurzzeitpflege und Pflegeheime im Steuerrecht …, DStZ 2001, 351; *Klähn,* Zur Gewerbesteuerpflicht von Krankenhäusern nach § 3 Nr 2 Buchst b GewStG, StBp 2006, 380.

206 **Allgemeines.** Die persönliche Steuerbefreiung ist an Stelle des früheren § 11 GewStDV durch EGAO (BGBl I 1976, 3341) eingefügt worden und gilt (bei Pflegeheimen beschränkt zunächst auf Altenpflegeheime) ab EZ 1977. Ab EZ 1980 ist die Beschränkung bei Pflegeheimen auf Alte aufgehoben (G v 26. 11. 1979, BGBl I 1979, 1953). Ab EZ 1994 ist die Vorschrift durch das StMBG v 21. 12. 1993 (BGBl I 1993, 2310) um die Kurzzeitpflegeeinrichtungen und Einrichtungen zur ambulanten Pflege kranker und pflegebedürftiger Personen ergänzt worden. Diese Befreiungsvorschrift soll die Versorgungsstrukturen bei der Behandlung und Pflege kranker bzw alter und pflegebedürftiger Personen verbessern (BFHE 204, 278, BStBl II 2004, 300). Sie entspricht der durch das StÄndG 1992 v 25. 2. 1992 (BGBl I 1992, 297) eingefügten Regelung in § 4 Nr 16 UStG. Die Befreiung enthält eine Spezialvorschrift gegenüber § 3 Nr 6 GewStG. Demnach kommt es nicht mehr auf die Einhaltung der Voraussetzungen für die Anerkennung als gemeinnützig oder mildtätig an, wenn im Übrigen die Voraussetzungen der Nr 20 vorliegen. Zum Begriff des Krankenhauses vgl oben Anm 124 f sowie BFHE 156, 183, BStBl II 1989, 506; BFHE 177, 126, BStBl II 1995, 418 und BFHE 204, 80, BStBl II 2004, 363. Im Falle einer **Betriebsaufspaltung** kann sich auf die Befreiung nach bisheriger Rspr nur das Betriebsunternehmen, nicht auch das Besitzunternehmen berufen (BFH/NV 1998, 743). Für die Gemeinnützigkeit ist durch BFHE 213, 50, BStBl II 2006, 661; BFH/NV 2007, 149 insofern eine Änderung eingetreten, die mE Auswirkungen auch auf § 3 Nr 20 hat. Keine Berufung auf die Befreiung indes im Falle der Organschaft im Verhältnis von Organ zu Organträger (BFHE 203, 171, BStBl II 2004, 244).

207 **Gemeinsame Voraussetzung** für die Befreiung nach der 1. Alternative der Vorschrift ist der Betrieb durch eine **juristische Person des öffentlichen Rechts.** Das sind Bund, Länder, Bezirke, Landkreise und Gemeinden sowie Kirchen, Berufsgenossenschaften und Versicherungsträger

(Ortskrankenkassen). Mittelbares Betreiben, auch durch eine 100%ige Beteiligung der Körperschaft an einer Kapitalgesellschaft, genügt nicht.

Der Betrieb eines **Krankenhauses** durch **natürliche Personen, Personengesellschaften** oder **juristische Personen des privaten Rechts** (2. Alternative) ist unter den Voraussetzungen des § 67 Abs 1 oder 2 AO begünstigt. Befreit ist auch eine ein Krankenhaus betreibende Kapitalgesellschaft, und zwar bis zum Abschluss der Liquidation, sofern das Wesen als Krankenhaus (Anm 124 f) nicht verändert wird (FG München EFG 1991, 557). Nach § 67 AO ist zu unterscheiden: 208

- Fällt das Krankenhaus in den Anwendungsbereich der BundespflegesatzVO (§ 67 Abs 1 AO), dann ist es befreit, wenn mindestens 40% der jährlichen Pflegetage auf Patienten entfallen, bei denen nur Entgelte für allgemeine Krankenhausleistungen berechnet werden. Das sind (vgl § 10 BPflV): die Fallpauschalen und Sonderentgelte (§ 11 BPflV), Gesamtbeträge (Budget; § 12 BPflV) und die tagesgleichen Pflegesätze (§ 13 BPflV).
- Fällt das Krankenhaus nicht unter den Anwendungsbereich der BundespflegesatzVO (§ 67 Abs 2 AO), dann müssen mindestens 40% der jährlichen Pflegetage auf Patienten entfallen, bei denen für die Krankenhausleistungen kein höheres Entgelt als nach § 67 Abs 1 AO berechnet wird.

Erfüllt ein **Krankenhaus** die vorgenannten Voraussetzungen, dann entfällt die **Begünstigung** nicht, wenn es an einem Gewerbebetrieb beteiligt ist, ohne sein Wesen als Krankenhaus zu verändern (RFH RStBl 1943, 43). Allerdings besteht für den Verkauf von Speisen und Getränken neben der normalen Verpflegung sowie von Andenken usw GewStpfl (BFHE 87, 215, BStBl III 1967, 90). Betreibt ein freiberuflich tätiger Arzt eine Krankenanstalt und erstrebt er keinen besonderen Gewinn aus dem Anstaltsbetrieb, dann gehört das Krankenhaus ebenfalls zur freiberuflichen Tätigkeit (RFH RStBl 1939, 853). Auf die Voraussetzungen der Nr 20 kommt es nicht mehr an (A 31 Abs 3 GewStR iVm H 15.6 EStH „Heil- und Hilfsberufe"). Zur GewStPfl von Krankenhäusern *Klähn* StBp 2006, 380. 209

Beim Betrieb von **Altenheimen, Altenwohnheimen und Pflegeheimen** durch **natürliche Personen, Personengesellschaften und juristische Personen des privaten Rechts** besteht GewSt-Befreiung, wenn mindestens 40% der Leistungen den im Folgenden genannten Personen zugute kommen: 210

- Personen, die infolge Krankheit oder Behinderung so hilflos sind, dass sie nicht ohne Wartung und Pflege bleiben können (§ 61 Abs 1 SGB XII). Dies sind insbesondere die Heimbewohner, die nach den Pflegesatzrichtlinien der Länder unter die 2. oder eine höhere Pflegesatzgruppe fallen oder die wegen ihrer Pflegebedürftigkeit Zuschläge zum üblichen Tagessatz bezahlen müssen;
- wirtschaftlich hilfsbedürftige Personen (§ 53 Abs 2 AO). Hierzu siehe oben Anm 52.

Die Vorschrift ist nur auf Heime, **nicht** – auch nicht analog – auf Einrichtungen **zur ambulanten Pflege** anwendbar (BFHE 175, 451, BStBl II

1995, 67). Letztere fallen unter § 3 Nr 20d (Anm 211); dessen Einfügung erst ab EZ 1994 ist verfassungsrechtlich unbedenklich (BFHE 175, 451, BStBl II 1995, 67). Teilstationäre Vorsorge- und Rehabilitationseinrichtungen werden von der Befreiung erfasst, ambulante Einrichtungen dieser Art jedoch nicht (*FM NRW* DStR 1997, 1538; *Hess FM* DStR 1996, 1447).

Bei einer **Betriebsaufspaltung** kann nach der Rspr-Änderung (BFHE 213, 50, BStBl II 2006, 661) die Befreiung auch von der Besitzgesellschaft in Anspruch genommen werden (zust *Jost* DB 2006, 1664).

211 Bei den **Aufnahme- u Pflegeeinrichtungen** handelt es sich um solche Einrichtungen, deren Honorare für Leistungen als Pflegekosten von der Sozialversicherung oder der Sozialhilfe übernommen werden können. Sinn und Zweck der Befreiung ist es, angesichts des veränderten Altersaufbaus der Bevölkerung gerade in den Großstädten die Versorgungsstrukturen bei der Pflege alter pflegebedürftiger Personen zu verbessern. Für die **Auslegung** ist auf Begriffsbestimmungen des SGB XI zurückzugreifen (BFH/NV 2008, 490). Die oa **Aufnahmeeinrichtungen** sind stationäre Pflegeheime zur vollstationären oder teilstationären Unterbringung und Verpflegung (Kurzzeitpflegeeinrichtungen; Tages- und Nachteinrichtungen; § 71 Abs 2 SGB XI; § 1 Abs 3 u 4 HeimG). **Ambulante Pflegeeinrichtungen** (Pflegedienste) sind solche, die pflegebedürftige Personen in deren Wohnung pflegen und hauswirtschaftlich versorgen (§ 71 Abs 1 u 2 SGB XI). Hierzu gehört nicht der Transport von kranken und verletzten Personen (BFH/NV 2008, 490). Tatsächlich müssen die Pflegekosten in 40% der Fälle übernommen worden sein. Leistungen der Rehabilitation führen nicht zu Pflegekosten. Daher sind Masseure, Krankengymnasten, medizinische Bademeister und Physiotherapeuten ohne Qualifikation als Berufsträger nicht von der GewSt befreit (*OFD Magdeburg* FR 2000, 284).

Die Betreuung von gesunden Kindern und Säuglingen, deren Eltern wegen einer Erkrankung nicht ihrer Sorgepflicht nachkommen können, erfüllt nach *BayFM* DB 1999, 1355 nicht die Voraussetzungen der Vorschrift.

Anzuwenden ist sie erstmals für den EZ 1999 (*OFD Magdeburg* BB 1999, 2494). Eine Erweiterung der Förderung in persönlicher Hinsicht auf ambulante Pflegeeinrichtungen sowie in sachlicher Hinsicht auf die Wartung (zB Wäschewaschen, Kochen) de lege ferenda erscheint dringend geboten, umso mehr als insbesondere für die (gemeinnützigkeitsrechtliche) Förderung von zT unsinnigen Freizeitaktivitäten viel Geld ausgegeben (bzw nicht eingenommen) wird (ebenso *Wien* DStZ 2001, 351).

212.–215. Befreiung von Sicherungseinrichtungen eines Verbandes der Kreditinstitute (Nr 21)

212 **Allgemeines.** Die persönliche Befreiung ist durch G v 16. 8. 1977 (BGBl I 1977, 1586) eingefügt worden und gilt erstmals für EZ 1978 und in dieser Fassung **bis EZ 1997.** Sie dient der Einlagensicherung der Kreditinstitute zur Erhaltung und Förderung des Vertrauens in das Kreditgewerbe (sog **„Feuerwehrfonds"**). Im Unterschied hierzu dient die Befrei-

ung der Liquiditätskonsortialbank nach Nr 2 der Verminderung von Störungen im Liquiditätsausgleich des Kreditgewerbes. Praktisch besteht aber eine konkurrierende Befreiung nach Nr 10, sofern die existenten Sicherungseinrichtungen (beim Bundesverband der privaten Banken, bei Sparkassen- und Giroverbänden, beim Bundesverband der Volks- und Raiffeisenbanken) nicht ohnehin schon wegen ihrer rein vermögensverwaltenden Tätigkeit von der GewSt befreit sind. Praktische Bedeutung erlangt die Vorschrift erst, wenn die Tätigkeit der Sicherungseinrichtungen über die rein vermögensverwaltenden Tätigkeiten hinausgehen. ME ist zweifelhaft, ob Vermögensverwaltung noch bei Kreditgewährung an notleidende Institute gegeben ist (so jedoch *Lenski/Steinberg* § 3 Anm 80). In diesem Fall ist mE Nr 21 heranzuziehen.

Ab EZ 1998 gilt die Fassung nach dem G zur Umsetzung der EG-Einlagensicherungsrichtlinie und der EG-Anlegerentschädigungsrichtlinie v. 16. 7. 1998 (BGBl I 1998, 1842), durch das auch § 5 Abs 1 Nr 16 KStG neu gefasst worden ist. Wichtigster Teil dieser Änderung ist die Einführung der Befreiung von Entschädigungseinrichtungen iSd durch das ÄnderungsG eingeführten Einlagensicherungs- und AnlegerentschädigungsG (Anm 215). Weitere Bestandteile der Änderung sind die Befreiung von Sicherungseinrichtungen im Hinblick auf die Sicherung von Finanzdienstleistungsinstituten iSv § 1 Abs 1 a Satz 2 Nr 1–4 KWG sowie die Ersetzung der Befreiung von Einrichtungen zur Sicherung von Spareinlagen bei (ehemals) gemeinnützigen Wohnungsunternehmen durch die Befreiung von Einrichtungen zur Sicherung von Einlagen bei Wohnungsgenossenschaften mit Spareinrichtung.

Voraussetzungen für die Befreiung nach Nr 21 sind dieselben wie nach 213
§ 5 Abs 1 Nr 16 KStG. Das bedeutet für die Sicherungseinrichtungen, dass Vermögen und etwa erzielte Überschüsse nur zur Erreichung des satzungsmäßigen Zweckes zu verwenden sind. ME ist in der Satzung sicherzustellen, dass die Einrichtung allen in Frage kommenden Kreditinstituten auf Antrag offensteht. Denn sonst besteht die Gefahr der indirekten Beeinflussung des Marktes, was nicht in Einklang mit dem Begünstigungszweck steht.

Die Vorschrift galt für **Einrichtungen der gemeinnützigen Woh-** 214
nungswirtschaft zur Sicherung von Spareinlagen entsprechend. Dies hatte seinen Grund darin, dass diese Unternehmen nach § 2 Abs 1 Nr 6 KWG nicht Kreditinstitute waren, jedoch nach § 1 Abs 1 Nr 1 WGG das KWG auf sie insoweit anzuwenden war, als sie Einlagengeschäfte betrieben. Trotz der Aufhebung der WGG durch StRefG v 25. 7. 1988 (BGBl I 1988, 1093) mit EZ 1990 war die Steuerfreiheit der Sicherungseinrichtungen erhalten geblieben. Voraussetzung war, dass sie bei Unternehmen bestanden, die am 31. 12. 1989 als gemeinnütziges Wohnungsunternehmen anerkannt waren.

Ab EZ 1998 besteht diese Befreiung nicht mehr. Sie ist ersetzt worden durch die Befreiung von Einrichtungen zur Sicherung von Einlagen bei **Wohnungsgenossenschaften mit Spareinrichtung.**

Ab EZ 1998 ist neu eingeführt worden die Befreiung von **Entschä-** 215
digungseinrichtungen iSd Einlagensicherungs- und Anlegerentschädi-

gungsG. Nach § 2 jenes G sind bestimmte Kreditinstitute, Einlagenkreditinstitute und Finanzdienstleistungsinstitute verpflichtet, ihre Einlagen und Verbindlichkeiten aus Wertpapiergeschäften durch Zugehörigkeit zu einer Entschädigungseinrichtung zu sichern. Diese Entschädigungseinrichtungen werden nach § 6 des G als nicht rechtsfähige Sondervermögen des Bundes bei der Kreditanstalt für Wiederaufbau errichtet, denen die Institute gruppenweise zugeordnet werden. Der Gläubiger des Instituts hat im Entschädigungsfall nach § 3 des G einen Anspruch nach näherer Maßgabe des § 4 des G gegen die Entschädigungseinrichtung, wobei § 3 Abs 2 des G einen Katalog von Nichtberechtigten enthält. Der Entschädigungsanspruch ist der Höhe nach begrenzt auf 90% der Einlagen bzw Verbindlichkeiten aus Wertpapiergeschäften und den Gegenwert von 20 000 €. Die Mittel der Entschädigungseinrichtungen werden nach § 8 des G durch Beiträge der Institute erbracht.

Es handelt sich um eine **persönliche Steuerbefreiung.** Voraussetzung ist die Verwendung von Vermögen und etwaigen Überschüssen ausschließlich zur Errichtung des gesetzlichen Zwecks. Unterhält die Entschädigungseinrichtung einen wirtschaftlichen Geschäftsbetrieb, der nicht ausschließlich auf die Erfüllung der begünstigten Aufgaben gerichtet ist, dann ist die Steuerbefreiung insoweit ausgeschlossen (§ 5 Abs 1 Nr 16 Sätze 2 u 4 KStG).

216., 217. Befreiung von Bürgschaftsbanken (Kreditgarantiegemeinschaften) (Nr 22)

216 **Allgemeines.** Die Vorschrift der Nr 22 aF enthielt eine persönliche Steuerbefreiung. Sie ist durch das Baugesetzbuch (BauGB) v 8. 12. 1986 (BGBl I 1986, 2191) mWv EZ 1987 (vgl § 36 idF d Gesetzes v 8. 12. 1986) eingefügt und durch StRefG v 25. 7. 1988 (BGBl I 1988, 1093) im Zusammenhang mit der Aufhebung der Befreiung von gemeinnützigen Wohnungsunternehmen und Organen der staatl Wohnungspolitik **ab EZ 1990 aufgehoben** worden. **Ab EZ 1991** sind nach der neuen Nr 22 **Bürgschaftsbanken** (Kreditgarantiegemeinschaften) befreit, wenn sie von der KSt befreit sind.

217 **Befreiung von Bürgschaftsbanken (Kreditgarantiegemeinschaften) – Nr 22.** Sie waren bisher nach § 3 Nr 6 als gemeinnützig befreit. Hiergegen waren jedoch Bedenken aufgekommen; daher die neue Befreiungsvorschrift. Die Befreiung wird nur gewährt, wenn sich die Tätigkeit beschränkt auf die Wahrnehmung von Wirtschaftsförderungsmaßnahmen, insbesondere in Form der Übernahme und Verwaltung von staatlichen Bürgschaften und Garantien oder von Bürgschaften und Garantien mit staatlichen Rückbürgschaften oder auf der Grundlage staatlich anerkannter Richtlinien gegenüber Kreditinstituten, Versicherungsunternehmen, Leasinggesellschaften und Beteiligungsgesellschaften für Kredite, Leasingforderungen und Beteiligungen am mittelständischen Unternehmen zu ihrer Gründung und zur Erhaltung und Förderung ihrer Leistungsfähigkeit. Weitere Voraussetzung ist, dass das Vermögen und etwa erzielte Überschüsse nur zur Erreichung der genannten Zwecke verwendet werden (§ 5 Nr 17 KStG).

Die Bürgschaftsbanken sind Selbsthilfeeinrichtungen der Wirtschaft zur Förderung des gewerblichen und freiberuflichen Mittelstandes und handeln in öffentlichem Auftrag. Ihre Tätigkeit zielt ab auf eine ausreichende Kapitalversorgung von Unternehmen, die nicht ausreichend über bankmäßige Sicherheiten verfügen und denen daher der Zugang zum Kapitalmarkt und privaten Finanzierungsquellen erschwert oder unmöglich ist. Das Stammkapital der Bürgschaftsbanken wird von Kammern, Wirtschaftsverbänden, Innungen, Kreditinstituten und Versicherungsunternehmen gezeichnet und ergänzt durch Rückbürgschaften des Bundes und der Länder sowie ERP-Haftungsfonddarlehen, die für Bürgschaftsverluste haften.

218.–223. Befreiung von Unternehmensbeteiligungsgesellschaften (Nr 23)

Literatur: *Veith,* Die Unternehmensbeteiligungsgesellschaft – Strukturalternative zur Vermeidung der Gewerbesteuer für Private Equity Fonds?, DB 2003, 1191.

218 **Allgemeines.** Die Vorschrift enthält eine persönliche Befreiung. Sie ist durch das Gesetz über Unternehmensbeteiligungsgesellschaften (UBGG) v 17. 12. 1986 (BGBl I 1986, 2488) eingefügt worden und galt vom EZ 1987 an. Sie ist durch G v 24. 3 1998 (BGBl I 1998, 529, 506 neu gefasst und redaktionell an den mit demselben G neu gefassten § 6 b Abs 1 Satz 2 Nr 5 EStG angepasst worden und ist ab EZ 1998 anzuwenden. Das UBGG (jetzt idF v 9. 9. 1998, BGBl I 1998, 2765, zuletzt geänd durch G v 17. 12. 2008, BGBl I 2008, 2586) dient der Förderung der Eigenkapitalausstattung mittelständischer, nicht börsennotierter Unternehmen. Diese wird weithin als unzureichend angesehen. Ein leistungsfähiger Markt für indirekte Beteiligungen an diesen Unternehmen steht nicht zur Verfügung. Dem breiten Anlegerpublikum ist der Weg zur mittelbaren Beteiligung an nicht börsennotierten, mittelständischen Betrieben verschlossen. Das UBGG will daher den ordnungspolitischen Rahmen für die Einschaltung von Unternehmensbeteiligungsgesellschaften in bestimmten Rechtsformen schaffen. Diese sollen das anlagesuchende Kapital – auch vermögenswirksame Leistungen der Arbeitnehmer – bündeln und in der Form von Beteiligungen an mittelständischen, nicht börsennotierten Unternehmen weiterleiten.

219 **Rechtsform, Unternehmensgegenstand.** Eine Unternehmensbeteiligungsgesellschaft darf nach § 2 UBGG nur in der Rechtsform der Aktiengesellschaft, der GmbH, der KG und der KG aA betrieben werden. Hiermit soll eine Öffnung der Unternehmensbeteiligungsgesellschaften für das breite Publikum gewährleistet sein (Begr der BReg BTDrs 10/4551 S 14). Satzungsmäßig oder gesellschaftsvertraglich festgelegter Unternehmensgegenstand muss vorbehaltlich abweichender Vorschriften im Zweiten Abschnitt des UBGG ausschließlich der Erwerb, das Halten, die Verwaltung und die Veräußerung von Wagniskapital sein. Das Unternehmen muss Sitz und Geschäftsleitung im Inland haben. Bei Kapitalgesellschaften muss das Grund- oder Stammkapital mindestens 2 Mio €

betragen; bei einer KG müssen die Einlagen voll geleistet sein. Zulässige Geschäfte sind nach § 3 UBGG außerdem: Darlehensgewährung an Beteiligungsunternehmen, Anlage bei Kreditinstituten und Ankauf von Schuldverschreibungen, Aufnahme von Krediten und Begeben von Genussrechten und Schuldverschreibungen, Grundstückserwerb zur Beschaffung von Geschäftsräumen sowie sonstige Geschäfte, soweit sie mit dem Unternehmensgegenstand zusammenhängen. Nach § 4 UBGG sind bestimmte Anlagegrenzen zu beachten. Von den Privaten Equity Fonds kommen nur bestimmte Gruppen für eine Anerkennung als Unternehmensbeteiligungsgesellschaft in Betracht (zu den Problemen *Veith* DB 2003, 1191).

220 **Grundsatz der Anerkennung.** Nach § 1 UBGG bedarf ein Unternehmen, das unter der Bezeichnung „Unternehmensbeteiligungsgesellschaft" Geschäfte der in Anm 219 beschriebenen Art betreibt, der Anerkennung durch die zuständige Behörde (für Nds vgl *OFD Hannover* GmbHR 2002, 700). Es unterliegt den Anforderungen und der Aufsicht nach dem UBGG. Die Anerkennung ist nach § 15 UBGG schriftlich zu beantragen. Dem Antrag sind beizufügen die Satzung oder der Gesellschaftsvertrag in der neuesten Fassung; die Urkunden über die Bestellung der Organe; ein Handelsregisterauszug nach neuestem Stand oder eine Bestätigung des Registergerichts, dass die Eintragung der Gesellschaft in das Handelsregister nur noch von der Anerkennung als Unternehmensbeteiligungsgesellschaft abhängt. Die Anerkennung erfolgt nach § 16 Abs 1 UBGG, wenn der Antrag in diesem Sinne ordnungsgemäß und vollständig gestellt ist, die Regeln des § 3 UBGG und die Anlagegrenzen des § 4 UBGG beachtet sind, kein Wagniskapital an Mutter- oder Schwesterunternehmen gehalten werden und keine Beteiligungen als (atypischer) stiller Gesellschafter an der Gesellschaft bestehen und wenn die Voraussetzungen des § 2 UBGG im Hinblick auf Rechtsform und Unternehmensgegenstand erfüllt sind. Die Anerkennung verliert ihre Wirkung nach § 16 Abs 3 UBGG durch Rücknahme oder Widerruf nach den Vorschriften über das Verwaltungsverfahren oder durch Verzicht. Darüber hinaus kann die Behörde nach § 17 UBGG die Anerkennung widerrufen, wenn die Gesellschaft bestimmte Grundsätze zum Unternehmensgegenstand, zu den zulässigen Geschäften und Anlagegrenzen nach §§ 2–5 UBGG missachtet, entgegen § 5 Abs 2 UBGG (atypische) stille Beteiligungen gewährt hat oder Wagniskapital an Mutter- oder Schwestergesellschaften hält.

221 **Bezeichnungsschutz.** Die Bezeichnung „Unternehmensbeteiligungsgesellschaft" erfährt durch § 20 UBGG einen gewissen Schutz. Sie darf grundsätzlich in der Firma, als Zusatz zur Firma, zur Bezeichnung des Geschäftszwecks oder zu Werbezwecken nur von anerkannten Gesellschaften geführt werden. Die Bezeichnung darf als Firma oder als Zusatz zur Firma in das Handelsregister nur eingetragen werden, wenn dem Registergericht die Anerkennung als Unternehmensbeteiligungsgesellschaft nachgewiesen ist. Lediglich für bestimmte Altfälle, in denen bei In-Kraft-Treten des UBGG die Bezeichnung Unternehmensbeteiligungsgesellschaft bereits in der Firma enthalten war, sieht § 26 UBGG vor, dass diese Bezeichnung noch bis zum 31. 12. 1990 weiter geführt werden durfte.

Nachversteuerung. Bei Widerruf der Anerkennung oder bei einem Verzicht auf die Anerkennung gewährleistet Satz 2 der Vorschrift die GewStFestsetzung rückwirkend, wenn Aktien der Unternehmensbeteiligungsgesellschaft nicht zuvor öffentlich angeboten worden sind (Begr der BReg aaO S 32). Entsprechendes gilt, wenn eine solche Gesellschaft nach § 25 Abs 3 UBGG die Anerkennung verliert. Für offene Unternehmensbeteiligungsgesellschaften iSv § 1 a Abs 1 Satz 1 UBGG haben der Widerruf der oder der Verzicht auf die Anerkennung innerhalb bestimmter Fristen des § 7 Abs 1 Satz 1 UBGG Wirkung für die Vergangenheit (Satz 2). 222

Grundlagenbescheid. Nach Satz 4 sind Bescheide über die Anerkennung, die Rücknahme oder den Widerruf der Anerkennung und über die Feststellung, ob Aktien der Unternehmensbeteiligungsgesellschaft öffentlich angeboten worden sind, Grundlagenbescheide iSd AO. Die Bekanntmachung der Aberkennung der Eigenschaft als Unternehmensbeteiligungsgesellschaft nach § 25 Abs 3 UBGG steht einem Grundlagenbescheid gleich. 223

224., 225. Befreiung von Kapitalbeteiligungsgesellschaften (Nr 24)

Allgemeines. Kreis der Begünstigten. Die Befreiung erfolgt ab EZ 1992 durch StÄndG 1992 (BGBl I 1992, 297). Befreit sind ausschließlich die in Nr 24 genannten Kapitalbeteiligungsgesellschaften für die mittelständische Wirtschaft. Träger sind vor allem (Länder-)Einrichtungen der Wirtschaftsförderung, Kammern sowie Wirtschafts- und Bankenverbände. Aufgabe und Ziel ist die Zuführung von Beteiligungskapital im Rahmen öffentlicher Förderprogramme zu günstigen Bedingungen an kleine und mittlere Unternehmen. 224

Voraussetzungen und Umfang der Begünstigung 225

1. Der **Geschäftsbetrieb** muss sich beschränken auf den Erwerb von **Beteiligungen** und auf die Zuführung von Beteiligungskapital hierdurch zu günstigen Bedingungen. Ein partiarisches Darlehen genügt im Gegensatz zu einer stillen Beteiligung nicht (BFHE 211, 524, BStBl II 2006, 334). Unter „staatlicher Hilfe“ sind Mittel zu verstehen, die aus öffentlichen Quellen zur Verfügung gestellt werden oder für die Zuschüsse geleistet werden.
2. Der erzielte **Gewinn** muss ausschließlich und unmittelbar für die satzungsmäßigen Zwecke verwendet werden. Aus dieser Voraussetzung ergeben sich weitere Anforderungen an die formelle und materielle Satzungsmäßigkeit (vgl hierzu die Ausführungen zur Gemeinnützigkeit Anm 95) sowie an die Unmittelbarkeit (Anm 76 ff) und an die Ausschließlichkeit (Anm 73 ff).
3. Liegen die oa Voraussetzungen nur zum Teil vor, dann ist wie folgt zu unterscheiden: ist der Geschäftsbetrieb nicht im oa Sinne beschränkt, dann wird („soweit“) **partielle Steuerbefreiung** gewährt (*Pauka* DB 1992, 1207); wird der Gewinn nicht ausschließlich für die Beteiligungsfinanzierung verwendet, dann entfällt die Befreiung („wenn“) insgesamt.

226., 227. Befreiung von Wirtschaftsförderungsgesellschaften (Nr 25)

Literatur: *Oppermann,* Steuerbefreiung für Wirtschaftsförderungsgesellschaften (§ 5 Abs 1 Nr 18 KStG), DB 1994, 1489.

226 **Allgemeines.** Die Befreiung ist durch G v 13. 9. 1993 (BGBl I 1993, 1569) geschaffen worden. Sie ist erstmals ab EZ 1993 anzuwenden Die Neuregelung bezweckt, eine einheitliche Regelung für alle dort bezeichneten Wirtschaftsförderungsgesellschaften zu schaffen. Sie schließt eine Abkehr von bisherigen Anerkennungen als gemeinnützig ein (FG RH-Pf EFG 1996, 826), zumal Wirtschaftsförderung idR wegen Förderung gewerblicher Unternehmen ohnehin nicht gemeinnützig ist (BFH/NV 1997, 504). Eine Übergangsregelung für bisher als gemeinnützig behandelte Gesellschaften enthält *FM NRW* DB 1993, 2509.

227 **Voraussetzungen. Formell** ist zu beachten, dass die Befreiung nur für Kapitalgesellschaften gilt. Gesellschafter müssen überwiegend Gebietskörperschaften (Bund, Länder, Kreise, Gemeinden, Landschaftsverbände) sein. Diese müssen zusammen mehr als 50% der Beteiligungen und Stimmrechte halten; Beteiligungen sonstiger Körperschaften des öffentlichen Rechts (zB IHK, Sparkassen) bleiben unberücksichtigt (*BMF* BStBl I 1996, 54). Zudem ist die Körperschaftsteuerbefreiung erforderlich. **Materiell** (vgl **§ 5 Abs 1 Nr 18 KStG**) muss die Tätigkeit auf die Verbesserung der sozialen und wirtschaftlichen Strukturen einer bestimmten Region durch Förderung der Wirtschaft, insb durch Industrieansiedlung, Beschaffung neuer Arbeitsplätze und Sanierung von Altlasten beschränkt sein. Die Tätigkeit muss sich als unmittelbare und ausschließliche Förderung darstellen; allgemein- bzw gesamtwirtschaftliche Maßnahmen genügen ebenso wenig wie nur mittelbare Förderung (zB Ansiedlung von Arbeitnehmern und Gewerbetreibenden; BFHE 202, 97, BStBl II 2003, 723); sie darf nicht über den zur Zweckverwirklichung gebotenen Umfang hinausgehen. Der Katalog der Beispielsfälle in § 5 Abs 1Nr 18 KStG ist nicht abschließend („insbesondere"). Damit sind vergleichbare gleich gerichtete Maßnahmen nicht von der Begünstigung ausgeschlossen (BFHE 202, 97, BStBl II 2003, 723). Doch darf die Gesellschaft keine Förderung konkreter Unternehmen (*OFD Koblenz* DB 20005, 308) und auch sonst keine Unternehmensberatung leisten (*BMF* BStBl I 1996, 54, zugleich zu einzelnen zulässigen Tätigkeiten sowie zur Beteiligung an anderen Gesellschaften; hierzu *Oppermann* DB 1994, 1489; zur Vermietung v Geschäfts- und Gewerberäumen *OFD München/Nürnberg* DStZ 2003, 670); zB Errichtung und Verleasen von Gebäuden an ansiedlungswillige Unternehmen (BFHE 211, 117, BStBl II 2006, 141). Bei Nichtbeachtung dieser Beschränkung verliert die Gesellschaft die Befreiung insgesamt. Weitere Voraussetzung ist die Verwendung des Vermögens und etwa erzielter Überschüsse ausschließlich zur Erreichung des Gesellschaftszwecks. Eine auch geringfügige zweckwidrige Verwendung schließt die Befreiung insgesamt aus.

228., 229. Befreiung von Gesamthafenbetrieben (Nr 26)

228 **Allgemeines.** Gesamthafenbetriebe iSd G v 3. 8. 1950 (BGBl I 1950, 352) sind nach der Vorschrift befreit. Die Befreiung ist durch G v 13. 9.

1993 (BGBl I 1993, 1569) geschaffen worden, nachdem (nach 40 Jahren?) Bedenken gegen die Behandlung der Gesamthafenbetriebe als gemeinnützig aufgekommen waren (BTDrs 12/5016, 91).

Voraussetzung der Befreiung ist die Ausübung von Tätigkeiten iSv § 2 Abs 1 u 2 des G v 3. 8. 1950 (BGBl I 1950, 352), also die Vorhaltung und der gerechte und zweckmäßige Einsatz von qualifizierten Hafenarbeitern im Interesse einerseits der Versorgung von Hafenbetrieben mit Hafenarbeitern sowie andererseits der Arbeitsplatzsicherung. Die GewStBefreiung richtet sich nach dem Maße der KStBefreiung („soweit"). Diese Befreiung wird nur gewährt, insoweit die oa Tätigkeiten ausgeführt werden. Insoweit kommt also eine **partielle Befreiung** in Betracht. Ausgenommen ist ein wirtschaftlicher Geschäftsbetrieb. Weitere Voraussetzung ist jedoch eine dem Begünstigungszweck entsprechende Verwendung von Überschüssen und Vermögen. Hier kann es bei zweckwidriger Verwendung mE nach dem klaren Wortlaut des § 5 Abs 1 Nr 19 KStG nicht zu einer partiellen Befreiung, sondern muss es zur Versagung der Befreiung insgesamt kommen (aA evtl *Lenski/Steinberg* § 3 Anm 81 m). 229

230., 231. Versorgungszusammenschlüsse (Nr 27)

Allgemeines. Die betroffenen Zusammenschlüsse von juristischen Personen des öffentlichen Rechts, von steuerbefreiten Körperschaften und steuerbefreiten Personenvereinigungen haben den Zweck, im Umlageverfahren die finanziellen Lasten aus **Versorgungszusagen** auszugleichen, die die Mitglieder ihren Arbeitnehmern erteilt haben. Sie sind im Ergebnis mit Pensionskassen vergleichbar. Bei den Mitgliedskörperschaften würden diese Aufgaben in den nichtsteuerpflichtigen Bereich (zB bei den öffentlich-rechtlichen Wirtschaftsorganisationen: IHK) oder in den steuerfreien Bereich (zB bei Wirtschaftsverbänden ohne öffentlich-rechtlichen Charakter) fallen. Gegen die im Hinblick hierauf in der Praxis gewährten Steuerfreistellungen waren Bedenken aufgekommen. Da sich die Tätigkeit der Zusammenschlüsse ausschließlich auf begünstigte Zwecke der Mitgliedskörperschaften erstreckt und ihre Heranziehung zur GewSt als unbillig angesehen wurde, sind sie durch G v 21. 12. 1993 (BGBl I 1993, 2310) ua von der GewSt befreit worden. Die Befreiung erfolgt grundsätzlich ab EZ 1993 (§ 36 Abs 2e idF des ÄndG). Für bereits vorher existierende Zusammenschlüsse ist unter der Voraussetzung der Beschränkung auf oa Tätigkeiten eine Übergangsregelung im Hinblick auf die Überdotierung und Abschmelzung des überdotierten Vermögens bis einschließlich EZ 1997 vorgesehen (BTDrs 12/6078, 129f). 230

Voraussetzung der Befreiung ist die Beschränkung der Tätigkeit auf den Ausgleich der Versorgungslasten. Jede weitergehende Tätigkeit ist schädlich und führt zum gänzlichen Fortfall der Befreiung; also keine wenigstens partielle Befreiung. Zudem besteht für das zulässige Vermögen am Ende des Wirtschaftsjahres eine Beschränkung auf 60% der im Wirtschaftsjahr erbrachten Leistungen der Mitglieder im Umlaufverfahren. Ein höherer Vermögensbestand führt ebenfalls zum Fortfall der Befreiung. In der Beschlussempfehlung des Finanzausschusses sollte in der Vorschrift klargestellt werden, dass auch bei Einbeziehung von Versorgungslasten von Ar- 231 beitnehmern eines steuerpflichtigen Betriebes gewerblicher Art oder eines steuerpflichtigen wirtschaftlichen Geschäftsbetriebes in das Umlaufverfahren die Steuerbefreiung insgesamt („ausgeschlossen ..., wenn ...") wegfällt. Diese Bestimmung ist zwar nicht G geworden, wird aber im Wege teleologischer Auslegung dennoch hinzuzudenken sein.

232., 233. Arbeitsgemeinschaften Medizinischer Dienst – MDK – sowie Medizinischer Dienst der Spitzenverbände der Krankenkassen – MDS – (Nr 28)

232 **Allgemeines.** Die Befreiung wurde eingefügt durch JStErgG 1996 und gilt ab EZ 1991 (§ 36 Abs 2f idF des ÄndG). Bei den MDK handelt es sich um Zusammenschlüsse der Landesverbände der Orts-, Betriebs- und Innungskrankenkassen, der landwirtschaftlichen Krankenkassen sowie der Verbände der Ersatzkassen in der Rechtsform der Körperschaft des öffentlichen Rechts. Der MDS betreibt die Förderung der Durchführung von Aufgaben und der Zusammenarbeit des medizinischen Dienstes nach § 282 SGB V in Form einer Arbeitsgemeinschaft. Die von MDS und MDK wahrgenommenen Aufgaben (Gutachten und deren Vereinheitlichung; Beratung zu Fragen der medizinischen Versorgung) wurden ihnen durch Gesetz auferlegt und liegen ausschließlich im öffentlichen Interesse. Die Ausgaben werden ausschließlich im Umlageverfahren gedeckt, so dass nachhaltige Gewinne nicht zu erwarten sind (Ausnahme: Zinsen aus angelegten Vorauszahlungen).

233 **Voraussetzung** der GewSt-Befreiung ist die Befreiung von der KSt (vgl **§ 5 Abs 1 Nr 21 KStG**). Die MDK und MDS sind nur befreit, soweit sie ihre Aufgaben wahrnehmen. Andere Tätigkeiten führen zur partiellen StPfl. Zudem sind Vermögen und Überschüsse (insb aus Vorauszahlungen) ausschließlich zur Erreichung der oa Zwecke zu verwenden. Verstöße hingegen bedeuten mE den völligen Verlust der Befreiung.

234., 235. Gemeinsame Einrichtungen iSv § 5 Abs 1 Nr 22 KStG (Nr 29)

234 **Allgemeines.** Begünstigt sind Gemeinsame Einrichtungen der Tarifvertragsparteien iSv § 4 Abs 2 TVG (BGBl I 1969, 1123), die satzungsmäßige Beiträge nach § 186a AFG (BGBl I 1969, 582) (ab 1. 1. 1998: nach §§ 354–356 SGB III) oder auf Grund tarifvertraglicher Vereinbarungen erheben und Leistungen ausschließlich an die tarifgebundenen Arbeitnehmer des Gewerbezweigs sowie deren Hinterbliebene erbringen. Betroffen sind vor allem Lohnausgleichs- und Urlaubskassen. Die Befreiung ist eingeführt worden durch JStG 1997 (BGBl I 1996, 2049, 2073) und gilt ab EZ 1996 (§ 36 Abs 2g idF des JStG 1997). Sie dient insbesondere der Beseitigung von Zweifeln an der bisherigen steuerlichen Behandlung (Befreiung unter anderen Titeln).

235 **Voraussetzung** der Befreiung. Die Einrichtungen dürfen ausschließlich die oa Leistungen erbringen. Verstöße führen zum Verlust der Befreiung; es sei denn, es liegen die Voraussetzungen für die Annahme eines wirtschaftlichen Geschäftsbetriebs (Anm 110ff) vor; dann ist die Steuerfreiheit (nur)

insoweit ausgeschlossen. Im Übrigen ist die Konkurrenzklausel des **§ 5 Abs 1 Nr 22 KStG** zu beachten; dh die Einrichtung darf zu nichtsteuerbegünstigten Betrieben derselben oder ähnlichen Art nicht in größerem Umfang in Wettbewerb treten, als es bei Erfüllung der begünstigten Aufgaben unvermeidlich ist. Verstöße hiergegen führen mE ebenfalls zum völligen Verlust der Steuerfreiheit.

236., 237. Auftragsforschung (Nr 30)

Allgemeines. Nach der Vorschrift ist die Auftragsforschung iSv **§ 5 Abs 1 Nr 23 KStG** von der GewSt befreit, soweit sie von der KSt befreit ist. Sie ist durch Art 4 Nr 1 c StÄndG 2003 (BGBl I 2003, 2645) eingeführt worden und ist nach § 36 Abs 4 a auch in **EZ vor 2003** anzuwenden. 236

Die Befreiung bezweckt und bewirkt eine Gleichbehandlung mit der Auftragsforschung von gemeinnützigen Forschungseinrichtungen, die unter bestimmten Voraussetzungen nach § 68 Nr 9 AO als Zweckbetriebe zu behandeln sind (Anm 120).

Befreit ist die Auftragsforschung der **öffentlich-rechtlichen** Wissenschafts- und Forschungseinrichtungen, also insb der staatlichen Universitäten und Hochschulen. Die **Befreiung** ist **ausgeschlossen,** wenn die Tätigkeit auf die Anwendung gesicherter wissenschaftlicher Erkenntnisse, die Übernahme von Projektträgerschaften sowie wirtschaftliche Tätigkeit ohne Forschungsbezug gerichtet ist. Auch insoweit besteht Übereinstimmung mit § 68 Nr 9 AO; insgesamt aber handelt es sich um eine Bevorzugung der öffentlich-rechtlichen Einrichtungen vor den gemeinnützigen (*Kaufmann/Schmitz-Herscheidt* BB 2007, 2039); *Strahl,* KÖSDI 2007, 15 569; *Becker/Volkmann* DStZ 2007, 529; Gesetzesantrag Bayern BRDrs 198/07). 237

(frei) **238, 239**

240.–247. Weitere Befreiungen außerhalb des GewStG

Befreiung von Einnehmern einer staatlichen Lotterie (§ 13 GewStDV). 240

Allgemeines. Ermächtigungsgrundlage ist nicht § 35 c Nr 2 c GewStG (so jedoch FG Berlin EFG 1982, 91). Die Vorschrift beruht auf reichsrechtlicher Ermächtigung (§ 12, 13 RAO idF v 1. 12. 1936, RGBl I 1936, 961). Ihre Rechtsgültigkeit wurde durch die Aufhebung der Ermächtigung (Gesetz v 11. 7. 1953, BGBl I 1953, 511) nicht berührt. Daher ist die Beachtung des Art 80 Abs 1 GG für sie nicht von Bedeutung (BFHE 142, 500, BStBl II 1985, 223). Zum Begriff der staatlichen Lotterie gelten die oa Grundsätze (Anm 7) entsprechend.

Nur die **Einnehmer** einer staatlichen Lotterie, also auch der Lotto- und Totogesellschaften, sind befreit. Die Vorratshaltung von Lotterielosen gehört ebenfalls zur Tätigkeit des Lotterieeinnehmers (BFHE 119, 76, BStBl II 1976, 576). Nicht befreit sind Bezirksleiter und Bezirksstellenleiter (BFHE 91, 161, BStBl II 1968, 718; BFHE 90, 201, BStBl II 1968, 244). Dasselbe dürfte für Hauptstellenleiter gelten. Dagegen sind die Inhaber der Annahmestellen als Einnehmer von der GewSt befreit, und zwar auch dann, wenn die Annahme- und Einnahmetätigkeit im Rahmen eines Gew-

Betriebs (Tabak- und Zeitschriftenhandel) ausgeübt wird. Inhaber von Sammelstellen sind nicht Einnehmer und deshalb nicht befreit (vgl *Hess FM* DStZ/E 1957, 80).

Wird die Einnahmetätigkeit im Rahmen eines **einheitlichen Gew-Betriebs** ausgeübt und ist eine Trennung von GewErtrag und (bis 31. 12. 1997:) GewKapital anhand der Buchführung nicht möglich, dann sind die steuerfrei bleibenden Teile zu schätzen (BFHE 142, 500, BStBl II 1985, 223). Liegen die Voraussetzungen für die Befreiung als staatliche Lotterie nicht vor und wird die Annahmestelle zusammen mit einem finanziell, wirtschaftlich und organisatorisch eng verflochtenen Tabakhandel oä betrieben (hierzu BFH BStBl II 1986, 719), dann darf der Freibetrag nach § 11 Abs 1 nicht doppelt in Anspruch genommen werden. Zu den Verhältnissen in Hessen vgl *OFD Ffm* BB 1987, 955, zur Steuerpflicht der Einnehmer der Lotto Hamburg GmbH ab 1. 1. 2008 vgl *FinBeh Hamburg* v 7. 1. 2009.

241 **Befreiung von Wasserkraftwerken.** Nach § 6 VO über die steuerliche Begünstigung von Wasserkraftwerken v 26. 10. 1944 (RGBl I 1944, 278, RStBl 1944, 657) idF des G v 16. 8. 1977 (BGBl I 1977, 1586) werden Wasserkraftwerke ermäßigt besteuert. Für die Bauzeit fällt keine GewSt an. In den folgenden 20 Jahren wird die GewSt, die auf die steuerbegünstigten Anlagen entfällt, auf die Hälfte ermäßigt.

Voraussetzung für die Begünstigung ist, dass mit dem Bau der begünstigten Anlagen zwischen 1938 und 1985 begonnen worden ist (§ 3 WasserkraftwerksVO).

Zu den Besonderheiten bei der Berücksichtigung von GewVerlusten vgl § 10 a Anm 21.

242 **Befreiung sog kleinerer Körperschaften.** Nach A 45 GewStR kann von der Festsetzung des (einheitlichen) GewStMessbetrags abgesehen werden, wenn im Einzelfall bei kleinen Körperschaften, insbesondere Vereinen, Stiftungen und Genossenschaften, bei juristischen Personen des öffentlichen Rechts der Gewinn offensichtlich 500 € (1000 DM) nicht übersteigt. Es wird behauptet, dass diese Regelung auf § 156 Abs 2 AO beruhe, wonach die Festsetzung von Steuern und Nebenleistungen unterbleiben kann, wenn feststeht, dass die Einziehung keinen Erfolg haben wird, oder wenn die Kosten der Einziehung einschließlich der Festsetzung außer Verhältnis zu dem Betrag stehen. Auch hier begegnet man allerdings dem auch bei den Pauschbeträgen der LStR bekannten Phänomen, dass die Verwaltung für wahllos herausgegriffene Sachverhaltsgruppen das Vorliegen gesetzlicher oder sachlicher Voraussetzungen für eine bestimmte Sachbehandlung unterstellt, ohne dass sich dingfest machen ließe, ob dies tatsächlich der Fall ist. Dies gilt schon deswegen, weil die Regelung den Unterschied zwischen Gewinn und GewErtrag nicht beachtet. Im Unterschied zur alten Fassung werden in A 45 GewStR neuerdings nicht mehr die wirtschaftlichen Geschäftsbetriebe von abschließend aufgezählten Arten von juristischen Personen (§ 2 Abs 3 und § 3 Nr 16, 17 u 18 GewStG) erwähnt.

Zu beachten bleibt auf alle Fälle die Vorschrift des § 11 Abs 1 Nr 2, wonach bei Unternehmen iSd § 2 Abs 3 und § 3 Nrn 5, 6, 8, 9, 15 u 17 GewStG sowie bei Unternehmen von juristischen Personen des öffentlichen Rechts der GewErtrag um einen Freibetrag von 3900 € zu kürzen ist. Bereits so unterschiedliche Bestimmungen wie die letztgenannten und A 45 GewStR (hinzu kommen die entsprechenden Vorschriften im KSt-Recht) zeigen auf, dass der Verwaltungsvereinfachung Grenzen gesetzt sind, weil eine gewstrechtliche Erfassung auf jeden Fall erfolgen muss.

Befreiung kleinerer Versicherungsvereine auf Gegenseitigkeit. 243
Allgemeines. Nach § 12a GewStDV sind kleinere Versicherungsvereine auf Gegenseitigkeit iSv § 53 VAG von der GewSt befreit, wenn sie nach § 5 Abs 1 Nr 4 KStG von der KSt befreit sind (zum Begriff vgl BFHE 166, 335, BStBl II 1992, 429). Die sachliche Befreiung stützt sich wohl auf die Ermächtigung in § 35c Nr 2d GewStG. Indes erscheint die Ermächtigung im Hinblick auf das Bestimmtheitsgebot des Art 80 GG fragwürdig. Insbesondere erscheint es mit dem verfassungsrechtlichen Bestimmtheitsgebot nicht vereinbar, dass dem VO-Geber (Bundesregierung) das „Ob" der Befreiung überlassen bleibt (aA *Blümich/von Twickel* § 3 Rz 110).

Einzelnes. § 5 Abs 1 Nr 4 KStG unterscheidet zwischen sonstigen Versicherungsvereinen auf Gegenseitigkeit und Sterbegeldversicherungen.

(Nr 4 a) Voraussetzung für die Befreiung ist, dass die Beitragseinnahmen im Durchschnitt der letzten 3 Wirtschaftsjahre einschließlich des im VZ endenden Wirtschaftsjahres die durch RechtsVO festzusetzenden Jahresbeträge nicht überstiegen haben. Inwiefern hier das verfassungsrechtliche Bestimmtheitsgebot (Art 80 GG) eingehalten sein soll, vermag ich nicht zu erkennen. Jedenfalls schreibt § 4 Nr 1 KStDV 1994 folgende Höchstgrenzen vor:
– bei Lebens- und Krankenversicherung 797 615 €
– bei den übrigen Versicherungsvereinen (Ausnahme Sterbegeldversicherungen) 306 775 €.

(Nr 4 b) Sterbegeldversicherungen sind befreit, wenn sie sich nach dem Geschäftsplan sowie nach Art und Höhe der Leistungen als soziale Einrichtungen darstellen; zu diesem Begriff vgl oben Anm 163ff. Im Übrigen findet § 2 Abs 1 KStDV Anwendung, wonach die Sterbegelder 7669 € als Gesamtleistung nicht übersteigen dürfen. Zu den Gesamtleistungen dürfen Gewinnzuschläge nach § 2 Abs 2 KStDV nicht hinzukommen. ME ist BFHE 97, 518, BStBl II 1970, 227 insoweit überholt.

Befreiung von Kapitalanlagegesellschaften. Nach §§ 37n, 37o, 38, 43a bis 50d KAGG idF der Bek v 9. 9. 1998 (BGBl I 1998, 2726), sind Sondervermögen, die von Kapitalanlagegesellschaften (Investmentgesellschaften) verwaltet werden, steuerbefreit. Für Geschäftsjahre, die nach dem 31. 12. 2003 beginnen, sind die **Sondervermögen** und **Investmentaktiengesellschaften** nach § 11 Abs 1 **Investmentsteuergesetz** v 15. 12. 2003 (BGBl I 2003, 2676/2724) steuerbefreit. 244

Befreiung der European Transonic Windtunnel GmbH (VO v 1. 9. 1989, BGBl II 1989, 738). 245
Die Befreiung betrifft den gemeinsamen Betrieb des Europäischen Transschall-Windkanals durch die Bundesrepublik Deutschland, Frankreich und das Vereinigte Königreich. Die Befreiung beruht auf der VO der BReg v 1. 9. 1989 (BGBl I 1989, 738) und betrifft die Tätigkeit sowie das der

Tätigkeit dienende Vermögen der Gesellschaft. Die VO selbst beruht auf Art 3 des G v 27. 6. 1954 ua betreffend Gewährung von Vorrechten und Befreiungen für (andere) zwischenstaatliche Organisationen (BGBl I 1954, 639). Die Befreiung ist am 1. 1. 1988 in Kraft getreten.

246 **Befreiung des Absatzfonds bzw des Holz** (früher **Forst**)**absatzfonds** (G v 4. 10. 2007, BGBl I 2007, 2342 bzw G v 6. 10. 1998, BGBl I 1998, 3130, zuletzt geändert durch G v 26. 6. 2007, BGBl I 2007, 1170.

Bei beiden Fonds handelt es sich um Anstalten des öffentlichen Rechts. Sie haben die Aufgabe, den Absatz und die Verwertung von Erzeugnissen der deutschen Land- u Ernährungswirtschaft bzw der deutschen Forstwirtschaft durch Erschließung und Pflege von Märkten im In- u Ausland mit modernen Mitteln und Methoden zentral zu fördern sowie (nur beim Absatzfonds:) in diesem Zusammenhang auf die Verbesserung der Qualität und der Marktorientierung von Erzeugnissen hinzuwirken. Beide Fonds bedienten sich zur Durchführung ihrer Aufgaben einer zentralen Einrichtung der Wirtschaft, die kein eigenes Warengeschäft betreiben darf. Hierdurch rechtfertigt sich die in den oa Gesetzen normierte Steuerbefreiung beider Fonds. Finanziert wird der Absatzfonds aus verarbeitungsabhängigen Beiträgen der verschiedenen Bereiche der Land- und Ernährungswirtschaft und der Forstabsatzfonds durch Abgaben auf von inländischen forstbetrieben aufgenommenes Sägen, Messern oder Schälen bestimmtes Stammholz.

247 Befreiung der **Unterstützungskassen,** die nach § 15 Abs 3 **PostpersonalrechtsG** v 14. 9. 1994 (BGBl I 1994, 2325, 2353) idF des G v 17. 12. 1997 (BGBl I 1997, 3108) errichtet wurden, und zwar ab ihrer Gründung.

§ 4 Hebeberechtigte Gemeinde

(1) [1] **Die stehenden Gewerbebetriebe unterliegen der Gewerbesteuer in der Gemeinde, in der eine Betriebsstätte zur Ausübung des stehenden Gewerbes unterhalten wird.** [2] **Befinden sich Betriebsstätten desselben Gewerbebetriebs in mehreren Gemeinden oder erstreckt sich eine Betriebsstätte über mehrere Gemeinden, so wird die Gewerbesteuer in jeder Gemeinde nach dem Teil des Steuermessbetrags erhoben, der auf sie entfällt.**

(2) **Für Betriebsstätten in gemeindefreien Gebieten bestimmt die Landesregierung durch Rechtsverordnung, wer die nach diesem Gesetz den Gemeinden zustehenden Befugnisse ausübt.**

(3) [1] **Für Betriebsstätten im nicht zur Bundesrepublik Deutschland gehörenden Teil eines grenzüberschreitenden Gewerbegebiets im Sinne des § 2 Abs. 7 Nr. 2 ist die Gemeinde hebeberechtigt, in der der zur Bundesrepublik Deutschland gehörende Teil des grenzüberschreitenden Gewerbegebiets liegt.** [2] **Liegt der zur Bundesrepublik Deutschland gehörende Teil in mehreren Gemeinden, gilt Absatz 2 entsprechend.**

Gewerbesteuerdurchführungsverordnung

§ 15 GewStDV Hebeberechtigte Gemeinde bei Gewerbebetrieben auf Schiffen und bei Binnen- und Küstenschifffahrtsbetrieben

Hebeberechtigte Gemeinde für die Betriebsstätten auf Kauffahrteischiffen, die in einem inländischen Schiffsregister eingetragen sind und nicht im sogenannten regelmäßigen Liniendienst ausschließlich zwischen ausländischen Häfen verkehren, und für die in § 6 bezeichneten Binnen- und Küstenschifffahrtsbetriebe ist die Gemeinde, in der der inländische Heimathafen (Heimatort) des Schiffes liegt.

Gewerbesteuer-Richtlinien 1998: Abschnitt 34.

Bearbeiter: Selder

Übersicht

1. Hebeberechtigte Gemeinde
2. Bekanntgabe des GewStMessbescheids
3. Hebeberechtigung bei Gewerbebetrieben auf Schiffen
4. Zerlegung
5. Rechtsmittelbefugnis der Gemeinden
6. Verträge über Industrieansiedlung
7. Gemeindefreie Gebiete
8. Grenzüberschreitende Gewerbegebiete
9. Zinsen, Haftung

Die **hebeberechtigte Gemeinde** für den stehenden Gewerbebetrieb bestimmt § 4 als diejenige, in der der Gewerbebetrieb seine **Betriebsstätte** hat. Für den Reisegewerbebetrieb ist die Gemeinde berechtigt, in der sich der Mittelpunkt der gewerblichen Tätigkeit befindet (§ 35 a Abs 3). Die Betriebsstätte als örtliche Anknüpfung für die Hebeberechtigung hängt mit dem sog Äquivalenzprinzip zusammen (s § 1 Anm 11). Zu den Merkmalen der Betriebsstätte im Einzelnen s § 2 Anm 445 f. Die Befugnis der Gemeinden zur allgemeinverbindlichen Festsetzung des Hebesatzes regelt § 16. Die Länder können die Befugnis zur Festsetzung und Erhebung der Gewerbesteuer anstelle der Gemeinde dem Finanzamt übertragen. In den Stadtstaaten Hamburg und Bremen sowie in Berlin obliegt die Erhebung und Festsetzung den Finanzämtern (s *Tipke/Kruse* § 184 AO Tz 5). 1

Die Frage, welcher Gemeinde der Gewerbesteueranspruch zusteht, hat nicht nur für die Gemeinde selbst, sondern wegen der unterschiedlichen Steuersätze auch für den Unternehmer Bedeutung (Standortwahl s *Behrendt* StB 1996, 296). Über sie entscheidet das Finanzamt. Die Abgabenordnung, die auch für die Gewerbesteuererhebung der Gemeinden weitgehend anzuwenden ist (§ 1 Abs 2 AO), sieht eine Aufgabenteilung zwischen Betriebsfinanzamt und Gemeinde vor. Nach § 184 AO regelt der Steuermessbescheid des Finanzamts die Höhe des Messbetrags sowie die sachliche und persönliche Steuerpflicht. Den Gewerbesteuerbescheid selbst erlässt die Gemeinde (§ 16 Abs 1). Dazu ist ihr vom Finanzamt der Inhalt des Gewerbesteuermessbescheides mitzuteilen (§ 184 Abs 3, § 31 Abs 1

AO). Der Steuermessbescheid entfaltet für den Gewerbesteuerbescheid Bindungswirkung nach § 351 Abs 2 AO. Durch die **Mitteilung nach § 184 Abs 3 AO** – der Bescheid selbst enthält nicht immer einen ausdrücklichen Hinweis – wird faktisch darüber entschieden, welche Gemeinde hebeberechtigt ist. BFHE 142, 544, BStBl II 1985, 607 hat daraus gefolgert, dass unbeschadet des § 127 AO der von einem örtlich unzuständigen Finanzamt erlassene Gewerbesteuermessbescheid ersatzlos aufzuheben ist, wenn er dazu führt, dass eine nicht hebeberechtigte Gemeinde den Gewerbesteuermessbetrag zugewiesen erhält. An die Mitteilung nach § 184 Abs 3 AO sieht die genannte Entscheidung die Beteiligten gebunden. Sie räumt deshalb dem Unternehmer die Klagebefugnis gegen den Gewerbesteuermessbescheid ein mit der Begründung, die Mitteilung nach § 184 Abs 3 AO sei fehlerhaft, nicht jedoch die Klagebefugnis gegen die Mitteilung selbst. Das BVerwG lässt offen, ob die Mitteilung nach § 184 Abs 3 AO Bindungswirkung entfaltet, sofern der Messbescheid keine Regelung der Hebeberechtigung enthält (KStZ 1999, 34). Es sieht eine solche Regelung in dem im Messbescheid enthaltenen Hinweis, wonach die Gewerbesteuer nur an die im Messbescheid bezeichnete Stelle zu zahlen sei.

Das Urteil BFHE 142, 544, BStBl II 1985, 607 ist durch BFHE 204, 283, BStBl II 2004, 751 überholt. Der BFH unterscheidet nunmehr zwischen Messbetragsverfahren einerseits (§ 184 AO) und Zuteilungsverfahren andererseits (§ 190 AO). Die Bestimmung der hebeberechtigten Gemeinde ist hiernach nicht Bestandteil des Gewerbesteuermessbescheides (ebenso *Blümich/Gosch* § 4 Rz 12). Dementsprechend besteht auch **keine verfahrensrechtliche Bindung** an die Nennung der hebeberechtigten Gemeinde in einem Gewerbesteuermessbescheid, der gem § 184 Abs 3 AO der Gemeinde mitgeteilt wird. Vielmehr ist die Hebeberechtigung bei Erlass des Gewerbesteuerbescheides selbständig zu prüfen. Ergeht in Zweifelsfällen ein Zuteilungsbescheid, so besteht Bindungswirkung. Im Zuteilungsverfahren sind die Gemeinden beteiligt, die Anspruch auf den Messbetrag erheben (§§ 190, 186 AO).

Gegen den Zuteilungsbescheid können der Steuerpflichtige sowie die beteiligten Gemeinden (§ 186 AO) Einspruch einlegen. Legt der Steuerpflichtige Einspruch ein, so ist er nur dann **beschwert** (§ 350 AO), wenn er die Zuteilung zu einer Gemeinde mit einem niedrigeren Hebesatz begehrt (BFHE 204, 283, BStBl II 2004, 751). Der Steuerpflichtige hat kein schützenswertes rechtliches Interesse daran, dass die von ihm zu zahlende Gewerbesteuer einer bestimmten Gemeinde zugute kommt; für eine Durchsetzung der Rechte der betroffenen Gemeinde fehlt ihm das Rechtsschutzbedürfnis (BFHE 206, 453, BStBl II 2005, 143). Der BFH-Beschluss in HFR 1963, 70, wonach eine Beschwer darin zu sehen sei, dass ein Antrag des Steuerpflichtigen auf anderweitige Zuteilung abgelehnt worden ist, ist überholt. Ebenso wenig ist eine Beschwer darin zu sehen, dass für eine in einem Zuteilungsbescheid genannte Gemeinde A Sicherheiten für Gewerbesteuerschulden bestehen, nicht jedoch für die nach Ansicht des Steuerpflichtigen hebeberechtigte Gemeinde B.

Ein Zuteilungsbescheid setzt die Existenz eines Messbescheides voraus und ist im Verhältnis zu diesem Folgebescheid (FG Bbg EFG 2002, 655 rkr). Ein Antrag auf Zuteilung des Messbetrages ist von einer übergangenen Gemeinde innerhalb eines Jahres nach Unanfechtbarkeit des Messbescheides zu stellen (§§ 190, 189 Satz 3 AO).

Die **Bekanntgabe des Gewerbesteuermessbescheids** erfolgt in der Praxis zT in der Weise, dass die Finanzämter den Gemeinden auch die für den Steuerpflichtigen bestimmte Ausfertigung des Gewerbesteuermessbescheids übermittelten und die Gemeinden diese zusammen mit dem jeweiligen Gewerbesteuerbescheid bekannt gaben. Die Zulässigkeit dieses Verfahrens bejaht die *FinVerw* (BStBl I 1976, 614). Einige Bundesländer haben die Bekanntgabebefugnis den Gemeinden durch Landesgesetz übertragen (s dazu *Tipke/Kruse* § 184 AO Tz 13). Inzwischen sind die Finanzämter vermehrt dazu übergegangen, die Bekanntgabe selbst vorzunehmen. S zu Einzelheiten auch § 1 Anm 30, § 14 Anm 3. 2

Hebeberechtigung bei Gewerbebetrieben auf Schiffen. Nach § 5 GewStDV wird ein Gewerbebetrieb gewerbesteuerlich insoweit nicht im Inland betrieben, als für ihn eine Betriebsstätte auf einem Kauffahrteischiff unterhalten wird, das im sog regelmäßigen Liniendienst ausschließlich zwischen ausländischen Häfen verkehrt, auch wenn es in einem inländischen Schiffsregister eingetragen ist. Sind die Kauffahrteischiffe nicht in dieser Weise eingesetzt, aber im inländischen Schiffsregister eingetragen, so ist für die Betriebsstätte auf dem Schiff die Gemeinde hebeberechtigt, in der der Heimathafen (Heimatort) des Schiffes liegt. Dies gilt auch für die Binnen- und Küstenschifffahrtsbetriebe des § 6 GewStDV (§ 15 GewStDV, s auch § 2 Anm 458). Die Vorschrift des § 15 GewStDV ist nicht einschlägig, wenn eine Betriebsstätte an Land vorhanden ist (BFH HFR 1963, 70). 3

Eine **Zerlegung** findet statt, wenn sich Betriebsstätten desselben Gewerbebetriebs in mehreren Gemeinden befinden oder eine Betriebsstätte sich über mehrere Gemeinden erstreckt. Wegen der Einzelheiten zu dieser mehrgemeindlichen Betriebsstätte s § 2 Anm 474. 4

Das Verfahren über die Zerlegung des Gewerbesteuermessbetrags regeln die §§ 28–34. Der Ausfall einer Gemeinde mit einer Betriebsstätte von geringer Bedeutung ist nicht als offenbar unbilliges Zerlegungsergebnis iSd § 33 aufzufassen (BFHE 67, 275, BStBl III 1958, 379). Auch die Verlegung einer Betriebsstätte von einer Gemeinde in eine andere bildet einen Zerlegungsfall. Der Zerlegungsbescheid ist Grundlagenbescheid für den Gewerbesteuerbescheid (BFHE 172, 97, BStBl II 1993, 828).

Für die Durchsetzung des gemeindlichen Steueranspruchs gegenüber dem Finanzamt gilt: Im Verfahren betreffend den Gewerbesteuermessbescheid wird die Gemeinde nach herrschender Auffassung nicht als **rechtsmittelbefugt** angesehen. Sie ist insoweit im Regelfall nicht Betroffene (BFHE 76, 594, BStBl III 1963, 216; FG Ba-Wü EFG 2000, 89 rkr). Ausnahmen sieht § 40 Abs 3 FGO vor, und zwar für Fälle offensichtlicher Interessenkollision (§ 1 Anm 37; Nachweise bei *Tipke/Kruse* § 40 FGO Tz 73; s auch BFHE 196, 205, BStBl 2002, 91). Gemäß § 21 Abs 3 FVG ist der Gemeinde gestattet, an Außenprüfungen teilzunehmen (§ 1 Anm 33; s auch *App/Klos* KStZ 1996, 84). Zum Akteneinsichtsrecht von Gemeinden s BFH/NV 2000, 346. 5

6 **Verträge** zwischen Gemeinden und Steuerpflichtigen über den Erlass oder Teilerlass von Gewerbesteuer sind nicht mehr zulässig (s *Meier* KStZ 1997, 152). Der dies ermöglichende § 5 des EinfGRealStG 1936 wurde mit den getroffenen Vereinbarungen schon durch die Verordnung über die Erhebung der Gewerbesteuer in vereinfachter Form (GewStVV) v 31. 3. 1943 (RGBl I 1943, 237) aufgehoben (s dazu auch den Erlass in RStBl 1943, 363, 365). Ein auf sachwidrigen Erwägungen beruhender Verwaltungsakt über den Erlass von Gewerbesteuer ist nicht von vornherein nichtig (BVerwG ZKF 1999, 37, zum Erlass von Aussetzungszinsen als „Gegenleistung" für einen Rechtsmittelverzicht).

Umstritten ist, ob in Verpachtungs- oder Veräußerungsverträge Verpflichtungen des Unternehmers über die gewerbesteuerwirksame Unternehmensgestaltung aufgenommen werden können (verneinend BGH DGStZ 1976, 118; s dazu aber *Rathjen* DStR 1977, 472). Ansiedlungswilligen Unternehmen stellen Gemeinden häufig preisgünstig Grundstücke zur Verfügung. Vielfach werden auch besondere Erschließungsleistungen erbracht. In diesen Fällen muss es der Gemeinde gestattet sein, ihre Leistungen von der Belegenheit des Betriebs im Gemeindebereich abhängig zu machen. Dies bedeutet keine unzulässige Vereinbarung über eine Abgabenschuld, sondern die legitime Berücksichtigung fiskalischer Belange im Bereich der gemeindlichen Planungshoheit. Abgabenrechtliche Verträge allerdings werden nach der zutreffenden hM auch nicht durch § 78 Nr 3 AO gestattet. Diese Vorschrift bleibt für das Abgabenwesen weitgehend ohne Gewicht (zu Ausnahmen bei einer tatsächlichen Verständigung s BFHE 162, 211, BStBl II 1991, 45 und zum Verrechnungsvertrag s BFHE 147, 398, BStBl II 1987, 8).

7 Für Betriebsstätten in **gemeindefreien Gebieten** bestimmt die Landesregierung durch Rechtsverordnung, wer die den Gemeinden zustehenden Befugnisse ausübt. ZB sind sie in Bayern den Landkreisen übertragen worden (VO zum Vollzug des Gewerbesteuergesetzes v 21. 1. 1975 BayRS 611–5-3-I). Zu weiteren gemeindefreien Gebieten s *Blümich/Gosch* § 4 GewStG Rz 14.

8 **Grenzüberschreitende Gewerbegebiete.** Durch das 3. Zusatzprotokoll zum DBA-Niederlande wurde das Besteuerungsrecht auf grenzüberschreitende Gewerbegebiete ausgedehnt (BGBl II 2004, 1653, 1655). Ein solches Gewerbegebiet wurde durch VO v 25. 5. 2007 bestimmt (BGBl II 2007, 778), ein weiteres durch VO v 7. 1. 2008 (BGBl II 2008, 30). Durch Abs 3 wird geregelt, dass diejenige Gemeinde hebeberechtigt ist, auf deren Gebiet der deutsche Teil des grenzüberschreitenden Gewerbegebiets liegt. Die Gewerbesteuerpflicht eines in Deutschland ansässigen Gewerbebetriebs bezieht sich somit auch auf solche Betriebsstätten, die in den Niederlanden in einem grenzüberschreitenden Gewerbegebiet belegen sind (s *Jumpertz/Oblau* RIW 2005, 917 sowie *Tonner/Duling/Hartmann/Hartmann* IStR 2007, 497).

9 **Zinsen.** Die Hinterziehungszinsen des § 235 AO werden durch die Gemeinden unmittelbar festgesetzt (aA *Fuchsen* DStR 1992, 1307), auch für den Erlass eines Haftungsbescheids sind die Gemeinden zuständig (s § 5 Anm 21).

§ 5 Steuerschuldner

(1) [1] **Steuerschuldner ist der Unternehmer. [2] Als Unternehmer gilt der, für dessen Rechnung das Gewerbe betrieben wird. [3] Ist die Tätigkeit einer Personengesellschaft Gewerbebetrieb, so ist Steuerschuldner die Gesellschaft. [4] Wird das Gewerbe in der Rechtsform einer Europäischen wirtschaftlichen Interessenvereinigung mit Sitz im Geltungsbereich der Verordnung (EWG) Nr. 2137/85 des Rates vom 25. Juli 1985 über die Schaffung einer Europäischen wirtschaftlichen Interessenvereinigung (EWIV) – ABl. EG Nr. L 199 S. 1 – betrieben, sind abweichend von Satz 3 die Mitglieder Gesamtschuldner.**

(2) [1] **Geht ein Gewerbebetrieb im Ganzen auf einen anderen Unternehmer über (§ 2 Abs. 5), so ist der bisherige Unternehmer bis zum Zeitpunkt des Übergangs Steuerschuldner. [2] Der andere Unternehmer ist von diesem Zeitpunkt an Steuerschuldner.**

Gewerbesteuer-Richtlinien 1998: Abschnitte 35–37.

Bearbeiter: Selder

Übersicht

1. Allgemeines
2. Unternehmer, § 5 Abs 1 Satz 1
3. Unternehmerbegriff und Nutzungsrecht am Betriebsvermögen
4. Treuhandverhältnis, Stellvertretung
4a. Treuhandmodell
5. Mitunternehmer
6. Personengesellschaften, § 5 Abs 1 Satz 3
7. Mehrstöckige Mitunternehmerschaften
8. Gesellschafterwechsel
9. Einzelne Gesellschaften
10. Atypische stille Gesellschaft und Unterbeteiligung
11. Gesellschaftsähnliche Mitunternehmerschaften
12. Steuerschuldnerschaft in anderen Fällen, Europäische wirtschaftliche Interessenvereinigung, § 5 Abs 1 Satz 4
13. Unternehmerwechsel, § 5 Abs 2
14. Entstehen der Steuerschuld
15. Steuerbescheid/Haftungsbescheid bei Mitunternehmerschaften
16. Beteiligteneigenschaft des subjektiv Steuerpflichtigen
17. Entscheidung über die sachliche Steuerpflicht
18. Erlöschen der Steuerschuld, Verjährung, Billigkeit
19. Haftung des Betriebsübernehmers
20. Haftung der Organgesellschaft, Vertreterhaftung
21. Grundsätze der steuerrechtlichen Haftung
22. Gewerbesteuer und Gewinnverteilung

Allgemeines. § 5 regelt die **persönliche Steuerpflicht.** Davon ge- 1
trennt zu sehen ist die sachliche Steuerpflicht, die den Besteuerungsgegenstand des § 2 meint. Der Eigenart der Gewerbesteuer als Objektsteuer ent-

sprechend spielen die persönlichen Verhältnisse des Geschäftsinhabers grundsätzlich keine Rolle (§ 2 Anm 3). Besteuert wird die Ertragskraft, bis 31. 12. 1997 auch das Gewerbekapital des Betriebs. Dies ließe eine gesetzliche Regelung dergestalt zu, dass den jeweiligen Betriebsinhaber als Steuerschuldner auch diejenigen Besteuerungsmerkmale des Steuergegenstands treffen, die zeitlich zurückliegend während der Inhaberschaft des früheren Betriebseigentümers verwirklicht wurden. Diesen Grundsätzen folgte zB noch § 210a Abs 1 RAO aF. Auch das GewStG 1936 sah für einen vom Rechtsnachfolger im Wesentlichen unverändert fortgeführten Betrieb die Besteuerungsmerkmale aus einem vor dem Inhaberwechsel liegenden Zeitraum als maßgeblich an und berücksichtigte den Inhaberwechsel lediglich für die Steuerschuldnerschaft (§ 2 Anm 446). Durch die Einführung des § 2 Abs 5 (früher § 5 Abs 2) wurde die sachliche Steuerpflicht mit einer subjektiven Komponente angereichert (s BFHE 66, 348, BStBl III 1958, 210): Beim Unternehmerwechsel ist grundsätzlich Betriebseinstellung anzunehmen. Dies macht aber lediglich die Feststellung überflüssig, ob der Unternehmerwechsel den Betrieb und damit seine Ertragskraft verändert hat. § 2 Abs 5 steht deshalb im Zusammenhang mit § 10a, der für den Verlustabzug Unternehmer- und Unternehmenseinheit voraussetzt (GrS BFHE 171, 246, BStBl II 1993, 616).

Wenn § 5 Abs 2 für den Unternehmerwechsel, dh für den Zeitpunkt der Betriebseinstellung, den Wechsel des Steuerschuldners (anderer Unternehmer) vorsieht, so ist dies die Konsequenz aus dem gesetzlich unterstellten Betriebsende. Dagegen ist der Umkehrschluss aus § 5 Abs 2 nicht zulässig (s dazu Anm 13).

2 § 5 Abs 1 bezeichnet als **Steuerschuldner grundsätzlich** den **Unternehmer,** dh denjenigen, für dessen Rechnung das Gewerbe betrieben wird. Damit sind dieselben Zurechnungskriterien angesprochen, die auch für die einkommensteuerrechtlichen Einkünfte aus Gewerbebetrieb zu berücksichtigen sind: Für die Zurechnung der betrieblichen Einkünfte des § 2 Abs 1 Nrn 1–3 EStG bei einem bestimmten Steuerpflichtigen ist das Unternehmerrisiko und die beim Einzelunternehmer als selbstverständlich vorausgesetzte Unternehmerinitiative von Bedeutung (zutreffend für grundsätzlich inhaltliche Gleichbehandlung von Unternehmer- und Mitunternehmerbegriff *Groh* BB 1982, 1229; BFHE 171, 246, BStBl II 1993, 616; BFHE 207, 321 BStBl II 2005, 168). Dies bedeutet steuerrelevantes Handeln im eigenen Namen und auf eigene Gefahr. Die Frage, wer die Tatbestandsmerkmale der jeweiligen Einkunftsart verwirklicht, hat jene nach dem Innehaben der Einkunftsquelle in dem überkommenen Sinne einer Vorstellung abgelöst, nach der die zivilrechtliche Rechtszuständigkeit für das Erträge abwerfende Vermögen die Zurechnung der betreffenden Einkünfte bestimmte. Die Zuordnung von Einkünften wird nicht als eine Frage der Rechtszuständigkeit für Wirtschaftsgüter angesehen (vgl auch *Ruppe* DStJG 1978, 24; *Schmidt/Weber-Grellet* § 15 Rz 135ff).

3 **Unternehmerbegriff und Nutzungsrecht am Betriebsvermögen.** Je nachdem, ob die Nießbrauchseinräumung mit der Verwirklichung eigener Unternehmermerkmale durch den **Nießbrauchsberechtigten** zusammentrifft, kann dieser selbst oder zusammen mit anderen sachlich Be-

rechtigten die betrieblichen Einkünfte erzielen (vgl zur Bedeutung der tatsächlichen Gestaltung für den Unternehmer-/Mitunternehmerbegriff auch BFHE 129, 465, BStBl II 1980, 266). Dabei sind an den Gesichtspunkt des unternehmerischen Erwirtschaftens von Gewinnen je nach der Art der Einkunftserzielung naturgemäß unterschiedliche Anforderungen zu stellen. Bei der Betriebsverpachtung reduziert sich beispielsweise die Unternehmerinitiative des Verpächters auf die Geltendmachung der Rechte aus dem Pachtvertrag und das Unternehmerrisiko der damit verbundenen Lasten und Gefahren. Dieses Risiko kann auch derjenige tragen, dem auf Dauer die Ausübung eines Unternehmensnießbrauchs nach § 1059 BGB gestattet ist (BFHE 130, 254, BStBl II 1980, 432). So gesehen bestehen gegen die Anerkennung des zivilrechtlichen Unternehmensnießbrauchs für Besteuerungszwecke keine Bedenken (vgl auch BFHE 132, 414, BStBl II 1981, 396). Die Nießbrauchsbestellung führt wie die Betriebsverpachtung zu einem ruhenden Betrieb in der Hand des Nießbrauchsberechtigten (*Korn* DStR 1999, 1461). Der handelsrechtlich zweifelhafte Nießbrauch am Gewinnstammrecht (s *Schön* StbJb 1996/97, 45) begründet nur den Anspruch auf Gewinnbezug (BFHE 163, 517, BStBl II 1991, 809). Ein unentgeltlich eingeräumter Unternehmensnießbrauch führt nicht zur Entnahme eines Nutzungsrechts (BFHE 132, 414, BStBl II 1981, 396). Dass auch **im Eigentum eines Dritten stehende Betriebsgrundlagen** nicht notwendigerweise einer Unternehmereigenschaft desjenigen entgegenstehen, der diese Wirtschaftsgüter als fremdes Eigentum nutzt, zeigen die sog Betriebsüberlassungsverträge, die auch häufig im Verhältnis von Eltern zu Kindern bestehen (vgl BFHE 129, 325, BStBl II 1980, 181; BFHE 118, 37, BStBl II 1976, 335; § 7 Anm 75). Der Güterstand der Gütergemeinschaft führt nicht zur Mitunternehmerschaft, wenn im Betrieb die persönliche Arbeitsleistung eines Ehegatten gegenüber dem beiden Ehegatten gehörenden Betriebskapital entscheidend in den Vordergrund tritt (zB Handelsvertreter oder Handwerksbetrieb, s BFHE 123, 136, BStBl II 1977, 836). Bei anderen Erwerbszweigen kann dagegen eine Gütergemeinschaft oder auch eine Bruchteilsgemeinschaft Bedeutung für eine Mitunternehmerschaft der Berechtigten haben (vgl BFHE 131, 497, BStBl II 1981, 63; BFHE 138, 561, BStBl II 1983, 636; BFHE 185, 153, BStBl II 1999, 384). Die **Nutzung des Kindesvermögens** kann eine (Mit-)Unternehmerschaft der Eltern ergeben, wenn diese Nutzungen das Ergebnis einer über die bloße Vermögensverwaltung hinausgehenden unternehmerischen Betätigung sind. Die daran anschließende Verwendung der Nutzungen nach Maßgabe familienrechtlicher Vorschriften stellt sich dann lediglich als Einkommensverwendung dar (BFHE 125, 148, BStBl II 1979, 40). Die zurückbehaltene Verwaltungs- und Verfügungsbefugnis am geschenkten Vermögen begründet keine Unternehmereigenschaft des Unternehmers, wenn sie auf Rechnung des Dritten ausgeübt wird (BFHE 154, 525, BStBl II 1989, 414).

Im Einzelfall schwierig kann die Unternehmerbestimmung sein bei 4
Treuhandverhältnissen (zum Begriff BFHE 178, 52, BStBl II 1995, 714; BFHE 133, 331, BStBl II 1981, 696; Vereinbarungstreuhand BFHE 142, 437, BStBl II 1985, 247), verdeckten und offenen **Stellvertretungen.**

Ähnlich wie bei der verdeckten Stellvertretung wird auch bei der Treuhandschaft nicht das zwischen Treugeber und Treuhänder bestehende interne Einverständnis über die Zurechnung von Ergebnissen und die Wirkungen des § 39 Abs 2 Nr 1 AO dazu führen, dass der Treugeber oder verdeckt Vertretene als Unternehmer zu beurteilen ist, weil der Tatbestand der Einkunftserzielung Unternehmerinitiative und damit mehr verlangt als die Beauftragung eines Treuhänders oder verdeckt handelnden Vertreters und die Übernahme des betreffenden Risikos (vgl BFHE 119, 265, BStBl II 1976, 643 zur Maklertätigkeit, s auch BFHE 101, 245, BStBl II 1971, 339; aA *Blümich/Gosch* § 5 Rz 31). Ein fremdnütziger Treuhänder ist nach BFH/NV 2000, 427 kein Mitunternehmer. Ein Strohmann, der in eigenem Namen und für fremde Rechnung ein Einzelunternehmen führt, ist idR bereits wegen der unbeschränkten Haftung Unternehmer (BFHE 207, 321 BStBl II 2005, 168). Die Unternehmerinitiative ist naturgemäß beim Einzelunternehmer ausgeprägter. Beim Mitunternehmer genügt das handelsrechtliche Statut zB für den Kommanditisten.

Nach der Rechtsprechung kann über ein bestehendes und durchgeführtes Treuhandverhältnis dem Treugeber eine Mitunternehmerposition vermittelt werden, wenn der Treuhänder als Gesellschafter der Personengesellschaft in einem rechtlichen tatsächlichen Verhältnis zur Personengesellschaft steht, das bei ihm – fehlte die Treuhänderstellung – Mitunternehmerschaft begründen würde (BFHE 122, 400, BStBl II 1977, 737 zum Fall einer treuhänderisch gehaltenen Kommanditbeteiligung, vgl dort auch zu prozessualen Fragen; *L. Schmidt* StuW 1988, 248). Gleichwohl ist auch hier zweifelhaft, inwieweit der Treugeber in der Lage sein muss, das Treuhandverhältnis zu steuern und dadurch mittelbar Unternehmerinitiative zu entfalten (zutr bejaht in BFHE 141, 405, BStBl II 1984, 751/769; ähnl BFHE 170, 383, DStR 1993, 830; BFHE 170, 487, BStBl II 1993, 538). Zur Frage der einheitlichen Gewinnfeststellung in diesen Fällen s BFHE 142, 437, BStBl II 1985, 247; BFHE 170, 36, BStBl II 1993, 574; BFH/NV 1995, 81. Auch eine Mitunternehmereigenschaft sowohl beim Treuhänder als auch beim Treugeber ist vorstellbar (s *L. Schmidt* StuW 1988, 251). Die Gleichbehandlung von atypischer Unterbeteiligung und Treugeberschaft lehnt die Rechtsprechung ab (BFHE 166, 431, BStBl II 1992, 512; aA evtl BFHE 178, 180, BStBl II 1996, 269). Nach § 15 Abs 1 Nr 2 Satz 2 EStG ist der mittelbar an der Untergesellschaft Beteiligte auch deren Mitunternehmer. Die Mitunternehmerinitiative der Treuhänder kann bei Publikumsgesellschaften auch auf der Basis von Mehrheitsbeschlüssen gewährleistet sein (BFHE 153, 545, DB 1988, 2233).

4a **Treuhandmodell.** Mit dem sog Treuhandmodell wird angestrebt, zwischen Mutter- und Tochter-PersGes eine organschaftsähnliche steuerliche Zusammenfassung zu erreichen. Nach dem Muster des Modells beteiligt sich eine Mutter-GmbH & Co KG als Komplementärin an einer Tochter-GmbH & Co KG. An Letzterer ist außerdem eine GmbH als Kommanditistin beteiligt, welche die Beteiligung allerdings treuhänderisch für die Muttergesellschaft hält. Einkommensteuerlich ist die Tochter-GmbH & Co KG zu negieren, weil die Kommandit-GmbH wegen ihrer Weisungsgebundenheit nicht Mitunternehmerin ist. In gewerbesteuerlicher Hinsicht kann die

Existenz der Tochter-GmbH & Co KG allerdings nicht verneint werden, da der Wortlaut des § 5 Abs 1 Satz 3 erfüllt ist. Das Gesetz stellt nicht darauf ab, ob eine Mitunternehmerschaft einen Gewerbebetrieb unterhält, sondern auf das Vorhandensein einer Personengesellschaft. An deren zivilrechtlicher Existenz ist jedoch nicht zu zweifeln. Die *FinVerw* erkennt das Treuhandmodell entgegen zahlreicher Stimmen in der Literatur (*Rödder* DStR 2005, 955; *Wild/Reinfeld* DB 2005, 69; *Suchanek* FR 2005, 559) für Neugründungen nach dem 17. 9. 2004 nicht an (*OFD Münster* DStR 2005, 744; *OFD Hannover* DB 2005, 858; ebenso FG Düsseldorf EFG 2007, 1097, Rev. IV R 26/07 sowie *Blümich/Gosch* § 5 Rz 53).

Mitunternehmer. Bei den durch betriebliche Tätigkeit erwirtschafteten Einkünften nach § 2 Abs 1 Nrn 1–3 EStG ist der Unternehmerbegriff gesetzlich nicht im Einzelnen fixiert und die Frage, wer im Einzelfall das wirtschaftliche Risiko trägt und für eigene Rechnung das Geschäftsergebnis beeinflusst, ist bestimmend für die Zurechnung der Einkünfte. Ähnlich verhält es sich bei dem Begriff des Mitunternehmers. Wegen der Einzelheiten wird auf § 7 Anm 103f verwiesen. 5

Personengesellschaften. Ist die Tätigkeit einer Personengesellschaft Gewerbebetrieb, so ist **Steuerschuldnerin** die Gesellschaft (§ 5 Abs 1 Satz 3; BFHE 214, 40, BStBl II 2006, 847). Wegen des weggefallenen § 2 Abs 2 Nr 1 GewStG bezieht sich § 5 Abs 1 Satz 3 idF des StBerG 1986 auf § 15 Abs 3 EStG. Die Wendung „Tätigkeit" der Personengesellschaft ist nicht neu (s § 2 Abs 2 Nr 1 GewStG aF). Sie ist in gewisser Weise irreführend, weil eine gewerbliche Personengesellschaft keine einheitliche „Tätigkeit", sondern unter den Voraussetzungen des § 15 Abs 3 EStG einen einheitlichen Betrieb bildet. § 15 Abs 3 EStG betrifft den sachlichen Umfang eines von einer Personengesellschaft unterhaltenen Betriebs. Dem geht indessen die Prüfung voraus, ob die Personengesellschaft überhaupt eine Mitunternehmerschaft iSd § 15 Abs 1 Nr 2 EStG darstellt und deshalb Subjekt der Einkunftsermittlung ist bzw einen Gewerbebetrieb unterhält. Dies wurde für **Innengesellschaften** in der Vergangenheit bejaht (BFHE 113, 242, BStBl II 1974, 752). Bei der atypischen stillen Gesellschaft und vergleichbaren Unterbeteiligungen wird jedoch die Inhaberschaft eines Gewerbebetriebs abgelehnt. Den Gewerbebetrieb unterhält derjenige, der nach außen handelt (BFHE 145, 408, BStBl II 1986, 311; s Anm 10; § 2 Anm 22). Dies gilt beispielsweise auch für die (gewerbliche) Innengesellschaft, die ein nach außen handelnder Freiberufler mit einem Berufsfremden unterhält. Steuerschuldner ist der nach außen Handelnde (BFHE 148, 42, BStBl II 1987, 124; BFH/NV 2000, 420). Selbst wenn ausnahmsweise eine Innengesellschaft als Gewerbesteuergegenstand anzusehen ist, ist Steuerschuldner nicht die Innengesellschaft, sondern ggf die nach außen auftretende Personengesellschaft, die mit Gesamthandsvermögen ausgestattet ist (BFHE 184, 190, BStBl II 1998, 480 zur verdeckten Gesellschaft). **§ 5 Abs 1 Satz 3** hat in erster Linie einen **vollstreckungsrechtlichen Hintergrund.** Mit ihm wie mit der Vorgängervorschrift § 5 Abs 1 Satz 3 GewStG 1977 soll die bestehende Praxis abgesichert werden, Gewerbesteuer- und Gewerbesteuermessbescheide an die Gesellschaft zu richten (BTDrs 7/5458 S 11). Daraus zieht der BFH, den Gesetzeswortlaut einschränkend, 6 den Schluss, dass nur solche Personengesellschaften Steuerschuldner sind, die über Gesellschaftsvermögen verfügen (BFHE 145, 408, BStBl II 1986, 311; BFH/NV 1999, 445). Bei stillen Gesellschaften ist nach BFH-Rechtsprechung der Inhaber des Handelsgeschäfts (§ 230 HGB) Schuldner der Gewerbesteuer (BFH/NV 2000, 420). Dies muss allerdings dahin verstanden werden, dass nicht die zufällige Vermögenslosigkeit im Zeitpunkt der Bescheidsbekanntgabe, sondern der Umstand entscheidet, ob ein Rechtsgebilde – wie zB die atypische stille Gesellschaft – von vornherein kein Vollstreckungsobjekt iSd § 267 AO ist (glA *Blümich/Gosch* § 5 Rz 45). Denn für das gesetzliche Steuerschuldverhältnis muss zum Zeitpunkt seiner Entstehung der Steuerschuldner bestimmbar sein. Wegen des fehlenden eigenen Vermögens konnte letztlich auch die sog Unternehmereinheit weder als Vollstreckungsobjekt noch als Schuldner der Gewerbesteuer beibehalten werden (BFHE 130, 403, BStBl II 1980, 465). Eine Personengesellschaft ist so lange als existent anzusehen, wie noch Steueransprüche gegen sie geltend gemacht werden, auch noch nach Auskehrung des Aktivvermögens; die zivilrechtliche Vollbeendigung ändert daran nichts (BFH/NV 1999, 445). Die Bekanntgabe erfolgt in einem solchen Fall jedoch nicht gegenüber der Gesellschaft, sondern gegenüber den Gesellschaftern (BFH/NV 2008, 248).

7 **Mehrstöckige Mitunternehmerschaften.** Vorstehende Grundsätze gelten auch nach der Einfügung des § 15 Abs 1 Nr 2 Satz 2 EStG idF des StÄndG 1992, demzufolge der mittelbar an der Untergesellschaft Beteiligte als Mitunternehmer dieser Untergesellschaft anzusehen und daneben Mitunternehmer an der Obergesellschaft und diese ebenfalls an der Untergesellschaft beteiligt ist. Diese Regelung betrifft die Sondervergütungen an Gesellschafter (vgl § 7 Anm 127; *Schmidt/Wacker* § 15 Rz 610). Für die gewerbesteuerrechtliche Steuerschuldnerschaft wird vorausgesetzt, dass die Obergesellschaft einen Betrieb unterhält und nach ihrem Status über Gesamthandsvermögen verfügt. Bei einer vermögensverwaltenden Obergesellschaft führt die Beteiligung an einer gewerblichen Untergesellschaft nicht zur Umqualifizierung der Einkünfte (BFHE 207, 466, BStBl II 2005, 383).

8 **Gesellschafterwechsel**. Die Eigenschaft der Gesellschaft als Steuerschuldnerin wird vom **Wechsel einzelner Gesellschafter** nicht beeinträchtigt. Das Steuerschuldverhältnis entspricht der vergleichbaren Zivilrechtslage. Solange Gesellschaftsidentität gegeben ist, wechselt auch der Steuerschuldner nicht (Anhang zu § 7 Rz 60). Den ausgeschiedenen Gesellschafter trifft daneben die Haftung nach § 191 Abs 4 AO entsprechend den zivilrechtlichen Regeln. Nach BFHE 145, 408, BStBl II 1986, 311, soll dies die ausschließliche Rechtsgrundlage für eine Inanspruchnahme des ausgeschiedenen Gesellschafters sein. Bei einem Wechsel aller Gesellschafter findet hingegen ein Austausch der Identität des Steuerschuldners statt (BFH/NV 1998, 1255), ebenso bei der Vollbeendigung einer zweigliedrigen Personengesellschaft durch Anwachsung (BFHE 211, 387, BStBl II 2006, 404). Bei einer Anwachsung im Laufe eines Kalenderjahres müssen zwei Gewerbesteuermessbescheide ergehen, wobei bei einer Firmenfortführung jeweils ein Zusatz erforderlich ist, der die „alte" und die „neue" Gesellschaft bezeichnet. Zur Aufteilung der Besteuerungsgrundlagen s

Anm 13. Auch für die Duldung einer Außenprüfung sind zwei Prüfungsanordnungen zu erlassen, eine für die Zeit vor dem Formwechsel, eine für die Zeit danach (BFHE 211, 387, BStBl II 2006, 404). Nennt eine Prüfungsanordnung noch die „alte", durch Anwachsung vollbeendete Personengesellschaft, so ist diese nicht zwangsläufig nichtig, wenn für den Rechtsnachfolger der Gesellschaft erkennbar ist, dass die Prüfung auch die Steuern betreffen soll, die durch den Betrieb der Gesellschaft veranlasst waren (BFHE 211, 387, BStBl II 2006, 404).

In das Bild des gewerbesteuerrechtlichen Steuer- und Vollstreckungsschuldners passt zweifelsfrei als Gesellschaftsvariante die **OHG und die KG,** weil sie Träger von Rechten und Pflichten sein kann, ebenso eine **Partenreederei** (BFHE 184, 185, BStBl II 1998, 86). Aber auch die **BGB-Gesellschaft** kann über Gesamthandsvermögen verfügen. Sie wird mit Rücksicht auf die Gesamthand insoweit zivilrechtlich als Einheit behandelt (§ 2 Anm 20). Dementsprechend sind auch bei ihr Schuld der Gesellschaft und Haftung der Gesellschafter trennbar (BFHE 145, 13, BStBl II 1986, 156 zur Umsatzsteuer). Als Steuerschuldnerin ist die BGB-Gesellschaft unter Angabe ihrer Mitglieder im Bescheid zu bezeichnen. Führt sie im Rechtsverkehr einen bestimmten Namen, so kann zur Identitätsangabe statt dessen diese Gesellschaftsbezeichnung gewählt werden (s BFHE 139, 291, BStBl II 1984, 63). Bei der Umwandlung einer Personengesellschaft in eine andere bleibt deren Identität gewahrt, die fehlerhafte Bezeichnung im Gewerbesteuermessbescheid ist unschädlich (BFH/NV 1998, 1255). Bedeutsam wird die Unterscheidung zwischen Schuld und Haftung, wenn die **BGB-Gesellschaft aufgelöst** ist. Gleiches gilt für den **Gesellschafterwechsel.** In diesem Fall ist bei einer weiterbestehenden Gesellschaft der gegenwärtige Gesellschafterbestand derjenige, an den sich der Gewerbesteuer(mess)bescheid richtet. Er muss nicht mit dem Gesellschafterbestand übereinstimmen, der im Erhebungszeitraum, also beim entstehenden Steuerschuldverhältnis maßgebend war. Die Vollstreckung in das Gesellschaftsvermögen auch bei einem Wechsel der Gesellschafter ist allerdings nur gerechtfertigt, wenn man den schon am 1. 1. 1977 in Kraft getretenen und ab dem Erhebungszeitraum 1986 lediglich sprachlich veränderten § 5 Abs 1 Satz 3 (Art 12 Nr 2 EGAO, BGBl I 1976, 3341; StBereinG 1986, BGBl I 1985, 2436) nicht nur auf Personenhandelsgesellschaften, sondern auch auf BGB-Gesellschaften anwendet. Dies ist gerade wegen des bei einer BGB-Gesellschaft vorhandenen Gesamthandsvermögens zu bejahen. Die Entscheidung in BFHE 136, 252, BStBl II 1982, 700 verneint die Rechtsfähigkeit der BGB-Gesellschaft schlechthin. Sie ist noch zur alten Rechtslage ergangen und ist überholt, auch im Hinblick auf die geänderte BGH-Rechtsprechung, die der nach außen auftretenden BGB-Gesellschaft nunmehr die volle Rechtsfähigkeit zuerkennt (NJW 2001, 1056). Eine Unterscheidung danach, ob die BGB-Gesellschaft nach ihrem **Gesellschaftsvertrag** über **Gesamthandsvermögen** verfügt, ist ungeeignet, sie als Steuerschuldnerin zu bestimmen, da auch solche Gesellschaften tatsächlich zu Gesamthandsvermögen kommen können. Die Aussage, § 5 Abs 1 Satz 3 sei nur auf Gesellschaften mit Gesamthandsvermögen anzuwenden, ist deshalb typisierend aufzufassen. Vom sachlichen Geltungsbereich der Vorschrift 9 sind solche Gebilde ausgeschlossen, bei denen ein Gesamthandsvermögen von der Rechtsform her nicht in Betracht kommen kann, zB die atypische stille Gesellschaft und die Unterbeteiligung.

10 **Atypische stille Gesellschaft und Unterbeteiligung.** Für die atypische stille Gesellschaft ist entschieden, dass nicht sie, sondern der Geschäftsinhaber subjektiv steuerpflichtig, dh Steuerschuldner ist (BFHE 145, 408, BStBl II 1986, 311; BFHE 178, 448, BStBl II 1995, 794; BFH/NV 2000, 420; BFH/NV 2003, 1308). S dazu § 7 Anm 131; A 35 Abs 2 GewStR sowie *Oenings* DStR 2008, 279. Geht das Finanzamt zu Unrecht von einer Innengesellschaft aus und richtet es einen Gewerbesteuermessbescheid an den alleinigen Schuldner „als Gesamtschuldner", ist dies unschädlich (BFH/NV 1999, 445). Zu Zuständigkeitsfragen s BFHE 170, 345, BStBl II 1994, 702; BFHE 177, 332, BStBl II 1995, 764.

Keine Steuerschuldnerin ist auch die Innengesellschaft in der Form einer **Unterbeteiligung** an einem Geschäftsanteil. Sie kann zwar eine eigenständige Mitunternehmerschaft im Verhältnis zum Hauptbeteiligten zur Folge haben (s § 7 Anm 134; § 2 Anm 22). Aber auch der auf einen solchen mitunternehmerischen Unterbeteiligten entfallende Ertrag der (Grund-)Gesellschaft ist bei dieser Grundgesellschaft zu berücksichtigen (zu § 8 Nr 3 s BFHE 100, 254, BStBl II 1971, 59; zu Sondervergütungen s BFHE 184, 418, BStBl II 1998, 137). Die Gewinnanteile eines typisch still Unterbeteiligten sind dem Ertrag der Grundgesellschaft nach § 8 Nr 1 Buchst c hinzuzurechnen, wenn für die Unterbeteiligung ein betrieblicher Aufwand in der Ergebnisrechnung der Grundgesellschaft angesetzt worden ist. Hält der mitunternehmerisch Beteiligte seine Beteiligung in einem gewerblichen Betriebsvermögen, so wird eine doppelte gewerbesteuerliche Erfassung durch die Kürzungsvorschrift des § 9 Nr 2 verhindert.

11 **Gesellschaftsähnliche Mitunternehmerschaften. Erbengemeinschaften** können nicht als solche Steuerschuldner sein (s zB BFHE 143, 138, BStBl II 1985, 657). Steuerschuldner sind die einzelnen Miterben (s auch im Ergebnis BFHE 148, 65, BStBl II 1987, 120: Erben als Kläger, und das amtlich nicht veröffentlichte BFH-Urteil v 28. 7. 1983 IV R 228/80). Zur Möglichkeit zusammengefasster Bescheide s Anm 15. Dies gilt auch bei einer angeordneten Testamentsvollstreckung (BFHE 121, 302, BStBl II 1977, 481). Die Gewerbesteuer(mess)bescheide ergehen gegenüber den Erben und nicht an den Testamentsvollstrecker. Ein Gewerbesteuermessbescheid ist unwirksam, wenn ihn das FA an eine Personengesellschaft richtet, tatsächlich aber die Gesellschafter ganz oder teilweise nicht als Mitunternehmer behandelt und andere Personen als Mitunternehmer ansieht (BFHE 150, 390, BStBl II 1987, 768). Der Grundsatz, wonach eine Erbengemeinschaft als solche nicht Steuerschuldnerin sein kann, ist bei Betriebsfortführung allerdings ohne Bedeutung. Geht ein Gewerbebetrieb oder ein Anteil an einer gewerblichen Personengesellschaft auf mehrere Miterben über, sind diese nach BFHE 161, 332, BStBl II 1990, 837 als **geborene Mitunternehmer** zu behandeln (s auch *Ruban* DStR 1991, 65; aA *Flume* DB 1990, 2390 für Teilungsanordnung), und zwar auch für die Veräußerung und Aufgabe von Mitunternehmeranteilen (*Schmidt/Wacker* § 16 Rz 606), auch für das Privatvermögen (zum Misch-

nachlass s *Schmidt/Wacker* § 16 Rz 636). Die *FinVerw (BMF* BStBl I 1993, 64) lässt bei einer Erbauseinandersetzungsvereinbarung innerhalb von sechs Monaten nach dem Erbfall eine rückwirkende Zurechnung der laufenden Einkünfte an die vereinbarungsgemäß zur Betriebsfortführung berechtigten Erben zu und muss dies wohl auch für die GewSt gelten lassen. Die länger währende Beteiligung eines betriebsfremden Erben an der geerbten Praxis eines Freiberuflers führt aber grundsätzlich zu gewerblichen Einkünften (BFHE 174, 503, BStBl II 1994, 922). Zur Einkünftezurechnung bei **vermächtnisweiser Zuwendung** eines Gewerbebetriebs s BFHE 166, 124, BStBl II 1992, 330. Der Vermächtnisnehmer kann ausnahmsweise Unternehmer vor Vermächtniserfüllung sein, wenn er wirtschaftlicher Eigentümer der betrieblichen Wirtschaftsgüter ist. **Scheinerben,** vermächtnisbelastete Erben und ausschlagende Erben sollen – wenn sie Betrieb und Gewinn herausgeben müssen – rückwirkend dem eigentlichen Erben (Inhabern) weichen und keinen laufenden Gewinn versteuern, sondern an ihrer Stelle der tatsächliche Erbe (*Schmidt/Wacker* § 16 Rz 591, krit wegen des gleichwohl möglichen Veräußerungsgewinns). ME ist die rückwirkende Beseitigung nur dann zweifelhaft, wenn der Durchgangserbe Unternehmerinitiative entwickelt und auf eigene Rechnung wirtschaftet (noch weitergehend zur qualifizierten **Nachfolgeklausel** BFHE 166, 43, BStBl II 1992, 512; *BMF* BStBl I 1993, 62, 77; krit *Groh* DB 1992, 1312). Aus den genannten Gründen sind auch die mitunternehmerischen Gemeinschafter einer **Gütergemeinschaft,** die keine BGB-Innengesellschaft ist (BGH DStR 1994, 589), oder einer zB betriebsaufspalterisch als Besitzunternehmen oder aus anderen Gründen gewerblich tätigen **Bruchteilsgemeinschaft** (BFHE 180, 121, BStBl II 1996, 369; BFH/NV 1994, 266) als solche Steuerschuldner und nicht die jeweiligen Gemeinschaften (s Anm 15; BFHE 173, 313, BStBl II 1994, 463; *Kempermann* FR 1994, 231/2).

Steuerschuldnerschaft in anderen Fällen. Für die **Organschaft** stimmen Steuerschuldner- und Unternehmerschaft nicht überein. Steuerschuldner ist der Organträger, sachlich steuerpflichtiger Unternehmer bleibt die Organgesellschaft. 12

Besitz- und Betriebsunternehmen einer **Betriebsaufspaltung** sind auch hinsichtlich der Steuerschuldnerschaft getrennt zu sehen (§ 2 Anm 261).

Bei einer gewerblichen Tätigkeit der **öffentlichen Hand** ist Steuerschuldner nicht der Betrieb gewerblicher Art, sondern die jeweilige Trägerkörperschaft (§ 2 Anm 279).

Unternehmer und Steuerschuldner ist unter den Voraussetzungen des § 2 Abs 3 auch der **nichtrechtsfähige Verein** sowie weitere juristische Personen des Privatrechts, in Fällen des § 2 Abs 2 die **Kapitalgesellschaft.**

Mitglieder einer Europäischen wirtschaftlichen Interessenvereinigung (EWIV) mit Sitz im Geltungsbereich der EWG-VO Nr 2137/85 v 25. 7. 1985 (ABl EG Nr L 199/1) werden durch § 5 Abs 1 Satz 4 erstmals ab EZ 1989 als Gesamtschuldner bestimmt, wenn in der Rechtsform der EWIV ein Gewerbe betrieben wird. Gegen die Gesamtschuldner kann ein nach § 155 Abs 3 AO zusammengefasster Gewerbesteuermessbescheid ergehen. Der Gewerbesteuerbescheid ist ebenfalls nur gegen die Mitglieder zu erlassen, s dazu A 36 GewStR. Welcher Gesamtschuldner in Anspruch genommen wird, steht im Ermessen der Gemeinde (§ 44 AO; A 36 GewStR). Der Gesetzgeber des GewStG hat sich damit der Auffassung angeschlossen, dass Art 40 der genannten EWG-VO, demzufolge das Tätigkeitsergebnis der EWIV nur bei ihren Mitgliedern besteuert werden darf, nicht nur für die Einkommensteuer, sondern auch für die Gewerbesteuer gilt. In der Rechtsform der EWIV wird aber nur im Ausnahmefall ein gewerbliches Unternehmen betrieben (s § 2 Anm 304).

13 **Unternehmerwechsel.** Geht ein Gewerbebetrieb im Ganzen auf einen anderen Unternehmer über (s dazu § 2 Anm 441), so wechselt nach Absatz 2 mit dem Übergang auch der Steuerschuldner.

Unternehmerwechsel ist nicht nur die entgeltliche Betriebsveräußerung, sondern auch die unentgeltliche, insbesondere der Betriebsübergang durch Erbfall, bei Gesellschaften die übertragende Umwandlung, nicht dagegen die formwechselnde (Einzelheiten s § 2 Anm 441 f).

Nach der hier vertretenen Auffassung ist der Rückschluss unzulässig, dass immer dann, wenn die Voraussetzungen des mit § 10 a zusammenhängenden § 2 Abs 5 nicht erfüllt sind, auch kein Steuerschuldnerwechsel gegeben ist (glA BFH 156, 502, BStBl II 1989, 664). Damit bliebe unberücksichtigt, dass die Personengesellschaft zwar Steuerschuldner ist, (Mit-)Unternehmer aber die an ihr beteiligten Personen sind (BFHE 220, 495, BStBl II 2008, 742). Beim Wechsel des Gewerbebetriebs von der natürlichen Person auf eine Personengesellschaft, an der der bisherige Inhaber beteiligt wird, ist der den Verlustabzug nach § 10 a ausschließende § 2 Abs 5 zwar tatbestandlich nicht erfüllt (BFHE 171, 246, BStBl II 1993, 616), gleichwohl liegt ein Wechsel des Steuerschuldners vor. Dies gilt grundsätzlich auch für den umgekehrten Sachverhalt, dh wenn an die Stelle der Personengesellschaft eine natürliche Person tritt (s dazu im Einzelnen § 2 Anm 446 sowie BFHE 211, 387, BStBl II 2006, 404). Scheiden alle Gesellschafter einer Personengesellschaft gleichzeitig aus, liegt ein Wechsel des Steuerschuldners vor, nicht aber beim Wechsel einzelner Gesellschafter. Die Übernahme durch den letzten Gesellschafter bedeutet keine Beendigung der sachlichen Steuerpflicht. Es ist auch nur ein Bescheid an den Übernehmer erforderlich (BFH/NV 1994, 263), da er die auf die Zeit vor der Übernahme entfallende Steuer als Gesamtrechtsnachfolger gem § 45 AO schuldet. In einem derartigen Fall ist es nicht notwendig, die Besteuerungsgrundlagen in dem Bescheid anteilig auszuweisen. Aufteilung und der Erlass von zwei GewSt-Messbescheiden sind erforderlich, wenn keine Gesamtrechtsnachfolge vorliegt (A 69 Abs 2 GewStR). Zur Aufteilung s BFHE 172, 507, BStBl II 1995, 791 sowie FG Münster EFG 2008, 318, Rev IV R 67/07. Der Freibetrag nach § 11 Abs 1 Nr 1 ist ebenfalls aufzuteilen.

14 **Entstehen der Steuerschuld.** Nach § 18 entsteht die Gewerbesteuer mit Ablauf des Erhebungszeitraums, für den die Festsetzung vorgenommen wird. Erhebungszeitraum ist grundsätzlich das Kalenderjahr. Besteht die Steuerpflicht nicht während des ganzen Jahres, so tritt an die Stelle des Kalenderjahres der Zeitraum der Steuerpflicht (abgekürzter Erhebungszeitraum). Eine Umrechnung, wie noch in § 10 aF vorgesehen, findet nicht mehr statt (s § 10 Abs 1 iVm § 14).

Die Vorauszahlungen zur Gewerbesteuer entstehen mit Beginn des Kalendervierteljahrs, in dem die Vorauszahlungen zu entrichten sind, oder, wenn die Steuerpflicht erst im Laufe des Kalendervierteljahrs begründet wird, mit der Begründung der Steuerpflicht (§ 21).

Steuerbescheid/Haftungsbescheid bei Mitunternehmerschaften. 15
Aufgrund des bis zum 31. 12. 1976 geltenden § 5 Abs 1 waren die Mitunternehmer in ihrer gesellschaftsrechtlichen Verbundenheit Steuerschuldner (Vollstreckung in das Gesamthandsvermögen), daneben war die Inanspruchnahme des einzelnen Mitunternehmers möglich (Schuldnerschaft mit dem Privatvermögen, s BFHE 130, 403, BStBl II 1980, 465). Nach der seit 1. 1. 1977 geltenden Rechtslage richtet sich die Gesellschafterhaftung bei einer **Personenhandelsgesellschaft** über § 191 Abs 4 AO nach zivilrechtlichen Regeln (BFHE 145, 408, BStBl II 1986, 311). Dies bedeutet, dass der Gesellschafter, der in eine bestehende Gesellschaft eingetreten ist, auch für die Gewerbesteuerschuld derjenigen Erhebungszeiträume haftet, in denen er noch nicht Mitunternehmer gewesen ist (§ 130 HGB). Außerdem kann der Steuerfiskus nach Zivilrecht auch auf den ausgeschiedenen Gesellschafter und seinerzeitigen Mitunternehmer zurückgreifen (s § 160 Abs 1 HGB).

Der BGB-Gesellschafter „haftete" nach früherer Rechtsprechung nach § 427 BGB (aA *Paulus* DStR 1994, 544). Dies lief aber lediglich auf einen Zugriff in ein anderes als das Gesamthandsvermögen hinaus (s zur jetzt vergleichbaren Behandlung bei der Umsatzsteuer BFHE 145, 13, BStBl II 1986, 156; BFHE 144, 479, BStBl II 1986, 158; kritisch *App* BB 1986, 643). Haftender BGB-Gesellschafter konnte danach nur derjenige sein, der auch im Erhebungszeitraum Mitunternehmer war. Nach neuerer BGH-Rspr (NJW 2001, 1056) haften BGB-Gesellschafter entsprechend § 128 HGB (vgl BFHE 213, 194, BStBl II 2007, 600) somit auch für Gewerbesteuerschulden, die auf die Zeit vor dem Eintritt in die Gesellschaft entfallen (s FG Rh-Pf EFG 2002, 64 rkr).

Mitunternehmerische **Erben-, Güter- oder Bruchteilsgemeinschaften** sind ohne ausdrücklich oder konkludent abgeschlossenen Gesellschaftsvertrag zwar mit BGB-Gesellschaften vergleichbar (Anm 11). Sie weisen aber kein gesamthänderisches *Gesellschafts*vermögen auf. Die unter Aufführung ihrer Mitglieder an solche Gemeinschaften ergangenen Steuer(mess)-bescheide sind als nach § 184 Abs 1, § 155 Abs 3 AO zusammengefasste Bescheide gegen Gesamtschuldner (§ 44 AO) zu verstehen (BFHE 173, 313, BStBl II 1994, 463; BFHE 183, 127, BStBl II 1997, 569; aA *Blümich/Gosch* § 5 Rz 50). Ähnlich wie bei den früher als Gesamtschuldner behandelten mitunternehmerischen Gesellschaftern einer Personengesellschaft wird es hier zulässig sein, aus solchen Bescheiden in das Gesamthandsvermögen zB der Erben- oder der mitunternehmerischen Gütergemeinschaft zu vollstrecken und daneben die Mitunternehmer unmittelbar heranzuziehen (s zur Rechtsentwicklung RStBl 1938, 434; BFHE 130, 403, BStBl II 1980, 465). Im Gegensatz zur Gesellschafterhaftung bei den Personenhandelsgesellschaften geht es hier um Steuerschulden, die stets voraussetzen, dass der Schuldner im betreffenden Erhebungszeitraum Mitunternehmer war.

16 **Beteiligteneigenschaft des subjektiv Steuerpflichtigen.** Da § 5 Abs 1 Satz 3 die Gesellschaft als Steuerschuldnerin bezeichnet, ist sie und nicht der mitunternehmerische Gesellschafter am finanzgerichtlichen Verfahren beteiligt (BFH/NV 1995, 815). Die Mitunternehmer, auch die ausgeschiedenen Gesellschafter, sind nicht notwendig beizuladen (§ 60 Abs 3 FGO; BFH/NV 2000, 1104). An eine **vollbeendete Gesellschaft** können keine Gewerbesteuerbescheide mehr gerichtet werden (BFH/NV 2008, 1289). Die erloschene Gesellschaft kann auch nicht Beteiligte eines finanzgerichtlichen Verfahrens sein. Die Grundsätze von BFHE 139, 1, BStBl II 1984, 15, können, weil sie die Prozessstandschaft nach § 48 Abs 1 Nr 1 FGO betreffen, nicht auf das gewerbesteuerrechtliche Verfahren übertragen werden. Allerdings tritt für Zwecke der Besteuerung eine Vollbeendigung einer Gesellschaft so lange nicht ein, als ihr gegenüber noch ein Steuerschuldverhältnis besteht (BFHE 174, 550, BStBl II 1994, 809).

17 Der **sachlichen Steuerpflicht** hat der Gewerbesteuer(mess)bescheid nach § 184 Abs 1 AO Rechnung zu tragen. Das FA hat über die sachliche Steuerpflicht eines bestimmten Betriebs und seine Zuordnung beim Steuerschuldner zu befinden (BFHE 156, 502, BStBl II 1989, 664). Die Entscheidung ist für die Gemeinde bindend (s § 14 Anm 5). Der für einen Gewerbebetrieb ergangene Steuerbescheid ist deshalb aufzuheben und nicht lediglich abzuändern, wenn sich herausstellt, dass das FA zu Unrecht die Einheit eines Gewerbebetriebs verneint (§ 2 Anm 36). Zur Adressierung von GewSt-Messbescheiden s § 14 Anm 3.

18 **Erlöschen der Steuerschuld.** Ansprüche aus dem Steuerschuldverhältnis erlöschen nach § 47 AO durch Zahlung (§§ 224, 224 a, 225 AO), Aufrechnung (§ 226 AO), Erlass (§§ 163, 227 AO), Verjährung (§§ 169 bis 171, §§ 228 bis 232 AO).

Verjährungsfragen hat das FA schon beim Erlass des Gewerbesteuermessbescheids zu prüfen (§ 184 Abs 1 iVm § 169 Abs 1 AO). Vielfach tritt eine Ablaufhemmung bei der Festsetzungsfrist dadurch ein, dass vor ihrem Ablauf mit einer Betriebsprüfung begonnen worden ist (§ 171 Abs 4 AO).

Für die Gewerbesteuerbescheide der Gemeinden gilt § 1 Abs 2 Nr 4 AO iVm § 171 Abs 10 AO. Danach endet die Festsetzungsfrist nicht vor Ablauf von zwei Jahren nach Bekanntgabe des Gewerbesteuermessbescheids.

Für eine **niedrigere Steuerfestsetzung aus Billigkeitsgründen** nach § 163 Abs 1 Satz 1 AO ist das FA zuständig, soweit für solche Maßnahmen Richtlinien der Bundesregierung oder einer obersten Landesfinanzbehörde bestehen (§ 184 Abs 2 Satz 1 AO); Satz 2 dieser Vorschrift stellt die Gleichbehandlung von Einkommensteuer und Gewerbesteuer bei Billigkeitsmaßnahmen nach § 163 Abs 1 Satz 2 AO sicher (s *OFD Hannover* DStR 2006, 2128 zu Billigkeitsmaßnahmen bei Sanierungsgewinnen). Ohne eine solche Richtlinie sind Billigkeitsmaßnahmen nur mit Zustimmung der betroffenen Gemeinden möglich (BFHE 108, 39, BStBl II 1973, 233; A 6 Abs 1, 2 GewStR).

Nach § 224 Abs 2 Nr 3 AO gilt eine wirksam geleistete **Zahlung** bei Vorliegen einer Einzugsermächtigung als am Fälligkeitstag entrichtet. Die öffentlich-rechtliche Frage, unter welchen Umständen die Finanzämter oder Gemeinden sich der vom Steuerbürger vorgelegten Einzugsermächtigung bedienen müssen, ist in der AO und in sonstigen Vorschriften nicht geregelt.

In Ausnahmefällen kann der **Gewerbesteueranspruch verwirkt** (Erlöschen des Steuerschuldverhältnisses) sein, wenn er für zurückliegende Jahre geltend gemacht wird und der Steuerpflichtige sich auf Grund eines bestimmten Verhaltens des Steuergläubigers (Vertrauenstatbestand) auf die Nichtgeltendmachung des Anspruchs schutzwürdig eingerichtet hat (Vertrauensfolge). S zu einem Anwendungsfall dieser Grundsätze BFHE 141, 451, BStBl II 1984, 780; BFH/NV 2003, 505; vgl auch *Pump* StBp 1995, 39.

Die Haftung des Betriebsübernehmers für die auf den Betrieb des Unternehmens gegründeten Steuern (zB Gewerbesteuer, Umsatzsteuer, Lohnsteuerabzugsbeträge) setzt nach § 75 Abs 1 AO die Übereignung (wirtschaftliches Eigentum nach § 39 Abs 2 AO genügt) eines gesondert geführten Betriebs (Teilbetriebs) im Ganzen voraus. Dies bedeutet, die wesentlichen Grundlagen eines lebenden Unternehmens müssen in einem engen zeitlichen Zusammenhang (BFH/NV 1999, 4) auf den Erwerber übergehen. Wird eine der wesentlichen Grundlagen vom früheren Betriebsinhaber zurückbehalten und erst später übereignet, so kommt eine Haftung nach § 75 AO nicht in Betracht (BFHE 144, 204, BStBl II 1985, 651). Gesetzliche Voraussetzung ist ferner, dass die entsprechenden Steuern des früheren Betriebsinhabers seit dem Beginn des letzten vor der Übereignung liegenden Kalenderjahres entstanden sind (§ 18 GewStG, § 13 UStG, § 42 d, § 38 Abs 2 und 3 EStG) und bis zum Ablauf von einem Jahr nach Anmeldung des Betriebes durch den Erwerber festgesetzt oder angemeldet werden. Die Haftung beschränkt sich auf den Bestand des übernommenen Vermögens (Erhebungsverfahren). Wegen der möglichen Haftung nach § 75 Abs 1 AO sollte der Käufer vom Veräußerer eine Bescheinigung des FA über bestehende Betriebssteuerschulden verlangen. Auch über die Haftung nach § 25 HGB bei einem unter der bisherigen Firma vom Erwerber fortgeführten Handelsgeschäft wird durch Haftungsbescheid entschieden (BFHE 146, 4, BStBl II 1986, 383). 19

Neben der Haftung des Betriebserwerbers spielt auch die steuerrechtliche Haftung der **Organgesellschaft** für Steuern des Organträgers iRd § 73 AO und die **Haftung des gesetzlichen Vertreters und des Verfügungsberechtigten** (§ 69 iVm §§ 34, 35 AO), die Haftung des **Eigentümers von Gegenständen** (§ 74 AO) für die Gewerbesteuer eine Rolle. **Zivilrechtlich** haftet der Geschäftsnachfolger (§§ 25, 27 und 28 HGB), der Gesellschafter einer Personenhandelsgesellschaft (§§ 128, 161 und 171 HGB) oder einer GbR (§ 427 BGB, § 128 HGB analog, s BGH NJW 2001, 1056). 20

Grundsätze der steuerrechtlichen Haftung. Der Haftende kann grds (Ausnahme: § 166 AO, s VGH Ba-Wü KStZ 2002, 31) Einwände gegen die Steuerschuld im Rechtsbehelfsverfahren gegen den Haftungsbescheid geltend machen (BFHE 185, 105, BStBl II 1998, 319; BVerfG BStBl II 1997, 415; *Tipke/Kruse* § 191 AO Rz 139). Die Subsidiarität der 21

Haftung bedeutet nicht, dass der Haftungsbescheid die erfolglose oder aussichtslose Vollstreckung beim Steuerschuldner voraussetzt. Dies fordert § 219 AO lediglich für die getrennt vom eigentlichen Bescheid zu sehende Zahlungsaufforderung gegenüber dem Haftungsschuldner.

Die Inanspruchnahme des Haftenden ist eine Ermessensentscheidung. Sie ist nur eingeschränkt gerichtlich nachprüfbar (§ 102 FGO). Die Behörde hatte nach früherer Rechtslage spätestens in der Einspruchsentscheidung ihre Ermessenserwägungen darzulegen (BFHE 134, 149, BStBl II 1981, 801; Ausnahme zB bei Haftung wegen grob fahrlässiger oder vorsätzlicher Steuerverkürzung: BFHE 125, 126, BStBl II 1978, 508). Nach § 102 FGO idF des StÄndG 2001 kann die Behörde ihre Ermessenserwägungen bis zum Abschluss des finanzgerichtlichen Verfahrens ergänzen. Für den Erlass von Haftungsbescheiden sind die Gemeinden zuständig. Diese haben im Haftungsverfahren gegenüber dem FA ein Auskunftsrecht nach § 30 Abs 4 Nr 1 AO, § 21 Abs 3 iVm Abs 1 Satz 2 FVG. Die Haftung für Hinterziehungszinsen setzt nicht den vorherigen Erlass eines „Zinsmessbescheids" voraus (BVerwG ZKF 1998, 84). Nach Eröffnung des Insolvenzverfahrens ist nach § 93 InsO eine Inanspruchnahme des Gesellschafters auf gesellschaftsrechtlicher Grundlage nicht möglich.

Einzelheiten des Haftungsbescheides regelt § 191 AO. Auch für den Haftungsbescheid gilt das Erfordernis der Bestimmtheit (§ 119 AO). Dafür genügt jedoch die Angabe, wer wie viel warum (Sachverhaltsangabe) zu zahlen hat. Der Bescheid muss einen individuellen, dh abgrenzbare Regelungsgehalt aufweisen. Angaben für eine erleichterte Regressnahme beim Steuerschuldner (Gesamtschuldnerverhältnis, vgl zur übernommenen Lohnsteuer BAG DB 1978, 2081) gehören zur Begründung (§§ 121, 126 AO). Die Rechtsprechung hat früher in solchen Fällen Unbestimmtheit und damit Bescheidsunwirksamkeit angenommen (vgl BFHE 130, 74, BStBl II 1980, 316), schließlich die Anforderungen an die Bestimmtheit wieder eingeschränkt (BFHE 139, 432, BStBl II 1984, 140). Hinsichtlich der Haftungshöhe ist bei der GewSt der Grundsatz der anteiligen Tilgung zu beachten (vgl BFHE 164, 203, BStBl II 1991, 678). Zuständig für den Erlass eines Haftungsbescheides ist die Gemeinde, sofern diese auch den GewSt-Messbescheid erlässt (s A 37 Abs 3 Satz 1 GewStR).

22 **Gewerbesteuer und Gewinnverteilung.** Die GewStBelastung mindert als Kostenfaktor den verteilbaren Gewinn, auch wenn die GewSt seit 2008 nicht mehr als Betriebsausgabe abziehbar ist (§ 4 Abs 5b EStG). Abweichungen gegenüber der handelsrechtlichen Ergebnisrechnung ergeben sich dadurch, dass auch das dem jeweiligen Gesellschafter gehörende (Sonder-)Betriebsvermögen Gewerbesteuer auslösen kann. Auch soweit keine ausdrücklichen vertraglichen Abreden bestehen, wird der Gesellschafterwille dahin gehen, dass bei der Gewinnverteilung der davon betroffene Gesellschafter „seine" Gewerbesteuer selbst zu tragen hat (s zu einer von einem Mitunternehmer übertragenen Rücklage nach § 6b EStG BFHE 144, 25, BStBl II 1986, 350). Vertragliche Absprachen sind aber in diesem Bereich sinnvoll (s dazu *Levedag* GmbHR 2009, 13). Sie empfehlen sich insbesondere bei Pensionszusagen an tätige Gesellschafter von Personengesellschaften (*Westerfelhaus* DB 1989, 93) und partiellem Unternehmerwechsel hin-

sichtlich des Verlustabzugs (BFHE 171, 246, BStBl II 1993, 616). Ein ähnliches Problem stellt sich bei der pauschalen **Anrechnung der Gewerbesteuer** auf die Einkommensteuer, die sich bei Mitunternehmerschaften nach dem allgemeinen Gewinnverteilungsschlüssel richtet (§ 35 Abs 2 Satz 2 EStG). Vorgänge im Sonderbetriebsvermögen berühren daher die Verteilung der Gewerbesteueranrechnung nicht. Zivilrechtliche Abmachungen sind notwendig, um derartige Vorgänge mit gewerbesteuerlicher Auswirkung zwischen den Gesellschaftern auszugleichen (*Wendt* FR 2000, 1173; *Neu* DStR 2000, 1933; *Korezkij* BB 2001, 389; *Scheifele* DStR 2006, 253). Zur pauschalen Gewerbesteueranrechnung s § 14 Anm 6 sowie *BMF* BStBl I 2007, 701.

§ 6 Besteuerungsgrundlage

Besteuerungsgrundlage für die Gewerbesteuer ist der Gewerbeertrag.

Bearbeiter: Güroff

Übersicht

1. Bedeutung
2. Gewerbeertrag
3. Gewerbekapital
4. Lohnsummensteuer
5. Besteuerungsgrundlage
6. Beitrittsgebiet

Allgemeines. Die Bedeutung der Vorschrift liegt in der Festlegung der 1
Besteuerungsgrundlage für die GewSt. Als solche fungiert ausschließlich der GewErtrag; nach den bis einschließlich EZ 1997 geltenden Fassungen des G war das GewKapital zweite Besteuerungsgrundlage. Mit Änderung der Vorschrift durch G v. 29. 10. 1997 (BGBl I 1997, 2590) hat das GewKapital diese Funktion verloren. Die Änderung bezweckt, bei der ohnehin umstrittenen GewSt (hierzu § 1 Anm 50ff) eine ertragsunabhängige Besteuerung der Substanz des GewBetriebes zu vermeiden.

Der Begriff Besteuerungsgrundlage iSd Vorschrift besagt, dass der GewErtrag (und bis EZ 1997: das GewKapital) Grundlage für die Berechnung eines (je eigenen) StMessbetrages durch Anwendung einer StMesszahl (Prozentsatz beim GewErtrag, § 11 Abs 1; Tausendsatz beim GewKapital, § 13 Abs 1 aF) ist/waren. Bis EZ 1997 wurden die sich so ergebenden StMessbeträge zu einem einheitlichen StMessbetrag zusammengerechnet (§ 14). Ab EZ 1998 ist die zweigleisige Ermittlung der verschiedenen Messbeträge entfallen (auch die §§ 12 und 13 sind durch das oa G aufgehoben worden). Der (bis EZ 1997 *einheitliche*) **StMessbetrag** ist seinerseits wieder Grundlage für die Erhebung der GewSt. Diese wird festgesetzt und erhoben durch Anwendung eines Hebesatzes (Prozentsatzes, § 16), den die Gemeinde durch Satzung bestimmt hat.

Eine **Ausnahme** von diesem Verfahren bildete (bis EZ 2000) der „Fremdkörper" des § 6 Satz 2 aF, wonach beim **ZDF** anstelle des GewErtrages die umsatzsteuerlichen Entgelte aus Werbesendungen traten. Diese mE verfassungsrechtlich bedenkliche Vorschrift ist durch G v 20. 12. 2001 (BGBl I 2000, 3955) mWv EZ 2001 aufgehoben worden. An ihre Stelle ist die Fiktion des § 7 Satz 3 nF (neugefasst durch G v 20. 12. 2001, aaO, mWv EZ 2001) getreten, wonach ua das nach § 8 Abs 1 Satz 2 KStG ermittelte Einkommen als GewErtrag (§ 7 Satz 1) gilt. § 8 Abs 1 Satz 2 KStG betrifft das Einkommen von **öffentlich-rechtlichen Rundfunkanstalten** aus dem Geschäft der Veranstaltung von Werbesendungen (16% der diesbezüglichen Entgelte). Auch diese Vorschrift ist mE verfassungsrechtlich bedenklich.

2 **GewErtrag** ist nach § 7 Satz 1 der nach den Vorschriften des EStG und des KStG zu ermittelnde Gewinn, vermehrt um die in § 8 und vermindert um die in § 9 bezeichneten Beträge. Hierbei haben die Zurechnungen und Kürzungen das Ziel, den „objektiven", von den persönlichen Verhältnissen und Beziehungen des Betriebsinhabers zum Betrieb unabhängigen Ertrag zu ermitteln (vgl Erläuterungen zu §§ 8 u 9). Das besagt jedoch nur so viel, dass es für die GewSt keinen Unterschied ausmachen soll, ob der GewBetrieb mit eigenem Vermögen arbeitet oder für die Nutzung von fremdem Vermögen Entgelte (Schuldzinsen, Miet-/Pachtzinsen, Lizenzgebühren usw) gezahlt werden; durch die Hinzurechnungen (§ 8) wird also berücksichtigt, dass der Betrieb solche Belastungen erwirtschaftet hat. Ebenso werden die Ertragsbestandteile (durch Kürzung, § 9) ausgesondert, die nicht im GewBetrieb als Objekt der Steuer erwirtschaftet worden sind.

§ 7 Satz 2 bestimmt ab EZ 2002 (G v 20. 12. 2001, BGBl I 2000, 3858), dass der Gewinn aus der Veräußerung bzw Aufgabe von (Teil-)Betrieben von Mitunternehmerschaften, von Mitunternehmeranteilen bzw des Anteils eines persönlich haftenden Gesellschafters einer KGaA, soweit nicht auf eine natürliche Person als unmittelbar beteiligter Mitunternehmer entfallend, zum GewErtrag gehört. Die o a Fiktion des § 7 Satz 3 nF umfasst neben den Entgelten aus Werbesendungen auch die Gewinnermittlung bei **Handelsschiffen im internationalen Verkehr** (§ 5 a EStG, sog **Tonnagesteuer,** hierzu *BMF* BStBl I 2002, 614, I 2008, 956).

3 Als **GewKapital** galt bis EZ 1997 (s Anm 1) nach § 12 Abs 1 GewStG der Einheitswert des gewerblichen Betriebes iSd BewG, vermehrt um die in § 12 Abs 2 und vermindert um die in § 12 Abs 3 GewStG bezeichneten Beträge. Hierbei hatten Hinzurechnungen und Kürzungen das Ziel, das gesamte dem Betrieb gewidmete Vermögen bzw die gesamten im Betrieb eingesetzten Mittel zu bestimmen, und zwar unabhängig davon, ob es sich um Eigenkapital des Unternehmers oder um Fremdkapital handelte. Allerdings wurde auch dieser Gedanke nicht stringent durchgeführt. Die Fassung der Hinzurechnungs- und Kürzungsvorschriften sowie die Rechtsprechung insbesondere zu den Dauerschulden (s unten die Erläuterungen zu § 8) wirkten mildernd auf die auf dem GewKapital ruhende Steuerlast. Die Kürzung um die Summe der Einheitswerte, mit denen Betriebsgrundstücke im Einheitswert des gewerblichen Betriebes

enthalten sind, diente der Vermeidung einer Doppelbesteuerung durch GrundSt und GewSt.

Die Möglichkeit der Erhebung einer **LohnsummenSt** ist durch Gesetz v 30. 11. 1978 (BGBl I 1978, 1849) ab EZ 1980 abgeschafft worden. 4

Sinn der (von EZ 1980–1997) **zweifachen Besteuerungsgrundlage** war ihre ausgleichende Wirkung auf die Finanzkraft der Gemeinden. Der Gesetzgeber stand auf dem Standpunkt, dass eine einzige Besteuerungsgrundlage hierfür nicht ausreiche. Der GewErtrag als alleinige Bezugsgröße bedeute eine beträchtliche Unsicherheit für die Gemeindefinanzen, weil die GewSt konjunktur- und krisenempfindlich wäre. Das GewKapital als alleinige Bezugsgröße bedeute, dass zu viele GewTreibende, die über kein oder nur geringes GewKapital verfügten, keine GewSt zu zahlen hätten. Das GewStG gehe daher davon aus, dass die GewSt infolge der verschiedenen Besteuerungsgrundlagen verteilt wird und für den Stpfl ein gewisser innerer Ausgleich eintritt (Begr zum GewStG 1936, RStBl 1937, 699). Den Motiven ist allerdings auch zu entnehmen, dass das Äquivalenzprinzip (s oben § 1 Anm 11) von vornherein auch typischerweise nicht durchgeführt werden sollte. Wer über kein oder nur geringes GewKapital verfügt, wird idR auch weniger Lasten verursachen. Gleichwohl sollte er, so die Begründung zum GewStG, zur Finanzierung der Gemeindeaufgaben beitragen. Dieser Umstand hätte mE mehr Gewicht bei der Erörterung der Verfassungsmäßigkeit der GewSt, insbesondere im Hinblick auf den Gleichheitssatz des Art 3 GG unter den Stichworten Äquivalenzprinzip und Typizität verdient (vgl oben § 1 Anm 19). Die gesetzgeberische Tendenz, von dem Grundgedanken des Äquivalenzprinzips möglichst weitgehend zu abstrahieren, führte bereis bis zum Jahr 1970 dahin, dass von den Gesamteinnahmen der Gemeinden aus der GewSt 85% auf die Besteuerung des GewErtrags entfielen. Zuzugeben ist jedoch, dass die Besteuerung nach dem GewErtrg die Steuerkraft der Gemeinden am ehesten zum Ausdruck bringt (*L/S* § 6 Anm 7) und dass insb in krisengeschüttelten Zeiten – wie wir sie augenblicklich erleben – eine Besteuerung der Substanz (nach dem GewKapital) extrem kontraproduktiv ist. Bezieht man insb die Notwendigkeit der Restrukturierung der GewSt (§ 1 Anm 50 ff), ggf unter Erfassung auch der freien Berufe und der LuF, sowie die Tatsache ein, dass das Feld der Berufsbilder im steten Wandel begriffen ist (mit Schaffung von wenig kapitalintensiven Berufen), ist man mit einer GewSt allein nach dem GewErtrag wohl auf dem richtigen Weg. Die **Abschaffung der GewKapitalSt,** allerdings ohne tragfähiges Gesamtkonzept für die Gestaltung der Gemeindefinanzen (§ 1 Anm 50 ff), war demnach mE ein erster Schritt in die richtige Richtung – was sich jedoch von der Neugestaltung der Hinzurechnungsvorschriften des § 8 Nr 1 (ebenfalls ohne erkennbares Gesamtkonzept) – nicht sagen lässt (s die Anm zu § 8). 5

In den **neuen Bundesländern** wurde bis EZ 1997 einschließlich keine GewKapitalSt erhoben. Zur dort geltenden Fassung vgl § 37 Nr 1 aF (s 5. Auflage und früher). Zu den Auswirkungen bei den Hinzurechnungen und Kürzungen sowie bei der Zerlegung vgl die Kommentierungen zu § 12 aF und § 28 in der 4. Auflage. 6

Abschnitt II. Bemessung der Gewerbesteuer

§ 7 Gewerbeertrag

[1]Gewerbeertrag ist der nach den Vorschriften des Einkommensteuergesetzes oder des Körperschaftsteuergesetzes zu ermittelnde Gewinn aus dem Gewerbebetrieb, der bei der Ermittlung des Einkommens für den dem Erhebungszeitraum (§ 14) entsprechenden Veranlagungszeitraum zu berücksichtigen ist, vermehrt und vermindert um die in den §§ 8 und 9 bezeichneten Beträge. [2]Zum Gewerbeertrag gehört auch der Gewinn aus der Veräußerung oder Aufgabe

1. des Betriebs oder eines Teilbetriebs einer Mitunternehmerschaft,
2. des Anteils eines Gesellschafters, der als Unternehmer (Mitunternehmer) des Betriebs einer Mitunternehmerschaft anzusehen ist,
3. des Anteils eines persönlich haftenden Gesellschafters einer Kommanditgesellschaft auf Aktien,

soweit er nicht auf eine natürliche Person als unmittelbar beteiligter Mitunternehmer entfällt. [3]Der nach § 5a des Einkommensteuergesetzes ermittelte Gewinn und das nach § 8 Abs. 1 Satz 3 des Körperschaftsteuergesetzes ermittelte Einkommen gelten als Gewerbeertrag nach Satz 1. [4]§ 3 Nr. 40 und § 3c Abs. 2 des Einkommensteuergesetzes sind bei der Ermittlung des Gewerbeertrags einer Mitunternehmerschaft anzuwenden, soweit an der Mitunternehmerschaft natürliche Personen unmittelbar oder mittelbar über eine oder mehrere Personengesellschaften beteiligt sind; im Übrigen ist § 8b des Körperschaftsteuergesetzes anzuwenden. [5]Bei der Ermittlung des Gewerbeertrags einer Kapitalgesellschaft, auf die § 8 Abs. 7 Satz 1 Nr. 2 des Körperschaftsteuergesetzes anzuwenden ist, ist § 8 Abs. 9 Satz 1 bis 3 des Körperschaftsteuergesetzes entsprechend anzuwenden; ein sich danach bei der jeweiligen Sparte im Sinne des § 8 Abs. 9 Satz 1 des Körperschaftsteuergesetzes ergebender negativer Gewerbeertrag darf nicht mit einem positiven Gewerbeertrag aus einer anderen Sparte im Sinne des § 8 Abs. 9 Satz 1 des Körperschaftsteuergesetzes ausgeglichen werden. [6]§ 50d Abs. 10 des Einkommensteuergesetzes ist bei der Ermittlung des Gewerbeertrags entsprechend anzuwenden.

Gewerbesteuerdurchführungsverordnung

§ 16 GewStDV Gewerbeertrag bei Abwicklung und Insolvenz

(1) Der Gewerbeertrag, der bei einem in der Abwicklung befindlichen Gewerbebetrieb im Sinne des § 2 Abs. 2 des Gesetzes im Zeitraum der Abwicklung entstanden ist, ist auf die Jahre des Abwicklungszeitraums zu verteilen.

(2) Das gilt entsprechend für Gewerbebetriebe, wenn über das Vermögen des Unternehmens ein Insolvenzverfahren eröffnet worden ist.

Gewerbesteuer-Richtlinien 1998: Abschnitte 38–44.

Bearbeiter: Selder

Übersicht

1.–47.	**Gewerbeertrag**
1., 1 a.	Allgemeines
2.–9.	*Maßgeblichkeit des EStG und des KStG (Satz 1)*
2.	Gewinnermittlungsgrundsätze
2 a.	Gewerbesteuerrückstellung
3.	Steuerfreiheit von Einnahmen
3 a.	Gewinnermittlungsregeln
3 b.	Eigenständiger Bilanzenzusammenhang
3 c.	Tonnagebesteuerung/Werbesendungen (Satz 3)
3 d.	Werbesendungen der öffentlich-rechtlichen Rundfunkanstalten
4.	Mitunternehmerschaften
5.	Halbeinkünfteverfahren/Teileinkünfteverfahren (Satz 4)
5 a.	Beteiligung von jur. Personen
5 b.	Kommunaler Querverband (Satz 5)
5 c.	Vorwegvergütungen im DBA-Recht (Satz 6)
6., 6 a.	Kürzungen und Hinzurechnungen bei verbundenen Unternehmen
7.	Billigkeitsmaßnahmen
8.	Spezialgesetzlich bestimmter Gewerbeertrag
9.	Ehemalige DDR
10.–12.	*Gewerbeertrag und Gründungsphase*
10.	Steuergegenstände des § 2 Abs 1
11.	Sonstige Fälle
12.	(frei)
13.–20.	*Gewerbeertrag und Betriebsbeendigung*
13.	Besteuerung des tätigen Betriebs
14.–14 b.	Steuerfreiheit des Veräußerungs-/Aufgabegewinns
15.–17.	Besonderheiten bei Gewerbegegenständen des § 2 Abs 2 sowie gewerblich geprägten Personengesellschaften und Partenreedereien
18., 19.	Gewerbesteuerrechtliche Betriebseinstellung ohne einkommensteuerrechtliche Betriebsaufgabe, Unternehmerwechsel
20.	(frei)
21.–25.	*Besonderheiten der Gewerbeertragsermittlung bei natürlichen Personen und Personengesellschaften*
21.	Personenunternehmen
22.	Entschädigungen iSd § 24 Nr 1 Buchst a und b EStG
23., 24.	Ausgleichszahlungen nach § 24 Nr 1 Buchst c EStG
25.	Pensionsanwartschaften
26.–35.	*Besonderheiten beim Gewerbeertrag von Körperschaften, Personenvereinigungen und Vermögensmassen*
26.	Gewerbebetrieb, gewerblicher Gewinn
27.	Nicht anwendbare Vorschriften

28.	Vermögensveränderungen der gesellschaftsrechtlichen Sphäre
29.	Liebhabereibetriebe
30.–35.	(frei)
36.–43.	*Gewerbeertrag bei Abwicklung, Insolvenz und Sanierung*
36.	Abwicklung bei Unternehmen iSd § 2 Abs 1 u 3 sowie iSd § 2 Abs 2
37.	Insolvenz
38.	Verfahrensrecht
39.	Insolvenzforderungen
40.	Noch nicht festgesetzte Steuerforderung
41.	Festgesetzte Steuerforderung
42.	Masseverbindlichkeiten
43.	(frei)
44.–47.	*Gewerbeertrag im Organkreis, der sonstigen Steuergegenstände und bei ausländischen Betriebsstätten*
44.	Organkreis
45.	Sonstige Steuergegenstände
46.	Ausländische Betriebsstätten
47.	(frei)
48.–102.	**Der gewerbesteuerfreie Aufgabe- und Veräußerungsgewinn der Steuergegenstände des § 2 Abs 1**
48.–51.	*Voraussetzungen der Betriebsaufgabe, Betriebsveräußerung*
48.	Betriebsaufgabe
49.	Teilbetriebsaufgabe
50.	Betriebsveräußerung
50 a.	Wesentliche Betriebsgrundlagen
51.	Gewerbesteuer
52.–58.	*Beginn und Ende der Betriebsaufgabe/-veräußerung, Abgrenzungen*
52., 52 a.	Bedeutung
53.	Zuordnung von Aufwand/Ertrag zum Aufgabe-/Veräußerungsgewinn
54.	Einstellung der werbenden Tätigkeit
55.	Beginn der Betriebsaufgabe
56.	Beendigung der Betriebsaufgabe
57.–57 b.	Betriebsverlegung, Betriebsunterbrechung, Betriebsverpachtung
58.	Beteiligungsveräußerung
59.–71.	*Ermittlung des Veräußerungs- bzw Aufgabegewinns*
59.–61.	Veräußerungsgewinn, Veräußerungspreis
62.	Steuerrelevante Ereignisse nach Betriebsveräußerung
63.	Wiederkehrende Bezüge
64.	Vermögensübergabe gegen Versorgungsleistungen
65.	Gewerbesteuer
66.	Betriebsaufgabegewinn
67.	Restbuchwert
68.	Veräußerungs-/Aufgabekosten
69., 70.	Allmähliche Abwicklung, Vollbeendigung, nachträgliche Einkünfte
71.	Unentgeltliche Betriebs- oder Teilbetriebsübertragung
72.–81.	*Betriebs-(Teilbetriebs-)Verpachtung, Steuerentstrickung*
72.	Wahlrecht
73.	Betriebsfortführung

74. Nichtverpachtung wesentlicher Betriebsgrundlagen
75. Betriebsüberlassungsverträge
76. Gewerbeteuer bei Betriebsaufspaltung
77. Betriebsverpachtung und Betriebsaufgabe
78. Besonderheiten bei Gesellschaften
79. Betriebsaufgabe durch Steuerentstrickung
80., 81. (frei)

82.–88. Veräußerung, Aufgabe von Betrieben (Teilbetrieben) durch Personengesellschaften
82. Begriff
83. Sonderbetriebsvermögen
84. Einkommensteuerrechtliche Betriebsaufgabe durch Realteilung
85. Buchwertfortführung
86. Gewinnrealisierung
87. Ausgleichszahlungen
88. Erbauseinandersetzung

89.–97. Veräußerung, Aufgabe von Gesellschaftsanteilen (Satz 2)
89. Grundsätzliches
90. Veräußerung von Mitunternehmeranteilen
91. Aufgabe eines Mitunternehmeranteils
92. Auswirkung auf den Gewerbeertrag
93. Der handelsrechtliche Vorgang
94. Steuerrechtliche Wertung des handelsrechtlichen Vorgangs, Anschaffung
95., 96. Entgelt übersteigt Kapitalkonto
96 a.–96 c. Besonderheiten beim negativen Kapitalkonto
97. Entgelt unterschreitet das positive Kapitalkonto

98.–102. Sachwertabfindung
98. Abfindung mit privaten Sachwerten
99 Sachwertabfindung aus dem Betriebsvermögen in das Privatvermögen
100. Sachwertabfindung in das Betriebsvermögen des Ausscheidenden
101., 102. (frei)

103.–139. Die Besteuerung der Mitunternehmerschaft

103.–109. Mitunternehmerschaft
103. Rechtsgrundlage
104., 104 a. Mitunternehmereigenschaft
105., 105 a. Mitunternehmerinitiative
106.–106 b. Mitunternehmerrisiko
107. Besonderheiten bei GmbH-Beteiligungen
108. Stille Gesellschaft
109. (frei)

110.–114. Die Gewinnermittlung der Personengesellschaft
110. Grundlagen
111.–111 b. Gewinnerzielungsabsicht
112. Konkurrenzen
113. Zebragesellschaften
114. (frei)

115., 116. Gewinnermittlung der Mitunternehmerschaft in der Form von Personengesellschaften mit Gesamthandsvermögen

115. Gewinnanteil
116. Sonderbetriebsvermögen
117.–121. Übertragung von Wirtschaftsgütern im Verhältnis Gesellschaft/Gesellschafter
117. Einbringung von Gütern gegen Gewährung von Gesellschaftsrechten (Gesellschaftsgründung)
118. Gründungsähnliche Vorgänge
119. Bewertungszwang bei Einlagen und Entnahmen
120. Lieferungsverkehr unter verkehrsüblichen Bedingungen
121. Übertragung von Wirtschaftsgütern im Sonderbetriebsvermögensbereich
122.–129. Sondervergütungen
122. Nutzungsüberlassung, Dienstleistung
123.–126. § 15 Abs 1 Satz 1 Nr 2 Hs 2 EStG als Zuordnungsnorm
127.–129. § 15 Abs 1 Satz 1 Nr 2 Hs 2 EStG als Norm zur Bestimmung der Einkunftsart
130.–135. Gewinnermittlung von Mitunternehmerschaften ohne Gesamthandsvermögen
130.–132. Grundlagen
133. Abgrenzungsprobleme
134. Unterbeteiligungen
135. (frei)
136.–139. Vermögensverwaltende Gesellschaften, Verlustzuweisungsgesellschaften
136. Handelsrecht
137. Überschussrechnung
138. Unterschiedliche Wahlrechtsausübung
139. Verlustzuweisungsgesellschaften

140.–145. Besteuerung der stillen Gesellschaft (Überblick)

146. Kommanditgesellschaft auf Aktien

147.–151. Einzelfragen bei der GmbH & Co KG

152.–166. Familiengesellschaften, Angehörigenverträge
152.–158. Familiengesellschaften
159. Zivilrechtliche Fragen
160. Ehegatten-Arbeitsverhältnisse
161. Einzelfragen
162. Zukunftssicherungsleistungen
163. Pensionszusagen
164. Arbeitsverhältnisse mit Kindern
165. Darlehensgeschäfte zwischen nahe stehenden Personen
166. Versorgungszusagen an Betriebsübergeber

Anhang: Vorgänge nach dem UmwG und dem UmwStG *(Wagner)*

1.–47. Gewerbeertrag

1 **Allgemeines. a) Verfahrensrecht.** Die Verweisung in § 7 auf den Gewinn, wie er sich nach den Vorschriften des EStG und des KStG ergibt, bedeutet keine unmittelbare Bindung an die Ergebnisse der Einkommensteuer- bzw Körperschaftsteuer-Veranlagung. Der Gewinn aus Gewer-

bebetrieb ist vielmehr für die Zwecke des § 7 selbständig zu ermitteln (BFHE 205, 390, BStBl II 2004, 699; BFHE 214, 31, BStBl II 2007, 375; BFHE 221, 238, BStBl II 2008, 681). Dem Steuerpflichtigen bleibt es daher unbenommen, beide Bescheide mit der Begründung anzufechten, der Gewinn aus Gewerbebetrieb sei unzutreffend ermittelt worden. Einkommensteuerbescheid und Gewerbesteuermessbescheid stehen nicht im Verhältnis von Grundlagen-/Folgebescheid zueinander. Geht es aber in beiden Verfahren ausschließlich um dieselben Rechtsfragen, so wird sich in aller Regel empfehlen, auf ein gewerbesteuerrechtliches Anfechtungsverfahren zu verzichten. Wird der Einkommensteuerbescheid im gerichtlichen Verfahren geändert, so zieht dies automatisch eine Änderung des unangefochten gebliebenen Gewerbesteuermessbescheids nach § 35 b nach sich. Bestandskräftige Gewerbesteuermessbescheide sind deshalb von der Vollziehung auszusetzen (§ 69 FGO), wenn die Vollziehung des Einkommensteuer-, Körperschaftsteuer- oder Feststellungsbescheids ausgesetzt wird (BFHE 86, 749, BStBl III 1966, 651). Das bedeutet allerdings nicht, dass ein Antrag auf Aussetzung der Vollziehung des Messbescheids, der mit ernstlichen Zweifeln an der Rechtmäßigkeit des Einkommensteuerbescheids (oder des Gewinnfeststellungsbescheids) begründet wird, unzulässig wäre (BFHE 173, 158, BStBl II 1994, 300, unter Aufgabe von BFHE 151, 319, BStBl II 1988, 240). Auch die Gewerblichkeit der streitigen Einkünfte kann der Steuerpflichtige gesondert im Verfahren wegen Gewerbesteuermessbetrags nachprüfen lassen. Dies kann insbesondere dann angezeigt sein, wenn sich die Einordnung der Einkünfte bei der Einkommensteuer nicht auf die Höhe der festzusetzenden Steuer auswirkt (BFHE 117, 360, BStBl II 1976, 152; BFHE 113, 340, BStBl II 1973, 37).

b) **Die Eigenständigkeit der Gewinnermittlung** für Zwecke des 1a Gewerbeertrags ist im Objektsteuercharakter der Gewerbesteuer begründet. Er gebietet, gewerbliche Gewinne des EStG aus der Bemessungsgrundlage gewerblicher Gewinne iSd § 7 GewStG auszunehmen, die mit der Ertragskraft eines werbenden Unternehmens nichts zu tun haben (allg s BFHE 163, 42, BStBl II 1991, 358). Dabei ergeben sich vor allen Dingen Besonderheiten für die gewerblichen Personenunternehmen. So unterliegen beispielsweise Gewinne aus der Veräußerung oder Aufgabe eines Gewerbebetriebs bei natürlichen Personen oder Personengesellschaften nicht der Gewerbesteuer (zB BFHE 214, 40, BStBl II 2006, 847; s Anm 14 ff; krit *Blümich/v Twickel* § 7 Rz 142 ff).

2.–9. Maßgeblichkeit des EStG und des KStG (Satz 1)

Mit der Verweisung auf die Gewinnermittlungsvorschriften des EStG 2 und KStG finden die **allgemeinen Gewinnermittlungsgrundsätze** Anwendung. Im Einzelnen gilt:

Die Begriffe Gewerbebetrieb iSd GewStG und gewerbliches Unternehmen nach § 15 Abs 1 Nr 1 EStG stimmen inhaltlich überein (BFHE 130, 403, BStBl II 1980, 465). Fallen gewerbesteuerbefreite und steuerpflichtige Teile in einem Gesamtbetrieb zusammen, so ist der steuerpflichtige Gewerbeertrag bei getrennten Ergebnisrechnungen nach diesen, andernfalls im Schätzungswege zu ermitteln (BFHE 180, 444, BStBl II 1997, 449/452).

Die Übereinstimmung mit dem EStG gilt auch für den Betrieb als Gewinnermittlungseinheit. Nach der hier vertretenen Auffassung ist dem sog engen Betriebsbegriff zu folgen, dem in der Literatur – einkommensteuerlich strittig – der weite Betriebsbegriff gegenübergestellt wird (vgl dazu *Schmidt/Heinicke* § 4 Rz 25). Mit dem Betriebsbegriff korrespondieren die Vorschriften über Einlagen und Entnahmen (§ 4 Abs 1 Sätze 2 und 5 EStG). Ebenso wie bei der ESt sind auch bei der GewSt Betriebseinnahmen und Betriebsausgaben nach objektiven Kriterien festzustellen (siehe zu Betriebsausgaben *Schmidt/Heinicke* § 4 Rz 30; für Betriebseinnahmen vgl BFHE 143, 466, BStBl II 1985, 427).

2a **Gewerbesteuerrückstellung.** GewSt, die für **EZ ab 2008** festgesetzt wird, ist nicht mehr als Betriebsausgabe abziehbar (§ 4 Abs 5 b, § 52 Abs 12 Satz 7 EStG). Dementsprechend sind auch GewSt-Erstattungen, die auf EZ nach 2008 entfallen, nicht als Betriebseinnahmen zu erfassen. Als Ausgleich hierfür ist der Faktor bei der GewSt-Anrechnung nach § 35 EStG ab VZ 2008 von 1,8 auf 3,8 erhöht worden. Bei der Gewinnermittlung durch Bestandsvergleich ist für GewSt, die bis einschließlich EZ 2007 entstanden ist, eine Rückstellung zu bilden (BFHE 169, 219, BStBl II 1992, 958; zum Progressionsvorbehalt s BFHE 165, 197, BStBl II 1992, 94). Auf den vorläufigen Gewinn, der um etwaige GewSt-Vorauszahlungen für den laufenden EZ zu erhöhen ist, kann die sog $^{5}/_{6}$-Methode (R 4.9 Abs 2 EStR), die von einem Hebesatz von 400 sowie einer Messzahl von 5 ausgeht, angewandt werden. Auf die Anwendung dieser Methode besteht ein Rechtsanspruch (BFHE 164, 422, BStBl II 1991, 752, zur $^{9}/_{10}$-Methode). Die errechnete Rückstellung ist um die geleisteten Vorauszahlungen zu mindern. Statt dessen kann der StPfl die Rückstellung auch auf Grund genauerer Formeln errechnen. Formel:

$$\text{GewESt} = \frac{0{,}05 \times H}{100 + 0{,}05 \times H} \times \text{GewE}$$

H = Hebesatz, GewE = Gewerbeertrag vor Abzug der Gewerbeertragsteuer

Wegen des für Unternehmen natürlicher Personen und Personengesellschaften eingeführten Staffeltarifs lässt sich keine einheitliche Formel zur Berechnung der Gewerbesteuerrückstellung darstellen. Vielmehr verändern sich diese Formeln jeweils bei einem Betrag, und zwar der Summe aus dem Stufenbetrag (zB 12 000) zuzüglich der am Ende dieser Stufe anfallenden

$$\text{Gewerbeertragsteuer hier } 12\,000 \times \frac{H}{100} \times \frac{\text{Messzahl}}{100}$$

Durch folgende mathematische Formeln (vgl *König/Kunkel/Stegmaier* DStR 1992, 922; *Stüttgen* DB 1993, 950; *Pauka* DB 1992, 1837 mit Divisortabelle; *Wulfmeier/Friedrich* BB 1993, 2351; *Theile* BB 1993, 2352 unter Hinweis auf *Binz/Vogel* BB 1993, 1710; *Wüstenhöfer* DStR 1994, 950; s *Mielke* DB 1993, 2446; *Beránek* Computerformel BB 1992, 1832; *Wollseifen* FR 1998, 777; *Thönnes* StStud 2002, 153) lässt sich die Gewerbeertragsteuer, die den Abzug bei sich selbst berücksichtigt (GewESt), bezogen auf den um die Gewerbesteuervorauszahlungen erhöhten und um den

Freibetrag verminderten Gewerbeertrag (GewE), wie folgt errechnen (in Euro):

$$\text{GewESt} = \frac{0{,}01 \times H}{100 + 0{,}01 \times H} \times \text{GewE}$$

falls $\text{GewE} \leq 12\,000 + 120 \times \frac{H}{100}$

$$\text{GewESt} = \frac{0{,}02 \times H}{100 + 0{,}02 \times H} \times (\text{GewE} - 6\,000)$$

falls $\text{GewE} > 12\,000 + 120 \times \frac{H}{100}$

und $\text{GewE} < 24\,000 + 360 \times \frac{H}{100}$

$$\text{GewESt} = \frac{0{,}03 \times H}{100 + 0{,}03 \times H} \times (\text{GewE} - 12\,000)$$

falls $\text{GewE} \geq 24\,000 + 360 \times \frac{H}{100}$

und $\text{GewE} < 36\,000 + 360 \times \frac{H}{100}$

$$\text{GewESt} = \frac{0{,}04 \times H}{100 + 0{,}04 \times H} \times (\text{GewE} - 18\,000)$$

falls $\text{GewE} \geq 36\,000 + 720 \times \frac{H}{100}$

und $\text{GewE} < 48\,000 + 1200 \times \frac{H}{100}$

$$\text{GewESt} = \frac{0{,}05 \times H}{100 + 0{,}05 \times H} \times (\text{GewE} - 24\,000)$$

falls $\text{GewE} \geq 48\,000 + 1200 \times \frac{H}{100}$.

Unter Berücksichtigung der (bis einschließlich EZ 2007) gestaffelten Messzahlen von 1% bis 5% (natürliche Personen und Personengesellschaften) und 5% (andere Gewerbetreibende) sowie des jeweiligen Hebesatzes lassen sich Divisoren ermitteln, die auf den Gewerbeertrag vor Gewerbesteuer und nach Abzug eines Freibetrages anzuwenden sind (s zB die Tabelle bei *Lenski/Steinberg* § 11 Rz 24). In Zerlegungsfällen ist bei unterschiedlichen Hebesätzen ein durchschnittlicher Hebesatz zu bilden. Die Hinzurechnung nicht abziehbarer Schuldzinsen nach § 4 Abs 4a Satz 4 EStG hat keinen Einfluss auf die Höhe der GewSt-Rückstellung (*BMF* BStBl I 2000, 588, Tz 21; s auch *Hegemann/Querbach* NWB F 5, 1533). Zur Berechnung der Rückstellung nach Beschränkung des Verlustabzuges gem § 10a ab EZ 2004 s *Plambeck* DB 2005, 61.

Eine kongruente einkommensteuerliche und gewerbesteuerliche Gewinnermittlung ist im Grundsatz dadurch gewährleistet, dass für die Einkommensteuer § 4a Abs 1 Satz 1 und Abs 2 Nr 2 EStG gilt. Damit stimmt das Gewerbesteuerrecht überein in § 10 Abs 1 u 2 iVm § 14 Satz 2.

3 Wie für die ESt ist auch für die GewSt die **Steuerfreiheit von Einnahmen** nach § 3 EStG zu beachten (BFHE 124, 204, BStBl II 1978, 267), auch das – bis einschließlich EZ 2008 geltende – Halbeinkünfteverfahren (§ 3 Nr 40 EStG) ist anzuwenden (*Bergemann* DStR 2000, 1410; s Anm 5), ebenso das Teileinkünfteverfahren, dh die ab 2009 geltende Freistellung von 40% der Dividenden sowie der Gewinne aus der Veräußerung von Anteilen an Kapitalgesellschaften, sofern es sich um Vorgänge im Betriebsvermögen handelt. Entsprechendes gilt für die Vorschrift des § 3c EStG (anteiliger Abzug gem § 3c Abs 2 EStG bei Einnahmen nach § 3 Nr 40 EStG) sowie das Aufteilungs- und Abzugsverbot des § 12 EStG (BFH/NV 1990, 441). Die letztgenannte Vorschrift ist bei juristischen Personen allerdings nicht einschlägig, insoweit sind die Grundsätze über verdeckte Gewinnausschüttungen anzuwenden (BFHE 182, 123, DStR 1997, 492). Zur Besonderheit bei wiederkehrenden Bezügen s Anm 63. Die Einkunftszuweisung und das Betriebsstättenprinzip der DBA gelten auch bei § 7 (BFH/NV 1992, 600 zur Teilwertabschreibung). Ausgaben, die mit abkommensrechtlich freigestellten Dividenden zusammenhängen, sind auch gewerbesteuerrechtlich nicht abziehbar (BFH/NV 2006, 1659).

Die Steuerfreiheit der in § 8b Abs 1 KStG genannten, typischerweise durch Körperschaftsteuer vorbelasteten Bezüge kommt auch gewerbesteuerrechtlich zum Tragen, ebenso die Steuerfreiheit des Gewinns aus der Veräußerung von Beteiligungen nach § 8b Abs 2 KStG; unberücksichtigt bleiben dementsprechend auch Teilwertabschreibungen auf derartige Beteiligungen (§ 8b Abs 3 KStG).

3a Mit den anwendbaren **Gewinnermittlungsregeln** der §§ 4 Abs 1, 5 Abs 1 EStG (Betriebsvermögensvergleich) und des § 4 Abs 3 EStG (Überschussrechnung) – s dazu im Einzelnen *Schmidt/Heinicke* § 4 Rz 40 ff bzw Rz 370 ff sowie *Schmidt/Weber-Grellet* § 5 Rz 21 ff – gelten für das Gewerbesteuerrecht die einkommensteuerrechtlichen Regeln für den **Übergang zu einer anderen Gewinnermittlungsart** (s A 39 Abs 3 GewStR; BFHE 108, 39, BStBl II 1973, 233: nur im Billigkeitsweg). Ein zwingender Wechsel des Überschussrechners zum Bestandsvergleich anlässlich einer Betriebsaufgabe oder Betriebsveräußerung ergibt sich auch für die GewSt aus § 16 Abs 2 Satz 2 EStG. Dennoch gibt es keinen allgemeinen gewerbesteuerrechtlichen Entstrickungsgrundsatz, wenn das gewerbliche Unternehmen sich ändert, gleichwohl aber betriebliche Einkünfte iSd EStG anzunehmen sind (vgl dazu Anm 18).

3b Für die Gewerbesteuer gilt bei evtl von der ESt abweichender Betriebsdauer ein **eigenständiger Bilanzenzusammenhang** (BFHE 121, 355, BStBl II 1977, 472). Eine für Zwecke der Gewerbesteuer zu einem bestimmten Stichtag vorzunehmende Bilanzberichtigung hat nicht zwingend zur Voraussetzung, dass für Zwecke der Einkommensteuer eine Bilanzberichtigung zum selben Stichtag vorgenommen worden ist (BFHE 193, 279, BStBl II 2001, 106), so dass sich auch insoweit unterschiedliche Bilanzansätze ergeben können. Eine eigenständige Gewerbesteuerbilanz existiert jedoch nicht (offengelassen in BFHE 193, 279, BStBl II 2001, 106). Abgesehen von diesen seltenen Fällen werden sich die Bilanzansätze einheitlich entwickeln. Dann ist wegen der Maßgeblichkeit der Handelsbilanz bzw der sie ggf ersetzenden Steuerbilanz oder des vom Überschussrechner gewählten Ansatzes das **Wahlrecht** zB auch für § 6b oder § 6c EStG abschließend **in der KSt/ESt-Veranlagung** auszuüben (BFHE 158, 520, BStBl II 1990, 195; BFHE 158, 440, BStBl II 1990, 76; s dazu auch *Glanegger* FR 1990, 469). Eine unterschiedliche Wahlrechtsausübung ist nicht möglich (BFHE 193, 279, BStBl II 2001, 106; A 38 Abs 1 Satz 14 GewStR).

Tonnagebesteuerung/Werbesendungen (Satz 3). Die von der EU-Kommission genehmigten (BStBl I 1999, 828) und am 1. 1. 1999 in Kraft getretenen Regelungen zur sog **Tonnagebesteuerung** setzen in § 7 Satz 3 iVm § 5a EStG den nach § 5a EStG ermittelten Gewinn auch als Gewerbeertrag an. Dies gilt auch für Einkünfte nach § 16 EStG, wie Aufgabe- und Veräußerungsgewinne (§ 5a Abs 5 EStG). Betroffen sind Gewerbebetriebe mit Geschäftsleitung im Inland mit ihrem Gewinn, soweit er auf den Betrieb von Handelsschiffen im internationalen Verkehr entfällt, wenn die Bereederung dieser Handelsschiffe im Inland durchgeführt wird und der Steuerpflichtige diese Besteuerung beantragt. Hinzurechnungen oder Kürzungen (zB § 9 Nr 3 Satz 2) werden bei einer Tonnagebesteuerung nach § 5a EStG nicht vorgenommen, da diese Gewinnkorrekturen in § 7 Satz 3 nicht erwähnt sind (*Lenski/Steinberg* § 7 Rz 387; BFH/NV 2006, 363; BFH/NV 2008, 1763). Entgegen dem Wortlaut des § 7 Satz 3 sollte nach *BMF* BStBl I 2002, 614 Tz 38 die Kürzung nach § 9 Nr 3 zulässig sein. Dies ist nunmehr korrigiert (*BMF* BStBl I 2008, 956). Der Auflösungsgewinn nach § 5a Abs 4 EStG ist nach BFHE 220, 482, BStBl II 2008, 583 auch dann anzusetzen, wenn er im Rahmen einer Betriebsveräußerung oder -aufgabe angefallen ist. Zum anzusetzenden Gewinn gehört auch der Gewinn, der durch die Auflösung des Unterschiedsbetrages nach § 5a Abs 4 EStG aufgrund der Tilgung eines Fremdwährungsdarlehens entstanden ist (FG Hamburg EFG 2007, 1802, rkr). Eine Anrechnung der Gewerbesteuer (§ 35 EStG), die auf Gewinne entfällt, bei denen die Tonnagebesteuerung angewandt wird, ist nicht möglich (§ 5a Abs 5 EStG). 3c

Durch das SFG v 20. 12. 2001 (BGBl I 2001, 3955) wurde ab EZ 2001 die Besteuerung der **Werbesendungen der öffentlich-rechtlichen Rundfunkanstalten** geändert. Diese unterhalten insoweit einen Betrieb gewerblicher Art (s § 2 Anm 270). Für das ZDF hatte eine Sonderregelung bestanden (§ 11 Abs 4 aF) Die Anstalten der ARD hatten sogar Verluste aus Werbesendungen ausgewiesen. Durch die Neuregelung wird den Beanstandungen des Bundesrechnungshofes Rechnung getragen. In § 8 Abs 1 Satz 2 KStG, auf den § 7 Satz 3 verweist, ist sowohl für ARD als auch für ZDF eine einheitliche pauschale Ermittlung des Einkommens vorgesehen (§ 16% der Entgelte iSv § 10 Abs 1 UStG aus der Veranstaltung von Wer- 3d besendungen). Eine exakte Gewinnermittlung ist damit – offenbar wegen der großen Abgrenzungsschwierigkeiten – nicht notwendig.

4 Gemeinsamkeiten mit dem Einkommensteuerrecht bestehen für **Mitunternehmerschaften** auch insoweit, als zum Gewerbeertrag gewinnwirksame **Vorgänge des Sonderbetriebsvermögensbereichs** gehören (BFHE 144, 572, BStBl II 1986, 58; zur gewerbesteuerfreien Entnahme aus dem Sonderbetriebsvermögen s BFHE 191, 385, BStBl II 2000, 316 mit Anm *Dötsch* Inf 2000, 508; zu Ergänzungsbilanzen s BFHE 144, 25, BStBl II 1986, 350. Auch der Gewinn aus der Veräußerung von ÄSonderbetriebsvermögen II gehört zum Gewerbeertrag (BFHE 220, 495, BStBl II 2008, 742, noch offen gelassen in BFHE 132, 93, BStBl II 1981, 220). Wie bei der ESt können sich auch für den gewerblichen Gewinn des § 7 GewStG Vergütungen an Mitunternehmer wegen übernommener Tätigkeiten oder zur Nutzung überlassener Wirtschaftsgüter nicht gewerbeertragsmindernd auswirken (§ 15 Abs 1 Nr 2 EStG; A 39 Abs 2 GewStR; BFHE 142, 283, BStBl II 1985, 212). Zu Konkurrenzen s Anm 112, 120. Auch bei der GewSt bestimmt sich das Betriebsvermögen nicht lediglich nach Handelsrecht. So zählt der Gewinn aus der Veräußerung eines von den Gesellschaftern einer KG von Anfang an privat genutzten Geländes nicht zum Gewerbeertrag, auch wenn es sich dabei um Gesamthandsvermögen handelt (BFHE 158, 385, BStBl II 1990, 319). Anzuwenden sind die Abzugsverbote des § 12 EStG für Personenunternehmen und des § 10 KStG für Körperschaften iSd § 1 Abs 1 KStG; § 12 EStG ist bei den letztgenannten nicht einschlägig (BFHE 182, 123, DStR 1997, 492). Für die Gewinnermittlung iRd § 7 ist es unbeachtlich, ob sich eine Gewinnermittlungsmaßnahme innerhalb oder außerhalb der Bilanz auswirkt (A 38 Abs 1 Satz 7 GewStR). Dies gilt vor allem für Hinzurechnungen auf Grund verdeckter Gewinnausschüttungen bei Kapitalgesellschaften. Auch der **KSt-Anrechnungsanspruch** nach der (idR) bis 2001 geltenden Rechtslage ist Teil des Gewerbeertrags, wenn sich die Anteilsrechte im Betriebsvermögen befinden (BFHE 165, 206, BStBl II 1991, 877; zur Abgrenzung s BFHE 160, 551, BStBl II 1990, 920). Auch das Verbot ausschüttungsbedingter Teilwertabschreibungen nach § 50c EStG aF war gewerbesteuerlich zu beachten (BFHE 213, 25, BStBl II 2007, 321). Zur Gewinnermittlung bei **Körperschaften,** Personenvereinigungen und Vermögensmassen vgl im Einzelnen Anm 26f. Das Ausgleichsverbot des § 15 Abs 4 Satz 1 (gewerbliche Tierzucht) kommt gewerbesteuerrechtlich nicht zum Tragen (glA *Blümich/v Twickel* § 7 Rz 165 „Tierzucht"), ebenso wenig das Ausgleichsverbot für Verluste aus Termingeschäften nach § 15 Abs 4 Satz 3, aus Komanditbeteiligungen nach § 15a EStG (A 39 Abs 1 Nr 5 GewStR; Anm 139) sowie aus stillen Beteiligungen nach § 15 Abs 4 Sätze 6–8 (ebenso *Rödder/Schumacher* DStR 2003, 805, 811).

5 **Halbeinkünfteverfahren/Teileinkünfteverfahren.** Das bis einschließlich **EZ 2008** anwendbare Halbeinkünfteverfahren gilt auch für die GewSt (BTDrs 14/2683 S 124). Ab **EZ 2009** ist das Teileinkünfteverfahren einschlägig, dh Dividenden und Gewinne aus der Veräußerung von Kapitalgesellschaften sind nicht mehr zu 50%, sondern nur noch zu 40% steuerfrei.

Allerdings sind Gewinnanteile und gleichgestellte Bezüge nach § 3 Nr 40 EStG und nach § 8b Abs 1 KStG gem § 8 Nr 5 dem Gewinn aus Gewerbebetrieb wieder hinzuzurechnen, soweit es sich nicht um Schachtelbeteiligungen iSd § 9 Nr 2a oder Nr 7 handelt (s § 8 Nr 5 Anm 1). Mit Anfügung des Satzes 4 durch das EURLUmsG v 9. 12. 2004 (BGBl I 2004, 3310) ist mWv EZ 2004 ausdrücklich geregelt, dass das Halbeinkünfteverfahren auch bei **Mitunternehmerschaften** auf die GewSt durchschlägt (s BFHE 214, 504, BStBl II 2007, 279). Zuvor war dies zweifelhaft gewesen, weil es in *BMF* BStBl I 2003, 292 Tz 57 noch geheißen hatte, dass § 3 Nr 40 EStG sowie § 8b KStG auf die Ermittlung des Gewerbeertrages einer Mitunternehmerschaft nicht anwendbar seien. Für diese Ansicht fand sich allerdings im Gesetz keine Stütze (*Engel* DB 2001, 1811; *Grotherr* BB 2001, 597; *Töben* FR 2002, 361); sie war überwiegend kritisiert worden (*Körner* INF 2004, 265; *Seitz* GmbHR 2004, 476; *Blümich/v Twickel* § 7 Rz 112; FG Düsseldorf EFG 2004, 819 rkr). Nunmehr hat sich die *FinVerw* der Ansicht des BFH (BFHE 214, 504, BStBl II 2007, 279; BFH/NV 2007, 1423) angeschlossen (*BMF* BStBl I 2007, 302). Wurde gem *BMF* BStBl I 2003, 292 Tz 57 der Verlust aus der Veräußerung der Beteiligung an einer Kapitalgesellschaft geltend gemacht, so wird er für EZ vor 2004 in noch offenen Fällen anerkannt (BStBl I 2007, 302). Auch in **Organschaftsfällen,** in denen eine Personengesellschaft Organträgerin ist und eine Kapitalgesellschaft einen nach § 8b Abs 1 KStG steuerfreien Veräußerungserlös erzielt, findet § 7 Satz 4 beim Organträger Anwendung. Vor 2004 erzielte negative Einkünfte werden allerdings von der *FinVerw* noch anerkannt (BStBl I 2007, 302). Die Anfügung des § 7 Satz 4 erfolgte nicht aus Gründen der Rechtssicherheit, sondern weil der Gesetzgeber Steuerausfälle durch die Berücksichtigung von Verlusten befürchtete (s *Watermeyer/Büttgen-Pöhland* GmbH-StB 2005, 78). Ursprünglich war sogar beabsichtigt gewesen, die in *BMF* BStBl I 2003, 292 Tz 57 zum Ausdruck kommende Verwaltungsauffassung Gesetz werden zu lassen (s *Gosch* KStG § 8b Rz 539).

Bei Mitunternehmerschaften, an denen auch **juristische Personen beteiligt** sind, ergeben sich Schwierigkeiten, weil Kapitalerträge und Anteilsveräußerungen bei natürlichen und juristischen Personen unterschiedlich besteuert werden. Bei natürlichen Personen und Personengesellschaften sind Kapitalerträge und Gewinne aus Anteilsveräußerungen bis einschließlich 2008 grundsätzlich zur Hälfte steuerfrei (§ 3 Nr 40 EStG; ab 2009: zu 40%), bei juristischen Personen sind sie iE zu 95% steuerfrei (§ 8b Abs 1, 2 und 5 KStG). Diese teilweise Steuerfreiheit wird durch die Hinzurechnung nach § 8 Nr 5 kompensiert. Auch wenn Mitunternehmerschaften als solche persönlich gewerbesteuerpflichtig sind, folgt daraus nicht, dass der Ertrag auf der Ebene der Gesellschaft unabhängig davon zu ermitteln wäre, dass an ihr auch Gesellschafter beteiligt sind, bei denen die genannten Erträge und Gewinne in unterschiedlichem Umfang steuerfrei sind; vielmehr hat die Beteiligung juristischer Personen auch Auswirkungen auf den Gewerbeertrag auf der Ebene der Mitunternehmerschaft (ebenso *Eilers/Wienands* GmbHR 2000, 957). Erzielt eine Mitunternehmerschaft, an der eine natürliche und eine juristische Person je zur Hälfte beteiligt sind, einen Gewinn aus einer Anteilsveräußerung von 200, so ist der auf die natürliche 5a

Person entfallende Gewinn nach dem Halbeinkünfteverfahren zur Hälfte steuerfrei, der auf die juristische Person entfallende Gewinn iE zu 95% (§ 8b Abs 5 KStG, ab EZ 2004), so dass sich auf der Ebene der Mitunternehmerschaft ein steuerpflichtiger Ertrag von zunächst 55 ergibt. Zur Kürzung nach § 9 Nr 2a bei fiktiven Betriebsausgaben von 5% gem § 8b Abs 5 KStG, die über § 7 Satz 1 auch im GewStRecht zu berücksichtigen sind, s BFHE 217, 98, BStBl II 2007, 585; zur Gemeinschaftsrechtswidrigkeit nach § 8b Abs 5 KStG aF BFHE 214, 504, BStBl II 2007, 279. Nach dem ab 2009 geltenden Teileinkünfteverfahren sind Anteilsveräußerungen im Betriebsvermögen von Personenunternehmen zu 40% steuerfrei, so dass sich in dem genannten Beispiel auf der Ebene der Mitunternehmerschaft ein steuerpflichtiger Gewinn von 65 ergibt. Auch der bei natürlichen und juristischen Personen unterschiedliche Abzug nach § 3c EStG bzw nach § 8b Abs 5 KStG beeinflusst den Gewerbeertrag auf der Ebene der Gesellschaft. Die entsprechenden Korrekturen sind außerhalb der Bilanz vorzunehmen. Im Verfahren über die gesonderte und einheitliche Gewinnfeststellung der Mitunternehmerschaft (§ 180 Abs 1 Nr 2 AO) sind die Gewinnanteile unter Berücksichtigung der unterschiedlichen Steuerbefreiung den einzelnen Beteiligten zuzuordnen. Im Feststellungsverfahren ist gem § 35 Abs 3 EStG auch über die anteilige Anrechnung der zu zahlenden Gewerbesteuer entsprechend dem allgemeinen Gewinnverteilungsschlüssel zu entscheiden (s *Wendt* FR 2000, 1173).

5b **Kommunaler Querverbund.** Durch das JStG 2009 v 19. 12. 2008 (BGBl I 2008, 2794) wurde ein Satz 5 angefügt, der eine Verweisung auf die neu geschaffenen Regelungen des KStG zum sog kommunalen Querverbund enthält. Nach BFHE 218, 523, BStBl II 2007, 961 ist die Übernahme einer dauerdefizitären Tätigkeit durch eine Kapitalgesellschaft einer juristischen Person des öffentlichen Rechts ohne schuldrechtlichen Verlustausgleich als verdeckte Gewinnausschüttung zugunsten der juristischen Person anzusehen. Die Gesetzesänderung soll die BFH-Rspr konterkarieren. Nach § 8 Abs 7 Nr 2 KStG idF des JStG 2009 sind bei einer Kapitalgesellschaft die Rechtsfolgen einer verdeckten Gewinnausschüttung nicht bereits deshalb zu ziehen, weil sie ein Dauerverlustgeschäft ausübt, sofern die Mehrheit der Stimmrechte auf juristische Personen des öffentlichen Rechts entfällt und nachweislich ausschließlich diese Gesellschafter die Verluste aus Dauerverlustgeschäften tragen. Bei derartigen Kapitalgesellschaften mit verschiedenen Tätigkeiten sind diese nach § 8 Abs 9 Satz 1 KStG nF in verschiedene Sparten zu unterteilen. Ein negativer Gewerbeertrag aus einer anderen Sparte darf nicht mit einem positiven Gewerbeertrag aus einer anderen Sparte ausgeglichen werden.

5c **Vorwegvergütungen im DBA-Recht.** Durch das JStG 2009 wurde als Reaktion auf BFHE 219, 518, DStR 2008, 659 ein Satz 6 mit einer Verweisung auf den ebenfalls neu geschaffenen § 50d Abs 10 EStG angefügt. Die genannte Vorschrift betrifft Vorwegvergütungen nach § 15 Abs 1 Satz 1 Nr 2 Satz 1 Hs 2 und Nr 3 Hs 2 EStG im DBA-Recht. Sofern ein DBA keine ausdrückliche Regelung zur abkommensrechtlichen Behandlung solcher Vorwegvergütungen enthält, sind diese als Unternehmensgewinne zu behandeln und dem Gewerbeertrag hinzuzuzählen.

Die Maßgeblichkeit des einkommensteuerlichen Gewinnbegriffs für den Gewerbeertrag (bei handelsrechtlich buchführungspflichtigen Kapitalgesellschaften (mit der Besonderheit des § 8 Abs 2 KStG) löst notwendigerweise **Kürzungen und Hinzurechnungen** aus **bei verbundenen Unternehmen,** weil wirtschaftlich identische Erträge nach Möglichkeit nur einmal der Gewerbesteuer unterliegen sollen. Ein allgemeines Verbot gewerbesteuerlicher Doppelbelastung gibt es indessen nicht (BFH DStR 2009, 44). Eine doppelte Erfassung des wirtschaftlich identischen Betriebsergebnisses soll vor allen Dingen im Verhältnis zu Mitunternehmerschaften vermieden werden, wenn die Beteiligung in einem Betriebsvermögen eines Unternehmens gehalten wird, das für sich einen eigenen gewerbesteuerpflichtigen Steuergegenstand darstellt (s die Hinzurechnungen des § 8 Nr 8 und die Kürzungen des § 9 Nr 2). Durch das in § 180 Abs 1 Nr 2 AO vorgesehene Gewinnfeststellungsverfahren haben diese Vorschriften vor allem Bedeutung, wenn die Beteiligung von einer Kapitalgesellschaft oder Personenhandelsgesellschaft gehalten wird Bei diesen gehen die durch das Feststellungsverfahren zugewiesenen Ergebnisse aus der Beteiligung an Mitunternehmerschaften – außerhalb der Bilanz – in die Berechnung des gewerblichen Gewinns ein. Die eingetretene Erhöhung oder Verminderung des gewerblichen Gewinns ist wieder rückgängig zu machen, da diese Betriebsergebnisse bei der Mitunternehmerschaft der Gewerbesteuer unterliegen. Im Übrigen sind die genannten Korrekturvorschriften auch dann anzuwenden, wenn aus anderen Gründen – zu Recht oder zu Unrecht – ein einheitlicher Gewerbebetrieb unter Einbeziehung eines Beteiligungsergebnisses angenommen und der gewerbliche Gewinn entsprechend erhöht oder vermindert wurde (vgl BFHE 140, 93, BStBl II 1984, 150). Die Existenz der genannten Korrekturvorschriften verdeutlicht, dass die mitunternehmerische Personengesellschaft trotz ihrer Steuerschuldnereigenschaft (§ 5) für die sachliche Steuerpflicht einer Kapitalgesellschaft nicht gleichgesetzt werden kann: Den Gewerbeertrag bilden die Betriebsergebnisse der Mitunternehmer in ihrer gesellschaftsrechtlichen Verbundenheit. Keine wirtschaftlich identischen Erträge liegen indessen vor bei Gewinnen aus Anteilen an einer Kapitalgesellschaft. Die Besteuerung wurde vor Einführung des Halbeinkünfteverfahrens nur durch das Schachtelprivileg gemildert (vgl zB § 9 Nr 2 a) bzw nach § 8 b KStG aF für weitergegebene steuerfreie Beteiligungserträge. Als konkurrierender und eigenständiger Steuergegenstand wird die Mitunternehmerschaft selbst dann berücksichtigt, wenn sie noch kein werbendes Unternehmen unterhält. Deshalb ist es folgerichtig, Beteiligungsverluste aus einer noch nicht werbenden Partenreederei (Baureederei) dem Gewerbeertrag einer Beteiligungsgesellschaft nach § 8 Nr 8 wieder hinzuzurechnen (BFHE 148, 67, BStBl II 1987, 64). 6

Die **durch den Objektsteuercharakter bedingten Hinzurechnungen** des § 8 können ihrerseits **Kürzungen** des Gewerbeertrags dann erforderlich machen, wenn die zunächst als Aufwand behandelten und deshalb nach § 8 wieder hinzugerechneten Beträge in späteren Jahren gewinnerhöhend zurückfließen oder Rückstellungen aufgelöst werden und es deshalb ohne Korrektur des Bilanzgewinns zu einer Doppelerfassung des iden- 6a tischen Gewerbeertrags käme (A 38 Abs 2 GewStR zu Dauerschuldzinsen iSd § 8 Nr 1 aF). Teilwertzuschreibungen können nicht durch eine Kürzung kompensiert werden (BFH DStR 2009, 44). Der Gewerbesteuer unterliegen auch die Erträge aus weggefallenen Leibrentenverbindlichkeiten (BFHE 163, 42, BStBl II 1991, 358). Nach § 8 Nr 12 wird der Betriebsausgabenabzug für ausländische Steuern beseitigt, die mit außer Ansatz gelassenen Gewinnen oder Gewinnanteilen zusammenhängen. Andererseits ist der Betriebsausgabenabzug auch dann nicht zu verwehren, wenn er im Zusammenhang mit Aufwendungen steht, die zu einer Kürzung nach § 9 führen (glA *Blümich/v Twickel* § 7 Rz 77 mwN).

7 **Billigkeitsmaßnahmen** nach § 163 Abs 1 Satz 2 AO werden auch auf die Gewerbesteuer ausgedehnt (zeitliche Verlagerung der Besteuerung). Sollen dagegen vom Finanzamt andere Billigkeitsmaßnahmen nach § 163 Abs 1 Satz 1 AO für die Gewerbesteuer getroffen werden, so bedarf es einer Abstimmung mit der hebeberechtigten Gemeinde. Dies ist allerdings dann überflüssig, wenn auch die Erhebung der Gewerbesteuer ausnahmsweise dem FA obliegt (s dazu § 4 Anm 1; A 38 Abs 4 GewStR). Auf die Abstimmung mit der Gemeinde kann auch dann verzichtet werden, wenn die Maßnahmen auf allgemeine Verwaltungsvorschriften der Bundesregierung oder Richtlinien der obersten Landesfinanzbehörden gestützt werden können (§ 184 Abs 2 AO). Zu Billigkeitsmaßnahmen bei Sanierungsgewinnen s *OFD Hannover* DStR 2006, 2128.

8 **Spezialgesetzlich bestimmter Gewerbeertrag.** Es sehen eine Reihe von Einzelsteuergesetzen Regelungen vor, die auch den Gewerbeertrag beeinflussen:
- Hinzurechnungsbesteuerung nach §§ 7 bis 14 des AStG (BFHE 212, 226, BStBl II 2006, 555),
- § 7 Abs 1 des EntwLStG idF v 21. 5. 1979 (BGBl I, 564, BStBl I, 294), zuletzt geändert durch Gesetz v 22. 12. 1981 (BGBl I, 1523, BStBl I 1982, 235), für Kapitalanlagen, die vor dem 1. 1. 1982 vorgenommen worden sind,
- § 6 des AIG (letztmals für vor dem 1. 1. 1990 endende Wirtschaftsjahre),
- § 160 AO für Gewerbesteuerausfälle (BFHE 178, 99, BStBl II 1996, 51).

Auch das **UmwStG** enthält Spezialregeln in §§ 18 und 19 für den Gewerbeertrag. Vgl dazu Anhang zu § 7 Anm 55 ff.

9 **Ehemalige DDR.** Bis zum 31. 12. 1990 wurden nach § 2 Abs 6 aF Betriebsstätten mit Geschäftsleitung im Gebiet der BRD, die im Gebiet der ehem DDR belegen sind, von der Besteuerung ausgenommen (5. Aufl, § 2 Anm 247).

Fortgeltung des DDR-GewStG. Bereits ab dem 1. 7. 1990 traten bestimmte bisher nicht gewerbesteuerpflichtige oder pauschal besteuerte Unternehmen wie Produktions-, Kreditgenossenschaften, Handwerker, Einzelhändler und Gastwirte durch das StAnpG der ehem DDR (s dazu BStBl I 1990, 333) in die Gewerbesteuerpflicht nach dem Recht der ehemaligen DDR ein (BFHE 176, 235, BStBl II 1995, 209). Die Vorschriften der ehem DDR im Bereich der Gesetzgebungshoheit des Bundes (also auch das GewStG) galten **bis 1. 1. 1991** als partielles Bundesrecht und daher als revisibles Recht fort (BFHE 176, 130, BStBl II 1996, 609; aA

3. Aufl). Die Weitergeltung des GewStG der ehem DDR für den EZ 1990 ist verfassungsgemäß (FG Leipzig EFG 1992, 683 rkr).

Steuerbefreiungen. Das zunächst weitergeltende Gewerbesteuerrecht sieht auch eine Gewerbesteuerfreiheit für Anfangsgewinne nach § 3 Abs 1 und § 5 Abs 9 der 1. DVO zum Gesetz über die Gründung und Tätigkeit privater Unternehmen und Unternehmensbeteiligungen (GBl I Nr 17) vor (*BMF* DB 1993, 662). Die Bestimmungen wurden allerdings nicht in den Katalog des fortgeltenden Rechts laut Einigungsvertrag aufgenommen und beschränken sich daher auf den EZ 1990 (*BMF* BStBl I 1992, 727).

Um Investitionshemmnisse abzubauen, sahen die §§ 3, 1 und 2 des **DDR-Investitionsgesetzes** Vergünstigungen auch für die Gewerbesteuer vor, und zwar steuerfreie Rücklagen für einen Gewinn aus einer Überführung von abnutzbaren WG aus dem Anlagevermögen inländischer Betriebe sowie die Steuerwirksamkeit von Verlusten einer Tochter(kapital)gesellschaft in der ehem DDR (mindestens 10% Nennkapitalbeteiligung) durch eine gewinnmindernde Rücklage in der BRD nach § 2 DDR-IG. Ergänzend sah § 9a GewStG einen Verlustabzug aus Verlusten von DDR-Betriebsstätten beim inländischen Gewerbeertrag des Unternehmers vor. S dazu im Einzelnen 3. Aufl.

10.–12. Gewerbeertrag und Gründungsphase

Steuergegenstände des § 2 Abs 1. Personenunternehmen, ebenso wie Betriebe gewerblicher Art von Körperschaften, deren Steuerpflicht in § 2 Abs 1 geregelt ist, unterliegen der Gewerbesteuer nur dann, wenn sie ihre werbende Tätigkeit aufgenommen haben. Dadurch können der einkommensteuerrechtliche und der gewerbesteuerrechtliche Betrieb auseinanderfallen (BFH/NV 1993, 264; BFHE 185, 500, BStBl II 1998, 478 zum Betriebsbeginn bei Betriebsaufspaltung). S zu Einzelheiten § 2 Anm 420f; krit zur Nichtabziehbarkeit vorab entstandener Betriebsausgaben *Hidien* StBp 2008, 125. Die möglicherweise voneinander verschiedenen Zeitpunkte der einkommensteuerrechtlichen bzw gewerbesteuerrechtlichen Betriebseröffnung verlangen unterschiedliche Einlagewerte iSd § 6 Abs 1 Nr 6 EStG für die Einkommensteuer einerseits und die Gewerbesteuer andererseits (vgl auch *Schmidt/Weber-Grellet* § 15 Rz 130; *Schmidt/Wacker* § 15 Rz 232; *Glanegger* FR 1990, 469; BFHE 204, 471, BStBl II 2004, 464; aA *Blümich/v Twickel* § 7 Rz 154). Aus diesem Grunde sind – allerdings nicht sehr häufig – für die Zwecke der Einkommensteuer und die der Gewerbesteuer eigenständige Bilanzenzusammenhänge zu beachten (BFHE 121, 355, BStBl II 1977, 472); zu unterschiedlichen Zeitpunkten bei Bilanzberichtigung s BFHE 193, 279, BStBl II 2001, 106. Ist eine Ansparrücklage nach § 7g EStG bereits vor der gewerbesteuerrechtlichen Betriebseröffnung gebildet worden, ist sie bei Auflösung aus Billigkeitsgründen nicht in den Gewerbeertrag einzubeziehen (*BMF* BStBl I 2003, 331). Auch hinsichtlich der **Betriebsunterbrechung** deckt sich das Einkommensteuerrecht nicht mit dem Gewerbesteuerrecht. Der **zeitanteilige Gewerbeertrag** kann auch unter Verzicht auf eine gewerbesteuerrechtliche Bilanz rechnerisch ermittelt werden (BFHE 146, 270, BStBl II 1986, 528). Die zB saisonal 10 bedingte Betriebsunterbrechung hebt die Gewerbesteuerpflicht nicht auf (vgl § 2 Abs 4). Andererseits bedeutet die einkommensteuerrechtlich als Betriebsunterbrechung zu wertende Betriebsverpachtung (Wahlrecht!) gewerbesteuerrechtlich eine Betriebseinstellung, ohne allerdings für die Gewerbesteuer eine Auflösung sämtlicher stiller Reserven zu bewirken (s dazu unten Anm 18). Kommt es durch eine **Verpachtung** zu gewerbesteuerlicher Betriebseinstellung, so können sich ebenfalls die einkommensteuerrechtlichen und gewerbesteuerrechtlichen Bilanzansätze unterschiedlich entwickeln (aA *Blümich/v Twickel* § 7 Rz 155). Sonder-AfA wie die des § 82f EStDV, die nicht pro rata temporis, sondern für den VZ oder EZ gewährt wird, kann der Steuerpflichtige aber auch dann in vollem Umfange in Anspruch nehmen, wenn während des Jahres ein solches Ruhen des Gewerbebetriebs eintritt. Das Bewertungswahlrecht ist dann ebenso für die Gewerbesteuer erst bei der Erstellung der Bilanz auszuüben (BFHE 146, 270, BStBl II 1986, 528.

11 **Sonstige Fälle.** Bei Kapitalgesellschaften treten diese Besonderheiten nicht auf. Der Steuergegenstand der Kapitalgesellschaft entsteht im Allgemeinen mit der Eintragung der Gesellschaft, bei Gründungsgesellschaften mit deren geschäftlichem Hervortreten nach außen (vgl § 2 Anm 342). Vergleichbare Grundsätze gelten auch für die Erwerbs- und Wirtschaftsgenossenschaften und die Versicherungsvereine auf Gegenseitigkeit. Eine vorübergehende Einstellung des Steuergegenstandes in der Form einer Betriebsverpachtung kommt danach nicht in Betracht. Zur gewerblich geprägten Personengesellschaft, Organschaft und zum wirtschaftlichen Geschäftsbetrieb der sonstigen juristischen Personen s § 2 Anm 432, 434f. Zum Eintritt der **gemeinnützigen WobauGesellschaften** in die StPfl vgl *BMF* BStBl I 1991, 1021.

12 *(frei)*

13.–20. Gewerbeertrag und Betriebsbeendigung

13 **Besteuerung des tätigen Betriebs.** Das Gewerbesteuerrecht stellt hinsichtlich der Gewerbesteuergegenstände des § 2 Abs 1 **(Personenunternehmen, Unternehmen der öffentlichen Hand)** auf das vorhandene werbende Unternehmen ab. Danach richtet sich auch der Zeitpunkt, ab dem der Betrieb gewerbesteuerrechtlich nicht mehr existent ist und deshalb nicht mehr besteuert werden kann. Für das Ende der sachlichen Steuerpflicht ist somit auf die werbende Tätigkeit abzuheben (s § 2 Anm 423). Dies gilt sowohl für natürliche Personen als auch für Personengesellschaften (vgl zur Fortsetzung trotz vorheriger Veräußerung eines Teils des Betriebsvermögens FG Hamburg EFG 1981, 31 rkr). Eine GmbH & Co KG ist nach Einstellung ihrer werbenden Tätigkeit nicht mehr gewerbesteuerpflichtig. Auch für die **gewerblich geprägte Personengesellschaft** ist dies anzunehmen (FG München EFG 1998, 1480 rkr). Eine Betriebseinstellung liegt ua dann vor, wenn die Personengesellschaft nicht mehr nach außen tätig wird (vgl dazu § 2 Anm 423f). Dagegen unterliegen **Kapitalgesellschaften** stets der Gewerbesteuer, und zwar auch in der Abwicklungsphase (vgl § 2 Anm 344). In diesen Fällen ist der Gewerbeertrag nach § 16 Abs 1 GewStDV auf die Jahre des Abwicklungszeitraums zu verteilen

(evtl aA BFHE 213, 801, BStBl II 2008, 312, wonach der für die KSt maßgebliche Liquidationszeitraum – § 11 KStG – zu übernehmen sein soll; NAnwErl *BMF* BStBl I 2008, 542). Ob ein Einzelunternehmen oder eine Personengesellschaft in der **Liquidationsphase** ausnahmsweise werbend tätig wird, hängt vom Einzelfall ab (vgl hierzu auch BFHE 73, 689, BStBl III 1961, 517; A 19 Abs 5 GewStR; § 2 Anm 423). Nach anderer Ansicht stellt ein Unternehmen in Liquidation schlechthin keinen werbenden Betrieb mehr dar (*Woltmann* DB 1987, 2008). Die Auflösung einer Personenhandelsgesellschaft bewirkt zwar regelmäßig nicht die handelsrechtliche Vollbeendigung der Gesellschaft, im Allgemeinen aber das Ende der werbenden Tätigkeit der Gesellschaft und den Beginn der Liquidation (BFHE 144, 533, BStBl II 1986, 136).

Steuerfreiheit des Veräußerungs-/Aufgabegewinns. Von dem ausschließlich nach den Vorschriften des § 2 Abs 1 zu beurteilenden Bestehen des Steuergegenstands ist die Frage zu unterscheiden, ob der aus der Aufgabe (Veräußerung) eines **Betriebs (Teilbetriebs)** erzielte Gewinn Gewerbeertrag iSd § 7 ist. Diese Differenzierung ist nicht nur theoretischer Natur. Eine Betriebsaufgabe oder eine Teilbetriebsaufgabe kann sich auch im Rahmen eines noch werbenden Unternehmens vollziehen. In der Vergangenheit wurde vielfach insoweit nicht scharf genug unterschieden und die Gewerbesteuerfreiheit von Veräußerungs- bzw Betriebsaufgabegewinnen damit begründet, dass – anders als bei der Einkommensteuer – gewerbesteuerrechtliche Vorgänge nach Beendigung der werbenden Tätigkeit den Gewerbeertrag nicht beeinflussen können (BFHE 105, 35, BStBl II 1972, 470). Dies trifft indessen nicht den Kern der Frage. Zwar lässt sich bei einer in einem einheitlichen Vorgang vollzogenen Betriebsaufgabe die Wertung vertreten, der Aufgabegewinn sei nicht mehr als letzter Akt des werbenden Betriebs aufzufassen (BFHE 75, 467, BStBl III 1962, 438). Aber schon bei der Aufgabe und Veräußerung von Teilbetrieben iSv § 16 Abs 1 Satz 1 Nr 1, Abs 3 EStG, deren Ertrag nach hM (vgl A 39 Abs 1 Nr 1 GewStR) ebenfalls nicht der Gewerbesteuer unterliegt, muss auf eine andere Begründung zurückgegriffen werden. Denn diese Vorgänge vollziehen sich unzweifelhaft im Rahmen des Gesamtbetriebs, dh in einem werbenden Unternehmen. Deshalb ist für die Gewerbesteuerfreiheit von Gewinnen aus der Aufgabe (Veräußerung) eines Betriebs (Teilbetriebs) letztlich nur entscheidend, ob die Voraussetzungen des § 16 EStG erfüllt sind (BFHE 174, 550, BStBl II 1994, 809). Sind die Voraussetzungen des § 16 EStG im Einzelfall nicht erfüllt (zB allmähliche Abwicklung) *und* wird das Unternehmen noch weiterhin werbend tätig, so fällt Gewerbesteuer an (vgl BFHE 79, 42, BStBl III 1964, 248). Danach ist für die ESt und GewSt hinsichtlich der Inhalte des für beide Rechtsgebiete zu beachtenden § 16 EStG von einheitlichen Grundsätzen auszugehen. Nach BFHE 217, 150, BFH/NV 2007, 2004 sind allerdings solche Geschäftsvorfälle gewerbesteuerlich auszuscheiden, die zwar einkommensteuerrechtlich keinen Veräußerungs- oder Aufgabegewinn darstellen, die aber in einem unmittelbaren sachlichen Zusammenhang mit der Betriebsveräußerung/-aufgabe stehen und deshalb kein laufender Gewinn sind. Ebenso wenig unterliegen Ausgleichszahlungen anlässlich einer Realteilung mit Spitzenausgleich der GewSt, obwohl der 14

Vorgang nicht nach §§ 16, 34 EStG begünstigt ist (*BMF* BStBl I 2006, 228, Abschnitt VI).

14a Der Grundsatz, dass die Veräußerung/Aufgabe eines Betriebs oder eines Mitunternehmeranteils wegen des Objektsteuercharakters der GewSt steuerfrei ist, gilt allerdings nicht uneingeschränkt. Soweit der Gewinn aus der Veräußerung eines Betriebs oder eines Mitunternehmeranteils auf **Grundstücke des Umlaufvermögens** entfällt, ist dieser nach BFHE 216, 233, BStBl II 2007, 777 nicht gewerbesteuerfrei (s *Günters* FR 2008, 867; krit *Küspert* DStR 2007, 746). Der BFH leitet dies aus der Überlegung ab, dass die Veräußerung von Grundstücken des Umlaufvermögens im Rahmen einer Betriebsaufgabe nicht begünstigt ist (BFHE 211, 160, BStBl II 2006, 160) und Entsprechendes für den Fall der Veräußerung des Anteils an einer Mitunternehmerschaft gelten müsse, die mit Grundstücken handelt. Zur Abgrenzung Anlage- und Umlaufvermögen bei einer Betriebsaufgabe s Anm 52a. Aus § 7 Satz 2 Nr 2, der die Gewerbesteuerpflicht von Anteilsveräußerungen regelt, soweit der Gewinn nicht auf eine unmittelbar beteiligte natürliche Person entfällt, lässt sich somit nicht im Umkehrschluss folgern, dass in allen anderen Fällen von Anteilsveräußerungen keine GewSt anfällt.

14b **Gewerbesteuerfreie Veräußerungserträge auch ohne Auflösung aller wesentlichen stillen Reserven.** BFHE 151, 181, BStBl II 1988, 374 verzichtet für die gewerbesteuerfreie Betriebsveräußerung in einem Einbringungsfall nach § 24 UmwStG 1977 auf die Auflösung der wesentlichen stillen Reserven und sieht in der damit verknüpften Entnahme unwesentlicher Betriebsgrundlagen einen gewerbesteuerfreien Ertrag (glA A 39 Abs 1 Nr 1 Satz 6 GewStR). Diese funktionale Sicht der Betriebsveräußerung, die das Tatbestandsmerkmal des § 16 EStG von Merkmalen der Steuerbegünstigung nach § 34 EStG befreit (zur Abgrenzung s BFHE 166, 132, BStBl II 1992, 406), gilt auch für die nach § 16 Abs 3 EStG gleichwertige Betriebsaufgabe (BFHE 174, 550, BStBl II 1994, 809). Die Merkmale, unter denen das Gesetz fortgeführte stille Reserven beim Steuerpflichtigen oder Nachfolger gestattet (§ 6 Abs 3 EStG), sind nicht negative Merkmale der Betriebsveräußerung oder -aufgabe, sondern durchbrechen den Grundsatz, dass die Betriebsveräußerung oder -aufgabe eine Gewinnzwangsrealisation nach sich zieht (§ 16 Abs 2 Satz 2 u Abs 3 Satz 6 u 7 EStG; ebenso BFHE 174, 372, BStBl II 1994, 709; s dazu auch *Glanegger* FR 1990, 469; Anm 50, Anhang zu § 7 Anm 318, 371). Bei einer einseitigen entgeltlichen Kapitalerhöhung, die zu einer Änderung der Beteiligungsverhältnisse in einer Mitunternehmerschaft führt, unterliegt der Gewinn aus der Auflösung einer negativen Ergänzungsbilanz, die anlässlich der Kapitalerhöhung gebildet worden ist, der GewSt (BFHE 214, 40, BStBl II 2006, 847). Auch die Veräußerung (Aufgabe) eines **Mitunternehmeranteils** ist – soweit der Veräußerungs-/Aufgabegewinn auf eine natürliche Person entfällt (s Anm 90) – gewerbesteuerfrei, selbst wenn die Beteiligung im Betriebsvermögen gehalten wird (A 38 Abs 3 Satz 3 GewStR; BFHE 75, 467, BStBl III 1962, 438). Die Vorschrift des § 16 Abs 2 Satz 3 EStG – teilweise Identität von Betriebsveräußerer und -erwerber – gilt auch gewerbesteuerrechtlich (BFHE 205, 307, BStBl II 2004, 754).

Besonderheiten bei Gewerbegegenständen des § 2 Abs 2 sowie gewerblich geprägten Personengesellschaften. Bei Kapitalgesellschaften, Erwerbs- und Wirtschaftsgenossenschaften sowie bei Versicherungsvereinen auf Gegenseitigkeit rechnen Gewinne aus der Veräußerung/Aufgabe von Betrieben und Teilbetrieben nach hM zum Gewerbeertrag (BFH/NV 2002, 129, 535; A 40 Abs 2 GewStR; zur Kritik s § 2 Anm 345). Veräußerten dagegen diese Körperschaften einen Anteil an einer Personengesellschaft, so unterlag dieser Gewinn auch bei ihnen nicht der Gewerbesteuer (A 40 Abs 2 Satz 3 GewStR). Dies galt auch für den Übertragungsgewinn aus der Aufdeckung stiller Reserven in einer Beteiligung anlässlich der Umwandlung einer Kapitalgesellschaft in eine Personengesellschaft (BFHE 160, 262, BStBl II 1990, 699). Er zählte zum Betriebsergebnis der Mitunternehmerschaft und war bei dieser gewerbesteuerfrei (BFHE 75, 467, BStBl III 1962, 438). Ebenso Gewinne aus der Veräußerung sog einbringungsgeborener Anteile an einer Personengesellschaft, auch wenn Einbringender eine Kapitalgesellschaft war, bei der die Veräußerung des Betriebs oder Mitunternehmeranteils gewerbesteuerpflichtig gewesen wäre (BFHE 181, 499, BStBl II 1997, 224; glA *BMF* BStBl I 1998, 268 Tz 21.13; zu Gewerbesteuerproblemen bei Unternehmensumstrukturierungen allgemein s *Siebert* DStR 2000, 758). Ab **EZ 2002** (§ 36 Abs 1 idF des UntStFG) gehört nach dem durch das UntStFG v 20. 12. 2001 (BGBl I 2001, 3858) neu eingefügten Satz 2 des § 7 GewStG auch der Gewinn aus der Veräußerung/Aufgabe des Betriebs oder eines Teilbetriebs einer Mitunternehmerschaft sowie eines Mitunternehmeranteils und des Anteils eines persönlich haftenden Gesellschafters einer Kommanditgesellschaft auf Aktien zum Gewerbeertrag, soweit er **nicht** auf eine **unmittelbar** beteiligte **natürliche Person** entfällt. Hierdurch soll verhindert werden, dass Kapitalgesellschaften Betriebe, Teilbetriebe und nach der Neuregelung des § 6 Abs 5 Satz 3 EStG auch Einzelwirtschaftsgüter gewerbesteuerfrei veräußern, indem sie diese zunächst steuerneutral in eine Personengesellschaft einbringen und dann die Mitunternehmeranteile gewerbesteuerfrei veräußern. Veräußert eine Kapitalgesellschaft Anteile, die durch Einbringung von Anteilen an einer Mitunternehmerschaft entstanden sind, so ist dies ab EZ 2002 gewstpfl (s *OFD Koblenz* DStR 2005, 194). 15

Die **Liquidation** einer Kapitalgesellschaft, deren Anteile zu 100% zu einem Betriebsvermögen des Anteilseigners gehören, ist der Aufgabe eines Teilbetriebs gleichgestellt (BFHE 155, 511, BStBl II 1991, 624). Der Aufgabegewinn, zu dem unter Geltung des Anrechnungsverfahrens auch die anzurechnende KSt gehört, ist begünstigt (BFHE 175, 243, BStBl II 1995, 705; ebenso *BMF* BStBl I 1995, 629). Der **Freibetrag** nach § 16 Abs 4 EStG ist auch gewerbesteuerlich zu berücksichtigen (BFHE 165, 191, BStBl II 1992, 437). Die allmähliche **Abwicklung** (Anm 69) unterliegt bei den Steuergegenständen des § 2 Abs 2 in jedem Fall der Gewerbesteuer.

Der Gewinn aus der Veräußerung einer zum Betriebsvermögen zählenden **Beteiligung an einer inländischen Kapitalgesellschaft iSv § 2 Abs 2 GewStG** gehörte nach früherem Recht zum Gewerbeertrag (BFHE 196, 293, BStBl II 2002, 155), auch soweit es sich um Beteiligungen im Sonderbetriebsvermögen II handelte (BFHE 220, 495, BStBl II 2008, 742).

Erzielt eine Kapitalgesellschaft Erträge aus der Veräußerung an anderen Kapitalgesellschaften, sind diese nach § 8 b KStG steuerfrei. Dies gilt auch für Erträge aus der Auflösung, der Herabsetzung des Nennkapitals oder dem Wertansatz nach § 6 Abs 1 Nr 2 Satz 3 EStG (= Wertaufholungsgewinne aus vorangegangenen Teilwertabschreibungen; zur Ausnahme von der Steuerfreiheit in diesem Fall s § 8 b Abs 2 Satz 4 KStG). Nach § 8 b Abs 6 KStG gilt die Freistellung auch, soweit einer Körperschaft die vorgenannten Erträge im Rahmen eines Gewinnanteils aus einer Mitunternehmerschaft zugerechnet werden.

Vor Einfügung des § 7 Satz 4 durch das EURLUmsG v 9. 12. 2004 (BGBl I 2004, 3310, anzuwenden ab EZ 2004), war ungeklärt, ob § 8 b Abs 6 KStG auch für Zwecke der GewSt gilt (s *Dieterlen/Schaden* BB 2000, 2492, 2496; bejahend *Bogenschütz/Striegel* DB 2000, 2547, *Crezelius* DB 2001, 221, 225; abl *Bergemann* DStR 2000, 1410, *Köster* FR 2000, 1263, 1269, *Seifried* DStR 2001, 240, 244; s auch *Gosch* KStG § 8 b Rz 539 f). § 7 Satz 4 verweist ausdrücklich auf § 8 b KStG, somit auch auf dessen Abs 6.

16 Die **gewerblich geprägte Personengesellschaft** kann einer Kapitalgesellschaft nicht gleichgestellt werden (ähnlich BFHE 136, 204, BStBl II 1982, 707; § 2 Anm 322, 432). Nach Tätigkeitseinstellung kann bei ihr kein Gewerbeertrag mehr anfallen.

17 Bei einer **Partenreederei** gilt ab 1. 1. 1994 der Veräußerungsgewinn nach § 16 Abs 2 Satz 3 EStG insoweit als laufender Gewinn, als an der Käuferin einer der Partenreeder beteiligt ist. Zum steuerpflichtigen Gewerbeertrag gehört der Gewinn aber wohl nur bei Unternehmeridentität zwischen alter und neuer Partenreederei.

18 **Gewerbesteuerrechtliche Betriebseinstellung ohne einkommensteuerrechtliche Betriebsaufgabe.** Die Differenzierung zwischen einkommensteuerrechtlicher Betriebsaufgabe und gewerbesteuerrechtlicher Betriebseinstellung führt zu einer **eigenständigen gewerbesteuerlichen Gewinnermittlung,** wenn der Steuergegenstand des Gewerbesteuerrechts seine Beendigung findet, **einkommensteuerrechtlich** dagegen von einem fortgesetzten Betrieb auszugehen ist. Damit sind nicht nur die in § 2 Anm 420 f erwähnten Sachverhalte gemeint, bei denen – etwa bei der Betriebsverpachtung – einkommensteuerrechtlich das gewerbliche Unternehmen im Gegensatz zum gewerbesteuerrechtlichen Steuergegenstand fortbesteht, sondern auch jene des Strukturwandels, dh wenn ein Gewerbebetrieb in ein land- und forstwirtschaftliches Unternehmen oder eines iSd § 18 EStG übergeht. All diesen Fällen ist gemein, dass es an einer Betriebsaufgabe iSd § 16 EStG fehlt. Gewerbesteuerrechtlich kommt es dagegen, zB durch den Wegfall der werbenden Tätigkeit, zu einer Betriebseinstellung. Ein nur auf das GewStG gestützter **Entstrickungstatbestand** kann hierin jedoch nicht gesehen werden. Die nach § 7 maßgeblichen Gewinnermittlungsvorschriften des EStG bzw KStG lassen es nicht zu, gewinnrealisierende Steuertatbestände lediglich für gewerbesteuerrechtliche Zwecke zu sehen (glA *L. Schmidt* FR 1987, 177; BFHE 153, 125, BStBl II 1988, 667; BFHE 154, 309, BStBl II 1989, 187; A 38 Abs 1 Satz 18 GewStR). Die Beendigung der werbenden Tätigkeit bildet selbst keinen solchen Tatbestand (BFHE 148, 524, BStBl II 1987, 342).

Unbeschadet dessen zwingt § 7 auch für die Fälle der **nur gewerbesteuerrechtlichen Betriebseinstellung** zu einer eigenständigen und zutreffenden Ermittlung des Gewinns für gewerbesteuerrechtliche Zwecke. Dazu gehört auch, dass der seinen Gewinn durch Überschussrechnung (§ 4 Abs 3 EStG) ermittelnde Betriebsinhaber für die gewerbesteuerrechtlichen Zwecke zum Zeitpunkt der Betriebseinstellung **zum Bestandsvergleich übergeht,** ohne dass gleichzeitig die Voraussetzungen einer Betriebsaufgabe des § 16 EStG gegeben sein müssen (vgl BFHE 108, 39, BStBl II 1973, 233; A 39 Abs 3 Satz 1 GewStR; zur Zwischenbilanz BFHE 146, 270, BStBl II 1986, 528; vgl *Glanegger* FR 1988, 29/32; FR 1987, 406). Zur Verpachtung und zur erleichterten Gewerbeertragsermittlung bei Unterbrechung des gewerbesteuerrechtlichen Betriebs s Anm 10.

Der den **Unternehmerwechsel** regelnde § 2 Abs 5 fingiert lediglich für 19
die „technischen" Vorschriften des GewStG die Betriebseinstellung und Neugründung (§ 2 Anm 445). Gewinnermittlungsfragen sind nach § 7 zu lösen. Die Veräußerung eines Gewerbebetriebs hat auf Grund der in § 7 in Bezug genommenen Vorschriften des EStG und KStG auch getrennte aufeinander folgende Gewinnermittlungszeiträume für den bisherigen und den neuen Unternehmer zur Folge. Dies gilt selbst für die ebenfalls als Unternehmerwechsel aufzufassende **Erbfolge** (Gesamtrechtsnachfolge). Es kommt regelmäßig zu Rumpfwirtschaftsjahren (BFHE 128, 533, BStBl II 1980, 8). Die mögliche Buchwertfortführung (§ 6 Abs 3 EStG) steht dazu nicht im Widerspruch (BFHE 109, 123, BStBl II 1973, 544). Die **unentgeltliche Übertragung** löst keine nach §§ 16, 34 EStG begünstigte Betriebsaufgabe aus (Anm 71).

(frei) 20

21.–25. Besonderheiten der Gewerbeertragsermittlung bei natürlichen Personen und Personengesellschaften

Hinsichtlich der Gewerbesteuerfreiheit von Aufgabe- oder Veräuße- 21
rungsgewinnen bei **Personenunternehmen** wird auf Anm 13, 14 Bezug genommen, für die Gewinnermittlung bei Mitunternehmerschaften auf Anm 110ff. Eine weitere Eigenheit dieser Personenunternehmen, die für ihre Gewerbesteuerpflicht ein werbendes Unternehmen voraussetzen, ist die Möglichkeit gewerbesteuerfreier Einkünfte iSd § 24 EStG.

Entschädigungen iSd § 24 Nr 1 Buchst a und **b EStG** berühren 22
dann nicht den Gewerbeertrag, wenn sie im Rahmen der **Aufgabe** eines Gewerbebetriebs anfallen und deshalb den begünstigten Aufgabegewinn der §§ 16, 34 EStG erhöhen (BFHE 117, 483, BStBl II 1976, 224; BFH/NV 1998, 1354). Umgekehrt gehören die in § 24 EStG erwähnten Einkünfte dann zum laufenden Gewerbeertrag, wenn sie noch in einem werbenden Unternehmen anfallen (s auch A 39 Abs 1 Nr 3 Satz 2 GewStR; BFHE 149, 188, BStBl II 1987, 570 zum Kommissionsagenten). Bestimmte Entschädigungen des § 24 EStG zählt die Rechtsprechung jedoch auch dann nicht zum Gewerbeertrag, wenn der Unternehmer noch ein werbendes Unternehmen unterhält. Dies wird zB angenommen für Unfallentschädigungen, die trotz ihres Bezugs zum Gewerbebetrieb nicht als dessen Erträ-

ge, sondern als Folge eines vom Betriebsinhaber erlittenen Körperschadens erachtet werden (BFHE 84, 258, BStBl III 1966, 94; BFHE 93, 466, BStBl II 1969, 8). Zum Surrogatsgedanken s BVerfG in DB 1991, 2573, zu Einzelfällen s auch *App* FR 1992, 101.

Da sie nicht innerhalb eines werbenden Unternehmens anfallen, unterliegen **nachträgliche Einkünfte iSd § 24 Nr 2 EStG** idR nicht der Gewerbesteuer.

23 Für die in **§ 24 Nr 1 Buchst c EStG** erwähnte **Ausgleichszahlung an Handelsvertreter** nach § 89b HGB hält der BFH an seiner Rechtsprechung daran fest, dass diese auch dann der Gewerbesteuer unterliegt, wenn gleichzeitig der Betrieb aufgegeben wird (BFH/NV 1996, 169; 1999, 516; ebenso FG Münster EFG 2008, 403 rkr; anders bei Provisionsrente BFHE 182, 369, BStBl II 1997, 573). Es wird damit begründet, dass der Anspruch sachlich nicht mit der Betriebsaufgabe, sondern mit den laufenden Geschäftsvorfällen zusammenhängt. Eine sonstige Leistung iSv § 22 Nr 3 EStG, die gewerbesteuerlich nicht zu erfassen ist, liegt demgegenüber vor, wenn ein Entgelt für ein Wettbewerbsverbot zu zahlen ist, dem eigene wirtschaftliche Bedeutung zukommt (BFH/NV 2008, 1491). Gewerbeertrag nimmt die Rechtsprechung ebenfalls für jene Gewinne des Handelsvertreters an, die ihm daraus erwachsen, dass der Nachfolger in einem sog unselbstständigen Vertrag die Ausgleichsverpflichtung des Geschäftsherrn übernimmt (BFHE 162, 38, BStBl II 1991, 218; BFH/NV 1993, 412). Die Geschäftsaufgabe sei auch nicht dadurch berührt, dass der Ausgleich für eine Überleitung des Kundenstamms an den Geschäftsherrn geleistet werde. Denn der Kundenstamm wachse von vornherein dem Geschäftsherrn zu (BFHE 137, 360, BStBl II 1983, 243). Dies ist jedoch in mehrfacher Hinsicht kein Grund, die Gewerbesteuerpflicht der bei einer Betriebsaufgabe anfallenden Ausgleichszahlung zu bejahen: Wirtschaftlich wird der Handelsvertreter so gestellt, als habe er erst mit Beendigung des Vertrages den Kundenstamm an den Geschäftsherrn übertragen. Selbst wenn man darin die Versteuerung von stillen Reserven sieht, die zu Lasten des laufenden Gewinns gebildet worden sind, so ist darin kein Grund zu sehen, ihre Realisierung anlässlich einer Betriebsaufgabe als laufenden Ertrag aufzufassen (ähnlich BFHE 116, 432, BStBl II 1975, 848). S zur Kritik an dieser Rechtsprechung auch *Felix* BB 1987, 870 sowie *Blümich/v Twickel* § 7 Rz 158.

24 Zum laufenden Gewerbeertrag gehört der mit der Beendigung des Vertragsverhältnisses entstehende (BFHE 95, 497, BStBl II 1969, 485) Ausgleichsanspruch nach der Rechtsprechung des BFH auch dann, wenn der Vertrag mit dem Geschäftsherrn durch den **Tod des Handelsvertreters** aufgelöst wird. Hat der Erblasser seinen Gewinn durch Bestandsvergleich ermittelt (§ 4 Abs 1, § 5 EStG), so ist danach dieser Geschäftsvorfall noch in der Bilanz des Erblassers zu berücksichtigen (BFHE 125, 172, BStBl II 1978, 497). Da der Erbfall weder Betriebsaufgabe noch Betriebsveräußerung nach § 16 EStG sein soll (BFH/NV 1992, 512), muss dabei (Gewinnermittlung durch Bestandsvergleich) in Höhe des Ausgleichsanspruchs ein laufender einkommensteuerpflichtiger und gewerbesteuerpflichtiger Gewinn beim Erblasser eintreten. Nach BFHE 110, 137, BStBl II 1973, 786

(ähnlich BFHE 137, 355, BStBl II 1983, 271) sollen jedoch **andere Grundsätze** gelten bei einem nach **§ 4 Abs 3 EStG** durch Überschussrechnung gewinnermittelnden Handelsvertreter. Wird durch den Erbfall die werbende Tätigkeit eingestellt und entfällt damit der gewerbesteuerpflichtige Betrieb, so soll kein Grund für ein Überwechseln zum Bestandsvergleich bestehen und deshalb die Ausgleichszahlung erst von den Erben – und zwar gewstfrei – realisiert werden. Gegen dieses Ergebnis bestehen erhebliche Bedenken. Zweifelhaft ist, ob nicht bereits auf den Erbfallszeitpunkt einkommensteuerrechtlich zum Bestandsvergleich übergegangen werden muss (s zur Gewinnermittlung auf den Zeitpunkt des Erbfalls – Zwischenbilanz – auch BFHE 109, 123, BStBl II 1973, 544, s auch Anm 19). Der Tod des Unternehmers bewirkt zwar keine nach Maßgabe des § 16 EStG gewinnrealisierende Betriebsaufgabe. Andererseits kann eine funktionale Betriebsaufgabe im Wegfall des Unternehmers gesehen werden (ähnlich BFHE 145, 58, BStBl II 1986, 53; *Glanegger* FR 1990, 469). Dies führt zwar wegen der für Erbfälle geltenden Besteuerungsgrundsätze zur Buchwertverknüpfung nach § 6 Abs 3 EStG und lässt es zu, nicht realisierte stille Reserven auf den Erben zu übertragen. Jedoch ist beim Erblasser noch der zutreffende laufende Gewinn zu ermitteln. § 16 Abs 2 Satz 2 EStG gilt mE auch für derartige Fälle mit der Folge des notwendigen Übergangs zum Bestandsvergleich.

Pensionsanwartschaften eines Handelsvertreters können allerdings 25
zum begünstigten Aufgabegewinn gehören (*L. Schmidt* DStR 1989, 211 unter Hinweis auf BFHE 155, 368, BStBl II 1989, 323).

26.–35. Besonderheiten beim Gewerbeertrag von Körperschaften, Personenvereinigungen und Vermögensmassen

Gewerbebetrieb, gewerblicher Gewinn. § 7 verweist hinsichtlich des 26
zu ermittelnden gewerblichen Gewinns auf die Vorschriften des EStG und des KStG. Mit der Verweisung ist auch § 8 Abs 2 KStG angesprochen, demzufolge bei Steuerpflichtigen, die nach den Vorschriften des HGB zur Führung von Büchern verpflichtet sind, **alle Einkünfte als Einkünfte aus Gewerbebetrieb** behandelt werden müssen (zB auch fehlendes Wahlrecht bei Betriebsverpachtung Hess FG EFG 1988, 256 rkr). § 8 Abs 2 KStG erfasst die Körperschaften, Personenvereinigungen und Vermögensmassen, die zur Buchführung verpflichtende Handelsgewerbe iSd § 1 (Ausnahme § 4 HGB aF), § 2 HGB und damit in aller Regel auch steuerrechtliche Gewerbe betreiben. Die Vorschrift meint vor allem aber auch die Kapitalgesellschaften, die nach § 6 iVm §§ 238 f HGB ohne Rücksicht auf ihre Tätigkeit zur Buchführung verpflichtet sind und deshalb fiktive gewerbliche Einkünfte und einen fiktiven gewerblichen Gewinn haben, ohne dass Tatbestände nach § 15 Abs 1 Nr 1 EStG vorliegen müssen (vgl A 40 Abs 1 GewStR).

Die frühere Rechtsprechung verlangte trotz der Fiktion des § 8 Abs 2 KStG, dass der Tatbestand einer der sieben Einkunftsarten des EStG verwirklicht ist. Konnten die Einkünfte einer Körperschaft keiner Einkunftsart zugeordnet werden, waren die Einkünfte auch nicht als gewerbliche zu qualifizieren (BFHE 98, 259, BStBl II 1970, 470). In neueren Urteilen wird dies sowohl für § 2 Abs 2 GewStG (BFHE 162, 439, BStBl II 1991, 250; krit *Gosch* StuW 1992, 350) und auch für § 8 Abs 2 KStG (BFHE 182, 123, DStR 1997, 492) verneint. IdR wird diese Differenzierung nur dann bedeutsam, wenn Kapitalgesellschaften sog **Liebhabereibetriebe** aufweisen (vgl dazu Anm 29) oder Beteiligungen an vermögensverwaltenden Personengesellschaften halten (vgl Anm 112). Unterhält dagegen eine Kapitalgesellschaft ein **gewerbliches Unternehmen** iSd § 15 Abs 1 Nr 1 EStG, was dem Normalfall entsprechen wird, so ist bei ihr aus denselben Gründen wie bei den Personenhandelsgesellschaften (s § 2 Anm 290) ein einheitlicher gewerblicher Organismus anzunehmen (s § 2 Anm 341).

27 **Nicht anwendbare Vorschriften.** Folgende Beträge dürfen den Gewerbeertrag nicht mindern:
1. der Verlustabzug nach § 10 d EStG, weil er wie Sonderausgaben behandelt wird,
2. die nach § 34 c Abs 2 und 3 EStG abgezogenen ausländischen Steuern, weil sie nach dem Abzugsverbot des § 10 Nr 2 KStG bei der Gewinnermittlung ausscheiden; diese Regelung ist deklaratorischer Art (BFHE 160, 551, BStBl II 1990, 920),
3. die Freibeträge nach §§ 24, 25 KStG, weil sie die Einkunftsermittlung nicht berühren (vgl dazu A 40 Abs 1 GewStR; R 29 Abs 1 KStR).

28 **Vermögensveränderungen der gesellschaftsrechtlichen Sphäre.** Den Gewinn und Gewerbeertrag von Kapitalgesellschaften dürfen jene Vorgänge nicht verändern, die ihren Grund im Gesellschaftsverhältnis haben. Sie liegen in der nichtbetrieblichen Sphäre der Kapitalgesellschaft. Hierbei sind die verdeckten Gewinnausschüttungen des § 8 Abs 3 Satz 2 KStG und die Gesellschaftereinlagen angesprochen (s Anm 148). Die verdeckten Gewinnausschüttungen ersetzen bei Kapitalgesellschaften weitgehend die Entnahmevorschriften des EStG (s BFHE 169, 343, BStBl II 1993, 352) und führen insbesondere zu abweichenden Bewertungen bei Nutzungen und Leistungen (kein Selbstkostenansatz, vgl BFHE 138, 337, BStBl II 1983, 598). Nutzungsvorteile oder Nutzungsrechte können nicht verdeckt eingelegt werden (BFHE 151, 523, BStBl II 1988, 348).

29 **Liebhabereibetriebe.** Umstritten war, ob die von § 8 Abs 2 KStG betroffenen Kapitalgesellschaften darüber hinaus eine nichtbetriebliche Sphäre insbesondere hinsichtlich solcher Tätigkeiten aufweisen, die nicht von einer Einkunftserzielungsabsicht getragen sind. Die Rechtsprechung hat dies früher stets bejaht (BFHE 85, 121, BStBl III 1966, 255; BFHE 98, 259, BStBl II 1970, 470). Nunmehr hält der BFH unter Hinweis auf §§ 238 Abs 1, 246 Abs 1 HGB an dieser Rechtsprechung nicht mehr fest (BFHE 182, 123, DStR 1997, 492: Nur wenn alle Einkünfte einer Kapitalgesellschaft als solche aus Gewerbebetrieb qualifiziert würden, könne ein Wertungswiderspruch zwischen § 8 Abs 2 KStG und § 2 Abs 2 Satz 1 GewStG vermieden werden). Zu **Einzelfragen** sowie zur Versteuerung kleiner Körperschaften und zu Genossenschaften s § 2 Anm 345 f, wegen der Steuerpflicht von **Veräußerungsgewinnen** Anm 15.

30–35 *(frei)*

36.–43. Gewerbeertrag bei Abwicklung, Insolvenz und Sanierung

Abwicklung. Bei den Gewerbegegenständen des **§ 2 Abs 1 und 3,** 36
insbesondere bei den **Personenunternehmen,** kommt es regelmäßig für die Gewerbesteuerpflicht auf ein bestehendes werbendes Unternehmen an. Ob ein solches in der Abwicklungsphase noch anzunehmen ist, muss als Tatfrage angesehen werden. Im Allgemeinen wird dies aber nicht der Fall sein (vgl Anm 13, 52; § 2 Anm 423, 426; BFHE 144, 533, BStBl II 1986, 136; BFHE 78, 172, BStBl III 1964, 70).

Bei der **Abwicklung von Unternehmen iSd § 2 Abs 2, dh bei Kapitalgesellschaften, Erwerbs- und Wirtschaftsgenossenschaften und Versicherungsvereinen auf Gegenseitigkeit,** ist der Gewinn des Abwicklungszeitraums gewerbesteuerlich zu erfassen und auf die Jahre des Abwicklungszeitraums zu verteilen (§ 16 Abs 1 GewStDV; A 44 Abs 1 GewStR). Dabei ist Abwicklungszeitraum der Zeitraum vom Beginn bis zum Ende der Abwicklung. Beginnt sie im Laufe eines Wirtschaftsjahres, so ist für die Zeit vom Schluss des vorangegangenen Wirtschaftsjahres bis zum Beginn der Abwicklung ein Rumpfwirtschaftsjahr zu bilden (BFHE 113, 112, BStBl II 1974, 692). Wird von der Bildung eines solchen Rumpfwirtschaftsjahres abgesehen, so beginnt der Abwicklungszeitraum am Schluss des vorangegangenen Wirtschaftsjahres. Die Verteilung des in diesem Zeitraum erzielten Gewerbeertrages auf die einzelnen Jahre erfolgt nach dem Verhältnis des Abwicklungszeitraums zum Zeitraum der bestehenden Steuerpflicht (Kalendermonate, angefangene Monate rechnen voll, vgl A 44 Abs 1 Satz 7 GewStR). Entscheidend ist der tatsächliche Beginn der Abwicklung. Die Gewerbesteuerbefreiung in § 3 Nr 20 b GewStG für Krankenhäuser erstreckt sich idR auch auf den Abwicklungszeitraum (FG München EFG 1991, 557 rkr). Nach BFHE 219, 61, BStBl II 2008, 319 kann vor Abschluss der Liquidation nicht nur ein KSt-Bescheid, sondern auch ein GewSt-Messbescheid ergehen (NAnwErl *BMF* BStBl I 2008, 542).

Insolvenz. Seit **1. 1. 1999** gelten die **Insolvenzordnung (InsO)** und 37
das hierzu ergangene **EinführungsG (EGInsO).** Bei Insolvenz eines **Unternehmens iSd § 2 Abs 2 GewStG** ist der vom Tag der Eröffnung des Insolvenzverfahrens bis zur Beendigung erzielte Gewerbeertrag wie bei der Abwicklung zu verteilen (s Anm 36). Entscheidend ist auch hier der tatsächliche Beginn der Abwicklung. Wird der Betrieb einer von Insolvenz betroffenen Kapitalgesellschaft zunächst weitergeführt und erst später mit der Abwicklung begonnen, so ist das Wirtschaftsjahr, auf dessen Anfang oder in dessen Lauf der Beginn der Insolvenzabwicklung fällt, das erste Jahr des Abwicklungszeitraums, für den die Verteilung des § 16 Abs 2 GewStDV in Betracht kommt (vgl A 44 Abs 2 Satz 3 GewStR). Dies setzt voraus, dass zunächst einmal das Ergebnis der Abwicklung im Insolvenzverfahren abgewartet und erst dann die Gewerbesteuerveranlagung der Kapitalgesellschaft durchgeführt wird. Wird über das Vermögen von **anderen Unternehmen** als denen des § 2 Abs 2 GewStG das Insolvenzverfahren eröffnet, so gilt nach § 16 Abs 2 GewStDV diese Verteilung des Gewerbeertrags auf die Jahre des Abwicklungszeitraums ebenfalls. Selbst bei einem trotz Eröffnung des Insolvenzverfahrens gewerbesteuerrechtlich fortbestehenden Steuergegenstand in der Form eines Personenunternehmens kommt § 16 Abs 2

GewStDV jedoch keine tragende Bedeutung zu, weil die Bilanzierungspflicht nicht mit Eröffnung des Insolvenzverfahrens entfällt. Die allgemeinen Grundsätze ordnungsmäßiger Buchführung bleiben bestehen (§ 155 Abs 1 Satz 1 InsO; BFHE 168, 30, BStBl II 1992, 881 zur alten Rechtslage). Nach der Eröffnung des Insolvenzverfahrens gehen die Verpflichtungen auf den Insolvenzverwalter über (§ 155 Abs 1 Satz 2 InsO). Der gesamte Insolvenzzeitraum kann nicht als Gewinnermittlungsperiode behandelt werden (BFHE 106, 305, BStBl II 1972, 784, zur alten Rechtslage).

38 **Verfahrensrecht.** Die Eröffnung des Insolvenzverfahrens hat keinen Einfluss auf die steuerliche Rechtsstellung des Insolvenzschuldners. Auch nach Eröffnung des Insolvenzverfahrens bleibt das öffentlich-rechtliche Steuerschuldverhältnis gegenüber dem Insolvenzschuldner bestehen. Für die Erfüllung der Mitwirkungspflichten des Steuerschuldners (Buchführung, Gewinnermittlung, Abgabe der Gewerbesteuererklärung etc) hat nunmehr der Insolvenzverwalter einzustehen (§§ 34, 35, 69 AO iVm § 155 Abs 1 Satz 2 InsO). Dies gilt nicht nur für den Zeitraum nach Eröffnung des Insolvenzverfahrens, sondern auch für davor liegenden Zeitabschnitte. Mit der Eröffnung des Insolvenzverfahrens werden das Steuerfestsetzungs- und das Rechtsbebehelfsverfahren entsprechend § 240 ZPO unterbrochen. Zu diesem Zeitpunkt bereits begründete Ansprüche aus dem Steuerschuldverhältnis können nur noch nach der InsO geltend gemacht werden. Steuerbescheide und Einspruchsentscheidungen dürfen insoweit nach Eröffnung des Insolvenzverfahrens nicht mehr ergehen. Dennoch erlassene Bescheide sind unwirksam. Vielmehr müssen die Finanzbehörden Steuerschulden zur Tabelle anmelden. Dies gilt nach geänderter Rechtsprechung des BFH auch für **Grundlagenbescheide,** wie zB Feststellungsbescheide nach §§ 179, 180 AO oder **Gewerbesteuermessbescheide** (BFHE 183, 365, BStBl II 1998, 428). Dabei kommt es nicht darauf an, ob sich die festgestellten Besteuerungsgrundlagen auf die zur Tabelle anzumeldenden Steuerforderungen belastend auswirken können (BFHE 201, 392, BStBl II 2003, 630).

Die weiteren verfahrensrechtlichen Folgen hängen davon ab, ob es sich um **Insolvenzforderungen** (Anm 39 bis 41) oder **Masseverbindlichkeiten** (Anm 42) handelt.

39 **Insolvenzforderungen** sind solche Vermögensansprüche, die am Tage der Insolvenzeröffnung **begründet** waren (§ 38 InsO). Dies richtet sich nach dem zugrundeliegenden Schuldverhältnis. Ansprüche aus dem Steuerschuldverhältnis sind dann begründet, wenn bereits vor der Insolvenzeröffnung die Grundlagen des Schuldverhältnisses bestehen, aus dem sich der Anspruch ergibt (BFHE 170, 300, BStBl II 1994, 207; s auch *Tipke/Kruse* § 251 AO Rz 54; *HHSp* § 251 Rz 249). Auf die Entstehung der Forderung kommt es nicht an. Auch bedingte Steueransprüche können Insolvenzforderungen sein (BFHE 126, 122, BStBl II 1979, 198). Die **Gewerbesteuer** ist Insolvenzforderung für Erhebungszeiträume, die **vor Insolvenzeröffnung** geendet haben.

Steueransprüche, die Insolvenzforderungen sind, müssen schriftlich beim Insolvenzverwalter **angemeldet** werden (§ 174 InsO), soweit nicht Aufrechnung möglich ist (s hierzu *BMF* BStBl I 1998, 1500 Tz 7). Das nach der früheren Rechtslage bestehende **Konkursvorrecht für öffentliche**

Abgaben (§ 61 Nr 2 KO) ist weggefallen. Vielmehr sieht die InsO die gleichmäßige Befriedigung aller Gläubiger vor. Daher darf die Finanzbehörde nach Insolvenzeröffnung auch nicht mehr nach den Vorschriften der AO vollstrecken (s auch die gesetzliche **Rückschlagsperre** des § 88 InsO für vorinsolvenzliche Sicherungsmaßnahmen).

Wird gegen die angemeldete Forderung **kein Widerspruch** erhoben, so gilt die Forderung als **festgestellt** (§ 178 Abs 1 Satz 1 InsO). Die Eintragung der Forderung in die Insolvenztabelle wirkt wie eine Steuerfestsetzung. Ein späterer Rechtsbehelf hiergegen ist nicht mehr zulässig. Nach Beendigung des Insolvenzverfahrens kann die Finanzbehörde die Steuerforderung wie aus einem rechtskräftigen Urteil vollstrecken (§§ 178 Abs 3, 201 Abs 2 InsO).

Im Falle des **Widerspruchs** durch den Insolvenzverwalter oder einen Insolvenzgläubiger ist zu unterscheiden:

Richtet sich der Widerspruch gegen einen **noch nicht festgesetzten Steueranspruch,** so muss die Finanzverwaltung die **Feststellung** betreiben (§ 179 Abs 1 InsO). Dies geschieht nach § 251 Abs 3 AO iVm § 185 InsO durch einen von der Finanzbehörde an den Widersprechenden gerichteten Bescheid, in dem das Bestehen des bestrittenen Anspruchs in der geltend gemachten Höhe festgestellt wird (BFHE 115, 307, BStBl II 1975, 590). Zu den Formerfordernissen dieses Feststellungsbescheids s BFH/NV 1991, 497. Ein solcher Feststellungsbescheid kann nicht erlassen werden, wenn die Forderung bereits mit einem Haftungsbescheid geltend gemacht worden ist (vgl BFHE 212, 11, BStBl II 2006, 573). Gegen den Feststellungsbescheid ist der Einspruch gegeben. Die Aussetzung der Vollziehung eines solchen Feststellungsbescheids ist nicht möglich (FG Rh-Pf EFG 1982, 503 rkr). Da die FÄ nach der Eröffnung des Insolvenzverfahrens grds keine Gewerbesteuermessbescheide mehr erlassen dürfen, übermitteln sie dem Insolvenzverwalter die Besteuerungsgrundlagen formlos. Die GewSt ist von der Gemeinde anzumelden. Widerspricht der Insolvenzverwalter, so kann die Gemeinde keinen Feststellungsbescheid nach § 251 Abs 3 AO erlassen (vgl § 1 Abs 2 AO). In einem solchen Fall darf das FA ausnahmsweise doch gegenüber einem widersprechenden Insolvenzverwalter einen Gewerbesteuermessbescheid erteilen, um eine Verschiebung der sachlichen Zuständigkeiten zu vermeiden (BFHE 183, 365, BStBl II 1998, 428). Die Eintragung der Insolvenzforderung in die Insolvenztabelle wirkt für die **festgestellten Forderungen** wie ein rechtskräftiges Urteil (§ 178 Abs 3 InsO). Bei festgestellten Steueransprüchen gilt die fünfjährige Zahlungsverjährung der AO (BFHE 153, 490, BStBl II 1988, 865). 40

Ist der Steueranspruch bereits in einem **vor Insolvenzeröffnung** ergangenen **Steuerbescheid festgesetzt** worden, so muss der Widersprechende den Widerspruch im Rechtsbehelfsverfahren gegen den Steuerbescheid (oder den Grundlagenbescheid) verfolgen (§ 179 Abs 2 InsO). Dies setzt jedoch voraus, dass der Steuerbescheid noch nicht bestandskräftig (eine noch laufende Rechtsbehelfsfrist wird durch Eröffnung des Insolvenzverfahrens unterbrochen) bzw ein bereits laufendes Rechtsbehelfsverfahren noch nicht beendet ist. Erklärt das Finanzamt dem Widersprechenden die Aufnahme des Rechtsstreits, beginnt die unterbrochene Rechtsbehelfsfrist 41 mit Bekanntgabe dieser Erklärung zu laufen. Legt der Widersprechende gegen den Steuerbescheid **Einspruch** ein, ist das Einspruchsverfahren entsprechend den Vorschriften der AO durchzuführen. Wird **kein Einspruch** eingelegt, gilt die angemeldete Forderung als festgestellt. Ist über die Steuerforderung (den Grundlagenbescheid, s BFHE 183, 365, BStBl II 1998, 428) bereits ein Rechtsstreit vor Gericht anhängig, der durch Insolvenzeröffnung unterbrochen wurde (§ 240 ZPO iVm § 155 FGO; s BFH/NV 2007, 1178), so ist die Feststellung durch Aufnahme des Rechtsstreits zu betreiben. Zu weiteren Einzelheiten s *Fett/Geißdorf* DStZ 2001, 659.

War die Steuerforderung bereits vor Eröffnung des Insolvenzverfahrens **bestandskräftig** festgesetzt, übernimmt der Widersprechende das Verfahren in der bei Eröffnung des Insolvenzverfahrens befindlichen Lage. Greifen weder Wiedereinsetzungsgründe noch Korrekturvorschriften der AO, erlässt die Finanzbehörde einen Feststellungsbescheid, in dem lediglich festgestellt wird, dass die angemeldete Forderung bestandskräftig festgesetzt ist (*BMF* BStBl I 1998, 1500 Tz 6.2; **aA** *HHSp* § 251 Rz 427; *Welzel* DStZ 1999, 559: kein Erfordernis einer Feststellung).

42 **Masseverbindlichkeiten.** Hierzu gehören die **Kosten des Insolvenzverfahrens,** dh die Gerichtskosten sowie die Vergütung und Auslagen des Insolvenzverwalters (§ 54 InsO), und die **sonstigen Masseverbindlichkeiten** iSd § 55 Abs 1 InsO, dh die durch die Verwaltung, Verwertung und Verteilung der Insolvenzmasse begründeten Verbindlichkeiten. Masseverbindlichkeiten sind vorweg zu befriedigen (§ 53 InsO). Steueransprüche gehören dann zu den Masseverbindlichkeiten, wenn sie **nach Eröffnung** des Insolvenzverfahrens begründet werden (zB die **Gewerbesteuer** bei Weiterführung des Betriebs durch den Insolvenzverwalter). Sie sind durch **Steuerbescheid** geltend zu machen. Schuldner der als Masseverbindlichkeiten entstehenden Steueransprüche ist der Insolvenzschuldner. Vollstreckungsschuldner ist der Insolvenzverwalter (s FG München EFG 1997, 48 rkr zum Nachlasskonkursverwalter). Ihm ist daher der Steuerbescheid bekanntzugeben (zu verfahrensrechtlichen Problemen s *Benne* BB 2001, 1977).

43 *(frei)*

44.–47. Gewerbeertrag im Organkreis, der sonstigen Steuergegenstände und bei ausländischen Betriebsstätten

44 Hinsichtlich der **Gewerbeertragsermittlung im Organkreis** wird auf die zusammenfassende Darstellung in § 2 Anm 385 verwiesen. Es gilt der Grundsatz, dass der Gewerbeertrag der Organgesellschaft so zu ermitteln ist, wie wenn sie selbst Steuergegenstand wäre (vgl auch A 41 GewStR). Der gesamte Gewerbeertrag – dh vor Berücksichtigung der Gewinnabführungsvereinbarung und ggf einschließlich des nur bei der KSt vorhandenen eigenen Einkommens der Organgesellschaft in Höhe der geleisteten Ausgleichszahlungen – muss mit dem Gewerbeertrag des Organträgers zusammengerechnet werden (vgl A 41 Abs 3 Satz 3 GewStR; zur Neutralisierung der tatsächlich abgeführten Gewinne beim Organträger s R 61 Abs 1 KStR; § 2 Anm 388).

45 **Gewerbeertrag der sonstigen Steuergegenstände.** Hinsichtlich der Gewerbeertragsermittlung bei der Betriebsaufspaltung wird auf § 2 Anm 261 f, zu gewerblichen Unternehmen der öffentlichen Hand auf § 2 Anm 280 und für wirtschaftliche Geschäftsbetriebe auf § 2 Anm 413 Bezug genommen. Zur gewerblich geprägten Personengesellschaft § 2 Anm 310. Zur Europäischen wirtschaftlichen Interessenvereinigung s § 2 Anm 304.

46 **Gewerbeertrag bei ausländischen Betriebsstätten.** Nach § 9 Nr 3 ist die Summe des Gewinns und der Hinzurechnungen zu kürzen um den Teil des Gewerbeertrags, der auf eine nicht im Inland belegene Betriebsstätte entfällt. Nach der hier vertretenen Auffassung ist diese Regelung konstitutiv. Sie wiederholt nicht eine gleich lautende Aussage in § 2 Abs 1 Satz 3 (s § 2 Anm 7; str, aA zB *Petzold* S 129/3.4.3; evtl BFHE 142, 394, BStBl II 1985, 160).

Betriebsstättengewinne aus der ehem DDR oder Berlin (Ost) blieben nach § 2 Abs 6 aF steuerfrei (s dazu 5. Aufl § 2 Anm 247; A 39 Abs 5 GewStR aF). A 59 GewStR aF trug diesen Grundsätzen bei den Hinzurechnungen nach § 8 GewStG Rechnung. Siehe hierzu Anm 9. § 9 a aF wurde ab EZ 1991 durch das EinigungsvertragsG aufgehoben.

47 *(frei)*

48.–102. Der gewerbesteuerfreie Aufgabe- und Veräußerungsgewinn der Steuergegenstände des § 2 Abs 1

48.–51. Voraussetzungen der Betriebsaufgabe, Betriebsveräußerung

48 **Aufgegeben wird ein Betrieb** iSv § 16 EStG dann, wenn auf Grund eines Entschlusses des Steuerpflichtigen, den Betrieb aufzugeben, in einem einheitlichen Vorgang innerhalb kurzer Zeit die wesentlichen Grundlagen des Betriebs an verschiedene Abnehmer veräußert oder ganz oder teilweise in das Privatvermögen überführt werden und deshalb der Betrieb als selbstständiger Organismus des Wirtschaftslebens zu bestehen aufhört (vgl BFHE 134, 339, BStBl II 1982, 381). Ein „kurzer" Zeitraum wurde bejaht bei 14 Monaten (BFHE 87, 134, BStBl III 1967, 70) und verneint bei 36 Monaten (BFHE 171, 468, BStBl II 1993, 710). Welcher Zeitraum angemessen ist, hängt auch von Art und Größe des Betriebs ab (BFHE 194, 135, BStBl II 2001, 282). Dafür können fortbestehende Kunden- und Lieferantenbeziehungen eine Rolle spielen. Betriebseinschränkung ohne ausdrückliche Entnahmehandlung ist noch keine Betriebsaufgabe (BFHE 170, 311, BStBl II 1993, 430), ebenso wenig die Bestellung von Erbbaurechten an allen Grundstücken eines gewerblichen Grundstückshandels (BFHE 186, 210, BStBl II 1998, 665). Zur Abgrenzung zwischen Betriebsaufgabe und -änderung s *Wendt* FR 1998, 264. Weiterhin muss der Steuerpflichtige die bisher in diesem Betrieb entfaltete gewerbliche Tätigkeit endgültig einstellen, allerdings nur auf ein bestimmtes Betriebsvermögen und auf ein bestimmtes Steuerrechtssubjekt bezogen, dh nur die mit dem aufgelösten (Teil-)Betrieb verbundene gewerbliche Tätigkeit muss eingestellt werden und dies nur von demjenigen, der mit Hilfe des diesem (Teil-)Betrieb dienenden Betriebsvermögens gewerbliche Einkünfte erzielt hat (BFHE 170, 363, BStBl II 1994, 838). Ob der Steuerpflichtige jegliche berufliche Tätig-

keit einstellt, ist dagegen unmaßgeblich (glA *Kessler* BB 1986, 1441; *Tiedtke* FR 1988, 233; BFHE 182, 369, BStBl II 1997, 573; BFH BStBl II 2009, 43). Insolvenzeröffnung bei der Betriebsgesellschaft führt bei der Besitzgesellschaft einer Betriebsaufspaltung idR zur Betriebsaufgabe (BFHE 183, 85, BStBl II 1997, 460; krit *Höhmann* DStR 1998, 61). Der Unternehmerwechsel sollte mE unabhängig von der Realisierung stiller Reserven als *funktionale* Betriebsaufgabe aufgefasst werden (Anm 19). Das Ableben eines Freiberuflers führt nicht zwangsläufig zur Betriebsaufgabe (s BFHE 168, 405, BStBl II 1993, 36), lediglich Umqualifizierung in Gewerbebetrieb, wenn Erben nicht über freiberufliche Qualifikation verfügen (BFHE 174, 503, BStBl II 1994, 922).

49 Ein **Teilbetrieb** wird steuerbegünstigt iSv §§ 16, 34 EStG **aufgegeben,** wenn der Unternehmer seine gewerbliche Tätigkeit insoweit einstellt und die dem Teilbetrieb gewidmeten Wirtschaftsgüter – zumindest aber seine wesentlichen Betriebsgrundlagen – innerhalb eines kurzen Zeitraums entweder veräußert oder in das Privatvermögen überführt und dadurch die stillen Reserven in einem Zug aufgedeckt werden (vgl BFHE 120, 187, BStBl II 1977, 66; BFHE 137, 487, BStBl II 1983, 312; ähnl BFHE 157, 93, BStBl II 1989, 653 für § 7 Abs 1 EStDV aF). Zur Teilbetriebsaufgabe bei Betriebsaufspaltung s BFH/NV 2001, 1641 u FG Münster EFG 1998, 737 rkr.

50 Eine **Veräußerung** des (Teil-)Betriebs iSv § 16 EStG setzt voraus, dass der Unternehmer in einem einheitlichen Vorgang **alle wesentlichen Betriebsgrundlagen** an einen Erwerber veräußert (funktionale Beurteilung BFHE 151, 181, BStBl II 1988, 374) und – soll sie nach § 34 EStG begünstigt sein – alle wesentlichen stillen Reserven des (Teil-)Betriebs auflöst (vgl BFHE 128, 54, BStBl II 1979, 557). Begünstigte Veräußerung ist auch bei einem erst im Aufbau befindlichen Betrieb möglich (FG Düsseldorf EFG 2000, 1246 rkr). Keine begünstigte Teilbetriebsveräußerung liegt vor, wenn ein Betriebsgrundstück als wesentliche Betriebsgrundlage zurückbehalten wird, auch wenn dieses überwiegend dem Restbetrieb dient (BFHE 180, 278, BStBl II 1996, 409, Abkehr von der funktionalen Betrachtungsweise). Zur Teilbetriebsveräußerung/-aufgabe im Rahmen einer Betriebsaufspaltung mit mehreren Betriebsgesellschaften s *Frerichs* FR 1997, 465. Pachtet der Veräußerer vom Erwerber die wesentlichen Betriebsgrundlagen zurück und führt er das Unternehmen mit den verpachteten Gegenständen fort, so kann Betriebsveräußerung bei Fortbestehen der wirtschaftlichen Identität des Unternehmens zu verneinen sein, zB wenn Kundenstamm und Geschäftswert unverändert dem Unternehmen verbleiben. Hinsichtlich der Einstellung der gewerblichen Tätigkeit gelten die Ausführungen unter Anm 48. BFHE 180, 436, BStBl II 1996, 527 verlangt ein nach außen erkennbar von dem bisherigen Betrieb gelöstes Tätigkeitsbild, krit Anm in DStR 1996, 1400.

50a Zu den **wesentlichen Betriebsgrundlagen** im vorerwähnten Sinne gehören einerseits Wirtschaftsgüter, wenn sie zur Erreichung des Betriebszwecks von besonderem wirtschaftlichen Gewicht sind (funktionale Beurteilung, BFHE 137, 487, BStBl II 1983, 312; BFHE 178, 379, BStBl II 1995, 890), andererseits aber auch solche Wirtschaftsgüter, in denen erhebliche stille Reserven ruhen (vgl BFHE 128, 54, BStBl II 1979, 557). Diese Bedeutsamkeit einerseits funktionaler, aber auch quantitativer Merkmale – jeweils für sich gesehen – ergibt sich daraus, dass der Fortbestand eines Betriebs (Teilbetriebs) als wirtschaftlicher Organismus beim Unternehmer in erster Linie von der Zurückhaltung aller gemessen am Betriebszweck wesentlichen Wirtschaftsgüter abhängen wird (funktionale Beurteilung), andererseits die **Steuervergünstigung des § 34 EStG** iVm § 16 EStG bei einer steuerbegünstigten Aufgabe (Veräußerung) eines Betriebs (Teilbetriebs) vor allem der zusammengeballten Realisierung der stillen Reserven Rechnung trägt und dabei deren Auflösung in einem einheitlichen Vorgang voraussetzt (quantitative Beurteilung s auch *Hörger* DB 1987, 349; *Zimmermann* FR 1988, 377; *Patt* DStR 1996, 1585; H 15.7 Abs 5 EStH).

Diese Grundsätze gelten in abgewandelter Form auch für die **Gewerbesteuer.** Dabei ist bedeutsam, dass die Tatbestände des § 16 EStG und des § 34 EStG voneinander verschieden gesehen werden. Die Gewerbesteuerfreiheit des Veräußerungs-/Aufgabegewinns setzt nicht die Auflösung der wesentlichen stillen Reserven, sondern nur **funktional** die Betriebsveräußerung oder -aufgabe des § 16 EStG voraus. Dies gilt sowohl für die Betriebsveräußerung (BFHE 151, 181, BStBl II 1988, 374) als auch für die -aufgabe (BFHE 174, 550, BStBl II 1994, 809; vgl Anm 14) und für § 20 bzw § 24 UmwStG. Eine verdeckte Einlage eines Betriebs in eine GmbH führt ebenfalls zu einer – allerdings gewinnrealisierenden – Betriebsaufgabe (BFHE 163, 352, BStBl II 1991, 512). 51

Dem **funktionalen Betriebsbegriff** wird ferner bei der § 34 Abs 1 bis 3 EStG ebenfalls nicht berührenden **Verpachtung** (Anm 72) oder der **unentgeltlichen Übertragung** eines Betriebs oder Teilbetriebs (Anm 71) Rechnung getragen. Aus dem funktionalen Betriebsbegriff ergibt sich auch die Vorstellung von der **Betriebsaufgabe** als einer **„Zerstörung"** des wirtschaftlichen Organismus. Dadurch unterscheidet sich dieser Vorgang von der Betriebsveräußerung, bei der der wirtschaftliche Organismus jedenfalls im Zeitpunkt der Übertragung noch fortbesteht und daher dem Erwerber die Betriebsfortführung möglich ist. Als Betriebsaufgabe und nicht Betriebsveräußerung muss es deshalb angesehen werden, wenn die wesentlichen Betriebsgrundlagen an verschiedene und nicht an einen Erwerber übertragen werden.

52.–58. Beginn und Ende der Betriebsaufgabe/-veräußerung, Abgrenzungen

Wegen der funktionalen Sicht (Anm 51) wird sich in aller Regel nur bei der (Teil-)Betriebsaufgabe die nicht immer eindeutig zu beantwortende Frage nach dem **Beginn** und dem **Ende** der **Betriebsaufgabe** stellen. Das Gesetz spricht in § 16 Abs 3 Satz 7 EStG ungenau vom Zeitpunkt der Aufgabe. 52

Bedeutung. Der Beginn der Betriebsaufgabe, aber auch der Zeitpunkt der Betriebsveräußerung sind wesentlich für die Abgrenzung der steuerbegünstigten (§ 34 EStG) Betriebsaufgabe (Veräußerung) iSd § 16 EStG von der sich nicht in einem Zug, sondern allmählich vollziehenden und daher nicht begünstigten und im Grundsatz (Anm 13 sowie unten Fallgruppe 2) gewerbesteuerpflichtigen Liquidation.

Der Beginn der Betriebsaufgabe (bzw der Zeitpunkt der Betriebsveräußerung) kann eine Rolle dafür spielen, ob sich nicht auf wesentliche Betriebsgrundlagen beziehende **Geschäftsvorfälle** in den steuerbegünstigten Aufgabe-/Veräußerungsgewinn einzubeziehen sind: Ob ein **zeitlicher Zusammenhang** solcher Geschäftsvorfälle mit der Betriebsaufgabe oder der Betriebsveräußerung ausreicht, ist zweifelhaft (vgl BFHE 141, 522, BStBl II 1984, 713: **sachlicher Zusammenhang** erforderlich; ferner BFHE 136, 209, BStBl II 1982, 691; siehe aber auch BFHE 136, 209, BStBl II 1982, 707; sachl und zeitl BFHE 156, 141, BStBl II 1989, 456). Ein laufender Gewinn zieht jedenfalls bei einem noch tätigen Betrieb Gewerbesteuer nach sich.

52a Ein Geschäftsvorfall erhöht den begünstigten Aufgabegewinn, wenn seine entscheidenden wirtschaftlichen Ursachen nach dem Beginn der Betriebsaufgabe liegen (vgl auch *Schmidt/Wacker,* § 16 Rz 341; *Sauren* DStZ 1988, 235 unter Hinweis auf BFH/NV 1988, 28). Die Steuervergünstigung des § 34 EStG fordert zwar für Vorgänge des § 16 EStG die Auflösung aller wesentlichen stillen Reserven in einem Zug. Deshalb muss aber die Anwendung des begünstigten Steuersatzes nicht auf die Veräußerung von Wirtschaftsgütern mit erheblichen stillen Reserven bei einer Betriebsaufgabe beschränkt sein, wenn ohnehin alle stillen Reserven aufgelöst werden. Auch erhöht die Übernahme von nicht zu den wesentlichen Betriebsgrundlagen zählenden Wirtschaftsgütern ins Privatvermögen regelmäßig den begünstigten Aufgabegewinn (vgl BFHE 75, 414, BStBl III 1962, 418). Entscheidet somit bei Vorliegen einer steuerbegünstigten Betriebsaufgabe/-veräußerung nicht die Eigenschaft als wesentliche Betriebsgrundlage über die Steuerbegünstigung von ins Privatvermögen übernommenen Wirtschaftsgütern, so ist nicht sehr überzeugend, warum der begünstigte Steuersatz nicht auch für die Veräußerung von **Umlaufvermögen** bei der Betriebsaufgabe gelten sollte (s dazu BFHE 156, 408, BStBl II 1989, 602). Demgegenüber stellt sich die Veräußerung von Umlaufvermögen nach BFH-Rspr als Fortsetzung der bisherigen unternehmerischen Tätigkeit dar und steht deshalb nicht in wirtschaftlichem Zusammenhang mit einer Betriebsaufgabe (BFHE 201, 278, BStBl II 2003, 467 sowie BFHE 316, 233, BStBl II 2007, 777 zur Veräußerung eines Mitunternehmeranteils an einer Personengesellschaft mit Grundstücken des Umlaufvermögens). Einen allgemeinen Grundsatz, dass zu Lasten des laufenden Gewinns gebildete Posten bei ihrer Auflösung nur den laufenden Gewinn berühren (BFHE 116, 532, BStBl II 1975, 848), gibt es nicht.

Genau genommen kann zwar die zeitlich feststehende Einstellung der werbenden Tätigkeit, die ua den Beginn der einkommensteuerrechtlichen Betriebsaufgabe ausmacht (BFHE 141, 325, BStBl II 1984, 711), den Zeitpunkt festlegen, bis zu dem begrifflich überhaupt Gewerbeerträge anfallen können. Die Frage wird indessen bedeutungslos, wenn der in Rede stehende Ertrag ohnehin als solcher des § 16 Abs 2 oder 3 EStG anzusehen ist und deshalb nach der teleologischen Reduktion des § 7 GewStG kein gewerbesteuerpflichtiger Ertrag vorliegt. Für die **Gewerbesteuer** lassen sich deshalb analog dem Einkommensteuerrecht zwei Fallgruppen unterscheiden:

a) Fallgruppe 1: Streitig ist die Zuordnung von Aufwand oder Ertrag des Betriebs zum gewerbesteuerfreien **Veräußerungs-/Aufgabegewinn** der Veräußerungs-/Aufgabebilanz (vgl BFHE 164, 556, BStBl II 1991, 802) bei unterstellter Einstellung der werbenden Tätigkeit auf den Zeitpunkt der Schlussbilanz. 53

Einzelfälle (ABC):

Anlagevermögen; vorgelagerte Veräußerung von nicht zu den wesentlichen Betriebsgrundlagen gehörendem Anlagevermögen, das erhebliche stille Reserven enthält, gehört zum begünstigten Aufgabegewinn, wenn sie im engen zeitlichen Zusammenhang mit der Einstellung der gewerblichen Tätigkeit erfolgt (BFH/NV 1998, 1211). Laufender Gewinn bei Verkauf von branchentypischem Anlagevermögen (FG Hamburg EFG 1997, 475 rkr).

Anteile an Kapitalgesellschaften; der Gewinn aus der Veräußerung einer 100%igen Beteiligung an einer Kapitalgesellschaft, der nicht schon nach § 8b KStG steuerfrei ist, gehört im Regelfall zum laufenden Gewinn (BFHE 195, 402, BStBl II 2001, 809), es sei denn, die Veräußerung steht in zeitlichem und wirtschaftlichem Zusammenhang mit einer Betriebsaufgabe (BFHE 105, 35, BStBl II 1972, 470; BFHE 196, 59, BStBl II 2002, 537). Abzustellen ist darauf, ob die Anteilsveräußerung Bestandteil des einheitlichen wirtschaftlichen Vorgangs der Betriebsveräußerung/-aufbabe ist, die zur Einstellung der werbenden Tätigkeit des Unternehmens führt (BFH/NV 2006, 608). Die Veräußerung einbringungsgeborener Anteile war vor EZ 2002 idR nicht gewerbesteuerpflichtig (s A 39 Abs 1 Nr 1 Satz 17 GewStR).

Auflösung aller stillen Reserven s Anm 14b.

Disagio; Auflösung zu Lasten des laufenden Gewinns und nicht des Aufgabegewinns (BFHE 141, 522, BStBl II 1984, 713).

Einbringung s Anm 14b, Anhang zu § 7 Anm 330f, 460f.

Entnahmen im zeitlichen und sachlichen Zusammenhang mit der Betriebsaufgabe erhöhen den Betriebsaufgabegewinn (BFHE 75, 414, BStBl III 1962, 418; BFHE 158, 329, BStBl II 1990, 132 für Personengesellschaften).

Entschädigungen für weggefallene Gewinnaussichten bzw wegen der Stilllegung von Betrieben gehören zum begünstigten und geerbesteuerfreien Aufgabegewinn (BFH/NV 1998, 1354).

Erlass von Säumniszuschlägen wird bei sachlicher und zeitlicher Verbindung mit der Betriebsaufgabe dem Aufgabegewinn zugerechnet (BFHE 156, 141, BStBl II 1989, 456).

Gewerblicher Grundstückshandel; Veräußerung der letzten Grundstücke nicht tarifbegünstigt (BFH/NV 1993, 225, BFHE 172, 344, BStBl II 1994, 105; § 2 Anm 116) und auch noch gewerbesteuerpflichtiger Ertrag (BFHE 176, 426, BStBl II 1995, 388; BFHE 196, 59, BStBl II 2002, 537), anders bei Entnahme (BFH/NV 1989, 580).

Handelsvertreter s Anm 23.

Pachtverhältnis; Entschädigungen bei Beendigung sollen den laufenden Gewinn belasten (BFHE 136, 209, BStBl II 1982, 691), mE zweifelhaft, weil die auslösenden wirtschaftlichen Ursachen in der Betriebsaufgabe liegen.

Personengesellschaften gelten auch hinsichtlich der Betriebsveräußerungs-/Aufgabetatbestände als Gewinnermittlungssubjekte. Der Anteil des Gesellschafters an einem solchen Gewinn ist tarifbegünstigt, auch wenn ein anderer Gesellschafter § 6b EStG beansprucht (BFHE 156, 208, BStBl II 1989, 558). ME ist der Aufgabegewinn oder Veräußerungsgewinn insgesamt gewerbesteuerfrei. Zur Veräußerung von Anteilen an einer Mitunternehmerschaft s Anm 58, 90.

Rentenverpflichtung; Auflösung einer Rückstellung wurde dem laufenden Ertrag zugeordnet (BFHE 129, 265, BStBl II 1980, 150), weil sie in keinem Zusammenhang mit der Mitunternehmeranteilsveräußerung stand (krit wegen verneinter Anteilsaufgabe durch Tod *Glanegger* FR 1990, 469).

Rücklagen; die Auflösung von steuerfreien Rücklagen im wirtschaftlichen Zusammenhang mit einer Betriebsveräußerung oder -aufgabe löst einen gewstfreien und tarifbegünstigten Gewinn aus, zB bei **Rücklage** für **Ersatzbeschaffung** (BFHE 166, 149, BStBl II 1992, 392; zur Abgrenzung bei späterer Auflösung s BFHE 158, 440, BStBl II 1990, 76), für **Preissteigerung** (BFHE 110, 330, BStBl II 1974, 27; anders wenn wegen Bildung eines Rumpfwirtschaftsjahrs aufgelöst werden muss FG Bremen EFG 1992, 11 rkr) oder bei **Rücklage nach § 6 b EStG** (zB Auflösung anlässlich einer Umwandlung FG Hamburg EFG 1992, 319 rkr). Wählt der Steuerpflichtige statt der Sofortversteuerung zur Minderung eines Veräußerungs-/Aufgabegewinns die nach BFH/NV 1997, 754 zulässige Bildung einer Rücklage nach § 6b EStG, so ist der sich später aus der Auflösung ergebende Gewinn ebenfalls nicht tarifbegünstigt (BFHE 135, 202, BStBl II 1982, 348), mE aber gewstfrei. Zur Auflösung einer vor der gewerbesteuerlichen Betriebseröffnung gebildeten **Ansparrücklage** s *BMF* BStBl I 2003, 331.

Rückstellung; Gewinn aus der Auflösung ist begünstigt, wenn ein ursächlicher Zusammenhang mit der Aufgabe besteht. Laufender Gewinn, wenn Rückstellung zu Unrecht gebildet wurde (BFHE 186, 417, BStBl II 1999, 18).

Versicherungsleistungen für die Beschädigung von Anlagevermögen gehören zum Betriebsaufgabegewinn (BFHE 136, 204, BStBl II 1982, 707; FG Hamburg EFG 2000, 552 rkr).

Vorsteuerberichtigung nach § 15a UStG aus Anlass einer Betriebsveräußerung mindert den Veräußerungsgewinn (BFHE 168, 419, BStBl II 1992, 1038).

54 **b) Fallgruppe 2:** Streitig ist, wann die **werbende Tätigkeit eingestellt** wurde.

Einzelfälle (ABC):

Abwicklungstätigkeit erfüllt nicht mehr den Tatbestand eines werbenden Betriebs, sie führt jedoch wegen des längeren Abwicklungszeitraums nicht zu einem begünstigten Betriebs- oder Teilbetriebsveräußerungsgewinn (BStBl III 1957, 414). Die sukzessive Versilberung eines Unternehmens ist auch bei für die Abwicklung beschäftigten Arbeitnehmern keine Fortsetzung der werbenden Tätigkeit (PrOVG, Urteil v 1. 7. 1934 VIII C 26/32, DStZ 1934, 708). Dabei ist vor allem an die Versilberung des Anlagevermögens gedacht. Warenverkäufe in geschäftsüblicher Weise setzen den

Betrieb noch fort (s auch „Räumungsverkauf"). Zur Personengesellschaft in Liquidation s BFHE 144, 533, BStBl II 1986, 136.

Entnahme von Umlaufvermögen ist kein betriebsgewöhnlicher Geschäftsvorfall (BFH/NV 1989, 580) und bedeutet auch keine werbende Tätigkeit mehr.

Importwarenabschlag; wird er bei geschäftsüblichen Verkäufen aufgelöst, so rechnet der Ertrag ebenfalls zum laufenden Gewinn (BFHE 157, 355, BStBl II 1989, 874). Auch gewerbesteuerrechtlich dürfte, da es sich um einen fortgesetzten Ladenverkauf handelt, ein werbendes Unternehmen noch fortbestehen.

Räumungsverkauf; Erlöse hieraus sind das Ergebnis einer noch fortgesetzten werbenden Tätigkeit und werden daher als laufender Gewinn beurteilt (BFHE 156, 408, BStBl II 1989, 602; BFHE 172, 344, BStBl II 1994, 105).

Rücklieferungen an Lieferanten gehören nicht zum laufenden Gewinn (BFHE 134, 23, BStBl II 1981, 798) und bilden für sich keine werbende Tätigkeit mehr.

Schwebende Geschäfte; ihre Abwicklung soll nach BFHE 99, 479, BStBl II 1970, 719 zu laufenden Erträgen führen, sie findet aber idR in keinem werbenden Unternehmen mehr statt. ME sollte auch das letzte werbende Geschäft den Zeitpunkt abgeben, zu dem der Unternehmer nach § 16 Abs 2 Satz 2 EStG den Wert des Betriebsvermögens als Grundlage für den Betriebsveräußerungsgewinn ermittelt. Die Rechtsprechung sieht die Einstellung der werbenden Tätigkeit jedoch als nur eine von mehreren Varianten für den Beginn der Betriebsaufgabe.

Umlaufvermögen; für die gewerbesteuerrechtliche Beurteilung ist entscheidend, zu welchem Zeitpunkt eines länger währenden Abwicklungszeitraums der gewerbliche Betrieb zum Erliegen gekommen, dh die werbende Tätigkeit eingestellt ist. Dies ist dann der Fall, wenn der Steuerpflichtige seine eigentliche gewerbliche Tätigkeit aufgibt, zB den Ladenverkauf einstellt, oder seine Produkte jedenfalls nicht mehr wie bisher auf den Markt bringt (s § 2 Anm 423). Wegen der hier gleichliegenden Abgrenzungskriterien für den Umfang des Aufgabegewinns nach § 16 EStG werden die dazu ergangenen Entscheidungen idR auch die Frage beantworten, ob die werbende Tätigkeit eingestellt wurde. Zum laufenden und nicht zum Aufgabegewinn rechnen danach beim Umlaufvermögen diejenigen Geschäfte, die betriebsgewöhnlich abgewickelt werden. Zur Entnahme s oben.

Veräußerung der verbliebenen Waren **abweichend vom normalen Geschäftsgang** nur noch an Handelsvertreter während der Geschäftsaufgabe bewirkt einen Aufgabegewinn (BFHE 155, 341, BStBl II 1989, 368) und mE einen Vorgang nach eingestellter werbender Tätigkeit.

Ein **Beginn der Betriebsaufgabe** liegt nicht schon in dem inneren Entschluss, sondern erst in den **tatsächlichen Aufgabevorgängen.** Es müssen nach außen hin erkennbare Maßnahmen zur Beseitigung des Betriebs als wirtschaftlicher Organismus getätigt werden (BFHE 99, 479, 481, BStBl II 1970, 719; BFHE 141, 325, BStBl II 1984, 711). Umbaumaßnahmen reichen nicht (Nds FG EFG 1996, 819 rkr). Sie können auch in behördlichen Anordnungen (Untersagung) liegen (FG München EFG 55

1987, 25 rkr). Fortgeführtes Betriebsvermögen bleibt gleichwohl möglich, ebenso allmähliche Abwicklung (Anm 69). Maßgebender Zeitpunkt der Betriebsaufgabe in der Insolvenz ist nicht die Eröffnung des Insolvenzverfahrens, sondern die Veräußerung der wesentlichen Betriebsgrundlagen durch den Insolvenzverwalter (zum Konkursrecht BFHE 170, 511, BStBl II 1993, 594).

56 Die **Beendigung der Betriebsaufgabe** bedeutet Veräußerung oder Überführung ins Privatvermögen des letzten – funktional (BFHE 171, 468, BStBl II 1993, 711) – wesentlichen Wirtschaftsguts. Sie kann der Steuerpflichtige nach der Rechtsprechung nicht dadurch vorzeitig herbeiführen, dass er Wirtschaftsgüter zunächst formell ins Privatvermögen überführt und sie dann privat veräußert (vgl BFHE 87, 134, BStBl III 1967, 70). Etwas anderes gilt beim verpachteten Betrieb (BFHE 143, 436, BStBl II 1985, 456).

Dieses Ergebnis erscheint bedenklich. Wird eine Betriebsaufgabe als Totalentnahme gewertet (vgl BFHE 140, 526, BStBl II 1984, 474), so liegt die Entnahmehandlung in der Beseitigung des Betriebs. Ob der Gewinn hinsichtlich der einzelnen Wirtschaftsgüter durch Veräußerung oder durch Übernahme ins Privatvermögen realisiert wird, ist im Hinblick auf die Bewertungsvorschrift des § 16 Abs 3 Satz 7 EStG (gemeiner Wert) von keiner großen Bedeutung. Danach müsste es aber zulässig sein, den Aufgabezeitraum durch Übernahme schwer verkäuflicher Wirtschaftsgüter, die für den Betrieb wesentlich waren, ins Privatvermögen abzukürzen, auch wenn eine spätere Veräußerung nicht ausgeschlossen erscheint (aA BFHE 102, 44, BStBl II 1971, 484). Dafür spräche auch die im Falle der Betriebsverpachtung von der Rechtsprechung bejahte Möglichkeit der vorzeitigen Realisierung stiller Reserven durch Ausübung eines Wahlrechts, wenngleich der Betrieb an sich weiterbesteht (BFHE 143, 436, BStBl II 1985, 456). Soll die letzte wesentliche Betriebsgrundlage nicht veräußert werden (und auch nicht für andere betriebliche Zwecke eingesetzt werden), so wird sie Privatvermögen (BFH/NV 1992, 659).

57 **Betriebsverlegung, Betriebsunterbrechung.** Die Aufgabe eines Betriebs und seine Neueröffnung an einem anderen Ort kann gewerbesteuerrechtlich Einstellung und Neugründung bedeuten, auch wenn es nur zu einer vorübergehenden Stilllegung kommt (s dazu § 2 Anm 428). Die **Gleichartigkeit** des Betriebs ist dabei ebenfalls bedeutsam, wie das Erfordernis der Unternehmensgleichheit bei § 10 a GewStG zeigt (BFHE 122, 307, BStBl II 1977, 666; BFHE 174, 233, BStBl II 1994, 764; BFH/NV 2003, 81).

57a Ob bei einer **Betriebsverlegung** gleichzeitig der Tatbestand einer Betriebsaufgabe im funktionalen Sinn vorliegt, hängt vom Fortbestand der **wirtschaftlichen Identität** des alten und an einer anderen Stelle weitergeführten Betriebes ab (vgl BFHE 119, 430, BStBl II 1976, 672; bejaht für den Wechsel vom Speiselokal mit Tanzveranstaltung zur Imbissstube BFHE 138, 90, BStBl II 1983, 425). Die wirtschaftliche Identität wird im Regelfall durch den Bestand an materiellen und immateriellen Wirtschaftsgütern geprägt (BFHE 143, 559, BStBl II 1985, 508; BFH/NV 2003, 81; aA möglicherweise BFHE 142, 381, BStBl II 1985, 131; BFHE 142, 433, BStBl II

1985, 245). Zweifelhaft ist allerdings, ob die Identität des Betriebes daran anknüpft, dass in den neuen Betrieb die wesentlichen stillen Reserven überführt werden (vgl BFHE 136, 204, BStBl II 1982, 707). Dies mag für die Gewährung der Steuervergünstigung des § 34 EStG eine Rolle spielen. Es erscheint zutreffender, die Identität des verlegten Betriebes allein an funktionalen Kriterien zu messen. Ist danach keine Identität gegeben, so liegt eine Betriebsaufgabe im funktionalen Sinne vor. Dies bedeutet allerdings nicht, dass dem Unternehmer ohne weiteres die Vergünstigung des § 34 EStG für eine steuerbegünstigte Betriebsaufgabe zusteht. Denn diese bestimmt sich danach, ob anlässlich des Untergangs des bisherigen Betriebs alle wesentlichen stillen Reserven in einem Zug aufgelöst wurden. Diese Auffassung ließe Raum, den Fortbestand des wirtschaftlichen Organismus auch sonst funktional zu betrachten, solange die Anwendung des § 34 EStG nicht in Rede steht. Zur Abgrenzung Betriebsveräußerung/-verlegung s BFHE 181, 452, BStBl II 1997, 236.

Einkommensteuerrechtliche **Betriebsunterbrechung** (BFHE 159, 199, 57b BStBl II 1990, 383) liegt vor, wenn der Steuerpflichtige zwar die werbende Tätigkeit einstellt (BFHE 185, 205, BStBl II 1998, 379) oder einschränkt (BFHE 179, 75, BStBl II 1996, 276), aber die Fortführung des im Wesentlichen identischen Betriebes beabsichtigt (anders, wenn hierfür keine wesentlichen Betriebsgrundlagen mehr vorhanden sind s BFHE 183, 65, BStBl II 1997, 561). Auch bei fehlgeschlagener Betriebsaufspaltung ist ruhender Gewerbebetrieb bis zur eindeutigen Aufgabeerklärung möglich (BFH/NV 1999, 1422; *Fichtelmann* Inf 2000, 4). S hierzu auch *Wendt* FR 1998, 264. Eine Gewerbeabmeldung ist nicht ausreichend (BFH/NV 2004, 1639). Ein Fall der einkommensteuerrechtlichen Betriebsunterbrechung ist die **Betriebsverpachtung.** Für die GewSt ist sie als Einstellung des Betriebes anzusehen. S zu den unterschiedlichen Wertungen bei ESt bzw GewSt Anm 18; § 2 Anm 423. Die später abgegebene Erklärung, den Betrieb nicht fortsetzen zu wollen, wirkt bei Zugang als Betriebsaufgabe (BFHE 143, 436, BStBl II 1985, 456).

Beteiligungsveräußerung. Zu den nach § 16 iVm § 34 EStG ein- 58 kommensteuerrechtlich begünstigten Vorgängen zählte **bis VZ 2001** auch die Veräußerung einer im Betriebsvermögen gehaltenen 100%igen Beteiligung an einer Kapitalgesellschaft, weil diese für die Tarifbegünstigung einem Teilbetrieb gleichgestellt wurde (BFHE 175, 243, BStBl II 1995, 705). Gewstfrei war der Gewinn jedoch nur, soweit er im Rahmen einer Betriebsveräußerung oder -aufgabe erzielt wurde (BFHE 169, 224, BStBl II 1993, 131; krit *Hild/Schuch* DB 1993, 181; *Rose* FR 1993, 253). Der Veräußerung oder Aufgabe gleichgestellt war bis einschließlich **VZ 1996** die Auflösung und Liquidation einer 100%igen Beteiligung (BFHE 155, 511, BStBl II 1991, 624). **Ab VZ 1997** gilt nach § 16 Abs 1 Satz 1 Nr 1 Satz 2 2. Halbsatz EStG idF des JStG 1997 im Fall der Auflösung der Kapitalgesellschaft § 17 Abs 4 Satz 3 EStG, mit der Folge, dass der Liquidationserlös nicht tarifbegünstigt ist (zu Ausnahmen s *Schmidt/Wacker* § 16 Rz 167).

Ab VZ 2002 sieht das bis einschl EZ 2008 geltende System des **Halbeinkünfteverfahrens** (s Anm 5) vor, dass Gewinne aus der Veräußerung oder Entnahme von Anteilen an Kapitalgesellschaften bei natürlichen Personen **zur Hälfte** steuerfrei bleiben (§ 3 Nr 40 Buchst a EStG). Gleichgestellt sind Erträge aus der Auflösung, der Herabsetzung des Nennkapitals oder dem Wertansatz nach § 6 Abs 1 Nr 2 Satz 3 EStG (= Wertaufholungsgewinne aus vorangegangenen Teilwertabschreibungen; zur Ausnahme von der Steuerfreiheit in diesem Fall s § 3 Nr 40 Buchst a Satz 2 EStG). Ebenso bleibt ein Veräußerungspreis oder Aufgabegewinn **zur Hälfte** steuerfrei, **soweit** er im Rahmen einer Veräußerung oder Aufgabe iSd § 16 Abs 2 oder 3 EStG auf die Veräußerung von Anteilen an Kapitalgesellschaften entfällt (§ 3 Nr 40 Buchst b EStG, wobei hier die Versagung der Steuerbefreiung im Falle einer früheren erfolgswirksamen Teilwertabschreibung nach Buchst a Satz 2 fehlt). Veräußerungsgewinne, die unter § 3 Nr 40 Buchst b EStG fallen, sind von der Begünstigung nach § 34 EStG ausgenommen (§ 34 Abs 2 Nr 1 EStG). Die Teilbetriebsfiktion der 100%igen Beteiligung wirkt sich daher nur noch für den Freibetrag nach § 16 Abs 4 EStG und bei der Realteilung iSd § 16 Abs 3 Satz 2 EStG aus. Nach dem ab VZ 2009 geltenden **Teileinkünfteverfahren** sind Dividenden und Gewinne aus der Veräußerung von Kapitalanteilen beim betrieblich beteiligten Steuerpflichtigen nur noch zu 40% steuerfrei.

Einkommensteuerrechtlich begünstigt ist die Veräußerung/Aufgabe einer Beteiligung an einer **Personengesellschaft** nach § 16 Abs 1 Satz 1 Nrn 2 und 3 EStG nur noch, wenn der **gesamte** Anteil veräußert/aufgegeben wird. Soweit nur ein Teil eines Anteils veräußert/aufgegeben wird, ist der Gewinn ein laufender (§ 16 Abs 1 Satz 2 EStG). Diese Regelung gilt ab **VZ 2002** (§ 52 Abs 34 Satz 1 EStG idF des UntStFG). Gewstfrei sind Gewinne aus der Veräußerung/Aufgabe eines Anteils an einer Personengesellschaft nach § 7 Satz 2 idF des UntStFG ab **EZ 2002** nur noch, soweit sie auf eine unmittelbar beteiligte natürliche Person entfallen (s Anm 90).

59.–71. Ermittlung des Veräußerungs- bzw Aufgabegewinns

59 **Veräußerungsgewinn** ist nach § 16 Abs 2 EStG der Betrag, um den der Veräußerungspreis nach Abzug der Veräußerungskosten den Wert des (Teil-)Betriebsvermögens oder den Wert des Anteils am Betriebsvermögen übersteigt. Der Gewinn aus der Veräußerung eines Gewerbebetriebs oder Teilbetriebs ist verwirklicht, wenn zumindest das wirtschaftliche Eigentum an den wesentlichen Betriebsgrundlagen auf den Erwerber übergeht. Der Zufluss des Kaufpreises ist nicht entscheidend (BFHE 141, 525, BStBl II 1984, 829). Zur Veräußerung auf den Zeitpunkt des Jahreswechsels s BFHE 170, 29, BStBl II 1993, 228; BFHE 171, 23, BStBl II 1993, 666; bewertungsrechtlich s FG München EFG 1987, 106 rkr. Ab **1. 1. 1994** gilt der Veräußerungsgewinn insoweit als **laufender Gewinn,** als auf der Seite des Veräußerers und auf der Seite des Erwerbers dieselben Personen (Mit-)Unternehmer sind (§ 16 Abs 2 Satz 3 EStG), dh tarifbegünstigt ist nur die Veräußerung an fremde Dritte (zu Gestaltungsmöglichkeiten s *Schiffers* BB 1994, 1469; *Pfalzgraf/Meyer* DStR 1994, 1330). Dies gilt auch für die GewSt (s Anm 14 b aE).

60 **Veräußerungspreis** (§ 16 Abs 2 EStG): Für den Ansatz des Veräußerungspreises, dh der vom Veräußerer für das Geschäft erlangten Gegenleis-

tung, ist nicht die Bewertungsvorschrift des § 6 EStG (nur laufender Gewinn), sondern § 9 BewG anzuwenden (BFHE 156, 195, BStBl II 1989, 557 zur befreienden Kaufpreiszahlung an Makler). Zum Veräußerungspreis gehören auch Leistungen, die nicht vom Erwerber stammen (Entschädigungen, Prämien), wenn sie im unmittelbaren wirtschaftlichen Zusammenhang mit der Veräußerung stehen (BFHE 166, 527, BStBl II 1992, 457). Zahlungen für ein Wettbewerbsverbot werden (mE zu Unrecht) nicht zum Veräußerungspreis gezählt (*OFD Düsseldorf* DB 1992, 1063 mwN). Zur Übernahme von Betriebsschulden durch den Erwerber s *Schmidt/Wacker* § 16 Rz 267 mwN. Zum Veräußerungspreis in Höhe des negativen Kapitalkontos s BFHE 156, 103, BStBl II 1989, 563 und BFHE 170, 183, BStBl II 1993, 436 bei teilentgeltlicher Übertragung.

Gemeiner Wert. Zum Veräußerungspreis des § 16 Abs 2 EStG zählt entsprechend § 16 Abs 3 Satz 7 EStG auch der gemeine Wert (idR Verkehrswert s BFHE 159, 505, BStBl II 1990, 467) von ins Privatvermögen übernommenen Wirtschaftsgütern (s auch *Schmidt/Wacker* § 16 Rz 294). Zur Aufteilung des Verkehrswertes eines gemischt genutzten Grundstücks s BFH/NV 2001, 849. 61

Steuerrelevante Ereignisse nach Betriebsveräußerung können zu einer rückwirkenden Änderung des Veräußerungsgewinns oder -verlustes führen. Dies gilt zB bei Ausfall/Wertminderung der Kaufpreisforderung oder nachträglicher Inanspruchnahme des Veräußerers für vom Erwerber übernommene Betriebsschulden (GrS BFHE 172, 66, 80; BStBl II 1993, 897; 894; BFHE 211, 458, BStBl II 2006, 307; BFHE 183, 78, BStBl II 1997, 509 zum nachträglichen Erlass von Schulden); ebenso früher schon bei (außer-)gerichtlichen Vergleichen und Urteilen aus Streit über Höhe des Kaufpreises (BFHE 154, 85, BStBl II 1989, 41). Rückwirkende Aufstockung einer Rücklage nach § 6b EStG für den Gewinn aus der Veräußerung eines Grundstücks bei nachträglicher Erhöhung des Veräußerungsgewinns ist ebenfalls möglich (BFH/NV 2001, 233). Änderung der Veranlagung des Veräußerungsjahres in diesen Fällen nach § 175 Abs 1 Satz 1 Nr 2 AO. Gleiches gilt bei Veräußerung eines Anteils an einer Personengesellschaft. Zu einer weitgehenden Berücksichtigung nachträglicher Erkenntnisse für die Aufgabebilanz vor Eintritt der Bestandskraft s BFHE 164, 556, BStBl II 1991, 802. 62

Wiederkehrende Bezüge. Wird ein Betrieb gegen wiederkehrende Bezüge veräußert, so konnte der Veräußerer bisher unter bestimmten Voraussetzungen wählen zwischen der tarifbegünstigten **Sofortversteuerung** des Kapitalwerts und der **allmählichen Versteuerung** der Rentenbezüge nach § 15 iVm § 24 Nr 2 EStG (Zuflussversteuerung). Im letztgenannten Fall entsteht in Höhe der Rentenzahlung ein Gewinn, sobald die gesamten Rentenzahlungen den Buchwert des steuerlichen Kapitalkontos des Veräußerers zuzüglich der angefallenen Kosten übersteigen (*Schmidt/Wacker* § 16 Rz 221, 245). Bei Veräußerungen nach dem 31. 12. 2003 ist bei der Zuflussversteuerung der in den wiederkehrenden Leistungen enthaltene Zinsanteil von Anfang an als nachträgliche Betriebseinnahmen zu erfassen (R 16 Abs 11 EStR). Das Wahlrecht besteht nicht bei einem umsatz- oder gewinnabhängigen Entgelt (BFHE 199, 198, BStBl II 2002, 532). Der Re- 63 gelfall ist die Sofortversteuerung. Nach R 16 Abs 11 EStR besteht ein Wahlrecht nur noch bei Betriebsveräußerung gegen „Leibrente". In H 16 Abs 11 EStH wird jedoch auch auf das Wahlrecht verwiesen bei Kaufpreisraten über 10 Jahren mit Versorgungscharakter und bei Zeitrenten mit unüberschaubarer Laufzeit, die auch der Versorgung des Veräußerers dienen. Dies entspricht der bisherigen Verwaltungspraxis. Auch im Hinblick auf den Beschluss des GrS zur rückwirkenden Änderung des Veräußerungsgewinns bei Ausfall einer gestundeten Kaufpreisforderung (BFHE 172, 66, BStBl II 1993, 897) ist dem Wahlrecht nicht die Rechtsgrundlage entzogen (ebenso BFHE 175, 212, BStBl II 1995, 47, BFH/NV 2000, 355, wonach vorzeitiges Ableben des Veräußerers weder eine Korrektur der AK beim Erwerber noch eine rückwirkende Erhöhung des Veräußerungsgewinns erfordert). Der Wegfall der Rentenverbindlichkeit ist beim Erwerber auch bei Überschussrechnung gewinnerhöhend (und damit auch beim Gewerbeertrag) zu erfassen (BFHE 164, 532, BStBl II 1991, 796). Zur Anwendung des Halbeinkünfteverfahrens bei Veräußerung von Anteilen an einer Kapitalgesellschaft gegen wiederkehrende Bezüge s *BMF* BStBl I 2004, 1187.

64 **Vermögensübergabe gegen Versorgungsleistungen** (*BMF* BStBl I 2004, 922; *Neufang* BB 2005, 688). Bei diesem von der Rechtsprechung aus den auf familienrechtlicher Basis beruhenden sog Altenteilsleistungen entwickelten Rechtsinstitut erfolgt die Übergabe von **existenzsicherndem** Vermögen gegen Zahlung von wiederkehrenden Leistungen. Hierbei wird bei Übertragungen an nahe Angehörige – widerlegbar – vermutet, dass sich Leistung und Gegenleistung nicht ausgewogen gegenüberstehen, sondern sich der Wert der Gegenleistung nach dem Versorgungsbedürfnis des Übergebers richtet. Ist der Wert des übergebenen Vermögens geringer als **50% des Kapitalwerts** der zugesagten wiederkehrenden Leistungen, ist nach GrSBFHE 202, 477, BStBl II 2004, 100 offen, ob es sich insgesamt um Unterhaltsleistungen handelt oder ob eine Aufteilung in Versorgungsleistungen einerseits und Unterhaltsleistungen andererseits vorzunehmen ist. Der Übergeber behält sich in Gestalt der Versorgungsleistungen die Erträge seines Vermögens vor, die nunmehr aber vom Übernehmer zu erwirtschaften sind (BFHE 161, 317, BStBl II 1990, 847 u BFHE 165, 225, BStBl II 1992, 78). Die Versorgungsleistungen müssen aus den **laufenden Nettoerträgen** des übergebenen Vermögens zu zahlen sein (BFHE 202, 464, BStBl II 2004, 95, GrS). Hierbei ist eine Ertragsprognose anzustellen. Kann aufgrund einer geänderten Prognose nicht mehr erwartet werden, dass die Versorgungsleistungen aus den Nettoerträgen bestritten werden können, so liegen ab diesem Zeitpunkt freiwillige Leistungen vor (BFHE 212, 195, BStBl II 2008, 16). Bei der Übertragung eines gewerblichen Unternehmens im Rahmen einer vorweggenommenen Erbfolge besteht eine – nur in Ausnahmefällen widerlegliche – Vermutung dafür, dass der übertragene Betrieb ausreichende Erträge abwerfen wird (BFHE 202, 464, BStBl II 2004, 95, GrS). Ein Unternehmerlohn ist bei Anstellen der Ertragsprognose nicht anzusetzen (BFHE 202, 477, BStBl II 2004, 100, GrS). Bei der Übertragung einer wesentlichen Beteiligung an einer Kapitalgesellschaft ist auf die mögliche Gewinnausschüttung abzustellen (BFHE 207, 179, BStBl II 2005, 133). In der Übergabe wird **kein Veräußerungsge-**

schäft gesehen, vielmehr ist die Versorgungsrente regelmäßig als **dauernde Last** abziehbar, auch wenn sie als Leibrente bezeichnet wird (BFH/NV 1992, 657), vorausgesetzt, sie wird auf Lebenszeit gezahlt (BFHE 176, 333, BStBl II 1996, 672; zu Ausnahmen s BFHE 173, 360, BStBl II 1994, 633). Zum Nießbrauchsverzicht als Vermögensübergabe s BFHE 170, 76, DB 1993, 816, zur „gleitenden" Vermögensübergabe BFHE 169, 127, BStBl II 1993, 98. In anderen Fällen liegen Veräußerungsentgelte und Zinsen vor (BFHE 170, 98, BStBl II 1993, 298; *Martin* BB 1992, 1619), auch wenn keine kaufmännische Ausgewogenheit von Leistung und Gegenleistung gegeben ist (zur Berechnung s BFHE 176, 333, BStBl II 1996, 672). Bei kaufmännisch ausgewogenen Gegenleistungen lässt auch die vertragliche Bezugnahme auf § 323 ZPO den Leibrentencharakter unberührt (BFHE 167, 344, BStBl II 1993, 15). Die Tarifvergünstigung des § 34 EStG wird (einmal) gewährt, wenn die Veräußerungsrente durch einen Einmalbetrag abgelöst wird (BFHE 165, 75, DStR 1991, 1381; BFHE 172, 349, DStR 1994, 132 mit Berechnung des Veräußerungsgewinns). Beim Verkauf gegen **Barpreis und laufende Bezüge** (Wahlrecht nur für letztere, BFH/NV 1989, 630) soll die Tarifvergünstigung für den Barpreis ebenfalls zulässig sein (*Schmidt/Wacker* § 16 Rz 248). Nach dem **JStG 2008** (BGBl I 2007, 3150) ist der Sonderausgabenabzug aufgrund von Vereinbarungen, die nach dem 31. 12. 2007 getroffen werden, nach § 10 Abs 1 Nr 1 a EStG nur noch möglich iZm mit der Übertragung eines Mitunternehmeranteils, eines (Teil-)Betriebs oder eines Anteils von mindestens 50% an einer GmbH, sofern der Übergeber als Geschäftsführer tätig war und der Übernehmer diese Tätigkeit nach der Übertragung übernimmt (s hierzu *Röder* DB 2008, 146).

Gewerbesteuer. Betriebsveräußerungsrenten rechnen unabhängig von 65
der Wahl der Versteuerungsart zum gewstfreien Veräußerungsgewinn, denn die Voraussetzungen des § 34 EStG sind hierfür entbehrlich.

Betriebsaufgabegewinn. Bei seiner Ermittlung ist der Veräußerungs- 66
preis der einzelnen Wirtschaftsgüter bzw der gemeine Wert (§ 9 BewG) der ins Privatvermögen überführten Wirtschaftsgüter anzusetzen (BFHE 195, 166, BStBl II 2003, 635). Der aus der Veräußerung einzelner Wirtschaftsgüter anlässlich der Betriebsaufgabe erzielte Gewinn gilt insoweit als **laufender Gewinn,** als auf der Seite des Veräußerers und auf der Seite des Erwerbers dieselben Personen Unternehmer sind (§ 16 Abs 3 Satz 5 EStG), dh begünstigt ist nur die Veräußerung an fremde Dritte. Dies gilt auch für die GewSt (Anm 14b aE). Im Zeitpunkt der Betriebsaufgabe **bestrittene Schadensersatzforderungen** bleiben Betriebsvermögen und wirken bei nachträglicher Erfüllung auf den Zeitpunkt der Betriebsaufgabe zurück (BFHE 174, 140, BStBl II 1994, 564; BFH/NV 1995, 1060; Anm 62).

Hinsichtlich des originär selbstgeschaffenen und daher (§ 5 Abs 2 EStG) nicht zu aktivierenden **Geschäftswerts** bestehen aus tatsächlichen Gründen Bewertungsunsicherheiten. Gleichwohl ist der Geschäftswert, der im Wege einer verdeckten Einlage übergeht, auch für die Ermittlung des Veräußerungsgewinns anzusetzen (BFHE 149, 542, BStBl II 1987, 705). Dagegen ist der Geschäftswert bei erklärter Aufgabe einer Betriebsverpachtung nicht zu berücksichtigen (erst bei Veräußerung, BFHE 156, 214, BStBl II 1989, 606; BFH/NV 2002, 847). Da die (Teil-)Betriebsaufgabe sich in mehreren Handlungen vollziehen kann (vorausgesetzt ist nur ein einheitlicher wirtschaftlicher Vorgang), bereitet die Frage Schwierigkeiten, wann der **Aufgabegewinn realisiert** ist und wie ein Freibetrag nach § 16 Abs 4 EStG zu verteilen ist, wenn sich der Aufgabevorgang über **zwei Veranlagungszeiträume** erstreckt (vgl *Schmidt/Wacker* § 16 Rz 584: Freibetrag wird vom im ersten VZ verwirklichten Gewinn und ein verbleibender Rest vom Gewinn des folgenden VZ abgezogen; aA *Kanzler* FR 1995, 851: Wahlrecht). Kein begünstigter Aufgabegewinn, wenn Abwicklung sich über mehr als zwei Veranlagungszeiträume erstreckt (BFHE 171, 468, BStBl II 1993, 710; Anm 69). Die gegenüber der (Teil-)Betriebsveräußerung bestehende Komplexität des Aufgabevorgangs macht die Feststellung schwierig, unter welchen Voraussetzungen ein bestimmter Geschäftsvorfall noch zum laufenden nicht begünstigten Ertrag gehört und bei einem noch tätigen Betrieb (Anm 13, 52 a) der Gewerbesteuer unterliegt (Anm 14). Zur Gewährung des Freibetrages nach § 16 Abs 4 EStG bei teilentgeltlicher Veräußerung s *FinSen Bremen* FR 2003, 424.

67 **Absetzen des Restbuchwerts** (§ 16 Abs 2 Satz 1 und Abs 3 Satz 1 EStG). Zur Gewinnermittlung sind vom Veräußerungspreis oder dem bei der Aufgabe des Betriebs anzusetzenden gemeinen Wert (Aufgabepreis) die Buchwerte (Aktiva ./. Passiva, BFHE 170, 183, BStBl II 1993, 436) und die Veräußerungskosten abzusetzen. Für die **Ermittlung des Buchwerts** zum maßgeblichen Zeitpunkt der Veräußerung oder Aufgabe (bzw Überführung ins Privatvermögen) sind die §§ 4, 5 EStG maßgebend (§ 16 Abs 2 Satz 2 EStG, BFHE 133, 22, BStBl II 1981, 460). Der Überschuldungsbetrag eines buchmäßig überschuldeten Betriebs mindert nicht den Aufgabegewinn (BFHE 180, 302, BStBl II 1996, 415). Wurde vom Steuerpflichtigen der Gewinn bisher nach § 4 Abs 3 EStG durch Überschussrechnung ermittelt, so hat er zum Bestandsvergleich überzugehen. Der **Übergangsgewinn** ist ein laufender und beim tätigen Betrieb gewerbesteuerpflichtiger Gewinn.

68 **Veräußerungs-/Aufgabekosten** (§ 16 Abs 2 Satz 1 und Abs 3 Satz 1 EStG). Zu den Kosten der Betriebsveräußerung (Betriebsaufgabe) sind die unmittelbar mit diesen Vorgängen zusammenhängenden Kosten zu rechnen. Sie sind auch dann im Jahr der Ermittlung des Veräußerungs-/Aufgabegewinns abzuziehen, wenn sie bereits im vorhergehenden Veranlagungszeitraum entstanden sind (BFHE 173, 47, BStBl II 1994, 287; s auch BFH/NV 1990, 801). Dabei erfasst der Begriff nicht nur die technisch durch den Veräußerungsvorgang bedingten Aufwendungen (wie zB für Notar- oder Rechtsanwaltsleistungen, Gerichtskosten bei Streitigkeiten über den Veräußerungsvorgang, im Veräußerungspreis enthaltene Umsatzsteuer, BFHE 123, 553, BStBl II 1978, 100), sondern auch andere Vermögenseinbußen, die unmittelbar darauf zurückgehen (zB Vorfälligkeitsentschädigung bei vorzeitiger Rückzahlung eines betrieblichen Kredits anlässlich der Betriebsaufgabe, jedenfalls wenn der Veräußerungserlös zur Tilgung der Schulden ausreicht, BFHE 191, 111, BStBl II 2000, 458; abgelehnt für Abschreibung eines Disagios, BFHE 141, 522, BStBl II 1984, 713). Veräußerungskosten, die mit den dem § 3 Nr 40 EStG zugrunde liegenden Vorgängen in wirtschaftlichem Zusammenhang stehen, dürfen bei natürlichen

Personen nur anteilig abgezogen werden (§ 3c Abs 2 Satz 1 EStG; krit *Crezelius* DB 2001, 221, 226). Bei späterer Änderung der Veräußerungskosten ändert sich rückwirkend der Veräußerungsgewinn (BFHE 174, 140, BStBl II 1994, 564; BFH/NV 1998, 701; Anm 62). Ausnahmsweise anfallende Gewerbesteuer mindert nicht den begünstigten, sondern den laufenden Gewinn (BFHE 140, 273, BStBl II 1984, 347).

Allmähliche Abwicklung, Vollbeendigung, nachträgliche Einkünfte. Der Unternehmer kann anstelle der Veräußerung oder Aufgabe des Betriebs in einem einheitlichen Vorgang auch die **allmähliche Abwicklung** des Betriebs wählen. Die Steuervergünstigung des § 34 EStG wird hierfür nicht gewährt, denn die in § 16 EStG erwähnten Betriebsveräußerungs- oder Aufgabegewinne fordern die Auflösung der wesentlichen stillen Reserven innerhalb eines kurzen Zeitraums. **Gewerbesteuer** fällt an, wenn sich die allmähliche Abwicklung in der geschäftsüblichen Form des Betriebs vollzieht. Die sukzessive Veräußerung eines **Teilbetriebs** im Rahmen eines lebenden Unternehmens iSd § 2 Abs 1 GewStG ist gewstpfl (BFHE 79, 42, BStBl III 1964, 248). Die Wahl der sukzessiven Versteuerung der stillen Reserven im Wege der Abwicklung setzt allerdings voraus, dass der Steuerpflichtige beabsichtigt, das bisherige Betriebsvermögen – zumindest aber seine wesentlichen Grundlagen – alsbald zu veräußern oder ins Privatvermögen überzuführen. Fehlt diese Absicht und sollen die zurückbehaltenen Wirtschaftsgüter auch nicht in ein anderes Betriebsvermögen übertragen werden, so werden nach der Rechtsprechung die wesentlichen Betriebsgrundlagen mit Einstellung des Betriebs Privatvermögen (begünstigte Gewinnrealisierung ohne Betriebsaufgabeerklärung s BFHE 138, 50, BStBl II 1983, 412; BFH/NV 1996, 877). Bei Unklarheit kann sich der Steuerpflichtige nicht darauf berufen, die Wirtschaftsgüter schon zu einem früheren Zeitpunkt ins Privatvermögen entnommen zu haben (BFH/NV 2001, 31). 69

Nachträgliche Einkünfte. Auch nach der „Betriebsaufgabe" können Wirtschaftsgüter **Betriebsvermögen** bleiben (BFHE 124, 447, BStBl II 1979, 99). Dies gilt insbesondere, solange aktive Wirtschaftsgüter vorhanden sind, deren Verwertung oder Übernahme in ein Betriebsvermögen eines werbenden Unternehmens beabsichtigt ist. Danach hängt die Abziehbarkeit von Schuldzinsen davon ab, ob der Steuerpflichtige zum Zeitpunkt der handelsrechtlichen Vollbeendigung des Betriebs den Schuldposten mit vorhandenen Aktivwerten begleichen konnte. Hat er dies unterlassen, sind die später angefallenen Schuldzinsen nicht als nachträgliche Betriebsausgaben (§ 24 Nr 2 EStG) anzusehen (vgl im Ergebnis BFHE 133, 22, BStBl II 1981, 460; 463; bei Veräußerung s BFHE 135, 193, BStBl II 1982, 321). Streitig ist, ob nachträgliche Einkünfte aus Gewerbebetrieb ausschließlich nach § 4 Abs 3 EStG zu ermitteln sind oder zumindest ein Wahlrecht für die Gewinnermittlung nach § 4 Abs 1 EStG besteht (offen gelassen in BFHE 183, 78, BStBl II 1997, 509). Die Auflösung einer § 6b-Rücklage in einem nicht mehr werbenden Unternehmen führt zu gewstfreien nachträglichen Einküften aus Gewerbebetrieb iSd § 24 Nr 2 EStG (BFHE 135, 202, BStBl II 1982, 348). Zinsen für anlässlich der Betriebsveräußerung entstandene Verbindlichkeiten sind keine nachträglichen Betriebsausgaben 70

(BFHE 184, 502, BStBl II 1998, 144). Dem Grunde oder der Höhe nach ungewisse Verbindlichkeiten bleiben bis zum Wegfall der Ungewissheit Betriebsvermögen (BFHE 159, 523, BStBl II 1990, 537; aA *Glanegger* FR 1990, 460). Zum Teil ist die frühere Rechtsprechung überholt durch die Beschlüsse des GrS zur materiell-rechtlichen Rückwirkung von späteren Ereignissen auf den Veräußerungs- oder Aufgabezeitpunkt (BFHE 172, 66; 80, BStBl II 1993, 897; 894; Anm 62). Über die steuerliche Erfassung nachträglicher Entgelte als Betriebseinnahmen ist nicht im Rahmen der gesonderten und einheitlichen Feststellung der Mitunternehmerschaft zu entscheiden (BFHE 199, 198, BStBl II 2002, 532).

71 **Unentgeltliche Betriebs- oder Teilbetriebsübertragung.** Weder eine begünstigte Aufgabe noch eine Veräußerung eines (Teil-)Betriebs iSv § 16 Abs 2 u 3 EStG liegt vor, wenn ein (Teil-)Betrieb in einem einheitlichen Vorgang (BFHE 157, 93, BStBl II 1989, 652), ggf in mehreren Teilakten (BFHE 172, 200, BStBl II 1994, 15), unentgeltlich auf eine andere Person übertragen wird. Denn in diesem Fall ist die Erfassung der stillen Reserven beim neuen Inhaber gewährleistet und ihr Übergang auf diesen auch nach § 6 Abs 3 EStG gewollt (zur Rechtsprechung betr vorweggenommene Erbfolge und Erbauseinandersetzung s *Schmidt/Wacker* § 16 Rz 45 u 605; *Schmidt/Glanegger* § 6 Rz 141 f). § 6 Abs 3 Satz 1 EStG erweitert die gesetzliche Regelung auf die Fälle der unentgeltlichen Aufnahme einer natürlichen Person in ein bestehendes Einzelunternehmen sowie die unentgeltliche Übertragung eines **Teils** eines Mitunternehmeranteils auf eine natürliche Person. Zu weiteren Einzelheiten hierzu s *Wendt* FR 2002, 127. Die Schlussbilanz des Betriebsübergebers entscheidet über den Bestand der übernommenen Wirtschaftsgüter (BFHE 152, 95, BStBl II 1988, 490). Rücklagen nach §§ 6 b, c EStG gehen auf den Rechtsnachfolger über (BFHE 176, 350, BStBl II 1995, 367). Bei der Übertragung von Wirtschaftseinheiten zugesagte Versorgungsleistungen sind keine Teilentgelte (zB BFHE 168, 561, BStBl II 1992, 1020; BFHE 169, 25, BStBl II 1993, 23; Anm 64). Zur **teilentgeltlichen** Übertragung s BFHE 168, 561, BStBl II 1986, 811; FG Rh-Pf EFG 1995, 1021 rkr; *Schmidt/Wacker* § 16 Rz 57; sie unterliegt nicht der **Gewerbesteuer** (Anm 14).

Werden Wirtschaftsgüter, die zwar funktional nicht bedeutsam, aber mit stillen Reserven ausgestattet sind (zB fremdvermietete Grundstücke), bei der unentgeltlichen Betriebsübertragung zurückbehalten und ins Privatvermögen überführt, so liegt gleichwohl eine unentgeltliche Betriebsübertragung im Rechtssinne vor. Für den Übergeber bewirkt die Übernahme dieser zurückbehaltenen Wirtschaftsgüter ins Privatvermögen allerdings keine steuerbegünstigte Betriebsaufgabe, weil nicht alle wesentlichen stillen Reserven in einem einheitlichen Vorgang aufgelöst werden (vgl BFHE 133, 176, BStBl II 1981, 566). Der laufende Gewinn aus der Entnahme der Wirtschaftsgüter unterliegt mE nicht der **Gewerbesteuer** (s Anm 14; BFHE 74, 506, BStBl III 1962, 190).

72.–81. Betriebs-(Teilbetriebs-)Verpachtung, Steuerentstrickung

72 **(Teil-)Betriebsverpachtung. Wahlrecht.** Dem Verpächter eines gewerblichen (Teil-)Betriebs wird ein Wahlrecht für die Erklärung zugestan-

den, ob er mit der Verpachtung seinen Betrieb **aufgeben** oder auch während der Verpachtung **fortsetzen** will (BFHE 78, 315, BStBl III 1964, 124; zu den Einzelheiten der Wahlrechtsausübung s auch R 16 Abs 5 EStR; *BMF* BStBl I 1994, 771; *Schoor* DStR 1997, 1). Das Wahlrecht kann auch während der Verpachtung ausgeübt werden (BFHE 143, 436, BStBl II 1985, 456). Beim Teilbetrieb entfällt es, wenn die Verpachtung im Rahmen des gesamten Betriebs erfolgt (BFHE 120, 257, BStBl II 1977, 42). Dieses Wahlrecht findet seine Berechtigung darin, dass die Verpachtung des Betriebs seinen Bestand als wirtschaftlichen Organismus unverändert lässt und deshalb nicht schlechthin als Betriebsaufgabe gewertet werden kann, andererseits aber ohne eine entsprechende Erklärung des Steuerpflichtigen unklar bleibt, ob der Unternehmer nicht doch mit seiner Verpachtung die unternehmerische Tätigkeit endgültig einstellen will und die Wiederaufnahme nicht beabsichtigt. Es geht auf die Erben des Verpächters über (BFHE 166, 149, BStBl II 1992, 392).

Betriebsfortführung. Begrifflich setzt eine Betriebsverpachtung die 73
Verpachtung der **wesentlichen Betriebsgrundlagen** voraus. Ein **Betriebsgrundstück** stellt regelmäßig nicht die alleinige wesentliche Betriebsgrundlage dar (BFHE 116, 540, BStBl II 1975, 885; BFH/NV 1993, 358; Ausnahme: BFH/NV 1993, 233). Da bei der Betriebsverpachtung zunächst auf die Versteuerung der stillen Reserven verzichtet wird, kommt der funktionale Betriebsbegriff zum Tragen. Das heißt, verpachtet sein müssen alle Wirtschaftsgüter, die **funktional** für den Betrieb von Bedeutung sind (BFHE 129, 925, BStBl II 1980, 181: die dem Betrieb das Gepräge gebenden WG). Zu den wesentlichen Grundlagen in diesem Sinne zählen – da bei Fortführung des Betriebs in der Form der Verpachtung die Tarifbegünstigung des § 34 EStG nicht anwendbar und die Realisierung sämtlicher stillen Reserven nicht erforderlich ist – Wirtschaftsgüter nicht allein wegen ihrer stillen Reserven. Trotz Zurückbehaltung eines fremdvermieteten Betriebsgrundstücks, das für den Betrieb entbehrlich ist, kann beim Inhaber von einer Betriebsverpachtung ausgegangen werden. Das Grundstück bleibt aber dann beim Verpächter zunächst weiterhin Betriebsvermögen. Dem Verpächter muss die Möglichkeit verbleiben, den Betrieb identitätswahrend wieder aufzunehmen (BFH/NV 1996, 110). Die Verpachtung des Betriebsgrundstücks an ein branchenfremdes Unternehmen ist unschädlich (BFHE 203, 143, BStBl II 2004, 10, unter Aufgabe von BFHE 116, 540, BStBl II 1975, 885). Wesentliche Betriebsgrundlagen dürfen aber nicht Pächter und Verpächter gemeinsam gehören (BFHE 160, 558, BStBl II 1990, 780). Zur parzellenweisen Verpachtung s BFHE 151, 392, BStBl II 1988, 257, zu weiteren Einzelheiten s *Wendt* FR 1998, 264.

Werden nicht alle – funktional – wesentlichen Betriebsgrundlagen ver- 74
pachtet, weil ein Teil davon veräußert oder verschenkt wird, so wird der (Teil-)Betrieb anlässlich seiner Verpachtung als **wirtschaftlicher Organismus zerstört.** Auch die verpachteten Wirtschaftsgüter müssen dann grundsätzlich ins Privatvermögen überführt werden, weil eine Betriebsaufgabe vorliegt (vgl BFHE 129, 325, BStBl II 1980, 181). Ob es sich dabei um eine steuerbegünstigte Betriebsaufgabe iSd §§ 16, 34 EStG handelt, hängt von der Realisierung der wesentlichen stillen Reserven insgesamt ab. Für

den **Pächter** bedeutet es regelmäßig keine Aufdeckung der stillen Reserven durch Betriebsaufgabe, wenn er lediglich den Pachtbetrieb wechselt und ihm gehörendes Inventar im neuen Betrieb einsetzt (BFHE 142, 413, BStBl II 1986, 431).

Mit Rücksicht auf den funktional zu verstehenden Betriebsbegriff wird keine Verpachtung eines identischen wirtschaftlichen Organismus mehr angenommen, wenn bei dieser Gelegenheit die **wesentlichen Betriebsgrundlagen,** zB durch Baumaßnahmen, so **umgestaltet** werden, dass sie nicht mehr in der bisherigen Form genutzt werden können (BFHE 138, 50, BStBl II 1983, 412). Es besteht keine Bindung an eine rechtsirrtümlich zwischen Steuerpflichtigem und FA vereinbarte Betriebsverpachtung (BFHE 183, 413, BStBl II 1998, 373).

75 Hinsichtlich der Wahlrechtsausübung werden die sog **Betriebsüberlassungsverträge** (*Kanzler* FR 1992, 239; BFHE 170, 553, BStBl II 1993, 546) den Pachtverträgen gleichgestellt. Bei diesen Überlassungsverträgen werden die wesentlichen Betriebsgrundlagen unentgeltlich zur Nutzung überlassen (vgl dazu *Wätzig* Inf 1982, 437).

76 **Gewerbesteuer.** Der in der Form der Verpachtung (dh ohne Aufgabeerklärung) **fortgeführte** Gewerbebetrieb unterliegt **nicht** der GewSt (aA *Flies* FR 1994, 535), wenn der Verpächter keine zusätzlichen, eine gewerbliche Tätigkeit begründenden Aktivitäten entfaltet (vgl hierzu auch R 15.7 Abs 1 Satz 4 EStR und A 11 Abs 3 GewStR mit Hinweis auf den gewerbesteuerrechtlichen Übergang zum Betriebsvermögensvergleich bei Überschussrechnung). Dies gilt auch für die Verpachtung eines Teilbetriebs (BFHE 120, 263, BStBl II 1977, 45). Die Verpachtung im Rahmen einer Betriebsaufspaltung ist gewstpfl (BFH/NV 2000, 1135).

77 **Betriebsaufgabe.** Wird anlässlich einer Betriebsverpachtung die Betriebsaufgabe erklärt, so sind die stillen Reserven aufzudecken. Die Aufgabeerklärung wirkt für den Zeitpunkt, an dem sie abgegeben wird (BFHE 202, 525; BStBl II 2003, 755). Sie muss gegenüber dem FA eindeutig und klar sein (BFH/NV 1999, 454), es sei denn, dass sich die endgültige Betriebsaufgabe aus den tatsächlichen Umständen eindeutig ergibt (BFHE 183, 413, BStBl II 1998, 373; FG Nds DStRE 1999, 259 rkr; einschränkend auch BFHE 183, 385, BStBl II 1998, 388). Es reicht nicht aus, wenn der Verpächter in seiner Steuererklärung Einkünfte aus Vermietung und Verpachtung angibt (BFH/NV 1989, 18). Die Erklärung ist selbst Besteuerungsmerkmal. Aus ihr ergibt sich die Beendigung des Betriebs. Dies ist im Sinne einer **Totalentnahme** zu verstehen, dh Übernahme sämtlicher Wirtschaftsgüter mit dem gemeinen Wert (§ 16 Abs 3 Satz 7 EStG) ins Privatvermögen. Der derivative oder originäre **Geschäftswert** bleibt bis zur Veräußerung Betriebsvermögen (nicht privatisierbar BFHE 156, 214, BStBl II 1989, 606; BFHE 197, 535, BStBl II 2002, 387; krit *Führer* DStR 1995, 785). Als Betriebsaufgabe wirkt auch die während der Betriebsverpachtung abgegebene Erklärung, den Betrieb später nicht mehr fortsetzen zu wollen (BFHE 143, 436, BStBl II 1985, 456; *L. Schmidt* FR 1985, 476).

78 **Besonderheiten bei Gesellschaften.** Bei Gesellschaften muss das Wahlrecht von allen Gesellschaftern einheitlich ausgeübt werden (BFHE 183, 385, BStBl II 1998, 388). Die Fortführung des Betriebs im Wege der

Verpachtung ist auch dann möglich, wenn ein Gesellschafter bei der Beendigung einer gewerblich tätigen Personengesellschaft **wesentliche Betriebsgegenstände** behält und ohne Veränderung ihres Wesens- und Nutzungszusammenhangs an einen früheren Mitgesellschafter verpachtet (BFHE 127, 21, BStBl II 1979, 300; zur Abgrenzung s BFHE 160, 558, BStBl II 1990, 780).

Verpachtet eine Personengesellschaft einen **Teilbetrieb,** so unterliegen ihre Erträge anders als beim Einzelgewerbetreibenden stets in vollem Umfang (§ 2 Abs 1 GewStG, § 15 Abs 3 Nr 1 EStG) der GewSt (s § 2 Anm 431). Dies gilt als Schlechterstellung der Personengesellschaften (vgl BFHE 123, 505, BStBl II 1978, 73). Andererseits kann die Personengesellschaft bei Einstellung der gesamten gewerblichen Tätigkeit Betriebsaufgabe und Versteuerung der stillen Reserven durch Umwandlung in eine GmbH & Co KG vermeiden, soweit sie weiterhin mit Einkünfteerzielungsabsicht tätig wird (§ 15 Abs 3 Nr 2 EStG). Auch **Kapitalgesellschaften** erzielen stets und damit auch mit einem Verpachtungsbetrieb gewerbliche Einkünfte (§ 2 Abs 2 GewStG). Zu Betrieben gewerblicher Art s § 2 Anm 276, zu wirtschaftlichen Geschäftsbetrieben § 2 Anm 412. Andere Grundsätze gelten, wenn die Verpachtung von Wirtschaftsgütern zu einer **Betriebsaufspaltung** (kein Wahlrecht) führt oder Wirtschaftsgüter von Gesellschaftern an die Personengesellschaft verpachtet oder vermietet werden (s dazu Mitunternehmergrundsätze, Anm 122f). Zu einer Betriebsaufgabe führt auch der Wegfall der tatbestandlichen Voraussetzungen einer Betriebsaufspaltung (BFHE 172, 91, BStBl II 1994, 23), es sei denn, die Voraussetzungen einer Betriebsverpachtung sind erfüllt (BStBl II 1998, 325, BFHE 181, 1; ebenso *BMF* BStBl I 1994, 771: während Dauer der Betriebsaufspaltung nicht bestehendes Verpächterwahlrecht lebt wieder auf). Dies gilt auch, wenn Verpächter den Betrieb zuvor nicht selbst bewirtschaftet hat, weil dieser erst nachträglich durch Begründung der Betriebsaufspaltung entstanden war.

Betriebsaufgabe durch Steuerentstrickung. Als eine einkommen- 79
steuerrechtliche Betriebsaufgabe war nach früherer Rechtsansicht zu werten, wenn ein Steuerpflichtiger seinen Betrieb ins Ausland verlegte und deshalb die stillen Reserven von der inländischen Besteuerung nicht mehr erfasst werden konnten (vgl zB BFHE 120, 225, BStBl II 1977, 76; BFHE 154, 309, BStBl II 1989, 187. Auch die Überführung von Einzelwirtschaftsgütern in eine ausländische Betriebsstätte wurde als (finale) Entnahme angesehen (BFHE 106, 198, BStBl II 1972, 760). Diese Rspr hat der BFH nunmehr aufgegeben (DStR 2008, 2001). Mit (Rück-)Wirkung v 1. 1. 2006 wurde in § 4 Abs 1 Satz 3 EStG eine **Entnahmefiktion** geschaffen, der zufolge der Wegfall des Besteuerungsrechts der Bundesrepublik Deutschland einer Entnahme gleichsteht (Ausnahme: Sitzverlegung einer Europäischen Gesellschaft/Genossenschaft, § 4 Abs 1 Satz 4 EStG). Bei Vorgängen innerhalb der **EU** kann gem § 4g EStG ein bilanzieller **Ausgleichsposten** gebildet werden, dessen ratierliche Auflösung die Aufdeckung der stillen Reserven abmildert (s hierzu *Schmidt/Heinicke* § 4g Rz 1ff).

Weder Entnahme noch Betriebsaufgabe liegt vor, wenn sich eine Gärtnerei durch einen **Strukturwandel** (s dazu § 2 Anm 153) von einem Gewerbebetrieb zum landwirtschaftlichen Betrieb entwickelt (BFHE 114, 189, BStBl II 1975, 168) oder eine Landwirtschaft zur steuerrechtlich als **Liebhaberei** zu beurteilenden Tätigkeit wird (BFHE 134, 339, BStBl II 1982, 381). Dies führt dazu, dass der Liebhabereibetrieb mit einem Bestand an festgeschriebenem Betriebsvermögen fortbesteht (s § 8 der VO zu § 180 Abs 2 AO) und die stillen Reserven erst bei der Veräußerung der jeweiligen Wirtschaftsgüter als nachträgliche Einkünfte aus Land- und Forstwirtschaft versteuert werden. Gewerbesteuerrechtlich kommt es in all diesen Fällen allein darauf an, ob der Steuergegenstand unverändert fortbesteht (§ 2 Anm 420f).

80, 81 *(frei)*

82.–88. Veräußerung, Aufgabe von Betrieben (Teilbetrieben) durch Personengesellschaften

82 **Begriff.** Auch eine **Personengesellschaft** kann nach den für den Einzelunternehmer geltenden Grundsätzen einen Betrieb aufgeben oder veräußern. Ebenso ist eine Teilbetriebsveräußerung möglich (BFHE 140, 563, BStBl II 1984, 486). Es liegt dann keine Veräußerung oder Aufgabe von Mitunternehmeranteilen iSd § 16 Abs 1 Nr 2, Abs 3 Satz 1 EStG durch die einzelnen Gesellschafter vor. Dafür spricht vor allem die Wertung der Personengesellschaft als Gewinnermittlungssubjekt, die auch für die Betriebsaufgabe und die Betriebsveräußerung gilt (vgl BFHE 132, 244, BStBl II 1981, 164). Von den tatsächlichen Verhältnissen des Einzelfalls hängt es ab, ob die eine einkommensteuerrechtliche Betriebsaufgabe/-veräußerung bewirkende Personengesellschaft noch als **werbendes Unternehmen** des § 2 Abs 1 anzusehen ist (s dazu Anm 13, 52; § 2 Anm 421). Erst wenn dies zu bejahen ist, stellt sich die Frage nach dem zutreffend ermittelten Aufgabe-/Veräußerungsgewinn und die seiner Abgrenzung vom gewerbesteuerpflichtigen laufenden Ertrag.

83 **Einkommensteuerrechtliche Besonderheiten** ergeben sich aus der Existenz von **Sonderbetriebsvermögen** (s dazu Anm 116). Für die Ermittlung des Veräußerungs- oder Aufgabegewinns der Gesellschaft ist das im Eigentum des Gesellschafters befindliche Sonderbetriebsvermögen mit dem gemeinen Wert (§ 16 Abs 3 EStG) anzusetzen. Dies gilt nicht, wenn das Wirtschaftsgut in ein anderes Betriebsvermögen des Gesellschafters überführt wird oder zurückfällt und die steuerliche Erfassung der stillen Reserven in diesem Betrieb sichergestellt ist (§ 6 Abs 5 Satz 2 EStG). Enthält das Wirtschaftsgut des Sonderbetriebsvermögens erhebliche stille Reserven, entfällt die Begünstigung des § 34 EStG für den Veräußerungs- oder Aufgabegewinn der Gesellschaft, wenn nicht alle wesentlichen stillen Reserven aufgedeckt werden (BFHE 103, 177, BStBl II 1972, 118; BFHE 184, 425, BStBl II 1998, 104 soweit Sonderbetriebsvermögen zu den wesentlichen Betriebsgrundlagen gehört). **Gewerbesteuer** fällt aber insoweit nicht an, weil es keine eigenständige gewerbesteuerrechtliche Entstrickung gibt (Anm 18).

Besonderheiten ergeben sich für Personengesellschaften auch hinsichtlich der **Teilbetriebsaufgabe,** soweit die Tätigkeit einer Personengesellschaft stets und in vollem Umfang als Gewerbebetrieb gilt (§ 15 Abs 3 Nr 1

EStG; s auch *Schmidt/Wacker* § 16 Rz 206). Daraus folgt, dass die Personengesellschaft anders als der Einzelunternehmer bei einer Verpachtung eines Teilbetriebs nicht in Ausübung eines Wahlrechts die Teilbetriebsaufgabe erklären kann (vgl BFHE 123, 505, BStBl II 1978, 73). Der Veräußerungsgewinn, den eine gewerblich geprägte Personengesellschaft durch die Veräußerung ihrer Beteiligung an einer vermögensverwaltenden Personengesellschaft erzielt, ist weder als Mitunternehmeranteil iSd § 16 Abs 1 Nr 2 EStG noch als Veräußerung eines Teilbetriebs tarifbegünstigt (BFHE 181, 45, BStBl II 1997, 39; ebenso *BMF* BStBl I 1994, 282 Tz 8).

Einkommensteuerrechtliche Betriebsaufgabe durch Realteilung. 84
Zu einer Betriebsaufgabe der Personengesellschaft kann es dadurch kommen, dass bei Auflösung der Gesellschaft das Gesellschaftsvermögen natural unter den Gesellschaftern aufgeteilt wird (Realteilung, s *BMF* BStBl I 1996, 228).

Ab **1999** konnte die Realteilung nach § 16 Abs 3 Satz 2 Hs 2 EStG nur noch dann zu Buchwerten und damit ohne Aufdeckung von stillen Reserven vollzogen werden, soweit sie durch Übertragung von **Teilbetrieben** oder **Mitunternehmeranteilen** erfolgte. Wurden **einzelne Wirtschaftsgüter** auf die Gesellschafter übertragen, so galt die Realteilung nach § 16 Abs 3 Satz 2 HS 1 EStG als Aufgabe eines Anteils nach § 16 Abs 1 Nr 2 EStG, mit der Folge, dass die stillen Reserven aufzudecken waren. Diese Neuregelung durch § 16 Abs 3 Satz 2 EStG stand im Zusammenhang mit § 6 Abs 5 Satz 3 EStG idF des StEntlG 1999/2000/2002, durch den das von Rechtsprechung und Verwaltung (s früherer „Mitunternehmererlass" in BStBl I 1978, 8) eingeräumte Wahlrecht zur Buchwertfortführung bei Überführung einzelner Wirtschaftsgüter in ein (Sonder-)Betriebsvermögen des Gesellschafters stark eingeschränkt wurde (s BFH/NV 2004, 1395).

Ab **2001** wurde § 6 Abs 5 Satz 3 EStG dahingehend geändert, dass auch eine Übertragung von Einzelwirtschaftsgütern zwischen den einzelnen (Sonder-)Betriebsvermögen unter Buchwertfortführung möglich ist. § 16 Abs 3 Satz 2 EStG wurde an diese geänderte Rechtslage durch das **UntStFG** ebenfalls mit Wirkung ab 2001 angepasst. Außerdem wurde durch § 6 Abs 5 Satz 3 iVm § 6 Abs 6 Satz 4 EStG idF des UntStFG klargestellt, dass § 6 Abs 5 EStG als Spezialvorschrift gegenüber den Tauschgrundsätzen des § 6 Abs 6 EStG diesen vorgeht (so bereits *BMF* in BStBl I 2001, 367 Tz 1). Die Regelungen des § 6 Abs 5 Sätze 3 bis 5 wurden durch das UntStFG ab 2001 gleichfalls überarbeitet und erweitert, so dass sich die Rechtslage wie folgt darstellt:

Buchwertfortführung. a) Soweit bei der Realteilung Teilbetriebe, 85
Mitunternehmeranteile oder einzelne Wirtschaftsgüter in das jeweilige Betriebsvermögen der Mitunternehmer übertragen werden, ist die **Buchwertübertragung** nach § 16 Abs 3 Satz 2 EStG **zwingend. aa) Teilbetrieb.** Voraussetzung der steuerneutralen Übertragung ist, dass der Teilbetrieb bereits vor der Realteilung bestanden hat und alle funktional wesentlichen Wirtschaftsgüter des Teilbetriebs übertragen werden. Hierzu gehört auch das Sonderbetriebsvermögen, soweit es eine wesentliche Betriebsgrundlage des Teilbetriebs darstellt (*Hörger/Mentel/Schulz* DStR 1999, 565). Funktional nicht wesentliche Wirtschaftsgüter können hingegen ab-

gespalten werden, auch wenn ihnen erhebliche stille Reserven innewohnen. Die Teilbetriebe müssen wiederum in ein (Sonder-)Betriebsvermögen des übernehmenden Gesellschafters überführt werden. **bb) Mitunternehmeranteil.** Die Übertragung kann in der Weise geschehen, dass die Personengesellschaft als Obergesellschaft einen Anteil an einer anderen Personengesellschaft (Untergesellschaft) hält und diesen im Rahmen der Realteilung einem Gesellschafter zuweist. Zu Gestaltungsmöglichkeiten bei der Berücksichtigung des Sonderbetriebsvermögens in diesem Zusammenhang s *Breidenbach/van Lishaut* DB 1999, 1234). **cc)** Bei Übertragung von **Einzelwirtschaftsgütern** in ein Betriebsvermögen des Mitunternehmers ist die Buchwertfortführung nach § 16 Abs 3 Satz 2 EStG idF des UntStFG nunmehr ebenfalls zwingend (zu den Einschränkungen in § 16 Abs 3 Sätze 3 und 4 EStG s Anm 86).

b) Rechtsfolgen. Soweit die Buchwerte des übernommenen Vermögens fortgeführt werden, ist im aufnehmenden Betrieb eine Kapitalkontenanpassung vorzunehmen (BFHE 166, 472, BStBl II 1992, 385).

86 **Gewinnrealisierung.** Werden den Gesellschaftern bei der Realteilung lediglich einzelne Wirtschaftsgüter zugewiesen, gelten die folgenden Einschränkungen:

a) Nach § 6 Abs 5 Satz 4 EStG ist rückwirkend auf den Zeitpunkt der Übertragung der Teilwert anzusetzen, wenn das Wirtschaftsgut innerhalb einer Sperrfrist (3 Jahre nach Abgabe der Steuererklärung des Übertragenden für den VZ, in dem die Übertragung stattgefunden hat) veräußert oder entnommen wird. In § 16 Abs 3 Satz 3 EStG wurde konsequenterweise die Sicherungsklausel des § 6 Abs 5 Satz 4 EStG bei Übertragung von einzelnen Wirtschaftsgütern im Zuge einer Realteilung ebenfalls eingeführt. Danach ist rückwirkend (§ 175 Abs 1 Satz 1 Nr 2 AO) der **gemeine Wert** eines übertragenen Einzelwirtschaftsguts anzusetzen bei Veräußerung/Entnahme innerhalb einer Sperrfrist (3 Jahre nach Abgabe der Steuererklärung der Mitunternehmerschaft für den VZ, in dem die Realteilung stattgefunden hat). Schädlich ist die Veräußerung/Entnahme aber nur bei Grund und Boden, Gebäuden oder anderen wesentlichen Betriebsgrundlagen.

b) Nach § 16 Abs 3 Satz 4 EStG ist bei Übertragung von Einzelwirtschaftsgütern auf eine **Kapitalgesellschaft** im Zuge einer Realteilung kein Buchwertansatz möglich, sondern der **gemeine Wert** anzusetzen. Dies entspricht den Sicherungsklauseln in § 6 Abs 5 Sätze 5 und 6 EStG.

87 **Ausgleichszahlungen.** Ein Wertausgleich (in bar oder durch Sachwerte; keinen Wertausgleich stellt die Übernahme bestehender Gesellschaftsschulden dar, BFHE 166, 476, BStBl II 1992, 385) steht der steuerneutralen Buchwertfortführung nicht entgegen. Dies gilt unabhängig davon, ob der Wertausgleich auf divergierenden Verkehrswerten der übernommenen Wirtschaftsgüter oder auf der unterschiedlichen Steuerlast der in den Wirtschaftsgütern liegenden stillen Reserven beruht (s *Schmidt/Wacker* § 16 Rz 548). Es ist jedoch ein Gewinn zu versteuern, der entweder nach dem Verhältnis der Ausgleichszahlung zum Wert der übernommenen Wirtschaftsgüter (so *BMF* BStBl I 2006, 228 Anm VI) oder nach der Höhe des Ausgleichsbetrages (so BFHE 170, 320, BStBl II 1994, 607) ermittelt wird.

Der Gewinn ist zwar nicht nach § 34 Abs 1 oder 3 EStG begünstigt (BFH/NV 1995, 98), er unterliegt jedoch nicht der GewSt (ebenso *BMF* BStBl I 2006, 228 aaO). Bei Beteiligung einer Körperschaft an einer Mitunternehmerschaft gilt jedoch § 7 Satz 2 Nr 2 mit der Folge einer anteiligen gewerbesteuerlichen Erfassung. Zu Gestaltungen zur Vermeidung eines Wertausgleichs s *Schmidt/Wacker* § 16 Rz 550.

Erbauseinandersetzung. Diese folgt Realteilungsregeln (GrS BFHE 161, 332, BStBl II 1990, 837; *BMF* BStBl I 2006, 253 Rz 10 ff). Zu unterscheiden ist, ob der Nachlass nur aus Betriebsvermögen oder Privatvermögen oder sowohl aus Betriebs- und Privatvermögen (sog Mischnachlass) besteht. Grundsätzlich erwirbt ein Miterbe in allen Fällen bei der Auseinandersetzung nur insoweit entgeltlich, als der Wert der erhaltenen Gegenstände den Wert seines Erbanteils übersteigt und er dafür Ausgleichzahlungen leistet (GrS BFHE 161, 332, BStBl II 1990, 837; zur Berechnung des entgeltlichen Anteils s *Schmidt/Wacker* § 16 Rz 626). Die Ausgleichszahlung unterliegt nicht der GewSt (ebenso *BMF* 2006, 253 Rz 14). Soweit die Erbauseinandersetzung über Mischnachlass erfolgt, gelten die vorstehenden Grundsätze nur für den Teil des Nachlasses, der aus Betriebsvermögen besteht. 88

89.–97. Veräußerung, Aufgabe von Gesellschaftsanteilen (Satz 2)

Grundsätzliches. Die Veräußerung oder Aufgabe von Gesellschaftsanteilen (§ 16 Abs 1 Nr 2 EStG) wird ähnlich behandelt wie die Betriebsveräußerung oder Betriebsaufgabe eines Einzelunternehmens (vgl BFHE 138, 548, BStBl II 1983, 771; BFHE 129, 17, BStBl II 1980, 43, dort auch zur Zulässigkeit einer § 6 b-Rücklage beim Entstehen eines Veräußerungsgewinns). Dies ist nicht Ausdruck der als überholt bezeichneten Bilanzbündeltheorie. Denn der Gedanke von der Personengesellschaft als Gewinnermittlungssubjekt tritt notwendigerweise bei der Veräußerung des Mitunternehmeranteils in den Hintergrund (kritisch zur Anteilsaufgabe *Schön* BB 1988, 1866). 89

Mitunternehmeranteil iSv § 16 Abs 1 EStG ist bei einer Personengesellschaft die Beteiligung des Gesellschafters, dh seine Mitgliedschaft mit den auf ihr beruhenden Rechten und Pflichten (vgl BFHE 133, 186, BStBl II 1981, 568). Verzichtet ein Gesellschafter in einem Einzelfall gegen Entgelt auf die Ausübung gesellschaftsrechtlicher Befugnisse, so liegt hierin keine Veräußerung eines Teils seines Mitunternehmeranteils (BFHE 166, 212, BStBl II 1992, 355).

Veräußerung von Mitunternehmeranteilen. Bis VZ 2001 bestand die Möglichkeit, **Bruchteile** eines Mitunternehmeranteils (einkommen-) **steuerbegünstigt** zu veräußern, obwohl dann nicht alle stillen Reserven aufgelöst wurden (BFHE 176, 392, BStBl II 1995, 599; BFHE 207, 274, BStBl II 2004, 1068; BFHE 222, 320, BStBl II 2008, 863). Hierdurch war der Mitunternehmer besser gestellt als der Einzelunternehmer. Der GrS des BFH hatte jedoch die Steuerbegünstigung für die entgeltliche Aufnahme eines Sozius in eine Einzelpraxis versagt (BFHE 189, 465, BStBl II 2000, 123) und bereits unter C.V. 2 c des Beschlusses die Steuerermäßigung bei Veräußerung von Bruchteilen bereits bestehender Mitunternehmeranteile 90 als steuersystematisch nicht begründbar beurteilt. Zu Gestaltungsmöglichkeiten bei der Aufnahme eines Gesellschafters in ein Einzelunternehmen s *Schmidt/Wacker* § 16 Rz 565 mwN. Abweichend hiervon soll für Zwecke der GewSt nach BFHE 216, 233, BStBl II 2007, 777 auch schon vor der Einfügung des § 16 Abs 1 Satz 2 EStG (mWv 2002) die Veräußerung eines Teilanteils nicht begünstigt gewesen sein (s a BFHE 192, 534, BStBl II 2005, 173; zur ESt s BFHE 211, 312, BStBl II 2006, 176 sowie BFH/NV 2008, 109). Der Gesetzgeber hat der Kritik des BFH in BFHE 189, 465, BStBl II 2000, 123 Rechnung getragen (s auch BFHE 192, 534, BStBl II 2005, 173) und nach § 16 Abs 1 Satz 1 Nrn 2u 3 EStG idF des **UntStFG** ab **2002** die Veräußerung einer Beteiligung an einer Personengesellschaft einkommensteuerrechtlich nur noch dann begünstigt, wenn der **gesamte** Anteil veräußert wird. Wird nur ein **Bruchteil** eines Anteils veräußert, so sind die hierbei entstehenden Gewinne als laufende Gewinne zu behandeln (§ 16 Abs 1 Satz 2 EStG). Bei unentgeltlicher Übertragung können die nachteiligen Folgen vermieden werden (§ 6 Abs 3 Satz 1 Hs 2 2. Alt EStG), so dass die steuerneutrale Unternehmensnachfolge innerhalb der Familie weiter möglich ist.

In **§ 7 Satz 2,** der durch das **UntStFG** v 20. 12. 2001 (BGBl I 2001, 3858) mWv EZ 2002 eingefügt wurde, ist die GewStPfl von Veräußerungs- und Aufgabevorgängen bei Mitunternehmerschaften geregelt, soweit der Gewinn nicht auf eine natürliche Person als unmittelbar beteiligter Mitunternehmer entfällt. Aus der Vorschrift lässt sich durch Umkehrschluss herleiten, dass die nicht von Satz 2 erfassten Veräußerungs- und Aufgabevorgänge iSv § 16 EStG gewerbesteuerfrei sein sollen (Ausnahme: GewSt-Pflicht, soweit Grundstücke des Umlaufvermögens betroffen sind, s Anm 14 a). Die GewStFreiheit derartiger Vorgänge beruht somit nicht mehr nur auf dem übergeordneten Gesichtspunkt „Objektcharakter der Gewerbesteuer" (s hierzu § 1 Anm 14), sondern auch auf positivem Recht. Nach § 7 Satz 2 ist gewstpfl der Gewinn aus der Veräußerung oder Aufgabe (1.) des Betriebs oder eines Teilbetriebs einer Mitunternehmerschaft, (2.) des Anteils eines Gesellschafters, der als Unternehmer (Mitunternehmer) des Betriebs einer Mitunternehmerschaft anzusehen ist und (3.) des Anteils eines persönlich haftenden Gesellschafters einer KGaA, soweit der Gewinn nicht auf eine natürliche Person als unmittelbar beteiligter Mitunternehmer entfällt. Der Geltungsbereich der Regelung erfasst somit **Mitunternehmerschaften, an denen juristische Personen beteiligt sind.** Der auf sie entfallende Veräußerungs-/Aufgabegewinn ist gewstpfl; bis EZ 2001 war er gewstfrei gewesen, weil der Betrieb der – gewerbesteuerlich verselbständigten – Personengesellschaft die "Quelle" des Veräußerungsgewinns ist (BFHE 181, 499, BStBl II 1997, 224). Der Gewinn entsteht somit auf der **Ebene der Mitunternehmerschaft,** deren Anteile veräußert werden (glA *Bonertz* DStR 2002, 795; *Kleymann/Hindermann* BB 2206, 2104 zu mehrstöckigen Personenhandelsgesellschaften; aA *Günkel/Levedag* FR 2004, 261; s auch *Schmidt/Hageböke* DB 2003, 790 sowie FG Münster EFG 2008, 59, Rev X R 39/07), auch bei Anwendung des § 18 Abs 4 UmwStG (*OFD Koblenz* DStR 2005, 194). Dies gilt auch für den Fall der Veräußerung von Anteilen an einer Obergesellschaft, die Anteile an einer Untergesellschaft hält (*Schmidt/Hageböke* aaO; *Suchanek* GmbH 2007, 248).

Die Veräußerung von Mitunternehmeranteilen an einer Untergesellschaft ist nicht nach § 7 Satz 2 Nr 2 steuerfrei, weil es sich nicht um eine unmittelbare Beteiligung handelt. Die Vorschrift des § 15 Abs 1 Nr 2 Satz 2 EStG, wonach der mittelbar über eine oder mehrere Personengesellschaften beteiligte Mitunternehmer dem unmittelbar beteiligten gleichsteht, ist insoweit nicht anwendbar (vgl BTDrs 14/7344; *Driesch* in *Lange*, Personengesellschaften im Steuerrecht, 6. Aufl 2005 Rz 39, 58). Sofern die Mitunternehmerschaft wegen der Beteiligung einer Kapitalgesellschaft GewSt aus der Veräußerung eines Mitunternehmeranteils entrichten muss, kommt ein gesellschafterinterner Ausgleich gegenüber den Gesellschaftern (natürliche Personen) in Betracht, die die GewSt nicht ausgelöst haben (s *Stollenwerk/Scherff* GmbH-StB 2005, 45; *Scheifele* DStR 2006, 253). Zu den Auswirkungen der Nichtabziehbarkeit der GewSt nach § 4 Abs 5 b EStG s *Behrendt/Arjes/Jeziorski* BB 2008, 1993. Die Regelung des § 7 Satz 2 soll nach den Vorstellungen des Gesetzgebers verhindern, dass eine Kapitalgesellschaft Wirtschaftsgüter auf eine Mitunternehmerschaft, an der sie beteiligt ist, ohne Aufdeckung stiller Reserven überträgt (§ 6 Abs 5 Satz 3 EStG) und danach den Mitunternehmeranteil gewstfrei veräußert (BRDrs 638/2001, 67; s *Brinkmann/Schmidtmann* DStR 2003, 95; *Stollenwerk/Scherff* aaO). GewStpflichtig ist der Gewinn aus der Veräußerung eines Mitunternehmeranteils innerhalb von fünf Jahren nach Verschmelzung einer Kapitalgesellschaft auf eine Personengesellschaft, und zwar insoweit, als er auf das Vermögen entfällt, das der Personengesellschaft bereits vor der Umwandlung gehört hatte (BFHE 216, 103, BStBl II 2008, 69). Entsprechendes gilt für eine formwechselnde Umwandlung (BFH/NV 2007, 793 sowie BFHE 217, 162, BStBl II 2008, 73). Als Reaktion auf diese Rechtsprechung wurde in § 18 Abs 3 Satz 1 UmwStG mWv ab 2008 eine Regelung aufgenommen, wonach der gesamte Aufgabe-/Veräußerungsgewinn der GewSt unterliegt (zu verfassungsrechtlichen Bedenken hierzu *Wernsmann/Desens*, DStR 2008, 221). Von § 7 Satz 2 werden auch **Verluste** erfasst, wie sich aus der Bezugnahme in § 7 Satz 1 auf die Vorschriften über die Gewinnermittlung ergibt (ebenso *Blümich/v Twickel* § 7 Rz 151; *Behrens* BB 2002, 860). In § 7 Satz 2 Nr 2 ist der Mitunternehmeranteil erwähnt; dazu gehört auch ein Anteil daran, weil – im Gegensatz zu § 16 Abs 1 Nr 2 EStG – nicht vom gesamten Anteil die Rede ist. Die Erwähnung des Anteils des persönlich haftenden Gesellschafters einer Kommanditgesellschaft auf Aktien in § 7 Satz 2 Nr 3 ist von Bedeutung, wenn eine Kapitalgesellschaft persönlich haftende Gesellschafterin ist und ihren Anteil verkauft oder aufgibt. Die Vorschrift des § 7 Satz 2 regelt nicht Veräußerungen durch natürliche Personen und durch Mitunternehmerschaften, an denen nur natürliche Personen unmittelbar beteiligt sind. Insoweit gelten § 7 Satz 1 GewStG und § 16 EStG. Zur Übertragung von Mitunternehmeranteilen mit Sonderbetriebsvermögen s *BMF* BStBl I 2005, 458, I 2006, 766.

Die **Aufgabe eines Mitunternehmeranteils** entsprechend § 16 Abs 3 91
EStG ist zB dann gegeben, wenn ein Gesellschafter seinen Anteil veräußert, und damit sein vorhandenes bisheriges Sonderbetriebsvermögen mit den darin ruhenden stillen Reserven den betrieblichen Bezug verliert. Die Rechtsprechung wertet diesen Vorgang nicht als Kombination einer An-

teilsveräußerung und einer Entnahme, sondern als Aufgabe (krit *Gebel* DStR 1996, 1880). Sie wird damit der Vorstellung gerecht, dass im Falle der Veräußerung eines Betriebs oder einer mitunternehmerischen Erwerbsgrundlage der Übergang aller wesentlichen Grundlagen auf einen Erwerber vorausgesetzt wird. Daran fehlt es aber bei der Zurückbehaltung von wesentlichem Sonderbetriebsvermögen bei einer Anteilsveräußerung/-übertragung (§ 34 EStG ist anwendbar, BFHE 178, 379, BStBl II 1995, 890; anders bei Überführung des wesentlichen Sonderbetriebsvermögens zum Buchwert in ein anderes Betriebsvermögen des Mitunternehmers, BFHE 164, 260, BStBl II 1991, 635). GewStPfl scheidet in jedem Fall aus, sofern der Aufgabegewinn auf eine unmittelbar beteiligte natürliche Person entfällt (§ 7 Satz 2).

92 **Auswirkung auf den Gewerbeertrag.** Der gewstpfl laufende Gewinn der fortbestehenden Personengesellschaft wird von der Anteilsveräußerung oder -aufgabe zunächst dadurch berührt, dass das Kapitalkonto des betreffenden Gesellschafters auf den Tag seines Ausscheidens fortzuentwickeln ist (§ 16 Abs 2 Satz 2 EStG; s dazu Anm 93). Wächst der Anteil den übrigen Beteiligten an, so ist über mögliche Anschaffungskosten oder einen den Gewerbeertrag vermindernden Verlust aus der Abfindung lästiger Gesellschafter bzw durch die unentgeltliche Übernahme eines negativen Kapitalkontos zu befinden (Anm 95). Gewerbesteuerfrei ist der bei einer Sonderrechtsnachfolge in den Mitunternehmeranteil beim Erblasser entstehende Gewinn aus der Entnahme des Sonderbetriebsvermögens (BFHE 191, 385, BStBl II 2000, 316). Dieses Ergebnis entspricht dem vom BFH entwickelten Grundsatz, dass die unentgeltliche Übertragung eines Gesellschaftsanteils zwar nur zu einem partiellen Unternehmerwechsel führt, dieser aber wie ein vollständiger Unternehmerwechsel zu behandeln ist (BFHE 171, 246, BStBl II 1993, 616). Betriebliche Veräußerungsrenten (Anm 63) sind auch bei der Anteilsveräußerung möglich. Sie werden nach § 8 Nr 1 Buchst b dem Gewerbeertrag hinzugerechnet. Betriebliche Versorgungsrenten zählen ebenfalls zum Gewerbeertrag der Gesellschaft (§ 15 Abs 1 Satz 2 EStG; *Schmidt/Wacker* § 15 Rz 572; BFHE 173, 170, BStBl II 1994, 455). Gewstfrei ist der Gewinn aus der Anteilsveräußerung ab **EZ 2002** nur noch dann, wenn er auf eine **unmittelbar** beteiligte natürliche Person entfällt (§ 7 Satz 2 Nrn 2 und 3). Daher ist die Veräußerung des Anteils an einer Untergesellschaft durch eine Obergesellschaft, an der ausschließlich natürliche Personen beteiligt sind, gewstpfl. Eine Entlastung der **mittelbar** beteiligten natürlichen Person erfolgt lediglich über § 35 EStG (Anrechnung der GewSt).

93 **Der handelsrechtliche Vorgang.** Das Ausscheiden eines Gesellschafters kann sich in unterschiedlicher Weise vollziehen, und zwar in der Form des Gesellschafterwechsels, der Übertragung des Anteils auf einen der bisherigen Gesellschafter, im Ausscheiden eines Gesellschafters mit der Folge des Anwachsens seiner Beteiligung bei den übrigen, im Ausscheiden eines Gesellschafters aus einer zweigliedrigen Gesellschaft mit Übernahme des Geschäfts durch den verbleibenden Gesellschafter und in der unentgeltlichen Übertragung von Gesellschaftsanteilen im Wege der Erbfolge oder der vorweggenommenen Erbfolge (vgl zu den Modalitäten des Gesellschafter-

wechsels auch BFHE 141, 184, BStBl II 1984, 594). Zur Veräußerung auf den 1. 1. s BFHE 171, 23, BStBl II 1993, 666.

Beim entgeltlichen Ausscheiden erhält der Ausscheidende für die Aufgabe oder Veräußerung seiner Beteiligung einen Gegenwert, der bei der entgeltlichen Übertragung des Gesellschaftsanteils auf einen Dritten im Veräußerungspreis oder im Abfindungsfall in dem Auseinandersetzungsguthaben besteht.

Eine Personengesellschaft ist nach den Grundsätzen ordnungsmäßiger Buchführung nicht verpflichtet, auf den Stichtag des Gesellschafterwechsels (nicht: Übernahme durch den Verbleibenden bei zweigliedriger Personengesellschaft) eine **Zwischenbilanz** zu erstellen. Eine solche Verpflichtung besteht für steuerliche Zwecke insb nicht ohne weiteres zur Ermittlung des Abfindungsguthabens (Abschichtungsbilanz) oder zur Bestimmung des nach § 16 Abs 2 Satz 2 EStG für den Veräußerungsgewinn anzusetzenden Anteils des Ausscheidenden am Betriebsvermögen. Herrscht zwischen den Beteiligten Unklarheit, mag es zwar zur Aufstellung einer solchen Abschichtungsbilanz kommen. Für die Besteuerung genügt aber die schätzungsweise erfolgte Ermittlung des Werts der veräußerten Beteiligung und des bis zum Stichtag anfallenden Gewinns des Ausscheidenden (BFHE 139, 60, BStBl II 1984, 53; BFHE 170, 511, BStBl II 1993, 594).

Steuerrechtliche Wertung des handelsrechtlichen Vorgangs, Anschaffung. Unabhängig von der Art des Gesellschafterwechsels (Anwachsung bei den verbleibenden Gesellschaftern gem § 738 BGB oder gestattete – § 719 BGB – Veräußerung eines Anteils an einen Dritten) gilt der Vorgang beim **Ausscheidenden** als Veräußerung oder Aufgabe eines Mitunternehmeranteils, die nach § 34 Abs 1 oder Abs 3 EStG steuerbegünstigt ist, wenn alle stillen Reserven – auch die des Sonderbetriebsvermögens – aufgelöst werden. Eine dem Gesellschafter für den Fall seines Ausscheidens zugesagte Rente wird bei todesbedingtem Ausscheiden auch dann dem Veräußerungsgewinn des Gesellschafters zugerechnet, wenn die Rente als Vermächtnis einem Nichterben zukommt (BFHE 171, 440, BStBl II 1994, 227). Für die **Übernehmer** des Gesellschaftsanteils bedeuten diese Vorgänge entgeltliche Anschaffungsgeschäfte, unabhängig davon, ob sie als Käufer einen Kaufpreis oder als verbleibende Gesellschafter eine Abfindung leisten und ihnen die Beteiligung kraft Gesetzes anwächst (vgl zur Beurteilung als Anschaffungsgeschäft BFHE 163, 186, BStBl II 1992, 510). 94

Anschaffungsgegenstand sind idR die Anteile des Ausgeschiedenen an den einzelnen Wirtschaftsgütern des Gesellschaftsvermögens (§ 39 Abs 2 Nr 2 AO). Dies gilt auch dann, wenn zB bei der Abfindungsleistung durch die Gesellschaft diese als Anspruchsgegner in den Zahlungsvorgang eingeschaltet ist. Dieses Ergebnis folgt aus dem Grundsatz, dass Aufwendungen für die Beteiligung an einer Personengesellschaft als solche einkommensteuerrechtlich nicht in Erscheinung treten (vgl auch BFHE 120, 222, BStBl II 1977, 259; bestätigt durch BFHE 141, 405, BStBl II 1984, 751 unter C III 3b bb 3). Für den wirtschaftlich damit vergleichbaren Anteilserwerb durch **Dritte** kann nichts anderes gelten. Der Dritte hat ebenfalls – steuerrechtlich in einer Ergänzungsbilanz anzusetzende – Anschaffungskosten für die dem Veräußerer bisher zustehenden Anteile an den einzelnen Wirtschaftsgütern.

95 **Entgelt übersteigt Kapitalkonto.** Wendet der Erwerber (im Abfindungsfall die verbleibenden Gesellschafter) Beträge auf, die das Kapitalkonto des Ausgeschiedenen übersteigen, so liegen idR aktivierungspflichtige **Anschaffungskosten** vor. Es besteht die widerlegbare **Vermutung** dafür, dass die bilanzierten materiellen und immateriellen Wirtschaftsgüter des Gesellschaftsvermögens stille Reserven enthalten (BFHE 171, 422, BStBl II 1994, 224) oder bisher nicht bilanzierte immaterielle Einzelwirtschaftsgüter oder ein originärer Geschäftswert vorhanden sind und der den Buchwert übersteigende Teil Entgelt auch für die genannten nicht bilanzierten Werte ist (vgl BFHE 142, 148, BStBl II 1984, 584; s dazu auch *Hörger/Stobbe* DStR 1991, 1230; *Siegel* DStR 1991, 1477). Der Anteilserwerber hat die entsprechenden Aufwendungen in einer Ergänzungsbilanz, angeschafftes Sonderbetriebsvermögen in einer Sonderbilanz zu aktivieren (vgl Anm 115). Wächst der Anteil sämtlichen verbleibenden Gesellschaftern an, so sind die Anschaffungskosten in der Steuerbilanz der Gesellschaft zu aktivieren.

Ehe eine derartige Zuordnung des Abfindungsbetrages oder Kaufpreises zu den Betriebsvermögensanteilen erfolgen kann, sind die dem Ausscheidenden zustehenden Gewinnanteile und sonstige nicht von der Abschichtungsbilanz erfassten Vorgänge (auch der Gewinn aus schwebenden Geschäften, § 740 BGB) aus dem Abfindungsbetrag auszuscheiden. Zur Abgrenzung des laufenden gewerbesteuerpflichtigen Gewinns vom Veräußerungsgewinn ist zunächst das Kapitalkonto des Ausgeschiedenen mit Rücksicht auf seine bis dahin bestehende Gewinnbeteiligung auf den Zeitpunkt seines Ausscheidens fortzuentwickeln.

96 Ausnahmsweise können in den das Kapitalkonto des Ausgeschiedenen übersteigenden Abfindungsbeträgen sofort abziehbare Betriebsausgaben liegen, wenn es sich um sog Zahlungen an einen **„lästigen" Gesellschafter** handelt. Zur Abgrenzung s BFH/NV 1990, 496). Die Abfindung des „Lästigen" bedeutet eine Minderung des Gewerbeertrags bei der verbleibenden Mitunternehmerschaft.

Veräußerungsgewinn. Korrespondierend mit den vorstehend erläuterten Anschaffungsvorgängen bei den verbleibenden Gesellschaftern oder dem Erwerber realisiert der **Ausscheidende** seinen Gewinn nach § 16 Abs 1 Satz 1 Nr 2 EStG (zum Zeitpunkt der Anteilsübertragung bzw des Ausscheidens aus der Gesellschaft, s BFHE 170, 29, BStBl II 1993, 228). Mit der Übertragung des Gesellschaftsanteils entfällt idR auch die Möglichkeit, Sonderbetriebsvermögen zu halten. Deshalb muss auch insoweit eine Gewinnrealisierung eintreten (Aufgabe des Mitunternehmeranteils).

96a **Besonderheiten beim negativen Kapitalkonto. a)** Ist das Konto deshalb negativ geworden, weil über das Beteiligungskonto auch **Entnahmen** gebucht worden sind, so besteht idR Rückzahlungspflicht. Wird darauf verzichtet, so ist dies sowohl beim persönlich als auch beim beschränkt haftenden Gesellschafter zusätzliches Entgelt für den Gesellschaftsanteil (Aufdeckung anteiliger stiller Reserven). Zu Einzelheiten s *Schmidt/Wacker* § 16 Rz 469f.

b) Persönlich haftender Gesellschafter. aa) Negatives Kapitalkonto wird nicht (vollständig) aufgefüllt. Leistet ein persönlich haftender Gesellschafter bei seinem Ausscheiden für sein infolge Verlustzuweisung negatives Kapitalkonto keine (vollständige) Ausgleichzahlung, so beläuft sich idR (Ausnahme Rechtsnachfolge) auf diesen Betrag sein Anteil an den stillen Reserven. Die verbleibenden Gesellschafter haben seine Nachschusspflicht insoweit verrechnet. Der Betrag des negativen Kapitalkontos erhöht den Veräußerungsgewinn. 96b

Auf der Seite des **Erwerbers** oder bei **den verbleibenden Gesellschaftern** entstehen auch in Höhe des negativen Kapitalkontos Anschaffungskosten, die bei den Wirtschaftsgütern und stillen Reserven oder dem Geschäftswert zu aktivieren sind (Erwerber: Ergänzungsbilanz).

bb) Ausgleichszahlung in Höhe des negativen Kapitalkontos. Wird das negative Kapitalkonto dagegen vom Ausscheidenden ausgeglichen, so ist dieser Vorgang für alle Beteiligten (Ausscheidender/Personengesellschaft) als bloße Zahlung gewinneutral, weil sich die dem negativen Betrag zugrunde liegenden Geschäftsvorfälle bereits steuerlich ausgewirkt und zu betrieblichen Schulden geführt haben.

cc) Nachträgliche Einkünfte. Scheidet ein Gesellschafter mit negativem Kapitalkonto aus einer OHG aus und wird er von den übrigen Gesellschaftern ohne Gegenleistung im Innenverhältnis von den Verbindlichkeiten der Gesellschaft freigestellt, so erzielt er zunächst im Zeitpunkt seines Ausscheidens einen Gewinn in Höhe des Minusbetrages, es sei denn, er muss wegen der schlechten wirtschaftlichen Lage mit einer Inanspruchnahme durch Gläubiger rechnen (BFH/NV 1998, 1484). Ist dies nicht der Fall und fällt deshalb zunächst Gewinn an, wird aber der Gesellschafter nachträglich doch in Anspruch genommen, ist die Gewinnfeststellung für das Jahr des Ausscheidens zu ändern, soweit keine Ausgleichsforderung gegen die Gesellschaft oder andere Gesellschafter besteht oder diese uneinbringlich ist (BFHE 172, 80, BStBl II 1993, 894). Die Gewerbesteuerschuld der Gesellschaft wird hiervon nicht berührt.

dd) Erwerb stiller Reserven. Das negative Kapitalkonto des persönlich Haftenden wird **nicht ausgeglichen,** es **überschreitet** den Betrag der dem Ausscheidenden anteilig zuzurechnenden **stillen Reserven** und der Erwerb erfolgt nicht schenkungshalber, sondern auf Grund kaufmännischer Überlegungen.

Beispiel: A ist an der ABC-OHG mit einem negativen Kapitalkonto von 50 und anteiligen stillen Reserven von nur 25 beteiligt. A scheidet aus und veräußert seinen Anteil an D. D tritt in die Gesellschaft ein und übernimmt das negative Kapitalkonto des A von 50.

A hat in Höhe seines weggefallenen negativen Kontos einen Veräußerungsgewinn iSd § 16 EStG, und zwar gilt dies gleichermaßen für den lästigen als auch für den illiquiden ausscheidenden Gesellschafter. D aktiviert in seiner Ergänzungsbilanz die anteiligen stillen Reserven von 25. In Höhe des Differenzbetrages von 25 sind die Verlustanteile dem Übernehmer D zuzurechnen.

c) Das negative Kapitalkonto des beschränkt haftenden Gesellschafters. aa) Liquidationsfall. Im Rahmen der Liquidation wird ein ggf vorhandener Liquidationsgewinn aus dem Vergleich der letzten Jahres- 96c bilanz mit der Liquidationsschlussbilanz (Auflösung der stillen Reserven) ermittelt und entsprechend dem Gewinnschlüssel auch zur Deckung des negativen Kapitalkontos bei Kommanditisten verrechnet. Verbleibt ein negatives Kapitalkonto (maßgeblich ist die Steuerbilanz der KG, BFHE 144, 572, BStBl II 1986, 58), so entsteht durch seinen Wegfall (§ 167 Abs 3 HGB) ein steuerbegünstigter Gewinn iSv § 16 EStG, der die Folge der steuerlichen Anerkennung des negativen Kapitalkontos eines Kommanditisten ist. Daneben kann sich bei Uneinbringlichkeit von Darlehens- oder Arbeitslohnforderungen gegenüber der Gesellschaft ein Verlust im Sonderbetriebsvermögen des Kommanditisten ergeben (BFHE 144, 572, BStBl II 1986, 58). Diese **Aufgabegewinne unterliegen nicht der Gewerbesteuer.**

Der Vorgang ist für die **übrigen Gesellschafter** keine nachträgliche Anschaffung. Diese übernehmen den Betrag nicht, sondern tragen den sich aus der Liquidationsschlussbilanz insoweit ergebenden Verlust wegen § 167 Abs 3 HGB.

bb) Ausscheidensfall. Für den **beschränkt haftenden Gesellschafter** entsteht – unabhängig von vorhandenen stillen Reserven – durch den Wegfall seines Kapitalkontos beim Ausscheiden ein Gewinn iSv § 16 EStG (§ 52 Abs 33 Satz 3 EStG). Bestehen stille Reserven oder ein Geschäftswert, so wächst den **verbleibenden Gesellschaftern** der Anteil des ausgeschiedenen Gesellschafters an diesen stillen Reserven oder dem Geschäftswert an. Die Übernahme des negativen Kapitalkontos muss bei den verbleibenden Gesellschaftern als **Anschaffungsvorgang** gewertet werden (BFHE 134, 15, BStBl II 1981, 795), was zu entsprechenden Anschaffungskosten führt.

Soweit feststeht, dass auf den Ausscheidenden kein Anteil an den stillen Reserven und kein anteiliger Geschäftswert entfallen, erleiden die **übernehmenden Gesellschafter** keinen sofortigen Verlust. Vielmehr ist der erforderliche Ausgleich bei diesen durch Aktivierung eines Korrekturpostens in einer Ergänzungsbilanz herzustellen, der mit auf den übernommenen KG-Anteil entfallenden künftigen Gewinnanteilen zu verrechnen ist (BFHE 174, 413, BStBl II 1994, 745). Scheidet ein Kommanditist ohne Abfindung aus und geht sein negatives Kapitalkonto durch Anwachsung auf die verbleibenden Gesellschafter über, sind die dem Ausgeschiedenen bisher zugerechneten **Verlustanteile** (soweit sie ausgleichbar waren, aber mit Gewinnen noch nicht ausgeglichen wurden) den verbleibenden Gesellschaftern zuzurechnen (BFHE 174, 413, BStBl II 1994, 745; *Schmidt/Wacker* § 16 Rz 501). Die Verlustanteile mindern den **Gewerbeertrag** der Gesellschaft.

cc) Veräußerungsfall. Wenn ein **Kommanditist** seinen Kommanditanteil während eines Wirtschaftsjahres oder zum Ende eines Wirtschaftsjahres entgeltlich veräußert, so ist ihm sein vertraglicher Anteil an dem Verlust – gewerbeertragswirksam – zuzurechnen, den die KG vom Beginn des Wirtschaftsjahres **bis zum Zeitpunkt der Veräußerung** erwirtschaftet hat, mit der Folge der Erhöhung des negativen Kapitalkontos. Voraussetzung ist, dass der Erwerber dieses negative Kapitalkonto übernimmt. Durch die Veräußerung erzielt der Kommanditist einen **Veräußerungsgewinn** iSv § 16 Abs 1 Satz 1 Nr 2 und Abs 2 EStG nach dem Kapitalkontostand im Zeitpunkt der Veräußerung zuzüglich eines evtl weiteren Barentgelts und abzüglich der Veräußerungskosten.

Beim **Erwerber** sind die Übernahme des negativen Kapitalkontos und eine etwaige weitere Barzahlung die Anschaffungskosten für die Anteile des Ausgeschiedenen an den entsprechenden Wirtschaftsgütern des Gesellschaftsvermögens (BFHE 171, 422, BStBl II 1994, 224). Die Mehranschaffungskosten sind entsprechend der prozentualen Beteiligung des Erwerbers am Gesellschaftsvermögen in einer Ergänzungsbilanz auf die einzelnen Wirtschaftsgüter, soweit diese stille Reserven enthalten, und einen Geschäftswert zu verteilen. Soweit stille Reserven oder ein Firmenwert nicht vorhanden sind, ist in der Ergänzungsbilanz ein aktiver Korrekturposten zu führen, der gewinnmindernd gegen spätere Gewinnanteile aufzulösen ist (BFHE 174, 413, BStBl II 1994, 745) oder ein „Merkposten" außerhalb der Bilanz zu bilden, um sicherzustellen, dass künftige Gewinnanteile, die der Ausscheidende bereits nachversteuert hat, nicht nochmals versteuert werden (BFHE 176, 10, BStBl II 1995, 246; *Gschwendtner* DStR 1995, 914).

Entgelt unterschreitet das positive Kapitalkonto. Wenn die Abfindung oder der Kaufpreis das positive Kapitalkonto des ausgeschiedenen Gesellschafters unterschreitet, gilt Folgendes: Wird der **Ausscheidende** mit einem Betrag abgefunden, der unter dem Buchwert seines Kapitalkontos liegt, und scheidet eine Schenkung aus, so entsteht bei ihm ein gewerbesteuerlich wirkungsloser Verlust (BFHE 178, 110, BStBl II 1995, 770). Zum Verlustentstehungszeitpunkt s BFHE 170, 511, BStBl II 1993, 594. Für die oder den **Erwerber** gilt der Bewertungszwang nach § 6 EStG (Anschaffungskosten). Dies bedeutet, die Buchwerte der im Gesellschaftsvermögen enthaltenen Wirtschaftsgüter sind abzustocken, und zwar im Abfindungsfall in der Steuerbilanz der Gesellschaft und im Veräußerungsfall in der Ergänzungsbilanz des anteilserwerbenden Neugesellschafters. Ebenso wenn das Kapitalkonto des ausgeschiedenen Gesellschafters erst durch Mehrgewinne nach einer Bp positiv wird und dieser keinen Ausgleich erlangt (BFHE 181, 476, BStBl II 1997, 241). Keine Abstockung bei nach dem Nominalwert zu bewertenden Wirtschaftsgütern wie Bar- und Buchgeld (BFHE 183, 379, BStBl II 1998, 180). Da ein Gesamtkaufpreis für die gesamten Anteile des Ausgeschiedenen an den Wirtschaftsgütern des Betriebsvermögens vorliegt, muss dieser nach den wahren Wertrelationen der Wirtschaftsgüter aufgeteilt und als Anschaffungskosten angesetzt werden. 97

98.–102. Sachwertabfindung

a) Abfindung mit privaten Sachwerten. Erhält der Ausscheidende von dem Erwerber oder den verbleibenden Gesellschaftern statt Geld **private Sachwerte,** so hat eine Realisierung der stillen Reserven (einschließlich der des Sonderbetriebsvermögens) zu erfolgen. Der Gewinn nach § 16 Abs 1 Satz 1 Nr 2 und Abs 2 EStG entsteht zu dem Zeitpunkt, an dem die Beteiligung auf den Erwerber übergegangen ist bzw den verbleibenden Gesellschaftern die Anteile des Ausgeschiedenen angewachsen sind (BFHE 113, 195, BStBl II 1974, 707). 98

b) Abfindung mit Sachwerten aus dem Betriebsvermögen in das Privatvermögen. Ebenso verhält es sich, wenn der Ausscheidende mit 99

Wirtschaftsgütern aus dem Betriebsvermögen (auch Forderungen gegen Dritte, BFHE 179, 307, BStBl II 1996, 194) der Gesellschaft abgefunden wird, diese aber bei ihm in das **Privatvermögen** gelangen. Auch dann besteht beim Ausscheidenden keine Möglichkeit zur Vermeidung eines steuerpflichtigen Gewinns aus der Veräußerung seines Mitunternehmeranteils. Bei den verbleibenden Gesellschaftern liegt ein Veräußerungs- und ein Anschaffungsgeschäft vor. In Höhe ihres Anteils an den stillen Reserven des Abfindungsguts erzielen die verbleibenden Gesellschafter einen laufenden Gewinn (BFHE 159, 410, BStBl II 1990, 561; BFH/NV 2006, 2246), der gewstpfl ist. Gleichzeitig liegt eine Anschaffung von Anteilen des Ausgeschiedenen an den Wirtschaftsgütern des Betriebsvermögens mit der Folge der Buchwertaufstockung vor. Der Ausscheidende erzielt einen steuerbegünstigten Veräußerungsgewinn nach § 16 Abs 2 EStG, der sich aus der Gegenüberstellung des Abfindungsguthabens (empfangener Sachwert) mit dem Kapitalkonto ergibt; vgl Beispiel bei *Schmidt/Wacker* § 16 Rz 521.

100 **c) Sachwertabfindung aus dem Gesamthandsvermögen der Gesellschaft in das Betriebsvermögen des Ausscheidenden.** Erhält ein ausscheidender Gesellschafter **nach dem 31. 12. 2000** (§ 52 Abs 16a EStG idF des UntStFG) **einzelne Wirtschaftsgüter,** ist die Buchwertfortführung nach § 6 Abs 5 Satz 3 EStG idF des UntStFG **zwingend** im Falle der Übertragung aus dem Gesamthandsvermögen der Mitunternehmerschaft in ein Betriebsvermögen des ausscheidenden Mitunternehmers (§ 6 Abs 5 Satz 3 Nr 1 EStG) oder aus dem Gesamthandsvermögen der Mitunternehmerschaft in das Sonderbetriebsvermögen des Mitunternehmers in einer anderen Mitunternehmerschaft, an der er beteiligt ist (§ 6 Abs 5 Satz 3 Nr 2 EStG). Ein Wahlrecht zwischen Gewinnrealisierung oder dem Ansatz von Zwischen- oder Buchwerten wie nach früherer Rechtslage ist nicht mehr möglich. Nach § 6 Abs 5 Satz 4 EStG ist rückwirkend (§ 175 Abs 1 Satz 1 Nr 2 AO) auf den Zeitpunkt der Übertragung der Teilwert anzusetzen, wenn das Wirtschaftsgut innerhalb einer Sperrfrist (3 Jahre nach Abgabe der Steuererklärung des/der Übertragenden für den VZ, in dem die Übertragung stattgefunden hat) veräußert oder entnommen wird. Die Versteuerung der stillen Reserven entfällt, wenn diese durch Erstellung einer Ergänzungsbilanz dem/den übertragenden Gesellschafter(n) zugeordnet worden sind. Zu Einzelheiten s *Rödder/Schumacher* DStR 2001, 1634 und *Wendt* FR 2002, 53.

101, 102 *(frei)*

103.–139. Die Besteuerung der Mitunternehmerschaft

103.–109. Mitunternehmerschaft

103 **Rechtsgrundlage.** Die zentrale Vorschrift für das steuerrechtliche Merkmal der Mitunternehmerschaft ist **§ 15 Abs 1 Satz 1 Nr 2 EStG.** Der Gesetzgeber regelt an dieser Stelle zwar nur die gewerblichen mitunternehmerischen Einkünfte. Dessen ungeachtet lässt die Verweisung auf § 15 Abs 1 Satz 1 Nr 2 EStG bei den Einkünften aus selbstständiger Arbeit (§ 18 Abs 4 EStG) und land- und forstwirtschaftlichen Einkünften (§ 13

Abs 7 EStG) erkennen, dass auch dort die Mitunternehmerschaft eine vom Gesetz in Betracht gezogene Form der Einkünfteerzielung darstellt. Bei den übrigen Einkunftsarten des § 2 Nr 4–7 EStG (nichtselbständige Arbeit, Kapitalvermögen, Vermietung und Verpachtung sowie sonstige Einkünfte) taucht diese Vorstellung nicht auf. Denn bei diesen Einkünften lässt sich zumeist schon aus bürgerlich-rechtlichen Vorgängen mit ihrem wirtschaftlichen Gehalt, wie zB dem Abschluss von Mietverträgen oder der Begründung von Arbeitsverhältnissen, hinreichend auf die Art und Zurechnung der Einkünfte schließen (s zur Bruchteilsgemeinschaft BFHE 148, 501, BStBl II 1987, 322).

Mitunternehmereigenschaft leitet sich von den im Einzelfall gegebenen tatsächlichen wirtschaftlichen Verhältnissen ab. Nach der zur ESt entwickelten, aber auch auf die GewSt anzuwendenden (BFH/NV 1994, 551) Rechtsprechung kann Mitunternehmer nur sein, wer zusammen mit anderen an einer Personengesellschaft (Außen- oder Innengesellschaft) oder an einem ihr wirtschaftlich vergleichbaren Gemeinschaftsverhältnis beteiligt ist. Deshalb können auch Bruchteilsgemeinschaften und Gesamthandsgemeinschaften wie Erbengemeinschaft und Gütergemeinschaft zu einer mitunternehmerischen Tätigkeit führen (BFHE 141, 405, BStBl II 1984, 751 unter C V 3b bb; BFHE 131, 497, BStBl II 1981, 63; BFHE 170, 36, BStBl II 1993, 574). Aus § 20 Abs 1 Nr 4 EStG geht hervor, dass auch Darlehensgeber im Einzelfall als Mitunternehmer gewertet werden können. In einem derartigen Fall muss jedoch eine gemeinsame wirtschaftliche Betätigung vorliegen, die zB der einer atypischen stillen Gesellschaft entspricht. Nach BFHE 141, 405, BStBl II 1984, 751 (unter C V 3 b) wird bei Vorliegen der für die Mitunternehmerschaft kennzeichnenden Merkmale idR zumindest auch eine Innengesellschaft anzunehmen sein, die nicht als Gesellschaft nach außen auftritt. Folgt man dem, so ist die „faktische" Mitunternehmerschaft dadurch gekennzeichnet, dass die betreffenden Gebilde einer BGB-Gesellschaft wirtschaftlich vergleichbar sind. Die **verdeckte Innengesellschaft** setzt den konkludenten Abschluss eines Gesellschaftsvertrages voraus (erkennbarer Rechtsfolgewille BFHE 150, 331, BStBl II 1987, 766; BFHE 181, 423, BStBl II 1997, 272; s auch *Fischer* FR 1998, 813). Die funktionierende gemeinsame wirtschaftliche Betätigung erlaubt noch nicht den Rückschluss auf das Vorhandensein eines Gesellschaftsvertrages (BFH/NV 2003, 1564). Die Grundsätze über die Anerkennung von Verträgen zwischen nahen Angehörigen sind auf verdeckte Gesellschaftsverhältnisse nicht anwendbar, weil sie für Verträge gelten, die nahe Angehörige nach außen hin abschließen (BFH/NV 1999, 295; aA evtl BFHE 173, 543, BStBl II 1994, 462). Die Rechtsgrundsätze über fehlerhafte Gesellschaften sind anzuwenden (BFH/NV 1998, 1339). Zur etwaigen Mitunternehmerschaft bei Arbeitsgemeinschaften s *Barth* StBP 1994, 153; *BMF* BStBl I 1998, 251. 104

Ob unter Berücksichtigung dieser Grundsätze – wie noch in der Entscheidung in BFHE 118, 198, BStBl II 1976, 332, bejaht – auch **Geschäftsführer** oder **Darlehensgläubiger** der Gesellschaft im Einzelfall eine Mitunternehmerstellung innehaben können, ist zweifelhaft. BFHE 156, 93, BStBl II 1989, 705 und BFHE 181, 423, BStBl II 1997, 272 verneinen dies 104a und stellen offensichtlich darauf ab, ob der Rechtsfolgewille der Beteiligten auf ein Austauschverhältnis oder – offen oder verdeckt – auf den Abschluss eines Gesellschaftsvertrages gerichtet war, dh auf die Verfolgung eines gemeinsamen Zwecks. BFHE 179, 62, BStBl II 1996, 66 bejaht diese Frage aus dem tatsächlichen Gesamtbild, ua wegen unangemessen hoher Gewinnbeteiligung. Letztlich ist entscheidend, ob der präsumtive Mitunternehmer bei einer Gesamtbetrachtung einen Gewinnanteil oder ein Entgelt erhalten soll. Die Mitunternehmerschaft der Gesellschafter-Geschäftsführer einer Komplementär-GmbH für die KG wird idR verneint (BFH/NV 1993, 14; BFHE 181, 423, BStBl II 1997, 272; s aber BFHE 185, 190, BStBl II 1998, 480). Auch ein **Arbeitsverhältnis** kann zur Mitunternehmerschaft **umgestaltet** sein (BFHE 148, 135, BStBl II 1987, 111). Zur Abgrenzung beim partiarischen Austauschvertrag (Verpachtung) s BFHE 151, 163, BStBl II 1988, 62 sowie BFHE 192, 100, BStBl II 2001, 359; einschränkend zu Austauschverhältnissen BFHE 173, 115, BStBl II 1994, 282. Insgesamt ist die Rechtsprechung bei der Annahme ungewollter Mitunternehmerschaften aber zurückhaltender als früher (zu Einzelheiten s *Schmidt/Wacker* § 15 Rz 284 ff. Die Frage nach der Mitunternehmerschaft ist insbesondere im GewStRecht von großer Bedeutung, da Vergütungen nach § 15 Abs 1 Satz 1 Nr 2 EStG in den Gewerbeertrag einbezogen werden. Sonderbetriebsvermögen mit der Folge der Steuerbefangenheit von stillen Reserven ist bei dem Mitunternehmer möglich.

Die beiden **Hauptmerkmale,** von denen die Mitunternehmerschaft geprägt wird, sind **Mitunternehmerinitiative** und **Mitunternehmerrisiko.** Sie müssen beide vorliegen. Allerdings können sie im Einzelfall mehr oder weniger ausgeprägt sein. Dabei dient vor allem das Merkmal des Mitunternehmerrisikos dazu, den auf der Gesellschaftsebene verwirklichten Besteuerungstatbestand einschließlich der Gewinnerzielungsabsicht (s hierzu Anm 111) auf die Mitunternehmer durch Zurechnung umzusetzen.

105 **Mitunternehmerinitiative** erfordert die Teilnahme an den unternehmerischen Entscheidungen. Dies kann in vielfältigen Formen geschehen, beispielsweise in der Eigenschaft als Geschäftsführer, Prokurist oder leitender Angestellter. Gleichwohl führt die Unternehmerinitiative nur dann zu einer Mitunternehmerschaft, wenn sie für eigene Rechnung erfolgt, weil dem Betreffenden ein Anteil am Gewinn zusteht. Zu den Besonderheiten bei einer Treuhand-Publikumsgesellschaft s BFHE 153, 545, BStBl II 1989, 722. Auch die tatsächliche Einwirkung kann Unternehmerinitiative bedeuten. Dies führt zur Frage, wie Geschäfte zuzurechnen sind, die im Rahmen einer Mitunternehmerschaft ohne bzw gegen den Willen des Mitgesellschafters und/oder auf eigene Rechnung des tätigen Mitunternehmers abgewickelt werden. Man wird jedenfalls bei Gesellschaftsverhältnissen zwischen fremden Dritten die Beurteilung davon abhängig machen müssen, ob bei dem vertragswidrig tätig gewordenen Mitunternehmer Vermögensfolgen unmittelbar oder mittelbar über seine Beteiligung eintreten (vgl dazu *Wüllenkemper* FR 1993, 389). Diese Folgen – mögen sie positiver oder negativer Art sein – sind dann betrieblicher Art und begründen eine Zurechnung. Bei Veruntreuungen eines Gesellschafters

zu Lasten der anderen liegen Sonderbetriebseinnahmen vor, wenn der ungetreue Gesellschafter Gelder, die der Gesellschaft zustehen, in sein Privatvermögen umleitet (BFHE 214, 226, BStBl II 2006, 838); bei unberechtigten „Entnahmen" zu Lasten der Mitgesellschafter findet eine Gewinnzurechnung nicht statt (BFHE 194, 151, BStBl II 2001, 238). Werden Gelder veruntreut, die sich bereits auf einem betrieblichen Konto befunden haben, liegen keine Sonderbetriebseinnahmen vor (BFHE 192, 670, BStBl II 2000, 670).

Bestimmte Beteiligungsformen, wie zB die eines Kommanditisten **105a**
oder atypischen stillen Gesellschafters zeigen, dass an das Vorliegen von Mitunternehmerinitiative im Einzelfall keine allzu hohen Anforderungen gestellt werden können. Es genügt vielfach, dass der **Kommanditist** tatsächlich in der Lage ist, die ihm gesetzlich zustehenden Mitwirkungs- und Kontrollrechte wahrzunehmen. Ob er davon Gebrauch macht, ist nach der Rechtsprechung nicht von Bedeutung (BFHE 141, 405, BStBl II 1984, 751 unter C V 3c; auch BFHE 142, 221, BStBl II 1985, 85). Eine Klausel, wonach Beschlüsse mit Stimmenmehrheit gefasst werden müssen, hindert die Eigenschaft als Mitunternehmer bei Minderheitsbeteteiligten nicht, weil eine solche Bestimmung nur laufende Geschäfte betrifft (BFHE 193, 542, BStBl II 2001, 186). Bei Vereinbarungen, nach denen der Kommanditist mit **Buchwertabfindungen** hinausgekündigt werden kann, kann sich das Fehlen einer solchen minimalen Mitwirkung ergeben (BFHE 133, 392, BStBl II 1981, 663). **Abbedungenes Widerspruchsrecht** und vereinbarte Entnahmebeschränkungen sollen nach BFHE 152, 325, BStBl II 1989, 758 der Mitunternehmereigenschaft des Kommanditisten nicht entgegenstehen (aA *BMF* BStBl I 1989, 378 bei mögl späterer Hinauskündigung; s dazu auch *L. Schmidt* FR 1988, 251; einschränkend auch BFHE 155, 514, BStBl II 1989, 762). Schädlich ist jedoch, wenn zum abbedungenen Widerspruchsrecht Stimmrechtsbeschränkungen hinzutreten (BFH/NV 1990, 92). Das einseitig dem Schenker eingeräumte Rückübertragungsrecht an den geschenkten Mitunternehmeranteilen steht der Mitunternehmerschaft des Beschenkten entgegen (BFHE 157, 508, BStBl II 1989, 877). S dazu auch *Knobbe-Keuk* StbJb 1989/90, 197. Auch handelsrechtlich ist die Grenze zwischen dem typischen stillen Gesellschafter und dem Kommanditisten, der als Mitunternehmer gilt, nicht eindeutig zu ziehen. Ein Kommanditist ist aber dann nicht Mitunternehmer, wenn seine Stellung nach dem Gesellschaftsverhältnis und der tatsächlichen Handhabung wesentlich hinter dem zurückbleibt, was handelsrechtlich das Bild eines Kommanditisten bestimmt (BFHE 116, 497, BStBl II 1975, 818). Die im HGB vorgesehenen Mitwirkungsrechte oder das in § 716 Abs 1 BGB vorgesehene Kontrollrecht müssen nach BFHE 141, 405, BStBl II 1984, 751, für die Mitunternehmerinitiative mindestens vorhanden sein. Die Beurteilung wird sich idR auch nach dem tatsächlichen Verhalten der Beteiligten ausrichten. Zur Unterbeteiligung s BFHE 184, 418, BStBl II 1998, 137; *Schmidt/Wacker* § 15 Rz 369. Auch eine GbR, die als **Innengesellschaft** ausgestattet ist, kann eine Mitunternehmerschaft sein (BFHE 134, 421, BStBl II 1982, 186; BFHE 147, 308, BStBl II 1986, 891; BFH/NV 1999, 355). Eine Personenhandelsgesellschaft kann durch ihre Beteiligung an einer anderen Mitunternehme-

rin sein mit der Anwendung des § 15 Abs 1 Satz 1 Nr 2 EStG auf die Beziehungen zwischen Hauptgesellschaft und Beteiligungsgesellschaft (GrS BFHE 163, 1, BStBl II 1991, 691). § 15 Abs 1 Satz 1 Nr 2 EStG behandelt dagegen auch **mittelbar** über eine oder mehrere Personengesellschaften **Beteiligte als Mitunternehmer** mit der auch gewerbesteuerlich bedeutsamen Folge, dass Tätigkeitsvergütungen dieser Beteiligten dem Gewinn der Mitunternehmerschaft wieder hinzugerechnet werden (vgl zu Einzelheiten Anm 125; *Schmidt/Wacker* § 15 Rz 255 f).

106 **Mitunternehmerrisiko** definiert die Rechtsprechung als gesellschaftsrechtliche oder eine ihr wirtschaftlich vergleichbare Teilnahme am Erfolg oder Misserfolg des Unternehmens (BFHE 190, 204, BStBl II 2000, 183). Regelmäßig wird dies die Beteiligung an Gewinn und Verlust sowie an den stillen Reserven des Anlagevermögens einschließlich des Geschäftswerts erfordern, zwingend ist dies beim Komplementär einer KG bei starker Ausprägung der Mitunternehmerinitiative jedoch nicht (BFHE 213, 358, BStBl II 2006, 595). Es gibt aber auch eine mitunternehmerische Innengesellschaft (vgl dazu Anm 131), die zumeist über kein eigenes Vermögen und daher auch weder über stille Reserven noch über einen Geschäftswert verfügt.

Für den am Gesamthandsvermögen beteiligten Kommanditisten wird ein Mitunternehmerrisiko dadurch begründet, dass er am laufenden Gewinn, bei der Beendigung seines Engagements auch an den stillen Reserven und nach Maßgabe des § 167 Abs 3 HGB auch am Verlust beteiligt ist (vgl BFHE 141, 405, BStBl II 1984, 751 unter C V 3 c).

Für das Bestehen eines Mitunternehmerrisikos muss aber objektiv auch absehbar sein, dass der Gesellschafter am beabsichtigten positiven Unternehmenserfolg der Gesellschaft (Totalgewinn) teil hat. Sein Anteil am Totalgewinn kann sich aus dem laufenden Gewinn ergeben oder bei negativen Kapitalkonten jedenfalls daraus, dass der Gesellschafter mit einem positiven Abfindungsguthaben ausscheidet. Die vertragliche Beschränkung des Abfindungsguthabens im Ausscheidungsfall auf den Buchwert hindert bei Beachtung dieser Grundsätze die Annahme einer Mitunternehmerschaft an sich nicht, wenn sie alle Gesellschafter treffen kann (vgl *Groh* BB 1982, 1229, 1231; BFHE 128, 375, BStBl II 1979, 670; BFHE 152, 325, BStBl II 1989, 758). Bei einseitigen Vereinbarungen kann aber die Mitunternehmerinitiative entfallen (BFHE 147, 495, BStBl II 1987, 54) oder das wirtschaftliche Eigentum am Gesellschaftsanteil einer anderen beherrschenden Person zustehen (BFH/NV 91, 223).

106a Die **fehlende Beteiligung am Verlust** oder an den stillen Reserven kann durch ein erhebliches Maß an Unternehmerinitiative kompensiert werden (BFHE 170, 345, BStBl II 1994, 702; BFH/NV 1999, 355; BFH/NV 2001, 1550). Trotz fehlender Verlustbeteiligung kann Mitunternehmerrisiko vorliegen, wenn der Beteiligte als Komplementär im Außenverhältnis haftet, auch bei Freistellung im Innenverhältnis (BFH/NV 1999, 1196). Der gesellschaftsvertragliche Ausschluss vom Verlust bedeutet keine Haftungsfreistellung (BFHE 140, 93, BStBl II 1984, 150; BFHE 149, 149, BStBl II 1987, 553). Umgekehrt muss zur Gewinnbeteiligung eine Verlustbeteiligung treten, wenn die gesellschaftsrechtliche Stellung wesentlich durch die vermögensmäßige Beteiligung und durch bloße Kontrollrechte geprägt ist (vgl auch *Groh* BB 1982, 1229, 1230).

Die BFH-Rechtsprechung bejaht eine Mitunternehmerschaft eines persönlich haftenden Gesellschafters allein wegen dessen **Außenhaftung,** auch wenn er im Innenverhältnis angestellter Komplementär ist (BFHE 144, 357, BStBl II 1987, 33; offengelassen in BFHE 147, 432, BStBl II 1987, 60; BFH/NV 1999, 1196). Von einer Kapitaleinlage hängt die Mitunternehmerschaft nicht ab. Schon wegen des steuerrechtlich bedeutsamen Zwecks gemeinsamer Gewinnerzielung (s BFHE 141, 405, BStBl II 1984, 751) ist eine **Gewinnbeteiligung** für die Mitunternehmerschaft erforderlich (vgl BFHE 156, 93, BStBl II 1989, 705; BFH/NV 1990, 160; 1992, 803; BFHE 190, 204, BStBl II 2000, 183). Dies gilt auch für Innengesellschaften, auch in der Form verdeckter Mitunternehmerschaften (BFHE 173, 115, BStBl II 1994, 282; s dazu *Janssen* BB 1994, 1757). Nach BFHE 148, 135, BStBl II 1987, 111, kann ausnahmsweise eine ungewöhnliche hohe Beteiligung am Unternehmenserfolg bei einem Arbeitsverhältnis Mitunternehmerrisiko bedeuten. Dies wurde bei einer zusätzlich zur Tätigkeitsvergütung gezahlten Gewinntantieme von 10% bejaht (BFHE 147, 432, BStBl II 1987, 60). 106b

Besonderheiten bei GmbH-Beteiligungen. Die Mitunternehmerschaft der Komplementär-GmbH in einer KG kann nicht dadurch in Frage gestellt werden, dass der Geschäftsführer der GmbH zugleich Kommanditist oder seinerseits Geschäftsführer des Kommanditisten ist. Denn das Handeln des GmbH-Geschäftsführers trifft die GmbH und begründet deren Unternehmerinitiative (BFHE 140, 93, BStBl II 1984, 150). Zur Abgrenzung s BFHE 179, 62, BStBl II 1996, 66. 107

Auch der geschäftsführende **Alleingesellschafter** einer GmbH wird **nicht** wegen seiner Geschäftsführertätigkeit zum **Mitunternehmer** des von der GmbH unterhaltenen Gewerbebetriebs (BFH/NV 1988, 291). Seine Tätigkeit dient der GmbH. Ein Durchgreifen ist insoweit nicht gestattet, weil das unternehmerische Engagement des Gesellschafters in der Form der GmbH-Beteiligung mit seinem wirtschaftlichen Gewicht vom Arbeitsverhältnis, evtl auch Darlehensverhältnis und der Fruchtziehung aus einer Kapitalbeteiligung durch den Gesellschafter zu trennen ist.

Bei einer **stillen Gesellschaft** zwischen GmbH und ihrem Gesellschafter-Geschäftsführer ist die Rechtslage allerdings nicht eindeutig, insb bei kapitalersetzenden Darlehen nach § 32a GmbHG. Ob allerdings wegen der Begründung einer nach § 32a Abs 3 GmbHG kapitalersetzenden stillen Beteiligung Mitunternehmerschaft angenommen werden kann (vgl *Biber* DStR 1984, 424), ist zweifelhaft. Mit dieser Betätigung geht der Stille zwar wirtschaftlich ein Unternehmerrisiko ein. Dies liegt indessen auch hier im Rahmen der GmbH (Gesichtspunkte der verdeckten Einlage, vgl dazu BFHE 143, 228, BStBl II 1985, 320 sowie BFHE 183, 407, BStBl II 1997, 724). Auch der beherrschende Gesellschafter-Geschäftsführer mit seiner stillen Beteiligung an der GmbH ist nicht ohne weiteres Mitunternehmer mit der Folge einer atypischen stillen Gesellschaft (BFHE 138, 458, BStBl II 1983, 563). Dies gilt jedenfalls dann, wenn er ansonsten die Stellung eines typischen Stillen hat und dieses wirtschaftliche Engagement 108 nicht übergewichtig zu seinem unternehmerischen in der Form der GmbH ist. S dazu auch Anm 145.

109 *(frei)*

110.–114. Die Gewinnermittlung der Personengesellschaft

110 **Grundlagen.** In der neueren Rechtsprechung hat sich ein Wandel dahin vollzogen, dass nicht mehr, wie unter der Herrschaft der sog Bilanzbündeltheorie (vgl zur Entwicklung *Raupach* in *Kruse* (Hrsg), Grundprobleme der Personengesellschaft im Steuerrecht, S 89), die Vorstellung herrscht, jeder Gesellschafter führe seinen eigenen Gewerbebetrieb. Vielmehr wird die Selbständigkeit der Gesellschaft als **Subjekt der Gewinnermittlung** betont, und zwar insoweit, als sie in der Einheit der Gesellschafter Merkmale eines Besteuerungstatbestands verwirklicht, welche den Gesellschaftern für deren Besteuerung zuzurechnen sind. Der Einheitsgedanke muss allerdings zurücktreten, wenn andernfalls eine sachlich zutreffende Besteuerung des Gesellschafters nicht möglich wäre (BFHE 178, 86, BStBl II 1995, 617). Bei vermögensverwaltenden Personengesellschaften hat demgegenüber die Bruchteilsbetrachtung Vorrang gegenüber der Einheitsbetrachtung (BFHE 192, 273, BStBl II 2000, 686). Wesentliche Bedeutung hat die These von der Gesellschaft als Gewinnermittlungssubjekt vor allem bei den Gesellschaften, die über Gesamthandsvermögen verfügen. Mitunternehmerische Bruchteilsgemeinschaften sind ihnen gleichzusetzen. Bei der Personenhandelsgesellschaft ist die Subjekteigenschaft naturgemäß ausgeprägter. Sie kann als nahe stehende Person bei verdeckten Gewinnausschüttungen angesehen werden (BFHE 149, 33, BStBl II 1987, 459). Andererseits kann die Eigenschaft der Personengesellschaft als Steuerrechtssubjekt bei der Bestimmung der Einkunftsart vernachlässigt werden, wenn die entscheidenden Merkmale dafür auf der Ebene des Gesellschafters verwirklicht werden (GrS in BFHE 178, 186, BStBl II 1995, 617; *Fischer* in FS Beisse S 189).

111 Für alle Gesellschaften gilt, dass die **Gewinnerzielungsabsicht** ein von der Gesellschaft, dh von den Gesellschaftern in ihrer gesellschaftlichen Verbundenheit zu verwirklichendes Merkmal ist (BFHE 141, 405, BStBl II 1984, 751 unter C IV 3). Diese Absicht ist im EStRecht sowohl auf der Ebene der Gesellschaft als auch auf der der Gesellschafter zu prüfen. Fehlt sie bei einzelnen Gesellschaftern, so wird ihnen das wirtschaftliche Ergebnis der Mitunternehmerschaft einkommensteuerlich nicht zugerechnet. Im GewStRecht ist die Gewinnerzielungsabsicht demgegenüber wegen des Objektsteuercharakters (s hierzu § 1 Anm 14) nur auf der Ebene der Gesellschaft zu prüfen, da hier eine steuerliche Zurechnung an einzelne Gesellschafter ausscheidet (offen gelassen in BFH/NV 1999, 1336). **Gewinn** definiert die Rechtsprechung bei den Betriebseinkünften als **Betriebsvermögensmehrung iS eines Totalgewinns,** in die auch Veräußerungsgewinne und gewinnrealisierende Vorgänge aus dem Bereich des Sonderbetriebsvermögens einzubeziehen sind. Träfe Letzteres nicht zu, wäre bei Innengesellschaften ohne Gesamthandsvermögen auf Gesellschaftsebene eine Gewinnerzielungsabsicht nicht darstellbar. Sonstige Vorteile, wie die planmäßige Minderung der Einkommensteuer der Gesellschafter, finden im Gegensatz zur früheren sog Baupatenrechtsprechung (BFHE 106, 84,

BStBl II 1972, 700) keine Berücksichtigung mehr. Nicht steuerbare oder steuerfreie Vermögensmehrungen wie die Investitionszulage sind in die Gewinnprognose einzubeziehen (BFH/NV 1997, 408; aA *Stein* DStZ 2000, 780).

Ist nur wegen der **Einbeziehung des Sonderbetriebsvermögens** einiger Gesellschafter mit einem Totalgewinn, ansonsten mit einem Totalverlust zu rechnen, so sind nur diese Gesellschafter Mitunternehmer, die anderen dagegen nicht, weil sie am Gewinn nicht partizipieren können. Bei einer zweigliedrigen Gesellschaft kann daher insoweit die Mitunternehmerschaft entfallen (vgl auch *Groh* DB 1984, 2424, 2428). Dies bedeutet eine unmittelbare Zurechnung der Anteile an den Wirtschaftsgütern der Gesellschaft beim unternehmerisch tätigen Steuerpflichtigen (dann Einzelunternehmer) und die grundsätzliche Anerkennung der gesellschaftsvertraglichen Vereinbarungen als betrieblich veranlasst. Erzielt eine Personengesellschaft auch Einkünfte, die erst auf Grund der sog Abfärbetheorie (§ 15 Abs 3 Nr 1 EStG) als gewerbliche umzuqualifizieren sind, so setzt die Prüfung der Gewinnerzielungabsicht erst nach dieser Umqualifizierung ein. Danach kann sich eine **Segmentierung** dahin ergeben, dass eigenständige Bereiche ausscheiden, weil sie nicht von Gewinnerzielungsabsicht getragen sind (BFHE 181, 133, BStBl II 1997, 202). **111a**

Bei **Kostengemeinschaften,** wie zB ärztlichen Laborgemeinschaften, kann die Gewinnerzielungsabsicht auf Gesellschaftsebene von vornherein fehlen. Sie sind für die an ihr Beteiligten weder Gewinnermittlungssubjekt noch Mitunternehmerschaft. Auch wenn sie die Form einer Gesellschaft mit Gesamthandsvermögen aufweisen, findet anders als bei der Mitunternehmerschaft § 39 Abs 2 Nr 2 AO mit der Zurechnung des anteiligen Gesellschaftsvermögens beim Beteiligten Anwendung (ähnlich BFHE 146, 244, BStBl II 1986, 666). Einheitliche Feststellungen über die rechnerische Ermittlung der gemeinsamen Kosten sind möglich (§ 180 Abs 2 AO). Dabei wirken sich die gesellschaftsvertraglich vereinbarten Ergebniszurechnungen (Aufwandsverteilung) bei den Mitgliedern der Kostengemeinschaft aus. S dazu auch § 2 Anm 195. Wird die **Gewinnerzielungsabsicht** nach objektiven Beweisanzeichen zu einem bestimmten Zeitpunkt **aufgegeben,** so führt dies – soweit der Steuerpflichtige Gegenteiliges nicht erklärt – nach den Grundsätzen des Urteils in BFHE 134, 339, BStBl II 1982, 381 noch nicht zu einer Betriebsaufgabe. Eine Gewinnrealisierung tritt erst bei späterer Veräußerung des mit den damaligen Buchwerten „eingefrorenen Betriebsvermögens" ein (Anm 79). **111b**

Konkurrenzen. Betont man die Eigenständigkeit der Gesellschaft als Gewinnermittlungssubjekt, so muss dieser Grundsatz auch für personenidentische Gesellschaften gelten. Dadurch ergibt sich eine weitgehende Organisationsfreiheit des Unternehmers, die insb bei BGB-Gesellschaften ihre Grenzen allerdings im steuerrechtlichen Betriebsbegriff hat (vgl dazu § 2 Anm 11 sowie *Schmidt/Wacker* § 15 Rz 194). **112**

Die einkommensteuerrechtliche Eigenständigkeit als Gewinnermittlungssubjekt ist aber solchen Gesellschaften versagt, die wie die erwähnten Laborgemeinschaften keine Gewinne erzielen sollen. Dasselbe Ergebnis tritt ein, wenn für die Beteiligungsgesellschaft zwar die Gewinnerzielungsabsicht besteht, diese aber nur **vermögensverwaltend** (zB durch Vermietung und Verpachtung) tätig ist. Auch dann kommt der Beteiligungsgemeinschaft, weil sie nur Überschusseinkünfte erzielt, betriebsvermögensmäßig keine Eigenständigkeit zu (vgl dazu auch allgemein Anm 137). Überlässt sie an eine teilweise oder ganz personenidentische Hauptgesellschaft Wirtschaftsgüter entgeltlich zur Nutzung, werden diese Wirtschaftsgüter dem Betriebsvermögen (Sonderbetriebsvermögen) dieser Hauptgesellschaft zugeordnet (§ 39 AO).

Für den Bereich des § 15 Abs 1 Satz 1 Nr 2 EStG wird an sich die **Subsidiaritätsthese** abgelehnt, dh kein Vorrang des Gesellschafterbetriebs, sondern des § 15 Abs 1 Satz 1 Nr 2 EStG, wenn die Leistung des Gesellschafters an die Personengesellschaft aus seinem gewerblichen Unternehmen stammt (*Schmidt/Wacker* § 15 Rz 534). Die Subsidiaritätsthese gilt aber bei mittelbarer Leistung (und unmittelbarer Beteiligung an der leistenden und leistungsempfangenden Personengesellschaft, dh) über **Schwestergesellschaften** nach neuerer Rechtsprechung; dies nicht nur bei originär gewerblich tätigen Personengesellschaften, sondern auch dann, wenn die leistende Gesellschaft zB durch Grundstücksvermietung eine betriebsaufspalterische Besitzgesellschaft oder eine gewerbliche geprägte Personengesellschaft ist; auf die Rechtsform der Schwesterpersonengesellschaften kommt es nicht an (BFHE 181, 1, BStBl II 1998, 325; BFHE 187, 297, BStBl II 1999, 483; BFHE 188, 315, BStBl II 2000, 399; BFHE 193, 292, BStBl II 2001, 299). Dies bedeutet dass auch diesen Personengesellschaften wie den originär gewerblich tätigen Personengesellschaften das Vermögen und die Nutzungserträge zuzuordnen sind, das der Schwestergesellschaft zur Nutzung überlassen wird. Das Leistungsentgelt bei der leistenden Schwestergesellschaft zu erfassen, bedeutet **gewerbesteuerrechtlich** jeweils einen Freibetrag nach § 11 Abs 1 für beide Schwestergesellschaften, keinen Verlustausgleich zwischen beiden, wohl aber mögliche Hinzurechnungen nach § 8 Nr 1 und 7 sowie die üblichen Betriebsaufspaltungsfolgen, wenn eine wesentliche Betriebsgrundlage an die Schwestergesellschaft verpachtet wird (§ 2 Anm 261 ff; *Neu* DStR 1998, 1250).

113 Bei **Zebragesellschaften,** dh vermögensverwaltenden oder „freiberuflichen" Gesellschaften, an denen eine GmbH beteiligt ist, die kraft Gesetzes gewerbliche Einkünfte erzielen, ist nach der Rspr des Großen Senats des BFH (BFHE 209, 679, BStBl II 2005, 679) die Entscheidung über die Zuordnung eines betrieblich beteiligten Gesellschafters sowohl der Art als auch der Höhe nach vom Wohnsitz-FA zu treffen (ebenso BFH/NV 2006, 1247). Zuvor war dies unter einzelnen BFH-Senaten streitig gewesen (Nachweise bei *Schmidt/Wacker* § 15 Rz 203; s auch *Lüdicke* DB 2005, 1813). Der BFH hat sich damit der Ansicht der *FinVerw* ausgeschlossen (*BMF* BStBl I 1996, 1521; BStBl I 1999, 592). Der Feststellungsbescheid hat für Sachverhalte, die außerhalb der Gesellschaft verwirklicht werden, keine Bindungswirkung (BFHE 185, 177, BStBl II 1999, 401). Die **Abfärbetheorie** (§ 15 Abs 3 Nr 1 EStG; zur Verfassungsmäßigkeit s BVerfG FR 2005, 139) gilt nicht, wenn eine **nichtgewerbliche Obergesellschaft** Anteile an einer gewerblichen Untergesellschaft hält (BFHE 207, 466 BStBl II 2005, 383 unter Abweichung von BFHE 176, 555, BStBl II 1996,

264), ebenso wenig bei gewerblichen Einkünften im Sonderbereich des Gesellschafters einer freiberuflich tätigen Personengesellschaft (BFHE 214, 302, BStBl II 2007, 378). Sie gilt für den atypisch still beteiligten Freiberufler (BFHE 175, 357, BStBl II 1995, 171). Die Abfärbewirkung tritt auch dann ein, wenn die gewerbliche Tätigkeit von der GewSt befreit ist (BFHE 196, 511, BStBl II 2002, 152). Umsatzsteuerrechtlich ist die Abfärbetheorie nicht anwendbar (BFHE 176, 63, BStBl II 1995, 84).

(frei) 114

115., 116. Gewinnermittlung der Mitunternehmerschaft in der Form von Personengesellschaften mit Gesamthandsvermögen

Gewinnanteil iSv § 15 Abs 1 Nr 2 EStG bedeutet den Anteil der Gesellschaft am Gesellschaftsgewinn. Gewinn und Verlust werden durch einen Vermögensvergleich auf der Grundlage der aus der Handelsbilanz abgeleiteten Steuerbilanz der Gesellschaft ermittelt, nicht durch einen Vermögensvergleich bei den einzelnen Gesellschaftern (vgl BFHE 138, 337, BStBl II 1983, 598; BFHE 132, 244, BStBl II 1981, 164). Diese Erkenntnis hat insb zu einer Neuorientierung der Beurteilung von Geschäften zwischen Gesellschafter und Gesellschaft geführt, die auf Übertragung von Wirtschaftsgütern gerichtet sind. In diesem Rahmen können die Gesellschafter der Gesellschaft auch einkommensteuerrechtlich wie fremde Dritte gegenüberstehen. Ferner wird hinsichtlich der einzelnen Stufen der Gewinnermittlung die Unterscheidung von Gesellschaftsvermögen (idR notwendiges Betriebsvermögen) und Sonderbetriebsvermögen bedeutsam. Einkommensteuerrechtlich ist der Gewinnanteil eines **beschränkt steuerpflichtigen** Mitunternehmers durch § 49 Abs 1 Nr 2 Buchst a EStG eingeschränkt (Betriebsstätte, ständiger Vertreter, BFHE 153, 401, BStBl II 1988, 663). Für die GewSt gelten § 2 Abs 1 Satz 3, § 9 Nr 3. **Mitunternehmerische Bruchteilsgemeinschaften** sind wie gesamthänderische zu behandeln. 115

Die Gesellschaft ermittelt **zunächst** ihren **Handelsbilanzgewinn.** Ferner übt sie auch Bewertungswahlrechte aus. Diese Wahlrechtsausübung ist – soweit sie steuerrechtlich übernommen wird – grundsätzlich auch der Steuerbilanz der Gesellschaft zugrundezulegen, die aus der Handelsbilanz zu entwickeln ist Zur umgekehrten Maßgeblichkeit s § 5 Abs 1 Satz 2 EStG. Zum steuerrechtlichen Privatvermögen der Gesellschaft s BFH DB 1988, 422; BFHE 158, 385, BStBl II 1990, 319.

In der als **zweite Stufe** aufzufassenden **Steuerbilanz** der Gesellschaft sind nach § 15 Abs 1 Nr 2 EStG mit Gewinnanteil hinzuzurechnende Tätigkeitsvergütungen des einzelnen Gesellschafters noch als steuerliche Betriebsausgaben berücksichtigt. Die Korrektur erfolgt erst in der **dritten Stufe:** Zur Ermittlung des Gesamtgewinns werden die Sondervergütungen als Sonderbetriebseinnahmen wie sonstige Einnahmen und Aufwendungen (Sonderbetriebsausgaben) den **Sonderbilanzen** entnommen und gewinnerhöhend oder -mindernd berücksichtigt (BFHE 144, 572, BStBl II 1986, 58; BFHE 187, 227, BStBl II 1999, 163). Diese Grundsätze gelten auch für § 7 (BFHE 159, 528, BStBl II 1990, 436), allerdings ohne unmittelbare Bindung an den Gewinnfeststellungsbescheid (zB BFHE 205, 390, BStBl II 2004, 699; s Anm 1).

Über die **Gesamtbilanz** bestehen unterschiedliche Auffassungen (vgl dazu *Schmidt/Wacker* § 15 Rz 403). In der Gesamtbilanz sind auch evtl Ergänzungsbilanzen mitzuberücksichtigen, die dem Ausgleich unterschiedlicher Wertansätze in der Gesellschaftsbilanz und in den Sonderbilanzen dienen (vgl dazu *Uelner* DStJG 14, 139; *Gschwendtner* DStR 1993, 117; BFHE 171, 213, BStBl II 1993, 706).

116 **Sonderbetriebsvermögen** (notwendiges oder gewillkürtes) können dem Gesellschafter gehörende Wirtschaftsgüter (selbst ein Betrieb, s BFHE 153, 25, BStBl II 1988, 667 zum SonderBV II) sein, wenn sie entweder dem Betrieb der Personengesellschaft (SonderBV I) oder der Beteiligung des Gesellschafters zu dienen bestimmt sind (SonderBV II, vgl zur Unterscheidung BFHE 120, 208, BStBl II 1977, 69; BFHE 197, 483, BStBl II 2002, 733; *Schön* DStR 1993, 185; *Schulze zur Wiesche* FR 1993, 37). Die Buchführungspflicht für das (auch gewillkürte) Sonderbetriebsvermögen obliegt der Personengesellschaft (BFHE 162, 99, BStBl II 1991, 401; BFHE 164, 309, BStBl II 1991, 786). § 5 EStG ist anzuwenden (BFHE 168, 70, BStBl II 1992, 797). Ausgaben, die in der Gesellschafterstellung bei einer Gesellschaft A gründen, sind bei dieser **Sonderbetriebsausgaben,** auch wenn sie die Gesellschafterstellung bei einer anderen Gesellschaft B stärken (BFHE 137, 84, BStBl II 1988, 679). Sonderbetriebsausgaben sind nur im Feststellungsverfahren für die Gesellschaft zu berücksichtigen (BFHE 165, 336, BStBl II 1992, 4).

Notwendiges Sonderbetriebsvermögen sind bei den Gesellschaftern vor allem die der Gesellschaft zur Nutzung entgeltlich oder unentgeltlich überlassenen Wirtschaftsgüter. Allerdings muss die Nutzung von einer gewissen Dauer sein. Ebenso wie für eine Entnahmehandlung eine nachhaltige Nutzungsänderung vorausgesetzt wird (BFHE 129, 40, BStBl II 1980, 40), erfordert eine Einlage in das Betriebsvermögen, dass die betriebliche Nutzung von einer gewissen Dauer ist. Ansonsten stellt nicht die Substanz des Wirtschaftsguts, sondern die vorübergehende Nutzungsmöglichkeit die Verstärkung des Betriebs dar (vgl *Schmidt/Glanegger* § 6 Rz 441 „Aufwandseinlage"). Von der Personengesellschaft entgeltlich genutzte Grundstücke können auch bei einem eingeschalteten Zwischenmieter zum Sonderbetriebsvermögen rechnen (BFHE 174, 407, BStBl II 1994, 796).

Auch **Schulden** können notwendiges Sonderbetriebsvermögen sein, zB dann, wenn sie mit der Begründung der Beteiligung an der Gesellschaft zusammenhängen. Dann führen sie allerdings gewerbesteuerrechtlich unabhängig von ihrer Laufzeit zur Hinzurechnung als Dauerschuld nach § 8 Nr 1 (vgl zu Abgrenzungsfragen auch BFHE 139, 549, BStBl II 1984, 431; BFHE 142, 283, BStBl II 1985, 212). Schulden zur Finanzierung einer Einlage sind Sonderbetriebsvermögen (BFHE 190, 398, BStBl II 2000, 390).

Pensionszusagen einer Personengesellschaft an einen Gesellschafter sind auf Ebene der Gesellschaft zu passivieren und in der Sonderbilanz des Gesellschafters zu aktivieren (BFHE 184, 571, BStBl II 2008, 174). Die *FinVerw* lässt es aus Billigkeitgründen zu, dass die erstmalige Aktivierung beim Gesellschafter durch Bildung einer über 15 Jahre abzubauenden Rücklage abgefedert wird; die Übergangsregelung gilt allerdings nicht für

Zwecke der GewSt (*BMF* BStBl I 2008, 317 Tz 5), da die Aktivierung/ Passivierung von Pensionsansprüchen/-verbindlichkeiten den für die GewSt maßgeblichen Gewinn der Mitunternehmerschaft nicht berührt. Die **Bürgschaftsübernahme** zugunsten eines Dritten kann bei betrieblichem Interesse der Mitunternehmerschaft zu negativem Sonderbetriebsvermögen führen (BFHE 214, 256, BStBl II 2006, 874). Eine Kontokorrentverbindlichkeit kann anteiliges Sonderbetriebsvermögen sein (BFHE 163, 530, BStBl II 1991, 505). Nach § 4 Abs 4a EStG idF des StBereinG 1999 ist die Abziehbarkeit von Schuldzinsen eingeschränkt. Zinsen, die auf **Überentnahmen** entfallen, sind nicht abziehbar (s *BMF* BStBl I 2000, 588; 2001, 245 sowie BFHE 211, 238, BStBl II 2006, 125). Bei Ermittlung der Überentnahmen sind Vorgänge im Bereich des Sonderbetriebsvermögens zu berücksichtigen. Sonderbetriebsvermögen wird auch bei einer Einlage „quoad sortem" vorliegen (*Reinhardt* DStR 1991, 588; FG Berlin EFG 2004, 1326 rkr). Notwendiges Sonderbetriebsvermögen des Kommanditisten einer GmbH & Co KG sind auch die von ihm gehaltenen **Anteile an einer Komplementär-GmbH,** weil sie der Mitunternehmerstellung des Kommanditisten dienen (nach BFHE 117, 164, BStBl II 1976, 188), im Einzelfall auch dann, wenn die Beteiligung keinen beherrschenden Einfluss vermittelt (BFHE 185, 422, BStBl II 1998, 383). Anteile an einer Kommanditisten-GmbH gehören dann zum SonderBV II, wenn die GmbH keine eigene Geschäftstätigkeit entfaltet und sie in erheblichem Umfang an der KG beteiligt ist (BFHE 194, 397, BStBl II 2001, 825). Gehören die GmbH-Anteile zum Betriebsvermögen, so sind die dem Gesellschafter zufließenden Dividenden auch gewerbliche Einkünfte des Kommanditisten (§ 20 Abs 3 EStG, s BFHE 129, 169, BStBl II 1980, 119). Bei einer **Betriebsaufspaltung** gehören die Anteile an der Betriebskapitalgesellschaft grundsätzlich zum notwendigen Sonderbetriebsvermögen des Gesellschafters einer Besitzgesellschaft, da sie der Durchsetzung des einheitlichen geschäftlichen Betätigungswillens dienen (BFHE 134, 126, BStBl II 1982, 60). § 271 Abs 1 HGB setzt für die handelsrechtliche Bilanzierung lediglich voraus, dass die Beteiligung der Herstellung einer dauernden Verbindung zu jenem Unternehmen dient. Übersteigt der Anteil 20% des Gesellschaftskapitals, so kann Dauerhaftigkeit vermutet werden.

Betreibt ein an einer Personengesellschaft Beteiligter (zB eine GmbH) ein Einzelunternehmen, so kommt – anders als in der Handelsbilanz (vgl dazu *Knipping/Klein* DB 1988, 1964) – in der Steuerbilanz des Einzelunternehmens der **Beteiligung an der Personengesellschaft keine eigene Bedeutung** zu (zB BFHE 188, 315, BStBl II 2000, 399). Sie ist in der Steuerbilanz zwar als Merkposten auszweisen, jedoch nicht zu bewerten (BFHE 202, 455, BStBl II 2004, 804). Eine Teilwertabschreibung ist nicht statthaft; es erfolgt keine Berücksichtigung der in der Personengesellschaft (Beteiligungsgesellschaft) erwirtschafteten Gewinne. Diese Ergebnisse treffen den Gesellschafter als Mitunternehmer (§ 15 Abs 1 Nr 2 EStG) der Beteiligungsgesellschaft und wirken sich im Rahmen der einheitlichen Gewinnfeststellung für den Gesellschafter unmittelbar aus (BFHE 144, 230, BStBl II 1985, 654; s auch *Schmidt/Wacker* § 15 Rz 690). Ist eine **Personenhandelsgesellschaft** an einer anderen Personengesellschaft **beteiligt,** so gilt nichts anderes. Die Beteiligungsergebnisse werden der Personenhandelsgesellschaft als Gewinnermittlungssubjekt unmittelbar auf Grund des Gewinnfeststellungsverfahrens zugewiesen.

117.–121. Übertragung von Wirtschaftsgütern im Verhältnis Gesellschaft/Gesellschafter

117 **Einbringung von Gütern gegen Gewährung von Gesellschaftsrechten (Gesellschaftsgründung).** Der Gründungsvorgang bei einer Personenhandelsgesellschaft vollzieht sich vielfach dadurch, dass die Gesellschafter aus ihrem Vermögen einen Betrieb, Teilbetrieb oder auch nur einzelne Wirtschaftsgüter gegen Gewährung von Gesellschaftsrechten einbringen (s a *BMF* BStBl I 2004, 1190). Das Handelsrecht unterscheidet zwischen **Beiträgen,** die zum Eigentumsübergang auf die Gesellschaft führen und solchen, bei denen die Gesellschafter die Gegenstände nur zur Nutzung überlassen. Darüber hinaus gibt es auch handelsrechtlich Beiträge im weiteren Sinne (Förderung des Gesellschaftszwecks durch sonstige Leistungen), die für die Gründung ebenfalls ausreichen (BFHE 142, 221, BStBl II 1985, 85). Steuerrechtlich ist für die steuerneutrale Einbringung eines Betriebs oder Teilbetriebs der Übergang der wesentlichen Betriebsgrundlagen auf das der Mitunternehmerschaft zuzuordnende Betriebsvermögen erforderlich. Dies kann einmal dadurch geschehen, dass die betreffenden Wirtschaftsgüter in vollem Umfang in das Gesamthandseigentum der Gesellschaft übergehen. Von einer steuerrechtlichen Einbringung kann aber auch dann gesprochen werden, wenn der betreffende Gesellschafter die wesentlichen Grundlagen zT im **Sonderbetriebsvermögen** zurückbehält und der Gesellschaft nur zur Nutzung überlässt. Allerdings tritt hinsichtlich des zurückbehaltenen Wirtschaftsguts kein Tausch Wirtschaftsgüter gegen Beteiligung ein (BFHE 132, 425, BStBl II 1981, 419).

Die Vorschrift des § 24 UmwStG lässt es zu, dass anlässlich der Gesellschaftsgründung die vorhandenen stillen Reserven (einschließlich eines Geschäftswerts) aufgedeckt und mit dem ermäßigten Steuersatz (§ 34 Abs 2, 3 EStG) versteuert werden.

Behandeln die Beteiligten in Ausübung des Wahlrechts nach § 24 UmwStG den Vorgang der Einbringung als Veräußerung, so muss es gleichwohl nicht zu einem steuerpflichtigen Veräußerungsgewinn im Betrieb des Einbringenden kommen, wenn eine **Rücklage nach § 6b EStG** dafür in Betracht kommt (vgl dazu *Döllerer* DStZ 1983, 179, 181).

118 **Gründungsähnliche Vorgänge.** Wurden aus einem Betriebsvermögen des Gesellschafters stammende Wirtschaftsgüter in das Gesamthandsvermögen einer Personengesellschaft gegen Gewährung oder Erweiterung von Gesellschaftsrechten eingelegt, so konnten die Beteiligten nach früherer Rechtslage in analoger Anwendung des § 24 UmwStG den Vorgang wie eine Veräußerung behandeln (Teilwertansatz im Gesellschaftsvermögen). Sie konnten aber auch den Buchwert oder einen Zwischenwert ansetzen („Mitunternehmererlass", BStBl I 1978, 8). MWv 1. 1. 1999 wurde die steuerneutrale Übertragung von Wirtschaftsgütern zwischen Gesellschafter und Mitunternehmerschaft zunächst stark eingeschränkt. Buchwertfortführung war nach § 6 Abs 5 idF des StEntlG 1999ff v 24. 3. 1999 (BGBl I 1999, 402, BStBl I 1999, 304) nicht möglich bei Übertragung eines Wirtschaftsguts vom Betriebsvermögen eines Gesellschafters in das Gesamthandsvermögen und umgekehrt, bei der Übertragung vom Gesamthandsvermögen in das Sonderbetriebsvermögen und umgekehrt sowie bei der Übertragung zwischen Sonderbetriebsvermögen von Gesellschaftern derselben Mitunternehmerschaft. Die Kritik, die sich an dieser Einschränkung entzündete, veranlasste den Gesetzgeber, mWv 1. 1. 2001 (StSenkG v 23. 10. 2000, BGBl I 2000, 1433, BStBl I 2000, 1428) den zur Zeit des Mitunternehmererlasses geltenden Rechtszustand weitgehend wiederherzustellen. Nunmehr sind derartige Übertragungen wieder steuerneutral möglich. Allerdings besteht im Gegensatz zum Mitunternehmererlass nicht das Wahlrecht, auf die Buchwertfortführung zu verzichten und den Teilwert oder einen Zwischenwert anzusetzen. Die **Buchwertfortführung** ist nunmehr **zwingend** vorgeschrieben. Durch das UntStFG v 20. 12. 2001 (BGBl I 2001, 3858, BStBl I 2002, 35) wurde in § 6 Abs 5 Satz 4 EStG ab VZ 2001 eine Missbrauchsregelung eingeführt. Hiernach ist rückwirkend der Teilwert anzusetzen, wenn das übertragene Wirtschaftsgut innerhalb einer Sperrfrist (drei Jahre nach Abgabe der Steuererklärung des Übertragenden für den Veranlagungszeitraum der Übertragung) veräußert oder entnommen wird (s auch *Wendt* FR 2002, 53 sowie *Groh* DB 2003, 1403). Keine Buchwertfortführung ist vorgesehen in Sonderfällen, in denen Übertragungen dazu führen, dass der Anteil „kapitalistischer" Mitunternehmer (Körperschaften, Personenvereinigungen und Vermögensmassen) an einem Wirtschaftsgut begründet wird oder sich erhöht (§ 6 Abs 5 Satz 5, 6 EStG).

Bewertungszwang bei Einlagen und Entnahmen (§ 6 Abs 1 Nrn 4, 119
5, § 4 Abs 1 EStG). Um einkommensteuerrechtliche Einlagen (1) und Entnahmen (2) handelt es sich auch dann, wenn aus dem *Privatvermögen* des Gesellschafters Wirtschaftsgüter in das Gesamthandsvermögen übertragen (1) werden oder umgekehrt (2). Dies gilt unbeschadet dessen, ob dabei eine Erweiterung oder Minderung der Gesellschaftsrechte eintritt (BFHE 136, 375, BStBl II 1982, 751). Werden Wirtschaftsgüter zu unangemessen niedrigen Preisen ins Privatvermögen übertragen, so sind diese mit dem Teilwert zu entnehmen (vgl zB BFHE 136, 375, BStBl II 1982, 751). Ein Gesellschaftsdarlehen an Gesellschafter zu unüblichen Bedingungen bedeutet Entnahme durch alle Gesellschafter (BFHE 180, 380, BStBl II 1996, 642). Der Forderungsverzicht eines Personengesellschafters gegenüber seiner Gesellschaft aus gesellschaftlichen Gründen bedeutet eine Einlage in Höhe des werthaltigen Teils der Forderung (BFHE 184, 63, BStBl II 1998, 652).

Lieferungsverkehr unter verkehrsüblichen Bedingungen. Die all- 120
gemeinen Grundsätze der Gewinnrealisierung gelten, wenn der Gesellschafter zwar in das Gesamthandsvermögen überträgt, aber zu Bedingungen wie zwischen fremden Dritten. Es liegen dann normale entgeltliche Veräußerungen vor, die bei der Gesellschaft zu Anschaffungskosten und beim Gesellschafter zu Erlösen führen. Dabei spielt für diese Rechtsfolge die Zugehörigkeit der Wirtschaftsgüter zum Betriebsvermögen oder zum Privatvermögen des veräußernden Gesellschafters keine Rolle (vgl auch BFHE 131, 113, BStBl II 1981, 84). Bei einer Lieferung der Gesellschaft an den Gesellschafter zu üblichen Bedingungen gilt nichts anderes.

121 **Übertragung von Wirtschaftsgütern** vom Sonderbetriebsvermögen des einen in das Sonderbetriebsvermögen eines anderen Gesellschafters. Überträgt ein Gesellschafter A ein ihm gehörendes Wirtschaftsgut (Sonderbetriebsvermögen) unentgeltlich auf einen anderen Mitgesellschafter B und dient das Wirtschaftsgut weiterhin der Gesellschaft (Sonderbetriebsvermögen bei B), so lag nach der bis einschließlich 1998 geltenden Rechtslage keine gewinnrealisierende Entnahme vor (BFHE 130, 152, BStBl II 1980, 381; BFHE 136, 222, BStBl II 1982, 695). In den Jahren 1999 und 2000 (StEntlG 1999 ff) war auf Grund ausdrücklicher gesetzlicher Regelung eine Buchwertfortführung ausgeschlossen, ab 1. 1. 2001 (StSenkG) ist sie wieder zugelassen (§ 6 Abs 5 Satz 3 Nr 3 EStG idF des UntStFG). Ein Wahlrecht zum Ansatz des Teilwerts oder eines Zwischenwerts besteht allerdings nicht mehr (s auch *Groh* DB 2002, 1904).

122.–129. Sondervergütungen

122 **Nutzungsüberlassung, Dienstleistung** des Gesellschafters gegenüber der Gesellschaft. Geht es bei der Übertragung von Wirtschaftsgütern in erster Linie um die Frage der Realisierung stiller Reserven, so kommt für die vom Gesellschafter der Gesellschaft überlassene Nutzung an einem Wirtschaftsgut oder für die Dienstleistung vor allem die Vorschrift des § 15 Abs 1 Satz 1 Nr 2 Hs 2 EStG zum Tragen. Entgelte, die ein Gesellschafter von der Gesellschaft für die Nutzungsüberlassung (zB Grundstücksvermietung) erhält, zählen deshalb grundsätzlich bei der Gewinnermittlung für die Mitunternehmerschaft zu den Vergütungen iSd § 15 Abs 1 Satz 1 Nr 2 EStG, und zwar auch für die GewSt.

123 **§ 15 Abs 1 Satz 1 Nr 2 Hs 2 EStG als Zuordnungsnorm.** Als Zuordnungsnorm aufgefasst, führt die Vorschrift dazu, dass die im Eigentum des Gesellschafters stehenden Wirtschaftsgüter, die an die Gesellschaft für längere Zeit vermietet werden, auch dann zum Sonderbetriebsvermögen des Gesellschaftereigentümers rechnen, wenn sie zu einem gewerblichen Betrieb dieses Gesellschafters gehören (Einzelunternehmen) und deshalb auch dort in der Handelsbilanz geführt werden (Ablehnung der sog Subsidiaritätsthese, nach der in solchen Fällen auch steuerrechtlich das Wirtschaftsgut beim Einzelunternehmen zu erfassen war: BFHE 128, 516, BStBl II 1979, 750). Damit sind **Darlehensforderungen** des Gesellschafters gegen die Gesellschaft steuerlich wie Kapitaleinlagen zu behandeln. Die Beurteilung eines Darlehens als Eigenkapital hält jedoch nur so lange an, als ein Gesellschafter Inhaber des Anspruchs auf Rückzahlung des Darlehens bleibt, also nicht mehr bei einer Übertragung auf Dritte. Ausgaben, die durch die Gesellschafterstellung bei der Gesellschaft veranlasst sind, sind bei dieser Sonderbetriebsausgaben, auch wenn sie die Gesellschafterstellung bei einer anderen Gesellschaft stärken (SonderBV II, BFHE 137, 84, BStBl II 1988, 679). Auch bei Einschaltung eines Dritten als Geschäftsführer (zB GmbH, an der ein Mitunternehmer beteiligt ist), kommen Sondervergütungen in Betracht (BFHE 212, 270, BStBl II 2008, 182).

124 Geklärt sind die Folgerungen aus § 15 Abs 1 Satz 1 Nr 2 EStG für den Fall der **unmittelbaren Leistung bei mittelbarer Beteiligung.** Durch den erstmals für nach dem **31. 12. 1991** endende Wirtschaftsjahre an-

wendbaren § 15 Abs 1 Satz 1 Nr 2 Satz 2 EStG wird der an der Untergesellschaft mittelbar Beteiligte bei dieser als Mitunternehmer behandelt, wenn die Obergesellschaft(en) ihrerseits als Mitunternehmer anzusehen ist (sind). Damit wird einerseits die Mitunternehmerfähigkeit von Personengesellschaften bestätigt, gleichzeitig aber verhindert, dass Steuerpflichtige für Tätigkeitsvergütungen etc § 15 Abs 1 Satz 1 Nr 2 EStG und damit GewSt vermeiden können. Die Rechtsprechung zum Leistungsaustausch zwischen Schwestergesellschaften ist auf Leistungsbeziehungen zwischen Ober- und Untergesellschaft nicht anzuwenden (BFHE 188, 315, BStBl II 2000, 399).

Von doppelstöckigen Gesellschaften zu unterscheiden ist die Anwendbarkeit des § 15 Abs 1 Satz 1 Nr 2 Hs 2 EStG bei **mittelbarer Leistung,** dh wenn zB Ingenieurleistungen oder Nutzungsüberlassungen nicht von den unmittelbar an der leistungsempfangenden Gesellschaft beteiligten Personen erbracht werden, sondern von einer ganz oder teilweise beteiligungsidentischen anderen Personengesellschaft. 125

Beim **Leistungsaustausch** zwischen ganz oder teilweise **beteiligungsidentischen Gesellschaften** gilt: Erzielen beide Gesellschaften von vornherein gewerbliche Einkünfte, verzichtet die Rechtsprechung auf die Anwendung des § 15 Abs 1 Satz 1 Nr 2 Hs 2 EStG in Bezug auf das von der nutzenden bzw leistungsempfangenden Gesellschaft entrichtete Entgelt (BFHE 132, 556, BStBl II 1981, 433; BFHE 182, 101, BStBl II 1998, 328; *BMF* BStBl I 1998, 583), offensichtlich weil dieses handelsrechtlich notwendig in die Gewinnrechnung der überlassenden bzw leistenden Gesellschaft einzubeziehen ist und als Gewinnanteil iSv § 15 Abs 1 Satz 1 Nr 2 EStG erscheint (vgl BFHE 132, 241, BStBl II 1981, 307). Dies gilt auch für die konkurrierenden jeweiligen Sonderbetriebsvermögen (BFHE 175, 109, BStBl II 1996, 82; krit *Patt/Rasche* DStR 1995, 401). Insoweit kommt auch die weitere Funktion des § 15 Abs 1 Satz 1 Nr 2 EStG als **Norm zur Qualifizierung der Einkunftsart** (s dazu unten) nicht zum Tragen, weil ohnehin schon gewerbliche Einkünfte vorliegen (s auch Anm 112). Der damit bestehenden Gestaltungsfreiheit kann über § 7 Bedeutung für die *Gewerbesteuerbelastung* zukommen, wenn die Betriebe der Gesellschaften unterschiedlichen Hebesätzen unterliegen. Erbringen Gesellschafter gegenüber ihrer Gesellschaft **freiberufliche Leistungen,** so kann die Gewerblichkeit dieser Einkünfte und damit die Gewerbesteuerbelastung auch nicht dadurch vermieden werden, dass sich die Gesellschafter zu einer zweiten Personengesellschaft **(GbR)** zusammenschließen und in diesem Rahmen die freiberufliche Tätigkeit gegenüber der ersten Gesellschaft ausüben (BFHE 128, 505, BStBl II 1979, 763; BFHE 132, 556, BStBl II 1981, 433). Diese Subsidiarität gilt **auch für** eine **nicht personenidentische GbR** (BFH/NV 1990, 428). Dagegen findet § 15 Abs 1 Satz 1 Nr 2 Hs 2 EStG regelmäßig keine Anwendung, wenn zwischen zwei beteiligungsidentischen Personengesellschaften mit **gewerblichen Einkünften** entgeltliche Leistungen (wie zB Baubetreuung) ausgetauscht werden (BFHE 138, 337, BStBl II 1983, 598). Dies gilt auch bei Personengesellschaften, wie die GmbH & Co und die gewerblich geprägte GbR, die wegen ihrer Rechtsform nach § 15 Abs 3 Nr 2 EStG gewerbliche Einkünfte erzielen (BFHE 178, 28, BStBl II 1996, 93; BFHE 204, 471, BStBl II 2004, 464; aA *Rasche/Patt* FR 126

1994, 635). Letztlich verdrängt der bei der gewerblichen Gesellschaft **(Personenhandelsgesellschaft)** angewendete § 15 Abs 1 Satz 1 Nr 2 EStG die eigenständige Einkunftsermittlung bei der Freiberufler-Gemeinschaft.

127 **§ 15 Abs 1 Satz 1 Nr 2 Hs 2 EStG als Norm zur Bestimmung der Einkunftsart.** § 15 Abs 1 Satz 1 Nr 2 Hs 2 EStG entscheidet vor allem auch über die Qualifikation von **Dienstleistungen der Gesellschafter** (Mitunternehmer) gegenüber ihrer Gesellschaft (Mitunternehmerschaft), die ohne das Gesellschaftsverhältnis als Einkünfte aus selbstständiger Arbeit (Rechtsanwalts-, Architekten-, Ingenieurleistungen) oder nichtselbstständiger Arbeit (zivilrechtliches Arbeitsverhältnis) zu werten wären. Denn § 15 Abs 1 Satz 1 Nr 2 Hs 2 EStG erwähnt ausdrücklich derartige Tätigkeitsvergütungen als zu den gewerblichen mitunternehmerischen Einkünften gehörend. Sie erhöhen im Sonderbetriebsvermögensbereich den Gewerbeertrag. Dadurch ergibt sich eine gewisse Diskrepanz zur Beurteilung der Gesellschaft als Subjekt der Gewinnermittlung. Denn auch die den Gesellschaftern gezahlten Vergütungen für Tätigkeiten oder Nutzungsüberlassungen vermindern zunächst den von der Rechtsprechung nach § 15 Abs 1 Satz 1 Nr 2 Hs 2 EStG als maßgeblich herausgestellten Gewinnanteil.

128 § 15 Abs 1 Satz 1 Nr 2 Hs 2 EStG ist auf Honorare und Vergütungen der Gesellschafter anzuwenden, wenn die von diesen erbrachten Dienstleistungen **durch das Gesellschaftsverhältnis veranlasst** sind (Beitragstheorie, vgl BFHE 128, 213, BStBl II 1979, 757; BFHE 189, 139, BStBl II 1999, 720). Andererseits wird zum Ausdruck gebracht, dass dies nicht nur gesellschaftsrechtlich, sondern im weitesten Sinn zu verstehen ist (vgl BFHE 128, 505, BStBl II 1979, 763; BFHE 128, 514, BStBl II 1979, 767). Durch das Gesellschaftsverhältnis veranlasst können damit auch Leistungen sein, die zivilrechtlich auf Arbeitsverträge oder Honorarverträge zurückgehen. Nach der Entscheidung in BFHE 133, 526, BStBl II 1982, 192 soll es für die Anwendung des § 15 Abs 1 Satz 1 Nr 2 Hs 2 EStG ausreichen, wenn sich die Gesellschafterleistung bei wirtschaftlicher Betrachtung, dh nicht nach dem Gesellschaftsrechtsverhältnis, als **Beitrag zur Erreichung** oder Verwirklichung **des Gesellschaftszwecks** darstellt. Ausnahmen werden nur in Fällen angenommen, in denen das **Zusammentreffen** von Mitunternehmerschaft und Arbeitsverhältnis **rein zufällig** ist (vgl BFHE 129, 490, BStBl II 1980, 271; BFHE 129, 502, BStBl II 1980, 275 zum Fall der Kapitalüberlassung). § 15 Abs 1 Satz 1 Nr 2 Hs 2 EStG gilt nur für Vergütungen der Gesellschaft, nicht aber umgekehrt für Zahlungen des Gesellschafters aus verkehrsüblichen Geschäften.

129 Kommt § 15 Abs 1 Satz 1 Nr 2 Hs 2 EStG zur Anwendung und werden davon Vergütungen betroffen, die – wie zB Architektenhonorare – im Zusammenhang mit der Herstellung eines Wirtschaftsguts bei der Gesellschaft anfallen, so sind diese **Aufwendungen** bei der Gesellschaft **zu aktivieren,** aber auch nach § 15 Abs 1 Satz 1 Nr 2 Hs 2 EStG dem Gewinn hinzuzurechnen (BFHE 128, 505, BStBl II 1979, 763; BFHE 149, 149, BStBl II 1987, 553). Die Steuerbefreiung nach § 3 Nr 62 EStG kann auf in Gewinnanteile umqualifizierte Arbeitgeberanteile nicht angewendet werden (BFHE 167, 522, BStBl II 1992, 812), ebenso wenig die des § 3 Nr 9 EStG aF (BFHE 180, 371, BStBl II 1996, 515).

130.–135. Gewinnermittlung von Mitunternehmerschaften ohne Gesamthandsvermögen

Grundlagen. Auch andere rechtliche Gebilde als Personenhandelsgesellschaften und BGB-Gesellschaften können Mitunternehmerschaften sein, wenn sie diesen wirtschaftlich ähnlich sind. Es kommen daher auch Erscheinungsformen in Betracht (idR Innengesellschaften), bei denen kein Gesamthandsvermögen vorliegt. **Mitunternehmerische Bruchteilsgemeinschaften** wird man wie die Gesamthand behandeln müssen, wie man umgekehrt vermögensverwaltende Gesamthand- den Bruchteilsgemeinschaften gleichsetzt (vgl BFHE 148, 501, BStBl II 1987, 322). Im übrigen Bereich ist aber zweifelhaft, in welchem Umfang bei Gesellschaften ohne Gesamthandsvermögen die Gesellschaft als Gewinnermittlungssubjekt zu gelten hat. Dies wäre ohne Weiteres zu verneinen, wenn die Rechtszuständigkeit einer Personenhandelsgesellschaft (§ 124 HGB) für ihr eigenes Betriebsvermögen der alleinige Grund der sog Teilrechtsfähigkeit bei der Einkommensbesteuerung wäre (so offensichtlich *Döllerer* DStR 1985, 295, der einer atypischen stillen Gesellschaft die Personenhandelsgesellschaft gegenüberstellt). Ein Rechtsgrundsatz solchen Inhalts kann jedoch nicht festgestellt werden. Auch die BGB-Gesellschaften wertet der Beschluss des Großen Senats in BFHE 141, 405, BStBl II 1984, 751 als Gewinnermittlungssubjekt (zur Rechtsfähigkeit vgl BGHZ 146, 341, DStR 2001, 310). Dies trifft indessen auf Innengesellschaften, die über kein Gesamthandsbetriebsvermögen verfügen oder verfügen können, nur in Teilbereichen zu, weil der Eigentümer des Vermögens zur Bilanzierung zuständig ist (aA *Gschwendtner* DStZ 1998, 335). Gleichwohl werden im Übrigen auch Innengesellschaften und vermögenslose Mitunternehmerschaften anderen Mitunternehmerschaften gleichgestellt. Nach der Rechtsprechungsänderung in BFHE 182, 101, BStBl II 1998, 328 kann die atypische stille Gesellschaft eine gewerblich geprägte Gesellschaft iSd § 15 Abs 3 Nr 2 EStG sein. 130

Die **atypische stille Gesellschaft** (allgemein s *OFD Erfurt* FR 2003, 1299) ist eine Mitunternehmerschaft in der Form einer **Innengesellschaft** ohne Gesamthandsvermögen, bei der nur der atypische stille Gesellschafter Sonderbetriebsvermögen haben kann, nicht dagegen der Inhaber des Handelsgeschäftes. Danach kann zB die Veräußerung eines Grundstücks durch den Inhaber des Handelsgeschäfts an den Stillen zu einem Veräußerungsgewinn führen, an dem auch der atypische stille Gesellschafter teilhat (BFHE 141, 498, BStBl II 1984, 820; letztlich offengelassen mangels näherer Feststellungen zur Gewinnverteilungsabrede). Bilanzierungssubjekt ist der Inhaber des Handelsgeschäfts (vgl auch *Döllerer* aaO; BFHE 145, 408, BStBl II 1986, 311). Nach BFHE 159, 410, BStBl II 1990, 561 ist die atypische stille Gesellschaft zwar nicht partiell steuerrechtsfähig und auch nicht Gewinnermittlungssubjekt (aA *Gschwendtner* DStZ 1998, 335; *Schulze zur Wiesche* DStZ 1998, 285). Sie ist aber – außerhalb der Folgen ihrer vermögensmäßigen Unselbstständigkeit und fehlenden Bilanzierungszuständigkeit – anderen Mitunternehmerschaften gleichzustellen (BFHE 182, 101, BStBl II 1998, 328). Insbesondere erzielt sie nach § 15 Abs 3 Nr 1 EStG als „andere Personengesellschaft" stets und in vollem Umfang gewerbl Einkünfte. Bei mehreren atypisch still Beteiligten liegen mehrere sachlich 131 selbstständige Betriebe vor, wenn die die atypischen stillen Gesellschaften betreffenden Tätigkeiten voneinander verschieden sind (BFHE 179, 427, BStBl II 1998, 685; A 16 Abs 5 GewStR; *Lindwurm* DStR 2000, 53). Danach können mehrere Freibeträge nach § 11 Abs 1 in Betracht kommen. Es muss aber auch das Vermögen des Geschäftsinhabers nach dem jeweiligen Geschäftsbereich segmentiert und mit dem Quasi-Sonderbetriebsvermögen des jeweiligen atypischen Stillen für die Gewinnermittlung zusammengefasst werden. Bei einer Beteiligung mehrerer am gesamten Betrieb liegt demgegenüber nur eine Mitunternehmerschaft vor (BFHE 187, 250, BStBl II 1999, 286). Zur Beteiligung an einzelnen Unternehmenssegmenten s *Pyska* DStR 2003, 857 sowie *Lieber/Stifter* FR 2003, 831. Die Ergebnisse des Sonderbetriebsvermögens des atypischen Stillen sind in einer Art Sonderbilanz zu berücksichtigen (BFHE 174, 372, BStBl II 1994, 243; BFHE 163, 346, FR 1991, 236). Für den Gewerbeertrag ist dies ohne Auswirkung, weil der Sonderbetriebsvermögensbereich ohnehin einzubeziehen ist (s auch *Pauka* DB 1987, 603, 605). Wesentlich ist aber, dass sich die Betriebsausgaben des Geschäftsinhabers, zB einer GmbH, nicht als Sonderbetriebsausgaben bei der atypischen stillen Gesellschaft darstellen können, soweit sie nicht seiner Beteiligung an der atypischen stillen Gesellschaft dienen (BFHE 179, 427, BStBl II 1998, 685). Zur Organschaft s BFHE 178, 448, BStBl II 1995, 794; *Ruban* DStZ 1996, 637/44; § 2 Anm 355 f zum Unternehmer-, **Steuerschuldnerwechsel** sowie zur **formwechselnden Umwandlung,** die nicht als Betriebsaufgabe gewertet wird, s § 2 Anm 446.

132 Der atypische Stille erzielt seine gewerblichen Einkünfte kraft unmittelbarer **Zurechnung** nach § 15 Abs 1 Satz 1Nr 2 EStG und nicht durch die ihm zugeflossenen Gewinne. Dies setzt den Tatbestand eines Gewerbebetriebs auf der Ebene der stillen Gesellschaft voraus, was sich mit der Eigenschaft als Innengesellschaft verträgt (aA *Winkeljohann/Halfar* DB 1994, 2471). Dazu gehört Gewinnerzielungsabsicht mit dem Erfordernis, dass auf Gesellschaftsebene für die Dauer ihres Bestehens mit einer Betriebsvermögensmehrung (Totalgewinn) zu rechnen ist. Auf Gesellschaftsebene können sich die Verhältnisse im Einzelfall anders darstellen als beim Inhaber des Handelsgeschäfts, zB wenn sich der atypische Stille nur während einer Verlustphase am Unternehmen beteiligt. Genügt für diese Folgen die schuldrechtliche Behandlung des Inhaberbetriebsvermögens als gesamthänderisch gebundenes, so muss daraus trotz handelsrechtlicher Bilanzierungsverpflichtung nur des Handelsgeschäftsinhabers eine weitgehende einkommensteuerrechtliche Gleichstellung mit anderen Personengesellschaften gefolgert werden (aA *Döllerer* DStR 1985, 295). Dies bedeutet ua die Anwendbarkeit des **§ 24 UmwStG** nicht nur beim atypisch still Beteiligten, sondern auch beim Handelsgeschäftsinhaber (*Schmidt/Wacker* § 15 Rz 350; ähnl *Groh* in FS L. Schmidt, 1993, S 439; aA *Schulze zur Wiesche* DB 1986, 1744). Für die Übertragung von Wirtschaftsgütern aus einem anderen Betrieb des Geschäftsinhabers in das Handelsgewerbe, an dem die stille Beteiligung besteht, gilt § 6 Abs 5 Satz 1 EStG (Buchwertfortführung), ebenso, wenn der Stille ein bislang anderweitig betrieblich genutztes Wirtschaftsgut zum Sonderbetriebsvermögen in der atypischen stillen Beteiligung macht. Auch bei einer unentgeltlichen Übertragung auf den Geschäftsinhaber ist Buch-

wertfortführung entsprechend § 6 Abs 5 Satz 3 EStG zwingend (ebenso *Schmidt/Wacker* § 15 Rz 684).

Wo allerdings die zivilrechtliche Sicht bestimmend für die steuerrechtliche Beurteilung ist, müssen aus dem Fehlen von Gesamthandsvermögen die Konsequenzen gezogen werden. So können zB atypische stille Gesellschaften im Verhältnis zu ihren Mitgliedern beim entgeltlichen **Lieferungs- und Leistungsverkehr** nicht den Personenhandelsgesellschaften gleichgestellt werden. Dies bedeutet, der Inhaber des Handelsgeschäfts kann nicht an sich selbst zu verkehrsüblichen Bedingungen steuerwirksam liefern (vgl ansonsten BFHE 131, 313, BStBl II 1981, 84). Es liegen vielmehr Einlagen von Wirtschaftsgütern und Entnahmen von Geld vor. Zur Betriebsaufgabe der atypischen stillen Gesellschaft s Anm 142. Die Umqualifizierung von Tätigkeits- und Nutzungsentgelten des atypischen stillen Gesellschafters in gewerbliche Einkünfte nach § 15 Abs 1 Satz 1 Nr 2 EStG findet allerdings auch bei einer Mitunternehmerschaft in der Form einer atypischen stillen Gesellschaft nach allgemeinen Grundsätzen statt (BFH/NV 2003, 1308; s Anm 127). Soweit dem Inhaber derartige Vergütungen vereinbarungsgemäß zustehen, sind ebenfalls Vorabgewinne anzunehmen (s BFH/NV 1999, 773, zur Tätigkeitsvergütung des GmbH-Geschäftsführers).

Die vorstehenden Erwägungen haben auch Gültigkeit für **andere mitunternehmerische Innengesellschaften ohne Gesamthandsvermögen** (vgl dazu auch BFHE 134, 421, BStBl II 1982, 186).

Nach ihrem tatsächlichen Erscheinungsbild beurteilt, werfen die Innengesellschaften **Abgrenzungsprobleme** auf: 133

Eine Innengesellschaft als Mitunternehmerschaft ist ebenso wie die stille Gesellschaft an einem bestimmten selbstständigen Geschäftszweig oder Zweigbetrieb eines Unternehmens möglich, nicht aber an einzelnen Geschäften. Bei sog **Meta-Gesellschaften,** die zwar Innengesellschaften begründen (vgl auch *Groh* BB 1982, 1292, 1231), werden vielfach keine Mitunternehmerschaften anzunehmen sein, weil es sich insoweit nur um schuldrechtliche Gewinnabsprachen bezüglich einzelner Geschäfte zweier ansonsten selbstständiger und im eigenen Namen am wirtschaftlichen Verkehr teilnehmender Unternehmen handelt, deren unternehmerisches Schicksal nicht entscheidend von der Abwicklung verschiedener Geschäfte auf gemeinsame Rechnung beeinflusst wird (s auch RStBl 1930, 716; StuW 1931, 434; evtl aA BFHE 134, 421, BStBl II 1982, 186; s dazu auch *Strobl* JbFfSt 1988/89, 247; BGH WM 1982, 1402). Etwas anderes wird jedoch gelten müssen, wenn ein intensiverer Interessenverbund hergestellt wird und deshalb ein gemeinsames Unternehmen iS eines zwar aufgabeverteilten, aber nach seinem Erfolg gemeinsamen Unternehmerrisikos vorliegt und die Gesellschafter in ihrer gesellschaftlichen Verbundenheit deshalb steuerbegründende Tatbestände verwirklichen (vgl für ähnlich gelagerte Fälle auch die Urteile in BFHE 102, 261, BStBl II 1971, 620 – **Konsortium** –; BFHE 72, 533, BStBl III 1961, 194; BFHE 201, 447, BFH/NV 2003, 964, sowie *Schmidt/Wacker* § 15 Rz 328). Darin zeigt sich, dass der sachliche Umfang des Betriebs einer BGB- und insbesondere Innengesellschaft sich nach dem wirtschaftlichen Organismus (Teilorganismus) richtet, auf den sich auch der Gesellschaftszweck bezieht. Dagegen wird bei Personenhandelsgesellschaften der Betriebsumfang im Wesentlichen davon bestimmt, auf welchen Bereichen sich die Gesellschaft mit einem einheitlichen Hervortreten nach außen betätigt (§ 2 Anm 290f).

134 **Unterbeteiligungen** (s auch § 2 Anm 22) an Gesellschaftsanteilen entsprechen steuerrechtlich in ihren wesentlichen Merkmalen als Innengesellschaften den atypischen stillen Gesellschaften, obwohl handelsrechtlich keine stille Gesellschaft vorliegt (Beteiligung ist kein Handelsgewerbe iSd § 230 HGB). Die Mitunternehmermerkmale des Unterbeteiligten sind im Verhältnis zum Hauptbeteiligten zu prüfen (BFHE 142, 437, BStBl II 1985, 247). Auf der Ebene ihres gesellschaftlichen Zusammenwirkens ist wie bei den atypischen stillen Gesellschaften der Gewerbebetriebsbegriff und damit die Gewinnerzielungsabsicht zu untersuchen. Der Unterbeteiligte ist nach Einfügung des § 15 Abs 1 Satz 1 Nr 2 Satz 2 EStG Mitunternehmer der Hauptgesellschaft; Tätigkeitsvergütungen der Hauptgesellschaft an den Unterbeteiligten sind dem Gesamtgewinn hinzuzurechnen (BFHE 184, 418, BStBl II 1998, 137). In aller Regel wird auch für die Unterbeteiligungsmitunternehmerschaft ein eigenes Gewinnfeststellungsverfahren durchgeführt (BFHE 112, 1, BStBl II 1974, 414). § 179 Abs 2 Satz 3 AO stellt es in das Ermessen des FA, ob für eine Unterbeteiligung eine eigene Gewinnfeststellung erfolgt (BFHE 142, 437, BStBl II 1985, 247; s aber auch BFHE 158, 64, BStBl II 1990, 168; *BMF* BStBl I 1993, 923 zur typischen stillen Unterbeteiligung). Für nichtbetriebliche Einkünfte nach § 2 Abs 1 Nr 4–7 EStG können Unterbeteiligten die Einkünfte aus der Vermögensverwaltung nur dann (anteilig) zugerechnet werden, wenn sie selbst den Einkunftstatbestand mitverwirklichen (zB Vermieter sind).

135 *(frei)*

136.–139. Vermögensverwaltende Gesellschaften, Verlustzuweisungsgesellschaften

136 **Handelsrechtlich** kann private Vermögensverwaltung auch in der Form einer Personenhandelsgesellschaft betrieben werden (§ 105 Abs 2 HGB). Zur Abgrenzung von Gewerbebetrieben kraft Gesetzes bei Kapitalgesellschaften als persönlich haftende Gesellschafter gewerblich geprägter Personengesellschaften s § 2 Anm 310f.

137 **Überschussrechnung.** Die Schwierigkeiten bei der Besteuerung von Gesellschaften mit Überschusseinkünften entstehen dadurch, dass im Bereich dieser Einkünfte (wie zB Vermietung und Verpachtung) die Einkünfte aus dem Überschuss der Einnahmen über die Ausgaben ermittelt werden. Die Gesellschaft hat einkommensteuerlich kein Betriebsvermögen (BFHE 133, 54, BStBl II 1981, 527). Andererseits gilt sie auch für diesen Bereich als Gewinnermittlungssubjekt (BFHE 141, 405, BStBl II 1984, 751). **Geschäftsvorfälle** werden dem einzelnen Gesellschafter **nicht zugerechnet** (BFHE 133, 285, BStBl II 1981, 574). Die Maßgeblichkeit der handelsrechtlichen Gewinnverteilung mit der Bedeutung der Gesellschafterkapitalkonten ergibt sich auch aus der Anwendbarkeit des § 15a EStG auf solche Gesellschaften (§ 21 Abs 1 Satz 2 EStG; s *Schmidt/Drenseck* § 21 Rz 120ff).

Für die Besteuerung der Überschusseinkünfte, zB aus Vermietung und Verpachtung, ist die Gesellschaft Überschussermittlungssubjekt; das Ergebnis der Überschussrechnung ist bei den nicht betrieblich beteiligten Gesellschaftern nach ihrer Beteiligungsquote oder ihren ggf steuerlich anzuerkennenden Verteilungsabreden (*Schmidt/Drenseck* § 21 Rz 22) entsprechend zu berücksichtigen. Zu sog Zebragesellschaften s Anm 113, zur Anrechnung der GewSt bei Zebragesellschaften s *Kollruss* Inf 2001, 715, zur Frage der Überschusszurechnung beim Gesellschafterwechsel s BFHE 147, 453, BStBl II 1987, 212; *Giloy* BB 1987, 652.

Unterschiedliche Wahlrechtsausübung könnten die Gesellschafter 138
bei der Inanspruchnahme von Abschreibungen beantragen, weil die Handelsbilanz dafür nicht maßgeblich ist (vgl aber § 7a Abs 7 EStG; BFHE 160, 432, BStBl II 1990, 953). Die Gesellschaft bleibt auch maßgeblich für die Gewinnverteilung, dh das durch die Überschussrechnung ermittelte Gesamtergebnis ist nach dem **Gewinnverteilungsschlüssel** zu verteilen (vgl bereits BFHE 125, 532, BStBl II 1978, 674, sowie BFHE 132, 522, BStBl II 1981, 510, für die im Wesentlichen austauschbaren Formen der vermögensverwaltenden BGB-Gesellschaft und Bruchteilsgemeinschaft; s auch *Groh* JbFfSt 1981/82, 181; ebenso BFHE 148, 501, BStBl II 1987, 322; BFHE 169, 418, BStBl II 1993, 281). Veräußerungsgewinne sind jedenfalls nur den betrieblich beteiligten Gesellschaftern zuzurechnen (BFHE 193, 311, DStR 2001, 21). Durch die Übernahme mehrerer Komplementärfunktionen an mehreren vermögensverwaltenden KG wird eine natürliche Person noch nicht zum Gewerbetreibenden (BFHE 150, 441, BStBl II 1987, 816).

Verlustzuweisungsgesellschaften. Solche Gesellschaften treten in aller 139
Regel in der Rechtsform der **GmbH & Co KG** in Erscheinung. Zur Kapitalausstattung nehmen sie eine Vielzahl (daher auch die Bezeichnung Publikumspersonengesellschaften) von Kommanditisten auf. Die an diese ergehenden Verlustzuweisungen konnten vor 1980 („Altbetriebe": vor 1985) – auch soweit sie zu einem negativen Kapitalkonto führten – unmittelbar Steuerersparnisse bewirken (BFHE 132, 244, BStBl II 1981, 164). Der sich durch den Wegfall des negativen Kapitalkontos beim Ausscheiden oder der Liquidation ergebende Gewinn war nach § 34 Abs 2 EStG steuerbegünstigt, wenn dies im Zusammenhang mit der Betriebsaufgabe oder der Anteilsveräußerung stand. Durch Einfügung des § 15a EStG hat sich diese Rechtslage geändert.

Nach **§ 15a EStG** sind **Verlustzuweisungen an Kommanditisten** – oder an nach § 15a Abs 5 EStG gleichgestellte Mitunternehmer, wie zB **atypische stille Gesellschafter** oder BGB-Gesellschafter ohne konkretes Haftungsrisiko –, die ein negatives Kapitalkonto entstehen lassen oder erhöhen, nicht mit anderen Einkünften des Kommanditisten ausgleichsfähig, und zwar auch nicht über § 10d EStG. Sie sind vielmehr mit künftigen Gewinnanteilen aus der Beteiligung zu verrechnen (§ 15a Abs 1 Satz 1 und Abs 2 EStG). Besteht eine unmittelbare Außenhaftung des Kommanditisten nach § 171 Abs 1, § 172 Abs 4 HGB, weil die im Handelsregister eingetragene Haftsumme die geleistete Einlage übersteigt, so ist dagegen bis zur Höhe des Differenzbetrages weiterer Verlustausgleich möglich, obgleich dadurch ein negatives Kapitalkonto entsteht. Die Vermögensminderung auf Grund dieser Haftung darf indessen nicht durch Vertrag ausgeschlossen (BFHE 179, 28; BStBl II 1996, 128), die Inanspruchnahme nicht nach Art und Weise des Geschäftsbetriebs unwahrscheinlich sein (BFHE 164, 526, BStBl II 1992, 164; *BMF* BStBl I 1992, 123) und derjenige, dem der Anteil zuzuordnen ist (Kommanditist oder atypischer Stiller), muss im Handelsregister eingetragen sein (§ 15 a Abs 1 Satz 2 und 3 EStG), was beim Treugeber regelmäßig fehlt (*Schmidt/Wacker* § 15 a Rz 131; R 15 a EStR). Eine interne Verpflichtung eines Innengesellschafters zum Verlustausgleich hindert die Anwendung des § 15 a nicht (BFHE 196, 103, BStBl II 2002, 339), ebenso wenig Verpflichtungen gegenüber den Gläubigern des Geschäftsinhabers (BFHE 198, 101, BStBl II 2002, 464). Bei einer atypischen stillen Unterbeteiligung an einem Kommanditanteil mindert sich der erweiterte Verlustausgleich des Kommanditisten (BFHE 217, 570, BStBl II 2007, 868). Kommanditist iSv § 15 a EStG kann auch eine Obergesellschaft bei einer mehrstöckigen Personengesellschaft sein (*Schmidt/Wacker* § 15 a Rz 61; FG Hamburg EFG 1992, 128 rkr; BFHE 177, 71, BStBl II 1995, 467). Nur für diesen Fall einer Obergesellschaft hat **§ 15 a EStG gewerbesteuerliche Bedeutung** (BFH/NV 1997, 857). Ansonsten ist die Vorschrift im Gewerbesteuerrecht nicht anwendbar, weil es sich nicht um eine die Gesellschaft betreffende Gewinnermittlungsvorschrift handelt, sondern um eine Vorschrift, die die Verlustzurechnung an die einzelnen Gesellschafter regelt.

Für die Frage, ob ein **negatives Kapitalkonto** des Kommanditisten entsteht, ist von der tatsächlich geleisteten Einlage auszugehen (BFHE 150, 514, BStBl II 1988, 5; *BMF* BStBl I 1997, 627) und dies unter Berücksichtigung von evtl Ergänzungsbilanzen fortzuentwickeln. Nicht aufgedeckte, dh stille Reserven sind dabei nicht zu berücksichtigen (BFHE 180, 387, BStBl II 1996, 474). Das Ausgleichsvolumen erhöht sich nicht um Darlehen (BFHE 171, 213, BStBl II 1993, 706) oder anderes Sonderbetriebsvermögen (BFHE 164, 516, BStBl II 1992, 167; *BMF* BStBl I 1997, 627; krit. *L. Schmidt* DStZ 1992, 702; *van Lishaut* FR 1994, 273; *Bordewin* DStR 1994, 673), auch nicht durch eigenkapitalersetzende Darlehen (BFHE 191, 347, BStBl II 2000, 347). Zur Wirkung nachträglicher Einlagen s *Schmidt/Wacker* § 15 a Rz 180: keine rückwirkende Umpolung in Haftungskapital; BFHE 179, 368, BStBl II 1996, 226. Bei vorgezogenen Einlagen (Einlage in 01, Verlust in 02) ist der Einlagebetrag, soweit er nicht in 01 verbraucht ist, als Korrekturposten festzuhalten. Verlustanteile sind in den folgenden Jahren bis zur Höhe des Korrekturpostens als ausgleichsfähig anzuerkennen (BFHE 203, 462 BStBl II 2004, 359 sowie BFHE 218, 285, BStBl II 2007, 934). Das *BMF* hat sich nunmehr dieser Ansicht angeschlossen (BStBl I 2007, 823). Nach Einfügung eines Abs 1 a in § 15 a EStG durch das JStG 2009 v 19. 12. 2008 (BGBl I 2008, 2794) sind allerdings vorgezogene Einlagen nicht mehr anzuerkennen. Auch ist es möglich, Einlagen derart zu leisten, dass sie nicht auf die noch ausstehende Pflichteinlage angerechnet werden mit der Folge, dass die Ausgleichsfähigkeit von Verlusten erhalten bleibt (BFHE 219, 92, BStBl II 2008, 118).

Verluste im **Sonderbetriebsvermögensbereich** des Kommanditisten unterliegen nicht der Ausgleichsbeschränkung des § 15 a Abs 1 Satz 1 EStG.

Sie sind nicht Verlustanteil iSd Regelung (vgl *Döllerer* aaO; *Schmidt/Wacker* § 15 a Rz 71).

Da die Entstehung oder die Erhöhung eines negativen Kapitalkontos am Bilanzstichtag eintritt (s BFHE 192, 422, BStBl II 2001, 166), also durch kurzfristige Einlage umgangen werden könnte, behandelt § 15 a Abs 3 EStG **Entnahmen** gewinnerhöhend, als wäre das entnommene Kapital nur vorübergehend eingelegt worden. Damit ist allerdings keine Rückwirkung auf einen schon berücksichtigten Verlustausgleich verbunden (BFH/NV 1998, 1078), sondern im Ergebnis die Umwandlung dieses steuermindernd berücksichtigten Verlustes in einen nur mit künftigen Gewinnen verrechenbaren. Keine Gewinnerhöhung tritt ein, wenn die Entnahme zu einem Wiederaufleben der persönlichen Außenhaftung des Kommanditisten nach § 172 Abs 4 HGB führt (vgl dazu im Einzelnen *Schmidt/Wacker* aaO Rz 156).

140.–145. Besteuerung der stillen Gesellschaft (Überblick)

Die stille Gesellschaft als Steuersubjekt/Gewinnermittlungssubjekt. 140

a) Einkommensteuer. Einkommensteuersubjekt ist die natürliche Person, dh weder die typische noch die atypische stille Gesellschaft. Dennoch ist diese Unterscheidung von Bedeutung. Denn auch vermögenslose Innengesellschaften können für die Zwecke der Einkommensteuer Gewinnrmittlungssubjekte sein. Dies trifft zwar nicht für die typische stille Gesellschaft zu, weil jeder der beiden Vertragspartner seine zu unterschiedlichen Einkunftsarten gehörenden Einkünfte für sich ermittelt, wohl aber für die atypische stille Gesellschaft, wenn sie steuerrechtlich als Mitunternehmerschaft zu werten ist. Über den Umfang der Funktion als Gewinnermittlungssubjekt gehen bei der atypischen stillen Gesellschaft die Auffassungen auseinander (Anm 131). Zur Beschränkung des Verlustausgleichs bei „kapitalistischer" Beteiligung s § 15 Abs 4 Satz 6 EStG.

b) Mitunternehmerschaft setzt Mitunternehmerinitiative und Mitunternehmerrisiko voraus (s Anm 103 f; *OFD Erfurt* FR 2003, 1299). Da ein stiller Gesellschafter idR an der Geschäftsführung nicht beteiligt ist, kommt dem Mitunternehmerrisiko neben den üblichen Kontrollrechten erhebliche Bedeutung zu. Dazu fordert die Rechtsprechung zwar nicht notwendig eine Beteiligung am Verlust (BFHE 125, 545, BStBl II 1978, 644); aber am Geschäftswert und an den stillen Reserven des Anlagevermögens muss der mitunternehmerische Stille neben dem laufenden Gewinn regelmäßig beteiligt sein (BFH FR 1994, 17, BFH/NV 1993, 647 zum Geschäftswert; BFHE 171, 510, BStBl II 1994, 700; BFH/NV 2003, 36; 2003, 601; evtl aA BFHE 170, 345, BStBl II 1994, 702). Eine Globalabfindung für diese Teilhabe genügt nicht, Buchwertklauseln für den Fall des vorzeitigen Ausscheidens sind unschädlich (BFHE 134, 261, BStBl II 1982, 59). Die fehlende Beteiligung an den stillen Reserven kann durch eine besonders stark ausgeprägte Mitunternehmerinitiative kompensiert werden (BFH/NV 2004, 188). Zu gewinnabhängigen Bezügen ohne Beteiligung an stillen Reserven s BFHE 135, 297, BStBl II 1982, 389 (Ausnahmefall). Der Inhaber des Betriebs ist schon wegen seiner Außenhaftung (Mit-)Unternehmer (BFHE 218, 152; BStBl II 2007, 927).

c) Umsatzsteuer. Als reine Innengesellschaft kann weder die typische noch die atypische stille Gesellschaft Unternehmerin oder umsatzsteuerrechtliche Leistungsempfängerin sein (s auch *Sölch/Ringleb* § 2 Rz 29). Deshalb stellt sich die Frage des Leistungsaustausches zwischen Gesellschafter und Gesellschaft (und die Abgrenzung zum Gesellschafterbeitrag) insoweit nicht. Erbrachte der Stille als Unternehmer bei der Gründung der Gesellschaft Sacheinlagen, so war dieser Vorgang nach § 4 Nr 8 Buchst j UStG bis 2004 steuerfrei.

d) Gewerbesteuer. Bedeutung hat die typische stille Gesellschaft für die GewSt des Geschäftsinhabers wegen der **Hinzurechnung** nach § 8 Nr 1 Buchst c. Danach wird der Gewinnanteil des Stillen wieder hinzugerechnet, vorausgesetzt, der Stille unterliegt nicht selbst der GewSt. Der Begriff der stillen Gesellschaft richtet sich im Wesentlichen nach Handelsrecht, wobei die Beteiligung an einem Gewerbe schlechthin genügt (BFHE 140, 275, BStBl II 1984, 373, dort auch zur Abgrenzung vom partiarischen Arbeitsverhältnis). Zur Steuerschuldnerschaft des Geschäftsinhabers s § 5 Anm 6.

141 **Einkommensteuerrechtliche Einzelfragen.** Bei der **Gründung** der atypischen stillen Gesellschaft ist die Fortführung der Buchwerte eines schon bestehenden Gewerbebetriebs möglich. Demgegenüber müssen zur Feststellung des Werts der Gesellschafterbeiträge (Gewinnverteilung!) das Handelsgeschäft und die Einlage des Stillen nach den Grundsätzen der Unternehmensbewertung – vergleichbar der Abschichtungsbilanz – bewertet werden. Bei Beendigung ist der Wert des Unternehmens ebenso festzustellen.

Aus der Möglichkeit des **negativen Einlagekontos** können sich sowohl für die atypische als auch für die typische stille Gesellschaft Besonderheiten ergeben:

142 **a) Atypische stille Gesellschaft.** Grundsätzlich müssen für den Stillen, der nur beschränkt haftender Mitunternehmer ist, dieselben Besonderheiten gelten wie für den Kommanditisten. Zweifelhaft ist allerdings die Möglichkeit einer **Betriebsaufgabe** durch die atypische stille Gesellschaft als Gewinnermittlungssubjekt, wie dies bei anderen mitunternehmerischen Gesellschaften (s BFHE 132, 244, BStBl II 1981, 164) angenommen wird. Damit würde dem atypischen Stillen nicht nur das Ergebnis seiner Auseinandersetzung steuerbegünstigt (§§ 16, 34 EStG, Veräußerung oder Aufgabe eines Mitunternehmeranteils) zuzuordnen sein, sondern auch, was nach allgemeinen Grundsätzen für die Gesellschaft (nach außen handelnd durch den Inhaber) steuerbegünstigter Aufgabegewinn sein kann. Wird das Handelsgeschäft des Inhabers in einem einheitlichen wirtschaftlichen Vorgang aufgegeben, dann lägen jedenfalls hinsichtlich der stillen Reserven des Anlagevermögens die Voraussetzungen für eine steuerbegünstigte Aufgabe des Gewerbebetriebs vor; der atypische Stille würde daran teilhaben. Dies ist zu bejahen. Die Mitunternehmerschaft, auch wenn sie gesellschaftsrechtlich ohne gesamthänderisches Vermögen besteht, rechtfertigt die Zurechnung der Betriebsaufgabe beim atypischen Stillen (s dazu *Schmidt/Wacker* § 16

Rz 420 ff). Dass die atypische stille Gesellschaft handelsrechtlich keine Liquidation kennt (BGH NJW 1982, 99), steht dieser Beurteilung nicht entgegen.

Davon zu unterscheiden ist der Fall der Beendigung der Gesellschaft ohne gleichzeitige Betriebsaufgabe durch den Geschäftsinhaber, der der Aufgabe oder Veräußerung eines Mitunternehmeranteils entspricht (Anm 89 f). Die **formwechselnde Umwandlung** einer GbR in eine atypische stille Gesellschaft ist keine gewinnrealisierende Betriebsaufgabe (BFHE 159, 410, BStBl II 1990, 561). Zum **Steuerschuldnerwechsel** s § 2 Anm 446.

b) Bei dem typischen stillen Gesellschafter, der Einkünfte aus Kapitalvermögen (§ 20 Abs 1 Nr 4 EStG) erzielt, stellt sich die Frage, ob Verlustzuschreibungen auf dem Beteiligungskonto und auch das negative Konto **Werbungskosten** entstehen lassen. Werbungskosten hat der Stille jedenfalls bei Verlustverrechnung bis zur Höhe seiner Einlage (s a *Sterner* DStZ 1986, 66; BFHE 151, 134, BStBl II 1988, 186). Verluste, die über die Einlage hinausgehen, sind dem (typischen) Stillen in Höhe des negativen Einlagekontos zuzurechnen und als verrechenbare Verluste festzustellen. Dies wird durch die Verweisung in § 20 Abs 1 Nr 4 Satz 2 EStG auf § 15 a EStG klargestellt. Bei stillen Beteiligungen an Kapitalgesellschaften ist seit VZ 2004 geregelt, dass Verluste, die nicht auf natürliche Personen entfallen, nicht ausgleichsfähig sind, sondern nur mit einem Gewinn des vorausgegangenen Wirtschaftsjahres oder künftiger Wirtschaftsjahre verrechnet werden können (§ 20 Abs 1 Nr 4 Satz 2 iVm § 15 Abs 4 Sätze 6–8 EStG). Zum steuerlich relevanten Zeitpunkt, zu dem Werbungskosten abfließen, werden unterschiedliche Auffassungen vertreten. Frühester Zeitpunkt wäre der der Bilanzaufstellung (BFHE 199, 477, BStBl II 2002, 858; *Schmidt/Weber-Grellet* § 20 Rz 98). Hinzukommen muss die Fortführung des Beteiligungskontos nach § 232 Abs 2 HGB (Abbuchung oder vergleichbare Dokumentation), sofern durch die Abbuchung nicht ein negatives Kapitalkonto entsteht (BFHE 199, 477, BStBl II 2002, 858). Kein Abfluss ist anzunehmen, ehe der Jahresabschluss festgestellt oder geschätzt ist und von der Kapitaleinlage abgebucht ist (BFHE 199, 477, BStBl II 2002, 858; BFHE 219, 165, BStBl II 2008, 126). Anders ist dies beim Zufluss von Gewinnanteilen. Hier kann Gutschrift wirtschaftliches Verfügen iSd zu § 11 EStG entwickelten Grundsätze bedeuten, sie muss es aber nicht. Kein Zufluss ist beispielsweise anzunehmen, wenn der Geschäftsinhaber zur Auszahlung nicht in der Lage ist. § 44 Abs 3 EStG betrifft nur den Abzug von Kapitalertragsteuer (*Schmidt/Heinicke* § 11 Rz 30 „Stille Gesellschaft"; s zum Auseinanderfallen BFHE 76, 270, BStBl III 1963, 96; BFHE 163, 69, BStBl II 1991, 313). Zur Abgrenzung zwischen stiller Gesellschaft und Genussrechtsverhältnis s BFHE 221, 25, BStBl II 2008, 852. 143

Bei **fehlendem Interessengegensatz** zwischen dem Inhaber des Handelsgeschäfts und dem Stillen kann nur ein angemessener Gewinnanteil berücksichtigt werden. Dieser ist in Anlehnung an den zu Familiengesellschaften entwickelten Grundsätzen (vgl Anm 152) zu ermitteln (BFHE 193, 292, BStBl II 2001, 299).

Wird eine typische **stille Beteiligung im Betriebsvermögen** gehalten, so ist nach den allgemeinen Bilanzierungs- bzw Gewinnermittlungsgrundsätzen zu verfahren. Dies bedeutet bei Bestandsvergleich Buchung ohne Rücksicht auf Zu- oder Abfluss. Bei Gesellschafteridentität war nach früherer Rechtsprechung der betriebliche Gewinnanspruch aus einer stillen Beteiligung einer GbR an einer GmbH bei dem Stillen (GbR) schon vor Bilanzfeststellung, dh im Erwirtschaftungsjahr der GmbH, zu bilanzieren (BFHE 164, 34, BStBl II 1991, 569). Inzwischen hat der Große Senat des BFH entschieden, dass Dividendenansprüche vor einer beschlossenen Gewinnverwendung grds nicht aktiviert werden dürfen (BFHE 192, 339, BStBl II 2000, 632). Verbindlichkeiten, die nur mit künftigen Gewinnen zu tilgen sind, können steuerrechtlich (Ausnahme Anschaffungskosten) nicht passiviert werden (BFHE 144, 395, BStBl II 1986, 68). Dies trifft auch zu für eine Einlagerückforderung des Stillen, die – einem Vereinbarungsdarlehen ähnlich (*Groh* BB 1987, 1505) – von Gewinnen des Geschäftsherrn abhängt.

144 **c)** Der **Wertverlust** der Einlage bewirkt beim typischen Stillen grundsätzlich keine Werbungskosten, weil dies die Gewinnermittlung durch Überschussrechnung nicht zulässt (vgl *Glanegger* DStZ 1984, 583).

Die **Abfindung,** die der typische Stille bei Beendigung der Gesellschaft erhält, zählt – soweit sie die Einlage übersteigt – zu den Einkünften aus Kapitalvermögen, möglicherweise als Entschädigung iSd § 24 Nr 1 Buchst b EStG (BFHE 141, 124, BStBl II 1984, 580). Dagegen ist die Veräußerung einer im Privatvermögen gehaltenen stillen Beteiligung und der dabei erzielte Mehrbetrag nicht nach § 20 EStG zu versteuern (BFHE 133, 35, BStBl II 1981, 465). Zur Frage, ob dies auch für im Kaufpreis enthaltene Gewinnanteile abgelaufener Wirtschaftsjahre gilt, s *Sterner* DStZ 1986, 66.

145 **d) GmbH & Still.** Die GmbH mit stiller (typischer oder atypischer) Beteiligung des GmbH-Gesellschafters wird steuerrechtlich anerkannt (BFHE 130, 268, BStBl II 1980, 477; BFHE 128, 457, BStBl II 1979, 768). Bei einer erheblichen Vermögenseinlage eines beherrschenden Gesellschafter-Geschäftsführers und stillen Gesellschafters ist eine Mitunternehmerschaft zwischen GmbH und Stillem möglich (ähnl BFH/NV 2004, 631, krit *Weber* DB 1992, 546). Befindet sich die GmbH in der Krise, kann sich eine stille Beteiligung auch als unmittelbare oder mittelbare verdeckte Einlage erweisen (FG Saarland EFG 91, 536, rkr; s dazu auch *Schmidt/Weber-Grellet* § 17 Rz 171). Die Geschäftsführergehälter des atypischen stillen Gesellschafters sind wie bei der GmbH & Co KG auch bei einem eigengewerblichen Tätigwerden der GmbH nach § 15 Abs 1 Satz 1 Nr 2 EStG dem Gewinn der Mitunternehmerschaft wieder hinzuzurechnen (BFH/NV 1999, 773), ebenso bei der AG & Still (BFH/NV 2006, 277).

Ist die GmbH **vermögensverwaltend** tätig, so erzielt sie zwar kraft Rechtsform Einkünfte aus Gewerbebetrieb, nicht aber die gleichzeitig bestehende atypische GmbH & Still. Grund: Der atypische Stille muss Mitunternehmer sein. Dazu ist der Tatbestand originärer gewerblicher Einkünfte erforderlich (s auch *Schulze zur Wiesche* WPg 1985, 73; *Schmidt/Wacker* § 15 Rz 359; *Gschwendtner* DStZ 1998, 335; BFH/NV 1999, 169; aA *BMF* FR 1988, 47). Eine Ausnahme regelt nur § 15 Abs 3 Nr 2 EStG. Eine typische stille Gesellschaft kann aber mit einer vermögensverwaltenden

GmbH handelsrechtlich und steuerrechtlich eingegangen werden (BFHE 138, 458, BStBl II 1983, 563).

146. Kommanditgesellschaft auf Aktien

146 Bei der KGaA erzielt der persönlich haftende Gesellschafter kraft § 15 Abs 1 Satz 1 Nr 3 EStG gewerbliche Einkünfte aus – fiktiver – Mitunternehmerschaft mit der Folge einzubeziehender Tantiemen, möglichen Sonderbetriebsvermögens (nicht KG-Anteile), Erfassung der Einkünfte durch Zurechnung (allgemein s *Schaumburg* DStZ 1998, 525; zu Pensionsrückstellungen s *Frankenheim* DStR 1999, 481). Dies bedeutet, Betriebsvermögensvergleich und nicht Zufluss entscheidet (BFHE 157, 382, BStBl II 1989, 881), auch Gewinnfeststellung (glA *Fischer* DStR 1997, 1519/22). Gewerbesteuerlich stehen sich KGaA und deren persönlich haftender Gesellschafter als eigenständige Steuersubjekte gegenüber (BFHE 219, 329, BStBl II 2008, 363). Damit korrespondiert der Abzug von Geschäftsführergewinnen nach § 9 Abs 1 Nr 1 KStG, den die Hinzurechnung nach § 8 Nr 4 GewStG für die Gewerbesteuer wieder rückgängig macht. Der persönlich haftende Gesellschafter kann die Kürzung nach § 9 Nr 2b in Anspruch nehmen. Sonderbetriebsausgaben des Geschäftsführers sind nach BFHE 162, 445, BStBl II 1991, 253, nicht bei den Hinzurechnungen, sondern bei den ggf gewerblichen Einkünften des Geschäftsführers abzuziehen.

147.–151. Einzelfragen bei der GmbH & Co KG

147 **Betriebsaufgabe.** Keine Gewerbesteuerpflicht besteht für eine GmbH & Co KG nach Aufgabe ihrer werbenden Tätigkeit (Gleichbehandlung mit anderen Personengesellschaften, s Anm 13). Ihr Aufgabe- oder Veräußerungsgewinn unterliegt nicht der Gewerbesteuer (BFHE 136, 204, BStBl II 1982, 707). Mit der Veräußerung der Kommanditbeteiligung ist grundsätzlich auch Sonderbetriebsvermögen aufzulösen (BFHE 138, 548, BStBl II 1983, 771). Zur Sonderbetriebsvermögenseigenschaft des Anteils an der Komplementär-GmbH s Anm 116. Zur Betriebsaufgabe der GmbH & Co KG ohne originäre gewerbliche Tätigkeit **(gewerblich geprägte Personengesellschaft)** s § 2 Anm 322.

Einlage. Bürgschaftsübernahme zugunsten der GmbH durch ihren Gesellschafter und ggf Kommanditisten kann als Anschaffungskosten in der Form einer verdeckten Einlage gewertet werden (BFHE 143, 228, BStBl II 1985, 320). Schenkungsteuer fällt dabei idR nicht an (*Maier* DVR 1987, 50).

Familien-GmbH & Co KG. Die Grundsätze über Familiengesellschaften (Anm 152) finden auch dann Anwendung, wenn nicht die Eltern oder Eheleute, sondern eine von diesen beherrschte GmbH die Kommanditbeteiligung dem Familienangehörigen schenkt oder für diesen Zweck Darlehen zu unüblichen Bedingungen zur Verfügung stellt (BFHE 128, 375, BStBl II 1979, 670; BFHE 147, 139, BStBl II 1986, 798).

Geschäftsführergehälter des gleichzeitig als Kommanditist (oder sonstiger Gesellschafter) an der KG Beteiligten sind dem Gewinn der KG auch für gewerbesteuerliche Zwecke wieder hinzuzurechnen, auch wenn dieser bei der Komplementär-GmbH angestellt ist (BFHE 127, 45, BStBl II

1979, 284; BFHE 189, 139, BStBl II 1999, 720; Anm 127). Zur Zurechnung der Vorteile aus der Geschäftsführertätigkeit bei der GmbH s BFHE 149, 176, BStBl II 1987, 461; zur missbräuchlich zwischengeschalteten GmbH s BFHE 153, 46, BStBl II 1988, 629.

Mitunternehmerschaft des Kommanditisten s Anm 106, Mitunternehmerschaft der Komplementär-GmbH s Anm 107. Ein Organträger tritt nicht an die Stelle einer Komplementär-GmbH als Mitunternehmer einer GmbH & Co KG (BFHE 140, 93, BStBl II 1984, 150).

148 **Verdeckte Gewinnausschüttung.**

a) Allgemeines. Den Gewinn von Kapitalgesellschaften dürfen Vermögensveränderungen in der gesellschaftsrechtlichen Sphäre nicht verändern. Dies gilt auch für verdeckte Gewinnausschüttungen. Sie ersetzen weitgehend die Entnahmevorschriften des EStG. Eine verdeckte Gewinnausschüttung iSd § 8 Abs 3 Satz 2 KStG ist eine Vermögensminderung (verhinderte Vermögensmehrung), die durch das Gesellschaftsverhältnis veranlasst ist, sich auf den Unterschiedsbetrag iSv § 4 Abs 1 EStG auswirkt und in keinem Zusammenhang mit einer offenen Ausschüttung steht (zB BFHE 199, 536, BStBl II 2003, 418). Sie setzt eine Einkommensminderung bei der Kapitalgesellschaft außerhalb von Ausschüttungen voraus (BFHE 163, 546, BStBl II 1991, 593), unabhängig davon, ob dem Gesellschafter ein nach § 20 Abs 1 Nr 1 EStG steuerbarer Wert zugeflossen ist. Sie kann auch in einer tatsächlichen Handlung eines Gesellschafters oder einer ihm nahe stehenden Person bestehen (BFHE 169, 343, BStBl II 1993, 352). Die Herstellung der Ausschüttungsbelastung unter der Geltung des Anrechnungsverfahrens erforderte zusätzlich den Vermögensabfluss (BFHE 147, 521, BStBl II 1987, 75; BFH FR 1988, 82). Die Gewinnkorrektur wird außerhalb der Steuerbilanz vorgenommen (BFHE 175, 347, BStBl II 2002, 366; s auch *BMF* BStBl I 2002, 603). Zur Abgrenzung von Bilanzberichtigungen s ABC „Konkurrenzen", „Verzicht". Zur verdeckten Gewinnausschüttung als evtl strafbare Untreue s BFHE 158, 338, BStBl II 1989, 1029; *Meilicke* BB 1988, 1261. Auch nach der Abschaffung des körperschaftsteuerlichen Anrechnungsverfahrens ist die verdeckte Gewinnausschüttung noch von Bedeutung (s *Hey* GmbHR 2001, 1).

149 **b) Einzelfälle (ABC):**

Bilanzierungsfehler führen zu einer verdeckten Gewinnausschüttung, wenn ein ordentlicher und gewissenhafter Geschäftsleiter den Fehler bei sorgsamer Durchsicht der Bilanz hätte bemerken müssen (BFHE 213, 559, BStBl II 2006, 928).

Buchungsfehler sind idR keine verdeckte Gewinnausschüttung (BFHE 199, 140, BStBl II 2003, 149).

Ehegatten; für die Gesellschaftsbeherrschung können Kapitalanteile von Ehegatten nur bei konkreten Anhaltspunkten für gleichgerichtete Interessen zusammengerechnet werden (BFHE 156, 155, BStBl II 1989, 522).

Forderungsverzicht des Gesellschafters bewirkt eine Einlage, auch wenn er bedingt erfolgt; Zinsen können gleichwohl als Betriebsausgaben abgezogen werden (BFHE 161, 87, BStBl II 1991, 588). Zur Bewertung und dem Zeitpunkt der Einlage s GrS BFHE 183, 187, BStBl II 1998, 307. Forderungsverzicht der Gesellschaft ohne betriebliche Veranlassung ist verdeckte Gewinnausschüttung (BFHE 122, 102, BStBl II 1977, 571). Zum Verzicht unter Besserungsvorbehalt s BFH/NV 2003, 824.

Fremdkapital; Vergütungen für Fremdkapital, das von einem Anteilseigner zur Verfügung gestellt worden war, galten nach § 8 a KStG in der vor 2008 geltenden Fassung als verdeckte Gewinnausschüttung. Bis einschließlich EZ 2003 waren die bei der Gewinnermittlung angesetzten Beträge gem § 9 Nr 10 aF zu kürzen. Mit Wirkung ab EZ 2004 wurde § 9 Nr 10 aufgehoben, so dass sich danach die nach § 8 a KStG als verdeckte Gewinnausschüttung zu behandelnden Fremdkapitalzinsen gewerbeertragerhöhend auswirkten.

Fremdvergleich (s auch BFHE 184, 482, BStBl II 1998, 573; *Weber-Grellet* DStZ 1998, 357). Der Fremdvergleich ist als Prüfungsmaßstab auch bei den verdeckten Gewinnausschüttungen heranzuziehen, und zwar mittels der Rechtsfigur des ordentlichen und gewissenhaften Geschäftsleiters (BFHE 179, 322, BStBl II 1996, 383; zur Aufteilung in einen angemessenen und einen unangemessenen Teil s BFHE 179, 88, BStBl II 2002, 367; s auch *Gosch* DStZ 1997, 1).

Geschäftschancenlehre; nutzt ein Gesellschafter Informationen oder Geschäftschancen der Gesellschaft, so kann, unabhängig vom Bestehen eines zivilrechtlichen Schadensersatzanspruchs der Gesellschaft, darin eine verdeckte Gewinnausschüttung zu sehen sein (BFHE 182, 190, DStR 1997, 575).

Geschäftsführergehälter sind dann angemessen, wenn sich dies aus dem externen Betriebsvergleich, hilfsweise daraus ergibt, welche Bezüge der Geschäftsführer für eine ähnliche Tätigkeit vorher erzielt hat (BFHE 167, 42, BStBl II 1992, 690). Angemessen ist nicht ein bestimmter Betrag, sondern eine Bandbreite von Beträgen. Als verdeckte Gewinnausschüttung sind Geschäftsführergehälter nur insoweit anzusehen, als sie den oberen Rand der Bandbreite angemessener Gehälter übersteigen (BFHE 202, 494, BStBl II 2004, 136). Gewinn-Tantiemen als alleiniger Lohn sind unüblich und lösen eine verdeckte Gewinnausschüttung aus (BFHE 170, 119, BStBl II 1993, 311). Zur Angemessenheit von Tantiemen s „Tantiemenzahlungen"; zur Angemessenheit von Geschäftsführerbezügen s *Muders* StBp 1996, 176 sowie *OFD Karlsruhe* DStR 2001, 792. Die Gesellschafterversammlung ist vorbehaltlich anderslautender Satzungs- oder Mitbestimmungsregelung für Änderungen von Geschäftsführerdienstverträgen zuständig (BGH BB 1991, 927, *BMF* DB 1996, 1779). Zu Überstundenvergütungen nach § 3 b EStG s *Prühs* DB 1997, 2094; BFHE 195, 243, BStBl 2001, 655; BFHE 206, 437, BFH/NV 2004, 1605; zu Verlustvorträgen BFHE 205, 67, BStBl II 2004, 524.

Gewinnanteil der Komplementär-GmbH; die nachträglich vereinbarte Verminderung des Gewinnanteils der Komplementär-GmbH zugunsten der Kommanditisten, die auf deren Gesellschafterstellung bei der GmbH zurückgeht, erfüllt den Tatbestand einer verdeckten Gewinnausschüttung. Ihr Gegenstand ist idR ein Bruchteil am Gesellschaftsanteil, da die Absprache meistens auch für die Liquidation Bedeutung hat (BFHE 120, 511, BStBl II 1977, 477, 480; BFHE 139, 60, BStBl II 1984, 53). S dazu auch *Schmidt/Wacker* § 15 Rz 729. Über das Vorliegen einer verdeckten Gewinnausschüttung bei einer Komplementär-GmbH ist im Gewinnfeststellungsverfahren für die KG zu entscheiden (BFHE 186, 64, BStBl II 1998, 578).

Gründungsphase; zu den Besonderheiten bei verdeckten Gewinnausschüttungen anlässlich von Gründungsgeschäften s BFHE 141, 266, BStBl II 1984, 673; BStBl II 1985, 69; BFHE 140, 221, BStBl II 1984, 348. In den von der GmbH übernommenen Gründungskosten wird eine verdeckte Gewinnausschüttung gesehen, wenn diese von den Gesellschaftern zu tragen sind (BFH/NV 1997, 711).

Kompetenzüberschreitung beherrschender Gesellschafter kann zur verdeckten Gewinnausschüttung führen (BFHE 163, 321, BStBl II 1991, 484).

Konkurrenzen. Zum Verhältnis Entnahme/verdeckte Gewinnausschüttung bei der GmbH & Co KG s BFHE 144, 386, BStBl II 1986, 17. Zivilrechtsansprüche der Kapitalgesellschaft gegen ihren Gesellschafter, die keine Einlageforderungen sind, müssen erfolgswirksam aktiviert werden, und lösen nicht zusätzlich eine verdeckte Gewinnausschüttung aus (s zur Abgrenzung „Verzicht").

Mittelbare verdeckte Gewinnausschüttung liegt vor, wenn an eine dem Gesellschafter **nahestehende Person** seitens der Gesellschaft geleistet wird. Es wird dabei nicht mehr vorausgesetzt, dass die Zuwendung einen Vorteil des Gesellschafters bewirkt (BFHE 182, 184, BStBl II 1997, 301). Mittelbar kann die verdeckte Gewinnausschüttung auch in der Weise erfolgen, dass nicht die GmbH, sondern die KG den GmbH-Gesellschaftern einen Vorteil zuwendet (BFHE 130, 296, BStBl II 1980, 531). Als nahe stehende Person kann auch eine Personenhandelsgesellschaft in Betracht kommen (BFHE 149, 33, BStBl II 1987, 459).

Organschaft; die Gewinnabführung auf der Grundlage einer verunglückten Organschaft ist eine verdeckte Gewinnausschüttung; die Rückforderung ist Einlage (BFHE 157, 132, BStBl II 1989, 670; BFHE 158, 346, BStBl II 1990, 24).

Pensionierungsalter des beherrschenden Gesellschafter-Geschäftsführers wird für Rückstellung mit 65 Jahren angenommen (BFHE 163, 207, BStBl II 1991, 379; BFH/NV 1990, 659). Beim nicht beherrschenden Gesellschafter ist die Pension erdient, wenn der Beginn der Betriebszugehörigkeit mindestens 12 Jahre zurückliegt und die Zusage mindestens 3 Jahre bestanden hat (BFHE 191, 330, BStBl II 2000, 504). Beim beherrschenden Gesellschafter muss zwischen Zusage und Ruhestandseintritt ein Zeitraum von mindestens 10 Jahren liegen (BFHE 184, 487, BStBl II 1999, 318; *BMF*-Übergangserlass BStBl I 1997, 673; s *BMF* BStBl I 1999, 512, auch zur Finanzierbarkeit). Sowohl beim beherrschenden als auch beim nicht beherrschenden Gesellschafter scheidet eine anzuerkennende Pensionszusage idR aus, wenn der Gesellschafter-Geschäftsführer zum Zusagezeitpunkt das 60. Lebensjahr vollendet hat (BFHE 203, 114, BStBl II 2003, 926; BFH/NV 2006, 616). Zur Probezeit s BFHE 184, 444, BStBl II 1999, 316 sowie BFH/NV 2004, 373. Eine unmittelbar nach der Anstellung erteilte unverfallbare Pensionszusage an die Ehefrau des beherrschenden Gesellschafters löst idR eine verdeckte Gewinnausschüttung aus (BFHE 170, 175, BStBl II 1993, 455; krit *Cramer* BB 1996, 2239; s auch *BMF* BStBl I 2002, 1393). Zu Nur-Pensionen s BFHE 211, 287, BStBl II 2008, 523 und *BMF* BStBl I 2008, 681.

Pensionsanpassung an gestiegene Lebenshaltungskosten für die Witwe des Gesellschafter-Geschäftsführers führt dann nicht zu einer verdeckten Gewinnausschüttung, wenn auch entsprechend für die übrigen Beschäftigten so verfahren wird (BFHE 154, 316, BStBl II 1989, 57).

Privatsphäre. Körperschaften haben keine Privatsphäre, vielmehr sind nicht betrieblich veranlasste Wertabflüsse mit Hilfe des Rechtsinstituts der verdeckten Gewinnausschüttung zu erfassen (BFHE 182, 123, DStR 1997, 492; BFHE 218, 523, BStBl II 2007, 961).

Rückabwicklung einer verdeckten Gewinnausschüttung auf Grund einer Satzungsklausel bedeutet Einlage (BFHE 150, 337, BStBl II 1987, 733; BFHE 188, 569, BStBl II 2001, 226), ebenso für §§ 30, 31 GmbHG (BFHE 158, 338, BStBl II 1989, 1029; zivilrechtlich s BGH BB 1987, 433) und für geänderte Gewinnverteilungsbeschlüsse (BFHE 157, 72, BStBl II 1989, 741).

Schwestergesellschaften; bei Unterpreisgeschäften fließt die verdeckte Gewinnausschüttung regelmäßig der Mutter (oder den beherrschenden natürlichen Personen) zu (BFHE 148, 507, BStBl II 1987, 293). S dazu und zur verdeckten Nutzungseinlage BFHE 151, 523, BStBl II 1988, 348; BFHE 155, 101, BStBl II 1989, 510; BFHE 209, 460, BStBl II 2007, 658. Zur verdeckten Gewinnausschüttung bei der Verlagerung von Geschäftschancen auf Schwestergesellschaften s BFH/NV 2003, 205.

Selbstkontrahieren und verdeckte Gewinnausschüttung s BFHE 178, 326, BStBl II 1996, 246; BFHE 181, 328, BStBl II 1999, 35. Die nachträgliche Genehmigung eines In-sich-Geschäfts kann steuerlich wirksam sein (BFH/NV 1998, 746). Die Befreiung nach § 181 BGB bleibt auch dann wirksam, wenn sich eine GmbH in eine Einmann-GmbH verwandelt (BFHE 164, 255, BStBl II 1991, 597; ähnlich BFHE 169, 171, BStBl II 1993, 141).

Tantiemenzahlungen, umsatzabhängige, an den Gesellschafter-Geschäftsführer sind idR als verdeckte Gewinnausschüttung anzusehen (BFHE 157, 408, BStBl II 1989, 854; BFH 124, 164, BStBl II 1978, 234; zu Ausnahmen s BFHE 188, 61, BStBl II 1999, 321; BFH/NV 2004, 1424). Auch Umsatzprovisionen, die weder zeitlich noch betragsmäßig beschränkt sind, stellen idR eine verdeckte Gewinnausschüttung dar (BFH/NV 2007, 107). Zur Rohgewinntantieme s BFHE 175, 347, BStBl II 1997, 703; *BMF* BStBl I 1997, 900. Ein Forderungsverzicht muss einer steuerlich anzuerkennenden Tantiemenvereinbarung nicht entgegenstehen (BFHE 175, 253, BStBl II 1994, 952). Eine Gewinntantieme ist idR dann unangemessen, wenn sie 50% des Jahresüberschusses – vor Abzug der Tantieme und der Steuern – übersteigt (BFHE 192, 267, BStBl II 2000, 547; BFHE 202, 494, BStBl II 2004, 136; BFH/NV 2006, 1158). Die Rechtsprechung, wonach der Festgehaltanteil an den Gesamtjahresbezügen wenigstens 75%, die variable Tantieme höchstens 25% betragen soll (BFHE 176, 523, BStBl II 1995, 549), ist durch BFHE 202, 494, BStBl II 2004, 136 weitgehend überholt. In die Bemessungsgrundlage für die Gewinntantieme sind Verlustvorträge einzubeziehen, die auf Zeiten entfallen, für die der Geschäftsführer bereits verantwortlich war (BFHE 219, 72, BStBl II 2008, 314).

Tatsächliche Durchführung; mangelhafte Vertragsdurchführung lässt vielfach darauf schließen, dass die Unentgeltlichkeit der Leistung verdeckt werden soll und erzeugt eine verdeckte Gewinnausschüttung (BFHE 152, 74, BStBl II 1988, 301; zu nahestehenden Personen s BFHE 153, 313, BStBl II 1988, 786). Zu wegen schlechter Wirtschaftslage zurückgehaltenen Gehaltszahlungen s BFHE 159, 338, BStBl II 1990, 454; *Meier* DStR 1988, 374. Eine nach außen tretende jahrelange Übung kann an die Stelle der nicht durchgeführten Vereinbarung treten (BFHE 166, 279, BStBl II 1992, 362).

Vereinbarungen mit beherrschenden Gesellschaftern sind zur Vermeidung verdeckter Gewinnausschüttungen im Voraus und ferner klar und eindeutig zu treffen (BFHE 189, 45, BStBl II 2001, 612), schon deshalb, weil eine unentgeltliche Dienstleistung nicht ausgeschlossen ist (BFHE 156, 452, BStBl II 1989, 633). Nachträgliche Festlegungen sind nur im Ausnahmefall unschädlich (BFHE 136, 386, BStBl II 1982, 761; zur Abgrenzung s auch BFHE 152, 74, BStBl II 1988, 301). Im Einzelfall können auch **mündliche Absprachen** anerkannt werden (BFHE 160, 225, BStBl II 1990, 645); zur Abgrenzung s BFHE 169, 71, BStBl II 1993, 139; krit *Depping/Voß* DStR 1992, 341. Für nahestehende Personen gelten dieselben Grundsätze (BFHE 156, 428, BStBl II 1989, 631).

Verrechnungskonto; Zahlungen einer Kapitalgesellschaft für private Zwecke ihrer Gesellschafter, die auf einem Verrechnungskonto festgehalten werden, sind nicht in jedem Fall als verdeckte Gewinnausschüttung zu behandeln und können Kredite sein (BFHE 146, 108, BStBl II 1986, 481).

Verzicht der Kapitalgesellschaft und als Folge davon eine verdeckte Gewinnausschüttung sind noch nicht anzunehmen, wenn die Kapitalgesellschaft lediglich die Forderung an ihren Gesellschafter nicht in ihrer Bilanz ausweist (BFHE 175, 412, BStBl II 1997, 89, Vorrang der Bilanzberichtigung; s auch BFHE 182, 190, DStR 1997, 575). Zur Abgrenzung s auch *BMF* BStBl I 1997, 112 (zu Risikogeschäften). Bei einem Verzicht des Gesellschafter-Geschäftsführers auf seine Ansprüche auf laufendes Gehalt führt eine stehengelassene Tantieme idR zur verdeckten Gewinnausschüttung (BFHE 195, 228, BStBl II 2002, 111).

Vorteilsausgleich, zB zwischen wechselseitigen unterpreislichen Mietverhältnissen, kompensiert eine verdeckte Gewinnausschüttung nur bei eindeutigen, im Voraus getroffenen Vereinbarungen (BFHE 155, 349, BStBl II 1989, 248). S auch BFHE 163, 546, BStBl II 1991, 593; BFHE 171, 58, BStBl II 1993, 635.

Wettbewerbsverbot. § 8 Abs 3 Satz 2 KStG hat nur Gewinnkorrekturfunktion und ist keine Einkünftezurechnungsnorm. Auch der im Wettbewerb zu seiner Kapitalgesellschaft stehende Gesellschafter kann danach eigenständig und in Abgrenzung zur Kapitalgesellschaft zB nach § 15 EStG gewerbliche Einkünfte begründen (BFHE 182, 190, DStR 1997, 575). Ein unentgeltlicher Dispens vom Wettbewerbsverbot stellt für sich gesehen noch keine vGA dar, BFHE 182, 190, DStR 1997, 575; s auch „Geschäftschancenlehre".

Zinsen für verdecktes Nennkapital als verdeckte Gewinnausschüttung s § 8a Abs 1 KStG.

Zuschläge für Sonntags-, Feiertags-, Mehr- und Nachtarbeit führen regelmäßig zur verdeckten Gewinnausschüttung, die nicht nach § 3b EStG steuerfrei ist. Eine verdeckte Gewinnausschüttung liegt allerdings nicht vor, wenn eine entsprechende Vereinbarung auch mit einer vergleichbaren gesellschaftsfremden Person abgeschlossen worden ist (BFH/NV 2006, 131).

(frei) 150, 151

152.–166. Familiengesellschaften, Angehörigenverträge

Familiengesellschaften (s auch R 15.9 EStR; *Bordewin* DB 1996, 1359; *R. Schmid* DStR 1995, 1977; *Ritzrow* StBp 2003, 140, 173). Das Bedürfnis, die Erzielung von Einkommen unter Ehegatten und Kindern (auch Enkeln) aufzuteilen, hat vielfach zum Entstehen sog Familiengesellschaften geführt. Für ihre Anerkennung hat die Rechtsprechung wegen des zwischen Familienmitgliedern oftmals fehlenden Interessengegensatzes zahlreiche Erfordernisse entwickelt: 152

Fremdvergleich. Wesentlich für die steuerrechtliche Anerkennung von Familiengesellschaften, aber auch für Arbeitsverhältnisse und sonstige Rechtsverhältnisse zwischen Angehörigen (nicht: nichteheliche Lebensgemeinschaft, BFHE 153, 224, BStBl II 1988, 670, wohl aber Partnerschaften nach dem LPartG v 16. 2. 2001, BGBl I 2001, 266), die sich denkbar auch auf familiärer Basis vollziehen können, ist der sog Fremdvergleich, dh die Beurteilung nach dem im Geschäftsleben Üblichen (vgl dazu *Eppler* DStR 1987, 607; *P. Fischer* DStZ 1997, 357). Er gilt auch für die Familien-GmbH & Co KG, in der die GmbH durch ein Familienmitglied beherrscht wird (BFHE 147, 139, BStBl II 1986, 798). Dies hat die Rechtsprechung zu der Forderung bewogen, dass dem Minderjährigen zur Begründung einer Mitunternehmerstellung annähernd die Rechte eingeräumt werden müssen, die das HGB für den Normalfall einer Kommanditbeteiligung vorsieht (vgl BFHE 193, 542, BStBl II 2001, 186). Die Grundsätze über Angehörigenverträge sind auch auf Verträge zwischen Personengesellschaften anzuwenden, die von nahen Angehörigen beherrscht werden (BFH/NV 2001, 1547). Angehöriger ist auch der geschiedene Ehepartner (BFH/NV 2003, 318). 153

Der Fremdvergleich lässt sich aber **nicht** in allen Bereichen **aufrechterhalten,** insbesondere muss er dann versagen, wenn – was zwischen fremden Dritten unüblich ist – Beteiligungen **schenkweise** oder in Erfüllung privater Verpflichtungen (zB zur Erfüllung eines eherechtlichen Zugewinnausgleichsanspruchs) eingeräumt werden. Trotz fehlender betrieblicher Gründe für das Entstehen des Beteiligungsverhältnisses (s BFHE 108, 527, BStBl II 1973, 395) wird dieses steuerrechtlich anerkannt. Schädlich ist allerdings die freie Widerruflichkeit der Schenkung (BFHE 157, 508, BStBl II 1989, 877) sowie die Möglichkeit zur Hinauskündigung ohne angemessene Beteiligung am Geschäftswert und an den stillen Reserven (BFHE 178, 180, BStBl II 1996, 269). Unschädlich ist eine Rückfallklausel für den Fall des Vorversterbens (BFHE 174, 219, BStBl II 1994, 635), die fehlende Beteiligung an Geschäftswert und stillen Reserven im Fall der eigenen Kündigung sowie die Zulässigkeit von Mehrheitsbeschlüssen für Maßnahmen der gewöhnlichen Geschäftsführung (BFHE 193, 542, BStBl II 2001, 186). Bei Schenkung einer stillen Einlage erstreckt sich die Formbedürftigkeit des Schenkungsversprechens auch auf den Gesellschaftsvertrag; die buchmäßige Gutschrift der Einlage führt nicht zur Heilung des

Formmangels (BFH/NV 2003, 1547). Hinsichtlich der Gewinnverteilung geht die Rechtsprechung typisierend von bestimmten Angemessenheitsgrenzen aus (s Gewinnverteilung). Auch das Bestreben, Kinder an das Unternehmen heranzuführen, um seinen Fortbestand zu sichern, wird von der Rechtsprechung als Grund für eine gewisse Begrenzung insbesondere der Mitunternehmerinitiative (Beschränkung des Entnahmerechts, kein Widerspruchsrecht nach § 164 HGB) mit steuerlicher Berücksichtigung hingenommen (BFHE 128, 202, BStBl II 1979, 620; BFHE 128, 375, BStBl II 1979, 670, einschränkend hinsichtlich des Alters der Kinder). Das Vorliegen von Mitunternehmerinitiative und -risiko ist bei Familienpersonengesellschaften nach den gleichen Kriterien zu prüfen wie bei Personengesellschaften unter Fremden (BFH/NV 2007, 1848). Entspricht die Rechtsstellung des minderjährigen Kindes im Wesentlichen dem **HGB-Regelstatut**, so steht die fehlende Absicherung einer in Raten zu tilgenden Auseinandersetzungsforderung der steuerlichen Anerkennung eines typischen stillen Gesellschaftsverhältnisses nicht entgegen (BFHE 158, 16, BStBl II 1990, 10). Die Rechtsprechung zur Anerkennung von Familiengesellschaften ist verfassungskonform, da sie dem innerhalb des Familienverbandes typischerweise fehlenden Interessengegensatz und der Missbrauchsgefahr Rechnung trägt (BVerfG BStBl II 1996, 34).

Wie für sonstige Vertragsverhältnisse zwischen Familienangehörigen gilt auch hier der verfassungsrechtlich unbedenkliche Grundsatz, dass die steuerrechtliche Anerkennung zur eindeutigen Trennung der verschiedenen Vermögenssphären **klare vertragliche Regelungen** und ihre **Durchführung** voraussetzt. Zu Ausnahmen (konkludenter Vertragsschluss) s Anm 104. Ein Vertrag über eine **stille Beteiligung** ist unter Familienangehörigen nur dann **durchgeführt,** wenn die Gewinnanteile entweder ausgezahlt werden oder im Falle einer Gutschrift eindeutig bis zur Auszahlung jederzeit abrufbar gutgeschrieben werden (BFHE 158, 421, BStBl II 1990, 68). Werden Angehörigenverträge, wie zB Darlehen, steuerlich nicht anerkannt, so ist beim Zahlenden der Abzug zu versagen und die Einnahmen sind beim Empfänger nicht der ESt/GewSt zu unterwerfen (BFHE 175, 500, BStBl II 1995, 264).

154 **Arbeitskraft als Einlage.** Arbeiten die als typische Stille in den Betrieb aufgenommenen Kinder im Unternehmen mit, so kann für die Angemessenheitsprüfung des Gewinnanteils nur dann von einer als Einlage erbrachten Arbeitskraft ausgegangen werden, wenn dies ausdrücklich vereinbart war (BFHE 125, 35, BStBl II 1978, 427; BFHE 110, 132, BStBl II 1973, 844).

155 **Ausschluss von der Verwaltung** des Kommanditanteils bis zur Vollendung des 28. Lebensjahres bewirkt, dass das als Gesellschafter aufgenommene Kind nicht als Mitunternehmer angesehen werden kann (BFHE 134, 12, BStBl II 1981, 779).

156 **Befristung.** Ist das Gesellschaftsverhältnis für eine Zeitspanne vereinbart, in der die beteiligten Kinder noch unterhaltsbedürftig sind, so kann dies einer Anerkennung der Gesellschafterstellung entgegenstehen (BFHE 118, 189, BStBl II 1976, 324). Die Befristung der schenkweisen Übertragung eines Mitunternehmeranteils kann einer Mitunternehmerstellung des Be-

schenkten entgegenstehen, wenn dieser dadurch zu Wohlverhalten gegenüber dem Schenker gezwungen ist (BFH/NV 2006, 1828).

Buchwertabfindung. Ein Großteil der von der Rechtsprechung entwickelten Kriterien zur Feststellung der Mitunternehmerschaft rührt von der Entscheidung über die steuerliche Anerkennung von Mitunternehmerschaften zwischen Familienangehörigen her. Dies gilt insbesondere für die Frage der Buchwertabfindung im Kündigungsfall. So kann mangels Mitunternehmerinitiative Mitunternehmerschaft zu verneinen sein, wenn dem bisherigen Inhaber einseitig das Recht zusteht, den am Unternehmen beteiligten Angehörigen jederzeit zum Buchwert der Beteiligung hinauszukündigen (BFHE 133, 392, BStBl II 1981, 663; s Anm 105 a), nicht aber, wenn die Buchwertbeschränkung nur bei eigener Kündigung greifen soll (BFHE 152, 325, BStBl II 1989, 758; BFHE 193, 542, BStBl II 2001, 186). Diese Grundsätze gelten auch für atypische stille Unterbeteiligungen (BFHE 178, 180, BStBl II 1996, 269). 157

Gewinnverteilung bei Kapitalbeteiligungen von Familienangehörigen (vgl auch *Schmidt/Wacker* § 15 Rz 776): 158

a) Bei der Beteiligung von **nicht mitarbeitenden Kindern** verlangt die Rechtsprechung, dass zum Zeitpunkt der Begründung des Beteiligungsverhältnisses im Schenkungswege nicht mehr als eine durchschnittliche Verzinsung von 15% des geschenkten Beteiligungswerts zu erwarten ist (zur Berechnung s *Kleine-Rosenstein* StuB 1999, 1027). Dies gilt gleichermaßen für die mitunternehmerische atypische und typische stille Gesellschaft als auch für die Kommanditbeteiligung und die Unterbeteiligung (BFHE 147, 495, BStBl II 1987, 54). Dabei ist vom tatsächlichen Wert der Beteiligung, nur bei der rein kapitalistischen typischen stillen Gesellschaft (auch beim partiarischen Darlehen), vom Beteiligungsnennwert auszugehen (vgl zu diesen Grundsätzen: BFHE 106, 504, BStBl II 1973, 5; BFHE 109, 328, BStBl II 1973, 650).

b) In Einzelfällen sind andere Höchstsätze einschlägig: 25%, wenn die Einlage des typischen Stillen nicht aus Mitteln des Geschäftsinhabers stammt und keine Beteiligung am Verlust vorgesehen ist (BFHE 108, 527, BStBl II 1973, 395), 35%, wenn außerdem eine Beteiligung auch am Verlust vereinbart ist (BFHE 135, 275, BStBl II 1982, 387; BFHE 193, 292, BStBl II 2001, 293). Die 15%-Grenze kann im Einzelfall durch die unentgeltliche mitunternehmerische Unterbeteiligung von Kindern an einem Kommanditanteil überschritten werden BFHE 197, 43, BStBl II 2002, 460).

Werden die vorstehend genannten Sätze bei Abschluss des Gesellschaftsvertrages überschritten, so ist in sinngemäßer Anwendung der Grundsätze über **verdeckte Gewinnausschüttungen** die Besteuerung so vorzunehmen, als hätten die Beteiligten den Gewinnanteil entsprechend beschränkt. Eine bei der Vereinbarung angemessene Gewinnverteilung ist so lange steuerlich zu beachten, solange nicht eine wesentliche Veränderung der Verhältnisse eintritt, die auch fremde Vertragspartner zu einer geänderten Gewinnverteilung bestimmen würde (BFHE 106, 504, BStBl II 1973, 5).

c) Wenn der **Unternehmer** seinem Ehegatten **die Mittel** für eine Kommanditbeteiligung zur Verfügung stellt oder die Beteiligung selbst zuwendet, gilt Vergleichbares (BFHE 110, 238, BStBl II 1973, 866). Werden die Kommanditbeteiligungen allerdings entgeltlich erworben und deshalb dem Unternehmen Mittel von dritter Seite zugeführt, so ist der Angemessenheitsmaßstab die unter Fremden übliche Gestaltung. Ergibt sich aber auf Grund besonderer Umstände, dass das Zustandekommen des Beteiligungsverhältnisses allein auf private Erwägungen zurückgeht und deshalb einen Fremdvergleich ausschließt, so muss wieder auf den typisierenden Satz von zB 15% zurückgegriffen werden (vgl zu einer von der Ehefrau des Mitgesellschafters an die Kinder schenkweise übertragenen Kommanditbeteiligung: BFHE 130, 301, BStBl II 1980, 437).

d) Darlehensweise zur Verfügung gestellte Mittel werden Schenkungen gleichgestellt, wenn die Darlehen von den Eltern zu unüblichen Bedingungen gewährt werden. Dies gilt auch dann, wenn die Darlehen von einer durch die Eltern beherrschten GmbH gewährt werden (zur Anerkennung einer Familien-GmbH: BFHE 128, 375, BStBl II 1979, 670). Zinsen für Darlehen, die von Familienmitgliedern aus zuvor vom Unternehmer geschenkten Mitteln gewährt werden, sind nicht als Betriebsausgaben abziehbar (BFHE 188, 556, BStBl II 1999, 524; s auch *Groh* DStR 2000, 753).

e) Kündigung auf den Zeitpunkt der Volljährigkeit der Kinder ist als eine für die Annahme einer Mitunternehmerschaft unschädliche Vertragsklausel anzusehen (BFHE 119, 421, BStBl II 1976, 678).

f) Beabsichtigtes Stehenlassen von Gewinnen zur Bildung eines Kapitalanteils führt im Jahr der Aufnahme des Kindes noch nicht zu einer Mitunternehmerstellung (BFHE 108, 114, BStBl II 1973, 221) und lässt bei fehlender Darlehensvereinbarung die Mitunternehmerschaft schlechthin verneinen (BFHE 157, 192, BStBl II 1989, 720).

g) Verfügungsbeschränkungen über den Gesellschaftsanteil stehen einer Anerkennung entgegen (BFHE 103, 156, BStBl II 1972, 10). Bei vereinbartem Rückfall des Kommandititanteils bei Scheidung bleibt das wirtschaftl Eigentum am Gesellschaftsanteil beim berechtigten Ehegatten (BFHE 161, 472, BStBl II 1994, 645; BFHE 185, 121, BStBl II 1998, 542).

h) Verwaltung der Kindesbeteiligung in Ausübung familienrechtlicher Befugnisse setzt offene Stellvertretung und eine klare Trennung von eigenem und Kindesvermögen voraus (BFHE 131, 208, 212, BStBl II 1981, 297, 295, dort zu Nießbrauch und Vermietungseinkünften).

159 **Zivilrechtliche Fragen.** Die Bestellung eines Dauerpflegers für die Zeit der Beteiligung eines Minderjährigen ist nicht erforderlich (BFHE 118, 181, BStBl II 1976, 328). Dagegen ist zum Abschluss des Gesellschaftsvertrages mit den Eltern **Pflegschaft** (§ 1909 BGB) und jedenfalls bei mitunternehmerischen Beteiligungsformen (auch bei einer vereinbarten Verlustbeteiligung des typischen Stillen) auch **vormundschaftsgerichtliche Genehmigung** notwendig (s auch BFHE 111, 85, BStBl II 1974, 289; allgemein s *Fortun* NJW 1999, 754). Die Entscheidung des Vormundschaftsgerichts ist am Interesse des Kindes auszurichten; dabei ist eine Prognose der wirtschaftlichen Risiken erforderlich (BayObLG DB 1997, 924). Die zivilrechtliche Anerkennung eines Vertrages war nach früherer Auffas-

sung (zB BFHE 118, 181, BStBl II 1976, 328) unabdingbare Voraussetzung für die Anerkennung einer Familiengesellschaft. Die Tendenz in der neueren Rechtsprechung geht dahin, in Ausnahmefällen (fehlendes Verschulden, sofortige Nachholung der zivilrechtlichen Erfordernisse) Verträge zwischen nahen Angehörigen trotz zunächst bestehender Formunwirksamkeit anzuerkennen und der zivilrechtlichen Unwirksamkeit lediglich Indizwirkung beizumessen (BFHE 214, 173, BStBl II 2007, 294 mit NAnwErl *BMF* BStBl I 2007, 441; BFHE 217, 409, BFH/NV 2007, 1400; BFH/NV 2000, 176; s *Carlé/Halm* KÖSDI 2000, 12383; *Hamdan/Hamdan* DStZ 2008, 113; krit *Schmidt/Wacker* § 15 Rz 747).

Ein Vertrag über eine **stille Beteiligung** oder eine Unterbeteiligung kommt wirksam zustande, wenn ein Betrag dem Beteiligten zuvor vom Hauptbeteiligten oder Inhaber des Handelsgeschäftes mit der Auflage geschenkt wird, ihn einzulegen (BFHE 164, 238, BStBl II 1995, 449). Andererseits ist die schenkweise Einräumung einer stillen Beteiligung an minderjährige Kinder (Auflagenschenkung) einkommensteuerlich nicht anzuerkennen, wenn sie einer Forderungsschenkung gleichkommt (BFHE 167, 119, BStBl II 1992, 468), zB bei ausgeschlossener Verlustbeteiligung (BFHE 170, 41, BStBl II 1993, 289; zur Abgrenzung s BFHE 135, 464, BStBl II 1994, 635; BFHE 178, 180, BStBl II 1996, 269; *Ritzrow* StBp 1996, 239). Die schenkungsweise Einräumung einer typischen stillen Beteiligung erfordert die Einhaltung der **notariellen Form** (BFHE 113, 558, BStBl II 1975, 141; BFH/NV 2003, 1547; nicht bei Geldschenkung und Einlage, s *Groh* BB 1987, 1505; aA *Tiedtke* BB 1988, 946/8; nicht bei Begründung einer OHG oder Kommanditbeteiligung wegen § 518 Abs 2 BGB; *Schmidt/Wacker* § 15 Rz 747; *K. Schmidt* BB 1990, 1992 mwN; s aber auch FG Ba-Wü EFG 1979, 228). Ein **Ergänzungspfleger** ist allerdings erforderlich bei Schenkung des Einlagekapitals mit der Auflage, es als stiller Gesellschafter einzulegen (BFHE 150, 539, BStBl II 1988, 245). Zeitlicher Zusammenhang zwischen Schenkung und Kapitalbeteiligung ist unschädlich (BFH DB 1989, 2513). Die unverzüglich nach Abschluss des Vertrages beantragte und in angemessener Frist erteilte vormundschaftsgerichtliche Genehmigung wirkt auch für die Besteuerung zurück (vgl BFHE 108, 299, 197, BStBl II 1973, 287, 307).

Die Genehmigung durch das inzwischen volljährig gewordene Kind hat ausnahmsweise steuerrechtliche **Rückwirkung,** wenn die schwebende Unwirksamkeit nur eine kurze Zeitspanne gedauert hat (BFHE 132, 563, BStBl II 1981, 435). Fehlt es an einer wirksamen Begründung von Rechten, die das Wesen der mitunternehmerischen Beteiligung ausmachen, so besteht idR keine klare Abgrenzung zwischen familiären und betrieblichen Beziehungen. § 41 AO mit der Folge einer sog faktischen Mitunternehmerschaft kann aus diesem Grund zwischen Eltern und ihren minderjährigen Kindern sowie zwischen Ehegatten nicht angewendet werden (ebenso *Schmidt/Wacker* § 15 Rz 748). Dies hindert allerdings nicht die Umdeutung in ein anderes Rechtsverhältnis, dessen rechtliche und tatsächliche Voraussetzungen gegeben und von den Beteiligten auch gewollt sind (s zur typischen stillen Beteiligung: BFHE 133, 392, BStBl II 1981, 663; zur Abgrenzung betreffend partiarisches Darlehen s BFHE 178, 180, BStBl II 1996 sowie BFHE 211, 524, BStBl II 2006, 334).

160 **Ehegatten-Arbeitsverhältnisse.** Auch für die steuerrechtliche Anerkennung von Arbeitsverhältnissen mit dem Unternehmer- oder Gesellschafter-Ehegatten fordert die Rechtsprechung klare und eindeutige Verträge und deren Durchführung, wie sie auch zwischen Fremden üblich ist (vgl zB BVerfG BStBl II 1996, 34; BFHE 182, 542, BStBl II 1997, 655; s R 4.9 EStR). Ein wichtiger Grund für den Abschluss derartiger Verträge, die Gewerbesteuerminderung, hat allerdings nach Einführung der pauschalen Gewerbesteueranrechnung (§ 35 EStG) an Bedeutung verloren. Das Stellen gewisser Anforderungen an die „Anerkennung" von Arbeitsverträgen zwischen nahen Angehörigen ist gerechtfertigt. Insbesondere die Angemessenheit des gezahlten Entgelts ist anhand des im Geschäftsleben Üblichen zu messen und darf dieses nicht übersteigen, zumal es Ehegatten freisteht, unentgeltlich oder teilweise unentgeltlich im Betrieb mitzuarbeiten. Die frühere Rechtsprechung war restriktiv und ließ es für die Nichtanerkennung bereits genügen, wenn nur ein einzelner Umstand in der tatsächlichen Durchführung dem Fremdvergleich nicht standhielt (s BFHE 158, 563, BStBl II 1990, 160 zum sog Oderkonto). Die letztgenannte Entscheidung des Großen Senats des BFH ist durch einen Dreierbeschluss des BVerfG überholt (BStBl II 1996, 34 mit Anm *Gorski* DStZ 1996, 137). Nunmehr ist nicht die (Nicht-)Erfüllung eines Einzelkriteriums ausschlaggebend, vielmehr ist die Frage, ob ein Angehörigen-Arbeitsvertrag der Besteuerung zugrunde zu legen ist, auf Grund des Gesamtbildes zu beurteilen (BFH/NV 1996, 320). Entscheidend ist, ob sowohl der Inhalt des Vertrages als auch dessen Durchführung dem unter Fremden Üblichen entsprechen. Das gilt auch für Arbeitsverträge mit Ehegatten von Gesellschaftern einer Personengesellschaft (BFH/NV 1999, 1457). Auch bei der Frage des Vorliegens klarer und eindeutiger Vereinbarungen zwischen nahen Angehörigen ist die Rechtsprechung großzügiger (BFH/NV 2000, 699). Ihr ist zuzustimmen. Hält der Leistungsaustausch dem Fremdvergleich stand, wird insbesondere eine entsprechende Arbeitsleistung erbracht, so sollte die bloße Einhaltung nebensächlicher Formalien nicht über die Anerkennung solcher Verträge entscheiden. Die Rechtsprechung, die zT noch vor der BVerfG-Entscheidung in BStBl II 1996, 34 ergangen ist, ist von einer umfangreichen Kasuistik gekennzeichnet.

161 **Einzelfragen:**

Auszahlung des Arbeitslohnes. Der BFH (bestätigt durch GrS, BFHE 158, 563, BStBl II 1990, 160) setzt für ein durchgeführtes Ehegattenarbeitsverhältnis Abfluss des Arbeitslohns beim Arbeitgeber- und Zufluss beim Arbeitnehmerehegatten voraus. Aufgrund des Beschlusses des BVerfG zum sog **Oder-Konto** (BStBl II 1996, 34) darf einem Arbeitsverhältnis zwischen Ehegatten nicht allein deswegen die steuerrechtliche Anerkennung versagt werden, weil das Entgelt auf ein Konto geflossen ist, über das jeder Ehegatte allein verfügen darf. Als zwischen Fremden unüblich und deshalb für eine Anerkennung des Ehegatten-Arbeitsverhältnisses schädlich wird es erachtet, wenn der Arbeitslohn nicht in monatlichen Teilbeträgen, sondern in einer Jahressumme ausgezahlt wird (BFHE 134, 293, BStBl II 1982, 119; ebenso bei längerer Nichtauszahlung BFHE 165, 89, BStBl II 1991, 842; BFH/NV 1996, 320). Verspätete Lohnzahlungen müssen nicht immer gegen ein anzuerkennendes Arbeitsverhältnis sprechen (– *el* – DB 1987, 1067; FG Nürnberg EFG 1972, 525; FG Düsseldorf EFG 1977, 414; BFHE 78, 335, BStBl III 1964, 131; BFH/NV 1997, 182).

Das schlichte **Stehenlassen von Arbeitslohn** im Betrieb durch Umbuchung in ein Darlehen führte nach früherer Rechtsprechung zwingend zur Versagung der Anerkennung (BFHE 115, 481, BStBl II 1975, 579) und ist nunmehr als ein (allerdings gewichtiges) Indiz gegen die Ernsthaftigkeit eines Arbeitsverhältnisses zu werten. Die Umwandlung in ein Darlehen nach vorherigem Angebot der Auszahlung hindert demgegenüber nicht die Anerkennung, auch nicht bei fehlender Sicherheit und Verzinsung (BFHE 142, 215, BStBl II 1986, 48).

Bei Verzicht auf Lohnzahlung zugunsten einer **Versorgungszusage** kann das Arbeitsverhältnis steuerrechtlich nicht anerkannt werden (BFHE 140, 553, BStBl II 1984, 551). Zweifelhaft, ob als schädlich anzusehen ist, wenn die Ehegatten neben unangemessen niedrigen laufenden Arbeitsbezügen als Ausgleich höhere Pensionszahlungen vereinbaren (BFHE 137, 269, BStBl II 1983, 209).

Dass wesentliche Teile des Arbeitslohnes in der Form von **umsatzabhängigen Tantiemen** gezahlt werden, muss nach BFHE 138, 536, BStBl II 1983, 664 der Anerkennung des Arbeitsverhältnisses nicht entgegenstehen, wenn der Ehegatte auf Grund der herausgehobenen Stellung im Betrieb Einfluss auf das Geschäftsergebnis nehmen kann. Letztlich kommt es darauf an, ob ein Betriebsfremder ebenfalls eine derartige Tantieme erhalten hätte (BFH/NV 2007, 707). Die Anerkennung einer Tantieme scheitert nicht bereits daran, dass ein betriebsin- oder -externer Vergleich mit anderen Arbeitnehmern nicht möglich ist (BFHE 197, 475, BStBl II 2002, 353). In Anlehnung an die körperschaftsteuerliche Beurteilung von Umsatztantiemen, die ebenfalls am Maßstab des Fremdvergleichs vorzunehmen ist, sollten derartige Tantiemen nur bei Vorliegen besonderer Umstände (zB Aufbauphase des Betriebs) und bei zeitlicher sowie höhenmäßiger Beschränkung anzuerkennen sein (BFHE 188, 61, BStBl II 1999, 321). **Weihnachtsgratifikationen** werden anerkannt, wenn sie auch anderen Arbeitnehmern des Betriebs gewährt werden (BFHE 152, 511, BStBl II 1988, 606).

Schriftform ist für die Anerkennung des Arbeitsverhältnisses nicht zwingend erforderlich, aber zu Beweiszwecken ist eine Fixierung des Arbeitsvertrages zu empfehlen (s auch BFHE 138, 427, BStBl II 1983, 663). Nicht ausdrücklich vereinbarte Nebenleistungen (zB Kfz-Überlassung) sind nicht betrieblich veranlasst (BFH/NV 1999, 760).

Wechselseitige Arbeitsverhältnisse von Ehegatten sind ein Indiz für die Unüblichkeit (BFHE 155, 307, BStBl II 1989, 354; BFH/NV 1989, 19); bei selbstständig tätigen Unternehmern sind sie anhand allgemeiner Kriterien zu beurteilen (BFH/NV 1998, 448; s *Kottke* DStR 1998, 1706, auch zu Unterarbeitsverhältnissen).

Nicht abgeführte Sozialversicherungsbeiträge können ein Beweisanzeichen für die fehlende Ernsthaftigkeit des Arbeitsverhältnisses sein (FG München, EFG 1978, 502). Abgeführte Beiträge stellen keine Betriebsausgaben dar, wenn das Arbeitsverhältnis aus anderen Gründen nicht anerkannt wird (BFHE 138, 198, BStBl II 1983, 496). Zu **Teilzeitverträgen** s BFHE 155, 307, BStBl II 1989, 354.

162 **Zukunftssicherungsleistungen.** Bei der Direktversicherung (BFHE 163, 53, BStBl II 1991, 189; *BMF* FR 1993, 209; *Ritzrow* StWa 1999, 243) von Arbeitnehmern sind die laufenden Versicherungsbeiträge Betriebsausgaben des Arbeitgebers (§§ 4b, 4c, 4d EStG), weil gegenüber dem Versicherer der Arbeitnehmer unmittelbar berechtigt ist. Für den Arbeitnehmer sind die Beiträge Arbeitslohn, der aber unter den in § 40b EStG aF näher geregelten Voraussetzungen pauschal mit nur 20% lohnversteuert wurde. Wegen dieser Vergünstigungen werden Direktversicherungsbeiträge vielfach auch im Rahmen von Ehegatten-Arbeitsverhältnissen geleistet. Die Lohnsteuerpauschalierung nach § 40b EStG aF wurde abgeschafft, um auch bei der Direktversicherung zur nachgelagerten Besteuerung von Alterseinkünften zu kommen (AltEinkG v 5. 7. 2004, BGBl I 2004, 1427; Übergangsregelung s § 52 Abs 52a EStG; zu Wahlmöglichkeiten s *Wellisch/Näth* BB 2004, 2661). Nach § 40b Abs 1 EStG nF (Rechtslage ab 2005) können Zuwendungen zum Aufbau einer nicht kapitalgedeckten betrieblichen Alterversorgung pauschal mit 20% versteuert werden. Die Rechtsprechung zur Abziehbarkeit von Beiträgen für eine Direktversicherung als Betriebsausgaben lässt sich auf Zuwendungen des Arbeitgebers zum Aufbau einer Altersversorgung sinngemäß übertragen. Es gilt im Wesentlichen:

a) Der **Fremdvergleich** zum Nachweis der betrieblichen Veranlassung solcher Zahlungen ihrem Grund und ihrer Höhe nach ist nicht unbedingt betriebsextern durchzuführen. Es reicht, wenn innerhalb des betreffenden Betriebs auch für familienfremde Arbeitnehmer mit vergleichbaren Tätigkeitsmerkmalen solche Beiträge entrichtet werden. Der Arbeitgeber kann die Versorgungszahlungen auf bestimmte Gruppen beschränken oder zwischen ihnen differenzieren. Dabei wird es als unschädlich angesehen, wenn der Arbeitnehmer-Ehegatte als einziger Beschäftigter eine Zusage erhält, weil er geschäftsleitend tätig ist (BFHE 142, 231, BStBl II 1985, 124).

b) Bei einem Vergleich (Gruppenzuordnung) mit anderen Arbeitnehmern ist die **Höhe der Lohnbezüge** des Arbeitnehmer-Ehegatten auch bei Teilentgeltlichkeit zu berücksichtigen (BFHE 139, 376, BStBl II 1984, 60; BStBl II 1987, 205; BFHE 149, 451, BStBl II 1987, 557). Dadurch kann sich ergeben, dass zwar das Arbeitsverhältnis, nicht aber die Direktversicherung steuerlich anzuerkennen ist.

c) Es darf nicht zu einer **Überversorgung** kommen; ist dies der Fall, sind entsprechende Zahlungen des Arbeitgebers kein Arbeitslohn (FG RhPf EFG 1999, 230 rkr). Im Allgemeinen ist sie dazu bestimmt, eine nach der gesetzlichen Rentenversicherung verbleibende Versorgungslücke von etwa 20 bis 30% der letzten Aktivbezüge zu schließen und damit insgesamt eine Versorgung von 75% zu sichern.

163 Bei **Pensionszusagen** (s H 6a Abs 9 EStH) bestehen unmittelbare Rechtsbeziehungen des Arbeitnehmers nicht gegenüber einem Versicherungsunternehmen, sondern auf Grund der Zusage nur im Verhältnis zum Arbeitgeber. Dieser ist gegebenenfalls Nehmer einer echten Rückdeckungsversicherung. Die Ruhegelder führen beim Arbeitnehmer später zu nachträglichen Einkünften aus nichtselbstständiger Arbeit (BFHE 70, 282, BStBl III 1960, 105).

Die Versorgungszusage muss eindeutig vereinbart, ernstlich gewollt, zivilrechtlich wirksam sein und dem Fremdvergleich standhalten (BFH/NV 2003, 318). 75% der letzten Aktivbezüge sind als Obergrenze erachtet worden. Dabei ist dem Umstand Rechnung zu tragen, dass bei Arbeitnehmer-Ehegatten vielfach die betriebliche Altersversorgung an die Stelle der gesetzlichen Rentenversicherung tritt. Jedenfalls hält die Pensionszusage insoweit keinem **Fremdvergleich** stand, als der Arbeitgeber bei den 75% nicht die vom Arbeitnehmer ersparten Beiträge kürzt. Es können dann nur die fiktiven Arbeitgeberbeiträge für die Zeit zwischen Pensionszusage (nicht Beginn des Arbeitsverhältnisses) und Pensionsfall angesetzt werden (BFHE 157, 565, BStBl II 1989, 969; BFH/NV 1990, 418). Eine Berücksichtigung fiktiver Arbeitnehmerbeiträge ist nicht möglich (BFH/NV 1991, 80).

Bei **Einmalprämien** kommt nur derjenige Teil für die Angemessenheitsprüfung in Betracht, der bei einer Verteilung des Aufwands (Schätzung) auf das maßgebliche Jahr entfällt. Allgemein ist bei Unangemessenheit der Höhe nach nur der unangemessene Teil unberücksichtigt zu lassen (BFHE 138, 536, BStBl II 1983, 664; krit *Cramer* BB 1995, 919).

Keine steuerrechtlich zu beachtende Pensionszusage liegt vor, wenn außer der Pension **kein Arbeitslohn** zu zahlen ist (BFHE 178, 331, BStBl II 1996, 153; offengelassen bei niedrigen Aktivbezügen BFHE 137, 269, BStBl II 1983, 209; s aber auch BFHE 139, 376, BStBl II 1984, 60).

Entsprechende Grundsätze gelten auch für **Personengesellschaften,** die mit einem Gesellschafter-Ehegatten ein Arbeitsverhältnis begründen (vgl *BMF* BStBl I 1984, 495; auch für die Einmann-GmbH & Co KG, *OFD Münster* BB 1987, 744). Zur Bildung von Rückstellungen für Pensionszusagen an Mitunternehmer s Anm 116.

Arbeitsverhältnisse mit Kindern. Die Rechtsprechung legt auch bei 164
Arbeitsverhältnissen mit volljährigen Kindern den Maßstab der eindeutig und klar durchgeführten Verträge und des Drittvergleichs an (BFHE 146, 369, BStBl II 1998, 149). Bei Minderjährigen hängt es außerdem von den Umständen des Einzelfalls ab, ob die Tätigkeit tatsächlich eine arbeitsvertragliche oder eine familienrechtliche Grundlage hat. Über gelegentliche, üblicherweise nicht auf arbeitsvertraglicher Grundlage erbrachte Hilfeleistungen kann mit Familienangehörigen kein steuerlich anzuerkennendes Arbeitsverhältnis begründet werden (BFHE 153, 117, BStBl II 1988, 632; zur Abgrenzung BFHE 156, 134, BStBl II 1989, 453). Die Mitwirkung eines Ergänzungspflegers ist wegen § 113 BGB idR entbehrlich; s R 4.3 Abs 3 EStR zum Jugendarbeitsschutz. Zu Berufsausbildungsverträgen s BFHE 148, 168, BStBl II 1987, 121 sowie BFHE 146, 369, BStBl II 1998, 149; vgl auch H 4.3 EStH. Schriftform für Aushilfsarbeitsverhältnisse mit eigenen Kindern wird nicht für erforderlich gehalten (FG Rh-Pf EFG 1987, 234 rkr; ähnl BFHE 154, 503, BStBl II 1989, 137).

Darlehensgeschäfte zwischen nahestehenden Personen müssen klar 165
und eindeutig vereinbart sein und dem Fremdvergleich entsprechen. Zu Darlehen zwischen Angehörigen, die mit Schenkungen zusammenhängen, s BFHE 163, 423, BStBl II 1991, 391; BFHE 163, 431, BStBl II 1991, 581; BFHE 163, 444, BStBl II 1991, 911; BFHE 180, 330, BStBl II 1996, 443. Hiernach liegt keine Schenkung mit anschließendem Darlehensvertrag vor,

sondern ein befristetes Schenkungsversprechen, wenn ein Betriebsinhaber seinen Kindern Geldbeträge zuwendet, die diese vereinbarungsgemäß sogleich wieder als „Darlehen" zur Verfügung stellen. Stammen die von den Kindern darlehensweise hingegebenen Beträge ursprünglich vom anderen Elternteil, kann der Darlehensvertrag anzuerkennen sein (BFHE 188, 556, BStBl II 1999, 524). Auch bei einem engen zeitlichen Zusammenhang zwischen Schenkung und Darlehensgewährung kann bei einer Gesamtwürdigung aller Umstände ein anzuerkennendes Darlehensverhältnis vorliegen; eine unwiderlegliche Vermutung der Abhängigkeit beider Verträge besteht nicht (BFHE 194, 377, BStBl 2001, 393). Eine kurze Zeitspanne zwischen Schenkung und Darlehensgewährung ist allerdings ein gewichtiges Indiz, das für das Vorliegen eines schädlichen „Gesamtplanes" spricht (BFHE 197, 517, BStBl II 2002, 685). Darlehen, die einer Personengesellschaft von Personen gegeben werden, die den Gesellschaftern nahe stehen, setzen, um steuerrechtlich anerkannt zu werden, übliche Bedingungen, insbesondere ausreichende Sicherheiten, voraus (BFHE 173, 49, BStBl II 1991, 291; BFHE 163, 423, 431, BStBl II 1991, 391, 581; evtl aA BFHE 165, 53, BStBl II 1991, 838). Schriftform ist zwar aus Beweissicherungsgründen empfehlenswert, aber keine zwingende Voraussetzung für die steuerrechtliche Anerkennung der Verträge, die allerdings nicht rückwirkend geschlossen werden können. Dagegen ist bei Minderjährigen die **Verwendung** der Zinserträge **für den Kindesunterhalt** (§ 1649 BGB) **steuerschädlich** (BFHE 154, 503, BStBl II 1989, 137). Zu den Erfordernissen der steuerrechtlichen Anerkennung von partiarischen Darlehens- oder stillen Gesellschaftsverhältnissen zwischen Eltern und Kindern siehe BFHE 141, 158, BStBl II 1984, 623 sowie BFHE 191, 267, BStBl II 2000, 393 (zweifelsfreie Abgrenzung zur verschleierten Schenkung notwendig), zur Schenkung einer Darlehensforderung gegen eine GmbH durch den beherrschenden Gesellschafter-Geschäftsführer an Kinder s BFHE 220, 187, BStBl II 2008, 568.

166 **Versorgungszusagen an den Betriebsübergeber.** Auch Übergabeverträge müssen, um steuerlich anerkannt zu werden, klar und eindeutig vereinbart sein (BFH/NV 1992, 233; BFH/NV 2000, 418). Zu Versorgungsleistungen s Anm 63, zur Hinzurechnung der Renten zum gewerblichen Gewinn s § 8 Nr 1 Buchst b Anm 1 f.

Keine Versorgungsrente, sondern eine steuerrechtlich zu berücksichtigende Pachtzahlung ist anzunehmen, wenn sich der Betriebsinhaber an einem Grundstück den Nießbrauch vorbehält und in Ausübung dieses Rechts zu angemessenen Entgelten an den übernehmenden Abkömmling auf Lebenszeit verpachtet (BFHE 131, 429, BStBl II 1981, 101; zum missbräuchlichen Nießbrauch s BFHE 162, 321, BStBl II 1991, 205).

Anhang zu § 7

Erläuterungen der Vorgänge nach dem UmwG und dem UmwStG

Bearbeiter: Wagner

Übersicht

	Rz
I. Gesetzesaufbau des UmwStG	1
II. Anwendungsbereich des UmwStG	2–9
1. Zeitlicher Anwendungsbereich des UmwStG	2
2. Räumlicher Anwendungsbereich	3
3. Sachlicher Anwendungsbereich	4
4. Persönlicher Anwendungsbereich	5–9
III. Handelsrechtliche Vorgaben nach dem UmwG	10–29
1. Umwandlungen nach dem UmwG	10
2. Begriffe	11–19
a) Umwandlung/Vermögensübergang	12
b) Verschmelzung	13
c) Vermögensübertragung	14
d) Spaltungsformen	15
e) Abspaltung	16
f) Ausgliederung	17
g) Formwechsel	18, 19
3. Abwicklungslose Auflösung des alten Rechtsträgers	20
4. Altanteile/Neuanteile	21
5. Gläubiger-, Arbeitnehmerschutzbestimmungen	22
6. Umwandlungsverfahren	23
7. Verschmelzungsfähige Rechtsträger	24
8. Spaltungsfähige Rechtsträger	25
9. Formwechselfähige Rechtsträger	26–29
IV. Korrespondierendes Umwandlungssteuerrecht	30–39
1. Verhältnis zur steuerlichen Sacheinbringung	30
2. Rechtsträgerbezogene Abgrenzungen	31–34
a) Körperschaften	31, 32
b) Personenunternehmen	33, 34
3. Vorgangsbezogene Abgrenzung	35
4. Übersicht Verschmelzung und Formwechsel	36–39
V. Allgemeine steuerrechtliche Folgen handelsrechtlicher Umwandlungen	40–104
1. Allgemeine steuerrechtliche Folgen der Gesamtrechtsnachfolge	40

Rz

2. Buchführungspflicht ... 41
3. Besitzzeitanrechnung ... 42
4. Minderheitsgesellschafter ... 43–47
5. Grunderwerbsteuer ... 48–54
6. Gewerbesteuer ... 55–79
a) Übertragungs-/Übernahmegewinn ... 55
b) Gewerbesteuerrechtliche Entstrickung ... 56
c) Renten/dauernde Lasten ... 57
d) Gewerbeertrag im EZ der Umwandlung ... 58–60
e) § 18 Abs 4 UmwStG aF/Abs 3 nF (Missbrauchsvermeidungsvorschrift) ... 61
f) Verlustabzug nach § 10 a GewStG ... 62–79
7. Umsatzsteuer ... 80–84
8. Verlustabzug nach § 10 d EStG ... 85–89
a) Verbleibender Verlustvortrag ... 85
b) Rechtsnachfolge ohne Verlustabzug ... 86
c) Rechtsnachfolge mit Verlustabzug ... 87, 88
d) Organschaft ... 89
8 a. Erbschaftsteuer/Schenkungsteuer ... 90–94
9. Investitionszulage ... 95
10. § 15 a EStG ... 96
11. Organschaft ... 97
12. § 8 a KStG ... 98
13. Vordienstzeiten ... 99
14. Zinsvortrag ... 100
15. Zuständigkeitswechsel (§ 26 AO) ... 101–104

VI. Rückwirkung ... 105–119
1. Steuerliche Rückwirkung ... 105–108 a
2. Verlust der körperschaftsspezifischen Besteuerungsmodalitäten ... 109
3. Einheitsbewertung ... 110
4. Andere Steuern ... 111
5. Gesellschafter ... 112–119

VII. Gewinnneutrale Umwandlungen nach dem UmwStG – Überblick ... 120–129

VIII. Verschmelzung (Gesamtrechtsnachfolge) von Körperschaft auf Personengesellschaft oder natürliche Person und Formwechsel einer Kapitalgesellschaft in eine Personengesellschaft ... 130–214
1. Rechtsquellen ... 130
2. Bilanzierung des Übertragenden ... 131–149
a) Steuerliche Schlussbilanz ... 131
b) Maßgeblichkeitsgrundsatz ... 132
c) Aufstockung ... 133
d) Verstrickung der stillen Reserven ... 134

Rz

e) Ausschluss oder Beschränkung des inländischen Besteuerungsrechts ... 135
f) Inlandsverschmelzung mit Auslandsbezug ... 136
g) Hinausverschmelzung ... 137
h) Hereinverschmelzung ... 138
i) Auslandsverschmelzung mit Inlandsbezug ... 139
j) Entstrickung ... 140–144
k) Ansatz eines Zwischenwerts ... 145
l) Übertragungsgewinn ... 146
m) Fiktive Steueranrechnung ... 147
n) Körperschaftsteuererhöhung (§ 10 UmwStG aF) ... 148, 149

3. Bilanzierung des Übernehmenden ... 150–174
a) Handelsbilanz ... 150
b) Steuerliche Eröffnungsbilanz ... 151
c) AfA ... 152
d) Übernahmeergebnis ... 153
e) Ausschüttungsfiktion ... 154, 155
f) Übernahmegewinn ... 156–158
g) Ermittlung des Übernahmeergebnisses ... 159–165
h) Übernahmeverlust ... 166, 167
i) Unternehmenskauf bei Aufstockung des AfA-Volumens 168
j) Anteilserwerb vor Umwandlung ... 169–174

4. Übernahmegewinn in Sonderfällen (§ 5 UmwStG) ... 175–189
a) Einlagefiktion ... 175
b) Erworbene Anteile (§ 5 Abs 1 UmwStG) ... 176
c) Beteiligungen im Privatvermögen (§ 5 Abs 2 UmwStG) 177, 178
d) Anteile im Betriebsvermögen des Anteilseigners (§ 5 Abs 3 UmwStG) ... 179–181
e) Einbringungsgeborene Anteile (§ 5 Abs 4 UmwStG aF) 182
f) Gewinnkorrekturen (§ 6 UmwStG) ... 183–189

5. Übernahmegewinn bei Beteiligungen im Privatvermögen ohne/mit eingeschränkter Steuerverstrickung ... 190–199
a) Rechtsgrundlagen ... 190
b) Versteuerung des Übernahmegewinns (§ 7 UmwStG aF) 191
c) Einbringungsgeborene Anteile ... 192
d) Beschränkt und eingeschränkt steuerpflichtige Anteilseigner ... 193
e) Steuerlicher Aufwand aus unversteuerten Reserven ... 194
f) Übernahmeverlust ... 195
g) Ausschüttungsfiktion (§ 7 UmwStG nF) ... 196–199

6. Übernahmegewinn bei Vermögensübergang auf Personengesellschaften ohne steuerliches Betriebsvermögen ... 200–208
a) Rechtsgrundlage ... 200
b) Voraussetzungen des § 8 Abs 1 UmwStG ... 201
c) Vorausgegangene Betriebsaufgabe der Körperschaft ... 202, 203
d) Rechtsfolgen bei der Personengesellschaft ... 204
e) Versteuerung des Übernahmegewinns ... 205–208

Rz

7. Verschmelzung auf eine natürliche Person 209–214

IX. Formwechsel einer Kapitalgesellschaft in eine Personengesellschaft und einer Personengesellschaft in eine Kapitalgesellschaft oder Genossenschaft 215–229

1. Übertragungs- und Eröffnungsbilanz 215
2. Aufdeckung der stillen Reserven 216
3. Gewerbesteuer, Minderheitsgesellschafter 217
4. Formwechsel einer eingetragenen Genossenschaft 218
5. Formwechsel von Personengesellschaft in Kapitalgesellschaft oder Genossenschaft 219–229

X. Verschmelzung oder Vollvermögensübertragung von einer Körperschaft auf eine andere 230–279

1. Rechtsgrundlagen 230
2. Bilanzierung des Übertragenden 231–244
   a) Wahlrecht auf Aufdeckung der stillen Reserven 231–234
   b) Zwingende Auflösung der stillen Reserven 235–238
   c) Verschmelzung im Konzern 239–244
3. Steuerpflicht des Übertragungsgewinns 245
4. Bilanzierung des Übernehmenden (§ 12 UmwStG) 246–249
   a) Bindung an die Schlussbilanz 246
   b) Einlage aus steuerfreiem Vermögen (§ 12 Abs 1 Satz 2 UmwStG aF) 247
   c) Bewertung der Anteile an der übertragenden Körperschaft 248, 249
5. AfA 250
6. Neutralisierter Übernahmegewinn/-verlust bei der Übernehmerin (§ 12 Abs 2 UmwStG) 251
7. Anteilsbuchwert unterschreitet Anschaffungskosten 252, 253
8. Übergang von Versicherungs-AG auf Versicherungsverein aG oder öffentlich-rechtliches Versicherungsunternehmen 254–259
9. Neutralisierter Tauschgewinn/-verlust beim Anteilseigner der übertragenden Körperschaft (§ 13 UmwStG) 260–269
   a) Anteile im Betriebsvermögen (§ 13 Abs 1 UmwStG aF) 260–262
   b) Fehlende Beteiligung der Übernehmerin 263
   c) Anteile im Privatvermögen 264, 265
   d) Besteuerungstatbestände bei den Anteilseignern 266
   e) Zusammenrechnung der Kapitalien 267
   f) Besteuerung der Anteilseigner nach dem SEStEG 268, 269
10. Beschränkung des Besteuerungsrechts 270–274
    a) Grenzüberschreitende Vorgänge 270
    b) Inlandsverschmelzung mit Auslandsbezug 271
    c) Auslandsverschmelzung mit Inlandsbezug 272
    d) Hinausverschmelzung 273
    e) Hereinverschmelzung 274
11. Gesellschafter der übernehmenden Kapitalgesellschaft 275
12. Drittstaaten-Verschmelzungen 276–279

Rz

XI. Barabfindung an Minderheitsgesellschafter ... 280–289

XII. Aufspaltung, Abspaltung und Teilvermögensübertragung auf andere Körperschaften oder auf Personengesellschaft ... 290–329

1. Rechtslage nach UmwStG 1977 ... 290
2. Sachlicher Anwendungsbereich des UmwStG ... 291, 292
3. Persönlicher Anwendungsbereich ... 293
4. Besonderheiten bei Teilübertragung ... 294
5. Spaltungsgegenstände ... 295
6. Verbleibendes Vermögen (§ 15 Abs 1 Satz 2 UmwStG) ... 296
7. Missbrauchsklausel (§ 15 Abs 3 Satz 1 UmwStG aF/Abs 3 Satz 1 nF) ... 297
8. Veräußerungsklausel (§ 15 Abs 3 Satz 2–5 UmwStG aF/Abs 2 Satz 2–5 nF) ... 298–305
   a) Zweck ... 298–300
   b) Beweisregel des § 15 Abs 3 Satz 4 UmwStG aF/Abs 2 Satz 4 nF ... 301–304
   c) Trennung von Gesellschafterstämmen (§ 15 Abs 3 Satz 5 UmwStG aF/Abs 2 Satz 5 nF) ... 305
9. Verlustabzug ... 306
10. Gliederung des verwendbaren Eigenkapitals ... 307–309
11. Übertragungsbilanz ... 310–312
   a) Entsprechende Anwendung der Verschmelzungsvorschriften ... 310
   b) Handelsbilanz ... 311
   c) Zuzahlungen (§ 126 Abs 1 Nr 3 UmwG) ... 312
12. Bilanzierung der übernehmenden Gesellschaft ... 313–315
   a) Handelsbilanz ... 313
   b) Steuerbilanz ... 314, 315
13. Besteuerung der Gesellschafter der übertragenden Gesellschaft (§ 15 Abs 1 iVm § 13 UmwStG) ... 316
14. Aufspaltung und Abspaltung auf eine Personengesellschaft (§ 16 UmwStG) ... 317–329
   a) Entsprechende Anwendung des 2. Teils des UmwStG ... 317
   b) Entsprechende Anwendung des § 15 UmwStG ... 318
   c) Verwendbares Eigenkapital und Besteuerung der Anteilseigner ... 319
   d) Übernahmegewinn ... 320
   e) Kombination von Spaltungsarten ... 321–329

XIII. Einbringung von Unternehmensanteilen in Kapitalgesellschaft oder Genossenschaft und Anteilstausch gegen Gewährung von Gesellschaftsanteilen (Sacheinlage) ... 330–439

1. Zivilrechtliche Einzelrechtsnachfolge ... 330
2. Verschmelzung, Aufspaltung, Abspaltung, Ausgliederung, Formwechsel ... 331
3. Persönlicher Anwendungsbereich des § 20 UmwStG ... 332

Rz
4. Sacheinlage, Anteilstausch (§ 20 Abs 1 UmwStG) 333–339
5. Wahlrecht auf Buchwertfortführung (§ 20 Abs 2 Satz 1 UmwStG) 340, 341
6. Gegenleistung (§ 20 Abs 2 Satz 5 UmwStG aF/Satz 4 nF) .. 342
7. Zwischenwert (§ 20 Abs 2 UmwStG) 343
8. Zwingender Teilwertansatz, Entstrickung (§ 20 Abs 3 UmwStG aF) 344
9. Maßgeblichkeit der Schlussbilanz des Einbringenden 345
10. Veräußerungspreis und Anschaffungskosten der Anteile (§ 20 Abs 4 UmwStG aF/Abs 3 nF) 346, 347
11. Einzelfragen der Sacheinlage 348–354
a) Einbringung der wesentlichen Betriebsgrundlagen 348
b) GmbH & Co KG 349, 350
c) Kapitalerhöhung 351–354
12. Steuervergünstigungen (§ 20 Abs 5 UmwStG aF/Abs 4 nF) 355–357
a) Ermäßigter Steuersatz, Freibetrag (§ 20 Abs 5 UmwStG) . 355, 356
b) Stundung (§ 20 Abs 6 UmwStG aF) 357
13. Maßgeblichkeit des steuerlichen Übertragungsstichtags (§ 20 Abs 7 UmwStG aF/Abs 5 nF) 358
14. Rückwirkung 359, 360
a) Voraussetzung (§ 20 Abs 8 UmwStG/Abs 6 nF) 359
b) Rechtsfolge 360
15. Hinauseinbringung (§ 20 Abs 7 UmwStG nF) 361
16. Einbringung von transparenten Gesellschaften (§ 20 Abs 8 UmwStG nF) 362
17. Zinsvortrag (§ 20 Abs 9 UmwStG nF) 363
18. Nachversteuerung gemäß § 34 a Abs 6 Satz 1 Nr 2 EStG ... 364–369
19. Anteilstausch (§ 21 UmwStG nF) 370–384
a) Begriff 370
b) Abgrenzung Sacheinlage und Anteilstausch 371
c) Qualifizierter Anteilstausch (§ 21 Abs 1 Satz 2 UmwStG nF) 372
d) Gewährung sonstiger Gegenleistungen (§ 21 Abs 1 Satz 3 UmwStG nF) 373
e) Bewertung der Anteile (§ 21 Abs 2 UmwStG nF) 374–376
f) Steuervergünstigungen (§ 21 Abs 3 UmwStG nF) 377
g) Anschaffungskosten der erhaltenen Anteile (§ 21 Abs 2 Satz 1 UmwStG nF) 378–384
20. Besteuerung der Anteilseigner (§ 22 UmwStG nF) 385–415
a) Rückwirkende Besteuerung 385
b) Einbringungsgewinn I (§ 22 Abs 1 UmwStG nF) 386, 387
c) Nachträgliche Anschaffungskosten 388
d) Ersatzrealisationstatbestände 389
e) Aufteilung des Veräußerungsgewinns 390–394
f) Einbringungsgewinn II (§ 22 Abs 2 UmwStG nF) 395
g) Ermittlung des Einbringungsgewinns II 396
h) Veräußerungstatbestände 397, 398

Rz

i) Nachweispflicht (§ 22 Abs 3 UmwStG nF) 399
j) Bescheinigungsverfahren (§ 22 Abs 5 UmwStG nF) 400
k) Unentgeltliche Rechtsnachfolge (§ 22 Abs 6 UmwStG nF) 401
l) Mitverstrickung von Anteilen (§ 22 Abs 7 UmwStG nF) 402–415
21. Ertragsteuerliche Gesamtrechtsnachfolge (§ 22 UmwStG aF/§ 23 UmwStG nF) 416–418
a) Besitzzeiten 416
b) Erhöhungsbetrag nach § 23 Abs 2 Satz 1 UmwStG nF ... 417
c) Erhöhungsbetrag nach § 23 Abs 2 Satz 3 UmwStG nF ... 418
22. Vereinigung von Forderungen und Verbindlichkeiten 419–424
23. Gewerbesteuer 425–428
a) Einbringender 425
b) Einbringungsgewinn I 426
c) Einbringungsgewinnn II 427
d) Übernehmende Kapitalgesellschaft 428
24. Steuerbefangenheit der einbringungsgeborenen Anteile (§ 21 UmwStG aF) 429–433
25. Einlage einbringungsgeborener Anteile (§ 21 Abs 4 UmwStG aF) 434
26. Verschleierte Sachgründung 435
27. Anwachsungsmodell 436–339

XIV. Einbringung in der Europäischen Union 440–459
1. Rechtsgrundlage (§ 23 UmwStG aF) 440
2. Einbringung durch unbeschränkt steuerpflichtige Kapitalgesellschaft (§ 23 Abs 1 UmwStG aF) 441
3. Gegenstände der Sacheinlage 442
4. Betriebsstätte 443
5. Einbringung durch beschränkt steuerpflichtige EU-Kapitalgesellschaft (§ 23 Abs 2 UmwStG aF) 444
6. Einbringung einer in anderem Mitgliedstaat der EU belegenen Betriebsstätte durch unbeschränkt steuerpflichtige Kapitalgesellschaft (§ 23 Abs 3 UmwStG) 445–449
7. Anteilstausch in der EU (§ 23 Abs 4 UmwStG aF) 450–453
a) Persönlicher Anwendungsbereich 450
b) Voraussetzungen 451
c) Rechtsfolgen 452
d) Entstrickung 453
8. Mitbestimmung 454
9. Missbrauchsvermeidung (§ 26 Abs 2 UmwStG aF) 455–459

XV. Einbringung eines Betriebs, Teilbetriebs oder eines Mitunternehmeranteils in Personengesellschaft 460–481
1. Persönlicher Anwendungsbereich des § 24 UmwStG 460
2. Sachlicher Anwendungsbereich 461–464
3. Wahlrecht (§ 24 Abs 2 UmwStG aF), Ergänzungsbilanz 465, 466

Rz
4. Ermäßigter Einkommensteuersatz (§ 24 Abs 3 UmwStG) .. 467–471
5. Gewerbesteuerfreiheit 472
6. Ausgleichszahlungen 473–477
a) Bei Aufdeckung der stillen Reserven 473
b) Bei Buchwertfortführung/Zwischenwerten 474–477
7. Teilweise Rechtsnachfolge (§ 24 Abs 4 UmwStG iVm § 22 UmwStG aF/§ 23 UmwStG nF) 478
8. Betrieblicher Schuldzinsenabzug (§ 4 Abs 4 a EStG) 479
9. Nachversteuerung gemäß § 34 a Abs 7 Satz 2 EStG 480
10. Rückbeziehung 481

Literatur: Kommentarliteratur, Monographien: *Buyer,* Änderung der Unternehmensform, 6. Aufl; *Dehmer,* Umwandlungsgesetz, Umwandlungssteuergesetz, 2. Aufl; *Dehmer,* Umwandlungssteuererlaß 1998; *Haritz/Benkert,* Umwandlungssteuergesetz, 2. Aufl; *Sagasser/Bula/Brünger,* Umwandlungen, 2. Aufl; *Schaumburg/Rödder,* UmwG/UmwStG; *Schmitt/Hörtnagel/Stratz,* Umwandlungsgesetz, Umwandlungssteuergesetz, 3. Aufl; *Widmann/Mayer,* Umwandlungsrecht.

Rechtsgrundlagen:
– Umwandlungsgesetz (UmwG) v 28. 10. 1994, BGBl I 1994, 3210, ber 1995, 428, zuletzt geänd durch G v 17. 12. 2008, BGBl I 2008, 2586
– Umwandlungssteuergesetz nF (UmwStG nF) v 7. 12. 2006, BGBl I 2006, 2782/2791, zuletzt geänd durch G v 19. 12. 2008, BGBl I 2008, 2794
– Umwandlungssteuergesetz aF (UmwStG aF) idF der Bek v 15. 10. 2002, BGBl I 2002, 4133, ber 2003, 783, geänd durch G v 16. 5. 2003, BGBl I 2003, 660
– Umwandlungssteuergesetz 1995 (UmwStG 1995) v 28. 10. 1994, BGBl I 1994, 3267, zuletzt geänd durch G v 20. 12.2001, BGBl I 2001, 3858
– Umwandlungssteuergesetz 1977 (UmwStG 1977) v 6. 9. 1976, BGBl I 1976, 2641, zuletzt geänd durch G v 21. 12. 1993, BGBl I 1993, 2310

Verwaltungsanweisungen: Umwandlungssteuererlass – UmwStErl – (*BMF* BStBl I 1998, 268; s auch *BMF* BStBl I 2001, 543; 2003, 786; 2007, 698; 2008, 280).

I. Gesetzesaufbau des UmwStG

1 Das Gesetz sieht Regelungen vor für
– Vermögensübergänge bei Verschmelzung von einer Körperschaft auf eine Personengesellschaft oder auf eine natürliche Person und Formwechsel einer Kapitalgesellschaft in eine Personengesellschaft (2. Teil, §§ 3–10),
– Verschmelzung oder Vermögensübertragung (Vollübertragung) auf eine andere Körperschaft (3. Teil, §§ 11–13),
– Aufspaltung, Abspaltung und Vermögensübertragung (Teilübertragung) von Körperschaften auf andere Körperschaften oder Personengesellschaften (4. Teil, §§ 15, 16),
– Einbringung von Unternehmensteilen (Betrieb, Teilbetrieb oder Mitunternehmeranteil) in eine Kapitalgesellschaft oder Genossenschaft – Sacheinlage, Anteilstausch – (6. Teil, §§ 20–23),

– Einbringung eines Betriebs, Teilbetriebs oder Mitunternehmeranteils in eine Personengesellschaft (7. Teil, § 24),
– Formwechsel einer Personenhandelsgesellschaft in eine Kapitalgesellschaft oder Genossenschaft (8. Teil, § 25).

II. Anwendungsbereich des UmwStG (Rz 2–9)

1. Zeitlicher Anwendungsbereich. Nach Art 20 UmwBerG v 28. 10. 1994 (BGBl I 1994, 3210, ber 1995, 428) gilt das Umwandlungsrecht 1995 ab dem 1. 1. 1995. Ausnahmen bestehen für eingeleitete Umwandlungen (§ 318 UmwG). Nach § 27 Abs 1 UmwStG aF ist das Umwandlungssteuerrecht 1995 für Vermögensübergänge anzuwenden, die nach dem 31. 12. 1994 wirksam werden. Schädlich für die Anwendung des neuen Rechts ist, wenn die notarielle Beurkundung vor dem 31. 12. 1994 erfolgte (Einzelheiten *UmwStErl* Tz S. 01). Auf die Eintragung im Handelsregister nach dem Stichtag kommt es nicht an. S dazu auch *BMF* BStBl I 1995, 42; *Wochinger/Dötsch* DB-Beilage 14/1994, 3; *D. Mayer* DB 1995, 861; BFHE 186, 234, BStBl II 1998, 642. Die Neuregelungen des Gesetzes zur Fortsetzung der Unternehmenssteuerreform v 29. 10. 1997 (BGBl I 1997, 2590) sind nach § 27 Abs 3 aF erstmals auf Umwandlungsvorgänge anzuwenden, deren Eintragung im Handelsregister nach dem 5. 8. 1997 beantragt worden ist. Die Änderung des § 12 Abs 2 UmwStG 1995 verstößt zwar wegen der Beschlussempfehlung des Vermittlungsausschusses gegen die Verfassung, bleibt aber mangels nötiger Evidenz des Verfahrensverstoßes gültig (BFHE 221, 121, BStBl II 2008, 723), s auch BVerfG DStR 2008, 556. Ernsthaft gestellte Anträge sind auch dann zu berücksichtigen, wenn sie unvollständig sind (FG Köln EFG 01, 1088; *Pflüger* FR 1998, 345). Zwischen „Antrag" und „Anmeldung" besteht kein sachlicher Unterschied (BFHE 221, 121, BStBl II 2008, 723). Zur Änderung des § 50 c Abs 11 EStG aF s Rz 158. Zur zeitlichen Geltung des § 34 EStG bei steuerlich zulässiger Rückwirkung nach dem UmwStG s § 34 Abs 1 Satz 3 EStG, *UmwStErl* Tz S. 04. Nach § 27 Abs 1 a ist das UmwStG idF des **StSenkG** grundsätzlich anzuwenden, wenn der steuerliche Übertragungsstichtag in dem ersten Wirtschaftsjahr der übertragenden Körperschaft liegt (fiktives Wirtschaftsjahr), für das das ebenfalls durch das StSenkG geänderte KStG anzuwenden ist. Nach § 27 Abs 1 a Satz 2 idF des UntStFG v 20. 12. 2001 (BGBl I 2001, 3858) kann der Rechtsakt auch in ein späteres Kalenderjahr fallen. Fällt in dieses Wirtschaftsjahr oder später ein Rechtsakt mit steuerlicher Rückwirkung nach dem UmwStG, so gilt vorbehaltlich der Inanspruchnahme der Billigkeitsregelung (*OFD Koblenz* DB 2001, 70; *BMF* BStBl I 2000, 1521) bisheriges Recht. Die Regelung soll die missbräuchl Kombination von altem und bisherigem Recht verhindern, nachdem diese Vorschriften des UmwStG mit dem Halbeinkünfteverfahren korrespondieren. Fällt zB der Übertragungsstichtag auf den 31. 12. 2000 auf Grund einer Anmeldung und Eintragung in 2001 noch in das Wirtschaftsjahr 1. 1. 2000–31. 12. 2000, so gelten nach § 27 Abs 1 a Satz 2 UmwStG 1995 die Rechtsfolgen frühestens zu Beginn des fiktiven Wirtschaftsjahrs, also frühestens am 1. 1. 2001, bewirkt mit der Folge eines sog Ein-Sekunden-Wirtschaftsjahrs nach neuem Recht. § 27 Abs 1 a soll ledig- 2 lich für Umwandlungen nach §§ 3 bis 10, 14 und § 16 Bedeutung haben, nicht hingegen für solche nach den §§ 11 bis 13, 15, 20ff UmwStG. Vgl zu Einzelheiten *Dötsch/Pung* DB 2004, 208/25; *BMF* BStBl I 2003, 786 Tz 43ff.

Das neue UmwStG idF des Gesetzes über steuerliche Begleitmaßnahmen zur Einführung der Europäischen Gesellschaft und zur Änderung weiterer steuerrechtlicher Vorschriften (SEStEG) v 7. 12. 2006 (BGBl I 2006, 2791) findet gemäß § 27 Abs 1 Satz 1 erstmals auf Umwandlungen und Einbringungen Anwendung, bei denen die Anmeldung zur Eintragung in das öffentliche Register (vgl zB § 16 UmwG) nach dem 12. 12. 2006 erfolgt ist. Die Anmeldung ist bei dem für die Wirksamkeit des jeweiligen Vorgangs zuständigen öffentlichen Register vorzunehmen. Bei Verschmelzungen ist daher zB auf die Anmeldung zum Register des Sitzes des übernehmenden Rechtsträgers abzustellen (§ 20 UmwG). Bei Einbringungsvorgängen im Wege der Einzelrechtsnachfolge, für deren Wirksamkeit keine Eintragung in ein öffentliches Register erforderlich ist, ist der Zeitpunkt des Übergangs des wirtschaftlichen Eigentums auf den übernehmenden Rechtsträger maßgebend. Das bisherige UmwStG 1995 in der zuletzt geltenden Fassung ist gemäß § 27 Abs 2 UmwStG nF letztmals auf Vermögensübergänge, die bis zum 12. 12. 2006 zur Eintragung in das öffentliche Register angemeldet wurden, bzw bis dahin erfolgte Übertragungen des wirtschaftlichen Eigentums an den eingebrachten Wirtschaftsgütern anzuwenden. Es tritt jedoch nicht außer Kraft. Entsprechend gilt nach § 27 Abs 3 Nr 1 UmwStG nF bei einbringungsgeborenen Anteilen an Kapitalgesellschaften iSd § 21 Abs 1 UmwStG 1995 die Einlagefiktion des § 5 Abs 4 UmwStG weiter. Wird ein Vermögensvorgang bereits nach dem neuen Recht vollzogen, gelten infizierte Anteile (zB § 20 Abs 3 Satz 4 nF, § 21 Abs 2 Satz 6 UmwStG nF) als zum steuerlichen Übertragungsstichtag in das Betriebsvermögen des übernehmenden Rechtsträgers überführt. Ebenso erklärt § 27 Abs 3 Nr 2 UmwStG nF die bisherige Stundungsregelung des § 20 Abs 6 UmwStG 1995 für beschränkt steuerpflichtige Gesellschafter der einbringenden Personengesellschaft weiterhin für anwendbar, wenn die Einbringung nach dem UmwStG 1995 erfolgte. Der fünfjährige Stundungszeitraum des § 21 Abs 2 Satz 3–6 UmwStG 1995 ist weiterhin zu beachten. Über § 27 Abs 3 Nr 3 Satz 1 UmwStG nF iVm §§ 52 Abs 4b Satz 2 EStG nF, 34 Abs 7a KStG nF bestehen die siebenjährigen Sperrfristen nach § 8b Abs 4 KStG aF und § 3 Nr 40 Satz 3 und 4 EStG aF für einbringungsgeborene Anteile iSd § 21 Abs 1 UmwStG 1995, die auf Einbringungsvorgängen beruhen, nach dem Inkraftreten des neuen UmwStG fort. Danach ist die Veräußerung von einbringungsgeborenen Anteilen innerhalb von sieben Jahren nach der Einbringung voll bzw teilweise steuerpflichtig. Dies gilt jedoch nur, wenn auf den Einbringungsvorgang § 21 Abs 2 UmwStG aF anwendbar war. Gibt der Anteilseigner nach der Einbringung seinen inländischen Wohnsitz oder gewöhnlichen Aufenthalt auf und wird dadurch das Besteuerungsrecht der BRD gemäß § 21 Abs 2 Satz 1 Nr 2 UmwStG aF in der zuletzt geltenden Fassung ausgeschlossen, sind nach § 27 Abs 2 Nr 2 Satz 2 UmwStG nF die Stundungsregelungen des § 6 Abs 5 AStG nF auf Altfälle, bei denen die Einkommensteuer noch nicht bestandskräftig festgesetzt ist, anzuwenden. § 27 Abs 4 UmwStG nF dient der Vermeidung einer Doppelbesteuerung. Veräußert im Falle einer Sacheinlage unter dem gemeinen Wert der Einbringende die erhaltenen Aneile (§ 22 Abs 1 UmwStG nF) und im Falle eines Anteilstausches unter dem gemeinen Wert die übernehmende Gesellschaft die eingebrachten Anteile (§ 22 Abs 2 UmwStG nF) innerhalb der Sperrfrist von sieben Jahren (schädliche Anteilsveräußerung), wird der Einbringungsgewinn I bzw II rückwirkend besteuert. Dies gilt entsprechend für einen einer Anteilsveräußerung gleichgestellten Vorgang (§ 22 Abs 2 Satz 6 UmwStG nF). Handelt es sich hierbei um einbringungsgeborene Anteile iSd § 21 UmwStG 1995 und liegt eine schädliche Anteilsveräußerung iSd § 3 Nr 40 Satz 3 EStG aF bzw § 8 b Abs 4 KStG aF vor, ist der Veräußerungsgewinn wegen der Weitergeltung dieser Vorschriften in vollem Umfang steuerpflichtig. Um jedoch eine Doppelbesteuerung zu vermeiden, schließt § 27 Abs 4 UmwStG nF eine rückwirkende Besteuerung des Einbringungsgewinns insoweit aus, als nach § 3 Satz 3 und 4 EStG aF bzw § 8 Abs 1 KStG aF keine Steuerfreistellung vorgesehen ist.

2. Räumlicher Anwendungsbereich. Das **UmwG 1995** richtet sich 3
handelsrechtlich in seinem § 1 nur an inländische Rechtsträger (vgl dazu *Dötsch* BB 1998, 1029). Entsprechend ist nach § 1 Abs 4 UmwStG 1995 der 2. bis 7. Teil des UmwStG nur auf unbeschränkt steuerpflichtige Körperschaften iSd § 1 KStG anwendbar. Dagegen stellt das UmwStG nF nicht mehr auf die unbeschränkte Steuerpflicht ab. Es erfasst inländische und grenzüberschreitende Umwandlungsvorgänge innerhalb der EU und des Europäischen Wirtschaftsraums. Die Erweiterung des räumlichen Anwendungsbereichs durch das SEStEG beruht ua auf Entscheidungen des EuGH, der Änderung des UmwG, der Umsetzung der geänderten EU-Fusionsrichtlinie, der gesellschaftsrechtlichen Verschmelzungsrichtlinie und den erlassenen steuerlichen Begleitvorschriften zum SEEG. Zur Vorgeschichte vgl auch *Wiesner* DB 2005, 91; *Maul/Teichmann/Wenz* BB 2003, 2633; *Engert* DStR 2004, 664; *Wenglorz* BB 2004, 1061 zur einschlägigen EuGH-Rspr; allgem zu den Grundfreiheiten bei grenzüberschreitenden Aktivitäten *Rödder* DStR 2004, 1629; *Cordewener* DStR 2004, 1634; EuGH C-446/02 (Marks & Spencer), DB 2005, 2788; C-411/03 (SEVIC Systems betr Registereintragung), BB 2006, 11. Eine grenzüberschreitende Verschmelzung liegt ua dann vor, wenn ein an der Umwandlung beteiligter Rechtsträger im Inland ansässig ist oder die übertragenen Vermögenswerte im Ausland belegen sind. Bei einer Inlandsverschmelzung mit Auslandsbezug sind die beteiligten Gesellschaften im Inland ansässig und Gesellschafter oder übertragene Vermögenswerte befinden sich im Ausland. Eine Auslandsverschmelzung mit Inlandsbezug dagegen ist gegeben, wenn die beteiligten Rechtsträger im Ausland und Gesellschafter oder übertragene Vermögenswerte im Inland sind. Die Hinausverschmelzung ist dadurch gekennzeichnet, dass der übertragende Rechtsträger im Inland und der übernehmende Rechtsträger im Ausland ihren Sitz haben. Bei einer Hineinverschmelzung ist der aufnehmende Rechtsträger im Inland und der übertragende im Ausland ansässig. In beiden Fällen können die beteiligten Gesellschafter und das betroffene Vermögen im Inland oder Ausland sein.

Auf Verschmelzungen und Spaltungen von Kapitalgesellschaften in Drittstaaten ist das UmwStG nF nicht anwendbar. Zu Umwandlungen in der

Schweiz s *Ronge/Peroulaz* IStR 2007, 422. Eine steuerneutrale Umwandlung ist nur bei Ansässigkeit des übertragenden und übernehmenden Rechtsträgers in einem EU-/EWR-Staat möglich. Abweichend von diesem Grundsatz ist gemäß § 1 Abs 4 Satz 2 UmwStG nF die Einbringung von Betrieben, Teilbetrieben und Mitunternehmeranteilen in eine in einem Drittstaat ansässige Personengesellschaft nach § 24 UmwStG nF begünstigt. Ebenso kann beim Anteilstausch iSd § 21 UmwStG nF der Einbringende in einem Drittstaat ansässig sein. § 1 Abs 4 Nr 1 iVm § 1 Abs 3 Nr 5 UmwStG nF stellt lediglich auf die Ansässigkeit des übernehmenden Rechtsträgers ab. Eine Einbringung nach § 20 UmwStG nF ist auch dann möglich, wenn der Einbringende in einem Drittstaat ansässig ist, mit dem kein DBA besteht oder das DBA das Besteuerungsrecht bezüglich des Gewinns aus der Veräußerung der erhaltenen Anteile der BRD zuweist (§ 1 Abs 4 Satz 1 Nr 2 Buchst b UmwStG nF). Schließlich richten sich gemäß § 12 Abs 2 Satz 2 KStG die Folgen einer in einem Drittstaat vollzogenen Verschmelzung (sog Drittstaatsverschmelzung) für den inländischen Anteilseigner der übertragenden Körperschaft nach § 13 UmwStG nF. Die in der inländischen Betriebsstätte ruhenden stillen Reserven brauchen nicht aufgedeckt werden. Bei sog Drittstaatspaltungen ist § 12 Abs 1 KStG zu beachten.

4 **3. Sachlicher Anwendungsbereich**. Das UmwStG nF orientiert sich an den gesellschaftsrechtlichen Vorgängen des UmwG. Der **Umwandlungsteil** (2. bis 5. Teil) ist auf Vorgänge der Verschmelzung, Aufspaltung und Abspaltung iSd §§ 2, 123 Abs 1 und 2 UmwG von Körperschaften oder vergleichbare ausländische Vorgänge anwendbar (§ 1 Abs 1 Satz 1 Nr 1 UmwStG nF). Übertragender Rechtsträger muss in diesen Fällen eine Körperschaft bzw Kapitalgesellschaft sein. Ausländische Umwandlungsvorgänge müssen dem Wesen nach einer der Umwandlungsarten des deutschen Umwandlungsrechts entsprechen. Danach sind die ausländischen Vorgänge sowohl hinsichtlich ihrer Rechtsfolgen iSd § 2 bzw § 123 Abs 1 und 2 UmwG (zB Vermögensübertragung, Gesamtrechtsnachfolge, Gewährung von Anteilen unter Auslösung des übertragenden Rechtsträgers ohne Abwicklung) als auch hinsichtlich der beteiligten Rechtsträger (Typenvergleich) mit den entsprechenden inländischen Umwandlungsarten zu vergleichen (vgl BTDrs 16/2710, 35).

Auf den Formwechsel einer Kapitalgesellschaft in eine Personengesellschaft iSd § 190 Abs 1 UmwG findet der Umwandlungsteil ebenfalls Anwendung (§ 1 Abs 1 Satz 1 Nr 2 UmwStG nF). Als formwechselnder Rechtsräger kommt eine GmbH, AG oder eine KGaA (§ 3 Abs 1 Nr 2 UmwG) und als neuer Rechtsträger eine GbR, OHG, KG (§ 191 Abs 2 UmwG) und vergleichbare ausländische Vorgänge ohne Vermögensübergang in Betracht.

Umwandlungen, die gemäß § 1 Abs 2 UmwG außerhalb des UmwG in anderen Bundes- bzw Landesgesetzen geregelt sind, fallen ebenso unter den Umwandlungsteil (§ 1 Abs 1 Satz 1 Nr 3 UmwStG nF).

Schließlich gilt gemäß § 1 Abs 1 Satz 1 Nr 4 UmwStG nF der Umwandlungsteil auch für Vermögensübertragungen iSd § 174 UmwG. Die Gegenleistung besteht in diesem Fall nicht in Anteilen oder Mitgliedschaftsrechten (§ 174 Abs 1 UmwG). Nach § 11 Abs 2 Satz 1 Nr 3 UmwStG nF sind deshalb die übergehenden Wirtschaftsgüter grds mit dem Wert der Gegenleistung anzusetzen.

Die Ausgliederung iSd § 123 Abs 3 UmwG fällt gemäß § 1 Abs 1 Satz 2 UmwStG nF nicht unter den Umwandlungsteil, sondern unter den Einbringungsteil (§ 1 Abs 3 Nr 2 UmwStG nF). Dies beruht ua darauf, dass die Gegenleistung in Form von Anteilen an dem übernehmenden bzw neuen Rechtsträger der übertragende Rechtsträger und nicht dessen Anteilseigner erhält. Bei einer Ausgliederung auf eine Kapitalgesellschaft sind §§ 20 ff UmwStG nF bzw § 24 UmwStG nF bei einer Ausgliederung auf eine Personengesellschaft einschlägig.

Unter den **Einbringungsteil** (6. bis 8. Teil) fallen die Verschmelzung, Aufspaltung und Abspaltung iSd §§ 2 und 123 Abs 1 und 2 UmwG von Personengesellschaften und Partnerschaftsgesellschaften oder vergleichbare ausländische Vorgänge (§ 1 Abs 3 Nr 1 UmwStG nF). Übertragende Rechtsträger können nur Personenhandelsgesellschaften oder Partnerschaftsgesellschaften sein. Bei einer Umwandlung auf eine Kapitalgesellschaft sind die §§ 20 ff UmwStG nF und bei einer Umwandlung auf eine Personengesellschaft ist § 24 UmwStG nF anzuwenden.

Der Formwechsel einer Personengesellschaft in eine Kapitalgesellschaft oder Genossenschaft iSd § 190 Abs 1 UmwG oder vergleichbare ausländische Vorgänge werden über § 25 UmwStG nF als Einbringung nach §§ 20 ff UmwStG nF behandelt (§ 1 Abs 3 Nr 3 UmwStG nF).

Den sachlichen Anwendungsbereich der Einbringung von Betriebsvermögen durch Einzelrechtsnachfolge in eine Kapitalgesellschaft oder Genossenschaft (§§ 20 ff UmwStG nF) oder Personengesellschaft (§ 24 UmwStG nF) regelt § 1 Abs 3 Nr 4 UmwStG nF.

Ebenso gilt der Einbringungsteil für den Anteilstausch (§ 1 Abs 3 Nr 5 iVm § 21 UmwStG nF). Einbringender kann jeder Rechtsträger und Übernehmender nur eine Kapitalgesellschaft oder Genossenschaft sein. § 1 Abs 4 Satz 1 Nr 2 UmwStG nF verweist nicht auf den Anteilstausch.

Zu vergleichbaren Umwandlungen in Österreich s *Blöchle/Weggenmann* IStR 2008, 87.

4. Persönlicher Anwendungsbereich. Das UmwStG nF wendet sich 5
in § 1 Abs 2 und 4 an übertragende und übernehmende Gesellschaften, die nach dem Recht eines EU-/EWR-Staats gegründet worden sind und ihren Sitz sowie den Ort ihrer Geschäftsleitung in einem EU-/EWR-Staat haben. Eine SE und SCE gelten als nach den Vorschriften des Staates gegründet, in dem sie ihren Sitz haben (§ 1 Abs 2 Satz 2 UmwStG nF). Natürliche Personen kommen bei Umwandlungen als übernehmende (§ 1 Abs 2 Satz 1 Nr 2 UmwStG nF) und bei Einbringungen als übertragende Rechtsträger in Betracht (§ 1 Abs 4 Satz 1 Nr 2 Buchst a bb) UmwStG nF), wenn sie ihren Wohnsitz oder gewöhnlichen Aufenthalt in einem EU-/EWR-Staat haben und nicht aufgrund eines DBA mit einem dritten Staat als außerhalb dieses Staates ansässig angesehen werden. Bei Einbringungen iSd § 20 UmwStG nF begünstigt § 1 Abs 4 Satz 1 Nr 2 Buchst a aa) UmwStG nF Personengesellschaften als übertragende Rechtsträger, wenn an ihnen Körperschaften, Personenvereinigungen, Vermö-

gensmassen oder natürliche Personen unmittelbar oder mittelbar über eine oder mehrere Personengesellschaften beteiligt sind, die gemäß § 1 Abs 2 Satz 1 Nr 1 und 2 UmwStG nF die genannten Voraussetzungen erfüllen. Diese Einschränkung besteht für den Umwandlungsteil nicht (§ 1 Abs 1 Satz 1 UmwStG nF). Danach können an Umwandlungen iSd §§ 3, 9, 16 UmwStG nF auch Personengesellschaften mit in Drittstaaten ansässigen Gesellschaftern beteiligt sein. Auch sog transparente Gesellschaften, die in einem Mitgliedstaat als Körperschaft und im anderen als Personengesellschaft angesehen werden, lässt das UmwStG bei grenzüberschreitenden Umwandlungen zu. Beim Tausch von Anteilen iSd § 22 UmwStG nF muss die übernehmende Kapitalgesellschaft die allgemeinen Anforderungen erfüllen (§ 1 Abs 3 Nr 5 iVm Abs 4 Nr 1 UmwStG nF). Sacheinlagen durch in Drittstaaten ansässige Personen iSd § 20 Abs 1 UmwStG sind gemäß § 1 Abs 4 Satz 1 Nr 2 Buchst b UmwStG nF weiterhin möglich, wenn mit dem Drittstaat kein DBA besteht oder nach dem DBA die BRD hinsichtlich des Gewinns aus der Veräußerung der erhaltenen Anteile das Besteuerungsrecht hat (s hierzu *Mutscher* IStR 2007, 799). Einbringungen in eine Personengesellschaft iSd § 24 UmwStG nF sind in subjektiver Hinsicht nicht eingeschränkt (§ 1 Abs 4 Satz 4 UmwStG nF). Die Vorschrift ist auch auf in Drittstaaten ansässige Einbringende bzw aufnehmende Personengesellschaften anwendbar.

6 Zur (identitätswahrenden) **Sitzverlegung** enthält das UmwStG nF keine besonderen Regelungen. Soweit sie zum Verlust des deutschen Besteuerungsrechts hinsichtlich des Gewinns aus der Veräußerung von Wirtschaftsgütern führt, sind die allgemeinen Entstrickungstatbestände des § 4 Abs 1 Satz 3 EStG und § 12 KStG zu beachten. Geht das deutsche Besteuerungsrecht hinsichtlich des Gewinns aus der Veräußerung von Anteilen an Kapitalgesellschaften verloren, greifen die Entstrickungstatbestände der §§ 17 Abs 5, 4 Abs 1 Satz 3 bis 5 EStG und 12 KStG (s Rz 140). Zur körpersteuerrechtlichen Auswirkung s auch § 40 Abs 5 KStG aF. Zu bilanziellen Auswirkungen der Sitzverlegung einer Europäischen Aktiengesellschaft s *Knittel/Eble* BB 2008, 2283.

7–9 *(frei)*

III. Handelsrechtliche Vorgaben nach dem UmwG (Rz 10–29)

10 **1. Umwandlungen nach dem UmwG.** § 1 UmwStG nF setzt für die Anwendung des 2. bis 5. Teils des UmwStG Umwandlungen von Rechtsträgern durch Verschmelzung, Spaltung, Vermögensübertragung und Formwechsel voraus. Der 6. bis 8. Teil ist ua bei Verschmelzungen und Spaltungen von Personenhandels-, Partnerschaftsgesellschaften und vergleichbaren ausländischen Vorgängen bzw Personengesellschaften sowie bei einem Formwechsel einer Personengesellschaft in eine Kapitalgesellschaft oder Genossenschaft und vergleichbaren ausländischen Vorgängen anzuwenden (§ 1 Abs 3 Nr 1 u 3 UmwStG nF). Für die Spaltung in der Form der **Ausgliederung** sind die Teile 2–5 des UmwStG nach § 1 Abs 1 Satz 2 UmwStG nicht anwendbar, sondern die §§ 20 bis 24 UmwStG (§ 1 Abs 3 Nr 2 UmwStG nF). Das die Verschmelzung, Vermögensübertragung und Umwandlung regelnde Vierte Buch des AktG mit seinen §§ 339, 359,

362 AktG wurde durch Art 6 Nr 12 UmwBerG aufgehoben. Zur Umwandlung von ehem volkseigenen Betrieben und Kombinaten nach der ehem DDR-UmVO s *Plath* DB 1993, 125; *FM Sachsen* FR 1993, 145, ferner die gesetzl Regelungen im LwAnpG (BGBl I 1991, 14), zur Spaltung von Treuhandunternehmen s SpTrUG; BGBl I 1991, 854; *BMF* DStR 1992, 1763; zur Umwandlung von Produktionsgenossenschaften s *Beuthien* DStR 1997, 2001; *Wagner* DB 1995, 501; *OFD Chemnitz* FR 1998, 858; *OFD Magdeburg* BB 2001, 2102; zur Umwandlung ehemaliger volkseigener Güter in Kapitalgesellschaften im Aufbau BGHZ 126, 351, DStR 1994, 1390. Zur Umwandlung einer Produktionsgesellschaft des Handwerks in eine eingetragene Genossenschaft s BFH/NV 2000, 1489. Handelsrechtlich besteht die Möglichkeit, Personenhandelsgesellschaften untereinander sowie nach der Aufhebung des § 93a GenG Genossenschaften auch mit anderen Rechtsträgern zu verschmelzen. Nachdem § 2 Abs 2 UmwG aF nicht beibehalten wurde, kann auch auf eine Personengesellschaft umgewandelt werden, an der eine Kapitalgesellschaft beteiligt ist. Zum Analogieverbot in § 1 Abs 2 UmwG s *Schnorbus* DB 2001, 1654. Zur Umwandlung bei drohender Insolvenz s *Heckschen* DB 2005, 2283.

2. Begriffe: Siehe BTDrs 12/6885, 14; Rz 12–21. 11

a) Umwandlung/Vermögensübergang. § 1 Abs 1 UmwG unterscheidet zwischen verschiedenen Umwandlungsarten: Verschmelzung, Spaltung, Vermögensübertragung und Formwechsel. Dabei geht bei der Verschmelzung, Spaltung und Vermögensübertragung handelsrechtlich das Vermögen auf den anderen Rechtsträger (übernehmender Rechtsträger) über (§§ 20, 131, 178, 189 UmwG). Danach wird für Umwandlungen ein Vermögensübergang auf den Übernehmer vorausgesetzt. Dagegen muss der Übernehmer nicht notwendig Anteile an dem übertragenden Rechtsträger halten, ausgenommen die Verschmelzung einer Kapitalgesellschaft auf eine natürliche Person als Alleingesellschafter. Beim Formwechsel ändert nur der Rechtsträger seine Rechtsform (§ 202 UmwG; s handelsrechtlich *Streck/Mack/Schwedhelm* GmbHR 1995, 161). Das Steuerrecht behandelt allerdings den Formwechsel aus einer Körperschaft in ein Personenunternehmen als Verschmelzung (§ 14 UmwStG 1995/§ 9 nF) und den Formwechsel einer Personenhandelsgesellschaft in eine Kapitalgesellschaft oder Genossenschaft iSd § 190 UmwG als Sacheinlage (§ 25 UmwStG). Zivil- und handelsrechtliche Gesamtrechtsnachfolge tritt nicht in allen Fällen handelsrechtlicher Umwandlungen ein. § 105 Abs 2 HGB sieht einen erleichterten Übergang von BGB-Gesellschaften in Personenhandelsgesellschaften vor und eröffnet damit die Möglichkeiten des Umwandlungsrechts (s dazu *Priester* DStR 2005, 788). 12

b) Verschmelzung. Die im 2. Buch des UmwG geregelte **Verschmelzung** ist Gesamtrechtsnachfolge von einem oder mehreren bestehenden Rechtsträgern auf einen bestehenden oder neugegründeten Rechtsträger. Die Verschmelzung ist ebenso wie die **Vollvermögensübertragung** einer Kapitalgesellschaft auf bestimmte Körperschaften des öffentlichen Rechts nach §§ 175 Nr 1, 176 Abs 1 UmwG handelsrechtlich als **Gesamtrechtsnachfolge** aufzufassen (zB § 20 UmwG). 13

14 **c) Die Vermögensübertragung** wird als Voll- und Teilübertragung zugelassen. Sie entspricht der Verschmelzung bzw als Teilübertragung der Spaltung.

15 **d) Die Spaltungsformen** (§§ 123 ff UmwG) und Teilvermögensübertragung (§ 177 UmwG) stellen sich handelsrechtlich als **teilweise Gesamtrechtsnachfolge** dar. Bei der **Aufspaltung** teilt der Rechtsträger sein Vermögen und überträgt die Teile jeweils als Gesamtheit im Wege der Sonderrechtsnachfolge auf mindestens zwei andere bestehende oder neugegründete Rechtsträger. Zur handelsrechtlichen Vorbereitung und Durchführung einer Spaltung nach dem UmwG s *Geck* DStR 1995, 416; *Nagel* DB 1996, 1221.

16 **e) Bei der Abspaltung** gehen in Sonderrechtsnachfolge ein oder mehrere Vermögensteile des Abspaltenden auf einen neugegründeten oder bestehenden Rechtsträger über.

17 **f) Die Ausgliederung** entspricht der Abspaltung mit der Besonderheit, dass die Anteile an dem übernehmenden oder neugegründeten Rechtsträger nicht den Anteilseignern, sondern dem ausgliedernden und fortbestehenden Rechtsträger selbst zufallen.

18 **g) Der Formwechsel** folgt handelsrechtlich der wirtschaftlichen Identität und nicht der rechtlichen Form und ist auch von einer Kapitalgesellschaft in eine Personengesellschaft möglich, steuerrechtlich wird insoweit wegen der Unterschiede zwischen diesen Rechtsträgern kein Formwechsel angenommen.

19 *(frei)*

20 **3. Abwicklungslose Auflösung des alten Rechtsträgers.** Die Verschmelzung (§ 2 UmwG), Vollvermögensübertragung (§ 176 Abs 1 UmwG) und die Spaltung in der Form der Aufspaltung (§ 123 Abs 1 UmwG) führen zur abwicklungslosen Auflösung des übertragenden Rechtsträger. Bei der Aufspaltung teilt ein Rechtsträger sein Vermögen auf mindestens zwei schon bestehende oder neugegründete Rechtsträger. Dagegen bleibt der Rechtsträger bei den anderen Spaltungsformen (Abspaltung und Ausgliederung) bestehen (BFHE 199, 489, BStBl II 2003, 835). Verschmelzungen und Spaltungen sind auch auf neugegründete Rechtsträger möglich.

21 **4. Altanteile/Neuanteile.** Bei der Spaltung in der Form der Ausgliederung erwirbt der übertragende Rechtsträger die Anteile an dem neuen Rechtsträger (Mutter-, Tochtergesellschaften, § 123 Abs 3 UmwG), ansonsten (Verschmelzung, Aufspaltung) erwerben die Anteilseigner (§ 2 UmwG). Bei der Abspaltung erhalten die Anteilseigner zusätzlich zu den Altanteilen neue Anteile am aufnehmenden Unternehmen. Dagegen verleiht der Formwechsel dem bestehenden oder aufgelösten, aber fortsetzbaren Rechtsträger nur eine andere Form (§§ 190, 191 UmwG). Die Vermögensübertragung als Voll- oder Teilübertragung unterscheidet sich von der Verschmelzung und Auf- oder Abspaltung dadurch, dass die Gegenleistung nicht in Anteilen am übernehmenden oder neuen Rechtsträger besteht, sondern anderweitig, insbesondere in einer Barleistung erfolgt. Mit dem zweiten Gesetz zur Änderung des UmwG, das am 20. 4. 2007 in Kraft trat, rückt der Gesetzgeber in Einzelfällen von der bei Verschmelzungen

und Spaltungen bestehenden Anteilsgewährungspflicht ab. Gemäß §§ 54 Abs 1 Satz 2, 68 Abs 1 Satz 2, 125 UmwG nF wird eine Kapitalerhöhung bei der übernehmenden GmbH oder AG in das Ermessen aller Anteilsinhaber des übertragenden Rechtsträgers gestellt (s *Mayer/Weiler* DB 2007, 1235, 1238).

5. Das UmwG enthält Gläubiger- (zB § 22 UmwG) und **Arbeitnehmerschutzbestimmungen.** So gilt zB für das Betriebsverfassungsgesetz der betriebsaufspalterische Betrieb als gemeinsamer Betrieb der daran beteiligten Unternehmen. Zu § 613 a BGB s § 324 UmwG. S zum Arbeitnehmerschutz *Kreßel* BB 1995, 925; *Baumann* DStR 1995, 888; *Bungert* DB 1997, 2209. Mitbestimmungsfragen sind auch im MitbestimmungsbeibehaltungsG v 23. 8. 1994 (BGBl I 1994, 2228) geregelt. 22

6. Kernstücke des Umwandlungsverfahrens sind der Verschmelzungsvertrag, -bericht, -beschluss und dessen Registereintragung (§§ 4, 8, 13, 20 UmwG) bzw die entsprechenden Rechtsgeschäfte über die Spaltung (§§ 126, 127, 130, 136 – Spaltungsplan –, 163 UmwG) oder der Formwechsel (§§ 192, 193, 198, 214 ff, 226 ff, 251 ff, 272 ff, 301 ff UmwG) sowie der Rechtsschutz (§ 14, § 16 Abs 3 UmwG). Das Spruchverfahren zur Überprüfung der Gegenleistung für den Anteilseigner (bish §§ 305 ff UmwG) wurde im Spruchverfahrensgesetz v 12. 6. 2003 einheitlich geregelt. Für ausscheidende Beteiligte sind im Verschmelzungs- und Formwechselverfahren Abfindungen und Anteilserwerb durch den Rechtsträger vorgesehen (§§ 29, 90, 207 UmwG). Zur Antragsberechtigung Ausscheidender nach § 34 UmwG s OLG Düsseldorf v 6. 12. 2000, BGBl I 2003, 838, DB 2001, 189. Weiterführende Literatur zum handelsrechtlichen Umwandlungsverfahren: *Ossadnik/Maus* DB 1995, 105 zum Prüfungsbericht; *Neye* DB 1994, 2071; *D. Mayer* DB 1991, 1609; *Streck/Mack/Schwedhelm* GmbHR 1995, 161; *Schwarz* DStR 1994, 1694; *D. Mayer* DB 1995, 861. 23

7. Verschmelzungsfähige (übertragende oder übernehmende) **Rechtsträger** sind nach § 3 Abs 1 UmwG Personenhandelsgesellschaften (§§ 39 ff UmwG), Partnerschaftsgesellschaften, Kapitalgesellschaften (GmbH §§ 46 ff UmwG; AG §§ 60 ff UmwG; KGaA § 78 UmwG), eingetragene Genossenschaften (§§ 79 ff UmwG), eingetragene Vereine des § 21 BGB (§§ 99 ff UmwG), genossenschaftliche Prüfungsverbände (§ 105 ff UmwG), Versicherungsvereine auf Gegenseitigkeit (§§ 109 ff UmwG). Wirtschaftliche Vereine (§ 22 BGB) sind nur als übertragende Rechtsträger verschmelzungsfähig (§ 3 Abs 2 Nr 1 UmwG). Auf natürliche Personen als Alleingesellschafter einer Kapitalgesellschaft kann deren Vermögen übertragen werden (§ 3 Abs 2 Nr 2 UmwG). Die Verschmelzung aufgelöster übertragender Rechtsträger regeln § 3 Abs 3, § 39 UmwG. Die Verschmelzung kann grundsätzlich auch unter Beteiligung von Rechtsträgern unterschiedlicher Rechtsform erfolgen (§ 3 Abs 4 UmwG). Eine Vor-GmbH kann nicht verschmolzen werden (*Streck/Mack/Schwedhelm* GmbHR 1995, 161/162). Nicht verschmelzungsfähig ist eine GbR. Nach § 3 Abs 4 UmwG können bei der Verschmelzung unterschiedliche Rechtsträger beteiligt sein. Zur Mehrfachverschmelzung unter Beteiligung vermögensloser Rechtsträger s *Tillmann* BB 2004, 673. 24

25 **8. Spaltungsfähige Rechtsträger** sind nach § 124 UmwG die nach § 3 Abs 1 UmwG uneingeschränkt verschmelzungsfähigen Rechtsträger sowie als übertragende Rechtsträger wirtschaftliche Vereine. An einer **Ausgliederung** können als übertragende, übernehmende oder neue Rechtsträger ebenfalls die Rechtsträger des § 3 Abs 1 UmwG teilnehmen sowie als übertragende Rechtsträger wirtschaftliche Vereine, Einzelkaufleute, Stiftungen, Gebietskörperschaften sowie Zusammenschlüsse von Gebietskörperschaften, die nicht selbst Gebietskörperschaften sind. § 3 Abs 3 und 4 gelten entsprechend. Die GbR ist mE weder nach dem UmwG noch nach dem UmwStG spaltungsfähig (aA *Dehmer* DStR 1994, 1757). Zur Ausgliederung von Zweckbetrieben s *Schröder* DStR 2001, 1415.

Vermögensübertragungen sind nach § 175 UmwG grundsätzlich nur auf öffentlich-rechtliche Übernehmer möglich (Ausnahme für Versicherungsunternehmen nach § 175 Nr 2 Buchst c UmwG).

26 **9. Formwechselfähige Rechtsträger.** In den Formwechsel können einbezogen werden Personenhandelsgesellschaften, Partnerschaftsgesellschaften, Kapitalgesellschaften, eingetragene Genossenschaften, rechtsfähige Vereine, Versicherungsvereine auf Gegenseitigkeit, Körperschaften und Anstalten des öffentlichen Rechts, und zwar diese als Rechtsträger alter Rechtsform (§ 191 Abs 1 UmwG), Rechtsträger der neuen Rechtsform können sein GbR, Personenhandelsgesellschaften, Partnerschaftsgesellschaften, Kapitalgesellschaften und eingetragene Genossenschaften. Der Rechtsformwechsel innerhalb der Kapitalgesellschaften nach §§ 191, 226, 238–250 UmwG ist im UmwStG nicht direkt geregelt. Er ergibt sich aus den allgemeinen Grundsätzen (s *Prinz* GmbHR 2008, 626). Ebenso ist der Formwechsel zwischen Personenunternehmen und Kapitalgesellschaften zulässig. Personenhandelsgesellschaften können aber nach § 214 UmwG nur die Rechtsform einer Kapitalgesellschaft oder eingetragenen Genossenschaft erlangen. Ein Formwechsel einer GbR in eine atypisch stille Gesellschaft ist zwar gesellschaftsrechtlich nicht möglich, führt aber einkommensteuerrechtlich weder zu einer Betriebsveräußerung noch zu einer Betriebsgründung (**sog einkommensteuerrechtlicher Formwechsel;** s BFHE 219, 92, BStBl II 2008, 118). Ein Formwechsel nach dem HGB kann sich durch Wegfall des kaufmännischen Gewerbes oder durch Vereinbarung ergeben. Der gesetzlich geregelte Formwechsel geht von der wirtschaftlichen Identität des Betriebs und der grundsätzlichen Beteiligungsidentität aus, nicht – wie früher – von vergleichbaren Organisationsstrukturen.

27–29 *(frei)*

IV. Korrespondierendes Umwandlungssteuerrecht (Rz 30–39)

30 **1. Verhältnis zur steuerlichen Sacheinbringung.** In Konkurrenz zu den vorgenannten Arten der (auch teilweisen) Gesamtrechtsnachfolge, die mit den Teilen 2 bis 5 des UmwStG korrespondiert, steht die im UmwG nicht geregelte **Einzelrechtsübertragung** (Einbringung) gegen Gesellschaftsrechte. Mit diesen Vorgängen korrespondieren der 6. und 7. Teil des UmwStG, dh vor allem die **Sacheinlagen des § 20 und § 24 UmwStG.** Unbeschadet dieser Eigenständigkeit des 6. und 7. Teils können Überschneidungen mit Verschmelzungs- und Spaltungsvorgängen eintreten (vgl

§ 20 Abs 8 UmwStG aF/Abs 6 nF). So ist die **Ausgliederung** eines Einzelunternehmens auf eine bestehende Personenhandelsgesellschaft oder bestehende oder neu gegründete Kapitalgesellschaft sowohl (partielle) Gesamtrechtsnachfolge nach § 152 UmwG, andererseits aber auch Sacheinlage nach § 24 bzw § 20 UmwStG aF/nF. Ebenso können Sacheinlagen des § 20 UmwStG in Kapitalgesellschaften auch Verschmelzungen (vgl auch § 20 Abs 8 UmwStG aF/Abs 6 nF) von Personenhandelsgesellschaften oder deren Spaltung zugrunde liegen. § 25 UmwStG aF/nF wendet für den Formwechsel aus einer Personenhandelsgesellschaft in eine Kapitalgesellschaft den 6. Teil des UmwStG an (Rz 18). Es kann nach rechtsträgerbezogenen Abgrenzungen und nach sachverhaltsbezogenen unterschieden werden.

2. Rechtsträgerbezogene Abgrenzungen. a) Körperschaften. Sacheinlagen sind steuerlich nach **§§ 20, 24 UmwStG (6. und 7. Teil des UmwStG nF)** zu behandeln bei Umwandlungen iSd § 1 Abs 3 Nr 1 UmwStG nF in der Form der Verschmelzung, Abspaltung und Aufspaltung (§§ 2, 123 Abs 1 und 2 UmwG), soweit aus **anderen Rechtsträgern** übertragen wird und deshalb die Vorschriften des 2. bis 5. Teils des UmwStG ausscheiden. Bei der Aufspaltung, Abspaltung und Teilübertragung gilt der 4. Teil des UmwStG nur, soweit das Vermögen von einer Körperschaft auf eine Körperschaft (§ 15 UmwStG nF) oder auf eine Personengesellschaft übergeht (§ 16 UmwStG; wohl richtig: Personenhandelsgesellschaft vgl § 124 UmwG). Dann scheiden die § 20 und § 24 UmwStG aF/nF aus. 31

Die Vorschriften des 2. bis 5. Teils über handelsrechtliche Umwandlungen können aber nach § 1 UmwStG nF auch deswegen ausscheiden, weil das UmwG die Beteiligung **bestimmter Rechtsträger** verlangt (Rz 24–26). Die Verschmelzung auf eine natürliche Person iSd § 1 Abs 2 Satz 1 Nr 2 UmwStG nF ist nach § 3 Abs 2 Nr 2 UmwG zB nur für den Alleingesellschafter einer Kapitalgesellschaft vorgesehen. Eine natürliche Person scheidet bei der Auf- und Abspaltung (als übertragender und übernehmender Rechtsträger) aus (§ 124 Abs 1 UmwG). Für die Voll- oder Teilrechtsübertragung kommen die Sacheinlagevorschriften §§ 20, 24 UmwStG aF/nF nicht in Betracht, weil nach § 175 UmwG andere Rechtsträger beteiligt sind. Die Rechtsträgereigenschaft iSd § 1 Abs 2 u 4 UmwStG nF richtet sich grds nach dem Zivilrecht bzw den Rechtsvorschriften eines Mitgliedstaates der EU bzw des EWR. Eine GmbH & atypisch Still wird deshalb als Körperschaft behandelt (*UmwStErl* Tz 01.04). 32

b) Personenunternehmen. Die mögliche Verschmelzung einer Personenhandelsgesellschaft auf andere Rechtsträger (§ 39 UmwG) folgt ertragsteuerrechtlich den Grundsätzen der Sacheinlage (§§ 20, 24 UmwStG; Rz 331, 463). Wenn eine Personenhandelsgesellschaft in eine andere auf- oder abspaltet oder auf eine andere verschmolzen wird, ist § 24 UmwStG für die Einbringung von Betrieben, Teilbetrieben oder Mitunternehmeranteilen anzuwenden (§ 24 Abs 4 iVm § 20 Abs 7 UmwStG aF/Abs 5 nF). Ist der Übernehmende eine Kapitalgesellschaft, so ist unter den genannten Voraussetzungen § 20 UmwStG heranzuziehen. 33

Nach der ausdrücklichen Regelung in § 25 UmwStG gelten die Vorschriften des 6. Teils des UmwStG (§§ 20–23 UmwStG) auch für die 34

formwechselnde Umwandlung einer Personenhandelsgesellschaft auf eine Kapitalgesellschaft. Damit soll Vermögensübertragung und Formwechsel zwischen diesen Rechtsträgern gleichbehandelt werden. Dagegen bleibt es nach § 1 Abs 1 Nr 2 UmwStG nF für den Formwechsel einer Kapitalgesellschaft in eine Personengesellschaft iSd § 190 Abs 1 UmwG bei den §§ 9 und 18 UmwStG nF.

35 **3. Vorgangsbezogene Abgrenzung.** Für die Spaltung in der Form der **Ausgliederung** sind die Teile 2–5 des UmwStG nF nach § 1 Abs 1 Satz 2 UmwStG nicht anwendbar, sondern die **§§ 20 bis 24 UmwStG.** Nach § 123 Abs 3 UmwG setzt die Ausgliederung keine Teilbetriebe, sondern nur einen Teil des Vermögens voraus. Die Einbringungsvorschriften der §§ 20, 24 UmwStG verlangen aber bestimmte Einbringungsgegenstände, wie etwa den Teilbetrieb. Fehlt es an ihren Voraussetzungen, so kann die Ausgliederung nicht gewinnneutral durchgeführt werden.

36 **4. Übersicht Verschmelzung und Formwechsel.** Siehe die nachfolgenden Übersichten.

37–39 *(frei)*

Verschmelzung von Gesellschaften

Verschmelzung	Kapitalgesellschaft	Personenhandelsgesellschaft[1]	Personengesellschaft	natürliche Person
Kapitalgesellschaft	UmwG: ja (§ 3 I) UmwStG: ja (§ 1 I 1 Nr 1, §§ 11 ff)	UmwG: ja (§ 3 I) UmwStG: ja (§ 1 I 1 Nr 1, §§ 3 ff)	UmwG: nein (§ 3 I) nur Formwechsel (§ 191 I, II) UmwStG: nur Formwechsel (§ 1 I 1 Nr 2, § 9)	UmwG: ja (§ 3 II) auf Alleingesellschafter UmwStG: ja (§ 1 I 1 Nr 1, §§ 3, 9)
Personenhandelsgesellschaft[1]	UmwG: ja (§ 3 I) UmwStG: § 1 III Nr. 1, § 20) Sacheinlage	UmwG: ja (§ 3 I) UmwStG: § 1 III Nr 1, § 24 Einbringung	UmwG: nein (§ 3 I) nur Formwechsel (§ 191 I, II) UmwStG: § 1 III Nr 4, § 24 Einbringung	UmwG: nein (§ 3 II) UmwStG: nein
Personengesellschaft	UmwG: nein (§ 3 I) UmwStG: § 1 III Nr. 4, § 20 Einzelrechtsnachfolge	UmwG: nein (§ 3 I) UmwStG: § 1 III Nr 4, § 24 Einbringung Einzelrechtsnachfolge	UmwG: nein (§ 3 I) UmwStG: § 1 III Nr 4, § 24 Einbringung Einzelrechtsnachfolge	UmwG: nein (§ 3 I, II) UmwStG: nein

[1] oder Partnerschaftsgesellschaft

Formwechsel von Gesellschaften

Formwechsel von/auf	Kapitalgesellschaft	Personenhandelsgesellschaft[1]	Personengesellschaft
Kapitalgesellschaft	UmwG: ja (§ 191 I,II) UmwStG kein Regelungsbedarf, Steuersubjekt unverändert	UmwG: ja (§ 191 I, II) UmwStG: ja (§ 1 I 1 Nr 2, § 9) wie Verschmelzung	UmwG: ja (§ 191 I, II) UmwStG: ja (§ 1 I 1 Nr 2, § 9) wie Verschmelzung
Personenhandelsgesellschaft[1]	UmwG: ja (§ 191 I, II) UmwStG: (§ 1 III Nr 3, § 25, §§ 20 ff) Sacheinlage	UmwG: nein (§ 214) HGB: ja gewillkürter Formwechsel UmwStG: wahlweise § 1 III Nr 4, § 24; Rz 463	UmwG: nein (§ 214) HGB: ja Wegfall des Handelsgewerbes gewillkürter Formwechsel UmwStG: wahlweise § 1 III Nr 4, § 24; Rz 463
Personengesellschaft	UmwG: nein (§ 191 I) UmwStG: nein nur Einzelrechtsübertragung nach § 1 III Nr 4, § 20	UmwG: nein (§ 191 I) UmwStG: nein nur Einzelrechtsübertragung nach § 1 III Nr 4, § 24	UmwG: nein (§ 191 I) UmwStG: nein nur Einzelrechtsübertragung nach § 1 III Nr 4, § 24

[1] oder Partnerschaftsgesellschaft

V. Allgemeine steuerrechtliche Folgen handelsrechtlicher Umwandlungen (Rz 40–104)

1. Allgemeine steuerrechtliche Folgen der Gesamtrechtsnachfolge. Sie wird jedenfalls teilweise auch im Steuerrecht als allgemeines Prinzip anerkannt, und deswegen knüpfen sich an sie wie früher an § 1 UmwG bestimmte steuerliche Folgen: Die Gesamtrechtsnachfolge muss zB beim Adressaten des Steuerbescheids deutlich werden. Es genügt nicht, wenn der Rechtsnachfolger einen auf den Rechtsvorgänger lautenden Bescheid erhält (BFHE 145, 110, BStBl II 1986, 230). In der Ausgliederung ist keine Gesamtrechtsnachfolge für ein bestehendes Steuerprozessverhältnis zu sehen (BFHE 199, 489, BFH/NV 2003, 267). Örtlich zuständig ist das Finanzamt, welches für die übernehmende Gesellschaft zuständig ist (*OFD Chemnitz* DB 2001, 1223). Zum Schicksal von Unterbeteiligungen bei Umwandlungen s *Schindhelm/Pickhardt-Poremba/Hilling* DStR 2003, 1469. 40

2. Die Buchführungspflicht geht nach § 141 Abs 3 AO auf denjenigen über, der den Betrieb im Ganzen zur Bewirtschaftung übernimmt. Dies ist bei Verschmelzungen, Vollvermögensübertragung und erst recht beim Formwechsel anzunehmen. Spaltungs- oder Ausgliederungen genügen nicht, ebenso wenig die Einbringung eines Teilbetriebs (BFHE 174, 205, BStBl II 1994, 677; BFHE 175, 105, BStBl II 1994, 891). Zu Schluss-Übertragungsbilanzen s in diesen Fällen Rz 85. Bei einer Verschmelzung können Berichtigungen nach § 36 Abs 6 DMBilG vom aufnehmenden Unternehmen vorgenommen werden, ohne dass dieses eine eigene DM-EB aufzustellen hätte (*OFD Cottbus* BB 1995, 723). 41

3. Besitzzeitanrechnung etwa für die Vorschrift des **§ 6 b EStG** und Rechtsnachfolge ua für § 6 Abs 1, § 6 Abs 2 EStG, Rücklagen und Bewertungsabschläge sind nach dem UmwStG vorgesehen, **(1)** nach § 4 Abs 2 UmwStG für die Verschmelzung von einer Körperschaft auf eine Personenhandelsgesellschaft (§ 3 Abs 1 UmwG) oder natürliche Person (§ 3 Abs 2 Nr 2 UmwG), und zwar auch bei aufgedeckten stillen Reserven in der Schlussbilanz des Übertragenden, **(2)** nach § 12 Abs 3 UmwStG nF für die Verschmelzung oder Vollvermögensübertragung von einer solchen Körperschaft auf eine andere, **(3)** nach § 9 UmwStG nF für den Formwechsel einer Kapitalgesellschaft in eine Personengesellschaft, **(4)** nach §§ 15, 16 UmwStG nF bei Aufspaltung, Abspaltung, Teilvermögensübertragung auf andere solche Körperschaften oder Personenhandelsgesellschaften, **(5)** nach § 23 Abs 1 UmwStG nF hinsichtlich der Besitzzeitanrechnung nur im Falle der Buchwertverknüpfung für die Sacheinlage (auch Ausgliederung, § 1 Abs 3 Nr 2 UmwStG nF) in eine Kapitalgesellschaft, **(6)** nach § 25 UmwStG aF/nF für den übertragenden Formwechsel einer Personenhandelsgesellschaft in eine Kapitalgesellschaft, **(7)** wie bisher bei Formwechsel von BGB-Gesellschaft in Personenhandelsgesellschaften und zwischen diesen, **(8)** bei Buchwertfortführung nach § 24 UmwStG aF/nF (BFHE 131, 313, BStBl II 1981, 84) bzw analog bei fortgeführten Buchwerten eingebrachter EinzelWG (§ 6 Abs 5 Satz 3 EStG; BFHE 119, 285, BStBl II 1976, 748; *Thiel/Rödder* FR 1998, 401), mE auch im Falle des § 23 UmwStG aF, dagegen nicht im Falle der Zwischenwert- (Begriff BFHE 173, 338, BStBl II 42

1994, 759) oder Teilwerteinbringung nach §§ 20, 24 UmwStG aF/nF (wie bisher). Für die Ansparrücklage nach § 7g EStG ist der Fortbestand des Betriebes nach Einbringung entscheidend (FG Münster EFG 2003, 1368 rkr); im Falle der Einbringung zu Teilwerten ist sie tarifbegünstigt aufzulösen (BFHE 208, 190, BStBl II 2005, 596).

43 **4. Für den Minderheitsgesellschafter** gestattete § 17 UmwStG aF die Anwendung des § 6b EStG ohne Rücksicht auf die eingehaltene Sechsjahresfrist nach § 6b Abs 4 Nr 2 EStG. S dazu Rz 280ff. § 17 UmwStG war letztmals auf Rechtsakte mit steuerlichem Übertragungsstichtag vor dem 1. 1. 1999 anwendbar (§ 27 Abs 4 UmwStG).

44–47 *(frei)*

48 **5. Grunderwerbsteuer.** Bei Verschmelzung wird Grunderwerbsteuer nach § 1 Abs 1 Nr 3 GrEStG ausgelöst (BFHE 128, 412, BStBl II 1979, 683), wenn Grundstücke übertragen werden. Dies gilt bei Verschmelzungsvorgängen im Konzern unabhängig von den Beteiligungsverhältnissen (BFH/NV 2007, 2351). Der Erwerbsvorgang wird grds erst mit Eintragung der Umwandlung ins Handelsregister verwirklicht (BStBl II 2006, 137). § 6 Abs 4 GrEStG ist beim Übergang von einer Gesamthand anwendbar, auch beim Formwechsel (BFHE 194, 458, BStBl II 2001, 587). Die Grunderwerbsteuer bildet aktivierungspflichtige Anschaffungsnebenkosten, wenn der Vorgang insgesamt entgeltlich erfolgt (s dazu *Schmidt/Glanegger* § 6 Rz 84; *Behrens,* DStR 2008, 338). Zu Ausweichstrategien bei vorheriger Grundstückseinbringung s abl *FM Ba-Wü* BB 1998, 1830. Zur Wirkungsweise des § 5 Abs 3 GrEStG s BFHE 203, 178, BStBl II 2004, 193; BFHE 200, 426, BStBl II 2003, 358; *Gottwald* DStR 2004, 341; *Viskorf* DStR 2001, 1101. Der Bericht zur UntSt-Fortentwicklung Tz V (FR-Beilage 11/01) hat angedacht, den Konzern als Rechtsträger zu behandeln, um Umstrukturierungen zu erleichtern. Die Bundesländer haben sich mehrheitlich gegen die jetzt unterbliebene Gesetzesänderung ausgesprochen. Bei der übertragenden Umwandlung einer Kapitalgesellschaft auf ihren Alleingesellschafter liegt die grunderwerbsteuerpflichtige Gegenleistung in der Schuldübernahme und in dem aufgegebenen Gesellschaftsanteil (BFHE 156, 251, BStBl II 1989, 466; BStBl II 1994, 121, 408). Zur Verschmelzung des Organträgers s *BMF* BStBl I 2007, 422; *Heine* UVR 2007, 245. Wegen der im Gesetz geregelten Unterbewertung der Einheitswerte des Betriebsvermögens (Buchwerte!) scheitert die sog *Boruttau`sche Formel* für die anzusetzende Gegenleistung bei grunderwerbsteuerpflichtigen Vorgängen anlässlich Umwandlungs-, Verschmelzungs- und Einbringungsfällen (*FM Ba-Wü* DB 1994, 2524). S im Einzelnen *FM Bayern* DB 1995, 1685. § 8 Abs 2 GrEStG idF StEntlG 1999/2000/2002 sieht bei einer Umwandlung, Einbringung oder anderen Erwerbsvorgängen auf gesellschaftsvertraglicher Grundlage einheitlich die Bemessungsgrundlage nach § 138 Abs 2 oder 3 BewG vor (BStBl II 2006, 137). S dazu *FM Ba-Wü* DB 2000, 303. Eine Grundstücksübertragung durch Gesellschafter auf die Kapitalgesellschaft unterliegt der Grunderwerbsteuer (BFH/NV 2008, 298). Eine Anteilsvereinigung (§ 1 Abs 3 Nr 1, 2 GrEStG) in der Person einer Gesamthand ist nicht nach § 5 Abs 1 GrEStG begünstigt (BFH/NV 2008, 1268) Die Grunderwerbsteuerpflicht (§ 1 Abs 3 Nr 1 GrEStG) in der Hand einer

Aktiengesellschaft durch Einbringung von Anteilen an einer mittelbar oder unmittelbar grundbesitzenden Gesellschaft im Wege einer Kapitalerhöhung gegen Gewährung neuer Aktien ist mit dem Gemeinschaftsrecht vereinbar (BFHE 220, 542, BStBl II 2008, 489). Zu Umstrukturierungsvorgängen iZm grunderwerbsteuerlichen Gestaltungsmöglichkeiten durch wechselseitige Beteiligungen s *Wischott/Schönweiß/Fröhlich* DStR 2007, 833.

Der strukturwahrende **Formwechsel** zwischen Körperschaftsformen und Personengesellschaftsformen beseitigt die Identität des Rechtsträgers nicht und löst daher keine Grunderwerbsteuer aus (BFH/NV 2007, 2351). Beim Überkreuzformwechsel von einer Kapitalgesellschaft in eine Personengesellschaft war dies strittig. Der BFH geht davon aus, dass entsprechend den umwandlungsgesetzlichen Vorgaben kein Rechtsträgerwechsel vorliegt und deshalb keine GrESt anfällt (BFHE 181, 349, BStBl II 1997, 661; BFH/NV 2007, 2351; *Behrens/Schmitt* UVR 2008, 16, 53; mE zweifelhaft). Die *FinVerw* hat sich nun dem BFH angeschlossen (*FM Ba-Wü* DStR 1997, 1576). Ebenso wird bei der formwechselnden Umwandlung eines Vereins in eine AG kein nach § 7 Abs 1 Nr 9 ErbStG der Schenkungsteuer unterliegender Vorgang gesehen (BFH/NV 2007, 1587; aA *FM Sachs* FR 2001, 609). 49

Das **Schuldzinsenabzugsverbot nach § 4 Abs 4a EStG** wirkt auch für den (auch partiellen) Rechtsnachfolger, und zwar hinsichtlich der Überentnahmen (*Hegemann/Querbach* DStR 2000, 408/15). 50

(frei) 51–54

6. Gewerbesteuer. a) Übertragungs-/Übernahmegewinn. Die fakultative Steuerneutralität der Verschmelzung, der Aufspaltung und Abspaltung (§ 1 Abs 1 Satz 1 Nr 1 UmwStG nF) aus einer Körperschaft auf eine Personengesellschaft oder natürliche Person, die das UmwStG idF des SEStEG bei Inlandsumwandlungen grds beibehält, gilt nach § 18 Abs 1 UmwStG nach Maßgabe der dort zitierten Vorschriften auch für die Gewerbesteuer. Der Übernahmegewinn unterliegt anders als der Übertragungsgewinn nicht der GewSt (§ 18 Abs 2 UmwStG; Rz 146, 165). Der Übernahmeverlust wird gewerbesteuerrechtlich ebenfalls nicht berücksichtigt. S jetzt ausdrücklich § 18 Abs 2 UmwStG idF des Steuerentlastungsgesetzes 1999/2000/2002. Für das alte Recht hat BFHE 191, 571, BStBl II 2001, 35 den Übernahmeverlust gewerbesteuerlich für ansetzbar gehalten (mE unzutr, glA *UmwStErl* Tz 18.02). Danach soll auch gestattet sein, den Step-up alten Rechts über den 1. 1. 1999 hinaus fortzuführen (*OFD München* DStR 2001, 665; *Orth* DB 2001, 1108/11). Nach aktuellem Recht (§ 4 Abs 6 UmwStG) ist ein Übernahmeverlust bei der Umwandlung auf Personengesellschaften allgemein nicht mehr anzusetzen (Rz 166). Auch für die Verschmelzung oder Vollvermögensübertragung sowie die Aufspaltung von einer Körperschaft in eine andere erstreckt sich die gewählte Gewinnneutralität nach Maßgabe der §§ 11 und 15 UmwStG auch auf die Gewerbesteuer (§ 19 UmwStG). Der Übernahmegewinn ist nicht nach § 9 Nr 2a GewStG zu beseitigen (BFHE 198, 124, BStBl II 2002, 875). 55

b) Gewerbesteuerrechtliche Entstrickung. Eine Einschränkung dergestalt, dass auf die sofortige Versteuerung der stillen Reserven nicht ver- 56 zichtet wird, weil und soweit aus einer Kapitalgesellschaft steuerneutral in eine freiberuflich tätige Personengesellschaft umgewandelt wird, ist mE nicht gerechtfertigt (evtl aA BTDrs 12/6885, 16 r Sp; s auch *Wochinger/Dötsch* DB-Beilage 14/1994, 31). Denn es gibt keinen eigenständigen gewerbesteuerrechtlichen Entstrickungsgrundsatz (§ 7 Anm 18). Allerdings werden Zweifel wegen der Eintragung ins Handelsregister geäußert; s dazu *Felix* DStR 1996, 658. Zur zeitlich eingeschränkten Gewerbesteuerpflicht nach § 18 Abs 4 UmwStG aF/Abs 3 nF s Rz 61. Zur Gewerbesteuerpflicht bei Einbringungen nach § 24 UmwStG s Rz 472.

57 **c) Renten/dauernde Lasten.** Hinsichtlich der übergegangenen Renten und dauernden Lasten enthielt § 18 Abs 3 UmwStG 1977 eine Sonderregelung. Sie wurden gewerbesteuerrechtlich nicht als Erwerbs- oder Gründungslasten des § 8 Nr 2, § 12 Abs 2 Nr 1 aF GewStG behandelt, wenn sie diese Eigenschaft nicht schon bei der Vorgängerin hatten. Dazu wird allerdings bei dieser ein Gewerbebetrieb vorausgesetzt (anders zB bei einer eingebrachten Freiberuflerpraxis BFHE 154, 131, BStBl II 1988, 974). § 18 Abs 3 galt auch für die Sacheinlage des § 20 UmwStG und die Einbringung nach § 24 UmwStG (§ 22 Abs 4, § 24 Abs 4 UmwStG), ferner für die formwechselnde Umwandlung einer Personenhandelsgesellschaft in eine Kapitalgesellschaft (§ 25 UmwStG). Nachdem die Rechtsnachfolge in § 4 Abs 2 Satz 1 und § 12 Abs 3 Satz 1 UmwStG durch das StBereinG 1999 v 22. 12. 1999 (BGBl I 1999, 2601) umfänglich und generalklauselartig geregelt wurde, ergibt sich die Rechtsfolge des § 18 Abs 3 UmwStG aF nun nach den allgemeinen Grundsätzen (vgl BTDrs 14/2070, 24).

58 **d) Der Gewerbeertrag im Erhebungszeitraum der Umwandlung.** Nach § 14 GewStG ist der Erhebungszeitraum für die GewSt das Kalenderjahr. Besteht die Gewerbesteuerpflicht nicht während des ganzen Jahres, so tritt an die Stelle des Kalenderjahres der Zeitraum der Steuerpflicht. Zur Wirkungsweise des **§ 35 EStG** bei Umwandlungen s *Schmidt/Glanegger* § 35 Rz 51. Maßgebender Gewerbeertrag ist nach § 10 GewStG der im Kalenderjahr bezogene (Wirtschaftsjahr = Kalenderjahr), bei abweichendem Wirtschaftsjahr der Gewerbeertrag aus dem Wirtschaftsjahr, das im Erhebungszeitraum endet.

59 Ob die Gewerbesteuerpflicht iSd § 14 GewStG endet, richtet sich nicht nach dem Wechsel des Steuerschuldners, sondern nach **§ 2 Abs 5 GewStG.** Danach gilt bei völligem (Mitunternehmerschaft!) **Unternehmerwechsel** der Gewerbebetrieb durch den bisherigen Unternehmer als eingestellt. Er gilt in diesem Fall als neugegründet, wenn er nicht mit einem bereits bestehenden Betrieb vereinigt wird.

Unternehmerwechsel liegt vor bei Gesamtrechtsnachfolge. Sie bedeutet zusätzlich Steuerschuldnerwechsel. Wenn § 19 Abs 2 UmwStG 1995 für den Vermögensübergang von einer Körperschaft auf eine andere gestattet, dass der Gewerbeertrag der übernehmenden Körperschaft um Fehlbeträge des § 10a GewStG der übertragenden Körperschaft gekürzt wird, so bedeutet dies nicht im Umkehrschluss, dass in all diesen Fällen für § 2 Abs 5, § 7, § 14 GewStG kein Unternehmerwechsel vorliegt. Vielmehr stellt die Gesamtrechtsnachfolge (Verschmelzung) stets einen Unternehmerwechsel dar, ebenso der Formwechsel einer Körperschaft in eine Personengesellschaft (§ 14 UmwStG aF/§ 9 UmwStG nF) oder einer Personenhandelsgesellschaft in eine Körperschaft oder Genossenschaft (§ 25 UmwStG). Allerdings wird eine rechtsanaloge Anwendung des § 19 Abs 2 UmwStG aF bei der Verschmelzung einer mitunternehmerisch beteiligten Körperschaft auf eine andere Körperschaft für möglich gehalten (A 68 Abs 3 Satz 7 Nr 6 GewStR). Zu § 19 Abs 2 UmwStG nF s Rz 64.

Ein **völliger Unternehmerwechsel** scheidet nur aus beim Übergang 60
aus oder in Personenunternehmen mit teilweise oder völlig identischem (Mit)Unternehmerbestand und ferner bei anderen formwechselnden Umwandlungen, die regelmäßig auch keine Steuerschuldnerwechsel verursachen. Zur Verschmelzung von Personengesellschaften und Einbringung in Schwestergesellschaften vgl Rz 462 ff; A 68 Abs 3 GewStR. Nur wenn es an einem gewerbesteuerrechtlichen Unternehmerwechsel fehlt, ist auch der Gewerbeertrag für den Erhebungszeitraum einheitlich zu ermitteln, in den der Übertragungsstichtag des § 2 UmwStG fällt (§ 2 Abs 1 Satz 2 UmwStG). Kommt es dabei gleichwohl zum Steuerschuldnerwechsel des § 5 GewStG, so ist auf die Steuerschuldner aufzuteilen (§ 2 Anm 223 ff; BFHE 172, 507, BStBl II 1995, 791: zeitanteilig; aA *BMF* BStBl I 1995, 708: nach dem Verhältnis der Gewerbeerträge). Zum Verlustausgleich im Erhebungszeitraum des Umwandlungsstichtages s Rz 65.

e) § 18 Abs 4 UmwStG aF/Abs 3 nF enthält eine Missbrauchver- 61
meidungsvorschrift. Zum zeitlichen Anwendungsbereich s § 27 Abs 4 a UmwStG 1995. Wird ein Betrieb der Personengesellschaft oder natürlichen Person innerhalb von fünf Jahren nach dem Vermögensübergang (Umwandlung) aufgegeben oder veräußert, so unterliegt der Auflösungs- oder Veräußerungsgewinn insoweit der GewSt, als er auf das Betriebsvermögen entfällt, das durch die Umwandlung von der Kapitalgesellschaft auf die Personengesellschaft übertragen wurde (BFHE 211, 518, BStBl II 2008, 62; BFHE 216, 103, BStBl II 2008, 69; BEFHE 217, 162, BStBl II 2008, 73; *OFD Münster* GmbHR 2008, 448). Die Gesetzesfassung des StEntlG 1999/2000/2001 ist als klarstellend aufzufassen (BFHE 197, 425, BStBl II 2004, 474; *OFD Magdeburg* DB 2001, 1697; aA *Rose* DB 2001, 1635; *Wienands/Schneider* FR 2001, 1081). § 18 Abs 3 Satz 1 UmwStG idF JStG 2008, der der bisherigen Verwaltungsauffassung Rechnung trägt, erfasst alle, im Zeitpunkt der Veräußerung vorhandenen stillen Reserven. Die Regelung ist auf alle Umwandlungen anzuwenden, deren Eintragung in das Handelsregister nach dem 31. 12. 2007 angemeldet wurde (§ 27 Abs 6 UmwStG idF JStG 2008). Der Begriff Umwandlung iSd § 18 Abs 4 UmwStG aF/Abs 3 nF umfasst auch den Formwechsel (BFHE 197, 425, BStBl II 2004, 474; BFHE 217, 162, BStBl II 2008, 73, BVerfG NJW 2009, 499: Vb nicht angenommen; BFH/NV 2008, 2057). Diese Regelung gilt auch bei der Veräußerung eines Anteils an einer Personengesellschaft (BFH/NV 2007, 793; BFHE 217, 162, BStBl II 2008, 73; BFH/NV 2008, 109). Davon ausgenommen ist die Veräußerung von Mitunternehmeranteilen, die aus einer nicht der GewSt unterliegenden Einbringung nach § 24 UmwStG hervorgegangen sind (vgl *OFD Ffm* FR 2001, 557/9; s aber auch Rz 464), was durch § 7 Satz 2 GewStG nF eingeschränkt wird

(*Füger/Rieger* DStR 2002, 1021; Rz 425). Der Veräußerung wird die Entnahme gleichgesetzt (*OFD Ffm* DB 2000, 2350). Dadurch soll ua verhindert werden, dass ein bei einer Körperschaft gewerbesteuerpflichtiger Veräußerungsgewinn durch eine vorgeschaltete Umwandlung in eine Personengesellschaft gewerbesteuerfrei gestellt wird (*Krebs* BB 1994, 2115; krit *Schaumburg* FR 1995, 211/217). Die Vorschrift gilt nicht für Veräußerung solcher Anteile, die auf Einbringungen vor Inkrafttreten des UmwStG 1995 zurückgehen (*OFD Ffm* FR 2000, 1056). Auf Aufgabe- oder Veräußerungsverluste ist die Vorschrift nicht anzuwenden. Weil somit eine Auflösung der stillen Reserven, die bei Kapitalgesellschaften nach hM ohne weiteres gewerbesteuerpflichtig ist, verlagert wird, entscheidet für den Begriff der Betriebsaufgabe oder -veräußerung bei der Frage nach den wesentlichen Betriebsgrundlagen die quantitative Betrachtung (*Hörger* DStR-Beilage 17/1998, 33). Nach § 18 Abs 4 Satz 2 UmwStG aF/Abs 3 Satz 2 nF wird die Aufgabe oder Veräußerung eines Teilbetriebes oder Anteils an der Personengesellschaft ebenfalls als schädlich angesehen. Zur Abgrenzung s *Krebs* BB 1997, 2078/2083. Ob für die Veräußerung ein triftiger Grund vorliegt, spielt im Gegensatz zu § 25 Abs 2 UmwStG aF keine Rolle mehr. Keine Veräußerung ist die Realteilung einer Personengesellschaft ohne Gewinnrealisierung (*UmwStErl* Tz 18.10). In Fällen, in denen die Anteile an der umgewandelten Kapitalgesellschaft schon gewerbesteuerpflichtig durch den früheren Anteilseigner veräußert worden sind, wird eine unbillige Doppelerfassung gesehen, der bei Vorgängen nach § 18 Abs 4 UmwStG aF/Abs 3 nF durch eine Einschränkung Rechnung zu tragen ist (*Orth* DB 2001, 1108). ME ist die Doppelerfassung auf der Ebene des Eigners und der Gesellschaft systemgerecht. Rechtspolitisch wäre es sinnvoll, Gewinne aus der Aufgabe und Veräußerung von Gewerbebetrieben für Personenunternehmen und Kapitalgesellschaften gleich zu behandeln (*Thiel* FR 2000, 493/7). S auch Rz 464. Bei doppelstöckigen Personengesellschaften ist für Zwecke des § 18 Abs 4 UmwStG aF/Abs 3 nF jede Gesellschaft für sich zu betrachten (keine Abfärbung, *OFD Koblenz* DB 2005, 78).

Ein in der Frist des § 18 Abs 4 UmwStG aF/Abs 3 nF zuletzt verbleibender Teilbetrieb ist Betrieb iSd Vorschrift (ähnl BFH/NV 2001, 263). Ein Mitunternehmeranteil ist einem Betrieb nicht gleichzusetzen (BFHE 159, 455, BStBl II 1990, 474). Die Veräußerung aller Mitunternehmeranteile kann schädlich sein (Rz 183). Die Entnahme des im Wege der Umwandlung übergegangenen Vermögens wird einer Aufgabe des Betriebs gleichgesetzt (*OFD Ffm* 1996, 1651; *UmwStErl* Tz 18.05). Auch bei Verschmelzung zum Teilwert können bis zum Veräußerungszeitpunkt stille Reserven entstanden sein oder für einen bisher noch nicht angesetzten Geschäftswert in Betracht kommen. Auf die Gewerbesteuerpflicht der übernehmenden Personengesellschaft oder der übernehmenden natürlichen Person kommt es für § 18 Abs 4 UmwStG aF/Abs 3 nF nicht an (*UmwStErl* Tz 18.08; krit *Siebert* DStR 2000, 758). § 18 Abs 4 Satz 4 idF des UntStFG schließt § 35 EStG in der Absicht aus, Veräußerungen durch KapGes auch bei einer zwischengeschalteten Umwandlung auf ein Personenunternehmen nicht von der GewSt zu entlasten. § 18 Abs 4 UmwStG aF/Abs 3 nF geht § 7 Satz 2 GewStG im Range vor (glA *Brandenberg* DStZ

2002, 551/3; *BMF* BStBl I 2003, 786 Rz 18; aA evtl *Rödder* DStR 2002, 939/43; *Neu* DStR 2002, 1078/82).

f) Verlustabzug nach § 10a GewStG. aa) Vermögensübergang aus einer Körperschaft in ein Personenunternehmen. Der Verlustabzug nach § 10a GewStG wurde bisher lediglich bei formwechselnden Umwandlungen bejaht, bei übertragenden Umwandlungen, auch solchen der Gesamtrechtsnachfolge, aber verneint (vgl BFHE 67, 509, BStBl III 1958, 468; BFHE 165, 82, BStBl II 1991, 899; BFH/NV 1992, 409; § 2 Anm 225; § 10a Anm 20). Daran ist im Grundsatz festzuhalten. Nachdem aber das UmwG auch den Formwechsel zwischen Kapitalgesellschaft und Personenhandelsgesellschaft bzw Personengesellschaft (aufnehmend) kennt (Rz 26, 34), ergeben sich Einschränkungen: Unternehmer iSd nach § 10a GewStG vorausgesetzten Unternehmeridentität ist der Gesellschafter (Mitunternehmer) der Personen(handels)gesellschaft. Der Formwechsel zwischen Personenunternehmen und Kapitalgesellschaft ist deshalb immer ein für § 10a EStG schädlicher Unternehmerwechsel. Deshalb bestimmt § 18 Abs 1 Satz 2 UmwStG für die Verschmelzung, Aufspaltung, Abspaltung bzw den Formwechsel von einer Körperschaft auf ein Personenunternehmen, dass der Gewerbeertrag der übernehmenden Personengesellschaft oder natürlichen Person nicht um Fehlbeträge des laufenden Erhebungszeitraums und die vortragsfähigen Fehlbeträge der übertragenden Körperschaft iSd § 10a GewStG gekürzt werden kann. Ein Verlustrücktrag ist nach § 10a GewStG anders als bei § 10d Abs 1 EStG nicht vorgesehen. Werden mehr als 25% der Anteile an einer Kapitalgesellschaft übertragen, gehen gemäß § 8c KStG nicht ausgeglichene oder abgezogene Verluste quotal bzw vollständig unter (BMF BStBl I 2008, 736; *van Lishaut* FR 2008, 789; *Sistermann/Brinkmann* BB 2008, 1928). Dies gilt nach § 10a Satz 10 GewStG idF JStG 2009 für den Gewerbeverlust entsprechend. Zum Erhalt gewerbesteuerrechtlicher Verlustvorträge iZm § 8c KStG s *Behrendt/Arjes/Nogens* BB 2008, 367; *Kußmaul/Richter/Tcherveniachki* GmbHR 2008, 1009. Zur gewerbesteuerlichen Verlustverrechnung iSd § 10a GewStG bei atypischer stiller Gesellschaft s *Oenings* DStR 2008, 279. Wegen des Vorlagebeschlusses hinsichtlich der Rückwirkung des § 10a GewStG gemäß § 36 Abs 9 GewStG idR JStG 2007 s DB 2007, 1676. 62

bb) Bei der Verschmelzung, der Spaltung, dem Formwechsel **aus einer Personengesellschaft in eine Körperschaft** gilt § 20 UmwStG, der eine Nachfolge in den Verlustabzug nach § 10a GewStG ausschließt. § 22 Abs 4 idF des JStErgG 1996 bzw § 23 Abs 5 UmwStG nF stellen dies klar (*Friedrichs* in *Haritz/Benkert,* UmwStG § 22 Rz 20). Dies entsprach auch der alten Rechtslage (§ 10a Anm 21; glA *Harder* DStR 1997, 8). 63

cc) Umwandlungen einer Körperschaft auf eine andere. In Abkehr von den erwähnten gewerbesteuerrechtlichen Grundsätzen (Rz 62) und abweichend von der alten Rechtslage (s dazu BFHE 165, 82, BStBl II 1991, 899) bestimmt § 19 Abs 2 UmwStG 1995 für Umwandlungen von Körperschaften auf andere Körperschaften, dass der Gewerbeertrag der übernehmenden Körperschaft um die vortragsfähigen Fehlbeträge iSd § 10a GewStG der übertragenden Körperschaft gekürzt wird, wenn die übertragende Körperschaft ihren Geschäftsbetrieb noch nicht eingestellt 64 hatte (Begriff BFHE 202, 507, BStBl II 2003, 822, 1176). Eine Anpassung an § 12 Abs 3 Satz 2 UmwStG idF des UntStRefFG v 29. 10. 1997 (BGBl I 1997, 2590) sieht § 19 Abs 2 idF des StEntlG 1999/2000/2001 vor. Die Vorschrift ist nach § 27 Abs 4 b UmwStG erstmals für den Veranlagungszeitraum (Erhebungszeitraum) 1999 anzuwenden. Fehlbeträge iSd § 10 a GewStG der übertragenden Körperschaft sind nur darstellbar für abgeschlossene Erhebungszeiträume, deren Gewerbeertrag noch der übertragenden Körperschaft zuzurechnen ist. Nach § 19 Abs 2 iVm § 12 Abs 3 Satz 2 UmwStG aF kann aufgrund der (Gesamt-)Rechtsnachfolge bei der Verschmelzung von Körperschaften neben dem Verlustabzug ein im Übertragungsjahr bei der übertragenden Körperschaft eingetretener laufender Verlust mit Gewinnen der übernehmenden Körperschaft des Übertragungsjahrs verrechnet werden, sofern die Voraussetzungen des § 12 Abs 3 Satz 2 UmwStG 1995 erfüllt sind (BFHE 209, 535, BStBl II 2006, 380; aA *BMF* FR 2006, 524). Den verbleibenden Verlustvortrag der übertragenden Körperschaft kann die übernehmende Körperschaft nur mit dem Gewinn des Veranlagungszeitraums verrechnen, in dem der steuerliche Übertragungsstichtag liegt (BFH/NV 2007, 1062). Ein Verlustrücktrag ist ausgeschlossen (BFH/NV 2007, 1442). Die Begrenzung des Beteiligungskorrekturgewinns bei der übernehmenden Körperschaft gemäß § 12 Abs 2 Satz 4 in Kombination mit der Verlustübertragung nach § 12 Abs 3 Satz 2 UmwStG 1995 eröffnete eine Gestaltungsmöglichkeit zur doppelten Verlustnutzung durch denselben Steuerpflichtigen. Die Aufhebung jener Vorschrift ist unabhängig von der Kompetenzüberschreitung durch den Vermittlungsausschluss gültig (BVerfG DStR 2008, 556; BFHE 221, 121, BStBl II 2008, 723).

Das UmwStG idF SEStEG lässt bei einer Verschmelzung weder einen Verlustabzug noch einen Verlustausgleich zu. Nach § 19 Abs 2 iVm §§ 12 Abs 2 Hs 2, 4 Abs 2 Satz 2 UmwStG nF gehen auch gewerbesteuerrechtlich ua verrechenbare Verluste und verbleibende Verlustvorträge nicht auf die übernehmende Körperschaft über. Diese Verluste können lediglich iR von Buchwertaufstockungen mit dem Übertragungsgewinn verrechnet werden. Dadurch soll der Import von Verlusten iRv grenzüberschreitenden Umwandlungen unterbunden werden.

65 **dd) Verlustausgleich.** Wenn ein gewerbesteuerlicher Unternehmerwechsel zu verneinen ist (s Rz 59) und deshalb der Gewerbeertrag für den Erhebungszeitraum des Umwandlungsstichtags einheitlich zu ermitteln ist, stehen grds auch laufende Verluste der übertragenden Körperschaft gewerbesteuerlich zum **Verlustausgleich** zur Verfügung mit der evtl Folge neuer Fehlbeträge des § 10 a GewStG.

66 **ee) Betriebsvereinigung.** Zum Ausgleich mit laufenden Verlusten kommt es im Übrigen bei einem gewerbesteuerlichen Unternehmerwechsel, wenn der Gewerbetrieb des übertragenden Unternehmens (nicht notwendig Körperschaft) mit dem bestehenden Betrieb des Übernehmers vereinigt wird (§ 2 Abs 5 Satz 2 GewStG; § 2 Anm 229).

67 **ff) Vororganschaftliche Verluste** der Organgesellschaft können sich gewerbesteuerlich nur über deren dem Organträger zuzurechnenden Verlust auswirken oder wirkungslos bleiben, wenn sich bei der Organgesellschaft ohnehin ein negativer Ertrag ergibt (BFHE 167, 158, BStBl II 1992,

630). Ab dem Erhebungszeitraum 2004 schließt § 10 a Satz 3 GewStG den Abzug von nicht ausgeglichenen (vororganschaftlichen) Fehlbeträgen der Organgesellschaft aus (*BMF* BStBl I 2005, 1038). Vororganschaftliche Gewerbeverluste der Organgesellschaft sind ab 1990 gesondert festzustellen (*FM Bbg* FR 1992, 384).

gg) Bei der Verschmelzung zwischen Personengesellschaften sind gewerbesteuerrechtlich Verlustausgleich und Verlustabzug möglich, wenn alle Gesellschafter der umgewandelten auch an der aufnehmenden Gesellschaft beteiligt sind und die Unternehmensidentität gewahrt bleibt (BFHE 174, 233, BStBl II 1994, 764; *Gschwendtner* DStR 1994, 1109). Dies gilt mE auch in Übertragungsfällen des § 24 UmwStG, bei denen auch ein partieller Verlustabzug möglich ist (Rz 478; glA A 68 Abs 2 GewStR). Der Formwechsel der Obergesellschaft bei einer doppelstöckigen Personengesellschaft berührt die vortragsfähigen Fehlbeträge bei der Untergesellschaft nicht (*OFD Düsseldorf* DB 2000, 2247). Nach der Anwachsung vom Gewerbeertrag der Mutter-Gesellschaft iR einer doppelstöckigen Personengesellschaft kann ein verbleibender Fehlbetrag der Tochter-Personengesellschaft insoweit abgezogen werde, als dieser Betrag entsprechend dem sich aus dem maßgeblichen Gesellschaftsvertrag ergebenden Gewinnverteilungsschlüssel der Verlustentstehungsjahre auf die Mutter-Personengesellschaft entfällt (*OFD Münster* DB 2008, 1242). 68

hh) Spaltung oder Abspaltung auf eine Körperschaft. § 19 Abs 2 UmwStG idF des StEntlG 1999/2000/2001 nimmt auf § 15 Abs 4 und § 16 Satz 3 UmwStG Bezug. Danach ist die übertragende Körperschaft iSd § 19 Abs 2 UmwStG aF auch diejenige, die Teile ihres Vermögens abspaltet. Die vortragsfähigen Fehlbeträge gehen damit anteilig iSd Verhältnisrechnung des § 15 Abs 4 UmwStG aF auf die übernehmende Gesellschaft über (*Herzig/Förster* DB 1995, 338/348 zur alten Rechtslage). Nach neuem Recht gehen bei Aufspaltungen die Verluste des übertragenden Rechtsträgers vollständig und bei Abspaltungen anteilig iSd Verhältnisrechnung des § 15 Abs 3 UmwStG nF unter. 69

ii) Bei Spaltung oder Abspaltung auf eine Personengesellschaft ist ein Verlustabzug nach § 10 a GewStG ausgeschlossen, wenn aus einer Körperschaft umgewandelt wird (§ 18 Abs 1 Satz 2 UmwStG). Zu Umwandlungen aus Personenunternehmen s Rz 478. 70

(frei) 71–79

7. Umsatzsteuer. Der Formwechsel ändert nur die Bezeichnung des Rechtsträgers und kann deshalb keine steuerbaren Umsätze erzeugen. Auch die Verschmelzung einer Körperschaft auf eine Personengesellschaft, natürliche Person oder andere Körperschaft unterliegt nicht der Umsatzsteuer, weil die Geschäftsveräußerung nicht mehr der USt unterliegt (§ 1 Abs 1 a UStG). Spaltungsvorgänge, Sacheinlagen nach §§ 20, § 24 UmwStG müssen dazu ebenfalls die Voraussetzung der nichtsteuerbaren Geschäftsveräußerung erfüllen, dass ein in der Gliederung eines Unternehmens gesondert geführter Betrieb im Ganzen entgeltlich oder unentgeltlich übertragen wird. Andernfalls können auch die Befreiungsvorschriften zB nach § 4 Nr 8 (zB für Beteiligungen) und Nr 9 UStG eingreifen. § 2 Abs 2 Nr 2 80

UStG ist bei Organschaften zu beachten. Ob § 24 UmwStG überhaupt einen Leistungsaustausch abbildet, ist zudem zweifelhaft. Dazu bejahend BFHE 179, 189, BStBl II 1996, 114; verneinend jetzt EuGH C-442/01 Slg I 2003, 6851, DStRE 2003, 936 und dem folgend BFHE 205, 555, BStBl II 2004, 1022; s auch *Ulrich/Teiche* DStR 2005, 92. Zu einem Fall der Einbringung von Einzelwirtschaftsgütern gegen Schuldübernahme s BFHE 183, 278, BStBl II 1997, 705.

81–84 *(frei)*

85 **8. Verlustabzug nach § 10d EStG. a) Verbleibender Verlustvortrag** ist nicht der übergehende Verlust der verschmolzenen Körperschaft, sondern der nach Verlustrücktrag (§ 10d Abs 1 EStG) und ggf Verlustvortrag (§ 10d Abs 2 Satz 1 EStG) verbleibende Verlust (§ 10d Abs 4 Satz 2 EStG; *Wochinger/Dötsch* DB-Beilage 14/1994 S 16). Der Verlust des Verschmelzungsjahres steht dem Übernehmer in der Gesamtrechtsnachfolge im Verschmelzungsjahr und nicht nur nach § 10d Abs 1 EStG zum Vortrag zur Verfügung (BFHE 209, 535, BStBl II 2006, 380; BFH/NV 2007, 531; BFH/NV 2007, 801; BFH/NV 2007, 1442; s auch *Orth* FR 2005, 963; *Hegeböke/Heinz* DStR 2005, 2054; aA *BMF* FR 2006, 524). Ein Rücktrag ist nur aus eigenen Verlusten des Übernehmers möglich (BFH/NV 2007, 945). Einen Ausgleich im Verschmelzungsjahr herzustellen, würde der isoliert bei der Übertragenden erforderlichen Feststellung des verbleibenden Verlustabzugs widersprechen. Insoweit schränkt die Regelung der Nachfolge in den verbleibenden Verlustabzug, der erst nach Überprüfung eines möglichen Rücktrags erfolgt, das Prinzip der Gesamtrechtsnachfolge ein (*Orth* StuW 1996, 306; ähnl *UmwStErl* Tz 12.16; aA: Ausgleich im Umwandlungsjahr *Haritz/Benkert* § 12 Rz 52; s dazu auch die Übersicht bei *Rödder* DStR 1997, 483). Bei Spaltungen sind die Bewertungsvorschriften, dh die Ansatzwahlrechte des § 11 UmwStG aF gemäß § 15 UmwStG aF zwar nur für das ab- oder aufzuspaltende Vermögen in der steuerlichen Schlussbilanz des § 11 Abs 1 UmwStG aF vorzunehmen, während das übrige Vermögen in der ebenfalls erforderlichen steuerlichen Übertragungsbilanz (§ 15 Abs 2 UmwStG aF; *Haritz/Benkert* § 15 Rz 67, 68) nach allgemeinen Regeln zu bewerten ist. Gleichwohl ist der verbleibende Verlustabzug für die Übertragende insgesamt zu ermitteln, dh auch durch die bei der Aufspaltung aufgedeckten stillen Reserven zu vermindern (*Haritz/Benkert* § 15 Rz 171f).

Das UmwStG idF des SEStEG sieht grds keinen Verlustübergang vor. So ist bei einer Umwandlung auf eine Personengesellschaft (§ 4 Abs 2 Satz 2 UmwStG nF) sowie auf eine Körperschaft (§ 12 Abs 3 iVm § 4 Abs 2 UmwStG nF) ein Übergang eines Verlustvortrags ausgeschlossen. Im Fall einer Abspaltung bleibt der Verlustvortrag gemäß § 15 Abs 3 Satz 1 UmwStG nF im Verhältnis der übergehenden Vermögensteile zu dem bei der übertragenden Körperschaft vor der Spaltung bestehenden Vermögen bestehen. Im Übrigen gehen die Verluste unter (§ 12 Abs 3 UmwStG nF). Nicht verbrauchte Verlustabzüge können mit dem Übertragungsgewinn verrechnet werden. Die Behandlung der verbleibenden Verlustvorträge entspricht dem Grundsatz der Individualbesteuerung und dem Prinzip der Besteuerung nach der individuellen Leistungsfähigkeit. Wegen verschiedener Rechtssubjekte stehen diese Grundsätze auch einem Übergang vorhandener Verlustvorträge vom Erblasser auf seinen Erben im Wege der Gesamtrechtsnachfolge entgegen (BFHE 220, 129, BStBl II 2008, 608). Zu Gestaltungen der Verlustnutzung s *Wälzholz* DStR 2008, 1769.

Bei Einbringungsvorgängen tritt der übernehmende Rechtsträger grds in die Rechtsstellung des Einbringenden ein (§§ 23 Abs 1 u 2, 24 Abs 4, 4 Abs 1 Satz 3, 12 Abs 3 Hs 1 UmwStG nF). Dies gilt nicht für verbleibende Verlustvorträge. Soweit hinsichtlich des Übergangs von verbleibenden Verlustvorträgen konkrete Regelungen fehlen bzw nicht anzuwenden sind, gelten die allgemeinen Grundsätze.

b) Keine Rechtsnachfolge in den verbleibenden Verlustvortrag 86
(§ 10 d, § 2 a, § 15 Abs 4 EStG) besteht in den folgenden Fällen:
- Verschmelzung des Vermögens einer Körperschaft in das einer Personengesellschaft oder natürlichen Person (§ 4 Abs 2 UmwStG). Dies entspricht der bereits vorher bestehenden Rechtslage (FG Düsseldorf EFG 1989, 413 rkr);
- Verschmelzung oder Vermögensübertragung (Vollübertragung) auf eine andere Körperschaft (§ 12 Abs 3 Hs 2 iVm § 4 Abs 2 UmwStG nF);
- Formwechsel einer Kapitalgesellschaft oder Genossenschaft in eine Personengesellschaft (§ 14 UmwStG aF/§ 9 nF);
- Einbringungsvorgänge nach § 24 UmwStG und § 20 UmwStG;
- Verschmelzung einer Versicherungs-Aktiengesellschaft auf einen Versicherungsverein auf Gegenseitigkeit oder ein öffentlich rechtliches Versicherungsunternehmen (§ 12 Abs 5 Satz 3 UmwStG aF);
- Aufspaltung oder Abspaltung von einer Körperschaft auf eine Personengesellschaft (§ 16 UmwStG);
- Umwandlung eines VEB nach § 11 Abs 1 Treuhandgesetz in eine Kapitalgesellschaft (BFHE 181, 437, BStBl II 1997, 194).

c) Eine Rechtsnachfolge in den verbleibenden Verlustabzug des 87
§ 10 d Abs 4 EStG ergibt sich dagegen:
- für die Verschmelzung oder Vollrechtsübertragung von einer Körperschaft auf eine andere (§ 12 Abs 3 Satz 2 UmwStG aF). § 8 Abs 4 KStG aF (Mantelkauf) bzw § 8 c KStG ist vorab zu prüfen (*UmwStErl* Tz 12.21; aA *Hörger/Neumayer* DStR 1996, 41; *Hans* FR 2005, 907); während das alte Recht (Stichtag Eintragung im Handelsregister 5. 8. 1997, s Rz 2) darauf abstellte, ob die Körperschaft ihren Geschäftsbetrieb im Handelsregister noch nicht eingestellt hatte (Einzelheiten *UmwStErl* Tz 12.17 ff), ist erforderlich, dass der Betrieb oder Betriebsteil, der den Verlust verursacht hat, über den Verschmelzungsstichtag hinaus in einem nach dem Gesamtbild der wirtschaftlichen Verhältnisse vergleichbaren Umfang in den folgenden fünf Jahren fortgeführt wird (§ 12 Abs 3 Satz 2 UmwStG aF); s dazu Rz 88; Verschmelzung von Sparkassen (*OFD Ffm* DB 2003, 637).
- anteilig für die Aufspaltung, Abspaltung und Teilvermögensübertragung von einer Körperschaft auf eine andere (§ 15 Abs 4 UmwStG aF/Abs 3 nF). § 15 Abs 4 UmwStG aF setzt tatbestandlich die tatsächlichen Voraussetzungen nach § 15 Abs 1 UmwStG aF voraus; der Missbrauchstatbestand des § 15 Abs 3 aF ist unschädlich (*UmwStErl* Tz 15.49). Nach § 15 Abs 4 UmwStG aF ist der verbleibende Verlustabzug iSd § 10 d Abs 4

(s Rz 85) aufzuteilen, und zwar nach dem Verhältnis (gemeine Werte) der übergehenden Vermögensteile zu dem bei der übertragenden Körperschaften vor der Spaltung bestehenden Vermögen. Diese Relation gibt idR das Umtauschverhältnis der Anteile wieder. Sollte dies nicht zutreffen, so ist das Verhältnis der gemeinen Werte der Vermögensmasse vor Spaltung zu der abgespalteten Vermögensmasse ausschlaggebend (*UmwStErl* Tz 15.43). Ein Verlustrücktrag ist nicht möglich, wenn bei der übertragenden Gesellschaft der verbleibende Verlust nach verbrauchtem Rücktrag vorgetragen worden ist, weil die Rechtsnachfolge dann in diesen vortragsfähigen Verlust erfolgt (*Herzig/Förster* DB 1995, 338/348; krit *Diers* BB 1997, 1869). Zum Verlustabzug nach § 15 Abs 3 UmwStG nF s Rz 85. Zu Fragen einer phasengleichen Verlustverrechnung s *Orth* StuW 1996, 306.

88 Nach § 12 Abs 3 Satz 2 UmwStG aF durfte der **abgespaltete Teilbetrieb** zum Zeitpunkt der Eintragung des Vermögensübergangs im Handelsregister noch nicht eingestellt sein. § 12 Abs 3 Satz 2 UmwStG idF des URefFortsG v 29 10. 1997 (BGBl I 1997, 2590) setzt voraus, dass der Betrieb oder Betriebsteil, der den Verlust verursacht hat, über den Verschmelzungsstichtag hinaus in einem nach dem Gesamtbild der wirtschaftlichen Verhältnisse vergleichbaren Umfang in den folgenden fünf Jahren fortgeführt wird. Dies zu beobachten, erfordert kalkulatorisch abgeschlossene wirtschaftliche Unternehmungen, die nicht notwendig so selbständig wie ein Teilbetrieb sein müssen. S dazu *Füger/Rieger* DStR 1997, 1427; *Dötsch* DB 1997, 2144; *Orth* DB 1997, 2242/2246; *Hörger/Endres* DB 1998, 388. Die Neuregelung sollte ursprünglich für Umwandlungen gelten, die auf Rechtsakten beruhen, die nach dem 31. 12. 1996 wirksam werden (§ 27 Abs 3 UmwStG aF). Nun wird auf den Antrag auf Eintragung im Handelsregister nach dem 5. 8. 1997 abgestellt (G v 19. 12. 1997, BGBl I 1997, 3121). Dazu müssen auch die wesentlichen Eintragungsvoraussetzungen vorliegen (*Füger/Rieger* DStR 1998, 64); Unvollständigkeit ist allerdings unschädl (Rz 2). Die Neuregelung korrespondiert mit § 8 Abs 4 KStG nF, unterscheidet sich aber von dieser Regelung dadurch, dass der den Verlust verursachende Betriebsteil fortgeführt werden muss, während § 8 Abs 4 KStG auf die überwiegende Verwendung des alten Betriebsvermögens abhebt (*Neumann* FR 1999, 682). Zu Einzelheiten s *BMF* BStBl I 1999, 455; *Orth* DB 2001, 1326; *Düll/Fuhrmann* DStR 2000, 1166; *Djanani/Brähler/Zölch* BB 2000, 1497 betr Umstrukturierung im Konzern; FG Köln DStRE 2001, 704 rkr; BFHE 203, 135, BStBl II 2004, 616 zum Verlustmantelkauf bei einer Komplementär-GmbH; zum zeitlichen Anwendungsbereich des § 8 Abs 4 KStG s FG Köln FR 2001, 786, Rev I R 53/01; BFHE 197, 248, BStBl II 2002, 395.

89 **d) Bei Organschaften** ist § 15 Satz 1 Nr 1 KStG hinsichtlich der organschaftlichen und vororganschaftlichen Verluste zu beachten (*OFD Hannover* DB 1995, 1488; *Blumers* DStR 1996, 691/693; krit *Knepper* DStR 1994, 1796). Zur Besteuerung steuerlicher Organschaften durch das StVergAbG s *BMF* BStBl I 2005, 1038.

90 **8 a. Erbschaftsteuer/Schenkungsteuer.** Nach § 7 Abs 1 Nr 9 Satz 3 ErbStG idF des ErbStRefG 2009 (BGBl I 2008, 3018) löst der Formwechsel

eines eingetragenen Vereins mit Vermögensbindungszweck im Interesse einer (oder bestimmter) Familie(n) wie eine Auflösung Schenkungsteuer aus. Hiermit wird gegen BFHE 217, 176, BStBl II 2007, 621 die Auffassung der FinVerw bestätigt. Zu den schenkungsteuerlichen Folgen der Umwandlung einer Personen- in eine Kapitalgesellschaft s R 34 ErbStR.

(frei) 91–94

9. Investitionszulage. Die Verschmelzung und Vollvermögensübertragung (§ 4 Abs 2 u 3, § 12 Abs 3 u 4 UmwStG), sowie die Aufspaltung, Abspaltung und Teilvermögensübertragung (§ 15 Abs 1, § 16 UmwStG) bedeuten auch bei aufgelösten stillen Reserven in der Schlussbilanz des Übertragenden für den Übernehmer keine Anschaffung, sondern Gesamtrechtsnachfolge. Für die Investitionszulage gilt in Fällen der §§ 20, 24 UmwStG die sog betriebsbezogene Betrachtungsweise (BFHE 155, 435, BStBl II 1989, 239). Personenbezogene Erlaubnisse, wie die Eintragung in die Handwerksrolle, wirken nach einem Formwechsel fort (BFHE 203, 553, BStBl II 2004, 85). Auch das Fördergebietsgesetz folgt in der Frage der Anschaffung bzw des Verbleibens im Betrieb dem UmwStG (*BMF* DB 1995, 1439). 95

10. § 15 a EStG. Nach Auffassung der *FinVerw* (*UmwStErl* Tz 04.38) geht ein nicht ausgenutzter Verlustvortrag iSd § 15 a EStG nicht nach § 4 Abs 2 UmwStG aF/nF auf den übernehmenden Rechtsträger über (subjektsbezogene Vorschrift; ausdrücklich § 4 Abs 2 idF des StBereinG 1999 v 22. 12. 1999, BGBl I 1999, 2601). Dies gilt ebenso für die Fälle des § 12 Abs 3 UmwStG nF. Beim Formwechsel, bei der Verschmelzung von Personengesellschaften und entsprechend § 12 Abs 3 Satz 2 UmwStG aF findet dagegen eine Rechtsnachfolge auch in den Verlustvortrag nach § 15 a EStG statt (vgl dazu *Schmidt* § 15 a Rz 106, 236, 238; *Breuninger/Prinz* DStR 1996, 1761 mwN; *Hierstetter/Schwarz* DB 2002, 1963: § 12 Abs 3 Satz 1 UmwStG). 96

11. Organschaft. Zur Überleitung und dem tatbestandlichen Wegfall von Organschaftsverhältnissen auf Grund Umwandlungen s *UmwStErl* Teil 1 C Tz Org.01 ff; *Stuth* DStR-Beilage 17/1998, 36; *Prinz* FR 2003, 708; BFHE 203, 329, BStBl II 2004, 534; einschränkend *BMF* BStBl I 2004, 549. Bei einer rückwirkenden Verschmelzung der Organgesellschaft auf den Erwerber der Beteiligung an der Organgesellschaft endet das (gewerbesteuerliche) Organschaftsverhältnis mit dem steuerlichen Übertragungsstichtag (BStBl II 2006, 469). Auch bei einer formwechselnden Umwandlung einer GmbH & Co KG in eine GmbH kann nach § 25 UmwStG zwischen Schwestergesellschaften rückwirkend keine Organschaft begründet werden (*OFD Ffm* DStR 2006, 41; aA *Schumacher* DStR 2006, 124). Die körperschaftsteuerliche Organschaft wird während eines Wirtschaftsjahres nicht durch die Verschmelzung des Organträgers von einer KG zu einer beteiligungsidentischen GmbH nach § 20 UmwG unterbrochen. Maßgebend ist, dass die Organgesellschaft ununterbrochen in das Unternehmen des übertragenden und übernehmenden Rechtsträgers eingegliedert ist. § 20 Abs 7 UmwStG aF/Abs 6 nF, der nur die steuerlichen Verhältnisse der jeweiligen Rechtsträger regelt, ist nicht einschlägig (FG Berl-Bbg DStRE 2008, 1204, Rev I R 57/08). Einzelfragen beim 97 down-stream merger eines Organträgers auf eine Organgesellschaft s *Thill/Antoszkiewicz* FR 2006, 7. Zu außerorganschaftlich verursachten Mehraufwendungen nach formwechselnder Umwandlung s *Lohmann/Heerdt* DB 2008, 1937.

98 **12. Anwendung des § 8a KStG aF/nF.** Zur Rechtsnachfolge in Fremdkapital iSd § 8a KStG aF s *UmwStErl* Teil 1 KapE Tz 8a.01 ff. Die Regelung des § 4h Abs 1 Satz 1 EStG zum Betriebsausgabenabzug für Zinsaufwendungen gilt gemäß § 8a KStG nF bei Körperschaften entsprechend (s hierzu Rz 100).

99 **13. Vordienstzeiten** des § 6a Abs 3 EStG des erloschenen Rechtsträgers werden auch bei der übertragenden Umwandlung angerechnet (BFHE 183, 119, BStBl II 1997, 799).

100 **14. Zinsvortrag (§ 4h Abs 1 Satz 2 EStG).** Zinsaufwendungen, die nicht abgezogen werden dürfen (Zinsschranke) und deshalb gemäß § 4h Abs 1 Satz 2 EStG in die folgenden Wirtschaftsjahre vorzutragen sind (Zinsvortrag), gehen nicht (§§ 4 Abs 2 Satz 2, 12 Abs 3 UmwStG nF) bzw bei einer Abspaltung nur teilweise (§ 15 Abs 3 Satz 1 UmwStG nF) über (s BStBl I 2008, 718).

101 **15. Zuständigkeit in Verschmelzungsfällen (§ 26 AO).** Bei der Verschmelzung von Personengesellschaften bzw Kapitalgesellschaften miteinander ist aufgrund der Gesamtrechtsnachfolge für die Besteuerung der untergehenden Gesellschaft das Finanzamt zuständig, das für die Besteuerung der aufnehmenden Gesellschaft zuständig ist. Der Zuständigkeitswechsel tritt gemäß § 26 AO im Zeitpunkt ein, in dem eines der Finanzämter von der Verschmelzung erfährt (*FM NRW* DB 2008, 1888).

102–104 *(frei)*

VI. Rückwirkung (Rz 105–119)

105 **1.** Die **steuerliche Rückwirkung** des § 2 UmwStG aF war aufgrund des Regelungsbereichs des 1. Teils auf den 2. bis 7. Teil (Verschmelzung, Vollübertragung, Auf-, Abspaltung, Teilübertragung) begrenzt. Der 1. Teil enthält nunmehr allgemeine Vorschriften. Die Regelung des § 2 UmwStG nF erstreckt sich daher auch auf den 6. bis 8. Teil. S hierzu *Stengel* DB 2008, 2329.

Das **Einkommen** (nicht seine Ausschüttung) und das **Vermögen** der übertragenden Körperschaft sowie der Übernehmerin sind so zu ermitteln, als ob das Vermögen der Körperschaft mit Ablauf des Bilanzstichtages, der dem Vermögensübergang zugrunde liegt (steuerlicher Übertragungsstichtag), auf die Übernehmerin übergegangen wäre. Die nicht mit der Anmeldung zum Handelsregister eingereichte Bilanz ist dann für die Bestimmung des steuerlichen Übertragungsstichtags gemäß § 2 UmwStG maßgebend, wenn später keine Schlussbilanz des übertragenden Rechtsträgers auf einen anderen Zeitpunkt vorgelegt wird und handelsrechtlich auch nicht vorgelegt werden muss und wenn zwischen den Stichtagen der betreffenden Schlussbilanzen keine Geschäftsvorfälle stattgefunden haben. Mit der Bilanz iSd § 2 Abs 1 Satz 1 UmwStG ist die Schlussbilanz des § 17 Abs 2 UmwG gemeint (BFH/NV 2008, 1550). Für Rückzahlungen kann sich eine Rückwirkung nach § 175 Abs 1 Satz 1 Nr 2 AO ergeben (*Berg* DStR 1997, 1390). Da der steuerliche Übertragungsstichtag dem handelsrechtlichen stets vorangeht, wäre ein sog Mitternachtserlass vonnöten (*Bien* DStR-Beilage 17/1998, 5). S dazu auch BFHE 189, 533, BStBl II 2000, 2; BFH/NV 2008, 1550.

Gleiches gilt für die Ermittlung der Besteuerungsgrundlagen der **Gewerbesteuer** (§ 2 UmwStG). Ist eine Personengesellschaft Übernehmerin, so ist der steuerliche Übertragungsstichtag für das Einkommen und Vermögen der Gesellschafter maßgebend, weil die Personengesellschaft als solche nicht einkommensteuerpflichtig ist. Der Stichtag gilt aber auch für den diesen Besteuerungsgrundlagen vorgeschalteten Gewinn dieser Personengesellschaft. Beim Formwechsel einer Personengesellschaft in eine Kapitalgesellschaft fehlt es bei einem auf den 1. 1. gelegten Umwandlungsstichtag an einer Gewerbekapitalsteuerpflicht alten Rechts der Kapitalgesellschaft für diesen Umwandlungsstichtag; sie fällt noch bei der Personengesellschaft an (*Harder* DStR 1997, 8). Die steuerliche Rückwirkung setzt nicht voraus, dass die aufnehmende Gesellschaft am steuerlichen Übertragungsstichtag bereits besteht (*UmwStErl* Tz 02.08). Beim Formwechsel ist die Gesellschaft bereits existent, nur in anderer Rechtsform. § 20 Abs 7 UmwStG aF/Abs 5 nF bewirkt auch gewerbesteuerrechtlich auf Grund der Rückwirkungsfunktion einen rückwirkenden Unternehmerwechsel iSd § 2 Abs 5 GewStG (*Harder* DStR 1997, 8; *Berg* DStR 1997, 1390). Ähnlich verhält es sich mit der rückwirkenden Begründung einer Organgesellschaft (BFHE 203, 329, BStBl II 2004, 534; vgl *Niehaves/Thiemer* DStR 2002, 1793). Werden sämtliche Anteile an der übertragenden (formwechselnden) GmbH zwischen dem vereinbarten Rückwirkungsstichtag (§ 2 UmwStG) und der Eintragung der Umwandlung veräußert, werden GmbH-Anteile und nicht ein Anteil an der übernehmenden Personengesellschaft veräußert. Die Rückwirkung tritt gegenüber dem ausscheidenden Gesellschafter nicht mehr ein (BFH/NV 2008, 1452; BFH/NV 2008, 2057). Vergütungen für Tätigkeiten der Gesellschaft sind in vollem Umfang in die Rückwirkung einzubeziehen, da sie von der erbrachten Leistung abhängen (*UmStErl* Tz 02.39; BFH/NV 2008, 2057). Im Rückwirkungszeitraum ausgeschüttete Gewinne sind im Verhältnis der Nennwerte der veräußerten und der nicht veräußerten Anteile aufzuteilen (*UmStErl* Tz 02.31; BFH/NV 2008, 2057). Veräußert der Organträger seine Alleinbeteiligung an der Organgesellschaft, die anschließend gemäß § 2 Abs 1 UmwStG 1995 rückwirkend auf den Erwerber verschmolzen wird, endet das (gewerbesteuerliche) Organschaftsverhältnis mit dem steuerlichen Übertragungsstichtag (BFHE 213, 1, BStBl II 2006, 469). 106

Für alle Umwandlungen nach dem UmwG kann der **steuerliche Übertragungsstichtag** höchstens acht Monate vor der Anmeldung der Umwandlung zur Eintragung in das maßgebliche Register liegen (*BMF* BStBl I 1995, 42). Dies ergibt sich anders als nach dem alten Recht nicht mehr aus § 2 UmwStG, sondern aus § 17 Abs 2 UmwG für Verschmelzungen, aus § 125 iVm § 17 Abs 2 UmwG für Spaltungen und aus §§ 176, 177 iVm § 125, § 17 Abs 2 UmwG für Vermögensübertragungen. Für den Form- 107 wechsel sieht § 14 UmwStG aF/§ 9 nF eine entsprechende Rückwirkung vor (s auch *Dehmer* DStR 1994, 1715). § 20 Abs 8 UmwStG aF/Abs 6 nF verweist ebenfalls auf § 17 Abs 2 UmwG und sieht in Aufspaltungs-, Abspaltungs- und Ausgliederungsfällen des § 123 UmwG vor, dass der Schlussbilanzstichtag des § 17 Abs 2 UmwG höchstens acht Monate vor der Anmeldung der Verschmelzung, Auf- oder Abspaltung oder Ausgliederung im Handelsregister liegt. In anderen Fällen darf die Sacheinlage auf einen Tag zurückbezogen werden, der höchstens acht Monate vor dem Tag des Abschlusses des Einbringungsvertrages liegt und höchstens acht Monate vor dem Zeitpunkt liegt, an dem das eingebrachte Betriebsvermögen auf die Kapitalgesellschaft übergeht. Ist der Zeitraum von acht Monaten überschritten, so ist steuerrechtlicher Übertragungsstichtag der Tag der Eintragung des Umwandlungs-(Verschmelzungs-)Beschlusses im Handelsregister. Da der steuerliche Übertragungsstichtag dem handelsrechtlichen stets vorangeht, wäre ein sog Mitternachtserlass vonnöten (*Bien* DStR-Beilage 17/1998, 5). Zur Rückwirkung bei der Vereinigung von Sparkassen s *OFD Hann* DB 2007, 604.

108 Bei grenzüberschreitenden Umwandlungsvorgängen schränkt § 2 Abs 3 UmwStG nF die steuerliche Rückwirkung insoweit ein, als in anderen Staaten Einkünfte unbesteuert bleiben und sog weiße Einkünfte entstehen. Vor allem im Fall der Hinausverschmelzung einer Körperschaft ist für die deutsche Besteuerung der spätere Übertragungsstichtag des ausländischen Gesellschaftsrechts maßgebend (*Dötsch/Pung* DB 2006, 2704, 2706). Dies gilt nach § 20 Abs 6 Satz 4 UmwStG nF auch bei Einbringungen.

108a § 2 Abs 4 UmwStG idF des JStG 2009 unterbindet die Nutzung von Verlusten sowie den Erhalt des Zinsvortrags nach § 4h Abs 1 Satz 2 EStG aufgrund der steuerlichen Rückwirkungsfiktion des § 2 Abs 1 und 2 UmwStG. Der Ausgleich oder die Verrechnung eines Übertragungsgewinns mit Verlusten und einem Zinsvortrag des übertragenden Rechtsträgers setzen danach voraus, dass dies auch ohne Umwandlung zulässig gewesen wäre. Dies gilt bei negativen Einkünften des übertragenden Rechtsträgers im Rückwirkungszeitraum entsprechend.

109 **2. Der Verlust der körperschaftsspezifischen Besteuerungsmodalitäten** vollzieht sich teilweise mit und teilweise ohne Rückwirkung. Die Rückwirkung ist bei der Umwandlung von Körperschaften in Personengesellschaften für die Abziehbarkeit von Geschäftsführergehältern und Pensionsrückstellungen zu beachten, die bei einem Personenunternehmen nicht abziehbar sind. Der Altbestand an Pensionsrückstellungen bleibt wie beim Wechsel vom Arbeitnehmer zum Gesellschafter bestehen (BFHE 115, 37, BStBl II 1975, 437; § 7 Anm 111; einschränkend *Paus* FR 1995, 533). Die Rückstellungen dürfen aber nicht erhöht werden. Wird in ein Einzelunternehmen umgewandelt, so ist die Pensionsrückstellung nicht nur einzufrieren, sondern sie ist aufzulösen. Der sich daraus ergebende Gewinn kann im Wege der Rücklage in Höhe der Beteiligungsquote nach § 6 UmwStG auf drei Jahre verteilt werden (*UmwStErl* Tz 06.04). S dazu auch FG Nürnberg DStRE 2002, 1292 rkr. Eine Abfindung des Begünstigten vor Umwandlung ist günstiger, weil dadurch der Betriebsausgabenabzug erhalten bleibt (*Märkle* DStR 1995, 1001). Die Abfindung unterliegt jedoch beim Empfänger keinem begünstigten Steuersatz (BFHE 168, 338, BStBl II 1993, 27). Das Privileg nach § 9 Nr 7 GewStG entfällt.

3. Einheitsbewertung (bis 31. 12. 1997). Der steuerliche Übertragungsstichtag und die Rückwirkung gelten auch für die **Einheitsbewertung** einschließlich der Grundsteuer (FG Nürnberg EFG 1998, 922 rkr). § 2 Abs 3 UmwStG aF beseitigte dazu Doppelbelastungen, wie den gleichzeitigen Ansatz des übergegangenen Vermögens und der korrespondierenden Beteiligung, nicht aber den Wertunterschied zwischen beiden (BFHE 170, 462, BStBl II 1993, 322). Zur Auslegung des Umwandlungsbeschlusses und zum Antragserfordernis s Hess FG EFG 1995, 413 rkr. **110**

4. Für andere Steuern findet keine Rückwirkung statt (ablehnend für Schenkungsteuer: BFHE 141, 548, BStBl II 1984, 772; aA *Knopf/A. Söffing* BB 1995, 850; vgl für Umsatzsteuer, Grunderwerbsteuer: *Widmann/Mayer* § 2 Rz 225; vgl auch *OFD Bremen* DStR 1986, 124). **111**

5. Für die Gesellschafter, insbesondere deren Anteilsveräußerung, gilt die Rückwirkung des steuerlichen Übertragungsstichtages nicht (*Dehmer* § 2 Rz 83; *OFD Koblenz* DB 2001, 69). Bei Vermögensübergang auf eine Personengesellschaft gelten die Anteile analog § 5 Abs 1 UmwStG am steuerlichen Übertragungsstichtag erworben und nach § 5 Abs 2 oder 3 UmwStG als in das Betriebsvermögen eingelegt. Für die Anteilsveräußerung und den Anteilserwerb im Rückwirkungszeitraum bei Vermögensübergang auf eine Körperschaft gelten die allgemeinen Grundsätze (Rz 263 ff). S dazu auch *UmwStErl* Tz 02.13, 05.02, ebenso zur Behandlung von Ausschüttungen Tz 02.15, 02.21 ff; *Krebs* BB 1998, 1609; *Berg* DStR 1999, 1219. **112**

(frei) **113–119**

VII. Gewinnneutrale Umwandlungen nach dem UmwStG – Überblick (Rz 120–129)

Das UmwStG soll rechtsformneutral Umwandlungen ohne Aufdeckung der stillen Reserven ermöglichen. Dieser Grundsatz wird durch das UmwStG idF des SEStEG (= UmwStG nF) im Wesentlichen aufgegeben. Wegen der Ausdehnung seines Anwendungsbereichs auf grenzüberschreitende Umwandlungsvorgänge der EU und des EWR verfolgt das UmwStG nF das vorrangige Ziel, das Besteuerungsrecht der BRD hinsichtlich der vorhandenen stillen Reserven zu sichern. Teile 2–5 sind auf die Umwandlungsfälle des UmwG ausgerichtet, anhand derer die Vergleichbarkeit ausländischer Vorgänge zu bestimmen ist. Die handelsrechtliche Gesamtrechtsnachfolge oder partielle Gesamtrechtsnachfolge, in der sich das unternehmerische Engagement in anderer Form fortsetzt, ist grds Voraussetzung für die steuerliche Begünstigung des Umwandlungsvorgangs. Die übergehenden Wirtschaftsgüter sind danach grds mit dem gemeinen Wert iSd § 9 Abs 2 BewG anzusetzen. Am Grundsatz der Maßgeblichkeit der Handelsbilanz für die Steuerbilanz hält das UmwStG nF nicht fest. Es behandelt den Umwandlungsvorgang im Grunde wie eine Liquidation der übertragenden Körperschaft. Der Buchwert bzw ein Zwischenwert kann auf Antrag grds nur dann angesetzt werden, wenn die stillen Reserven betrieblich verstrickt bleiben und das Besteuerungsrecht der BRD gewährleistet ist. Je **120** nachdem, ob danach stille Reserven aufgedeckt werden und deshalb Anschaffungsvorgänge vorliegen, rechnen auch die Umwandlungskosten zu den Anschaffungskosten oder zu sofort abziehbaren Betriebsausgaben (*Dieterlen/Schaden* BB 1997, 2297; ähnl *UmwStErl* Tz 04.43; vgl auch *Schulz* DStR-Beilage 17/1998, 13; BFHE 186, 200, BStBl II 1998, 698).

121 Die Besteuerung der stillen Reserven des auf die übernehmende Gesellschaft übertragenen Betriebsvermögens wird grds auf der Ebene des Vermögens des übertragenden Rechtsträgers und dessen Anteilseigner gewährleistet. Bei der **Verschmelzung einer Kapitalgesellschaft auf eine Personengesellschaft** oder eine natürliche Person sind nach dem 2. Teil des UmwStG nF die übergehenden Wirtschaftsgüter in der steuerlichen Übertragungsbilanz grds mit dem gemeinen Wert anzusetzen. Zudem haben die Anteilseigner die offenen Rücklagen als Einnahmen aus Kapitalvermögen iSd § 20 Abs 1 Nr 1 EStG zu versteuern (§ 7 UmwStG nF). Das Übernahmeergebnis ist ua gemäß § 4 Abs 5 Satz 2 UmwStG nF um diese als Kapitalertrag erfassten Gewinnrücklagen zu kürzen. Beim übernehmenden Rechtsträger ergibt sich daher nur in seltenen Fällen ein Übernahmegewinn.

In Inlandsfällen ist auch der Ansatz der Wirtschaftsgüter mit dem Buchwert oder einem Zwischenwert möglich. Vorbehaltlich der Ausschüttungsfiktion des § 7 UmwStG nF kann damit wie bisher durch Buchwertfortführung eine Umwandlung ohne Gewinnrealiserung erfolgen. Werden die stillen Reserven aufgedeckt, so erhöht sich grds auch der Übernahmegewinn. Dieser ist, soweit er auf eine Körperschaft als Mitunternehmerin der Personengesellschaft entfällt, gemäß § 8b Abs 2 KStG steuerfrei, wobei gemäß § 8b Abs 3 KStG 5% des anteiligen Übernahmegewinns als nicht abziehbare Betriebsausgaben gelten (§ 4 Abs 7 Satz 1 UmwStG). Zur Gemeinschaftswidrigkeit der Übergangsregelung zu § 8b Abs 3 KStG s BFH FR 2007, 1168. Im Übrigen ist der Übernahmegewinn gemäß § 4 Abs 7 Satz 2 UmwStG nF nur zur Hälfte (ab 2009: Teileinkünfteverfahren) anzusetzen (vgl *Schmidt/Heinicke* § 3 „Halbeinkünfteverfahren"). Der Übernahmeverlust und der diesen ausgleichende Step-up bleibt nach § 4 Abs 6 UmwStG nF unberücksichtigt, soweit er auf eine Körperschaft als Mitunternehmerin der Personengesellschaft entfällt. In den Fällen des § 8b Abs 7, 8 KStG ist der Übernahmeverlust bis zur Höhe der Bezüge iSd § 7 UmwStG nF zu berücksichtigen. Soweit er auf eine natürliche Person als Mitunternehmer entfällt, ist er zur Hälfte, höchstens in Höhe der Hälfte der Bezüge iSd § 7 UmwStG abziehbar (§ 4 Abs 6 Satz 4 UmwStG nF). Darüber hinaus ist der Übernahmeverlust nicht abziehbar. Diese Grundsätze gelten gewerbesteuerrechtlich auch für die übernehmende Personengesellschaft (ähnl *Bogenschütz/Striegel* DB 2000, 2547). § 8 Nr 5 GewStG idF des UntStFG beseitigt lediglich die Folgen des Halbeinkünfteverfahrens in § 3 Nr 40 EStG und § 8b Abs 1 KStG für die Zwecke der GewSt. Es wird davon ausgegangen, dass infolge der beibehaltenen § 9 Nr 2a, 7 und 8 GewStG für die GewStG kein allgemeines Schachtelprivileg wie in § 8b KStG gilt und deshalb ein solches auch nicht über den Umweg des § 8b Abs 6 KStG erzeugt werden soll, wenn eine Körperschaft an einer Personengesellschaft beteiligt ist (vgl BRDrs 638/01, 10 und Vermittlungsausschuss in BTDrs 14/7780, 6). An § 4 Abs 7 UmwStG wurde dabei systemwidrig nicht gedacht.

Diese fakultative Gewinnneutralität für den Übertragungsgewinn (§ 3 UmwStG, s Rz 131) bei Verschmelzung einer Körperschaft auf eine Personengesellschaft oder natürliche Person (2. Teil des UmwStG) stellt aufgrund des mit dem UmwStG idF des SEStEG vollzogenen Systemwechsels eine Ausnahmeregelung vom Grundsatz der Aufdeckung der stillen Reserven durch Ansatz des gemeinen Werts dar. Nach der bisherigen Rechtslage war anstelle des gemeinen Werts grds der Teilwert iSd § 6 Abs 1 Nr 1 Satz 3 EStG anzusetzen (§ 3 Satz 4 UmwStG aF). Zum Betriebsausgabenabzug der GewSt s *Fischer* DStR 2002, 610; *Kessler/Kahl* DB 2002, 1017.

Für die **Verschmelzung oder Vollvermögensübertragung von einer Körperschaft auf eine andere** (3. Teil des UmwStG) gelten im Wesentlichen dieselben Grundsätze. Eine gewinnneutrale Vermögensübertragung ist bei Inlandsumwandlungen weiterhin möglich. Die bisher bestehende Rechtsnachfolge in den Verlustabzug nach § 10d EStG ist gemäß § 12 Abs 3 iVm § 4 Abs 2 UmwStG nF ausgeschlossen. Zur Anwendung der §§ 11, 12 UmwStG aF auf die Verschmelzung von Sparkassen s *OFD Ffm* DB 2003, 637. Löst die übertragende Körperschaft die stillen Reserven freiwillig oder zwangsweise auf, so wird entgegen der bisherigen Regelung nicht nur der Übertragungsgewinn versteuert. Der Übernahmegewinn, dh die stillen Reserven der Anteile der Übernehmerin bleiben zwar nach Maßgabe des § 8b KStG bei der Umwandlung unversteuert (§ 12 Abs 2 UmwStG nF). Der Anteilstausch bei den Anteilseignern erfolgt aber grds nicht mehr steuerneutral. Die Anteile an der übertragenden Körperschaft gelten als mit dem gemeinen Wert veräußert (§ 13 Abs 1 UmwStG nF). Der Übernahmeverlust bleibt zur Vermeidung doppelter Verlustansätze grds wirkungslos (§ 12 Abs 2 Satz 1 UmwStG nF). 122

Nicht als **Formwechsel** wie das UmwG, sondern als übertragenden Vorgang behandelt das UmwStG den Formwechsel aus einer Kapitalgesellschaft in eine Personengesellschaft (§ 14 UmwStG aF/§ 9 nF: übertragende Verschmelzung) bzw aus einer Personenhandelsgesellschaft in eine Kapitalgesellschaft des § 190 UmwG (§ 25 UmwStG: Sacheinlagevorschriften des 8. Teils). 123

Die **Teile 6 und 7 des UmwStG** lassen auf Antrag eine Gewinnneutralität bei solchen Vermögensübertragungen zu, die sich auch außerhalb der handelsrechtlichen Gesamtrechtsnachfolge oder partiellen Gesamtrechtsnachfolge kennzeichnen als Fortsetzung des unternehmerischen Engagements in anderer Form (Sacheinlage in Kapitalgesellschaften, § 20 UmwStG) oder geprägt sind durch die ertragsteuerliche Sicht der Rechtsbeziehungen zwischen einer Personengesellschaft und ihren Gesellschaftern (§ 24 UmwStG). 124

Der **6. Teil** erfasst neben der Verschmelzung auch andere Umwandlungsformen einer Personenhandelsgesellschaft auf eine Kapitalgesellschaft (§ 20 Abs 6 UmwStG) sowie den Formwechsel (§ 25 UmwStG). 125

Bei der **Sacheinlage** (6. Teil) und dem Anteilstausch (§ 21 UmwStG nF) wird die Buchwertfortführung (oder Zwischenwert, Begriff BFHE 126

173, 338, BStBl II 1994, 759) durch die aufnehmende Kapitalgesellschaft gestattet. Dafür unterliegen die im Austausch erworbenen Anteile bei einer Veräußerung innerhalb von 7 Jahren einer rückwirkenden Besteuerung (Einbringungsgewinn I/II). Die Besteuerung als einbringungsgeborene Anteile (§ 21 Abs 1 Satz 1 UmwStG aF) wurde aufgegeben.

127 Im Falle der **Einbringung in eine Personengesellschaft** (7. Teil) ist die Buchwertfortführung (oder Zwischenwert, Begriff BFHE 173, 338, BStBl II 1994, 759) möglich, weil der Einbringende an der Personengesellschaft beteiligt wird oder bleibt. Dies gilt nur, soweit das Besteuerungsrecht der BRD am eingebrachten Betriebsvermögen nicht ausgeschlossen oder beschränkt wird.

128, 129 *(frei)*

VIII. Verschmelzung (Gesamtrechtsnachfolge) von einer Körperschaft auf eine Personengesellschaft oder natürliche Person und Formwechsel einer Kapitalgesellschaft in eine Personengesellschaft (Rz 130–214)

130 **1. Rechtsquellen:** Handelsrecht: § 3 Abs 1 Nr 1 und 2, Abs 2 Nr 2, §§ 46, 56, 120 UmwG. Steuerrecht: 2. Teil: §§ 3–10 UmwStG aF/nF; Verwaltungsanweisungen: *UmwStErl* BStBl I 1998, 268. Die Überschrift des 2. Teils des UmwStG spricht vom Vermögensübergang auf eine Personengesellschaft oder auf eine natürliche Person und vom Formwechsel in eine Personengesellschaft. Die am Vermögensübergang beteiligten Personen werden gemäß § 1 Abs 2 UmwStG nF durch das UmwG sowie die Rechtsvorschriften eines anderen Mitgliedstaates der EU oder eines EWR-Staates bestimmt. Nach dem UmwG sind Verschmelzungen nur auf Personen**handels**gesellschaften und Alleingesellschafter möglich (Rz 24). Auch Abspaltungen sind nach § 124 UmwG nicht auf Personengesellschaften möglich. Es ist mE nicht anzunehmen, dass § 1 UmwStG aF/§ 1 Abs 2 nF über diese handelsrechtlichen Vorgaben hinausgehen will. Für die Verschmelzung auf eine **KGaA** sind die §§ 3 ff UmwStG aF nur anzuwenden, soweit dies den unbeschränkt haftenden Gesellschafter betrifft, im Übrigen die §§ 11 ff UmwStG (*Haritz* DStR 1996, 1192; *Bien* DStR-Beilage 17/1998, 5; *Schaumburg* DStZ 1998, 525; aA *Fischer* DStR 1997, 1519/1525; *Kusterer* FR 2003, 502).

131 **2. Bilanzierung des Übertragenden. a)** In der **steuerlichen Schlussbilanz** der Körperschaft, aus der heraus verschmolzen wird (Rz 16), sind die übergehenden Wirtschaftsgüter grds mit dem gemeinen Wert (§ 9 Abs 2 BewG) anzusetzen. Sie können jedoch iR eines Bewertungswahlrechts mit dem Buchwert oder einem höheren Wert mit dem gemeinen Wert als Obergrenze angesetzt werden (§ 3 UmwStG). Die Aufstockung ist gleichmäßig, dh nicht selektiv vorzunehmen (BFHE 141, 176, BStBl II 1984, 747). Nach § 17 Abs 2 UmwG gelten für die **handelsrechtliche Schlussbilanz** die für die Jahresbilanz geltenden Vorschriften entsprechend. Damit ist nicht hinreichend geklärt, ob es sich um eine Jahreserfolgsbilanz (so mE zutr *Herzig* FR 1997, 123/125) oder um eine Schlussbilanz mit dem Ansatz von Liquidationswerten handelt. Ginge man von

Liquidationswerten aus, so würde dies auch die Formulierung in § 3 UmwStG aF erklären, derzufolge steuerlich die Buchwerte auch dann zulässig sind, wenn das eingebrachte Betriebsvermögen handelsrechtlich mit einem höheren Wert angesetzt werden muss.

b) Maßgeblichkeitsgrundsatz. Geht man von einer handelsrechtlichen Erfolgsbilanz als der in § 17 Abs 2 UmwG erwähnten Schlussbilanz aus, könnte das steuerliche Wahlrecht auf Aufdeckung der stillen Reserven bei einer angenommenen Maßgeblichkeit der Handelsbilanz (§ 5 Abs 1 Satz 2 EStG) nur auf Grund einer Wertaufholung nach § 280 Abs 1 HGB dargestellt werden (s dazu auch *Fischer* DB 1995, 485). Das steuerliche Wahlrecht in einer Schlussbilanz und in einer damit korrespondierenden Eröffnungsbilanz muss aber kein handelsrechtliches Gegenstück haben (BFHE 166, 476, BStBl II 1992, 385). Damit stellt sich die Frage der Maßgeblichkeit nicht (BFH/NV 2006, 1099; Rz 133); *Patt/Rasche* DStR 1994, 841; ähnl *Thiel* DB 1995, 1196, str, s Rz 140; *Herzig* FR 1997, 123; *Weber-Grellet* BB 1997, 653; *Dehmer* § 3 Rz 34; *Widmann/Mayer* § 3 Rz 47; *Widmann* in FS Beisse Satz 572; *Rödder* DB 1998, 998; aA *UmwStErl* Tz 03.01). Dieser Rechtsauffassung ist der BFH in Entscheidungen zum Fall des Formwechsels einer Personengesellschaft in eine Kapitalgesellschaft (§ 25 Satz 1 iVm § 20 Abs 2 Satz 1 UmwStG 1995; BFHE 211, 472, BStBl II 2006, 568; BFH/NV 2008, 1756) und einer Verschmelzung auf eine andere Kapitalgesellschaft (§ 11 Abs 1 Satz 2 UmwStG 1995; BFH/NV 2007, 2220) gefolgt. Danach stellt das der übertragenden Körperschaft gemäß § 11 Abs 1 Satz 2 UmwStG 1995 eingeräumte Bewertungswahlrecht eine spezielle Regelung dar, die übereinstimmend mit der formwechselnden Umwandlung nach § 25 Satz 1 iVm § 20 Abs 2 Satz 1 UmwStG 1995 dem Maßgeblichkeitsgrundsatz iSd § 5 Abs 1 Satz 2 EStG vorgeht. Die Verwaltung hat sich dem angeschlossen (s *BMF* FR 2006, 842; *OFD Rheinland* GmbHR 2008, 391) Ist die übertragende Körperschaft **an einer Personengesellschaft beteiligt,** so ist mE das Wahlrecht nach § 3 UmwStG in einer Ergänzungsbilanz bei dieser Personengesellschaft auszuüben (vgl ähnl für § 6b EStG *Schmidt/Glanegger* § 6b Rz 85; aA: auch in der Übertragungsbilanz der Körperschaft *UmwStErl* Tz 03.10). Zur Schlussbilanz im Konzernabschluss s *Scheunemann* DB 2006, 797. Der Maßgeblichkeitsgrundsatz wurde mit dem SEStEG aufgegeben. 132

c) Die Aufstockung in der steuerlichen Schlussbilanz ist zu empfehlen, soweit ein nicht verbrauchter, aber nicht übergehender Verlustabzug nach § 10a GewStG, § 10d EStG (Rz 62ff, 85ff) ausgeglichen werden kann und dafür stille Reserven aufgedeckt werden. Ist nach § 4 Abs 6 idF des StSenkG ein Übernahmeverlust nicht mehr ansetzbar, lässt dies § 4 Abs 6 Satz 4 UmwStG nF wiederum bis zur Hälfte der Einnahmen aus Kapitalvermögen iSd § 7 UmwStG nF zu. Der Übernahmegewinn/-verlust unterliegt anders als der Übertragungsgewinn nicht der GewSt (§ 18 Abs 2 UmwStG aF/nF; Rz 55). Strittig ist, ob nach der alten Rechtslage in der Schlussbilanz die stillen Reserven aus den selbst geschaffenen immateriellen Wirtschaftsgütern anzusetzen sind (bejahend *Knopf/A. Söffing* BB 1995, 850/4). ME ist dies zu verneinen, weil § 3 UmwStG aF trotz des geänderten Wortlauts von einem möglichen Buchwert ausgeht, der in diesen Fällen 133 aber fehlt (glA *Thiel* DB 1995, 1196; *UmwStErl* Tz 03.07; BFH/NV 2006, 1099). Die Aufdeckung eines teilweise angeschafften Geschäftswerts in vollem Umfang wird abgelehnt (BFHE 199, 254, BStBl II 2003, 10; *OFD Rheinland* GmbHR 2008, 391). Die Erfassung nicht entgeltlich erworbener und selbst geschaffener immaterieller Wirtschaftsgüter bei Ansatz des gemeinen Werts ist nunmehr in § 3 Abs 1 UmwStG nF ausdrücklich geregelt.

134 **d) Verstrickung der stillen Reserven.** Voraussetzung für den Buchwertansatz ist nach § 3 UmwStG aF, dass das Vermögen der Übertragenden in ein Betriebsvermögen des/der Übernehmers/Übernehmerin wandert. Dabei muss es sich nicht notwendig um ein gewerbliches Betriebsvermögen handeln. Wird aber in ein steuerlich nicht verstricktes (ausländisches) Betriebsvermögen übertragen, ist § 3 UmwStG nicht anzuwenden (vgl *Schmidt/Glanegger* § 6 Rz 425 „Entstrickung"; aA Deutsches Anwaltsinstitut Fachtagung Berlin 1995 Satz 22). Zu den Auswirkungen des EuGH-Urteils C-9/02 (GmbHR 2004, 504) s auch *Haritz* FR 2004, 1098, 1100. Bei Übertragung ins Privatvermögen hat die Körperschaft den gemeinen Wert anzusetzen (Vorgang nach § 16 EStG, BTDrs 12/6885, 16; BFH/NV 1997, 762). Zu Auswirkungen auf den Übernehmer bei Übertragung ins Privatvermögen s Rz 200 ff. Bei der Verschmelzung auf eine Tochterpersonengesellschaft (down-stream merger) wird auf den Übergang der Anteile an der Tochtergesellschaft von der verschmelzenden Kapitalgesellschaft an die Tochter verzichtet (*Hannemann* DB 2000, 2497).

Ein Buchwertansatz ist nach § 3 Abs 2 UmwStG nF auf Antrag der übertragenden Körperschaft nur dann möglich, wenn das Vermögen der Übertragenden in das Betriebsvermögen des übernehmenden Rechtsträgers gelangt und eine spätere Besteuerung mit einer in- oder ausländischen Einkommen- oder Körperschaftsteuer gesichert ist (Nr 1). Daran fehlt es, wenn die übernehmende Personengesellschaft vermögensverwaltend und nicht gewerblich geprägt ist oder einer ihrer Gesellschafter steuerbefreit ist. Eine subjektive Steuerbefreiung der natürlichen Person oder eines Gesellschafters der Personengesellschaft steht insoweit der Buchwertfortführung entgegen (BTDrs 16/2710, 37). Das Bewertungswahlrecht setzt weiter voraus, dass bei den Gesellschaftern der Übernehmerin das deutsche Besteuerungsrecht an den übertragenen Wirtschaftsgütern nicht ausgeschlossen oder beschränkt wird (Nr 2). Außerdem scheidet die Ausübung des Bewertungswahlrechts insoweit aus, als für den Vermögensübergang neben der Gewährung von Gesellschaftsanteilen eine Gegenleistung, zB in Form von baren Zuzahlungen, erbracht wird (Nr 3). Die Voraussetzungen des § 3 Abs 2 UmwStG nF müssen bei jedem Gesellschafter der übernehmenden Personengesellschaft vorliegen. Danach kann es entsprechend der bisherigen Regelung des § 11 Abs 1 Nr 1 UmwStG 1995 bei den einzelnen Gesellschaftern zu einer anteiligen Realisierung der stillen Reserven und damit zu unterschiedlichen Wertansätzen kommen. Der für einen Buch- oder Zwischenwertansatz erforderliche Antrag gilt regelmäßig mit Abgabe der Schlussbilanz als gestellt (§ 3 Abs 2 Satz 2 UmwStG nF). Die Körperschaft trägt die Feststellungslast dafür, dass die Voraussetzungen für die von ihr beantragten Wertansätze iSd § 3 Abs 2 UmwStG nF als Ausnahme vom Grundsatz der Aufdeckung der stillen Reserven vorliegen.

e) Ausschluss oder Beschränkung des inländischen Besteuerungsrechts. Ein bestehendes Besteuerungsrecht wird zB durch die Anwendung eines DBA mit Anrechnung oder Freistellung ausländischer Einkünfte beeinträchtigt. 135

f) Inlandsverschmelzung mit Auslandsbezug. Bei einer Verschmelzung einer inländischen Körperschaft mit einer ausländischen Betriebsstätte (Auslandsbezug) auf eine inländische Personengesellschaft ist zu unterscheiden: Stellt das DBA die Gewinne aus der Veräußerung von ausländischem Betriebsvermögen von der inländischen Besteuerung frei (Freistellungsmethode), tritt hinsichtlich des inländischen Besteuerungsrechts durch die Verschmelzung keine Änderung ein, wenn bereits bisher abkommensrechtlich die Besteuerung der stillen Reserven durch den Quellenstaat erfolgte (BTDrs 16/2710, 38). Für das ausländische Betriebsvermögen besteht danach gemäß § 3 Abs 2 UmwStG nF ein Ansatzwahlrecht. Bei der Ermittlung des Übernahmeergebnisses ist jedoch § 4 Abs 4 Satz 2 UmwStG nF zu beachten. Sieht das DBA die Anrechnungsmethode vor, entfällt bezüglich der beschränkt steuerpflichtigen Gesellschafter der übernehmenden Personengesellschaft das bisherige Besteuerungsrecht der BRD hinsichtlich der übertragenden Kapitalgesellschaft unter Anrechnung der ausländischen Steuer. In diesem Fall sind die ausländischen Wirtschaftsgüter, soweit beschränkt Steuerpflichtige beteiligt sind, nach § 3 Abs 1 iVm Abs 2 Satz 1 Nr 2 UmwStG nF mit dem gemeinen Wert anzusetzen. Dies gilt entsprechend, wenn kein DBA mit dem jeweiligen Quellenstaat besteht. 136

g) Hinausverschmelzung. Eine Hinausverschmelzung einer inländischen Körperschaft auf eine ausländische (transparente) Personengesellschaft lässt das deutsche Besteuerungsrecht für die inländische Betriebsstätte unberührt. Hinsichtlich der ausländischen Betriebsstätte der übertragenden Körperschaft ist auf das jeweilige DBA abzustellen. Stellt es den Übertragungsgewinn von der deutschen Besteuerung frei (Freistellungsmethode), wird das Besteuerungsrecht der BRD nicht eingeschränkt, da bisher für die ausländische Betriebsstätte kein inländisches Besteuerungsrecht bestand (BTDrs 16/2710, 38). Das ausländische Betriebsvermögen kann daher gemäß § 3 Abs 2 Satz 1 UmwStG nF mit dem Buchwert oder einem Zwischenwert angesetzt werden. 137

Ist die Anrechnungsmethode anzuwenden, geht das deutsche Besteuerungsrecht hinsichtlich des ausländischen Betriebsstättenvermögens insoweit verloren, als dieses auf beschränkt steuerpflichtige Gesellschafter der übernehmenden (transparenten) Personengesellschaft entfällt. Das ausländische Betriebsvermögen der übertragenden Kapitalgesellschaft ist deshalb gemäß § 3 Abs 1 iVm Abs 2 Satz 1 Nr 2 UmwStG nF insoweit mit dem gemeinen Wert anzusetzen. Dies gilt entsprechend, wenn kein DBA mit dem Betriebsstättenstaat besteht.

h) Hereinverschmelzung. Die Verschmelzung einer ausländischen Kapitalgesellschaft auf eine inländische (transparente) Personengesellschaft hat grds keine Auswirkung auf die Besteuerung des inländischen Betriebsstättenvermögens der übertragenden Kapitalgesellschaft. In der Schlussbilanz der übertragenden Kapitalgesellschaft kann es daher auf Antrag ohne Auf- 138 deckung der stillen Reserven mit dem Buchwert angesetzt werden (§ 3 Abs 2 Satz 1 UmwStG nF).

Die Freistellung von Gewinnen aus der Übertragung von ausländischem Betriebsvermögen führt auch in diesem Fall zu keinem Ausschluss bzw keiner Beeinträchtigung des deutschen Besteuerungsrechts, weil das Besteuerungsrecht wie bisher beim Quellenstaat verbleibt. Die übertragende ausländische Kapitalgesellschaft hat danach ein Ansatzwahlrecht nach § 3 Abs 2 Satz 1 UmwStG nF.

Bei einem DBA mit Anrechnungsmethode begründet die Verschmelzung einer ausländischen Kapitalgesellschaft auf eine inländise Personengesellschaft, soweit an dieser unbeschränkt steuerpflichtige Gesellschafter beteiligt sind, bezüglich des ausländischen Betriebsvermögens ein inländisches Besteuerungsrecht. Das ausländische Betriebsvermögen kann in der Schlussbilanz der übertragenden Kapitalgesellschaft wahlweise mit den Buchwerten angesetzt werden. Da das Ansatzwahlrecht sowohl für den unbeschränkt als auch für den beschränkt steuerpflichtigen Gesellschafter besteht, ist es einheitlich für das gesamte ausländische Betriebsvermögen auszuüben (BTDrs 16/2710, 37). Dies gilt entsprechend, wenn kein DBA besteht.

139 **i) Auslandsverschmelzung mit Inlandsbezug.** Wird eine ausländische Kapitalgesellschaft auf eine ausländische (transparente) Personengesellschaft verschmolzen, ist für die übertragende Gesellschaft eine Schlussbilanz iSd § 3 UmwStG nF zu erstellen, wenn sie aufgrund eines Inlandsbezugs zB nach §§ 4, 7 UmwStG nF für die inländische Besteuerung von Bedeutung ist. Dies ist ua dann der Fall, wenn ein Mitunternehmer der übernehmenden Personengesellschaft beschränkt oder unbeschränkt steuerpflichtig ist (BTDrs 16/2710, 37). Beim unbeschränkt steuerpflichtigen Gesellschafter der übernehmenden Personengesellschaft kann es zu einer fiktiven Ausschüttung nach § 7 UmwStG nF unter Anrechnung der ausländischen Quellensteuer kommen (Art 10 OECD-MA), wenn die Vorschriften des Ansässigkeitsstaats der übertragenden Kapitalgesellschaft denen des UmwStG nF entsprechen (*Hagemann/Jakob/Rohl/Viebrock*, NWB Sonderheft 1/2007, 23).

140 **j) Entstrickung.** Mit dem SEStEG wurde ein allgemeiner Tatbestand der Entstrickung eines (einzelnen) Wirtschaftsguts des Betriebsvermögens im § 4 Abs 1 Satz 3 EStG nF aufgenommen. Danach wird eine Entnahme fingiert, wenn das Besteuerungsrecht der BRD hinsichtlich des Gewinns aus der Veräußerung oder der Nutzung eines Wirtschaftsguts ausgeschlossen oder beschränkt wird (*Prinz* GmbHR 2007, 966; *Goebel/Boller/Ungemach* IStR 2008, 643. Eine entsprechende Regelung enthält § 12 Abs 1 KStG. Eine Verstrickung in Form einer Einlage liegt vor, wenn das Besteuerungsrecht der BRD hinsichtlich des Gewinns aus der Veräußerung eines Wirtschaftsguts begründet wird (§ 4 Abs 1 Satz 7 EStG nF). Dagegen erfasst das UmwStG nF gesellschaftsrechtliche Umwandlungsvorgänge auf der Grundlage des UmwG, die in § 1 Abs 1, 3 UmwStG nF abschließend aufgezählt sind. Außerdem lässt das UmwStG nF, soweit das Besteuerungsrecht der BRD ausgeschlossen oder beschränkt war, den Ansatz des übergehenden Betriebsvermögens unter Aufdeckung der stillen Reserven mit dem

gemeinen Wert zu (§ 4 Abs 4 Satz 2 UmwStG nF). Die Vorschriften des UmwStG nF sind daher als lex specialis zu den allgemeinen Entstrickungs- und Verstrickungstatbeständen zu sehen.

Die Überführung von Einzelwirtschaftsgütern aus einem inländischen Stammhaus in eine ausländische Betriebsstätte führte entgegen der bisherigen Rspr vor Inkrafttreten des § 6 Abs 5 EStG nicht mehr zu einer gewinnrealisierenden Entnahme iSd § 4 Abs 1 Satz 2 EStG. Denn abkommensrechtlich geht das inländische Besteuerungsrecht von Gewinnen aus der Veräußerung beweglichen Betriebsvermögens der ausländischen Betriebsstätte (Art 13 Abs 2 OECD-MA) nur in jenem Umfang verloren, in dem das Vermögen der Betriebsstätte tatsächlich zuzuordnen ist und in dem die realisierten Gewinne durch die ausländische Betriebsstätte erwirtschaftet wurden (Änderung der Rspr; BFHE 222, 402, DStR 2008, 2001). Die fehlende Rechtsgrundlage für die bisherige „Theorie der finalen Entnahme", die der BFH mit dieser Rspr aufgegeben hat, wurde mit der Einfügung des § 4 Abs 1 Satz 3 EStG und des § 12 Abs 1 KStG ab dem VZ 2006 geschaffen. Ihre Bedeutung ist durch die Rspr-Änderung in Frage gestellt (s *Roser* DStR 2008, 2389; *Beiser* DB 2008, 2724).

(frei) 141–144

k) Der Ansatz eines Zwischenwerts ist nur im Rahmen des § 3 UmwStG möglich. Er bzw der Ansatz des gemeinen Werts empfiehlt sich, um einen nach § 4 Abs 2 Satz 2 UmwStG aF/nF untergehenden verbleibenden Verlustabzug zu verbrauchen (BTDrs 12/6885, 16). S auch Rz 133. 145

l) Übertragungsgewinn (§ 3 UmwStG). Bei einer Inlandsverschmelzung ist der Gewinn der übertragenden Körperschaft, der sich durch den Ansatz des gemeinen Werts oder bei einer entsprechenden Wahlrechtausübung ergibt, nach den allgemeinen Grundsätzen körperschaftsteuerpflichtig. Dabei sind gemäß § 8b Abs 2, 3 KStG Werterhöhungen von Anteilen an Kapitalgesellschaften unter gleichzeitiger Ausgabenkürzung von 5% steuerfrei gestellt. Anders als der Übernahmegewinn unterliegt der Übertragungsgewinn der **Gewerbesteuer** (§ 18 Abs 1, 2 UmwStG aF/nF). Ob ein Übertragungsgewinn aus aufgestocktem ausländischen Betriebsvermögen steuerpflichtig ist, richtet sich nach dem betreffenden DBA. Zur Wirkungsweise des § 8b KStG s *Schulz* DStR-Beilage 17/1998, 14. Auf einen Übertragungsgewinn aus einer Beteiligung an einer ausländischen Kapitalgesellschaft war das Privileg des § 8b Abs 2 KStG aF nicht anzuwenden (*UmwStErl* Tz 03.05, 03.11). § 8b Abs 2 KStG nF gilt zwar auch für ausländische Beteiligungen (*Töben* FR 2000, 905). Die dort geregelte Steuerfreiheit betrifft aber mE nicht nur gewinnrealisierende Vorgänge der §§ 11, 15 UmwStG (so aber *BMF* BStBl I 2003, 292), sondern auch solche nach § 3 (*Füger/Rieger* FR 2003, 543; *Schmitt/Hörtnagl/Stratz* § 3 Rz 81; aA 5. Aufl). Die Gewerbesteuerpflicht von Gewinnanteilen des Übertragungsgewinns wird durch § 3 UmwStG nicht erweitert. Der Gewinn aus der Aufgabe oder Veräußerung eines Mitunternehmeranteils ist gewerbesteuerrechtlich der Mitunternehmerschaft zuzuordnen (§ 9 Nr 2 GewStG) und bei dieser kein steuerpflichtiger Gewerbeertrag. Dies gilt auch insoweit, als ein Übertragungsgewinn einer Kapitalgesellschaft auf der Aufdeckung der stillen Reserven beruht, die eine Beteiligung an einer Personengesellschaft 146 aufweist, welche durch den Verschmelzungsvorgang entfällt (BFHE 160, 262, BStBl II 1990, 699). S auch *UmwStErl* Tz 03.10.

147 **m) Fiktive Steueranrechnung (§ 3 Abs 3 UmwStG).** Bei Umwandlung mit Auslandsbezug (Hinausverschmelzung) ist gemäß § 26 KStG eine fiktive ausländische Steuer auf die Körperschaftsteuer aus dem Übertragungsgewinn anzurechnen, soweit eine ausländische Betriebsstätte mit übergeht und die BRD die Doppelbesteuerung bei der übertragenden Körperschaft nicht durch die Anwendung der Freistellungsmethode vermeidet. In diesem Fall ist das Betriebsvermögen der ausländischen Betriebsstätte mit dem gemeinen Wert anzusetzen und die fiktiv anzurechnende Steuer nach den Vorschriften des anderen Mitgliedstaates bei einer gedachten Veräußerung zum Übertragungszeitpunkt zu ermitteln (§ 3 Abs 3 UmwStG iVm Art 10 Abs 2 FusionsRL). Gewerbesteuerrechtlich ist in diesem Fall der Gewerbeertrag analog § 9 Nr 3 GewStG um den auf die ausländische Betriebsstätte entfallenden Übertragungsgewinn zu kürzen.

148 **n) Körperschaftsteuererhöhung (§ 10 UmwStG).** Das zum 31. 12. 2006 festgestellte KSt-Guthaben wird in den Jahren 2008 bis 2017 in gleichen Jahresbeträgen ausgezahlt. Der grds zu diesem Zeitpunkt entstehende Auszahlungsanspruch (§ 37 Abs 5 Satz 3 KStG) ist in der Handels- und Steuerbilanz der übertragenden Körperschaft mit dem Barwert gewinnerhöhend zu aktivieren und bei der Einkommensermittlung außerhalb der Bilanz zu neutralisieren (§ 37 Abs 7 KStG; BFHE 222, 396, BStBl II 2008, 886). Entsprechend ist beim jährlich zu erfassenden Zinsanteil zu verfahren. Diese Regelung gilt nur für die übernehmende Körperschaft als Gesamtrechtsnachfolgerin, nicht jedoch bei einer Verschmelzung auf eine Personengesellschaft oder natürliche Person (§ 37 Abs 7 KStG). In diesen Fällen führt die erfolgswirksame Aktivierung des Auszahlungsanspruchs in der Übertragungsbilanz iHd Barwerts zu einer höheren offenen Rücklage und damit bei den Gesellschaftern der übertragenden Körperschaft zu Kapitaleinkünften nach § 7 UmwStG iVm § 20 Abs 1 S 1 Nr 1 EStG. Die übernehmende Personengesellschaft bzw natürliche Person hat den Anzahlungsanspruch mit den Anschaffungskosten zu aktivieren. Dieser mindert sich um den Tilgungsanteil der jährlichen Ratenzahlung. Der Zinsanteil ist gewinnerhöhend zu erfassen. Seine Neutralisierung ist unzulässig (§ 37 Abs 7 KStG; s *BMF* BStBl I 2008, 280; *Hohenheim* DStR 2008, 381). Zur Abwärtsverschmelzung zur Auskehrung von Liquidität und gleichzeitiger Vermeidung der Nachversteuerung des EK 02 s *OFD Koblenz* FR 2006, 439. § 10 UmwStG wurde mit dem JStG 2008 aufgehoben, zur Weiteranwendung s § 27 Abs 5 UmwStG idF des JStG 2008.

Nach § 54 Abs 9 Satz 1 KStG 1999 idF des StBereinG 1999 waren Teile des Übernahmegewinns aus der Umwandlung von Kapitalgesellschaften in Personengesellschaften im VZ 1999 mit einem Steuersatz von 45% – anstatt mit 40% – zu versteuern. Wegen Missachtung des verfassungsrechtlichen Parlamentsvorbehalts hat der BFH die Entscheidung des BVerfG eingeholt (DStR 2008, 2415; BVerfG 1 BvL 11/08).

149 *(frei)*

150 **3. Bilanzierung des Übernehmenden. a) Handelsrechtlich** kann der übernehmende Rechtsträger die Schlussbilanzwerte als Anschaffungs-

kosten des § 253 Abs 1 HGB ansetzen (§ 24 UmwG). § 24 UmwG („kann") kann als ein handelsrechtliches Wahlrecht verstanden werden (BTDrs 12/6699). Dem steuerrechtlichen Zwang zur Wertverknüpfung widerspricht dies nicht. Da das Wahlrecht in einer steuerlichen Schlussbilanz und in einer damit korrespondierenden steuerlichen Eröffnungsbilanz nicht auch handelsrechtlich gewährleistet sein muss (BFHE 166, 476, BStBl II 1992, 385; str, aA *Biener* StbJb 1995/96, 52; *UmwStErl* Tz 03.02), ist mE auch im umgekehrten Fall ein handelsrechtliches Wahlrecht (nach § 24 UmwG) auch ohne steuerrechtliches möglich, wenn es sich um eine korrespondierende Eröffnungsbilanz handelt (glA *Patt/Rasche* DStR 1994, 841; ähnl *Knop/Willich-Neersen/Küting* BB 1995, 1023; *Herzig* FR 1997, 123; *Haritz/Paetzold* FR 1998, 352; *Mentel* DStR-Beilage 17/1998, 9; aA *Fischer* DB 1995, 485). Bei einem Verschmelzungsverlust wird handelsrechtlich die zwangsweise Aufstockung für möglich gehalten (*Fischer* DB 1995, 485). Aus dem höheren handelsrechtlichen Kapital können Ausschüttungen erfolgen, die dann aber als steuerrechtliche Entnahmen aus einem erst aufzustockenden Kapital erscheinen und deshalb eine Aufdeckung steuerlicher stiller Reserven erfordern. Strittig ist, ob die offenen stillen Reserven, dh die Differenz zwischen dem Buchwert der untergehenden Anteile und den Buchwerten des übernommenen Vermögens, handelsrechtlich beim übernehmenden Rechtsträge als Ertrag ausgewiesen werden muss (vgl *Schmitt/Hülsmann* BB 2000, 1563) oder in eine Kapitalrücklage einzustellen sind.

b) Steuerliche Eröffnungsbilanz. Bei Vorgängen des § 3 UmwStG hat die übernehmende Personengesellschaft oder natürliche Person (§ 9 Abs 1 UmwStG aF/§ 3 nF) in ihrer steuerlichen Anfangsbilanz die auf sie übergehenden Wirtschaftsgüter mit den Werten aus der steuerlichen Schlussbilanz der übertragenden Körperschaft zu übernehmen **(Wertverknüpfung).** Diese Schlussbilanz entscheidet über die fakultative Aufdeckung der stillen Reserven (Rz 131). Ob auch selbst geschaffene nicht aktivierte immaterielle Wirtschaftsgüter wie etwa der Firmenwert anzusetzen sind, war bislang str (verneinend *Blumers/Marquardt* DStR 1994, 1869/1872; *OFD Rheinland* GmbHR 2008, 391). ME lieferte auch § 4 Abs 6 UmwStG aF keinen Beleg hierfür (glA *Wochinger/Dötsch* DB-Beilage 14/1994, 6 FN 9). Zwar war in § 4 Abs 6 UmwStG aF von übergegangenen Wirtschaftsgütern die Rede, was auch auf nicht aktivierte, weil selbst geschaffene immaterielle Wirtschaftsgüter, zutrifft. Unberührt bleibt aber § 4 Abs 1 UmwStG aF, der die Schlussbilanz der übertragenden Körperschaft anspricht. In dieser sind solche selbst geschaffenen immateriellen Güter nicht anzusetzen (Rz 133, str). In der Schlussbilanz der übertragenden Körperschaft sind nunmehr gemäß § 3 Abs 1 Satz 1 UmwStG nF die übergehenden Wirtschaftsgüter einschließlich nicht entgeltlich erworbener und selbst geschaffener immaterieller Wirtschaftsgüter zu erfassen. Die Pensionsrückstellungen sind mit dem Teilwert iSd § 6a EStG anzusetzen. Dadurch entstehen latente Lasten, weil der Ansatz nach § 6a EStG regelmäßig zu einer Unterbewertung der Pensionsrückstellungen führt. Wegen der zu beachtenden Wertverknüpfung sind die Wertansätze dieser Wirtschaftsgüter in der Schlussbilanz der übertragenden Körperschaft gemäß § 4 Abs 1 151

UmwStG in die Übernahmebilanz zu übernehmen. Ein Rückdeckungsanspruch gegen eine Rückdeckungsversicherung ist auch nach der Umwandlung einer GmbH in eine Personengesellschaft in vollem Umfang zu aktivieren, soweit er auf die vor der Umwandlung erdienten Pensionsanwartschaften entfällt. Die damit korrespondierenden Versicherungsprämien sind gewinnmindernd und die Auszahlung des Versicherungsanspruchs gewinnerhöhend zu erfassen (FG Köln EFG 2008, 871 rkr).

152 **c)** Die **AfA** folgen dem Prinzip der Gesamtrechtsnachfolge, wobei eine Anschaffung auch dann nicht angenommen wird, wenn in der Schlussbilanz der übertragenden Körperschaft höhere als die Buchwerte angesetzt worden sind. Bei beweglichen und immateriellen Wirtschaftsgütern (auch Firmenwert) sind die aufgestockten Werte auf die Restnutzungsdauer abzuschreiben (BFH BFH/NV 2008, 683). Bei Gebäuden sind die AfA nach § 4 Abs 2 UmwStG aF/nF von der bisherigen Bemessungsgrundlage mit den gesetzlichen AfA-Sätzen, bei anderen Wirtschaftsgütern vom Buchwert mit der Restnutzungsdauer vorzunehmen, wobei diese Werte jeweils um die in der Schlussbilanz der Übertragenden aufgedeckten stillen Reserven aufzustocken sind. Bei Gebäuden kann dabei der Abschreibungszeitraum die gesetzliche Nutzungsdauer bis zum Verbrauch des AfA-Volumens überschreiten (*Schmidt/Drenseck* § 7 Rz 99; aA *UmwStErl* Tz 04.03; *Wochinger/Dötsch* DB-Beilage 14/1994, 7; BTDrs 12/6885, 17: Verteilung auf Restnutzungsdauer). Zu **§ 10 d EStG** s Rz 85 und zu **§ 10 a GewStG** Rz 62.

153 **d) Übernahmeergebnis (§ 4 Abs 4, 5 UmwStG nF).** Ist der übernehmende Rechtsträger an der übertragenden Körperschaft beteiligt (zB Aufwärtsverschmelzung), ist gemäß § 4 Abs 1 Satz 2 UmwStG nF der Buchwert dieser im Betriebsvermögen gehaltenen Anteile um vorgenommene Teilwertabschreibungen sowie um Abzüge nach § 6 b EStG und ähnliche Abzüge, höchstens bis zum gemeinen Wert, zu erhöhen. Dieser Wert bildet die Grundlage für die Ermittlung des Übernahmeergebnisses nach § 4 Abs 4 UmwStG nF. Durch die Wertaufholung werden auf die Anteile der Kapitalgesellschaft übertragene stille Reserven nach § 6 b EStG und vorgenommene Teilwertabschreibungen, deren Grund durch die Gesamtrechtsnachfolge entfällt, rückgängig gemacht. Gleichzeitig wird eine Umgehung des allgemeinen Wertaufholungsgebots nach § 6 Abs 1 Nr 1 Satz 4, Nr 2 Satz 3 EStG durch eine steuerlich rückwirkende Umwandlung unterbunden. Der hieraus erzielte **Beteiligungskorrekturgewinn,** der vor der Vermögensübertragung bzw Einlagefiktion des § 5 UmwStG nF entsteht, unterliegt als laufender Gewinn des übernehmenden Rechtsträgers der vollen Besteuerung (§ 4 Abs 1 Satz 3 iVm § 8 b Abs 2 Satz 4 u 5 KStG, § 3 Nr 40 Satz 1 Buchst a, Satz 2 u 3 EStG). Diese Regelung folgt dem von der Verwaltung vertretenen Grundsatz, dass bei Anwendung des § 8 b Abs 2 Satz 4 KStG eine Wertaufholung solange in voller Höhe steuerpflichtig ist, bis die steuerlich anerkannte Teilwertabschreibung vollständig rückgängig gemacht worden ist (*Dötsch/Pung* DB 2006, 2704, 2710). Der Beteiligungskorrekturgewinn aufgrund einer Wertaufholung nach § 4 Abs 1 Satz 2 UmwStG nF gehört gemäß § 18 Abs 1 Satz 1 UmwStG nF zum Gewerbeertrag der übernehmenden Personengesellschaft.

Das Übernahmeergebnis setzt sich aus einer fiktiven Ausschüttung der offenen Rücklagen der übertragenden Körperschaft (Dividendenanteil, § 7 UmwStG nF) und einen Übernahmegewinn/-verlust (Veräußerungsteil) zusammen.

e) Ausschüttungsfiktion (§ 7 UmwStG nF). Gemäß § 7 UmwStG nF werden jedem Anteilseigner der übertragenden Körperschaft die in der Schlussbilanz der übertragenden Körperschaft ausgewiesenen offenen Rücklagen entsprechend seiner Beteiligungsquote als Einnahmen aus Kapitalvermögen iSd § 20 Abs 1 Nr 1 EStG (Dividenden) zugerechnet (s bisher § 7 UmwStG aF). Die fiktive Ausschüttung ist bei einer Körperschaft grds steuerfrei gestellt (§ 8 b Abs 1 KStG), wobei 5% des Dividendenertrags als nicht abziehbare Betriebsausgaben gelten (§ 8 b Abs 5 KStG). Bei natürlichen Personen kommt das Halbeinkünfteverfahren (ab 2009: Teileinkünfteverfahren) zur Anwendung (§ 3 Nr 40 d EStG). Der Dividendenanteil unterliegt der Kapitalertragsteuer (§ 43 Abs 1 Nr 1 EStG), die mit Wirksamkeit der Umwandlung (Eintragung des übernehmenden Rechtsträgers in das Register) entsteht (*BMF* BStBl I 2003, 768 Tz 10; *Bodden* FR 2007, 66). Die Besteuerung der offenen Rücklagen erfolgt bei allen Anteilseignern unabhängig davon, ob die Anteile im Betriebs- oder Privatvermögen gehalten werden (§ 7 Satz 2 UmwStG nF). Soweit das betreffende DBA abweichend von Art 10 Abs 1 OECD-MA der BRD nicht das Quellensteuerrecht zuweist (Regelfall), können Dividendenerträge iSd Art 10 OECD-MA nach Abs 2 der Vorschrift auch im Quellenstaat besteuert werden (s *Hagemann ua* NWB Sonderheft 1/2007, 20). Der Quellensteuersatz ist in diesem Fall grds auf 15% begrenzt (Art 10 Abs 2 OECD-MA). Ein beschränkt steuerpflichtiger Anteilseigner erzielt danach iHd Dividendenerträge inländische Einkünfte nach § 49 Abs 1 Nr 2 a EStG, wenn sich dessen Anteile im Betriebsvermögen der inländischen Betriebsstätte befinden. Ist das nicht der Fall, sind die inländischen Dividenden iSd § 7 UmwStG nF gemäß § 49 Abs 1 Nr 5 a EStG grds beschränkt steuerpflichtig. Sieht das jeweilige DBA eine Freistellung der Dividendenerträge im Quellenstaat vor, ist der Kapitalertragsteuerabzug auch insoweit vorzunehmen, als (fiktive) inländische Ausschüttungen auf ausländische Gesellschafter entfallen (§ 43 Abs 1 Satz 1 Nr 1 EStG). Er hat gemäß § 43 b Abs 1 Satz 4 EStG auch bei einer Umwandlung einer deutschen Tochtergesellschaft zu erfolgen. Mit dem Kapitalertragsteuerabzug gilt bei beschränkt Steuerpflichtigen die Einkommensteuer für die Dividendenerträge grds als abgegolten (§ 50 Abs 5 EStG). Auf Antrag ist die einbehaltene Kapitalertragsteuer nach § 50 d EStG grds zu erstatten, wenn das Besteuerungrecht der BRD durch das jeweilige DBA ausgeschlossen ist. 154

Diese Besteuerung entspricht der **FusionsRL.** Art 7 FusionsRL schließt zwar eine Besteuerung von Wertsteigerungen, die durch die Beteiligung an der übertragenden Gesellschaft bei der übernehmenden Gesellschaft entstehen, aus. Die Gesellschafter einer transparenten ausländischen Gesellschaft, auf die umgewandelt wird, können jedoch nach inländischem Recht besteuert werden. Denn die übernehmende ausländische Gesellschaft kann für Zwecke der Besteuerung ihrer Gesellschafter wie im Inland ansässig behandelt werden (Art 10 a Abs 4 FusionsRL; *Benecke/Schnitger* IStR 2007, 22, 26).

Über die fiktive Ausschüttung nach § 7 UmwStG nF wird die inländische Besteuerung der offenen Rücklagen der übertragenden Körperschaft sichergestellt. Abkommensrechtlich steht der BRD nach Art 13 Abs 5 OECD-MA für Gewinne aus der Veräußerung von im Privatvermögen gehaltenen Anteilen an inländischen Körperschaften, soweit sie auf ausländische Anteilseigner entfallen, kein Besteuerungsrecht zu. Durch die Ausdehnung der Ausschüttungsfiktion (§ 7 UmwStG aF) auf alle Anteilseigner der übertragenden Körperschaft werden die offenen Rücklagen aus dem Übernahmeergebnis herausgelöst und der Dividendenbesteuerung zugeordnet (*Benecke* StWa 2007, 139, 148). Zur Vermeidung einer doppelten Erfassung ist bei den Anteilseignern, bei denen ein Übernahmeergebnis zu ermitteln ist, dieses um die Dividendenerträge zu mindern (§ 4 Abs 5 Satz 2 UmwStG nF).

155 Die Dividendenerträge nach § 7 UmwStG nF unterliegen bei der übernehmenden Personengesellschaft gemäß § 20 Abs 1 Nr 1, Abs 3 EStG iVm § 7 GewStG der **Gewerbesteuer.** Voraussetzung ist, dass sich die Anteile im Betriebsvermögen der Anteilseigner befinden (§ 18 Abs 2 Satz 2 iVm § 5 Abs 2 UmwStG nF). Das Halbeinkünfteverfahren (ab 2009: Teileinkünfteverfahren) ist auch bei der Gewerbsteuer zu beachten, wobei eine Hinzurechnung nach § 8 Nr 5 GewStG in Betracht kommt, soweit § 9 Nr 2a GewStG nicht greift. Die auf eine Kapitalgesellschaft als Anteilseignerin der übertragenden Körperschaft entfallenden Dividendenerträge iSd § 7 UmwStG nF sind nach Maßgabe des § 8b Abs 1 und 5 KStG steuerfrei. Gewerbesteuerrechtlich sind sie jedoch, wenn die Voraussetzungen des § 9 Nr 2a bzw Nr 7 GewStG nicht erfüllt sind, nach § 8 Nr 5 GewStG dem Gewerbeertrag hinzuzurechnen.

156 **f) Übernahmegewinn (§ 4 Abs 4 UmwStG).** Der Übernahmegewinn ist wegen der unterschiedlichen Anschaffungskosten bzw Buchwerte der Anteile an der übertragenden Körperschaft gesellschafterbezogen zu ermitteln. Der Übernahmegewinn bleibt, soweit er auf eine mitunternehmerisch beteiligte Körperschaft, Personenvereinigung oder Vermögensmasse entfällt, außer Ansatz (§ 4 Abs 7 Satz 1 UmwStG aF/nF). Gemäß § 8b Abs 2 iVm Abs 3 Satz 1 KStG besteht jedoch ein Betriebsausgabenabzugsverbot von 5% des anteiligen Übernahmegewinns. Bei Finanz- bzw Lebens- und Krankenversicherungsunternehmen iSd § 8 Abs 7, 8 KStG sowie bei „alten" einbringungsgeborenen Anteilen iSd § 8b Abs 4 KStG aF, der für diese Aneile weiterhin gilt, überliegt der Übernahmegewinn der vollen Besteuerung. Im Übrigen ist das Halbeinkünfteverfahren (§ 4 Abs 7 Satz 2 UmwStG aF/nF; ab 2009: Teileinkünfteverfahren) anzuwenden. Das Übernahmeergebnis bildet die Differenz aus dem Wert, mit dem die übergegangenen Wirtschaftsgüter bei der Personengesellschaft oder natürlichen Person zu übernehmen sind (§ 4 Abs 4 UmwStG), und dem Buchwert der untergehenden Anteile an der übertragenden Körperschaft, berichtigt um Teilwertabschreibungen und Abzüge nach § 6b EStG (§ 4 Abs 1 Satz 2 UmwStG nF). Dies bedeutet, auch bei der gewinnneutralen Verschmelzung sollen sich jedenfalls der (berichtigte) Buchwert der Anteile im Buchwert des übernommenen Vermögens fortsetzen und die offenen Reserven versteuert werden. Die bisher als laufender Aufwand erfassten Übernahme-

kosten sind nunmehr bei der Ermittlung des Übernahmeergebnisses gewinnmindernd zu berücksichtigen. Zudem sind die stillen Reserven von Wirtschaftsgütern im Betriebsvermögen der übertragenden Körperschaft auf der Ebene der Gesellschafter aufzudecken, für die zB kein deutsches Besteuerungsrecht besteht und daher gemäß § 3 Abs 2 UmwStG nF die Fortführung der Buchwerte möglich ist (sog neutrales Vermögen). Betroffen hiervon sind ausländische Betriebsstätten in einem DBA-Staat mit Freistellungsmethode. Die stillen Reserven im Vermögen der ausländischen Betriebsstätte hätten bei einer Veräußerung der Anteile der übertragenden Körperschaft den Veräußerungsgewinn erhöht. Da mit der Verschmelzung das Besteuerungsrecht der BRD entfällt, sind diese Wirtschaftsgüter mit dem gemeinen Wert nach § 3 Abs 1 UmwStG anzusetzen (§ 4 Abs 4 Satz 2 UmwStG nF; BTDrs 16/2710, 39). Die Korrektur erfolgt grds außerhalb der Bilanz der Personengesellschaft (*Dötsch/Pung* DB 2006, 2704). Gehören am steuerlichen Übertragungsstichtag auch nach § 5 UmwStG nicht alle Anteile an der übertragenden Körperschaft zum Betriebsvermögen der übernehmenden Personengesellschaft, so bleibt der auf diese Anteile entfallende Wert der übergegangenen Wirtschaftsgüter bei der Ermittlung des Übernahmeergebnisses insoweit nach § 4 Abs 4 Satz 3 UmwStG außer Ansatz.

Buchverluste bzgl der untergegangenen eigenen Anteile der übertragenden Körperschaft sind bei dieser außerhalb der Bilanz zu neutralisieren, bei der übernehmenden Personengesellschaft sind die Anteile an den Wirtschaftsgütern fortzuführen (*UmwStErl* Tz 04.18 ff). Der Übernahmegewinn ist nach allgemeinen Grundsätzen zu ermitteln.

Das Übernehmeergebnis nach § 4 Abs 4 UmwStG nF stellt bei be- **157**
schränkt steuerpflichtigen Gesellschaftern grds inländische Einkünfte nach § 49 Abs 1 Nr 2 a EStG dar. Dies gilt auch dann, wenn bei einer Inlandsverschmelzung ausländisches Betriebsvermögen übergeht und kein DBA besteht. Gemäß Art 13 Abs 2 OECD-MA hat grds der Quellenstaat für Gewinne aus der Veräußerung der Anteile an der übertragendenden Körperschaft das Besteuerungsrecht.

Der Übernahmegewinn erhöht sich bzw der Übernahmeverlust **158**
vermindert sich nach § 4 Abs 5 UmwStG außerhalb der Bilanz (*UmwStErl* Tz 04.13) um einen Sperrbetrag iSd § 50 c EStG, soweit die Anteile am steuerlichen Übertragungsstichtag zum Betriebsvermögen der übernehmenden Personengesellschaft gehören (s dazu Rz 1750 ff). Entsprechend führt die Verschmelzung einer Tochterkapitalgesellschaft, die sperrbetragsbehaftete Anteile an einer anderen Kapitalgesellschaft hält, auf die Muttergesellschaft (Aufwärtsverschmelzung) bei der Ermittlung des Verschmelzungsgewinns der Personengesellschaft zu der Berücksichtigung eines sog Sperrbetrags nach § 50 c Abs 7 EStG aF. Die Weiterleitung der Eigenkapitalanteile im Zuge der Verschmelzung ist als „Weiterleitung von Gewinnausschüttungen" zu sehen, die Bestandteil des auf die Muttergesellschaft übertragenen Vermögens sind (BFHE 219, 549, BStBl II 2008, 604; Anm *Lüdeke* DStR 2008, 1265). Das Übernahmeergebnis mindert sich um die als Kapitaleinkünfte erfassten offenen Rücklagen nach § 7 UmwStG nF. Dadurch wird eine doppelte Besteuerung vermieden.

159 **g) Ermittlung des Übernahmeergebnisses.**
Alte Rechtslage vor Geltung des § 4 Abs 6 UmwStG idF des StSenkG:

Wert, mit dem die übergegangenen Wirtschaftsgüter nach § 4 Abs 1 UmwStG zu übernehmen sind (Ausschluss negativer Werte, § 4 Abs 5 Satz 1 UmwStG aF)
– Buchwert der Anteile an der übertragenden Körperschaft
= Übernahmegewinn/-verlust nach § 4 Abs 4 Satz 1 UmwStG aF
+ anzurechnende KSt nach § 10 Abs 1 UmwStG aF
+ Sperrbetrag nach § 50 c EStG aF
= Übernahmegewinn/-verlust iSd § 4 Abs 4, 5 UmwStG aF (vgl *UmwStErl* Tz 04.10).

Rechtslage nach § 4 Abs 6 UmwStG idF des StSenkG: Die Hinzurechnung anzurechnender KSt entfällt nach § 4 Abs 5 iVm § 27 Abs 1 a UmwStG idF des StSenkG abgestimmt mit dem Wegfall des Anrechnungsverfahrens durch das eingeführte Halbeinkünfteverfahren (vgl *Schmidt/Heinicke* § 3 „Halbeinkünfteverfahren").

Wert, mit dem die übergegangenen Wirtschaftsgüter nach § 4 Abs 1 UmwStG zu übernehmen sind (einschließlich negativer Werte)
– Buchwert der Anteile an der übertragenden Körperschaft
= Übernahmegewinn/-verlust nach § 4 Abs 4 Satz 1 UmwStG aF
+ Sperrbetrag nach § 50 c EStG
= Übernahmegewinn/-verlust iSd § 4 Abs 4, 5 UmwStG aF (vgl *UmwStErl* Tz 04.10).

Der Übernahmeverlust bleibt nach § 4 Abs 6 UmwStG aF außer Ansatz, womit diese Umwandlungen der Verschmelzung von Kapitalgesellschaften gleichgestellt werden (s dazu *Thiel* FR 2000, 493). Der Übernahmegewinn bleibt nach § 4 Abs 7 Satz 1 UmwStG außer Ansatz, soweit er auf eine Körperschaft, Personenvereinigung oder Vermögensmasse als Mitunternehmerin einer Personengesellschaft entfällt (s dazu *Schumacher* DStR 2004, 589: auch mittelbar), weil Ausschüttungen in der Körperschaftskette auch nach § 8 b Abs 1 KStG außer Ansatz bleiben. Soweit der Übernahmegewinn auf andere Empfänger entfällt, wird er nur zur Hälfte angesetzt. Beides ist eine Folge der Umstellung auf das **Halbeinkünfteverfahren.** Auf die Umwandlungskosten ist je nach dem, ob völlige oder hälftige Freistellung nach § 4 Abs 7 UmwStG aF eintritt, § 3 c Abs 1 oder Abs 2 EStG anzuwenden (aA *Dötsch/Pung* DB 2004, 208: § 3 c Abs 1 einheitlich). Diese Regeln gelten auch für einbringungsgeborene Anteile (*BMF* BStBl I 2003, 786, Rz 3). § 37 Abs 3 Satz 2 KStG aF/Satz 3 nF regelt die Erhöhung der Körperschaftsteuer und des Körperschaftsteuerguthabens für den Fall des § 4 Abs 7 Satz 1 UmwStG aF, wenn die übertragende Körperschaft ihre KSt nach § 10 UmwStG aF (Ausschüttungsfiktion) mindert (*Eisgruber* DStR 2000, 1493). Dadurch sollen für den außer Ansatz bleibenden Anteil am Übernahmegewinn wie im Falle des § 8 b Abs 1 KStG Gestaltungen bei verbundenen Unternehmen verhindert werden (s auch *Förster/van Lishaut* FR 2000, 1189). Das Körperschaftsteuerguthaben und die Körperschaftsteuerschuld iSd §§ 37 und 38 KStG (Übergangsphase) erhöht bzw vermindert das Vermögen aus der Schlussbilanz der schwindenden Kapitalgesellschaft und beeinflusst so den Übernahmegewinn/-verlust, soweit einer

Körperschaft ein Anteil am Übernahmegewinn zuzurechnen ist. Mit dem Hinweis auf § 38 KStG soll gewährleistet werden, dass Alt-EK 02 auf der Gesellschaftsebene nachversteuert wird (*van Lishaut* FR 2000, 1192; s auch *Müller/Maiterth* DStR 2001, 1229). Zu Einzelheiten des § 10 UmwStG aF s *BMF* BStBl I 2003, 786, Rz 11 ff; *Dötsch/Pung* DB 2004, 208/9. § 15 Satz 1 Nr 2 KStG verhindert die Steuerfreistellung des Übernahmegewinns nach § 4 Abs 7 Satz 1 UmwStG aF bei Überleitung auf natürliche Personen oder Personengesellschaften als Organträger. Zur Realisierung des Körperschaftsteuerguthabens durch Umwandlung in eine Personengesellschaft s *Lemaitre* DStR 03, 1476.

Übernahmeergebnis nach § 4 Abs 4, 5 UmwStG nF:

Wert, mit dem die übergegangenen Wirtschaftsgüter nach § 4 Abs 1 UmwStG nF zu übernehmen sind
\+ gemeiner Wert des ausländischen Betriebsvermögens in DBA-Staaten mit Freistellungsmethode (§ 4 Abs 4 Satz 2 UmwStG nF)
– Kosten des Vermögensübergangs
– (korrigierter) Buchwert der Anteile an der übertragenden Körperschaft (§ 4 Abs 4 Satz 1 iVm Abs 1, 2, § 5 Abs 2, 3 UmwStG nF)
= vorläufiger Übernahmegewinn/-verlust (§ 4 Abs 4 UmwStG nF)
\+ Sperrbetrag nach § 50 c EStG aF (§ 4 Abs 5 Satz 1 UmwStG nF)
– Kapitalerträge nach § 7 UmwStG nF (§ 4 Abs 5 Satz 2 UmwStG nF)
= Übernahmegewinn/-verlust (§ 4 Abs 4, 5 UmwStG nF)

Ein Übernahmegewinn ist, soweit er auf eine Körperschaft als Mitunternehmerin der Personengesellschaft entfällt, nach § 8b Abs 2 KStG nicht körperschaftsteuerpflichtig. Gemäß § 8b Abs 3 KStG sind jedoch 5% der Einnahmen als nicht abziehbar Betriebsausgaben zu behandeln. Das FG Hamburg sieht in dieser typisierenden Betriebsausgabenkürzung einen Verstoß gegen den Gleichheitsgrundsatz (FG Hamburg v 7. 11. 2007 5 K 153/06, BVerfG 1 BvL 12/07). Bei den an der Personengesellschaft beteiligten natürlichen Personen unterliegt der anteilige Übernahmegewinn dem Halbeinkünfteverfahren (§ 4 Abs 7 Satz 2 UmwStG nF; ab 2009: Teileinkünfteverfahren). Nach Auffassung der Finanzverwaltung sind die Übernahmekosten gemäß § 3c EStG anteilig zu kürzen (*BMF* BStBl I 2003, 786; *Lemaitre/Schönherr* GmbHR 2007, 173, 1779).

Die **Rechtsfolgen** des § 50c Abs 1 bis 8 EStG, der nach § 52 Abs 59 EStG für sperrbetragsbehaftete Anteile weiter anzuwenden ist, erstreckt **§ 50c Abs 11 EStG** idF des UntStRefFG v 29. 10. 1997 (BGBl I 1997, 2590) auch auf bestimmte Anteilserwerbe von Anrechnungsberechtigten des alten Systems der KSt-Anrechnung. Der **Sperrbetrag** des § 50 c Abs 11 EStG ist wegen möglicherweise abweichender Anschaffungskosten bei den Gesellschaftern der Personengesellschaft personenbezogen zu ermitteln. Der Sperrbetrag kann bereits bei der Abfindung an einen der Verschmelzung widersprechenden Anteilseigner anzusetzen sein (*Pflüger* FR 1998, 345/346). Hatte die übertragende Körperschaft einen Sperrbetrag nach § 50 c Abs 7 EStG zu führen, so wird dieser von der übernehmenden als Rechtsnachfolgerin ohnehin fortgeführt (*UmwStErl* Tz 04.21). Nach § 4 Abs 6 UmwStG aF bleibt ein Übernahmeverlust völlig außer Ansatz. Insoweit entfällt das Anwendungsproblem des § 15 a EStG für die Verlustzuord- 160 nung (s dazu 4. Aufl). Zur Gemeinschaftswirdrigkeit des Ansatzes eines Sperrbetrags gemäß § 50c EStG 1990 in einem sog „Inbound-Fall“, der die Sicherung der Steueranrechnung im Inland bei Beteiligung eines Gebietsfremden an einer inländischen Kapitalgesellschaft betrifft, s Vorlage an EuGH durch BFH, GmbHR 2008, 603.

161 **Einzelheiten bei der Ermittlung des Übernahmegewinns** und hinsichtlich der Wertansätze sind in *UmwStErl* Tz 04.09ff erörtert. Investitionszulagen, die der übertragenden Kapitalgesellschaft gewährt wurden, nehmen innerhalb deren Vermögen keine Sonderstellung ein. Da es an einem Wirtschaftsgut fehlt, können sie nicht nach § 4 Abs 4 Satz 1 UmwStG abgezogen werden (BFH/NV 2008, 1550). Zur Behandlung eines negativen EK-Teiles alten Rechts s *Thiel* DB 1995, 1196. Der Liquidationsgewinn aus einer im Betriebsvermögen gehaltenen 100%-Beteiligung an einer Kapitalgesellschaft ist nach §§ 16, 34 EStG steuerbegünstigt, der Übernahmegewinn nach § 5 Abs 4 UmwStG aF dagegen nicht (*OFD Düsseldorf* FR 1992, 30). Zu Gestaltungsmöglichkeiten s *Thiel* DB 1995, 1196; Rz 311. Der Übernahmegewinn ist **gewerbesteuerlich** nicht zu erfassen (§ 18 Abs 2 UmwStG). Er war deshalb nicht nach § 32c EStG begünstigt (*Schmidt/Glanegger* 20. Aufl, § 32c Rz 11; aA *Felix* BB 1995, 749 mwN). Gleiches gilt für § 35 EStG (*Schmidt/Glanegger* § 35 Rz 7). Das Problem einer gewerbesteuerrechtlichen Entstrickung bei Herkunft der Anteile aus einem nicht gewerblichen, zB freiberuflichen Betriebsvermögen, stellt sich wegen § 18 Abs 2 UmwStG nicht mehr.

162–165 *(frei)*

166 **h) Übernahmeverlust – Altes Recht:** Verblieb nach Anwendung des § 4 Abs 5 UmwStG noch ein Übernahmeverlust, so waren die Buchwerte der übernommenen Wirtschaftsgüter bis zu den Teilwerten aufzustocken, und zwar im Verhältnis ihrer Teilwerte. Ein darüber hinausgehender Betrag (Buchmehrwert der Anteile) bildete (mE bis zur Teilwertgrenze) Anschaffungskosten für bisher nicht aktivierte immaterielle Wirtschaftsgüter (Geschäftswert und andere selbst geschaffene immaterielle Wirtschaftsgüter). Die Aufstockung erfolgte deshalb auch hier nach der Stufenlösung und nicht von vornherein gleichmäßig auf alle aktivierte und nicht aktivierte Wirtschaftsgüter (aA *Blumers/Marquardt* DStR 1994, 1869/1872: Stufentheorie nur für Firmenwert; *Haritz/Slabon* FR 1997, 168: selektiv). Der ursprünglich vorhandene und früher entgeltlich erworbene Geschäftswert war mit seinem Buchwert anzusetzen (*UmwStErl* Tz 04.06). Der letztlich verbleibende Betrag verminderte nach ursprünglichem Recht den laufenden Gewinn der übernehmenden Personengesellschaft oder natürlichen Person (§ 4 Abs 6, § 9 Abs 1 UmwStG). Im Anschluss an eine Wertaufstockung ist die Restnutzungsdauer der nach § 7 Abs 1 EStG abzuschreibenden Wirtschaftgüter nach § 4 Abs 6 Satz 3, Abs 3 UmwStG 1995 neu zu schätzen (BFH/NV 2008, 683; BFH/NV 2008, 935). Gemäß § 4 Abs 5 Satz 1 UmwStG idF des UntStRefFG v 29. 10. 1997 (BGBl I 1997, 2590) blieb dann ein **Übernahmeverlust außer Ansatz,** soweit er auf einen negativen Wert des übergegangenen Vermögens beruhte. Diese Neuregelung war nach § 27 Abs 3 UmwStG idF des G v 19. 12. 1997 (BGBl I 1997, 3121) auf Umwandlungsvorgänge anzuwenden, deren Eintragung im

Handelsregister nach dem 5. 8. 1997 beantragt worden war. Nach dem inzwischen ebenfalls aufgehobenen § 4 Abs 6 Satz 2 UmwStG idF des UntStRefFG war der letztlich verbleibende Betrag nicht mehr als Verlust abziehbar, sondern zu aktivieren und wie ein Geschäftswert auf fünfzehn Jahre gleichmäßig abzuschreiben. Nach Auffassung der *FinVerw* (*UmwStErl* Tz 04.36) handelte es sich dabei um kein einer Teilwertabschreibung zugängliches Wirtschaftsgut. Vielmehr wird der Bilanzposten mit seinem Restwert bei Liquidation des aufnehmenden Betriebsvermögens (ggf Ergänzungsbilanz) aufwandswirksam. Zur aktuellen Rechtslage s nachstehend. Zur Gewerbesteuer s Rz 55.

Übernahmeverlust – Neues Recht: Nach § 4 Abs 6 UmwStG idF des StSenkG (Anwendungszeitraum s § 27 Abs 1 a UmwStG) bleibt ein Übergangsverlust allgemein außer Ansatz (mE durch Korrektur außerhalb der Bilanz). Damit wird die Umwandlung auf Personenunternehmen der Verschmelzung von Kapitalgesellschaften gleichgestellt (s dazu *Thiel* FR 2000, 493). Dies gilt auch für die GewSt (§ 18 Abs 2 UmwStG nF). Eine Aufstockung der Buchwerte (Step up) entfällt damit sowohl für die ESt als auch für die GewSt. Dadurch wird erreicht, dass die stillen Reserven in der Kapitalgesellschaft (Anteilswert übersteigt Buchwert) nicht – wie bisher – durch die Aufstockung und anschließende Abschreibung neutralisiert werden. Denn nach dem Halbeinkünfteverfahren soll der wie eine Ausschüttung einer Kapitalgesellschaft zu behandelnde Übernahmegewinn nach § 4 Abs 7 Satz 2 UmwStG zur Hälfte versteuert werden.

Nach dem SEStEG ist ein Übernahmeverlust nicht anzusetzen, soweit er auf eine (körperschaftsteuerpflichtige) Körperschaft als Mitunternehmerin der Personengesellschaft entfällt (§ 4 Abs 6 Satz 1 UmwStG nF). Eine Ausnahme gilt ua für Kreditinstitute (§ 8b Abs 7 KStG) und Lebens- und Krankenversicherungsunternehmen (§ 8b Abs 8 KStG). Der auf natürliche Personen als Mitunternehmer entfallende Übernahmeverlust ist entsprechend den Grundsätzen des Halbeinkünfteverfahrens nur zur Hälfte, höchstens in Höhe der Hälfte der Bezüge iSd § 7 UmwStG nF abziehbar (§ 4 Abs 6 Satz 4 UmwStG nF). Nach dem Teileinkünfteverfahren ist der Übernahmeverlust mit 60%, höchstens mit 60% der Bezüge iSd § 7 UmwStG nF anzusetzen (§ 4 Abs 6 Satz 4 UmwStG idF des JStG 2009). Ein danach verbleibender Übernahmeverlust bleibt außer Ansatz. Ein Übernahmeverlust wird danach nur in Höhe der nicht nach § 3 Nr 40 EStG steuerfreien Bezüge nach § 7 UmwStG nF berücksichtigt. Waren die Anteile dem Handelsbuch zuzurechnen bzw dienten sie dem kurzfristigen Eigenhandelserfolg (§ 3 Nr 40 Sätze 3 und 4 EStG), ist der Übernahmeverlust iHd steuerpflichtigen Bezüge iSd § 7 UmwStG zu erfassen (§ 4 Abs 6 Satz 5 UmwStG idF des JStG 2009). Zur Vermeidung von Mißbrauchsfällen wird ein Übernahmeverlust auch dann nicht erfasst, soweit bei der Veräußerung von Anteilen an der übertragenden Körperschaft ein Veräußerungsverlust nach § 17 Abs 2 Satz 6 EStG nicht zu berücksichtigen wäre oder soweit die Anteile innerhalb der letzten fünf Jahre vor dem steuerlichen Übertragungsstichtag entgeltlich erworben wurden (§ 4 Abs 6 Satz 6 UmwStG idF des JStG 2009).

Ergänzungsbilanzen waren nach § 4 Abs 6 UmwStG aF zulässig. Dies **167**
ist wesentlich für die Verschmelzung auf bestehende Personengesellschaften.

Bei diesen hatte sich die Aufstockung idR in Ergänzungsbilanzen vollzogen, weil den Gesellschaftern aus unterschiedlichem Anteilsbesitz unterschiedliche Übernahmeverlustquoten zuzuordnen sind und auch unterschiedliche Anschaffungskosten der Anteile vorliegen können (*UmwStErl* Tz 04.13). Damit war der Übernahmeverlust für jeden Gesellschafter getrennt zu ermitteln. Zum Ausschluss des § 17 Abs 2 Satz 4 EStG s *Haritz* BB 1996, 1409. Nach **bisherigem Recht** ist der Übernahmeverlust nicht mehr anzusetzen (§ 4 Abs 6 UmwStG; Rz 166). Ergänzungsbilanzen können aber gleichwohl erforderlich werden (*Mayer* FR 2004, 698).

168 **i) Der Unternehmenskauf bei Aufstockung des AfA-Volumens** (Step-up) wurde in der Vergangenheit über den nach § 4 Abs 6 UmwStG aF ansetzbaren Übernahmeverlust ermöglicht. Nach neuem Recht ist ein Übernahmeverlust nicht mehr anzusetzen (Rz 166). Zu Gestaltungen nach alter Rechtslage s 4. Auflage; zur neuen Rechtslage s *Weigl* BB 2001, 2188. Streitig, aber mE zu bejahen ist, ob die Verschmelzungsvorschriften, insbesondere § 4 Abs 6 UmwStG, nur auf sog up-stream merger anwendbar sind, bei denen die aufnehmende Personengesellschaft die Anteile an der verschmelzenden Kapitalgesellschaft hält, oder auch dann, wenn die verschmelzende (Tochter-)Kapitalgesellschaft Anteile an der übernehmenden Personengesellschaft hält (down-stream merger, vgl *Pluskat* DB 2001, 2216; *Bruski* FR 2002, 181).

169 **j) Anteilserwerb vor Umwandlung.** Schon durch **§ 5 Abs 2 Satz 2 UmwStG** idF des UntStRefFG v 29. 10. 1997 (BGBl I 1997, 2590) wurde das Step-up-Modell mit **Anteilserwerb vor Umwandlung** in seiner Bedeutung gemindert, weil danach diese auch von der Verlustabwehr nach § 17 Abs 2 Satz 4 EStG betroffenen Anteile nicht mehr als Beteiligung iSd § 17 EStG gelten (Rz 177; *Kußmaul/Junker* BB 1999, 2002). Für die gesetzlich geänderte Wesentlichkeitsgrenze ist auf das zivilrechtl Wirksamwerden der Umwandlung und nicht auf den steuerrechtlichen Übertragungsstichtag abzustellen (*OFD Magdeburg* FR 2001, 163; s auch Rz 2). Die Einschränkung in *UmwStErl* Tz 05.06, § 5 Abs 2 UmwStG sei nur auf Verlustfälle anzuwenden, ergibt sich nicht aus dem Gesetzeswortlaut (*Schultz* DB 1998, 1052). Für nicht wesentlich Beteiligte verhinderte § 50 c Abs 11 EStG idF des UntStRefFG idR einen Übernahmeverlust für solche vorgeschalteten Erwerbe (*Füger/Rieger* DStR 1997, 1427; *van Lishaut* DB 1997, 2190; *Weber-Grellet* BB 1999, 289; krit *Altvater* BB 1997, 2510). Das konkurrierende sog Kombinationsmodell, bei dem auf die Erwerbergesellschaft ausgeschüttet wird, scheiterte ebenfalls an der nach § 50 c Abs 11 EStG aF nicht anerkannten Teilwertabschreibung. Die ausschüttungsbedingte Teilwert-AfA wird nun bei KapGes nach § 8 b Abs 3 KStG und bei Personenunternehmen nach § 3 c Abs 2 EStG (Halbeinkünfteverfahren) eingeschränkt (*Seibt* DStR 2000, 2061/73). § 5 Abs 2 Satz 2 UmwStG aF wurde wegen der Neureglung des § 4 Abs 6 Satz 5 UmwStG nF aufgehoben.

170–174 *(frei)*

175 **4. Übernahmegewinn in Sonderfällen (§ 5 UmwStG aF/nF)**
a) Einlagefiktion für Sonderfälle. § 5 UmwStG aF/nF rechnet in den enumerativ beschriebenen Sonderfällen die Anteile an der übertragenden Körperschaft bezogen auf den Übertragungsstichtag zum Betriebsvermögen

der übernehmenden Personengesellschaft, soweit sie nicht (Sonderfall) ohnehin dazu gehören. Bei Zusatzzahlungen ergibt sich ein höherer Anteilsbuchwert (*Widmann* StbJb 1985/86, 123). Auf der Grundlage der in § 5 UmwStG aF/nF beschriebenen „Einlagewerte" und Anschaffungskosten ist dann für diese Anteile bei der Personengesellschaft der Übernahmegewinn bzw der nicht ansetzbare Übernahmeverlust (§ 4 Abs 4–7 UmwStG aF/nF) zu ermitteln (Rz 165, 166).

b) Erworbene Anteile (§ 5 Abs 1 UmwStG aF/nF). Hat die Perso- 176
nengesellschaft (oder die natürliche Person) Anteile an der übertragenden Körperschaft nach dem steuerlichen Übertragungsstichtag angeschafft oder Anteilseigner abgefunden (kein Erwerb eigener Anteile möglich, *UmwStErl* Tz 04.18), so gelten die Anteile als am Stichtag angeschafft (§ 5 Abs 1 UmwStG). Ausgleichszahlungen an den Anteilseigner werden daher wie Anschaffungskosten behandelt und müssen spiegelbildlich als Veräußerungserlöse gesehen werden. § 5 Abs 1 UmwStG ist auch für Anteilserwerbe während des Rückwirkungszeitraums anzuwenden. Sie gelten außerdem auch unter den Voraussetzungen des § 5 Abs 2 und 3 UmwStG als in die übernehmende Personengesellschaft eingelegt oder überführt (*UmwStErl* Tz 05.03).

c) § 5 Abs 2 UmwStG aF/nF, Beteiligungen im Privatvermögen 177
(des Personengesellschafters). § 5 Abs 2 UmwStG aF/nF fingiert nur für Beteiligungen des § 17 EStG (also des Privatvermögens) eine Einlage mit den Anschaffungskosten (ggf § 20 Abs 4 UmwStG aF/nF), nicht dagegen für andere im Privatvermögen gehaltene Anteile. Für diese nicht wesentlich iSv § 17 EStG beteiligten Anteilseigner ist kein Übergangsgewinn zu ermitteln, soweit die Anteile nicht zu einem Betriebsvermögen iSd § 5 Abs 3 UmwStG nF gehören (§ 4 Abs 4 Satz 3 UmwStG nF). Nach der bisherigen Regelung entstehen nach Maßgabe des § 7 UmwStG aF Bezüge aus Kapitalvermögen, soweit nicht Eigenkapital ausgeschüttet wird (Rz 191). Sie unterliegen nach § 43 Abs 1 EStG der Kapitalertragsteuer. Für die wesentlich Beteiligten, deren Anteile mit den Anschaffungskosten zum Betriebsvermögen der Personengesellschaft gezogen werden, ergibt sich nach § 17 EStG keine Besteuerung, weil die Wertentwicklung der Anteile steuerwirksam auf die Personengesellschaft übergeleitet wird.

§ 5 Abs 2 Satz 2 UmwStG idF des UntStRefFG v 29. 10. 1997 (BGBl I 1997, 2590) behandelt für Umwandlungen, die auf nach dem 31. 12. 1996 wirksam werdenden Rechtsakten beruhen, Beteiligungen des § 17 EStG, die dem Verlustabzugsverbot des § 17 Abs 2 Satz 4 EStG aF unterliegen können, nicht als Anteile iSd § 17 EStG. Damit soll ua vermieden werden, dass die bei § 17 EStG unerwünschte Rechtsfolge durch Aufstockung verlustträchtiger Beteiligungen zu einer solchen iSv § 17 EStG durch Umwandlungen in Personengesellschaften hergestellt werden kann. Die danach nicht als Beteiligung des § 17 EStG geltenden Anteile unterfallen der Rechtsfolge des § 7 UmwStG (Rz 192). Vertrauensschutz wurde gegen die Rückwirkung geltend gemacht (*Förster DB 1997, 1786*; *Beinert* BB 1997, 1880; *Rödder* DStR 1997, 1425; *Knopf/Söffing* DStR 1997, 1526; *Goutier/Müller* BB 1997, 2242). Dem hat sich der Gesetzgeber nicht verschlossen: Die Neuregelung wird erst auf Umwandlungen angewendet, deren

Eintragung im Handelsregister nach dem 5. 8. 1997 beantragt worden ist (§ 27 Abs 3 UmwStG idF des G v 19. 12. 1997, BGBl I 1997, 3121). Auf den Zeitpunkt der Eintragung der Umwandlung in das Handelsregister ist auch abzustellen für die Frage, ob eine wesentliche Beteiligung iSd § 17 EStG vorliegt und welche Gesetzesfassung des § 17 EStG anzuwenden ist (*BMF* BStBl I 2003, 786 Rz 5). Die bisherige Regelung des § 5 Abs 2 Satz 2 UmwStG aF bezüglich Anteilen, bei deren Veräußerung nach § 17 Abs 2 Satz 4 EStG aF kein Veräußerungsverlust zu berücksichtigen ist, ist aufgrund der entsprechenden Regelung in § 4 Abs 6 Satz 5 UmwStG nF entfallen. Eine wesentliche Beteiligung iSd § 17 EStG führt danach stets zu einer Einlagefiktion. Der durch die fiktive Einlage von Anteilen an der übertragenden Körperschaft entstehende Gewinn nach § 7 UmwStG nF unterliegt nicht der GewSt (§ 18 Abs 2 Satz 2 UmwStG nF).

178 **§ 5 Abs 2 UmwStG bei beschränkt Steuerpflichtigen.** Nach Aufhebung des § 10 Abs 2 UmwStG und Einführung des Halbeinkünfteverfahrens, das auch für beschränkt Steuerpflichtige gilt (*Schmidt/Heinicke* § 3 „Halbeinkünfteverfahren“ Rz 3), ist § 5 Abs 2 UmwStG aF auch auf Beteiligungen nach § 17 EStG von beschränkt Steuerpflichtigen (§ 49 Abs 1 Nr 2 Buchst e EStG) anzuwenden (s 6. Auflage).

Durch die Streichung des Merkmals „unbeschränkt steuerpflichtiger“ Gesellschafter erfasst § 5 Abs 2 UmwStG nF auch ausländische Gesellschafter der übertragenden Körperschaft. Aufgrund der Einlagefiktion ist auch für den beschränkt steuerpflichtigen Gesellschafter ein Übernahmeergebnis zu ermitteln. Voraussetzung ist jedoch, dass nach dem jeweiligen DBA für die Beteiligung iSd § 17 EStG ein inländisches Besteuerungsrecht bestanden hat (*Dötsch/Pung* DB 2006, 2704, 2711). Abkommensrechtlich hat die BRD für das Übernahmeergebnis, soweit es auf einen beschränkt steuerpflichtigen Anteilseigner entfällt, kein Besteuerungsrecht. Art 13 Abs 5 OECD-MA weist das Besteuerungsrecht für den Gewinn aus der Aufgabe der Beteiligung (veräußerungsähnlicher Vorgang) dem Ansässigkeitsstaat des Anteilseigners zu (*Wassermeyer* in *Debatin/Wassermeyer* MA Art 13 Rz 136). Ein deutsches Besteuerungsrecht nach Art 13 Abs 2 OECD-MA kommt in Betracht, wenn die Beteiligung vor der Umwandlung tatsächlich zu einer inländischen Betriebsstätte gehört hat. Die fingierte Einlage der Beteiligung nach § 5 Abs 2 UmwStG nF in die aufnehmende Personengesellschaft als Betriebsstätte im abkommensrechtlichen Sinne entspricht mE nicht diesem Erfordernis (s *Benecke* StWa 2007, 139, 148). Besteht kein DBA oder weist dieses das Besteuerungsrecht für Gewinne aus der Veräußerung der Anteile nicht dem Ansässigkeitsstaat des Anteilseigners zu, erzielt der beschränkt steuerpflichtige Gesellschafter hieraus steuerpflichtige Einkünfte nach § 49 Abs 1 Nr 2 Buchst e EStG.

179 **d) Anteile im Betriebsvermögen des Anteilseigners. § 5 Abs 3 UmwStG** zieht Anteile an der übertragenden Körperschaft, die sich in einem anderen Betriebsvermögen des Personengesellschafters befinden, mit dem Buchwert zum Betriebsvermögen der aufnehmenden Personengesellschaften. Vorgenommene Teilwertabschreibungen und sonstige Abzüge wie zB nach § 6b EStG sind bis zur Höhe des gemeinen Werts der Anteile rückgängig zu machen. Durch die Wertaufholung entsteht beim Gesell-

schafter ein laufender Gewinn (§ 5 Abs 3 Satz 2 iVm § 4 Abs 1 Satz 3 UmwStG nF). Es kann sich um inländisches oder ausländisches Betriebsvermögen handeln. Die Beschränkung auf inländisches Betriebsvermögen wurde durch das SEStEG aufgegeben. Die Vorschrift geht davon aus, dass die Anteile an der verschmelzenden Kapitalgesellschaft dem Gesellschafter der Personengesellschaft gehören, was für Verschmelzungen von Kapitalgesellschaften auf ihre Schwesterpersonengesellschaften zutrifft. § 5 Abs 3 UmwStG muss aber auch für die Verschmelzung auf die Tochterpersonengesellschaft angewendet werden (down-stream-merger). S dazu *Hannemann* DB 2000, 2497; *Pluskat* DB 2001, 2216. § 5 Abs 3 UmwStG gilt außerdem für Anteile im Sonderbetriebsvermögen des Gesellschafters (Abgrenzung *Haritz/Benkert* § 5 Rz 101) und für den betrieblich Beteiligten einer **Zebragesellchaft** (Rz 203).

Die Wertaufholung nach § 5 Abs 3 Satz 2 UmwStG nF erhöht den Gewerbeertrag des Anteilseigners.

Missbrauchsklausel (§ 5 Abs 3 Satz 3 UmwStG aF). Die Anschaffungskosten der Anteile sind dagegen anzusetzen, wenn die Anteile innerhalb der letzten fünf Jahre vor dem steuerlichen Übertragungsstichtag in ein Betriebsvermögen eingelegt worden sind. Die Fassung des JStErgG 1996 (BGBl I 1996, 1959) hat den missverständlichen Wortlaut der Vorgängervorschrift bereinigt. Durch die Regelung sollen Missbräuche verhindert werden. Die offenen und stillen Reserven könnten der Besteuerung entzogen werden, wenn die Anteile vorher mit dem gegenüber den Anschaffungskosten höheren Teilwert in ein inländisches Betriebsvermögen des Gesellschafters der übernehmenden Personengesellschaft eingelegt werden, was bei anderen als den Beteiligungen des § 17 EStG möglich ist (§ 6 Abs 1 Nr 5 EStG). Dasselbe gilt, wenn die Anteile innerhalb von fünf Jahren in das Betriebsvermögen der übernehmenden Personengesellschaft selbst eingelegt wurden. Die Regelung wurde durch das SEStEG aufgehoben, weil ihr wegen der Absenkung der Wesentlichkeitsgrenze iSd § 17 EStG und der Bewertung von Einlagen nicht wesentlicher Beteiligungen nach § 6 Abs 1 Nr 5 Buchst a und b EStG innerhalb von 3 Jahren nach der Anschaffung mit den Anschaffungskosten eine geringe Bedeutung zukam. 180

Auswirkungen im Herkunftsbetriebsvermögen. Im Falle des § 5 Abs 3 Satz 1 UmwStG aF/nF ist der Gewinn der übernehmenden Personengesellschaft so zu ermitteln, als seien die Anteile überführt worden. Das Gesetz vermeidet hier die Wendung zB des § 5 Abs 2 und 3 Satz 2 UmwStG aF/nF „gelten als eingelegt". Dies lässt auf die Erwartung des Gesetzgebers schließen, dass das andere Betriebsvermögen nicht berührt wird und dort nicht die Anschaffungskosten des § 5 Abs 3 Satz 2 UmwStG aF anstelle des Teilwerts treten. Dies ist allerdings zweifelhaft. Denn es muss mE dann wohl das Betriebsvermögen, zu dem die Kapitalgesellschaftsanteile gehören, spiegelbildlich behandelt werden mit der Folge, dass dort diese Anteile mit den Anschaffungskosten ausgebucht werden (aA und deshalb krit *Wochinger/Dötsch* DB-Beilage 14/1994, 9; *Thiel* DB 1995, 1196). 181

e) Einbringungsgeborene Anteile (§ 5 Abs 4 UmwStG aF). Einbringungsgeborene Anteile gelten ebenfalls als am Stichtag mit den Anschaffungskosten eingelegt. Auch hier wird die Versteuerung vom An- 182 teilseigner auf die Personengesellschaft übergeleitet. Lückenhaft ist die Vorschrift insofern, als auch bei einbringungsgeborenen Beteiligungen die Anschaffungskosten im zeitlichen Zusammenhang mit der Umwandlung dadurch hochgeschleust werden können, dass der steuerbegünstigte Antrag nach § 21 Abs 2 UmwStG aF gestellt wird. Die *FinVerw* sieht hierin einen Missbrauch (§ 42 AO, *UmwStErl* Tz 05.22). Diese Regelung wurde ua wegen der Erweiterung des Anwendungsbereichs des § 17 EStG durch das SEStEG aufgehoben. Sie ist jedoch weiterhin auf Altfälle und Fälle des § 20 Abs 3 Satz 4 und § 21 Abs 2 Satz 6 UmwStG nF anzuwenden (§ 27 Abs 3 Nr 1 UmwStG nF).

183 **f) Gewinnkorrekturen. § 6 UmwStG aF/nF** enthält eine Korrekturregelung für die übernehmende Personengesellschaft und deren Gesellschafter, die im Zeitpunkt der Eintragung des Umwandlungsbeschlusses in das Handelsregister an dem übernehmenden Rechtsträger beteiligt sind (§ 6 Abs 2 UmwStG nF). Die Vorschrift gestattet eine Rücklagenbildung für den Gewinn, der aus dem Erlöschen von Forderungen zwischen der Personengesellschaft oder natürlichen Person und der übertragenden Körperschaft entsteht (Einzelheiten s *UmwStErl* Tz 06.01 ff). Die Rücklage ist in den auf ihre Bildung folgenden drei Wirtschaftsjahren mit mindestens $1/3$ aufzulösen. Diese Vergünstigung entfällt nach § 26 Abs 1 UmwStG aF bzw § 6 Abs 3 UmwStG nF bei der Betriebseinbringung oder Betriebsveräußerung (-aufgabe) ohne triftigen Grund innerhalb von 5 Jahren nach dem Übertragungsstichtag durch die Übernehmerin (zum Begriff s BFHE 159, 455, BStBl II 1990, 474). Ein zuletzt verbleibender Teilbetrieb ist Betrieb im Sinne dieser Vorschrift (vgl auch Rz 296). Ein Mitunternehmeranteil ist einem Betrieb nicht gleichzusetzen (BFHE 159, 455, BStBl II 1990, 474). Die Veräußerung aller Mitunternehmeranteile soll schädlich sein (*Märkle* DStR 1995, 1001; aA *Hörger* DStR 1995, 905/12), mE nur dann, wenn sie sich als Missbrauch iSd § 42 AO 1977 erweist. Die Entnahme des im Wege der Umwandlung übergangenen Vermögens wird einer Aufgabe des Betriebs gleichgesetzt (*OFD Ffm* DB 2000, 2350). Ein sich hieraus ergebender laufender Gewinn unterliegt in voller Höhe der GewSt.

184 Bei der Verschmelzung einer **Unterstützungskasse** auf ihr Trägerunternehmen ist gemäß § 4 Abs 2 Satz 4 UmwStG nF der laufende Gewinn des übernehmenden Rechtsträgers um die Zuwendungen nach § 4 d EStG, die der übernehmende Rechtsträger, seine Gesellschafter oder seine Rechtsvorgänger an die Unterstützungskasse geleistet haben, zu erhöhen. Entsprechend erhöhen diese Zuwendungen den Buchwert der Anteile an der Unterstützungskasse und mindern insoweit das Übernahmeergebnis (§ 4 Abs 2 Satz 5 UmwStG nF). Dadurch wird eine Doppelbesteuerung vermieden (*Benecke/Schnitger* IStR 2007, 22, 26).

185–189 *(frei)*

190 **5. Übernahmegewinn bei Beteiligungen im Privatvermögen ohne oder mit eingeschränkter Steuerverstrickung nach § 17 EStG. a) Rechtsgrundlagen** (§ 7 UmwStG aF). Korrespondierend mit § 7 UmwStG aF bleibt nach § 4 Abs 4 Satz 3 UmwStG aF/nF bei der Ermittlung des Übernahmegewinns oder -verlustes der Wert der übernommenen

Wirtschaftsgüter außer Ansatz, soweit (Verhältnis) er auf Anteile an der übertragenden Körperschaft entfällt, die am steuerlichen Übertragungsstichtag nicht zum Betriebsvermögen der übernehmenden Personengesellschaft oder übernehmenden natürlichen Person gehören. Das UmwStG 1977 hatte alle Anteile zum Betriebsvermögen gezogen.

b) Versteuerung des Übernahmegewinns in der Form der offenen Reserven der Anteile (§ 7 UmwStG aF). Bei nicht iSd § 17 EStG beteiligten Anteilseignern, die mit ihren Kapitaleinkünften im Inland steuerpflichtig sind, ist nach **§ 7 UmwStG aF** das in der Steuerbilanz ausgewiesene Eigenkapital als Kapitaleinkunft zu behandeln (Zufluss, § 2 Abs 1 UmwStG). Die Umwandlung wird wie eine Ausschüttung behandelt. Nach § 7 UmwStG idF des StSenkG werden von der Kapitaleinkunft das gezeichnete Eigenkapital und das steuerliche Einlagekonto des § 27 KStG (Ausgangswert EK 04; *Eisgruber* DStR 2000, 1493), das sich nach Anwendung des § 29 Abs 1 KStG ergibt, ausgenommen. Nach wie vor gilt die Einlagenrückgewähr nicht als Einkunft. Durch die Abschaffung des Anrechnungsverfahrens wurde die bisherige Eigenkapitalgliederung aufgegeben (s *BMF* DB 2003, 1352). Damit werden die **offenen Reserven** des Anteils versteuert, ebenso die beim Übertragungsgewinn freiwillig aufgedeckten stillen Reserven. Besitzt die übertragende Kapitalgesellschaft eigene Anteile, so ist dabei die Höhe der Beteiligung eines Anteilseigners nach dem Verhältnis seiner Anteile zur Summe der restlichen fremden Anteile zu bemessen. Die Körperschaftsteuer ist nach neuem Recht (StSenkG) nicht mehr anzurechnen. Zur alten Rechtslage s BFHE 179, 299, BStBl II 1996, 390, *UmwStErl* Tz 10.01 ff. Auf die Herstellung einer Ausschüttungsbelastung (§ 27 KStG) wird aus Vereinfachungsgründen verzichtet (BTDrs 12/6885, 20). Die geschilderten Rechtsfolgen treffen nach § 7 Satz 2 UmwStG idF des UntStRefFG v 29. 10. 1997 (BGBl I 1997, 2590; Rz 152) auch Beteiligungen des § 17 EStG, bei deren Veräußerung ein Veräußerungsverlust nach § 17 Abs 2 Satz 4 EStG nicht zu berücksichtigen wäre (vorgeschalteter Zwischenerwerb). Die **stillen Reserven** werden planmäßig erst versteuert, wenn der Anteil an der Personengesellschaft durch Vorgänge des § 16 EStG gewinnrealisierend wegfällt. Dabei wird sich der Buchwert der eingetauschten Beteiligung an der Personengesellschaft (Kapitalkonto) als Aufwand auswirken. Auch bei Anteilen, die nach § 5 Abs 2 UmwStG aF nicht als Beteiligungen des § 17 EStG gelten und von § 7 Satz 2 UmwStG aF erfasst werden, erscheint dieses Kapitalkonto und nicht die Anschaffungskosten der Beteiligung (*Förster* DB 1997, 1786; krit *Schultz* DB 1997, 1790). 191

c) Einbringungsgeborene Anteile. § 7 UmwStG aF gilt nicht für einbringungsgeborene Anteile des § 21 UmwStG aF, auch wenn sie keine wesentliche Beteiligung iSd § 17 EStG bilden sollten. Sie gelten nach § 5 Abs 4 UmwStG aF als in das Betriebsvermögen der übernehmenden Personengesellschaft eingelegt. 192

d) Beschränkt und eingeschränkt steuerpflichtige Anteilseigner. Die offenen Reserven der Anteile werden nach § 4 Abs 4 Satz 3, § 5 UmwStG aF weder bei der Personengesellschaft noch nach § 7 UmwStG aF beim bisherigen Anteilseigner erfasst, 193

– wenn nicht iSv § 17 EStG Beteiligte nur beschränkt steuerpflichtig sind und ihre Anteile nicht in einem inländischen Betriebsvermögen halten (§ 5 Abs 3 UmwStG), soweit sie nicht mit ihren Kapitaleinkünften nach § 49 EStG beschränkt steuerpflichtig sind (vgl dazu *Schmidt/Heinicke* § 3 „Halbeinkünfteverfahren" Rz 3 mwN);
– wenn der iSv § 17 EStG Beteiligte beschränkt steuerpflichtig ist und nach einem DBA die Besteuerung dem ausländischen Staat zugewiesen ist, weil die Beteiligung zu einem ausländischen Betriebsvermögen zählt; rechnet die Beteiligung als solche des § 17 EStG zum Privatvermögen, so erfüllt der beschränkt Steuerpflichtige §§ 17, 49 Abs 1 Nr 2 Buchst e EStG;
– wenn nicht iSv § 17 EStG Beteiligte juristische Personen des öffentlichen Rechts sind und die Beteiligung nicht in einem Betrieb gewerblicher Art halten (§ 1 Abs 1 Nr 6 KStG) oder steuerbefreite Körperschaften sind und die Beteiligung außerhalb eines wirtschaftlichen Geschäftsbetriebs halten, mit dem sie allein steuerpflichtig sind (§ 5 Abs 1 Nr 9 KStG; vgl auch die Übersicht bei *Wochinger/Dötsch* DB-Beilage 14/1994, 12).

194 **e) Steuerlicher Aufwand aus unversteuerten Reserven.** Die stillen Reserven der Anteile wandern auch bei den vorstehend unter d) erwähnten Fällen in den eingetauschten Personengesellschaftsanteil. Sie sollen nach dem UmwStG auch bei Verschmelzung auf eine Personengesellschaft nicht erfasst werden, sondern erst bei einer Betriebsaufgabe der Personengesellschaft oder einer Anteilsveräußerung bzw -aufgabe. Auf die Versteuerung bei der übertragenden Körperschaft, wie sie § 13 Abs 2 UmwStG 1977 vorgesehen hatte, konnte daher im UmwStG verzichtet werden. Die in die Personengesellschaftsanteile übergeleiteten offenen Reserven erscheinen bei einer Anteilsveräußerung, -aufgabe oder Betriebsaufgabe der Personengesellschaft als Aufwand, der in der Person der Anteilseigner anders als in den Fällen des § 7 UmwStG aus unversteuertem Vermögenszuwachs entsteht. Allerdings bleibt es bei der eingetretenen Belastung des verwendbaren Eigenkapitals mit Körperschaftsteuer (zur Aufstockung s *Krebs* BB 1998, 1771).

195 **f) Ein Übernahmeverlust** kann bei § 7 UmwStG aF nicht dargestellt werden, weil das Eigenkapital eine positive Größe ist. S dazu auch *Eisgruber* DStR 2000, 1493.

196 **g) Ausschüttungsfiktion (§ 7 UmwStG nF).** Die Besteuerung der offenen Rücklagen der übertragenden Körperschaft als Einkünfte aus Kapitalvermögen (§ 20 Abs 1 Nr 1 EStG), die bisher nur bei nicht wesentlichen Anteilen iSd § 17 EStG vorzunehmen war, wird durch das SEStEG auf alle Anteilseigner der übertragenden Körperschaft ausgedehnt. Sie gilt sowohl für inländische und ausländische Anteilseigner. Unbeachtlich ist weiter, ob sich die Anteile im Betriebs- oder Privatvermögen der Anteilseigner befinden. Das Übernahmeergebnis wird dadurch in einen Dividendenteil und einen Veräußerungsvorgang aufgeteilt. Für die Einkünfte nach § 20 Abs 1 Nr 1 EStG weist Art 10 Abs 2 OECD-MA dem Quellenstaat das Besteuerungsrecht zu. Folgt man der Auffassung von *Wassermeyer* (*Debatin/Wassermeyer* MA Art 13 Rz 136), der das gesamte Übernahmeergebnis einschließlich der im Betriebsvermögen gehaltenen Anteile dem Art 13 Abs 5 OECD-

MA zuordnet, steht bei grenzüberschreitenden Umwandlungsvorgängen das Besteuerungsrecht hinsichtlich des personenbezogen zu ermittelnden Übernahmeergebnisse dem Ansässigkeitsstaat zu. Ein dadurch möglicher Verlust des inländischen Besteuerungsrechts hinsichtlich der stillen Reserven des übertragenden Rechtsträgers wird durch die vorgeschaltete Besteuerung der offenen Rücklagen im Wesentlichen vermieden (s Rz 154). Die Einnahmen iSd § 7 UmwStG sind bei der übernehmenden Personengesellschaft gesondert und einheitlich festzustellen (§§ 180 Abs 1 Nr 2a, 179 Abs 2 Satz 2 AO; aA wohl *Förster/Felchner* DB 2008, 2245).

(frei) **197–199**

6. Übernahmegewinn bei Vermögensübergang auf Personengesellschaften ohne steuerliches Betriebsvermögen

a) Rechtsgrundlage ist § 8 UmwStG aF/nF. **200**

b) § 8 Abs 1 UmwStG aF/nF. Voraussetzungen. Hat die überneh- **201**
mende Personengesellschaft kein steuerrechtliches Betriebsvermögen – zB weil sie ebenso wie die übertragende Kapitalgesellschaft private Vermögensverwaltung betreibt, ohne eine gewerblich geprägte Personengesellschaft iSd § 15 Abs 3 Nr 2 EStG zu sein – und geht deshalb das Vermögen der übertragenden Körperschaft in ein Privatvermögen der übernehmenden Personengesellschaft über, so sind die infolge des Vermögensübergangs entstehenden Einkünfte (insbesondere bei Realisierung der stillen Reserven) unmittelbar bei den Gesellschaftern (§ 8 Abs 1 UmwStG aF) bzw beim übernehmenden Rechtsträger oder dessen Gesellschaftern (§ 8 Abs 1 UmwStG nF) zu ermitteln.

c) Vorausgegangene Betriebsaufgabe der Körperschaft. Dem geht **202**
voraus, dass die übertragende Kapitalgesellschaft nach § 3 Satz 1 UmwStG aF/Abs 1 nF in der Schlussbilanz die gemeinen Werte anzusetzen hat, weil die Erfassung der stillen Reserven nicht sichergestellt ist (BTDrs 12/6885, 16). Diese Rechtsfolge tritt aber nicht schon deswegen ein, weil in eine freiberuflich tätige Personengesellschaft umgewandelt wird (evtl str; vgl Rz 56).

Da in diesen Fällen eine Bilanzierung bei der **vermögensverwaltenden** **203**
Personengesellschaft nicht in Betracht kommt (vgl BFHE 133, 285, BStBl II 1981, 574), bedarf es nach der bisherigen Rechtslage keiner Anwendung von Vorschriften, die hierauf abstellen. § 3 Abs 2 Nr 1 UmwStG nF schließt einen Buchwertansatz aus, weil die übergehenden Wirtschaftsgüter nicht Betriebsvermögen werden. Bei sog **Zebragesellschaften** sind allerdings die Einkünfte des gewerbl Beteiligten auf der Ebene des Beteiligten in gewerbliche umzuqualifizieren (BFH GrS 2/02 BStBl II 2005, 679). Nur dieser verfügt über Betriebsvermögen (*Schmidt* § 15 Rz 685). § 8 UmwStG scheidet mE insoweit zugunsten von § 5 Abs 3 UmwStG aus (Rz 207).

d) Rechtsfolgen bei der Personengesellschaft. Ansonsten verbleibt **204**
es bei den Folgen der Verschmelzung (§ 4 UmwStG aF/nF): Nach § 8 Abs 1 UmwStG aF/nF findet die Rechtsnachfolge hinsichtlich der AfA statt (§ 4 Abs 2 UmwStG aF/nF). Der Bezug in § 8 Abs 1 UmwStG aF auf

§ 4 Abs 2 UmwStG aF und die weitergeltenden Rücklagen und Bewertungsabschläge ist mE irreführend, weil diese anlässlich der Betriebsaufgabe aufgelöst werden. Ferner gilt die Regelung über die Aufstockung der Bemessungsgrundlage der AfA durch die aufgedeckten stillen Reserven (§ 4 Abs 3 UmwStG aF/nF; *Weber-Grellet* BB 1999, 28). Auch für das Privatvermögen der übernehmenden Personengesellschaft ist die Abfindung von Anteilseignern ein Anschaffungsgeschäft. Der steuerliche Übertragungsstichtag ist sowohl für die Personengesellschaft als auch für ihre Gesellschafter (Rz 105 ff) maßgebend.

205 **e) Versteuerung des Übernahmegewinns** in der Form aller Reserven der Anteile im Betriebsvermögen oder Privatvermögen des Gesellschafters und Anteilseigners. Durch die Verweisung auf § 7 UmwStG aF tritt die dort geregelte Versteuerung der zwangsweise aufgedeckten Reserven der Anteile auch im Falle des § 8 UmwStG aF und unter den Voraussetzungen des § 7 UmwStG aF ein. Dies bedeutet, es muss sich um einen nicht iSd § 17 EStG Beteiligten oder gleichgestellten Fall des § 17 Abs 2 Satz 4 EStG handeln, der mit diesen Kapitaleinkünften im Inland steuerpflichtig ist (Rz 193). Dies kann mE auch die mit Privatvermögen ausgestattete Personenhandelsgesellschaft vermögensverwaltender Art selbst sein. Dann gilt für sie § 7 UmwStG aF unmittelbar.

Nach dem UmwStG idF des SEStEG besteht das Übernahmeergebnis aus einer fiktiven Ausschüttung der offenen Rücklagen der übertragenden Kapitalgesellschaft (Dividendenteil, § 7 UmwStG nF) und einem Übernahmegewinn/-verlust (Veräußerungsteil). Das Übernahmeergebnis ist bei jedem einzelnen Anteilseignern der übertragenden Kapitalgesellschaft zu ermitteln (s Rz 153 ff).

206 Ist die vermögensverwaltende **Personenhandelsgesellschaft iSv § 17 EStG beteiligt,** so erzielen ebenfalls ihre Gesellschafter einheitlich festzustellende Einkünfte dann nach § 17 EStG. § 7 UmwStG aF bzw § 17 EStG sind aber auch anzuwenden, wenn die Personengesellschafter im Privatvermögen an der übertragenden Körperschaft beteiligt waren. Der Geschäftswert ist Teil des Veräußerungserlöses iSv § 17 Abs 4 EStG (BFHE 156, 170, BStBl II 1989, 794). Dies gilt auch hier. Denn als Erlös iSd § 17 Abs 4 EStG ist der gemeine Wert der erhaltenen Anteile an der aufnehmenden Gesellschaft anzusetzen.

207 Zu einer Versteuerung des **Übernahmegewinns im Rahmen gewerblicher Einkünfte** kommt es, wenn zwar die Personengesellschaft als vermögensverwaltende kein Betriebsvermögen hat, wohl aber die an ihr beteiligte Kapitalgesellschaft (zB die Komplementär-GmbH einer KG, § 8 Abs 2 KStG), s Rz 203. Ferner kommt es zu gewerblichen Einkünften nach § 21 UmwStG aF iVm § 16 EStG, wenn es sich um einbringungsgeborene Anteile an der übertragenden Körperschaft handelt. Die Regelung bezüglich der einbringungsgeborenen Anteile iSd § 21 Abs 1 Satz 1 UmwStG aF ist auch nach ihrer Aufhebung durch das SEStEG weiterhin anzuwenden (§ 27 Abs 3 Nr 3 UmwStG nF). Bei zu einem Betriebsvermögen des Gesellschafters zählenden Anteilen ist als Veräußerungserlös für die Altanteile deren gemeiner Wert anzusetzen (*Schmidt/Glanegger* § 6 Rz 124).

§ 8 Abs 2 UmwStG 1977 stellt sicher, dass auch in all diesen Fällen der Übernahmegewinn zum normalen Steuersatz (Ausschluss von § 34 EStG) versteuert wird (klargestellt durch § 8 Abs 2 idF des UntStFG) und im Falle des § 17 EStG ohne den Freibetrag des § 17 Abs 3 EStG. Der Veräußerungsgewinn iSd § 17 Abs 4 EStG erhöhte sich um die nach § 10 Abs 1 UmwStG anzurechnende KSt. Durch die Einführung des Halbeinkünfteverfahrens (§ 3 Nr 40 EStG) anstelle des Anrechnungsverfahrens (StSenkG) ist dies entfallen. § 22 Nr 2 EStG (Spekulationsgeschäft) ist für die Umwandlung nicht anzuwenden. 208

7. Verschmelzung auf eine natürliche Person (§ 9 UmwStG aF/§§ 3 ff UmwStG nF). Für die Verschmelzung des Vermögens der übertragenden Körperschaft auf ein Betriebsvermögen einer natürlichen Person (Rz 130) gelten nach § 9 Abs 1 UmwStG aF die geschilderten Grundsätze der §§ 4 bis 6 Abs 2 UmwStG aF/nF entsprechend, ebenso der Übertragungsstichtag des § 2 UmwStG aF/nF. Wird das Vermögen der übertragenden Körperschaft Privatvermögen der natürlichen Person, so tritt hinsichtlich der AfA Gesamtrechtsnachfolge nach § 4 Abs 2, 3 UmwStG aF/nF ein. Auch hier besteht keine Nachfolge für § 10 d EStG (Rz 86). Zu **§ 10 a GewStG** s Rz 62. Zur Besitzzeitanrechnung nach § 4 Abs 2 Satz 3 UmwStG aF/nFs Rz 42. Die Grundsätze nach § 5 Abs 1 und § 8 Abs 2 UmwStG (vgl Rz 175 ff, 207 ff) gelten sinngemäß. § 9 Abs 2 Satz 1 UmwStG enthielt mE eine planwidrige Lücke (glA *Dötsch* DB 1997, 2090/2093; aA *Förster* DB 1997, 1786/1789), weil einerseits nach § 9 Abs 1 UmwStG die Regelung des § 5 Abs 2 Satz 2 UmwStG idF des UntStRefFG v 29. 10. 1997 (BGBl I 1997, 2590) anzuwenden war. Danach sind dem Verlustabzugsverbot des § 17 Abs 2 Satz 4 UmwStG unterfallende Beteiligungen nicht zum Betriebsvermögen zu rechnen. Andererseits war § 7 UmwStG aF (Rz 191) in § 9 UmwStG aF nicht erwähnt. Diesen Mangel beseitigt § 9 UmwStG idF des UntStFG, BGBl I 2001, 3858. 209

(frei) 210–214

IX. Formwechsel einer Kapitalgesellschaft in eine Personengesellschaft und einer Personengesellschaft in eine Kapitalgesellschaft oder Genossenschaft (Rz 215–229)

1. Übertragungs- und Eröffnungsbilanz. Nach § 14 UmwStG aF/§ 9 nF sind auf den Formwechsel einer Kapitalgesellschaft in eine Personengesellschaft die Vorschriften der Verschmelzung (§§ 3–8, 10 UmwStG aF/nF) entsprechend anzuwenden (vgl Rz 130–208). Da handelsrechtlich nur von einer geänderten Bezeichnung desselben Rechtsträgers ausgegangen wird, muss handelsrechtlich keine Übertragungs- und Eröffnungsbilanz aufgestellt werden (glA *Fischer* BB 1995, 2173; aA *Priester* zu § 220 UmwG, DB 1995, 911). Dagegen ist dies für steuerliche Zwecke vorgeschrieben. Denn das Steuerrecht muss die Kapitalgesellschaft und die Personengesellschaft als verschiedene Steuersubjekte behandeln. Als Bilanzstichtag kann der Tag gewählt werden, an dem der Formwechsel wirksam wird (§ 14 Satz 2 UmwStG aF/§ 9 Satz 2 UmwStG nF). Dies ist der Tag der Eintragung im Handelsregister. Es kann aber auch ein Übertragungsstichtag gewählt werden, der höchstens acht Monate vor der Anmeldung des Form- 215 wechsels zur Eintragung im Handelsregister liegt. Dies gilt nicht, soweit dadurch in einem anderen Staat unbesteuerte Einkünfte (sog weiße Einkünfte) entstehen (§ 9 Satz 3 letzter Hs iVm § 2 Abs 3 UmwStG nF). Die Rückwirkung gestattet steuerlich, dass die Gesellschaft, auf die formwechselnd umgewandelt werden soll, erst nach dem Übertragungsstichtag gegründet wird (*UmwStErl* Tz 14.06). Die steuerliche Rückwirkung nach § 14 Satz 3 UmwStG aF/§ 9 Satz 3 UmwStG nF ist für die Bestimmung des ausgleichsfähigen Verlustes eines Kommanditisten im Rahmen eines rückwirkenden Formwechsels gegenüber den Tatbestandsmerkmalen des § 15 a EStG nachrangig (so FG S-Anh EFG 2007, 1888, Rev IV R 61/07). Ein Formwechsel ist auch in eine GbR möglich (Rz 26). Zum Formwechsel in eine KGaA s Rz 130. Zur Grunderwerbsteuer s Rz 48.

216 2. **Die Aufdeckung der stillen Reserven** in der Übertragungsbilanz wird nun auch von *Widmann* (in FS Beisse Satz 576) für zulässig gehalten, obwohl es an einer entsprechenden handelsrechtlichen Bilanzierung fehlt. Das steuerliche Wahlrecht in einer Schlussbilanz und in einer damit korrespondierenden Eröffnungsbilanz muss aber kein handelsrechtliches Pendant haben (BFHE 166, 476, BStBl II 1992, 385). Damit stellt sich die Frage der Maßgeblichkeit (§ 5 Abs 1 Satz 2 EStG) nicht (BStBl II 2006, 568; BFH/NV 2007, 2220; *OFD Rheinland* GmbHR 2008, 391). Durch das SEStEG wurde der bisher von der Verwaltung vertretene Maßgeblichkeitsgrundsatz aufgegeben.

217 3. **Gewerbesteuer, Minderheitsgesellschafter.** Auch beim Formwechsel aus einer Kapitalgesellschaft in eine Personengesellschaft gilt § 18 UmwStG hinsichtlich der Gewerbesteuer (Rz 55 ff). § 17 UmwStG ist gestrichen worden.

218 4. **Für einen Formwechsel einer eingetragenen Genossenschaft** in eine Personengesellschaft iSd § 38 a LwAnpG gelten vorstehende Regelungen entsprechend (§ 14 Satz 4 UmwStG aF). Wegen der abschließenden Regelung des § 1 Abs 1 UmwStG nF wurde dieser Hinweis durch das SEStEG gestrichen.

219 5. **Der Formwechsel einer Personengesellschaft in eine Kapitalgesellschaft oder Genossenschaft** vollzieht sich nach den §§ 20 ff UmwStG (Sacheinlage, vgl § 25 UmwStG aF/nF). Entgegen der von der *FinVerw* bisher vertretenen Maßgeblichkeit der Handelsbilanz (§ 5 Abs 1 Satz 2 EStG; *UmwStErl* Tz 20.30) darf die Kapitalgesellschaft das übergegangene Betriebsvermögen mit seinem Buchwert oder mit einem höheren Wert ansetzen (BFH BStBl II 2006, 568; BFH/NV 2007, 2220; *BMF* DStR 2006, 1600; *OFD Rheinland,* GmbHR 2008, 391). Danach ist auch hier abweichend vom Handelsrecht bei der übertragenden Gesellschaft eine Steuerbilanz auf den steuerlichen Übertragungsstichtag (§ 2 UmwStG) aufzustellen. Dazu enthält § 20 Abs 8 UmwStG aF/Abs 6 nF die Acht-Monatsregelung. Mit dem UmwStG idF des SEStEG wurde der Maßgeblichkeitsgrundsatz aufgegeben. Eine GbR kann nicht in eine Kapitalgesellschaft formwechseln.

220 Es treten beim Formwechsel vergleichbare Probleme hinsichtlich der **Handelsbilanz** auf wie bei der Verschmelzung, weil das Steuerrecht in

§ 20 Abs 4 UmwStG aF/Abs 3 nF einen Veräußerungsgewinn annimmt, handelsrechtlich aber keine Liquidation erfolgt (Rz 150).

Auch beim Formwechsel nach § 25 UmwStG aF geht der Verlustvortrag der Personengesellschaft wegen der Beschränkung der Verweisung des § 22 Abs 1 UmwStG aF auf § 12 Abs 3 Satz 1 UmwStG aF nicht auf die Kapitalgesellschaft über (BFH I B 91/97, BFH/NV 2008, 618). Zur formwechselnden Umwandlung von Personengesellschaften mit Sonderbetriebsvermögen s *Boorberg/Boorberg* DB 2007, 1777. Zur deutschen Besteuerung effektiv nicht besteuerter Gewinne aus einer formwechselnden Umwandlung einer italienischen Personengesellschaft in eine italienische Kapitalgesellschaft s BFHE 219, 534, DStRE 2008, 477. 221

Nachversteuerung gemäß § 34a Abs 6 Satz 1 Nr 2 EStG. Nach dieser Vorschrift ist bei den Mitunternehmern eine Nachversteuerung hinsichtlich nicht entnommener Gewinne iSd § 34a Abs 2 EStG, die bisher gemäß § 34a Abs 1 EStG begünstigt besteuert wurden, durchzuführen, wenn die Personengesellschaft in eine Kapitalgesellschaft oder Genossenschaft formwechsend umgewandelt wird (§ 25 UmwStG nF). 222

(frei) 223–229

X. Verschmelzung oder Vollvermögensübertragung von einer Körperschaft auf eine andere (Rz 230–279)

1. Rechtsgrundlagen sind §§ 11–13 UmwStG aF/nF. 230

2. Bilanzierung des Übertragenden. a) Wahlrecht auf Aufdeckung der stillen Reserven. Nach dem UmwStG idF des SEStEG sind die stillen Reserven grds aufzudecken. Die übertragende Körperschaft hat danach in ihrer Schlussbilanz die übergehenden Wirtschaftsgüter mit dem gemeinen Wert anzusetzen (§ 11 Abs 1 UmwStG nF). Sie kann auf ihren Antrag hin die Buchwerte des übergehenden Betriebsvermögens fortführen. Dies ist jedoch nur möglich, soweit 231

- die in dem übergegangenen Vermögen enthaltenen stillen Reserven später bei der Übernehmerin der Körperschaftsteuer unterliegen (Rz 134) und
- das deutsche Besteuerungsrecht an den übergehenden Wirtschaftgütern bei der übernehmenden Körperschaft nicht ausgeschlossen oder beschränkt wird und
- eine Gegenleistung nicht gewährt wird oder nur in Gesellschaftsrechten besteht (§ 11 Abs 2 Satz 1 UmwStG nF).

Soweit die genannten Voraussetzungen erfüllt sind, kann auch ein **Zwischenwert** (Begriff BFHE 173, 338, BStBl II 1994, 759), höchstens der gemeine Wert gewählt werden. Der hierfür erforderliche Antrag gilt durch das Einreichen der steuerlichen Schlussbilanz als gestellt (§ 11 Abs 3 iVm § 3 Abs 2 Satz 2 UmwStG nF; BTDrs 16/2710, 37). Ist für die inländische Besteuerung eine steuerliche Schlussbilanz erforderlich, ist eine solche unabhängig von einer inländischen Steuer- oder Buchführungspflicht zu erstellen (BTDrs 16/2710, 40). 232

Das **Wahlrecht** ist **in der Schlussbilanz** einheitlich für alle übergehenden Wirtschaftsgüter auszuüben (Rz 345). Die **Maßgeblichkeit** der 233

HB schränkt bei Verschmelzungen das Bewertungswahlrecht des § 11 Abs 1 Satz 2 UmStG 1995 als spezielle Regelung nicht ein (BFH BStBl II 2008, 650; *OFD Rheinland* GmbHR 2008, 391; *Teiche* DStR 2008, 1757). Die von der Verwaltung bisher vertretene gegenteilige Ansicht (*UmwStErl* Tz 11.02) wurde durch das UmwStG nF aufgegeben. Eine zur Aufdeckung der stillen Reserven führende Gegenleistung liegt mE in der Zuzahlung durch die übernehmende Kapitalgesellschaft, die zusätzlich zum Wert der Neuanteile geleistet wird, mit der Folge, dass der Wert der Gegenleistung in der Schlussbilanz anzusetzen ist (glA *Thiel* DStR 1995, 237/239 für Spaltung). Es wird von einer anteiligen Veräußerung ausgegangen und von einer anteiligen Fortsetzung des unternehmerischen Engagements in anderer Rechtsform (Trennungstheorie und Stufentheorie), soweit Gesellschaftsrechte gewährt werden (*Dehmer* § 11 Rz 93; *UmwStErl* Tz 11.20).

234 **Nicht als Gegenleistungen** zu werten sind ansonsten entgeltliche (Spitzenausgleich) Veränderungen der Anteilsrechte unter den Gesellschaftern (*Buyer* aaO Tz 315; *UmwStErl* Tz 11.10) oder die Barabfindung des widersprechenden Gesellschafters durch die Übernehmerin (Erwerb eigener Anteile) oder Barabfindung durch die übertragende Kapitalgesellschaft (verdeckte Gewinnausschüttung oder Erwerb eigener Anteile, vgl *UmwStErl* Tz 11.08). Nicht als Gegenleistung ist ferner der Wegfall der Beteiligung anzusehen, wenn eine Kapitalgesellschaft auf ihren alleinigen Gesellschafter in der Rechtsform einer Kapitalgesellschaft verschmolzen wird (*UmwStErl* Tz 11.13). Die Einziehung eigener Anteile ist steuerneutral. Der Übergang von **Betriebsschulden** stellt keine Gegenleistung dar (vgl *BMF* BStBl I 1992, 47).

Unklar ist, ob sich das Wahlrecht iSd § 11 Abs 1 UmwStG 1995 auf Aufdeckung der stillen Reserven nur auf Wirtschaftsgüter bezieht, für die ein Buchwert besteht (zutr *UmwStErl* Tz 11.19), oder ob auch bisher nicht aktivierte immaterielle Wirtschaftsgüter wie der Firmenwert (übergegangene Wirtschaftsgüter) anzusetzen sind.

Bei Ansatz des gemeinen Werts nach § 11 Abs 1 Satz 1 UmwStG nF sind nunmehr alle übergehenden Wirtschaftgüter, einschließlich nicht entgeltlich erworbener oder selbst geschaffener Wirtschaftsgüter, zu erfassen. Dabei sind Pensionsrückstellungen gemäß § 6a EStG mit dem Teilwert anzusetzen. Diese Regelung gilt mE nur bei der Aufdeckung der stillen Reserven, nicht dagegen beim Ansatz des Buchwerts bzw eines Zwischenwerts iSd § 11 Abs 2 Satz 1 UmwStG nF.

235 **b) Kein Wahlrecht besteht** nach § 11 Abs 2 UmwStG nF, soweit zwar keine Gegenleistung erfolgt oder Gesellschaftsanteile als Gegenleistung gewährt werden, die spätere Erfassung der stillen Reserven aber nicht sichergestellt ist, zB weil das Vermögen in kein Betriebsvermögen übertragen wird, wie dies bei einem Übergang auf eine öffentlich-rechtliche oder steuerbefreite Körperschaft zutrifft. Insoweit sind die Wirtschaftsgüter mit dem gemeinen Wert (§ 11 Abs 1 UmwStG nF) oder – wenn eine Gegenleistung erbracht wird – mit dem Wert der für die Übertragung gewährten Gegenleistung anzusetzen (§ 11 Abs 2 Satz 1 Nr 3 UmwStG nF). Ausnahmen werden gesehen, wenn das zu übertragende Vermögen schon vorher

dem deutschen Besteuerungszugriff, zB durch DBA, entzogen war (*Schaumburg* FR 1995, 211/219).

Kein Wahlrecht besteht ferner, soweit die Erfassung der stillen Reserven zwar bei der Übernehmerin sichergestellt ist, aber eine Gegenleistung erbracht wird und diese nicht in Gesellschaftsanteilen besteht. Dann sind die einzelnen Wirtschaftsgüter nach den Grundsätzen der sog Stufentheorie um den Wert der Gegenleistung gewinnerhöhend aufzustocken (*Dötsch/Pung* DB 2007, 2704, 2709). Kein Wahlrecht besteht danach zB bei einer **Vollvermögensübertragung nach § 174 UmwG,** bei der die Gegenleistung nicht in Gesellschaftsanteilen bestehen kann (Rz 21). **236**

Geht das Vermögen nicht auf die Übernehmerin über, so handelt es sich um eine Betriebsaufgabe und keine Verschmelzung, weil es an einem übernehmenden Rechtsträger fehlt (§ 11 Abs 1 UmwG aF/nF). **237**

Die Ausübung des Bewertungswahlrechts setzt weiter voraus, dass bei grenzüberschreitenden Verschmelzungen das deutsche Besteuerungsrecht nicht ausgeschlossen oder beschränkt wird (§ 11 Abs 2 Satz 1 Nr 2 UmwStG nF). Soweit dies der Fall ist, sind durch den Ansatz des gemeinen Werts des übergehenden Betriebsvermögens die stillen Reserven aufzulösen (s Rz 134). **238**

c) Auf die Verschmelzung der Muttergesellschaft auf die Tochterkapitalgesellschaft (down-stream merger) wendet die *FinVerw* (*UmwStErl* Tz 11.24) zutreffend die §§ 11–13 *UmwStG* entsprechend an (krit *Mentel* DStR-Beilage 17/1998, 27). S dazu auch *BMF* BStBl I 2003, 786 Tz 15. Die für diesen Fall und die vorgeschaltete Verschmelzung auf eine Tochtergesellschaft (*UmwStErl* Tz 12.07/8) von der *FinVerw* vorgenommene Hinzurechnung nach § 12 Abs 2 Satz 2 UmwStG aF wird bei vorausgegangenen Korrekturen nach § 50c EStG oder § 8b Abs 3 KStG entbehrlich (vgl § 12 Abs 2 Satz 3 UmwStG aF, Rz 252). Die Billigkeitsregelung (*UmwStErl* Tz 11.24) hinsichtlich der steuerlichen Behandlung der Abwärtsverschmelzung zur Auskehrung von Liquidität und gleichzeitiger Vermeidung der Nachversteuerung des EK 02 durch Übergang einer Verbindlichkeit der Muttergesellschaft gegenüber ihrem Anteilseigner auf die Tochtergesellschaft darf nicht zu ungerechtfertigten Steuervorteilen führen (s *OFD Koblenz* FR 2006, 439; *Rödder/Wochinger* DStR 2006, 684). **239**

§ 11 Abs 2 Satz 2 UmwStG nF lässt eine Abwärtsverschmelzung auf die Tochtergesellschaft ausdrücklich zu. Danach hat die Muttergesellschaft ihre Anteile an der aufnehmenden Tochtergesellschaft mindestens mit dem Buchwert erhöht um Abschreibungen sowie um Abzüge nach § 6b EStG und ähnliche, in den letzten 5 Jahren vorgenommene Abzüge, höchstens mit dem gemeinen Wert, anzusetzen. Der durch die Wertaufholungen entstehende Beteiligungskorrekturgewinn stellt einen laufenden Gewinn dar (§ 11 Abs 2 Satz 3 UmwStG nF iVm § 8b Abs 2 Satz 4 und 5 KStG). Dadurch wird eine Umgehung des allgemeinen Wertaufholungsgebots iSd § 6 Abs 1 Nr 2 Satz 3, Nr 1 Satz 4 EStG durch eine rückwirkende Umwandlung ausgeschlossen (s *Schwetlik* GmbHR 2007, 576).

Die **Verschmelzung von Schwestergesellschaften** (side-step merger) unterfällt den §§ 11 bis 13 UmwStG (*Mentel* DStR-Beilage 17/1998, 24). **240**

Eine Gegenleistung fällt dabei grundsätzlich nicht an. Als Anschaffungskosten der Anteile an der übernehmenden Schwestergesellschaft nach der Verschmelzung gilt die Summe der Anschaffungskosten der Anteile an der übertragenden und übernehmenden Schwestergesellschaft vor der Verschmelzung (*UmwStErl* Tz 11.14). Auch Hinzurechnungen nach § 12 Abs 2 und 3 UmwStG aF sind vorzunehmen (*BMF* BStBl I 2003, 786 Tz 19).

Während bisher gesellschaftsrechtlich bei Verschmelzungen und Spaltungen eine Anteilsgewährungspflicht bestand, können nunmehr gemäß §§ 54 Abs 1 Satz 2, 68 Abs 1 Satz 2 UmwG idF des 2. Gesetzes zur Änderung des UmwG v 24. 4. 2007, BGBl I 2007, 542, die Gesellschafter der übertragenden Gesellschaft in Verschmelzungs- und Spaltungsfällen (§ 125 UmwG) auf die Gewährung von Gesellschaftsanteilen verzichten (s *Mayer/Weiler* DB 2007, 1235, 1238). Danach sind gesellschaftsrechtlich ua Verschmelzungen von Schwesterkapitalgesellschaften innerhalb des Konzerns ohne Kapitalerhöhung möglich (anders noch *UmwStErl* Tz 11.14).

Zum side-step merger ohne Anteilsgewährung s *Pupeter/Schnittker* FR 2008, 160.

241–244 *(frei)*

245 **3. Der Übertragungsgewinn** der übertragenden Körperschaft aus zwangsweise oder freiwillig in der Schlussbilanz aufgelösten stillen Reserven unterliegt der normalen Versteuerung und ist deshalb körperschaftsteuer- und gewerbesteuerpflichtig (§ 19 Abs 1 UmwStG). Er entsteht mit Ablauf des Übertragungsstichtags (§ 2 Abs 1 UmwStG aF/nF). Der übertragenden Gesellschaft sind die bis zum Ablauf des steuerlichen Übertragungsstichtags verwirklichten Besteuerungsgrundlagen zuzurechnen. Die Steuerfestsetzung erfolgt gegenüber der übernehmenden Gesellschaft als Rechtsnachfolgerin. Eine Verrechnung mit einem von der übernehmenden Gesellschaft im Verschmelzungsjahr erwirtschafteten Verlust ist nicht möglich. Dies gilt auch für die GewSt (BFH BFH/NV 2008, 1538). Die Steuerbefreiung des § 8 b Abs 2 KStG iVm fiktiv nicht abziehbaren Betriebsausgaben von 5% des Gewinns iSd § 8 b Abs 3 KStG gilt allerdings auch für Übertragungsgewinne iSd §§ 11, 15 UmwStG aF/nF, soweit diese auf die Beteiligungen iSd § 8 b Abs 2 KStG entfallen (*BMF* BStBl I 2003, 292 Tz 23; *Haritz/Wisniewski* FR 2003, 549). Zur Behandlung der Veräußerungskosten, die vor und nach dem Jahr der Anteilsveräußerung entstanden sind, s *BMF* BStBl I 2008, 506. Die Körperschaftsteuer auf den Übertragungsgewinn ist um eine fiktive ausländische Steuer gemäß 26 KStG zu ermäßigen, wenn im Fall der Hinausverschmelzung die BRD nicht auf ihr Besteuerungsrecht an einer in einem anderen EU-Staat belegenen Betriebsstätte verzichtet und das jeweilige DBA keine Freistellung enthält (§ 11 Abs 3 iVm § 3 Abs 3 UmwStG nF).

246 **4. Bilanzierung des Übernehmenden (§ 12 UmwStG). a) Bindung an die Schlussbilanz.** Die übernehmende Körperschaft hat die Schlussbilanzwerte der übertragenden in ihre Eröffnungsbilanz zu übernehmen (§ 12 Abs 1, § 4 Abs 1 UmwStG aF/nF). Handelsrechtlich gelten die Grundsätze der Verschmelzung (Rz 150).

247 **b) Einlage aus steuerfreiem Vermögen (§ 12 Abs 1 Satz 2 UmwStG aF).** Geht das Vermögen von einer steuerbefreiten auf eine steuerpflichtige Körperschaft über, so setzt die Übernehmende die Wirtschaftsgüter mit dem Teilwert an. Dies entspricht § 13 KStG (*Schmidt/Glanegger* § 6 Rz 442, 443). Zu Einzelheiten s *UmwStErl* Tz 12.02. Diese Regelung wurde durch das SEStEG entbehrlich, weil die übertragenen Wirtschaftsgüter grds mit dem gemeinen Wert anzusetzen sind.

c) Bewertung der Anteile an der übertragenden Körperschaft (up-stream merger; § 12 Abs 1 Satz 2 UmwStG nF). Die übernehmende Muttergesellschaft hat die Anteile an ihrer übertragenden Tochtergesellschaft mit dem Buchwert anzusetzen, wobei steuerwirksam vorgenommene Teilwertabschreibungen, Abzüge nach § 6b EStG und ähnliche Abzüge bis zur Höhe des gemeinen Werts rückgängig zu machen sind (§ 12 Abs 1 Satz 2 iVm § 4 Abs 2 Satz 2, 3 UmwStG nF). Durch die Aufdeckung der stillen Reserven entsteht ein Beteiligungskorrekturgewinn, der als laufender Gewinn nach den allgemeinen Grundsätzen zu besteuern ist (§ 12 Abs 1 Satz 2 iVm § 4 Abs 2 Satz 3 UmwStG nF). Der Beteiligungskorrekturgewinn geht nicht in das Übernahmeergebnis ein. Insoweit bleibt es bei Umwandlungen mit Auslandsbezug und grenzüberschreitenden Umwandlungsvorgängen beim bisherigen Besteuerungsrecht. **248**

(frei) **249**

5. Die AfA folgt auch hier dem Prinzip der Gesamtrechtsnachfolge (§ 12 Abs 3 UmwStG aF/nF, keine Anschaffung). § 12 Abs 3 Satz 1 UmwStG nF verweist auf die Grundsätze des § 4 Abs 2 und 3 UmwStG nF (Rz 152). Abweichend von der Verschmelzung auf Personenunternehmen (§ 4 UmwStG aF) findet hier nach der bisherigen Rechtslage die Gesamtrechtsnachfolge auch in den verbleibenden Verlustabzug des § 10d Abs 3 Satz 2 EStG statt. Gemäß § 12 Abs 3 Satz 2 UmwStG 1995 gehen verbleibende und nicht ausgeglichene laufende Verluste auf die übernehmende Gesellschaft insoweit über, als die übertragende Körperschaft ihren Geschäftsbetrieb im Zeitpunkt der Eintragung des Vermögensübergangs im Handelsregister noch nicht eingestellt hat (BFH BStBl II 2006, 380; FG Münster v 7. 12. 2007 EFG 2008, 496 rkr; aA *BMF* BStBl I 2006, 344). In Übereinstimmung mit der Verschmelzung auf Personengesellschaften lässt nunmehr § 12 Abs 3 iVm § 4 Abs 2 UmwStG nF die Nutzung von verbleibenden Verlusten der übertragenden Körperschaft nicht mehr zu. Es besteht lediglich die Möglichkeit, vorhandene Verluste durch den Ansatz des übergehenden Betriebsvermögens mit einem Zwischenwert oder dem gemeinen Wert zu reduzieren (Rz 87). Ebenso ist ein Zinsvortrag nach § 4h Abs 1 Satz 2 EStG ausgeschlossen (§ 12 Abs 3 Hs 2 iVm § 4 Abs 2 Satz 2 UmwStG nF). Ferner erfolgt eine **Besitzzeitanrechnung** (§ 12 Abs 4/Abs 3 iVm § 4 Abs 2 Satz 3 UmwStG aF/nF) und eine Aufstockung der **AfA-Bemessungsgrundlage** (§ 12 Abs 4/Abs 3 iVm § 4 Abs 3 UmwStG aF/nF), wenn die Übertragende freiwillig oder unfreiwillig stille Reserven aufdeckt. Die Gewinnkorrekturen aus der Vereinigung von Forderung und Verbindlichkeit gelten auch hier (§ 12 Abs 4 iVm § 6 Abs 1 u 2/6 Abs 6 UmwStG aF/nF; Rz 183). **250**

6. Neutralisierter Übernahmegewinn/-verlust bei der Übernehmerin (§ 12 Abs 2 UmwStG aF/nF). Bei einer Verschmelzung auf die Muttergesellschaft (up-stream merger) werden ihre Anteile an der Tochter- **251**

gesellschaft durch das übergehende Vermögen ersetzt. Der dabei entstehende Übernahmegewinn/-verlust ist der Unterschiedsbetrag zwischen dem Buchwert der Anteile (§ 4 Abs 4 Satz 2 UmwStG aF/§ 1 Abs 5 Nr 4 UmwStG nF) und dem Wert, mit dem die übergegangenen Wirtschaftsgüter nach der Wertverknüpfung mit der Schlussbilanz der übertragenden Körperschaft anzusetzen sind. Die Übernahmekosten mindern das Übernahmeergebnis. Dieses bleibt außer Ansatz (§ 12 Abs 2 Satz 1 UmwStG aF/nF), dh das Ergebnis wird außerhalb der Bilanz neutralisiert. Dies trägt dem Rechnung, dass die stillen Reserven, soweit sie aufgedeckt werden, beim Übertragungsgewinn versteuert werden. Der Übergangsverlust wird auch dann neutralisiert, wenn in der Schlussbilanz der Buchwertansatz gewählt wird (BFHE 159, 31, BStBl II 1990, 92). Eine Neutralisierung hat insoweit zu unterbleiben, als die Übernehmerin an der übertragenden Gesellschaft nicht beteiligt ist (§ 12 Abs 2 Satz 2 UmwStG nF). Entsprechend gelten 5% des anteiligen Übernahmegewinns nach § 8b Abs 2 iVm Abs 3 KStG als nicht abziehbare Betriebsausgaben. In der Literatur ist streitig, in welchem Umfang die Berechnung des Übernahmeergebnisses bei einer nicht 100%igen Beteiligung der übernehmenden Kapitalgesellschaft an der übertragenden Kapitalgesellschaft zu erfolgen hat (s *Perwein* GmbHR 2008, 747). Nach dem steuerlichen Übertragungsstichtag erworbene Anteile an der übertragenden Kapitalgesellschaft gelten als an diesem Tag angeschafft (§ 12 Abs 2 Satz 3 iVm § 5 Abs 1 UmwStG nF).

252 **7. Anteilsbuchwert unterschreitet Anschaffungskosten (§ 12 Abs 2 Satz 2 u 4 UmwStG aF).** Der Vermeidung einer Doppelberücksichtigung von Verlusten im Zusammenhang mit dem Übergang des Verlustabzuges der wegfallenden Körperschaft auf die Übernehmerin dient auch § 12 Abs 2 Satz 2 u 3 UmwStG aF. Vorangegangene Teilwertabschreibungen, die infolge der Gesamtrechtsnachfolge ihre Berechtigung verloren haben, werden dadurch rückgängig gemacht (BFHE 159, 31, BStBl II 1990, 92), dass der Unterschiedsbetrag zwischen den Anschaffungskosten und dem Buchwert dem Gewinn der übernehmenden Körperschaft hinzugerechnet wird, und zwar auch bei der Verschmelzung zwischen **Schwestergesellschaften** (*UmwStErl* Tz 12.07; s Rz 240). Damit sollen in dem beschriebenen Umfang die stillen Reserven in den untergehenden Anteilen aufgedeckt werden. Ist die Teilwertabschreibung nach § 50c EStG aF oder nach § 8b Abs 3 KStG nF nicht anerkannt worden, so unterbleibt die Hinzurechnung (§ 12 Abs 2 Satz 3 UmwStG aF). Damit ein Verlust durch Verlustvorträge nicht doppelt berücksichtigt wird (*Dötsch* DB 1997, 2090/2093), sind Teilwertabschreibungen auf die Beteiligung uneingeschränkt und nicht nur bezogen auf den tatsächlichen Teilwert rückgängig zu machen (*Füger/Rieger* DStR 1997, 1427/1440; krit *Haritz* GmbHR 1997, 783/784; *Prinz* FR 1997, 881). Als Ausweichmöglichkeit wird die Veräußerung der Beteiligung zum Buchwert in der Unternehmensgruppe erörtert (*Plewka/Höppner* NWB Fach 2, S 6909; mE evtl verdeckte Gewinnausschüttung). **Altes Recht und Übergangsregelung:** Die Hinzurechnung durfte nach altem Recht den Differenzbetrag zwischen dem Wert des übernommenen Vermögens nach § 11 Abs 2 UmwStG (Wert der Gegenleistung oder Teilwert) und dem Buchwert der Anteile nicht überschreiten.

Diese **Begrenzung** war durch das UntStRefFG v 29. 10. 1997 (BGBl I 1997, 2590) für Umwandlungen entfallen, die auf Rechtsakten beruhen, die nach dem 31. 12. 1996 wirksam wurden (§ 27 Abs 3 UmwStG aF; Rz 152). § 12 Abs 2 Satz 4 UmwStG aF bezog sich auf diese Begrenzung und ist mit dem StBereinG 1999 v 22. 12. 1999 (BGBl I 1999, 2601) als bedeutungslos gestrichen worden. Wegen der Kompetenzüberschreitung des Vermittlungsausschusses ist die ersatzlose Streichung des § 12 Abs 2 Satz 4 UmwStG 1995 zwar mit dem Grundgesetz unvereinbar, sie bleibt aber gültig, weil es an der nötigen Evidenz des Verfahrensmangels fehlt (BVerfG DStR 2008, 556). Für den Wegfall der Begrenzung ist auf die Eintragung im Handelsregister nach dem 5. 8. 1997 abzustellen (Gesetz v 19. 12. 1997, BGBl I 1997, 3121; Rückwirkung zweifelhaft nach FG Düsseldorf EFG 1999, 673 rkr).

Als **Anschaffungskosten der Anteile** werden nach § 12 Abs 2 Satz 2 **253**
UmwStG aF auch die Zuwendungen des Trägerunternehmens an Unterstützungskassen behandelt. Ansonsten würde identischer Aufwand zweimal berücksichtigt, weil das Trägerunternehmen die Zuwendung in der Vergangenheit als Betriebsausgaben geltend gemacht hat (§ 4 d EStG; BFHE 166, 465, BStBl II 1992, 744) und ein Aufwand auch in der Form von Rückstellungen nach § 6 a EStG im übernommenen Vermögen erscheint (*Wochinger/Dötsch* DB-Beilage 14/1994, 16). Die Regelung zur Vermeidung einer Mehrfachbegünstigung im Falle der Verschmelzung einer Unterstützungskasse auf ihr Trägerunternehmen enthält § 4 Abs 2 Satz 4 UmwStG nF, der über § 12 Abs 3 UmwStG nF auch bei einer Umwandlung auf eine andere Körperschaft entsprechend gilt.

8. Übergang von einer Versicherungs-Aktiengesellschaft auf ei- **254**
nen Versicherungsverein auf Gegenseitigkeit oder ein öffentlich-rechtliches Versicherungsunternehmen. Nach § 12 Abs 5 UmwStG aF/nF wird bei einem Vermögensübergang in den nicht steuerpflichtigen oder steuerbefreiten Bereich einer Körperschaft eine Totalausschüttung unterstellt mit der Folge, dass die übernehmende Körperschaft Einkünfte aus Kapitalvermögen iSd § 20 Abs 1 Nr 1 EStG hat. Davon ausgenommen ist aber das auf die Anteile entfallende steuerliche Eigenkapital. Damit wird sichergestellt, dass Kapitalertragsteuer einbehalten wird. Denn es kommt zu einem Vermögensübergang auf einen Letztempfänger (BTDrs 14/6882, 40). Eine Rechtsnachfolge in den verbleibenden Verlustabzug des § 10 d Abs 4 EStG wird wie bei der Verschmelzung auf Personenunternehmen nicht zugelassen (§ 12 Abs 5 Satz 3 UmwStG aF; § 12 Abs 3 iVm § 4 Abs 2 Satz 2 UmwStG nF). Zur Kapitalertragsteuerpflicht bei grenzüberschreitender Verschmelzung einer deutschen Kapitalgesellschaft auf eine EU/EWR-Kapitalgesellschaft s *Schell* IStR 2008, 397.

(frei) **255–259**

9. Neutralisierter Tauschgewinn/-verlust beim Anteilseigner der **260**
übertragenden Körperschaft (§ 13 UmwStG aF/nF). a) Anteile im Betriebsvermögen (§ 13 Abs 1 UmwStG aF). Nach dem UmwStG 1995 vollzieht sich der Anteilstausch steuerneutral. Die Anteile, die zu einem inländischen oder der inländischen Besteuerung unterworfenen ausländischen Betriebsvermögen gehören, gelten als zum Buchwert veräu-

ßert und die eingetauschten Anteile als mit diesem Wert angeschafft. Dies gilt für Kapitalgesellschaften und die übrigen Körperschaften des § 1 Abs 1 KStG, deren Leistungen bei den Empfängern zu Einnahmen iSd § 20 Abs 1 Nr 1 oder 2 des EStG gehören und die deswegen am Anrechnungsverfahren alten Rechts beteiligt waren (§ 43 KStG aF).

261 Diese Grundsätze gelten auch bei **einbringungsgeborenen Anteilen** (§ 13 Abs 3 UmwStG aF). Die Einschränkung der Teilwertabschreibung nach § 50 c EStG aF haftet auch den Neuanteilen an (§ 13 Abs 4 UmwStG idF des StEntlG 99/00/02). Damit soll klargestellt werden, dass der Sperrbetrag auch nicht im Falle eines sog up-stream mergers untergeht (BTDrs 14/23, 282). § 50 c EStG bleibt nach Maßgabe des § 52 Abs 59 EStG für mit einem Sperrbetrag belegte Anteile weiterhin anwendbar. § 13 Abs 3 UmwStG aF gilt auch für im Betriebsvermögen gehaltene einbringungsgeborene Anteile an der übertragenden Gesellschaft (*BMF* BStBl I 2003, 786 Rz 17; *Schumacher* DStR 2004, 589/92). Die Regelung des § 13 Abs 3 UmwStG aF zu den sog einbringungsgeborenen Anteilen ist durch die sog Infizierungstheorie des § 13 Abs 2 Satz 2 UmwStG nF überflüssig geworden.

262 Werden an den Anteilseigner im Falle des § 13 Abs 1 UmwStG aF zusätzlich zu den im Austausch erhaltenen Anteilen an der Übernehmerin **Zusatzzahlungen** geleistet, so tritt teilweise eine Gewinnrealisierung ein. Dies geschieht dadurch, dass von der Barzahlung der auf sie anteilig entfallende Buchwert des bisherigen Anteils abgezogen wird. Dieser Teil des Buchwerts wird ermittelt durch Gegenüberstellung von Barzahlung und Gesamtverkehrswert (vgl *Widmann/Mayer* aaO Rz 6318). Dies läuft auf die sog Trennungstheorie hinaus (*Schmidt/Weber-Grellet* § 17 Rz 105).

263 **b) Fehlende Beteiligung der Übernehmerin.** Die Anteile können in Verschmelzungsfällen zu einem Betriebsvermögen oder zu einem Privatvermögen gehören. Dementsprechend gelten die Vorschriften des § 13 Abs 2 UmwStG aF insbesondere auch dann, wenn die übernehmende Körperschaft an der übertragenden überhaupt nicht beteiligt ist (vgl *Widmann/Mayer* Rz 6314).

264 **c) Anteile im Privatvermögen.** Bei einer im Privatvermögen gehaltenen Beteiligung iSd § 17 EStG oder bei einer anderen Beteiligung, die aber wegen des Anteilstausches dann nicht der Besteuerung nach § 17 EStG, sondern der nach § 23 EStG (Spekulationsgeschäft) unterliegen würde, gelten die Altanteile zu den Anschaffungskosten veräußert und die Neuanteile zu diesen Anschaffungskosten erworben (ergebnisneutral). Mit dem Erwerb neuer Anteile im Zuge der Verschmelzung beginnt für den Anteilseigner die nach § 23 Abs 1 Satz 1 Nr 2 EStG maßgebliche Veräußerungsfrist von einem Jahr (BFH BStBl II 2009, 13). Zu Einzelheiten s *BMF* BStBl I 2004, 1034; *Steinlein* DStR 2005, 456. Anteile nach § 17 EStG können auch bei beschränkt Steuerpflichtigen nach § 49 Abs 1 Nr 2 Buchst e EStG oder § 49 Abs 1 Nr 8 EStG der Besteuerung unterliegen und deshalb unter § 13 Abs 2 UmwStG aF fallen.

265 Die im Zuge der Verschmelzung im **Tausch gegen Beteiligungen** iSd § 17 EStG erhaltenen Anteile gelten als Beteiligungen des § 17 EStG, auch

wenn sie keine mehr sind (§ 13 Abs 2 Satz 2 UmwStG aF). Werden aus Anteilen, die keine Beteiligungen iSd § 17 EStG waren, durch den Anteilstausch solche des § 17 EStG – zB im Zuge einer Spaltung –, so gilt für diese neuen Anteile der gemeine Wert (§ 9 BewG) am Übertragungsstichtag als Anschaffungskosten (§ 13 Abs 2 Satz 3 UmwStG aF). Dadurch soll verhindert werden, dass stille Reserven, die aus der Zeit vor der Steuerverstrickung der Anteile stammen, der Besteuerung unterworfen werden. Zur rückwirkenden Anwendung der geänderten Wesentlichkeitsgrenzen s *Schmidt/Weber-Grellet* § 17 Rz 35; BFHE 209, 285, BStBl II 2005, 398.

d) Besteuerungstatbestände bei den Anteilseignern. Eine spätere Versteuerung kommt dann in Betracht, wenn diese nach der Umwandlung eigenständige Veräußerungsgewinne nach § 17, § 23 EStG oder § 21 UmwStG aF auslösen oder bei der Umwandlung Zusatzzahlungen geleistet werden (Rz 262). Barabfindungen für ausscheidende Anteilseigner können wie Zuzahlungen durch die Kapitalgesellschaft als verdeckte Gewinnausschüttung sonstige Bezüge iSd § 20 Abs 1 Nr 1 EStG sein oder bei einem Erwerb eigener Anteile durch die Kapitalgesellschaft Veräußerungserlöse (*UmwStErl* Tz 13.04). Für die Veräußerungsgewinne ist dann von den Ausgangswerten des § 13 UmwStG aF auszugehen. 266

e) Die Zusammenrechnung der Kapitalien der übernehmenden und der übertragenden Körperschaft unter Berücksichtigung der Tarifbelastung regelte für das alte Recht § 38 KStG aF. §§ 29 Abs 3, 47 Abs 1 Nr 2 KStG aF enthielten ergänzende Regelungen für die Auflösung von Rücklagen und die dadurch bedingte Veränderung des verwendbaren Eigenkapitals (vgl dazu *Wochinger/Dötsch* DB-Beilage 14/1994, 17; *Dehmer* DStR 1994, 1713/1721; *UmwStErl* Tz Gl.01). Zum neuen Recht, dh nach Einführung des Halbeinkünfteverfahrens, s § 29, § 40 KStG; *BMF* BStBl I 2003, 786 Rz 27 ff; *Müller/Maiterth* DStR 2002, 746. 267

f) Besteuerung der Anteilseigner nach dem SEStEG. Nach § 13 Abs 1 UmwStG idF SEStEG führt die Verschmelzung auf der Ebene der Gesellschafter grds zur Aufdeckung der stillen Reserven. Die untergehenden Anteile an der übertragenden Kapitalgesellschaft gelten grds mit dem gemeinen Wert veräußert und die dafür erhaltenen Anteile an der übernehmenden Kapitalgesellschaft als mit diesem Wert angeschafft. Dies gilt unabhängig vom Wertansatz auf der Ebene der übertragenden Körperschaft. Die Ermittlung der Einkünfte aus der Veräußerung der Anteile erfolgt nach den allgemeinen Grundsätzen (zB §§ 4, 5 EStG, 8 b KStG bei betrieblichen Anteilen, §§ 17, 22 Nr 2 iVm §§ 23, 3 Nr 40 EStG und § 22 UmwStG bei Anteilen des Privatvermögens). 268

Auf Antrag kann der Buchwert der Anteile an der übertragenden Körperschaft fortgeführt werden, wenn (Nr 1) das Besteuerungsrecht der BRD hinsichtlich des Gewinns aus der Veräußerung der erhaltenen Anteile nicht ausgeschlossen oder beschränkt wird oder (Nr 2) die an der späteren Veräußerung beteiligten Mitgliedstaaten Art 8 FusionsRL anzuwenden haben. Der Ansatz eines Zwischenwerts ist nicht vorgesehen. Bei einer Buchwertfortführung treten die neuen Anteile an der übernehmenden Körperschaft vollständig in die Rechtstellung der untergehenden Anteile ein (§ 13 Abs 2 Satz 2 UmwStG nF). Dies bedeutet, dass vorgenommene Teilwertabschreibungen oder auf die Altanteile übertragene Rücklagen nach § 6b EStG bei den Neuanteilen steuerwirksam aufzuholen sind. Ebenso bleibt die Eigenschaft einer wesentlichen Beteiligung iSd § 17 EStG auch dann bestehen, wenn an der übernehmenden Körperschaft die Beteiligungsgrenze unterschritten wird. Eine spätere Veräußerung der Anteile führt gemäß § 17 Abs 4 EStG zu steuerpflichtigen Einkünften. Ebenso geht die Steuerverhaftung von sog einbringungsgeborenen Anteile iSd § 21 Abs 1 Satz 1 UmwStG aF auf die neuen Anteile mit über.

An die Stelle des Buchwerts treten die Anschaffungskosten der Anteile an der übertragenden Körperschaft, wenn diese im Privatvermögen gehalten werden (§ 13 Abs 2 Satz 3 UmwStG nF).

269 *(frei)*

270 **10. Beschränkung des Besteuerungsrechts. a)** Das Besteuerungsrecht der BRD kann durch **grenzüberschreitende Vorgänge** wie bei Inlandsverschmelzungen mit Auslandsbezug und Auslandsverschmelzungen mit Inlandsbezug iSd §§ 11 Abs 2 Nr 2, 13 Abs 2 Nr 1 UmwStG nF ausgeschlossen oder beschränkt bzw durch Hinaus- und Hereinverschmelzung berührt werden (s *Hagemann/Jakob/Ropohl/Viebrock* NWB Sonderheft 1/2007, 24).

271 **b) Inlandsverschmelzung mit Auslandsbezug.** Ein Auslandsbezug kann durch einen im Ausland ansässigen Anteilseigner bzw durch Auslandsvermögen (Betriebsstätte) der übertragenden Körperschaft bestehen. Eine Inlandsverschmelzung iSd § 11 UmwStG nF führt hinsichtlich des ausländischen Betriebsvermögens nach dem anzuwendenden DBA grds zu keinem Ausschluss oder einer Beschränkung des bisherigen Besteuerungsrechts. Das Bewertungswahlrecht iSd § 11 Abs 2 UmwStG nF wird dadurch bei der übertragenden Körperschaft nicht ausgeschlossen. Auf der Ebene der Anteilseigner kommt es grds darauf an, ob sich durch die Umwandlung das Besteuerungsrecht hinsichtlich des Gewinns aus der Veräußerung der untergehenden Anteile ändert. Gemäß Art 13 Abs 5 OECD-MA hat grds der Ansässigkeitsstaat des Anteilseigners das Besteuerungsrecht an den Gewinnen aus der Veräußerung von im Privatvermögen gehaltenen Anteilen. Dagegen spricht Art 13 Abs 2 OECD-MA das Besteuerungsrecht für Veräußerungsgewinne von im Betriebsvermögen gehaltenen Anteilen dem Quellenstaat zu.

272 **c) Auslandsverschmelzung mit Inlandsbezug.** Eine Verschmelzung von im EU- oder EWR-Ausland ansässigen Körperschaften kann gemäß § 1 Abs 1 Nr 1 iVm §§ 11–13 UmwStG nF zu steuerlichen Auswirkungen führen, wenn eine inländische Betriebsstätte besteht (§ 11 UmwStG nF) oder ein Anteilseigner der übertragenden Körperschaft im Inland ansässig ist. Abkommensrechtlich steht das Recht zur Besteuerung von gewerblichen Einkünften grds dem Quellenstaat zu (Art 7 OECD-MA). Die beschränkte Steuerpflicht der übertragenden Körperschaft hinsichtlich des inländischen Betriebsvermögens wird deshalb durch den Vermögensübergang auf die übernehmende Körperschaft nicht ausgeschlossen oder beschränkt. Es entsteht grds kein Übertragungsgewinn. Die Besteuerung eines Übernahmeergebnisses iSd § 12 Abs 2 UmwStG nF obliegt grds dem Ansässigkeitsstaat der übernehmenden Körperschaft. Auf der Ebene der An-

teilseigner kommt es dann zu einer inländischen Besteuerung eines Veräußerungsgewinns iSd § 13 UmwStG nF, wenn Anteilseigner der übertragenden Körperschaft unbeschränkt oder beschränkt steuerpflichtig sind und die Beteiligung im Betriebsvermögen gehalten wird oder eine wesentliche Beteiligung iSd § 17 EStG besteht. Das Besteuerungsrecht der BRD ist zB dann iSd § 13 Abs 2 Nr 1 UmwStG nF berührt, wenn abkommensrechtlich durch eine Hineinverschmelzung in ein anderes EU-Ausland bzgl der übernehmenden Körperschaft andere Regelungen greifen. So lässt das tschechische DBA abweichend vom OECD-MA neben der Besteuerung der Anteilseigner durch die BRD eine Besteuerung des Veräußerungsgewinns aus Anteilen durch den (tschechischen) Quellenstaat zu. Dies führt aus der Sicht der BRD zu einer Besteuerung unter Anrechnung der tschechischen Quellensteuer. Trotz dieser Beschränkung des inländischen Besteuerungsrechts iSd § 13 Abs 2 Nr 1 UmwStG nF kommt es gemäß § 13 Abs 2 Nr 2 UmwStG nF nicht zur Aufdeckung der stillen Reserven, wenn Art 8 FusionsRL anzuwenden ist. Dieser erlaubt es den Mitgliedstaaten der EU, die Veräußerung der Anteile an der übernehmenden Körperschaft unabhängig von den Bestimmungen des DBA in gleicher Art und Weise wie die Veräußerung der Anteile an der übertragenden Körperschaft zu besteuern. In diesem Fall kann es für den Anteilseigner zu einer Doppelbesteuerung kommen.

d) Hinausverschmelzung. Wird eine inländische Körperschaft auf 273
eine andere Körperschaft mit Sitz in einem anderen EU-Mitgliedstaat verschmolzen, gelten für die übertragende Körperschaft die allgemeinen Grundsätze des § 11 UmwStG nF. Verbleibt das Vermögen der übertragenden Körperschaft im Inland, tritt wegen der beschränkten Körperschaftsteuerpflicht der übernehmenden Körperschaft hinsichtlich der Tatbestände des § 11 Abs 2 Nr 1 u 2 UmwStG nF keine Änderung ein. Wird Betriebsvermögen in das Ausland überführt, kommt es gemäß § 11 Abs 1 UmwStG nF zu einer Realisierung der stillen Reserven. Die im Ausland ansässige übernehmende Körperschaft unterliegt nicht der deutschen Besteuerung. § 12 UmwStG nF ist nicht anwendbar. Der Anteilstausch iSd § 13 Abs 1 UmwStG nF kann bei einem unbeschränkt steuerpflichtigen Anteilseigner zum Buchwert erfolgen, wenn die Steuerpflicht des Anteilseigners hinsichtlich seiner Anteile an der übernehmenden Körperschaft auch nach der Verschmelzung bestehen bleibt und abkommensrechtlich das Besteuerungsrecht der BRD nicht durch die Anwendung des Anrechnungsverfahrens eingeschränkt wird (§ 13 Abs 2 Nr 1 UmwStG nF). Beim ausländischen Anteilseigner, der hinsichtlich seiner Beteiligung an der übertragenden Körperschaft bisher beschränkt steuerpflichtig war, wird wegen des grds Wegfalls des Besteuerungsrechts der BRD eine Anteilsveräußerung zum gemeinen Wert fingiert (§ 13 Abs 1 UmwStG nF). Dies gilt nur dann nicht, wenn vor der Verschmelzung die BRD insoweit kein Besteuerungsrecht hatte.

e) Hereinverschmelzung. Wird eine im EU-Ausland ansässige Kör- 274
perschaft auf eine inländische Körperschaft verschmolzen, gilt für die übertragende Körperschaft grds das ausländische Steuerrecht. Verfügt sie über inländisches Vermögen (Betriebsstätte), wird das insoweit der BRD als

Quellenstaat zustehende Besteuerungsrecht idR weder iSd § 11 Abs 2 Nr 2 UmwStG nF beschränkt noch ausgeschlossen. Eine Aufdeckung der stillen Reserven ist insoweit wegen des bestehenden Bewertungswahlrechts der übertragenden Körperschaft nicht veranlasst.

Die übernehmende inländische Körperschaft hat die übergehenden Wirtschaftsgüter mit dem Wertansatz in der Schlussbilanz der übertragenden Körperschaft zu übernehmen (§ 12 Abs 1 Satz 1 UmwStG nF). Nach der Gesetzesbegründung zu § 3 UmwStG nF ist die ausländische Körperschaft zur Erstellung einer steuerlichen Schlussbilanz iSd § 11 Abs 1 UmwStG nF verpflichtet, weil sie für die Ermittlung des Übernahmeergebnisses benötigt wird. Da insoweit das deutsche Besteuerungsrecht nicht ausgeschlossen oder beschränkt wird, kann das übergehende Vermögen auch mit dem Buchwert angesetzt werden (§ 11 Abs 2 UmwStG nF). Wegen der speziellen Regelung des § 12 Abs 1 UmwStG nF sind mE die allgemeinen Verstrickungsgrundsätze des § 4 Abs 1 Satz 7 Hs 2 EStG nicht anwendbar (aA *Hagemann/Jakob/Ropohl/Viebrock* NWB Sonderheft 1/2007, 32). Maßgebend sind die in der Übertragungsbilanz angesetzten Werte (§ 11 Abs 1 UmwStG nF). Für ein im Ausland belegenes Betriebsvermögen wird bei einem DBA mit Freistellungsmethode durch die Verschmelzung kein deutsches Besteuerungsrecht begründet. Das Besteuerungsrecht für gewerbliche Einkünfte steht grds dem Quellenstaat zu. Hinsichtlich des übergehenden inländischen Betriebsvermögens bleibt das bisher bestehende Besteuerungsrecht am Veräußerungsgewinn der Wirtschaftsgüter unverändert bestehen. Auf der Stufe der Anteilseigner der übertragenden Körperschaft gelten die allgemeinen Regelungen des § 13 UmwStG nF. Zur erstmaligen Feststellung eines steuerlichen Einlagekontos von ausländischen Körperschaften im Fall der Hereinverschmelzung (§ 29 Abs 6 KStG) s *Schießl* DStZ 2008, 852.

275 **11. Nur an der übernehmenden Kapitalgesellschaft beteiligte Gesellschafter** werden von § 13 UmwStG aF/nF nicht betroffen. Die Steuerverstrickung dieser Anteile richtet sich nach allgemeinen Grundsätzen zB des § 17 EStG und des § 21 UmwStG aF/nF. Zu den Folgen einer – verschmelzungsbedingten – Kapitalerhöhung s *Schmidt/Weber-Grellet* § 17 Rz 78; BFHE 167, 429, BStBl II 1992, 763 zu einbringungsgeborenen Anteilen.

276 **12. Drittstaaten-Verschmelzungen.** Bei Verschmelzungen von Kapitalgesellschaften nach ausländischem Umwandlungsrecht innerhalb desselben ausländischen Staates kommt gemäß § 12 Abs 2 Satz 2 KStG die Regelung des § 13 UmwStG zur Anwendung. Dies gilt nicht für Spaltungen (s *Dötsch/Pung* DB 2006, 2648).

277–279 *(frei)*

XI. Barabfindung an Minderheitsgesellschafter (Rz 280–289)

280 § 17 UmwStG wurde mWv ab dem 1. 1. 2000 durch das StBereinG 1999 aufgehoben. Begünstigt sind nach § 27 Abs 4 UmwStG nF letztmals Abfindungen, die auf Rechtsakten beruhen, bei denen der steuerliche Übertragungsstichtag vor dem 1. 1. 1999 liegt. Dadurch wurde dem Rech-

nung getragen, dass Kapitalgesellschaftsanteile nicht mehr zu den nach § 6b EStG begünstigten Objekten gehören. Hinsichtlich der alten Rechtslage wird auf die 4. Auflage verwiesen.

(frei) **281–289**

XII. Aufspaltung, Abspaltung und Teilvermögensübertragung auf andere Körperschaften oder auf eine Personengesellschaft (Rz 290–329)

1. Rechtslage nach dem UmwStG 1977. Siehe 4. Auflage. **290**

2. Sachlicher Anwendungsbereich des UmwStG. Das UmwG sieht die Spaltungsformen der Aufspaltung, Abspaltung und Ausgliederung vor. Zu den Begriffen s Rz 11ff. Spaltungen können auch zur Begründung einer Betriebsaufspaltung nutzbar gemacht werden (*Patt* DStR 1994, 1383). Alle Spaltungsformen sind partielle Gesamtrechtsnachfolgen. Das UmwStG sieht in seinem § 1 korrespondierende Spaltungsvorschriften vor. Geht der Spaltungsvorgang von einer Körperschaft aus, gilt der 2. bis 5. Teil (§ 1 Abs 1 Nr 1 UmwStG nF); geht er von einer Personengesellschaft aus, gilt der 6. bis 8. Teil (§ 1 Abs 3 Nr 1 UmwStG nF). § 15 UmwStG verweist auf die §§ 11 bis 13 UmwStG, die die Gesamtrechtsnachfolge einer Körperschaft auf eine andere regeln, und § 16 UmwStG auf die §§ 3–8, 10 UmwStG für die Gesamtrechtsnachfolge aus einer Körperschaft auf eine Personengesellschaft. Eine Aufspaltung *auf* eine natürliche Person ist nach dem UmwG nicht möglich. Die Aufspaltung entspricht aus der Sicht der abgebenden Gesellschaft dem Spiegelbild der Verschmelzung unter Vermögensteilung, die Abspaltung einer Teilsonderrechtsnachfolge. Zu Schluss- und Übertragungsbilanzen s Rz 85. **291**

Eine verunglückte Spaltung ist nach allgemeinen Grundsätzen als Liquidation, eine verunglückte Abspaltung als Sachausschüttung an die Anteilseigner zu behandeln (*UmwStErl* Tz 15.11). Dies gilt im Ergebnis auch nach § 15 Abs 1 Satz 2 UmwStG nF, der die Anwendung der §§ 11 Abs 2 u 13 Abs 2 UmwStG nF ausschließt, wenn kein Teilbetrieb übertragen wird bzw im Falle einer Abspaltung bei der übertragenden Körperschaft kein Teilbetrieb verbleibt.

Für die **Ausgliederung,** bei der die Neuanteile nicht den Altgesellschaftern, sondern dem ausgliedernden Rechtsträger selbst zufallen (Rz 17), gelten nicht die Teile 2–5 des UmwStG (§ 1 Abs 1 u 4 UmwStG aF/§ 1 Abs 1 Satz 2 u Abs 3 Nr 2 UmwStG nF), sondern die Vorschriften §§ 20, 24 UmwStG. Zur handelsrechtlichen Vorbereitung und Durchführung einer Spaltung nach dem UmwG s *Geck* DStR 1995, 416. **292**

3. Persönlicher Anwendungsbereich. Die Spaltungsvorgänge müssen nach der bisherigen Rechtslage aus einer unbeschränkt steuerpflichtigen Körperschaft heraus und im Falle des § 15 UmwStG auf eine solche Körperschaft erfolgen (*Dehmer* DStR 1994, 1753/1755). Nach neuem Recht können Spaltungsvorgänge auch aus einer Kapitalgesellschaft mit Sitz und Ort der Geschäftsleitung innerhalb der EU bzw des EWR heraus erfolgen (s oben Rz 5). Zu Abspaltungen aus Genossenschaften s *von Waldow/Pols* DB 2001, 1334. Außerdem setzt § 1 Abs 4 UmwStG aF/Abs 1 Satz 1 Nr 1 **293**

nF Aufspaltung oder Abspaltung iSd § 123 Abs 1 und 2 UmwG voraus. Für diese ist ein Eintrag nach § 130 UmwG im Register des Sitzes jedes beteiligten Rechtsträgers erforderlich. An den Registereintrag sind die Finanzämter gebunden. Das UmwStG idF des SEStEG lässt auch eine **grenzüberschreitende Spaltung** zu.

294 4. **Besonderheiten bei der Teilübertragung** nach § 174 Abs 2 Nr 1, 2 UmwG unter Beteiligung von öffentlich-rechtlichen Körperschaften und Versicherungsvereinen. Während nach § 1 Abs 4 UmwStG aF für diese Vorgänge wegen der Rechtsform der beteiligten Rechtsträger nicht vollumfänglich die Teile 5–7 des UmwStG aF, sondern die §§ 15 und 19 UmwStG aF gelten, enthält § 1 Abs 1 Nr 4 UmwStG nF keine entsprechende Beschränkung. § 38 b KStG aF regelte die Gliederung des verwendbaren Eigenkapitals für Fälle, in denen von einer nicht gliederungspflichtigen in eine gliederungspflichtige Körperschaft abgespalten wird. Der Teilbetrag ist in das EK 04 einzustellen. § 30 Abs 3 KStG aF regelte dies für Vermögensübertragungen auf neu gegründete Rechtsträger. Für das neue Recht gilt nun § 40 Abs 2 KStG.

295 5. **Spaltungsgegenstände.** Handelsrechtlich können nach § 123 UmwG schlicht Vermögensteile durch Auf- oder Abspaltung übergehen. Das Steuerrecht kennt mit Ausnahme der Rechtsanalogie zu § 24 UmwStG bei der Übertragung von Einzelwirtschaftgütern (§ 6 Abs 5 Satz 3 EStG) in oder aus dem Vermögen einer Mitunternehmerschaft gegen Gewährung oder Aufgabe von Gesellschaftsrechten (Realteilung) den Übergang stiller Reserven in völliger oder teilweiser Gesamtrechtsnachfolge nur für bestimmte (betriebliche) Einheiten (vgl auch § 6 Abs 3 EStG). So fordern auch die Spaltungsvorschriften des UmwStG eine Einschränkung des Handelsrechts: § 15 Abs 1, § 16 setzen den Übergang eines **Teilbetriebs** voraus. Die Herstellung spaltungsfähiger Teilbetriebe dadurch, dass im Rahmen einer kapitalistischen Betriebsaufspaltung zu Buchwerten Einzelwirtschaftsgüter übertragen werden, sieht die *FinVerw* als Missbrauch an (*UmwStErl* Tz 15.41; *OFD Ffm* DB 1996, 1753; mE unzutr). Andererseits lässt sie es zu, dass spätestens zum Übertragungsstichtag spaltbare Teilbetriebe hergestellt und spätestens zum Spaltungsbeschluss neutrale Wirtschaftsgüter zugeordnet werden (*UmwStErl* Tz 15.10). Als Teilbetrieb gilt auch ein Mitunternehmeranteil oder eine 100%-Beteiligung an einer Kapitalgesellschaft. Der Teilbetriebsbegriff des § 16 EStG wird vielfach die durch das UmwStG und UmwG zu erleichternden Umwandlungen verhindern, zB wenn zwei Einheiten auf demselben Betriebsgrundstück geführt werden (vgl FG München EFG 1995, 312 rkr; BFH/NV 1994, 694). Zur Zuordnung von Einzelwirtschaftsgütern zu fiktiven Teilbetrieben nach Tz 15.09 des UmwStErl s *Scholten/Griemla* DStR 2008, 1172. Es spricht einiges dafür, im Bereich des UmwStG großzügiger zu verfahren, etwa durch eine Auslegung konform der EU-Richtlinie (*Blumers* DB 2001, 722; *Herzig/Momen* DB 1994, 2210/2213; Rz 34, 29; *Thömmes* DStR-Beilage 17/1998, 47; *Menner/Broer* DB 2002, 815; *Schumann/Neumann* DStR 2008, 325). Die *FinVerw* will bei Grundstücken ideelle Teilung (Maßstab = Nutzungsverhältnis) nach der Spaltung ausreichen lassen (*UmwStErl* Tz 15.07). Der Begriff der wesentlichen Betriebsgrundlage der betrieblichen Einheit

ist jedenfalls nicht quantitativ, sondern funktional auszulegen (*BMF* BStBl I 2000, 1253; *Reiche* DStR 2006, 1205; krit *Patt/Rasch* FR 2000, 1328).

6. Verbleibendes Vermögen (§ 15 Abs 1 Satz 2 UmwStG). Bleibt der bisherige Rechtsträger wie bei einer Abspaltung oder Teilvermögensübertragung bestehen, so muss auch das der übertragenden Körperschaft verbleibende Vermögen zu einem Teilbetrieb gehören. Die Buchwertfortführung setzt mE weiterhin die sog doppelte Ausschließlichkeit des § 15 Abs 1 UmwStG aF voraus. § 15 Abs 1 Satz 2 UmwStG nF fordert bei einer Abspaltung oder Teilübertragung ausdrücklich das Verbleiben eines Teilbetriebs bei der übertragenden Körperschaft. Außerdem muss in den Fällen der Aufspaltung, Abspaltung und Teilübertragung auf die Übernehmerinnen je ein Teilbetrieb übertragen werden (s *Ley/Bodden* FR 2007, 265; aA *Schumann/Neumann* DStR 2008, 325). Ein Mitunternehmeranteil oder eine 100%-Beteiligung an einer Kapitalgesellschaft sollen nach *UmwStErl* Tz 15.06 nicht als Teilbetrieb gelten, wenn die Beteiligung einem Teilbetrieb als wesentliche Betriebsgrundlage zuzurechnen ist. **Neutrale,** insbesondere gewillkürte betriebliche **Wirtschaftsgüter,** wie Mietwohngrundstücke, gehören zwar funktional zu keinem Teilbetrieb. Der verbleibende Teilbetrieb wird aber notwendigerweise zum Betrieb (BFHE 193, 433, BStBl II 2001, 101). Deswegen können solche neutralen Wirtschaftsgüter als verbleibendes Vermögen des verbleibenden Teilbetriebs (§ 15 Abs 1 Satz 2 UmwStG) gewertet werden (glA *Hörger* DStR-Beilage 17/1998, 30; *Rödder/Wochinger* FR 2000, 1, 16; aA zB *UmwStErl* Tz 15.02). Jedenfalls können sie anteilig jedem Teilbetrieb zugeordnet werden (*OFD Hannover* DB 2000, 2349; *OFD Kiel* BB 2001, 465). Das Wahlrecht nach § 11 Abs 1 UmwStG aF/Abs 2 nF gilt nicht für das verbleibende Vermögen. Für dieses ist der Buchwert fortzuführen (*Thiel* DStR 1995, 237; *Hörger* aaO). 296

7. Missbrauchsklausel. Die fehlende Teilbetriebseigenschaft der Spaltungsmasse könnte dadurch umgangen werden, dass ein als Spaltungsmasse tauglicher Mitunternehmeranteil oder eine 100%-Beteiligung durch eine Übertragung von Wirtschaftsgütern, die keinen Teilbetrieb bilden, erworben oder aufgestockt (Einlage durch den Beteiligten) worden ist und deshalb als abzuspaltender oder verbleibender Spaltungsgegenstand zur Verfügung stünde. Deshalb bestimmt § 15 Abs 3 Satz 1 UmwStG aF/Abs 2 nF, dass solche Vorgänge § 11 Abs 1 UmwStG aF/Abs 2 nF für diese Beteiligungen ausschließen, wenn sie sich innerhalb eines Zeitraums von 3 Jahren vor dem steuerlichen Übertragungsstichtag ereignet haben. S dazu auch *Wassermeyer* DStR 1993, 589/592; *Krebs* BB 1997, 2078; zur Abspaltung von Beteiligungen an Organgesellschaften s *Stegemann* DStR 2002, 1549. § 15 Abs 3 Satz 1 UmwStG kann die jeweilige verbleibende oder abzuspaltende Beteiligung betreffen (BTDrs 12/6885, 23; *UmwStErl* Tz 15.15). § 11 Abs 1 UmwStG aF/Abs 2 nF mit seinem Wahlrecht kann aber nur für die abzuspaltende Einheit in Rede stehen. Ist er nach § 15 Abs 3 Satz 1 UmwStG aF/Abs 2 nF auszuschließen, so ist § 11 Abs 2 UmwStG aF/Abs 1 nF hinsichtlich des abzuspaltenden Gegenstands anzuwenden, und hinsichtlich des verbleibenden Vermögens sind unabhängig davon Buchwerte fortzuführen (aA *Thiel* DStR 1995, 237/241). Ist ein Anteil an einer 297

Spaltgesellschaft dadurch veräußert worden, dass die Spaltgesellschaft ihrerseits gespalten, verschmolzen oder eingebracht wird, so ist § 11 Abs 1 UmwStG nicht anwendbar (*OFD Nürnberg* DB 2000, 697). Gleichzeitig belegt § 15 Abs 3 Satz 1 UmwStG aF/Abs 2 Satz 1 nF mit der Variante Aufstockung, dass auch **Bruchteile eines Mitunternehmeranteils** einen Spaltungsgegenstand abgeben (glA *UmwStErl* Tz 15.04). Wie die *FinVerw* schädliche und unschädliche Aufstockung abgrenzt, ist schwer nachzuvollziehen. So soll bei Mitunternehmeranteilen die aufstockende Einlage schädlich sein, bei Kapitalgesellschaftern dagegen nicht (*UmwStErl* Tz 15.17 ff), obwohl für die Einlage in beiden Fällen ähnliche steuerrechtliche und handelsrechtliche Strukturen gelten. Die Aufstockung infolge Erbfall oder Erbauseinandersetzung wird – wohl aus Billigkeitsgründen – als unschädlich gewertet (*UmwStErl* Tz 15.20).

298 **8. Veräußerungsklausel (§ 15 Abs 3 Satz 2 bis 5 UmwStG aF/Abs 2 Satz 2 bis 5 nF). a) Zweck.** § 11 Abs 1 UmwStG aF/Abs 2 nF ist danach nicht anzuwenden, wenn durch die Spaltung die Veräußerung an außenstehende Personen vollzogen wird (Satz 1). Außenstehende Personen sind nicht solche, auf die im Konzern abgespalten werden könnte (vgl *Krebs* BB 1992, 184/187; *UmwStErl* Tz 15.26). Die Veräußerung ist nicht begünstigt, weil sie keine Fortsetzung des unternehmerischen Engagements in anderer Form darstellt, sondern einen Realisierungstatbestand. Für den Veräußerungsbegriff gelten die üblichen Grundsätze: Unentgeltliche Erbfolge, Erbauseinandersetzung und Realteilung sind keine Veräußerung, der Tausch von Anteilen dagegen schon (*UmwStErl* Tz 15.24). Der Verzicht auf ein Bezugsrecht bei einer Kapitalerhöhung kann Veräußerung sein (BFHE 169, 336, BStBl II 1993, 477; FG München EFG 1998, 461 rkr; ähnl *UmwStErl* Tz 15.29). Zum Verzicht auf Aufgabeaufgeld s *OFD Ffm* DB 2002, 1026. Werden die Beteiligungsverhältnisse nach Abspaltung beim übertragenden Rechtsträger geändert, so ist strittig, ob dies eine schädliche Veräußerung darstellt (*Haritz/Wagner* DStR 1997, 181). Vgl zu Abgrenzungsfragen *Schumacher* DStR 2002, 2066. Die Steuerbefreiung des § 8b Abs 2 KStG nF gilt allerdings auch für Übertragungsgewinne iSd § 15 UmwStG aF/nF, soweit diese auf Beteiligungen iSd § 8b Abs 2 KStG entfallen (*BMF* BStBl I 2003, 292 Tz 23; *Haritz/Wisniewski* FR 2003, 549).

299 Durch die Spaltung wird eine **Veräußerung vollzogen,** wenn zB der Erwerber als Gesellschafter aufgenommen wird und dann unter Trennung der Gesellschafter aufgespalten wird.

300 **Eine Veräußerung wird vorbereitet,** wenn zB der Gesellschafter auf Vorrat abspaltet und die Anteile an der Abspaltungsempfängerin veräußert und womöglich die Anteilsveräußerung wegen der beschränkten Steuerpflicht des veräußernden Anteilseigners noch dazu nicht im Inland besteuert wird (vgl dazu BTDrs 12/6885, 23; *Thiel* DStR 1995, 237, 42; *Dehmer* DStR 1994, 1753/1756). Irreführend ist, dass die auf die Regierungsbegründung (BTDrs aaO) zurückgehenden Beispiele mit Steuervermeidungsvarianten garniert werden. Dies mag den in der Praxis vorkommenden Fällen entsprechen. Unzulässig sind diese Umgehungen aber allein schon deswegen, weil es sich um nicht begünstigte Veräußerungen des Gesell-

schaftsvermögens handelt (krit auch *Momen* DStR 1997, 355). Zum Begriff der Veräußerung s Rz 298.

b) Die Beweisregel des § 15 Abs 3 Satz 4 UmwStG aF/Abs 2 Satz 4 nF umschreibt den Vorbereitungstatbestand des Satzes 3 nicht abschließend, sondern beispielhaft. Was die Rückschlüsse aus einer nachfolgenden Veräußerung angeht, so stellt er insoweit keine abschließende **Beweislastregel,** sondern eine unwiderlegbare Vermutung dar, die in allen Fällen gilt, in denen innerhalb von fünf Jahren nach dem steuerlichen Übertragungsstichtag Anteile veräußert werden, die mehr als 20% der vor Wirksamwerden der Spaltung an der Körperschaft bestehenden Anteile ausmachen (BFHE 211, 443, BStBl II 2006, 391). Dabei kann es sich auch um schädliche Verkäufe bei der abspaltenden Altgesellschaft handeln. Zu grenzüberschreitenden Spaltungen s *Schumacher/Neumann* DStR 2008, 325. 301

Über die **20%-Grenze** gibt der Spaltungs- und Übernahmevertrag Aufschluss (§ 126 UmwG) bzw der Spaltungsplan (§ 136 UmwG). S dazu *Thiel* DStR 1995, 237/242 unter Hinweis auf die vergleichbare Regelung in § 15 Abs 4 UmwStG aF. Nach den genannten Vorschriften des UmwG ist der tatsächliche Wert des zu spaltenden Vermögens festzustellen (*Geck* DStR 1994, 416/9). Hieraus sind die Wertrelationen festzuhalten. Es ist deshalb für die Bagatellgrenze nicht vom Nennkapital auszugehen (*Wochinger/Dötsch* DB-Beilage 14/1994, 23; *Herzig/Förster* DB 1995, 338/345; *UmwStErl* Tz 15.28). Der Wert des übertragenen Vermögens entscheidet über das Umtauschverhältnis und damit über die Umrechnung der 20% auf das Vermögen der übernehmenden Gesellschaft. S dazu auch im Anschluss an die Tabelle von *Thiel* DStR 1995, 237 die Übersicht mit Berechnungsbeispielen im *UmwStErl* Tz 15.28 sowie *Haritz/Asmus* DStR 2003, 2052. 302

Beispiel: Die AB-GmbH mit den Gesellschaftern A und B (Beteiligungsverhältnis je 50%) spaltet 50% der tatsächlichen Vermögenswerte auf die Y-GmbH ab. Der 20%-Grenze der AB(alt)-GmbH entspricht eine Grenze von 20 x (100:50)% = 40% bezogen auf die Y-GmbH oder die AB(neu)-GmbH. Veräußert A 41% der Anteile an der Y-GmbH, so ist dies schädlich. Das Wertansatzwahlrecht des § 11 Abs 1 UmwStG aF/Abs 2 nF entfällt rückwirkend (§ 175 Abs 1 Satz 1 Nr 2 AO). Die stillen Reserven sind daher in der Schlussbilanz aufzudecken mit der Wertverknüpfung nach §§ 15, 12, 4 Abs 1 UmwStG aF/nF für die Übernehmerin. 303

Diese Folgen machen **Vereinbarungen zwischen den Gesellschaftern** über Vertragsstrafen bei Verkäufen über der Schädlichkeitsgrenze erforderlich. 304

c) Bei einer Trennung von Gesellschafterstämmen (§ 15 Abs 3 Satz 5 UmwStG aF/Abs 2 Satz 5 nF) setzt die Anwendung des § 11 Abs 1 UmwStG aF/Abs 2 nF voraus, dass die Beteiligung an der übertragenden Körperschaft mindestens fünf Jahre vor dem steuerlichen Übertragungsstichtag bestanden hat. Dadurch sollen Missbräuche abgewehrt werden, die in dem Eingehen von Beteiligungen zum Zwecke des Vermögenserwerbs durch Spaltung gesehen werden. Gesellschafterstamm bedeutet, dass nicht nur die Trennung des Gesellschafterbestands in der spalten- 305 den Gesellschaft beobachtet wird, sondern bei mittelbarer Beteiligung auch jene in den Obergesellschaften (aA *Ehlermann/Löhr* DStR 2003, 1509). Eine Änderung der Beteiligungsquote in einer Weise, dass ein Gesellschafter keinerlei Mitwirkungs- oder Widerspruchsrecht mehr hat, muss als Trennung verstanden werden (*Herzig/Förster* DB 1995, 338). Zur Vorbesitzzeit im Einzelnen s *UmwStErl* Tz 15.37; 24.18; *Krebs* BB 1997, 2078/81; zutr kritisch für Kapitalgesellschaften, die noch keine fünf Jahre bestehen, *Diers* BB 1997, 1869/74.

306 **9. Verlustabzug.** S Rz 85ff für § 10d EStG und Rz 62ff für § 10a GewStG.

307 **10. Gliederung des verwendbaren Eigenkapitals.** Nach § 38a KStG aF waren die nach §§ 30 bis 37 KStG ermittelten Eigenkapitalanteile der übertragenden Körperschaft aufzuteilen wie der Verlustabzug nach § 15 Abs 4 UmwStG aF/Abs 3 nF (s Rz 87). Zu Einzelheiten s *Thiel* DStR 1995, 276; *Wochinger/Dötsch* DB-Beilage 14/1994, 25; *UmwStErl* Tz Gl.14; *Mayer* DB 2008, 888. Nach Abschaffung des Anrechnungsverfahrens und Einführung des Halbeinkünfteverfahrens sieht § 40 Abs 2 KStG aF den Übergang des KSt-Guthabens vor (s Rz 148).

308, 309 *(frei)*

310 **11. Übertragungsbilanz. a) Entsprechende Anwendung der Verschmelzungsvorschriften** bedeutet sowohl für § 15 UmwStG aF/nF als auch § 16 UmwStG aF/nF, dass für das im Falle der Abspaltung (Teilvermögensübertragung) bei der Körperschaft verbleibende Vermögen keine Wahlrechte eröffnet werden, sondern die Buchwerte fortgeführt werden müssen. Das gesetzlich geregelte **Wahlrecht** auf Ansatz höherer Werte als der Buchwerte (§§ 3, 11 UmwStG aF/nF) in der steuerlichen Übertragungsbilanz ist dagegen auf jede Einheit zu beziehen, die als Spaltungsgegenstand in Betracht kommt und auch als solcher behandelt wurde (*Hörger* FR 1994, 765; *Herzig/Momen* DB 1994, 2157; evtl aA *Thiel* DStR 1993, 237/239: einheitlich). Die geänderte Fassung des *UmwStErl* Tz 15.12 lässt es sogar zu, das Wahlrecht wirtschaftsgutbezogen auszuüben (mE zweifelhaft).

311 **b) Handelsbilanz.** Nach §§ 125, 177 UmwG ist auch § 17 Abs 2 UmwG auf Spaltungsvorgänge anzuwenden. Vgl dazu und zur Frage der Maßgeblichkeit der Handelsbilanz Rz 246, 150; aA (Handelsbilanz maßgeblich) *UmwStErl* Tz 15.12.

312 **c) Zuzahlungen (§ 126 Abs 1 Nr 3 UmwG).** Es gelten auf der Ebene der Gesellschaft die unter Rz 234 erläuterten Grundsätze. Nichtverhältniswahrende Spaltungen (§ 128 UmwG) lösen wegen der abschließenden Regelung in § 13 UmwStG aF/nF keine verdeckten Gewinnausschüttungen aus, auch nicht bei wertungleichen Alt- und Neuanteilen. Es sind Ausgleichszahlungen (Spitzenausgleich) zwischen den Gesellschaftern zwar wie bei der Realteilung für die Wahlrechte des § 11 Abs 1 UmwStG aF/Abs 2 nF unschädlich, beim Empfänger aber nach allgemeinen Grundsätzen, dh bei Beteiligungen im Betriebsvermögen sowie in Fällen der §§ 17, 23 EStG, § 21 UmwStG steuerpflichtig. S dazu auch *Dehmer* DStR 1994, 1753/1756; *Thiel* DStR 1995, 237/239; evtl aA *Walpert* DStR 1998, 361.

BFHE 166, 476, BStBl II 1992, 385 hat dies für die Realteilung von Personengesellschaften entschieden und den Spitzenausgleich bei Buchwertfortführung ebenfalls auf der Gewinnermittlungsebene der Gesellschafter angesiedelt. Durch die Aufteilung durch Schulden der zu spaltenden Gesellschaft können Ausgleichsleistungen vermieden werden. Leistet die übernehmende Gesellschaft eine Ausgleichszahlung, so ist allerdings nach §§ 15, 11 Abs 1 UmwStG nF/Abs 2 nF in ein entgeltliches und in ein unentgeltliches Geschäft aufzuteilen (*Herzig/Förster* DB 1995, 338/346). Soweit auf eine Personengesellschaft aufgespalten wird (§ 16 UmwStG aF/nF), handelt es sich um Abfindungszahlungen iSd § 5 Abs 1 UmwStG aF/nF.

12. Bilanzierung der übernehmenden Gesellschaft. a) Handelsbilanz. Zum Wahlrecht nach § 24 iVm §§ 125, 177 UmwG s Rz 246, 140. 313

b) Steuerbilanz. Es gelten hier im Falle des § 15 UmwStG aF/nF die Regelungen der Verschmelzung auf Kapitalgesellschaften (Rz 246). Der verbleibende Beteiligungsbuchwert ist bei Abspaltungen für Zwecke des § 12 Abs 2 UmwStG aF/nF nach dem Verhältnis der gemeinen Werte des übertragenen zum zurückbehaltenen Vermögen wie in § 15 Abs 4 UmwStG aF/Abs 3 nF zu ermitteln (*Thiel* DStR 1995, 276/279). 314

Zur **AfA** s Rz 248. Zur **Besitzzeitanrechnung** s Rz 42. 315

13. Besteuerung der Gesellschafter der übertragenden Gesellschaft (§ 15 Abs 1 iVm § 13 UmwStG aF/nF). Es gelten hier die Erläuterungen in Rz 260–267 sowie in Rz 312 betreffend Zuzahlungen. Wird infolge der Missbrauchsregeln und Veräußerungsklauseln des § 15 Abs 3 UmwStG aF/Abs 2 nF § 11 Abs 1 UmwStG aF/Abs 2 nF für die übertragende Körperschaft ausgeschlossen, so betrifft dies nur die Gesellschaftsebene, nicht auch die Verhältnisse der Anteilseigner. Auch in einem solchen Fall sind die Werte nach Maßgabe des § 13 UmwStG aF/nF fortzuführen (*Herzig/Förster* DB 1995, 338/346; *UmwStErl* Tz 15.32). Auch für Zwecke des § 13 UmwStG aF/nF sind die Buchwerte bzw Anschaffungskosten der Vorschrift bei Abspaltung ähnlich § 15 Abs 4 UmwStG aF/Abs 3 nF nach dem Verhältnis der gemeinen Werte des übertragenen zum zurückbehaltenen Vermögen zu ermitteln (*Herzig/Förster* DB 1995, 338/348; *UmwStErl* Tz 15.51). 316

14. Aufspaltung und Abspaltung auf eine Personengesellschaft (§ 16 UmwStG aF/nF). a) Entsprechende Anwendung des 2. Teils des UmwStG. Es gelten die Regeln über die Verschmelzung einer Körperschaft auf eine Personengesellschaft entsprechend §§ 3–8, 10 UmwStG aF/nF (Rz 130 ff). Hierzu wird auf die Erläuterungen in Rz 146 für den Übertragungsgewinn, auf Rz 156 zum Übernahmegewinn verwiesen. Zu Ausgleichszahlungen s Rz 176, 312. Zur AfA s Rz 152, zur Besitzzeitanrechnung s Rz 42. Der Verlustabzug nach § 10 d geht nicht über (§ 4 Abs 2 Satz 2 UmwStG aF/nF), sondern wird bei der übertragenden Körperschaft nach § 16 Satz 3 UmwStG aF/§ 15 Abs 3 UmwStG nF nach dem Verhältnis von übergegangenem und zurückbehaltenem Vermögen vermindert (s Rz 86). Der Gewerbeertrag der übernehmenden Personengesellschaft kann nicht (auch nicht anteilig) um die Fehlbeträge der übertragenden Körperschaft gekürzt werden (§ 18 Abs 1 UmwStG aF/nF; Rz 62). Zur 317

Gewerbesteuerpflicht des Übertragungsgewinns und zur Gewerbesteuerfreiheit des Übernahmegewinns s Rz 55; zum Gewerbeertrag des Erhebungszeitraums der Umwandlung s Rz 58 ff.

318 **b) Entsprechende Anwendung des § 15 UmwStG aF/nF.** In § 16 UmwStG aF/nF wird auch auf § 15 UmwStG aF/nF verwiesen. Danach kommen auch hier die Vorschriften des § 15 UmwStG über taugliche Spaltungsgegenstände und das zurückbehaltene Vermögen zur Anwendung. Auch die Missbrauchs- und Veräußerungsklauseln des § 15 Abs 3 UmwStG aF/Abs 2 nF sind für § 16 UmwStG aF/nF bedeutsam, weil auch hier nur die Fortsetzung des unternehmerischen Engagements in anderer Form begünstigt wird und nicht begünstigte Veräußerungen davon abzugrenzen sind. Allerdings geht es hier nicht um den Ausschluss des § 11 Abs 1 UmwStG aF/Abs 2 nF, sondern des § 3 UmwStG aF/nF mit der Folge der Aufdeckung der stillen Reserven sowohl auf der Ebene der übertragenden Körperschaft als auch beim Übernahmegewinn (aA *Thieme* BB 2005, 2042).

319 **c) Verwendbares Eigenkapital und Besteuerung der Anteilseigner.** Das verwendbare Eigenkapital der abspaltenden Körperschaft verringert sich entsprechend dem Verhältnis zwischen abgespaltener und zurückbehaltener Vermögensmasse. Für diesen sich abspaltenden Teil des verwendbaren Eigenkapitals galt früher § 10 UmwStG aF (KSt-Anrechnung). Nach § 16 Satz 2 UmwStG aF/nF regelt § 10 UmwStG aF den Übergang der KSt-Guthaben bzw -Schulden (§§ 37, 38 KStG) nach Maßgabe des § 40 Abs 2 Satz 3 KStG aF (s Rz 148). Der Übernahmegewinn (Rz 156, 158) ist nach den §§ 4–8 UmwStG aF/nF auch nur anteilig für das übernommene Vermögen abzüglich des steuerlichen Kapitals (§ 7 UmwStG aF/nF) zu versteuern. Zur Besteuerung der Anteilseigner s auch Rz 175 ff, 190 ff, 200 ff.

320 **d) Zum Übernahmegewinn** s Rz 191, 205.

321 **e) Kombination von Spaltungsarten.** Aus dem „soweit" in § 16 Satz 1 UmwStG aF/nF und dem „vorbehaltlich des § 16" in § 15 Abs 1 Satz 1 UmwStG aF/nF wird ersichtlich, dass Kombinationen von Spaltungsarten zB in der Weise möglich sind, dass nebeneinander auf eine Körperschaft und eine Personengesellschaft abgespalten wird. S zu den handelsrechtlichen Voraussetzungen nach dem UmwG *Kallmeyer* DB 1995, 81.

322–329 *(frei)*

XIII. Einbringung von Unternehmensteilen in eine Kapitalgesellschaft oder Genossenschaft und Anteilstausch gegen Gewährung von Gesellschaftsanteilen (Sacheinlage, Rz 330–439)

330 **1. Zivilrechtliche Einzelrechtsnachfolge.** Anders als bei Vermögensübertragungen iSd 2.–7. Teils des UmwStG 1977 liegt bei der Sacheinlage zivilrechtlich vielfach keine Gesamtrechtsnachfolge (Rz 331), sondern Einzelrechtsnachfolge vor. Zu den Erscheinungsformen s *UmwStErl* Tz 20.02. Allerdings kann in diesem Bereich bei Buchwertfortführung oder Zwischenwertansatz von ertragsteuerrechtlicher (partieller) Gesamtrechtsnach-

folge gesprochen werden (vgl § 22 Abs 1, 2 und 3 UmwStG aF/§ 23 Abs 1, 3 u 4 UmwStG nF im Umkehrschluss). Zur Umsatzsteuer s Rz 80. Handelsrechtlich löst die Einbringung eines Handelsgeschäftes in eine Kapitalgesellschaft durch Sachgründung die Haftung nach § 25 HGB aus (*Renaud/Markert* BB 1988, 1060). Die Regelungen über die Sacheinlage gehen zurück auf die Rechtsprechungsgrundsätze der Fortsetzung des bisherigen betrieblichen Engagements in anderer Rechtsform (vgl BFHE 105, 271, BStBl II 1972, 537). Die Realisierung der stillen Reserven konnte danach vermieden werden, soweit der Unternehmer seinen Gewerbebetrieb oder Teilbetrieb (jedenfalls die wirtschaftlich und organisatorisch selbständige Einheit seines bisherigen unternehmerischen Engagements) zu Buchwerten in eine unbeschränkt körperschaftsteuerpflichtige Kapitalgesellschaft einbrachte, die mit der Buchwertfortführung die stillen Reserven übernahm, und sich die stillen Reserven wegen der Einschaltung einer juristischen Person gleichzeitig an den im Austausch gewährten Kapitalgesellschaftsanteilen steuerbefangen fortsetzten (Prinzip der Verdoppelung der stillen Reserven, kritisch für Minderheitsgesellschafter *Costede* GmbHR 1980, 13 Abschn II; *Luckey* DB 1981, 389).

2. Verschmelzung, Aufspaltung, Abspaltung, Ausgliederung, Formwechsel. War bisher der Anwendungsbereich des 2.–7. Teils des UmwStG 1995 in persönlicher Hinsicht auf Vorgänge von einer unbeschränkt steuerpflichtigen Körperschaft begrenzt (§ 1 Abs 5 UmwStG aF; Rz 4), wurde dieses Erfordernis wegen der Ausdehnung des UmwStG durch das SEStEG auf grenzüberschreitende Umwandlungsvorgänge aufgegeben (§ 1 Abs 1 u 2 UmwStG nF). Spaltet zB eine Personenhandelsgesellschaft auf eine Kapitalgesellschaft ab oder wird eine Personenhandelsgesellschaft auf eine Kapitalgesellschaft verschmolzen, so gilt § 20 UmwStG für diese handelsrechtliche **Gesamtrechtsnachfolge,** die im Falle der Spaltung nur partiell erfolgt. S zu Einzelheiten *Middendorf/Stegemann* DStR 2005, 1082. Zu Holding- und Organschaftsfragen s *Raupach* JbFfSt 1995/96, 343. In diesen Fällen stehen den handelsrechtlichen Schluss- und Anfangsbilanzen (§§ 17 Abs 2, 24 UmwG) die steuerrechtlichen Einbringungs- und Anfangsbilanzen gegenüber, von denen § 20 Abs 2, Abs 4 UmwStG aF/Abs 2 u 3 nF ausgehen (vgl zu § 24 UmwStG auch BFHE 141, 27, BStBl II 1984, 518). Zur Maßgeblichkeit der Handelsbilanz s Rz 150; glA *Bacmeister* DStR 1996, 121. Bei Umwandlung aus einer Personenhandelsgesellschaft ist unklar, wer als Einbringender zu werten ist. Ist die Personenhandelsgesellschaft Einbringende (*Patt DStR* 1995, 1081), erhält sie aber nur bei der Ausgliederung dafür Anteile ins Gesamthandsvermögen. Werden die Personengesellschafter als Einbringende gewertet (BFHE 180, 97, BStBl II 1996, 342, *UmwStErl* Tz 20.05; wohl hM; zutr aA *Kerssenbrock/Rundshagen* BB 2004, 2490), kommt auch die Verschmelzung und Abspaltung in Betracht, bei der die Gesellschafter der Personenhandelsgesellschaft die Anteile idR ins Sonderbetriebsvermögen erhalten. 331

Nicht die Teile 2–5, sondern die Teile 6 bzw 7 gelten, wenn es sich um eine **Ausgliederung** handelt (§ 1 Satz 2 UmwStG aF/§ 1 Abs 1 Satz 2, Abs 3 Nr 2 UmwStG nF; Rz 10). Vgl zur Ausgliederung von Personengesellschaftsanteilen *Carlé/Bauschatz* FR 2003, 289. Nach der ausdrücklichen

Regelung in § 25 UmwStG aF/nF gelten die Vorschriften des 8. bzw 6. Teils des UmwStG (§§ 20–23 UmwStG aF/nF) auch für die **formwechselnde Umwandlung** einer Personenhandelsgesellschaft auf eine Kapitalgesellschaft. Ob ein Geschäftswert in den Fällen der Gesamtrechtsnachfolge und gleichzeitigem Teilwertansatz (§ 22 Abs 3 letzter Halbsatz UmwStG aF/§ 23 Abs 4 letzter Hs UmwStG nF) aufzudecken ist, ist str (*UmwStErl* Tz 22.11; bejahend *Patt/Rasche* FR 1995, 432/8).

332 **3. Persönlicher Anwendungsbereich des § 20 UmwStG aF/nF.** Einbringender kann eine natürliche Person, eine Personengesellschaft, dh deren Gesellschafter (Rz 331; hM, BFHE 180, 97, BStBl II 1996, 342; *UmwStErl* Tz 20.05) oder eine Körperschaft sein. Letztere nur, wenn durch Einzelrechtsnachfolge eingebracht wird (Rz 330). Natürliche Personen kommen als Einbringende in Betracht, wenn sie in der EU oder in einem EWR-Staat ansässig sind (§ 1 Abs 4 Satz 1 Nr 2a bb iVm § 1 Abs 2 Satz 1 Nr 2 UmwStG nF). Personengesellschaften sowie Körperschaften sind grds nur dann begünstigt, soweit sie nach den Vorschriften eines Mitgliedstaates der EU oder des EWR gegründet sind und sich ihr Sitz und ihre Geschäftsleitung in einem dieser Staaten befinden. Bei transparenten Personengesellschaften ist auf ihre Gesellschafter abzustellen. Diese Regelung gilt nicht, wenn das Besteuerungsrecht der BRD hinsichtlich der erhaltenen Anteile nicht ausgeschlossen oder beschränkt ist (§ 1 Abs 4 Satz 1 Nr 2 Buchst b UmwStG nF) oder bei Einbringungen nach § 24 UmwStG nF (§ 1 Abs 4 Satz 2 UmwStG nF). In diesen Fällen ist auch eine Drittstaatansässigkeit einer natürlichen Person möglich. Körperschaften mit Sitz in einem Drittland fallen nicht darunter. Für die einbringungsgeborenen Anteile an Kapitalgesellschaften, die von Kapitalgesellschaften gehalten werden, gelten die Sonderregelungen des § 8b Abs 4 KStG (Rz 334). Auf die beschränkte oder unbeschränkte Steuerpflicht des Einbringenden kommt es insoweit nicht mehr an (altes Recht: *Patt/Rasche* FR 1995, 432/440). Nach dem Betriebsstättenvorbehalt der meisten DBA werden aber für den ausländischen Staat mit der Einbringung über die Grenze die stillen Reserven zu realisieren sein (zum umgekehrten Verhältnis s *Schmidt/Glanegger* § 6 Rz 425 „Entstrickung"), so dass eine Buchwertfortführung eine Doppelerfassung bedeuten würde. Die übernehmende Körperschaft muss nach bisherigem Recht eine unbeschränkt steuerpflichtige Kapitalgesellschaft sein (§ 20 Abs 1 UmwStG aF). § 23 UmwStG aF trifft allerdings eine Sonderregelung für die Einbringung innerhalb der EU (Rz 440 ff), so dass § 20 Abs 1 Satz 2 UmwStG aF im EU-Bereich praktische Bedeutung nur bei Einbringungsfällen hat, an denen nur im Inland ansässige Kapitalgesellschaften beteiligt sind. Eine Genossenschaft kommt nach dem SEStEG auch als aufnehmende Gesellschaft in Betracht (§§ 1 Abs 4 Nr 4, 20 Abs 1 UmwStG nF; zur aF *OFD Magdeburg* DB 1999, 2240).

333 **4. Sacheinlage (§ 20 Abs 1 UmwStG).** Gegenstand einer Sacheinlage können sein ein Betrieb, ein Teilbetrieb, ein Mitunternehmeranteil. Ein Anteilstausch nach der FusionsRL, bei dem die erworbene Gesellschaft nach deutschem Steuerrecht als transparent anzusehen ist, stellt eine Einbringung eines Mitunternehmeranteils nach § 20 UmwStG nF dar (BTDrs 16/2710, 42). Eine nach § 16 Abs 1 Nr 1 Satz 2 EStG einem Teilbetrieb

gleichzusetzende 100%ige Beteiligung an einer Kapitalgesellschaft erfüllt nicht die Voraussetzungen eines Teilbetriebs iSd § 20 Abs 1 UmwStG nF (BTDrs 16/2710, 42; Begriff *OFD Münster* DB 1989, 21; aA 6. Auflage). Deren Einbringung ist als Anteilstausch nach § 21 Abs 1 UmwStG nF zu behandeln. Dies gilt nicht, wenn die Anteile an der Kapitalgesellschaft als Bestandteil einer Betriebseinbringung iSd § 20 Abs 1 UmwStG nF eingebracht werden (s *Dötsch/Pung* DB 2006 2763, 2768; *Hagemann/Jakob/Rohl/Viebrock* NWB Sonderheft 1/2007, 34). Der Bruchteil eines Mitunternehmeranteils ist auch für § 20 UmwStG aF/nF ein tauglicher Einlagegegenstand (*UmwStErl* Tz 20.13; BTDrs 16/2710, 42). Die Grundsätze des § 6 Abs 3 EStG über die Behaltefrist und die erforderliche quotale Übertragung von Sonderbetriebsvermögen bei einer bruchteilsweisen Übertragung von Mitunternehmeranteilen gelten allerdings nicht für § 20 UmwStG (*Schmidt/Glanegger* § 6 Rz 484 f; *Schmitt/Hörtnagel/Stratz* § 20 Rz 121). Zum Begriff des gesamten Mitunternehmeranteils gehört aber auch das dafür funktional wesentliche Sonderbetriebsvermögen (Rz 425; BFHE 178, 379, BStBl II 1995, 890). Bei doppelstöckigen Personengesellschaften kann das Sonderbetriebsvermögen aus Wirtschaftsgütern, die der Gesellschafter der Obergesellschaft unmittelbar der Untergesellschaft überlässt, einen Sondermitunternehmeranteil bilden (vgl auch *Schmidt/Wacker* § 16 Rz 407), den dieser Gesellschafter nach § 20 UmwStG einbringen kann (*Behrens/Quatmann* DStR 2002, 481). Zu zurückbehaltenen Verbindlichkeiten und der Abziehbarkeit von Schuldzinsen s BFHE 186, 526, BStBl II 1999, 209. Der Begriff der wesentlichen Betriebsgrundlage der betrieblichen Einheit ist nicht quantitativ, sondern funktional auszulegen (*BMF* BStBl I 2000, 1253). Für eine Einbringung von Unternehmensteilen reicht die Übertragung des wirtschaftlichen Eigentums aus. Diese erfolgt durch Einzelrechtsnachfolge iSd § 1 Abs 3 Nr 4 UmwStG nF (BFH BStBl II 2008, 579; BayLfSt FR 2006, 391; *Herlinghaus* FR 2007, 286; *Schumacher/Neumann* DStR 2008, 325, 330; *Förster/Wendland* BB 2007, 631). Die Einbringung einer betrieblichen Einheit kann eine Versteuerung nach § 23 Abs 1 Satz 5 Nr 1 EStG zur Folge haben, wenn zB ein Grundstück zuvor in die betriebliche Einheit eingelegt worden ist und innerhalb der 10-Jahresfrist aus dem Ziel-Betriebsvermögen veräußert wird (*Seitz* DStR 2001, 277). Der Umtausch eines Komplementäranteils bei einer **KGaA** in Aktienkapital vollzieht sich nach den Regeln des § 20 UmwStG (*Kusterer* FR 2003, 502/5).

Anteilstausch (§ 20 Abs 1 Satz 2 UmwStG aF). In Anlehnung an die FusionsRL, die durch das StÄndG 1992 (§ 23 UmwStG aF) umgesetzt wurde, gestattet § 20 Abs 1 Satz 2 UmwStG aF eine steuerneutrale Einbringung von Anteilen an einer Kapitalgesellschaft, wenn nicht das gesamte Nennkapital bewegt wird, wohl aber die übernehmende Gesellschaft nach der Einbringung die Mehrheit der Stimmen an der Gesellschaft hat, deren Beteiligung eingebracht wird, was durch die Einbringung insgesamt oder durch Aufstockung erfolgen kann. Diese Erleichterung gilt nach § 20 Abs 1 Satz 2 UmwStG aF auch für den Anteilstausch im Inland (vgl dazu BTDrs 12/1108, 80; *OFD Berlin* FR 1999, 862 betr DaimlerChrysler AG). Die Veräußerung von Bezugsrechten ist wie die Veräußerung der Aktien selbst zu behandeln (BFHE 188, 27, BStBl II 1999, 638; BFH/NV 2008, 1203). 334

Die Regelung gilt auch für Beteiligungen des § 17 EStG (vgl § 20 Abs 5 Satz 2 UmwStG aF). § 20 Abs 4 UmwStG aF gilt auch für § 23 EStG. Die durch **Anteilstausch** (§ 20 Abs 1 Satz 2 UmwStG aF) von einer Kapitalgesellschaft erworbenen Anteile an einer anderen Kapitalgesellschaft können später an eine andere Kapitalgesellschaft auch als einbringungsgeborene Anteile nach **§ 8 b Abs 2, 4 KStG steuerfrei** veräußert werden (vgl dazu *BMF* BStBl I 2003, 292; *Dötsch/Pung* DB 2003, 1016). Eine Ausnahme gilt jedoch nach § 8 b Abs 4 Satz 2 Nr 2 KStG aF dann, wenn die hingetauschten Anteile unmittelbar oder mittelbar auf die Einbringung von Betrieben oder Teilbetrieben oder Mitunternehmeranteilen nach § 20 Abs 1 Satz 1 UmwStG aF oder Einbringungen nach § 23 Abs 1 bis 3 UmwStG aF seitens der Kapitalgesellschaft zurückzuführen sind, die innerhalb einer Frist von sieben Jahren liegen. Denn für Anteile, die durch andere Einbringungen als den Anteilstausch als einbringungsgeboren entstehen, ist die Steuerfreiheit infolge der Rückausnahme in § 8 b Abs 4 Satz 2 Nr 2 KStG aF nicht gedacht (§ 8 b Abs 4 Nr 1 KStG aF). Dies gilt auch für den Formwechsel (*van Lishaut* DB 2001, 1519/23). § 8 b Abs 4 Satz 2 Nr 2 KStG idF UntStFG stellt die Steuerfreiheit auch für den Fall sicher, dass die Anteile von der Kapitalgesellschaft als zu einem Betrieb gehörend nach § 20 Abs 1 Satz 1 UmwStG eingebracht werden (vgl *Behrens/Tauser* BB 2001, 1879; *Eilers/Teske* DStR 2003, 119; *Patt* FR 2004, 561). Hierzu wird auch vertreten, dass eine Sperrfrist nach § 8 Abs 4 KStG für den begünstigten Anteilstausch von vornherein ausscheiden müsse (*Schumacher* DStR 2004, 589). Der Anteilstausch nach § 20 Abs 1 Satz 2 UmwStG aF durch eine natürliche Person führt nach der Gesetzesfassung des UntStFG nicht zu einbringungsgeborenen Anteilen, die in die steuerfreie Veräußerung einbezogen sind (keine Rückausnahme), es sei denn die 7-Jahresfrist ist schon verstrichen (§ 8 b Abs 4 Satz 2 Nr 2 letzter Hs KStG aF). Dadurch sollen Gestaltungen wie die Einbringung von Beteiligungen vor deren Veräußerung verhindert werden. Die 7-Jahresfrist beginnt mit dem steuerlichen Übertragungsstichtag (glA *Schwedhelm* BB 2003, 605/8). Wird der Gewinn aus gemäß § 20 Abs 1 Satz 2 oder § 23 Abs 4 UmwStG aF einbringungsgeborenen Anteilen (Anteilstausch) bei der natürlichen Person realisiert, so ist er nicht voll, sondern nach dem Halbeinkünfteverfahren zu versteuern (§ 3 Nr 40 Buchst b EStG; *Nacke/Intemann* DB 2002, 756), es sei denn, die Anteile des § 20 Abs 1 Satz 2 UmwStG aF (Entw: auch § 23 Abs 4) gehen auf Einbringungen des § 20 Abs 1 Satz 1 UmwStG innerhalb der Behaltefrist von 7 Jahren zurück. Bei Vollversteuerung der einbringungsgeborenen Anteile nach § 3 Nr 40 Satz 3 und 4 EStG ist § 34 EStG anzuwenden (*BMF* BStBl I 2003, 786 Rz 21). Nach § 8 b Abs 6 KStG gelten § 8 b Abs 1 bis 5 KStG auch für die an einer Mitunternehmerschaft beteiligte Kapitalgesellschaft. Damit wurde auch der Gewerbeertrag dieser **Mitunternehmerschaft** modifiziert (BFH I R 95/05, BStBl II 2007, 279; *Bogenschütz/Striegel* DB 2000, 2547; aA *Strunk* BB 2001, 857). Der Bericht zur UntStFortEntw Tz C IV 2 (FR-Beilage 11/01) sah hierin ein unerwünschtes Ergebnis. Der Bundesrat (BRDrs 683/01, 9) mahnte zutreffend eine Gleichbehandlung von Gewerbebetrieben natürlicher und juristischer Personen an und forderte, dass die Steuerfreiheit der Dividenden des § 8 b Abs 1 KStG und die Halbversteuerung des § 3 Nr 40 EStG durch Hinzurechnung für die GewSt wieder beseitigt werden soll. Dem hat sich der Vermittlungsausschuss mit § 8 Nr 5 GewStG in der neuen Fassung des UntStFG angeschlossen (BTDrs 14/7780, 6). Daraus wird mE zu Unrecht gefolgert, dass auch § 8 b Abs 2–4 KStG nicht für die GewSt gelten (*BMF* BStBl I 2003, 292 Tz 57). Nach § 7 GewStG nF sind vielmehr für den Gewerbeertrag von Mitunternehmerschaften § 3 Nr 40 EStG, § 3 c Abs 2 EStG hinsichtlich der beteiligten natürl Person und § 8 b KStG hinsichtlich der beteiligten Kapitalgesellschaften anzuwenden. Damit soll auch Konstruktionen entgegengewirkt werden, bei denen Gewinne nach § 8 b KStG zunächst von der Körperschaft steuerfrei vereinnahmt werden und anschließend die damit zusammenhängenden Verluste in eine Mitunternehmerschaft verlagert und dort im vollen Umfang berücksichtigt werden. Dies würde zu Verwerfungen bei der GewSt führen, weil der Gewinn aus der Veräußerung von Beteiligungen nicht unter die Hinzurechnungsvorschrift des § 8 Nr 5 GewStG falle (so FinABegr BTDrs 15/4050, 72). Damit ist klar gestellt, dass die Steuerbefreiungen des § 8 b Abs 2–4 KStG nicht über § 8 Nr 5 GewStG rückgängig gemacht werden. Für die natürliche Person als beteiligter Mitunternehmer gilt nach der Neuregelung das Halbeinkünfteverfahren des § 3 Nr 40 EStG, § 3 c Abs 2 EStG. Die Regelung gilt bereits ab 2004, weil in § 36 GewStG nF keine gesonderte Übergangsregelung vorgesehen war. Eine Freistellung des Veräußerungsgewinns gemäß § 8 b Abs 2 KStG 2002 kommt bei durch Kapitalerhöhung entstandenen Bezugsrechten mangels entsprechender Einnahmen gemäß § 20 EStG hieraus nicht in Betracht (BFH DStR 2008, 862). Die Regelungen über die sog einbringungsgeborenen Anteile iSd § 21 Abs 1 UmwStG aF wurden durch das SEStEG aufgehoben. Sie sind jedoch auf entstandene einbringungsgeborene Anteile weiter anzuwenden (§ 27 Abs 3 Nr 3 UmwStG nF).

(frei) 335–339

5. Wahlrecht auf Buchwertfortführung. Nach **§ 20 Abs 2 Satz 1 UmwStG** nF hat die übernehmende Kapitalgesellschaft oder Genossenschaft das eingebrachte Betriebsvermögen mit dem gemeinen Wert (§ 9 Abs 2 BewG) anzusetzen. Dabei sind Pensionsrückstellungen mit dem niedrigeren Wert nach § 6 a EStG zu erfassen, sodass insoweit die stillen Reserven nicht aufgedeckt werden. Auf Antrag der übernehmenden Kapitalgesellschaft (s § 20 Abs 3; BTDrs 16/2710, 43) darf diese das übernommene Betriebsvermögen einheitlich mit seinem Buchwert oder mit einem höheren Wert ansetzen (§ 20 Abs 2 Satz 1 UmwStG aF/Satz 2 nF). Dies ist nach neuem Recht nur zulässig, soweit (1) die spätere Besteuerung des übernommene Betriebsvermögens mit Körperschaftsteuer gesichert ist, (2) das eingebrachte Betriebsvermögen kein negatives Kapital ausweist und (3) das inländische Besteuerungsrecht hinsichtlich des Gewinns aus der Veräußerung der eingebrachten Wirtschaftsgüter nicht ausgeschlossen oder beschränkt wird. Bei der Einbringung von Unternehmensteilen in eine steuerfreie Kapitalgesellschaft nach § 5 KStG ist das übernommene Betriebsvermögen mit dem gemeinen Wert anzusetzen. Eine Einbringung zu Buch- oder Zwischenwerten schließt § 20 Abs 2 Satz 2 Nr 1 UmwStG nF insoweit aus. Das deutsche Besteuerungsrecht wird bei grenzüberschreiten- 340 den Sacheinbringungen grds dann ausgeschlossen bzw beschränkt, wenn nach der Einbringung nur noch eine Anrechnungspflicht besteht oder die bisherige Anrechnungspflicht untergeht. Dies ist zB der Fall, wenn ein unbeschränkt Steuerpflichtiger inländische Wirtschaftsgüter in eine ausländische Kapitalgesellschaft einbringt und diese der ausländischen Betriebsstätte zuzurechnen sind (s *Förster/Wendland* BB 2007, 631).

Eine Änderung der einmal getroffenen Wahl lehnt BFHE 133, 278, BStBl II 1981, 620; BFHE 221, 215, BStBl II 2008, 916, ab (offengelassen von BFHE 202, 455, BStBl II 2004, 804). Der Ansatz mit dem Buchwert ist auch zulässig, wenn in der Handelsbilanz das eingebrachte Betriebsvermögen nach handelsrechtlichen Vorschriften mit einem höheren Wert angesetzt werden muss (s BStBl II 2008, 916). ME gilt der Maßgeblichkeitsgrundsatz auch im umgekehrten Fall nicht, bei dem das Handelsrecht auf einen höheren Wertansatz verzichtet (s dazu Rz 150; glA *Patt/Rasche* DStR 1994, 841; ebenso BFHE 202, 455, BStBl II 2004, 804; BFHE 211, 472, BStBl II 2006, 568; BFH/NV 2007, 2220; *OFD Rheinland* GmbHR 2008, 391; Rz 132; aA noch *UmwStErl* Tz 20.26/29

341 Der **Buchwert** ist der Wert, der sich nach den steuerrechtlichen Vorschriften über die Gewinnermittlung in einer für den steuerlichen Übertragungsstichtag aufzustellenden Steuerbilanz ergibt oder ergäbe (§ 1 Abs 5 Nr 4 UmwStG nF). Die Einbringung von Unternehmensteilen in eine Kapitalgesellschaft setzt steuerrechtlich die Gewährung von neuen Anteilen an der übernehmenden Gesellschaft und damit eine Kapitalerhöhung voraus (§ 20 Abs 1 UmwStG aF/nF). Diese muss von den Vermögenswerten des eingebrachten Betriebsvermögens gedeckt sein. Soweit die Passivposten des eingebrachten Betriebsvermögens die Aktivposten übersteigen, hat die Kapitalgesellschaft das eingebrachte Betriebsvermögen mindestens so anzusetzen, dass sich die Aktivposten und die Passivposten ausgleichen; dabei ist das Eigenkapital nicht zu berücksichtigen. Der gemeine Wert darf dabei nicht überschritten werden. Ein dies missachtender Wertansatz ist für den Veräußerungsgewinn des Einbringenden nicht heranzuziehen (BFHE 146, 236, BStBl II 1986, 623). Die (unentgeltliche) Einbringung eines Betriebs ohne Gewährung von (neuen) Gesellschaftsanteilen (verdeckte Einlage) erfüllt nicht die Voraussetzungen des § 20 Abs 1 UmwStG aF/nF, weil die Wertsteigerung der Anteile an der Kapitalgesellschaft keine Gegenleistung darstellt (s *Wacker/Schmidt* EStG § 16 Rz 23). Zum zivilrechtlichen Verzicht auf Anteilsgewährung gemäß §§ 54 Abs 1, 68 Abs 1 UmwG s *Mayer/Weiler* DB 2007, 1235, 1238 (s Rz 240).

342 **6. Gegenleistung (§ 20 Abs 2 Satz 5 UmwStG aF/Satz 4 nF).** Die Gegenleistung für die Sacheinlage muss nicht notwendig in vollem Umfang in Gesellschaftsanteilen gewährt werden. Erhält der Einbringende andere Wirtschaftsgüter (zB eine bare Zuzahlung), so wird dieser Vorgang anteilig als Veräußerung gewertet. Nach § 20 Abs 2 Satz 5 UmwStG aF/Satz 4 nF ist der Wert des eingebrachten Betriebsvermögens dann mindestens mit dem gemeinen Wert der Zusatzleistung anzusetzen, die allerdings die Buchwerte der Sacheinlage überschreiten muss. Danach werden die stillen Reserven erst dann realisiert, wenn der gemeine Wert der sonstigen Gegenleistungen den Buchwert des eingebrachten Betriebsvermögens über-

steigt (BTDrs 16/3369, 11). Die Vorschrift ist mit der des § 11 Abs 2 UmwStG aF vergleichbar (s Rz 233 ff). Zur Vermeidung einer verdeckten Gewinnausschüttung sind Ausgleichszahlungen wegen des Mehrwerts der Sacheinlage im Gesellschaftsvertrag zu regeln (*Widmann* StbJb 1985/86, 124).

7. Zwischenwert (§ 20 Abs 2 UmwStG). Strittig war, wie die stillen Reserven aufzustocken sind, wenn die Kapitalgesellschaft die Sacheinlage mit Zwischenwerten (Begriff BFHE 173, 338, BStBl II 1994, 759) ansetzt. Der BFH hat zur Vorschrift des § 17 UmwStG 1969 entschieden, dass die stillen Reserven gleichmäßig und nicht nach Belieben (selektiv) auf die betreffenden Wirtschaftsgüter aufzustocken sind (BFHE 141, 176, BStBl II 1984, 747). Dabei ist die Rechtsprechung auch der Verwaltungsauffassung in BStBl I 1970, 926; 1978, 238 gefolgt, nach der auch ein vorhandener Firmenwert aufzudecken ist, soweit die übernehmende Körperschaft nicht die Buchwerte fortführt. Zur veränderten Interessenlage wegen des nach neuem Bilanzrecht abschreibbaren Firmenwerts s *Ditges/Broel-Remer* DB 1986, 1529. 343

Soweit eine der Voraussetzungen des § 20 Abs 2 Nr 1 bis 3 UmwStG nF nicht erfüllt ist, ist das eingebrachte Betriebsvermögen mit dem gemeinen Wert anzusetzen. Dies führt wie bisher insoweit zu einem zwingenden Zwischenwertansatz (BTDrs 16/2710, 43; s § 20 Abs 2 Satz 4 u 5 UmwStG aF). Entsprechend § 6 Abs 1 Nr 5 a EStG (Einlage) ist insoweit der gemeine Wert anzusetzen, als iR einer Einbringung für einzelne Wirtschaftsgüter das deutsche Besteuerungsrecht hinsichtlich des Gewinns aus der Veräußerung des eingebrachten Betriebsvermögens neu begründet wird. Der Einheitlichkeitsgrundsatz steht dem nicht entgegen (BTDrs 16/2710, 43).

8. Zwingender Teilwertansatz (§ 20 Abs 3 UmwStG aF). Nach § 20 Abs 3 UmwStG idF des StandOG (BGBl I 1993, 1569) ist das eingebrachte Betriebsvermögen mit seinem Teilwert anzusetzen, wenn das Besteuerungsrecht der BRD hinsichtlich des Gewinns aus einer Veräußerung der dem Einbringenden gewährten Gesellschaftsanteile im Zeitpunkt der Sacheinlage ausgeschlossen ist. Vorausgesetzt ist dabei, dass ein inländisches Besteuerungsrecht an einem Veräußerungsgewinn hinsichtlich der eingebrachten Wirtschaftsgüter bestanden hat. Der Ausschluss kann sich ergeben zB nach DBA und/oder den Regeln der beschränkten Steuerpflicht (§ 49 EStG, §§ 2, 4, 5 Nr 9 KStG). S dazu BTDrs 12/4487, 44; *Hundt* DB 1993, 2098, 2103; *UmwStErl* Tz 20.24; Bericht zur UntSt-Fortentwicklung B III 2b (FR-Beilage 11/01). § 17 EStG ist zwar subsidiär zu § 21 UmwStG aF. Fehlt es aber an einer Verstrickung nach § 21 UmwStG aF, so entfällt auch die Gesetzeskonkurrenz. Dann genügt es, um den Teilwertansatz nach § 20 Abs 3 UmwStG aF zu vermeiden, dass das Besteuerungsrecht nach § 49 Abs 1 Nr 2 Buchst e EStG besteht (aA *Statzkowski* DB 1996, 399). Wird das Vermögen einer Personenhandelsgesellschaft eingebracht und ist einer der Gesellschafter beschränkt steuerpflichtig, so müssen die auf ihn nach dem Gewinnverteilungsschlüssel entfallenden stillen Reserven einschließlich eines originären Geschäftswerts aufgedeckt werden und erhöhen seinen Veräußerungsgewinnanteil im Gewinnfeststellungsverfahren der Personen- 344 handelsgesellschaft. Dies gilt auch dann, wenn die aufnehmende Kapitalgesellschaft die Wirtschaftsgüter des übernommenen Betriebsvermögens – unzulässigerweise – mit Buchwerten statt mit Teilwerten ansetzt. Die Wertverknüpfung des § 20 Abs 4 Satz 1 UmwStG aF kann in einem solchen Falle nicht zum Tragen kommen (BFHE 139, 361, BStBl II 1984, 233). Gegen § 20 Abs 3 UmwStG aF werden europarechtliche Einwendungen erhoben (*Schnitger* BB 2004, 804 im Anschluss an EuGH DStR 2004, 551; *Haritz* DStR 2004, 889), die aber verkennen, dass die nationale Steuerverstrickung der erworbenen Anteile wesentlich für die Steuerfreiheit der Entnahme aus dem Herkunftsbetriebsvermögen ist. Die Vorschrift wurde durch das SEStEG aufgehoben.

345 **9. Maßgeblichkeit der Schlussbilanz des Einbringenden.** Bei Einbringung zu Buchwerten darf die aufnehmende Kapitalgesellschaft in ihrer Eröffnungsbilanz keine Ansätze einstellen, die in der Schlussbilanz des Einbringenden nicht angesetzt waren (BFHE 140, 221, BStBl II 1984, 384 Abschn C Tz 2 b). Nach § 20 Abs 2 Satz 3 UmwStG nF (s auch *UmwStErl* Tz 20.31) wird das Wahlrecht ausgeübt, wenn die Steuererklärung mit der dazugehörenden Bilanz beim Finanzamt eingereicht wird und vorbehaltslos erklärt wird, das Wahlrecht in bestimmter Weise ausüben zu wollen. Eine nachträglich anderweitige Ausübung des Wahlrechts im Wege einer Bilanzberichtigung oder Bilanzänderung ist nicht möglich (BFHE 221, 215, BStBl II 2008, 916).

346 **10. Veräußerungspreis und Anschaffungskosten der Anteile (§ 20 Abs 4 UmwStG aF/Abs 3 nF).** Die Sacheinlage führt beim Einbringenden zu einem Veräußerungsgewinn, soweit bei der übernehmenden Gesellschaft die Buchwerte des eingebrachten Betriebsvermögens nicht fortgeführt werden. Der Wert, mit dem die Kapitalgesellschaft das eingebrachte Betriebsvermögen ansetzt, stellt für den Einbringenden den Veräußerungspreis und gleichzeitig die Anschaffungskosten für die Anteile an der Kapitalgesellschaft dar, selbst wenn der Wert des Betriebsvermögens zu niedrig ausgewiesen wurde (BFH/NV 2002, 628). Beim Einbringenden ist die zutreffende Wertermittlung aufgrund der Fiktion des § 20 Abs 4 Satz 1 UmwSt/Abs 3 Satz 1 nF nicht zu prüfen. Der Wertansatz des übernehmenden Unternehmens ist für ihn bindend. Die Begrenzung des Bewertungswahlrechts auf den Teilwert (§ 20 Abs 2 Satz 6 UmwStG aF) bzw gemeinen Wert (§ 20 Abs 2 Satz 2 UmwStG nF) gilt nur für die übernehmende Gesellschaft (BFHE 220, 152, BStBl II 2008, 536). Zur Gemeinschaftswidrigkeit der sog doppelten Buchwertverknüpfung iSd § 20 Abs 4 Satz 1 UmwStG 1995, nach der der Einbringende die Buchwerte der eingebrachten Anteile nur fortführen kann, wenn die übernehmende Kapitalgesellschaft diese mit den Buchwerten ansetzt, beim grenzüberschreitenden Anteilstausch s Rz 452.

Die erhaltenen Anteile sind mit dem gemeinen Wert des eingebrachten Betriebsvermögens zum Zeitpunkt der Einbringung anzusetzen, soweit das eingebrachte Betriebsvermögen wegen des Ausschlusses des deutschen Besteuerungsrechtes bisher nicht steuerverstrickt war und durch die Einbringung auch nicht steuerverstrickt wird (§ 20 Abs 3 Satz 2 UmwStG nF). Dies gilt für das eingebrachte Betriebsvermögen einer ausländischen Betriebsstätte, das der Freistellungsmethode unterliegt. Um eine mögliche Verstrickung der im ausländischen Betriebsstättenvermögen enthaltenen stillen Reserven zu vermeiden, wird insoweit die Verknüpfung der Anschaffungskosten der erhaltenen Anteile mit dem Übernahmewert aufgegeben (*Hörtnagl* Stbg 2007, 257).

Die Anschaffungskosten für die Gesellschaftsanteile sind um den gemeinen Wert der anderen Wirtschaftgüter, die neben den Gesellschaftsanteilen als Gegenleistung gewährt werden, zu mindern (§ 20 Abs 3 Satz 3 UmwStG nF).

Eine Sacheinlage iSd § 20 Abs 1 UmwStG nF führt nicht mehr zu sog einbringungsgeborenen Anteilen iSd § 21 Abs 1 UmwStG aF. Diese Regelung wurde durch das SEStEG aufgegeben. Soweit jedoch das eingebrachte Betriebsvermögen solche Anteile enthält, gelten diese weiterhin als einbringungsgeboren iSd bisherigen Regelung, die insoweit weiterhin anzuwenden ist (§ 27 Abs 2 Nr 3 UmwStG nF; s Rz 429, *Haritz* GmbHR 2007, 169). Zur Sicherung der Besteuerung bei einer späteren Veräußerung gelten gemäß § 17 Abs 6 EStG auch Beteiligungen von weniger als 1% an der aufnehmenden Gesellschaft als Anteile iSd § 17 Abs 1 EStG. Voraussetzung ist, dass die Sacheinlage nicht zum gemeinen Wert iSd § 20 Abs 1 Satz 1 UmwStG erfolgt (s auch *Schmitt/Schlossmacher* DStR 2008, 2242). 347

11. Einzelfragen der Sacheinlage. a) Einbringung der wesentlichen Betriebsgrundlagen. Nicht ein Tatbestand nach § 20 Abs 1 UmwStG 1977, sondern die Einbringung einzelner Wirtschaftsgüter (BFHE 140, 538, BStBl II 1984, 422) ist gegeben, wenn wesentliche betriebliche Grundlagen (bei Personengesellschaften auch des Sonderbetriebsvermögens) nicht eingebracht werden (Abgrenzung Rz 333). § 20 UmwStG aF/nF ist nicht anwendbar, wenn zwar alle Mitunternehmeranteile im Wege einer Sacheinlage in eine Kapitalgesellschaft eingebracht werden, aber wesentliche Betriebsgrundlagen, die zum Sonderbetriebsvermögen des einbringenden Mitunternehmers gehören, nicht auf die übernehmende Gesellschaft übergehen. Das Sonderbetriebsvermögen des Mitunternehmers gehört zu seiner gewerblichen Tätigkeit und damit zum Betriebsvermögen der Mitunternehmerschaft (BFH/NV 2007, 1939). Besteht zur aufnehmenden GmbH eine Betriebsaufspaltung durch die Vermietung der zurückbehaltenen wesentlichen Betriebsgrundlage (Grundstück), so sind für dieses Grundstück die Buchwerte fortzuführen (BFHE 180, 97, BStBl II 1996, 342; *Wacker* BB 1996, 2224), was für die Anwendung des § 34 EStG schädlich ist (BFHE 164, 260, BStBl II 1991, 635). *UmwStErl* Tz 20 will – mE zu Unrecht – insoweit § 42 AO anwenden. Bei einer Betriebsaufspaltung handelt es sich nicht um eine Betriebseinbringung iSd § 20 UmwStG (BFHE 171, 282, DStR 1993, 1174). Werden Wirtschaftsgüter des Einzelunternehmens (Besitzunternehmen) in die Betriebsgesellschaft eingelegt (verdeckte Einlage), führt dies gemäß §§ 4 Abs 1 Satz 2, 6 Abs 4 Satz 1 EStG iHd Beteiligungsquote des nahen Angehörigen (Nur-Betriebsgesellschafter) zu einer Entnahme. Bei einer teilentgeltlichen Übertragung der Wirtschaftsgüter vor In-Kraft-Treten des § 6 Abs 6 Satz 2 EStG ist die Übertragung der einzelnen Wirtschaftsgüter in einen entgeltlichen und unentgeltlichen Teil aufzuteilen (BFH X R 37/03). Die Übertragung von einzelnen Wirt- 348 schaftsgütern auf die Betriebskapitalgesellschaft, die bisher nach ständiger Praxis zu Buchwerten möglich war, erfolgt ab 1. 1. 1999 gemäß § 6 Abs 6 Satz 2 EStG im Wege der verdeckten Einlage mit dem Teilwert (BFH aaO). Verbindlichkeiten des einzubringenden Betriebs rechnen idR nicht zu seinen wesentlichen Betriebsgrundlagen. Werden sie zurückbehalten, kann eine Buchwerteinbringung der Aktiva erfolgen, und die Schuldzinsen können als Werbungskosten abgezogen werden, wenn die Verbindlichkeit zB mit einem eingebrachten Grundstück zusammenhängt (Surrogatsgedanke BFHE 166, 425, BStBl II 1992, 404; BFHE 186, 526, BStBl II 1999, 209).

349 **b) GmbH & Co KG.** Eingebrachte Mitunternehmeranteile können nach BFHE 172, 37, BStBl II 1993, 889 der Übertragung von Sonderbetriebsvermögen auf die GmbH zu Buchwerten dienen (!). Wird das Vermögen einer GmbH & Co KG auf die Komplementär-GmbH übertragen, so gehören auch die Anteile an der aufnehmenden GmbH zu dem einzubringenden Betriebsvermögen. Der Erwerb eigener Anteile ist für die Kapitalgesellschaft handelsrechtlich nur beschränkt möglich. Die *FinVerw* verzichtet deshalb für die Anwendung des § 20 UmwStG 1977 auf die Einbringung dieser Anteile und behandelt sie als einbringungsgeboren und deshalb steuerbefangen iSv §§ 21, 22 UmwStG aF (*UmwStErl* Tz 20.11; evtl aA FG Nürnberg EFG 2001, 538; s auch Rz 350). Zur Anwachsung bei Personengesellschaften s *Kowallik/Merklein/Scheipers* DStR 2008, 173; *Schmid/Dietel* DStR 2008, 584.

350 **Ein Besitzunternehmen wird aufgegeben,** wenn die BetriebsGmbH auf eine andere Kapitalgesellschaft verschmolzen wird und die wesentlichen Betriebsgrundlagen in die Nachfolgekapitalgesellschaft eingebracht werden und damit nur noch die einbringungsgeborenen Anteile in der Hand des Besitzunternehmers verbleiben (BFHE 193, 367, BStBl II 2001, 321; *Haritz* BB 2001, 861).

351 **c) Kapitalerhöhung.** Zum gewinnneutralen Übergang stiller Reserven auf nicht durch eine Sacheinlage erworbene Anteile bei Kapitalerhöhungen s *BMF* BStBl I 1986, 505; ferner, wenn die stillen Reserven beim anderen Gesellschafter, zB einem betriebsaufspalterischen Besitzunternehmen, steuerverhaftet bleiben, *Felix* DStZ 1988, 621; *BMF* BStBl I 1985, 97; evtl aA BFHE 171, 282, DStR 1993, 1174. Die stillen Reserven aus einer Sacheinlage eines Gesellschafters werden noch nicht realisiert, wenn derselbe Gesellschafter im Zusammenhang mit einer Kapitalerhöhung Anteile erwirbt, sondern erst bei der Veräußerung der einbringungsgeborenen Anteile oder von solchen Anteilen, die auf Bezugsrechte zurückgehen, welche mit den einbringungsgeborenen Anteilen verbunden sind (BFHE 167, 432, BStBl II 1992, 764; *Patt* DStR 1993, 600). Zu den Anschaffungskosten der auf Bezugsrechte zurückgehenden Neuanteile siehe *Schmidt/Glanegger* § 6 Rz 140 „Optionen". Gehen die stillen Reserven aus einer Sacheinlage auf junge Anteile einer nahe stehenden Person über, so tritt zwar keine Gewinnrealisierung ein, die jungen Anteile bleiben aber steuerverhaftet (BFHE 167, 429, BStBl II 1992, 763; BFHE 220, 58, BStBl II 2008, 533; *Sarrazin* DStR 1993, 1393; *UmwStErl* Tz 21.14; aA *Patt* DStR 1993, 1389). Gehen die stillen Reserven aus der Sacheinlage bei einer Kapitalerhöhung auf Dritte unentgeltlich über, so tritt keine Gewinnrealisierung ein (BFHE 167,

424, BStBl II 1992, 761; BFHE 220, 58, BStBl II 2008, 533; s *Patt* DStR 1996, 361). Gehen infolge einer Kapitalerhöhung stille Reserven von einbringungsgeborenen Altanteilen auf die neuen Anteile über, sind die neuen Anteile zu gleicher Quote steuerverhaftet (BFHE 220, 58, BStBl II 2008, 533; Bestätigung *UmwStErl* Tz 21.14; *BMF* BStBl I 2003, 292, Tz 52). Zum Umfang der Steuerverhaftung vgl FG München DStRE 1998, 45 rkr; *Herzig/Rieck* DStR 1998, 97.

(frei) **352–354**

12. Steuervergünstigungen (§ 20 Abs 5 UmwStG aF/Abs 4 nF). **355**
a) Ermäßigter Steuersatz, Freibetrag (§ 20 Abs 5 UmwStG aF). Ist der Einbringende der Sacheinlage iSv § 20 Abs 1 Satz 1 UmwStG eine natürliche Person oder eine Personengesellschaft oder bringen deren Gesellschafter ihre Anteile am Betriebsvermögen ein, so ist der ermäßigte Steuersatz nach § 34 Abs 1 iVm § 16 EStG auf den Veräußerungsgewinn anzuwenden, auch bei Ansatz des Buch- oder Zwischenwerts (Begriff BFHE 173, 338, BStBl II 1994, 759). Nicht eingebrachtes und auch nicht anderweitig betrieblich gehaltenes **Sonderbetriebsvermögen** einer Mitunternehmerschaft ist nach § 16 Abs 3 Satz 7 EStG mit dem gemeinen Wert anzusetzen (BFHE 153, 562, BStBl II 1988, 829). § 34 EStG ist für die stillen Reserven des nicht eingebrachten Sonderbetriebsvermögens (keine wesentlichen Betriebsgrundlagen) nach dem Wortlaut des § 20 Abs 5 UmwStG aF auch bei Buchwert- oder Zwischenwertansätzen (Begriff BFHE 173, 338, BStBl II 1994, 759) der Sacheinlage anzuwenden (BFHE 166, 132, BStBl II 1992, 406). Der Veräußerungsfreibetrag nach § 16 Abs 4 EStG wird nur bei Aufdeckung aller stillen Reserven einschließlich eines Geschäftswertes gewährt. S dazu BFHE 178, 379, BStBl II 1996, 890 (teilweise aA betr § 34 EStG *Patt* DStR 1998, 190). Der Übergangsgewinn wegen Wechsels der Gewinnermittlungsart ist auch bei Buchwerteinbringung zu versteuern (BFH/NV 2005, 682). Auf den Einbringungsgewinn ist § 6b EStG anwendbar, § 34 EStG scheidet dann aus (§ 34 Abs 1 Satz 4 EStG). § 20 Abs 5 Satz 3 UmwStG idF des UntStFG stellt in Übereinstimmung mit der Regelung in § 16 EStG sicher, dass für die Einbringung eines Bruchteils eines Mitunternehmeranteils (selbst beim Teilwertansatz) der ermäßigte Steuersatz ab 2002 nicht mehr gewährt wird. Die Auflösung der Rücklage nach § 7g Abs 3 EStG ist wegen der Einbringung zum Teilwert bzw gemeinen Wert als tarifbegünstigter Einbringungsgewinn zu versteuern (BFHE 216, 187, BStBl II 2007, 562).

Nach § 20 Abs 4 Satz 1 UmwStG nF ist der Veräußerungsfreibetrag nach § 16 Abs 4 EStG nur dann zu gewähren, wenn der Einbringende eine natürliche Person ist, nicht nur ein Teil der Mitunternehmeranteils eingebracht wird und die übernehmende Kapitalgesellschaft das eingebrachte Betriebsvermögen mit dem gemeinen Wert ansetzt. Die Tarifermäßigung nach § 34 Abs 1 und Abs 3 EStG ist ausgeschlossen, soweit der Veräußerungsgewinn bereits durch das Halbeinkünfteverfahren nach § 3 Nr 40 Satz 1 iVm § 3c Abs 2 EStG (ab 2009: Teileinkünfteverfahren) teilweise steuerbefreit ist.

§ 20 Abs 5 UmwStG aF berücksichtigt die Steuerfreiheit nach dem sog Halbeinkünfteverfahren. Damit scheidet § 34 EStG aus, wenn (nicht **356**

soweit) Gegenstand der Einbringung ein **Anteil an einer Kapitalgesellschaft** (§ 20 Abs 1 Satz 2 UmwStG aF) ist und deshalb das Halbeinkünfteverfahren – auch für Vorgänge des Betriebsvermögens – anzuwenden ist. Außerhalb dieser Einschränkung sieht § 20 Abs 5 UmwStG aF die Steuerermäßigung des § 34 EStG auch dann vor, wenn nicht der Teilwertansatz, sondern ein Zwischenwert gewählt wurde. Auf § 34 Abs 3 EStG (ermäßigter Steuersatz) wurde allerdings zunächst nicht mehr verwiesen. Für die Einbringung von Betrieben, Mitunternehmeranteilen und Teilbetrieben zu Teilwerten ist § 34 Abs 3 EStG aber bereits nach allgemeinen Grundsätzen anwendbar. Ausgeschlossen von § 34 Abs 3 EStG ist lediglich die Einbringung von Anteilen an Kapitalgesellschaften (s *Patt/Rasche* FR 2001, 175). § 20 Abs 5 UmwStG idF des UntStFG bereinigte dieses redaktionelle Versehen und erwähnt auch § 34 Abs 3 EStG, allerdings in Übereinstimmung mit § 34 Abs 3 EStG nicht für § 17 EStG (insoweit nur § 34 Abs 1 EStG). § 20 Abs 5 Satz 3 UmwStG idF des UntStFG stellt in Übereinstimmung mit der Regelung in § 16 EStG sicher, dass für die Einbringung eines Bruchteils eines Mitunternehmeranteils (selbst beim Teilwertansatz) der ermäßigte Steuersatz ab 2002 nicht mehr gewährt wird.

Für die im Privatvermögen gehaltenen Beteiligungen (§ 17 EStG) ist für § 17 Abs 3 EStG nicht die Einbringung einer hundertprozentigen Beteiligung erforderlich (*Patt/Rasche* FR 1995, 432). Anders regelt dies § 20 Abs 5 Satz 4 UmwStG aF für das Betriebsvermögen. Die Regelung entspricht § 20 Abs 6 Satz 6 UmwStG 1977 idF des StandOG und korrespondiert mit § 16 Abs 1 Nr 1 EStG und verlangt für die Steuerermäßigung nach § 20 Abs 5 UmwStG, dass alle im Betriebsvermögen gehaltenen Anteile eingebracht werden. Die Umwandlung einer GmbH auf eine bestehende KG durch Erwerb aller GmbH-Anteile und steuerbegünstigte Veräußerung der 100%-Beteiligung ist kein Missbrauch (BFHE 175, 243, BStBl II 1995, 705). § 20 Abs 5 Satz 1UmwStG idF des UntStFG gewährt die Freibeträge des § 16 Abs 4 und des § 17 Abs 3 EStG außerdem nur noch, wenn der Einbringende eine natürliche Person ist und der Teilwertansatz gewählt wurde. Für den Zwischenwertansatz bei Einbringungen durch natürliche Personen im VZ 2001 siehe allerdings die Übergangsregelung in § 27 Abs 4c UmwStG. In diesen Fällen sind auch § 34 Abs 1 und 3 EStG für die Einbringung von Betriebsvermögen und § 34 Abs 1 EStG für die Einbringung einer Beteiligung des § 17 EStG nur anzuwenden, soweit der Veräußerungsgewinn nicht nach dem Halbeinkünfteverfahren teilweise steuerbefreit ist (Kumulationsverbot).

357 **b) Stundung. § 20 Abs 6 UmwStG aF** ersetzt die Stundungsregelung des § 20 Abs 5 Satz 3 UmwStG 1977 und regelt sie iSd § 21 Abs 2 Satz 3–6 UmwStG: Entrichtung in jährlichen Teilbeträgen von mindestens einem Fünftel der anfallenden ESt oder KSt bei Entstrickungsfällen des § 20 Abs 3 UmwStG. Damit soll berücksichtigt werden, dass sich trotz der Tarifbegünstigung des § 34 EStG durch den Einbringungsvorgang ein erheblicher Steuerbetrag ergeben kann (vgl *Glade/Steinfeld* aaO Tz 1116). Die Zinslosigkeit der Stundung gilt nach BFHE 183, 465, DStR 1997, 1848 auch für das alte Recht. Nach BFHE 185, 497, BStBl II 2000, 430 war eine Stundung auch dann zu gewähren, wenn bei einer Umwandlung auf eine Per-

sonengesellschaft oder natürliche Person § 10 UmwStG aF anzuwenden war und damit dem Anteilseigner mit dem Körperschaftsteuerguthaben Liquidität zufloss. Auf § 233a AO ist der Zinsverzicht nach § 21 Abs 2 Satz 4 UmwStG aF nicht rechtsanalog anzuwenden (FG Hamburg EFG 2002, 1009 rkr). Da der Liquiditätsmangel den Grund der Stundung darstellt, wurde der Liquiditätszuwachs durch eine Ergänzung des § 21 Abs 2 Satz 6 UmwStG aF (Umwandlungen iSd 2. und 4. Teils) mit der Folge eines Wegfalls der Stundung berücksichtigt (vgl BTDrs 14/2070, 25). Mit dem Wegfall des § 20 Abs 3 UmwStG aF wurde § 20 Abs 6 UmwStG aF bedeutungslos. Für nach altem Recht gewährte Stundungen ist die Vorschrift weiterhin anzuwenden (§ 27 Abs 3 Nr 2 UmwStG nF).

13. Maßgeblichkeit des steuerlichen Übertragungsstichtags (§ 20 Abs 7 UmwStG aF/Abs 5 nF). Der Übertragungsstichtag ist für die Bilanzierung des Einbringenden und der übernehmenden Kapitalgesellschaft maßgebend sowie für das Einkommen und den Gewerbeertrag (s dazu Rz 105 ff). § 20 Abs 7 Satz 2 und 3 UmwStG aF/Abs 5 nF enthalten miteinander korrespondierende Korrekturvorschriften hinsichtlich Entnahmen und Einlagen, die nach dem steuerlichen Übertragungsstichtag und vor dem zivilrechtlichen Eigentumsübergang erfolgen, aber – zur Vermeidung verdeckter Gewinnausschüttungen – nicht zurückwirken und deshalb bereinigte Anschaffungskosten des Gesellschaftsanteils erfordern. Entsteht ein Überhang der Entnahmen, so sind zwingend soviel an stillen Reserven aufzudecken, dass der Entnahmeüberhang abgedeckt wird (*Patt/Rasche* DStR 1995, 1529), weil nach § 20 Abs 2 Satz 4 UmwStG aF/Satz 2 Nr 2 nF das eingebrachte Betriebsvermögen nicht negativ werden kann (*UmwStErl* Tz 20.25). 358

14. Rückwirkung. a) Voraussetzung. § 20 Abs 8 UmwStG aF/Abs 6 nF schafft die Möglichkeit einer wahlweisen Rückwirkung. Danach kann als steuerlicher Übertragungsstichtag bei der Sacheinlage durch Verschmelzung, Spaltung, Abspaltung oder Ausgliederung der Stichtag angesehen werden, für den die Schlussbilanz jedes der übertragenden Unternehmen iSd § 17 Abs 2 UmwG aufgestellt ist. Dieser Stichtag darf höchstens acht Monate vor der Anmeldung der Verschmelzung usw zum Handelsregister liegen. Erfolgt die Sacheinlage nicht durch die genannten Umwandlungen, sondern durch Einzelrechtsnachfolge (Rz 330), so darf der Stichtag höchstens acht Monate vor dem Tag des Abschlusses des Einbringungsvertrages und höchstens acht Monate vor dem Zeitpunkt liegen, an dem das eingebrachte Betriebsvermögen auf die Kapitalgesellschaft übergeht. 359

b) Rechtsfolge. Das Einkommen und das Vermögen des Einbringenden sind in diesem Fall so zu ermitteln, als ob der Betrieb mit Ablauf des Umwandlungsstichtages in die Kapitalgesellschaft eingebracht worden wäre (§ 20 Abs 7 UmwStG aF/Abs 5 nF). Diese Regelung wurde durch § 20 Abs 8 UmwStG aF auf Einbringungstatbestände ausgedehnt, die – als Einzelrechtsnachfolge – keine Umwandlungen (Rz 11 ff, 330) nach dem UmwG sind. Nach alter Rechtslage war dies anders (BFHE 134, 404, BStBl II 1982, 362; BFHE 146, 236, BStBl II 1986, 623; aA *FinVerw* DStR 1994, 270). § 2 UmwStG eröffnet aber über seinen Wortlaut hinaus keine allgemeine Rückbeziehung von Geschäftsvorfällen (Rz 105 ff), zB auch 360 nicht hinsichtlich einer im Laufe des Jahres begründeten stillen Beteiligung (BFHE 140, 221, BStBl II 1984, 384); zur Organschaft s allerdings BFHE 203, 329, BStBl II 2004, 534. S zu vereinbarten Geschäftsführergehältern und dgl BFHE 147, 125, BStBl II 1986, 880; BFHE 150, 412, BStBl II 1987, 797; *Raudszus* BB 1987, 944; *UmwStErl* Tz 20.19 ff bzw 20.41 ff betr Pensionszusagen; FG Ba-Wü EFG 2000, 1103 rkr. Zum Schachtelprivileg s § 9 Nr 2a Anm 4; § 12 Anm 33; *Streck/Olbing* BB 1994, 1830. Doppelerfassungen sollen beseitigt werden (*UmwStErl* Tz 20.22). Diese Regelung gilt bei grenzüberschreitenden Umwandlungen nicht, wenn die Rückwirkung im anderen Staat zu einer Nichtbesteuerung führt (§ 20 Abs 6 iVm § 2 Abs 3 UmwStG nF). Die Berücksichtigung von Verlusten und ein Zinsvortrag nach § 4h Abs 1 Satz 2 EStG beim Einbringenden setzt eine nach allgemeinen Grundsätzen zulässige Nutzung der Verluste voraus (§ 20 Abs 6 Satz 4 iVm § 2 Abs 4 UmwStG idF des JStG 2009).

361 **15. Sonderfall der Hinauseinbringung (§ 20 Abs 7 UmwStG nF).** Befindet sich unter den eingebrachten Wirtschaftsgütern eine in einem anderen Mitgliedsstaat der EU gelegene Betriebsstätte und wird das deutsche Besteuerungsrecht durch die Einbringung eingeschränkt, ist insoweit das eingebrachte Betriebsvermögen mit dem gemeinen Wert anzusetzen (§ 20 Abs 2 Satz 2 Nr 3 UmwStG nF). Verzichtet die BRD nicht auf ihr Besteuerungsrecht und sieht das jeweilige DBA keine Freistellung der Einkünfte vor, ist gemäß Art 10 Abs 2 FusionsRL die auf den Einbringungsgewinn entfallende fiktive ausländische Steuer anzurechnen (§ 20 Abs 7 iVm § 3 Abs 3 UmwStG nF).

362 **16. Einbringung von transparenten Gesellschaften in andere Mitgliedstaaten (§ 20 Abs 8 UmwStG nF).** Wird eine in einem anderen Mitgliedstaat ansässige und von der FusionsRL geschützte Gesellschaft, die nach nationalem Recht als transparent anzusehen ist, auf eine andere Gesellschaft (Kapitalgesellschaft oder Genossenschaft) verschmolzen, verliert die BRD ihr Besteuerungsrecht hinsichtlich der Einkünfte des Gesellschafters aus der im anderen Mitgliedstaat gelegenen Betriebsstätte. Nach Art 10a Abs 1 FusionsRL kann die BRD, soweit sie die Doppelbesteuerung nicht durch Freistellung vermeidet, bei den inländischen Gesellschaftern der einbringenden Gesellschaft den Einbringungsgewinn besteuern, der gemäß § 20 Abs 2 Satz 2 Nr 3 UmwStG durch Ansatz des gemeinen Werts entsteht. Im Gegenzug ist die fiktive ausländische Steuer auf den Gewinn aus einer Veräußerung des der ausländischen Betriebsstätte zuzurechnenden Betriebsvermögens auf die inländische Einkommensteuer anzurechnen. Eine tatsächlich erhobene ausländische Steuer, die dadurch entsteht, dass die Gesellschaft ein im anderen Mitgliedstaat hinsichtlich der Einbringung bestehendes Wahlrecht zur vollen oder teilweisen Aufdeckung der stillen Reserven ausübt, ist insoweit nach den allgemeinen Vorschriften der §§ 26 KStG, 34c und 50 Abs 6 EStG anzurechnen (BTDrs 16/2710, 45).

363 **17. Zinsvortrag (§ 20 Abs 9 UmwStG nF).** Nach § 20 Abs 9 UmwStG idF UntStRefG 2008 geht ein Zinsvortrag nach § 4h Abs 2 Satz 2 EStG des eingebrachten Betriebs nicht auf die übernehmende Gesellschaft über. Wegen der betriebsbezogenen Regelung zur Zinsschranke

hat eine Unternehmenseinbringung den Untergang des Zinsvortrags zur Folge (s Rz 105).

18. Nachversteuerung gemäß § 34 a Abs 6 Satz 1 Nr 2 EStG. Wurden nicht entnommene Gewinne von Einzel- und Mitunternehmern iSd § 34 a Abs 2 EStG begünstigt besteuert (§ 34 a Abs 1 EStG), führt die Entnahme dieser Gewinne in einem nachfolgenden Veranlagungszeitraum zu einer Nachversteuerung (§ 34 a Abs 4 Satz 1 EStG). Ebenso ist im Fall der Einbringung des Betriebs oder gesamten Mitunternehmeranteils in eine Kapitalgesellschaft (§ 20 UmwStG nF) eine Nachversteuerung durchzuführen (§ 34 a Abs 6 Satz 1 Nr 2 EStG). Der Einbringende beendet damit seine unternehmerische Betätigung iSd § 34 a Abs 1 EStG, die Voraussetzung für die Gewährung der steuerlichen Vergünstigung ist. Eine Nachversteuerung ist auch bei einem Formwechsel in eine Kapitalgesellschaft oder Genossenschaft (§ 25 UmwStG nF) vorzunehmen (*BMF* BStBl I 2008, 838 Tz 43). **364**

(frei) **365–369**

19. Anteilstausch (§ 21 UmwStG nF). a) Begriff. Die Einbringung von Anteilen an einer Kapitalgesellschaft oder (Europäischen) Genossenschaft ist nunmehr in § 21 UmwStG nF geregelt. Danach setzt ein Anteilstausch die Einbringung von Anteilen in eine Kapitalgesellschaft oder Genossenschaft (übernehmende Gesellschaft) gegen Gewährung von Anteilen an der übernehmenden Gesellschaft voraus. Die übernehmende Gesellschaft hat die eingebrachten Anteile grds mit dem gemeinen Wert anzusetzen. **370**

Einbringender kann jede natürliche oder juristische Person sowie die Gesellschafter einer Personengesellschaft unabhängig von der Ansässigkeit sein. Die einschränkende Regelung des § 1 Abs 4 Nr 2 UmwStG nF verweist nicht auf den Anteilstausch iSd § 1 Abs 3 Nr 5 UmwStG nF. Danach können auch Anteile von in Drittstaaten ansässigen Kapitalgesellschaften und Genossenschaften eingebracht werden. Die übernehmende Kapitalgesellschaft muss wie bei der Einbringung nach § 20 Abs 1 UmwStG aF/nF ihren Sitz und den Ort der Geschäftsleitung in der EU bzw einem EWR-Staat haben (§ 1 Abs 4 Nr 1 iVm Abs 2 Satz 1 Nr 1 UmwStG nF).

b) Abgrenzung Sacheinlage (§ 20 UmwStG nF) und Anteilstausch (§ 21 UmwStG nF). Befinden sich im eingebrachten Betrieb bzw Teilbetrieb auch Anteile an Kapitalgesellschaften und Genossenschaften, ist insgesamt eine Sacheinlage iSd § 20 Abs 1 UmwStG nF gegeben. Für eine Aufteilung des Einbringungsvorgangs in eine Sacheinlage und einen Anteilstausch (§ 21 UmwStG nF) besteht keine gesetzliche Grundlage. Aus § 22 Abs 1 Satz 5 UmwStG nF erschließt sich, dass das eingebrachte Betriebsvermögen auch Anteile an Kapitalgesellschaften oder Genossenschaften umfassen kann. Ebenso ergibt sich aus § 22 Abs 2 Satz 1 UmwStG nF, auf den § 22 Abs 1 Satz 5 UmwStG nF verweist, sowie aus § 23 Abs 2 Satz 3 UmwStG nF, dass Anteile an einer Kapitalgesellschaft sowohl iR einer Sacheinlage als auch iR eines Anteilstausches eingebracht werden können (s auch *Dötsch/Pung* DB 2006, 2763, 2769; *Hagemann/Jakob/Rohl/Viebrock* NWB Sonderheft 1/2007, 34). **371**

Der Anteilstausch iSd § 21 Abs 1 UmwStG nF betrifft die alleinige Einbringung von Anteilen an einer Kapitalgesellschaft oder Genossenschaft. Die Veräußerung von Bezugsrechten ist wie die Veräußerung der Aktien selbst zu behandeln (BFH BStBl II 1992, 761; BFHE 188, 27; BStBl II 1999, 638; BFH/NV 2008, 1203). Die Höhe der Anteile ist unbeachtlich. Im Gegensatz zur Sacheinlage sieht der Anteilstausch die Möglichkeit einer rückwirkenden Einbringung iSd § 20 Abs 6 UmwStG nF nicht vor. Dennoch kommt gemäß § 2 Abs 1 UmwStG nF eine steuerliche Rückwirkung, die nunmehr auch für den 6. Teil gilt, in Betracht. Hierbei handelt es sich um eine gesetzliche Fiktion, die hinsichtlich des steuerlich maßgeblichen Übertragungsstichtags auf den Stichtag der der Umwandlung zugrunde liegenden Bilanz iSd § 17 Abs 2 UmwG abstellt. § 17 EStG ist gegenüber § 21 UmwStG nF subsidiär (BFHE 173, 17, BStBl II 1994, 222).

372 **c) Qualifizierter Anteilstausch (§ 21 Abs 1 Satz 2 UmwStG nF).** Ein qualifizierter Anteilstausch liegt vor, wenn die übernehmende Gesellschaft nach der Einbringung aufgrund ihrer Beteiligung einschließlich der eingebrachten Anteile nachweisbar unmittelbar die Mehrheit der Stimmrechte an der erworbenen Gesellschaft hat. Als Anteilstausch gilt auch die Verstärkung einer bereits bestehenden Mehrheitsbeteiligung (BTDrs 16/2710, 45). In diesen Fällen können auf Antrag die eingebrachten Anteile mit dem Buchwert oder einem Zwischenwert, höchstens mit dem gemeinen Wert, angesetzt werden. Das Ansatzwahlrecht ist spätestens mit Abgabe der Steuererklärung einschließlich der steuerlichen Schlussbilanz auszuüben (§ 21 Abs 1 Satz 2 Hs 2 iVm § 20 Abs 2 Satz 3 UmwStG nF). Zur Ausübung des Bewertungswahlrechts bei Einbringung mehrerer mehrheitsvermittelnder Beteiligungen an verschiedenen Kapitalgesellschaften s *Ruf* GmbHR 2008, 243.

373 **d) Gewährung sonstiger Gegenleistungen (§ 21 Abs 1 Satz 3 UmwStG nF).** Bekommt der Einbringende neben den neuen Gesellschaftsanteilen auch sonstige Gegenleistungen (zB eine bare Zuwendung), hat die übernehmende Gesellschaft die eingebrachten Anteile mindestens mit dem gemeinen Wert der sonstigen Gegenleistungen anzusetzen, wenn der gemeine Wert den Buchwert der eingebrachten Anteile übersteigt. Insoweit kommt es zur Aufdeckung der stillen Reserven. Entsprechend sind bare Zuzahlungen bis zur Höhe des Buchwerts der eingebrachten Anteile ohne Gewinnrealiserung möglich (s *Forst/Radmer* EStB 2007, 112).

374 **e) Bewertung der Anteile (§ 21 Abs 2 UmwStG nF).** Der Wert, mit dem die übernehmende Gesellschaft die eingebrachten Anteile ansetzt, gilt für den Einbringenden als Veräußerungspreis der eingebrachten Anteile und als Anschaffungskosten der erhaltenen Anteile. § 21 Abs 2 UmwStG nF fingiert iRd Anteilstausches eine Veräußerung, bei der sich der Veräußerungspreis des Einbringenden nach dem Wertansatz der aufnehmenden Gesellschaft richtet. Die Besteuerung des Gewinns aus der Veräußerung der Anteile erfolgt nach den allgemeinen Vorschriften.

375 Nach § 21 Abs 2 S 2 UmwStG nF hat der Einbringende den **gemeinen Wert** der eingebrachten Anteile als Veräußerungspreis und als Anschaffungskosten der erhaltenen Anteile anzusetzen, wenn nach der Einbringung das Besteuerungsrecht der BRD hinsichtlich des Gewinns aus der Veräußerung

der eingebrachten oder der erhaltenen Anteile ausgeschlossen oder beschränkt ist. Dies ist dann der Fall, wenn nach der Einbringung der Anteile anstelle des vollen Besteuerungsrechts die BRD abkommensrechtlich zur Anrechnung der ausländischen Steuer verpflichtet ist oder kein Besteuerungsrecht mehr hat. Es besteht insoweit keine doppelte Wertverknüpfung. Bei einem grenzüberschreitenden Anteilstausch hat der Wertansatz der übernehmenden Gesellschaft keinen Einfluss auf den Veräußerungspreis der Einbringenden. Zur Sofortversteuerung nach § 21 Abs 2 Satz 2 UmwStG nF bei grenzüberschreitendem Anteilstausch s *Becker-Pennrich* IStR 2007, 684.

Im Falle eines qualifizierten Anteilstausches ohne Gewährung sonstiger Gegenleistungen (§ 21 Abs 1 Satz 2 UmwStG nF) kann unter den Voraussetzungen des Abs 2 Satz 2 gemäß § 21 Abs 2 Satz 3 UmwStG nF auf Antrag der **Buchwert** oder ein **Zwischenwert** als Veräußerungspreis der eingebrachten Anteile und als Anschaffungskosten der erhaltenen Anteile angesetzt werden, wenn (1) das Besteuerungsrecht der BRD an den erhaltenen Anteilen nicht ausgeschlossen oder beschränkt ist oder (2) der Gewinn aus dem Anteilstausch aufgrund Art 8 FusionsRL nicht besteuert werden darf. Die FusionsRL sieht innerhalb der EU grds einen steuerneutralen Anteilstausch vor. In beiden Fällen unterliegt der Gewinn aus der Veräußerung der erhaltenen Anteile der vollen Besteuerung durch die BRD. Gemäß Art 8 Abs 6 FusionsRL ist dann der Gewinn aus der späteren Veräußerung der erhaltenen Anteile so zu besteuern, wie die Veräußerung der eingebrachten Anteile zu besteuern gewesen wäre. Entgegenstehende Bestimmungen eines DBA sind unbeachtlich (treaty-override; BTDrs 16/2710, 46). Dies gilt gemäß § 22 Abs 2 Satz 3 Nr 2 letzter Hs UmwStG nF iVm § 15 Abs 1 a Satz 2 EStG zB auch dann, wenn später die erhaltenen Anteile verdeckt in eine Kapitalgesellschaft eingelegt werden, die Europäische Gesellschaft aufgelöst wird oder ihr Kapital herabgesetzt und zurückgezahlt wird (BTDrs 16/3369, 12). 376

Das Ansatzwahlrecht muss spätestens mit Abgabe der Steuererklärung des Einbringenden ausgeübt werden (§ 21 Abs 2 Satz 4 UmwStG nF).

Der Ansatz der eingebrachten Anteile mit einem Zwischenwert oder dem gemeinen Wert führt beim Einbringenden zur Aufdeckung von stillen Reserven und damit zu einem Veräußerungsgewinn, der den allgemeinen Besteuerungsgrundsätzen (Freistellungs- bzw Halbeinkünfteverfahren/ab 2009: Teileinkünfteverfahren) unterliegt. Bei einer Beteiligung von weniger als 1% erfolgt die Besteuerung nach § 17 Abs 6 EStG. Einbringungsgeborene Anteile iSd § 21 Abs 1 Satz 1 UmwStG aF behalten bei Einbringung unter dem gemeinen Wert ihre Eigenschaft über die Einbringung hinaus bei. Soweit in den eingebrachten Anteilen einbringungsgeborene Anteile enthalten sind, gelten sie weiterhin als solche (§ 21 Abs 2 Satz 6 iVm § 20 Abs 3 Satz 4 UmwStG nF). Die Veräußerung dieser Anteile ist gemäß § 8b Abs 4 KStG aF iVm § 34 Abs 7a KStG bzw § 3 Nr 40 Satz 3 EStG aF iVm § 52 Abs 4b Satz 2 EStG in vollem Umfang steuerpflichtig.

f) Steuervergünstigungen (§ 21 Abs 3 UmwStG nF). Für im Privatvermögen gehaltene Beteiligungen gewährt § 21 Abs 3 Satz 1 UmwStG nF den Freibetrag nach § 17 Abs 3 EStG nur, wenn der Einbringende eine natürliche Person ist und die eingebrachten Anteile mit dem gemeinen 377

Wert angesetzt werden. Die Einbringung einer 100%igen Beteiligung ist nicht erforderlich. Dagegen ist bei im Betriebsvermögen gehaltenen Anteilen für die Gewährung des Freibetrags nach § 16 Abs 4 EStG zusätzlich erforderlich, dass eine 100%ige Beteiligung an einer Kapitalgesellschaft eingebracht wird. In beiden Fällen kommt der ermäßigte Steuersatz nach § 34 Abs 1 EStG nicht in Betracht.

378 **g) Anschaffungskosten der erhaltenen Anteile (§ 21 Abs 2 Satz 1 UmwStG nF).** Beim Einbringenden gilt der Wert, mit dem die übernehmende Gesellschaft die eingebrachten Anteile ansetzt, als Anschaffungskosten für die erhaltenen Anteile. Danach bestimmt der von der übernehmenden Kapitalgesellschaft angesetzte Wert die Anschaffungskosten der erhaltenen Anteile. Befanden sich die eingebrachten Anteile beim Einbringenden nicht im Betriebsvermögen, sind die erhaltenen Anteile anstelle des Buchwerts mit den Anschaffungskosten der eingebrachten Anteile anzusetzen (§ 21 Abs 2 Satz 5 UmwStG nF). Die Anschaffungskosten der erhaltenen Anteile sind um den gemeinen Wert der Wirtschaftgüter zu mindern, die der Einbringende neben den Anteilen als Gegenleistung erhalten hat (§ 21 Abs 2 Satz 6 iVm § 20 Abs 3 Satz 3 UmwStG). Bare Zuzahlungen an den Einbringenden mindern den Wert der iRd tauschähnlichen Vorgangs erhaltenen Anteile an der übernehmenden Gesellschaft.

379–384 *(frei)*

385 **20. Besteuerung des Anteilseigners (§ 22 UmwStG nF). a)** Entgegen der (bisherigen) Behandlung der einbringungsgeborenen Anteile iSd § 21 Abs 1 Satz 1 UmwStG aF sieht § 22 UmwStG nF eine **rückwirkende Besteuerung** des Einbringungsvorgangs vor. Sie soll verhindern, dass die (steuerneutrale) Einbringung dazu genutzt wird, um die erhaltenen Anteile unter Inanspruchnahme des Halbeinkünfteverfahrens (§ 3 Nr 40 EStG; ab 2009: Teileinkünfteverfahren) bzw der Steuerbefreiung nach § 8b Abs 2 KStG zu veräußern.

386 **b) Einbringungsgewinn I.** Veräußert der Einbringende iR einer Sacheinlage zu Buch- bzw Zwischenwerten (§ 20 Abs 2 Satz 2 UmwStG nF) erhaltene Anteile oder nur einen Teil hieraus innerhalb von 7 Jahren nach dem Einbringungszeitpunkt, entsteht (insoweit) bei ihm rückwirkend auf das Jahr der Einbringung ein **Einbringungsgewinn I** (§ 22 Abs 1 Satz 1 UmwStG nF). Einbringungszeitpunkt ist der Übertragungszeitpunkt (§ 20 Abs 6 UmwStG nF). Die Veräußerung der erhaltenen Anteile gilt aus rückwirkendes Ereignis iSd § 175 Abs 1 Satz 1 Nr 2 AO. Es ist ein entsprechender Änderungsbescheid zu erlassen. Der Einbringungsgewinn I ist gemäß § 22 Abs 1 Satz 3 UmwStG wie folgt zu ermitteln:

  Gemeiner Wert des eingebrachten Betriebsvermögens im Einbringungszeitpunkt
– Kosten für den Vermögensübergang
– Wert, mit dem die übernehmende Kapitalgesellschaft das eingebrachte Betriebsvermögen angesetzt hat

= Einbringungsgewinn I zum Zeitpunkt der Einbringung
– Kürzung um $^1/_7$ für jedes bis zur Veräußerung abgelaufene Zeitjahr

= zu versteuernder Einbringungsgewinn I

Der Einbringungsgewinn I stellt einen Veräußerungsgewinn iSd § 16 EStG dar. Er unterliegt als laufender Gewinn den allgemeinen Besteuerungsgrundsätzen. Die Vergünstigungen des § 16 Abs 4 und § 34 EStG sind wegen der Kürzung um ein Siebtel je abgelaufenen Zeitjahres nicht anwendbar. Ebenso kommen weder das Halbeinkünfteverfahren noch eine Steuerbefreiung nach § 8 b KStG in Betracht.

Die Ermittlung des Einbringungsgewinns I bezieht sich nur auf das eingebrachte Betriebsvermögen, nicht dagegen auf die Anteile an Kapitalgesellschaften oder Genossenschaften, die als Teil des Betriebs eingebracht wurden (§ 22 Abs 1 Satz 5 UmwStG nF). Auch die Veräußerung von eingebrachten Anteilen an Kapitalgesellschaften, die auf einer Sacheinlage (§ 20 Abs 1 UmwStG nF) beruhen, löst eine nachträgliche Besteuerung des Einbringungsvorgangs (Einbringungsgewinn II) nach § 22 Abs 2 UmwStG nF aus. Dies gilt nicht, wenn iR einer Sacheinlage durch einen beschränkt Steuerpflichtigen Anteile mit übertragen werden und dies zum Ausschluss oder zur Beschränkung der inländischen Besteuerung hinsichtlich des Gewinns aus der Veräußerung der erhaltenen Anteile führt. In diesem Fall ist eine spätere Veräußerung von erhaltenen Anteilen rückwirkend im Wirtschaftsjahr der Einbringung als Gewinn des Einbringenden (Einbringungsgewinn I) nach § 22 Abs 1 UmwStG nF zu versteuern (§ 22 Abs 1 Satz 5 Hs 2 UmwStG nF). Dadurch wird die Besteuerung von Gewinnen aus der Veräußerung von erhaltenen Anteilen unmittelbar nach der Einbringung sichergestellt (BTDrs 16/3369, 12). Die Veräußerung von Anteilen an der übernehmenden Kapitalgesellschaft, die neben den erhaltenen Anteilen gehalten werden, bleiben unberücksichtigt (*Dötsch/Pung* DB 2007, 2704, 2766).

Maßgebend ist der gemeine Wert des Betriebsvermögens zum Zeitpunkt der Einbringung. Wertveränderungen der Anteile, die nach der Einbringung eingetreten sind, haben auf den Einbringungsgewinn I keine Auswirkung. Der Einbringungsgewinn I erfasst nur die zum Einbringungszeitpunkt in den eingebrachten Wirtschaftsgütern enthaltenen stillen Reserven. Der insgesamt entstandene Veräußerungsgewinn setzt sich daher aus dem Einbringungsgewinn I und dem Gewinn aus dem Anteilsverkauf, der die nach der Einbringung eingetretenen Wertveränderungen erfasst, zusammen. Diese nach der Einbringung eingetretenen Wertveränderungen werden als **Veräußerungsgewinn** besteuert (s Rz 390). Wegen der erforderlichen rückwirkenden Ermittlung des gemeinen Werts des eingebrachten Betriebsvermögens (vgl § 20 Abs 3 Satz 1 UmwStG nF) ist eine entsprechende Beweisvorsorge iRd Einbringung ratsam.

Die **Kosten für den Vermögensübergang** sind nur insoweit abziehbar, als sie nicht bereits iRd Sacheinlage (fiktive Veräußerung; § 20 Abs 3 UmwStG nF) als Veräußerungskosten berücksichtigt wurden (s *Mühle* DStZ 2006, 63). Sie sind nicht anteilig bei der Ermittlung des Gewinns aus der Veräußerung der erhaltenen Anteile zu berücksichtigen. Gemäß § 22 Abs 1 Satz 3 UmwStG nF sind sie in vollem Umfang dem Einbringungsvorgang zuzuordnen (s Rz 390). 387

c) Nachträgliche Anschaffungskosten (§ 22 Abs 1 Satz 4 UmwStG nF). Der steuerpflichtige Einbringungsgewinn I ist beim Einbringenden als 388 nachträgliche Anschaffungskosten der erhaltenen Anteile zu erfassen. Dadurch wirkt sich der Einbringungsgewinn I erfolgsmindernd auf den Gewinn aus der Veräußerung der erhaltenen Anteile aus. Diese Grundsätze gelten auch für die Ersatztatbestände des § 22 Abs 1 Satz 6 UmwStG nF.

389 **d) Ersatzrealisationstatbestände des § 22 Abs 1 Satz 6 UmwStG nF.** Einer Veräußerung stellt § 22 Abs 1 Satz 6 UmwStG folgende Tatbestände gleich:

1. Der Einbringende überträgt die erhaltenen Anteile unentgeltlich (zB verdeckte Einlage) auf eine Kapitalgesellschaft oder Genossenschaft,
2. der Einbringende überträgt die erhaltenen Anteile entgeltlich weiter, soweit die Übertragung nicht zu Buchwerten erfolgt,
3. die Kapitalgesellschaft, an der die Anteile bestehen, wird aufgelöst oder abgewickelt,
4. der Einbringende bringt die erhaltenen Anteile zu Buchwerten iR einer Sacheinlage oder eines Anteilstausches in eine Kapitalgesellschaft oder Genossenschaft ein und die neu übernehmende Gesellschaft überträgt die erhaltenen Anteile entgeltlich oder unentgeltlich iSd Nr 1 oder 2 weiter, außer die Weitereinbringung erfolgt zu Buchwerten (Ketteneinbringung),
5. der Einbringende bringt die erhaltenen Anteile zum Buchwert im Wege einer Sacheinlage oder eines Anteilstausches in eine Kapitalgesellschaft oder Genossenschaft ein und überträgt die dafür erhaltenen Anteile entgeltlich oder unentgeltlich, iSd Nr 1 oder 2, außer die Weitereinbringung erfolgt zu Buchwerten, oder
6. für den Einbringenden oder die übernehmende Gesellschaft iSd Nr 4 sind die persönlichen Voraussetzungen iSd § 1 Abs 4 UmwStG nF zB durch Verlegung des Wohnsitzes oder des Sitzes der übernehmenden Gesellschaft im Fall der Ketteneinbringung nicht mehr erfüllt (s *Förster/Wendland* BB 2007, 631).

Diese Ersatztatbestände sollen eine Umgehung des Grundtatbestands ausschließen (s *Schumacher/Neumann* DStR 2008, 325, 332). Der Einbringungsgewinn I wirkt sich auch auf Weitereinbringungen iSd § 21 Abs 1 Satz 6 Nr 4 u 5 UmwStG nF aus. Werden dabei die erhaltenen Anteile zum Buchwert weitereingebracht, sind (bei den beteiligten Personen) in Höhe des Einbringungsgewinns I nachträgliche Anschaffungskosten der erhaltenen Anteile zu berücksichtigen (§ 21 Abs 1 Satz 7 UmwStG nF).

390 **e) Aufteilung des Veräußerungsgewinns.** Bei der Veräußerung von erhaltenen Anteilen innerhalb von 7 Jahren nach der Einbringung iR einer Sacheinlage (§ 20 Abs 1 UmwStG nF) ist der insgesamt erzielte Veräußerungsgewinn iSd § 16 EStG in einen rückwirkend zu versteuernden Einbringungsgewinn I, auf den § 3 Nr 40 EStG und § 8b KStG nicht anwendbar sind, und einen Gewinn aus dem Anteilsverkauf, der sich aus den nach der Einbringung entstandenen stillen Reserven und dem jährlichen Kürzungsbetrag von 1/7 der zum Einbringungszeitpunkt bestehenden stillen Reserven iSd § 22 Abs 1 Satz 3 UmwStG nF zusammensetzt, aufzuteilen. Der Veräußerungsgewinn des Einbringenden errechnet sich aus der Differenz zwischen dem gesamten Veräußerungsgewinn und den Anschaffungskosten der erhaltenen Anteile, erhöht um die nachträglichen Anschaf-

fungskosten iHd Einbringungsgewinns I (§ 22 Abs 1 Satz 4 UmwStG nF). Dieser wird nach dem Halbeinkünfteverfahren (§ 17 Abs 1 Satz 1 u Abs 6 Nr 1 u 2 iVm § 3 Nr 40 Buchst c EStG; ab 2009: Teileinkünfteverfahren) bzw nach § 8b Abs 2 u 3 KStG besteuert (BTDrs 16/2710, 47). Dabei wirkt sich der Einbringungsgewinn I über seine Berücksichtigung als nachträgliche Anschaffungskosten gewinnmindernd aus (§ 22 Abs 1 Satz 4 UmwStG nF). Dadurch wird eine doppelte Besteuerung vermieden. Werden bei der Sacheinlage die stillen Reserven des eingebrachten Betriebsvermögens durch Buchwert- bzw Zwischenwertansatz nicht aufgedeckt und innerhalb von 7 Jahren nach der Sacheinlage die erhaltenen Anteile veräußert, unterstellt das Gesetz eine Umgehung der allgemeinen Besteuerung des Einbringungsvorgangs nach Maßgabe des § 20 Abs 4 UmwStG nF zugunsten des bei einem Anteilsverkauf anzuwendenden Halbeinkünfteverfahrens nach § 3 Nr 40 EStG bzw der Steuerbefreiung nach § 8b KStG. Durch die Besteuerung eines nachträglich entstehenden steuerpflichtigen Einbringungsgewinns werden die stillen Reserven zum Einbringungszeitpunkt aufgedeckt, wobei die jährlichen Abbaubeträge dem Umstand Rechnung tragen, dass die Vermutung eines Missbrauchs iSd Art 11 Abs 1 Buchst a FusionsRL mit zunehmendem Abstand zum Einbringungszeitpunkt abnimmt (BTDrs 16/2710, 46). Die übernehmende Gesellschaft kann nach Maßgabe des § 23 Abs 2 Satz 1 UmwStG nF die Buchwerte des eingebrachten Betriebsvermögens um den Einbringungsgewinn I aufstocken.

Die **Kosten für die Veräußerung** der Anteile wirken sich ausschließ- 391
lich bei der Ermittlung des Einbringungsgewinns I aus (§ 22 Abs 1 Satz 3 UmwStG nF). Da der Einbringungsgewinn I und damit die nachträglichen Anschaffungskosten der erhaltenen Anteile bereits um die Kosten für den Vermögensübergang gekürzt sind, ist bei der Ermittlung des Veräußerungsgewinns insoweit keine weitere Kürzung vorzunehmen.

(frei) 392–394

f) Einbringungsgewinn II (§ 22 Abs 2 UmwStG nF). Die nach- 395
trägliche Besteuerung eines Einbringungsgewinns II betrifft ausschließlich den Einbringenden als natürliche Person, bei dem die stillen Reserven der eingebrachten Anteile iR einer Sacheinlage (§ 20 Abs 1 UmwStG nF) bzw eines Anteilstausches (§ 21 Abs 1 UmwStG nF) durch Buchwert- bzw Zwischenwertansatz nicht aufgedeckt wurden. Veräußert die übernehmende Gesellschaft innerhalb von 7 Jahren nach dem Einbringungsvorgang die eingebrachten Anteile, tritt wegen der Steuerfreiheit des gesamten Veräußerungsgewinns unter einer 5%igen Betriebsausgabenkürzung gemäß § 8b Abs 2 u 3 KStG beim Einbringenden anteilig ein nicht gerechtfertigter steuerlicher Vorteil ein. Die nachträgliche Besteuerung eines Einbringungsgewinns II stellt beim Einbringenden die Besteuerung der eingebrachten Anteile nach dem Halbeinkünfteverfahren (ab 2009: Teileinkünfteverfahren) sicher. Dabei wird die von der übernehmenden Gesellschaft vorgenommene Veräußerung der eingebrachten Anteile dem Einbringenden zugerechnet. Einbringender iSd § 22 Abs 2 Satz 1 UmwStG nF ist eine natürliche Person, bei der das Halbeinkünfteverfahren nach § 3 Nr 40 EStG Anwendung findet. Bei einer Personengesellschaft ist auf die an ihr

unmittelbar oder mittelbar beteiligten natürlichen Personen (Gesellschafter) abzustellen. § 22 Abs 2 Satz 1 UmwStG idF des JStG 2009 stellt klar, dass eine mittelbare Veräußerung ausreicht. Der nachträglichen Besteuerung unterliegt damit auch der Gewinn aus der Veräußerung von Anteilen an Kapitalgesellschaften und Genossenschaften, die zu einem eingebrachten Mitunternehmeranteil gehören.

396 **g) Ermittlung des Einbringungsgewinns II (§ 22 Abs 2 Satz 3 UmwStG nF).** Der Einbringungsgewinn II errechnet sich gemäß § 22 Abs 2 Satz 3 UmwStG nF wie folgt:

Gemeiner Wert der eingebrachten Anteile im Einbringungszeitpunkt
– Kosten für den Vermögensübergang
– Wert, mit dem der Einbringende die erhaltenen Anteile angesetzt hat

= Einbringungsgewinn II im Zeitpunkt der Einbringung
– Verringerung um $^1/_7$ für jedes abgelaufene Zeitjahr

= zu versteuernder Einbringungsgewinn II

Der Einbringende hat den Einbringungsgewinn II rückwirkend auf den Einbringungsvorgang als Gewinn aus der Veräußerung der eingebrachten Anteile durch die aufnehmende Gesellschaft zu versteuern. Für die Ermittlung des Einbringungsgewinns II ist der gemeine Wert der eingebrachten Anteile im Einbringungszeitpunkt zu bestimmen. Als Einbringungszeitpunkt gilt das Datum des Vertragsabschlusses, weil in den Fällen des Anteilstausches keine Rückwirkungsfiktion besteht (BTDrs 16/2710, 47). Der von der natürlichen Person im Zeitpunkt der Veräußerung erzielte Gewinn aus Gewerbebetrieb (§ 15 EStG) bzw nach § 17 EStG ist nach den allgemeinen Grundsätzen zu versteuern. Der Freibetrag nach § 16 Abs 4 EStG ist auch bei einer im Betriebsvermögen gehaltenen 100%igen Beteiligung an einer Kapitalgesellschaft iSd § 16 Abs 1 Satz 1 Nr 2 Satz 2 EStG nicht zu gewähren. Ebenso ist die Ermäßigung des Steuersatzes gemäß § 34 EStG ausgeschlossen (§ 22 Abs 2 Satz 1 UmwStG idF des JStG 2009). In beiden Fällen kommt das Halbeinkünfteverfahren (ab 2009: Teileinkünfteverfahren) nach § 3 Nr 40 EStG zur Anwendung. Die spätere Veräußerung der eingebrachten Anteile stellt ein rückwirkendes Ereignis iSd § 175 Abs 1 Satz 1 Nr 2 AO dar (§ 22 Abs 2 Satz 2 iVm Abs 1 Satz 2 UmwStG nF). Die Sacheinbringung und der Anteilstausch sind insoweit gleichgestellt.

Eine Nachversteuerung des Gewinns aus der nachträglichen Veräußerung der eingebrachten Anteile ist ausgeschlossen, wenn und soweit der Einbringende die erhaltenen Anteile bereits veräußert hat (§ 22 Abs 2 Satz 5 UmwStG nF). Denn der Veräußerungsgewinn hieraus wurde bereits nach dem Halbeinkünfteverfahren versteuert. Soweit es sich um einbringungsgeborene Anteile handelt, ist der hieraus erzielte Veräußerungsgewinn voll steuerpflichtig (§ 21 Abs 1 UmwStG aF iVm § 3 Nr 40 Satz 3 u 4 EStG aF bzw § 8b Abs 4 KStG aF). Eine bereits erfolgte Wegzugsbesteuerung nach § 6 AStG führt ebenso nicht zu einer rückwirkenden Besteuerung in Form des Einbringungsgewinns II, wenn und soweit die Steuer nicht gestundet ist. Eine Besteuerung aufgrund der Ergänzungstatbestände des § 22 Abs 1 Satz 6 UmwStG nF kommt in diesem Fall nicht in Betracht (§ 22 Abs 2 Satz 6 UmwStG nF).

h) Veräußerungstatbestände (§ 22 Abs 2 Satz 6 UmwStG nF). 397
Die einer Veräußerung gleichgestellten Tatbestände des § 22 Abs 1 Satz 6 Nr 1 bis 5 UmwStG nF gelten gemäß § 22 Abs 2 Satz 6 UmwStG nF entsprechend bei einer Übertragung der eingebrachten Anteile durch die übernehmende Gesellschaft. Danach hat der Einbringende (natürliche Person) rückwirkend einen Einbringungsgewinn II zu versteuern, wenn

1. die übernehmende Gesellschaft die eingebrachten Anteile unentgeltlich auf eine Kapitalgesellschaft oder Genossenschaft überträgt,
2. die übernehmende Gesellschaft die eingebrachten Anteile entgeltlich weiter überträgt, soweit dieser Vorgang nicht zu Buchwerten erfolgt,
3. die übernehmende Gesellschaft aufgelöst und abgewickelt wird,
4. die übernehmende Gesellschaft die eingebrachten Anteile zunächst zu Buchwerten in eine Kapitalgesellschaft einbringt und die neu übernehmende Gesellschaft die erhaltenen Anteile entgeltlich oder unentgeltlich überträgt; eine Weitereinbringung zu Buchwerten ist unschädlich,
5. die übernehmende Gesellschaft die eingebrachten Anteile zum Buchwert in eine Kapitalgesellschaft einbringt und die dafür erhaltenen Anteile entgeltlich oder unentgeltlich überträgt; eine Weitereinbringung zu Buchwerten ist unschädlich, oder
6. die übernehmende Gesellschaft wegen einer Sitzverlegung die Ansässigkeitvoraussetzungen des § 1 Abs 4 UmwStG nF nicht mehr erfüllt.

Hinsichtlich der iR von Ketteneinbringungen nach § 21 Abs 1 Satz 6 Nr 4 u 5 UmwStG nF ausgegebenen neuen Anteile entstehen iHd Einbringungsgewinns II nachträgliche Anschaffungskosten, wenn die Einbringung zu Buchwerten erfolgt (§ 22 Abs 2 Satz 7 iVm Abs 1 Satz 7 UmwStG nF). Werden die erhaltenen Anteile an der Kapitalgesellschaft, die auf einer Sacheinlage zu Buchwerten beruhen, iR einer Ketteneinbringung (§ 22 Abs 1 Satz 6 Nr 4 UmwStG nF) zu Buchwerten in eine Kapitalgesellschaft eingebracht und innerhalb von 7 Jahren nach der Sacheinlage veräußert, kommt es zu einer nachträglichen Besteuerung der Einbringungsvorgänge in Form der Einbringungsgewinne I und II (s *Dötsch/Pung* DB 2763, 2771).

Die Veräußerung von unter dem gemeinen Wert eingebrachten Anteilen durch die übernehmende Gesellschaft führt beim Einbringenden zu einem Einbringungsgewinn II, der die stillen Reserven der Anteile zum Einbringungszeitpunkt erfasst, und bei der übernehmenden Gesellschaft zu einem Gewinn aus der Veräußerung der Anteile, der die nach der Einbringung eingetretenen stillen Reserven umfasst. Der Einbringungsgewinn II erhöht iF von nachträglichen Anschaffungskosten sowohl beim Einbringenden den Wertansatz der erhaltenen Anteile (§ 22 Abs 2 Satz 4 UmwStG nF) als auch bei der aufnehmenden Gesellschaft die Anschaffungskosten der eingebrachten Anteile (§ 23 Abs 2 Satz 3 UmwStG nF). Er wirkt sich damit gewinnmindernd auf den nach § 8b Abs 2 u 3 KStG begünstigten Gewinn der übernehmenden Gesellschaft aus der Veräußerung der eingebrachten Anteile aus. Dies gilt entsprechend bei einer späteren Veräußerung der erhaltenen Anteile durch den Einbringenden. 398

i) Nachweispflicht (§ 22 Abs 3 UmwStG nF). Der Einbringende ist verpflichtet, jährlich bis zum 31. 5. nachzuweisen, wem die Anteile an den dem Einbringungszeitpunkt entsprechenden Tagen (wirtschaftlich) zuzu- 399 rechnen sind. Diese Verpflichtung besteht bei Sacheinbringungen nach § 20 Abs 1 UmwStG nF zu Buch- oder Zwischenwerten (§ 22 Abs 3 Satz 1 Nr 1 UmwStG nF), bei einem qualifizierten Anteilstausch nach § 21 Abs 1 Satz 2 UmwStG nF zu Buch- oder Zwischenwerten, soweit Einbringender eine natürliche Person ist (§ 22 Abs 3 Abs 1 Satz 2 UmwStG nF), und bei Miteinbringungen von Anteilen an einer Körperschaft, Vermögensmasse oder Personenvereinigung iR einer Einbringung nach § 24 UmwStG nF zu Buch- oder Zwischenwerten durch eine natürliche Person, wenn Mitunternehmer der aufnehmenden Personengesellschaft eine von § 8b Abs 2 KStG begünstigte Körperschaft ist (§ 24 Abs 5 iVm § 22 Abs 3 Satz 1 Nr 2 UmwStG nF; s *OFD Koblenz* DStR 2008, 408). Der Nachweis ist erstmals in dem dem Einbringungszeitpunkt folgenden Jahr bis spätestens 31. 5. bei dem für den Einbringenden zuständigen Finanzamt zu erbringen (*OFD Ffm* DStR 2008, 408). Die Finanzverwaltung fordert darüber hinaus eine Bestätigung der übernehmenden Gesellschaft über die Gesellschafterstellung des wirtschaftlichen Eigentümers der erhaltenen Anteile. Bei einer unentgeltlichen Rechtsnachfolge (§ 22 Abs 6 UmwStG nF) ist der Rechtsnachfolger und im Falle einer Mitverstrickung von Anteilen (§ 22 Abs 7 UmwStG nF) sind der Einbringende und der Anteilseigner der mitverstrickten Anteile nachweispflichtig. Wird der Nachweis nicht geführt, gelten die Anteile als veräußert (§ 22 Abs 3 Satz 2 UmwStG nF). In diesem Fall hat der Einbringende einen Einbringungsgewinn iSd § 22 Abs 1, 2 UmwStG nF sowie in den Folgejahren auf den Tag nach dem Einbringungszeitpunkt einen Gewinn aus der – fiktiven – Veräußerung der Anteile iSd § 22 Abs 1, 2 UmwStG nF zu versteuern. Der Nachweis kann bis zur Bestandskraft bzw Rechtskraft der betroffenen Steuerbescheide erbracht werden (s *BMF* BStBl I 2007, 698; *Söffing/Lange* DStR 2007, 1607).

400 **j) Bescheinigungsverfahren (§ 22 Abs 5 UmwStG nF).** Auf Antrag der übernehmenden Gesellschaft bescheinigt das Finanzamt, das für den Einbringenden zuständig ist, die Höhe des zu versteuernden Einbringungsgewinns, die darauf festgesetzte Steuer und den darauf entrichteten Steuerbetrag. Die Vorlage dieser Bescheinigung ist gemäß § 23 Abs 2 UmwStG nF Voraussetzung für eine Buchwertaufstockung bei der übernehmenden Gesellschaft. Mindern sich diese Beträge nachträglich, hat dies das Finanzamt von Amts wegen dem für die übernehmende Gesellschaft zuständigen Finanzamt mitzuteilen.

401 **k) Unentgeltliche Rechtsnachfolge (§ 22 Abs 6 UmwStG nF).** Bei einer unentgeltlichen Rechtsnachfolge tritt der Rechtsnachfolger in die Rechtsposition des Einbringenden iSd § 22 Abs 1 bis 5 UmwStG nF und der übernehmenden Gesellschaft iSd § 22 Abs 2 UmwStG nF ein. Danach kommt es auch dann zur Nachbesteuerung, wenn der Rechtsnachfolger die erhaltenen bzw eingebrachten Anteile veräußert.

402 **l) Mitverstrickung von Anteilen (§ 22 Abs 7 UmwStG nF).** Gehen nach einer Sacheinlage oder einem Anteilstausch stille Reserven aufgrund einer Geschäftsgründung oder einer Kapitalerhöhung von den erhaltenen oder eingebrachten Anteilen auf andere Anteile über, tritt insoweit eine Gewinnrealisierung ein, als es sich um die Anteile desselben Ge-

sellschafters handelt oder stille Reserven unentgeltlich auf einen anderen Gesellschafter übergehen. Die durch eine Kapitalerhöhung gebildeten Anteile sind gemäß § 21 Abs 1 UmwStG aF insoweit steuerverstrickt (BStBl II 1992, 761; 1994, 222). Die auf der BFH-Rechtsprechung beruhende Verwaltungsauffassung (*UmwStErl* Tz 21.12, *BMF* BStBl I 2003, 292 Rz 51) wurde durch das SEStEG gesetzlich geregelt. Die Anwendung dieser Grundsätze setzt voraus, dass die Sacheinlage bzw der Anteilstausch zu Buch- oder Zwischenwerten erfolgt ist.

(frei) **403–415**

21. Ertragsteuerliche Gesamtrechtsnachfolge (§ 22 UmwStG aF/ § 23 UmwStG nF). Die übernehmende Gesellschaft tritt bei einer Sacheinlage und einem Anteilstausch unter dem gemeinen Wert (§ 20 Abs 2 Satz 2, § 21 Abs 1 Satz 2 UmwStG nF) hinsichtlich des eingebrachten Betriebsvermögens in die steuerliche Rechtsstellung des übertragenden Rechtsträgers ein. § 23 Abs 1 Satz 1 UmwStG idF des JStG 2009 stellt dies nunmehr auch hinsichtlich des Anteilstausches klar. **a) Besitzzeiten** des Einbringenden zB für § 6b EStG werden bei **Buchwertfortführung** (*Patt/Rasche* FR 1995, 432/438) und Zwischenwertansatz der Kapitalgesellschaft angerechnet, und zwar sowohl bei Sacheinlage durch Umwandlungen nach dem UmwG als auch bei Einzelrechtsnachfolge (§ 22 Abs 1 iVm § 4 Abs 2 Satz 3 UmwStG aF; Rz 42). Ebenso tritt die übernehmende Kapitalgesellschaft auch hinsichtlich der AfA, vorhandener Rücklagen, der Teilwert-AfA oder Wertaufholung an die Stelle des Einbringenden (§ 22 Abs 2 aF/§ 23 Abs 1 nF iVm § 12 Abs 3 UmwStG; einschr *UmwStErl* Tz 22.15). Zum Verlustabzug nach § 10d Abs 4 EStG s Rz 86. Zum Schachtelprivileg s allerdings FG München EFG 1992, 201 rkr. Die nachträgliche Erhöhung der Wertansätze eines zu Buchwerten in eine Kapitalgesellschaft eingebrachten Betriebsvermögens und damit die Änderung des Einbringungsvorganges in eine gewinnrealisierende Betriebsveräußerung ist keine Bilanzänderung, sondern eine rückwirkende Sachverhaltsgestaltung, die steuerrechtlich nicht anzuerkennen ist (BFHE 133, 278, BStBl II 1981, 620). Wird ein **Zwischenwert** gewählt, so sind die stillen Reserven insgesamt nur anteilig aufgelöst. Der sich daraus ergebende Vom-Hundertsatz ist auf das Volumen an stillen Reserven jedes einzelnen Wirtschaftsguts anzuwenden. Ein Geschäftswert ist nur aufzudecken, wenn für die anderen Wirtschaftsgüter der Teilwert angesetzt wurde und dann noch eine Wertdifferenz verbleibt (Stufentheorie, *UmwStErl* Tz 22.08 mwN). Die AfA richten sich gemäß § 22 Abs 2 UmwStG aF/§ 23 Abs 3 nF bei Zwischenwerten nach den um den Aufstockungsbetrag erhöhten Anschaffungskosten oder Herstellungskosten des Rechtsvorgängers, ausgenommen die degressive AfA nach § 7 Abs 2 EStG aF, bei der von dem Wert abgeschrieben wird, den die Kapitalgesellschaft in der Eröffnungsbilanz ansetzt. Wird der Ansatz des **gemeinen Werts** bzw des **Teilwerts** und damit die Aufdeckung aller stillen Reserven einschließlich des Geschäftswerts gewählt, so ist eine Gesamtrechtsnachfolge mit den genannten Rechtsfolgen des § 22 Abs 2 UmwStG aF/§ 23 Abs 3 nF nach § 22 Abs 3 UmwStG aF/§ 23 Abs 4 nF nur dann anzunehmen, wenn der Sacheinlage eine Umwandlung nach dem UmwG zugrunde liegt (Rz 10). Hierunter fällt auch eine Kombination 416

Umwandlung/Einzelrechtsnachfolge (Sonderbetriebsvermögen, *UmwStErl* Tz 22.14). Andernfalls (Einzelrechtsnachfolge) ist ein Anschaffungsvorgang anzunehmen (§ 22 Abs 3 UmwStG aF/§ 23 Abs 4 nF). Die aufnehmende Kapitalgesellschaft kann bei Einbringung von Betriebsvermögen durch Einzelrechtsnachfolge mit dem Teilwert bzw gemeinen Wert die sog Ansparrücklage nach § 7 g Abs 3 EStG nicht fortführten (§ 22 Abs 3 UmwStG aF/§ 23 Abs 4 nF). Sie ist beim Einbringenden aufzulösen und erhöht den tarifbegünstigten Einbringungsgewinn (BFHE 208, 190, BStBl II 2005, 596). Zu den Kosten der Umwandlung s Rz 120; evtl aA betreffend GrESt *UmwStErl* Tz 22.01. Die Anwachsung nach § 738 Abs 1 BGB wird grundsätzlich nicht als Gesamtrechtsnachfolge in die Buchwerte behandelt (Rz 426). Im Falle des Anteilstausches sind die speziellen Regeln des § 21 UmwStG nF zu beachten. An die Stelle der übertragenen Anteile treten die eingebrachten Anteile. Sie sind grds mit dem gemeinen Wert anzusetzen (§ 21 Abs 1 Satz 1 UmwStG nF). Bei der Einbringung von einbringungsgeborenen Anteilen iSd § 21 Abs 1 UmwStG aF behalten diese ihre Eigenschaft bei. Der Gewinn aus dem Verkauf dieser Anteile durch die übernehmende Gesellschaft innerhalb der Sperrfrist von 7 Jahren ist gemäß § 27 Abs 4 UmwStG nF iVm §§ 8 b Abs 4, 34 Abs 7 a KStG (aF) voll steuerpflichtig. Befanden sich die eingebrachten Anteile nicht im Betriebsvermögen des Einbringenden, sind anstelle des Buchwerts die Anschaffungskosten anzusetzen (§ 21 Abs 2 Satz 5 UmwStG nF). Dies gilt ebenso für Anteile, die iR einer Sacheinlage übertragen werden (§ 22 Abs 2 Satz 5 UmwStG nF).

417 **b) Erhöhungsbetrag (§ 23 Abs 2 Satz 1 UmwStG nF).** Die übernehmende Gesellschaft kann auf Antrag die Buchwerte des eingebrachten Betriebsvermögens wirtschaftsgutbezogen um den versteuerten Einbringungsgewinn I aufstocken, soweit der Einbringende die auf den Einbringungsgewinn entfallende Steuer entrichtet hat und dies durch eine Bescheinigung des zuständigen Finanzamts nachweist. Die Werterhöhung knüpft systemgerecht an die vorherige tatsächliche Besteuerung des Einbringungsgewinns an. Der Erhöhungsbetrag ist mit Beginn des Wirtschaftsjahres der schädlichen Anteilsveräußerung iSd § 22 Abs 1 Satz 1 u 6 UmwStG nF zu berücksichtigen. Dies kann jedoch erst dann erfolgen, wenn die Bescheinigung ua über die entrichtete Steuer iSd § 22 Abs 5 UmwStG nF vorliegt. Darüber hinaus ist erforderlich, dass sich die eingebrachten Wirtschaftsgüter noch im Betriebsvermögen der übernehmenden Gesellschaft befinden (§ 23 Abs 2 Satz 2 UmwStG nF).

Die in Höhe des versteuerten Einbringungsgewinns vorzunehmende Buchwertaufstockung ist erfolgsneutral über das steuerliche Einlagekonto der aufnehmenden Gesellschaft zu erfassen (§ 23 Abs 2 Satz 1 letzter Hs UmwStG nF; *Dötsch/Pung* DB 2007, 2763, 2766). Soweit das eingebrachte Betriebsvermögen zwischenzeitlich zum gemeinen Wert veräußert wurde, ist der darauf entfallende Aufstockungsbetrag als sofort abziehbarer Aufwand zu behandeln (BTDrs 16/2710, 50; *Förster/Wendland* BB 2007, 631, 636). Eine zwischenzeitliche Übertragung von Wirtschaftsgütern zu Buch- oder Zwischenwerten ist schädlich. Eine Buchwertaufstockung kommt in diesen Fällen nicht in Betracht.

c) Erhöhungsbetrag (§ 23 Abs 2 Satz 3 UmwStG nF). Der versteuerte Einbringungsgewinn II iSd § 22 Abs 2 UmwStG nF erhöht auf der Ebene der übernehmenden Gesellschaft die Anschaffungskosten der eingebrachten Anteile (§ 23 Abs 2 Satz 3 UmwStG nF). Es besteht kein Wahlrecht. Voraussetzung ist, dass die veräußerten Anteile als Teil der Betriebseinbringung (§ 20 Abs 1 iVm § 22 Abs 1 Satz 3 UmwStG nF) oder aufgrund eines Anteilstausches unter dem gemeinen Wert erworben wurden und der Einbringende die Steuer auf den Einbringungsgewinn II entrichtet hat. Dadurch mindert sich der Gewinn der veräußernden Gesellschaft aus der Veräußerung der eingebrachten Anteile iSd § 8b Abs 2 KStG um die nachträglichen Anschaffungskosten iH des Einbringungsgewinns II. Auf diese Weise werden die Wertveränderungen nach der Einbringung sowie die jährlichen Kürzungsbeträge steuerlich erfasst, gemäß § 8b Abs 2 u 3 KStG jedoch zu 95% steuerfrei gestellt. In dieser Zeit eintretende Wertverluste sind nicht zu berücksichtigen (§ 8b Abs 3 Satz 3 KStG). Wird keine Bescheinigung iSd § 22 Abs 5 UmwStG nF vorgelegt, sind die Anschaffungskosten der eingebrachten Anteile nicht zu erhöhen. Wird die Steuer erst später entrichtet, kommt eine Änderung des Steuerbescheids einschließlich der Bilanzansätze nach § 175 Abs 1 Satz 1 Nr 2 AO in Betracht. Eine mögliche Buchwertaufstockung ist erfolgsneutral vorzunehmen (§ 23 Abs 2 Satz 3 letzter Hs iVm Satz 1 UmwStG nF). 418

Diese Grundsätze gelten für Anteile, die auf Weitereinbringungen zu Buchwerten iSd § 22 Abs 1 Satz 6 Nr 4 u 5 iVm Abs 1 Satz 7 UmwStG nF beruhen, entsprechend (§ 23 Abs 2 Satz 3 letzter Hs UmwStG nF).

22. Vereinigung von Forderungen und Verbindlichkeiten. Nach § 22 Abs 5 UmwStG aF/§ 23 Abs 6 UmwStG nF gelten die Vorschriften des § 6 Abs 1 u 2 UmwStG aF/Abs 1 u 3 nF (Rz 183) entsprechend. 419

(frei) 420–424

23. Gewerbesteuer. a) Einbringender. Die Sacheinlage nach § 20 UmwStG aF/nF in der Form der Einbringung eines Betriebs oder Teilbetriebs unterliegt als Veräußerung beim Einbringenden nicht der Gewerbesteuer (Gewerbesteuerfreiheit auch bei der Einbringung zu Zwischenwerten, Nds FG EFG 1983, 511). Die Rspr sieht eine gewerbesteuerfreie Betriebsveräußerung auch dann, wenn zu Buchwerten eingebracht wird. Gewerbeertrag fällt deshalb auch nicht hinsichtlich der Entnahme von zurückbehaltenen Gegenständen an (BFHE 151, 181, BStBl II 1988, 374 zu § 24 UmwStG). Zur Sacheinlage des § 20 UmwStG und zurückbehaltenem Sonderbetriebsvermögen s Rz 333; BFHE 153, 562, BStBl II 1988, 829; BStBl II 1996, 342. Gewinne aus der Sacheinlage von Mitunternehmeranteilen sind auch bei einer Kapitalgesellschaft bei Realisierung aller stillen Reserven gewerbesteuerfrei (BFHE 181, 499, BStBl II 1997, 224). Wird eine zu einem Betriebsvermögen gehörende 100%ige Beteiligung an einer Kapitalgesellschaft eingebracht, so fällt allgemein Gewerbesteuer an (BFHE 132, 93, BStBl II 1981, 220). Gewerbesteuer fällt auch an, wenn der Anteilstausch nach § 20 Abs 1 Satz 2 UmwStG aF/§ 21 nF gewinnwirksam gestaltet wird, weil insoweit kein Vorgang nach § 16 EStG, sondern eine Einbringung von Kapitalgesellschaftsanteilen vorliegt. Zu § 10a GewStG vgl Rz 62. Gewerbesteuerpflicht sieht nun § 7 GewStG idF des 425

UntStFG vor für die Ergebnisse einer Betriebs-, Mitunternehmeranteils-, Teilbetriebsaufgabe/-veräußerung, wenn sie nicht auf eine natürliche Person entfallen, also zB auf Kapitalgesellschaften. Gewerbesteuerpflicht gilt deshalb auch für die Veräußerung von Anteilen an Kapitalgesellschaften durch Kapitalgesellschaften, die nach altem Recht gewerbesteuerfrei erfolgen konnte, wenn sie durch die Einbringung eines Mitunternehmeranteils entstanden waren (*OFD Koblenz* DB 2005, 78; Rz 428). Gewerbesteuerpflicht bejahte die FinVerw schon nach altem Recht für Veräußerung eines Anteilsbruchteils (*OFD Düsseldorf* FR 2001, 215; *Wendt* FR 2002, 127/35 mE unzutreffend; aufgehoben vgl *OFD Düsseldorf* FR 2001, 1234). Für das neue Recht soll sich dies aus § 16 Abs 1 Satz 2 EStG (laufender Gewinn) ergeben (s auch die Nachweise bei Rz 472). ME bezieht sich diese Aussage nur auf § 34 Abs 2 EStG (ähnl *Füger/Rieger* DStR 2002, 1021). Ferner bejaht BFH/NV 2000, 1554 die Gewerbesteuerpflicht für die verunglückte Veräußerung eines Anteilsbruchteils (unproportionales Sonderbetriebsvermögen). Dagegen soll die verunglückte unentgeltliche Übertragung eines Anteils ein Vorgang nach § 6 Abs 3 EStG sein (vgl die Nachweise bei *Schmidt/Glanegger* § 6 Rz 477).

426 **b) Einbringungsgewinn I.** Beim Einbringungsgewinn I handelt es sich um eine rückwirkende Besteuerung eines Einbringungsvorgangs aufgrund einer schädlichen Veräußerung der erhaltenen Anteile (§ 22 Abs 1 UmwStG nF). Es gelten auch hier die allgemeinen Grundsätze der Betriebsveräußerung. Gewinne, die ein Einzelgewerbetreibender oder eine Personengesellschaft aus der Veräußerung eines ganzen Gewerbebetriebs, eines Teilbetriebs oder eines Mitunternehmeranteils erzielt, bleiben bei der Ermittlung des Gewerbeertrags iSd § 7 GewStG außer Ansatz. Die Steuerfreiheit ist abhängig von der Qualifikation der Beendigung des Gewerbebetriebs als Veräußerungs- oder Aufgabegewinn iSd § 16 Abs 1 u 3 EStG (BFHE 214, 40, BStBl II 2006, 847). Danach unterliegt in den Fällen einer Sacheinlage nach § 20 Abs 1 UmwStG der Einbringungsgewinn I als Gewinn des Einbringenden iSd § 16 EStG bei natürlichen Personen und Personengesellschaft nicht der Gewerbesteuer. Dagegen stellt der Einbringungsgewinn I bei Körperschaften iSd § 2 GewStG auch bei der vorangegangenen Einbringung von Mitunternehmeranteilen (§ 7 Satz 2 GewStG) Gewerbeertrag dar. Es handelt sich auch gewerbesteuerlich um ein rückwirkendes Ereignis iSd § 175 Abs 1 Satz 1 Nr 2 AO.

427 **c) Einbringungsgewinn II.** Aufgrund der rückwirkenden Besteuerung des Verkaufs von eingebrachten Anteilen gelten gewerbesteuerrechtlich für den Einbringungsgewinn II dieselben Grundsätze wie bei der Sacheinlage bzw dem Anteilstausch. Der Einbringungsgewinn II, der nur bei natürlichen Personen entsteht, führt wie die Einbringung von im Betriebsvermögen gehaltenen Anteilen an Kapitalgesellschaften in Form eines Anteilstausches unter Aufdeckung der stillen Reserven gemäß § 22 Abs 1 UmwStG nF zu einem gewerbesteuerpflichtigen laufenden Gewerbeertrag (BFHE 169, 224, BStBl II 1993, 131). Dies gilt nach den Grundsätzen der Betriebsveräußerung nicht, wenn die Einbringung der Anteile im Rahmen einer Sacheinlage erfolgt (s § 22 Abs 1 Satz 5 UmwStG). Das Halbeinkünfteverfahren nach § 3 Nr 40 EStG (ab 2009: Teileinkünfteverfahren) gilt

auch für die GewSt (§ 7 Satz 4 GewStG). Es ist grds eine Zurechnung nach § 8 Nr 5 GewStG vorzunehmen. Die dem Einbringungsgewinn II zugrunde liegende Anteilsveräußerung stellt ein rückwirkendes Ereignis iSd § 175 Abs 1 Satz 1 Nr 2 AO dar.

d) Übernehmende Kapitalgesellschaft. Gewinne aus der Veräußerung oder Entnahme von einbringungsgeborenen und in einem Betriebsvermögen gehaltenen Anteilen iSd § 20 Abs 1 UmwStG 1977 unterliegen der Gewerbesteuer, weil und soweit sie das Surrogat für einen bei Kapitalgesellschaften nun nach § 7 GewStG steuerpflichtigen Gewinn aus der Veräußerung des Betriebs, Teilbetriebs oder Mitunternehmeranteils sind (Rz 425; anders nach altem Recht: BFHE 136, 129, BStBl II 1982, 738; *Patt* DStZ 1998, 156/159). Hinsichtlich der übernommenen dauernden Lasten und Renten findet § 8 Nr 2 GewStG außerhalb der Übertragung des § 22 Abs 3 Satz 1 UmwStG aF/§ 23 Abs 4 Satz 1 nF keine Anwendung (BFHE 154, 131, BStBl II 1988, 974; unklar BFHE 169, 322, BStBl II 1993, 247). § 18 Abs 3 UmwStG aF besagte dies ausdrücklich. Die Vorschrift wurde wegen der allgemein in § 12 Abs 3 Satz 1 UmwStG aF/Abs 3 Satz 1 iVm § 4 Abs 2 nF geregelten Rechtsnachfolge gestrichen (StBereinG 1999 v 22. 12. 1999, BGBl I 1999, 2601). 428

24. Steuerbefangenheit der einbringungsgeborenen Anteile (§ 21 UmwStG aF). Als Folge der nach § 20 Abs 1 und § 23 Abs 1 bis 4 UmwStG aF auch für die Einbringung in der Europäischen Union ermöglichten Übertragung stiller Reserven auf die aufnehmende Kapitalgesellschaft bei fortgeführten Buchwerten oder dem Ansatz von Zwischenwerten sind die einbringungsgeborenen Anteile an der Kapitalgesellschaft nach § 21 UmwStG aF steuerbefangen. Gehen infolge einer Kapitalerhöhung stille Reserven von einbringungsgeborenen Alt-Anteilen auf die neuen Anteile über, sind die neuen Anteile zu gleicher Quote steuerverhaftet. Der Inhaber der neuen Anteile hat kein Wahlrecht, die Steuerverhaftung in anderer Weise auf diese zu verteilen (BFHE 220, 58, BStBl II 2008, 533; Bestätigung *UmwStErl* Tz 21.14; BStBl I 2003, 292, Tz 52). Bei Veräußerung der Anteile oder bei den nach § 21 Abs 2 UmwStG aF im Wesentlichen gleichgestellten Vorgängen (BFHE 167, 25, BStBl II 1993, 362) entsteht ein steuerpflichtiger Veräußerungsgewinn iSd § 16 EStG in Höhe des um die Veräußerungskosten verminderten Unterschiedsbetrags zwischen Veräußerungspreis (bzw gemeiner Wert) und den Anschaffungskosten iSv § 20 Abs 4 UmwStG aF. Zum Übergang des wirtschaftlichen Eigentums s *Haun/Winkler* DStR 2001, 1195; s Rz 333. Buchwertübertragungen nach § 6 Abs 5 EStG sind nicht als Veräußerungen iSd § 21 UmwStG zu werten. Der Ansatz eines gemeinen Werts nach § 21 Abs 2 UmwStG aF auf der Grundlage des Stuttgarter Verfahrens war wegen der für den Einheitswert nach altem Recht maßgeblichen Buchwerte (§ 11 Abs 2 a, § 109 Abs 1 BewG) verfassungswidrig (ähnl *Hübner* DStR 1995, 1; betr ErbSt *Becker/Horn* DB 2005, 1081; aA *Kusterer* DStR 1998, 319). S zur Konkurrenz mit § 20 EStG *BMF* DStR 1992, 1286. § 17 EStG ist gegenüber § 21 UmwStG aF subsidiär, einbringungsgeborene Anteile werden aber in die 1%-Grenze des § 17 EStG einbezogen (BFHE 173, 17, BStBl II 1994, 222). Ursprünglich einbringungsgeborene Anteile an einer GmbH verlieren durch den Antrag nach § 21 Abs 2 Satz 1 Nr 1 UmwStG aF die- 429 sen Status. Eine spätere Anteilsveräußerung führt bei einer wesentlichen Beteiligung am Kapital der Gesellschaft innerhalb der letzten fünf Jahre zu einer Besteuerung nach § 17 Abs 1 EStG. Der Veräußerungsgewinn nach § 17 Abs 2 EStG errechnet sich aus der Differenz des Veräußerungspreises und des gemeinen Werts der Anteile iSd § 21 Abs 2 Satz 2 UmwStG aF (BFHE 222, 367, BStBl II 2008, 872). § 17 Abs 2 Satz 4 EStG ist iRd § 21 Abs 2 UmwStG aF nicht anzuwenden (FG Düsseldorf DStRE 2001, 187). Hinsichtlich der nachträglichen Anschaffungskosten besteht bei Anteilen des § 17 EStG und solchen des § 21 UmwStG aF weitgehende Übereinstimmung (BFHE 192, 56, BStBl II 2000, 508). Wegen der Steuerbefangenheit der einbringungsgeborenen Anteile ist nach den Grundsätzen der finalen Entnahmetheorie eine gewinnwirksame Entnahme solcher Anteile abzulehnen (*Patt* DStZ 1998, 156/158; *Günkel* DStR-Beilage 17/1998, 46; aA *UmwStErl* Tz 21.12; *Wacker* BB-Beilage 8/1998, 9), wobei der Buchwert als Anschaffungskosten gilt. Nach § 17 EStG nF gilt für Beteiligungen eine 1%-Grenze. § 23 Abs 1 Satz 4 EStG nF betrachtet nach § 21 Abs 2 UmwStG aF antragsversteuerte Anteile als iS eines Spekulationsgeschäfts angeschafft. **Veräußern Kapitalgesellschaften** die nach § 20 Abs 1 Satz 1 UmwStG aF einbringungsgeborenen Anteile, so gilt die Steuerfreiheit des § 8b Abs 2 KStG nur bei Einhaltung der 7-Jahresfrist des § 8b Abs 4 Satz 2 Nr 1 KStG (krit *Köster* FR 2001, 1263/6), weil ansonsten die Einbringung von Einheiten des § 20 Abs 1 UmwStG nur zur Vermeidung von Veräußerungsgewinnen als zwischengeschaltet gilt. S auch korrespondierend § 3 Nr 40 Satz 4 Buchst a EStG für die Sachverhalte des § 20 Abs 1 Satz 1 UmwStG aF und Veräußerung durch eine natürliche Person. Danach tritt die hälftige Steuerbefreiung erst nach Ablauf der 7-Jahresfrist ein, wenn durch Entnahme, Veräußerung und dgl der Gewinn realisiert wird (vorher Vollversteuerung beim Anteilseigner). § 8b Abs 2 KStG idF des UntStFG stellt klar, dass auch die Realisierungstatbestände des § 21 Abs 2 UmwStG aF wie die Veräußerungen behandelt werden. Damit korrespondiert § 3 Nr 40 Satz 4 Buchst a EStG idF des UntStFG. Zum **Anteilstausch** s Rz 334, 431. § 3c Abs 2 Satz 3 EStG aF besagt, dass der volle Betriebausgabenabzug sichergestellt ist, wenn die Anteilsveräußerung voll steuerpflichtig ist bzw der hälftige verbleibt, weil wegen der verstrichenen 7-Jahresfrist nach § 3 Nr 40 Satz 4 EStG aF das Halbeinkünfteverfahren gilt. Die einbringungsgeborenen Anteile einer steuerbefreiten gemeinnützigen Körperschaft sind ebenfalls steuerbefangen (BFHE 200, 191, BFH/NV 2003, 277). Die bisherige Besteuerung von sog einbringungsgeborenen Anteilen wurde durch das SEStEG aufgegeben und durch eine nachträgliche Besteuerung des Einbringungsvorgangs in der Form des Einbringungsgewinns II (§ 22 Abs 2 UmwStG nF) ersetzt. Die bisherige Regelung gilt jedoch für bestehende einbringungsgeborene Anteile weiter (§ 27 Abs 4 UmwStG nF).

430 **Steuerbefangenheit „einbringungsgeborener" Anteile nach § 8b Abs 4 Satz 1 Nr 2 KStG aF.** Nach bisherigem Recht ist die Veräußerung von Kapitalgesellschaftsanteilen durch Kapitalgesellschaften an andere nach § 8b Abs 2 KStG steuerfrei. Diese Regelung könnte dadurch missbraucht werden, dass natürliche Personen außerhalb der Tatbestände der §§ 20, 21 UmwStG unter Preis an (ihre) Kapitalgesellschaft verkaufen und diese steuerfrei an eine weitere fremde Kapitalgesellschaft weiter verkaufen.

§ 8b Abs 4 Satz 1 Nr 2 KStG aF schließt daher die Steuerfreiheit unter diesen Voraussetzungen aus, es sei denn, die 7-Jahresfrist nach § 8b Abs 4 Satz 2 Nr 1 KStG aF wird eingehalten. Vgl hierzu auch *Rödder/Wochinger* FR 2001, 1253.

Der Tausch einbringungsgeborener Anteile gegen gleichwertige Anteile führte nach altem Recht dagegen zu keiner Steuerpflicht; steuerbefangen blieben die durch Tausch erworbenen Anteile (§ 21 Abs 1 Satz 4 UmwStG aF). § 21 Abs 1 Satz 4 UmwStG aF war nach § 27 Abs 5a UmwStG letztmals auf den Erwerb von Anteilen durch Tausch anzuwenden, die auf Grund eines vor dem 1. 1. 1999 abgeschlossenen obligatorischen Vertrags oder gleichstehenden Rechtsakts erfolgten. Zur Steuerpflicht bei Kapitalerhöhungen s Rz 351. § 21 Abs 1 UmwStG idF des StEntlG 1999/2000/2001 begründet wie § 6 Abs 6 EStG die Steuerpflicht des Tausches auch wirtschaftlich gleichwertiger Anteile (*Schmitt/Hörtnagel/Stratz* § 20 Rz 17, 32; evtl aA *OFD Ffm* BB 2001, 1725). Handelt es sich beim Tauschenden um eine Kapitalgesellschaft, so kann sich für den Tausch eine Steuerfreiheit nach § 8b Abs 2 KStG ergeben, wenn die fristgebundenen Rückausnahmetatbestände des § 8b Abs 4 Satz 2 KStG greifen (Rz 429, 334). S auch korrespondierend § 3 Nr 40 Satz 4 EStG aF. 431

Freibetrag (§ 16 Abs 4 EStG). Bei der späteren Veräußerung der einbringungsgeborenen Anteile, welche aus der Sacheinlage durch **Anteilstausch** herrühren (§ 20 Abs 1 Satz 2, § 23 Abs 4 UmwStG aF), wird nach § 21 Abs 1 letzter Satz UmwStG aF die Steuerermäßigung des § 16 Abs 4 EStG nur gewährt, wenn alle im Betriebsvermögen gehaltenen Anteile eingebracht wurden. Dies setzt den entsprechenden Gesetzesbefehl in § 20 Abs 5 Satz 3 UmwStG aF (Rz 356) fort und bedeutet Gleichstellung mit der ursprünglichen Einbringungssituation (*BMF* FR 1993, 450; BTDrs 12/4487, 44). War der Veräußerungs-(Aufgabe-)gewinn bei einer natürlichen Person oder einer Personengesellschaft entstanden, so war nach altem Recht auch hier die Ermäßigung des § 34 Abs 1 EStG anzuwenden (§ 21 Abs 1 Satz 2 UmwStG aF). Dies ist nach Einführung des Halbeinkünfteverfahrens entfallen (zu Ausnahmen s *Meichelbeck/Vollath* DStR 2001, 2189). Stattdessen wird nur noch der Freibetrag des § 16 Abs 4 EStG gewährt. Zur Überleitung auf das bisherige Recht s *Patt/Rasche* FR 2001, 175/9. Nach § 22 Abs 2 Satz 1 letzter Hs idF des SEStEG ist bei der Veräußerung von erhaltenen Anteilen weder der Freibetrag nach § 16 Abs 4 EStG noch der ermäßigte Steuersatz nach § 34 EStG zu gewähren. 432

Zum **Antrag** nach § 21 Abs 2 Nr 1 UmwStG aF s BFHE 146, 257, BStBl II 1986, 625; *UmwStErl* Tz 21.06ff; Rz 156; *Wacker* BB-Beilage 8/1998, 10; unwiderruflich nach *OFD Koblenz* DB 2003, 180; BFHE 209, 545, BStBl II 2005, 643. Zur Stundung nach Antragsbesteuerung s BFHE 185, 497, BStBl II 2000, 430. Nach § 21 Abs 2 Nr 3 idF des JStG 1997 wird die Kapitalherabsetzung und -rückzahlung oder EK 04-Ausschüttung als Veräußerung behandelt (*Ott* DStZ 1997, 546). Bezüge des § 20 Abs 1 Nr 1 oder 2 EStG werden zur Vermeidung einer Doppelbegünstigung ausgeschlossen. Zur alten Rechtslage s BFH DStRE 2000, 1194. Nach der erwähnten Entscheidung in BFHE 185, 497, BStBl II 2000, 430 war eine Stundung auch dann zu gewähren, wenn bei einer Umwandlung auf eine 433

Personengesellschaft oder natürliche Person § 10 UmwStG aF anzuwenden war und damit dem Anteilseigner Liquidität zufloss. Da der Liquiditätsmangel den Grund der Stundung darstellt, wurde dieses Ergebnis durch eine Ergänzung des § 21 Abs 2 Satz 6 UmwStG aF (Umwandlungen iSd 2. und 4. Teils) beseitigt (vgl BTDrs 14/2070, 25). Danach endet die Stundung bei Liquiditätszuwachs ua infolge Auflösung, Abwicklung der Kapitalgesellschaft, Kapitalherabsetzung. Der Antrag nach § 21 Abs 2 Nr 1 gilt für Zwecke des § 23 EStG als Anschaffung (§ 23 Abs 1 Satz 2 EStG).

434 **25. Einlage einbringungsgeborener Anteile (§ 21 Abs 4 UmwStG aF).** Einbringungsgeborene Anteile können auch in ein Betriebsvermögen eingelegt werden. Der Einlagewert bestimmt sich nach den Anschaffungskosten oder nach dem niedrigeren Teilwert. Der Unterschiedsbetrag ist außerhalb der Bilanz vom Gewinn abzusetzen (§ 21 Abs 4 UmwStG aF; § 22 UmwStG 1977).

435 **26. Verschleierte Sachgründung.** Auf verschleierte Sachgründungen ist § 20 UmwStG nicht anzuwenden (BFHE 169, 224, BStBl II 1993, 131; BFH/NV 2007, 28; *D. Mayer* NJW 1990, 2593; *UmwStErl* Tz 20.04; aA *Büchele* DB 1997, 2337). Eine solche liegt vor, wenn eine GmbH formell im Wege der Bargründung errichtet wird und entgegen den gesellschaftsvertraglichen Vereinbarungen Vermögenswerte eingebracht werden sollen, die die GmbH mit den Barmitteln im Zusammenhang mit ihrer Errichtung erwirbt (vgl zum Begriff auch BFHE 105, 290, BStBl II 1972, 578). Zu den Zivilrechtsfolgen s *Langenbucher* DStR 2003, 1838. Eine verdeckte Einlage eines Betriebs folgt nicht den Regeln des § 20 UmwStG, sondern ist eine gewinnrealisierende Betriebsaufgabe (BFHE 163, 352, BStBl II 1991, 512). Es fehlt an einer Einbringung gegen Gewährung von (neuen) Gesellschaftsrechten. Ebenso scheidet wegen des abschließenden Charakters eine analoge Anwendung des § 20 UmwStG aF/nF aus (BFHE 210, 345, BStBl II 2006, 457).

Wird die verdeckte Sacheinlage allerdings rückwirkend in eine offene umgewandelt (BGHZ 132, 141; *Schiessl/Rosengarten* GmbHR 1997, 772), so gilt dies auch für Zwecke des § 20 UmwStG aF/nF (glA *Tillmann* DB 2004, 1853). S auch handelsrechtlich und zum Schütt-aus-hol-zurück-Verfahren *Finke* DStR 1992, 359; BGH II ZR 69/69, GmbHR 1997, 789; BFHE 189, 342, BStBl II 2001, 43; teilweise aA *BMF* BStBl I 2001, 47.

436 **27. Anwachsungsmodell.** Streit besteht auch darüber, ob auf Grund der Sacheinlagenvorschrift der §§ 20–23 UmwStG aF/nF gewinnneutral eine GmbH & Co KG auf die Komplementär-GmbH dadurch umgewandelt werden kann, dass die Kommanditisten, die zugleich auch Gesellschafter der GmbH sind, unentgeltlich aus der KG ausscheiden und die Komplementär-GmbH die Anteile der Ausgeschiedenen durch Anwachsung nach § 738 Abs 1 BGB als letzte Gesellschafterin übernimmt (sog Anwachsungsmodell, Gewinnneutralität *Hennerkes/Binz* FS für H. Meilicke, 1985; *Seithel* GmbHR 1978, 65; *Kowallik/Merklein/Scheipers* DStR 2008, 173, mE abzulehnen; *Schmidt/Wacker* § 16 Rz 513; *OFD Düsseldorf* DB 1988, 1524; *UmwStErl* Tz 20.04; *Orth* DStR 1999, 1053 Tz 5.2). Erfolgt die Gesamtrechtsnachfolge dergestalt, dass die beiden verbliebenen Gesellschafter (GmbH 1 und GmbH 2) aufeinander verschmolzen werden, so wird han-

delsrechtlich der Ansatz der Buchwerte der untergehenden Personengesellschaft entsprechend § 24 UmwG diskutiert (*Förster/Ernst* DB 1997, 241).

(frei) **437–439**

XIV. Einbringung in der Europäischen Union (Rz 440–459)

1. Rechtsgrundlage. § 23 UmwStG aF enthält die früher in § 20 Abs 6 und 8 UmwStG 1977 enthaltenen Vorschriften, die sprachlich und im Aufbau neu gefasst wurden. § 23 UmwStG aF, der durch das SEStEG aufgehoben wurde, regelt Betriebs-/Teilbetriebseinbringung in Betriebsstätten (Abs 1) bzw die Einbringung von Betriebsstätten im Rahmen einer Betriebs-/Teilbetriebseinbringung in EU-Kapitalgesellschaften (Abs 2 und 3) sowie den Anteilstausch (Abs 4; Rz 450). **440**

2. Einbringung durch unbeschränkt steuerpflichtige Kapitalgesellschaft in eine inländische Betriebsstätte einer beschränkt steuerpflichtigen Kapitalgesellschaft. § 23 Abs 1 UmwStG aF gestattet der FusionsRL folgend unbeschränkt körperschaftsteuerpflichtigen Kapitalgesellschaften eine neutrale Einbringung von Betrieben/Teilbetrieben in inländische Betriebsstätten von beschränkt körperschaftsteuerpflichtigen Kapitalgesellschaften, soweit die aufnehmende Kapitalgesellschaft ihrer Rechtsform nach in der Anlage des Gesetzes erwähnt wird **(EU-Kapitalgesellschaft).** Es gelten auch hier § 20 Abs 2 Satz 1–4 und 6 UmwStG aF. Die Verweisung auf § 20 Abs 2 Satz 5 UmwStG aF ist unterblieben. Der Ansatz anderweitig erhaltener Gegenleistungen scheidet damit aus. Die FusionsRL sieht Steuerneutralität mE nur bei Einbringung gegen Gesellschaftsrechte vor (BTDrs 12/1108, 81). Höchster ansetzbarer Wert ist der Teilwert (§ 23 Abs 1 iVm § 20 Abs 2 Satz 6 UmwStG aF). Für die Anteile gilt auch hier die Wertverknüpfung des § 20 Abs 4 Satz 1 UmwStG aF. Die redaktionell unrichtige Verweisung auf die Freibetragsregelung in § 20 Abs 5 Satz 2 UmwStG läuft leer, weil sie nur natürliche Personen betreffen kann. Die Vorschriften über den steuerlichen Übertragungsstichtag sind ebenfalls anzuwenden (§ 20 Abs 7 und 8 UmwStG aF). § 23 Abs 1 Satz 2 UmwStG aF stellt wie bisher § 20 Abs 8 Satz 2 UmwStG 1977 sicher, dass auch wirtschaftliche Geschäftsbetriebe die Regelungen beanspruchen können, insbesondere wenn sie nach Einbringung ihres **wirtschaftlichen Geschäftsbetriebs** nur noch vermögensverwaltend tätig sind. Außerdem genügt es nach dieser Vorschrift, wenn die inländische Betriebsstätte erst durch die Einbringung entsteht. Zur Steuerbefangenheit nach § 21 UmwStG s Rz 429 und zu ihren Ausnahmen nach § 8b KStG s Rz 334. **441**

3. Gegenstände der Sacheinlage sind hier Betrieb oder Teilbetrieb. Zur richtlinienkonformen Auslegung des Teilbetriebsbegriffes nach dieser Vorschrift s Rz 295; *Blumers* DB 1993, 852; 2001, 722; *Herzig* DB 1993, 1. **442**

4. Der Begriff der Betriebsstätte richtet sich nach DBA-Grundsätzen (BTDrs 12/1108, 81). Die Betriebsstätte kann auch erst durch die Einbringung entstehen (§ 23 Abs 1 Satz 2 UmwStG aF). **443**

444 **5. Einbringung einer inländischen Betriebsstätte durch beschränkt steuerpflichtige EU-Kapitalgesellschaft in eine beschränkt oder unbeschränkt steuerpflichtige EU-Kapitalgesellschaft.** § 23 Abs 2 UmwStG aF lässt eine neutrale Einbringung auch dann zu, wenn die einbringende Kapitalgesellschaft beschränkt steuerpflichtig ist. Voraussetzung ist, dass deren inländische Betriebsstätte im Rahmen einer Betriebs- oder Teilbetriebseinbringung in eine unbeschränkt oder beschränkt körperschaftsteuerpflichtige Kapitalgesellschaft eingebracht wird und die aufnehmende und einbringende Kapitalgesellschaft hinsichtlich ihrer Gesellschaftsform in der Anlage des Gesetzes erwähnt sind. Es gelten die unter Rz 440–443 erläuterten Regeln. Zur Steuerbefangenheit nach § 21 UmwStG aF s Rz 429 und zu ihren Ausnahmen nach § 8b KStG s Rz 334.

445 **6. Einbringung einer in einem anderen Mitgliedstaat der EU belegenen Betriebsstätte durch eine unbeschränkt steuerpflichtige Kapitalgesellschaft in eine beschränkt steuerpflichtige EU-Kapitalgesellschaft.** Auch hier (§ 23 Abs 3 UmwStG aF) muss die Betriebsstätte im Rahmen einer Betriebs- oder Teilbetriebseinbringung eingebracht werden. Die aufnehmende Kapitalgesellschaft muss hinsichtlich ihrer Gesellschaftsform in der Anlage des Gesetzes erwähnt sein. Es gelten die Wertverknüpfung nach § 20 Abs 4 Satz 1 UmwStG und die Vorschriften über den steuerlichen Übertragungsstichtag (§ 20 Abs 7, 8 UmwStG aF). Zur Steuerbefangenheit nach § 21 UmwStG aF s Rz 429 und zu ihren Ausnahmen nach § 8b KStG s Rz 334.

446–449 *(frei)*

450 **7. Anteilstausch in der EU (§ 23 Abs 4 UmwStG aF).** Die Vorschrift entspricht § 20 Abs 6 Satz 2–6 UmwStG 1977.

a) Persönlicher Anwendungsbereich. Den Tausch von Anteilen durch Einbringung in eine unbeschränkt körperschaftsteuerpflichtige Kapitalgesellschaft regelt § 20 Abs 1 Satz 2 UmwStG aF (Rz 334), der im Wesentlichen den Anteilstausch unter Beteiligung inländischer Kapitalgesellschaften betrifft (Rz 332). Den Anteilstausch unter Beteiligung von ausländischen EU-Kapitalgesellschaften regelt § 23 Abs 4 UmwStG aF. Nach *BMF* DStR 1992, 1322 genügte es abweichend von der FusionsRL (mindestens zwei EU-Mitgliedstaaten beteiligt) für § 20 Abs 6 Satz 2 UmwStG 1977, dass beide Gesellschaften aus demselben EU-Mitgliedstaat stammen. Dies und die Regelung des § 20 Abs 1 Satz 2 UmwStG aF ergeben sich aus dem Gleichbehandlungsgrundsatz des Art 3 GG (s auch *UmwStErl* Tz 23.11, 23.12). In Auslegungsfragen der FusionsRL ist wegen deren mittelbarer Wirkung auch bei ausschließlicher Beteiligung von Inländern dem EuGH vorzulegen (EuGH DB 1997, 1851). Anders als in den Fällen des § 23 Abs 1–3 UmwStG aF steht die Vorschrift auch natürlichen Personen als Einbringenden offen.

451 **b) Voraussetzungen.** Wie bei § 20 Abs 1 Satz 2 UmwStG aF ist nach § 23 Abs 4 Satz 1 UmwStG aF auch hier erforderlich, dass die übernehmende Gesellschaft nach der Einbringung die Mehrheit der Stimmrechte an der Gesellschaft hat, deren Anteile eingebracht werden. Früher war eine steuerneutrale Einbringung von Anteilen an einer Kapitalgesellschaft nur dann möglich, wenn die Beteiligung das gesamte Nennkapital umfasste.

Die nach dem 31. 12. 1991 geltenden Änderungen durch das StÄndG 1992 setzten in § 20 Abs 6 Satz 2 UmwStG 1977 die FusionsRL um, derzufolge auch Einbringungen steuerneutral zu gestatten sind, wenn nicht das gesamte Nennkapital bewegt wird, wohl aber die übernehmende Gesellschaft nach der Einbringung die Mehrheit der Stimmen an der Gesellschaft hat, deren Beteiligung eingebracht wird. Voraussetzung ist aber auch hier, dass die aufnehmende und die Kapitalgesellschaft, deren Anteile eingebracht werden, in der Anlage des UmwStG entsprechend den Richtlinienregelungen hinsichtlich ihrer Gesellschaftsform erwähnt werden (EU-Kapitalgesellschaft).

c) Rechtsfolgen. Nach der auf Vorlagebeschluss BFHE 217, 419, **452**
BStBl II 2007, 679 ergangenen Entscheidung des EuGH v 11. 12. 2008 C-285/07, DStR 2009, 101, ist das Erfordernis der sog doppelten Buchwertverknüpfung gemäß § 20 Abs 2 Satz 1 u 2, Abs 4 Satz 1 iVm § 23 Abs 4 UmwStG 1995, wonach bei einer grenzüberschreitenden Einbringung der Anteile an einer EU-Kapitalgesellschaft in eine andere EU-Kapitalgesellschaft dem Einbringenden nur dann die Fortführung der Buchwerte der eingebrachten Anteile ermöglicht wird, wenn die übernehmende Kapitalgesellschaft die eingebrachten Anteile mit dem Buchwert ansetzt, mit dem Gemeinschaftsrecht nicht vereinbar. Es verstoße gegen die in Art 8 Abs 1 u 2 der FusionsRL 90/434 vorgesehene steuerliche Neutralität des Austausches von Anteilen an Gesellschaften verschiedener Mitgliedstaaten, die die Besteuerung von etwaigen Wertzuwächsen von Anteilen vor ihrer tatsächlichen Realisierung verbiete. Eine Regelung eines Mitgliedstaates, die bei einem Anteilstausch die Gewährung von steuerlichen Vorteilen allein aus dem Grund ausschließe, dass die erwerbende Gesellschaft in ihrer Steuerbilanz nicht den historischen Buchwert der eingebrachten Anteile angesetzt hat, sei mit Art 11 Abs 1 Buchst a der FusionsRL 90/434 unvereinbar. Im Übrigen sei mit der Aufhebung des § 23 UmwStG 1995 durch das UmwStG nF ein wirtschaftliches Interesse am Erfordernis der doppelten Buchwertfortführung der eingebrachten Anteile bei grenzüberschreitenden Einbringungen entfallen.

d) Entstrickung. § 23 Abs 4 Satz 2 UmwStG aF sieht wie § 20 Abs 6 **453**
Satz 3 UmwStG 1977 (klarstellend BTDrs 12/4487, 44) vergleichbar § 20 Abs 3 UmwStG (Rz 344) eine gewinnrealisierende Veräußerungsfiktion für den Fall vor, dass durch die Einbringung das Besteuerungsrecht der BRD am Kapitalgesellschaftsanteil zB des beschränkt Steuerpflichtigen nach § 17 iVm § 49 Abs 1 Nr 2 Buchst e EStG entfallen würde. Zur Entstehungsgeschichte s 3. Aufl; *Wassermeyer* DStR 1992, 57/61; krit *Grotherr* DB 1993, 807 mit Hinweis auf die FusionsRL.

Das SEStEG regelt die Entstrickung von Wirtschaftgütern des Betriebsvermögens in den §§ 4 Abs 1 Satz 3 EStG, 12 Abs 1 KStG neu. Eine Entstrickung liegt danach vor, wenn durch einen Vorgang die stillen Reserven eines Wirtschaftsgutes der deutschen Besteuerung beim Steuerpflichtigen entzogen werden. Sie führt gemäß § 4 Abs 1 Satz 3 EStG zu einer Entnahme bzw gemäß § 12 Abs 1 KStG zu einer Veräußerung bzw Überlassung des Wirtschaftsguts zum gemeinen Wert (s *Förster* DB 2007, 72). Die Verstrickung regeln die §§ 4 Abs 1 Satz 2, 6 Abs 1 Nr 5 a EStG.

454 **8. Mitbestimmung.** Durch das Mitbestimmungs-BeibehaltungsG v 23. 8. 1994 (BGBl I 1994, 2228) wurden für den Bereich des § 23 UmwStG aF Regelungen getroffen. Danach gelten die steuererleichterten Vorgänge des § 23 UmwStG aF im Grundsatz mitbestimmungsrechtlich als nicht geschehen, wenn die steuerlichen Erleichterungen in Anspruch genommen werden sollen (*Wochinger/Dötsch* DB-Beilage 14/1994, 33). Zur Gesetzeslücke nach dem alten Rechtszustand s *Förster* DStR 1992, 101.

455 **9. Missbrauchsvermeidung.** § 26 Abs 2 UmwStG aF soll für die Vergünstigungen des § 23 Abs 4 UmwStG aF Umgehungen einschränken (*Saß* DB 1993, 1892; 1994, 1589). Danach ist die – auch teilweise (*Krebs* BB 1997, 2078/2085) – Veräußerung der erhaltenen Anteile innerhalb eines Zeitraumes von sieben Jahren schädlich (ausgenommen weitere Sacheinlage). Dies wird (mE zu Unrecht) als Verstoß gegen die FusionsRL gewertet (*Eilers* DB 1993, 1156). Verfahrensrechtlich s *UmwStErl* Tz 23.14. Zur Missbrauchsabwehr bei späteren Anteilsveräußerungen s § 8 b Abs 4 Satz 2 Nr 2 KStG aF (Rz 431). Eine Revision der Vorschrift soll im Zusammenhang mit einer grundlegenden Überarbeitung des UmwStG 1995 erfolgen (Bericht zur UntSt-Fortentwicklung Tz B III 2 d, FR-Beilage 11/01). § 26 Abs 2 Satz 1 UmwStG idF des UntStFG sieht auch die mittelbare Verfügung während der 7-Jahresfrist als schädlich an. Wegen der Änderung in § 8 b Abs 4 KStG aF wurde es notwendig, Ketteneinbringungen zu verhindern und auch die Fälle zwischengeschalteter Gesellschaften zu erfassen (BTDrs 14/6882, 41). Für entsperrte Anteile (vorheriger Ablauf der Frist) ist § 8 b Abs 4 KStG aF vorrangig (*Eilers/Teske* DStR 2003, 1195). Keine mittelbare Veräußerung soll vorliegen, wenn die Kette oberhalb der einbringenden Gesellschaft verändert wird, zB durch Zwischenschaltung einer weiteren (*Ehlermann/Löhr* DStR 2003, 1509; *BMF* BStBl I 2003, 786 Rz 22; mE unzutr).

456–459 *(frei)*

XV. Einbringung eines Betriebs, Teilbetriebs oder eines Mitunternehmeranteils in eine Personengesellschaft (Rz 460–481)

460 **1. Persönlicher Anwendungsbereich. § 24 UmwStG** geht von der Fortsetzung des unternehmerischen Engagements in anderer Rechtsform und damit von der sichergestellten Erfassung stiller Reserven aus. Es muss sich daher um Vermögensübertragungen oder Umwandlungen (Rz 463) in ein Betriebsvermögen und zwar regelmäßig (Rz 332) aus einem Betriebsvermögen handeln. Ob der Einbringende oder die übernehmende Personengesellschaft Wohnsitz bzw Sitz in der EU oder im EWR hat, ist unmaßgeblich (§ 1 Abs 4 Satz 2 UmwStG nF). Sie können auch in einem Drittstaat ansässig sein. Auch bei betrieblichen Einbringungsvorgängen nach der FusionsRL muss die übernehmende Gesellschaft transparent iSd § 24 Abs 1 Satz 1 UmwStG nF sein (§ 1 Abs 4 Satz 2 UmwStG nF). In Umwandlungsfällen (Rz 463) des § 1 UmwG muss die umwandelnde Personenhandelsgesellschaft, die allerdings nicht Einbringende ist (Rz 461), ihren Sitz im Inland haben. Die Übertragung des gesamten Nennkapitals einer

Kapitalgesellschaft auf eine ausländische Personengesellschaft ist nicht nach § 24 UmwStG 1995 begünstigt (s BFHE 222, 402, DStR 2008, 2001). Ist die Einbringende eine Kapitalgesellschaft und erfolgt die Einbringung unentgeltlich, so geht § 8 Abs 3 Satz 2 KStG (vGA) § 24 UmwStG vor (BFHE 207, 429, DStRE 2005, 131).

2. Sachlicher Anwendungsbereich. Der sachliche Anwendungsbereich des § 24 UmwStG nF ist nunmehr in § 1 Abs 3 UmwStG nF abschließend geregelt. Danach erfasst die Einbringung von Betriebsvermögen durch Einzelrechtsnachfolge (§ 1 Abs 3 Nr 4 UmwStG nF) wie bisher folgende Fälle: **461**

- Aufnahme eines Gesellschafters in ein Einzelunternehmen gegen Geldeinlage oder Einlage anderer Wirtschaftsgüter zur Gründung einer Personengesellschaft (s BFHE 214, 40, BStBl II 2006, 847), und zwar auch für atypisch stille Gesellschaft (*Pyszka* DStR 2003, 857). Diesem Vorgang entspricht auch die Einbringung eines Einzelunternehmens in eine neugegründete Personengesellschaft. Die Aufnahme eines Gesellschafters (nahen Angehörigen) in ein Einzelunternehmen im Wege der Schenkung richtet sich dagegen nach § 6 Abs 3 EStG. Mit der Einbringung des Betriebsvermögens in das Gesamtvermögen der Gesellschaft spaltet der Einbringende, soweit die Einbringung für Rechnung des nahen Angehörigen erfolgt, von seinem Betriebsvermögen einen ideellen Anteil ab, den dieser als Mitunternehmeranteil gemäß § 6 Abs 3 Satz 1 Hs 2 EStG fortführt. Hinsichtlich des beim Einbringenden verbleibenden Betriebsvermögens gilt § 24 UmwStG (BFH/NV 2006, 521; s *OFD Düsseldorf* DStR 1999, 1946; *Brandenberg* FR 2000, 745; aA *Rund* DStR 2000, 265/7; *Geissler* FR 2001, 1029). § 6 Abs 3 EStG kann allerdings nicht für § 24 UmwStG rechtsanalog herangezogen werden (*Schmidt/Glanegger* § 6 Rz 478; s auch *Rogall* DB 2005, 410). Die Verschaffung wirtschaftlichen Eigentums an den Wirtschaftsgütern genügt (BayLfSt FR 2006, 391, s Rz 333). Dienstleistungen und Nutzungsrechte sind keine einlegbaren Wirtschaftsgüter (BFHE 188, 307, BStBl II 1999, 604). Deswegen reicht es nicht aus, wenn die aufnehmende Gesellschaft nur ein Nutzungsrecht an einer wesentlichen Betriebsgrundlage erwirbt (aA *Behrens/Schmitt* FR 2002, 549). Die Einbringung für fremde Rechnung ist nach § 24 UmwStG möglich (BFHE 135, 551, BStBl II 1982, 622). Zur Wirkungsweise des § 23 EStG bei Einbringungen s Rz 333;
- Einbringung eines Einzelunternehmens (oder Teilbetriebs, Mitunternehmeranteils) in eine bestehende Personengesellschaft; als Teilbetrieb iSd § 24 Abs 1 Satz 1 UmwStG nF gilt eine im Betriebsvermögen gehaltene 100%ige Beteiligung an einer Kapitalgesellschaft (s BTDrs 16/2710, 50; aA BFHE 222, 402, DStR 2008, 2001, da es an einer betrieblichen Organisationseinheit fehlt);
- Zusammenschluss von mehreren Einzelunternehmen zu einer Personengesellschaft;
- Eintritt eines weiteren Gesellschafters in eine bestehende Personengesellschaft (BFHE 131, 313, BStBl II 1981, 84; BFHE 144, 220, BStBl II 1985, 695; BStBl II 2006, 847; BFH/NV 2008, 296), und zwar auch dann, wenn dem Eintretenden eine Beteiligung durch Anwachsung zu-

geschrieben wird, ohne dass er selbst Wirtschaftsgüter einlegt (BFH/NV 2000, 34). Die Begründung allein einer Mitunternehmerstellung ohne Vermögensbeteiligung (zB GmbH als Komplementärin einer KG) genügt nicht (BFH/NV 2008, 296; FG Nbg v 10. 12. 1999 III 69/98 rkr; aA *Carlé/Bauschatz* FR 2002, 1153/61). Eine Änderung der Beteiligungsverhältnisse durch eine entgeltliche Kapitalerhöhung genügt, da § 24 UmwStG (1977) nicht die Gründung einer neuen Gesellschaft erfordert, sondern die Veräußerung von (Teil-)Betrieben oder Mitunternehmeranteilen begünstigen soll, die in das Vermögen der Persongesellschaft zum Zwecke eines nunmehr gemeinsamen Wirtschaftens überführt werden. Dabei ist es ausreichend, wenn nur ein Mitunternehmer seinen Anteil durch Bar- oder Sachgründung aufstockt. Denn die an der Kapitalerhöhung nicht teilnehmenden anderen Gesellschafter veräußern Teile ihrer Mitunternehmeranteile, die sie gegen Gewährung von Anteilen in die „neu" gestaltete Personengesellschaft einbringen (BFHE 214, 40, BStBl II 2006, 847; BFH/NV 2008, 296). Auch wenn der Gewinn nach § 4 Abs 3 EStG ermittelt wurde, ist grds auf den Einbringungszeitpunkt zum Bestandsvergleich überzugehen (*FSen Bremen* DB 2003, 2358; aA BFHE 196, 546, BStBl II 2002, 287). Davon kann abgesehen werden, wenn nicht eingebrachte betriebliche Forderungen des Einbringenden, die innerhalb absehbarer Zeit verwertet werden, weiterhin **sog Restbetriebsvermögen** bleiben (BFH/NV 2008, 385).

Die Einbringung von Wirtschaftsgütern in das Betriebsvermögen einer Personengesellschaft gegen Gewährung von Gesellschaftsrechten (Sacheinlage) stellt ein tauschähnliches Geschäft und damit eine Veräußerung dar, da der Gesellschafter den Sachwert auf die Gesellschaft überträgt und dafür den Geschäftsanteil erhält. Dies gilt auch dann, wenn durch die Sacheinlage die Kommanditbeteiligung erhöht wird. Eine Veräußerung und keine verdeckte Einlage ist auch dann gegeben, wenn der Einbringungswert nicht als Kommanditeinlage behandelt wird, sondern einem zu bildenden Rücklagekonto bei der KG zuzuweisen ist. Denn für den insgesamt entgeltlichen Charakter der Einbringung ist es unbeachtlich, ob der den Nominalwert der Kommanditeinlage übersteigende Einbringungswert der Sacheinlage bei der empfangenden Gesellschaft auf einem gesamthänderisch gebundenen Rücklagenkonto oder auf einem Kapitalkonto der einbringenden Kommanditisten verbucht wird (BFHE 222, 402, DStR 2008, 2001; aA *BMF* BStBl I 2004, 1190). Wie bei einer Sacheinlage in eine GmbH eine Überpari-Emission, bei der der Einbringungswert der Sacheinlage den Nominalbetrag der hierfür übernommenen Stammeinlage übersteigt und in Höhe der (als Aufgeld anzusehenden) Differenz in eine Kapitalrücklage nach § 272 Abs 1 Nr 1 HGB einzustellen ist, ist der Gesellschafter einer Personengesellschaft zur Einbringung des ungeteilten Sachwerts verpflichtet. Danach ist der vollständige Einbringungswert Gegenstand des tauschähnlichen Einbringungsgeschäfts, sodass in vollem Umfang eine Veräußerung und nicht eine teilweise verdeckte Einlage gegeben ist. Hierin unterscheidet sich das Aufgeld bei einer Sacheinbringung wesentlich von einer freiwilligen Zuzahlung in das Eigenkapital, bei der es sich um eine unentgeltliche Leistung und damit um eine Einlage handelt (BFHE 222, 402, DStR 2008, 2001).

Auf den **Gesellschafterwechsel** ist dagegen **§ 24 UmwStG aF/nF nicht anwendbar** (*UmwStErl* Tz 24.01), ebenso wenig auf die unentgeltliche Übertragung von Mitunternehmeranteilen sowie die Erhöhung der Beteiligungsquote ohne Einlageleistung (BFH/NV 2008, 296). Auch ein verpachteter Gewerbebetrieb kann nach § 24 UmwStG eingebracht werden (BFH/NV 1990, 102), ebenso ein ruhender Gewerbebetrieb. Nach § 24 UmwStG ist auch der Anteilstausch durch Einbringung eines Mitunternehmeranteils abzuwickeln (*UmwStErl* Tz 24.01). Zur zulässigen Einbringung in eine **Schwestergesellschaft** s BFHE 151, 181, BStBl II 1988, 374. Ob Mitunternehmeranteile oder das Gesamthandsvermögen der abgebenden Personengesellschaft eingelegt wurden, bestimmt sich danach, ob deren Gesellschafter ihre Anteile an der aufnehmenden Gesellschaft erhöhen oder die abgebende Gesellschaft selbst Anteile erwirbt. Ebenso zulässig ist die Einbringung in mehrere Auffangpersonengesellschaften mit unterschiedlichen Beteiligungsverhältnissen der bisherigen Personengesellschafter (*Felix/Strahl* BB 1996, 2221). Die Abspaltung von anderen Einzelwirtschaftsgutern gegen Aufgabe von Beteiligungen an der abspaltenden Personenhandelsgesellschaft und Einbringung in ein Betriebsvermögen einer anderen Personenhandelsgesellschaft (nichtverhältniswahrende Abspaltung) ist nach Realteilungsgrundsätzen gewinnneutral möglich (Rz 295; *Haritz/Wagner* DStR 1997, 181). Die Anwachsung durch Ausscheiden des vorletzten Gesellschafters einer Personengesellschaft ist zu Buchwerten möglich, mE nach § 16 Abs 3 EStG (ähnl *Lauermann/Protzen* DStR 2001, 647). Zur Einbringung einer Beteiligung als persönlich haftender Gesellschafter einer KGaA s *Schulte* DStR 2005, 951. 462

Nach dem UmwG können **Personenhandelsgesellschaften verschmolzen** werden (Rz 24), auf andere abspalten (Rz 25) und auch auf andere ausgliedern. Der Einzelkaufmann und die Körperschaft können aus diesen handelsrechtlichen Umwandlungen, die auch nur für einen Teil der Sacheinlage möglich sind, nur die Ausgliederung wählen (Rz 25; § 124 Abs 1 UmwG, s dazu *Patt/Rasche* FR 1996, 365). Für diese Umwandlungen, die durch § 1 Abs 3 Nr 1 u 2 UmwStG nF um Partnerschaftsgesellschaften und vergleichbare ausländische Vorgänge erweitert wurden, steht § 24 UmwStG aF/nF (auch) zur Verfügung (Rz 33). In diesen Fällen werden den handelsrechtlichen Schluss- und Anfangsbilanzen (§§ 17 Abs 2, 24 UmwG) die steuerrechtlichen Einbringungs- und Anfangsbilanzen gegenübergestellt (vgl Rz 465; BFHE 141, 27, BStBl II 1984, 518; *Oppermann* DStR 1993, 938). Der Grundsatz der Maßgeblichkeit der Handelsbilanz gilt nicht (s Rz 150). Die Einbringenden, dh die Gesellschafter der Personenhandelsgesellschaft (BFHE 180, 97, BStBl II 1996, 342; Rz 331/2; str, s *Knop/Willich-Neersen/Küting* BB 1995, 1023/6), erhalten aber nur bei der Verschmelzung und Abspaltung Anteile (idR Sonderbetriebsvermögen), nicht bei der Ausgliederung (Gesamthandsvermögen, Rz 17). Ob die am Vermögen einer umwandelnden GmbH & Co KG nicht beteiligte GmbH Einbringende sein kann, ist zweifelhaft (vgl *Schulze zur Wiesche* DB 1996, 1539/42). Die Gesellschafter einer bestehenden Personengesellschaft können ferner zwischen einer identitätswahrenden und einer im Rahmen des § 24 UmwStG identitätsaufhebenden Umwandlung auf eine andere Perso- 463 nengesellschaft wählen (BFHE 174, 451, BStBl II 1994, 856; *Grassmann* BB 2004, 2066). Nachdem eine beschränkt haftende GbR nach der Rechtsprechung des BGH nicht durch gesellschaftsvertragliche Absprachen erzeugt werden kann, wird die identitätswahrende Umwandlung in eine GmbH & Co KG empfohlen, um die Vorteile des § 15 Abs 3 Nr 2 EStG weiterhin nutzen zu können (*Limmer* DStR 2000, 1230). Ob ein Geschäftswert in den Fällen der Gesamtrechtsnachfolge und gleichzeitigem Teilwertansatz bzw Ansatz des gemeinen Werts (§ 24 iVm § 22 Abs 3 letzter Hs UmwStG aF/§ 23 Abs 4 letzter Hs nF) aufzudecken ist, ist str (bejahend *Patt/Rasche* FR 1995, 432/8/41).

464 **Gewerbesteuerrechtlich** ist wesentlich, dass Gewinne aus der Einbringung von Betrieben, Teilbetrieben oder Mitunternehmeranteilen nach hM zwar bei Kapitalgesellschaften, nicht aber bei natürlichen Personen und Personengesellschaften der Gewerbesteuer unterliegen. Zur Vermeidung von missbräuchlichen Objektgesellschaften, bei denen Wirtschaftsgüter von Kapitalgesellschaften in Personengesellschaften eingebracht werden, um sie später gewerbesteuerfrei als Mitunternehmeranteil zu veräußern, wird die Anteilsveräußerung durch Kapitalgesellschaften gewerbesteuerpflichtig (§ 7 GewStG idF des UntStFG). S auch Rz 425 zum Anteilsbruchteil und zu einbringungsgeborenen Anteilen.

465 **3. Wahlrecht.** § 24 Abs 2 UmwStG aF gibt der Personengesellschaft die Möglichkeit, das eingebrachte Betriebsvermögen in ihrer Bilanz einschließlich der Ergänzungsbilanzen mit dem Buchwert (auch bei negativem Betriebsvermögen), Teilwert oder einem Zwischenwert (Begriff BFHE 173, 338, BStBl II 1994, 759) anzusetzen (BFH/NV 1999, 177; vgl dazu auch die Beispiele in *UmwStErl* Tz 24.14). Nach § 24 Abs 2 Satz 1 UmwStG idF des SEStEG hat die Personengesellschaft das eingebrachte Betriebsvermögen in ihrer Bilanz einschließlich der Ergänzungsbilanzen grds mit dem gemeinen Wert (§ 9 Abs 2 BewG) anzusetzen. Bezüglich der Pensionsrückstellungen verbleibt es beim Ansatz des Teilwerts gemäß § 6 a Abs 3 Satz 1 EStG. Daneben besteht ein Wahlrecht, das übernommene Betriebsvermögen mit dem Buchwert oder einem Zwischenwert, höchstens mit dem gemeinen Wert anzusetzen, soweit bei grenzüberschreitenden Vorgängen das inländische Besteuerungsrecht hinsichtlich des eingebrachten Betriebsvermögens nicht ausgeschossen oder beschränkt wird. Die übernehmende Personengesellschaft hat dieses Wahlrecht spätestens mit Abgabe der Steuererklärung einschließlich der Schlussbilanz auszuüben (§ 24 Abs 2 Satz 3 iVm § 20 Abs 2 Satz 3 UmwStG nF). Dabei ist der Wertansatz einheitlich für alle Wirtschaftsgüter vorzunehmen (BFHE 214, 40, BStBl II 2006, 847).

Der Wertansatz gilt für den veräußernden Gesellschafter als Veräußerungspreis (§ 24 Abs 3 UmwStG aF/nF). Ggf ist beim Einbringenden eine Berichtigung nach § 175 Abs 1 Satz 1 Nr 2 AO durchzuführen (*UmwStErl* Tz 24.04 iVm 20.32; FG Düsseldorf EFG 2008, 910, Rev VII R 12/08). Eine Änderung der getroffenen Wahl wird von der Rechtsprechung abgelehnt (Rz 340). Das Wahlrecht auf Teilwerteinbringung besteht auch dann, wenn bei einer vorangegangenen Realteilungsbilanz der Buchwert angesetzt wurde, an den der Realteiler in der Einbringungsbilanz gebunden ist

(Einbringungsgewinn, BFHE 206, 132, BStBl II 2004, 893). Die Verteilung des Gewinns, der bei dem Übergang von der Einnahmeüberschussrechnung zu der Gewinnermittlung durch Vermögensvergleich wegen Überschreitens der Gewinngrenze des § 141 Abs 1 AO entstanden ist, auf drei Jahre ist nicht aufzuheben, wenn der Einzelunternehmer seinen Betrieb in eine neu gegründete GbR zu Buchwerten einbringt (FG Münster EFG 2008, 763, rkr).

Ergänzungsbilanz. Ein aus der Einbringung zu erwartender Veräußerungsgewinn (Einbringungsgewinn) kann auch durch eine negative steuerrechtliche Ergänzungsbilanz vermieden werden (vgl hierzu auch *UmwStErl* Tz 24.14). Nach *UmwStErl* Tz 24.14 aE, *Dreissig* StbJb 1990/91, 235, müssen die Ergänzungsbilanzen des Einbringenden mit denen der aufnehmenden Gesellschafter korrespondieren (vgl auch BFH/NV 2000, 34; BFHE 214, 40, BStBl II 2006, 847; BFH/NV 2006, 521). Die Aufstockungsbeträge sind entsprechend dem Verbrauch, der Abnutzung oder der Veräußerung der WG aufzulösen (BFH/NV 2000, 34). 466

4. Ermäßigter Einkommensteuersatz (§ 24 Abs 3 UmwStG aF/nF). Der ermäßigte Steuersatz für eine Betriebs-(Teilbetriebs-)veräußerung gilt allerdings nur dann, wenn das eingebrachte Betriebsvermögen einschließlich der Ergänzungsbilanzen mit dem Teilwert (Begriff § 6 Abs 1 Nr 1 Satz 3 EStG) bzw gemeinen Wert angesetzt wird und deshalb alle im eingebrachten Betrieb entstandenen stillen Reserven einschließlich eines vorhandenen Geschäftswerts aufgelöst werden (vgl BFHE 133, 186, BStBl II 1981, 568; BFHE 132, 425, BStBl II 1981, 419). Der fehlende Hinweis auf § 34 Abs 3 EStG für die Fälle des Teilwertansatzes wird zutreffend kritisiert (*Patt/Rasche* FR 2001, 175/7). S auch Rz 356. Der für Einbringungen nach dem 31. 12. 2000 geltende § 24 Abs 3 Satz 2 idF des UntStFG beseitigt dieses redaktionelle Versehen und erwähnt auch § 34 Abs 3 EStG. Ferner wird die Ermäßigung nur gewährt, soweit es nicht zu einer teilweisen Steuerbefreiung nach dem Halbeinkünfteverfahren kommt (Kumulationsverbot). § 24 Abs 3 Satz 4 UmwStG idF des EntwUntStFG bzw § 24 Abs 3 Satz 2 UmwStG nF stellt in Übereinstimmung mit der beabsichtigten Regelung in § 16 EStG sicher, dass für die Einbringung eines Bruchteils eines Mitunternehmeranteils (selbst beim Teilwertansatz) der ermäßigte Steuersatz nicht mehr gewährt wird. Diese Neuregelung soll für Einbringungen nach dem 31. 12. 2001 gelten (§ 27 Abs 7 UmwStG nF). 467

Sonderbetriebsvermögen. In der letztgenannten Entscheidung wurde offengelassen, ob die stillen Reserven einer im Sonderbetriebsvermögen des Einbringenden zurückbehaltenen (BFHE 162, 219, BStBl II 1991, 216) wesentlichen Betriebsgrundlage ebenfalls zur Inanspruchnahme der Steuervergünstigung des § 34 EStG aufgelöst werden müssen. Dies bejaht nun BFHE 173, 338, BStBl II 1994, 458 und verneint § 34 EStG, weil in der Einbringung eines Teils der Wirtschaftsgüter zum Teilwert und des Sonderbetriebsvermögens zum Buchwert das Ergebnis einer Zwischenwerteinbringung zu sehen sei. Werden nicht zu den wesentlichen Betriebsgrundlagen zählende Wirtschaftsgüter des Sonderbetriebsvermögens bei Buch- oder Zwischenwerteinbringung nicht eingebracht, müssen sie idR (Ausnahme Fortführung als Be- 468 triebsvermögen eines anderen Betriebs) mit dem gemeinen Wert angesetzt werden (Entnahme BFHE 153, 562, BStBl II 1988, 829). § 34 EStG findet auch insoweit keine Anwendung, weil dafür auch die Realisierung aller stillen Reserven erforderlich ist (BFH/NV 2003, 1420; *Schmidt/Seeger* EStG § 34 Rz 14). Zum fehlenden Hinweis auf § 34 Abs 3 s Rz 467, 356.

469 **Nicht bilanzierte ungewisse betriebliche Verbindlichkeiten** werden auch bei Einbringungen kein Privatvermögen (BFHE 170, 534, BStBl II 1993, 509). Ermäßigt besteuert werden die stillen Reserven des „eingebrachten Betriebsvermögens". Dies bedeutet, anders als bei der Betriebsaufgabe oder Betriebsveräußerung nehmen dabei auch stille Reserven des Umlaufvermögens, zB Halbfertige, an der Steuervergünstigung teil (BFHE 144, 220, BStBl II 1985, 695; BFHE 199, 434, BStBl II 2002, 784).

470 **§ 24 Abs 3 Satz 3 UmwStG** entsprechend der Fassung des StMBG v 21. 12. 1993 (BGBl I 1993, 2310) nimmt für erstmals nach dem 31. 12. 1993 vorgenommene Einbringungen den Gewinnanteil des Einbringenden von § 34 EStG aus (vgl *Streck/Schwedhelm* BB 1993, 2420; krit *Breidenbach* DB 1995, 296; *Groh* DB 1996, 2356). Wird ein neuer Gesellschafter in eine bestehende Gesellschaft aufgenommen, so veräußern die Altgesellschafter in ihrer gesamthänderischen Verbundenheit insoweit (Quote) an sich selbst, als nicht dem Neugesellschafter eine Beteiligung eingeräumt wird. Das Beteiligungsverhältnis des Einbringenden (Veräußerer) bestimmt sich in diesem Fall nach seinem Anteil bzw dem des veräußernden Gesellschafters am Aufwand, der aufgrund des zusätzlich geschaffenen Abschreibungsvolumens künftig auf ihn entfällt (BFH/NV 2008, 373). Auch für die Einbringung in das SonderBV gilt der Einbringungsgewinn nach § 24 Abs 3 Satz 3 UmwStG als nicht begünstigter laufender Gewinn (BFHE 193, 301, BStBl II 2001, 178; krit zur Begründung *Paus* FR 2001, 342). Die Betriebsübertragung nur in ein SonderBV erfolgt nach § 6 Abs 3 EStG zu Buchwerten und nicht nach § 24 UmwStG (FG Düsseldorf EFG 2003, 1180 rkr).

471 **Nachträgliche Besteuerung (§ 24 Abs 5 UmwStG nF).** Die Regelung des § 24 Abs 5 UmwStG nF will verhindern, dass stille Reserven von Anteilen an Kapitalgesellschaften auf begünstigte Personen iSd § 8 b Abs 2 KStG übertragen und dadurch der Besteuerung nach dem Halbeinkünfteverfahren (ab 2009: Teileinkünfteverfahren) gemäß § 3 Nr 40 EStG entzogen werden. Danach kommt es zu einer nachträglichen Besteuerung eines Gewinns des Einbringenden aus der Veräußerung von Anteilen (Einbringungsgewinn II), soweit unter dem gemeinen Wert eingebrachte Anteile an einer Kapitalgesellschaft innerhalb von sieben Jahren nach dem Einbringungszeitpunkt durch die übernehmende Personengesellschaft veräußert oder übertragen werden und der Einbringende eine natürliche Person ist. Der Einbringungsgewinn errechnet sich nur aus dem auf die begünstigte Körperschaft entfallenden Gewinnanteil. § 22 Abs 2, 3, 5 bis 7 UmwStG nF ist insoweit entsprechend anzuwenden.

472 **5. Gewerbesteuerfreiheit.** Die Gewerbesteuerfreiheit der Einbringungsergebnisse richtet sich bei den einbringenden natürlichen Personen und Personengesellschaften zunächst danach, ob der Betrieb (Teilbetrieb, Anteil) noch von einem werbenden Unternehmen eingebracht wird. ME

ist dies regelmäßig zu bejahen, weil ein lebender Betrieb übergeht. Gewerbesteuer fällt aber bei Personenunternehmen nicht an, weil die Rechtsprechung eine gewerbesteuerfreie Betriebsaufgabe auch dann sieht, wenn nicht alle stillen Reserven des (Sonder-)Betriebsvermögens aufgelöst werden (BFHE 151, 181, BStBl II 1988, 374; BFHE 153, 241, BStBl II 1988, 667; FG Köln EFG 2000, 1271 rkr). Dass § 24 Abs 3 Satz 3 UmwStG aF/nF auch mit Wirkung für die Gewerbesteuer den Gewinnanteil des Einbringenden als laufenden Ertrag und nicht als Teil des gewerbesteuerfreien Veräußerungsgewinns behandelt, ist nach den von BFHE 205, 307, BStBl II 2004, 754 zu § 16 Abs 2 Satz 3 EStG entwickelten Regeln zu bejahen (aA 5. Aufl). Zur Freibetragsberechnung nach der Neuregelung s *Pfalzgraf/Meyer* DStR 1994, 1329. § 7 GewStG idF UntStFG sieht die Gewerbesteuerpflicht von Veräußerungs- oder Aufgabegewinnen für Betriebe, Teilbetrieb einer Mitunternehmerschaft oder von Mitunternehmeranteilen bzw von Anteilen eines persönlich haftenden Gesellschafters einer KGaA vor, soweit sie nicht auf eine natürliche Person als Mitunternehmer enfällt. Dadurch sollen missbräuchliche Gestaltungen vermieden werden, bei denen Personengesellschaften zwischengeschaltet werden, um gewerbesteuerfrei Objekte zu veräußern. S auch Rz 425 zum Anteilsbruchteil.

6. Ausgleichszahlungen. a) Bei Aufdeckung der stillen Reserven. 473
Werden nur teilweise Gesellschaftsrechte gewährt, so ist zu beachten, dass dann mit der Folge des § 24 UmwStG aF/nF die Einlage zum Teil für Rechnung des Einbringenden und zum Teil für Rechnung des Mitgesellschafters erbracht wird und deshalb Ausgleichszahlungen geleistet werden, die nicht im Betriebsvermögen bleiben. Es ist nicht erforderlich, dass die Gegenleistung für den Einbringenden ausschließlich in der Einräumung einer Mitunternehmerstellung besteht. Der Zwischenerwerb von Anteilen an den einzelnen Wirtschaftsgütern mit anschließender Einlage derselben ist bei den die Ausgleichszahlung leistenden Gesellschaftern nicht anzunehmen (vgl BFHE 135, 551, BStBl II 1982, 622; auch kein Tausch von Eigentumsanteilen im umgekehrten Fall der sog Realteilung: BFHE 135, 282, BStBl II 1982, 456). Werden bei einer so gearteten Einbringung auf teilweise fremde Rechnung alle stillen Reserven aufgelöst, so ist insoweit (s ansonsten Rz 470) der begünstigte Steuersatz nach § 24 UmwStG aF/nF iVm § 16 EStG zu gewähren (vgl auch *BMF* BStBl I 1982, 806; jetzt ausdrücklich BFHE 193, 301, BStBl II 2001, 178; *OFD Ffm* DStR 2001, 895; *UmwStErl* Tz 24.08 ff). Dagegen liegt ein nicht nach §§ 16, 34 EStG begünstigter laufender Gewinn vor, wenn eine natürliche Person in ein Einzelunternehmen gegen Leistung einer Zuzahlung in das Privatvermögen eintritt (zB BFHE 209, 62, BStBl II 2005, 554). Dieser von der Einbringung gemäß § 24 UmwStG getrennt zu beurteilende Vorgang unterfällt weder § 24 UmwStG, noch ist er die Veräußerung eines Bruchteils eines Mitunternehmeranteils (BFHE 189, 465, BStBl II 2000, 123). Eine Neutralisierung durch eine negative Ergänzungsbilanz scheidet aus (s *Schmidt/Wacker* EStG § 16 Rz 565). Wegen der wirtschaftlichen Gleichwertigkeit wird die Bruchteilsveräußerung des Einbringenden ab 2002 von den begünstigten Vorgängen des § 16 EStG ausgenommen und die Ergebnisse sind dem laufenden Gewinn/Verlust zugeordnet (§ 24 Abs 3 Satz 4 Umw-

StG aF/Satz 2 nF, § 16 Abs 1 Satz 2 EStG idF UntStFG; krit *Groh* DB 2001, 2162). Zur Gewerbesteuerfreiheit im Übrigen s BFHE 151, 181, BStBl II 1988, 374 und Rz 472. Zu Einbringungen in das Darlehenskonto von Personengesellschaften s *Rogall* DB 2007, 1215.

474 **b) Bei Buchwertfortführung/Zwischenwerten.** Sollen dagegen die stillen Reserven des eingebrachten Unternehmens nicht oder nicht in vollem Umfang aufgelöst werden, so stehen Ausgleichszahlungen nach der Rechtsprechung des BFH dem ebenfalls nicht entgegen. Der BFH hat dies zum reziproken Fall der Realteilung entschieden (BFHE 170, 320, BStBl II 1994, 607) und auch auf die Vergleichbarkeit mit § 24 UmwStG aF/nF hingewiesen (BFHE 166, 476, BStBl II 1992, 385 Tz 3). Demjenigen, der die Ausgleichszahlungen leistet, erwachsen danach Anschaffungskosten. Derjenige, der die Ausgleichszahlung erhält, erzielt einen laufenden Veräußerungsgewinn in seinem Betriebsvermögen, aus dem heraus die Einlage erfolgt. Es ist davon auszugehen, dass er Eigentumsanteile an den Zuzahlenden veräußert und dann die verbleibenden zu Buchwerten einbringt und die veräußerten für Rechnung des Zuzahlers (*UmwStErl* Tz 24.08 ff).

475 Eine **Neutralisierung** der Ausgleichszahlung durch eine Ergänzungsbilanz scheidet in solchen Fällen aus (BFHE 189, 465, BStBl II 2000, 123; s auch 4. Aufl). Dabei ist es Tatfrage, ob eine anteilige Veräußerung des Betriebsvermögens an den Ausgleich leistenden Gesellschafter vorliegt oder eine Entnahme wegen der vorher eingetretenen Betriebsaufgabe. Im erstgenannten Fall liegt die steuerrechtliche Einlage beim anderen Gesellschafter, im zweiten Fall bei dem die Sacheinlage Leistenden. Der Buchwertansatz würde mE auch einkommensteuerrechtlich nicht als Einlage, sondern als Rechtsnachfolge anzusehen sein (zum Einlagebegriff s BFHE 151, 523, BStBl II 1988, 348).

476 Danach führt mE auch ein **zugesagter Gewinnvorab,** der idR mit der Ausgleichszahlung des anderen Gesellschafters zusammenhängen wird, zu einer anteiligen Gewinnrealisierung, die wie diese keine Vergünstigung nach § 34 EStG genießt (BFHE 141, 27, BStBl II 1984, 518; FG Hamburg EFG 1997, 542 rkr). Zur möglichen Sofortversteuerung gewinnabhängiger Entgelte s *Schmidt/Wacker* § 16 Rz 229.

477 **Leistungen in Gesellschaftsvermögen.** Unproblematisch ist die Buchwertfortführung mit Ergänzungsbilanzen bei Leistung von Sacheinlagen und Bareinlagen (Ausgleichszahlungen) der künftigen Gesellschafter in das Gesellschaftsvermögen. Die Differenz zwischen dem Kapitalkonto in der buchwertfortführenden Gesellschaftsbilanz und den gegenüber den anderen Gesellschaftern verrechneten gemeinen Werten wird in einer positiven Ergänzungsbilanz dargestellt, und der Einbringungsgewinn (Kapitalkontovergleich vor und nach Einbringung) kann durch eine negative Ergänzungsbilanz vermieden werden (mE wie bei der Realteilung, str), und zwar für jeden Einbringenden.

478 **7. Teilweise Rechtsnachfolge.** Durch die Bezugnahme auf § 22 UmwStG aF/§ 23 nF in § 24 Abs 4 UmwStG aF/nF wird die aufnehmende Personengesellschaft, soweit ein Ansatz des Teilwerts bzw gemeinen Werts unterbleibt (FG Köln EFG 2001, 962 rkr), steuerrechtlich als Ge-

samtrechtsnachfolgerin des Einbringenden behandelt und führt die Buchwerte und die AfA fort (*OFD Ffm* BB 1994, 900 betr SonderAfA), auch wenn sie unzutreffend sind. Es gilt der Grundsatz des Bilanzenzusammenhangs (BFHE 153, 407, BStBl II 1988, 886). Bei Bilanzierung von Zwischenwerten sind auch im Rahmen des § 24 UmwStG aF/nF die Buchwerte gleichmäßig aufzustocken (BFHE 141, 176, BStBl II 1984, 747; *UmwStErl* Tz 24.04, 22.08). Eine Besitzzeitanrechnung für § 6b EStG folgt aus §§ 24, 22 Abs 1 UmwStG aF/§ 23 nF und § 4 Abs 2 Satz 3 UmwStG aF/nF, allerdings nur bei Buchwertfortführung. S dazu *Schmidt/Glanegger* § 6b Rz 48. Nach § 24 Abs 4 iVm § 22 Abs 4 UmwStG aF/§ 23 Abs 5 nF werden die übernommenen dauernden Lasten und Renten nicht wegen des Übergangs als Erwerbs- oder Gründungslasten des § 8 Nr 2 GewStG angesehen (s Rz 57). Im Gegensatz zu den anderen Tatbeständen des UmwStG gilt die Einbringung nach § 24 UmwStG aF/nF lediglich als partieller Unternehmerwechsel für § 10a GewStG und nicht als völliger Unternehmerwechsel für § 2 Abs 5 GewStG (Rz 62); s aber BFHE 166, 576, BStBl II 1992, 563 zur Steuerschuldnerschaft. Die strittige Frage, welche Gewinnanteile des fortsetzenden Unternehmers für den Verlustabzug des § 10a GewStG und seine Quote heranstehen, und ob dies eine unternehmerbezogene oder gesellschaftsbezogene Betrachtung für die Verrechnung erfordert (vgl BFHE 173, 374, BStBl II 1994, 364; BFHE 180, 455, BStBl II 1997, 179; BFH/NV 2008, 489; A 68 GewStR; *Mahlow* DStR 1995, 1986; *Bordewin* DStR 1995, 1988; *Pyska* DStR 1997, 1073), wurde durch § 10a Satz 4 GewStG idF SEStEG iSd bisherigen Verwaltungsauffassung geregelt. Danach ist bei einer Mitunternehmerschaft der Verlustvortrag entsprechend dem sich aus dem Gesellschaftsvertrag ergebenden allgemeinen Gewinnverteilungsschlüssel ohne Berücksichtigung von Vorabgewinnanteilen oder Sonderbetriebseinnahmen zu verteilen. Der Verlust eines Mitunternehmers ist gesellschaftsbezogen zu ermitteln. Bei seinem Ausscheiden aus der Gesellschaft geht sein Anteil am Verlustvortrag mangels Unternehmeridentität nicht auf den Neugesellschafter über. Diese Regelung gilt nach § 10a Satz 5 GewStG nF für die Verrechnung von Verlusten mit Gewinnen entsprechend. Gemäß § 36 Abs 9 GewStG sind diese Vorschriften auch für Erhebungszeiträume vor 2007 anzuwenden (*Dötsch/Pung* DB 2007, 11, 16, BFHE 217, 117, BStBl II 2008, 140 Vorlage an BVerfG 1 BvL 5/07 wegen der rückwirkenden Anwendung der § 10a Satz 4 u 5 GewStG zurückgenommen wegen Klaglosstellung der Kläger). Auch für § 15a, § 52 Abs 19 Satz 2 Nr 1 EStG aF bedeutet die Einbringung nach § 24 UmwStG keine Betriebseröffnung (*BMF* DB 1987, 1277). Die inzwischen korrigierte Verweisungskette § 24 Abs 4, § 22 Abs 2 UmwStG aF mit dem fehlerhaften Einschluss des § 12 Abs 3 Satz 2 UmwStG (Übergang des verbleibenden Verlustabzugs nach § 10d Abs 4 EStG) war auch hier ein redaktionelles Versehen (s Rz 86). Außerdem verdeutlicht § 24 Abs 4 UmwStG aF/nF die Möglichkeit eines Verlustabzugs nach § 10a GewStG, da keine Verweisung auf § 22 Abs 4 UmwStG aF/§ 23 Abs 5 nF erfolgt (Rz 68).

8. Betrieblicher Schuldzinsenabzug (§ 4 Abs 4a EStG). Über- oder Unterentnahmen sowie ein ggf vorhandenes Verlustpotential sind bei 479

Einbringung eines Betriebs oder bei Aufnahme eines weiteren Gesellschafters in eine bestehende Mitunternehmerschaft unabhängig vom gewählten Wertansatz in der Zielgesellschaft fortzuführen (*BMF* FR 2005, 1261, 1265).

480 **9. Nachversteuerung gemäß § 34 a Abs 7 Satz 2 EStG.** Nicht entnommene Gewinne von Einzel- und Mitunternehmern iSd § 34 a Abs 2 EStG unterliegen auf Antrag einem Sondertarif (§ 34 a Abs 1 EStG). Werden diese Gewinne in einem nachfolgenden Veranlagungszeitraum entnommen, ist eine Nachversteuerung durchzuführen (§ 34 a Abs 4 Satz 1 EStG). Unabhängig davon löst ua die Beendigung der betrieblichen Tätigkeit durch die Veräußerung des Betriebs iSd § 16 Abs 1 EStG eine Nachversteuerung aus (§ 34 a Abs 6 Satz 1 Nr 1 EStG). Dies gilt entsprechend, wenn ein Betrieb bzw die gesamten Mitunternehmeranteile zum gemeinen Wert oder zu Zwischenwerten eingebracht werden. Die Einbringung stellt beim Einbringenden eine fiktive Veräußerung dar (§ 24 Abs 3 Satz 1 UmwStG nF), die die Voraussetzungen des § 16 Abs 1 EStG erfüllt. Erfolgt dagegen die Einbringung zu Buchwerten (§ 24 Abs 2 Satz 2 UmwStG nF), geht der festgestellte nachversteuerungspflichtige Betrag auf den neuen Mitunternehmeranteil über (§ 34 a Abs 7 Satz 2 EStG). In diesem Fall führt der Gesellschafter seine unternehmerische Tätigkeit als Mitunternehmer einer anderen Personengesellschaft fort (s *Bindl* DB 2008, 949). 481

481 **10. Rückbeziehung.** § 24 Abs 4 UmwStG idF des JStG 1996 und JStErgG 1996 gestattet rückwirkend zum Inkrafttreten des UmwStG, dh für die Vermögensübergänge, die nach dem 31. 12. 1994 wirksam werden (nicht früher, *OFD Ffm* FR 1996, 801), eine Rückbeziehung entsprechend § 20 Abs 7 und 8 UmwStG aF/Abs 5 und 6 nF (Rz 359). Die Rückbeziehung ist aber anders als in § 20 Abs 8 UmwStG aF/Abs 6 nF auf die Fälle der Gesamtrechtsnachfolge beschränkt (s dazu Rz 463, 33; *UmwStErl* Tz 24.07: auch bei Kombination). Zu Ungereimtheiten hinsichtlich der entsprechenden Anwendung des § 20 Abs 7 Satz 2 UmwStG aF/Abs 5 Satz 2 nF (Entnahmen) s *Patt/Rasche* FR 1996, 365 sowie Rz 358.

§ 8 Hinzurechnungen

[1] Dem Gewinn aus Gewerbebetrieb (§ 7) werden folgende Beträge wieder hinzugerechnet, soweit sie bei der Ermittlung des Gewinns abgesetzt worden sind:

1. Ein Viertel der Summe aus

a) Entgelten für Schulden. [2] Als Entgelt gelten auch der Aufwand aus nicht dem gewöhnlichen Geschäftsverkehr entsprechenden gewährten Skonti oder wirtschaftlich vergleichbaren Vorteilen im Zusammenhang mit der Erfüllung von Forderungen aus Lieferungen und Leistungen vor Fälligkeit sowie die Diskontbeträge bei der Veräußerung von Wechsel- und anderen Geldforderungen. [3] Soweit Gegenstand der Veräußerung eine Forderung aus einem schwebenden Vertragsverhältnis ist, gilt die Differenz zwischen dem Wert der Forderung aus dem schwebenden Vertrags-

verhältnis, wie ihn die Vertragsparteien im Zeitpunkt des Vertragsschlusses der Veräußerung zugrunde gelegt haben, und dem vereinbarten Veräußerungserlös als bei der Ermittlung des Gewinns abgesetzt,

b) Renten und dauernden Lasten. [2]Pensionszahlungen auf Grund einer unmittelbar vom Arbeitgeber erteilten Versorgungszusage gelten nicht als dauernde Last im Sinne des Satzes 1,

c) Gewinnanteilen des stillen Gesellschafters,

d) einem Fünftel der Miet- und Pachtzinsen (einschließlich Leasingraten) für die Benutzung von beweglichen Wirtschaftsgütern des Anlagevermögens, die im Eigentum eines anderen stehen,

e) dreizehn Zwanzigstel der Miet- und Pachtzinsen (einschließlich Leasingraten) für die Benutzung der unbeweglichen Wirtschaftsgüter des Anlagevermögens, die im Eigentum eines anderen stehen, und

f) einem Viertel der Aufwendungen für die zeitlich befristete Überlassung von Rechten (insbesondere Konzessionen und Lizenzen, mit Ausnahme von Lizenzen, die ausschließlich dazu berechtigen, daraus abgeleitete Rechte Dritten zu überlassen). [2]Eine Hinzurechnung nach Satz 1 ist nicht vorzunehmen auf Aufwendungen, die nach § 25 des Künstlersozialversicherungsgesetzes Bemessungsgrundlage für die Künstlersozialabgabe sind,

soweit die Summe den Betrag von 100 000 Euro übersteigt;

2., 3. *(aufgehoben)*

4. die Gewinnanteile, die an persönlich haftende Gesellschafter einer Kommanditgesellschaft auf Aktien auf ihre nicht auf das Grundkapital gemachten Einlagen oder als Vergütung (Tantieme) für die Geschäftsführung verteilt worden sind;

5. die nach § 3 Nr. 40 des Einkommensteuergesetzes oder § 8 b Abs. 1 des Körperschaftsteuergesetzes außer Ansatz bleibenden Gewinnanteile (Dividenden) und die diesen gleichgestellten Bezüge und erhaltenen Leistungen aus Anteilen an einer Körperschaft, Personenvereinigung oder Vermögensmasse im Sinne des Körperschaftsteuergesetzes, soweit sie nicht die Voraussetzungen des § 9 Nr. 2 a oder 7 erfüllen, nach Abzug der mit diesen Einnahmen, Bezügen und erhaltenen Leistungen in wirtschaftlichem Zusammenhang stehenden Betriebsausgaben, soweit sie nach § 3 c Abs. 2 des Einkommensteuergesetzes und § 8 b Abs. 5 und 10 des Körperschaftsteuergesetzes unberücksichtigt bleiben. [2]Dies gilt nicht für Gewinnausschüttungen, die unter § 3 Nr. 41 Buchstabe a des Einkommensteuergesetzes fallen;

6. *(weggefallen)*

7. *(aufgehoben)*

8. die Anteile am Verlust einer in- oder ausländischen offenen Handelsgesellschaft, einer Kommanditgesellschaft oder einer

anderen Gesellschaft, bei der die Gesellschafter als Unternehmer (Mitunternehmer) des Gewerbebetriebs anzusehen sind;

9. die Ausgaben im Sinne des § 9 Abs. 1 Nr. 2 des Körperschaftsteuergesetzes;

10. Gewinnminderungen, die

a) durch Ansatz des niedrigeren Teilwerts des Anteils an einer Körperschaft oder

b) durch Veräußerung oder Entnahme des Anteils an einer Körperschaft oder bei Auflösung oder Herabsetzung des Kapitals der Körperschaft

entstanden sind, soweit der Ansatz des niedrigeren Teilwerts oder die sonstige Gewinnminderung auf Gewinnausschüttungen der Körperschaft, um die der Gewerbeertrag nach § 9 Nr. 2 a, 7 oder 8 zu kürzen ist, oder organschaftliche Gewinnabführungen der Körperschaft zurückzuführen ist;

11. *(weggefallen)*

12. ausländische Steuern, die nach § 34 c des Einkommensteuergesetzes oder nach einer Bestimmung, die § 34 c des Einkommensteuergesetzes für entsprechend anwendbar erklärt, bei der Ermittlung der Einkünfte abgezogen werden, soweit sie auf Gewinne oder Gewinnanteile entfallen, die bei der Ermittlung des Gewerbeertrags außer Ansatz gelassen oder nach § 9 gekürzt werden.

Bis einschließlich EZ 2007 galten folgende Nrn:

1. die Hälfte der Entgelte für Schulden, die wirtschaftlich mit der Gründung oder dem Erwerb des Betriebs (Teilbetriebs) oder eines Anteils am Betrieb oder mit einer Erweiterung oder Verbesserung des Betriebs zusammenhängen oder der nicht nur vorübergehenden Verstärkung des Betriebskapitals dienen;

2. Renten und dauernde Lasten, die wirtschaftlich mit der Gründung oder dem Erwerb des Betriebs (Teilbetriebs) oder eines Anteils am Betrieb zusammenhängen. [2]Das gilt nicht, wenn diese Beträge beim Empfänger zur Steuer nach dem Gewerbeertrag heranzuziehen sind;

3. die Gewinnanteile des stillen Gesellschafters, wenn sie beim Empfänger nicht zur Steuer nach dem Gewerbeertrag heranzuziehen sind;

. . .

7. die Hälfte der Miet- und Pachtzinsen für die Benutzung der nicht in Grundbesitz bestehenden Wirtschaftsgüter des Anlagevermögens, die im Eigentum eines anderen stehen. [2]Das gilt nicht, soweit die Miet- oder Pachtzinsen beim Vermieter oder Verpächter zur Gewerbesteuer heranzuziehen sind, es sei denn, dass ein Betrieb oder ein Teilbetrieb vermietet oder verpachtet wird und der Betrag der Miet- oder Pachtzinsen 125 000 Euro übersteigt. [3]Maßgebend ist jeweils der Betrag, den der Mieter oder Pächter für die Benutzung der zu den Betriebsstätten eines Gemeindebezirks gehörigen fremden Wirtschaftsgüter an einen Vermieter oder Verpächter zu zahlen hat;

Bearbeiter: Güroff

Überblick

§ 8 Nr 1 Buchstabe a	Hinzurechnung von Entgelten für Schulden, Skonti uä
§ 8 Nr 1 Buchstabe b	Hinzurechnung von Renten und dauernden Lasten
§ 8 Nr 1 Buchstabe c	Hinzurechnung von stillen Gewinnanteilen
§ 8 Nr 1 Buchstabe d	Hinzurechnung von Miet- und Pachtzinsen sowie Leasingraten für bewegliche WG
§ 8 Nr 1 Buchstabe e	Hinzurechnung von Miet- und Pachtzinsen sowie Leasingraten für unbewegliche WG
§ 8 Nr 1 Buchstabe f	Hinzurechnung von Aufwendungen für die Überlassung von Rechten
§ 8 Nr 1	Freibetrag
§ 8 Nr 2 u 3	(aufgehoben)
§ 8 Nr 4	Hinzurechnung von KGaA-Gewinnanteilen
§ 8 Nr 5	Hinzurechnung von nach dem EStG bzw KStG begünstigten Gewinnanteilen (Dividenden)
§ 8 Nr 6	(weggefallen)
§ 8 Nr 7	(aufgehoben)
§ 8 Nr 8	Hinzurechnung von mitunternehmerischen Verlustanteilen
§ 8 Nr 9	Hinzurechnung von Spenden u Mitgliedsbeiträgen
§ 8 Nr 10	Hinzurechnung von ausschüttungs-, abführungsbedingten Gewinnminderungen
§ 8 Nr 11	(weggefallen)
§ 8 Nr 12	Hinzurechnung ausländischer Steuern

Literatur: *Zitzelsberger,* Grundlagen der Gewerbesteuer, 1990 (Habilitation Regensburg 1989); *Kempf/Straubinger,* Nochmals: Die EU-Zins-/Lizenzrichtlinie und § 8 Nr 1 GewStG, IStR 2005, 773; *Stangl/Hageböke* in *Schaumburg/Rödder* (Hrsg), Unternehmensteuerreform 2008, München 2007, S 514; *Richter,* UntStRefG 2008: Gewerbesteuerliche innerorganschaftliche Leistungsbeziehungen, FR 2007, 1042; *Bergemann/Markl/Althof,* Die Gewerbesteuer im Lichte des Regierungsentwurfs zur Unternehmensteuerreform, DStR 2007, 693; *Kußmaul/Zabel,* Ist Deutschland auf dem Weg … zu einer verstärkten Substanzbesteuerung, BB 2007, 967; *Hey,* Verletzung fundamentaler Besteuerungsprinzipien durch Gegenfinanzierungsmaßnahmen des UntStRefG, BB 2007, 1303; *Richter,* Unternehmensteuerreformgesetz 2008: Gewerbesteuerliche innerorganschaftliche Leistungsbeziehungen …, FR 2007, 1042; *Kessler/Ortmann-Babel/Zipfel,* Unternehmensteuerreform 2008: Die geplanten Änderungen im Überblick, BB 2007, 523; *Wiese/Klass/Möhrle,* Der Regierungsentwurf zur Unternehmensteuerreform 2008, GmbHR 2007, 405; *Neu/Schiffers/Watermeier,* Stellungnahme vom 26. 3. 2007 zum Gesetzentwurf der Bundesregierung eines UntStRefG 2008 vom 14. 3. 2007, GmbHR 2007, 421; *Watrin/Wittkowski/Strohm,* Auswirkungen der Unternehmensteuerreform 2008 auf die Besteuerung von Kapitalgesellschaften, GmbHR 2007, 785; *Herzig,* Die Gewerbesteuer als dominierende Unternehmensteuer, DB 2007, 1541; *Eickhorst,* Auswirkungen der Unternehmensteuerreform 2008 auf Krisenunternehmen und ihre Sanierung, BB 2007, 1707; *Rödder,* UntStRefG 2008, DStR 2007, Beih zu Nr 40; *Dötsch/Pung,* JStG 2008: Die Änderungen des KStG, des UmwStG und des GewStG, DB 2007, 2669; *Christoffel,* Unternehmensteuerreform 2008, LSW-Lexikon Sonderlfg 2007; *Ortmann-Babel/Zipfel,* Unternehmensteuerreform 2008, Teil I: Gewerbesteuerliche Änderungen und Besteuerung von Kapitalgesellschaften und deren Anteilseignern, BB 2007, 1869; *Fehling,* Die Gewerbesteuer nach der Unternehmensteuerreform 2008, NWB 2007 Nr 27, F 1, 1617; *Strahl,* Eilige Selbstberichtigungen und andere Änderungen des UntStRefG 2008 durch das JStG 2008, DStR 2008, 9; *Watermeier,* Die Unternehmensteuerreform 2008, GmbHR 2008, 207; *Gerland/Helm,* Übergang zum Übertragungsmodell bei Energieversorgungsunternehmen – Wege aus dem Pachtmodell?, BB 2008, 192; *Derlien/Wittkowski,* Neuerungen bei der Gewerbesteuer – Auswirkungen in der Praxis, DB 2008, 835; *Kossow,* Unterschiede gewerbesteuerlicher Hinzurechnungen bei Personenunternehmung und Kapitalgesellschaft, DB 2008, 1227.

1 **Zweck** der Vorschrift war ursprünglich die Ermittlung eines **objektiven,** von den Beziehungen des Unternehmers zum Betrieb losgelösten **GewErtrages** (BVerfGE 26, 1, BStBl II 1969, 424; vgl hierzu *Knobbe-Keuk* S 567; *Zitzelsberger* S 241 ff). Die einzelnen Teilvorschriften dienen zunächst im Wesentlichen der Gleichstellung von Erträgen aus eigen- und fremdfinanziertem Kapital (vgl Begr RStBl 1937, 693, 695). Zu Grunde liegt die auf dem Objektsteuercharakter der GewSt fußende Vorstellung, dass die Ertragskraft des Gewerbebetriebs besteuert wird (zur Kritik vgl *Tipke/Lang* S 491 f). Von diesem Konzept hat sich die Vorschrift nach und nach entfernt: auf der einen Seite wuchsen sich unterschiedliche Belastungen verschiedener „Finanzierungs"-Formen zur Diskriminierung der stärker belasteten aus (zB § 8 Nr 2 aF im Vergleich zu § 8 Nr 1 aF); auf der anderen Seite zielte und zielt die Vorschrift mit der Nr 5 auf die Benachteiligung bestimmter Erträge (aus Streubesitz) im Vergleich zu Erträgen aus Schachtelbeteiligung.

Die Vorschrift, insb **§ 8 Nr 1 GewStG,** hat durch G v 14. 8. 2007, BGBl I 2007, 1912 (mit Änderungen durch das G v 20. 12. 2007, BGBl I 2007, 3150) eine weitgehend **neue Gestaltung** erfahren. Sie läuft jedenfalls nach der gesetzgeberischen Intention darauf hinaus, die bisher gegebenen Ungleichbehandlungen verschiedener Finanzierungsformen zu vermeiden, und, zwar bei einer Vermehrung der Hinzurechnungstatbestände, der Höhe nach jedoch deutlich geringere Anteile der Finanzierungskosten der Hinzurechnung zu unterwerfen. *Fiskalisch motiviert* ist sie jedoch durch die Notwendigkeit von Gegenfinanzierungsmaßnahmen im Rahmen der UnternehmenStReform. Auch wenn die Entgelte für das dem Unternehmen dienende Fremdkapital nur im begrenzten Umfang als Teil des GewErtrags angesehen wird (BTDrs 16/4841, 79), wird die GewSt angesichts der Ausweitung des Hinzurechnungssystems zur „dominierenden Unternehmensteuer" (*Herzig* DB 2007, 1541). **Nicht Zweck** der Hinzurechnungsvorschriften ist es, von Ausnahmen abgesehen, eine **doppelte Erfassung** von Ertragsbestandteilen zu vermeiden. So ist es etwa für die Hinzurechnung von Dauerschuldentgelten unerheblich, ob und dass diese beim Empfänger der GewStPfl unterliegen.

2 Die **wirtschaftliche Bedeutung** der Vorschrift für den einzelnen Betrieb liegt in einer Erhöhung der GewStBelastung, die ggf die Beendigung von Pachtmodellen angezeigt erscheinen lässt (vgl *Gerland/Helm* BB 2008, 192, zu Energieversorgungsunternehmen). Diese kann sich insbesondere

dann zu einer Besteuerung der Substanz auswachsen, wenn ein Betrieb mit hohem Fremdkapitaleinsatz oder in erheblichem Umfang mit gemieteten/gepachteten WG arbeitet. Schon bis dato galt, dass ein gewinnschwaches Unternehmen mit einer hohen GewSt belastet werden konnte (so schon BFHE 188, 69, BStBl II 1999, 450, 451, wo jedoch missverständlich von „ertragschwach" gesprochen wird). Die **Belastungseffekte** für die Unternehmen haben sich durch die **Unternehmensteuerreform 2008** weiter verschärft, insb durch die Ausweitung der Hinzurechnungen unter Aufgabe des Korrespondenzprinzips und der Einschränkung der Schachtelvergünstigungen. Angesichts der sich tendenziell verschärfenden Substanzbesteuerung nach der Neugestaltung (*Kußmaul/Zabel* BB 2007, 967) wird mE nicht zu Unrecht die Verletzung fundamentaler Besteuerungsprinzipien, insb der Besteuerung nach der Leistungsfähigkeit, gerügt (zB *Hey* BB 2007, 1303). In einem solchen Fall kann letztlich nur mit einer Billigkeitsmaßnahme geholfen werden, weil auch das Ergebnis der Substanzbesteuerung nicht ohne weiteres verfassungsrechtlich zu beanstanden ist (vgl BVerfGE 26, 1, BStBl II 1969, 121; hierzu § 8 Nr 1 Anm 3). Für die Gemeinden wirken sich die Hinzurechnungsvorschriften stabilisierend auf das GewStAufkommen aus, weil in der Praxis häufig ein reziprokes Verhältnis von Gewinn und Dauerschuldentgelten – wenn auch in gewissem Umfang zeitlich versetzt – bestehen wird (*Blümich/Hofmeister* § 8 Rz 12). *Verlierer der Reform* ist wohl die „klassische Betriebsaufspaltung" (*Derlien/Wittkowski* DB 2008, 835). Allerdings kann durch die Hinzurechnungen nach § 35 EStG wirkendes Entlastungspotential entstehen mit der Folge der Besserstellung der Personenunternehmung gegenüber der Kapitalgesellschaft (*Kossow* DB 2008, 1227).

Die **rechtliche Bedeutung** der Vorschrift besteht in einem **Abzugsverbot** des jeweiligen Postens, das nur gesetzestechnisch als Hinzurechnung ausgestaltet ist (BFHE 207, 340, BStBl II 2005, 102). Das bedeutet, dass die Hinzurechnung nur in dem Umfang erfolgen darf, als der Posten bei der Gewinnermittlung tatsächlich abgesetzt worden ist (BFHE 120, 57, BStBl II 1976, 792). Nicht erheblich ist, ob beim **Empfänger** der hinzugerechneten Beträge diese der GewSt unterliegen. Selbstredend sind nur die gesetzlich vorgesehenen Hinzurechnungen (und Kürzungen) vorzunehmen; daher keine Kürzung um den Gewinn aus der Veräußerung von SonderBV (BFHE 132, 93, BStBl II 1981, 220) und keine Hinzurechnung des Gewinns aus der Veräußerung von notwendigem PV des Mitunternehmers (BFHE 158, 385, BStBl II 1990, 319). Bei einer **Organschaft** nach § 2 Abs 2 Satz 2 u 3 gelten die Hinzurechnungsvorschriften nur in eingeschränktem Umfang. Wegen des Grundsatzes, dass Erträge und Aufwendungen im Organkreis nur einmal gewstrechtlich erfasst werden dürfen (vgl BFHE 113, 467, BStBl II 1975, 46; BFHE 145, 78, BStBl II 1986, 73), unterbleibt die Hinzurechnung, wenn der entsprechende Betrag bereits im GewErtrag einer Gesellschaft des Organkreises enthalten ist (vgl etwa § 8 Nr 1 Buchst. a Anm 69). Zum UntStRG 2008 vgl *Richter* FR 2007, 1042 mit Gestaltungsüberlegungen. 3

Auf **ausländische Betriebsstätten** entfallende Gewinne und Verluste 4
einschließlich der hiermit zusammenhängenden Hinzurechnungen und

Kürzungen dürfen den GewErtrag nicht beeinflussen (vgl § 9 Nr 3; BFHE 102, 524, BStBl II 1971, 743; BFHE 113, 242, BStBl II 1974, 752; BFHE 143, 284, BStBl II 1985, 406).

§ 8 Nr. 1 Buchst. a Hinzurechnungen

Dem Gewinn aus Gewerbebetrieb (§ 7) werden folgende Beträge wieder hinzugerechnet, soweit sie bei der Ermittlung des Gewinns abgesetzt worden sind:

1. Ein Viertel der Summe aus

a) Entgelten für Schulden. [2] Als Entgelt gelten auch der Aufwand aus nicht dem gewöhnlichen Geschäftsverkehr entsprechenden gewährten Skonti oder wirtschaftlich vergleichbaren Vorteilen im Zusammenhang mit der Erfüllung von Forderungen aus Lieferungen und Leistungen vor Fälligkeit sowie die Diskontbeträge bei der Veräußerung von Wechsel- und anderen Geldforderungen. [3] Soweit Gegenstand der Veräußerung eine Forderung aus einem schwebenden Vertragsverhältnis ist, gilt die Differenz zwischen dem Wert der Forderung aus dem schwebenden Vertragsverhältnis, wie ihn die Vertragsparteien im Zeitpunkt des Vertragsschlusses der Veräußerung zugrunde gelegt haben, und dem vereinbarten Veräußerungserlös als bei der Ermittlung des Gewinns abgesetzt,

...

Gewerbesteuerdurchführungsverordnung

§ 19 GewStDV Schulden bestimmter Unternehmen

(1) [1] Bei Kreditinstituten im Sinne des § 1 Abs. 1 des Gesetzes über das Kreditwesen sind nur Entgelte für Schulden und den Entgelten gleichgestellte Beträge anzusetzen, die dem Betrag der Schulden entsprechen, um den der Ansatz der zum Anlagevermögen gehörenden Grundstücke, Gebäude, Betriebs- und Geschäftsausstattung, Schiffe, Anteile an Kreditinstituten und sonstigen Unternehmen sowie der Forderungen aus Vermögenseinlagen als stiller Gesellschafter und aus Genussrechten das Eigenkapital überschreitet; hierunter fallen nicht Gegenstände, über die Leasingverträge abgeschlossen worden sind. [2] Dem Anlagevermögen nach Satz 1 sind Forderungen gegen ein Unternehmen hinzuzurechnen, mit dem eine organschaftliche Verbindung nach § 2 Abs. 2 Satz 2 des Gesetzes besteht und das nicht zu den Kreditinstituten oder Unternehmen gehört, auf die Satz 1 und die Absätze 2 und 3 anzuwenden sind.

(2) [1] Voraussetzung für die Anwendung des Absatzes 1 ist, dass im Durchschnitt aller Monatsausweise des Wirtschaftsjahrs des Kreditinstituts nach § 25 des Gesetzes über das Kreditwesen oder entsprechender Statistiken die Aktivposten aus Bankgeschäften und dem Erwerb von Geldforderungen die Aktivposten aus anderen Geschäften überwiegen. [2] In den Vergleich sind Aktivposten aus Anlagen nach Absatz 1 nicht einzubeziehen.

(3) Die vorstehenden Bestimmungen gelten entsprechend

1. *für Pfandleiher im Sinne der Pfandleiherverordnung in der Fassung der Bekanntmachung vom 1. Juni 1976 (BGBl. I S. 1334) in der jeweils geltenden Fassung;*
2. *für Gewerbebetriebe, die nachweislich ausschließlich unmittelbar oder mittelbar Kredite oder Kreditrisiken aus Bankgeschäften im Sinne des § 1 Abs. 1 Satz 2 Nr. 2, 3 und 8 des Kreditwesengesetzes in der Fassung des Artikels 27 des Gesetzes vom 19. Dezember 2008 (BGBl. I S. 2794) von Kreditinstituten im Sinne des § 1 des Kreditwesengesetzes oder von in § 3 Nr. 2 des Gesetzes genannten Gewerbebetrieben erwerben und Schuldtitel zur Refinanzierung des Kaufpreises für den Erwerb solcher Kredite oder zur Refinanzierung von für die Risikoübernahmen zu stellenden Sicherheiten ausgeben; die Refinanzierung durch Aufnahme von Darlehen von Gewerbebetrieben im Sinne der Nummer 3 an der Stelle der Ausgabe von Schuldtiteln ist unschädlich;*
3. *für Gewerbebetriebe, die nachweislich ausschließlich Schuldtitel bezogen auf die in Nummer 2 bezeichneten Kredite oder Kreditrisiken ausgeben und an Gewerbebetriebe im Sinne der Nummer 2 Darlehen gewähren, oder*
4. *für Finanzdienstleistungsinstitute im Sinne des § 1 Abs. 1a des Kreditwesengesetzes, die mit Ausnahme der Unternehmen im Sinne des § 2 Abs. 6 Nr. 17 des Kreditwesengesetzes nicht der Ausnahmeregelung des § 2 Abs. 6 des Kreditwesengesetzes unterliegen und die nachweislich ausschließlich Finanzdienstleistungen im Sinne des § 1 Abs. 1a Satz 2 des Kreditwesengesetzes tätigen.*

Gewerbesteuer-Richtlinien 1998: Abschnitte 45–48; *Länder-Erlass* BStBl I 2008, 730.

Übersicht

1.–3.	**Allgemeines, Entstehung, Verfassungsmäßigkeit/EU-Recht**
4.–6.	**Entgelte für Schulden**
4.	Schulden
5.	Isolierte Betrachtung
6.	Entgelte
8.–19.	**Als Finanzierungsentgelt fingierter Aufwand**
8.	Allgemeines
9.	Skonto
10.	Geschäftsunüblichkeit
11.	Zu erfassender Anteil
12.	Erfüllung vor Fälligkeit
13.	Zusammenhang
14.	Vergleichbare Vorteile
15., 16.	Diskont
17.–19.	(frei)
20.–29.	**Umfang der Hinzurechnung**
20.	Abzug
21.	Schwebende Vertragsverhältnisse
22.	Absetzung bei Gewinnermittlung
23.	Saldierungsverbot
24.	Nachträgliche Rückzahlung/Minderung
25.–29.	(frei)

30.–59. Früheres Recht zum Begriff der Dauerschulden nach § 8 Nr 1 aF
30. Kennzeichnung
31. Dauerkapital
32. Betriebsschulden

33.–39. Gründung oder Erwerb eines Betriebs (Teilbetriebs) oder eines Anteils am Betrieb
33. Begriff des Betriebs
34. Gründung des Betriebs
35. Anteil am Betrieb
36. Erwerb eines Betriebs usw
37. Begriff des Teilbetriebs
38. Wirtschaftlicher Zusammenhang
39. Verrechnung

40.–42. Erweiterung oder Verbesserung des Betriebs
40. Begriff
41. Wirtschaftlicher Zusammenhang
42. Verrechnung

43.–59. Nicht nur vorübergehende Verstärkung des Betriebskapitals
43. Begriff des Betriebskapitals
44. Verstärkung des Betriebskapitals
45. Zweck der Kreditaufnahme, tatsächliche Mittelverwendung
46. Inhalt der Verbindlichkeit
47. Schulden mit wechselndem Bestand
48. Schulden bei verschiedenen Gläubigern bzw auf wechselnden oder mehreren Konten
49. Persönliche Abgrenzung
50. Nicht nur vorübergehende Verstärkung des Betriebskapitals
51. Laufende Geschäftsvorfälle
52. Üblichkeit der Abwicklung
53. Abwicklungszeitraum
54. Sonstige Geschäftsvorfälle
55. Kritik
56. Beurteilung des Zeitmoments; isolierte Betrachtungsweise
57. Länge der Laufzeit
58. Ende der Dauerschuld
59. Hinzurechnung der Entgelte

60.–120. ABC der Dauerschulden
60. Abzinsung
61. AfA
62. Allgemeine Geschäftskredite
63. Amortisationsdarlehen
64. Anzahlungen
65. Asset-Backed-Security-Geschäfte
66. Ausbeuterechte
67. Ausgleichsverbindlichkeiten
68. Bardepotpflicht

69.	Baukostenzuschüsse an Versorgungsunternehmen
70.	Besserungsabrede
71.	Betriebsaufspaltung
72.	DDR-Altkredite
73.	Durchlaufende Kredite
74.	Einlagen
75.	Eurokredite
76.	Exportkredite
77.	Factoring
78.	Filmkredite
79.	Finanzbeiträge
80.	Forfaitierung
81.	Frühere Tätigkeiten
82.	Garantieentgelte
83.	Genossenschaften
84.	Genussrechte
85.	Gesellschaftsanteile
86.	Globalkredite
87.	Heimfalllasten
88.	Hypotheken
89.	Importkredite
90.	Investitionszulage
91.	Kautionen
92.	Kontokorrentkredite
93.–93 g.	Kreditinstitute
94.	Leasing-Verträge
95.	Lizenzgebühren
96.	Lombardkredite
97.	Organschaft
98.	Partiarisches Darlehen
99.	Patentrechtsverletzungen
100.	Pensionsgeschäfte
101.	Pfandleiher
102.	Refinanzierungskredite
103.	Rückgabeverpflichtungen
104.	Rückstellungen als Dauerschulden
105.	Rückzahlungsverbindlichkeiten
106.	Saisonkredite
107.	Schadensersatzverbindlichkeiten
108.	Steuerschulden
109.	Stillhalteschulden
110.	Teilzahlungsgeschäfte
111.	Unterstützungkassen
112.	„Unverzinsliche" Verbindlichkeiten
113.	Versicherungsunternehmen
114.	Vorratshaltung
115.	Warenverbindlichkeiten
116.	Wartegelder und Förderzinsen
117.	Wechselkredite
118.	Zins-Swap-Verträge
119.	Zollkredite
120.	Zwischenkredite

Literatur: *Zitzelsberger,* Die Hinzurechnung von Dauerschuldzinsen und Dauerschulden bei der Gewerbesteuer, DB 1983, 2709; *Vögele,* Zins-Swapverträge und die Vermeidung von gewerbesteuerlichen Dauerschulden, DB 1987, 1060; *Franken,* Dauerschulden durch Swaps, BB 1989, 2301; *Gosch,* Zum Beginn und Ende von Dauerschulden, FR 1989, 267; *Milatz,* Der durchlaufende Kredit im Gewerbesteuerrecht, DStR 1990, 263; *Meier,* Dauerschulden iSd § 8 Nr 1 GewStG bzw § 12 Abs 2 Nr 1 GewStG im Bereich der betrieblichen Steuern, StBp 1990, 141; *ths,* Gewerbesteuer/Dauerschulden: Verbindlichkeiten gegenüber verschiedenen Kreditgebern, Stbg 1992, 426; *Gosch,* Rechtsprechung zur Gewerbesteuer, StuW 1992, 350; *Gosch,* Rechtsprechung im besonderen Blickpunkt der Außenprüfung, StBp 1992, 96; *Seer,* Rechtsformabhängige Unternehmensbesteuerung, StuW 1993, 114; *Krämer,* Gewerbesteuerliche Dauerschulden und Verbindlichkeiten des laufenden Gewerbebetriebs bei Versicherungsunternehmen, BB 1994, 1323; *Müller,* Dauerschulden und Factoring – Zur gewerbesteuerlichen Behandlung von Refinanzierungskrediten, DStR 1994, 1029; *Müller,* Forfaitierung von Andienungsrechten bei Teilamortisations-Mobilien-Leasingverträgen, DB 1996, 841; *Bock,* Hinzurechnung von als Herstellungskosten aktivierten Dauerschuldzinsen gem § 8 Nr 1 GewStG, DB 1997, 751; *Kessler/Eicker/Schindler,* Hinzurechnung von Dauerschuldzinsen nach § 8 Nr 1 GewStG verstößt gegen die Zins-/Lizenzgebühren-Richtlinie, IStR 2004, 678; *Kempf/Straubinger,* Nochmals: Die EU-Zins-/Lizenzrichtlinie und § 8 Nr. 1 GewStG, IStR 2005, 773; *Thiel,* Die steuerliche Behandlung von Fremdfinanzierungen im Unternehmen, FR 2007, 729; *Dörr/Fehling,* Europarechtliche Aspekte der Unternehmensteuerreform 2008, NWB 2007, Nr 30, F 2, 9375; *Forster/Schreidobler,* Gewerbesteuerliche Behandlung von Avalprovisionen für Bürgschaftskredite, DB 2007, 2680; *Hidien,* § 8 Nr 1 GewStG nF verstößt gegen die europäische Zins-/Lizenzgebühren-Richtlinie!, DStZ 2008, 131; *Köster,* Gewerbesteuerliche Hinzurechnung von Finanzierungsanteilen: Die gleichlautenden Ländererlasse zu § 8 Nr 1 GewStG . . ., DStZ 2008, 703; *Zerhüsen,* Gewerbesteuerliche Änderungen im Rahmen des Unternehmensteuerreformgesetzes und des Jahressteuergesetzes 2008, StC 9.08, 25; *Fehling,* Der koordinierte Ländererlass zu § 8 Nr 1 GewStG, NWB F 5, 1669; *Franke/Gageur,* Zweifelsfragen und Anmerkungen zu den . . . Ländererlassen zu § 8 Nr 1 GewStG, BB 2008, 1704; *Ritzer,* Anwendungsfragen zur Hinzurechnung von Finanzierungsfragen nach § 8 Nr 1 GewStG, DStR 2008, 1613; s auch die Hinweise zu § 8.

1 **Allgemeines.** Die Vorschrift dient, wie die Hinzurechnungsvorschriften des § 8 GewStG insgesamt, der Ermittlung des objektiven, von den Beziehungen des Inhabers zum Betrieb losgelösten GewErtrages (BVerfGE 26, 1, BStBl II 1969, 424). Ihr Zweck liegt in einer weitgehenden gewstrechtlichen Gleichstellung von Erträgen aus eigen- und fremdfinanziertem Kapital (vgl zu den Dauerschuldzinsen Begr RStBl 1937, 693, 695; BFHE 215, 276, BStBl II 2008, 137; zur Neufassung BTDrs 16/4841, 79). Demnach unterliegen der Hinzurechnung Entgelte für Schulden, die den Charakter von Betriebskapital haben oder ihm ähnlich sind. Unerheblich ist, ob hierfür Bedarf vorhanden war (vgl A 45 Abs 2 Satz 8 GewStR), ob die Schulden mit Willen des Schuldners oder des Gläubigers entstanden sind oder ob durch sie das BV erhöht oder nur dessen Verringerung vermieden worden ist (BFHE 65, 140, BStBl III 1957, 287). Die Vorschrift enthält einen in sich geschlossenen Tatbestand (BFHE 92, 333, BStBl II 1968, 589), der

nicht durch Heranziehung von anderen Vorschriften des § 8 GewStG, insb der Ausnahmen von der Hinzurechnung in § 8 Nrn 2 u 3 GewStG aF, auszulegen ist (BFHE 82, 489, BStBl II 1965, 424). Sie ist auch dann anzuwenden, wenn das Unternehmen nur Verluste erwirtschaftet (BFHE 110, 50, BStBl II 1973, 739; BFH/NV 2005, 1564).

Für Kreditinstitute, Pfandleiher u Betreiber von Asset-Backed-Security-Geschäften enthält § 19 GewStDV die eigenständige und abschließende Bestimmung des Begriffs und der Bemessungsgrundlage der (Dauer)Schuldentgelte.

Entstehungsgeschichte. Die Vorschrift war als § 8 Nr 1 („Dauerschuldzinsen") seit Inkrafttreten des GewStG 1936 Bestandteil desselben. Durch G v 20. 12. 1982 (BGBl I 1982, 1857) wurde die Hinzurechnung im EZ 1983 auf 60% und ab EZ 1984 auf 50% der Zinsen beschränkt. Die Vorschrift diskriminierte mithin die Fremdkapitalbildung durch andere Finanzierungsformen (zB Renten/dauernde Lasten, § 8 Nr 2 aF; typische stille Gesellschaft, § 8 Nr 3 aF) sowie die Eigenkapitalbildung insbesondere mittelständischer Unternehmen (*Seer* StuW 1993, 114, 122). Die vorletzte Änderung erfolgte durch StRefG 1990 v 25. 7. 1988 (BGBl I 1988, 1093). Ersetzt wurde das Tatbestandsmerkmal „Zinsen" durch den umfassenderen Begriff „Entgelte", und zwar als Reaktion auf eine Auslegung des Zinsbegriffs durch den BFH. Die geänderte Fassung galt ab EZ 1990. 2

Mit G v 14. 8. 2007 (BGBl I 2007, 1912) wurde die aktuelle Fassung mW ab **EZ 2008** eingeführt: Die Nr 1 Buchst a erfasst nicht mehr – wie bisher – „Dauerschuldentgelte", sondern ganz allgemein **Schuldentgelte** sowie vergleichbaren Aufwand und ist integraler Bestandteil einer Sammel-Hinzurechnung (Buchst a–f) von Entgelten, die der Gesetzgeber als Finanzierungsentgelte versteht. Bei der Auslegung dieser Vorschriften kann mE, sofern nicht Besonderheiten des alten Rechts (zB „Dauerschulden") betroffen sind, auf die bisher zu § 8 Nr 1–3 u 7 GewStG aF ergangene Rspr zurückgegriffen werden (ebenso *FM Länder* BStBl I 2008, 730).

Verfassungsmäßigkeit der Vorschrift/EU-Recht. Die Vorschrift des § 8 Nr 1 ist stets als verfassungsgemäß angesehen worden (BVerfGE 19, 253, BStBl 1966, 201; BVerfGE 26, 1, BStBl II 1969, 424; BVerfG 30, 250, BStBl II 1971, 433; vgl auch BFHE 82, 489, BStBl III 1965, 424 und BFHE 110, 50, BStBl II 1973, 739 mwN). Ein Verstoß gegen Art 3 GG liegt nicht vor, weil alle GewBetriebe gleichmäßig betroffen sind (vgl BFHE 82, 489, BStBl III 1965, 424). Ein Verstoß gegen die Grundrechte aus *Art 11* und *12 GG* sowie *Art 2 GG* iVm dem Sozialstaatsprinzip ist wegen des Objektsteuercharakters der GewSt zu verneinen (BVerfGE 26, 1, BStBl II 1969, 424). Auch *Art 14 GG* ist nicht verletzt. Geldleistungspflichten verstoßen gegen die Eigentumsgarantie nur, wenn sie nach Struktur und gesetzessystematischem Zusammenhang den Pflichtigen übermäßig belasten und sein Vermögen grundlegend beeinträchtigen (BVerfGE 12, 151, BStBl I 1961, 55; BVerfGE 23, 74, BStBl II 1968, 133; BFHE 92, 333, BStBl II 1968, 589; BFHE 110, 50, BStBl II 1973, 739). Härten im Einzelfall sind im Billigkeitswege nach § 163 und § 227 AO auszugleichen (BFHE 110, 50, BStBl II 1973, 739; BFHE 122, 141, BStBl II 1977, 512; aA *Zitzelsberger* DB 1983, 2709). *Billigkeitsmaßnahmen* sind indes nicht ohne 3 weiteres angezeigt, wenn die mit Kredit angeschafften WG nicht mehr vorhanden sind (BayVGH DGStZ 1976, 71) oder die GewSt allein auf den Hinzurechnungen beruht und der Betrieb keine oder nur geringe Gewinne erzielt (BVerwG DGStZ 1978, 53; **aA** BFH/NV 2005, 1564). Diese Grundsätze dürften auch für die neue Nr 1 Buchst a – auch in ihrer Zusammenfassung mit den Buchst b–f – gelten.

Die Vorschrift ist mE konform mit **EU-Recht,** insb mit der sog Zins-/Lizenzrichtlinie (*Kempf/Straubinger* IStR 2005, 773; **aA** *Kessler/Eicker/Schindler* IStR 2004, 678; *Hidien* DStZ 2008, 131). Auch im Hinblick auf die Verhältnisse von *Organschaften* gilt mE nichts anderes, zumal ab EZ 2002 ein EAV vorgeschrieben ist und eine Benachteiligung der Organschaft ggf hierauf und nicht auf einem Auslandsbezug beruht (**aA** *Meilicke* IStR 2006, 130).

4.–6. Entgelte für Schulden (Satz 1)

4 Der **Begriff der Schulden** dürfte *im Wesentlichen* dem der §§ 240 Abs 1 u 247 Abs 1 HGB entsprechen, der nach der Systematik des HGB **Verbindlichkeiten** und **Rückstellungen** umfasst (vgl §§ 249 Abs 1, 266 Abs 3 HGB; BFHE 184, 439, BStBl II 1998, 249). Dies sind mE auch Rückstellungen für ungewisse Verbindlichkeiten, sofern hierfür entgeltähnlicher Aufwand entsteht, nicht jedoch Rückstellungen für drohende Verluste (aA *Blümich/Hofmeister* § 8 Anm 36). Bei ihnen steht nicht ein Gegenwert dem Unternehmen als Betriebskapital zur Verfügung. Insofern begrenzt mE der *Zweck der Vorschrift* den Begriff der Schulden.

Unerheblich ist grundsätzlich der **Inhalt der Verpflichtung** (daher etwa auch Schadensersatz- oder Steuerschulden), ihre Höhe (BFHE 103, 204, BStBl II 1971, 815), Fälligkeit (BFHE 69, 447, BStBl III 1959, 428) oder das Verhältnis von Eigen- zu Fremdkapital (BFHE 103, 204, BStBl II 1971, 815); ebenso wenig, in welcher Form bzw im Rahmen welcher rechtlichen Gestaltung die Schuld aufgenommen worden ist (zB Bankkredit, Schuldverschreibung, Anleihe, Hypothekenschuld, partiarisches Darlehen, Lombardkredit usw) oder wie sie beim StPfl ausgewiesen wird (daher auch Rückstellungen). Selbstverständlich muss es sich bei der Schuld um eine Betriebsschuld handeln. Die Entscheidung hierüber hat nach estrechtlichen Grundsätzen zu erfolgen (BFHE 93, 159, BStBl II 1968, 717), dh die Schuld muss zumindest wirtschaftlich verursacht sein, gegenüber einem Dritten bestehen und betrieblich veranlasst sein (zB BFHE 189, 75, BStBl II 1999, 656). Hierbei ist es für den Begriff der Betriebsschuld unerheblich, ob etwa angeschaffte WG zum notwendigen oder gewillkürten BV gehören. Abweichend von der Rechtslage bis EZ 2007 ist ein *wirtschaftlicher Zusammenhang* der Schuld mit der Gründung/Erweiterung des Betriebs/Teilbetriebs/Anteils am Betrieb oder mit einer Erweiterung/Verbesserung des Betriebs oder auf der nicht nur vorübergehenden Verstärkung des Betriebskapitals *nicht erforderlich.* Daher werden **auch kurzfristige Verbindlichkeiten** erfasst (*Wiese/Klass/Möhrle* GmbHR 2007, 405; *Fehling* NWB 2006 Nr 29, F 5, 1617). Gegenstandslos ist ab EZ 2008 daher die Rspr, die auf die Verstärkung des „eigentlichen" Betriebskapitals abgestellt hat (vgl Anm 31, 43). Wie nach bisherigem Recht kann sich auch in einer

„unverzinslichen“ Verbindlichkeit ein Entgelt verbergen (vgl Anm 112; zur Abzinsung und Aufzinsung vgl Anm 60). Jedoch ist mE weiterhin bedeutsam die Rspr, wonach der Charakter der Schuld als **durchlaufender Kredit** nicht zur Hinzurechnung führt (Einzelheiten in Anm 73). Denn da sie zu einem betriebsfremden Zweck aufgenommen wird, würde die Hinzurechnung der auf sie entfallenden Entgelte dem Zweck des G auch nach der Änderung widersprechen (ebenso *Fehling* NWB F 5, 1669; *Ritzer* DStR 2008, 1615; *Köster* DStZ 2008, 703; **aA** jedoch *FM Länder* BStBl I 2008, 730 Rn 11).

Isolierte Betrachtung. Wie schon zu § 8 Nr 1 aF gilt mE auch bei der Nr 1 Buchst a nF der Grundsatz der isolierten Betrachtung. Das bedeutet, Schuldverhältnisse sind je für sich zu werten. Schulden sind also auch dann relevant für die Anwendung der Vorschrift, wenn der GewBetrieb über hinreichend liquide **Mittel zu ihrer Tilgung** verfügt (vgl BFHE 146, 91, BStBl II 1986, 415). Eine **Saldierung** mit daneben oder später (etwa auf demselben Konto) bestehenden Forderungen, Guthaben (auch eine Bauspareinlage, BFHE 155, 389, BStBl II 1989, 299; BFHE 164, 374, BStBl II 1991, 765) usw findet nicht statt (zB BFHE 75, 751, BStBl III 1962, 540; BFHE 120, 545, BStBl II 1977, 165). Eine Ausnahme ist nur dann denkbar, wenn das eine Verhältnis ohne das andere nicht begründet werden konnte *und* wenn eine regelmäßige Verrechnung des Guthabens mit dem Schuldenstand stattfindet (BFHE 109, 465, BStBl II 1973, 670; BFHE 158, 79, BStBl II 1989, 900). Forderungen und Verbindlichkeiten müssen so miteinander verknüpft sein, dass es den Beteiligten nicht auf die Mehrheit der Posten ankommt und der getrennte Ausweis als formaler Gesichtspunkt hinter dem wirtschaftlichen zurücktritt; der wiederum dadurch gekennzeichnet ist, dass die tatsächlichen Schulden (die Verstärkung der Betriebsmittel) im Saldo bestehen (vgl BFHE 164, 374, BStBl II 1991, 765; BFHE 184, 104, BStBl II 1997, 742). Diese Grundsätze gelten nicht nur für den Bankenbereich (BFHE 158, 79, BStBl II 1989, 950; BFHE 164, 84, BStBl II 1991, 474), sondern allgemein und – bei entsprechender Verknüpfung durch Zusammenwirken – auch bei Verhältnissen zu **mehreren Personen** (Schuldner, Gläubiger; vgl BFHE 111, 425, BStBl II 1974, 388; BFHE 155, 389, BStBl II 1989, 299). Insofern ist die Rspr zu § 8 Nr 1 aF (vgl Anm 48) auch für die Nr 1 Buchst a nF noch aussagekräftig. 5

Der Begriff **Entgelte** ist erheblich weiter als der bürgerlich-rechtliche Zinsbegriff. Die schon in § 8 Nr 1 aF enthaltene, auf G v 27. 7. 1988 (BGBl I 1988, 1093) beruhende Fassung hat insofern konstitutive Bedeutung (BFH/NV 1995, 1010). Es muss sich um Leistungen handeln, die im weitesten Sinne **Gegenleistungen** für die Zurverfügungstellung der den Schulden korrespondierenden Betriebsmittel darstellen (BFHE 217, 103, BStBl II 2007, 655; zT aA *Blümich/Hofmeister* § 8 Rz 41: Gegenleistung für die Nutzung = Nutzungsmöglichkeit). Nach dem Wortlaut der Vorschrift („Entgelte für *Schulden*“) kommt es mE auf die tatsächliche Inanspruchnahme bzw Nutzung des Kredits nicht an (offen gelassen in BFHE 181, 86, BStBl II 1997, 253; BFHE 188, 406; BStBl II 1999, 473). *Verfehlt,* weil zu weit und mit dem Wortlaut („für“) nicht vereinbar, ist andererseits der *kausale* Ansatz, wonach alle Kosten erfasst werden, die ohne die Inan- 6 spruchnahme der den Schulden korrespondierenden Mittel nicht entstanden wären (so aber *Pauka* DB 1988, 2224, 2226; offen gelassen in BFHE 202, 357, BStBl II 2004, 192). Jedenfalls werden nicht nur in einem bestimmten Bruchteil des zur Verfügung gestellten Kapitals bezifferte Vergütungen betroffen, sondern auch anders geartete und bezifferte Gegenleistungen (vgl BTDrs 11/2157, 175). Das sind insbesondere Vergütungen für partiarische Darlehen, Genussrechte und Gewinnobligationen sowie das Damnum (zumal der BGH seine Rechtsprechung zum Charakter des Damnums hin zum Zinsbestandteil geändert hat, BGH DB 1990, 1610; 1994, 726; s auch *Meier* StBp 1990, 281), ebenso die an den Gläubiger zu leistenden Kreditprovisionen und Umsatzprovisionen, Geldbeschaffungskosten sowie in Zusammenhang mit dem Kapitalbetrag und der Laufzeit stehende Verwaltungskosten (BFHE 193, 141, BStBl II 2001, 609; Anm *Wendt* FR 2001, 93). Auch Leasingraten für WG, die dem Leasingnehmer zuzurechnen sind, sind Entgelte für Schulden (trotz Nr 1 Buchst d und e). Auf die Benennung bzw die Aufgliederung der Entgeltbestandteile und die zeitliche Abfolge von Kreditnutzung und Entstehung der Entgeltbestandteile kann es nicht ankommen. Daher gelten auch *Vorfälligkeitsentschädigungen* als Dauerschuldentgelte (BFHE 188, 406, BStBl II 1999, 473). ME bietet jedoch die Änderung des G Anlass für eine Überprüfung der Rspr insofern, als die Vorfälligkeitsentschädigung **nicht Entgelt** für Schulden ist. Die vorzeitige Kreditabwicklung beruht auf einer *Aufhebung* (nicht einer einfachen Änderung) des Kreditvertrages mit Vorverlegung des Erfüllungszeitpunkts. Die Vorfälligkeitsentschädigung gleicht den hierdurch ausgelösten finanziellen Nachteil des Kreditgebers aus; sie entgilt aber nicht mehr die Nutzung des der Schuld entsprechenden Kapitals.

Nicht Entgelt sind aus einem **anderen Rechtsgrund** erbrachte Leistungen, sofern dieser nicht selbst zu einer (eigenständigen) Schuld führt. Das gilt mE auch für Kredit- u Umsatzprovisionen, die nicht wegen der Kapitalnutzung in Rechnung gestellt werden (RFH RStBl 1939, 762, 1117; A 46 Abs 1 Satz 9 GewStR), Kreditvermittlungsprovisionen u Maklergebühren (A 46 Abs 1 Satz 11 GewStR), es sei denn, es handelt sich erkennbar um eine (weitergeleitete) Gegenleistung für die Kapitalnutzung (BFHE 77, 188, BStBl III 1963, 386), Zinsanteile in Renten- u Pensionsleistungen (BFHE 92, 228, BStBl II 1968, 478; BFHE 172, 101, BStBl II 1994, 44; s Nr 1 Buchst b Anm 2), Währungsverluste, Mahngebühren und -porti (RFH RStBl 1940, 811). Auch Avalgebühren für eine Ausfallbürgschaft (BFHE 217, 103, BStBl II 2007, 655; hierzu *Förster/Schreidobler* DB 2007, 2680) und sonstige Vergütungen für Bürgschaftsakzepte sind mE nicht Entgelte für Dauerschulden. Sie werden nicht für diese selbst erbracht. Entsprechendes gilt für Vergütungen für die Bestellung sonstiger Sicherheiten sowie für Aufwendungen für die Kurssicherung und die Zinssicherung (zB Zins-Swapverträge) sowie – in Abweichung zur Auffassung in der 6. Auflage – Bereitstellungszinsen und -provisionen (BFHE 181, 86, BStBl II 1997, 253), zumal sie unabhängig von der Inanspruchnahme anfallen, und Zusageprovisionen (A 46 Abs 1 Satz 9 GewStR). Abzinsungsbeträge nach § 6 Abs 1 Nr 3 EStG führen bei ihrer Verminderung nicht zur Hinzurechnung; es handelt sich um die Umkehrung der Gewinnerhöhung beim Ansatz der Verbindlichkeit (*BMF* BStBl I 2005, 699; BTDrs 16/4841,

79); auch versicherungstechnische Rückstellungen (in der Anwartschafts- u Leistungsphase) führen nicht zur Hinzurechnung (A 45 Abs 9 Satz 3 GewStR; *Fehling* NWB 2007 Nr 29, F 3, 1617). Ebenfalls nicht in einem Gegenseitigkeitsverhältnis stehen Konventionalstrafen, Säumniszuschläge uÄ.

Im Hinblick auf die **persönliche Abgrenzung** sind mE die schon zu § 8 Nr 1 aF geltenden Grundsätze (Anm 49) weiterhin zu beachten. 7

8.–19. Als Finanzierungsentgelt fingierter Aufwand (Satz 2)

Allgemeines. Es handelt sich um Fiktionen (BTDrs 16/4841, 79), mit dem bestimmte Arten von Aufwand als Finanzierungsaufwand erfasst werden. **Hintergrund** ist die Überlegung, dass er (betriebswirtschaftlich) Entgelt für die Erhöhung der Liquidität in dem Zeitraum zwischen der Erfüllung der Forderung und der späteren Fälligkeit ist: Die einsetzbaren liquiden Mittel erhöhen sich in diesem Zeitraum um den (skontierten) Forderungsbetrag. 8

Die **Regelung** ist betriebswirtschaftlich **problematisch**. Sie verschärft den Hinzurechnungstatbestand gegenüber § 8 Nr 1 aF erheblich, was zu weiteren nachteiligen Folgen für den betreffenden GewBetrieb führen kann. Zudem wird sie zu weiteren Streitfällen führen, da angesichts ihrer explizit unscharfen Fassung („nicht dem gewöhnlichen Geschäftsverkehr entsprechend"; „Wert der Forderung … wie ihn die Vertragsparteien … zugrunde gelegt haben") erheblicher Klärungsbedarf besteht (zur Kritik iÜ *Fehling* NWB 2007 F3 Nr 29, 1617; *Neu/Schiffers/Watermayer* GmbHR 2007, 421; *Bergemann/Markl/Althof* DStR 2007, 693). Zudem lassen sich leicht Umgehungen durch entsprechende Vereinbarungen (zB der Fälligkeit) finden. Die Hinzurechnungstatbestände sind **abschließend** normiert. Für eine extensive Auslegung besteht angesichts der Erfassung „wirtschaftlich vergleichbarer Vorteile" ohnehin kaum Bedarf.

9.–13. Skonto vor Fälligkeit

Der **Skonto** ist begrifflich ein prozentualer Nachlass von einem Rechnungs- bzw Forderungsbetrag, idR von einem Kaufpreis, der gem den Zahlungsbedingungen bzw gesonderter Vereinbarung auf den Forderungs(Rechnungs-)betrag bei Zahlung innerhalb einer bestimmten Frist gewährt wird, ggf auch gestaffelt nach der Dauer der einzuhaltenden Zahlungsfrist. Es handelt sich um ein freiwilliges Angebot idR zur Pflege der Geschäftsbeziehungen und zur Förderung der Bereitschaft des Schuldners zur umgehenden Zahlung, das dem Schuldner die Wahl überlässt, erst bei Fälligkeit oder vorfällig gegen entsprechenden Abzug zu zahlen. Er enthält einen Anreiz für den Schuldner und ist der Preis, den der Gläubiger für die alsbaldige Kapitalnutzung zahlt. 9

Kein Skonto ist der Nachlass, der nicht im Zusammenhang mit der Erfüllung der Forderung innerhalb bestimmter Frist zusammenhängt, sondern aus anderen Gründen gewährt wird, zB als Treuerabatt (vgl BTDrs 16/4841, 79) oder aus Gründen der Werbung, wegen mangelhafter Lieferung oder beim Räumungsverkauf.

10 Ein **geschäftsunüblicher** Skonto liegt vor, wenn er höher ist als der im gewöhnlichen Geschäftsverkehr gewährte. Entscheidend sind daher die Gepflogenheiten der Branche, nicht des Steuerpflichtigen selbst, jedoch bezogen auf den Ort bzw die Region, in der der Steuerpflichtige seine Leistungen anbietet.

Die Geschäftsunüblichkeit bezieht sich mE idR auf die **Höhe** des Skontos, nicht auf die **Dauer** der Skontofrist (unklar *FM Länder* BStBl I 2008, 730 Rn 18). Letzteres ist nur denkbar, wenn diese länger ist als die geschäftsübliche Skontofrist, aber immer noch kürzer als die gesetzliche oder vereinbarte Fälligkeit (s das Bsp 2 bei *Blümich/Hofmeister* § 8 Rz 48: Skonto bei Zahlung nach 3 Monaten statt wie geschäftsüblich bei Zahlung nach 1 Monat; Lösung aaO: $^2/_3$ des Skontos als Entgelt!). Grundlage der Rechtsfolge ist die „Erfüllung … *vor Fälligkeit*“, nicht allein die Geschäftsunüblichkeit des Skontos. Das wird von *FM Länder* BStBl I 2008, 730 Rn 18 verkannt: bei Vereinbarung eines unüblich langen Zahlungsziels (= Fälligkeit, Anm 12) und Zahlung zu diesem Zeitpunkt wird der Skonto nicht für Zahlung *vor* Fälligkeit gewährt.

Der Vergleich mit der Branche ist mE auch dann maßgebend, wenn der Steuerpflichtige Waren über das **Internet** anbietet und im Gegensatz zu stationären Händlern in derselben Region, jedoch wie andere Internethändler einen Skonto gewährt.

11 **Erfasst** wird mE nur der **Anteil** der Vorteilsgewährung, der den geschäftsüblichen Skonto übersteigt.

Beispiele:

(1) Bei einem Skonto von 3% anstelle von branchenüblichen 2% ist nur $^1/_3$ als Aufwand zu erfassen.

(2) Bei Fälligkeit von sechs Monaten und Skontogewährung bei Zahlung innerhalb von vier Monaten statt branchenüblichen zwei Monaten sind $^2/_4$ des Gesamtaufwands zu erfassen.

(Vgl *Blümich/Hofmeister* § 8 Rz 48).

12 **Erfüllung vor Fälligkeit.** Die Fälligkeit einer Leistung ist entweder vertraglich bestimmt oder lässt sich aus anderen Umständen entnehmen; im Übrigen kann der Gläubiger die Leistung sofort verlangen (§ 271 Abs 1 BGB). Letzteres ist insbesondere bei Geschäften des täglichen Lebens mit Leistungen Zug um Zug der Fall. Wird in einem solchen Zusammenhang ein Skonto gewährt, führt er nicht zu Aufwendungen iSd Vorschrift, weil die Zeitpunkte der Fälligkeit und der Erfüllung zusammenfallen. Entsprechendes gilt, wenn die Vertragsparteien einen von der üblichen Zahlungsfrist abweichenden früheren Fälligkeitszeitpunkt bestimmten und der Gläubiger dem Schuldner als Ausgleich hierfür einen Skonto gewährt (ebenso *Blümich/Hofmeister* § 8 Rz 47). Auch in anderen Fällen der Zahlung **bei Fälligkeit** oder **nach Fälligkeit** liegen die Voraussetzungen der Vorschrift nicht vor und zwar auch dann nicht, wenn der Kunde sich trotzdem ein unberechtigtes Skonto nimmt. Zahlt der Kunde zwar vor Fälligkeit, aber nach Ablauf der für die Gewährung des Skontos maßgeblichen Frist, ist der in Anspruch genommene unübliche Skonto mE nur anteilig hinzunehmen, und zwar bezogen auf den überhöhten Anteil des Skontobetrages sowie

den Zeitanteil der vorfälligen Zahlung in dem Zeitintervall zwischen Frist und Fälligkeit (ebenso *Blümich/Hofmeister* § 8 Rz 50).

In Zusammenhang mit der Erfüllung vor Fälligkeit muss der Skonto stehen. Das ist nicht der Fall, wenn es sich um einen Preisnachlass in besonderen Fällen handelt, zB zur Gewinnung neuer Kunden (etwa für die erste Bestellung) oder zur Kundenbindung (zB Treue-, Mengenrabatt, vgl *FM Länder* BStBl I 2008, 730 Rn 16; BTDrs 16/4841, 79). Allerdings wird mE nach dem weit gefassten Wortlaut auch der *„kombinierte Rabatt"* erfasst, wenn also neben zahlungsunabhängigen auch zahlungsabhängige Gründe vorliegen. In einem solchen Fall hilft mE der gesonderte Ausweis nicht, weil trotz Hinzutreten anderer Gründe der Zusammenhang des Skontos mit der Zahlung vor Fälligkeit besteht (**aA** *Neu/Schiffers/Watermeier* GmbHR 2007, 421; *Blümich/Hofmeister* § 8 Rz 52); eine Gewichtung der unterschiedlichen Gründe und entsprechende Aufteilung der Skonti in solchen Fällen lässt der Wortlaut der Vorschrift mE nicht zu. 13

14.–16. Wirtschaftlich vergleichbare Vorteile

Wirtschaftlich vergleichbare Vorteile iSd Vorschrift sind solche Vorteile für den Kunden, die in ihren Wirkungen dem Skonto wirtschaftlich entsprechen, als da sind mengenunabhängige Zugaben oder Rabatte, auch Naturalrabatte, ggf bei der nachfolgenden Lieferung uÄ, sofern geschäftsunüblich. Der Zusammenhang dieser Vorteile mit der Erfüllung von Forderungen aus Lieferungen und Leistungen vor Fälligkeit muss jedoch feststellbar sein. 14

Diskontbeträge. Der Diskont ist ein Abzug (Zinsabzug) vom Nennbetrag einer noch nicht fälligen Forderung bei deren Ankauf, insb beim Ankauf von Wechseln, berechnet nach der Zeit vom Verkaufstag bis zum Fälligkeitstag. Der Verkäufer erhält die Schuldsumme vermindert um den Diskont. Dieser ist daher wirtschaftlich vergleichbar mit Schuldentgelten insofern, als durch seine Inkaufnahme die Finanzausstattung vor Fälligkeit der Forderung in Höhe des diskontierten Betrages verstärkt wird, zB bei *Factoring* oder *Forfaitierung.* Die Hinzurechnung erfolgt mE auch dann, wenn der Diskont nur für die Übernahme des Bonitätsrisikos anfällt. Denn auf den Zusammenhang zwischen Diskont und Vorfälligkeit stellt das Gesetz anders als bei den Skonti uÄ nicht ab. Der Hinzurechnung unterliegen insb Abschläge beim Verkauf von aktivierten Forderungen (*FM Länder* BStBl I 2008, 730 Rn 17). 15

Nicht Diskontbetrag ist jedoch schon dem Begriffe nach der Forderungsabschlag, der nicht mit der Veräußerung in Zusammenhang steht, zB eine Teilwertabschreibung aus Gründen der Wertminderung der Forderung wegen mangelnder Bonität des Schuldners (ebenso *Blümich/Hofmeister* § 8 Rz 71). Das ergibt sich auch aus dem Zweck des Buchst a, Schuldentgelte und vergleichbaren Aufwand für die Finanzausstattung zu erfassen; ein solcher Zusammenhang besteht bei der Teilwertabschreibung begrifflich nicht, und zwar auch dann, wenn die Forderung zu dem abgeschriebenen Wert verkauft wird (*FM Länder* BStBl I 2008, 730 Rn 18). Entsprechendes gilt für **Nebenkosten** einer Veräußerung (ebenso *Blümich/Hofmeister* aaO). 16

(frei) **17–19**

20.–29. Umfang der Hinzurechnung

20 **Abzug.** Die Hinzurechnung der Entgelte für Schulden und des Aufwands nach Satz 2 erfolgt nach dem Einleitungssatz des § 8 Nr 1 in der Höhe, in der er bei der Ermittlung des Gewinns aus Gewerbebetrieb tatsächlich abgesetzt worden ist (so schon § 8 Nr 1 aF, vgl Anm 59). Maßgebend ist der Gewinn des Steuergegenstandes *insgesamt.* Deswegen sind Sondervergütungen des Mitunternehmers nach § 15 Abs 1 Nr 2 EStG nicht hinzuzurechnen (*FM Länder* BStBl I 2008, 730, Rn 2). Bei **abweichendem Wirtschaftsjahr** ist allein die Gewinnermittlung für das Wirtschaftsjahr maßgebend, das im EZ endet (§ 10 Abs 2). Darüber hinaus in diesem EZ gezahlte Schuldentgelte sind nicht zu berücksichtigen (FG Hamburg EFG 1989, 429; *FM Länder* BStBl I 2008, 730 Rn 46; *Blümich/Hofmeister* § 10 Rz 7). Anzusetzen ist bei Skonti der **Nettobetrag** ohne USt, die per Saldo keine Gewinnauswirkung hat. Auch **Zahlungen durch Dritte** sind hinzuzurechnen, wenn das Entgelt Eingang in die Gewinnermittlung gefunden hat (vgl FG Nürnberg EFG 1975, 219).

21 Für den Aufwand in Zusammenhang mit einem **schwebenden Vertragsverhältnis** enthält Satz 3 der Nr 1 Buchst a eine weitere **Fiktion.** Hiernach gilt die Differenz zwischen dem Wert der Forderung, wie ihn die Vertragsparteien im Zeitpunkt des Vertragsabschlusses der Veräußerung zugrunde gelegt haben, und dem vereinbarten (geringeren) Veräußerungserlös als bei der Gewinnermittlung abgesetzt. Der *hinzuzurechnende Aufwand* ergibt sich beim *echten Factoring* aus der Differenz zwischen der Summe der vom Schuldner zu erwartenden Ratenzahlungen (Nominalwert!) und dem Kaufpreis; nicht jedoch sonstige Kosten (zB für Wertermittlung, Risikoprämie; *FM Länder* BStBl I 2008, 730 Rn 19 ff). Beim *unechten Factoring* erfolgt eine Hinzurechnung des Betrages der jährlichen Auflösung des aktiven RAP (*FM Länder* BStBl I 2008, 730 Rn 23). Betroffen ist demnach die Minderung des Erlöses gegenüber dem angenommenen Wert der Forderung im oa Zeitpunkt. Auch insofern lassen sich unerwünschte Effekte sicher ohne Schwierigkeiten durch entsprechende Vereinbarungen vermeiden.

Die Hinzurechnung findet nicht auf den **Zeitpunkt** der Vereinnahmung des Erlöses, sondern **verteilt auf** die **Restlaufzeit** des schwebenden Vertrages statt (*FM Länder* BStBl I 2008, 730 Rn 21).

Altfälle, also Factoring/Forfaitierung vor 1. 1. 2008, führen nicht zur Hinzurechnung nach § 8 Nr 1 Buchst a Satz 3 nF (*FM Länder* BStBl I 2008, 730 Rn 22).

22 Im Übrigen muss sich die **Absetzung bei Gewinnermittlung** nach § 4 Abs 3 EStG durch Zahlungen, bei Gewinnermittlung nach § 4 Abs 1/ § 5 Abs 1 EStG durch Passivierung oder – bei der Zinsschranke des § 4 h EStG – durch Zinsvortrag nach § 4 h Abs 1 Satz 2 EStG (hierzu *Kessler/Ortmann-Babel/Zipfel* BB 2007, 523; *Zerhusen* StC 9.08, 25) ergeben haben.

23 Eine **Saldierung** von Aufwendungen mit Erträgen ganz oder zum Teil ist ebenso wenig zulässig wie die Saldierung von Schulden und Forderungen (Anm 5; kritisch hierzu *Rödder* DStR 2007, Beih zu Heft 40). Das gilt

auch bei einem wirtschaftlichen Zusammenhang zwischen Aufwendungen und Erträgen (vgl BFHE 119, 168 BStBl II 1976, 551), zB im Rahmen einer Betriebsaufspaltung (BFHE 207, 340, BStBl II 2005, 102). Lediglich bei einem sehr engen Zusammenhang insb bei regelmäßiger Verrechnung durch die Vertragsparteien ist anderes denkbar: Zinsen für **wechselseitig begebene Darlehen** können nur dann saldiert werden, wenn die Darlehen demselben Zweck dienen und regelmäßig miteinander verrechnet werden (BFHE 120, 545, BStBl II 1977, 165; BFH/NV 2006, 606). Entsprechendes gilt bei **Zinsverbilligungszuschüssen** oder **Zinserstattungen** (vgl BFHE 82, 486, BStBl III 1965, 417; A 46 Abs 2 GewStR). Das bedeutet, es muss nicht nur wirtschaftlich, sondern auch ursächlich eine Beziehung zwischen Zinsen und dem Zuschuss bzw der Kostenerstattung bestehen (vgl BFHE 119, 168, BStBl II 1976, 551; BFHE 140, 102 BStBl II 1984, 217). Ob eine solche Beziehung dann besteht, wenn bei einem variabel zu verzinsenden Kredit ein Dritter aufgrund einer **Zinsbegrenzungsvereinbarung** eine Zahlung in Höhe des Kappungsbetrages leistet (so *Häuselmann* BB 1990, 2149; *Blümich/Hofmeister* § 8 GewStG Rz 81), hängt mE davon ab, dass der Dritte ein wirtschaftliches Interesse an der Aufnahme gerade dieses Kredits durch den Steuerpflichtigen hat (vgl FG Nürnberg EFG 1975, 219, wo die Zinserstattung im wirtschaftlichen Zusammenhang mit einem Bierbezug stand; **aA** *Knobbe-Keuk* StuW 1975, 351). Im Übrigen gilt – wie schon zu § 8 Nr 1 aF – auch für **Erstattungen** durch Dritte ein prinzipielles Saldierungsverbot (RFH RStBl 1939, 711; 1939, 869).

Bei **Rückzahlung** oder **nachträglicher Minderung** des Entgelts ist **24**
zur Vermeidung einer Doppelerfassung bei der Ermittlung des GewErtrags des Jahres der Rückzahlung/Minderung der GewErtrag insoweit zu kürzen, als der Rückzahlungs-/Minderungsbetrag in einem früheren EZ den GewErtrag durch Hinzurechnung nach § 8 Nr 1 bzw § 8 Nr 1 Buchst a erhöht hat (vgl BFHE 73, 30, BStBl III 1961, 280; A 38 Abs 2 Satz 2 GewStR).

(frei) **25–29**

30.–59. Früheres Recht zum Begriff der Dauerschulden (§ 8 Nr 1 GewStG aF)

§ 8 Nr 1 aF lautete:

1. die Hälfte der Entgelte für Schulden, die wirtschaftlich mit der Gründung oder dem Erwerb des Betriebs (Teilbetriebs) oder eines Anteils am Betrieb oder mit einer Erweiterung oder Verbesserung des Betriebs zusammenhängen oder der nicht nur vorübergehenden Verstärkung des Betriebskapitals dienen;

Die **Kennzeichnung** des Begriffs erfolgt in der Vorschrift durch Beschrei- **30**
bung von **drei Alternativen** ihrer Entstehung bzw ihres Wirkungszusammenhangs:

(1) Gründung oder Erwerb des Betriebs (Teilbetriebs) oder eines Anteils am Betrieb,
(2) Erweiterung oder Verbesserung des Betriebs und
(3) nicht nur vorübergehende Verstärkung des Betriebskapitals.

Die **hM** unterscheidet jedoch nur **zwei Alternativen:** sie stellt die Erweiterung oder Verbesserung wirtschaftlich der Gründung oder dem Erwerb des Betriebes (Teilbetriebes) gleich. Im Übrigen beruht der unscharfe Begriff der Dauerschulden auf der amtlichen Begründung zu § 8 Nr 1 GewStG 1936 (RStBl 1937, 693, 695), wonach „Schulden, die der nicht nur vorübergehenden Verstärkung des Betriebskapitals dienen" (3. Alternative) „als allgemeiner Tatbestand die anderen Tatbestände des § 8 Nr 1 GewStG mit umfasst". Der BFH hat indes seit BFHE 103, 80, BStBl II 1971, 750 für die 1. und 2. Tatbestandsalternative (Gründung/Erwerb oder Erweiterung/Verbesserung) ein Zeitmoment („nicht nur vorübergehende Verstärkung") nicht mehr gefordert (BFHE 119, 569, BStBl II 1976, 789; BFHE 126, 305, BStBl II 1979, 151; BFHE 134, 352, BStBl II 1982, 73; BFHE 140, 96, BStBl II 1984, 213; BFHE 146, 91, BStBl II 1986, 415). Es hat Bedeutung für die sonstigen und die sog laufenden Geschäftsvorfälle. Verbindlichkeiten hieraus sind Dauerschulden idR nur, wenn sie eine Laufzeit von mindestens 12 Monaten haben (vgl Anm 50, 53). Für die Fälle Gründung/Erwerb und Erweiterung/Verbesserung des Betriebs kommt es auf die Laufzeit der Schuld nicht mehr an, auch wenn die Finanzierung durch einen Zwischenkredit erfolgt (BFHE 134, 352, BStBl II 1982, 73; vgl Anm 107) und sogar dann, wenn der Zwischenkredit der Begründung einer Bausparkasseneinlage (= grds Umlaufvermögen) dient (BFHE 155, 389, BStBl II 1989, 299). In diesen Fällen sind auch Entgelte für kurzfristige Verbindlichkeiten hinzuzurechnen (vgl Anm 18, 31). Demnach kommt es für die Frage, ob eine Schuld/ein Kredit eine Dauerschuld darstellt, auf den Anlass der Schuld/der Kreditaufnahme im Zeitpunkt der Begründung/Aufnahme, dh auf ihren Charakter an (vgl BFHE 141, 163, BStBl II 1984, 598, 601; BFHE 166, 297, BStBl II 1992, 257 mwN).

31 Für alle Alternativen der Dauerschulden gilt der in der Rechtsprechung immer wieder bemühte Satz, dass eine Schuld nur dann Dauerschuldcharakter hat, wenn die Valuta der Schaffung des „eigentlichen" **Dauerkapitals** dient (vgl etwa BFHE 164, 381, BStBl II 1991, 584; BFH/NV 1999, 359 mwN). Das hat Bedeutung insb für die Einordnung von sog „laufenden Geschäftsvorfällen" und im Rahmen dessen zur Bewertung der Finanzierung von Umlaufvermögen größerer Werthaltigkeit (zB Grundstücke), die in Anbetracht der Höhe der in diesem Zusammenhang aufgenommenen Schulden und deren Laufzeit zu beträchtlichen Schieflagen führt.

32 Hinzuzurechnen sind Entgelte für **Betriebsschulden.** Eine Schuld liegt selbstverständlich nur vor, wenn Schuldner und Gläubiger personenverschieden sind. „Zinsen" für Darlehen, die „verdecktes Stammkapital" darstellen, sind nicht hinzuzurechnen (BFHE 75, 26, BStBl III 1962, 279).

Ist eine Schuld nicht oder nur zum Teil betrieblich veranlasst, dann kann sie unabhängig von den in Anm 5 dargestellten Zusammenhängen insoweit keine Dauerschuld sein (vgl BFH/NV 1998, 1222). Das bedeutet, dass Entgelte für sie nur insoweit absetzbar und nach § 8 Nr 1 hinzuzurechnen sind, als sie auf den betrieblich veranlassten Teil der Schuld entfallen (BFHE 164, 374, BStBl II 1991, 765).

33.–39. Gründung oder Erwerb eines Betriebs (Teilbetriebs) oder eines Anteils am Betrieb

33 Der **Begriff des Betriebs** iSd Vorschrift ist weiter als der des Gewerbebetriebs. Gewerbebetrieb ist nach § 1 GewStDV aF, § 15 Abs 2 Satz 1 EStG eine selbständige nachhaltige Betätigung, die mit der Absicht, Gewinn zu erzielen, unternommen wird und sich als Beteiligung am allgemeinen wirtschaftlichen Verkehr darstellt (Ausnahme LuF und selbständige Arbeit). Betrieb iSd Vorschrift ist aber nicht nur die Betätigung, sondern auch die Organisation ihres sachlich-persönlichen Substrats (vgl BFH/NV 1988, 326). Ohne Relevanz ist mE für die Anwendung der Vorschrift der im EStRecht geführte Meinungsstreit über die verschiedenen Auffassungen des Betriebsbegriffs („weiter", „mittlerer", „enger" Betriebsbegriff; vgl § 2 Anm 9), weil die Vorschrift auch Schulden in Zusammenhang mit der Gründung eines Teilbetriebs erfasst.

Die **Gründung des Betriebs** ist zu unterscheiden von der Aufnahme der werbenden Tätigkeit iSv § 2 Abs 1 iVm § 15 Abs 2 Satz 1 EStG sowie § 2 Abs 2. Die Gründungsphase beginnt mit der Anschaffung oder Herstellung des sachlichen Substrats des Betriebes sowie den dazugehörigen Rechtshandlungen wie Abschluss von Gesellschaftsverträgen, Kaufverträgen, Anmeldungen zur Registereintragung usw. Insofern ist die Gründung des Betriebes iSd Vorschrift nicht identisch mit dem Beginn der GewStPflicht iSv § 2 Abs 1 u 2 (BFHE 151, 175, BStBl II 1988, 70). Die in dieser Phase aufgenommenen Kredite sind, sofern sie nicht das UV betreffen, solche iSd 1. Alternative (BFHE 140, 281, BStBl II 1984, 376). Allerdings können sich Gründungsphase und gewstpfl Tätigkeit überschneiden (BFHE 151, 175, BStBl II 1988, 70), so dass auch noch nach Beginn der GewStPfl Verträge geschlossen werden können, die zur Gründung/zum Erwerb des Betriebes gehören. 34

Anteil am Betrieb ist das ganze oder geteilte Beteiligungsrecht am Betrieb (BFHE 87, 421, BStBl III 1967, 185). Als Anteil am Betrieb kommen insbesondere Anteile an Personengesellschaften in Betracht (BFHE 133, 293, BStBl II 1981, 621; BFHE 168, 361, BStBl II 1992, 919; BFH/NV 2000, 80), nicht jedoch an einer Kapitalgesellschaft (FG Düsseldorf EFG 1970, 89). Der „Anteil an einer Kapitalgesellschaft" (vgl § 17 EStG) oder „Gewinnanteil" (vgl § 20 EStG) verschafft keinen Anteil am BV. 35

Der **Erwerb** eines Betriebes, Teilbetriebes, Anteils usw ist der idR entgeltliche Übergang von einem bestehenden Betrieb usw auf einen anderen Rechtsträger (BFH/NV 1988, 326; BFHE 108, 202, BStBl II 1973, 403, vgl auch BFHE 173, 115, BStBl II 1994, 23; BFH/NV 1994, 282). Der Übergang einzelner WG genügt nicht (BFHE 74, 506, BStBl III 1962, 190; BFHE 84, 461, BStBl III 1966, 168; FG Münster EFG 1991, 142). Es muss sich um eine funktionstüchtige Gesamtheit handeln (zum Teilbetrieb s jedoch Anm 37). In den Fällen des § 2 Abs 5 gilt der Übergang von einem Rechtsträger auf den anderen als Neugründung. Ein Anteilserwerb liegt auch vor, wenn der Veräußerer (an der Mitunternehmerschaft) beteiligt bleibt (BFHE 87, 421, BStBl III 1967, 185) oder wenn mehrere Unternehmen einen Betrieb erwerben, um ihn unmittelbar danach unter sich aufzuteilen (FG München EFG 1970, 407). 36

Der **Begriff des Teilbetriebs** ist identisch mit dem in § 16 Abs 1 Nr 1 EStG (BFHE 129, 62, BStBl II 1980, 51; BFHE 120, 257, BStBl II 1977, 42; BFHE 140, 563, BStBl II 1984, 486; s § 2 Anm 9). Danach ist ein Teilbetrieb ein mit einer gewissen Selbständigkeit ausgestatteter, organisch abgeschlossener Teil des Gesamtbetriebs, der für sich allein lebensfähig ist (BFHE 141, 163, BStBl II 1984, 598). Es genügt, dass dessen wesentliche Grundlagen übergehen (BFHE 108, 202, BStBl II 1973, 403). Ob ein Betriebsteil die für die Annahme eines Teilbetriebs erforderliche gewisse Selbständigkeit besitzt, ist nach dem Gesamtbild der Verhältnisse zu entscheiden. Teilbetrieb ist aber auch eine (erworbene) Beteiligung an einer Kapitalgesellschaft, wenn die Beteiligung das 37 gesamte Nennkapital der Gesellschaft umfasst (BFHE 166, 297, BStBl II 1992, 257). Teile des Stammkapitals genügen nicht (BFH/NV 1993, 620). Auch ein stillgelegter, aber im Erwerbszeitpunkt funktionsfähiger Betriebsteil kann den Begriff des Teilbetriebs erfüllen (BFHE 108, 202, BStBl II 1973, 403). Bei der **Gründung** des Teilbetriebes muss die erforderliche Selbständigkeit in diesem Sinne spätestens nach Beendigung der Aufbau- und Einrichtungsphase bestehen (BFHE 129, 62, BStBl II 1980, 51). Beim **Erwerb** des Teilbetriebes ist ein Teilbetrieb nur dann anzunehmen, wenn er die vorstehenden Merkmale *bereits in der Hand des Veräußerers* aufgewiesen hat (BFHE 120, 257, BStBl II 1977, 42; BFH/NV 1988, 326). Auch der Erwerb eines Anteils am Teilbetrieb fällt unter die 1. Alternative (BFHE 108, 202, BStBl II 1973, 403). Die **organisatorische Abtrennung,** die kein Gründungsakt ist, ist ein dritter Tatbestand der Entstehung eines Teilbetriebes. Eine solche organisatorische Abtrennung – etwa durch Einrichtung einer gesonderten Buchführung usw – ist auch im Verlauf des Erwerbs einer funktionstüchtigen Gesamtheit von WG möglich: als Erwerb eines Teilbetriebes.

38 Der **wirtschaftliche Zusammenhang** besteht, wenn der Gegenwert der Schuld der Gründung/dem Erwerb des Betriebes oder eines Anteils hieran dient (vgl BFHE 155, 389, BStBl II 1989, 299). Er bedeutet, dass nur die Entgelte hinzuzurechnen sind, die mit Gründung/Erwerb des Betriebes oder Anteils an dem Betrieb zusammenhängen, dessen Gewerbeertrag zu ermitteln ist; daher keine Hinzurechnung, wenn der die Kosten verursachende Betrieb/Anteil usw inzwischen veräußert worden ist (BFHE 168, 361, BStBl II 1992, 919; zu prüfen bleibt allerdings dann die dritte Alternative der Vorschrift). Wirtschaftlicher Zusammenhang mit der Gründung oder dem Erwerb ist auch möglich, wenn bei Entstehen der Entgelte schon die gewstpfl werbende Tätigkeit aufgenommen worden ist (vgl BFHE 151, 175, BStBl II 1988, 70). Auf das *Zeitmoment* kommt es hierbei nicht an (BFHE 103, 80, BStBl II 1971, 750; BFHE 119, 569, BStBl II 1976, 789). Die Finanzierung der Anschaffung oder Herstellung von UV allein reicht auch dann nicht, wenn sie in zeitlichem Zusammenhang mit der Gründung oder dem Erwerb des Betriebs steht (BFHE 103, 80, BStBl II 1971, 750; BFHE 146, 91, BStBl II 1986, 415). Auch beim Erwerb übernommene laufende Verbindlichkeiten werden nicht zu Dauerschulden (BFHE 162, 361). Der wirtschaftliche Zusammenhang besteht jedoch, wenn die Maßnahme über einen Zwischenkredit zur Begründung einer Bauspareinlage finanziert wird (BFHE 155, 389, BStBl II 1989, 299). Auf das Gewicht der einzelnen Verbindlichkeiten im Verhältnis zur gesamten Maßnahme kommt es nicht an.

Zum Erwerb von Anteilen an einer **Personengesellschaft** vgl. BFH/NV 2000, 80.

39 Eine **Verrechnung** mit Guthaben oder flüssigen Mitteln erfolgt grundsätzlich nicht (BFHE 155, 389, BStBl II 1989, 299). Es gelten auch hier die Grundsätze zur isolierten Betrachtungsweise (Anm 5).

40.–42. Erweiterung oder Verbesserung des Betriebs

40 **Begriff.** Nach der aktuellen Rspr (bereits angedeutet in BFHE 119, 569, BStBl II 1976, 789; grundlegend BFHE 126, 305, BStBl II 1979, 151; BFHE 155, 389, BStBl II 1989, 299; BFH/NV 1991, 115) fallen unter die Alternative Verbesserung oder Erweiterung nur solche weitreichenden Maßnahmen oder schwerwiegenden Investitionen, die als mit einer Gründung oder einem Erwerb des Betriebs gleichwertig eingestuft werden müssen (vgl auch BFHE 134, 352,

BStBl II 1982, 73; BFHE 164, 374, BStBl II 1991, 765). Eine Hinzurechnung nach dieser Alternative scheidet aus, wenn die beschafften Wirtschaftsgüter nicht zum Anlagevermögen des Betriebs gehören (BFHE 174, 174, BStBl II 1996, 664; BFH/NV 1999, 359). Die sich aus dem Willen des Kaufmanns ergebende Zweckbestimmung (BFHE 114, 354, BStBl II 1975, 352) „dauerndes Dienen" betrifft lediglich die beabsichtigte Funktion, dh die Art des Einsatzes im Betrieb; unerheblich ist die tatsächliche Dauer der Verwendung im Betrieb (BFHE 135, 35, BStBl II 1982, 344). Auch ein für ein „sale and lease back"-Verfahren beschafftes Wirtschaftsgut erfüllt die Bestimmung (BFH/NV 1999, 359).

Wie die **Bemessung der Gleichwertigkeit** vorzunehmen ist, lässt die Rechtsprechung weitgehend offen. Ist nach BFHE 126, 305, BStBl II 1979, 151 die Beschaffung eines Lkw durch ein Güterfernverkehrsunternehmen noch keine mit der Gründung oder dem Erwerb des Betriebs vergleichbare Maßnahme, genügt dagegen nach BFHE 140, 96, BStBl II 1984, 213 die Anschaffung von Omnibussen durch ein Omnibusunternehmen. Maßgebend ist die Funktion und die wirtschaftliche Bedeutung, die dem erworbenen oder hergestellten WG in Anbetracht des Umfangs des vorhandenen AV innerhalb des Betriebsorganismus zufällt (BFHE 146, 91, BStBl II 1986, 415; BFHE 155, 389, BStBl II 1989, 299; in BFHE 134, 352, BStBl II 1982, 73 Erhöhung des Werts der Sachanlagen von 277 000 DM auf 521 000 DM). Unzweifelhaft ist die erstmalige Herstellung eines Betriebsgebäudes eine Maßnahme iS dieser Alternative (BFHE 164, 374, BStBl II 1991, 765), ebenso der Erwerb einer Schachtelbeteiligung (BFHE 181, 504, BStBl II 1997, 181; BFHE 202, 74, BStBl II 2003, 768). Nach BFHE 119, 569, BStBl II 1976, 789 und BFHE 134, 352, BStBl II 1982, 73 ist eine Umsatzsteigerung nur eines der wesentlichen Merkmale für die Beurteilung der Erweiterung oder Verbesserung. Der Erwerb von bisher gepachteten (gemieteten) AV von dem oa Gewicht ist Erweiterung oder Verbesserung (BFHE 155, 389, BStBl II 1989, 299). Gewöhnliche Ersatz- oder Erhaltungsmaßnahmen genügen nicht (BFHE 140, 96, BStBl II 1984, 213).

Zur **Kritik** vgl. 6. Auflage § 8 Nr 1 Anm 14.

Wirtschaftlicher Zusammenhang mit der Erweiterung oder Verbesserung **41**
des Betriebs genügt. Er ist gegeben, wenn die durch die Verbindlichkeit erlangten Mittel der Beschaffung des für die Erweiterung oder Verbesserung erforderlichen Anlagevermögens dienen (BFHE 119, 569, BStBl II 1976, 789). Auf die *Laufzeit* der Verbindlichkeit oder Tilgungsmöglichkeiten kommt es nicht an (BFHE 164, 374, BStBl II 1991, 765; BFH/NV 1991, 115). Der Zusammenhang ist auch dann gegeben, wenn die Maßnahme über einen Zwischenkredit zur Begründung einer Bauspareinlage finanziert wird (BFHE 155, 389, BStBl II 1989, 299; ähnlich BFHE 164, 374, BStBl II 1991, 765).

Eine **Verrechnung** mit Guthaben oder flüssigen Mitteln erfolgt grundsätz- **42**
lich nicht (BFHE 155, 389, BStBl II 1989, 299; BFHE 164, 374, BStBl II 1991, 765). Es gelten auch hier die Grundsätze zur isolierten Betrachtungsweise (Anm 5).

43.–59. Nicht nur vorübergehende Verstärkung des Betriebskapitals

Der **Begriff des Betriebskapitals** ist nicht gleichzusetzen mit dem Begriff **43**
des Kapitals im bilanztechnischen Sinne. Er bezeichnet vielmehr die Gesamtheit der im Betrieb enthaltenen (arbeitenden) Mittel und umfasst AV und UV (BFH HFR 1963, 213; 1964, 84). Die GewSt ist eine Objektsteuer. Daher stellt die

Vorschrift auf die objektive Wirtschaftskraft ab, wie sie durch den erzielten Ertrag auf der Grundlage der Mittel, die zur Erzielung des Ertrags eingesetzt werden, repräsentiert wird (BVerfGE 26, 21, BStBl II 1969, 424; BFHE 109, 465, BStBl II 1973, 670). Dagegen versteht der BFH in ständiger Rechtsprechung den Begriff einschränkend iSd „eigentlichen" Betriebskapitals, was für die Dauerschuld bedeutet, dass die Schaffung bzw Verstärkung des „eigentlichen" Dauerkapitals gefordert wird (BFHE 164, 381, BStBl II 1991, 584).

44 **Verstärkung des Betriebskapitals** heißt demnach, dem Betrieb werden Mittel zugeführt, die er nach ihrer Eigenart und besonderen Anlage von einiger Dauer zur Verfügung hat (BFHE 126, 305, BStBl II 1979, 151; BFHE 149, 255, BStBl II 1987, 448), über die er bisher nicht verfügen konnte und die er ohne die zu beurteilende Maßnahme aus eigenen Beständen hätte erbringen müssen (BFHE 93, 159, BStBl II 1968, 717; BFHE 132, 87, BStBl II 1981, 219). Das ist der Fall beim Zufluss zusätzlicher Mittel, aber auch dann, wenn lediglich eine Verringerung des Betriebskapitals verhindert wird (BFHE 65, 140, BStBl III 1957, 287; BFHE 66, 97, BStBl III 1958, 39), wenn ursprünglich vorhandenes Betriebskapital ergänzt oder wiederhergestellt wird (RFH RStBl 1939, 287), wenn nur Verluste vermieden werden sollen (RFH RStBl 1939, 1057) oder laufend fällige Zahlungen in eine einheitliche Schuld umgewandelt werden (RFH RStBl 1939, 702). Die Bereitstellung von Kreditmitteln für die spätere Verwendung genügt dem Begriff der Verstärkung (BFHE 69, 447, BStBl III 1959, 428; offen gelassen in BFHE 120, 545, BStBl II 1977, 165). Entsprechendes gilt, wenn aufgelaufene Zinsen der Schuld hinzugeschlagen werden (RFH RStBl 1939, 702; BFHE 65, 140, BStBl II 1957, 287), fällige Zahlungen nicht zeitgerecht entrichtet werden (vgl BFHE 74, 601, BStBl III 1962, 222; BFHE 94, 574, BStBl II 1969, 266) oder Rückstellungen für Schadensersatzverpflichtungen (etwa aus unerlaubter Handlung, Patentrechtsverletzungen usw) gebildet werden (BFHE 143, 468, BStBl II 1985, 431). In Fällen der letztbezeichneten Art liegt aber noch keine Verstärkung des Betriebskapitals, solange die Schuld dem Grunde nach noch unbestimmt ist (BFHE 143, 468, BStBl II 1985, 431). Nicht erforderlich ist, dass die Mittelzuführung notwendig oder zweckmäßig war (BFH StRK GewStG bis 1977 § 8 Nr 1 R 20; HFR 1963, 145); unerheblich ist daher auch, dass dem Kredit nur eine Gefälligkeit gegenüber einem Dritten zu Grunde lag (Ausnahme: durchlaufender Kredit, Anm 73). Daher sind solche Definitionen des Begriffs Verstärkung des Betriebskapitals, in denen der BFH darauf abstellt, dass das Unternehmen die Mittel zur Verfügung haben muss (BFHE 69, 453, BStBl III 1959, 430; BFHE 146, 91, BStBl II 1986, 415; BFHE 162, 117, BStBl II 1991, 23), nicht praktikabel, zumindest aber missverständlich.

45 **Der Zweck der Kreditaufnahme** oder **die tatsächliche Mittelverwendung** sind für die Frage der Verstärkung ohne Bedeutung (FG Bremen 1984, 361). Dauerschulden können daher auch gegeben sein, wenn sie der Finanzierung einer öffentlich-rechtlich vorgeschriebenen Vorratshaltung dienen (BFHE 119, 168, BStBl II 1976, 551). Das Gleiche gilt bei Hinzutreten des erforderlichen Zeitmoments (vgl Anm 50, 53) bei Krediten für den Erwerb von AV (BFHE 119, 569, BStBl II 1976, 789; BFHE 69, 453, BStBl III 1959, 430). Hierbei ist es unerheblich, ob es sich um übliche oder für den Betrieb aus dem Rahmen fallende Vorfälle handelt (BFHE 125, 184, BStBl II 1978, 505). Auch bei Verwendung für laufende Geschäftsvorfälle, etwa zur Bezahlung von Löhnen (BFH HFR 1964, 84) oder für die Begleichung von Lieferantenschulden kann Verstärkung des Betriebskapitals gegeben sein. Das Gleiche gilt bei Schuldauf-

nahme, um dem Geschäftsführer zur Sicherung einer eigenen Forderung oder der Forderung des Geschäftsführers einen Kredit zu gewähren, um Ersatz für eine nicht einziehbare Forderung zu erlangen (RFH RStBl 1939, 1098) oder um eine Forderung gegen eine Bausparkasse zu begründen (Nds FG EFG 1983, 625); ebenso bei Einbehaltung einer Stornoreserve (FG Hamburg EFG 1986, 352).

Der **Inhalt der Verbindlichkeit** ist ebenfalls ohne Bedeutung. Verstärkung **46** des Betriebskapitals liegt vor, wenn sie auf Zahlung einer Geldsumme, auf Übertragung von Vermögensgegenständen oder auf Vornahme einer bestimmten Handlung errichtet ist. Entscheidend ist der Geldwert ihrer Erfüllung, der zahlenmäßig beim EWBV zum Ausdruck kommt.

Auch **Schulden mit wechselndem Bestand** können bei Hinzutreten des **47** Zeitmoments (Anm 50, 53) Verstärkung des Betriebskapitals darstellen (BFHE 73, 744, BStBl III 1961, 537; BFHE 83, 333, BStBl III 1965, 620). Sie können nicht generell nur in Höhe des Mindestbestandes als Dauerschuld angesehen werden (BFHE 211, 43, BStBl II 2006, 134). Der Mindestbestand ist von Bedeutung, wenn bei Finanzierung laufender Geschäftsvorfälle in dieser Höhe dauerhaft Kredit gewährt wird (BFHE 140, 468, BStBl II 1984, 379). Maßgeblich ist im übrigen, ob und dass das einheitliche Schuldverhältnis insgesamt der (nicht nur vorübergehenden) Verstärkung des Betriebskapitals dient (BFHE 73, 744, BStBl III 1961, 537). Dasselbe gilt für Kontokorrentschulden, wenn trotz der äußeren Form des Kontokorrentverkehrs ein bestimmter Mindestkredit dem Unternehmen dauernd gewidmet sein soll (BFHE 132, 89, BStBl II 1981, 223), vgl hierzu Anm 92.

Für **Schulden bei verschiedenen Gläubigern bzw auf wechselnden** **48** **oder mehreren Konten** gebietet der Wortlaut des § 8 Nr 1 GewStG aF eine **isolierte Betrachtung** (BFHE 75, 751, BStBl III 1962, 540; BFHE 132, 87, BStBl II 1981, 219). Für die Frage der Verstärkung des Betriebskapitals ist daher grundsätzlich jede Schuld für sich zu betrachten (BFHE 93, 154, BStBl II 1968, 715; BFHE 111, 425, BStBl II 1974, 388). Verstärkung daher auch, wenn der Betrieb über genügend liquide Mittel zur Tilgung der Schuld verfügt (BFHE 146, 91, BStBl II 1986, 415). Es besteht grds ein **Saldierungsverbot,** und zwar auch dann, wenn ein Teil des Kreditbetrags auf einem Festgeldkonto oder sonst langfristig zwecks späterer Verwendung angelegt wird (BFHE 75, 751, BStBl III 1962, 540; BFHE 120, 545, BStBl II 1977, 165) bzw der Erbringung einer Bauspareinlage dient (BFHE 155, 389, BStBl II 1989, 299; BFHE 164, 374, BStBl II 1991, 765), wenn der Kredit zur Sicherung einer Dauerschuld abgetreten wird (FG Bremen EFG 1984, 361) oder kurzfristige Forderungen längerfristigen Verbindlichkeiten gegenüberstehen (BFHE 158, 79, BStBl II 1989, 900). Es handelt sich grds um verschiedene WG, auch bei wechselseitigen Kontokorrentverhältnissen (BFHE 77, 188, BStBl III 1963, 386). Eine **Ausnahme** gilt nur dann, wenn es dem Schuldner (Stpfl) nicht auf die Vielheit der Posten ankommt (RFHE 45, 190, RStBl 1939, 288; RFHE 54, 545, RStBl 1943, 750; vgl auch BFHE 66, 97, BStBl III 1958, 39), sondern wenn mehrere Schuldverhältnisse in einem wirtschaftlichen Zusammenhang stehen und so miteinander verknüpft sind, dass dadurch die (dauerhafte) Verstärkung des Betriebskapitals eintritt (BFHE 207, 340, BStBl II 2005, 102), die die privatrechtliche Begründung mehrerer Schuldverhältnisse als formalen Gesichtspunkt in den Hintergrund treten lässt (BFHE 109, 465, BStBl II 1973, 670; BFHE 164, 374 BStBl II 1991, 765; BFHE 211, 43, BStBl II 2006, 134). Weder nach Wortlaut noch nach Sinn und Zweck des § 8 Nr 1 ist es geboten, den Dauerschuldcharakter mehrerer selbständiger, mit demselben Kreditgeber abgeschlossenen Kreditgeschäfte allein nach handelsrechtlichen Gesichtspunkten zu bestimmen (BFHE 184, 104, BStBl II 1997, 742). Die **Zusammenfassung** ist aber idR nur bei mehreren Schuldverhältnissen mit demselben Gläubiger und beim Zusammenwirken des StPfl mit mehreren Gläubigern angezeigt (BFHE 111, 425, BStBl II 1974, 388). Eine Zusammenrechnung erfolgt daher nicht schon deswegen, weil die Führung der Konten nur miteinander möglich geworden ist (BFHE 75, 751, BStBl III 1962, 540). Die Rspr hat neben der Gleichartigkeit, Regelmäßigkeit oder gleichbleibenden Zweckbestimmung (RFH RStBl 1938, 117; BFHE 73, 427, BStBl III 1961, 422, Saisonkredite bei einer Großbank in zwei verschiedenen Städten) die regelmäßige Verrechnung der Kredite und Verwendung des einen Kontos zur Abdeckung des anderen als maßgeblich angesehen (BFHE 75, 751, BStBl III 1962, 540; BFHE 109, 465, BStBl II 1973, 670). Für Kredite *und* Guthaben **bei verschiedenen Banken** gilt dies nur, wenn die Kreditbedingungen durch deren Zusammenwirken zustande gekommen sind (BFHE 111, 425, BStBl II 1974, 388; BFHE 155, 389, BStBl II 1989, 299). Das gilt auch für Darlehen(szinsen) mit der einen Seite und Versicherungs- bzw Bausparguthaben und -zinsen auf der anderen Seite (BFHE 164, 374, BStBl II 1991, 765; BFH/NV 2008, 1198). Bei **mehreren Gläubigern** sind insb *nacheinander* aufgenommene Kredite dann als einheitliche Schuld zu behandeln, wenn sie wirtschaftlich eng zusammenhängen und durch Vereinbarungen zwischen den Kreditgebern und zwischen ihnen und dem Kreditnehmer derart verknüpft sind, dass gerade die Verknüpfung dem Kreditnehmer die einheitliche Nutzung der Kreditmittel sichert (BFHE 161, 568, BStBl II 1990, 915; BFHE 164, 369, BStBl II 1991, 851; BFHE 180, 160, BStBl II 1996, 328; BFHE 185, 46, BStBl II 1998, 272). Die äußere Selbständigkeit der einzelnen Kredite tritt dann als mehr formaler Gesichtspunkt hinter den maßgebenden wirtschaftlichen Verhältnissen zurück (BFHE 184, 104, BStBl II 1997, 742). Diese Grundsätze gelten auch außerhalb des Bankenbereichs (BFHE 164, 84, BStBl II 1991, 474) und im Einzelnen auch bei Zins-Swap-Geschäften (BFHE 202, 368, BStBl II 2004, 517, s Anm 118) oder eine Avalgebühr für eine Ausfallbürgschaft (BFHE 217, 103, BStBl II 2007, 655).

Ist der zweite Kredit **missbräuchlich** aufgenommen und eingesetzt worden, dann ist von den Besteuerungsgrundlagen auszugehen, die sich ohne den Einsatz des zweiten Kredits ergeben hätten (BFHE 132, 89, BStBl II 1981, 223; BFHE 164, 369, BStBl II 1991, 851).

Umgekehrt ist eine **Auflösung** eines einheitlich gewährten Kredits in einzelne, steuerlich für sich zu beurteilende Kreditgeschäfte (nur) zulässig, wenn ein enger wirtschaftlicher Zusammenhang zwischen den (Teil)Kreditgewährungen, einzelnen Vorhaben (insb Warengeschäften) und deren Abwicklung festgestellt werden kann (BFHE 162, 350, BStBl II 1991, 246; BFHE 174, 174, BStBl II 1994, 664; BFHE 185, 46, BStBl II 1998, 272).

49 **Persönliche Abgrenzung.** Verstärkt wird grundsätzlich nur das Betriebskapital des GewBetriebes, der die Schuld aufgenommen hat. Dies gilt auch für verbundene Unternehmen, wenn und weil sie selbständige GewStObjekte sind. Nach BFHE 115, 271, BStBl II 1975, 516 muss ein gewerbliches Unternehmen jedoch auch Schuldzinsen eines nichtgewerblichen Unternehmens, an dem es beteiligt ist, anteilig hinzurechnen (ebenso FG Münster EFG 1997, 365; A 45 Abs 2 Satz 9 GewStR; *Lenski/Steinberg* § 8 Nr 1 Anm 23; *Blümich/Hofmeister* § 8 Anm 422; *Henerichs* FR 1991, 76; *Schlagheck* StBp 2000, 115). Der Entscheidung ist in Abweichung zur Auffassung in den Vorauflagen zu folgen; sie stimmt

überein mit dem Umstand, dass die WG der vermögensverwaltenden Gesellschaft anteilig dem BV des Gesellschafters zuzurechnen sind (BFHE 141, 405, BStBl II 1984, 751, 763).

Nicht nur vorübergehende Verstärkung des Betriebskapitals. Es handelt sich um einen **unbestimmten Rechtsbegriff,** der nicht wegen Unbestimmtheit zur Nichtigkeit der Vorschrift führt (BFH HFR 1964, 84). Er bedeutet, dass der Schuld ein gewisses Dauerelement innewohnt (BFHE 69, 447, BStBl III 1959, 428; BFHE 69, 453, BStBl III 1959, 430). Die Frage, wie dieses beschaffen sein muss, ist je nach Art des finanzierten Geschäftsvorfalls unterschiedlich zu beurteilen. Abzustellen ist darauf, ob es sich um einen **laufenden,** im gewöhnlichen Geschäftsgang stets anfallenden **Geschäftsvorfall** (Anm 51) oder um einen sonstigen Geschäftsvorfall (Anm 54) handelt (BFHE 164, 84, BStBl II 1991, 474; BFHE 211, 43, BStBl II 2006, 134). Für die Letzteren hat die Rspr typisierend einen Zeitraum von 12 Monaten angesetzt (BFHE 73, 744, BStBl 1961, 537). Gleiches gilt für allgemeine Geschäftskredite (BFHE 140, 468, BStBl II 1984, 379; BFHE 149, 248, BStBl II 1987, 443; vgl BFH/NV 1998, 1222), wenn die Schuldaufnahme der Beschaffung des „eigentlichen" Dauerbetriebskapitals dient (BFHE 149, 64, BStBl II 1987, 446; BFHE 215, 276, BStBl II 2008, 137; BFH/NV 1999, 359). Dagegen ist dieses typisierte Dauerelement von 12 Monaten von vornherein nicht erheblich bei laufenden Geschäftsvorfällen (zB BFHE 162, 129, BStBl II 1990, 1081; BFHE 164, 84, BStBl II 1991, 474; BFHE 174, 174, BStBl II 1994, 664; BFHE 180, 160, BStBl II 1996, 328; BFHE 185, 46, BStBl II 1998, 272). Demnach ist die fällige Unterscheidung von Dauerschulden und sonstigen Schulden nach wirtschaftlichen Gesichtspunkten, also nach dem Charakter bzw dem Finanzierungsanlass der Schuld zu treffen (zB BFHE 133, 67, BStBl II 1981, 481; BFHE 149, 248, BStBl II 1987, 443). Ist unklar, ob ein Geschäftsvorfall als laufender einzuordnen ist, so kann die lange Laufzeit des Kredits Anzeichen für die nicht nur vorübergehende Verstärkung des Betriebskapitals sein (BFHE 133, 67, BStBl II 1981, 481; BFHE 149, 64, BStBl II 1987, 446). **Entscheidend** ist zunächst der **Finanzierungsanlass,** nicht die Abwicklung der Verbindlichkeit (BFHE 69, 453, BStBl III 1959, 430; vgl BFHE 166, 297, BStBl II 1992, 257). Es ist also ohne Bedeutung, dass die Abwicklung selbst zum laufenden Geschäftsbetrieb gehört (BFHE 140, 468, BStBl II 1984, 379; BFHE 149, 255, BStBl II 1987, 448). Auch die Art der Sicherstellung des Gläubigers ist unerheblich (BFH/NV 1993, 121). Enthält ein durch Kredit refinanzierter Vertrag mehrere trennbare Geschäftsvorfälle, dann ist jeder Vorgang gesondert zu prüfen (BFHE 119, 478, BStBl II 1976, 717). Diese Grundsätze gelten auch im Leasing-Geschäft (BFH/NV 1991, 406; s Anm 94). Die Entscheidung darüber, ob eine nicht nur vorübergehende Verstärkung vorliegt, ist nicht (nur) Tatsachenwürdigung, sondern (auch) Rechtsanwendung und unterliegt daher revisionsrichterlicher Nachprüfung (BFH HFR 1966, 174). **50**

Der **Charakter der Schuld** bestimmt sich – wie ausgeführt – nach dem **Finanzierungsanlass.** Bei **Vorauszahlungen** auf eine erwartete Leistung bestimmt sich der Finanzierungsanlass nach BFHE 163, 387, BStBl II 1991, 471 nach der Art des erwarteten Leistungsaustauschs und nicht – wie zutreffend – nach dem Grund für das „Voraus" der Zahlung (zu Vorauszahlungen eines Energieversorgungsunternehmens an ein anderes Energieversorgungsunternehmen auf Stromlieferungen, die ausdrücklich nach den Herstellungskosten eines noch zu erstellenden Kraftwerkblocks bemessen waren und auch für die Herstellung verwendet wurden); zur **Kritik** vgl. 6. Auflage § 8 Nr 1 Anm 23. Ähnlich problematisch verhält es sich mit den Entscheidungen BFHE 183, 219, BStBl II 1997, 824 und BFH/NV 1998, 495, wo der BFH verzinsliche Vorauszahlungen von Versicherungsprämien auf sog Beitragsdepots nicht als Dauerschulden erkannt hat. Auch hier wäre es aber geboten gewesen, den Anlass des „Voraus" von dem Endzweck der Zahlung zu unterscheiden (der Umstand, dass im Streitfall BFHE 183, 219, BStBl II 1997, 824 das Beitragsdepot zum Deckungsstock-Soll gehörte, steht auf einem anderen Blatt).

51 **Laufende Geschäftsvorfälle** sind solche Geschäftsvorfälle, die nach ihrem abstrakten **Charakter** für einen gleichartigen Betrieb typisch sind; es kommt nicht darauf an, ob der betreffende Betrieb solche Vorfälle schon hatte (BFHE 164, 381, BStBl II 1991, 584; BFH/NV 1993, 121). Zu ihnen zählen insbesondere die Anschaffung und Veräußerung von Umlaufvermögen (zB BFHE 174, 174, BStBl II 1994, 664; BFHE 185, 46, BStBl II 1998, 272; BFH BStBl II 2008, 767); das sind zum Verbrauch oder sofortigen Verkauf im Rahmen des laufenden Gewerbebetriebs bestimmte Wirtschaftsgüter (zB BFHE 174, 554, BStBl II 1994, 810; BFHE 215, 276, BStBl II 2008, 137). Ihnen gleichgestellt werden Wirtschaftsgüter, die einen Grenzfall zwischen Anlage- und Umlaufvermögen darstellen und deren Anschaffung/Herstellung zu den immer wiederkehrenden Geschäftsvorfällen gehört (BFHE 133, 67, BStBl II 1981, 481). Weiterhin sind laufender Geschäftsvorfall Finanzierung von Betriebskosten oder die Lohnzahlung; ebenso die Anschaffung und Veräußerung von Mietrechten (BFH/NV 1993, 121) oder die Stromlieferung sowie die Heimfallverpflichtung bei Energieversorgungsunternehmen (BFHE 163, 387, BStBl II 1991, 471). Ist eine Schuld rechtlich und/oder wirtschaftlich eng mit der Anschaffung/Herstellung von Anlagevermögen verbunden, dann liegt kein laufender Geschäftsvorfall vor (BFHE 179, 136, BStBl II 1996, 73; BFH/NV 1999, 359). Bei Unternehmen, die einem nicht unbedeutenden Risiko der Entstehung von Haftpflicht- oder Gewährleistungsansprüchen ausgesetzt sind, können darunter auch Rückstellungen fallen, die anlässlich konkreter Schadensfälle für solche Verbindlichkeiten gebildet werden (BFHE 79, 311, BStBl II 1964, 344). Hiermit in Zusammenhang stehende Verbindlichkeiten sind keine Dauerschulden, wenn sie in der nach Art des Geschäftsvorfalls branchenüblichen Zeit abgewickelt werden (zB BFHE 133, 67, BStBl II 1981, 481; BFHE 143, 468, BStBl II 1985, 431). Sie bestimmt sich danach, ab wann mit einem endgültigen Verlust zu rechnen ist, weil ab diesem Zeitpunkt der Kredit aus anderen Betriebsmitteln zu tilgen ist (BFHE 164, 381, BStBl II 1991, 584). Das soll sogar dann gelten, wenn das Wirtschaftsgut in der Zwischenzeit vermietet wird (BFHE 162, 117, BStBl II 1991, 23). Das ist ebenso fragwürdig wie die Auffassung von BFHE 163, 387, BStBl II 1991, 471, die Üblichkeit der Laufzeit könne mit Umständen begründet werden, die die Schuld als Instrument der Finanzierung von Anlagevermögen kennzeichnen. Schulden sind/bleiben bei Vorliegen des oa Zeitmoments Dauerschulden, wenn ihr Zusammenhang mit einem laufenden Geschäftsvorfall nicht nachweisbar ist (zB BFHE 184, 4, BStBl II 1994, 742; BFH/NV 2003, 891).

52 **Üblichkeit der Abwicklung.** Voraussetzung für die Einordnung als laufende Geschäftsschuld ist jedoch, dass der **enge wirtschaftliche Zusammenhang der Verbindlichkeit** mit dem laufenden Geschäftsvorfall sichtbar gemacht wird (vgl RFH RStBl 1936, 411; BFHE 77, 188, BStBl III 1963, 386; BFHE 140, 468, BStBl II 1984, 379; BFHE 164, 381, BStBl II 1991, 584; BFHE 174, 174, BStBl II 1994, 664). Insb bei Warengeschäften muss er bei der Abwicklung der Geschäfte tatsächlich nachprüfbar sein (BFHE 70, 137,

BStBl III 1960, 51; BFHE 73, 427, BStBl III 1961, 422; BFHE 81, 539, BStBl III 1965, 195; vgl auch BFH/NV 1990, 391; 1993, 620). Mindesterfordernis war zunächst die Vereinbarung dass mit dem Erlös des finanzierten Geschäfts der Kredit abzudecken ist (zB BFHE 116, 386, BStBl II 1975, 784), sowie deren tatsächliche Durchführung (zB BFHE 162, 441, BStBl II 1991, 251; BFHE 185, 46, BStBl II 1998, 272; BFH/NV 1997, 612; 1993, 121). Eine Abtretung zur Einziehung war nicht erforderlich (BFHE 70, 131, BStBl III 1960, 49). Die Zahlung des Kunden darf nur formal beim StPfl durchlaufen (BFH HFR 1963, 213; 1965, 318). Überpreise, die der Kunde zur Begründung von Guthaben beim Lieferanten zahlt, erfüllen diese Voraussetzungen nicht (BFHE 164, 84, BStBl II 1991, 474). Diese Grundsätze gelten auch für Wechselverbindlichkeiten, Lombardkredite und Zollkredite (BFHE 69, 453, BStBl III 1959, 430; BFHE 70, 137, BStBl III 1960, 51; BFHE 82, 657, BStBl III 1965, 484; BFHE 162, 122, BStBl II 1990, 1077). Bei Wechselverbindlichkeiten genügt es, wenn nur der Geschäftspartner in die wechselmäßige Haftung einbezogen ist (BFHE 82, 657, BStBl III 1965, 484). Auch mehrere Wechselgeschäfte dürfen nebeneinander laufen und sich überschneiden; die Motive hierfür sind unbeachtlich (BFHE 96, 535, BStBl II 1969, 712; BFHE 116, 386, BStBl II 1975, 784). Führen sie aber zu einem ständig verfügbaren Wechselkreditrahmen, dann sind Wechselkredite den Dauerschulden zuzurechnen (Hess FG EFG 1991, 558). BFHE 186, 447, BStBl II 1999, 33 verlangte schließlich **keine Vereinbarung** mehr, sondern nur noch die tatsächliche Verknüpfung von Kredit und Erlösen durch deren Verwendung zur Tilgung. Hiernach ist auch die Tilgung des Kredits aus anderweitigen Mitteln unschädlich, wenn die Erlöse aus dem finanzierten Geschäft hierzu nicht ausreichen. Fehlt bei der Finanzierung von Umlaufvermögen (zB Waren) auch dieser Zusammenhang, dann ist nur der Teil des Kredits Dauerschuld, der dem Unternehmen ständig zur Verfügung steht (Sockelbetrag, BFHE 162, 129, BStBl II 1990, 1081).

Abwicklungszeitraum. Unter Beachtung der vorstehenden Voraussetzun- 53
gen sind Verbindlichkeiten aus laufenden Geschäftsvorfällen immer dann keine Dauerschulden, wenn und soweit der Zusammenhang mit einem bestimmten gewöhnlichen Geschäftsvorfall bestehen bleibt, also auch dann, wenn die **Abwicklungszeit 12 Monate** erheblich übersteigt (zB BFHE 186, 447, BStBl II 1999, 33; BFHE 215, 276, BStBl II 2008, 137). Sie werden dies auch nicht aus sonstigen besonderen Gründen, etwa weil Kredite mehrfach bis zum Abschluss des Geschäftes verlängert werden (BFHE 164, 381, BStBl II 1991, 584), weil der Abwicklungszeitraum mit der Lebensdauer des Gewerbebetriebes übereinstimmt (BFHE 164, 381, BStBl II 1991, 584), weil bei mehreren sich überschneidenden Krediten dem StPfl ständig ein erheblicher Betrag an Fremdmitteln zur Verfügung steht (BFHE 116, 386, BStBl II 1975, 784; zum **Kontokorrent** vgl. Anm 92) oder weil es sich um ein größeres langfristig finanziertes Objekt handelt und sich die Abwicklung des Kredits infolge konjunktureller Verhältnisse verzögert (BFHE 162, 117, BStBl II 1991, 23). Daher können auch Bauunternehmer-Hypotheken von mehreren Jahren Laufzeit laufende Schulden sein, wenn das bebaute Grundstück erst nach mehreren Jahren veräußert wird (BFHE 85, 293, BStBl III 1966, 316; BFHE 95, 443, BStBl II 1969, 468; BFHE 96, 406, BStBl II 1969, 666).

Fehlt der dargestellte **Zusammenhang** von Schuld und laufendem Geschäftsvorfall, dann liegt ein allgemeiner Geschäftskredit (Globalkredit, s ABC Anm 86) vor, auch bei Abtretung von Warenforderungen zur Sicherheit (BFHE 162, 129, BStBl II 1990, 1081). Entsprechendes gilt, wenn der Kredit bei langer

Dauer (10 Jahre) letztlich auf das Unternehmen ausgerichtet ist (BFHE 215, 276, BStBl II 2008, 137), wenn der Zusammenhang eines Kredits mit einem laufenden Geschäftsvorfall bei einer längeren Laufzeit verlorengeht (BFHE 143, 468, BStBl II 1985, 431; Hess FG EFG 1991, 744 rkr) oder wenn Dauerschuldverhältnisse von mehr als einem Jahr durch die Kreditaufnahme und -gewährung erst ermöglicht werden sollen (BFHE 126, 305, BStBl II 1979, 151; BFHE 149, 248, BStBl II 1987, 443).

Der **Lauf der Jahresfrist** beginnt in diesem Zeitpunkt (*Gosch* FR 1989, 267, 270) oder wenn mehrere Einzelwechsel über bestimmte Geschäftsvorfälle durch einen Gesamtwechsel ersetzt werden (FG Köln EFG 1990, 72). Die Stundung einer Schuld aus einem laufenden Geschäftsvorfall führt spätestens dann und ab dem Zeitpunkt zu einer Dauerschuld, wenn die Frist für die übliche Abwicklung von 12 Monaten überschritten ist (zB BFHE 143, 468, BStBl II 1985, 431; BFHE 146, 91, BStBl II 1986, 415); anders jedoch bei sonstigen Geschäftsvorfällen (vgl Anm 54). Auch eine gestundete Kaufpreisschuld kann bei einer Stundung von mehr als 12 Monaten Dauer eine Dauerschuld sein, es sei denn diese Form der Schuldentilgung ist nach Art des Geschäftsvorfalls üblich (BFHE 98, 436, BStBl II 1970, 436). Ist dies nicht der Fall, dann wird die aus dem laufenden Geschäftsvorfall erwachsene Schuld bereits mit dem Zeitpunkt der Vereinbarung zur Dauerschuld (*Blümich/Hofmeister* § 8 Rz 432; *Gosch* FR 1989, 267, 270).

54 **Sonstige Geschäftsvorfälle,** bei denen das Dauerelement von 12 Monaten für eine Dauerschuld spricht (vgl BFHE 164, 89, BStBl II 1991, 529; BFHE 211, 43, BStBl II 2006, 134), sind neben allgemeinen Geschäftskrediten (BFHE 162, 122, BStBl II 1990, 1077) bzw Globalkrediten (BFHE 162, 350, BStBl II 1991, 246) insbesondere die Anschaffung oder Herstellung von AV, sofern dies nicht bereits zur ersten oder zweiten Alternative der Vorschrift gehört (BFHE 73, 744, BStBl III 1961, 537 Ersetzung von Kfz; BFHE 119, 569, BStBl II 1976, 789; BFHE 82, 466, BStBl III 1965, 416 Omnibusse; BFHE 83, 333, BStBl III 1965, 620 LKW; BFHE 115, 184, BStBl II 1978, 505 Kran eines Handelsvertreters; BFHE 119, 569, BStBl II 1976, 789 Ausbeuterechte; BFHE 215, 276, BStBl II 2008, 137 Leasing u Refinanzierung; BFHE 131, 73, BStBl II 1980, 660 Maschinen; BFHE 133, 67, BStBl II 1981, 481; BFH/NV 1989, 387 Finanzierungs-Leasing; BFHE 149, 64, BStBl II 1987, 446 langfristige Beteiligungen; BFHE 181, 504, BStBl II 1997, 181 Erwerb einer Schachtelbeteiligung an einer Organgesellschaft; BFHE 172, 101, BStBl II 1994, 44; Wartegelder und Förderzinsen für Mineralgewinnungsrechte; BFHE 179, 136, BStBl II 1996, 73 passivierte Baukostenzuschüsse und Anschlussbeiträge).

Für die **Einordnung als AV** (dem Betrieb dauernd zu dienen bestimmt, § 247 Abs 2 HGB; BFHE 149, 255, BStBl II 1987, 448; BFHE 215, 276; BStBl II 2008, 137) kommt es auf die Dauer der tatsächlichen Verwendung nicht an (BFHE 135, 35, BStBl II 1982, 344). Das gilt auch dann, wenn sich die WG verhältnismäßig rasch verbrauchen (BFHE 83, 333, BStBl III 1965, 620) oder wenn beabsichtigt ist, ein zu nutzendes WG schon nach Gebrauch von weniger als 1 Jahr zu veräußern (BFHE 140, 96, BStBl II 1984, 213). Zum AV gehört auch ein für ein „sale and lease back"-Verfahren beschafftes Wirtschaftsgut (BFH/NV 1999, 359). Auf die Bilanzierbarkeit des Wirtschaftsguts kommt es nicht an (zu einem Mietrecht BFH/NV 1993, 121), sondern auf die Funktion des Wirtschaftsguts im Betrieb (BFHE 155, 389, BStBl II 1989, 299; BFHE 164, 374, BStBl II 1991, 765; BFH/NV 1999, 359). Kein laufender Geschäftsvorfall, wenn UV zu AV umgewidmet wird (BFHE 149, 255, BStBl II 1987,

448 Hersteller-Leasing) oder wenn das eigentliche Dauerbetriebskapital erst beschafft werden soll (BFHE 149, 64, BStBl II 1987, 446). Kein laufender Geschäftsvorfall auch dann, wenn der Kunde an den Lieferanten vereinbarungsgemäß Überpreise zahlt, die zu einem Guthaben führen; beim Lieferanten entsteht bei Überschreiten der Zeitgrenze eine Dauerschuld (BFHE 164, 84, BStBl II 1991, 474). Ebenso wenn ein zum Erwerb einer Beteiligung aufgenommener Kredit nach Veräußerung der Beteiligung nicht zurückgeführt wird (BFHE 166, 297, BStBl II 1992, 257); bei einem Darlehen zur Finanzierung einer Einlage ohne Verknüpfung mit einem Warengeschäft (BFH BStBl II 1993, 843) sowie bei der Finanzierung eines Kredits an eine Schwestergesellschaft, zu der Geschäftsverbindungen bestehen (BFH/NV 1998, 1222).

Zur grundsätzlichen **Kritik** vgl 6. Auflage § 8 Nr 1 Anm 26. 55

Auch für die **Beurteilung des Zeitmoments** gilt die **isolierte Betrachtungsweise,** wonach grundsätzlich **jedes einzelne Schuldverhältnis** maßgeblich ist (vgl Anm 48). 56

Die **Länge der Laufzeit** der Verbindlichkeit ist idR maßgeblich für die Frage der Dauerschuld. Von Bedeutung ist die **tatsächliche Dauer,** nicht die vereinbarte Laufzeit (BFHE 104, 89, BStBl II 1991, 529; BFHE 190, 485, BStBl II 2000, 237; BFHE 211, 43, BStBl II 2006, 134). Die Aufteilung einer mehr als 12-monatigen Schuld in eine laufende und eine Dauerschuld ist auch dann nicht möglich, wenn ein Teil der Schuld vorzeitig abgetragen wird (BFHE 190, 485, BStBl II 2000, 237). Allerdings soll die Länge der Laufzeit beeinflusst werden durch Vereinbarung und Leistung gleicher Tilgungsraten (BFHE 73, 744, BStBl III 1961, 537; BFHE 83, 333, BStBl III 1965, 620). Hiernach sei eine durchschnittliche Laufzeit der Schuld durch das arithmetische Mittel aus der Summe der Tilgungsraten zu bilden. Liegt es über 12 Monaten, dann Dauerschuld (RFH RStBl 1939, 287; BFHE 73, 744, BStBl III 1961, 537); liegt es unter 12 Monaten, dann keine Dauerschuld (BFHE 83, 333, BStBl III 1965, 620). Die GewStR (A 45 Abs 3 Satz 22) haben sich dem mE zu Unrecht (vgl 6. Auflage § 8 Nr 1 Anm 29) angeschlossen. 57

Dagegen liegt eine Dauerschuld vor, wenn das Darlehen dem StPfl von vornherein im vollen Umfang ohne Verpflichtung zur (zeitnahen) Tilgung mehr als 12 Monate zur Verfügung steht, und zwar auch dann, wenn unterjährig unregelmäßige Tilgungsleistungen erfolgen (BFHE 190, 485, BStBl II 2000, 237).

Das **Ende der Dauerschuld** tritt ein mit der Tilgung und mit Erlass der Verbindlichkeit; daran ändert nichts der Umstand, dass der Erlass mit der (aufschiebenden) Bedingung erteilt wird, den erlassenen Betrag bei Besserung wieder einfordern zu können; tritt die Bedingung ein, so ist die neu entstandene Schuld auf die Voraussetzungen einer Dauerschuld hin zu überprüfen (BFHE 202, 74, BStBl II 2003, 768). Bei einer Aufrechnung erlischt die Schuld in dem Zeitpunkt, in dem sich Forderung und Verbindlichkeit aufrechenbar gegenüberstehen, evtl daher mit Rückwirkung von einigen Jahren. Dies soll nach RFH RStBl 1943, 581 auch Einfluss auf das Zeitelement der Schuld haben; mE verfehlt, weil die Schuld über den fraglichen Zeitraum hinweg tatsächlich (wirtschaftlich) das Betriebskapital verstärkt hat. Im Übrigen gilt der Grundsatz: Dauerschuld bleibt Dauerschuld (BFHE 166, 297, BStBl II 1992, 257; BFH/NV 1999, 359). Danach bleibt eine Schuld, die einmal den Charakter einer Dauerschuld angenommen hat, bis zu ihrem Erlöschen Dauerschuld (BFHE 166, 297, BStBl II 1992, 257). Eine Umwandlung in eine kurzfristige Schuld ist nicht möglich, und zwar weder durch Zeitablauf im Jahr der Fälligkeit bzw kurz 58 vor der Tilgung (BFH 141, 163, BStBl II 1984, 598; BFHE 146, 91, BStBl II 1986, 415) noch durch Übertragung auf einen neuen Gläubiger, demgegenüber alsbald Tilgung erfolgt (RFH RStBl 1938, 940); ebensowenig wenn der durch Kredit finanzierte Gegenstand veräußert wird (BFHE 166, 297, BStBl II 1992, 257). Dauerschuld daher auch wenn dem Gläubiger die Absicht des Schuldners bekannt war, sein Vermögen innerhalb von 12 Monaten zu übertragen, dies aber nach 12 Monaten noch nicht geschehen ist (BFHE 98, 551, BStBl II 1970, 521).

59 Für die **Hinzurechnung der Entgelte** sind auch für § 8 Nr 1 GewStG aF die Ausführungen in Anm 6 (Begriff der Entgelte) und Anm 20 (Umfang der Hinzurechnung) entsprechend anwendbar.

Insbesondere gilt: Erfasst werden allein die Zinsen bzw Entgelte, die während des EZ tatsächlich abgezogen worden sind (BFHE 120, 57, BStBl II 1976, 792). Bei abweichendem Wirtschaftsjahr wird nur der Betrag hinzugerechnet, der bis zum Abschlusszeitpunkt aufgelaufen ist (FG Hamburg EFG 1989, 420; vgl *Blümich/Hofmeister* § 10 Rz 7). Hinzuzurechnen sind auch Zinsen bzw Entgelte, die ein Dritter gezahlt hat, wenn sie Eingang in die Gewinnermittlung gefunden haben (FG Nürnberg EFG 1975, 219). Bei Verbindlichkeiten mit wechselndem Bestand keine Berechnung der Zinsen nur aus dem Mindestkredit (s Anm 47 und BFHE 140, 468, BStBl II 1984, 379); anders jedoch beim Kontokorrentkredit (Anm 92 u BFH aaO).

Die **Berechnung** der Zinshöhe hat nach der von der Bank angewandten Methode zu erfolgen. Bei der Zinsstaffelmethode kommt es auf die sog Wertstellung an (BFHE 120, 57, BStBl II 1976, 792).

Zu **Erstattungen** Dritter sowie zur Verrechnung mit Guthaben- oder Wertpapierzinsen vgl Anm 23; zu **Rückzahlungen** in späteren Jahren vgl Anm 24.

ABC der Schuldentgelte bzw (im Kleindruck) Dauerschulden

60 **Abzinsung.** Verbindlichkeiten mit mindestens 12 Monaten Laufzeit sind nach § 6 Abs 1 Nr 3 EStG mit einem Zinssatz von 5,5% abzuzinsen. Die mit der Verringerung der Abzinsung verbundene Gewinnminderung unterliegt nicht der Hinzurechnung (*BMF* BStBl I 2005, 699; *FM Länder* BStBl I 2008, 730 Rn 12); mE zweifelhaft, weil der die Abzinsung ausweisende Gewinn der zutreffende ist und die Gewinnminderung den tatsächlichen Zinsaufwand wiedergibt (zust jedoch *Blümich/Hofmeister* § 8 Anm 130; *Fehling* NWB 2007 Nr 27, F 1, 1617).

61 **AfA.** Keine Herausrechnung von Zinsanteilen, wenn Zinsen mit den Anschaffungs- oder Herstellungskosten aktiviert sind. Eine Hinzurechnung kommt erst ab den EZ in Betracht, in denen gewinnmindernde AfA vorgenommen worden sind (BFH/NV 1993, 561; *Lenski/Steinberg* § 8 Nr 1 Rz 108; vgl *OFD Düsseldorf* DB 1994, 2267, aufgeh DB 2004, 462; *Köhler* StBp 2003, 84, 218; *OFD Kiel* DB 2000, 2195; krit *Bock* DB 1997, 751; 2001, 1117; *Koths* StbJb 1998/1999, 129, 134f; *Blümich/Hofmeister* § 8 Rz 90; zust *Herlinghaus* EFG 2002, 1470; *Köhler* StBp 1996, 287; 2003, 84; *Pyszka* DStR 1997, 565; Einzelheiten bei *FM Sachsen* DStR 2001, 1348). Doch auch diese Lösung hat BFHE 202, 357, BStBl II 2004, 192 (mE zu Recht) mit dem Hinweis abgelehnt, dass aktivierte *Bauzeitzinsen* ihren Charakter als **Entgelt** für Dauerschulden verloren haben (hierzu *Köhler* StBp 2003, 84, 218; 2004, 10). Das gilt mE **ebenso** für die **Neufassung**

in § 8 Nr 1 Buchst a GewStG; auch für *Erbbauzinsen* (*FM Länder* BStBl I 2008, 703 Rn 13).

Allgemeine Geschäftskredite. Sie dienen iSd Rspr der Beschaffung des „eigentlichen" Dauerbetriebskapitals (vgl BFHE 149, 248, BStBl II 1987, 443). Bei Hinzutreten des Zeitmoments sind sie daher idR *Dauerschulden* (BFHE 98, 436, BStBl II 1970, 436), und zwar auch wenn sie durch Abtretung von Warenforderungen gesichert sind (BFH HFR 1966, 174) oder wenn der Kaufmann die Kredite zur Gewährung von Darlehen einsetzt, die die Abwicklung der Warengeschäfte erst fördern sollen (BFHE 81, 539, BStBl III 1965, 195). 62

Amortisationsdarlehen. Sie sind nach RFH RStBl 1939, 287 *Dauerschulden* und zwar auch bei hypothekarischer Sicherung. Nach BFHE 73, 744, BStBl III 1961, 537 und BFHE 83, 333, BStBl III 1965, 620 wird bei Vereinbarung und Leistung gleicher Tilgungsraten die Dauer der Verstärkung des Betriebskapitals beeinflusst. 63

Anzahlungen. Es sind **2 Gruppen** zu unterscheiden: 64

1. Empfangene Anzahlungen sind nach allgemeinen Grundsätzen keine Dauerschulden, wenn sie mit einem bestimmten Auftrag laufender Art (Lieferverttrag) zusammenhängen (*Lenski/Steinberg* § 8 Nr 1 Anm 2 b; *Blümich/Hofmeister* § 8 Anm 450). Sie können aber *Dauerschulden* werden, wenn wegen der tatsächlichen Gestaltung der Geschäftsverhältnisse die Verknüpfung zwischen Warengeschäft und Kredit (Anzahlung) unterbrochen wird (im Fall RFH RStBl 1944, 693 durch Kriegsereignisse). Anzahlungen auf Werklieferungen sind *Dauerschulden,* wenn dem Unternehmen Fremdkapital für mehr als 12 Monate zur Verfügung steht; dies um so mehr, wenn dem Empfänger gestattet ist, die Anzahlung verzinslich anzulegen (FG Berlin EFG 1973, 36).
2. Kredite zur Leistung von Anzahlungen auf WG des AV sind *Dauerschulden* (*Dietz* DB 1976, 596). Hängen Anzahlungen mit laufenden Geschäftsvorfällen zusammen, so sind sie nach den oa Grundsätzen (Anm 50 f) keine *Dauerschulden* (vgl BFHE 163, 387, BStBl II 1991, 471 für Vorauszahlungen).

Asset-Backed-Security-Geschäfte vgl Anm 93 („Kreditinstitute"). 65

Ausbeuterechte. Langfristige Schulden, die dem Erwerb von Ausbeuterechten dienen, sind bei Überschreiten der 12-Monatsfrist *Dauerschulden* (BFHE 119, 569, BStBl II 1976, 789; BFH BStBl II 1994, 44 und HessFG EFG 1992, 408: Wartegelder und Förderzinsen), bei kürzerem Bestand wohl nur, wenn eine Betriebserweiterung oder -verbesserung vorliegt (vgl Anm 40). 66

Ausgleichsverbindlichkeiten nach den §§ 24 u 25 DMBilG sind nach *OFD Magdeburg* FR 1999, 47 keine *Dauerschulden;* ihre Verzinsung führe nicht zu *Dauerschuldentgelten.* Diese Auffassung ist nicht zweifelsfrei. 67

Bardepotpflicht bei Auslandsverbindlichkeiten iSv § 6 a AWG. Die Frage der Dauerschuld ist nach allgemeinen Grundsätzen zu beurteilen (Anm 23 ff). Ist eine *Dauerschuld* anzunehmen, dann sind die Zinsen nach *FM NRW* (BB 1977, 783; DB 1977, 1295; FR 1977, 355; zust *Blümich/Hofmeister* § 8 Anm 130 Stichwort „Depotpflichtige Auslandsverbindlichkeiten"; *Lenski/Steinberg* § 8 Nr 1 Anm 26) nach § 8 Nr 1 aF hinzuzurechnen, weil das Unternehmen die Zinsen insgesamt habe aufwenden müssen, um die ihm tatsächlich zur Verfügung stehenden Mittel nutzen zu können (hierzu *Stegmaier* FR 1973, 521). Entsprechendes gilt mE für § 8 Nr 1 Buchst a nF. 68

Jedoch sind mE nur Zinsen auf den Teil der Schulden hinzuzurechnen, die der Verstärkung des Betriebskapitals tatsächlich dienen. Ein Teil der Zinsen wird für die zu hinterlegenden Mittel gezahlt und kann nach dem Wortlaut und dem Zweck der Vorschrift nicht hinzugerechnet werden.

69 **Baukostenzuschüsse an Versorgungsunternehmen.** Die Unternehmen haben die Zuschüsse nach § 9 der Allgemeinen Versorgungsbedingungen für die Energie- und Wasserwirtschaft kalkulatorisch wie Kundenvorauszahlungen zu behandeln. Sie sind dort echte Verpflichtungen, die zu passivieren und innerhalb von 20 Jahren in gleichen Teilbeträgen aufzulösen sind. Nach BFHE 179, 136, BStBl II 1996, 73; FG Karlsruhe (EFG 1959, 275), FG Düsseldorf (EFG 1985, 190) und *OFD München* (StEK GewStG § 12 Nr 58) handelt es sich allein wegen der Dauer der Abwicklung um *Dauerschulden* (**aA** *Merkert/Koths* BB 1981, 1311, *Lenski/Steinberg* § 8 Nr 1 Anm 27a, FG München EFG 1986, 510), sie führen aber mangels Entgeltzahlungen idR nicht zur Hinzurechnung nach § 8 Nr 1 Buchst a GewStG.

70 **Besserungsabrede.** Zuschüsse, die unter der aufschiebenden Bedingung künftiger Jahresüberschüsse gewährt werden, sind Schulden; die auf sie zu entrichtenden Zinsen sind Schuldentgelte (Nds FG EFG 1999, 1147 rkr). Ein Forderungserlass, der mit dem aufschiebend bedingten Recht des Gläubigers ausgesprochen wird, bei Besserung den erlassenen Betrag wieder fordern zu können, führt bis zum Bedingungseintritt nicht zu einer Belastung des Unternehmers und somit zum zwischenzeitlichen Fortfall einer Schuld. Nach Bedingungseintritt entsteht eine neue Forderung, die ihrerseits die Voraussetzungen einer Schuld erfüllen kann (BFHE 202, 74, BStBl II 2003, 768).

71 **Betriebsaufspaltung.** Die Frage des Bestehens von Schulden zwischen beiden Gesellschaften ist nach allgemeinen Grundsätzen zu entscheiden. Das bedeutet: eine Verrechnung der Zinsen für wechselseitig begebene Darlehen kann nur dann erfolgen, wenn die Darlehen demselben Zweck dienen und regelmäßig miteinander verrechnet werden (vgl Anm 27). Hierzu unabhängig kann die Betriebsaufspaltung allein nicht Rechtsgrundlage für eine Verrechnung sein, weil beide Unternehmen nicht als einheitliches behandelt werden (BFHE 207, 340, BStBl II 2005, 102; BFH/NV 2006, 606); *FM Länder* BStBl I 2008, 730 Rn 5).

72 **DDR-Altkredite** sind nach den allgemeinen Grundsätzen zu behandeln. Die Besonderheiten der planwirtschaftlichen Kreditvergabe und der hierdurch geprägte Entstehungsgrund der Schulden sind ohne Bedeutung (BFH/NV 1998, 212; *Sächs FM* DStR 1995, 1152).

73 **Durchlaufende Kredite.** Sie sind keine *(Dauer)*Schulden, wenn sie nur zu dem Zweck aufgenommen werden, den entsprechenden Betrag umgehend als Kredit weiterzugeben, und wenn dies tatsächlich geschieht. Die Kreditmittel müssen zu einem außerhalb des Betriebes liegenden Zweck eingesetzt werden (BFHE 166, 297, BStBl II 1992, 257; BFH/NV 1998, 1222); dh die Kreditaufnahme darf weder in Gewinnerzielungsabsicht noch im sonstigen eigenbetrieblichen Interesse des Weitergebenden, sondern muss uneigennützig erfolgen (RFH RStBl 1939, 1057; BFH HFR 1963, 258; BFHE 86, 768, BStBl III 1967, 27; BFHE 149, 64, BStBl II 1987, 446, also keinen über die Verwaltungskosten hinausgehenden Nutzen haben (BFHE 207, 340, BStBl II 2005, 102). Das ist nicht der Fall, wenn der weiterzuleitende Kreditbetrag mit einer Restforderung verrechnet wird

(BFH/NV 1993, 121), wenn dem Kreditnehmer eine Zinsmarge verbleibt (FG Rh-Pf EFG 1992, 482), wenn ein Organträger oder eine Organgesellschaft den Kredit an eine (andere) Organgesellschaft weiterleitet (BFHE 180, 160, BStBl II 1996, 328) sowie wenn im Rahmen einer Betriebsaufspaltung die Darlehensmittel von der Besitzgesellschaft aufgenommen und an die Betriebsgesellschaft zur Modernisierung des von der Besitz- an die Betriebsgesellschaft verpachteten Betriebsgebäudes eingesetzt wird; auch eine Verrechnung der gezahlten und empfangenen Zinsen kommt nicht in Betracht, so dass es bei einer „Doppelbelastung" bleibt (BFHE 207, 340, BStBl II 2005, 102; FG Hamburg EFG 2004, 217 rkr; krit *Wendt* FR 2005, 214). Auch ein *mittelbarer* Nutzen über die durch die Darlehensgewährung geförderte Geschäftsbeziehung reicht aus, eine Verstärkung des Betriebskapitals anzunehmen (BFH BStBl II 2008, 767; BFH/NV 1998, 1222). Ausnahmsweise kann ein durchlaufender Kredit auch dann und ab dem Zeitpunkt vorliegen, wenn ein zum Erwerb von AV (Beteiligung) aufgenommener Kredit (= Verstärkung des Betriebskapitals) unter Weiterveräußerung des Erworbenen WG an einen Dritten weitergereicht wird und sich der Vorteil des StPfl insofern auf die Einnahme einer Verwaltungskostenpauschale beschränkt (FG Hamburg EFG 1990, 120; vgl *Gosch* FR 1997, 267). Das Wissen des Darlehensgebers von der Weitergabe des Darlehensbetrages oder seine Weisungen sind mE ohne Bedeutung (FG Hamburg EFG 1979, 461; *Milatz* DStR 1990, 263; **aA** jedoch die oa Rspr des BFH). Dagegen stellt BFHE 146, 64, BStBl II 1987, 446 im Rahmen eines Vergleichs mit dem Begriff des durchlaufenden Postens (§ 4 Abs 3 Satz 2 EStG) darauf ab, dass der Kredit im fremden Namen und für fremde Rechnung aufgenommen wird. Dem ist nicht zuzustimmen. Auszugehen ist von den Voraussetzungen des § 8 Nr 1 Buchst a, der wie § 8 Nr 1 aF letztlich auf die Verstärkung des Betriebskapitals abstellt, nicht von einem untechnischen Hilfsbegriff („durchlaufender Kredit"), der für einen Sonderfall der fehlenden Verstärkung des Betriebskapitals gebildet worden ist (ebenso FG Hamburg EFG 1990, 120).

Einlagen. Sie gehören zum Eigenkapital und stellen auch bei einer Perso- **74**
nengesellschaft keine *Dauerschuld* dar. Wird eine Kommanditeinlage mit Fremdmitteln finanziert, ist jedenfalls dann eine *Dauerschuld* gegeben, wenn keine Verknüpfung mit einem Warengeschäft besteht (vgl BFHE 86, 576, BStBl III 1966, 582; BFH BStBl II 1993, 843). Entsprechendes gilt für Schulden, die auf einem Grundstück lasten, wenn dieses als SonderBV eines Gesellschafters der Personengesellschaft zur Verfügung gestellt worden ist (RFH RStBl 1939, 88).

Eurokredite. Sie werden idR durch ausländische Tochtergesellschaften deut- **75**
scher Banken für 30 bzw 90 Tage, aber auch bis zu 6 Monate mit der Möglichkeit der wiederholten Verlängerung vergeben. Dienen sie der Verringerung der Zinsbelastung durch einen laufenden Kredit, dann sind sie Teil einer einheitlichen *(Dauer-)*Schuld (vgl Anm 50 ff; aA *Lenski/Steinberg* § 8 Nr 1 Anm 50), jedenfalls bei Zusammenwirken der Banken (BFHE 161, 568, BStBl II 1990, 915) bzw bei Verlängerung auf über 12 Monate Dauer (vgl BFHE 164, 369, BStBl II 1991, 851 und die in Anm 101 angegebene Rspr). Das gilt auch bei Zuführung in einen „cash pool" einer Finanzierung von Organgesellschaften (BFH/NV 2002, 536).

76 **Exportkredite.** Kredite zur Refinanzierung langfristiger Exportkredite bei laufend wiederkehrenden Geschäftsvorfällen sind nach *FM NRW* (BB 1960, 165, DB 1960, 159, DStR 1960, 46) dann keine *Dauerschulden,* wenn sie sich mit der Abwicklung des einzelnen Exportgeschäftes erledigen, und zwar auch dann, wenn die Laufzeit 5 Jahre wesentlich übersteigt.

Langfristige Exportkredite in Form von Globalkrediten für einen bestimmten, in regelmäßigen kurzen Abständen nachzuweisenden Auftragsbestand sind *Dauerschulden,* auch wenn die einzelnen Aufträge an sich zu den laufenden Geschäftsvorfällen gehören. Denn es fehlt an dem nach BFHE 88, 134, BStBl III 1967, 322 erforderlichen Finanzierungszusammenhang mit dem einzelnen Geschäft.

77 **Factoring.** Unechtes Factoring ist ein reines Kreditgeschäft (BGHZ 82, 50, 61), das auf Seiten des Abtretenden zu einem Diskont (s oben Anm 15) entsprechenden Aufwand führt. Es kann aber auch zu *Dauerschulden* iSv § 8 Nr 1 aF führen, wenn der Factor auf die „angekauften" Forderungen Vorschüsse leistet und dem GewTreibenden durch laufende Bevorschussung ständig Geldmittel zur Verfügung stehen (BFHE 149, 248, BStBl II 1987, 443). Aber auch ein „echtes" Factoring kann so ausgestaltet sein, dass hierin letztlich eine Kreditgewährung liegt, und zwar auch bei doppelstöckigen Leasingmodellen (*Papperitz* DStR 1993, 1841). Der Unterschied zwischen den beiden Formen besteht darin, dass beim echten Factoring der Vertrag mit der Forderungsabtretung und Zahlung des Erlöses erfüllt ist. Es handelt sich rechtlich um einen Kauf. Beim unechten Factoring verbleibt jedoch das Bonitätsrisiko (die Delkrederehaftung) beim Abtretenden (zur Forfaitierung: BGHZ 126, 261, 263). Letzteres ist ua der Fall, wenn die Möglichkeit der Regressnahme durch Verwertung von Sicherheiten gegeben ist. Sie besteht schon dann, wenn der Abtretende vertragsgemäß nur für den rechtlichen Bestand und das künftige Entstehen der Forderung haftet, diese aber durch Grundschulden gesichert ist, ohne dass die Sicherung entsprechend der Haftungsbeschränkung beschränkt ist (vgl zur Forfaitierung: BFHE 188, 415, BStBl II 1999, 735).

78 **Filmkredite.** Es ist zu unterscheiden:

1. Gehört ein Film zum AV, weil er beim Hersteller zur lizenzmäßigen zeitlich und örtlich begrenzten Überlassung an Filmverleiher bestimmt ist, dann sind mit seiner Herstellung zusammenhängende Schulden bei Hinzutreten des Zeitmoments *Dauerschulden* (BFHE 60, 243, BStBl III 1955, 96).
2. Gehört der Film beim Hersteller zum UV, weil eine zeitlich und örtlich begrenzte Überlassung an den Filmverleiher nicht besteht, dann sind nach BFHE 69, 453, BStBl III 1959, 430 Kredite zu seiner Herstellung nur dann *Dauerschulden,* wenn sie erst nach Ablauf von 2 Jahren zurückgezahlt werden.

79 **Finanzbeiträge.** Sie sind nur dann Zinsverbilligungszuschüsse, wenn sie konkret zur Verminderung einer bestimmten Zinslast gezahlt werden (Anm 23). Das ist bei pauschalierten Zinsbeihilfen nicht der Fall.

80 **Forfaitierung.** Vom Factoring unterscheidet sich die Forfaitierung im Wesentlichen dadurch, dass sie ein Einzelgeschäft ist und dass der Zessionar auch die politischen Risiken (zB Währungsverfall) übernimmt (vgl *Papperitz* DStR 1993, 1841). Bei der echten Forfaitierung liegt zivilrechtlich ein Kauf vor, weil und insoweit die Erfüllung des synallagmatischen Verhältnis-

ses zwischen Forfaitierer und Forderungsinhaber mit der Abtretung der Forderung und Zahlung des Forfaitierungserlöses eintritt. Das setzt voraus, dass das Bonitätsrisiko auf den Erwerber übergeht. Durch seine Zahlung entstehen beim Zedenten (Verkäufer) keine Dauerschulden iSv § 8 Nr 1 aF, aber dem **Diskont** (Anm 15) entsprechende Aufwendungen iSv § 8 Nr 1 Buchst a nF.

Bleibt das Bonitätsrisiko – in welcher Weise auch immer (vgl zu „Factoring") – beim Zedenten, dann liegt eine unechte Forfaitierung vor. Die Zahlung des Forfaitierungserlöses begründet ein Darlehen iSv § 8 Nr 1 Buchst a nF und bei entsprechender Laufzeit *Dauerschulden* iSv § 8 Nr 1 aF. Zinsen und ratierliche Aufstockungsbeträge sind (Dauer)Schuldentgelte (BFHE 188, 415, BStBl II 1999, 735; FG Hamburg EFG 2005, 1790, Rev X R 24/05). Entsprechendes gilt, wenn der Forfaitierer dem Unternehmer den Verwertungserlös aus einem noch nicht ausgeübten Andienungsrecht (beim Leasing, sog Restwertforfaitierung) forfaitiert (BFHE 193, 416, BStBl II 2001, 722). S auch unter „Leasing". Gegen BFHE 188, 415, BStBl II 1999, 735 *Peters* DB 2002, 864 und *Reuter* BB 2003, 18, der darauf hinweist, dass das Urteil nicht auf sog „Doppelstock-Modelle" anwendbar sei (Aufspaltung des Leasinggebers in eine Besitz- und Mietgesellschaft) und im Übrigen als Ausweichgestaltung statt der Einräumung einer Sicherheit am Leasinggegenstand die Verpflichtung des Leasinggebers zur Verwertung des Leasinggegenstandes und direkte Beteiligung des Forfaiteurs am Verwertungserlös empfiehlt.

Frühere Tätigkeiten. Nach RFH RStBl 1942, 110 sind Verbindlichkeiten 81
aus früheren Tätigkeiten dann keine *Dauerschulden,* wenn sie nach der Einstellung der Tätigkeit, bei denen sie entstanden sind, nicht mehr benötigt werden. ME abzulehnen. Es ist allein darauf abzustellen, ob noch eine Betriebsschuld besteht und – wenn ja – welchen Charakter und ggf welche Laufzeit sie hatte (ebenso *Lenski/Steinberg* § 8 Nr 1 Anm 82; *Gosch* FR 1989, 267).

Garantieentgelte im Rahmen des Eigenkapitalhilfeprogramms der Deut- 82
schen Ausgleichsbank sind Ausgleich für fehlende oder geringwertige Sicherheiten. Ohne sie würde der Existenzgründer das Darlehen nicht erhalten. Sie sind bei entsprechender Laufzeit des Darlehens *Dauerschuldentgelte* (vgl *OFD Magdeburg* DB 2002, 178; *OFD Chemnitz* DStR 2002, 999).

Genossenschaften. Geschäftsguthaben der noch nicht ausgeschiedenen 83
Genossen sind Eigenkapital und nicht *(Dauer)*Schulden (RFH RStBl 1938, 737). *(Dauer)*Schulden können aber vorliegen, wenn Geschäftsguthaben von ausgeschiedenen Genossen über längere Zeit hinweg nicht zurückgezahlt werden (*Birkholz* DB Beilage 21/74; *Neuhäuser* BB Beilage 11/75; *Lenski/Steinberg* § 8 Nr 1 Anm 38).

Genussrechte sind bei entsprechender Laufzeit *(Dauer)*Schulden auch 84
dann, wenn die Vereinbarung unkündbar ist und keine Gläubigerrechte gewährt werden und wenn das Genussrechtskapital zinslos und tilgungsfrei hingegeben wird. Durch synallagmatische Verknüpfung mit dem empfangenen Genussrechtskapital dienen sie der (nicht nur vorübergehenden) Verstärkung des Betriebskapitals. Zahlungen auf das Genussrecht sind daher (Dauer)Schuldentgelte iSv § 8 Nr 1 aF bzw Nr 1 Buchst a nF (vgl FG Rh-Pf EFG 2001, 1159 rkr).

85 **Gesellschaftsanteile.** Verbindlichkeiten zum Erwerb von Anteilen an Personengesellschaften und Kapitalgesellschaften sind nach A 45 Abs 13 GewStR ohne Rücksicht auf ihre Laufzeit stets *Dauerschulden,* wenn wegen der Beteiligung eine Kürzung nach § 9 Nrn 2, 2a, 7 oder 8 in Betracht kommt.

86 **Globalkredite.** Globalkredite sind Kredite zur Finanzierung mehrerer im Einzelnen nicht spezifizierter Einzelgeschäfte, insb Exportgeschäfte. Sie sind *Dauerschulden* (BFH/NV 1991, 186; BFHE 162, 350, BStBl II 1991, 246; aA *Ulrich* BB 1982, 1418); vgl. A 45 Abs 4 Satz 8 GewStR.

87 **Heimfalllasten.** Heimfallverpflichtungen sind echte Schulden. Sie kennzeichnen die Verpflichtung des Unternehmens, einen bestimmten Betrieb bzw Betriebsteil nach einer bestimmten Anzahl von Jahren entgeltlich an eine öffentliche Körperschaft abtreten zu müssen. Nach BFHE 163, 387, BStBl II 1991, 471 ist die wasserbautechnische Anlagen betreffende Heimfallverpflichtung eines Energieversorgungsunternehmens keine *Dauerschuld,* weil sie mit laufenden Geschäftsvorfällen in engem wirtschaftlichen Zusammenhang stehe (**aA** *Güroff* StRK GewStG 1978 § 12 Abs 2 Nr 1 R 15).

Schuldzinsen nach § 8 Abs 1 Nr 1 aF bzw Nr 1 Buchst a nF werden idR nicht gezahlt. Auch jährliche Zuführungen zum Heimfallfonds sind keine Schuldzinsen (*Lenski/Steinberg* § 8 Nr 1 Anm 40).

88 **Hypotheken.** Sie sind nach den allgemeinen Grundsätzen *Dauerschulden,* insb wenn sie mit der Gründung oder der Erweiterung des Betriebes zusammenhängen, also etwa zum Ankauf oder Ausbau des Betriebsgrundstücks aufgenommen werden (BFHE 103, 80, BStBl II 1971, 750). Nach der Rspr liegen laufende Geschäftsvorfälle vor, wenn ein Bauunternehmer und Grundstückshändler Hypothekenverbindlichkeiten eingeht, um Grundstücke zu erwerben, zu parzellieren und als Bauland zu verkaufen oder selbst zu bebauen und parzelliert bebaut zu verkaufen, und zwar auch dann, wenn die Abwicklung mehrere Jahre in Anspruch nimmt (zB BFHE 85, 293, BStBl III 1966, 316; BFHE 95, 443, BStBl II 1969, 468; BFHE 96, 406, BStBl II 1969, 666; BFHE 162, 117, BStBl II 1991, 23; BFHE 164, 381, BStBl II 1991, 584; krit *Gosch* StuW 1992, 350, 354).

89 **Importkredite.** Es gelten die allgemeinen Grundsätze der Einzelabwicklung und Verfolgbarkeit des einzelnen Warenkredits (vgl Anm 24; *Neuhäuser* BB Beilage 11/76).

90 **Investitionszulage.** Wird die Zulage zurückgefordert, dann liegt nach *FM* DB 1982, 2061; BB 1982, 1779 grundsätzlich eine laufende Verbindlichkeit vor, es sei denn, die Zulage wird nicht innerhalb von 12 Monaten nach ihrer Festsetzung zurückgezahlt. Dem ist mE nicht zuzustimmen.

91 **Kautionen.** Sie sind *Dauerschulden,* wenn die bereitgestellten Mittel längere Zeit im Betrieb mitarbeiten (RFH RStBl 1939, 868; FG Hamburg EFG 1986, 352; BFHE 149, 248, BStBl II 1987, 443).

92 **Kontokorrentkredite.** Sie sind *Dauerschulden,* wenn aus dem Geschäftsverhältnis geschlossen werden muss, dass trotz der äußeren Form des Kontokorrentverkehrs dem Unternehmen ein bestimmter Mindestkredit dauernd, dh mindestens für 1 Jahr (BFHE 119, 569, BStBl II 1976, 789), gewidmet sein soll (zB BFHE 125, 564, BStBl II 1978, 651; BFHE 161, 568, BStBl II 1990, 915; BFHE 184, 104, BStBl II 1997, 742; BFH/NV 1987, 324; 2003, 891). Das kann idR von dem Mindestbetrag der Schuld angenommen werden, der während des

ganzen Wirtschaftsjahres bestanden hat (BFHE 140, 468, BStBl II 1984, 379; A 45 Abs 7 GewStR). Eine Dauerschuld ist nicht deswegen zu verneinen, weil das Konto an wenigen Tagen im Jahr ausgeglichen ist oder sogar ein Guthaben ausweist. In diesem Fall kommt es nicht darauf an, dass die kurzfristige Rückführung des Kontokorrentkredits auf einer anderweitigen (kurzfristigen) Kreditaufnahme beruht (BFHE 184, 104, BStBl II 1997, 742). Besteht der Kreditausgleich jedoch an mehr als 14 zusammenhängenden Tagen, dann liegt keine Dauerschuld vor (BFHE 70, 131, BStBl III 1969, 49; BFHE 132, 87, BStBl II 1981, 219; FG München EFG 1980, 192). Der Ausgleich des Kontos darf allerdings nicht missbräuchlich erfolgen (BFHE 123, 50, BStBl II 1977, 843). Das ist der Fall, wenn Fremdmittel, aber auch Eigenmittel zur kurzfristigen Abdeckung herangezogen werden (BFHE 132, 87, BStBl II 1981, 219; BFHE 132, 89, BStBl II 1981, 223). Die Herkunft der zur kurzfristigen Abdeckung eingesetzten Mittel ist irrelevant (vgl BFHE 144, 264, BStBl II 1985, 680; BFH/NV 2004, 810).

Anzusetzen als *Dauerschuld* ist nach obigen Ausführungen der Mindestbetrag des Kredits im Laufe des Wirtschaftsjahres. Hat der Mindestbetrag jedoch nur kurze Zeit im Wirtschaftsjahr bestanden, dann hat er bei der Ermittlung des Betrags der *Dauerschuld* außer Betracht zu bleiben (RFH RStBl 1939, 160; 1939, 216; 1943, 695). Nach A 45 Abs 7 Satz 9 GewStR ist der niedrigste Kontostand an insgesamt 7 Tagen, die nicht zusammenzuhängen brauchen, unbeachtlich. Nach BFHE 123, 50, BStBl II 1977, 843 ist die kurze Frist ein Zeitraum von 2–3 zusammenhängenden Wochen. Die beiden verschiedenen Methoden können zu erheblich unterschiedlichen Auswirkungen führen.

Für die **Bestimmung der Zeitdauer** des erforderlichen Mindestbestandes der Schuld sollen die Verhältnisse im jeweiligen, isoliert für sich betrachteten Wirtschaftsjahr maßgebend sein (*Lenski/Steinberg* § 8 Nr 1 Anm 46), mE fraglich: ob ein bestimmter Mindestkredit dem Unternehmen dauernd gewidmet ist (BFHE 140, 468, BStBl II 1984, 379), bestimmt sich nach dem Geschäftsverhältnis insgesamt.

Zur Möglichkeit der Zusammenfassung mehrerer Kontokorrentkonten bei demselben Kreditgeber bzw bei verschiedenen Kreditgebern vgl Anm 48 sowie BFHE 109, 465, BStBl II 1973, 670; BFHE 111, 425, BStBl II 1974, 388.

Kontokorrenkredite sind *laufende Schulden,* wenn sie eine feste Beziehung zu laufenden Geschäftsvorfällen haben (BFHE 174, 174, BStBl II 1994, 664; BFH/NV 1997, 612 für Kfz-Handel). Erforderlich ist aber, dass der Zusammenhang zwischen bestimmten einzelnen laufenden Geschäftsvorfällen über den gesamten Zeitraum der Abwicklung hinweg eindeutig nachgewiesen wird (BFHE 174, 174, BStBl II 1994, 664; vgl hierzu Anm 51 ff). Das gilt insbesondere bei Stundung von Lieferantenverbindlichkeiten (BFHE 116, 386, BStBl II 1975, 784). Lässt sich der Zusammenhang nicht eindeutig und leicht nachprüfbar nachweisen (BFHE 88, 134, BStBl III 1967, 322), dann ist es unerheblich, zu welchem Zweck der Kontokorrentkredit aufgenommen worden ist; er ist *Dauerschuld* (BFH/NV 2003, 891). Der eindeutige Zusammenhang besteht schon dann nicht, wenn bei Wechselschulden der Lieferant nicht in die wechselmäßige Haftung einbezogen ist (BFHE 85, 192, BStBl III 1966, 280; vgl auch BFHE 125, 564, BStBl II 1978, 651).

Kreditinstitute und verwandte Unternehmen *(93.–93g.)* 93

Literatur: für die Rechtslage ab EZ 1990: *Altehoefer/Krebs,* Neuregelungen bei der Gewerbesteuer, KStZ 1988, 123; *Pauka,* Änderungen des Gewerbesteuerrechts durch das StRefG 1990 (Teil II), DB 1988, 2275; *Rädler,* Das „Überwiegen" des Bankgeschäfts iSv § 19 GewStDV bei der Absatzfinanzierung von Kraftfahrzeugen im Gewerbesteuerrecht, DB 1991, 2309; *Gondert/Schimmelschmidt,* Bankenaufsichtsrechtliche und steuerrechtliche Gestaltungen beim Erwerb von Beteiligungen an Kreditinstituten vor dem Hintergrund der 6. KWG-Novelle, DB 1998 Beil 10; *Pyszka/Brauer,* Begünstigung des § 19 GewStDV auch für Dauerschuldentgelte von Konzernfinanzierungsgesellschaften?, DB 2002, 2456; *Schmid/Dammer,* Neue Regeln zur Gewerbesteuer bei Asset-Backed-Securities Transaktionen nach dem Kleinunternehmerförderungsgesetz, BB 2003, 819; *Schmid/Stoll,* Zweifelsfragen bei der Auslegung von § 19 Abs 3 GewStDV, BB 2005, 582; *Klein/Kloster,* Hinzurechnungsausnahme nach § 19 Abs 3 Nr 2 GewStDV bei mittelbarem Erwerb von Krediten von einem Kreditinstitut, DStR 2006, 2115; *Schmeisser/Leonhardt,* Asset-Backed-Securities – Forderungsverbriefung für den gehobenen Mittelstand als Finanzierungsalternative, DStR 2007, 169; *Franke/Gageur,* Zweifelsfragen und Anmerkungen zu den ... Ländererlassen zu § 8 Nr 1 GewStG, BB 2008, 1704.

Für sie besteht die **Sonderregelung des § 19 GewStDV** (abgedruckt zu Beginn von § 8 Nr 1). Die Vorschrift beruht auf der Ermächtigung des § 35c Abs 1 Nr 2e. Ihr liegt der Gedanke zugrunde, dass Kreditinstitute nur Durchlaufstellen des Geld- und Kreditverkehrs seien und dass das Passiv- und Aktivgeschäft artmäßig übereinstimmten (RFH RStBl 1938, 787; BFHE 71, 375, BStBl II 1960, 390; BFH/NV 2003, 653). Der VO-Geber wollte der wirtschafts-, kredit- und währungspolitischen Funktion des Bankgewerbes Rechnung tragen und den Umstand berücksichtigen, dass bei Kreditinstituten der Fremdmitteleinsatz typischerweise besonders groß ist (BVerfGE 42, 374, 385; BFH/NV 1998, 211). Sie sollen in die Lage versetzt sein, für geschäftliche Zwecke Fremdkapital aufzunehmen, ohne befürchten zu müssen, dass dieses als Schuld behandelt wird (BFHE 96, 409, BStBl II 1969, 667; BFHE 157, 206, BStBl II 1989, 737; FG SchlH EFG 1980, 458).

Die Vorschrift enthält für betroffene Unternehmen eine **erschöpfende Bestimmung** des Begriffs und der Bemessungsgrundlage der Schulden bzw der **Entgelte** (vgl zu den *Dauerschulden* der aF: RFHE 44, 133, RStBl 1938, 787; BFHE 193, 144, BStBl II 2002, 207) und ist daher auch zu Ungunsten des Unternehmens anzuwenden (Hess FG EFG 1986, 304), wenn die nach allgemeinen Regeln ermittelten Schulden geringer sind. Zwar ermächtigt § 35c Abs 1 Nr 2e nur zur „Beschränkung" der Hinzurechnung (*Pauka* DB 1988, 2275). Doch lässt sich diese Formulierung auch so verstehen, dass ein eingeschränktes Ermittlungsverfahren geregelt werden darf. Ab EZ 1990 hat im Übrigen der Gesetzgeber selbst den § 19 GewStDV verabschiedet (G v 25. 7. 1988, BGBl I 1988, 1093, 1117); ebenso die Neufassung des Abs 3 durch G v 31. 7. 2003 (BGBl I 2003, 1550) bzw des § 19 GewStDV insgesamt durch Art 5 des JStG 2009 (BGBl I 2008, 2794).

Für den **Begriff** kommt es nach § 19 GewStDV nicht auf die Art der Schuld (Finanzierungsanlass, Laufzeit) an, sondern allein auf das Verhältnis des Ansatzes bestimmter zum AV gehörender WG (hierzu unten) zum Eigenkapital. Eine Begünstigung nach der Vorschrift ist aber nur gerechtfertigt, soweit sich Verbindlichkeiten auf das Kreditgeschäft beziehen (BFHE 157, 206, BStBl II 1989, 737).

Durch die oa **Neufassung des Abs 1 ab EZ 1990** erfolgte eine Erweiterung der Arten der für den AV-Eigenkapital-Vergleich maßgeblichen WG im Interesse der Wettbewerbsneutralität (BTDrs 11/2157, 176). Mit der Vorschrift des Abs 1 Satz 2, nach der bestimmte Forderungen gegen bestimmte organschaftlich verbundene Unternehmen den Anlagen hinzuzurechnen sind, soll eine missbräuchliche Ausgliederung von AV und Geschäftsarten (insb bankfremden) verhindert werden.

Mit Art 4 Nr 1 des G v 14. 8. 2007 (BGBl I 2007, 1912) ist der **Wortlaut** der Vorschrift an die Änderung des § 8 Nr 1 Buchst a dahin angepasst worden, dass nunmehr nicht auf Entgelte für *„Dauerschulden"*, sondern auf „Entgelte für Schulden und den Entgelten gleichgestellte Beträge, die dem Betrag der Schulden entsprechen" abgestellt wird, und zwar **mWv EZ 2008** (§ 36 GewStDV).

Personenkreis: Die Aufzählung der begünstigten Unternehmen in Abs 1 u 3 ist abschließend; auf andere GewBetriebe ist § 19 GewStDV auch dann nicht anzuwenden, wenn sie Kreditgeschäfte betreiben (BFHE 149, 64, BStBl II 1987, 446; BFH BStBl II 2008, 767; krit für „Cash-Pool-Manager" *Franke/Gageur* BB 2008, 1704). **Kreditinstitute** iSd § 19 Abs 1 GewStDV sind die Kreditinstitute iSd § 1 KWG, also Unternehmen, die Bankgeschäfte betreiben, wenn ihr Umfang einen in kaufmännischer Weise eingerichteten Geschäftsbetrieb erfordert; einer aufsichtsrechtlichen Erlaubnis bedarf es nicht (BFH/NV 2003, 653; *Pyszka/Brauer* DB 2002, 2456). Bankgeschäfte sind Geschäfte nach dem Katalog des § 1 Abs 1 Satz 2 KWG (hierzu gehören trotz § 19 KWG nicht die Leasing-Geschäfte, *FM Hessen* StEK GewStG § 8 Nr 1 Nr 46). Kreditinstitute sind demnach Banken, Sparkassen, Kreditgenossenschaften, Spar- und Darlehenskassen, private Hypothekenbanken, öffenlich-rechtliche Pfandbriefanstalten, Teilzahlungsbanken sowie Bausparkassen; Kommunalkreditinstitute; betreibt ein Kreditinstitut auch das Leasinggeschäft, dann muss – bis EZ 1989 – das Bankgeschäft überwiegen (BFH/NV 1998, 210). **Nicht** zu den Kreditinstituten gehören andere Unternehmen, die Spareinlagen ihrer Kundschaft oder Gefolgschaft annehmen (RFH RStBl 1942, 1110) oder die Finanzierung über den Erwerb von Beteiligungen betreiben (BFHE 149, 64, BStBl II 1987, 446). Konzernfinanzierungsgesellschaften kommen regelmäßig nicht in den Genuss der Vorschrift; zwar fallen sie dem Wortlaut nach unter § 1 KWG, doch dürfte § 19 GewStDV dahin auszulegen sein, nur solche Unternehmen zu begünstigen, auf die das KWG tatsächlich anzuwenden ist, was bei konzernintern arbeitenden Unternehmen nicht der Fall ist (§ 2 Abs 1 Nr 7 KWG; hierzu *Pyszka/Brauer* DB 2002, 2456; **aA** *Schmid/Stoll* BB 2005, 582). Bei Organschaften ist auf die Verhältnisse bei der jeweiligen Gesellschaft abzustellen (vgl zur Bedeutung des Organs: BFHE 93, 289, BStBl II 1968, 807). 93a

Die **weiteren Begünstigungen nach § 19 Abs 3 GewStDV:**
- Nach **§ 19 Abs 3 Nr 1 GewStDV** gehören (seit EZ 1974) auch **Pfandleiher** iSd PfandleiherVO zu den begünstigten Unternehmen.
- Nach **§ 19 Abs 3 Nr 2 GewStDV** sind (ab EZ 2003) begünstigt **Gewerbebetriebe,** die (sog **„Asset-Backed-Securities"** (ABS)-Geschäfte bzw **„Credit-Linked-Notes"** (CLN)-Geschäfte betreiben, also be-

stimmte Kredite oder Kreditrisiken erwerben und Schuldtitel zur Refinanzierung des erforderliche Kaufpreises oder der zu stellenden Sicherheiten ausgeben. ABS sind kapitalmarktfähige Schuldtitel (Securities), die von einer Zweckgesellschaft (dem begünstigten Forderungs- bzw Risikokäufer) begeben und unter Einschaltung einer Bank bei Investoren platziert werden (vgl *Schmeisser/Leonhardt* DStR 2007, 169); mit dem hierbei aufgebrachten Kapital erwirbt die Zweckgesellschaft nicht verbriefte Forderungen (Assets) von einem Unternehmen (Originator), idR selbst eine Bank, durch die die Schuldtitel gedeckt (backed) werden (zu weiteren Einzelheiten *Schmid/Dammer* BB 2003, 819). Es geht also um die Umwandlung nicht kapitalmarktfähiger Schuldtitel bzw Forderungen (Assets) in kapitalmarktfähige Titel (Securities). Bei den CLN ist die Rückzahlung des verbrieften Schuldtitels an die Entwicklung solcher Kreditforderungen geknüpft. Die Banknähe bestimmter Geschäfte dieser Art ist Grundlage für die Begünstigung, auch wenn die begünstigten Unternehmen selbst nicht Kreditinstitute iSv § 1 KWG sind. **Begünstigte Geschäfte** sind jedoch nur **Bankgeschäfte** nach § 1 Abs 1 Satz 2 Nr 2 KWG (also das Kreditgeschäft), nach § 1 Abs 1 Satz 2 Nr 3 KWG (also das Diskontgeschäft) und nach § 1 Abs 1 Satz 2 Nr 8 KWG (also das Garantiegeschäft, insb Bürgschaften). Nicht begünstigt sind das Kreditkartengeschäft, das nicht unter § 1 Abs 1 Satz 2 Nr 2 KWG fällt, das Leasinggeschäft nach § 1 Abs 3 Nr 3 KWG und das Factoring bzw die Forfaitierung nach § 1 Abs 3 Nr 2 KWG. Solche Unternehmen sind jedoch ab EZ 2008 grds. begünstigt (s unten zu § 19 Abs 3 Nr 4 GewStDV). Der **Erwerb der Assets** muss mE nach dem Wortlaut der Vorschrift trotz BTDrs 15/537, 10 nicht (mittelbar oder unmittelbar) *von* einem Kreditinstitut erfolgen (ebenso *Schmid/Stoll* BB 2005, 582; *Klein/Kloster* DStR 2006, 2115; **aA** *Schmid/Dammer* BB 2003, 819). Sie müssen nur *aus* Bankgeschäften stammen. **Begünstigte Zweckunternehmen** sind solche, die ausschließlich unmittelbar oder mittelbar Kredite oder Kreditrisiken aus oa Bankgeschäften erwerben sowie die oa Schuldtitel zur Refinanzierung des Kaufpreises bzw der für die Riskoübernahme zu stellenden Sicherheiten ausgeben bzw zur Refinanzierung Darlehen von Unternehmen nach Nr 3 aufnehmen; eine bestimmte Rechtform ist nicht vorgesehen. Die Kredite bzw Kreditrisiken dürfen nur von Kreditinstituten nach § 1 KWG (s oben) oder von den nach § 3 Nr 2 befreiten Instituten erworben worden sein. Zu Unklarheiten der Vorschrift *Schmid/Stoll* BB 2005, 582.

Die Einhaltung der oa Voraussetzungen hat das Unternehmen **nachzuweisen;** das betrifft insb die Tatsache, dass es sich um eine banknahe Geschäftstätigkeit handelt und dass es diese Geschäfte **ausschließlich** betreibt; mit den ABS- bzw CLN-Geschäften zusammenhängende Hilfsgeschäfte sind jedoch unschädlich (BTDrs 15/537, 11; *Schmid/Dammer* BB 2003, 819), wie etwa Kursinformationen und Analysen, Rückerwerb von ABS vor Fälligkeit oder Verkauf von Geschäftsausstattung (*Blümich/Hofmeister* § 8 Rn 71 i). Fraglich erscheint aber, ob ein Nachweis nach § 19 Abs 2 erforderlich ist (so *Lenski/Steinberg* § 8 Rn 216; *Schmid/Dammer* BB 2003, 819). Diese Vorschrift betrifft das Überwiegen der Bankgeschäfte gegenüber anderen Geschäften und ist mE angesichts des

Ausschließlichkeitsgebots des Abs 3 Nr 2 u 3 GewStDV gegenstandslos.

- Nach **§ 19 Abs 3 Nr 3 GewStDV** sind begünstigt **Emittenten** der in Nr 2 erwähnten Schuldtitel und der in Nr 2 aE erwähnten Darlehen. Sie müssen, was für die Begünstigung nach Nr 2 bedeutsam ist, ebenfalls Gewerbebetrieb sein (hierzu krit *Schmid/Dammer* aaO; zu diesbezüglichen Zweifeln *Schmid/Stoll* BB 2005, 582). Im Übrigen gelten die zu Nr 2 aufgezeigten Bezüge.
- Nach **§ 19 Abs 3 Nr 4 GewStDV** sind auch **Finanzdienstleistungsinstitute** iSv § 1 Abs 1 a KWG betroffen, also Anlagevermittlung (Nr 1), Anlageberatung (Nr 1 a), Betrieb eines multilateralen Handelssystems (Nr 1 b), Platzierungsgeschäfte (Nr 1 c), Abschlussvermittlung (Nr 2), Finanzportfolioverwaltung (Nr 3), Eigenhandel mit Finanzinstrumenten (Nr 4), Drittstaateneinlagenvermittlung (Nr 5), Finanztransfergeschäfte (Nr 6), Sortengeschäfte (Nr 7), bestimmte Kreditkartengeschäfte (Nr 8), Factoring (Nr 9) und Finanzierungsleasing (Nr 10). Insb Leasing- u Factoringunternehmen stünden nach der Begr BTDrs 16/11108, 40 in ihrer wirtschaftlichen Finanzierungsfunktion im Wettbewerb mit Kreditinstituten, die einer umfassenden (!) Kreditaufsicht unterlägen; die genannten Unternehmen unterlägen – auch als Leasing-Objektgesellschaft (§ 2 Abs 6 Nr 17 KWG) über ihr Mutterunternehmen – einer eingeschränkten Kreditaufsicht, weswegen ihre Begünstigung gerechtfertigt sei. Erforderlich ist jedoch, dass die entsprechenden Dienstleistungen **ausschließlich** erbracht werden. Die Vorschrift ist grds **ab EZ 2008** anzuwenden, es sei denn, es fehlt bis zur Abgabe der GewSt-Erklärung 2009 am Nachweis, dass die Anzeige nach § 64j Abs 2 KWG bei der BAFin vorliegt. Dh auch wenn der Nachweis später geführt wird, ist die Vorschrift nicht ab EZ 2008 anzuwenden, sondern frühestens ab EZ 2009, wenn die Anzeige in diesem EZ bereits vorlag. Fehlt es hieran überhaupt, ist mE die Vorschrift überhaupt nicht auf das Unternehmen anzuwenden.

Bei **bankfremden Geschäften** bestimmt § 19 Abs 2 GewStDV nun- 93b
mehr, dass § 19 Abs 1 GewStDV nur anzuwenden ist, wenn im Durchschnitt aller Monatsausweise des Wirtschaftsjahres (§ 25 KWG oder entsprechende Statistiken) die Aktivposten aus Bankgeschäften und dem Erwerb von Geldforderungen (Factoring) die Aktivposten aus anderen Geschäften überwiegen. Der Aktivpostenvergleich wird vom Gesetzgeber als sachgerechter erachtet (BTDrs 11/2157, 176). Auf die Durchschnittswerte wird zur Vermeidung von Zufallsergebnissen und Manipulationen abgestellt (*Pauka* DB 1988, 2275, 2279). In den Vergleich sind Aktivposten nach § 19 Abs 1 GewStDV (Anm 93 c und d) nicht einzubeziehen. Gestrichen ist der Hinweis auf Aktivposten aus Geschäften, die von der Anzeigepflicht nach § 24 Abs 1 Nr 9 KWG ausgenommen sind (§ 9 BefrVO; inzwischen § 11 AnzVO v 19. 12. 2006, BGBl I 2006, 3245). Die BefrVO ist inzwischen aufgehoben worden. Bei den dort angesprochenen Geschäften handelte es sich nicht um Bankgeschäfte ieS, zB Erwerb und Veräußerung von Wertpapieren, Einziehung von Wechseln u Schecks, Verkauf von Reiseschecks, An- u Verkauf von Münzen, Devisengeschäfte, Vermietung von Schließ- u Schrankfächern, Ausgabe von Schuldverschreibungen mit staat-

licher Genehmigung sowie Vermittlung von Bausparverträgen, Versicherungsverträgen, Verträgen über Wertpapiere uä.

93c Als **Schulden,** denen die hinzuzurechnenden Entgelte entsprechen, wird der Betrag angesetzt, um den der Ansatz der **zum Anlagevermögen gehörenden**
- Grundstücke und Gebäude
- Betriebs- und Geschäftsausstattung
- Gegenstände, über die Leasingverträge abgeschlossen worden sind (die Werte sind nicht um passivierte abgegrenzte „Mietsonderzahlungen" zu mindern, HessFG EFG 2004, 284, NZB; mE zutreffend, wie der Wortlaut der Vorschrift ergibt); **ab EZ 2008** fallen diese Gegenstände nach der Neufassung durch das JStG 2009 nicht mehr hierunter, denn nunmehr sind auch Leasingunternehmen begünstigt (Anm 93 a aE)
- Schiffe
- Anteile an Kreditinstituten und sonstigen Unternehmen (einschließlich der atypischen stillen Beteiligungen)
- Forderungen aus Vermögenseinlagen als (typischer) stiller Gesellschafter
- Forderungen aus Genussrechten

das Eigenkapital überschreitet

Bei den **Anteilen** muss es sich nicht mehr um „dauernde Beteiligungen" (wie früher) handeln. Allein die Zugehörigkeit zum AV entscheidet. Auf die Form der Beteiligung kommt es dann nicht an. Möglich ist die Übernahme von Anteilspapieren, der Gesellschafterstellung, der Mitgliedschaft in einer Genossenschaft oder öffentl-rechtlichen Körperschaft, auch wenn diese unfreiwillig erfolgt (*Lenski/Steinberg* § 8 Nr 1 Anm 62; *Bähre/Schneider,* KWG, 3. Aufl 1986, Anm 1, 2 und 4 zu § 12). Anteile an Investment- und Spezialfonds – als rechtlich unselbständige Sondervermögen – gehören nicht zu den Anteilen an Kreditinstituten und sonstigen Unternehmen (*OFD Hannover* DB 2001, 232).

93d Die Einbeziehung von Forderungen an **organschaftlich verbundene Unternehmen** bezweckt zu verhindern, dass Unternehmen, die keine Kreditinstitute sind, im wirtschaftlichen Ergebnis in den Genuss des § 19 GewStDV kommen (BTDrs 11/2157, 176). Es entfällt der sonst bestehende Vorteil einer Kreditierung des Organs durch den Organträger, wenn dieser die Mittel seinerseits fremdfinanziert hat (nämlich beim Organträger Inanspruchnahme des § 19 Abs 1 GewStDV ohne Ansatz der Forderung; beim Organ keine Hinzurechnung der Dauerschulden und Dauerschuldentgelte, vgl Anm 73). Für die Hinzurechnung ist jede einzelne Forderung zu prüfen (verbundene Unternehmen, 12 Monate Bestand). Der Hinzurechnungsbetrag ist begrenzt auf den Betrag, der in der Schlussbilanz des Wirtschaftsjahres anzusetzen ist und am Ende des EZ mehr als 12 Monate bestanden hat. Es kann sich um ein abweichendes Wirtschaftsjahr handeln. Nicht erforderlich ist, dass die Forderung am Ende des Wirtschaftsjahres noch bestanden hat – es kommt auf die Bilanzierung an. Ein Gläubigerwechsel innerhalb des Organkreises steht der Hinzurechnung nicht entgegen (*Blümich/Hofmeister* § 8 Rz 78). Entsprechendes gilt für rechtsmissbräuchliche Tilgungen (Minderungen) und kurzfristig darauf erfolgende Wiederbegründungen (Erhöhungen) der Forderung oder einen rechtsmissbräuchlichen Schuldnerwechsel innerhalb des Organkreises (*Blümich/Hofmeister* § 8 Rz 112).

Das **Eigenkapital** ergibt sich bei Einzelunternehmen und Personengesellschaften aus den Kapitalkonten; aktives und passives Sonderbetriebsvermögen ist also zu berücksichtigen (BFHE 193, 144, BStBl II 2002, 207 zu Verbindlichkeiten zum Erwerb von Anteilen an Kreditinstituten). Bei den Kapitalgesellschaften ist Eigenkapital das Grund- und Stammkapital, zuzüglich der gesetzlichen und sonstigen offenen Reserven, sowie aus dem Gewinn, aber nur sofern dieser nach Gesetz, Satzung oder Beschluss der zuständigen Organe im Vermögen (Rücklage) verbleiben soll (RFH RStBl 1940, 749). Gewinnzuführungen an die Mitglieder oder die beherrschende Körperschaft sowie zu echten Rückstellungen gehören nicht zum Eigenkapital (RFH RStBl 1940, 749); dasselbe gilt für Pensionsrückstellungen (*-nb-* FR 1959, 456). Dagegen gehört die Vermögenseinlage des typischen stillen Gesellschafters zum Eigenkapital (Hess FG EFG 1978, 33). Bei Genossenschaften gehört das Geschäftsguthaben der zum Jahresende ausscheidenden Genossen nicht zum Eigenkapital, das auf das Ende dieses Geschäftsjahres festzustellen ist (RFH RStBl 1938, 787). In allen Fällen kommt als Eigenkapital nur ein positiver Betrag in Betracht (BFHE 96, 409, BStBl II 1969, 667). 93e

Maßgeblicher Zeitpunkt. Bei der Ermittlung des **GewErtrages** ist grundsätzlich von den Bilanzansätzen auf den Schluss des Wirtschaftsjahres, dessen GewErtrag zu ermitteln ist, auszugehen (RFH RStBl 1939, 787; 1940, 749; Hess FG EFG 2004, 284; *Blümich/Hofmeister* § 8 Rz 107; **aA** *Lenski/Steinberg* § 8 Nr 1 Anm 230). Das ist jedoch anders, wenn sich die maßgebenden Wertansätze im Laufe des Wirtschaftsjahres verändert haben: die Höhe der Entgelte soll dann nach BFHE 89, 537, BStBl II 1967, 732 nach der Entwicklung der Wertverhältnisse im Laufe des Wirtschaftsjahres zu schätzen sein; mE unzutreffend; denn § 19 GewStDV geht von einem „Ansatz“ der Werte aus. Das ist, wie RFH RStBl 1938, 787 erkennen lässt, der Bilanzansatz. Außerdem enthält die Regelung des § 19 GewStDV eine bewusste Pauschalierung, die zugunsten und zuungunsten des Kreditinstituts ausgehen kann (HessFG EFG 1986, 304). Sonderbetrachtungen für den Fall, dass sie zuungunsten ausgeht, sind nicht angezeigt. 93f

Schuldentgelte. Für die **Berechnung der Schuldentgelte** ist das bezeichnete Verhältnis auf die Zinsen für hereingenommene Gelder, Darlehen und Anleihen anzuwenden. Dabei ist der Betrag der Schuldentgelte nach A 47 Abs 1 Satz 7 GewStR mit dem gewogenen Durchschnitt zu ermitteln. Dieser Betrag wird mit 25% hinzugerechnet. 93g

Leasing-Verträge. Zur Begünstigung von Leasingunternehmen **ab EZ 2008** s Anm 93a. Im Übrigen ist wie folgt zu unterscheiden (BFH/NV 1991, 406): 94

1. Die Leasing-Gegenstände sind dem **Leasing-Nehmer zuzurechnen.** Beim Leasing-Geber gehören die zur Finanzierung aufgenommenen Darlehen nach A 45 Abs 6 Satz 3 Nr 1 Satz 11 GewStR zum laufenden Geschäftsverkehr, sofern der Nachweis des Zusammenhangs mit dem einzelnen Leasinggeschäft geführt wird, und zwar auch wenn die Laufzeit mehr als 12 Monate beträgt (vgl auch BFHE 97, 466, BStBl II 1970,

264). Diese Grundsätze gelten auch bei Immobilien-Leasing (vgl BFH/NV 1998, 881). Voraussetzung ist, dass die planmäßige und üblicherweise zur Abwicklung benötigte Frist (BFHE 69, 447, BStBl III 1959, 428) nicht über 6 Jahren liegt (BFH/NV 1991, 406; A 45 Abs 6 Satz 3 Nr 1 Sätze 13–15 GewStR). Auch ein Zusammentreffen von langer Finanzierungsdauer (10 Jahre) und Ausrichtung des Darlehens auf das Unternehmen und seine Dauer bedingen die Qualifikation als *Dauerschuld* (BFHE 215, 276, BStBl II 2008, 137). Beim Leasing-Nehmer ist die Leasing-Schuld *(Dauer)Schuld,* wenn sie länger als 12 Monate läuft. Die in den Leasing-Raten enthaltenen Zinsanteile sind (Dauer)Schuldentgelte (A 45 Abs 6 Satz 3 Nr 1 Satz 14 GewStR).

2. Die Leasing-Gegenstände sind dem **Leasing-Geber zuzurechnen.** Beim Leasing-Geber sind die Leasing-Gegenstände AV. Finanzierungen über 12 Monate haben *Dauerschuld*charakter, und zwar sowohl beim Finanzierungs-Leasing (BFHE 133, 67, BStBl II 1981, 481; BFH/NV 1989, 387; 1991, 406; *Veigel/Lentschig* StBp 1994, 106), als auch beim Hersteller-Leasing (BFHE 149, 255, BStBl II 1987, 448). Bei Verkauf der Leasing-Forderung durch den Leasing-Geber ist für die bei diesem bestehenbleibende Verpflichtung zur Nutzungsüberlassung ein passiver Rechnungsabgrenzungsposten zu bilden, dieser ist Schuld iSd Nr 1 Buchst a, jedoch keine Dauerschuld (*BMF* BStBl I 1996, 9). Bei Verkauf des zukünftigen Anspruchs auf den Erlös aus der Verwertung des Leasinggegenstandes (Restwert-Forfaitierung) hat der Forfaitierungserlös – solange der Leasing-Geber das Andienungsrecht noch nicht ausgeübt hat – den Charakter eines Darlehens. Dieses ist bei Hinzutreten des Zeitmoments *Dauerschuld.* Zinsen und ratierliche Aufstockungsbeträge sind *Dauerschuld*entgelte (BFHE 193, 416, BStBl II 2001, 722). Entsprechendes gilt, wenn der Leasinggeber dem Käufer gegenüber die Haftung für die Zahlungsfähigkeit des Leasingnehmers übernimmt, weil auch in diesem Fall die Forfaitierungserlöse insofern als Darlehen anzusehen sind (*BMF* aaO).

95 **Lizenzgebühren** können auch Dauerschulden sein (BFHE 65, 287, BStBl III 1957, 287).

96 **Lombardkredite.** Sie stehen idR mit einem bestimmten Geschäftsvorfall in wirtschaftlichem Zusammenhang. Es gelten daher die allgemeinen Grundsätze; dh keine *Dauerschuld,* wenn ein sog laufender Geschäftsvorfall finanziert wird (RFH RStBl 1939, 890; vgl BFH/NV 1993, 121).

97 **Organschaft.** Die Organschaft hat im GewStRecht die Wirkung, dass die GewErträge des Organträgers und der Organgesellschaft zusammengerechnet werden und nur einmal der GewSt unterliegen. Aus dem Verbot der doppelten Erfassung folgt, dass Hinzurechnungen nach § 8 GewStG unterbleiben, wenn die für die Zurechnung in Betracht kommenden Beträge bereits in einem der zusammenzurechnenden GewErträge oder -Kapitalien enthalten sind (BFHE 104, 361, BStBl II 1972, 358; A 41 GewStR). Das gilt mE nicht für über die Grenze in das **EU/EWR-Ausland** verbundene Unternehmen, zumal wenn ein EAV nicht besteht, weil es nicht zu einer gewstlichen Doppelbelastung kommen kann (**aA** *Meilicke* IStR 2006, 130). Hinzurechnungen haben auch bei Schulden zwi-

schen den an einem Organverhältnis beteiligten Gesellschaften zu unterbleiben, also auch bei Schulden zwischen 2 Organgesellschaften (Schwestergesellschaften) desselben Organträgers (BFHE 113, 467, BStBl II 1975, 46; BFHE 173, 426, BStBl II 1994, 768; BFHE 180, 160, BStBl II 1996, 328 ebenso *Neuhäuser* BB Beil 11/75). Das gilt jedoch dann nicht, wenn die empfangende Gesellschaft von der GewSt befreit ist (zB als Unterstützungskasse), weil es dann nicht zu einer doppelten gewstlichen Erfassung der Zinsen kommt (BFHE 114, 242, BStBl II 1975, 179). Im Übrigen lassen sich die oa Grundsätze auf Kredite zwischen Schwestergesellschaften außerhalb des Organkreises nicht übertragen, da jede Gesellschaft ihren Gewerbeertrag selbst versteuert und die oa Zusammenrechnung nicht stattfindet (BFH/NV 2005, 72).

Partiarisches Darlehen. Gewinnabhängige Vergütungen sind Zinsen für *Dauerschulden* iSd früheren Fassung des § 8 Nr 1 GewStG aF, wenn sich hinter der Vereinbarung der gewinnabhängigen Vergütung eine Vereinbarung über einen festen Zins verbirgt (BFHE 141, 158, BStBl II 1984, 623). 98

Nach der späteren Fassung des § 8 Nr 1 aF („Entgelte") dürfte mE kein Zweifel daran bestehen, dass auch gewinnabhängige Vergütungen zu den *Dauerschuld*entgelten gehören (ebenso *Dautel* DStR 2001, 925). Entsprechendes gilt für die **Neufassung** des **§ 8 Nr 1 Buchst a GewStG.**

Patentrechtsverletzungen. Verpflichtungen hieraus sind *Dauerschulden,* wenn sie nicht innerhalb von 12 Monaten nach Beseitigung der Ungewissheit über ihr Bestehen getilgt werden (BFHE 143, 468, BStBl II 1985, 431). 99

Pensionsgeschäfte. Werden echte Pensionsgeschäfte ausschließlich zur Sicherstellung einer Verbindlichkeit geschlossen (etwa Hypothekenforderungen abgetreten), dann sind der Gegenstand der Abtretung und die aus ihm fließenden Erträge nach § 39 Abs 2 Nr 1 AO dem Sicherungsgeber zuzurechnen. Werden die Erträge an den Pensionsnehmer weitergeleitet, dann liegen hierin ggf Schuldzinsen (BFHE 140, 102, BStBl II 1984, 217); anders bei sonstigen echten Pensionsgeschäften, bei denen das Pensionsgut und die Erträge dem Pensionsnehmer zuzurechnen sind (BFHE 137, 433, BStBl II 1983, 272). 100

Pfandleiher. Siehe „Kreditinstitute" (Anm 93). 101

Refinanzierungskredite. Dienen sie der Refinanzierung von Krediten zur Finanzierung von Warengeschäften im laufenden Geschäftsverkehr, dann haben sie nach den allgemeinen Grundsätzen (vgl Anm 50 ff) nicht den Charakter von *Dauerschulden.* Finanziert indes ein inländisches Handelsunternehmen fremde Warengeschäfte mit dem Ziel, durch diese Finanzierungsgeschäfte neue Geschäftsbeziehungen im eigentlichen Handelsgeschäft anknüpfen zu können, und wird auf Grund dessen eine mehrjährige Refinanzierung erforderlich, dann handelt es sich idR um *Dauerschulden* (vgl *BMF* FR 1977, 389); ebenso wenn der refinanzierte Kredit an eine Schwestergesellschaft, mit der Geschäftsbeziehungen bestehen, zur Finanzierung einer Betriebsanlage begeben wird (BFH/NV 1998, 1222). Etwas anderes kann nur gelten, wenn – was wegen des Finanzierungszwecks wohl zu verneinen ist – von einem durchlaufenden Kredit ausgegangen werden kann. Gewährt ein Unternehmen einem Geschäftspartner Kredite, um ihn zum Abschluss oder zur Aufrechterhaltung von *Dauerschuld*verhältnissen mit einer Laufzeit von mehr als 12 Monaten zu veranlassen, dann 102 führt die langfristige Refinanzierung zu *Dauerschulden,* auch wenn die Tilgung des Kredits über die Verrechnung mit einzelnen Geschäftsvorfällen erfolgt. Lediglich der Abschluss und die Abwicklung der einzelnen Geschäftsvorfälle sowie deren (Re-)Finanzierung gehört zu den laufenden Geschäftsvorfällen (BFHE 149, 248, BStBl II 1987, 443); hierzu Anm 24 u 99.

Auch die Stützung einer Bausparkasse durch ein Wohnungsbauunternehmen durch Übernahme von Bausparforderungen gehört nicht zum laufenden Geschäftsverkehr. Die zur Refinanzierung aufgenommenen Kredite sind *Dauerschulden* (FG Bremen EFG 1978, 501).

103 **Rückgabeverpflichtungen.** Wird bei einer Unternehmenspacht vereinbart, dass der Pächter nach Beendigung des Pachtverhältnisses die ihm überlassenen Rohstoffe sowie Halb- und Fertigfabrikate zurückzugewähren hat, dann stellt die passivierte Rückgabeverpflichtung eine *Dauerschuld* dar (BFHE 84, 138, BStBl III 1966, 51).

104 **Rückstellungen als *Dauerschulden*.** Sie sind nach Abschaffung der GewKapSt nur von Bedeutung, wenn wegen der Verpflichtung Entgelte angefallen sind.

Rückstellungen können ebenfalls *Dauerschulden* sein. Bei der Entscheidung sind die allgemeinen Grundsätze anzuwenden, insb dürfen sie nicht im laufenden Geschäftsverkehr angefallen sein (BFHE 65, 140, BStBl III 1957, 287; BFHE 79, 311, BStBl III 1964, 344; BFHE 120, 254, BStBl II 1977, 9). Ist dies nicht der Fall, dann kommt es weder auf den Entstehungsgrund der Schuld an noch darauf, ob dem Betrieb unmittelbar oder mittelbar Mittel zugeführt worden sind. Denn auch wenn die Verringerung von Betriebsmitteln nur verhindert wird, liegt eine Verstärkung des Betriebskapitals vor (BFHE 66, 97, BStBl III 1958, 39).

Dagegen sind Rückstellungen für ungewisse Verbindlichkeiten *Dauerschulden,* wenn sie nicht innerhalb von 12 Monaten nach Beseitigung der Ungewissheit getilgt sind, und zwar beginnend ab diesem Zeitpunkt. Die Ungewissheit wird idR beseitigt durch Urteil oder durch Vereinbarung, aber auch – bei ungebührlicher Verzögerung – schon vorher (BFHE 79, 311, BStBl III 1964, 344; BFHE 93, 154, BStBl II 1968, 715; BFHE 94, 574, BStBl II 1969, 266). Befinden sich die Verbindlichkeiten dagegen in der Abwicklung und wird die endgültige Regulierung im Interesse einer vollständigen und dauerhaften Lösung hinausgeschoben, dann liegen keine *Dauerschulden* vor (BFHE 94, 574, BStBl II 1969, 266 zu Bergschäden). Diese Grundsätze gelten insb für Schadensersatz- und Haftpflicht- oder Gewährleistungsverbindlichkeiten (BFHE 79, 311, BStBl III 1964, 344) sowie für Verpflichtungen aus Patentrechtsverletzungen (BFHE 143, 468, BStBl II 1985, 431).

Zu den laufenden Geschäftsvorfällen gehören nach hM Verpflichtungen zur Instandhaltung (BFHE 84, 144, BStBl III 1966, 53; BFH StRK GewStG § 12 Nr 1 R 20) sowie Rekultivierungsverpflichtungen (BFHE 120, 254, BStBl II 1977, 9). Sie werden *Dauerschulden* nur dann, wenn sie nicht innerhalb der üblichen Frist nach Ablauf des Vertrages erfüllt werden (BFHE 66, 97, BStBl III 1958, 39; BFHE 93, 159, BStBl II 1968, 717).

105 **Rückzahlungsverbindlichkeiten.** Bei Rückzahlung des Kaufpreises nach Rückgabe der mangelfreien und bereits bezahlten Ware innerhalb von 2 Jahren

soll nach Hess FG EFG 1976, 23 keine *Dauerschuld,* sondern ein laufender Geschäftsvorfall vorliegen, wenn die Rückzahlungsverpflichtung bis zum Verkauf der zurückgenommenen Ware an andere Kunden getilgt ist; mE fraglich.

Saisonkredite. Für sie gelten die allgemeinen Grundsätze. Bei nachweisbarem festen Zusammenhang mit bestimmten Warengeschäften liegen keine *Dauerschulden* vor (BFHE 104, 136, BStBl II 1972, 189). Werden sie nur für eine Saison aufgenommen, dann sind sie nach hM Schulden des laufenden Geschäftsverkehrs. Sie sollen dann *Dauerschulden* werden, wenn sie zum Saisonende nicht abgedeckt werden und daher das Betriebskapital über längere Zeit hinweg verstärken (RFH RStBl 1938, 1117; 1939, 1057; BFHE 73, 427, BStBl III 1961, 422). Dies gilt auch dann, wenn der Stpfl laufend Saisonkredite aufnimmt und die Kredite zwar innerhalb eines Zeitraums von weniger als 12 Monaten zurückzahlt, wenn aber wegen der Überschneidung durch Aufnahme neuer Saisonkredite ein Mindestkredit länger als 12 Monate bestehen bleibt (BFHE 81, 539, BStBl III 1965, 195; BFHE 88, 134, BStBl III 1967, 322; BFHE 104, 136, BStBl II 1972, 189). Etwas anderes kann nur dann gelten, wenn die einzelnen Kreditgeschäfte nachweislich schon bei der Gewährung des Kredits der Durchführung eines bestimmten Warengeschäfts gedient haben und die Abwicklung dieses Kredits von der Auftragserteilung bis zum Eingang der hierauf gründenden Kundenforderung nachweisbar ist (vgl BFH StRK GewStG § 12 R 7; HFR 1966, 174). Zur Nichtrückzahlung des Saisonkredites wegen behördlich angeordneter Vorratshaltung vgl RFH RStBl 1944, 420; BFHE 119, 168, BStBl II 1976, 551. **106**

Schadensersatzverbindlichkeiten. Sie werden nach der Rspr grundsätzlich den laufenden Geschäftsvorfällen zugeordnet, wenn sie in Zusammenhang mit solchen – wie regelmäßig – entstanden sind (BFHE 94, 574, BStBl II 1969, 266). Das gilt auf jeden Fall, solange die Ansprüche noch in der Abwicklung befindlich und Verhandlungen zwischen den Beteiligten im Gange sind. Schadensersatzverbindlichkeiten werden aber zu *Dauerschulden,* wenn sie nicht innerhalb von 12 Monaten nach Beseitigung der Ungewissheit getilgt werden. Die Ungewissheit wird idR beseitigt durch Vereinbarung oder durch Urteil und – bei ungebührlicher Verzögerung der Abwicklung – unter Umständen auch schon vorher (BFHE 143, 468, BStBl II 1985, 431). Zinsen auf Schadensersatzverbindlichkeiten sind mE Schuldentgelte iSv **§ 8 Nr 1 Buchst a nF.** **107**

Steuerschulden. Sie gehören im Allgemeinen zum laufenden Geschäftsverkehr. Daher sind sie erst *Dauerschulden,* und zwar von Anfang an, wenn sie nicht innerhalb eines Jahres getilgt werden. Für die Berechnung der Frist kommt es auf den Zeitpunkt des Zugangs des Steuerbescheides bzw. Rückforderungsbescheides an (BFHE 69, 447, BStBl III 1959, 428; BFHE 74, 601, BStBl III 1962, 222; BFHE 76, 193, BStBl III 1963, 69). ME sollte auf den Zeitpunkt der Fälligkeit abgestellt werden. Auch langfristige (mindestens 12 Monate ab Zugang des Bescheides) gestundete Steuerschulden und Rückzahlungsverpflichtungen sind *Dauerschulden.* Wird die Steuerschuld in Teilbeträgen entrichtet, dann ist nur der Teil Dauerschuld, der nach Ablauf des maßgebenden 12-Monats-Zeitraums gezahlt wird (BFHE 77, 237, BStBl III 1963, 405). Nach FG Berlin (EFG 1982, 527) sollen diese Grundsätze jedoch nicht gelten, wenn die Steuerschulden in Zusammenhang mit laufenden Geschäftsvorfällen stehen (hier Brannt- **108**

weinsteuer). Es nimmt keine *Dauerschulden* auch dann an, wenn die Steuer mehr als 12 Monate gestundet wird (mE fraglich).

Für Rückstellungen für Steuerschulden gelten nach BFHE 141, 163, BStBl II 1984, 598 entsprechende Grundsätze; dh der Fristenlauf beginnt nicht schon ab dem Stichtag der Rückstellungsbildung, sondern erst ab Zugang des Steuerbescheides.

Bei **Aussetzung der Vollziehung** wegen eines schwebenden Rechtsbehelfsverfahrens sind nach BFHE 111, 343, BStBl II 1974, 387 die Steuerschulden keine *Dauerschulden* und werden dazu erst, wenn sie innerhalb von 12 Monaten nach Ablauf der Aussetzung nicht getilgt werden.

Für die Hinzurechnung von Entgelten zum **GewErtrag** gilt: **Aussetzungszinsen** waren nach **§ 8 Nr 1 aF** nicht hinzuzurechnen, da die ausgesetzten Beträge keine *Dauerschulden* sind (s oben); nach der **Neufassung** des **§ 8 Nr 1 Buchst a nF** sind sie mE hinzuzurechnen, weil es sich um Entgelt für eine (Steuer)Schuld handelt, zumal die Verzinsung nur bei Erfolglosigkeit des Rechtsbehelfs anfällt (§ 237 AO). **Stundungszinsen** sind hinzuzurechnen, und zwar als *Dauerschuld*entgelt (§ 8 Nr 1 aF), soweit sie auf die Beträge entfallen, die länger als 12 Monate gestundet sind, und als Schuldentgelt (§ 8 Nr 1 Buchst a nF) mE von Anfang an. **Säumniszuschläge** sind nicht hinzuzurechnen, weil sie mangels Gegenseitigkeitsverhältnisses keinen Entgeltcharakter haben (aA *FinSen Hamburg* DStZE 1982, 268).

109 **Stillhalteschulden.** Es handelt sich um Schulden, deren Rückzahlung wegen gesetzlicher, behördlicher oder ähnlicher Maßnahmen blockiert ist. Bei Eintritt des erforderlichen Zeitelements sind sie an sich *Dauerschulden,* sie werden jedoch im Billigkeitswege wie laufende Schulden behandelt (BFHE 146, 91, BStBl II 1986, 415). Das gilt jedoch nicht, wenn die Erfüllung einer sich aus der Währungsumstellung ergebenden Abführungsverpflichtung eines Versicherungsunternehmens hinausgeschoben wurde, um dem Versicherungsunternehmen dringend benötigte Liquidität zu erhalten (BFHE 140, 102, BStBl II 1984, 217). Werden die Stillhalteschulden verzinst, dann sind die Entgelte nach der **Neufassung** des **§ 8 Nr 1 Buchst a GewStG** nF mE hinzuzurechnen.

110 **Teilzahlungsgeschäfte.** Die Vorfinanzierung von Teilzahlungen durch den Lieferanten führt dann zu laufenden Verbindlichkeiten, wenn der Lieferant seine Kaufpreisforderung laufend an die Bank abtritt und die von den Kunden geleisteten Raten zur Kreditabdeckung verwendet (BFHE 69, 453, BStBl III 1959, 430; BFHE 70, 131, BStBl III 1960, 49).

111 **Unterstützungskassen.** Stellt eine Unterstützungskasse iSd § 3 Nr 9 dem Trägerunternehmen die von diesem erhaltenen Mittel darlehensweise zur Verfügung oder schreibt das Trägerunternehmen Zuwendungen auf einem für die Unterstützungskasse geführten Konto lediglich gut, dann sind bei Hinzutreten des Zeitmoments *Dauerschulden* gegeben; Ausnahme bei treuhänderischer Verwaltung. Bei wechselndem Bestand sind die hinzuzurechnenden Schuldzinsen nicht auf der Basis eines Mindestbetrages zu ermitteln, weil der gesamte Schuldsaldo der dauernden Verstärkung des Betriebskapitals gewidmet ist (BFHE 140, 468, BStBl II 1984, 379). Dem ist nicht mit dem Hinweis auf eine organschaftliche Verflechtung von Unterstützungskasse und Trägerunternehmen

zu entgehen (BFHE 97, 528, BStBl II 1970, 224; BFHE 114, 242, BStBl II 1975, 179).

„Unverzinsliche" Verbindlichkeiten. Langfristige Ratenzahlungen auf eine in der Vereinbarung als unverzinslich bezeichnete Kaufpreisschuld enthalten idR einen angemessenen, der Hinzurechnung unterliegenden, Zinsanteil (BFHE 115, 514, BStBl II 1975, 647). Entsprechendes gilt für ein „unverzinsliches" Darlehen von einem Pächter an den Verpächter, wenn vereinbart wird, dass der Pachtzins in dem Maße steigt, in dem das Darlehen zurückbezahlt wird (BFHE 107, 219, BStBl II 1973, 26). Zu § 6 Abs 1 Nr 3 EStG s „Abzinsung". 112

Versicherungsunternehmen. Der **Deckungsstock** der Lebensversicherungsunternehmen enthält die Beträge, in deren Höhe die Deckungsrückstellung gebildet wird. Er ist der Verfügung des Unternehmens entzogen und hat eine grundsätzlich andere Funktion als das BV bei anderen Gewerbetreibenden (BFHE 89, 279, BStBl III 1967, 631). Versicherungstechnische Rückstellungen sowie aus Versicherungsverhältnissen entstandene Verbindlichkeiten gegenüber Versicherungsnehmern unterliegen auch noch **§ 8 Nr 1 Buchst a nF** nicht der Hinzurechnung, soweit sie durch Vermögenswerte iSv § 54 Abs 1 Satz 1 VAG gedeckt sind (*FM Länder* BStBl I 2008, 730 Rn 24). 113

Nach **§ 8 Nr 1 aF** galt:

Deckungsrückstellungen (Deckungsrücklagen, Prämienreserven) sind daher wegen ihres engen Zusammenhangs mit dem Deckungsstock keine *Dauerschulden* (RFH RStBl 1944, 171; BFHE 89, 279, BStBl III 1967, 631); anders jedoch bei Hypotheken, die auf zum Deckungstock gehörenden Grundstücken lasten (BFHE 86, 689, BStBl III 1966, 630).

Rückstellungen für Beitragsrückerstattungen können *Dauerschulden* sein (BFHE 71, 168, BStBl III 1960, 311; zust *Krämer* BB 1994, 1323). Sie sind dann keine *Dauerschulden,* wenn sie mit Gegenwerten bedeckt sind, die geschäftsplanmäßig ähnlichen Beschränkungen unterliegen wie der Deckungsstock (BFHE 76, 723, BStBl III 1963, 264; BFHE 102, 512) oder wenn sie – geschäftsplanmäßig zulässig – mit Überdeckungen des Deckungsstocks bedeckt sind (BFHE 141, 163, BStBl II 1984, 598). Die Höhe der Bedeckung ist nach versicherungsmathematischen Grundsätzen zu beurteilen (BFHE 86, 689, BStBl III 1966, 630). Maßgebender Zeitpunkt für die Berechnung ist der jeweilige Bilanzstichtag, zu dem die Rückstellung für die überhobenen Beitragsteile gebildet worden ist (BFHE 141, 163, BStBl II 1984, 598).

Verzinsliche **Vorauszahlungen** auf **Beitragsdepots** gehören nach BFHE 183, 219, BStBl II 1997, 824 und BFH/NV 1998, 495 nicht zu den *Dauerschulden,* zumal wenn sie in das Deckungsstock-Soll einbezogen werden.

Schadensrückstellungen gehören zum laufenden Geschäftsverkehr und sind auch für die Abwicklung von Schadensfällen zurückliegender Zeiträume keine *Dauerschulden* (BFHE 93, 154, BStBl II 1968, 715).

Schwankungsrückstellungen für künftige Verpflichtungen für mit einer gewissen Wahrscheinlichkeit zu erwartende und durch die künftigen Prämien voraussichtlich nicht gedeckten Verpflichtungen aus laufenden Versicherungsverträgen sind *Dauerschulden.* Sie gehören nicht zum laufenden Geschäftsverkehr (BFHE 93, 154, BStBl II 1968, 715; BFHE 104, 464, BStBl II 1972, 390).

Gut geschriebene verzinsliche Gewinnanteile der Versicherten sind *Dauerschulden,* wenn sie nicht ähnlichen geschäftsplanmäßigen Verfügungsbeschränkungen unterliegen wie der Deckungsstock (RFH RStBl 1940, 826).

Verzinsliche und unverzinsliche Darlehen der Mitglieder eines Versicherungsvereins zur Bildung eines Garantiefonds für außerordentliche Schadensfälle sind *Dauerschulden* (BFHE 93, 159, BStBl II 1968, 717).

Rentenreservedepots für Deckungsrückstellungen für Rentenverpflichtungen in der Unfall- und Haftpflichtversicherung – auch für den Rückversicherungsanteil – sind keine *Dauerschulden,* weil sie nicht nach den Grundsätzen für die Bildung des Deckungsstocks angelegt werden (BFHE 89, 279, BStBl III 1967, 631).

Bardepots werden im Zusammenhang mit der Bildung des Deckungsstocks bei Lebensversicherungsunternehmen gestellt. Sie sind keine *Dauerschulden,* weil sie den Gegenwert für die auf die Rückversicherungssumme entfallenden anteiligen Deckungsrückstellungen umfassen (BFHE 89, 279, BStBl III 1967, 631). Bei Sachversicherungen gilt das nicht, weil hier keine vergleichbaren Deckungsrückstellungen gebildet werden (BFHE 107, 39, BStBl II 1972, 908).

Schadensreservedepots (Vorauszahlungen auf bis zum Stichtag eingetretene und noch nicht regulierte Schäden) und Prämienreservedepots (Vorauszahlungen auf unmittelbar nach dem Stichtag und bis zum Ablauf der laufenden Versicherungsperiode eintretende Schäden) sind keine *Dauerschulden,* wenn das Depot nach jeder Abrechnung freigegeben wird. Sie gehören daher zu den Schadensrückstellungen (BFHE 93, 154, BStBl II 1968, 715) und damit zum laufenden Geschäftsverkehr. Sie sind *Dauerschulden,* wenn das Depot mit variablem Bestand für die Dauer des Rückversicherungsvertrages bestehen bleibt und dem Erstversicherer als dauernde Sicherheit zur Verfügung steht (BFHE 107, 39, BStBl II 1972, 908).

Auf der Seite des **Versicherungsnehmers** sind sog **Policedarlehen** (Vorauszahlungen des Versicherungsunternehmens aus dem Deckungskapital) bei Hinzutreten des Zeitmoments *Dauerschulden.* Es handelt sich wirtschaftlich um Darlehen. Die hierfür aufgewendeten Zusatzbeiträge beinhalten eine Verzinsung dieser Darlehen und sind ggf als *Dauerschuld*zinsen hinzuzurechnen (BFHE 86, 244, BStBl III 1966, 421).

114 **Vorratshaltung.** Kredite zur Finanzierung von Vorratshaltungen sind *Dauerschulden,* auch dann, wenn die Vorratshaltung öffentlich-rechtlich angeordnet ist (BFHE 119, 168, BStBl II 1976, 551; BFHE 143, 468, BStBl II 1985, 431).

115 **Warenverbindlichkeiten.** Verbindlichkeiten im Zusammenhang mit Warengeschäften sind idR Verbindlichkeiten des laufenden Geschäftsverkehrs. Das gilt auch bei Zahlungszielen von mehr als 12 Monaten, wenn sie in der nach dem Geschäftsvorfall üblichen Zeit abgewickelt werden (BFHE 98, 436, BStBl II 1970, 436). Voraussetzung ist die buchmäßig nachweisbare Verknüpfung der einzelnen Warenschuld mit einer bestimmten Lieferung von ihrer Aufnahme bis zu ihrer Tilgung (BFHE 162, 441, BStBl II 1991, 251; BFHE 164, 84, BStBl II 1991, 474). Das gilt auch dann, wenn der Lieferant einen Kredit zur **Refinanzierung** der Warenlieferung aufgenommen hat (BFHE 116, 386, BStBl II 1975, 784). BFHE 186, 447, BStBl II 1999, 33 verlangt keine Vereinbarung über den Zusammenhang von Erlös und Tilgung, sondern lässt die tatsächliche Verknüpfung genügen. Dagegen ist *Dauerschuld* anzunehmen, wenn es dem Schuldner freisteht, aus welchen Erlösen er den Kredit bezahlen will, und auch bei der Abwicklung ein Zusammenhang nicht erkennbar wird (BFHE 162, 122, BStBl II 1990, 1077; BFHE 211, 43, BStBl II 2006, 134).

Zahlen die Kunden vereinbarungsgemäß Überpreise, die zu (verzinslichen) Guthaben führen, so stellen diese beim Schuldner (Lieferanten) *Dauerschulden* dar (BFHE 164, 84, BStBl II 1991, 474).

Bei kontokorrentmäßiger Abwicklung der Warenlieferungen und ihrer Finanzierung liegen idR *Dauerschulden* nur in Höhe des Sockelbetrages vor, der dem Betrieb dauernd zur Verfügung steht (BFHE 104, 136, BStBl II 1972, 189; BFHE 109, 465, BStBl II 1973, 670; BFHE 162, 129, BStBl II 1990, 1081). Wird die Warenschuld nicht in der geschäftsüblichen Zeit getilgt, dann entfällt der *Dauerschuld*charakter auch nicht wegen Bestehens einer öffentlich-rechtlichen Verpflichtung zur Vorratshaltung (BFHE 119, 168, BStBl II 1976, 551).

Wartegelder und Förderzinsen für die Übertragung des (wirtschaftlichen) Eigentums an Abbaurechten sind *Dauerschulden* (BFHE 177, 101, BStBl II 1994, 44). 116

Wechselkredite. Wechselkredite sind *Dauerschulden,* wenn sie wirtschaftlich mit der Gründung oder Erweiterung oder Verbesserung des Betriebs zusammenhängen (BFHE 140, 102, BStBl II 1984, 217; BFHE 140, 281, BStBl II 1984, 376); bei der Anschaffung oder Herstellung von AV, die noch keine Erweiterung oder Verbesserung des Betriebes darstellt, sind sie *Dauerschulden,* wenn ihre Laufzeit mehr als 12 Monate beträgt. Das gilt jedoch auch bei einer zunächst kurzen Laufzeit, wenn Anspruch auf Prolongation über 12 Monate hinaus besteht und der Wechsel in Prolongationsabsicht begeben wird (zB BFHE 162, 441, BStBl II 1991, 251, auch zur Abwicklung wie ein Kontokorrentverhältnis), ebenso wenn im Rahmen des einen Kreditverhältnisses einander ablösende Wechsel begeben werden (BFHE 85, 192, BStBl III 1966, 280). Auch ohne ein solches Einheitsmoment werden Wechselschulden *Dauerschulden,* wenn sie nach jeweils wenigen Monaten revolviert werden und sich dadurch die Laufzeit des Kredits über 12 Monate hinaus verlängert (BFHE 96, 535, BStBl II 1969, 712; BFHE 125, 564, BStBl II 1978, 651). Entsprechendes gilt, wenn ein Wechselkontigent mit einer Laufzeit von mehr als einem Jahr in Wechsel mit einer Laufzeit von nur drei Monaten aufgeteilt wird (BFHE 185, 46, BStBl II 1998, 272). 117

Wechselschulden im Zusammenhang mit laufenden Geschäftsvorfällen sind bei gleich laufender Abwicklung keine *Dauerschulden* (BFHE 85, 192, BStBl III 1966, 280, zur Einschaltung eines Dritten), zB bei Ausstellung von Wechseln durch den Lieferanten (BFHE 82, 657, BStBl III 1965, 484; BFHE 88, 134, BStBl III 1967, 322). Die finanzierende Bank muss in das Wechselverfahren eingeschaltet sein (BFHE 125, 564, BStBl II 1978, 651). Unter dieser Voraussetzung bleiben Wechselschulden auch dann laufende Schulden, wenn der Steuerpflichtige hintereinander an verschiedene Gläubiger einander in der Laufzeit folgende Wechsel begibt (RFH RStBl 1939, 890). Dies soll auch gelten, wenn die Umschlagshäufigkeit des Warenlagers deutlich unter der Wechsellaufzeit liegt und dem GewTreibenden ständig ein erheblicher Betrag an Fremdmitteln zur Verfügung steht (vgl BFHE 96, 535, BStBl II 1969, 712; BFHE 116, 386, BStBl II 1975, 784). Wechselschulden aus laufenden Geschäftsvorfällen werden *Dauerschulden* durch Hinzutreten des Zeitmoments (BFHE 162, 122, BStBl II 1990, 1077; BFHE 185, 46, BStBl II 1998, 272).

Zins-Swap-Verträge. Der Zins-Swap-Vertrag ist ein Finanzierungsinstrument zur Senkung von Finanzierungskosten, bei dem die beteiligten Partner ihre jeweiligen Zinsverpflichtungen auf identische und währungsgleiche Kapitalbeträge austauschen. Er wird aber immer häufiger zur Absi- 118

cherung von Zinsänderungsrisiken und auch zu Spekulationszwecken eingesetzt. Die hauptsächlichen Gestaltungsformen sind Swap-Verträge
– auf der Basis fiktiver Kapitalsummen
– durch Abschluss korrespondierender Darlehensverträge mit und ohne Austausch der zugrundeliegenden Kapitalsummen.

In der Regel verpflichtet sich der GewTreibende gegenüber seinem Partner (im allgemeinen ein Kreditinstitut) zur langfristigen Zahlung eines Festzinses; er selbst erhält einen variablen Zinssatz von seinem Partner.

Auch wenn der Swap-Vertrag der langfristigen Zinssicherung für mehrere nur kurzfristige Darlehensverträge und Zinsperioden nacheinander dient, ist er nicht geeignet, eine Verklammerung der betroffenen Verhältnisse herbeizuführen. Er lässt die *formale Unabhängigkeit* der mehreren Darlehensverträge *unberührt* und steht als Zinsinstrument nur indirekt mit ihnen in Zusammenhang (so auch BFHE 202, 368, BStBl II 2004, 517: unternehmensinterne Maßnahme; FG Köln EFG 2003, 254 rkr). Das wirtschaftliche Risiko, insb das Eindeckungsrisiko, bleibt dem GewTreibenden erhalten (ebenso *Vögele* DB 1987, 1060 unter Hinweis auf BFHE 111, 425, BStBl II 1974, 388; *Franken* BB 1989, 2301; *Erne* DB 1994, 1809; *Herbst* DStZ 2003, 148; *Haisch* DStZ 2004, 511). Aufwendungen für einen Zins-Swap-Vertrag unterliegen auch nach **§ 8 Nr 1 a nF** nicht der Hinzurechnung (*FM Länder* BStBl I 2008, 730 Rn 14 f). Auch eine (denkbare) **Saldierung** von Aufwand und Erträgen kommt daher nicht in Betracht. Nach altem Recht stellte sich die Frage der *Dauerschuld* aus dem Gesichtspunkt der Verklammerung der mehreren, zumeist bei verschiedenen Banken abzuschließenden und abgeschlossenen Darlehensverträge (so nach *Vögele* DB 1987, 1060 die Referatsleiter der obersten Finanzbehörden der Länder), wenn man auch nacheinander abgeschlossene, formal voneinander unabhängige Kredite zur nämlichen Kapitalverstärkung als eine einheitliche Schuld auffasst (von BFHE 202, 368, BStBl II 2004, 517 jedoch abgelehnt).

119 **Zollkredite.** Sie sind wegen ihres Zusammenhanges mit der einzelnen Warenlieferung idR keine *Dauerschulden,* auch wenn die Zahlung nach § 223 AO längerfristig, dh bis zum Eingang des Warenerlöses, hinausgeschoben wird (RFH RStBl 1938, 1134).

120 **Zwischenkredite** zur Finanzierung von Maßnahmen iVm der Gründung, Erweiterung oder Verbesserung des Betriebs sind *Dauerschulden* (BFHE 164, 374, BStBl II 1991, 765); ebenso Zwischenfinanzierungen von WG des AV mit einer Laufzeit von über 12 Monaten, und zwar auch dann, wenn der Kredit der Begründung einer Bauspareinlage (= grundsätzlich AV) dient (BFHE 155, 389, BStBl II 1989, 299). Zwischenfinanzierungen, die nicht im laufenden Geschäftsverkehr entstanden sind und auch nicht der Gründung, Erweiterung usw des Betriebs dienen, gehören nach A 45 Abs 4 Satz 6 GewStR auch bei einer Laufzeit von weniger als 12 Monaten zu den Dauerschulden, wenn sie durch langfristige Kredite desselben Gläubigers ersetzt werden sollen. ME hat dies auch zu gelten bei einer beabsichtigten Endfinanzierung durch einen anderen Gläubiger. Der Grundsatz der isolierten Betrachtung des einzelnen Kredits (Anm 48) hat wegen der Einheitlichkeit der auf dauerhafte Verstärkung des Betriebskapitals gerichteten Maßnahmen zurückzutreten (ebenso *Blümich/Hofmeister* § 8 Rz 450 „Zwischenkredite"), weil es dem Schuldner nur auf die Gesamtbelastung ankommt (vgl BFHE 161, 568, BStBl II 1990, 915).

§ 8 Nr. 1 Buchst. b Hinzurechnungen

Dem Gewinn aus Gewerbebetrieb (§ 7) werden folgende Beträge wieder hinzugerechnet, soweit sie bei der Ermittlung des Gewinns abgesetzt worden sind:

1. Ein Viertel der Summe aus

...

b) Renten und dauernden Lasten. [2]Pensionszahlungen auf Grund einer unmittelbar vom Arbeitgeber erteilten Versorgungszusage gelten nicht als dauernde Last im Sinne des Satzes 1,

...

Gewerbesteuer-Richtlinien: Abschnitt 49.

Übersicht

1.–2. Allgemeines
3. Begriff der Renten
4. Rententypen
5. Begriff der dauernden Lasten
6. Keine dauernden Lasten – Beispiele
7. Betrieblicher Zusammenhang
8. Pensionszahlungen aufgrund von Versorgungszusagen
9. Umfang der Hinzurechnung
10. Veräußerungsleibrenten/betriebl Versorgungsrenten/Abfindungsrenten
11. Rückzahlung einer Rente/dauernden Last
12.–14. (frei)
15.–19. Früheres Recht zu Renten u dauernden Lasten

Literatur: *Köhle,* Hinterbliebenenbezüge als Betriebsausgaben/Änderung der Rspr auch in der Frage der Rückstellungsbildung?, DB 1984, 644; *Bordewin,* Die Pension der Gesellschafterwitwe, FR 1984, 277; *Meyer,* sind Rentenanteile dem gewerbesteuerlichen Gewinn hinzuzurechnen?, BB 1985, 52; *Authenrieth/Haug,* Gewerbesteuerliches Schachtelprivileg und Verlustvortrag für Erhebungszeiträume bis 1985, DStZ 1987, 279; *Fischer,* Über Renten und Rentenbesteuerung *(zum ESt-Recht, Anm d Verf).* StuW 1988, 335; *Henerichs,* Gewerbesteuerliche Probleme bei einer betrieblichen Beteiligung an einer vermögensverwaltenden Kommanditgesellschaft, FR 1991, 76; *Schlagheck,* Zebragesellschaften und Gewerbesteuer, StBp 2000, 115; *Schwer,* Betriebliche Veräußerungsrente, StBp 2000, 103; *Naujok/Bujotzek,* Erbbauzinsen vor 2008 keine hinzuzurechnenden dauernden Lasten, FR 2007, 882; s auch die übrigen Hinweise zu § 8 Nr 1.

Allgemeines. Die Vorschrift ist verfassungskonform (BFHE 151, 175, 1
BStBl II 1988, 70). Sie bezweckt die Ermittlung des objektiven, von den Beziehungen des Inhabers zum Betrieb losgelösten GewErtrags (vgl § 8 Nr 1 Buchst a Anm 1). Wie bei Nr 1 Buchst a soll der GewErtrag wegen der Art der Finanzierung nicht gemindert werden dürfen. Renten und dauernde Lasten können ebenso wie Zinsen Entgelt für das Betriebskapital darstellen (BFHE 110, 53, BStBl II 1973, 787; BFHE 119, 374, BStBl I

1976, 576; BFHE 126, 560, BStBl II 1979, 266; BFHE 168, 361, BStBl II 1992, 919; BFHE 194, 232, BStBl II 2001, 687). Der Grund für die Hinzurechnung nach § 8 Nr 2 aF war – jedenfalls bei Veräußerungsrenten – die Tatsache, dass die einzelnen Rentenzahlungen Zinsanteile enthalten, die Entgelt für die Überlassung des im Gewerbebetrieb arbeitenden Kapitals darstellen (BFHE 163, 42, BStBl II 1991, 358). Denkbar ist dies nicht nur für solche Renten und dauernde Lasten, die die Voraussetzungen des § 8 Nr 2 aF erfüllen, sondern auch für solche, die auf andere Weise mit dem Betriebskapital und seiner Verstärkung zusammenhängen. Doch hatte der Gesetzgeber mit der aF in typisierender Weise nur diejenigen, die wirtschaftlich mit der Gründung/dem Erwerb des (Teil)Betriebes oder eines Anteils daran zusammenhängen, mit den Entgelten für Dauerschulden (dh 50% hiervon) gleichgestellt. Hierin lag eine Ungleichbehandlung von Renten und dauernden Lasten untereinander, je nach ihrem wirtschaftlichen Gehalt (vgl BFHE 151, 175, BStBl II 1988, 70; *Wendt* FR 2001, 412). Darüber hinaus diskriminierte die aF Renten und dauernde Lasten gegenüber den Dauerschuldentgelten. Sie war **europarechtlich** problematisch (Verstoß gegen Art 43 u 56 EGV), weswegen bis EZ 2007 von einer Hinzurechnung abgesehen wird, wenn der gewerbliche Empfänger in einem EU/EWR-Staat ansässig war (auch für DBA-Staat; *OFD Münster* FR 2008, 290).

2 Mit der **Neufassung mWv EZ 2008** (§ 36 Abs 5 a) ist – allerdings unter Vermehrung und Verschärfung der Hinzurechnungstatbestände – diese Problematik beseitigt.

Die Vorschrift enthält eine **abschließende Regelung** für die Behandlung von Renten und dauernden Lasten (BFHE 76, 259, BStBl III 1963, 93); BFHE 108, 202, BStBl II 1973, 403). Die nach § 8 Nr 2 aF bestehende Problematik, ob die Hinzurechnung von in Rentenzahlungen enthaltenen Zinsanteilen nach § 8 Nr 1 Buchst a GewStG zulässig ist, wenn die Voraussetzungen für die Hinzurechnung nach jener Vorschrift nicht vorlagen (FG Köln EFG 1984, 362 und die Vorauflagen; aA FG Münster EFG 2008, 399 Rev; Anm *Wüllenkemper; Meyer* BB 1985, 52; *Lenski/Steinberg* § 8 Nr 2 Anm 8; *Blümich/Hofmeister* § 8 Rz 114, kann mE nach neuem Recht nicht mehr von Bedeutung sein (ebenso *Kratzsch* in *L/S* § 8 Nr 1 Buchst b Rn 8). Im Unterschied zum § 8 Nr 2 aF ist die gewstrechtliche **Behandlung beim Empfänger** nicht mehr von Bedeutung.

3 Der **Begriff der Renten** bezeichnet regelmäßig wiederkehrende Bezüge, die gleichbleibend in Geld oder vertretbaren Sachen auf Grund eines sog Stammrechts für eine gewisse Zeitdauer gewährt werden (BFHE 130, 524, BStBl II 1980, 575; BFHE 173, 360, BStBl II 1994, 633; BFHE 173, 152, BStBl II 1996, 669; BFHE 180, 87, BStBl II 1996, 687). Entscheidend ist somit die Begründung des Stammrechts, als dessen Früchte die wiederkehrenden Zahlungen geleistet werden (vgl insb BFHE 165, 225, BStBl II 1992, 78 sowie die dort unter Darstellung der Rechtsentwicklung angegebene Rechtsprechung). Hierdurch unterscheiden sich Renten insbesondere von Kaufpreisraten (BFHE 86, 554, BStBl III 1966, 597; BFHE 172, 101, BStBl II 1994, 44), auch wenn diese nicht von vornherein auf einen bestimmten Betrag fixiert sind; es genügt Bestimmbarkeit (BFHE 98,

45, BStBl II 1970, 240; BFH/NV 1988, 522), Pachtzahlungen und Kapitalrückzahlungen; ebenso von Nachinkassoprovisionen eines Versicherungsvertreters (FG Münster EFG 1966, 426). Die Unterscheidung im Einzelfall hat also danach zu ergehen, ob die Zahlungen Erträge und Rechtsfrüchte eines Rentenstammrechts oder Teil des Leistungsaustauschs eines gegenseitigen Vertrages sind. Wegen Fehlens der Gleichmäßigkeit liegt keine Rente, sondern allenfalls eine dauernde Last vor bei Verknüpfung der Leistungen mit den wirtschaftlichen Verhältnissen des Verpflichteten, etwa Gewinn oder Umsatz (BFHE 116, 501, BStBl II 1975, 881; BFHE 132, 270, BStBl II 1981, 263 mwN; vgl BFHE 77, 747, BStBl III 1963, 594). Ebenfalls nicht Renten iSd Vorschrift sind Betriebspensionen (so noch RFH RStBl 1940, 621; BFHE 76, 259, BStBl III 1963, 93; hierzu *Rau* InstFSt Brief 167, 21); sie sind dauernde Lasten (BFHE 126, 560, BStBl II 1979, 266). Unter die Vorschrift fallen Renten aller Art; eine Unterscheidung zwischen Zeit- und Leibrenten trifft die Vorschrift nicht (BFHE 108, 202, BStBl II 1973, 403).

Rententypen. Der typische Fall des § 8 Nr 1 Buchst b GewStG nF ist 4
der der betrieblichen Veräußerungsrente (Zeitrente, abgekürzte, übliche oder verlängerte Leibrente). Das sind Renten, die ganz oder teilweise als Entgelt für die Überlassung des Betriebes gezahlt werden (vgl BFHE 124, 338, BStBl II 1978, 301; zum Begriff vgl auch *Schwer* StBp 2000, 103). Hinzuzurechnen sind auch betriebliche **Versorgungsrenten** (RFH RStBl 1940, 461), bei denen der Gedanke der Entlohnung der früher im Betrieb geleisteten Dienste im Vordergrund steht (BFHE 124, 178, BStBl II 1978, 269; BFHE 124, 338, BStBl II 1978, 301), und zwar auch dann, wenn die Versorgungsrente mit einem Gesellschafter bei seinem Ausscheiden aus der Gesellschaft vereinbart wird, unabhängig davon, ob sein Anteil im Übrigen entgeltlich oder unentgeltlich auf einen anderen Gesellschafter übergeht (BFHE 86, 559, BStBl III 1966, 597). Versorgungsrenten von Kindern an Eltern wegen unentgeltlicher Übertragung des Betriebs sind private Renten und scheiden bei der Gewinnermittlung aus (vgl § 12 Nr 2 EStG; hierzu BFHE 124, 178, BStBl II 1978, 269), auch dann, wenn Kinder lediglich in das Unternehmen aufgenommen werden (*Sauer* StBp 1977, 236). Das gilt auch, wenn Leistung und Gegenleistung einander gleichwertig sind, auch dann, wenn die Leistungen dem Versorgungsbedürfnis der Eltern angepasst sind (BFHE 126, 282, BStBl II 1979, 135). Übernimmt eine Gesellschaft die Versorgung der Witwe eines Gesellschafters, dann liegt ebenfalls eine private Versorgungsrente vor, wenn sie damit die testamentarisch begründete Verpflichtung des Sohns einlöst (BFHE 124, 178, BStBl II 1978, 269). Dagegen liegt eine betriebliche Versorgungsrente vor, wenn Versorgungsleistungen bereits im Gesellschaftsvertrag festgelegt sind und damit zu Lasten von Personen gehen, die mit dem Berechtigten nicht verwandt oder verschwägert sind (BFHE 139, 549, BStBl II 1984, 431; BFHE 142, 146, BStBl II 1985, 212). Ebenfalls der Hinzurechnung unterliegen Renten, die als Abfindung an lästige Gesellschafter gezahlt werden, und Renten anlässlich des Rückerwerbs eines Betriebes (BFHE 77, 380, BStBl III 1963, 459). Keine Rentenzahlung ist die Ablösung einer Rente; sie unterliegt nicht der Hinzurechnung (BFHE 118, 44, BStBl II 1976, 297).

5 Der **Begriff der dauernden Lasten** bezeichnet auf besonderen Verpflichtungsgründen beruhende Leistungen von Geld, vertretbaren Sachen oder persönlichen Diensten. Sie ruhen dauernd auf einem Grundstück oder haften einer Person oder Sache an. Sie sind nicht Früchte eines Stammrechts (hierzu grundsätzlich BFHE 156, 432, BStBl II 1989, 551; *Fischer* StuW 1988, 335). Nicht erforderlich ist, dass die Leistungen gleich bleibend und/oder in regelmäßigen Zeitabständen zu erbringen sind (BFHE 82, 312, BStBl III 1965, 359); die Möglichkeit der Abänderung muss aber vertraglich vorbehalten sein, und zwar entweder ausdrücklich durch Bezugnahme auf § 323 ZPO oder in anderer Weise (vgl BFHE 165, 225, BStBl II 1992, 78; zur Kritik *Wörner* BB 1992, 1121, *Anders* Inf 1993, 23). Die Last muss idR eine Laufzeit von mindestens 10 Jahren haben (BFHE 69, 542, BStBl III 1959, 463; BFHE 144, 423, BStBl II 1985, 709). Sie muss mit einem Vermögensopfer verbunden sein, das als solches bei der Gewinnermittlung angesetzt werden kann (BFHE 81, 458, BStBl III 1965, 166; BFHE 82, 312, BStBl III 1965, 359; BFHE 82, 543, BStBl III 1965, 444). **Dauernde Lasten** sind insbesondere nach BFHE 126, 560, BStBl II 1979, 266 die Betriebspensionen (Änderung der Rspr seit zB RFH RStBl 1940, 621 bis BFHE 116, 514, BStBl II 1975, 860; aA *Rau* InstFSt Brief 167, 28; vgl *Lohse* DStR 1980, 310). Sie sind Teil des Arbeitsentgelts und nicht Rechtsfrüchte eines Stammrechts. Ihr Ansatz als dauernde Last rechtfertigt sich jedoch daraus, dass der gegenseitige Leistungsaustausch nicht mehr besteht. Weitere dauernde Lasten sind Altenteilslasten, Auszüge, Leibgedinge, Patronats-, Kirchen- und Schullasten, Deich- und Siellasten, ebenso laufende Gewinnbeteiligungen und Sachleistungen in Zusammenhang mit dem Empfang von Baukostenzuschüssen in der Versorgungswirtschaft (BFHE 58, 573, BStBl III 1954, 129). Auch eine für eine unkündbare Geschäftsüberlassung zu zahlende lebenslängliche „Umsatzpacht" kann dauernde Last sein (FG Ba-Wü EFG 1977, 601); mE zutreffend. Zu Reallasten u Erbbauzinsen s Anm 6.

6 **Keine dauernden Lasten** sind Heimfalllasten (vgl hierzu oben § 8 Nr 1 Buchst a Anm 87; sowie RFH RStBl 1944, 523); es fehlt schon am wiederkehrenden Charakter der Belastung. Ebenfalls nicht dauernde Last sind Sondernutzungsentgelte (BFHE 95, 325, BStBl II 1969, 417, Wassernutzung), da Teil eines auf Leistungsaustausch im weitesten Sinne gerichteten Rechtsverhältnisses und nicht unabhängig von einem solchen einer Person oder Sache anhaftend; ebenso wenig Konzessionsabgaben (BFHE 95, 325, BStBl II 1969, 417, Straßen- und Wegenutzung), Wartegelder (BFHE 172, 101, BStBl II 1994, 44) und Förderzinsen (BFHE 108, 125, BStBl II 1973, 266; BFHE 108, 120, BStBl II 1973, 264; vgl § 8 Nr. 1 Buchst a Anm 116); auch sie sind Gegenleistung für die Gewährung eines Rechts (BFHE 72, 682, BStBl III 1961, 250). Für § 8 Nr 2 GewStG aF kam hinzu, dass sie idR nicht mit der Gründung/dem Erwerb des Betriebs, sondern mit dem laufenden Geschäft zusammenhängen (vgl BFHE 95, 325, BStBl II 1969, 417). Keine dauernde Last ist die **Ablösung** einer solchen; sie unterliegt nicht der Hinzurechnung (BFHE 118, 44, BStBl II 1976, 297).

Auch **Erbbauzinsen** gehören nach neuerer Rspr nicht zu den dauernden Lasten iSd Vorschrift, da sie (nicht mit Gründung/Erwerb des Betriebs/Anteils zusammenhängen, sondern) Entgelt für die Grundstücksnutzung sind (BFHE 217, 100, BStBl II 2007, 654; unter Aufgabe von BFHE 129, 62, BStBl II 1980, 51; BFHE 151, 175, BStBl II 1988, 70; gegen A 49 Abs 2 GewStR ebenso *FM Länder* BStBl I 2008, 730 Rn 26; *L. Schmidt* FR 1988, 51; *Naujok/Bujotzek* FR 2007, 882); Hinzurechnung nach § 8 Nr 7 aF bzw § 8 Nr 1 Buchst e nF. Nach FG Münster (EFG 2008, 399, Rev; Anm *Wüllenkemper*) können die als Erbbauzins bezeichneten Leistungen jedoch als *Zeitrente* anzusehen sein. Entsprechendes gilt für **Reallasten** (BFHE 120, 540, BStBl II 1977, 217).

Der **betriebliche Zusammenhang** ist mE ungeschriebenes Tatbestandsmerkmal für die Hinzurechnung, weil diese die Erfassung des Aufwands als Ertrag *dieses* sachlichen GewStObjekts bezweckt. 7

Ist der GewBetrieb an einer **Zebragesellschaft** beteiligt, sind mE die von dieser entrichteten Zahlungen nicht als anteilige Renten/dauernde Lasten hinzuzurechnen, weil der StPfl nur an einzelnen Wirtschaftsgütern der Zebragesellschaft beteiligt ist (BFHE 181, 45, BStBl II 1997, 39) und es mithin an einem wirtschaftlichen Zusammenhang mit dem beteiligten GewBetrieb fehlt (hierzu *Henerichs* FR 1991, 76; *Schlagheck* StBp 2001, 115).

Ausgenommen von der Hinzurechnung **sind Pensionszahlungen** auf 8 Grund einer unmittelbar vom Arbeitgeber erteilten **Versorgungszusage.** Diese Bereichsausnahme beruht auf sozial-politischen Gründen; sie dient der Förderung der betrieblichen Altersversorgung, die nicht mit GewSt belastet werden soll (vgl BTDrs 16/4841, 80). Die Förderung anderer ebenfalls förderungswürdiger Formen der betrieblichen Altersversorgung (hierzu *Fehling* NWB 2007 Nr 29, F 5, 1621) sieht der Wortlaut der Vorschrift nicht vor. Gleichwohl soll sie nach *FinVerw* (BStBl I 2008, 730 Rn 27) auch auf Aufwendungen des Arbeitgebers oder eines nach § 17 Abs 1 Satz 2 BetrAVG Verpflichteten für Zusagen über eine Direktversicherung, eine Pensionskasse, einen Pensionsfonds oder eine Unterstützungskasse Anwendung finden.

Demnach ist Voraussetzung die Zusage **und** Zahlung durch den GewBetrieb als **Arbeitgeber.** Angesprochen ist mE der Begriff des Arbeitgebers iSd ESt- u LStRechts, weswegen auch leitende Angestellte und gesetzliche Vertreter von Kapitalgesellschaften (Geschäftsführer, Vorstandsmitglieder) Empfänger der Zahlungen sein können (ebenso *Blümich/Hofmeister* § 8 Rz 155).

Umfang der Hinzurechnung. Sie erfolgt mit 25% in dem Maße, in 9 dem die Renten oder dauernden Lasten bei der Gewinnermittlung abgesetzt worden sind. Ist dies zu Unrecht geschehen, dann ist die Gewinnermittlung zu berichtigen (*Blümich/Hofmeister* § 8 Anm 159; *Lenski/Steinberg* § 8 Nr 2 Anm 1).

Bei **Veräußerungsleibrenten** mindert den Gewinn die Differenz zwi- 10 schen der laufenden Rentenzahlung und der Verminderung des nach versicherungsmathematischen Grundsätzen ermittelten passivierten Werts der Renten (BFHE 140, 548, BStBl II 1984, 516; BFHE 163, 42, BStBl II 1991, 358; vgl *Jansen/Wrede,* Renten, Raten, dauernde Lasten, 12. Aufl 1998, Rn 416 ff). Umgekehrt entfällt eine Absetzung bei der Ermittlung des GewErtrags und damit eine Hinzurechnung, wenn bei Ablauf der bei der Rentenbewertung unterstellten Lebenserwartung die Minderung des Passivpostens höher ist als die laufende Rentenzahlung.

Erhöhen sich nachträglich auf Grund einer **Wertsicherungsklausel** die Rentenzahlungen, dann wirkt sich die durch Neuberechnung eintretende Erhöhung der Rentenverpflichtung gewinnmindernd aus, ist aber nicht hinzuzurechnen (BFHE 118, 44, BStBl II 1976, 297; BFHE 163, 42, BStBl II 1991, 358; BFHE 194, 232, BStBl II 2001, 687). Bei Vorversterben des Rentenberechtigten entsteht durch Auflösung des Passivpostens ein außerordentlicher Ertrag (BFHE 129, 265, BStBl II 1980, 150), für den das GewStG eine Abzugsmöglichkeit nicht vorsieht (BFHE 118, 44, BStBl II 1976, 297; FG Köln EFG 1982, 577). Entgegen FG Nürnberg (EFG 1989, 590, aufgeh) ist eine Einbeziehung des außerordentlichen Ertrages in den Gewinn (§ 7) auch insoweit erforderlich, als die Passivierung den GewErtrag vordem nicht gemindert hat (BFHE 163, 42, BStBl II 1991, 358); mE zutreffend, weil dies der Anweisung in § 7 entspricht und der Objektsteuercharakter der GewSt der Erfassung außerordentlicher Erträge nicht entgegensteht; § 8 Nr 1 Buchst b selbst hat keine über den EZ hinausgreifende Ausgleichsfunktion. Schließlich ist bei Begründung der Rente der passivierte Betrag nicht hinzuzurechnen (BFHE 118, 44, BStBl II 1976, 197). Auch eine Saldierung mit den als Renten oder dauernden Lasten erbrachten Leistungen ist nicht zulässig (FG Köln EFG 1982, 577; BFHE 145, 62, BStBl II 1986, 55; A 49 Abs 3 Satz 2 GewStR; *Lenski/Steinberg* § 8 Nr 2 Anm 91; aA *Blümich/Hofmeister* § 8 Rz 161).

Bei **Veräußerungszeitrenten** Hinzurechnung der Differenz zwischen der laufenden Rentenzahlung und der Verminderung des Kapitalwerts der Rentenbelastung.

Betriebliche Versorgungsrenten (Leib- u Zeitrenten) sind nicht zu passivieren (BFHE 131, 303, BStBl II 1980, 741; aA *Köhle* DB 1984, 644). Bei ihnen mindern daher die einzelnen Rentenzahlungen den Gewinn (BFHE 86, 559, BStBl III 1966, 597). Sie sind hinzuzurechnen.

Abfindungsrenten sind zu aktivieren, soweit sie für vom Gesellschafter übernommene Vermögenswerte gezahlt werden. Im Übrigen sind die gezahlten Rentenbeträge als Betriebsausgaben abziehbar und hinzuzurechnen.

11 Bei **Rückzahlung** einer Rente/dauernden Last ist die damit verbundene Gewinnerhöhung bei der Ermittlung des GewErtrags um den Betrag rückgängig zu machen, der in den Vorjahren den GewErtrag (durch Hinzurechnung) erhöht hat; andernfalls käme es zu einer doppelten Erfassung dieses Betrags in einem GewErtrag (BFHE 73, 30, BStBl III 1961, 280; A 38 Abs 2 Satz 2 GewStR).

12–14 *(frei)*

15.–19. Früheres Recht zu Renten und dauernden Lasten (§ 8 Nr 2 GewStG aF)

§ 8 Nr 2 aF lautete:

2. Renten und dauernde Lasten, die wirtschaftlich mit der Gründung oder dem Erwerb des Betriebs (Teilbetriebs) oder eines Anteils am Betrieb zusammen-

hängen. [2] ***Das gilt nicht, wenn diese Beträge beim Empfänger zur Steuer nach dem Gewerbeertrag heranzuziehen sind;***

Erforderlich ist **wirtschaftlicher Zusammenhang mit der Gründung oder dem Erwerb** des Betriebs usw. Das bedeutet, dass die Renten und dauernden Lasten den Betrieb/Anteil betreffen müssen, dessen Gewerbeertrag zu ermitteln ist (BFHE 168, 361, BStBl II 1992, 919). Daher keine Hinzurechnung, wenn der Betrieb/Anteil, der die Renten/dauernden Lasten verursacht hatte, ohne Weitergabe der Verpflichtung veräußert worden ist. Der Zusammenhang ist gegeben, wenn Anlass für die Begründung der Rente oder dauernden Last die Gründung oder der Erwerb im Sinne einer kausalen Verknüpfung war (BFHE 126, 560, BStBl II 1979, 266; BFHE 151, 175, BStBl 1988, 70, BFHE 194, 232, BStBl II 2001, 687; BFH/NV 1991 477; 1993, 489). Es muss sich um die (teilweise) Ersetzung des Kaufpreises handeln (BFHE 126, 560, BStBl II 1979, 266). Ein Zusammenhang mit der Erweiterung oder Verbesserung genügt nicht (BFHE 108, 202, BStBl II 1973, 403), ebenso wenig der Erwerb von beweglichem und unbeweglichem Betriebsvermögen durch den Pächter (FG Münster EFG 1991, 142) oder der sachliche Zusammenhang mit der Tätigkeit des Gesellschafters für die Mitunternehmerschaft (vgl BFHE 139, 549, BStBl II 1984, 431; BFHE 142, 146, BStBl II 1985, 212; BFH/NV 1991, 477 für die Versorgungsrente an die Witwe eines Gesellschafters). Die Verpflichtung muss in der Gründungsphase eingegangen worden sein und eine wesentliche Betriebsgrundlage betreffen (BFHE 151, 175, BStBl II 1988, 70), dann sind Renten und dauernde Lasten auch insoweit hinzuzurechnen, als sie auf immaterielle WG entfallen, und zwar ohne Rücksicht auf die Abgrenzbarkeit dieses Teils des Erwerbspreises von dem übrigen Erwerbspreis (BFH/NV 1988, 522). Bei Erwerb ist darauf abzustellen, ob der auf der Grundlage des Saldos der Aktiven und Passiven ausgehandelte Preis durch die Rente oder dauernde Last (teilweise) ersetzt wird (BFHE 126, 550, BStBl II 1972, 266). 15

Entgeltlichkeit. Nach BFHE 110, 53, BStBl II 1973, 787; BFHE 119, 174, BStBl II 1976, 576 ist Entgeltlichkeit des Erwerbsvorgangs erforderlich (ebenso FG Münster EFG 1972, 251; Nds FG EFG 1976, 403; hierzu *Höfer/Kemper* DB 1972, 1090; *Hartz* DB 1973, 1926). Daher keine Hinzurechnung bei durch Erbfall begründeten Verpflichtungen (FG Hamburg EFG 1974, 28; BFHE 119, 174, BStBl II 1976, 576) sowie bei Schenkungen (*FM Ba-Wü* DStR 1978, 586; DStZE 1978, 310), dagegen wohl, wenn es sich um Renten in Zusammenhang mit einem Rückerwerb des Unternehmens handelt (BFHE 77, 380, BStBl III 1963, 459). Die vorbezeichnete Auslegung hat keine Rechtsgrundlage, auch fehlt nach der oa Änderung der älteren Rspr ihr ursprünglicher Sinn (ebenso *Knobbe-Keuk* StuW 1974, 350, 359, *Blümich/Hofmeister* § 8 Rz 105). Entgeltlichkeit wird jedenfalls zu bejahen sein, wenn der Erwerber anlässlich des Erwerbs im Interesse des Veräußerers liegende Pensionsverpflichtungen zugunsten Dritter, etwa der Arbeitnehmer eingeht. Hierauf beruhende Renten sind, soweit abgezogen, hinzuzurechnen (vgl *Röder* StBp 1977, 102). Haben solche Verpflichtungen im Erwerbszeitpunkt bereits bestanden, dann keine Hinzurechnung (BFHE 110, 53, BStBl II 1973, 787; hierzu *Schwendy* DStZA 1974, 188; *Herden* DStR 1975, 185). Die **Übernahme** von Verpflichtungen, die beim Veräußerer solche iSd Nr 2 waren, führt trotz BFHE 126, 560, BStBl II 1979, 266, zur Hinzurechnung. Denn der folgende Erwerbsvorgang ändert nichts am Kausalzusammenhang zwischen Rente und Betriebs- bzw Anteilswert, also daran, dass der Betrieb durch die Verpflichtung finanziert ist (BFHE 194, 232, 16

BStBl II 2001, 687; *Blürnich/Hofmeister* § 8 Rz 106; *Knobbe-Keuk* StuW 1974, 350, 359).

17 **Umwandlung und Verschmelzung** galten grundsätzlich nicht als Erwerb iSd § 8 Nr 2 GewStG. Aber auch in diesen Fällen sind bisher bereits nach dieser Vorschrift bei der übertragenden Körperschaft bzw beim eingebrachten Betrieb usw hinzuzurechnende Verpflichtungen nach § 18 Abs 3 Satz 2 UmwStG weiterhin hinzuzurechnen. Auch wenn bei Umwandlung einer OHG nach §§ 2ff UmwG aF eine private Versorgungsrente auf eine GmbH übergeht und die Rentenzahlungen (bei Deckung der Verbindlichkeit durch das übernommene Aktivvermögen) Betriebsausgaben sind, dann sind diese hinzuzurechnen (BFHE 169, 322, BStBl II 1993, 247). Lagen beim eingebrachten Betrieb die Voraussetzungen für die Hinzurechnung nur deswegen nicht vor, weil es sich um eine freiberufliche Praxis gehandelt hat, dann findet nach der letztgenannten Vorschrift eine Hinzurechnung nicht statt (BFHE 154, 131, BStBl II 1988, 974).

18 **Ereignisse nach der Gründung oder dem Erwerb** haben idR keinen Einfluss auf die Frage des wirtschaftlichen Zusammenhangs (vgl BFHE 151, 175, 180, BStBl II 1988, 70; BFH/NV 1993, 489). Daher keine Hinzurechnung von Renten und dauernden Lasten, die anlässlich einer Erweiterung oder Verbesserung (BFHE 108, 202, BStBl II 1973, 403) oder im laufenden Geschäftsverkehr (BFHE 76, 259, BStBl II 1963, 93) entstehen. Nach BFH HFR 1961, 173 gilt dies auch bei einer grundlegenden Umstrukturierung des Betriebs. Nicht in wirtschaftlichem Zusammenhang mit der Gründung oder dem Erwerb des Betriebs (Teilbetriebs) stehen nach BFHE 139, 549, BStBl II 1984, 431 und BFHE 142, 146, BStBl II 1985, 212 Rentenzahlungen an die Witwe des verstorbenen Gesellschafters, die bereits im Gesellschaftsvertrag niedergelegt sind. ME keine Hinzurechnung, wenn die Renten mit der Stilllegung des erworbenen Betriebs stehen (aA BFHE 108, 202, BStBl II 1973, 403; A 49 Abs 1 Satz 7 GewStR). Es fehlt am Objekt, dessen objektiver Ertrag gewst-rechtlich nicht gemindert sein soll. Dies gilt auch dann, wenn ein an sich funktionstüchtiger Betrieb übergeht (BFHE 108, 202, BStBl II, 403).

19 **Heranziehung beim Empfänger** (Satz 2). Die Vorschrift dient der Vermeidung einer Doppelbelastung durch GewSt. Nicht erforderlich ist, dass tatsächlich GewSt auf den empfangenen Betrag gezahlt wird. Ist Empfängerin eine gewerblich geprägte Personengesellschaft iSd § 15 Abs 3 Nr 2 EStG, dann kommt es für die Anwendbarkeit von Satz 2 nicht darauf an, ob sie nach § 36 Abs 2 GewStG aF für EZe vor 1986 nicht der GewSt unterliegt (*FinSen Berlin* FR 1987, 336); dh die Hinzurechnung bleibt möglich, weil es nicht auf die gewerbliche Prägung, sondern die GewStPfl des Empfängers ankommt.

§ 8 Nr. 1 Buchst. c Hinzurechnungen

Dem Gewinn aus Gewerbebetrieb (§ 7) werden folgende Beträge wieder hinzugerechnet, soweit sie bei der Ermittlung des Gewinns abgesetzt worden sind:

1. Ein Viertel der Summe aus

...

c) Gewinnanteilen des stillen Gesellschafters,

...

Bis einschließlich EZ 2007 galt:

...

3. die Gewinnanteile des stillen Gesellschafters, wenn sie beim Empfänger nicht zur Steuer nach dem Gewerbeertrag heranzuziehen sind;

...

Gewerbesteuer-Richtlinien 1998: Abschnitt 50.

Übersicht

1. Allgemeines
2. Begriff der stillen Gesellschaft
3. Rechtsformen
4. Beteiligung/Umfang
5. Vermögenseinlage
6. Partnerschaftliches Zusammenwirken
7. Beteiligung am Gewinn
8. Abgrenzungen/Grundsatz
9. Partiarisches Arbeitsverhältnis
10. Partiarisches Darlehen
11. Partiarisches Pachtverhältnis
12. Doppelfunktionen
13. Umfang der Hinzurechnung
14. Keine Hinzurechnung
15. Heranziehung der Beträge beim Empfänger (bis EZ 2007)
16. Rückzahlung der Gewinnanteile

Literatur: *Döllerer,* Die atypische stille Gesellschaft – gelöste und ungelöste Probleme, DStR 1985, 295; *Königs,* Die stille Gesellschaft; *Neufang,* Die stille Gesellschaft mit Angehörigen, Inf 1987, 563; *Curtius-Hartung/Costede,* Die stille Gesellschaft – Überlegungen aus handelsrechtlicher, steuerrechtlicher und betriebswirtschaftlicher Sicht, StbKRep 1987, 223, 239; *Schmitz,* Das partiarische Darlehen und die Gewerbesteuer, DStR 1988, 311; *Harbich,* Die typische stille Gesellschaft in steuerlicher Sicht, StBp 1989, 35; *Lienau/Lotz,* Die Abgrenzung zwischen stiller Gesellschaft und partiarischem Darlehen und die steuerlichen Konsequenzen, DStR 1991, 618; *Böttcher/Zartmann/Faut,* Stille Gesellschaft und Unterbeteiligung, 3. Aufl; *Jestädt,* Partiarisches Darlehen oder Stille Gesellschaft?, DStR 1993, 387; *Haas,* Abgrenzung von stiller Gesellschaft und partiarischem Darlehen, DStR 2000, 649; *Dautel,* Steuergestaltung mit partiarischen Darlehen, DStZ 2001, 925; *Blaurock,* Handbuch der stillen Gesellschaft, 5. Aufl 1998; *Milatz,* Die typisch stille Beteiligung an einem Nicht-Handelsgewerbe, DStZ 2006, 141; s auch die weiteren Hinweise zu § 8 u § 8 Nr 1 Buchst a.

Allgemeines. Die Vorschrift verfolgt – wie die Hinzurechnungen nach 1
§ 8 GewStG insgesamt – das Ziel der Ermittlung des objektiven, von den Beziehungen des Inhabers zum GewBetrieb losgelösten GewErtrags. Hierher gehören auch die Gewinnanteile des stillen Gesellschafters. Die Vorschrift ist lex specialis zu § 8 Nr 1 Buchst a; daher keine Behandlungen von Gewinnanteilen als Zinsen. Durch die volle Hinzurechnung ergab sich nach der **aF** (§ 8 Nr 3) eine Diskriminierung dieser Finanzierungsform gegenüber der Finanzierung durch Darlehen, bei denen Zinsen ab EZ 1983 (G v 20. 12. 1982, BStBl I 1982, 972) nur noch mit 50% hinzuzurechnen waren (vgl *Döllerer* DStR 1985, 295).

Mit der **Neufassung** als **§ 8 Nr 1 Buchst c** ist diese Problematik behoben, zumal die Gewinnanteile wie die Schuldentgelte **in voller Höhe** als Finanzierungskosten des GewBetriebs behandelt werden. Entsprechendes gilt für **gemeinschaftsrechtliche** Bedenken, die gegen § 8 Nr 3 Hs 2 GewStG aF bestanden, wonach die Zurechnung nur erfolgte, wenn die **Gewinnanteile beim Empfänger** nicht zur Steuer nach dem GewErtrag heranzuziehen waren (FG Münster EFG 2007, 1976; hierzu *OFD Münster* FR 2008, 290: keine Hinzurechnung bis EZ 2007). Auf diese Verknüpfung stellt Nr 1 Buchst c nicht mehr ab.

2 **Begriff der stillen Gesellschaft.** Maßgebend ist im Wesentlichen der handelsrechtliche Begriff der stillen Gesellschaft (BFHE 81, 143, BStBl III 1965, 51; BFHE 83, 158, BStBl III 1965, 558; BFHE 84, 260, BStBl III 1966, 95; BFHE 91, 373, BStBl II 1968, 356; BFHE 103, 804, BStBl II 1971, 815; BFHE 103, 572, BStBl II 1972, 187; BFHE 115, 518, BStBl II 1975, 611; BFHE 125, 386, BStBl II 1978, 570; BFHE 138, 458, BStBl II 1983, 563; BFHE 211, 524, BStBl II 2006, 334). Nach § 230 Abs 1 HGB liegt eine stille Gesellschaft vor, wenn jemand an dem Handelsgewerbe eines anderen durch eine Vermögenseinlage beteiligt ist, die in das Vermögen des anderen übergeht. Hiervon weicht der Gebrauch des Begriffs in der Vorschrift jedoch insoweit ab, als die Beteiligung am „Handelsgewerbe" eines anderen nicht erforderlich ist. Daher ist etwa die Beteiligung an einer BGB-Gesellschaft mit Gewerbebetrieb möglich (RFH RStBl 1938, 556; BFHE 81, 138, BStBl III 1965, 49; BFHE 140, 275, BStBl II 1984, 373). Eine lediglich gesellschafterähnliche Stellung genügt jedoch nicht (BFHE 83, 158, BStBl III 1965, 558; BFHE 125, 386, BStBl II 1978, 570). Ihr Fehlen schließt aber die Annahme einer stillen Gesellschaft aus (BFHE 80, 103, BStBl III 1964, 511). Im Übrigen hat der handelsrechtl Begriff des stillen Gesellschafters im Steuerrecht eine Differenzierung erfahren. Ist der stille Gesellschafter nur am Geschäftserfolg des anderen beteiligt, so hat er estrechtlich Einkünfte aus Kapitalvermögen. Man spricht von einer **typischen stillen Gesellschaft** (BFHE 58, 653, BStBl III 1959, 249; BFHE 70, 612, BStBl II 1960, 229; BFHE 100, 254, BStBl II 1971, 59). Nur diese wird von der Vorschrift erfasst.

Nicht erfasst wird die sog **atypische stille Gesellschaft,** bei der der stille Gesellschafter als Mitunternehmer nicht nur am Gewinn, sondern auch am Vermögen, einschließlich der Anlagewerte und der stillen Reserven beteiligt ist (vgl BFHE 145, 408, BStBl II 1986, 311; BFHE 147, 146, BStBl II 1986, 802; BFHE 151, 163, BStBl II 1988, 62; BFH/NV 1993, 647 mwN). Er ist Mitunternehmer, wenn seine durch den Gesellschaftsvertrag begründete **Rechtsstellung** von den **§§ 230 ff HGB** in der Weise abweicht, dass sie nach dem Gesamtbild dem Typ des Mitunternehmers entspricht (vgl *Schmidt/Wacker* § 15 Rz 341 mwN). Seine Gewinnanteile sind nach § 15 Abs 1 Satz 1 Nr 2 EStG Teil des Gewinns aus GewBetrieb und mindern daher iSd Vorschrift den nach § 7 GewStG zu ermittelnden Gewinn nicht (BFHE 145, 408, BStBl II 1986, 311; BFHE 100, 254, BStBl II 1971, 59). Das gilt auch, wenn ein Kommanditist und stiller Gesellschafter der GmbH & Co KG seine Beteiligung in eine stille Gesellschaft ohne Beteiligung am Verlust bei hohem Kapitalkonto sowie rechtl und tatsächl Einfluss auf die KG umwandelt (BFHE 125, 545; BStBl II 1978, 644). Mitwirkungsrechte des Stillen schließen die Annahme einer typischen, nicht jedoch einer atypischen stillen Gesellschaft aus (BGH DStR 1992, 1370).

Räumen **Eltern ihren Kindern** eine Gewinnbeteiligung ein, dann liegt keine typische stille Gesellschaft vor, wenn die Kinder keine den §§ 230 ff HGB gleichkommende Rechtsstellung innehaben (BFHE 113, 361, BStBl II 1975, 34; BFHE 115, 232, BStBl II 1975, 569). Zur Anerkennung solcher Verträge vgl BFHE 111, 85, BStBl II 1974, 289; BFHE 120, 165, BStBl II 1977, 78; BFHE 129, 475, BStBl II 1980, 242; *Neufang* Inf 1987, 563. Unschädlich ist nach BFHE 158, 16, BStBl II 1990, 10 eine zeitliche und faktische Beschränkung des ordentlichen **Kündigungsrechts** (Ausschluss für 5 Jahre), wenn sich dies nicht eindeutig zu Lasten der Kinder auswirkt, dh alle Gesellschafter hieran gebunden sind; ebensowenig die Vereinbarung, dass das Auseinandersetzungsguthaben nur ratenweise auszuzahlen ist.

Rechtsformen. Stiller Gesellschafter kann eine natürliche oder ju- 3
ristische Person sein. Eine Beteiligung als stiller Gesellschafter ist am (Handels-)Gewerbe eines Einzelunternehmens, einer Handelspersonengesellschaft (OHG, KG), einer Gesellschaft bürgerlichen Rechts oder einer Kapitalgesellschaft (AG, GmbH) möglich; uU genügt ein minderkaufmännisches Handelsgewerbe (*Blaurock* aaO S 69; *Lienau/Lotz* DStR 1991, 618). Allerdings kann der Gesellschafter einer Personengesellschaft nicht gleichzeitig ihr stiller Gesellschafter sein. Seine von ihr bezogenen Vergütungen oder Gewinnanteile sind nach § 15 Abs 1 Satz 1 Nr 2 EStG Teil der Einkünfte der Mitunternehmerschaft aus GewBetrieb (RFH RStBl 1935, 1452). Dagegen kann aber ein zwischen einer KG und einem Einzelunternehmer bestehendes stilles Gesellschaftsverhältnis bei Einbringung des Einzelunternehmens in die KG fortgesetzt werden, wenn die KG und der stille Gesellschafter dies vereinbaren (BFHE 101, 478, BStBl II 1971, 426). Auch kann der Gesellschafter einer GmbH zugleich stiller Gesellschafter der GmbH sein. Als juristische Person (§ 13 GmbHG) ist die GmbH für ihre Gesellschafter „ein anderer" iSv § 230 HGB (vgl BFHE 96, 397, BStBl II 1969, 690; BFHE 120, 534, BStBl I 1977, 155; BFHE 124, 374, BStBl II 1978, 256). Das gilt auch für die Beteiligung des Gesellschafter-Geschäftsführers (BFHE 130, 268, BStBl II 1980, 477). Zur Vermeidung von verdeckten Gewinnausschüttungen sind jedoch im voraus getroffene klare und ernsthafte Vereinbarungen sowie deren Durchführung wie unter fremden Dritten üblich Voraussetzung (vgl BFHE 62, 27, BStBl III 1956, 11; BFHE 96, 397; BStBl II 1969, 690). Allein die Erbringung von zusätzlichen, über die gesellschaftsvertragliche Kapitaleinlage hinausgehenden Leistungen macht den GmbH-Gesellschafter noch nicht zum stillen Gesellschafter (BFHE 120, 534, BStBl II 1977, 155), ebensowenig die beherrschende Stellung (BFHE 138, 458, BStBl II 1983, 563). Abgrenzungen sind insbesondere geboten im Verhältnis zur verdeckten Einlage (BFHE 59, 329, BStBl III 1964, 336; BFHE 81, 319, BStBl III 1965, 119; BFHE 84, 539, BStBl III 1966, 197).

Die **Beteiligung** muss nicht am gesamten Handelsgewerbe bestehen; es 4
genügt Beteiligung an einem Teilbetrieb oder selbständig abgrenzbaren

Geschäftszweig (RFHE 4, 15; BFHE 115, 518, BStBl II 1975, 611; BFHE 179, 427; *Baumbach/Hopt,* HGB, 30. Aufl, § 230 Rz 1); nicht dagegen an einzelnen Geschäften (es handelt sich hierbei um Gelegenheitsgesellschaften iSd § 705 BGB; BFH/NV 1999, 355, 357). Auch eine Unterbeteiligung am Mitunternehmeranteil eines Personengesellschafters ist möglich; Hinzurechnung, wenn die Beteiligung auf die Gewinnanteile beschränkt ist (BFHE 100, 254, BStBl II 1971, 59; gegen BFHE 75, 189, BStBl III 1962, 337). Anders, wenn der Unterbeteiligte etwa wegen Beteiligung am Vermögen einschließlich der stillen Reserven oder durch sonstige Umstände als Mitunternehmer anzusehen ist (BFHE 82, 35, BStBl III 1965, 260). Der Gewinn, an dem der stille Gesellschafter beteiligt ist, ist Gewinn des Inhabers des Handelsgewerbes, nicht der einer davon verschiedenen Gesellschaft (BFHE 115, 518, BStBl II 1975, 611). Die stille Beteiligung am Unternehmen eines Treuhänders kann nach Maßgabe des § 39 Abs 2 Nr 1 Satz 2 AO dem Treugeber zuzurechnen sein, so dass die Gewinnanteile des Treugebers der stillen Gesellschaft hinzuzurechnen sind (BFH/NV 2001, 482).

5 Der Begriff der **Vermögenseinlage** kennzeichnet die Zurverfügungstellung eines Vermögenswerts (BGHZ 7, 174), und zwar ohne Begründung von Gesellschaftsvermögen (BFHE 145, 408, BStBl II 1986, 311; *Döllerer* DStR 1985, 295). Die Einlage geht in das Vermögen des Geschäftsinhabers über. Das bedeutet idR Eigentumsübergang. Allerdings wird auch die rechtliche Verfügungsmacht des Geschäftsinhabers ohne Eigentumsübergang für ausreichend gehalten (*Blaurock* aaO S 93 ff). Die Höhe der Einlage ist unbeachtlich. Der Begriff ist weit zu fassen. Er umfasst die Zurverfügungstellung von Geld und sonstigen Vermögensgegenständen (Sachen und Rechten) zur Nutzung (BFHE 126, 51, BStBl II 1979, 51). Es genügt ein Know-how (BFHE 115, 518, BStBl II 1975, 611; BFH/NV 1988, 700) mit und ohne dienstvertraglichen Einschlag (BFHE 101, 70, BStBl II 1971, 235), ebenso wie die Leistung von Diensten einschließlich der Arbeitskraft (RFH RStBl 1940, 915; BFHE 57, 148, BStBl III 1953, 58; BFHE 77, 145, BStBl III 1963, 370; BFHE 80, 103, BStBl III 1964, 511; BFHE 140, 275, BStBl II 1984, 373 mwN). Aber auch bei der Arbeitsleistung muss es sich um einen Vermögenswert handeln (BFHE 83, 158, BStBl III 1965, 558; BFHE 83, 163, BStBl III 1965, 560; BFHE 91, 373, BStBl II 1968, 356). In der handelsrechtl Literatur wird diese Voraussetzung als erfüllt angesehen, wenn zumindest ein Teil der verdienten Bezüge gutgeschrieben wird, bis die vereinbarte Vermögenseinlage erbracht ist (*Blaurock* aaO S 99 f). Insgesamt ist die Bezeichnung als Vermögenseinlage oder stille Gesellschaft unerheblich. Maßgebend ist, dass ein **Gesellschaftsverhältnis gewollt** ist (BFHE 130, 268, BStBl II 1980, 477). Unter dieser Voraussetzung sind auch verschleierte stille Gesellschaften steuerlich zu erfassen. Trotz § 230 HGB ist mE nicht erforderlich, dass die Einlage erbracht ist; die Zeichnung genügt, wie eben bei der Einlage von Diensten. Im Gesellschaftsvertrag kann dies frei vereinbart werden (§ 305 BGB). Zur Bewertung vgl *Christoffel* DB 1988, 255.

6 **Partnerschaftliches Zusammenwirken** zur gemeinschaftlichen Zweckerreichung (§ 705 BGB) ist auch bei der stillen Gesellschaft un-

verzichtbar (BFHE 140, 275, BStBl II 1984, 373). Kennzeichnend hierfür sind das Fehlen eines Über- und Unterordnungsverhältnisses, Mitsprache- und Kontrollrechte (§ 233 HGB; BFHE 211, 524, BStBl II 2006, 334) sowie die Teilnahme am Unternehmensrisiko (BFHE 138, 458, BStBl II 1983, 563). Zweifelhaft ist, ob für das Vorliegen einer gesellschafterähnlichen Stellung die Befugnis gehört, den Gewerbetreibenden (Hauptbeteiligten) von der **Aufgabe des GewBetriebs** (der Beteiligung) abzuhalten. Nach BFHE 102, 242, BStBl II 1971, 589 (vgl auch BFHE 103, 572, BStBl II 1972, 187; BFHE 115, 518, BStBl II 1975, 611) durfte im Anschluss an BGH BB 1963, 1277 die Verpflichtung zur Fortführung des Gewerbes für die Annahme einer stillen Gesellschaft nicht ausgeschlossen sein (s hierzu BFHE 211, 524, BStBl II 2006, 334). Diese Rspr hat BFHE 126, 51, BStBl II 1979, 51 dahin modifiziert, dass der Ausschluss dieser Verpflichtung im Zweifelsfalle nur ein Indiz für die Abgrenzung insb zu sog partiarischen Arbeitsverhältnissen darstellt. Die damit verbundene Abhängigkeit des anderen Geschäftspartners lässt auf ein Über- und Unterordnungsverhältnis wie bei Arbeitsverhältnissen schließen (BFHE 140, 275, BStBl II 1984, 373, *Baumbach/Hopt,* HGB, 30. Aufl, § 230 Rz 4).

Die Vermögenseinlage muss zur **Beteiligung am Gewinn** führen (BFHE 96, 397, BStBl II 1969, 690; BFHE 84, 260, BStBl III 1966, 95; BFHE 98, 405, BStBl II 1970, 416). Dies ist unverzichtbares Merkmal der stillen Gesellschaft (*Schilling,* HGB-Großkomm 3. Aufl Band 2, § 335 Anm 27). Gewinn in diesem Sinn ist in der Bilanz das Mehr der Aktiven über die Passiven im Vergleich zum Schluss des vorangegangenen Wirtschaftsjahres und in der GuV-Rechnung der Überschuss der Erträge über die Aufwendungen (§ 266 Abs 2 u 3, § 275 HGB; BFHE 115, 518, BStBl II 1975, 611). Beteiligung am Verlust ist nicht erforderlich (§ 231 Abs 2 HGB; BFHE 84, 260, BStBl III 1966, 95); liegt sie vor, spricht dies für eine stille Gesellschaft (BFHE 211, 524, BStBl II 2006, 334). Dagegen genügt schon im Hinblick auf den Wortlaut der einschlägigen Vorschriften eine Umsatzbeteiligung nicht (BFHE 84, 260, BStBl III 1966, 95; BFHE 98, 503, BStBl II 1970, 425; BFHE 115, 518, BStBl II 1975, 611), ebensowenig eine feste vom Betriebsergebnis unabhängige Zahlung oder eine leistungsabhängige Vergütung (BFH/NV 1993, 518); allerdings ist die Garantie einer Mindestverzinsung unschädlich (BFHE 113, 361, BStBl II 1975, 34). Jedoch dürfen die Beteiligten Einzelheiten über die Ermittlung des Gewinns vereinbaren, insbesondere ob die Steuer- oder Handelsbilanz (*Blaurock* aaO S 113f) und ob sie vor oder nach Abzug der KSt zugrunde zu legen ist (BFHE 113, 298, BStBl II 1974, 774). Ebenso darf der Ansatz bestimmter Aufwendungen ausgeschlossen oder dürfen sonstige Korrekturen angebracht, etwa Wertveränderung infolge Kaufkraftschwundes berücksichtigt werden (BFHE 73, 558, BStBl III 1961, 468; BFHE 125, 386, BStBl II 1978, 570). Allerdings darf durch solche Korrekturen der Begriff des Gewinns nicht im Kern getroffen werden und die Gewinnbeteiligung sich nicht als Beteiligung an bestimmten Umsätzen darstellen (BFHE 115, 518, BStBl II 1975, 611) oder nur auf eine feste Abfindung bei Auflösung reduzieren (BFHE 125, 386, BStBl II 1978, 570). 7

8 Für **Abgrenzungen,** insbesondere zum partiarischen Darlehen (Anm 10), zum partiarischen Arbeitsverhältnis (Anm 9) und zum partiarischen Pachtverhältnis (Anm 11), ist auf die grundsätzlichen **Unterschiede der Vertragstypen** abzustellen, wenn sonstige aussagekräftige Indizien fehlen (BGH BB 1967, 439; BFHE 141, 158, BStBl II 1984, 623; BFHE 170, 41, BStBl II 1993, 289). Auf die Bezeichnung allein kommt es nicht an (BFHE 140, 275, BStBl II 1984, 373; BFHE 211, 524, BStBl II 2006, 334). Die Auslegung hat unter umfassender **Würdigung aller Umstände** des Einzelfalles danach zu erfolgen, ob sich die Parteien ihre schuldrechtlichen Beziehungen zur Erreichung eines gemeinsamen Zwecks durch partnerschaftliches Zusammenwirken eingerichtet haben oder ob jede Partei bloß ihre eigenen Interessen verfolgt (BFHE 102, 242, BStBl II 1971, 589; BFHE 168, 239, BStBl II 1992, 889). Hierbei sind auch Umstände außerhalb des schriftlichen Vertrages heranzuziehen (BFHE 83, 158, BStBl III 1965, 558). Vertragszweck, die wirtschaftlichen Ziele der Parteien, ihre bisherigen persönlichen Beziehungen, die geplante Dauer des Vertragsverhältnisses (Kündbarkeit), die Bereitschaft zur Übernahme von Unternehmerrisiko (Verlustbeteiligung), das Interesse des Geschäftsinhabers an der Person des als Stiller in Betracht Kommenden sowie Kontrollrechte nach § 233 HGB sind zu berücksichtigen (BFHE 138, 408, BStBl II 1983, 563; BFHE 141, 158, BStBl II 1984, 623). Bei der Gesamtwürdigung kann den einzelnen Umständen unterschiedliches Gewicht zukommen (BFHE 124, 374, BStBl II 1978, 256). Fehlt wegen der Beteiligung am Verlust (oben Anm 7) ein gewisses Unternehmerrisiko oder wegen des Ausschlusses des Rechts zur Klage auf Fortführung des GewBetriebs ein gewisses partnerschaftliches Element (oben Anm 6), so ist die Annahme einer stillen Gesellschaft noch nicht ausgeschlossen. **Die Abgrenzung** erfolgt aufgrund **Auslegung** der einschlägigen Abreden und der Gesamtwürdigung der tatsächlichen Verhältnisse durch den Tatrichter mit grds Bindung für die Revisionsinstanz (BFHE 211, 524, BStBl II 2006, 334). Zu beachten ist auf jeden Fall, dass der Stille Doppelfunktionen einnehmen kann (Anm 12).

9 **Partiarisches Arbeitsverhältnis.** Zur Abgrenzung liegt eine gefestigte Rspr vor (BFH/NV 2002, 536). Maßgebendes Abgrenzungskriterium ist zunächst die Vermögenseinlage. Bei reiner Geldeinlage scheidet die Annahme eines partiarischen Arbeitsverhältnisses von vornherein aus, und zwar auch dann, wenn der Inhaber den stillen Gesellschafter auch als Arbeitnehmer an sich binden will (BFHE 126, 51, BStBl II 1979, 51). Wird die Leistung von Arbeitskraft erbracht, dann liegt eine Vermögenseinlage insbesondere vor, wenn Ansprüche auf Arbeitsentgelt wie Gewinnbeteiligungen gutgeschrieben werden und stehen bleiben. Ein Anstellungsvertrag mit Kapitaleinlage und Gewinnbeteiligung kennzeichnet eine stille Gesellschaft, wenn der neben einem geringen Gehalt vereinbarte Gewinnanteil verzinslich gutgeschrieben wird (BFH HFR 1965, 372; BFHE 103, 804, BStBl II 1971, 815) oder als Darlehen ohne Kündigungsmöglichkeit stehen bleibt; ebenso wenn der Dienstleistende das feste Gehalt weitaus übersteigende Gewinnanteile oder nur Gewinnanteile ohne festes Gehalt bezieht. Je geringer das feste Gehalt neben der Tantieme, desto größer das Risiko des Dienstleistenden. Hinweise auf partnerschaftliches Zusammenwirken

mit Kontroll- und Mitspracherechten im Gegensatz zur Über- und Unterordnung müssen jedoch auch hier vorliegen (BFHE 81, 143, BStBl III 1965, 51; BFHE 140, 275, BStBl II 1984, 373). Für ein stilles Gesellschaftsverhältnis sprechen Tantiemen, die an die wirtschaftliche Lage des Empfängers angeglichen werden (BFHE 103, 804, BStBl II 1971, 815). Dagegen reichen auch relativ hohe (Umsatz- und) Gewinnbeteiligungen dann nicht schon für die Annahme einer stillen Gesellschaft aus, wenn daneben ein zur Bestreitung des Lebensunterhalts ausreichendes Gehalt gezahlt wird, selbst dann nicht, wenn der Dienstleistende daneben kapitalmäßig (darlehensweise) dem Unternehmen verbunden ist (BFHE 81, 143, BStBl III 1965, 51; BFHE 84, 260, BStBl III 1966, 95; BFHE 91, 373, BStBl II 1968, 356; BFHE 140, 275, BStBl II 1984, 373). Auch eine Umsatzbeteiligung allein reicht nicht aus (Anm 7; BFHE 84, 260, BStBl III 1966, 95). Beteiligung am Verlust spricht stets für stille Gesellschaft (BFHE 211, 524, BStBl II 2006, 334). Bei im Betrieb mitarbeitenden **Kindern** genügt allein die Absicht, ihnen später den Betrieb zu übergeben, nicht für die Annahme einer stillen Beteiligung (BFHE 103, 572, BStBl II 1972, 197). Es spricht aber nicht gegen eine stille Beteiligung, wenn die Mitarbeit als Einarbeitung und Vorbereitung für die Begründung einer Mitunternehmerschaft gedacht ist (BFHE 103, 804, BStBl II 1971, 815). **Gesamthänderische** Berechtigungen des Mitarbeitenden begründen stets eine atypische stille Beteiligung (RFH RStBl 1933, 895). Weiteres Abgrenzungskriterium ist insb die **Art des Zusammenwirkens.** Liegt ein Über- und Unterordnungsverhältnis, insb bei Dienstzeitbestimmungen, Überstundenvergütung, Urlaub vor, dann eher partiarisches Arbeitsverhältnis. Von einem partnerschaftlichen Zusammenwirken, das für eine stille Gesellschaft spricht, kann ausgegangen werden insb bei Bestehen von Überwachungs- und Mitspracherechten sowie bei Einfluss auf die Geschäftsführung und bei der Bestimmung der Höhe der Entnahmen (BFHE 91, 373, BStBl II 1968, 356; BFHE 77, 145, BStBl III 1963, 370; BFHE 83, 158, BStBl III 1965, 558). Es genügt aber nicht, wenn sich die Kontrollrechte allein aus der Stellung als Geschäftsführer in einer Angestelltenposition ergeben (BFHE 103, 572, BStBl II 1972, 187; BFHE 91, 373, BStBl III 1968, 356) und/oder die letzte Entscheidung trotz gewisser Beratungs- und Mitsprachefunktionen stets beim Betriebsinhaber verbleibt (BFHE 140, 275, BStBl II 1984, 373). Hier müssen weitere Umstände, insb eine kapitalmäßige Bindung hinzutreten (vgl § 235 HGB; BFH HFR 1965, 370). Bestehen persönl Beziehungen derart, dass bereits finanzielle Beteiligungen vorhanden waren, oder handelt es sich um nahe Angehörige, dann liegt ebenfalls die Annahme einer stillen Gesellschaft näher (BFHE 91, 373, BStBl II 1968, 356; BFHE 83, 158, BStBl III 1965, 558), ebenso wenn das Vertragsverhältnis bei Erbfolge, Umwandlung der Unternehmensform oder Änderung des Unternehmensgegenstandes bestehen bleiben soll (BFH HFR 1965, 372; BFHE 83, 163, BStBl III 1965, 560). Überdurchschnittlicher Arbeitseinsatz, die Absicht der Unternehmensübertragung auf den Dienstleistenden und der (teilweise) Rückzug des Unternehmers sprechen ebenfalls für stille Gesellschaft (BFHE 103, 572, BStBl II 1972, 187; BFHE 140, 275, BStBl II 1984, 373). Dagegen Arbeitsverhältnis, wenn ausreichendes Gehalt gezahlt wird, Weisungsgebundenheit besteht und der Unternehmer nicht zur Fortführung des GewBetriebs verpflichtet ist (BFHE 115, 518, BStBl II 1975, 611; BFHE 126, 51, BStBl II 1979, 51; BFHE 140, 275, BStBl II 1984, 373).

10 **Partiarisches Darlehen.** Zwischen beiden Rechtsinstituten besteht eine enge zivilrechtliche Typenverwandtschaft (zur Abgrenzung *Haas* DStR 2000, 649; zur zivilrechtlichen Unterscheidung *Lienau/Lotz* DStR 1991, 618). Im Einzelfall hat die Unterscheidung unter umfassender Würdigung aller Umstände zu erfolgen (BFHE 168, 239, BStBl II 1992, 889). Maßgebendes Abgrenzungskriterium ist hier einerseits das Bestehen einer Interessengemeinschaft iS eines partnerschaftlichen Zusammenwirkens und andererseits die voneinander unabhängige Verfolgung eigener Interessen, insb die Vereinbarung fester Zinsen hinter den gewinnabhängigen Vergütungen (vgl FG Rh-Pf EFG 1997, 1384). Das Recht auf Bucheinsicht allein ist kein hinreichendes Kriterium (BFHE 141, 158, BStBl II 1984, 623). Ein Darlehensgläubiger kann als Stiller angesehen werden, wenn er vertraglich oder auf Grund seiner persönlichen Beziehung zum Betriebsinhaber Einfluss auf die Geschäftsführung nehmen kann (RFH RStBl 1944, 405). Im Übrigen gelten die unter Anm 8 dargestellten Abgrenzungskriterien (vgl BFHE 138, 458, BStBl II 1983, 563; BFHE 141, 158, BStBl II 1984, 623). Teilnahme am Verlust schließt auf alle Fälle die Annahme eines partiarischen Darlehens aus (BFHE 124, 374, BStBl II 1978, 256; BFHE 126, 51, BStBl II 1979, 51; *Jestädt* DStR 1993, 390), ebenso die Vereinbarung von Mitwirkungsrechten am Unternehmen (BGH DStR 1992, 1370). Umgekehrt stellt die Übertragung eines reinen Forderungsrechts nicht die Begründung einer stillen Gesellschaft, sondern – wenn überhaupt – eines partiarischen Darlehens dar (*Jestädt* DStR 1993, 387).

Eine Gegenüberstellung (nach *Jestädt* DStR 1993, 387) ergibt folgende Unterschiede und Gemeinsamkeiten:

Stille Beteiligung	**Partiarisches Darlehen**
a) Gesellschaftsvertrag zur Verfolgung eines gemeinsamen Zwecks	a) Darlehensvertrag, bei dem das Geldgeberinteresse im Vordergrund steht
b) Gesellschaftsrechtliches (partnerschaftliches) Zusammenwirken	b) Kein genaues Ziel, im Zweifel jeder auf seine eigenen Interessen bedacht
c) Stiller Gesellschafter tritt nach außen nicht in Erscheinung	c) Darlehensgeber tritt nach außen nicht in Erscheinung
d) Teilhabe am unternehmerischen Erfolg	d) Teilhabe am unternehmerischen Erfolg
e) Einlage geht in das Vermögen des Kaufmanns über; es entsteht kein Gesellschaftsvermögen	e) Darlehensnehmer hat das Empfangene in Sachen von gleicher Art, Güte und Menge zurückzuerstatten
f) Ende der stillen Gesellschaft mit Insolvenz des Inhabers des Handelsgeschäfts; stiller Gesellschafter kann seinen Anspruch auf Auszahlung anmelden; bei Verlustbeteiligung nur seinen, den Verlustanteil	f) Bei Insolvenz des Schuldners kann der partiarische Darlehensgeber den vollen Betrag anmelden

übersteigenden Betrag (§ 236 Abs 1 HGB); gegebenenfalls muss er die rückständige Einlage zur Insolvenzmasse einzahlen (§ 236 Abs 2 HGB)	
g) Stiller Gesellschafter kann verlangen, dass der hingegebene Geldbetrag für den vorgesehenen Zweck verwendet wird	g) Grundsätzlich keine Bestimmung hinsichtlich des Verwendungszwecks
h) Kündigung zum Ende eines Geschäftsjahres und nur mit einer Frist von 6 Monaten (§§ 234 Abs 1 Satz 2, 132 HGB)	h) Kündigung jederzeit – regelmäßig mit einer Frist von 3 Monaten (§ 609 Abs 9 BGB)
i) Gewinnbeteiligung als Ausfluss der Einlage zur Erreichung des gemeinsamen Zwecks	i) Gewinnbeteiligung als Vergütung für die Nutzungsüberlassung des Kapitals
j) Überwachungs- und Kontrollrechte als Ausfluss des Gesellschaftsvertrages	j) Grundsätzlich nur Anspruch auf Überprüfung der Gewinnhöhe
k) Gegebenenfalls Teilhabe am Verlust	k) Keine Verlustbeteiligung
l) Kontrollrechte ähnlich einem Kommanditisten (§ 233 HGB)	l) Keine besonderen Kontrollrechte
m) Keine Auflösung der Gesellschaft durch den Tod des stillen Gesellschafters (§ 234 Abs 2 HGB)	m) Keine Beendigung des Darlehensvertrages bei Tod des Darlehensgebers
n) Übertragung der stillen Gesellschaft nur mit Zustimmung des Kaufmanns	n) Abtretung grundsätzlich jederzeit möglich

Da Doppelfunktionen möglich sind, kommt es auf die Vereinbarungen in **Zusammenhang mit der Geldhingabe** an. Die Beherrschung einer Gesellschaft durch einen Gesellschafter reicht aus, die Fremdkapitalzuführung durch diesen Gesellschafter als stille Gesellschaft zu qualifizieren (vgl *BMF* BStBl I 1987, 740).

Partiarisches Pachtverhältnis. Auch ein Pachtverhältnis kann in 11
Wahrheit eine stille Gesellschaft darstellen. Erforderlich ist das Bestehen einer Interessengemeinschaft und Einfluss des Verpächters auf die Geschäftsführung oder die Teilnahme am Verlust des Betriebes. Dagegen lassen eine im Verhältnis zu der Gewinnbeteiligung nicht unbedeutende feste Pacht sowie fehlender Einfluss auf die Betriebsführung auf einen reinen Pachtvertrag schließen (BFHE 81, 138, BStBl III 1965, 49 gegen BFHE 67, 14, BStBl III 1958, 278, wonach eine der stillen Gesellschaft wirtschaftlich ähnliche Stellung des Verpächters für die Annahme einer stillen Gesellschaft ausreichte), ebenso die Bemessung des Pachtzinses nach Umsatz oder die Verpflichtung des Verpächters zur Erhaltung des Pachtgegenstandes (BFH HFR 1965, 546).

Doppelfunktionen des Stillen bleiben trotz der Qualifizierung als stille 12
Gesellschaft möglich, insb die Tätigkeit als Angestellter, die Hingabe von Darlehen und sonstige Dienstleistungen (vgl *BMF* BStBl I 1987, 740).

Hierfür bezogene Vergütungen sind abzugrenzen und nicht nach Nr 3 hinzuzurechnen. Der Aufteilung durch die Beteiligten ist bei der Hinzurechnung grundsätzlich zu folgen (BFHE 91, 373, BStBl II 1968, 356).

13 **Umfang der Hinzurechnung.** Hinzuzurechnen sind mit **25%** (s Beginn der Nr 1) die **Gewinnanteile** des stillen Gesellschafters, soweit bei der Gewinnermittlung tatsächlich abgesetzt. **Maßgebend** für Art und Umfang der hinzuzurechnenden Beträge sind die **vertraglichen Bestimmungen** (BFHE 91, 373, BStBl II 1968, 356). Ist keine Vereinbarung getroffen, dann gilt ein den Umständen angemessener Anteil als ausbedungen (§ 231 HGB). Hierbei ist von betriebswirtschaftlichen Abschreibungen auszugehen. Der Stille nimmt idR nur am laufenden Gewinn, nicht am Gewinn aus Anlageabgängen und Veräußerungen von AV teil (*Schulze zur Wiesche* StBp 1978, 73). Der Gewinnanteil umfasst im Wesentlichen alle gewinnabhängigen Bezüge des Stillen, die nach der Vorstellung der Beteiligten **Gegenleistungen** für die Leistungen des Stillen im Rahmen des Gesellschaftsverhältnisses sind (BFHE 91, 373, BStBl II 1968, 386), idR der Anteil am Gewinn nach Steuerbilanz (BFHE 105, 391, BStBl II 1972, 586), bei anderweitiger Vereinbarung nach Handelsbilanz. Hinzuzurechnen sind auch Vergütungen nach Beendigung des stillen Gesellschaftsverhältnisses (BFHE 105, 391, BStBl II 1972, 586), ebenso den Nennwert der Einlage übersteigende Abfindungen oder ähnliche Zahlungen bei Auflösung der Gesellschaft (BFHE 125, 386, BStBl II 1978, 570). Der den Nennwert übersteigende Teil gilt idR nicht den höheren „Wert" der Einlage ab, sondern ist zusätzliches Entgelt für deren Überlassung. Gewinnanteil ist auch der Ausgleich für Geldwertverluste (*Kormann* BB 1974, 89). Wertsicherungsklauseln sind zu berücksichtigen (BFHE 125, 386, BStBl II 1978, 570). Der Hinzurechnung unterliegen auch Gewinnanteile des **Unterbeteiligten** (BFHE 100, 254, BStBl II 1971, 59). Bei Beteiligungen am **abgrenzbaren Geschäftszweig** ist dessen Gewinn gesondert zu ermitteln. Dabei sind alle Aufwendungen und Erträge anzusetzen, die durch diesen Geschäftszweig verursacht sind. Dazu gehört auch ein angemessener Anteil der allgemeinen Betriebs- und Verwaltungskosten des Handelsgewerbes, an dessen Geschäftszweig die stille Gesellschaft besteht (BFHE 115, 518, BStBl II 1975, 611; BFHE 98, 343, BStBl II 1970, 379).

Hinzuzurechnen sind jedoch die Beträge, die den **Gewinn tatsächlich gemindert** haben. Das gilt auch dann, wenn der Stille eine (nach § 3 Nr 24) befreite Kapitalgesellschaft ist (BFHE 211, 524, BStBl II 2006, 334). Hinzuzurechnen sind auch Rückstellungen (BFHE 125, 386, BStBl II 1978, 570) sowie die Beträge, die nach Beendigung des Gesellschaftsverhältnisses mit Rücksicht auf dieses gezahlt werden (BFHE 105, 391, BStBl II 1972, 586). Hinzuzurechnen ist nach A 50 Abs 2 GewStR auch der Verlustanteil des stillen Gesellschafters, soweit er den Verlust aus dem GewBetrieb verringert hat (mE zutreffend (ebenso *Lenski/Steinberg* § 8 Nr 3 Anm 5; *Blümich/Hofmeister* § 8 Anm 191, 192).

14 **Nicht hinzuzurechnen** sind sonstige Bezüge des Stillen, die Entgelt für sonstige Leistungen im Rahmen einer Doppelfunktion für den Betrieb darstellen, insb Arbeitsentgelte oder Darlehenszinsen (BFHE 83, 163, BStBl III 1965, 560; BFHE 91, 373, BStBl II 1968, 356; BFHE 101, 243,

BStBl II 1971, 308; BFHE 103, 204, BStBl II 1971, 825). Letztere sind auch nicht nach § 8 Nr 1 Buchst a hinzuzurechnen (s dort Anm 20). Bei der GmbH und Still sind überhöhte Gewinnanteile verdeckte Gewinnausschüttungen (BFHE 138, 458, BStBl II 1983, 563; BFHE 96, 397, BStBl II 1969, 690). Die Angemessenheit der Gewinnanteile des Stillen hängt von der erbrachten Kapitaleinlage und deren Verzinsung, dem eingegangenen Risiko, dem Arbeitseinsatz, den Ertragsansprüchen sowie der Dringlichkeit und wirtschaftlichen Bedeutung der Kapitalzuführung ab, jeweils bezogen auf den Zeitpunkt der Vereinbarung (BFHE 130, 268, BStBl II 1980, 477). Auch bei im Betrieb mitarbeitenden Kindern sind Zahlungen nicht abziehbar, soweit sie unangemessen sind (BFHE 125, 35, BStBl II 1978, 427; hierzu *-el-* BB 1976, 124).

Heranziehung der Beträge beim Empfänger (Satz 2; **bis EZ 2007**). 15
Steuerrechtlich stehen Einkünfte aus einer stillen Beteiligung demjenigen zu, dem sie zivilrechtlich gebühren. Bei einem Wechsel der Gesellschafter kommt es auf den Inhalt der Vereinbarung an, welchem Gesellschafter das Bezugsrecht für vergangene Zeiträume zustehen soll; § 101 Nr 2 BGB ist anzuwenden (BFH/NV 2005, 239). Unterliegt der Empfänger nicht der GewSt, dann sind seine Gewinnanteile hinzuzurechnen (BFHE 91, 98, BStBl II 1968, 218). Die Vorschrift verfehlt ihre Wirkung und führt zu Doppelbelastungen, wenn die typische stille Unterbeteiligung geheimgehalten wird (*FM NRW* DB 1976, 654, BB 1976, 455). Der Gewinnanteil ist bei der Gewinnermittlung des Beteiligungsunternehmens nicht abzuziehen. Andererseits ist der Gewinnanteil beim Empfänger bei der Ermittlung des GewErtrags heranzuziehen. Etwas anderes soll nach *Blümich/Hofmeister* § 8 Rz 505 gelten, wenn beide Unternehmen derselben/denselben Gemeinde(n) angehören. Für diese Lösung fehlt jedoch eine gesetzl Grundlage. Gehört die Beteiligung beim Empfänger zu einem gewerblichen Unternehmen, dann ist die Gewinnbeteiligung bei diesem zu erfassen. Hier wird sie zur GewSt auch dann „herangezogen", wenn ihn die Ausschüttung veranlasst, die stille Beteiligung auf den niedrigeren Teilwert abzuschreiben (BFH aaO). Ist Empfängerin eine gewerblich geprägte Personengesellschaft iSd § 15 Abs 3 Nr 2 EStG, dann kommt es für die Anwendbarkeit von Satz 2 nicht darauf an, ob sie nach § 36 Abs 2 GewStG aF für EZ vor 1986 nicht der GewSt unterliegt (*FinSen Berlin* FR 1987, 336).

Im Falle der **Rückzahlung** der Gewinnanteile sind mE die Grundsätze 16
zu § 8 Nr 1 Buchst a Anm 24 zur Vermeidung einer Doppelerfassung dieser Beträge entsprechend anzuwenden (ebenso *Blümich/Hofmeister* § 8 Rz 192).

§ 8 Nr. 1 Buchst. d Hinzurechnungen

Dem Gewinn aus Gewerbebetrieb (§ 7) werden folgende Beträge wieder hinzugerechnet, soweit sie bei der Ermittlung des Gewinns abgesetzt worden sind:

1. Ein Viertel der Summe aus

...

d) einem Fünftel der Miet- und Pachtzinsen (einschließlich Leasingraten) für die Benutzung von beweglichen Wirtschaftsgü-

tern des Anlagevermögens, die im Eigentum eines anderen stehen,

...

Gewerbesteuer-Richtlinien 1998: Abschnitt 53.

Übersicht

1.	Allgemeines
2.	Entstehung
3.–5.	**Miet- und Pachtverträge**
3.	Begriffe Miete und Pacht
4.	Gegenstand von Miet- und Pachtverträgen
5.	Besonderheiten bei Gesellschaften/nahen Angehörigen
6., 7 a.	**Abgrenzung zu Liefer- und Kaufverträgen**
6.	Wirtschaftliches Eigentum
7.	Abgrenzungen zu Kaufverträgen bei Substanzausbeute
7 a.	Abgrenzung zu Kaufverträgen bei Leasing
8.–13.	**Benutzung von beweglichen Wirtschaftsgütern**
8.	Begriff des Wirtschaftsguts
9.	Immaterielle Wirtschaftsgüter
10.	Wirtschaftsgüter des Anlagevermögens
11.	Eigentum eines anderen
12.	Benutzung im Betrieb
13.	*(frei)*
14.–16.	**Miet- und Pachtzinsen**
14.	Begriff der Miet- und Pachtzinsen
15.	Leistungen auf Grund eines Miet- oder Pachtvertrages
16.	Leistungen für die Benutzung bestimmter Wirtschaftsgüter
17., 18.	**Aufteilung eines einheitlichen Entgelts**
17.	Verpachtung von Sachgesamtheiten
18.	Trennbare Vertragsgegenstände
19.	**Umfang der Hinzurechnung**
20.	**ABC der Miet- und Pachtzinsen**

Literatur: *Fick,* Gewerbesteuerliche Hinzurechnungen bei Verpachtung und bei Aufgabe von Betrieben oder Teilbetrieben, BB 1993, 980; *Woring,* Hinzurechnungen nach § 8 Nr 7 GewStG bei kurzfristigen Mietverhältnissen, DStZ 1993, 591; *Meilicke,* Finanzierungsfreiheit und Europarecht, FR 1995, 297; *Meilicke* Unvereinbarkeit des § 10 Abs 1 Nr 9 EStG mit Europarecht, DStZ 1996, 97; *Saß/Tillmann,* Gewerbesteuerliche Hinzurechnung nach § 8 Nr 7 und § 12 Abs 2 Nr 2 GewStG EU-verträglich? Schadensersatz?, DB 1996, 1744; *Köhler,* Gewerbesteuerliche Auswirkungen der als Herstellungsaufwendungen aktivierten Miet- und Pachtzinsen – Hinzurechnungen gem § 8 Nr 7 GewStG, StBp 1997, 313; *Gosch,* Einige aktuelle und zugleich grundsätzliche Bemerkungen zur Gewerbesteuer, DStZ 1998, 327; *Kessler/Teufel,* Die klassische Betriebsaufspaltung nach der Unternehmenssteuerreform, BB 2001, 17; *Scheffler,*

Hinzurechnung von Leasingraten nach der Unternehmensteuerreform 2008, …, BB 2007, 874; s auch die weiteren Hinweise zu § 8 Nr 1 nF.

Allgemeines. Die **Neuregelung** der Vorschrift dient, wie die Vorschriften des § 8 GewStG insgesamt, der Ermittlung des objektiven von den Verhältnissen des Inhabers zum GewBetrieb losgelösten GewErtrags. Durch die Hinzurechnung soll derjenige, der fremde Vermögensgegenstände in seinem Betrieb nutzt, dem selbstnutzenden Eigentümer entsprechender Wirtschaftsgüter gleichgestellt werden (Begr zum GewStG RStBl 1937, 693, 699). Anders als die Vorgängervorschrift (Nr 7 aF) stellt die Nr 1 Buchst d nicht mehr darauf ab, ob die Zinsen beim *Empfänger* zur GewSt heranzuziehen sind; dadurch kann es zu Doppelbelastungen durch auf den Zinsen lastende GewSt kommen. Für die Hinzurechnung nur von $^1/_5$ der Miet- und Pachtzinsen bestehen sachgerechte Gründe. Erfasst werden soll nur der Finanzierungsanteil (BT-Drs 16/4841, 80). Diesen hat der Gesetzgeber notwendig typisierend mit 25% angesetzt. 1

Verfassungsrechtlich war schon die Vorgängervorschrift § 8 Nr 7 aF nicht zu beanstanden; sie war nicht willkürlich und verstieß insb nicht gegen Art 3 GG (BFHE 103, 207, BStBl II 1972, 22; BFHE 107, 468, BStBl II 1973, 148; BFHE 119, 485, BStBl II 1976, 721; BFHE 174, 554, BStBl II 1994, 810; BVerfG HFR 1974, 498). Für die Neuregelung des § 8 Nr 1 Buchst d gilt mE nichts anderes, da der Hinzurechnungsanteil deutlich abgesenkt ist. Daran ändern nunmehr mögliche Doppelbelastungen nichts, zumal für die Frage der Verfassungsmäßigkeit mE nur auf die Verhältnisse des von der Hinzurechnung betroffenen Stpfl abzustellen ist.

Gemeinschaftsrechtliche Probleme, die im Hinblick auf die Ausnahme von der Hinzurechnung nach § 8 Nr 7 Satz 2 Halbsatz 1 aF bestanden (vgl § 8 Nr 7 aF Anm 1) sind bei § 8 Nr 1 d nF nicht ersichtlich.

Entstehung. Die Vorschrift ist eingeführt worden durch G v 14. 8. 2007 (BGBl I 2007, 1917), mit dem gleichzeitig die Vorschrift des § 8 Nr 7 aF aufgehoben worden ist. Sie ist – wie die Vorschriften des § 8 Nr 1 aF insgesamt – erstmals ab EZ 2008 anzuwenden (§ 36 Abs 5 b). 2

3.–5. Miet- und Pachtverträge

Begriff. Die Vorschrift betrifft Nutzungen von WG auf Grund eines Rechts- und Nutzungsverhältnisses, das seinem **wesentlichen rechtlichen Gehalt** nach dem Typus eines Miet- oder Pachtvertrages iSd bürgerlichen Rechts entspricht (BFHE 108, 370, BStBl II 1973, 412; BFHE 81, 641, BStBl III 1965, 230; BFHE 82, 654, BStBl III 1965, 483; BFHE 129, 225, BStBl II 1980, 160; BFHE 139, 408, BStBl II 1984, 149; BFHE 168, 343, BStBl II 1992, 741; BFHE 181, 337, BStBl II 1997, 226; BFH/NV 1999, 515). Maßstab sind daher die Vorschriften der §§ 535 ff BGB und 581 ff BGB. Dem wesentlichen Gehalt der hier niedergelegten Vertragstypen muss das Nutzungsverhältnis nicht nur wirtschaftlich (so jedoch *Lenski/Steinberg* § 8 Nr 7 Anm 10), sondern rechtlich gleichstehen (*Bestgen* StuW 1981, 23 ff; *Blümich/Hofmeister* § 8 Rz 161). Entscheidend ist nicht die Bezeichnung als Mietvertrag oder Pachtvertrag sondern die **Gleichartigkeit** mit den bezeichneten Vertragstypen (BFHE 117, 474, BStBl II 1976, 220). 3

Daher kein Ausweichen durch Vereinbarung ausländischen Rechts; Hinzurechnung, wenn bei Anwendung deutschen Rechts das Verhältnis im Wesentlichen als Miet- oder Pachtverhältnis anzusehen wäre (BFHE 117, 474, BStBl II 1976, 220 für Charterverträge ohne Stellung von Bedienungspersonal). Mindesterfordernis ist daher die laufende Zahlung eines Entgelts für die Überlassung eines WG, bei der Miete zum Gebrauch des WG (§ 535 BGB) und bei der Pacht zusätzlich zum Genuss der Früchte, soweit sie nach den Regeln einer ordnungsmäßigen Wirtschaft als Ertrag anzusehen sind (§ 581 BGB), sowie die Verpflichtung zur Rückgabe des Vertragsgegenstandes (§ 546 BGB).

Erforderlich ist nicht die **Überlassung zum** freien, uneingeschränkten Gebrauch; vertragsgemäßer eingeschränkter **Gebrauch** genügt (BFHE 168, 343, BStBl II 1992, 741), ebenso ein kurzfristiges Mietverhältnis (BFHE 174, 554, BStBl II 1994, 810; FG Köln EFG 1993, 732; *Woring* DStZ 1993, 591). Die Einräumung eines einfachen Nutzungsvorrangs bzw Duldung der Nutzung genügt dem Begriff des Miet- oder Pachtvertrags nicht (BFHE 139, 408, BStBl II 1984, 149), ebenso wenig die Begründung einer monopolartigen Stellung (RFH RStBl 1940, 928; 1943, 508; BFHE 75, 571, BStBl II 1962, 476). Aus den unterschiedlichen Begriffen „Benutzung" in § 8 Nr 1 Buchst d (so schon § 8 Nr 7 aF) GewStG und „Gebrauch" in § 535 und § 581 BGB lassen sich keine Rechtsfolgen herleiten. Der Zusammenhang des Begriffs „Benutzung" mit Miet- und Pachtzinsen gibt ihm die Bedeutung von „Nutzungen" iSd § 100 BGB, also auch iSv Frucht einer Sache oder eines Rechts (BFHE 107, 468, BStBl II 1973, 148).

Auch ein **Untermiet-/pachtvertrag** ist Miet-/Pachtvertrag iSd Vorschrift und nicht etwa Rechtsüberlassung iSv § 8 Nr 1 Buchst f nF (*FM Länder* BStBl I 2008, 730 Rn 32).

Das Erfordernis der Gleichartigkeit mit den bürgerlich-rechtlichen Vertragstypen bedeutet, dass wesentliche **miet- und pachtfremde Elemente** der Annahme eines Miet- oder Pachtvertrages entgegenstehen (BFHE 145, 134, BStBl II 1986, 304; *Sigloch* DStR 1965, 258). Daher keine Miete oder Pacht bei Zeitcharterverträgen mit ihrer wesentlichen Verpflichtung zur Gestellung der (Schiffs-) Mannschaft im Gegensatz zu sog Bare-Boat-Charter-Verträgen (BFHE 65, 189, BStBl III 1957, 306); ebenso wenig, wenn es den Parteien letztlich auf den Abschluss eines Kaufvertrages ankommt (BFHE 65, 550, BStBl III 1957, 445), wenn der Berechtigte zunächst wirtschaftlicher und später rechtlicher Eigentümer des Vertragsgegenstandes werden soll (BFHE 73, 194, BStBl III 1961, 328; BFHE 86, 595, BStBl III 1966, 599) und wenn der Gegenstand wegen Verbrauchs nach Ablauf des Nutzungsverhältnisses wirtschaftlich nicht zurückgegeben werden kann (BFHE 78, 107, BStBl III 1964, 44).

Untergeordnete Nebenabreden mit miet- und pachtfremden Elementen von geringem Gewicht schaden nicht, wenn das Verhältnis trotzdem einem Miet- oder Pachtvertrag gleichgeartet bleibt (BFHE 119, 485, BStBl II 1976, 721); ebenso wenig die Vereinbarung, dass sich die Gegenleistung nach dem Maße der Fruchtziehung bestimmt (BFHE 90, 125, BStBl II 1968, 30). Nur **wesentliche Abweichungen** schaden (BFHE 81, 641, BStBl III 1965, 230 und BFHE 108, 370, BStBl II 1973, 412 für Lizenzverträge; BFHE 126, 43, BStBl II 1979, 47 für Gebrauch des Frachtstempels der DB; BFHE 139, 286, BStBl II 1984, 17 für know-how-Verträge; BFHE 139, 408, BStBl II 1984, 149 für Nutzungsvorrang). Daher ist auch ohne Besitz des Nutzenden Miet- und Pachtvertrag möglich (BFHE 145, 134, BStBl II 1986, 304 für Miete einer Kaianlage). Erforderlich ist auch nicht, dass der Inhalt des Pachtverhältnisses zu den „eigentlichen Aufgaben" des Verpächters gehört (BFHE 83, 433, BStBl III 1965, 655 zur Überlassung einer Gaststätte durch die DB als Pacht).

Eine Verpachtung im Rahmen einer **Betriebsaufspaltung** bedeutet keine wesentliche Abweichung in dem vorbezeichneten Sinn. Sie bedingt nur eine Umqualifizierung der Einkünfte beim Verpächter, nicht aber eine Umqualifizierung des Rechtsverhältnisses. Daher ist die Vorschrift im Falle einer Betriebsaufspaltung anzuwenden (FG Münster EFG 1991, 271; ebenso BFHE 164, 445, BStBl II 1991, 771), und zwar auch dann, wenn beide Betriebe im selben Ort liegen (FG Ba-Wü EFG 1997, 1034 rkr). Entsprechendes gilt für die umgekehrte Betriebsaufspaltung (*Fick* BB 1993, 980).

Öffentlich-rechtliche Verträge können Miet- und Pachtverträge iSd Vorschrift sein (BFHE 95, 399, BStBl II 1969, 439 für Kühlhausverträge; Schl-H FG EFG 1988, 83 für ein Seenutzungsrecht durch ein Schifffahrtsunternehmen, s ABC). Dagegen ist die Gewährung von öffentlichen Rechten innerhalb eines öffentlich-rechtlichen Rechtsverhältnisses gegen Zahlung von Gebühren auch dann nicht Miete oder Pacht, wenn sie in dieser Form hätte geregelt werden können (BFHE 95, 325, BStBl II 1969, 417; FG Münster EFG 1989, 474 für Wassernutzungsentgelte; BFHE 139, 408, BStBl II 1984, 149; Nds FG EFG 1996, 187). Rechtsüberlassungen solcher Art sind nunmehr geregelt in § 8 Nr 1 Buchst f nF (s dort).

Das Vorliegen wesentlicher, den Vertrag prägender miet- oder pachtfremder Elemente **(Typenverschmelzung)** bedeutet, dass der Vertrag auch nicht in einzelnen Teilen oder Beziehungen als Miet- oder Pachtvertrag behandelt werden darf, weil und insoweit ein Vertrag eigener Art vorliegt (BFHE 65, 189, BStBl III 1957, 306; BFHE 139, 408, BStBl II 1984, 149), zB Zeit-Chartervertrag, Vertrag über Anmietung u Austausch von Fußmatten. Anders nur, wenn die Miet-/Pachtelemente dem Vertrag das **Gepräge** gaben; dann Anwendung des § 8 Nr 1 Buchst d, e (oder f) nF (*FM Länder* BStBl I 2008, 730 Rn 7, 32). Wenn und soweit in einem einheitlichen Vertrag unterschiedliche und rechtlich trennbare Hauptleistungspflichten geregelt werden, kann und muss eine **Trennung** und unterschiedliche Sachbehandlung erfolgen; insb wenn beide Vertragsteile nach dem Willen der Parteien voneinander unabhängig sein sollen, auch wenn sich nur in ihrer Verbindung der Vertragszweck erreichen lässt (**Typenkombination;** BFHE 139, 286, BStBl II 1984, 17 für Überlassung von Know-how und gleichzeitige Vermietung entsprechender Spezialmaschinen). Der Kritik von *Blümich/Hofmeister* (§ 8 Anm 202) ist nicht zu folgen. Die Trennungstheorie ist eine konsequente Folge der Zugrundelegung rechtlicher Gesichtspunkte bei der Einordnung des zu prüfenden Vertrages. Von diesen Fragen zu unterscheiden ist das Problem der Trennung von hinzurechnungsfähigen Entgeltteilen innerhalb eines einheitlichen als Miete oder Pacht zu beurteilenden Rechtsverhältnisses (BFHE 84, 138, BStBl III

1966, 51 und BFHE 119, 478, BStBl II 1976, 717 zur Verpflichtung zur Erneuerung von Inventar und Waren); vgl im Einzelnen Anm 17, 18.

Die Entscheidung ergeht zwar auf Grund der gesamten **tatsächlichen Umstände des Einzelfalles.** Gleichwohl ist sie Rechtsanwendung und unterliegt revisionsrichterlicher Nachprüfung (BFHE 91, 336, BStBl II 1968, 348; BFHE 111, 469, BStBl II 1974, 342).

4 **Gegenstand von Miet- und Pachtverträgen** können materielle und immaterielle WG, Sachen und – an sich – Rechte sein, insbesondere Substanzausbeuterechte (BFHE 119, 485, BStBl II 1976, 721), Konzessionen und Gerechtigkeiten (BFHE 82, 129, BStBl III 1965, 293; Schl-H FG EFG 1988, 83), ein Geschäfts- bzw Praxiswert oder Kunden- bzw Mandantenstamm (BFHE 175, 33, BStBl II 1994, 903; BFHE 182, 366, BStBl II 1997, 546; BFH/NV 1997, 438) ebenso Gesamtheiten von Sachen u Rechten, wie etwa ein Unternehmen bzw ein (Teil-)Betrieb (vgl § 8 Nr 7 Satz 2 aF) oder eine Praxis (BFHE 168, 405, BStBl II 1993, 36, 40; BFHE 175, 33, BStBl II 1994, 903; BFH/NV 1997, 438).

Ab EZ 2008 erfolgt jedoch durch die **Neuregelung** des **§ 8 Nr 1 Buchst f GewStG** eine gesonderte Hinzurechnung von ($^1/_4$ der) Aufwendungen für die – befristete – Überlassung von Rechten. Diese Neuregelung erfordert mE *zwingend* eine **Abgrenzung** dahin, dass ab EZ 2008 Gegenstand von Miet- und Pachtverträgen iSd § 8 Nr 1 Buchst d GewStG nF **nicht** die befristete Überlassung von Rechten ist, auch wenn sie in dieser Rechtsform erfolgt.

5 **Besonderheiten bei Gesellschaften und nahen Angehörigen.** Entgelte aus Verträgen zwischen **Kapitalgesellschaft** und Gesellschafter unterliegen der Hinzurechnung, auch bei Ein-Mann- und Familiengesellschaften und bei der KGaA. Dies gilt indes nicht, soweit die Entgelte verdeckte Gewinnausschüttungen darstellen. Insofern ist die Gewinnermittlung zu berichtigen. Entgelte aus Verträgen zwischen **Personengesellschaften** und Gesellschaftern gehören nach § 15 Abs 1 Nr 2 EStG zu den gewerblichen Einkünften und sind nicht hinzuzurechnen. Doch unterliegen (die) Entgelte der Hinzurechnung, wenn der Gesellschafter das WG von einem Dritten zur Überlassung an die Personengesellschaft mietet und diese den Mietzins vereinbarungsgemäß unmittelbar an den Dritten zahlt (BFHE 145, 134, BStBl II 1986, 304; zust *Söffing* FR 1986, 109). Ist der Gewtreibende an einer vermögensverwaltenden Personengesellschaft beteiligt, von der das WG gemietet worden ist, so findet **keine** (teilweise) **Saldierung** der Entgelte mit den Einnahmen, an denen er beteiligt ist, statt (ebenso *Sarrazin* in *L/S* § 8 Nr 1 Buchst e Rn 27).

Auch Entgelte aus Miet- und Pachtverträgen zwischen **nahen Angehörigen,** insbesondere Ehegatten, unterliegen der Hinzurechnung, sofern die einkommensteuerrechtlichen Erfordernisse für die Anerkennung des Vertragsverhältnisses beachtet sind. Es muss also ernsthaft vereinbart, insbesondere wie unter fremden Dritten üblich gestaltet, und tatsächlich durchgeführt worden sein (vgl BFHE 214, 173, BStBl II 2007, 294). Anders sind die Entgelte schon nicht als Betriebsausgaben abziehbar. Das gilt auch, soweit das Entgelt überhöht ist. Nur der angemessene Teil ist abziehbar und unterliegt der Hinzurechnung. Indes ist die Rspr zunehmend großzügig mit der Tendenz, (beinahe) jede unter fremden Dritten unübliche Gestaltung anzuerkennen (vgl hierzu *Schmidt/Heinicke* § 4 Anm 520 „Angehörige").

6.–7 a. Abgrenzung zu Liefer- und Kaufverträgen

Wirtschaftliches Eigentum. Eine Nutzungsüberlassung iSd Vorschrift 6
liegt vor, wenn (auch) das wirtschaftliche Eigentum beim Überlassenden verbleibt (BFHE 86, 595, BStBl III 1966, 599; BFHE 92, 228, BStBl III 1968, 478). Hiefür genügen Verpachtung in Teilverträgen (BFHE 104, 553, BStBl II 1972, 433), Kündigungsrechte des Überlassenden und/oder die Vereinbarung von Mindestentschädigungen oder Preisklauseln (BFHE 108, 120, BStBl II 1973, 264; BFHE 108, 125, BStBl II 1973, 266). Das wirtschaftliche Eigentum ist nicht beim Überlassenden verblieben, wenn der Vertragsgegenstand nach der Nutzung (Ausbeute) nicht an ihn zurückzugeben ist (BFHE 87, 569, BStBl III 1967, 226) oder sich durch die Nutzung verbraucht (BFHE 78, 107, BStBl III 1964, 44). In solchen Fällen liegt ein Ratenkauf vor (*FM Länder* BStBl I 2008, 730 Rn 7). Der in der Bilanzierung enthaltene Zinsanteil ist nach § 8 Nr 1 Buchst a hinzuzurechnen (ebenso *Köster* DStZ 2008, 703); vgl dort Anm 112.

Bei **Ausbeuteverträgen** liegt Kaufvertrag vor, wenn es sich um eine 7
einmalige Lieferung einer fest begrenzten Menge handelt (BFHE 65, 32, BStBl III 1957, 246; BFHE 68, 10, BStBl III 1959, 5; BFHE 69, 88, BStBl III 1959, 294; hierzu *Friedrich* FR 1965, 114; *Voss* FR 1965, 116). Gegen den Begriff der Lieferung spricht nicht allein der Umstand, dass der Ausbeuteberechtigte selbst tätig werden muss (BFH StRK GewStG § 8 Nr 2–9, R 20). Eine einmalige Lieferung liegt aber nicht vor, wenn jeweils festbegrenzte Mengen auf Grund einer sich wiederholenden Erlaubnis des Grundeigentümers auszubeuten sind (BFH StRK GewStG § 8 Nr 2–9, R 44; BFH HFR 1963, 26; BFHE 119, 485, BStBl II 1976, 721). Ein Pachtvertrag iSv § 8 Nr 7 GewStG aF liegt insb vor, wenn nach der Vertragsgestaltung nicht eine bestimmte Menge der Substanz zu liefern ist, sondern der Berechtigte auf eigene Gefahr Fruchtziehung treiben soll (BFHE 72, 119, BStBl III 1961, 45; BFHE 97, 542, BStBl II 1970, 210). Kennzeichnend hiefür sind laufende Entgeltszahlungen für eine zunächst unbestimmte Menge der Substanz, Ausschluss von Gewährleistungen, der Übergang des Besitzes am Grundstück auf den Berechtigten sowie insb die Verpflichtung des Berechtigten, den Mutterboden abzutragen und später wieder aufzutragen (Rekultivierungsverpflichtung, BFHE 119, 485, BStBl II 1976, 721). Liegen die letztbezeichneten Voraussetzungen vor, dann ist Pacht sogar dann gegeben, wenn die Entnahme einer bestimmten Kiesmenge zu einem festen Preis innerhalb einer bestimmten Zeit gewährt wird (FG Nürnberg EFG 1973, 210). Der Annahme eines Pachtverhältnisses steht nicht entgegen, dass die Abbauzeit kurz und das Entgelt nach abgebauter Menge bemessen ist (BFHE 86, 128, BStBl III 1966, 364; BFHE 90, 215, BStBl II 1968, 30), ebenso wenig dass das Entgelt in einem einmaligen Betrag zu zahlen ist (BFH HFR 1965, 209), nach netto verkauften Erzeugnissen bemessen wird (*Schmidtmann* StWa 1962, 89) und als „Kaufpreis" bezeichnet wird (RFH StuW 1924, 64). Ebenso unerheblich ist, ob

die abgebaute Menge bereits von vornherein bestimmt ist – wie idR bei Sand – oder erst nach dem Abbau – wie idR bei Kies (BFHE 119, 485, BStBl II 1976, 721).

7a Auch **Leasingverträge** können nach allgemeinen Grundsätzen Mietverträge darstellen (vgl BFHE 133, 67 BStBl II 1981, 481; BFHE 149, 255, BStBl II 1987, 448). In der **Neufassung** der Vorschrift ist dies durch den Klammerzusatz „(einschließlich Leasingraten)" klargestellt. Erforderlich ist aber weiterhin die Vergleichbarkeit des Leasingvertrages mit einem Miet-/Pachtvertrag, wie sich aus dem Textzusammenhang ergibt. Das setzt voraus, dass der Leasinggegenstand im (wirtschaftlichen) Eigentum des Leasinggebers bleibt und ihm nach der vereinbarten Zeit zurückzugeben ist (*Knoppe* FR 1963, 549 und DStR 1964, 99). Das gilt mE sogar dann, wenn – wie üblich – dem Leasingnehmer eine Kaufoption eingeräumt ist (aA *Thiel* Inf 1964, 121). Es handelt sich nicht um ein in der Schwebe befindliches Geschäft (aA zu Recht für den Mietkauf: *Meilicke* BB 1964, 691 sowie *Flohr* DB 1963, 229), weil von der Kaufoption durch eigenständige Rechtshandlung Gebrauch gemacht wird und die Gestaltung des zuvor bestehenden Nutzungsverhältnisses hiervon unberührt bleibt. Daher liegt nicht ohne weiteres einfacher Teilzahlungs-(Kauf-)Vertrag vor (aA *Bock* DB 1964, 229). Anders nur, wenn nach der gesamten Sachlage angenommen werden muss, dass es den Parteien nur auf den Abschluss des Kaufvertrages ankommt (BFHE 65, 550, BStBl III 1957, 445), was sich aus der Höhe, Fälligkeit und Dauer der „Mietzins"-Zahlungen ergeben kann, oder wenn die „Miet"dauer so bemessen ist, dass nach ihrem Ablauf der Leasinggegenstand wirtschaftlich nicht zurückzugeben ist (BFHE 78, 107, BStBl III 1964, 44).

8.–13. Benutzung von beweglichen WG

8 Der **Begriff des Wirtschaftsguts** ist der des EStG. Er ist weit zu verstehen und bezeichnet Gegenstände, sofern sie als realisierbarer Vermögenswert angesehen werden können, sowie bloße vermögenswerte Vorteile einschließlich tatsächlicher Zustände und konkreter Möglichkeiten, sofern sich der Kaufmann ihre Erlangung etwas kosten lässt, sie nach der Verkehrsauffassung einer selbständigen Bewertung zugänglich sind und einen Nutzen für mehrere Wj erbringen (BFHE 95, 31/37, BStBl II 1969, 291; BFHE 100, 122, BStBl II 1970, 842; BFHE 141, 261, BStBl II 1984, 723; vgl *Schmidt/Weber-Grellet* § 5 Rz 94). So bestimmt war der Begriff beachtlich für die Anwendung des § 8 Nr 7 aF bis EZ 2007 (BFHE 118, 470, BStBl II 1976, 463). Auch **unkörperliche** Gegenstände konnten daher den Begriff des WG erfüllen, vorausgesetzt dass ihre eigenständige wirtschaftliche Ausnutzung und Bewertung möglich ist (6. Aufl § 8 Nr 7 Anm 9).

Durch die **Änderung** des G mit Einführung des **§ 8 Nr 1 Buchst d** ab **EZ 2008** ist auch insofern eine Änderung eingetreten. Die Vorschrift spricht nicht – wie § 8 Nr 7 aF – von „nicht in Grundbesitz bestehenden" WG, sondern von **„beweglichen"** WG. Für die Abgrenzung ist mE schon wegen der unterschiedlichen Wortlaute und Begrifflichkeiten **nicht mehr** auf **§ 68 BewG,** sondern auf **§ 21 Abs 1 Nr 1 EStG** zurückzugreifen (**aA** wohl *FM Länder* BStBl I 2008, 730 Rn 31; *Zerhusen* StC 9.08, 25; *Sarrazin* in *L/S* § 8 Nr 1 Buchst d Rn 11). Das bedeutet, dass durch sie nur körperliche, also materielle WG erfasst werden; bei ihnen darf es sich nicht um Grundstücke, Gebäude und deren Bestandteile handeln. Betroffen sind aber Scheinbestandteile (Einbau nur zu vorübergehendem Zweck, § 95 BGB; hierzu BFHE 100, 562, BStBl II 1971, 157; BFHE 101, 5, BStBl II 1971, 165), Zubehör, Flugzeuge (BFHE 181, 511, BStBl II 1997, 466), nicht eingetragene Schiffe (s aber § 8 Nr 1 Buchst e Anm 3) und Betriebsvorrichtungen (hierzu § 9 Nr 1 Anm 24). Daher keine Zurechnung etwa bei Konzessionsabgaben für die Nutzung von Straßen, Wegen, Plätzen, Häfen und Kanälen usw; Hinzurechnung jedoch, wenn der Zins nur für die Nutzung von dort befindlichen Anlagen (Leitungen, Rohre, Schienen) gezahlt wird (vgl FG Düsseldorf EFG 1959, 92). Bei einem gemischten Mietvertrag ist Aufteilung erforderlich (vgl Anm 17). Nicht beweglicher WG ist der *Bodenschatz* (vgl hierzu § 8 Nr 1 Buchst e Anm 4).

Immaterielle WG (zB Geschäftswert, Kundenstamm, Konzessionen u sonstige Rechte) sind nicht betroffen. Entgelte für sie unterliegen nur, sofern für Rechte (insb Konzessionen, Nutzungsrechte, Lizenzen) gezahlt, der Hinzurechnung nach **§ 8 Nr 1 Buchst f nF**. Im Übrigen unterfallen sie mE keiner Hinzurechnung nach den Buchst d–f der Nr 1 nF. Sie sind aber *bedeutsam* für die *Abgrenzung* von Miet- und Pachtzinsen bei Pachtung von Sachgesamtheiten (vgl Anm 16, 17). *Insofern* gilt für sie: 9

Sie sind Gegenstand eines Miet- oder Pachtvertrages nur, wenn sie durch die vertragliche Ausgestaltung hinreichend konkretisiert sind (vgl grundsätzlich BFHE 160, 278, BStBl II 1990, 569; BFHE 161, 152, BStBl II 1990, 913). Hierfür ist Mindesterfordernis, dass für das immaterielle WG ein von der Raumpacht klar abgegrenztes Nutzungsentgelt gezahlt wird (BFHE 82, 461, BStBl III 1965, 414; BFHE 100, 407, BStBl II 1971, 28; BFHE 103, 437, BStBl II 1972, 62; BFHE 105, 490, BStBl II 1972, 632; BFHE 139, 286, BStBl II 1984, 17). Bei der Verpachtung stehender GewBetriebe setzt sich der Zins idR aus mehreren Elementen zusammen, nämlich (1.) die reine Raummiete, (2.) die darüber hinaus gezahlte Raumpacht, (3.) Entgelt für die Benutzung der Betriebseinrichtung, (4.) Entgelt für die Überlassung des Geschäftswerts (BFHE 114, 239, BStBl II 1975, 178). Der **Ansatz eines Geschäftswerts** kommt daher nur in Betracht, wenn entweder die Vertragsparteien eine Aufteilung des Pachtzinses vorgenommen haben oder andere Umstände eine klare und eindeutige Aufteilung ermöglichen (BFHE 99, 485, BStBl II 1970, 726; BFHE 100, 407, BStBl II 1971, 28; BFHE 102, 573, BStBl II 1971, 677; BFHE 119, 478, BStBl II 1976, 717). Diese Voraussetzungen kann nach BFH/NV 1995, 822 ein Aktenvermerk erfüllen, in dem der steuerliche Berater des Pächters auf die Benutzung des bilanzierten Geschäftswerts entfallenden Teil des Pachtzinses beziffert hat. Eine Aufteilung durch die Vertragsparteien liegt noch nicht vor bei einer außerhalb des Vertrages vorgenommenen Schätzung des auf das immaterielle WG entfallenden Pachtanteils, finde sie vor (BFHE 122, 314, BStBl II 1977, 667) oder nach Vertragsschluss statt (BFHE 118, 470, BStBl II 1976, 463). Es liegt im Wesen der Verpachtung gewerblicher Räume, dass deren Überlassung bereits als unmittelbare Quelle von Erträgnissen eingeschätzt und bezahlt wird (BFHE 100, 407, BStBl II 1971, 28). Daher stellt die einfache Differenz zwischen einem (umsatzabhängigen) Pachtzins insgesamt auf der einen Seite und einem (geschätzten) Pachtzins für Einrichtung sowie Raummiete auf der anderen Seite noch keine hinreichende Konkretisierung eines Geschäftswerts dar (BFHE 118, 470, BStBl II 1976, 463); ebenso wenig, wenn in einem Pachtvertrag allein die Raumpacht hinreichend bestimmt ist (BFHE 114, 239, BStBl II 1975, 178) oder bei Pacht von Inventar und Geschäftswert nur ein einheitlicher Pachtzins ohne erkennbare Merkmale für eine Abgrenzung vereinbart ist (BFHE 122, 314, BStBl II 1977, 667), auch dann nicht, wenn ein einheitlich vereinbarter Pachtzins im Verhältnis zum Wert der überlassenen materiellen WG zu hoch erscheint (BFHE 118, 470, BStBl II 1976, 463). Ist allerdings, nach den Vereinbarungen eindeutig ein Zins auf das immaterielle WG zu zahlen, dann Konkretisierung auch, wenn er noch nicht klar festgelegt und nur im Wege der Schätzung, zB aus den Werten der materiellen Wg, ableitbar ist (BFHE 161, 152, BStBl II 1990, 913); auch dann, wenn es sich inzwischen verflüchtigt hat (BFH HFR 1965, 717).

10 **WG des Anlagevermögens.** Das Tatbestandselement ist unscharf gefasst und nur im übertragenen Sinne zu verstehen. Gepachtete/gemietete WG stehen im Eigentum eines anderen und sind daher nicht Vermögen, auch nicht AV, des Pächters. Richtig gefasst meint die Vorschrift: Stünden die WG im Eigentum des Pächters, dann müssten sie zu seinem AV gehören (BFHE 99, 485, BStBl II 1970, 726; BFHE 161, 152, BStBl II 1990, 913; BFHE 174, 554, BStBl II 1994, 810; BFHE 211, 137, BStBl II 2006, 58; zur nF *Ritzer* DStR 2008, 1613; *Köster* DStZ 2008, 703). Für den Begriff des AV und die Abgrenzung zum UV sind die Grundsätze des EStG maßgebend; dh die WG müssen dem Betrieb für längere Zeit zu dienen bestimmt sein (BFHE 107, 468, BStBl II 1973, 148). AV iSd Vorschrift sind demnach zB Maschinen, Geschäftseinrichtung, Werkzeuge, Gerätschaften, Rechte (s aber jetzt § 8 Nr 1 Buchst f nF) und sonstige immaterielle WG wie der Geschäfts- und Firmenwert. Der Zuordnung zum AV steht nicht entgegen, dass der Stpfl WG fortlaufend **kurzfristig** mietet (BFHE 174, 554, BStBl II 1994, 810; FG Köln EFG 1993, 731; *Woring* DStZ 1993, 591), auch dann, wenn er weitervermietet und die WG nach Beendigung der Untervermietung kurzfristig wieder an den Eigentümer zurückgelangen (BFHE 107, 468, BStBl II 1973, 148; verfassungsrechtl nicht zu beanstanden: BVerfG HFR 1974, 498). Allerdings führen kurzfristige Nutzungsüberlassungen (zB Hotelnutzung, Kfz-Mietvertrag) nach *FM Länder* BStBl I 2008, 730 Rn 7, nicht zu Anlagevermögen (aA *Rödder* DStR 2007, Beih zu Nr 40; *Blümich/Hofmeister* § 8 Rz 215). Kein AV sondern UV sind Bargeld, Bankguthaben, Waren- und Rohstoffe. Ebenfalls kein AV ist bei der Ausbeutung von Mineralvorkommen nach § 100 BewG aF das jeweils überlassene Grundstück (BFHE 68, 10, BStBl III 1959, 5; BFHE 71, 580, BStBl III 1960, 466).

11 **Eigentum eines anderen.** Die Formulierung ist ebenfalls unscharf. Der Begriff des Eigentums ist weit auszulegen (BFHE 82, 129, BStBl II 1965, 293; BFHE 86, 595, BStBl III 1966, 599; BFHE 92, 228, BStBl II 1968, 478). Gemeint ist nicht nur das Eigentum an einer Sache (vgl § 903

BGB), sondern auch die Inhaberschaft an Rechten (vgl § 398 BGB; s aber jetzt § 8 Nr 1 Buchst f) ebenso wie der Eigenbesitz oder das wirtschaftliche Eigentum (§ 39 Abs 2 Nr 1 AO). Das WG muss also einem anderen zustehen (BFHE 83, 433, BStBl III 1965, 655; BFHE 82, 129, BStBl III 1965, 293). Förderzinsen für ein Ausbeuterecht im wirtschaftlichen Eigentum des Ausbeuteberechtigten unterlagen daher auch nicht der Hinzurechnung nach § 8 Nr 7 GewStG (BFHE 87, 569, BStBl III 1967, 226; BFHE 159, 348, BStBl II 1990, 388; vgl ABC „Ausbeuteverträge"); ebenso wenig Entgelte für Wasserentnahme auf Grund von subjektiv-öffentlichen Wassernutzungsrechten, die dem Berechtigten verliehen worden sind (FG Münster EFG 1989, 474). Auch bei „Sachdarlehen" kommt es darauf an, wem das bürgerl-rechtl oder wirtschaftliche Eigentum zusteht; bleibt der Geber Eigentümer, dann Pacht, im Übrigen Darlehen (*Loos* StuW 1963, Sp 489 und DStR 1962/63, 599).

Benutzung im Betrieb bedeutet nicht „tatsächlich gebrauchen". Der Begriff Benutzung ist weiter; er bezeichnet wie sich mE aus dem Begriff des AV ergibt, die Bestimmung, dem Betrieb zu dienen. Daher genügt auch das Bereithalten als Ersatz oder die Verhinderung der Nutzung durch die Konkurrenz (*Lenski/Steinberg* § 8 Nr 7 Anm 9) oder die Nutzungsüberlassung durch Weitervermietung (BFHE 107, 468, BStBl II 1973, 148). Eine Benutzung liegt jedoch nicht (mehr) vor, wenn das WG nicht (mehr) geeignet ist, dem Betrieb zu dienen, was sich insbesondere durch Stilllegung (bei Anlagen) oder Nichtausübung (bei Rechten) dokumentiert (*Blümich/Hofmeister* § 8 Anm 217). Eine andere Frage ist aber, ob in einem solchen Fall gleichwohl gezahlte Pachtzinsen nicht (mehr) hinzuzurechnen sind. Der Zweck der Vorschrift (Anm 1) gebietet wohl eine weitere Auslegung in dem Sinne, dass Pachtzinsen hinzuzurechnen sind, wenn das WG genutzt wird, genutzt worden ist oder genutzt werden soll (vgl. zum inzwischen verflüchtigten immateriellen WG BFH HFR 1965, 717). 12

(frei) 13

14.–16. Miet- und Pachtzinsen

Der **Begriff der Miet- und Pachtzinsen** ist wirtschaftlich und daher weit zu fassen. Miet- und Pachtzinsen sind alle Leistungen, die der Mieter oder Pächter auf Grund Vertrags gegenüber dem Vermieter oder Verpächter zu erbringen hat, die wirtschaftlich als Gegenleistung für die Nutzung des WG anzusehen sind und die ohne die vertragliche Verpflichtung nach den gesetzlichen Bestimmungen des BGB nicht vom Mieter oder Pächter zu tragen wären (BFHE 84, 144, BStBl III 1966, 53; BFHE 117, 474, BStBl II 1976, 220). Dies sind sowohl laufende als auch nicht laufende Leistungen (BFHE 174, 554, BStBl II 1994, 810), „einmalige Entschädigungen" (BFHE 71, 580, BStBl III 1960, 466), sowohl Barleistungen wie sonstige Vermögenswerte, die auf Grund des Nutzungsverhältnisses entschädigungslos auf den Verpächter übergehen (vgl BFHE 139, 171, BStBl II 1983, 755), insb Mietereinbauten, Betriebsvorrichtungen, Maschinen, Zubehör; ferner neben den als Zinsen ausgewiesenen Zahlungen alle übernommenen Leistungen des Mieters oder Pächters, auch öffentlich-rechtlicher Art, wenn sie nach den für den in Frage stehenden Vertragstyp 14 geltenden gesetzlichen zivilrechtlichen Vorschriften nicht ohnehin der Mieter oder Pächter zu tragen hat (*Schwendy* DStZA 1976, 191; *Bestgen* StuW 1981, 261, 270). Das G sieht die laufenden Zahlungen des Mieters oder Pächters nur soweit (allein) als Bemessungsgrundlage für die Hinzurechnung an, als der zugrunde liegende Vertrag dem **gesetzlichen Lastenverteilungssystem** entspricht. Hierin liegt keine Inkonsequenz gegenüber der begrifflichen Fassung des Miet- oder Pachtvertrages iSd Vorschrift, die nur an die rechtliche, nicht allein an die wirtschaftliche Vergleichbarkeit mit den Vertragstypen des BGB anknüpft. Durch die formale Vertragsgestaltung soll es nicht zu einer Ungleichbehandlung von Aufwendungen bei wirtschaftlich vergleichbaren Sachverhalten kommen (BFHE 117, 474, BStBl II 1976, 220). Ebenfalls Miet- oder Pachtzinsen sind daher Nebenleistungen des Mieters oder Pächters für die Instandhaltung des WG (s jedoch Anm 16), für die Erneuerung (BFHE 84, 144, BStBl III 1966, 53), den Ersatz wegen des Verschleißes (*Loos* StuW 1963, Sp 481 u DStR 1962/63, 599) und Versicherungen, sofern solche Nebenleistungen den Mieter oder Pächter allein auf Grund des Vertrages überbürdet sind (BFHE 119, 478, BStBl II 1976, 717; BFH/NV 2008, 1197; s auch *FM Länder* BStBl I 2008, 730 Rn 29).

Der oa Grundsatz berücksichtigt, dass idR die Übernahme zusätzlicher Verpflichtungen durch den Mieter/Pächter bei der Bemessung eines niedrigeren Miet-/Pachtzinses berücksichtigt wird. Doch ist diese Betrachtung einer Umkehrung nicht zugänglich: gehen die vertraglichen Vereinbarungen über die Barmiete zu Lasten des Mieters über die gesetzliche Lastenverteilung hinaus, dann ist die hinzuzurechnende Barmiete nicht um den Differenzbetrag zu kürzen (BFH/NV 1999, 515). Dagegen unterliegt mE ein geringerer Betrag der Hinzurechnung, wenn der Vermieter oder Verpächter die gesetzlich dem Mieter oder Pächter obliegenden Erhaltungs- und Erneuerungsaufwendungen trägt.

Der Hinzurechnung unterliegen aber nur solche zusätzlichen Leistungen, die auf Grund der **vertraglichen Verpflichtung** erbracht werden. Daher sind Entgelt iSd Vorschrift nicht solche Erhaltungs- oder Erneuerungsaufwendungen, zu denen der Mieter oder Pächter nicht vertraglich verpflichtet ist (Nds FG EFG 1973, 281) und die er allein im eigenen betrieblichen Interesse tätigt (BFHE 117, 474, BStBl II 1976, 220). Auch **verschleierte Pachtentgelte** sind hinzuzurechnen, insbesondere wenn für die Nutzung des WG kein Entgelt, wohl aber ein niedrigerer Preis für Lieferungen an den Vermieter oder Verpächter vereinbart wird (vgl RFH RStBl 1940, 851, jedoch mit abw Ergebnis in einem Sonderfall). Allerdings findet eine Angemessenheitsprüfung für die vereinbarten Entgelte durch das FA nicht statt (BFH HFR 1965, 171). Entsprechendes gilt mE, wenn der Mieter/Pächter dem Vermieter/Verpächter ein „unverzinsliches Darlehen" mit der weiteren Vereinbarung gewährt, dass sich der Miet-/Pachtzins nach dem Maße der Rückzahlung des Dahrlehens erhöht: in der Höhe der verschleierten Schuldentgelte beim Vermieter/Verpächter (BFHE 107, 219, BStBl II 1973, 26) sind beim Mieter/Pächter Miet-/Pachtzinsen gegeben.

Auch **Rückstellungen** für Erneuerungen uä unterliegen unter den oa Voraussetzungen der Hinzurechnung (RFH RStBl 1941, 292; RStBl 1943,

508 für Verpflichtung zur Bildung der Rückstellung von einem „Erneuerungsfond"). Zwar liegt in der Rückstellung noch keine Leistung an den Vermieter oder Verpächter. Doch ist dies unerheblich, weil es sich bei der Bildung der Rückstellung um Aufwand für die in der Zukunft zu erbringenden Leistungen handelt. Gestatten die Gewinnermittlungsvorschriften eine Berücksichtigung späteren Aufwandes bereits in einem früheren Jahr, dann hat nach Sinn u Zweck der Vorschrift (Anm 1) der gewst-rechtliche Ausgleich bereits in diesem Jahr zu erfolgen (*Bestgen* StuW 1981, 261, 273; *Blümich/Hofmeister* § 8 Rz 213; **aA** Nds FG EFG 1973, 281 rkr: keine Hinzurechnung, wenn der Pächter dem Verpflichter gegenüber nicht zur Bildung einer Rückstellung verpflichtet sei).

Für **Leasingverträge** gilt mE nichts anderes; aus der Formulierung „einschließlich Leasingraten" ergibt sich demgegenüber keine Einschränkung (**aA** wohl *Sarrazin* in *L/S* § 8 Nr 1 Buchst d Rn 30), etwa soweit Versicherungszahlungen allein aufgrund des Vertrages dem Leasingnehmer überbürdet werden.

Nur **Leistungen auf Grund eines Miet- oder Pachtvertrages** sind 15
Miet- oder Pachtzinsen. Daher keine Hinzurechnungen von Lizenzgebühren für die Überlassung von Urheberrechten sowie ungeschützten Erfindungen oder Rezepten (BFHE 71, 368, BStBl III 1960, 387; BFHE 81, 641, BStBl III 1965, 230; BFHE 108, 370, BStBl II 1973, 412); ebenso wenig von öffentlich-rechtlichen Gebühren, insbesondere Postgebühren oder Sondernutzungsgebühren (BFHE 139, 408, BStBl II 1984, 149). Dagegen Hinzurechnung, wenn Miet- oder Pachtvertrag lediglich öffentlich-rechtliche Züge trägt und „Gebühren" gezahlt werden (BFHE 95, 399, BStBl II 1969, 439).

Auf einen **Miet- oder Pachtgegenstand iSd Vorschrift** müssen sich 16
die Entgelte beziehen, also nicht auf in Grundbesitz bestehende WG (jetzt § 8 Nr 1 Buchst e) oder Rechte (jetzt § 8 Nr 1 Buchst f) und mE auch nicht auf sonstige immaterielle WG (vgl. Anm 9; aA möglicherweise *Blümich/Hofmeister* § 8 Rz 221 im Gegensatz zu Anm 216). Bei einem einheitlichen Pachtvertrag über Grundstücke, Gebäude und Betriebsvorrichtungen ist daher zum Zwecke der Hinzurechnung die Aufteilung des Entgelts geboten (vgl Anm 17). Das galt schon für § 8 Nr 7 aF, gilt aber wegen der unterschiedlichen Höhe der typisiserten Finanzierungsanteile auch für die **ab EZ 2008** geltenden Vorschriften des **§ 8 Nr 1 Buchst d–f.** Bei zu einem einheitlichen Schätzpreis zu erfüllenden Erneuerungsverpflichtungen sind hinsichtlich des Inventars die Rechtsgrundsätze für Pachtverhältnisse und hinsichtlich des Warenlagers die Rechtsgrundsätze für sog Warendarlehen (Dauerschulden) maßgebend (BFHE 119, 478, BStBl II 1976, 717). Nach FG Düsseldorf (EFG 1978, 561) keine Hinzurechnung für Rückstellungen für Rekultivierungsverpflichtungen, weil diese den Pächter bereits nach § 581 iVm § 546 BGB träfen. ME unzutreffend, weil die Rekultivierungsverpflichtung den Pächter nach § 546 BGB nur im Rahmen einer Grundpacht trifft; Gegenstand eines Ausbeutevertrages ist aber idR nicht der Grund und Boden sondern das hiervon verschiedene Bodenvorkommen (Anm 9); die Rekultivierung ist im wesentl Gegenleistung für die Ausbeute desselben. Zutreffend daher RFH RStBl 1941, 292 und FG

Hamburg EFG 1970, 246, wonach Rückstellungen für Rekultivierungsverpflichtungen bei Ausbeuteverträgen wenn nicht als Dauerschulden (§ 8 Nr 1 GewStG aF), dann als Pachtentgelt hinzuzurechnen sind.

17., 18. Aufteilung eines einheitlichen Entgelts

17 Sie hat zu erfolgen *(1. Fallgruppe)* bei **Verpachtung von Sachgesamtheiten,** wenn andere als nur bewegliche WG mitverpachtet werden, also unbewegliche WG nach § 8 Nr 1 Buchst e nF, immaterielle WG und Rechte nach § 8 Nr 1 Buchst f nF (zur Mitverpachtung von Grundbesitz) (BFHE 65, 189, BStBl III 1957, 306; BFHE 71, 580, BStBl III 1960, 466; BFHE 80, 229, BStBl III 1964, 557; BFHE 87, 569, BStBl III 1967, 226; BFHE 105, 490, BStBl II 1972, 632; BFHE 122, 314, BStBl II 1977, 667). Das gilt insbesondere für die Verpachtung von Betrieben oder bei Ausbeuteverträgen einschließlich Verpachtung von Grund und Boden. Bei Sandausbeute auf einem Ufergrundstück, durch die das Grundstück zerstört und Teil der Wasserfläche wird, entfällt jedoch der gesamte Pachtzins auf die Ausbeute (BFHE 80, 229, BStBl III 1964, 557). Der Aufteilung unterliegen sämtliche Entgeltsbestandteile einschließlich der vom Pächter übernommenen Nebenverpflichtungen (vgl Anm 14). Sind sie **unmittelbar zuzuordnen,** wie Erneuerungsverpflichtungen, dann sind sie Pachtentgelt für die Nutzung des betreffenden WG. Rekultivierungsverpflichtungen betreffen jedoch nicht nur die Verpachtung von Grund und Boden (vgl Anm 9, 16). Fehlen Anhaltspunkte für eine unmittelbare Zuordnung, dann sind die Pachtanteile zu **schätzen** (BFHE 114, 239, BStBl II 1975, 178; BFHE 118, 470, BStBl II 1976, 463; BFH/NV 1989, 125; BFHE 161, 152, BStBl II 1990, 913 zu FG Nürnberg EFG 1985, 623). Als Schätzungsmaßstab kommen idR die Teilwerte der WG in Betracht (ebenso *Blümich/Hofmeister* § 8 Rz 175). Weicht in Einzelfällen der Nutzungswert für den Pächter von dem Teilwert ab, dann soll (nach *Lenski/Steinberg* § 8 Nr 7 Anm 95) auch das Verhältnis der Nutzungswerte für die Aufteilung in Betracht kommen; mE bedenklich, denn zum einen bestehen für eine solche Schätzung kaum brauchbare Anhaltspunkte, zum andern erfolgt die Lösung des Interessengegensatzes zwischen Pächter und Verpächter idR nach objektiven (intersubjektiven) Wertverhältnissen (wie *Lenski/Steinberg* wohl BFHE 161, 152, BStBl II 1990, 913, der auf die subjektiven Wertvorstellungen des Pächters hinweist).

18 Bei **abgrenzbaren miet- oder pachtfremden Teilen eines einheitlichen Vertrags** *(2. Fallgruppe)* erfolgt die Aufteilung, wenn Entgelte insofern nicht Miet- oder Pachtzins iSd Vorschrift sind. Solche Verhältnisse liegen etwa vor bei dem einheitlichen Vertrag über die Überlassung eines Know-how und der Verpachtung von Maschinen (BFHE 139, 286, BStBl II 1984, 17) oder bei der Verpflichtung zur Rückübertragung eines überlassenen Waren- bzw Rohstofflagers. Im letztbezeichneten Fall wird der Pächter wirtschaftlicher Eigentümer der Lagerbestände. Die Rückgabeverpflichtung ist daher kein Pachtentgelt sondern (Dauer-)Schuld nach § 8 Nr 1 aF bzw Nr 1 Buchst a nF GewStG (BFHE 119, 478, BStBl II 1976, 717). Für deren Ansatz ist nicht ein Schätzpreis, sondern der Buchwert maßgebend (BFHE 68, 515, BStBl III 1959, 197). Anders dagegen ist es

bei einer das Inventar betreffenden Erneuerungsverpflichtung. Hier wird der Pächter nicht wirtschaftlicher Eigentümer. Auch besteht die Erneuerungsverpflichtung nicht schon kraft Gesetzes (§ 588 Abs 2 BGB betrifft nur die Instandhaltung). Damit sind die Erneuerungsaufwendungen Pachtentgelt (BFHE 84, 144, BStBl III 1966, 53; BFHE 117, 474, BStBl II 1976, 220; BFHE 119, 478, BStBl II 1976, 717). Auch bei Betriebsverpachtungen mit Vereinbarung eines einheitlichen Schätzpreises für die zurückzugebenden Wirtschaftsgüter einschließlich Waren- und Rohstoffen ist daher eine Aufteilung erforderlich.

19. Umfang der Hinzurechnung

Wie bei allen Hinzurechnungstatbeständen werden auch bei § 8 Nr 1 Buchst d GewStG nF die Miet- u Pachtzinsen nur insoweit hinzugerechnet, als sie bei der Ermittlung des Gewinns **abgesetzt** worden sind (s Einleitungssatz des § 8 GewStG). Die Mit- u Pachtzinsen werden **mit** $^1/_5$ (= 20%) **hinzugerechnet.** Das soll nach BTDrs 16/4841, 80 der Finanzierungsanteil sein, der dem Nettoertrag (Zahlbetrag abzgl Wertverzehr der verpachteten WG) entspräche, jedoch der Höhe nach offenbar zu Unrecht anhand von Leasingmodellen berechnet worden ist (so *Scheffer* DB 2007, 874), im Ganzen aber nur steuerpolitisch erklärbar ist (ebenso *Bergemann/Markl/Althof* DStR 2007, 693 Fn 26, 28). 19

Auch bei diesem Hinzurechnungstatbestand gilt mE: bei **Rückzahlung** des Miet-/Pachtzinses in einem späteren EZ ist der Gewinn aus Gew-Betrieb in diesem EZ um den Betrag zu kürzen, der in dem EZ der Hinzurechnung den GewErtrag erhöht hat (BFHE 73, 30, BStBl III 1961, 280; A 38 Abs 2 Satz 2 GewStR).

20. ABC der Miet- und Pachtzinsen

Anschlagtafeln. Das Recht zur Anbringung von Anschlagtafeln führt nicht zur Hinzurechnung der Entgelte. Sie werden gezahlt für die über den Gemeingebrauch hinausgehende Nutzung öffentlichen Grundes. Ebenso keine Hinzurechnung, wenn Gegenstand der Vereinbarung das Recht zur ausschließlichen Nutzung ist. Die Gemeinde ist im Wesentlichen nur zur Unterlassung der Einräumung von gleichartigen Rechten an andere verpflichtet (BFHE 75, 571, BStBl III 1962, 476). 20

Apothekenpacht. Verpachtet werden kann der Betrieb. Berechnung und Aufteilung der Zinsen nach allgemeinen Grundsätzen (hierzu BFHE 161, 152, BStBl II 1990, 913).

Auffüllrecht, kein eigenständiges von Grund und Boden gesondertes immaterielles WG (BFHE 204, 294, BStBl II 2004, 519); zur Baugenehmigung zur Errichtung eines Zwischenlagers für Klärschlamm vgl BFHE 202, 256, BStBl II 2003, 878.

Ausbeuteverträge. Sie betreffen das Recht zur Ausnutzung von Bodenschätzen. Wirtschaftsgut ist idR das Ausbeuterecht, nicht das Grundstück (BFHE 159, 348, BStBl II 1990, 388). Sie sind idR Pachtverträge; Hinzurechnung **ab EZ 2008** nach § 8 Nr 1 Buchst f (s dort). In Ausnahmefällen kann Kaufvertrag in Betracht kommen (oben Anm 6); dann sind mE auch die Voraussetzungen des § 8 Nr 1 Buchst f nicht erfüllt. Betrifft der Pachtvertrag sowohl den Grund und Boden als auch das Vorkommen (das Ausbeuterecht), dann sind die Pachtzinsen zum Zweck der unterschiedlichen Hinzurechnung nach § 8 Nr 1 Buchst e u f GewStG notfalls im Wege der Schätzung aufzuteilen (BFHE 119, 485, BStBl II 1976, 721 und die unter Anm 17 angegebene Rspr). Steht das Ausbeuterecht (unabhängig von der Bodenpacht) im wirtschaftlichen Eigentum des Abbauberechtigten, dann auch nach neuem Recht keine Hinzurechnung der Förderzinsen (vgl Anm 12). Wirtschaftliches Eigentum des Abbauberechtigten liegt vor, wenn ihm durch langfristigen und bedingungsfreien Vertrag unter Ausschaltung der Verfügungen des Grundstückseigentümers die Befugnis zur vollen Ausbeute der vorhandenen abbaufähigen Mineralien übertragen ist (BFHE 71, 474, BStBl III 1960, 420; BFHE 72, 323, BStBl III 1961, 122; BFHE 112, 279, BStBl II 1974, 504; BFHE 159, 348, BStBl II 1990, 388). Solche Verhältnisse liegen jedoch insb dann nicht vor, wenn der Berechtigte das Recht ohne die Zustimmung des Verpflichteten nicht übertragen kann, wenn bei einer Vertragsverlängerung die Bedingungen gesondert ausgehandelt werden müssen oder die wirtschaftliche Bewegungsfreiheit des Berechtigten durch Kündigungsmöglichkeiten des Verpflichteten eingeschränkt wird. Dann wird – wie im Regelfall – das Mineralgewinnungsrecht dem Grundeigentümer zugerechnet (BFHE 158, 94, BStBl II 1989, 963 mwN).

Automatenaufstellvertrag ist idR kein Miet-/Pachtvertrag (FG Bremen DStZ 1971, 294).

Bare-Boat-Charter-Verträge sind idR Miet- bzw Pachtverträge, weil sie keine miet-/pachtfremden Elemente enthalten (s Anm 3).

Bergwerkseigentum. Kann Gegenstand eines Pachtvertrages über nicht in Grundbesitz bestehende WG sein (ebenso *Lenski/Steinberg* § 8 Nr 7 Anm 7). Die §§ 903 ff BGB gelten, soweit sie sich auf das Oberflächeneigentum beziehen, nicht für Bergwerke (*Palandt,* Überblick 4a vor § 903 BGB).

Betriebsvorrichtungen. Sie sind einkommensteuerrechtlich bewegliche WG auch dann, wenn sie mit dem Grundstück fest verbunden sind. Werden sie vermietet, dann unterliegen die Zinsen der Hinzurechnung nach § 8 Nr 1 Buchst d GewStG (s § 8 Nr 1 Buchst e Anm 3).

Bundeseisenbahnvermögen. Überlassung von Gaststätten auf dem Bahngelände ist idR Pacht (BFHE 83, 433, BStBl II 1965, 655; HFR 1965, 275). Die Rechtsnatur einer Bahnhofsgaststätte steht der Hinzurechnung nicht entgegen (BFHE 83, 433, BStBl III 1965, 655). Die wegen der günstigen Lage höheren Entgelte führen ohne nähere Festlegung nicht zur hinreichenden Konkretisierung eines immateriellen WG (etwa Kundenstamm); ein hierauf entfallender Anteil der Pachtzinsen ist nicht hinzuzurechnen (BFHE 99, 485, BStBl II 1970, 726).

Bundeswehrkantinen. Siehe „Bundeseisenbahnvermögen".

Charterverträge. Sie führen je nach der Gestaltung zur Hinzurechnung der Entgelte. Übernimmt der Verpflichtete auch die Gestellung der (Schiffs-, Flugzeug-)Besatzung im Rahmen von sog „Zeitcharterverträgen", dann wegen dieses wesentlichen pachtfremden Elements keine Hinzurechnung (BFHE 65, 189, BStBl II 1957, 306) nach § 8 Nr 1

Buchst d. Übernimmt der Verpächter die Gestellung der Mannschaft nicht („Bare-Boat-Verträge"), dann wird Miete angenommen; daher Hinzurechnung (BFHE 117, 474, BStBl II 1976, 220).

Erbbaurechtsvertrag ist als Miet-/Pachtvertrag anzusehen (BFHE 217, 100 BStBl II 2007, 654, *Naujok/Bujotzek* FR 2007, 882). Die Erbbauzinsen unterliegen der Hinzurechnung nach § 8 Nr 1 Buchst d nF (*FM Länder* BStBl I 2008, 730, Rn 26, 32). Ein auf ein bebautes Grundstück entfallender Gesamt-Erbbauzins kann bei Mitüberlassung von beweglichen WG aufzuteilen sein (Anm 17; OFD Münster v 17. 6. 2008 G 1422-79-St 12–33).

Erneuerungsverpflichtungen. Rückstellungen des Pächters hierfür gehören zum Pachtzins (RFH RStBl 1941, 292). Denn eine gesetzliche Erneuerungsverpflichtung des Pächters besteht nicht (BFHE 117, 474, BStBl II 1976, 220; BFHE 119, 478, BStBl II 1976, 717).

Fährgerechtigkeiten. Sie unterliegen nicht der GrundSt. Auf Ausübung der Gerechtigkeit gerichtete Verträge sind Pachtverträge (RG JW 1937, 2106); die Hinzurechnung der Entgelte (zum alten Recht: BFHE 82, 129, BStBl III 1965, 293) erfolgt mE **ab EZ 2008** nach § 8 Nr 1 Buchst f GewStG.

Filmleihverträge. Verträge zwischen Verleihunternehmen und Kinoinhaber führen nicht zur Hinzurechnung, weil die Filme nicht AV des Kinoinhabers werden.

Verträge zwischen Hersteller und Verleiher sind jedoch je nach Vertragsinhalt Miete oder Pacht; in Betracht kommt daher Hinzurechnung nach § 8 Nr 1 Buchst d oder Nr 1 Buchst f GewStG. Nach *Kapp* (FR 1957, 109) handelt es sich um Kaufverträge.

Flughäfen. Zur Konkretisierung eines immateriellen Wirtschaftsguts vgl „Bundeseisenbahnvermögen".

Frachtgeschäft (auch Samtfrachtgeschäft) mit Überlassung von Güterwagen kann im letztgenannten Punkt Mietvertrag darstellen (BFHE 168, 343, BStBl II 1992, 741).

Franchising. Der auf Überlassung von Schutzrechten (Namen, Marke, Patente, Gebrauchsmuster usw) gerichtete Vertrag enthält häufig Elemente, die nicht auf Rechtsüberlassung gerichtet sind (zB Know-How, Erfahrungen, Geheimnisse usw). Das Entgelt ist in einem solchen Fall – ggf im Schätzungswege – aufzuteilen (*FM Länder* BStBl I 2008, 731, Rn 6).

Gaststätten. Der Pächter einer Bahnhofs- oder Flughafengaststätte erfüllt nicht die Aufgabe der Bahn oder der Flughafengesellschaft. Die von ihm gezahlten Entgelte unterliegen der Hinzurechnung (BFHE 83, 433, BStBl III 1965, 655).

Gebühren. Sie sind je nach Art der ihnen zugrundeliegenden öffentlichrechtlichen Verhältnisse Pachtzinsen; dies insbesondere, wenn durch Vertrag die Nutzung öffentlicher Einrichtungen (zB Kühlhaus) überlassen wird (BFHE 95, 399, BStBl II 1969, 439) oder eine über den Gemeingebrauch hinausgehende Nutzung öffentlich-rechtlicher Flächen zugelassen wird (BFHE 95, 325, BStBl II 1969, 417). Wird die Nutzung durch öffentlich-rechtlichen Verwaltungsakt genehmigt, dann liegt jedoch keine Pacht vor (BFHE 95, 325, BStBl II 1969, 417). In Betracht kommt je nach Gestaltung jedoch eine Rechtsüberlassung iSv § 8 Nr 1 Buchst f GewStG.

Geschäftswert. Hinzurechnung von auf ihn entfallenden Pachtzinsen **bis EZ 2007** nur bei einer hinreichenden Konkretisierung durch klar abgrenzbare Pachtzahlungen (BFHE 100, 407, BStBl II 1971, 28; BFHE 105, 490, BStBl II 1972, 632). Sie liegt noch nicht vor, wenn in einem Pachtvertrag nur der auf die Raummiete entfallende Teil des Entgelts beziffert ist (BFHE 114, 239, BStBl II 1975, 178). Auch bei einer Umsatzpacht mit festem Raumpachtzins und nachträglicher Schätzung des Inventarpachtzinses ist noch keine Konkretisierung eingetreten (BFHE 118, 470, BStBl II 1976, 463; BFHE 122, 314, BStBl II 1977, 667). Der auf den konkretisierten Geschäftswert entfallende Pachtanteil ist weder nach § 8 Nr 1 Buchst d/e noch nach § 8 Nr 1 Buchst f GewStG hinzuzurechnen. Vgl zu allem Anm 9.

Gesteigerter Gemeingebrauch. Siehe „Nutzungsvorrang".

Gewerbeberechtigungen. Sie können Gegenstand von Pachtverträgen sein; also auch Mineralgewinnungsrechte, Schankkonzessionen und -gerechtigkeiten, Fährgerechtigkeiten (vgl „Fährgerechtigkeit"). **Ab EZ 2008** erfolgt die Hinzurechnung von Entgelten nach § 8 Nr. 1 Buchst f GewStG.

Hafenbenutzung. Die Überlassung einer bestimmten (Kai-)Anlage zur ausschließlichen und beständigen Nutzung ist Miete bzw Pacht; also Hinzurechnung (BFHE 145, 139, BStBl II 1986, 304). Ein Vertrag über die einfache Gewährung von Vorrang bei der Nutzung einer bestimmten Anlage allein ist kein Miet- oder Pachtvertrag; daher keine Hinzurechnung (BFHE 139, 408, BStBl II 1984, 149). Auch nach neuem Recht **ab EZ 2008** erfolgt mE insofern keine Hinzurechnung, weil ein einfacher Nutzungvorrang nicht Rechtsüberlassung iSv § 8 Nr 1 Buchst f GewStG ist.

Instandhaltungen. Sie können unterschiedlich danach, ob ein Miet- oder Pachtvertrag vorliegt, als Nebenleistung zu den Pachtzinsen gehören. Nach § 588 BGB ist der Pächter zur laufenden Instandhaltung des Pachtgegenstandes verpflichtet. Die Übernahme durch den Pächter stellt keinen zusätzlichen Pachtzins dar. Dagegen hat die Übernahme durch den Mieter Entgeltcharakter, weil die Erhaltungspflicht nach § 535 BGB den Vermieter trifft. Allerdings kann in Betracht kommen, dass der Mieter die Instandhaltung im eigenbetrieblichen Interesse durchführt, obwohl er hierzu vertraglich nicht verpflichtet ist. Insoweit keine Hinzurechnung; ggf Aufteilung (BFHE 117, 474, BStBl II 1976, 220).

Know-How. Das Know-How kann zwar ein selbständig bewertbares WG sein (BFHE 81, 607, BStBl III 1965, 219; BFHE 98, 282, BStBl II 1970, 373; BFHE 155, 132, BStBl II 1989, 82). Der Vertrag über die Lieferung von Know-How gegen Entgelt ist aber kein Pachtvertrag; daher keine Hinzurechnung nach § 8 Nr 1 Buchst d GewStG (BFHE 139, 286, BStBl II 1984, 17). Mangels Überlassung eines Rechts auch keine Hinzurechnung nach § 8 Nr 1 Buchst f GewStG.

Konzessionen. Siehe „Gewerbeberechtigungen". Konzessionsabgaben konnten nach altem Recht Pachtzinsen nach § 8 Nr 7 GewStG aF sein; ab EZ 2008 Hinzurechnung nach § 8 Nr 1 Buchstabe f GewStG.

Kühlhauszellen. Die entgeltliche Überlassung ist auch dann Miete/Pacht, wenn die Verpflichtung auch die Lieferung von Kälte umfasst (BFHE 95, 399, BStBl II 1969, 439).

Kundenstamm. Er kann ebenso wie der Geschäftswert Gegenstand eines selbständigen Übertragungsgeschäfts und auch eines Pachtvertrages sein (BFHE 122, 70, BStBl II 1977, 565; BFHE 182, 366, BStBl II 1997, 546); er bedarf als immaterielles WG der Konkretisierung (vgl „Geschäftswert").

Leasingverträge können Mietverträge iSd Vorschrift sein, vgl Anm 7.

Lizenzverträge. Sie enthalten im Wesentlichen pachtfremde Elemente und sind gewstrechtlich keine Pachtverträge. Daher nach altem Recht keine Hinzurechnung der Lizenzgebühren nach § 8 Nr 7 GewStG aF (BFHE 71, 368, BStBl III 1960, 387; BFHE 81, 641, BStBl III 1965, 230; BFHE 108, 370, BStBl III 1973, 412). Mietvertrag liegt jedoch vor, wenn der Lizenznehmer Gegenstände herstellt, diese durch sog antezipiertes Besitzkonstitut in das Eigentum des Lizenzgebers übergehen und der Lizenznehmer sie nutzt (BFHE 84, 192, BStBl III 1966, 70). **Ab EZ 2008** Hinzurechnung der Lizenzgebühren nach § 8 Nr 1 Buchst f GewStG; in dem oa Sonderfall müsste jedoch Abgrenzung nach den Grundsätzen in Anm 17 erfolgen.

Mandantenstamm kann ebenso wie der Praxiswert Gegenstand eines selbständigen Übertragungsgeschäfts und auch eines Pachtvertrages sein (BFHE 182, 366, BStBl II 1997, 546), zur Konkretisierung und zum Recht **ab EZ 2008** s „Geschäftswert".

Mineralgewinnungsrecht. Siehe „Ausbeuteverträge".

Monopolverträge. Sie sind keine Pachtverträge. Das Monopol gibt kein Recht auf Nutzung eines bestimmten Gegenstandes, sondern erschöpft sich in der Verpflichtung, keinem anderen Unternehmen Konkurrenzbetriebe zu gestatten (RFH RStBl 1940, 928; 1943, 508, Elektrizitätsmonopol; vgl auch BFHE 75, 571, BStBl III 1962, 476). ME handelt es sich auch nicht um Rechtsüberlassung iSv **§ 8 Nr 1 Buchst f GewStG nF.**

Mühlengerechtigkeiten. Sie können wie alle Gewerbeberechtigungen Gegenstand von Pachtverträgen sein. **Ab EZ 2008** mE jedoch Hinzurechnung der Entgelte nach § 8 Nr 1 Buchst f GewStG nF.

Nutzungsvorrang. Verträge hierüber sind nicht Miet- oder Pachtverträge (BFHE 139, 408, BStBl II 1984, 149) nach § 8 Nr 7 GewStG aF und mE auch nicht Rechtsüberlassung iSv **§ 8 Nr 1 Buchst f GewStG nF.**

Öffentliches Recht. Berechtigungen, die durch hoheitlichen Verwaltungsakt gegen Entgelt gewährt werden, führen nicht zu Miet- oder Pachtzinsen (BFHE 95, 325, BStBl II 1969, 417; BFHE 139, 408, BStBl II 1984, 149). Ggf handelt es sich um die Überlassung von Rechten nach **§ 8 Nr 1 Buchst f GewStG nF.** Anders kann es wiederum sein, wenn Rechte und Pflichten in die Form eines Vertrags gekleidet sind (vgl „Gebühren").

Patentüberlassung. Siehe „Lizenzverträge".

Praxiswert kann ähnlich wie ein Geschäftswert Gegenstand eines Pachtvertrages sein (BFHE 168, 405, BStBl II 1993, 36, 40; BFHE 175, 33, BStBl II 1994, 903; BFH/NV 1997, 438); zur Konkretisierung und Rechtsfolge s „Geschäftswert".

Rekultivierungsverpflichtungen. Sie waren **bis EZ 2007** einschließlich Rückstellungen idR als Nebenleistungen Teil der Pachtzinsen nach § 8 Nr 7 GewStG aF (RFH RStBl 1941, 292; FG Hamburg EFG 1970, 246; aA FG Düsseldorf EFG 1978, 561); Anm 16. ME sind die Kosten **nach neuem Recht** Entgelte für das Mineralgewinnungsrecht nach § 8 Nr 1 Buchst f GewStG nF.

Seenutzungsrecht. Entgelte, die ein Schifffahrtsunternehmen an den Eigentümer eines Binnensees für die Erlaubnis leistet, den See mit Motorbooten zur Personenbeförderung gewerbs- u linienmäßig zu befahren, waren **bis EZ 2007** als Pachtzinsen für die Benutzung eines immateriellen WG hinzuzurechnen (Schl-H FG EFG 1988, 83). **Ab EZ 2008** mE Hinzurechnung nach § 8 Nr 1 Buchst f GewStG nF.

Software kann ein immaterielles WG (BFHE 150, 259, BStBl II 1987, 728; BFHE 150, 490, BStBl II 1987, 787 mwN) oder – wenn sie nur allgemein zugängliche Daten enthält – materielles WG sein (BFHE 153, 249, BStBl II 1988, 737; anders jedoch, wenn vielfältige Einsatzmöglichkeiten gegeben sind, BFHE 154, 573, BStBl II 1989, 160; zur Unterscheidung auch *BMF* BB 1992, 531) und ist mE fähig, Gegenstand eines Mietvertrages zu sein.

Steuerberaterpraxis. Die entgeltliche Überlassung ist Miete/Pacht (BFH/NV 1997, 438).

Substanzausbeuteverträge. Siehe „Ausbeuteverträge".

Torfvorkommen. Hinzurechnung von Pachtzinsen nach § 8 Nr 1 Buchst e GewStG nF, wenn das Vorkommen bei der Bewertung des Grund und Bodens erfasst worden ist. Nicht entscheidend ist, ob die Bewertung zutreffend war und ob tatsächlich GrundSt auf das Vorkommen gezahlt wird (Nds FG EFG 1980, 229). Im Übrigen gelten die Grundsätze zu den Ausbeuteverträgen.

Urheberrechtsverträge führten ebenso wie **Verlagsverträge** idR nicht zur Hinzurechnung von Entgelten nach § 8 Nr 7 GewStG aF (BFHE 126, 37, BStBl II 1979, 47). Ab **EZ 2008** erfolgt die Hinzurechnung nach § 8 Nr 1 Buchst f GewStG nF. Doch auch insofern ist zu beachten, dass Autorenverträge wie Kaufverträge wirken können, weil dem Verleger das zeitlich unbeschränkte Nutzungsrecht am Werk übertragen wird (ebenso *Lenski/Steinberg* § 8 Nr 7 Anm 15). § 8 Nr 1 Buchst f GewStG nF setzt aber die „zeitlich befristete" Überlassung voraus (s auch „Lizenzverträge").

Wassernutzungsrechte auf Grund einer öffentl-rechtl Verleihung beruhen nicht auf einem Miet- oder Pachtvertrag (BFHE 95, 325, BStBl II 1969, 417). Eine Hinzurechnung der Entgelte nach § 8 Nr 7 GewStG aF erfolgte nicht, hat jedoch mE **ab EZ 2008** nach § 8 Nr 1 Buchst f GewStG nF zu erfolgen.

§ 8 Nr. 1 Buchst. e Hinzurechnungen

Dem Gewinn aus Gewerbebetrieb (§ 7) werden folgende Beträge wieder hinzugerechnet, soweit sie bei der Ermittlung des Gewinns abgesetzt worden sind:

1. Ein Viertel der Summe aus

...

e) dreizehn Zwanzigstel der Miet- und Pachtzinsen (einschließlich Leasingraten) für die Benutzung der unbeweglichen Wirtschaftsgüter des Anlagevermögens, die im Eigentum eines anderen stehen, und

...

Literatur: S die Hinweise zu den übrigen Vorschriften des § 8 Nr 1 nF.

Allgemeines. Diese Vorschrift wurde durch G v 14. 8. 2007 (BGBl I 2007, 1912) neu eingeführt. Ihr Zweck entspricht dem des § 8 Nr 7 GewStG aF. Auch bei ihr geht es um die Erfassung des „Finanzierungsanteils" der Miet- u Pachtzinsen, der den objektivierten GewErtrag nicht schmälern soll (vgl BTDrs 16/4841, 80). Zur **Verfassungsmäßigkeit** und zum **Europarecht** vgl § 8 Nr 1 Buchst d Anm 1. Die Vorschrift ist abgesehen von den hier betroffenen *unbeweglichen Wirtschaftsgütem* und dem *höheren Finanzierungsanteil* inhaltlich kongruent mit § 8 Nr 1 Buchst d GewStG nF. Daher wird von diesen Besonderheiten abgesehen auf die **Erläuterungen zu § 8 Nr 1 Buchst d** verwiesen. Das betrifft insbesondere die Erläuterungen zu Miet- und Pachtverträgen sowie den Abgrenzungen, immateriellen Wirtschaftsgütern, Miet- und Pachtzinsen sowie den Abgrenzungen hierzu. 1

Die Vorschrift ist *nicht einfach* eine *Umkehrung* des § 8 Nr 7 GewStG aF. War dort zur Erfassung der „nicht in Grundbesitz bestehenden WG" angesichts der Intention des § 8 Nr 7 aF, Doppelbelastungen mit GewSt und GrundSt zu vermeiden, auf § 68 BewG abzustellen, ist dies mE angesichts des Wortlauts des § 8 Nr 1 Buchst e nF nicht ohne Weiteres möglich.

Unbewegliche Wirtschaftsgüter. Der Begriff ist mE deckungsgleich mit dem des EStG (vgl § 21 Abs 1 Nr 1 EStG) sowie des BGB. Die Notwendigkeit der Anknüpfung hieran ergibt sich aus der systematischen Stellung des § 8 GewStG, der eine Korrektur zu der nach est-rechtlichen Grundsätzen erfolgten Gewinnermittlung (§ 7) enthält. § 68 BewG enthält gewisse Abweichungen. S auch **§ 8 Nr 1 Buchst d Anm 8.** 2

Einzelfälle. Unbewegliche WG sind demnach Grundstücke, dh abgegrenzte im Bestandsverzeichnis eines Grundbuchblatts eingetragene Teile der Erdoberfläche, sowie deren Bestandteile, also insbesondere Gebäude, Gebäudeteile, die sonstigen Bestandteile und das Zubehör; gleichermaßen rechtlich gleichgestellte Rechte, wie das ErbbauR, das Wohneigentum, Teileigentum, WohnungserbbauR und TeilerbbauR; Entsprechendes gilt für Wohnungen iSv §§ 7c, 7k EStG. Sonstige unbewegliche WG (R 7.1 Abs 6 EStR) sind zB ein Bürocontainer auf festem Fundament (BFHE 180, 506, BStBl II 1996, 613), Tankstellenüberdachung (BFHE 193, 199, BStBl II 2001, 137), Bodenschätze sofern mit ihrer Aufschließung begonnen worden ist (BFHE 216, 168, BStBl II 2007, 508), Ladeneinbauten (R 4.2 Abs 3 Nr 3 EStR), Dachausbauten (*BMF* BStBl I 1996, 689, Tz 9), sofern diese keine Betriebsvorrichtungen/Scheinbestandteile und damit bewegliche WG sind (BFHE 115, 332, BStBl II 1975, 531; § 8 Nr 1 3

Buchst d, Anm 8). Nach § 21 Abs 1 Nr 1 EStG zählen zu den unbeweglichen WG schließlich in ein Schiffsregister eingetragene **Schiffe.** Dagegen sind nach *FM Länder* BStBl I, 730, Rn 31, Schiffe und Flugzeuge unterschiedslos bewegliche WG. Zum **Mineralgewinnungsrecht** vgl Anm 4.

4 Problematisch erscheint die Zuordnung bei der **Substanzausbeute** von **Bodenschätzen.** Nach der Rspr zu § 8 Nr 7 GewStG aF war WG das Ausbeuterecht, nicht das Grundstück (BFHE 159, 348, BStBl II 1990, 388). Das hatte mE jedoch seine besondere Berechtigung in der Verkoppelung dieser Vorschrift mit § 68 BewG, wonach Bodenschätze nicht in das Grundvermögen, einzubeziehen sind (§ 68 Abs 2 Nr 1 BewG). Diese Verkoppelung besteht angesichts des Wortlauts des § 8 Nr 1 Buchst e GewStG nF nicht mehr; auch gehören Mineralgewinnungsrechte est- und bürgerlichrechtlich zum unbeweglichen Vermögen. Gleichwohl sind Entgelte für die Oberlassung von Mineralgewinnungs- und sonstigen Substanzausbeuterechten mE nicht nach dieser Vorschrift, sondern nach § 8 Nr 1 Buchst f GewStG nF hinzuzurechnen. Der Gesetzgeber ist bei der Abgrenzung der Vorschriften des § 8 Nr 1 Buchst d und e GewStG einerseits und des § 8 Nr 1 Buchst f GewStG andererseits offensichtlich davon ausgegangen, dass nach der letztbezeichneten Vorschrift Entgelte für solche Rechte hinzuzurechnen sind, deren Wert nicht in einem materiellen WG repräsentiert wird bzw in denen das materielle WG durch die Nutzung gemindert bzw entwertet wird.

5 **Umfang der Hinzurechnung.** Auch bei diesem Hinzurechnungstatbestand werden Miet-/Pachtzinsen nur insoweit erfasst, als sie tatsächlich bei der Ermittlung des Gewinns abgesetzt worden sind. Sie werden mit $^{13}/_{20}$, also 65%, erfasst. Da nach dem Eingangssatz der Nr 1 nur $^{1}/_{4}$ – vor Anwendung des Freibetrages – angesetzt wird, stehen für die Hinzurechnung nur 16,25% zur Verfügung.

Auch bei der Bemessung dieses „Finanzierungsanteils" sind offenbar nur *steuerpolitische Erwägungen* maßgebend gewesen, zumal sich die Höhe des Finanzierungsanteils kaum durch Erfahrungen, ggf gebündelt durch Statistiken, als Durchschnittsgröße belegen lässt (vgl zur Korrektur des ursprünglichen Ansatzes *Strahl* DStR 2008, 9).

§ 8 Nr. 1 Buchst. f Hinzurechnungen

Dem Gewinn aus Gewerbebetrieb (§ 7) werden folgende Beträge wieder hinzugerechnet, soweit sie bei der Ermittlung des Gewinns abgesetzt worden sind:

1. Ein Viertel der Summe aus

...

f) einem Viertel der Aufwendungen für die zeitlich befristete Überlassung von Rechten (insbesondere Konzessionen und Lizenzen, mit Ausnahme von Lizenzen, die ausschließlich dazu berechtigen, daraus abgeleitete Rechte Dritten zu überlassen). [2]Eine Hinzurechnung nach Satz 1 ist nicht vorzunehmen auf Aufwendungen, die nach § 25 des Künstlersozialver-

sicherungsgesetzes Bemessungsgrundlage für die Künstlersozialabgabe sind,

...

Literatur: *Redeker/Scholze/Wielenberg,* Handels- und steuerrechtliche Bilanzierung von Emissionsrechten, StuW 2007, 251; *Dörr/Fehling,* Europarechtliche Aspekte der Unternehmensteuerreform 2008, NWB 2007, F 2, 9375; *Hidien,* § 8 Nr 1 GewStG nF verstößt gegen die europäische Zins-/Lizenzgebühren-Richtlinie!, DStZ 2008, 131; *Hidien,* Gewerbesteuerliche Hinzurechnung von Know-How-Entgelten nach der Unternehmensteuerreform 2008?, DB 2008, 257; *Clemens/Laurent,* Die gewerbesteuerliche Hinzurechnung von Lizenzzahlungen DStR 2008, 440; s auch die übrigen Hinweise zu § 8 Nr 1 nF.

Allgemeines. Es handelt sich um einen vollständig neuen Hinzurechnungstatbestand, mit dem der Gesetzgeber offenbar eine „Lücke“ schließen wollte (*Köster* DStZ 2008, 703). Er betrifft Aufwendungen für die zeitlich befristete Überlassung von Rechten, insbesondere Konzessionen und Lizenzen, jedoch mit Ausnahme von Lizenzen, die ausschließlich dazu berechtigen, daraus abgeleitete Rechte an Dritte zu überlassen (sog Vertriebslizenzen) sowie Aufwendungen, die nach § 25 des Künstlersozialversicherungsgesetzes Bemessungsgrundlage für die Künstlersozialabgabe sind. Die Vorschrift dient ua der Vermeidung von Gewinnverlagerungen im Konzern qua Lizenzzahlung (BT-Drs 16/4831, 31). Zudem gilt auch für diesen Hinzurechnungstatbestand, dass die Aufwendungen für die befristete Überlassung von Rechten mit ihrem Finanzierungsanteil den „objektivierten“ GewErtrag mindern (vgl BTDrs 16/4841, 80). Wie in den anderen Hinzurechnungstatbeständen der Nr 1 ist auch hier die Behandlung unabhängig davon, ob die Zahlungen beim Empfänger der GewSt unterliegen, so dass es zu Mehrfachbelastungen mit GewSt kommen kann. 1

Verfassungsrechtlich wird diese Vorschrift wegen Verstoßes gegen das Prinzip der Besteuerung nach der Leistungsfähigkeit (objektives Nettoprinzip) als problematisch angesehen (zB *Thiel* FR 2007, 729; *Hey* BB 2007, 1303; *Derlien/Wittkowski* DB 2008, 835). Das ist mE nicht von der Hand zu weisen. Zwar ist es nach st Rspr des BVerfG dem Gesetzgeber unbenommen, neue Steuerquellen zu finden, sofern die Besteuerung selbst nicht sachlich völlig ungerechtfertigt ist und das Willkürverbot des Art 3 GG beachtet wird. Davon kann hier nicht ohne Weiteres ausgegangen werden. Die Entgelte für die Überlassung von Rechten enthalten idR keinen Finanzierungsanteil; das gilt für Konzessionen gleichermaßen wie für Lizenzen; der Eigentumserwerb (Rechtskauf) ist hier keine Alternative wie bei Miete/Pacht. Der Gedanke der Vorfinanzierung des Berechtigten durch den Überlassenden (so *Clemens/Laurent* DStR 2008, 440) ändert nichts daran, dass idR tatsächlich ein kalkulatorischer Zins für die Ersparnisaufwendungen nicht gezahlt wird. 2

Zudem werden **europarechtliche Bedenken** wegen Verstoßes gegen die Zins-/Lizenz-Richtlinie (R 2003/49/EG v 3. 6. 2003, ABl EG 2003, Nr L 157, 49) geltend gemacht (zB *Hidien* DStZ 2008, 131; *Dörr/Fehling* NWB 30/2007, F 5, 9375; *Kessler/Eicker/Schindler* IStR 2004, 678). Doch dürften auch sie unbegründet sein, weil es sich bei § 8 Nr 1 Buchst f nF nicht um eine quellensteuer-ähnliche Abgabe handelt (ebenso *Kempf/Straubinger* IStR 2005, 773; *Keß* in *L/S* § 8 Nr 1 Buchst f Anm 6).

3 Der Begriff der **Rechte** bezieht sich mE zunächst auf Rechte im subjektiven Sinne und hierbei im Wesentlichen auf *Beherrschungsrechte*, also Befugnisse, die eine Herrschaft über bestimmte Rechtsobjekte verleihen und insbesondere auf *Immaterialgüterrechte*, wie der Klammerzusatz *Konzessionen und Lizenzen* aufweist; bei jenen handelt es sich um öffentlich-rechtliche Genehmigungen idR zur Ausübung von (gewerblichen) Tätigkeiten, bei diesen um Befugnisse zur Nutzung geschützter Rechte eines anderen. Rechte der betroffenen Art betreffen im Wesentlichen also Nutzungsbefugnisse und darin eingeschlossene Abwehrrechte. Es kann sich um öffentlich-rechtliche oder privat-rechtliche Befugnisse handeln, insb also das Urheberrecht (vgl §§ 29, 31 UrhG), Patentrechte (vgl § 15 PatG), Gebrauchsmusterrechte (vgl § 22 GebrMG), Markenrechte (vgl § 30 MarkenG), Warenzeichenrechte (vgl § 20 WarenZG); hinzu kommen insbesondere öffentlich-rechtliche Konzessionen, zB Wassernutzungsrecht, Güterverkehrsrecht, Emissionsrechte (vgl *BMF* BStBl I 2005, 1047; *Redeker/Scholze/Wielenberg* StuW 2007, 251). Für die **Auslegung** ist mE ein Rückgriff auf das EStG ungeeignet, zumal dieses in § 21 Abs 1 Nr 3 und § 49 Abs 1 Nr 6, 9 dem Begriff „Rechte" eine je unterschiedliche Tragweite zumisst. Die Auslegung hat mE aus dem inneren Zusammenhang der Vorschrift selbst zu erfolgen: nämlich danach, ob die jeweilige Position einer *befristeten Überlassung* zugänglich ist (ebenso *Keß* in *L/S* § 8 Nr 1 Buchst f Rn 13; *Hidien* DB 2008, 257).

4 **Keine** Rechte iSd Vorschrift sind bloße tatsächliche Gegebenheiten, Möglichkeiten, insbesondere Kenntnisse, zB Know-How (ebenso *Hidien* DB 2008, 257), ungeschützte Erfindungen, Geschäftschancen uÄ (ebenso *Franke/Gageur* BB 2008, 1708; *Köster* DStZ 2008, 703). Das gilt auch dann, wenn sie nach est-rechtlichen Gesichtspunkten den Begriff des immateriellen WG erfüllen, wie zB der Geschäfts- bzw Praxiswert oder der Mandantenstamm. Entscheidend ist mE die mit einem entsprechenden Abwehrrecht verbundene Nutzungs- und Verwertungsbefugnis. Ebenfalls nicht Recht iSd Vorschrift ist die Befugnis zur Nutzung des grünen Punktes oder vergleichbarer Systeme nach der VerpackungsVO (*FM Länder* BStBl I 2008, 730 Rn 34).

5 **Überlassung** bezeichnet die durch einen Rechtsakte erfolgende Einräumung oder Übertragung der Nutzungs- und/oder Verwertungsbefugnis auf eine andere Person. Durch Überlassung nur einzelner Rechte kann die Hinzurechnung nicht vermieden werden (*FM Länder* BStBl I 2008, 730 Rn 33). Auch die **Überlassung** selbst kann **öffentlich-rechtlicher** Natur sein, zB Glücksspiellizenzen an Spielbanken, Konzessionen für die Nutzung öffentlicher Verkehrsflächen an Energieversorger; eine Aufteilung des Entgelts auf die Überlassung von beweglichen und unbeweglichen WG kommt nicht mehr in Betracht (*FM Länder* BStBl I 2008, 730 Rn 35f). Betroffen sind mE auch Zwangslizenzen (§ 20 GebrMG; § 24 PatG).

6 Nur eine **befristete** Überlassung des Rechts führt zur Hinzurechnung nach der Vorschrift. Erforderlich ist also eine zeitliche Begrenzung („zeitlich befristet" ist, worauf *Blümich/Hofmeister* § 8 Rz 274 hinweist, eine

Tautologie); eine endgültige Überlassung des Rechts führt nicht zur Hinzurechnung. Das gilt insbesondere für eine Veräußerung (vgl BTDrs 16/4841, 80), aber auch für den **Übergang des wirtschaftlichen Eigentums,** wenn etwa das überlassene Recht nach Ablauf der Frist wertlos, „verbraucht" ist, zB weil von vornherein feststeht, dass es für die Verwertung nur befristet interessant ist (*FM Länder* BStBl I 2008, 730 Rn 37; vgl BFHE 196, 210, BStBl II 2003, 641).

Liegen diese Voraussetzungen vor, ist die **Dauer** der Befristung unerheblich. Unschädlich ist, wenn bei Vertragsabschluss noch nicht feststeht, *wann* die Überlassung endet (BFHE 124, 175, BStBl II 1978, 355). Entsprechendes gilt für das *„Ob"* der Befristung, sofern eine Kündigungsmöglichkeit oder eine auflösende Bedingung vereinbart ist (BFHE 128, 213, BStBl II 1979, 757; BFHE 137, 178, BStBl II 1983, 367; BFH/NV 2003, 1311; *FM Länder* BStBl I 2008, 730 Rn 37). Es genügt die *Bestimmbarkeit* der Befristung sowohl dem Grunde als auch der Dauer nach (ebenso *Blümich/Hofmeister* § 8 Rz 274), etwa wenn die Verwertungsrechte nur für eine bestimmte Anzahl von Verwertungshandlungen bestehen.

Vertriebslizenzen/Durchleitungsrechte. Nicht erfasst werden nach dem ausdrücklichen Wortlaut der Vorschrift Lizenzen, die **ausschließlich** dazu berechtigen, daraus abgeleitete Rechte Dritten zu überlassen, also sog *Vertriebslizenzen* (vgl *Fehling* NWB 29/2007, F 5, 1617). Nach der Gesetzesbegründung sind die Entgelte für solche Lizenzen von der Hinzurechnung auszunehmen, weil der Lizenznehmer sie selbst nicht für seinen GewBetrieb nutzt und lediglich eine wirtschaftlich mit dem Handelsvertreter vergleichbare Stellung hat (BTDrs 16/4841, 80). Das gilt selbstredend nicht für das letzte Glied der „Überlassungskette"; hierzu gehört nach *FM Länder,* BStBl I 2008, 730 Rn 40, nicht das Vortragen, Aufführen oder Vorführen iSv § 19 UrhG. 7

Das *Ausschließlichkeitsgebot* besagt, dass der Gegenstand des Rechts (zB ein literarisches Werk) nicht bearbeitet oder sonst verwertet werden darf. Nicht schädlich sind mE Aktivitäten, die unmittelbar mit dem Vertrieb zusammenhängen, zB Übermittlung der Druckversion eines Manuskripts (*FM Länder* aaO; *Clemens/Laurent* DStR 2008, 440) oder die Installation von Software auf Hardware (*Ortmann-Babel/Zipfel* BB 2007, 1869).

Die Ausnahmeregelung ist auch auf andere Rechte anwendbar (*FM Länder* aaO Rn 41).

Ausschließlich um eine solche Vertriebslizenz handelt es sich, wenn die Lizenz zu keinem anderen Umgang mit dem Gegenstand des Rechts berechtigt, also *nur* zum *Vertrieb.* Werden in einem **gemischten** Vertrag der Vertrieb *und* weitere Nutzungsrechte übertragen und wird ein *einheitliches* Entgelt vereinbart, unterliegt diese in vollem Umfange den Hinzurechnungsregeln. In einer solchen Interessenlage empfehlen sich also getrennte Überlassungen durch eigenständige Verträge. 8

Aufwendungen. Betroffen sind Aufwendungen **für eine befristete Überlassung.** ME gelten wegen des gleichen Wortlauts die schon zu Nr 1 Buchst a abgehandelten Grundsätze (so schon § 8 Nr 1 aF u Nr 7 aF). Gemeint sind Kosten, die im weitesten Sinne *Gegenleistung* dafür sind, dass das Recht befristet überlassen wird. Das sind in erster Linie Lizenzzahlun- 9 gen in einmaliger oder wiederkehrender Form, „Schutzgebühren“ uä an denjenigen, der das Recht *berechtigterweise* überlassen hat. Eine – wenn auch unbewusste – Rechtsverletzung durch „Überlassung“ des Rechts erfüllt mE nicht die Voraussetzungen für die Hinzurechnung. Entsprechendes gilt mE für weitere Kosten, die nur in einem *äußeren* Zusammenhang mit der Überlassung des Rechts stehen, etwa Beratungskosten und Vermittlungsprovisionen (**aA** *Blümich/Hofmeister* § 8 Rz 295). Es handelt sich hier nicht um Gegenleistungen „für“ die Überlassung.

10 **Tatsächliche Nutzung.** Problematisch kann sein, ob die Hinzurechnung die tatsächliche Nutzung des Rechts im GewBetrieb voraussetzt. ME ist dies jedoch nicht der Fall (ebenso *Blümich/Hofmeister* § 8 Rz 296). Zwar könnte der Sinn und Zweck der Vorschrift für eine dahingehende Auslegung sprechen, zumal Grundlage der Vorschrift die Vorstellung ist, dass der hinzugerechnete Finanzierungsanteil Aufwand für die Verstärkung des im Betrieb arbeitenden Kapitals ist. Insbesondere angesichts dessen könnte die Hinzurechnung dem Sinn und Zweck der Vorschrift etwa dann widersprechen, wenn sich das Recht inzwischen als nicht sinnvoll nutzbar oder sonst wertlos erwiesen hat. Andererseits stellt der Wortlaut der Vorschrift allein auf die Überlassung und nicht auf die Nutzung des Rechts ab. Auch bei den sonstigen vergleichbaren Hinzurechnungstatbeständen hängt, ähnlich wie schon zu § 8 Nr 7 GewStG aF, die Hinzurechnung nicht von der tatsächlichen Nutzung ab.

11., 12. Umfang der Hinzurechnung

11 Wie alle hinzuzurechnenden Aufwendungen muss der Aufwand **tatsächlich** bei der Ermittlung des Gewinns **abgesetzt** worden sein. Der Hinzurechnung unterliegt jeder als Gegenleistung (auch im weiteren Sinne) für die Überlassung des Rechts anzusehende Aufwand. Das gilt auch für solche Leistungen, die nach der Ausgangslage an sich dem Überlassenden obliegen, die aber der Berechtigte mit Rücksicht auf die Überlassung übernimmt (vgl § 8 Nr 1 Buchst d Anm 14; *Blümich/Hofmeister* § 8 Rn 295; *Keß* in *L/S* § 8 Nr 1 Buchst f Anm 18).

Hinzugerechnet werden $^1/_4$ der Aufwendungen, insgesamt also nur $^1/_{16}$ = 6,25%. Auch in diesem Zusammenhang gilt, dass der Ansatz des Finanzierungsanteils mit 25% vom Gesetzgeber ohne Realitätsbezug nach rein fiskalischen Interessen griffweise erfolgt ist (siehe hierzu BTDrs 16/4841, 80; zur Kritik *Bergemann/Markl/Althof* DStR 2007, 693).

12 **Saldierungsverbot** Es besteht mE ein absolutes Saldierungsverbot. Nach dem Wortlaut der Vorschrift sind die *Aufwendungen* und nicht der *Saldo der Aufwendungen* hinzuzurechnen (ähnlich *Neu/Schiffers/Watermeyer* GmbHR 2007, 421). Das G lässt mE auch keine Ausnahmen zu, wie bei der Hinzurechnung von Dauerschuldzinsen nach § 8 Nr 1 aF bzw Schuldentgelten nach § 8 Nr 1 Buchst a nF. In jenem Zusammenhang ist denkbar, dass Kreditverhältnisse so miteinander verflochten sind, dass tatsächlich nur der Saldo von Forderung und Schuld das Betriebskapital verstärkt. Entsprechendes gilt für die Belastung des Ertrags durch den Saldo der Entgelte. Eine entsprechende Verflechtung ist mE bei der Übernahme einerseits und

Überlassung von Lizenzen andererseits nicht denkbar (zT **aA** *Blümich/Hofmeister* § 8 Rz 307).

13., 14. Ausnahme für Aufwendungen nach § 25 KSVG

Nicht hinzuzurechnen sind Aufwendungen, die nach § 25 KSVG Bemessungsgrundlage für die Künstlersozialabgabe sind. Grund für diese Ausnahmeregelung ist, dass nach Auffassung des FinA die Stellung der Künstler und Publizisten im unmittelbaren Verhältnis zu ihren Auftraggebern sozialversicherungsrechtlich mit dem Verhältnis zwischen Arbeitgeber und Arbeitnehmer vergleichbar sei und die vom Arbeitgeber an seine Arbeitnehmer gezahlten Entgelte nicht mehr der GewSt unterlägen (vgl BTDrs 16/5491 zu Art 3 Nr 1 ÄndG). Der **Zweck dieser Ausnahmeregelung** besteht in der Freistellung bestimmter an Künstler und Publizisten geleisteter Entgelte von der GewSt. 13

Entgelt iS der Hinzurechnungsvorschrift ist nach § 25 Abs 2 Satz 1 KSVG alles, was der zur Abgabe Verpflichtete aufwendet, um das Werk oder die Leistung zu erhalten oder zu nutzen, abzüglich der in einer Rechnung oder Gutschrift ausgesondert ausgewiesenen Umsatzsteuer. Ebenfalls Entgelt ist nach § 25 Abs 3 KSVG der Preis, der dem Künstler oder Publizisten aus der Veräußerung seines Werkes im Wege eines Kommissionsgeschäftes für seine eigene Leistung zusteht. **Nicht** Entgelt sind nach § 25 Abs 2 Satz 2 KSVG die Entgelte, die für urheberrechtliche Nutzungsrechte, sonstige Rechte des Urhebers oder Leistungsschutzrechte an Verwertungsgesellschaften (zB VG Wort, GEMA) sowie steuerfreie Aufwandsentschädigungen und Einnahmen aus nebenberuflichen Tätigkeiten als Übungsleiter, Ausbilder, uä (§ 3 Nr 26 EStG) erbracht werden. Nicht Entgelt ist auch die Künstlersozialabgabe selbst. Auch ist anzunehmen, dass sie zu den Aufwendungen „für" die zeitlich befristete Überlassung von Rechten gehört. Indes ist mE *Blümich/Hofmeister* § 8 Rz 303 dahin zu folgen, dass der Sinn und Zweck der Ausnahmeregelung auch die Ausnahme der Künstlersozialabgabe von der Hinzurechnung erfordert. 14

Die Bemessungsgrundlage kann aufgrund eines zur Abwicklung der Vorgaben des KSVG eingesetzten und von der Sozialkasse nicht beanstandeten Verfahrens ermittelt werden (*FM Länder* BStBl I 2008, 730 Rn 43).

Freibetrag

§ 8 Nr. 1 Hinzurechnungen

Dem Gewinn aus Gewerbebetrieb (§ 7) werden folgende Beträge wieder hinzugerechnet, . . .

1. Ein Viertel der Summe aus . . . soweit die Summe den Betrag von 100 000 Euro übersteigt;

. . .

Nach dem Anfangsteil und dem Schlussteil des § 8 Nr 1 GewStG ist hinzuzurechnen „$^1/_4$ der Summe aus" verschiedenen Arten von Finanzierungsentgelten, „soweit die Summe den Betrag von 100 000 € übersteigt". Das bedeutet: Von der Summe der Finanzierungsentgelte wird zunächst der

Freibetrag von 100 000 € abgezogen und von dem übersteigenden Betrag $^1/_4$ hinzugerechnet (ebenso *FM Länder* BStBl I 2008, 730 Rn 44; *Ortmann-Babel/Zipfel* BB 2007, 1869; *Blümich/Hofmeister* § 8 Rz 311). Der Wortlaut der Vorschrift lässt also nicht die Deutung zu, der Freibetrag sei von $^1/_4$ der Summe aus den verschiedenen Finanzierungsentgelten abzuziehen (zur Fragestellung *Schaumburg/Rödder* aaO, S 514 f u Fn 344). Der Unterschied der beiden angesprochenen Möglichkeiten ist erheblich: Bei der hier vertretenen Auffassung neutralisiert der Freibetrag Finanzierungsentgelte von 100 000 € und vermeidet eine Hinzurechnung von 25 000 €; bei der von *Schaumburg/Rödder* vorgetragenen Alternative neutralisiert der Freibetrag Finanzierungsentgelte von 400 000 € und vermeidet eine Hinzurechnung von 100 000 €. Die Kritik richtet sich daher diesbezüglich auch dagegen, dass der Zweck des Freibetrages, kleinere und mittlere Unternehmen zu entlasten (BTDrs 16/4841, 80) bei Mittelbetrieben nicht hinreichend verwirklicht wird (*Schaumburg/Rödder* aaO; *Wendt* FR 2007, 609; *Neu/Schiffers/Watermeyer* GmbHR 2007, 421).

Wird der Freibetrag in einem EZ nicht vollständig ausgeschöpft, kann der „verbleibende" Restbetrag in anderen EZ nicht genutzt werden; insofern ist in der Vorschrift **kein Vor- oder Rücktrag** des Freibetrages vorgesehen.

Der Freibetrag wird für **jeden GewBetrieb** gewährt, jedoch nur **einmal** pro EZ, dh auch dann, wenn in dem EZ mehrere Wirtschaftsjahre enden (ebenso *FM Länder* BStBl I 2008, 730 Rn 46 f; *Blümich/Hofmeister* § 8 Rz 312). Bei einer **Organschaft** wird der Freibetrag dem OT und der OG gewährt (*FM Länder* aaO Rn 45). Im Falle der **Abwicklung/Insolvenz** ist für den nach § 16 GewStDV zu ermittelnden *einen* GewErtrag auch nur *ein* Freibetrag anzusetzen (*FM Länder* aaO Rn 48).

§ 8 *Nr. 2, 3* ***Hinzurechnungen*** *(aufgehoben)*

Dem Gewinn aus Gewerbebetrieb (§ 7) werden folgende Beträge wieder hinzugerechnet, soweit sie bei der Ermittlung des Gewinns abgesetzt worden sind:

...

2. ***Renten und dauernde Lasten, die wirtschaftlich mit der Gründung oder dem Erwerb des Betriebs (Teilbetriebs) oder eines Anteils am Betrieb zusammenhängen.*** [2] ***Das gilt nicht, wenn diese Beträge beim Empfänger zur Steuer nach dem Gewerbeertrag heranzuziehen sind;***

   Vgl. hierzu die Erläuterungen zu § 8 Nr 1 Buchst b nF.

3. ***die Gewinnanteile des stillen Gesellschafters, wenn sie beim Empfänger nicht zur Steuer nach dem Gewerbeertrag heranzuziehen sind;***

   Vgl hierzu die Erläuterungen zu § 8 Nr 1 Buchst c nF.

§ 8 Nr. 4 Hinzurechnungen

Dem Gewinn aus Gewerbebetrieb (§ 7) werden folgende Beträge wieder hinzugerechnet, soweit sie bei der Ermittlung des Gewinns abgesetzt worden sind:

...

4. die Gewinnanteile, die an persönlich haftende Gesellschafter einer Kommanditgesellschaft auf Aktien auf ihre nicht auf das Grundkapital gemachten Einlagen oder als Vergütung (Tantieme) für die Geschäftsführung verteilt worden sind;
. . .

Gewerbesteuer-Richtlinien 1998: Abschnitt 52.

Übersicht

1. Allgemeines
2. Persönlich haftender Gesellschafter einer KGaA
3. Doppelbelastungen
4. Umfang der Hinzurechnung

Literatur: *Bacher,* Die Stellung des persönlich haftenden Gesellschafters einer Kommanditgesellschaft auf Aktien (KGaA) im Steuerrecht, DB 1985, 2117; *Binz/Sorg,* Die GmbH & Co Kommanditgesellschaft auf Aktien, BB 1988, 2041; *Hennerkes/May,* Überlegungen zur Rechtsformwahl im Familienunternehmen, DB 1988, 483; *Hennerkes/May,* Noch einmal: Die GmbH & Co KG auf Aktien als Rechtsform für börsenwillige Familienunternehmen? BB 1988, 2393; *Hesselmann,* GmbH & Co Kommanditgesellschaft auf Aktien, GmbHR 1988, 472; *Hesselmann,* Die kapitalistische Kommanditgesellschaft auf Aktien, BB 1989, 2344; *Hennerkes,* Die GmbH & Co KGaA – eine ideale Rechtsform für börsenwillige Familienunternehmen? StbJb 1988/89, 303; *Jünger,* Zur Stellung des persönlich haftenden Gesellschafters einer KGaA im Steuerrecht, DB 1988, 1969; *Theisen,* Die Besteuerung der KGaA, DB 1989, 2191; *Graf,* Die Gewerbeertragsbesteuerung der Kapitalgesellschaft & Co KG auf Aktien, DStR 1991, 1374; *Gosch,* Die Kommanditgesellschaft auf Aktien und die Gewerbesteuer, FR 1991, 345; *Kallmeyer,* Die Kommanditgesellschaft auf Aktien – eine interessante Rechtsformalternative für den Mittelstand? DStR 1994, 977; *Ludwig/Motte,* Die Kommanditgesellschft auf Aktien – eine Alternative für börsenwillige mittelständische Unternehmen?, DStR 1996, 800, 842; *Fischer,* Die Besteuerung der KGaA und ihrer Gesellschafter, DStR 1997, 1519; *Schmincke/Heuel,* § 8 Nr 4 GewStG; Gewerbesteuerfalle bei der Kapitalgesellschaft & Co KGaA, FR 2004, 861; *Frotscher,* Die KGaA als Organgesellschaft, Der Konzern 2005, 139; *Kollruss,* KGaA und Zinsschranke unter besonderer Berücksichtigung der Akquisitionsfinanzierung, BB 2007, 1988; *Rohrer/Orth,* Anwendung des Halbeinkünfteverfahrens auf der Ebene einer KGaA, BB 2007, 1594.

Allgemeines. Die Vorschrift bezweckt, wie sämtliche Vorschriften des § 8 GewStG, die Ermittlung des objektiven, von den Verhältnissen des Inhabers zum Betrieb losgelösten GewErtrags. Die KGaA weist Elemente einer Kapitalgesellschaft und einer Personengesellschaft auf (BFHE 82, 471, BStBl III 1965, 418; zu den Vor- u Nachteilen *Kallmeyer* DStR 1994, 977). Sie ist daher einerseits der KSt unterworfen und darf andererseits die Gewinnanteile wie Vergütungen des persönlich haftenden Gesellschafters nach § 9 Abs 1 Nr 1 KStG bei der Ermittlung des Einkommens abziehen. Die Vorschrift stellt als „Spiegelbild“ (BFHE 83, 471, BStBl III 1965, 418) sicher, dass diese Gewinnanteile mindestens einmal der GewSt unterliegen. 1

2 **Persönlich haftende Gesellschafter einer KGaA** sind nach § 278 Abs 1 AktG die Gesellschafter der KGaA, die den Gesellschaftsgläubigern unbeschränkt haften. In diesem Sinne verwendet die Vorschrift (ebenso § 9 Abs 1 Nr 1 KStG) den Begriff (BFHE 140, 465, BStBl II 1984, 381). Auch eine Kapitalgesellschaft, insb eine **GmbH,** kann persönlich haftender Gesellschafter sein (BGHZ 134, 392; BFHE 162, 445, BStBl II 1991, 253; *Graf* DStR 1991, 1374; *Fischer* DStR 1997, 1519); er muss nicht notwendig eine natürliche Person sein. Dies eröffnet die Möglichkeit, eine GmbH oder GmbH & Co KG als Komplementärin an der KGaA zu beteiligen (*Fischer* DStR 1997, 1519). Damit dürfte der wesentlichste Nachteil der KGaA (*Kallmeyer* DStR 1994, 977) behoben sein.

Der persönl haftende Gesellschafter ist idR nicht Mitunternehmer iSv § 15 Abs 1 Nr 2 EStG. Er wird lediglich **wie ein Mitunternehmer** behandelt (BFHE 140, 465, BStBl II 1984, 381; BFHE 157, 382, BStBl II 1989, 881; *Rohrer/Orth* BB 2007, 1594). Auch wenn er nur die Stellung eines Vorstandsmitglieds hat, erfolgt die Zurechnung (aA *Raupach* DStZ 1965, 25). **Verfassungsrechtliche** Bedenken ergeben sich hieraus nicht. Das Gesetz behandelt den persönlich haftenden Gesellschafter der KGaA wie einen Mitunternehmer (*Schmidt/Wacker* § 15 Rz 891). Entsprechen bestimmte Verhältnisse im Einzelfall nicht der gesetzlichen Typisierung, so lässt sich daraus idR keine Verletzung von Verfassungsrecht herleiten. Im Übrigen ist es den Beteiligten überlassen, ihr Handeln nach der gesetzlichen Typisierung auszurichten (vgl BFHE 82, 471, BStBl III 1965, 418).

Auf die StPfl des persönlich haftenden Gesellschafters im **Inland** kommt es nicht an (*L/S* § 8 Nr 4 Anm 17; *Blümich/Hofmeister* § 8 Rz 532).

3 Die Vorschrift ist auch anzuwenden, wenn der persönlich haftende Gesellschafter der GewSt unterliegt (FG Köln DStRE 2007, 363, Rev; *Gosch* FR 1991, 345; *Herlinghaus* EFG 2006, 1927). Sie ließ früher **Doppelbelastungen** zu. Sie enthielt keinen Ausschluss der Hinzurechnungen – wie die Nrn 2 und 3 – für den Fall, dass die Beträge beim Empfänger der GewSt unterliegen. Darin lag keine verdeckte Lücke, die im Wege der Analogie, insb zu § 9 Nr. 2, zu schließen wäre (vgl BFHE 140, 465, BStBl II 1984, 381; BFHE 145, 76, BStBl II 1986, 72; **aA** *Schnädter* FR 1985, 699; *Bacher* DB 1985, 2117; *Döllerer* ZGR 1987, 443; *Hennerkes* StbJb 1988/89, 303, 320; *Hennerkes/May* DB 1988, 483; 2393, 2400; *Hesselmann* BB 1989, 2344, GmbHR 1988, 472; *Graf* DStR 1991, 1374). Der Gesetzgeber hat die persönlich haftenden Gesellschafter einer KGaA bewusst nicht als Mitunternehmer behandelt (*Barth* DB Beilage 10/61). Ein **Ausschluss der Doppelbesteuerung** war daher nur durch Gesetzesänderung möglich. Sie ist durch Einfügung des § 9 Nr 2b erfolgt. Mit ihr sollte der GewErtrag der KGaA – in jeder Beteiligungsform – dem der Mitunternehmerschaft gleichgestellt werden (*Graf* DStR 1991, 1374).

Auch wenn sie sich (zunächst) nicht auswirkt, weil der persönlich haftende Gesellschafter tatsächlich nicht mit GewSt belastet ist, die Kürzung also nur zu Verlustvorträgen führt, ist mE die Hinzurechnung durchzuführen; eine teleologische Reduktion der Vorschrift ist nicht angezeigt (ebenso *L/S* § 8 Nr 4 Anm 4; *Blümich/Hofmeister,* § 8 GewStG Anm 530; **aA** *Schmincke/Heuel* FR 2004, 861).

Gleichwohl können systembedingte **Nachteile** im Vergleich zur (doppelstöckigen) Mitunternehmerschaft bestehen, zB wenn die KGaA nach § 8 Nr 4 nicht, jedoch nach § 8 Nr 1 Buchst a hinzuzurechnende Darlehenszinsen an den persönlich haftenden Gesellschafter zahlt. Dieser kann sich im Gegensatz zum Mitunternehmer nicht nach § 9 Nr 2, aber auch nicht nach § 9 Nr 2b entlasten.

Umfang der Hinzurechnung. Hinzuzurechnen sind Gewinnanteile 4
auf Vermögenseinlagen, die nicht auf das Grundkapital getätigt worden sind. Zu den **Vergütungen** (Tantiemen) für die Geschäftsführung zählen alle Bezüge, die der persönlich haftende Gesellschafter für die Tätigkeit in der Gesellschaft erhält (BFHE 162, 445, BStBl II 1991, 253) bzw alle mit der Beschäftigung im Betrieb zusammenhängenden Vergütungen (RFH RStBl 1940, 683), unabhängig davon, ob sie in der Satzung festgelegt sind (FG Berlin EFG 1973, 280). Das setzt voraus, dass der persönlich haftende Gesellschafter seine Leistung in Zusammenhang mit seiner Eingliederung in den Organismus des Betriebs erbracht hat (RFH RStBl 1940, 556), also als Vorstandsmitglied, Geschäftsführer usw. Unter dieser Voraussetzung Hinzurechnung aller Aufwandspositionen, die nach § 9 Abs 1 Nr 1 KStG abziehbar sind (BFHE 157, 382, BStBl II 1989, 881; *Theisen* BB 1989, 2191) und bei der Ermittlung des Gewinns tatsächlich abgesetzt worden sind. Das ist auch der Aufwendungsersatz, den eine KGaA an die geschäftsführende Komplementär-GmbH für die Beschäftigung eines Geschäftsführers zahlt (FG Rh-Pf EFG 1986, 486).

Es ist unerheblich, ob der persönlich haftende Gesellschafter **gewinnabhängige** Vergütung (Tantiemen) oder Gehalt wie ein Angestellter bezieht (RFH RStBl 1938, 334; BFHE 82, 471, BStBl III 1965, 418; BFHE 140, 465, BStBl II 1984, 381). Denn auch **gewinnunabhängige Vergütungen** sind Teil des durch den Betrieb der KGaA insgesamt erzielten Gewinns (FG Köln DStRE 2007, 363, Rev; ebenso *Schnädter* FR 1985, 699; aA *Menzel* StuW 1971, 204; *Theisen* DB 1989, 2191; *Fischer* DStR 1997, 1519: nur der als vGA zu behandelnde unangemessene Teil der Vergütung). Dagegen gehören zu den Vergütungen Haftungsvergütungen (*Blümich/Hofmeister* § 8 Rz 537; *Fischer* DStR 1997, 1519), Abfindungen für die vorzeitige Auflösung eines Angestelltenverhältnisses, das Ruhegehalt (RFH RStBl 1938, 334), Zuführungen zu den Rückstellungen für Pensionsanwartschaften (RFH RStBl 1940, 683; 1941, 687).

Dagegen **keine Hinzurechnung** von Vergütungen für Leistungen als selbständiger Gewerbetreibender oder Freiberufler (RFH RStBl 1941, 756), ebenso wenig für die Hingabe von Darlehen oder die Überlassung von WG (BFHE 157, 382, BStBl II 1989, 881; *L/S* § 8 Nr 4 Anm 27; *Hundertmark* BB 1968, 1285; *Fischer* DStR 1997, 1519; A 55 GewStR); die Hinzurechnung nach anderen Vorschriften, insb § 8 Nr 1, bleibt jedoch unberührt (hierzu *Jünger* DB 1988, 1969). Dividenden auf Aktien sind nach § 9 Abs 1 Nr 1 KStG nicht abzusetzen. Sie unterliegen daher nicht der Hinzurechnung. Auflösungen von Pensionsrückstellungen erhöhen nicht den gewstpfl Ertrag, soweit sie bereits der Hinzurechnung unterlegen haben (RFH RStBl 1944, 148; BFHE 73, 30, BStBl III 1961, 280). Nicht Vergütung ist Auslagenersatz für Aufwendungen im Interesse der Gesellschaft, wenn dessen lohnsteuerrechtliche Voraussetzungen vorliegen (BFHE 69, 453, BStBl III 1959, 430; BFHE 162, 445, BStBl II 1991, 253). Auch in das Ausland gezahlte Vergütungen sind hinzuzurechnen (*L/S* § 8 Nr 4 Anm 19). Dagegen sind Vergütungen an **andere Personen,** insbesondere nahe Angehörige des persönlich haftenden Gesellschafters oder von Aktionären, für Tätigkeiten im Dienste der KGaA nicht hinzuzurechnen; anders nur, wenn eine den **verdeckten Gewinnausschüttungen** vergleichbare Sachlage besteht. Es kommt nicht auf das Zufließen beim persönlich Haftenden, sondern auf das Abfließen bei der KGaA an (*Birkholz* DStZ 1955, 23). Hinzuzurechnen ist auch ein **Verlustanteil,** wenn der Ansatz den Verlust aus Gewerbebetrieb gemindert oder den Gewinn erhöht hat (*Blümich/Hofmeister* § 8 Rz 538; *L/S* § 8 Nr 4 Anm 14).

Aufwendungen (Werbungskosten/Betriebsausgaben) des persönlich haftenden Gesellschafters sind unbeachtlich. Sie sind im Rahmen des § 9 Nr 2b zu berücksichtigen (FG Köln EFG 2006, 1923 Rev). Daher mindern auch Aufwendungen im Zusammenhang mit der Übertragung der Geschäftsführung auf einen Fremdgeschäftsführer, insb bei einer Kapitalgesellschaft, die Hinzurechnungsbeträge nicht (BFHE 162, 445, BStBl II 1991, 253; zust *Gosch* FR 1991, 345; aA *Menzel* StuW 1971, 204; *Theisen* DB 1989, 2191).

§ 8 Nr. 5 Hinzurechnungen

Dem Gewinn aus Gewerbebetrieb (§ 7) werden folgende Beträge wieder hinzugerechnet, soweit sie bei der Ermittlung des Gewinns abgesetzt worden sind:

...

5. die nach § 3 Nr. 40 des Einkommensteuergesetzes oder § 8b Abs. 1 des Körperschaftsteuergesetzes außer Ansatz bleibenden Gewinnanteile (Dividenden) und die diesen gleichgestellten Bezüge und erhaltenen Leistungen aus Anteilen an einer Körperschaft, Personenvereinigung oder Vermögensmasse im Sinne des Körperschaftsteuergesetzes, soweit sie nicht die Voraussetzungen des § 9 Nr. 2a oder 7 erfüllen, nach Abzug der mit diesen Einnahmen, Bezügen und erhaltenen Leistungen in wirtschaftlichem Zusammenhang stehenden Betriebsausgaben, soweit sie nach § 3c Abs. 2 des Einkommensteuergesetzes und § 8b Abs. 5 und 10 des Körperschaftsteuergesetzes unberücksichtigt bleiben. [2]Dies gilt nicht für Gewinnausschüttungen, die unter § 3 Nr. 41 Buchstabe a des Einkommensteuergesetzes fallen;

...

Übersicht

1. Allgemeines
1a. Bedeutung
2. Voraussetzungen
3. Umfang der Hinzurechnung
4. Zeitlicher Anwendungsbereich

Literatur: *Rödder/Schumacher,* Unternehmenssteuerfortentwicklungsgesetz: Wesentliche Änderungen ..., DStR 2002, 105; *Ritzer/Stangl,* Gesetzliche Neuerungen im Bereich der Gewerbesteuer, Inf 2002, 131; *Prinz/Simon,* Kuriositäten und Ungereimtheiten des UntStFG: Ungewollte Abschaffung des gewerbesteuerlichen Schachtelprivilegs für Kapitalgesellschaften?, DStR 2002, 149; *Kessler/Kahl,* Gewerbesteuer auf Nicht-Schachteldividenden – Ausgabe iSd § 3c EStG nF?, DB 2002, 1017; *Fischer,* Wechselwirkungen zwischen der Einkommen- und Körperschaftsteuer und der Gewerbesteuer bei Anteilen im Streubesitz nach dem UntStFG, DStR 2002, 610; *Gröning/Siegmund,* Aushöhlung des Objektsteuerprinzips der Gewerbesteuer: Dauerschuldzinsaufwendungen für Streubesitzbeteiligungen, DStR 2003, 617; *Stuhrmann,* Überblick über Steuerrechtsänderungen des Jahres 2001, NJW 2002, 638; *Linklaters Oppenhoff & Rädler,* Steueränderungen zum 1. 1. 2002 im Unternehmensbereich, DB-Beilage Nr 1/2002; *Fischer,* Wechselwirkungen zwischen Einkommen- und Körperschaftsteuer und der Gewerbesteuer bei Anteilen im Streubesitz ..., DStR 2002, 610; *Haas,* Die Gewerbesteuerpflicht von Dividenden aus Streubesitz nach § 8 Nr 5 GewStG ..., DB 2002, 549; *Pyszka,* Gewerbesteuerfreistellung von Dividenden und Einkünften aus der Veräußerung von Anteilen an Kapitalgesellschaften bei Bestehen einer atypisch stillen Beteiligung, DB 2003, 686; *Lindemann,* Gewerbesteuerliche Fragen bei inländischen Investmentfonds einschließlich Hedgefonds, DStZ 2003, 559; *Körner,* Gewerbeertragsbesteuerung von Mitunternehmerschaften, Inf 2004, 265; *Starke,* Gewerbesteuerliche Behandlung von Dividenden, FR 2005, 681; *Kratzsch,* Gewerbesteuerliche Hinzurechnungen/Kürzungen bei Sachverhalten, die unter das Halbeinkünfteverfahren fallen, StB 2005, 13; *Kessler/Ortmann-Babel/Zipfel,* Unternehmensteuerreform 2008: Die geplanten Änderungen im Überblick, BB 2007, 523; *Dallwitz/Mattern/Schnitger,* Beeinträchtigung grenzüberschreitender Finanzierungen durch das JStG 2007, DStR 2007, 1697; *Hahne,* Unternehmensteuerreform 2008: Neuregelung für betriebliche Aktiengeschäfte, FR 2007, 819; *Kessler/Knörzer,* Die Verschärfung der gewerbesteuerlichen Schachtelstrafe – erneute Diskriminierung inländischer Holdinggesellschaften?, IStR 2008, 121.

Allgemeines. Nach der Konzeption des SteuerSenkG sollten das Frei- 1
stellungsverfahren (§ 8b KStG) und das Halbeinkünfteverfahren (§ 3 Nr 40 EStG) auch für die Ermittlung des GewErtrages gelten. Das hätte jedoch den Rahmen des in § 9 Nr 2a und 7 Geregelten überschritten. Auf Initiative des BRats wurde durch Einfügung des § 8 Nr 5 die gewstrechtliche Begünstigung von Bezügen auf Schachtelerträge beschränkt (zu Einzelheiten *Ritzer/Stangl* Inf 2002, 131). Die Vorschrift betrifft daher die Erträge aus dem sog „Streubesitz" (*Rödder/Schumacher* DStR 2002, 105; *Linklaters Oppenhoff & Rädler* DB-Beil 1/2002; *Stuhrmann* NJW 2002, 638). Sie wird aber als unstimmig angesehen, weil die Bezugnahme auf das Nichtvorliegen der Voraussetzungen des § 9 Nr 2a u 7 die Begrenzung der Hinzurechnung auf den Streubesitz leer laufen lässt (*Haas* DB 2002, 549; *Prinz/Simon* aaO; *Lenski/Steinberg* § 8 Nr 5 Anm 24; *Blümich/Hofmeister* § 8 Rz 575). Sie ist daher so zu lesen, dass es bei der Bezugnahme auf § 9 Nr 2a u 7 nur auf die Beteiligungsart und -höhe ankommt (iE ebenso *Blümich/Gosch* § 9 Rz 294). Alternativ lässt sich das Problem dadurch lösen, dass § 9 Nr 2a bzw Nr 7 gedanklich um die Worte (nach „bei der Ermittlung des Gewinns") „oder bei den Hinzurechnungen (§ 8)" erweitert wird (*Sarrazin* in L/S § 8 Nr 5 Rn 22).

1a **Bedeutung.** Es handelt sich um Gewinnanteile (Dividenden), die nach § 3 Nr 40 EStG bzw § 8 b KStG aus Gründen der Vermeidung einer Doppelbesteuerung steuerbefreit sind; diese Befreiung sollte sich gewstlich nicht auswirken: die gewstliche Doppelbelastung (bei der ausschüttenden Körperschaft und beim empfangenden GewBetrieb) sollte nur bei Schachtelbeteiligungen iSv § 9 Nr 2a u 7 vermieden werden sowie – Satz 2 – bei Gewinnanteilen, die der Hinzurechnungsbesteuerung nach dem AStG unterlegen haben (krit *Kesseler/Knörzer* IStR 2008, 121).

Zu **verfassungsrechtlichen Zweifeln** an der rückwirkenden Anwendung der Vorschrift vgl FG Berlin EFG 2004, 1146.

2 **Voraussetzungen. Betroffen** sind „Gewinnanteile (Dividenden)"; daher nicht die Bezüge nach § 3 Nr 40 Buchst a–c GewStG, sondern nur die Bezüge nach § 3 Nr 40 Buchst d–i EStG (*Prinz/Simon* DStR 2002, 149).

Die Hinzurechnung erfolgt, wenn die **Beteiligung** seit Beginn des EZ nicht mindestens 15% (bis EZ 2007: 10%) des Grund- oder Stammkapitals betragen hat. Nicht hinzuzurechnen sind Gewinne aus Anteilen an einer inländischen nicht steuerbefreiten Kapitalgesellschaft iSd § 2 Abs 2, Kreditanstalt des öffentlichen Rechts, Erwerbs- und Wirtschaftsgenossenschaft oder einer Unternehmensbeteiligungsgesellschaft iSd § 3 Nr 23, wenn die Beteiligung zum Beginn des EZ mindestens 15% (bis EZ 2007: 10%) des Grund- oder Stammkapitals beträgt; Entsprechendes gilt für die Beteiligung an einer Kapitalgesellschaft mit Sitz und Geschäftsleitung im Ausland, wenn das Unternehmen am Nennkapital entsprechend beteiligt ist (ebenso *Sarrazin* in *L/S* § 8 Nr 5 Rn 7). Unterjähriger Erwerb führt im Jahr des Erwerbs zur Hinzurechnung (s aber die Erläuterungen zu § 9 Nr 2a und Nr 7). Nicht erwähnt und nicht hinzuzurechen sind die Gewinnanteile in den Fällen einer **DBA-Befreiung** unter der Voraussetzung einer Mindestbeteiligung; sie bleiben nicht „nach § 3 Nr 40 EStG oder § 8 b Abs 1 KStG außer Ansatz"; denn wenn ein Vertragsstaat auf einen Steueranspruch verzichtet, kommen die bezeichneten Bestimmungen unter den Voraussetzungen des DBA nicht zur Anwendung (*Prinz/Simon* DStR 2002, 149; *Linklaters & Oppenhoff & Rädler* DB-Beil 2002, Nr 1; *Haas* DB 2002, 549; *Dallwitz/Mattern/Schnitger* DStR 2007, 1697; zweifelnd *Rödder/Schumacher* DStR 2002, 105; *Lenski/Steinberg* § 8 Nr 5 Anm 26: § 8 Abs 1 KStG gehe den DBA vor, also verbleibe es bei der Beschränkung der Hinzurechnung nach § 8 Nr 5 iVm § 9 Nr 7).

Hinzuzurechnen ist auch, wenn eine **andere Voraussetzung der** jeweils einschlägigen **Kürzungsvorschrift** (§ 9 Nr 2a oder Nr 7) **nicht vorliegt.** So etwa, wenn – bei § 9 Nr 7 – die Erträge der außerhalb der EU ansässigen Kapitalgesellschaft nicht direkt oder indirekt aus aktiven Tätigkeiten iSd § 8 Abs 1–6 AStG oder aus Beteiligungen iSd § 9 Nr 7 Satz 1 stammen.

Die Hinzurechnung findet auch auf gewerbliche **Personengesellschaften** Anwendung. Für sie sind die §§ 3 Nr 40 EStG und 8 b KStG bei der Ermittlung des Gewinns anzuwenden (§ 7 Satz 4; BFHE 214, 504, BStBl II 2007, 279; FG Köln DStRE 2006, 612 rkr). Zur früheren auch hier vertretenen Auffassung der *FinVerw* vgl *BMF* BStBl I 2003, 292 Tz 57; 437 Tz 34; zust *Strunk/Kamphaus* BB 2002, 2155; abl *L/S* § 8 Nr 5 Anm 9;

Heurung/Möbus BB 2003, 776; *Reinhardt* BB 2003, 1148; *Pyszka* DB 2003, 686; *Körner* Inf 2004, 265; *Kratzsch* StB 2005, 13).

Umfang der Hinzurechnung. Betroffen sind nur Dividenden und diesen gleichgestellte Bezüge, die bei der Gewinnermittlung (§ 7) nach § 3 Nr 40 EStG und § 8b Abs 1 KStG als steuerfrei behandelt wurden (40% bzw bis EZ 2007 50%), nicht jedoch organschaftliche oder vororganschaftliche Gewinnabführungen. Im Übrigen kommt es nicht darauf an, ob die Körperschaft usw beschränkt oder unbeschränkt stpfl ist. Beruht die Befreiung auf § 3 Nr 41 EStG, unterbleibt die Hinzurechnung (*Linklaters Oppenhoff & Rädler* DB-Beil 1/02). Entsprechendes gilt für Veräußerungsgewinne, die nach § 8b Abs 2 KStG steuerfrei geblieben sind oder nach § 3 Nr 40 EStG nur zur Hälfte steuerpflichtig sind (ebenso *Sarrazin* in *L/S* § 8 Nr 5 Rn 8, 10; *Stuhrmann* NJW 2002, 638, 643); mE ebenso für Dividendenbezüge von Investmentfonds, die nicht nach § 8b Abs 1 KStG, sondern nach § 40 Abs 2 bzw § 40a Abs 1 KAGG (bzw jetzt § 2 Abs 3 Nr 1 InvStG) von der ESt bzw KSt befreit sind (*Lindemann* DStZ 2003, 559). 3

Obwohl die Vorschrift nur § 8b Abs 1 KStG erwähnt, ist **§ 8b Abs 6 KStG** anzuwenden, mit der Folge, dass die Hinzurechnung auch für Gewinnanteile durchzuführen ist, die der Stpfl nur mittelbar über eine Mitunternehmerschaft bezieht, und für solche, die einem Betrieb gewerblicher Art einer juristischen Person des öffentlichen Rechts über andere juristische Personen des öffentlichen Rechts zufließen, über die sie mittelbar an der leistenden Körperschaft usw beteiligt ist und bei denen die Leistungen nicht im Rahmen eines Betriebs gewerblicher Art erfasst sind.

Hinzugerechnet wird nur der **Nettobetrag;** dh die mit den Dividenden und gleichgestellten Bezügen in Zusammenhang stehenden Betriebsausgaben sind entgegen § 3c bzw (ab EZ 2004:) § 3c Abs 2 EStG bzw § 8b Abs 5 u (ab EZ 2007 für die Wertpapierleihe:) Abs 10 KStG abziehbar (zum Problem *Starke* FR 2005, 681). Übersteigen sie die Einnahmen, ist ein Negativbetrag anzusetzen. Das ergibt sich zwar nicht aus dem Wortlaut der Vorschrift („hinzugerechnet … Gewinnanteile … *nach* Abzug …), mE aber aus ihrem Sinn und Zweck unter Einbeziehung des objektiven Nettoprinzips (iE ebenso *L/S* § 8 Nr 5 Anm 13; **aA** *Gröning/Siegmund* DStR 2003, 617; *Blümich/Hofmeister* § 8 Rz 586). Teilwertabschreibungen, die nach § 8b Abs 3 KStG unberücksichtigt bleiben, gehören nicht zu den abziehbaren Ausgaben (BFH/NV 2008, 247). Problematisch ist, ob allein wegen der diesbezüglichen Berücksichtigung Zinsaufwendungen im Zusammenhang mit dem Streubesitz – bei Vorliegen der entsprechenden Voraussetzungen – als (Dauer-)Schuldentgelte nach § 8 Nr 1 Buchst a hinzuzurechnen sind (hierzu *Gröning/Siegmund* DStR 2003, 617). ME steht dem die Ratio der Nr 5 (Beschränkung der Hinzurechnung auf einen Nettobetrag) entgegen (*L/S* § 8 Nr 5 Anm 18; *Kessler/Kahl* DB 2002, 1017; **aA** *Fischer* DStR 2002, 610).

Nach **§ 3 Nr 41a EStG** befreite Gewinnausschüttungen unterliegen nicht der Hinzurechnung (Vermeidung der Doppelbelastung durch das AStG und das GewStG). Eine entsprechende Vorschrift fehlt im KStG angesichts der umfassenden Wirkung des § 8b Abs 1 KStG, was zu einer Hinzurechnung auch ASt-belasteter Gewinnausschüttungen für juristische

Personen führt. Nach dem auch auf einen Gleichlauf der Hinzurechnung bei natürlichen und juristischen Personen abzielenden Zweck der Vorschrift ist – abweichend von der Auffassung in der 6. Aufl – dies so zu verstehen, dass die nach § 8b Abs 2 KStG befreiten Gewinnanteile nicht hinzuzurechnen sind, soweit in ihnen Gewinnausschüttungen iSv § 3 Nr 41 Buchst a EStG enthalten sind (ebenso *Haas* DB 2002, 549; *Sarrazin* in *L/S* § 8 Nr 5 Anm 28).

4 **Zeitlicher Anwendungsbereich.** Die Vorschrift war erstmals ab EZ 2001 anzuwenden (§ 36 Abs 6 GewStG 2001).

Die ab EZ 2001 geltende Fassung der Vorschrift bezog sich auf das Abzugsverbot des § 3c EStG insgesamt; die Beschränkung der Vorschrift auf § 3c Abs 2 EStG konnte von § 36 Abs 6 Satz 1 umfasst werden, wonach § 8 Nr 5 erstmals ab EZ 2001 anzuwenden ist. Indes regelt diese Vorschrift nur die *erstmalige* Anwendung, während sich der zeitliche Anwendungsbereich der *Neufassung* aus § 36 Abs 6 Satz 2 ergab, nämlich – in Übereinstimmung mit der Neufassung des § 8b Abs 5 KStG – ab EZ 2004; eine Regelungslücke liegt hierin nicht (**aA** *L/S* § 8 Nr 5 Anm 22). Die Einbeziehung des § 8b *Abs 10* KStG bei den nichtberücksichtigten Betriebsausgaben ab EZ 2007 anzuwenden (§ 36 Abs 6 GewStG nF). Zur **Wechselwirkung** mit der ESt und KSt vgl *Fischer* aaO.

§ 8 Nr. 6 *(weggefallen)*

§ 8 Nr. 7 aF Hinzurechnungen

Dem Gewinn aus Gewerbebetrieb (§ 7) werden folgende Beträge wieder hinzugerechnet, soweit sie bei der Ermittlung des Gewinns abgesetzt worden sind:

...

7. die Hälfte der Miet- und Pachtzinsen für die Benutzung der nicht in Grundbesitz bestehenden Wirtschaftsgüter des Anlagevermögens, die im Eigentum eines anderen stehen. [2] Das gilt nicht, soweit die Miet- oder Pachtzinsen beim Vermieter oder Verpächter zur Gewerbesteuer heranzuziehen sind, es sei denn, dass ein Betrieb oder ein Teilbetrieb vermietet oder verpachtet wird und der Betrag der Miet- oder Pachtzinsen 125 000 Euro übersteigt. [3] Maßgebend ist jeweils der Betrag, den der Mieter oder Pächter für die Benutzung der zu den Betriebsstätten eines Gemeindebezirks gehörigen fremden Wirtschaftsgüter an einen Vermieter oder Verpächter zu zahlen hat;

...

Gewerbesteuer-Richtlinien 1998: Abschnitt 53.

Übersicht

1. Allgemeines
2. Miet- und Pachtverträge
3. Abgrenzung zu Liefer- und Kaufverträgen
4. Nicht in Grundbesitz bestehende Wirtschaftsgüter
5. Wirtschaftsgüter des Anlagevermögens

6. Miet- und Pachtzinsen
7. Aufteilung eines einheitlichen Entgelts

8.–12. Ausnahmen von der Hinzurechnung
8. Grundsatz
9. Verpachtung eines Betriebs oder Teilbetriebs
10. Die 125 000 €-Grenze
11. Maßgebender Betrag
12. Organschaftsfälle

Literatur: *Meilicke,* Unzulässige Diskriminierung ausländischer Leasinggeber durch § 8 Nr 7 GewStG, RiW 1985, 801; *Veigel,* Betriebs- und Teilbetriebsverpachtungen im Gewerbesteuerrecht, DB 1987, 2222; *Fick,* Gewerbesteuerliche Hinzurechnungen bei Verpachtung und bei Aufgabe von Betrieben oder Teilbetrieben, BB 1993, 980; *Woring,* Hinzurechnungen nach § 8 Nr 7 GewStG bei kurzfristigen Mietverhältnissen, DStZ 1993, 591; *Meilicke,* Finanzierungsfreiheit und Europarecht, FR 1995, 297; *Meilicke* Unvereinbarkeit des § 10 Abs 1 Nr 9 EStG mit Europarecht, DStZ 1996, 97; *Saß/Tillmann,* Gewerbesteuerliche Hinzurechnung nach § 8 Nr 7 und § 12 Abs 2 Nr 2 GewStG EU-verträglich? Schadensersatz? DB 1996, 1744; *Köhler,* Gewerbesteuerliche Auswirkungen der als Herstellungsaufwendungen aktivierten Miet- und Pachtzinsen – Hinzurechnungen gem § 8 Nr 7 GewStG, StBp 1997, 313; *Gosch,* Einige aktuelle und zugleich grundsätzliche Bemerkungen zur Gewerbesteuer, DStZ 1998, 327; *Kessler/Teufel,* Die klassische Betriebsaufspaltung nach der Unternehmenssteuerreform, BB 2001, 17.

Allgemeines. Die Vorschrift (aufgeh durch G v 14. 8. 2007, BGBl I 2007, 1912 mWv EZ 2008) diente der Ermittlung des objektiven GewErtrags. Durch die Hinzurechnung soll derjenige, der fremde Vermögensgegenstände in seinem Betrieb nutzt, dem selbstnutzenden Eigentümer entsprechender Wirtschaftsgüter gleichgestellt werden (Begr zum GewStG RStBl 1937, 693, 699). Den **Reinertrag** hat der Gesetzgeber typisierend mit 50% angesetzt. 1

Verfassungsrechtlich war die gesetzliche Regelung nicht zu beanstanden; sie war nicht willkürlich und verstieß insb nicht gegen Art 3 GG (BFHE 174, 554, BStBl II 1994, 810; BVerfG HFR 1974, 498).

Gemeinschaftsrechtlich ist durch EuGH BStBl II 1999, 851 geklärt, dass die Ausnahme von der Hinzurechnung nach Satz 2 Hs 1 gegen das Diskriminierungsverbot des Art 49 EGV verstieß (ebenso BFHE 181, 511, BStBl II 1997, 466). Das galt jedoch nicht für reine Inlandssachverhalte (BFHE 210, 43, BStBl II 2005, 716; FG Köln EFG 2004, 138 rkr; *Herlinghaus* EFG 2004, 370; **aA** *Bullinger* IStR 2005, 370). Zum Verfahren bis zum Erlass einer gesetzlichen Regelung *FM Länder* BStBl I 2000, 486; krit *JMN* FR 2000, 741; *Lüdicke* IStR 2003, 433, 443. Die Rückausnahme des Satzes 2 Hs 2 unterlag keinen gemeinschaftsrechtlichen Bedenken (BFH/NV 1998, 352; *FM Länder* DStR 2000, 972).

Zum **Begriff** des Miet- und Pachtvertrages s § 8 Nr 1 Buchst d GewStG nF Anm 3 ff. 2

Zur **Abgrenzung zu Liefer- und Kaufverträgen** vgl § 8 Nr 1 Buchst d GewStG nF Anm 6 f. 3

Nicht in Grundbesitz bestehende WG. Der Zweck des Ausschlusses von Grundbesitz liegt in der Vermeidung einer Doppelbelastung mit GewSt und GrundSt. Der Begriff Grundbesitz bezeichnet daher den Steuergegenstand von 4

§ 2 GrundStG (vgl §§ 68, 70 BewG; BFHE 68, 10, BStBl III 1959, 5). Daher sind Grundstücksbestandteile dann nicht Grundbesitz, wenn sie Betriebsvorrichtungen iSd § 68 Abs 2 Nr 2 BewG darstellen (BFHE 139, 408, BStBl II 1984, 149; BFHE 145, 139, BStBl II 1986, 304), also in einer so engen Beziehung zu dem auf dem Grundstück ausgeübten GewBetrieb stehen, dass dieser unmittelbar mit ihnen betrieben wird (BFHE 67, 325, BStBl III 1958, 400; BFHE 161, 152, BStBl II 1990, 913). Auch kann für die Frage, ob Grundbesitz iSd Vorschrift vorliegt, von Bedeutung sein, ob ein Recht überhaupt der GrundSt unterworfen ist. Ist dies nicht der Fall, dann liegt Grundpacht auch dann nicht vor, wenn es sich um ein grundstücksgleiches Recht handelt, wie etwa das Bergwerkseigentum (vgl *Miesbach/Engelhardt,* Bergrecht, 1962, 17 ff) oder die Fährgerechtigkeit (BFHE 82, 129, BStBl III 1965, 293). Grundbesitz iSd Vorschrift sind insb Grundstücke, Gebäude und Gebäudeteile, und zwar auch dann, wenn diese auf fremdem Grund und Boden errichtet sind und wesentliche Bestandteile geworden sind; ebenso das Erbbaurecht. Daher keine Zurechnung etwa bei Konzessionsabgaben für die Nutzung von Straßen, Wegen, Plätzen, Häfen und Kanälen usw; Hinzurechnung jedoch, wenn der Zins nur für die Nutzung von dort befindlichen Anlagen (Leitungen, Rohre, Schienen) gezahlt wird (vgl FG Düsseldorf EFG 1959, 92). Bei einem gemischten Mietvertrag ist Aufteilung erforderlich, vgl § 8 Nr 1 Buchst d GewStG nF Anm 17 (RFH RStBl 1943, 508). Nach Nds FG (EFG 1980, 229) keine Hinzurechnung bei der sog „Torfheuer", wenn der Wert des Torfvorkommens bei der Bewertung des Grundbesitzes erfasst worden ist. Ebenso wenig kann eine Hinzurechnung von Entgelten für ein „Auffüllrecht" erfolgen, weil ein solches nicht losgelöst von Grund und Boden existiert (BFHE 204, 294, BStBl II 2004, 519). Anders allerdings bei **Substanzausbeuteverträgen,** die zT den Grund und Boden betreffen, im Übrigen aber die Ausbeute als selbständiges Recht zum Gegenstand haben (Anm 9); der Pachtzins auf diesen Teil ist hinzuzurechnen (RFH RStBl 1940, 914; BFHE 68, 10, BStBl III 1959, 5; BFHE 119, 485, BStBl II 1976, 721). Der Begriff Grundbesitz versteht sich somit ohne das Mineralgewinnungsrecht. Es unterliegt nicht der GrundSt, sondern der GewSt im Rahmen des gewerblichen Betriebs (vgl BFHE 71, 580, BStBl III 1960, 466; BFHE 87, 569, BStBl III 1967, 226; BFHE 103, 207, BStBl II 1972, 22). Nicht in Grundbesitz bestehende WG sind Schiffe (BFHE 83, 433, BStBl II 1965, 655) und Fährgerechtigkeiten (BFHE 82, 129, BStBl III 1965, 293).

5 Zu den übrigen Fragen der Benutzung von bestimmten **WG des Anlagevermögens** s § 8 Nr 1 Buchst d GewStG nF Anm 8–12.

6 Zum **Begriff der Miet- und Pachtzinsen** sowie notwendigen **Abgrenzungen** s § 8 Nr 1 Buchst d GewStG nF Anm 14 ff.

7 Zur **Aufteilung eines einheitlichen Entgelts** vgl § 8 Nr 1 Buchst d GewStG nF Anm 17 f.

8.–12. Ausnahmen von der Hinzurechnung

8 **Grundsätzlich** keine Hinzurechnung, wenn die Entgelte beim Empfänger zur GewSt heranzuziehen sind. Die Regelung dient der Vermeidung der doppelten Erfassung der Zinsen in GewErträgen (BFHE 75, 679, BStBl III 1962, 514). Sie betrifft nur die GewSt in der BRD (RFH RStBl 1940, 1063; BFHE 75, 679, BStBl III 1962, 514; BFHE 139, 286, BStBl II 1984, 17); ebenso bei Befreiung des Empfängers von der GewSt (BFHE 83, 433, BStBl III 1965, 655). Das Gleiche gilt, wenn der Empfänger Vermögensverwaltung durch Ver-

pachtung des GewBetriebes betreibt (vgl BFHE 78, 315, BStBl III 1964, 124; BFHE 161, 152, BStBl II 1990, 913) oder ein Betrieb gewerblicher Art iSd KSt-Rechts verpachtet wird (RFH RStBl 1940, 347). Unterbleibt beim Vermieter/Verpächter die Kürzung nach § 9 Nr 4, obwohl sie materiell-rechtlich geboten ist, kann der Mieter/Pächter keine Korrektur der bei ihm durchgeführten Hinzurechnung verlangen (BFHE 207, 35, BStBl II 2005, 145). Bei **Betriebsaufspaltung** unterliegen die Miet- u Pachtzinsen beim Empfänger der GewErtragSt (BFHE 164, 445, BStBl II 1991, 771). Die Vorschrift greift auch dann ein, wenn die beiden Betriebe im selben Ort liegen (BFH/NV 2000, 483; FG Ba-Wü EFG 1997, 1034 rkr).

Hinzurechnung jedoch dann, wenn ein **Betrieb oder Teilbetrieb** im Ganzen vermietet oder verpachtet wird und der Miet- oder Pachtzins 125 000 € übersteigt. Diese Sonderregelung soll in Fällen der Verpachtung eines (Teil-)Betriebs unangemessene Minderungen des GewStAufkommens der Gemeinde vermeiden, in deren Bereich der (Teil-)Betrieb liegt. Der **Begriff** des Betriebs bzw Teilbetriebs ist derselbe wie in § 16 EStG (BFHE 129, 62, BStBl II 1980, 51). Die Einrichtung des (Teil-)Betriebs muss nicht vollständig sein; es muss jedoch der wesentliche Teil der Betriebseinrichtung vorhanden sein. Demnach genügt die Verpachtung einzelner Maschinen oder ganzer Maschineneinrichtungen nicht. Erforderlich ist die Überlassung der notwendigen Räumlichkeiten und der wesentlichen Teile der Betriebseinrichtung, dh der wesentlichen Betriebsgrundlagen (BFHE 120, 263, BStBl II 1977, 45; BFHE 164, 445, BStBl II 1991, 771; BFHE 181, 337, BStBl II 1997, 226; BFHE 188, 113, BStBl II 1999, 365; BFH/NV 1996, 257). Hierzu gehören bei einem gewerblichen Verpächter auch die Pachtverträge für die einzelnen Wirtschaftsgüter (BFH/NV 1996, 787). Denkbar ist jedoch die Überlassung eines einzigen Wirtschaftsguts, wenn sich der Unternehmenszweck auf dessen Vermietung beschränkt (*Fick* BB 1993, 980). Der Teilbetrieb muss bereits beim Verpächter einen solchen dargestellt haben. Nach *FM Ba-Wü* (StEK GewStG § 8 Nr 7 Nr 12) liegt beim Verpächter kein Teilbetrieb vor, wenn ein Leasing-Unternehmen Kraftwerke an Versorgungsunternehmen verpachtet und die Betriebsenergie und das Personal vom Versorgungsunternehmen gestellt wird. 9

Bei der Frage, ob ein Vermieter/Verpächter einen (Teil-)Betrieb vermietet/verpachtet hat, sind nur die zivilrechtlich von ihm überlassenen Wirtschaftsgüter einzubeziehen. Wirtschaftsgüter, die Sonderbetriebsvermögen des Gesellschafters einer Besitzpersonengesellschaft sind und von ihm an die Betriebsgesellschaft vermietet werden, bleiben bei der Frage nach dem Vorliegen einer Betriebsverpachtung durch die Personengesellschaft außer Betracht (BFHE 181, 337, BStBl II 1997, 226).

Die Vorschrift ist auch anzuwenden im Falle einer **Betriebsaufspaltung.** Der Verpächter hat nicht das Wahlrecht der Betriebsaufgabe, sondern betätigt sich notwendig gewerblich (s § 2 Anm 455 ff). Für die Hinzurechnung ist mE nicht von Bedeutung, dass die Betriebsstätten von Pächter u Verpächter in derselben Gemeine liegen.

Für das **Übersteigen der 125 000 €-Grenze** sind mehrere Beschränkungen zu beachten. Es kommt zunächst auf die der Hinzurechnungsregelung nach Satz 1 unterliegenden Miet- und Pachtzinsen an, nicht auf die Entgelte insgesamt (zur Abgrenzung s § 8 Nr 1 Buchst d GewStG nF Anm 17, 18). Das folgt aus der Bezugnahme in Satz 2 auf Satz 1 der Vorschrift. Es sind also bei Verpachtung eines Betriebes oder Teilbetriebes im Ganzen die auf die in Grundbesitz bestehenden WG entfallenden Pachtzinsen abzugrenzen (FG Ba-Wü EFG 10

1993, 95, bestätigt durch BFHE 172, 513, BStBl II 1994, 188). Weitere Einschränkungen ergeben sich aus Satz 3. Danach ist maßgebend der Betrag, der für die Benutzung der zu den **Betriebsstätten** *eines* Gemeindebezirks gehörenden fremden WG an *einen* Vermieter oder Verpächter gezahlt wird. Maßgebend ist der Betriebsstättenbegriff des § 12 AO (BFHE 164, 445, BStBl II 1991, 771; BFHE 107, 468, BStBl II 1973, 148; vgl auch § 2 Anm 455 ff). Betriebsstätten sind auch mehrere Bauausführungen, die sich zeitlich überschneidend insgesamt über einen Zeitraum von 6 Monaten hinziehen (BFHE 188, 113, BStBl II 1999, 365).

Es ist in **räumlicher** und in **persönlicher,** nicht jedoch in sachlicher Hinsicht abzugrenzen (A 53 Abs 6 Satz 5 GewStR). Hierbei ist ein WG, das mehreren Betriebsstätten dient, derjenigen Betriebsstätte, der es den meisten Nutzen einbringt, oder – wenn eine solche Abgrenzung nicht möglich ist – dem Ort der Geschäftsleitung zuzurechnen (BFH HFR 1965, 64). Setzt ein Straßenbauunternehmen WG auf mehreren Betriebsstätten in verschiedenen Gemeinden ein, dann sind sie dennoch dem Ort der Geschäftsleitung (Hauptbetriebsstätte) zuzurechnen (FG Köln EFG 1989, 132), es sei denn es liegen die Voraussetzungen des § 12 Nr 8 AO vor (BFHE 164, 445, BStBl II 1991, 771). Im Übrigen lassen sich folgende **Fallgruppen** unterscheiden:

(1) Werden ein Betrieb sowie weitere bewegliche WG für Betriebsstätten eines Gemeindebezirks von demselben Verpächter gepachtet, dann sind nur die Mietzinsen hinzuzurechnen, die auf den Betrieb entfallen und 125 000 € im Jahr übersteigen. Eine Hinzurechnung der auf die übrigen WG entfallenden Pachtzinsen findet, wenn die Zinsen beim Empfänger zur GewSt heranzuziehen sind, nicht statt. Satz 3 ist lediglich eine Ergänzung zu Satz 2 und bezeichnet daher nur die WG des (Teil-)Betriebs.

(2) Werden mehrere (Teil-)Betriebe oder ein (Teil-)Betrieb und sonstige bewegliche WG in verschiedenen Gemeinden von einem Verpächter gepachtet, dann Hinzurechnung nur, wenn die Pachtzinsen für den jeweiligen Teilbetrieb 125 000 € übersteigen. Eine Zusammenrechnung findet nicht statt.

(3) Wird ein Betrieb mit mehreren Betriebsstätten (ohne Teilbetriebscharakter) in verschiedenen Gemeindebezirken von einem Verpächter übernommen, dann Hinzurechnung nur, wenn den jeweiligen der für das Inventar der Betriebsstätte eines Gemeindebezirks gezahlte Pachtzins 125 000 € übersteigt. Die übrigen Pachtzinsen unterliegen nicht der Hinzurechnung (*Wohlschlegel/Schaaf* FR 1973, 513).

(4) Werden mehrere (Teil-)Betriebe oder ein (Teil-)Betrieb und sonstige bewegliche WG in einem Gemeindebezirk von verschiedenen Verpächtern gepachtet, dann ebenfalls Hinzurechnung nur, wenn den jeweiligen die Zinsen für den jeweiligen (Teil-)Betrieb 125 000 € übersteigen. Auch hier findet eine Zusammenrechnung nicht statt. Das G verwendet den Ausdruck an „einen Vermieter oder Verpächter" nicht anders als den Ausdruck „eines Gemeindebezirks".

11 **Maßgebend ist der Betrag,** den der Mieter oder Pächter „zu zahlen hat"; dh es kommt auf die Verpflichtung zur Zahlung, nicht auf die tatsächliche Zahlung an; daher unterliegen auch Rückstellungen der Hinzurechnung, soweit sie das Betriebsergebnis gemindert haben. In zeitlicher Hinsicht maßgebend sind die Beträge eines EZ, auch wenn das Nutzungsverhältnis nicht während des gesamten EZ bestanden hat. Nur soweit in diesem tatsächlich Verpflichtungen oder Zahlungen den Gewinn gemindert haben, unterliegen sie der Hinzurechnung. Eine Umrechnung auf einen Jahresbetrag findet nicht statt.

Gehen Miet- oder Pachtzinsen zulässigerweise nach R 6.3 Abs 2 EStR in die aktivierten Herstellungskosten eines Wirtschaftsguts ein, sind sie entsprechend den Grundsätzen von BFH/NV 1993, 561 (zu den Dauerschuldzinsen) erst hinzuzurechnen, wenn sie sich im Rahmen einer AfA oder Teilwertabschreibung gewinnmindernd ausgewirkt haben (ebenso und zum Problem in tatsächlicher Hinsicht *Köhler* StBp 1997, 313).

In **Organschaftsfällen** hat eine Hinzurechnung von Miet- u Pachtzinsen, 12
die im Organkreis gezahlt werden, nicht zu unterbleiben. Wegen der Korrespondenzvorschrift des § 9 Nr 4 kann keine Doppelbelastung eintreten. Die Hinzurechnung hat auch dann zu erfolgen, wenn sich hierdurch für die Organgesellschaft ein negativer Gewerbeertrag ergibt und infolgedessen ein vororganschaftlicher Verlust der Organgesellschaft nicht nach § 10a abgesetzt werden kann (BFHE 167, 158, BStBl II 1992, 630).

§ 8 Nr. 8 Hinzurechnungen

Dem Gewinn aus Gewerbebetrieb (§ 7) werden folgende Beträge wieder hinzugerechnet, soweit sie bei der Ermittlung des Gewinns abgesetzt worden sind:

...

8. die Anteile am Verlust einer in- oder ausländischen offenen Handelsgesellschaft, einer Kommanditgesellschaft oder einer anderen Gesellschaft, bei der die Gesellschafter als Unternehmer (Mitunternehmer) des Gewerbebetriebs anzusehen sind;

...

Gewerbesteuer-Richtlinien 1998: Abschnitt 54.

Übersicht

1. Allgemeines
2. Anwendungsbereich
3. Anteil am Verlust einer Mitunternehmerschaft
4. Umfang der Hinzurechnung

Literatur: *Döllerer,* Die Beteiligung einer Kapitalgesellschaft an einer Personenhandelsgesellschaft nach Handelsrecht und Steuerrecht, DStZ 1977, 139; *Hönle,* Die Einheit des Unternehmers und des Unternehmens im Gegensatz zur Unternehmer- und Unternehmenseinheit, DB 1981, 1007; *Autenrieth/Haug,* Gewerbesteuerliches Schachtelprivileg und Verlustvortrag für Erhebungszeiträume bis 1985, DStZ 1987, 279; *Pauka,* Veränderungen bei der Gewerbesteuer von 1984 bis 1986, DB 1987, 655; *Kromer,* Ertragsteuerlich irrelevante Ausgliederungen von Unternehmensteilen bei Kapitalgesellschaften, DStR 2000, 2157; *Berg/Trompeter,* Ausgliederung im Treuhandmodell, FR 2003, 903; *Stegemann,* Treuhandmodell: Ertragsteuerliche Irrelevanz der zivilrechtlichen Existenz – Personengesellschaft als steuerliches Gestaltungsinstrument, Inf 2003, 629; *Wild/Reinfeld,* Das Treuhandmodell – Ein Modell ohne Zukunft?, DB 2005, 69; *Rödder,* Gewerbesteuerliche Behandlung einer Personengesellschaft im Rahmen des sog Treuhandmodells, DStR 2005, 955.

Allgemeines. Zweck der Vorschrift ist, die doppelte Erfassung der Ver- 1
luste von Mitunternehmerschaften zu vermeiden, wenn die Anteile zu

einem Betriebsvermögen gehören. Nach § 15 Abs 3 EStG gilt die Tätigkeit von Mitunternehmerschaften stets und in vollem Umfang als GewBetrieb. Daher werden nur diese herangezogen. Die Gewinnanteile der Gesellschafter haben gewstrechtlich keine Relevanz, und zwar auch, wenn die Anteile zu einem BV gehören. Die Vorschrift dient also der Trennung der Verhältnisse von Gesellschaft und Gesellschafter durch Hinzurechnung der Verlustanteile unter der allgemeinen Voraussetzung des § 8, dass sie bei der Ermittlung des Gewinns abgesetzt worden sind. Ihr korrespondiert die Kürzungsvorschrift des § 9 Nr 2.

2 **Anwendungsbereich.** Hinzugerechnet werden auch die Verlustanteile an einer ausländischen Mitunternehmerschaft. Diese Fassung hat die Vorschrift durch G v 16. 8. 1977 (BGBl I 1977, 1586) erhalten, nachdem der BFH ihren ursprünglichen Anwendungsbereich auf Anteile an inländischen Mitunternehmerschaften beschränkt hatte (BFHE 104, 460, BStBl II 1972, 388; BFHE 113, 242, BStBl II 1974, 752). Nach § 36 Abs 2 idF des vorgenannten Gesetzes sollte die Fassung ab EZ 1972 gelten. Zu den verfassungsrechtlichen Bedenken, die sich hiergegen aus der steuererhöhenden Rückwirkung ergeben, vgl *Orth* aaO, 139, 146. Die *FinVerw Länder* sind den Bedenken durch die Anweisung gefolgt, von einer Hinzurechnung von Verlustanteilen an ausländischen Mitunternehmerschaften bis EZ 1976 abzusehen (vgl *FM Nds* DB 1978, 1378). Ob eine solche Regelung auf § 184 Abs 2 Satz 1 AO gestützt werden kann, erscheint problematisch (*Orth* aaO; aA *Lenski/Steinberg* § 8 Nr 8 Anm 6; *Domann* in *Koch,* AO, § 184 Anm 9). Für Beteiligungen an einer Personengesellschaft in der ehemaligen DDR oder Berlin (Ost) vgl BFHE 119, 418, BStBl II 1976, 676.

3 **Anteil am Verlust einer Mitunternehmerschaft** iSd Vorschrift ist nur der Anteil am Verlust einer Gesellschaft iSd § 15 Abs 3 EStG, also nicht bei ausschließlicher Land- und Forstwirtschaft und mE grundsätzlich auch nicht bei einer Partnerschaftsgesellschaft, es sei denn diese ist gewerblich „infiziert" (hierzu § 2 Anm 189, 192). GewStPfl der Beteiligungsgesellschaft ist nicht erforderlich (BFHE 148, 67, BStBl II 1987, 64); daher auch Hinzurechnung von Verlusten an gewerblich geprägten Personengesellschaften iSd § 15 Abs 3 Nr 2 EStG, die nach § 36 Abs 2 GewStG aF ab EZ 1986 nicht gewstpfl sind (*FinSen Berlin* FR 1987, 336; hierzu *Authenrieth/ Haug* DStZ 1987, 279; *Pauka* DB 1987, 655), sowie an einer atypischen stillen Gesellschaft (BFHE 173, 184, BStBl II 1994, 327, 331; BFHE 175, 357, BStBl II 1995, 171; BFHE 178, 448, BStBl II 1995, 794; BFH/NV 1996, 504 jeweils mwN). Zu den Besonderheiten bei Treuhandverhältnissen vgl BFHE 142, 437, BStBl II 1985, 247; und BFHE 152, 230, DB 1988, 996. Die Vorschrift ist auch anzuwenden bei der Beteiligung einer KG als einzige Kommanditistin an einer GmbH & Co KG (BFHE 140, 93, BStBl II 1984, 150). Die Hinzurechnung ist unter dem vom BFH inzwischen aufgegebenen Gesichtspunkt der gewstrechtlichen Unternehmenseinheit (BFHE 130, 403, BStBl II 1980, 465) nicht zu vermeiden. Auch eine Organschaft kommt nicht in Betracht, weil die GmbH & Co KG gewstrechtlich einer KapGesellschaft nicht gleichzustellen ist (BFHE 131, 70, BStBl II 1980, 658; BFHE 136, 204, BStBl II 1982, 707). Beteiligungen der vorbezeichneten Art können nur dann zu einer Zusammenfassung

der Betriebe führen, wenn der Stpfl Alleinunternehmer der GmbH & Co KG ist, weil die Komplementär-GmbH nicht Mitunternehmer ist (BFHE 140, 93, BStBl II 1984, 150); **aA** zum sog „Treuhandmodell" die *FinVerw*, zB *OFD Münster* DStR 2005, 744 (hierzu *Hönle* DB 1981, 1007; *Kromer* DStR 2000, 2157, 2162; *Berg/Trompeter* FR 2003, 903; *Stegemann* Inf 2003, 629; *Wild/Reinfeld* DB 2005, 69; *Rödder* DStR 2005, 955). Das ist aber nicht schon dann der Fall, wenn die GmbH Organgesellschaft der Beteiligungs-KG ist (BFHE 123, 513, BStBl II 1978, 74; BFHE 140, 93, BStBl II 1984, 150), denn die Organgesellschaft ist eigenständiges Subjekt der Gewinnermittlung (BFHE 105, 383, BStBl II 1972, 582; BFHE 122, 310, BStBl II 1977, 301; BFHE 138, 94, BStBl II 1983, 427). Die Mitunternehmereigenschaft fehlt aber auch nicht deswegen, weil die GmbH am Verlust der Grund-KG nicht beteiligt ist, solange ihre handelsrechtliche Haftung besteht (BFHE 130, 58, BStBl II 1980, 336).

Umfang der Hinzurechnung. Hinzugerechnet wird der nach den oa 4
Grundsätzen ermittelte Verlustanteil, der bei der Ermittlung des Gewinns tatsächlich abgesetzt worden ist. Nach BFHE 75, 467, BStBl III 1962, 438 (zust *Döllerer* DStZ/A 1977, 139) gilt dies auch für Verluste aus der Veräußerung der Beteiligung. Teilwertabschreibungen auf die Beteiligung sind steuerrechtlich unzulässig (BFHE 117, 30, BStBl III 1976, 73; BFH 145, 359, BStBl II 1986, 333; *Blümich/Hofmeister* § 8 Rz 652). Sie kommen daher auch für eine Hinzurechnung nicht in Betracht.

§ 8 Nr. 9 Hinzurechnungen

Dem Gewinn aus Gewerbebetrieb (§ 7) werden folgende Beträge wieder hinzugerechnet, soweit sie bei der Ermittlung des Gewinns abgesetzt worden sind:

...

9. die Ausgaben im Sinne des § 9 Abs. 1 Nr. 2 des Körperschaftsteuergesetzes;

...

Gewerbesteuer-Richtlinien 1998: Abschnitt 55.

Literatur: *Thiel/Eversberg,* Gesetz zur steuerlichen Förderung von Kunst, Kultur und Stiftung ..., DB 1991, 118; *Pauka,* StÄndG 1992: Die Änderungen im Gewerbesteuerrecht, DB 1992, 1207.

Allgemeines. Die Vorschrift dient der Gleichstellung von estpfl und 1
kstpfl GewTreibenden. Die nach § 9 Abs 1 Nr 2 KStG abziehbaren Ausgaben zur Förderung mildtätiger, kirchlicher, religiöser, wissenschaftlicher, staatspolitischer und als besonders förderungswürdig anerkannter gemeinnütziger Zwecke sind bei EStpfl nur als Sonderausgaben nach § 10b EStG abziehbar. Sie mindern hier den Gewinn nicht. Kstpfl GewTreibende wären also gewstrechtlich ohne diesen Ausgleich besser gestellt als estpfl. Diesen Ausgleich stellt die Vorschrift her. Sie hat mit Wirkung **ab EZ 1991** durch das StÄndG 1992 (BStBl I 1992, 146; BGBl I 1992, 297) eine Änderung erfahren. Diese ist Teil eines neuen Gesamtkonzepts zum Abzug von Spenden, welches bedingt, dass die als Betriebsausgaben abgezogenen

Spenden zunächst hinzuzurechnen sind und sodann nach § 9 Nr 5 mit bestimmten Höchstbeträgen von der Summe des Gewinns und der Hinzurechnungen gekürzt werden.

2 **Rechtslage ab EZ 1991.** Betroffen sind alle Aufwendungen iSv § 9 Abs 1 Nr 2 KStG ohne die bisherigen Einschränkungen. Wie bisher richtet sich die Vorschrift an alle Körperschaftsteuerpflichtigen. Sie hat aber auch Bedeutung für Personengesellschaften, an denen eine Kapitalgesellschaft beteiligt ist, und zwar dann, wenn die Spenden aus dem Gesamthandsvermögen der Personengesellschaft geleistet worden sind und anteilig auf den Gewinnanteil der Kapitalgesellschaft entfallen (*Pauka* DB 1992, 1207).

3 **Umfang der Hinzurechnungen.** Erfasst werden nach dem Einleitungssatz des § 8 GewStG die tatsächlich bei der Gewinnermittlung abgesetzten Beträge. Wurden einzelne Beträge zu Unrecht abgesetzt, ist die Gewinnermittlung (§ 7 GewStG) zu korrigieren. Bei **Rückzahlung** von Zuwendungen in einem späteren EZ ist der Gewinn dieses EZ um den Betrag zu kürzen, der unter Einbeziehung der Kürzung nach § 9 Nr 5 GewStG den GewErtrag erhöht hat (ebenso *Blümich/Hofmeister* § 8 Rz 673).

§ 8 Nr. 10 Hinzurechnungen

Dem Gewinn aus Gewerbebetrieb (§ 7) werden folgende Beträge wieder hinzugerechnet, soweit sie bei der Ermittlung des Gewinns abgesetzt worden sind:

...

10. Gewinnminderungen, die
a) durch Ansatz des niedrigeren Teilwerts des Anteils an einer Körperschaft oder
b) durch Veräußerung oder Entnahme des Anteils an einer Körperschaft oder bei Auflösung oder Herabsetzung des Kapitals der Körperschaft

entstanden sind, soweit der Ansatz des niedrigeren Teilwerts oder die sonstige Gewinnminderung auf Gewinnausschüttungen der Körperschaft, um die der Gewerbeertrag nach § 9 Nr. 2 a, 7 oder 8 zu kürzen ist, oder organschaftliche Gewinnabführungen der Körperschaft zurückzuführen ist;

...

Gewerbesteuer-Richtlinien 1998: Abschnitt 56.

Übersicht

1. Allgemeines
2. Inhalt
3. Betroffene Schachtelbeteiligungen
4. Gewinnausschüttungen
5. Gewinnminderungen
6. Anwendung des § 9 Nr 2a, 7 oder 8
7. Organschaft

Literatur: *Pauka,* Änderungen des GewStRechts durch das StRefG 1990 (Teil 1), DB 1988, 2224; *Herzig/Hötzel,* Ausschüttungsbedingte Teilwertabschreibungen – zugleich kritische Auseinandersetzung mit § 26 Abs 8 KStG und § 8 Nr 10 GewStG, DB 1988, 2265; *Goutier,* § 8 Nr 10 GewStG nF und die gewerbesteuerliche Organschaft, DB 1989, 244; *Pöllat/Wenzel,* Gewerbesteuerliche Teilwertabschreibungen bei Organschaften? DB 1989, 797; *Kausemann,* Gewerbesteuerliche Wirksamkeit abführungsbedingter Teilwertabschreibungen in Verbindung mit besonderen Ausgleichsposten nach Abschn 59 KStR, DB 1989, 2450; *Schnädter* § 8 Nr 10 GewStG „sachgerecht"?, FR 1989, 576; *Dötsch/Buyer,* Teilwertabschreibung auf Organbeteiligungen, DB 1991, 10; *Breidenbach,* Ausschüttungsbedingte Teilwertabschreibungen im Falle der gewerbesteuerlichen Organschaft, DB 1991, 2157; *Hönle,* Systemwidrigkeiten beim mitgekauften Gewinn und der ausschüttungsbedingten Teilwertabschreibung, BB 1993, 252; *Holzapfel,* Vermeidung der gewerbesteuerlichen Mehrfachentlastung bei verlustbedingter Wertminderung im Falle der Organschaft, StWa 1995, 106, 146; *Rödder/Momen,* Gewerbesteuerliche Behandlung des Übernahmeverlustes bei Umwandlung einer Kapital- in eine Personengesellschaft, DStR 1996, 1799; *Kohlhaas,* Gewerbesteuerliche Behandlung der abführungsbedingten Teilwertabschreibung im Organkreis erneut auf dem Prüfstand, DStR 1998, 5; *Kohlhaas,* Teilwertabschreibungen im gewerbesteuerlichen Organkreis ..., GmbHR 1999, 106, 704; *Kohlhaas,* Die (unendliche) Geschichte der abführungsbedingten Teilwertabschreibung im gewerbesteuerlichen Organkreis, GmbHR 1999, 747; *Rogall,* Ungereimtheiten bei der Gewerbesteuer im Zusammenhang mit Beteiligungen an Kapitalgesellschaften, DB 2004, 2176.

Allgemeines. Nach der Vorstellung des Gesetzgebers (BTDrs 11/2157, 1
175) soll die Vorschrift ein Gegenstück zum sog gewstrechtlichen „Schachtelprivileg" darstellen. Nach § 9 Nr 2a, 7 und 8 wird bei der Ermittlung des GewErtrags der Gewinn um Gewinnausschüttungen aus „Schachtelbeteiligungen" (Beteiligungen von mindestens 10%) an bestimmten Körperschaften gekürzt. Auf der Ausschüttung beruhende Teilwert-Abschreibungen oder – im Falle der Veräußerung der Anteile, der Auflösung der Körperschaft oder der Kapitalherabsetzung – Buchwertverluste des Anteilsinhabers sollen sich nach dem Willen des Gesetzgebers gewstrechtlich ebenso wenig auswirken wie die Gewinnausschüttungen selbst (Vermeidung einer Doppelentlastung, BFHE 242, 360, BStBl II 2004, 460). Die Selbsteinschätzung des Gesetzgebers, die Hinzurechnung in den in der Vorschrift bezeichneten Fällen sei sachgerecht, wird in der Literatur freilich in Frage gestellt. Insbesondere *Schnädter* FR 1989, 576 weist darauf hin, dass im Falle der Veräußerung einer Beteiligung bei vorhandenen ausschüttbaren Gewinnen durch § 9 Nr 2a usw nicht nur eine Benachteiligung des Veräußerers, sondern – unter Einschluss von § 8 Nr 10 – auch des Erwerbers eintritt (aA wohl *Lenski/Steinberg* § 8 Nr 10 Anm 5; *Pauka* DB 1988, 2224). Wird die Beteiligung im Betriebsvermögen gehalten, so unterliegen die ausgeschütteten Reserven zweimal (beim Veräußerer und bei der Gesellschaft) der Gewerbesteuer (*Hönle* BB 1993, 252; *Herzig/Hötzel* DB 1988, 2265; *Breidenbach* DB 1991, 2157). Bedenken gegen die Verfassungsmäßigkeit der Vorschrift dürften trotz allem nicht bestehen (ebenso *Blümich/Hofmeister* § 8 Rz 222; **aA** *Schnädter* FR 1989, 576; *Herzig/Hötzel* DB 1988, 2265; *Hönle* BB 1993, 252). Für die Abschaffung der Vorschrift aus steuersystematischen Gründen *Rogall* DB 2004, 2176.

Ab EZ 1999 werden von der Hinzurechnung auch auf organschaftlichen Gewinnabführungen beruhende Gewinnminderungen erfasst. Zweck ist die Sicherstellung der Ertragsneutralität der Gewinnabführungen im Organkreis. Organschaftliche Gewinnabführungen (ebenso Ausschüttungen) beeinflussen den Gewerbeertrag des Organkreises nicht (BFHE 173, 426, BStBl II 1994, 768). Deshalb sollen auch Gewinnminderungen als Folgewirkungen organschaftlicher Gewinnabführungen den Gewerbeertrag des Organkreises nicht beeinflussen.

2 **Inhalt.** Hinzuzurechnen sind bei der Gewinnermittlung eingetretene Gewinnminderungen in drei Fällen:
- Teilwert-Abschreibung auf einen Anteil an einer Körperschaft,
- Veräußerung oder Entnahme des Anteils,
- Auflösung oder Herabsetzung des Kapitals der Körperschaft,

soweit die Gewinnminderung auf Gewinnausschüttungen der Körperschaft zurückzuführen ist und auf die Gewinnausschüttung § 9 Nr 2 a, 7 oder 8 angewendet wird. Weitere Voraussetzung ist, dass die Gewinnausschüttung nach dem 23. 6. 1988 erfolgt (§ 36 Abs 4 aF).

3 **Betroffene Schachtelbeteiligungen** sind solche an nicht steuerbefreiten inländischen Kapitalgesellschaften iSv § 2 Abs 2, Kreditanstalten des öffentlichen Rechts, Erwerbs- und Wirtschaftsgenossenschaften oder einer Unternehmensbeteiligungsgesellschaft iSd § 3 Nr 23 (vgl § 9 Nr 2 a), an einer ausländischen Kapitalgesellschaft (vgl § 9 Nr 7) und an einer ausländischen Gesellschaft, bei denen die Gewinne nach einem DBA steuerbefreit sind (§ 9 Nr 8). Bei Letzteren handelt es sich in Anbetracht der unterschiedlichen Begriffe in § 8 Nr 10 (Körperschaft) und § 9 Nr 8 (Gesellschaft) wohl ebenfalls um ausländische Kapitalgesellschaften.

4 **Gewinnausschüttungen** können offene wie verdeckte Gewinnausschüttungen sein. Sie erfolgen nach dem 23. 6. 1988 (§ 36 Abs 4 aF), wenn bei der offenen Gewinnausschüttung der Gewinnverwendungsbeschluss nach diesem Zeitpunkt wirksam geworden ist (vgl BTDrs 11/2529, 36), im Übrigen, wenn die Gewinnausschüttung zu aktivieren ist bzw der Vermögensabfluss bei der Körperschaft erfolgt (vgl § 27 Abs 3 KStG aF). Die Vorschrift greift auch beim sog Kombinationsmodell im Zusammenhang mit der Umwandlung einer Kapital- in eine Personengesellschaft (*Rödder/Momen* DStR 1996, 1799). Andere einer Teilwertabschreibung zugrundeliegende Umstände, etwa eine **Gewinnabführung,** fielen bisher nicht unter die Vorschrift (FG Rh-Pf EFG 1993, 333). Sie betrifft Teilwertabschreibungen, die mit gewerbesteuerfreien Gewinnen aus Beteiligungen zusammenhängen und soll eine Doppelbegünstigung (Nichterfassung des Beteiligungsgewinns und Gewerbeertragsminderung durch Teilwertabschreibung) verhindern; die Teilwertabschreibung nach Gewinnabführung führt aber nicht zu einer Doppelentlastung, sondern lediglich zu einer Neutralisierung des Gewinns aus der Aufdeckung der stillen Reserven bei der abführenden Gesellschaft.

5 **Gewinnminderungen** müssen eingetreten sein durch
- **Teilwert-Abschreibungen** auf Anteile an den genannten Körperschaften (hierzu *Schmidt/Glanegger* § 6 Rz 250 „Beteiligungen an Kapitalgesellschaften im Anlagevermögen" und „DBA-Recht"; *Herzig/Hötzel* DB

1988, 2265), also in Höhe des Beitrages, um den infolge der Ausschüttung der Teilwert der Anteile unter den Buchert fällt (vgl BFHE 202, 360, BStBl II 2004, 460);

- **Veräußerung des Anteils** vor der Teilwert-Abschreibung, wenn ein unter den Anschaffungskosten und damit unter dem Buchansatz liegender Verkaufserlös erzielt wird;
- **Entnahme des Anteils** vor der Teilwert-Abschreibung zu einem durch die Ausschüttung ermittelten Teilwert;
- **Auflösung** der Körperschaft; hierbei ist der Gewinn gemindert in der Höhe, in der die Auskehrung der Liquidationsrate, die eine Kürzung nach § 9 Nr 2 a zur Folge hat, zur Ausbuchung der Anteile an der Untergesellschaft beim Anteilseigner geführt hat, zu erfassen und nicht nur dann und soweit der auf den Anteil entfallende Liquidationserlös geringer ist als der (abzuschreibende bzw auszubuchende) Buchwert des Anteils (BFHE 202, 360, BStBl II 2004, 460).
- **Kapitalherabsetzung,** wenn die Kapitalrückzahlung an den Anteilseigner geringer ist als die wegen ihr eintretende Minderung des Buchwerts des Anteils.

Zurückzuführen auf die Gewinnausschüttung ist die Gewinnminderung, wenn und soweit sie unmittelbar auf ihr beruht. Erfolgt etwa im Jahre 01 eine Ausschüttung, ohne dass eine Teilwert-Abschreibung durchgeführt wird, und wird im Jahr 02 etwa ein Verlust erzielt mit der Folge einer Teilwert-Abschreibung zum 31. 12. 02, dann ist diese Teilwert-Abschreibung bis zur Höhe des Verlusts nicht auf die Gewinnausschüttung zurückzuführen (*Blümich/Hofmeister* § 8 Rz 702; *L/S* § 8 Nr 10 Anm 12). Kommen mehrere Umstände, darunter eine Gewinnausschüttung, als ursächlich für die Teilwert-Abschreibung in Betracht (zB Gewinnausschüttung aus 01 in 02 sowie Verlust in 02), dann ist durch Schätzung zu ermitteln, wie sich der Wert des Anteils ohne die Gewinnausschüttung entwickelt hätte (*Blümich/Hofmeister* § 8 Rz 703).

Anwendung des § 9 Nr 2 a, 7 oder 8 bedeutet tatsächliche Kürzung 6
des Gewinns um die Gewinnausschüttung. Das Vorliegen der Voraussetzung für die Kürzung allein genügt nicht, wie sich aus dem Zweck der Hinzurechnung (Anm 1) ergibt (*Blümich/Hofmeister* § 8 GewStG Anm 704, *L/S* § 8 Nr 10 Anm 14). Die Kürzung ohne Vorliegen der Voraussetzungen des § 9 Nr 2 a, 7 oder 8 soll nach *Blümich/Hofmeister* (aaO) der Hinzurechnung der Gewinnminderung nicht entgegenstehen. ME ist zu differenzieren nach der Art der (fehlenden) Voraussetzung: Handelt es sich um eine Aktivitätsvoraussetzung, dann keine Hinzurechnung, weil insofern nicht die jeweils genannte Vorschrift angewandt worden ist; fehlte es dagegen an anderen Voraussetzungen, etwa der Beteiligungshöhe, dann trotzdem Hinzurechnung (auch die Differenzierung ablehnend die **aA** von *L/S* aaO).

Organschaft. § 8 Nr 10 idF **vor EZ 1999** war in Organschaftsfällen 7
nicht anzuwenden (*Pauka* DB 1988, 2224; *Goutier* DB 1989, 244; *Kausemann* DB 1989, 2450; *Dötsch/Buyer* DB 1991, 10, 14; *Blümich/Hofmeister* § 8 Rz 224; *Lenski/Steinberg* § 8 Nr 10 Anm 7). Wegen der Betriebsstättenfunktion des § 2 Abs 2 Satz 2 ist der vom Organ erzielte Gewinn nur einmal zu erfassen. Nach dieser Vorschrift und nicht nach § 9 ist der Gewinn

des Organträgers um die Gewinnausschüttung bzw Gewinnabführung zu kürzen (so schon RFH RStBl 1942, 858), weswegen es an einer wesentlichen Voraussetzung des § 8 Nr 10 fehlt (vgl BFHE 173, 426, BStBl II 1994, 768; BFH/NV 2000, 745). Hiervon unabhängig ist die Frage, ob überhaupt gewstrechtlich eine abführungs- oder ausschüttungsbedingte Teilwert-Abschreibung auf die Beteiligung im Organkreis zugelassen werden darf (zust *Goutier* DB 1989, 244; *Pöllat/Wenzel* DB 1989, 797; *Kausemann* DB 1989, 2450; *Hönle* BB 1993, 252 und – nur für die Auflösung und Ausschüttung stiller Reserven – *Breidenbach* DB 1991, 2157; **aA** A 41 Abs 1 Satz 1 GewStR; *Pauka* DB 1988, 2224, 2227). ME ist den GewStR zu folgen (vgl hierzu § 2 Anm 389f). Auf jeden Fall kommt eine Teilwert-Abschreibung und unter der Voraussetzung der Anwendung des § 9 Nr 2a, 7 oder 8 damit auch die Hinzurechnung der Gewinnminderung in Betracht, wenn Gewinne aus der Zeit vor der Begründung der Organschaft ausgeschüttet werden (*FM NRW* DB 1989, 656, DStR 1989, 293, FR 1989, 347; *Pauka* DB 1988, 2224, 2227; aA *Schnädter* FR 1989, 576, der für den Fall des Beteiligungserwerbs vor Ausschüttung mE zu Unrecht wegen der nach § 2 Abs 2 Satz 2 erfolgenden Kürzung des Veräußerungsgewinns die Kürzung nach § 9 beim Erwerber für verbraucht hält). Die Vorschrift greift nicht im Falle verlustbedingter Teilwertabschreibungen (Anm 4).

Ab EZ 1999 sind **auch** auf **organschaftlichen Gewinnabführungen** beruhende Gewinnminderungen hinzuzurechnen (vgl Anm 1 aE). Das bedeutet, dass die Hinzurechnung schon bei der Ermittlung des Gewerbeertrags des Gewerbebetriebs durchzuführen ist, dessen Gewinn durch die Teilwertabschreibung auf die Beteiligung an der Organgesellschaft usw gemindert worden ist. Die Ertragsneutralität wird also nicht erst durch Korrektur des Ergebnisses des Organkreises erreicht. Für **organschaftliche Gewinnausschüttungen** ist § 8 Nr 10 mE nur bis EZ 2001 **entsprechend** anwendbar, da bei einer nur gewstlichen Organschaft wirtschaftlich zwischen Gewinnabführung und Gewinnausschüttung im Organkreis kein Unterschied besteht (vgl BFHE 173, 426, BStBl II 1994, 768; ebenso *Blümich/Hofmeister* § 8 Rz 692; *L/S* § 8 Nr 10 Anm 21). ME gilt das jedoch nicht für spätere EZ, da **ab 2002** auch die gewstliche Organschaft einen GAV voraussetzt. Insofern sind wieder die Grundsätze von BFHE 173, 426, BStBl II 1994, 768 anwendbar.

§ 8 Nr. 11 *(weggefallen)*

§ 8 Nr. 12 Hinzurechnungen

Dem Gewinn aus Gewerbebetrieb (§ 7) werden folgende Beträge wieder hinzugerechnet, soweit sie bei der Ermittlung des Gewinns abgesetzt worden sind:

...

12. ausländische Steuern, die nach § 34c des Einkommensteuergesetzes oder nach einer Bestimmung, die § 34c des Einkommensteuergesetzes für entsprechend anwendbar erklärt, bei der

Ermittlung der Einkünfte abgezogen werden, soweit sie auf Gewinne oder Gewinnanteile entfallen, die bei der Ermittlung des Gewerbeertrags außer Ansatz gelassen oder nach § 9 gekürzt werden.

Die Vorschrift sieht die Hinzurechnung der ausländischen Steuern in den Fällen vor, in denen die ausländischen Einkünfte, auf die die Steuer entfällt, entweder nicht im Gewinn enthalten sind oder bei der Gewerbeertragsermittlung vom Gewinn gekürzt werden.

Nach der Änderung des § 34c EStG sind ab 1992 die auf ausländische Einkünfte erhobenen Steuern bei der Einkünfteermittlung abzuziehen; sie sind Betriebsausgaben. Soweit die ausländischen Einkünfte im Rahmen eines Gewerbebetriebs außerhalb einer im Ausland belegenen Betriebsstätte erzielt werden und deshalb die ausländischen Steuern Betriebsausgaben sind, mindern sie auch den Gewerbeertrag (§ 7). In Fällen, in denen die ausländischen Einkünfte nicht der GewSt unterliegen, zB weil es sich um Dividenden aus wesentlichen Beteiligungen handelt, die die Voraussetzungen für eine Kürzung bei der Gewerbeertragsermittlung nach § 9 Nr 7 oder 8 erfüllen, würde als Folge der Änderung des EStG eine zweifache Minderung des Gewerbeertrags eintreten, nämlich einmal durch den Betriebsausgabenabzug der ausländischen Steuer und ein weiteres Mal durch die Kürzung der Dividende mit dem Bruttobetrag vom Gewinn. Aus diesem Grund sieht § 8 Nr 12 in den oa Fällen die Hinzurechnung vor.

§ 8a *Hinzurechnung des Gewerbeertrags bei niedriger Gewerbesteuerbelastung*

(1) Ist der Unternehmer am Nennkapital einer Kapitalgesellschaft mit Geschäftsleitung und Sitz innerhalb des Geltungsbereichs dieses Gesetzes seit Beginn des Erhebungszeitraums ununterbrochen mindestens zu einem Zehntel beteiligt (Tochtergesellschaft), ist der Gewerbeertrag der Tochtergesellschaft dem Gewerbeertrag entsprechend der Beteiligung am Nennkapital hinzurechnen, wenn der Gewerbeertrag der Tochtergesellschaft nur einer niedrigen Gewerbesteuerbelastung unterliegt.

(2) Der Gewerbeertrag der Tochtergesellschaft unterliegt einer nur niedrigen Gewerbesteuerbelastung, wenn der von der hebeberechtigten Gemeinde bestimmte Hebesatz 200 vom Hundert unterschreitet.

(3) Ist die Tochtergesellschaft an einer anderen Kapitalgesellschaft beteiligt und wird ihr ein Gewerbeertrag nach Absatz 1 hinzugerechnet, erhöht sich der Hinzurechnungsbetrag nach Absatz 1 entsprechend.

(4) [1] Der Hinzurechnungsbetrag ist gegenüber der Tochtergesellschaft und allen Unternehmen im Sinne von Absatz 1 gesondert und einheitlich festzustellen. [2] Zuständig für die gesonderte Feststellung ist das für die Festsetzung des Gewerbesteuer-Messbetrags der Tochtergesellschaft zuständige Finanzamt. [3] Erklärungspflichtig ist die Tochtergesellschaft; sie ist Empfangsbevollmächtigte für alle Beteiligten und Einspruchsberechtigte.

Bearbeiter: Güroff

Übersicht

1. Allgemeines

2.–4. Einfache Beteiligung (Abs 1)

2. Beteiligung
3. Niedrige GewStBelastung
4. Hinzurechnung

5.–7. Beteiligungsketten (Abs 3)

5. Beteiligungen
6. Hinzurechnung
7. Verfahren

Literatur: *Förster,* Die Änderungen durch das StVergAbG bei der Einkommensteuer und der Körperschaftsteuer, DB 2003, 899; *Walz/Süß,* Verfassungswidrigkeit der gewerbesteuerlichen Änderungen durch das Steuervergünstigungsabbaugesetz?, DStR 2003, 1637; *Mattern/Schnitger,* Die neue Hinzurechnungsbesteuerung des Gewerbesteuergesetzes, DStR 2003, 1321, 1377; *Rödel,* Änderungen im Bereich der Gewerbesteuer durch das Steuervergünstigungsabbaugesetz, INF 2003, 740; *Rödder/Schumacher,* Das Steuervergünstigungsabbaugesetz, DStR 2003, 805.

1 **Allgemeines.** Die merkwürdig anmutende Vorschrift wurde durch G v 16. 5. 2003 (BGBl I 2003, 660) mWv 1. 1. 2003 **eingefügt** und durch G v 23. 12. 2003 (BGBl I 2003, 2922) mWv EZ 2004 wieder **aufgehoben.** Sie galt also **nur im EZ 2003** und darf als ein Musterfall für die gegenwärtige Auffassung von der (Nicht-)**Stetigkeit der Steuergesetzgebung** gelten.

Zweck der Vorschrift war die Verringerung des Standortvorteils von Gemeinden, die entweder ganz auf die Erhebung der GewSt verzichtet hatten oder einen sehr niedrigen Hebesatz, unter 200%, festgesetzt hatten (hierzu § 1 Anm 16). Flankiert wurde die Vorschrift durch **Beschränkung der Kürzung** vom GewErtrag nach **§ 9 Nr 2** sowie durch beschränkende **Eingriffe in das Zerlegungsverfahren** nach **§§ 28 Abs 2 Satz 1 Nr 4** und die **GewStAnrechnung** nach **§ 35 Abs 1 Sätze 2 und 3 EStG.** Unmittelbarer Adressat dieser GewErtragsermittlungsnorm war nicht die Gemeinde, sondern der GewStPfl.

Bereits hieran wird deutlich, dass der Gesetzgeber einen unsystematischen und komplizierten Weg zur „Disziplinierung" der Gemeinden gewählt hatte. Was die notwendige Frage aufwirft, warum er nicht gleich den Weg beschritten hatte, den Gemeinden die Erhebung der GewSt und einen Mindesthebesatz vorzuschreiben – wie ab EZ 2004 geschehen (hierzu § 1 Anm 16). Verfassungsfragen können es kaum gewesen sein; denn der zunächst beschrittene Weg war verfassungsrechtlich mindestens ebenso bedenklich wie der nun beschrittene, zumal die Hinzurechnung zu willkürlichen Mehrfachbelastungen und willkürlichen Ungleichbehandlungen führen konnte (hierzu *Förster* DB 2003, 899; *Walz/Süß* DStR 2003, 1637; **aA** *Mattern/Schnitger* DStR 2003, 1637).

2.–4. Voraussetzungen bei einfacher Beteiligung (Abs 1)

2 **Beteiligung** an einer Tochterkapitalgesellschaft, die nicht Organgesellschaft des gewstpfl Unternehmens ist. Das sind AG, GmbH und KGaA (§ 2 Abs 2 Satz 1), nicht jedoch die Erwerbs- und Wirtschaftsgenossenschaften und Versi-

cherungsvereine auf Gegenseitigkeit sowie gar juristische Personen des privaten Rechts. Geschäftsleitung und Sitz müssen sich im **Inland** befinden. Die Beteiligung musste mindestens 1/10 des Nennkapitals betragen, und zwar seit Beginn des EZ ununterbrochen während des gesamten EZ. Der Anteil am Stimmrecht war bei dieser Vorschrift ebenso unerheblich wie bei den Vorschriften zum Schachtelprivileg (vgl § 9 Nr 2 a Anm 3), denen sie offenkundig zT nachgebildet ist. Sonderbetriebsvermögen darstellende Beteiligungen von Gesellschaftern einer Personengesellschaft werden (mit der eigenen Beteiligung der Gesellschaft) zusammengerechnet (*Mattern/Schnitger* DStR 2003, 1321). Mittelbare Beteiligungen genügten nicht, wie sich aus dem Klammerzusatz „Tochtergesellschaft" ergibt (*Rödder/Schumacher* DStR 2003, 805).

Niedrige GewStBelastung durch einen unter 200% liegenden Hebesatz im EZ 2003; eine geringe Höhe der tatsächlichen GewStBelastung (zB durch Verlustabzüge oder Erlass) war unerheblich (*Mattern/Schnitger* DStR 2003, 1321). 3

Im Falle von **mehrgemeindlichen** Betriebsstätten der Tochtergesellschaft genügte es nicht, wenn nicht alle Gemeinden niedrig besteuerten. Denn die Gemeinden mit einem Hebesatz von unter 200% waren nach § 28 Abs 2 Satz 1 Nr 4 nicht an der Zerlegung beteiligt, so dass ihr Hebesatz sich nicht auswirkte (allgM: *Lenski/Steinberg* § 8 a Anm 7 ff; *Mattern/Schnitger* DStR 2003, 1321). Die Ausnahmevorschrift des § 28 Abs 2 Satz 2 wiederum wirkte in diesem Fall dahin, dass – wenn Gemeinden mit einem höheren Hebesatz nach § 28 Abs 2 Satz 1 nicht vorhanden waren – sich ausschließlich niedrige Hebesätze auswirken. Das bedeutet aber auch, dass es – anders als im Falle nur einer Betriebsstätte (hierzu unten) – nicht zu einer Mehrfachbelastung desselben GewErtrags mit GewSt kommen konnte – was den oa Willkürvorwurf verstärkt.

Die **Hinzurechnung** erfolgte mit dem GewErtrag der Tochter zum GewErtrag des in Abs 1 bezeichneten beteiligten Unternehmens, entsprechend der Höhe der Beteiligung. Änderte sich diese im Laufe des EZ, war dies zeitanteilig zu berücksichtigen (GewErtrag Tx Anteil × $^{y}/_{12}$ + Gew-Ertrag Tx Anteil × $^{z}/_{12}$). Die Hinzurechnung wirkte so, als habe das beteiligte Unternehmen den anteilig hinzugerechneten GewErtrag selbst erzielt. Das konnte zwar auch zur Saldierung von negativen und positiven GewErträgen oder Addierung von negativen Gew-Erträgen führen (*Mattern/Schnitger* DStR 2003, 1321; **aA** *Lenski/Steinberg* § 8 a Anm 8: nur positive GewErträge). Jedoch war die Mehrfachbelastung die Regel, die dem Gesetzgeber wohl vorgeschwebt hatte. Dieses Missverhältnis von Mittel und Zweck rechtfertigt den Vorwurf des Verstoßes gegen das Übermaßverbot und der Regelungswillkür. 4

5.–7. Voraussetzungen bei Beteiligungsketten (Abs 3)

Beteiligungen vom StPfl (Mutterunternehmen) an Tochtergesellschaft und deren Beteiligung an einer weiteren Kapitalgesellschaft (= Enkelgesellschaft). Jedoch sind auch längere und verzweigtere Beteiligungsketten erfasst. Die Mindestbeteiligungshöhe musste – wie sich aus dem Bezug auf Abs 1 ergibt – 10% sein. Die relevante Beteiligungskette umfasste alle niedrig besteuerten Tochter- und Enkelgesellschaften bis zur letzten niedrig besteuerten Enkelgesellschaft. Organverhältnisse unterbrachen die Kette ebenso wie eine nicht niedrig besteuerte zwischengeschaltete Gesellschaft. War eine Personengesellschaft zwischengeschaltet, führte dies zu einem Durchgriff nach § 39 Abs 2 Nr 2 AO, wenn sie nur vermögensverwaltend tätig war. Handelte es sich jedoch um eine ihrerseits 5 gewstpfl Mitunternehmerschaft, dann erfolgte kein Durchgriff; die Hinzurechnung endete bei ihr; auch § 9 Nr 2 Satz 2 (2003) war mE nicht anwendbar.

6 Die **Hinzurechnung** war auf jeder Stufe der Beteiligung an einer niedrig besteuerten Gesellschaft zunächst nach Abs 1 vorzunehmen. Dieser Hinzurechnungsbetrag war nach Abs 3, vermindert durch die zwischengeschalteten Anteile bis zum Beginn der niedrig besteuerten Kette (StPfl) fortzuführen. Diese Hinzurechnung nach Abs 3 setzte mE – wie erwähnt – auf jeder Beteiligungsstufe voraus, dass auch auf dieser eine niedrige GewSt-Belastung – also ein Fall des Abs 1 – bestand, was der Verweis auf die „Tochtergesellschaft" des Abs 1 ebenso unterstreicht wie die Rechtsfolge der Erhöhung der Zurechnung nach Abs 1 (ebenso *Rödder/Schumacher* DStR 2003, 805; **aA** *Mattern/Schnitger* DStR 2003, 1377).

7 **Verfahren.** Abs 3 regelte das Erfordernis einer gesonderten und einheitlichen **Feststellung** gegenüber der jeweiligen Tochtergesellschaft und allen Unternehmen iSv Abs 1; das sind die Unternehmen, die an der jeweiligen Tochtergesellschaft beteiligt waren. Für den Fall, dass auf einer Beteiligungsstufe keine niedrige Besteuerung vorlag, sah das Gesetz entsprechend der unter Anm 5 u 6 dargestellten Unterbrechung der Kette keine (weitere) Feststellung vor. Festzustellen waren der EZ, der Hinzurechnungsbetrag/die Hinzurechnungsbeträge und der/die GewStPfl, der/die der Hinzurechnung ausgesetzt war. Zuständig war das für die Festsetzung des GewStMessbetrages der Tochtergesellschaft zuständige FA.

§ 9 Kürzungen

Die Summe des Gewinns und der Hinzurechnungen wird gekürzt um

1. 1,2 Prozent des Einheitswerts des zum Betriebsvermögen des Unternehmers gehörenden und nicht von der Grundsteuer befreiten Grundbesitzes; maßgebend ist der Einheitswert, der auf den letzten Feststellungszeitpunkt (Hauptfeststellungs-, Fortschreibungs- oder Nachfeststellungszeitpunkt) vor dem Ende des Erhebungszeitraums (§ 14) lautet. [2] An Stelle der Kürzung nach Satz 1 tritt auf Antrag bei Unternehmen, die ausschließlich eigenen Grundbesitz oder neben eigenem Grundbesitz eigenes Kapitalvermögen verwalten und nutzen oder daneben Wohnungsbauten betreuen oder Einfamilienhäuser, Zweifamilienhäuser oder Eigentumswohnungen im Sinne des Ersten Teils des Wohnungseigentumsgesetzes in der im Bundesgesetzblatt Teil III, Gliederungsnummer 403–1, veröffentlichten bereinigten Fassung, zuletzt geändert durch Artikel 28 des Gesetzes vom 14. Dezember 1984 (BGBl. I S. 1493), errichten und veräußern, die Kürzung um den Teil des Gewerbeertrags, der auf die Verwaltung und Nutzung des eigenen Grundbesitzes entfällt. [3] Satz 2 gilt entsprechend, wenn in Verbindung mit der Errichtung und Veräußerung von Eigentumswohnungen Teileigentum im Sinne des Wohnungseigentumsgesetzes errichtet und veräußert wird und das Gebäude zu mehr als

66 $^2/_3$ Prozent Wohnzwecken dient. [4] Betreut ein Unternehmen auch Wohnungsbauten oder veräußert es auch Einfamilienhäuser, Zweifamilienhäuser oder Eigentumswohnungen, so ist Voraussetzung für die Anwendung des Satzes 2, dass der Gewinn aus der Verwaltung und Nutzung des eigenen Grundbesitzes gesondert ermittelt wird. [5] Die Sätze 2 und 3 gelten nicht,

1. wenn der Grundbesitz ganz oder zum Teil dem Gewerbebetrieb eines Gesellschafters oder Genossen dient,

1 a. soweit der Gewerbeertrag Vergütungen im Sinne des § 15 Abs. 1 Satz 1 Nr. 2 Satz 1 des Einkommensteuergesetzes enthält, die der Gesellschafter von der Gesellschaft für seine Tätigkeit im Dienst der Gesellschaft oder für die Hingabe von Darlehen oder für die Überlassung von Wirtschaftsgütern, mit Ausnahme der Überlassung von Grundbesitz, bezogen hat oder

2. soweit der Gewerbeertrag Gewinne aus der Aufdeckung stiller Reserven aus dem Grundbesitz enthält, der innerhalb von drei Jahren vor der Aufdeckung der stillen Reserven zu einem unter dem Teilwert liegenden Wert in das Betriebsvermögen des aufdeckenden Gewerbebetriebs überführt oder übertragen worden ist, und soweit diese Gewinne auf bis zur Überführung oder Übertragung entstandene stillen Reserven entfallen.

[6] Eine Kürzung nach den Sätzen 2 und 3 ist ausgeschlossen für den Teil des Gewerbeertrags, der auf Veräußerungs- oder Aufgabegewinne im Sinne des § 7 Satz 2 Nr. 2 und 3 entfällt;

2. die Anteile am Gewinn einer in- oder ausländischen offenen Handelsgesellschaft, einer Kommanditgesellschaft oder einer anderen Gesellschaft, bei der die Gesellschafter als Unternehmer (Mitunternehmer) des Gewerbebetriebs anzusehen sind, wenn die Gewinnanteile bei der Ermittlung des Gewinns angesetzt worden sind. [2] Satz 1 ist bei Lebens- und Krankenversicherungsunternehmen nicht anzuwenden; für Pensionsfonds gilt Entsprechendes;

2 a. die Gewinne aus Anteilen an einer nicht steuerbefreiten inländischen Kapitalgesellschaft im Sinne des § 2 Abs. 2, einer Kredit- oder Versicherungsanstalt des öffentlichen Rechts, einer Erwerbs- und Wirtschaftsgenossenschaft oder einer Unternehmensbeteiligungsgesellschaft im Sinne des § 3 Nr. 23, wenn die Beteiligung zu Beginn des Erhebungszeitraums mindestens 15 Prozent des Grund- oder Stammkapitals beträgt und die Gewinnanteile bei Ermittlung des Gewinns (§ 7) angesetzt worden sind. [2] Ist ein Grund- oder Stammkapital nicht vorhanden, so ist die Beteiligung an dem Vermögen, bei Erwerbs- und Wirtschaftsgenossenschaften die Beteiligung an der Summe der Geschäftsguthaben, maßgebend. [3] Im unmittelbaren Zusammenhang mit Gewinnanteilen stehende Aufwendungen mindern den Kürzungsbetrag, soweit entsprechende Beteili-

gungserträge zu berücksichtigen sind; insoweit findet § 8 Nr. 1 keine Anwendung. [4]Nach § 8b Abs. 5 des Körperschaftsteuergesetzes nicht abziehbare Betriebsausgaben sind keine Gewinne aus Anteilen im Sinne des Satzes 1. [5]Satz 1 ist bei Lebens- und Krankenversicherungsunternehmen auf Gewinne aus Anteilen, die den Kapitalanlagen zuzurechnen sind, nicht anzuwenden; für Pensionsfonds gilt Entsprechendes;

2b. die nach § 8 Nr. 4 dem Gewerbeertrag einer Kommanditgesellschaft auf Aktien hinzugerechneten Gewinnanteile, wenn sie bei der Ermittlung des Gewinns (§ 7) angesetzt worden sind;

3. den Teil des Gewerbeertrags eines inländischen Unternehmens, der auf eine nicht im Inland belegene Betriebsstätte entfällt. [2]Bei Unternehmen, die ausschließlich den Betrieb von eigenen oder gecharterten Handelsschiffen im internationalen Verkehr zum Gegenstand haben, gelten 80 Prozent des Gewerbeertrags als auf eine nicht im Inland belegene Betriebsstätte entfallend. [3]Ist Gegenstand eines Betriebs nicht ausschließlich der Betrieb von Handelsschiffen im internationalen Verkehr, so gelten 80 Prozent des Teils des Gewerbeertrags, der auf den Betrieb von Handelsschiffen im internationalen Verkehr entfällt, als auf eine nicht im Inland belegene Betriebsstätte entfallend; in diesem Fall ist Voraussetzung, dass dieser Teil gesondert ermittelt wird. [4]Handelsschiffe werden im internationalen Verkehr betrieben, wenn eigene oder gecharterte Handelsschiffe im Wirtschaftsjahr überwiegend zur Beförderung von Personen und Gütern im Verkehr mit oder zwischen ausländischen Häfen, innerhalb eines ausländischen Hafens oder zwischen einem ausländischen Hafen und der freien See eingesetzt werden. [5]Für die Anwendung der Sätze 2 bis 4 gilt § 5a Abs. 2 Satz 2 des Einkommensteuergesetzes entsprechend;

4. die bei der Ermittlung des Gewinns aus Gewerbebetrieb des Vermieters oder Verpächters berücksichtigten Miet- oder Pachtzinsen für die Überlassung von nicht in Grundbesitz bestehenden Wirtschaftsgütern des Anlagevermögens, soweit sie nach § 8 Nr. 7 dem Gewinn aus Gewerbebetrieb des Mieters oder Pächters hinzugerechnet worden sind;

5. die aus den Mitteln des Gewerbebetriebs geleisteten Zuwendungen (Spenden und Mitgliedsbeiträge) zur Förderung steuerbegünstigter Zwecke im Sinne der §§ 52 bis 54 der Abgabenordnung an eine inländische juristische Person des öffentlichen Rechts oder an eine inländische öffentliche Dienststelle oder an eine nach § 5 Abs. 1 Nr. 9 des Körperschaftsteuergesetzes steuerbefreite Körperschaft, Personenvereinigung oder Vermögensmasse bis zur Höhe von insgesamt 20 Prozent des um die Hinzurechnungen nach § 8 Nr. 9 erhöhten Gewinns aus Gewerbebetrieb (§ 7) oder 4 Promille der Summe der gesamten Umsätze und der im Wirtschaftsjahr aufgewendeten Löhne und Gehälter. [2]Überschreiten die geleisteten Zuwendungen die Höchstsätze nach Satz 1, kann die Kürzung im

Rahmen der Höchstsätze nach Satz 1 in den folgenden Erhebungszeiträumen vorgenommen werden. [3]Einzelunternehmen und Personengesellschaften können auf Antrag neben der Kürzung nach Satz 1 eine Kürzung um die im Erhebungszeitraum in den Vermögensstock einer Stiftung des öffentlichen Rechts oder einer nach § 5 Abs. 1 Nr. 9 des Körperschaftsteuergesetzes steuerbefreiten Stiftung des privaten Rechts geleisteten Spenden in diesem und in den folgenden neun Erhebungszeiträumen bis zu einem Betrag von 1 Million Euro vornehmen. [4]Der besondere Kürzungsbetrag nach Satz 3 kann der Höhe nach innerhalb des Zehnjahreszeitraums nur einmal in Anspruch genommen werden. [5]Eine Kürzung nach den Sätzen 1 bis 4 ist ausgeschlossen, soweit auf die geleisteten Zuwendungen § 8 Abs. 3 des Körperschaftsteuergesetzes anzuwenden ist oder soweit Mitgliedsbeiträge an Körperschaften geleistet werden, die

1. den Sport (§ 52 Abs. 2 Nr. 21 der Abgabenordnung),
2. kulturelle Betätigungen, die in erster Linie der Freizeitgestaltung dienen,
3. die Heimatpflege und Heimatkunde (§ 52 Abs. 2 Nr. 22 der Abgabenordnung) oder
4. Zwecke im Sinne des § 52 Abs. 2 Nr. 23 der Abgabenordnung

fördern. [6]§ 10 b Abs. 3 und 4 Satz 1 sowie § 10 d Abs. 4 des Einkommensteuergesetzes und § 9 Abs. 2 Satz 2 bis 5 und Abs. 3 Satz 1 des Körperschaftsteuergesetzes gelten entsprechend. [7]Wer vorsätzlich oder grob fahrlässig eine unrichtige Bestätigung über Spenden und Mitgliedsbeiträge ausstellt oder wer veranlasst, dass entsprechende Zuwendungen nicht zu den in der Bestätigung angegebenen steuerbegünstigten Zwecken verwendet werden (Veranlasserhaftung), haftet für die entgangene Gewerbesteuer. [8]In den Fällen der Veranlasserhaftung ist vorrangig der Zuwendungsempfänger (inländische juristische Person des öffentlichen Rechts oder inländische öffentliche Dienststelle oder nach § 5 Abs. 1 Nr. 9 des Körperschaftsteuergesetzes steuerbefreite Körperschaft, Personenvereinigung oder Vermögensmasse) in Anspruch zu nehmen; die in diesen Fällen für den Zuwendungsempfänger handelnden natürlichen Personen sind nur in Anspruch zu nehmen, wenn die entgangene Steuer nicht nach § 47 der Abgabenordnung erloschen ist und Vollstreckungsmaßnahmen gegen den Zuwendungsempfänger nicht erfolgreich sind; § 10 b Abs. 4 Satz 5 des Einkommensteuergesetzes gilt entsprechend. [9]Der Haftungsbetrag ist mit 15 Prozent der Zuwendungen anzusetzen und fließt der für den Spendenempfänger zuständigen Gemeinde zu, die durch sinngemäße Anwendung des § 20 der Abgabenordnung bestimmt wird. [10]Der Haftungsbetrag wird durch Haftungsbescheid des Finanzamts festgesetzt; die Befugnis der Gemeinde zur Erhebung der entgangenen Gewerbe-

steuer bleibt unberührt. [11] § 184 Abs. 3 der Abgabenordnung gilt sinngemäß;

6. *(weggefallen)*

7. die Gewinne aus Anteilen an einer Kapitalgesellschaft mit Geschäftsleitung und Sitz außerhalb des Geltungsbereichs dieses Gesetzes, an deren Nennkapital das Unternehmen seit Beginn des Erhebungszeitraums ununterbrochen mindestens zu 15 Prozent beteiligt ist (Tochtergesellschaft) und die ihre Bruttoerträge ausschließlich oder fast ausschließlich aus unter § 8 Abs. 1 Nr. 1 bis 6 des Außensteuergesetzes fallenden Tätigkeiten und aus Beteiligungen an Gesellschaften bezieht, an deren Nennkapital sie mindestens zu einem Viertel unmittelbar beteiligt ist, wenn die Beteiligungen ununterbrochen seit mindestens zwölf Monaten vor dem für die Ermittlung des Gewinns maßgebenden Abschlussstichtag bestehen und das Unternehmen nachweist, dass

  1. diese Gesellschaften Geschäftsleitung und Sitz in demselben Staat wie die Tochtergesellschaft haben und ihre Bruttoerträge ausschließlich oder fast ausschließlich aus den unter § 8 Abs. 1 Nr. 1 bis 6 des Außensteuergesetzes fallenden Tätigkeiten beziehen oder

  2. die Tochtergesellschaft die Beteiligungen in wirtschaftlichem Zusammenhang mit eigenen unter Absatz 1 Nr. 1 bis 6 fallenden Tätigkeiten hält und die Gesellschaft, an der die Beteiligung besteht, ihre Bruttoerträge ausschließlich oder fast ausschließlich aus solchen Tätigkeiten bezieht,

wenn die Gewinnanteile bei der Ermittlung des Gewinns (§ 7) angesetzt worden sind; das gilt auch für Gewinne aus Anteilen an einer Gesellschaft, die die in der Anlage 2 zum Einkommensteuergesetz genannten Voraussetzungen des Artikels 2 der Richtlinie 90/435/EWG des Rates vom 23. Juli 1990 über das gemeinsame Steuersystem der Mutter- und Tochtergesellschaften verschiedener Mitgliedstaaten (ABl. EG Nr. L 225 S. 6, Nr. L 266 S. 20, 1997 Nr. L 16 S. 98), zuletzt geändert durch Richtlinie 2006/98/EG des Rates vom 20. November 2006 (ABl. EU Nr. L 363 S. 129), erfüllt, weder Geschäftsleitung noch Sitz im Inland hat und an deren Nennkapital das Unternehmen zu Beginn des Erhebungszeitraums mindestens zu einem Zehntel beteiligt ist. [2] § 9 Nr. 2 a Satz 3 gilt entsprechend. [3] § 9 Nr. 2 a Satz 4 gilt entsprechend. [4] Bezieht ein Unternehmen, das über eine Tochtergesellschaft mindestens zu 15 Prozent an einer Kapitalgesellschaft mit Geschäftsleitung und Sitz außerhalb des Geltungsbereichs dieses Gesetzes (Enkelgesellschaft) mittelbar beteiligt ist, in einem Wirtschaftsjahr Gewinne aus Anteilen an der Tochtergesellschaft und schüttet die Enkelgesellschaft zu einem Zeitpunkt, der in dieses Wirtschaftsjahr fällt, Gewinne an die Tochtergesellschaft aus, so gilt auf Antrag des Unternehmens das Gleiche für den Teil der von ihm bezogenen Gewinne, der der nach seiner mittelbaren Be-

teiligung auf das Unternehmen entfallenden Gewinnausschüttung der Enkelgesellschaft entspricht. [5] Hat die Tochtergesellschaft in dem betreffenden Wirtschaftsjahr neben den Gewinnanteilen einer Enkelgesellschaft noch andere Erträge bezogen, so findet Satz 4 nur Anwendung für den Teil der Ausschüttung der Tochtergesellschaft, der dem Verhältnis dieser Gewinnanteile zu der Summe dieser Gewinnanteile und der übrigen Erträge entspricht, höchstens aber in Höhe des Betrags dieser Gewinnanteile. [6] Die Anwendung des Satzes 4 setzt voraus, dass

1. die Enkelgesellschaft in dem Wirtschaftsjahr, für das sie die Ausschüttung vorgenommen hat, ihre Bruttoerträge ausschließlich oder fast ausschließlich aus unter § 8 Abs. 1 Nr. 1 bis 6 des Außensteuergesetzes fallenden Tätigkeiten oder aus unter Satz 1 Nr. 1 fallenden Beteiligungen bezieht und

2. die Tochtergesellschaft unter den Voraussetzungen des Satzes 1 am Nennkapital der Enkelgesellschaft beteiligt ist.

[7] Die Anwendung der vorstehenden Vorschriften setzt voraus, dass das Unternehmen alle Nachweise erbringt, insbesondere

1. durch Vorlage sachdienlicher Unterlagen nachweist, dass die Tochtergesellschaft ihre Bruttoerträge ausschließlich oder fast ausschließlich aus unter § 8 Abs. 1 Nr. 1 bis 6 des Außensteuergesetzes fallenden Tätigkeiten oder aus unter Satz 1 Nr. 1 und 2 fallenden Beteiligungen bezieht,

2. durch Vorlage sachdienlicher Unterlagen nachweist, dass die Enkelgesellschaft ihre Bruttoerträge ausschließlich oder fast ausschließlich aus unter § 8 Abs. 1 Nr. 1 bis 6 des Außensteuergesetzes fallenden Tätigkeiten oder aus unter Satz 1 Nr. 1 fallenden Beteiligungen bezieht,

3. den ausschüttbaren Gewinn der Tochtergesellschaft oder Enkelgesellschaft durch Vorlage von Bilanzen und Erfolgsrechnungen nachweist; auf Verlangen sind diese Unterlagen mit dem im Staat der Geschäftsleitung oder des Sitzes vorgeschriebenen oder üblichen Prüfungsvermerk einer behördlich anerkannten Wirtschaftsprüfungsstelle oder einer vergleichbaren Stelle vorzulegen.

[8] Die Sätze 1 bis 7 sind bei Lebens- und Krankenversicherungsunternehmen auf Gewinne aus Anteilen, die den Kapitalanlagen zuzurechnen sind, nicht anzuwenden; für Pensionsfonds gilt Entsprechendes;

8. die Gewinne aus Anteilen an einer ausländischen Gesellschaft, die nach einem Abkommen zur Vermeidung der Doppelbesteuerung unter der Voraussetzung einer Mindestbeteiligung von der Gewerbesteuer befreit sind, wenn die Beteiligung mindestens 15 Prozent beträgt und die Gewinnanteile bei der Ermittlung des Gewinns (§ 7) angesetzt worden sind; ist in einem Abkommen zur Vermeidung der Doppelbesteuerung eine niedrigere Mindestbeteiligungsgrenze vereinbart, ist diese

maßgebend. [2] § 9 Nr. 2 a Satz 3 gilt entsprechend. [3] § 9 Nr. 2 a Satz 4 gilt entsprechend. [4] Satz 1 ist bei Lebens- und Krankenversicherungsunternehmen auf Gewinne aus Anteilen, die den Kapitalanlagen zuzurechnen sind, nicht anzuwenden; für Pensionsfonds gilt Entsprechendes.

9. *(weggefallen)*

10. die nach § 8 a des Körperschaftsteuergesetzes bei der Ermittlung des Gewinns (§ 7) angesetzten Vergütungen für Fremdkapital. [2] § 8 Nr. 1 und 3 ist auf diese Vergütungen anzuwenden.

Bearbeiter: Güroff

Übersicht

§ 9 Nr. 1	Kürzung bei betrieblichem Grundbesitz
§ 9 Nr. 2	Kürzung bei mitunternehmerischen Gewinnanteilen
§ 9 Nr. 2 a	Kürzungen bei Schachtelbeteiligungen
§ 9 Nr. 2 b	Kürzung bei KGaA-Gewinnanteilen
§ 9 Nr. 3	Kürzung bei ausländischer Betriebsstätte
§ 9 Nr. 4 aF	Kürzung bei Miet- und Pachtzinsen
§ 9 Nr. 5	Kürzung bei Spenden
§ 9 Nr. 6	*(weggefallen)*
§ 9 Nr. 7	Kürzung bei ausländischen Schachtelbeteiligungen
§ 9 Nr. 8	Kürzung bei befreiten Gewinnen aus Auslandsbeteiligungen
§ 9 Nr. 9	*(weggefallen)*
§ 9 Nr. 10 aF	Kürzung bei Vergütungen für Fremdkapital

Die Kürzungsvorschriften des § 9 dienen nach der gesetzgeberischen Intention der Ermittlung des objektiven, von den Beziehungen des Unternehmers zum Betrieb losgelösten GewErtrags, daneben jedoch auch sehr eigenständigen Zwecken. Einige Vorschriften sollen eine Doppelbelastung bestimmter Teile des GewErtrags mit GewErtragSt (Nrn 2, 2 a, 4 aF) oder mit GrundSt (Nr 1, s aber dort Anm 17), andere die Belastung ausländischer GewErträge mit GewErtragSt vermeiden (Nrn 3, 7, 8); die übrigen Vorschriften (Nrn 5, 9) dienen je eigenen Zwecken. Die Aufzählung ist abschließender Natur. Daher finden nur die gesetzlich vorgesehenen Kürzungen statt; insb erfolgt keine Kürzung um Gewinne aus der Veräußerung von SonderBV (BFHE 132, 93, BStBl II 1981, 220). Das System des GewStRechts erfordert auch keine Kürzung etwa um einen Unternehmerlohn (BVerfGE 40, 109, 117; 46, 224, 237; *Steuerreformkommission,* Schriftenreihe des *BMF* Heft 17, Anm 219), ebenso wenig wie es eine Doppelbelastung in nicht von den Vorschriften erfassten Fällen ausschließt (BFHE 145, 76, BStBl II 1986, 72).

Die rechtliche Wirkung der Kürzung besteht in der Minderung des GewErtrags und der GewErtragSt. Ebenso aber wie es bei § 8 zu Hinzurechnungen von negativen Beträgen kommen kann, ist bei § 9 eine Kürzung um negative Beträge möglich, was im Ergebnis zu einer Erhöhung von GewErtrag und GewErtragSt führt.

Die gesamte wirtschaftliche Bedeutung der Vorschrift ist gering. Im EZ 1966 betrug sie durchschnittlich nur 0,97% des Gewinns nach § 7 (*Schuh-*

macher StuW 1987, 111, 119; hierzu vor § 8 Nr 1). Für den einzelnen Betrieb können sich jedoch – insb bei § 9 Nr 1 – erhebliche Auswirkungen ergeben mit der Folge, dass ein gewinnstarkes Unternehmen keine oder eine nur geringfügige GewSt zahlt (vgl BFHE 188, 69, BStBl II 1999, 450, 459, wo jedoch missverständlich von „ertragstark" gesprochen wird). Eine Bestandsaufnahme auch insoweit und unter Berücksichtigung der Rechtsform findet sich bei *Seer* StuW 1993, 114.

§ 9 Nr. 1 Kürzungen

Die Summe des Gewinns und der Hinzurechnungen wird gekürzt um

1. 1,2 Prozent des Einheitswerts des zum Betriebsvermögen des Unternehmers gehörenden und nicht von der Grundsteuer befreiten Grundbesitzes; maßgebend ist der Einheitswert, der auf den letzten Feststellungszeitpunkt (Hauptfeststellungs-, Fortschreibungs- oder Nachfeststellungszeitpunkt) vor dem Ende des Erhebungszeitraums (§ 14) lautet. [2] An Stelle der Kürzung nach Satz 1 tritt auf Antrag bei Unternehmen, die ausschließlich eigenen Grundbesitz oder neben eigenem Grundbesitz eigenes Kapitalvermögen verwalten und nutzen oder daneben Wohnungsbauten betreuen oder Einfamilienhäuser, Zweifamilienhäuser oder Eigentumswohnungen im Sinne des Ersten Teils des Wohnungseigentumsgesetzes in der im Bundesgesetzblatt Teil III, Gliederungsnummer 403–1, veröffentlichten bereinigten Fassung, zuletzt geändert durch Artikel 28 des Gesetzes vom 14. Dezember 1984 (BGBl. I S. 1493), errichten und veräußern, die Kürzung um den Teil des Gewerbeertrags, der auf die Verwaltung und Nutzung des eigenen Grundbesitzes entfällt. [3] Satz 2 gilt entsprechend, wenn in Verbindung mit der Errichtung und Veräußerung von Eigentumswohnungen Teileigentum im Sinne des Wohnungseigentumsgesetzes errichtet und veräußert wird und das Gebäude zu mehr als 66 2/3 Prozent Wohnzwecken dient. [4] Betreut ein Unternehmen auch Wohnungsbauten oder veräußert es auch Einfamilienhäuser, Zweifamilienhäuser oder Eigentumswohnungen, so ist Voraussetzung für die Anwendung des Satzes 2, dass der Gewinn aus der Verwaltung und Nutzung des eigenen Grundbesitzes gesondert ermittelt wird. [5] Die Sätze 2 und 3 gelten nicht,

1. wenn der Grundbesitz ganz oder zum Teil dem Gewerbebetrieb eines Gesellschafters oder Genossen dient,

1a. soweit der Gewerbeertrag Vergütungen im Sinne des § 15 Abs. 1 Satz 1 Nr. 2 Satz 1 des Einkommensteuergesetzes enthält, die der Gesellschafter von der Gesellschaft für seine Tätigkeit im Dienst der Gesellschaft oder für die Hingabe von Darlehen oder für die Überlassung von Wirtschaftsgütern, mit Ausnahme der Überlassung von Grundbesitz, bezogen hat oder

2. soweit der Gewerbeertrag Gewinne aus der Aufdeckung stiller Reserven aus dem Grundbesitz enthält, der innerhalb von drei Jahren vor der Aufdeckung der stillen Reserven zu einem unter dem Teilwert liegenden Wert in das Betriebsvermögen des aufdeckenden Gewerbebetriebs überführt oder übertragen worden ist, und soweit diese Gewinne auf bis zur Überführung oder Übertragung entstandene stille Reserven entfallen.

[6]Eine Kürzung nach den Sätzen 2 und 3 ist ausgeschlossen für den Teil des Gewerbeertrags, der auf Veräußerungs- oder Aufgabegewinne im Sinne des § 7 Satz 2 Nr. 2 und 3 entfällt;

...

Gewerbesteuerdurchführungsverordnung

§ 16 GewStDV *[abgedruckt zu § 7 GewStG]*

§ 20 GewStDV Grundbesitz

(1) [1]Die Frage, ob und inwieweit im Sinne des § 9 Nr. 1 des Gesetzes Grundbesitz zum Betriebsvermögen des Unternehmers gehört, ist nach den Vorschriften des Einkommensteuergesetzes oder des Körperschaftsteuergesetzes zu entscheiden. [2]Maßgebend ist dabei der Stand zu Beginn des Kalenderjahrs.

(2) Gehört der Grundbesitz nur zum Teil zum Betriebsvermögen im Sinne des Absatzes 1, so ist der Kürzung nach § 9 Nr. 1 des Gesetzes nur der entsprechende Teil des Einheitswerts zugrunde zu legen.

§ 21 GewStDV *(weggefallen)*

Gewerbesteuer-Richtlinien 1998: Abschnitte 59, 60.

Übersicht

1.	Allgemeines
2.–16 a.	**Die Kürzung nach Satz 1**
2.	Begriff des Grundbesitzes
3.	Zugehörigkeit zum Betriebsvermögen
4.	Einzelgewerbetreibende mit Gewinnermittlung nach § 4 Abs 1 u § 5 Abs 1 EStG
5.	Begriff des notwendigen Betriebsvermögens
6.	Anteilige betriebliche Nutzung
7.	Miteigentum
8.	Begriff des gewillkürten Betriebsvermögens
9.	Einzelgewerbetreibende mit Gewinnermittlung nach § 4 Abs 3 EStG
10.	Entnahmen
11.	Besonderheiten bei Personengesellschaften
12.	Besonderheiten bei Kapitalgesellschaften
13.	Zeitfragen
14.	Maßgeblicher Einheitswert
15.	Bemessungsgrundlage
16., 16 a.	Umfang der Kürzung nach Satz 1

17.–34. Die erweiterte Kürzung nach den Sätzen 2–4
17. Allgemeines
18. Begünstigte Unternehmen
19. Besonderheiten bei Organschaften
20. Begriff des Grundbesitzes
21. Eigener Grundbesitz
21 a. Zeitfragen
22.–22 c. Verwaltung und Nutzung von eigenem Grundbesitz
23. Ausschließlichkeit der Verwaltung und Nutzung
24. Ausnahme vom Gebot der Ausschließlichkeit
25. Immobilien-Leasing
26. Betriebsaufspaltung
27., 27 a Begriffe „neben" und „daneben"
28. Verwaltung und Nutzung von eigenem Kapitalvermögen
29. Betreuung von Wohnungsbauten
30. Errichtung und Veräußerung von EFH, ZFH oder ETW
31. Gesonderte Gewinnermittlung
32. Antragserfordernis
33. Dem Betrieb des Gesellschafters/Genossen dienender Grundbesitz
33 a. Vergütungen iSv § 15 Abs 1 Satz 1 Nr 2 Satz 1 EStG
33 b. Aufdeckung stiller Reserven aus dem Grundbesitz
33 c. Veräußerungs- u Aufgabegewinne iSv § 7 Satz 2 Nr 2 u 3
34. Umfang der Kürzung

Literatur: *Fuchs,* Erweiterte Kürzung des Gewerbeertrags bei gewinnlosen Geschäften, DB 1990, 2236; *Henerichs,* Gewerbesteuerliche Probleme bei einer betrieblichen Beteiligung an einer vermögensverwaltenden Kommanditgesellschaft, FR 1991, 76; *Neyer,* Gewerbesteuerliche Behandlung der grundstücksverwaltenden GmbH: Laufende Besteuerung der Sonderfälle, DStR 1991, 537; *Gosch,* Rechtsprechung zur Gewerbesteuer, StuW 1992, 350; *Weßling,* Nutzbarmachung der erweiterten Kürzung des Gewerbeertrages gem § 9 Nr 1 Satz 2 GewStG für gewerbliche Unternehmen mit eigenem Grundbesitz, DStR 1993, 266; *Veigel/Lentschig,* Leasing im Steuerrecht, StBp 1994, 106; *E. Schmidt,* Betriebsvorrichtungen als juristische Spielwiese, BB 1995, 26; *Salzmann,* Gewerbesteuerliche Optimierung mit Hilfe der Abschirmwirkung von Kapitalgesellschaften, DStR 2000, 1324; *Schlagheck,* Zebragesellschaften und Gewerbesteuer, StBp 2000, 115; *Jebens/Jebens,* Gewerbesteuer bei Immobilieninvestitionen, BB 2002, 73; *Voßkuhl/Zuschlag,* Zum Umfang des Kürzungsbetrages nach § 9 Nr 1 Satz 2, 3 GewStG bei Kapitalerträgen, die im Rahmen der Verwaltung und Nutzung eigenen Grundbesitzes erzielt worden sind, FR 2002, 616; *Haase,* Anwendungsvoraussetzungen für die Kürzung nach § 9 Nr 1 Satz 2 GewStG, Inf 2003, 943; *Jesse,* Erweiterte Gewerbesteuerkürzung für Grundstücksverwaltungsunternehmen gem § 9 Nr 1 Satz 2 GewStG, FR 2004, 1085; *Körner,* Änderungen des GewStG durch das EU-Richtlinien-Umsetzungsgesetz, Inf 2005, 139; *Günters/Bienek,* Ertragsteueroptimierter Erwerb von Immobilienbeständen, FR 2005, 479; *Klass,* Zur Frage der Sicherheitengestellung im Zusammenhang mit der sog erweiterten Gewerbesteuerkürzung, GmbHR 2006, 555; *Dieterlen/Käshammer,* Erweiterte Gewerbesteuerkürzung nach § 9 Nr 1 Satz 2 GewStG bei Beteiligung an einer gewerblichen Personengesellschaft …, BB 2006, 1935; *Witt/Tiede,* Erweiterte Gewerbesteuerkürzung: Gefahr durch Gewährung von Sicherheiten, BB 2006, 873; *Mies/Behrends/Schumacher,* Inanspruchnahme der erweiterten Kürzung gemäß § 9 Nr 1 Satz 2 ff GewStG im Falle der Mitvermietung von Betriebsvorrichtungen, BB 2007, 810; *Bahns/Graw,* Erweiterte gewerbesteuerliche Kürzung nach § 9 Nr 1 Satz 2 GewStG und Mitvermietung von Betriebsvorrichtungen, FR 2008, 257.

1 **Allgemeines.** Ein Zweck der Vorschrift ist die Vermeidung der Doppelbelastung des in Rede stehenden Grundbesitzes mit GrundSt und GewSt (Begr GewStG 1936 Nr II 1 und 6, RStBl 1937, 696; BFHE 85, 293, BStBl III 1966, 316). Für den Anspruch auf Kürzung ist jedoch nicht entscheidend, ob im Einzelfall auf den Grundbesitz tatsächlich GrundSt gezahlt wird (vgl BFHE 104, 464, BStBl II 1972, 390). Unschädlich daher, wenn aus Billigkeitsgründen keine GrundSt erhoben wird (BFHE 55, 127, BStBl III 1951, 49) oder wenn bei Bestehen eines ErbbauR der Grundeigentümer die GrundSt übernommen hat (RFH RStBl 1943, 283). Besteht aber in bestimmten Fallgestaltungen bereits vom Grundsatz her keine Belastung mit GrundSt, dann steht dies einer Kürzung idR entgegen (BFHE 90, 299, BStBl II 1968, 65). Ab **EZ 2008** (vgl § 36 Abs 6a GewStG) ist die Anwendbarkeit des § 9 Nr 1 Satz 1 ausdrücklich auf den **nicht von der Grundsteuer befreiten** Grundbesitz beschränkt. Unbeachtlich ist, ob aus dem Grundstück ein (Gew-)Ertrag erwirtschaftet wird.

Ein zweiter Gesetzeszweck besteht in einer gewissen Annäherung der GewStBelastung von Betrieben auf eigenem Grundbesitz mit Betrieben auf gemieteten/gepachteten Grundstücksteilen (BFH/NV 2003, 82). Im Hinblick auf diesen zweiten Gesetzeszweck ist die Minderung des Kürzungssatzes von zunächst 3% auf schließlich 1,2% des EW unbefriedigend (*Rieger* DStR 1974, 532; *Lenski/Steinberg* § 9 Nr 1 Anm 16). Aus Vorstehendem ergibt sich, dass die Vorschrift nicht auf **ausländische** Grundstücke anzuwenden ist. Sie unterliegen nicht der (deutschen) GrundSt und der Feststellung eines EW iSd Vorschrift. Verhältnisse im Ausland werden nach § 9 Nr 3 GewStG berücksichtigt. Die beiden Alternativen (Satz 1 und Satz 2) der Vorschrift gelten auch für **Vermietungsgenossenschaften** usw iSv § 3 Nr 15, soweit sie nach der ab EZ 1990 geltenden Fassung des Gesetzes partiell stpfl sind (*Jonas/Müller* DStR 1988, 623; *Bücker* BB 1989, 1027).

2.–16 a. Die Kürzung nach Satz 1

2 Der **Begriff des Grundbesitzes** ist deckungsgleich mit dem der §§ 8 Nr 7 u 9 Nr 4 GewStG aF (vgl unten Anm 20). Daran dürfte sich auch nach Wegfall dieser Vorschriften insofern nichts geändert haben, als die bewertungsrechtlichen Unterscheidungen zugrundezulegen sind. Daher gehören schon wegen § 68 Abs 2 Nr 1 BewG Bodenschätze und wegen § 68 Abs 2 Nr 2 BewG Betriebsvorrichtungen nicht zum Grundbesitz (vgl BFHE 122, 534, BStBl II 1977, 778 mwN), wohl aber das ErbbauR (RFH RStBl 1943, 283; BFHE 91, 365, BStBl II 1968, 353; vgl BFHE 188, 412, BStBl II 1999, 532). Um welche Art von Grundbesitz (zB Wohngebäude, Bürogebäude, luf Grundstücke) es sich handelt, ist ohne Bedeutung (*Winter* StBp 1967, 248; *Hofbauer* DStR 1983, 598, 608). Andere Wirtschaftsgüter sind nicht zu berücksichtigen (BFHE 127, 163, BStBl II 1979, 399; BFHE 142, 90, BStBl II 1984, 805; BFH/NV 1993, 431).

3 Die **Zugehörigkeit zum Betriebsvermögen** ist nach § 20 Abs 1 GewStDV nach den Vorschriften des EStG und KStG, nicht jedoch nach § 99 BewG, zu entscheiden. Danach gilt (vgl R 4.2 Abs 7 ff EStR):

4 **Einzelgewerbetreibende, die ihren Gewinn nach § 4 Abs 1, § 5 Abs 1 EStG ermitteln,** haben schon nach § 6 EStG betrieblich genutzte Grundstücke und Grundstücksteile als BV auszuweisen (BFH HFR 1961, 270), und zwar als notwendiges oder gewillkürtes BV.

5 **Notwendiges BV** ist das Grundstück, das ausschließlich und unmittelbar für eigenbetriebliche Zwecke genutzt wird (BFHE 115, 500, BStBl II 1975, 583). Die bilanzielle Behandlung allein ist kein hinreichendes Kriterium. Erforderlich ist Inanspruchnahme in einer Weise, die wirtschaftlich jede anders geartete Verwendung, insbesondere für private Zwecke (privates Wohnen), ausschließt (*Littmann* DB 1961, 110); ebenso wenig genügt, dass das Grundstück mit betrieblichen Mitteln erworben worden ist oder als Sicherheit für betriebliche Mittel dient (BFHE 80, 78, BStBl III 1964, 502). Dagegen BV, wenn es sich um ein Mietwohngrundstück für Arbeitnehmer handelt und betriebliche Gründe für die Vermietung vorliegen (BFHE 121, 135, BStBl II 1977, 315) oder bei Verwendung als Belegschaftsheim bei einer nicht ins Gewicht fallenden privaten Nutzung, wenn die betriebliche Nutzung aus vom Unternehmen nicht zu beeinflussenden Gründen scheitert (BFHE 117, 141, BStBl II 1976, 179). BV wird auch angenommen bei Erwerb und Veräußerung durch Immobilienmakler (BFH DB 1962, 1065), oder wenn ein Bauunternehmer das Grundstück für eine mehrjährige Vermietung erwirbt und bebaut, unter der Voraussetzung, dass seine Tätigkeit ausschließlich oder weitaus überwiegend im Bau von Wohnhäusern zum Zwecke eigener Vermietung besteht (BFHE 64, 46, BStBl III 1957, 17; BFHE 69, 428, BStBl III 1959, 421). Insofern ist jedoch eine sorgfältige Prüfung angezeigt; die Vermietung allein ist kein Beweisanzeichen für oder gegen BV (BFHE 70, 412, BStBl III 1960, 156). Die Erstellung des Gebäudes im Rahmen des Betriebes des Bauunternehmers macht dieses jedoch zum BV (BFHE 80, 215, BStBl III 1964, 552), ebenso der Erwerb und die rasche Veräußerung nach der Bebauung (BFHE 116, 537, BStBl II 1975, 850).

Für ein **Gebäude auf fremdem Grund und Boden** ist die Kürzung nur zulässig, wenn das Gebäude dem Betriebsinhaber wirtschaftlich zuzurechnen ist (§ 39 Abs 2 Nr 1 AO). Die Zurechnung zum BV auf Grund handels- und steuerrechtlicher Buchführungsvorschriften, wie sie für Bauten auf fremdem Grund und Boden gelten (Bilanzierung eines immateriellen Wirtschaftsguts, zB BFHE 160, 244, BStBl II 1990, 623), ist nicht möglich (BFH/NV 1993, 431).

6 Bei nur **anteiliger betrieblicher Nutzung** gilt Folgendes: Grundsätzlich ist notwendiges BV nur der Anteil des Grundstücks, der die genannten Voraussetzungen erfüllt. Sind neben einem betrieblich genutzten Gebäude auf dem Grundstück weitere nicht betrieblich genutzte Gebäude vorhanden, so gehört der auf den betrieblich genutzten Teil des Gebäudes entfallende Anteil am Grund und Boden zum notwendigen BV (BFHE 121, 203, BStBl II 1977, 388). Entsprechendes gilt, wenn nur ein Teil des auf dem Grundstück befindlichen Gebäudes betrieblich genutzt wird (BFHE

111, 242, BStBl II 1974, 132). Liegen aber die Voraussetzungen für die Behandlung als notwendiges BV zu mehr als 50% vor, dann kann auch der übrige Teil des Grundstücks als (gewillkürtes) BV behandelt werden (BFHE 111, 242, BStBl II 1974, 132; BFHE 118, 212, BStBl II 1976, 663; BFHE 121, 135, BStBl II 1977, 315; R 4.2 Abs 1 EStR). Der Gewerbetreibende muss daher vor Schaffung der Voraussetzungen für die Anerkennung als gewillkürtes BV (Anm 8) prüfen, ob die Kürzung nach Satz 1 den aus dem betroffenen Grundstücksteil erwirtschafteten Überschuss auffängt oder nicht. Ist der der betrieblichen Nutzung unterliegende Anteil am Grundstück dagegen nur von **untergeordneter Bedeutung,** dann braucht das Grundstück insgesamt nicht als BV behandelt zu werden. Von untergeordneter Bedeutung ist der betrieblich genutzte Grundstücksteil, wenn er weder mehr als $^1/_5$ des Werts des ganzen Grundstücks noch mehr als 20 500 € beträgt (R 4.2 Abs 8 EStR; hierzu BFHE 128, 527, BStBl II 1980, 5). Maßstab für das relative Wertverhältnis ist idR das Verhältnis der Nutzflächen. Ein Grundstücksteil ist mehr als 20 500 € wert, wenn der Teil des gemeinen Werts des ganzen Grundstücks, der nach dem Verhältnis der Nutzflächen auf den Grundstücksteil entfällt, 20 500 € übersteigt (R 4.2 Abs 8 Sätze 3 u 4 EStR). Zur Frage des Wertmaßstabs vgl *Falterbaum* StWa 1960, 225; *Thiel* Inf 1962, 198; *Zöller* StBp 1963, 121. Problematisch ist, ob dieser Anteil der Kürzung unterliegen kann. Nach *Lenski/Steinberg* (§ 9 Nr 1 Rn 7, 9), *Wihtol/Bittner* (§ 9 Nr 1 Anm 2 S 256 d), A 59 Abs 1 Sätze 4 u 5 GewStR ist dies der Fall. ME ist diese Auffassung unzutreffend. Der Wortlaut der Vorschrift steht ihr entgegen (ebenso *Blümich/Gosch* § 9 Rz 16). Der Zweck der Vorschrift hat demgegenüber nur Vorrang, wenn anders ein sinnwidriges und dem Gesamtplan des Gesetzgebers widersprechendes Ergebnis einträte (vgl BFHE 139, 561, BStBl II 1984, 221). Das ist vorliegend nicht der Fall, weil der GewTreibende die Wahlfreiheit hat, den Grundstücksteil als BV zu behandeln. Im Übrigen lässt sich der Standpunkt vertreten, dass wegen der nur untergeordneten betrieblichen Nutzung auch die Doppelbelastung des Grundstücks mit GrundSt und GewSt nach dem Willen des Gesetzgebers gewstlich nicht ins Gewicht fallen soll.

7 Besteht nur **Miteigentum** des GewTreibenden an dem (ganz oder teilweise) betrieblich genutzten Grundstück, dann ist dieses (der betrieblich genutzte Teil) nur mit dem entsprechenden Miteigentumsanteil BV (BFHE 94, 452, BStBl II 1969, 233; BFHE 124, 335, BStBl II 1978, 299), es sei denn, er hat insofern wirtschaftliches Eigentum (§ 39 AO) oder er erweitert das Betriebsgebäude mit Zustimmung der übrigen Miteigentümer auf eigenen Namen und eigene Rechnung und nutzt es ausschließlich betrieblich. In diesem Fall ist nicht nur der ideelle Anteil sondern sind die Herstellungskosten des neu errichteten Grundstücksteils insgesamt als BV zu aktivieren (BFHE 123, 32, BStBl II 1978, 6; vgl hierzu BFHE 129, 485, BStBl II 1980, 244; BFHE 131, 516, BStBl II 1981, 68). Bei **Ehegatten** gelten dieselben Grundsätze (BFHE 102, 396, BStBl II 1971, 643; zust *Jüsgen* FR 1972, 64), und zwar auch dann, wenn der Stpfl den betrieblich genutzten Grundstücksteil bilanziell in vollem Umfang als BV behandelt hat (BFHE 127, 163, BStBl II 1979, 399). Weder dieser Umstand noch die Stellung als Unternehmer und Ehegatte erlauben einen Rückschluss auf

wirtschaftliches Eigentum (BFHE 152, 125, BStBl II 1988, 493; BFH/NV 1993, 431). Zu den Problemen bei der betrieblichen Beteiligung an einer vermögensverwaltenden Kommanditgesellschaft *Henerichs* FR 1991, 76; *Schlagheck* StBp 2000, 115, 118.

Gewillkürtes BV darf gebildet werden, wenn das Grundstück in einem 8
gewissen objektiven Zusammenhang mit dem Betrieb steht und ihm zu dienen und zu fördern geeignet und bestimmt ist (BFHE 184, 255, BStBl II 1998, 461). Es darf einerseits nicht zum notwendigen BV gehören und andererseits das Gesamtbild der gewerblichen Betätigung nicht so verändern, dass es den Charakter von Vermögensverwaltung bekommt (BFHE 82, 356, BStBl III 1965, 377). Voraussetzung ist weiter, dass das Grundstück in der Buchführung und Bilanz eindeutig als BV ausgewiesen ist. Die unter Anm 7 dargelegten Grundsätze zu Grundstücksteilen sind anzuwenden (BFHE 121, 203, BStBl II 1977, 388). Der Wille des Stpfl, das Grundstück zum BV zu ziehen, muss klar erkennbar sein (BFHE 72, 141, BStBl III 1961, 53). Bei der Prüfung der wirtschaftlich vernünftigen Gründe für eine Willkürung ist keine kleinliche Prüfung angezeigt (BFHE 135, 440, BStBl II 1982, 526); es reicht bei einer Mitunternehmerschaft das Interesse an einer Vereinfachung der Besteuerung und an einer einheitlichen Behandlung des Grundstücks (BFHE 135, 440, BStBl II 1982, 526). Nimmt der Stpfl das Grundstück in die Bilanz auf, behandelt er es aber im Übrigen nicht als BV (etwa durch reine Vermietung und Verpachtung), dann zählt Letzteres (BFHE 72, 141, BStBl III 1961, 53). Jedoch nimmt die Einstellung der ordnungsgemäßen Buchführung nach Ausweis als BV dem Grundstück nicht den Charakter von BV; erforderlich ist vielmehr eine eindeutige Entnahmehandlung (Anm 10). Die als gewillkürtes BV in Frage kommenden Grundstücksteile dürfen entweder allein oder zusammen mit dem bereits als notwendiges BV zu behandelnden Grundstücksteil nicht nur von ganz untergeordneter Bedeutung im Verhältnis zum Wert der Grundstücke sein, zu denen sie gehören (vgl R 4.2 Abs 8 Sätze 5–7 EStR).

Einzelgewerbetreibende, die ihren Gewinn nach § 4 Abs 3 EStG 9
ermitteln oder entgegen ihrer Verpflichtung keine Bücher führen und keine regelmäßigen Abschlüsse machen, hatten nach früherer Rspr entweder notwendiges BV nach obigen Grundsätzen (Anm 5–7) oder notwendiges PV (vgl zuletzt BFHE 137, 19, BStBl II 1983, 101). Sie dürfen jedoch seit BFHE 203, 373, BStBl II 2004, 985 gewillkürtes BV bilden. Wird nur ein Grundstücks**teil** betrieblich genutzt, darf dieser im Verhältnis zum Wert des ganzen Grundstücks nicht von untergeordneter Bedeutung sein.

Entnahmen bewirken den Übergang von BV zum PV. Eine Entnahme 10
ist eine von dem Willen des Stpfl, das Grundstück nicht mehr betrieblich zu nutzen, getragene eindeutige Handlung, mit der dieser Wille in die Tat umgesetzt wird. Sie erfolgt durch Erklärung gegenüber dem Finanzamt oder durch schlüssige Handlung (zB Nutzungsänderung), etwa durch Bebauung zu privaten Wohnzwecken (BFHE 121, 203, BStBl II 1977, 388; R 4.3 Abs 3 EStR). Entsprechendes gilt für Gebäude- und Grundstücksteile (vgl Anm 5; BFHE 137, 317, BStBl II 1983, 365). Daher (noch) keine Entnahme, wenn es die Umstände des Falles als zweifelhaft erscheinen

lassen, ob das Grundstücksteil auf Dauer privaten Zwecken dienen soll (BFHE 99, 523, BStBl II 1970, 574; BFHE 111, 322, BStBl II 1974, 240). Der Übergang von der Gewinnermittlung nach § 4 Abs 1 und § 5 Abs 1 EStG zur Gewinnermittlung nach § 4 Abs 3 EStG bewirkt noch keine Entnahme (§ 4 Abs 1 Satz 3 EStG; hierzu R 4.3 Abs. 2 ff EStR).

11 **Personengesellschaften,** die gewerblich tätig sind, haben Grund und Boden nach vorstehenden Grundsätzen ganz oder teilweise (BFHE 66, 683, BStBl III 1958, 262) als BV auszuweisen, wenn er zu ihrem Gesamthandsvermögen gehört (BFHE 83, 574, BStBl III 1965, 708) und nicht (nahezu) ausschließlich der privaten Lebensführung eines oder mehrerer Mitunternehmer dient (BFHE 109, 519, BStBl II 1973, 705; BFHE 116, 328, BStBl II 1975, 804; BFHE 129, 40, BStBl II 1980, 40; BFHE 138, 223, BStBl II 1983, 457; R 4.2 Abs 11 EStR). Gehört das Grundstück nicht zum Gesamthandsvermögen, so ist es dennoch notwendiges BV, wenn es dem Betrieb der Mitunternehmerschaft ausschließlich und unmittelbar dient, es sei denn es gehört zum BV eines anderen inländischen Gewerbebetriebs (BFHE 137, 323, BStBl II 1983, 218). Entsprechendes gilt, wenn ein Grundstücksteil dem Betrieb einer Personengesellschaft dient, aber im Eigentum einer nicht personenidentischen Gesamthandsgemeinschaft oder Bruchteilsgemeinschaft steht, wenn das Grundstück der Personengesellschaft nach § 39 Abs 2 Nr 2 AO zuzuordnen ist (R 4.2 Abs 12 EStR). Zum notwendigen BV rechnen die den Gesellschaftern zustehenden Anteile an dem Grundstück (BFHE 66, 683, BStBl III 1958, 262; BFH HFR 1961, 270). Wird ein solches Grundstück nur anteilig betrieblich genutzt, dann gehören die Anteile der Gesellschafter mit dem betrieblich genutzten Teil zum BV (BFHE 66, 683, BStBl III 1958, 262). Der restliche Grundstücksteil kann nach obigen Grundsätzen (Anm 8) gewillkürtes BV sein (BFHE 81, 254, BStBl III 1965, 92; BFHE 117, 144, BStBl II 1976, 180; BFHE 120, 374, BStBl II 1977, 150). Ein zulässigerweise als BV behandeltes Grundstück eines Einzelunternehmers (R 4.2 Abs 9 EStR) verliert die Eigenschaft als BV dann nicht, wenn das Einzelunternehmen ohne das Grundstück in eine Personengesellschaft eingebracht wird, wenn die Gesellschafter hier wohnen und von hier aus die Geschäfte führen (BFHE 136, 393, BStBl II 1983, 288).

12 **Kapitalgesellschaften** haben Grundvermögen stets und in vollem Umfang als BV auszuweisen, weil ihre Tätigkeit nach § 2 Abs 2 GewStG stets und in vollem Umfang gewerbliche Tätigkeit ist (BFHE 104, 464, BStBl II 1972, 390). Auch Grundstücke, die zum Deckungsstock eines Versicherungsunternehmens in der Rechtsform einer Kapitalgesellschaft gehören, sind daher notwendiges BV. Hieran ändert weder die gesonderte Verwaltung nach § 66 Abs 5 VAG noch die Tatsache etwas, dass der Deckungsstock der Erfüllung künftiger Ansprüche der Versicherten dient (BFHE 104, 464, BStBl II 1972, 390). Bei **sonstigen Körperschaften** iSd § 1 Abs 1 Nr 4 und 5 KStG (Vereine, Stiftungen usw) gehört Grund und Boden zum BV, sofern diese Körperschaften einen Betrieb gewerblicher Art unterhalten und der Grund und Boden diesem unmittelbar dient.

13 **Zeitfragen.** Ob und inwieweit Grundbesitz zum BV gehört, ist nach § 20 Abs 1 Satz 2 GewStDV nach den Verhältnissen am 1. 1. eines jeden

EZ zu entscheiden. Es besteht strenges Stichtagsprinzip auch dann, wenn kurz nach dem 1. 1. Grundbesitz veräußert wird (insoweit Kürzung) oder erworben wird (insoweit keine Kürzung; BFHE 198, 120, BStBl II 2002, 873). Die frühere Regelung des § 20 Abs 1 Satz 3 GewStDV, wonach bei Begründung der GewStpfl im Laufe des EZ die Verhältnisse zu diesem Zeitpunkt maßgebend sind (vgl hierzu BFHE 55, 127, BStBl II 1951, 49), besteht ab EZ 1986 nicht mehr. Dasselbe gilt für den früheren § 20 Abs 1 Satz 4 GewStDV, wonach beim Übergang eines GewBetriebes und Vereinigung mit einem bestehenden GewBetrieb die Kürzung nach Zwölfteln entsprechend der zeitlichen Zugehörigkeit zu diesem Betrieb durchzuführen war. Die bisher vorgesehene Zwölftelung unterbleibt. Entsprechendes gilt, wenn der für die Ermittlung des GewErtrages maßgebende Zeitraum mehr oder weniger als 12 Monate beträgt (*Lenski/Steinberg* § 9 Nr 1 Anm 76 ff). Die Regelung des § 20 Abs 1 Satz 2 GewStDV ist bedenklich. Ihr fehlt die Rechtsgrundlage, die sich auch nicht aus der Anknüpfung an den maßgeblichen EW ergibt (ebenso *Blümich/Gosch* § 9 Rz 39; *LS* § 9 Nr 1 Anm 74).

Maßgeblichkeit des Einheitswerts. Maßgebend für die Kürzung von 14 1,2% ist der EW, der auf den letzten Feststellungszeitpunkt (Hauptfeststellungs-, Fortschreibungsfeststellungs-, Nachfeststellungs-Zeitpunkt) vor dem Ende des EZ (§ 14) lautet. Dieser Wert bleibt maßgebend, solange nicht durch Hauptfeststellung oder Fortschreibung ein neuer EW festgestellt wird. Ein höherer Wert, mit dem das Grundstück etwa im Anschluss an die DM-Eröffnungsbilanz eingestellt war, ist insofern unbeachtlich (BFHE 57, 526, BStBl III 1953, 202; BFHE 59, 415, BStBl III 1954, 370). Der EW-Bescheid ist Grundlagenbescheid iSv § 175 Abs 1 Satz 1 Nr 1 AO. Wird er geändert, so hat auch ein geänderter GewStMessbescheid infolge des geänderten Kürzungsbetrages zu ergehen. Gehört zum BV ein verpachtetes landwirtschaftliches Grundstück, dann ist die Kürzung nicht nur vom Verpächteranteil sondern vom vollen EW vorzunehmen (BFHE 92, 231, BStBl II 1968, 479). Bei Grundstücken im Zustand der Bebauung ist nur der EW nach § 91 BewG, also der Wert für Grund und Boden und bereits bezugsfertige Gebäude maßgebend (BFHE 88, 225, BStBl III 1967, 353; BFHE 90, 299, BStBl II 1968, 65). Besteht für den Unternehmer ein ErbbauR, dann ist der Kürzung nicht der Wert des Erbbaugrundstücks, sondern nur der Teil des EW zugrundezulegen, der nach § 92 BewG auf ihn als Erbbauberechtigten entfällt (RFH RStBl 1941, 884; 1943, 283; BFHE 91, 365, BStBl II 1968, 353; hierzu *Fröhlich* DStR 1974, 748, 754; *Boorberg* DStR 1978, 27, 31). Entsprechendes gilt bei Teileigentum nach dem WEG.

Ist ein EW nach § 132 Abs 2 Satz 1 BewG noch nicht festgestellt, kann im Vorgriff hierauf die Bemessungsgrundlage für die Kürzung geschätzt werden (*FM Bbg* DB 1994, 1494). Zur Bindung des Ersuchens des für die GewSt-Festsetzung zuständigen FA nach § 132 Abs 2 Satz 2 BewG für das Lagefinanzamt BFH/NV 2007, 652.

Bemessungsgrundlage sind bei Grundstücken (§ 70 BewG) sowie bei 15 Betriebsgrundstücken (§ 99 Abs 1 Nr 1 BewG), die wie Grundvermögen bewertet werden, 140% des auf den Wertverhältnissen vom 1. 1. 1964 beruhenden EW (§ 121 a BewG). Bei Betriebsgrundstücken, die losgelöst von ihrer Zugehörigkeit zu einem GewBetrieb wie land- und forstwirtschaftl Vermögen bewertet werden würden (§ 99 Abs 1 Nr 2 BewG), sind dagegen nur 100% des EW zu Grunde zu legen. Bei Grundbesitz mit Bedeutung für Kunstgeschichte und Wissenschaft (§ 115 BewG aF) waren jedoch 140% des EW anzusetzen (*FM Ba-Wü* StEK § 9 Nr 18, DStR 1985, 735, fraglich; zust *Blümich/Gosch* § 9 Rz 20).

Für **land- und forstwirtschaftliche Vermögen** im **Beitrittsgebiet** wird ein sog Ersatzwirtschaftswert ermittelt (§§ 125 Abs 2 u 126 Abs 2 BewG). Für Zwecke der einfachen Kürzung ist dieser anzusetzen, jedoch nach dem Wortlaut der Nr 1 Satz 1 nur insoweit, als er sich auf Grundbesitz bezieht, der zum Betriebsvermögen gehört, dh ohne den auf gepachtete Flächen entfallenden Anteil (BFH/NV 2003, 82; *OFD Cottbus* FR 1996, 537; *OFD Chemnitz* DStR 1997, 415). Erforderlichenfalls ist er entsprechend aufzuteilen (FG Bbg EFG 2000, 184, 886).

Für **Mietwohngrundstücke** im **Beitrittsgebiet,** für die zum 1. 1. 1991 kein Einheitswert festzustellen war (*FM Länder* BStBl I 1990, 827) und für die eine Kürzung nach Satz 1 in Betracht kommt, ist die Bemessungsgrundlage mit dem 50-fachen der bei einem Hebesatz von 300% nach der Ersatzbemessungsgrundlage ermittelten Grundsteuer (§ 42 Abs 2 GrStG) zu schätzen (*FM Ba-Wü* DStR 1994, 1195; *FM Bbg* DB 1994, 1494).

16 **Umfang der Kürzung nach Satz 1.** Gehört ein Grundstück nur anteilig zum BV, dann ist der GewErtrag nur mit diesem Anteil des EW zu kürzen (§ 20 Abs 2 GewStDV). Für die Ermittlung des Anteils kommt nach A 59 Abs 2 Satz 2 GewStR das Verhältnis der Jahresrohmiete in Betracht; mE fraglich, weil dies ein Maßstab des Bewertungsrechts und nicht des Einkommensteuerrechts ist (*Schlosser* StWa 1980, 29). Nach A 59 Abs 2 Satz 3 GewStR kommt aber auch das Verhältnis der Nutzflächen oder des Rauminhalts in Betracht, wenn das Ergebnis den Verhältnissen des Einzelfalles besser entspricht. Diese Aufteilung ist allein sachgerecht (ebenso *Blümich/Gosch* § 9 Rz 30; *L/S* § 9 Nr 1 Anm 62). Bei Grundstücken, die infolge ihrer nur untergeordneten betrieblichen Nutzung nicht BV sind, kann mE keine Kürzung erfolgen (oben Anm 5 aE). Bei Erbbaurechten ist nur der Wert des Rechts und der Gebäude, nicht des Grundstücks anzusetzen (RFH RStBl 1943, 283; BFHE 91, 365, BStBl II 1968, 353). Bei einer Aufteilung des EW für das ErbbauR (ErbbauR weniger als 50 Jahre) Kürzung nur nach dem Teil des EW, der dem Berechtigten zugerechnet worden ist (RFH RStBl 1941, 884; *Luedtke* BB 1962, 215). Bei partiell stpfl Vermietungsgenossenschaften iSv § 3 Nr 15 ist der EW des an Nichtmitglieder vermieteten Grundbesitzes zugrundezuliegen (*Bücker* BB 1989, 1027; *Jonas/Müller* DStR 1988, 623).

16a Die Beschränkung der Kürzung nach Satz 1 **ab EZ 2008** (§ 36 Abs 6 a GewStG) auf den **nicht von der GrundSt befreiten Grundbesitz** bezieht sich mE auf **gesetzliche Befreiungen** (§§ 3, 4 GrStG). Wird die GrundSt aus anderen Gründen nicht erhoben (zB Erlass, Verjährung), hindert dies mE die Kürzung nicht (ebenso *L/S* § 9 Nr 1 Anm 54).

17.–34. Die erweiterte Kürzung nach den Sätzen 2–4

Allgemeines. Ursprünglicher **Zweck** der Vorschrift des Satzes 2 war, Grundstücksunternehmen in der Rechtsform einer Kapitalgesellschaft, die nur wegen ihrer Rechtsform gewstpfl waren, den vermögensverwaltenden Personenunternehmen gleichzustellen (BFHE 122, 531, BStBl II 1977, 776; BFHE 122, 534, BStBl II 1977, 778; BFHE 178, 572, BStBl II 1996, 76; BFHE 198, 120, BStBl II 2002, 873). Gleichwohl ist nicht die Begünstigung jeglicher Vermögensverwaltung vorgesehen (BFHE 213, 64, BStBl II 2006, 859). Die Berechtigung zur erweiterten Kürzung hängt auch nicht von der Unternehmensform ab. Die Vorschrift hat daher den Charakter einer verfassungsrechtlich fragwürdigen Steuerbefreiungsvorschrift (ebenso *Lenski/Steinberg* § 9 Nr 1 Rn 13), zumal sie nicht der Vermeidung der Doppelbelastung durch GrundSt und GewSt dient; dieses Ziel wird bereits durch Satz 1 erreicht (BFHE 90, 299, BStBl II 1968, 25; BFHE 114, 437, BStBl II 1975, 268). Gleichwohl hält BFHE 108, 366, BStBl II 1973, 410 die Norm für verfassungsmäßig. Der ursprüngliche Zweck der Norm ist jedoch nicht aufgegeben. Sie ist daher nicht anzuwenden auf Unternehmen, deren Tätigkeiten als solche gewstpfl sind (BFHE 109, 456, BStBl II 1973, 686; BFHE 162, 111, BStBl II 1990, 1075) bzw wenn die Grundstücksverwaltung/-nutzung die Grenze zur Gewerblichkeit überschreitet (BFHE 192, 100, BStBl II 2001, 359). Grundlegend zur Anwendung der Vorschrift BFHE 200, 54, BStBl II 2003, 355; BFHE 210, 38, BStBl II 2005, 778. 17

Empfehlenswert ist die Inanspruchnahme der **erweiterten Kürzung**

- bei einem positiven GewErtrag aus der Verwaltung und Nutzung eigenen Grundbesitzes,
- wenn dieser GewErtrag den pauschalen Kürzungsbetrag nach Satz 1 übersteigt.

Die **pauschale Kürzung** nach Satz 1 empfiehlt sich also, wenn

- bei hohem EW und (relativ) geringem GewErtrag die pauschale Kürzung zu einem negativen und damit nach § 10a ausgleichsfähigen GewErtrag führt oder
- die pauschale Kürzung betragsmäßig größer ist als der nach Satz 2 begünstigte GewErtrag (*Jonas/Müller* DStR 1988, 623).

Der innere **Aufbau** der Sätze 2–5 kennzeichnet **drei Tätigkeitsgruppen** und die an sie geknüpften Rechtsfolgen:

- Verwaltung und Nutzung von eigenem Grundbesitz (Anm 22ff) führt zur erweiterten Kürzung des hieraus bezogenen Ertrags;
- privilegierte Nebentätigkeiten (Anm 27ff: Verwaltung und Nutzung von eigenem Kapitalvermögen, Betreuung von Wohnungsbauten, Errichtung und Veräußerung von EFH, ZFH oder ETW), die zwar nicht schädlich sind, deren Erträge aber nicht in die erweiterte Kürzung einbezogen werden (vgl BFH BStBl II 1990, 1075);
- sonstige Tätigkeiten, die (wegen der Tatbestandselemente „ausschließlich", „neben" und „daneben") zu einem völligen Ausschluss der erweiterten Kürzung führen (vgl BFH BStBl II 1990, 1075; zu den erforderlichen Überlegungen *Jebens/Jebens* BB 2002, 73).

18 **Begünstigte Unternehmen.** Begünstigt sind alle Unternehmensformen (A 60 Abs 1 Nr 1 GewStR; *-el-* DB 1977, 981). Die Vorschrift gilt nicht nur für reine Grundstücksverwaltungsunternehmen, sondern auch für ruhende GewBetriebe (BFHE 118, 361, BStBl II 1976, 431; *-en-* DB 1976, 2140), sofern die nachfolgenden Voraussetzungen erfüllt sind. Hierbei kommt es nicht auf die Satzung, sondern auf die tatsächliche Tätigkeit an (BFHE 73, 561, BStBl III 1961, 469). Die Vorschrift ist ab EZ 1990 auch anzuwenden auf die bis EZ 1989 nach den Vorschriften der WGG gemeinnützigen Wohnungsbauunternehmen, soweit sie nicht nach § 3 Nr 2 oder § 3 Nr 15 (idF des StRefG 1990) weiterhin steuerbefreit sind (*Jonas/Müller* DStR 1988, 623; *Bücker* BB 1989, 1027). Übergangsregelungen für Wohnungsunternehmen im Beitrittsgebiet gibt *BMF* DB 1993, 2210.

19 **Besonderheiten bei Organschaften.** Bei Organschaften ist die Prüfung der nachstehenden Voraussetzungen bei jeder Gesellschaft gesondert vorzunehmen. Liegen sie nur beim Organträger vor, dann Hinzurechnung des GewErtrags des Organs erst nach Anwendung der Vergünstigung beim Organträger (BFHE 96, 362, BStBl II 1969, 629 unter Hinweis auf BFHE 93, 289, BStBl II 1968, 807). Eine Ausnahme kann sich ergeben bei einer konzernleitenden Tätigkeit der unmittelbar an ihrer Vermieterin beteiligten Muttergesellschaft, die als solche die Merkmale einer gewerblichen Tätigkeit aufweist (BFHE 98, 152, BStBl II 1970, 257; vgl *Neyer* DStR 1991, 537). Bei einer nur mittelbaren Beteiligung (über eine Kapitalgesellschaft) der Organträgerin an der an sie vermietenden Organgesellschaft ist die ihr gewährte erweiterte Kürzung bei der Ermittlung des GewErtrags der Organträgerin wieder zu korrigieren; der der Kürzung unterliegende Teil des Gewerbeertrags ist auf der 2. Stufe neutralisiert (FG München EFG 2006, 578 rkr).

20 Der **Begriff des Grundbesitzes** ist im engen bewertungsrechtlichen Sinn wie in § 8 Nr 7, § 9 Nr 4 GewStG aF zu verstehen (BFHE 162, 437, BStBl II 1991, 249; BFHE 167, 557, BStBl II 1992, 738; vgl oben Anm 2). Der Zusammenhang der genannten Vorschriften zeigt, dass der dort verwendete Begriff Grundbesitz einheitlich auszulegen ist (BFHE 110, 427, BStBl II 1974, 37; BFHE 112, 502, BStBl II 1974, 584; BFHE 119, 485, BStBl II 1976, 721). Um welche Art von Grundbesitz es sich handelt (zB Wohngebäude, Bürogebäude, luf Grundstücke), ist nicht von Bedeutung (*Winter* StBp 1967, 248; *Hofbauer* DStR 1983, 598, 608). Der Begriff umfasst nicht Bodenschätze nach § 68 Abs 2 Nr 1 BewG (zB Mineralwasserquelle, BFHE 167, 557, BStBl II 1992, 738) und Betriebsvorrichtungen nach § 68 Abs 2 Nr 2 BewG (BFHE 122, 534, BStBl II 1977, 778; BFHE 162, 437, BStBl II 1991, 249; BFHE 192, 100, BStBl II 2001, 359; BFHE 200, 54, BStBl II 2003, 355; BFH/NV 1994, 388; krit *E. Schmidt* BB 1995, 1330). Unschädlich ist allerdings die Vermietung von Grundstücksteilen, die nur wegen der Eigenart der Nutzung durch den Mieter die Rechtsnatur von Betriebsvorrichtungen haben (vgl Anm 24). Diese Rechtsprechung lässt sich nicht übertragen auf Mineralgewinnungsrechte, die nicht auf ein Handeln des Mieters/Pächters zurückgehen (BFHE 167, 557, BStBl II 1992, 738).

Eigener Grundbesitz. Die Formulierung ist gleichbedeutend mit „zum BV des Unternehmers gehörender Grundbesitz" in Satz 1 (BFHE 167, 144, BStBl II 1992, 628). Die Frage, ob und inwieweit im Sinne der Vorschrift Grundbesitz zum BV des Unternehmens gehört, ist nach den Vorschriften des EStG oder KStG zu entscheiden (§ 20 Abs 1 GewStDV; BFHE 135, 327, BStBl II 1982, 477; zu gewerblich tätigen Personengesellschaften vgl BFHE 151, 360, 363, BStBl II 1988, 418, 420; BFHE 149, 149, BStBl II 1987, 553). Der Begriff schließt mE Anteile am Grundbesitz einer vermögensverwaltenden Gesellschaft ebenso ein (*Schlagheck* StBp 2000, 115, 119) wie Gebäude auf einem Erbbaurechtsgrundstück (RFH RStBl 1941, 884; BFHE 91, 365, BStBl II 1968, 353; vgl BFHE 135, 434, BStBl II 1982, 533; A 62 Abs 3 GewStR). Dasselbe gilt für Gebäude auf fremdem Grund und Boden, die im wirtschaftlichen Eigentum des Unternehmers stehen. Sie sind auch nach § 70 Abs 3 BewG Grundbesitz iSd Bewertungsrechts und haben nach § 94 BewG einen eigenen EW. Auch in diesen Fällen ist wegen des eindeutigen Gesetzeswortlauts und obwohl die Gefahr der Doppelbelastung mit GrundSt und GewSt nicht besteht, die erweiterte Kürzung vorzunehmen (vgl BFHE 102, 396, BStBl II 1971, 643; BFHE 127, 163, BStBl II 1979, 399; FG Berlin EFG 1978, 399; ebenso *Barske* DB 1977, 417). Treuhänderisch verwalteter Grundbesitz ist nicht eigener Grundbesitz, da er dem Treugeber zuzurechnen ist (§ 39 Abs 2 Nr 1 Satz 2 AO). 21

Zeitfragen. Der Grundbesitz muss zum BV des StPfl in dem Gewinnermittlungsjahr gehören, in dem der Gewinn entstanden ist (vgl Anm 3 ff). Das strenge **Stichtagsprinzip** (vgl Anm 13) gilt hier mE nicht (RFH RStBl 1942, 38; ebenso *Lenski/Steinberg* § 9 Nr 1 Anm 116; **aA** *Blümich/Gosch* § 9 Rz 58). § 20 Abs 1 Satz 2 GewStDV, der Geltung für Satz 1 und Satz 2 des § 9 Nr 1 beansprucht, steht insofern weder mit Wortlaut noch mit Sinn und Zweck der Vorschrift in Einklang. Kann sich § 20 Abs 1 Satz 2 GewStDV im Hinblick auf § 9 Nr 1 Satz 1 – wenn auch nicht zwingend – noch auf den Stichtag bei der EW-Feststellung stützen, so ist dies bei § 9 Nr 1 Satz 2 nicht möglich. Hier geht es im Übrigen nur um die Kürzung um bestimmte Grundstückserträge, für die es keiner Anknüpfung an die EW-Feststellung oder an einen bestimmten Stichtag bedarf. Nach BFHE 158, 440, BStBl II 1990, 76 muss der Grundbesitz in dem EZ zum BV gehören, in dem die Kürzung erfolgt (Stichwort: Rücklage aus Veräußerungsgewinn; Anm 34). Diese Auffassung ist zu eng. Die Bezugnahme auf Satz 1 besagt sowohl grammatikalisch als auch teleologisch nur, dass der in Rede stehende Ertragsteil aus der Verwaltung und Nutzung von zum eigenen BV gehörenden Grundbesitz stammen muss. Diese Voraussetzung ist auch bei der Auflösung der Rücklage in einem späteren EZ (Wirtschaftsjahr) erfüllt. 21a

Verwaltung und Nutzung von eigenem Grundbesitz ist im Wesentlichen gleichbedeutend mit Vermögensverwaltung, dh Verwendung für den eigenen Bedarf, Vermietung und Verpachtung (RFH RStBl 1942, 988; BFHE 96, 352, BStBl II 1969, 629) einschließlich Ausgabe von ErbbauR (BFHE 91, 365, BStBl II 1968, 353) sowie Land- und Forstwirtschaft (RFH RStBl 1940, 909). Begriffsbestimmungen im *REIT-Gesetz* (BGBl I 22

2007, 914) sind mE angesichts des eigenen Regelungszwecks und der unterschiedlichen Zielsetzung für die Auslegung des § 9 Nr 1 Satz 2 nicht geeignet. Angesprochen ist der Einsatz von Grundbesitz zum Zwecke der Fruchtziehung aus zu erhaltender Substanz, insb durch Vermietungs- und Verpachtungstätigkeit (BFHE 213, 5, BStBl II 2006, 434). Entscheidend ist nicht die Satzung oder eine sonstige Fixierung des Unternehmenszwecks, sondern die tatsächliche Geschäftsführung (BFHE 73, 561, BStBl III 1961, 469). Diese darf nicht über den Rahmen einer Vermögensverwaltung hinausgehen („ausschließlich"), insbesondere auch nicht zT gewerblichen Charakter annehmen (BFHE 108, 190, BStBl II 1973, 260; BFHE 109, 138, BStBl II 1973, 563; BFHE 109, 456, BStBl II 1973, 686; BFHE 109, 459, BStBl II 1973, 688; BFHE 122, 534, BStBl II 1977, 778; BFHE 184, 108, BStBl II 1998, 270; BFHE 192, 100, BStBl II 2001, 359; BFH/NV 2008, 1359). Nach BFHE 184, 108, BStBl II 1998, 270 (Aufhebung von FG Nürnberg EFG 2003, 791) ist diese Voraussetzung gewahrt beim **dinglichen Einsatz des eigenen Grundbesitzes** für die Absicherung einer fremden Schuld (Bestellung einer Grundschuld) gegen Entgelt. Nach BFHE 213, 5, BStBl II 2006, 434 gilt dies erst recht bei Unentgeltlichkeit. ME bestehen hiergegen Bedenken, weil es sich bei dieser speziellen Form der Grundstücksnutzung in Wirklichkeit um ein Risikogeschäft handelt, das dem oben angesprochenen Typus fremd ist. Zudem fehlt es beim unentgeltlichen Einsatz für eine fremde Schuld an der Fruchtziehung. **Keine Verwaltung** von eigenem Grundbesitz ist das Halten einer Kommanditbeteiligung an einer gewerblich geprägten grundstücksverwaltenden Personengesellschaft (BFHE 167, 44, BStBl II 1992, 628; BFH/NV 2000, 817; BFH/NV 2006, 1148) sowie eine Betriebsverpachtung (BFH 210, 38, BStBl II 2005, 778). Bei Letzterer wird ein lebender Organismus und damit auch Vermögen anderer Art verpachtet (*Blümich/Gosch* § 9 Rz 60).

22a Bei **Vermietung und Verpachtung** ist grundsätzlich Vermögensverwaltung anzunehmen, und zwar auch dann, wenn sie in großem Umfang erfolgt und nach kaufmännischen Gesichtspunkten durchgeführt wird (BFHE 72, 637, BStBl II 1961, 233), selbst dann, wenn die aufstehenden Gebäude unter erheblichem Fremdkapitaleinsatz selbst errichtet worden sind. Auch die Vermietung einer Vielzahl von Objekten ist grundsätzlich Vermögensverwaltung (BFHE 79, 366, BStBl III 1964, 364), ebenso wenn in einem Gebäude eine Vielzahl kleinerer Flächen (Läden, Stände) vermietet wird (BFHE 79, 373, BStBl III 1964, 367). Doch können auch bei der Vermietung besondere Umstände eine gewerbliche Tätigkeit begründen, insbesondere wenn diese eine Organisation nach Art eines Gewerbebetriebes erfordern (BFHE 141, 330, BStBl II 1985, 211). Das betrifft etwa eine sich aus der Natur des Gegenstandes (Fremdenheim, Ferienwohnung, Parkhaus uä) ergebende kurzfristige Vermietung an häufig wechselnde Mieter (BFHE 154, 536, BStBl II 1989, 291 Tennisplätze). Hierbei kann auch ein einziges Objekt genügen, etwa wenn eine Ferienwohnung im Verband mit einer Vielzahl gleichartig genutzter Wohnungen einer einheitlichen Wohnanlage über eine Feriendienstorganisation genutzt wird (BFHE 119, 336, BStBl II 1976, 728; BFHE 159, 199, BStBl II 1990, 383; vgl im Übrigen die Anm 56 zu § 2). Auch die Übernahme von unüblichen Sonderleistungen kann für die Gewerblichkeit sprechen, wobei nicht jede geringfügige Sonderleistung schädlich ist, sondern erst diejenige, die eine gewisse unternehmerische Organisation erfordert (BFHE 121, 60, BStBl II 1977, 244; aA wohl BFHE 79, 373, BStBl III 1964, 367). **Nicht schädlich** sind geringfügige Zusatzleistungen bei der Vermietung einer Ferienwohnung (BFH/NV 1990, 36), die Zurverfügungstellung von Hauswänden zu Reklamezwecken (FG Ba-Wü EFG 1955, 304), die Mitvermietung von Garagen (FG Berlin EFG 1978, 399) oder die einem Miteigentumsanteil entsprechende Verwaltung gemeinschaftlichen Grundbesitzes (BFHE 85, 115, BStBl III 1966, 253). **Schädlich** ist die Übernahme der Reinigung oder von Vermittlungsleistungen (RFH RStBl 1943, 283; BFHE 72, 637, BStBl III 1961, 233), die Bewachung (BFHE 79, 366, BStBl III 1964, 364) sowie sonstige mit einem typischen Unternehmerrisiko verbundene Tätigkeiten (BFHE 79, 373, BStBl III 1964, 367), wie die planmäßige Lieferung von elektrischem Strom (RFH RStBl 1939, 578), die Vermietung und Einrichtung eines Arbeiterwohnheimes (BFHE 109, 194, BStBl II 1973, 561), mE auch eines Altenheims, die Verwaltung fremden Grund und Bodens (BFHE 85, 115, BStBl III 1966, 253; Ausnahmen bei Nebentätigkeiten Anm 29, 30), die Verpachtung eines gewerblichen Betriebes mit Einrichtung (RFH RStBl 1939, 790; BFHE 210, 38, BStBl II 2005, 778). Diese Tätigkeiten sind nicht nur Verwaltung und Nutzung eigenen Grundbesitzes. Dabei ist unerheblich, ob der StPfl besondere Erfahrungen hat, sein Vermögen geschickt iS eines Gewerbebetriebes einzusetzen (BFHE 72, 637, BStBl II 1961, 233). Dagegen ist bei Vorliegen der sonstigen Voraussetzungen für Vermögensverwaltung noch keine gewerbliche Tätigkeit gegeben, wenn ein zu verpachtender Gewerbebetrieb noch nicht ausgeübt wird (BFHE 73, 561, BStBl II 1973, 260). Für die Frage, ob Sonderleistungen einen unschädlichen geringfügigen Umfang hatten, kommt es auf die Verhältnisse im einzelnen EZ an (BFHE 113, 463, BStBl II 1975, 44).

Bei **Veräußerung von Grundbesitz** ist maßgebend, ob die Veräußerung noch (letzter) Teil der auf Fruchtziehung aus zu erhaltender Substanz gerichteten Tätigkeit ist (dann noch Vermögensverwaltung, BFHE 139, 386, BStBl II 1984, 137; BFHE 150, 59, BStBl II 1987, 603) oder ob die Substanzverwertung durch Umschichtung in den Vordergrund tritt (dann wegen gewerblichen Grundstückshandels – vgl § 2 Anm 90ff – keine Vermögensverwaltung mehr, BFHE 104, 77, BStBl II 1972, 279; BFHE 109, 431, BStBl II 1973, 661; BFHE 151, 74; BStBl II 1988, 65; vgl auch BFH/NV 2000, 1451, 1454). Zu fragen ist demnach, ob Verwaltung und Nutzung als Haupttätigkeit vorliegt, auf die sich das Grundstücksgeschäft wie ein Nebengeschäft günstig auswirkt (BFHE 101, 520, BStBl II 1971, 465; BFHE 101, 396, BStBl II 1971, 338; BFHE 189, 422, BStBl II 2000, 28; BFH/NV 2008, 538), etwa als Finanzierungsinstrument (*Wihtol* Anm zu StRK GewStG § 9 R 62), auch zur Abwendung einer drohenden Enteignung (*Birkholz* FR 1971, 344). Zu den Einzelheiten vgl § 2 Anm 90ff. Zum Verkauf des gesamten (noch vorhandenen) Grundbesitzes s Anm 23b. **22b**

Zeitfragen. Für die Unterscheidung ist im Wesentlichen abzustellen auf die Verhältnisse innerhalb eines Mehrjahreszeitraums (BFHE 108, 190, **22c**

BStBl II 1973, 260; BFHE 113, 463, BStBl II 1975, 44). Das gilt mE auch für Liquidationsfälle (aA *-ng-* FR 1972, 469; *Henninger* GmbHR 1974, 95), weil insofern die Haupttätigkeit des Unternehmens in Rede steht. Nur bei der Frage, ob Sonderleistungen gewerblicher Art geringen Umfangs geboten werden, sind die Verhältnisse im einzelnen EZ maßgebend (BFHE 113, 463, BStBl II 1975, 44; vgl Anm 27 a).

23 **Ausschließlich** muss die Verwaltung eigenen Grundbesitzes sein. Dieses Tatbestandsmerkmal ist umfassend, also qualitativ, quantitativ und in zeitlicher Hinsicht zu verstehen (BFH/NV 2000, 1498). Dies besagt, dass das Unternehmen neben den weiteren gesetzlich zugelassenen Tätigkeiten (Verwaltung von eigenem Kapitalvermögen, Betreuung von Wohnungsbauten, Errichtung und Veräußerung von Wohneigentum) **keine andere Tätigkeit** als die Grundstücksverwaltung ausüben darf (Anm 22–22 c). Insofern lässt die Vorschrift keinen Auslegungsspielraum, etwa der Art, dass an sich schädliche Betätigungen in **äußerst geringem Umfang** unschädlich seien (BFHE 162, 111, BStBl II 1990, 1975; BFHE 200, 54, BStBl II 2003, 355; BFHE 213, 64, BStBl II 2006, 659; *Wendt* FR 2000, 1038; *Gosch* StBp 2000, 57 u 341; **zweifelnd** BFHE 192, 100, BStBl II 2001, 359; BFHE 125, 187, BStBl II 1978, 505; BFH/NV 2002, 1052; A 60 Abs 4 Satz 10 GewStR; *Jesse* FR 2004, 1085: der die Ausgliederung von schädlichen Tätigkeiten empfiehlt). Diese Auslegung ist verfassungsrechtlich unbedenklich (BFH/NV 2006, 1148 mwN).

23a **Unschädlich** sind im Übrigen **Nebengeschäfte** (Anm 24) oder gesetzlich zugelassene **Nebentätigkeiten** (Anm 27–30; BFHE 96, 362, BStBl II 1969, 629). Übt das Unternehmen noch **andere Tätigkeiten** aus, dann ist die Kürzung nach Satz 2 insgesamt zu versagen, darf also auch nicht anteilig für die der Vorschrift entsprechenden Tätigkeiten gewährt werden (BFHE 90, 180, BStBl II 1968, 16; BFHE 167, 557, BStBl II 1992, 738; BFHE 213, 64, BStBl II 2006, 659). Maßgeblich ist das tatsächliche Verhalten (BFHE 73, 561, BStBl III 1961, 469). Insbesondere die Übernahme von Sonderleistungen und Tätigkeiten gewerblichen Charakters sind schädlich (Anm 22–22 c). Das gilt ebenfalls für die Verwaltung von fremdem Grundbesitz, und zwar auch dann, wenn das Unternehmen nur Miteigentümer ist und sich mehr, als es dem Miteigentumsanteil entspricht, an der Grundstücksverwaltung beteiligt (BFHE 85, 115, BStBl III 1966, 253), für die Beteiligung an einer Mitunternehmerschaft als Komplementär oder Kommanditist (BFHE 97, 40, BStBl II 1969, 738; BFHE 114, 437, BStBl II 1968, 268; BFH/NV 2008, 821), ebenso wenn eine eigenen Grundbesitz verwaltende GmbH als Kommanditistin an einer gesellschaftseigenes Grundvermögen verwaltenden GmbH & Co KG beteiligt ist (BFHE 167, 144, BStBl II 1992, 628; BFHE 192, 100, BStBl II 2001, 359; BFH/NV 2001, 817; **aA** *Blümich/Gosch* § 9 Rz 79; *Gosch* StuW 1992, 350). Das gilt umso mehr, wenn das Unternehmen (GmbH) als persönlich haftende (prägende) Gesellschafterin beteiligt ist (BFHE 200, 54, BStBl II 2003, 355). Entsprechendes gilt mE für die Personalausleihe etwa an verbundene Unternehmen, die zwecks Ausgliederung der schädlichen Geschäfte gegründet worden sind, oder für die Übernahme von Sanierungs- u Erschließungsträgerschaften. Ausschließliche Grundstücksverwaltung liegt auch nicht vor bei der Mitvermietung von **Betriebsvorrichtungen** (BFHE 162, 437, BStBl II 1991, 249), auch wenn sie in geringfügigem Umfang erfolgt (BFHE 200, 54, BStBl II 2003, 355; BFHE 213, 64, BStBl II 2006, 659; hierzu *Bahns/Graw* FR 2008, 257). S jedoch Anm 24.

Schädlich ist auch der **Verkauf** des gesamten vorhandenen Grundbesit- **23b**
zes und Beschränkung auf die Verwaltung des aus dem Erlös gebildeten Kapitalvermögens (BFHE 135, 327, BStBl II 1982, 477; BFH/NV 2000, 79; 2000, 1498). Unschädlich ist jedoch der Verkauf des einzigen (letzten) Grundstücks am 31. 12. des EZ um 23.59 Uhr (BFHE 207, 40, BStBl II 2004, 1080; aA FG Köln EFG 2003, 950, aufgeh). Anders kann zu entscheiden sein, wenn eine grundstückverwaltende GmbH liquidiert wird und im Rahmen dessen den gesamten Grundbesitz unter Auskehrung des Erlöses veräußert (ebenso *Neyer* DStR 1991, 537).

Die Ausschließlichkeit wird jedoch nicht verneint, wenn bestimmte Ne- **23c**
bentätigkeiten oder Sonderleistungen **nicht mit Gewinnerzielungsabsicht** vorgenommen werden (BFHE 101, 396, BStBl II 1971, 338). Dies ist bedenklich, weil die Vorschrift nicht danach unterscheidet, ob durch die jeweilige Betätigung der Begriff des Gewerbebetriebs (§ 15 Abs 2 EStG) erfüllt ist (*Blümich/Gosch* § 9 Rz 65; ebenso BFHE 167, 144, BStBl II 1992, 628; BFHE 167, 557, BStBl II 1992, 738; FG Bln-Bbg EFG 2007, 1717, Rev); im Gegenteil ist der abschließenden Aufzählung der unschädlichen Nebentätigkeiten zu entnehmen, dass jede weitere Betätigung zur Versagung der erweiterten Kürzung führt (aA *Fuchs* DB 1990, 2236). Immerhin gelten die Grundsätze dieser Entscheidung nicht, wenn sich hinter der fehlenden Gewinnerzielung in Wirklichkeit eine verdeckte Gewinnausschüttung verbirgt (BFHE 130, 543, BStBl II 1980, 662; FG Hamburg EFG 1990, 439).

Das Merkmal der Ausschließlichkeit muss **während des gesamten EZ** **23d**
erfüllt sein (BFHE 101, 396, BStBl II 1971, 338; BFHE 109, 138, BStBl II 1973, 563; BFHE 125, 187, BStBl II 1978, 505; ebenso *-ng-* FR 1973, 88), bei abweichendem Gewinnermittlungszeitraum in diesem (Saarl FG EFG 1968, 141; *Blümich/Gosch* § 9 Rz 68). Dabei macht es keinen Unterschied, ob die steuerschädliche Tätigkeit die Grundstücksnutzung selbst oder sonstige Zusatzleistungen betrifft (BFHE 109, 138, BStBl II 1973, 563). Eine zeitanteilige erweiterte Kürzung ist nicht zulässig (FG Bremen EFG 1972, 454). Wegen Satz 5 der Vorschrift ist es aber auch schädlich, wenn das Grundstück nur für kurze Zeit im EZ dem GewBetrieb eines Gesellschafters dient (BFHE 125, 187, BStBl II 1978, 505). Ebensowenig reicht der Übergang von der gewerblichen zur grundstücksverwaltenden Tätigkeit während des EZ aus (BFHE 109, 138, BStBl II 1973, 563), wohl aber die Begründung des grundstücksverwaltenden Unternehmens oder der Erwerb des Grundstücks während des EZ (A 60 Abs 3 Satz 3 GewStR). Für das Merkmal der Ausschließlichkeit kommt es also nicht auf die Verhältnisse während eines Mehrjahreszeitraums an (BFHE 106, 546, BStBl II 1972, 887). Diese sind nur von Bedeutung für die Frage, ob wegen der Nachhaltigkeit von Grundstücksgeschäften die Tätigkeit in der Hauptsache als gewerbliche anzusehen ist (BFHE 113, 463, BStBl II 1975, 44; BFHE 130, 332, BStBl II 1980, 470; ebenso *-rh-* FR 1968, 111; *-el-* DB 1975, 575).

23e Die Verwaltung von Grundbesitz durch eine **Zebragesellschaft** ist aus der Sicht des gewerblichen Unternehmens teilweise Verwaltung von fremdem Grundbesitz und daher schädlich (ebenso *Schlagheck* StBp 2000, 115, 119); anders nur, wenn es sich um Miteigentumsanteile handelt.

24 Eine **Ausnahme vom Gebot der Ausschließlichkeit** gilt für **Nebengeschäfte.** Das sind Geschäfte, die regelmäßig nicht mehr zu den begünstigten Tätigkeiten gehören, aber im Einzelfall zwingend notwendiger Teil einer wirtschaftlich sinnvoll gestalteten Grundstücksverwaltung und -nutzung sind (BFHE 101, 396, BStBl II 1971, 338; BFHE 200, 54, BStBl II 2003, 355; BFHE 210, 38, BStBl II 2005, 778). Es darf sich nicht um eine eigenständige Tätigkeit handeln (BFHE 167, 557, BStBl II 1992, 738; aA *Fuchs* DB 1990, 2236), insb eine solche, die für sich gesehen gewerblicher Art ist (BFH/NV 1994, 338). Ob das Geschäft erforderlich war, ist nach BFHE 96, 403, BStBl II 1969, 664 nach objektiven Gesichtspunkten des (Kapital- und Vermietungs-)Marktes, nicht nach den subjektiven Beziehungen des Unternehmers zu dem Geschäftspartner zu beurteilen. In Betracht kommt etwa die Grundstücksbevorratung und deren Finanzierung, die Beschaffung und Erschließung von Bauland für Vermietungszwecke, die Finanzierung der auf Vermietung gerichteten Bautätigkeit, die gelegentliche Grundstücksveräußerung (s Anm 22b), die Baulandumlegung uä (*Hofbauer* DStR 1983, 518), die Verwaltung von Mietkautionen ohne Gewinnerzielungsabsicht, die Hausmeisterei und Regiebetriebe für die eigene Grundstücksverwaltung. Nach BFHE 96, 403, BStBl II 1969, 664 liegt ein Nebengeschäft vor, wenn ein Grundstücksunternehmen für eine Bank öffentliche Gelder beschafft und Wertpapiere verkauft, um benötigte Kredite zu erlangen, mE unzutreffend, weil hier im tatsächlichen Bereich das Vorliegen der oa Voraussetzungen hinzupostuliert wird. Fragwürdig daher auch FG Berlin (EFG 1978, 399), wonach die Untervermietung von Garagen unschädlich ist, wenn dies für die Vermietung von eigenem Grundbesitz (allein zwischen den Parteien) Voraussetzung war. Unschädliche Nebengeschäfte liegen etwa vor, wenn ein Grundverwaltungsunternehmen die Versorgung der Bewohner mit Kabelfernsehen sicherstellt (FG Bln-Bbg EFG 2008, 320) oder wegen der Verbilligung auch für andere Unternehmen Brennstoffe einkauft (vgl BFHE 100, 210, BStBl II 1970, 871), ohne gewerblich tätig zu sein (vgl BFHE 122, 531, BStBl II 1977, 776; hierzu *Littmann* DStR 1978, 79).

Auch die Mitvermietung von **Betriebsvorrichtungen** ist nach den oa Grundsätzen unschädlich (BFHE 210, 38, BStBl II 2005, 778). Das gilt insb für die Mitvermietung (-verpachtung) von Licht-, Kraft-, Brenn- und Wasseranlagen sowie von Aufzügen, wenn sie notwendigerweise erfolgt, weil das Gebäude ohne sie nicht vermietet (verpachtet) werden kann (ebenso *Blümich/Gosch* § 9 Rz 61 ff). Entsprechendes gilt mE für Waschanlagen (ebenso *Sauer* StBp 1973, 43). Auch die Mitvermietung von WG, die nur wegen ihrer besonderen Nutzung durch den Mieter Betriebsvorrichtung sind (hier: Bewegungsschwimmbad), ist eine unschädliche Nebentätigkeit (BFHE 122, 534, BStBl II 1977, 778; hierzu *E. Schmidt* BB 1995, 1330; zu den Risiken *Bahns/Graw* FR 2008, 257). Überholt durch BFHE 213, 64, BStBl II 2006, 659 ist mE die Rspr, wonach die Vermietung von

Betriebsvorrichtungen unschädlich sei, wenn sie von untergeordneter Bedeutung ist. Das ist jedoch nicht mehr der Fall, wenn der Stpfl mit seiner Leistung den Bereich der Verwaltung verlässt (BFH/NV 2008, 1359: Schwimmbad), wenn die Gebäude und Vorrichtungen von vornherein auf die Zwecke des Nutzenden zugeschnitten sind und die Betriebsvorrichtungen relativ (44% der Anschaffungskosten) und in absoluten Zahlen (11,4 Mio DM) ins Gewicht fallen (BFHE 162, 437, BStBl II 1991, 249); ebenso wenig bei einem Herstellungs-/Anschaffungskostenanteil von 22%, insb wenn die Überlassung der Betriebsvorrichtung selbst Gegenstand der Vereinbarung zwischen den Vertragsparteien ist (BFH/NV 1994, 338). BFHE 192, 100, BStBl II 2001, 359 hatte die **Grenze** bei einem auf die Betriebsvorrichtung entfallenden Anteil am **Erlös** aus der Vermietung des Grundbesitzes bzw an den Herstellungskosten des vermieteten Grundbesitzes von **10%** (vgl BFH/NV 1994, 338; 2002, 1052) gezogen.

Ggf empfiehlt sind die Auslagerung der Nebentätigkeiten auf eine Kapitalgesellschaft, zumal der Bezug der Gewinnanteile für die erweiterte Kürzung unschädlich ist und diese der Kürzung nach § 9 Nr 2a unterliegen (*Mies/Behrends/Schumacher* BB 2007, 810).

Beim **Immobilien-Leasing** können die vorstehenden Voraussetzungen erfüllt sein, wenn nach den allgemeinen Grundsätzen noch Verwaltung und Nutzung von eigenem Grundbesitz vorliegt (vgl *Hofbauer* BB 1978, 803; *Vogel/Lentschig* StBp 1994, 106). Grundbedingung ist, dass die Gesellschaft wirtschaftlicher Eigentümer bleibt. Im Übrigen ist die Vorschrift nur anzuwenden, wenn die Rechtsbeziehung zwischen Leasinggeber und Leasingnehmer steuerrechtlich Vermietung und Verpachtung ist und insbesondere keine weiteren Sonderleistungen (vgl oben Anm 22a) erbracht werden (*Schneider* DB 1978, 1809; *Leffson* DB 1976, 537; 685; *Runge* DB-Beil 21/78; *Inst FSt* DB 1979, 1194; *Haug* JbFStR 1985/86, 419, 433; aA *Bordewin* aaO, 70). Sonderleistungen sind aber noch nicht unbedingt gegeben, wenn ein Gebäude nach den Wünschen des Interessenten und unter Einbeziehung besonderer Kenntnisse und Erfahrungen (Know-How) errichtet wird. Im Übrigen ist es mE unschädlich, wenn Sonderleistungen von konzernmäßig verbundenen Unternehmen – Ausnahme: Betriebsaufspaltung (s unten Anm 26) – erbracht werden (*Runge,* Inst FSt, Grüner Brief 184; DB 1979, 1194). Dies entspricht der Rspr zu Organschaften (vgl Anm 19). Vgl hierzu *BMF* StEKGewStG § 9 Nr 16. **25**

Bei **Betriebsaufspaltung** ist zu unterscheiden: Ist die Besitzgesellschaft eine Personengesellschaft, dann ist eine in sachlicher Hinsicht gewerbliche Tätigkeit des Betriebsunternehmens auch für die Besitzgesellschaft schädlich. Sie betreibt nicht nur Vermögensverwaltung, sondern nimmt über die Zurverfügungstellung der Betriebseinrichtung an die beherrschte Gesellschaft am allgemeinen Wirtschaftsverkehr teil (BFHE 109, 456, BStBl II 1973, 686; BFHE 109, 459, BStBl II 1973, 688; BFHE 119, 462, BStBl II 1976, 750; BFHE 114, 433, BStBl II 1975, 266; BFHE 166, 55, BStBl II 1992, 347; BFHE 192, 100, BStBl II 2001, 359; BFHE 210, 38, BStBl II 2005, 778; BFH/NV 1994, 265; 2005, 1624; zust *Weissenborn/Schaaf* GmbHR 1968, 148; **aA** FG Düsseldorf EFG 1972, 553; *Laube* DStZ 1969, 60; *Felix/Korn* DStR 1971, 139; *Henninger* DB 1971, 844; *Lange* StWa **26**

1972, 129; *-en-* DB 1973, 1725; *Rabe* StBp 1973, 109). Das sollte mE jedoch im Falle einer Betriebs-GmbH im Gründungsstadium, die (zunächst) nur das Stammkapital verwaltet, erst ab Eintragung in das Handelsregister gelten (vgl BFHE 162, 107, BStBl II 1990, 1073). Scheitert die Annahme einer Betriebsaufspaltung etwa wegen fehlender personeller Verflechtung, dann ist die erweiterte Kürzung möglich (FG Saarl EFG 1991, 340). Ist Besitzgesellschaft eine Kapitalgesellschaft, dann ist der GewBetrieb der Betriebsgesellschaft unschädlich. Ein Durchgriff auf die Gesellschafter der Kapitalgesellschaft ist nicht zulässig (sog **Durchgriffsverbot;** BVerfGE 13, 331 BStBl II 1962, 500; BFHE 128, 516, BStBl II 1979, 750; BFHE 129, 57, BStBl II 1980, 77; BFHE 169, 231, BStBl II 1993, 134; FG Rh-Pf EFG 1999 Nr 335 rkr; *Hennerkes/Binz/Sorg* BB 1984, 1995; *Barth* DB 1968, 2161; 1985, 510; *Lothmann* DStR 1985, 135; *Garny* DStZ 1985, 515). Ist Besitzgesellschaft zwar eine Personengesellschaft, kann der beherrschende Gesellschafter der Betriebsgesellschaft aber auf die Besitzgesellschaft nur über eine Kapitalgesellschaft Einfluss nehmen, dann gilt ebenfalls das Durchgriffsverbot (BFHE 169, 231, BStBl II 1993, 134; BFHE 188, 412, BStBl II 1999, 532).

27 **Neben der Grundverwaltung zugelassene Tätigkeiten. Die Begriffe „neben" und „daneben".** Die berechtigten Unternehmen dürfen „neben" eigenem Grundbesitz eigenes Kapitalvermögen verwalten oder „daneben" Wohnungsbauten betreuen oder Einfamilienhäuser, Zweifamilienhäuser und Eigentumswohnungen errichten und veräußern. Die Aufzählung ist **abschließend** (BFHE 162, 111, BStBl II 1990, 1075; BFHE 210, 38, BStBl II 2005, 778). Es handelt sich um Tätigkeiten, die bei einer (sonstigen) natürlichen Person zur GewStpfl führen (BFHE 89, 130, BStBl III 1967, 559). Daher hat der BFH in stRspr die Begriffe „neben" und „daneben" wie folgt ausgelegt: Die Verwaltung und Nutzung von eigenem Grundbesitz muss die Haupttätigkeit sein; die Betreuung von Wohnbauten usw „daneben" durfte nur eine Nebentätigkeit von **untergeordneter Bedeutung** darstellen (BFHE 89, 130, BStBl III 1967, 559; BFHE 98, 265, BStBl II 1970, 387; BFHE 106, 546, BStBl II 1972, 887; BFHE 108, 366, BStBl II 1973, 410; BFHE 118, 361, BStBl II 1976, 431; BFHE 130, 332, BStBl II 1980, 470; BFHE 130, 543, BStBl II 1980, 662; BFHE 135, 327, BStBl II 1982, 477). Das Merkmal der untergeordneten Bedeutung galt hierbei allerdings nicht für die Verwaltung von eigenem Kapitalvermögen „neben" eigenem Grundbesitz (BFHE 106, 331, BStBl II 1972, 799). Diese Rspr wurde zwar auch mit dem Versuch einer unterschiedlichen grammatikalischen Interpretation der Worte „neben" und „daneben" begründet, fußte aber letztlich auf verfassungsrechtlichen Erwägungen. Da nach der bis EZ 1981 geltenden Fassung der Vorschrift auch der auf die Betreuung von Wohnungsbauten usw entfallende Teil des GewErtrages der Kürzung unterlag, galt es, Wettbewerbsverzerrungen zwischen Grundstücksunternehmen und Wohnungsbaugesellschaften zu vermeiden. Der letztgenannte Grund der bezeichneten Rechtsprechung ist weggefallen. Nach der Änderung durch das G v 22. 12. 1981 (BGBl I 1981, 1523) unterliegt der Kürzung nur der Teil des GewErtrags, der auf die Verwaltung und Nutzung des eigenen Grundbesitzes entfällt. Danach dürfte auch die

bezeichnete Rspr keine Bedeutung mehr haben (vgl *BMF* BStBl I 1982, 812), zumal mE auch der Versuch einer grammatikalisch unterschiedlichen Interpretation der Worte „neben" und „daneben" fehlgeht (aA *Lenski/Steinberg* § 9 Nr 1 Anm 16d, 17). Die unterschiedliche Verwendung der Begriffe „neben" und „daneben" hängt allein mit ihrer jeweiligen grammatikalischen Platzierung im Satzgefüge zusammen, nicht jedoch mit unterschiedlichen sachlichen (das Maß bezeichnenden) Bedeutungsinhalten. Zur Frage, ob der **Maßstab** für die „untergeordnete Bedeutung" absolut durch Festbetrag oder relativ im Verhältnis zur Haupttätigkeit zu bestimmen war, vgl *Wihtol* Anm StRK GewStG § 2 Abs 2 Nr 2 R 11; *von Wallis* DStZ/A 1973, 28 und DB 1973, 359; *Stuhrmann* Inf 1973, 251; FG Hamburg EFG 1973, 554; *Wihtol* FR 1975, 168; *Steinberg* FR 1986, 639. Nach BFHE 108, 366, BStBl II 1973, 410; BFHE 118, 361, BStBl II 1976, 431; BFHE 130, 332, BStBl II 1980, 470 (mehr als 25%) sowie BFHE 145, 72, DB 1986, 155, FR 1986, 105 (mehr als 10% der Reinerträge) genügte ein relativer Maßstab (10% des stpfl Gesamtgewinns erwähnt auch BFHE 167, 557, BStBl II 1992, 738). Nach FG Hamburg (EFG 1973, 554) und FG Ba-Wü (EFG 1979, 193) war eine absolute Betrachtungsweise anzulegen; ebenso FG Ba-Wü EFG 1990, 371 (Bau und Veräußerung von 30 ETW zu 2 Mio DM) und für Ausnahmefälle (erhebliche Tätigkeit wie ein Bauunternehmer) BFHE 130, 332, BStBl II 1980, 470; ähnlich BFH/NV 1988, 732, wo auf 10% der Reinerträge, aber aus Gründen der Gleichbehandlung auf eine absolute Größenordnung abgestellt wird. Maßgeblich sind grundsätzlich die Verhältnisse im EZ bzw Ermittlungszeitraum (BFHE 106, 546, BStBl II 1972, 887; BFHE 113, 463, BStBl II 1975, 44), nur in Ausnahmefällen (Umfang eines eigenständigen gewerblichen Unternehmens) in einem Mehrjahreszeitraum (BFHE 130, 332, BStBl II 1980, 476).

Unabhängig hiervon bezeichnen die Begriffe „neben" und „daneben" das Verhältnis der **Gleichzeitigkeit.** Es genügt nicht der Übergang von/zu der Verwaltung und Nutzung während des EZ bzw Wj (aA *Jesse* FR 2004, 1085, 1093). Auch die Verwaltung von eigenem Kapitalvermögen nach der Verwaltung von eigenem Grundbesitz berechtigt nicht zur erweiterten Kürzung (BFHE 135, 327, BStBl II 1982, 447; aA zu Unrecht *Hofbauer* DStR 1965, 67). Eine zeitanteilige Inanspruchnahme der erweiterten Kürzung ist nicht zulässig (vgl BFHE 109, 138, BStBl II 1973, 563). Eine (schädliche) Änderung der Verhältnisse sollte daher stets zum Jahresende erfolgen (*Neyer* DStR 1991, 537), wobei eine Bestimmung des Eintritts der Wirkungen eines ggf erforderlichen Vertrags (zB Grundstücksverkauf) auf 1 Minute vor Jahresende unschädlich sein dürfte (vgl BFHE 207, 40, BStBl II 2004, 1080). Bedenklich erscheint der Ratschlag, ggf das Wj umzustellen (*Blümich/Gosch* § 9 GewStG Anm 76; *KK* KÖSDI 2004, 14431); denn dafür ist das – nicht gesicherte – Einverständnis des FA erforderlich (§ 4a Abs 1 Nr 2 Satz 2 EStG).

Verwaltung und Nutzung von eigenem Kapitalvermögen. Der 28
Begriff des Kapitalvermögens ergibt sich im Wesentlichen aus § 20 EStG. Deswegen ist die entgeltliche Belastung eigenen Grundbesitzes wie die entgeltliche Bürgschaftsübernahme zu Gunsten Dritter nicht Verwaltung und Nutzung eigenen Kapitalvermögens (FG Hamburg EFG 1990, 439;

aA FG Hamburg EFG 1997, 114, bestätigt mit anderer Begründung v BFHE 184, 108, BStBl II 1998, 270). Angesichts des geringen Zinsertrages (2% der Grundschuld) und des demgegenüber hohen und sich auf den Gesamtbetrag der Grundschuld belaufenden Ausfallrisikos – nämlich mit dem beliehenen Grundvermögen – liegt trotz der möglichen Qualifikation der Einkünfte als solche aus Kapitalvermögen der im G angesprochene Typus der Verwaltung und Nutzung von Kapitalvermögen nicht vor (BFHE 184, 108, BStBl II 1998, 270; BFHE 213, 5, BStBl II 2006, 434; zust *Klass* GmbHR 2006, 555; *Wendt* FR 2006, 556, nehmen jedoch Verwaltung und Nutzung von Grundbesitz an; hierzu Anm 22–22 c). Gewinnlosigkeit nimmt dem Vorgang nicht seine Schädlichkeit, wenn sie auf einer vGA beruht (FG Nürnberg EFG 2003, 791, aufgeh durch BFHE 213, 5, BStBl II 2006, 434). Im Übrigen kann der Tatbestand der Verwaltung und Nutzung von eigenem Kapitalvermögen nicht völlig mit dem der Erzielung von Kapitaleinkünften nach § 20 EStG gleichgestellt werden. Die vorzinsliche Anlage von (ggf einem Rückforderungsvorbehalt unterliegenden) Mieterträgen gehört jedoch dazu (BFHE 219, 190, BFH/NV 2008, 492). Einkünfte nach § 20 EStG können auch durch Nutzung von fremden Wirtschaftsgütern erzielt werden. Nach § 9 Nr 1 Satz 2 GewStG muss sich die Verwaltung und Nutzung auf eigenes Vermögen beschränken. Das ist bei Kapitalvermögensstücken, die sich nicht im Eigentum des Unternehmens befinden (zB Dritten gehörenden Aktien) nicht möglich. Unschädlich ist dagegen, wenn die zur Einkünfteerzielung eingesetzten Mittel von dritter Seite beschafft sind (BFHE 106, 331, BStBl II 1972, 799). Die Verwaltung und Nutzung des eigenen Kapitalvermögens darf für sich betrachtet nicht eine ihrer Natur nach gewerbliche Tätigkeit darstellen (BFHE 106, 331, BStBl II 1972, 799; hierzu BFHE 162, 236, BStBl II 1991, 66 u § 2 Anm 125 ff). Schädlich sind Beteiligungen an gewerblich tätigen Personengesellschaften (BFH/NV 2006, 1148; auch an einer grundstücksverwaltenden gewerblich geprägten Personengesellschaft (BFHE 167, 144, BStBl II 1992, 628; **aA** *Jesse* FR 2004, 1085; *Dieterlen/Käshammer* BB 2006, 1935), Spekulationsgeschäfte, bankähnliche Geschäfte, auch im Zusammenhang mit der Ausgabe von Restkaufgeldern durch ein Wohnungsbauunternehmen; ebenso die Werbung in Zusammenhang mit Darlehensgewährung sowie die Verwaltung fremden Kapitalvermögens (*-en-* DB 1972, 2234; *oV* DB 1978, 469; *Hofbauer* DStR 1983, 598, 606); die Häufigkeit von Geschäftsvorfällen und die Kürze der Zeiträume beim Halten von Wertpapieren (BFHE 93, 281, BStBl II 1968, 775). Nicht schädlich ist die gelegentliche Zwischenfinanzierung im Rahmen der Baubetreuung (*-en-* DB 1967, 1155) oder die Hingabe von Kassenmitteln einer überdotierten Unterstützungskasse als Darlehen an das Trägerunternehmen (*-el-* DB 1977, 981). Die Nutzung und Verwaltung von eigenem Kapitalvermögen braucht ihrem Umfang nach nicht hinter der Nutzung von Grundbesitz zurücktreten (BFHE 106, 331, BStBl II 1972, 799). Jedoch ist es schädlich, wenn das gesamte Grundvermögen veräußert und in nunmehr ausschließlich verwaltetem Kapitalvermögen angelegt wird (BFHE 135, 327, BStBl II 1982, 477). Beteiligungen an Kapitalgesellschaften auch im Rahmen von Organschaften sind grundsätzlich auch dann unschädlich, wenn die Tochtergesellschaft schädliche Tätigkeiten ausführt (s aber Anm 19).

Betreuung von Wohnungsbauten betrifft dem Wortlaut nach an sich Gebäude, die ausschließlich **Wohnzwecken** dienen, also auch EFH, ZFH und ETW. Betreuung von gewerblichen Grundstücken, insb Bürohäuser, Fabrikations- und Lagerhäuser, ist schädlich. Bei **gemischt genutzten** Grundstücken fordert die Verwaltung lediglich, dass die Gebäude zu mehr als 66 2/3 den Wohnzwecken dienen müssen (vgl A 62 Abs 1 Nr 4 GewStR); mE zutreffend. Es wäre nicht einsehbar, warum es bei Errichtung von Teileigentum iVm ETW (Satz 3) ausreicht, dass das Gebäude zu 66 2/3 Wohnzwecken dient und bei Wohnbauten nicht. Man wird daher von einer unscharfen Fassung der Vorschrift ausgehen müssen (vgl *Hofbauer* DStR 1964, 10; aA jedoch aus einem Umkehrschluss aus Satz 3 *Blümich/Gosch* § 9 Rz 95; zweifelnd *LS* § 9 Nr 1 Anm 167). Der Begriff der **Betreuung** umfasst zunächst die Hilfe bei der Planung und Durchführung eines Bauvorhabens in technischer, finanzieller und wirtschaftlicher Hinsicht (vgl *Erl* DB 1964, 1316; 1965, 493; DStZ/E 1964, 445). Die Durchführung des Vorhabens selbst ist nicht Betreuung. Nach BFHE 96, 362, BStBl II 1969, 629 umfasst Betreuung auch die sich an die Fertigstellung anschließende Bewirtschaftungsbetreuung, wenn es sich um dasselbe Betreuungsunternehmen handelt; mE zutreffend. Unschädlich und vom Zweck des Gesetzes mitumfasst ist, dass die Betreuung gewerblichen Charakter hat (vgl BFHE 162, 111, BStBl II 1990, 1075; *Lenski/Steinberg* § 9 Nr 1 Anm 17a). Dasselbe gilt für die Verwaltung von Wohnungsbauten, die nicht vom Stpfl selbst errichtet worden sind (BFHE 203, 504, BStBl II 2004, 243; BFHE 210, 38, BStBl II 2005, 778; *Lenski/Steinberg* § 9 Nr 1 Rn 168; *Blümich/Gosch* § 9 Rz 96; *Hofbauer* DStR 1983, 598; **aA** A 60 Abs 1 Nr 3 Satz 18 GewStR; *Jonas/Müller* DStR 1988, 623); insb ergibt dies der nicht einschränkende Wortlaut der Vorschrift sowie ihr Sinnzusammenhang: Ermöglichen der Betreuung auch fremder Wohnungsbauten und Sicherstellen, dass deren Erträge nicht trotz gewerblichen Charakters begünstigt werden. Dagegen ist der Abschluss von Generalunternehmerverträgen (Bauherrenmodelle) wohl schädlich (*Hofbauer* DStR 1983, 598, 602; *Blümich/Gosch* § 9 Rz 83). 29

Errichtung und Veräußerung von EFH, ZFH oder ETW. Die Begriffsbestimmungen sind in Anlehnung an diejenigen des BewG zu treffen, ohne dass allerdings die Artfeststellung im EW-Bescheid für die Anwendung des § 9 Nr 1 Satz 2 bindend wäre (*Lenski/Steinberg* § 9 Nr 1 Anm 181; *Blümich/Gosch* § 9 Rz 100). Ein EFH ist ein Wohngrundstück, das nur eine Wohnung enthält (§ 75 Abs 5 BewG). Ein ZFH ist ein Wohngrundstück, das zwei Wohnungen enthält (§ 75 Abs 6 BewG). Die Wohnung für das Hauspersonal ist jeweils nicht mitzurechnen. Dagegen bedeutet das Vorhandensein einer sonstigen weiteren Wohnung, dass der jeweilige Charakter als EFH oder ZFH verlorengeht. Eine ETW ist gekennzeichnet durch das Sondereigentum an der Wohnung iVm dem Miteigentumsanteil an dem gemeinschaftlichen Eigentum (§ 1 Abs 2 WEG). Teileigentum ist das Sondereigentum an den nicht Wohnzwecken dienenden Räumen des Gebäudes. Die Begriffe „errichten" und „veräußern" bedeuten anders als in Anm 29, dass das Unternehmen die Baumaßnahme selbst durchführen darf, und zwar zum Zwecke der Veräußerung. Bei Nichtveräußerung ist 30 ohnehin der Tatbestand der Verwaltung eigenen Grundbesitzes erfüllt (*Jonas/Müller* DStR 1988, 624). Auf die Reihenfolge der Errichtung und Veräußerung kommt es nicht an. Die Umwandlung von Wohngebäuden in ETW dürfte unschädlich sein, wenn die Wohngebäude selbst errichtet worden sind; anders jedoch, wenn sie erworben worden sind (*Hofbauer* DStR 1983, 598, 601). Im Übrigen ist es auch hier unschädlich, dass die Errichtung und Veräußerung an sich eine gewerbliche Aktivität darstellt (BFHE 162, 111, BStBl II 1990, 1075; *Blümich/Gosch* § 9 Rz 103). Daher dürfte auch die Tätigkeit als Bauträger unschädlich sein.

31 **Weitere Voraussetzungen für die Kürzung nach Satz 2. Gesonderte Ermittlung des Gewinns** aus der Verwaltung und Nutzung von eigenem Grundbesitz. Sie ist erforderlich bei Betreuung von Wohnungsbauten sowie Veräußerung und Errichtung von EFH, ZFH und ETW (Satz 4). Das bedeutet mE eine eindeutige buchmäßige Zuordnung von Einnahmen und Ausgaben auf die verschiedenen Tätigkeiten. Fehlt es hieran, dann ist mE eine „Ermittlung" des hierauf entfallenden Gewinns durch Schätzung nicht zulässig. Anders darf nach dem Sinn der Vorschrift, eine klare Abgrenzung der begünstigten und nicht begünstigten Ertragsteile zu ermöglichen, mE (durch schätzende Zuordnung) nur dann verfahren werden, wenn ein Buchungsvorgang begünstigte und nicht begünstigte Aktivitäten betrifft (*Lenski/Steinberg* § 9 Nr 1 Anm 241). Ein Verstoß hiergegen führt mE zur Versagung der erweiterten Kürzung (ebenso *Blümich/Gosch* § 9 Rz 119).

32 Nur auf **Antrag** erfolgt die Kürzung nach Satz 2. Er kann für jeden EZ, muss also nicht für mehrere Jahre gestellt werden. Er kann bis zur Bestandskraft des GewStMessbescheides gestellt und zurückgenommen werden (*-rh-* FR 1972, 372; FG Berlin EFG 1975, 436 zur Außenprüfung; *Hofbauer* DStR 1983, 598, 617). Die Gesellschaften eines Organkreises sind auch insofern unabhängig voneinander (*-en-* DB 1969, 152). Wird der Antrag gestellt, dann kann die Kürzung nach Satz 1 nicht mehr durchgeführt werden; auch nicht für den Teil des Grundbesitzes, für den die erweiterte Kürzung nicht gewährt wird. Zu den Belastungsunterschieden vgl *Petzold* (vor § 1) S 246. Zur Frage von Treu und Glauben vgl FG München EFG 1973, 338.

33 **Nicht dem GewBetrieb des Gesellschafters oder Genossen dienen** darf der Grundbesitz (Satz 5). Die Vorschrift enthält nach BFHE 114, 437, BStBl II 1975, 268 eine systemgerechte Ausnahme von Satz 2. Sie dient der Gleichstellung von Gewerbebetrieben kraft Rechtsform mit natürlichen Personen bzw Personengesellschaften (BFHE 178, 572, BStBl II 1996, 76; BFHE 188, 412, BStBl II 1999, 532, jeweils mwN), nicht jedoch einer Bevorzugung jener Gesellschaftsformen (BFHE 187, 326, BStBl II 1999, 168). Erträge einer Kapitalgesellschaft sollen dann nicht begünstigt sein, wenn sie aus Grundbesitz erzielt werden, der ohne die Zwischenschaltung der Gesellschaft notwendiges BV des Gesellschafters darstellen würde (BFHE 114, 437, BStBl II 1975, 268; BFHE 213, 5, BStBl II 2006, 434). Der *Umfang* der Beteiligung ist unerheblich (BFHE 209, 133, BStBl II 2005, 576). Auch eine Bagatellbeteiligung eines (im Urteilsfall am Vermögen sowie Gewinn/Verlust nicht beteiligten) persönlich haftenden

Gesellschafters genügt (BFH/NV 2009, 85). Allerdings ist die Vorschrift im Wege der teleologischen Reduktion dahin auszulegen, dass die erweiterte Kürzung auch dann gewährt wird, wenn der **nutzende GewBetrieb** mit seinen *gesamten* Erträgen von der GewSt **befreit** ist (BFHE 219, 173, BStBl II 2007, 893).

Der Begriff **„dienen"** ist der Begriffsbestimmung des notwendigen BV entlehnt. In ähnlicher Weise muss der Grundbesitz dem Gesellschafter dienen, ihm *von Nutzen* sein, ohne dass er in seinem Eigentum stehen oder von ihm gemietet/gepachtet sein muss (durch BFHE 172, 110, BStBl II 1994, 46; BFHE 198, 120, BStBl II 2002, 873). In welcher Weise das Nutzungsverhältnis begründet wird (Miete, Pacht uä), ist unerheblich. Der Grundbesitz „dient" dem Gewerbebetrieb des Gesellschafters, wenn er von diesem genutzt wird (BFHE 172, 110, BStBl II 1994, 46; BFHE 187, 326, BStBl II 1999, 168) **als wäre er BV** (BFHE 187, 326, BStBl II 1999, 168; BFHE 198, 120, BStBl II 2002, 873; zust *Witt/Tiede* BB 2006, 873). Daher ist es unschädlich, wenn zugunsten des Gesellschafters Sicherheiten am Grundbesitz bestellt werden (BFHE 213, 5 BStBl II 2006, 434; Aufhebung von FG Nürnberg EFG 2003, 791). Entsprechendes gilt, wenn dem Gesellschafter für seinen GewBetrieb ein ErbbauR eingeräumt wird (BFHE 91, 365, BStBl II 1968, 353; hierzu *Fröhlich* DStR 1974, 755); zutreffend, denn der Gesichtspunkt des mittelbaren Dienens kann hier wegen des Begriffes Grundbesitz (Anm 20) nicht durchdringen. Ob das auch für andere dingliche Nutzungsrechte gilt, erscheint zumindest zweifelhaft (so jedoch *Weßling* DStR 1993, 266). Überlässt das Unternehmen dem Gesellschafter ein dem Unternehmen zustehendes ErbbauR, dann greift Satz 5 auf jeden Fall ein (BFHE 188, 412, BStBl II 1999, 532); ebenso wenn das Grundstück zugunsten von Krediten des Gesellschafters belastet wird (FG Hamburg EFG 1990, 439).

Gesellschafter ist auch, wer nur **mittelbar** über eine Personengesellschaft an dem Grundstücksunternehmen beteiligt ist (BFHE 187, 326, BStBl II 1999, 168; BFHE 219, 173, BStBl II 2007, 893). Die Einbindung eines Gesellschafters und der nutzenden Gesellschaft in einen **Organkreis** ist einem „nutzenden Gesellschafter" iSd Satzes 5 nicht ohne Weiteres gleichzustellen; Beachtung des „Durchgriffsverbots" (Anm 33; FG München EFG 2006, 578; vgl FG Düsseldorf EFG 1998, 379).

Für den **Begriff des Grundbesitzes** gelten dieselben Grundsätze wie in Anm 2 u 20.

Die Vorschrift greift auch ein bei **Überlassung** des Grundbesitzes **an eine Mitunternehmerschaft,** an der der Gesellschafter beteiligt ist (BFHE 97, 40, BStBl II 1969, 738; BFHE 114, 437, BStBl II 1975, 268; BFHE 187, 326, BStBl II 1999, 168). Es genügt also mittelbares Dienen (Nds FG EFG 1973, 605; FG Nürnberg EFG 1976, 520; 2003, 791; *Wihtol* FR 1975, 169; *Weßling* DStR 1993, 266); ebenso wenn der Gesellschafter das Grundstück von einem „dazwischengeschalteten" Dritten mietet (FG Hamburg EFG 1987, 259). Satz 5 ist daher anzuwenden, wenn die Mitunternehmerschaft auf dem Grundbesitz einen GewBetrieb unterhält (BFHE 97, 40, BStBl II 1969, 738; hierzu *Wihtol,* Anm zu StRK GewStG § 9 R 29; aA *-el-* DB 1968, 640). Das gilt auch dann, wenn der Gesellschafter der vermietenden nur mit 5% an der mietenden Gesellschaft beteiligt ist (BFHE

209, 133, BStBl II 2005, 576). Auch eine geringfügige Beteiligung kann eine große wirtschaftliche Bedeutung haben (vgl BFHE 219, 173, BStBl II 2007, 893; *Heuermann* StBp 2005, 210; **aA** Nds FG EFG 2006, 1691 Rev).

Dienen iSd Vorschrift liegt auch vor, wenn die GmbH lediglich hierauf befindliche Wohnungen an Arbeitnehmer vermietet (BFHE 114, 437, BStBl II 1975, 268); ebenso wenn das Wohnungsunternehmen wirtschaftlich und organisatorisch in das Unternehmen der Mehrheitsgesellschafterin eingegliedert ist (Organschaft) und $^3/_4$ des Wohnungsbestandes an Betriebsangehörige der Mehrheitsgesellschafterin vermietet (FG Düsseldorf EFG 1988, 379; zweifelnd BFH/NV 2002, 1052) oder wenn die Mietverträge an die Arbeitsverträge der Mieter mit dem Gesellschafter gekoppelt sind (FG Rh-Pf EFG 1992, 550 bestätigt durch BFHE 172, 110, BStBl II 1994, 46). Anders jedoch, wenn das Grundstücksunternehmen ohne Koppelung an Arbeitsverträge wie unter fremden Dritten Wohnungen an Arbeitnehmer des Gesellschafters vermietet (FG Düsseldorf EFG 1963, 20). Das „Dienen" liegt auch vor, wenn das Grundvermögen (auch über die Beteiligung) einer Personengesellschaft zum Deckungsstock einer das Versicherungsgeschäft betreibenden Kapitalgesellschaft gehört, die an der Personengesellschaft beteiligt ist (BFHE 178, 572, BStBl II 1996, 76; *OFD Ffm* DB 1991, 2262). Das gilt auch, wenn der Grundbesitz zu Gunsten des Deckungsstock-Treuhänders im Grundbuch gesperrt ist und die Anteile an der Personengesellschaft in das Deckungsstockverzeichnis aufgenommen worden sind (BFHE 198, 120, BStBl II 2002, 873; FG Hamburg EFG 1999, 1148 rkr). Dagegen liegt mE kein Fall von Satz 5 vor, wenn im Rahmen einer doppelstöckigen Personengesellschaft ein Grundstück von der Obergesellschaft an den Gesellschafter der Untergesellschaft überlassen wird (aA *Weßling* DStR 1993, 266).

Besteht eine Beteiligung eines Gesellschafters am Gewerbebetrieb nur über eine **Kapitalgesellschaft,** dann ist die erweiterte Kürzung nicht ausgeschlossen **(Durchgriffsverbot).** Daher gelten die vorstehenden Grundsätze nicht im Falle der Vermietung durch eine aus 2 GmbH bestehenden GmbH & Co KG an die Muttergesellschaft der Gesellschafterin (GmbH) der beiden GmbH (BFHE 188, 412, BStBl II 1999, 532 unter Bestätigung von FG Berlin EFG 1997, 682; ebenso *FinVerw,* zB *OFD Düsseldorf* BB 1999, 2494, DB 1999, 1981; *OFD Kiel* DStR 2000, 877; vgl auch *Salzmann* DStR 2000, 1329). Entsprechendes gilt für eine GmbH, die an eine Schwester-GmbH vermietet, sowie für die Betriebsaufspaltung, wenn das Betriebsunternehmen eine Kapitalgesellschaft ist und sich die Besitzgesellschaft auf die bloße Vermietungstätigkeit beschränkt, ohne dass gewstrelevante Beziehungen zum Betrieb des Gesellschafters bestehen (BFHE 129, 57, BStBl II 1980, 77; FG Rh-Pf EFG 1999, Nr 335 rkr; *-el-* DB 1967, 2009; zu den sich hieraus ergebenden Gestaltungsmöglichkeiten vgl *Weßling* DStR 1993, 266). Wegen der sich hieraus ergebenden Unstimmigkeiten wird in der Literatur nach dem Sinn der Einschränkung durch Satz 5 gefragt (*Lenski/Steinberg* § 9 Nr 1 Anm 18; *Barth* DB 1968, 2101; *Knobbe-Keuk* StuW 1975, 351, 356). ME ist sinnvoller, nach dem steuersystematischen Sinn der erweiterten Kürzung zu fragen. Es ist das Ausbrechen aus einem in sich geschlossenen und insoweit sinnvollen System, was notwendig zu stets neuen Reibungsflächen führt.

Bei Überlassung des Grundstücks an den Gesellschafter wird die Kürzung auch versagt, wenn es nur **kurze Zeit** im EZ dem GewBetrieb des Gesellschafters dient (BFHE 125, 187, BStBl II 1978, 505; FG Hamburg EFG 1971, 598; hierzu *-en-* DB 1978, 2151; 1977, 565; *Mienert* GmbHR 1973, 201 mit verfassungsrechtlichen Bedenken), und zwar auch dann, wenn es an einer Interessengleichheit zwischen Unternehmen und Gesellschafter fehlt (FG Berlin EFG 1977, 81). Anders ist auch dann nicht zu entscheiden, wenn dem Gesellschafter nur ein **ganz unwesentlicher Teil** des Grundbesitzes überlassen wird (BFHE 219, 173, BStBl II 2007, 893; **aA** RFH RStBl 1940, 38; A 60 Abs 4 Sätze 9 u 10 GewStR). Letzteres ist ohne Rechtsgrundlage und widerspricht dem Zweck der Gesetzesformulierung, Abgrenzungsschwierigkeiten zu vermeiden (*Herlinghaus* EFG 2005, 1149). Auch ist unklar, bei welcher Größenordnung ein ganz unwesentlicher Teil angenommen werden kann; der RFH hat selbst bei 2% des Grundbesitzes (200 qm aus 10 000 qm) und etwa 3,5% der Miete (3000 RM aus 84 800 RM) keinen ganz unwesentlichen Teil angenommen. Nach BFHE 125, 187, BStBl II 1978, 505 (unter Bestätigung von FG Hamburg EFG 1975, 272) liegt keine unwesentliche Nutzung bei 6% der Fläche und 10% der Miete vor. Nach FG Düsseldorf EFG 2005, 1148 ist eine vermietete Fläche von 481 qm, auch wenn relativ zur Gesamtfläche nur 1,68%, und eine Miete von 126 636 DM im Jahr, auch wenn relativ zur Gesamtmiete nur 2,6%, nicht ganz geringfügig.

Soweit **Vergütungen iSv § 15 Abs 1 Nr 2 Satz 1 EStG** im GewErtrag enthalten sind, *„gelten"* die Vorschriften über die erweiterte Kürzung nicht (Satz 5 Nr 1 a, eingefügt durch JStG 2009, BGBl I 2008, 2794). Die Vorschrift kann sich formal auf den Gedanken der Gleichbehandlung von Kapitalgesellschaften und Mitunternehmerschaften stützen; sie dürfte aber, da die Nr 1 Sätze 2 ff seit Jahrzehnten in Geltung sind, und zwar ohne diese Einschränkung, rein *fiskalistisch motiviert* sein (Beschneiden einer Rechtswohltat). Indes ist auch sie *unglücklich formuliert,* als sie ihren *Gegenstand* und ihre *Rechtsfolge* nicht eindeutig erkennen lässt. Möglichkeiten: (a) der im GewErtrag (insgesamt) enthaltene, (b) der verhältnismäßig auf den der Kürzung unterliegenden Teil des GewErtrags aufzuteilende, (c) der tatsächlich direkt dem der Kürzung unterliegenden Teil des GewErtrags zuzuordnende Betrag der Vergütungen mindert *insoweit,* also in der jeweiligen Höhe, den Kürzungsbetrag. System- sachgerecht ist mE allein die Lösung (c), denn schon nach bisherigen Recht (Anm 34) haben Erträge und Aufwendungen außerhalb der Verwaltung/Nutzung des eigenen Grundbesitzes den Kürzungsanspruch nicht berührt. 33a

Anwendbar ist diese Vorschrift auf Vergütungen, die erstmals **nach** dem 18. 6. 2008 vereinbart (wesentliche Änderung einer bestehenden Vereinbarung genügt) worden sind (§ 36 Abs 6 a).

Bei **Aufdeckung stiller Reserven aus dem Grundbesitz** (Satz 5 Nr 2) unterbleibt für diesen Teil des Gewinns die erweiterte Kürzung, wenn der Grundbesitz innerhalb von drei Jahren vor der Aufdeckung zu einem unter dem Teilwert liegenden Wert in das Betriebsvermögen des aufdeckenden GewBetriebs überführt oder übertragen worden ist. Jedoch unterbleibt die Kürzung nur insoweit, als der Gewinn auf bis zur Überfüh- 33b rung oder Übertragung entstandene stille Reserven entfällt. Zweck dieser Ausnahmevorschrift ist zu verhindern, dass in Grundstücken enthaltene stille Reserven durch Überführung in oder Übertragung auf eine grundstücksverwaltende Gesellschaft dem gewerbesteuerlichen Zugriff entzogen werden (zu § 6 Abs 5 Satz 4 Hs 2 EStG *Körner* Inf 2005, 139). Lässt sich also nicht feststellen (was in der Praxis häufig der Fall sein wird), dass die stillen Reserven ganz oder zum Teil zu einem vor der 3-Jahres-Frist liegenden Zeitraum entstanden sind, darf die Kürzung für den Gewinn aus ihrer Aufdeckung nicht unterbleiben.

Die Vorschrift ist eingefügt worden durch G v 9. 12. 2004 (BGBl I 2004, 3310) und ist anzuwenden ab EZ 2004.

33c Bei **Veräußerungs- und Aufgabegewinnen** aus der Veräußerung oder Aufgabe von **Mitunternehmeranteilen** (§ 7 Satz 2 Nr 2) oder des **Anteils eines persönl haftenden Gesellschafters einer KGaA** (§ 7 Satz 2 Nr 3) ist die erweiterte Kürzung ebenfalls ausgeschlossen, soweit der Gewinn nicht auf eine natürliche Person als unmittelbar beteiligter Mitunternehmer entfällt. Es handelt sich also um Gewinne von Anteilen beteiligter Kapitalgesellschaften oder Personengesellschaften. Die Vorschrift des Satzes 6 hat einen ähnlichen Zweck wie Satz 5 Nr 2 (Anm 33a), nur dass es hier um eine spezielle Variante geht: Es soll verhindert werden, dass Kapital- oder Personengesellschaften Grundstücke zum Buchwert in eine grundstücksverwaltende Personengesellschaft einbringen und im Folgenden die dafür eingeräumten Mitunternehmeranteile mit Gewinn veräußern, der wegen der erweiterten Kürzung nicht der GewSt unterfallen würde. Demgegenüber ist der Einzelunternehmer priviligiert, da es ihm möglich bleibt, Mitunternehmeranteile nach der Einbringung von Grundstücken zu Buchwerten (§ 6 Abs 5 Sätze 3u 4 EStG) gewstfrei zu veräußern (§ 7 Satz 2 Nr 2; zur Kritik *Jesse* FR 2004, 1085; *Körner* Inf 2005, 139).

Auch diese Vorschrift ist durch G v 9. 12. 2004 (BGBl I 2004, 3310) eingefügt worden und ist ab EZ 2004 anzuwenden.

34 **Umfang der Kürzung** Die Begünstigung besteht ab EZ 1982 in der Kürzung nur um den Teil des GewErtrags, der auf die Verwaltung und Nutzung des eigenen Grundbesitzes entfällt. Sie erfordert die Ermittlung des auf die Verwaltung/Nutzung entfallenden Teils des GewErtrags einschließlich der anteiligen Hinzurechnungen u Kürzungen (BFH/NV 2006, 810). Zum GewErtrag aus der Verwaltung von eigenem Grundbesitz gehören typischerweise die Einkünfte aus Vermietung und Verpachtung (BFHE 184, 108, BStBl II 1998, 270). Dauerschuldzinsen etc sowie Aufwendungen sind – soweit möglich – direkt zuzuordnen (vgl Anm 31). Bei Vermietungsgenossenschaften iSv § 3 Nr 15 wird der hiernach ermittelte Gewinn aus der (partiell) stpfl Tätigkeit gekürzt (vgl *Jonas/Müller* DStR 1988, 623; *Bücker* BB 1989, 1027 und die dortigen Rechenbeispiele). Abzuziehen sind auch Erbbauzinsen (BFHE 91, 365, BStBl II 1968, 353; vgl hierzu *Boorberg* DStR 1978, 31). Einzubeziehen in die Kürzung ist auch der Teil des GewErtrages, der auf die zulässige Veräußerung von Grundbesitz (Anm 22, 22b) entfällt (BFHE 150, 59, BStBl II 1987, 603 unter Bestätigung von FG Düsseldorf EFG 1986, 247 und Abkehr von BFHE 100, 210, BStBl II 1970, 871; BFHE 101, 396, BStBl II 1971, 338). Denn wenn die zulässige

(gelegentliche) Veräußerung noch zur Verwaltung und Nutzung gehört, dann muss das auch für den hieraus fließenden Ertrag gelten. Entsprechendes gilt mE für den Übertragungsgewinn aus der Umwandlung einer grundstücksverwaltenden GmbH auf eine natürliche Person bzw eine Personengesellschaft; denn § 18 UmwStG erweitert nicht die Steuerpflicht von Gewerbeerträgen (vgl BFHE 160, 262, BStBl II 1990, 699; ebenso *Neyer* DStR 1991, 537; *Jesse* FR 2004, 1085, 1097; *Blümich/Gosch* § 9 Rz 117; aA *Widmann/Mayer* Rz 229 aE). Erträge aus der verzinslichen Anlage von Mieteinnahmen sind Einkünfte aus Kapitalvermögen (BFH/NV 2008, 492). Nach geänderter Auffassung des BFH (BFHE 192, 353, BStBl II 2001, 251 gegen BFHE 158, 440, BStBl II 1990, 76) unterliegt auch der Teil des Veräußerungsgewinns der Kürzung, der in eine **Rücklage nach § 6 b EStG** eingestellt und in einem späteren EZ (Gewinnermittlungszeitraum) gewinnwirksam aufgelöst wird. Die Auffassung ist mE zutreffend; ebenso *Lenski/Steinberg* § 9 Nr 1 Anm 19; *Gosch* StuW 1992, 350). Sie entspricht dem Wortlaut der Vorschrift, der eine zeitliche Beschränkung nicht enthält (§ 20 Abs 1 Satz 2 GewStDV ist nicht einschlägig). Zudem entspricht sie dem Sinn und Zweck der Vorschrift des § 9 Nr 1 insgesamt, realsteuerliche Doppelbelastungen des jeweiligen Gewinns zu vermeiden. Die Vergünstigung gilt aber nicht für den Gewinnzuschlag nach § 6b Abs 7 EStG. Denn dieser ist wirtschaftlich Verzinsung des „gestundeten" Veräußerungsgewinns und von diesem zu unterscheiden (BFHE 192, 353, BStBl II 2001, 251).

Zu kürzen ist auch der Ertragsanteil, der auf **zulässige Nebengeschäfte** (Anm 24) entfällt. Denn wenn diese schon erforderlich sind für die Grundbesitzverwaltung und -nutzung, dann sind sie Teil derselben, dann entfällt auch der aus ihnen bezogene Ertrag auf diese (unklar BFHE 127, 531, BStBl II 1977, 776; ebenso aber *Hofbauer* DStR 1983, 598, 600 und wohl *Bücker* BB 1989, 1027; aA *Blümich/Gosch* § 9 Rz 101). Nicht einbezogen werden Erträge aus Kapitalvermögen, auch wenn sie im Rahmen einer wirtschaftlich sinnvollen Verwaltung des eigenen Grundbesitzes anfallen (FG Hamburg EFG 1978, 454), zB aus der Anlage vereinnahmter Mieten (BFHE 191, 382, BStBl II 2000, 355) und aus den übrigen Nebentätigkeiten (A 60 Abs 1 Nr 6 GewStR). Das ergibt sich ohne weiteres aus dem Wortlaut der Vorschrift. Zu kürzen sind verdeckte Gewinnausschüttungen im Rahmen der Verwaltung und Nutzung von eigenem Grundbesitz, nicht dagegen von Kapitalvermögen (ebenso *Lenski/Steinberg* § 9 Nr 1 Anm 19; *Wihtol/Bittner* § 9 Anm 5 d; *-en-* DB 1967, 1155). Nicht der Kürzung unterliegt der Teil des GewErtrags, der auf die Vermietung von Betriebsvorrichtungen entfällt (BFHE 122, 534, BStBl II 1977, 778). Bei Organschaften (Anm 19) sind auch im Hinblick auf Art und Umfang der Kürzung die Verhältnisse jeder Gesellschaft für sich zu beurteilen; dh jede Gesellschaft kann unabhängig von der anderen für sich bestimmen, ob sie nach Satz 1 oder Satz 2 kürzt. Erst nach der Kürzung (und anderen Kürzungen) erfolgt die Zusammenrechnung beim Organträger (BFHE 96, 362, BStBl II 1969, 629).

Für die **Zuordnung** von Einnahmen und Ausgaben zu den verschiedenen (zulässigen) Tätigkeiten ist eine gesonderte Gewinnermittlung nicht erforderlich. Es genügt eine Parallelwertung zu den estrechtlichen Grundsätzen zum einkünftebezogenen Veranlassungszusammenhang (BFH/NV 2006, 810; zum Rückgriff auf § 20 EStG BFHE 191, 382, BStBl II 2000, 355; ebenso *Voßkuhl/Zuschlag* FR 2002, 616).

§ 9 Nr. 2 Kürzungen

Die Summe des Gewinns und der Hinzurechnungen wird gekürzt um

...

2. die Anteile am Gewinn einer in- oder ausländischen offenen Handelsgesellschaft, einer Kommanditgesellschaft oder einer anderen Gesellschaft, bei der die Gesellschafter als Unternehmer (Mitunternehmer) des Gewerbebetriebs anzusehen sind, wenn die Gewinnanteile bei der Ermittlung des Gewinns angesetzt worden sind. [2] Satz 1 ist bei Lebens- und Krankenversicherungsunternehmen nicht anzuwenden; für Pensionsfonds gilt Entsprechendes;

...

Übersicht

1., 1 a. Allgemeines
2. Anteil am Gewinn einer Mitunternehmerschaft
3. Rechtsform des beteiligten Unternehmens
4. Gewerbesteuerpflicht der Mitunternehmerschaft
5. Umfang der Kürzung

Literatur: *Unvericht,* Gewerbeertrag und Gewerbekapital der atypisch stillen Gesellschaften, DStR 1987, 413; *Binger,* Einkommen- und Gewerbesteuer bei der atypisch stillen Gesellschaft, DB 1988, 414; *Schnädter,* Die Belastungen durch die Gewerbesteuer und die Möglichkeiten, sie zu vermeiden, BB 1988, 313; *Theisen,* Die Besteuerung der KGaA, DB 1989, 2191; *Henerichs,* Gewerbesteuerliche Probleme bei einer betrieblichen Beteiligung an einer vermögensverwaltenden Kommanditgesellschaft, FR 1991, 76; *Braun,* Die Personenhandelsgesellschaft im Gewerbesteuerrecht, BB 1993, 1055; *Pyszka,* Aktuelle Fragen zur atypischen stillen Gesellschaft im internationalen Steuerrecht, IStR 1999, 577; *Lindwurm,* Gewinnverteilung und Gewinnfeststellung bei der Kumulation von stillen Gesellschaften, DStR 2000, 53; *Berg/Trompeter,* Ausgliederung im Treuhandmodell, FR 2003, 903; *Rödder,* Das Steuervergünstigungsabbaugesetz, DStR 2003, 805; *Korn/Strahl,* Steuervergünstigungsabbaugesetz: Übersicht und erste Beratungserkenntnisse, KÖSDI 2003, 13714, 13724; *Stegemann,* Treuhandmodell: Ertragsteuerliche Irrelevanz der zivilrechtlichen Existenz ..., Inf 2003, 629; *Körner,* Doppelte Gewerbesteuer auf Gewinne aus der Veräußerung von Anteilen an Mitunternehmerschaften durch Kapitalgesellschaften?; *Neyer,* Gewerbesteuer bei der Teilveräußerung eines Mitunternehmeranteils, BB 2005, 577; *Rödder,* Gewerbesteuerliche Behandlung einer Personengesellschaft im Rahmen des sog Treuhandmodells ..., DStR 2005, 955; *Wild/Reinfeld,* Das Treuhandmodell – ein Modell ohne Zukunft?, DB 2005, 69; *Schiller,* Erfassung von Schachteldividenden im Gewerbeertrag von Mitunternehmerschaften, DB 2006, 1127; *Ludwig,* Ermittlung des Gewerbeertrags aus der Veräußerung von Anteilen an mehrstöckigen Personengesellschaften, BB 2007, 2152; *Suchanek,* Anwendung von § 7 S 2 Nr 2 GewStG bei der Veräußerung von doppelstöckigen Mitunternehmerschaften, GmbHR 2007, 248.

Allgemeines. Die Vorschrift ist ein **Gegenstück** zu **§ 8 Nr 8** 1
GewStG. Ihr ursprünglicher Zweck ist, die doppelte gewstliche Erfassung der Gewinne einer Personengesellschaft zu vermeiden. Die Anwendung der Vorschrift hängt jedoch nicht davon ab, dass der Gewinnanteil bei der Personengesellschaft tatsächlich der GewSt unterliegt (BFHE 62, 13, BStBl III 1956, 6; BFHE 148, 67, BStBl II 1987, 64). Erweitert wurde die genannte Zielsetzung durch die auf wirtschaftspolitischen Gründen beruhende Einbeziehung von Anteilen an ausländischen Personengesellschaften ab EZ 1972. Nach BFHE 104, 460, BStBl II 1972, 388 u BFHE 113, 242, BStBl II 1974, 572 waren diese nach der bis EZ 1971 geltenden Fassung der Vorschrift weder in die Hinzurechnung nach § 8 Nr 8 noch in die Kürzung nach § 9 Nr 2 GewStG einbezogen (hiergegen *Lempenau* DB 1972, 743; *Brendle/Schaaf* FR 1975, 589). Durch die Einbeziehung der Anteile an ausländischen Personengesellschaften sollte eine Gleichstellung mit wesentlichen Beteiligungen an ausländischen Kapitalgesellschaften erreicht werden (BTDrs VIII/292). Die Fassung gilt ab EZ 1972 (§ 36 Abs 2 GewStG idF des Gesetzes v 16. 8. 1977, BGBl I 1977, 1586; BStBl I 1977, 442).

Als **allgemeine Voraussetzung für die Kürzung** bestimmte Satz 2 (2003) 1a
nur für den EZ 2003, dass „ihr" GewErtrag – dh der GewErtrag der Mitunternehmerschaft, deren Gewinn mit dem dem GewStPfl zugerechneten Anteil gekürzt werden soll – **nicht** einer nur **niedrigen GewStBelastung** iSv § 8 a (2003), also einem Hebesatz von unter 200%, unterliegt. Die Vorschrift sollte Umgehungen der Wirkung des § 8 a (2003) durch Zwischenschaltung einer Mitunternehmerschaft verhindern. Die Vorschrift des § 8 a (2003) war sinngemäß anzuwenden; zu den verfassungsrechtlichen Bedenken, die auch § 9 Nr 2 Satz 2 (2003) betreffen, vgl die Erläuterungen zu § 8 a (2003); jedoch mit der Einschränkung, dass dort der GewErtrag, hier jedoch der Gewinnanteil betroffen war. Eine Ergänzung erfährt die Vorschrift durch § 35 Abs 1 Sätze 2 u 3 EStG (2003), wonach die GewStAnrechnung bei gewstlicher Niedrigbesteuerung ausgeschlossen war.

Sinngemäße Anwendung des § 8 a Abs 1 (2003), der eine mindestens 10%ige **Beteiligung** am Nennkapital einer Kapitalgesellschaft vorsah, bedeutete für Nr 2 Satz 2 (2003) wohl ein Abstellen auf das Kapitalkonto I (*Blümich/Gosch* § 9 Rz 157; **aA** *Lenski/Steinberg* § 9 Nr 2 Anm 48: keine Mindestbeteiligung). Bei Beteiligungsketten (§ 8 a Abs 3 (2003) analog) erhöhte sich der von der Kürzung ausgeschlossene Betrag um die Gewinnanteile, die auf die niedrig besteuerte Unter- bzw Tochtergesellschaft entfielen (vgl § 8 a (2003) Anm 4). Auch der Kürzungsausschluss bedeutet eine gewstliche Doppelbelastung ein- und desselben GewErtrags, was die verfassungsrechtlichen Bedenken verschärft. Für Gewinnanteile einer **ausländischen** Mitunternehmerschaft gilt dies – anders als der Zusammenhang von Satz 1 und Satz 2 (2003) bedeuten könnte – jedoch nicht (vgl § 8 a Abs 1 (2003)).

Auch im Rahmen des Kürzungsausschlusses dürfte die Vorschrift des § 8 a Abs 4 (2003) sinngemäß anzuwenden gewesen sein, nach der die in Rede stehenden Beträge – hier: die von der Kürzung ausgeschlossenen – gesondert und einheitlich festzustellen waren, und zwar gegenüber der jeweils nachgeschalteten niedrig besteuerten Gesellschaft sowie den beteiligten Gesellschaftern. Zuständig hierfür war das für die Festsetzung des GewStMessbetrages der gering besteuerten Mitunternehmerschaft zuständige FA.

2 **Anteil am Gewinn einer Mitunternehmerschaft.** Begünstigt sind Gewinnanteile aus Unternehmen, die einen Gewinn aus Gewerbebetrieb iSv § 15 Abs 1 Satz 1 Nr 2 EStG erzielen (vgl BFHE 150, 441, BStBl II 1987, 817; *Blümich/Gosch* § 9 Rz 113; *Groh* DB 1984, 3733, 2377; *Henerichs* FR 1991, 76), also OHG, KG, atypische stille Gesellschaft (vgl BFHE 173, 184, BStBl II 1994, 327, 331; BFHE 178, 448, BStBl II 1995, 794; BFH/NV 1996, 504 jeweils mwN) sowie atypische stille Unterbeteiligungen (vgl im Einzelnen *Unvericht* DStZ 1987, 413; *Binger* DB 1988, 414; *Märkle* DStZ 1985, 508, 514; *BMF* FR 1988, 47). Hierzu gehört wohl die Beteiligung an einer Partenreederei (BFHE 73, 643, BStBl III 1961, 500; BFHE 148, 67, BStBl II 1987, 64 mwN), nicht jedoch die Beteiligung an einer KGaA, auch dann nicht, wenn eine juristische Person als Komplementärin fungiert (krit *Theisen* DB 1989, 2191; *Hesselmann* BB 1989, 2344). Sie ist in § 2 Abs 2 GewStG gesondert neben den Mitunternehmerschaften nach § 2 Abs 2 Nr 1 GewStG aF (jetzt § 15 Abs 3 Nr 1 EStG) erwähnt. An dieser Behandlung ändert sich nichts durch die Doppelbelastung mit GewSt (BFHE 145, 76, BStBl II 1986, 72). Es besteht kein Grundsatz, dass die Kürzung nur deswegen vorzunehmen ist, wenn es ohne sie zu einer Doppelbelastung kommt (BFHE 106, 441, BStBl II 1972, 858; aA *Bacher* DB 1985, 2117). Auch die Europäische Wirtschaftliche Interessenvereinigung (EWIV) ist, obwohl einer OHG ähnlich, keine Mitunternehmerschaft (*Hamacher* FR 1986, 557). ME ist auch grundsätzlich eine Beteiligung an einer Partnerschaftsgesellschaft nicht betroffen, es sei denn, diese ist gewerblich „infiziert" (hierzu § 2 Anm 189, 192). Zum Problem der Alleinunternehmerschaft des StPfl bzw zum „Treuhandmodell" vgl § 8 Nr 8 Anm 3. Bei **ausländischen** Personengesellschaften ist die Kürzung möglich, wenn sie ihrer Struktur nach mit einer Personengesellschaft nach deutschem Recht vergleichbar sind (vgl BFHE 93, 1, BStBl II 1968, 695; BFHE 100, 369, BStBl II 1971, 74). Danach mögliche Konflikte bei der Einordnung als Kapital- oder Personengesellschaft werden idR durch DBA entschärft; im Übrigen gilt deutsches Rechtsverständnis (*Blümich/Gosch* § 9 Rz 118). Erforderlich aus der Natur der Sache ist die Zugehörigkeit der Beteiligung zum **Betriebsvermögen** des GewStpfl. Dies kann auch über einen Treuhänder der Fall sein (RFH RStBl 1938, 428). Die Höhe des Anteils ist nicht von Bedeutung, ebenso wenig die Dauer der Zugehörigkeit innerhalb des EZ. Nicht Anteil am Gewinn der Mitunternehmerschaft ist der Ertrag, der unmittelbar beim Gesellschafter anfällt (aA *Hamacher* FR 1986, 557) sowie der Gewinn aus der Veräußerung der Beteiligung (vgl Anm 5).

3 Die **Rechtsform** des beteiligten Unternehmens (GewStpfl) ist nicht von Bedeutung (BFHE 150, 441, BStBl II 1987, 817). Jedoch ist grundsätzlich **seit EZ 2004** (§ 36 Abs 1 u 7 Satz 1) die Kürzung ausgeschlossen bei **Lebens-** und **Krankenversicherungsunternehmen** sowie bei **Pen-**

sionsfonds. Bei ihnen erhöhen (auch) Gewinne aus Anteilen an Personengesellschaften die Bemessungsgrundlage für die Zuführung zu Rückstellungen für Beitragsrückerstattungen (§ 21 Abs 1 u 2 KStG). Der hierdurch geminderte kstliche Gewinn ist Grundlage für die Ermittlung des GewErtrages (§ 7 Satz 1). Einer Kürzung nach Nr 2 zur Vermeidung einer gewstlichen Doppelbelastung bedarf es daher nicht mehr. Zudem wollte der Gesetzgeber strukturelle gewstliche Dauerverluste vermeiden und die bezeichneten Unternehmen stärker am GewStAufkommen beteiligen (BTDrs 15/1684, 9).

Ausnahmsweise ist die Vorschrift schon **ab EZ 2001** (bzw EZ 2002) anzuwenden, wenn nämlich ein Antrag nach § 34 Abs 7 Satz 8 Nr 2 KStG (2004) gestellt worden ist (§ 36 Abs 7 Satz 2). In diesem Fall dürfen Fehlbeträge des Rückwirkungszeitraums nicht in EZe außerhalb dieses Zeitraums vorgetragen werden (§ 36 Abs 7 Satz 3).

Gewerbesteuerpflicht der Mitunternehmerschaft (Beteiligungsgesellschaft) ist nicht erforderlich (BFHE 148, 67, BStBl II 1987, 64), was aus dem insofern neutralen Wortlaut der Nr 2 und der Einbeziehung ausländischer Mitunternehmerschaften abzuleiten ist. Die Mitunternehmerschaft muss aber Einkünfte aus Gewerbebetrieb iSv § 15 Abs 1 Satz 1 Nr 2 Hs 1 EStG erzielen. Das ergibt sich daraus, dass § 9 Nr 2 eine Korrekturvorschrift zu § 7 ist, der ua auf das EStG verweist, und mit § 15 Abs 1 Satz 1 Nr 2 Hs 1 EStG nahezu kongruent ist (vgl BFHE 62, 13, BStBl III 1956, 6; BFHE 146, 457, BStBl II 1986, 527). Die Vorschrift gilt daher auch für gewerblich geprägte Personengesellschaften iSv § 15 Abs 3 Nr 2 EStG, die nach § 36 Abs 2 GewStG aF ab EZ 1986 nicht der GewSt unterliegen (*FinSen Berlin* FR 1987, 336), nicht jedoch für rein vermögensverwaltende Gesellschaften (BFHE 143, 280, BStBl II 1985, 372; BFHE 150, 441, BStBl II 1987, 817; BFH/NV 1999, 1067). Ausländische Mitunternehmerschaften müssen ebenso wenig einer der GewSt entsprechenden ausländischen Steuer unterliegen (BFHE 148, 67, BStBl II 1987, 64). Nach allem ist die Kürzung auch zulässig, wenn der Stpfl zu weniger als 50% an der Mitunternehmerschaft beteiligt ist und diese den Betrieb ohne Abgabe einer Betriebsaufgabeerklärung an ihn verpachtet (ebenso *Lehwald* DStR 1982, 18; *Blümich/Gosch* § 9 Rz 141; *Lenski/Steinberg* § 9 Nr 2 Anm 30f; aA *Seithel* DStR 1975, 604; *Barske* DStR 1982, 94). Eine andere Entscheidung wäre nur möglich, wenn die Rspr die Verpachtung ohne Aufgabeerklärung einheitlich für das EStG und GewStG als Vermögensverwaltung ansehen würde (*Blümich/Gosch* § 9 Rz 121), was nicht zu erwarten ist. 4

Umfang der Kürzung. Gekürzt wird um den Anteil am Gewinn der Mitunternehmerschaft, der sich regelmäßig aus der einheitl Gewinnfeststellung nach § 180 Abs 1 Nr 2 Buchst a AO ergibt. Hierbei ist der Begriff „Anteil am Gewinn" identisch mit „Gewinnanteile" iSv § 15 Abs 1 Satz 1 Nr 2 Hs 1 EStG (vgl BFHE 146, 457, BStBl II 1986, 527). Daher werden in die Kürzung nicht einbezogen die Sondervergütungen des Stpfl (Gesellschafters) für die Leistung von Diensten, Hingabe von Darlehen und Überlassung von WG, die nach der genannten Vorschrift *nicht* zu den Gewinnanteilen gehören (**aA** *Blümich/Gosch* § 9 Rz 148; *Knobbe-Keuk,* Bilanz- und 5

Unternehmenssteuerrecht 9. Aufl, 68; *Pyszka* IStR 1999, 577; wohl auch BFHE 150, 441, BStBl II 1987, 816; BFHE 164, 38, BStBl II 1991, 444; BFHE 188, 315, BStBl II 2000, 399).

Der Gewinn aus der **Veräußerung des Anteils** entsteht auf der Ebene der Mitunternehmerschaft und war **bis EZ 2001** bereits beim Ansatz des nach § 7 zu ermittelnden Gewinns auszuscheiden (BFHE 75, 467, BStBl III 1962, 438; BFHE 148, 67, BStBl II 1987, 64; BFHE 205, 307, BStBl II 2004, 754; BFH/NV 2006, 608; A 38 Abs 3 Satz 3 f GewStR). Ab **EZ 2002** gilt letzteres nur, soweit er auf eine natürliche Person als unmittelbar beteiligter Mitunternehmer entfällt (§ 7 Satz 2). In anderen Fällen (Beteiligung einer Mitunternehmerschaft oder Kapitalgesellschaft) hat sich jedoch nichts daran geändert, dass der Gewinn (GewErtrag) auf der Ebene der Mitunternehmerschaft entsteht und er deswegen aus dem GewErtrag des beteiligten Unternehmens herauszunehmen ist (*Körner* Inf 2004, 820, *Suchanek* GmbHR 2008, 248); ggf ist die Kürzung nach der Nr 2 durchzuführen (*Neumayer/Bader* EStB 2005, 386). Ob dies auch für einen Teil eines Mitunternehmeranteils gilt (so jedoch *Neyer* BB 2005, 577; *Keß* in *L/S* § 9 Nr 2 Rn 33). erscheint zweifelhaft. Die oa Grundsätze gelten mE aber weiterhin für einbringungsgeborene Anteile (Quelle des Gewinns ist der Betrieb der Personengesellschaft; BFHE 181, 499, BStBl II 1997, 224; *BMF* BStBl I 1998, 268 Tz 21.13) und auch für den Übertragungsgewinn einer GmbH, der durch Übertragung des Anteils, der ihr gesamtes Vermögen darstellt, auf ihren Alleingesellschafter entsteht (BFHE 160, 262, BStBl II 1990, 699; ebenso *Kraushaar* DB 1986, 2302; aA *Blümich/Gosch* § 9 Rz 129). Sachlich stellt die Übertragung insofern einen der Veräußerung des Anteils vergleichbaren Tatbestand dar, der nicht nach § 7 gewstrechtlich zu erfassen ist (vgl A 40 Abs 2 Satz 3 GewStR; § 7 Anm 15). Der sinngemäßen Anwendung des § 9 Nr 2 bedarf es nicht mehr (aA FG BaWü 1986, 466). Betrifft die Veräußerung den Anteil an der Obergesellschaft einer **doppelstöckigen Mitunternehmerschaft,** finden oa Vorgänge mE einheitlich auf der Ebene der Obergesellschaft statt; auf der Ebene der Untergesellschaft ergibt sich trotz § 15 Abs 1 Nr 2 Satz 2 EStG auch dann kein Veräußerungsvorgang iSd § 7 Satz 2, wenn ein Teil des Veräußerungspreises auf stille Reserven der Untergesellschaft entfällt; insofern findet für Zwecke einer Ergänzungsbilanz lediglich eine „Durchstockung" statt (*Suchanek* GmbHR 2008, 248; **aA** *Ludwig* BB 2008, 2152: anteiliger Veräußerungsgewinn bei der Untergesellschaft). ME ist insofern auch die Kürzung nach Nr 2 nicht möglich. Für teleologische Reduktion des § 7 Satz 2 *Suchanek* aaO.

Aufwendungen im Zusammenhang mit einem Gewinnanteil führen nicht zur Minderung des Kürzungsanspruchs. Sie sind grundsätzlich bereits bei der einheitlichen Gewinnfeststellung zu berücksichtigen und beeinflussen dort die Höhe des Gewinnanteils (*Blümich/Gosch* § 9 Rz 150). Insofern ist die Sachlage nicht vergleichbar mit Aufwendungen im Zusammenhang mit Gewinnen aus Anteilen nach § 9 Nr 2a, 7 u 8. **Schuldzinsen** in Zusammenhang mit der Beteiligung an einer Personengesellschaft sind (Dauer)Schuldzinsen nach § 8 Nr 1 aF bzw § 8 Nr 1 Buchst a nF GewStG, nach RFH RStBl 1941, 284 und A 45 Abs 13 GewStR jedoch nur dann, wenn eine Kürzung wegen der Beteiligung in Betracht kommt (§ 8 Nr 1 a

Anm 85). Hinzuzurechnen sind auf jeden Fall Schulden und Schuldzinsen in Zusammenhang mit der Beteiligung an einer ausländischen Personengesellschaft, weil insofern eine Doppelbelastung nicht eintritt (*Döllerer* DStZ 1977, 139). Gekürzt wird nur um den Anteil, der den Gewinn des Stpfl nach § 7 erhöht hat.

§ 9 Nr. 2a Kürzungen

Die Summe des Gewinns und der Hinzurechnungen wird gekürzt um

...

2a. die Gewinne aus Anteilen an einer nicht steuerbefreiten inländischen Kapitalgesellschaft im Sinne des § 2 Abs. 2, einer Kredit- oder Versicherungsanstalt des öffentlichen Rechts, einer Erwerbs- und Wirtschaftsgenossenschaft oder einer Unternehmensbeteiligungsgesellschaft im Sinne des § 3 Nr. 23, wenn die Beteiligung zu Beginn des Erhebungszeitraums mindestens 15 Prozent des Grund- oder Stammkapitals beträgt und die Gewinnanteile bei Ermittlung des Gewinns (§ 7) angesetzt worden sind. [2] Ist ein Grund- oder Stammkapital nicht vorhanden, so ist die Beteiligung an dem Vermögen, bei Erwerbs- und Wirtschaftsgenossenschaften die Beteiligung an der Summe der Geschäftsguthaben, maßgebend. [3] Im unmittelbaren Zusammenhang mit Gewinnanteilen stehende Aufwendungen mindern den Kürzungsbetrag, soweit entsprechende Beteiligungserträge zu berücksichtigen sind; insoweit findet § 8 Nr. 1 keine Anwendung. [4] Nach § 8b Abs. 5 des Körperschaftsteuergesetzes nicht abziehbare Betriebsausgaben sind keine Gewinne aus Anteilen im Sinne des Satzes 1. [5] Satz 1 ist bei Lebens- und Krankenversicherungsunternehmen auf Gewinne aus Anteilen, die den Kapitalanlagen zuzurechnen sind, nicht anzuwenden; für Pensionsfonds gilt Entsprechendes;

...

Gewerbesteuer-Richtlinien 1998: Abschnitt 61.

Übersicht

1.–10. Allgemeines
1. Zweck der Vorschrift
2. Unternehmensformen
3. Beteiligung
4. Stichtagsprinzip

5.–10. Umfang der Kürzung/Gewinne aus Anteilen
5. Begriff
6. Liquidation
7. EK 04-Ausschüttungen

8. Aufwendungen
9. Teilwertabschreibung, Ausbuchung, Auslandssachverhalt
10. Lebens- u Krankenversicherungsunternehmen, Pensionsfonds

Literatur: *Veigel,* Betriebs- und Teilbetriebsverpachtungen im Gewerbesteuerrecht, DB 1987, 2222; *Schnädter,* Die Belastungen durch die Gewerbesteuer und die Möglichkeiten, sie zu vermeiden, BB 1988, 313; *Theisen,* Die Besteuerung der KGaA, DB 1989, 2191; *Gosch,* Rechtsprechung zur Gewerbesteuer, StuW 1992, 350; *Streck/Olbing,* Auswirkungen der steuerlichen Rückwirkung auf die Schachtelprivilegien bei Einbringung einer KG in eine GmbH, BB 1994, 1830; *Eckart/Kneip/Rieke,* Aktuelle Fragen zur Gewerbesteuer nach Verabschiedung des Steuerentlastungsgesetzes 1999/2000/2001 ..., Inf 1999, 227; *Killinger,* Berücksichtigung von Betriebsausgaben bei der Anwendung der Kürzungsvorschriften des § 9 Nr 2a u 7 GewStG, BB 1999, 500; *Lipke,* Zur gewerbesteuerlichen Behandlung von Kosten bei sog Schachtelerträgen, StBp 2000, 358; *Grotherr,* Gewerbesteuerliche Auswirkungen der mit steuerfreien Dividenden im Zusammenhang stehenden abzugsfähigen Betriebsausgaben, BB 2001, 597; *Heurung/Möbus,* Einkommensermittlung bei Organschaften: Gestaltungsmöglichkeiten bei Umwandlungen und grenzüberschreitenden Sachverhalten im Kontext der neueren Entwicklungen im Unternehmenssteuerrecht, BB 2003, 766; *Reinhardt,* Das BMF-Schreiben zur Anwendung des § 8b KStG und Auswirkungen auf die Gewerbesteuer, BB 2003, 1148; *Lindemann,* Gewerbesteuerliche Fragen bei inländischen Investmentfonds einschließlich Hedgefonds, DStZ 2003, 559; *Körner,* Gewerbeertragsbesteuerung von Mitunternehmerschaften, Inf 2004, 265; *Rogall,* Ungereimtheiten bei der Gewerbesteuer im Zusammenhang mit Beteiligungen an Kapitalgesellschaften, DB 2004, 2176; *Kratzsch,* Gewerbesteuerliche Hinzurechnungen/Kürzungen bei Sachverhalten, die unter das Halbeinkünfteverfahren fallen, StB 2005, 13; *Starke,* Gewerbesteuerliche Behandlung von Dividenden, FR 2005, 681; *Kollruss,* Kein pauschales Abzugsverbot nach § 8b Abs 5 KStG für GewSt-Zwecke bei Bezug von Schachteldividenden über eine Organgesellschaft, DStR 2006, 2291; *Grotherr,* Außensteuerliche Bezüge im Entwurf des JStG 2007, RJW 2006, 898; *Richter,* Kritische Beurteilung der gewerbesteuerlichen Auswirkung von § 8b Abs 5 KStG durch das JStG 2007, BB 2007, 751; *Kessler/Knörzer,* Die Verschärfung der gewerbesteuerlichen Schachtelstrafe – erneute Diskriminierung inländischer Holdinggesellschaften?, IStR 2008, 121.

1.–4. Allgemeines

1 **Zweck der Vorschrift.** Die Vorschrift dient (Ausnahme: Unternehmensbeteiligungsgesellschaften) der Vermeidung der Doppelbelastung ausgeschütteter Gewinne, beim Anteilseigner und bei der Kapitalgesellschaft, mit GewSt (vgl BFHE 202, 360, BStBl II 2004, 460; BFHE 208, 277, BStBl II 2005, 297). Gleichwohl kommt es im Einzelfall nicht darauf an, dass bei der ausschüttenden Gesellschaft GewSt angefallen ist bzw ob mit der (Nicht-)Anwendung der Vorschrift eine Doppelbelastung vermieden wird (BFHE 202, 360, BStBl II 2004, 460; *Orth* DB 1993, 2152). Die Vorschrift betraf nach ihrer Einführung ab EZ 1962 (nur für Einzelunternehmen und Personengesellschaften) und ihrer Ausdehnung auf alle Unternehmensformen ab EZ 1965 nur sog Schachtelbeteiligungen mit mindestens 25% am Grund- oder Stammkapital. Dem hierdurch gegebenen Anreiz zur Aufstockung von Beteiligungen sollte durch die Herabsetzung

der Beteiligungsgrenze auf 10% begegnet werden (BTDrs 10/336, S 22; vgl *Manke* FR 1984, 77). Durch G v 14. 8. 2007 (BGBl I 2007, 1912) ist die **Mindestbeteiligungsquote** mit Wirkung ab EZ 2008 (§ 36 Abs 8 Satz 6) auf **15%** angehoben werden (krit *Kessler/Knörzer* IStR 2008, 121).

Nach Einführung des **Halbeinkünfteverfahrens** und des Beteiligungsprivilegs (§ 8b Abs 1 u 5 KStG für juristische Personen; § 3 Nr 40 EStG für natürliche Personen) ist die Vorschrift unmittelbar nur noch auf die stpfl Hälfte der Gewinnanteile von natürlichen Personen anwendbar; Bedeutung hat sie darüber hinaus mittelbar bei der Auslegung und Anwendung des § 8 Nr 5.

Zur jedenfalls nach dem Wortlaut der Vorschriften gegebenen Anwendungsproblematik der Nr 2a und des **§ 8 Nr 5** vgl dort Anm 1.

Unternehmensformen. Die Unternehmensform des beteiligten Unternehmens ist für die Berechtigung zur Kürzung ohne Bedeutung. Das Unternehmen, an dem die Beteiligung besteht, muss eine Kapitalgesellschaft iSd § 2 Abs 2 (AG, KGaA, GmbH), ab EZ 1974 auch eine Kreditanstalt des öffentlichen Rechts, ab EZ 1984 auch eine Erwerbs- oder Wirtschaftsgenossenschaft und ab EZ 1987 auch eine **Unternehmensbeteiligungsgesellschaft** (vgl § 3 Nr 23 GewStG) sein. Die Kapitalgesellschaft darf *nicht steuerbefreit* sein; das gilt nicht für die Unternehmensbeteiligungsgesellschaften, bei denen der mit der GewStBefreiung verfolgte Zweck auch durch Anerkennung als Schachteluntergesellschaft befördert werden sollte (gewstliche Gleichstellung des beteiligten Unternehmens, BTDrs 10, 4551, 32). 2

Die Vorschrift findet auch Anwendung bei **Betriebsaufspaltungen** (*Veigel* DB 1987, 2222) und **vororganschaftlichen Gewinnausschüttungen** (BFHE 198, 128, BStBl II 2003, 354; *Schnädter* BB 1988, 313, 319, FN 61). Auch bei einer **GmbH & Co KG** kann die Kürzung für die von dem Kommanditisten im SonderBV gehaltenen Anteile an der Komplementär-GmbH gewährt werden, gleichviel ob die GmbH als Mitunternehmerin beteiligt ist oder nicht (*Hübl* DStZ/A 1970, 231; *Hesselmann* GmbHR 1977, 109; *Dendorfer* DB 1979, 812; aA *Barth* GmbHR 1969, 73). Auf Ausschüttungen im Rahmen einer **Organschaft** findet mE nicht diese Vorschrift, sondern § 2 Abs 2 Satz 2 Anwendung (vgl. § 2 Anm 385). Außerorganschaftliche Ausschüttungen an die Organgesellschaft unterliegen der Kürzung, weil auf sie § 8b Abs 1 KStG nicht anzuwenden ist (§ 15 Nr 2 Satz 1 KStG; *BMF* BStBl I 2003, 437, Tz 30).

Die **Beteiligung** muss nicht unmittelbar bestehen, wie sich aus einem Vergleich mit § 26 Abs 2 KStG idF bis VZ 2001 ergibt. Es genügt jede Form der **mittelbaren** Beteiligung, etwa über einen Treuhänder oder in der Weise, dass der Stpfl an einer Gesellschaft, die ihrerseits die Voraussetzungen erfüllt, in ausreichendem Maße beteiligt ist (*OFD Ffm* DStR 2003, 251; *Lenski/Steinberg* § 9 Nr 2a Anm 27; *Blümich/Gosch* § 9 Rz 172; *Winkler* BB 1970, 1247; *Sauer* AG 1977, 215, 218; *Flick/Wassermeyer/Becker* § 9 Nr 7 Anm 20). Nach FG Köln EFG 2003, 946 (aus anderen Gründen nv aufgeh) genügt es, wenn ein Organträger nur mit zusammengerechneten Beteiligungen seiner Organgesellschaften die nötige Beteiligungshöhe erreicht (mE unzutreffend; ebenso *Blümich/Gosch* § 9 Rz 172). Die Beteili- 3 gung muss aber zum Betriebsvermögen des Stpfl gehören und mindestens 10%, ab EZ 1984 bzw **15% ab EZ 2008** (§ 36 Abs 8 Satz 6) am Grund- oder Stammkapital betragen. Sie wird in der Regel bestehen in Aktien, Kuxen oder Geschäftsanteilen, aber auch in Form von verbrieften oder unverbrieften Genussscheinen, mit denen das Recht auf Gewinn und Liquidationserlös verbunden ist (vgl § 20 Abs 1 Nr 1 EStG, § 8 Abs 3 Satz 3 KStG). Wechselseitige Beteiligungen zwischen Ober- und Untergesellschaft sind zulässig, auch wenn durch die Inanspruchnahme der Kürzung keine GewErtragSt anfällt (ebenso *Blümich/Gosch* § 9 Rz 164).

Anteile iSd Vorschrift sind nur solche, die eine Beteiligung von Gesellschaftsvermögen sowie an Gewinn und Verlust vermitteln; umgekehrt kommt es nicht darauf an, dass die Beteiligung Mitgliedschaftsrechte, insb Stimmrechte, begründet (zB Genussrechte, *OFD Ffm* DStR 2003, 251). Bei der **Berechnung** sowohl des Grund- oder Stammkapitals wie des gehaltenen Anteils sind Eigenanteile der Untergesellschaft nicht einzubeziehen (vgl BFHE 100, 448, BStBl II 1971, 89). Im Übrigen sind nicht nur die ausgegebenen Genussscheine, sondern auch verdecktes Eigenkapital zu berücksichtigen (*Lenski/Steinberg* § 9 Nr 2a Anm 25; *Blümich/Gosch* § 9 Rz 168). Die Abgrenzung zwischen Darlehen und verdecktem Eigenkapital richtet sich nach ertragsteuerlichen Gesichtspunkten (*BMF* BStBl I 1987, 373; krit *Schneeloch* DStR 1987, 458). Nach BFHE 117, 467, BStBl II 1976, 226 (mwN) ist maßgebend, ob das Kapital den Umständen nach zwingend als Eigenkapital hätte zugeführt werden müssen. Ein echtes Darlehen oder eine echte Beteiligung als stiller Gesellschafter führen jedoch nicht zu einer Beteiligung iSd Vorschrift (*Luedtke* DStZ/A 1966, 251). Ist ein Grund- oder Stammkapital nicht vorhanden, wie bei Kreditanstalten des öffentlichen Rechts, dann ist nach Satz 2 die Beteiligung am Vermögen oder – bei Erwerbs- und Wirtschaftsgenossenschaften – die Beteiligung an der Summe der Geschäftsguthaben maßgebend. Geschäftsguthaben sind die auf die statutenmäßigen Geschäftsanteile geleisteten tatsächlichen Einzahlungen, vermehrt um die gutgeschriebenen Gewinnanteile und vermindert um die Verlustanteile sowie Abhebungen, soweit dieser Betrag die Geschäftsanteile nicht übersteigt (§ 19 GenG). Sind **Inhaber** der Anteile Gesellschafter einer Personengesellschaft und gehören die Anteile zum notwendigen BV der Gesellschaft, dann sind die einzelnen Anteile bei der Ermittlung der Höhe der Beteiligung zusammenzurechnen (BFHE 90, 399, BStBl II 1968, 152; A 61 Abs 1 Satz 4 GewStR; vgl hierzu *Hübl* DStZ/A 1970, 231; *Fichtelmann* Inf 1972, 296; *Leingärtner* FR 1972, 452). Diese zutreffend (vgl § 15 Abs 3 EStG) auf die Ebene der Mitunternehmerschaft abstellende Auffassung wird freilich in neuerer Zeit zunehmend problematisiert, und zwar vor dem Hintergrund der Auffassung, dass § 8b Abs 6 KStG entgegen *BMF* BStBl I 2003, 292 (Tz 57) auch bei der Ermittlung des GewErtrags Anwendung finden müsse (so etwa *Heurung/Möbus* BB 2003, 766; *Reinhardt* BB 2003, 1148). Die oa Grundsätze gelten nicht für die Gesellschafter einer Kapitalgesellschaft (RFH BStBl 1934, 317).

4 **Stichtagsprinzip.** Es besteht strenges Stichtagsprinzip, dh Veränderungen vor oder nach dem Beginn des EZ (1. 1.) sind grundsätzlich nicht zu

berücksichtigen (FG Hamburg EFG 1992, 405). Nach A 61 Abs 2 GewStR kommt es bei Beginn der Stpfl im EZ auf die Verhältnisse zum Zeitpunkt des Beginns an; mE zutreffend, weil in diesem Fall nach § 14 Satz 3 der EZ abgekürzt ist.

Für **rückwirkende Umwandlungen** nach **§ 2 UmwStG** gilt: (a) Die Verschmelzung der Untergesellschaft auf eine andere Kapitalgesellschaft wirkt auf den steuerlichen Übertragungszeitpunkt zurück; für die Anwendung des § 9 Nr 2 a hat dies mE Bedeutung, wenn die Verschmelzung der Obergesellschaft die erforderliche Quote vermittelt (**aA** *Blümich/Gosch* § 9 Anm 175). Das gilt mE auch für den Fall, dass die Obergesellschaft eine Personengesellschaft ist. (b) Entsprechendes gilt mE auch für die Verschmelzung einer anderen Gesellschaft auf die Untergesellschaft. (c) Wird die Untergesellschaft auf den bisherigen Anteilseigner verschmolzen (upstream-merger), verändert dies rückwirkend die Beteiligungsverhältnisse beim Anteilseigner mit Konsequenzen für § 9 Nr 2 a. (d) Wird der Anteilseigner (Obergesellschaft) auf eine andere Gesellschaft verschmolzen, kann dies entsprechend die Beteiligungsvoraussetzungen des § 9 Nr 2 a vermitteln (*Streck/Olbing* BB 1994, 1830; *Blümich/Gosch* § 9 Anm 175).

5.–10. Umfang der Kürzung/Gewinne aus Anteilen

Begriff. Die **Gewinnanteile** müssen im Gewinn des beteiligten StPfl enthalten sein; daher keine Kürzung, soweit das Halbeinkünfteverfahren eingreift (Anm 1 aE). Nach der Vorschrift betrifft die Kürzung nur Gewinne aus Anteilen. Nach hM entspricht der **Begriff** sachlich im Wesentlichen dem Begriff „Gewinnanteile" iSv § 20 Abs 1 Nr 1 EStG (BFHE 202, 360, BStBl II 2004, 460; A 61 Abs 1 Satz 5 GewStR). Das sind alle auf Grund der gesellschaftsrechtlichen Beziehung bzw dem Besitz der Anteile bezogenen wirtschaftlichen Vorteile, insb Bardividenden, nicht jedoch aus sonstigen Gründen bezogene Vorteile (BFHE 208, 277, BStBl II 2005, 297; BFH/NV 2006, 1022). Er bezeichnet nach BFHE 163, 210, BStBl II 1991, 372 offene Ausschüttungen aus dem handelsbilanzmäßig ausgewiesenen und nach außersteuerrechtlichen Vorschriften ermittelten Gewinn der Geschäftsjahre, die vor dem Eintritt in eine Liquidation enden. Der Gleichklang mit § 20 Abs 1 Nr 1 EStG bedeutet, dass auch die Verwendungsfiktion des § 28 Abs 3 Satz 1 KStG 1977/1991 bzw § 27 KStG 2001 zu beachten ist. Zu den Gewinnen aus Anteilen gehört auch die nach § 36 Abs 2 Nr 1 EStG anrechenbare KSt (BFHE 183, 208, BStBl II 1998, 25; BFHE 202, 360, BStBl II 2004, 460; *Blümich/Gosch* § 9 Rz 152; *Palitzsch* StBp 1978, 109), und zwar auch bei Körperschaften (§ 49 KStG idF bis VZ 2001), sowie verdeckte Gewinnausschüttungen (*Lenski/Steinberg* § 9 Nr 2 a Rn 3; *Wihtol/Bittner* § 9 Anm 7 b; *Weissenborn* StuW 1964, 290, 363); daher Kürzung auch um den Gewinn, der durch ein zu niedrig verzinsliches Darlehen (*-en-* DB 1963, 1740) oder zu hohe Pachtentgelte der Betriebs-GmbH an die Besitzpersonengesellschaften entsteht (*Henninger* GmbHR 1968, 255). Eine Wertaufholung (§ 6 Abs 1 Nr 2 Satz 3 EStG) nach vorangegangener Teilwertabschreibung ist kein (ausgeschütteter) Gewinn iSd Vorschrift (*OFD Düsseldorf* DB 2004, 227). Dividendenbezüge von Investmentfonds sind nach § 40 Abs 2 bzw § 40 a Abs 1 KAGG von der KSt bzw 5

ESt befreit, so dass eine Kürzung nach Nr 2a nicht mehr in Betracht kommt (*Lindemann* DStZ 2003, 559; *Blümich/Gosch* § 9 Rz 190). Gleiches gilt für bestimmte Investmenterträge nach § 2 Abs 3 InvStG. Zu den kürzungsfähigen Bezügen gehörte auch in EZ vor 2006 nicht der **Hinzurechnungsbetrag nach § 8b Abs 5 KStG** (BFHE 217, 98, BStBl II 2007, 585; **aA** zur Rechtslage vor der Änderung durch G v 13. 12. 2006, BGBl I 2006, 2878: FG München EFG 2006, 1534; *Starke* FR 2005, 681; *Wendt* FR 2006, 52; *Behrens* BB 2006, 813). Die aA war mE zutreffend. Rechtstechnisch ist er zwar als nichtabzugsfähiger Ausgabenbetrag fingiert; tatsächlich aber ist er Teil der Bezüge iSv § 20 Abs 1 Nr 1 usw EStG. Durch oa G ist die Rechtslage jedoch iSv BFHE 217, 98, BStBl II 2007, 585 geklärt, und zwar mW für EZ auch vor 2006 (§ 36 Abs 8 Satz 5 Hs 2 GewStG).

6 Ebenfalls Gewinnanteile sind **Ausschüttungen** aus Gewinnen, die während der **Liquidation** einer Kapitalgesellschaft angefallen sind (BFHE 175, 243, BStBl II 1995, 705), sowie die **Liquidationsrate,** mit der das nach Abschluss der Liquidation verbliebene Reinvermögen an die Anteilseigner ausgekehrt wird, soweit bei den Ausschüttungen nicht Eigenkapital iSd § 30 Abs 2 Nr 4 KStG aF (EK 04) als verwendet gilt (BFHE 183, 208, BStBl II 1998, 25; BFHE 202, 360, BStBl II 2004, 460; A 61 Abs 1 Satz 5 GewStR). Sie sind in das körperschaftsteuerliche Anrechnungsverfahren einzubeziehen (*Herzig* DB 1980, 1605; *Blümich/Gosch* § 9 Rz 181; aA *Lenski/Steinberg* § 9 Nr 2a Anm 43). Für **Übernahmegewinne** aus der Umwandlung einer GmbH auf ihren Alleingesellschafter nach § 18 Abs 1 UmwStG gilt dies auch nicht entsprechend, zumal Liquidation und Umwandlung angesichts der unterschiedlichen Steuerfolgen (vgl § 18 Abs 4 aF, Abs 3 nF UmwStG) wirtschaftlich und strukturell nicht vergleichbar sind; insb entsteht der Umwandlungsgewinn originär beim Gesellschafter (BFHE 198, 124, BStBl II 2002, 875). Anderes gilt für die dem Anteilseigner als Kapitalerträge nach § 20 Abs 1 Satz 1 EStG zuzurechnenden **offenen Rücklagen** nach **§ 4 Abs 4** u **§ 7 UmwStG nF** (ebenso *Gosch* StBp 2000, 157).

Auch Gewinne aus der **Veräußerung einer Beteiligung** werden von der Vorschrift nicht erfasst (BFHE 105, 31, BStBl II 1972, 468; BFHE 105, 35, BStBl II 1972, 470; BFHE 142, 394, BStBl II 1985, 160; *BMF* BStBl I 2003, 437, Tz 29). Sie unterliegen der GewSt, wenn sie nicht im Rahmen einer Betriebsaufgabe anfallen (*Wihtol* GmbHR 1973, 60). Zur Behandlung von Geschäftsanteilen an der Komplementär-GmbH einer GmbH & Co KG s *Hesselmann* GmbHR 1977, 109; zur Doppelbelastung der Ausschüttung zuvor bezogener Gewinne einer Komplementär-GmbH an ihre Gesellschafter und Kommanditisten s *Dendorfer* DB 1979, 812. Da die Vorschrift nur Gewinne „aus Anteilen" (s oben) betrifft, ist sie mE wegen des steuersystematischen Vorrangs des § 2 Abs 2 Satz 2 auf **Abführungen** im Rahmen einer **Organschaft** nicht anzuwenden (ebenso *Schmidt/Glanegger* § 32c Rz 9; **aA** BTDrs 14/23, 258). Dagegen ist sie auf sog Mehrabführungen (zB ehemals gemeinnütziger Wohnungsbauunternehmen) anwendbar (ebenso *OFD Kiel* DB 2000, 2195, DStZ 2001, 215).

7 Auf **EK 04-Ausschüttungen,** die nicht Gewinne betreffen, ist die Vorschrift auch insoweit nicht anwendbar, als sie den Buchwert der Beteiligung

übersteigen. Auch wenn sie im Wege einer vGA erfolgen, handelt es sich lediglich um die Rückzahlung von Einlagen (BFHE 208, 277, BStBl II 2005, 297; A 61 Abs 1 Satz 11 GewStR; *OFD Ffm* BB 1998, 994, DB 1998, 1258); anders jedoch bei der „offenen" Rückgewähr von Einlagen, wenn eine Verrechnung mit dem EK 04 ausscheidet (passim BFHE 208, 277, BStBl II 2005, 297), sowie bei Gewinnen von Körperschaften im Beitrittsgebiet, die nach § 50a Nr 7 KStG aF dem EK 04 zuzurechnen sind (*OFD Cottbus* FR 1999, 46). Bei Vermögensauskehrungen nach Eintritt in das Liquidationsstadium ist Voraussetzung, dass sie in Vollzug eines Gewinnverteilungsbeschlusses geschehen, der sich auf ein vor dem Eintritt in das Abwicklungsstadium endendes Geschäftsjahr bezieht (BFHE 163, 210, BStBl II 1991, 372). Diese Entscheidung ist noch zum alten KSt-Recht ergangen. Offen ist, inwieweit sie auch auf das KStG 1977 anzuwenden ist. Entgegen *Gosch* StuW 1992, 350, wird das zu bejahen sein, weil der Zusammenhang des Erlöses mit der Geschäftstätigkeit nicht mehr besteht.

Aufwendungen im (unmittelbaren) Zusammenhang mit den Gewinnanteilen minderten nach BFHE 213, 19, BStBl II 2006, 844 den Kürzungsanspruch entgegen A 61 Abs 1 Satz 12 GewStR nicht (ebenso *Blümich/Gosch* § 9 Rz 184; *Killinger* BB 1999, 500; *Lipke* StBp 2000, 338; *Grotherr* BB 2001, 597). Diese Rspr war mE unzutreffend. Das legt bereits der Wortlaut der Vorschrift „Gewinne **aus** Anteilen" nahe, der anders als der „Gewinnanteil/Dividende" (vgl § 20 Abs 1 Nr 1 EStG) nicht auf den Anteil *am* Gewinn der ausschüttenden Gesellschaft abhebt, sondern auf den Gewinn, der dem Empfänger *aus* dem Anteil verbleibt (ebenso *Flick/Wassermeyer/Becker* § 9 Nr 7 GewStG Anm 10b). Daher kommt es nicht auf die Frage an, ob es einen allgemeinen steuerrechtlichen Grundsatz gibt, der es verbietet, Aufwendungen in Zusammenhang mit nicht der Besteuerung unterliegenden WG zu berücksichtigen (vgl BFHE 124, 317, BStBl II 1978, 346 einerseits und BFHE 146, 501, BStBl II 1986, 401 andererseits), stattdessen aber auf den Zweck der Vorschrift, eine Doppelbelastung von Ertragsanteilen mit GewErtragSt zu vermeiden: ohne die Kürzungsvorschrift wäre aber nur der Nettobetrag der Gewinnanteile der Doppelbelastung ausgesetzt. Sind jedoch in Zusammenhang mit dem Beteiligungserwerb Refinanzierungskosten (Zinsen) angefallen, sind sie nach **§ 8 Nr 1 aF** bzw **§ 8 Nr 1 Buchst a nF** als Spezialvorschrift hinzuzurechnen; insofern scheidet eine Berücksichtigung im Rahmen der Kürzung nach § 9 Nr 2a (vgl BFHE 213, 19, BStBl II 2006, 844) aus (hierzu *Eckardt/Kneip/Rieke* Inf 1999, 227; *Grotherr* BB 2001, 597, 598). 8

Nach *FinVerw* BStBl I 2006, 715 ist das Urteil BFHE 213, 19, BStBl II 2006, 844 für **EZ vor 2006** anzuwenden. **Ab EZ 2006** (§ 36 Abs 8 Satz 5 Hs 2 GewStG nF) ist jedoch die A 61 Abs 1 Satz 12 GewStR entsprechende Vorschrift des Satzes 3 anzuwenden, wonach im **unmittelbaren Zusammenhang mit Gewinnanteilen** stehende Aufwendungen den Kürzungsbetrag mindern. Problematisch ist allerdings die Reichweite dieser Norm; denn **Beteiligungsaufwendungen** stehen zwar in einem wirtschaftlichen Zusammenhang (iSd Veranlassung, § 4 Abs 4 EStG), nicht aber unbedingt in einem unmittelbaren Zusammenhang mit den Gewinnanteilen (ebenso *Blümich/Gosch* § 9 Rz 184b). Man wird aber annehmen müssen, dass der Gesetzgeber mit dieser Formulierung das allgemeine **Nettoprinzip** auch für die Nettodividende verwirklichen wollte, was die Anwendung der zu § 4 Abs 4 EStG geltenden Grundsätze entsprechend rechtfertigt.

Bei der **Zuordnung** der Ausgaben ist, soweit möglich, auf den wirtschaftlichen Zusammenhang mit der Beteiligung abzustellen, im Übrigen hat mE eine schätzungsweise Aufteilung zu erfolgen.

Eine Hinzurechnung nach **§ 8 Nr 1 Buchst a** (bis EZ 2007 einschließlich: als Dauerschuldentgelte) scheidet ab EZ 2007 aus (wieder in Übereinstimmung mit A 61 Abs 1 Satz 12 GewStR). Nicht kürzungsfähig ist nach § 9 Nr 2a GewStG nF (Wirkung ab EZ 2006 u früher, § 36 Abs 8 GewStG) der Kürzungsbetrag von 5% der begünstigten Gewinne nach § 8b Abs 5 KStG (so schon BFH/NV 2006, 1659; hierzu **zust** *Blümich/Gosch* § 9 Rz 184a; *Schiffers* GmbHR 2004, 69; *Gocksch/Buge* DStR 2004, 1549; *Salzmann* IStR 2006, 316; **abl** *Starke* FR 2005, 681; *Behrens* BB 2006, 813; *Richter* BB 2007, 751; *Wendt* FR 2006, 52; 2007, 932).

9 Eine ausschüttungsbedingte **Teilwertabschreibung** mindert den Kürzungsanspruch jedoch nicht (*Döllerer* DStZ/A 1977, 139, 145; *Flick/Wassermeyer/Becker* § 9 Nr 7 GewStG Anm 13; *Blümich/Gosch* § 9 Rz 187). Sie steht nicht mit dem Gewinnanteil in Zusammenhang und ist lediglich das Äquivalent mit dem beim Veräußerer entstandenen Veräußerungsgewinn (BFHE 145, 78, BStBl II 1986, 73; BFHE 198, 128, BStBl II 2003, 354; *Schnädter* BB 1988, 313, 319). Auch die nach Auskehrung der Liquidationsrate erfolgte **Ausbuchung der Beteiligung** mindert den Kürzungsbetrag nicht, da sie ebenfalls nicht im Zusammenhang mit dem Gewinnanteil steht (BFHE 202, 360, BStBl II 2004, 460). Ab EZ 1990 ist das Problem durch Einführung der Hinzurechnungsvorschrift § 8 Nr 10 geklärt (s dort; zu gewinnabführungs- bzw ausschüttungsbedingten Teilwertabschreibungen im Rahmen einer **Organschaft** vgl § 2 Anm 385). Die Vorschrift betrifft nicht Anteile an **ausländischen** Kapitalgesellschaften. Hat die ausländische Kapitalgesellschaft jedoch Betriebsstätten in der BRD, dann kann der GewErtrag um den auf diese Betriebsstätte entfallenden Gewinnanteil – notfalls im Wege der Schätzung – gekürzt werden.

10 Für **Lebens- u Krankenversicherungsunternehmen** sowie **Pensionsfonds** enthält Satz 3 einen Kürzungsausschluss für Gewinne aus Anteilen, die den Kapitalanlagen zuzurechnen sind. Diese Vorschrift ist **ab EZ 2004** anzuwenden (§ 36 Abs 7). Vgl hierzu § 9 Nr 2 Anm 3. Die Kapitalanteile der genannten Unternehmen werden für die KSt mit den Werten angesetzt, die für die Bemessung der Rückstellungen für Beitragsrückerstattungen maßgeblich sind. Damit gelten die aaO genannten Gründe im Rahmen des § 9 Nr 2a für die aus solchen Kapitalanlagen bezogenen Gewinne.

§ 9 Nr. 2b Kürzungen

Die Summe des Gewinns und der Hinzurechnungen wird gekürzt um

...

2b. die nach § 8 Nr. 4 dem Gewerbeertrag einer Kommanditgesellschaft auf Aktien hinzugerechneten Gewinnanteile, wenn sie bei der Ermittlung des Gewinns (§ 7) angesetzt worden sind;

...

Literatur: *Thiel/Eversberg,* Gesetz zur steuerlichen Förderung von Kunst, Kultur und Stiftung sowie zur Änderung steuerlicher Vorschriften, DB 1991, 118; *Graf,* Die Gewerbeertragsbesteuerung der Kapitalgesellschaft & Co KG auf Aktien, DStR 1991, 1374; *Gosch,* Die Kommanditgesellschaft auf Aktien und die Gewerbesteuer, FR 1991, 345; *Kollruss* Gewerbesteuerliche Optimierung bei der GmbH & Co KGaA, Inf 2003, 347.

Die Vorschrift dient dem **Abbau der** bisher bestehenden **Doppelbelastung von Gewinnanteilen,** die an persönlich haftende Gesellschafter einer KGaA auf ihre nicht auf das Grundkapital gemachten Einlagen oder als Vergütung (Tantieme) für die Geschäftsführung verteilt worden sind. Da sie bei § 8 Nr 4 (zur bisher bestehenden Problematik s dort) hinzuzurechnen sind, müssen sie beim persönlich haftenden Gesellschafter abgezogen werden (*Thiel/Eversberg* DB 1991, 118, 128). Die Vorschrift beruht auf dem Kultur- und StiftungsförderungsG v 13. 12. 1990 (BGBl I 1990, 2775). Sie gilt ab EZ 1991 (vgl § 36 Abs 4a idF des genannten Gesetzes). Durch sie wird der GewErtrag der KGaA – in jeder Beteiligungsform – dem der Mitunternehmerschaft gleichgestellt (*Graf* DStR 1991, 1374). Die Kürzung erfolgt in dem Maße, wie die Gewinnanteile (zum Begriff § 8 Nr 4 Anm 2) bei der KGaA tatsächlich hinzugerechnet worden sind (ebenso *Gosch* FR 1991, 345, 348). Das ist regelmäßig der „Bruttobetrag" (BFHE 162, 445, BStBl II 1991, 253), also nicht der um Aufwendungen des persönlich haftenden Gesellschafters verminderte Betrag (ebenso *Gosch* FR 1991, 345). Der letzte Halbsatz der Vorschrift besagt nichts anderes. Er stellt nur die Voraussetzung auf, dass die Gewinnanteile überhaupt bei der Ermittlung des Gewinns des persönlich haftenden Gesellschafters angesetzt worden sind. Das Maß der Kürzung bestimmt er nicht (dagegen zu Unrecht FG Köln EFG 2006, 1923, Rev, das die Vorschrift auf einen „sachgerechten Regelungsgehalt" zurückführen möchte; hiergegen *Herlinghaus* EFG 2006, 1925).

Ein Modell zur Nutzbarmachung der Effekte dieser Vorschrift bei einer GmbH & Co KGaA stellt *Kollruss* Inf 2003, 347 vor.

§ 9 Nr. 3 Kürzungen

Die Summe des Gewinns und der Hinzurechnungen wird gekürzt um

...

3. den Teil des Gewerbeertrags eines inländischen Unternehmens, der auf eine nicht im Inland belegene Betriebsstätte entfällt. [2]Bei Unternehmen, die ausschließlich den Betrieb von eigenen oder gecharterten Handelsschiffen im internationalen Verkehr zum Gegenstand haben, gelten 80 Prozent des Gewerbeertrags als auf eine nicht im Inland belegene Betriebsstätte entfallend. [3]Ist Gegenstand eines Betriebs nicht ausschließlich der Betrieb

von Handelsschiffen im internationalen Verkehr, so gelten 80 Prozent des Teils des Gewerbeertrags, der auf den Betrieb von Handelsschiffen im internationalen Verkehr entfällt, als auf eine nicht im Inland belegene Betriebsstätte entfallend; in diesem Fall ist Voraussetzung, dass dieser Teil gesondert ermittelt wird. [4]Handelsschiffe werden im internationalen Verkehr betrieben, wenn eigene oder gecharterte Handelsschiffe im Wirtschaftsjahr überwiegend zur Beförderung von Personen und Gütern im Verkehr mit oder zwischen ausländischen Häfen, innerhalb eines ausländischen Hafens oder zwischen einem ausländischen Hafen und der freien See eingesetzt werden. [5]Für die Anwendung der Sätze 2 bis 4 gilt § 5 a Abs. 2 Satz 2 des Einkommensteuergesetzes entsprechend;

...

Gewerbesteuer-Richtlinien 1998: Abschnitt 62.

Übersicht

1. Allgemeines

2.–4. Ausländische Betriebsstätten

2. Voraussetzungen
3. Umfang der Kürzung
4. Durchführung der Kürzung

5., 6. Betrieb von Handelsschiffen im internationalen Verkehr

5. Voraussetzungen
6. Durchführung der Kürzung

Literatur: *Schnädter,* Die Belastungen durch die Gewerbesteuer und die Möglichkeiten, sie zu vermeiden, BB 1988, 313; *Hildesheim,* Zum Umfang der Gewerbesteuerfreiheit bei im Ausland erzielten Gewerbeerträgen gemäß § 9 Nr 3 GewStG, DStR 1989, 138; *Tittel/Grothkopf,* Besteuerung der Einkünfte aus dem Betrieb von Handelsschiffen im internationalen Verkehr, StBp 1991, 117; *Da,* Betriebsstättenbesteuerung – Gewerbesteuerliche Behandlung der im Ausland erzielten Montagegewinne (§ 9 Nr 3 GewStG), IStR 1992, 16; *Bader/Klose,* Steuerliche Behandlung vergeblicher Auftragskosten für ausländische Bauprojekte, IStR 1996, 318; *Urbahns,* Ertragsteuerliche Folgen eines Warenlagers im Ausland unter besonderer Beachtung des § 9 Nr 3 GewStG, Inf 2003, 938; *Rosenke/Liedtke,* Anwendbarkeit der Kürzungen des § 9 Nr 3 S 2 ff GewStG auf Veräußerungsgewinne von Mitunternehmeranteilen an Schifffahrtsunternehmen und auf die Gewinnhinzurechnungen durch einen Wechsel zur Tonnagebesteuerung nach § 5 a Abs 4 S 3 EStG, FR 2007, 290; *Suchanek,* Anwendung von § 7 S 2 Nr 2 GewStG bei der Veräußerung von doppelstöckigen Mitunternehmerschaften, GmbHR 2008, 248.

1 **Allgemeines.** Die Vorschrift dient der Vermeidung der Doppelbelastung durch GewSt. Die Kürzung um Ertragsanteile aus ausländischen Betriebsstätten hat wohl klarstellenden Charakter. Sie ist Folge der Regelung in § 2 Abs 1, wonach der GewSt jeder stehende GewBetrieb unterliegt, soweit er im Inland betrieben wird. Nach § 2 Abs 1 Satz 3 wird ein Gew-

Betrieb im Inland betrieben, soweit für ihn im Inland oder auf einem inländischen Kauffahrteischiff eine Betriebsstätte unterhalten wird. **EU-Recht** wird durch die Regelung mE nicht berührt. Die durch die Vorschrift gegebene Rechtslage kann nicht zu Ungunsten des Stpfl durch **DBA** verändert werden, wenn darin für bestimmte Betriebe das ausschließliche Besteuerungsrecht des Staates der Geschäftsleitung bestimmt ist (*Lenski/Steinberg* § 9 Nr 3 Anm 2; *Blümich/Gosch* § 9 Rz 212). Jedoch kann die GewStPfl durch DBA beschränkt werden (vgl die Zusammenstellung der gültigen DBA von *BMF* BStBl I 2008, 310).

Durch G v 20. 12. 1996 (BGBl I 1996, 2049) sind die Sätze 2–5 betreffend Handelsschiffe im internationalen Verkehr eingefügt worden, und zwar mit Wirkung ab EZ 1997. Durch G v 9. 9. 1998 (BGBl I 1998, 2860) ist in Satz 5 die Verweisung auf § 34 c Abs 4 Satz 3 EStG durch die Verweisung auf § 5 a Abs 2 Satz 2 EStG geändert worden. Die Änderung steht in Zusammenhang mit der Aufhebung des § 34 c Abs 4 EStG und Neueinfügung des § 5 a EStG durch oa G; sie ist ab EZ 1999 anzuwenden (genehmigt durch die EU-Kommission, vgl BGBl I 1998, 4023).

2.–4. Ausländische Betriebsstätten

Voraussetzungen. Eine oder mehrere ausländische Betriebsstätten müssen unterhalten werden, und zwar in der Weise, dass sie dem inländischen GewBetrieb zugerechnet werden können. Betriebstätte in diesem Sinne ist weder der Anteil an einer ausländischen Kapitalgesellschaft (BFHE 142, 394, BStBl II 1985, 160) noch die Beteiligung an einer ausländischen Personengesellschaft (*Blümich/Gosch* § 9 GewStG Rn 218; *Suchanek* GmbHR 2008, 248); insofern Kürzung nur nach Nrn 7 bzw 8 oder Nr 2. Ebensowenig genügt die Ausübung der Tätigkeit oder ihre Verwertung im Ausland (BFHE 102, 524, BStBl II 1971, 743; BFHE 113, 242, BStBl II 1974, 752). Eine andere Deutung lässt der Wortlaut der Vorschrift nicht zu. Sie enthält ihrem Inhalt nach eine rechtssystematische Ergänzung zur Beschreibung und Begrenzung des Steuergegenstandes in § 2 Abs 1 Satz 1 u 3 (*Hildesheim* DStR 1989, 138). Im Ausland muss der Begriff der Betriebsstätte erfüllt sein. Es gilt der **Betriebsstättenbegriff des § 12 AO** (hierzu § 2 Anm 455 ff und § 28 Anm 4), nicht der einschränkende Begriff der meisten DBA. Letzterer gilt nur im Verhältnis zu dem jeweiligen Vertragsstaat (*Blümich/Gosch* § 9 Rz 166; vgl BFHE 127, 517, BStBl II 1979, 527). Bei mehreren ausländischen Bauausführungen oder Montagen, die unabhängig voneinander nebeneinander bestehen oder unmittelbar zeitlich aufeinander folgen, besteht keine einheitliche „Welt"-Betriebsstätte (es kommt für jede einzelne Ausführung auf die Voraussetzungen des § 12 Nr 8 AO an, FG Düsseldorf EFG 1991, 290; aA *Brendle/Schaaf* FR 1975, 589; *Schröder* StBp 1978, 169). Auch ausländische Organschaften erfüllen den Betriebsstättenbegriff in Anbetracht der Selbständigkeit der einzelnen Gesellschaften nicht (aA 1. Auflage; *Germscheid* DB 1962, 1156). Aus § 2 Abs 2 Satz 2 ergibt sich in Anbetracht der Beschränkung seiner Funktion bei der Zerlegung auf inländische Gemeinden nichts anderes. Ein Unternehmen, das nur im Inland eine Betriebsstätte unterhält, unterliegt also mit dem gesamten GewErtrag der deutschen GewSt (BFHE 143, 284, BStBl II 1985, 405). Besteht 2 eine ausländische Betriebsstätte, dann wird deswegen aber noch nicht der gesamte aus der ausländischen Tätigkeit herrührende GewErtrag der inländischen GewBesteuerung entzogen, sondern nur der Teil, der tatsächlich auf die ausländischen Betriebsstätten entfällt (BFHE 102, 524, BStBl II 1971, 743; BFHE 143, 284, BStBl II 1985, 405). Die Kritik von *Brendle/Schaaf* FR 1975, 589 geht am Wortlaut des Gesetzes und am Objektsteuercharakter der GewSt vorbei (ebenso *Lenski/Steinberg* § 9 Nr 3 Anm 2; *Blümich/Gosch* § 9 Rz 217). Für Unternehmen mit Sitz im Ausland und Betriebsstätte im Inland wird entsprechend nur der GewErtrag der Besteuerung unterworfen, der tatsächlich mit der inländischen Betriebsstätte, nicht mit der gesamten inländischen Betätigung in Zusammenhang steht (BFHE 78, 428, BStBl III 1964, 165). Auf ausländische Betriebsstätten entfallen etwa Erträge aus der Tätigkeit des ständigen ausländischen Vertreters (BFHE 106, 206, BStBl II 1972, 785). Bei Reiseunternehmen entfallen Hilfstätigkeiten der ausländischen Reiseleiter in Zusammenhang mit dem Flugtransport und der Hotelunterbringung nicht auf die ausländische Betriebsstätte. Sie sind Hilfstätigkeiten der inländischen Betriebsstätte (vgl Hess FG EFG 1975, 586). Eine andere Entscheidung ist möglich bei der sonstigen Betreuung der Reisenden sowie bei der Veranstaltung von örtlichen Ausflügen (BFHE 143, 284, BStBl II 1985, 405).

3 **Umfang der Kürzung.** Betroffen ist nur der Teil des GewErtrags, der auf die ausländische Betriebsstätte entfällt (Anm 2). Das ist derjenige Teil des gesamten GewErtrags, der im Rahmen des Gesamtunternehmens durch die in der ausländischen Betriebsstätte ausgeübte oder ihr zuzurechnende unternehmerische Betätigung erzielt worden ist. Das können mE auch vergebliche (fehlgeschlagene) Kosten sein; sofern auf das entsprechende Objekt bezogen (**aA** *Blümich/Gosch* § 9 Anm 221; *Bader/Klose* IStR 1996, 318). In Betracht kommt auch ein negativer GewErtragsteil (BFHE 102, 524, BStBl II 1971, 743; BFHE 113, 242, BStBl II 1974, 752; hierzu *von Wallis* DStZA 1974, 446). Zu eliminieren sind auch die auf die ausländischen Betriebsstätten entfallenden Hinzurechnungen und Kürzungen; vgl *OFD Kiel* FR 1999, 866, DStR 2000, 328). Ein Teil des GewErtrags muss regelmäßig der inländischen Geschäftsleitungs-Betriebsstätte zugerechnet werden; und zwar auch dann, wenn der GewTreibende ganzjährig im Ausland Montagearbeiten durchführt (BFH/NV 2004, 83). Im Übrigen ist es nicht von Bedeutung, ob es sich um laufende Gewinne oder Aufgabe- bzw Veräußerungsgewinne handelt (*Behrens/Schmtt* BB 2002, 860).

Hinzurechnungsbeträge nach § 10 AStG sind mE nicht einzubeziehen; es fehlt an einer gesetzlichen Grundlage, die stpfl Zwischeneinkünfte (§ 7 Abs 1 AStG) als solche einer ausländischen Betriebsstätte zu qualifizieren (**aA** *Rödder/Schumacher* DStR 2002, 105, 112; zweifelnd *Blümich/Gosch* § 9 Rz 221 a).

In der ehemaligen DDR entstandene betriebliche Verluste waren vor dem Beitritt bei der Ermittlung eines Veräußerungsgewinns in der BRD nicht zu berücksichtigen (BFHE 119, 418, BStBl II 1976, 676).

4 **Durchführung der Kürzung.** Grundsätzlich ist nach BFHE 102, 524, BStBl II 1971, 743 und BFHE 143, 284, BStBl II 1985, 405 der auf die ausländische Betriebsstätte entfallende Gewinnanteil aus der Buchführung

zu entnehmen (direkte Methode). Nur soweit dies nicht möglich ist, muss auf Grund eindeutiger Unterlagen eine Schätzung durchgeführt werden (indirekte Methode). Bei vergleichbarem Lohn- und Preisniveau kann nach BFHE 102, 524, BStBl II 1971, 743 (hierzu A 62 Abs 2 Satz 3 GewStR; *Wihtol* FR 1972, 161; *Klunzinger,* Anm zu StRK GewStG § 9 R 34) die entsprechende Anwendung der Zerlegungsvorschriften der §§ 29 ff GewStG in Frage kommen (vgl zur Berücksichtigung von Personalaufwand bei einer Fluggesellschaft FG Düsseldorf EFG 1978, 503). Werden sie angewendet, dann sollen Betriebseinnahmen und Betriebsausgaben auch dann nicht einer bestimmten Betriebsstätte zuzuordnen sein, wenn dies an sich möglich ist (*Lenski/Steinberg* § 9 Nr 3 Rn 14). Diese Auffassung erscheint zu eng. Es muss im Interesse der Ermittlung eines möglichst zutreffenden Ergebnisses zulässig sein, eindeutig zurechenbare Ausgaben und Einnahmen vorweg abzurechnen und im Übrigen nach der indirekten Methode zu verfahren (*Blümich/Gosch* § 9 Rz 222). Bei Unternehmen mit Sitz im Ausland und Betriebsstätten im Inland (oben Anm 2) ist entsprechend zu verfahren.

5., 6. Betrieb von Handelsschiffen im internationalen Verkehr

Voraussetzungen. Der Gewinn darf nicht nach § 5 a EStG ermittelt worden sein; ist er das jedoch, dann ist er nach § 7 Satz 3 der (bereits um Hinzurechnungen nach § 8 vermehrte und um Kürzungen nach § 9 verminderte) GewErtrag; für die Anwendung der Nr 3 Satz 2 ist dann kein Raum (BFH DStRE 2008, 1273). Betrieb von **Handelsschiffen** im **internationalen Verkehr** liegt vor, wenn eigene oder gecharterte Handelsschiffe überwiegend zur Beförderung von Personen und Gütern im Verkehr mit oder zwischen ausländischen Häfen, innerhalb eines ausländischen Hafens oder zwischen einem ausländischen Hafen und der freien See eingesetzt werden (vgl hierzu BFHE 160, 500, BStBl II 1990, 783); es muss sich um Seeschiffe handeln. Auf die Eintragung in ein inländisches Seeschiffsregister und die Führung der deutschen Flagge kommt es – anders als in § 34 Abs 4 Satz 2 EStG aF – nicht an (vgl BFHE 129, 389, BStBl II 1980, 190). Der Abfalltransport von einem ausländischen Hafen zur Verbrennung oder sonstigen Beseitigung auf der offenen See ist mE kein Betrieb von **Handelsschiffen** (vgl BFHE 141, 24, BStBl II 1984, 566). Entsprechendes gilt mE für Küstenschiffe auch dann, wenn sie gelegentlich Fahrten nach ausländischen Häfen durchführen sowie für Bagger- u Bergungsschiffe, Taucher- u Fischereifahrzeuge (*Flick/Wassermeyer/Becker* § 34 EStG Rz 207 f). Dagegen gehört der Einsatz als Schleppschiff zum Gütertransport (BFHE 160, 500, BStBl II 1990, 783). Die **Vercharterung** ist nach § 34 c Abs 4 Satz 3 (ab EZ 1999: § 5 a Abs 2 Satz 2) EStG begünstigt, wenn das Schiff vom Vercharterer ausgerüstet ist; Entsprechendes gilt für Neben- und Hilfsgeschäfte (BFHE 119, 473, BStBl II 1976, 710), für die Weitervercharterung (BFHE 159, 446, BStBl II 1990, 433) sowie für die Veräußerung von im internationalen Verkehr betriebenen Handelsschiffen (§ 34 c Abs 4 Satz 3 EStG; *OFD Rostock* DB 1997, 852). Eine sog „bareboat-charter“ genügt nicht (BFHE 145, 67, BStBl II 1986, 60). Ab **EZ 1999** ist insoweit § 5 a Abs 2 Satz 2 EStG anzuwenden (s Anm 1 aE). 5

Einkaufsfahrten („Butterfahrten") finden mE im internationalen Verkehr statt, wenn ein ausländischer Hafen angefahren wird, Aus- und Zusteigemöglichkeiten gegeben sind und die Liegezeit einen Landaufenthalt im Ausland zulässt.

Für das Merkmal **„überwiegend"** ist allein auf die Verhältnisse im Wirtschaftsjahr abzustellen (so ausdrücklich Satz 4). **Jedes Schiff** muss an **mehr als 50%** der Gesamtreisetage des Wirtschaftsjahres im internationalen Verkehr eingesetzt sein (vgl BFHE 160, 500, BStBl II 1990, 783; FG Hamburg EFG 1988, 25). Es genügt also nicht, wenn alle Schiffe zusammengenommen mehr als 50% der Reisetage im internationalen Verkehr eingesetzt sind. Liegen die oa Voraussetzungen vor, dann werden Leer-, Ballast- und Reparaturzeiten dem internationalen Verkehr zugerechnet; es ist also nicht erheblich, dass/wenn das Schiff weniger als 50% der Kalendertage im internationalen Verkehr eingesetzt wird (BFHE 160, 500, BStBl II 1990, 783).

6 **Durchführung der Kürzung.** Die **Ermittlung des** jeweils der Kürzung unterliegenden **Gewerbeertrages** hat nach den §§ 7–10a, jedoch ohne die Kürzung nach § 9 Nr 3 (*OFD Kiel* FR 1999, 866, DStR 2000, 328), zu erfolgen. Fehlbeträge der Vorjahre sind mE dann zu berücksichtigen, wenn und soweit in diesen die Voraussetzungen der Vorschrift vorgelegen haben (vgl BFHE 139, 569, BStBl II 1984, 155; BFHE 140, 281, BStBl II 1984, 376). Negative gewerbliche Einkünfte iSd § 32c EStG aF, die ein Kommanditist aus der Beteiligung von einer Schifffahrtsgesellschaft erzielt, sind (um 80%) zu kürzen (BFH BStBl II 2009, 142).

Bei **ausschließlichem Betrieb** im internationalen Verkehr iSd Vorschrift ist der Gesamtgewerbeertrag begünstigt, dh 80% hiervon sind abzuziehen, ohne dass eine nach Unternehmensbereichen gesonderte Ermittlung des Gewerbeertrages stattfände (vgl BFHE 147, 380, BStBl II 1986, 860).

Bei **nicht ausschließlichem Betrieb** im internationalen Verkehr sind 80% des auf den Betrieb im internationalen Verkehr entfallenden Teils des GewErtrages begünstigt, dh dieser Teil des GewErtrages ist gesondert zu ermitteln (Satz 2 Halbsatz 2). ME erfordert dies eine buchmäßige Zuordnung der Betriebseinnahmen und -ausgaben zu den verschiedenen Tätigkeitsbereichen, sofern diese möglich ist (direkte Methode; **aA** *Blümich/Gosch* § 9 Rz 172b). Nicht ausschließlich einem Tätigkeitsbereich zuzuordnende Einnahmen und Ausgaben (zB Löhne; Aufwendungen durch Leer-, Liege- und Reparaturzeiten sind anteilig nach dem jeweiligen Geschäftsumfang (insb dem Umsatz) zuzurechnen. Eine Schätzung des auf den Betrieb im internationalen Verkehr entfallenden Anteils am GewErtrag genügt mE dem Wortlaut der – ansonsten überflüssigen – Vorschrift nur dann, wenn bestimmte Buchungsvorgänge die verschiedenen Tätigkeitsbereiche betreffen. Diese Auffassung steht nicht dem Grundsatz entgegen, dass eine gesonderte Ermittlung des GewErtrages nach Unternehmensbereichen dem System des GewStRechts fremd ist (BFHE 121, 74, BStBl II 1977, 251; BFHE 147, 380, BStBl II 1986, 860). Denn gefordert ist die Ermittlung nach Satz 2 Halbsatz 2 lediglich in einer Hilfsrechnung. **Warenverkauf** auf Linienschiffen gehört mE zu den (begünstigten) Hilfs- und

Nebengeschäften (vgl *BMF* DStZ/E 1977, 37). Dagegen ist bei „Butterfahrten" mE zwischen (begünstigten) Beförderungsleistungen und (nicht begünstigtem) Warenverkauf zu unterscheiden. Ist eine Fahrt am Bilanzstichtag noch nicht beendet, dann sind die hierdurch verursachten Anforderungen als Forderungen und die erhaltenen Frachtzahlungen als Anzahlungen auszuweisen (*Tittel/Grothkopf* StBp 1991, 117). Anteilig auf den Betrieb von Handelsschiffen entfallende GewVerluste sind von dem maßgeblichen GewErtrag insgesamt abzusetzen (BFHE 147, 380, BStBl II 1986, 860).

Ab **EZ 1999** besteht die antragsgebundene Möglichkeit, den GewErtrag nach der im Betrieb geführten **Tonnage** zu ermitteln, wenn die Bereederung der Handelsschiffe im Inland durchgeführt wird, vgl Anm 1 aE. In diesen Fällen kommt eine Kürzung also nicht mehr in Betracht (BFH/NV 2005, 2274; 2006, 2274; zT **aA** jedoch *Rosenke/Liedtke* FR 2007, 290: Kürzung für die Hinzurechnung nach § 5 a Abs 4 Satz 3 EStG). Eine Ausnahme besteht für den Gewinn aus der Auflösung des Unterschiedsbetrags zwischen dem Buchwert und dem Teilwert von Anlagegütern nach § 5 a Abs 4 EStG (*BMF* BStBl I 2002, 614).

§ 9 Nr. 4 Kürzungen *(aufgehoben)*

Die Summe des Gewinns und der Hinzurechnungen wird gekürzt um

...

4. die bei der Ermittlung des Gewinns aus Gewerbebetrieb des Vermieters oder Verpächters berücksichtigten Miet- oder Pachtzinsen für die Überlassung von nicht in Grundbesitz bestehenden Wirtschaftsgütern des Anlagevermögens, soweit sie nach § 8 Nr. 7 dem Gewinn aus Gewerbebetrieb des Mieters oder Pächters hinzugerechnet worden sind;

...

Gewerbesteuer-Richtlinien 1998: Abschnitt 63.

Literatur: *Koch,* Zum Abzug von Miet- oder Pachtzinsen für die Überlassung von nicht in Grundbesitz bestehenden Anlagegütern ..., DB 1965, 651; *Bestgen,* Die gewerbesteuerlichen Hinzurechnungs- und Kürzungsvorschriften wegen betrieblicher Nutzung fremder Wirtschaftsgüter, StuW 1981, 23, 106, 261, 346; *Herden,* Vermietung und Verpachtung, Gewerbesteuer, LSW Gr 4/271, 7 (1983); *Gosch,* Rechtsprechung zur Gewerbesteuer, StuW 1992, 350; *Kessler/Teufel,* Die klassische Betriebsaufspaltung nach der Unternehmenssteuerreform, BB 2001, 17.

Allgemeines. Die Vorschrift diente der Vermeidung einer Doppelbelastung 1
der Miet- oder Pachtzinsen für die Überlassung von nicht in Grundbesitz bestehenden WG des AV mit GewSt. Sind sie nach § 8 Nr 7 dem GewErtrag des Mieters oder Pächters hinzugerechnet worden, dann bedeutete das Absehen von der Kürzung beim Vermieter oder Verpächter eine doppelte GewBesteuerung dieser Beträge. Die Kürzung um die genannten Beträge hing nicht davon ab, dass der Mieter oder Pächter tatsächlich GewSt auf sie bezahlt hat. Sie ist auch dann vorzunehmen, wenn sie sich beim Vermieter oder Verpächter wegen Fehlens eines GewErtrags im Jahr der Kürzung nicht auswirkte und lediglich zu einem nach § 10 a GewStG zu berücksichtigenden GewVerlust führte (FG Ba-

Wü EFG 1997, 1034; *Blümich/Gosch* § 9 Rz 178; *Lenski/Steinberg* § 9 Nr 4 Rz 4). Das gilt auch für Organschaften, wenn die Kürzung bei der verpachtenden Organgesellschaft zu einem negativen Gewerbeertrag führte und deswegen vororganschaftliche Verluste verlorengingen. Denn durch die – wie erforderlich – getrennte Ermittlung der Gewerbeerträge (vgl § 2 Anm 380 ff) trat wegen der Korrespondenz von § 8 Nr 7 und § 9 Nr 4 eine Doppelbelastung des Gewerbeertrags im betreffenden EZ gerade nicht ein (BFHE 167, 158, BStBl II 1992, 630; zust *Gosch* StuW 1992, 350, 358).

Die Vorschrift ist mit Wirkung ab **EZ 2007** (§ 36 Abs 8 a GewStG) durch G v 14. 8. 2007 (BGBl I 2007, 1912) aufgehoben worden.

2 **Umfang der Kürzung.** Die Kürzung betrifft nur die Beträge, die im GewErtrag tatsächlich enthalten sind. Zweifelhaft ist daher, ob Aufwendungen des Mieters oder Pächters für Instandhaltungen, die zu den Miet- oder Pachtzinsen nach § 8 Nr 7 aF gehören (vgl § 8 Nr 1 Buchst d nF Anm 14), beim Vermieter oder Verpächter nach § 9 Nr 4 aF gekürzt werden können (so jedoch *Koch* DB 1965, 651). Im Übrigen besteht durchgängige Abhängigkeit der gewstlichen Behandlung von Vermieter oder Verpächter nach § 9 Nr 4 aF von den Verhältnissen beim Mieter oder Pächter nach § 8 Nr 7 aF (vgl *Bestgen* StuW 1981, 261), dh die Kürzung erfolgt nur in der Höhe, in der beim Mieter oder Pächter die Hinzurechnung tatsächlich durchgeführt worden ist (BFHE 112, 502, BStBl II 1974, 584; A 63 Abs 1 GewStR; gegen BFHE 69, 33, BStBl III 1959, 274). Fehler bei der Behandlung der Miet- und Pachtzinsen beim Mieter/Pächter nach § 8 Nr 7 wirken sich daher auf die Ermittlung des Gewerbeertrags beim Vermieter/Verpächter aus. Zudem ist ohne Bedeutung, ob der den Mieter/Pächter betreffende GewStMessbescheid noch geändert werden kann (BFH/NV 1995, 822). Wird die Hinzurechnung beim Mieter/Pächter auf Grund eines Gerichtsverfahrens rückgängig gemacht, so ist die entsprechende Kürzung beim Vermieter/Verpächter nach § 175 Abs 1 Satz 1 Nr 2 AO rückgängig zu machen (BFH/NV 2001, 814). Umgekehrt besteht diese Abhängigkeit nicht (BFHE 207, 35, BStBl II 2005, 145).

Es kommt auch nicht darauf an, ob der Mieter oder Pächter tatsächlich GewSt gezahlt hat oder nicht (etwa bei einem GewVerlust). Ebensowenig hängt die Kürzung davon ab, ob sie sich im EZ auswirkt oder nur zu einem nach § 10 a zu berücksichtigenden GewVerlust führt (*Blümich/Gosch* § 9 Rz 177). Problematisch ist, ob die Kürzung zu erfolgen hat, wenn die Zinsen beim Mieter oder Pächter schon dem Grunde nach zu Unrecht hinzugerechnet worden sind. ME lässt der Wortlaut keine andere Wahl; auf eine materiell-rechtliche Prüfung kommt es also nicht an (*Blümich/Gosch* § 9 Rz 178; aA *Bestgen* StuW 1981, 268 FN 264). Will man den sich aus der oa Abhängigkeit ergebenden tatsächlichen und verfahrensrechtlichen Schwierigkeiten (hierzu *Wihtol,* Anm zu StRK GewStG § 9 R 47; *Lenski/Steinberg* § 9 Nr 4; *Bestgen* StuW 1981, 269) entgehen, bedarf es einer Gesetzesänderung.

Zur Bedeutung der Kürzungsvorschrift bei der Bestimmung des Vorteils der Betriebsaufspaltung vgl *Kessler/Teufel* BB 2001, 17.

§ 9 Nr. 5 Kürzungen

Die Summe des Gewinns und der Hinzurechnungen wird gekürzt um

...

5. die aus den Mitteln des Gewerbebetriebs geleisteten Zuwendungen (Spenden und Mitgliedsbeiträge) zur Förderung steuerbegünstigter Zwecke im Sinne der §§ 52 bis 54 der Abgabenordnung an eine inländische juristische Person des öffentlichen Rechts oder an eine inländische öffentliche Dienststelle oder an eine nach § 5 Abs. 1 Nr. 9 des Körperschaftsteuergesetzes steuerbefreite Körperschaft, Personenvereinigung oder Vermögensmasse bis zur Höhe von insgesamt 20 Prozent des um die Hinzurechnungen nach § 8 Nr. 9 erhöhten Gewinns aus Gewerbebetrieb (§ 7) oder 4 Promille der Summe der gesamten Umsätze und der im Wirtschaftsjahr aufgewendeten Löhne und Gehälter. [2]Überschreiten die geleisteten Zuwendungen die Höchstsätze nach Satz 1, kann die Kürzung im Rahmen der Höchstsätze nach Satz 1 in den folgenden Erhebungszeiträumen vorgenommen werden. [3]Einzelunternehmen und Personengesellschaften können auf Antrag neben der Kürzung nach Satz 1 eine Kürzung um die im Erhebungszeitraum in den Vermögensstock einer Stiftung des öffentlichen Rechts oder einer nach § 5 Abs. 1 Nr. 9 des Körperschaftsteuergesetzes steuerbefreiten Stiftung des privaten Rechts geleisteten Spenden in diesem und in den folgenden neun Erhebungszeiträumen bis zu einem Betrag von 1 Million Euro vornehmen. [4]Der besondere Kürzungsbetrag nach Satz 3 kann der Höhe nach innerhalb des Zehnjahreszeitraums nur einmal in Anspruch genommen werden. [5]Eine Kürzung nach den Sätzen 1 bis 4 ist ausgeschlossen, soweit auf die geleisteten Zuwendungen § 8 Abs. 3 des Körperschaftsteuergesetzes anzuwenden ist oder soweit Mitgliedsbeiträge an Körperschaften geleistet werden, die
   1. den Sport (§ 52 Abs. 2 Nr. 21 der Abgabenordnung),
   2. kulturelle Betätigungen, die in erster Linie der Freizeitgestaltung dienen,
   3. die Heimatpflege und Heimatkunde (§ 52 Abs. 2 Nr. 22 der Abgabenordnung) oder
   4. Zwecke im Sinne des § 52 Abs. 2 Nr. 23 der Abgabenordnung

   fördern. [6]§ 10 b Abs. 3 und 4 Satz 1 sowie § 10 d Abs. 4 des Einkommensteuergesetzes und § 9 Abs. 2 Satz 2 bis 5 und Abs. 3 Satz 1 des Körperschaftsteuergesetzes gelten entsprechend. [7]Wer vorsätzlich oder grob fahrlässig eine unrichtige Bestätigung über Spenden und Mitgliedsbeiträge ausstellt oder wer veranlasst, dass entsprechende Zuwendungen nicht zu den in der Bestätigung angegebenen steuerbegünstigten Zwecken verwendet werden (Veranlasserhaftung), haftet für die entgangene Gewerbesteuer. [8]In den Fällen der Veranlasserhaftung ist vorrangig der Zuwendungsempfänger (inländische juristische Person des öffentlichen Rechts oder inländische öffentliche Dienststelle oder nach § 5 Abs. 5 Nr. 9 des Körperschaftsteuergesetzes steuerbefreite Körperschaft, Personenvereinigung oder

Vermögensmasse) in Anspruch zu nehmen; die in diesen Fällen für den Zuwendungsempfänger handelnden natürlichen Personen sind nur in Anspruch zu nehmen, wenn die entgangene Steuer nicht nach § 47 der Abgabenordnung erloschen ist und Vollstreckungsmaßnahmen gegen den Zuwendungsempfänger nicht erfolgreich sind; § 10 b Abs. 4 Satz 5 des Einkommensteuergesetzes gilt entsprechend. [9]Der Haftungsbetrag ist mit 15 Prozent der Zuwendungen anzusetzen und fließt der für den Spendenempfänger zuständigen Gemeinde zu, die durch sinngemäße Anwendung des § 20 der Abgabenordnung bestimmt wird. [10]Der Haftungsbetrag wird durch Haftungsbescheid des Finanzamts festgesetzt; die Befugnis der Gemeinde zur Erhebung der entgangenen Gewerbesteuer bleibt unberührt. [11]§ 184 Abs. 3 der Abgabenordnung gilt sinngemäß;

...

Gewerbesteuer-Richtlinien 1998: Abschnitt 64.

Übersicht

1. Allgemeines
2. Ausgaben/Begriff und Bewertung
3. Entnahme von Mitteln
4. Uneigennützigkeit/Unentgeltlichkeit
5. Freiwilligkeit
6. Motivation
7., 7 a. Zwecke
8. Spendenempfänger
9. Spendenbestätigung
10. Vertrauensschutz
11. Umfang der Kürzung
12. Stiftungen des öff Rechts
13., 13 a. Großspenden
14. Gesonderte Feststellung
15. Neugründung von Stiftungen
16. Kürzung
17. Haftung
18. Unrichtigkeit der Spendenbestätigung
19. Nicht begünstigte Zwecke
20. Entgangene Steuer
21. Durch Vertrauensschutz entgangene Spende
22. Haftungsgläubiger
23. Verfahren
24. Haftungsbescheid
25. Befugnis der Gemeinde
26. Verfassungsrechtliche Bedenken

Literatur: *Thiel/Eversberg,* Das Vereinsförderungsgesetz und seine Auswirkungen auf das Gemeinnützigkeits- und Spendenrecht (Teil III), DB 1990, 395; *Jansen,* Steuerliche Änderungen nach dem Vereinsförderungsgesetz, DStR 1990

61; *Gierlich,* Vertrauensschutz und Haftung bei Spenden, FR 1991, 518; *Wallenhorst,* Die neue Haftung bei Fehlverwendung von Spenden, DB 1991, 1410; *Pöllath,* Das Kultur- und Stiftungsförderungsgesetz – Steuerliche Förderung von Kunst, Kultur und Stiftungen, NJW 1991, 2608; *Thiel/Eversberg,* Gesetz zur steuerlichen Förderung von Kunst, Kultur und Stiftung sowie zur Änderung steuerlicher Vorschriften, DB 1991, 118; *Pauka,* StÄndG 1992: Die Änderungen im Gewerbesteuerrecht, DB 1992, 1207; *Frank,* Die „Großspenden" der Mitunternehmer, DB 1992, 1495; *Oppermann/Peter,* Die steuerrechtliche Haftung für rechtswidrig ausgestellte Spendenbescheinigungen, DStZ 1998, 424 (zu § 10b Abs 4 EStG und § 9 Abs 4 KStG); *Hüttemann,* Das Gesetz zur weiteren steuerlichen Förderung von Stiftungen, DB 2000, 1584; *Eickmann,* Die Neuordnung des Spendenrechts ab 2000, Inf 2000, 97; *Kümpel,* Die Änderung des Spendenrechts ab 1. 1. 2000, FR 2000, 91; *Jost,* Spendenrecht 2000, DB 2000, 1248; *Helios/Schlotter,* Spendenabzug und EU-Recht – Zugleich Anmerkung zu FG Münster, Urteil vom 28. 10. 2005 ..., IStR 2006, 483; *Fritz,* Regierungsentwurf eines Gesetzes zur weiteren Stärkung des bürgerschaftlichen Engagements, BB 2007, 690; *Tiedtke/Möllmann,* Spenden und Stiften soll attraktiver werden ..., DStR 2007, 509; *Tiedtke/Szczesny,* Zur steuerlichen Abzugsfähigkeit von Zuwendungen an einen Golfclub, FR 2007, 765; *Krieger,* Das Gesetz zur weiteren Stärkung des bürgerschaftlichen Engagements, DStZ 2007, 77; *Richter/Eichler,* Änderungen des Spendenrechts aufgrund des Gesetzes zur weiteren Stärkung des bürgerschaftlichen Engagements, FR 2007, 1037; *Hüttemann,* Gesetz zur weiteren Stärkung des bürgerschaftlichen Engagements und seine Auswirkungen auf das Gemeinnützigkeits- und Spendenrecht, DB 2007, 2053; *Schauhoff/Kirchhain,* Das Gesetz zur weiteren Stärkung des bürgerschaftlichen Engagements, DStR 2007, 1985; *Drüen/Liedtke,* Die Reform des Gemeinnützigkeits- und Zuwendungsrechts und seine europarechtliche Flanke, FR 2008, 1; *Tiedtke/Möllmann,* Gemeinnützigkeit und Europäische Grundfreiheiten, DStZ 2008, 69; *Hüttemann/Helios,* Abzugsfähigkeit von Direktspenden an gemeinnützige Einrichtungen im EU-Ausland, IStR 2008, 39.

Allgemeines. Bis EZ 1990 diente die Vorschrift – wie die des § 8 Nr 9 GewStG – der gewstlichen Gleichstellung von Körperschaften einerseits und Personengesellschaften sowie Einzelunternehmen andererseits. Nach § 9 Nr 3 KStG aF konnten Körperschaftsteuersubjekte Spenden zur Förderung mildtätiger, kirchlicher, religiöser, wissenschaftlicher und staatspolitischer Zwecke und der als besonders förderungswürdig anerkannten Zwecke bei der Ermittlung des Einkommens abziehen. Da bei Einkommensteuersubjekten die Berücksichtigung solcher Aufwendungen nur bei den Sonderausgaben möglich war, schuf die Vorschrift des § 8 Nr 9 GewStG durch die dort vorgesehene Hinzurechnung bei Körperschaften einen Ausgleich mit Ausnahmen der Ausgaben zur Förderung wissenschaftlicher Zwecke. 1

Ab **EZ 1991** galt **zunächst** nach dem Kultur- und StiftungsförderungsG v 13. 12. 1990 (BGBl I 1990, 2775) die Hinzurechnung nicht für Ausgaben zur Förderung mildtätiger, kirchlicher, religiöser und wissenschaftlicher Zwecke und der als besonders förderungswürdig anerkannten gemeinnützigen Zwecke (§ 9 Nr 3a – jetzt § 9 Abs 1 Nr 2 – KStG). Das erforderte die Erweiterung der Kürzungsmöglichkeit auf eben diese Zwecke durch Bezugnahme auf § 10b Abs 1 EStG (vgl *Thiel/Eversberg* DB 1991, 118, 123).

Ebenfalls ab EZ 1991 hat die Vorschrift durch das StÄndG 1992 (BGBl I 1992, 297, BStBl I 1992, 146) einen **Bedeutungswandel** sowie eine völlige Neufassung erfahren. Da durch die Neufassung der Hinzurechnungsvorschrift des § 8 Nr 9 (s dort) eine gewstrechtliche Gleichstellung zwischen den GewStPflichtigen erreicht ist, geht es in § 9 Nr 5 nunmehr nur noch um die **sachliche Erweiterung des Spendenabzugs** überhaupt. Erreicht wird dies durch Einfügung eines Förderungskatalogs sowie Anknüpfung an § 10b Abs 1 EStG und § 9 Abs 1 Nr 2 KStG. § 9 Nr 5 GewStG enthält aber iSv Verwaltungsvereinfachung (Vermeidung von Kontrollmitteilungen usw; vgl BRDrs 522/91, 69f) eigenständige Kürzungsmerkmale. Zudem brachte die Vorschrift eine betragsmäßige Beschränkung des Spendenabzugs sowie eine Regelung des Großspendenabzugs (über 50000 DM/25565 €), eine Vertrauensschutzregelung sowie eine Regelung über die **Haftung des Ausstellers** einer unrichtigen Spendenbestätigung. Die Vorschriften, die in ihren wesentlichen Teilen verunglückt, weil überkompliziert, sind, gelten ab EZ 1991 bzw EZ 1992 (s unter den einzelnen Stichpunkten) gleichermaßen für Unternehmen in jedweder Rechtsform.

Durch G v 28. 10. 1994 BGBl I 1994, 3267 wurden Satz 1 und 5 redaktionell an die inzwischen durch G v 28. 1. 1994 BGBl I 1994, 142 erfolgte Neufassung des § 9 KStG angepasst.

Durch JStG 1996 v 11. 10. 1995 BGBl I 1995, 1250 wurden ab EZ 1996 die Sätze 3–5 ersetzt durch neue Sätze 3 und 4 (mit der Berücksichtigung von Großspenden für mildtätige Zwecke); die bish Sätze 6–9 wurden 5–8. Ab **EZ 1999** ist der Kürzungsvortrag des Satzes 4 (bisher Satz 3) von 7 auf 6 Jahre verkürzt worden.

Ab **EZ 2000** sind die Sätze 3–8 eingefügt bzw neugefasst worden durch G v 14. 7. 2000, BGBl I 2000, 1433. Ihr Zweck liegt nicht vorrangig in einer weiteren Komplizierung des Steuerrechts, sondern in der Förderung von bestimmten Stiftungen.

Nach Änderungen redaktioneller Art durch G v 19. 12. 2000 (BGBl I 2000, 1790), v 20. 12. 2007 (BGBl I 2001, 3794) u v 19. 12. 2004 (BGBl I 2004, 3310, 3843) ist die Vorschrift durch **G** zur weiteren Stärkung des bürgerschaftl Engagements **v 10. 10. 2007** (BGBl I 2007, 2332) insb an das veränderte Grundkonzept des Gemeinnützigkeitsrechts (Neufassung von § 52 AO) angepasst sowie mit dem Recht des Spendenabzugs insgesamt neu gefasst worden (prinzipiell zust *Hüttemann* DB 2007, 2053; *Drüen/Liedtke* FR 2008, 1); mWv **EZ 2007,** sofern der Stpfl nicht für Aufwendungen in diesem EZ die Anwendung der bis 31. 12. 2006 geltenden Gesetzesfassung beantragt (§ 36 Abs 8a GewStG).

2 **Ausgaben** zur Förderung der genannten Zwecke sind Abflüsse von Gütern in Geld oder Geldeswert (ausdrücklich auch Mitgliedsbeiträge), nicht dagegen Zuwendungen von Nutzungen und Leistungen (§ 10b Abs 3 Satz 1 EStG, § 9 Abs 2 Satz 2 KStG). Gleichwohl kann die Nutzungsüberlassung zu einer begünstigten Ausgabe führen, wenn nämlich dem Spender Ausgaben entstehen, die er dem Empfänger erspart (BFHE 162, 251, BStBl II 1991, 70). **Aufwandspenden** sind mE wie bisher nur (insoweit) zu berücksichtigen, wenn (als) die Aufwendungen beim Empfänger in der-

selben Höhe angefallen wären (BFH/NV 1994, 154; Einzelheiten bei *FM Ba-Wü* DStR 1995, 530). Zumindest in diesem Sinne müssen die Ausgaben unmittelbar beim Empfänger zugeflossen sein (BFHE 159, 327, BStBl II 1990, 570 mwN). Außerdem müssen sie zu einer endgültigen wirtschaftlichen Belastung des Spenders geführt haben (BFHE 164, 235, BStBl II 1991, 690). Im Übrigen sind Aufwendungen zu Gunsten einer zum Empfang steuerlich abziehbarer Zuwendungen berechtigten Körperschaft nur zu berücksichtigen, wenn auf Grund Vertrags oder Satzung ein Erstattungsanspruch besteht und auf die Erstattung verzichtet worden ist; der Anspruch darf nicht unter der Bedingung des Verzichts eingeräumt worden sein (zu Einzelheiten *BMF* DStR 1999, 1230). Die **Bewertung** erfolgt nach § 10b Abs 3 Satz 3 EStG grundsätzlich mit dem gemeinen Wert (§ 9 Abs 2 BewG; hierzu BFHE 157, 516, BStBl II 1989, 879), es sei denn der Gegenstand ist unmittelbar vor der Zuwendung einem Betriebsvermögen entnommen worden; dann darf nach § 10b Abs 3 Satz 2 EStG der bei der Entnahme angesetzte Wert, also der Teilwert (§ 6 Abs 1 Nr 4 Satz 1 EStG) oder wahlweise der Buchwert (§ 6 Abs 1 Nr 4 Satz 2 EStG; hierzu *FM M-V* DStR 1994, 323) nicht überschritten werden.

Aus **Mitteln des GewBetriebs** müssen die Ausgaben geleistet sein. Das 3
ist der Fall, wenn sie in der Buchführung als Entnahme oder (fälschlich) als Betriebsausgaben ausgewiesen sind. Bei retrograder Betrachtung von der Buchführung zum Beleg muss sich der unmittelbare sachliche und zeitliche Zusammenhang von Vermögensabgang und begünstigter Zahlung ergeben. Unzulässig, weil mit dem Gesetzeswortlaut nicht in Einklang stehend, ist die Unterstellung eines solchen Zusammenhangs für den Fall, dass überhaupt Entnahmen getätigt und Zahlungen des Betriebsinhabers zu dem begünstigten Zweck zu irgendeinem anderen Zeitpunkt im EZ geleistet werden (aA *Lenski/Steinberg* § 9 Nr 5 Anm 19f; *Blümich/Gosch* § 9 Rz 243).

Uneigennützig bzw **unentgeltlich,** dh ohne Bezug zu einer vertragli- 4
chen oder ähnlichen Gegenleistung müssen die Aufwendungen erbracht worden sein. Das folgert die Rechtsprechung zutreffend aus der Zweckbestimmung der Aufwendungen (BFHE 151, 44, BStBl II 1988, 220; BFHE 158, 210, BStBl II 1990, 237; BFHE 162, 407, BStBl II 1991, 258; zum Problem der umgeleiteten Mitgliedsbeiträge vgl BFHE 150, 406, BStBl II 1987, 414). Zum Sponsoring und Sozio-Sponsoring vgl. *Thiel* DB 1993, 2452 mwN. Eine Gegenleistung und keine Spende liegt zB dann vor, wenn ein Schulträger das Schulgeld so niedrig ansetzt, dass der normale Betrieb nur durch Zuwendungen von Eltern an einen Förderverein aufrecht erhalten werden kann (BFHE 190, 144, BStBl II 2000, 65); ebensowenig bei einer „Aufnahmespende" (BFHE 214, 378, BStBl II 2007, 8; krit *Tiedtke/Szczesny* FR 2007, 765).

Freiwillig müssen die Ausgaben erbracht worden sein, dh es darf keine 5
von außen auferlegte Rechtspflicht bestanden haben (BFHE 111, 407, BStBl II 1974, 300; BFHE 168, 118, BStBl II 1992, 849), zB durch ein Vermächtnis (BFH BStBl II 1993, 874). Eine ausgabenbezogene freiwillig eingegangene Verpflichtung schadet jedoch nicht (BFHE 151, 544, BStBl II 1988, 220; BFHE 168, 35, BStBl II 1992, 748).

6 Die **Motivation** für die Spende ist im Übrigen unerheblich; ihr objektiver Charakter ist entscheidend. Gleichwohl können die Beweggründe einen Anhalt für die Prüfung liefern, ob überhaupt eine Spende vorliegt (vgl BFHE 151, 44, BStBl II 1988, 220; BFHE 158, 210, BStBl II 1990, 237; BFHE 162, 407, BStBl II 1991, 258).

7 **Förderung steuerbegünstigter Zwecke iSd §§ 52–54 AO.** Das bedeutet, dass Gemeinnützigkeits- u Spendenrecht dem Grunde nach einen Gleichklang aufweisen, der unterschiedliche Entscheidungen insofern vermeidet. **Nicht abziehbar** sind nach Satz 5 Zuwendungen, die jeweils **vGA** oder bestimmte offene Ausschüttungen darstellen (§ 8 Abs 3 KStG). Ebenfalls nicht abziehbar sind bestimmte Mitgliedsbeiträge, nämlich zur Förderung des Sports, kultureller Freizeitgestaltungen, der Heimatpflege/-kunde sowie der nach § 52 Abs 2 Nr 23 AO anerkannten Freizeitgestaltungen: Tier-, Pflanzenzucht, Kleingärtnerei, Brauchtum/Karneval/Fastnacht/Fasching, Soldaten-/Reservistenbetreuung, Amateurfunken u Hundesport.

7a Bis **EZ 2006** einschließlich durften die Ausgaben erbracht werden für
- **mildtätige** Zwecke, vgl § 3 Anm 30
- **kirchliche** Zwecke, vgl § 3 Anm 40
- **religiöse** Zwecke, vgl § 3 Anm 24, 29 a
- **wissenschaftliche** Zwecke, vgl § 2 Anm 185, § 3 Anm 22
- als besonders förderungswürdig anerkannte **gemeinnützige** Zwecke, vgl § 3 Anm 14–29; Anlage 1 zur EStDV (ab EZ 2000). Zur Weitergeltung der früheren Anlage 7 zu Abschnitt 111 EStR aF (letztlich bis EZ 1999) vgl BFHE 173, 519, BStBl II 1994, 683 sowie BFHE 190, 338, BStBl II 2000, 200
- als besonders förderungswürdig anerkannte **kulturelle** Zwecke, vgl Anlage 1 zur EStDV, insb dort Abschnitt A Nr 3 u Abschnitt B Nr 2 (ab EZ 2000; zur Abgrenzung vgl *OFD Ffm* DB 2001, 1856). Ein kultureller Zweck liegt auch vor, wenn eine Spende an eine Kirchengemeinde ergeht mit der ausdrücklichen Weisung, diese für kulturelle Zwecke zu verwenden (BFHE 190, 478, BStBl II 2000, 608).

Nicht zu berücksichtigen waren Ausgaben zur Förderung staatspolitischer Zwecke und Mitgliedsbeiträge an politische Parteien, die in § 10b Abs 2 EStG angesprochen waren. Solche und ähnliche Zwecke mussten als gemeinnützig anerkannt sein, wie zB die Förderung des demokratischen Staatswesens (§ 52 Abs 2 Nr 3 AO).

8 Als **Spendenempfänger** kommen nur die in Satz 1 genannten Personengruppen (vgl bis EZ 2006: § 49 EStDV aF) in Betracht (zur Verfassungsmäßigkeit vgl BFHE 173, 519, BStBl II 1994, 683). Das sind juristische Personen des öffentlichen Rechts oder andere öffentliche Dienststellen (zB Universität, Forschungsinstitut) sowie nach § 5 Abs 1 Nr 9 KStG befreite (also gemeinnützige, mildtätige oder kirchliche) Körperschaften, Personenvereinigungen oder Vermögensmassen (vgl § 3 Anm 13). Eine nicht als gemeinnützig anerkannte Personenvereinigung, die dem anerkannten Zweck (zB Sport) dient, kann nicht Empfänger einer begünstigten Spende sein. Das gilt auch für das Verfahren der sog **Durchlaufspende** (BFHE 215, 78, BStBl II 2007, 450), dh die Leistung an den Letztempfänger er-

folgt über eine juristische Person des öffentlichen Rechts oder eine öffentliche Dienststelle, die die zweckentsprechende Verwendung bestätigt (BFHE 162, 407, BStBl II 1991, 258; zu den Einzelheiten *Schmidt/Heinicke* § 10b Rz 32). Der Empfänger darf nicht im **Ausland** ansässig sein; wohl aber dürfen Zwecke im Ausland gefördert werden; krit hierzu im Hinblick auf **EU-Recht** ua *Helios/Schlotter* IStR 2008, 483; *Tiedtke/Möllmann* DStR 2007, 556; DStZ 2008, 69; *Drüen/Liedtke* FR 2008, 1; *Hüttemann/Helios* IStR 2008, 39 (vgl § 3 Anm 15a).

Die Berücksichtigung der Spende setzt die Vorlage einer **Spendenbestätigung** voraus, wie sich aus dem in Bezug genommenen § 10b Abs 4 Satz 1 EStG ergibt. Sie hat mE keine materiell-rechtliche Bedeutung (so aber BFHE 151, 39, BStBl II 1987, 850; BFHE 168, 35, BStBl II 1992, 748), sondern nur die Bedeutung einer Beweiserleichterung im Rahmen der Feststellungslast (ebenso *Schmidt/Heinicke* § 10b Rz 35). Gerade der durch die Bescheinigung begründete Vertrauensschutz (Anm 10) zeigt auf, dass es für den Spendenabzug an sich auf die tatsächlichen Verhältnisse ankommt. Zur Behandlung von Spendenbestätigungen *BMF* BStBl I 1999, 979; 2000, 592, 1557; 2003, 286. 9

Vertrauensschutz (Satz 6 iVm § 10b Abs 4 Satz 1 EStG) in die Richtigkeit der Spendenbestätigung genießt der StPfl, es sei denn, dass er diese durch unlautere Mittel oder falsche Angaben bewirkt hat oder dass ihm ihre Unrichtigkeit bekannt oder infolge grober Fahrlässigkeit (zum Begriff Anm 18) nicht bekannt war. Handeln oder Unterlassen dritter Personen (zB Vertreter) können dem StPfl zuzurechnen sein (BFHE 163, 325, BStBl II 1991, 329). Unlautere Mittel sind insb arglistige Täuschung, Drohung oder Bestechung (vgl § 130 Abs 2 Nr 2 AO). Falsch sind Angaben, wenn sie in ihren wesentlichen, für die Bestätigung erheblichen Teilen objektiv unrichtig oder unvollständig waren; auf die Kenntnis des StPfl kommt es in diesem Zusammenhang nicht an (vgl § 130 Abs 2 Nr 3 AO, hierzu BFHE 139, 133, BStBl II 1983, 699). 10

Die Vorschrift erfasst jedoch nicht die Fälle, in denen die Spendenbescheinigung zwar falsch ist, der in ihr ausgewiesene Sachverhalt aber ohnehin keinen Spendenabzug rechtfertigt (BFHE 215, 78, BStBl II 2007, 450).

Umfang der Kürzung (Sätze 1 u 2). Die Kürzung ist von vornherein beschränkt auf den Betrag, der aus Mitteln des Betriebes geleistet ist. Davon abgesehen bestehen wahlweise nebeneinander zwei Berechnungsarten für den **Kürzungshöchstbetrag:** 11

- **20%** (bis EZ 2006 einschließlich 5%) des um die Hinzurechnung nach § 8 Nr 9 erhöhten Gewinns aus Gewerbebetrieb (§ 7), also nicht des durch sonstige Hinzurechnungen und Kürzungen ermittelten GewErtrages; folglich bleibt auch der Verlustabzug (§ 10a) unberücksichtigt. Der oa Satz gilt **für alle Förderungszwecke** (Anm 7), und zwar (bis EZ 2006:) auch dann, wenn Ausgaben für wissenschaftliche, mildtätige und als besonders förderungswürdig anerkannte kulturelle Zwecke geleistet worden sind. Das bedeutete (bis EZ 2006:) an sich, dass alle begünstigten Ausgaben zunächst anteilig so weit zu kappen waren, dass insgesamt der Betrag von 5% des maßgebenden Gewinns erreicht war. Sodann durfte der StPfl für wissenschaftliche, mildtätige und kulturelle Zwecke geleistete Zahlungen bis zum **Erhöhungsbetrag von weiteren 5%** abziehen. Doch war insoweit die Gegenmeinung (*Blümich/Gosch* § 9 Rz 254) vorzuziehen, wonach erst eine Verrechnung auf den Erhöhungsbetrag, dann auf den Restbetrag vorzunehmen ist. Sie entspricht dem Begünstigungszweck der Vorschrift. Unabhängig hiervon muss bei der Weitergabe von Spenden (§ 58 Nr 2 AO, § 3 Anm 62) sichergestellt sein, dass der mit 10% bemessene Spendenbetrag tatsächlich für den in der Zuwendungsbestätigung angegebenen Zweck verwendet wird (*OFD Magdeburg* DStR 2005, 1732). Geschieht das nicht, kommt mE die Haftung nach Satz 9 in Betracht.

– **4‰** (bis EZ 2006: 2%) der Summe der gesamten Umsätze und (nach beiden Fassungen:) der im Wirtschaftsjahr aufgewendeten Löhne und Gehälter. Das ist das Wirtschaftsjahr, das im EZ endet (§ 10 Abs 2). Dieser Satz gilt einheitlich für alle Arten von Ausgaben. Mit der Formulierung „Summe der gesamten Umsätze" knüpft die Vorschrift sowohl hinsichtlich des Begriffs „Umsatz" als auch hinsichtlich der Bemessung des Umsatzes an das UStRecht an; zur „Summe der gesamten Umsätze" gehören nicht nur die stpfl, sondern auch die stfreien Umsätze (vgl BFHE 182, 116, BStBl II 1997, 327).

Da beide Berechnungsmethoden wahlweise zur Verfügung stehen, kann der StPfl selbstredend die für ihn günstigere Methode wählen. Die **erstmalige Geltung** der aF der Vorschrift war bestimmt auf den EZ 1991. Zur **erstmaligen Anwendung** s Anm 1 aE.

12 **Bis EZ 2006** einschließlich waren Zuwendungen an **Stiftungen** des öffentlichen Rechts und an nach § 5 Abs 1 Nr 9 KStG steuerbefreite Stiftungen des privaten Rechts zur Förderung steuerbegünstigter Zwecke iSd §§ 52–54 AO mit Ausnahme der Zwecke nach § 52 Abs 2 Nr 4 AO *darüber hinaus* bis zur Höhe von 20 450 € abziehbar. Solche Zuwendungen waren **neben** den oa Zuwendungen abziehbar. Der Abzug erfolgte **von Amts wegen** ohne Bindung an die ESt- oder KSt-Verordnung. In den Genuss der Vorschrift gelangten Stiftungen **jeder Rechtsform.**

13 **Großspenden.** Bis EZ 2006 einschließlich waren Zuwendungen mit einem Einzelbetrag **von mindestens 25 565 €** zur Förderung wissenschaftlicher, (ab EZ 1996:) mildtätiger oder als besonders förderungswürdig anerkannter kultureller Zwecke, die die Höchstbeträge nach Anm 11 u 12 überschreiten, im Rahmen dieser Höchstsätze im Jahr der Zuwendung und in den folgenden sechs (bis EZ 1998 sieben) EZ abzuziehen (Satz 4). Für Spenden unterhalb der Höchstbetrag war Satz 4 nicht anzuwenden (vgl BFHE 206, 137, BStBl II 2004, 736). Ein Spendenrücktrag war nicht zulässig, weil den Gemeinden die Rückzahlung schon eingenommener Steuerbeträge erspart werden sollte (vgl BTDrs 11/7833, 9). Der Spendenvortrag war nur insoweit zulässig, als die Kürzung in den vorangegangenen EZ nicht vorgenommen werden konnte („ist ... vorzunehmen"). Er hat zwingend zu erfolgen, kann also nicht bedarfsgerecht verteilt werden. Auch besteht – anders als bei § 10 a (s dort Anm 116) – bei fehlerhaftem Nichtabzug in den folgenden EZ keine Korrekturmöglichkeit. Die Grenze von 25 565 € galt für jede Rechtsform des Gewerbebetriebs; bei Personenge-

sellschaften muss also nicht auf jeden Gesellschafter ein Spendenanteil von 25 565 € entfallen (*OFD Münster* DStR 1993, 651).

Bei der Bemessung der Höchstsätze in den 6 Folgejahren waren die beiden Spendenarten (Anm 12 u 13) getrennt zu beurteilen. Der Festbetrag des Satzes 3 stand also in jedem Kürzungsjahr zur Verfügung (*Hüttemann* DB 2000, 1584, 1589).

Ab EZ 2007 (s aber Anm 1 aE) ist die Beschränkung auf einen absoluten Höchstbetrag entfallen. Es **gelten die relativen Höchstbeträge** nach Satz 1. Einen gesonderten Höchstbetrag für Spenden an Stiftungen (Anm 12) sieht das G nicht mehr vor, weiterhin jedoch einen besonderen Höchstbetrag für Zuwendungen in den Vermögensstock (Anm 15). Für den **Spendenvortrag** besteht **keine zeitliche Beschränkung** mehr. Ein **Spendenrücktrag** ist nach wie vor nicht vorgesehen. **13a**

Über die Höhe des am Schluss des EZ verbleibenden Kürzungsbetrags ist nach Satz 6 (bis EZ 2006: Satz 8) iVm § 10 d Abs 4 Satz 1 EStG eine **gesonderte Feststellung** zu treffen. **Verbleibender Kürzungsbetrag** ist der im Rahmen der GewErtragsermittlung nicht zum Abzug gelangte Zuwendungsbetrag, vermindert um die in den vorhergehenden EZ kürzungsfähigen Beträge und vermehrt um den am Schluss des vorhergehenden EZ verbleibenden Kürzungsvortrag. **Feststellungsbescheide** sind zu erlassen, aufzuheben oder zu ändern, soweit sich die betreffenden Beträge ändern (§ 10 d Abs 4 Satz 4 EStG). Das gilt auch, wenn eine Änderung des GewSt-Messbescheids mangels steuerlicher Auswirkung unterbleibt (§ 10 d Abs 4 Satz 5 EStG). **14**

Zuwendungen in den **Vermögensstock von Stiftungen** bei deren **Neugründung** sind nach den Sätzen 3 u 4 (bis EZ 2006: 5–8) gesondert zu berücksichtigen, was verfassungsrechtliche Bedenken wegen ihrer Privilegierung auslöst (*Tiedtke/Möllmann* DStR 2007, 509). **Zuwendender** darf nur eine natürliche Person oder eine Personengesellschaft sein. Kapitalgesellschaften sind nicht genannt. Die **Zuwendung** muss Zwecke iSd Satzes 1 betreffen. Sie ist auf einen Höchstbetrag von **1 Mio €** (bis EZ 2006: 307 000 €) beschränkt. **Zuwendungsempfänger** dürfen nur Stiftungen wie in Anm 12 bezeichnet sein. Der **Anlass der Neugründung** ist **ab EZ 2007** nicht mehr gefordert; somit sind auch Zustiftungen in den Vermögensstock begünstigt. Bis EZ 2006 war Neugründung gegeben, wenn die Zuwendung innerhalb eines Jahres nach der Gründung der Stiftung geleistet wurde. Hierbei kam es mE auf den Zeitpunkt an, an dem die Voraussetzungen für die Wirksamkeit des Stiftungsgeschäfts erstmals vorliegen. Die Zuwendung muss in den **Vermögensstock** geleistet werden. Hierbei genügt mE die finale Zweckbestimmung des Zuwendenden. Für die Kürzung kommt es demnach nicht darauf an, dass die Zuwendung von der Stiftung zweckentsprechend verwendet wird. Das ergibt sich mE daraus, dass der Zuwendende auf die Richtigkeit der Spendenbestätigung vertrauen darf (ohne eine solche erfolgt ohnehin die Kürzung nicht) und dass bei Unrichtigkeit der Spendenbestätigung die Haftung nach den Sätzen 7–10 (bis EZ 2006: 9–13) der Vorschrift vorgesehen ist. **15**

Die **Kürzung** erfolgt nicht von Amts wegen, sondern nur **auf Antrag,** und zwar **neben** der Kürzung nach den Sätzen 1–2 (bis EZ 2006: 1–4). Sie **16** darf innerhalb von **10 Jahren nur einmal** in Anspruch genommen werden, wobei das Jahr der Zuwendung das erste Jahr darstellt. Wendet der StPfl innerhalb der 10 Jahre eine weitere Spende (mit der der Betrag von 1 Mio € bzw 307 000 € überschritten wird) zu, so ist er mit dem übersteigenden Betrag mE bis zum Ablauf der 10-Jahres-Frist von der Kürzung ausgeschlossen. Nach deren Ablauf rechnet sich mE für den übersteigenden Betrag ein weiterer mit dem Zeitpunkt der den Höchstbetrag überschreitenden Zahlung beginnender 10jähriger Kürzungszeitraum (abw von der 6. Auflage: zwei 10-Jahres-Zeiträume; **aA** wohl *OFD Ffm* v 13. 6. 2008 S 2223 A-155-St 16). Das kann mE jedoch nicht gelten, wenn bereits die erste Spende den oa Betrag übersteigt. Zur **gesonderten Feststellung** des insoweit verbleibenden Kürzungsbetrages gelten die Ausführungen in Anm 14 entsprechend.

17 **Haftung.** Die Sätze 7–11 (ab EZ 2009; bis EZ 2006: 9–12) der Vorschrift beinhalten zwei Haftungstatbestände, und zwar eine **Verschuldenshaftung** des Ausstellers der Zuwendungsbestätigung und eine **Veranlasserhaftung** desjenigen, der die Spendenverwendung veranlasst. Das kann – wie sich aus dem Wortlaut „wer vorsätzlich oder grob fahrlässig ... ausstellt" bzw „... veranlasst ..." ergibt – nur eine natürliche Person sein (ebenso *Jansen* DStR 1990, 61; **aA** *Gierlich* FR 1991, 518; *Oppermann/Peter* DStZ 1998, 424: *auch* die Personenvereinigung bzw die als Durchlaufstelle fungierende Gebietskörperschaft, was zur Problematik führt, ob die Haftung des Amtsträgers nach Art 34 GG beschränkt ist; hierzu FG München EFG 1997, 322; *OFD Ffm* DB 1994, 1900). Die Vorschrift dient insofern einer Missbrauchsabwehr, ist aber mE in einigen Teilen missglückt. Im Einzelnen:

18 Die **Unrichtigkeit der Spendenbestätigung** bezieht sich auf den objektiven Aussagegehalt, sei es auf die (Höhe der) Zahlung selbst, den beabsichtigten Verwendungszweck oder auf die persönliche Freistellung des Spendenempfängers (BFHE 190, 144, BStBl II 2000, 65, unter Aufhebung des Schl-H FG EFG 1998, 1197; BFHE 199, 162, BStBl II 2003, 128 zu § 10b Abs 4 EStG; *Blümich/Gosch* § 9 Rz 188g), ebenso auf den Ausweis einer Gegenleistung als Spende (BFHE 190, 144, BStBl II 2000, 65). Die Haftung des Ausstellers ergibt sich nur bei Vorsatz oder grober Fahrlässigkeit in Zusammenhang mit der unrichtigen Bestätigung. Hierbei bedeutet **Vorsatz** Wissen und Wollen der Tat, wobei ein sog bedingter Vorsatz, also das Für-Möglich-Halten und In-Kauf-Nehmen der Pflichtverletzung ausreicht (zum Begriff vgl BFHE 108, 286, BStBl II 1973, 273; *HHSp* § 370 AO Anm 113). **Grobe Fahrlässigkeit** liegt vor, wenn der Aussteller die ihm persönlich zuzumutende Sorgfalt in ungewöhnlichem Maße bzw in nicht entschuldbarer Weise verletzt (BFHE 148, 208, BStBl II 1987, 161; BFHE 157, 196, BStBl II 1989, 789; *Tipke/Kruse* § 69 AO Anm 9). Das ist dann der Fall, wenn der Aussteller einer Bescheinigung über Durchlaufspenden nicht prüft, ob der letztempfangenden Körperschaft eine Freistellungsbescheid oder eine vorläufige Bescheinigung der Gemeinnützigkeit (§ 3 Anm 107) erteilt worden ist (BFHE 199, 162, BStBl II 2003, 128); mE auch, wenn bei der Mittelweitergabe (§ 58 Nr 2 AO, vgl § 3 Anm 79, 82) ein mit 10% zulässiger Spendenbetrag durch die empfangende Körper-

schaft weitergegeben wird, deren Zweck nur einen Spendenabzug von 5% zulässt. Die **Unrichtigkeit** der Zuwendungsbestätigung kann sich **ab EZ 2007** tatsächlich – gem dem Wortlaut des Satzes 7 – auf Spenden und Mitgliedsbeiträge beziehen. Bezogen auf § 9 Nr 5 Satz 1 aF war diese Formulierung missglückt. Die Ausstellerhaftung besteht auch im Hinblick auf die zutreffende Qualifizierung als Spende (BFHE 190, 144, BStBl II 2000, 65; **aA** Schl-H FG EFG 1998, 1197 aufgeh).

Die **Verwendung zu nicht begünstigten Zwecken** betrifft jede Abweichung vom Inhalt der Spendenbestätigung, gleich worauf sie beruht: zB Satzungsänderungen, Unterschlagung, Einsatz für einen wirtschaftlichen Geschäftsbetrieb, überhöhten Einsatz für Mitgliederwerbung uä (vgl BFH/NV 1999, 1089), aber auch für andere gemeinnützige als die angegebenen Zwecke (so zutr *Schmidt/Heinicke* § 10b Rz 54), nicht jedoch die endgültige Versagung des Gemeinnützigkeitsstatus, sofern Spenden und Beiträge nur für den begünstigten Zweck verwendet worden sind (BFHE 203, 445, BStBl II 2004, 352 zu § 10b Abs 4 Satz 2 EStG). **Veranlasser** ist die für die Verwendung im Einzelfall maßgebende Person, also idR ein Vorstandsmitglied, aber auch eine zur (zweckentsprechenden) Verwendung beauftragte Person oder sonstige Dritte, wie der Unterschlager. Ungeklärt ist die Frage, was als **Fehlverwendung** anzusehen ist; insb ob die (Fehl-)-Verwendung einzeln verfolgbar sein muss (so *Gierlich* FR 1991, 518; *Wallenhorst* DB 1991, 1410), was bei vielen kleinen Zuwendungen kaum möglich sein dürfte, oder ob eine geringere Summe begünstigter Verwendung im Vergleich zu dem in allen Spendenbestätigungen ausgewiesenen Gesamtbetrag ausreicht, was zu kaum lösbaren Schwierigkeiten im Zusammenhang mit den Verhältnissen der Spender führen dürfte (welche Spende? Bösgläubigkeit des Spenders? usw). Die Haftung setzt **kein Verschulden** voraus (BFHE 199, 162, BStBl II 2003, 128; ebenso *Blümich/Gosch* § 9 Rz 268), und zwar in Abweichung von Satz 9 aF, bei dem zu Beginn der 2. Alternative das Wort „wer“ fehlte. Dieses „legislatorische Missgeschick“ ist durch Einfügung des Wortes „wer“ in Satz 7 2. Alternative behoben. 19

Für die entgangene Steuer soll nach Satz 7 (bis EZ 2006: Satz 9) die Haftung bestehen. Daraus könnte man ableiten, dass der Steuerverlust konkret zu ermitteln sei. Das Gesetz meint das aber offenbar anders. Nach Satz 8 (bis EZ 2006: Satz 10) ist nämlich die Steuer mit 15% (bis EZ 2006: 10%) anzusetzen. Damit scheint gemeint zu sein, dass die Haftung ohne Prüfung des Einzelfalles mit 15 bzw 10% angesetzt wird, gleich ob tatsächlich ein Steuerausfall vorliegt oder nicht (so *Blümich/Gosch* § 9 Rz 269 und für § 10b EStG *Schmidt/Heinicke* § 10b Rz 56f). ME geht diese Auslegung jedoch zu weit. Haftung heißt Eintreten-Müssen für eine fremde Schuld; zwischen Haftung und Schuld besteht **Akzessorietät** insoweit, als die Haftungsschuld nicht höher sein kann als die Steuerschuld (*Tipke/Kruse* § 191 AO Anm 3). Auch für die Haftung nach § 9 Nr 5 muss Akzessorietät zu dem Steuerbetrag verlangt werden, auf den der Steuergläubiger allein wegen des Vertrauensschutzes verzichtet. Bei der weiteren Auslegung bekommt die Haftung – jedenfalls soweit tatsächlich kein Steuerausfall eingetreten ist – den Charakter einer versteckten Strafe. Als solche ist sie mE verfassungsrechtlich bedenklich, zumal vergleichbare Sachverhalte (kein 20

Steuerausfall) ungleich behandelt werden; zB wenn der Spender und Steuerschuldner bösgläubig ist und den Steuerabzug nicht bekommt oder aber nicht bösgläubig ist und der Spendenabzug sich nicht auswirkt (GewErtrag bleibt unter dem Freibetrag, aber über 0 €). Der Gesichtspunkt der Verwaltungsvereinfachung kann nicht durchschlagen, weil sich – wenn die Erfüllung des Haftungstatbestandes im Übrigen feststeht – ohne große Mühe ermitteln lässt, ob und inwieweit ein Steuerausfall eingetreten ist. Daher kann mE die Regelung in Satz 8 (bis EZ 2006: Satz 10) nur den Charakter einer Haftungsbegrenzung für den Fall eines höheren Steuerausfalls haben (zum Meinungsstreit *Thiel/Eversberg* DB 1990, 399; *Wallenhorst* DB 1991, 1410; *Gierlich* FR 1991, 518; *Jansen* DStR 1990, 61).

21 **Durch den Vertrauensschutz** des Spenders entgangen sein muss die Spende. Das steht zwar nicht im Gesetz, ergibt sich aber wohl auf Grund Ausfüllung einer planwidrigen Gesetzeslücke, die der Sinn und Zweck der Haftungsnormen jedoch aufzeigt: Anleitung des Ausstellers bzw Verwenders zu größter Sorgfalt, weil der Abzug beim gutgläubigen Spender nicht korrigiert werden kann. Führen bei bestehender Bösgläubigkeit des Spenders andere Gründe zum Verlust der Steuer (zB Vermögensverfall des Spenders vor Erlass des Änderungsbescheides), so ist der Haftungstatbestand nicht erfüllt (ebenso *Wallenhorst* DB 1991, 1420).

22 **Haftungsgläubiger** ist die für den Spendenempfänger zuständige Gemeinde (Satz 9 bzw 11 aF). Auch diese Regelung mutet merkwürdig an. Grundgedanke der Haftung ist – auch wenn Satz 9 bzw 11 nF dem nicht vollständig folgt – das Eintreten-Müssen für „die entgangene Steuer" (Satz 7 bzw 9 aF). Die Steuer aber entgeht bestenfalls der/den für den Spender zuständigen Gemeinde(n). Gleichwohl bestimmt Satz 8 bzw 10 aF völlig unsystematisch, dass „diese" (dh die „entgangene Steuer") der Gemeinde des Spendenempfängers zufließt. Die **Zuständigkeit** bestimmt sich in sinngemäßer Anwendung des § 20 AO nach dem Ort der Geschäftsleitung, hilfsweise dem Sitz, hilfsweise der Lage des Vermögens und hilfsweise der überwiegenden Ausübung oder Verwendung der Tätigkeit.

23 **Verfahren.** Der Haftungsbetrag (die missglückte Formulierung „Sie" in Satz 11 aF ist insoweit ersetzt worden) „wird durch Haftungsbescheid des Finanzamts" festgesetzt (Satz 10 Hs 1). Welches FA das ist, sagt die Vorschrift auch nicht. Größere Sachnähe zu den Verhältnissen des Spenders sowie gemeinte (wenn auch nicht erreichte) Verfahrensvereinfachung sprechen dafür, dass das Betriebsstättenfinanzamt des GewTreibenden, das auch für den Erlass des GewStMessbescheides zuständig ist (§ 14), gemeint ist (ebenso *Blümich/Gosch* § 9 Rz 272).

24 Für den **Haftungsbescheid** gilt die Vorschrift des § 191 AO. Das bedeutet insb, dass das FA nur im Rahmen des **pflichtgemäßen Ermessens** handeln darf. Es muss also Erwägungen zum „ob" und „wer" Erwägungen anstellen und spätestens in der Einspruchsentscheidung zum Ausdruck bringen. Einwendungen aus der Akzessorietät der Haftungsschuld (Anm 20) oder der Bösgläubigkeit des Zuwendenden sind von Amts wegen zu beachten (§ 88 AO), nicht erst auf Grund von Einwendungen des Haftenden (so jedoch *Blümich/Gosch* § 9 Rz 270). Dh das FA muss solchen Fragen vor Erlass des Haftungsbescheides nachgehen und ggf erst den GewStMess-

bescheid ändern. Eine Reihenfolge der Inanspruchnahme besteht grundsätzlich nicht. Doch ist im Rahmen des Ermessens darauf Rücksicht zu nehmen, wer den größeren Einfluss auf die zur Haftung führende Gestaltung der Verhältnisse hatte (vgl *Oppermann/Peter* DStZ 1998, 424).

Für die Fälle der **Veranlasserhaftung** enthält **Satz 8** idF **ab EZ 2009** eine spezielle Regelung, wonach „vorrangig" der *Zuwendungsempfänger* in Anspruch zu nehmen ist. Dagegen werden die für sie handelnden *natürlichen Personen* durch eine gesetzliche Haftungsbeschränkung insofern weitgehend geschützt, als nicht nur die „entgangene Steuer" nicht erloschen (§ 47 AO) sein darf, sondern auch Vollstreckungsmaßnahmen gegen den Zuwendungsempfänger nicht erfolgreich sind.

Die **haftungsbegründenden Merkmale** sind nach Satz 10 (bis EZ **25**
2006: 12) iVm § 184 Abs 3 AO der Gemeinde (des Spendenempfängers) **mitzuteilen.** Das ist insb die Person des Haftungsschuldners und die Höhe der Haftungsschuld.

Die **Befugnis der Gemeinde** zur Erhebung der entgangenen GewSt (bis EZ 2006: „dieser Steuer"; dh der Haftungsschuld?) bleibt nach Satz 10 (ab EZ 2009; bis EZ 2006: 11) Hs 2 unberührt. Das bedeutet mE lediglich, dass die Gemeinde, der die Steuer durch die Berücksichtigung der Spende *entgangen* ist (so der Gesetzeswortlaut), also die **Gemeinde des Spenders,** nicht gehindert ist, wenn Vertrauensschutz nicht gegeben ist (§ 10 b Abs 4 Satz 1 EStG), die *entgangene* Steuer zu erheben. Nach **aA** macht die Gemeinde **des Spendenempfängers** nach Ergehen der Mitteilung die GewSt entsprechend dem Haftungsanspruch selbst geltend und erlässt das Zahlungsgebot (§ 219 AO); hierbei ist sie an den Inhalt des Haftungsbescheides gebunden (§§ 179 Abs 1, 182 Abs 1 AO; so *Blümich/Gosch* § 9 Rz 270).

Verfassungsrechtliche Bedenken im Hinblick auf das Verfahren dürf- **26**
ten nicht bestehen. Insb ist der Bund ermächtigt, durch Bundesgesetz eine von der generellen Verwaltungskompetenz der Gemeinden abweichende Zuständigkeit der Landesfinanzbehörden zu begründen, solange nur das Erhebungsrecht der Gemeinden unangetastet bleibt (ebenso *Blümich/Gosch* § 9 Anm 275).

§ 9 Nr. 6 *(weggefallen)*

§ 9 Nr. 7 Kürzungen

Die Summe des Gewinns und der Hinzurechnungen wird gekürzt um

...

7. die Gewinne aus Anteilen an einer Kapitalgesellschaft mit Geschäftsleitung und Sitz außerhalb des Geltungsbereichs dieses Gesetzes, an deren Nennkapital das Unternehmen seit Beginn des Erhebungszeitraums ununterbrochen mindestens zu 15 Prozent beteiligt ist (Tochtergesellschaft) und die ihre Bruttoerträge ausschließlich oder fast ausschließlich aus unter § 8 Abs. 1

Nr. 1 bis 6 des Außensteuergesetzes fallenden Tätigkeiten und aus Beteiligungen an Gesellschaften bezieht, an deren Nennkapital sie mindestens zu einem Viertel unmittelbar beteiligt ist, wenn die Beteiligungen ununterbrochen seit mindestens zwölf Monaten vor dem für die Ermittlung des Gewinns maßgebenden Abschlussstichtag bestehen und das Unternehmen nachweist, dass

1. diese Gesellschaften Geschäftsleitung und Sitz in demselben Staat wie die Tochtergesellschaft haben und ihre Bruttoerträge ausschließlich oder fast ausschließlich aus den unter § 8 Abs. 1 Nr. 1 bis 6 des Außensteuergesetzes fallenden Tätigkeiten beziehen oder

2. die Tochtergesellschaft die Beteiligungen in wirtschaftlichem Zusammenhang mit eigenen unter Absatz 1 Nr. 1 bis 6 fallenden Tätigkeiten hält und die Gesellschaft, an der die Beteiligung besteht, ihre Bruttoerträge ausschließlich oder fast ausschließlich aus solchen Tätigkeiten bezieht,

wenn die Gewinnanteile bei der Ermittlung des Gewinns (§ 7) angesetzt worden sind; das gilt auch für Gewinne aus Anteilen an einer Gesellschaft, die die in der Anlage 2 zum Einkommensteuergesetz genannten Voraussetzungen des Artikels 2 der Richtlinie 90/435/EWG des Rates vom 23. Juli 1990 über das gemeinsame Steuersystem der Mutter- und Tochtergesellschaften verschiedener Mitgliedstaaten (ABl. EG Nr. L 225 S. 6, Nr. L 266 S. 20, 1997 Nr. L 16 S. 98), zuletzt geändert durch Richtlinie 2006/98/EG des Rates vom 20. November 2006 (ABl. EU Nr. L 363 S. 129) erfüllt, weder Geschäftsleitung noch Sitz im Inland hat und an deren Nennkapital das Unternehmen zu Beginn des Erhebungszeitraums mindestens zu einem Zehntel beteiligt ist. [2] § 9 Nr. 2 a Satz 3 gilt entsprechend. [3] § 9 Nr. 2 a Satz 4 gilt entsprechend. [4] Bezieht ein Unternehmen, das über eine Tochtergesellschaft mindestens zu 15 Prozent an einer Kapitalgesellschaft mit Geschäftsleitung und Sitz außerhalb des Geltungsbereichs dieses Gesetzes (Enkelgesellschaft) mittelbar beteiligt ist, in einem Wirtschaftsjahr Gewinne aus Anteilen an der Tochtergesellschaft und schüttet die Enkelgesellschaft zu einem Zeitpunkt, der in dieses Wirtschaftsjahr fällt, Gewinne an die Tochtergesellschaft aus, so gilt auf Antrag des Unternehmens das Gleiche für den Teil der von ihm bezogenen Gewinne, der der nach seiner mittelbaren Beteiligung auf das Unternehmen entfallenden Gewinnausschüttung der Enkelgesellschaft entspricht. [5] Hat die Tochtergesellschaft in dem betreffenden Wirtschaftsjahr neben den Gewinnanteilen einer Enkelgesellschaft noch andere Erträge bezogen, so findet Satz 4 nur Anwendung für den Teil der Ausschüttung der Tochtergesellschaft, der dem Verhältnis dieser Gewinnanteile zu der Summe dieser Gewinnanteile und der übrigen Erträge entspricht, höchstens aber in Höhe des Betrags dieser Gewinnanteile. [6] Die Anwendung des Satzes 4 setzt voraus, dass

1. die Enkelgesellschaft in dem Wirtschaftsjahr, für das sie die Ausschüttung vorgenommen hat, ihre Bruttoerträge ausschließlich oder fast ausschließlich aus unter § 8 Abs. 1 Nr. 1 bis 6 des Außensteuergesetzes fallenden Tätigkeiten oder aus unter Satz 1 Nr. 1 fallenden Beteiligungen bezieht und
2. die Tochtergesellschaft unter den Voraussetzungen des Satzes 1 am Nennkapital der Enkelgesellschaft beteiligt ist.

[7] Die Anwendung der vorstehenden Vorschriften setzt voraus, dass das Unternehmen alle Nachweise erbringt, insbesondere
1. durch Vorlage sachdienlicher Unterlagen nachweist, dass die Tochtergesellschaft ihre Bruttoerträge ausschließlich oder fast ausschließlich aus unter § 8 Abs. 1 Nr. 1 bis 6 des Außensteuergesetzes fallenden Tätigkeiten oder aus unter Satz 1 Nr. 1 und 2 fallenden Beteiligungen bezieht,
2. durch Vorlage sachdienlicher Unterlagen nachweist, dass die Enkelgesellschaft ihre Bruttoerträge ausschließlich oder fast ausschließlich aus unter § 8 Abs. 1 Nr. 1 bis 6 des Außensteuergesetzes fallenden Tätigkeiten oder aus unter Satz 1 Nr. 1 fallenden Beteiligungen bezieht,
3. den ausschüttbaren Gewinn der Tochtergesellschaft oder Enkelgesellschaft durch Vorlage von Bilanzen und Erfolgsrechnungen nachweist; auf Verlangen sind diese Unterlagen mit dem im Staat der Geschäftsleitung oder des Sitzes vorgeschriebenen oder üblichen Prüfungsvermerk einer behördlich anerkannten Wirtschaftsprüfungsstelle oder einer vergleichbaren Stelle vorzulegen.

[8] Die Sätze 1 bis 7 sind bei Lebens- und Krankenversicherungsunternehmen auf Gewinne aus Anteilen, die den Kapitalanlagen zuzurechnen sind, nicht anzuwenden; für Pensionsfonds gilt Entsprechendes;

...

Gewerbesteuer-Richtlinien 1998: Abschnitt 65.

Übersicht

1. Allgemeines

2.–7. Voraussetzungen nach Satz 1

2. Beteiligung im BV
3. Persönlicher Geltungsbereich
4. Tätigkeiten nach § 8 Abs 1 Nrn 1–6 AStG
5. Beteiligungen
6. Bruttoerträge
7. Zeitraum

8.–11. Voraussetzungen nach Satz 4–7

8. Mittelbare Beteiligung
9. Gewinnausschüttungen
10. Bruttoerträge
11. Antrag

12. Voraussetzungen für die Anwendung der Sätze 1–4

13., 14. Kürzung

Literatur: *Manke,* Vermögensteuer- und Außensteuerrecht nach dem Steuerentlastungsgesetz 1984, FR 1984, 77; *Sarrazin,* Analogie zuungunsten des Steuerpflichtigen ..., FR 1984, 499; *Pauka,* StÄndG 1992: Die Änderungen im Gewerbesteuerrecht, DB 1992, 1207; *Ritter,* Das StÄndG 1992 und die Besteuerung grenzüberschreitender Unternehmenstätigkeit, BB 1992, 361; *Killinger,* Berücksichtigung von Betriebsausgaben bei der Anwendung der Kürzungsvorschriften des § 9 Nr 2a u 7 GewStG, BB 1999, 500; *Lipke,* Zur gewerbesteuerlichen Behandlung von Kosten bei sog Schachtelerträgen, StBp 2000, 358; *Grotherr,* Gewerbesteuerliche Auswirkungen der mit steuerfreien Dividenden im Zusammenhang stehenden abzugsfähigen Betriebsausgaben, BB 2001, 597; *Haas,* Die Gewerbesteuerpflicht von Streubesitz nach § 8 Nr 5 GewStG und ihre Auswirkung auf 100%-Beteiligungen, DB 2002, 549; *Kollruss,* Kein pauschales Abzugsverbot nach § 8b Abs 5 KStG für GewSt-Zwecke bei Bezug von Schachteldividenden über eine Organgesellschaft, DStR 2006, 2291; s auch die Hinweise zu § 9 Nr 2a.

1 **Allgemeines.** Die durch G v 8. 9. 1972 (BGBl I 1972, 1713) für eine ausländische Schachtelbeteiligung von seinerzeit 25% (ab EZ 1984 10%), ab **EZ 2008** 15% (G v 14. 9. 2007, BGBl I 2007, 1912), eingeführte Vorschrift bewirkt eine weitgehende Gleichstellung der ausländischen mit inländischen Schachtelbeteiligungen (§ 9 Nr 2a GewStG); hinzu kommt das Interesse an einer Gleichstellung mit den nach § 9 Nr 3 begünstigten Erträgen, die wiederum nicht eintritt, wenn die nach Nr 7 erforderlichen Voraussetzungen nicht vorliegen.

Im Ergebnis handelt es sich aber um eine sachliche Steuerbefreiung, da in der Regel die Erträge der ausländischen Beteiligungsgesellschaft keiner GewSt unterliegen. Bei Zusammentreffen mit abweichenden Vorschriften eines **DBA** sind die für den Stpfl jeweils günstigeren Bestimmungen anzuwenden (A 65 Abs 2 Satz 3 GewStR). Die Auslegung von DBA-Vorschriften lässt aber keine zwingenden Rückschlüsse auf die Auslegung der Begriffe des nationalen Außensteuerrechts zu (BFHE 142, 394, BStBl II 1985, 160). Die Vorschriften des Satzes 1 und des Satzes 2 schließen sich mE tatbestandsmäßig aus (aA *Blümich/Gosch* § 9 Rz 295). Im Übrigen kann es angesichts der unterschiedlichen Rechtsfolgen nicht zu einer kumulativen Anwendung kommen (BFHE 182, 209, BStBl I 1997, 434; *Blümich/Gosch* aaO).

Zur jedenfalls nach dem Wortlaut der Vorschriften gegebenen **Anwendungsproblematik der Nr 7** und **§ 8 Nr 5** vgl dort Anm 1.

Durch das StÄndG 1992 (BGBl I 1992, 297) ist dem Satz 1 ein 2. Halbsatz angefügt worden, durch den die EG-Richtlinie Nr 90/435/EWG v 23. 7. 1990 (ABl EG Nr L 255, 6; sog **Mutter-Tochter-Richtlinie**) umgesetzt worden ist. Die derzeitige Fassung hat die Vorschrift durch G v 23. 10. 2000 (BGBl I 2000, 1433), G v 20. 12. 2001 (BGBl I 2001, 3858: Übernahme der in § 8 Abs 2 AStG aF genannten Voraussetzungen), G v 22. 12. 2003 (BGBl I 2003, 2840; Anfügung v. Satz 6), G v 13. 12. 2006 (BGBl I 2006, 2878: nur Kürzung um den Nettobetrag) sowie G v 14. 8. 2007 (so) u G v 20. 12. 2007 (BGBl 2007, 3150) erhalten.

Zweifel im Hinblick auf das **Europäische Recht** bestehen mE auch insoweit nicht, als in § 9 Nr 2a kein Aktivitätsvorbehalt besteht (**aA** *Lüdicke* IStR 2002, 337, 341; 2003, 188, 193), weil Zweck jener Vorschrift die Vermeidung von Doppelbealstungen mit GewSt ist (s jedoch EuGH DStR 2007, 662).

2.–7. Voraussetzungen nach Satz 1

Die Beteiligung muss sich **im BV** des beteiligten Unternehmens befinden (hierzu RFH RStBl 1936, 590; vgl BFHE 150, 65, BStBl II 1987, 550). Nach BFHE 193, 137, BStBl 2001, 685 genügt bei der Anwendung des Satzes 1 auch eine **mittelbare Beteiligung** (zust *OFD Ffm* DStR 2003, 251; *Blümich/Gosch* § 9 Rz 308). **ME** ergibt jedoch ein Vergleich von Satz 1 und Satz 2, dass die Muttergesellschaft **unmittelbar** an der Tochtergesellschaft beteiligt sein muss (im Ergebnis ebenso *Flick/Wassermeyer/Becker* § 9 Nr 7 GewStG Anm 20). Die Beteiligung nach **Satz 1 Hs 1** muss mindestens 15% (bis einschließlich EZ 2007 10%; krit *Kessler/Knörzer* IStR 2008, 121) vom Nennkapital der ausländischen Gesellschaft betragen und zumindest in dieser Höhe ununterbrochen bestanden haben. Die Beteiligung muss **seit Beginn** des EZ bestehen; es kommt im Unterschied zu Nr 2a also auf die Dauerhaftigkeit der Beteiligung an. Bei **Beginn der StPfl** während des EZ ist mE dieser Zeitpunkt maßgebend, weil ein abgekürzter EZ (§ 14 Satz 3) besteht (*Blümich/Gosch* § 9 Rz 309; aA *Flick/Wassermeyer/Becker* § 9 Nr 7 GewStG Anm 21). Das **Ende** der Beteiligung darf nicht vor dem Ende des im EZ endenden Wirtschaftsjahres liegen. Auf das Ende des EZ kommt es daher nur an, wenn das Wirtschaftsjahr das Kalenderjahr ist (vgl §§ 10 u 14). Das ergibt sich zwar nicht unmittelbar aus dem Wortlaut der Vorschrift, wohl aber aus ihrer Funktion als Vorschrift zur Ermittlung des GewErtrags. Bei **abweichendem Wirtschaftsjahr** des beteiligten Unternehmens kommt es daher für das Ende der Beteiligung nur auf das Ende des abweichenden Wirtschaftsjahres an mit der Folge, dass eine kürzere Inhaberschaft (vom 1. 1. bis Ende des Wirtschaftsjahres im EZ) ausreicht (ebenso *Flick/Wassermeyer/Becker* § 9 Nr 7 GewStG Anm 22f; *Blümich/Gosch* § 9 Rz 309). Bei **Veräußerung** zum Ende des EZ (oder des abweichenden Wirtschaftsjahres – wenn man auf dieses abstellt) ist nach *BMF* FR 1976, 97 („Mitternachtserlass") für Veräußerer und Erwerber die Beteiligungsvoraussetzung insoweit erfüllt. Im Falle der **Gesamtrechtsnachfolge** (§§ 3ff bzw 11–13 UmwStG) ist die bereits abgelaufene Beteiligungsdauer unter der Voraussetzung, dass die notwendige Beteiligungshöhe (15% bzw bis EZ 2007: 10%) erreicht war, der übernehmenden Gesellschaft zuzurechnen (§ 4 Abs 2 Satz 3 bzw § 12 Abs 3 Satz 1 iVm § 4 Abs 2 Satz 3 UmwStG; ebenso *Blümich/Gosch* § 9 Rz 311). Für andere Umwandlungsvorgänge (zB Anteilstausch, § 22 UmwStG) gilt dies mE mangels Verweisung auf § 4 Abs 2 Satz 3 UmwStG nicht. Eine **wechselnde Beteiligungshöhe** hat nur Bedeutung, wenn die Beteiligungsgrenze unterschritten wird (so). Im Übrigen hat sie keinen Einfluss auf die Höhe der Kürzung, bei der also vom Betrag der zugeflossenen Dividenden auszugehen ist (hierzu Anm 13). Sinkt sie im EZ auch nur kurzfristig unter 15% bzw bis EZ 2007: 10%, so entfällt die Vergünstigung (vgl BFHE 142, 394, BStBl II 1985, 160). 2

Für die **Beteiligung nach Satz 1 Hs 2** (EU-Ausland; Mutter-Tochter-Richtlinie) kommt es nach der Neufassung *auch rückwirkend* (§ 36 Abs 8 c) nurmehr auf das Bestehen der Beteiligung **zu Beginn des EZ** an.

3 **Persönlicher Geltungsbereich. Die Rechtsform** des beteiligten Unternehmens ist für die Schachtelvergünstigung ohne Bedeutung. Die ausländische Gesellschaft muss dem Zweck der Vorschrift entsprechend einer deutschen Kapitalgesellschaft vergleichbar sein. Auf das Bestehen einer Rechtspersönlichkeit oder die steuerliche Behandlung im Ausland allein kommt es nicht an (*Lempenau* BB 1972, 1045; *Lenski/Steinberg* § 9 Nr 7 Anm 4). Auch im **Ausland** ansässige Unternehmen sind begünstigt, wenn sie im Inland eine Betriebsstätte unterhalten und die Beteiligung zum BV dieser Betriebsstätte zählt (zur Problematik vgl BFHE 150, 65, BStBl II 1987, 550).

Für **Lebens- und Krankenversicherungsunternehmen** sowie **Pensionsfonds** enthält Satz 6 einen Kürzungsausschluss für Gewinne aus Anteilen, die den Kapitalanlagen zuzurechnen sind. Die Vorschrift ist **ab EZ 2004** anzuwenden (§ 36 Abs 7). Vgl hierzu § 9 Nr 2 a Anm 9 aE und § 9 Nr 2 Anm 3.

Bei der Umsetzung der **Mutter-Tochter-Richtlinie** durch Satz 1 2. Halbsatz kommt es für die **Muttergesellschaft** nicht darauf an, dass sie die Bedingungen der Anlage 2 zum EStG erfüllt (ebenso *Blümich/Gosch* § 9 Rz 198 a). Diese Bedingungen sind nach Halbsatz 2 von der **Tochtergesellschaft** zu erfüllen. Das sind im Wesentlichen Anforderungen an die Rechtsform (Kapital- u vergleichbare Gesellschaftsformen der EU), die Ansässigkeit in einem EU-Staat und die Besteuerung (Körperschaft- oder ähnliche Steuer).

4 **Die Tätigkeiten nach § 8 Abs 1 Nrn 1–6 AStG,** aus denen die Bruttoerträge der Tochtergesellschaft stammen dürfen, sind nach Satz 1 1. Halbsatz

(1) Land- und Forstwirtschaft,
(2) Herstellung, Bearbeitung, Verarbeitung und Montage von Sachen, Erzeugung von Energie sowie Aufsuchen und Gewinnung von Bodenschätzen,
(3) Betrieb von Kreditinstituten oder Versicherungsunternehmen, die für ihre Geschäfte einen in kaufmännischer Weise eingerichteten Betrieb unterhalten, mit Ausnahmen,
(4) der Handel, mit Ausnahmen,
(5) Dienstleistungen, mit Ausnahmen,
(6) Vermietung und Verpachtung, ausgenommen
  (a) die Überlassung der Nutzung von Rechten, Plänen, Mustern, Verfahren, Erfahrungen und Kenntnissen, es sei denn, es handelt sich um die Auswertung der Ergebnisse eigener Forschung und Entwicklungsarbeit,
  (b) Vermietung und Verpachtung von Grundstücken, mit Ausnahmen,
  (c) Vermietung und Verpachtung von beweglichen Sachen, mit Ausnahmen.

Für Tochtergesellschaften nach der **Mutter-Tochter-Richtlinie** (Satz 1 Hs 2) gelten diese Tätigkeitserfordernisse nicht.

Die Beteiligungen, aus denen die Erträge der Tochtergesellschaft ebenfalls stammen dürfen, sind: 5

(1) Landesschachtelbeteiligungen: Beteiligungen (mindestens 25%) an einer Gesellschaft, die in demselben Staat wie die Holding ansässig ist und ausschließlich oder fast ausschließlich Bruttoerträge aus aktiver Wirtschaftstätigkeit (Anm 4) erzielt,

(2) Funktionsschachtelbeteiligungen: Beteiligungen (mindestens 25%) an einer Gesellschaft im Zusammenhang mit eigener aktiver Wirtschaftstätigkeit (Anm 4), wenn die Gesellschaft (auch in einem Drittstaat) ihrerseits ausschließlich oder fast ausschließlich werbende Tätigkeit (Anm 4) ausübt,

(3) Beteiligungen an Gesellschaften iSd Anlage 2 EStG (Umsetzung der Mutter-Tochter-Richtlinie), die weder Geschäftsleitung noch Sitz im Inland haben und an deren Kapital die Beteiligung mindestens $^{1}/_{10}$ ununterbrochen seit Beginn des EZ beträgt, soweit der Gewinnanteil nicht auf Grund einer Kapitalabsetzung oder nach Auflösung der Gesellschaft anfällt.

Bruttoerträge sind bei BV-Vergleich die Solleinnahmen, bei Einnahmen-Überschussrechnung die Isteinnahmen, jeweils vermindert um gesondert ausgewiesene USt und durchlaufende Posten (BFH/NV 2008, 1395). Die Formulierung **„fast ausschließlich"** ist in der Vorschrift nicht definiert. Nach *Lenski/Steinberg* (§ 9 Nr 7 Anm 26) soll dies – wie beim ähnlichen Problem des § 1 Abs 2 EntwLStG – mindestens 90% bedeuten (BFHE 179, 39, BStBl II 1996, 122; BFH/NV 2008, 1395; vgl A 65 Abs 4 Satz 3 GewStR iVm A 76 Abs 9 Satz 2 KStR 1995), mE zweifelhaft. Das Verhältnis von 90 : 10 wird im Steuerrecht allgemein durch Formulierungen wie „weitaus überwiegend" bezeichnet. „Fast ausschließlich" ist mehr als dies, nämlich fast 100%, also wohl 99%. Es ist ohnehin unverständlich, dass derart unbestimmte Formulierungen ins Gesetz geraten. Allerdings sollen nach A 76 Abs 9 Satz 3 KStR 1995 passive Bruttoerträge unter 10% überhaupt schädlich sein, wenn sie aus einem eigenständigen, nicht einer aktiven Tätigkeit der Gesellschaft dienenden Bereich stammen (Ausnahme: unter 120 000,– DM oder nicht niedrige Besteuerung iSv § 8 Abs 3 AStG). Diese Auslegung hat mE keine Grundlage im Gesetz, so auch BFHE 179, 39, BStBl II 1996, 122. Die Formulierung „fast ausschließlich" verträgt keine Differenzierung nach solchen Gesichtspunkten, sondern nur nach dem Verhältnis von „aktiven" Bezügen nach § 8 Abs 1 Nrn 1–6 AStG und „passiven" Bezügen. 6

Ist die ausländische Tochtergesellschaft mitunternehmerisch an einem weiteren Unternehmen beteiligt, sind ihr die in diesem Rahmen erzielten Bruttoerträge (auch bei mehrstufiger Beteiligung) anteilig zuzurechnen (BFH/NV 2008, 1395).

Der Zeitraum, in dem die vorgenannten Voraussetzungen bei der Tochtergesellschaft erfüllt sein müssen, ist im Gesetz nicht bezeichnet. Daraus könnte man schließen wollen, die vom Gesetz bezeichnete Tochtergesellschaft solle die Voraussetzungen von Dauer erfüllen. Ein Vergleich mit § 12 Abs 3 Nr 4 GewStG aF zeigt jedoch, dass dem nicht so ist. Auch dort wird nicht auf einen Mehrjahreszeitraum, sondern auf nur ein Wirtschafts- 7 jahr (das dem maßgebenden EZ vorausgeht) abgestellt. Entsprechendes hat wohl für den GewErtrag zu gelten. Mithin dürfte es auf den EZ ankommen, in dem die Gewinnanteile bei der Tochtergesellschaft erwirtschaftet worden sind.

8.–11. Voraussetzungen nach Satz 4–7

8 **Beteiligung über eine Tochtergesellschaft** mit 10% an einer ausländischen Enkelgesellschaft. Die Beteiligung an der Tochtergesellschaft muss mindestens 10% betragen (vgl die Definition der Tochtergesellschaft in Satz 1). Aber auch die Tochter muss ihrerseits mit mindestens 10% an der Enkelgesellschaft beteiligt sein; das ergibt sich nunmehr aus Satz 4 Nr 2 iVm Satz 1. Die gebotene Beteiligungsquote der Mutter- an der Enkelgesellschaft darf nicht erst durch Zusammenrechnung der mittelbaren mit einer unmittelbaren Beteiligung, also der Mutter- an der Enkelgesellschaft, erreicht werden (BFHE 182, 209, BStBl II 1997, 434). Entsprechendes gilt mE für mehrere mittelbare Beteiligungen (**aA** *Flick/Wassermeyer* FR 1975, 342; *Flick/Wassermeyer/Becker* § 26 KStG Rz 467; *Reuter* DStR 1974, 67, 72). Der Wortlaut der Vorschrift(en) schließt mE eine Zusammenrechnung eindeutig aus.

Dauer der Beteiligung. Trotz der oa Verweisungskette nach der Fassung **bis EZ 2000** ergab sich nach höchstrichterlicher Rspr aus § 26 Abs 5 Nr 2 iVm Abs 2 KStG aF nicht, dass die Tochtergesellschaft seit mindestens 12 Monaten vor Ende des EZ oder eines davon abweichenden Gewinnermittlungszeitraums in der bezeichneten Höhe an der Enkelgesellschaft beteiligt sein muss (BFHE 182, 209, BStBl II 1997, 434; ebenso *Blümich/Gosch* § 9 Rz 219; **aA** *Flick/Wassermeyer/Becker* § 12 Abs 3 Nr 4 GewStG Anm 41). ME ist diese Auffassung nach der seinerzeitigen Gesetzeslage nicht zu halten. Die Aussage, dass eine Mindestdauer der Beteiligung dem gewstrechtlichen Schachtelprivileg fremd sei, geht am Wortlaut der genannten Vorschriften vorbei. Auch ist ein „Telos" für eine teleologische Reduktion nicht ohne weiteres ersichtlich, zumal die Beteiligungserfordernisse für die Tochter auch Gründe, etwa der Missbrauchsabwehr, für sich haben können. Die Aussage, bei der oa Verweisung handele es sich – insofern – um ein korrekturbedürftiges „Versehen" des Gesetzgebers, ist kaum begründbar und auch nicht begründet. Die „Korrektur" des Gesetzes insofern überschreitet die Grenzen der Auslegung und ist ein klarer Verstoß gegen das Gesetz, zumal die Voraussetzungen der Vorschrift des Satzes 2 nicht in Satz 1, sondern in Satz 2 und in der Verweisung des Satzes 3 zu finden sind.

Durch die Fassung der Vorschrift grds **ab EZ 2001** ist mE nunmehr klargestellt, dass die Tochtergesellschaft lediglich seit Beginn des EZ ununterbrochen an der Enkelgesellschaft beteiligt sein muss (Satz 4 Nr 2 iVm Satz 1).

9 **Gewinnausschüttungen** von der Tochtergesellschaft an die Muttergesellschaft und von der Enkelgesellschaft an die Tochtergesellschaft **„in einem Wirtschaftsjahr".** Das ist mE das Wirtschaftsjahr der Muttergesellschaft (des deutschen Unternehmens). Es muss sich bei der Ausschüttung durch die Tochter nicht tatsächlich um die Ausschüttung von Gewinnantei-

len von der Enkelgesellschaft handeln. Ebenso wenig ist zeitlicher Zusammenhang oder eine bestimmte zeitliche Abfolge erforderlich. Voraussetzung ist allein, dass die Ausschüttung durch die Enkelgesellschaft in dasselbe Wirtschaftsjahr fällt wie die Ausschüttung durch die Tochtergesellschaft. „Ausschüttung" von der Enkelgesellschaft ist alles, was diese auf gesellschaftsrechtlicher Grundlage an die Tochter erbringt, etwa auch Gewinnabführungen (denn die §§ 14ff KStG finden auf ausländische Kapitalgesellschaften keine Anwendung, vgl *Flick/Wassermeyer/Becker* § 9 Nr 7 GewStG Anm 36).

Die Bruttoerträge müssen (bisher: Hinweis auf § 26 Abs 5 Satz 3 KStG; nunmehr: Satz 4 Nr 1) ausschließlich oder fast ausschließlich aus Tätigkeiten nach § 8 Abs 1 Nrn 1 bis 6 AStG (Anm 4) oder aus Beteiligungen iSv Satz 1 Nr 1 bezogen sein (vgl hierzu Anm 4–6). Beteiligungen der Enkelgesellschaft an einer Funktionsholding nach Satz 1 Nr 2 sind schädlich. 10

Antrag der Muttergesellschaft (des deutschen Unternehmens) auf Kürzung des GewErtrags um den Teil des von ihm bezogenen Gewinns, der der Gewinnausschüttung der Enkelgesellschaft nach dem Maße der mittelbaren Beteiligung entspricht. 11

Beispiel: Die Mutter ist mit 40% an der Tochter, die Tochter mit 50% an der Enkelin beteiligt. Die Mutter ist mit 20% mittelbar an der Enkelin beteiligt. Dieser Hundertsatz der Ausschüttung der Enkelgesellschaft kann der Kürzung unterworfen werden.

12. Gemeinsame Voraussetzungen für die Anwendung der Sätze 1–4

Erfüllung der steuerlichen Pflichten, die der Muttergesellschaft bisher nach § 26 Abs 4 KStG oblagen (§ 9 Nr 7 Satz 3 GewStG iVm § 26 Abs 5 Satz 3 Nr 3 KStG aF; hierbei war die fehlende Verweisung auf § 26 Abs 4 KStG aF bei Schachtelbeteiligungen an Tochtergesellschaften im Wege der Lückenausfüllung zu ergänzen, vgl *Blümich/Gosch* § 9 Rz 301; *LS* § 9 Nr 7 Anm 41). Nach § 26 Abs 4 KStG aF setzte die Vergünstigung voraus, dass die Muttergesellschaft alle Nachweise erbringt, insbesondere 12

1. durch Vorlage sachdienlicher Unterlagen nachweist, dass die Tochtergesellschaft ihre Bruttoerträge (fast) ausschließlich aus unter § 8 Abs 1 Nr 1–6 AStG fallenden Tätigkeiten oder aus unter § 8 Abs 2 AStG aF (Ausnahme bei der Kürzung nach Satz 2: § 8 Abs 2 Nr 2 AStG aF) fallenden Beteiligungen bezieht,
2. den ausschüttbaren Gewinn der Tochtergesellschaft durch Vorlage von Bilanzen und Erfolgsrechnungen nachweist; auf Verlangen sind diese Unterlagen mit dem im Staat der Geschäftsleitung oder des Sitzes vorgeschriebenen oder üblichen Prüfungsvermerk einer behördlich anerkannten Wirtschaftsprüfungsstelle oder einer vergleichbaren Stelle vorzulegen.
3. Der Nachweis der Festsetzung und Zahlung der anzurechnenden Steuern ist für die Gewährung des gewerbesteuerlichen Schachtelprivilegs nicht erforderlich (ebenso *Blümich/Gosch* § 9 Rz 201).

Ab EZ 2001 sind die weiteren Vorraussetzungen in Satz 7 des § 9 Nr 7 selbst niedergelegt. Hierbei bezieht sich der Nachweis der Nr 1 nunmehr auf den Bezug der Bruttoerträge der Tochtergesellschaft aus den genannten Tätigkeiten bzw Beteiligungen. Der Nachweis des ausschüttbaren Gewinns (nunmehr Satz 7 Nr 3) bezieht sich auf die Tochtergesellschaft oder die Enkelgesellschaft. Neu ist das Erfordernis des Nachweises in Satz 6 Nr 2, dass die Enkelgesellschaft ihre Bruttoerträge (fast) ausschließlich aus unter § 8 Abs 1 Nr 1 bis 6 AStG fallenden Tätigkeiten oder aus unter Satz 1 Nr 1 fallenden Beteiligungen bezieht.

13., 14. Kürzung

13 **Grundsatz.** Die Kürzung betrifft nur die Gewinnanteile nach Satz 1 und Satz 2, die bei der Ermittlung des Gewinns nach § 7 GewStG angesetzt worden sind. Hieran fehlt es, wenn der Stpfl ein Schachtelprivileg nach **DBA** in Anspruch genommen hat (BFHE 214, 504, BStBl II 2007, 279; BFH/NV 2006, 1659).

Zu den Gewinnen gehören auch verdeckte Gewinnausschüttungen und in den Fällen, in denen der Beteiligte eine Körperschaft ist und bei ihr § 26 Abs 2–5 KStG aF zur Anwendung kommt, der bei der Ermittlung der Einkünfte hinzugerechnete Aufstockungsbetrag der anrechenbaren ausländischen KSt (A 65 Abs 1 Satz 4 iVm A 61 Abs 1 Satz 12 GewStR; *Lenski/Steinberg* § 9 Nr 7 Anm 9; *Blümich/Gosch* § 9 Rz 213). **Aufwendungen** im (unmittelbaren) Zusammenhang mit dem Bezug der Schachteldividenen minderten den Kürzungsbetrag nach BFH/NV 2006, 1659 entgegen A 65 Abs 1 Satz 4 GewStR auch dann nicht, wenn sie den Gewinn gemindert haben (ebenso *Grotherr* BB 2001, 597; **aA** zB *Killinger* BB 1999, 500). Diese Auffassung war mE unzutreffend (hierzu § 9 Nr 2a Anm 8). Ihr hat der Gesetzgeber mit Einfügung des Satzes 2 durch G v 13. 12. 2006 (BGBl I 2006, 2878) den Boden entzogen. Eine Hinzurechnung nach **§ 8 Nr 1 aF** bzw **§ 8 Nr 1 Buchst a nF** scheidet (in Übereinstimmung mit A 65 Abs 1 Satz 4 GewStR) aus. Zu den fiktiven Aufwendungen nach **§ 8b Abs 5 KStG** vgl § 9 Nr 2a Anm 5 aE. Die Frage ist jedoch durch Einfügung des Satzes 3 mW auch für EZ vor 2006 (§ 3b Abs 8 Satz 5 Hs 2 GewStG) geklärt.

Gewinn ist **nicht** der Gewinn aus der **Veräußerung** von Anteilen (BFHE 142, 394, BStBl II 1985, 160); er unterlag bis zum Inkrafttreten des § 3 Nr 40 EStG und des § 8b Abs 2 KStG idF d G v. 20. 12. 2001 (BGBl I 2001, 3858) der GewSt auch dann, wenn die Veräußerung sämtliche Anteile an einer Kapitalgesellschaft zum Gegenstand hatte (BFHE 105, 35, BStBl II 1972, 470; vgl auch BFHE 105, 31, BStBl II 1972, 368). Zu Teilwertabschreibungen in Zusammenhang mit der Ausschüttung vgl § 9 Nr 2a Anm 5 und § 8 Nr 10.

Bei Beteiligungen nach der **Mutter-Tochter-Richtlinie** sind nach Satz 1 solche Gewinne, die auf Grund einer Herabsetzung des Kapitals oder nach Auflösung der Tochtergesellschaft anfallen, nicht begünstigt.

14 Bei **anderen Erträgen** der Tochtergesellschaft neben den Gewinnanteilen der Enkelgesellschaft unterliegt nur der Teil der Ausschüttung der Tochtergesellschaft der Kürzung, der dem Verhältnis der Gewinnanteile zu

der Summe der Gewinnanteile und der übrigen Erträge entspricht, höchstens aber in Höhe des Betrages der Gewinnanteile (§ 9 Nr 7 Satz 3 bzw idF des JStG 2007).

Beispiel: Die Mutter ist mit 40% an der Tochter, diese ist mit 50% an der Enkelin beteiligt. Die Mutter ist mittelbar mit 20% an der Enkelin beteiligt. Diese schüttet 2 Mio aus, hiervon 1 Mio an die Tochter. Diese hat noch sonstige Erträge von 600 000 € und schüttet 1 Mio aus, hiervon 400 000 € an die Mutter. Deren Anteil an der Ausschüttung durch die Enkelin beträgt 400 000 €. Nach Nr 7 Satz 3 (bisher § 26 Abs 5 S 2 KStG) kann sie aber nur 1 Mio: 1,6 Mio = 5/8 von 400 000 € = 250 000 € abziehen. Dieser Betrag ist niedriger als der auf die Tochter entfallende Ausschüttungsbetrag von 1 Mio und als der hiervon auf die Mutter entfallende Anteil von 400 000 €.

§ 9 Nr. 8 Kürzungen

Die Summe des Gewinns und der Hinzurechnungen wird gekürzt um

...

8. die Gewinne aus Anteilen an einer ausländischen Gesellschaft, die nach einem Abkommen zur Vermeidung der Doppelbesteuerung unter der Voraussetzung einer Mindestbeteiligung von der Gewerbesteuer befreit sind, wenn die Beteiligung mindestens 15 Prozent beträgt und die Gewinnanteile bei der Ermittlung des Gewinns (§ 7) angesetzt worden sind; ist in einem Abkommen zur Vermeidung der Doppelbesteuerung eine niedrigere Mindestbeteiligungsgrenze vereinbart, ist diese maßgebend. [2] § 9 Nr. 2 a Satz 3 gilt entsprechend. [3] § 9 Nr. 2 a Satz 4 gilt entsprechend. [4] Satz 1 ist bei Lebens- und Krankenversicherungsunternehmen auf Gewinne aus Anteilen, die den Kapitalanlagen zuzurechnen sind, nicht anzuwenden; für Pensionsfonds gilt Entsprechendes.

...

Gewerbesteuer-Richtlinien 1998: Abschnitt 65.

Übersicht

1. Allgemeines
2. Beteiligungen
3. Befreiung von der GewSt
4. Rechtsform
5. Umfang der Kürzung

Literatur: *Manke,* Vermögensteuer- und Außensteuerrecht nach dem Steuerentlastungsgesetz 1984, FR 1984, 77; *Sauer,* Die steuerliche Behandlung von Schachtelbeteiligungen, AG 1977, 215; *Sarrazin,* Analogie zuungunsten des Steuerpflichtigen … FR 1984, 499; *Schnädter,* Die Belastung durch die Gewerbesteuer und die Möglichkeiten, sie zu vermeiden, BB 1988, 313, 319; *Grotherr,* Gewerbesteuerliche Auswirkungen der mit steuerlichen Dividenden in Zusammenhang stehenden nicht abzugsfähigen Betriebsausgaben, BB 2001, 597.

1 **Allgemeines.** Die durch G v 22. 12. 1983 (BGBl I 1983, 1583) eingefügte Vorschrift ist eine Ergänzung zu und Harmonisierung mit § 9 Nr 2a und Nr 7 GewStG. Ist in einem DBA eine höhere Schachtelgrenze vorgesehen, so soll sie für gewerbesteuerliche Zwecke in Entsprechung zu den letztgenannten Vorschriften ebenfalls nur 10%, ab **EZ 2008 15%** (§ 36 Abs 8 Satz 6) betragen.

2 **Voraussetzungen. Beteiligungen** an einer ausländischen Gesellschaft in Höhe von mindestens einem Zehntel, ab EZ 2008 von mindestens 15%. Ist in dem **DBA** eine **niedrigere Mindestbeteiligung** vereinbart, so ist diese maßgebend. Ein bestimmter Stichtag oder eine Mindestdauer der Beteiligung ist im G nicht vorgesehen. Die Beteiligung muss sich aber – wie üblich – im BV des deutschen GewBetriebs befinden. Zudem müssen die Gewinnanteile bei der Ermittlung des Gewinns angesetzt worden sein.

3 **Befreiung von der GewSt** unter der Voraussetzung einer Mindestbeteiligung. Sieht das DBA eine niedrigere Beteiligung als 15% (10%) vor, so ist diese anzuwenden (vgl A 65 Abs 2 Sätze 4 u 5 GewStR).

4 Die **Rechtsform** der ausländischen Gesellschaft ist ohne Bedeutung. Die Vorschrift ist nicht beschränkt auf ausländische Kapitalgesellschaften. Sie knüpft an den Begriff der ausländischen Gesellschaft in § 7 Abs 1 AStG an; das sind Körperschaften, Personenvereinigungen oder Vermögensmassen iSd § 1 Abs 1 KStG. Es muss sich wohl um eine Personenvereinigung handeln, die nach ausländischem Recht der KSt unterliegt (*Lenski/Steinberg* § 9 Nr 8 Anm 2). Es können daher auch Gewinne aus Anteilen an ausländischen Personengesellschaften der Kürzung unterliegen. Entscheidend ist der Geltungsbereich des jeweiligen DBA. Die Rechtsform des inländischen Unternehmens ist grundsätzlich ohne Bedeutung. Jedoch ist dieser Grundsatz durch die persönlichen Voraussetzungen in den jeweiligen DBA, die regelmäßig nur Kapitalgesellschaften das Schachtelprivileg einräumen, eingeschränkt.

5 **Umfang der Kürzung.** Es gelten im Wesentlichen die Grundsätze zu § 9 Nr 7 Anm 13 und § 9 Nr 2a Anm 5. Zum Kürzungsausschluss bei **Lebens-** und **Krankenversicherungsunternehmen** sowie **Pensionsfonds** vgl § 9 Nr 2 Anm 3 und § 9 Nr 2a Anm 9 aE.

§ 9 Nr. 9 Kürzungen *(weggefallen)*

§ 9 Nr. 10 Kürzungen

Die Summe des Gewinns und der Hinzurechnungen wird gekürzt um

. . .

10. die nach § 8a des Körperschaftsteuergesetzes bei der Ermittlung des Gewinns (§ 7) angesetzten Vergütungen für Fremdkapital. ²§ 8 Nr. 1 und 3 ist auf diese Vergütungen anzuwenden.

Die Vorschrift ist durch G v 23. 12. 2003 BGBl I 2003, 2922 mWv EZ 2004 aufgehoben worden; zur Kommentierung s 5. Aufl.

§ 10 Maßgebender Gewerbeertrag

(1) **Maßgebend ist der Gewerbeertrag, der in dem Erhebungszeitraum bezogen worden ist, für den der Steuermessbetrag (§ 14) festgesetzt wird.**

(2) **Weicht bei Unternehmen, die Bücher nach den Vorschriften des Handelsgesetzbuchs zu führen verpflichtet sind, das Wirtschaftsjahr, für das sie regelmäßig Abschlüsse machen, vom Kalenderjahr ab, so gilt der Gewerbeertrag als in dem Erhebungszeitraum bezogen, in dem das Wirtschaftsjahr endet.**

Bearbeiter: Güroff

Übersicht

1.	Allgemeines
2.–4.	**Maßgebender GewErtrag**
2.	nach Absatz 1
3.	nach Absatz 2
4.	Umstellung auf ein abw Wirtschaftsjahr
5.–8.	**Beginn der StPfl während des ersten EZ bis 1985**
5.	Beginn der StPfl und abweichendes Wirtschaftsjahr
6.	Ende des ersten Wirtschaftsjahrs im ersten EZ
7.	Abweichende Rechtslage ab 1986
8.	Umrechnung des GewErtrags nach Abs 3 aF

Literatur: *Fella,* Beginn und Beendigung der Gewerbesteuerpflicht, BB 1977, 287; *Mihatsch,* Gewerbesteuer-Rückstellung ab 1981, NWB F 5, S 929; *Biber,* Gewerbesteuer bei Umstellung des Wirtschaftsjahres, Betriebseröffnung und Betriebsschließung, BB 1981, 1388; *Woltmann,* Das Ende der Gewerbesteuerpflicht des Einzelunternehmens, DB 1987, 2008; *Corsten,* Gewerbesteuer-„Pause" bei Umstellung des Wirtschaftsjahres, ZKF 1988, 41; *Lüders/Meyer-Kessel,* Gewerbeertragsteuer bei Unternehmen mit vom Kalenderjahr abweichendem Wirtschaftsjahr, DStR 1991, 141; *Pauka,* Erwiderung hierzu, DStR 1991, 443; *Lüders/Meyer-Kessel,* Replik hierzu, DStR 1991, 703.

Allgemeines. Die Vorschrift beruht auf dem System der Gegenwartsbesteuerung. Durch G v 26. 7. 1957 (BGBl I 1957, 848) erhielt Abs 2 seine bis 1985 einschließlich geltende Fassung, wonach bei Unternehmen mit abw Wirtschaftsjahr der GewErtrag als in dem EZ bezogen gilt, in dem das Wirtschaftsjahr endet. Abs 3 Satz 1 erhielt ebenfalls seine bis 1985 einschließlich geltende Fassung. Durch G v 13. 7. 1961 (BGBl I 1961, 981) wurde Abs 3 Satz 2 angefügt. Durch G v 19. 12. 1985 (BGBl I 1985, 2436) wurden Abs 1 neu gefasst und Absatz 2 Satz 2 sowie Abs 3 ersatzlos gestrichen, jeweils mit Wirkung ab EZ 1986. Mit der Streichung des Wortes „einheitliche" durch G v 29. 10. 1997 (BGBl I 1997, 2590) zur Anpassung an den Wegfall der GewKapSt ab EZ 1998 erhielt die Vorschrift ihre jetzige Fassung. 1

2.–4. Maßgebender Gewerbeertrag

2 **Absatz 1** enthält eine Bestimmung des Begriffs des maßgebenden GewErtrags. Er setzt – selbstredend – einen stehenden GewBetrieb voraus (vgl FG Schl-H EFG 1997, 550). Ab 1986 bezeichnet sie damit den GewErtrag, der in dem EZ bezogen worden ist, für den der (bis EZ 1997 einheitliche) StMessbetrag festgesetzt wird. Gleichzeitig sind Abs 2 Satz 2 und Abs 3 gestrichen. Damit wird der Grundsatz aufgegeben, dass der GewBetrieb während der gesamten Zeit seines Bestehens, dh von der Eröffnung bis zur Einstellung mit einem GewErtrag, der der Dauer seiner Stpfl im Kalenderjahr entspricht, zur GewSt herangezogen wird (Begr RegEntw, BTDrs 10/1636, 69). Zugleich wird klargestellt, dass bei Unternehmen mit dem Kalenderjahr als Wirtschaftsjahr der Bemessungszeitraum für den GewErtrag und der EZ für die GewSt übereinstimmen. Diese Regelung war bereits Inhalt der Vorschrift in der bis EZ 1985 geltenden Fassung, wonach maßgebend der GewErtrag war, der in dem EZ bezogen war, für das der StMessbetrag festgesetzt wurde. Abweichungen ergaben sich nach Abs 2 Satz 2 und Abs 3 bei Beginn der StPfl während des EZ und bei Unternehmen mit abw Wirtschaftsjahr. Eine **Sonderregelung** besteht in **§ 16 Abs 1 GewStDV** für in **Abwicklung** befindliche Unternehmen iSd § 2 Abs 2 GewStG (Kapitalgesellschaften, Erwerbs- und Wirtschaftsgenossenschaften, Versicherungsvereine auf Gegenseitigkeit). Bei ihnen ist der GewErtrag, der während der Abwicklung entstanden ist, auf die Jahre der Abwicklung zu verteilen. Abwicklungszeitraum ist der Zeitraum vom Beginn bis zum Ende der Abwicklung. Beginnt die Abwicklung im Laufe des Wirtschaftsjahrs, so ist grundsätzlich für die Zeit vom Schluss des vorangegangenen Wirtschaftsjahrs bis zum Beginn der Abwicklung ein Rumpfwirtschaftsjahr zu bilden, das nicht in den Abwicklungszeitraum einzubeziehen ist (BFHE 113, 112, BStBl II 1974, 692). Wird ein Rumpfwirtschaftsjahr nicht gebildet, dann beginnt der Abwicklungszeitraum am Schluss des vorangegangenen Wirtschaftsjahrs. Die Verteilung des im Abwicklungszeitraum erzielten GewErtrags auf die einzelnen Jahre erfolgt nach dem Verhältnis, in dem die Zahl der Kalendermonate, in denen im einzelnen Jahr die StPfl bestanden hat, zu der Gesamtzahl der Kalendermonate des Abwicklungszeitraums steht (A 46 Abs 1 GewStR). Nach § 16 Abs 2 GewStDV gilt die entsprechende Regelung für alle GewBetriebe, wenn über das Vermögen des Unternehmens das Konkurs- bzw Insolvenzverfahren eröffnet worden ist (vgl hierzu A 44 Abs 2 GewStR und RFH RStBl 1940, 476). § 10 Abs 1 ist auch anzuwenden, wenn das Ende des Gewinnermittlungszeitraums und der GewStPfl (zB bei Betriebsverpachtung ohne Aufgabeerklärung bei abweichendem Wirtschaftsjahr) auseinanderfallen. In diesem Fall besteht nach § 14 (Abs 2 aF) ein abgekürzter EZ. Bringt ein Einzelunternehmer im Laufe des EZ den Betrieb in eine Personengesellschaft ein, an der er beteiligt ist, dann ist ihm bereits nach allgemeinen Grundsätzen nur der bis zu diesem Zeitpunkt erwirtschaftete GewErtrag zuzurechnen, weil die persönliche StPfl des Unternehmers geendet hat (BFHE 156, 502, BStBl II 1989, 664).

3 **Absatz 2** enthält eine abw Regelung für Unternehmen mit **abweichendem Wirtschaftsjahr** (Zeitraum, für das sie regelmäßig Abschlüsse

machen). Danach gilt der GewErtrag als in dem EZ **bezogen,** in dem das Wirtschaftsjahr endet. In diesem EZ wird der GewErtrag des Wirtschaftsjahres ungeteilt der GewSt unterworfen. Daher ist auch bei Hinzurechnungen nach § 8 und Kürzungen nach § 9 keine Aufteilung vorzunehmen (zu den Dauerschuldzinsen vgl FG Hamburg EFG 1989, 420). Der GewErtrag des im EZ endenden abw Wirtschaftsjahres ist auch ohne Umrechnung der Zerlegung zugrundezulegen (BFHE 171, 304, BStBl II 1993, 679; vgl auch BFH/NV 1993, 191 sowie FG Münster EFG 1992, 292). Die Bestimmung des abw Wirtschaftsjahres erfolgt nicht schon durch die Einreichung einer Eröffnungsbilanz, sondern frühestens mit dem ersten Abschluss (vgl BFH/NV 1990, 632). Die Vorschrift gilt auch für den Ertrag eines **Rumpfwirtschaftsjahres,** weil sie die Rechtsfolge nicht auf die Wirtschaftsjahre beschränkt, für die regelmäßig Abschlüsse gemacht werden.

Die Vorschrift ist nur anwendbar für Unternehmen, die Bücher nach den **Vorschriften des HGB** zu führen verpflichtet sind. Sie ist inhaltsgleich mit § 7 Abs 4 Satz 2 KStG und weiter als § 4 a Abs 1 Satz 2 Nr 2 EStG, wo es auf die Eintragung im Handelsregister ankommt. Praktisch dürften diese Unterscheidung kaum werden, weil die Betriebseröffnung mit abw Wirtschaftsjahr nach § 4 a Abs 1 Nr 2 Satz 1 EStG nur durch im HR eingetragene Gewerbebetriebe und die Umstellung auf ein abw Wirtschaftsjahr nur im Einvernehmen mit dem FA erfolgen darf. Ob § 7, der für die Ermittlung des Gewinns auf das Einkommen in dem dem EZ entsprechenden VZ abstellt, eine insofern vereinheitlichende Funktion zukommt (*Lenski/Steinberg* § 10 Anm 8; *Blümich/Hofmeister* § 10 Rz 7), ist daher eher theoretischer Natur.

Zur **Führung von Büchern** nach Vorschriften des HGB sind verpflichtet: Vollkaufleute mit einem Handelsgewerbe iSv § 1 HGB oder deren Firma nach § 2 oder § 3 Absatz 2 HGB ins HR eingetragen ist (vgl § 238 Abs 1 HGB); dazu Handelsgesellschaften (§ 6 HGB), also OHGen (§ 105 HGB), KGen (§ 161 HGB), AGen (§ 1 AktG), KGen auf Aktien (§ 278 AktG); GmbH (§ 13 Abs 3 GmbHG), Erwerbs- und Wirtschaftsgenossenschaften (§ 17 Abs 2 GenG) und die großen Versicherungsvereine auf Gegenseitigkeit (§ 53 VAG).

Die **Umstellung** auf ein vom Kalenderjahr abw Wirtschaftsjahr darf nur 4
im Einvernehmen mit dem FA erfolgen (§ 4 a Abs 1 Nr 2 EStG; § 7 Abs 4 KStG). Dieses ist vor der Umstellung herzustellen. Durch die Umstellung auf ein abw Wirtschaftsjahr können vorübergehende GewSt-Ausfälle für die Gemeinde eintreten (*Corsten* ZKF 1988, 41 spricht von einer **GewSt-„Pause“).** Die Auswirkungen lassen sich aber durch die Notwendigkeit, die Zustimmung des FA zur Umstellung herbeizuführen, begrenzen (ebenso *Lenski/Steinberg* § 10 Anm 10). Denn im Rahmen seines pflichtgemäßen Ermessens darf es nur gewichtige wirtschaftliche, sich aus der Betriebsorganisation ergebende Gründe berücksichtigen (vgl BFHE 111, 307, BStBl II 1974, 238; BFHE 131, 292, BStBl II 1981, 50); zur Organschaft vgl BFH/NV 1997, 378). Die Umstellung auf ein mit dem Kalenderjahr übereinstimmendes Wirtschaftsjahr bedarf nicht der Zustimmung des FA. Ebensowenig ist sie für die Wahl des abw Wirtschaftsjahres bei der Neugründung erforderlich (BFHE 122, 130, BStBl II 1977, 561).

5.–7. Beginn der Steuerpflicht während des ersten EZ bis 1985

5 Bei **Beginn der Stpfl bis 1985** war nach der bis dahin geltenden Vorschrift des Abs 2 Satz 2 bei Unternehmen mit einem vom Kalenderjahr abw Wirtschaftsjahr für den ersten EZ der GewErtrag des ersten Wirtschaftsjahres maßgebend. Dies galt selbst dann, wenn dieses Wirtschaftsjahr nach dem ersten EZ endete. In diesem Fall war das Ergebnis des ersten Wirtschaftsjahres der GewSt nach dem GewErtrag für zwei EZe (den ersten und zweiten) zugrundezulegen. Für den ersten verkürzten EZ trat kein Nachteil ein, weil der StMessbetrag nach dem GewErtrag nach § 11 Abs 6 aF GewStG auf den verkürzten EZ umgerechnet wurde (BFHE 72, 58, BStBl III 1961, 23; BFHE 98, 183, BStBl II 1970, 256). Diese Auslegung verletzte kein Verfassungsrecht (vgl BVerfGE 16, 147, 163f, 187). Die zweimalige Berücksichtigung des ersten GewErtrags hatte jedoch keinen zweimaligen Verlustausgleich zur Folge; der im ersten Wirtschaftsjahr bezogene Verlust durfte nur einmal abgezogen werden (BFHE 87, 36 BStBl III 1966, 684).

6 **Endete das erste Wirtschaftsjahr im ersten EZ,** bestand also ein Rumpfwirtschaftsjahr, dann war der in diesem erzielte Gewinn für die Umrechnung nach Abs 3 aF zu Grunde zu legen. Dies galt auch für eine Kapitalgesellschaft, die zur Übernahme eines GewBetriebes gegründet worden war, wenn die Übernahme am Ende des Rumpfwirtschaftsjahres erfolgte und die Gesellschaft in diesem noch keinen Gewinn erzielt hatte (BFHE 122, 130, BStBl II 1977, 561). Die spätere Übernahme des GewBetriebs stellte keinen Neueintritt in die GewStpfl nach § 2 Abs 5 Satz 1 dar, weil die Kapitalgesellschaft spätestens mit ihrer Eintragung einen GewBetrieb unterhalten hatte (§ 2 Abs 2) und der übernommene Betrieb mit diesem nach § 2 Abs 5 Satz 2 vereinigt worden war (BFHE 122, 130, BStBl II 1977, 561). Weder Ende noch Neubeginn der Stpfl (sei es subjektiv oder objektiv) bestand für die Organgesellschaft beim Wechsel des Organträgers. Hatte dieser ein abw Wirtschaftsjahr, so war Abs 2 Satz 1 anzuwenden (BFHE 122, 127, BStBl II 1977, 560).

7 Mit **Beginn des EZ 1986** ist die Vorschrift des Abs 2 Satz 2 weggefallen. Das hatte zur Folge, dass ab 1986 bei Neugründungen mit abw Wirtschaftsjahr im EZ der Eröffnung des GewBetriebs keine GewErtragSt mehr erhoben wurde (Entwurf und Begründung der BReg, BTDrs 10/1636, 69). In diesem EZ galt kein GewErtrag als bezogen (Absatz 2 Satz 1). Eine Ausnahme bestand nach dieser Vorschrift nur dann, wenn das Erste abw Wirtschaftsjahr ein Rumpfwirtschaftsjahr war und noch im ersten EZ endete. Im Zusammenhang mit der Streichung von Abs 2 Satz 2 stand die Streichung von Absatz 3. Die Aufhebung der Umrechnungsvorschriften verletzte kein Verfassungsrecht, und zwar auch im Hinblick auf mit dem System des GewStRechts nicht zu vereinbarende **Doppelbelastungen,** wenn bei abw Wirtschaftsjahr die Stpfl im Jahre 1985 begonnen und im Jahr 1986 geendet hatte. (vgl BFHE 178, 454, BStBl II 1995, 797).

8 Zur Umrechnung des GewErtrags nach Absatz 3 aF vgl 6. Aufl. § 10 Anm 8ff.

§ 10a Gewerbeverlust

[1]Der maßgebende Gewerbeertrag wird bis zu einem Betrag in Höhe von 1 Million Euro um die Fehlbeträge gekürzt, die sich bei der Ermittlung des maßgebenden Gewerbeertrags für die vorangegangenen Erhebungszeiträume nach den Vorschriften der §§ 7 bis 10 ergeben haben, soweit die Fehlbeträge nicht bei der Ermittlung des Gewerbeertrags für die vorangegangenen Erhebungszeiträume berücksichtigt worden sind. [2]Der 1 Million Euro übersteigende maßgebende Gewerbeertrag ist bis zu 60 Prozent um nach Satz 1 nicht berücksichtigte Fehlbeträge der vorangegangenen Erhebungszeiträume zu kürzen. [3]Im Fall des § 2 Abs. 2 Satz 2 kann die Organgesellschaft den maßgebenden Gewerbeertrag nicht um Fehlbeträge kürzen, die sich vor dem rechtswirksamen Abschluss des Gewinnabführungsvertrags ergeben haben. [4]Bei einer Mitunternehmerschaft ist der sich für die Mitunternehmerschaft insgesamt ergebende Fehlbetrag den Mitunternehmern entsprechend dem sich aus dem Gesellschaftsvertrag ergebenden allgemeinen Gewinnverteilungsschlüssel zuzurechnen; Vorabgewinnanteile sind nicht zu berücksichtigen. [5]Für den Abzug der den Mitunternehmern zugerechneten Fehlbeträge nach Maßgabe der Sätze 1 und 2 ist der sich für die Mitunternehmerschaft insgesamt ergebende maßgebende Gewerbeertrag sowie der Höchstbetrag nach Satz 1 den Mitunternehmern entsprechend dem sich aus dem Gesellschaftsvertrag für das Abzugsjahr ergebenden allgemeinen Gewinnverteilungsschlüssel zuzurechnen; Vorabgewinnanteile sind nicht zu berücksichtigen. [6]Die Höhe der vortragsfähigen Fehlbeträge ist gesondert festzustellen. [7]Vortragsfähige Fehlbeträge sind die nach der Kürzung des maßgebenden Gewerbeertrags nach Satz 1 und 2 zum Schluss des Erhebungszeitraums verbleibenden Fehlbeträge. [8]Im Fall des § 2 Abs 5 kann der andere Unternehmer den maßgebenden Gewerbeertrag nicht um die Fehlbeträge kürzen, die sich bei der Ermittlung des maßgebenden Gewerbeertrags des übergegangenen Unternehmens ergeben haben. [9]§ 8 Abs. 8 und 9 Satz 5 bis 7 des Körperschaftsteuergesetzes ist entsprechend anzuwenden. [10]Auf die Fehlbeträge ist § 8 c des Körperschaftsteuergesetzes entsprechend anzuwenden; dies gilt auch für den Fehlbetrag einer Mitunternehmerschaft, soweit dieser

1. einer Körperschaft unmittelbar oder
2. einer Mitunternehmerschaft, soweit an dieser eine Körperschaft unmittelbar oder mittelbar über eine oder mehrere Personengesellschaften beteiligt ist,

zuzurechnen ist.

Gewerbesteuer-Richtlinien 1998: Abschnitte 66–68.

Bearbeiter: Güroff

Übersicht

1.–5. Allgemeines
1. Zweck
2. Entstehung
3. Personale und sachliche Elemente/Grundsatz
4. Zeitfragen
5. Kein Verlustrücktrag

6., 7. Der Gewerbeverlust
6. Begriff
7. Vorweggenommene Verluste

8.–89. Unternehmensidentität
8. Allgemeines
9. Mehrere GewBetriebe
10. Wechsel des Unternehmens
11. Personengesellschaften
12.–14. (frei)
15.–44. Körperschaften: Rechtslage vor EZ 2008
15. Kapitalgesellschaften
16. „Mantelkauf" ab EZ 1989 (§ 10a Satz 4)
17. Zeitliche Anwendung
18. Inhalt der Regelung
19. Einstellung des Geschäftsbetriebes
20. Übertragung von Nennkapital
21. Mittelbare Anteilsübertragung
22. Übernahme neuer Anteile
23. Verschmelzungsfälle
24. Überwiegend neues Betriebsvermögen
25. Maß des Überwiegens
26. Immaterielle WG
27. Organschaft
28. Zuführung
29. Bewertung
30. Mehrere Maßnahmen
31. Gegenständliche Betrachtungsweise
32. Verschmelzungsfälle
33.–36. Sonderfall Sanierung
37. Fortführung/Wiederaufnahme des Geschäftsbetriebes
38. Sachlicher Zusammenhang, Reihenfolge
39. Zeitkomponente
40.–42. Verlust der wirtschaftlichen Identität
43. Umfang des Abzugsverbots
44. (frei)

45.–89. Körperschaften: Rechtslage ab EZ 2008

46.–49. Grundregelung nach § 8c Abs 1 KStG
46. § 8c Abs 1 KStG
47. Persönlicher Anwendungsbereich
48. Wagniskapitalgesellschaften
49. Verfassungsrechtliche Bedenken

50.–80. Schädlicher Beteiligungserwerb
50. Gegenstand
51. Mitgliedschaftsrechte
52. Stimmrechte
53. Vermögensrechtliche Beteiligungen
54. Anteile und Rechte
55.–57. Erwerber
58. Übertragung
59. Kapitalerhöhung
60. Erbfolge, Erbauseinandersetzung
61. Dauer der Übertragung
62. Ermittlung des Anteils
63.–65. Mittelbare Übertragung
66., 67. Konzernklausel, Gesellschafterwechsel
68. Zeitpunkt
69. Zeitrahmen
70.–73. Rechtsfolgen
74. Maßgeblicher Verlustvortrag
75. Unterjährige Ereignisse
76. Unternehmenssanierungen
77. Vergleichbarer Sachverhalt
78. Übertragung von Mitwirkungsrechten
79. Zeitlicher Geltungsbereich
80. Gestaltungsmodelle
81.–86. Ausnahme nach § 8c Abs 2 KStG
87.–89. Betriebe der öffentlichen Hand
87. Zusammengefasste BgA
88. Kapitalgesellschaften/Spartentrennung
89. (frei)
90.–111. Unternehmeridentität
90. Allgemeines
91., 92. Einzelunternehmen
91. Wechsel im Einzelunternehmen
92. Vereinigung von Betrieben
93.–102. Personengesellschaften
93., 94. Personengesellschaften
95. Wechsel Personengesellschaft – Einzelunternehmen
96. Wechsel Einzelunternehmen – Personengesellschaft
97.–101. Gesellschafterwechsel in der Personengesellschaft
102. Doppelstöckige Personengesellschaft
103.–105. Körperschaften
103. Umwandlung von Körperschaften
104. Zusammenfassung von BgA
105. Vermögensübergang
106.–111. Organschaften
112.–121. Durchführung des Verlustabzugs
112. GewErtrag/GewVerlust als Ausgangsgröße
113.–115. Abzug des GewVerlusts
116.–121. Verfahren/Personengesellschaften/Körperschaften

Literatur (ab 1997): *Finkbeiner,* Verlustvortrag nach § 10a GewStG bei wechselnden Gesellschaftern einer Personenhandelsgesellschaft, BB 1997, 230; *Pyszka,* Gewerbesteuerlicher Verlustvortrag bei „stufenweisem" Gesellschafterwechsel in Personengesellschaften, DStR 1997, 1073; *Weßling,* Stufenweiser Gesellschafterwechsel in Personengesellschaften und Verlustvortrag bei der Gewerbesteuer, Inf 1997, 167; *Kreckl,* Verlustabzug im Körperschaftsteuerrecht, DStZ 1997, 765; *Schwedhelm/Olbing,* Gesetz zur Fortführung der Unternehmenssteuerreform, Stbg 1997, 385; *Goutier/Müller,* Verfassungswidrigkeit der rückwirkenden Steuerverschärfungsvorschrift des „Gesetzes zur Fortsetzung der Unternehmenssteuerreform", BB 1997, 2242; *Münch,* Die Rückwirkungsproblematik im „Gesetz zur Fortsetzung der Unternehmenssteuerreform", DStR 1997, 1674; *Prinz,* Verlustnutzung bei Verschmelzung nach dem „Gesetz zur Fortsetzung der Unternehmenssteuerreform", FR 1997, 881; *Köster/Prinz,* Spaltung von Kapitalgesellschaften, GmbHR 1997, 339; *Orth,* Gesetz zur Fortsetzung der Unternehmenssteuerreform ..., DB 1997, 2242; *Füger/Rieger,* Das Gesetz zur Fortsetzung der Unternehmenssteuerreform ..., DStR 1997, 1427; *Schumacher,* Gewerbesteuerlicher Verlustvortrag einer KG & atypisch Still, DStR 1998, 840; *Hörger/Endres,* Verlustnutzung beim Mantelkauf, DB 1998, 335; *Füger,* Der zeitliche Anwendungsbereich von § 8 Abs 4 KStG und § 50c Abs 11 EStG, DStR 1998, 1153; *Breuninger/Frey,* Erste Anmerkungen zum Entwurf des BMF-Schreibens zur Anwendung von § 8 Abs 4 KStG nF und § 12 Abs 3 S 2 UmwStG nF, GmbHR 1998, 866; *Gerhold,* Der gewerbesteuerliche Verlustvortrag bei Einzelunternehmen und Personengesellschaften, StWa 1998, 221; *Prinz/Ommerborn,* Neue „Organschaftsfalle" bei Verlusten – Abschn 68 Abs 5 GewStR 1998, FR 1999, 993; *Eckart/Kneip/Rieke,* Aktuelle Fragen zur Gewerbesteuer nach Verabschiedung des Steuerentlastungsgesetzes 1999/2000/2002 und der GewStR 1998, Inf 1999, 225; *Dötsch/Pung,* Steuerentlastungsgesetz 1999/2000/2002 ..., DB 1999, 932; *Patt,* Änderungen im Gewerbesteuerrecht ab dem Erhebungszeitraum 1998, DB 1999, 597; *Patt/Stimpel,* Verlustverwertung im Rahmen einer gewerbesteuerlichen Organschaft, FR 2000, 705; *Prinz/Ommerborn,* Nochmals: Verwaltungsseitige „Organschaftsfalle" zu Recht beseitigt (Erwiderung zu *Patt/Stimpel*), FR 2000, 708; *Meyer,* Verlustnutzung nach Identitätswechsel, BB 2001, 173; *Wendt,* Gewerbesteuerlicher Verlustvortrag bei doppelstöckiger Personengesellschaft, FR 2001, 79; *Gosch,* Zum Vortrag von Gewerbeverlusten bei doppelstöckigen Mitunternehmerschaften, StBp 2001, 24; *ders,* Erneut zum gewerbesteuerlichen Verlustabzug, StBp 2001, 80; *Kempermann,* Gewerbesteuerlicher Verlustabzug bei mittelbarer Beteiligung an einer Personengesellschaft, HFR 2001, 263; *Dötsch,* Regierungsentwurf eines StVergAbG: Gravierende Verschlechterungen bei der körperschaftsteuerlichen und gewerbesteuerlichen Verlustnutzung, DStZ 2003, 25; *Dötsch/Pung,* Die Neuerungen bei der Körperschaftsteuer und bei der Gewerbesteuer durch das Steuergesetzgebungspaket vom Dezember 2003, DB 2004, 151; *Intemann/Nacke,* Verlustverrechnung nach den Steueränderungen für 2003/2004, DStR 2004, 1149; *Forst/Frings,* Die neue Mindestbesteuerung ab 1. 1. 2004 – Möglichkeiten zur optimalen Nutzung von Verlustvorträgen, EStB 2004, 80; *Weber-Grellet,* Mindestbesteuerung/Verlustverrechnung, Stbg 2004, 75; *Lehner* (Hrsg), Verluste im nationalen und internationalen Steuerrecht, 2004; *Herzig/Wagner,* Mindestbesteuerung durch die Begrenzung der Verrechnung von Verlustvorträgen, Wpg 2004, 53; *Lang/Englisch,* Zur Verfassungswidrigkeit der neuen Mindestbesteuerung, StuW 2005, 3; *Hackmann,* Verfassungswidrigkeit der neuen Mindestbesteuerung? (Anm zu *Lang/Englisch*), StuW 2006, 124; *Zerhusen,* Der Verlustvortrag nach § 10a GewStG beim Ausscheiden eines Gesellschafters aus einer

Personengesellschaft unter Berücksichtigung von Sonderbetriebsvermögen, Inf 2005, 698. *Thill,* Der Übergang von Verlustvorträgen bei Anwachsung einer Personengesellschaft auf eine Kapitalgesellschaft, FR 2006, 407; *Zerhusen,* Überblick über den Verlustvortrag nach § 10a GewStG, Inf 2006, 737; *Prinz/Hick,* Transfer gewerbesteuerlicher Verlustabzüge einer Personengesellschaft durch Anwachsung auf eine Organgesellschaft, GmbHR 2006, 841; *Kratzsch,* Untergang des Gewerbeverlustes beim „Ortswechsel" eines Franchisenehmers, GStB 2007, 195; *Fischer,* Grenzen der Verlustbeschränkung nach § 10d Abs 2 EStG bei Kapitalgesellschaften, FR 2007, 281; *Dötsch/Pung,* JStG 2007: Die Änderungen des KStG und des GewStG, DB 2007, 11; *Oenings,* Gewerbesteuerliche Verlustverrechnung – Unternehmeridentität iSd § 10a GewStG bei atypisch stiller Gesellschaft, DStR 2008, 279; *Behrendt/Arjes,* Gewerbesteuerliche Unternehmeridentität bei Verschmelzung von Kapitalgesellschaften, DStR 2008, 811; *Loose/Suck,* Die Bindungswirkung des § 10a GewStG im Rahmen von Gesellschafterwechseln bei Personengesellschaften, FR 2008, 864; *Melchior,* Das JStG 2009 im Überblick, DStR 2009, 4.

1.–5. Allgemeines

Zweck. Die Vorschrift dient in Durchbrechung des auch im GewStG angelegten Prinzips der Abschnittsbesteuerung einem **abschnittsübergreifenden Nettoprinzip** (*Lenski/Steinberg* § 10a Anm 213). Sie wird als *Fiskalzwecknorm* angesehen (*Lenski/Steinberg* aaO Anm 4), was mE angesichts ihrer Orientierung an den Interessen der gewerblichen Wirtschaft nur für ihre Beschränkungen zutrifft (kein Verlustrücktrag; zeitliche Streckung bzw teilweise Verhinderung der Verrechnung durch Ansatz von Höchstbeträgen usw). Sie ist mE dem Grundgedanken nach eine *Sozialzwecknorm,* die mit dem Objektsteuerprinzip durchaus vereinbar ist (RFHE 38, 120; *Lenski/Steinberg* aaO Anm 5). 1

Zur Entstehung. Das GewStG 1936 (RGBl I 1936, 979) enthielt keine Regelung über den Abzug von Verlusten früherer EZ. Der Verlustabzug wurde erstmals durch *RMF*-Erlass (RStBl 1939, 849) und sodann durch die 3. GewStDV (RGBl I 1940, 284) für buchführende GewTreibende möglich gemacht, und zwar im Wege des Vortrags auf die beiden folgenden EZ. Diese Regelung wurde als § 10a unter Verlängerung des Vortragszeitraums auf drei Jahre in das GewStG 1951 (BGBl I 1951, 996) übernommen. Durch G v 16. 12. 1954 (BGBl I 1954, 373) wurde der Vortragszeitraum auf 5 Jahre verlängert. Mit G v 13. 7. 1961 (BGBl I 1961, 981) wurde der Verlustabzug für die Fälle des § 2 Abs 5 gestrichen. Bis zum EZ 1974 einschließlich war die Vorschrift nur anzuwenden auf GewTreibende, die den Gewinn nach § 5 EStG auf Grund ordnungsmäßiger Buchführung ermittelten. Durch G v 21. 12. 1974 (BGBl I 1974, 3656) ist dieses Erfordernis fortgefallen. Durch G v 19. 12. 1985 (BGBl I 1985, 2436) sind die Worte „bei Gewerbetreibenden, die den Gewinn nach § 5 des Einkommensteuergesetzes ermitteln," gestrichen worden. Diese Fassung ist ebenfalls ab EZ 1975 anzuwenden (vgl § 36 idF dieses Gesetzes). Weitere Änderungen brachte das StRefG v 25. 7. 1988 (BGBl I 1988, 1093, BStBl I 1988, 224). Durch Streichung der Worte „vier" bzw „fünf" in Satz 1 ist die zeitliche Beschränkung der Vortragsfähigkeit von Fehlbeträgen aufgehoben worden (Anm 113). Der damalige Satz 2 (jetzt Satz 6) bestimmt, dass die vortrags- 2 fähigen Fehlbeträge gesondert festzustellen sind (Anm 118). Der damalige Satz 4 (jetzt Satz 10) schließt durch Verweisung auf § 8 Abs 4 (jetzt § 8 c) KStG den Verlustvortrag in Fällen des sog Mantelkaufs aus (Anm 15 ff). Diese Vorschriften sind grundsätzlich ab EZ 1990 anzuwenden; jedoch gilt die unbeschränkte Vortragsfähigkeit bereits für Verluste ab EZ 1985 (§ 36 Abs 5 aF); der Ausschluss des Verlustabzugs beim Mantelkauf gilt bereits vor dem EZ 1990, wenn die maßgeblichen Rechtsgeschäfte nach dem 23. 6. 1988 abgeschlossen worden sind (§ 36 Abs 6 aF; vgl Anm 16). Mit Änderung des Satzes 1 und Einfügung der neuen Sätze 2 und 3 durch das GewStÄndG v 23. 12. 2003 (BGBl I 2003, 2922) ist die Kürzung um Fehlbeträge auf einen Betrag von 1 Mio € und darüber hinaus 60% der nicht ausgeglichenen Fehlbeträge beschränkt; der Abzug vororganschaftlicher Fehlbeträge ist vollständig ausgeschlossen worden. Diese Änderungen sind ab EZ 2004 anzuwenden.

Durch JStG 2007 v 13. 12. 2006 (BGBl I 2006, 2878) ist durch Einfügung der Sätze 4 u 5 festgeschrieben worden, dass bei Mitunternehmerschaften die Zurechnung des maßgebenden Fehlbetrags sowie – für den Abzug – des maßgebenden GewErtrags auf die Mitunternehmer nach dem Gewinnverteilungsschlüssel ohne Berücksichtigung von Vorabgewinnanteilen zu erfolgen hat (mW für 2007 und frühere EZ, § 36 Abs 1 u 9). Durch G v 14. 8. 2007 (BGBl I 2007, 1912) ist das Zitat § 8 Abs 4 KStG für Zwecke des „Mantelkaufs“ an den neu geschaffenen § 8 c KStG angepasst worden. Durch G v 20. 12. 2007 (BGBl I 2007, 3150) wurde in einem neuen Satz 7 der Begriff der vortragsfähigen Fehlbeträge bestimmt. Durch JStG 2009 v 19. 12. 2008 (BGBl I 2008, 2794) wurde in einem neuen Satz 9 die entsprechende Anwendbarkeit von § 8 Abs 8 und 9 Sätze 5–7 KStG geregelt (Anm 87, 88), im neugefassten Satz 10 ist nunmehr die entsprechende Anwendbarkeit von § 8 c KStG enthalten; differenzierte Anwendungsregeln enthält § 36 Abs 9.

3 **Personale und sachliche Elemente/Grundsatz.** Die Vorschrift nimmt im System der GewSt eine gewisse Sonderstellung ein. Sie bringt nach einer von der BFH-Rspr getragenen Mindermeinung personale Elemente in die als Objektsteuer gedachte GewSt und stellt sie gleichrangig neben unternehmensbezogene Elemente (BFHE 171, 246, BStBl II 1993, 616; BFHE 173, 547, BStBl II 1994, 477). Einerseits erfordert sie nach Auffassung des BFH **Unternehmeridentität** (vgl Anm 90–111). Als Begründung hierfür wird angesehen, dass die vor Ergehen des G v 19. 12. 1985 (BGBl I 1985, 2436) geltenden Fassungen nicht auf den Betrieb (Objekt der GewSt), sondern auf den GewTreibenden (Satz 1) abgestellt hatten und dass im Fall des Übergangs des Unternehmens im Ganzen auf einen anderen Unternehmer diesem nach wie vor die Kürzung um den GewVerlust versagt ist (Satz 3; vgl zuletzt BFHE 143, 135, BStBl II 1985, 334; BFH 159, 528, BStBl II 1990, 436; vgl Anm 91). Andererseits setzt der Abzug des GewVerlusts **Unternehmensidentität** voraus (BFHE 143, 276, BStBl II 1985, 403; BFHE 72, 173, BStBl III 1961, 65; BFHE 162, 135, BStBl II 1991, 25; BFH/NV 1997, 528), was sich aus dem Objektsteuercharakter der GewSt ergibt (s jedoch Anm 15 ff). Die Berücksichtigung von Verlusten setzt demnach voraus, dass der Verlust während des Bestehens

eines Gewerbebetriebes entstanden ist, für den die sachliche GewStPfl (§ 2 Anm 420ff) bestanden hatte (BFHE 185, 500, BStBl II 1998, 478). Das schließt nicht aus, dass bei Wegfall der GewStPfl wegen eines persönlichen Befreiungsgrundes und Wiederaufleben der GewStPfl die Unternehmer- und Unternehmensidentität erhalten bleibt (BFHE 189, 183, BStBl II 1999, 733). Zu den sich hieraus ergebenden Schwierigkeiten vgl ua *Mutze* (FR 1968, 26), *Weingart* (DB 1976, 1081). Zur „Billigkeits"regelung bei Seeschifffahrtsunternehmen OFD Kiel, FR 1999, 866.

Zeitfragen. Die sachlichen und persönlichen Voraussetzungen für den Verlustabzug müssen bis zum bzw am Ende des EZ bzw des Wirtschaftsjahres (vgl § 10) vorliegen, mit dessen GewErtrag der Verlust verrechnet werden soll. Das ergibt sich mE aus dem Begriff des „maßgebenden GewErtrags", der auf das Ende des EZ bzw des abweichenden Wirtschaftsjahres ermittelt wird. Bei Veränderungen auf den Schnittpunkt der zwei Tage zwischen dem Ende des maßgebenden EZ/Wirtschaftsjahres und dem folgenden EZ/Wirtschaftsjahr ist unter Beachtung aller Umstände des Einzelfalles zu beurteilen, in welchen Zeitraum diese Veränderung gehört (BFHE 113, 195, BStBl II 1974, 707). Einen Grundsatz, dass Ereignisse im Schnittpunkt zwischen zwei Tagen immer dem einen oder dem anderen Tag zuzuordnen sind, gibt es nicht (Ls in BFH/NV 1991, 804). 4

Die Vorschrift betrifft nicht einen Verlustausgleich **innerhalb des Wirtschaftsjahres,** für das der maßgebende GewErtrag (§ 10a) einheitlich zu ermitteln ist. Das gilt sowohl für einen Mitunternehmerwechsel (vgl BFHE 180, 455, BStBl II 1997, 179) sowie für die Einbringung eines Unternehmens in eine Personengesellschaft (BFHE 174, 233, BStBl II 1994, 764).

Kein Verlustrücktrag. Einen dem § 10d EStG entsprechenden Verlustrücktrag gibt es bei der GewSt nicht. Die finanzielle Schutzbedürftigkeit insbesondere kleinerer Gemeinden mit wenigen großen Steuerzahlern verbot die Übernahme der nach dem Bericht des Finanzausschusses (BTDrs 7/4604, 3) für den Verlustrücktrag maßgebenden Gedanken (vgl *Söffing* FR 1976, 209; *Längsfeld* DB 1976, 787; hiergegen *Orth* Interperiodisch, 49ff und 230ff). Auch in neueren Gesetzgebungsvorhaben ist der Gedanke des Verlustrücktrags bei der GewSt nicht aufgegriffen worden (vgl BTDrs 10/716, 4); hiergegen bestehen **keine** begründeten **verfassungsrechtlichen Bedenken** (FG Hamburg EFG 1986, 354; BFHE 161, 570, BStBl II 1990, 1083; BFH/NV 1991, 766). Nimmt ein Veranlagungsbeamter trotzdem irrtümlich einen Verlustrücktrag vor, weil er einen um Verlustrückträge nach § 10d EStG geminderten einkommensteuerlichen Gewinn als Basisgröße für die Ermittlung des GewErtrags ansetzt, so liegt nach Hess FG (EFG 1991, 363) keine zur Berichtigung führende offenbare Unrichtigkeit vor (mE höchst zweifelhaft). 5

6., 7. Der Gewerbeverlust

Der **Begriff** des GewVerlusts ergibt sich aus der Vorschrift als „die Fehlbeträge, die sich bei der Ermittlung des maßgebenden GewErtrags ergeben haben." Der maßgebende GewErtrag ist der des § 10 (s dort). Vortragsfähiger Fehlbetrag ist demnach nur ein für **vorangegangene** EZ ermittelter Fehlbetrag, nicht etwa ein während des laufenden EZ auf die Zeit vor oder 6 nach einem Gesellschafterwechsel entfallender (Teil-)Fehlbetrag (BFHE 180, 455, BStBl II 1997, 179). Der GewVerlust unterscheidet sich vom Verlust bei der ESt und KSt wie der Gewinn vom GewErtrag; dh er bezeichnet die Fehlbeträge, die sich nach den entsprechenden Hinzurechnungen und Kürzungen ergeben haben. Trotz eines einkommensteuerlichen Gewinns kann sich also ein GewVerlust ergeben und umgekehrt. Berücksichtigt werden darf nur der im Inland entstandene Verlust (§ 2 Abs 1). GewVerluste aus Betriebsstätten in der ehem DDR und Berlin (Ost) können erstmals ab EZ 1990 abgezogen werden, soweit nicht von § 9a Gebrauch gemacht worden ist (§ 36 Abs 5a idF des Einigungsvertrages). Bei pauschal ermittelten GewErträgen (§ 11 Abs 4 aF, § 15) ist § 10a nicht anzuwenden. § 15a EStG hat – da keine Gewinnermittlungsvorschrift – für den Verlustabzug nach § 10a keine Bedeutung (BFH/NV 1997, 857).

7 **Vorweggenommene Verluste** können bei der GewSt nicht berücksichtigt werden (*Lenski/Steinberg* § 10a Anm 225). Der GewVerlust setzt das Bestehen eines GewBetriebs voraus. Das ergibt sich im Gegensatz zur personenbezogenen ESt bei der GewSt aus ihrem Objektsteuercharakter (BFH HFR 1961, 52; BFHE 123, 352, BStBl II 1978, 23). Nicht vorweggenommen, sondern abzugsfähig sind Verluste einer gewerblich geprägten GmbH & Co KG iSv § 15 Abs 3 Nr 2 EStG, die nach § 36 Abs 2 GewStG aF für EZe vor 1986 nicht der GewSt unterliegt, aus solchen EZen, soweit die Verluste nicht durch positive GewErträge bis EZ 1985 aufgebraucht sind (vgl *FinSen Berlin* FR 1987, 336; *Autenrieth/Haug* DStZ 1987, 279). Entsprechendes gilt für Verluste im gewerblichen Grundstückshandel, die durch Erwerb und Bebauung entstanden sind, weil der Gewerbebetrieb hiermit und nicht erst mit der Veräußerung beginnt (FG Saarl EFG 1992, 407; vgl § 2 Anm 113).

8.–89. Unternehmensidentität

8 **Allgemeines.** Unternehmensidentität bedeutet, dass der im Anrechnungsjahr bestehende Gewerbebetrieb derselbe sein muss wie der Betrieb, der den Fehlbetrag (Verlust) erwirtschaftet hat (BFHE 143, 276, BStBl II 1985, 403; Ls in BFH/NV 1991, 804; BFHE 174, 233; BStBl III 1994, 764). Das Erfordernis ergibt sich aus dem Charakter der GewSt als Objektsteuer (BFHE 66, 548, BStBl III 1958, 210; BFHE 122, 307, BStBl II 1977, 666; BFHE 133, 564, BStBl II 1981, 748; vgl A 67 GewStR). Unter Gewerbebetrieb ist die ausgeübte gewerbliche Betätigung zu verstehen (§ 2 Abs 1 Satz 2 GewStG iVm § 15 Abs 2 EStG; vgl BFHE 174, 233, BStBl II 1994, 764; **aA** zT: BFHE 162, 135, BStBl II 1991, 25: vor allem die eingesetzten sachlichen Mittel; BFH/NV 2003, 81: besteuert werde der vom jeweiligen Rechtsträger losgelöste Gewerbebetrieb; damit jedoch nähert sich der BFH einem von der oa Legaldefinition losgelösten Gewerbebetriebsbegriff). Die Unternehmensidentität beurteilt sich nach dem Gesamtbild der Verhältnisse unter Berücksichtigung der Verkehrsanschauung nach wirtschaftlichen Gesichtspunkten (RFH RStBl 1940, 238; vgl auch § 2 Anm 13ff). Übt ein Unternehmer **mehrere gewerbliche Betätigungen** (gleichzeitig oder nacheinander) aus, dann ist für die Frage, ob ein einheitlicher oder mehrere selbständige GewBetriebe vorliegen, ein einheitlicher

Beurteilungsmaßstab anzulegen. Von Bedeutung ist hierbei der **sachliche Zusammenhang,** insbesondere die Gleichartigkeit der Betätigung (die jedoch nicht entscheidend sein muss, BFH/NV 1990, 261), des Kunden- u Lieferantenkreises, der Arbeitnehmerschaft, der Geschäftsleitung, der Betriebsstätten sowie der Umfang und die Zusammensetzung des Aktivvermögens. Unter Berücksichtigung dieser Merkmale muss ein wirtschaftlicher, finanzieller oder organisatorischer Zusammenhang bestehen (BFHE 93, 91, BStBl II 1968, 688; BFHE 72, 173, BStBl III 1961, 65; BFHE 122, 307, BStBl II 1977, 666; BFHE 124, 348, BStBl II 1978, 348; BFHE 138, 90, BStBl II 1983, 425; BFHE 156, 320, BStBl II 1989, 467; BFHE 158, 80, BStBl II 1989, 901; BFHE 173, 547, BStBl II 1994, 477; BFHE 174, 233, BStBl II 1994, 764; zur Kritik aus der Sicht eines erweiterten Betriebsbegriffes und einer dynamischen Unternehmensauffassung *Braun* BB 1993, 1122). Hierbei bezeichnet der **finanzielle Zusammenhang** etwa die gemeinsame Finanzierung von AV oder die gemeinsame Führung von Aufzeichnungen und Bankkonten (BFH BStBl II 1986, 719); der **organisatorische Zusammenhang** ist etwa gegeben bei einer gemeinschaftlichen Geschäftsleitung, bei gemeinschaftlicher Unterbringung der Betriebsteile in einem Geschäftslokal, beim Einsatz desselben AV, gemeinsamen Einkauf von Waren und Betriebsmitteln und bei gegenseitiger Aushilfe in sachlicher und persönlicher Hinsicht (RFH RStBl 1939, 372), wobei die räumliche Nähe kein allein ausschlaggebendes Kriterium ist (vgl BFH/NV 2005, 1134); ein **wirtschaftlicher Zusammenhang** ist etwa gegeben, wenn sich die Betriebsteile gegenseitig stützen und ergänzen, insb beim gemeinsamen Einkauf von AV (BFH BStBl II 1986, 719; BFH/NV 1990, 261). Diese Grundsätze bedingen, dass auch bei völliger Verschiedenheit von gleichzeitig oder nacheinander ausgeübten Betätigungen ein einheitliches Unternehmen vorliegt, sofern die Bereiche im vorbezeichneten Sinne finanziell, wirtschaftlich oder organisatorisch zusammenhängen (BFH BStBl II 1986, 719; BFH/NV 1986, 363; Nds FG EFG 1995, 682). Diese Kriterien gelten im gleichen Maße für mehrere Betätigungen, die nacheinander oder gleichzeitig ausgeführt werden (BFHE 72, 173, BStBl III 1961, 65).

Betriebsbedingte, auch strukturelle **Anpassungen** an veränderte wirtschaftliche Verhältnisse stehen der Annahme einer identischen Tätigkeit nicht entgegen (BFHE 138, 90, BStBl II 1983, 425; BFHE 174, 233, BStBl II 1994, 764); auch bei Veräußerung des Betriebsgrundstücks und Verlagerung des Betriebs an einen anderen Ort (BFH/NV 2003, 81). Veränderungen bei der Gewichtung der Bewertungskriterien können eintreten bei Veränderungen infolge eines (völligen oder teilweisen) Unternehmerwechsels oder eines Strukturwandels (Verschmelzung, Branchenwechsel, Diversifikation; vgl BFHE 174, 233, BStBl II 1994, 764; *Bethmann* StuW 1979, 339). Dies gilt insbesondere für die Geschäftsleitung, den Umfang des Aktivvermögens und dessen Finanzierung. Ihnen ist nicht unbedingt entscheidendes Gewicht beizumessen (BFHE 138, 90, BStBl II 1983, 425). Die Unbeachtlichkeit der Veränderung solcher struktur- bzw verlegungsbedingten Veränderungen knüpft der BFH an die Voraussetzung, dass der neue und der alte Betrieb bei wirtschaftlicher Betrachtungsweise identisch sind (vgl BFH/NV 2003, 81 mwN) – was jedoch deutlich nach einer petitio principii klingt. Auch die Ergebnisse sind nicht immer überzeugend: zB Unternehmensidentität bei Veräußerung des Betriebsgrundstücks an Dritte und des beweglichen AV an eine selbst produzierende Schwestergesellschaft, die bisher Abnehmerin war; diese übernimmt die bisherige Produktion mit nur einem Teil der Arbeitnehmer (BFH/NV 2003, 81).

Wer **gleichzeitig** mehrere GewBetriebe unterhält, kann den GewErtrag des einen Betriebes nicht um die Verluste des anderen Betriebes kürzen. Dabei ist es unerheblich, dass der Unternehmer gleichzeitig Steuerschuldner der mehreren GewBetriebe ist (BFHE 94, 342, BStBl II 1969, 169). Entsprechendes gilt für **nacheinander** geführte GewBetriebe, die im Falle einer **Betriebsverlegung** vorliegen können, aber nicht müssen. Auch bei einer solchen kommt es auf die oa Merkmale an (BFH/NV 2003, 81). Eine große Entfernung zwischen den Betriebsstellen spricht dabei für die Uneinheitlichkeit, zumal die sachlich-organisatorischen Mittel sowie die Kundenkreise unterschiedliche sein dürfte; dann genügt auch die Zugehörigkeit zur selben Unternehmensgruppe oder ein im Wesentlichen gleichlautender Franchisevertrag nicht für die Einheitlichkeit des GewBetriebes (BFHE 215, 273, BStBl II 2007, 723).

Unterhält ein GewTreibender **mehrere Teilbetriebe,** ist ein Verlustausgleich zulässig, solange sie ihm zuzurechnen sind; mit der Veräußerung eines Teilbetriebes geht jedoch der auf diesen entfallende Verlustvortrag unter (BFH/NV 2008, 1960).

Auf alle Fälle setzt **Unternehmensidentität Unternehmeridentität** voraus; daher darf der GewErtrag einer GmbH & Co KG nicht mit dem GewVerlust einer nur aus natürlichen Personen bestehenden KG ausgeglichen werden (BFHE 106, 321, BStBl II 1972, 794; vgl aber Anm 11 u 93).

9 **Mehrere GewBetriebe** liegen in Anwendung der in Anm 8 wiedergegebenen Grundsätze vor, wenn ein StPfl sachlich selbständige Betätigungen ausübt (aA mit beachtlichen Gründen *Schumacher* StuW 1987, 111). Die Annahme eines selbständigen Gewerbebetriebes erfordert eine vollkommene Eigenständigkeit (BFHE 156, 320, BStBl II 1989, 467). Die Gleichartigkeit der Betätigung kann, muss aber nicht den Ausschlag geben, insbesondere wenn es am finanziellen, organisatorischen oder wirtschaftlichen Zusammenhang fehlt (BFHE 137, 200, BStBl II 1983, 278 insoweit nv gegen BFHE 133, 557, BStBl II 1981, 746). Daher können zwei gleichartige Betätigungen in derselben Gemeinde unterschiedliche Unternehmen im Sinne der Vorschrift darstellen (BFH/NV 1990, 261). Andererseits hat der BFH bei gleichartiger Betätigung, aber getrennter Geschäfts- und Buchführung wegen anderweitiger vereinheitlichender Merkmale (gemeinsame Werbung, räumliche Nähe) nur einen Gewerbebetrieb (Lebensmittelmarkt) angenommen (BFHE 158, 80, BStBl II 1989, 901). Mehrere Betriebe liegen aber etwa vor, wenn der StPfl Gesellschafter einer OHG und Einzelunternehmer ist. Er kann seinen Verlust bei der OHG nicht vom GewErtrag des Einzelunternehmens abziehen (BFHE 94, 342, BStBl II 1969, 169). Dasselbe gilt für die Aufspaltung einer OHG (FG Münster EFG 1982, 630). Hierbei ist die Frage nach dem Ableben oder Weiterleben der Bilanzbündeltheorie des EStRechts nicht von Bedeutung. Sie galt dem Ob-

jektsteuercharakter entsprechend für das GewStRecht nie; der Betrieb einer OHG unterlag und unterliegt als solches der GewSt (BFHE 100, 538, BStBl II 1971, 147; FG Münster EFG 1982, 630). Dagegen liegt etwa nur *ein* GewBetrieb vor bei einer Lotto- u Totoannahmestelle mit Tabakwarenhandel (BFH BStBl II 1986, 719; BFH/NV 1986, 363) oder beim Betrieb eines Hotels und einer Bahnhofsgaststätte am selben Ort, sofern eine hinreichende organisatorische Verflechtung besteht (RFH RStBl 1939, 372); s dagegen auch § 2 Anm 13f.

Bei einem **Wechsel des Unternehmens** kann der GewErtrag nicht um 10
den GewVerlust des früheren Unternehmens gekürzt werden. Hierbei ist ohne Bedeutung, ob das frühere Unternehmen in fremde Hände übergegangen oder untergegangen ist. Ein Wechsel des Unternehmens kann vorliegen, wenn der Unternehmer von einer gewerblichen Tätigkeit zu einer anderen übergeht. Dies bestimmt sich nach den oa (Anm 6) genannten Kriterien. Unternehmensidentität sollte jedoch nur bei wesentlichen Änderungen verneint werden (vgl BFHE 172, 507, BStBl II, 1995, 791). Sie ist **bejaht** worden beim Übergang von einem Speiserestaurant zu einer Imbissstube (BFHE 138, 90, BStBl II 1983, 425), von einem Kaufhaus zu einer Immobilienvermittlung (BFHE 122, 307, BStBl II 1977, 666), vom Wein- und Spirituosenhandel zum Maklergeschäft sowie vom Einzelhandel zum Hotel (BFHE 72, 173, BStBl III 1961, 65). Bei Insolvenz einer OHG, deren Gesellschafter als Einzelunternehmer tätig werden, geht die Unternehmensidentität verloren (BFHE 94, 342, BStBl II 1969, 169).

Kein Wechsel des Unternehmens ist gegeben bei einem Übergang von der Herstellung zum Vertrieb (BFH/NV 1994, 899) oder bei der Erweiterung des Warensortiments (BFHE 172, 507, BStBl II 1995, 791). Bei einer **Betriebsaufspaltung** mit Rückumwandlung der Betriebs-GmbH auf die Besitzpersonengesellschaft: kann der Verlust der Letzteren geltend gemacht werden (BFHE 93, 91, BStBl II 1968, 688); dagegen geht der Verlust der Betriebs-GmbH mit der Rückumwandlung unter (*Lenski/Steinberg* § 10a Rn 42, 79). Auch bei der Anwachsung eines Betriebsunternehmens zum Besitzunternehmen bleibt die Unternehmensidentität für letzteres gewahrt, auch wenn in der Folge eine weitere Betriebsaufspaltung begründet wird (Nds FG EFG 1995, 230 rkr).

S im Einzelnen § 2 Anm 13ff.

Bei **Personengesellschaften** gelten die vorstehenden Grundsätze nach 11
herrschender Auffassung nicht, dh bei ihnen werden sachlich an sich selbständige Tätigkeiten (Anm 6) als ein einziger GewBetrieb und damit als ein einziges Unternehmen angesehen (*Bethmann* StuW 1979, 332, 337). Dogmatische Grundlage für diese Auffassung soll § 15 Abs 3 EStG darstellen, wonach bei Personengesellschaften, die auch gewerblich tätig oder gewerblich geprägt sind, die Tätigkeit stets und in vollem Umfang als Gewerbebetrieb gilt. Jedoch lässt sich diese Vorschrift mE nur so lesen, dass andere Betätigungen einer gewerblich tätigen oder geprägten Personengesellschaft zur gewerblichen **umqualifiziert** werden. Sie lässt die Tatsache unberührt, dass sachlich selbständige Betätigungen auch verschiedene Unternehmen darstellen (ebenso wohl BFHE 138, 90, BStBl II 1983, 425; BFHE 215,

273, BStBl II 2007, 723). Nach der herrschenden Auffassung bleibt einer Personengesellschaft also der Verlustabzug erhalten, wenn sie eine von mehreren Tätigkeiten aufgibt (BFH/NV 1994, 899) oder nacheinander verschiedene Tätigkeiten ausübt (Ausnahme § 2 Abs 5; vgl Satz 3). Das gilt jedoch nicht, soweit ein **Teilbetrieb** veräußert/aufgegeben wird (BFH DStR 2008, 2014 m Anm *Salzmann*). § 10a Satz 10 GewStG iVm § 8c KStG (bis EZ 2007 § 8 Abs 4 KStG) galt für Mitunternehmerschaften bisher nicht (BFHE 171, 246, BStBl II 1993, 616; BFH/NV 2006, 811; s aber Anm 121). Bei **beteiligungsidentischen** Personengesellschaften (vgl hierzu BFHE 140, 44, BStBl II 1984, 152) kann der Verlust der einen Gesellschaft nicht bei der anderen Gesellschaft abgezogen werden. Das gilt auch, wenn die Betriebe bei einer Gesellschaft vereinigt wurden. Die **Umwandlung** einer Personengesellschaft durch Ausscheiden von Gesellschaftern kann, muss aber nicht Unternehmenswechsel sein. Für die Entscheidung ist nach ständiger Rspr nicht die Rechtsform als solche maßgebend. Entscheidend ist vielmehr das Weiterbestehen des Unternehmens. Hierfür sind von Bedeutung die Personen, die hinter ihm stehen. Bringen die Gesellschafter einer GbR ihre Anteile an der GbR in eine KG ein, die den Betrieb (Verpachtung im Rahmen einer Betriebsaufspaltung) fortführt, dann kann die Unternehmensidentität gleichwohl gegeben sein; dies selbst dann, wenn die KG auch Besitzgesellschaft im Rahmen einer weiteren Betriebsaufspaltung ist und wenn die Verwaltungstätigkeit nicht mehr vom Sitz der GbR ausgeht (BFHE 173, 547, BStBl II 1994, 477). ME geht diese Entscheidung jedoch weit über den Begriff der (Unternehmens-)Identität hinaus. Der einheitliche Gewerbebetrieb der KG ist – unbeschadet der im Streitfall gegebenen Unternehmereinheit – ein anderer als der der GbR. Führt nur einer der Gesellschafter das Unternehmen fort, dann besteht es – sofern die in Anm 6 genannten Voraussetzungen vorliegen – fort (vgl BFHE 86, 123, BStBl III 1966, 374). Zur Unternehmensidentität, wenn eine Personengesellschaft im Wege der **Verschmelzung** den Betrieb einer anderen Personengesellschaft aufnimmt, vgl BFHE 174, 233, BStBl II 1994, 764. Die Tätigkeit der aufgenommenen Gesellschaft muss sich im Rahmen der aufnehmenden Gesellschaft wirtschaftlich, organisatorisch und finanziell als Fortsetzung der bisherigen Tätigkeit darstellen. Das ist mE nicht der Fall, wenn die aufnehmende Gesellschaft lediglich einen Teil des Betriebsvermögens der anderen Gesellschaft kauft und die (eingestellte) Tätigkeit der anderen Gesellschaft neu beginnt (ebenso FG Münster EFG 2001, 649, aufgeh durch BFH/NV 2003, 81, s Anm 6). Im Falle einer **Mehrmütterorganschaft** besteht bei Übernahme sämtlicher Anteile an der Organgesellschaft durch einen Gesellschafter der Organträger-GbR keine Unternehmensidentität mit der Folge, dass jener die im Organkreis aufgelaufenen Verluste auch nicht im Verhältnis seiner bisherigen Beteiligung abziehen kann (BFHE 213, 38, BStBl II 2006, 549; FG München EFG 1997, 1036; *BMF* BStBl I 2003, 437 Tz 20). Der auf der Lehre von der mehrfachen Abhängigkeit beruhenden **aA** (BFHE 189, 518, BStBl II 2000, 695), nach der ein Wechsel im Gesellschafterbestand der Organträger-GbR ohne Bedeutung ist, hat der Gesetzgeber durch auch rückwirkenden Erlass der § 14 Abs 2 KStG und § 2 Abs 2 Satz 3 GewStG den Boden entzogen. Bei einer **Realteilung** ist erforderlich, dass der auf den Gesellschafter übergehende

Betriebsteil ein Teilbetrieb war und sich der anteilige Verlust ihm aus der Buchführung zuordnen lässt (BFH 162, 135, BStBl II 1991, 25; hierzu *Stöcker* DStZ 1991, 61). Nur insoweit dies der Fall ist, wird der Abzug zugelassen. Das gilt auch, wenn der übernehmende Gesellschafter eine GmbH ist (BFHE 143, 276, BStBl II 1985, 403). Auch im umgekehrten Fall der Umwandlung eines Einzelunternehmens in eine Personengesellschaft kann für den bisherigen Einzelunternehmer und das bisherige Einzelunternehmen Identität gegeben sein. Nur für die neueintretenden Gesellschafter kommt es zu einer (teilweisen) Neugründung (BFHE 87, 421, BStBl III 1967, 185). Verändert sich dagegen mit der Neugründung der sachliche Bestand des Unternehmens, wie im Falle des Übergangs vom Kaufhaus zum Immobilienbüro (BFHE 122, 307, BStBl II 1977, 666), dann ist Unternehmensidentität zu verneinen.

Zu weiteren Einzelheiten § 2 Anm 15 ff.

(frei) 12–14

15.–89. Körperschaften

Literatur: *Dieterlen/Schaden,* Die Erweiterung des § 8 Abs 4 KStG (Mantelkauf) um eine gesetzliche Fiktion des Verlusts der wirtschaftlichen Identität, BB 1998, 820; *Hemmelrath,* Neue Rahmenbedingungen zum Unternehmenskauf – Verlust der Verlustnutzung?, DStR 1998, 1033; *Dötsch,* Körperschaftsteuerlicher Verlustabzug – Anwendung von § 8 Abs 4 KStG und § 12 Abs 3 S 2 UmwStG, BB-Beil 8/1999; *Eilers/Wienands,* Konzerninterne Restrukturierungen, FR 1998, 828; *Krebs,* Steuerorientierte Umstrukturierungen, BB 1998, 1921; *Kröner,* Überlegungen zur Verlustnutzung ..., DStR 1998, 1495; *Cloppenburg/Strunk,* Der Erlassentwurf zur Verlustnutzung nach § 8 Abs 4 KStG sowie § 12 Abs 3 UmwStG, BB 1998, 2446, *Cloppenburg/Strunk,* Erlass zu § 8 Abs 4 KStG und § 12 Abs 3 Satz 2 UmwStG, BB 1999, 1095; *Roser,* Heilungsmöglichkeiten beim Mantelkauf, GmbHR 1999, 27; Fey/Neyer, Veränderungssperre für Konzernstrukturen nach steuerneutraler Spaltung?, GmbHR 1999, 274; *Fey/Neyer,* Überlegungen zur Wahl des Verschmelzungsweges, GmbHR 1999, 952; *Rödder/ Wochinger,* Besteuerung des down-stream-merger, FR 1999, 1; *Neumann,* Verlustabzugsbeschränkung beim Mantelkauf ..., FR 1999, 682; *Braun,* Verlustabzug nach § 8 Abs 4 KStG, StBp 1999, 13; *Hörger/Endres,* Körperschaftsteuerlicher Verlustabzug ..., GmbHR 1999, 569; *Bode/Meissner,* Körperschaftsteuerlicher Verlustvortrag ..., GmbHR 1999, 1069; *Hübner/Schaden,* Die Formelle Verfassungswidrigkeit der §§ 8 Abs 4 KStG und 12 Abs 3 Satz 2 UmwStG ..., DStR 1999, 2093; *Gehrke/Krohn,* Verlust der wirtschaftlichen Identität nach § 8 Abs 4 KStG ..., StBp 2000, 46; *Dieterlen/Strnad,* § 8 Abs 4 KStG – Vermögenszuführung über Tochtergesellschaften ..., GmbHR 2000, 260; *Fey/Neyer,* Verlustnutzung nach Umstrukturierung im Konzern ..., GmbHR 2000, 705; *Düll/Fuhrmann,* Erwerb der Anteile einer Kapitalgesellschaft und anschließende Verschmelzung auf die Muttergesellschaft ..., DStR 2000, 1166; *Djanani/Brähler/Zölch,* § 8 Abs 4 KStG und § 12 Abs 3 Satz 2 UmwStG: Die Verlustfallen bei der Umstrukturierung von Konzernen?, BB 2000, 1497; *Heimann/Frey,* Auswirkung der formellen Verfassungswidrigkeit von Steuergesetzen; Die wundersame Auferstehung verläßlicher Verlustnutzungsregelungen?, GmbHR 2001, 171; *Herzberg,* Ausgewählte Fragen zur Einschränkung der Verlustnutzung nach § 8 Abs 4 KStG, DStR 2001, 553; *Rödder/Metzner,* Verlustverbrauchsfolge bei Anwendung von § 8 Abs 4 KStG auf

Altfälle, DStR 2001, 560; *Rödder,* Verlustverrechnung im gewerbesteuerlichen Organkreis, DStR 2001, 780; *Janssen,* Die Behandlung des Mantelkaufs nach § 8 Abs 4 KStG ..., DStR 2001, 837; *Neyer,* Verlustnutzung nach Identitätswechsel, BB 2001, 173; *Orth,* Verlustabzug: Schädliche Zuführung neuen Betriebsvermögens iSd § 8 Abs 4 KStG durch Reorganisationsmaßnahmen?, DB 2001, 1326; *Fuhrmann,* Einzelfragen zum Mantelkauf bei konzerninternen Umstrukturierungen, DB 2001, 1690; *Hoffmann,* Anmerkung zum BFH-Urteil v 8. 8. 2001 I R 29/00, GmbHR 2001, 1123; *Roser,* Weitere Unklarheiten beim Mantelkauf, GmbHR 2001, 1153; *-sch-,* Anmerkung zum BFH-Urteil v 8. 8. 2001 I R 29/00, DStR 2001, 1976; *Frotscher,* Zur „Zuführung neuen Betriebsvermögens" nach § 8 Abs 4 KStG ..., DStR 2002, 10; *Neyer,* Die gegenständliche Betrachtungsweise bei der Prüfung der wirtschaftlichen Identität gemäß § 8 Abs 4 KStG BB 2002, 754; *Crezelius,* Zum Grundverständnis des Mantelkaufs, DB 2002, 2613; *Neumann,* Einschränkung des Verlustabzugs bei Kapitalgesellschaften nach § 8 Abs 4 KStG, § 12 Abs 3 UmwStG und § 15 Abs 4 UmwStG, StB 2002, 246, 292; *Siegels/Krauß,* Verlustabzug bei sukzessiver und mehrfacher Übertragung von Anteilen? ..., GmbHR 2002, 828; *Dötsch,* Regierungsentwurf eines StVergAbG: Gravierende Verschlechterungen bei der körperschaftsteuerlichen und gewerbesteuerlichen Verlustnutzung, DStZ 2003, 25; *Herzig/Wagner,* Einschränkung der Verlustberücksichtigung bei Kapitalgesellschaften, DStR 2003, 225; *Roser,* Überschießende Folgen des sog „Mantelkaufs", FR 2003, 451; *Köhler,* § 8 Abs 4 KStG: Verlust der wirtschaftlichen Identität bei überwiegendem Zuführen von „neuem" Betriebsvermögen, DStR 2003, 1011; *Orth,* § 8 Abs 4 KStG: Verlust der wirtschaftlichen Identität verbundener Unternehmen, Der Konzern 2003, 378, 441; *Förster/Schmidtmann,* Die Gesamtplanrechtsprechung im Steuerrecht, StuW 2003, 114; *Gosch,* Neue Antworten und Lösungsansätze des BFH zu den Verlustbeschränkungen des § 8 Abs 4 KStG, DStR 2003, 1918; *Herzig/Thomas,* Einschränkungen bei der Verlustberücksichtigung bei Kapitalgesellschaften, DStR 2003, 225; *Neumann/Neu,* Beschränkungen des Verlustabzugs gemäß § 8 Abs 4 KStG nach dem Kabinettsbeschluss zum StVergAbG, GmbHR 2003, 74; *Kussmaul/Zabel,* Die geplanten Änderungen des Verlustabzugs bei Kapitalgesellschaften nach dem Entwurf des StVergAbG, BB 2003, 290; *Bock,* Das personale Substrat der Körperschaftsteuer beim Mantelkauf und die zeitliche Anwendung des § 8 Abs 4 KStG nF, GmbHR 2003, 497; *Mildner,* Zeitliche Nutzung von Verlusten bei Verschmelzungen, GmbHR 2003, 644; *Berg/Schmich,* Die Auswirkungen eines Forderungsverzichts mit Besserungsschein im Rahmen des § 8 Abs 4 KStG, FR 2004, 520; *Hoffmann,* Forderungsverzicht des Gesellschafters einer Kapitalgesellschaft gegen Besserungsschein bei Gesellschaftswechsel, DStR 2004, 293; *Bock,* Telos und Tatbestand des § 8 Abs 4 KStG ..., GmbHR 2004, 221; *Bacmeister,* Verlust der wirtschaftlichen Identität und Bestandskraft der Verlustfeststellung, DStR 2004, 841; *Neu/Watermeyer,* Steuerlicher Handlungsbedarf zum Jahreswechsel 2004/2005 (Teil II), DStR 2004, 2128; *Neyer,* Direkter und indirekter Gesellschafterwechsel, DStR 2004, 2379; *Horn,* Einschränkungen der steuerlichen Verlustnutzung durch Kapitalgesellschaften und andere Körperschaften, GmbHR 2004, 1077; *Orth,* Zur wirtschaftlichen Identität einer Kapitalgesellschaft iSd § 8 Abs 4 KStG, FR 2004, 613; *Hans,* Verhindert § 8 Abs 4 KStG die Berücksichtigung von Verlustvorträgen einer übertragenden Körperschaft bei einer aufnehmenden Körperschaft nach einer Verschmelzung?, FR 2005, 907; *Grube/Altrichter-Herzberg,* Aktuelles im Bereich von steuerlichen Verlustvorträgen bei Körperschaften im Zusammenhang mit § 8 Abs 4 KStG; *Kollruss,* Erfasst § 8 Abs 4 KStG auch die Übertragung eines KGaA-Komplementäranteils und damit einen gewerbesteuerlichen Mantelkauf bei der KGaA? StBp 2005, 65, 109; *Dörner,* Neuere Entwicklungen zur wirtschaftlichen Identität nach § 8 Abs 4 KStG, Inf 2005, 175; *Kaeser,* Der „Mantelverkauf" – ein Fall für die Altkleidersammlung, DStR 2005, 349; *Kluger/Löhr,* Internationaler Mantelkauf, DB 2005, 791; *Lenz/Behnes,* Vermögensumschichtungen als Zuführung neuen Betriebsvermögens iSd § 8 Abs 4 KStG, BB 2005, 2219; *Lüttge/Kuck,* Verlustabzugsbeschränkung nach § 8 Abs 4 KStG in Verschmelzungsfällen mit anschließendem Pflichtangebot nach § 35 Abs 2 WpÜG, DStR 2006, 925; *Engers,* Schädlicher Gesellschafterwechsel iSv § 8 Abs 4 KStG beim Zusammentreffen von kapitalverändernden Maßnahmen und Anteilsübertragungen, BB 2006, 743; *Stahlschmidt,* Die wirtschaftliche Identität beim Verlustabzug der Kapitalgesellschaft nach § 8 Abs 4 KStG, BB 2006, 913; *Wittlinger,* Zuführung überwiegend neuen Betriebsvermögens iSv § 8 Abs 4 KStG, Inf 2006, 661; *Krupske,* Öffnung statt Sperre? Auf der Suche nach einer Alternativlösung zu § 8 Abs 4 KStG, GmbHR 2006, 741; *Rombey-Imschweiler,* Erwerb von Beteiligungen durch Verlustgesellschaften – Grenzen des § 8 Abs 4 KStG und Plädoyer für eine Neuregelung, DStR 2007, 321; *Korn,* Steuerliche Charakterisierung von Rückflüssen aus Besserungsscheinen und Übertragung des Geschäftsanteils, GmbHR 2007, 624; *Breuninger/Frey/Schade,* Geschäftsanteil: Erwerb neuen Betriebsvermögens bei innenfinanzierten Anschaffungen und Branchenwechsel, GmbHR 2007, 1163; *Prokscha,* Aktuelle Rechtsprechung zu § 8 Abs 4 KStG, BB 2008, 310; *Tiedchen,* Das Merkmal der „Zuführung neuen Betriebsvermögens" in § 8 Abs 4 KStG, FR 2008, 201.

15.–44. Rechtslage vor EZ 2008

Rechtslage **bis EZ 1989 bzw 1988** (hierzu Anm 17): Nach BFHE 148, 158, BStBl II 1987, 310 ist bei Kapitalgesellschaften und sonstigen Körperschaften bei einer Änderung der gewerblichen Betätigung das sachliche Weiterbestehen des Unternehmens, also der wirtschaftliche, finanzielle oder organisatorische Zusammenhang, nicht von Bedeutung. Dies sei zwangsläufig Folge der weiten Definition des Gewerbebetriebs in § 2 Abs 2 (und 3), wonach die Tätigkeit einer Kapitalgesellschaft (usw) sowie einer sonstigen juristischen Person des privaten Rechts und der nichtrechtsfähigen Vereine stets und in vollem Umfang als GewBetrieb gilt; anders noch BFHE 111, 155, BStBl II 1974, 181; BFHE 143, 276, BStBl II 1985, 403. Das Urteil BFHE 148, 158, BStBl II 1987, 310 betrifft insb die Fälle des sog **„Mantelkaufs"**, also wenn die Kapitalgesellschaft ihre bisherigen Vermögenswerte im Wesentlichen verloren hat und durch Zuführung von Mitteln der Neugesellschafter wirtschaftlich neu belebt wird; entgegen A 68 Abs 6 Satz 7 GewStR 1984 war nach BFH kein Missbrauch anzunehmen (BFHE 148, 153, BStBl II 1987, 308). ME war der geänderten Rspr nicht zuzustimmen. Aus § 2 Abs 2 lässt sich nur entnehmen, dass auch bei einer Änderung der Betätigung stets ein GewBetrieb der Kapitalgesellschaft vorliegt, nicht jedoch, dass dies dasselbe Unternehmen ist. Auch bei Kapitalgesellschaften ist daher wegen des Objektsteuercharakters der GewSt auf die Tätigkeit selbst, verkörpert im sachlichen und organisatorischen Substrat abzustellen (ebenso FG München EFG 1991, 272 rkr gegen BFHE 148, 153, BStBl II 1987, 308; *Fichtelmann* StWa 1988, 77, 80; aA *Lenski/Steinberg* § 10 a Anm 29). 15

16 Rechtslage ab **EZ 1989 bzw 1988** (hierzu Anm 17): Für den sog **„Mantelkauf"** hat die oa Änderung der Rspr zum Erlass des **§ 8 Abs 4 KStG** geführt (StRefG v 25. 7. 1988, BGBl I 1988, 1093, BStBl I 1988, 224). Ziel war es, den vor der Änderung der Rspr bestehenden Rechtszustand wiederherzustellen, dh den Verlustabzug beim Verkauf eines **Verlustmantels** zu versagen (BTDrs 11/2157, 171; BFHE 203, 424, BStBl II 2004, 614; BFHE 203, 135, BStBl II 2004, 616; zur Geschichte ua *Dieterlen/Schaden* BB 1998, 820; *Gail/Düll/Heß-Emmerich/Fuhrmann,* DB-Beil 19/98, 18; zur Kritik an der Vorschrift *Kaeser* DStR 2005, 349). Dh es handelt sich um eine – um eine personelle Komponente angereicherte – Normierung der wirtschaftlichen Identität (so der BFH aaO unter Hinweis auf *Frotscher/Maas* § 8 KStG Anm 182). Sie wird jedoch auch als spezielle **Missbrauchsnorm** angesehen (Verhinderung der Vermeidung der Besteuerung der aus dem Betriebsvermögen fließenden Erträge beim Anteilseigner selbst), woraus differenzierende Folgerungen auf die Bedeutung der einzelnen Elemente des Regelbeispiels des § 8 Abs 4 Satz 2 KStG (insb Anm 20 und 24) gezogen werden (so neuerdings auch der BFH, vgl BFHE 212, 517, BStBl II 2007, 602; zust *Bock* GmbHR 2004, 221; *Dötsch* DStZ 2003, 25; *Roser* GmbHR 2001, 1153; 2003, 451; *Orth* Der Konzern 2003, 378): sachliches Substrat als wirtschaftliche Identität ieS, persönliches und sachliches Substrat als wirtschaftliche Identität iwS; der Verlust der beiden Elemente müsse auf gezielter Gestaltung beruhen (ähnlich *Förster/Schmidtmann* StuW 2003, 114). Für solche Annahmen gibt indes weder der Wortlaut der oa Vorschrift noch die Gesetzesbegründung etwas her (BFHE 203, 424, BStBl II 2004, 614).

Zutreffend *Gosch* DStR 2003, 1917, der darauf hinweist, dass sich die Vorschrift als allgemeine, von ihrem Regelungsgrund entfernte Verlustabzugsbeschränkung darstellt (s auch *Streck/Schwedhelm* FR 1989, 153; *Bahlau* FR 1988, 565; *Crezelius* DB 2002, 2613; *Rödder* StbJB 2002/2003, 307 ff; *Herzig/Wagner* DStR 2003, 225; *Lenz/Behnes* BB 2005, 2219). Das gilt umso mehr für die **Verschärfung** des § 8 Abs 4 KStG durch G v 29. 10. 1997 (BGBl I 1997, 2590, hierzu im Folgenden), die mit der Einführung des Tatbestandsmerkmals „Fortführung des Geschäftsbetriebs" nicht mehr nur eine Beschränkung des Mantelkaufs, sondern von Verlustnutzungsmöglichkeiten in aktiven Unternehmen enthält (zur Kritik an der Verschärfung *Orth* DB 1997, 2242; *Füger/Rieger* DStR 1997, 1427, 1432; *Prinz* FR 1997, 881; *Korn/Strahl* KÖSDI 1997, 11; *Krebs* BB 1997, 2031; *Schwedhelm/Olbing* DStR 1997, 385; *Hörger/Endres* DB 1998, 335; *Gehrke/Krohn* StBp 2000, 46; zur Problematik bei konzerninternen Umstrukturierungen ua *Fey/Neyer* GmbHR 2000, 705; *Orth* DB 2001, 1326; *Fuhrmann* DB 2001, 1690).

Zudem ist sie nicht nur wegen der **Rückwirkung** auf den EZ 1997 **verfassungsrechtlich** problematisch (*Prinz* FR 1997, 881; *Goutier/Müller* BB 1997, 2242; *Münch* DStR 1997, 1674; *Füger* DStR 1998, 1153; **aA** jedoch BFHE 222, 528, DStR 2009, 158: der StPfl müsse bei Vorschriften zur Missbrauchsabwehr jederzeit mit auch rückwirkenden Einschränkungen rechnen), sondern wegen formeller Fehler im Gesetzgebungsverfahren (Vermittlungsausschuss als **„Ersatzgesetzgeber";** vgl BFHE 197, 248, BStBl II 2002, 395; BFHE 214, 424, BStBl II 2007, 793; *OFD Koblenz*

BB 2003, 1942; hierzu ua *Braun* StBp 1999, 13; *Bock/Meissner* GmbHR 1999, 1069; *Hübner/Schaden* DStR 1999, 2043; *Dieterlen/Schaden* DStR 2000, 255; *Erkens/Zeiss* DB 2001, 245; *Herzberg* DStR 2001, 553; *Rödder/Metzner* DStR 2001, 560; *Heimann/Frey* GmbHR 2001, 171; *Haritz/Wisniewski* GmbHR 2001, 214; *Bock* GmbHR 2006, 1277). Nach BFHE 222, 240, DStRE 2008, 1378 gilt jedoch auch insoweit BVerfG DStR 2008, 556 (§ 12 Abs 2 UmwStG 1995 bleibt trotz Verfassungsverstoßes gültig) auch hier.

Kritik wird auch aus Gründen **materieller Verfassungswidrigkeit** (zB *Orth* FB 2004, 613) und aus marktwirtschaftlicher Sicht erhoben (*Schneider* BB 1988, 1222; zur Bedrohlichkeit der Vorschrift für „dot-coms" bzw „start-up-Unternehmen" *Kraft* DB 2001, 113 u 1058 sowie *Köhler* DB 2001, 1057 bzw *Heßler/Mosebach* DStR 2001, 813), die mE jedoch bei der am Äquivalenzdenken und am Objektsteuergedanken orientierten GewSt nicht verfängt. Eine zunächst vorgesehene weitergehende Verschärfung durch das StVergAbG (hierzu *Crezelius* DB 2002, 2613; *Herzig/Thomas* DStR 2003, 225; *Dötsch* DStZ 2003, 25; *Neumann/Neu* GmbHR 2003, 74; *Kußmaul/Zabel* BB 2003, 290) ist nicht G geworden. Die Neuregelungen hindern nicht den **internationalen Mantelkauf** (hierzu *Kluger/Löhr* DB 2005, 791).

Zur **zeitlichen Anwendung** (auch für Fälle vor 1997) *BMF* BStBl I 1999, 455, 458. Das G enthält nicht nur eine Regelungslücke zur Frage, aus welchem Verlust der zwischen dem Wegfall der wirtschaftlichen Identität und dem im EZ 1997 vorgenommenen Verlustabzug zu speisen ist (mE ist der Verlust nach der zeitlichen Reihenfolge seiner Entstehung zu verwenden; aus ihr ergibt sich ein rechtslogischer Vorrang; ebenso *Rödder/Metzner* DStR 2001, 560; für die für den StPfl jeweils günstigste Verwendungsreihenfolge *Neyer* BB 2001, 173). Zudem liegt wohl ein **Verstoß gegen Art 3 GG** durch die Anwendungsvorschrift des § 34 Abs 6 Satz 2 KStG idF des StSenkG 2001/2002 insofern vor, als sie die erstmalige Anwendung von § 8 Abs 4 KStG 1996 nF für den EZ 1998 bestimmt, wenn der Verlust der wirtschaftlichen Identität erstmals im Jahr 1997 vor dem 6. August eingetreten ist (zur Problematik und zum Meinungsstand BFHE 197, 248, BStBl II 2002, 395), dagegen für den EZ 1997, wenn der Verlust der wirtschaftlichen Identität vor dem 1. 1. 1997 eingetreten ist (BFHE 209, 350, DStRE 2005, 894). Vgl hierzu BFH DStR 2009, 161 zur Vorlage an das BVerfG. 17

Inhalt der Regelung. Nach **§ 8 Abs 4 Satz 1 KStG** ist Voraussetzung für den Verlustabzug bei einer Körperschaft, dass sie nicht nur rechtlich, sondern auch wirtschaftlich mit der Körperschaft identisch ist, die den Verlust erlitten hat. **Wirtschaftliche Identität** liegt nach **§ 8 Abs 4 Satz 2 KStG** insbesondere dann nicht vor, wenn mehr als 50% der Anteile an einer Kapitalgesellschaft übertragen werden und die Gesellschaft danach ihren Geschäftsbetrieb mit überwiegend neuem BV fortführt oder wieder aufnimmt. Ab **EZ 1997 bzw 1998** (vgl § 54 Abs 6 KStG idF des G v 19. 12. 1997, BGBl I 1997, 3121) ist ein neuer **Satz 3** des § 8 Abs 4 KStG zu beachten: hiernach ist die Einführung von neuem Betriebsvermögen unschädlich, wenn sie allein der Sanierung des Geschäftsbetriebs 18 dient, der den verbleibenden Verlustabzug verursacht hat, und die Körperschaft den Geschäftsbetrieb in einem nach dem Gesamtbild der wirtschaftlichen Verhältnisse vergleichbaren Umfang in den folgenden fünf Jahren betreibt. Das **Verhältnis** der ersten beiden Sätze zueinander ist das von allgemeiner Bestimmung und beispielhafter Auslegungshilfe durch Kennzeichnung eines Hauptanwendungsfalles; Satz 2 enthält also keine abschließende Regelung (BTDrs 11/2157, 171; BFHE 183, 556, BStBl II 1997, 829; BFHE 196, 178, BStBl II 2002, 392; BFHE 204, 273, BStBl II 2004, 468; BFHE 206, 533, BStBl II 2004, 1085; *BMF* BStBl I 1999, 455, 457; *Schulze zur Wiesche* GmbHR 1988, 350; *Stahl* KÖSDI 1988, 7457; *Blümich/von Twickel* § 10a Rz 73; *Hörger/Kemper* DStR 1989, 15; aA *Streck/Schwedhelm* FR 1989, 153). Indes erscheint es angezeigt, das Verhältnis der beiden Sätze wechselwirkend zu verstehen, also auch Satz 2 aus dem Anliegen des Satzes 1 insgesamt wirtschaftlich betrachtend auszulegen, was der BFH bisher nicht tut (formale Betrachtung beim personalen, wirtschaftliche Betrachtung jedoch beim sachlichen Substrat; hierzu *Orth* FR 2004, 613).

Satz 3 enthält eine **Einschränkung** des Satzes 2, durch die klargestellt wird, dass bei Sanierungsmaßnahmen der Verlustabzug erhalten bleiben soll. Die Vorschriften der Sätze 1 und 2 sind grundsätzlich ab EZ 1990 anwendbar, ausnahmsweise schon vor EZ 1990, wenn die zum Verlust der wirtschaftlichen Identität führenden Rechtsgeschäfte (Kaufvertrag über die Anteile, Kapitalerhöhungsbeschluss, Verschmelzungsvertrag usw) nach dem 23. 6. 1988 abgeschlossen worden sind (§ 36 Abs 6 aF). Sind sie vor dem 23. 6. 1988 abgeschlossen worden, dann sind die Vorschriften mE überhaupt nicht anzuwenden (ebenso *Streck/Schwedhelm* FR 1989, 153; *Hörger/Kemper* DStR 1990, 539, 543; aA BFHE 185, 393, BStBl II 1998, 485, Anm – *Sch* – DStR 1998, 1088, unter Bestätigung von FG Ba-Wü EFG 1997, 1052; *BMF* BStBl I 1990, 252; *Singbartl/Dötsch/Hundt* DB 1988, 1767; *Krebs* GmbHR 1988, 228, 232: in diesem Fall Anwendung ab EZ 1990). § 36 Abs 6 aF stellt im Zusammenhang gelesen erkennbar darauf ab, dass für die Versagung des Verlustabzugs nur zum Verlust der wirtschaftlichen Identität führende Rechtsgeschäfte ab 24. 6. 1988 von Bedeutung sein sollen. Er ergibt keine Anhaltspunkte für eine Rückwirkung.

Der *BMF* hat in BStBl I 1999, 455 einen Anwendungserlass herausgebracht, der trotz eines gewissen Bemühens um „Entschärfung" der Vorschrift (*Prinz* DStR 1999, 805) zu einer umfangreichen Reaktion in der Fachliteratur geführt hat (s die oa Hinweise).

Die **nachfolgende Darstellung** befasst sich zunächst mit dem Hauptanwendungsfall des § 8 Abs 4 Satz 2 KStG (Anm 19–39), sodann mit der allgemeinen Bestimmung des § 8 Abs 4 Satz 1 KStG (Anm 40–42) und schließlich mit dem Umfang des Abzugsverbots (Anm 43).

19 **Einstellung** des Geschäftsbetriebes ist ungeschriebenes (alternatives) Tatbestandsmerkmal, das sich aus dem Tatbestandsmerkmal „wieder aufnimmt" ergibt (BFHE 183, 556, BStBl II 1997, 829; BFHE 202, 507, BStBl II 2003, 822; BFHE 218, 207). Es kommt auf die tatsächliche Nichtausübung der werbenden Tätigkeit an; Abwicklungsmaßnahmen sind mit Einstellung gleichzusetzen, zumal der Bereich der Sanierung verlassen ist

(*Thiel* GmbHR 1990, 223; *Hörger/Kemper* DStR 1989, 15). Die Einstellung muss nicht auf Dauer angelegt sein; eine vorübergehende Unterbrechung ist zumindest bei Branchenwechsel nicht unschädlich (vgl Anm 37), ebenso die Veränderung der Tätigkeit oder die Verpachtung des Betriebes im Ganzen (FG Düsseldorf EFG 1995, 1191 rkr; *BMF* BStBl I 1988, 252). Dem BFH-Urteil in BFHE 183, 556, BStBl II 1997, 829 ist mE nichts anderes zu entnehmen, da es sich nur dazu äußert, dass auch bei veränderter Geschäftstätigkeit nach der Anteilsübertragung eine „Wiederaufnahme" iSd Vorschrift gegeben ist. Die Eröffnung des Konkurs- oder Vergleichsverfahrens bzw Insolvenzverfahrens ist nicht erforderlich (*BMF* BStBl I 1988, 252), aber auch nicht unbedingt schädlich, da auch nach Eröffnung des Verfahrens die Sanierung angestrebt werden kann; es kommt also auf die Umstände des Einzelfalles an (*BMF* BB 1991, 2361, DStR 1991, 1561). Die Realisierung stiller Reserven ist nicht erforderlich (*Thiel* GmbHR 1990, 223; *Hörger/Kemper* DStR 1989, 15). Ohne Bedeutung ist der Grund der Einstellung, insbesondere die Vermögenslosigkeit (*Thiel* GmbHR 1990, 223; *Bahlau* FR 1988, 565).

Auf die Einstellung des Geschäftsbetriebs kommt es aber **ab EZ 1997/1998** nicht mehr an, weil nach der Neufassung des § 8 Abs 4 Satz 2 KStG auch die „Fortführung" (nach Anteilsübertragung und Zuführung von überwiegend neuem Betriebsvermögen) zum Verlust der wirtschaftlichen Identität führen kann (Anm 37).

Übertragung von **mehr als 50% der Anteile.** Mit diesem Tatbestandsmerkmal erweitert das G den an sich rein gegenständlich zu denkenden Begriff der wirtschaftlichen Identität um eine personelle Komponente (*Frotscher/Maas* § 8 KStG Anm 182; krit zB *Bock* GmbHR 2004, 221; nur Aufgriffsereignis für die Prüfung der Frage, ob die Zuführung von neuem Betriebsvermögen Gestaltungsinteressen dient; gegen beide Betrachtungen *Orth* FR 2004, 613, der zu Recht eine gleichgewichtige Bedeutung von sachlichem und persönlichem Substrat fordert). Die Übertragung bezieht sich auf das **Nennkapital** (Grund-/Stammkapital). Verdecktes Eigenkapital (Nennkapital), Genuss- oder Bezugsrechte genügen nicht, zumal sie keine Stimmrechte gewähren (*Schulze zur Wiesche* GmbHR 1988, 350; *Thiel* GmbHR 1990, 223; *Hörger/Kemper* DStR 1989, 15 u 1990, 539; zT **aA** *Dötsch/Jost/Eversberg/Witt* § 8 Abs 4 KStG nF Anm 49 ff; *Müller-Gatermann* DStR 1991, 597). Verfügt die Kapitalgesellschaft über eigene Anteile, sind diese für Zwecke der Berechnung vom Nennkapital zu kürzen (*BMF* BStBl I 1999, 455). Die gesonderte Übertragung von Stimmrechten ist ein Problem des § 8 Abs 4 Satz 1 KStG (s Anm 11 h). **20**

Der Begriff der **Übertragung** erfasst auch **unentgeltliche** Geschäfte (*BMF* BStBl I 1999, 455). Zwar steht dem der Gesetzeszweck (Verhinderung des Mantelkaufs) entgegen, doch hat sich dieser insoweit nicht im Wortlaut des Gesetzes niedergeschlagen (*Hörger/Kemper* DStR 1990, 539; *Thiel* GmbHR 1990, 223; aA *Streck/Schwedhelm* FR 1989, 153). Die Erbfolge erfüllt mangels Übertragungsakts den Begriff nicht. Zu Verschmelzungen, Kapitalerhöhungen und Einbringung von Betrieben su **Erwerber** können auch bisherige Gesellschafter sein; auch in diesem Fall muss die Übertragung mehr als 50% der Anteile ausmachen; es genügt nicht, wenn der Gesellschafter nach der Übertragung von weniger als 50% mehr als 50% innehat (*BMF* BStBl I 1999, 455).

Auf die **Anzahl** der Übertragungsakte und Erwerber kommt es nicht an. Daher zählt auch eine Übertragung an Banken zur Aufnahme in die Plazierungsreserve „greenshoe" (*Kraft* DB 2001, 112; *Dautel* DStR 2000, 891). Für den Fall der Übertragung an mehrere Erwerber sind gleich gerichtete Interessen nicht erforderlich (aA *Streck/Schwedhelm* FR 1989, 153). Bei mehreren Übertragungsakten gibt das G einen **zeitlichen Rahmen** nicht vor. Es genügt in diesem Fall wohl, wenn beim Abschluss des ersten Verpflichtungsvertrages insb auf Grund eines einheitlichen Planes die Bedingungen vorliegen oder geschaffen werden, die zwingend zur Übertragung von insgesamt mehr als 50% der Anteile führen (vgl BFHE 183, 556, BStBl II 1997, 829; Hess FG 1996, 331 rkr; *Hörger/Kemper* DStR 1990, 539 unter Hinweis auf BFHE 122, 445; ähnlich *Stahl* KÖSDI 1988, 7457; **aA:** FG Münster EFG 1997, 371 aufgeh; *Streck/Schwedhelm* FR 1989, 153, die auf einen engen zeitlichen und sachlichen Zusammenhang abstellen). Wie vom Schrifttum erwartet (*Müller-Gatermann* DStR 1991, 597; *Orth* DB 1997, 2242), hat *BMF* BStBl I 1999, 455 hierfür einen **Zeitraum von 5 Jahren** angesetzt, die wohl als „Zeitjahre", nicht Kalenderjahre oder Wirtschaftsjahre zu verstehen sind (*Gehrke/Krohn* StBp 2000, 46). Einzelfragen zur 5-Jahres-Frist bei *Siegels/Krauß* GmbHR 2002, 828.

21 Inzwischen ist höchstrichterlich geklärt, dass **mittelbare Anteilsübertragungen** den Tatbestand **nicht** erfüllen (BFHE 203, 135, BStBl II 2004, 616; BFHE 214, 424, BStBl II 2007, 793; **ebenso** *Djanani/Brähler/Zölch* FR 1999, 684; *Kröner* DStR 1998, 1495; *Prinz* FR 1996, 769; DStR 1999, 805; *Köster/Prinz* GmbHR 1997, 339; *Breuninger/Frey* GmbHR 1998, 866; *Neyer* BB 1998, 802, 869; GmbHR 2003, 73; *Hörger/Endres* GmbHR 1999, 569; *Bock/Meissner* GmbHR 1999, 1069; *Fey/Neyer* GmbHR 2000, 705; *Neumann* FR 1999, 682; *Bock* GmbHR 2003, 497; *Braun* StBp 1999, 13; **aA** *Fichtelmann* GmbHR 1990, 309; *BMF* BStBl I 1999, 455, Tz 28 – insoweit überholt, *OFD München* DStR 2005, 380 –; *Roser* DB 1999, 1215; differenzierend *Eilers/Wienands* FR 1998, 828; *Moog* DB 2000, 1638). Eine andere Auffassung wird dem Wortlaut sowie Sinn und Zweck der Vorschrift nicht gerecht. Allenfalls lässt sich im Einzelfall Missbrauch (§ 42 AO) denken (*Kröner* DStR 1998, 1497) oder ein Fall des § 8 Abs 4 Satz 1 KStG annehmen (ähnlich *Djanani/Brähler/Zölch* BB 2001, 1497; s jedoch Anm 40). Aber auch diese Ansätze bleiben problematisch, wenn sich Anteilsübertragungen und Zuführung von neuem Betriebsvermögen unabhängig voneinander darstellen (*Neumann* FR 1999, 684; zum Problem auch *Hörger/Endres* BB 1999, 40). Die Auffassung der Finanzverwaltung ist ohnehin nur konsequent, wenn bei Konstanz der mittelbaren Beteiligung (der Konzernobergesellschaft) ein Wechsel in der unmittelbaren Beteiligung unschädlich ist (*Eilers/Wienand* FR 1998, 831; *Krebs* BB 1998, 1924), was auch bei einem Tausch von mittelbarer und unmittelbarer Beteiligung gelten sollte.

Umgekehrt hindert es den Verlust der wirtschaftlichen Identität nicht, wenn die **mittelbaren Beteiligungsverhältnisse** auf der vorgelagerten Beteiligungsstufe unverändert bleiben. Für die Annahme einer weithin befürworteten Konzernklausel (*Moog* DB 2000, 1638; *Hörger/Meissner* GmbHR 1999, 1069; *Cloppenburg/Strunk* BB 1999, 1095; *Eilers/Wienands* FR 1998, 828; *Bock/Meissner* GmbHR 1999, 1069; *Fey/Neyer* GmbHR 2000, 705; *Frey/Beck* GmbHR 2003, 240; *Berg/Schnuck* DB 2003, 1291; FG Berlin EFG 2003, 186) besteht weder nach dem Wortlaut noch nach Sinn und Zweck des § 8 Abs 4 KStG Raum (BFHE 203, 424, BStBl II 2004, 614; Anm *Gosch* DStR 2003, 1917; krit *Pezzer* FR 2004, 161; *Bock* GmbHR 2004, 128; *Then* FR 2004, 31; *Neyer* BB 2004, 2379). Auch auf die Rechtsform des/der neuen Anteilseigner/s kommt es nicht an (zB KG übernimmt von GmbH, BFHE 203, 424, BStBl II 2004, 614; **aA** zB *Djanani/Brähler/Zölch* BB 2000, 1497). Inzwischen geklärt ist, dass die Übernahme der Anteile durch eine mit den bisherigen Inhabern personenidentische **Personengesellschaft** ebenfalls zum Verlust der wirtschaftlichen Identität führt (BFHE 203, 424, BStB II 2004, 614; BFHE 222, 528, DStR 2009, 158); hierzu *Bock* GmbHR 2003, 497). Da die Rspr für die Schädlichkeit der Anteilsübertragung bisher stets auf die **zivilrechtliche Rechtspersönlichkeit** abgestellt hat, ist dem mE zu folgen (ebenso *Gosch* DStR 2003, 1917; hiergegen krit wg § 39 Abs 2 Nr 2 AO zB *Lenski/Steinberg* § 10 a Anm 106 ff; *Orth* FR 2004, 613).

Auch die Übernahme von über 50% des Stammkapitals anlässlich einer **Kapitalerhöhung** steht der Anteilsübertragung gleich (BFHE 222, 528, DStR 2009, 158). Streitig ist jedoch, ob die Übernahme **neuer Anteile** durch die *Altgesellschafter* die Voraussetzungen des § 8 Abs 4 Satz 2 KStG erfüllt (so *BMF* BStBl I 1999, 455; *Dötsch/Eversberg/Jost/Witt,* KStG § 8 KStG Rn 107; *Singbartl/Dötsch/Hundt* DB 1988, 1767; *Kreckl* DStZ 1997, 766; **aA** *Hörger/Kemper* DStR 1989, 15; *Streck/Schwedhelm* FR 1989, 153; *Prinz* FR 1997, 881; *Hörger/Endres* DB 1998, 335: nur bei Ausgabe an Neugesellschafter). ME ist dem *BMF* abw von der 6. Aufl nicht zuzustimmen: Verschiedenheit des „persönlichen Substrats" (BFHE 111, 155, BStBl II 1974, 181) liegt insoweit nicht vor, als Altgesellschafter Anteile übernehmen. 22

Auch in **Verschmelzungsfällen** kommen schädliche Anteilsübertragungen in Betracht (*Kreckl* DStZ 1997, 765; **aA** *Hörger/Kemper* DStR 1990, 539; *Streck/Schwedhelm* FR 1989, 153). Das gilt insb, wenn – Ausnahme Verschmelzung der Tochter- auf die Muttergesellschaft (*OFD Ffm* GmbHR 1995, 397; *Orth* DB 1997, 2242) – eine andere Kapitalgesellschaft auf die Verlustgesellschaft verschmolzen wird (*BMF* BStBl I 1999, 455; *Füger/Rieger* DStR 1997, 1427, 1435). Wird die Mutter- auf die Tochtergesellschaft verschmolzen („down-stream-merger"), ohne dass eine Kapitalerhöhung vorgenommen wird, liegt in der Übertragung der Anteile von der untergehenden Muttergesellschaft auf ihre Gesellschafter eine Übertragung iSd Vorschrift (*BMF* BStBl I 1999, 455 Rz 49; *Fey/Neyer* GmbHR 1999, 952; **aA** *Müller/Gatermann* DStR 1991, 597; *Orth* DB 1997, 2242; 2001, 1326; *Kröner* DStR 1998, 1495; *Breuninger/Frey* GmbHR 1998, 866; *Eilers/Wienands* FR 1998, 826; *Rödder/Wochinger* FR 1999, 1, 12; *Düll/Fuhrmann* DStR 2000, 1166; *Djanani/Brähler/Zölch* BB 2000, 1467). Bei der Verschmelzung von zwei Schwestergesellschaften wird trotz zwingend vorgeschriebener Kapitalerhöhung (§ 54 UmwG) ein Anwendungsfall des § 8 Abs 4 Satz 1 KStG verneint, weil die Beteiligungsquote der Mutter- an 23 der aufnehmenden Tochtergesellschaft unverändert bleibt (*BMF* BStBl I 1990, 252 Rz 2; *Orth* DB 1997, 2242). ME ist das fraglich, weil dieser Fall vergleichbar ist einer Kapitalerhöhung ohne Neueintritt von Gesellschaftern.

Probleme des § 8 Abs 4 KStG im Zusammenhang mit **Umstrukturierungen** im Konzern erörtern *Krebs* FS Rödder 1999, 403; *Fey/Neyer* GmbHR 1999, 952; 2000, 705; *Dieterlen/Strnad* GmbHR 2000, 260; *Düll/Fuhrmann* DStR 2000, 1166; *Djanani/Brähler/Zölch* BB 2000, 1447 mit Lösungskonzepten: zB „Kombinationsmodell"; *Hofmeister* FS Widmann 2000, 413; *Neyer* BB 2001, 173; *Orth* DB 2001, 1326; *Fuhrmann* DB 2001, 1690).

Die Übertragung eines KGaA-Komplementäranteils dürfte nicht von § 8 Abs 4 KStG erfasst werden (*Kollruss* StBp 2005, 65, 109).

24 **Überwiegend neues Betriebsvermögen.** Das Tatbestandsmerkmal zielt darauf ab, jegliche Änderungen der Struktur, Zusammensetzung und wirtschaftlichen Bedeutung des BV zu erfassen. Nach gefestigter Rspr betrifft es daher die Zuführung von **Aktivvermögen.** Maßgebend ist eine **gegenständliche Betrachtungsweise** ohne Verrechnung von Zu- und Abgängen (BFHE 183, 556, BStBl II 1997, 829; BFHE 196, 178, BStBl II 2002, 392; BFHE 218, 195, BStBl II 2008, 986; 218, 207, BStBl II 2008, 988; *Thiel* GmbHR 1990, 223; **aA** *BMF* BStBl I 1999, 455; *Kudert/Saakel* BB 1988, 1229, *Rödder* StbJb 2002/2003, 307; *Lenz/Behnes* BB 2005, 2219; *Frey/Weißgerber* GmbHR 2002, 135; *Bock* GmbHR 2004, 221). Ein Abstellen auf die Summe der Bilanzposten ergibt danach keine brauchbaren Ergebnisse (**aA** *Hörger/Kemper* DStR 1989, 15; *Dötsch/Eversberg/Jost/Witt* § 8 Abs 4 KStG nF Anm 67; *Hörger/Endres* DB 1998, 335; für ein Abstellen auf das Anlagevermögen *Herzberg* DStR 2001, 553). Auch auf das Eigenkapital kommt es nicht an, weil in diesem Falle bereits geringste Zuführungen von Aktivvermögen zum Verlust der wirtschaftlichen Identität führen würden (*Streck/Schwedhelm* FR 1989, 153; **aA** *Dötsch/Eversberg/Jost/Witt* § 8 Abs 4 KStG nF Anm 67). Das Abstellen auf das Aktivvermögen bedingt, dass auch ein **Aktivtausch** in bestimmten Fällen, zB bei funktional nicht gleichwertiger WG ausreichen kann (BFHE 196, 178, BStBl II 2002, 392; zust *Lenski/Steinberg* § 10 a Anm 135; abl *BMF* BStBl I 2002, 629 NAnwErl; *Roser* GmbHR 2001, 1153; *Hoffmann* GmbHR 2001, 1123; *Frotscher* DStR 2002, 10; *Schlossmacher* FR 2004, 1389; *Lenz/Behnes* BB 2005, 2219). Entsprechendes gilt mE für die Zuführung eines Darlehens (vgl BFHE 111, 155, BStBl II 1974, 181; *Thiel* GmbHR 1990, 223). Ohne Bedeutung sind verpachtete WG (*Hörger/Kemper* DStR 1989, 15). Jedoch stellt die bloße *Umschichtung der Finanzanlagen* einer Körperschaft auch dann keine Zuführung von neuem Betriebsvermögen dar, wenn sie bei rein *gegenständlicher Betrachtung* Veränderungen des Betriebsvermögens zur Folge hat (BFHE 206, 533, BStBl II 2004, 1085; zust *Neu/Watermeyer* DStR 2004, 2128; *Kaeser* DStR 2005, 349).

25 Nicht endgültig geklärt ist immer noch, ob „Betriebsvermögen" als Aktivvermögen auch **Umlaufvermögen** erfasst hat (so *BMF* BStBl I 2002, 629; FG Ba-Wü EFG 205, 899; *Frotscher* DStR 2002, 10; *Neyer* BB 2002, 754; *Biermann/Rau* GmbHR 2002, 509; *Lang* in Ernst & Young § 8

KStG Anm 1273.1.2.1). Der **BFH** schien, wenn auch nicht ausdrücklich, die Frage zunächst zu verneinen (BFHE 196, 178, BStBl II 2002, 392; BFHE 206, 533, BStBl II 2004, 1085; zust zB *Lenski/Steinberg* § 10 a Anm 120 ff, 123; *Herzberg* DStR 2002, 1290; *Lenz/Behnes* BB 2005, 2219). Für den Fall des Branchenwechsels hat er jedoch in BFHE 218, 207, BStBl II 2008, 988, auch die Zuführung von Umlaufvermögen ausreichen lassen. ME ist dem zu folgen. Zwar trifft zu, dass es um die *Identität stiftende Funktion* des BV geht; eine solche kommt jedoch auch und in bestimmten Fällen gerade dem UV zu, wenn man etwa an den Wechsel von der von einer GmbH betriebenen Vermögensverwaltung zum Grundstückshandel denkt.

Das erforderliche **Maß des Überwiegens** wird vom G nicht bestimmt. Nach BFHE 196, 178, BStBl II 2002, 392; BFHE 203, 424, BStBl II 2004, 614; BFHE 218, 195, BFHE 218, 207; gegen *BMF* BStBl I 1999, 455 Rn 09. ist überwiegend neues Betriebsvermögen nicht nur dann gegeben, wenn das neue Aktivvermögen unter Verrechnung von Zugängen und Abgängen im Saldo höher ist als das ursprüngliche Aktivvermögen, sondern auch dann, wenn die Neuzuführungen den Bestand des vor der Zuführung vorhandenen Restaktivvermögens übersteigen (*gegenständliche Betrachtung;* krit *Hoffmann* GmbHR 2001, 1153; *Roser* GmbHR 2001, 1153; *Frotscher* DStR 2002, 10; *Neyer* BB 2002, 754; *Bock* GmbHR 2004, 221; *Horn* GmbHR 2004, 1077). Beachtung verdient insb die Auslegung, das Tatbestandsmerkmal „neues" Betriebsvermögen bedeute qualitativ anders geartetes, bezogen auf das sachliche Substrat identitätsveränderndes Betriebsvermögen (*Köhler* DStR 2005, 1011), das mE nicht neuwertig sein muss (ebenso *Orth* DB 2001, 1326; offen geblieben in BFHE 206, 533, BStBl II 2004, 1085). Zur Übernahme von **Bürgschaften** und Stellung sonstiger **Sicherheiten** im Übrigen vgl Anm 40.

Immaterielle WG sind anzusetzen (*BMF* BStBl I 1999, 455; offen ge- 26
lassen in BFHE 222, 240, DStRE 2008, 1378); mE zutreffend; da es um die Frage der wirtschaftlichen Identität geht, ist die Handhabung restriktiver steuerlicher Vorschriften (etwa § 5 Abs 2 EStG) nicht angezeigt (*Hörger/Kemper* DStR 1990, 539; *Hörger/Endres* DB 1998, 335; *Streck/Schwedhelm* FR 1989, 153), was insb für Neugründungen im Technologiebereich von Bedeutung ist (*Heßler/Mosebach* DStR 2001, 813). Ausgenommen sind immaterielle Wirtschaftsgüter, die wegen Schwebens des Leistungsaustauschs nicht bilanziert werden dürfen (*OFD Ffm* DB 2000, 1541; *OFD Kiel* DStZ 2000, 910). Zu erfassen sind jedoch auch Beteiligungen an Tochterkapitalgesellschaften und Personengesellschaften (*BMF* BStBl I 1999, 455 Rn 9; zT krit *Lenski/Steinberg* § 10 a Anm 130: Zurechnung nur bei vermögensverwaltenden Personengesellschaften).

Ist im Falle einer **Organschaft** die OT Verlustgesellschaft soll ihr nach 27
BMF (BStBl I 1999, 455 Rn 9 Satz 2) das Aktivvermögen der OG aus Gründen der Missbrauchsabwehr ungeachtet der Höhe der Beteiligung zuzurechnen sein. Indes führt dies zu einer ergebnisorientierten Einheitsbetrachtung, die mit der gängigen Auffassung der Organschaft nicht in Einklang steht und auch im G keine Stütze findet (*Küster/Köhler* BB 1998, 2401; *Lenski/Steinberg* § 10 a Anm 129).

28 Die **Zuführung** ist nicht nur dann schädlich, wenn sie **von außen** erfolgt (vgl BFHE 196, 178, BStBl II 2002, 392; offen in BFHE 206, 533, BStBl II 2004, 1085) bzw fremdfinanziert ist (BFHE 222, 240, DStRE 2008, 1378). Auch die **Innenfinanzierung** der Zuführung *im Falle des Branchenwechsels* (s im Folgenden) kann schädlich sein (BFHE 218, 195, BStBl II 2008, 986; *BMF* BStBl I 2008, 1033; **aA** *Rombey/Imschweiler* DStR 2007, 321; *Breuninger/Frey/Schade* GmbHR 2007, 1163; *Tiedchen* FR 2008, 201). Bei einer Zuführung von außen besteht diese Einschränkung nicht (BFH/NV 2008, 1965). Auch bei einem **Branchenwechsel** kann überwiegend neues Betriebsvermögen gegeben sein, wenn nach der Wiederaufnahme der Tätigkeit überwiegend Vermögensgegenstände verwendet werden, die vor der Einstellung der bisherigen Tätigkeit noch nicht vorhanden waren (*BMF* BStBl I 1999, 455; krit *Janssen* DStR 2001, 837). Die Zuführung kann iÜ über Einlagen (auch in Form einer Geschäftschance oder eines Forderungsverzichts, vgl *Bock* GmbHR 2004, 221) und Fremdkapital erfolgen (BFHE 183, 556, BStBl II 1997, 829; **aA** *Bock* GmbHR 2004, 221); im zeitlichen Zusammenhang hiermit stehende Gewinnausschüttungen mindern den Zuführungsbetrag nicht (*BMF* BStBl I 1999, 455). Zuführungen von dritter Seite sind ebenfalls schädlich (BFHE 183, 556, BStBl II 1997, 829; *BMF* BStBl I 1999, 455; **aA** *Bock* GmbHR 2004, 221). Die Gestellung von Sicherheiten steht idR in Zusammenhang mit der Zuführung von neuem Betriebsvermögen (vgl BFHE 196, 178, BStBl II 2002, 392; *Gosch* DStR 2003, 1917; krit *Bock* GmbHR 2004, 221).

29 Die **Bewertung** hat nach *BMF* BStBl I 1999, 455 mit dem Teilwert zu erfolgen. Das gilt für den Ansatz des Restaktivvermögens wie für das zugeführte BV. Jedoch entspricht dem Zweck der Bewertung (Ermittlung der *wirtschaftlichen* Identität) der Ansatz der gemeinen Werte eher (*Hörger/Kemper* DStR 1990, 539; *Thiel* GmbHR 1990, 223; aA *Streck/Schwedhelm* FR 1989, 153). Maßgebender **Zeitpunkt** ist mE der der letzten zum Überschreiten der 50%-Marke führenden Übertragung von Anteilen (vgl BFHE 196, 178, BStBl II 2002, 392; *Gehrke/Krohn* StBp 2000, 46; *Neyer* BB 2001, 173). Das gilt mE trotz der Änderung des § 8 Abs 4 KStG aF durch G v 24. 10. 1997 (BStBl I 1997, 2590) weiterhin, wie sich aus einer *grammatikalischen Auslegung* des § 8 Abs 4 KStG nF ergibt (*BMF* BStBl 1999, 455, Rn 12, 31; **aA** BFH/NV 2006, 2376; *Pezzer* GmbHR 2006, 1277).

30 Führen **mehrere Maßnahmen** zur Zuführung von überwiegend neuem Betriebsvermögen, stellen sie die wirtschaftliche Identität nur in Frage, wenn zwischen ihnen ein wirtschaftlicher Zusammenhang (vgl FG Düsseldorf EFG 1995, 1119; *Singbartl/Dötsch/Hundt* DB 1988, 1787; *Stahl* KÖSDI 1988, 7457) und wohl auch ein zeitlicher Zusammenhang besteht (*Hörger/Endres* DB 1998, 335). Ein wirtschaftlicher Zusammenhang besteht mE bei solchen Maßnahmen, die nach einem einheitlichen Plan den fortzuführenden bzw wieder aufzunehmenden Geschäftsbetrieb fördern; spätere Umstrukturierungen aus anderen Gründen stehen außerhalb eines solchen Zusammenhangs. Der zeitliche Zusammenhang besteht mE, wenn zwischen den einzelnen Maßnahmen ein Zeitraum von nicht mehr als 1 Jahr liegt (dagegen, aber mE viel zu weit *BMF* BStBl I 1999, 455 Rn 12: **fünf**

Jahre!). Die Grundsätze zu § 16 EStG sind mE insoweit nicht anwendbar, da sich eine Unternehmensübernahme bzw -sanierung erfahrungsgemäß über längere Zeiträume erstreckt (aA *Hörger/Endres* DB 1998, 335). Für die *Bewertung* verbleibt es mE bei der Maßgeblichkeit des oa Zeitpunkts (**aA** *Frotscher/Maas* § 8 KStG Anm 189c: Neubewertung bei jeder Neuzuführung; *Frey/Weißgerber* GmbHR 2002, 135).

Entscheidend ist nach BFHE 196, 178, BStBl II 2002, 392 auf jeden Fall auch insoweit eine rein **gegenständliche Betrachtungsweise**, so dass eine Verrechnung von Zu- und Abgängen nicht vorzunehmen ist, es mithin nicht auf den bloßen Saldo ankäme (krit *Frey/Weißgerber* GmbHR 2002, 135; *Herzberg* DStR 2004, 553; *Janssen* DStR 2001, 837; *Lenz/Behnes* BB 2005, 2219); das gilt auch für *unterjährige* Zuführungen (FG München EFG 2001, 1237 rkr). **31**

Auch in **Verschmelzungsfällen** kann es zur Zuführung von überwiegend neuem Betriebsvermögen kommen (*BMF* BStBl I 1999, 455 Rn 11). Das gilt auf jeden Fall für eine Verschmelzung auf eine Verlustgesellschaft nach vorheriger Übertragung von mindestens 50% ihrer Anteile und zwar mE sowohl für nicht-verbundene Unternehmen wie für verbundene Unternehmen, und hier für den „down-stream-merger", den „up-stream-merger" und den „side-stream-merger" (aA *Mildner* GmbHR 2003, 644; zu den einzelnen Varianten *Dieterlen/Strnad* GmbHR 2000, 260; *Orth* DB 2001, 1326). Zur Verschmelzung der Verlustgesellschaft *BMF* BStBl I 1999, 455 (Rn 49, krit zB *Widmann/Mayer* § 12 UmwStG Anm 721; *Düll/Fuhrmann* FR 2000, 1166; *Hans* FR 2005, 907). **32**

Sonderfall Sanierung. Ab **EZ 1998** ist die Zuführung überwiegend neuen Betriebsvermögens unschädlich, wenn sie allein der Sanierung des Verlustbetriebs dient und die Körperschaft diesen in vergleichbarem Umfang mindestens fünf Jahre fortführt. Die Vorschrift ist als Ausnahmevorschrift eng auszulegen (*Krohn/Gehrke* StBp 2000, 46). **Sanierung** ist wohl nicht im betriebswirtschaftlichen Sinn (hierzu *Hörger/Endres* DB 1998, 335; ähnlich *Orth* DB 1997, 2242), sondern in vorsichtiger Analogie zu § 3 Nr 66 aF EStG zu verstehen, also als Maßnahmen zur Vermeidung des Zusammenbruchs und Wiederherstellung der Ertragsfähigkeit (vgl BFHE 143, 420, BStBl II 1985, 501; BFHE 143, 531, BStBl II 1985, 504). Voraussetzungen sind mE Sanierungsbedürftigkeit, Sanierungseignung und Sanierungsabsicht (ebenso *Krohn/Gehrke* StBp 2000, 46; *BMF* BStBl 1999, 455 stellt allein auf die Sanierungsbedürftigkeit und darauf ab, dass das zugeführte Betriebsvermögen das für die Sanierung erforderliche nicht überschreitet). Es darf sich also nicht um gesellschaftsrechtlich bzw betrieblich veranlasste Zuführungen handeln, sondern um Maßnahmen im Rahmen eines Sanierungsgesamtkonzepts (aA *Hörger/Endres* DB 1998, 335, die allein auf die die Aktiva betreffenden Maßnahmen des/der Gesellschafter(s) und deren Sicht abstellen, was mE an der nach objektiven Kriterien zu treffenden Unterscheidung Mantelkauf bzw Verlust der wirtschaftlichen Identität einerseits und Sanierung andererseits vorbeigeht). **33**

Der Sanierung **allein** dienen müssen die Zuführungen. Sie dürfen also den Umfang des für die Erhaltung des Geschäftsbetriebs Notwendigen nicht wesentlich überschreiten(*BMF* BStBl I 1999, 455); insb nicht dem **34**

Aufbau neuer Geschäftszweige dienen, was sich auch daraus ergibt, dass der Verlustbetrieb in einem nach dem Gesamtbild der wirtschaftlichen Verhältnisse vergleichbaren Umfang (fünf Jahre) fortgeführt werden muss (aA jedoch *Orth* DB 1997, 2242; *Hörger/Endres* DB 1998, 335, die es genügen lassen wollen, dass der Betrieb in den folgenden fünf Jahren qualifiziert fortgeführt wird; ähnlich *Lenski/Steinberg:* die Zuführung von Beteiligungen u Betriebsstätten sei unschädlich). Das Merkmal „allein" sollte jedoch wirtschaftlichen Notwendigkeiten entsprechend zurückhaltend ausgelegt werden, weil ansonsten etwa die Mitnahme von Synergieeffekten schon schädlich wäre (*Füger/Rieger* DStR 1997, 1927, 1433; zum Sanierungstatbestand bei „start-up"-Unternehmen *Heßler/Mosebach* DStR 2000, 813). Den Anteilseignern ist daher ein gewisses kaufmännisches Ermessen einzuräumen (*Lenski/Steinberg* § 10a Anm 197). Auf jeden Fall ist mE die der Sanierungsmaßnahme zu Grunde liegende Motivation (zB Sicherung der Werthaltigkeit einer eigenen Forderung des Gesellschafters) außer Betracht zu lassen. Die Zuführung von für die Sanierung nicht erforderlichem Betriebsvermögen nach Ablauf des Fünf-Jahres-Zeitraums ist unschädlich (*OFD Ffm* DB 2000, 1541).

35 Der **Geschäftsbetrieb,** der den Verlustabzug verursacht hat und fünf Jahre lang fortgeführt werden muss, ist nicht ein Geschäftszweig, ein Teilbetrieb, Betriebsteil oder die so geartete Aktivität, sondern das Unternehmen der Kapitalgesellschaft in dem Umfang, in dem sie sich während der Verlustphase am allgemeinen Wirtschaftsverkehr beteiligt hat (*BMF* BStBl I 1999, 455; ähnlich *Füger/Rieger* DStR 1997, 1427, 1433f; *Neumann* StB 2002, 246, 261; **aA** zB *Dötsch/Jost/Pung/Witt* § 8 Abs 4 KStG nF Anm 150). Der Geschäftsbetrieb darf noch nicht endgültig eingestellt worden sein. Auch ein Abschmelzen des verlustverursachenden Geschäftsbetriebs bis zum Ablauf des Fortführungszeitraums um mehr als die Hälfte seines Umfangs ist schädlich. Ein Branchenwechsel ohne Änderung der wesentlichen personellen und sachlichen Ressourcen gilt jedoch nicht als Einstellung des Geschäftsbetriebs (*BMF* BStBl I 1999, 455). Für den **Umfang** kommt als Messgröße das Betriebsvermögen nach Zuführung, die Zahl der Arbeitnehmer, der Umsatz sowie das Auftragsvolumen in Betracht (*BMF* BStBl I 1999, 455; *Orth* DB 1997, 2242). Die **vorübergehende Unterbrechung** soll unschädlich sein (zB *Bock/Meissner* GmbHR 1999, 1069; *Neumann* StB 2002, 246). Allerdings dürfte im Einzelfall die Unterscheidung zur Einstellung nur schwer möglich sein (vgl FG Köln EFG 2001, 991 Rev: weder Arbeitnehmer noch Kundenstamm).

36 Der **Fünf-Jahres-Zeitraum** beschreibt nicht ganze Wirtschafts- oder Kalenderjahre, sondern das Zeitintervall seit Anteilsübertragung und Zuführung des Betriebsvermögens (*BMF* BStBl I 1999, 455; *Füger/Rieger* DStR 1997, 1427, 1435; *Prinz* FR 1997, 881, 885; *Orth* DB 1997, 2242). Wird der Geschäftsbetrieb nicht in dem gebotenen sachlichen u zeitlichen Umfang fortgeführt, geht der Verlustabzug (ggf rückwirkend, § 175 Abs 1 Satz 1 Nr 2 AO) verloren; das gilt auch bei einer Übertragung des Verlustbetriebs auf einen anderen Rechtsträger (*BMF* BStBl I 1999, 455).

37 **Fortführung** (ab EZ 1998) bzw **Wiederaufnahme des Geschäftsbetriebes** bedeutet nicht, dass die bisherige Tätigkeit fortgeführt werden muss

(*BMF* BStBl I 1990, 252), weil anders im Sanierungsfalle bei gleicher Tätigkeit die wirtschaftliche Identität eher gefährdet wäre als beim unerwünschten Mantelkauf (bei andersartiger Tätigkeit); schädlich kann daher auch eine andersartige Tätigkeit sein (BFHE 183, 556, BStBl II 1997, 829: Fitnessstudio und gastronomische Beratung). Im Falle des Branchenwechsels ist auch bei einem nur geringen zeitlichen Abstand zwischen der bisherigen und der neuen Tätigkeit von Einstellung und Wiederaufnahme auszugehen (BFHE 212, 51 BStBl II 2007, 602; BFHE 218, 195, BStBl II 2008, 986; BFH/NV 2005, 1376). Entsprechendes gilt für eine Reduzierung der bisherigen Tätigkeit auf einen geringfügigen Teil und spätere Ausweitung auf eine völlig andersartige und umfangreichere Tätigkeit (BFHE 218, 207, BStBl II 2008, 988). Die Ausdehnung des „Regelbeispiels" auf die **Fortführung** bedeutet allerdings, dass eine entsprechende Kapitalzuführung neben der Anteilsübertragung schon ausreichen kann, den Verlustabzug nicht zu gewähren (vgl das Beispiel bei *Füger/Rieger* DStR 1997, 1427, 1432; ähnlich *Orth* DB 1997, 2242). Insofern hat das Tatbestandsmerkmal „Fortführung oder Wiederaufnahme ..." keine eigenständige Bedeutung mehr (ebenso *Lenski/Steinberg* § 10 a Anm 159).

Sachlicher Zusammenhang. Der Verlust der wirtschaftlichen Identität 38 nach § 8 Abs 4 Satz 2 KStG setzte einen sachlichen Zusammenhang zwischen den im G beschriebenen Vorgängen voraus (vgl BFHE 206, 533, BStBl II 2004, 1085; BFHE 212, 517, BStBl II 2007, 602). Hierdurch angesprochen ist ein planvoller, *gestalterischer* Zusammenhang (vgl BFHE 209, 53, BStBl II 2005, 528), der die Einwirkung des Neugesellschafters erkennen lässt (vgl BFHE 212, 517, BStBl II 2007, 602; ebenso *Bock* GmbHR 2004, 221; *Lüttge/Kuck* DStR 2006, 925); uU kann auch eine (abgestimmte) Einwirkung des Altgesellschafters genügen (*Dötsch,* Der Konzern 2005 S 252). Der sachliche Zusammenhang ist zu vermuten bei einem engen zeitlichen Zusammenhang zwischen Anteilsübertragung und BV-Zuführung (BFHE 212, 517, BStBl II 2007, 602; BFH/NV 2006, 2376). Die FinVerw hat sich dem angeschlossen (*BMF* FR 2007, 856: sachlicher Zusammenhang bei einem Zeitintervall von nicht mehr als zwei Jahren zwischen Anteilsübertragung und BV-Zuführung). Geht man jedoch von dem oa Erfordernis aus, ergibt sich mE grds eine bestimmte für den Verlust der wirtschaftlichen Identität erforderliche **Reihenfolge,** nämlich die (erste) Anteilsübertragung vor der (ersten) Zuführung von neuem BV (vgl BFHE 183, 556, BStBl II 1997, 829; BFHE 218, 207; **anders** jedoch der **BFH** für die Fassung des § 8 Abs 4 Satz 2 KStG nach dem G v 29. 10. 1997, BGBl I 1997, 2590: BFHE 212, 517, BStBl II 2007, 602; BFHE 214, 424, BStBl II 2007, 713). Lediglich für den Fall, dass bei Zuführung von BV bereits ein einheitlicher *Gesamtplan* erkennbar ist, genügt der Verkauf der Anteile nach Zuführung von neuem BV und Wiederaufnahme/Fortführung des Geschäftsbetriebs (*Hörger/Kemper* DStR 1989, 15). Das gilt insb, wenn der Erwerber vor Wiederaufnahme des Geschäftsbetriebs eine Rechtsposition erhält, die mit der eines mit mehr als 50% beteiligten Gesellschafters wirtschaftlich vergleichbar ist (BFHE 183, 556, BStBl II 1997, 829). Im Übrigen schließt eine andere Reihenfolge die Anwendung des § 8 Abs 4 Satz 1 KStG nicht aus (Anm 40 f).

39 Eine **zeitliche Komponente** für das Vorliegen der verschiedenen Tatbestandsmerkmale des Hauptanwendungsfalles ist gesetzlich nicht vorgesehen. Zutreffend hält BFHE 266, 533, BStBl II 2004, 1085 gleichwohl einen zeitlichen Zusammenhang zwischen der Übertragung der Gesellschaftsanteile und der Zuführung von neuem Betriebsvermögen für erforderlich. Nicht ausreichend ist hiernach ein Zeitraum von acht Jahren zwischen Zuführung von Betriebsvermögen und der Veräußerung der Gesellschaftsanteile. Allerdings können sich die zum Verlust der wirtschaftlichen Identität führenden Ereignisse auch im Laufe mehrerer EZe abspielen (BFHE 212, 517, BStBl II 2007, 602; *BMF* BStBl I 2007, 624; *Schloßmacher* FR 2004, 1389; aA *Hörger/Endres* DB 1998, 829), sofern nur der gefordert sachliche Zusammenhang gegeben ist. Nach *BMF* BStBl I 1999, 455 genügte ein Zeitraum von fünf Zeitjahren (zur Kritik *Orth* DB 1997, 2242; *Janssen* DStR 2001, 837; *Neumann* FR 1999, 682); *BMF* BStBl I 2007, 624, geht *„regelmäßig"* von zwei Jahren aus, lässt aber bei sachlichem Zusammenhang auch ein längeres Zeitintervall genügen. Hiermit befindet es sich mE in Widerspruch zu BFHE 212, 517, BStBl II, 2007, 602, nach dem ein sachlicher Zusammenhang bei einem Zeitintervall von mehr als 1 Jahr nicht unterstellt werden kann; vielmehr seien entscheidend in einem solchen Fall die tatsächlichen Gegebenheiten (ähnlich FGM-V EFG 2007, 443, Rev für eine VorratsGmbH; zust *Suchanek* GmbHR 2006, 768; zweifelnd *Stahlschmidt* BB 2006, 913; *Wittlinger* Inf 2006, 661; *Prokscha* BB 2008, 310).

40 **Ähnliche Fälle** des Verlustes der wirtschaftlichen Identität (§ 8 Abs 4 Satz 1 KStG) sind gegeben, wenn wirtschaftlich ein dem Regelbeispiel vergleichbarer Endzustand eingetreten ist, wobei es auf die Reihenfolge im Einzelnen nicht ankommt (BFHE 204, 273, BStBl II 2004, 468; BFHE 218, 207, BStBl II 2008, 988; BFHE 222, 245, DStR 2008, 2107; *Hörger/Kemper* DStR 1989, 15). Das Verhältnis der Sätze 1 u 2 des § 8 Abs 4 KStG (Anm 18) zeigt auf, dass das G den Verlustabzug bei Gestaltungen versagen will, die das Regelbeispiel unterlaufen sollen (*Thiel* GmbHR 1990, 223; *Kudert/Saakel* BB 1988, 1229; *BMF* BStBl I 1990, 252). Ein **ähnlicher Fall** ist daher nur dann **gegeben,** wenn zumindest im Hinblick auf das sachliche *und* persönliche Substrat des Unternehmens vergleichbare Veränderungen eingetreten sind (BFHE 206, 533, BStBl II 2004, 1085). Das gilt mE auch bei einem der Liquidation und Neugründung wirtschaftlich vergleichbaren Fall (vgl zur älteren Rechtslage BFHE 111, 155, BStBl II 1974, 181; BFHE 143, 276, BStBl II 1985, 403; ähnlich *Streck/Schwedhelm* FR 1989, 153). Nicht zu folgen ist FG Hamburg (EFG 1996, 332 rkr), das wirtschaftliche Identität an der Geschäftstätigkeit, den geschäftlichen Beziehungen, dem Kundenkreis und dem Betriebsvermögen festmacht und bei einer wesentlichen Veränderung dieser Merkmale verneint (Leichtbetonbau und Wirtschaftsprüfungsgesellschaft).

Ein ähnlicher Fall des Verlusts der wirtschaftlichen Identität kann demnach bei folgenden Gestaltungen vorliegen:

41 1. Statt der **Übertragung** von mehr als 1/2 der Kapitalanteile werden weniger als 1/2 übertragen und der Erwerber erhält eine Rechtsposition, die mit der eines Gesellschafters vergleichbar ist (BFHE 183, 556, BStBl II

1997, 829); hierfür genügt, dass den bisherigen Anteilsinhabern weniger als 50% der Stimm- oder Gewinnbezugsrechte verbleiben (*BMF* BStBl I 1999, 455; *Thiel* GmbHR 1990, 223; **aA** *Streck/Schwedhelm* FR 1989, 153; *Schulze zur Wiesche* GmbHR 1987, 238; *Lenski/Steinberg* § 10a Anm 176); oder es werden weniger als 50% der Kapitalanteile, zusätzlich aber in zeitlichem Zusammenhang Bankforderungen an die Kapitalgesellschaft auf den Erwerber (bzw Alleingesellschafter der erwerbenden Kapitalgesellschaft) übertragen (vgl BFHE 204, 273, BStBl II 2004, 468); oder eine Kapitalerhöhung wird mit Neueintritt von Gesellschaftern (mehr als 50%) verbunden (jedoch bisher offen, vgl Beitrittsaufforderung in BFH/NV 2003, 348); oder eine Verschmelzung auf die Verlustgesellschaft (mehr als 50% der bisher nicht beteiligten Gesellschafter!) findet statt; oder ein Betrieb, Teilbetrieb oder Mitunternehmeranteil (mehr als 50% der neu hinzugekommenen Gesellschafter!) wird eingebracht (*BMF* BStBl I 1999, 455; *Hörger/Kemper* DStR 1990, 539; *Thiel* GmbHR 1990, 223; *Fichtelmann* GmbHR 1990, 305; aA *Streck/Schwedhelm* FR 1989, 153). Entsprechendes gilt, wenn an Stelle von neuen oder neben diesen bereits beteiligte Gesellschafter zusammen mehr als 50% der Anteile am Nennkapital erhalten (*BMF* BStBl I 1999, 455). Das gilt auch, wenn mittelbare in unmittelbare Beteiligungen umgewandelt werden (**aA** jedoch FG Berlin EFG 2003, 186, rkr, Anm *Neu* EFG 2003, 188; *Frey/Beck* GmbHR 2003, 240), und nach *BMF* aaO auch, wenn *lediglich* die **mittelbaren Beteiligungen** übertragen werden. Letztbezeichnete Auffassung hat BFHE 203, 135, BStBl II 2004, 616 (mit Anm *Buciek* DStZ 2003, 853) jedoch zu Recht abgelehnt, weil es an der Vergleichbarkeit mit dem Regelbeispiel des § 8 Abs 4 Satz 2 KStG fehlt.

ME reicht es nicht aus, wenn lediglich neue Anteile an die bisherigen Gesellschafter ausgegeben werden (BFHE 85, 217, BStBl III 1966, 289), Genussrechte eingeräumt werden (so aber *Dötsch/Jost/Pung/Witt* § 8 Abs 4 KStG nF Anm 49) oder eine typische stille Beteiligung an der Verlustgesellschaft begründet wird (so aber *Dötsch/Jost/Pung/Witt* aaO Anm 135; **aA** *Lang* in Ernst & Young § 8 KStG Anm 1290.1) oder wenn die Nutzung des Verlustvortrags bei den Kaufpreisüberlegungen eine Rolle gespielt hat (vgl BFHE 111, 155, BStBl II 1974, 181; *Fichtelmann* StWa 1988, 77). Im Fall der **Verschmelzung** der Verlust-Tochter auf die Gewinn-Mutter nach vorherigem Erwerb von Anteilen an der Tochter durch die Mutter ist nach *BMF* BStBl I 1999, 455 (Rn 49) ein ähnlicher Fall gegeben, wenn zudem der Mutter von außen neues Betriebsvermögen zugeführt wird (krit *Hans* FR 2005, 907). Das Gleiche gilt wohl im umgekehrten Fall des *down-stream-mergers,* weil die Anteile der Mutter an der Tochter auf ihre Gesellschafter übergehen (*BMF* BStBl I 1998, 268 Rn 11.30; hierzu *Orth* DB 2001, 1326, 1332; **aA** *Rödder/Wochinger* FR 1999, 1; *Kröner* DStR 1998, 1495; *Breuninger/Frey* GmbHR 1998, 866; *Eilers/Wienands* FR 1998, 828; *Düll/Fuhrmann* DStR 2000, 1166; *Djanani/Brähler/Zölch* BB 2000, 1497). Bei **anderen Körperschaften** kommt es auf die Übertragung von (mehr als 50% von) Mitgliedschafts- bzw Beteiligungsrechten an (*BMF* BStBl I 1999, 455 Rn 24).

2. Statt der **Reihenfolge** des § 8 Abs 4 Satz 2 KStG wird eine andere Reihenfolge gewählt, zB erst Bezugsrechte, dann Kapitalzuführung, dann 42

Anteilsübertragung (vgl *BMF* BStBl I 1999, 455; *Hörger/Kemper* DStR 1990, 539; *Thiel* GmbHR 1990, 223; *Singbartl/Dötsch/Hundt* DB 1988, 1767; *Fichtelmann* GmbHR 1990, 305; **aA** *Streck/Schwedhelm* FR 1989, 153; *Schulze zur Wiesche* GmbHR 1987, 238; *Stahl* KÖSDI 1988, 7457). Das gilt insb für gestaltendes Zusammenwirken von Alt- u Neugesellschafter. In diesen Fällen ist als Vergleichsgröße das vor der BV-Zuführung vorhandene Aktivvermögen anzusetzen.

3. Statt der **Zuführung von Betriebsvermögen** erfolgt lediglich eine Stellung von **Sicherheiten,** zB wenn eine Gesellschaft für ihre geschäftliche Tätigkeit auf die Vorfinanzierung im Streckengeschäft angewiesen ist und ihr von ihrem (neuen) Gesellschafter Sicherheiten eingeräumt werden (BFHE 196, 178, BStBl II 2002, 392, unter Bestätigung von FG Münster EFG 2000, 587; Anm *Frey/Weißgerber* GmbHR 2000, 737); mE ist dies fraglich, weil hierdurch die wirtschaftliche Identität auch dann nicht berührt wird, wenn man mit dem BFH davon ausgeht, dass die Gesellschaft ohne die Sicherheiten ihre Geschäftstätigkeit nicht hätte fortsetzen können (**aA** auch *Lenski/Steinberg* § 10a Anm 181). Ein vergleichbarer Fall soll auch gegeben sein, wenn *nur* der Tochter der Muttergesellschaft neues BV zugeführt wird (*BMF* BStBl I 1999, 455 Rn 32); auch in diesem Fall wird jedoch die wirtschaftliche Identität nicht berührt (ebenso *Küster/Köhler* BB 1998, 2401; *Lang* in Ernst & Young § 8 KStG Anm 1293.1). Zweifelhaft ist die **Nutzungsüberlassung** (hierzu *Frotscher/Maas* § 8 KStG Anm 191k; *Roser* GmbHR 2001, 1153), die zwar der Fortführung der betrieblichen Tätigkeit dienlich sein kann, mE jedoch die Struktur des sachlichen Substrats unberührt lässt. **Darlehen** sind mE mit der Beschaffung von AV oder bei einem Sachdarlehen mit der BV-Zuführung vergleichbar (vgl BFHE 197, 248, BStBl II 2002, 395). Zur Nutzung von unverzinslichen Gesellschafterdarlehen zum Abbau des Verlustvortrags s BFH/NV 2002, 240 (hierzu *Frey/Weißgerber* GmbHR 2000, 737; *Kluger/Löhr* DB 2005, 791). Möglicherweise denkt *BMF* BStBl I 2003, 648 auch bei einem Forderungsverzicht mit Besserungsschein an einen ähnlichen Fall (krit *Orth* FR 2004, 613; *Berg/Schmich* FR 2004, 520; *Hoffmann* DStR 2004, 243; *Grube/Altrichter-Herzberg* GmbHR 2005, 287; *Dörner* Inf 2005, 175); *Korn* GmbHR 2007, 624).

   Kein vergleichbarer Fall liegt vor, wenn das bisher aktive Unternehmen *ohne BV-Zuführung* zur Verpachtung im Rahmen einer Betriebsaufspaltung übergeht (BFHE 222, 245, DStR 2008, 2107).

4. Statt der **Einstellung** und **Wiederaufnahme** des Geschäftsbetriebs wird dieser auf einen geringfügigen Teil reduziert und später mit einer völlig anders gearteten Tätigkeit in deutlich gesteigertem Umfang fortgeführt (BFHE 218, 207, BStBl II 2008, 988).

43 **Umfang des Abzugsverbots.** Nicht abziehbar sind die Verluste, die bis zum Verlust der wirtschaftlichen Identität eingetreten sind (*BMF* BStBl I 1999, 455). Maßgebend ist für den **Hauptanwendungsfall** des § 8 Abs 4 Satz 2 KStG also der **Zeitpunkt,** in dem **alle Voraussetzungen** der Vorschrift **gemeinsam** vorlagen (ebenso *Bacmeister* DStR 2004, 841). Kapitalgesellschaften, die nach der Anteilsübertragung und vor Zuführung des

neuen Betriebsvermögens Gewinne erzielt haben, können mE diese mit früheren Verlusten ausgleichen (ebenso *Gehrke/Krohn* StBp 2000, 46; *Herzberg* DStR 2001, 553; für ein Wahlrecht *Neyer* BB 2001, 173). Ob umgekehrt die zwischen der Anteilsübertragung und vor der schädlichen BV-Zuführung entstandenen Verluste gleichwohl mit Gewinnen nach dem Verlust der wirtschaftlichen Identität verrechnet werden können, ist zweifelhaft, mE aber zu bejahen; denn der Zweck der Vorschrift ist die Unterbindung des Handelns mit Verlusten (die bis zur Anteilsübertragung entstanden waren; vgl FG Saarl EFG 2004, 1398 mit Anm *Neu*; *Frey/Holzmeier* GmbHR 2004, 1478, dazu BFH/NV 2005, 794; **aA** FG Köln EFG 2001, 991 Rev). Bei unterjährigem Identitätswechsel gilt mE die Vorschrift entsprechend für den Verlustausgleich im Jahr des Identitätswechsels (*Neyer* BB 2001, 173). Zum Spezialfall der Anteilsübertragung seitens der Treuhandanstalt *Gehrke/Krohn* StBp 2000, 46, 52. **Heilungsmöglichkeiten** im Falle der Rückgängigmachung des Identitätsverlustes diskutiert mE zu Recht *Roser* GmbHR 1999, 27.

Dagegen kommt es nach BFHE 218, 207, BStBl II 2008, 988, für vergleichbare Fälle iSv **§ 8 Abs 4 Satz 1 KStG** auf den Zeitpunkt der Anteilsübertragung an (gegen *BMF* BStBl I 1999, 455; dem BFH folgend *BMF* BStBl I 2008, 1033; krit *Altrichter-Herzberg* BB 2008, 31). Nicht klar ist trotz einiger darauf hindeutender Ausführungen, ob der BFH auch für das Regelbeispiel des § 8 Abs 4 Satz 2 KStG diese Folge für zutreffend hält – was systematisch und teleologisch konsequent wäre.

(frei) 44

45.–89. Rechtslage ab EZ 2008

§ 10 a Satz 10 idF des JStG 2009 (BGBl I 2008, 2794), zuvor Satz 9 idF des G v 14. 8. 2007 (BGBl I 2007, 1912) verweist nunmehr auf **§ 8 c KStG.** Dessen **Abs 1** lautet: 45

„(1) [1] Werden innerhalb von fünf Jahren mittelbar oder unmittelbar mehr als 25 Prozent des gezeichneten Kapitals, der Mitgliedschaftsrechte, Beteiligungsrechte oder der Stimmrechte an einer Körperschaft an einen Erwerber oder diesem nahe stehende Personen übertragen oder liegt ein vergleichbarer Sachverhalt vor (schädlicher Beteiligungserwerb), sind insoweit die bis zum schädlichen Beteiligungserwerb nicht ausgeglichenen oder abgezogenen negativen Einkünfte (nicht genutzte Verluste) nicht mehr abziehbar. [2] Unabhängig von Satz 1 sind bis zum schädlichen Beteiligungserwerb nicht genutzte Verluste vollständig nicht mehr abziehbar, wenn innerhalb von 5 Jahren mittelbar oder unmittelbar mehr als 50 Prozent des gezeichneten Kapitals, der Mitgliedschaftsrechte, Beteiligungsrechte oder der Stimmrechte an einer Körperschaft an einen Erwerber oder diesem nahe stehenden Personen übertragen werden oder ein vergleichbarer Sachverhalt vorliegt. [3] Als ein Erwerber im Sinne der Sätze 1 und 2 gilt auch eine Gruppe von Erwerbern mit gleichgerichteten Interessen. [4] Eine Kapitalerhöhung steht der Übertragung des gezeichneten Kapitals gleich, soweit sie zu einer Veränderung der Beteiligungsquoten am Kapital der Körperschaft führt."

Literatur: *Maiterth/Müller,* Abschaffung der Verlustübernahme bei Verschmelzung von Körperschaften – steuersystematisch geboten oder fiskalisch motiviert?, DStR 2006, 1861; *Hans/Engelen,* Wegfall der Mantelkaufregelung durch das Unternehmensteuerreformgesetz, NWB Beratung aktuell 2007, 1981; *Neumann,* Die neue Mantelkaufregelung in § 8c KStG, GmbH-StB 2007, 249; *Neyer,* Verlustnutzung nach Anteilsübertragung: Die Neuregelung des Mantelkaufs durch § 8c KStG nF, BB 2007, 1415; *Lenz/Ribbrock,* Versagung des Verlustabzugs bei Anteilseignerwechsel – kritische Analyse des § 8c KStG idF des Referentenentwurfs zur Unternehmensteuerreform 2008, BB 2007, 587; *Grützner,* Verschärfung der bisherigen Einschränkungen beim Verlustabzug nach § 8 Abs 4 KStG durch § 8c KStG-E, StuB 2007, 339; *Wiese,* Der Untergang des Verlust- und Zinsvortrages bei Körperschaften, DStR 2007, 741; *Dörfler/Wittkowski,* Verschärfung der Verlustnutzung bei Kapitalgesellschaften: Wie § 8c KStG-E das Kind mit dem Bade ausschüttet, GmbHR 2007, 513; *Hans,* Unternehmensteuerreform 2008: Kritik der Neuregelung über die Nutzung körperschaftsteuerlicher Verluste (§ 8c KStG), FR 2007, 775; *Eickhorst,* Auswirkungen der Unternehmensteuerreform 2008 auf Krisenunternehmen und ihre Sanierung, BB 2007, 1707; *Dieterlen/Winkler,* Konzernsachverhalte im Rahmen der neuen „Mantelkauf"-Regelung des § 8c KStG, GmbHR 2007, 815; *Beußer,* Die Verlustabzugsbeschränkung gem § 8c KStG im Unternehmensteuerreformgesetz 2008, DB 2007, 1549; *Suchanek/Herbst,* Unternehmensteuerreform 2008: Fatale Wirkungen des neuen § 8c KStG zur Verlustnutzung bei Körperschaften und der Auslaufvorschrift zu § 8 Abs 4 KStG, FR 2007, 863; *Eisgruber,* Aktuelle Fragen der Verlustnutzung im Unternehmensbereich, DStZ 2007, 630; *B. Lang,* Die Neuregelung der Verlustabzugsbeschränkung gem § 8c KStG durch das Unternehmensteuerreformgesetz 2008, DStZ 2007, 652; *Rödder,* Unternehmensteuerreformgesetz 2008, DStR 2007, Beih zu Heft 40; *Zerwas/Fröhlich,* § 8c KStG – Auslegung der neuen Verlustabzugsbeschränkung, DStR 2007, 1933; *Neumann/Stimpel,* Ausgewählte Zweifelsfragen zur neuen Verlustabzugsbeschränkung nach § 8c KStG, GmbHR 2007, 1194; *Hey,* Verletzung fundamentaler Besteuerungsprinzipien durch die Gegenfinanzierungsmaßnahmen des Unternehmensteuerreformgesetzes 2008, BB 2007, 1303; *Dörr,* Neuausrichtung der Mantelkaufregelung – Änderungen beim Verlustabzug für Körperschaften nach Anteilseignerwechsel, NWB 31/2007, F 4, 5181; *Viskorf/Michel,* Stimmrechtsübertragungen und vergleichbare Sachverhalte im Rahmen des § 8c KStG, DB 2007, 2561; *Schaumburg/Rödder,* Unternehmensteuerreform 2008, 2007; *Korn/Strahl,* Beratungsbrennpunkt Unternehmensteuerreform 2008, 2007; *Blumenberg/Benz,* Die Unternehmensteuerreform 2008, 2007; *Beck/Klar,* Asset-Deal versus Share-Deal – Eine Gesamtbetrachtung unter expliziter Berücksichtigung des Risikoaspekts DB 2007, 2819, *Behrendt/Arjes/Nogens,* § 8c KStG – Struktur zum Erhalt gewerbesteuerlicher Verlustvorträge, BB 2008, 367; *Roser,* Verlust- (und Zins-) Nutzung nach § 8c KStG, DStR 2008, 77; *Suchanek,* Verlustabzugsbeschränkung für Körperschaften ..., GmbHR 2008, 292; *Schwedhelm,* Die Neuregelung des Mantelkaufs in § 8c KStG – verfassungs- und steuersystematische Würdigung, GmHR 2008, 404; *Neu/Schiffers/Watermeyer,* Stellungnahme der Centrale für GmbH Dr. Otto Schmidt vom 14. 3. 2008 zum Entwurf eines BMF-Schreibens vom 20. 2. 2008 zur Verlustnutzungsbeschränkung ... aufgrund § 8c KStG, GmbHR 2008, 421; *Altrichter-Herzberg,* Untergang der steuerlichen Verlustvorträge nach § 8c KStG ..., GmbHR 2008, 857; *Sedemund/Fischenich,* Die neuen Mantelkaufregelungen und Grunderwerbsteuer als verfassungs- und europarechtlich bedenkliche Bremse von internationalen Umstrukturierungen, BB 2008, 535; *Strunk,* Verlustabzugsbeschränkungen für

Körperschaften gem § 8c KStG ..., Stbg 2008, 192; *Schumacher/Hageböke,* Umwandlungssteuerrechtliche Rückwirkungsfiktion und Übertragung von Anteilen im Rahmen des § 8c KStG, DB 2008, 493; *Dötsch/Pung,* § 8c KStG: Verlustabzugsbeschränkungen für Körperschaften, DB 2008, 1703; *B. Lang* BMF-Schreiben zur Verlustabzugsbeschränkung für Körperschaften (§ 8c KStG) vom 4. 7. 2008, DStZ 2008, 549; *Meiisel/Bokeloh,* Anmerkungen zum Entwurf des BMF-Schreibens zu § 8c KStG, BB 2008, 808; *Lenz,* Der neue § 8c KStG aus Unternehmenssicht, Ubg 2008, 24; *Breuninger/Schade,* Entwurf eines BMF-Schreibens zu § 8c KStG – „Verlustvernichtung" ohne Ende?, Ubg 2008, 261; *Sustmann/Papke,* Gefährdet § 8c KStG bei einem Börsengang die steuerlichen Verlustvorträge der emittierenden Gesellschaft?, DStR 2008, 851; *Sistermann/Brinkmann,* Verlustuntergang aufgrund konzerninterner Umstrukturierungen, DStR 2008, 897; *van Lishaut,* Grenzfragen zum „Mantelkauf" (§ 8c KStG), FR 2008, 789; *Pohl,* Die Auswirkungen eines Forderungsverzichts mit Besserungsschein im Rahmen des § 8c KStG, DB 2008, 1531; *Sistermann/Brinkmann,* Verlustabzugsbeschränkungen nach § 8c KStG ..., BB 2008, 1928; *Grützner,* Die Einschränkungen des Verlustabzugs durch § 8c KStG, StuB 2008, 617; *Dörr,* Verlustabzugsbeschränkungen für Körperschaften nach § 8c KStG, NWB 33/2008, F 4 5339; *Kußmaul/Richter/Tcherveniachki,* Ausgewählte Problemfelder im Kontext des § 8c KStG, GmbHR 2008, 1009; *Roser,* Verlustabzüge nach § 8c KStG – ein ernüchterndes Anwendungsschreiben, DStR 2008, 1561; *Schick/Franz,* Verlustnutzung bei Umwandlungen trotz § 8c KStG?, DB 2008, 1987; *Avella/Ziegler,* Mantelkauf nach § 8c KStG ..., StC 10.08, 24; *Wehrheim/Haussmann,* Die gewerbesteuerliche Verlustnutzung von Personenunternehmen und Körperschaften: eine vergleichende Analyse, StuW 2008, 317; *Schwedhelm/Olbing/Binnewies,* Aktuelles zum Jahreswechsel 2008/2009 rund um die GmbH, GmbHR 2008, 1233; *Sistermann/Brinkmann,* Rückwirkende Verlustnutzung nach dem JStG 2009, DStR 2008, 2455.

46.–49. Grundregelung nach § 8c Abs 1 KStG

§ 8c Abs 1 KStG löst – ggf parallellaufend (hierzu Anm 79) – § 8 Abs 4 KStG ab. Die Vorschrift ist eine Reaktion des Gesetzgebers auf eine sachgerechte Rspr des BFH zu § 8 Abs 4 KStG, die vorgeblich als unbefriedigend empfunden wurde (BTDrs 16/6311; *van Lieshaut* FR 2008, 789). Herausgekommen ist folglich keine Kodifizierung der „Mantelkauf"-Rspr, sondern eine Vorschrift zur *Verlustabzugsbeschränkung bzw -vernichtung* (*Müller/Gatermann* Stbg 2007, 158; *Breuninger/Schade* Ubg 2008, 261; *Avella/Ziegler* StC 10.08, 24). Zu diesem Zweck stellt § 8c Abs 1 KStG im Rahmen einer rein personenbezogenen Betrachtung ab auf einen „schädlichen Beteiligungserwerb" ohne Berücksichtigung der *wirtschaftlichen Identität* (*Beußer* DB 2007, 1549; *Kußmaul/Richter/Tcherveniachki* GmbHR 2008, 1009; *Roser* DStR 2008, 77; *Dötsch/Pung* DB 2008, 1703). Nach BT-Drs 16/4841, 76 verändere sich diese zwar durch das *wirtschaftliche Engagement* des neuen Anteilseigners. Diese „Begründung" hat indessen keinerlei Grundlage, weil eine Veränderung des wirtschaftlichen Engagements – wenn sie denn vorliegt – keinen Einfluss auf die wirtschaftliche *Identität* einer Körperschaft hat, diese sich vielmehr mit den tatsächlichen Eingriffen in die Substanz oder den Gegenstand des Unternehmens verändert (vgl BFHE 203, 424, BStBl II 2004, 614; BFHE 203, 135, BStBl II 2004, 616; krit *Neyer* BB 2007, 1415; *Blumenberg/Benz* S 202; *B. Lang* DStZ 2007, 46

652; *Wehrheim/Haussmann* StuW 2008, 317). Tatsächlich geht es daher wohl um den Abbau bzw die Vernichtung von Verlustvorträgen, über die die Kapitalgesellschaften bundesweit iHv 380 Mrd € verfügen; nicht zufällig geht diese Regelung einher mit dem Abbau von Verlustvortragsregelungen im UmwStG idF des SEStEG, was auf eine rein *fiskalische Motivation* dieser Regelungen hindeutet (zB *Maiterth/Müller* DStR 2006, 1861; *Suchanek/Herbst* FR 2007, 863 FN 6; *Wiese* DStR 2007, 741; *Zerwas/Fröhlich* DStR 2007, 1933; *Meiisel/Bokeloh* BB 2008, 808; *Schick/Franz* DB 2008, 1987; *Breuninger/Schade* Ubg 2008, 261; *Sistermann/Brinkmann* BB 2008, 1928). Nur insofern ist der Hinweis, § 8c KStG vollziehe einen *wertneutralen Gedanken* (*van Lishaut* FR 2008, 789), zutreffend.

Indes wird für **Zwecke der Auslegung,** insb für die in der Literatur in mehrfacher Hinsicht häufig angemahnte teleologische Reduktion, der Gedanke der Veränderung der wirtschaftlichen Identität durch Veränderung des wirtschaftlichen Engagements eine Rolle spielen müssen.

47 Die Vorschrift ist in mehrfacher Hinsicht **unscharf** gefasst. Sie befasst sich im Wesentlichen mit der „*Übertragung*" von Anteilen, Mitgliedschafts-, Beteiligungs- und Stimmrechten sowie vergleichbaren Sachverhalten. Dadurch wird mE der **persönliche Anwendungsbereich** insofern erheblich eingeschränkt, als Anstalten und Stiftungen, bei denen es sich um Vermögensmassen handelt, und Vereine nicht betroffen sind, weil es (zudem) eine *Übertragung* von Mitgliedschafts- oder Beteiligungsrechten nicht gibt, und zwar weder tatsächlich noch als vergleichbaren Sachverhalt (iE ebenso *B. Lang* DStZ 2008, 549; *Neu/Schiffers/Watermeyer* GmbHR 2008, 421; *Suchanek* GmbHR 2008, 292; *Sistermann/Brinkmann* BB 2008, 1928; **aA** *BMF* BStBl I 2008, 736 Rn 1,7; für einen vergleichbaren Sachverhalt *van Lishaut* FR 2008, 789).

48 Erst in einem zweiten Akt hat der Gesetzgeber die Interessen von **Wagniskapitalbeteiligungsgesellschaften,** für die die zunächst erlassene Regelung jeden Investitionsanreiz genommen hatte (*Kussmaul/Richter/Tcherveniachki* GmbHR 2008, 1009), durch Erlass eines **Absatz 2** (hierzu Anm 81 ff) berücksichtigt.

49 **Verfassungsrechtliche Bedenken** gründen mE zu Recht auf der mit der Neuregelung verbundenen *Verletzung des* (abschnittsübergreifenden) *Nettoprinzips*; zudem ist sie angesichts der über die Unterbindung des „Mantelkaufs" weit hinausgreifenden Tatbestandsstruktur unverhältnismäßig und enthält angesichts der Verletzung der Grundsätze der Beteiligungsunabhängigkeit von Körperschaften (auf der das KSt-Recht gründet) – Trennungsprinzip – einen massiven In-Sich-Widerspruch gegen diesen Teil der Rechtsordnung (vgl ua *Hans* FR 2007, 775; *Wiese* DStR 2007, 741; *Lenz/Ribbrock* BB 2007, 587; *Hey* BB 2007, 1303; *Beußer* DB 2007, 1549; *Müller-Gatermann* Stbg 2007, 158; *Suchanek/Herbst* FR 2007, 863; *Zerwas/Fröhlich* DStR 2007, 1933; *Rödder* DStR 2007, Heft 40, Beih 12; *Dörfler/Wittkowski* GmbHR 2007, 513; *Blumenberg/Benz* S 2001; *Schaumburg/Rödder* S 522; *Tiedchen* FR 2008, 201; *Schwedhelm GmbHR* 2008, 404; *Kussmaul/Richter/Tcherveniachki* GmbHR 2008, 1009; *Sedemund/Fischenich* BB 2008, 535), der obendrein dahin führt, dass im Hinblick auf mittelbare Gesellschafterwechsel die eigentlich intransparente Kapitalgesellschaft als transparent, die eigentlich transparente Personengesellschaft aber als intransparent (Anm 102) behandelt wird (*Wahrheim/Haussmann* StuW 2008, 317). Das gilt mE um so mehr, als bisher **keine Ausnahme** für wirtschaftlich notwendige **Sanierungsmaßnahmen** (wie sie § 8 Abs 4 Satz 3 KStG vorsieht) bestehen; der Hinweis auf *mögliche Billigkeitsmaßnahmen* (BTDrs 16/4841, 76 mit *BMF* BStBl I 2003, 240) ist mE schon mangels Vorhersehbarkeit und angesichts unterschiedlicher Rechtsfolgen nicht ausreichend (vgl auch *B. Lang* DStZ 2007, 652; *Schaumburg/Rödder* S 525; *Blumenberg/Benz* S 173 Fn 5; *Wiese* DStR 2007, 741).

Auch der Gedanke der gewstrechtlichen *Unternehmeridentität,* der bei der Vorschrift durchschimmert, geht völlig fehl (aA wohl *van Lishaut* FR 2008, 789).

Weniger überzeugend erscheint mE der Einwand, die Gesellschaft trage nach § 8c KStG Konsequenzen (der Anteilsübertragungen), die sie nicht zu verantworten habe (zB *Strunk* StBG 2008, 192).

50.–80. Schädlicher Beteiligungserwerb

Gegenstand der Übertragung können nach § 8c Satz 1 KStG sein: Anteile am gezeichneten Kapital, Mitgliedschaftsrechte, Beteiligungsrechte oder Stimmrechte an einer Körperschaft. Hauptanwendungsfall ist mE die Übertragung von Kapitalanteilen am *Grundkapital* einer AG (Aktien) bzw *Stammkapital* einer GmbH (GmbH-Anteile). Nach *BMF* BStBl I 2008, 736 Rn 5 ist die Übertragung von Stimmrechten nicht erforderlich; das ist mE, auch wenn das G eine solche nicht verlangt, wegen fehlender Auswirkungen auf das wirtschaftliche Engagement nicht zutreffend. Daher genügen Vorzugsaktien mE nicht (ebenso *Neumann* GmbH-StB 2007, 249; *Beußer* DB 2007, 1549; *Zerwas/Fröhlich* DStR 2007, 1933; *B. Lang* DStZ 2007, 652; *Schaumburg/Rödder* S 524; *Breuninger/Schade* Ubg 2008, 261; *Viskorf/Michel* DB 2007, 2561; *Lenz* Ubg 2008, 21; **aA** *BMF* BStBl I 2008, 736 Rn 5; *Rödder* DStR 2007, Heft 40, Beih 13; *Dötsch/Pung* DB 2008, 1703). **50**

Unklar ist die Bedeutung des Hinweises auf **Mitgliedschaftsrechte.** **51** IdR sind hiermit Rechte an Vereinen und Personenvereinigungen, insb Individualrechte bezogen auf die Gesellschafterversammlung (Teilnahmerecht, Stimmrecht und Anfechtungsrecht) gemeint. Indes sind Mitgliedschaftsrechte an Vereinen und Personenvereinigungen grds nicht übertragbar (§ 38 Satz 1, § 719 Abs 1 BGB), so dass der Wechsel von Vereinsmitgliedern weder einen Grundfall noch einen vergleichbaren Sachverhalt darstellen kann (vgl *Roser* DStR 2008, 77; *B. Lang* DStZ 2008, 549). Die **aA,** die unter Mitgliedschaftsrechten alle Stimm-, Teilnahme-, Informations- und Kontrollrechte sowie Vermögensrechte verstehen möchte (zB *Hans* FR 2007, 775), lässt nicht deutlich werden, inwieweit diese Rechte eine eigenständige Bedeutung im Hinblick auf die Kapitalbeteiligung haben. Das gilt mE auch insoweit, als angenommen wird, der Gesetzgeber habe mit der Erwähnung der Mitgliedschaftsrechte die Anwendbarkeit des § 8c KStG auf *andere* Körperschaften (zB Genossenschaften, wirtschaftliche Vereine) abdecken wollen (vgl *Korn/Strahl* S 67; *Neyer* BB 2007, 1415). Denn bei Genossenschaften wird die Mitgliedschaft entweder durch Teilnahme am Gründungsvorgang oder durch schriftliche Beitrittserklärung mit Zustimmung des Vorstands erworben. Auch der Begriff der **Beteiligungsrechte** ist unklar, zumal dieser keine gesellschaftsrechtliche Relevanz hat (ebenso *Roser* DStR 2008, 77) und sie im Hinblick auf die Quote kaum fassbar sind (vgl *Dötsch/Pung* DB 2008, 1703). Für ein Verständnis von Beteiligungs- und Mitgliedsrechten als Bezugsgrößen für Körperschaften, die nicht Kapitalgesellschaften sind, jedoch zB *Suchanek* GmbHR 2008, 292; *Meiisel/Bokeloh* BB 2008, 808; *Sistermann/Brinkmann* BB 2008, 1928.

52 Ebenso zweifelhaft ist die Nennung von **Stimmrechten** in der Vorschrift, und zwar schon deswegen, weil sie idR nicht gesondert übertragen werden können und eine dauerhafte Trennung von Stimmrecht und Stammrecht nach der hM im Handelsrecht zur Nichtigkeit der „Übertragung" führt (vgl BGHZ 48, 163, NJW 1967, 1963; *Roser* DStR 2008, 77, *Viskorf/Michel* DB 2007, 2561; *Blumenberg/Benz* S 177). Der Gesetzgeber hat wohl die Übertragung von Anteilen mit Schaffung von Mehrstimmrechtsanteilen sowie Stimmbindungs- bzw Verzichtsvereinbarungen gemeint (hierzu *Viskorf/Michel* DB 2007, 2561; *Dötsch/Pung* DB 2007, 1703; *Sistermann/Brinkmann* BB 2008, 1928). Im Übrigen kommt in Betracht, ihre Erwähnung als Ausdruck für vergleichbare Sachverhalte anzusehen.

53 **Nicht** ausreichend sind mE rein **vermögensrechtliche Beteiligungen,** wie partiarische Darlehen, Genussrechte sowie stille (Unter-)Beteiligungen (typisch und atypisch), zumal der Stille zwar am Handelsgewerbe, *nicht* aber am *Kapital* beteiligt ist (§ 230 HGB). Ebensowenig fallen Optionen und sonstige Bezugsrechte unter die Norm (*B. Lang* DStZ 2007, 652). Auch die Stellung eines **persönlich haftenden Gesellschafters** einer **KGaA** wird mangels Anteil an einer Kapitalgesellschaft nicht erfasst (ebenso *Roser* DStR 2008, 1561; *Meiisel/Bokeloh* BB 2008, 808).

54 Werden **zugleich Anteile und Rechte** bzw **mehrere Rechte** übertragen, ist nach *BMF* BStBl I 2008, 736 Rn 5 die Übertragung maßgebend, die die weitestgehende Anwendung des § 8 c KStG erlaubt (krit *Roser* DStR 2008, 1561). Das ist zwar unglücklich, weil tendenziös ausgedrückt, ist aber im Kern insofern richtig, als es um die Veränderung des wirtschaftlichen Engagements geht.

55 **Erwerber** kann eine *natürliche* oder *juristische* Person sein; in Betracht kommt auch eine *Personengesellschaft* (vgl BFHE 203, 424, BStBl II 2004, 614; *BMF* BStBl I 2008, 736 Rn 24: bei vermögensverwaltenden Personengesellschaften anteilige Zurechnung nach § 39 Abs 2 Nr 2 AO; *B. Lang* DStZ 2007, 652). Das gilt auch – wie bei § 8 Abs 4 KStG – für *Altgesellschafter* (*Beußer* DB 2007 1540; *Blumenberg/Benz* S 183, 1549).

56 An **„einen" Erwerber** muss die Übertragung erfolgt sein; *mehrere* Erwerber werden grds *nicht* zusammengezählt. Etwas anderes gilt nach der Vorschrift für

(a) nahe stehende Personen; hierbei gelten wohl die Merkmale wie bei der **vGA** (ebenso *BMF* BStBl I 2008, 736 Rn 25; *Neumann* GmbH-StB 2007, 251; *Korn/Strahl* S 66; *B. Lang* DStZ 2007, 652; *Suchanek/Herbst*

FR 2007, 863; *Sistermann/Brinkmann BB 2008, 1928;* **aA** *Hans* FR 2007, 775; *Zerwas/Fröhlich* DStR 2007, 1933; *Blumenberg/Benz* S 184: Grundsätze des § 1 Abs 2 AStG), also nahe Angehörige (§ 15 AO) ebenso wie Organ- und Konzerngesellschaften sowie deren Gesellschafter. ME eindeutig zu weit gefasst ist *BMF* BStBl I 2008, 736 Rn 25, wonach jede tatsächliche oder rechtliche Beziehung zu einer anderen Person ausreicht (Hinweis auf H 36 KStH „Nahestehende Personen – Kreis der nahestehenden Personen“);

(b) eine **Erwerbergruppe** mit gleichgerichteten Interessen (Verhinderung der sog „Quartettlösung“); insofern besteht eine gewisse Überschneidung mit (a), wobei jedoch auch fremde Dritte in Betracht kommen (*Neyer* BB 2007, 1415, mE auch Gesellschafter einer vermögensverwaltenden Personengesellschaft trotz anteiliger Zurechnung; **aA** *Sistermann/Brinkmann* BB 2008, 1928). *Gleichgerichtete Interessen* sind indiziert, wenn eine Abstimmung zwischen den Erwerbern stattgefunden hat, ebenso bei gemeinsamer Zweckverfolgung iSd § 705 BGB, die jedoch nicht erforderlich ist. Sie müssen sich nach *BMF* BStBl I 2008, 736 Rn 27 (unter Hinweis auf H 36 KStH) nicht auf die Ausnutzung des Verlustvortrags richten. Diese Auffassung geht mE zu weit, denn nach BTDrs 16/5491, 22 dient die Erfassung der Erwerbergruppe der Abwehr des Missbrauchs zum Zwecke der Erhaltung der Verlustnutzung (krit auch *Sistermann/Brinkmann* DStR 2008, 897; BB 2008, 1928; *Suchanek/Herbst* FR 2007, 863; *Meiisel/Bokeloh* BB 2008, 808; *Dötsch/Pung* DB 2008, 1703; *van Lishaut* FR 2008, 789). Gleichwohl lassen sich mE retrospektiv Schlüsse auf die entsprechenden Absichten der Erwerbergruppe aufgrund von abgestimmten Handlungen im Zusammenhang mit der einvernehmlichen Beherrschung der Gesellschaft ziehen (vgl BTDrs 16/5491, 53; *BMF* BStBl I 2008, 736 Rn 27, krit auch *B. Lang* DStZ 2007, 652; *Neyer* DM 2007, 1415; *Schaumburg/Rödder* S 529), da sich – zumal wenn verschiedene Personen zu unterschiedlichen Zeitpunkten erwerben – eine vorhandene Interessengleichheit kaum zeigen dürfte. Das G geht von einer Zusammenrechnung der Erwerbe von nahestehenden Personen bzw der Erwerbergruppe auch dann aus, wenn sie zu verschiedenen Zeitpunkten erfolgen (ebenso *Zerwas/Fröhlich* DStR 2007, 1933; **aA** *Neumann* GmbH-StB 2007, 249; *Schaumburg/Rödder* S 533). Allerdings reicht allein die *theoretische Möglichkeit* der Beherrschung nicht (*B. Lang* DStZ 2007, 652). Betroffen sind insb mangels Konzernklausel Umstrukturierungen im Konzern (*Sistermann/Brinkmann* DStR 2008, 897; *Neumann/Stimpel* GmbHR 2007, 1194).

BMF BStBl I 2008, 736 Rn 3 führt als Oberbegriff den **„Erwerberkreis“** ein: Erwerber mit nahestehenden Angehörigen sowie Personen mit gleichgerichteten Interessen; das will wohl besagen, dass *BMF* aaO mit „Erwerberkreis“ auch einen einzelnen Erwerber meint, wenn weitere in Frage kommende Personen nicht vorhanden sind. Die Person des **Übertragenden** ist *ohne Bedeutung;* dh es genügt, wenn *mehrere* Gesellschafter Anteile an *einen* Erwerber übertragen (*Dötsch/Pung* DB 2008, 1703). 57

Übertragung ist jeder Rechtsakt, durch den die Kapitalanteile bzw -rechte auf eine andere Person übergehen, also Abtretung, entgeltliche und unentgeltliche Veräußerung, zB Schenkung. Wenn für die Übertragung 58 (zivilrechtlich) der Übergang des Eigentums erforderlich ist, ist auf den Übergang des *wirtschaftlichen Eigentums* abzustellen. Auch **umwandlungsrechtliche Vorgänge,** zB Verschmelzung, Umwandlung, Einbringung und Spaltung, können einschlägig sein, wenn damit eine Änderung der Beteiligungsquoten einhergeht (vgl *BMF* BStBl I 1999, 455 Rn 26; **krit** *Schick/Franz* DB 2008, 1987). Nicht erwähnt ist in *BMF* BStBl I 2008, 736 der **Anteilstausch,** was mE jedoch nicht den Schluss zulässt, dass er aus der Sicht der *FinVerw* als identitätswahrend (BFHE 68, 78, BStBl III 159, 30) nicht erfasst werden soll (**aA** *Roser* DStR 2008, 1561), sondern einen Grundfall darstellt (*van Lishaut* FR 2008, 789). Für die Unschädlichkeit von Verschmelzungen auf die Verlust-Mutter, auf Schwestergesellschaften und auf die Verlust-Tochter (up-, side- und down-stream-merger), wenn keine Kapitalerhöhung erfolgt, *Sistermann/Brinkmann* BB 2008, 1928.

59 Erfasst wird kraft ausdrücklicher gesetzlicher Bestimmung (§ 8 c Abs 1 Satz 4 KStG) auch eine **Kapitalerhöhung** (hierzu *Engers* BB 2006, 743), und zwar auf der Ebene der Verlustgesellschaft ebenso wie auf der Ebene der unmittelbar oder mittelbar beteiligten Gesellschaft (**aA** *Sistermann/Brinkmann* BB 2008, 1928), wenn eine Veränderung der Beteiligungsquoten an der Verlustgesellschaft die Folge ist (*BMF* BStBl I 2008, 736 Rn 10); ohne eine solche ist der Vorgang irrelevant (*Sistermann/Brinkmann* DStR 2008, 897; *B. Lang* DStZ 2007, 625; *Schick/Franz* DB 2008, 1897). Allerdings ist die Erfassung einer Kapitalerhöhung nach dem Wortlaut des G eindeutig beschränkt auf das *gezeichnete Kapital;* eine entsprechende Anwendung auf die übrigen dort genannten Rechte kommt mE nicht in Betracht (ebenso *Sistermann/Brinkmann* BB 2008, 1928).

60 Ein Übergang durch **Erbfolge** bzw unentgeltliche **Erbauseinandersetzung** sowie die unentgeltliche **vorweggenommene** Erbfolge gehört nicht dazu. Das gilt nach *BMF* BStBl I 2008, 736 Rn 4 nicht, wenn diese Vorgänge in auch nur geringem Umfang entgeltlich sind. Auch **Stimmrechtszurechnungen** kraft Gesetzes (zB § 22 WpHG) sind mE nicht Übertragung iSd Vorschrift, ebenso wenig eine bloß *formale* zivilrechtliche oder eine treuhänderische Übertragung (*B. Lang* DStR 2008, 549; *Sistermann/Brinkmann* DStR 2008, 897). Ein **Formwechsel** iSv § 190 UmwG bewirkt keine (mittelbare) Übertragung der Anteile.

61 Die **Dauer** der Übertragung ist nach dem Wortlaut der Vorschrift an sich nicht von Bedeutung; jedoch ist mE im Wege der *teleologischen Reduktion* eine Einschränkung zB im Fall des **Börsengangs** für den Durchgang (Zwischenerwerb) von Aktien bei der Emissionsbank geboten (ebenso *BMF* BStBl I 2008, 736 Rn 6; zB *Schaumburg/Rödder* S 527 Fn 43), obwohl die Bank ggf auch wirtschaftliches Eigentum erlangt (hierzu *Sustmann/Papke* DStR 2008, 851). Das gilt jedoch nicht, wenn die Bank die Aktien letztlich in ihren eigenen Bestand übernimmt (*van Lishaut* FR 2008, 789).

62 Für die **Ermittlung des Anteils** bei Erwerb von *Stamm- und/oder Vorzugsaktien* ist jeweils „im Regelfall" auf das *stimmberechtigte Kapital* (bei Stammaktien) bzw das *gezeichnete Kapital (bei Vorzugsaktien) abzustellen (BMF* BStBl I 2008, 736 Rn 8). Diese Auslegung ist uneindeutig und nicht sachgerecht: So bleibt unklar, was der „Regelfall" sein soll; davon abgesehen gewähren Stammaktien idR Kapitalanteile **und** Stimmrechte in identischer Höhe, weswegen mE auch bei ihnen auf das gezeichnete Kapital als Bezugsgröße abzustellen ist (ebenso zB *Kussmaul/Richter/Tcherveniachki* GmbHR 2008, 1009; *Meiisel/Bokeloh* BB 2008, 808; *Roser* DStR 2008, 1561; *Suchanek* GmbHR 2008, 292; wie BMF *Sistermann/Brinkmann* BB 2008, 1928). Bei einer *Kapitalerhöhung ist mE die Quote nach* der Erhöhung mit der *vor* der Erhöhung abzugleichen (wohl ebenso *BMF* aaO Rn 9); hierbei sind bei einem Erwerberkreis die Quotenveränderungen zusammenzurechnen. Bei einem *Zusammentreffen* von Kapitalerhöhung und Anteilsübertragung hat mE eine *einheitliche ex-post-Betrachtung* stattzufinden (ebenso *B. Lang* DStZ 2007, 652; 2008, 549).

Eine nur **mittelbare Übertragung** ist – anders als bei § 8 Abs 4 KStG – der unmittelbaren Übertragung gleichgestellt. Hierdurch werden erhebliche praktische Schwierigkeiten bei der Erfassung und Überwachung von Beteiligungsverhältnissen und ihrer Änderung begründet (krit auch *Lenz/Ribbrock* BB 2007, 587; *Dörfler/Wittkowski* GmbHR 2007, 513; *Dieterlen/Winkler* GmbHR 2007, 815; *Wiese* DStR 2007, 741; *Beußer* DB 2007, 1549; *Suchanek/Herbst* FR 2007, 863; *Schaumburg/Rödder* S 531). Der Wortlaut der Vorschrift eröffnet jedoch keine Möglichkeit einer Reduktion im Anwendungsbereich für den Fall einer langen Beteiligungskette (so jedoch *B. Lang* DStZ *2007, 652; Suchanek/Herbst* FR 2007, 863; *Rödder* DStR 2007, Beih 40, 13). *Grundsätzlich* ist also jede Übertragung innerhalb einer Beteiligungskette geeignet für einen schädlichen Beteiligungserwerb (*BMF* BStBl I 2008, 736 Rn 11), ggf mit der Ausnahme einer die Quote nicht verändernden Verkürzung oder Verlängerung der Beteiligungskette (vgl *Dieterlen/Winkler* GmbHR 2007, 815; *Blumenberg/Benz* S 180, *Neumann* GmbH-StB 2007, 249; *Neumann/Stimpel* GmbHR 2007, 1194; *Schick/Franz* DB 2008, 1989; *Lenz* Ubg 2008, 24; *Meiisel/Bokeloh* BB 2008, 808; *Roser* DStR 2008, 1561; *Sistermann/Brinkmann* BB 2008, 1928; *Neu/Schiffers/Watermeyer* GmbHR 2008, 421; *B. Lang* DStZ 2008, 549; *van Lishaut* FR 2008, 789. 63

Zum Zwecke der *Ermittlung* des Anteils bei einer mittelbaren Übertragung sind die Beteiligungs- und Übertragungsquoten „durchzurechnen" (BTDrs 16/4841, 76; *BMF* BStBl I 2008, 736 Rn 12).

Löst eine unmittelbare Anteilsübertragung **gleichzeitig** eine mittelbare Anteilsübertragung aus, so ist mE für die Rechtswirkung nur die unmittelbare Anteilsübertragung zu berücksichtigen; sie ist nicht mit der rechnerischen mittelbaren Anteilsübertragung zu addieren (ebenso *BMF* BStBl I 2008, 736 Rn 22; *Dötsch/Pung* DB 2008, 1703; aA *Suchanek* GmbHR 2008, 292). Dh der Tatbestand des G ist insoweit zu reduzieren, dass es auf die mittelbare Anteilsübertragung nur dann ankommt, wenn keine diese erst vermittelnde unmittelbare Anteilsübertragung vorliegt. 63a

Beispiel: Die A-AG hält 50% an B-GmbH, diese 80% an V-GmbH; die Übertragung von 25% der Anteile durch die A AG bedeutet eine mittelbare Übertragung von 20% an der V-GmbH.

Grundsätzlich ist die **Veränderung auf jeder Stufe** noch so weit oben beachtlich, sofern sie sich mit der entsprechend durchgerechneten Quote 64 auswirkt, was im Extremfall auch eine 10. Stufe sein kann (so *B. Lang* DStR 2008, 549). In diesem Zusammenhang erscheint in der Tat problematisch, dass je nach Konstellation sich auf den gesellschaftsrechtlichen Einfluss unterschiedlich auswirkende Gestaltungen „über einen Kamm geschoren" werden (*van Lishaut* FR 2008, 789).

Entsprechendes gilt für eine mittelbare Kapitalerhöhung (*B. Lang* DStZ 2007, 652). **Umgekehrt** ist eine unmittelbare Übertragung auf der unteren Stufe gleichwohl zu beachten, auch wenn sich hierdurch die Beteiligungsverhältnisse auf der höheren Stufe (mittelbar) nicht verändern (BTDrs 16/4841, 76; *BMF* BStBl I 2008, 736 Rn 11).

65 Auf die **Motive** des Anteilserwerbs kommt es – mE jedoch mit Ausnahme der Interessengleichrichtung bei einer Erwerbergruppe (Anm 50) – nicht an. Daher sind auch *zwangsweise* Anteilserwerbe, zB Pflichtgebot nach § 29 Abs 2 WpÜG, § 35 Abs 2 WpÜG (*van Lishaut* FR 2008, 789; **aA** *Beußer* DB 2007, 1549), oder ein *unfreiwilliger* Anteilserwerb, etwa wenn andere Gesellschafter an einer Kapitalerhöhung nicht teilnehmen und der Erwerber durch Übernahme die Schädlichkeitsgrenze überschreitet (*van Lishaut* FR 2008, 789), einzubeziehen.

66 Da eine **Konzernklausel** nicht besteht (krit *Kussmaul/Richter/Tcherveniachki* GmbHR 2008, 1009; *Breuninger/Schade* Ubg 2008, 261), gilt dies auch für Umstrukturierungen innerhalb eines Konzerns (vgl *BMF* BStBl I 2008, 736 Rn 11; *Beußer* DB 2007, 1549; *Neyer* BB 2007, 1415). Ob hiervon eine Ausnahme etwa im Falle eines *Anteilstauschs* oder einer *erfolgsneutralen Verschmelzung* zu machen ist (zB im Anschluss *BMF* BStBl I 1999, 455 Rn 28 Satz 3: *Neumann* GmbH-StB 2007, 249; *Neumann/Stimpel* GmbHR 2007, 1194; *B. Lang* DStZ 2007, 652; 2008, 549; *Neu/Schiffers/Watermeyer* GmbHR 2008, 421; *Sistermann/Brinkmann* DStR 2008, 897; *Breuninger/Schade* Ubg 2008, 261), erscheint zweifelhaft; der Fall einer teleologischen Reduktion liegt mE nicht vor.

67 Auch der **Gesellschafterwechsel** einer **Personengesellschaft** kann zu einer mittelbaren Anteilsveräußerung führen, wenn die Anteile zum Gesamthandsvermögen der Gesellschaft gehören; Entsprechendes gilt bei einem Wechsel der Anteile vom SonderBV ins Gesamthandsvermögen und umgekehrt (BFHE 203, 424, BStBl II 2004, 614; *BMF* BStBl I 2008, 736 Rn 11; so jedoch *Dötsch/Jost/Pung/Witt* § 8 c Anm 16; *Beußer* DB 2007, 1549). Eine *Anwachsung* hat mE diese Wirkung ebenfalls, bei vermögensverwaltenden Personengesellschaften trotz der anteiligen Zurechnung nach § 39 Abs 2 Satz 2 AO (**aA** *Roser* DStR 2008, 1561; *Dieterlen/Winkler* GmbHR 2007, 815; *Sistermann/Brinkmann* BB 2008, 1928). Befinden sich die Anteile im SonderBV des ausscheidenden Gesellschafters, dann führt mE der Gesellschafterwechsel nicht zu einer mittelbaren Übertragung (ebenso *B. Lang* DStZ 2008, 549).

68 Der **Zeitpunkt** des Beteiligungserwerbs ist mE der der zivilrechtlichen Wirksamkeit des Rechtsgeschäfts/Vorgangs, ggf – wenn bestimmbar – der des Übergangs des *wirtschaftlichen Eigentums* (*BMF* BStBl I 2008, 736 Rn 13). Das gilt nach *BMF* aaO Rn 15 auch für Fälle der *Umwandlung*; ein steuerlicher *Rückbezug* nach § 2 UmwStG scheidet danach aus (**aA** *Schumacher/Hageböke* DB 2008, 493; *Lenz* Ubg 2008, 24; *Schick/Franz* DB 2008,

1987; *Meiisel/Bokeloh* DB 2008, 808; *Sistermann/Brinkmann* DStR 2008, 897; BB 2008, 1928; aA für die Verschmelzung der Verlustgesellschaft auf den Anteilserwerber *Dötsch/Pung* DB 2008, 1703). Doch kann sich diese Regelung auch günstig für den Erwerber auswirken (*van Lishaut* FR 2008, 789).

Bei einer Kapitalerhöhung ist maßgebend die Eintragung ins Handelsregister (BFHE 213, 307, BStBl II 2006, 746; *BMF* aaO Rn 14).

Der **Zeitrahmen** von jeweils 5 Jahren wird abgesteckt durch die erste 69
Übertragung an *einen* Erwerber/Erwerberkreis. Die Frist endet taggenau nach 5 Jahren (*B. Lang* DStZ 2007, 652; 2008, 549): zB A überträgt an C am 1. 4. 2001 14%; B an C am 30. 3. 2003 12%; die Frist beginnt am 1. 4. 2001 (vgl BTDrs 16/4841, 76: **„retrospektive Betrachtung"**; *BMF* BStBl I 2008, 736 Rn 17*)*. Die insoweit erfassten Erwerbe können bei weiteren Erwerben (zB 24% am 30. 3. 2005) nicht noch einmal für einen anteiligen Fortfall des Verlustabzuges nach Satz 1, wohl aber im Rahmen des Satzes 2 mit der Folge des völligen Fortfalls des Verlustabzugs berücksichtigt werden (BTDrs 16/4841, 769; *BMF* BStBl I 2008, 736 Rn 20).

Im Übrigen eröffnet eine *nachfolgende* Übertragung (zB 24% am 30. 3. 2005) einen neuen „Übertragungszeitraum" bzw „Beobachtungszeitraum" für andere Verlustabzüge (*BMF* BStBl I 2008, 736 Rn 18; *Beußer* DB 2007, 1549; *Neumann* GmbH-StB 2007, 249; *Blumenberg/Benz* S 181), die mit den jeweils zuerst eröffneten relevanten Zeiträumen teilweise parallel verlaufen können. Auch nach Überschreiten der 50%-Grenze eröffnet eine weitere Übertragung einen neuen Übertragungszeitraum unabhängig vom Vorhandensein eines nichtgenutzten Verlustvortrags (*BMF* BStBl I 2008, 736 Rn 20).

Nach *BMF* BStBl I 2008, 736 Rn 19 gilt eine *Mehrzahl* von Erwerben durch einen *Erwerberkreis* als *ein* Erwerb, wenn ihnen ein **Gesamtplan** zugrunde liegt; ein solcher wird vermutet, wenn die Erwerbe innerhalb eines Jahres erfolgen. Jedoch erscheint sehr fraglich, ob auf diesem Wege eine *Umkehr der Beweislast* dekretiert werden kann (krit zB *Roser* DStR 2008, 1561). Das gilt umso mehr als das *BMF* diese Regelung offenbar auch für die Verlängerung des 5-Jahres-Zeitraums anwenden will (zweifelnd auch *van Lishaut* FR 2008, 789).

70.–77. Rechtsfolgen

Rechtsfolge nach **Satz 1:** Es sind „insoweit" die „bis zum schädlichen 70
„Beteiligungserwerb" nicht genutzten Verluste nicht mehr abziehbar. Wird also unterhalb der Schwelle des Satzes 2 (über 50%) die Grenze des Satzes 1 überschritten, verändert sich bei **weiteren Übertragungen** (nacheinander) die Quote des nicht abziehbaren Verlusts **nicht.**

Beispiel: Übertragung am 1. 1. 2001 von 26%, am 1. 4. 2004 von 24%: Es bleibt bei einer Kürzung von 26%, da nach dem G nur diese eine Rechtsfolge vorgesehen ist.

Der Tatbestand ist insoweit „abgeschlossen" (BTDrs 16/4841, 76; *B. Lang* DStZ 2008, 549; hierzu *Dötsch/Pung* DB 2008, 1703: „Dummenbesteuerung"). Wird die 25%-Grenze erst mit der 2. Übertragung überschritten (am 1. 1. 2001 25%; am 1. 4. 2004 15%), führt erst diese zu einer *anteiligen* Kürzung des Verlustabzugs, allerdings auch mit einem höheren Anteil (hier: 40%). Auch die **Bezugsgröße** der Kürzung richtet sich nach dem **Zeitpunkt** des schädlichen Beteiligungserwerbs (in der Variante also der Verlustabzug zum 31. 12. 2003).

71 Die Verlustkürzung nach **Satz 2** ist – so der Wortlaut – „unabhängig" von Satz 1 anzuwenden, dh die Folge des Vortragsverlusts tritt unabhängig davon ein, ob eine *einstufige* oder eine *mehrstufige* (diese innerhalb von 5 Jahren) Übertragung erfolgt. Für die *mehrstufige* Übertragung gilt dies auch dann, wenn auf einer vorhergehenden Stufe die Grenze des Satzes 1 von 25% überschritten ist (vgl Beispiel in BTDrs 16/4841, 76; *BMF* BStBl I 2008, 736 Rn 20). Auch wenn erst mit dem zweiten Erwerb (2001: 10%; 2004: 20%) die Grenze des Satzes 1 überschritten ist, ist dieser mit einem weiteren Erwerb (zB 2007: 31%) zu einem schädlichen Beteiligungserwerb iSv Satz 2 zusammenzufassen. Der Verlustabzug ist vollständig zu versagen (*BMF* BStBl I 2008, 736 Rn 21), jedoch in der Höhe des zu diesem *späteren* Zeitpunkt vorhandenen Verlustvortrags (*BMF* aaO Rn 30; eine Rückbeziehung auf den Zeitpunkt der ersten der zum schädlichen Beteiligungserwerb führenden Übertragungen sieht das G nicht vor (*Dötsch/Pung* DB 2008, 1703). Noch *frühere Erwerbe* sind nach einer den Satz 1 überlagernden Anwendung des Satzes 2 mE verbraucht (ebenso *Sistermann/Brinkmann* BB 2008, 1928).

72 Für die Anwendung der **Sätze 1 und 2** kommt es auf das Vorhandensein von **nicht genutzten Verlustvorträgen** zum Zeitpunkt/zu den Zeitpunkten der früheren Erwerbe nicht an (*BMF* BStBl I 2008, 736 Rn 23). Entscheidend ist nach dem Wortlaut der Vorschrift allein die Lage zum Zeitpunkt des schädlichen Beteiligungserwerbs (insoweit missverständlich *BMF* aaO). Das bedeutet, dass bei einer gestaffelten Übertragung von 50% der Anteile dann ein Verlust nicht verloren geht, soweit er erst nach dem erstmaligen Überschreiten der 25%-Grenze anfällt (s Bsp bei *B. Lang* DStZ 2008, 549, 556). ME ist aber ggf bei einem engen zeitlichen Zusammenhang mehrerer Erwerbe die Frage des *Missbrauchs* zu prüfen (zur Anwendung der „Gesamtplan"-Rspr s oben Anm 69).

73 Auch die **Weiterübertragung** derselben Beteiligung (des „nämlichen" Anteils) löst die Folge des Satzes 1 bzw Satzes 2 aus, wenn und soweit sie je Erwerberkreis die Grenze des schädlichen Beteiligungserwerbs übersteigt; zwei Erwerbe des nämlichen Anteils werden also je einmal gezählt und nicht zusammengerechnet (*BMF* BStBl I 2008, 736 Rn 22; ebenso *Neumann* GmbH-StB 2007, 249; *Rödder* DStR 2007, Beih 40, 13; *Blumenberg/Benz* S 182; einschr *Sistermann/Brinkmann* BB 2008, 1928; *Dötsch/Pung* DB 2008, 1703). Das gilt auch für Konzernvorgänge (*BMF* aaO; **aA** *Neumann/Stimpel* GmbHR 2007, 1194; *Zerwas/Fröhlich* DStR 2007, 1933; *Schaumburg/Rödder* S 528; abermals **aA** *B. Lang* DStZ 2007, 652, unter Hinweis auf das mE nicht einschlägige *BMF* BStBl I 1999, 455 Rn 5: Außer-Betracht-bleiben des *nämlichen* Anteils bei der Weiterübertragung; **aA** *Suchanek/Herbst* FR 2007, 863: bei der 2. Übertragung unter 51% nur in Bezug auf den zwischenzeitlich erwirtschafteten Verlust). ME ist das angesichts des Fehlens einer Konzernklausel konsequent in Übereinstim-

mung mit dem Wortlaut des G. Jede Übertragung des nämlichen Anteils löst ggf einen eigenen 5-Jahres-Zeitraum aus.

Bei einer Weiterübertragung des nämlichen Anteils in **demselben EZ** ist mE eine teleologische Reduktion der Vorschrift dahin geboten, dass der zum Schluss des Vorjahres festgestellte Verlust nur *einmal* verloren geht und nicht mehrfach quotal mit dem auf den jeweils verbleibenden Verlustvortrag weitergerechneten Betrag (so wohl *BMF* aaO; *Neumann/Stimpel* GmbH 2007, 1194; wie hier: *Suchanek/Herbst* FR 2007, 863; *Altrichter-Herzberg* GmbHR 2008, 857).

Bei einer Weiterübertragung **im Konzern** (verschiedene EZ) werden die Übertragungen mit ihrer Quote und der jeweiligen Rechtsfolge des anteiligen Verlustvortrags erfasst, aber trotz der Konzernzugehörigkeit nicht zusammengezählt mit der ggf eintretenden Rechtsfolge des Satzes 2 (*BMF* BStBl I 2008, 736 Rn 22; *van Lishaut* FR 2008, 789).

Maßgeblicher Verlustvortrag ist also der zum Schluss des EZ vor dem 74
ersten schädlichen Erwerb festgestellte Vortrag. Bei *mehrstufigen* Übertragungen ist das der zum Ende des EZ vor der *letzten* die Schädlichkeitsgrenze übersteigenden Übertragung festgestellte Verlust, was – insb bei Überschreiten der Grenze nach Satz 2 – zu vom Zweck der Vorschrift nicht gedeckten Verwerfungen führen kann.

Beispiel: In 2002 Übertragung von 50% an einer Gewinn GmbH; in 2005 Übertragung von 5%, nachdem in 2003 und 2004 Verluste eingetreten sind: nach dem Wortlaut der Vorschrift geht der Verlustvortrag zum 31. 12. 2004 unter, da Satz 2 den Verlust der Verlustnutzung eindeutig „unabhängig" von Satz 1 vorschreibt.

Dem entspricht *BMF* BStBl I 2008, 736 Rn 17, wonach zum Zeitpunkt des ersten Erwerbs noch kein Verlust vorhanden sein muss (hierzu krit zB *Neyer* BB 2007, 1415; *Dörr* NWB S 4 2007, 5181, 5188; *B. Lang* DStZ 2007, 652; *Beußer* DB 2007, 1549; *Altrichter-Herzberg* GmbHR 2008, 857). Nicht weniger unstimmig ist mE das Ergebnis, wenn die erste Übertragung nicht eine Gewinn-, sondern eine Verlust-GmbH betrifft:

Beispiel: Zunächst Untergang von 50% des Verlustvortrags zum 31. 12. 2001; im zweiten Akt Untergang des gesamten Verlustvortrags zum 31. 12. 2004 (einschließlich der Verluste 2001 bis 2003).

ME ist in solchen Fällen eine *teleologische Reduktion* auf solche Verlustvorträge angezeigt, die aus Zeiträumen vor dem ersten zur Schädlichkeit insgesamt führenden Erwerb herrühren (**aA** *Dötsch/Jost/Pung/Witt* § 8c Anm 30; *Sistermann/Brinkmann* DStR 2008, 897: wie Gesetzeswortlaut; *Blumenberg/Benz* S 189: keine Rückwirkung auf Verlustbestand *vor* der ersten Übertragung, was mE das Problem nicht löst); nur wenn die letzte zur Schädlichkeit führende Übertragung mindestens 25% beträgt, dann auch Fortfall des zwischenzeitlichen Verlustvortrags.

Unterjährige Ereignisse haben mE keinen Einfluss auf die Abziehbar- 75
keit des in diesem EZ bis zum schädlichen Beteiligungserwerb erzielten Verlustes, und zwar unabhängig von der kst-rechtlichen Behandlung (zu dieser *BMF* BStBl I 2008, 736 Rn 31 ff; *Neumann* GmbH-StB 2007, 249;

Neyer BB 2007, 1415; *Schaumburg/Rödder* S 535; *Blumenberg/Benz* S 187; *Grützner* StuB 2007, 341; *B. Lang* DStZ 2007, 652; *Dötsch/Pung* DB 2008, 1703). Denn § 10 a GewStG bezieht sich (vgl Satz 1) auf die Fehlbeträge, die sich in den *vorangegangenen* EZ ergeben haben. Nur auf diese Fehlbeträge ist nach Satz 10 § 8 c KStG entsprechend anzuwenden. Ohne eine Ausschlussvorschrift aber ist der GewErtrag maßgebend, der in diesem EZ bezogen worden ist (*Sistermann/Brinkmann* BB 2008, 1928; FG Berlin EFG 2006, 755 Rev; **aA** wohl *BMF* aaO Rn 2; *B. Lang* DStZ 2008, 249). Soweit *BMF* aaO Rn 33 auch anteilige Gewinne des EZ des schädlichen Beteiligungserwerbs nicht mehr zur Verrechnung mit dem festgestellten Verlust zum Schluss des Vorjahres zulassen will, steht dies mit dem Gesetzeswortlaut im Widerspruch (*B. Lang* DStZ 2008, 549).

76 Für **Unternehmenssanierungen** enthält das G keine eigene Regelung; es gilt daher wohl *BMF* BStBl I 2003, 240 (nach FG München EFG 2008, 615 Rev jedoch ohne Rechtsgrundlage) über einen *Billigkeitserweis* (*BMF* BStBl I 2008, 736 Rn 34; krit zB *Sistermann/Brinkmann* BB 2008, 1928); bei einem Forderungsverzicht mit Besserungsschein wohl auch die Regelung des *BMF* BStBl I 2003, 648, wonach der durch Wiedereinbuchung in der Verbindlichkeit entstehende Aufwand durch Gegenbuchung des abgezogenen Verlusts zu neutralisieren sei (krit *Neumann/Stimpel* GmbHR 2007, 1194; *Pohl* DB 2008, 1531).

77., 78. Vergleichbarer Sachverhalt

77 Ein **vergleichbarer Sachverhalt** kann nach § 8 c Satz 1 und 2 KStG zu denselben Rechtsfolgen führen wie die Übertragung. Es handelt sich um einen **unbestimmten Rechtsbegriff** (hierzu krit *Schwedhelm* GmbHR 2008, 404; *B. Lang* DStZ 2008, 549; *Suchanek* GmbHR 2008, 292; *Sistermann/Brinkmann* DStR 2008, 897; BB 2008, 1928). In Übertragung der Rspr-Grundsätze zu § 8 Abs 4 KStG liegt er vor, wenn einem Dritten eine dem Erwerb (der Anteile, Mitgliedschafts-, Beteiligungs- u Stimmrechte) vergleichbare Rechtsposition bzw ein vergleichbarer Einfluss eingeräumt wird (vgl *Suchanek/Herbst* FR 2007, 863; *Meiisel/Bokeloh* BB 2008, 808; *van Lishaut* FR 2008, 789). Sie muss mE – wie bei der Übertragung – geeignet sein, eine Änderung des wirtschaftlichen Engagements bzw des Einflusses des (neuen) Anteilsinhabers zu tragen (zB *Suchanek* GmbHR 2008, 292; *Suchanek/Herbst* FR 2007, 863); hierzu können ggf auch *schuldrechtliche Verträge* ausreichen (*van Lishaut* FR 2008, 789).

Nach *BMF* BStBl I 2008, 736 Rn 7 genügen:

- der Erwerb von Genussscheinen iSd § 8 Abs 3 Satz 2 KStG (mE zu weit; *B. Lang* DStZ 2008, 549; *Breuninger/Schade* Ubg 2008, 261; *Meiisel/Bokeloh* BB 2008, 808; *Suchanek* GmbHR 2008, 292; **zust** *Dötsch/Pung* DB 2008, 1703; *van Lishaut* FR 2008, 789; *Sistermann/Brinkmann* BB 2008, 1928);
- Stimmrechtsvereinbarungen, Stimmrechtsbindungen, Stimmrechtsverzicht; mE auch Änderung der Mehrheitsbestimmungen iZm der Übertragung von Anteilen zugunsten des Erwerbers, die ihm bei Erwerb unter 25% de facto eine Sperrminorität verschaffen (**aA** *Viskorf/Michel* DB 2007, 2562; *Blumenberg/Benz* S 176; *B. Lang* DStZ 2008, 549; *Suchanek* GmbHR 2008, 292; *Neu/Schiffers/Watermeier* GmbHR 2008, 421; *Sister-*

mann/Brinkmann BB 2008, 1928). Nicht genügt eine *Poolung* oder eine nicht auf Dauer angelegte bzw jederzeit kündbare Vereinbarung (ebenso *van Lishaut* FR 2008, 789);

- die Umwandlung auf eine Verlustgesellschaft, wenn durch die Umwandlung ein Beteiligungserwerb durch einen Erwerberkreis stattfindet (mE ggf schon im Grundtatbestand erfasst; hierzu Schick/Franz DB 2008, 1987; krit auch Sistermann/Brinkmann DStR 2008, 898, BB 2008, 1928);
- die Einbringung eines Betriebs, Teilbetriebs oder Mitunternehmeranteils, wenn durch die Einbringung ein Beteiligungserwerb am übernehmenden Rechtsträger durch einen Erwerberkreis stattfindet;
- die Fusion von Anstalten des öffentlichen Rechts, wenn hierdurch bei der aufnehmenden Anstalt des öffentlichen Rechts mit nicht genutzten Verlusten ein Träger „Beteiligungsrechte" an der Anstalt (hinzu) erwirbt;
- der Erwerb eigener Anteile, wenn sich hierdurch die Beteiligungsquoten ändern (**aA** *B. Lang* DStZ 2007, 652; *Sistermann/Brinkmann* DStR 2008, 898; BB 2008, 1928);
- die Kapitalherabsetzung, mit der eine Änderung der Beteiligungsquoten einhergeht (zust *Dötsch/Pung* DB 2008, 1703); mE ebenso die Einziehung von Geschäftsanteilen (ebenso *Korn/Strahl* S 67; *Blumenberg/Benz* S 186; *Meyer* BB 2007, 1415; *Schaumburg/Rödder* S 529; **aA** *Beußer* DB 2007, 1549);
- auch die *Kombination* verschiedener Sachverhalte kann hiernach insgesamt zu einem schädlichen Beteiligungserwerb führen (Hinweis auf BFHE 204, 273, BStBl II 2004, 468; hierzu krit wg Unbestimmtheit: *Breuninger/Schade* Ubg 2008, 261; *Dötsch/Pung* DB 2008, 1703; *Sistermann/Brinkmann* BB 2008, 1928; *Avella/Ziegler* StC 10.08, 24). Nur im *Zusammenhang* mit einer *Anteilsübertragung* kommen mE in Betracht: Einräumung/Wechsel einer atypischen Beteiligung, Gewährung von Darlehen, Gewährung von Optionen zum Anteilserwerb und die Verpfändung von Anteilen (vgl hierzu *van Lishaut* FR 2008, 789).

Nicht ausreichend ist mE die Übertragung von Mitwirkungsrechten 78
außerhalb der Stimmrechte, soweit dies möglich ist (hierzu *Blumenberg/Benz* S 176; *Viskorf/Michel* DB 2007, 2561) oder eine rein vermögensrechtliche Position (ebenso *Beußer* DB 2007, 1549; *Schaumburg/Rödder* S 526). Das betrifft insb Bezugsrechte (ebenso *Neu/Schiffers/Watermeyer* GmbHR 2008, 421; *B. Lang* DStZ 2008, 549; *Meiisel/Bokeloh BB* 2008, 808; *van Lishaut* FR 2008, 789), den Erwerb/die Stärkung der Stellung des persönlich haftenden Gesellschafters der KGaA (*B. Lang* DStZ 2008, 549; zweifelnd *van Lishaut* FR 2008, 789: abhängig vom wirtschaftlichen Engagement) sowie der Ein- und Austritt von Vereinsmitgliedern, zumal ein solcher Vorgang auch nicht im entferntesten einer Übertragung ähnlich ist (aA *van Lishaut* FR 2008, 789).

Zeitlicher Geltungsbereich. § 10 a Satz 10 idF der JStG 2009 (BGBl I 79
2008, 2794) ist erstmals auf schädliche Beteiligungserwerbe nach dem 28. 11. 2008, Satz 9 idF des G v 14. 8. 2007 (BGBl I 2007, 1912) – jeweils iVm § 8 c KStG – ist erstmals ab EZ 2008 und auf Anteilsübertragungen nach dem 31. 12. 2007 anzuwenden (§ 36 Abs 9 Satz 6). Das gilt auch bei einem *abweichenden Wirtschaftsjahr* (*BMF* BStBl I 2008, 736 Rn 35). Aller-

dings ist **§ 8 Abs 4 KStG** idF v 2001 letztmals **neben** § 8 c KStG anzuwenden, wenn mehr als die Hälfte der Anteile an einer *Kapitalgesellschaft* innerhalb eines Zeitraums von 5 Jahren, der vor dem 1. 1. 2008 beginnt, übertragen werden und der Verlust der wirtschaftlichen Identität vor dem 1. 1. 2013 eintritt (§ 36 Abs 9 Satz 2 GewStG).

Das letztbezeichnete Tatbestandsmerkmal ist nach den Rechtsgrundsätzen zu § 8 Abs 4 KStG zu beantworten, wobei der Dissens zwischen *BMF* BStBl I 2007, 624 (Zuführung von neuem BV innerhalb von zwei Jahren nach der schädlichen Anteilsübertragung) und BFHE 212, 517, BStBl II 2007, 602 (regelmäßig eine Zeitspanne von nur einem Jahr) zu beachten ist. Letztlich wird es mE auf die Rspr des BFH ankommen, zumal bereits der Übertragungszeitraum mit 5 Jahren eine weitere Streckung des Verlusts der wirtschaftlichen Identität schon aus Gründen der Rechtssicherheit verbietet. Die Übergangsvorschrift bestimmt also lediglich eine zeitlich-sachliche Grenze, bis zu der Vorgänge, die vor dem 1. 1. 2008 mit einer Anteilsübertragung begonnen haben, unter der Geltung des § 8 Abs 4 KStG zusammenzufassen sind (ebenso *Neumann/Stimpel* GmbHR 2007, 1194; *Zerwas/Fröhlich* DStR 2007, 1933; *B. Lang* DStZ 2007, 652). **Anteile** sind offenbar (vgl die Rspr zu § 8 Abs 4 KStG) nur *unmittelbare* Beteiligungen und zwar ausschließlich an *Kapitalgesellschaften*. **Übertragungen** sind für die Anwendung des § 8 c KStG nur solche *nach* dem 31. 12. 2007, *nicht* auch vor dem 1. 1. 2008. Das Miteinander der beiden Übergangsvorschriften bedeutet, dass es im Zeitraum vom 1. 1. 2008 bis 31. 12. 2012 durchaus zum Verlust der wirtschaftlichen Identität und damit des Verlustvortrags kommen kann, wenn die Voraussetzungen des § 8 c KStG in diesem Zeitraum nicht vorliegen (Anteilsübertragungen ganz oder zum Teil *vor* dem 1. 1. 2008, Zuführung von überwiegend neuem BV *nach* dem 31. 12. 2007). Ggf kann dies auch erst in einem dem quotalen Fortfall des Verlustvortrags folgenden EZ eintreten, zB wenn im EZ 2007 25% und im EZ 2008 26% der Anteile übertragen werden und im EZ 2009 überwiegend neues BV zugeführt wird; vgl auch das Bsp in *BMF* BStBl I 2008, 736 Rn 38). ME kommt es umgekehrt zum Fortfall des Verlustvortrags, wenn stattdessen im EZ 2008 51% der Anteile übertragen werden. Kommt es zu einem Vortragsverlust nach § 8 Abs 4 KStG, ist weiterhin die **Sanierungsklausel** des § 8 Abs 4 Satz 3 KStG zu prüfen und ggf bis 31. 12. 2017 zu überwachen (*BMF* BStBl I 2008, 736 Rn 37; ebenso *Neumann* GmbH-StB 2007, 249; *Neumann/Stimpel* GmbHR 2007, 1194; *B. Lang* DStZ 2007, 652; *Suchanek/Herbst* FR 2007, 863).

80 Als **Gestaltungsmodelle** zur Vermeidung des Vortragsverlusts nach § 8 c KStG werden erörtert insb die (ggf rückwirkende) Ausgliederung des Verlustbetriebes auf eine Personengesellschaft in zeitlichem Zusammenhang mit der Anteilsübertragung (*Behrendt/Arjes/Nogens* BB 2008, 367; zu § 2 Abs 4 UmwStG nF *Sistermann/Brinkmann* DStR 2008, 2455; **aA** jedoch *BMF* BStBl I 2008, 736 Rn 15; mE auch BFH/NV 2008, 2057), Quartettübertragungen an nicht nahestehende Personen (vgl *Neumann/Stimpel* GmbHR 2007, 1194), der Unternehmenskauf durch Asset-Deal (*Kussmaul/Richter/Tcherveniachki* GmbHR 2008, 1009; hierzu auch *Beck/Klar* DB 2007, 2819) sowie der Einsatz hybrider Finanzierungsformen (siehe im

Übrigen *Schaumburg/Rödder* S 527, 540; *Beußer* DB 2007, 1549; *Blumenberg/Benz* S 194; *Eickhorst* BB 2007, 1707; *Korn/Strahl* S 70).

Beispiel der Entwicklung des Fortfalls der Verlustnutzung nach BTDrs 16/4841, 76 (*BMF* BStBl I 2008, 736 Rn 30):

Jahr 01 T€	**Jahr 02 T€**	**Jahr 03 T€**	**Jahr 04 T€**	**Jahr 05 T€**
gez. Kap 1000	1000	1000	1000	1000
Beteiligungsverhältnisse:				
A 700	400	400	400	400
B 300	300	200	150	50
C –	300	400	450	550
übertragene Anteile im Fünfjahreszeitraum	300 (30%)	400 (40%)	450 (45%)	550 (55%)
schädlicher Beteiligungserwerb	**ja**	**nein**	**nein**	**ja**
Ergebnis des laufenden EZ	./. 2000	./. 600	3500	4700
davon: Verlust bis zum Zeitpunkt des schädlichen Beteiligungserwerbs	./. 1200	./. 300	0	0
verbleibender Verlustabzug bis zum Ende des vorangegangenen EZ	20 000	15 640	16 240	13 740
Verlustabzugsverbot gem § 8 c Satz 1 KStG	6000 (30% von 20 000)	0	0	0
Verlustabzugsverbot gem § 8 c Satz 2 KStG	0	0	0	13 740 (100%)
Verlustausgleichsverbot gem § 8 c Satz 1 KStG	360 (30% von 1200)	0	0	0
Verlustabzug			2 500	
verbleibender Verlustabzug zum Ende des EZ	**15 640**	**16 240**	**13 740**	**0**

81.–86. Ausnahme nach § 8 c Abs 2 KStG

Durch G v 12. 8. 2008 (MoRaKG, BGBl I 2008, 1672), ist angefügt 81
worden die **Ausnahmevorschrift § 8 c Abs 2 KStG,** nach der trotz Vor-

liegen der Voraussetzungen für den Fortfall des Verlustabzugs nach § 8 c Abs 1 KStG bei Wagniskapitalbeteiligungsgesellschaften der Verlustabzug unter bestimmten weiteren Voraussetzungen und im beschränkten Umfang möglich ist.

Literatur: *Helios/Wiesbrock,* Regierungsentwurf des Gesetzes zur Förderung von Wagniskapitalbeteiligungen (Wagniskapitalbeteiligungsgesetz – WKBG), DStR 2007, 1793; *Watrin/Wittkowski/Pott,* Förderung von Wagniskapital im Visier des Gesetzgebers – was erwartet Private Equity und Venture Capital Gesellschaften?, DB 2007, 1939; *Möller/Schilder,* Erfolg bei der Modernisierung der rechtlichen Rahmenbedingungen für Wagniskapitalgeber in Deutschland? – Anspruch und Wirklichkeit, BB 2007, 2753; *Suchanek/Herbst,* Erweiterte Verlustabzugsmöglichkeiten für Investitionen in jungen Unternehmen, GmbHR 2008, 862; *Hörster,* Das Wagniskapitalbeteiligungsgesetz und die steuerlichen Regelungen des Gesetzes zur Modernisierung der Rahmenbedingungen für Kapitalbeteiligungen (MoRaKG), StuB 2008, 630; *Hörster,* Bundesrat stimmt MoRaKG zu, NWB (32/2008) F 2, 9839; *Klemt,* Keine Auswirkungen des § 8 c KStG auf Venture-Capital-Investitionen durch vermögensverwaltende Fonds?, DB 2008, 2100.

82 **§ 8 c Abs 2 KStG** eröffnet zwei Varianten für den Verlustabzug im Zusammenhang mit der Wagniskapitalbeteiligung (WKB):

- Erwerb einer schädlichen Beteiligung an einer *Zielgesellschaft* iSd § 2 Abs 3 WKBG **durch** eine WKB-Gesellschaft und
- Erwerb einer schädlichen Beteiligung an einer *Zielgesellschaft iSd* § 2 Abs 3 WKBG **von** einer WKB-Gesellschaft durch einen Erwerber, der keine WKB-Gesellschaft ist.

Die Ausnahme nach **Satz 1** erfordert zunächst (1) die Anerkennung des Erwerbers als WKB-Gesellschaft, (2) die Qualifizierung der Verlustkörperschaft als Zielgesellschaft; beide Anerkennungen werden unter bestimmten weiteren Voraussetzungen nach dem WKBG gewährt; bei beiden gehört hierzu der doppelte Inlandsbezug (Sitz und Geschäftsleitung), was einen Verstoß gegen die *EU-Niederlassungs-* und *Kapitalverkehrsfreiheit* darstellen kann *(Watrin/Wittkowski/Pott* DB 2007, 1939; *Suchanek/Herbst* GmbHR 2008, 862; zu den übrigen Erfordernissen vgl *Helios/Wiesbrock* DStR 2007, 179; erforderlich ist zudem (3) ein *schädlicher Beteiligungserwerb,* und zwar – wie sich aus der sprachlichen Anknüpfung ergibt – iSd § 8 c Abs 1 KStG; begünstigt ist allerdings nur ein **unmittelbarer** Beteiligungserwerb (Ausschluss des mittelbaren Beteiligungserwerbs durch Transaktionsvehikel).

83 Die Förderung nach **Satz 2** setzt voraus: (1) der Veräußerer ist eine nach dem WKBG anerkannte WKB-Gesellschaft; (2) der Erwerber ist keine WKB-Gesellschaft; (3) die Beteiligung besteht an einer nach dem WKBG qualifizierten Zielgesellschaft; (4) deren *Eigenkapital* beträgt bei Erwerb (a) nicht mehr als 20 Mio € oder (b) nicht mehr als 100 Mio € und der Differenzbetrag zu 20 Mio € beruht auf Jahresüberschüssen der der Veräußerung vorangegangenen vier Geschäftsjahre; (5) der Zeitraum zwischen Anschaffung und Veräußerung durch die WKBG darf vier Jahre nicht unterschreiten.

Die **Rechtsfolge** besteht in einem beschränkten Verlustabzug, und zwar *anteilig,* soweit er auf **stille** Reserven des steuerpflichtigen inländischen BV der Zielgesellschaft entfällt; dieses ist „abziehbarer Verlust" iSd G. 84

Das bedeutet mE, dass der Anteil am Verlust, der nicht durch stille Reserven „gedeckt" ist, entsprechend der Rechtsfolge des § 8 c Abs 1 KStG endgültig verloren geht (möglicherweise anders *Suchanek/Herbst* GmbHR 2008, 862).

Beispiel: Die Zielgesellschaft hat stille Reserven von 5 000 T€ und nicht genutzte Verluste iHv 10 000 T€; zur – beschränkten – Verlustnutzung durch die WKB-Gesellschaft stehen nur 5 000 T€ zur Verfügung.

Dieser Betrag kann nach § 8 c Abs 2 Satz 3 KStG im Jahr des schädlichen Beteiligungserwerbs zu **einem Fünftel** im Rahmen des Verlustabzugs nach § 10 d EStG (Beachtung der Mindestbesteuerungsgrenzen) abgezogen werden; dieser Betrag erhöht sich in den folgenden vier Jahren um je ein weiteres Fünftel des *nach Satz 1 abziehbaren Verlustes.* Der nach Ablauf dieser Frist verbleibende nicht genutzte Verlustabzug fällt mE endgültig fort (*Möller/Schilder* BB 2007, 2753; *Watrin/Wittkowski/Pott* DB 2007, 1939). Denn der Gesetzeswortlaut bezeichnet insgesamt den Umfang und die Durchführung des Verlustabzugs; der Begriff „abziehbarer Verlust" bezeichnet demzufolge lediglich den Höchstbetrag, der innerhalb der 5-Jahres-Frist genutzt werden kann (**aA** jedoch BRDrs 567/07, 38; *Suchanek/Herbst* GmbHR 2008, 862).

Wegfall der Eigenschaften. Verliert die *Zielgesellschaft* ihre Qualifikation als solche, so entfällt mit dem Zeitpunkt des Fortfalls mE die Möglichkeit der weiteren Verlustnutzung. Ihre Eigenschaft als Zielgesellschaft ist zwar zunächst Voraussetzung für die Umqualifizierung eines Verlustes als „abziehbarer Verlust". Das bedeutet mE indes nicht, dass es für die 5-jährige Verlustnutzung nur auf das zeitpunktgenaue Vorliegen der Zielgesellschaftseigenschaft ankäme. Sinn und Zweck des G ist mE, den Einsatz von Wagniskapital bei Zielgesellschaften zu fördern, was einen Zusammenhang zwischen der Verlustnutzung und dem Bestehen nicht nur der Beteiligung, sondern auch der Zielgesellschaftseigenschaft erfordert. Dieser Zusammenhang wird mE auch in Satz 2 der Vorschrift sichtbar, wonach der Verlustabzug durch eine Nicht-WKB-Gesellschaft nur dann gewährt wird, wenn der Zeitraum zwischen Anschaffung und Veräußerung der Beteiligung an der Zielgesellschaft durch die WKB-Gesellschaft vier Jahre nicht unterschreitet (**aA** *Suchanek/Herbst* GmbHR 2008, 862). 85

Verliert die *WKB-Gesellschaft* ihre Anerkennung nach § 17 Abs 2 WKBG (idR rückwirkend iSd § 175 Abs 1 Nr 2 AO), gilt Entsprechendes ab dem Zeitpunkt, auf den die Aberkennung zurückwirkt; ab diesem Zeitpunkt gilt die Beteiligung an der Zielgesellschaft als nicht an eine WKB-Gesellschaft veräußert.

Zeitlicher Geltungsbereich. Die Vorschrift ist erstmals ab EZ 2008 (Satz 9 idF des G v 14. 8. 2007, BGBl I 2007, 1912) bzw auf schädliche Beteiligungserwerbe nach dem 28. 11 2008 (Satz 10 idF des JStG 2009, BGBl I 2008, 2794) anzuwenden. Zwar ist die Anwendungsvorschrift des § 36 Abs 9 GewStG durch das JStG 2009 aaO repariert und erweitert wor- 86 den, Abs 9 Satz 6 benennt aber immer noch § 10 a Satz 9 idF des G v 12. 8. 2008, BGBl I 2008, 1672, tatsächlich hat dieser Satz 9 seine Fassung durch G v 14. 8. 2007 aaO erhalten.

87.–89. Betriebe der öffentlichen Hand

Literatur: *Weitemeyer,* Verdeckte Gewinnausschüttungen bei der öffentlichen Hand nach dem JStG 2009 und die Schranken des europäischen Beihilferechts, FR 2009, 1; *Bracksiek,* Die Neuregelung des steuerlichen Querverbunds durch das JStG 2009, FR 2009, 15.

87 **Zusammengefasste Betriebe gewerblicher Art (ab EZ 2009).** Nach **Satz 9 nF** ist **§ 8 Abs 8 KStG nF** und die dort geregelte **Einschränkung der Verlustnutzung** bei zusammengefassten BgA entsprechend anzuwenden (hierzu *Weitemeyer* FR 2009, 1). Hiernach gilt: **(1)** *§ 10 d EStG* ist auf *den BgA* anzuwenden, *der sich* durch die Zusammenfassung *ergibt;* **(2)** *der Abzug* der von den *einzelnen* BgA *nicht ausgeglichenen* Verluste – gemeint sind mE auch die *nicht abgezogenen* Verluste – beim *zusammengefassten* Betrieb ist unzulässig; **(3)** ein *Verlustrücktrag* vom zusammengefassten Betrieb auf die einzelnen BgA ist – bei der GewSt selbstredend – unzulässig; **(4)** ein *vor Zusammenfassung festgestellter Verlust* eines einzelnen Betriebs kann bei diesem *nach* Beendigung *der Zusammenfassung* abgezogen werden (Bezug auf § 10 d EStG); **(5)** bei *gleichartigen Betrieben* gelten die Einschränkungen der Nrn (2)–(4) nicht; dh bei ihnen kann ein nicht ausgeglichener/abgezogener Verlust der Einzelbetriebe auch beim zusammengefassten Betrieb abgezogen werden; für § 10 a GewStG kann dies jedoch – entgegen der in der Nichtanwendung der in Nr (3) enthaltenen Aussage nach allg Grundsätzen (Anm 5) *nicht* zu einem *Verlustrücktrag* führen; das Tatbestandsmerkmal der Gleichartigkeit ist hierbei mE angesichts der eigenständigen Kodifikation in § 4 Abs 6 KStG nF enger auszulegen als bisher durch den BFH insb zu Versorgungsbetrieben (hierzu *Weitemeyer* FR 2009, 1, 9; *Bracksiek* FR 2009, 15); iÜ fällt auch die Zusammenfassung zusammengefasster BgA unter die Regelung (BTDrs 16/11108, 33).

88 **Kapitalgesellschaften der öffentlichen Hand.** Nach **Satz 9 nF** ist auch **§ 8 Abs 9 Sätze 5–7 KStG nF** mit der Regelung der Verlustnutzung bei der **Spartentrennung** des § 8 Abs 9 KStG entsprechend anzuwenden (hierzu *Weitemeyer* FR 2009, 1; *Bracksiek* FR 2009, 15). Die Bezugnahme ist zum einen aus redaktionellen Gründen fragwürdig, denn § 8 Abs 9 Satz 5 KStG beginnt mit „*Er* mindert ...“, aus dem nicht in Bezug genommenen Satz 4 ergibt sich, dass der negative Gesamtbetrag der Einkünfte gemeint ist; unklar bleibt auch, ob die Verweisung nur für Kapitalgesellschaften **mit Dauerverlusten** gelten soll oder der Spartentrennung – wie in Anm 87 – überhaupt Rechnung tragen soll (vgl BT-Drs 16/11108, 34 u 37). Zum anderen ist die Bezugnahme auch aus materiell-rechtlichen Gründen missglückt. Denn **(1)** der Verlust einer Sparte mindert „die positiven Gesamtbeträge der Einkünfte“ (hier: GewErtrag) des *unmittelbar vorangegangenen* und der folgenden EZ derselben Sparte (Satz 5); ein **Verlustrücktrag** aber ist ein gewstrechtliches Unding (Anm 5) und sollte nicht mit einem – möglicherweise nicht durchdachten – Querverweis eingeführt werden; iÜ gilt: **(2)** entfallen die Voraussetzungen des § 8 Abs 7

Satz 1 Nr 2 Satz 2 KStG (insb Mehrheitsbeteiligung der öffentlichen Hand; ggf Dauerverlusttätigkeit), entfallen auch die nicht ausgeglichenen/abgezogenen Verluste sowie Verlustvorträge aus Dauerverlustsparten; **(3)** treten die Voraussetzungen wie zu (2) erst innerhalb eines EZ ein, kann ein *bis* zu diesem Zeitpunkt entstandener Verlust abgezogen werden, ein verbleibender Verlust ist der Sparte ohne Dauerverlust zuzuordnen.

(frei) **89**

90.–111. Unternehmeridentität

Allgemeines (zur Rechtslage bis EZ 2006 *Zerhusen* Inf 2006, 737). Unternehmeridentität bedeutet, dass der Unternehmer, der die Kürzung in Anspruch nimmt, derselbe ist, der den Fehlbetrag (Verlust) getragen hat (BFHE 66, 548, BStBl II 1958, 210). Das dem Objektsteuercharakter der GewSt entgegenstehende Erfordernis ergibt sich für den Sonderfall des Übergangs des GewBetriebs im Ganzen (§ 2 Abs 5) unmittelbar aus dem Gesetz. Für diesen Fall verbietet § 10 a Satz 8 (früher Satz 3) dem übernehmenden („anderen") Unternehmer den Abzug (BFHE 147, 380, BStBl II 1986, 860). Aber auch für andere Fälle leitete der BFH das Erfordernis aus § 10 a Satz 8 (früher Satz 3) ab. So inzwischen nach Vorlage des VIII. Senats (BFHE 166, 576, BStBl II 1992, 563) auch der Große Senat BFHE 171, 246, BStBl II 1993, 616 mwN (ebenso BFHE 173, 371, BStBl II 1994, 331; BFHE 174, 233, BStBl II 1994, 764 jeweils mwN; die Auslegung ist verfassungskonform: BFH/NV 1994, 573). Allerdings bestand insofern eine Argumentationslücke, als diese Vorschrift den Übergang des GewBetriebs im Ganzen betrifft. Andere Fälle der Versagung des Verlustabzugs (insb bei Personengesellschaften, vgl BFHE 159, 528, BStBl II 1990, 436), werden von der Vorschrift nicht erfasst. Im Übrigen lässt sich aus der Regelung eines Sonderfalles ableiten, dass die Rechtsfolge des § 10 a Satz 8 (früher Satz 3) in anderen Fällen eben nicht eintreten soll. Gleichwohl hat der GrS (BFHE 171, 246, BStBl II 1993, 616) trotz massiver Kritik (vgl FG Hamburg EFG 1989, 70; *Curtius-Hartung* StbJb 1985/86, 9; *Knobbe-Keuk* StuW 1978, 267 u StbJb 1990/91, 159, 170; *Herzig* StbJb 1989/90, 317; *Gassner* JbFSt 1987/88, 392; *Feldhausen* DtStbT 1989, 251; *Korn* KÖSDI 1988, 7314; *Märkle* StbJb 1989/90, 317; *Woring* DB 1992, 2005; *Weßling* DB 1986, 1894 u 1987, 1321, BB 1988, 1641; *InstFSt* Grüner Brief Nr 279, DB 1988, 2014; *Orth* FR 1986, 81; *Sturm* WM-Sonderbeilage 7 S 19; *Feddersen* BB 1987, 1782; *Autenrieth* DStZ 1987, 203 u 412; *Kraushaar* DStR 1987, 255; *Schützeberg* DB 1991, 619; *Söffing* FR 1990, 342; DB 1994, 747; *Robisch* BB 1994, 1683; FG Ba-Wü 1987, 133; *Schnädter* BB 1988, 313, 321; *Sarrazin* DStbT 1989, 251; *Finkbeiner* BB 1997, 230; *Madauß* StBp 1998, 268; **zust** dagegen *Blümich/v Twickel* § 10 a Anm 79 ff; *Gschwendtner* DStR 1994, 1129; *Bordewin* DStR 1994, 673; 1995, 313) an dem Erfordernis der Unternehmeridentität festgehalten – obwohl durch das StBerG 1986 v 14. 12. 1985 (BGBl I 1985, 2436) die Beschränkung des Verlustabzugs auf die „Gewerbetreibenden" mit ordnungsgemäßer Buchführung, auf die der BFH zur Begründung seiner Rspr abgestellt hatte (BFHE 138, 94, BStBl II 1983, 427; BFHE 143, 135, BStBl II 1985, 334; BFHE 161, 157, BStBl II 1990, 916 mwN), aufgeho- **90**

ben worden ist und obwohl die Gesetzesmaterialien (BTDrs 3/2573, S 25 f) erkennen lassen, dass Satz 8 (früher Satz 3) dem Charakter der GewSt entsprechend eine objektbezogene Beschränkung bezweckt hat (*Weßling* BB 1988, 1641; ähnlich *Gosch* StuW 1992, 350, 359; *Lenski/Steinberg* § 10 a Anm 47).

Mit der Einfügung der Sätze 4 und 5 über die **Verlustverrechnung bei Mitunternehmung bei Mitunternehmenschaften** durch G v 13. 12. 2006 (BGBl I 2006, 2878) **ab EZ 2007** (und früher) hat sich die Sachlage jedoch insoweit geändert, als nunmehr eine (letztlich) ausdrückliche gesetzliche Grundlage besteht, auf die sich das Erfordernis der (Mit-)Unternehmeridentität stützen lässt.

91., 92. Einzelunternehmen

91 Bei einem **Wechsel im Einzelunternehmen** kann der Verlust nach Satz 8 iVm § 2 Abs 5 auf keinen Fall ausgeglichen werden. Hierbei ist ohne Bedeutung, ob der Wechsel entgeltlich oder unentgeltlich, ob der Wechsel unter Lebenden oder durch Erbfolge eingetreten ist und ob es sich um eine gesetzliche oder testamentarische Erbfolge (BFHE 67, 400, BStBl III 1958, 426; BFHE 73, 247, BStBl III 1961, 357; BFHE 81, 318, BStBl III 1965, 115; BFHE 171, 246, BStBl II 1993, 616) oder um eine vorweggenommene Erbfolge handelt (aA bei noch anderer Rechtslage BFHE 59, 88, BStBl III 1954, 243). Vgl auch die Darstellung von *Gerhold* StW 1998, 221.

92 Bei einer **Vereinigung von Betrieben** geht der Verlust des übergegangenen Betriebes unter; der des übernehmenden Betriebes bleibt bestehen, sofern die Unternehmensidentität bejaht werden kann (vgl für Rückgängigmachung einer Betriebsaufspaltung BFHE 93, 91, BStBl II 1968, 688).

93.–99. Personengesellschaften

93 Bei **Personengesellschaften** bestand – ausgehend vom Erfordernis der Unternehmeridentität (s Anm 90 – die Problematik, ob die Gesellschaft selbst oder die Gesellschafter als Unternehmer anzusehen sind, weil sich – wenn man Letzteres bejaht – bei Veränderungen im Gesellschafterbestand Auswirkungen auf die Unternehmeridentität ergeben. Nach st Rspr des BFH (zuletzt BFHE 159, 528, BStBl II 1990, 436; BFH/NV 1991, 112; zuvor offengelassen in BFHE 156, 502, BStBl II 1989, 664) ist auf die Gesellschafter abzustellen. Hergeleitet wurde dies bisher aus den neueren Fassungen des § 2 Abs 1 Satz 2 GewStG iVm § 15 Abs 1 Satz 1 Nr 2 EStG, wonach nicht die Gesellschaft, sondern der einzelne Gesellschafter der (Mit-)Unternehmer sei, sowie aus der Vorschrift des § 5 Abs 1 Satz 3, die nur deswegen gegenüber § 5 Abs 1 Satz 2 einen eigenständigen Sinn ergebe, weil das GewStG die Personengesellschaft als Unternehmer ansehe (vgl BFHE 124, 348, BStBl II 1978, 348; BFHE 130, 403, BStBl II 1980, 465; BFHE 133, 564, BStBl II 1981, 748); zudem stehe die Personengesellschaft einem Einzelunternehmen näher als einer Kapitalgesellschaft (vgl BFHE 147, 380, BStBl II 1986, 860). Diese Rspr, der mE im Ergebnis zuzustimmen ist, ist **durch Einfügung** der Verlustverrechnungsvorschriften der

Sätze 4 und 5 ab EZ 2007 (Anm 90 aE) durch den Gesetzgeber bestätigt worden. Auch die diesbezügliche Diskussion (vgl noch 6. Aufl Anm 15) ist damit mE obsolet. Diese Grundsätze führen zu nachfolgend (Anm 94–102) dargestellten Ergebnissen (eine Darstellung findet sich bei *Weßling* Inf 1994, 686; *Orth,* DB 1994, 1313; *Bordewin* DStR 1995, 313; *Herzig/G. Förster/U. Förster* DStR 1995, 1025; *Gerhold* StW 1998, 221).

Die oa Auffassung des BFH hat zur Folge, dass bei **personenidentischen Personengesellschaften** Unternehmeridentität anzunehmen ist (BFHE 171, 246, BStBl II 1993, 616). Für die **Durchführung der Verlustabzugs** bedeutete sie eine mitunternehmerbezogene Berechnung unter Berücksichtigung von Gewinnverteilungsschlüssel sowie Sonderbetriebseinnahmen und -ausgaben (hierzu Anm 120). 94

Bei einem **Wechsel von der Personengesellschaft zum Einzelunternehmen** liegt insofern kein Unternehmerwechsel vor, als ein Gesellschafter Einzelunternehmer wird (Anwachsung, A 68 Abs 3 Satz 7 Nr 4 GewStR). Der Einzelunternehmer darf den GewVerlust der Gesellschaft – Unternehmensidentität vorausgesetzt – mit dem Anteil abziehen, mit dem er an ihrem Gewinn beteiligt war (BFHE 66, 548, BStBl III 1958, 210; BFHE 124, 138, BStBl II 1978, 348; BFHE 171, 246, BStBl II 1993, 616; BFH/NV 1986, 696; 1991, 112; aA FG München EFG 1983, 569), und zwar auch dann, wenn der übernehmende Gesellschafter eine GmbH ist (BFHE 143, 276, BStBl II 1985, 403). Entsprechendes gilt, wenn ein zum Gesamtgut von Ehegatten gehörender Betrieb von einem Ehegatten fortgeführt wird (BFHE 106, 225, BStBl II 1972, 775). Bei einer Aufteilung einer Personengesellschaft auf mehrere Einzelunternehmer bleibt die Unternehmeridentität, nicht jedoch die Unternehmensidentität erhalten; daher keine Berücksichtigung des GewVerlustes der Gesellschaft (BFHE 100, 538, BStBl II 1971, 147); anders jedoch, wenn und soweit ein Gesellschafter im Wege der Realteilung einen Teilbetrieb übernimmt und sich die Zuordnung der Verluste aus der Buchführung ergibt (BFHE 162, 135, BStBl II 1991, 25; zweifelnd *Meyer-Scharenberg* DStR 1992, 855). Der anteilige GewVerlust des ausgeschiedenen Mitunternehmers darf selbst dann nicht beim Verbleibenden berücksichtigt werden, wenn sich dieser bürgerlich-rechtlich verpflichtet hat, die Verluste zu übernehmen (BFHE 138, 94, BStBl II 1983, 427). Zur Berechnung vgl BFHE 124, 348, BStBl II 1978, 348; BFHE 159, 528, BStBl II 1990, 436 sowie BFH/NV 1991, 112. 95

Bei einem Wechsel vom **Einzelunternehmen zur Personengesellschaft,** auch in Einbringungsfällen, bleibt der (frühere) Einzelunternehmer insoweit Unternehmer des GewBetriebs, als er am Gewinn der Personengesellschaft beteiligt ist; denn Unternehmer iSd der Vorschrift ist nicht die Personengesellschaft als solche, sondern jeder einzelne Gesellschafter (BFHE 124, 348, BStBl II 1978, 348; BFHE 159, 528, BStBl II 1990, 436; BFHE 171, 246, BStBl II 1993, 613; BFH/NV 1991, 112; zweifelnd *Meyer-Scharenberg* DStR 1992, 855). Der GewVerlust des (früheren) Einzelunternehmers kann auch dann nicht in voller Höhe abgezogen werden, wenn dieser maßgeblich an der Personengesellschaft beteiligt ist (so noch das inzwischen überholte Urteil BFHE 68, 294, BStBl III 1959, 115). § 24 Abs 4 UmwStG nF steht nicht entgegen (kein Verweis auf § 23 Abs 5 96

UmwStG). Daher kann auch der Verlust nur bis zu dem Betrag berücksichtigt werden, der von dem GewErtrag der Personengesellschaft nach ihrem Verteilungsschlüssel auf den früheren Einzelunternehmer entfällt, sofern der Schlüssel nicht von außerbetrieblichen Erwägungen, etwa nur zur Verrechnung des Verlustes, beeinflusst ist (BFHE 124, 348, BStBl II 1978, 348). Er muss den Beiträgen der Gesellschafter an der Erreichung des Gesellschaftszwecks entsprechen. Dabei sind nicht nur besondere Gewinnanteile wie Tätigkeitsvergütungen und Kapitalverzinsung zu berücksichtigen (BFHE 124, 348, BStBl II 1976, 348), sondern auch Sonderbetriebsausgaben im Zusammenhang mit Sonderbetriebsvermögen des bisherigen Einzelunternehmers (FG Hamburg EFG 1992, 682).

97 Bei einem **Gesellschafterwechsel in der Personengesellschaft** kommt es nach BFHE 124, 348, BStBl II 1978, 348 und BFHE 171, 246, BStBl II 1993, 616 zu einem teilweisen Unternehmerwechsel. Demnach ist zu unterscheiden: **scheidet ein Gesellschafter** ohne Hinzutreten eines anderen **aus,** so geht sein Anteil am seinerzeitigen GewVerlust unter; die verbleibenden Gesellschafter können den Verlust der Gesellschaft insoweit berücksichtigen, als sie im Jahr seiner Entstehung daran beteiligt waren (BFHE 172, 507, BStBl II 1995, 791; BFHE 180, 450, BStBl II 1997, 82; BFH/NV 1994, 573; hierzu *Wingler* BB 1998, 2087). Der Verlust des ausgeschiedenen Gesellschafters ist auch dann nicht zu berücksichtigen, wenn die verbleibenden Gesellschafter bürgerlich-rechtlich zu der Übernahme verpflichtet sind (BFHE 138, 94, BStBl II 1983, 427). Dies gilt auch beim **Tod** eines Gesellschafters und sogar dann, wenn die verbliebenen Gesellschafter dessen Erben sind (BFHE 67, 400, BStBl III 1958, 426; BFHE 86, 123, BStBl III 1966, 374; BFHE 173, 371, BStBl II 1994, 331; BFH/NV 1991, 112; vgl auch BFH/NV 1997, 897; *Gosch* StBp 1994, 126; mE jedoch zweifelhaft, da es ein auch steuerrechtlicher Grundsatz ist, dass der Erbe in die Rechtsstellung des Erblassers einrückt).

Scheidet ein Gesellschafter aus und tritt ein neuer Gesellschafter ein, so können die übrigen Gesellschafter nur ihren Anteil des Verlustentstehungsjahres berücksichtigen, und zwar bis zu dem Betrag, der vom GewErtrag des Anrechnungsjahres auf sie entfällt (vgl BFH/NV 1986, 696; BFHE 159, 528, BStBl II 1990, 436). Wird lediglich ein Gesellschafter zusätzlich **aufgenommen,** so ist der Verlust nur bis zur Höhe des anteiligen GewErtrags des Anrechnungsjahres zu berücksichtigen (vgl BFHE 173, 547, BStBl II 1994, 477; BFHE 174, 233, BStBl II 1994, 764 unter II.2.e.aa). Die auf die Person des Gesellschafters bezogene Berücksichtigung von GewVerlusten lässt es zumindest zweifelhaft erscheinen, ob sich GewVerluste durch eine **stufenweise** Veränderung des Gesellschafterbestandes „retten" lassen (**abl** *OFD Köln* DStR 1998, 1472; hierzu *Pyszka* DStR 1995, 1825; 1997, 1073; *Herzig/Förster/Förster* DStR 1996, 1025; **aA** *Weßling* Inf 1994, 686; 1995, 489; 1997, 167; *Madauß* StBp 1998, 331).

98 **Einzelfälle.** Ein schädlicher Gesellschafterwechsel liegt auch vor, wenn ein Gesellschafter seine **unmittelbare Beteiligung aufgibt** und **mittelbar** über eine Obergesellschaft beteiligt bleibt: der gewerbesteuerliche Verlustvortrag beschränkt sich auf die Verluste der vorangegangenen EZe, die

im Bereich des Sonderbetriebsvermögens des Gesellschafters entstanden sind (BFHE 193, 151, BStBl II 2001, 731; FG Berlin EFG 2006, 755 Rev). Das gilt auch für einen Beteiligungswechsel durch Erbfall (BFH/NV 2001, 1447) bzw wenn der ausgeschiedene Gesellschafter über eine Organgesellschaft mittelbar an der Personengesellschaft beteiligt bleibt (BFHE 194, 217, BStBl II 2001, 114; Anm *Wendt* FR 2001, 253).

Ein Gesellschafterwechsel liegt auch vor, wenn bei einer Organschaft die **Obergesellschaft** ihre Anteile an der Personengesellschaft auf das Organ überträgt (BFHE 76, 513, BStBl III 1963, 188). Dagegen führt die Umwandlung ebenso wie die Einbringung des Betriebs einer Personengesellschaft in eine Personengesellschaft anderer Rechtsform nicht ohne weiteres zu einem Unternehmerwechsel (BFHE 174, 547, BStBl II 1994, 477). Entsprechendes gilt bei der Verschmelzung von zwei gesellschafteridentischen Personengesellschaften (BFHE 174, 233, BStBl II 1994, 764) und für Übertragungen von Beteiligungen innerhalb der Gesellschaft (FG Bremen EFG 1995, 586 rkr; *Weßling* Inf 1995, 489) sowie bei Zuwachsung des Betriebsunternehmens beim Besitzunternehmen nach Beendigung einer Betriebsaufspaltung (Nds FG EFG 1995, 230 rkr). Gegen eine Beschränkung des Verlustabzugs ab EZ 1975 aus den in Anm 90 wiedergegebenen Gründen *Lenski/Steinberg* § 10 a Anm 13; FG Hamburg EFG 1989, 70, aufgeh durch BFHE 159, 528, BStBl II 1990, 436. Nach der Rspr des BFH ist die Rechtsfrage indes geklärt (vgl BFHE 178, 379, BStBl II 1995, 890; BFHE 180, 450, BStBl II 1997, 82, Vb nicht zur Entscheidung angenommen, BVerfG BFH/NV 1997, 897).

Kein Unternehmerwechsel lag nach A 68 Abs 3 Satz 7 Nr 6 GewStR in entsprechender Anwendung von § 19 Abs 2 UmwStG vor, wenn eine Kapitalgesellschaft, die Mitunternehmerin einer Personengesellschaft ist, auf eine andere **Kapitalgesellschaft verschmolzen** wird (ebenso gestützt auf § 19 Abs 1 iVm § 12 Abs 3 Satz 2 UmwStG aF FG Münster EFG 2006, 1536 rkr). Nach der Neufassung des § 4 Abs 2 Satz 2 iVm § 12 Abs 3 u § 19 Abs 2 UmwStG durch G v 7. 12. 2006 (BGBl I 2006, 2782) ist dies auf der Grundlage von § 10 a Satz 4 u 5 mE nicht mehr anzunehmen. Dem lässt sich mE nicht entgegenhalten, § 4 Abs 2 Satz 2 UmwStG nF betreffe den *eigenen* GewVerlust der übertragenden Kapitalgesellschaft (so aber *Lenski/Steinberg* § 10 a Anm 74), denn diese Vorschrift trifft keine Unterscheidung nach eigenem und zugerechnetem GewVerlust (**aA** auch *Behrendt/Arjes* DStR 2008, 811).

Bei einer **Betriebsübertragung** auf eine andere Personengesellschaft, an **99**
der kein Gesellschafter der übertragenden Gesellschaft beteiligt ist, liegt ebenso ein vollständiger Unternehmerwechsel (§ 2 Abs 5) vor (BFHE 171, 246, BStBl II 1993, 616) wie bei einem Ausscheiden alter Gesellschafter aus der das Unternehmen fortführenden Gesellschaft (BFHE 180, 455, BStBl II 1997, 179).

Bei einem **unterjährigen Wechsel** ist mE der GewErtrag des entspre- **100**
chenden EZ **aufzuteilen** (*OFD Kiel* DStR 2000, 823). § 18 GewStG steht dem mE nicht entgegen, weil diese Vorschrift nur den *Zeitpunkt* des Entstehens der GewSt betrifft, jedoch nichts darüber aussagt, wie die ihr zugrunde zu legenden Besteuerungsgrundlagen zu ermitteln sind (**aA** FG

Berlin EFG 2006, 755 Rev). Das bedeutet: im Verlustentstehungsjahr geht nur der bis zum Ausscheiden eines Mitunternehmers entstandene Verlust anteilig verloren; im Anrechnungsjahr ist der bis zum Wechsel entstandene Gewinn anteilig um die auf den Ausscheidenden entfallenden Fehlbeträge zu kürzen (*Söffing* DB 1994, 747; *Orth* DB 1994, 1313). Zum maßgebenden kürzungsfähigen GewErtrag gehört mE auch der vom Ausscheidenden erzielte Veräußerungs-/Aufgabegewinn (*Lenski/Steinberg* § 10a Anm 242; *Füger/Rieger* DStR 2002, 933; *Günkel/Levedag* FR 2004, 261).

101 Bei der **atypischen stillen Gesellschaft** sind die vorstehenden Grundsätze anzuwenden (BFHE 179, 427, BStBl II 1998, 685; BFH DStR 2009, 683; *Oenings* DStR 2008, 279; **aA** *Winkeljohann/Halfar* DB 1994, 2471); dh personelle Veränderungen beeinflussen den Verlustvortrag bzw verrechenbaren GewErtrag (*Lenski/Steinberg* § 10a Anm 76). Beteiligen sich *mehrere Personen*, ist zu prüfen, ob eine *einheitliche* Mitunternehmerschaft oder mehrere Mitunternehmerschaften vorliegen (§ 2 Anm 15). Im letztgenannten Fall ist mE der Verlustvortrag entsprechend den unterschiedlichen Geschäftszwecken aufzuteilen und danach entsprechend der Unternehmeridentität zu verrechnen.

102 **Doppelstöckige Personengesellschaft.** Ist zB an einer Personengesellschaft (KG) A eine andere B als Kommanditistin beteiligt, dann ist diese selbst (nicht ihre Gesellschafter) Mitunternehmerin der A (BFHE 163, 1, BStBl II 1991, 691; Ls in BFH/NV 1991, 804 mwN). Ein Gesellschafterwechsel bei B führt daher nicht zu einem Unternehmerwechsel bei A (BFHE 133, 564, BStBl II 1981, 748; BFHE 143, 135, BStBl II 1985, 334, mit dem die aA des FG Hamburg EFG 1982, 480 abgelehnt wird; vgl hierzu *L. Schmidt* FR 1985, 277; *Söffing* DB 1994, 1488; **aA** *Wingler* BB 1998, 2087). Entsprechendes gilt mE für eine KG und atypisch Still im Fall eines Gesellschafterwechsels bei der KG (*Schumacher* DStR 1998, 841; *Lenski/Steinberg* § 10a Anm 76). Tritt an die Stelle eines Gesellschafters eine andere Personengesellschaft B in die weiterbestehende Personengesellschaft A ein, dann treten die in Anm 97 dargestellten Rechtsfolgen auch dann ein, wenn der ausgeschiedene Gesellschafter an der B beteiligt ist (BFHE 180, 455, BStBl II 1997, 179; BFHE 189, 525, BStBl II 1999, 794; BFHE 193, 151, BStBl II 2001, 731; *HG* DStR 1999, 1855; *Schiffers* GmbHR 1999, 1266; zweifelnd *Wendt* FR 1999, 1311; 2001, 77; **aA** *Bordewin* DStR 1996, 1594: dem Gesellschafter, der mittelbar Mitunternehmer der A sei, bleibe sein Anteil am Verlustabzug erhalten). Dem BFH ist zuzustimmen; vgl die in Anm 93 angegebenen für die Unternehmereigenschaft der Personengesellschaft sprechenden Gründe; auch § 5 Abs 1 Satz 3 greift insofern nicht ein; aus § 15 Abs 1 Satz 1 Nr 2 Satz 2 EStG ergibt sich nichts anderes (lediglich Gleichstellung des Obergesellschafters im Hinblick auf Sondervergütungen: BFHE 189, 525; BStBl II 1999, 784; BFHE 193, 151, BStBl II 2001, 731; *HG* DStR 1996, 1364). Findet hingegen **bei der Obergesellschaft** (GmbH & Co KG) eine **Verschmelzung** der Kommanditistin auf die Komplementärin statt, geht mE der auf die Obergesellschaft entfallende Verlustanteil unter, weil die Verschmelzung insofern einen Gesellschafterwechsel bedeutet (**aA** Sächs FG EFG 2008, 1403 Rev, Anm *Wüllenkemper*).

Bei einer **Anwachsung** der Tochter- auf die Muttergesellschaft gelten mE die Grundsätze in Anm 95 entsprechend (*OFD Münster* v 28. 5. 2008).

Bei einem **Formwechsel der Obergesellschaft** ist weiterhin von der Unternehmeridentität bei der Untergesellschaft auszugehen, weil die zivilrechtliche Identität von jener erhalten bleibt (*OFD Düsseldorf* DB 2000, 2247).

103.–105. Körperschaften

Vor Erlass des **UmwStG nF** v 7. 12. 2006 (BGBl I 2006, 2782) galt Folgendes: 103

Umwandlung von Körperschaften in eine Personengesellschaft durch Verschmelzung, Spaltung oder Formwechsel: Die Änderung der Rechtsform von Körperschaften hatte zur Folge, dass der GewVerlust untergeht. (§ 18 Abs 1 Satz 2 UmwStG aF). Die vortragsfähigen Fehlbeträge der übertragenden Gesellschaft waren nach § 19 Abs 2 Satz 3 UmwStG aF zu kürzen. Hierbei war es unerheblich, ob ein Gesellschafterwechsel stattfand oder nicht. Dagegen galten bei Einbringung eines Betriebes, Teilbetriebes oder Mitunternehmeranteils in eine Personengesellschaft nach § 24 UmwStG aF die Grundsätze zu Anm 96. (A 68 Abs 4 Satz 6 GewStR). Kein Unternehmerwechsel lag vor bei der so genannten **formwechselnden Umwandlung** nach §§ 190 ff UmwG (A 68 Abs 4 Satz 1 GewStR) mit Ausnahme von Umwandlungen auf Personengesellschaften und Partnerschaftsgesellschaften (vgl § 191 Abs 2 UmwG), also insb Umwandlungen

- einer Aktiengesellschaft (AG) in eine Kommanditgesellschaft auf Aktien (KGaA) oder in eine GmbH,
- einer KGaA in eine AG oder in eine GmbH,
- einer GmbH in eine AG oder in eine KGaA,
- einer Genossenschaft in eine AG,
- einer bergrechtlichen Gewerkschaft in eine AG, in eine KGaA oder in eine GmbH,
- eines Versicherungsvereins auf Aktien (VVaA) in eine AG,
- einer Körperschaft des öffentlichen Rechts (insgesamt) in eine AG oder in eine GmbH.

Für Umwandlungen im Beitrittsgebiet vor dem 1. 1. 1991 war eine formwechselnde Umwandlung anzunehmen bei einer Umwandlung

- einer LPG in eine eG (§ 27 Abs 1 LwAnpG, GBl I Nr 42, 642 ff) und
- einer kooperativen Einrichtung, die juristische Person ist, in eine eG (§ 23 Abs 1 LwAnpG) (vgl hierzu FM Sachsen DStR 1992, 544);
- sowie einer Einkaufs- u Liefergenossenschaft in eine eG (Sächs FG EFG 1995, 693; 1996, 194).

Abziehbar blieb der GewVerlust bei einer **Verschmelzung** nach §§ 2 ff UmwG auf die Verlustgesellschaft; iÜ war die Verlustnutzung nur unter den Voraussetzungen des § 19 Abs 2 UmwStG möglich (A 68 Abs 4 Satz 2 GewStR).

Für die **Abspaltung/Aufspaltung** auf eine andere Körperschaft enthielt das UmwStG 1995 in § 19 Abs 1 eine Sonderregelung (Kürzung des GewErtrags der übernehmenden Körperschaft um die vortragsfähigen Fehlbeträge der übertragenden Körperschaft). Nach der Fassung des G v 23. 10. 2000 (BGBl I 2000, 1433) war ein vorhandener GewVerlust nach § 19 Abs 2 und § 15 Abs 4 UmwStG aF auf die beteiligten Körperschaften aufzuteilen, ohne dass es auf die Spaltung gerade des Verlustbetriebs angekommen wäre (A 68 Abs 4 Satz 3

GewStR; *Lenski/Steinberg* § 10a Anm 78). Bei **Umwandlung einer GmbH & Co KG** in eine GmbH durch Ausscheiden des einzigen Kommanditisten war wie bei einem Gesellschafterwechsel bei Personengesellschaften (oben Anm 96) zu verfahren (BFHE 138, 94, BStBl II 1983, 427); dh die GmbH konnte ihren GewVerlust insoweit abziehen, wie sie ihn im Entstehungsjahr getragen hatte (*Orth* StRK GewStG § 10a R 36). Dagegen lag im Wechsel von Gesellschaftern einer Kapitalgesellschaft kein Unternehmerwechsel. Zu beachten war jedoch ab EZ 1990 (und evtl schon davor) § 8 Abs 4 KStG aF bzw § 8c KStG nF (Anm 16ff).

104 Bei einer **Zusammenfassung** von Betrieben gewerblicher Art (BgA) galt das Erfordernis der Unternehmeridentität entsprechend. Die Trägerkörperschaft ist Steuersubjekt wegen jedes einzelnen BgA. Daraus folgte, dass ein Verlustvortrag nur insoweit zulässig war, als der Verlust durch dieselbe Tätigkeit entstanden war wie der um ihn zu mindernde Gewerbeertrag (vgl BFHE 166, 342, BStBl II 1992, 432). Ab EZ 2009 ist Satz 9 nF zu beachten (Anm 87).

105 **Nach** Erlass des **UmwStG nF** v 7. 10. 2006 (BGBl I 2006, 2782) gilt nunmehr:

Bei einem **Vermögensübergang auf** eine **Personengesellschaft** kann diese die Fehlbeträge der übertragenden Körperschaft nicht nutzen (§ 18 Abs 1 Satz 2 UmwStG nF; **aA** *Oenings* DStR 2008, 279). Das gilt mE – wie zuvor – auch für einen **Formwechsel** sowie eine **Spaltung** (A 68 Abs 4 Satz 4 GewStR; *Lenski/Steinberg* § 10a Anm 79). Bei einem **Vermögensübergang** (Anmeldung zur Eintragung ins HR nach dem 12. 12. 2006) auf eine **andere Körperschaft** geht der Fehlbetrag nach § 19 Abs 2, § 12 Abs 3, § 4 Abs 2 UmwStG nF verloren (zur Kritik *Maiterth/Müller* DStR 2006, 1861). Bei einer **Spaltung** auf eine **andere Körperschaft** verbleibt der Fehlbetrag nach § 19 Abs 2, § 15 Abs 3 UmwStG nF im Verhältnis des genauen Werts des bei der Verlustgesellschaft verbleibenden Vermögens bei dieser und geht iÜ verloren. Bei **Einbringung** eines Betriebs oder Teilbetriebs in eine Kapitalgesellschaft kann der maßgebende GewErtrag der übernehmenden Gesellschaft nicht um die Fehlbeträge des Einbringenden gekürzt werden (§ 23 Abs 5 UmwStG nF); sie verbleiben bei diesem auch dann, wenn sie in dem eingebrachten Betrieb/Teilbetrieb entstanden sind (vgl A 68 Abs 4 Satz 5 GewStR zur Ausgliederung).

106.–111. Organschaften

Literatur: *Rödder,* Verlustvortrag im Organkreis, DStR 2001, 780; *Urbahns,* Die gewerbesteuerliche Organschaft unter besonderer Berücksichtigung der Verlustverrechnung, Inf 2001, 581.

106 Der Grundsatz, dass der Verlustvortrag Unternehmer- und Unternehmensidentität voraussetzt, gilt auch für organschaftlich verbundene Unternehmen (BFHE 167, 158, BStBl II 1992, 630; BFHE 194, 217, BStBl II 2001, 114; zu den sich hieraus ergebenden Aspekten bei der Planung *Urbahns* Inf 2001, 581). **Im Organkreis entstandene Verluste** kann während des Bestehens der Organschaft nur der Organträger abziehen und zwar durch Zusammenfassung der GewErträge der zum Organkreis gehörenden Gesellschaften. Verbleibt ein Fehlbetrag, dann steht dieser dem Organträger zu (BFHE 105, 383, BStBl II 1972, 582). Hierbei ist es ohne Bedeutung, ob ein Ergebnisabführungsvertrag bestand/besteht oder nicht. Hatte bis EZ 1985 einschließlich eine Organgesellschaft ein Rumpfwirtschaftsjahr, dann war der GewErtrag auf einen Jahresbetrag umzurechnen (BFHE 150, 54, BStBl II 1987, 579). Diese Grundsätze gelten auch nach Beendigung der Organschaft, dh das Organ kann nicht verbrauchte Fehlbeträge (soweit sie ihm rechnerisch überhaupt zugeordnet werden könnten) nicht „mitnehmen" BFHE 161, 157, BStBl II 1990, 916; BFHE 213, 38, BStBl II 2006, 549; BFH/NV 1991, 116; zust *Jonas* DB 1990, 2394; *Gosch* StuW 1992, 350, 358). Da das Ergebnis des Organkreises beim Organträger durch Zusammenfassung der getrennt ermittelten Ergebnisse der einzelnen Gesellschaften errechnet wird (BFHE 194, 217, BStBl II 2001, 114), lediglich bereinigt durch evtl Doppelbelastungen und -entlastungen (BFHE 178, 448, BStBl II 1995, 794; BFH/NV 2000, 745), besteht materiell-rechtlich kein gemeinsamer GewErtrag aller Unternehmen des Organkreises, sondern nur ein GewErtrag des Organträgers. Für die Festsetzung des GewStMessbetrages ist nur dieses Gesamtergebnis maßgebend (st Rspr, vgl BFHE 194, 217, BStBl II 2001, 114). Die Einzelergebnisse der Organgesellschaft und damit auch deren Fehlbeträge gehen auf den Organträger über. Damit kann künftig nur ein Fehlbetrag, nämlich der des Organträgers, von Interesse sein. Für dieses Ergebnis spricht auch die Betriebsstättenfunktion des Organs (§ 2 Abs 2) sowie dessen Sinn und Zweck, willkürliche Gewinnverlagerungen im Organkreis zu vermeiden (ebenso *Lenski/Steinberg* § 10 a Anm 209 ff; *Blümich/von Twickel* § 10 a Rz 100). Allein die Möglichkeit, dass im Einzelfall GewVerluste nicht berücksichtigt werden können, rechtfertigt kein anderes Ergebnis gegen die gesetzgeberische Entscheidung, davon abgesehen dass bei größeren Organkreisen nach mehreren Jahren kaum zu ermitteln sein dürfte, welcher Fehlbetrag in der Zwischenzeit beim Organträger verrechnet ist.

Für **vororganschaftliche Verluste** besteht ab **EZ 2004** die verschär- **107**
fende Bestimmung, dass die Organgesellschaft auch ihren eigenen GewErtrag nicht um Fehlbeträge kürzen darf, die sich vor dem rechtswirksamen Abschluss des Gewinnabführungsvertrags ergeben haben. Ob mit dieser Formulierung tatsächlich der Zeitpunkt des Wirksamwerdens des Vertrags (durch Eintragung in das Handelsregister) gemeint ist (so jedoch *BMF* BStBl I 2005, 1038 Rn 25; *Blümich/von Twickel* § 10 a Anm 97; *Dötsch/Pung* DB 2004, 151; *Dötsch* DB 2005, 2541), erscheint zumindest zweifelhaft. Man sollte mE dem Gesetzgeber nicht ohne Not unterstellen, selbst einfache Formulierungsfragen nicht mehr bewältigen zu können. ME ist daher der Anteil des GewVerlusts, der auf die Zeit nach dem Abschluss – auch *unterjährig* – entfällt, kein vororganschaftlicher Verlust iSd Vorschrift (im Ergebnis ebenso *Walter* GmbHR 2005, 456; *Sauter/Heurung/Klübenspies* BB 2005, 1304; *Rautenstrauch/Adrian* DB 2005, 1018; *Lenski/Steinberg* § 10 a Anm 215). Wie auch immer, vororganschaftliche Verluste kann das Organ erst nach Beendigung der Organschaft unter der Voraussetzung der Unternehmens- und Unternehmeridentität bzw der wirtschaftlichen Identität abziehen (vgl BFHE 189, 184, BStBl II 1999, 733). Das gilt mE auch für andere außerorganschaftliche Verluste, die zwar nach dem Abschluss des GAV übergegangen (zB durch Anwachsen einer Personenge-

sellschaft), aber bereits früher entstanden sind; denn § 10 a Satz 3 stellt auf den Zeitraum ab, in dem die Verluste entstanden sind. Für die nach dem rechtswirksamen Abschluss entstandenen und übergehenden Verluste ist die Vorschrift nicht einschlägig (*Prinz/Hick* DStR 2006, 841; *Lenski/Steinberg* § 10 a Anm 216).

108 **Bis EZ 2003** konnte das Organ, nicht aber die Muttergesellschaft seine Verluste aus vororganschaftlicher Zeit bei sich ausgleichen (BFHE 62, 246, BStBl III 1956, 91; BFHE 105, 383, BStBl II 1972, 582; BFHE 167, 158, BStBl II 1992, 630). Denn trotz § 2 Abs 2 Satz 2 sind die in der Organschaft verbundenen Unternehmen gewst-rechtlich selbständig und bilanzieren getrennt. Auch vollziehen sich die Betriebsvorgänge nicht in einem „einheitlichen Steuergegenstand" (BFHE 58, 101, BStBl III 1953, 329; vgl auch BFHE 71, 475, BStBl III 1960, 472; BFHE 145, 78, BStBl II 1986, 73). Der nur um den Verlustabzug geminderte GewErtrag der Organgesellschaft ist bei der Zusammenrechnung der GewErträge von Organträger und Organ als Rechnungsposten anzusetzen (BFHE 122, 310, BStBl II 1977, 701; BFHE 138, 94, BStBl II 1983, 427; BFHE 167, 158, BStBl II 1992, 630). Beim Organ nicht verbrauchte Fehlbeträge sind nicht auf den Organträger zu übertragen (BFHE 62, 246, BStBl III 1956, 91; BFHE 105, 383, BStBl II 1972, 582). Dies gilt auch, wenn der Verlust aus einer Beteiligung als Mitunternehmer an einer durch Austritt des einzigen Kommanditisten aufgelösten KG herrührt (BFHE 138, 94, BStBl II 1983, 427). Der Verlust aus der Beteiligung an einer bestehenden Personengesellschaft darf sich (solange diese besteht) nach § 8 Nr 8 und § 9 Nr 2 nicht bei der beteiligten Gesellschaft auswirken; er bleibt daher auch außerhalb des Organschaftsverhältnisses (BFHE 76, 513, BStBl III 1963, 188).

109 Die Frage, ob der Organträger **seine** vororganschaftlichen Verluste von einem positiven GewErtrag des Organs abziehen kann, hat der BFH noch nicht entschieden (offen gelassen in BFHE 194, 217, BStBl II 2001, 114; ablehnend A 68 Abs 5 Satz 6 GewStR; *Lenski/Steinberg* § 10 a Anm 213; *Patt/Stimpel* FR 2000, 705; **aA** *Ländererlass* BStBl I 1999, 1134; *Prinz/Ommerborn* FR 1999, 993; FR 2000, 708; vgl auch *Eckart/Kneip/Rieke* Inf 1999, 225; *Rödder* DStR 2001, 780). ME sollte die Kürzung zulässig sein, weil die sachliche und persönliche StPfl den Organträger trifft, der durch die Begründung der Organschaft seinen Gewerbebetrieb lediglich um eine Betriebsstätte erweitert hat; zudem erfolgt der Ausgleich der Verluste in diesem Fall tatsächlich bei dem Unternehmen, das sie erwirtschaftet hat. Auch in einem **mehrstufigen** Organkreis lässt die *FinVerw* (vgl *OFD Kiel* DStR 2000, 823; *OFD Hannover* DStR 2003, 1836) die Verrechnung mit eigenen vororganschaftlichen Verlusten des Organträgers mit der Maßgabe zu, dass die Verrechnung stufenweise nach der tatsächlichen Eingliederung erfolgt.

110 Für **andere außerorganschaftliche** Verluste gilt mE nichts anderes. Sie sind nach der eingeschränkten Einheitstheorie nur auf der ersten Stufe der GewErtragsermittlung der Organgesellschaft zu erfassen (BFHE 161, 157, BStBl II 1990, 916; BFH/NV 1991, 116). Verluste einer Personengesellschaft, an der das Organ beteiligt ist, erreichen nicht einmal diese erste Ermittlungsphase (BFHE 178, 448, BStBl II 1995, 794; BFHE 194, 217,

BStBl II 2001, 114). Wird die Mitunternehmerschaft aufgelöst, können anteilige Gewerbeverluste nur mit eigenen Gewerbeerträgen der Organgesellschaft verrechnet werden; eine Verrechnung mit Gewinnen des Organträgers ist nicht zulässig. Entsprechendes gilt, wenn eine andere Kapitalgesellschaft auf das Organ verschmolzen wird (vgl § 19 UmwStG; hierzu *OFD Ffm* DB 2000, 1594).

Für außerorganschaftliche Verluste des Organträgers gelten entsprechende Grundsätze (*OFD Magdeburg* DStR 2000, 1436; *Rödder* DStR 2001, 780).

In Fällen der bis EZ 2002 zulässigen **Mehrmütterorganschaft** galten 111
die vorstehenden Ausführungen entsprechend. Die anteilige Zurechnung der GewVerluste hatte, wenn eine BGB-Gesellschaft zwischengeschaltet war, nach § 180 Abs 1 Nr 2a AO im Rahmen einer einheitlichen und gesonderten Gewinnfeststellung zu erfolgen. Der auf der Lehre von der mehrfachen Abhängigkeit beruhenden **aA** des BFH (BFHE 189, 518, BStBl II 2000, 695; BFH/NV 2000, 347), wonach die Zwischenschaltung einer Personengesellschaft nicht erforderlich ist, hatte der Gesetzgeber zunächst durch rückwirkende Einfügung von § 2 Abs 2 Satz 3 GewStG und § 14 Abs 2 KStG den Boden entzogen. Die **Rückwirkung** auch auf EZe vor 2002 (§ 36 Abs 2 Satz 3 GewStG; § 34 Abs 6 Satz 2 KStG) verletzt nach BFHE 213, 38, BStBl II 2006, 549 kein Verfassungsrecht (Rechtssicherheit, Vertrauensschutz).

Bei Ausscheiden des vorletzten Gesellschafters aus einer Willensbildungs-GbR geht der verbleibende Verlust mangels Unternehmensidentität nicht auf den letzten Gesellschafter über (BFHE 213, 38, BStBl II 2006, 549; *BMF* BStBl I 2003, 497; zust *Lenski/Steinberg* § 10a Anm 219). ME ist diese Auffassung im Hinblick auf die oa Grundsätze zur Unternehmens- und Unternehmeridentität (insb Anm 16) nicht zu teilen; zutreffend ist mE ein Übergang des Verlusts mit dem Anteil, mit dem der letzte Gesellschafter an der GbR beteiligt war.

112.–121. Durchführung des Verlustabzugs

Auszugehen ist vom GewErtrag/GewVerlust, der nach den §§ 7–9 112
zu ermitteln ist (A 66 Abs 2 GewStR). Einnahmen (Gewinne), die einer **sachlichen Steuerbefreiung** unterliegen, sind nicht mit dem ohne sie entstandenen abziehbaren Verlust desselben oder eines anderen EZ zu verrechnen. Dies gilt insbesondere für (ehemals) steuerfreie Sanierungsgewinne (§ 3 Nr 66 aF EStG; BFHE 69, 275, BStBl III 1959, 366), steuerfreie Zinseinnahmen (§ 3a EStG; BFHE 77, 394, BStBl III 1963, 464) und ausländische Schachteldividenden sowie steuerfreie Veräußerungsgewinne (BFHE 94, 186, BStBl II 1969, 102; BFHE 93, 75, BStBl II 1968, 666). Zwar sind die letztbezeichneten Entscheidungen zur ESt und KSt ergangen. Doch dürfte auch bei der GewSt nicht anders zu verfahren sein (A 66 Abs 2 Satz 2–4 GewStR; s auch *Curtius/Hartung* StbJb 1986, 87, 10 ff). Zum Verfahren bei **Sanierungsgewinnen** (nach EZ 1998) vgl BMF BStBl I 2003, 240 (abw Steuerfestsetzung nach § 163 AO *einschließlich* Verrechnung; Stundung nach § 222 AO mit dem Ziel des späteren Erlasses nach § 227 AO) sowie *BayLfSt* FR 2006, 900; *OFD Hannover* DStR 2006,

2138 (Prüfung eines Verrechnungsvorbehalts durch Gemeinde bei Billigkeitsmaßnahme).

Gewinne aus der **Veräußerung/Aufgabe eines GewBetriebs** bzw **Mitunternehmeranteils** gehören **ab EZ 2002** zum GewErtrag, soweit er nicht auf eine natürliche Person als unmittelbar beteiligter Mitunternehmer entfällt.

Bestand eine **persönliche Steuerbefreiung,** kann ein in dieser Zeit entstandener Verlust nicht mit Gewinnen nach Beendigung der Befreiung verrechnet werden, und zwar auch dann nicht, wenn die Steuerbefreiung aus Billigkeitsgründen gewährt worden ist (**aA** *Blümich/von Twickel* § 10a Anm 61). Etwas anderes kann mE nur gelten, wenn sich durch eine abw Steuerfestsetzung aus Billigkeitsgründen (§ 163 AO, zB Nichtansatz einer Besteuerungsgrundlage) ein GewVerlust ergeben hat. Ein vor der Befreiung entstandener Verlust kann, sofern Unternehmensidentität besteht (BFHE 189, 183, BStBl II 1999, 733), nach Wegfall der Befreiung verrechnet werden. Bei Tätigkeiten, für die eine **ermäßigte StMesszahl** gilt, findet eine Aufteilung auch dann nicht statt, wenn der Betrieb auch nicht begünstigte Tätigkeiten ausübt. Das gilt etwa für **Wasserkraftwerke,** die steuerbegünstigte Anlagen (VO v 26. 10. 1944, RGBl I 1944, 278, RStBl 1944, 667, geändert durch G v 14. 12. 1984, BGBl I 1984, 1493, BStBl I 1984, 659) und nicht steuerbegünstigte Anlagen betreiben. Sie haben den GewErtrag, die Fehlbeträge nach § 10a GewStG und den einheitlichen GewStMessbetrag zusammen, dh ohne Aufteilung auf steuerbegünstigte und nicht steuerbegünstigte Anlagen zu ermitteln. Nur wenn sich danach eine positive Zahl ergibt, ist zu prüfen, inwieweit der einheitliche GewStMessbetrag auf die begünstigten und nicht begünstigten Anlagen entfällt (BFHE 121, 74, BStBl II 1977, 251). Auch Verluste aus dem Betrieb von **Handelsschiffen** im internationalen Verkehr standen trotz § 11 Abs 4 GewStG 1974 bis einschließlich EZ 1992 ohne Einschränkung zur Kürzung der in den Folgejahren erzielten GewErträge aus anderen Tätigkeitsbereichen zur Verfügung (BFHE 147, 380, BStBl II 1986, 860; FG Hamburg EFG 1982, 195). Den Entscheidungen ist zuzustimmen; sie entsprechen dem Wortlaut der Vorschrift, (ebenso *Lenski/Steinberg* § 10a Anm 226). Bewertungswahlrechte wie Sonderabschreibungen sind bei der Ermittlung des GewVerlusts in vollem Umfang und nicht nur zeitanteilig zu berücksichtigen, wenn die GewStPflicht nicht während des ganzen ESt-Veranlagungszeitraums bestanden hat (BFHE 146, 270, BStBl II 1986, 528).

113 **Abzug.** Der maßgebende GewErtrag wird um die genannten Fehlbeträge **von Amts wegen** gekürzt, soweit diese nicht schon in den vier vorherigen Jahren berücksichtigt worden sind. Es besteht also **kein Wahlrecht.** Für die tatsächliche Berücksichtigung ist allerdings ohne Bedeutung, ob von den Erträgen GewSt zu zahlen ist. Dh auch wenn diese unter den Freibeträgen des § 11 Absatz 1 liegen, können GewVerluste berücksichtigt werden, solange sie durch positive Erträge gedeckt sind (BFHE 66, 351, BStBl III 1958, 134). Für den Abzug bestehen **keine zeitlichen Beschränkungen** (vgl BFHE 163, 456, BStBl II 1991, 477; zur Kritik *Bahlau* FR 1988, 565); anders jedoch bei GewVerlusten, die bis EZ 1984 entstanden waren (hierzu die 5. Aufl § 10a Anm 24).

Mindestbesteuerung. Dagegen besteht **ab EZ 2004** eine **betragsmäßige Beschränkung.** Hiernach erfolgt die Kürzung in zwei Schritten: zunächst wird der maßgebende GewErtrag nur bis zu einem Betrag von 1 Mio € um bisher nicht ausgeglichene Fehlbeträge der vorangegangenen EZ (bis EZ 1985) gekürzt; sodann wird der GewErtrag, der den Betrag von 1 Mio € übersteigt, bis zu einem Anteil von 60% um im ersten Schritt nicht berücksichtigte Fehlbeträge gekürzt. Die Angabe 60% bezieht sich also nicht auf den gesamten GewErtrag, sondern nur auf den 1 Mio € übersteigenden Betrag. Die Regelung, die der Stetigkeit der Gemeindeeinnahmen dient (BTDrs 15/ 1517, 19; hierzu *Dötsch* DStZ 2003, 25), bedeutet in der Regel (Ausnahme: bei Beendigung des Unternehmens; Veränderungen bei der Unternehmer- oder der wirtschaftlichen Identität) keine Vernichtung von nicht ausgeglichenen Verlustvorträgen (hierzu *Wiese/Klass* GmbHR 2003, 1031), sondern lediglich die *zeitliche Streckung* des Verlustausgleichs. Jedoch tritt eine Belastung des jeweiligen Unternehmens mit GewSt auch dann ein, wenn nach einer Verlustperiode insgesamt noch kein positiver GewErtrag erzielt worden ist. Der hiermit verbundene negative wirtschaftliche Effekt wird noch verschärft, wenn ein hoher Anteil von Hinzurechnungen im maßgebenden GewErtrag enthalten ist. 114

Dieser Einschnitt in das *abschnittsübergreifende Nettoprinzip* dürfte keinen **verfassungsrechtlichen** Bedenken unterliegen zumal die in diesem Bereich erforderlichen Abwägung zwischen materieller Steuergerechtigkeit und Rechtssicherheit (Abschnittsprinzip) trotz möglicher nachteiliger Auswirkungen im Einzelfall (s o) kaum angreifbar ist (vgl BFH/NV 2006, 1150 mwN; *Intemann/Nacke* DStR 2004, 1149; **aA** *Herzig/Wagner* Wpg 2004, 53; *Lindauer* BB 2004, 2720; *Weber-Grellet* Stbg 2004, 75, 82; *Lang/Englisch* StuW 2005, 3; *Lehner* in *Lehner* S 1; *v Groll* in *Lehner* S 23; *Raupach* in *Lehner* S 53; sowie für das Ausscheiden eines Mitunternehmers FG München EFG 2008, 1737 rkr; Anm *Wüllenkemper*). 115

Verfahren. Bis einschließlich EZ 1989 galt: Der Fehlbetrag (GewVerlust) bildet einen selbständig nicht anfechtbaren Teil des GewStMessbescheids. Seine Höhe ist – wie die des Verlustabzugs nach § 10 d EStG (BFHE 139, 38, BStBl II 1983, 710 mwN) – bei der Ermittlung des GewErtrags des Anrechnungsjahres zu prüfen (ebenso A 68 Abs 3 GewStR 1984). Hierbei besteht keine Bindung an die Entscheidung des FA im Entstehungsjahr (BFHE 140, 74, BStBl II 1984, 227; BFHE 180, 455, BStBl II 1997, 179). Voraussetzung hierfür ist nicht, dass bei der Festsetzung des GewStMessbetrages für das Entstehungsjahr kein positiver GewErtrag angesetzt worden ist (ebenso *Blümich/von Twickel* § 10 a Rz 44). Die Anerkennung eines Verlustabzugs bei der ESt oder KSt führt nicht über § 35 b zu einer Änderung des GewStMessbescheides (FG München EFG 1971, 242). Eine bestimmte **Reihenfolge** für den Abzug von Fehlbeträgen aus verschiedenen EZ sieht das G nicht vor. Die Frage kann insb noch eine Rolle spielen beim Übergang von Fehlbeträgen auf eine Schwesterpersonengesellschaft, die über eigene Fehlbeträge verfügt und den übernommenen Betrieb nach einiger Zeit einstellt. Es dürfte mE Spielraum für ein Wahlrecht des Stpfl iS einer Meistbegünstigung bestehen (*Wienands* GmbHR 1999, 462; *Lenski/Steinberg* § 10 a Anm 233). Im Falle eines **fehlerhaften** 116

Nichtabzugs ist die Berücksichtigung in einem späteren EZ nicht abgeschnitten (jetzt auch BFHE 163, 456, BStBl II 1991, 477). Nach dem klaren Wortlaut sind nur die Fehlbeträge in einem späteren EZ nicht abzuziehen, die in einem vorangegangenen EZ tatsächlich berücksichtigt worden sind. Auch liegt in der (versehentlichen) Nichtberücksichtigung in einem (möglichen) Abzugsjahr keine Entscheidung über das Nichtvorliegen eines GewVerlustes im Entstehungsjahr (ebenso *Lenski/Steinberg* § 10a Rn 255). Die **aA** (*Müthling/Fock* § 10a Anm 1; *Blümich/von Twickel* § 10a Rz 45) rückt den (Nicht-)Abzug in die Nähe einer vom G nicht gewollten gesonderten Feststellung. § 10a Satz 1 enthält jedoch keine eigenständige Verfahrensvorschrift (vgl BFHE 162, 355, BStBl II 1991, 55).

117 **Rechtsbehelfe** im Hinblick auf den GewVerlust sind nicht gegen den GewStMessbescheid des Entstehungsjahres (fehlende Beschwer, da Messbetrag 0 DM), sondern des Abzugsjahres zulässig; anders jedoch **ab EZ 1990** (s Anm 118). Im Hinblick auf die Änderung des Satzes 1 durch das StBerG 1986 (vgl Anm 12) ist eine Änderung von bestandskräftigen Steuerbescheiden nach § 175 Abs 1 Satz 1 Nr 2 AO nicht zulässig (BFHE 162, 355, BStBl II 1991, 55; ebenso FG München EFG 1990, 646; FG Köln EFG 1991, 341; *Lenski/Steinberg* § 10a Anm 11; *Blümich/von Twickel* § 10a Rz 27; *Orth* FR 1986, 81; *Kraushaar* DStR 1987, 255).

Hat das FG die Klage gegen einen GewStMessbescheid des Jahres 03 mit der Begründung abgewiesen, der geltend gemachte Verlustvortrag aus den Jahren 01/02 bestehe nicht, dann kann der StPfl wegen der **Rechtskraftwirkung** dieses Urteils in einem späteren EZ 04 die Verlustvorträge aus denselben Gründen nicht geltend machen (BFHE 187, 409, BStBl II 1999, 303).

118 **Ab EZ 1990** wird der vortragsfähige Verlust **gesondert festgestellt** (Satz 2; vgl § 36 Abs 1 idF des StRefG, BGBl I 1988, 1093, BStBl I 1988, 2241; zur Kritik an der Gesetzesfassung *Kuchenreuther* DStR 1988, 638; dazu *Sarrazin* DStR 1988, 639). Für die Feststellung selbst erfordert die Unternehmeridentität nicht auch Beteiligungsidentität. Veränderungen der Beteiligungsquoten führen lediglich zu einer anderen Zurechnung künftiger positiver GewErträge (BFHE 213, 12, DStR 2006, 461).

Das G ist auf eine lückenlose Fortschreibung der vortragsfähigen Fehlbeträge hin angelegt; hierbei ist es unerheblich, wann die Verluste entstanden sind. Die gesonderten Feststellungen haben daher so lange zu erfolgen, wie sich nach Verrechnung mit positiven GewErträgen noch ein Fehlbetrag ergibt (BFHE 189, 183, BStBl II 1999, 733; *Lenski/Steinberg* § 10a Anm 249; *Blümich/von Twickel* § 10a Rz 49). **Festgestellt** wird daher die Höhe des jeweiligen Verlustbetrags, der Verbrauch des vortragsfähigen GewVerlusts und die steuerliche Abzugsfähigkeit dieses Betrags nach Maßgabe der im Feststellungszeitpunkt geltenden Rechtslage für das spätere Abzugsjahr, also ihre steuerliche „Wertigkeit", verbindlich festzustellen („abgeschichtete" Grundlagenentscheidung; BFHE 204, 273, BStBl II 2004, 468; BFHE 206, 533, BStBl II 2004, 1085; *BMF* BStBl I 1999, 455 Tz 35; *OFD Magdeburg* DB 2004, 1806; DStR 2004, 1608; *Bacmeister* DStR 2004, 841; *Neu/Watermeyer* DStR 2004, 2128); **nicht** festgestellt wird der Anteil des einzelnen Mitunternehmers (FG M-V DStRE 2008, 947; *Loose/Suck* FR 2008,

864). Änderungen bei der ESt oder KSt wirken nicht über § 35 b auf den Feststellungsbescheid. Dieser ist Grundlagenbescheid iSv § 182 AO für den GewStMessbescheid des Folgejahres (BFHE 189, 183, BStBl II 1999, 733). Dh die hier getroffenen Entscheidungen sind nur durch Anfechtung des Feststellungsbescheides, nicht (auch) des GewStMessbescheides angreifbar. Allerdings ist der Feststellungsbescheid zu ändern, wenn sich der GewVerlust eines der Vorjahre oder des lfd EZ ändert (vgl BFH/NV 2001, 1293; *Pauka* DB 1988, 2275), und zwar auch dann, wenn eine Änderung des Messbescheids mangels steuerlicher Auswirkung nicht erfolgt (vgl *Orth* StuW 1996, 317).

Bekanntzugeben ist der Feststellungsbescheid an den Schuldner der GewSt (§ 5). In **Organschaftsfällen** ist dies der Organträger auf jeden Fall dann, wenn organschaftliche Verluste des Organs festzustellen sind. Aber auch bei vororganschaftlichen Verlusten, die bis EZ 2003 entstanden sind, ist zumindest eine Ausfertigung des Bescheids dem Organträger bekanntzugeben, weil über die Verlustverrechnung beim Organ der GewErtrag des Organträgers beeinflusst wird (vgl *FM Bbg* DB 1992, 919). ME ist in diesem Fall eine Ausfertigung des Feststellungsbescheides auch dem Organ bekanntzugeben, weil auch dessen Rechte insb im Hinblick auf die Beendigung der Organschaft berührt werden. Zur örtlichen Zuständigkeit vgl *FM Bayern* DB 1993, 2262; *FM Bbg* FR 1993, 821 und § 35 b Anm 7. **Ab EZ 2004** entstandene vororganschaftliche Verluste der Organgesellschaft sind nur dieser gegenüber festzustellen, da sie sich nur bei ihr im Falle der Beendigung der Organschaft auswirken können. 119

Abzug bei Personengesellschaften. Bis zur Einführung der Sätze 4 u 5 durch das JStG 2007 war nach der Rspr des BFH der abziehbare GewVerlust mitunternehmerbezogen zu ermitteln. Danach setzte der Abzug bzw seine Ermittlung zwar voraus, dass auf der *Ebene der Mitunternehmerschaft* ein GewVerlust (im Entstehungsjahr) und ein positiver GeWErtrag (im Anrechnungsjahr) entstanden war; die *Höhe des zulässigen Abzugs* berücksichtigte aber Verhältnisse auf der *Ebene der Mitunternehmer,* nämlich neben dem Gewinnverteilungsschlüssel Sonderbetriebseinnahmen und -ausgaben (BFHE 173, 374, BStBl II 1994, 364; BFHE 189, 525, BStBl II 1999, 794; BFHE 213, 12, BStBl II 2008, 380; BFH/NV 2006, 885; Anm *Wendt* FR 2006, 560); auch war der Gewinnverteilungsschlüssel *ausnahmsweise* nicht maßgebend, wenn er nicht durch betriebliche Interessen bestimmt war und nicht den unternehmensbezogenen Beiträgen der Mitunternehmer entsprach (BFHE 124, 348, BStBl II 1978, 348; BFHE 159, 528, BStBl II 1990, 436). Diese Auffassung war mE inkonsequent, weil die mitunternehmerbezogene Betrachtung nur unter den oa Voraussetzungen stattfand, *nicht* etwa wenn die Gesellschaft, nicht aber ein Mitunternehmer *vor* dem Verlustjahr positive GewErträge erzielt hat; Verluste einzelner Mitunternehmer konnten daher verloren gehen (zu Recht krit BMF BStBl I 1996, 1392 NAnwErl; 2002, 533; *Gosch* StBp 1994, 148; *Pyszka* DStR 1997, 1073; *Ritzer/Stangl* DStR 2002, 1785; *Neu* DStR 2002, 1062, 1078; *Zerhusen* Inf 2005, 618; wie BFH *Bordewin* DStR 1995, 1488; für Wahlrecht: *Herzig/Förster/Förster* DStR 1996, 1025). Daher löst der Hinweis darauf, dass im Verlustentstehungsjahr keine GewSt angefallen 120 sei und ein individueller Verlust des betroffenen Mitunternehmers sich nicht zusätzlich auswirken dürfe (BFH/NV 2007, 1780, 2334), mE das Grundproblem nicht.

Beispiel: In dem von *OFD Köln* DStR 1997, 1046 gebildeten Beispiel (Mitunternehmerschaft mit 2 Mitunternehmern)

EZ 01	**KG**	**A (50%)**	**B (50%)**
Gesamt	./. 100 000	./. 50 000	./. 50 000
SonderBE	+ 60 000	+ 60 000	
SonderBA	./. 40 000	./. 40 000	
GewErtrag	./. 80 000	./. 30 000	./. 50 000
EZ 02	**KG**	**A (50%)**	**B (50%)**
Gesamt	+ 40 000	+ 20 000	+ 20 000
SonderBE	+ 60 000	+ 60 000	
SonderBA	./. 40 000	./. 40 000	
GewErtrag	+ 60 000	+ 40 000	+ 20 000

können nach *BFH* vom Verlust 01 50 000 (A: 30 000, B: 20 000), nach der *FinVerw* 60 000 (A: 30 000, B: 30 000) gekürzt werden. Scheidet B zum 31. 12. 02 aus, geht mit ihm ein Verlustvortrag von nach *BFH* 30 000, nach *FinVerw* von 10 000 verloren. Die Verlustfeststellung zum 31. 12. 02 erfolgt nach *BFH* mit 0 und nach *FinVerw* mit ./. 10 000.

Ab EZ 2007 (und ggf früher, § 36 Abs 9) hat der Gesetzgeber mit Einfügung der Sätze 4 u 5 die Auffassung der *FinVerw* festgeschrieben. Dh es kommt zwar zu einer Zurechnung des GewVerlusts (Entstehungsjahr) und des GewErtrags (Anrechnungsjahr) auf die Mitunternehmer, jedoch nur nach dem *Gewinnverteilungsschlüssel.*

Letzteres gilt auch für die **Höchstbeträge** des Satzes 1. Das kann im Einzelfall zur Folge haben, dass – insb bei einem Gesellschafterwechsel nach der Verlustentstehung – ebenfalls Verrechnungsmöglichkeiten zunächst ungenutzt bleiben müssen, ggf ganz verloren gehen. ME handelt es sich insoweit um eine Klarstellung von Grundsätzen, die mE schon bei konsequenter Anwendung der oa BFH-Rspr zwischen den EZen 2004 u 2006 anzuwenden waren (zum Problem auch *Lenski/Steinberg* § 10 a Anm 240 f).

Die in § 36 Abs 9 angeordnete **Rückwirkung** der Sätze 4 u 5 unterliegt – soweit sie im Einzelfall belastend wirkt – **verfassungsrechtlichen** Bedenken (BFHE 217, 117, BStBl II 2008, 140, BFH/NV 2007, 2334; ebenso *Lenski/Steinberg* § 10 a Anm 237); der BFH hat jedoch die Vorlagen (aaO) wegen Abhilfe durch die FÄ zurückgezogen (vgl BFH/NV 2009, 214, DStR 2008, 2316; Anm *MK*).

121 Ist der *Fehlbetrag* einer **Körperschaft** *unmittelbar* oder *mittelbar* über eine Beteiligung an einer Mitunternehmerschaft (auch mehrstöckig) **zuzurechnen** (§ 10 a Satz 4; Anm 120), so ist **ab EZ 2009** *insoweit* § 8 c KStG (Anm 45 ff) anzuwenden. Das bedeutet: in dem Maße, in dem bei der Körperschaft aufgrund schädlichen Beteiligungserwerbs (Anm 50 ff) ein Verlust des Verlustvortrags (Anm 70 ff) eintritt, geht auch auf der Ebene der Mitunternehmerschaft der anteilige GewVerlust unter. Das G behandelt also den

schädlichen Beteiligungserwerb als partiellen (§ 8c Abs 1 Satz 1 KStG) oder vollständigen (§ 8c Abs 1 Satz 2 KStG) Unternehmerwechsel in der Mitunternehmerschaft (Anm 97 ff) mit der oa Rechtsfolge (vgl BTDrs 16/11108, 37).

Es ist also von dem schädlichen Beteiligungswechsel in der Körperschaft auf die Auswirkungen auf der Ebene der Mitunternehmerschaft **„durchzurechnen"**.

Beispiele: (1) Ist die Körperschaft *unmittelbar* zu 50% an der Mitunternehmerschaft mit einem Verlustvortrag von 100 beteiligt und werden bei ihr innerhalb von 5 Jahren 51% der Anteile übertragen (§ 8c Abs 1 Satz 2 KStG), so geht der ihr zuzurechnende Verlustanteil von 50 vollständig unter (§ 10a Satz 4).

(2) An einer Mitunternehmerschaft mit Verlust 100 ist eine weitere Mitunternehmerschaft beteiligt, auf die nach Gewinnverteilungsschlüssel 50% entfallen, und an dieser eine Kapitalgesellschaft, auf die hier nach Gewinnverteilungsschlüssel 40% entfallen; bei der Kapitalgesellschaft findet ein schädlicher Beteiligungserwerb von 30% (§ 8 Abs 1 Satz 1 KStG) statt. Es geht folgender Anteil am Gewerbeverlust bei der Verlustgesellschaft unter: 100 × 50% × 40% × 30% = 6%.

§ 11 Steuermesszahl und Steuermessbetrag

(1) [1]**Bei der Berechnung der Gewerbesteuer ist von einem Steuermessbetrag auszugehen.** [2]**Dieser ist durch Anwendung eines Prozentsatzes (Steuermesszahl) auf den Gewerbeertrag zu ermitteln.** [3]**Der Gewerbeertrag ist auf volle 100 Euro nach unten abzurunden und**

1. **bei natürlichen Personen sowie bei Personengesellschaften um einen Freibetrag in Höhe von 24 500 Euro,**
2. **bei Unternehmen im Sinne des § 2 Abs. 3 und des § 3 Nr. 5, 6, 8, 9, 15, 17, 21, 26, 27, 28 und 29 sowie bei Unternehmen von juristischen Personen des öffentlichen Rechts um einen Freibetrag in Höhe von 3900 [5000] Euro,**

höchstens jedoch in Höhe des abgerundeten Gewerbeertrags, zu kürzen.

(2) **Die Steuermesszahl für den Gewerbeertrag beträgt 3,5 Prozent**

(3) [1]**Die Steuermesszahlen ermäßigen sich auf 56 Prozent bei Hausgewerbetreibenden und ihnen nach § 1 Abs. 2 Buchstabe b und d des Heimarbeitsgesetzes in der im Bundesgesetzblatt Teil III, Gliederungsnummer 804–1, veröffentlichten bereinigten Fassung, zuletzt geändert durch Artikel 4 des Gesetzes vom 13. Juli 1988 (BGBl. I S. 1034), gleichgestellten Personen.** [2]**Das Gleiche gilt für die nach § 1 Abs. 2 Buchstabe c des Heimarbeitsgesetzes gleichgestellten Personen, deren Entgelte (§ 10 Abs. 1 des Umsatzsteuergesetzes) aus der Tätigkeit unmittelbar für den Absatzmarkt im Erhebungszeitraum 25 000 Euro nicht übersteigen.**

Gewerbesteuerdurchführungsverordnung

§ 22 GewStDV Hausgewerbetreibende und ihnen gleichgestellte Personen

[1]Betreibt ein Hausgewerbetreibender oder eine ihm gleichgestellte Person noch eine andere gewerbliche Tätigkeit und sind beide Tätigkeiten als eine Einheit anzusehen, so ist § 11 Abs 3 des Gesetzes nur anzuwenden, wenn die andere Tätigkeit nicht überwiegt. [2]Die Vergünstigung gilt in diesem Fall für den gesamten Gewerbeertrag.

***§§ 23, 24** (weggefallen)*

Gewerbesteuer-Richtlinien 1998: Abschnitte 69, 70.

Bearbeiter: Güroff

Übersicht

1., 2. Allgemeines
1. Bedeutung der Vorschrift
2. Zur Entstehung

3.–9. Verfahren
3. Grundsatz
4.–7. Freibetrag natürlicher Personen/Personengesellschaften
8. Freibetrag bestimmter juristischer Personen
9. Regelmäßige Steuermesszahl
10., 11. Hausgewerbetreibende
12. Den Hausgewerbetreibenden gleichgestellte Personen
13. Organverhältnisse
14. Tabelle der Messbeträge auf den Gewerbeertrag von EZ 2002 mit EZ 2007

Literatur: *Schnädter,* Die Belastungen durch die Gewerbesteuer und die Möglichkeiten, sie zu vermeiden, BB 1988, 313; *Schneider,* Sinn und Widersinn der steuerlichen Investitionsförderung für die neuen Bundesländer und des Solidaritätszuschlages, DB 1991, 1081; *Tittel/Grothkopf,* Besteuerung der Einkünfte aus dem Betrieb von Handelsschiffen im internationalen Verkehr, StBp 1991, 117; *Pauka,* StÄndG 1992: Die Änderungen im Gewerbesteuerrecht, DB 1992, 1207; *Beránek,* Zur Berechnung der effektiven Gewerbeertragsteuer nach dem neuen Staffeltarif des § 11 Abs 2 Nr 1 GewStG, BB 1992, 1832; *Seer,* Rechtsformabhängige Unternehmensbesteuerung – Kritische Bestandsaufnahme der derzeitigen Rechtslage, StuW 1993, 114; *Mielke,* Die neue Gewerbeertragsteuerformel bei Personengesellschaften, DB 1993, 2446.

1., 2. Allgemeines

1 **Bedeutung der Vorschrift.** Der **GewStMessbetrag** bildet die Grundlage für die Erhebung der GewSt durch die hebeberechtigte Gemeinde (§ 16). Er wird durch das FA festgesetzt, und zwar durch Anwendung der **StMesszahl** auf den abgerundeten GewErtrag (§ 11 Abs 1). Die GewStMesszahl ist ein fester Prozentsatz, der **von EZ 1993 bis EZ 2007** einem Staffeltarif gewichen war; **ab EZ 2008** (§ 36 Abs 9 a) gilt wieder ein fester Prozentsatz. Ab EZ 1998 ist der GewErtrag alleinige Besteuerungs-

grundlage (§ 6), außerdem ist nur noch von *einem* Steuermessbetrag, nämlich dem nach dem GewErtrag, auszugehen.

Die Vorschrift ist demnach eine **reine Tarifvorschrift,** die an die Besteuerungsgrundlage Gewerbeertrag anknüpft (BFHE 147, 380, BStBl 1986, 860; *Schuhmacher* StuW 1987, 111; *Blümich/Gosch* § 11 Rz 4, 8). Sie ist keine Kürzungsvorschrift ieS (so aber *Schnädter* FR 1985, 93), auch wenn bei den Freibeträgen (Anm 3) von „Kürzung" die Rede ist und sie zum Teil wie eine Kürzungsvorschrift wirkt (*Rendels* DStR 1988, 234). Die Kürzungsvorschriften (§ 9) dienen der Ermittlung des GewErtrags; die Tarifvorschriften bestimmen, wie die StMesszahl auf den hierfür maßgebenden GewErtrag anzuwenden ist. Die Unterscheidung hat insbesondere Bedeutung für die Verhältnisse bei Organschaften (Anm 9).

Zur Entstehung. Die Vorschrift ist seit Erlass des GewStG häufig geändert worden. Die wichtigsten Änderungen der letzten rd 30 Jahre waren: 2

- G v 16. 8. 1977 (BGBl I 1977, 1586): Aufgabe des Staffeltarifs nach § 11 Abs 2 und Einführung einer einheitlichen GewStMesszahl von 5%, bei Hausgewerbetreibenden und gleichgestellten Personen von 2,5% (für den Betrieb von Handelsschiffen gilt diese gemäß G v 18. 7. 1974, BGBl I 1974, 1489 ab EZ 1974), sowie Einführung des Freibetrages für natürliche Personen und Personengesellschaften nach § 11 Abs 1 (seinerzeit 24 000 DM) ab EZ 1978;
- G v 30. 11. 1978 (BGBl I 1978, 1849): Anhebung des allgemeinen Freibetrages auf 36 000 DM sowie Einführung einer Freigrenze von 5000 DM für wirtschaftliche Geschäftsbetriebe bestimmter juristischer Personen nach § 11 Abs 6 aF ab EZ 1980; die Heraufsetzung des Freibetrages hat den Realsteuercharakter der GewSt nachhaltig verändert. Im Jahr 1981 zahlten nur noch 30% aller gewstpfl Betriebe GewSt nach dem GewErtrag (nur 16% zahlten GewSt nach dem GewKapital);
- G v 26. 8. 1981 (BGBl I 1981, 537): Streichung der bis dahin geltenden ermäßigten GewStMesszahl für Sparkassen, Kreditgenossenschaften und Zentralkassen ab EZ 1981;
- G v 19. 12. 1985 (BGBl I 1985, 2436): Streichung der Ermäßigungsvorschrift des § 11 Abs 6 ab EZ 1986;
- G v 18. 12. 1989 (BGBl I 1989, 2212): Streichung des Abs 5 aF sowie Neufassung des Abs 1 Satz 3 unter Umwandlung der Freigrenze von 5000 DM des Abs 5 aF in einen Freibetrag von 7500 DM und Anpassung des Katalogs der begünstigten Körperschaften an die zwischenzeitlichen Änderungen des § 3;
- G v 22. 12. 1989 (BGBl I 1989, 2408): Erstreckung der oa Freibetragsregelung auf Genossenschaften nach § 3 Nr 8;
- G v 24. 6. 1991 (BGBl I 1991, 1322): Schaffung eines Staffeltarifs für Gewerbebetriebe von natürlichen Personen und Personengesellschaften, die im EZ überwiegend die Geschäftsleitung im Beitrittsgebiet hatten, für die EZ 1991 und 1992;
- G v 25. 2. 1992 (BGBl I 1992, 297): Erhöhung des Freibetrags auf 48 000 DM, erneute Einführung des Staffeltarifs und Fortfall der Steuerermäßigung für Handelsschiffe im internationalen Verkehr ab EZ 1993;

- G v 29. 10. 1997 (BGBl I 1997, 2590): Streichung der Wörter „nach dem Gewerbeertrag“ als Folgeänderung nach der Abschaffung der GewKapitalSt ab EZ 1998 durch dieses Gesetz;
- G v 16. 7. 1998 (BGBl I 1998, 1842): Erstreckung der Freibetragsregelung auf Entschädigungs- und Sicherungseinrichtungen nach § 3 Nr 21;
- G v 22. 12. 1999 (BGBl I 1999, 2601): Erstreckung der Freibetragsregelung auf Gesamthafenbetriebe, Versorgungszusammenschlüsse, Arbeitsgemeinschaften Medizinischer Dienst und bestimmte Arbeitsgemeinschaften der Tarifvertragsparteien;
- G v 19. 12. 2000 (BGBl I 2000, 1790): Umstellung der DM-Beträge auf Euro-Beträge;
- G v 20. 12. 2001 (BGBl I 2001, 3955): Aufhebung der GewStMessbetragssonderregelung des § 11 Abs 4 für das ZDF ab EZ 2001; entsprechende Änderungen in § 7 Satz 2 GewStG iVm § 8 Abs 1 Satz 2 KStG: Übernahme der Regelung für alle inländischen öff-rechtl Rundfunkanstalten;
- G v 29. 12. 2003 (BGBl I 2003, 3076): Verringerung der Ermäßigung nach § 11 Abs 3 Satz 1 von 50% auf 56%;
- G v. 14. 8. 2007 (BGBl I 2007, 1912): Umstellung von einem Staffeltarif auf eine einheitliche Steuermesszahl;
- G v 17. 3. 2009 (BGBl I 2009, 550): Erhöhung des Freibetrags nach § 11 Abs 1 Satz 3 Nr 2 von 3900 € auf 5000 €.

3.–9. Verfahren

3 **Grundsatz.** Mit der Festsetzung des GewStMessbetrags nach Abs 1 wird die Ermittlung der Besteuerungsgrundlage GewErtrag abgeschlossen. Der GewStMessbetrag darf nicht negativ sein; er beträgt mindestens 0 € (Abs 1 Satz 3 aE). Zudem sieht Abs 1 Satz 2 eine Kürzung um den Freibetrag nur bis zur Höhe des (abgerundeten) GewErtrags vor. Vor Berechnung des GewStMessbetrags ist der GewErtrag auf 100 volle € nach unten abzurunden (Abs 1 Satz 3).

4 Der **Freibetrag bei natürlichen Personen und Personengesellschaften** beträgt ab EZ 2002 24500 €. Er wird nach der Abrundung durch Kürzung vom GewErtrag gewährt (Abs 1 Satz 3 Nr 1). Beide Größen sind gewerbebetriebsbezogen (unternehmensbezogen; BFHE 172, 507, BStBl II 1995, 791). Die Freibetragsregelung bedeutet, dass ein GewSt-Messbetrag nur für GewErträge von mindestens 24600 € festzusetzen ist. Auch der Freibetrag darf nicht zu einem (etwa nach § 10a GewStG zu berücksichtigenden) GewVerlust führen.

Begünstigt ist auch eine **atypische stille Gesellschaft,** denn sie ist trotz Fehlens der subjektiven GewStPflicht (BFHE 145, 305, BStBl II 1986, 311) objektiv gewstpfl (BFHE 173, 184, BStBl II 1994, 327, 3331, BFH/NV 1996, 798; *BMF* BStBl I 1987, 765; *Unvericht* DStR 1987, 413; *Binger* DB 1988, 414; *Blümich/Gosch* § 11 Rz 9; *Lenski/Steinberg* § 11 Anm 4; *Döllner* StbJb 1987/88, 289; *Horn/Maertins* GmbHR 1995, 816; aA *Zacharias/Suttmeyer/Rinnewitz* DStR 1988, 128, 132; *Winkeljohann/Halfar* DB 1994, 2471). Das gilt unabhängig davon, ob die Beteiligung einer natürlichen

Personen an einer Kapitalgesellschaft (BFHE 177, 332, BStBl II 1995, 764); oder einer Kapitalgesellschaft an einer anderen besteht (BFHE 219, 180, BStBl II 2008, 200 unter Bestätigung von Nds FG EFG 2005, 1292). Die Begünstigung gilt jedoch *nicht* für eine **KGaA** (BFHE 82, 471, BStBl III 1965, 418). Die Rechtfertigung für diese Begünstigung bestand ursprünglich darin, dass Körperschaften ihren GewErtrag durch Zahlung von Geschäftsführergehältern mindern können; daher mE kein Verstoß gegen den Gleichheitssatz (Art 3 GG; ebenso *Lenski/Steinberg* § 11 Anm 4; *Blümich/Gosch* § 11 Rz 9). Der Freibetrag berücksichtigt somit typisierend einen fiktiven **Unternehmerlohn,** weswegen bei einer stillen Beteiligung auch einer natürlichen Person an einer Kapitalgesellschaft die Gewährung des Freibetrags ebenso Bedenken bestehen können wie bei einer OHG/KG, an der nur Kapitalgesellschaften beteiligt sind. Indes handelt es sich bei der oa Auslegung um die wortgetreue Rechtsfolge einer zulässigen Typisierung, die der Gesetzgeber im Interesse der mittelständischen GmbH & Co KG (BTDrs 14/443, 40) hingenommen hat (BFHE 219, 180, BStBl II 2008, 200).

Dem **Vorschlag,** den Unternehmerlohn durch **Kürzung nach** § 9 bei der Ermittlung des GewErtrags zu berücksichtigen, ist mE wegen des Objektsteuercharakters der GewSt nicht zu folgen (aA *Lenski/Steinberg* § 11 Anm 5). Dem ist die Berücksichtigung eines fiktiven, gar von betrieblichen Größen abhängigen Unternehmerlohns fremd (vgl BVerfGE 40, 109, 117; 46, 224, 237; *StRefKommission,* Schriftenreihe des BMF, Heft 17 Anm 219). 5

Aus der **Unternehmensbezogenheit** von Freibetrag (und Abrundungsbetrag) folgt, dass er nach der Einbringung eines GewBetriebs (Einzelunternehmen) in eine Personengesellschaft während des EZ nur einmal gewährt werden kann, wenn die Unternehmensgleichheit (hierzu § 2 Anm 13 ff; § 10 a Anm 8 ff) gewahrt bleibt (BFHE 172, 507, BStBl II 1995, 791; **aA** *Blümich/Gosch* § 5 Rz 76: die beiden Beträge kommen jedem Steuerschuldner zugute). Nach § 5 kommt es folglich zu einer Aufteilung von Abrundungsbetrag und Freibetrag (zum Verfahren: BFHE 172, 507, BStBl II 1995, 791 sowie die **aA** des *BMF* BStBl I 1995, 708). Entsprechendes gilt für den umgekehrten Fall der Fortführung des Gewerbebetriebs einer Personengesellschaft durch einen Gesellschafter (FG Ba-Wü EFG 1994, 496 rkr). Für atypische stille Gesellschaften bedingt die Unternehmensbezogenheit von Freibetrag (und Abrundungsbetrag), dass er auch dann nur einmal gewährt werden kann, wenn an dem Unternehmen mehrere natürliche Personen auf Grund mehrerer Gesellschaftsverträge als atypische stille Gesellschafter beteiligt sind (BFHE 177, 332, BStBl II 1995, 764). 6

Abrundungsbetrag und Freibetrag können dem Objektsteuercharakter der GewSt entsprechend **mehrfach** gewährt werden, wenn der Stpfl mehrere GewBetriebe unterhält (*Lenski/Steinberg* § 11 Anm 4). Ein Verstoß gegen den Gleichheitssatz des Art 3 GG liegt hierin nicht (*Schnädter* FR 1985, 93), weil jeder einzelne GewBetrieb einen selbständigen Steuergegenstand bildet (BFHE 72, 173, BStBl III 1961, 65; BFHE 133, 180, BStBl II 1980, 602); zu den Kriterien für Selbständigkeit vgl weiter BFHE 7

156, 320, BStBl II 1989, 467 und BFHE 158, 80, BStBl II 1989, 901 jeweils mwN; s auch § 10a Anm 6ff; kritisch *Schuhmacher* StuW 1987, 111. Der Freibetrag ist bei Betriebseröffnung oder -schließung **im Laufe des EZ** in voller Höhe zu gewähren (BTDrs 10/1636, 69; *Lenski/Steinberg* § 11 Anm 4 aE; *Blümich/Gosch* § 11 Rz 44).

8 Der **Freibetrag bei bestimmten juristischen Personen** ab EZ 1990 beträgt 3900 €, ab EZ 2009 5000 €. Er wird ebenfalls gewährt durch Kürzung nach Abrundung (Abs 1 Satz 3 Nr 2). Die Vorschrift gilt für:

(1) Unternehmer iSv § 2 Abs 3; das sind sonstige juristische Personen des privaten Rechts, insb rechtsfähige Vereine (§§ 21ff BGB), privatrechtliche Stiftungen und Anstalten mit eigener Rechtspersönlichkeit (§§ 80ff BGB) und nichtrechtsfähige Vereine, soweit sie einen Geschäftsbetrieb unterhalten;

(2) Gewerbebetriebe von Hauberg-, Wald-, Forst- und Laubgenossenschaften, wenn sie über den Rahmen eines Nebenbetriebs hinausgehen (§ 3 Nr 5);

(3) wirtschaftliche Geschäftsbetriebe gemeinnütziger, mildtätiger oder kirchlicher Körperschaften (§ 3 Nr 6);

(4) Erwerbs- u Wirtschaftsgenossenschaften sowie Vereine iSd § 15 Abs 1 Nr 4 KStG (land- u forstwirtschaftliche Vereine), die an sich von der KSt befreit sind (§ 3 Nr 8), soweit sie der GewSt unterliegen;

(5) rechtsfähige Pensions-, Sterbe-, Kranken- und Unterstützungskassen, die dem Grunde nach unter die Befreiungsvorschrift des § 5 Abs 1 Nr 3 KStG fallen, wenn sie für einen EZ die Voraussetzungen für eine Steuerbefreiung nicht erfüllen (§ 3 Nr 9);

(6) Erwerbs- u Wirtschaftsgenossenschaften sowie Vereine iSd § 5 Abs 1 Nr 10 KStG (Vermietungs- uä Genossenschaften und Vereine), die an sich von der KSt befreit sind (§ 3 Nr 15), soweit sie der GewSt unterliegen;

(7) anerkannte gemeinnützige Siedlungsunternehmen iSd Reichssiedlungsgesetzes und der Bodenreformgesetze der Länder (§ 3 Nr 17), soweit sie der GewSt unterliegen;

(8) Entschädigungs- und Sicherungseinrichtungen iSd § 5 Abs 1 Nr 16 KStG, die an sich von der KSt befreit sind (§ 3 Nr 21), soweit sie der GewSt unterliegen;

(9) Gesamthafenbetriebe iSd G über die Schaffung eines besonderen Arbeitgebers für Hafenarbeiter, soweit von der KSt befreit (§ 3 Nr 26);

(10) Versorgungszusammenschlüsse iSv § 5 Abs 1 Nr 20 KStG, soweit von der KSt befreit (§ 3 Nr 27);

(11) Arbeitsgemeinschaften Medizinischer Dienst der Krankenversicherung und der Medizinische Dienst der Spitzenverbände der Krankenkassen, soweit von der KSt befreit (§ 3 Nr 28);

(12) bestimmte gemeinsame Einrichtungen der Tarifvertragsparteien iSv § 5 Abs 1 Nr 22 KStG (§ 3 Nr 29);

(13) Unternehmen von juristischen Personen des öffentlichen Rechts; der Freibetrag wird auch den Unternehmen gewährt, die von der öffentlichen Hand in Form von Kapitalgesellschaften betrieben werden; das Gesetz enthält keine Unterscheidung nach der Rechtsform. Die Privilegierung solcher Unternehmen gegenüber den nach § 2 Abs 2 in vollem Umfang gewstpfl Unternehmen ist willkürlich und verstößt mE gegen Art 3 GG (ähnlich *Lenski/Steinberg* § 11 Anm 6). In der Rechtsform von Kapitalgesellschaften betriebenen Unternehmen von Körperschaften des öffentlichen Rechts steht der Freibetrag nicht zu (FG Münster EFG 1997, 1452 rkr).

Auch im Übrigen ist die **Auswahl** der begünstigten Unternehmen aus dem Katalog des § 3 **willkürlich.** Gründe für den Steuervorteil, den die begünstigten Unternehmen im Vergleich zu den übrigen Unternehmen des § 3 haben, sind nicht ersichtlich. Aber auch im Verhältnis zu anderen Gewerbebetrieben bestehen keine Gründe für den Steuervorteil; das umso weniger, als der Gesetzgeber durch die Versagung der Steuerbefreiung für bestimmte Tätigkeiten oder Geschäftsbetriebe des Katalogs des § 3 den Umstand unterstrichen hat, dass sie mit sonstigen Gewerbebetrieben vergleichbar sind (ähnlich *Lenski/Steinberg* § 11 Anm 2; *Blümich/Gosch* § 11 Rz 12 d), was besonders deutlich wird etwa bei Festveranstaltungen (wirtschaftlichen Geschäftsbetrieben) von gemeinnützigen Vereinen.

Die Steuermesszahl (Grundsatz). Die StMesszahl ist für den GewErtrag ein Prozentsatz desselben, der nach Abrundung und Kürzung um den Freibetrag (Abs 1 Satz 3) auf ihn anzuwenden ist (Abs 1 Satz 2). Sie beträgt nach § 11 Abs 2 **ab EZ 2008** einheitlich für alle Unternehmensformen 3,5 %. Von **EZ 1993 bis EZ 2007** galt für **natürliche Personen und Personengesellschaften** ein **Staffeltarif** mit 0% bis zu einem GewErtrag von 24 599 € (48 099 DM) und 1, 2, 3 und 4% für jeden darüber liegenden Teilbetrag von 12 000 € (24 000 DM) sowie 5% für alle weiteren, über 72 599 € (144 099 DM) liegenden Beträge. Die damit verbundene GewStErsparnis war nicht unerheblich. Sie betrug bei einem GewErtrag von 160 000 DM und einem Hebesatz von 400% 10 000 DM (vgl *Pauka* DB 1992, 1207). 9

Eine Tabelle der sich aus dem Staffeltarif ergebenden Messbeträge auf den abgerundeten GewErtrag bis zu 72 900 € (ab EZ 2002) findet sich in Anm 14. Für GewErträge ab 72 000 € lässt sich der Messbetrag in der Weise ermitteln, dass der GewErtrag **vor Abzug** des Freibetrages mit 5% multipliziert und von dem Produkt der Betrag von 2425 € abgezogen wird. Bei **nach Abzug** des Freibetrages verbleibenden GewErträgen ab 48 000 € lässt sich der Messbetrag auch in der Weise ermitteln, dass der verbleibende GewErtrag mit 5% multipliziert und von dem Produkt der Betrag von 1200 € abgezogen wird (vgl *Wüstenhöfer* Gewerbesteuer, 6. Aufl 2006, S 113, 116).

Für **alle anderen GewBetriebe** galt weiterhin ein fester Hundertsatz von 5%, auch für eine KGaA; also keine Anwendung der GewStMesszahl für natürliche Personen auf den persönlich haftenden Gesellschafter und nur im Übrigen der GewStMesszahl für Körperschaften, da das einheitliche Unternehmen der GewSt unterliegt (BFHE 82, 471, BStBl III 1965,

418). Zur Bedeutung der Rechtsformwahl auch unter Berücksichtigung des Tarifs *Seer* StuW 1993, 114. Zur Berechnung der effektiven GewErtragSt nach dem Staffeltarif *Beránek* BB 1992, 1832 und *Mielke* DB 1993, 2446.

10 Bei **Hausgewerbetreibenden** (Abs 3) ermäßigen sich die GewStMesszahlen auf 56% der Sätze für natürliche Personen, und zwar ohne Rücksicht auf die Höhe des GewErtrags. Die Vorschrift bedient sich einer Verweisung auf arbeitsrechtliche Tatbestände und Begriffe und knüpft folglich unmittelbar an das Heimarbeitsgesetz (HAG v 14. 3. 1951, BGBl I 1951, 191, zuletzt geändert durch VO v 31. 10. 2006, BGBl I 2006, 2407) an (BFHE 141, 58, BStBl II 1984, 534; BFHE 150, 361, BStBl II 1987, 719; BFHE 198, 131, BStBl II 2003, 31). Nach **§ 2 Abs 2 HAG** ist Hausgewerbetreibender, wer in eigener Arbeitsstätte (Wohnung oder Betriebsstätte) mit nicht mehr als zwei fremden Hilfskräften (Arbeitnehmer des Hausgewerbetreibenden, § 2 Abs 6 HAG) im Auftrag von Gewerbetreibenden oder Zwischenmeistern Waren herstellt, bearbeitet oder verpackt, wobei er selbst wesentlich am Stück mitarbeitet, jedoch die Verwertung der Arbeitsergebnisse dem unmittelbar oder mittelbar auftraggebenden Gewerbetreibenden überlässt. Das HAG stellt einen bestimmten Personenkreis wegen wirtschaftlicher Abhängigkeit, die existenzgefährdenden Charakter haben muss, unter Schutz (vgl BFHE 191, 58, BStBl II 1984, 534; BFHE 198, 131, BStBl II 2003, 31 sowie FG Ba-Wü EFG 1996, 37: Betreiben einer Tankstelle kein Hausgewerbe).

Die **eigene Arbeitsstätte** kann auch in einer Betriebsstätte bestehen, die dem Auftraggeber gehört. Sie muss aber dem Hausgewerbetreibenden zur ausschließlichen Benutzung überlassen bleiben und tatsächlich ausschließlich von ihm benutzt werden (BFHE 70, 427, BStBl III 1960, 160). An einer eigenen Arbeitsstätte fehlt es, wenn der GewTreibende ausschließlich Montagearbeiten in fremden Räumen oder auf Baustellen des Auftraggebers ausführt (FG Ba-Wü EFG 1989, 303). Die Voraussetzung der Beschäftigung von nicht mehr als **zwei** fremden Hilfskräften bezieht sich auf einen Dauerzustand bei normaler Beschäftigungslage; ein vorübergehender Einsatz von mehr als zwei fremden Hilfskräften aus besonderem Anlass schadet nicht (BFHE 141, 58, BStBl II 1984, 534), wohl aber der dauernde Einsatz von mehr als zwei fremden Hilfskräften, selbst wenn deren zeitliche Arbeitsleistung nicht über die von zwei Kräften hinausgeht (BFHE 150, 361, BStBl II 1987, 719). **„Fremde Hilfskraft"** ist nach § 2 Abs 6 HAG, wer als Arbeitnehmer eines Hausgewerbetreibenden oder nach § 1 Abs 2 Buchst b und c HAG Gleichgestellter in deren Arbeitsstätte beschäftigt ist. Das können Vollzeitbeschäftigte, aber auch aushilfsweise Beschäftigte sein. Letztere werden bei der Bemessung der Zahl der Beschäftigten im vollen Umfang einbezogen (BFHE 150, 361, BStBl II 1987, 719). „Fremde Hilfskraft" kann auch ein auf Grund Arbeitsvertrages beschäftigter, mit dem Hausgewerbetreibenden in häuslicher Gemeinschaft lebender naher Angehöriger sein (BFHE 198, 131, BStBl II 2003, 31; die **aA** von BFHE 63, 383, BStBl III 1956, 343 ist damit überholt). Diese Rspr gründet zutreffend auf der Erwägung, dass ein Arbeitsvertrag mit in häuslicher Gemeinschaft mit ihm zusammen lebenden Angehörigen dieselben Rechte und

Pflichten begründet wie ein Arbeitsvertrag mit fremden Dritten. Eine andere Auffassung würde dem Schutzgedanken des HAG ebenso wenig gerecht wie dem Gebot der Wettbewerbsgleichheit. Nahe Angehörige in häuslicher Gemeinschaft mit dem Hausgewerbetreibenden sind nur dann keine „fremde Hilfskraft", wenn sie ihre Arbeitsleistung auf familienrechtlicher Grundlage erbringen (BFHE 198, 131, BStBl II 2003, 31. Statt der zwei Hilfskräfte können auch zwei Heimarbeiter beschäftigt werden (§ 2 Abs 2 Satz 1 HAG).

Arbeit für den Absatzmarkt liegt vor, wenn die Arbeiten nicht für den auftraggebenden GewTreibenden, sondern für Dritte erbracht werden, insb wenn der GewTreibende zu selbst festgelegten Konditionen an einen nicht beschränkten, nahezu ausschließlich aus Händlern bestehenden Abnehmerkreis liefert (FG Ba-Wü EFG 1991, 38).

Sie ist **vorübergehend,** wenn die Arbeitzeit hierfür bei 10% der Gesamtarbeitszeit der im Betrieb Tätigen liegt. Geringfügige Überschreitungen schaden auch dann nicht, wenn sie zwar ständig, von ihrem Umfang her aber stets nur nebenbei erbracht werden (BFHE 76, 185, BStBl III 1965, 66); 13,1% der Gesamtarbeitszeit sind jedoch zu viel (BFHE 114, 371, BStBl II 1975, 265). Die Vorschrift begünstigt den Hausgewerbetreibenden wegen seiner wirtschaftlichen Abhängigkeit vom Auftraggeber. Daher erscheint es sinnvoller, das Merkmal „vorübergehend" durch Umsatzvergleich statt durch Zeitvergleich zu bestimmen (ebenso *Blümich/Gosch* § 11 Rz 23 mwN).

Mitarbeit am Stück ist die körperliche Arbeit am Produkt, insb in kleineren Betrieben, nicht jedoch allein die kaufmännische oder unternehmerische Tätigkeit (BFHE 104, 454, BStBl II 1972, 385); der Einsatz von Maschinen in bescheidenem Umfang ist nicht von vornherein ausgeschlossen (FG Ba-Wü EFG 1991, 38 rkr).

Heimarbeiter ist nach § 2 Abs 1 HAG, wer in selbst gewählter Arbeitsstätte (eigene Wohnung oder selbst gewählte Betriebsstätte) allein oder mit Familienangehörigen im Auftrag von Gewerbetreibenden oder Zwischenmeistern gewerblich arbeitet, jedoch die Verwertung der Arbeitsergebnisse dem unmittelbar oder mittelbar auftraggebenden Gewerbetreibenden überlässt. Beschafft der Heimarbeiter die Roh- oder Hilfsstoffe selbst, so wird dadurch seine Eigenschaft als Heimarbeiter nicht beeinträchtigt. Der Heimarbeiter selbst ist dann nicht selbständig tätig, wenn er kein Unternehmerrisiko trägt (BFHE 129, 565, BStBl II 1980, 303). Im Übrigen kommt GewStPfl in Betracht (BFHE 74, 97, BStBl III 1962, 37). Bei gewstpfl Heimarbeitern ist mE die Tarifvorschrift des Abs 3 entsprechend anzuwenden, weil insofern eine Regelungslücke vorliegt (ebenso *Blümich/Gosch* § 11 Rz 28). Die Abgrenzung zum Hausgewerbetreibenden im Einzelfall ist mitunter schwierig, insb wenn dieser keine Hilfskräfte beschäftigt (vgl § 2 Anm 45). 11

Bei **Hausgewerbetreibenden gleichgestellten Personen** (Abs 3) ermäßigen sich die Steuermesszahlen ebenfalls auf die 56% der für natürliche Personen geltenden Sätze. Die Vorschrift unterscheidet 2 Gruppen: 12

(1) die nach § 1 Abs 2b und d HAG gleichgestellten Personen; das sind Hausgewerbetreibende, die mit **mehr als zwei fremden Hilfskräften**

(§ 2 Abs 2 HAG, zum Begriff s Anm 10) oder Heimarbeitern (§ 2 Abs 1 HAG) arbeiten (§ 1 Abs 2b HAG), sowie Zwischenmeister (§ 1 Abs 2d HAG).

Zwischenmeister ist, wer lediglich als Mittelsperson die ihm von dem GewTreibenden übertragenen Arbeiten an Hausgewerbetreibende oder Heimarbeiter weitergibt, organisiert und kontrolliert, dh Funktionen der Auftraggeber ausübt (BFH HFR 1961, 186 mwN). Er darf die Waren vor der Vergabe von Arbeiten nicht selbst bearbeiten; dh er muss ganze Arbeit vergeben. Wer nur Teilarbeit vergibt, ist nicht Zwischenmeister (BFHE 104, 454, BStBl II 1972, 385). Allerdings braucht er nicht ausschließlich als Mittelsperson aufzutreten (BFHE 89, 399, BStBl III 1967, 741), dh er muss nicht alle ihm übertragenen Arbeiten an Heimarbeiter oder Hausgewerbetreibende weiterleiten (BFHE 63, 383, BStBl III 1956, 343). Ist bei diesen Personen die Gleichstellung erfolgt, so ist für sie die ermäßigte GewSt-Messzahl **unabhängig von der Höhe der Entgelte** am Absatzmarkt zu gewähren. Dies gilt auch, wenn jemand nach § 1 Abs 2b HAG gleichgestellt und gleichzeitig als Zwischenmeister tätig ist, ohne eine andere gewerbliche Tätigkeit auszuüben (BFHE 76, 393, BStBl III 1963, 144; BFHE 76, 399, BStBl III 1963, 146);

(2) die nach § 1 Abs 2c HAG gleichgestellten Personen. Das sind andere im Lohnauftrag arbeitende Gewerbetreibende, die infolge ihrer **wirtschaftlichen Abhängigkeit** eine ähnliche Stellung wie Hausgewerbetreibende einnehmen. Auch bei ihnen wird die Gleichstellung wegen der sozialen und wirtschaftlichen Schutzbedürftigkeit ausgesprochen (§ 1 Abs 2 HAG).

Die **Gleichstellung** erfolgt in allen Fällen durch widerrufliche Entscheidung der zuständigen Heimarbeiterausschüsse nach Anhörung der Beteiligten (§ 1 Abs 4 HAG). Sie bedarf der Zustimmung der zuständigen Arbeitsbehörde. Sie ist im Bundesanzeiger zu veröffentlichen, es sei denn, sie betrifft nur bestimmte Einzelpersonen. Ist kein Heimarbeiterausschuss vorhanden, dann ist für die Gleichstellung die Arbeitsbehörde nach Anhörung der Beteiligten unter Mitwirkung der Gewerkschaften und der Vereinigung der Auftraggeber zuständig. In der Praxis erfolgt die Gleichstellung, wenn nicht mehr als 25 fremde Hilfskräfte in der Hauptfertigungsperiode beschäftigt werden und die unmittelbar am Absatzmarkt erzielten Entgelte 25% des Gesamtumsatzes nicht übersteigen (vgl für die Damenoberbekleidung Gleichstellung v 20. 6. 1961, BAnz Nr 197 v 12. 10. 1961). Die Finanzbehörden haben im Hinblick auf die Voraussetzungen für die Gleichstellung kein Nachprüfungsrecht (BFHE 76, 185, BStBl III 1963, 66; BFHE 76, 393, BStBl III 1963, 144). Die Gleichstellung ist also auch für die GewSt bindend (FG Düsseldorf EFG 1997, 1254 rkr).

Die ermäßigte GewStMesszahl wird nur angewandt, wenn die **Entgelte aus Tätigkeiten unmittelbar für den Absatzmarkt** eine Grenze von 25 000 € nicht übersteigen. Tätigkeiten für den Absatzmarkt sind solche, die nicht für die auftraggebenden Gewerbetreibenden, sondern für Dritte erbracht werden. Wird die Grenze überschritten, dann entfällt die Ermäßigung für den gesamten GewErtrag dieses EZ, und zwar auch wenn die höheren allgemeinen Umsätze nach der Gleichstellungsverfügung zugelassen werden. Erfüllt eine gleichgestellte Person zum Teil auch die Voraussetzungen eines Hausgewerbetreibenden und lassen sich die Bereiche nicht trennen, dann wird die Vergünstigung insgesamt nicht gewährt, falls die Entgelte aus Tätigkeiten für den allgemeinen Absatzmarkt 25 000 € überschreiten (BFHE 76, 393, BStBl III 1963, 144; BFHE 76, 399, BStBl III 1963, 146).

Als Hausgewerbetreibende und gleichgestellte Personen sind auch **Zusammenschlüsse** solcher Personen zu behandeln (BFHE 70, 427, BStBl III 1960, 160; BFHE 104, 454, BStBl II 1971, 385). Dann müssen jedoch alle Betroffenen Hausgewerbetreibende, Heimarbeiter oder gleichgestellte Personen sein, insb am Stück (s Anm 10) mitarbeiten.

Nach **§ 22 GewStDV** kann neben der Tätigkeit als Hausgewerbetreibender, Zwischenmeister und gleichgestellte Personen noch eine **weitere gewerbliche Tätigkeit** ausgeübt werden, ohne dass die Begünstigung des § 11 Abs 3 entfällt. Sie gilt dann für den gesamten Gewerbeertrag, Voraussetzung: beide Tätigkeiten sind als Einheit anzusehen (vgl. § 2 Anm 13) und die andere Tätigkeit überwiegt nicht. ME sollte allein darauf abgestellt werden, ob trotz der zusätzlichen Tätigkeit noch Schutzbedürftigkeit gegeben ist.

Bei **Organverhältnissen** sind die GewErträge für das beherrschende 13
Unternehmen und die Organgesellschaft getrennt zu ermitteln und zusammenzurechnen (BFHE 122, 310, BStBl II 1977, 701; vgl § 2 Anm 385 ff). Aus der Summe ist der GewStMessbetrag für den GewErtrag des gesamten Unternehmens zu ermitteln. Die GewStMesszahl für das beherrschende Unternehmen ist maßgebend (A 41 GewStR). Ist dies ein Einzelunternehmen oder eine Personengesellschaft, so ist der Freibetrag nach Abs 1 Nr 1 zu berücksichtigen, und zwar auch dann, wenn das Organ eine Kapitalgesellschaft ist (*Heidner* DStR 1988, 87). Ist das beherrschende Unternehmen eine Kapitalgesellschaft oder sonstige Körperschaft, dann ist der Freibetrag nach Abs 1 Nr 2 nur einmal zu gewähren, und zwar auch dann, wenn die Organgesellschaft ebenfalls ein Unternehmen iS dieser Vorschrift ist. § 11 ist eine Tarifvorschrift, die anzuwenden ist auf den zusammengerechneten GewErtrag, der ein solcher des Organträgers und allein Besteuerungsgrundlage für die Ermittlung des GewStMessbetrages ist. Daher ging bzw geht die Freigrenze nach § 11 Abs 5 aF (Anm 10) bzw der Freibetrag (Abrundungsbetrag) nach Abs 1 Nr 2 dem Organ verloren *(Blümich/Gosch* § 11 Rz 42).

Messbeträge auf den Gewerbeertrag von EZ 2002 mit EZ 2007 14

Abgerundeter Gewerbeertrag	0	100	200	300	400	500	600	700	800	900
	in Euro									
24000	0	0	0	0	0	0	1,00	2,00	3,00	4,00
25000	5,00	6,00	7,00	8,00	9,00	10,00	11,00	12,00	13,00	14,00
26000	15,00	16,00	17,00	18,00	19,00	20,00	21,00	22,00	23,00	24,00
27000	25,00	26,00	27,00	28,00	29,00	30,00	31,00	32,00	33,00	34,00
28000	35,00	36,00	37,00	38,00	39,00	40,00	41,00	42,00	43,00	44,00

Abgerundeter Gewerbeertrag	0	100	200	300	400	500	600	700	800	900
	in Euro									
29000	45,00	46,00	47,00	48,00	49,00	50,00	51,00	52,00	53,00	54,00
30000	55,00	56,00	57,00	58,00	59,00	60,00	61,00	62,00	63,00	64,00
31000	65,00	66,0	67,00	68,00	69,00	70,00	71,00	72,00	73,00	74,00
32000	75,00	76,00	77,00	78,00	79,00	80,00	81,00	82,00	83,00	84,00
33000	85,00	86,00	87,00	88,00	89,00	90,00	91,00	92,00	93,00	94,00
34000	95,00	96,00	97,00	98,00	99,00	100,00	101,00	102,00	103,00	104,00
35000	105,00	106,00	107,00	108,00	109,00	110,00	111,00	112,00	113,00	114,00
36000	115,00	116,00	117,00	118,00	119,00	120,00	122,00	124,00	126,00	128,00
37000	130,00	132,00	134,00	136,00	138,00	140,00	142,00	144,00	146,00	148,00
38000	150,00	152,00	154,00	156,00	158,00	160,00	162,00	164,00	166,00	168,00
39000	170,00	172,00	174,00	176,00	178,00	180,00	182,00	184,00	186,00	188,00
40000	190,00	192,00	194,00	196,00	198,00	200,00	202,00	204,00	206,00	208,00
41000	210,00	212,00	214,00	216,00	218,00	220,00	222,00	224,00	226,00	228,00
42000	230,00	232,00	234,00	236,00	238,00	240,00	242,00	244,00	246,00	248,00
43000	250,00	252,00	254,00	256,00	258,00	260,00	262,00	264,00	266,00	268,00
44000	270,00	272,00	274,00	276,00	278,00	280,00	282,00	284,00	286,00	288,00
45000	290,00	292,00	294,00	296,00	298,00	300,00	302,00	304,00	306,00	308,00
46000	310,00	312,00	314,00	316,00	318,00	320,00	322,00	324,00	326,00	328,00
47000	330,00	332,00	334,00	336,00	338,00	340,00	342,00	344,00	346,00	348,00
48000	350,00	352,00	354,00	356,00	358,00	360,00	363,00	366,00	369,00	372,00
49000	375,00	378,00	381,00	384,00	387,00	390,00	393,00	396,00	399,00	402,00
50000	405,00	408,00	411,00	414,00	417,00	420,00	423,00	426,00	429,00	432,00
51000	435,00	438,00	441,00	444,00	447,00	450,00	453,00	456,00	459,00	462,00
52000	465,00	468,00	471,00	474,00	477,00	480,00	483,00	486,00	489,00	492,00
53000	495,00	498,00	501,00	504,00	507,00	510,00	513,00	516,00	519,00	522,00
54000	525,00	528,00	531,00	534,00	537,00	540,00	543,00	546,00	549,00	552,00
55000	555,00	558,00	561,00	564,00	567,00	570,00	573,00	576,00	579,00	582,00
56000	585,00	588,00	591,00	594,00	597,00	600,00	603,00	606,00	609,00	612,00
57000	615,00	618,00	621,00	624,00	627,00	630,00	633,00	636,00	639,00	642,00
58000	645,00	648,00	651,00	654,00	657,00	660,00	663,00	666,00	669,00	672,00
59000	675,00	678,00	681,00	684,00	687,00	690,00	693,00	696,00	699,00	702,00
60000	705,00	708,00	711,00	714,00	717,00	720,00	724,00	728,00	732,00	736,00
61000	740,00	744,00	748,00	752,00	756,00	760,00	764,00	768,00	772,00	776,00
62000	780,00	784,00	788,00	792,00	796,00	800,00	804,00	808,00	812,00	816,00
63000	820,00	824,00	828,00	832,00	836,00	840,00	844,00	848,00,	852,00	856,00
64000	860,00	864,00	868,00	872,00	876,00	880,00	884,00	888,00	892,00	896,00
65000	900,00	904,00	908,00	912,00	916,00	920,00	924,00	928,00	932,00	936,00
66000	940,00	944,00	948,00	952,00	956,00	960,00	964,00	968,00	972,00	976,00
67000	980,00	984,00	988,00	992,00	996,00	1000,00	1004,00	1008,00	1012,00	1016,00
68000	1020,00	1024,00	1028,00	1032,00	1036,00	1040,00	1044,00	1048,00	1052,00	1056,00
69000	1060,00	1064,00	1068,00	1072,00	1076,00	1080,00	1084,00	1088,00	1092,00	1096,00
70000	1100,00	1104,00	1108,00	1112,00	1116,00	1120,00	1124,00	1128,00	1132,00	1136,00
71000	1140,00	1144,00	1148,00	1152,00	1156,00	1160,00	1164,00	1168,00	1172,00	1176,00
72000	1180,00	1184,00	1188,00	1192,00	1196,00	1200,00	1205,00	1210,00	1215,00	1220,00

Vgl auch die Tabelle nach *BMF* BB 2002, 2539.

Abschnitt III.

§§ 12, 13 *(weggefallen)*

Abschnitt IV. Steuermessbetrag

§ 14 Festsetzung des Steuermessbetrags

[1] Der Steuermessbetrag wird für den Erhebungszeitraum nach dessen Ablauf festgesetzt. [2] Erhebungszeitraum ist das Kalenderjahr. [3] Besteht die Gewerbesteuerpflicht nicht während eines ganzen Kalenderjahrs, so tritt an die Stelle des Kalenderjahrs der Zeitraum der Steuerpflicht (abgekürzter Erhebungszeitraum).

Gewerbesteuer-Richtlinien 1998: Abschnitt 71.

Bearbeiter: Selder

Übersicht

1. Allgemeines
2. Gewerbesteuermessbescheid
3. Bekanntgabe des Gewerbesteuermessbescheids
4. Erhebungszeitraum
5. Bindungswirkung
6. Pauschale Gewerbesteueranrechnung
7. Steuermessbetrag (Übersicht)

1 **Allgemeines.** Nach früherem Recht **(bis EZ 1997)** wurden die Steuermessbeträge nach dem Gewerbeertrag und dem Gewerbekapital zwar getrennt ermittelt, durch ihre Zusammenrechnung zu einem einheitlichen Steuermessbetrag im GewStMessbescheid verloren sie aber ihre selbständige Bedeutung. Nur der einheitliche Steuermessbetrag war anfechtbar. Eine Saldierung von Fehlern beim Messbetrag nach dem Ertrag war daher mit solchen des Kapitalmessbetrags zulässig (BFHE 91, 393, BStBl II 1968, 344); es trat keine getrennte Bestandskraft der Messbeträge ein.

Ab EZ 1998 wird der Steuermessbetrag nur noch nach dem Gewerbeertrag ermittelt.

Bei **Organschaftsverhältnissen** sind die Gewerbeerträge und (bis EZ 1997:) die Gewerbekapitalien (nicht die Messbeträge) der verbundenen Unternehmen getrennt zu ermitteln, aber dann beim Organträger zusammenzufassen. Denn die Organgesellschaft gilt nach § 2 Abs 2 als Betriebsstätte des Organträgers (vgl § 2 Anm 355 f).

Das geltende Gewerbesteuerrecht folgt der sog **Gegenwartsbesteuerung.** Der Gewerbeertrag geht von dem für den Erhebungszeitraum maßgebenden Gewinn aus (§ 7). Nach dem GewStG 1936 war Bemessungszeitraum das jeweils vorangegangene Jahr.

Erhebungszeitraum ist das Kalenderjahr, dh bei Beginn oder Ende der Steuerpflicht während des Kalenderjahrs der Zeitraum der Steuerpflicht. Nach Ablauf des Erhebungszeitraums, auch des abgekürzten, wird der (bis EZ 1997 einheitliche) Steuermessbetrag festgesetzt. Er ist erforderlichenfalls auf volle Euro nach unten abzurunden (s A 71 Abs 2 GewStR).

Den **Gewerbesteuermessbescheid** erlässt das Finanzamt (§ 184, §§ 155f AO). Wegen der Richtervorlage des Nds FG (Art 100 Abs 1 GG) zur Frage der Verfassungsmäßigkeit der GewSt (EFG 2004, 1065, Anm *Hey* FR 2004, 876, sowie weiterer Beschluss in FR 2005, 690) hatten die FÄ bislang die Festsetzung des Gewerbesteuermessbetrages in vollem Umfang für vorläufig erklärt (§ 165 AO; s *Ländererlass* BStBl I 2008, 466). Die Aussetzung eines finanzgerichtlichen Verfahrens (§ 74 FGO) wurde allerdings nicht gewährt (BFHE 209, 128, BStBl II 2005, 647; BFH/NV 2006, 1154). Inzwischen hat das BVerfG das GewStG als verfassungskonform beurteilt (DB 2008, 1243), der Ländererlass aaO zur vorläufigen Festsetzung des Gewerbesteuermessbetrags wurde aufgehoben (BStBl I 2008, 934). Ein Halbteilungsgrundsatz, wonach die GewSt nicht zu einer Steuerbelastung von über 50% führen darf, lässt sich dem GG nicht entnehmen (BFH/NV 2006, 1153). Die Erhebung von GewSt ist auch nicht gemeinschaftswidrig (BFHE 203, 263, BStBl II 2004, 17), die GewStPflicht kraft Rechtsform ist nicht verfassungswidrig (BFHE 204, 290, BStBl II 2004, 303; BFHE 221, 238, BStBl II 2008, 681). Für das Gebiet der **ehem DDR** wurden den FÄ zunächst auch Festsetzung, Erhebung und Billigkeitsmaßnahmen übertragen (*Pauka* DB DDR-Report 1990, 3182). Zu Einzelheiten s § 7 Anm 9. 2

Nach § 184 Abs 1 AO hat das FA im Steuermessbescheid über die persönliche und die sachliche Steuerpflicht zu entscheiden. Er hat bindende Wirkung (§ 182 Abs 1 AO) für den GewStBescheid. Einwendungen zum Gewerbeertrag sind daher im Rechtsbehelf gegen den Messbescheid und nicht gegen den GewStBescheid geltend zu machen (BFHE 150, 441, BStBl II 1987, 816). Es gelten die §§ 155, 157 AO. Die Bezeichnung des **Steuerschuldners** entspricht regelmäßig der des Bescheidsadressaten. Der Steuergegenstand (Gewerbebetrieb), für den der Bescheid gilt, ergibt sich hinreichend aus der Steuernummer, unter der er beim FA geführt wird.

Nach früherer Rechtsprechung des BFH zählte auch die **Steuergläubigerschaft** zum notwendigen Inhalt des GewStMessbescheids (s *Blümich/Hofmeister* § 14 Rz 18). Teilweise wurde angenommen, die auch den Steuerschuldner bindende Feststellung der hebeberechtigten Gemeinde folge daraus, dass das FA nach § 184 Abs 3 AO dieser Gemeinde den Inhalt des Steuermessbescheids mitzuteilen habe (BFHE 142, 544, BStBl II 1985, 607; BFHE 144, 198, BStBl II 1985, 650; A 34 Abs 2 Satz 4 GewStR). Auch das BVerwG sieht offensichtlich die Nennung der hebeberechtigten Gemeinde im Messbescheid als Verwaltungsakt an (KStZ 1999, 34, ebenso OVG Rh-Pf KStZ 2004, 79). Nach neuerer BFH-Rspr (BFHE 204, 283, BStBl II 2004, 751) ist die Bestimmung der hebeberechtigten Gemeinde nicht Bestandteil des GewStMessbescheides (s § 4 Anm 1; aA *Lenski/Steinberg* § 14 Anm 25).

Die **Bekanntgabe des Gewerbesteuermessbescheids** erfolgt in der Praxis zT durch die Gemeinden, denen das FA die für den Steuerpflichtigen bestimmte Ausfertigung des Bescheids übermittelt (A 5 GewStR). Die Kritik an diesem Verfahren wäre nicht aus Gründen des Steuergeheimnisses (FG Ba-Wü EFG 1986, 306 rkr; *Hammer* DStR 1982, 98), sondern allenfalls damit gerechtfertigt, dass gesetzliche Zuständigkeiten für die Bekannt- 3 gabe nach § 122 AO bestehen müssen. Es wird aber genügen, wenn das zuständige FA diese Bekanntgabe zwar nicht selbst durchführt, aber in die Wege leitet. Die Gemeinde handelt nur als Botin. Dagegen soll nach BFHE 162, 433, BStBl II 1991, 244, die Gemeinde GewStMessbescheide (auch kombinierte) nicht nur nicht herstellen, sondern auch in eigener Verantwortung nicht bekannt geben dürfen, es sei denn, es besteht eine – landesrechtliche – Grundlage (vgl Nachweise bei *Tipke/Kruse* § 184 AO Tz 13 sowie bei HHSp § 184 Rz 43). BFHE 170, 106, BStBl II 1993, 263 nimmt die Heilung einer fehlerhaften Bekanntgabe dann an, wenn die Einspruchsentscheidung ordnungsgemäß bekanntgegeben wurde. S auch BFH/NV 1987, 146. Für Einspruchsentscheidungen besorgen allerdings die FÄ die nach § 366 AO vorgeschriebene Bekanntgabe selbst. Die gesetzlich zur Bekanntgabe befugte Gemeinde darf jedenfalls das Bescheidsdatum einfügen (FG Ba-Wü EFG 1989, 327 rkr, auch zum kombinierten Verspätungszuschlag).

4 **Erhebungszeitraum** ist grundsätzlich das Kalenderjahr. Besteht die Gewerbesteuerpflicht nicht während des ganzen Jahres, so tritt an die Stelle des Kalenderjahres der Zeitraum der Steuerpflicht als abgekürzter Erhebungszeitraum (§ 14). Nach Ablauf des Erhebungszeitraums, auch des abgekürzten, wird der (bis EZ 1997 einheitliche) Steuermessbescheid festgesetzt.

5 **Bindungswirkung.** Die im Steuermessbescheid getroffenen Feststellungen sind für den GewStBescheid bindend (§ 184 Abs 1 iVm § 182 AO). Er ist Grundlagenbescheid iSd § 171 Abs 10 AO (BFH/NV 2000, 346). Nach Eröffnung des Insolvenzverfahrens darf ein GewStMessbescheid nicht mehr ergehen; vielmehr ist die Steuerforderung zur Insolvenztabelle anzumelden (BFHE 183, 365, BStBl II 1998, 428, Rspr-Änderung). Zu diesem Zweck teilen die FÄ den Gemeinden den Messbetrag mit (AEAO zu § 122 Rz 2.9.1). Bei Bestreiten ist der Messbescheid gegenüber dem Insolvenzverwalter zu erlassen.

Einkommensteuer- oder Feststellungsbescheid haben trotz der in § 35b vorgeschriebenen Änderung auch des GewStMessbescheids bei Änderung des Einkommensteuerbescheids gegenüber dem Messbescheid keine bindende Wirkung (BFHE 113, 340, BStBl II 1975, 37; BFHE 159, 199, BStBl II 1990, 383; BFHE 193, 292, BStBl II 2001, 299; BFHE 205, 390, BStBl II 2004, 699; BFHE 221, 238, BStBl II 2008, 681). Verneint das FA in einem Einkommensteuerbescheid einen bestehenden Gewerbebetrieb, so ist es dadurch nicht gehindert, einen GewStMessbescheid für den fraglichen Zeitraum zu erlassen. In Ausnahmefällen kann dieses Recht jedoch verwirkt sein (§ 5 Anm 18). Auch für die Aussetzung der Vollziehung ist der Einkommensteuerbescheid nicht als Grundlagenbescheid für den GewStMessbescheid zu behandeln (BFHE 173, 158, BStBl II 1994, 300). Wird die Vollziehung des angefochtenen Einkommensteuerbescheids wegen strittiger gewerblicher Einkünfte ausgesetzt, so ist auch ein Antrag auf Aussetzung des bestandskräftigen GewStMessbescheids statthaft (BFHE 86, 749, BStBl III 1966, 651; vgl auch § 35b Anm 6).

Nach § 184 Abs 1 AO sind die Vorschriften über die Steuerfestsetzung auf den Steuermessbescheid sinngemäß anzuwenden. Dies beinhaltet vor allem auch die Möglichkeit, den Bescheid nach § 164 AO unter dem Vorbehalt der Nachprüfung oder nach § 165 AO vorläufig zu erlassen. Die Festsetzungsfrist nach §§ 169f AO ist zu beachten (s auch § 5 Anm 18). Hinsichtlich der Bescheidsänderung gelten die §§ 172f AO. § 182 Abs 2 AO gilt nicht für den GewStMessbescheid (§ 184 Abs 1 Satz 4 AO). Gegenüber dem Rechtsnachfolger entfaltet der GewStMessbescheid keine Bindungswirkung. Dies stimmt überein mit § 2 Abs 5. Danach gilt bei einem Unternehmerwechsel der Gewerbebetrieb durch den bisherigen Unternehmer als eingestellt.

Pauschale Gewerbesteueranrechnung. Der durch GewStMessbescheid festgesetzte Messbetrag ist Ausgangspunkt für die pauschale Anrechnung der Gewerbesteuer auf die Einkommensteuer nach **§ 35 EStG.** Bei Gewerbetreibenden Einzelunternehmern und bei Mitunternehmern wird die auf die gewerblichen Einkünfte entfallende Einkommensteuer um das 1,8fache des Messbetrages (Rechtslage bis einschließlich 2007) bzw auf das 3,8fache (Rechtslage ab 2008) gemindert. Der Messbescheid ist somit Grundlagenbescheid für den Einkommensteuerbescheid. Der auf den einzelnen Mitunternehmer entfallende Anteil am Messbetrag, der sich nach dem allgemeinen Gewinnverteilungsschlüssel richtet, ist gesondert und einheitlich festzustellen (§ 35 Abs 2 EStG). Nach dem nunmehrigen Wortlaut des § 35 Abs 1 Satz 3 EStG kommt es darauf an, ob die einkommensteuerlich zu erfassenden gewerblichen Einkünfte durch Gewerbesteuer vorbelastet sind. Zu den Einzelheiten der GewSt-Anrechnung s *BMF* BStBl I 2007, 701 sowie *Schmidt/Glanegger* § 35. 6

Steuermessbetrag (Übersicht) 7

	(1) Gewerbeertrag:
	Gewinn aus Gewerbebetrieb (§ 7)
+	Hinzurechnungen (§ 8)
./.	Kürzungen (§ 9)
=	Gewerbeertrag (Abrundung auf volle 100 €, § 11 Abs 1)
./.	Freibetrag (24 500 € bzw 3900 €; § 11 Abs 1)
=	Steuerpflichtiger Gewerbeertrag
×	Steuermesszahl (§ 11)
=	Steuermessbetrag (§ 14)

Der Steuermessbetrag multipliziert mit dem Hebesatz (§ 16) ergibt die Gewerbesteuer.

§ 14a Steuererklärungspflicht

[1] Für steuerpflichtige Gewerbebetriebe ist eine Erklärung zur Festsetzung des Steuermessbetrags und in den Fällen des § 28 außerdem eine Zerlegungserklärung abzugeben. [2] Zur Abgabe verpflichtet ist der Steuerschuldner (§ 5). [3] Die Erklärungen müssen von ihm oder von den in § 34 der Abgabenordnung bezeichneten Personen eigenhändig unterschrieben werden.

_[Ab EZ 2011:]_ [1]Der Steuerschuldner (§ 5) hat für steuerpflichtige Gewerbebetriebe eine Erklärung zur Festsetzung des Steuermessbetrags und in den Fällen des § 28 außerdem eine Zerlegungserklärung nach amtlich vorgeschriebenem Datensatz durch Datenfernübertragung zu übermitteln. [2]Auf Antrag kann die Finanzbehörde zur Vermeidung unbilliger Härten auf eine elektronische Übermittlung verzichten; in diesem Fall ist die Erklärung nach amtlich vorgeschriebenem Vordruck abzugeben und vom Steuerschuldner oder von den in § 34 der Abgabenordnung bezeichneten Personen eigenhändig zu unterschreiben.

Gewerbesteuerdurchführungsverordnung

§ 25 GewStDV Gewerbesteuererklärung

(1) Eine Gewerbesteuererklärung ist abzugeben

1. *für alle gewerbesteuerpflichtigen Unternehmen, deren Gewerbeertrag im Erhebungszeitraum den Betrag von 24 500 Euro überstiegen hat;*
2. *für Kapitalgesellschaften (Aktiengesellschaften, Kommanditgesellschaften auf Aktien, Gesellschaften mit beschränkter Haftung), wenn sie nicht von der Gewerbesteuer befreit sind;*
3. *für Genossenschaften einschließlich Europäischer Genossenschaften und für Versicherungsvereine auf Gegenseitigkeit, wenn sie nicht von der Gewerbesteuer befreit sind. [2]Für sonstige juristische Personen des privaten Rechts und für nichtrechtsfähige Vereine ist eine Gewerbesteuererklärung nur abzugeben, soweit diese Unternehmen einen wirtschaftlichen Geschäftsbetrieb – ausgenommen Land- und Forstwirtschaft – unterhalten, dessen Gewerbeertrag im Erhebungszeitraum den Betrag von 3900 [5000] Euro überstiegen hat;*
4. *für Unternehmen von juristischen Personen des öffentlichen Rechts, wenn sie als stehende Gewerbebetriebe anzusehen sind und ihr Gewerbeertrag im Erhebungszeitraum den Betrag von 3900 [5000] Euro überstiegen hat;*
5. *für Unternehmen im Sinne des § 3 Nr. 5, 6, 8, 9, 15, 17, 21, 26, 27, 28 und 29 des Gesetzes nur, wenn sie neben der von der Gewerbesteuer befreiten Tätigkeit auch eine der Gewerbesteuer unterliegende Tätigkeit ausgeübt haben und ihr steuerpflichtiger Gewerbeertrag im Erhebungszeitraum den Betrag von 3900 [5000] Euro überstiegen hat;*
6. *für Unternehmen, für die zum Schluss des vorangegangenen Erhebungszeitraums vortragsfähige Fehlbeträge gesondert festgestellt worden sind;*
7. *für alle gewerbesteuerpflichtigen Unternehmen, für die vom Finanzamt eine Gewerbesteuererklärung besonders verlangt wird.*

(2) [1]Die Steuererklärung ist spätestens an dem von den obersten Finanzbehörden der Länder bestimmten Zeitpunkt abzugeben. [2]Für die Erklärung sind die amtlichen Vordrucke zu verwenden. [3]Das Recht des Finanzamts, schon vor diesem Zeitpunkt Angaben zu verlangen, die für die Besteuerung von Bedeutung sind, bleibt unberührt.

Bearbeiter: Selder

Übersicht

1. Entstehungsgeschichte und zeitlicher Anwendungsbereich
2. Erklärungspflicht
3. Form der Erklärung
4. Erklärungsfristen
5. Betroffene Steuergegenstände

Entstehungsgeschichte und zeitlicher Anwendungsbereich. § 14a wurde durch das Steuerbereinigungsgesetz 1985 v 14. 12. 1984 (BGBl I 1984, 1493) eingeführt. Damit sollte eine ausdrückliche Rechtsgrundlage für die Pflicht zur Abgabe einer Steuererklärung im Gesetz vorgesehen werden. Bis dahin bestand für die Gewerbesteuererklärung eine spezielle Regelung lediglich in § 25 GewStDV. § 167 Abs 2 RAO und § 149 Abs 1 AO verweisen hinsichtlich der Abgabepflicht auf die Einzelsteuergesetze und auf die Aufforderung durch die Finanzbehörde. Der durch das Steuerbereinigungsgesetz 1985 eingefügte und inzwischen durch das Steuerbereinigungsgesetz 1986 (BGBl I 1986, 2436) entfallene § 36 Abs 2 bestimmte, dass § 14a auch auf Erhebungszeiträume vor 1984 anzuwenden war, dh auch für den zeitlichen Geltungsbereich der alten Gesetzesfassung. Hierin lag keine unzulässige Rückwirkung, denn es war auf Grund des § 25 Abs 1 GewStDV schon vor der Einführung des § 14a GewStG von einer Erklärungspflicht auszugehen (BFHE 142, 363, BStBl II 1985, 199). 1

Erklärungspflichtig ist der Steuerschuldner (§ 5). An seiner Stelle handeln bei gesetzlicher Vertretung natürlicher oder juristischer Personen die gesetzlichen Vertreter, bei nichtrechtsfähigen Personenvereinigungen und Vermögensmassen die anderen in § 34 AO genannten Personen, also Geschäftsführer oder hilfsweise die Gesellschafter oder Mitglieder. Beim Unternehmensverbund in der Form einer Organschaft ist der Organträger als Steuerschuldner zur Abgabe der Steuererklärung verpflichtet, und zwar auch für die Organgesellschaft. Bei der Betriebsaufspaltung trifft die Erklärungspflicht die jeweiligen Gesellschaften oder Gemeinschaften, weil nicht nur eine getrennte Ermittlung der Besteuerungsgrundlagen erforderlich ist, sondern auch mehrere Steuerschuldner existieren (BFHE 142, 363, BStBl II 1985, 199). Hat ein Unternehmer mehrere Gewerbebetriebe, ist für jeden einzelnen Betrieb eine GewStErklärung abzugeben. Stellt sich erst nachträglich, nach dem Verkauf eines vierten Objekts das Vorliegen eines gewerblichen Grundstückshandels heraus, so bestand dennoch von Anfang an, dh nach Verkauf des ersten Objekts, die Pflicht zur Abgabe einer GewStErklärung, so dass bei einer Pflichtverletzung der Beginn der Festsetzungsfrist nach § 170 Abs 2 Satz 1 Nr 1 AO iVm § 184 Abs 1 Satz 3 AO hinausgeschoben ist (BFHE 214, 31, BStBl II 2007, 375). 2

Nach der ab 2011 geltenden Fassung der Vorschrift (§ 36 Abs 9b, Steuerbürokratieabbau G v 20. 12. 2008, BGBl I 2008, 2850) ist die Übermittlung der Steuererklärung in **elektronischer Form** der Regelfall. Zu den Einzelheiten s § 150 Abs 7 AO. Die Abgabe in **Papierform** ist nur noch bei unbilliger Härte möglich. Dies ist anzunehmen, wenn dem Stpfl nicht zuzumuten ist, die technischen Voraussetzungen für eine elektronische Datenübermittlung zu schaffen. 3

Eine auf Papier abgegebene Steuererklärung ist **eigenhändig** zu unterschreiben. Blankounterschriften und dergleichen genügen diesem Erfordernis nicht (BFHE 139, 158, BStBl II 1984, 13; BFHE 140, 149, BStBl II 1984, 436). Eine Stellvertretung bei der Unterschriftenleistung ist nur unter den Voraussetzungen des § 150 Abs 3 AO statthaft.

§ 25 Abs 2 Satz 2 GewStDV bestimmt, dass für die Erklärung der amtliche Vordruck zu verwenden ist. § 150 Abs 1 Satz 1 AO sowie § 14a nF verlangen lediglich die Abgabe *nach* amtlich vorgeschriebenem Vordruck. Dem genügen auch selbst hergestellte und hinsichtlich ihrer Ausgestaltung mit dem amtlichen Vordruck übereinstimmende Vordrucke und Fotokopien, die allerdings auch in der Farbe (bei mehreren Farben) und von gleicher Beschaffenheit und als Fotokopien beidseitig belichtet sein müssen (vgl *BMF* BStBl I 1999, 1049).

4 **Erklärungsfristen.** Als Abgabetermin bestimmt die *FinVerw* wie für die übrigen laufend veranlagten Steuern auch bei der Gewerbesteuer jeweils den 31. 5. des dem VZ/EZ folgenden Kalenderjahres. Diese Frist wird für die steuerlich vertretenen Steuerpflichtigen nach § 109 AO bis zum 31. 12. verlängert (BStBl I 2009, 29). Zur Einführung des GewStG für das Gebiet der **ehemaligen DDR** s § 7 Anm 9.

5 Die von der Erklärungspflicht **betroffenen Steuergegenstände** bezeichnet § 25 Abs 1 GewStDV. Nach § 11 Abs 1 löst ein Überschreiten der Freibeträge für den Gewerbeertrag (24 500 € für natürliche Personen oder Personengesellschaften) die Abgabepflicht aus. Kapitalgesellschaften sind – soweit sie nicht gewerbesteuerbefreit sind – zur Erklärungsabgabe verpflichtet, ebenso die Genossenschaften (einschließlich der Europäischen) und Versicherungsvereine auf Gegenseitigkeit. Für die sonstigen juristischen Personen des privaten Rechts und die nicht rechtsfähigen Vereine wird auf den Freibetrag des § 11 Abs 1 Satz 3 Nr 2 von 3900 €, ab EZ 2009: 5000 € beim Gewerbeertrag abgehoben. Dasselbe gilt für Unternehmen von juristischen Personen des öffentlichen Rechts und nach § 25 Abs 1 Nr 5 GewStDV für teilweise von der GewSt befreite Unternehmen, soweit sie daneben eine gewerbesteuerpflichtige Tätigkeit ausüben. Die Anhebung des Freibetrags in § 11 Abs 1 Satz 3 Nr 2 GewStG auf 5000 € und korrespondierend in § 25 Abs 1 Nr 2–5 GewStDV mWv EZ 2009 erfolgte durch G v 17. 3. 2009 (BGBl I 2009, 550). Durch die 3. VO zur Änderung der GewStDV v 17. 12. 1990 (BStBl I 1991, 29) wurde in § 25 Abs 1 Nr 6 GewStDV eine Erklärungspflicht bei gesondert festgestellten Fehlbeträgen (§ 10 a) des vergangenen Erhebungszeitraums eingeführt. Außerdem ist für alle gewerbesteuerpflichtigen Unternehmen eine Erklärung abzugeben, für die dies vom FA besonders verlangt wird (Ermessensentscheidung). Gewinnermittlungsunterlagen sind nach § 60 EStDV der Einkommensteuer- oder Feststellungserklärung beizufügen. Bei Unsicherheit über die GewStPflicht ist eine GewStErklärung auf Aufforderung des FA abzugeben (§ 184 Abs 1 Satz 3, § 149 Abs 1 Satz 2 AO).

In den **Zerlegungsfällen** (§ 28) hat der Steuerschuldner zusätzlich eine Zerlegungserklärung abzugeben.

§ 14b Verspätungszuschlag

[1]Ein nach § 152 der Abgabenordnung zu entrichtender Verspätungszuschlag fließt der Gemeinde zu. [2]Sind mehrere Gemeinden an der Gewerbesteuer beteiligt, so fließt der Verspätungszuschlag der Gemeinde zu, in der sich die Geschäftsleitung am Ende des Erhebungszeitraums befindet. [3]Befindet sich die Geschäftsleitung im Ausland, so fließt der Verspätungszuschlag der Gemeinde zu, in der sich die wirtschaftlich bedeutendste Betriebsstätte befindet. [4]Auf den Verspätungszuschlag ist der Hebesatz der Gemeinde nicht anzuwenden.

Bearbeiter: Selder

Entstehungsgeschichte. Die Vorschrift wurde durch das Steuerbereinigungsg v 14. 12. 1984 (BGBl I 1984, 1493) mit Wirkung ab dem Erhebungszeitraum 1984 ins Gesetz aufgenommen. Die „Ertragshoheit" der Gemeinde für den Verspätungszuschlag soll eine gesicherte Rechtsgrundlage aufweisen. Der inhaltsgleiche § 26 Abs 2 GewStDV stand im Widerspruch zu der höherrangigen Regelung in § 3 Abs 4 AO. 1

Der **Verspätungszuschlag** ist wie auch der Säumniszuschlag ein Druckmittel eigener Art. Er dient weder seinem Nebenzweck noch seinem Hauptzweck nach der Erzielung von Einnahmen der öffentlichen Hand (BFHE 138, 169, BStBl II 1983, 489 zu Säumniszuschlägen). Er soll den geordneten Gang der Veranlagung gewährleisten und wird vom FA festgesetzt. Gleichwohl ist es sachgerecht, dass der Zuschlag der berechtigten Gemeinde zugewiesen wird. Das JStG 1996 v 11. 10. 1995 (BStBl I 1995, 1250) weist bei Beteiligung mehrerer Gemeinden an der Gewerbesteuer den Verspätungszuschlag nicht mehr der Gemeinde mit dem größten Zerlegungsanteil zu, sondern derjenigen Gemeinde, in der sich die Geschäftsleitung am Ende des Erhebungszeitraums befindet. Die geänderte Fassung des Gesetzes soll die berechtigte Gemeinde eindeutig definieren. Die Vorgängervorschrift hatte zu Schwierigkeiten in den Fällen geführt, in denen mehreren Gemeinden ein gleich hoher „größter" Zerlegungsanteil zugewiesen wurde (BRDrs 171/95, 147). Befindet sich die Geschäftsleitung im Ausland, so fließt der Verspätungszuschlag der Gemeinde zu, in der sich die wirtschaftlich bedeutendste Betriebsstätte befindet. Dies richtet sich nach der Ertragskraft. Der Hebesatz ist auf den Verspätungszuschlag nicht anzuwenden. Diese Klarstellung im Gesetz erschien nötig, weil der Zuschlag regelmäßig vom FA zusammen mit dem Steuermessbetrag festgesetzt wird (§ 152 Abs 3 AO). 2

Verfahrensrechtliches regelt § 152 AO. Ob ein Zuschlag festgesetzt wird, ist eine Ermessensentscheidung (zu Ermessenskriterien s BFHE 149, 429, BStBl II 1987, 543; BFHE 196, 392, BStBl II 2002, 120). Voraussetzung ist, dass die Steuererklärung nicht oder nicht fristgerecht abgegeben worden ist. Belastet wird der Erklärungspflichtige (s § 14a Anm 2). Bei einer durch ihre gesetzlichen Vertreter handelnden Gesellschaft kann ein Verspätungszuschlag gegen die Gesellschaft oder gegen den Vertreter festge- 3 setzt werden (BFHE 164, 185, BStBl II 1991, 675, Hinweis auf § 152 Abs 1 Satz 3 AO). Zur Ermessensausübung s BFHE 165, 163, BStBl II 1992, 3.

Der Verspätungszuschlag darf 10% der festgesetzten Steuer bzw hier des festgesetzten Messbetrags nicht überschreiten und höchstens 25 000 € betragen. Die spätere Änderung lässt den Verspätungszuschlag eines bestandskräftigen Bescheids grundsätzlich unberührt. Die Finanzbehörden müssen aber den Verspätungszuschlag nochmals überprüfen (*Klein/Brockmeyer* § 152 Rz 16). Das Versäumnis sieht die FinVerw regelmäßig dann nicht als entschuldbar und einen Zuschlag für erforderlich an, wenn die Steuererklärung wiederholt nicht oder wiederholt nicht fristgerecht abgegeben oder eine gewährte Fristverlängerung nicht eingehalten wurde (AEAO zu § 152 AO).

Wird der Steuermessbetrag durch Einspruchs- oder Änderungsbescheid nachträglich herabgesetzt, so hat das FA zu prüfen, in welchem Umfang die für die Bemessung des Zuschlages maßgebenden Erwägungen des § 152 Abs 2 Satz 2 AO noch zutreffen. Der Höchstbetrag (10%) ist nur in außergewöhnlichen Fällen, dh beim Zusammentreffen mehrerer erschwerender Umstände vertretbar (BFHE 128, 17, BStBl II 1979, 641). Zur Anwendung der §§ 130, 131 AO auf den festgesetzten Zuschlag s auch *Klein/Brockmeyer* § 152 Rz 16.

§ 15 Pauschfestsetzung

Wird die Einkommensteuer oder die Körperschaftsteuer in einem Pauschbetrag festgesetzt, so kann die für die Festsetzung zuständige Behörde im Einvernehmen mit der Landesregierung oder der von ihr bestimmten Behörde auch den Steuermessbetrag in einem Pauschbetrag festsetzen.

Gewerbesteuer-Richtlinien 1998: Abschnitt 72.

Bearbeiter: Selder

Übersicht

1. Regelungszusammenhang
2. Zuzug aus dem Ausland
3. Beschränkte Einkommen- bzw Körperschaftsteuerpflicht
4. Ausländische Einkünfte
5. Betrieb von Handelsschiffen im internationalen Verkehr
6. Keine Pauschalierung bei geringen Einkommen
7. Verfahrensrechtliches
8. Steuervereinbarungen

1 Nach seinem **Regelungszusammenhang** bildet § 15 keine eigenständige Grundlage zur Pauschalierung des Steuermessbetrags, sondern setzt die pauschale Festsetzung der Einkommen- oder Körperschaftsteuer voraus. Dies lassen die §§ 34 c Abs 5 und 50 Abs 7 EStG zu.

Bei **Zuzug aus dem Ausland** gestattete § 31 aF EStG die Pauschalierung der Einkommensteuer bis zur Dauer von 10 Jahren. Die Vorschrift wurde durch das StRefG 1990 v 25. 7. 1988 (BStBl I 1988, 224) mWv VZ 1990 aufgehoben. 2

Bei einkommensteuerrechtlich **beschränkt Steuerpflichtigen** kann die Steuer ganz oder zum Teil erlassen oder in einem Pauschbetrag festgesetzt werden, wenn es aus volkswirtschaftlichen Gründen zweckmäßig oder eine gesonderte Berechnung der Einkünfte besonders schwierig ist (§ 50 Abs 7 EStG). 3

Die Alternative „schwierige Berechnung der Einkünfte" der § 34 c Abs 5, § 50 Abs 7 EStG gibt für die Gewerbesteuer mangels einer Unterscheidung zwischen beschränkter und unbeschränkter Gewerbesteuerpflicht keinen Sinn. Die Ausnahme eines Gewerbeertrags eines inländischen Unternehmens, das auf nicht im Inland gelegene Betriebsstätten entfällt, regelt § 9 Nr 3. Inländische Betriebsstätten von Unternehmen, deren Geschäftsleitung sich im Ausland befinden, sind unter den Voraussetzungen des § 2 Abs 6 von der Gewerbesteuer freigestellt (§ 2 Anm 7). Danach verbleiben für die Gewerbesteuer als einer Pauschalierung zugänglich die Fälle, in denen die Einkommen- bzw Körperschaftsteuer aus volkswirtschaftlichen Gründen in einem Pauschbetrag festgesetzt wird. Mit der ehemaligen DDR war Einvernehmen auf der Basis der Gegenseitigkeit hergestellt worden, dass ab 1. 6. 1990 im Rahmen der beschränkten Steuerpflicht nicht besteuert werden Bauausführungen und Montagen von höchstens 12 Monaten, Einkünfte aus dem Betrieb eigener oder gecharteter Schiffe auch bei Geschäftsleitung in der DDR, und dass ferner die Betriebsstättengewinne und das betreffende Vermögen nach OECD-Regeln ermittelt werden (Übergangsregelung, *BMF* v 10. 7. 1990, BStBl I 1990, 314, *FM DDR* v 12. 7. 1990, BStBl I 1990, 339, auch zu Quellensteuerregelungen und anderen Einkunftsarten).

Die in A 72 Nr 1 GewStR angesprochene Pauschalierung bei **ausländischen Einkünften** für die Einkommensteuer (§ 34 c Abs 5 EStG) und für die Körperschaftsteuer (§ 26 Abs 6 KStG) ist hinsichtlich ihrer Übertragung auf die Gewerbesteuer zweifelhaft. 4

Für die 2. Alternative des § 34 c Abs 5 EStG „schwierige Ermittlung der anzurechnenden ausländischen Steuer" gibt es im Gewerbesteuerrecht keine Entsprechung. Ein Anrechnungsverfahren ist hier nicht vorgesehen. Ausländische Einkünfte des § 34 c Abs 5 sowie des § 34 d EStG sind in § 9 Nrn 3, 7 und 8 und § 8 Nr 8 GewStG hinsichtlich des gewerbesteuerrechtlichen Gewerbeertrags berücksichtigt. § 15 soll die Tätigkeit inländischer Unternehmen ua in Nicht-DBA-Ländern fördern (vgl den **Auslandstätigkeitserlass** BStBl I 1983, 470; s auch BStBl I 1984, 252). Der subventionsähnliche Charakter gestattet es, den Begriff ausländische Einkünfte des Einkommensteuerrechts in die Besteuerungsgrundlagen der Gewerbesteuer umzusetzen. Tatbestandlich denkbar ist dies zwar nicht für die ohnehin ausgenommenen Erträge der ausländischen Betriebsstätten eines inländischen Unternehmens, wohl aber zB für Beteiligungserträge und -werte, die nicht unter das Schachtelprivileg nach § 9 Nr 7 fallen. Technisch durchführbar ist die pauschale Begünstigung von Teilen des Gewerbeertrags auch bei einem Gewerbesteuermessbetrag eines einheitlichen Betriebs, wie die bis EZ 1992 gesetzlich geregelten Fälle in § 11 Abs 3 Nr 2 aF und § 13 Abs 3 aF zeigen (vgl dazu § 13 Anm 2 in der 3. Aufl).

5 Die Ermäßigung für Schifffahrtsunternehmen ist gewerbesteuerrechtlich in § 9 Nr 3 geregelt. S die Erläuterungen zur alten Rechtslage in der 3. Aufl.

6 Die **Pauschalierung** der Körperschaftsteuer bei **geringen Einkommen** ließ der frühere § 21 KStG zu mit der Anwendung des § 15 für die Gewerbesteuer. Das KStG ab 1977 enthält keine derartige Regelung mehr. Es verbleibt nur das Absehen von einer Festsetzung nach § 184 Abs 1 iVm § 156 Abs 2 AO bei einem Missverhältnis zwischen dem festzusetzenden Betrag und Kosten seiner Einziehung und Festsetzung oder wenn die Einziehung von vornherein keinen Erfolg hat.

7 **Verfahrensrechtliches.** § 34 c Abs 5 und § 50 Abs 7 EStG sind Ermessensvorschriften (vgl zu § 34 c Abs 5 – früher Abs 3 – BVerfG BStBl II 1978, 548). Ihre zutreffende Anwendung ist nach § 102 FGO nur eingeschränkt nachprüfbar. Entsprechendes gilt für die Gewerbesteuer in § 15.

Kommt es nachträglich durch eine geänderte Entscheidung zu einer Pauschalierung der Einkommen- bzw. Körperschaftsteuer, so muss das FA von Amts wegen in die Prüfung des § 15 eintreten. Die verfahrensrechtliche Grundlage für die Änderung des GewStMessbescheids bietet dann § 35 b.

8 Ist die Gewerbesteuer für mehrere Jahre nachzuholen, so müssen für die einzelnen Jahre getrennte pauschalierte GewStMessbeträge festgesetzt werden (A 72 GewStR). **Steuervereinbarungen** über die Erhebung der Gewerbesteuer sind nach zutreffender hM unzulässig (s § 4 Anm 6). Sie werden auch nicht durch § 15 gestattet.

Abschnitt V.
Entstehung, Festsetzung und Erhebung der Steuer

§ 16 Hebesatz

(1) **Die Steuer wird auf Grund des Steuermessbetrags (§ 14) mit einem Prozentsatz (Hebesatz) festgesetzt und erhoben, der von der hebeberechtigten Gemeinde (§§ 4, 35 a) zu bestimmen ist.**

(2) **Der Hebesatz kann für ein Kalenderjahr oder mehrere Kalenderjahre festgesetzt werden.**

(3) **[1] Der Beschluss über die Festsetzung oder Änderung des Hebesatzes ist bis zum 30. Juni eines Kalenderjahrs mit Wirkung vom Beginn dieses Kalenderjahrs zu fassen. [2] Nach diesem Zeitpunkt kann der Beschluss über die Festsetzung des Hebesatzes gefasst werden, wenn der Hebesatz die Höhe der letzten Festsetzung nicht überschreitet.**

(4) **[1] Der Hebesatz muss für alle in der Gemeinde vorhandenen Unternehmen der gleiche sein. [2] Er beträgt 200 Prozent, wenn die Gemeinde nicht einen höheren Hebesatz bestimmt hat. [3] Wird das Gebiet von Gemeinden geändert, so kann die Landesregierung oder die von ihr bestimmte Stelle für die von der Änderung betroffenen Gebietsteile auf eine bestimmte Zeit verschiedene Hebesätze zulassen. [4] In den Fällen des Satzes 3 sind die §§ 28 bis 34 mit der Maßgabe anzuwenden, dass an die Stelle mehrerer Gemeinden die Gebietsteile der Gemeinde mit verschiedenen Hebesätzen treten.**

(5) **In welchem Verhältnis die Hebesätze für die Grundsteuer der Betriebe der Land- und Forstwirtschaft, für die Grundsteuer der Grundstücke und für die Gewerbesteuer zueinander stehen müssen, welche Höchstsätze nicht überschritten werden dürfen und inwieweit mit Genehmigung der Gemeindeaufsichtsbehörde Ausnahmen zugelassen werden können, bleibt einer landesrechtlichen Regelung vorbehalten.**

Bearbeiter: Güroff

Übersicht

1. Allgemeines

2.–9. Anwendung des Hebesatzes (Abs 1)

2. Festsetzung und Erhebung der GewSt
3. GewStBescheid
4. Rechtsbehelfe
5. Verjährung

6. Beitreibung und Niederschlagung
7. Stundung
8. Erlass
9. Säumniszuschläge

10.–14. Der Hebesatz (Abs 2–5)
10. Festsetzung des Hebesatzes (Abs 2)
11. Beschluss über die Festsetzung (Abs 3)
11 a. Mindesthebesatz (Abs 4)
12. Gleichheit des Hebesatzes (Abs 4)
13. Landesrechtliche Regelungen (Koppelungsvorschriften) (Abs 5)
14. Rechtsbehelfe

Literatur: *Flies,* Entspricht die im Laufe eines Kalenderjahres angeordnete Erhöhung der Hebesätze der Gewerbesteuer dem Grundgesetz?, FR 1994, 248; *Behrendt,* Hebesatzautonomie und Standortentscheidung, StB 1996, 296; *Wälz/Süß,* Verfassungswidrigkeit der gewerbesteuerlichen Änderungen durch das Steuervergünstigungsabbaugesetz?, DStR 2003, 1637; *Rödel,* Änderungen im Bereich der Gewerbesteuer durch das Steuervergünstigungsabbaugesetz, Inf 2003, 740; *B. Schmidt,* Auswirkungen des GewStÄndG auf Unternehmen und die Gewerbesteuer-Hebesätze der Gemeinden, StuB 2004, 249; *Hidien,* Staatliche Gewerbesteuerpflicht und gemeindliches Gewerbesteuerertragsrecht, ZKF 2004, 29; *Otting,* Verfassungsrechtliche Grenzen der Bestimmung des Gewerbesteuerhebesatzes durch Bundesgesetz, DB 2004, 1222.

1 **Allgemeines.** Die Vorschrift konkretisiert Art 106 Abs 6 Satz 2 GG, wonach den Gemeinden das Recht einzuräumen ist, die Hebesätze der RealSt im Rahmen der Gesetze festzusetzen. Durch G v 29. 10. 1997 BGBl I 1997, 2590 ist Abs 1 an die Aufhebung der GewKapSt ab EZ 1998 durch dieses G angepasst worden. Die Festlegung eines Mindesthebesatzes durch Einfügung von Satz 2 in Abs 4 erfolgte mWv EZ 2004 durch G v 23. 12. 2003 (BGBl I 2003, 2922). Zur Ergänzung der Ausnahmeregelung in Abs 4 Satz 1 wurde mWv EZ 2009 ein Satz 4 angefügt durch JStG 2009 (BGBl I 2008, 2794).

2.–9. Anwendung des Hebesatzes

2 Die **Festsetzung und Erhebung** der GewSt kennzeichnet den **zweiten Verfahrensabschnitt** bei der GewBesteuerung. Die Festsetzung erfolgt durch Anwendung eines von der Gemeinde bestimmten Hebesatzes (Prozentsatzes) auf den einheitlichen GewStMessbetrag oder den der Gemeinde hieran zustehenden Zerlegungsanteil. Der Hebesatz hat die Funktion eines Steuersatzes. Die den Hebesatz regelnde Satzungsbestimmung der Gemeinde (Anm 10) hat iVm § 16 die Funktion einer Tarifvorschrift. Das bedeutet, dass der geltende Hebesatz bindend für alle gewstpfl GewTreibenden der Gemeinde ist (vgl Anm 12). Bei der Anwendung ist die sog KleinbetragsVO v 19. 12. 2000 (BGBl I 2000, 1790/1805; BStBl I 2001, 3/18), insb § 2, zu beachten. Die Festsetzung und Erhebung ist grundsätzlich eine Angelegenheit der Gemeinde (vgl § 1 GewStG und § 5 Abs 1 GewStÄndG). Diese erlässt auf Grund des ihr vom FA übersandten GewStMessbescheids oder – im Falle der Zerlegung – der Zerlegungsmitteilung den GewStBescheid. Ist die Festsetzung und Erhebung der GewSt den FA

nach § 5 Abs 2 GewStÄndG übertragen, wie in Hamburg, Bremen und Berlin, so erlässt das FA auch den GewStBescheid, der äußerlich mit dem GewStMessbescheid verbunden werden kann.

Der **GewStBescheid** ist StBescheid iSv § 155 AO. Er ist nach § 122 Abs 1 AO demjenigen **bekanntzugeben,** für den er bestimmt ist oder der von ihm betroffen wird. Das ist auf jeden Fall der Steuerschuldner iSv § 5. Außerdem ist anzugeben, wer die Steuer schuldet (vgl § 157 Abs 1 Satz 2 AO). Zur fehlerhaften Bezeichnung einer Personengesellschaft als Steuerschuldner im GewStMessverfahren vgl BFHE 150, 390, BStBl II 1987, 768. Der GewStBescheid ist Folgebescheid des GewStMessbescheids iSv § 182 Abs 1 AO (vgl § 184 Abs 1 Satz 4 AO). Das bedeutet einerseits, dass die Gemeinde nach dem Grundsatz der Gesetzmäßigkeit der Verwaltung (Art 20 Abs 3 GG) einen GewStBescheid erlassen oder ändern muss, wenn ein GewStMessbescheid ergangen oder geändert worden ist (vgl BFHE 181, 265, BStBl II 1997, 136; BFH/NV 2000, 346; *Blümich/Gosch* § 16 Rz 35). Das bedeutet aber andererseits, dass der StPfl begründete Einwendungen gegen die StPfl und den Ansatz von Besteuerungsgrundlagen (GewErtrag und bis EZ 1997 GewKapital) sowie gegen den (einheitlichen) GewStMessbetrag nur durch Einwendungen gegen den GewStMessbescheid geltend machen kann (vgl § 42 FGO, § 351 Abs 2 AO; BFHE 150, 441, BStBl II 1987, 816). Das gilt jedoch nicht ohne Weiteres für den Haftungsschuldner nach § 75 AO, zumal er nicht durch den GewStMessbescheid beschwert wird (BVerfG BStBl II 1997, 415 gegen BVerwG NJW 1993, 2453). Der GewStMessbescheid ist bei der Festsetzung der GewSt auch dann zu Grunde zu legen, wenn er noch nicht bestandskräftig ist. Wird der GewStMessbetrag geändert, so ist der GewStBescheid auch dann zu ändern, wenn er bereits bestandskräftig ist (vgl § 175 Abs 1 Satz 1 Nr 1 AO). 3

Rechtsbehelfe. Obliegt den Gemeinden die Festsetzung und Erhebung der GewSt (Anm 2), dann sind Widerspruch nach § 68 VwGO und bei Erfolglosigkeit Klage, Berufung und Revision vor den Gerichten der Verwaltungsgerichtsbarkeit nach §§ 40, 132ff VwGO statthaft. Obliegt die Festsetzung und Erhebung den FÄ, dann sind Einspruch nach § 347 AO und Klage sowie Revision vor den Gerichten der Finanzgerichtsbarkeit nach §§ 40, 115ff FGO statthaft. 4

Verjährung. Es gelten die Vorschriften der AO (vgl § 1 Abs 2 Nr 4 u 5 AO) über die Festsetzungsverjährung (§§ 169ff AO) und die Zahlungsverjährung (§§ 228ff AO). Nach Ablauf der Festsetzungsfrist darf die GewSt nicht mehr festgesetzt werden. Die Frist beginnt mit Ablauf des Kalenderjahres, in dem die GewStErklärung eingereicht worden ist oder – wenn die Erklärung nicht eingereicht worden ist – mit Ablauf des dritten dem Kalenderjahr der Entstehung der GewSt folgenden Kalenderjahres (§ 170 Abs 2 Satz 1 Nr 1 AO). Die Festsetzungsfrist beträgt grundsätzlich 4 Jahre (§ 169 Abs 2 Satz 1 Nr 2 AO), bei hinterzogener GewSt (§ 370 AO) 10 Jahre und bei leichtfertig verkürzter GewSt (§ 378 AO) 5 Jahre (§ 169 Abs 2 Satz 2 AO). Die Frist läuft nach § 171 Abs 10 AO nicht vor Ablauf von 2 Jahren nach Bekanntgabe des GewStMessbescheids (Grundlagenbescheid) ab. Entsprechendes gilt bei einer Änderung des GewStMessbe- 5 scheids durch das FA oder das FG. Der Eintritt der Verjährung bedeutet insoweit Erlöschen des StSchuldverhältnisses (§ 47 AO) und ist von Amts wegen zu beachten. Ein gleichwohl erlassener GewStBescheid ist aber nicht nichtig, sondern nur rechtswidrig und muss nach den Grundsätzen zu Anm 4 angefochten werden.

6 **Beitreibung und Niederschlagung.** Obliegt die Festsetzung und Erhebung der GewSt den Gemeinden, dann richtet sich die Beitreibung und Niederschlagung nach landesrechtlichen Vorschriften, nicht nach AO (vgl § 1 Nr 2 AO). Sind dagegen die FÄ zuständig (Anm 2), dann gelten die Vorschriften der AO, insbesondere §§ 249 ff AO und § 261 AO.

7 **Stundung.** Es gelten in jedem Fall die Vorschriften des § 222 AO (vgl § 1 Abs 2 Nr 5 AO). Danach können die Finanzbehörden Ansprüche aus dem Steuerschuldverhältnis ganz oder teilweise stunden, wenn die Einziehung bei Fälligkeit eine erhebliche Härte für den Schuldner bedeuten würde und der Anspruch durch die Stundung nicht gefährdet erscheint. Die Stundung soll idR nur auf Antrag und gegen Sicherheitsleistung gewährt werden. Zuständig ist die Behörde, die für die Festsetzung und Erhebung der GewSt zuständig ist (Anm 2). Vgl zu den Stundungsgrundsätzen im Einzelnen die einschlägige Kommentarliteratur zur AO, insbesondere *HHSp; Tipke/Kruse; Koch; Klein.* Obliegt der Gemeinde die Festsetzung und Erhebung der GewSt, dann kann auch sie für die Bearbeitung eines Stundungsantrags keine Gebühr erheben; eine solche ist für die Erhebung staatlich verwalteter Steuern grundsätzlich nicht vorgesehen (BVerwG KStZ 1986, 191). Wird die GewSt gestundet, so sind nach § 234 Abs 1 AO Stundungszinsen zu erheben. Allerdings kann auch hierauf verzichtet werden, wenn dies nach Lage des einzelnen Falles unbillig wäre (vgl im Einzelnen hierzu die oa Kommentarliteratur). Die Stundungszinsen stehen der steuerberechtigten Gemeinde zu (§ 3 Abs 4 Satz 2 AO).

8 **Erlass.** Es gelten die Vorschriften der AO (vgl § 1 Abs 2 Nr 5 AO). Danach können die Finanzbehörden Ansprüche aus dem Steuerschuldverhältnis ganz oder zum Teil erlassen, wenn deren Einziehung nach Lage des einzelnen Falles unbillig wäre; unter den gleichen Voraussetzungen können bereits entrichtete Beträge erstattet oder angerechnet werden (§ 227 AO). Die Unbilligkeit kann sich aus der Natur der Sache, dh aus einer vom Gesetzgeber nicht gewollten Benachteiligung des einzelnen StPfl, oder aus persönlichen und wirtschaftlichen Gründen ergeben (BVerwGE 9, 238, 240; BVerwG DVBl 1990, 1405). Zu den Ermessensgrundsätzen sowie zur – eingeschränkten – Möglichkeit, einen bestandskräftigen StBescheid inhaltlich-sachlich im Rahmen des Erlassverfahrens zu korrigieren, vgl BVerwG DVBl 1990, 1405 sowie OVG Münster ZKF 1993, 156. Die Vorschrift gibt der Gemeinde nicht das Recht, an Stelle einer vom Gesetzgeber unterlassenen sozial- oder wirtschaftspolitischen Maßnahme die gesetzlich geschuldete GewSt ganz oder teilweise nicht zu erheben (BFHE 80, 321, BStBl III 1964, 589; BFHE 99, 448, BStBl II 1979, 696), ebenso wenig bei geringen Erträgen (BVerwG KStZ 1977, 218); ebenso wenig besteht ein Erlassgrund, wenn der Hebesatz in der Nachbargemeinde niedriger ist (BVerwG BB 1976, 456). Umgekehrt ist die Gemeinde nicht an einen vom FA ausgesprochenen Billigkeitserlass gebunden (BVerwG DVBl 1990, 1405).

Zuständig ist die Behörde, der nach § 5 Abs 2 GewStÄndG die Erhebung der GewSt obliegt; jedoch sind die Finanzbehörden nach § 184 Abs 2 AO zu abweichender Festsetzung des GewStMessbetrags aus Billigkeitsgründen nach § 163 AO befugt, soweit hierfür in einer allgemeinen Verwaltungsvorschrift der Bundesregierung oder einer der obersten Landesfinanzbehörden Richtlinien aufgestellt worden sind. Für den Erlass ist ein Antrag nicht erforderlich. Wird ein solcher gestellt, so ist er nicht fristgebunden. Nach höchstrichterlicher Rechtsprechung (BFHE 66, 647, BStBl III 1958, 248; BFHE 118, 3; BFHE 131, 446, BStBl II 1981, 82; BVerwG StRK AO 77, § 227 R 25) soll jedoch die unangemessene Verzögerung der Antragstellung zur Verwirkung des Anspruchs auf ermessensfehlerfreie Billigkeitsentscheidung führen. Hierbei werden für die Bemessung des unangemessenen Zeitraums die Vorschriften über die Verjährungsfristen bei der StFestsetzung für anwendbar erachtet. Danach braucht die Gemeinde mit einem Erlass(-Antrag) nicht zu rechnen; mE zweifelhaft, denn angesichts der Unabhängigkeit der Billigkeitsentscheidung von einem Antrag ist die Behörde – bei allen praktischen Schwierigkeiten – zu jeder Zeit zu einer Prüfung von Amts wegen aufgerufen. Hinter einer Verwirkung aus formalen (zeitlichen) Gründen sollte sie sich dann nicht verstecken können. Im Übrigen können die oa Grundsätze mE bestenfalls bei sachlichen, nicht jedoch bei personlichen Billigkeitsgründen gelten. Vgl zu den Erlassgrundsätzen im Übrigen die einschlägige Kommentarliteratur (Anm 7).

Säumniszuschläge sind nach § 240 Abs 1 AO Folgen einer verspäteten 9
Zahlung. Sie fließen nach § 3 Abs 4 Satz 2 AO der verwaltenden Körperschaft zu.

10.–14. Der Hebesatz

Die **Festsetzung des Hebesatzes** ist Schaffung von materiellem Steu- 10
errecht (BVerfGE 21, 54, KStZ 1967, 65). Sie kann nach Abs 2 für ein oder mehrere Kalenderjahre erfolgen. Die Festsetzung erfolgt idR durch Haushaltssatzung der Gemeinde. Auch eine besondere Hebesatz-Satzung ist wohl zulässig, zumal die Gemeindeordnungen der einzelnen Länder keine Verpflichtung mehr enthalten, die Hebesätze durch Haushaltssatzung festzulegen (OVG Münster ZKF 1991, 36; *Loberg* ZKF 1982, 187; *Welge* GemH 1986, 85; aA *Depiereux* BB 1983, 436). Bei der Beratung und Abstimmung ist ein Gemeinderatsmitglied nicht deswegen ausgeschlossen, weil es selbst gewstpfl ist (vgl zur GrundSt BayVGH BayVBl 1976, 341; KStZ 1976, 150, DÖV 1976, 752). Bei der Bestimmung des Hebesatzes der Höhe nach sind die Gemeinden grundsätzlich frei (BFHE 151, 285, BStBl II 1988, 75; BVerwG KStZ 1993, 193; *Welge* GemH 1986, 85). Doch darf die Gemeinde nicht ihr Normsetzungsermessen überschreiten und völlig willkürliche Hebesätze festsetzen; das wäre nur der Fall, wenn ein wirtschaftlich in keinem Fall mehr vertretbarer und nicht im Rahmen einer ordnungsgemäßen Verwaltung liegender Verbrauch öffentlicher Mittel festzustellen wäre (HessVGH KStZ 1964, 109; BayVGH BayVBl 1976, 341). Das bedeutet, dass das Hebesatzrecht durch das Gebot sozialer Steuerpolitik begrenzt ist (BVerfGE 15, 331, 347; 27, 131). Ein darüber hinausgehendes Gebot, die StPfl möglichst zu schonen, gibt es nicht. Der Lan-

desgesetzgeber hat daher keine Kompetenz, die Bemessung der Hebesätze an die Ausschöpfung des Gebührenrahmens für besondere Leistungen der Gemeinden zu binden (BVerwG KStZ 1993, 193). Die Gemeinde muss nur Erdrosselungswirkungen vermeiden, dh sie darf die StPfl nicht durch Geldleistungspflichten übermäßig belasten und die Vermögensverhältnisse grundlegend beeinträchtigen (BVerfGE 14, 221, 241; 30, 342 mwN). Das aber ist nicht schon dann der Fall, wenn einzelne StPfl die St nicht tragen können, sondern erst, wenn die (Mehrheit der) Stpfl die St unter normalen Umständen nicht aufbringen kann (BVerwGE 6, 247, 268; 32, 36). Es besteht weder eine unmittelbare Äquivalenzverknüpfung noch eine Verpflichtung, den Hebesatz bei steigendem Steueraufkommen zu senken (BayVGH BayVBl 1976, 341, KStZ 1976, 150, DÖV 1976, 752). Im Übrigen ergibt sich eine gewisse Beschränkung aus der Regelung des Abs 5. Für eine Beschränkung des Hebesatzrechts tritt insbesondere ein *InstFSt* Brief 206. Sie würde aber eine Änderung von Verfassungsrecht erfordern, weil eine Beschränkung des Hebesatzrechts gegen Art 28 Abs 2 Satz 3 und 106 Abs 6 Satz 2 GG verstieße (vgl BVerfGE 21, 54, KStZ 1967, 65; BVerwG KStZ 1969, 140).

11 Der **Beschluss über die Festsetzung** und Änderung des Hebesatzes ist nach Abs 3 bis 30. 6. mit Wirkung vom Beginn dieses Kalenderjahres zu fassen; nach diesem Termin ist er nur zulässig, wenn er die Höhe der letzten Festsetzung nicht überschreitet. Für eine erstmalige Festsetzung gelten diese Fristen somit nicht; sie ist auch noch nach Ablauf des Kalenderjahres zulässig (BVerwG KStZ 1971, 200). Die Vorschrift bedeutet, dass der Hebesatz grundsätzlich für das Kalenderjahr festzusetzen ist, wobei der Festsetzungszeitraum auch mehrere Kalenderjahre umfassen kann. Die rückwirkende Festsetzung des GewStHebesatzes ist verfassungsgemäß (BVerfG DGStZ 1962, 22; BFHE 97, 78, BStBl II 1970, 20; BVerwG BStBl II 1971, 443; *Fick* DGStZ 1979, 18; krit *Flies* FR 1994, 248). Nur der Beschluss der Gemeindevertretung ist fristgebunden, nicht dagegen die Genehmigung der Genehmigungsbehörde und die Bekanntmachung der Satzung (BVerwG HFR 1980, 156); offen ist jedoch, ob dies auch gilt, wenn der zeitliche Zusammenhang zwischen Beschlussfassung und Bekanntmachung nicht gewahrt bleibt. ME ist dies nicht der Fall. Die Vorschrift des Abs 3 bezweckt eine Lösung des Konflikts zwischen den Interessen der Gemeinde an einem gewissen Spielraum bei der Finanzplanung und dem Vertrauensschutz des Bürgers in die Vorhersehbarkeit und nur eingeschränkte Rückwirkung von belastenden Normen. Eine verfassungskonforme Auslegung ergibt daher, dass die Vorschrift den Schutzzweck nur erfüllen kann, wenn der zeitliche Zusammenhang zwischen zeitlich beschränkter Beschlussfassung und Bekanntmachung gewahrt bleibt (aA *Lenski/Steinberg* § 16 Anm 3).

11 a Ab **EZ 2004** sieht Abs 4 Satz 2 einen **Mindesthebesatz** von **200%** vor. Wie in Anm 16 zu § 1 dargestellt, geht es um die Vermeidung eines „Steuerwettbewerbs" (genauer: eines Nullsteuerwettbewerbs), der geeignet war, durch „gravierende regionale Verwerfungen" (BTDrs 15/1517, 19) dem Grundsatz der **Finanzautonomie** der Gemeinden – jedenfalls soweit die Einnahmeseite betroffen ist – den Boden zu entziehen. Die Auffassung,

die Regelung verstoße (unter Einschluss der nunmehr nach § 1 bestehenden Verpflichtung zur Erhebung der GewSt) gegen **Verfassungsrecht,** insb gegen die Art 28 Abs 2 Satz 3 und 106 Abs 6 Satz 2 GG (zB *Wälz/Süß* DStR 2003, 1637; *Rödel* Inf 2003, 740; *Otting* DB 2004, 1222), ist mE nicht zu teilen, weil es letztlich um die Sicherung der Finanz- und Hebesatzautonomie geht (ebenso *Lenski/Steinberg* § 16 Anm 4; vgl auch *B. Schmidt* StuB 2004, 249; *Hidien* ZKF 2004, 29). Die (konkurrierende) Gesetzgebungskompetenz des Bundes ergibt sich aus Art 105 Abs 2 GG.

Ebenso wenig bestehen mE Zweifel, ob die Regelung ihren Zweck insb im Hinblick auf das „Ob“ der Hebesatzfestsetzung erreichen kann (so jedoch *Blümich/Gosch* § 16 GewStG Rz 16). Denn die Pflicht zur Festsetzung eines Hebesatzes ergibt sich aus der Pflicht zur Erhebung der GewSt (§ 1). Bleibt die Gemeinde untätig, muss die Rechtsaufsicht tätig werden (ebenso *Otting* DB 2004, 1222).

Gleichheit des Hebesatzes muss nach **Abs 4** Satz 1 für alle in der 12
Gemeinde vorhandenen Unternehmen bestehen. Hierbei enthält Satz 3 **Ausnahmen** für die **Neugliederung** von Gemeindegebieten. Die Landesregierung oder die von ihr bestimmte Stelle kann in diesem Fall die Geltung unterschiedlicher Hebesätze nur zulassen, nicht aber selbst bestimmen. Zuständig bleibt weiterhin die Gemeinde. Die Vorschrift schließt eine Erhöhung des Hebesatzes für das bisherige Gebiet der aufnehmenden Gemeinde nicht aus, wenn dessen Hebesatz bei der Eingliederung bereits höher war als der der eingegliederten Gemeinde (BVerwG ZKF 1982, 32); mE fraglich, weil Satz 3 für eng begrenzte Fälle in einem eng begrenzten Rahmen eine Ausnahme von Satz 1 enthält. Hiervon abgesehen dürfen abweichende Hebesätze **nur lokal,** nicht aber personal bestimmt werden. Es ist also nicht zulässig, für die bei der Neugliederung bereits vorhandenen Unternehmen einen (höheren) Hebesatz festzusetzen und die neugegründeten GewBetriebe hiervon auszunehmen.

Zur Durchführung der oa Ausnahmeregelung bestimmt ein **neuer Satz 4** die entsprechende Anwendung der §§ 28–34 mit der Maßgabe, dass an die Stelle mehrerer Gemeinden die Gebietsteile mit verschiedenen Hebesätzen treten. Die Bestimmung unterschiedlicher Hebesätze würde leerlaufen, wenn die bisherige Zerlegung für die Betriebsstätten in den (bisher) mehreren Gemeinden unberücksichtigt bliebe. Dem trägt die Neuregelung ab EZ 2009 (§ 36 Abs 1) Rechnung, obwohl die Ausnahmeregelung schon seit Erlass des § 4 Abs 1 EGRealStG v 1. 12. 1936 (RGBl 1936, 961), transformiert durch G v 17. 4. 1974 (BGBl I 1974, 949), besteht.

Landesrechtliche Regelungen (Koppelungsvorschriften) zum Verhält- 13
nis der Hebesätze für die GrundSt und GewSt, zur Bestimmung der Höchstsätze und zu den zulässigen Ausnahmen bleiben nach Abs 5 vorbehalten (zur Rechtsentwicklung *Glier* DGStZ 1975, 146). Der Erlass solcher Vorschriften hat keinen Einfluss auf die Rechtmäßigkeit der Festsetzung des GewStMessbetrags (Nds FG EFG 1976, 198).

Rechtsbehelfe. Die Hebesatzvorschrift (Satzung) der Gemeinde kann 14
unmittelbar nur in den Bundesländern angefochten werden, in denen Landesrecht ein Verfahren der abstrakten Normenkontrolle vorsieht. Derzeit ist dies nur in Berlin, Hbg und NRW nicht der Fall (*Blümich/Gosch* § 16

Rz 31 mwN). Im Übrigen kann der Steuerschuldner Einwendungen gegen den Hebesatz im Verfahren gegen den GewStBescheid erheben (*Blümich/Gosch* § 16 Rz 31; HessVGH KStZ 1964, 103; *Tipke/Kruse* § 184 AO Anm 10; aA noch 1. Auflage Anm 10 unter Hinweis auf RFH RStBl 1940, 978; 1941, 37; *Lenski/Steinberg* § 16 Anm 5). Die hier vertretene Auffassung verdient den Vorzug, weil die Genehmigung der Hebesatz-Satzung durch die Genehmigungsbehörde nicht anfechtbar ist (BVerwG BStBl II 1971, 443, BVerwGE 37, 243).

§ 17 *(weggefallen)*

§ 18 Entstehung der Steuer

Die Gewerbesteuer entsteht, soweit es sich nicht um Vorauszahlungen (§ 21) handelt, mit Ablauf des Erhebungszeitraums, für den die Festsetzung vorgenommen wird.

Bearbeiter: Güroff

Literatur: *Söhn,* Steuerrechtliche Folgenbeseitigung durch Erstattung, 1973; *Hein,* Überlegungen zur Entstehung des steuerrechtlichen Erstattungsanspruchs, DStR 1990, 301.

1 **Allgemeines.** Die Vorschrift ist eine Konkretisierung der Blankettnorm des § 38 AO. Hiernach entstehen Ansprüche aus dem Steuerschuldverhältnis, sobald der Tatbestand verwirklicht ist, an den das G die Leistungspflicht knüpft. Der Begriff des Tatbestandes in § 38 AO bezeichnet die Gesamtheit der in den einzelnen Steuergesetzen enthaltenen Voraussetzungen, bei deren tatsächlichen Vorliegen der Anspruch entsteht. Die Vorschrift des § 18 erweitert demnach die in den §§ 1 bis 16 enthaltenen sachlichen Voraussetzungen (ua Bestehen eines inländischen GewBetriebs, Nichtvorliegen einer Befreiung, Erzielung eines bestimmten GewErtrags einschließlich Hinzurechnungen und Kürzungen sowie bis EZ 1997: Bestehen eines bestimmten GewKapitals einschließlich Hinzurechnungen und Kürzungen) um die zeitliche Voraussetzung des Ablaufs des EZ.

2 **Entstehung kraft Gesetzes.** Die Verwirklichung der sachlichen Voraussetzungen und der zeitlichen Voraussetzungen der Vorschrift hat – Ausnahme: die Vorauszahlungen nach § 21 – zwingend die Entstehung der GewSt zur Folge. Entstehung bedeutet, dass der **Steueranspruch erstmalig existent** wird. Diese Rechtsfolge ist unabhängig von dem Willen des Stpfl, den Anspruch zu verwirklichen (*Krämer* FR 1958, 453; *Tipke/Kruse* § 38 AO Anm 2). Ein Irrtum ist daher insoweit unbeachtlich. Entsprechendes gilt für Steuervereinbarungen (vgl BFHE 142, 549, BStBl II 1985, 334). Der Stpfl kann sich nicht wirksam zur Zahlung von nach dem G nicht geschuldeten Steuern verpflichten (BFHE 74, 651, BStBl III 1962, 241); ebenso wenig darf die Gemeinde auf die Erhebung geschuldeter Steuern verzichten (vgl BFHE 80, 321, BStBl III 1964, 589; BFHE 99,

448, BStBl II 1970, 696). Entstehung kraft Gesetzes besagt weiter, dass der einmal verwirklichte StAnspruch **unabänderlich** ist; Rückgängigmachungen, Rückbeziehungen, Rückdatierungen tatsächlicher oder rechtlicher Verhältnisse lassen ihn unberührt (BFHE 108, 299, BStBl II 1973, 287; BFHE 139, 79, BStBl II 1983, 736; *Tipke/Kruse* § 38 AO Anm 5), und zwar auch bei öffentlich-rechtlichen Rechtsverhältnissen (FG Rh-Pf EFG 1984, 122). Entstehung kraft Gesetzes besagt weiter, dass der StAnspruch **unabhängig von seiner Festsetzung** entsteht (*Tipke/Kruse* § 38 AO Anm 4; *Blümich/Hofmeister* § 18 Rz 6ff; *Lenski/Steinberg* § 18; aA *Söhn* aaO 54ff; *Offerhaus* in *HHSp,* § 38 AO Anm 11). Diese wirkt nur deklaratorisch (BFHE 58, 294, BStBl III 1954, 26). Konstitutive Wirkungen hat die Festsetzung nach den Grundsätzen über die formelle Bestandskraft, soweit durch den Bescheid eine nicht entstandene St festgesetzt wird (*Blümich/Hofmeister* § 18 Rz 11). Konstitutive Wirkungen hat der Bescheid auch im Hinblick auf steuerliche Nebenleistungen, insbesondere Verspätungszuschläge. Sie entstehen als Folge einer Ermessensentscheidung des FA nach § 152 Abs 1 und 2 AO erst durch den Bescheid (*Tipke/Kruse* § 38 AO Anm 1; *Lenski/Steinberg* § 18).

Bedeutung hat der Regelungsgehalt der Vorschrift für Folgewirkungen des Entstehens, insbesondere für die Gesamtrechtsnachfolge (§ 45 AO), für die Haftung (§§ 48, 69ff, § 192 AO), für die Festsetzungsverjährung (§§ 169, 170 AO), für die Aufrechnung (§ 226 AO, den Arrest (§ 224 AO), für Konkurs- und Vergleichsfragen (§ 61 Abs 1 Nr 1 KO; § 25 VerglO) bzw – ab 1. 1. 1999 – für Insolvenzfragen, aber auch für die Berücksichtigung der Schuld in der Steuerbilanz sowie bei der Einheitsbewertung. Auch für den **Erstattungsanspruch** gilt die in der Vorschrift umgesetzte „materielle Rechtsgrundtheorie". Das bedeutet, dass der Erstattungsanspruch mit Ablauf des EZ in Höhe der Überzahlung entsteht. Ab diesem Zeitpunkt kann verpfändet, gepfändet oder abgetreten werden (BFH/NV 1994, 839; Nds FG EFG 1994, 264). 3

§ 19 Vorauszahlungen

(1) [1]**Der Steuerschuldner hat am 15. Februar, 15. Mai, 15. August und 15. November Vorauszahlungen zu entrichten.** [2]**Gewerbetreibende, deren Wirtschaftsjahr vom Kalenderjahr abweicht, haben die Vorauszahlungen während des Wirtschaftsjahrs zu entrichten, das im Erhebungszeitraum endet.** [3]**Satz 2 gilt nur, wenn der Gewerbebetrieb nach dem 31. Dezember 1985 gegründet worden oder infolge Wegfalls eines Befreiungsgrunds in die Steuerpflicht eingetreten ist oder das Wirtschaftsjahr nach diesem Zeitpunkt auf einen vom Kalenderjahr abweichenden Zeitraum umgestellt worden ist.**

(2) **Jede Vorauszahlung beträgt grundsätzlich ein Viertel der Steuer, die sich bei der letzten Veranlagung ergeben hat.**

(3) [1]**Die Gemeinde kann die Vorauszahlungen der Steuer anpassen, die sich für den Erhebungszeitraum (§ 14) voraussichtlich ergeben wird.** [2]**Die Anpassung kann bis zum Ende des 15. auf**

den Erhebungszeitraum folgenden Kalendermonats vorgenommen werden; bei einer nachträglichen Erhöhung der Vorauszahlungen ist der Erhöhungsbetrag innerhalb eines Monats nach Bekanntgabe des Vorauszahlungsbescheids zu entrichten. [3]Das Finanzamt kann bis zum Ende des 15. auf den Erhebungszeitraum folgenden Kalendermonats für Zwecke der Gewerbesteuer-Vorauszahlungen den Steuermessbetrag festsetzen, der sich voraussichtlich ergeben wird. [4]An diese Festsetzung ist die Gemeinde bei der Anpassung der Vorauszahlungen nach den Sätzen 1 und 2 gebunden. [5]Wird der Gewinn durch Bestandsvergleich ermittelt, sind bei der Festsetzung des Messbetrags für Zwecke der Gewerbesteuer-Vorauszahlungen die Änderungen durch das Unternehmensteuerreformgesetz 2008 vom 14. August 2007 (BGBl. I S. 1912) zu berücksichtigen, wenn der Steuerpflichtige dies nach amtlich vorgeschriebenem Vordruck beim Finanzamt beantragt oder das Finanzamt den Steuerpflichtigen zur Abgabe des Vordrucks auffordert.

(4) **Wird im Laufe des Erhebungszeitraums ein Gewerbebetrieb neu gegründet oder tritt ein bereits bestehender Gewerbebetrieb infolge Wegfalls des Befreiungsgrundes in die Steuerpflicht ein, so gilt für die erstmalige Festsetzung der Vorauszahlungen Absatz 3 entsprechend.**

(5) **[1]Die einzelne Vorauszahlung ist auf den nächsten vollen Betrag in Euro nach unten abzurunden. [2]Sie wird nur festgesetzt, wenn sie mindestens 50 Euro beträgt.**

Gewerbesteuerdurchführungsverordnung

§ 29 GewStDV Anpassung und erstmalige Festsetzung der Vorauszahlungen

(1) [1]Setzt das Finanzamt nach § 19 Abs. 3 Satz 3 des Gesetzes einen Steuermessbetrag für Zwecke der Gewerbesteuer-Vorauszahlungen fest, so braucht ein Zerlegungsbescheid nicht erteilt zu werden. [2]Die hebeberechtigten Gemeinden können an dem Steuermessbetrag in demselben Verhältnis beteiligt werden, nach dem die Zerlegungsanteile in dem unmittelbar vorangegangenen Zerlegungsbescheid festgesetzt sind. [3]Das Finanzamt hat in diesem Fall gleichzeitig mit der Festsetzung des Steuermessbetrags den hebeberechtigten Gemeinden mitzuteilen

1. *den Prozentsatz, um den sich der Steuermessbetrag gegenüber dem in der Mitteilung über die Zerlegung (§ 188 Abs. 1 der Abgabenordnung) angegebenen Steuermessbetrag erhöht oder ermäßigt, oder den Zerlegungsanteil,*
2. *den Erhebungszeitraum, für den die Änderung erstmals gilt.*

(2) [1]In den Fällen des § 19 Abs. 4 des Gesetzes hat das Finanzamt erforderlichenfalls den Steuermessbetrag für Zwecke der Gewerbesteuer-Vorauszahlungen zu zerlegen. [2]Das Gleiche gilt in den Fällen des § 19 Abs. 3 des Gesetzes, wenn an den Vorauszahlungen nicht dieselben Gemeinden beteiligt sind, die nach dem unmittelbar vorangegangenen Zerlegungsbescheid beteiligt waren. [3]Bei der Zerlegung sind die mutmaßlichen Arbeitslöhne des Erhebungszeitraums anzusetzen, für den die Festsetzung der Vorauszahlungen erstmals gilt.

§ 30 GewStDV Verlegung von Betriebsstätten

[1] *Wird eine Betriebsstätte in eine andere Gemeinde verlegt, so sind die Vorauszahlungen in dieser Gemeinde von dem auf die Verlegung folgenden Fälligkeitstag ab zu entrichten.* [2] *Das gilt nicht, wenn in der Gemeinde, aus der die Betriebsstätte verlegt wird, mindestens eine Betriebsstätte des Unternehmens bestehen bleibt.*

§§ 31, 32 GewStDV *(weggefallen)*

Gewerbesteuer-Richtlinien 1998: Abschnitte 73, 74.

Bearbeiter: Güroff

Übersicht

1.	Allgemeines
2., 3.	Festsetzung der Vorauszahlungen
4.–5 b.	Anpassung der Vorauszahlungen
6.	Erstmalige Festsetzung der Vorauszahlungen
7.	Verlegung der Betriebsstätte
8.	Rechtsbehelfe

Literatur: *Hoven,* Vorauszahlungen auf die Gewerbesteuer nach Ertrag und Kapital, DGStZ 1974, 116; *Urban,* Gewerbebesteuerung im Konkursverfahren, KStZ 1982, 181; *Langel,* Rechtswidrige Übergriffe der Gemeinden zu Lasten der Steuerpflichtigen bei der Anpassung der Gewerbesteuer-Vorauszahlungen?, DB 1983, 1944; *Seitrich,* Verfahrensrechtliche Konsequenzen der Jahresveranlagungen für einen Rechtsstreit über Vorauszahlungen, FR 1984, 439; *Langel,* Herabsetzung von Gewerbesteuer-Vorauszahlungen während des laufenden Erhebungszeitraums für bereits verstrichene Vorauszahlungstermine, DB 1987, 196; *Corsten,* Gewerbesteuer-„Pause“ bei Umstellung des Wirtschaftsjahres, ZKF 1988, 41; *Diebold,* Zur kurzfristigen Erhöhung von Einkommensteuervorauszahlungen, FR 1992, 708; *Irnich/Borggräfe,* Die Steuererhebungspraxis nach Abschaffung der Gewerbekapitalsteuer ist gesetzwidrig, BB 1998, 561.

Allgemeines. Zweck der Vorschrift ist zum einen die Sicherung der 1
Gemeindefinanzen durch stetige Steuerzahlungen unabhängig vom Stand der Veranlagung. Zum anderen dient die Vorschrift allgemein der Vermeidung von Schwierigkeiten, die sich durch die Zusammenballung von Steuerzahlungen auf Grund einer Veranlagung ergeben können. Die Vorauszahlungen sind dem Charakter nach Abschlagszahlungen auf die endgültige StSchuld. Das Vorauszahlungssystem entspricht dem des EStG und KStG. Dies gilt insbesondere für die Möglichkeit, die Vorauszahlungen noch nach Ablauf des EZ, für den sie geleistet werden (ab EZ 1990: bis zum 15. dem EZ folgenden Kalendermonat), anzupassen (vgl § 37 Abs 4 EStG). Eine Besonderheit besteht in dem Zusammenwirken von FA und Gemeinde auch im Hinblick auf die Vorauszahlungen. Nach § 19 Abs 3 Satz 3 kann das FA auch für Zwecke der Vorauszahlungen einen GewStMessbetrag festsetzen. Die Vorschrift wird ergänzt durch § 20 (Abrechnung) und § 21 (Entstehung). Zur Stellung der Vorauszahlungen im Konkurs vgl *Urban* KStZ 1982, 181. § 19 ist durch G v 29. 10. 1997 (BGBl I 1997, 2590) in Abs 3 an die Aufhebung der GewKapSt ab EZ 1998 durch dieses G ange-

passst worden. Abs 3 Satz 5 ist durch das UntStRefG 2008 v 14. 8. 2007 (BGBl I 2007, 1912) mWv EZ 2008 (§ 36 Abs 9 c) angefügt worden.

2., 3. Festsetzung der Vorauszahlungen

2 **Nach Absatz 1** hat der Stpfl Vorauszahlungen am 15. 2., 15. 5., 15. 8. und 15. 11. zu entrichten. Die Vorauszahlungsschuld entsteht mit ihrer Festsetzung durch die Gemeinde (arg: § 19 Abs 5). Die Gemeinde darf grundsätzlich keine anderen Vorauszahlungstermine festsetzen (vgl zur ESt: BFHE 133, 539, BStBl II 1982, 105), Ausnahme Anpassung nach Abs 3 (Anm 4, 5). Ab dem Wirtschaftsjahr, das im **EZ 1990** endet (§ 36 Abs 7 aF), gilt für bestimmte Unternehmen mit **abweichendem Wirtschaftsjahr** eine Sonderregelung. Hiernach haben diese Gewerbetreibenden die Vorauszahlungen während des Wirtschaftsjahres zu entrichten, das im EZ endet. Es handelt sich um eine Konsequenz aus der Streichung der Umrechnungsvorschriften des § 10 aF durch das StBereinigungsG 1986 zur Vermeidung einer Steuerpause für GewTreibende mit abw Wj (BTDrs 11/2536, 11; zur damaligen Rechtslage *Corsten* ZKF 1988, 41). Hierbei ist zu beachten, dass in einem EZ mehrere Wirtschaftsjahre enden können, etwa wenn sich ein Rumpfwirtschaftsjahr anschließt. In diesem Fall sind für den EZ die Vorauszahlungen innerhalb aller im EZ endenden Wirtschaftsjahre zu entrichten. Die Vorauszahlungstermine ändern sich hierbei jedoch in keinem Fall. Endet die Stpfl in dem EZ vor dem Ende des Wj, dann sind die Vorauszahlungen dem EZ zuzurechnen, in dem das Wj endet (*Lenski/Steinberg* § 19 Anm 2; *Blümich/Hofmeister* § 19 Rz 22).

Die **Neuregelung** war erstmals auf Wirtschaftsjahre anzuwenden, die im EZ 1990 enden. Auf Gewerbetreibende, die vor dem EZ 1990 schon ein abw Wj hatten, ist Abs 1 Satz 2 nach Abs 1 Satz 3 nur dann anzuwenden, wenn

- der Gewerbebetrieb nach dem 31. 12. 1985 gegründet worden ist oder
- der Gewerbebetrieb infolge Wegfalls eines Befreiungsgrundes nach diesem Zeitpunkt in die GewStpfl eingetreten ist oder
- der GewBetrieb nach diesem Zeitpunkt auf ein vom Kalenderjahr abw Wj umgestellt worden ist.

Mit der Regelung sollte erreicht werden, dass nur die GewBetriebe erfasst werden, die wegen des abw Wj die Steuerpause erreicht hätten (BTDrs 11/2226, 24). Allerdings konnte die Vermeidung der Steuerpause bei ihnen zu einer doppelten Belastung im EZ 1989 führen, weil Vorauszahlungen nach altem Recht für den EZ 1989 und nach neuem Recht für das im EZ 1990 endende Wj 1989/1990 zu leisten waren. In diesem Fall waren ggf Billigkeitsmaßnahmen angezeigt.

Die **Festsetzung** der Vorauszahlungen erfolgt durch die Gemeinde (arg: § 19 Abs 3 Satz 1), sofern ihr die Verwaltung der GewSt nach Art 108 Abs 4 GG übertragen ist (hierzu § 5 Abs 1 GewStÄndG).

3 **Nach Absatz 2** beträgt die Vorauszahlung grundsätzlich 1/4 der Steuer, die sich bei der letzten Veranlagung ergeben hat. Das gilt auch für Zerlegungsfälle (§§ 28 ff). Trotz ihres Wortlauts („grundsätzlich") hat die Vorschrift zwingenden Charakter. Das gilt insbesondere für die Viertelung der Vorauszahlungen in gleichhohe Raten (*Lenski/Steinberg* § 19 Anm 2; *Lange/*

DB 1987, 176). Die durch die Gesetzesformulierung zugelassenen Ausnahmen beziehen sich mE auf die Anpassung der Vorauszahlungen während und nach Ablauf des EZ (Absatz 3) sowie auf die Bemessungsgrundlage für den Eintritt (Wiedereintritt) in die Stpfl (Absatz 4). Bemessungsgrundlage ist also grundsätzlich die GewSt bei der letzten Veranlagung. Das ist die Veranlagung, die dem EZ der Vorauszahlung zeitlich am nächsten liegt. Bei dieser können Vorauszahlungen auch für mehrere nachfolgende EZe festgesetzt werden mit der Folge, dass es bei der nächsten Veranlagung idR zu Anpassungen kommen wird. Auch eine Erhöhung der Vorauszahlungen durch einen vor dem entsprechenden Vorauszahlungszeitpunkt erlassenen GewSt-(Vorauszahlungs-)Bescheid ist ohne Einhaltung einer Frist zulässig (ebenso *Blümich/Hofmeister* § 19 Rz 9; zur ESt: BFHE 133, 539, BStBl II 1982, 105; aA *Diebold* FR 1992, 708). Die (einzelne) Vorauszahlung ist auf einen vollen Euro-Betrag nach unten abzurunden. Sie wird nur festgesetzt, wenn sie mindestens 50 € beträgt. Vgl im Übrigen A 73 GewStR.

4., 5. Anpassung der Vorauszahlungen

Nach **Absatz 3 Satz 1** kann die **Gemeinde** die Vorauszahlungen der GewSt anpassen, die sich für den EZ voraussichtlich ergeben wird. Bei Unternehmen mit abw Wj kann die Anpassung bereits ab Beginn derselben erfolgen (*Blümich/Hofmeister* § 19 Rz 23; *Lenski/Steinberg* § 19 Anm 3). Sinn der Vorschrift ist, die tatsächliche GewStZahlung in den EZ (möglichst nahe an den EZ) zu verlegen, für den sie gezahlt wird. Dem dient auch die Anpassung nach Ablauf des EZ, die bis zum Ende des 15. Kalendermonats nach Ablauf der EZ erfolgen kann (Satz 2). Die Entscheidung ist eine **Ermessensentscheidung.** Grundlage für sie ist die voraussichtliche Entwicklung der endgültigen StSchuld, wobei die bereits vorhandene StErklärung von Bedeutung sein kann (vgl aber zur ESt: BFHE 120, 217, BStBl II 1977, 33). Im Übrigen kann eine Schätzung (§ 162 Abs 1 Satz 2 AO) erfolgen, für die wegen der Vorläufigkeit nur ein summarisch ermittelter Sachverhalt zugrundezulegen ist (*Blümich/Hofmeister* § 19 Rz 18 unter Hinweis auf BFHE 134, 415, BStBl II 1982, 446). In welchem Monat des nachfolgenden EZ die Anpassung erfolgt, ist nach dem Wortlaut der Vorschrift der Gemeinde überlassen. Satz 1 und Satz 2 sind Kann-Vorschriften. Das hierdurch bezeichnete pflichtgemäße Ermessen der Gemeinde unterliegt jedoch einer Ermessensschrumpfung, wenn die bisher festgesetzten Vorauszahlungen voraussichtlich wesentlich zu hoch festgesetzt sind. In diesem Fall muss die Gemeinde mE anpassen (ebenso OVG Koblenz ZKF 1985, 134; offengelassen von BVerwG BStBl II 1987, 698, ZKF 1987, 227; nach *Blümich/Hofmeister* § 19 Rz 11 hängt die Frage der Ermessensschrumpfung von dem Verhältnis der bisher festgesetzten Vorauszahlungen und der glaubhaft gemachten Höhe der endgültigen GewStSchuld ab). Nicht zur Anpassung der Vorauszahlungen in den alten Bundesländern führte die ungleiche Erhebung der GewKapSt zwischen alten und neuen Bundesländern (FG Hamburg EFG 1997, 1453 rkr). **4**

Erhöht die Gemeinde die Vorauszahlungen nach Ablauf des EZ, dann ist der Erhöhungsbetrag innerhalb eines Monats zu entrichten (Satz 2 **4a**

Hs 2). Dies gilt mE auch für die Anpassung nach dem 15. 11. des laufenden EZ und für Anpassungen bis zum Ende des 15. Kalendermonats nach Ablauf des EZ. Die Vorschrift lässt offen, auf welchem Wege die Anpassung zu erfolgen hat. ME ist insoweit § 37 Abs 4 EStG entsprechend anzuwenden. Demnach ist bei einer nachträglichen Erhöhung die letzte Vorauszahlung des EZ anzupassen. § 19 Abs 2 steht dem nicht entgegen, weil die Vorauszahlung nur „grundsätzlich" ein Viertel der Bemessungsgrundlage beträgt (vgl Anm 3). Im Ergebnis kommt es aber zu einer fünften Vorauszahlung (vgl BVerwG BStBl II 1987, 698, ZKF 1987, 227). Bei einer Herabsetzung der Vorauszahlungen während des laufenden EZ und nach dessen Ablauf sind zunächst die jeweils letzten Vorauszahlungen in dem Umfang herabzusetzen, bis das voraussichtliche GewStSoll erreicht ist; die übrigen Vorauszahlungen bleiben bestehen. Die geleisteten Vorauszahlungen sind mit dem neuen Vorauszahlungssoll zu verrechnen und ggf zu erstatten (OVG Münster BB 1986, 1347); dagegen insbesondere *Lenski/Steinberg* § 19 Anm 5, und *Langel* DB 1987, 196, die aus § 18 die Pflicht zur gleichmäßigen rückwirkenden Minderung der Vorauszahlungen herleiten. Dieser Ansatz ist jedoch unzutreffend, weil Gegenstand des § 18 nicht die Entstehung der Vorauszahlungen ist. Nach BVerwG BStBl II 1987, 698, ZKF 1987, 227 steht die Art der Durchführung einer nachträglichen Anpassung im Ermessen der Gemeinde. Die Herabsetzung der Vorauszahlungen hat im Übrigen keinen Einfluss auf Säumniszuschläge für verspätet gezahlte Vorauszahlungen (vgl § 240 Abs 1 Satz 4 AO; hierzu OVG Münster DB 1972, 828). Nach Ablauf des EZ sind Vorauszahlungen nicht mehr festzusetzen oder anzupassen, wenn bereits ein StBescheid ergangen ist; ab diesem Zeitpunkt ist er alleinige Grundlage für die Erhebung der GewSt (*Blümich/Hofmeister* § 19 Rz 12; BFHE 143, 101, BStBl II 1985, 370; BFHE 147, 110, BStBl II 298, 752).

5 **Nach Absatz 3 Satz 3** kann das **Finanzamt** bis zum Ende des 15. auf den EZ folgenden Kalendermonats den GewStMessbetrag für die Zwecke der Vorauszahlungen festsetzen (Bescheid unter Vorbehalt der Nachprüfung, BFHE 206, 453, BStBl II 205, 143). Die Möglichkeit besteht für die erstmalige Festsetzung wie für die Anpassung der Vorauszahlungen, denn der Messbetrag kann auch für den vorangegangenen EZ festgesetzt werden. Es besteht **pflichtgemäßes Ermessen.** Eine Ermessensschrumpfung – wie für die Gemeinden (Anm 4) – besteht nicht. Macht das FA von seinem Ermessen Gebrauch, dann ist die **Gemeinde** hieran bei der Anpassung der Vorauszahlungen (Satz 4) **gebunden.** Insofern ist der Messbescheid für Vorauszahlungszwecke Grundlagenbescheid unter dem Vorbehalt der Nachprüfung. Ist er bestandskräftig, dann fehlt das Rechtsschutzbedürfnis für einen Antrag auf Aussetzung der Vollziehung (FG Hamburg EFG 1997, 1454).

Der **Messbescheid** für Zwecke der Anpassung **ersetzt** aber **nicht** die **Ermessensentscheidung der Gemeinde** über das „ob" der Anpassung. Eine Bindungswirkung besteht also nicht, wenn die Gemeinde keine Anpassung vornehmen will (*Blümich/Hofmeister* § 19 Rz 19). Das ergibt sich aus der Bezugsnahme auf die „Anpassung… nach den Sätzen 1 und 2". Macht das FA keinen Gebrauch, dann ist die Gemeinde frei, nach Absatz 3

Satz 1 und 2 (Anm 4) zu verfahren. Die Vorschrift nennt keine Grenze für die Anpassung durch die FÄ; nach A 74 Abs 1 Satz 8 GewStR soll das FA die Anpassung im Zuge der Anpassung der ESt- und KSt-Vorauszahlungen vornehmen, wenn sich der GewStMessbetrag entweder um mehr als $^1/_5$, mindestens 10 €, oder um mehr als 500 € ändert.

Anderes gilt mE bei der Änderung des Vorauszahlungs-Messbetrags nach dem **mWv EZ 2008** geltenden **Satz 5** insofern, als die Gemeinde auch im Hinblick auf das „Ob" einer **Ermessensschrumpfung** unterliegt. Angesprochen sind Rechtswirkungen des UntStRefG 2008, die zwingend zu einer Änderung der GewStSchuld führen. Insofern kann der Gemeinde kein Spielraum dazu zustehen, „ob" sie diese Änderungen berücksichtigen will. Nicht umsonst regelt die Vorschrift auch für das FA keine Ermessensentscheidung, sondern eine gebundene Entscheidung; das Ermessen nach Satz 3 wird insofern verdrängt. Diese Änderung durch das FA hat nach dem Gesetzeswortlaut dann zu erfolgen, wenn der Stpfl (1) einen entsprechenden **Antrag** auf amtlichem Vordruck stellt oder (2) der **Aufforderung** durch das FA **nicht nachkommt.** Das FA muss dann die voraussichtlichen Auswirkungen des UntStRefG 2008 **schätzen.** 5a

Über die Anpassung wird ein **Zerlegungsbescheid** (Bescheid unter Vorbehalt der Nachprüfung, BFHE 206, 453, BStBl II 2005, 143) nur erteilt, wenn an den Vorauszahlungen nicht dieselben Gemeinden beteiligt sind wie an dem GewStMessbetrag nach dem unmittelbar vorangegangenen Zerlegungsbescheid (§ 29 Abs 2 Satz 2 GewStDV). Nach *BMF* DB 1991, 1652 und *FM Länder* BB 1991, 1473 (zur Beteiligung der neuen Länder an der Zerlegung der Vorauszahlungen) kann eine Zerlegung unter Beteiligung der neuen Gemeinden auch dann stattfinden, wenn der Messbetrag selbst nicht an die veränderten Verhältnisse anzupassen ist (mE zutr). Bei der Zerlegung sind die mutmaßlichen Betriebseinnahmen oder Arbeitslöhne des EZ anzusetzen, für den die Festsetzung der Vorauszahlungen erstmals gilt (§ 29 Abs 2 Satz 3 GewStDV). Zur Anpassung der Vorauszahlung wegen Wegfalls der GewKapSt in Zerlegungsfällen *FM NRW* GmbHR 1998, 112, DStR 1997, 1973. Sind dieselben Gemeinden beteiligt, dann sind sie dies in demselben Verhältnis wie nach dem letzten Zerlegungsbescheid. In diesem Fall teilt das FA nach seinem Ermessen den Gemeinden nach § 29 Abs 1 GewStDV nur den Prozentsatz der Anpassung oder den neuen Zerlegungsanteil mit (vgl hierzu A 74 Abs 2 GewStR). Zur Aufgabenteilung zwischen FA und Gemeinde bei der Anpassung der Vorauszahlungen vgl A 74 Abs 4 GewStR. Die dortige „Anweisung" an die Gemeinden, insbesondere bei der Anpassung Zurückhaltung bis zur Festsetzung eines GewStMessbetrags zum Zwecke der Vorauszahlungen zu üben, ist jedoch rechtsunverbindlich (ebenso *Lenski/Steinberg* § 19 Anm 7; aA *Blümich/Hofmeister* § 19 Rz 10). Allerdings haben die Gemeinden mE kein eigenes Prüfungsrecht, sondern nur ein Teilnahmerecht bei Außenprüfungen (§ 21 Abs 3 FVG). 5b

Erstmalige Festsetzung der Vorauszahlungen. Nach Abs 4 kann das FA bei Eintritt in die Stpfl (Hinweis auf Abs 3) einen GewStMessbetrag zum Zwecke der Vorauszahlungen nach den Grundsätzen zu Anm 5 erlassen, an den die Gemeinde bei der Festsetzung der Vorauszahlungen ge- 6

bunden ist. Geschieht dies nicht, dann kann die Gemeinde die Vorauszahlungen auch ohne Messbescheid festsetzen. In diesem Fall muss sich die Gemeinde die notwendigen Angaben vom Stpfl oder vom FA beschaffen. Gelingt dies nicht, ist sie zur Schätzung befugt (OVG Münster DGStZ 1967, 101). Bei abw Wj kann die erste Vorauszahlung bereits für einen Termin vor Beginn des ersten EZ festgesetzt werden (vgl Anm 2).

7 **Verlegung der Betriebsstätte.** Wird eine Betriebsstätte in eine andere Gemeinde verlegt, so sind die Vorauszahlungen in dieser Gemeinde von dem auf die Verlegung folgenden Fälligkeitstag ab zu entrichten. Das gilt nicht, wenn in der Gemeinde, aus der die Betriebsstätte verlegt wird, mindestens eine Betriebsstätte des Unternehmens bestehen bleibt (§ 30 GewStDV). Eine Aufteilung der Vorauszahlungen findet nicht statt. Etwas anderes gilt mE jedoch, wenn das FA für Zwecke der Vorauszahlungen einen (geänderten) GewStMessbescheid mit Zerlegungsbescheid (Anm 5) erteilt (§ 29 Abs 2 Satz 2 GewStDV).

8 **Rechtsbehelfe.** Gegen die Vorauszahlungsbescheide ist bei Festsetzung durch die Gemeinde Widerspruch nach der VwGO zulässig (vgl § 1 Anm 36 ff); bei Erfolglosigkeit des Widerspruchs ist der Verwaltungsrechtsweg zum Verwaltungsgericht eröffnet (BFHE 103, 52, BStBl II 1971, 738). In den Stadtstaaten ist der Einspruch nach § 347 Abs 1 AO gegeben. Gegen den GewStMessbescheid für Zwecke der GewStVorauszahlungen ist ebenfalls Einspruch zulässig, danach Klage vor dem FG. Ergeht während des Klageverfahrens ein GewStMessbescheid für den EZ, dann wird dieser auf Antrag des Klägers nach § 68 FGO Gegenstand des Klageverfahrens (BFHE 147, 463, BStBl II 1987, 28). Gegen die Zerlegung für Zwecke der Vorauszahlungen können sowohl der Stpfl als auch die Gemeinde Einspruch einlegen (§ 347 Abs 1 AO).

§ 20 Abrechnung über die Vorauszahlungen

(1) **Die für einen Erhebungszeitraum (§ 14) entrichteten Vorauszahlungen werden auf die Steuerschuld für diesen Erhebungszeitraum angerechnet.**

(2) **Ist die Steuerschuld größer als die Summe der anzurechnenden Vorauszahlungen, so ist der Unterschiedsbetrag, soweit er den im Erhebungszeitraum und nach § 19 Abs. 3 Satz 2 nach Ablauf des Erhebungszeitraums fällig gewordenen, aber nicht entrichteten Vorauszahlungen entspricht, sofort, im Übrigen innerhalb eines Monats nach Bekanntgabe des Steuerbescheids zu entrichten (Abschlusszahlung).**

(3) **Ist die Steuerschuld kleiner als die Summe der anzurechnenden Vorauszahlungen, so wird der Unterschiedsbetrag nach Bekanntgabe des Steuerbescheids durch Aufrechnung oder Zurückzahlung ausgeglichen.**

Bearbeiter: Güroff

Übersicht

1. Allgemeines
2. Grundsatz der Anrechnung
3. Begriff der Abschlusszahlung/Fälligkeit
4. Erstattungsanspruch/Fälligkeit

Literatur: *Völlmeke,* Probleme bei der Anrechnung von Lohnsteuer, DB 1994, 1746; *Siegert,* Das Verhältnis An- und Abrechnungsteil und Leistungsgebot zum Abrechnungsbescheid, DB 1997, 2398.

Allgemeines. Die Vorschrift regelt die Grundsätze des Abrechnungsver- 1
fahrens nach Ergehen des GewStBescheides bei vorheriger Festsetzung von Vorauszahlungen. Gleichzeitig enthält sie die Begriffsbestimmung der sog Abschlusszahlung sowie die Grundsätze für die Bestimmung der Fälligkeit der Abschlusszahlung und ihrer Umkehrung, des Erstattungsanspruchs. Die Vorschrift ist durch G v 29. 10. 1997 (BGBl I 1997, 2590) in Abs 1 an die Aufhebung der GewKapSt durch dieses G angepasst worden.

Grundsatz der Anrechnung. Abs 1 enthält den an sich selbstverständ- 2
lichen Grundsatz, dass (nur) die tatsächlich entrichteten Vorauszahlungen (vgl BFHE 133, 267, BStBl II 1981, 767) auf die Steuerschuld angerechnet werden. Hierbei handelt es sich nur um eine kassentechnische Anweisung. Die Bestimmung der Abschlusszahlung und die Formulierung des Leistungsgebots (Art 23 BayVwZVG; § 254 Abs 1 Satz 1 AO) bleibt von der tatsächlichen Entrichtung der Vorauszahlungen unberührt (Anm 3). Verfahrensrechtlich ist die idR im Steuerbescheid enthaltene Verfügung über die Anrechnung kein Teil der StFestsetzung, sondern ein eigenständiger VA, für den die Berichtigungsvorschriften des § 130 AO gelten (BFHE 148, 4, BStBl II 1987, 405; BFHE 168, 300, BStBl II 1992, 956). Das gilt nicht für den Erlass eines Abrechnungsbescheids iSv § 218 Abs 2 AO (BFHE 182, 506, BStBl II 1997, 787; *Völlmeke* DB 1994, 1746; **aA** BFHE 170, 173, BStBl II 1994, 147; *Siegert* DB 1997, 2398).

Begriff der Abschlusszahlung/Fälligkeit. Nach Abs 2 ist bei dem 3
Unterschiedsbetrag zwischen der höheren Steuerschuld und den anzurechnenden Vorauszahlungen zu unterscheiden zwischen dem Betrag der rückständigen Vorauszahlungen und dem „im Übrigen" verbleibenden Betrag. Nur diesen nicht auf die nicht entrichteten Vorauszahlungen entfallenden Restbetrag bezeichnet die Vorschrift als Abschlusszahlung (aA *Blümich/Hofmeister* § 20 Rz 6 unter Hinweis auf BFHE 178, 11, BStBl II 1995, 730: der gesamte Unterschiedsbetrag). Diese ist erst einen Monat nach der Bekanntgabe des Steuerbescheides fällig; Entsprechendes gilt für noch nicht fällige Vorauszahlungen (ebenso *Blümich/Hofmeister* § 20 Rz 6). Anzurechnen sind die tatsächlich entrichteten Vorauszahlungen (Abs 1). Soweit die fälligen Vorauszahlungen noch nicht entrichtet sind, sind sie sofort nach Bekanntgabe des Steuerbescheides zu entrichten. Die ursprüngliche Fälligkeitsbestimmung für sie bleibt trotz der Regelung des Abs 2 unberührt. Dasselbe gilt für bereits entstandene Säumniszuschläge (vgl § 240 Abs 1 Satz 4 AO).

Erstattungsanspruch/Fälligkeit. Nach Abs 3 ist der Unterschieds- 4
betrag zwischen den anzurechnenden Vorauszahlungen und der niedrigeren

Steuerschuld nach Bekanntgabe des Steuerbescheides durch Aufrechnung oder Zurückzahlung auszugleichen. Hierdurch kennzeichnet die Vorschrift den GewStErstattungsanspruch und dessen Fälligkeit, dh den Zeitpunkt, von dem ab er geltend gemacht werden kann. Das ist der Zeitpunkt der Bekanntgabe des Steuerbescheides (BVerwG KStZ 1985, 93). Ergeht kein Steuerbescheid (etwa weil der Betrieb nicht der GewSt unterliegt oder die Gemeinde nicht hebeberechtigt ist), dann wird der Erstattungsanspruch fällig mit Ergehen eines Bescheides, der dieser Sachlage Rechnung trägt (*Blümich/Hofmeister* § 20 Rz 8). Hiervon zu unterscheiden ist der Zeitpunkt des Entstehens des Erstattungsanspruchs. Als Umkehrung des Steueranspruchs entsteht dieser mit Ablauf des EZ, für den die Vorauszahlungen entrichtet worden sind (BFHE 128, 146, BStBl II 1979, 639; BVerwG KStZ 1985, 93); denn zu diesem Zeitpunkt entsteht die GewSt (§ 18). Etwas anderes gilt nur für den Teil der nach dem EZ überzahlten Vorauszahlung; der entsprechende Erstattungsanspruch entsteht erst mit der Zahlung (*Blümich/Hofmeister* § 20 Rz 7). Auch wenn letztlich die GewSt-Schuld niedriger ausfällt als die Summe der festgesetzten Vorauszahlungen, so bleiben doch die wegen Nichtzahlung fälliger Vorauszahlungen entstandenen Säumniszuschläge bestehen (§ 240 Abs 1 Satz 4 AO; vgl BVerwG BStBl II 1974, 279; FG Bremen EFG 1988, 59; FG München EFG 1988, 59).

§ 21 Entstehung der Vorauszahlungen

Die Vorauszahlungen auf die Gewerbesteuer entstehen mit Beginn des Kalendervierteljahrs, in dem die Vorauszahlungen zu entrichten sind, oder, wenn die Steuerpflicht erst im Laufe des Kalendervierteljahrs begründet wird, mit Begründung der Steuerpflicht.

Bearbeiter: Güroff

Die Vorschrift füllt die Blankettnorm des § 38 AO aus und regelt das Entstehen der Vorauszahlungen grundsätzlich mit Beginn des Kalender-Vierteljahres, in dem sie zu entrichten sind. Eine Ausnahme besteht bei Begründung der Stpfl im Kalendervierteljahr. In diesem Fall entsteht die Vorauszahlung erst mit Beginn der Stpfl. Zum Begriff des Entstehens und der Bedeutung vgl die Erläuterungen zu § 18. Die Fälligkeit der entstandenen Vorauszahlungen behandelt § 19 Abs 1 (vgl dort). Im Unterschied zu den dortigen Erläuterungen (insb § 18 Anm 2) bedeutet die Regelung des § 21, dass Vorauszahlungen nicht unabhängig von ihrer Festsetzung entstehen. Vielmehr besagt die Bestimmung „zu entrichten sind", dass die Entstehung (am 1. des Kalendervierteljahres) der Vorauszahlungen abhängig ist von ihrer Festsetzung und der entsprechenden Fälligkeitsbestimmung (15. des Folgemonats; § 19 Abs 1). Auch ist die einmal entstandene Vorauszahlung, wie sich aus § 19 Abs 3 ergibt, nicht unabänderlich. Die unterschiedlichen Zeitpunkte (1. des Kalendervierteljahres; 15. des Folgemonats) haben Bedeutung für die Beendigung der Stpfl zwischen Beginn des Kalendervierteljahres und dem 15. des Folgemonats. In diesem Fall bleibt die Pflicht zur Entrichtung der Vorauszahlung mit der bezeichneten Fälligkeit bestehen.

§§ 22 bis 27 *(weggefallen)*

Abschnitt VI. Zerlegung

§ 28 Allgemeines

(1) [1] Sind im Erhebungszeitraum Betriebsstätten zur Ausübung des Gewerbes in mehreren Gemeinden unterhalten worden, so ist der Steuermessbetrag in die auf die einzelnen Gemeinden entfallenden Anteile (Zerlegungsanteile) zu zerlegen. [2] Das gilt auch in den Fällen, in denen eine Betriebsstätte sich über mehrere Gemeinden erstreckt hat oder eine Betriebsstätte innerhalb eines Erhebungszeitraums von einer Gemeinde in eine andere Gemeinde verlegt worden ist.

(2) [1] Bei der Zerlegung sind die Gemeinden nicht zu berücksichtigen, in denen

1. **Verkehrsunternehmen lediglich Gleisanlagen unterhalten,**
2. **sich nur Anlagen befinden, die der Weiterleitung fester, flüssiger oder gasförmiger Stoffe sowie elektrischer Energie dienen, ohne dass diese dort abgegeben werden,**
3. **Bergbauunternehmen keine oberirdischen Anlagen haben, in welchen eine gewerbliche Tätigkeit entfaltet wird.**
4. *(aufgehoben)*

[2] Dies gilt nicht, wenn dadurch auf keine Gemeinde ein Zerlegungsanteil oder der Steuermessbetrag entfallen würde.

Gewerbesteuer-Richtlinien 1998: Abschnitte 75, 76.

Bearbeiter: Güroff

Übersicht

1. Allgemeines

2., 3. Zerlegungsanteil
2. Begriff
3. Rechtsansprüche

4.–8. Betriebsstätten in mehreren Gemeinden
4. Begriff der Betriebsstätte
5. Ausnahmen vom Anknüpfungspunkt Betriebsstätte
6. Mehrgemeindliche Betriebsstätten
7. Verlegung von Betriebsstätten
8. Betriebsstätten außerhalb des Geltungsbereichs des GG

9.–16. Zerlegungsverfahren
9. Anzuwendende Vorschriften
10. Amtsverfahren
11. Beteiligte

12. Zerlegungsbescheid
13., 14. Änderung der Zerlegung
15. Zuteilungsbescheid
16. Rechtsbehelfe

Literatur: *Seitrich,* Die Änderung der Zerlegung des einheitlichen Gewerbesteuermessbetrages, DStZ 1985, 401; *Lohmeyer,* Die Zerlegung von Steuermessbeträgen, KStZ 1990, 86; *Olbrich,* Ist die Gewerbesteuerzerlegung verfassungswidrig?, DB 1996, 958, 1649; *Blasweiler,* Ist die Gewerbesteuerzerlegung tatsächlich verfassungswidrig?, DB 1996, 1648; *Rödder/Schumacher,* Das StVergAbG, DStR 2003, 805; *Mattern/Schnitger,* Die neue Hinzurechnungsbesteuerung des GewStG, DStR 2003, 1321, 1377; *Wälz/Süß,* Verfassungswidrigkeit der gewerbesteuerlichen Änderungen durch das StVergAbG, DStR 2003, 1637; *Förster,* Die Änderungen durch das StVergAbG bei der Einkommensteuer und Körperschaftsteuer, DB 2003, 899; *Rödel,* Änderungen im Bereich der Gewerbesteuer durch das StVergAbG, Inf 2003, 740; *Otting,* Verfassungsrechtliche Grenzen der Bestimmung des GewStG durch Bundesgesetz, DB 2004, 1222.

Allgemeines. Die Vorschrift ist eine Konsequenz des dem GewStG zu 1
Grunde liegenden Äquivalenzprinzips. Dieses unterstellt, erscheint es selbstverständlich, dass nicht nur die Gemeinde etwa der Geschäftsleitung, sondern alle Gemeinden, die durch den GewBetrieb Belastungen ausgesetzt sind, anteilig auf den einheitlichen Messbetrag GewSt erheben können (vgl BFHE 151, 452, BStBl II 1988, 201). Diesem Zweck dient das in den folgenden Vorschriften beschriebene und geregelte Zerlegungsverfahren, für dessen Durchführung nach § 22 Abs 1 AO das BetriebsstättenFA örtlich zuständig ist. Dagegen hat das Zerlegungsverfahren **nicht** die Funktion eines kommunalen **Finanzausgleichs** (BFHE 117, 384, BStBl II 1976, 123; BFHE 217, 109, BStBl II 2007, 836; BFH/NV 1993, 191).

Die Zerlegung ist erforderlich, weil der einheitliche GewStMessbetrag für den gesamten GewBetrieb und nicht für die jeweilige Betriebsstätte festgesetzt wird. Der auf die einzelne Gemeinde entfallende Anteil ist einheitlich zu ermitteln. Anknüpfungspunkt für die Zerlegung ist hierbei die Betriebsstätte (Abs 1) mit gewissen Einschränkungen für bestimmte Anlagen (Abs 2). Die Vorschrift ist durch G v 29. 10. 1997 BGBl I 1997, 2590 in Abs 1 Satz 1 und Abs 2 Satz 2 an die Aufhebung der GewKapSt ab EZ 1998 durch dieses G angepasst worden.

Nur für den **EZ 2003** galt die Vorschrift des **Abs 2 Nr 4,** wonach bei der Zerlegung die Gemeinden nicht zu berücksichtigen waren, deren Hebesatz 200% unterschritt (zu den Gründen hierfür vgl § 1 Anm 16, § 8a Anm 1 und § 16 Anm 10).

Zu **Betriebsstätten im Beitrittsgebiet** in den **EZ 1991–1997** vgl 5. Aufl Anm 1a.

2., 3. Zerlegungsanteil

Begriff. Absatz 1 beschreibt den Grundsatz der Zerlegung sowie den 2
Begriff des Zerlegungsanteils. Es ist der Anteil, der im Wege der Zerlegung auf die jeweilige Gemeinde entfällt, in der im EZ eine Betriebsstätte zur Ausübung des Gewerbes unterhalten worden ist (vgl BFH/NV 1988, 735).

Hierbei ist „im EZ" gleichbedeutend mit „im Laufe des EZ". Es ist nicht erforderlich, dass die Betriebsstätte zu einem bestimmten Zeitpunkt oder über eine gewisse Dauer im Bereich der jeweiligen Gemeinde bestanden hat (*Blümich/Hofmeister* § 28 Rz 10). Der Zerlegungsanteil ist Grundlage für die Anwendung des Hebesatzes (§ 16) zur Ermittlung der GewSt. Auf einen bestimmten Stichtag oder eine bestimmte Mindestdauer des Bestehens der Betriebsstätte kommt es nicht an (BFH/NV 2007, 2346).

Das gilt mE auch für den Fall des **abweichenden Wirtschaftsjahres,** wenn der GewBetrieb erst nach Ablauf desselben im EZ eine Betriebsstätte in einer weiteren Gemeinde begründet, selbst wenn im Falle der **Organschaft** das Organschaftsverhältnis erst nach Ablauf des abw Wj begründet wird. Das ergibt der Wortlaut des Gesetzes, der auf Betriebsstätten im EZ abstellt. Zwar mag es sinnvoll erscheinen, bei der Zerlegung nur auf die Verhältnisse des Wirtschaftsjahres abzustellen, dessen GewErtrag zerlegt werden soll (Ähnliches gilt für den Zerlegungsmaßstab, vgl § 29 Anm 10). Doch ist die GewSt eine Steuer des EZ, dem § 10 Abs 2 das Ergebnis des abw Wj zuordnet. Daher erscheint es jedenfalls nicht völlig sinnwidrig, auf die im EZ irgendwann vorhandenen Betriebsstätten auch im Falle eines abw Wj, in welchem die Betriebsstätten noch nicht vorhanden waren, abzustellen (ebenso BFHE 171, 304, BStBl II 1993, 679; BFH/NV 1993, 191).

Die Zerlegung ist auch durchzuführen, wenn im Falle einer **Eingemeindung** die aufnehmende Gemeinde die Hebesätze der aufgenommenen Gemeinde fortführt (*OFD Erfurt* FR 1995, 356).

3 **Rechtsansprüche** auf Beteiligung an dem einheitlichen GewStMessbetrag durch Zuweisung eines Zerlegungsanteils bestehen trotz des klaren Wortlauts („ist ... auf die einzelnen Gemeinden ... zu zerlegen") insbesondere bei geringer Bedeutung einer im Bereich der Gemeinde liegenden Betriebsstätte nicht (BFHE 67, 275, BStBl III 1958, 379).

4.–8. Betriebsstätten in mehreren Gemeinden

4 Der **Begriff der Betriebsstätte** ist grundsätzlich inhaltsgleich mit dem Begriff des § 12 AO (BFHE 205, 295, BStBl II 2004, 602; vgl hierzu insb § 2 Anm 455 ff). Er bezeichnet eine örtlich **feste Geschäftseinrichtung** oder Anlage, die der Tätigkeit des Unternehmens dient. Hierbei bedeutet die Ortsgebundenheit nicht, dass besondere Räumlichkeiten oder Vorrichtungen vorhanden sein müssen; ebenso wenig ist ein auf Dauer angelegter Bezug zu einem bestimmten Teil der Erdoberfläche erforderlich (BFHE 114, 47, BStBl II 1975, 203; BFHE 170, 263, BStBl II 1993, 462). Es genügt eine mechanische Verbindung durch eine bewegliche Einrichtung, zB ein Imbissstand im Caravan (vgl im Einzelnen § 2 Anm 457), ebenso ein Container (BFHE 188, 251, BStBl II 1999, 437; BFHE 205, 295, BStBl II 2004, 602), nicht jedoch ein Milchlieferfahrzeug (RFH RStBl 1942, 469), ein Taxi ohne festen Standplatz (BFHE 76, 102, BStBl III 1963, 88) oder ein einmal für vier Wochen im Jahr unterhaltener Verkaufsstand auf einem (Weihnachts-)Markt (BFHE 203, 400, BStBl II 2004, 396). Voraussetzung ist weiter eine gewisse nicht nur vorübergehende **Verfügungsmacht** über die Einrichtung (BFHE 158, 499, BStBl II 1990, 166; BFHE 210, 551,

BStBl II 2006, 84; BFHE 214, 178, BStBl II 2007, 94), die sich aus dem Eigentum oder sonstigen Umständen (zB unentgeltliche Überlassung) ergeben kann (BFHE 101, 397, BStBl II 1974, 327), wenn die zu Grunde liegende **Rechtsposition** dem Gewerbetreibenden nicht ohne Weiteres entzogen werden kann. Die bloße Nutzungsmöglichkeit ohne Rechtsposition genügt nicht (BFHE 138, 120, BStBl II 1982, 624; BFH/NV 1988, 124); ebenso wenig kurzfristige Tätigkeiten. Der Kehrbezirk eines Bezirkskaminkehrermeisters ist daher keine Betriebsstätte (BFHE 194, 222, BStBl II 2001, 734); ebensowenig die vom Arbeitgeber genutzten Wohnräume (auch Kellerräume und Garagen) des Arbeitnehmers trotz der Ausstattung mit den notwendigen Einrichtungen durch den Arbeitgeber, wenn die jederzeitige Verfügungsmacht des Arbeitgebers über diese Räume nicht unbestritten ist (BFH/NV 1999, 665), und die von Mineralölunternehmen verpachteten Tankstellen (BFHE 210, 551, BStBl II 2006, 84; BFHE 214, 178, BStBl II 2007, 94). Schließlich ist erforderlich, dass sich in der Anlage **dauernde Tätigkeiten,** wenn auch bloße Hilfstätigkeiten oder andere unwesentliche Tätigkeiten, zur unmittelbaren Ausübung des Gewerbes vollziehen (RFH RStBl 1939, 1095; BFHE 118, 404, BStBl II 1976, 365); auch ein Lagerplatz oder Abstellplatz (zB für LKW) stellt eine Betriebsstätte dar (BFHE 133, 144, BStBl II 1981, 538). Ruhende oder stillgelegte Anlagen begründen keine Betriebsstätte iSd Vorschrift (BFHE 76, 428, BStBl III 1963, 156; BFHE 133, 144, BStBl II 1981, 538); ebenso wenig Haltestellen für einen Linienverkehr mit Kfz (BayVGH DÖV 1988, 695), Basisstationen beim Mobilfunk (*OFD Hannover* DB 1999, 1141; *OFD Ffm* FR 2000, 1059) oder Hausmülltonnen bei einem Mülltransportunternehmen (BFH/NV 1988, 735). ME ist die Formulierung „dauernde Tätigkeiten" so zu verstehen, dass sie lediglich auf die Dauer gesehen, also nicht notwendig ununterbrochen stattfinden müssen. Auch vorübergehend ruhende Anlagen, etwa die eines Saisonbetriebes, stellen auch für die Dauer des Ruhens Betriebsstätten dar (*Lenski/Steinberg* § 28 Anm 2). Daher kann wohl auch ein Auslieferungslager eine Betriebsstätte darstellen; BFHE 71, 363, BStBl III 1960, 386 hat hierüber nicht entschieden (aA *Lenski/Steinberg* § 28 Anm 2), sondern allein zu der Frage, ob dort Arbeitslöhne gezahlt worden sind. Auch verpachtete Betriebe begründen keine Betriebsstätte des Verpächters (BFHE 71, 585, BStBl III 1960, 468; BFHE 75, 573, BStBl III 1962, 477). Das gilt auch für Betriebsaufspaltungen (BFHE 86, 590, BStBl III 1966, 598). Dagegen führen gemietete oder gepachtete Anlagen bei Ausübung von dem GewBetrieb dienenden Tätigkeiten ohne Zweifel zur Annahme von Betriebsstätten. Keine Betriebsstätten sind mittelbar dem GewBetrieb dienende Einrichtungen wie Wohngebäude, Gemeinschaftsräume, Anlagen für die medizinische Betreuung und Erholung (Sportstätten uÄ) der Arbeitnehmer (vgl BFHE 72, 139, BStBl III 1961, 52; BayVGH DÖV 1988, 695; ebenso *Lenski/Steinberg* § 2 Anm 69; aA *Tipke/Kruse* § 12 AO Anm 9; *Blümich/Hofmeister* § 28 Rz 12; HessFG EFG 1983, 84, die mE zu Unrecht den Begriff auch auf nur mittelbar dem Betrieb dienende Einrichtungen, wie zB Sozialeinrichtungen, ausdehnen wollen). Zum Ort der **Geschäftsleitung,** der sich für Kapital- und Personengesellschaften nach einheitlichen Grundsätzen bestimmt (BFHE 184, 185, BStBl II 1998, 86) vgl BFHE 205, 295, BStBl II 2004, 602).

Als Betriebsstätte(n) des **Organträgers** gelten nach § 2 Abs 2 Satz 2 die (Betriebsstätten der) Organgesellschaften (vgl BFHE 171, 304, BStBl II 1993, 679; BFHE 217, 109, BStBl II 2007, 836).

5 **Ausnahmen vom Anknüpfungspunkt Betriebsstätte** enthält **Absatz 2.** Danach sind bei der Zerlegung die Gemeinden nicht zu berücksichtigen, in denen

(1) Verkehrsunternehmen lediglich Gleisanlagen unterhalten; Verkehrsunternehmen sind solche Unternehmen, die Menschen und Güter gegen Entgelt von einem Ort zu einem anderen Ort befördern; nicht hierher gehören daher Werksbahnen oder Teststrecken;

(2) sich nur Anlagen befinden, die der Weiterleitung fester, flüssiger oder gasförmiger Stoffe sowie elektrischer Energie dienen, ohne dass diese dort abgegeben werden. Bei Abgabe der Stoffe/Energie wird der Ausnahmetatbestand nicht verwirklicht. Abgabe in diesem Sinne ist die Übernahme der Stoffe oder Energie aus der Anlage durch einen Dritten (BFHE 86, 342, BStBl III 1966, 567). Das übermittelnde Unternehmen muss nicht der Veräußerer sein (BFHE 90, 268, BStBl II 1968, 40). Problematisch ist, ob der Unterhalt von Pump- und Umspannwerken uÄ zu berücksichtigungsfähigen Betriebsstätten führt (so *Lenski/Steinberg* § 28 Anm 2). ME ist dies nicht der Fall, weil auch solche Anlagen nur der Weiterleitung dienen (vgl BFHE 124, 65, BStBl II 1978, 160); anders lediglich, wenn dort auf die Dauer gesehen (Anm 4) Tätigkeiten verrichtet werden. Windkraftanlagen gehören nach *OFD Düsseldorf* DB 2004, 733 nicht zu den Anlagen iSv Abs 2 Nr 2; sie sind nach § 33 zu berücksichtigen. Im Übrigen ist es unerheblich, ob die Leitungen unterirdisch oder oberirdisch verlaufen (BFHE 123, 500, BStBl II 1978, 111);

(3) Bergbauunternehmen keine oberirdischen Anlagen haben, in welchen eine gewerbliche Tätigkeit entfaltet wird; betroffen ist also ausschließlich das Unterhalten von Untertage-Anlagen;

(4) der Hebesatz 200% unterschreitet **(nur im EZ 2003).** Diese Vorschrift, mit der die „GewSt-Oasen" (§ 1 Anm 16) angehalten werden sollten, einen Hebesatz von mindestens 200% festzusetzen, war verfassungsrechtlich insofern unbedenklich, als sie erst am 20. 5. 2003 rückwirkend zum Beginn des EZ erlassen worden ist. Durch einen möglichen unzulässigen Eingriff in das kommunale Selbstverwaltungsrecht (Art 28 Abs 2 u Art 106 Abs 6 Satz 2 GG) ist der Stpfl nicht beschwert (BFHE 206, 453, BStBl II 2005, 143). Doch liegt ein solcher Eingriff mE ohnehin nicht vor (*Mattern/Schnitger* DStR 2003, 1377, 1381; *Otting* DB 2004, 1222; *Blümich/Hofmeister* § 28 Rz 19a; **aA** *Lenski/Steinberg* § 28 Anm 29; *Förster* DB 2003, 899; *Wälz/Süß* DStR 2003, 1677; *Rödel* Inf 2003, 740); denn die ausgeschlossene Gemeinde hat ohnehin auf die Einnahmen von GewSt verzichtet. Den Vorteil haben die „teureren" Gemeinden. Der hieraus resultierende mögliche Reflex, nämlich der Wegzug von Unternehmen aus der „billigen" Gemeinde, tangiert nicht die oa Rechtsposition der Gemeinde.

Diese Ausnahmen kommen jedoch nach § 28 Abs 2 Satz 2 dann nicht zur Anwendung, wenn dadurch auf keine Gemeinde ein Zerlegungsanteil oder einheitlicher GewStMessbetrag entfallen würde.

Mehrgemeindliche Betriebsstätten liegen nach **Absatz 1 Satz 2 1. Alternative** vor, wenn sich eine Betriebsstätte über mehrere Gemeinden erstreckt, dh die Gemeindegrenze über sie hinwegverläuft. Auch in diesem Fall ist eine Zerlegung (nach näherer Maßgabe des § 30) durchzuführen. Die Vorschrift kann bei Vorhandensein mehrerer Betriebsstätten in verschiedenen Gemeinden dazu führen, dass eine mehrfache Zerlegung durchzuführen ist, wenn (zumindest) eine Betriebsstätte eine mehrgemeindliche ist, nämlich die Zerlegung auf die einzelnen Betriebsstätten nach §§ 28, 29 GewStG und die Zerlegung des auf die mehrgemeindliche Betriebsstätte entfallenden Betrags auf die beteiligten Gemeinden nach § 30. Bei Bauausführung und Montage (§ 12 Satz 2 Nr 8 AO) liegt nach BFHE 127, 414, BStBl II 1979, 479 eine Betriebsstätte nicht vor, wenn die Bauausführung innerhalb einer Gemeinde kürzer als 6 Monate dauert; eine Zusammenrechnung als mehrgemeindliche Betriebsstätte ist nicht zulässig; mE zu Unrecht, weil der Wortlaut des § 12 Satz 2 Nr 8 AO und der §§ 28 Abs 1 Satz 2, 30 nicht hinreichend beachtet wird. 6

Verlegung von Betriebsstätten während des EZ **(Absatz 1 Satz 2 2. Alternative)** bedeutet Auflösung des Bestandes einer Betriebsstätte in einem Maße, dass dort betriebliche Tätigkeiten nicht mehr stattfinden (können), und Aufbau einer entsprechenden Betriebsstätte in einer anderen Gemeinde. Auch der Wechsel eines Händlerbezirks – selbst unter Beibehaltung desselben Auftraggebers – stellt eine Betriebsverlegung (mit der Folge der Zerlegung) dar (BFH/NV 1997, 376). Keine Verlegung, sondern Neugründung liegt vor, wenn nur Teile der Betriebsstätte herausgelöst werden, ohne dass diese ihren Charakter verliert, und in einer weiteren Gemeinde zum Aufbau einer weiteren Betriebsstätte verwendet werden. Bei der Zerlegung hat dies jedoch keine unterschiedlichen Auswirkungen, weil es nicht auf einen bestimmten Stichtag oder eine bestimmte Zeitdauer des Bestehens im EZ ankommt. 7

Betriebsstätten außerhalb des Geltungsbereiches des GG waren bei der Zerlegung nicht zu berücksichtigen **(Absatz 1 Satz 3 aF).** Diese Bestimmung bezog sich wie § 2 Abs 6 Satz 1 aF auf Betriebsstätten in der ehem DDR und Berlin (Ost) und ist mit der Herstellung der Einheit Deutschlands entbehrlich und infolgedessen wie § 2 Abs 6 durch den Einigungsvertrag (BGBl II 1990, 885, 977) ab 1. 1. 1991 aufgehoben worden. Zur Regelung für die EZ 1991–1997 vgl 5. Aufl Anm 1 a. 8

9.–16. Zerlegungsverfahren

Anzuwendende Vorschriften sind die der §§ 185 bis 189 AO. 9

Amtsverfahren. Nach § 185 AO sind die für die Ermittlung und Festsetzung der StMessbeträge geltenden Vorschriften entsprechend anzuwenden, insb über die Amtsermittlung, die Verwaltungsakte, die Steuerfestsetzung und über deren Aufhebung und Änderung (BFHE 180, 227, BStBl II 1996, 509; BFHE 188, 536, BStBl II 1999, 542). Nach §§ 85 ff, insb § 88 AO, ist das Zerlegungsverfahren ein von Amts wegen durchzuführendes Verfahren. Unabhängig hiervon können die Beteiligten die Durchführung eines Zerlegungsverfahrens beantragen. Es gilt Untersuchungsmaxime. Die 10

Finanzbehörden haben den Sachverhalt zu ermitteln (§ 88 AO). Ist dies nicht oder nicht vollständig möglich, können die Grundlagen der Zerlegung geschätzt werden (§ 162 AO). Die steuerberechtigten Gemeinden haben ein Recht auf Auskunft durch Akteneinsicht bei den Finanzbehörden (§ 187 AO), nicht jedoch wenn der Messbetrag 0 € beträgt (BFH/NV 2000, 346). Wird ein GewStMessbetrag geändert, so ist von Amts wegen nach § 185, § 184 Abs 1 Satz 3 und § 175 Abs 1 Satz 1 Nr 1 AO auch die Zerlegung zu ändern. Es handelt sich um eine Folgeänderung (hierzu Anm 12 aE). Zuständig für das Zerlegungsverfahren ist nach § 22 AO das BetriebsstättenFA.

11 **Beteiligt** am Zerlegungsverfahren sind der Stpfl und die Gemeinde, der ein Anteil am GewStMessbetrag zugeteilt worden ist oder die einen Anteil beansprucht (§ 186 AO); vgl aber BFH/NV 1990, 56; 2000, 346. Sind Gemeinden im **Beitrittsgebiet** beteiligt, so sind diese in den **EZ 1991–1997** an der Zerlegung des auf die GewKapSt entfallenden GewStMessbetrags nicht beteiligt (Abs 1 Satz 3 aF). Ihnen ist daher nur die Höhe des Messbetrages nach dem GewErtrag bekanntzugeben (*OFD Koblenz* DStR 1991, 1659).

12 **Zerlegungsbescheid.** Über die Zerlegung ergeht ein Zerlegungsbescheid, der den Beteiligten bekanntzugeben ist, soweit sie betroffen sind. Der Zerlegungsbescheid muss die Höhe des zu zerlegenden Messbetrages angeben und bestimmen, welche Anteile den beteiligten steuerberechtigten Gemeinden zugeteilt werden. Er muss die Zerlegungsgrundlagen angeben (§ 188 AO). Der Bescheid kann unter dem Vorbehalt der Nachprüfung (§ 164 AO) oder im Hinblick auf einzelne Punkte vorläufig (§ 165 AO) ergehen. Auch solche Nebenbestimmungen sind allen am Zerlegungsverfahren Beteiligten bekanntzugeben (BFHE 180, 227, BStBl II 1996, 509).

Der GewStMessbescheid ist **Grundlagenbescheid** für den Zerlegungsbescheid (§ 171 Abs 10 AO) und daher für diesen bindend (BFH/NV 1993, 191). Daher ist etwa über das Vorliegen einer Organschaft im GewStMessbescheid und nicht im Zerlegungsbescheid zu entscheiden (BFHE 152, 352, BStBl II 1988, 456). Zur Funktion des Zerlegungsbescheides als Folgebescheid des GewStMessbescheides und als Grundlagenbescheid bei der Festsetzung der GewSt vgl BFHE 172, 97, BStBl II 1993, 828.

Die Bestandskraft eines Zerlegungsbescheids erstreckt sich auf den festgestellten Zerlegungsanteil nur nach seinem Betrag, nicht auf den angewendeten Zerlegungsmaßstab. Deswegen können bei einer Änderung des Zerlegungsbescheids nach § 175 Abs 1 Satz 1 Nr 1 AO alle materiellrechtlichen Fehler des Erstbescheids – soweit die Änderung reicht (§ 177 AO) – zu Gunsten wie zu Ungunsten der Gemeinde berichtigt werden (BFHE 168, 350, BStBl II 1992, 869; BFHE 188, 536, BStBl II 1999, 542).

13 **Änderung der Zerlegung.** Ist der Anspruch eines Steuerberechtigten auf einen Anteil am StMessbetrag **nicht berücksichtigt** und auch nicht zurückgewiesen worden, so wird die Zerlegung von Amts wegen oder auf Antrag geändert oder nachgeholt (§ 189 Satz 1 AO). Das gilt nicht für den

Fall, dass eine Gemeinde lediglich mit einem unzutreffenden Anteil berücksichtigt worden ist (BFH/NV 2006, 498).

Ist der bisherige Zerlegungsbescheid gegenüber denjenigen Steuerberechtigten, die an dem Zerlegungsverfahren bereits beteiligt waren, unanfechtbar geworden, so können bei der Änderung der Zerlegung nur solche Änderungen vorgenommen werden, die sich aus der nachträglichen Berücksichtigung des bisher übergangenen Steuerberechtigten ergeben (§ 189 Satz 2 AO). Sonstige Fehler bei der bisherigen Zerlegung dürfen also nicht berichtigt werden. Berücksichtigt das FA bei der Änderung aber gleichzeitig eine Erhöhung des GewStMessbetrages, so kann der Differenzbetrag nach einem auch unter den bisherigen Zerlegungsbeteiligten geänderten Verhältnis zerlegt werden (FG Rh-Pf EFG 1992, 550; *Tipke/Kruse* § 189 AO Anm 1, 2). Die Gemeinde, die einen höheren Zerlegungsanteil erstreiten will, als ihr im geänderten Zerlegungsanteil zugebilligt ist, muss sich mE entgegenhalten lassen, dass sie einen gegenüber dem Erstbescheid höheren Anteil erhalten hat und deswegen nicht beschwert ist (§ 351 Abs 1 AO; FG Nürnberg EFG 1996, 286; die Rechtsfrage hat grundsätzliche Bedeutung, BFH/NV 1997, 308).

Änderungssperre. Eine Änderung oder Nachholung der Zerlegung 14
unterbleibt, wenn ein Jahr vergangen ist, seitdem der StMessbescheid unanfechtbar geworden ist, es sei denn, dass der übergangene Steuerberechtigte die Änderung oder Nachholung der Zerlegung vor Ablauf des Jahres beantragt hatte (§ 189 AO; hierzu BFHE 168, 350; BStBl II 1992, 869; BFHE 171, 304, BStBl II 1993, 679). Ein Antrag des GewStPfl genügt nicht (BFHE 194, 227, BStBl II 2001, 769). Diese Frist gilt auch für Fälle, in denen keine neue, sondern eine erstmalige Zerlegung vorzunehmen ist (RFH RStBl 1942, 25; BFHE 64, 479, BStBl III 1957, 178). Vor Fristablauf kommt es auf den Zeitpunkt der Antragstellung nicht an; es genügt, dass überhaupt ein Antrag gestellt worden ist (BFHE 123, 309, BStBl II 1978, 120). Die Frist beginnt mE nicht neu zu laufen, wenn wegen Änderung des StMessbetrags eine Folgeänderung des Zerlegungsbescheides zu erfolgen hat. § 175 Abs 1 Satz 1 Nr 1 AO („soweit") steht der Eröffnung weiterer Änderungsmöglichkeiten entgegen. Dem entspricht auch der Sinn der Änderungssperre des § 189 Satz 3 AO, innerhalb einer kurz bemessenen Ausschlussfrist den Kreis der Steuerberechtigten im Interesse der Planungssicherheit für die begünstigten Gemeinden abschließend zu begrenzen (vgl BFHE 171, 304, BStBl II 1993, 679; BFHE 192, 222, BStBl II 2001, 3). Wegen der ggf schwerwiegenden Einwirkung durch eine nachträgliche Berücksichtigung weiterer Gemeinden gewährt das G einen zeitlich gestaffelten **Bestandsschutz** (BFHE 168, 350, BStBl II 1992, 869; BFH/NV 2006, 498). Eine andere Frage ist, ob bei bestimmten Veränderungen der für die Zerlegung maßgebenden Verhältnisse (Verlegung der einzigen Betriebsstätte; Hinzutreten weiterer Betriebsstätten in bisher nicht berechtigten Gemeinden) Wiedereinsetzung wegen Versäumung der Frist des § 189 Satz 3 AO gewährt werden kann. *OFD Koblenz* (DB 1990, 2501) bejaht dies, und zwar wohl für die bisher allein berechtigte Gemeinde. Dem ist mE nicht zuzustimmen. Die Frist des § 189 Satz 3 AO ist eine Antragsfrist allein des übergangenen Steuerberechtigten. Nur für den über-

gangenen Steuerberechtigten, der den Antrag gestellt hat, wirkt dieser Antrag im Übrigen (BFHE 171, 304, BStBl II 1993, 679; BFH/NV 1993, 191). Der übergangene Steuerberechtigte aber ist in den bezeichneten Fällen die bisher nicht berechtigte Gemeinde, die wiederum von der Veränderung der Verhältnisse idR sofort Kenntnis erlangt.

Nach BFHE 168, 350, BStBl II 1992, 869 und BFH/NV 1993, 191 schließt § 189 AO die Anwendung anderer Änderungsvorschriften, insb § 173 AO, nicht aus. ME kann diese Aussage nur im Rahmen der durch § 189 AO vorgegebenen Grenzen insb zeitlicher Art Gültigkeit beanspruchen. Das ergibt sich zwingend aus § 185 AO („soweit im Folgenden nichts anderes bestimmt ist"), über den § 189 AO eine Sperrwirkung zukommt (*Seitrich* DStZ 1985, 401; *Blümich/Hofmeister* § 28 Rz 25).

15 **Zuteilungsbescheid.** Ist ein StMessbetrag in voller Höhe einem Steuerberechtigten zuzuteilen, besteht aber Streit darüber, welchem Steuerberechtigten der StMessbetrag zusteht, so entscheidet die Finanzbehörde auf Antrag eines Beteiligten durch Zuteilungsbescheid. Die für das Zerlegungsverfahren geltenden Vorschriften sind entsprechend anzuwenden (§ 190 AO), jedoch mit der Maßgabe, dass im Zuteilungsverfahren die Behörde auf Antrag eines jeden Beteiligten tätig werden muss (vgl BFHE 194, 227, BStBl II 2001, 769).

16 **Rechtsbehelfe.** Gegen den Zerlegungsbescheid ist Einspruch nach § 347 AO gegeben. Er kann von dem nach § 186 AO (Anm 11) Beteiligten erhoben werden. Geltendmachung von Beschwer ist erforderlich (§ 350 AO). Einwendungen gegen den Messbetrag als solchen sind nicht zulässig (§ 351 Abs 2 AO). Bei Änderungsbescheiden ist der Einspruch nur so weit zulässig, wie die Änderung reicht (§ 351 Abs 1 AO). Hat sich der Zerlegungsanteil der Gemeinde zwar erhöht, dann ist ihre Klagebefugnis auf den Unterschiedsbetrag zwischen ihrem Antrag und dem höheren Zerlegungsbetrag beschränkt (BFHE 188, 536, BStBl II 1999, 536).

Diejenigen Beteiligten, die nicht Einspruch bzw Klage erhoben haben, sind im Einspruchsverfahren **hinzuzuziehen** (§ 360 Abs 3 AO) bzw im Klageverfahren **beizuladen** (§ 60 Abs 3 FGO); vgl BFHE 116, 382, BStBl II 1975, 828; BFHE 123, 500, BStBl II 1978, 111; BFHE 124, 227, BStBl II 1982, 130. Übergangene Gemeinden, die nicht innerhalb der Jahresfrist des § 189 Satz 3 AO den Änderungsantrag stellen (Anm 13), sind nicht Beteiligte und daher nicht beizuladen (vgl BFH/NV 1993, 191). Eine unterlassene Hinzuziehung im Einspruchsverfahren wird durch die Beiladung im Klageverfahren geheilt (BFHE 155, 322, BStBl II 1989, 359; BFH/NV 2000, 579).

§ 29 Zerlegungsmaßstab

(1) **Zerlegungsmaßstab ist**

1. **vorbehaltlich der Nummer 2 das Verhältnis, in dem die Summe der Arbeitslöhne, die an die bei allen Betriebsstätten (§ 28) beschäftigten Arbeitnehmer gezahlt worden sind, zu den Arbeitslöhnen steht, die an die bei den Betriebsstätten der einzelnen Gemeinden beschäftigten Arbeitnehmer gezahlt worden sind;**

2. bei Betrieben, die Anlagen zur Erzeugung von Windenergie betreiben, zu drei Zehntel das in Nummer 1 bezeichnete Verhältnis und zu sieben Zehntel das Verhältnis, in dem die Summe der steuerlich maßgebenden Ansätze des Sachanlagevermögens mit Ausnahme der Betriebs- und Geschäftsausstattung, der geleisteten Anzahlungen und der Anlagen im Bau in allen Betriebsstätten (§ 28) zu dem Ansatz in den einzelnen Betriebsstätten steht.

(2) **Bei der Zerlegung nach Absatz 1 sind die Arbeitslöhne anzusetzen, die in den Betriebsstätten der beteiligten Gemeinden (§ 28) während des Erhebungszeitraums (§ 14) erzielt oder gezahlt worden sind.**

(3) **Bei Ermittlung der Verhältniszahlen sind die Arbeitslöhne auf volle 1000 Euro abzurunden.**

Gewerbesteuerdurchführungsverordnung

§ 33 GewStDV (weggefallen)

Gewerbesteuer-Richtlinien 1998: Abschnitt 77.

Bearbeiter: Güroff

Übersicht

1. Allgemeines

2.–9. Zerlegungsmaßstab

2. Grundsatz
3. Begriff des Arbeitnehmers
4. Gegenwärtiges Dienstverhältnis
5. Eigene Arbeitnehmer des Unternehmens
6. Beschäftigung des Arbeitnehmers in einer Betriebsstätte
7. Begriff des Arbeitslohns (Verweisung)
8. Maßgebliche Beträge
9. Windkraftanlagen

Literatur: *Olbrich,* Ist die Gewerbesteuerzerlegung verfassungswidrig?, DB 1996, 958 u 1649; *Blasweiler,* Ist die Gewerbesteuerzerlegung tatsächlich verfassungswidrig?, DB 1996, 1648; *N. Meier.* Zum gewerbesteuerlichen Zerlegungsmaßstab beim Betrieb von Windkraftanlagen, FR 2006, 538, *Trossen.* Zerlegung der Gewerbesteuer bei Windkraftanlagen, DStZ 2006, 836.

Allgemeines. Die Vorschrift enthält den Zerlegungsmaßstab für den 1
Regelfall der Zerlegung des einheitlichen GewStMessbetrags bei Betriebsstätten, die keine mehrgemeindlichen Betriebsstätten iSv § 28 Abs 1 Satz 2 und § 30 sind. Grundsätzlich ist das Verhältnis der **Arbeitslöhne** maßgebend. Ob solche Verhältnisse dem Äquivalenzprinzip gerecht werden (vgl BVerfG BStBl II 1978, 125), ist zweifelhaft. Doch werden sich kaum andere Maßstäbe finden lassen, die – notwendig typisierend – dem Äquivalenzdenken nahekommen (vgl BFHE 71, 363, BStBl III 1960, 386). In **Aus-**

nahmefällen kann **bei Unbilligkeit** durch Anwendung der Maßstäbe des § 29 die Zerlegung nach einem die tatsächlichen Verhältnisse berücksichtigenden Maßstab erfolgen (§ 33; hierzu BFHE 67, 275, BStBl III 1958, 379). Sie ist aber nur bei einer eindeutigen Unbilligkeit von erheblichem Gewicht gerechtfertigt, die auf der Zerlegung selbst beruht und die sich aus dem groben Maßstab des § 29 allgemein ergebende Unbilligkeit übertrifft (BFHE 171, 304, BStBl II 1993, 679; BFHE 217, 109, BStBl II 2007, 836; BFH/NV 1992, 836; 2007, 270, 2346), nicht jedoch durch die besondere Struktur der Gemeinde oder das Bestehen eines Organverhältnisses (BFHE 88, 214, BStBl III 1967, 324). Die Anwendung des § 33 ist aber insbesondere angezeigt, wenn zwischen Betriebsstätten in Gemeinden mit unterschiedlichen Hebesätzen ein krasses Missverhältnis von Arbeitslöhnen und den dort erzielten GewErträgen besteht (vgl zum Problem die Diskussion zwischen *Olbrich* DB 1996, 958 u 1649 und *Blasweiler* DB 1996, 1648).

2.–7. Zerlegungsmaßstab

2 **Grundsatz.** Zu zerlegen ist bis **EZ 2008** (§ 36 Abs 1) *ausschließlich* in dem **Verhältnis,** in dem die Summe der Arbeitslöhne in allen Betriebsstätten zu der Summe der Arbeitslöhne in den Betriebsstätten der einzelnen Gemeinden steht. Hierbei kommt es darauf an, dass der Arbeitnehmer in der jeweiligen Betriebsstätte tatsächlich beschäftigt ist und dass die Arbeitslöhne in der jeweiligen Betriebsstätte tatsächlich gezahlt worden sind (Abs 2). Werden überhaupt **keine Arbeitslöhne** gezahlt, ist dieser Maßstab (selbstredend) von vornherein ungeeignet (BFHE 176, 253, BStBl II 1995, 175; BFHE 217, 109, BStBl II 2007, 836). In Betracht kommt dann die entsprechende Anwendung von § 33.

Die Zerlegung nach dem Verhältnis der Arbeitslöhne erfolgt auch dann, wenn der GewErtrag im Wesentlichen auf der **Veräußerung** des Unternehmensvermögens zu Beginn des EZ beruht (BFH/NV 2007, 2346 unter Bestätigung von FG Ba-Wü EFG 2006, 1348).

3 Der **Begriff des Arbeitnehmers** ist im Wesentlichen der des **ESt/LSt-Rechts.** Nach § 1 LStDV sind Arbeitnehmer Personen, die im öffentlichen oder privaten Dienst angestellt oder beschäftigt sind und die aus diesem Dienstverhältnis Arbeitslohn beziehen. Ein Dienstverhältnis liegt vor, wenn der Angestellte dem Arbeitgeber seine Arbeitskraft schuldet. Dies ist dann der Fall, wenn die tätige Person in der Betätigung ihres geschäftlichen Willens unter der Leitung des Arbeitgebers steht oder im geschäftlichen Organismus des Arbeitgebers dessen Weisungen zu folgen verpflichtet ist. Diese Definition beschreibt in zutreffender Auslegung des Gesetzes einen eigenständigen steuerrechtlichen Begriff des Arbeitnehmers (BFHE 115, 251, BStBl II 1975, 520). Der Begriff des Arbeitnehmers ist kein feststehender Begriff. Er beschreibt einen offenen Typus, der sich nicht durch Aufzählung bestimmter Merkmale abschließend gewinnen lässt. Entscheidend ist stets das Gesamtbild der objektiven Umstände nach ihrer tatsächlichen Durchführung im Einzelfall. Hierbei kommt es nicht so sehr auf das Auftreten nach außen, sondern auf das Innenverhältnis an (BFHE 127, 401, BStBl II 1979, 414). In allen Fällen kann Arbeitnehmer nur eine natürliche Person sein. Geschäftsfähigkeit ist nicht erforderlich. Abgrenzungs-

probleme gibt es insbesondere im Hinblick auf die Beschäftigung von Personen, bei denen selbst die Ausübung eines GewBetriebs iSv § 15 EStG (etwa Handelsvertreter, hierzu BFHE 98, 302, BStBl II 1970, 474) oder eines Freiberufs iSv § 18 EStG (etwa Künstler oder Musiker, hierzu BFHE 109, 357, BStBl II 1973, 636; BFHE 120, 465, BStBl II 1977, 178) in Betracht kommt. Maßgebliche Abgrenzungskriterien sind in solchen Fällen vor allem die Eingliederung in den Betrieb des Auftraggebers, die Weisungsgebundenheit in Bezug auf Zeit und Ort der Arbeitsleistung, das Bestehen von Unternehmerrisiko und/oder -initiative sowie maßgeblicher Einfluss auf die Gestaltung der zu erbringenden Leistung. Vgl im Einzelnen *Schmidt/Drenseck* § 19 Rz 4 ff u 15.

Ein **gegenwärtiges Dienstverhältnis** muss im Unterschied zu § 1 LStDV bestehen. Das ergibt sich daraus, dass nach Nr 1 der Vorschrift nur Arbeitslöhne für „beschäftigte Arbeitnehmer" zu erfassen sind und nach § 31 Abs 1 Arbeitslöhne grundsätzlich die Vergütungen iSv § 19 Abs 1 Satz 1 Nr 1 EStG darstellen und die Bezüge und Vorteile aus früheren Dienstleistungen iSv § 19 Abs 1 Satz 1 Nr 2 EStG nicht einzubeziehen sind. Ruhegehaltsempfänger und Rechtsnachfolger eines Arbeitnehmers sind demnach keine Arbeitnehmer iSd Vorschrift. Entsprechendes gilt für bereits ausgeschiedene Arbeitnehmer, an die rückständiger Lohn für Zeiträume außerhalb des EZ gezahlt wird. Auch ausscheidende Arbeitnehmer, die – aus welchem Grund auch immer – eine Abfindung für in Zukunft entgehenden Arbeitslohn erhalten, beziehen diese nicht für ein gegenwärtiges Dienstverhältnis. Auch diese Bezüge gehören somit nicht zur Grundlage des Zerlegungsmaßstabs (aA *Lenski/Steinberg* § 31 Anm 8). 4

An **eigene Arbeitnehmer** des GewBetriebes müssen die Arbeitslöhne gezahlt sein. Arbeitnehmer iSd Vorschrift sind nur Personen, die in einem Dienstverhältnis zu dem Unternehmen stehen, für das der zu zerlegende Messbetrag festgesetzt worden ist (BFHE 205, 295, BStBl II 2004, 602; BFH/NV 1992, 836). Voraussetzung hierfür ist nicht der Abschluss eines Arbeitsvertrages (BFHE 190, 74, BStBl II 2000, 41). Vielmehr ist die Frage der Zugehörigkeit nach wirtschaftlichen Gesichtspunkten zu entscheiden. Sind Anstellungs- und Beschäftigungsunternehmen nicht identisch, dann sind die Arbeitnehmer dem Beschäftigungsunternehmen zuzurechnen, wenn (1) dort der vertragliche und tatsächliche Tätigkeitsbereich liegt, (2) die Arbeitnehmer in dessen geschäftlichen Organismus eingegliedert und weisungsgebunden sind und (3) dem Anstellungsunternehmen vom Beschäftigungsunternehmen lediglich die Lohnaufwendungen ohne Verwaltungskosten oder gar einen Gewinnaufschlag erstattet werden, gleich ob im Voraus oder nachträglich (vgl BFH/NV 2004, 1291). 5

Kontrahiert demnach ein Unternehmen (A) mit Arbeitnehmern im eigenen Namen, aber für Rechnung und zur Erledigung von Arbeiten eines anderen Unternehmens (B), dann gehören die Arbeitnehmer diesem Unternehmen (B) an (BFHE 66, 469, BStBl III 1958, 182 zu Verhältnissen im „Gesamthafenbetrieb"). ME ist entsprechend zu entscheiden, wenn in einem Unternehmen (B) Arbeitnehmer beschäftigt werden, die nur mit einem anderen Unternehmen (A) kontrahiert haben, aber für ihre Dienstleistungen an (B) von diesem bezahlt werden. Die Löhne gehören zur Bemessungsgrundlage bei (B) (aA

Lenski/Steinberg § 29 Anm 3, 6). Entsprechendes gilt, wenn (B) die Lohnaufwendungen, die (A) getragen hat, diesem erstattet (vgl BFHE 205, 295, BStBl II 2004, 602; Anm *Kempermann* FR 2004, 760). Die wirtschaftlichen Gegebenheiten entsprechen dem in BFHE 66, 469, BStBl II 1958, 182 entschiedenen Fall.

Bei Zurverfügungstellung von Arbeitnehmern („Leiharbeitsverhältnis") gilt etwas anderes, wenn das entleihende Unternehmen nicht Löhne unmittelbar an die von ihm beschäftigten Arbeitnehmer, sondern Entgelt für die Überlassung an den Entleiher zahlt (BFH/NV 1992, 836). Entsprechendes gilt für Beschäftigung von Strafgefangenen (BFH StRK GewStG § 24 R 3). Bei überwiegender oder sogar ausschließlicher Beschäftigung von Leiharbeitnehmern nur in bestimmten Betriebsstätten kann sich aber ein nach § 33 zu korrigierendes unbilliges Ergebnis einstellen (BFH/NV 1992, 836).

6 **Beschäftigung** des Arbeitnehmers **in einer Betriebsstätte** besagt, dass er seine Tätigkeit tatsächlich ganz oder weitaus überwiegend, mE zu mindestens 90%, dort ausübt; auf die wirtschaftliche Zurechnung der Tätigkeit zu einer anderen Betriebsstätte kommt es nicht an (BFH/NV 2007, 270). Gelegentliche Tätigkeiten von ganz untergeordneter Bedeutung in einer anderen Betriebsstätte haben keinen Einfluss auf die Zuordnung seines Lohns. Anders dagegen, wenn er in nicht unwesentlichem Umfang in anderen Betriebsstätten beschäftigt ist; dann ist der Lohn entsprechend aufzuteilen (FG Münster EFG 1985, 137; *Lenski/Steinberg* § 29 Anm 5; *Blümich/Hofmeister* § 29 Rz 7). Die Tätigkeit an einem von sechs Wochentagen in einer Betriebsstätte ist nicht unwesentlich; daher Zerlegung nach dem Regelmaßstab (BFH/NV 1990, 56). Wieder anders ist zu entscheiden, wenn es sich um einen häufig wechselnden Arbeitnehmer handelt, der der Betriebsstätte der Geschäftsleitung (§ 10 AO; zum Begriff BFH/NV 1990, 688) zuzuordnen ist (vgl BFHE 63, 496, BStBl III 1956, 386). Ständig auswärts, nicht in einer Betriebsstätte beschäftigte Arbeitnehmer sind nach vorstehenden Grundsätzen der (den) Betriebsstätte(n) zuzuordnen, mit der sie durch die Art der Tätigkeit verbunden sind. Die Wohnsitzzugehörigkeit des Arbeitnehmers hat keinen Einfluss. Bei Schiffsmannschaften sind die Arbeitnehmer idR dem Sitz der Geschäftsleitung (Reederei) zuzuordnen (RFH RStBl 1940, 445), es sei denn, es besteht eine wesentliche Verknüpfung der Tätigkeit während des Aufenthalts in einem Hafen mit einer bestimmten Schiffsanlegestelle; dann ist der hierauf entfallende Lohn dieser Betriebsstätte zuzurechnen (BFHE 151, 452, BStBl II 1988, 201). Bei Binnen- und Küstenschifffahrtsbetrieben, die eine feste örtliche Anlage oder Einrichtung zur Ausübung des Gewerbes nicht unterhalten, sind die Arbeitnehmer der (fiktiven) Betriebsstätte des Orts zuzuordnen, der als Heimathafen (Heimatort) im Schiffsregister eingetragen ist (§ 6 GewStDV). Bei LKW-Fahrern ist iRd der regelmäßige Standort der Fahrzeuge, an dem sie abgestellt und gewartet werden, maßgebend. Denn von hier aus werden die Fahrten angetreten, auch wenn die Fahrzeuge in anderen Betriebsstätten beladen werden; anders nur wenn auch hier die Arbeitszeit ins Gewicht fällt (vgl BFHE 151, 452, BStBl II 1988, 401).

7 Zum **Begriff des Arbeitslohns** vgl § 31 und die dortigen Erläuterungen.

Maßgebliche Beträge. Maßgeblich sind nach Abs 2 die Arbeitslöhne, die in dem EZ erzielt oder gezahlt worden sind. Bei der Ermittlung der Verhältniszahlen sind die Arbeitslöhne auf volle 1000 € abzurunden (Abs 3). Dies gilt auch für Unternehmen mit abw Wj. Für sie sind die Beträge des EZ anzusetzen, in dem der GewErtrag nach § 10 Abs 2 als bezogen gilt. Eine Umrechnung auf einen Jahresbetrag findet in keinem Fall statt. Nach FG Münster (EFG 1992, 292) sind jedoch die Arbeitslöhne anzusetzen, die in dem abw Wj erzielt bzw gezahlt worden sind. Dem ist nicht zuzustimmen. Der Wortlaut der Vorschrift nennt ausdrücklich den EZ. Seine Anwendung führt nicht zu einem so sinnwidrigen Ergebnis, dass hiervon abzusehen wäre. Zwar besteht ein innerer Zusammenhang zwischen dem zu zerlegenden GewErtrag und den im Wirtschaftsjahr erzielten bzw gezahlten Bemessungsbeträgen. Doch ist die GewSt eine Steuer des EZ, dem § 10 Abs 2 das Ergebnis des Wirtschaftsjahres zuordnet. Daher ist es jedenfalls nicht völlig sinnwidrig, auf die im EZ erzielten bzw gezahlten Bemessungsbeträge auch im Falle des abw Wj abzustellen (ebenso BFHE 171, 304, BStBl II 1993, 679; BFH/NV 1993, 191). 8

Besonderheiten bei **Windkraftanlagen Abs 1 Nr 2.** Als Reaktion auf die BFH-Entscheidung BFHE 217, 109, BStBl II 2007, 836 (vgl § 33 Anm 3), wonach auch bei Windkraftanlagen der Zerlegungsmaßstab des § 29 Abs 1 nicht zu unbilligen Ergebnissen führe, hat der Gesetzgeber für solche Anlagen aus umweltpolitischen Gründen einen eigenen Zerlegungsmaßstab eingeführt: nur zu $^{3}/_{10}$ wird das Verhältnis der in den einzelnen Betriebsstätten gezahlten Arbeitslöhne, zu $^{7}/_{10}$ wird das Verhältnis der Summe der Sachanlagen zu den Sachanlagen in den einzelnen Betriebsstätten angesetzt, jedoch ohne Betriebs- und Geschäftsausstattung, Anzahlungen und in Anlagen im Bau. 9

§ 30 Zerlegung bei mehrgemeindlichen Betriebsstätten

Erstreckt sich die Betriebsstätte auf mehrere Gemeinden, so ist der Steuermessbetrag oder Zerlegungsanteil auf die Gemeinden zu zerlegen, auf die sich die Betriebsstätte erstreckt, und zwar nach der Lage der örtlichen Verhältnisse unter Berücksichtigung der durch das Vorhandensein der Betriebsstätte erwachsenden Gemeindelasten.

Gewerbesteuer-Richtlinien 1998: Abschnitt 78.

Bearbeiter: Güroff

Übersicht

1. Allgemeines

2.–4. Mehrgemeindliche Betriebsstätte

2., 3. Begriff

4. Räumliche Verbindung und betriebliche Tätigkeit

5.–8. **Zerlegungsmaßstab**
5. Grundsatz
6. Örtliche Verhältnisse
7. Gemeindelasten
8. Ermittlung und Aufteilung der Lasten

Literatur: *Sauer,* Gewerbesteuerzerlegung bei mehrgemeindlichen Betriebsstätten gemäß § 30 GewStG, DGStZ 1978, 102; *H. Schmidt,* Die Zerlegung der Gewerbesteuer bei mehrgemeindlichen Betriebsstätten, ZKF 1987, 146; *Offerhaus/Althof,* Gewerbesteuerzerlegung bei mehrgemeindlichen Betriebsstätten am Beispiel eines Großflughafens, FR 2006, 623.

1 **Allgemeines.** Die Vorschrift ist eine auch in § 28 Abs 1 Satz 2 niedergelegte notwendige Konsequenz aus dem allgemeinen Zerlegungsgrundsatz. Da die Zerlegung nach §§ 28, 29 die Verhältnisse der jeweiligen Betriebsstätten zugrunde legt und eine Betriebsstätte sich über Gebiete in mehreren Gemeinden erstrecken kann (mehrgemeindliche Betriebsstätte), muss auch insoweit ein Ausgleich im Wege der Zerlegung gefunden werden. Hierbei kann es sich auch um eine zweite Zerlegung nach Maßgabe des GewStMessbetrags handeln, der über den nach § 29 ermittelten Zerlegungsanteil auf die mehrgemeindliche Betriebsstätte entfällt. Beide Zerlegungen erfolgen in einem einheitlichen Verfahren durch einen Zerlegungsbescheid (BFHE 124, 65, BStBl II 1978, 160). ME bedarf es nicht des Umweges über die vorläufige Zuordnung des GewStMessbetrags auf die Gemeinde des Schwerpunkts der Betriebsstätte (so jedoch *Lenski/Steinberg* § 30 Anm 1). Im Rahmen des Zerlegungsverfahrens ist sorgfältig zu prüfen, ob ein Betriebsteil eine selbständige Betriebsstätte oder Teil einer mehrgemeindlichen Betriebsstätte ist, weil hiervon der anzuwendende Maßstab abhängt. Die nach Arbeitslohn (§ 29) bzw örtlichen Verhältnissen (§ 30) eintretenden Ergebnisse können erheblich voneinander abweichen. Die Vorschrift gibt dem FA kein Ermessen (BFH/NV 1987, 394) und den beteiligten Gemeinden keinen Rechtsanspruch auf einen Zerlegungsanteil (vgl § 28 Anm 1). Jedoch setzt sie nicht voraus, dass durch die mehrgemeindliche Betriebsstätte einer der beteiligten Gemeinden bestimmte Lasten entstehen; die Lasten haben nur Bedeutung für den Zerlegungsmaßstab (BFHE 152, 138, BStBl II 1988, 292). Wer eine Zerlegung nach § 30 beansprucht, muss (im Klageverfahren) geltend machen, durch die Zerlegung nach § 29 beschwert und in seinen Rechten verletzt zu sein (BFHE 113, 123, BStBl II 1975, 42). Die Vorschrift ist durch G v 29. 10. 1997 BGBl I, 1997, 2590 in Satz 1 auf die Aufhebung der GewKapSt ab EZ 1998 durch dieses G angepasst worden.

2.–4. Mehrgemeindliche Betriebsstätte

2 Zum **Begriff** der Betriebsstätte vgl § 12 AO sowie § 2 Anm 455 ff und § 28 Anm 2. Mehrgemeindlich ist die Betriebsstätte, wenn sie sich über mehrere Gemeinden erstreckt. Das ist der Fall, wenn die auf verschiedenen Gemeindegebieten liegenden Anlagen eine geschlossene wirtschaftliche, betriebliche Einheit bilden (BFHE 90, 268, BStBl II 1968, 40; BFHE 124, 65, BStBl II 1978, 160) und die in den einzelnen Gemeinden liegenden

Teile je für sich die Merkmale einer Betriebsstätte erfüllen (BFHE 152, 138, BStBl II 1988, 292; BFHE 194, 222, BStBl II 2001, 734; BFH/NV 1988, 735). Die einzelne(n) Geschäftseinrichtung(en) müssen Teil der übergeordneten Einheit Betrieb sein (BFHE 188, 536, BStBl II 1999, 542, 545).

Die **Einheit** kann hergestellt werden durch einen **räumlichen,** ggf technischen oder – nach der Rspr – wirtschaftlichen oder organisatorischen **Zusammenhang** (RFH RStBl 1940, 714, Elektrizitätswerk; BFHE 59, 421, BStBl III 1954, 372, Wasserwerk und Kanal; BFHE 93, 476, BStBl II 1968, 827, Straßenbahnbetrieb). Nach BFH/NV 1992, 766 (mwN) müssen die bezeichneten Verbindungsmerkmale **kumulativ** vorliegen. Das ist mE schon im Hinblick auf die weiter unten bezeichneten und vom BFH in Zitatverweis genommenen Einzelbeispiele fraglich. Gerade in den Fällen, in denen nur eine technische Verbindung (vom BFH mE fälschlich als räumliche Verbindung bezeichnet) vorlag, kam es nicht auf die Kumulierung der oa Merkmale an. In gewisser Abweichung zu den oa Merkmalen wird die mehrgemeindliche Betriebsstätte in BFH/NV 1988, 735 beschrieben als einheitliches Ganzes, als wirtschaftliche geschlossene Einheit, die sich räumlich über mehrere Gemeinden erstreckt. Hierbei muss der rein räumliche Zusammenhang durch die Erdoberflache hergestellt werden (BFHE 81, 310, BStBl III 1965, 113). Wird der räumliche Zusammenhang unterbrochen, etwa durch Wasserläufe, Bahndämme, Straßen usw, so ist nach der Verkehrsanschauung trotzdem eine einheitliche Betriebsstätte gegeben, wenn durch entsprechende Vorrichtungen (Überbrückungen usw) eine Verbindung bereits geschaffen ist (BFH v 17. 8. 1954 I B 58/53 nv). Besteht zwar räumlicher Zusammenhang, nicht aber Zusammenhang in organisatorischer, technischer oder wirtschaftlicher Hinsicht, dann können ausnahmsweise mehrere Betriebsstätten angenommen werden (BFHE 66, 679, BStBl III 1958, 261; BFHE 81, 310, BStBl III 1965, 113).

Der **technische Zusammenhang** kann – nach der Rspr – insbesondere durch Schienen (etwa einer Straßenbahn, RFH RStBl 1939, 755; BFHE 93, 476, BStBl II 1968, 827), eine Schiffsverbindung (RFH RStBl 1939, 1056), Rohrleitungen (BFH v 3. 7. 1956 I B 114/54 nv), einen Wasserkanal (BFHE 59, 421, BStBl III 1954, 372), Kabel- und Transformatoren (BFHE 84, 108, BStBl II 1966, 40) hergestellt werden (verneinend zu Datenstandleitungen von Fluglärmüberwachungsanlagen eines Flughafens Hess FG EFG 2008, 1472 Rev; **aA** *Offerhaus/Althof* FR 2006, 623). Es genügt nicht, dass ein Zusammenhang allein durch öffentliche Straßen (BFHE 93, 476, BStBl II 1968, 827) oder öffentliche Versorgungs- bzw Kommunikationseinrichtungen (BFHE 113, 123, BStBl II 1975, 42) hergestellt wird. Auch eine gemeinsame Energieversorgungsanlage allein genügt nicht (ebenso *Lenski/Steinberg* § 30 Anm 3). Jedoch dürfen sich die technischen Verbindungen unter oder über der Erdoberfläche befinden (BFHE 112, 183, BStBl II 1974, 427, unterirdische Leitungen von Tanklager und Raffinerie; FG Hamburg EFG 2005, 804 rkr: durch Leitungen mit oberirdischen Anlagen verbundener unterirdischer Porenspeicher). Auch insoweit sind aber bei der Zerlegung die Gemeinden nicht zu berücksichtigen, durch die die Leitungen lediglich hindurchführen (BFHE 123, 500, BStBl II 1978, 3

111; BFHE 124, 65, BStBl II 1978, 160). Erforderlich ist, dass die verbundenen Anlagen und die verbindenden Teile zum Betriebsvermögen des GewBetriebs gehören (BFHE 76, 428, BStBl III 1963, 156). Sind die vorstehenden Voraussetzungen nicht erfüllt, dann kann nach der Rspr in eng begrenzten Fällen (zB bei Elektrizitätswerken) der betriebliche Zusammenhang allein durch die betriebliche Organisation hergestellt werden (BFHE 72, 17, BStBl III 1961, 8; BFHE 84, 108, BStBl III 1966, 40). Dem ist nicht zu folgen, weil die Betriebsstätte sich allein durch die Organisation nicht „erstreckt"; davon abgesehen ist das vom BFH gebrauchte Argument der fehlenden betrieblichen Autarkie nur in Zusammenhang mit anderen Argumenten zu gebrauchen, denn sonst sind beinahe alle räumlich getrennten Anlagen Teile einer mehrgemeindlichen Betriebsstätte. Zu den Elektrizitätsunternehmen im Übrigen BFHE 90, 268, BStBl II 1968, 40; BFHE 124, 65, BStBl II 1978, 160.

4 **Räumliche Verbindung und Tätigkeit in allen Gemeinden.** Besteht eine räumliche Verbindung (durch ein oder mehrere zusammenhängende Grundstücke), dann muss nicht in jedem Gemeindegebiet eine (auf Dauer angelegte gewerbliche) Tätigkeit stattfinden (BFHE 55, 322, BStBl III 1951, 124; BFHE 66, 679, BStBl III 1958, 261). Die hiergegen gerichtete Kritik (insb *Lenski/Steinberg* § 30 Anm 2, 3) verkennt, dass nicht das Gemeindegebiet, sondern die Betriebsstätte der die jeweilige Einheit kennzeichnende Ordnungsbegriff ist (BFHE 71, 585, BStBl III 1960, 468). Liegt überhaupt eine Betriebsstätte vor, dann vollzieht sich in ihr begriffsnotwendig die geforderte Tätigkeit, nur eben nicht unbedingt in allen Gemeindegebieten. Die Auffassung, in solchen Fällen sei die Betriebsstätte nicht eine mehrgemeindliche, sondern gehöre nur zu einer Gemeinde, geht am Wortlaut des Gesetzes vorbei. Die angemessene Lösung des Problems erfolgt mE in solchen Fällen allein durch Art und Umfang der Zerlegung. Denn der Gemeinde, die beteiligt sein will, müssen Lasten entstehen (BFHE 113, 123, BStBl II 1975, 42); vgl aber Anm 6.

Die Frage, wann eine mehrgemeindliche Betriebsstätte vorliegt, ist höchstrichterlich nicht mehr klärungsbedürftig (BFH/NV 1996, 707).

5.–8. Zerlegungsmaßstab

5 **Grundsatz.** Es besteht kein fester, sondern ein mit unbestimmten Rechtsbegriffen umschriebener Maßstab (BFHE 152, 138, BStBl II 1988, 292). Zu zerlegen ist nach Lage der örtlichen Verhältnisse unter Berücksichtigung der durch das Vorhandensein der Betriebsstätte erwachsenden Gemeindelasten. Die Regelung berücksichtigt den Umstand, dass (vgl Anm 4) in einzelnen Teilen einer mehrgemeindlichen Betriebsstätte keine oder nur vorübergehende Tätigkeiten stattfinden, daher dort kein Arbeitslohn gezahlt wird und gleichwohl Gemeindelasten anfallen. Trotz ihrer allgemeinen Fassung enthält die Vorschrift eine abschließende Aufzählung der in Betracht kommenden Umstände. Andere Umstände, etwa die finanzielle Lage oder innere Struktur der Gemeinde (vgl BFHE 88, 214, BStBl III 1967, 324), sind nicht zu berücksichtigen, ebenso wenig innere Verhältnisse beim Unternehmen, wie etwa die Arbeitslöhne oder die in den einzelnen Gemeindegebieten erbrachten Leistungen (aA für die Abga-

be von Strom durch ein Elektrizitätswerk RFH RStBl 1940, 714; nicht mehr für annehmbar erachtet von FG Ba-Wü EFG 1998, 503, von BFH/NV 2000, 579 aus formellen Gründen aufgehoben). Auch im Rahmen des § 30 gilt mE der Grundsatz, dass das Zerlegungsverfahren nicht die Funktion eines kommunalen Finanzausgleichs hat (§ 28 Anm 1), was mE *Offerhaus/Althof* FR 2006, 623 übersehen (Anm 7).

Demnach kann der hier anzuwendende Maßstab dahin führen, dass beteiligte Gemeinden keinen Anteil erhalten (vgl FG Hamburg EFG 2005, 804 rkr). Die Vorschrift räumt der Finanzbehörde **kein Ermessen** ein (aA RFH RStBl 1939, 1056; BFHE 66, 579, BStBl III 1958, 261). Die weite Fassung der Vorschrift kennzeichnet lediglich eine hiervon zu unterscheidende **Schätzungsbefugnis.** Hierbei hat die Finanzbehörde pflichtgemäß die in Betracht kommenden Einzelfallmaßstäbe mit dem Ziel zu ermitteln, dem Verhältnis der entstandenen Lasten mit einem Höchstmaß an Wahrscheinlichkeit nahezukommen. Der Ansatz unterliegt voller tat- und revisionsrichterlicher Nachprüfung. Auch wenn das Gesetz nur einen rohen Maßstab vorschreibt, besteht kein Anlass, bessere Erkenntnisse im Rechtsbehelfsverfahren nur dann durchgreifen zu lassen, wenn die Finanzbehörde die zu beurteilenden Verhältnisse gröblich verkannt hat (so jedoch BFHE 59, 421, BStBl III 1954, 372).

Die **örtlichen Verhältnisse** sind die Lage der einzelnen Teile der Be- 6
triebsstätte in Beziehung zum Gemeindegebiet sowie das Verhältnis des von dem Teil der Betriebsstätte in Anspruch genommenen Gemeindegebiets zum gesamten Gemeindegebiet. Diese Verhältnissen allein sind indes für die Zerlegung ohne besondere Aussagekraft (aA BFH v 28. 2. 1956 I B 170/54 nv). In Betracht kommen aber zudem der Wert der betrieblichen Anlagen der jeweiligen Betriebsstätten und die durch die Gemeinde – bezogen auf die Arbeitnehmerschaft und die schulpflichtigen Kinder – zur Verfügung zu stellende Infrastruktur (*Lenski/Steinberg* § 30 Anm 23). Entscheidend sind im Wesentlichen die durch die jeweiligen Betriebsstätten nach den örtlichen Verhältnisse ausgelösten Folgelasten der Gemeinde (vgl BFHE 113, 123, BStBl II 1975, 42). Daher können jene unberücksichtigt bleiben, wenn hierdurch das Aufteilungsergebnis nicht unbillig beeinträchtigt wird (RFHE 48, 317).

Die Gemeindelasten müssen durch das Vorhandensein der Betriebs- 7
stätten erwachsen sein; das „Wohnen der Arbeitnehmer" allein ist kein sachgerechtes Element bei der Ermittlung der Gemeindelasten (Hess FG EFG 2008, 1472 Rev). Belastungen, die die Gemeinde für die Ansiedlung der Betriebsstätte auf sich genommen hat, können nicht angesetzt werden (BFHE 81, 310, BStBl III 1965, 113); anders mE jedoch, soweit es sich um Dauerlasten handelt, die nach der Ansiedlung entstanden sind. Entstehen für eine Gemeinde keine Lasten dadurch, dass Arbeitnehmer der Betriebsstätte in ihr wohnen, so hat dies noch nicht zur Folge, dass sie keinen Zerlegungsanteil erhält (so inzwischen auch BFHE 152, 138, BStBl II 1988, 292; aA noch BFHE 113, 123, BStBl II 1975, 42). Nach ihrem Wortlaut setzt die Vorschrift für die Zerlegung nicht voraus, dass bestimmte Lasten entstehen. Diese finden nur im Zerlegungsmaßstab Berücksichtigung (vgl BFHE 152, 138, BStBl II 1988, 292). Als Lasten kommen insbesondere in

Betracht Bau und Unterhalt von Verkehrsverbindungen, Wohnungen, öffentliche Verwaltungs- und Versorgungseinrichtungen, Schulen, Krankenhäuser usw. Lasten durch sich ansiedelnde Zulieferbetriebe sind nicht zu berücksichtigen, weil diese bereits durch deren GewSt erfasst sind. Ebenso wenig sind zu berücksichtigen Umweltbelastungen (Lärm-, Schadstoffimmissionen), Bauschutzbeschränkungen uä (BFHE 217, 109, BStBl II 2007, 836; **aA** *Offerhaus/Althof* FR 2006, 623).

8 **Ermittlung und Aufteilung der Gemeindelasten.** Die Probleme, die die Vorschrift im Hinblick auf die Ermittlung der tatsächlichen Verhältnisse mit sich bringt, sind erheblich. Eine betragsmäßige Ermittlung der tatsächlich durch die Betriebsstätten anfallenden Lasten ist in der Regel nicht möglich. Es bleibt im Einzelfall nur die Aufteilung nach Art einer Schätzung im Wege der Abwägung aller Interessen (BFHE 59, 421, BStBl III 1954, 372). Nach FG Rh-Pf EFG 1992, 550 (Hinweis auf *Meyer-Scharenberg/Popp/Woring* § 30 Anm 2) besteht für das FG nur ein eingeschränkter Überprüfungsspielraum dahin, ob das FA die örtlichen Verhältnisse grob verkannt hat. Dem ist mE nicht zu folgen. Das FG als Tatsacheninstanz hat eine eigene Schätzungsbefugnis und -pflicht (§§ 76 Abs 1 Satz 1 und 96 Abs 1 Satz 1 FGO). In der Praxis wird der GewStMessbetrag quotenmäßig nach der Bedeutung der in Betracht kommenden verschiedenen Faktoren aufgeteilt und innerhalb der Quoten eine Aufteilung nach Maßgabe der Gemeindelasten durchgeführt (vgl RFH RStBl 1939, 1056; RFH RStBl 1940, 714; BFHE 59, 421, BStBl III 1954, 372; BFHE 66, 679, BStBl III 1958, 261). Als Faktoren kommen insbesondere in Betracht die Anzahl der in der Gemeinde wohnenden Arbeitnehmer einschließlich der Schulkinder (RFH RStBl 1940, 714) sowie Größe und Wert der Betriebsanlagen, sofern nicht durch die Arbeitnehmer bereits berücksichtigt (RFH RStBl 1939, 1056; BFHE 81, 310, BStBl III 1965, 113; BFHE 152, 138, BStBl II 1988, 292), die Kosten der von ihnen beanspruchten Verkehrs-, Versorgungs- und Entsorgungsanbindungen (vgl BFHE 59, 421, BStBl III 1954, 372) sowie bei Elektrizitätsunternehmen auch die Stromabgabe in die einzelne Gemeinde (RFH RStBl 1940, 714). Im Fall des FG Rh-Pf EFG 1992, 550 erfolgt zutr eine Kombination aus den drei erstgenannten Faktoren. Problematisch ist, ob nur die Lasten anzusetzen sind, die von dem im jeweiligen Gemeindegebiet belegenen Teil der Betriebsstätte ausgehen, oder die durch die Betriebsstätte insgesamt für die Gemeinde entstehenden Lasten. Für die erste Alternative RFH RStBl 1939, 1025; mE wohl zutreffend, weil die Gemeinde auch insoweit nicht an der Zerlegung teilnimmt, als Arbeitnehmer einer gemeindefremden Betriebsstätte in ihrem Gebiet wohnen; anders jedoch BFHE 55, 322, BStBl III 1951, 124, wonach auf die Lasten durch die Betriebsstätte insgesamt abzustellen ist (ebenso BFH v 28. 2. 1956 I B 170/54 nv).

§ 31 Begriff der Arbeitslöhne für die Zerlegung

(1) [1] **Arbeitslöhne sind vorbehaltlich der Absätze 2 bis 5 die Vergütungen im Sinne des § 19 Abs. 1 Nr. 1 des Einkommensteuergesetzes, soweit sie nicht durch andere Rechtsvorschriften von der**

Einkommensteuer befreit sind. [2] Zuschläge für Mehrarbeit und für Sonntags-, Feiertags- und Nachtarbeit gehören unbeschadet der einkommensteuerlichen Behandlung zu den Arbeitslöhnen.

(2) **Zu den Arbeitslöhnen gehören nicht Vergütungen, die an Personen gezahlt worden sind, die zu ihrer Berufsausbildung beschäftigt werden.**

(3) **In den Fällen des § 3 Nr. 5, 6, 8, 9, 12, 13, 15, 17, 21, 26, 27, 28 und 29 bleiben die Vergütungen an solche Arbeitnehmer außer Ansatz, die nicht ausschließlich oder überwiegend in dem steuerpflichtigen Betrieb oder Teil des Betriebs tätig sind.**

(4) **[1] Nach dem Gewinn berechnete einmalige Vergütungen (z. B. Tantiemen, Gratifikationen) sind nicht anzusetzen. [2] Das Gleiche gilt für sonstige Vergütungen, soweit sie bei dem einzelnen Arbeitnehmer 50 000 Euro übersteigen.**

(5) **Bei Unternehmen, die nicht von einer juristischen Person betrieben werden, sind für die im Betrieb tätigen Unternehmer (Mitunternehmer) insgesamt 25 000 Euro jährlich anzusetzen.**

Gewerbesteuer-Richtlinien 1998: Abschnitt 79.

Bearbeiter: Güroff

Übersicht

1. Allgemeines

2.–10. Begriff der Arbeitslöhne

2. Grundsatz
3. Abfindungen/Altersteilzeit
4. Befreiungen von der ESt
5. Vergütungen an Auszubildende
6. Beschränkt stpfl Körperschaften
7. Nach dem Gewinn berechnete Vergütungen
8. Vergütungen über 50 000 €
9. Unternehmervergütungen

Literatur: *Bichel,* Zurechnung des Unternehmerbetrags nach § 31 Nr 2 GewStG, wenn der „tätige" Mitunternehmer eine juristische Person ist, StBp 1978, 185; *Kloubert,* Was ist Arbeitslohn, FR 2000, 46.

Allgemeines. Die Vorschrift bestimmt den Begriff der Arbeitslöhne für 1
Zwecke der Zerlegung. Hierbei legt sie den est-rechtlichen Begriff zu Grunde, nimmt jedoch im Hinblick auf bestimmte Beträge vom EStRecht abweichende Differenzierungen insofern vor, als nach Auffassung des Gesetzgebers die Zerlegung von GewSt eine eigenständige Zuordnung erfordert. Die Vorschrift ist verfassungskonform (BFHE 151, 484, BStBl II 1988, 191). Sie ist durch G v 16. 7. 1998 (BGBl I 1998, 1842) in Abs 3 geändert worden mit Aufnahme der durch dasselbe Gesetz neugeregelten Entschädigungs- und Sicherungseinrichtungen nach § 3 Nr 21 in den Katalog der beschränkt steuerpflichtigen Körperschaften.

2.–10. Begriff der Arbeitslöhne

2 **Grundsatz.** Arbeitslöhne sind grundsätzlich die Vergütungen iSd § 19 Abs 1 Satz 1 Nr 1 EStG. Hiermit kennzeichnet die Vorschrift jeweils die Bruttolöhne. Mit der Ausklammerung der Bezüge und Vorteile aus früheren Dienstleistungen nach § 19 Abs 1 Satz 1 Nr 2 EStG wird verdeutlicht, dass nur Bezüge aus gegenwärtigen Dienstleistungen zu den Arbeitslöhnen iSd Vorschrift zählen (vgl hierzu § 29 Anm 4). § 2 Abs 1 LStDV erläutert in zutreffender Auslegung (BFHE 124, 190, BStBl II 1978, 239) den Begriff des Arbeitslohns als **alle Einnahmen aus dem Dienstverhältnis,** die dem Arbeitnehmer zufließen (zum Zufluss: BFHE 189, 403, BStBl II 1999, 684). Es ist unerheblich, ob es sich um laufende oder einmalige Bezüge bzw um besondere Zuwendungen handelt. Einnahmen sind alle Güter, die in Geld oder Geldeswert bestehen. Der Arbeitnehmer muss also bereichert sein (BFHE 124, 190, BStBl II 1978, 239). Das ist auch bei Sachbezügen, dh unentgeltlich oder verbilligt überlassenen Sachwerten möglich. Hierbei hängt die Bereicherung nicht davon ab, dass der Arbeitnehmer die Zuwendung auch in Geld umsetzen kann (daher auch Arbeitslohn bei verbilligt überlassenen Mahlzeiten). Unerheblich ist grundsätzlich auch, ob der Arbeitnehmer den verbilligt überlassenen Sachwert sich auch anderweitig angeschafft hätte. Nicht bereichert ist der Arbeitnehmer durch sog **Annehmlichkeiten.** Mit diesem Begriff kennzeichnet die Rechtsprechung Vorteile, die die Arbeitsbedingungen ieS, dh die Art und Weise der Erbringung der Arbeitsleistung, betreffen (zB Waschräume, Erholungsräume einschließlich Sportstätten, aber auch Getränke bei bestimmten verarbeitenden Berufen). Ebenfalls nicht bereichert ist der Arbeitnehmer bei **Auslagenersatz** und anderen **durchlaufenden Geldern,** die der Arbeitnehmer vom Arbeitgeber erhält, um sie für ihn auszugeben (BFHE 97, 107, BStBl II 1970, 69), jedoch nur bei Vorliegen einer genauen Einzelabrechnung über die Verausgabung der empfangenen Beträge (BFHE 115, 342, BStBl II 1976, 134). Bereicherung dagegen beim sog **Werbungskostenersatz,** dh bei Zuwendungen des Arbeitgebers zum Ausgleich von Aufwendungen des Arbeitnehmers in Zusammenhang mit der Erbringung seiner Dienstleistung (zB das Waschgeld eines Kaminkehrers, BFHE 74, 130, BStBl III 1962, 50). Die in der Rechtspraxis häufig zugelassene „Saldierung" hat schon keine Grundlage im EStG; noch weniger darf sie bei der Ermittlung der Arbeitslöhne nach §§ 28ff durchgeführt werden. Eine Bereicherung nach vorstehenden Grundsätzen ist nur dann Arbeitslohn, wenn sie **durch das Dienstverhältnis veranlasst** ist (BFHE 137, 13, BStBl II 1983, 39; hierzu *Kloubert* FR 2000, 46), dh im weitesten Sinn eine Gegenleistung für die Zurverfügungstellung der individuellen Arbeitskraft darstellt. Das ist nicht der Fall, wenn die Leistungen im zumindest weitaus überwiegenden eigenbetrieblichen Interesse des Arbeitgebers erfolgen. Das kann angenommen werden bei Verschaffung von Vorsorgeuntersuchungen für Arbeitnehmer in Schlüsselstellungen (BFHE 137, 13, BStBl II 1983, 39) oder bei üblichen Zuwendungen im Rahmen von Betriebsveranstaltungen zum Zwecke der Verbesserung des Arbeitsklimas (BFHE 143, 544, BStBl II 1985, 529). Dagegen gehören zum Arbeitslohn die sog Gelegenheitsgeschenke (BFHE 143, 539, BStBl II 1985, 641). Auch **Leistungen durch Dritte** können

Arbeitslohn sein, wenn der Dritte erkennbar die Arbeitsleistungen des Arbeitnehmers entlohnen will (BFHE 133, 375, BStBl II 1981, 707); bedeutsam insb für die in § 29 Anm 5 geschilderten Fallgestaltungen. Auch **Leistungen an Dritte** können Arbeitslohn sein, wenn etwa ein naher Angehöriger aus Anlass des Dienstverhältnisses Vorteile bezieht (BFHE 127, 205, BStBl II 1979, 390). Dagegen sind Vorteile, die der Arbeitnehmer nur **bei Gelegenheit der Dienstleistung** erhält, nicht Arbeitslohn; sie beruhen auf der Ausnutzung nur einer Gelegenheit zum eigenen Vorteil aus Eigenmacht oder mit Hilfe von Dritten und geschehen ohne Willen und Zutun des Arbeitgebers (aA *Schmidt/Drenseck* § 19 Rz 25). **Zu den Arbeitslöhnen gehören** können insb auch Bezüge von Ehegatten des Mitunternehmers, von stillen Gesellschaftern, von persönlich haftenden Gesellschaftern einer KGaA, von Gesellschaftern von Kapitalgesellschaften, soweit sie für eine Beschäftigung im Betrieb bezahlt werden. **Nicht zum Arbeitslohn gehört** dagegen die Tätigkeitsvergütung des Mitunternehmers iSv § 15 Abs 1 Nr 2 EStG. Macht der Arbeitgeber von der Möglichkeit der Pauschalierung der Lohnsteuer in besonderen Fällen Gebrauch, dann ist die von ihm übernommene Lohnsteuer zwar ein geldwerter Vorteil (§ 40 Abs 1 Satz 2 EStG); sie gehört jedoch nicht zum Arbeitslohn iSv § 19 Abs 1 Satz 1 Nr 1 EStG (BFHE 129, 180, BStBl II 1980, 127; BFHE 172, 467, BStBl II 1994, 194; hierzu *OFD Berlin* DStR 1994, 1692). Es muss ein **Zufluss von Geld** oder Geldeswert beim Arbeitnehmer stattgefunden haben; das ist insb nicht der Fall bei Gutschriften, über die der Arbeitnehmer noch nicht verfügen kann (BFHE 135, 542, BStBl II 1982, 469), anders jedoch bei freiwilliger Umwandlung in ein Darlehen (BFHE 137, 418, BStBl II 1983, 295), ebenso wenig bei Zahlungen des Arbeitgebers an Ausgleichskassen (BFHE 70, 200, BStBl III 1960, 73). Siehe zum Begriff des Arbeitslohns im Übrigen *Schmidt/Drenseck* § 19 Rz 16ff, 50, zur tatsächlichen Zahlung § 29 Anm 6.

Abfindungen wegen der Auflösung eines Dienstverhältnisses gehören 3
zwar grundsätzlich zum Arbeitslohn, wenn auch nach § 3 Nr 9 EStG aF zT steuerbefreit (zB BFHE 135, 66, BStBl II 1982, 305 mwN). Sie sind mE jedoch unabhängig hiervon nach § 29 Abs 1 nicht in die Zerlegung einzubeziehen (ebenso *Lenski/Steinberg* § 31 Anm 18). Der dortigen Formulierung „Arbeitslöhne … an die … beschäftigten Arbeitnehmer" sowie dem Zweck der Vorschrift, mit dem Arbeitslohn einen Parameter für die Belastung der Gemeinden zu setzen, ist zu entnehmen, dass der Arbeitslohn für die tatsächliche Beschäftigung gezahlt werden muss. Das ist bei Abfindungen wegen der Auflösung eines Dienstverhältnisses nicht der Fall.

Bei in der **Altersteilzeit** Beschäftigten verfährt die *FinVerw* (vgl *OFD Ffm* DB 1999, 2608) wie folgt:

- Aufstockungszahlungen des Arbeitgebers nach § 3 Abs 1 Nr 1 ATG werden nicht als Arbeitslohn behandelt;
- der Ausgleichsanspruch des Arbeitgebers nach § 4 ATG mindert nicht die zu berücksichtigenden Arbeitslöhne;
- Zuführungen zu Rückstellungen für Löhne in der Freistellungsphase werden nicht als Arbeitslöhne behandelt;
- Vergütungen in der Freistellungsphase sind Arbeitslöhne.

4 **Befreiungen von der ESt** durch Rechtsvorschrift sind auch bei der Zerlegung zu beachten. Rechtsvorschriften sind Gesetze, insb § 3 EStG, Doppelbesteuerungsabkommen sowie Durchführungsverordnungen (insb LStDV), soweit sie sich im Rahmen der gesetzlichen Ermächtigung halten, nicht hingegen die (LSt-)Richtlinien; Letztere schon deswegen nicht, weil die für die dortigen systemwidrigen Steuerbefreiungen behaupteten Zwecke (insb Vereinfachung) andere sind als der mit der Erfassung der Arbeitslöhne für die Zerlegung erstrebte (aA *Blümich/Hofmeister* § 31 Rz 3). Rechtsvorschriften sind auch Verordnungen aus der Zeit vor Erlass des GG (BFHE 57, 676, BStBl III 1953, 258; BFHE 64, 396, BStBl III 1957, 148). Zu den Befreiungen gehören weder der Teil des Arbeitslohns, der auf Grund der Tarifstruktur der Steuertabellen steuerfrei bleibt (BFHE 62, 350, BStBl III 1956, 130), noch die Beträge (Werbungskosten, Sonderausgaben insb Beiträge zur Sozialversicherung), die der Arbeitnehmer bei seiner Besteuerung abziehen darf, auch als auf der LStKarte eingetragener Freibetrag (BFHE 62, 350, BStBl III 1956, 130; BFHE 107, 44, BStBl II 1972, 910). Von der ESt befreit sind insb Arbeitnehmer-Sparzulagen (§ 13 Abs 3 des 5. VermBG), nicht dagegen vermögenswirksame Leistungen (§ 2 Abs 6 des 5. VermBG).

5 **Vergütungen an Auszubildende** sind freigestellt (Abs 2). Voraussetzung ist allein die Beschäftigung zur Ausbildung. Hierbei kommt es weder auf die Höhe der Bezüge noch darauf an, ob die Ausbildung auf Grund eines schriftlichen Ausbildungsvertrages erfolgt (BTDrs 8/555, 28); Letzteres jedoch dann, wenn nach der einschlägigen Ausbildungsvorschrift der Abschluss eines schriftlichen Ausbildungsvertrages vorgesehen ist. Das gilt auch für Praktikanten, so genannte Junggrade in der Seeschifffahrt und Neubergleute.

6 Bei **beschränkt steuerpflichtigen Körperschaften** iSv § 3 Nr 5, 6, 8, 9, 12, 13, 15, 17, 21, 26, 27, 28 und 29 (vgl die Erläuterungen dort) erfolgt Hinzurechnung der Löhne nur, wenn der Arbeitnehmer zumindest überwiegend im stpfl Betrieb oder Teil des Betriebs tätig ist. Diese Voraussetzung liegt mE vor, wenn der Arbeitnehmer dort zu mehr als 50% seiner Arbeitszeit verbringt (ebenso *Lenski/Steinberg* § 31 Anm 17). Das gilt mE auch, wenn die Tätigkeit des Arbeitnehmers in den verschiedenen Bereichen unterschiedlicher Qualität ist und unterschiedlich entgolten wird. Der Wortlaut der Vorschrift verbietet auch in diesem Fall, auf das Verhältnis der Vergütungen abzustellen (aA *Blümich/Hofmeister* § 31 Rz 7).

7 **Nach dem Gewinn berechnete einmalige Vergütungen** sind nach Abs 4 nicht einzubeziehen. Die Vorschrift bezweckt, die Bevorzugung der Gemeinde des Sitzes der Geschäftsleitung zu vermeiden. Unabdingbare Voraussetzung ist **Berechnung nach Gewinn,** und zwar nach den Grundsätzen des EStRechts oder KStRechts. Die Vorschrift nennt als Beispiele die Tantiemen und die Gratifikationen. Zu erfassen sind also übliche Weihnachtszuwendungen, die nicht nach dem Gewinn berechnet werden. Entsprechendes gilt für sonstige Sonderzuwendungen, wie Prämien und Boni, die als Gegenleistung für besondere Leistungen des Arbeitnehmers gezahlt werden. **Einmaligkeit** bedeutet, dass es sich um eine Sonderleistung aus besonderem Anlass handeln muss, die grundsätzlich in einem Be-

trag zu zahlen ist; doch dürften Ratenzahlungen zulässig sein, solange sich dahinter nicht Vereinbarungen und Durchführung von gewinnabhängigen laufenden Vergütungen verbergen. Wiederholungen von Sonderleistungen sind zulässig, jedoch nur insoweit die Beziehung zu einem anderen besonderen Anlass erkennbar ist. Auch insoweit dürfen sich hinter den Wiederholungszahlungen nicht laufende Zahlungen verbergen, wie etwa bei monatlichen Zuwendungen für das Erreichen eines bestimmten Monatsergebnisses.

Vergütungen über 50 000 € sind „soweit" nach Abs 4 Satz 2 ebenfalls 8 nicht einzubeziehen. Zum Zweck der Vorschrift vgl Anm 7. Gemeint ist der Gesamtbetrag der an einen Arbeitnehmer gezahlten „sonstigen" Vergütungen, die also nicht als einmalige Sonderleistung nach dem Gewinn berechnet werden (Abs 4 Satz 1), insbesondere Gehälter und sonstige Sonderzuwendungen. Nur diese Auffassung wird mE dem Zweck der Vorschrift gerecht.

Unternehmervergütungen sind nach Abs 5 für die im Betrieb tätigen 9 (Mit-)Unternehmer „insgesamt", also nur einmal, iHv 25 000 € anzusetzen. Hiermit wird vermieden, dass auf einzelne Gemeinden kein Zerlegungsanteil entfällt, wenn in den Betriebsstätten allein (Mit-)Unternehmer tätig sind und in anderen Betriebsstätten allein Arbeitnehmer (RFH RStBl 1939, 730; BFHE 151, 484, BStBl II 1988, 191). Eine andere Bewertung des (Mit-)Unternehmerlohns lässt das G nicht zu. Unebenheiten der Betragsregelung hat der Gesetzgeber im Interesse eines einfachen Aufteilungsmaßstabs in Kauf genommen (BFHE 99, 175, BStBl II 1970, 607). Sie führen nicht zu einer Zerlegung nach § 33 (BFHE 205, 295, BStBl II 2004, 602). Die Vorschrift verstößt nicht gegen den Gleichheitssatz des Art 3 GG (BFHE 151, 484, BStBl II 1988, 191). Der Betrag ist nach den Grundsätzen zu § 29 Anm 6 auf die Betriebsstätten verschiedener Gemeinden nach dem Verhältnis der Mitwirkung des (Mit-)Unternehmers aufzuteilen, wenn er in diesen mehreren Betriebsstätten tätig wird; es muss sich aber jeweils um geschäftsleitende Tätigkeiten handeln (BFHE 81, 195, BStBl III 1965, 69), die übliche Aufsicht als Vorgesetzter genügt nicht (RFH RStBl 1939, 730).

Die Vorschrift ist auch anzuwenden, wenn das Unternehmen von einer KG betrieben wird und die Geschäftsleitung von einer Komplementär-Kapitalgesellschaft durchgeführt wird (BFHE 205, 295, BStBl II 2004, 602; *Blümich/Hofmeister* § 31 Rz 10; *Bichel* StBp 1978, 185; aA *Lenski/Steinberg* § 31 Anm 43).

§ 32 *(weggefallen)*

§ 33 Zerlegung in besonderen Fällen

(1) [1] **Führt die Zerlegung nach den §§ 28 bis 31 zu einem offenbar unbilligen Ergebnis, so ist nach einem Maßstab zu zerlegen, der die tatsächlichen Verhältnisse besser berücksichtigt.** [2] **In dem Zerlegungsbescheid hat das Finanzamt darauf hinzuweisen, dass bei der Zerlegung Satz 1 angewendet worden ist.**

(2) **Einigen sich die Gemeinden mit dem Steuerschuldner über die Zerlegung, so ist der Steuermessbetrag nach Maßgabe der Einigung zu zerlegen.**

Gewerbesteuer-Richtlinien 1998: Abschnitt 80.

Bearbeiter: Güroff

Übersicht

1. Allgemeines
2.–5. Unbilliges Ergebnis
6. Einigung der Beteiligten (Abs 2)

Literatur: *Leibrecht,* Zur Zerlegung nach § 33 Gewerbesteuergesetz, StuW 1967, 215; *Olbrich,* Ist die Gewerbesteuerzerlegung verfassungswidrig?, DB 1996, 958 u 1649; *Blasweiler,* Ist die Gewerbesteuerzerlegung tatsächlich verfassungswidrig?, DB 1996, 1648; *N. Meier.* Zum gewerbesteuerlichen Zerlegungsmaßstab beim Betrieb von Windkraftanlagen, FR 2006, 538; *Trossen,* Zerlegung der Gewerbesteuer bei Windkraftanlagen, DStZ 2006, 836.

1 **Allgemeines.** Die Vorschrift erlaubt die Anwendung eines abweichenden Zerlegungsmaßstabs, wenn die Zerlegung nach den Vorschriften der §§ 28 bis 31 zu einem offenbar unbilligen Ergebnis führt. Der Grundsatz, dass der GewStMessbetrag die unangreifbare Grundlage des Zerlegungsverfahrens bildet, darf auf dem Umweg über die Vorschrift jedoch nicht durchbrochen werden (RFH RStBl 1942, 908). Daher ist ein gemeindespezifischer Aufwand (zB Getränkesteuer) nicht zu berücksichtigen. Denn das würde bedeuten, vom GewStMessbetrag als Grundlage der Zerlegung abzugehen und einen „Betriebsstättenertrag" zu Grunde zu legen – was das Gesetz eben nicht vorsieht (FG Hamburg EFG 1991, 746; *Lenski/Steinberg* § 29 Anm 1). Auch darf der Kreis der nach § 28 zu berücksichtigenden Gemeinden nicht erweitert werden (RFH RStBl 1939, 731). Das bedeutet, dass in der die Zerlegung nach § 33 beanspruchenden Gemeinde eine Betriebsstätte vorhanden sein muss (BFHE 151, 452, BStBl II 1988, 201; BFH/NV 1988, 735).

Es handelt sich um eine **zwingende Vorschrift** insoweit, als die Finanzbehörden einen anderen Maßstab zu suchen haben, wenn ansonsten das unbillige Ergebnis eintritt. Hierbei ist ihnen weder ein Beurteilungsspielraum noch Ermessen eingeräumt. **Unbilligkeit** ist ein **unbestimmter Rechtsbegriff,** der durch die Finanzbehörden lediglich nach Art einer Schätzung (insb im Hinblick auf die nicht berücksichtigten Lasten) zu füllen ist. Daher ist die Ausfüllung des unbestimmten Rechtsbegriffs Unbilligkeit im vollen Umfang durch die Gerichte nachprüfbar. Entsprechendes gilt für die Wahl des abweichenden Maßstabs (vgl BFHE 105, 101, BStBl II 1972, 603; BFHE 151, 452, BStBl II 1988, 201; aA *Lenski/Steinberg* § 33 Anm 4). Wer eine Zerlegung nach § 33 begehrt, muss im Klageverfahren darlegen, durch die Zerlegung nach § 29 beschwert und in seinen Rechten verletzt zu sein (vgl BFHE 113, 123, BStBl II 1975, 42; BFHE 151, 452, BStBl II 1988, 201).

2.–5. Unbilliges Ergebnis

2 **Grundsatz.** Die Vorschrift ist **restriktiv** auszulegen. Sie betrifft nur **besondere Ausnahmefälle,** weil der Gesetzgeber in den §§ 29 und 30 bereits bewusst grobe Maßstäbe niedergelegt hat, die bereits nach ihrem System zu einer den Lasten der Gemeinde nicht unbedingt entsprechenden Verteilung des GewStMessbetrags führen. Diese allgemeinen, im System liegenden Ungereimtheiten begründen nicht die Anwendung der Vorschrift (RFH RStBl 1940, 264; RStBl 1940, 283; BFHE 91, 52, BStBl II 1968, 185; BFHE 151, 484, BStBl II 1988, 191). Sie müssen offensichtlich übertroffen werden durch eine eindeutige Unbilligkeit von erheblichem Gewicht (BFH/NV 1992, 836; 2007, 270). Das gilt auch, wenn im Gebiet einer Gemeinde keine Arbeitslöhne angefallen sind und deswegen ihr Zerlegungsanteil 0 € beträgt (BFHE 67, 275, BStBl III 1958, 379; BFHE 83, 468, BStBl III 1965, 668; BFHE 217, 109, BStBl II 2007, 836; Hess FG EFG 2008, 1472 Rev). Hinzunehmen ist auch der Umstand, dass bei einem abw Wj für den maßgebenden GewErtrag teilweise ein anderer Zeitraum zu Grunde zu legen ist als für den Zerlegungsmaßstab (BFH/NV 1993, 191).

Erforderlich ist, dass von den Regelfällen wesensverschiedene Besonderheiten des Einzelfalles nach den Vorschriften der §§ 29 und 30 nicht hinreichend berücksichtigt werden können. Das können auch Lasten der Gemeinde sein, die nicht auf der Ansässigkeit von Arbeitnehmern beruhen (BFHE 67, 275, BStBl III 1958, 379; BFHE 151, 452, BStBl II 1988, 201; BFHE 217, 109, BStBl II 2007, 836). Auf keinen Fall dürfen Ungereimtheiten ausgeglichen werden, die in anderen Vorschriften als den Zerlegungsvorschriften begründet sind, wie etwa in der Anknüpfung des Besteuerungsrechts der Gemeinde an das Bestehen einer Betriebsstätte nach § 4 Abs 1 (RFH RStBl 1939, 731) oder an das Realisationsprinzip oder an das Prinzip der Abschnittsbesteuerung (BFH/NV 2007, 2346 unter Bestätigung von FG Ba-Wü EFG 2006, 1348, Anm *Lemaire* EFG 2006, 1350). Ebensowenig genügen Besonderheiten in der Struktur oder im Finanzgebaren der Gemeinde, die mit dem Vorhandensein der Betriebsstätte in keinem Zusammenhang stehen (RFH RStBl 1940, 828; FG Hamburg EFG 1991, 746 zur Getränkesteuer, vgl Anm 1) oder Fragen des materiellen GewStRechts (RFH RStBl 1942, 908). Fragwürdig mE daher FG Ba-Wü EFG 1998, 503, das bei einer Zerlegung nach § 30 die für ein Kraftwerk in Betracht kommenden Maßstäbe angesichts ihrer systematischen Ungenauigkeiten verwirft; denn letztlich ist es möglich, jeden Maßstab zu „zerpflücken".

Nur die **Verhältnisse des jeweiligen Zerlegungsfalles** sind für die Frage der Unbilligkeit zu würdigen. Unerheblich ist daher, ob die in diesem Fall bei Anwendung des allgemeinen Zerlegungsmaßstabs zurückstehende Gemeinde anderweitig einen gewissen Ausgleich erzielen kann (BFH/NV 1992, 836). Das Zerlegungsverfahren hat nicht die Funktion eines kommunalen Finanzausgleichs (§ 28 Anm 1).

3 **Begriff.** Ein unbilliges Ergebnis liegt vor, wenn einem oder mehreren Beteiligten bei objektiver Beurteilung nicht zugemutet werden kann, das nach den Vorschriften der §§ 28 bis 31 ermittelte Zerlegungsergebnis hinzunehmen (BFHE 91, 52, BStBl II 1968, 185; BFHE 96, 483, BStBl II 1969, 688; *Lenski/Steinberg* § 33 Anm 3). § 33 Abs 1 ist als Ausnahmevor-

schrift eng auszulegen (BFHE 72, 17, BStBl III 1961, 8). **Unbilligkeit** bedeutet, dass die Ungereimtheit ins Gewicht fällt und atypisch ist (BFHE 151, 452, BStBl II 1988, 201; BFHE 171, 304, BStBl II 1993, 679; BFH/NV 1993, 191). Infolge der Besonderheiten des Einzelfalles (Anm 2) muss ein deutliches Missverhältnis zwischen dem Anteil der den einzelnen Gemeinden erwachsenen Lasten und dem ihnen zugewiesenen Zerlegungsanteil bestehen (BFHE 117, 384, BStBl II 1976, 123; BFHE 151, 452, BStBl II 1988, 201; BFHE 217, 109, BStBl II 2007, 836, Windkraftanlage; hierzu ab EZ 2009 § 29 Abs 1 Nr 2). Allgemein unbillige Ergebnisse, etwa eine ungleichmäßige Verteilung des Messbetrages in lediglich absoluten Beträgen reichen daher nicht (BFHE 83, 468, BStBl III 1965, 668; BFHE 91, 52, BStBl II 1968, 185; BFHE 176, 253, BStBl II 1995, 175, 179), auch dann nicht, wenn die Gemeinde wegen der Nichtzahlung von Arbeitslöhnen in der Betriebsstätte geringer Bedeutung nicht am Messbetrag teilhat (BFHE 71, 363, BStBl III 1960, 386; BFHE 83, 468, BStBl III 1965, 668), auch wenn Wartungsarbeiten an der Betriebsstätte (Windkraftanlage) von beauftragten Unternehmen durchgeführt werden (FG Düsseldorf EFG 2006, 1450 Rev; Anm *Herlinghaus* EFG 2006, 1451; *N. Meier* FR 2006, 538; aA *Trossen* DStZ 2006, 836); ebenso wenig in anderen Fällen von geringer Bedeutung (BFHE 67, 275, BStBl III 1958, 379) oder wenn für die Gemeinde durch Unternehmensansammlungen eine Zusammenballung von Kosten eintritt (BFHE 98, 214, BStBl III 1967, 324).

Erforderlich ist daher eine Untersuchung in mehrere Richtungen: Wie groß ist der Anteil am GewStMessbetrag und der Anteil an den Lasten; diese müssen unmittelbar durch die Betriebsstätte entstanden sein (vgl BFHE 71, 363, BStBl III 1960, 386). Das **Missverhältnis** muss offenbar sein, also für jeden mit der Sache befassten Dritten auf der Hand liegen und darüber hinaus für die GewStZerlegung untypisch sein (BFHE 91, 52, BStBl II 1968, 185; BFHE 151, 452, BStBl II 1988, 201). Als Gründe kommen insb in Betracht, dass überhaupt keine Arbeitslöhne gezahlt worden sind (BFHE 176, 253, BStBl II 1995, 175, 179; dass im Gebiet einer Gemeinde mit hohen Belastungen durch eine Betriebsstätte von einigem Gewicht keine Arbeitslöhne gezahlt werden (RFH RStBl 1942, 908), auch bei überwiegender oder ausschließlicher Beschäftigung von Leiharbeitnehmern (BFH/NV 1992, 836), oder durch die Betriebsstätte entstehende Lasten nicht im Zerlegungsmaßstab zum Ausdruck kommen, wobei wiederum Lasten auszugliedern sind, für die ein Gebührenerhebungsrecht besteht (BFHE 151, 452, BStBl II 1988, 201). Nicht ausreichend ist, dass die Betriebsstätte einen verhältnismäßig großen Teil des Gemeindegebietes beansprucht (BFHE 117, 384, BStBl II 1976, 123); ebenso wenig die Nichtberücksichtigung von Betriebskapital allein (RFH RStBl 1938, 933) oder der Umstand, dass bei der selbständigen Besteuerung der Organgesellschaft die Steuereinnahmen ihrer Sitzgemeinde höher wären (RFH RStBl 1940, 264; BFHE 117, 384, BStBl II 1976, 123; BFHE 171, 304, BStBl II 1993, 679; BFH/NV 1993, 191).

Wesentlich ist, dass die Gemeinde durch die Zerlegung allein nach dem **Maßstab der Arbeitslöhne** zu kurz käme (RFH RStBl 1938, 910; RStBl 1939, 550). Auch die Zerlegung nach Arbeitslöhnen ohne weitere Differenzierung, etwa hinsichtlich des Betriebszweiges, in dem sie entstanden sind, kann zu Unbilligkeiten führen, wenn hierdurch die Lasten nicht entsprechend berücksichtigt werden (RFH RStBl 1939, 542; RStBl 1939, 730; RStBl 1940, 445).

Zu berücksichtigen sind jedoch auch solche Ergebnisse, die **für den StPfl** unbillig sind, etwa weil in einer Betriebsstätte mit geringem Ertrag hohe Arbeitslöhne gezahlt werden und die Gemeinde einen wesentlich höheren Hebesatz anwendet als die andere Gemeinde (zum Problem: *Olbrich* DB 1996, 958 u. 1649; *Blasweiler* DB 1996, 1648).

Nicht berücksichtigungsfähig sind Auswirkungen des Betriebs auf die **allgemeine Lebensqualität** für die Einwohner (zB Geräuschimmissionen, Beeinträchtigung des Landschaftsbildes, touristische Attraktivität der Gemeinde), die – wenn überhaupt – mittelbar Folgen für den Gemeindehaushalt haben (BFHE 217, 109, BStBl II 2007, 836); die Berücksichtigung würde den Rahmen des Zerlegungsverfahrens sprengen (hierzu § 28 Anm 1).

Den **Nachweis** hat die Gemeinde, die sich benachteiligt fühlt, durch entsprechende Unterlagen (BFHE 71, 363, BStBl III 1963, 386) zu führen. Allgemeine Erwägungen über die Kapitalintensität des einen und Lohnintensität des anderen Betriebes genügen nicht (RFH RStBl 1942, 908). Ebenso verbietet sich eine pauschale Betrachtung oder eine nicht auf Unterlagen gegründete Behauptung zu den mit dem Betrieb einhergehenden Gemeindelasten (BFHE 217, 109, BStBl II 2007, 836; *N. Meier* FR 2006, 538; *Trossen* DStZ 2006, 836). Entscheidend sind die konkreten Verhältnisse des Einzelfalls (BFH/NV 2006, 1692). 4

Der **Ersatzmaßstab** muss die in Geld ausgedrückten Gemeindelasten deutlich besser berücksichtigen als die Zerlegung nach § 29. In Betracht kommen insb die Betriebseinnahmen (Umsätze), betriebsstättenbezogene Aufwendungen, Zeitanteile uä Umstände (vgl BFHE 176, 253, BStBl II 1995, 180). Möglich ist auch eine weitergehende Aufteilung, wie etwa bei **Windkraftanlagen** nach OFD Düsseldorf DB 2004, 733: 50% des Messbetrages im Verhältnis der Arbeitslöhne und 50% im Verhältnis der Anlagevermögen nach Steuerbilanzwerten (krit *N. Meier* FR 2006, 538; *Trossen* DStZ 2006, 836). 5

Zerlegung bei Einigung der Beteiligten (Abs 2). Die Vorschrift hat zwingenden Charakter. Die Einigung ist ihrer **Rechtsnatur** nach eine Vereinbarung eigener Art, die einer tatsächlichen Verständigung ähnlich ist (BFHE 93, 476, BStBl II 1968, 827; BFH/NV 1992, 766). Nach aA ist sie ein öffentlich-rechtlicher Vertrag (FG Köln EFG 1983, 362; *Blümich/Hofmeister* § 33 Rz 11; *Meyer-Scharenberg/Popp/Woring* § 33 Anm 4). Dagegen spricht mE jedoch der Umstand, dass ihre Umsetzung noch den vom FA zu erlassenden Verwaltungsakt erfordert. Sie bedarf mE daher nicht der Schriftform (§ 57 VwVfG analog; aA *Blümich/Hofmeister* § 33 Rz 11). 6

Nicht Voraussetzung für die Zerlegung aufgrund Einigung ist das Vorliegen der Voraussetzungen des § 30 (mehrgemeindliche Betriebsstätte) oder des § 33 Abs 1 (offenbar unbilliges Ergebnis); die Einigung hat **Befriedungsfunktion** und gilt daher auch in anderen Fällen (*BayLfSt* DB 2008, 2380).

Das FA ist an die Einigung **gebunden** und hat ihr zu folgen. Auch die Beteiligten sind an ihre Einigung gebunden; der hierauf ergehende Bescheid kann nur mit der Begründung angefochten werden, dass er der Einigung nicht entspreche (BFHE 93, 476, BStBl II 1968, 827). An der Einigung müssen beteiligt sein die erhebungsberechtigten Gemeinden und der Steuerschuldner. Die Einigung ist nur beachtlich bis zum Eintritt der Bestandskraft eines schon zuvor erlassenen Zerlegungsbescheides; dieser ist erforderlichenfalls zu ändern (*Trossen* DStZ 2006, 836); eine nachträgliche Vereinbarung mit der Folge des § 175 Abs 1 Nr 2 AO ist mE nicht zulässig (ebenso *Lenski/Steinberg* § 32 Anm 21; **aA** *Blümich/Hofmeister* § 33 Rz 14). **Zeitlich** gilt die Einigung im Zweifel nur für den jeweiligen EZ (BFHE 188, 356, BStBl II 1999, 542; **aA** *Blümich/Hofmeister* § 33 Rz 13: auf unbestimmte Zeit und nur auf Grund wesentlicher Veränderungen für die Zukunft kündbar). ME ist der Auffassung des BFH schon deswegen zu folgen, weil der Gesamtzusammenhang der Vorschrift auf den einzelnen EZ abstellt und es nicht Sinn einer Einigung über die Zerlegung sein kann, dass der jeweilige Beteiligte die Unsicherheit in Kauf nehmen muss, ob ggf das FG seiner Auffassung von seiner Berechtigung zur Kündigung der Einigung folgt.

§ 34 Kleinbeträge

(1) [1] **Übersteigt der Steuermessbetrag nicht den Betrag von 10 Euro, so ist er in voller Höhe der Gemeinde zuzuweisen, in der sich die Geschäftsleitung befindet.** [2] **Befindet sich die Geschäftsleitung im Ausland, so ist der Steuermessbetrag der Gemeinde zuzuweisen, in der sich die wirtschaftlich bedeutendste der zu berücksichtigenden Betriebsstätten befindet.**

(2) [1] **Übersteigt der Steuermessbetrag zwar den Betrag von 10 Euro, würde aber nach den Zerlegungsvorschriften einer Gemeinde ein Zerlegungsanteil von nicht mehr als 10 Euro zuzuweisen sein, so ist dieser Anteil der Gemeinde zuzuweisen, in der sich die Geschäftsleitung befindet.** [2] **Absatz 1 Satz 2 ist entsprechend anzuwenden.**

(3) [1] **Wird der Zerlegungsbescheid geändert oder berichtigt, würde sich dabei aber der Zerlegungsanteil einer Gemeinde um nicht mehr als 10 Euro erhöhen oder ermäßigen, so ist der Betrag der Erhöhung oder Ermäßigung bei dem Zerlegungsanteil der Gemeinde zu berücksichtigen, in der sich die Geschäftsleitung befindet.** [2] **Absatz 1 Satz 2 ist entsprechend anzuwenden.**

Gewerbesteuerdurchführungsverordnung

§ 34 GewStDV Kleinbeträge bei Verlegung der Geschäftsleitung

Hat das Unternehmen die Geschäftsleitung im Laufe des Erhebungszeitraums in eine andere Gemeinde verlegt, so ist der Kleinbetrag der Gemeinde zuzuweisen, in der sich die Geschäftsleitung am Ende des Erhebungszeitraums befindet.

Gewerbesteuer-Richtlinien 1998: Abschnitt 81

Bearbeiter: Güroff

Allgemeines. Die Vorschrift dient der Verwaltungsvereinfachung. Vermieden werden soll, dass einer Vielzahl von Gemeinden mit geringsten Anteilen am GewStMessbetrag Zerlegungsbescheide zuzustellen sind und dass diese Gemeinden womöglich noch Rechtsmittelverfahren betreiben. 1

2.–4. Kleinbeträge

Messbetrag (Abs 1). Ein GewStMessbetrag bis einschließlich 10 € steht grundsätzlich der Gemeinde der Geschäftsleitung zu. Befindet diese sich im Ausland, dann der Gemeinde der wirtschaftlich bedeutendsten Betriebsstätte, die nach Umfang und Wert der Gebäude und Betriebseinrichtungen, aber auch nach Umfang der in ihr ablaufenden Geschäftsvorfälle als die für den GewBetrieb wichtigste (nach der Geschäftsleitung) anzusehen ist (§ 18 Abs 1 Nr 2 AO). 2

Zerlegungsanteil (Abs 2). Übersteigt er für eine Gemeinde den Betrag von 10 € nicht, dann Zuweisung an die Gemeinde der Geschäftsleitung. Befindet diese sich im Ausland, dann an die Gemeinde der bedeutendsten Betriebsstätte (Anm 2). 3

Änderung oder Berichtigung des Zerlegungsanteils (Abs 3). Bei Veränderungen des Zerlegungsanteils einer Gemeinde nach oben oder unten bis zu 10 € einschließlich ist dieser Betrag nur bei der Änderung des Zerlegungsbescheids für die Gemeinde der Geschäftsleitung zu berücksichtigen. „Zerlegungsanteil einer Gemeinde" ist mE der Anteil, der der Gemeinde tatsächlich zugewiesen ist (aA *OFD Ffm:* der für sie berechnete Anteil). Würde sich bei der Gemeinde der Geschäftsleitung durch eine Minderung ein negativer GewStMessbetrag ergeben, dann mindert sich dieser nur auf 0 €, weil das GewStG keinen negativen GewStMessbetrag kennt. Nur soweit er zu einem negativen Messbetrag führen würde, bleibt der Änderungsbetrag also unbeachtlich und ist auch nicht bei der Gemeinde anzusetzen, für die die Änderung des Zerlegungsanteils nicht mehr als 10 € betragen hat. Von der Zuweisung des Änderungsbetrages auf die Gemeinde der Geschäftsleitung ist in solchen Fällen nicht gänzlich abzusehen (aA *FM NRW* DStR 1981, 349). Ist die Geschäftsleitung während des EZ verlegt worden, dann gilt § 34 GewStDV. 4

Die Vorschriften des Abs 2 und des Abs 3 sind unabhängig voneinander anzuwenden. Das bedeutet, dass bei einer zulässigen Minderung des Zerlegungsanteils nach Abs 3 der auf diese Gemeinde entfallende Zerlegungsanteil auf die Gemeinde der Geschäftsleitung überwiesen wird, wenn er unter 10 € liegt.

§ 35 *(weggefallen)*

Abschnitt VII. Gewerbesteuer der Reisegewerbebetriebe

§ 35 a [Gewerbesteuer der Reisegewerbebetriebe]

(1) **Der Gewerbesteuer unterliegen auch die Reisegewerbebetriebe, soweit sie im Inland betrieben werden.**

(2) [1]**Reisegewerbebetrieb im Sinne dieses Gesetzes ist ein Gewerbebetrieb, dessen Inhaber nach den Vorschriften der Gewerbeordnung und den Ausführungsbestimmungen dazu entweder einer Reisegewerbekarte bedarf oder von der Reisegewerbekarte lediglich deshalb befreit ist, weil er einen Blindenwaren-Vertriebsausweis (§ 55 a Abs. 1 Nr. 4 der Gewerbeordnung) besitzt.** [2]**Wird im Rahmen eines einheitlichen Gewerbebetriebs sowohl ein stehendes Gewerbe als auch ein Reisegewerbe betrieben, so ist der Betrieb in vollem Umfang als stehendes Gewerbe zu behandeln.**

(3) **Hebeberechtigt ist die Gemeinde, in der sich der Mittelpunkt der gewerblichen Tätigkeit befindet.**

(4) **Ist im Laufe des Erhebungszeitraums der Mittelpunkt der gewerblichen Tätigkeit von einer Gemeinde in eine andere Gemeinde verlegt worden, so hat das Finanzamt den Steuermessbetrag nach den zeitlichen Anteilen (Kalendermonaten) auf die beteiligten Gemeinden zu zerlegen.**

Gewerbesteuerdurchführungsverordnung

§ 35 GewStDV Reisegewerbebetriebe

(1) [1]Der Mittelpunkt der gewerblichen Tätigkeit befindet sich in der Gemeinde, von der aus die gewerbliche Tätigkeit vorwiegend ausgeübt wird. [2]Das ist in der Regel die Gemeinde, in der sich der Wohnsitz des Reisegewerbetreibenden befindet. [3]In Ausnahmefällen ist Mittelpunkt eine auswärtige Gemeinde, wenn die gewerbliche Tätigkeit von dieser Gemeinde (z. B. von einem Büro oder Warenlager) aus vorwiegend ausgeübt wird. [4]Ist der Mittelpunkt der gewerblichen Tätigkeit nicht feststellbar, so ist die Gemeinde hebeberechtigt, in der der Unternehmer polizeilich gemeldet oder meldepflichtig ist.

(2) Eine Zerlegung des Steuermessbetrags auf die Gemeinden, in denen das Gewerbe ausgeübt worden ist, unterbleibt.

(3) [1]Der Steuermessbetrag ist im Fall des § 35 a Abs. 4 des Gesetzes nach dem Anteil der Kalendermonate auf die hebeberechtigten Gemeinden zu zerlegen. [2]Kalendermonate, in denen die Steuerpflicht nur während eines Teils bestanden hat, sind voll zu rechnen. [3]Der Anteil für den Kalendermonat, in dem der Mittelpunkt der gewerblichen Tätigkeit verlegt worden ist, ist der Gemeinde zuzuteilen, in der sich der Mittelpunkt in diesem Kalendermonat die längste Zeit befunden hat.

Gewerbesteuer-Richtlinien 1998: Abschnitt 82.

Bearbeiter: Selder

Übersicht

1. Reisegewerbe (Begriff)
2. Einheitlicher Betrieb
3. Hebeberechtigung

Begriff des Reisegewerbes. Nach der gesetzlichen Definition in § 35 a Abs 2 ist ein Reisegewerbebetrieb ein Gewerbebetrieb, dessen Inhaber nach den Vorschriften der Gewerbeordnung (jetzt idF v 22. 2. 1999, BGBl I 1999, 202, zuletzt geänd durch G v 28. 3. 2009, BGBl I 2009, 634) und den Ausführungsbestimmungen dazu entweder einer Reisegewerbekarte bedarf oder von der Reisegewerbekarte lediglich deshalb befreit ist, weil er einen Blindenwaren-Vertriebsausweis (§ 55 a Abs 1 Nr 4 GewO) besitzt. 1

Das Erfordernis der Reisegewerbekarte regelt § 55 GewO:

§ 55 GewO Reisegewerbekarte

(1) Ein Reisegewerbe betreibt, wer gewerbsmäßig ohne vorhergehende Bestellung außerhalb seiner gewerblichen Niederlassung (§ 42 Abs. 2) oder ohne eine solche zu haben

1. Waren feilbietet oder Bestellungen aufsucht (vertreibt) oder ankauft, Leistungen anbietet oder Bestellungen auf Leistungen aufsucht oder
2. unterhaltende Tätigkeiten als Schausteller oder nach Schaustellerart ausübt.

(2) Wer ein Reisegewerbe betreiben will, bedarf der Erlaubnis (Reisegewerbekarte).

(3) Die Reisegewerbekarte kann inhaltlich beschränkt, mit einer Befristung erteilt und mit Auflagen verbunden werden, soweit dies zum Schutze der Allgemeinheit oder der Verbraucher erforderlich ist; unter denselben Voraussetzungen ist auch die nachträgliche Aufnahme, Änderung und Ergänzung von Auflagen zulässig.

Ausnahmen vom Erfordernis der Reisegewerbekarte regeln § 55 a und § 55 b GewO (zB behördlich erlaubtes Feilbieten von Waren bei Messen, Ausstellungen und öffentlichen Festen, Vertrieb von selbstgewonnenen Erzeugnissen aus Land- und Forstwirtschaft, Gemüse-, Obst- und Gartenbau, erlaubte Abgabe von Milcherzeugnissen, Ausübung des Reisegewerbes in der Gemeinde des eigenen Wohnsitzes oder der eigenen gewerblichen Niederlassung, sofern die Gemeinde nicht mehr als 10 000 Einwohner zählt, Aufsuchen von Geschäftsbetrieben durch Handelsvertreter, Versicherungs- und Bausparvermittler, Makler, Baubetreuer). Die *FinVerw* stellt grundsätzlich darauf ab, ob der Steuerpflichtige für den Erhebungszeitraum oder einen Teil davon eine Reisegewerbekarte erworben hat oder ob er (bis 14. 9. 2007) einen Blindenwaren-Vertriebsausweis besitzt (A 82 Abs 3 Satz 5 GewStR).

Die Regelung über Reisegewerbebetriebe hat das frühere Wandergewerbesteuergesetz abgelöst, das bis Ende 1942 gegolten hatte (vgl das Gesetz über die Besteuerung des Wandergewerbes v 10. 12. 1937, RGBl I 1937,

1348). § 55 GewO spricht nach dem ÄnderungsG v 5. 2. 1960, BGBl I 1960, 61, dementsprechend nicht mehr vom Wandergewerbeschein, sondern von der Reisegewerbekarte. Früher war für das Reisegewerbe außerdem bedeutsam, dass es nach § 6 Abs 2 aF nicht der Lohnsummensteuer unterworfen war. Die Lohnsummensteuer wurde mWv 1. 1. 1980 abgeschafft (Steueränderungsgesetz 1979, BStBl I 1978, 479).

Für das Reisegewerbe setzt das Gesetz zunächst einen Gewerbebetrieb iSv § 2 Abs 1 Satz 2 voraus (vgl dazu § 2 Anm 40f). Der Besitz der Reisegewerbekarte bietet allein noch keinen hinreichenden Grund dafür, dass der Betreffende einen Reisegewerbebetrieb unterhält. Denn auch derjenige, der als unselbständig Tätiger iSv § 55 GewO Waren feilbietet, ankauft, Warenbestellungen entgegennimmt oder ähnliche Leistungen anbietet, bedarf einer Reisegewerbekarte. Es fehlt jedoch am Merkmal der **persönlichen Selbständigkeit** (vgl A 82 Abs 3 Satz 3 GewStR). Derjenige, der nicht selbständige Reisegewerbekarteninhaber beschäftigt, unterhält selbst nur dann ein Reisegewerbe, wenn er eine solche Karte besitzt und in erheblichem Umfang in eigener Person tätig wird (Anm 2). Reisegewerbetreibende sind beispielsweise selbständige Hausierer, Schausteller und die Besitzer mobiler Stände oder Kaufstände, wie etwa Eisverkäufer. Nach der Neufassung des § 55 Abs 1 Nr 1 GewO mWv 14. 9. 2007 (BGBl I 2007, 2246) muss das Reisegewerbe nicht mehr in eigener Person betrieben werden. Daher kann auch eine Kapitalgesellschaft ein solches Gewerbe unterhalten (zur früheren Rechtslage s BFHE 76, 405, BStBl III 1963, 148). Eine schaustellerische Tätigkeit war einer Kapitalgesellschaft als Inhaberin des Betriebs nach § 55 Abs 1 Nr 2 GewO schon zuvor möglich gewesen (*Blümich/Hofmeister* § 35a Rz 6), wenn sie diese Inhaberschaft durch ihre Geschäftsführer außerhalb ihrer gewerblichen Niederlassung (§ 42 Abs 2 GewO) ausübt.

2 **Einheitlicher Betrieb.** Wird im Rahmen eines einheitlichen Gewerbebetriebs sowohl ein stehendes Gewerbe als auch ein Reisegewerbe betrieben, so ist der Betrieb in vollem Umfang als stehendes Gewerbe zu behandeln (Abs 2 Satz 2). Den stehenden Gewerbebetrieb bestimmt § 1 GewStDV als jeden Gewerbebetrieb, der kein Reisegewerbe iSd § 35a Abs 2 GewStG ist. Der Gewerbebetrieb setzt nach § 2 Abs 1 Satz 2 GewStG iVm § 15 Abs 2 EStG begrifflich keine Betriebsstätte voraus. Diese begründet für den stehenden Gewerbebetrieb lediglich Steuerpflicht im Inland nach § 2 Abs 1 Satz 3. Damit macht eine vorhandene Betriebsstätte den selbständigen Inhaber einer Reisegewerbekarte noch nicht zum Unternehmer eines stehenden Gewerbebetriebs. Die fehlende Betriebsstätte ist nicht Merkmal des Reisegewerbebetriebes. Sie ist lediglich für den Reisegewerbebetrieb gewerbesteuerrechtlich bedeutungslos (vgl § 2 Anm 5). Wird ein Unternehmer als Reisegewerbetreibender tätig und unterhält er gleichzeitig einen stehenden Gewerbebetrieb, so richtet sich die Einheitlichkeit oder Eigenständigkeit der Betriebsteile nach allgemeinen Kriterien. Es kommt deshalb auf die organisatorischen, wirtschaftlichen und finanziellen Beziehungen zwischen den beiden Betätigungen an (vgl § 2 Anm 35). Wird ein Unternehmer als Reisegewerbetreibender, zB Eisverkäufer, tätig und beschäftigt er im entsprechenden Straßenhandel auch Angestellte, die

im Besitz der Reisegewerbekarte sind, so führt dies nach Abs 2 Satz 2 für sich gesehen noch nicht zu einem stehenden Gewerbebetrieb. Abs 2 Satz 1 enthält keine Regelungen dafür, in welchem Umfang ein Reisegewerbetreibender Angestellte beschäftigen darf, wenn er selbst reisend tätig wird. Ein Reisegewerbe liegt in solchen Fällen dann vor, wenn die reisende Tätigkeit des Geschäftsinhabers noch von ausschlaggebender Bedeutung ist. Dabei kommt es auf das Gesamtbild der Verhältnisse an (BFH v 23. 11. 1983 I R 201/79 nv; Vorinstanz FG Hamburg EFG 1979, 405).

Hebeberechtigung. Hebeberechtigt ist die Gemeinde, in der sich der Mittelpunkt der gewerblichen Tätigkeit befindet (Abs 3). Das ist die Gemeinde, von der aus die gewerbliche Tätigkeit vorwiegend ausgeübt wird, dh regelmäßig die Wohnsitzgemeinde. In Ausnahmefällen kann der Mittelpunkt aber auch in einer auswärtigen Gemeinde liegen, wenn die gewerbliche Tätigkeit von dort, zB von einem Büro oder Warenlager, ausgeübt wird. Hilfsweise ist die Gemeinde hebeberechtigt, in der der Unternehmer polizeilich gemeldet oder meldepflichtig ist (§ 35 Abs 1 Satz 4 GewStDV). Der Mittelpunkt der gewerblichen Tätigkeit im Inland bewirkt nicht, dass der Steuerpflichtige auch mit seiner Tätigkeit im Ausland der inländischen Gewerbesteuerpflicht unterliegt (*Blümich/Hofmeister* § 35 a Rz 12 mwN zur Gegenmeinung). Der Gewerbeertrag ist vielmehr wirtschaftlich – im Zweifel nach dem Verhältnis der inländischen und ausländischen Einnahmen – auf das Inland und Ausland zu verteilen (Analogie zu § 9 Nr 3 Satz 1). 3

Da auf eine Betriebsstättenbesteuerung verzichtet wird, findet nach § 35 Abs 2 GewStDV auch grundsätzlich **keine Zerlegung** statt auf die Gemeinden, in denen das Gewerbe ausgeübt wird. Sie ist nur dann vorgesehen, wenn im Laufe eines Erhebungszeitraums der Mittelpunkt der gewerblichen Tätigkeit von einer Gemeinde in eine andere verlegt wird (Abs 4). Der einheitliche Steuermessbetrag ist nach vollen Kalendermonaten auf die hebeberechtigten Gemeinden zu zerlegen. Dabei ist der Anteil für den Kalendermonat, in dem der Wechsel stattfindet, der Gemeinde zuzuteilen, in der sich der Mittelpunkt in diesem Kalendermonat die längste Zeit befunden hat (Abs 4, § 35 Abs 3 Satz 3 GewStDV).

Für die ausnahmsweise erfolgende Zerlegung gelten die allgemeinen verfahrensrechtlichen Grundsätze (vgl § 28 Anm 9 f). Hinsichtlich des Hebesatzes bestehen keine Besonderheiten. Er stimmt mit demjenigen überein, der in der betreffenden Gemeinde auch für die stehenden Gewerbebetriebe gilt.

Abschnitt VIII. Änderung des Gewerbesteuermessbescheids von Amts wegen

§ 35b [Änderung des Gewerbesteuermessbescheids von Amts wegen]

(1) [1]Der Gewerbesteuermessbescheid oder Verlustfeststellungsbescheid ist von Amts wegen aufzuheben oder zu ändern, wenn der Einkommensteuerbescheid, der Körperschaftsteuerbescheid oder ein Feststellungsbescheid aufgehoben oder geändert wird und die Aufhebung oder Änderung den Gewinn aus Gewerbebetrieb berührt. [2]Die Änderung des Gewinns aus Gewerbebetrieb ist insoweit zu berücksichtigen, als sie die Höhe des Gewerbeertrags oder des vortragsfähigen Gewerbeverlusts beeinflusst. [3]§ 171 Abs. 10 der Abgabenordnung gilt sinngemäß.

(2) [1]Zuständig für die Feststellung des vortragsfähigen Gewerbeverlustes ist das für den Erlass des Gewerbesteuermessbescheids zuständige Finanzamt. [2]Verlustfeststellungsbescheide sind zu erlassen, aufzuheben oder zu ändern, soweit sich die Besteuerungsgrundlagen ändern und deshalb der Gewerbesteuermessbescheid für denselben Erhebungszeitraum zu erlassen, aufzuheben oder zu ändern ist. [3]Dies gilt entsprechend, wenn der Erlass, die Aufhebung oder die Änderung des Messbescheids mangels steuerlicher Auswirkung unterbleibt. [4]Die Feststellungsfrist endet nicht, bevor die Festsetzungsfrist für den Erhebungszeitraum abgelaufen ist, auf dessen Schluss der vortragsfähige Gewerbeverlust gesondert festzustellen ist; § 181 Abs. 5 der Abgabenordnung ist nur anzuwenden, wenn die zuständige Finanzbehörde die Feststellung des vortragsfähigen Gewerbeverlustes pflichtwidrig unterlassen hat.

Gewerbesteuer-Richtlinien 1998: Abschnitt 83.

Bearbeiter: Selder

Übersicht

1. Zeitlicher Geltungsbereich
2. Allgemeines
3. Verhältnis zu anderen Änderungsvorschriften
4. Voraussetzungen des Abs 1
5. Auswirkung auf den Gewerbesteuermessbescheid
6. Vorläufiger Rechtsschutz
7. Verlustfeststellungsbescheid/Begriff (Abs 2)
8. Zuständiges Feststellungsfinanzamt
9. Inhalt des Verlustfeststellungsbescheids/Bindungswirkung
10., 11. Erlass, Änderung und Aufhebung von Verlustfeststellungsbescheiden

Zeitlicher Geltungsbereich. Der Wortlaut des § 35 b ist durch Art 4 Nr 13 URefFortsG v 29. 10. 1997 (BGBl I 1997, 2590) ab **EZ 1998** der Aufhebung der Gewerbekapitalsteuer und dem damit verbundenen Wegfall der Korrektur des GewStMessbescheids im Bereich des EW des Betriebsvermögens angepasst worden. Zur alten Rechtslage s 4. Aufl. Eine redaktionelle Anpassung des Abs 2 Satz 1 ergab sich auf Grund der Änderung des § 10 a durch das GewStÄndG v 23. 12. 2003 (BGBl I 2003, 2922). Durch das JStG 2007 v. 13. 12. 2006 (BGBl I 2006, 2878) wurde in Abs 2 ein Satz 4 angefügt, durch das JStG 2008 v. 20. 12. 2007 (BGBl I 2007, 3150) wurde in Abs 2 Satz 1 der Klammerzusatz (Hinweis auf § 10 a Satz 4) gestrichen. 1

Allgemeines. Die Gewerbeertragsermittlung nach § 7 erfolgt materiell-rechtlich eigenständig (§ 7 Anm 1). Auch verfahrensrechtlich bilden die ergangenen Einkommensteuer-, Körperschaftsteuer- und Gewinnfeststellungsbescheide keinen eigentlichen Grundlagenbescheid iSd § 175 Abs 1 Satz 1 Nr 1 AO. Dies ist ein Zugeständnis an die materiell-rechtliche Ausgangslage, bei der in Ausnahmefällen einkommensteuerrechtlich und gewerbesteuerrechtlich Abweichungen beim gewerblichen Gewinn darstellbar sind. So gesehen bilden weder der Einkommensteuer- noch der Körperschaftsteuerbescheid und auch nicht der Gewinnfeststellungsbescheid (einheitlich und/oder gesondert) einen Grundlagenbescheid iSd § 171 Abs 10 AO (BFHE 159, 199, BStBl II 1990, 383/385). Der GewStMessbescheid ist neben dem Einkommensteuer-, Körperschaftsteuer- oder Feststellungsbescheid anfechtbar (BFHE 98, 152, BStBl II 1970, 257). Aus § 7 ergibt sich das Recht des Steuerpflichtigen, eine von der ESt unabhängige Prüfung des Gewerbeertrags zu verlangen und mit denselben Einwendungen wie bei der ESt gegen die Höhe des Gewerbeertrags vorzugehen (BFH/NV 2008, 1361). In **gewissem Umfang** gelten die *aufgehobenen* oder *geänderten* Einkommensteuer-, Körperschaftsteuer- und Feststellungsbescheide als **Grundlagenbescheide** für den GewStMessbescheid (nicht umgekehrt: BFH/NV 1989, 482). So findet für die Verjährungsvorschriften § 171 Abs 10 AO entsprechende Anwendung (Abs 1 Satz 3). Die Festsetzungsfrist endet nicht vor Ablauf von zwei Jahren nach Bekanntgabe der „Grundlagenbescheide". § 35 b dient der Verfahrensvereinfachung (BFHE 76, 25, BStBl III 1963, 10), durch die eine Verdoppelung des Rechtsbehelfsverfahrens vermieden werden soll (BFHE 206, 449, BStBl II 2004, 901). Eine unmittelbare verfahrensrechtliche Bindungswirkung, wie sie bei einem echten Grundlagenbescheid von Anfang an besteht, findet sich für den Gewerbeertrag nicht. So ist das FA nicht gehindert, die steuerrechtliche Einordnung der Einkünfte im GewStMessbetragsverfahren anders zu treffen als in einem einkommensteuerrechtlichen oder körperschaftsteuerrechtlichen Verfahren. Eine Einschränkung gebietet nur der Grundsatz der **Verwirkung** (zu seinen Voraussetzungen BFHE 141, 451, BStBl II 1984, 780; s auch BFH/NV 2002, 1014; BFH/NV 2003, 505). 2

Nach **neuerer Rechtsprechung des BFH** (Urteil in BFHE 206, 449, BStBl II 2004, 901) sind jedoch Einkommen- oder Körperschaftsteuerbescheid de facto einem Grundlagenbescheid weiter angenähert: Hiernach ist eine Änderung nach § 35 b auch dann vorzunehmen, wenn zB im geänderten Einkommensteuerbescheid Einkünfte nicht mehr als gewerbliche, sondern als solche aus selbständiger Arbeit qualifiziert werden (Abweichung von BFHE 188, 409, BStBl II 1999, 475, der der XI. Senat zugestimmt hat). Die Änderungsvorschrift ist somit nicht nur dann anwendbar, wenn gewerbliche Einkünfte der Höhe nach streitig sind, sondern auch dann, wenn dem Grunde nach Streit besteht über die Zuordnung zu den Einkünften aus Gewerbebetrieb. Entsprechendes gilt, wenn ein gewerblicher Gewinn einkommensteuerrechtlich nicht mehr als Veräußerungs-, sondern als Aufgabegewinn beurteilt ist (s auch BFHE 208, 283, BStBl II 2005, 184 zum umgekehrten Fall; anders FG Nürnberg EFG 2003, 1401, Vorinstanz). § 35 b ist hiernach nicht mehr als eng begrenzte Änderungsvorschrift auszulegen (so noch BFHE 188, 409, BStBl II 1999, 475), sondern als selbständige Rechtsgrundlage zur Änderung oder Aufhebung von GewStMessbescheiden und Verlustfeststellungsbescheiden, deren Zweck es ist, eine Verdoppelung von Rechtsbehelfsverfahren zu vermeiden (s BFHE 206, 449, BStBl II 2004, 901).

Bestandskräftige GewStMessbescheide sind **von der Vollziehung auszusetzen,** wenn die Vollziehung des Einkommensteuer-, Körperschaftsteuer- oder Feststellungsbescheids ausgesetzt wird (Anm 6; § 361 Abs 3 AO; A 8 Abs 2 Satz 4 GewStR; BFHE 173, 158, BStBl II 1994, 300). Andererseits sind zB der Einkommensteuer- und der GewStMessbescheid der Rechtskraftwirkung des § 110 Abs 1 Satz 1 FGO in der Weise zugänglich, dass die Entscheidung in einer Einkommensteuersache ein rechtskräftiges Urteil in einem Rechtsstreit über einen GewStMessbetrag nicht nach § 35 b außer Kraft setzen kann (BFHE 129, 11, BStBl II 1980, 104). Dies erfordert allerdings, dass das Gericht bereits in der GewStMessbetragssache über die gleiche Streitfrage zu entscheiden hatte.

3 **Verhältnis zu anderen Änderungsvorschriften.** Für die Konkurrenz zu anderen Änderungsbefugnissen ist von dem gesetzgeberischen Zweck auszugehen, dass die von Amts wegen zu beachtende Änderungsvorschrift des § 35 b lediglich eine Verfahrensvereinfachung darstellt und ansonsten der GewStMessbescheid einerseits und der Einkommensteuer-, Körperschaftsteuer- oder Feststellungsbescheid andererseits jedenfalls für den Gewerbeertrag verfahrensrechtlich unterschiedliche Schicksale haben können. Für eine von § 35 b ausgehende Verfahrensvereinfachung ist kein Raum, wenn die Änderung des GewStMessbescheids unmittelbar auf einen anderen gesetzlichen Tatbestand gestützt werden kann (BFHE 83, 466, BStBl III 1965, 667). Auf § 35 b muss auch nicht zurückgegriffen werden, wenn der GewStMessbescheid nach § 173 AO zu ändern ist (*Woerner/Grube,* Die Aufhebung und Änderung von Steuerverwaltungsakten, 7. Aufl S 131; aA *Guth/Ling* DStZ 1984, 394, 397). Aus ähnlichen Gründen geht eine Änderung nach § 164 Abs 2 AO jener nach § 35 b vor (vgl A 83 Abs 1 Satz 4 GewStR). Konkurrieren die gesetzlichen Befugnisse für die Änderungsbescheide, so ist die Frage nach dem Vorrang oder Nachrang indessen im Allgemeinen akademischer Natur. Denn das FA kann die zutreffende, dh vorrangige Änderungsnorm im Rechtsbehelfsverfahren gegen den angefochtenen Bescheid nachschieben.

Voraussetzungen des Absatzes 1. Eine Änderung des GewStMessbescheids nach dieser Vorschrift erfordert, dass der Einkommensteuer-, der Körperschaftsteuer- oder ein Feststellungsbescheid **aufgehoben** oder **geändert** worden sind. Wird der GewStMessbescheid **vor Änderung** der bezeichneten Bescheide geändert, stellt dies einen Verfahrensfehler dar, der jedoch mit Ergehen des geänderten Einkommensteuer-, Körperschaftsteuer- oder Feststellungsbescheids bis zum Abschluss des Rechtsbehelfsverfahrens geheilt wird (FG München EFG 2000, 1272 rkr). Anders können die Verhältnisse liegen, wenn die Beteiligten über die Wirksamkeit des Bescheids (§ 124 AO) streiten, zB darüber, ob der Bescheid dem Steuerpflichtigen bekanntgegeben worden ist. Wird ein unwirksamer durch einen wirksamen Bescheid ersetzt und wird dabei der gewerbliche Gewinn berührt, so ist nach § 35 b auch der GewStMessbescheid zu ändern. Zwar gilt ein nicht bekanntgegebener Bescheid nach § 124 AO als nicht existent. Der Gesetzeswortlaut in Abs 1 ist aber dahin zu verstehen, dass seine Rechtsfolgen auch dann eintreten, wenn der ursprüngliche Einkommensteuer-, Körperschaftsteuer- oder Feststellungsbescheid aus Gründen der Rechtsscheinsbeseitigung aufgehoben (vgl dazu *Tipke/Kruse* § 40 FGO Rz 4) oder Gegenstand einer Feststellungsklage nach § 41 Abs 1 FGO wird (vgl BVerwG BStBl II 1987, 472). Würde man die Berichtigung in einem solchen Fall versagen, so würde der Steuerpflichtige durch die möglicherweise erst vom Gericht festgestellte Unwirksamkeit des Bescheids überrascht und in seinem Rechtsschutz beeinträchtigt, weil er auf die Anwendbarkeit des § 35 b vertraut hat (aA für § 35 b idF des EGAO 1977 BFHE 162, 433, BStBl II 1991, 244). 4

Weitere Voraussetzung ist, dass die Änderung der in Abs 1 Satz 1 erwähnten Bescheide oder ihre Aufhebung auch den **Gewinn aus Gewerbebetrieb** berührt. Dies kann auch bei einer Bescheidsaufhebung der Fall sein (BFHE 166, 367, BStBl II 1992, 351; s dazu auch Anm 5). Beanstandet ein StPfl nicht den gewerblichen Gewinn, sondern andere Besteuerungsgrundlagen, wie etwa Hinzurechnungen oder Kürzungen nach §§ 8, 9, so muss er sich von vornherein für die Anfechtung des GewStMessbescheids entscheiden.

Die Änderung des gewerblichen Gewinns muss nicht immer eine Änderung des Einkommensteuerbescheids zur Folge haben. Denn das FA hat die **Kompensationsmöglichkeit** nach § 177 AO zu berücksichtigen. Beispielsweise kann eine Gewinnminderung um 300 durch eine betragsgleiche Sonderausgabenkürzung ausgeglichen werden und eine Bescheidsänderung verhindern. Eine solche Saldierung kann auch in der Weise eintreten, dass eine Gewinnerhöhung im Betrieb A durch eine Gewinnminderung im Betrieb B desselben Steuerpflichtigen aufgehoben und der gesamte gewerbliche Gewinn im Einkommensteuerbescheid unverändert bleibt. Das Gesetz verlangt nur, dass der gewerbliche Gewinn berührt wird. Das Ergebnis der Bescheidsänderung (Aufhebung) muss mit Blick auf den Gewerbeertrag gesehen werden. Wird zB im Verfahren über die einheitliche Gewinnfeststellung ein bisher als laufender Gewinn bezeichneter Teil des unverändert gebliebenen Gesamtgewinns als Veräußerungsgewinn beurteilt, so ist nach § 35 b eine Folgeänderung durchzuführen (BFHE 80, 296, BStBl III 1964, 581; BFHE 208, 283, BStBl II 2005, 184). Wird der Einkommensteuerbescheid zu Ungunsten des Steuerpflichtigen, zB nach § 173 Abs 1 Nr 1 AO, geändert und beseitigt das FA im Zuge dieser Änderung einen Rechtsfehler zugunsten des Steuerpflichtigen, der den gewerblichen Gewinn berührt, so ist nach § 35 b Abs 1 auch der Gewerbeertrag entsprechend zu mindern. Die Vorschrift setzt nicht voraus, dass die in ihrem Satz 1 genannten Bescheide zu einer Verminderung der Einkommensteuer bzw Körperschaftsteuer führen.

Ein auf 0 € lautender Einkommensteuer-(Körperschaftsteuer-)Bescheid kann nicht mit der Begründung angefochten werden, der gewerbliche Gewinn sei zu hoch angesetzt worden und dies habe Auswirkungen auf die Gewerbesteuer (BFHE 102, 214, BStBl II 1971, 586). Dem entspricht es, dass für die Streitwertbemessung im Einkommensteuer- oder Körperschaftsteuerverfahren oder im Verfahren über die gesonderte Feststellung Folgewirkungen hinsichtlich der Gewerbesteuer außer Betracht bleiben müssen (BFHE 90, 277, BStBl II 1968, 62).

5 **Auswirkung auf den Gewerbesteuermessbescheid.** Zwischen Abs 1 Satz 1 und 2 besteht ein Sinnzusammenhang dahin, dass die den Gewinn berührende Änderung oder Aufhebung den Gewerbeertrag des GewSt-Messbescheids oder den vortragsfähigen Gewerbeverlust beeinflusst. Dies gilt auch für den Fall der Bescheidsaufhebung, soweit eine Wechselwirkung mit dem Gewerbeertrag vorliegt. Nach BFHE 166, 367, BStBl II 1992, 351 kann das FA auch dann neu über den Gewerbesteuerertrag entscheiden, wenn der Einkommensteuerbescheid aus Verjährungsgründen aufgehoben wird und es an einer Wechselwirkung fehlt. Grundsätzlich unbeeinträchtigt von einer Folgeänderung wegen des veränderten gewerblichen Gewinns bleiben die Hinzurechnungen und Kürzungen nach §§ 8 und 9. Dies gilt indessen nicht für solche, die unmittelbar nach Grund und Höhe von der Gewinnänderung berührt werden (BFHE 81, 635, BStBl III 1965, 228; FG Düsseldorf EFG 1985, 253 rkr; *Woerner* DStZ 1966, 358, 359). So können beispielsweise Schuldzinsen, die nachträglich als Betriebsausgaben zu berücksichtigen sind, nach § 8 Nr 1 wieder hinzugerechnet werden.

Diese punktuelle Folgeberichtigung nach § 35 b hindert indessen nicht eine beschränkte Wiederaufrollung nach § 177 AO **(Berichtigung von Rechtsfehlern).** Der unanfechtbar gewordene GewStMessbetrag ist nach § 351 Abs 1 AO dergestalt zu berücksichtigen, dass der Steuerpflichtige in einem Einspruchsverfahren gegen den nach § 35 b folgeberichtigten GewStMessbescheid nur die Herabsetzung auf den bisherigen Messbetrag erreichen kann. Entsprechendes gilt auch für § 177 AO. Auch das FA kann bei einer Folgeberichtigung zu Gunsten des Steuerpflichtigen Rechtsfehler gegenrechnen (beschränkte Wiederaufrollung). Eine weitergehende Änderung ist nur möglich, wenn sie auf andere gesetzliche Tatbestände, wie etwa § 173 AO, gestützt werden kann.

Wird der Einkommensteuerbescheid sowohl nach § 173 Abs 1 Nr 1 AO zu Ungunsten als auch nach Nr 2 dieser Vorschrift zu Gunsten des Steuerpflichtigen geändert und ist jeweils der gewerbliche Gewinn desselben Betriebs betroffen, so ist der Ausgleich mit Rechtsfehlern zu Gunsten des Steuerpflichtigen, etwa wegen unterlassener Kürzungen nach § 9, zweifelhaft.

Beispiel: Der Gewinn aus Gewerbebetrieb wird im Einkommensteuerbescheid um 1000 € erhöht und um 700 € vermindert. Der Steuerpflichtige beanstandet im Einspruchsverfahren gegen die Folgeänderung nach § 35 b Abs 1 unterlassene Kürzungen iHv 800 €.

Guth/Ling (DStZ 1984, 394, 397) sehen hier zwei äußerlich in einem Bescheid zusammengefasste Änderungen nach § 173 Abs 1 Nr 1 bzw Nr 2 AO. Sie sehen es deshalb als statthaft an, dass der Steuerpflichtige den Rechtsfehler von 800 € mit der Gewinnerhöhung von 1000 € verrechnet und der Gewerbeertrag insgesamt um 500 € vermindert wird. Saldiert man dagegen die Gewinnveränderungen vorher, so ist das Ergebnis der Rechtsfehlerbereinigung von 800 € dem Saldo von 300 € gegenüberzustellen und führt lediglich zum Ausgleich des Erhöhungsbetrags. Für die erstgenannte Lösung spricht, dass das FA für den Beispielsfall in Nr 1 und Nr 2 des § 173 Abs 1 AO eigenständige Änderungstatbestände hat. Dagegen spricht allerdings, dass das FA bei einer getrennt gesehenen Folgeänderung zugunsten des Steuerpflichtigen (./. 700 €) eine Rechtsfehlerbereinigung mit insgesamt 1000 € entgegenhalten kann. Auch der Gesetzeswortlaut (§ 35 b Abs 1 Satz 2: „Änderung des Gewinns") spricht für ein **zusammengefasstes Ergebnis** ohne Rücksicht darauf, dass der Einkommensteueränderungsbescheid auf mehrere gesetzliche Tatbestände gestützt wird. In der Mehrzahl der Fälle werden die neuen Tatsachen nach § 173 Abs 1 Nr 1 und 2 AO auch für den GewStMessbescheid gelten, so dass sich bei diesem eine eigenständige Saldierung der beiden Gewinnveränderungen mit dem Saldo 300 ergibt, dem ein Rechtsfehler mit dem Wert 800 € gegenübersteht (Ausgleich der Erhöhung von 300 €).

Nach § 2 der KleinbetragsVO werden festgesetzte GewStMessbeträge zum Nachteil des Steuerpflichtigen nur geändert oder berichtigt, wenn die Abweichung zur bisherigen Festsetzung mindestens 2 € beträgt.

Für den **vorläufigen Rechtsschutz** werden die angefochtenen Einkom- 6
mensteuer-, Körperschaftsteuer- oder Feststellungsbescheide wie Grundlagenbescheide behandelt. Ihre Aussetzung der Vollziehung hat wegen § 35 b auch die Aussetzung der Vollziehung des bestandskräftigen GewSt-Messbescheids zur Folge (BFHE 86, 749, BStBl III 1966, 651; A 8 Abs 2 Satz 4 GewStR: GewStMessbescheid als Folgebescheid). Einem eigenständigen AdV-Antrag in Sachen GewStMessbescheid fehlt aber nicht das Rechtsschutzbedürfnis (BFHE 173, 158, BStBl II 1994, 300). Dies gilt auch hinsichtlich der Qualifizierung eines Teilgewinns als Veräußerungs- oder als laufender Gewinn (BFHE 121, 289, BStBl II 1977, 367). Deshalb ist auch ein AdV-Antrag zum BFH wegen eines GewStMessbescheides zulässig, wenn die Revision nur wegen der Einkommensteuersache anhängig ist (BFH v 1. 12. 1971 I S 5/71 nv; s auch BFH/NV 2000, 1350). Geht es in einem Verfahren wegen Einkommensteuer, Körperschaftsteuer oder Gewinnfeststellung nicht um die Höhe des gewerblichen Gewinns, sondern um die **Einkunftsart,** so besteht das vorbezeichnete Verhältnis zwischen Folgebescheid und Grundlagenbescheid nach neuerer BFH-Rspr ebenfalls (BFHE 206, 499, BStBl II 2004, 901). Auch bei einem Streit über die Gewinnhöhe ist die Rechtskraftwirkung des § 110 Abs 1 FGO zu beachten (Anm 2). Kommt danach § 35 b deshalb nicht zur Anwendung, weil das

FG über *denselben Sachverhalt* sowohl in der Einkommensteuer- wie auch in der Gewerbesteuersache entschieden, der Steuerpflichtige aber Revision nur wegen der Einkommensteuersache eingelegt hat, so kann die Vollziehung der bestandskräftigen GewStMessbescheide nicht ausgesetzt werden (BFHE 129, 11, BStBl II 1980, 104).

7 **Verlustfeststellungsbescheid/Begriff (Absatz 2).** Zu den materiellrechtlichen Voraussetzungen s § 10a Anm 112. Die vortragsfähigen Fehlbeträge sind nach § 10a Satz 6 gesondert festzustellen (Verlustfeststellungsbescheid), und zwar erstmals ab 1990.

8 **Zuständiges Feststellungsfinanzamt.** Abs 2 Satz 1 begründet die Zuständigkeit des FA, welches auch für den Erlass des GewStMessbescheids zuständig ist (§ 14 Anm 2). Dies ist das Betriebsfinanzamt. In Organschaftsfällen kann das für den Organträger zuständige Finanzamt zuständiges Feststellungsfinanzamt sein, wenn der Organträger die Geschäfte der Organgesellschaft leitet (*FM Bayern* DB 1993, 2262).

9 **Inhalt des Verlustfeststellungsbescheids/Bindungswirkung.** Der Bescheid ist – auch wenn mit dem GewStMessbescheid verbunden – ein eigenständiger Bescheid. Er ist **Grundlagenbescheid** (§ 10a Anm 118) für die Erhebungszeiträume, für die nicht verbrauchte Fehlbeträge zur Verfügung stehen, regelt aber umgekehrt, welche Fehlbeträge bis zu welchem Erhebungszeitraum verbraucht sind und welche nicht bzw welche durch Zuschreibung neu hinzugekommen sind. Ab EZ 04 wurde der Verlustvortrag beschränkt (§ 10a Sätze 1 und 2). Eine Abzugsbeschränkung besteht nunmehr auch hinsichtlich der Verluste einer Organgesellschaft, die auf die Zeit vor dem Abschluss eines Gewinnabführungsvertrages entfallen (§ 10a Satz 3; s *BMF* BStBl I 2005, 49). Der Verlustfeststellungsbescheid ergeht für den Erhebungszeitraum (Abs 2 Satz 2) des jeweiligen GewStMessbescheids mit Verrechnung oder Zuschreibung von Fehlbeträgen. Wird für die zurückliegenden Erhebungszeiträume der Verlustfeststellungsbescheid geändert, so sind spätere Verlustfeststellungsbescheide und – soweit veranlasst (Messbetrag > 0) – auch die GewStMessbescheide zu ändern. Bindungswirkung entfaltet der Verlustfeststellungsbescheid nicht nur hinsichtlich der verrechneten Fehlbeträge, sondern auch für das festgestellte Verlustvolumen. Wie Abs 1 Satz 1 und Abs 2 Satz 2 zeigen, kann das bisher festgestellte Verlustvolumen nicht jederzeit neu überprüft werden (Anm 10), sondern für den Erhebungszeitraum des Verlustfeststellungsbescheids mit diesem nur auf Grund von Änderungsvorschriften geändert oder für weitere Erhebungszeiträume durch weitere Verrechnung oder Fehlbetragszuschreibung in weiteren Verlustfeststellungsbescheiden fortgeschrieben werden. Weil der Verlustfeststellungsbescheid Grundlagenbescheid iSd § 175 Abs 1 AO ist, muss der GewStMessbescheid auf seiner Grundlage geändert werden, selbst wenn sich der vortragbare Fehlbetrag neu ergibt und deshalb erstmals ein Verlustfeststellungsbescheid ergeht. Hinsichtlich des übrigen Bescheidinhalts gelten die allgemeinen Regeln. Dies bedeutet, der Steuerschuldner und der Betrieb müssen dem Bescheid entnommen werden können (§ 14 Anm 2). Über nur partiell vortragbare Fehlbeträge, zB im Falle der Betriebseinbringung, ist nach Verrechnung ebenfalls im Verlustfeststellungsbescheid zu entscheiden (*Blümich/Hofmeister* § 35b Rz 44).

Erlass, Änderung und Aufhebung von Verlustfeststellungsbescheiden. a) Abs 1 Satz 1 sieht vor, dass der Verlustfeststellungsbescheid aufzuheben oder zu ändern ist, **wenn** der **Einkommensteuer-, Körperschaftsteuer- oder Feststellungsbescheid aufgehoben** und **geändert** wird **und** dies die Höhe des Gewinns aus Gewerbebetrieb berührt und ferner diese Änderung den vortragsfähigen Gewerbeverlust beeinflusst. Dies kann nur hinsichtlich der Höhe des gewerblichen Gewinns der Fall sein. Die Vorschrift ist gedacht für die Fälle, bei denen eine Änderung des GewStMessbescheids unterbleiben muss, zB weil sich zwar der gewerbliche Verlust ändert, der GewStMessbetrag aber gleichwohl unverändert 0 € beträgt oder sich um weniger als 2 € verändert (§ 2 KleinbetragsVO). 10

Den erstmaligen Erlass eines Verlustfeststellungsbescheids regelt § 10a Satz 6. Er ist mE danach auch dann möglich, wenn der GewStMessbetrag zunächst 0 € beträgt, weil der Gewerbeertrag durch den Freibetrag nach § 11 Abs 1 Nr 1 auf 0 € vermindert wird, später der Einkommensteuerbescheid mit dem Ergebnis nach § 15 EStG auf ./. 100 000 € geändert wird mit der Folge, dass eine Änderung des GewStMessbescheids mangels geändertem Einkommensteuerbescheid unterbleibt, aber erstmals ein Fehlbetrag nach § 10a festzustellen ist.

b) Abs 2 Satz 2 sieht vor, dass der Verlustfeststellungsbescheid zu erlassen, aufzuheben oder zu ändern ist, **soweit sich die Besteuerungsgrundlagen des GewStMessbescheids ändern** und deshalb für denselben Erhebungszeitraum der GewStMessbescheid zu erlassen, aufzuheben oder zu ändern ist. Im Gegensatz zur Änderungsvorschrift des Abs 1 werden damit nicht nur ein veränderter gewerblicher Gewinn berücksichtigt, wie er sich nach dem EStG oder KStG ergibt, sondern der geänderte Gewerbeertrag (§ 7) und damit auch geänderte Kürzungen und Hinzurechnungen (§§ 8, 9) und die sich daraus ergebende Veränderung der Fehlbeträge des betreffenden EZ. Besteuerungsgrundlagen in diesem Sinne sind solche nach § 157 Abs 2 AO, zu denen auch die abziehbaren Fehlbeträge iSv § 10a GewStG gehören (BFH/NV 2001, 1293). Die Änderung erfolgt unabhängig davon, ob die Besteuerungsgrundlagen sich aus tatsächlichen oder rechtlichen Gründen ändern. Abs 2 Satz 3 lässt diese Rechtsfolge auch dann eintreten, wenn sich zwar die Besteuerungsgrundlagen für den GewStMessbescheid ändern, auch die verfahrensrechtlichen Änderungsmöglichkeiten bestehen (*Blümich/Hofmeister* § 35b Rz 54), aber zB trotz des geänderten negativen Gewerbeertrags der GewStMessbetrag weiterhin 0 € beträgt oder die Änderung unter 2 € liegt (§ 2 KleinbetragsVO). Durch das JStG 2007 (BGBl I 2006, 2878) wurde ein Abs 2 Satz 4 angefügt und die Feststellungsfrist für den Verlustfeststellungsbescheid an die Festsetzungsfrist für den Messbescheid gekoppelt. Nach Abs 2 Satz 4 Hs 2, § 181 Abs 5 AO besteht eine Pflicht des FA zur Änderung eines Verlustfeststellungsbescheides nur dann, wenn die Feststellung eines vortragsfähigen Gewerbeverlustes bislang pflichtwidrig unterblieben ist (s BTDrs 16/2712, S. 43, 44). 11

Die in Abs 2 geregelten Folgewirkungen des GewStMessbescheids dürfen nicht den Blick dafür versperren, dass der Steuerpflichtige einen Verlustfeststellungsbescheid nach § 10a **unabhängig vom GewStMessbe-**

scheid angreifen kann und bei Beanstandung der vortragbaren Fehlbeträge auch **angreifen muss,** und zwar dann, wenn das FA den Gewerbeertrag vermindert um den Freibetrag mit 0 € und deshalb den GewStMessbetrag ebenfalls mit 0 €, aber den Fehlbetrag nach Meinung des Steuerpflichtigen zu niedrig ansetzt.

Abschnitt IX. Durchführung

§ 35c Ermächtigung

(1) **Die Bundesregierung wird ermächtigt, mit Zustimmung des Bundesrates**

1. zur Durchführung des Gewerbesteuergesetzes Rechtsverordnungen zu erlassen
   a) über die Abgrenzung der Steuerpflicht,
   b) über die Ermittlung des Gewerbeertrags,
   c) über die Festsetzung der Steuermessbeträge, soweit dies zur Wahrung der Gleichmäßigkeit der Besteuerung und zur Vermeidung von Unbilligkeiten in Härtefällen erforderlich ist,
   d) über die Zerlegung des Steuermessbetrags,
   e) über die Abgabe von Steuererklärungen unter Berücksichtigung von Freibeträgen und Freigrenzen;

2. Vorschriften durch Rechtsverordnung zu erlassen
   a) über die sich aus der Aufhebung oder Änderung von Vorschriften dieses Gesetzes ergebenden Rechtsfolgen, soweit dies zur Wahrung der Gleichmäßigkeit bei der Besteuerung oder zur Beseitigung von Unbilligkeiten in Härtefällen erforderlich ist,
   b) *(weggefallen)*
   c) über die Steuerbefreiung der Einnehmer einer staatlichen Lotterie,
   d) über die Steuerbefreiung bei bestimmten kleineren Versicherungsvereinen auf Gegenseitigkeit im Sinne des § 53 des Versicherungsaufsichtsgesetzes, wenn sie von der Körperschaftsteuer befreit sind,
   e) über die Beschränkung der Hinzurechnung von Entgelten für Schulden und ihnen gleichgestellte Beträge (§ 8 Nr 1 Buchstabe a) bei Kreditinstituten nach dem Verhältnis des Eigenkapitals zu Teilen der Aktivposten und bei Gewerbebetrieben, die nachweislich ausschließlich unmittelbar oder mittelbar Kredite oder Kreditrisiken, die einem Kreditinstitut oder einem in § 3 Nr 2 genannten Gewerbebetrieb aus Bankgeschäften entstanden sind, erwerben und Schuldtitel zur Refinanzierung des Kaufpreises für den Erwerb solcher Kredite oder zur Refinanzierung von für die Risikoübernahmen zu stellenden Sicherheiten ausgeben,
   f) über die Beschränkung der Hinzurechnung von Entgelten für Schulden und ihnen gleichgestellte Beträge (§ 8 Nr. 1 Buchstabe a) bei Finanzdienstleistungsinstituten, die nachweislich ausschließlich Finanzdienstleistungen im Sinne des § 1 Abs. 1 a Satz 2 des Gesetzes über das Kreditwesen tätigen,
   g) über die Festsetzung abweichender Vorauszahlungstermine.

(2) **Das Bundesministerium der Finanzen wird ermächtigt, den Wortlaut dieses Gesetzes und der zu diesem Gesetz erlassenen Rechtsverordnungen in der jeweils geltenden Fassung satzweise nummeriert mit neuem Datum und in neuer Paragrafenfolge bekannt zu machen und dabei Unstimmigkeiten im Wortlaut zu beseitigen.**

Bearbeiter: Selder

1 **Abs 1** ist die **Ermächtigungsgrundlage** für den Erlass verschiedener Rechtsverordnungen, die Gesetze im materiellen Sinn darstellen. Die Ermächtigung muss als nachkonstitutionelles Recht den Erfordernissen des Art 80 GG genügen. Inhalt, Zweck und Ausmaß, dh die Tendenz des Gesetzes oder das gesetzgeberische Programm müssen sich aus der Ermächtigungsnorm selbst ergeben (vgl FG Berlin EFG 1982, 91; Revisionsentscheidung BFHE 142, 500, BStBl II 1985, 223). Gerichte haben die Verwerfungskompetenz für Rechtsverordnungen nur bei festgestellter Gesetzwidrigkeit (Verstoß gegen höherrangiges Recht). Gelangt ein Gericht dagegen zur Verfassungswidrigkeit der Ermächtigungsnorm wegen eines angenommenen Verstoßes gegen Art 80 GG, so hat es bei nachkonstitutionellem Bundesrecht nach Art 100 GG die Entscheidung des BVerfG einzuholen. Die Ermächtigungsgrundlagen in § 35 c sind sehr allgemein gehalten, und so können Zweifel daran aufkommen, ob Art 80 Abs 1 GG ausreichend beachtet wurde. Ein Rechtsmittel überhaupt darauf zu stützen, dürfte gleichwohl wenig Erfolg versprechend sein. Die Rechtsprechung des BFH legt großzügige Maßstäbe an. Abs 1 Nr 2 Buchst e bildet danach eine ausreichende Ermächtigungsnorm für § 19 GewStDV (BFH/NV 1987, 391; BVerfGE 42, 374, 385). Auch ist zu berücksichtigen, dass eine Reihe von Durchführungsbestimmungen der GewStDV nur deklaratorischen Charakter haben und Rechtsprechungsgrundsätze wiedergeben (zB §§ 1, 2, 4 GewStDV).

2 **Ermächtigung nach Abs 2.** Durch das StBereinG 1999 wurde mWv **EZ 2000** durch den neu eingefügten Abs 2 das BMF ermächtigt, den Wortlaut des GewStG und der dazu erlassenen Rechtsverordnungen in der jeweils geltenden Fassung bekannt zu machen. Hierbei dürfen das Datum des Gesetzes oder der Verordnung, die Reihenfolge der Paragraphen und die Nummerierung ihrer einzelnen Sätze angepasst sowie Unstimmigkeiten des Wortlauts beseitigt werden. Materielle Änderungen sind nicht zulässig. Die letzte Bekanntmachung stammt v 15. 10. 2002 (BGBl I 2002, 4167).

Abschnitt X. Schlussvorschriften

§ 36 Zeitlicher Anwendungsbereich

(1) **Die vorstehende Fassung dieses Gesetzes ist, soweit in den folgenden Absätzen nichts anderes bestimmt ist, erstmals für den Erhebungszeitraum 2009 anzuwenden.**

(2) [1] **§ 2 Abs. 2 Satz 1 in der Fassung des Artikels 5 des Gesetzes vom 13. Dezember 2006 (BGBl. I S. 2878) ist erstmals für den Erhebungszeitraum 2006 anzuwenden.** [2] **§ 2 Abs. 2 Satz 2 ist für den Erhebungszeitraum 2001 in folgender Fassung anzuwenden:**

„Ist eine Kapitalgesellschaft in ein einziges anderes inländisches gewerbliches Unternehmen in der Weise eingegliedert, dass die Voraussetzungen des § 14 Nr. 1 des Körperschaftsteuergesetzes in der Fassung des Artikels 4 des Gesetzes vom 20. Dezember 2000 (BGBl. I S. 1850) und des § 14 Nr. 2 und 3 des Körperschaftsteuergesetzes in der Fassung des Artikels 4 des Gesetzes vom 14. Juli 2000 (BGBl. I S. 1034) erfüllt sind, so gilt sie als Betriebsstätte des anderen Unternehmens."

[3] **§ 2 Abs. 2 Satz 3 des Gewerbesteuergesetzes in der Fassung des Artikels 7 des Gesetzes vom 20. Dezember 2001 (BGBl. I S. 3794) ist letztmals für den Erhebungszeitraum 2001 anzuwenden.** [4] **§ 2 Abs. 2 Satz 3 in der Fassung des Artikels 4 des Gesetzes vom 20. Dezember 2001 (BGBl. I S. 3858) ist auch für Erhebungszeiträume vor 2002 anzuwenden.** [5] **§ 2 Abs. 7 Nr. 1 in der Fassung des Artikels 5 des Gesetzes vom 20. Dezember 2007 (BGBl. I S. 3150) ist erstmals ab dem Erhebungszeitraum 2008 anzuwenden.**

(3) [1] **§ 3 Nr. 2 ist für die Landestreuhandstelle Hessen – Bank für Infrastruktur – rechtlich unselbständige Anstalt in der Landesbank Hessen-Thüringen Girozentrale erstmals für den Erhebungszeitraum 2007 sowie für die Investitions- und Förderbank Niedersachsen erstmals für den Erhebungszeitraum 2008 anzuwenden.** [2] **Die Steuerbefreiung nach § 3 Nr. 2 in der bis zum 24. Dezember 2008 geltenden Fassung ist für die Investitions- und Förderbank Niedersachsen GmbH sowie für die Niedersächsische Landestreuhandstelle – Norddeutsche Landesbank Girozentrale – letztmals für den Erhebungszeitraum 2007 anzuwenden.**

(3a) **§ 3 Nr. 17 in der Fassung des Artikels 4 des Gesetzes vom 19. Dezember 2008 (BGBl. I S. 2794) ist erstmals für den Erhebungszeitraum 2008 anzuwenden.**

(3b) **§ 3 Nr. 20 Buchstabe c in der Fassung des Artikels 50 des Gesetzes vom 27. Dezember 2003 (BGBl. I S. 3022) ist erstmals ab dem Erhebungszeitraum 2005 anzuwenden.**

(3c) **§ 3 Nr. 23 in der Fassung des Artikels 5 des Gesetzes vom 12. August 2008 (BGBl. I S. 1672) ist erstmals für den Erhebungszeitraum 2008 anzuwenden.**

(4) § 3 Nr. 24 ist für die Wagnisbeteiligungsgesellschaft Sachsen-Anhalt mbH erstmals für den Erhebungszeitraum 1996 und für die IBG Beteiligungsgesellschaft Sachsen-Anhalt mbH erstmals für den Erhebungszeitraum 2000 anzuwenden.

(4 a) § 3 Nr. 30 in der Fassung des Artikels 4 des Gesetzes vom 15. Dezember 2003 (BGBl I S. 2645) ist auch in Erhebungszeiträumen vor 2003 anzuwenden.

(5) [1] § 7 in der Fassung des Artikels 4 des Gesetzes vom 19. Dezember 2008 (BGBl. I S. 2794) ist erstmals für den Erhebungszeitraum 2009 anzuwenden. [2] § 7 Satz 6 in der Fassung des Artikels 4 des Gesetzes vom 19. Dezember 2008 (BGBl. I S. 2794) ist auch für Erhebungszeiträume vor 2009 anzuwenden.

(5 a) § 8 in der Fassung des Artikels 3 des Gesetzes vom 14. August 2007 (BGBl. I S. 1912) ist erstmals ab dem Erhebungszeitraum 2008 anzuwenden.

(5 b) § 8 Nr. 1 in der Fassung des Artikels 5 des Gesetzes vom 20. Dezember 2007 (BGBl. I S. 3150) ist erstmals ab dem Erhebungszeitraum 2008 anzuwenden.

(6) § 8 Nr. 5 in der Fassung des Artikels 3 des Gesetzes vom 14. August 2007 (BGBl. I S. 1912) ist erstmals für den Erhebungszeitraum 2007 anzuwenden.

(6 a) [1] § 9 Nr. 1 Satz 1 in der Fassung des Artikels 3 des Gesetzes vom 14. August 2007 (BGBl. I S. 1912) ist erstmals für den Erhebungszeitraum 2008 anzuwenden. [2] § 9 Nr. 1 Satz 5 Nr. 1 a in der Fassung des Artikels 4 des Gesetzes vom 19. Dezember 2008 (BGBl. I S. 2794) ist erstmals auf Vergütungen anzuwenden, die nach dem 18. Juni 2008 erstmals vereinbart worden sind; eine wesentliche Änderung einer vor diesem Zeitpunkt getroffenen Vereinbarung über die Vergütungen gilt als neue Vereinbarung.

(7) [1] § 9 Nr. 2 in der am 1. Januar 2004 geltenden Fassung ist erstmals für den Erhebungszeitraum 2004 anzuwenden. [2] Ist ein Antrag nach § 34 Abs. 7 Satz 8 Nr. 2 des Körperschaftsteuergesetzes in der am 1. Januar 2004 geltenden Fassung gestellt worden, sind die Vorschriften bereits ab dem Erhebungszeitraum 2001, bei vom Kalenderjahr abweichenden Wirtschaftsjahren ab dem Erhebungszeitraum 2002 anzuwenden. [3] In den Fällen des Satzes 2 dürfen Fehlbeträge des Rückwirkungszeitraums nicht in Erhebungszeiträume außerhalb dieses Zeitraums vorgetragen werden. [4] Auf Fehlbeträge des Rückwirkungszeitraums ist § 14 Abs. 1 des Körperschaftsteuergesetzes nicht anzuwenden.

(8) [1] § 9 Nr. 2 a, 7 und 8 in der am 1. Januar 2004 geltenden Fassung sind erstmals für den Erhebungszeitraum 2004 anzuwenden. [2] Ist ein Antrag nach § 34 Abs. 7 Satz 8 Nr. 2 des Körperschaftsteuergesetzes in der am 1. Januar 2004 geltenden Fassung gestellt worden, sind die Vorschriften bereits ab dem Erhebungszeitraum 2001, bei vom Kalenderjahr abweichenden Wirtschaftsjahren ab dem Erhebungszeitraum 2002 anzuwenden. [3] In den Fällen des

Satzes 2 dürfen Fehlbeträge des Rückwirkungszeitraums nicht in Erhebungszeiträume außerhalb dieses Zeitraums vorgetragen werden. [4]Auf Fehlbeträge des Rückwirkungszeitraums ist § 14 Abs. 1 des Körperschaftsteuergesetzes nicht anzuwenden. [5]§ 9 Nr. 2a, 7 und 8 in der Fassung des Artikels 5 des Gesetzes vom 13. Dezember 2006 (BGBl. I S. 2878) ist erstmals für den Erhebungszeitraum 2006 anzuwenden; § 9 Nr. 2a Satz 4, Nr. 7 Satz 3 und Nr. 8 Satz 3 in der Fassung des Artikels 5 des Gesetzes vom 13. Dezember 2006 (BGBl. I S. 2878) ist auch für Erhebungszeiträume vor 2006 anzuwenden. [6]§ 9 Nr. 2a, 7 und 8 in der Fassung des Artikels 3 des Gesetzes vom 14. August 2007 (BGBl. I S. 1912) ist erstmals für den Erhebungszeitraum 2008 anzuwenden. [7]§ 9 Nr. 2a in der Fassung des Artikels 4 des Gesetzes vom 19. Dezember 2008 (BGBl. I S. 2794) ist erstmals für den Erhebungszeitraum 2008 anzuwenden.

(8a) **§ 9 Nr. 4 in der am 1. Januar 2007 geltenden Fassung ist letztmals für den Erhebungszeitraum 2007 anzuwenden.**

(8b) **[1]§ 9 Nr. 5 in der Fassung des Artikels 4 des Gesetzes vom 10. Oktober 2007 (BGBl. I S. 2332) gilt erstmals für Zuwendungen, die im Erhebungszeitraum 2007 geleistet werden. [2]Auf Antrag des Steuerpflichtigen ist auf Zuwendungen, die im Erhebungszeitraum 2007 geleistet werden, § 9 Nr. 5 in der bis zum 31. Dezember 2006 geltenden Fassung anzuwenden.**

(8c) **§ 9 Nr. 7 in der Fassung des Artikels 5 des Gesetzes vom 20. Dezember 2007 (BGBl. I S. 3150) ist auch in Erhebungszeiträumen vor 2007 anzuwenden.**

(9) **[1]§ 10a Satz 4 und 5 in der Fassung des Artikels 5 des Gesetzes vom 13. Dezember 2006 (BGBl. I S. 2878) ist auch für Erhebungszeiträume vor 2007 anzuwenden. [2]§ 10a Satz 8 in der Fassung des Artikels 5 des Gesetzes vom 13. Dezember 2006 (BGBl. I S. 2878) ist neben § 10a Satz 8 in der Fassung des Artikels 3 des Gesetzes vom 14. August 2007 (BGBl. I S. 1912) letztmals anzuwenden, wenn mehr als die Hälfte der Anteile an einer Kapitalgesellschaft innerhalb eines Zeitraums von fünf Jahren übertragen werden, der vor dem 1. Januar 2008 beginnt, und der Verlust der wirtschaftlichen Identität vor dem 1. Januar 2013 eintritt. [3]Im Fall einer Übertragung von mehr als der Hälfte der Anteile an einer Zielgesellschaft im Sinne des § 2 Abs. 3 des Wagniskapitalbeteiligungsgesetzes in der Fassung des Artikels 1 des Gesetzes vom 12. August 2008 (BGBl. I S. 1672) in der jeweils geltenden Fassung durch eine Wagniskapitalbeteiligungsgesellschaft (§ 2 Abs. 1 des Wagniskapitalbeteiligungsgesetzes) ist § 10a Satz 10 mit der Maßgabe anzuwenden, dass ein nach Satz 2 nicht genutzter Fehlbetrag anteilig abgezogen werden kann, soweit er auf stille Reserven des steuerpflichtigen, inländischen Betriebsvermögens der Zielgesellschaft entfällt. [4]Gleiches gilt im Fall eines unmittelbaren schädlichen Beteiligungserwerbs an einer Zielgesellschaft von einer Wag-**

niskapitalbeteiligungsgesellschaft durch einen Erwerber, der keine Wagniskapitalbeteiligungsgesellschaft ist, wenn

1. **die Zielgesellschaft bei Erwerb der Beteiligung ein Eigenkapital von nicht mehr als 20 Millionen Euro aufweist oder**
2. **die Zielgesellschaft bei Erwerb der Beteiligung ein Eigenkapital von nicht mehr als 100 Millionen Euro aufweist und die den Betrag von 20 Millionen Euro übersteigende Erhöhung des Eigenkapitals auf den Jahresüberschüssen der der Veräußerung vorangegangenen vier Geschäftsjahre beruht;**

der Zeitraum zwischen Anschaffung und Veräußerung der Beteiligung an der Zielgesellschaft durch die Wagniskapitalbeteiligungsgesellschaft darf vier Jahre nicht unterschreiten. [5] Der nach Satz 3 abziehbare Fehlbetrag kann im Jahr des Wegfalls der wirtschaftlichen Identität zu einem Fünftel im Rahmen des Verlustabzugs nach § 10 a Satz 1 und 2 abgezogen werden; dieser Betrag erhöht sich in den folgenden vier Jahren um je ein weiteres Fünftel des abziehbaren Fehlbetrages. [6] § 10 a Satz 9 in der Fassung des Artikels 5 des Gesetzes vom 12. August 2008 (BGBl. I S. 1672) ist erstmals für den Erhebungszeitraum 2008 und auf Anteilsübertragungen nach dem 31. Dezember 2007 anzuwenden. [7] § 10 a Satz 7 in der Fassung des Artikels 5 des Gesetzes vom 20. Dezember 2007 (BGBl. I S. 3150) gilt auch für Erhebungszeiträume vor 2007. [8] § 10 a Satz 9 in der Fassung des Artikels 4 des Gesetzes vom 19. Dezember 2008 (BGBl. I S. 2794) ist erstmals für den Erhebungszeitraum 2009 anzuwenden; § 34 Abs. 6 Satz 8 und 10 des Körperschaftsteuergesetzes gilt entsprechend. [9] Nach Inkrafttreten des Artikels 4 des Gesetzes vom 12. August 2008 (BGBl. I S. 1672) ist Satz 8 mit der Maßgabe anzuwenden, dass an die Stelle der Angabe „Satz 8 und 10" die Angabe „Satz 11 und 13" tritt. [10] § 10 a Satz 10 in der Fassung des Artikels 4 des Gesetzes vom 19. Dezember 2008 (BGBl. I S. 2794) ist erstmals auf schädliche Beteiligungserwerbe nach dem 28. November 2008 anzuwenden, deren sämtliche Erwerbe und gleichgestellte Rechtsakte nach dem 28. November 2008 stattfinden.

(9 a) **§ 11 Abs. 2 in der Fassung des Artikels 3 des Gesetzes vom 14. August 2007 (BGBl. I S. 1912) ist erstmals für den Erhebungszeitraum 2008 anzuwenden.**

(9 b) **§ 14 a in der Fassung des Artikels 7 des Gesetzes vom 20. Dezember 2008 (BGBl. I S. 2850) ist erstmals für den Erhebungszeitraum 2011 anzuwenden.**

(9c) **§ 19 Abs. 3 Satz 5 in der Fassung des Artikels 3 des Gesetzes vom 14. August 2007 (BGBl. I S. 1912) ist erstmals für den Erhebungszeitraum 2008 anzuwenden.**

(10) **§ 35 b Abs. 2 Satz 4 in der Fassung des Artikels 5 des Gesetzes vom 13. Dezember 2006 (BGBl. I S. 2878) gilt für alle bei Inkrafttreten dieses Gesetzes noch nicht abgelaufenen Feststellungsfristen.**

(10 a) [1] **§ 35 c Abs. 1 Nr. 2 Buchstabe e in der Fassung des Artikels 3 des Gesetzes vom 14. August 2007 (BGBl. I S. 1912) ist erstmals für den Erhebungszeitraum 2008 anzuwenden.** [2] **§ 35 c Abs. 1 Nr. 2 Buchstabe f in der Fassung des Artikels 4 des Gesetzes vom 19. Dezember 2008 (BGBl. I S. 2794) ist erstmals für den Erhebungszeitraum 2008 anzuwenden.**

Gewerbesteuer-Durchführungsverordnung

§ 36 GewStDV Zeitlicher Anwendungsbereich

(1) Die vorstehende Fassung dieser Verordnung ist erstmals für den Erhebungszeitraum 2008 [2009] anzuwenden.

(2) § 2 Abs. 1 in der Fassung des Artikels 5 des Gesetzes vom 19. Dezember 2008 (BGBl. I S. 2794) ist auch für Erhebungszeiträume vor 2009 anzuwenden.

(3) [1] § 19 in der Fassung des Artikels 5 des Gesetzes vom 19. Dezember 2008 (BGBl. I S 2794) ist erstmals für den Erhebungszeitraum 2008 anzuwenden. [2] Weist das Unternehmen im Sinne des § 64j Abs. 2 des Kreditwesengesetzes nicht spätestens mit der Abgabe der Erklärung zur Festsetzung des Steuermessbetrags für den Erhebungszeitraum 2009 nach, dass die Anzeige nach § 64j Abs. 2 des Kreditwesengesetzes bei der Bundesanstalt für Finanzdienstleistungsaufsicht vorliegt, ist § 19 auf das Unternehmen ab dem Erhebungszeitraum 2008 nicht anzuwenden; das Nichterbringen des Nachweises gilt als rückwirkendes Ereignis im Sinne des § 175 Abs. 1 Satz 1 Nr. 2 der Abgabenordnung.

Bearbeiter: Selder

Übersicht

1. Aktuelle Gesetzesfassung
2. Rückwirkende Änderung der Mehrmütterorganschaft
3. Weitere rückwirkende Änderungen

Aktuelle Gesetzesfassung. In der aktuellen Fassung ist das GewStG gemäß Abs 1 grds erstmals ab EZ 2009 anzuwenden (§ 36 Abs 1 idF des **JStG 2009** v 19. 12. 2008, BGBl I 2008, 2794). Ausnahmen von diesem Grundsatz regeln die Abs 2–10 a. Zuletzt wurde das GewStG durch das **JStG 2009** in größerem Umfang geändert. § 7 enthält nunmehr eine Verweisung auf die Regelungen zum sog kommunalen Querverbund sowie auf die Behandlung von Vorwegvergütungen im DBA-Recht. In § 9 Nr 1 Satz 5 wurde eine Nr 1 a eingeführt, die Steuergestaltungen im Zusammenhang mit der erweiterten Kürzung für Grundstücksunternehmen verhindern soll. In § 29 wurde ein besonderer Zerlegungsmaßstab bei Windenergieanlagen eingeführt. Außerdem wurde in § 9 Nr 5 ein Satz 8 angefügt, der den Vorrang der Inanspruchnahme des Zuwendungsempfängers bei der Veranlasserhaftung im Spendenrecht regelt. Durch das **SteuerbürokratieabbauG** v 20. 12. 2008 (BGBl I 2008, 2850) wurde in § 14 a die grds Verpflichtung zur Abgabe der Steuererklärung in elektronischer Form 1 ab EZ 2011 eingeführt. Das **3. MittelstandsentlastungsG** v 17. 3. 2009 (BGBl I 2009, 550) brachte in § 11 Abs 1 Satz 3 Nr 2 die Erhöhung des Freibetrags auf 5000 €, entsprechend in § 25 Abs 1 Nr 3–5 GewStDV ab EZ 2009 (§ 36 Abs 1 GewStDV). Zuvor war das GewStG durch das **MoRaKG** v 12. 8. 2008 (BGBl I 2008, 1672) geändert worden, und zwar in § 3 Nr 23 und in § 36 Abs 9. Durch das **JStG 2008** v 20. 12. 2007 (BGBl I 2007, 3150) war der Begriff des Inlands in § 2 Abs 7 Nr 1 konkretisiert worden (Festlandssockel, der zur Nutzung erneuerbarer Energien dient). Auch wurde § 8 Nr 1 Buchst e geändert, der erst durch das UntStRefG eingeführt worden war (Absenkung des Finanzierungsanteils von Mieten und Pachten für unbewegliche Wirtschaftgüter von 75 auf 65). Durch das **Gesetz zur weiteren Stärkung des bürgerschaftlichen Engagements** v 10. 10. 2007 (BGBl I 2007, 2332) war das GewStG an das geänderte Spendenrecht angepasst worden. Grundlegende Änderungen traten durch das **UntStRefG** v 17. 8. 2007 (BGBl I 2007, 1912) mWv 1. 1. 2008 ein. Die wichtigsten: Die Gewerbesteuermesszahl wurde von 5 auf 3,5% abgesenkt. Die GewSt ist nicht mehr als Betriebsausgabe abziehbar (§ 4 Abs 5 b EStG). Die Hinzurechnung von Schulden ist nicht mehr auf Dauerschulden beschränkt, vielmehr wurde § 8 Nr 1 zu einer umfassenden Hinzurechnungsvorschrift ausgebaut, unabhängig von der Rechtsnatur der Schuld. Die Hinzurechnung von Renten und dauernden Lasten (§ 8 Nr 1 Buchst b) setzt nicht mehr voraus, dass die Verpflichtung in Zusammenhang mit der Gründung oder dem Erwerb des Betriebs begründet wurde. Bei Miet- und Pachtzinsen einschließlich Leasingraten für bewegliche Wirtschaftsgüter beträgt die Hinzurechnung 5%, für unbewegliche Wirtschaftsgüter 16,25%, (ein Viertel von 65, letzterer Prozentsatz festgelegt durch das JStG 2008). Neu ist die Hinzurechnung für die zeitlich befristete Überlassung von Rechten (§ 8 Nr 1 Buchst f). Für alle Hinzurechnungen gibt es nunmehr einen Freibetrag von 100 000 €. Das Korrespondenzprinzip in § 8 Nr 3 aF (Hinzurechnung von Gewinnanteilen des stillen Gesellschafters beim Leistenden bei gewstlicher Erfassung beim Empfänger) ist entfallen. In § 9 Nr 2 a und Nr 7 wurde die Beteiligungsgrenze von 10% auf 15% angehoben. Der Staffeltarif des § 11 Abs 2 Nr 1 aF ist weggefallen. Der Faktor zur Anrechnung der GewSt nach § 35 EStG wurde von 1,8 auf 3,8 erhöht (§ 35 Abs 1 EStG), der ESt-Ermäßigungsbetrag wurde auf die tatsächlich zu zahlende GewSt beschränkt. Im **JStG 2007** v 13. 12. 2006 (BGBl I 2006, 2878) wurde die Kürzungsvorschrift des § 9 Nr 2 a geändert (Reaktion auf BFHE 213, 19, BStBl II 2006, 844). Außerdem wurde geregelt, dass fiktive nicht abziehbare Betriebsausgaben nach § 8 b Abs 5 KStG nicht zur Kürzung führen (§ 9 Nr 2 a Satz 4). Neu geregelt wurde weiterhin die Zuweisung von Verlusten an Mitunternehmer in § 10 a. Die hierfür vorgesehene Rückwirkung (§ 36 Abs 9) auf EZ vor 2007 ist nach BFHE 217, 117, BStBl II 2008, 140 sowie BFH/NV 2007, 2334 nicht verfassungskonform (s Anm 3). Weiterhin wurde in § 35 b Abs 2 Satz 4 die Feststellungsfrist für Verluste an die Festsetzungsfrist für den maßgeblichen EZ gekoppelt. Durch das **SESt-EG** v 7. 12. 2006 (BGBl I 2006, 2782) wurden Europäische Gesellschaften/Genossenschaften in den Katalog des § 2 Abs 2 aufgenommen. Durch das **Gesetz zu dem Dritten Zusatzprotokoll zum DBA Niederlande** v 15. 12. 2004

(BGBl II 2004, 1653) wurde das Besteuerungsrecht auf solche zum Ausland gehörenden Gebiete ausgedehnt, die in einem DBA als grenzüberschreitendes Gewerbegebiet bestimmt sind (§ 2 Abs 7 Nr 2, § 4 Abs 3). Diese Gesetzesänderung wurde nicht in eine Übergangsvorschrift des § 36 aufgenommen. Sie gilt mWv EZ 2004 (Abs 1). Durch das **EURLUmsG** v 9. 12. 2004 (BGBl I 2004, 3310) wurde in dem ab EZ 2004 anwendbaren § 7 Satz 4 ausdrücklich klargestellt, dass das Halbeinkünfteverfahren bei Mitunternehmerschaften auch gewerbesteuerlich durchschlägt (s hierzu § 7 Anm 5). Weiterhin wurde der Katalog der durch § 3 Nr 2 steuerbefreiten Geldinstitute ergänzt und aktualisiert sowie mit § 9 Nr 1 Satz 5 Nr 2 eine Regelung zur Vermeidung von Konstruktionen geschaffen, durch die der Gewinn aus der Aufdeckung von stillen Reserven in Grundstücken, die zum Buchwert eingebracht worden sind, durch die Kürzung nach § 9 Nr 1 Sätze 2 und 3 kompensiert wird (s § 9 Anm 33 a). Ebenso wurde die Kürzung in § 9 Nr 1 Satz 5 ausgeschlossen für den Teil des Gewerbeertrages, der auf Veräußerungs- oder Aufgabegewinne iSd § 7 Satz 2 Nr 2 und 3 entfällt. Durch das **RVOrgG** v 9. 12. 2004 (BGBl I 2004, 3242) wurde die Befreiungsvorschrift des § 3 Nr 11 redaktionell an die Neuordnung der Rentenversicherung angepasst. Sowohl im EURLUmsG als auch im RVOrgV wurde die entsprechende Übergangsvorschrift auf Grund eines Redaktionsversehens jeweils als Abs 3 a in § 36 eingefügt. Durch das **GewStÄndG** v 23. 12. 2003 (BGBl I 2003, 2922) wurde ab EZ 2004 die Verpflichtung zur Erhebung von Gewerbesteuer eingeführt. Die Bekämpfung von Niedrigsteuergebieten wurde mWv EZ 2004 umgestellt durch Einführung eines Mindeststeuersatzes von 200% (§ 16 Abs 4), die davor geltenden Regelungen (§ 8 a; § 9 Nr 2 Satz 1 Hs 2; § 28 Abs 2 Nr 4) entfielen. Ebenfalls ab EZ 2004 wurde die Kürzung für Fremdkapitalzinsen nach § 8 a KStG gestrichen; weiterhin wurde in § 9 Nr 10 der Verlustvortrag nach § 10 a eingeschränkt. Im **HBeglG 2004** v 29. 12. 2003 (BGBl I 2003, 3076) wurde die Minderung der Steuermesszahl für Hausgewerbetreibende (§ 11 Abs 3) auf 56% abgeändert (zuvor 50%). Durch das **Gesetz zur Einordnung des Sozialhilferechts in das Sozialgesetzbuch** v 27. 12. 2003 (BGBl I 2003, 3022) wurde § 3 Nr 20 Buchst c redaktionell angepasst (Aufhebung des BSHG). Im **ProtErklG** v 22. 12. 2003 (BGBl I 2003, 2840) wurden für Lebens- und Krankenversicherungen sowie Pensionsfonds die Kürzungsmöglichkeiten nach § 9 Nr 2, Nr 2 a, Nr 7 und Nr 8 beschränkt bzw gestrichen, und zwar mWv EZ 2004 (§ 36 Abs 7 Satz 1). Wurde ein Antrag nach § 34 Abs 7 Satz 8 Nr 2 KStG gestellt, gelten die Änderungen ab EZ 2001, bei abweichendem Wirtschaftsjahr ab EZ 2002 (§ 36 Abs 7 Satz 2). Das **StÄndG 2003** v 15. 12. 2003 (BGBl I 2003, 2645) enthält Aktualisierungen der Aufzählung der in § 3 Nr 2 aufgeführten Geldinstitute. Das **FörderbankneustrukturierungsG** v 15. 8. 2003 (BGBl I 2003, 1657) strich in § 3 Nr 2 die Deutsche Ausgleichsbank. Mit dem **KleinUntFG** v 31. 7. 2003 (BGBl I 2003, 1550) wurde mWv EZ 2003 die Hinzurechnung von Dauerschuldzinsen bei Gewerbebetrieben eingeschränkt, deren Geschäftstätigkeit ausschließlich im Ankauf von Krediten/Kreditrisiken von Kreditinstituten unter Ausgabe von Schuldtiteln zur Refinanzierung besteht (§ 19 Abs 3 Nr 2 GewStDV, § 35 c Abs 1 Nr 2 Buchst e GewStG). Durch das **StVergAbG** v 16. 5. 2003 (BGBl I 2003,

660) wurde § 2 Abs 2 Satz 3 mWv EZ 2003 aufgehoben und damit die Mehrmütterorganschaft abgeschafft (s Anm 2). Außerdem wurden in § 8a, § 9 Nr 2 sowie in § 28 Abs 2 Satz 1 Regelungen zur Bekämpfung der Niedrigbesteuerung eingeführt, die bald darauf wieder aufgehoben wurden (**GewStÄndG** v 23. 12. 2003, BGBl I 2003, 2922). Unter dem Datum des 15. 10. 2002 wurden das GewStG sowie die GewStDV in der damals jeweils geltenden Fassung neu bekannt gemacht (BGBl I 2002, 4167 bzw BGBl I 2002, 4180). Zu früheren Fassungen des GewStG s 5. Aufl.

2 **Rückwirkende Änderung der Mehrmütterorganschaft.** Der BFH entschied (BFHE 189, 518, BStBl II 2000, 695) in Abweichung von seiner früheren Rechtsprechung und von der Verwaltungspraxis, dass bei Zwischenschaltung einer GbR zwischen Organgesellschaft einerseits und Muttergesellschaften andererseits das Organschaftsverhältnis unmittelbar zu den Muttergesellschaften besteht und nicht zur GbR. Dies veranlasste den Gesetzgeber wegen befürchteter Gewerbesteuerausfälle bei den Gemeinden, in § 36 Abs 2 für den EZ 2001 eine geänderte Fassung des § 2 Abs 2 einzuführen, in der die Eingliederung in ein einziges Unternehmen gefordert wird. Durch das **UntStFG** v 20. 12. 2001 (BGBl I 2001, 3858) wurde § 2 Abs 2 Satz 3 dahingehend geändert, dass in Fällen der Mehrmütterorganschaft das Organschaftsverhältnis zur zwischengeschalteten Personengesellschaft besteht. Diese Fassung des § 2 Abs 2 Satz 3 ist auch auf EZ vor 2002 anzuwenden (§ 36 Abs 2 Satz 3). Nach BFHE 13, 29, BStBl II 2006, 546 ist die Rückwirkung verfassungsgemäß, da kein Vertrauensschutz bestanden habe. Das BVerfG hat dies bestätigt (v 15. 10. 2008 1 BvR 1138/06, HFR 2009, 187).

3 **Weitere rückwirkende Änderungen**. Der BFH hatte in zwei Vorlagebeschlüssen an das BVerfG diesem die Frage vorgelegt, ob die in § 36 Abs 9 angeordnete Rückwirkung der Änderung des § 10 Satz 4 auf EZ vor 2007 verfassungskonform ist (BFHE 217, 117, BStBl II 2008, 140 sowie BFH/NV 2007, 2334). Die Vorlagen wurden jedoch zurückgezogen, nachdem die FinVerw die Kläger der Ausgangsverfahren klaglos gestellt hat (BFH DStR 2008, 2316). Zur Rückwirkung der Hinzurechnung nach § 8 Nr 5 s den Vorlagebeschluss des FG Münster in EFG 2007, 1728 (aA FG Köln EFG 2007, 1345, Rev I R 14/07).

Sachregister

Die fett gedruckten Ziffern bezeichnen die Paragraphen des Gewerbesteuergesetzes, die mageren Ziffern die Randziffern.

ABC-Darstellungen, Dauerschulden **8 Nr 1 a** 60 ff
freier Beruf/Gewerbebetrieb **2** 185
gemeinnützige Zwecke **3** 49
(nicht)selbstständige Tätigkeit **2** 45
öffentliche Unternehmen **2** 278
verdeckte Gewinnausschüttungen **7** 149
Zweckbetrieb **3** 122
Abfallbeseitigung 3 122
Abfallentsorgung 2 278
s auch Müll- und Abfallbeseitigung
Abfallwirtschaftsberater 2 185
Abfärbetheorie 2 192; **7** 113
Abfindung, lästiger Gesellschafter **7** 96
s auch Arbeitslohn
Abfindungsrenten 8 Nr 1 b 4
Hinzurechnung **8 Nr 1 b** 10
Abgeordnete 2 185
Ablösegelder 3 129
Abmahnvereine 3 49
Abonnentenwerbung 2 45
Abrechnung, Vorauszahlungen **20** 1 ff
Absatzfonds 3 246
Absatzgenossenschaft 3 153
Abschlusszahlung, Begriff **20** 3
Fälligkeit **20** 3
Abschreibungsgesellschaften 7 139
Abwicklung 7 54
Üblichkeit **8 Nr 1 a** 52
bei Unternehmen iS des § 2 Abs 2 GewStG **7** 36 f
Abwicklungslose Auflösung Anh 7 20
Abwicklungszeitraum 8 Nr 1 a 53
Abzinsung 8 Nr 1 a 60
AfA 8 Nr 1 a 61
Agent 2 45
Agrarstrukturverbesserung 3 202
Ähnlicher Beruf 2 169 ff
Ausbildung **2** 169, 172
Berufszulassungsvorschriften **2** 174
Gruppenähnlichkeit **2** 169
Heilhilfsberufe **2** 175
Spezialisierung **2** 172
Tätigkeit **2** 171
Akquisition 2 185
Akteneinsicht durch Gemeinden **4** 5
Aktiengesellschaft 2 332
Aktivpostenvergleich 8 Nr 1 a 93
Akupunktur 3 49
Alkoholische Enthaltsamkeit 3 49
Allgemeine Geschäftskredite 8 Nr 1 a 51, 62
Allgemeinheit, Begriff **3** 15
Förderung **3** 14, 16
Allgemeinwohl 3 123
Allmähliche Abwicklung 7 69
Allmähliche Veräußerung 7 18
Altanteile Anh 7 21
Altenheim 2 278; **3** 75, 134
Altenhilfe 3 25
Altenpfleger 2 185
Altenteilslasten 8 Nr 1 b 5
Alten(wohn)heime, Befreiung **3** 206 ff, 210
Betrieb gewerblicher Art **2** 278
Alternative Wohnformen 3 49
Altherrenverbände 3 15
Altkleidersammlung 3 122
Altlasten 3 67
Amateurfunk 3 44
Amateursportler 2 45
Ambulante Pflegeeinrichtungen 3 211
Amortisationsdarlehen 8 Nr 1 a 63
Andenken 3 49
Förderung von A. **3** 31

Anfechtungsklage 1 36, 39
Angehörige 3 85 a
Angelkarten 3 122
Angeln 3 49
Angemessener Unterhalt 3 85 ff
Angestellte 2 44
Anlageberater 2 185
Anlagenvermittlung 2 185
Anlagevermögen, Begriff **8 Nr 1 a** 54; **8 Nr 7 aF** 5
Kreditinstitute **8 Nr 1 a** 93 c
Nutzungsentgelte **8 Nr 1 d** 10
Annahmezwang 2 273
Anrechnung der Gewerbesteuer **5** 22
Anschlagstellen 2 278
Anschlagtafeln, Nutzungsentgelte **8 Nr 1 d** 20
Anschlussgenossenschaft 3 153
Anschlusszwang 2 271
Anstalten, Steuermessbetrag **11** 8
Anteile, Anteilsgewährungspflicht **Anh 7** 240
bei beschränkt Steuerpflichtigen **Anh 7** 178
des Betriebsvermögens **Anh 7** 179, 181
einbringungsgeborene **Anh 7** 156, 182, 192
Einlagefiktion **Anh 7** 2, 175
erworbene **Anh 7** 176
an Kreditinstituten usw **8 Nr 1 a** 93 c
Missbrauchsklausel **Anh 7** 180
des Privatvermögens **Anh 7** 177, 190, 264 f
Anteilseigner, Besteuerung bei Verschmelzung auf Personenunternehmen **Anh 7** 191 ff
– bei Verschmelzung von einer Körperschaft auf eine andere **Anh 7** 266 ff
Anteilsentnahme 8 Nr 10 5
Anteilserwerb vor Umwandlung Anh 7 169
Anteilstausch Anh 7 2, 4, 334, 370 ff
Abgrenzung Sacheinlage **Anh 7** 371
Anschaffungskosten erhaltene Anteile **Anh 7** 378
– nachträgliche Anschaffungskosten **Anh 7** 388
von Anteilen im Privatvermögen **Anh 7** 264
Begriff **Anh 7** 370
Bescheinigungsverfahren **Anh 7** 400
Besitzzeiten **Anh 7** 416
Besteuerung des Anteilseigners **Anh 7** 385 ff
Bewertung der Anteile **Anh 7** 374 ff
Buchwertfortführung **Anh 7** 376, 416
Einbringender **Anh 7** 370
einbringungsgeborene Anteile **Anh 7** 431
Einbringungsgewinn II **Anh 7** 395
erfolgsneutraler **Anh 7** 126
Erhöhungsbetrag **Anh 7** 417 f
Ersatzrealisationstatbestände **Anh 7** 389
in der EU **Anh 7** 450 ff
– Entstrickung **Anh 7** 453
– persönlicher Anwendungsbereich **Anh 7** 450
– Rechtsfolgen **Anh 7** 452
– Voraussetzungen **Anh 7** 451
Gegenleistungen **Anh 7** 373
gemeiner Wert **Anh 7** 375, 416
Gesamtrechtsnachfolge **Anh 7** 416
Gewerbesteuer **Anh 7** 427
Kosten der Veräußerung **Anh 7** 391
Mitverstrickung von Anteilen **Anh 7** 402
Nachweispflicht **Anh 7** 399
qualifizierter **Anh 7** 372
Sacheinlage **Anh 7** 334
Steuervergünstigungen **Anh 7** 377
unentgeltliche Rechtsnachfolge **Anh 7** 401
Veräußerungsgewinn **Anh 7** 386, 390
Veräußerungstatbestände **Anh 7** 397
Vereinigung von Forderungen und Verbindlichkeiten **Anh 7** 419
Verschmelzung von einer Körperschaft auf eine andere **Anh 7** 260
bei wesentlicher Beteiligung **Anh 7** 265, 268
Zwischenwert **Anh 7** 376, 416

Anteilsüberführung bei Verschmelzung auf Personenunternehmer **Anh 7** 181
Anteilsveräußerung, Hinzurechnungen **8 Nr 10** 5
Anwachsungsmodell Anh 7 436
Anzahlungen 8 Nr 1 a 64
Anzeigenvertreter, Selbstständigkeit **2** 45
Anzeigepflichten 2 421
Apothekeninventurbüro 2 185
Apothekenpacht, Nutzungsentgelte **8 Nr 1 d** 20
Apothekenrezeptabrechner 2 185
Apotheker 2 185
Äquivalenzprinzip 1 11 f; **6** 5
Kritik **1** 12
Lastenausgleich **1** 11
Aralgebühren 8 Nr 1 a 6
Arbeiterwohlfahrt 3 123
Arbeiterwohnheim 2 185
Arbeitgeberverband 3 185
Arbeitnehmerähnliche Personen **2** 45; **3** 162
Arbeitnehmerbegriff 2 44; **29** 3
Arbeitnehmerüberlassungsgesellschaft 3 49
Arbeitnehmerverband 3 185
Arbeitsgemeinschaft 2 a
Begriff **2 a** 2
Dreijahresfrist **2 a** 4
Rechtsentwicklung **2 a** 1
Rechtsfolgen **2 a** 5
Zweck **2 a** 3
Arbeitsgemeinschaften medizinischer Dienst, Befreiung **3** 232 f
Arbeitskraft als Einlage **7** 154
Arbeitslohn, Abfindungen **31** 3
Annehmlichkeit **31** 2
Auslagenersatz **31** 2
Auszubildende **31** 5
Begriff **31**
beschränkt stpfl Körperschaften **31** 6
durchlaufende Gelder **31** 2
einmalige Vergütungen **31** 7
Eisenbahnunternehmen **31** 10
Gelegenheitsvorteile **31** 2
Gesellschaftsverhältnisse **31** 2
Leistung an Dritte **31** 2
Leistung durch Dritte **31** 2
steuerfreie Einnahmen **31** 4
Unternehmervergütung **31** 9
Veranlassungsprinzip **31** 2
Vergütung über 50 000 € **31** 8
Werbungskostenersatz **31** 2
Zerlegung **31**
Zufluss **31** 2
Arbeitslosenhilfe 3 49
Arbeitsmedizinischer Dienst, Steuermessbetrag **11** 8
Arbeitsschutz 3 33, 49
Arbeitsverhältnisse mit Kindern **7** 164
Architekt 2 185
„ARGE" 2 a 2
Artist 2 45, 185
Arzt 2 45, 164, 185
Ärztepropagandist, Selbstständigkeit **2** 45, 185
Arztvertretung 2 185
Asset-Backed-Security-Geschäfte **8 Nr 1 a** 65, 93 a
Assistent 2 45
ASta, Mitglied **2** 45
Astrologe 2 185
Astrologische Lehre 3 49
Atypische stille Gesellschaft 2 21, 299; **8 Nr 1 c** 2
Betriebsaufgabe **7** 142
Betriebsstätte **2** 475
Gleichbehandlung für Mitunternehmerschaft **7** 132
Steuerschuldner **5** 6, 10
Audio-Psycho-Phonologe 2 185
Auditor 2 185
Auf- und Abspaltung auf eine Personengesellschaft **Anh 7** 317 ff
Auffüllrecht, Nutzungsentgelte **8 Nr 1 d** 20
Aufgabegewinn, Ermittlung **7** 66
Steuerfreiheit **7** 14
Auflagen 3 75
Auflösung der Körperschaft **8 Nr 10** 5
Aufnahmeeinrichtungen, Pflegeheime **3** 211

Aufnehmende Personengesellschaft, Rechtsfolgen der Verschmelzung **Anh 7** 204 ff
Aufsichtsratsmitglied 2 45, 185
Aufspaltung Anh 7 15
Aufspaltung, Abspaltung und Teilvermögensübertragung auf andere Körperschaften Anh 7 290 ff
AfA **Anh 7** 315
Ausgliederung **Anh 7** 292
Besteuerung der Gesellschafter der übertragenden Gesellschaft **Anh 7** 316
Bilanzierung der übernehmenden Gesellschaft **Anh 7** 313
Handelsbilanz **Anh 7** 311, 313
Missbrauchsklausel **Anh 7** 297
partielle Gesamtrechtsnachfolge **Anh 7** 291
persönlicher Anwendungsbereich **Anh 7** 293
sachlicher Anwendungsbereich **Anh 7** 291
Spaltungsgegenstände **Anh 7** 295
Steuerbilanz **Anh 7** 314
Teilbetrieb **Anh 7** 295 ff
Teilübertragung **Anh 7** 294
Trennung von Gesellschafterstämmen **Anh 7** 305
Übertragungsbilanz **Anh 7** 310
Veräußerungsklausel **Anh 7** 298 ff
verbleibendes Vermögen **Anh 7** 296
Verlustabzug **Anh 7** 306
verunglückte Spaltung **Anh 7** 291
Zuzahlungen **Anh 7** 312
Aufstockung bei Unternehmenskauf **Anh 7** 168
Verschmelzung auf Personenunternehmen **Anh 7** 133
Aufteilung, Nutzungsentgelte **8 Nr 1 d** 17 f
Auftragsforschung 3 112, 122, 141
Befreiung **3** 236 f
Augenhersteller 2 185
Auktionator 2 185
Au-pair-Mädchen 2 45
Ausbeuterechte 8 Nr 1 a 66; **8 Nr 1 d** 7
Ausbeuteverträge, Nutzungsentgelte **8 Nr 1 d** 20
Ausgleichsverbindlichkeiten 8 Nr 1 a 67
Ausgleichszahlungen an Anteilseigner **Anh 7** 176
bei Einbringung in Mitunternehmerschaft **Anh 7** 473 ff
in das Gesellschaftsvermögen **Anh 7** 477
Realteilung **7** 87
bei Sacheinlage **Anh 7** 342
Ausgliederung Anh 7 5, 10, 17, 30, 35, 331
Anwendung des UmwStG **Anh 7** 35, 292
Begriff **Anh 7** 13
Sacheinlage **Anh 7** 30
Aushilfstätigkeit 2 45
Auskunftsrecht, Gemeinden **5** 21
Ausländische Betriebsstätte, Anteile an Kapitalgesellschaft **9 Nr 3** 2
ausländischer Gewerbeertrag **9 Nr 3** 2
Durchführung der Kürzung **9 Nr 3** 4
Organschaften **9 Nr 3** 2
Reiseunternehmen **9 Nr 3** 2
Umfang der Kürzung **9 Nr 3** 3
Voraussetzungen der Kürzung **9 Nr 3** 2
Zweck der Kürzung **9 Nr 3** 1
Ausländische Einkünfte 15 4
Ausländische Steuern 8 Nr 12
Ausländische Tätigkeit 2 7
Auslandstätigkeitserlass 15 4
Ausschließlichkeit, Ausnahmen **3** 79 ff
– bei Grundstücksunternehmen **9 Nr 1** 24
Begriff **3** 73
Beteiligungen **3** 88 ff
Einzelfälle **3** 75
gesellige Zusammenkünfte **3** 89
Grundstücksverwaltung **9 Nr 1** 23
maßgeblicher Zeitraum **9 Nr 1** 23 d
Mehrzwecktätigkeit **3** 74
mildtätige Zwecke **3** 59
Rücklagen **3** 87

satzungsfremde Vermögensverwendung **3** 75
sportnahe Tätigkeit **3** 90
Stiftungen **3** 85
Ausschüttungsbedingte Gewinnminderung 8 Nr 10 1 ff
Ausschüttungsbedingte Teilwertabschreibung 8 Nr 10 3
Ausschüttungsfiktion Anh 7 154, 196
Außengesellschaften, einheitlicher Gewerbebetrieb **2** 18
Außenhaftung bei Kommanditist **7** 139
Mitunternehmerrisiko **7** 106 b
Aussetzung der Vollziehung 1 36, 39; **8 Nr 1 a** 108; **35 b** 6
Gewerbesteuermessbescheid **7** 1
Aussetzungszinsen 8 Nr 1 a 108
Ausübung öffentlicher Gewalt 2 272
Auszüge, dauernde Lasten **8 Nr 1 b** 5
Automatenaufstellvertrag, Nutzungsentgelte **8 Nr 1 d** 20

Bademeister 2 185
Bäderbetrieb 2 278
Ballonfahren 3 49
Bandenwerbung 3 122
Banken 2 278; **8 Nr 1 a** 93
Dauerschulden **8 Nr 1 a** 93 ff
Bankfremde Geschäfte 8 Nr 1 a 93 b
Bankier 2 127
Barabfindung bei Verschmelzung von einer Körperschaft auf eine andere **Anh 7** 234
Bardepot 8 Nr 1 a 113
Bardepotpflicht 8 Nr 1 a 68
Bare-Boat-Charter 8 Nr 1 d 3
Nutzungsentgelte **8 Nr 1 d** 20
Bauausführung 2 473
Baubetreuer 2 185
Bauernverband 3 185
Baukostenzuschüsse 8 Nr 1 a 69; **8 Nr 1 b** 5
Bauleitung 2 185
Bausachverständiger 2 185
Bauschuttdeponie 3 122
Bausparkassenaktionsleiter 2 185
Baustatiker 2 185
Bauzeichner 2 185
Bayerische Landesanstalt für Aufbaufinanzierung 3 9
Bayerische Landesbodenkreditanstalt 3 9
Be- und Verarbeitungsbetrieb 2 147
Bearbeitungsgenossenschaft 3 153
Bearbeitungsverein 3 153
Befreiungen 3
Korrespondenzen **3** 4
persönliche **3** 1
persönlicher Geltungsbereich **3** 2, 6
sachliche **3** 1
zeitlicher Geltungsbereich **3** 3
Beginn und Ende der Betriebsaufgabe 7 52 ff
Beginn und Ende der sachlichen Steuerpflicht 2 266
bei Kapitalgesellschaften **2** 434
bei natürlichen Personen **2** 422 ff
bei Organschaft **2** 435
bei Personengesellschaften **2** 422 f
bei wirtschaftlichem Geschäftsbetrieb **2** 436
Beitragsrückerstattungen, Rückstellungen **8 Nr 1 a** 113
Beitreibung 16 6
Belastingadviseur-NL 2 185
Belegschaftsverein 3 15, 50
Beleuchtungskörper 2 185
Belieferungsrechte 2 185
Beliehener Unternehmer 2 278
Beteiligung am allgemeinen wirtschaftlichen Verkehr **2** 52
Benutzung, Begriff **8 Nr 1 d** 12
Nutzungsentgelte **8 Nr 1 d** 12
Beratender Betriebswirt 2 185
Beratung 2 45
Beratungsgenossenschaft 3 154
Beratungsstellenleiter 2 185
Beratungsverein 3 154
Bergführer 2 185
Bergschäden 8 Nr 1 a 104
Bergwerkseigentum, Nutzungsentgelte **8 Nr 1 d** 20

Berufsbetreuer 2 185
Berufsbildung 3 28
Berufsorganisationen 2 278
Berufssportler 2 185
Selbstständigkeit **2** 45
Berufsständische Versicherungs- und Versorgungseinrichtungen 3 187 f
Berufsverbände 2 401; **3** 185
Besamungstechniker 2 185
Beschaffungsstellen 3 122
Beschäftigungsgesellschaften 3 49, 122
Bescheidsadressierung 5 6, 8, 15
Beschränkt steuerpflichtiger Anteilseigner bei Verschmelzung auf Personenunternehmen **Anh 7** 178, 193
Beschränkte Steuerpflicht 2 7; **15** 3
Besitzzeitanrechnung bei Umwandlungen **Anh 7** 42
bei Verschmelzung von einer Körperschaft auf eine andere **Anh 7** 248
Besserungsabrede 8 Nr 1 a 70
Besteuerungsgrundlagen 6 1
Besteuerungsrecht, Ausschluss oder Beschränkung **Anh 7** 135, 196, 268, 270 ff, 340, 361 f, 386, 465
Besteuerungsverfahren 1 23–40
Billigkeitsmaßnahmen **1** 35
Bindungswirkungen **1** 28 f
Erhebung **1** 23
Erlass **1** 35
Freistellungsbescheid **1** 30
Gewerbeertrag, Ermittlung **1** 27 f
Gewerbesteuerbescheid **1** 34
Gewerbesteuermessbescheid **1** 29
Konkurs/Insolvenz **1** 29
Messbetrag **1** 26
Mitteilung Messbetrag **1** 30
Mitwirkung der Gemeinde **1** 33
Rechtsschutz **1** 36 ff
Steuerfestsetzung **1** 34
Verjährung **1** 32
Verwirkung **1** 32
Vorauszahlungen **1** 34 a
Zerlegung **1** 31
Zuständigkeiten **1** 33, 35
Zuteilungsbescheid **1** 31
Zweiteilung **1** 25
Beteiligung am allgemeinen wirtschaftlichen Verkehr **2** 50
einer Körperschaft des öffentlichen Rechts **2** 278
Beteiligung des § 17 EStG, beschränkte Steuerpflicht **Anh 7** 178
Umwandlungsfolgen **Anh 7** 177
Beteiligungserträge, Pauschalierung **15** 3
Beteiligungshandel 2 75
Beteiligungskorrekturgewinn Anh 7 153
Beteiligungsveräußerung 7 58
Betrieb, Anteil **8 Nr 1 a** 35
Anteilserwerb **8 Nr 1 a** 36
Begriff **8 Nr 1 a** 33
Gründung **8 Nr 1 a** 34
Betrieb gewerblicher Art 2 270
Betriebsvermögen **2** 280
Buchführungspflicht **2** 283
Einzelfälle **2** 278
Gewinnermittlung **2** 280
Gewinnerzielungsabsicht **2** 280
Konkurrenzlage **2** 274, 276
Mischtatbestände **2** 275
Steuerschuldner **5** 11
Unternehmenszurechnung **2** 279
Zusammenfassung mehrerer BgA **2** 34
Betriebliche Organisation 2 66
Betriebsanmeldung 1 24
Betriebsaufgabe 2 421; **7** 48 f
Beginn, Ende **7** 52 ff
bei Personengesellschaften **7** 82 f
durch Steuerentstrickung **7** 79
Betriebsaufspaltung 2 200–269; **8 Nr 1 a** 71
Abgrenzung zur Mitunternehmerschaft **2** 214
Abspaltung von Betriebsvermögen **2** 253
Aktivierung (phasengleiche) **2** 249
angemessene Pachtzinsen **2** 248
Anteile an der Betriebs-GmbH **2** 251
Bedeutung des Gesellschaftsvertrags **2** 228
Beendigung **2** 255 ff

Befreiung, persönliche Abgrenzung **3** 2, 193, 210
Beginn und Ende der sachlichen Steuerpflicht **2** 266
Begriff **2** 200–204
Beherrschung der Betriebsgesellschaft **2** 230
Beherrschung nach Gesellschaftsrecht **2** 228
Beherrschungsidentität **2** 224
Beherrschungsverhältnisse ohne Anteilsbesitz **2** 236 ff
– bei Ehegatten **2** 232 ff
– bei Geschäftsführern **2** 238 f, 241
– bei Kindern **2** 235
Besitzunternehmen **2** 251, 252 f
Beteiligungsidentität **2** 224
Buchführungspflicht **2** 249
Darlehen an die Betriebsgesellschaft **2** 251
(Dauer)Schulden **2** 262; **8 Nr 1 a** 71
Doppelerfassungen **2** 262
Doppelkonstruktion, bewusste **2** 226
echte **2** 204
Ehegatten **2** 238
eingetragener Verein als Besitzunternehmen **2** 244
einheitliche **2** 207
entgegengesetze Beteiligungsverhältnisse **2** 226
Erbfolge **2** 257
Erfindervergütungen **2** 250
Erscheinungsformen **2** 207
erweiterte Kürzung des Gewerbeertrags **2** 262
faktische Beherrschung **2** 236 ff
Geschäftswert **2** 247 f
Gesellschaftszwecke, eigenständige **2** 211
Gewerbesteuerfreiheit **2** 262
gewerbesteuerrechtliche Folgen **2** 261 f
Gewinnermittlung **2** 248
Gewinnerzielungsabsicht **2** 214
über die Grenze **2** 264
Gründungsphase **2** 247
Grundverwaltungsunternehmen **9 Nr 1** 26
Gütergemeinschaft **2** 233
Haftung **2** 217
Handelsrecht **2** 203
Hinzurechnung von Miet- und Pachtzinsen **2** 262
bei Interessengegensätzen **2** 227
Investitionszulage **2** 265
bei juristischen Personen des öffentlichen Rechts **2** 278
kapitalistische **2** 207, 244
Kinder **2** 235, 238
klassische **2** 207
Konkurrenz mit eigengewerblicher Tätigkeit **2** 212
Konkurs/Insolvenz **2** 258
Kritik an den Grundsätzen der B. **2** 206
mehrere Besitzgesellschaften **2** 202
mehrere Besitzunternehmen **2** 211
mehrere Betriebsgesellschaften **2** 246
missglückte **2** 259
bei mittelbarer Beteiligung **2** 242 f
mitunternehmerische **2** 207
notwendiges Betriebsvermögen der Besitzgesellschafter **2** 252
Nutzungsrecht **2** 204
und Organschaft **2** 263, 372
Pachterneuerungsverpflichtung **2** 249
Pachtzinsen **2** 248
Partei kraft Amtes **2** 231
personelle Voraussetzungen **2** 224 f
Personengesellschaften **2** 213
Personengruppentheorie **2** 225
Personenhandelsgesellschaften als Besitzunternehmen **2** 119
qualifizierte **2** 207
Rechtsentwicklung **2** 205
Rückgängigmachung **2** 248
– und Unternehmensidentität **10 a** 10
Rückübertragung **2** 248
sachliche Voraussetzung **2** 218
sachlicher Umfang **2** 208 ff
Schenkung des Besitzunternehmens **2** 257
Schwester-Kapitalgesellschaften **2** 244
Selbstständigkeit der verbundenen Unternehmen **2** 249
Sonderbetriebsvermögen **2** 252, 252 f
Steuerpflicht **2** 266

Stimmrechtsausschluss **2** 229
Strukturwandel **2** 257
tatsächliche Beherrschung **2** 224, 238 f
Teilbetrieb **2** 262
Teilwertabschreibungen **2** 262
Testamentsvollstrecker **2** 231
überlagerte **2** 207
Übertragung zu Buchwerten **2** 247
Umfang der gewerblichen Tätigkeit **2** 213
umgekehrte **2** 207, 245
unechte **2** 204
unentgeltliche **2** 216
verdeckte Einlage **2** 248, 254
verdeckte Gewinnausschüttung **2** 248
Verein **2** 244
Verhältnis zur Betriebsverpachtung **2** 215
Verlustvortrag **10 a** 10
vermögensverwaltende Betriebs-GmbH **2** 244
Verschmelzung **2** 256
Vetorecht **2** 229
Vor- und Nachteile **2** 217
vorübergehende **2** 218
vorübergehende Beendigung **2** 259
wesentliche Betriebsgrundlage **2** 218 ff
Wiesbadener Modell **2** 234
bei wirtschaftlichem Geschäftsbetrieb **2** 411
Zivilrechtsfolgen **2** 200, 217
Betriebsbeendigung **2** 423
Betriebsbeginn, Anzeigepflicht **2** 420 f
Betriebsbegriff, enger/weiter **2** 12
Betriebseinstellung, Gewerbeertrag **7** 18
ohne einkommensteuerrechtliche Betriebsaufgabe **7** 18
Betriebserweiterung, Begriff **8 Nr 1 a** 40
Kritik zum Begriff **8 Nr 1 a** 40
wirtschaftlicher Zusammenhang der Dauerschulden **8 Nr 1 a** 41
Betriebsfortführung **7** 73
Betriebskapital, Begriff **8 Nr 1 a** 43
Verstärkung **8 Nr 1 a** 44
– nicht nur vorübergehende **8 Nr 1 a** 50
Betriebspensionen **8 Nr 1 b** 5
Betriebsschuld **8 Nr 1 a** 32
Betriebsstätte **2** 455 f
Anlage **2** 457
ausländische, Gewerbeertrag **7** 46
Bauausführung **2** 473
Bedeutung **2** 455
Bodenschätze **2** 473
Dauer **2** 473
Einbringung **Anh 7** 441 ff
Einzelfälle **2** 467
Fabrikationsstätte **2** 470
feste Geschäftseinrichtung **2** 456 ff
fortschreitende Einrichtung **2** 456
Geschäftsstellen **2** 469
der gewerblich geprägten Personengesellschaft **2** 464
inländische **2** 7
der Kapitalgesellschaft **2** 464
mehrgemeindliche **2** 474; **28** 6; **30**
des Mitunternehmers **2** 475
Montage **2** 473
in Nicht-DBA-Ländern **2** 477
Rechtsgrundlagen **2** 455
Reisegewerbe **35 a** 2
Reisegewerbetreibende **2** 460
Schiffe **2** 458
ständiger Vertreter **2** 456, 465
Stätte der Geschäftsleitung **2** 467
Tätigkeit des Unternehmens **2** 461
Verfügungsmacht **2** 458 f
Verlegung **19** 7; **28** 7
bei Versorgungsunternehmen **2** 279
Versuchsbohrungen **2** 473
Warenlager **2** 471
Werkstätten **2** 470
Zerlegung **28** 4
Zweigniederlassung **2** 468
Betriebsübergang **2** 441
Betriebsüberlassungsvertrag **7** 75
Betriebsunterbrechung **2** 56, 427; **7** 10, 57, 57 b
Betriebsveräußerung **2** 441; **7** 50
bei Personengesellschaften **7** 82 f
s auch Betriebserweiterung
Betriebsverbesserung, Begriff **8 Nr 1 a** 40

Betriebsverlegung 2 428; **7** 57 f
Betriebsvermögen, Abspaltung von B. **2** 253
Betriebsverpachtung 2 429, 442; **7** 72
durch Körperschaft des öffentlichen Rechts **2** 278
bei Personengesellschaften **7** 78
Betriebsvorrichtungen 9 Nr 1 2, 24
Nutzungsentgelte **8 Nr 1 d** 20
Betriebswirt 2 185
Bewegliches Wirtschaftsgut, Nutzungsentgelte **8 Nr 1 d** 8
Bewirtschaftungsgenossenschaften 3 195 f
Bewirtschaftungsvereine 3 195 f
Bewirtung 3 77, 122
Bezahlter Sport, Förderung **3** 90
Bezirkskaminkehrermeister 2 185
BGB-Gesellschaft, einheitlicher Gewerbebetrieb **2** 20
verbundene Unternehmen **2** 30
vermögensverwaltende **2** 30
Bierbrauen 3 49
Bierzeltbetrieb 3 122
Bilanzbuchhalter 2 185
Bildberichterstatter 2 185
Bildhauer 2 185
Bildjournalist 2 185
Bildung 3 28
Bildungseinrichtungen, Befreiung **3** 192 ff
– Voraussetzung und Umfang **3** 194
Billard 3 49
Billigkeitsmaßnahmen 5 18; **7** 7
Zuständigkeit **1** 35
Binnenfischerei 2 142; **3** 148
Biologe 2 185
Biologisch-dynamische Landwirtschaft 3 49
Blindenfürsorge 3 136
Blutalkoholuntersuchung 2 278
Blutgruppengutachter 2 185
Bodenreform 3 201
Bodenschatz 2 146
Body-Builder 2 185
Bordell 2 185
Börsenmakler 2 185
Börsenverein 3 67
Boxen 3 42
Brancheneinschlägige Haupttätigkeit 2 71, 108
Branntweinerzeugung 3 153
Branntweinmonopolverwaltung 3 7
Brauchtum 3 44
Bremer Aufbaubank 3 9
Brennerei als Nebenbetrieb **2** 148
Brettspiele 3 49
Briefmarkensammeln 2 76
Brieftauben 2 138
Bruchteilsgemeinschaft 2 298
Steuerschuldner **5** 11
Brutbetrieb 2 148
Buchführungshelfer 2 45
Buchführungspflicht nach Umwandlungen **Anh 7** 41
Buchhalter 2 45, 185
Buchkunst 3 49
Buchmacher 2 185
gewerbliche Tätigkeit **2** 45
Buchwert Anh 7 120 ff, 131, 231, 268, 296, 340, 372, 376, 417, 465, 474
Begriff **Anh 7** 341
Buchwertabfindung, Mitunternehmerschaft **7** 105 a
Buchwertfortführung 7 118
Realteilung **7** 85
Bühnenvermittler 2 185
Bund der Kriegsblinden 3 123
Bundesanstalt für vereinigungsbedingte Sonderaufgaben 3 9 a
Bundesarbeitsgemeinschaft „Hilfe für Behinderte“ 3 123
Bundeseisenbahnvermögen 2 278; **3** 5, 7
Nutzungsentgelte **8 Nr 1 d** 20
Bundespflegesatzverordnung 3 124, 208
Anwendungsbereich **3** 126
Bundeswehrkantine, Nutzungsentgelte **8 Nr 1 d** 20
Bürgerschaftliches Engagement 3 46
Bürgschaftsbanken 3 216

Bürogemeinschaft 2 194, 298
Burschenverein 3 49
Büttenredner 2 185
Butterauktionen 3 67

Cafeteria 3 122
Campingplatz als Betrieb gewerblicher Art **2** 278
Campingplatzinhaber 2 77
Campingverein 3 49
Carried Interest 2 182
Cash-Flow-Steuer 1 51
Charakter der Schuld **8 Nr 1 a** 50
Chartervertrag 8 Nr 1 d 3
Nutzungsentgelte **8 Nr 1 d** 20
Chemiker 2 185
Chirologe 2 185
Chiromant 2 185
Choreograph 2 185
Consultant 2 185

Dachorganisationen 3 78
Dachverbände 3 13
Darlehen, Eigenkapital **7** 123
bei nahestehenden Personen **7** 165
Vergabe von D. **3** 49
Darlehensbeschaffung 3 67
Dart 3 49
Datenschutzbeauftragter 2 185
Datenverarbeitung 2 185
Dauernde Lasten Anh 7 57; **8 Nr 1 b**
Begriff **8 Nr 1 b** 5
betrieblicher Zusammenhang **8 Nr 1 b** 7
Betriebserweiterung, -verbesserung **8 Nr 1 b** 15
Entgeltlichkeit **8 Nr 1 b** 16
Folgeereignisse **8 Nr 1 b** 18
Heranziehung beim Empfänger **8 Nr 1 b** 19
Rückzahlung **8 Nr 1 b** 11
Stilllegung des Betriebs **8 Nr 1 b** 15
Umfang der Hinzurechnung **8 Nr 1 b** 9
Umgestaltung des Betriebs **8 Nr 1 b** 15
Umwandlungsvorgänge **8 Nr 1 b** 17
Verschmelzungsvorgänge **8 Nr 1 b** 17
Versorgungszusagen des Arbeitgebers **8 Nr 1 b** 8
wirtschaftlicher Zusammenhang mit Betriebsgründung, -erwerb **8 Nr 1 b** 15
Zebragesellschaft **8 Nr 1 b** 7
Zweck der Hinzurechnung **8 Nr 1 b** 1
Dauerschulden, ABC **8 Nr 1 a** 60 ff
Abtretung **8 Nr 1 a** 58
– von Warenforderungen **8 Nr 1 a** 52
allgemeiner Geschäftskredit **8 Nr 1 a** 52
Allgemeines **8 Nr 1 a** 30
Anlagevermögen **8 Nr 1 a** 54
Aufrechnung **8 Nr 1 a** 58
Bauunternehmerhypothek **8 Nr 1 a** 53
Begriff **8 Nr 1 a** 30 ff
Betriebserweiterung (Zusammenhang) **8 Nr 1 a** 41
Betriebsgründung oder -erwerb (Zusammenhang) **8 Nr 1 a** 38
Charakter der Schuld **8 Nr 1 a** 50
Dauerelement **8 Nr 1 a** 31, 50
Ende **8 Nr 1 a** 58
Gesamtdauer **8 Nr 1 a** 57
Geschäftsvorfälle (Bedeutung) **8 Nr 1 a** 30, 50
Gewährleistungsansprüche **8 Nr 1 a** 53
Grenzfall zwischen Anlage- und Umlaufvermögen **8 Nr 1 a** 54
Identität **8 Nr 1 a** 32
Inhalt **8 Nr 1 a** 46
isolierte Betrachtung **8 Nr 1 a** 47 f, 56
Jahresfrist **8 Nr 1 a** 53, 57
Kennzeichnung **8 Nr 1 a** 30
Kontokorrent **8 Nr 1 a** 53, 92
Kritik **8 Nr 1 a** 55
kurzfristige Finanzierungslücken **8 Nr 1 a** 57
kurzfristige Verbindlichkeiten **8 Nr 1 a** 30
Langfristigkeit **8 Nr 1 a** 30
laufender Geschäftsvorfall **8 Nr 1 a** 50, 53
Laufzeit **8 Nr 1 a** 57

Mehrheit von Gläubigern **8 Nr 1 a** 48
Mehrheit von Konten **8 Nr 1 a** 48
Mittelverwendung **8 Nr 1 a** 45
persönliche Abgrenzung **8 Nr 1 a** 49
Ratenkredit **8 Nr 1 a** 57
Rückstellungen für Schadensersatzansprüche **8 Nr 1 a** 104
Saisonkredite **8 Nr 1 a** 48, 106
sonstiger Geschäftsvorfall **8 Nr 1 a** 50, 54
Struktur des Begriffs **8 Nr 1 a** 30
Stundung einer Kaufpreisforderung **8 Nr 1 a** 53
tatsächliche Durchführung **8 Nr 1 a** 57
Üblichkeit der Tilgungsdauer **8 Nr 1 a** 53
Umlaufvermögen **8 Nr 1 a** 38, 54
Verknüpfung von Geschäft und Kredit **8 Nr 1 a** 52
Verlängerung des Kredits **8 Nr 1 a** 57
Verrechnung **8 Nr 1 a** 39, 42, 48
Verstärkung des Betriebskapitals **8 Nr 1 a** 44 ff
vorzeitige Rückzahlung **8 Nr 1 a** 57
Warengeschäfte **8 Nr 1 a** 52
wechselnder Bestand **8 Nr 1 a** 48
Wechselverbindlichkeiten **8 Nr 1 a** 52
wirtschaftlicher Zusammenhang mit Betriebserweiterung, -verbesserung **8 Nr 1 a** 41
wirtschaftlicher Zusammenhang mit Betriebsgründung, -erwerb **8 Nr 1 a** 38
wirtschaftlicher Zusammenhang mit laufendem Geschäftsvorfall **8 Nr 1 a** 52
Zeitmoment **8 Nr 1 a** 30, 50, 56
Zweck der Kreditaufnahme **8 Nr 1 a** 45
Dauerschuldzinsen, -entgelte, Begriff **8 Nr 1 a** 59
– Struktur **8 Nr 1 a** 30
Berechnung **8 Nr 1 a** 59
Drittleistungen **8 Nr 1 a** 59
Erstattungen **8 Nr 1 a** 59
kurzfristige Verbindlichkeiten **8 Nr 1 a** 30
partiarisches Darlehen **8 Nr 1 a** 98
persönliche Abgrenzung **8 Nr 1 a** 49
Rückzahlung von Entgelten **8 Nr 1 a** 59
Umfang der Hinzurechnung **8 Nr 1 a** 59
Zeitmoment **8 Nr 1 a** 30, 50
DDR (ehemalige), Allgemeines **7** 9
DDR-Altkredite 8 Nr 1 a 72
Deckungsrückstellung 3 174 f; **8 Nr 1 a** 113
Deckungsstock 8 Nr 1 a 113
Deichlasten 8 Nr 1 b 5
Dekorateur 2 185
Demokratisches Prinzip 3 45
Demokratisches Staatswesen 3 45
Denkmalpflege 3 27, 49
Denkmalschutz 3 27
Designer 2 185
Desinfektor 2 185
Detektiv 2 185
Deutsche Ausgleichsbank 3 9
Deutsche Bahn AG 3 5, 7
Deutsche Bundesbank 3 9
Deutsche Bundespost 3 7
Deutsche Reichsbahn 3 9 a
Deutscher Blindenverband 3 123
Deutscher Caritasverband 3 123
Deutscher Fußballbund 3 129
Deutscher Paritätischer Wohlfahrtsverband 3 123
Deutsches Rotes Kreuz 3 123
Devisengeschäfte 2 78
Diabetesklinik 3 125
Diagnoseklinik 3 125
Diakonisches Werk 3 123
Dialyseverein 3 49, 122
Diätenassistent 2 185
Dienstmann 2 45
Differenzgeschäft 2 79
Direktvermarktung 2 148
Diskont 8 Nr 1 a 15 f
Dispacheur 2 185
Dividenden, Streubesitz **8 Nr 5**
Dokumentar 2 185
Doppelstöckige GmbH & Co KG 2 314
Doppelstöckige KG 7 124
Dozentenbeihilfe 3 77

Drachenflug 3 49
Dressurreiten 3 42
Drittmittelforschung 2 278; **3** 141
Drogenmissbrauch, Bekämpfung **3** 49
Druckschriften 3 122
Durchlaufende Kredite 8 Nr 1 a 73
Durchleitungsrecht 8 Nr 1 f 7
Ausschließlichkeit **8 Nr 1 f** 8

Echte Betriebsaufspaltung 2 204
EDV-Berater 2 185
Ehe und Familie, Schutz von E. u. F. **3** 40, 49
Eheähnliche Lebensgemeinschaft 2 25
Eheanbahnung 3 49
Ehegatten, gleichartiger Gewerbebetrieb **2** 24
Mitunternehmerschaft **2** 24
Ehegattenarbeitsverhältnis 7 160
Pensionszusagen **7** 163
Zukunftssicherungsleistungen **7** 162
Ehegattenpersonengesellschaft 2 24
Ehevermittler 2 185
Eichaufnehmer 2 185
Eigenständigkeit der Gewinnermittlung **7** 1 a
Eigentum eines anderen, Nutzungsentgelte **8 Nr 1 d** 11
Eigenverantwortlichkeit 2 163, 169
Grenzziehung **2** 164
technische Hilfsmittel **2** 166
Vertretung **2** 165
Einbringung, erfolgsneutrale **Anh 7** 127
Einbringung in Betriebsstätte Anh 7 441 ff
Einbringung in Kapitalgesellschaft oder Genossenschaft Anh 7 330 ff
Anschaffungskosten **Anh 7** 346
Anteilstausch **Anh 7** 334, 370 ff
Besitzunternehmen **Anh 7** 350
Besitzzeiten **Anh 7** 416
Buchwertfortführung **Anh 7** 340, 416
Einbringender **Anh 7** 332
Einbringungsgewinn I **Anh 7** 386
Einbringungsgewinn II **Anh 7** 395
Einzelrechtsnachfolge **Anh 7** 330
Erhöhungsbetrag **Anh 7** 417 f
ermäßigter Steuersatz **Anh 7** 355
formwechselnde Umwandlung **Anh 7** 331
Freibetrag **Anh 7** 355
Gegenleistung **Anh 7** 342
gemeiner Wert **Anh 7** 346, 416
Gesamtrechtsnachfolge **Anh 7** 331, 416
Gewerbesteuer **Anh 7** 425 ff
GmbH & Co KG **Anh 7** 349
Hinauseinbringung **Anh 7** 361
Kapitalerhöhung **Anh 7** 351
Maßgeblichkeit **Anh 7** 331, 340, 345
Nachversteuerung **Anh 7** 364
Rückwirkung **Anh 7** 359 f
Sacheinlage **Anh 7** 333
Sonderbetriebsvermögen **Anh 7** 355
Stundung **Anh 7** 357
Teilwert **Anh 7** 344
transparente Gesellschaften **Anh 7** 362
Übertragungsstichtag **Anh 7** 358
Veräußerungspreis **Anh 7** 346
verschleierte Sachgründung **Anh 7** 435
wesentliche Betriebsgrundlage **Anh 7** 333, 348
Zinsvortrag **Anh 7** 363
Zwischenwert **Anh 7** 343, 416
Einbringung in Mitunternehmerschaft Anh 7 460 ff
Ausgleichszahlungen **Anh 7** 473 ff
betrieblicher Schuldzinsenabzug **Anh 7** 480
Buchwertfortführung **Anh 7** 474 ff
Ergänzungsbilanz **Anh 7** 466
ermäßigter Einkommensteuersatz **Anh 7** 467 ff
Gesamtrechtsnachfolge **Anh 7** 478
Gesellschafterwechsel **Anh 7** 462
gewerbesteuerliche Auswirkung **Anh 7** 464, 472
bei handelsrechtlicher Umwandlung **Anh 7** 463

nachträgliche Besteuerung **Anh 7** 471, 480
Personenhandelsgesellschaften **Anh 7** 463
persönlicher Anwendungsbereich **Anh 7** 460
Rückbeziehung **Anh 7** 481
sachlicher Anwendungsbereich **Anh 7** 461
Schwestergesellschaft **Anh 7** 462
Sonderbetriebsvermögen **Anh 7** 468
Steuervergünstigung **Anh 7** 467 ff
tauschähnliches Einbringungsgeschäft **Anh 7** 461
ungewisse betriebliche Verbindlichkeiten **Anh 7** 469
Veräußerung **Anh 7** 461
– an sich selbst **Anh 7** 470
Wahlrecht **Anh 7** 465
zeitlicher Geltungsbereich des UmwStG 1995 **Anh 7** 480
Zwischenwerte **Anh 7** 474
Einbringungsgeborene Anteile Anh 7 2, 192, 348, 396, 429 ff
Antragsbesteuerung **Anh 7** 433
Einlage **Anh 7** 434
Steuerbefangenheit nach dem KStG **Anh 7** 430
Steuervergünstigung **Anh 7** 432
bei Verschmelzung auf Personenunternehmen **Anh 7** 182
bei Verschmelzung von einer Körperschaft auf eine andere **Anh 7** 261
Einbringungsgewinn I Anh 7 2, 386, 426
Einbringungsgewinn II Anh 7 2, 395, 427
Eingriffsverwaltung 2 273
Einheitliche Einkunftsart, andere Mitunternehmerschaften **2** 298 ff
bei Freiberuflern **2** 186 ff
gewerblich geprägte Personengesellschaft **2** 310
Körperschaften **2** 330 ff
Personengesellschaften **2** 290 ff
Einheitlicher Gewerbebetrieb bei Absatz von Eigenerzeugnissen **2** 145 f
Arbeitsgemeinschaften **2** 22
atypische stille Gesellschaft **2** 21
bei BGB-Gesellschaften **2** 20
Ehegatten **2** 24
Erbengemeinschaft **2** 23
faktische Mitunternehmerschaften **2** 27
Innengesellschaft **2** 22
Interessengemeinschaft **2** 22
bei Mitunternehmerschaften **2** 18 ff
Partenreeder **2** 20
bei Personenhandelsgesellschaft **2** 19
Rechtsprechungsbeispiele **2** 17
Reisegewerbe **35 a** 2
Unterbeteiligung **2** 22
bei wirtschaftlichen Geschäftsbetrieben **2** 406
s auch Sachliche Selbstständigkeit
Einheitlicher Gewerbesteuermessbetrag 6 1
Einlagefiktion Anh 7 2, 175
Einlagen 7 147; **8 Nr 1 a** 74
Gewinnermittlung bei Kapitalgesellschaft **7** 28
von Wirtschaftsgütern **7** 119
Einmalspritzen 3 122
Einnehmer staatlicher Lotterien **2** 178; **3** 240
Einspruch 1 36
Eisverkäufer 35 a 1
Elektrotechniker 2 185
Energieberater 2 185
Entbindungsheim 3 125
Entbindungspfleger 2 185
Entgelte, Dauerschulden *s Dauerschuldzinsen, -entgelte*
Entschädigungen, Betriebsaufgabe **7** 53
Gewerbesteuerpflicht **7** 22
Entschädigungs- und Sicherungseinrichtung, Steuermessbetrag **11** 8
Entschädigungseinrichtung, Befreiung **3** 215
Entstehung der Gewerbesteuer **18** 1 ff, *s auch Gewerbesteuer*
Entstrickung 7 79; **Anh 7** 56, 140
Entwicklungshilfe 3 36
Entwicklungszusammenarbeit 3 36

Erbauseinandersetzung 7 88
Erbbaurecht 9 Nr 1 2
Erbbaurechtsveräußerungen 2 80
Erbbaurechtsvertrag, Nutzungsentgelte **8 Nr 1 d** 20
Erbbauzinsen 8 Nr 1 b 6
Erben 2 185
Erbengemeinschaft 2 18, 23, 298
Steuerschuldner **5** 11
Erbensucher 2 185
Erbfall 2 442
Erbfolge, Gewerbeertrag **7** 19
Erbschaft als Betrieb gewerblicher Art **2** 278
Erbschaftsteuer/Schenkungsteuer, Formwechsel eines eingetragenen Vereins **Anh 7** 90
Erdölbevorratungsverband 3 7
Erdrosselungssteuer 1 20
Erfindertätigkeit 2 185
Ergänzungsbilanz Anh 7 132, 167, 466, 473, 477
Ergotherapeut 2 185
Erhebungspflicht 1 16
Erhebungsverfahren 1 35 ff
Erhebungszeitraum 14 2, 4
Erholungsheim 3 49, 122
Erholungsverein 3 49
Erklärungsfristen 14 a 4
Erlass 16 8
Zuständigkeit **1** 35
Ernährungsberater 2 185
Erneuerungsverpflichtung, Nutzungsentgelte **8 Nr 1 d** 20
Errungenschaftsgemeinschaft 2 24
Erstattungsanspruch, Begriff **20** 4
Entstehung **20** 4
Fälligkeit **20** 4
Erweiterte Kürzung 9 Nr 1 17 ff
Betriebsvorrichtungen **9 Nr 1** 23 a
Veräußerung **9 Nr 1** 22 b
Zebragesellschaft **9 Nr 1** 23 e
Erwerbs- und Wirtschaftsgenossenschaften 2 335; **3** 150 ff, 197 f; **9 Nr 2 a** 1 ff
Beginn der Gewerbesteuerpflicht **2** 343
Steuermessbetrag **11** 8
Veräußerungsgewinn **7** 15
Erwerbsverein 3 150 ff, 197 f
Erzieherische Tätigkeit 2 185
Erziehung 3 28
Erziehungshelfer 2 45
Erzprobennehmer 2 185
Eurokredite 8 Nr 1 a 75
Europäische Genossenschaft 2 336
Europäische Gesellschaft 2 331
Europäische Union, Einbringung **Anh 7** 440 ff
Europäische Wirtschaftliche Interessenvereinigung 2 304; **5** 12
Europarecht 1 22 a
European Transonic Windtunnel GmbH 3 245
Exklusivvereine 3 15
Exportkredite 8 Nr 1 a 76

Fachbuchhandel 3 67
Factoring 8 Nr 1 a 77
Fahrdienst 3 122
Fährgerechtigkeit, Nutzungsentgelte **8 Nr 1 d** 20
Fahrschule 2 164, 185
Fakir 2 185
Faktische Gesellschaft 7 104
Faktische Mitunternehmerschaft 2 301
Familiengesellschaft 7 147, 152
Befristung **7** 156
Buchwertabfindung **7** 157
Fremdvergleich **7** 153
Gewinnverteilung **7** 158
zivilrechtliche Fragen **7** 159
Familienstiftung 3 49 f
Fasching 3 44
Faschingsbälle 2 278
Fastnacht 3 44
Ferienwohnung 2 81
Fernsehen 2 185
Fernsehfahnder 2 45
Fernsehfilme 3 122
Fernsehshow 2 185
Fernsehsprecher 2 185
Festschrift 3 77, 112, 122
Festsetzung, GewSt **16** 2
Hebesatz **16** 10
Feuerbestattung 3 49, 67

Feuerschutz 3 33, 49
Feuerwehrfonds 3 212
Fiktive Steueranrechnung Anh 7 147
Filmautoren, -komponisten, -regisseure 2 45
Filmclub 3 49
Filmemacher 2 185
Filmherstellung 3 122
Filmkredite 8 Nr 1 a 78
Filmleihvertrag, Nutzungsentgelte **8 Nr 1 d** 20
Filmschauspieler 2 45
Finanzanalyst 2 185
Finanzbeiträge 8 Nr 1 a 79
Finanzberater 2 185
Finanzdienstleistungsinstitute 8 Nr 1 a 93 a
Finanzhoheit 1 9
Finanzreformgesetz 1 4
Fischerei 3 147 ff
Fischzucht 2 138, 142
Fiskalbetrieb 2 270
Fitness-Studio 2 185; **3** 122
Fleischbeschauer 2 185
Flüchtlingshilfe 3 31, 49
Flughafen, Nutzungsentgelte **8 Nr 1 d** 20
Flughafenbetrieb 3 49
Flugsport 3 49
Fonds, geschlossene **2** 82
Förderung, Begriff **3** 16
auf geistigem Gebiet **3** 19
auf materiellem Gebiet **3** 18
auf sittlichem Gebiet **3** 20
Zweckgerichtetheit **3** 17
Förderungsausgaben, Hinzurechnung, Umfang **8 Nr 9** 2
– Zweck **8 Nr 9** 1
Förderungskatalog 3 21 ff
Förderungswürdige Zwecke, Kürzung **9 Nr 5** 1, 7, 11
Förderzinsen 8 Nr 1 a 116; **8 Nr 1 b** 6
Forfaitierung 8 Nr 1 a 77, 80
Formwechsel Anh 7 4 f, 18, 49, 130 ff
einer eingetragenen Genossenschaft **Anh 7** 217
einkommensteuerrechtlicher **Anh 7** 26
Gewerbesteuer **Anh 7** 217
in Kapitalgesellschaft **Anh 7** 219
Maßgeblichkeit **Anh 7** 216, 219
in Personengesellschaft **Anh 7** 210 ff
Übersicht **Anh 7** 36
übertragende Verschmelzung **Anh 7** 123
Übertragungs- und Eröffnungsbilanz **Anh 7** 215
Formwechselnde Umwandlung 2 443; **5** 13; **7** 142
Forschung 3 22
Forschungsanstalt 2 278
Forschungseinrichtungen 3 49, 122
Forstabsatzfonds 3 246
Forstgenossenschaft 3 10
Steuermessbetrag **11** 8
Fotoclub 3 49
Fotodesigner 2 185
Fotograf 2 185
Fotomodell 2 45, 185
Fotoreporter 2 185
Frachtenprüfer 2 185
Frachtführer 2 45
Frachtgeschäft, Nutzungsentgelte **8 Nr 1 d** 20
Franchisenehmer 2 45
Franchise-Verkauf 2 185
Franchising, Nutzungsentgelte **8 Nr 1 d** 20
Frauenbeauftragte 2 185
Freie Berufe 2 161 ff
Akquisition **2** 185
Personengesellschaft **2** 168
s auch Selbstständige Arbeit
Freikörperkultur 3 49
Freimaurerloge 3 49, 77
Freistellungsbescheid 3 145
Freiwillige Feuerwehr 2 278
Freizeitgestaltung 3 44, 47
Fremdenführer 2 45, 185
Fremdenverkehrsbetrieb 3 49
Fremdenverkehrsverband, -verein 3 67
Fremder Grund und Boden 9 Nr 1 6

Fremdkapitalzinsen, Kürzung **9 Nr 10**
Fremdvergleich 7 153
Friedensförderung 3 49
Friedhofsgärtner 2 185
Friedhofsgärtnerei 2 152
Friedhofsverwaltung 2 278
Frühere Tätigkeiten 8 Nr 1 a 81
Fundustheorie 1 11
Funken 3 49
Funktionale Untergliederung 3 13
Funktionaler Betriebsbegriff 7 51
Funktionsschachtelbeteiligung 9 Nr 7 5
Fürsorgeerziehung 3 49
Fürsorgetätigkeit 2 278
FusionsRL Anh 7 154
Fußballtoto 3 7
Fußballverein 3 49, 75
Fußpfleger 2 185
Fußreflexzonenmasseur 2 185

Garagenablösung 2 278
Garantieentgelte 8 Nr 1 a 82
Gartenarchitekt 2 185
Gartenbauer 2 152
Gartenschau 3 49
Gaststätten 2 278
Nutzungsentgelte **8 Nr 1 d** 20
Gaststättenhandel 2 83
Gastwirtschaft 2 148
Gebietskörperschaft 1 5 f
Gebühren, Nutzungsentgelte **8 Nr 1 d** 20
Gefangenenarbeitsbetriebe 2 278
Gefolgschaftsverein 3 49, 75
Gegengeschäfte 3 157
Gegenleistung bei Verschmelzung von einer Körperschaft auf eine andere **Anh 7** 234
Geistliche, Ausbildung **3** 62
Versorgung **3** 62
Geldbeschaffungskosten 8 Nr 1 a 6
GEMA-Beauftragter 2 45
Gemeinde, Begriff **1** 5
Bestand **1** 5, 7
örtliche Gemeinschaft **1** 6 f
Rechtsbehelfsbefugnis **1** 37 f
Selbstverwaltungsrecht **1** 3
verfassungsrechtliche Garantie **1** 8
Gemeinde-Einkommensteuer 1 11, 51
Gemeindefinanzreform 1 46
Gemeindefreie Gebiete 1 10
Gemeindeordnung 1 5
Gemeindeschwimmbad 3 122
Gemeindeumlage 1 4, 46
Gemeindeverbände 1 10
Gemeindewerke 2 278
Gemeiner Wert, Einbringung in Kapitalgesellschaft **Anh 7** 340, 346, 375 ff, 386, 416
Einbringung in Personengesellschaft **Anh 7** 465, 478
Umwandlung **Anh 7** 120
Verschmelzung auf andere Körperschaft **Anh 7** 231, 235, 247 f, 268
Verschmelzung auf Personenunternehmen **Anh 7** 145
Gemeingebrauch, gesteigerter, Nutzungsentgelte **8 Nr 1 d** 20
Gemeinnützige Siedlungsunternehmen 3 200 ff
Gemeinnützige Zwecke 3 14–49
ABC **3** 49
Adressatenkreis **3** 15
Allgemeinheit **3** 15
ausländische **3** 15 a
Auslegung **3** 14 b, 14 e
Begünstigungsvoraussetzungen **3** 14
Beschränkung **3** 15 b
Europarecht **3** 15 a
Förderung **3** 16 ff
Förderungskatalog **3** 21 ff
Mitgliedsbeiträge **3** 15 b
Rechtsanspruch **3** 15
Rechtsordnung **3** 14, 16
Spenden **3** 15 b
verfassungsmäßige Ordnung **3** 14, 16
Verwässerung **3** 14 d
Werteordnung **3** 16
Zeitgeist **3** 14 c
Gemeinnützigkeit, drittschützende Norm **3** 146
Konkurrentenklage **3** 146
Rechte Dritter **3** 146
Verfahrensfragen **3** 145

Gemeinnützigkeitsbescheinigung 3 145
einstweilige Anordnung **3** 145
Gemeinnützigkeitskommission 3 14b
Gemeinschaftliche Tierhaltung 3 189ff
Gemischte Tätigkeit 2 186ff
Beteiligung **2** 193f
interprofessionelle Zusammenschlüsse **2** 194
bei Personengesellschaften **2** 189ff
– Abfärbetheorie **2** 190, 192
Generalbevollmächtigter 2 185
Genossenschaften 2 335, 343; **8 Nr 1 a** 83, 93a
Genossenschaftszentralen 3 155
Genussrechte 8 Nr 1 a 84
Gepäckträger 2 45
Gepräge-KG 2 321
Geräteüberlassung 3 122
Gerechtigkeiten 8 Nr 1 d 3
Gesamtbilanz 7 115
Gesamthafenbetriebe 3 228f
Steuermessbetrag **11** 8
Gesamtrechtsnachfolge bei Einbringung in Mitunternehmerschaft **Anh 7** 478
bei Sacheinlage **Anh 7** 331, 360
steuerrechtliche Folgen **Anh 7** 40
Gesangbuchverlag 3 122
Geschäftsführer 2 185
Geschäftsführergehalt 7 147
Geschäftsführung, Mittelansammlung **3** 106
Nachweis **3** 105
tatsächliche **3** 95, 103
Geschäftsleitende Holding 2 372
Geschäftsstellen 2 469
Geschäftsvorfall, laufender **8 Nr 1 a** 50ff
sonstiger **8 Nr 1 a** 50, 54
Geschäftswert bei Betriebsverpachtung **7** 77
Nutzungsentgelte **8 Nr 1 d** 20
verdeckte Einlage **7** 66
Gesellige Veranstaltungen 3 122
Gesellige Zusammenkünfte 3 89
Geselligkeitsverein 3 49
Gesellschaft mit beschränkter Haftung *s GmbH*
Gesellschafter 2 45
Gesellschafterdarlehen 7 123
Gesellschafterstämme, Trennung bei Spaltung **Anh 7** 305
Gesellschafterwechsel 5 8; **7** 93f
Abgrenzung zur Einbringung **Anh 7** 462
Gesellschaftsanteile 8 Nr 1 a 85
Aufgabe **7** 91
Veräußerung **7** 90, 92f
bei Verschmelzung auf Personenunternehmen **Anh 7** 179
Gesellschaftsbeteiligungen von Genossenschaften **3** 160
Gesellschaftsdarlehen als Entnahme **7** 119
Gesellschaftsgründung 7 117
Gesetz und Recht, Eintreten für **3** 49
Gestaltungsmöglichkeiten bei Verschmelzung auf Personenunternehmen **Anh 7** 169
Gesundheitsfürsorge 3 49
Gesundheitspflege 3 24
Gesundheitswesen, öffentliches **3** 24
Getreidebörse 3 49
Gewährleistungsverbindlichkeiten 8 Nr 1 a 104
Gewerbeberechtigung, Nutzungsentgelte **8 Nr 1 d** 20
Gewerbebetrieb, ABC **2** 185
Abgrenzung Vermögensverwaltung **2** 64ff
Begriff **2** 2, 11
gewerbliche Tätigkeit **2** 41f
der juristischen Personen des öffentlichen Rechts **2** 276f
rechtsformabhängiger/rechtsformunabhängiger **2** 6
Steuergegenstand **2** 3
Typusbegriff **2** 41
Gewerbeertrag 6 2
bei Abwicklung, Insolvenz **7** 36f
des Einbringenden bei Sacheinlage **Anh 7** 425

im Erhebungszeitraum der Umwandlung **Anh 7** 58
Ermittlung im Organkreis **7** 44
Gewerbeertragsermittlung im Organkreis **2** 385 ff
Gründungsphase **7** 10
Hinzurechnung **8 a**
bei Körperschaften **7** 26
bei Personengesellschaften, natürlichen Personen **7** 21 f
bei sonstigen Steuergegenständen **7** 45
Übernahmegewinn **Anh 7** 55
des Übernehmers bei Sacheinlage **Anh 7** 428
s auch Maßgebender Gewerbeertrag
Gewerbekapital, Bindung an den Einheitswert **6** 3
Gewerbesteuer, Abrechnung **20**
Anteilstausch **Anh 7** 334, 425
Äquivalenzprinzip **1** 11
Aufkommen **1** 3 f, 45
Beitreibung **16** 6
Berechtigung **1** 16
Berufswahl und -ausübung **1** 20
Besteuerungsverfahren **1** 23–40
Betriebsausgabe **1** 15
Diskussion **1** 50 ff
Dividendenerträge nach § 7 UmwStG **Anh 7** 155
Eigentumsgarantie **1** 20
Einbringung in Personengesellschaft **Anh 7** 464, 472
Einbringungsgewinn I **Anh 7** 426
Einbringungsgewinn II **Anh 7** 427
Entstehung **1** 1; **18** 2
– Bedeutung **18** 3
– Folgen **18** 2
Entwicklungen **1** 53
Erhebung **1** 35 ff
Erlass **16** 8
Erstattungsanspruch **20** 4
Festsetzung **16** 2
finanzwirtschaftliche Bedeutung **1** 45
Formwechsel **Anh 7** 217
Fundustheorie **1** 11
Gemeindesteuer **1** 2, 4
„Gemeindewirtschaftsteuer" **1** 51
Gesetzesvorbehalt **1** 17
Gleichheitssatz **1** 18 f
Kleinbeträge **34**
„Konsensmodell" **1** 51
Kostensteuer **1** 15
Leistungsgebot **20** 2
Missbrauchsvermeidung **Anh 7** 61
Niederschlagung **16** 6
Objektsteuer **1** 14
Reformmodelle **1** 51
„Revitalisierung" **1** 51 f
Rückstellung **1** 15
Rückwirkung **Anh 7** 106
Sacheinlage **Anh 7** 425
Säumniszuschläge **16** 9
Schadensersatz **1** 17, 24
Sozialstaatsprinzip **1** 21
als Steuer ieS **1** 13
Steuergegenstand **2**
Steuerschuldverhältnis **18** 1
Stundung **16** 7
Teilanrechnungsverfahren **1** 51
übernehmende Kapitalgesellschaft **Anh 7** 428
Übertragungs-/Übernahmegewinn **Anh 7** 55, 161, 166, 245
Unabhängigkeit von Festsetzung **18** 2
Vereinbarungen **1** 17; **18** 2
Verfassungsmäßigkeit **1** 18–22
verfassungsrechtliche Garantie **1** 3 f
Verjährung **16** 5
Verwaltung **1** 35 ff
Verzicht **18** 2
„Vier-Säulen-Modell" **1** 51
Zerlegung *s dort*
Zweck **1** 11
Gewerbesteueranrechnung 14 6
Gewerbesteuerbescheid 16 3
Folgebescheid **1** 34; **16** 3
bei Mitunternehmerschaft **5** 15
Rechtsbehelfe **16** 4
Gewerbesteuermessbescheid 14 2
Aussetzung der Vollziehung **35 b** 2
Bekanntgabe **1** 29 f; **4** 2; **14** 3
Bindungswirkung **1** 34; **14** 5
Folgeänderung **35 b** 2, 4
getrennte Anfechtbarkeit **35 b** 2
Grundlagenbescheid **1** 29, 34
Inhalt **14** 2

Konkurrenz von Änderungsvorschriften **35 b** 3
Mitteilung an die Gemeinde **14** 2
streitiges Heberecht **14** 2
Gewerbesteuermessbetrag 6 1
Fehlersaldierung **14** 1
bei steuerbegünstigten Betriebsteilen **14** 1
s auch Steuermessbetrag
Gewerbesteuerreform 1 52
Gewerbesteuerrückstellung 7 2 a
Gewerbesteuerumlage, Beitrittsgebiet **1** 46
Gewerbeverlust 10 a
Begriff **10 a** 6
Berechnung **10 a** 116
Beschränkungen **10 a** 113
Beteiligung einer Körperschaft **10 a** 121
doppelte Berücksichtigung im ersten Wirtschaftsjahr **10** 5
gesonderte Feststellung **10 a** 118 f
gewerblich geprägte Personengesellschaft **10 a** 7
Mindestbesteuerung **10 a** 114
Nachholung des Abzugs **10 a** 116
personale Elemente **10 a** 3
Personengesellschaften **10 a** 120
Rechtsbehelfe **10 a** 117
Steuerbefreiungen **10 a** 112
tatsächliche Berücksichtigung **10 a** 116
unternehmensbezogene Elemente **10 a** 3
Unternehmensidentität **10 a** 3, 6–89
Unternehmeridentität **10 a** 3, 12–20
Verfahren **10 a** 116
Verlustabzug, Durchführung **10 a** 112 ff
Verlustrücktrag **10 a** 5
vorweggenommene Verluste **10 a** 7
Wasserkraftwerke **10 a** 112
Zeitfragen **10 a** 4, 116
Gewerblich geprägte Personengesellschaft bei Außengesellschaften **2** 310
Beteiligung einer Kapitalgesellschaft **2** 314
Betriebsaufgabe **2** 322 f
Betriebsbeendigung **2** 432
Betriebsbeginn **2** 432
doppelstöckige GmbH & Co KG **2** 314
Einkünfteerzielungsabsicht **2** 313
Gepräge-GbR **2** 321
Gepräge-KG **2** 321
Gepräge-OHG **2** 321
Geschäftsführung **2** 316 ff
Gesellschafterhaftung **2** 315
Gesellschaftstypus, Beteiligungsverhältnisse **2** 321
Gewerbesteuerbelastung **2** 325
Gewerbesteuerpflicht **2** 324
GmbH & Still **2** 312
bei Innengesellschaft **2** 311
Liebhabereitätigkeiten **2** 313
Mitunternehmerschaft **2** 312
als Organträger **2** 360
persönlich haftende Gesellschafter **2** 315
Rechtsfolgen **2** 322
Schein-KG **2** 321
Veräußerungsgewinn **7** 16
Verlust vor Steuerpflicht **10 a** 7
zeitlicher Anwendungsbereich **2** 326
Gewerbliche Tätigkeit 2 41 f
Liebhabereibetrieb **2** 53–63
Gewerblicher Grundstückshandel 2 90–134
s auch Grundstückshandel
Gewerkschaft 2 401; **3** 185
Gewinnabführungsvertrag, Durchführung **2** 378
formelle Vorgaben **2** 375 f
materielle Vorgaben **2** 377 f
Gewinnanteile 7 115
Aufwendungen **9 Nr 2 a** 8
Ausbuchung **9 Nr 2 a** 9
an ausländischer Kapitalgesellschaft **9 Nr 7** 1 ff
– Antrag der Muttergesellschaft **9 Nr 7** 11
– Berechnung des Kürzungsbetrags **9 Nr 7** 14
– Beteiligung an der Enkelgesellschaft **9 Nr 7** 8
– Beteiligung der Muttergesellschaft **9 Nr 7** 2

– Beteiligung der Tochtergesellschaft **9 Nr 7** 5
– Bruttoerträge der Enkelgesellschaft **9 Nr 7** 10
– Bruttoerträge der Tochtergesellschaft **9 Nr 7** 6
– Gewinnausschüttungen Tochtergesellschaft/Enkelgesellschaft **9 Nr 7** 9
– Kürzung **9 Nr 7**
– – Umfang **9 Nr 7** 13
– – Zweck **9 Nr 7** 1
– Rechtsformen **9 Nr 7** 3
– Tätigkeit der Tochtergesellschaft **9 Nr 7** 4
– Voraussetzungen, Erfüllung steuerlicher Pflichten **9 Nr 7** 12
– Zeitfragen **9 Nr 7** 7
– Zusammentreffen mit DBA **9 Nr 7** 1
an DBA-befreiter Gesellschaft **9 Nr 8**
– Allgemeines **9 Nr 8** 1
– Befreiung von der GewSt **9 Nr 8** 3
– Beteiligung **9 Nr 8** 2
– Rechtsformen **9 Nr 8** 4
– Umfang der Kürzung **9 Nr 8** 5
EK 04-Ausschüttungen **9 Nr 2 a** 7
an inländischer Kapitalgesellschaft usw **9 Nr 2 a**
– Beteiligung **9 Nr 2 a** 3
– Kürzung **9 Nr 2 a**
– – Umfang **9 Nr 2 a** 5
– – Zweck **9 Nr 2 a** 1
Liquidation **9 Nr 2 a** 5 f
an Mitunternehmerschaft **9 Nr 2**
– ausländische Beteiligungsgesellschaft **9 Nr 2** 1, 4
– Begriff **9 Nr 2** 2
– Doppelbelastung **9 Nr 2** 2
– doppelstöckige **9 Nr 2** 5
– Gewerbesteuerpflicht der Beteiligungsgesellschaft **9 Nr 2** 4
– Kürzung **9 Nr 2**
– – Umfang **9 Nr 2** 5
– – Zweck **9 Nr 2** 1
– niedrige GewStBelastung **9 Nr 2** 1 a
– Rechtsformen **9 Nr 2** 3
– Schuldzinsen **9 Nr 2** 5
– Veräußerungsgewinne **9 Nr 2** 5
Pensionsfond **9 Nr 2 a** 10
Rechtsformen **9 Nr 2 a** 2
Stichtagsprinzip **9 Nr 2 a** 4
Teilwertabschreibung **9 Nr 2 a** 9
Übernahmegewinne **9 Nr 2 a** 6
Veräußerungsgewinne **9 Nr 2 a** 6
verdeckte Gewinnausschüttung **9 Nr 2 a** 5
Versicherungsunternehmen **9 Nr 2 a** 10
Gewinnausschüttungen 8 Nr 10 4
Gewinnbeteiligung, Mitunternehmerrisiko **7** 106
stille Gesellschaft **7** 140
Gewinnermittlung, Konkurrenzen **7** 112
Mitunternehmerschaften ohne Gesamthandsvermögen **7** 130
für Zwecke der Gewerbesteuer **7** 1 f
Gewinnerzielungsabsicht 2 53–63; **7** 11
abweichender Zeitpunkt **2** 61
Anlaufzeiten **2** 56
Anscheinsbeweis **2** 58
gemischte Tätigkeiten **2** 60, 63
Generationenbetrieb **2** 59
Grundsätzliches **2** 53
Indizien **2** 57
objektive Kriterien **2** 54
Personenbezogenheit **2** 53
Personengesellschaften **2** 63
persönliche Neigungen **2** 56
Prognose **2** 54
Rechtsprechungsbeispiele **2** 62
Segmentierung **2** 60
steuerrechtliche Kriterien **2** 55
Steuervorteile **2** 56
Totalgewinn **2** 54
Zeitrahmen **2** 59
Zweigbetrieb **2** 60
Gewinngutschriften 8 Nr 1 a 113
Gewinnkorrekturen Anh 7 183, 250, 419
Gewinnminderung, ausschüttungsbedingte **8 Nr 10** 5
Gewinnverteilung 5 22
Gewinnvorab bei Einbringung in Mitunternehmerschaft **Anh 7** 476
Gewinnvorzug 2 182

Gewinnzuschläge 3 166
Gleichartige Tätigkeit 2 13
Gleichberechtigung 3 39, 49
Gleichheitssatz, Produktionsfaktoren **1** 18
Typisierung **1** 18 f
Gleichstellung mit Hausgewerbetreibenden **11** 12
Globalkredite 8 Nr 1 a 86
Glücksspiele 2 185
GmbH 2 331
Mitunternehmerschaft **7** 107
GmbH & Co KG 7 147 f
Betriebsaufgabe **7** 147
Familiengesellschaft **7** 147
Geschäftsführergehälter **7** 147
Mitunternehmerschaft **7** 147 f
verdeckte Gewinnausschüttung **7** 148
GmbH & Still 2 312; **7** 145
GmbH-Beteiligung 7 107
als Sonderbetriebsvermögen **7** 116
Golf 3 49
Gotcha 3 49
Graphiker 2 185
Grenzüberschreitende Gewerbegebiete 2 476; **4** 8
Grundbesitz, Arbeitnehmerwohnungen **9 Nr 1** 5
Bauunternehmer **9 Nr 1** 5
Begriff **8 Nr 7 aF** 4; **9 Nr 1** 2, 20
Beitrittsgebiet **9 Nr 1** 15
Belegschaftsheim **9 Nr 1** 5
Bemessungsgrundlage **9 Nr 1** 15
– für die Kürzung **9 Nr 1** 14
Betriebsvermögen **9 Nr 1** 3 ff
Ehegatten **9 Nr 1** 7
Einheitswert **9 Nr 1** 14
Entnahmen **9 Nr 1** 10
Erbbaurecht **9 Nr 1** 14, 16
gemischte Nutzung **9 Nr 1** 6
gewillkürtes Betriebsvermögen **9 Nr 1** 8
Immobilienmakler **9 Nr 1** 5
Kapitalgesellschaften **9 Nr 1** 12
konzernleitende Tätigkeit **9 Nr 1** 19
Körperschaften **9 Nr 1** 12
Kürzung **9 Nr 1**
– Beschränkung **9 Nr 1** 16 a
– Umfang **9 Nr 1** 14, 16
– Zeitfragen **9 Nr 1** 13
– Zweck **9 Nr 1** 1
– Zwölftelung **9 Nr 1** 13
maßgeblicher Einheitswert **9 Nr 1** 14
Miteigentum **9 Nr 1** 7
notwendiges Betriebsvermögen **9 Nr 1** 5
Nutzungsverhältnisse **9 Nr 1** 6
Personengesellschaften **9 Nr 1** 11
Stichtagsprinzip **9 Nr 1** 14
Überschussrechner **9 Nr 1** 9
Vermögensverwaltung **9 Nr 1** 8
Verpächteranteil **9 Nr 1** 14
wirtschaftliches Eigentum **9 Nr 1** 7
im Zustand der Bebauung **9 Nr 1** 14
Grunderwerbsteuer bei Formwechsel **Anh 7** 49
bei Umwandlungen **Anh 7** 48
Grundlagenbescheid 35 b 2, 9
Grundstückshandel 2 90 ff
Anzahl der Objekte **2** 93 ff
Betriebsaufgabe **2** 116
– gewerbesteuerfreie **7** 53
Betriebsvermögen **2** 114
Beurteilungszeitraum **2** 113
Dauerschulden **2** 117
Einlagezeitpunkt **2** 113
Einzelfragen **2** 113
Fallgruppen **2** 91 f
Gewerbesteuerpflicht **2** 113
gewerblicher **2** 90 ff
Gewinnermittlungsart **2** 115
Gewinnerziehung **2** 96
Gewinnverwirklichung **2** 115
Großobjekt **2** 98
Immobiliengesellschaften **2** 105
Indizwirkung **2** 100 f
Kapitalgesellschaften **2** 107
Landwirt **2** 112
Marktgängigkeit **2** 109
Motive **2** 96
Objektbegriff **2** 97
Objektgrenze **2** 96
Personengesellschaften **2** 103 f
planmäßiger Zusammenhang **2** 102
Privatvermögen **2** 95
Rechtsnachfolge **2** 101
Rücklage nach § 6 b EStG **2** 118
sonstige Fälle **2** 108

unbedingte Verkaufsabsicht **2** 110
weitere Beispiele **2** 111
zeitlicher Zusammenhang **2** 99 ff
Zwischenschaltung **2** 106
Grundstücksunternehmen, Abgrenzung von gewerblichen Unternehmen **9 Nr 1** 22 a
Antrag auf Kürzung **9 Nr 1** 32
Aufdeckung stiller Reserven **9 Nr 1** 33 b
Aufgabegewinn **9 Nr 1** 33 c
Ausschließlichkeit der Grundstücksverwaltung **9 Nr 1** 23 ff
begünstigte Unternehmen **9 Nr 1** 18
Betreuung von Wohnungsbauten **9 Nr 1** 27, 29
Betriebsaufspaltung **9 Nr 1** 26
Betriebsverpachtung **9 Nr 1** 22 f
Betriebsvorrichtungen **9 Nr 1** 20, 24, 34
„daneben" (Begriff) **9 Nr 1** 27
„daneben" (Gleichzeitigkeit) **9 Nr 1** 27
eigener Grundbesitz **9 Nr 1** 21
Erbbaurecht **9 Nr 1** 21
Errichtung und Veräußerung von Einfamilienhaus, Zweifamilienhaus oder Eigentumswohnung **9 Nr 1** 27, 30
Fruchtziehung **9 Nr 1** 22
gemischt-genutzte Wohngrundstücke **9 Nr 1** 29
Gewerbebetrieb des Gesellschafters (Genossen) **9 Nr 1** 33
gewerbliche Betätigung **9 Nr 1** 22 f
Gewinnermittlung, getrennte **9 Nr 1** 31
Gewinnerzielungsabsicht bei Nebentätigkeiten **9 Nr 1** 23 c
Grundbesitz **9 Nr 1** 20
Grundstückshandel **9 Nr 1** 22 b
Immobilien-Leasing **9 Nr 1** 25
Kürzung **9 Nr 1**
– Umfang **9 Nr 1** 34
– zeitanteilige **9 Nr 1** 23
– Zweck **9 Nr 1** 17
Liquidation **9 Nr 1** 22 c
Mehrjahreszeitraum **9 Nr 1** 22 c
Mieterwechsel **9 Nr 1** 22 a
„neben" (Begriff) **9 Nr 1** 27
Nebengeschäfte, zulässige **9 Nr 1** 24
Nebentätigkeiten **9 Nr 1** 23 a
Nutzung von Grundbesitz **9 Nr 1** 22 a
Organschaften **9 Nr 1** 19
Sonderleistungen **9 Nr 1** 22 a, 23 a
Substanzverwertung **9 Nr 1** 22
Übergang von der gewerblichen zur verwaltenden Tätigkeit **9 Nr 1** 23 d
Veräußerung **9 Nr 1** 22 b
Veräußerungsgewinne **9 Nr 1** 33 c, 34
verdeckte Gewinnausschüttungen **9 Nr 1** 34
Vergütungen iSv § 15 Abs 1 Nr 2 Satz 1 EStG **9 Nr 1** 33 a
Verwaltung von Grundbesitz **9 Nr 1** 22
Verwaltung von Kapitalvermögen **9 Nr 1** 27 f
wirtschaftliches Eigentum **9 Nr 1** 21
Zeitfragen **9 Nr 1** 21 a
Grundstücksverwaltung, Abgrenzung zum Gewerbebetrieb **9 Nr 1** 22
Begriff **9 Nr 1** 22
Liquidation **9 Nr 1** 22 c
maßgeblicher Zeitraum **9 Nr 1** 22 c, 23 a
Mieterwechsel **9 Nr 1** 22 b
Sonderleistungen **9 Nr 1** 22 a, 23 a
Substanzverwertung **9 Nr 1** 22
Gründungsgesellschaft 2 342, 434
Grundversorgung 3 122
Gruppenähnlichkeit 2 169
Gruppenversicherung 3 122
Gutachter 2 45, 185
Gutachterausschuss 2 278
Güterfernverkehrsunternehmen 8 Nr 1 a 40
Gütergemeinschaft 2 24, 129, 298
Steuerschuldner **5** 11

Hafenbenutzung, Nutzungsentgelte **8 Nr 1 d** 20
Haftpflichtverbindlichkeiten 8 Nr 1 a 104

Haftung 5 19–21
der Gesellschafter **5** 6
wegen Kürzung **9 Nr 5**
Haftungsbescheid 5 15
Halbeinkünfteverfahren 7 58
Gewinnermittlung **7** 5
Hamburgische Wohnungsbaukreditanstalt 3 9
Handaufleger 2 185
Handelsgesellschaften, Verlustanteile, Hinzurechnung **8 Nr 8**
Handelsschiffe im internationalen Verkehr, Kürzung **9 Nr 3**
– Durchführung **9 Nr 3** 6
– Voraussetzungen **9 Nr 3** 5
Handelsvertreter 2 185
Gewerbesteuerpflicht **1** 19
– der Ausgleichszahlung **7** 23
Selbstständigkeit **2** 45
Händlertypisches Verhalten 2 67
Handwerksbetrieb 3 122
Hanseatische Gesellschaft für öffentliche Finanzierungen 3 9
Hauberggenossenschaft 3 10
Steuermessbetrag **11** 8
Haus- und Grundbesitzerverein 3 49, 185
Hausgehilfe 2 45
Hausgewerbetreibende 2 185; **3** 162
Begriff **11** 10
Selbstständigkeit **2** 45
Steuermesszahl **11** 10
Hausierer 35 a 1
Hausmeister 2 45
Haustierzucht 2 141
Hausverwalter 2 45, 185
Havariesachverständiger 2 185
Hebamme 2 185
Hebeberechtigte Gemeinde 4 1
Hebeberechtigung bei Betriebsstätten in gemeindefreien Gebieten **4** 7
Reisegewerbe **35 a** 3
Hebesatz 16
Begrenzung **1** 4
Begriff **16** 2
Beschluss **16** 11
Festsetzung **16** 10
– der GewSt **16** 2
Festsetzungsfristen **16** 11
Funktion **16** 2
Gemeindeangelegenheit **16** 2
Gleichheit **16** 12
landesrechtliche Regelungen **16** 13
Mindesthebesatz **16** 11 a
Rechtsbehelfe **16** 14
Rückwirkung **16** 11
Satzung **16** 10
Zuständigkeit **16** 2
Hebesatzanspannung, Übersichten **1** 34
Heidenmission 3 62
Heilberufe 2 175, 185
Heileurhythmist 2 185
Heilpraktiker 2 185
Heilstätten 3 125
Heimarbeiter 3 162
Begriff **11** 11
Nichtselbstständigkeit **2** 45
Steuermesszahl **11** 11
Heimatgedanke 3 43
Heimatpflege 3 43, 49
Heimatverein 3 49
Heime für Hilflose, Kranke, Minderbemittelte **3** 49
Heimfalllasten 8 Nr 1 a 87; **8 Nr 1 b** 6
Heimvolkshochschule 3 122
Hellseherin 2 185
Herbergsvater 2 45
Hessische Landesentwicklungs- und Treuhandgesellschaft 3 9
Hilfe für Behinderte, Bundesarbeitsgemeinschaft **3** 123
Hilfsbedürftigkeit 3 50, 51
Hilfsgeschäfte 3 158
des land- und forstwirtschaftlichen Betriebs **2** 112
Hinterziehungszinsen 1 25; **4** 9
Hinzurechnung des GewErtrags 8 a
Beteiligung **8 a** 2
Beteiligungsketten **8 a** 5
Hinzurechnung **8 a** 4, 6
niedrige GewStBelastung **8 a** 3
Verfahren **8 a** 7
Hinzurechnungen 8
ausländische Betriebsstätten **8** 4

rechtliche Bedeutung **8** 3
wirtschaftliche Bedeutung **8** 2
Zweck **8** 1
s auch Dauernde Lasten
s auch Dauerschulden
s auch Dauerschuldzinsen, -entgelte
s auch Grundbesitz
s auch Kommanditgesellschaft auf Aktien
s auch Miet- und Pachtzinsen
s auch Mitunternehmerschaft
s auch Renten
s auch Spenden
s auch Stille Gesellschaft
s auch Verlustanteile
Hochbautechniker 2 185
Hochschulen *s Schulen*
Hochseefischerei 3 147 ff
Hoheitliches Tätigwerden 2 271
Beteiligung am allgemeinen wirtschaftlichen Verkehr **2** 52
Hoheitsbetrieb 2 272
Holzschnitzer 2 185
Homosexuellenverein 3 49
Hopfentreter 2 45
Hundertprozentige Beteiligung als Spaltungsgegenstand **Anh 7** 297
Hundesport 3 42, 44, 49, 73
Hundezucht, -haltung 2 138
Hypnotherapeut 2 185
Hypotheken 8 Nr 1 a 88
Hypothekenbanken 8 Nr 1 a 93 a

Illustration 2 185
Imkerei 2 142
Immaterielles Wirtschaftsgut, Nutzungsentgelte **8 Nr 1 d** 9
Immobilien-Leasing, Grundstücksunternehmen **9 Nr 1** 25
Importkredite 8 Nr 1 a 89
Importwarenabschlag 7 54
Industriegleisanlagen 2 278
Informationsdienst 2 185
Ingenieur 2 164, 185
Inkassobüro 2 185
Inland, Begriff **2** 476
Betriebsstätte **2** 7
Innenarchitekt 2 185
Innengesellschaft 2 22, 299; **7** 130 f
einheitliche Einkünfte bei I. **2** 299
einheitlicher Gewerbebetrieb **2** 18
Gewinnermittlung **7** 131
Mitunternehmerschaft **7** 104
Steuerschuldner **5** 6
verdeckte **7** 104
Inseratenwerbung 3 122
Insolvenz 7 37
Betriebsgesellschaft **2** 258
Feststellung **7** 40
Insolvenzforderung **7** 39
Masseverbindlichkeiten **7** 42
Verfahren **2** 426; **7** 38
Insolvenzsicherung 3 205
Insolvenzverwalter 2 185
Instandhaltung, Nutzungsentgelte **8 Nr 1 d** 20
Instrumentenbauer 2 185
Interessengemeinschaft 2 401
Internat *s Schulen*
Internationale Gesinnung 3 34
Internet 2 185
Internetverein 3 49
Interprofessionelle Zusammenschlüsse 2 194
Interviewer 2 185
Inventurbüro 2 185
Investitions- und Förderbank Niedersachsen 3 9
Investitions- und Strukturbank Rheinland-Pfalz 3 9
Investitionsbank Berlin 3 9
Investitionsbank Brandenburg 3 9
Investitionsbank Hessen AG 3 9
Investitionsbank Sachsen-Anhalt 3 9
Investitionsbank Schleswig-Holstein 3 9
Investitionszulage 8 Nr 1 a 90
bei Umwandlungen **Anh 7** 95

Jagd 2 143
Journalist 2 185
Jugendhilfe 3 25
Jugendreligionsvereine 3 24
Jugendsekte 3 49
Jugendverband 3 49
Jugendweihe 3 49
Junggesellenverein 3 49

Juristische Personen, Beteiligung an Mitunternehmerschaften **7** 5 a
Juristische Personen des öffentlichen Rechts, Gewerbebetrieb **2** 276 f, 279
Steuermessbetrag **11** 8

Kalenderjahrbuch 3 122
Kameradenhilfe 3 75
Kameradschaftsverein 3 49
Kameramann 2 185
Kaminkehrer 2 278
Kanalbetrieb 2 278
Kantinen 2 278
Kapitalanlagegesellschaft 2 339
Befreiung **3** 244
Kapitalbeteiligungsgesellschaften für die mittelständische Wirtschaft **3** 224 f
Kapitalerhöhung nach Sacheinlage **Anh 7** 351
Kapitalgesellschaft 2 330 ff
Abwicklung, Insolvenz **7** 36 f
ausländische **2** 340
Beginn der Gewerbesteuerpflicht **2** 342
Beteiligung an Personengesellschaft **2** 327
Betriebsausgaben **7** 26
einheitlicher Gewerbebetrieb **2** 341 f
Ende der Gewerbesteuerpflicht **2** 344
Gewerbeertrag **2** 345; **7** 26
Gewinnermittlung **7** 26
Grundbesitz, Kürzung **9 Nr 1** 12
Gründungsgesellschaft **2** 342
inländische **9 Nr 2 a**
Liquidation **2** 345
Rechtsform **2** 330
Reisegewerbe **2** 348
Veräußerungsgewinne **2** 345; **7** 15
Kapitalherabsetzung 8 Nr 10 5
Kapitalistische Betriebsaufspaltung 2 244
Kapitalkonto 7 95
Karneval 3 44
Karnevalsverein 3 49
Kartelle 2 338
Kartenspiele 3 49
Kartenspieler 2 185
Kartograph 2 185
Käseherstellung 3 153
als Nebenbetrieb **2** 147
Kassenvermögen, Sicherung **3** 165, 177
zulässiges **3** 175
Kassierer 2 45
Katastrophenschutz 3 33, 49
Kaufverträge, Nutzungsentgelte, Abgrenzung **8 Nr 1 d** 6 f
Kautionen 8 Nr 1 a 91
Kettenhonorarvertrag 2 45
Kfz-Sachverständiger 2 185
KGaA 2 333
Kiesausbeute 2 146
Kindererholungsheim 2 185
Kindergarten 3 75, 134
Kinderheim 2 164, 185
Kindesvermögen, Nutzung **5** 3
Kiosk 3 122
Kirchenlasten 8 Nr 1 b 5
Kirchliche Zwecke, Begriff **3** 60
begünstigte Zwecke **3** 62
Einzelfälle **3** 62
Kürzung **9 Nr 5** 7 a
Verfahrensfragen **3** 145
Kirchturmbesteigungen 3 62
Kirmesveranstaltungen 3 122
Klageverfahren 5 15
Klärschlammtransport 2 148
Klavierstimmer 2 185
Kleinbeträge 34
bei Folgeänderungen **35 b** 5
Kleinere Körperschaften, Befreiung **3** 242
Besteuerung **2** 350
Kleingartenverein 3 49
Kleingärtnerei 3 44
Kleintierzucht 2 138; **3** 49
Klosterbrauerei 3 77
Know-How 8 Nr 1 d 3
Nutzungsentgelte **8 Nr 1 d** 20
Kochen 3 49
Kommanditgesellschaft auf Aktien 2 333; **7** 146; **8 Nr 4** 1 ff
Doppelbelastungen **8 Nr 4** 3
gewinnabhängige Vergütung **8 Nr 4** 4
Kürzungen **9 Nr 2 b**

Nachteile **8 Nr 4** 3
persönlich haftender Gesellschafter **8 Nr 4** 1, 2
Rechtsstruktur **8 Nr 4** 1
Steuermesszahl **11** 4
Umfang der Hinzurechnung **8 Nr 4** 4
Vergütungen des persönlich haftenden Gesellschafters **8 Nr 4** 4
Verlustanteile **8 Nr 4** 4
Zweck der Hinzurechnung **8 Nr 4** 1
Kommunalberater 2 185
Kommunale Datenverarbeitungszentralen 2 278
Kommunaler Querverbund 7 5 b
Kommunales Kino 3 49
Kommunalkreditinstitute 8 Nr 1 a 93 a
Kommunikationstechnik, Berater **2** 185
Komparse 2 185
Kompasskompensierer 2 185
Kompensation 35 b 4
Komplementärtätigkeit 2 120
Konkurs *s Insolvenz*
Konkursverwalter 2 185
Konsortium 2 22, 338; **7** 133
Konstrukteur 2 185
Kontokorrent 8 Nr 1 a 92
Kontokorrentschulden 8 Nr 1 a 48
Konventionalstrafen 8 Nr 1 a 6
Konzertdirektion 2 185
Konzessionen 8 Nr 1 d 4; **8 Nr 1 f**
Nutzungsentgelte **8 Nr 1 d** 20
Konzessionsabgaben 8 Nr 1 b 6
Körperschaft, Gewerbeertrag **7** 26 f
kleinere, Befreiung **3** 242
– Besteuerung **2** 350
des öffentlichen Rechts, Begriff **2** 279
s auch Kapitalgesellschaft
Körperschaftsteuer, Anrechnungsanspruch **7** 4
Gliederung des verwendbaren Eigenkapitals **Anh 7** 307
Körperschaftsteuererhöhung **Anh 7** 148
verwendbares Eigenkapital **Anh 7** 319
Kosmetikerin 2 185
Kosmetikverein 3 49
Kostengemeinschaft 2 195; **7** 111 b
Krankenanstalt 2 278
Krankengymnast 2 164, 175, 185
Krankenhaus, Befreiung **3** 206 ff
Begriff **3** 125
Betrieb **2** 185
Strafvollzug **3** 126
Versicherungsträger **3** 126
Zweckbetrieb **3** 124 ff
Krankenhausberater 2 185
Krankenhausbetrieb 2 185
Krankenhauswäscherei 3 49, 77, 122
Krankenkassen 3 161 ff
Begriff **3** 161
Dauer der Steuerpflicht **3** 178
partielle Steuerpflicht **3** 177
soziale Einrichtung **3** 163 ff
Steuermessbetrag **11** 8
Überdotierung **3** 170 ff
Verlust der Steuerfreiheit **3** 176
Krankenpflegehelfer 2 185
Krankenpfleger 2 164, 185
Krankenversicherungen, Befreiung **3** 243
Kreditanstalt, Schachtelbeteiligung **9 Nr 2 a** 1 ff
Kreditanstalt für Wiederaufbau 3 9
Kreditberater 2 185
Kreditgarantiegemeinschaften 3 216
Kreditgenossenschaften 8 Nr 1 a 93 a
Kreditgewährung 2 121
Kreditinstitute 8 Nr 1 a 93 ff
Anlagevermögen **8 Nr 1 a** 93 c
Befreiung von Sicherungseinrichtungen **3** 212 ff
Eigenkapital **8 Nr 1 a** 93 e
Kreditprovision 8 Nr 1 a 6
Kreditvermittlungsprovision 8 Nr 1 a 6
Krematorium 2 278; **3** 122
Kriegsblinde 3 122
Kriegsopfer-, -hinterbliebenen-, -beschädigten-, -gefangenenhilfe 3 49
Kriminalprävention 3 41, 49

Kühlhauszelle, Nutzungsentgelte **8 Nr 1 d** 20
Kükenbrüterei 2 138
Kükensortierer 2 185
Kultur 3 26
Kulturelle Zwecke 9 Nr 5 7
Kundenforderungen, Ankauf **2** 122
Kundenstamm, Nutzungsentgelte **8 Nr 1 d** 20
Kunst 3 26
Künstler 2 45
Erbe **2** 167, 185
Künstlerförderung 3 49
Künstlerische Tätigkeit 2 185
Künstlermanager 2 185
Künstlersozialversicherung 8 Nr 1 f
Künstlerverein 3 122
Kurheim 2 185; **3** 49, 125
Kurklinik 3 125
Kurpacker/in 2 185
Kursmakler 2 185
Kurverwaltung 2 278
Kürzungen 9 1 ff
s auch Ausländische Betriebsstätte
s auch Fremdkapitalzinsen
s auch Gewinnanteile
s auch Grundbesitz
s auch Miet- und Pachtzinsen
s auch Mitunternehmerschaft
s auch Schachtelbeteiligungen
s auch Spenden
Küstenfischerei 3 147
Küstenschutz 3 49

Laborarzt 2 164
Laboratoriumsmedizin 2 185
Land- und Forstwirtschaft, Abgrenzung zum Gewerbebetrieb **2** 135 ff
Absatzbetrieb **2** 149
Baumschulen **2** 151
Be- oder Verarbeitungsbetrieb **2** 147
Beherbergung **2** 152
Betriebseinheit, -vielheit **2** 145 f
Betriebsmindestgröße **2** 144
Bodenbewirtschaftung **2** 136
Brennerei **2** 148
Dienstleistung **2** 152
Energieerzeugung **2** 152
Grundstückshandel **2** 112, 152
Handelsgeschäft **2** 149
Holzrücktätigkeit **2** 152
Jagd **2** 143
Landschaftspflege **2** 152
Mindestgröße **2** 144
Nebenbetrieb **2** 145
Pensionstierhaltung **2** 141
Pferdepension **2** 152
Steinbruch **2** 146
Substanzbetrieb **2** 146
Tierzucht **2** 137–141
Umstrukturierung **2** 136
Verarbeitung **2** 150
Verpachtung **2** 152
Werkleistung **2** 152
Zukauf **2** 135
Zusatzleistung **2** 152
Landesentwicklung 3 202
Landesförderinstitut Mecklenburg-Vorpommern 3 9
Landesförderinstitut Sachsen-Anhalt 3 9
Landeskreditbank Baden-Württemberg Förderbank 3 9
Landesschachtelbeteiligung 9 Nr 7 5
Landestreuhandstelle Hessen 3 9
Landschaftsschutz 3 29
Landwirtschaftliche Produktionsgenossenschaften 3 195
Landwirtschaftliche Rentenbank 3 9
Landwirtschaftliche Unternehmen 2 278
Landwirtschaftsbetrieb 3 122
Laubgenossenschaft 3 10 f
Steuermessbetrag **11** 8
Laufender Geschäftsvorfall 8 Nr 1 a 50 ff
Layouter 2 185
Leasing 2 70; **8 Nr 1 a** 94
Abgrenzung Kauf/Miete **8 Nr 1 d** 7 a
Grundstücksunternehmen **9 Nr 1** 25
Leasingraten 8 Nr 1 a 6
Leasingunternehmen 2 123
Leasingverträge, -raten, Nutzungsentgelte **8 Nr 1 d** 14, 20

Lebensgefahr, Rettung aus L. **3** 32
Lebenspartnerschaft 2 26
Lebensrettungseinrichtungen 3 49
Lebensversicherungen 2 124
Befreiung **3** 243
Lehrerhaus 3 122
Leibgedinge 8 Nr 1 b 5
Leichenfrau/-mann 2 185
Leihanstalten 2 278
Leistungsgenossenschaft 3 152
Leistungsverein 3 152
Lexikograph 2 185
Liebhabereibetriebe 7 79
bei Kapitalgesellschaft **7** 29
Lieferungsgenossenschaft 3 153
Lieferverträge, Nutzungsentgelte, Abgrenzung **8 Nr 1 d** 6 f
Liquiditäts-Konsortialbank 3 9
Lizenzen 8 Nr 1 f
Lizenzgebühren 8 Nr 1 a 95
Lizenzverträge 8 Nr 1 d 3
Nutzungsentgelte **8 Nr 1 d** 20
Logen 3 15, 49
Logopäde 2 185
Lohnaufträge 3 122
Lohnsteuerhilfeverein 2 174, 185
Lohnsummensteuer 6 4
als Gemeindesteuer **1** 2
Lombardkredite 8 Nr 1 a 96
Lotseneinrichtung 3 77
Lotterie 3 138
Lotterieeinnehmer 2 185
Befreiung **3** 240
Lotterieunternehmen, staatliche **3** 7
Luftschutzzeitung 3 49
Lungenheilanstalt 3 49, 75

Mahngebühren 8 Nr 1 a 6
Makler 2 185
Maklergebühren 8 Nr 1 a 6
Maler 2 185
Managementtrainer 2 185
Manager 2 185
Mandantenstamm, Nutzungsentgelte **8 Nr 1 d** 20
Mannequin 2 45, 185
Mantelkauf 10 a 15 ff
Marketingberater 2 185
Marketing-Club 3 185
Markscheider 2 185
Märkte 2 278
Marktforscher 2 185
Marktforschungsberater 2 185
Maschinen 8 Nr 7 aF 9
Maschinenbautechniker 2 185
Maschinenring 3 153
Masseur/Masseuse 2 45, 164, 185
Maßgebender Gewerbeertrag 10 1 ff
abweichendes Wirtschaftsjahr **10** 3
– bis 1985 **10** 7
– ab 1986 **10** 7
Abwicklung von Unternehmen **10** 2
Beginn der Steuerpflicht im ersten Erhebungszeitraum **10** 5 ff
Buchführungspflichten **10** 3
Doppelerfassung bei Beginn der Steuerpflicht im ersten Erhebungszeitraum (bis 1985) **10** 7
Ende der Steuerpflicht im ersten Erhebungzeitraum (bis 1985) **10** 6
Gegenwartsbesteuerung **10** 1
Grundsatz **10** 2
Umstellung des Wirtschaftsjahres **10** 4
Maßgeblichkeit der Schlussbilanz bei Sacheinlage **Anh 7** 345
umgekehrte M. bei Verschmelzung auf Personenunternehmen **Anh 7** 150
Verschmelzung auf Personenunternehmen **Anh 7** 132
Wahlrecht, Ansatz bei Verschmelzung von einer Körperschaft auf eine andere **Anh 7** 233
Mediator 2 185
Medikamentenerprobung 2 185
Medizinisch-diagnostische(r) Assistent(in) 2 185
Medizinischer Dienst der Spitzenverbände der Krankenkassen, Befreiung **3** 232 f
Medizinisch-technische(r) Assistent(in) 2 185
Mehrgemeindliche Betriebsstätte, Aufteilung der Lasten **30** 7
Begriff **2** 474; **28** 6; **30** 2
Ermittlung der Lasten **30** 7

Gemeindelasten **30** 4, 6
örtliche Verhältnisse **30** 5
räumliche Verbindung **30** 2 f
Tätigkeit in allen Gemeinden **30** 3
Zerlegungsmaßstab **30** 4–7
Mehrheit von Betrieben, Einzelunternehmen **2** 13 ff
Mitunternehmerschaft **2** 18 ff
Mehrmütterorganschaft 2 379
s auch Organschaft
Mehrstöckige Mitunternehmerschaften 5 7
Gewinnermittlung **7** 124
Mensaverein 3 49
Merkmalbesteuerung 1 1
Messeveranstaltungen 3 75
Messwein 3 62
Meta-Gesellschaft 2 22; **7** 133
Metzgerei 2 148
Miet- und Pachtverträge, Nutzungsentgelte **8 Nr 1 d** 3 ff
Miet- und Pachtzinsen 8 Nr 1 d 14
abgrenzbare Vertragsteile **8 Nr 1 d** 3, 18
Anlagevermögen **8 Nr 7 aF** 5
Ausbeuteverträge **8 Nr 1 d** 7; **8 Nr 7 aF** 4
Ausnahme von der Hinzurechnung **8 Nr 7 aF** 8
Begriff **8 Nr 1 d** 14 f
Betriebspacht **8 Nr 7 aF** 9
– Fallgruppen **8 Nr 7 aF** 10
– maßgebender Betrag **8 Nr 7 aF** 11
Betriebsvorrichtungen **8 Nr 1 d** 8
Erneuerungsrückstellungen **8 Nr 1 d** 14
Erneuerungsverpflichtung, Aufteilung **8 Nr 1 d** 16, 18
Gebühren **8 Nr 1 d** 3
Gesellschaftsverhältnisse **8 Nr 1 d** 5
Grundbesitz **8 Nr 7 aF** 4
Instandhaltungskosten **8 Nr 1 d** 14
Know-How **8 Nr 1 d** 3
Konzessionsabgaben **8 Nr 1 d** 4; **8 Nr 7 aF** 4
Kürzungen **9 Nr 4**
– Umfang **9 Nr 4** 2
– Zweck **9 Nr 4** 1
Leasing **8 Nr 1 d** 7 a
miet- und pachtfremde Elemente **8 Nr 1 d** 3
nahe Angehörige **8 Nr 1 d** 5
Nebenleistungen **8 Nr 1 d** 14
Nutzungsentgelte **8 Nr 1 d** 14
öffentlich-rechtliche Verträge **8 Nr 1 d** 3
Rekultivierungskosten **8 Nr 1 d** 14, 16
Rückausnahme **8 Nr 7 aF** 9 ff
Sachdarlehen **8 Nr 1 d** 11
Sachgesamtheiten **8 Nr 1 d** 17
Schätzung, Aufteilung **8 Nr 1 d** 17
Teilbetriebspacht **8 Nr 7 aF** 9
Typenkombination **8 Nr 1 d** 3
Typenverschmelzung **8 Nr 1 d** 3
verschleierte Entgelte **8 Nr 1 d** 14
Versicherungen **8 Nr 1 d** 14
wirtschaftliches Eigentum **8 Nr 1 d** 6
Zweck der Hinzurechnung **8 Nr 7 aF** 1
Mietverein 3 49
Mietvertrag, Abgrenzungen **8 Nr 1 d** 6 f
Begriff **8 Nr 1 d** 3
Gegenstand **8 Nr 1 d** 4
Milchversorgungsgesellschaft 3 49
Mildtätige Zwecke, Ausschließlichkeit **3** 59
Begriff **3** 50 ff
Einkommensgrenzen **3** 52 ff
Kürzung **9 Nr 5** 7 a
Notlage besonderer Art **3** 57
Sozialhilfeleistungen **3** 54
Verfahrensfragen **3** 145
Vermögensgrenzen **3** 56
Minderbemittelte 3 122
Versorgung **3** 49, 75
Mindesthebesatz 1 16
Mineralgewinnungsrecht 8 Nr 7 aF 4
Nutzungsentgelte **8 Nr 1 d** 20
Miquel'sche Reform 1 1
Missbrauchsklausel Anh 7 180
Mitgliederwerbung 2 185
Mittelbare Leistung 7 125
Mittelbare Mitgliedschaft 3 123

Mittelverwendung 3 72
satzungsmäßige **3** 64, 68
Mitunternehmer, Mitunternehmerinitiative **2** 294 f
Mitunternehmerrisiko **2** 294 f
Mitunternehmeranteil 7 89
Mitunternehmereigenschaft 7 104
Mitunternehmerinitiative 7 105
Mitunternehmerrisiko 7 106
Mitunternehmerschaft 2 185, 294; **7** 103 f
ausländische **8 Nr 8** 2; **9 Nr 2** 1
inländische **8 Nr 8** 2
künstlerische Tätigkeit **2** 185
Partnerschaftsgesellschaft **2** 297
Verlustanteile, Hinzurechnung **8 Nr 8** 3
Modefotograf 2 185
Modellbau, Flugzeug **3** 49
Modellbauer 2 185
Flugzeug **3** 49, 90
Modeschöpfer 2 185
Modewerbeberater 2 185
Modezeichner 2 185
Molkerei 3 153
als Nebenbetrieb **2** 147
Monopolverträge 8 Nr 1 d 3
Nutzungsentgelte **8 Nr 1 d** 20
Monopolverwaltungen 3 5, 7
Montage 2 473
Motopädagoge 2 185
Motorflug 3 44, 49
Motor„sport“ 3 42, 49
Mühlengerechtigkeit, Nutzungsentgelte **8 Nr 1 d** 20
Müll- und Abfallbeseitigung 2 278; **3** 49, 122
Mülldeponie 2 146
Müllheizkraftwerk 3 122
Müllverbrennung 3 122
Müllverbrennungsanlage 3 67
Museumsführer 2 45
Musiker 2 185
Selbstständigkeit **2** 45
Musikinstrumentenbau 2 185; **3** 49
Musikschule 3 49
Musiktherapeut 2 185
Mutter-Tochter-Richtlinie 9 Nr 7 1, 3, 5, 13

Nachbarschaftshilfe 3 49
Nachfolgegesellschaft 2 444
Nachhaltigkeit 2 46 ff; **3** 111
Nachhilfe 3 49
Nachlassabwickler 2 185
Nachlassverwalter 2 185
Nachträgliche Einkünfte 7 70
Nachversteuerung Anh 7 222, 480
Naturschutz 3 29
Nebenbetrieb 2 145, 147; **3** 11
Nebengeschäfte 3 159
Negatives Kapitalkonto 7 96 a f, 139
Netzplantechniker 2 185
Nicht-DBA-Länder 2 477
Nichtselbstständigkeit, Rechtsprechungsbeispiele **2** 45
Niedersächsische Gesellschaft für öffentliche Finanzierungen 3 9
Niedersächsische Landestreuhandstelle 3 9
Niedersächsische Treuhandstelle für den Wohnungs- und Städtebau 3 9
Niederschlagung 16 6
Notenschreiber 2 185
Notfallpraxis 3 122
NRW.Bank 3 9
Nutzungsentgelte 8 Nr 1 d, 1 e
ABC **8 Nr 1 d** 20
Anlagevermögen **8 Nr 1 d** 10
Anschlagtafeln **8 Nr 1 d** 20
Apothekenpacht **8 Nr 1 d** 20
Auffüllrecht **8 Nr 1 d** 20
Aufteilung **8 Nr 1 d** 17 f
Ausbeuteverträge **8 Nr 1 d** 20
Automatenaufstellvertrag **8 Nr 1 d** 20
Bare-Boat-Charter **8 Nr 1 d** 20
Benutzung im Betrieb **8 Nr 1 d** 12
Bergwerkseigentum **8 Nr 1 d** 20
Betriebsvorrichtungen **8 Nr 1 d** 20
bewegliches Wirtschaftsgut **8 Nr 1 d** 8
Bodenschatz **8 Nr 1 e** 4
Bundeseisenbahnvermögen **8 Nr 1 d** 20
Bundeswehrkantine **8 Nr 1 d** 20
Chartervertrag **8 Nr 1 d** 20
Eigentum eines anderen **8 Nr 1 d** 11

Erbbaurechtsvertrag **8 Nr 1 d** 20
Erneuerungsverpflichtung **8 Nr 1 d** 20
Fährgerechtigkeit **8 Nr 1 d** 20
Filmleihvertrag **8 Nr 1 d** 20
Flughafen **8 Nr 1 d** 20
Frachtgeschäft **8 Nr 1 d** 20
Franchising **8 Nr 1 d** 20
Gaststätten **8 Nr 1 d** 20
Gebühren **8 Nr 1 d** 20
Gemeingebrauch, gesteigerter **8 Nr 1 d** 20
Geschäftswert **8 Nr 1 d** 20
Gewerbeberechtigung **8 Nr 1 d** 20
Hafenbenutzung **8 Nr 1 d** 20
Hinzurechnung, Umfang **8 Nr 1 d** 19; **8 Nr 1 e** 5
immaterielles Wirtschaftsgut **8 Nr 1 d** 9
Instandhaltung **8 Nr 1 d** 20
Kaufverträge, Abgrenzung **8 Nr 1 d** 6 f
Know-How **8 Nr 1 d** 20
Konzessionen **8 Nr 1 d** 20
Kühlhauszelle **8 Nr 1 d** 20
Kundenstamm **8 Nr 1 d** 20
Leasingverträge, -raten **8 Nr 1 d** 14, 20
Lieferverträge, Abgrenzung **8 Nr 1 d** 6 f
Lizenzverträge **8 Nr 1 d** 20
Mandantenstamm **8 Nr 1 d** 20
Miet- u Pachtverträge **8 Nr 1 d** 3 ff
Miet- u Pachtzinsen **8 Nr 1 d** 14
Mineralgewinnungsrecht **8 Nr 1 d** 20
Monopolvertrag **8 Nr 1 d** 20
Mühlengerechtigkeit **8 Nr 1 d** 20
Nutzungsvorrang **8 Nr 1 d** 20
öffentliches Recht **8 Nr 1 d** 20
Patentüberlassung **8 Nr 1 d** 20
Praxiswert **8 Nr 1 d** 20
Rekultivierungsverpflichtung **8 Nr 1 d** 20
Seenutzungsrecht **8 Nr 1 d** 20
Software **8 Nr 1 d** 20
Steuerberaterpraxis **8 Nr 1 d** 20
Substanzausbeute **8 Nr 1 d** 20; **8 Nr 1 e** 4
Torfvorkommen **8 Nr 1 d** 20
unbewegliches Wirtschaftsgut **8 Nr 1 e** 2
Urheberrechtsvertrag **8 Nr 1 d** 20
verschleierte Pachtentgelte **8 Nr 1 d** 14
Wassernutzungsrecht **8 Nr 1 d** 20
Wirtschaftsgut **8 Nr 1 d** 8
Zusammenhang **8 Nr 1 d** 15 f
Nutzungsgenossenschaft 3 151, 195 f
Nutzungsverein 3 151, 195 f
Nutzungsvorrang 8 Nr 1 d 3
Nutzungsentgelte **8 Nr 1 d** 20

Objektsteuer, Abgrenzung laufender Gewinn **2** 4
Bedeutung **1** 14
Begriff **1** 14
Betriebsbegriff **2** 2
laufender Gewinn **2** 3
Prinzip **1** 22
Veräußerungsgewinn **2** 3
Objektsteuercharakter 2 1
Oder-Konto 7 160
Oecotrophologe 2 185
Öffentliche Einrichtungen, Nutzungsabgaben **8 Nr 7 aF** 4
Öffentliche Gewalt 2 34
s auch Hoheitliches Tätigwerden
Öffentliche Hand, Unternehmen der ö.H. **2** 270 ff
– ABC **2** 278
Öffentliches Recht, Nutzungsentgelte **8 Nr 1 d** 20
Öffentlich-rechtliche Rundfunkanstalten *s Rundfunkanstalten*
Oldtimerverein 3 49
Omnibusgesellschaft 3 67
Omnibusunternehmen 8 Nr 1 a 40
Opernsänger 2 45
Opfer von Straftaten, Hilfe für **3** 49
Ordensgemeinschaften 2 400
Organgesellschaft 2 364
Organisationsberater 2 185
Organschaft 8 Nr 1 a 97
atypische stille Gesellschaft als Organträger **2** 370

atypische stille Gesellschaft nicht als Organgesellschaft **2** 364
ausländische Kapitalgesellschaft als Organgesellschaft **2** 365
ausländischer Organträger **2** 362
Beginn und Ende **2** 392 f
Begriff **2** 355
Besitz-GmbH **2** 364
betriebsaufspalterisches Besitzunternehmen **2** 372
Betriebsstättenfiktion **2** 358
Bilanzierungskonkurrenz **2** 384
Doppelerfassung **2** 386
finanzielle Eingliederung **2** 368
gesetzliche Voraussetzungen **2** 359
Gewerbeertrag **7** 44
– Korrekturen **2** 386
Gewerbesteuerumlagen **2** 383
Gewinnabführungsvertrag **2** 373 ff
Gewinnermittlung **2** 380 ff
Gliederung des verwendbaren Eigenkapitals **Anh 7** 307
Haftung **2** 395
Inlandsbezug, doppelter **2** 361
Lebens- u Krankenversicherungsunternehmen **2** 363, 367
Mehrmütterorganschaft **2** 379
mittelbare Beteiligung **2** 368
Mitunternehmerschaften **2** 370
Organgesellschaft **2** 364
organisatorische Eingliederung **2** 371
Organträger **2** 360 ff
Personengesellschaften als Organträger **2** 369 f
Rechtsentwicklung **2** 356
Steuererklärungspflicht **14 a** 2
Steuermessbetrag **11** 13; **14** 1
Steuerschuldner **5** 12
Teilwertabschreibung, ausschüttungs-/abführungsbedingte **2** 390; **8 Nr 10** 7
– verlustbedingte **2** 389; **8 Nr 10** 7
Umwandlung **Anh 7** 97
Umwandlungsgewinne **2** 388
Unternehmeridentität **10 a** 106 ff
Verlustabzug **Anh 7** 89; **10 a** 106 ff
Verlustfeststellungsbescheid **35 b** 8
vororganschaftliche Verluste **Anh 7** 67
wirtschaftliche Eingliederung **2** 371
Wirtschaftsjahrumstellung **2** 391
Zwangsverknüpfung **2** 357
Organschaftlich verbundene Unternehmen 8 Nr 1 a 93 d
Orthoptist 2 185
Outplacementberater 2 185

Pachtvertrag, Abgrenzungen **8 Nr 1 d** 6 f
Begriff **8 Nr 1 d** 3
Gegenstand **8 Nr 1 d** 4
Paintball 3 49
Parkhaus 2 278
Parkplatz 2 278
Parkuhren 2 278
Parteipolitische Zielsetzung 3 49
Parteispenden 8 Nr 9 2
Partenreederei 2 20, 298
Veräußerungsgewinn **7** 17
Partiarischer Austauschvertrag 7 104 a
Partiarisches Arbeitsverhältnis 8 Nr 1 c 9
Partiarisches Darlehen 8 Nr 1 a 98; **8 Nr 1 c** 10
Partiarisches Pachtverhältnis 8 Nr 1 c 11
Partnerschaft 2 194
Partnerschaftsgesellschaft 2 297
Parzellierung von Grundstücken **2** 111
Patentberichterstatter 2 185
Patentrechtsverletzung 8 Nr 1 a 99, 104
Patentüberlassung, Nutzungsentgelte **8 Nr 1 d** 20
Patronatslasten 8 Nr 1 b 5
Pauschfestsetzung 15 1
Pelztierzucht 2 138
Pensionsanwartschaft, Handelsvertreter **7** 25
Pensionsgeschäfte 8 Nr 1 a 100
Pensionskassen 3 161 ff
Begriff **3** 161
Dauer der Steuerpflicht **3** 178
Fortfall der Steuerpflicht **3** 179
partielle Steuerpflicht **3** 177
soziale Einrichtung **3** 163 ff

Steuermessbetrag **11** 8
Überdotierung **3** 170 ff
Verlust der Steuerfreiheit **3** 176
Pensionspferdehaltung **2** 141, 152; **3** 122
Pensionsrückstellung bei Einbringung **Anh 7** 340
bei Umwandlung **Anh 7** 109
Pensionssicherungsvereine **3** 204 f
Pensionstierhaltung **2** 141
Pensionszusagen, Gewinnverteilung **5** 22
Sonderbetriebsvermögen **7** 116
Personalberater **2** 185
Personalleihe **3** 77
Personalsachbearbeiter **2** 185
Personalvermittler **2** 185
Personengesellschaft, Abfärbetheorie **2** 305 ff
Adressierung **1** 29
Betriebsbeendigung **2** 423
Betriebsbeginn **2** 424
Dienstleistung durch Gesellschafter **7** 122
doppelstöckige **2** 296
einheitlicher Gewerbebetrieb auch bei ausländischen Personengesellschaften **2** 18
Einkunftsbestimmung **2** 291
Einlagebewertung **7** 119
Entnahmebewertung **7** 119
gemeinschaftliche Tierhaltung und Tierzucht **2** 140
gewerblich geprägte **2** 310 ff; **8 Nr 8** 3; **9 Nr 2** 4
Gewinnermittlung **7** 110 f
Grundbesitz, Kürzung **9 Nr 1** 11
Infektion **2** 305 ff
Liebhabereibetriebe **2** 291
Lieferungsverkehr mit Gesellschafter **7** 120
Mischtatbestände **2** 189 ff, 305
Nutzungsüberlassung durch Gesellschafter **7** 122
als Organträger **2** 369 f
als rechtsformabhängige Steuergegenstände **2** 290–309
Steuerschuldner **5** 6
Unternehmerwechsel **2** 444
vermögensverwaltende **2** 291, 306
Personengruppentheorie **2** 129, 225
Personenhandelsgesellschaft **2** 292
einheitlicher Gewerbebetrieb **2** 19
Personenvereinigungen, Gewerbeertrag **7** 26 f
Persönliche Selbstständigkeit **2** 44
Persönliche Steuerpflicht **5** 1
Pfandbriefanstalten **8 Nr 1 a** 93 a
Pfandleiher **8 Nr 1 a** 101
Pfandleihunternehmen **8 Nr 1 a** 93 a
Pferdesport **3** 49, 73
Pferdezucht **2** 138; **3** 49
mit Trabrennstall **2** 148
Pflanzenzucht **3** 44, 49
Pflegeanstalt **3** 67
Pflegeeinrichtungen **3** 211
Pflegeheim **2** 278; **3** 75, 122, 134
Befreiung **3** 206 ff, 211
Pflegeleistungen **3** 122
Pharmaberater **2** 185
Physiotherapeut **2** 185
Pilgerreisen **3** 122
Pilot **2** 185
Pilzzucht **2** 148
Planungsberater **2** 185
Podologe (Fußpfleger) **2** 185
Policedarlehen **8 Nr 1 a** 113
Politische Parteien **2** 403
Zuwendungen **3** 64, 68 f
Polizeikrankenhaus **3** 126
Pornographie **2** 185
Portabilität **3** 169, 175
Positives Kapitalkonto **7** 97
Prägung der Arbeitsleistung **2** 163
Präventionsräte **3** 49
Praxisgemeinschaft **2** 298
Praxiswert, Nutzungsentgelte **8 Nr 1 d** 20
PR-Berater **2** 185
Preis- und Lieferkonventionsverein **3** 49
Preisgelder **3** 131 a
Preisverbilligung **3** 49
Pressezeichner **2** 185
Private Equity Fonds **2** 127

Privatschule 2 164
Produktionsgenossenschaft 3 153
Projektmanager 2 185
Projektträgerschaft 3 122
Promotionsberater, -vermittler 2 185
Prostituierte 2 45, 185
Prozessleittechniker 2 185
Psychologe 2 185
Psychotherapeut 2 185
Puppenhersteller 2 185

Rassetierzucht 3 49
Räumungsverkauf 7 54
Realgemeinden 2 335; **3** 10
Nebenbetrieb **3** 11
Reallasten 8 Nr 1 b 5
Realsteuer, Begriff **1** 14
Reform **1** 2
Realsteueraufkommen, Garantie **1** 3
Umfang **1** 45
Realteilung 7 84
Rechtsanwalt 2 185
Rechtsbehelfe 1 36 ff; **16** 4; **19** 8; **28** 15
Rechtsbeistand 2 174, 185
Rechtsberatung 2 185
Rechtsfehlerbereinigung 35 b 5
Rechtsformabhängige gewerbliche Unternehmen 2 290–419
Rechtsformunabhängige gewerbliche Unternehmen 2 40
Rechtsmittelbefugnis der Gemeinde **1** 37 f; **4** 5; **14** 2
Rechtsordnung 3 14, 16, 49
Rechtsschutz, Billigkeitsmaßnahmen **1** 40
Gewerbesteuerfestsetzung **1** 39
Gewerbesteuermessverfahren **1** 36 f
Zerlegungsverfahren **1** 38
Rechtsträger Anh 7 4, 5, 24 ff, 31 ff
Rechtsüberlassung *s Überlassung von Rechten*
Redakteur 2 45
Refinanzierungskredite 8 Nr 1 a 102, 115
Reformmodelle 1 51
Regelsätze 3 52
Regionalflughafen 3 77
Reichsfinanzausgleichsgesetz 1 1
Reichssiedlungsgesetz 3 201
Reiki 3 49
Reinigungsarbeiter 2 45
Reisegewerbe 2 5
Begriff **35 a** 1
Betriebsstätte **2** 5; **35 a** 2
einheitlicher Betrieb **35 a** 2
Hebeberechtigung **35 a** 3
inländisches **35 a** 1
Kapitalgesellschaft **2** 350
nichtselbstständige Tätigkeit **35 a** 1
Reisegewerbekarte **35 a** 1
und stehender Gewerbebetrieb **2** 35
Zerlegung **35 a** 3
Reiseleiter 2 45, 185
Reiseunternehmen, ausländische Betriebsstätten **9 Nr 3** 2
Reisevermittlung 3 67
Reiten 3 49
Reitsport 3 42
Reitunterricht 3 122
s auch Schulen
Rekultivierungsverpflichtung 8 Nr 1 a 104
Nutzungsentgelte **8 Nr 1 d** 20
Religion 3 23
Förderung **3** 49
geschäftsmäßige Form **3** 122
Religionsgemeinschaften 3 60 f
Anerkennung als Körperschaft des öffentlichen Rechts **3** 63
Religionsunterricht 3 62
Religiöse Zwecke, Kürzung **9 Nr 5** 7 a
Rennveranstaltung 2 185
Renten 8 Nr 1 b 1 ff
Abfindung **8 Nr 1 b** 4
Ablösung **8 Nr 1 b** 13
Begriff **8 Nr 1 b** 3
Betriebserweiterung, -verbesserung **8 Nr 1 b** 15
Entgeltlichkeit **8 Nr 1 b** 16
Ertragsanteil **8 Nr 1 b** 1
Folgeereignisse **8 Nr 1 b** 18
Gleichmäßigkeit **8 Nr 1 b** 3
Heranziehung beim Empfänger **8 Nr 1 b** 19

Rückzahlung **8 Nr 1 b** 11
Stammrecht **8 Nr 1 b** 3
Stilllegung des Betriebs **8 Nr 1 b** 15
Tod des Berechtigten **8 Nr 1 b** 10
Typen **8 Nr 1 b** 4
Übernahme **8 Nr 1 b** 16
Überschussrechnung **8 Nr 1 b** 13
Umfang der Hinzurechnung **8 Nr 1 b** 9
Umgestaltung des Betriebs **8 Nr 1 b** 15
Umwandlungsvorgänge **8 Nr 1 b** 17
Verschmelzungsvorgänge **8 Nr 1 b** 17
Wertsicherungsklauseln **8 Nr 1 b** 10
wirtschaftlicher Zusammenhang mit Betriebsgründung/-erwerb **8 Nr 1 b** 15
Zweck der Hinzurechnung **8 Nr 1 b** 1
Rentenreservedepot 8 Nr 1 a 113
Rentenverpflichtung, Wegfall **7** 6 a, 53
Repartitionssteuer 1 1
Reservistenbetreuung 3 44
Restaurator 2 185
Restbetriebsvermögen Anh 7 361
Restbuchwert 7 67
Rettungsassistent 2 185
Rettungsdienst 3 122
Rettungsschwimmer 2 185
Rettungswache 2 45, 185
Retuscheur 2 185
Rezeptabrechner 2 185
Rittergut 3 122
Rückbeziehung 18 2
Rückgabeverpflichtung 8 Nr 1 a 103
Rückgängigmachung 18 2
Rücklagen, Auflösung **3** 87 c
– und Gewerbeertrag **7** 53
Darlehen **3** 86 b
erforderliche **3** 86 f
freie **3** 87 ff
Rechengrundlage **3** 87 d
Überschüsse **3** 87 a
Rücklieferung 7 54
Rückstellungen 7 53; **8 Nr 1 a** 104
Rückversicherung 8 Nr 1 a 113
Rückwirkendes Ereignis, Betriebsveräußerung **7** 62
Rückwirkung Anh 7 2, 62, 105 ff, 215, 360
Gesellschafter **Anh 7** 112
Gewerbesteuer **Anh 7** 106
Körperschaftsteuer **Anh 7** 109
Übertragungsstichtag **Anh 7** 107
Rückzahlungsverbindlichkeiten 8 Nr 1 a 105
Rumpfwirtschaftsjahr 10 2, 6
Rundfunkanstalten 2 278
Werbesendungen **6** 1
Rundfunkermittler 2 45, 185
Rundfunksprecher 2 45, 185
Rundfunkverein 3 49
Rutengänger 2 185

Saarländische Investitionskreditbank 3 9
Sachdarlehen 8 Nr 1 d 11
Sacheinlage 2 443; **Anh 7** 5, 30, 333, 461
AfA **Anh 7** 416
Anschaffungskosten **Anh 7** 346
Besitzzeitanrechnung **Anh 7** 416
bei Betriebsaufspaltung **Anh 7** 350
Buchwertfortführung **Anh 7** 340
eigene Anteile **Anh 7** 349
erfolgsneutrale **Anh 7** 126
Freibetrag **Anh 7** 356
Gegenleistung **Anh 7** 342
Gegenstand der Sacheinlage **Anh 7** 333
Gewerbeertrag **Anh 7** 425 ff
Gewinnkorrekturen **Anh 7** 419
Halbeinkünfteverfahren **Anh 7** 356
vor Kapitalerhöhung **Anh 7** 351
persönlicher Anwendungsbereich § 20 UmwStG **Anh 7** 332
Rückwirkung, Voraussetzung **Anh 7** 359
Schlussbilanz **Anh 7** 345
Sonderbetriebsvermögen **Anh 7** 348
durch Spaltung **Anh 7** 331
steuerlicher Übertragungsstichtag **Anh 7** 358
Steuervergünstigungen **Anh 7** 355
Stundung **Anh 7** 57

Teileinkünfteverfahren **Anh 7** 356
Teilwertansatz **Anh 7** 357
Veräußerungspreis **Anh 7** 346
verschleierte Sachgründung **Anh 7** 435
Wahlrecht **Anh 7** 340
wesentliche Betriebsgrundlagen **Anh 7** 348
Zwischenwert **Anh 7** 343
Sachgründung, verschleierte **Anh 7** 435
Sachliche Selbstständigkeit 2 10 ff, 43
Betriebsaufspaltung **2** 31, 200 f
Betriebsbegriff **2** 11 f
Einzelunternehmen **2** 11–17
Gewerbebetrieb **2** 11 f
gleichartige Betriebe **2** 13
Kapitalgesellschaften **2** 32
Körperschaften des öffentlichen Rechts **2** 34
Merkmale **2** 13 f
Mitunternehmerschaften **2** 18 ff
Rechtsprechungsbeispiele **2** 17
Steuerbescheid **2** 36
ungleichartige Betriebe **2** 15
Unternehmen der öffentlichen Hand **2** 34
verbundene Gesellschaften **2** 30
wirtschaftlicher Geschäftsbetrieb **2** 11, 33
s auch Einheitlicher Gewerbebetrieb
Sachliche Steuerpflicht, Beginn und Ende **2** 420 ff
Betriebsunterbrechungen **2** 427
Betriebsverlegung **2** 428
Betriebsverpachtung **2** 429
Eröffnung des Konkursverfahrens **2** 426
Erwerbs- und Wirtschaftsgenossenschaften **2** 434
GmbH & Co KG **2** 433
Kapitalgesellschaften **2** 434
natürliche Personen **2** 422
Organschaft **2** 435
Personengesellschaften, gewerblich geprägte **2** 432
– mit originären Gewerbebetrieben **2** 422
Versicherungsvereine auf Gegenseitigkeit **2** 434
wirtschaftlicher Geschäftsbetrieb **2** 436
Sächsische Aufbaubank 3 9
Sachverständiger 2 185
Sachwertabfindung 7 98 f
Buchwertfortführung **7** 100
Saisonbetrieb 2 427
Saisonkredite 8 Nr 1 a 48, 106
Sammeltätigkeit 3 49
Sammlerpuppen 2 185
Sanatorium 3 125
Sanierungsgewinn 7 43
Satzungsmäßigkeit, Auslegung **3** 95 a, 97 a
Begriff **3** 94 f
Buchnachweis **3** 97
formelle **3** 95
Funktion **3** 97
inhaltliche Anforderung **3** 95
materielle **3** 96, 104
Mustersatzung **3** 97 a
Nachversteuerung bei Verstoß **3** 101, 103 f
Satzungsänderung **3** 97 a
Vermögensbindung **3** 98
Verstoß **3** 97 a
Saucen-Designer 2 185
Säumniszuschläge 8 Nr 1 a 108; **16** 9
Sauna 2 185; **3** 49
Schach 3 42
Schachtelbeteiligungen 8 Nr 10 3; **9 Nr 2 a** 1; **9 Nr 7** 1
Schadensersatzverpflichtung 8 Nr 1 a 104, 107
Schadensgutachter 2 185
Schadensregulierer 2 185
Schadensreservedepot 8 Nr 1 a 113
Schadensrückstellungen 8 Nr 1 a 113
Schädlicher Beteiligungserwerb 10 a 45 ff
Anteilstausch **10 a** 58
Beteiligungsrechte **10 a** 51
Betriebe gewerblicher Art **10 a** 87
Dauer des Erwerbs **10 a** 61
Erbfolge **10 a** 60

Ermittlung **10 a** 62
Erwerber **10 a** 55
Erwerbergruppe **10 a** 56
Erwerberkreis **10 a** 57
Gegenstand **10 a** 50
Gestaltungsmodelle **10 a** 80
Inhalt der Regelung **10 a** 45 f
Kapitalerhöhung **10 a** 59
Konzernklausel **10 a** 66
maßgebender Erwerb **10 a** 62
maßgeblicher Verlustvertrag **10 a** 74
mehrere Erwerber **10 a** 56
mehrfache Anteils-/Rechtsübertragung **10 a** 54
Mitgliedschaftsrechte **10 a** 51
mittelbare Übertragung **10 a** 63 ff
Motive **10 a** 65
nämlicher Anteil **10 a** 73
öffentliche Hand, Betriebe **10 a** 87 ff
– Kapitalgesellschaften **10 a** 88
Personengesellschaft, Gesellschafterwechsel **10 a** 67
persönlich haftender Gesellschafter **10 a** 53
persönlicher Anwendungsbereich **10 a** 47
Rechtsfolgen **10 a** 70 ff
Sanierung **10 a** 76
Stimmrechte **10 a** 52
Übertragung **10 a** 58
umwandlungsrechtliche Vorgänge **10 a** 58
unterjährige Ereignisse **10 a** 75
Verfassungsrecht **10 a** 49
vergleichbarer Sachverhalt **10 a** 77 f
vermögensrechtliche Beteiligung **10 a** 53
Wagniskapitalgesellschaften **10 a** 48, 81 ff
Weiterübertragung **10 a** 73
zeitlicher Geltungsbereich **10 a** 79
Zeitpunkt **10 a** 68
Zeitrahmen **10 a** 69
Schauauftritte 3 122
Schauspieler 2 45
Schausteller 35 a 1
Schein-KG 2 321
Schießen 3 49
Schiffe, Hebeberechtigung **4** 3
Schiffsklassifizierung 3 67
Schiffssachverständiger 2 185
Schlachthof 2 278; **3** 67
Schlossbesichtigung 2 143, 185
Schlussbilanz, handelsrechtliche, bei Verschmelzung auf Personenunternehmen **Anh 7** 131
steuerrechtliche, bei Verschmelzung auf Personenunternehmen **Anh 7** 133
bei Verschmelzung von einer Körperschaft auf eine andere **Anh 7** 233
Schneeballsystem 2 185
Schönheitskönigin 2 185
Schriftsteller 2 185
Schuldentgelte 8 Nr 1 a ff
Allgemeines **8 Nr 1 a** 1
Diskont **8 Nr 1 a** 15 f
Drittzahlung **8 Nr 1 a** 23
Entgelte, Begriff **8 Nr 1 a** 6
– fingierte **8 Nr 1 a** 8 ff
Entstehungsgeschichte **8 Nr 1 a** 2
Erstattung **8 Nr 1 a** 23
Europarecht **8 Nr 1 a** 3
Fälligkeit **8 Nr 1 a** 12 f
Geschäftsüblichkeit **8 Nr 1 a** 10 f
Hinzurechnung, Umfang **8 Nr 1 a** 20 ff
isolierte Betrachtung **8 Nr 1 a** 5
Minderung **8 Nr 1 a** 24
persönliche Abgrenzung **8 Nr 1 a** 7
Rückzahlung **8 Nr 1 a** 24
Saldierung **8 Nr 1 a** 23
Schulden, Begriff **8 Nr 1 a** 4
schwebende Vertragsverhältnisse **8 Nr 1 a** 21
Skonto **8 Nr 1 a** 9
Verfassungsmäßigkeit **8 Nr 1 a** 3
vergleichbare Vorteile **8 Nr 1 a** 14 ff
Zinsbegrenzung **8 Nr 1 a** 23
Zinsverbilligung **8 Nr 1 a** 23
Schuldzinsenabzug nach Umwandlungen **Anh 7** 50
Schulen 2 185, 278; **3** 49
Befreiung **3** 192 ff
– und Betriebsaufspaltung **3** 194
Schülerfirmen 3 122
Schullandheim 3 134
Schullasten 8 Nr 1 b 5

Schützenverein 3 44, 49
Schwankungsrückstellungen 8 Nr 1 a 113
Schwarzarbeiter 2 45
Schwebende Geschäfte 7 54
Schwebende Vertragsverhältnisse 8 Nr 1 a 21
Schwestergesellschaft 7 126
Einbringung **Anh 7** 462
Leistungsaustausch **7** 112
Schwimmbad 2 278; **3** 122
Seenutzungsrecht, Nutzungsentgelte **8 Nr 1 d** 20
Segelfliegen 3 49
Segelsport 3 49
Segmentierung 7 111 a
Selbsthilfegruppen 3 49
Selbstlosigkeit 3 50
Ausgliederung **3** 68 a
Ausnahmen **3** 79 ff
Begriff **3** 64 f
Buchwerte **3** 64, 71 a
Darlehen **3** 66
eigenwirtschaftliche Zwecke **3** 66 f
– Einzelfälle **3** 67
gesellige Zusammenkünfte **3** 89
Gewinnabsicht **3** 65
Gewinnausschüttungen **3** 68 c
Mitgliederbegünstigung **3** 65, 68 d
Mittelverwendung **3** 68, 72
Rücklagen **3** 65, 86 f
Stifter **3** 64, 71 a
Stiftungen **3** 85
stille Beteiligung **3** 68 e
unternehmerische Aktivitäten **3** 66 f
Vergütungen **3** 65 d, 70 ff
Verlustausgleich **3** 68 b
Vermögensbindung **3** 51
Vermögensumschichtung **3** 65 b
Vermögensverwendung **3** 64, 69
wirtschaftlicher Geschäftsbetrieb **3** 65 c
Zurechnung **3** 70 b
zweckfremde Ausgaben **3** 70
Selbstständige Arbeit 2 43 ff, 160–199
ABC **2** 45
ähnlicher Beruf **2** 169 f
– Spezialisierung **2** 171 f
berufsfremde Person **2** 167
Berufszulassungsvorschriften **2** 174
eigenverantwortliche Tätigkeit **2** 163
Einkünfte der Personengesellschaft **2** 190 ff
freier Beruf **2** 161
Hochschulausbildung **2** 172
Mischtatbestände **2** 186 ff
Rechtsbeistand **2** 174
sonstige **2** 179
unerlaubte Ausübung **2** 176
Vervielfältigungstheorie **2** 163
Vervielfältigungsverbot **2** 180
Selbstständige Tätigkeit *s Selbstständige Arbeit*
Selbstständigkeit 3 111
Selbstversorgungseinrichtung 3 135
Sicherheitsberater 2 185
Sicherungseinrichtungen von Kreditinstituten **3** 212 ff
Sicherungshypotheken 8 Nr 1 a 88
Siedlungsmaßnahmen 3 202
Siedlungsunternehmen, gemeinnützige **3** 200 ff
– Steuermessbetrag **11** 8
Siellasten 8 Nr 1 b 5
Sitzverlegung Anh 7 6
Skatspiel 3 49
Skilift 2 278; **3** 122
Sklavenbefreiung 3 62
Skonto 8 Nr 1 a 9
Software, Nutzungsentgelte **8 Nr 1 d** 20
s auch Datenverarbeitung
Soldatenbetreuung 3 44, 49
Sonderbetriebsvermögen 7 4, 116
Vermögensübertragungen **7** 121
Sondernutzungsentgelte 8 Nr 1 b 6
Sonderrücklagen 3 93
Sonntagsblatt 3 122
Sonstiger Geschäftsvorfall 8 Nr 1 a 54
Sozial Schwache 3 49
Soziale Einrichtung, andere Zwecke **3** 168
Begriff **3** 163 ff
Einkünftesicherung **3** 169
Gewinnzuschläge **3** 166

Höchstbeträge **3** 166
Leistungsempfänger **3** 164
Vermögensbindung **3** 165, 176
Vermögensverwendung **3** 169
Soziale Kasse, Vermögensverwaltung **3** 169
Sozialverband VdK 3 123
Spaltung Anh 7 15, 290 ff
AfA **Anh 7** 283
Ausgleichszahlungen **Anh 7** 312
Besitzzeitanrechnung **Anh 7** 315
Besteuerung der Gesellschafter **Anh 7** 316
Gliederung des verwendbaren Eigenkapitals **Anh 7** 307
grenzüberscheitende **Anh 7** 293
Handelsbilanz **Anh 7** 311
– des Übernehmers **Anh 7** 313
Kombination von Spaltungsarten **Anh 7** 321
Missbrauchstatbestände **Anh 7** 297
auf eine Personengesellschaft **Anh 7** 317 ff
bei Personenhandelsgesellschaften **Anh 7** 331
persönlicher Anwendungsbereich **Anh 7** 293
sachlicher Anwendungsbereich **Anh 7** 291
spaltungsfähiger Rechtsträger **Anh 7** 25
Steuerbilanz des Übernehmers **Anh 7** 314
Trennung von Gesellschafterstämmen **Anh 7** 305
Übertragung des KSt-Guthabens **Anh 7** 307
Übertragungsbilanz **Anh 7** 310
verbleibendes Vermögen **Anh 7** 296
Verlustabzug **Anh 7** 306
verunglückte **Anh 7** 291
vollzogene Veräußerung **Anh 7** 299
vorbereitete Veräußerung **Anh 7** 300
Wahlrecht für Übertragungsbilanz **Anh 7** 310
Spaltungsformen Anh 7 15
Spaltungsgegenstände Anh 7 295
Spar- und Darlehenskassen 2 278; **8 Nr 1 a** 93 a
Sparsinnförderung 3 49
Speisen- und Getränkeverkauf 3 122
Spenden, Antrag **9 Nr 5** 16
Ausgaben **9 Nr 5** 2
Begriff **9 Nr 5** 2 ff
Durchlaufspende **9 Nr 5** 8
Einsatz betrieblicher Mittel **9 Nr 5** 3
entgangene Steuer **9 Nr 5** 20
Freiwilligkeit **9 Nr 5** 5
Großspenden **9 Nr 5** 13 ff
Haftungsgläubiger **9 Nr 5** 22
Haftungsschuldner **9 Nr 5** 17
Haftungsverfahren **9 Nr 5** 23 ff
Hinzurechnung **8 Nr 9** 2
Kürzung **9 Nr 5** 1, 11 ff
Motivation **9 Nr 5** 6
Nacherhebung der Steuer **9 Nr 5** 25
Spendenbestätigung **9 Nr 5** 18
Stiftungen **9 Nr 5** 12, 15
tatsächliche Verwendung **9 Nr 5** 8, 19
Unentgeltlichkeit **9 Nr 5** 4
Veranlasserhaftung **9 Nr 5** 17
Verschuldenshaftung **9 Nr 5** 17
Vertrauensschutz **9 Nr 5** 10
Spendenbestätigung 9 Nr 5 9
Unrichtigkeit **9 Nr 5** 18
Spendenempfänger 9 Nr 5 8
Spendenhaftung 9 Nr 5 17 ff
Spendenwaschanlage 3 75
Sperrbetrag bei Verschmelzung auf Personenunternehmen **Anh 7** 160
Spielerberater, -vermittler 2 185
Spitzensportler 3 15
Sport 3 42, 49
Begriff **3** 42
bezahlter **3** 90
Werbung **3** 129
Sportanlagen, Vermietung **3** 122
Sporthilfe 3 49
Sportlehrer 2 164
Sportler 2 45
Sportliche Veranstaltungen 3 127 ff
Begriff **3** 129
Besteuerungswahlrecht **3** 131
Zweckbetrieb **3** 131 a
Zweckbetriebsgrenze **3** 130
Sportschule *s Schulen*

Sportstätten 2 278
Sportunterricht 3 129
Sportverein und Zweckbetriebe **3** 122
Sprechtherapeut 2 185
Staatsbank Berlin 3 9 a
Städtebauförderung 3 49
Stadthalle, Betrieb **3** 77
Standesrecht 2 176
Ständiger Vertreter 2 465
Stätte der Geschäftsleitung **2** 467
Stehender Gewerbebetrieb, Abgrenzung Reisegewerbe **2** 5
Begriff **2** 5
Betriebsstätten **2** 5
Steinbruch als Substanzbetrieb **2** 146
Sterbegeldversicherungen, Befreiung **3** 243
Sterbekassen 3 161 ff
Begriff **3** 161
Dauer der Steuerpflicht **3** 178
partielle Steuerpflicht **3** 177
soziale Einrichtung **3** 163 ff
Steuermessbetrag **11** 8
Überdotierung **3** 170 ff
Verlust der Steuerfreiheit **3** 176
Steueranrechnung, fiktive **Anh 7** 147
Steuerbegünstigte Zwecke 3 13 ff
Beendigung **3** 13 b
Begünstigte **3** 13
Dachverbände **3** 13
funktionale Untergliederung **3** 13
regionale Untergliederung **3** 13
Vorbereitung **3** 13 a
Zweckmehrheit **3** 13 a
Steuerberater 2 164, 185
Steuerberaterpraxis als Betrieb gewerblicher Art **2** 278
Nutzungsentgelte **8 Nr 1 d** 20
Steuerbescheid *s Gewerbesteuerbescheid*
Steuerbevollmächtigter 2 185
Steuererklärung 14 a 2
Steuererklärungspflicht 14 a 2
Steuerfreie Einnahmen 7 3
Steuergegenstand 2; 2 1, 6
Gesetzesaufbau **2** 5 ff
Gewerbebetrieb **2** 1
Steuermessbetrag, einheitlicher **14** 1
Gewerbeertrag **11** 3 ff
– Abrundung **11** 4
– atypische stille Gesellschaft **11** 4
– Bedeutung **11** 1
– Freibetrag **11** 4
– negativer **11** 4
– Organverhältnisse **11** 13
– Saldierung **11** 4
– Tabelle **11** 14
– Unternehmensbezogenheit **11** 6 f
– Verfahren **11** 3–9
Kleinbetrag **34** 2
Übersicht **14** 7
Steuermesszahl, Gewerbeertrag **11** 1
– Grundsatz **11** 9
– Hausgewerbetreibende **11** 10
– Hausgewerbetreibenden gleichgestellte Personen **11** 12
– Heimarbeiter **11** 11
– Staffeltarif **11** 9
– Zwischenmeister **11** 12
Steuerpflichtiger, beschränkt **Anh 7** 178, 193
Steuerschuld 8 Nr 1 a 108
Entstehen **5** 14
Erlöschen **5** 18
Steuerschuldnerschaft, Gesamthandsvermögen **5** 9
Steuervereinbarungen 15 8
Stiftungen 3 49
und Auflagen **3** 75
Einkommen **3** 85 c
Selbstlosigkeit **3** 85
Spenden *s dort*
Stille Gesellschaft 7 140 f; **8 Nr 1 c**
Abfindungen **7** 144; **8 Nr 1 c** 13
Abgrenzungen **8 Nr 1 c** 8
Arbeitsentgelt **8 Nr 1 c** 14
atypische *s Atypische stille Gesellschaft*
Begriff **8 Nr 1 c** 2
Beteiligung **8 Nr 1 c** 4
Beteiligungsumfang **8 Nr 1 c** 4
Darlehenszinsen **8 Nr 1 c** 14
Diskriminierung **8 Nr 1 c** 1
Doppelbelastungen **8 Nr 1 c** 15
Doppelfunktionen **8 Nr 1 c** 12, 14

Geldwertverluste **8 Nr 1 c** 13
gesamthänderische Bindungen **8 Nr 1 c** 9
Geschäftszweig **8 Nr 1 c** 4, 13
gesellschafterähnliche Stellung **8 Nr 1 c** 2
Gewinnbeteiligung **8 Nr 1 c** 7
Handelsgewerbe **8 Nr 1 c** 2
Heranziehung beim Empfänger **8 Nr 1 c** 15
Kontrollrechte **8 Nr 1 c** 6, 8 f
Mitspracherecht **8 Nr 1 c** 6, 8 f
Mitunternehmerrisiko **7** 108
partiarisches Arbeitsverhältnis **8 Nr 1 c** 8 f
partiarisches Darlehen **8 Nr 1 c** 8, 10
partiarisches Pachtverhältnis **8 Nr 1 c** 8, 11
partnerschaftliches Zusammenwirken **8 Nr 1 c** 6
Rechtsformen **8 Nr 1 c** 3
typische **8 Nr 1 c** 2
Über- und Unterordnungsverhältnis **8 Nr 1 c** 6, 9
Umfang der Hinzurechnung **8 Nr 1 c** 13 f
Unterbeteiligung **8 Nr 1 c** 4, 13
verdeckte Gewinnausschüttungen **8 Nr 1 c** 14
Verfahrensbeteiligung **1** 36
Verlustbeteiligung **8 Nr 1 c** 7, 10
Vermögenseinlage **8 Nr 1 c** 5
Wertsicherungsklauseln **8 Nr 1 c** 13
Zweck der Hinzurechnung **8 Nr 1 c** 1
Stillhalteschulden 8 Nr 1 a 109
Strafgefangenenbetreuung 3 38, 49
Straßen- und Wegenutzung 8 Nr 7 aF 4
Straßenfest 3 112
Straßenreinigung 2 278
Streubesitz, Dividenden **8 Nr 5**
Umfang der Hinzurechnung **8 Nr 5** 3
Voraussetzungen der Hinzurechnung **8 Nr 5** 2
Stromableser 2 45, 185
Strukturwandel 2 153; **7** 79
Studentenheim 3 134
Studentenhilfe 3 28
Studentenverbindungen 3 15
Stundenbuchhalter 2 185
Stundung 16 7
Stundungszinsen 8 Nr 1 a 108
Stuntman 2 185
Substanzausbeute 8 Nr 1 d 4; **8 Nr 7 aF** 4
Abgrenzung Kauf von Pacht **8 Nr 1 d** 7
Nutzungsentgelte **8 Nr 1 d** 20
Substanzbetrieb 2 146
Subunternehmer 2 45
Gewerblichkeit **2** 179
Synchronsprecher 2 45, 185
Syndikat 2 338
Systemanalytiker 2 185
Systemsoftware-Entwicklung 2 185

Tagesgaststätte 3 122
Tagesmütter 2 185
Talkshow 2 185
Tanzschule 2 185
Tanzsport 3 49
Tarifvertragseinrichtungen, Steuermessbetrag **11** 8
Tarifvertragsparteien, Einrichtungen, Befreiung **3** 234 f
Tätigkeitsvergütung 7 127
Tauschgutachten Anh 7 290
Techniker 2 185
Teichwirtschaft 2 142
Teilanrechnungsverfahren 1 51
Teilbetrieb, Aufgabe **7** 49
Begriff **8 Nr 1 a** 37
Gründung, Erwerb **8 Nr 1 a** 37
als Spaltungsgegenstand **Anh 7** 295
Veräußerung **2** 441; **7** 50
– bei Personengesellschaften **7** 82 f
Verpachtung **2** 431; **7** 72
Teileinkünfteverfahren 7 58; **Anh 7** 121, 159, 355, 390, 395 f, 425, 471
Teilentgeltliche Betriebsübertragung 7 71
Teilübertragung Anh 7 294
Teilwertabschreibung, ausschüttungsbedingte **8 Nr 10** 1 ff
Verlustanteile **8 Nr 8** 4

Teilzahlungsbanken 8 Nr 1 a 93 a
Teilzahlungsgeschäfte 8 Nr 1 a 110
Telearbeiter 2 45
Telefonsex 2 185
Telekommunikationsberater 2 185
Termingeschäfte 2 125
s auch Differenzgeschäft
Testamentsvollstrecker 2 179, 185
Textildesigner 2 185
Thüringer Aufbaubank 3 9
Tiefgarage als Betrieb gewerblicher Art **2** 278
Tierhaltung 2 137 f; **3** 189 ff
Futtergrundlage **2** 139
Vieheinheiten **2** 139
Tierheim 3 122
Tierpark 3 49
Tierschutz 3 35, 49
Tierzucht 2 137 f; **3** 44 f, 49
Tischfußball 3 49
Tod des Unternehmers **1** 36
Toleranz 3 34
Tonnagesteuer 7 3 c
Tontechniker 2 185
Torfheuer 8 Nr 7 aF 4
Torfstecherei als Substanzbetrieb **2** 146
Torfvorkommen, Nutzungsentgelte **8 Nr 1 d** 20
Totalgewinn 7 11
Totalisatorbetrieb 3 122
Totobetrieb 3 77
Tourneeleiter 2 185
Trabertrainer 2 185
Trabrennfahrer 2 185
Trabrennsport 3 42, 122
Trabrennstall mit Pferdezucht **2** 148
Trainer 2 45, 185
Transzendentale Meditation 3 49
Trauerredner 2 185
Treuhandanstalt 3 9 a
Treuhänder 2 45, 185
Treuhandmodell 2 293; **5** 4 a
Trikotwerbung 3 122
Tutor 2 185
Typische stille Gesellschaft 7 143
s auch Stille Gesellschaft

Überdotierung 3 165, 170 ff
Überlassung von Erträgen **3** 77
Überlassung von Rechten 8 Nr 1 f
Aufwendungen **8 Nr 1 f** 9
Auslegung **8 Nr 1 f** 3 f
Befristung **8 Nr 1 f** 6
Begriff **8 Nr 1 f** 3 f
Dauer **8 Nr 1 f** 6
Durchleitungsrecht **8 Nr 1 f** 7
Europarecht **8 Nr 1 f** 2
Hinzurechnung, Umfang **8 Nr 1 f** 11
Künstlersozialversicherung **8 Nr 1 f** 13 f
Saldierungsverbot **8 Nr 1 f** 12
tatsächliche Nutzung **8 Nr 1 f** 10
Überlassung **8 Nr 1 f** 5
Verfassungrecht **8 Nr 1 f** 2
Vertriebslizenz **8 Nr 1 f** 7
Zweck **8 Nr 1 f** 1
Überlassungsverträge 2 45
Übernahmegewinn Anh 7 153, 156 ff, 190 ff
Beteiligung im Privatvermögen **Anh 7** 190
Halbeinkünfteverfahren **Anh 7** 159
offene Reserven **Anh 7** 191
Sonderfälle **Anh 7** 175
bei Verschmelzung auf Personenunternehmen **Anh 7** 153 ff
bei Verschmelzung auf vermögensverwaltende Personengesellschaft **Anh 7** 201 ff
bei Verschmelzung von einer Körperschaft auf eine andere **Anh 7** 251
Übernahmeverlust bei Verschmelzung auf Personengesellschaft **Anh 7** 166, 195
bei Verschmelzung von einer Körperschaft auf eine andere **Anh 7** 251
Überschussbeteiligung 3 173
Überschusseinkünfte 7 137
Übersetzer 2 185
Übersetzungsbüro 2 185
Übertragungsbilanz, Spaltung **Anh 7** 310
Übertragungsgewinn, Verschmelzung auf Personenunternehmen **Anh 7** 146

Verschmelzung von einer Körperschaft auf eine andere **Anh 7** 245
Übertragungsstichtag, Anteilserwerb **Anh 7** 112
bei Sacheinlage **Anh 7** 358
Umlaufvermögen 7 54
Grundstücke **7** 14 a
Umsatzpacht 8 Nr 1 b 5
Umsatzprovision 8 Nr 1 a 6
Umsatzsteuer, Auswirkungen von Umwandlungen **Anh 7** 80
Umwandlung 2 443; **Anh 7** 12
Bescheidzustellung **2** 443
Einbringung in Mitunternehmerschaft **Anh 7** 463
formwechselnde **Anh 7** 34
Gesamtrechtsnachfolge **Anh 7** 40
gewinnneutrale **Anh 7** 3, 120
grenzüberschreitende **Anh 7** 3, 360
Steuerschuldnerschaft **2** 446
Typenvergleich **Anh 7** 4
Übersicht **Anh 7** 36
Unternehmerwechsel **2** 443 f
Verfahren **Anh 7** 23
Vordienstzeiten **Anh 7** 99
Umwandlung mit Auslandsbezug Anh 7 136 ff, 147
Umwandlungsarten Anh 7 12
Umwandlungsstichtag Anh 7 65, 106, 360
Umwandlungsverfahren Anh 7 23
Umweltauditor 2 185
Umweltberater 2 185
Umweltschutz 3 29, 49
UmwStG, persönlicher Anwendungsbereich **Anh 7** 5 ff, 31 ff
räumlicher Anwendungsbereich **Anh 7** 3
zeitlicher Anwendungsbereich **Anh 7** 2
Unbewegliches Wirtschaftsgut 8 Nr 1 e 2
Unechte Betriebsaufspaltung 2 204
Unentgeltliche Betriebsübertragung 7 71
Unfallverhütung 3 37, 49
Ungeborenes Leben, Schutz von **3** 49
Unmittelbarkeit, Arbeitskräfte-Überlassung **3** 83
Ausnahmen **3** 79 ff
Begriff **3** 76
Beteiligungen **3** 88 ff
Einzelfälle **3** 77
Förderungsmittel durch Gewerbebetrieb **3** 77
Hilfspersonen **3** 76
Mittelbeschaffung **3** 81
Mittelzuwendung **3** 82
Organe **3** 76
Raumüberlassung **3** 84
Rücklagen **3** 86 f
Zuschüsse **3** 91
Unterbeteiligung 2 22, 300; **7** 134
Steuerschuldner **5** 6, 10
Unterbringung 3 49
Untergliederungen von Großvereinen **3** 13
Unterkunft und Verpflegung 3 122
Unternehmen 5 2 f
Gleichheit *s Unternehmensidentität*
Gütergemeinschaft **5** 3
der öffentlichen Hand **2** 270–289
Zurechnung **5** 3, 12
– bei Betrieben gewerblicher Art **2** 279
Unternehmensberater 2 185
Unternehmensbeteiligungsgesellschaft 2 339; **9 Nr 2 a** 1 ff
Anerkennung **3** 220
Befreiung **3** 218 ff
Bezeichnungsschutz **3** 221
Grundlagenbescheid **3** 223
Nachversteuerung **3** 222
Rechtsform **3** 219
Unternehmensgegenstand **3** 219
Unternehmenseinheit 2 19
Unternehmensidentität 10 a 3, 6–89
Anpassungen **10 a** 8
Betriebsaufspaltung, rückgängig gemachte **10 a** 10
Beurteilungskriterien **10 a** 8
finanzieller Zusammenhang **10 a** 8
Kapitalgesellschaften **10 a** 15 ff
Körperschaften **10 a** 15 ff

Mantelkauf **10 a** 15 ff
mehrere Gewerbebetriebe **10 a** 9
organisatorischer Zusammenhang **10 a** 8
Personengesellschaft, Mehrmütterorganschaft **10 a** 11
– Realteilung **10 a** 11
– Teilbetrieb **10 a** 11
– Umwandlung **10 a** 11
– Verschmelzung **10 a** 11
Wechsel des Unternehmens **10 a** 10
wirtschaftliche Identität **10 a** 16 ff
wirtschaftlicher Zusammenhang **10 a** 8
Unternehmer **2** 290
Nießbrauchberechtigter **5** 3
Stellvertretung **5** 4
Treuhandverhältnis **5** 4
Vergütung **31** 9, *s auch Arbeitslohn*
Wechsel *s Unternehmerwechsel*
Unternehmeridentität **2** 444; **10 a** 3, 90–111
Änderung der Rechtsform bei Personengesellschaften **10 a** 98
atypische stille Gesellschaft **10 a** 101
doppelstöckige Personengesellschaft **10 a** 102
Ehegatten **10 a** 95
Einzelfälle **10 a** 98 f
Einzelunternehmen, Wechsel **10 a** 91 f
– – zur Personengesellschaft **10 a** 96
Ergebnisabführungsvertrag **10 a** 106
Gesellschafterwechsel **10 a** 97
Kapitalgesellschaften **10 a** 103 ff
Körperschaften, Umwandlung **10 a** 103 ff
Organverhältnisse **10 a** 106 ff
Personengesellschaft **10 a** 93 ff
– Gesellschafterwechsel **10 a** 97
personenidentische Gesellschaften **10 a** 94
Tod eines Gesellschafters **10 a** 97
unterjähriger Wechsel **10 a** 100
Vereinigung von Betrieben **10 a** 92
Wechsel zum Einzelunternehmen **10 a** 95
Unternehmerlohn **11** 4
Unternehmerwechsel **2** 440
Abgrenzungsfragen **2** 447
atypische stille Gesellschaft **2** 447
Bescheidzustellung **2** 443
Betriebsübergang im Ganzen **2** 441
Betriebsverpachtung **2** 442
Einbringung **2** 443
Erbfall **2** 442
Gesellschafterwechsel **2** 444 f, 448
Gesetzeszweck **2** 440
Gewerbeertragsermittlung **7** 19
Gewerbeertragszuordnung bei Steuerschuldnerwechsel **2** 447
Liquidation **2** 449
materiell-rechtliche Folgen **2** 445
Personengesellschaften **2** 444
Steuerschuldner **2** 446; **5** 13
Umwandlung **2** 443
– formwechselnde **2** 443 f
– von Körperschaften **Anh 7** 59
– von Personengesellschaften **Anh 7** 60
unentgeltliche Übertragung **2** 442
Verlustabzug **2** 440, 445
Unterricht **2** 185
Unterstützungsbedürftigkeit, wirtschaftliche **3** 52
Unterstützungskassen **3** 161 ff; **8 Nr 1 a** 111
Begriff **3** 161
Dauer der Steuerpflicht **3** 181
Fortfall der Steuerpflicht **3** 181
Leistungen von Fall zu Fall **3** 167
partielle Steuerpflicht **3** 180
nach PostpersonalrechtsG **3** 247
soziale Einrichtung **3** 163 ff
Steuermessbetrag **11** 8
Überdotierung **3** 175
Verlust der Steuerfreiheit **3** 176
Vermögensbindung **3** 165, 176
Verschmelzung auf Trägerunternehmen **Anh 7** 184
Unverzinsliche Verbindlichkeiten **8 Nr 1 a** 112
Urheberrechte, Verwertung von **2** 69
Urheberrechtsvertrag, Nutzungsentgelte **8 Nr 1 d** 20
Urlaubsvertreter **2** 45, 185

Venture Capital Fonds 2 127
Veräußerung einer 100%igen Beteiligung **7** 15
eines Mitunternehmeranteils **7** 15
Veräußerungs-/Aufgabekosten 7 68
Veräußerungsfreibetrag bei Kapitalgesellschaften **7** 15
Veräußerungsgewinn, Steuerfreiheit **7** 14
Veräußerungspreis 7 60
Veräußerungsrente 7 92; **8 Nr 1 b** 4
Leibrente, Hinzurechnung **8 Nr 1 b** 10
Zeitrente, Hinzurechnung **8 Nr 1 b** 10
Verband Deutscher Wohltätigkeitsstiftungen 3 123
Verbandsgeschäftsführer 2 185
Verbraucherberatung 3 37, 49
Verbraucherschutz 3 49
Verbundene Unternehmen, Hinzurechnungen und Kürzungen **7** 6
Verdeckte Gewinnausschüttungen, ABC **7** 149
Verdeckte Mitunternehmerschaft 2 301 ff
Vereine 2 402
Steuermessbetrag **11** 8
Vereinigungsphilosophie 3 49
Vereinsgeschäftsführer 2 185
Vereinsvorstand 2 185
Verfassungsmäßige Ordnung 3 14, 16, 49
Verfassungsrechte und -ziele 3 49
Eintreten für **3** 49
Verfolgtenhilfe 3 49
Vergleichsverwalter 2 185
Vergütungen, Unverhältnismäßigkeit **3** 70 a
Verjährung 5 18; **16** 5; **35 b** 2
Verkauf von Eigentumswohnungen **2** 97
Verkaufsgenossenschaft 3 153
Verkaufstrainer 2 185
Verkehrsbetriebe, kommunale **2** 281
Verkehrserziehung 3 33
Verkehrsflughafen 3 67
Verkehrssicherheit 3 49
Verkehrsverein 3 49
Verlustabzug, doppelstöckige Gesellschaft **Anh 7** 68
Spaltung, Abspaltung auf Körperschaften **Anh 7** 69
– Abspaltung auf Personengesellschaften **Anh 7** 70
Umwandlung einer Körperschaft in eine andere **Anh 7** 64
Vermögensübergang in Körperschaft **Anh 7** 63
Vermögensübergang in Personenunternehmen **Anh 7** 62
Verschmelzung von Personengesellschaften **Anh 7** 68
vororganschaftliche Verluste **Anh 7** 67
§ 10 a GewStG **Anh 7** 62 ff
§ 10 d EStG **Anh 7** 85 ff
Verlustanteile bei Mitunternehmerschaft, Anwendungsbereich **8 Nr 8** 2
– Organverhältnisse **8 Nr 8** 3
– Umfang der Hinzurechnung **8 Nr 8** 4
– Zweck der Hinzurechnung **8 Nr 8** 1
Verlustausgleich Anh 7 65
Verlustbeteiligung, Mitunternehmerrisiko **7** 106 a
Verlustfeststellungsbescheid 35 b 7 ff
Änderung **35 b** 10 f
Inhalt **35 b** 9
Zuständigkeit **35 b** 8
Verlustrücklage 3 171
Verlustrücktrag 10 a 5
Verlustvernichtung 10 a 45 ff
Verlustverrechnung bei Umwandlungen (§ 15 a EStG) **Anh 7** 96
Verlustzuweisungsgesellschaften 7 139
Vermessungsingenieur 2 164
Vermietung 2 68 f, 81, 278
Reitpferde **2** 152
Sportgeräte u -anlagen **3** 122
Vereinsanlagen **3** 114

Werbeflächen **3** 114
Zusatzleistungen **2** 69
Vermietungsgenossenschaft, Kürzungen **9 Nr 1** 1, 16
Vermietungsspekulation 9 Nr 1 22
Vermittlungen 2 45
Vermögensbindung 3 165, 176
Ausnahmen **3** 100, 102
Grundsatz **3** 64, 71
Nachversteuerung bei Verstoß **3** 101
Satzungsmäßigkeit **3** 98 f
Vermögensgemeinschaft 2 298
Vermögensmassen, Gewerbeertrag **7** 26
Vermögensübergabe gegen Versorgungsleistungen **7** 64
Vermögensübergang Anh 7 12
auf Rechtsträger ohne Betriebsvermögen **Anh 7** 200 ff
Versteuerung des Übernahmegewinns **Anh 7** 205 f
bei vorausgegangener Betriebsaufgabe der Körperschaft **Anh 7** 202 f
Vermögensübertragung Anh 7 14, 20
Vermögensverwaltung 3 114
Abgrenzung zum Gewerbebetrieb **2** 64 ff; **9 Nr 1** 22–22 c
Aufspaltung **3** 114 b
Betriebsaufspaltung **3** 114 b
Rücklagen **3** 114 a
Sphärenwechsel **3** 114 b
Vermögensverwaltungsgesellschaft 3 183 ff; **7** 136
Gewinnerteilungsschlüssel **7** 138
Personengesellschaft, Beteiligung von Kapitalgesellschaften **2** 327
Vermögensverwendung 3 169
Beschränkung der **3** 69
Vermögenszuwendungen 3 92
Verpachtung 2 278
eines Gewerbebetriebs **3** 114
Verpflichtungsklage 1 40
Verschleierte Pachtentgelte, Nutzungsentgelte **8 Nr 1 d** 14
Verschleierte Sachgründung Anh 7 435
Verschmelzung Anh 7 13, 130 ff, 230 ff
AfA **Anh 7** 152
Aufstockung **Anh 7** 133, 166, 168, 177
Aufwärtsverschmelzung **Anh 7** 158
Auslandsverschmelzung mit Inlandsbezug **Anh 7** 3, 139
Ausschluss des inländischen Besteuerungsrechts **Anh 7** 135
Bilanzierung des Übernehmenden **Anh 7** 150 ff
Bilanzierung des Übertragenden **Anh 7** 131 ff
Drittstaaten **Anh 7** 3, 5
Entstrickung **Anh 7** 140
Ergänzungsbilanzen **Anh 7** 167
Ermittlung des Übernahmeergebnisses **Anh 7** 159
Eröffnungsbilanz **Anh 7** 151
gewinnneutrale **Anh 7** 122
Hinausverschmelzung **Anh 7** 3, 137, 147
Hineinverschmelzung **Anh 7** 3, 138
Inlandsverschmelzung mit Auslandsbezug **Anh 7** 136, 147
Investitionszulage **Anh 7** 161
einer Kapitalgesellschaft auf eine andere **Anh 7** 230 ff
einer Körperschaft auf Personenunternehmen **Anh 7** 130
Kreditinstitute **Anh 7** 166
Maßgeblichkeit **Anh 7** 132
Muttergesellschaft auf Tochtergesellschaft **Anh 7** 238
auf natürliche Person **Anh 7** 209
von Schwestergesellschaften **Anh 7** 238
Sperrbetrag nach § 50 c EStG **Anh 7** 160
Teileinkünfteverfahren **Anh 7** 166
Überführung von Einzelwirtschaftsgütern **Anh 7** 140
Übernahmeergebnis **Anh 7** 153, 156 ff
Übernahmegewinn **Anh 7** 190 ff
Übernahmeverlust **Anh 7** 166
Übersicht **Anh 7** 36
Übertragungsgewinn **Anh 7** 146

verschmelzungsfähige Rechtsträger **Anh 7** 24
Versicherungsunternehmen **Anh 7** 166
Verstrickung **Anh 7** 134
Wertverknüpfung **Anh 7** 151
Zuständigkeit **Anh 7** 101
Zwischenwert **Anh 7** 145
Verschmelzung von einer Körperschaft auf eine andere Anh 7 230 ff
AfA **Anh 7** 250
Anteile im Privatvermögen **Anh 7** 264 ff
Auslandsverschmelzung mit Inlandsbezug **Anh 7** 272
Beschränkung des Besteuerungsrechts **Anh 7** 270 ff
Besteuerung des Anteilseigners **Anh 7** 268
Bewertung der Anteile der übertragenden Körperschaft **Anh 7** 248
Bilanzierung des Übernehmenden **Anh 7** 246
Bilanzierung des Übertragenden **Anh 7** 231
Drittstaaten-Verschmelzung **Anh 7** 276
einbringungsgeborene Anteile **Anh 7** 261, 268
fehlende Beteiligung an Übernehmerin **Anh 7** 263
Gegenleistungen **Anh 7** 233 f
Hereinverschmelzung **Anh 7** 274
Hinausverschmelzung **Anh 7** 273
Inlandsverschmelzung mit Auslandsbezug **Anh 7** 271
Maßgeblichkeit **Anh 7** 233
auf Muttergesellschaft **Anh 7** 251
von Schwestergesellschaften **Anh 7** 240
auf Tochterkapitalgesellschaft **Anh 7** 239
nur an übernehmender Kapitalgesellschaft beteiligte Gesellschafter **Anh 7** 275
Übertragungsgewinn **Anh 7** 245, 251
Unterstützungskasse **Anh 7** 253
Versicherungs-Aktiengesellschaft auf Versicherungsverein **Anh 7** 254
Wahlrecht in der Schlussbilanz **Anh 7** 233, 235 ff
Versicherung 3 67
Versicherungs- und Versorgungseinrichtungen 3 187 f
Versicherungsanstalten 2 185
Versicherungsberater 2 185
Versicherungsleistungen und Gewerbeertrag **7** 53
Versicherungsmathematiker 2 185
Versicherungsunternehmen 2 278; **8 Nr 1 a** 113
Umwandlung **Anh 7** 254
Versicherungsverein auf Gegenseitigkeit 2 337
Befreiung **3** 243
Beginn der Gewerbesteuerpflicht **2** 341
Überdotierung **3** 171
Versicherungsvertreter 2 45, 185
Versorgung von Minderbemittelten **3** 49
Versorgungsbetriebe 2 271, 278
Versorgungseinrichtungen des öffentlichen Rechts **2** 278
Versorgungsrente 8 Nr 1 b 4
Hinzurechnung **8 Nr 1 b** 10
Versorgungszusagen an Betriebsübergeber **7** 166
Versorgungszusammenschlüsse, Befreiung **3** 230 f
Steuermessbetrag **11** 8
Verspätungszuschlag 14 b 2
Verträge zwischen Gemeinden und Steuerpflichtigen **4** 6
Vertrauensschutz 9 Nr 5 10, 21
Vertriebenenhilfe 3 49
Vertriebenenverbände 3 49
Vertriebslizenz 8 Nr 1 f 7
Ausschließlichkeit **8 Nr 1 f** 8
Vervielfältigungstheorie 2 163, 180
Verwaltung 1 35 ff
Verwaltungskosten 8 Nr 1 a 6
Verwertungsgenossenschaft 3 153
Verwertungsverein 3 153
Verwirkung 1 32; **5** 18; **35 b** 2

Video-Cutter 2 185
Video-Editor 2 185
Vieheinheiten 3 150
Viehkastrierer 2 185
Viehklauenpfleger 2 185
Visagist 2 185
Vogelzucht 2 138
Völkerverständigung 3 34
Volksbildung 3 28
Volkshochschule 3 140
Vorauszahlungen 19
Abrechnung **20** 1 ff
abweichendes Wirtschaftsjahr **19** 2, 3, 6
Anpassung **19** 4 f
Anrechnung **20** 2
Bemessungsgrundlage **19** 3
Entstehung **21**
Ermessen **19** 4 ff
Festsetzung **19** 2 f
– erstmalige **19** 6
Gewerbesteuermessbetrag **19** 5
Höhe **19** 3
nachträgliche Anpassung **19** 4
Rechtsbehelfe **19** 8
Verlegung der Betriebsstätte **19** 7
Zerlegung **19** 5 b
Zweck **19** 1
Vorbehaltsnießbrauch 5 3
Vordienstzeiten bei Umwandlungen **Anh 7** 99
Vorfälligkeitsentschädigung 8 Nr 1 a 6
Vorgesellschaft 2 366
Vorgründungsgesellschaft 2 342, 366
Vorläufiger Rechtsschutz 35 b 6
Vorratshaltung 8 Nr 1 a 114
Vortragswerber 2 185
Vorwegvergütungen, DBA-Recht **7** 5 c

Währungsverluste 8 Nr 1 a 6
Waisenhaus 3 75
Waldgenossenschaft 3 10
Steuermessbetrag **11** 8
Wanderschäferei 2 142
Warendarlehen 8 Nr 1 d 16
Wareneinkauf 3 67
Warenverbindlichkeiten 8 Nr 1 a 115
Wartegelder 8 Nr 1 a 116
Wasserkraftwerke, Befreiung **3** 241
Verlustabzug **10 a** 112
Wassernutzungsentgelt 8 Nr 1 d 3
Wassernutzungsrecht, Nutzungsentgelte **8 Nr 1 d** 20
Wasserversorgung 3 122
Wasserversorgungsverbände 2 278
Wasserwerk 3 67
Wechsel, Kredite **8 Nr 1 a** 117
Prolongation **8 Nr 1 a** 117
Wechsel der Gewinnermittlungsart 7 18
Wechselnder Bestand von Schulden, Gewerbeertrag **8 Nr 1 a** 48
Weinausschank 3 153
Weinbau 2 148
Weinlabor 2 185
Weltanschauung 3 23
Werbeanzeigen 2 185; **3** 122
Werbeberater 2 185
Werbedamen 2 45
Werbefahrten 3 122
Werbefilme 2 45
Werbende Tätigkeit, Beginn **2** 420
Werbeprospektverteiler 2 45
Werbesendungen von Rundfunkanstalten **6** 1; **7** 3 d
Werbung 2 185
Werks-Motocross-Fahrer 2 45
Werkstätten für geistig Behinderte **3** 122
Wertaufholung bei Verschmelzung von einer Körperschaft auf eine andere **Anh 7** 252
Wertpapierhandel 2 126
Wertpapiersondervermögen 2 339
Wertschöpfungssteuer, kommunale **1** 51 f
Wertstoffverwertung 2 278
Wertverknüpfung Anh 7 151
Wesentliche Betriebsgrundlagen 2 218 ff; **7** 50
Beispiele **2** 221
Wettbewerbsklausel 3 121
Wettfischen 3 49
Widerspruch 1 39

Widerspruchsrecht, Mitunternehmerschaft **7** 105 a
Wiederkehrende Bezüge 7 63
Willkür 1 37
Winzer 2 148
Winzergenossenschaft 3 156
Winzerverein 2 402; **3** 153
Wirtschaftlich vergleichbare Vorteile 8 Nr 1 a 14 ff
Wirtschaftliche Identität 10 a 16 ff
Abzugsverbot, Umfang **10 a** 43
ähnliche Fälle **10 a** 40 ff
Bewertung von Betriebsvermögen **10 a** 29
Einstellung des Geschäftsbetriebs **10 a** 19
Fortführung des Geschäftsbetriebs **10 a** 37
gegenständliche Betrachtungsweise **10 a** 24, 31
immaterielle Wirtschaftsgüter **10 a** 26
Inhalt der Regelung **10 a** 18
Kapitalerhöhung **10 a** 22
mehrere Maßnahmen **10 a** 30
mittelbare Anteilsübertragung **10 a** 21
Organschaft **10 a** 27
Rechtsentwicklung **10 a** 16
sachlicher Zusammenhang **10 a** 38
Sanierung **10 a** 33 ff
Übertragung von Anteilen **10 a** 20
überwiegend neues Betriebsvermögen **10 a** 24 ff
Umlaufvermögen **10 a** 25
Verfassungsrecht **10 a** 16
Verschmelzungsfälle **10 a** 23, 32
Wiederaufnahme des Geschäftsbetriebs **10 a** 37
zeitliche Komponente **10 a** 39
zeitlicher Geltungsbereich **10 a** 17
Zuführung von Betriebsvermögen **10 a** 28
Wirtschaftlicher Geschäftsbetrieb 2 400–419; **3** 110 ff
Abgrenzung zur Vermögensverwaltung **2** 408; **3** 114
Altmaterialsammlung **3** 118
Arbeitgeberverbände **2** 401
Aufteilung **3** 117
Ausgaben **3** 113
ausländische Rechtsgebilde **2** 404
Beginn und Ende **2** 415
Begriff **2** 407; **3** 111
Berufsverbände **2** 401
Besteuerungsgrenze **3** 116
bestimmte Unternehmensformen **2** 411
Beteiligung an Kapitalgesellschaft **2** 411; **3** 112 b
– an Personengesellschaft **2** 411; **3** 112 a
Betriebsaufspaltung **2** 411; **3** 112 b
Betriebsbegriff **2** 11
Betriebsverpachtung **2** 411
Binnenmarkt des Vereins **2** 406, 412
Blutspendedienste **3** 119
einheitlicher Gewerbebetrieb **2** 406
Einnahmen, Abgrenzung zu Beiträgen **2** 409
Einzelfälle **2** 412; **3** 112
Gewerkschaften **2** 401
Gewinnausschüttung **3** 112 b
Gewinnermittlung **2** 413; **3** 113
Gewinnerzielungsabsicht **2** 409 f
Körperschaften des öffentlichen Rechts **2** 400
Land- und Forstwirtschaft **2** 402
Maschinenringe **2** 402
mehrere Betriebe **3** 110, 115
Organschaft **2** 411
partielle Steuerpflicht **3** 110
persönlicher Anwendungsbereich **2** 400
politische Parteien **2** 403
Rechtsformabhängigkeit **2** 406
Religions- und Ordensgemeinschaften **2** 400
Rücklagen **3** 113
Steuermessbetrag **11** 8
stille Reserven **3** 113
Totalisator **3** 119
unentgeltliche Übertragung **2** 414
Veräußerungsgewinn **3** 112 b
Vereine **2** 402
– kleinere **2** 405
Verlustausgleich **3** 113
Werbung **3** 119
wettbewerbsneutrale Besteuerung **2** 406

Winzervereine **2** 402
Züchtervereine **2** 402
Zusammenfassung **3** 115
Wirtschaftsberater 2 185
Wirtschaftsberatung 3 49
Wirtschaftsförderung 3 49, 77
Wirtschaftsförderungsgesellschaften 3 226 f
Wirtschaftsgenossenschaft 3 150 ff, 197 f; **9 Nr 2 a** 1 ff
Veräußerungsgewinn **7** 15
Wirtschaftsgut, bewegliches **8 Nr 1 d** 8
immaterielles **8 Nr 1 d** 9
Nutzungsentgelte **8 Nr 1 d** 8
unbewegliches **8 Nr 1** 2
Wirtschaftsingenieur 2 185
Wirtschaftsprüfer 2 185
Wirtschaftsverband 3 185
Wirtschaftsverein 3 150, 197 f
Wissenschaft 3 22
Wissenschaftliche Tätigkeit, Begriff **2** 185
Wissenschaftliche Zwecke, Kürzung **9 Nr 5** 7 a
– Zweck **9 Nr 5** 1
Witwen- und Waisenkasse 3 161
Wohlfahrtsbriefmarken 3 122
Wohlfahrtspflege 3 162
anerkannte Verbände **3** 123
Begriff **3** 123
Wohlfahrtswesen 3 30
Wohnformen, alternative **3** 49
Wohnheim 2 185
Wohnmobil, Vermietung **2** 128
Wohnung, Betriebsstätte **2** 457
Wohnungsbauförderungsanstalt Nordrhein-Westfalen 3 9
Wohnungsbauunternehmen, Eintritt in die Steuerpflicht **7** 11
gemeinnützige **9 Nr 1** 18
– Sicherung von Spareinlagen **3** 214
Wohnungseigentümergemeinschaft 2 298
Wohnungsvermietung 3 67
Wurstfabrik 2 148

Yoga-Meditation 3 49

Zahlenlotto 3 7
Zahnpraktiker 2 185
Zahntechniker 2 185
Zauberei 2 185; **3** 49
Zebragesellschaft 7 113; **8 Nr 1 b** 7
bei Verschmelzung **Anh 7** 203
– auf Personengesellschaft **Anh 7** 179
Zeitschriftenverlag 3 122
Zeitungsverkäufer 2 45
Zelt- und Wohnwagenwesen 3 49, 77
Zentralwohlfahrtsstelle der Juden in Deutschland **3** 123
Zerlegung 28 ff
abweichendes Wirtschaftsjahr **28** 2
Amtsverfahren **28** 10
Änderung **28** 13
Anknüpfung **28** 4 f
anzuwendende Vorschriften **28** 9
Begriff **28** 2
Beitrittsgebiet **28** 1 a, 11
Bergbauunternehmen **28** 5
besondere Fälle **33**
Beteiligte **28** 11
Betriebsstätte **28** 4
– außerhalb des Geltungsbereichs des GG **28** 8
Einigung **33** 4
Folgeänderung **28** 10
Leitungsanlagen **28** 5
Maßstab **29; 30**
mehrgemeindliche Betriebsstätte **28** 6; **30**
niedrig besteuernde Gemeinde **28** 5
Rechtsanspruch **28** 3
Rechtsbehelfe **28** 15
Reisegewerbe **35 a** 3
Unbilligkeit **33** 2 f
Untersuchungsgrundsatz **28** 10
Verfahren **28** 9–15
Verkehrsunternehmen **28** 5
Verlegung von Betriebsstätten **28** 7
Zerlegungsanteil **28** 2
Zerlegungsbescheid **28** 12
Zuteilungsbescheid **28** 14
Zweck **28** 1
Zerlegungsanteil 1 31
Begriff **28** 2 f
Kleinbetrag **34** 3 f

Zerlegungsbescheid 1 31
Zerlegungsmaßstab, Allgemeines **29**
Arbeitnehmerbegriff **28** 3; **29** 3
Arbeitslöhne **29** 2, 7; **31**
Beschäftigung in Betriebsstätte **29** 6
Beschäftigung von Arbeitnehmern **28** 6
eigene Arbeitnehmer **28** 5; **29** 5
gegenwärtiges Dienstverhältnis **28** 4; **29** 4
Leiharbeitsverhältnisse **28** 5
maßgebliche Beträge **29** 8
mehrgemeindliche Betriebsstätte **30** 4
Zeugen Jehovas 3 49
Ziegelei als Substanzbetrieb **2** 146
Zins-Swap-Vertrag 8 Nr 1 a 118
Zinsvortrag Anh 7 100, 185, 363
Zivilschutz 3 33, 49
Zollberater 2 185
Zolldeklarant 2 185
Zollkredite 8 Nr 1 a 119
Zuchtausstellung 3 67
Zugehörige 3 162
Zusammenhang, Nutzungsentgelte **8 Nr 1 d** 15 f
Zusatzversorgungseinrichtung 3 161
Zuschüsse von Stiftungen **3** 91
Zuteilungsverfahren, Beschwer **4** 1
Zuteilungsbescheid **4** 5; **28** 14
Zuwendungen *s Spenden*
Zuzahlung bei Verschmelzung von Körperschaft auf eine andere **Anh 7** 262
Zuzug aus dem Ausland **15** 2
Zwangsverpflichteter 2 45
Zwangsverwalter 2 185
Zwanzig-Prozent-Grenze bei Spaltungen **Anh 7** 302
Zweckbetrieb, ABC **3** 122
Alten(wohn)heim **3** 132, 134
arbeitstherapeutische Einrichtung **3** 136
Begriff **3** 120 f
Behindertenfürsorge **3** 132, 136
Behindertenwerkstätte **3** 132, 136
Beschäftigungs- u Arbeitstherapie **3** 132
Blindenfürsorge **3** 132, 136
Drittmittelforschung **3** 141
einzelne Zweckbetriebe **3** 123
Erholungsheim **3** 132
freiwillige Erziehungshilfe **3** 132, 137
Fürsorgeerziehung **3** 132, 137
Gärtnerei **3** 132
Integrationsprojekte **3** 132, 136
Jugendheim **3** 132
Jugendherberge **3** 132, 134
Kindergarten **3** 132, 134
Kinderheim **3** 132
Krankenhaus **3** 124 ff
kulturelle Einrichtung **3** 132, 139
landwirtschaftlicher Betrieb **3** 132
Lotterie **3** 132, 138
Mahlzeitendienst **3** 132
Pflegeheim **3** 132, 134
Projektträgerschaft **3** 141
Schullandheim **3** 132, 134
Selbstversorgungseinrichtung **3** 132, 135
sportliche Veranstaltungen **3** 127 ff
Steuerfreiheit **3** 120
Studentenheim **3** 132, 134
Volkshochschule **3** 132, 140
Werkstätten für behinderte Menschen **3** 132, 136
Wissenschafts- u Forschungseinrichtungen **3** 132, 141
Wohlfahrtspflege **3** 123
Zweckgeschäfte 3 156
Zweckmehrheit 3 13 a
Zweigniederlassung 2 468
Zweiteilung der Besteuerungsgrundlage **6** 5
Zweites Deutsches Fernsehen *s Rundfunkanstalten*
Zwischenkredite 8 Nr 1 a 120
Zwischenmeister 3 162
Begriff **11** 12
Selbstständigkeit **2** 45
Steuermesszahl **11** 12
Zwischenwertansatz, Verschmelzung auf Personenunternehmen **Anh 7** 145
Zytologielabor 2 185